普通高等教育"十一五"规划教材

# 有机化学

邢存章　赵　超　主编

科学出版社

北　京

## 内 容 简 介

本书是根据教育部高等学校化学与化工学科教学指导委员会拟定的近化类专业化学基础课教学基本内容，并在教学实践的基础上编写而成的。

全书共15章，包括绪论，有机化合物的命名，有机结构理论，饱和烃，不饱和脂肪烃，芳烃，卤代烃，醇、醚、酚，醛、酮、醌，羧酸及其衍生物，有机波谱，含氮化合物，杂环化合物，糖类，氨基酸、肽、蛋白质和核酸。

本书集中介绍命名、结构等基础性内容，烃及卤代烃、含氧衍生物、含氮化合物等8章采用脂肪族与芳香族混合编排方式，强化官能团的构效规律，重点阐明重要反应的基本原理，突出有机化学的实际应用；波谱设专章，并置于羧酸及其衍生物之后、含氮化合物之前，集中介绍四谱基本知识，并在后续章节加以应用。天然有机化合物共两章，适当介绍学科前沿和学科交叉的知识。每章均附有习题。

本书可作为高等院校近化学类各专业学生学习有机化学的教材，也可供相关专业教学选用和科研工作者参考。

**图书在版编目(CIP)数据**

有机化学/邢存章，赵超主编. —北京：科学出版社，2008
普通高等教育“十一五”规划教材
ISBN 978-7-03-021689-2

Ⅰ.有… Ⅱ.①邢… ②赵… Ⅲ.有机化学-高等学校-教材 Ⅳ.O62

中国版本图书馆CIP数据核字(2008)第055151号

责任编辑：丁 里 陈雅娴/责任校对：包志虹
责任印制：赵 博/封面设计：耕者设计工作室

科学出版社 出版
北京东黄城根北街16号
邮政编码：100717
http://www.sciencep.com

新科印刷有限公司 印刷

科学出版社发行 各地新华书店经销

*

2008年5月第一版 开本：720×1000 1/16
2016年12月第九次印刷 印张：41 1/2
字数：814 000

**定价：56.00元**

(如有印装质量问题，我社负责调换)

# 《有机化学》编委会


**主　编**　邢存章　赵　超

**副主编**　崔月芝　田　燕　邢殿香　薛　军

**编　委**（按姓氏拼音排序）

崔月芝　黑晓明　汤桂梅

田　燕　邢存章　邢殿香

薛　军　张术栋　赵　超

# 前　言

本书是根据教育部高等学校化学与化工学科教学指导委员会拟定的近化类专业化学基础课教学基本内容，并在教学实践的基础上编写而成的。

本书科学合理地安排了教学内容，主要表现在：

(1) 突出化学教育的整体性，进一步明确了有机化学与其他化学课程的联系与区别，删去了与无机及分析化学交叉的酸碱概念，强调了有机化学中的亲电亲核概念，以及亲电亲核试剂与酸碱的联系与区别，有利于学生更好地理解有机化学反应的内涵和实质、合理有效地分析和设计有机合成路线。

(2) 重组内容模块，突出知识的整体性，较好地处理了分散与整合的关系，审慎地安排了有机化学的结构、反应和合成三大内容。突破了传统的编写体系，适度地优先编写理论教学，处理好共性与个性的关系，集中并优先介绍有机化合物的命名原则和结构理论；波谱设专章，置于羧酸及其衍生物之后、含氮化合物之前，集中介绍紫外光谱、红外光谱、核磁共振谱和质谱的基本知识，并在后续各章加以应用。有机化学反应机理仍分散在有关章节中，结合各类有机化合物的典型反应加以介绍，有利于学生深入理解并正确运用反应机理，避免重复。从不饱和脂肪烃起，分别初步介绍各类有机化合物合成方法，有利于培养学生的创新思维、创新精神和创新能力。

(3) 不仅体现化学学科的最新进展，而且反映化学的中心学科地位。书中多处增加了近年来有机化学的新成就，如相转移催化、超临界流体化学、绿色化学以及固相合成、组合化学等新技术。同时，天然有机化合物各章适当介绍了学科前沿和学科交叉知识，加强了物质的结构、性能及应用的有关内容。

(4) 注重课程的基础性和应用性，删去了专业性过强、非化学化工类专业适用性差的内容，如表面活性剂、碳烯、叠氮和氮烯、元素有机化合物等；注重体现可持续性发展战略，用绿色化学重新审视各类有机化学反应及其在合成中的应用。

本书由邢存章、赵超主编，参加编写的还有崔月芝、田燕、邢殿香、薛军、黑晓明、张术栋、汤桂梅。全书由邢存章统稿和定稿。

本书由中国海洋大学孙玉善教授、孙明昆教授主审，如果没有两位教授的悉心指导，难以将本书奉献给读者。本书初稿经中国石油大学夏道宏教授，山东大学沈静兰教授、孙昌俊教授、张鹤鸣教授，济南大学奚正楷教授，山东师范大学陈德展教授、李文华教授，山东教育学院祁学勇教授审阅，他们提出了许多宝贵意见和建议。

在此，编者向他们表示衷心的感谢。

本书是山东省教育厅关于“高等教育面向21世纪教学内容和课程体系改革计划”立项研究的成果之一，并于2005年获山东省省级教学成果二等奖。本书源于教学实践，广大教师的创新理念和学生的创新意识深深地感动了编者。另外本书的编写还得益于2001～2005年教育部化学与化工学科基础化学课程教学指导委员会活动期间的广泛交流。值本书出版之际，编者向山东省教育厅领导和同行专家致以诚挚的谢意。

由于编者水平所限，书中定有错误和不妥之处，敬请同行专家和读者批评指正。

编　者

2008年1月于济南

# 目　　录

# 第 1 章　绪　　论

## 1.1　有机化学的发展和展望

有机化学是研究有机化合物的来源、制备、组成、结构、性质及其变化规律的科学。那么,什么是有机化合物呢?最初,有机物质是指由动植物体内取得的物质,如糖、染料、醋等,早在有历史记载以前,人类就知道利用它们了,取得的这些有机物质都是不纯的,即不是一个化学单位体。直到 18 世纪末期,人类才开始从动植物中取得一系列较纯的有机物质。例如,1770 年,瑞典化学家舍勒(Scheele)从酿酒副产物酒石中分离出酒石酸;1773 年,儒勒(Rouelle)首次从尿中取得纯的尿素;1806 年,史特纳(Serturner)从鸦片中分离出吗啡。从动植物体内得到的这些较纯的有机物质具有许多共同的性质,明显地不同于当时来自矿物的无机化合物。拉瓦锡(Lavoisier)首先将从动植物体内得到的化合物定义为"有机化合物"。1806 年,当时享有盛名的瑞典化学家柏则里(Berzelius)首次引用了"有机化学"这个名词,以区别于其他矿物质的化学——无机化学。柏则里认为,有机物只有在生物的细胞中受一种特殊力量的作用才能产生出来,这种神秘莫测的力量就叫做"生命力"。显然,这种力量超出人力之外,因此认为在实验室内人工合成有机物质是不可能的。这种思想曾一度牢固地统治着有机化学界,使人们放弃了人工合成有机物质的想法。1828 年,德国 28 岁的青年化学家沃勒(Woehler)加热无机物氰酸铵水溶液,得到有机化合物尿素,这是人类第一次在实验室里合成出天然产物。

$$(NH_4)_2SO_4 + 2KOCN \xrightarrow{\triangle} 2NH_4OCN + K_2SO_4$$

$$\underset{\text{氰酸铵(无机物)}}{NH_4OCN} \xrightarrow{60℃} NH_3 + HO-C\equiv N \xrightarrow{\text{重排}} NH_3 + O=C=NH$$

$$\xrightarrow{\text{加成}} \underset{\text{尿素(有机物)}}{H_2N-C(=O)-NH_2}$$

尿素的人工制备,对"生命力"学说造成了强大的冲击,证明有机物和无机物之间根本不存在是否由生命力支配而产生的本质区别,有机物和无机物一样,也可以通过实验手段合成出来。这时,原有的有机化合物的定义开始发生动摇。随后,19 世纪中叶,更多有机化合物陆续被合成出来,如 1845 年柯尔柏(Koble)合成了乙酸、1854 年柏赛罗(Berthelot)合成出油脂等,"生命力"学说彻底被否定了。从此以后，人们深信不但可以从简单物质合成与天然有机物完全相同的物质，还可以合成有机体不能合成的比天然有机物更好的物质。这样有机化学就进入了合成的时代，有机化学作为一门科学真正形成了。

在有机化学形成的过程中，分析化学家做出了重要贡献。18 世纪末到 19 世纪初，法国化学家拉瓦锡，德国化学家李比希(Liebig)和英国化学家、物理学家法拉第(Faraday)发展了定量测定有机化合物组成的方法，发现其中都含有碳，大多数都含有氢，随后又将实验式与分子式区别开来。1848 年，德国化学家葛梅林(Gmelin)提出，有机化合物就是含碳的化合物，有机化学就是研究含碳化合物的化学。1874 年，德国化学家肖莱马(Schorlemr)又将有机化学定义为研究碳氢化合物及其衍生物的化学，这个提法充分体现了所有有机化合物在结构上的相互联系，因此一直沿用至今。1857 年，德国化学家凯库勒(Kekulé)提出碳原子是四价的，而且碳原子间可以自相成键，这就是有机分子结构的两个基本原则。凯库勒认为，每一种原子都有一定的化合力，这种力就是价。可以说有机化学的结构学说就是在此基础上发展起来的。1861 年，俄国化学家布特列罗夫(Butlerov)第一次提出了化学结构的概念和分子中原子(团)之间存在着相互影响的观点，提出结构和性能密切相关，每个化合物可以用一个合理的结构式表示。从分子的化学性质可以确定其分子结构，从化学结构则可以预测或了解它的化学性质。1874 年，荷兰化学家范特霍夫(van't Hoff)和法国化学工艺师勒贝尔(Le Bel)几乎同时分别独立提出饱和碳原子为四价的四面体学说，从而开创了有机化合物的立体化学研究。

自 1869 年俄国化学家门捷列夫(Mendeleev)发现元素周期律后，物理学在揭示原子内部的构造方面取得了很大成就。1897 年汤姆孙(Thomson)发现电子，1913 年玻尔(Bohr)提出原子结构理论，建立了原子价的电子学说，在化学键理论研究的发展路程上树立了里程碑，标志着经典的结构理论已经可以过渡到结构的电子理论。

1917 年，德国化学家柯塞尔(Kossel)和美国化学家路易斯(Lewis)提出用电子对的方法来说明化学键的生成。化学键由电子组成，可分为离子键和共价键。反应时，原子将失去或得到电子使结构接近惰性气体的结构。化学变化仅涉及原子核外电子(价电子)的反应。表示原子价的短线即表示一对成键电子，这些观点成为现代价键理论的基础。

1931 年，美国化学家鲍林(Pauling)在价键理论基础上提出杂化轨道理论，认为：基态电子可以发生能级跃迁，电子配对成键的过程中，原子轨道可以混同杂化形成杂化轨道且杂化轨道参与成键，从而成功地解释了碳四面体价键结构。杂化轨道参与成键是有机分子结构中普遍存在的现象，杂化轨道理论成为现代价键理论的重要组成部分。1931～1933 年，鲍林提出共振论，认为：经典结构式在描述复杂离域体系有机分子时，无法表达 $\pi$ 共轭电子的离域现象，其真实结构是可以由多种假设的共振结构式共振而形成的共振杂化体。共振论使用了化学家最熟悉的语言和方法，以经典结构式为基础，定性描述复杂离域体系有机分子的结构，简明、清楚、易掌握使用。从实质上看，共振论是价键理论的延伸和发展。

1926年，薛定谔(Schrödinger)创立了可以说明电子运动的量子学说，这一理论使我们了解和探索有机化合物结构问题具有了现代量子理论基础。1932年，德国物理学家休克尔(Hückel)用量子化学方法研究了不饱和化合物和芳香化合物的结构，提出了分子轨道的概念。如今，价键理论和分子轨道理论是处理结构问题的两个最主要的手段，它们互相补充且各有特色，能很好地解释化合物的化学键和结构、性能等问题。1933年，英国化学家英戈尔德(Ingold)用化学动力学方法研究了饱和碳原子上的取代反应机理。这些工作对有机化学的发展都起了重要作用。

随着近代科学技术的发展，波谱技术，如红外光谱(IR)、核磁共振波谱(NMR)、紫外光谱(UV)、质谱(MS)等，应用到测定有机化合物分子的精细结构，促进了有机化合物的研究。一些新的实验技术，如光化学技术、催化技术、微波技术和超声波技术等，应用到有机化学反应中，大幅度地提高了有机化合物的转化速率和产物的选择性。

至今，有机化学已由实验性学科发展成实验、理论并重的学科，已发展出天然有机化学、物理有机化学、量子有机化学和有机合成化学等成熟的分支学科。同时有机化学与数学、物理学和生物学等相互渗透和交叉，孕育并形成着新的学科，如金属有机化学、有机催化化学、生物有机化学和计算化学等。以有机化学为基础的石油化工、医药、农药、涂料、合成材料等工业部门已成为国民经济的支柱产业，生物化工、功能材料将是21世纪发展的重点工业部门。有机化学与生物学、物理学等密切配合，将促进生命科学的发展。有机化学在解决人类可持续发展中所遇到的重大问题(如能源问题、环境问题等)时发挥着越来越重要的作用。新学科的发展、新支柱产业的建立又促进了有机化学的发展。

现代化学为什么将化合物分为有机化合物和无机化合物？为什么有机化学迅速发展为化学学科中的一个重要分支呢？除了历史上“生命力学说”的原因之外，主要还是因为有机化合物具有显著区别于无机化合物的特点。

## 1.2 有机化合物的特点

组成有机化合物的元素并不多，绝大多数有机化合物只是由碳、氢、氧、氮、卤素、硫、磷等少数元素组成，而且一个有机化合物分子中只含有其中少数元素。但是，有机化合物的数量却非常庞大，已知由合成或分离方法获得并已确定其结构和性质的有机化合物估计已超过1000万种，远远超过无机化合物的总和(所有非碳元素的无机化合物估计只有几十万种)，而且每年又有数以千计的新的有机化合物被发现。除了数量特别多之外，有机化合物在结构和性质上又有许多与一般无机化合物不同的特点。

### 1.2.1 有机化合物的结构特点

1）以共价键相结合

由于有机化合物是含碳的化合物，碳元素位于周期表的第2周期第Ⅳ主族，介于电负性很强的卤素和电负性很弱的碱金属之间，这就决定了碳原子难以得失电子形成离子键，碳原子之间以及碳原子与其他原子之间主要通过共用电子对而形成共价键。因此，在有机化合物分子中，原子之间主要以共价键相结合是有机化合物基本的、共同的特征。

2）同分异构现象

有机化合物的数量如此之多首先是因为碳原子相互结合的能力很强。碳原子可以相互结合成不同碳原子数目的碳链或碳环。一个有机化合物分子中所含的碳原子数目可以从一个至数万个，几乎没有限制。碳原子的连接方式也多种多样，可以是链状，也可以是环状。另外，即使含有相同碳原子数（分子式相同），也可由于碳原子间的连接顺序和连接方式不同（构造不同），而形成性质不同的多种物质。例如，分子式为 $C_2H_6O$ 的有机化合物有乙醇和甲醚：

| $CH_3CH_2OH$ | $CH_3OCH_3$ |
|---|---|
| 乙醇，沸点 78.3℃ | 甲醚，沸点 −24.9℃ |

两者的化学性质不同，代表两种不同的化合物。凡是分子式相同而结构和性质不同的化合物叫做同分异构体，这种现象叫做同分异构现象。同分异构现象这一术语最早是由柏则里于1822年针对沃勒和李比希分别发现异氰酸银和雷酸银而提出的。同分异构现象在有机化学中是很普遍的。在有机化学中，化合物的结构是指分子中原子间的排列次序和结合方式、原子相互间的立体位置以及分子中电子的分布状态等各项内容在内的总称。这些内容将在后面章节陆续讨论。

### 1.2.2 有机化合物的性质特点

与无机化合物相比，有机化合物一般有如下性质特点：

(1) 容易燃烧。有机化合物通常容易燃烧，如汽油、乙醇等，而多数无机化合物耐高温，不易燃烧，熔、沸点低。有机化合物分子中原子间以共价键相键合，分子与分子之间靠微弱的范德华引力相结合，因此固态有机物熔化或液态有机物气化所需要的能量较低；而无机分子间的排列受强极性的离子间静电引力作用，要破坏无机分子间的排列，所需的能量就高得多，因此有机物的熔点和沸点比无机物要低得多。

(2) 难溶于水，易溶于有机溶剂。化合物的溶解性能通常遵循“相似相溶”规则,即极性化合物易溶于极性溶剂中,非极性或极性较弱的化合物易溶于非极性溶剂中。一般有机化合物的极性较弱或没有极性,而水分子的极性较强,所以一般有机化合物难溶于水,而易溶于极性较弱或非极性的有机溶剂中,如苯、乙醚、丙酮、石油醚等。对于有极性的化合物,其水溶性当然要大一些。事实上,甲醇、乙醇、乙酸等有极性的有机物都可以与水互溶。

(3) 反应速率慢。无机盐类的离子反应通常十分迅速,例如,硝酸银与氯化钠在水溶液中立即发生反应,生成乳白色氯化银沉淀。有机反应一般是分子间的反应,以共价键为主要键合形成的有机分子不像离子键那样容易解离。因此,多数有机反应速率缓慢。为了加快反应,往往需要加热、加催化剂或光照等手段来增大分子动能、降低活化能或改变反应历程来缩短反应时间。

(4) 副反应多,产物复杂。由于有机反应涉及共价键的断裂和生成,专一性的断键很难控制,当有机化合物和试剂反应时,分子中各个原子部位都有可能受到影响,因而导致反应产物的多样化。在一定条件下,主要的反应方向称为主反应,其余的反应称为副反应。选择最有利的反应条件以减少副反应来提高主产品的产率也是有机化学家的一项重要任务。

## 1.3 有机化合物的研究程序

### 1.3.1 分离提纯和物理常数测定

研究任何一个有机化合物,首先必须保证它是单一纯净的化合物。但是,从天然产物中分离或在实验室中合成的有机化合物中常含有杂质,需要先进行分离提纯。分离提纯的方法很多,常用的有重结晶法、升华法、蒸馏法、色层法等。尤其近年发展起来的高压液相层析法,是实验室中有用的一种高效的分离提纯的方法。纯的有机化合物有固定的物理常数,如熔点、沸点、相对密度和折光率等,而且其熔点或沸点范围很小。如果化合物不纯,则熔点或沸点范围增大,甚至测不出固定的常数。因此,通过物理常数的测定,不但可以鉴定这些单一的有机化合物,而且可以判断其纯度,色谱法是判断化合物纯度的有效方法。

### 1.3.2 元素分析和实验式确定

单一纯净的有机化合物可以进一步进行元素定性分析,以确定该化合物是由哪些元素组成的。然后再进行元素定量分析,以确定组成各元素的含量。有机化合物中含有哪些元素常用钠熔法测定,就是将少量样品和金属钠一起熔化,然后用水处理。有机化合物中的卤素、硫和氮分别转变成 $X^-$、$S^{2-}$ 和 $CN^-$,可以用常规方法进行检验。

有机化合物中碳氢定量分析的原理是拉瓦锡首先提出的。拉瓦锡使有机化合物在氧气中燃烧，然后测定生成的二氧化碳和水。1831 年，德国化学家李比希把拉瓦锡提出的原理发展成一种精密的定量测定技术，即将定量的有机化合物样品与氧化铜一起在燃烧管中加热，有机化合物被氧化成二氧化碳和水，然后用氧气流把二氧化碳和水蒸气带出，在吸收管中分别被吸收后，进行精确称量。铜在氧气流中重新氧化成氧化铜。根据所得二氧化碳和水的量可以计算出有机化合物中碳和氢的质量分数。这种方法所测样品的用量较大(0.25～0.50g)，所需的时间也较长。1911 年，普雷格尔(Pregl)发明了准确度达 $10^{-3}$mg 的微量分析天平并真正实现了微量分析技术，使样品的用量降低到几毫克，测定时间也大大缩短，许多含量极低的天然产物的结构依靠普雷格尔的方法得到了鉴定研究。普雷格尔也因其在此领域的出色工作荣获 1923 年的诺贝尔化学奖。

现在有机化合物的元素分析一般在自动化仪器(元素分析仪)中进行。

利用元素分析的结果，通过计算可以求得此化合物的实验式。例如，某样品的元素分析值为 C 60.00，H 13.40，O 26.60；把各元素的质量分数分别用各元素的相对原子质量去除，得到各元素的原子个数的比例为 C $\frac{60.00}{12.01}\approx5.00$，H $\frac{13.40}{1.008}\approx13.29$，O $\frac{26.60}{16.00}\approx1.66$；由各元素的原子个数比得到各元素的原子的最小整数比为 C∶H∶O＝3∶8∶1，那么该样品的实验式为 $C_3H_8O$。实验式是反映组成化合物分子的各元素原子的种类和最小整数比的化学式，并不能反映分子中各原子的确切数目，也写不出化合物的确切分子式。

### 1.3.3 相对分子质量的测定和分子式

分子式表示分子中所含的各种原子的数量。知道了某一化合物的实验式，再利用实验方法测出该化合物的相对分子质量，即可分析得到其分子式。例如，经测定得出一化合物的相对分子质量为 237，元素分析得到该化合物的经验式为 $C_6H_{11}Cl$，式量为 118.5，因此该化合物的分子式应为 $(C_6H_{11}Cl)_2$，即 $C_{12}H_{22}Cl_2$。

测定相对分子质量的方法很多，常用的有沸点升高法、熔点降低法、渗透压法等，现在可以用质谱法测定。用高分辨质谱技术，仅用几微克的样品就可以精密测定有机化合物的相对分子质量和分子式。

### 1.3.4 结构的确定

有机分子的结构比较复杂，不仅有分子构造(原子连接的次序与方式)不同，而且包含分子中各原子在空间分布的差异。得到实验式和分子式通常并不能完全确定有机分子，其结构还有待确定。确定化合物的结构是一项相当艰巨而有意义的工作，一般要通过化学方法和物理方法的综合分析，才能获得比较准确的结果。通常经过以下步骤：

(1) 官能团分析。各种官能团具有各不相同的化学性质，用化学方法可以揭示化合物分子中不同官能团存在的情况，借以判断其结构。

(2) 化学降解与合成。为了确立一个结构较为复杂的、新的有机化合物结构，常用化学方法把分子拆开，打成“碎片”，测定这些较小“碎片”的结构，再由“碎片”拼凑起来确定分子的整体结构。而且有时要把已推断出来的结构当作模式，用已知结构的化合物为原料，通过特定的路线进行化学合成。两者得到同一结果时，才能写出反映化合物确切结构的结构式。

(3) 物理方法的应用。近代物理方法的广泛应用为有机化合物结构的测定开辟了途径，改进了手段，简化了过程。例如，X 射线衍射、红外光谱、紫外光谱、核磁共振谱、质谱、气液色谱等（必要时，与化学方法相配合），可以快速地提供准确可靠的结构信息，借以准确、快速地确定有机化合物的结构。其中，最常用的是红外光谱和核磁共振谱，将在第 11 章详细讨论。

### 1.3.5　化学性质及反应机理的研究

化学性质及反应机理的研究是化学研究的重点，它是由该化合物的结构决定的。因此，研究机理是从微观上洞察化合物在一定条件下（如温度、压力、溶剂等）接受试剂进攻所发生结构变化的全过程。阐明机理需表明哪些键断裂、哪些键形成，这些变化的先后次序，并尽力描述状态、杂化、碳架、官能团、几何形状的变化，以及伴随这些过程的能量变化。

## 1.4　有机化学中的酸碱概念

酸碱概念的发展在化学的发展过程中占有重要的地位，并与有机化合物的分析测定、分离提纯及有机反应条件的确立和有机理论的发展密切相关，是化学变化中应用最为广泛的概念之一。

1889 年，阿伦尼乌斯（Arrhenius）提出水-离子论，认为凡在水中能电离产生 $H^+$ 的物质是酸，产生 $OH^-$ 的是碱。但是，他把酸和碱的范围限制在水溶液中，而且不包括那些不产生 $H^+$ 或 $OH^-$ 的物质，如 HCl 气体、氨基钠的液氨溶液、碱金属溶于乙醇等。

1905 年，富兰克林（Franklin）提出溶剂论，把以水为溶剂的个别现象推广到一般情况——能离解出与溶剂相同的正离子的物质为酸，能离解出与溶剂相同的负离子的物质为碱，中和作用是正、负离子相结合的反应并生成溶剂分子。按照溶剂论，氨基钠液氨溶液中有 $NH_2^-$ 是碱，碱金属溶于乙醇中生成负离子 $C_2H_5O^-$ 是碱。但该理论仍未能说明无溶剂或在溶剂中不能电离的物质的属性。该理论以溶剂为基准来讨论物质的酸碱性，未从酸碱本身出发，且在多种溶剂中水是广泛而普遍使用的，因此溶剂论的影响远不如离子论。

1923年，丹麦化学家布朗斯台德(Brönsted)和英国化学家劳利(Lowry)提出了质子论——凡是能放出质子的物质为酸，而能与质子结合的物质为碱。酸放出质子后产生该酸的共轭碱，同样碱结合质子后形成该碱的共轭酸。

$$\underset{\text{酸}}{HCN} \rightleftharpoons \underset{\text{共轭碱}}{CN^-} + H^+ \qquad \underset{\text{碱}}{NH_3} + H^+ \rightleftharpoons \underset{\text{共轭酸}}{NH_4^+}$$

从质子论可以看出，一个物质是酸还是碱实际上是相对而言的，视反应对象不同而不同。例如，甲醇在浓酸中接受质子，属于碱；它与强碱作用放出 $H^+$，属于酸。酸的强度就是它给出质子的倾向。同样，碱的强度也就是它接受质子的倾向。一个酸越强，它的共轭碱越弱。不同强度的酸碱之间可以发生反应，反应的方向是质子从弱碱转移到强碱。因此，质子论大大扩展了酸碱的一般范围，得到了广泛应用。但是质子论不能说明 $BF_3$、$AlCl_3$ 之类物质的酸碱性。

1924年，美国化学家路易斯(Lewis)提出了电子理论。他从化学键理论出发，以接受或给出电子为判据，定义凡能接受电子对的物质是酸，凡能给出电子对的物质是碱。也就是说酸和碱分别是电子对的受体和供体，酸碱反应实际上是形成配位键的过程，生成酸碱加合物，如

$$NH_3 + HCl \rightleftharpoons NH_4^+Cl^-$$

式中的 $NH_3$ 可以接受质子，所以是布朗斯台德碱；但在和 $H^+$ 结合时，它的氮原子给予一对电子与 $H^+$ 成键，所以它又是路易斯碱。路易斯酸则和布朗斯台德酸略有不同。例如，质子 $H^+$，按布朗斯台德定义不是酸，按路易斯定义能接受外来电子对所以是酸。又如，按布朗斯台德定义，HCl 是酸，但按路易斯定义，它本身不是酸，它所给出的质子才是酸：

$$H^+ + Cl^- \longrightarrow HCl$$

另外，有些化合物按布朗斯台德定义不是酸，但按路易斯定义却是酸。例如，在有机化学中常用的试剂三氯化铝：

$$AlCl_3 + {:}Cl^- \longrightarrow AlCl_4^-$$

不仅含有未共用电子对的物质是供体，视为路易斯碱，而且含 π 电子的不饱和化合物(如烯烃、芳烃等)也是供体，称为路易斯碱。不仅 $BF_3$、$AlCl_3$、$Ag^+$ 等因具有空轨道可以接受电子对，而且三硝基苯、四氰基乙烯等含有缺电子 π 键也能接受电子对，称为路易斯酸。从而可理解，分子中电子云密度低的部位都可看作酸，而电子云密度高的部位都可看作碱。

电子论所包括的酸碱范围最为广泛，这是因为它的定义并不是着眼于某个元

素，而是归之于一种分子的电子结构。由于配位键普遍存在于化合物中，酸碱加合物几乎无所不包，从而极大地扩展了酸碱范围。但是电子论也有不足之处。首先，它不像质子论那样有一个统一的 $pK_a$ 可以定量比较强度之用；其次，它涉及的范围过于广泛，几乎包括了所有的试剂和化合物，也产生不便。例如，通常不被视作酸的 $Ag^+$，按路易斯理论可认为是酸，因为它能接受电子对：

$$Ag^+ + 2NH_3 \longrightarrow [Ag(NH_3)_2]^+$$

而一些经典的质子酸，如 HAc、$H_2SO_4$ 等在一般反应条件下仅放出 $H^+$ 而未接受电子对，不能纳入路易斯酸，只能视作酸碱加合物，这又妨碍了它的推广应用。

## 1.5 有机反应和亲电亲核概念

有机反应可以根据反应物与产物之间的相互关系划分为取代反应、加成反应、消除反应、重排反应和氧化还原反应等。

从共价键的断裂和反应历程来看，化学反应有的是一步完成的，有的是多步完成的。对于一步完成的反应而言，旧键的断裂和新键的形成同时发生，并经过一个能量的“过渡态”，称为协同反应。亲核取代反应中的 $S_N2$、消除反应的 E2 和周环反应均属于协同反应。多步完成的反应过程中，旧键的断裂和新键的形成不是同时发生的，而是经过一个或多个活泼中间体，尽管它们在许多情况下是不可分离的。最常遇到的中间体是自由基、碳正离子和碳负离子。这些中间体来自共价键的异裂和均裂：

$$A\cdot|\cdot B \xrightarrow{\text{均裂}} A\cdot + B\cdot \qquad \text{I}$$

$$A|\cdot\cdot B \xrightarrow{\text{异裂}} A^+ + B^- \qquad \text{II}$$

Ⅰ中带有一个或几个未配对电子的原子或基团称为自由基（或游离基），是电中性的。共价键的这种断裂方式称为均裂。发生键均裂的反应称为均裂反应，也称为自由基型反应。产生均裂反应的条件是光照、辐射或加热等；在有些场合，使用分子中有低键能的共价键容易产生自由基的引发剂（如过氧化物、偶氮化合物）引发均裂反应。

Ⅱ中带有一对电子或缺少电子的原子或基团分别称为负离子和正离子。共价键的这种断裂方式称为异裂。发生键异裂的反应称为异裂反应，也称为离子型反应。产生异裂反应的条件除催化剂外，多数由于极性试剂进攻共价键，或反应在极性溶剂中进行。过渡态和活泼中间体的形成方式、结构、相对稳定性及性质等将在后续章节中分别介绍。

对应于自由基型反应和离子型反应，试剂可分为自由基试剂和离子试剂。离子试剂又分为亲电试剂和亲核试剂。

所谓自由基试剂，是指在光或热的作用下发生均裂生成自由基的试剂。例如，烷烃的光卤化或气相高温卤化是一个自由基反应，在这一反应中，卤素是自由基试剂。在光或热作用下，卤素分子发生均裂形成卤原子，卤原子引起卤化反应：

$$Cl_2 \xrightarrow{\text{光或热}} 2Cl\cdot$$

在自由基试剂中还有一部分化合物，如过氧化物、偶氮化物等，受热后分解成初始自由基，引发自由基反应，只要少量的这种自由基试剂，反应就能进行下去，这类自由基试剂又称自由基引发剂。

所谓亲电试剂是指在反应过程中，能够从有机化合物中与之反应的那个原子获得电子对并与之共用形成化学键的试剂。例如，$H^+$、$SO_3$、$BF_3$、$AlCl_3$、$NO_2^+$ 等均为亲电试剂。有机化合物与亲电试剂的反应称为亲电反应。

所谓亲核试剂是指在反应过程中，能够把电子对给予有机化合物中与之反应的那个原子并与之共有形成化学键的试剂。例如，$OH^-$、$NH_2^-$、$CN^-$、$H_2O$、$NH_3$ 等含有孤对电子的物种和负离子都是亲核试剂。有机化合物与亲核试剂的反应称为亲核反应。

有些试剂如 $H_2O$，可以是亲核试剂，也可以是亲电试剂，取决于反应物或所使用的催化剂。有些试剂，如 $Cl_2$，高温或光照下是自由基试剂，而在极性介质中是亲电试剂。又如 HBr 在极性介质中是亲电试剂，而在有过氧化物存在下的非极性环境中又可成为自由基试剂。

试剂亲电亲核强度的大小主要取决于试剂电量和极性、中心原子的电子的可极化性、空间位阻等因素。

亲电亲核能力与试剂的酸碱性是两个不同的概念，但有着极为密切的联系，讨论有机化合物的酸碱概念对研究有机化学反应有一定的指导价值。

路易斯酸能接受外来电子对，因此它们具有亲电性。当参与反应时，它们都有亲近另一分子的负电荷中心的倾向，所以从有机反应的角度出发，它们又叫做亲电试剂。常见的有 $H^+$、$BF_3$、$SO_3$、$AlCl_3$、$ZnCl_2$、$SnCl_2$、$RC^+{=}O$、$R^+$、$NO_2^+$ 等。路易斯碱能给予电子对，因此它们具有亲核性，即它们在反应时都有亲近另一分子的正电荷中心的倾向（有机化学中常习惯地把原子核的“核”作为正电荷的同义词），所以从有机反应的角度出发，它们又叫做亲核试剂。常见的有 $OH^-$、$X^-$、$CN^-$、$RO^-$、$NO_3^-$、$R^-$、$\ddot{N}H_3$、$R\ddot{N}H_2$ 等。

有机化学中，常把一个有机反应发生的原因归因于两个分子或离子，或同一个分子的不同电性部分（亲核部分和亲电部分）相互作用的结果。所以，路易斯酸碱概念以及亲电、亲核概念，都是学习有机化学时必须掌握的基本概念。

离子型反应一般在溶剂中进行。对离子型反应，溶剂不仅能改变反应速率，还可以改变反应机理。溶剂的极性和溶剂的溶剂化能力是溶剂影响离子型反应的两个主要因素。

溶剂按其极性可分为极性溶剂和非极性溶剂。溶剂的极性通常与溶剂的介电常数 ε(F/m)联系起来。常用溶剂的介电常数如表1-1所示。ε＞15F/m 的称为极性溶剂,ε＜15F/m 的称为非极性溶剂。

**表1-1 常用溶剂的介电常数**

| 溶 剂 | ε/(F/m) | 溶 剂 | ε/(F/m) |
|---|---|---|---|
| $H_2O$ | 78.5 | $n$-$C_6H_{13}OH$ | 13.3 |
| HCOOH | 58.5 | $CH_3COOH$ | 6.15 |
| $HCON(CH_3)_2$ | 36.7 | $(C_2H_5)_2O$ | 4.34 |
| $CH_3OH$ | 32.7 | $C_6H_6$ | 2.28 |
| $C_2H_5OH$ | 24.5 | $CCl_4$ | 2.24 |
| $CH_3COCH_3$ | 20.7 | $n$-$C_6H_{14}$ | 1.88 |

溶剂按结构可分为质子溶剂和非质子溶剂。溶剂分子中有可以作为氢键给体的 O—H 键或 N—H 键的称为质子溶剂,没有氢键给体的称为非质子溶剂。质子溶剂分子中的 O—H、N—H 键的 O 和 N 都有孤对电子,因此质子溶剂既是氢键给体,又是氢键受体,如 $H_2O$、$C_2H_5OH$。非质子溶剂不是氢键给体,有些是氢键受体,如 $CH_3COCH_3$、$HCON(CH_3)_2$ 等;有些也不是氢键受体,如 $C_6H_6$、$n$-$C_6H_{14}$ 等。

在溶液中,溶质被溶剂分子所包围的现象称为溶剂化。例如,在氯化钠的水溶液中,结构单元就是水化了的钠离子($Na^+$)和氯离子($Cl^-$)。一个极性溶剂分子有带部分正电荷的正端和带部分负电荷的负端(如 $R-\overset{\delta^-}{O}-\overset{\delta^+}{H}$)。正离子与溶剂负端,负离子与溶剂的正端互相吸引,称为离子-偶极作用,也称为离子-偶极键。离子-偶极作用是溶剂化作用的本质。质子溶剂的溶剂化作用除了离子-偶极作用外,往往还有氢键的作用。

溶剂化不仅使离子稳定,而且也可以降低离子的化学反应活性。例如,质子溶剂不仅稳定正离子,并急剧地降低负离子的反应活性,使负离子的碱性及亲核性减弱。

## 1.6 有机化合物的分类

如前所述,有机化合物数量繁多,而且还在不断合成和发现新的有机化合物。众多的化合物在结构和性能的关系上有明显的规律性,因此,从结构的观点对有机化合物加以科学分类,并将其名称系统化和统一,对于学习和研究有机化学是十分必要的。常用的分类方法主要有两种:按分子的碳架分类和按有特征反应的官能团分类。

### 1.6.1 根据碳的骨架分类

按照碳的骨架可以把有机化合物分成下列三类：

#### 1.6.1.1 开链化合物

开链化合物中碳架为链状，不形成闭合的环，如

$$\underset{\text{2-甲基丁烷}}{\underset{\displaystyle |\atop CH_3}{CH_3CH_2CHCH_3}} \qquad \underset{\text{丙烯}}{CH_3CH{=}CH_2} \qquad \underset{\text{正丙醇}}{CH_3CH_2CH_2OH}$$

链状化合物最初是从油脂中发现的，所以开链化合物也叫做脂肪族化合物。

#### 1.6.1.2 碳环化合物

碳环化合物分子中含有由碳原子组成的环。根据碳环的特点又可分为以下两类：

1）脂环族化合物

性质与脂肪族化合物相似，在结构上也可看作是开链化合物首尾相连而成的，如

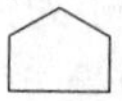
环戊烷

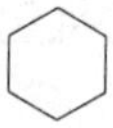
环己烷

2）芳香族化合物

分子中大多含有苯环或与苯具有相似性质的碳环。它们在性质上与脂肪族化合物有较大区别，如

苯

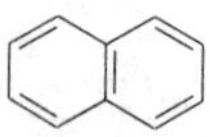
萘

#### 1.6.1.3 杂环化合物

杂环化合物分子中的环是由碳原子和其他元素的原子（主要是 O、S、N 等）组成的，如

呋喃

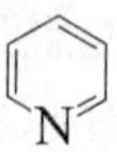

吡啶

噻吩

碳环和杂环化合物分子中，环上连有一个或多个不同长度的烷基侧链的，仍属

于碳环或杂环类。

### 1.6.2 根据官能团分类

官能团是指分子中比较活泼、容易发生某些特征反应的原子(如卤素原子)、原子团[—OH(羟基)、—COOH(羧基)]或某些特征的化学键结构单元[—C≡C—(叁键)]等。它们对化合物的性质起着决定性的作用。显然,含有相同官能团的有机化合物具有类似的性质。表 1-2 是常见官能团的结构及其名称。

表 1-2 一些常见官能团的结构及名称

| 官能团名称 | 官能团结构 | 化合物类名 | 实 例 |
|---|---|---|---|
| 羧基 | $-\overset{O}{\overset{\parallel}{C}}-OH$ | 羧酸 | $CH_3COOH$ (乙酸) |
| 磺酸基 | $-SO_3H$ | 磺酸 | 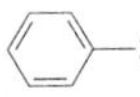$-SO_3H$ (苯磺酸) |
| 烷氧基羰基(酯基) | $-\overset{O}{\overset{\parallel}{C}}-OR$ | 酯 | $CH_3\overset{O}{\overset{\parallel}{C}}-OCH_2CH_2CH_2CH_3$ (乙酸丁酯) |
| 卤代甲酰基 | $-\overset{O}{\overset{\parallel}{C}}-X$ | 酰卤 | $CH_3\overset{O}{\overset{\parallel}{C}}-Cl$ (乙酰氯) |
| 氨基甲酰基 | $-\overset{O}{\overset{\parallel}{C}}-NH_2$ | 酰胺 | $CH_3\overset{O}{\overset{\parallel}{C}}-NH_2$ (乙酰胺) |
| 氰基 | $-CN$ | 腈 | $CH_3CN$ (乙腈) |
| 醛基(甲酰基) | $-\overset{O}{\overset{\parallel}{C}}-H$ | 醛 | $CH_3\overset{O}{\overset{\parallel}{C}}-H$ (乙醛) |
| 羰基 | $\rangle C=O$ | 酮 | $CH_3\overset{O}{\overset{\parallel}{C}}CH_3$ (丙酮) |
| 羟基 | $-OH$ | 醇,酚 | $CH_3OH$ (甲醇), 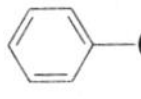$-OH$ (苯酚) |
| 巯基 | $-SH$ | 硫醇,硫酚 | $CH_3CH_2SH$ (乙硫醇), $-SH$ (苯硫酚) |
| 氢过氧基 | $-O-O-H$ | 氢过氧化物 | 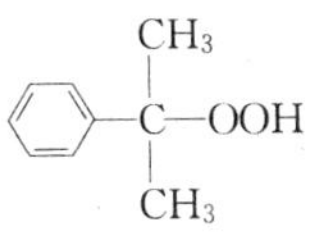 (氢过氧化异丙苯) |
| 氨基 | $-NH_2$ | 胺 | $CH_3NH_2$ (甲胺) |

续表

| 官能团名称 | 官能团结构 | 化合物类名 | 实例 |
|---|---|---|---|
| 亚氨基 | 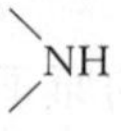 | 仲胺，亚胺 | 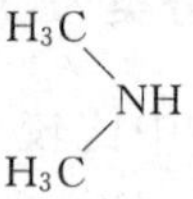 （二甲胺） |
| 烷氧基 | —OR | 醚 | $CH_3OCH_3$ （甲醚） |
| 卤原子 | —X(F、Cl、Br、I) | 卤代烃 | $CH_3CH_2Br$ （溴乙烷） |
| 硝基 | $—NO_2$ | 硝基化合物 | $CH_3NO_2$ （硝基甲烷） |

一般把这两种分类方法结合起来，先按碳架分类，再在各类中按官能团分为若干系列。本书将按上述分类体系对各类化合物分别进行讨论。

## 1.7 有机化学的学习方法

有机化学是一门系统性很强、内容多、反应多，而且缺乏定量化描述的学科。我们必须根据有机化学的课程特点进行学习。虽然学习方法因人而异，不可能有统一的模式，但下面的几点建议值得参考：

(1) 理解与记忆相结合。有些人错误地把有机化学看成是纯记忆的科学，认为只要记住有机化合物的结构式和各类型反应，就能够学好有机化学。实践证明，他们虽然记住了一些有机化学知识，但往往缺乏运用的能力，主要原因就是没有深刻理解这些知识。近一二十年的进展表明，有机化学已不再是简单地叙述实验结果，而是有严密理论基础的学科。学习时不仅要了解各类有机化合物相互转化的内在规律，还要了解各种结构因素和反应条件对反应的影响；不仅要从宏观上了解反应的类型，还要从微观上了解反应的详细过程——反应机理。所以要学好有机化学，必须从理论上理解，在理解中记忆，这样才会收到事半功倍的效果，不可死记硬背。

(2) 勤于解题。做习题是理论课教学的继续和延伸。要真正把有机化学知识学好，做一定量的习题是必不可少的。解习题不仅能加深对知识的消化理解，开阔视野，扩展思路，而且可以培养和提高对知识的运用和驾驭能力，达到举一反三的目的。

(3) 重视实验。有机化学的另一特点是实践性强。要学好有机化学，既要掌握基础理论，又要重视实验环节。通过实验环节不仅可以加强动手能力、观察能力、独立思考能力的培养，还可以加深对理论的理解和应用，使分析问题和解决问题的能力落到实处。

# 第 2 章　有机化合物的命名

## 2.1　命名方法概述

为了使各国化学工作者更好地进行学术交流,促进有机化学深入发展,早在1860年,凯库勒倡议组织了一系列国际会议,讨论有机化合物命名法。1892年4月,在日内瓦由世界著名化学家参加的国际化学会议上,拟订了54项命名规则的有机化合物命名法,该命名法称为日内瓦命名法。进入20世纪后,化学家的国际合作更多了。1911年,国际纯粹与应用化学联合会(IUPAC)的前身——国际化学联合会在巴黎开会,提出了一系列建议,其中涉及元素和有机物的命名等。在这些工作的基础上,1919年在罗马正式成立了IUPAC。以后经过IUPAC多次修订,1979年公布了《有机化学命名法》。该法则包括:A部——烃,B部——基本杂环系统,C部——含碳、氢、氧、氮、卤素、硫、硒和碲的特征基团,D部——含碳、氢、氧、氮、硒、碲及其他元素的有机化合物,E部——立体化学,F部——天然产物和有关化合物命名的一般原则,G部——变丰化合物。由IUPAC公布的命名法已普遍为世界各国所采用。我国的有机化学命名法结合了我国文字习惯与特点,首先见诸于1960年由中国科学院编辑出版委员会出版的《有机化学物质的系统命名原则》。1980年,由中国化学会组织的"有机化学名词小组"参考了IUPAC 1979年公布的原则,对我国1960年制定的命名原则进行了增补和修订,并正式公布了《有机化学命名原则》(1980年)。其中规定了一些命名原则和烃、杂环化合物的系统命名方法,对有些烃类衍生物的系统命名没有十分明确,这就是目前国内使用的系统命名法。

本书涉及的有机化合物主要采用系统命名法进行命名,对某些化合物也采用习惯命名法或衍生物命名法。

### 2.1.1　命名法概述

目前广泛采用的是系统命名法。但是某些情况下,习惯命名法和衍生物命名法,甚至俗名仍然保留使用。

对于那些结构简单的化合物,常用习惯命名法进行命名,也就是用甲、乙、丙、丁、戊、己、庚、辛、壬、癸、十一、十二、……表示分子中碳原子数目;用表示链异构的形容词表示碳链的结构,如

$CH_3CH_2CH_2CH_3$

正丁烷

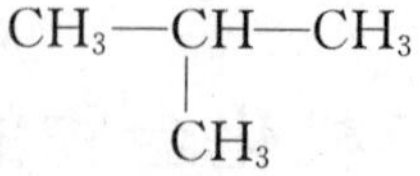

异丁烷

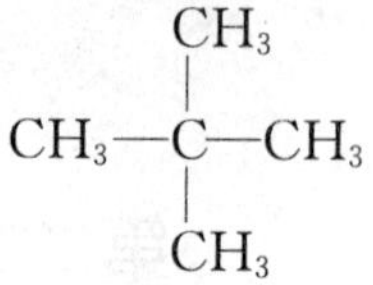

新戊烷

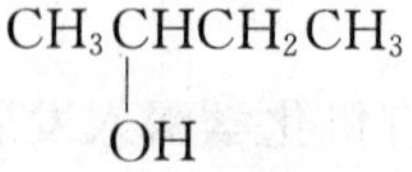

仲丁醇

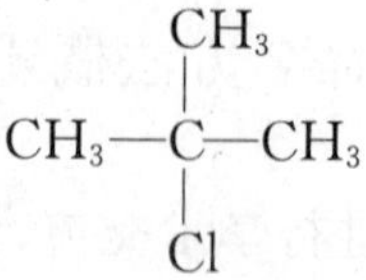

叔丁氯

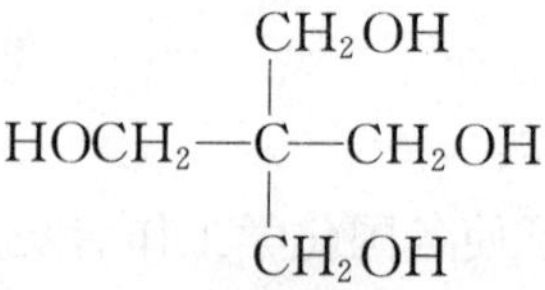

季戊四醇

除习惯命名法外，结构较简单的链烃还可用衍生物命名法命名，如

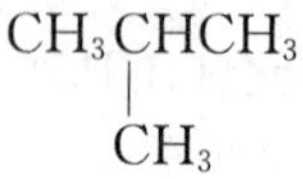

三甲基甲烷

$CH_3CH{=}CH_2$

甲基乙烯

俗名大多是有机化学发展初期，根据有机化合物的来源、存在或性质（如物态、味道等）而命名，如

HCOOH

甲酸（也称蚁酸）

（来自蚂蚁体内）

$CH_3COOH$

冰醋酸

（在 16℃结晶像冰）

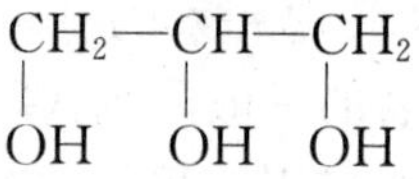

甘油

（味甘甜）

### 2.1.2 系统命名的基本方法

有机化合物系统命名的基本方法分四步：选主官能团，定主链位次，确定取代基列出顺序，写出全称。

1）选主官能团

通常，按表 1-2 中官能团排列顺序选择化合物中的主官能团。习惯上把排在前面的官能团选为主官能团，命名时称为某化合物，排在后面的官能团看成取代基。例如，$HOCH_2CH_2\underline{COOH}$、$HOCH_2CH_2\underline{COOCH_3}$和$\underline{HO}CH_2CH_2NH_2$，主官能团分别是—COOH、—$COOCH_3$ 和—OH，分别称为酸、酯和醇。

2）定主链位次

选择含有主官能团、取代基多的最长碳链为主链，从靠近官能团的一端开始给主链编号（用阿拉伯数字），给定主链上取代基的位置。编号要遵守“最低系列原则”，最低系列原则是指碳链以不同方向编号，得到两种或两种以上的不同编号系列，比较各系列不同位次，最先遇到的位次最小者，定为“最低系列”，如

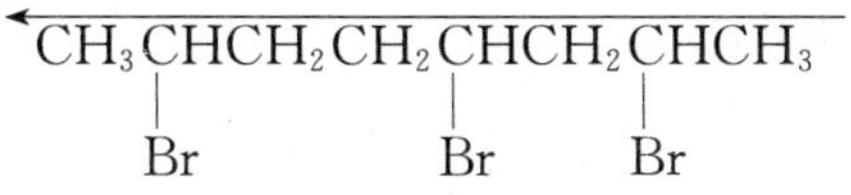

2,4,7-三溴辛烷
（不能叫做 2,5,7-三溴辛烷）

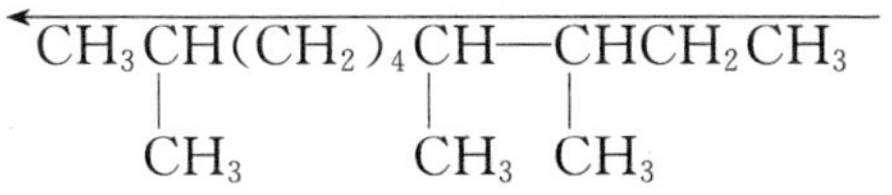

2,7,8-三甲基癸烷
（不能叫做 3,4,9-三甲基癸烷）

3）确定取代基列出顺序

主链上有多个取代基命名时，依照 Cahn-Ingold-Prelog 优先基团次序规则排列取代基，较优基团后列出。顺序规则主要内容（用“＞”表示优于）有：

（1）各种取代基按其第一个原子的原子序数大小排列，原子序数大者为“较优”基团。若为同位素，则相对原子质量大的定为“较优”基团，如

$$I>Br>Cl>F>O>N>C>D>H>:（指孤对电子）$$

（2）如果两个基团的第一个原子相同，则比较与之相连的第二个原子，以此类推。比较时，按原子序数排列，先比较各组中原子序数最大者，若仍相同，再依次比较第二个、第三个，如

$$—CH_2Cl > —CH_3 \quad (Cl,H,H>H,H,H)$$

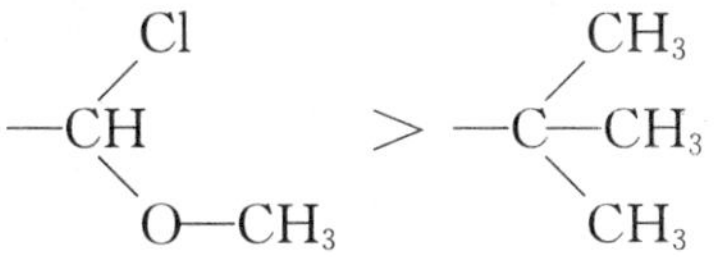

$(Cl,O,H>C,C,C)$

若仍相同，则沿取代基链逐次比较，如

$$—CH_2CH_2CH_2CH_3>—CH_2CH_2CH_3 \quad (C,H,H>H,H,H)$$

（3）含有双键或叁键基团，可以分解为连有两个或三个相同原子，如

$\overset{1}{C}H=\overset{2}{C}H_2$ 相当于

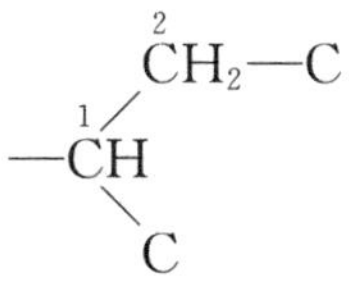

$C_1(C,C,H),C_2(C,H,H)$

$—\overset{1}{C}\equiv\overset{2}{C}H$ 相当于

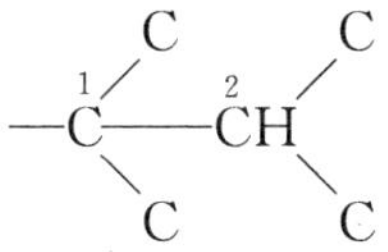

$C_1(C,C,C),C_2(C,C,H)$

因此

$$—C\equiv CH > —CH=CH_2$$

（4）若原子的键不到四个（氢除外），可以补加原子序数为零的假想原子（其顺序排在最后），使之达到四个。例如，$—NH_2$ 的孤对电子即为假想原子。

（5）在互为立体异构的取代基中，顺式或 *R* 型比反式或 *S* 型优先。

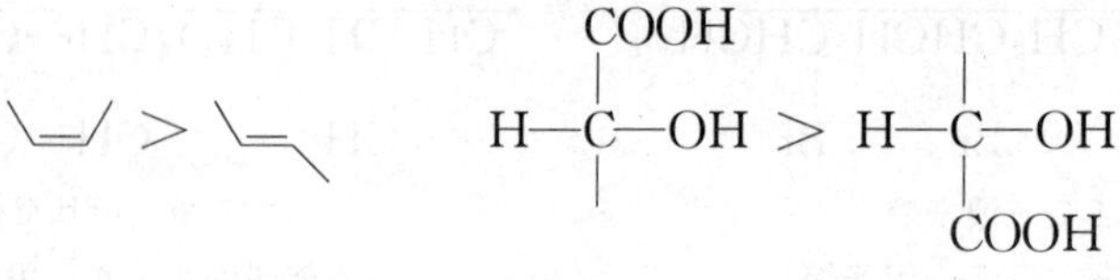

(R) (S)

注意，中国化学会颁布的《有机化学命名原则》规定的取代基列出顺序与IUPAC规定的以取代基英文名称的第一个字母先后次序排列的命名方法有所不同，如

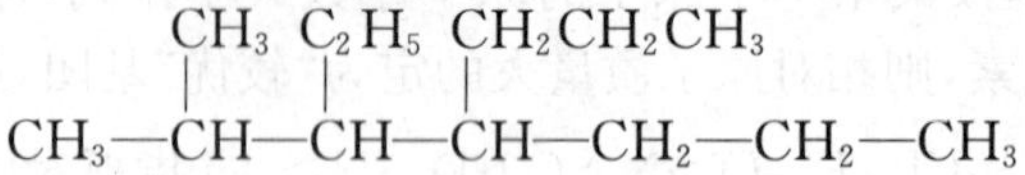

中文系统命名：2-甲基-3-乙基-4-丙基正庚烷

IUPAC命名：3-ethyl-2-methyl-4-propylheptane

4）写出全称

写出化合物全名称时，取代基的位次号写在取代基名称前面，用半字线"-"与取代基分开；相同取代基或官能团合并写，用汉字二、三等表示相同取代基或官能团数目，位号数字间用逗号","分开；前一取代基名称与后一取代基位号间也用半字线"-"分开。在不至于造成混淆的情况下，可以省去位次号，多数情况下"1"可以省去，如

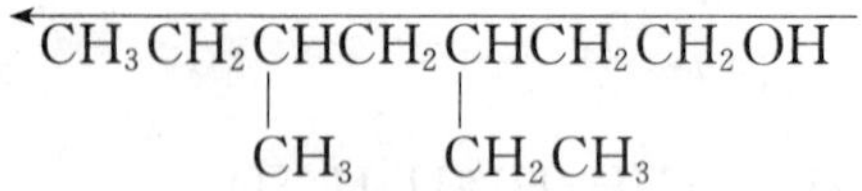

5-甲基-3-乙基(-1-)庚醇

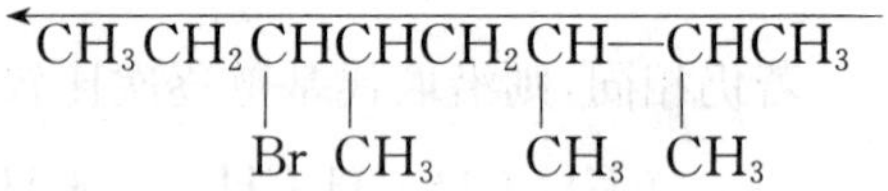

2,3,5-三甲基-6-溴辛烷

下面介绍各类化合物的系统命名方法。

## 2.2 开链烃的命名

### 2.2.1 烷烃

直链烷烃按照分子中碳原子数命名为"某烷"。

带有支链的烷烃，可看作是直链烷烃的烃基衍生物，命名时需遵循下列原则：

(1) 选择最长的连续碳链作为主链，按主链碳原子数命名为"某烷"，并以此作为母体。把支链烷基看作是取代基，命名时把取代基名称放在母体名称的前面，称为"某基某烷"。当存在几条等长的碳链时，则选择连有较多取代基且支链具有最低位次的碳链为主链母体，如

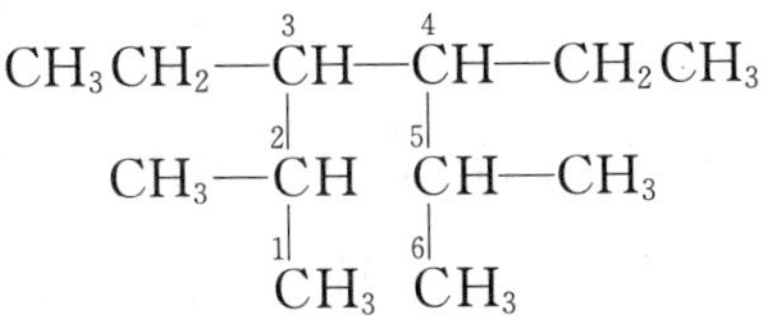

Ⅰ六个碳的主链上有四个取代基

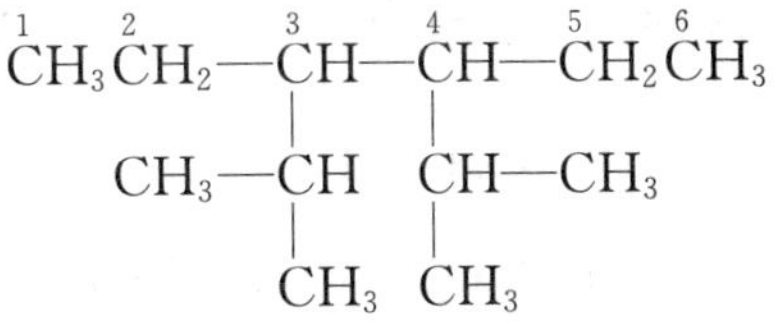

Ⅱ六个碳的主链上有两个取代基

上例中最长的六个碳原子的链有两条，应选取连有较多取代基的链即Ⅰ作为母体，该化合物的母体名称为己烷。

(2) 母体确定后，主链按最低系列原则编号，如

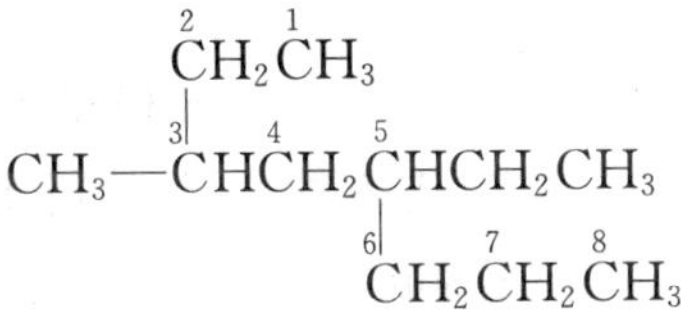

编号正确

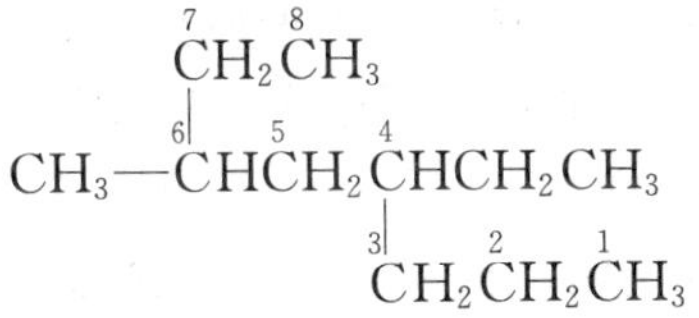

编号不正确

当对主链以不同的方向编号，得到两种相同的编号序列时，应选择使较优的取代基位次较大的编号顺序。

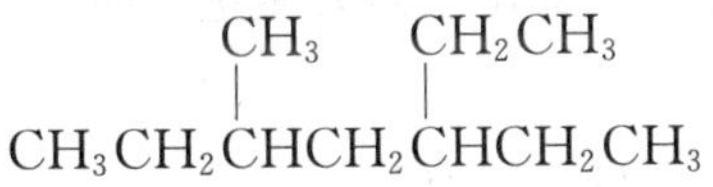

3-甲基-5-乙基庚烷

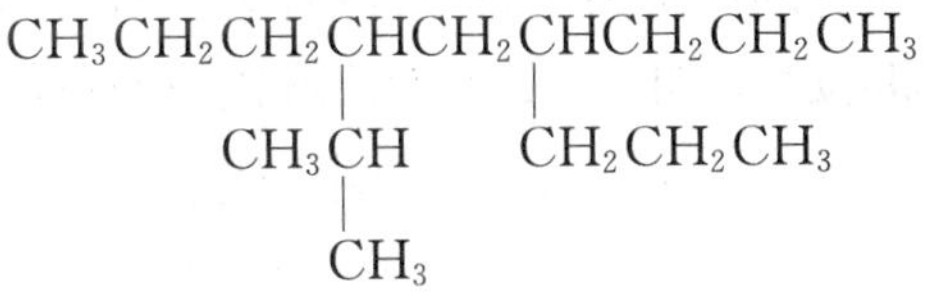

4-正丙基-6-异丙基壬烷

如果支链中还有分支链，可将支链从与主链连接的碳原子开始编号，并将分支链名称放在括号中，或者用带撇的数字表示分支链的位次，分支链名称不放在括号中，如

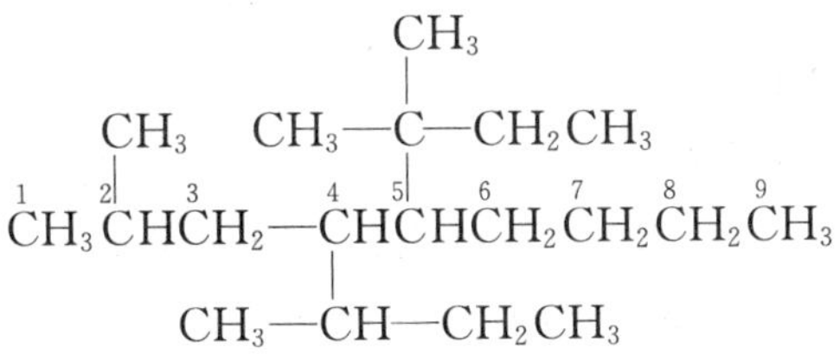

2-甲基-4-仲丁基-5-(1,1-二甲基)丙基壬烷

或 2-甲基-4-仲丁基 5-1′,1′-二甲基丙基壬烷

(3) 命名取代基时，把它们在母体链上的位次作为取代基的前缀，之间用“-”相隔。如果带有几个相同的取代基，则可以合并，但应在基团名称之前写明位次和数目，各个位次数字之间用“,”分隔，数目需用汉字二、三、四、……等表示。

(4) 书写化合物名称时，按 Cahn-Ingold-Prelog 优先基团次序规则排出支链

顺序，将较优基团后列出，如

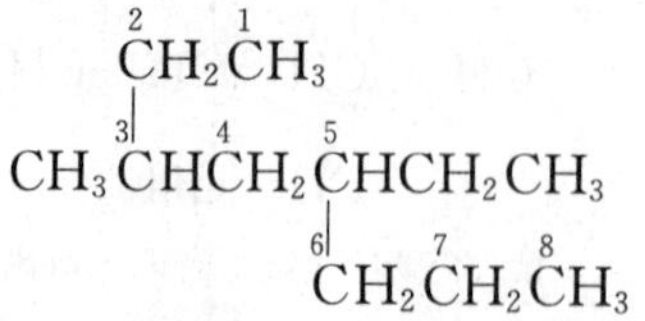

3-甲基-5-乙基辛烷

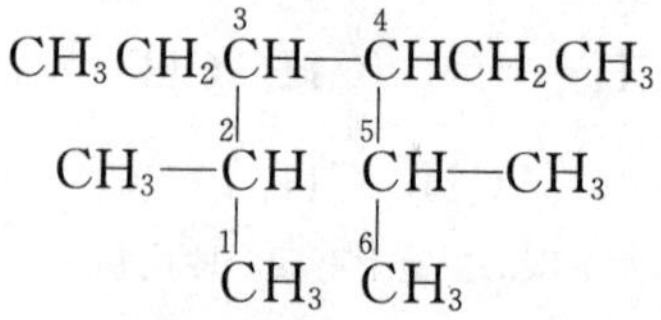

2,5-二甲基-3,4-二乙基己烷

### 2.2.2 烯烃和炔烃

烯烃和炔烃的命名原则如下：

(1) 选取烃分子中含不饱和键最多的最长碳链作为主链，按主链碳原子数称为“某烯”或“某炔”。含有不止一个双键或叁键时，称为几烯(炔)，其数目用汉字表示，并且指明不饱和碳原子的位置。如果在一个分子中同时存在双键或叁键，命名为某烯炔(不管叁键的位次大小)。

(2) 主链上的碳原子从最靠近不饱和键(不管是双键还是叁键)的一端开始编号，以不饱和键所连接的两个碳原子中位次较低的一个代表不饱和键的位次。不饱和键的位次为1时，可以省略。当双键和叁键处于同等位次需要做选择时，应使双键位次较低，并尽可能使取代基的位次较低，如

$CH_3—CH═CH—CH_3$

2-丁烯

$CH_3C≡CCH_2CH_3$

2-戊炔

$CH_3CH═CH—CH═CHCH_3$

2,4-己二烯

$CH_3—CH═CH—C≡CH$

3-戊烯-1-炔

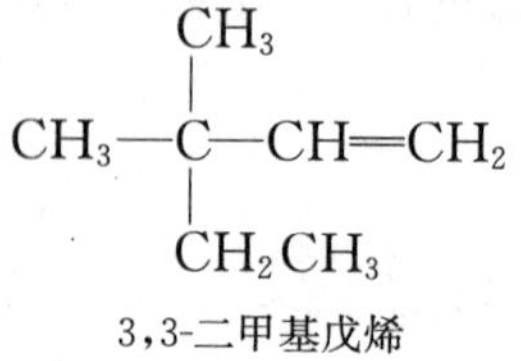

3,3-二甲基戊烯

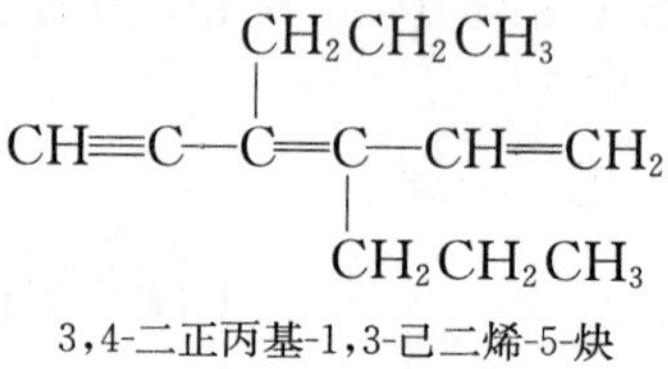

3,4-二正丙基-1,3-己二烯-5-炔

(3) 支链作为取代基，其位次、数目和名称应写在母体名称之前，排列次序与前述烷烃命名原则相同，也按 Cahn-Ingold-Prelog 优先基团次序规则排列，较优的基团后列出。

(4) 烯烃立体异构体的命名，可采用顺/反命名法和 $Z/E$ 命名法。

顺/反命名法：当烯烃双键的两个碳原子分别连有两个不同的原子或基团，并且两个双键碳原子上的原子或基团有一对或两对相同时，可采用顺反命名法。两个相同基团处于双键同侧的叫做顺式，反之叫做反式，一般在名称之前加“顺-”(*cis*-)或“反-”(*trans*-)表示。若双键的两个碳原子上的四个基团都不相同，如三取

代、四取代乙烯，则此法不适用，需用 $Z/E$ 命名法。

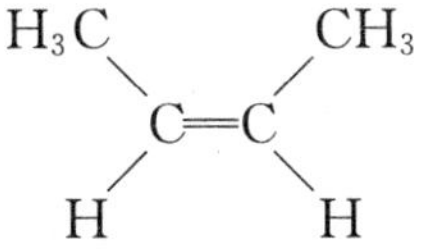

顺-2-丁烯

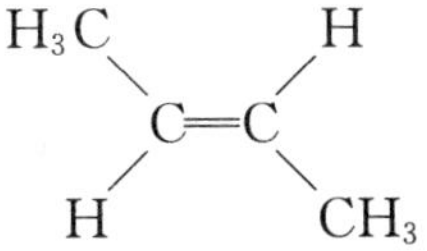

反-2-丁烯

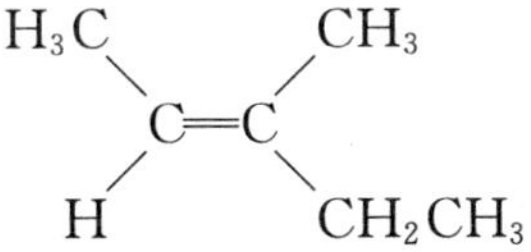

顺-3-甲基-2-戊烯

$Z/E$ 命名法：IUPAC 规定的系统命名法。将双键碳原子上的原子或基团分别按 Cahn-Ingold-Prelog 优先基团次序规则排列，找出两个双键碳原子上的优先基团，如果两个碳原子上各自所连的优先基团处于双键的同侧，称为“$Z$”式构型，处于异侧的称为“$E$”式构型。（“$Z$”和“$E$”分别来自德文 zusammen“共同”之意和 entgegen“相反”之意），如

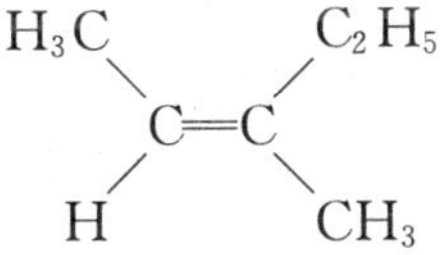

($Z$)-3-甲基-2-戊烯
（优先基团处于同侧）

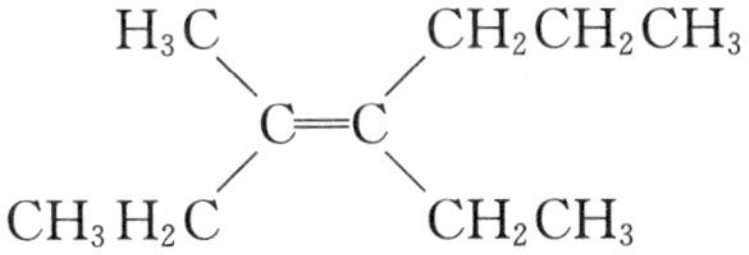

($E$)-3-甲基-4-乙基-3-庚烯
（优先基团处于异侧）

应当注意的是，顺/反命名法和 $Z/E$ 命名法的命名依据不同，二者并无必然的联系。顺式异构体不一定是 $Z$ 构型，反式异构体也不一定是 $E$ 构型。例如，上面最后一例，按 $Z/E$ 命名法为 $E$ 构型，按顺/反命名法为顺式结构。

多烯烃的顺反异构体命名时，需逐一标明每个双键的构型，如

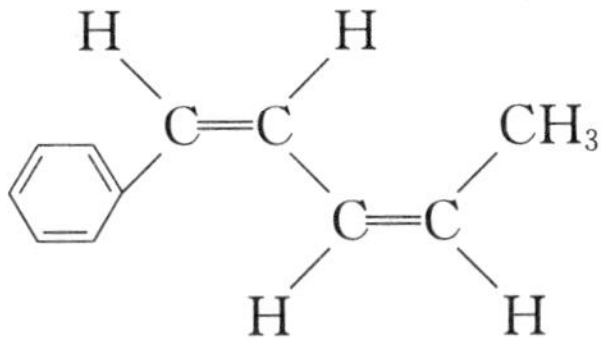

顺，顺-1-苯基-1，3-戊二烯
或(1$Z$，3$Z$)-1-苯基-1，3-戊二烯

## 2.3　脂环烃的命名

脂环烃包括环烷烃、环烯烃、桥环和螺环化合物。

### 2.3.1　环烷烃

环烷烃根据成环碳原子数称为环某烷。若环上带有支链时将支链作为取代基，当有多个取代基时，则给母体环编号，编号时遵循最低系列编号原则，且较优基

团给予大位次号。

甲基环丙烷

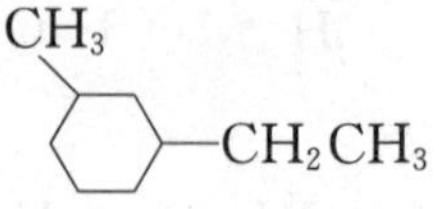

1-甲基-3-乙基环己烷

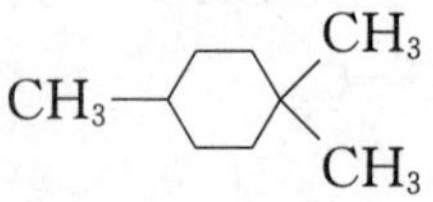

1,1,4-三甲基环己烷

若将环烷烃近似看作平面型分子，当环上两个取代基分别处于不同碳原子上时，存在构型异构体，可用顺反命名法予以注明，如

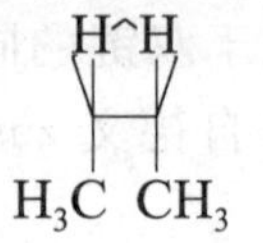

顺-1,2-二甲基环戊烷

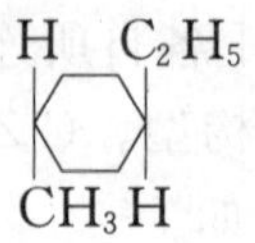

反-1-甲基-4 乙基环己烷

若环上多于两个基团，选择其中位次最低者为参照基团，在位次前加“*r*”(reference)标记，其余取代基位次前用“顺”或“反”表示它们与“参照基团”的立体关系，如

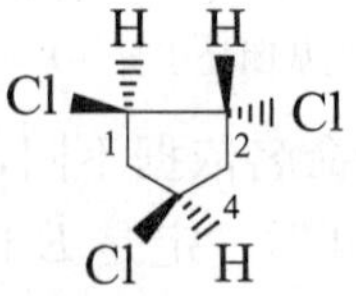

*r*-1,反-2,顺-4-三氯环戊烷

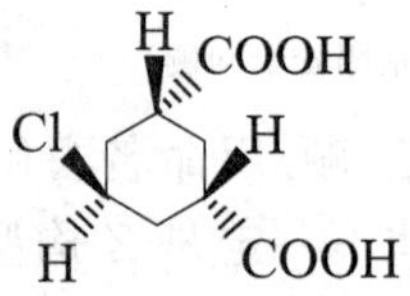

反-5-氯-*r*-1,顺-3-环己烷二甲酸

同一碳上有两个不同取代基时，把母体官能团或较优基团作参照基团，给予尽可能低位次号，其他取代基只择其较优基团的“顺”或“反”表示与参照基团的立体关系，如

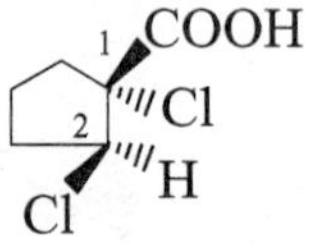

1,顺-2-二氯-*r*-1-环戊烷甲酸

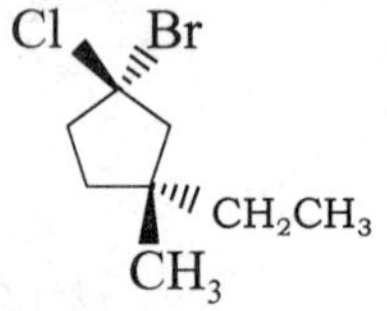

3-甲基-顺-3-乙基-1-氯-*r*-1-溴环戊烷

### 2.3.2　环烯烃的命名

环上有双键的脂环烃叫做环烯烃。命名时以不饱和碳环为母体，环上碳原子编号顺序应使不饱和键所处的位次最小，对于只有一个不饱和键的环烯烃，其双键位置也可不标出来，如

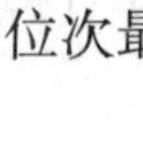

1,3-环己二烯

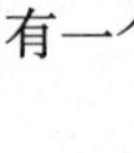

环戊烯

有支链的环烯烃，支链作为取代基，编号时除了要使双键所在的位次最小外，取代基的位次应遵循最低系列编号原则确定，如

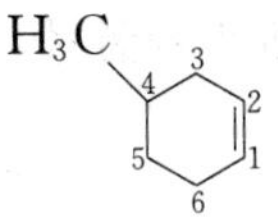


4-甲基-1-环己烯

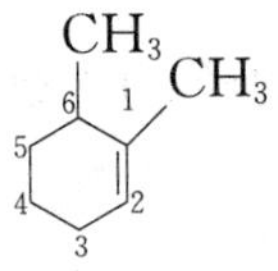


1,6-二甲基-1-环己烯

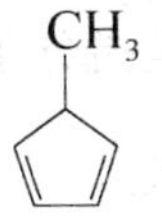


5-甲基-1,3-环戊二烯

### 2.3.3　桥环和螺环化合物

脂环烃分子中含有两个或两个以上的碳环的化合物称为多环烃，其中共用多个碳原子的环状化合物称为桥环化合物，共用一个碳原子的双环化合物称为螺环化合物。

桥环化合物中各桥共用的两个碳原子称作“桥头碳”，其余的称为桥(链)碳原子，两个桥头碳之间有三条桥连接。桥环化合物命名原则如下：

(1) 环的编号从某一桥头碳开始，沿最长的桥编至另一个桥头碳，随后继续编较长的桥至起始桥头碳，最后编最短的桥。

(2) 在满足上一原则的条件下，应使不饱和键(或官能团)或取代基的位次尽可能小。

(3) 命名时将取代基位次和名称写在前面，桥碳原子数目(用阿拉伯数字)从大到小写在方括号中，中间用下角圆点隔开，在方括号后面写出官能团的位次号及名称。根据组成桥环化合物的成环碳原子总数称为某烃(或某烃的衍生物)，如

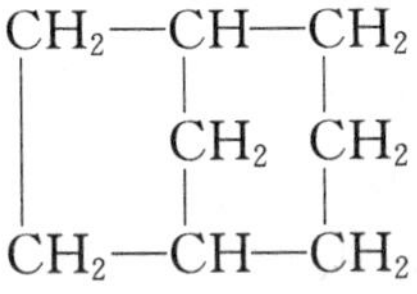


双环[3.2.1]辛烷

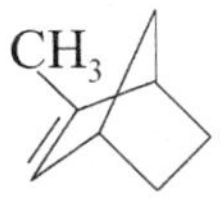


2-甲基双环[2.2.1]-2-庚烯

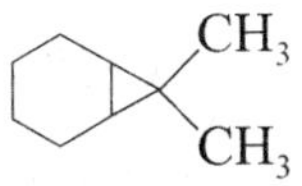


7,7-二甲基双环[4.1.0]庚烷

螺环化合物中两环共用的碳原子称为螺原子。螺环化合物命名与桥环化合物相近。但是，环的编号先从小环上与螺原子相邻的碳原子开始，沿小环经螺原子编到另一大环。编号时注意不饱和键或取代基位次应尽可能小。

标明螺环上碳原子数目时，先写小环上碳原子数目，再写大环上的碳原子数目，其余与桥环化合物命名原则相同，如

螺[4.5]癸烷

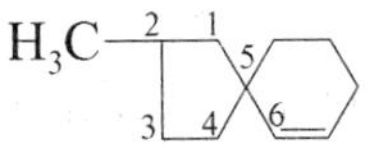


2-甲基螺[4.5]-6-癸烯

## 2.4 芳烃的命名

芳烃一般是指分子中含有苯环的烃。广义的芳烃包括非苯芳烃。

### 2.4.1 单环芳烃

分子中含有一个苯环的芳烃，称为单环芳烃。单环芳烃的命名原则如下：

(1) 以苯环为母体，支链作为取代基，称为某烷基苯。按取代基的多少，又可分为一元、二元、三元取代物等。在二元取代苯中，可用数字 1,2 或邻(*ortho-*)、1,3 或间(*meta-*)、1,4 或对(*para-*)表示取代基的相对位置。在三元取代苯中，可用数字 1,2,3 或连(*vic-*)、1,2,4 或偏(*unsym-*)、1,3,5 或均(*sym-*)来表示取代基的相对位置，应注意的是，连、均、偏用于三个取代基都相同的情况下。苯环上有多个链烃取代基时，编号时应遵循“最低系列编号原则”，如

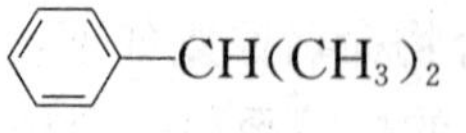


异丙苯

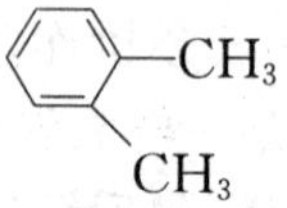


邻二甲苯或 1,2-二甲苯(*o-*)

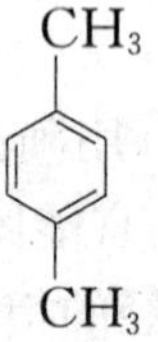


对二甲苯或 1,4-二甲苯(*p-*)

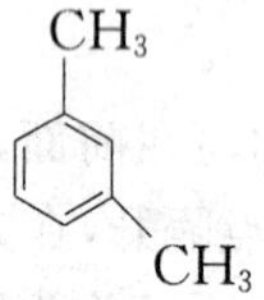


间二甲苯或 1,3-二甲苯(*m-*)

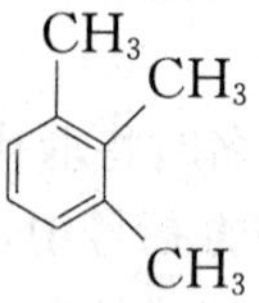


1,2,3-三甲苯或连三甲苯(*vic-*)

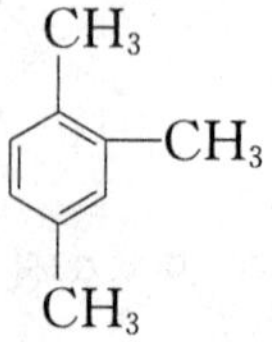


1,2,4-三甲苯或偏三甲苯(*unsym-*)

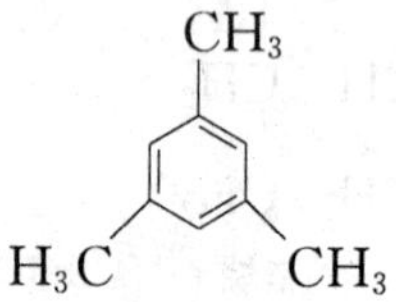


1,3,5-三甲苯或均三甲苯(*sym-*)

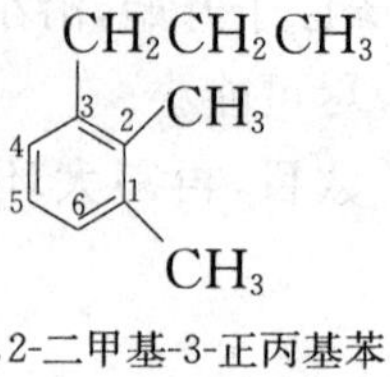


1,2-二甲基-3-正丙基苯

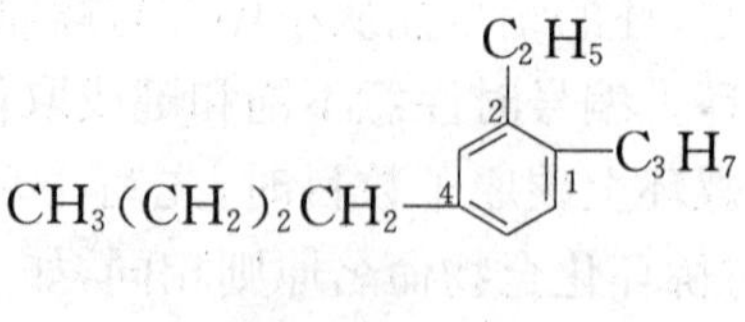


2-乙基-1-正丙基-4-正丁基苯

(2) 若苯环上连有的烃基太复杂或烃基上含有官能团时，以苯环作为取代基，如

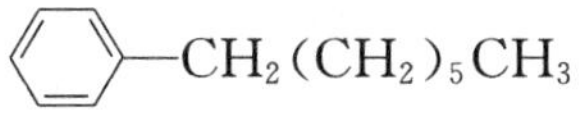
1-苯基庚烷

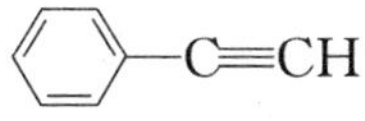
苯乙炔

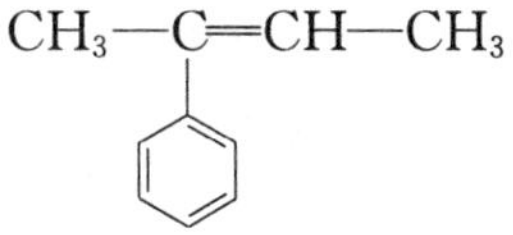
2-苯基-2-丁烯

### 2.4.2　多环芳烃

多环芳烃是指分子中含有两个或两个以上芳环的烃，分为联苯或联多苯类、多苯代脂烃和稠环芳烃三种类型。

联苯或联多苯类分子命名时用中文数字表示苯环数目，用化学介词“联”表示环间的关系，取两环单键连接处为最低位次，分别对两个苯环编号。取代基位次较大的苯环，其编号数字右上角加撇，如

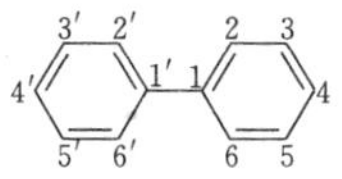
联苯

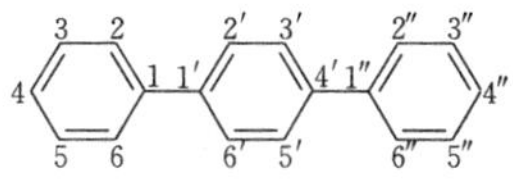
对联三苯

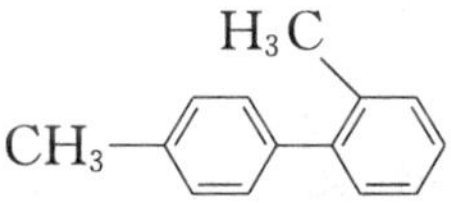
2,4′-二甲基联苯

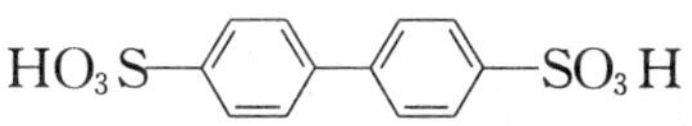
4,4′-联苯二磺酸

多苯代脂烃的命名是将苯环作为取代基，脂烃作为母体，如

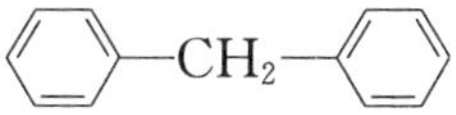
二苯(基)甲烷

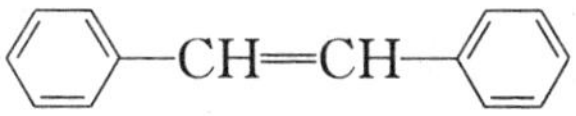
1,2-二苯(基)乙烯

稠环芳烃分子中两个或两个以上的苯环以共用两个相邻碳原子的方式结合，如

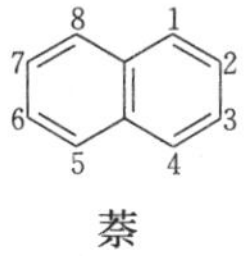
萘

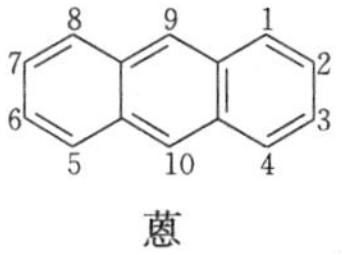
蒽

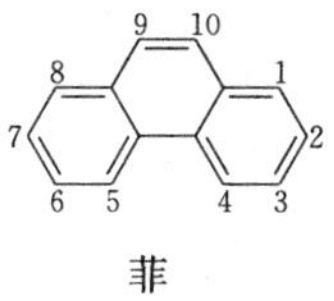
菲

萘分子和蒽分子中的 1,4,5,8 四个位置等同，均称为 $\alpha$-位；2,3,6,7 四个位置等同，均称为 $\beta$-位；蒽分子的 9,10 位两个位置等同，又称为 $\gamma$-位。

菲分子中分别有五对等同的位置：1 和 8、2 和 7、3 和 6、4 和 5、9 和 10。

需要指出的是，稠环芳烃的编号方法是确定的，只要确定了环上的一个位置的编号，则其余位置的编号也就确定了。有取代基的稠环芳烃的命名与单环芳烃相似，如

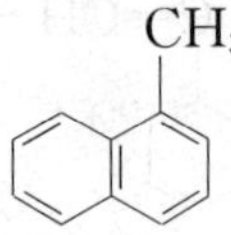

1-甲基萘(α-甲基萘)

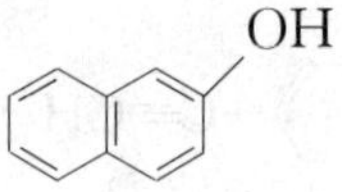

2-萘酚(β-萘酚)

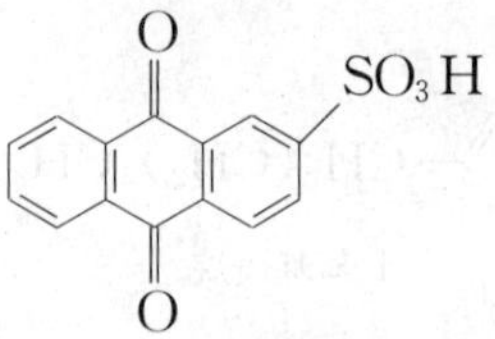

β-9,10-蒽醌磺酸

## 2.5　卤代烃的命名

根据烃基结构的不同,卤代烃可分为卤代烷烃、卤代烯烃、卤代芳烃等。卤代烃的系统命名法原则如下:

(1) 选择连有卤原子的最长碳链为母体,卤原子和其他支链作为取代基。

(2) 编号时应遵循“最低系列原则”。

(3) 分子中含有不饱和键时,应选择同时含有卤素和不饱和键的最长碳链作为母体,编号时应尽可能使不饱和键的位次较小。

(4) 对于脂环卤代物和芳烃卤代物,通常以脂环、芳烃作为母体,卤素原子作为取代基。

(5) 卤代烃名称:取代基-卤原子某烃。依次序规则确定取代基的优先顺序,较优的基团后列出。若烃基与卤素原子处于母体对称位置,则应使烃基优先编号(较优基团大位次)。

$CH_3-\underset{\mid \atop Cl}{CH}-\underset{\mid \atop CH_3}{CH}-CH_3$　　$CH_3\underset{\mid \atop Cl}{CH}\underset{\mid \atop CH_3}{CH}CH_2Cl$　　$\underset{\mid \atop Cl}{CH_2}-CH=CH_2$

2-甲基-3-氯丁烷　　2-甲基-1,3-二氯丁烷　　3-氯丙烯

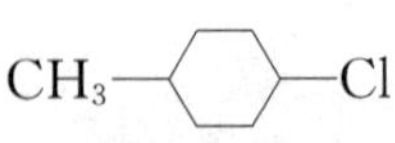

1-甲基-4-氯环己烷

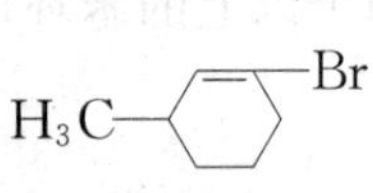

3-甲基-1-溴环己烯

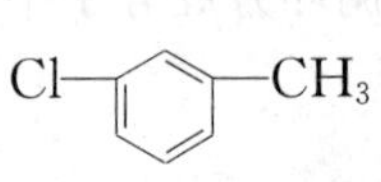

3-氯甲苯(1-甲基-3-氯苯)

有些简单的卤代烃,俗称卤代某烃或某烃基卤,如

$CH_3Cl$　　$CH_3\overset{CH_3 \atop \mid}{CH}CH_2Br$　　$CH_2=CH-CH_2Br$

甲基氯　　异丁基溴　　烯丙基溴

多卤代烷大多有一些俗称,如三卤甲烷又称卤仿。此外,“对称”、“不对称”、“偏”、“均”等词头也常见于卤代烃的命名之中,如

| $CHCl_3$ | $CCl_4$ | $CHCl_2CHCl_2$ | $CH_2ClCCl_3$ | $CH_2=CCl_2$ | $CHCl=CHCl$ |
|---|---|---|---|---|---|
| 氯仿 | 四氯化碳 | 对称四氯乙烷 | 不对称四氯乙烷 | 偏(二)氯乙烯 | 均(二)氯乙烯 |

## 2.6　含氧衍生物的命名

含氧化合物主要包括醇（R—OH）、酚（Ar—OH）、醚（R—O—R′）、醛（R—C(=O)—H）、酮（R—C(=O)—R′）、羧酸（R—C(=O)—OH）、羧酸衍生物（R—C(=O)—X）等。这些化合物中都含有氧原子，氧原子与碳原子在成键形式上有单、双键之分，这些基团都是有机化合物中有代表性的官能团，它们的命名也有相似之处，一般规律为：首先确定主官能团①，选择含有主官能团的最长的碳链或环作为母体，编号时使主官能团的位次尽可能小。若分子中有碳碳不饱和键，则选择同时含有主官能团和不饱和键的最长碳链作为母体，并根据主链碳原子数命名为某烯（炔）醇（醛、酮或酸）。由于各类化合物结构的不同，命名时又各有不同的特点。

### 2.6.1　醇

根据含羟基的多少，醇类又可分为一元醇、二元醇、多元醇等。一元醇的命名一般根据烃基结构不同称为“某醇”，并注明位次。多元醇的命名应选择连有尽可能多的羟基的烃链作为母体，并把羟基的数目和位次放在醇名之前。两个羟基处于邻位的，称 $\alpha$-二醇（或 1,2-二醇）；两个羟基相隔一个碳原子的，称 $\beta$-二醇（或 1,3-二醇）；相隔两个碳原子的，称 $\gamma$-二醇（或 1,4-二醇）等，如

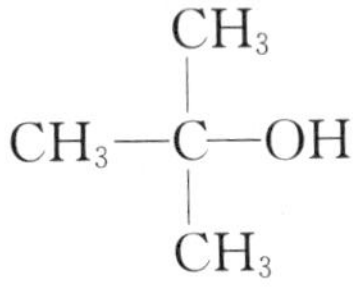
2-甲基-2-丙醇

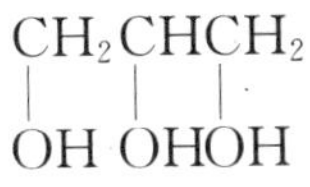
丙三醇（甘油）

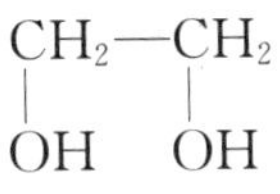
乙二醇

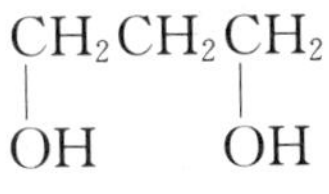
1,3-丙二醇

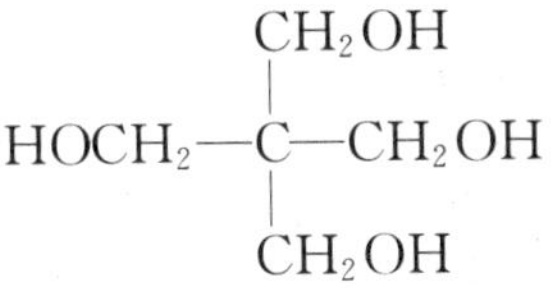
2,2-二羟甲基丙二醇（季戊四醇）

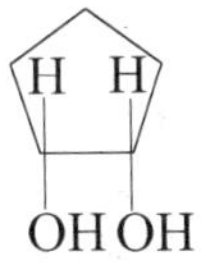
顺-1,2-环戊二醇

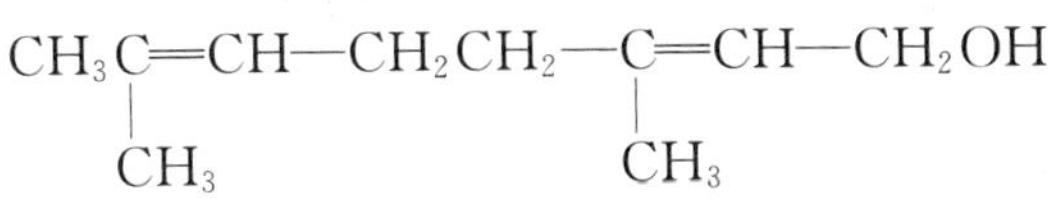
3,7-二甲基-2,6-辛二烯-1-醇

① —COOH，—$SO_3H$，—COOR，—COX，—$CONR_2$，—CN，—CHO，—COR，—OH（醇），—OH（酚），—SH，—$NH_2$，—OR，—C≡C，—CH=$CH_2$，—R，—X，—$NO_2$。

芳醇的命名，可把芳环作为取代基，如

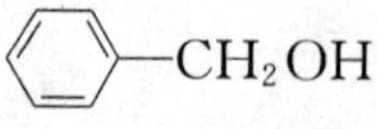

苯甲醇(苄醇)

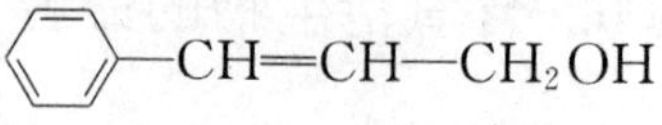

3-苯基-2-丙烯-1-醇(肉桂醇)

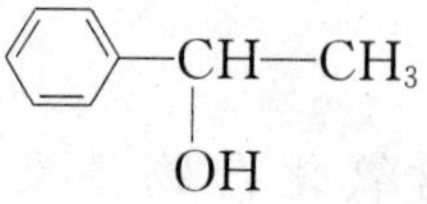

1-苯乙醇($\alpha$-苯乙醇)

对于一些结构简单的醇通常也采用习惯命名法给予命名，如

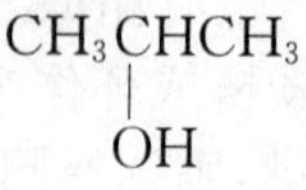

异丙醇

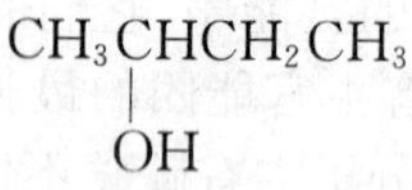

仲丁醇

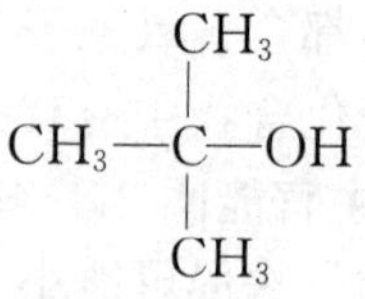

叔丁醇

## 2.6.2 酚

羟基直接连在芳环上的化合物称为酚。酚的命名一般根据芳烃结构的不同称为“某酚”，并注明位次；当芳环上有多种取代基时，必须根据官能团的优先次序选择主官能团，只有当羟基优先时，才能称为酚；否则，羟基只能看作取代基，编号从主官能团开始，如

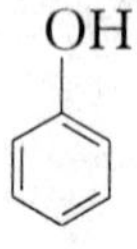

苯酚

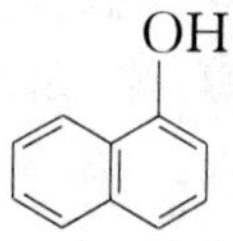

$\alpha$-萘酚(1-萘酚)

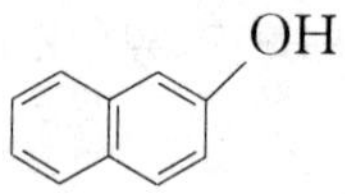

$\beta$-萘酚(2-萘酚)

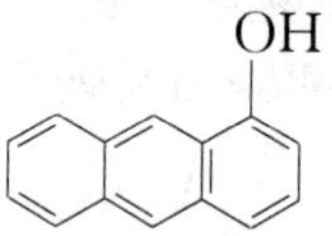

$\alpha$-蒽酚

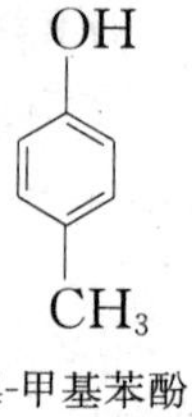

4-甲基苯酚
(或对甲苯酚)

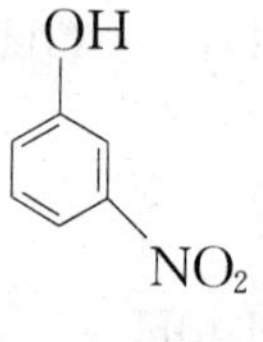

3-硝基苯酚
(或间硝基苯酚)

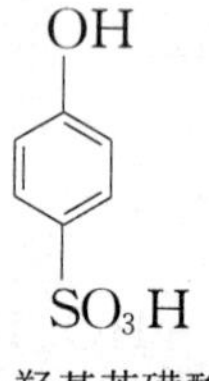

4-羟基苯磺酸
(或对羟基苯磺酸)

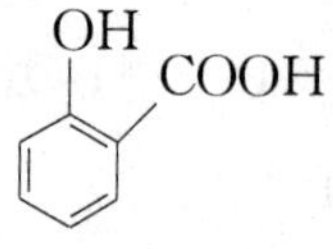

2-羟基苯甲酸
(或邻羟基苯甲酸或水杨酸)

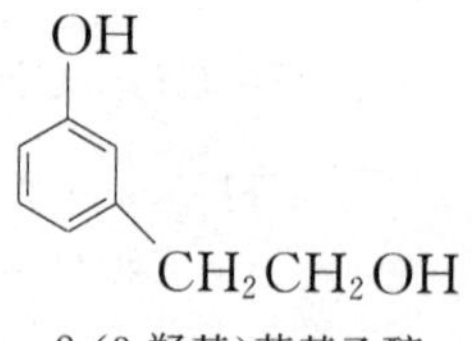

2-(3-羟基)苯基乙醇

多元酚的位次编号与多取代烷基苯的命名相似，如

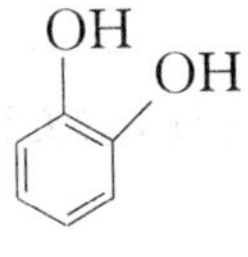

邻苯二酚

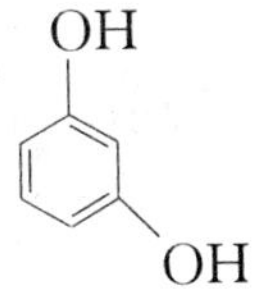

间苯二酚

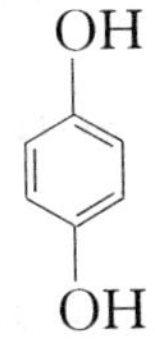

对苯二酚

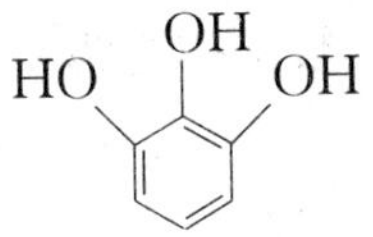

连苯三酚

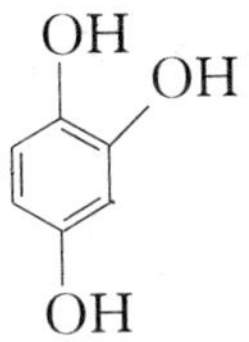

偏苯三酚

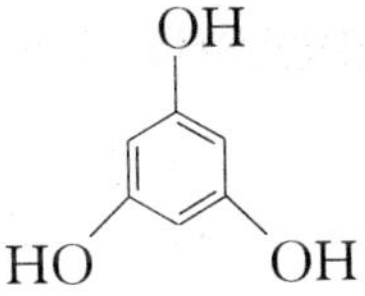

均苯三酚

### 2.6.3　醚

醚的通式为 R—O—R′、Ar—O—Ar′，氧原子两边的烃基相同的醚为单醚，两边的烃基不同的醚为混醚。简单的醚可用习惯命名法命名。命名时将氧原子所分隔的两个烃基名称以较优基团放在后边的顺序依次写在醚字前。对于芳醚则将芳基放在烷基前面。若为单醚，则命名为“二某醚”，通常“二”字可省略，如

$CH_3OCH_2CH_3$

甲乙醚

$CH_3CH_2—O—CH{=}CH_2$

乙基乙烯基醚

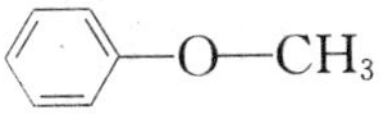

苯甲醚(茴香醚)

$CH_3OCH_3$

(二)甲醚

$CH_3CH_2OCH_2CH_3$

(二)乙醚

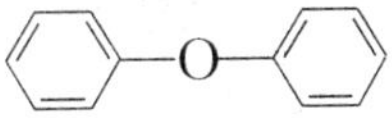

二苯醚

结构较为复杂的醚可采用系统命名法。选取较复杂的烃基或含有不饱和键的烃基作为母体，剩下的另一部分 RO—作为取代基称作“烃氧基”。烃氧基的命名可在烃基名称之间加上“氧”字，如

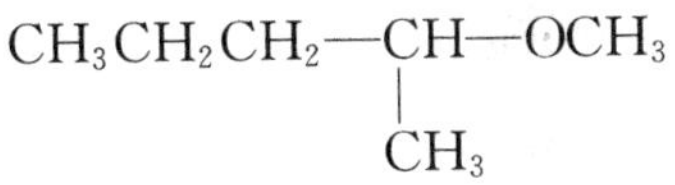

2-甲氧基戊烷

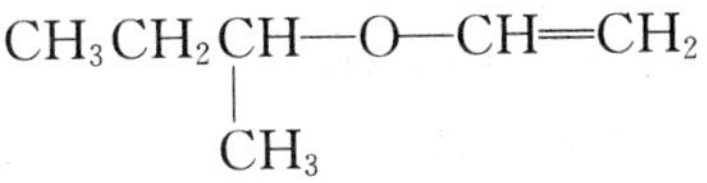

仲丁氧基乙烯

当氧原子是成环原子时，称为环氧化物。命名时以“环氧”作词头，冠在母体烃名前面。若环上有取代基，其名称放在“环氧”前面，如

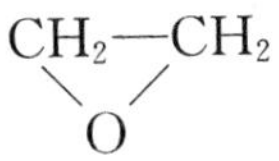

环氧乙烷

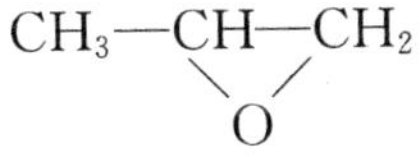

1,2-环氧丙烷

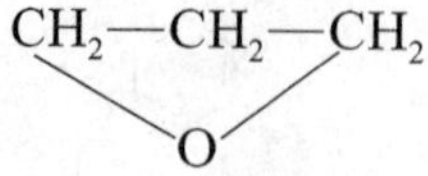

1,3-环氧丙烷

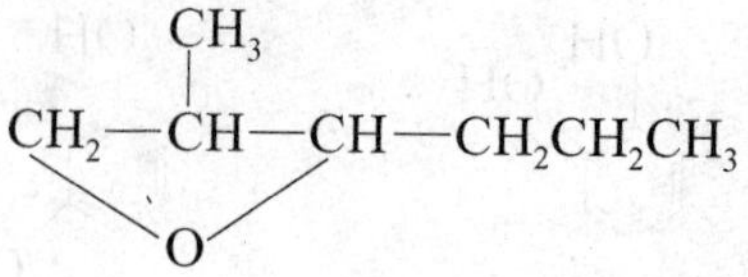

2-甲基-1,3-环氧己烷

分子中有多个氧原子的大环多醚称为冠醚，冠醚因其结构的特殊性而采用简化命名，即根据成环的总原子数 $m$ 和其中所含的氧原子数 $n$ 称之为 $m$-冠-$n$，如

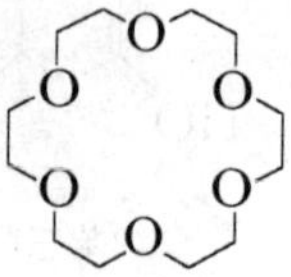

18-冠-6

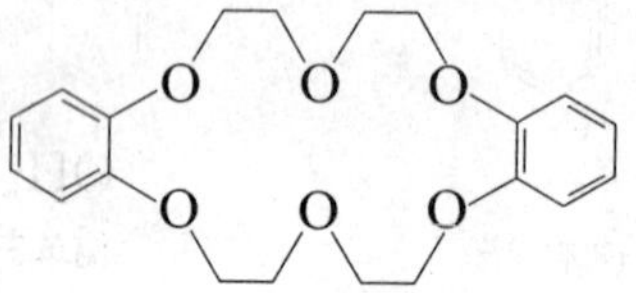

二苯并-18-冠-6

## 2.6.4 醛、酮、醌

醛、酮命名与醇相似，命名时选择含羰基的最长碳链为母体，编号时使羰基的位次尽可能小。因为醛基总是在分子的链端，所以不必标明其位置序号，而酮羰基处在分子中间，命名时一般需要标明位次，如

$CH_3CHO$

乙醛

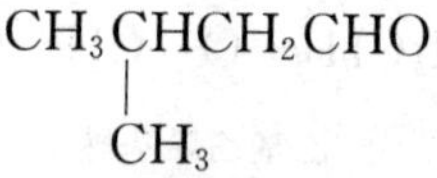

3-甲基丁醛

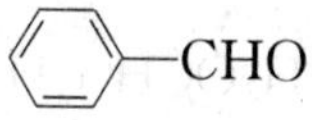

苯甲醛

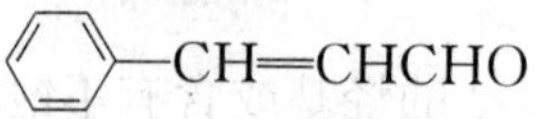

3-苯基-2-丙烯醛

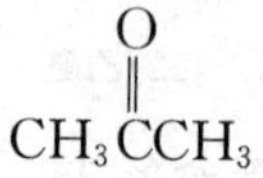

丙酮

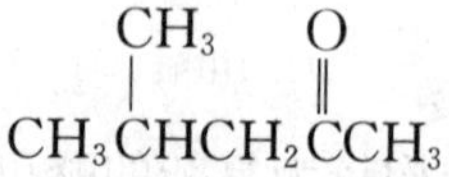

4-甲基-2-戊酮

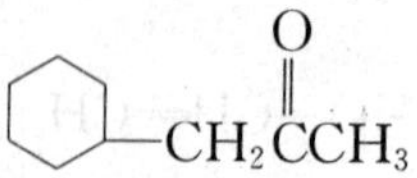

环己基丙酮

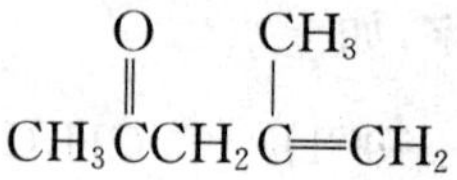

4-甲基-4-戊烯-2-酮

若母体碳链上含有两个或两个以上醛羰基或酮羰基，则只需要在“醛”或“酮”字之前加上“二”或“三”等字，如

$OHCCH_2CH_2CH_2CH_2CH_2CHO$

庚二醛

$OHC—CH_2CH_2CH═CHCHO$

2-己烯二醛

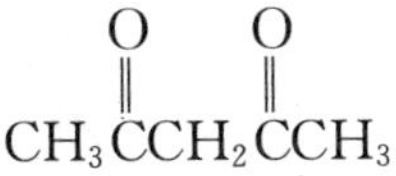

2,4-戊二酮

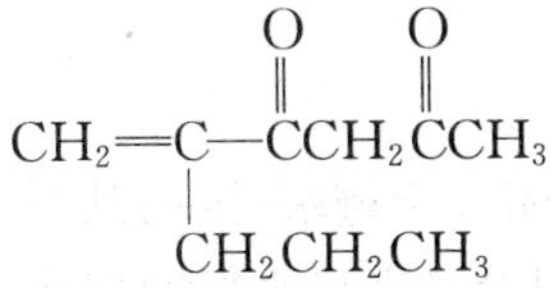

5-正丙基-5-己烯-2,4-二酮

醛、酮命名时主链中碳原子的位次除了用阿拉伯数字表示外,有时也用希腊字母表示,如 $\alpha$ 表示靠近羰基的碳原子,其次是 $\beta$、$\gamma$、…,如

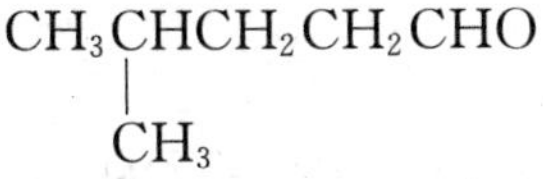

4-甲基戊醛($\gamma$-甲基戊醛)

2,4-二溴-3-戊酮($\alpha,\alpha'$-二溴-3-戊酮)

芳基烷基酮命名时习惯写成"芳(基)烷(基)(其中烷基碳原子数包括羰基碳)酮",如

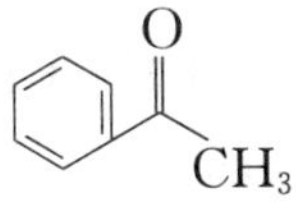

苯乙酮

在某些化合物中,也有把羰基作为取代基看待的,此时酮基称为羰基,而醛基称为甲酰基,$CH_3CO$—和 $C_6H_5CO$—分别称为乙酰基和苯甲酰基,如

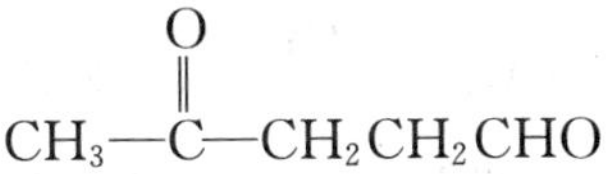

4-羰基戊醛

分子中具有 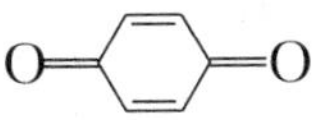 或 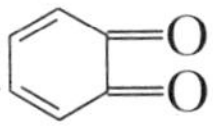 结构单位的环己二烯二酮类化合物称为醌。醌按芳烃衍生物命名,如

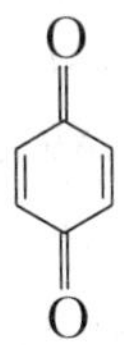

对苯醌

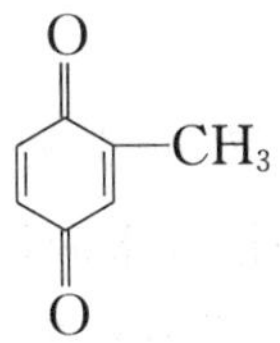

2-甲基对苯醌

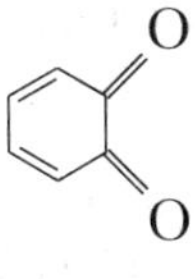

邻苯醌

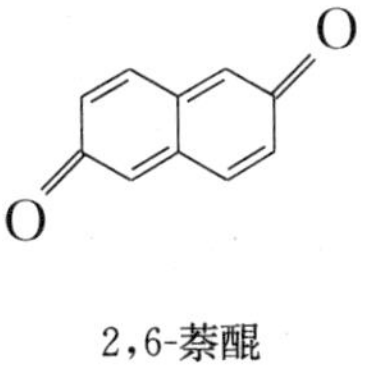

2,6-萘醌

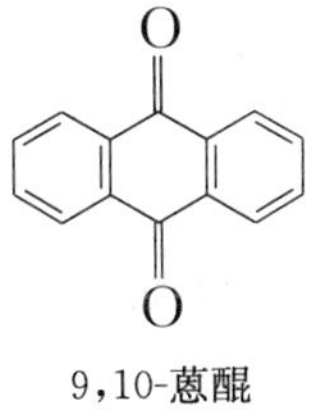

9,10-蒽醌

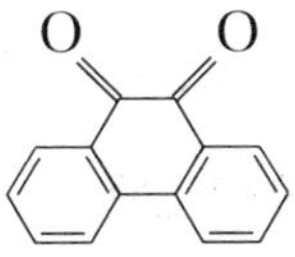

9,10-菲醌

## 2.6.5 羧酸

羧酸的官能团位于链端，因而其系统命名法与醛的相似。其编号除了用阿拉伯数字外，也可用希腊字母来标明取代基的位置：

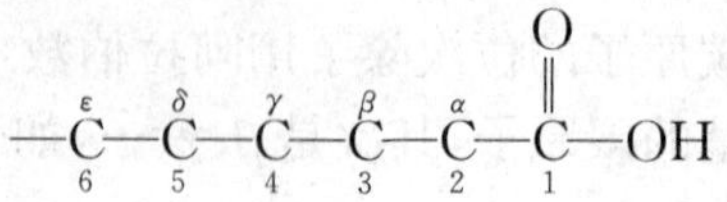

如

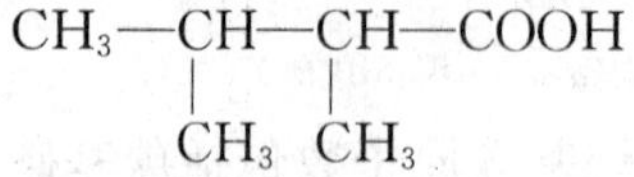
2,3-二甲基丁酸（$\alpha,\beta$-二甲基丁酸）

$CH_3CH=CHCOOH$
2-丁烯酸（巴豆酸）

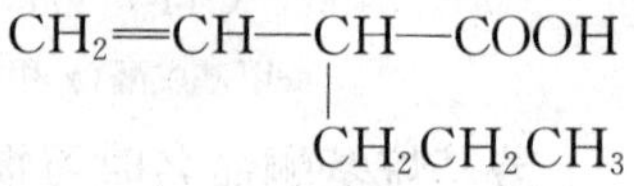
2-正丙基-3-丁烯酸

3-环己基丙酸

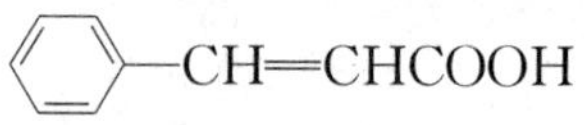
3-苯基丙烯酸（$\beta$-苯基丙烯酸，肉桂酸）

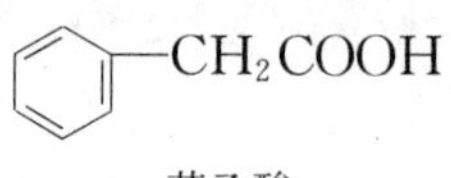
苯乙酸

当羧基直接连在芳环或脂环上时，芳环或脂环作为取代基，它们的名称之后加“甲酸”或“羧酸”，如

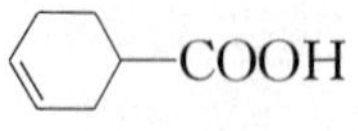
3-环己烯甲酸

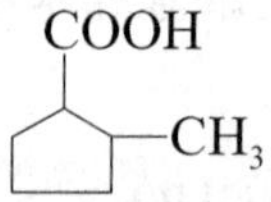
2-甲基环戊烷甲酸

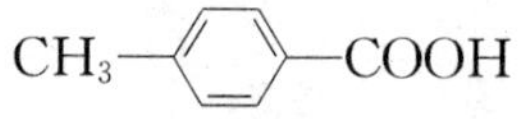
对甲苯甲酸

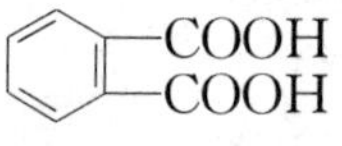
邻苯二甲酸（酞酸）

脂肪族二元酸的命名，是选取分子中含有两个羧基的最长碳链作为主链，称为某二酸，如

乙二酸（草酸）

$HOOC—CH_2—COOH$
丙二酸（胡萝卜酸）

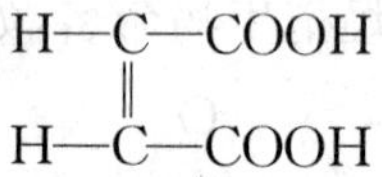
顺丁烯二酸（马来酸）

许多羧酸来自自然界，往往根据其来源以俗名称之。上述例子中已列举了部分羧酸的俗名，常见的还有甲酸（蚁酸）、乙酸（醋酸）、丙酸（初油酸）、丁酸（酪酸）、己酸（羊油酸）、十二酸（月桂酸）、十六酸（软脂酸）、十八酸（硬脂酸）、顺十八碳-9-烯酸（油酸）、反丁烯二酸（富马酸）等。

## 2.6.6 羧酸衍生物

羧酸衍生物一般是指羧基中的羟基被其他原子或基团取代后所生成的化合物，主要有以下四种基本结构：

酰卤　酸酐　酯　酰胺

酰卤和酰胺的命名，可把相应的羧酸名称去掉“酸”字后，再加上“酰卤”、“酰胺”等词尾。酰胺分子中氮上的氢原子被烃基取代后所生成的取代酰胺，称为 *N*-烃基“某”酰胺，如

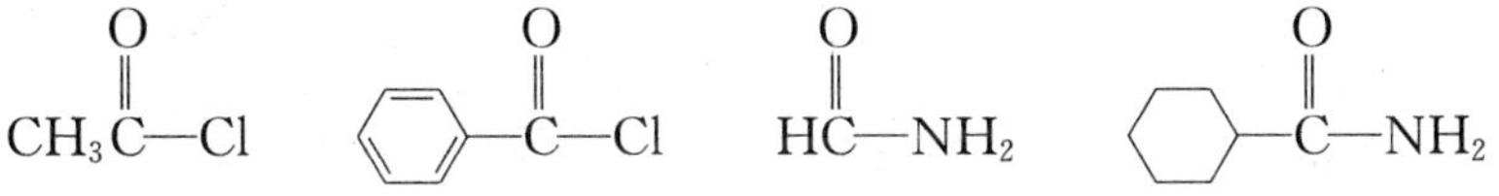

乙酰氯　苯甲酰氯　甲酰胺　环己烷甲酰胺

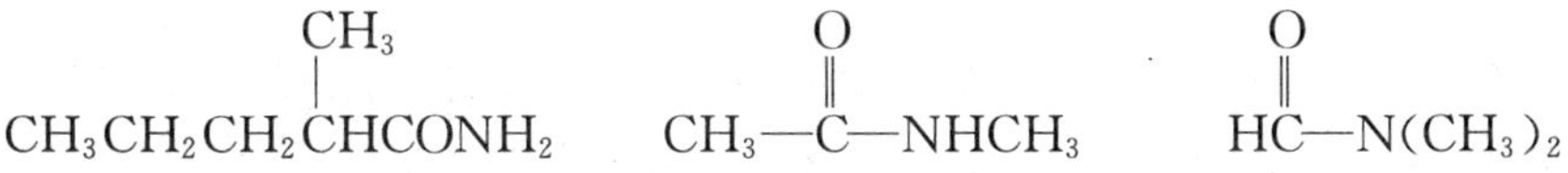

2-甲基戊酰胺　*N*-甲基乙酰胺　*N*,*N*-二甲基甲酰胺(DMF)

酸酐是以形成产物的原料来命名，称为“某(酸)某(酸)酐”，如

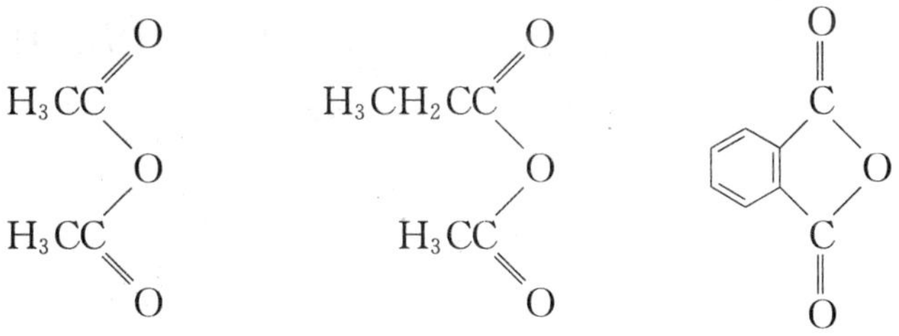

(二)乙(酸)酐　乙(酸)丙(酸)酐　邻苯二甲酸酐

酯的命名，可在“酯”之前加上相应的羧酸和醇的名字来称呼。“醇”字一般省略，称为“某酸某酯”。但多元醇的酯，一般把酸名放在后面，称为“某醇某酸酯”，如

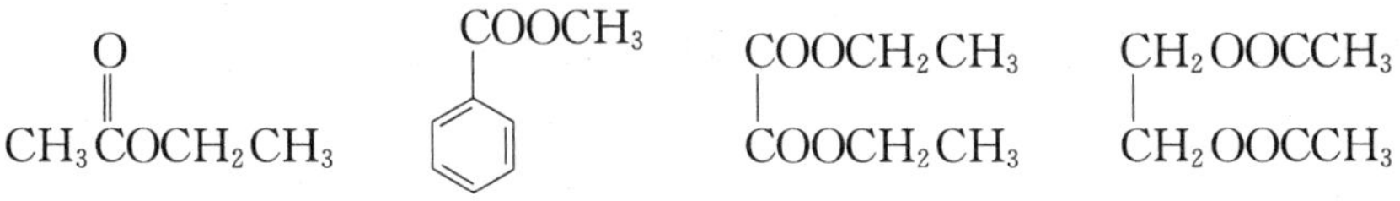

乙酸乙酯　苯甲酸甲酯　乙二酸二乙酯　乙二醇二乙酸酯

## 2.7　含氮化合物的命名

含氮化合物中最常见的是硝基化合物、胺类、重氮和偶氮化合物，它们的命名方法分述如下：

### 2.7.1 硝基化合物

烃分子中的氢原子被硝基取代后的衍生物即硝基化合物。硝基化合物命名时，总是以烃为母体，以硝基作为取代基，如

$CH_3NO_2$　　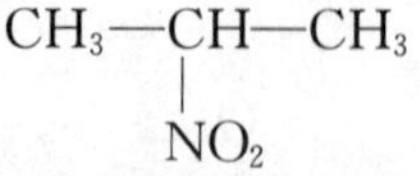　　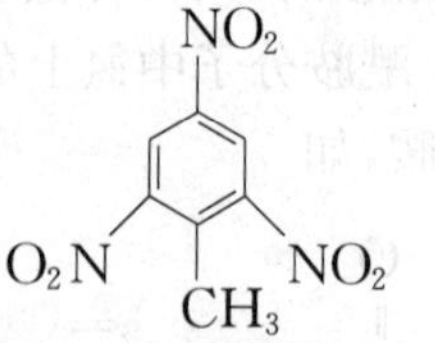

硝基甲烷　　2-硝基丙烷　　2,4,6-三硝基甲苯(TNT)

### 2.7.2 胺

简单胺的命名与醚相似，将胺作为官能团写在字尾，所含的烃基类型名称和数目写在前面，称为“某(基)某(基)胺”，取代基中较优基团放在后面。若烃基相同，则用二或三表示烃基的数目。当氮原子上同时连有脂烃基和芳基时，则称为“*N*-某基某芳胺”，如

$CH_3NH_2$　　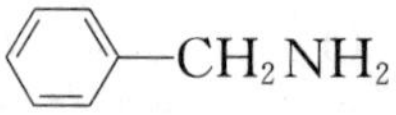　　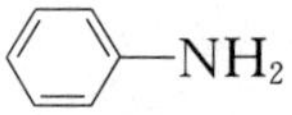　　$(CH_3CH_2)_2NH$

甲胺　　苯甲胺(苄胺)　　苯胺　　二乙胺

$CH_3NHCH_2CH_3$　　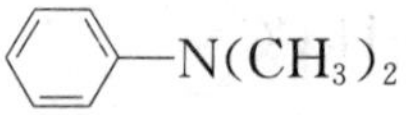　　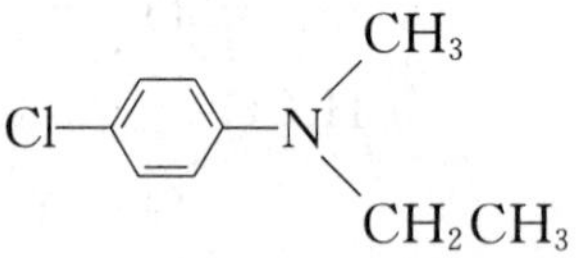

甲乙胺　　*N*,*N*-二甲基苯胺　　*N*-甲基-*N*-乙基对氯苯胺

含有多个氨基的化合物，在胺字前面加上二、三、……表示氨基的数目，如

$H_2NCH_2CH_2NH_2$　　$H_2NCH_2(CH_2)_4CH_2NH_2$　　

乙二胺　　1,6-己二胺　　对苯二胺

复杂的胺以烃作为母体，氨基作为取代基来命名，如

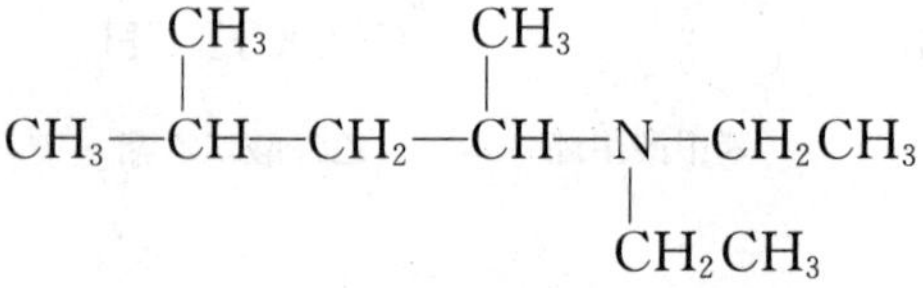

2-甲基-4-二乙氨基戊烷

### 2.7.3 胺盐、季铵盐和季铵碱

和氨成盐相似，氮上也可以接 1～3 个烃基形成胺盐。胺盐直接称为某胺

某盐，如

$CH_3\overset{+}{N}H_3\overset{-}{Cl}$　　　　$[(C_2H_5)_2\overset{+}{N}H_2]_2SO_4^{2-}$

甲胺盐酸盐　　　　二乙胺硫酸盐

相应铵盐（$NH_4X$）和氢氧化铵（$NH_4OH$）的四烃基取代物分别称为季铵盐和季铵碱。下式 R 可相同，也可不同；X=Cl，Br，I 等，如

$R_4N^+X^-$　　　　$R_4N^+OH^-$

季铵盐　　　　季铵碱

季铵化合物的命名类似无机盐命名，将阴离子和取代基的名称放在“铵”字之前，如

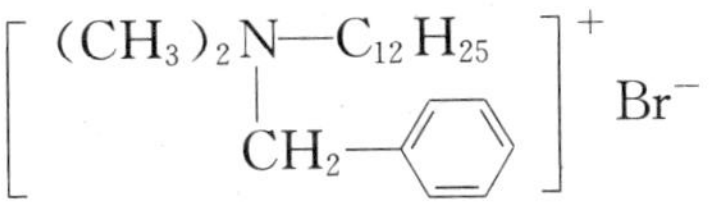

溴化二甲基十二烷基苄基铵

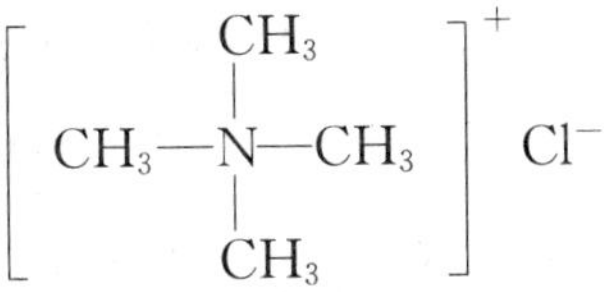

氯化四甲基铵
（四甲基氯化铵）

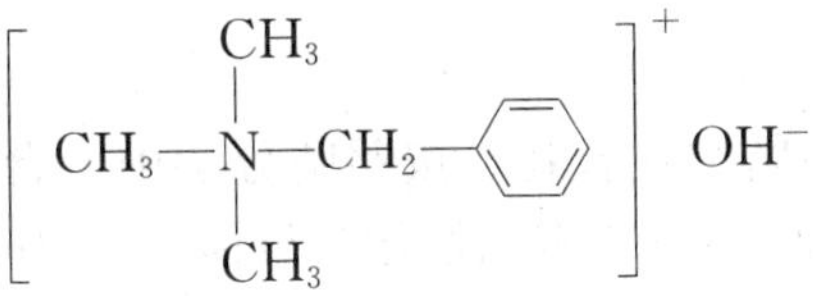

氢氧化三甲基苄基铵

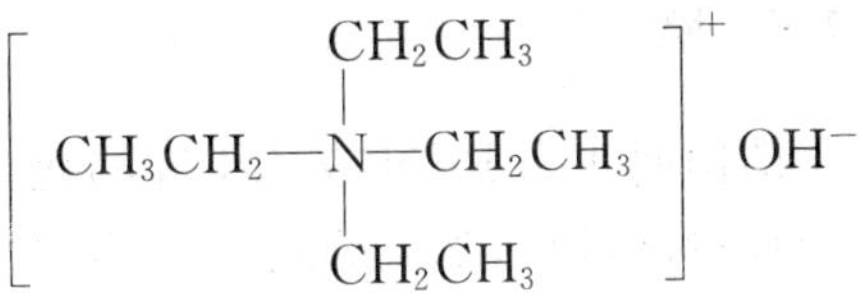

氢氧化四乙铵

### 2.7.4　重氮和偶氮化合物

重氮和偶氮化合物结构中都含有—N ═N—基团。当基团的一端与烃基相连，而另一端与非碳原子相连时，称为重氮化合物；当基团的两端都与烃基相连时称为偶氮化合物。

重氮盐化合物（$ArN_2^+X^-$）命名时，一般将“重氮”放在母体名称之前，再加上“某酸盐”来命名，如

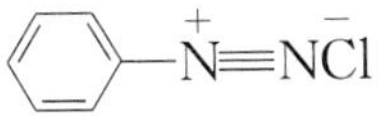

重氮苯盐酸盐（氯化重氮苯）

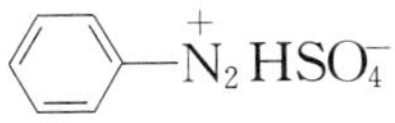

重氮苯硫酸氢盐

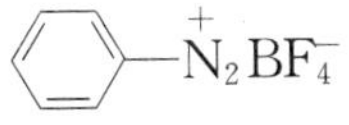

重氮苯氟硼酸盐

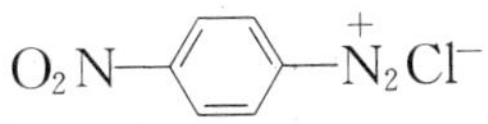

对硝基重氮苯盐酸盐

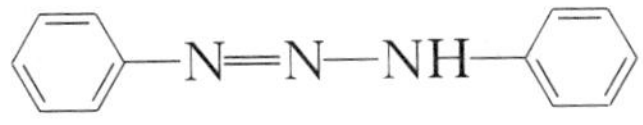

苯重氮氨基苯

偶氮化合物命名时,将"偶氮"两字放在—N═N—基团两边的烃基名称之间,并将较优的烃基名称写在前面,与"偶氮"之间还应加上偶氮基在该烃基上的位次。若是对称的偶氮化合物,可将"偶氮"作词头放在烃基名称之前,必要时在词头前面加上偶氮基在各个烃基中的位次,如

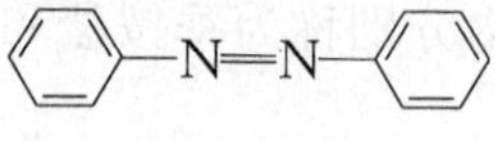

偶氮苯

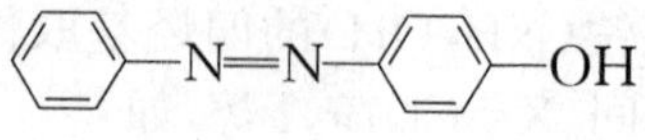

4-羟基偶氮苯

$(CH_3)_2C(CN)—N═N—C(CN)(CH_3)_2$

偶氮二异丁腈

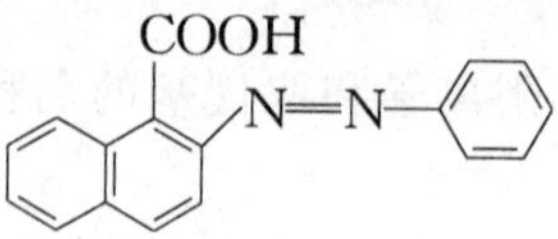

1-羧基萘-2-偶氮苯

$CH_3N═NCH_3$

偶氮甲烷

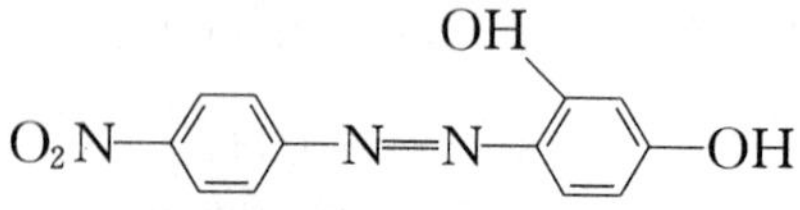

4′-硝基-2,4-二羟基偶氮苯

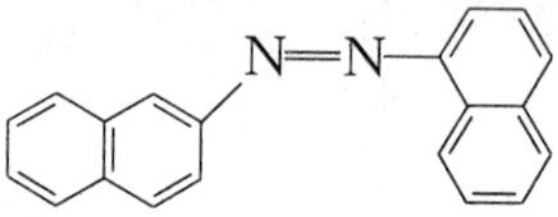

1,2′-偶氮萘

## 2.7.5 腈

结构通式为 RCN 或 ArCN 的化合物称为腈类化合物。按照腈分子中所含碳原子数目(包括氰基上的碳原子)称为某腈或某二腈;或者以烃作为母体,氰基作为取代基,称为氰基某烃,如

$CH_3CN$

乙腈

$CH_2═CHCH_2CN$

3-丁烯腈（3-氰基丙烯）

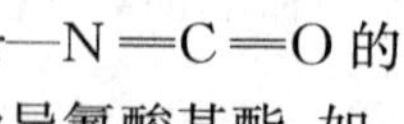

苯基乙腈(或苄腈)

$NC—CH_2CH_2—CN$

丁二腈(1,2-二氰基乙烷)

## 2.7.6 异氰酸酯

结构通式为 R—N═C═O 或 Ar—N═C═O 的化合物为异氰酸酯。与羧酸酯的命名相似,根据烃基的名称称为异氰酸某酯,如

$CH_3(CH_2)_3N═C═O$

异氰酸丁酯



异氰酸苯酯



甲苯-2,4-二异氰酸酯（或 2,4-二异氰酸甲苯酯）

## 2.8　杂环化合物的命名

凡分子中具有环状结构单元，且构成环的原子除碳原子之外还含有其他原子的化合物叫杂环化合物。通常提及的杂环化合物是指环中具有 $4n+2$ 个 $\pi$ 电子闭合共轭体系的芳香杂环化合物。杂环化合物的命名包括基本母环及环上取代基两方面。

许多杂环母体已有特定的英文名称，所以杂环化合物的命名原则上是将英文名称音译为 2～3 个汉字，且在同音汉字的左边加一"口"字旁。比较常见的杂环化合物名称列于表 2-1。

**表 2-1　常见杂环的结构、分类和名称**

| 杂环分类 | | 结构式 | 英文名称 | 译　名 |
|---|---|---|---|---|
| 单杂环 | 五元杂环 |  | furan | 呋喃 |
| | |  | thiophene | 噻吩 |
| | |  | pyrrole | 吡咯 |
| | | 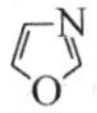 | oxazole | 噁唑 |
| | | 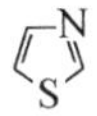 | thiazole | 噻唑 |
| | |  | imidazole | 咪唑 |
| | | 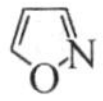 | isoxazole | 异噁唑 |
| | |  | isothiazole | 异噻唑 |
| | | 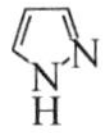 | pyrazole | 吡唑 |
| 稠杂环 | | 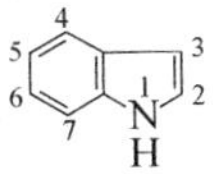 | indole | 吲哚 |
| | | 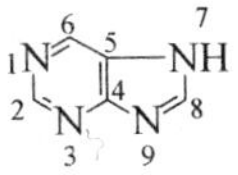 | purine | 嘌呤 |
| | | 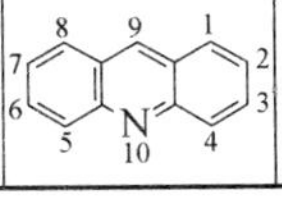 | acridine | 吖啶 |

| 杂环分类 | | 结构式 | 英文名称 | 译　名 |
|---|---|---|---|---|
| 单杂环 | 六元杂环 | 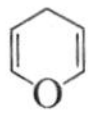 | γ-pyran | γ-吡喃 |
| | | 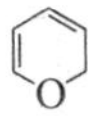 | α-pyran | α-吡喃 |
| | |  | pyridine | 吡啶 |
| | |  | pyridazine | 哒嗪 |
| | |  | pyrimidine | 嘧啶 |
| | | 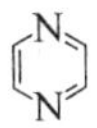 | pyrazine | 吡嗪 |
| 稠杂环 | | 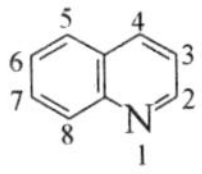 | quinoline | 喹啉 |
| | | 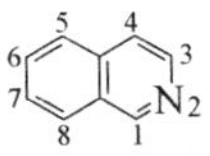 | isoquinoline | 异喹啉 |
| | | 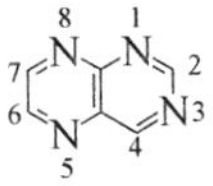 | pteridine | 蝶啶 |

杂环上有取代基时，应在母核名称前面写明取代基的位次和名称。杂环核的编号原则如下：除个别稠环体系外，一般从杂原子编号。对于只含一个杂原子的杂环，可用阿拉伯数字从杂原子开始编号，其顺序应遵循最低系列原则；也可用希腊字母编号，但要从杂原子的邻位开始，如

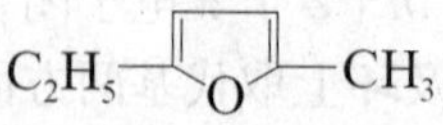

2-甲基-5-乙基呋喃

α-甲基-α′-乙基呋喃

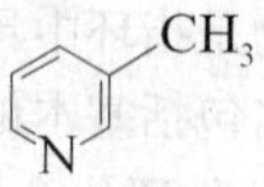

3-甲基吡啶

β-甲基吡啶

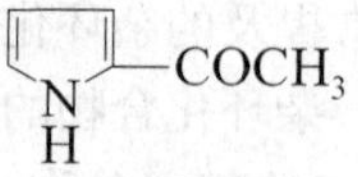

2-乙酰基吡咯

α-乙酰基吡咯

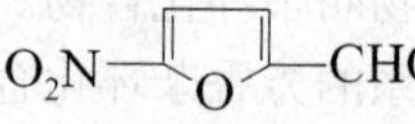

5-硝基-2-呋喃甲醛

α′-硝基-α-呋喃甲醛

如果环中含有两个以上同元素的杂原子时，则应使杂原子的位次尽可能低，如

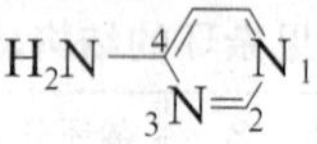

4-氨基嘧啶

如果环中有两种以上元素的杂原子时，则依 O、S、N 顺序编号，并应使杂原子的位次尽可能低，如

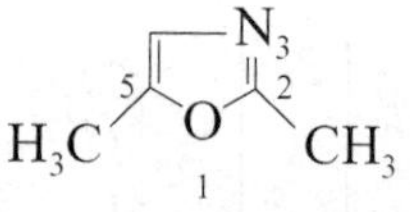

2,5-二甲基噁唑

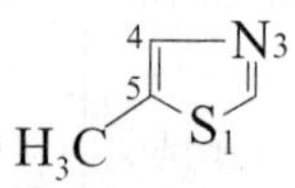

5-甲基噻唑

对于杂原子氮上连有氢或取代基时，从该氮原子编号，并且用“*N*”表示所连取代基的位次，如吡啶、吡唑和咪唑杂环氮取代物：

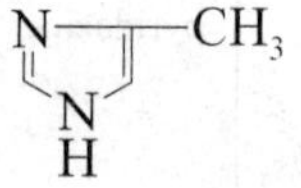

4-甲基咪唑

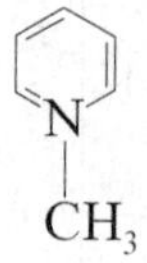

*N*-甲基吡啶

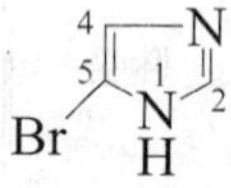

5-溴咪唑

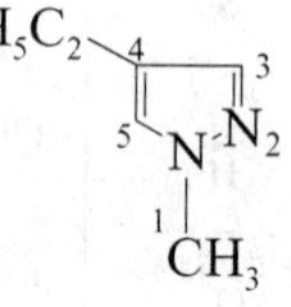

*N*-甲基-4-乙基吡唑

稠杂环的编号，一般和稠环芳烃相同。但鉴于少数稠杂环体的特殊重要性，环上的位次编号另有严格规定，如

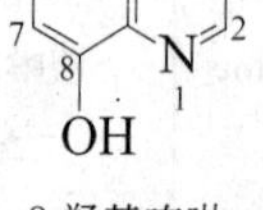

8-羟基喹啉

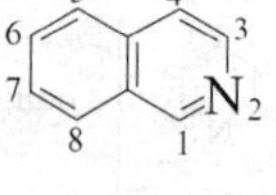

异喹啉

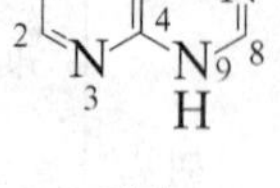

嘌呤

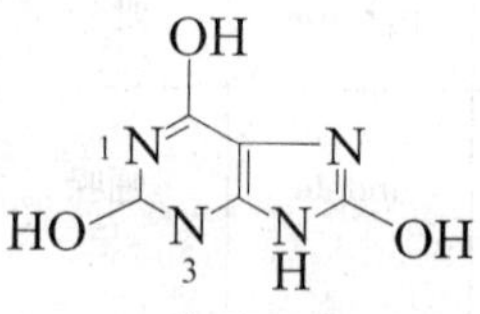

2,6,8-三羟基嘌呤(尿酸)

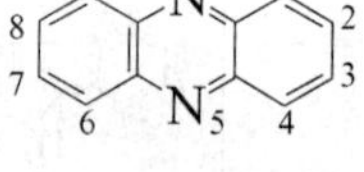

吩嗪

有时也把杂核当作取代基处理，如

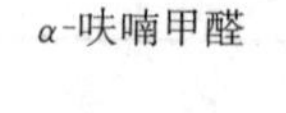

α-呋喃甲醛

没有特定名称的杂环,可看作是相应碳环中的碳原子被杂原子取代的衍生物来命名,如

硅杂-2,4-环戊二烯

氧杂环丁烷

## 习　题

用系统命名法命名各类化合物或写出化合物的结构式。

1. 烷烃。

(1) 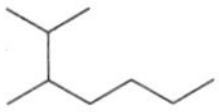

(2) 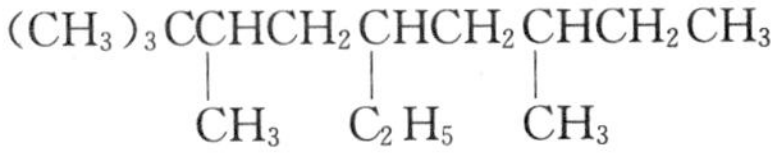

(3) 2,5-二甲基-3,4-二乙基己烷

2. 烯烃和炔烃。

(1) 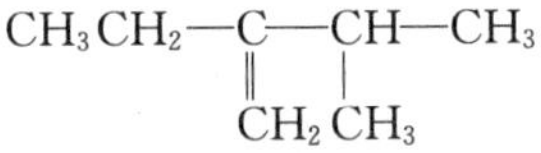

(2) 

(3) 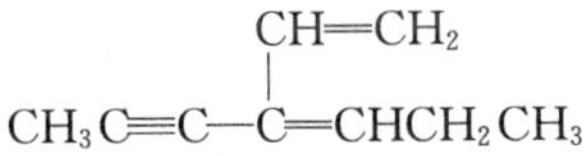

(4) 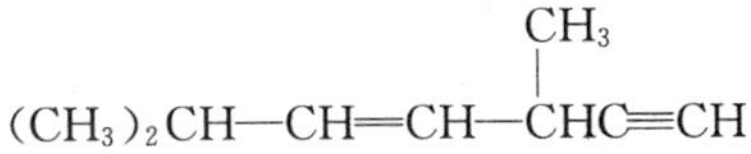

(5) 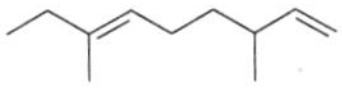

(6) 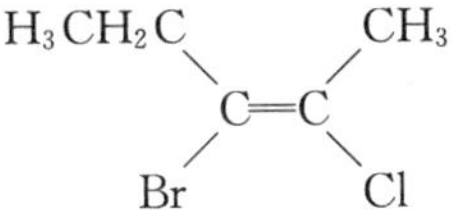

3. 脂环烃。

(1) 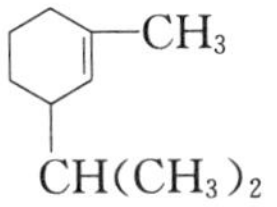

(2) 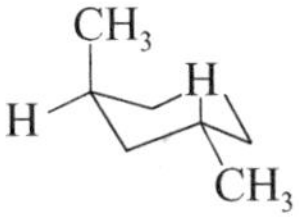

(3) 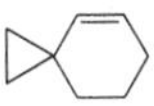

(4) 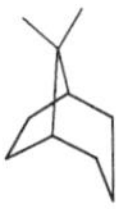

(5) 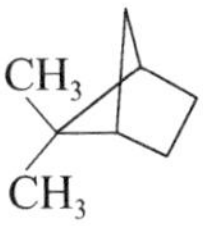

(6) 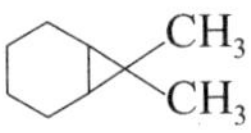

(7) 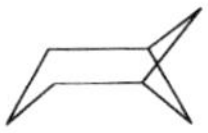

(8) 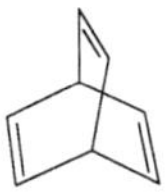

(9) 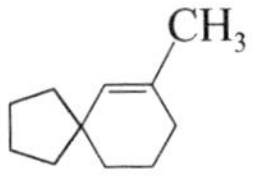

(10) 顺-1-甲基-3-乙基环丁烷

(11) 1,4-二甲基双环[2.2.2]辛烷 (12) 螺[2.2]戊烷

(13) 螺[4.5]-1,6-癸二烯

4. 芳烃及其衍生物。

(1) 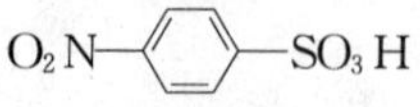

(2) 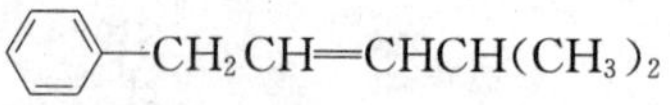

(3) 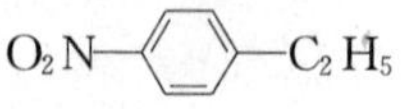

(4) 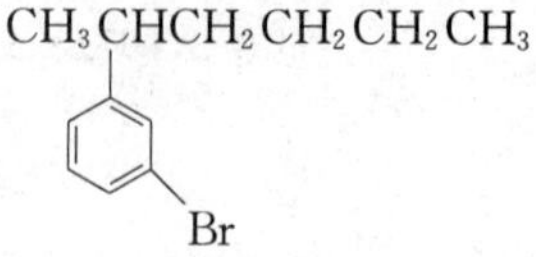

(5) 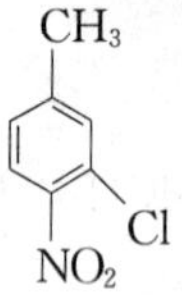

(6) 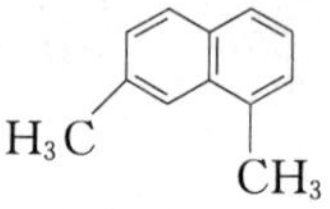

(7) 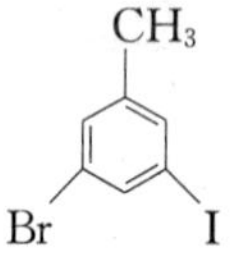

(8) 间氯苯基乙炔

(9) 1,5-二硝基萘 (10) 对氯苄氯

(11) 3-环己基甲苯

5. 卤代烃。

(1) 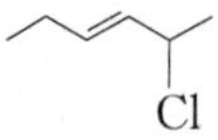

(2) 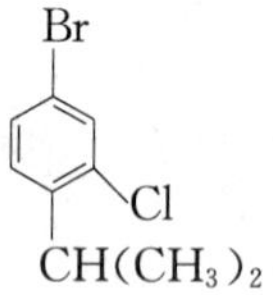

(3) 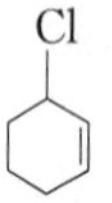

(4) 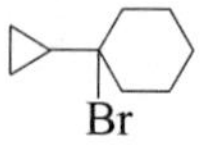

(5) 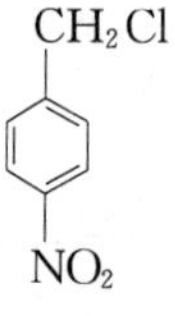

6. 醇、酚、醚。

(1) 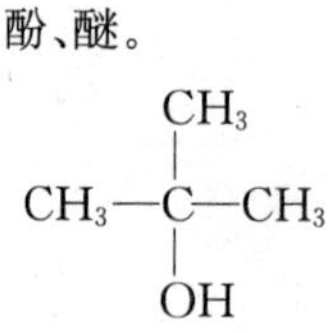

(2) 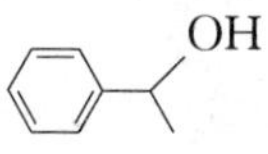

(3) 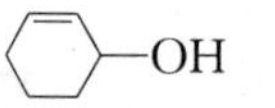

(4) 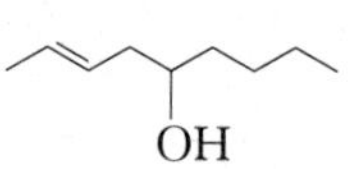

（5）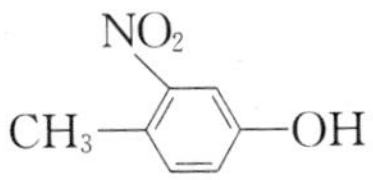

（6）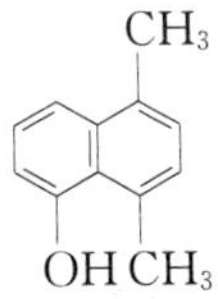

（7）$C_6H_5CH_2OCH_2CH{=}CH_2$

（8）（$E$）-2，3-二甲基-4-溴-2-戊烯-1-醇

（9）5-硝基-1-萘酚

（10）正丙基对硝基苄基醚

（11）$\alpha$，$\beta$-二苯基乙醇

7. 醛、酮。

（1）$CH_2{=}CH\overset{O}{\overset{\|}{C}}CH_2CH_3$

（2）$CH_3\overset{O}{\overset{\|}{C}}CH_2\overset{O}{\overset{\|}{C}}CH_3$

（3）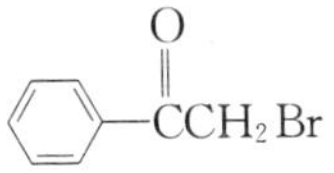

（4）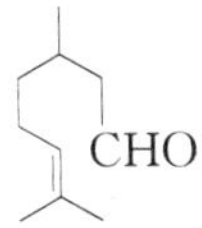

（5）水杨醛

（6）1，4-萘醌

（7）反-2-氯-4-甲氧基环戊酮

（8）2，4-戊二烯醛

8. 羧酸及其衍生物。

（1）$CH_3CH(CH_3)—C(CH_3)_2COOH$

（2）$HOOC\overset{COOH}{\overset{|}{C}H}CH_2COOH$

（3）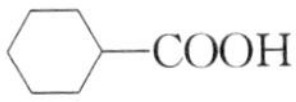

（4）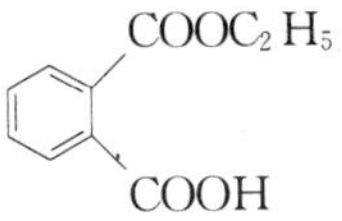

（5）$H\overset{O}{\overset{\|}{C}}OC_2H_5$

（6）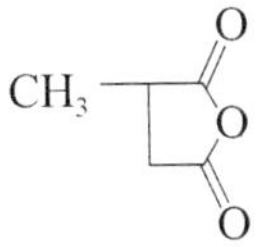

（7）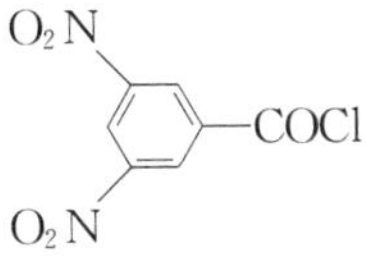

（8）

（9）

（10）$\alpha$，$\gamma$-二甲基-$\beta$-戊酮酸

（11）苯乙酸甲酯

（12）肉桂酸

9. 含氮化合物。

（1）$CH_3—CH_2—\underset{NO_2}{\underset{|}{C}H}—\underset{CH_3}{\underset{|}{C}H}—CH_3$

（2）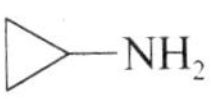

（3）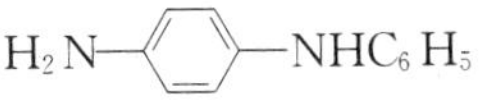

（4）$(CH_3)_2CH\overset{-}{N}(CH_3)_3OH^-$

（5）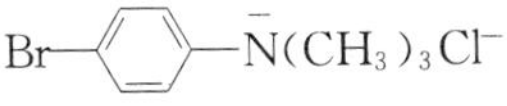

（6）$NH_2CH_2CH_2OH$

(7) 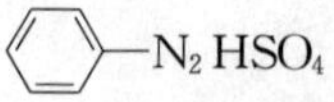


(8) 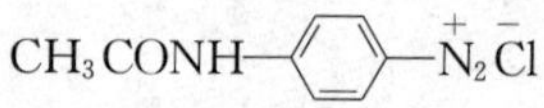


(9) 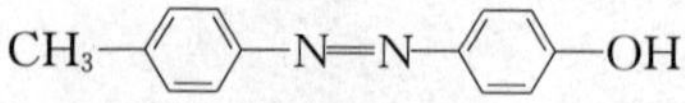


(10) 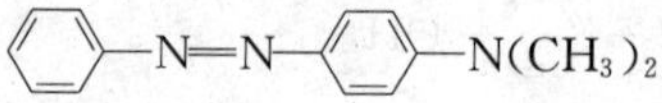


(11) 间硝基乙酰苯胺

(12) 对甲苄胺

(13) 2-氨基-4-甲氨基己烷

(14) 偶氮二异丁腈

(15) 对二甲氨基偶氮苯磺酸钠

10. 杂环化合物。

(1) 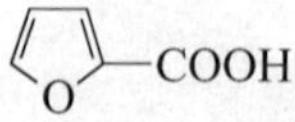


(2) 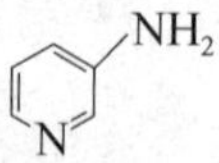


(3) 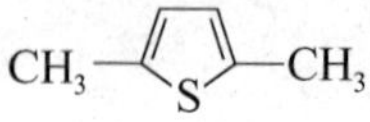


(4) 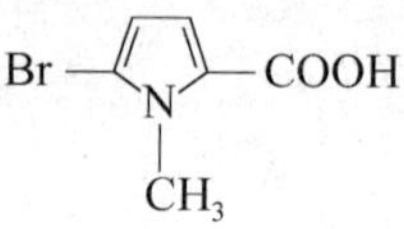


(5) 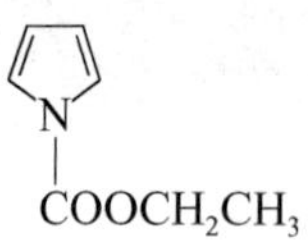


(6) 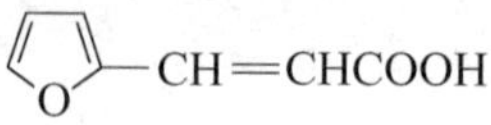


(7) 糠醇

(8) 四氢呋喃

# 第 3 章　有机结构理论

有机化合物与其他事物一样，特性是由其内在因素——结构所决定的。有机结构理论是解释实验事实和对未知进行预测的主要依据。

本章重点阐述价键理论和分子轨道理论基本论点、有机分子中的电子效应和活泼中间体的结构与稳定性。

## 3.1　价键理论

### 3.1.1　共价键

要说明碳化合物的结构，必须首先讨论碳化合物中普遍存在的共价键。

碳原子处于元素周期表中第ⅣA 族的首位，原子半径较小，原子核对外层的四个价电子有一定的控制能力。当碳原子和其他元素形成化合物时，与同一周期各元素原子相比较，其失去最外层第一个电子所需的离解能(1086kJ/mol)与获得一个电子所需的电子亲和能(−122.55kJ/mol)均处于中间位置，因而不易获得或失去价电子而形成离子键，而总是和其他元素的原子(包括碳本身)各提供一个电子形成两个电子共有的电子对，即形成两个原子结合在一起的化学键，叫做共价键。因此，在有机化合物中，原子之间大多是通过共价键而结合的。

### 3.1.2　构造式

分子中原子相互连接的方式和次序叫做构造。表示分子构造的化学式叫做构造式。常用的共价键与构造式的表示法有以下几种：

1）路易斯式

用元素符号和电子符号来表示化合物构造的化学式叫做路易斯式。书写路易斯式时，每个原子最外层电子都必须表示出来。原子之间的电子对表示共价键，单键用一对电子表示，双键用两对电子表示，未成键电子也要表示出来，如

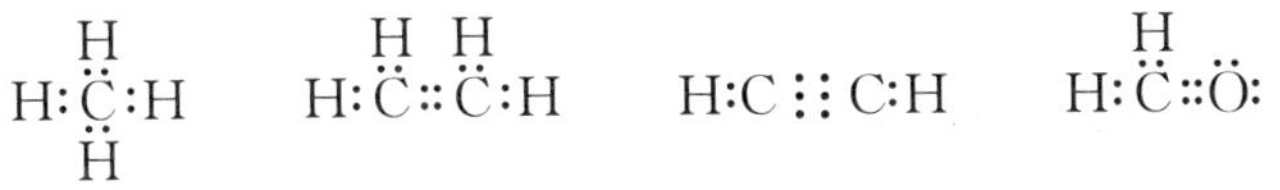

甲烷　　乙烯　　乙炔　　甲醛

2）凯库勒式

用元素符号和价键符号来表示化合物构造的化学式，叫做凯库勒式。书写时用一短线来表示共价单键，用双线表示共价双键，叁线表示叁键，各元素的原子必

须满足各自的化合价，即碳 4 价、氮 3 价、氧 2 价、氢 1 价等，如

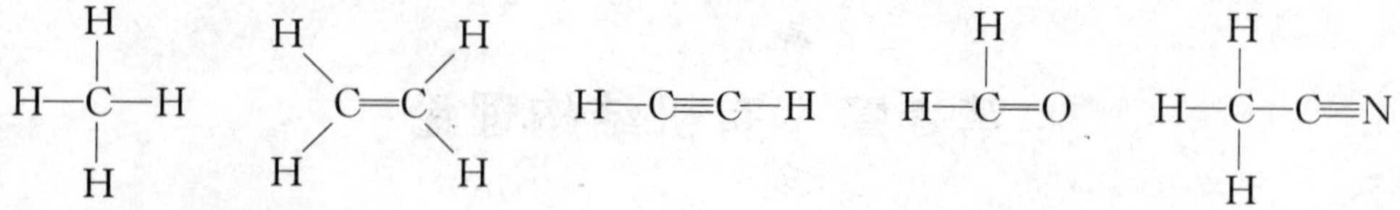

3）构造简式

在凯库勒式中省去价键符号的简写形式称为构造简式。书写时侧链可用价键符号引出，也可写在括号内，如下述化合物其构造简式分别为

或

$CH_3(CH_2)_2CH_3$　$(CH_3)_2CHCH_3$　$(CH_3)_2CHCH_2CH(CH_3)CH_2CH_3$

若将侧链写在括号内，其规则是除左端碳连有相同基团时，加括号写在所连碳前面外，其他碳原子所连侧链均写在所连碳后面的括号内。

4）键线式

将碳、氢两种元素符号省略，只写出碳原子的锯齿形骨架。键线的端点或键线的交点即为碳原子。碳、氢以外的原子及原子团不能省略，如

构造简式　　　　键线式

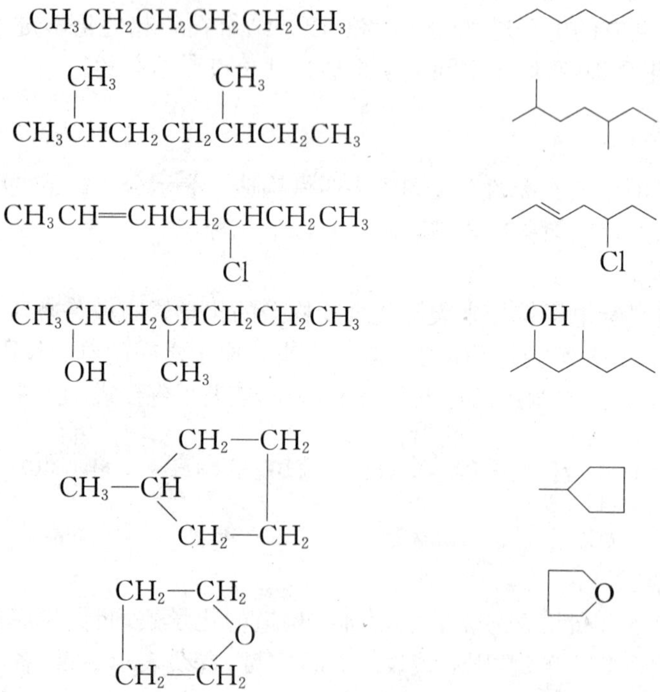

键线式是表示链状化合物和环状化合物的更简化的形式。

### 3.1.3　价键理论

人们对共价键的微观本质是逐渐认识的，1926 年以后量子理论引进有机化学才使人们对其有了更加深刻的理解。量子化学在解释共价键的形成过程时，依据对薛定谔方程的不同近似处理分别形成了主要两种学派：一是价键理论（包括由此延伸出来的轨道杂化理论、共振论）；二是分子轨道理论。

按照量子化学中价键理论的观点，共价键是两个原子的未成对而又自旋相反的电子偶合配对的结果，即两成键原子的电子云（原子轨道）相互交盖形成共价键。正是这种交盖使成键原子间的电子出现的概率大大增加，电子云密度增大，从而增加了对两个原子核的静电吸引力，减少了两核之间的排斥力，因而降低了体系的能量而稳定地结合成键。这意味着电子在分子中比在原子中被核拉得更紧、更近。电子云交盖程度越大，成键两原子间的电子云密度也越大，所形成的共价键也越牢固，这就是所谓的"电子云最大重叠原理"。电子云重叠又称原子轨道的交盖，因此又称"原子轨道放大重叠"。一个未成对电子已经配对成键，就不能再与其他未成对电子偶合，所以共价键具有饱和性。原子的未成对电子数，一般就是它的化合价数或价键数。因为成键原子轨道并不都是球形对称的，为形成原子间电子的最大交盖，原子轨道必须在各自电子云密度最大的方向上重叠成键，因此共价键具有明显的方向性。例如，1s 轨道与 $2p_x$ 轨道结合，只有在 $x$ 轴方向处，即原子轨道 $2p_x$ 中电子云密度最大方向处，与 s 原子轨道重叠最大，才可形成稳定的共价键。而 s 轨道与 $p_y$ 轨道在 $x$ 轴方向，由于上、下位相相反重叠部分互相抵消，因此不能有效成键，见图 3-1。

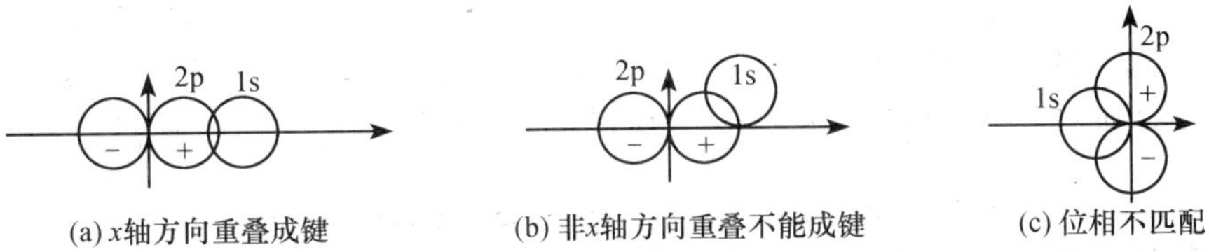


图 3-1　共价键的形成

原子轨道能否成键，必须满足一定的条件：①只有能级相近的原子轨道才能成键；②原子轨道相互重叠程度越大，所形成的键越稳定；③只有特性相同（位相相同或对称性匹配）的原子轨道才能组合成键。

### 3.1.4　共价键的基本属性

共价键的性质（包括饱和性、方向性）一般可从键长、键角、键能等物理数据体现出来（表 3-1）。

**表 3-1 部分共价键的键长和键能**

| 键 | 键长/nm | 键能/(kJ/mol) | 键 | 键长/nm | 键能/(kJ/mol) |
|---|---|---|---|---|---|
| C—C | 0.154 | 347.3 | C—I | 0.213 | 213.4 |
| C—H | 0.112 | 415.3 | C═C | 0.134 | 610.9 |
| C—N | 0.147 | 305.4 | C≡C | 0.120 | 836.8 |
| C—O | 0.143 | 359.8 | C═O | 0.122 | 748.9(酮) |
| C—S | 0.182 | 272.0 | C═N | 0.130 | 615.0 |
| C—F | 0.142 | 485.3 | C≡N | 0.116 | 891.2 |
| C—Cl | 0.177 | 338.9 | O—H | 0.096 | 464.4 |
| C—Br | 0.191 | 284.5 | N—H | 0.100 | 389.1 |

1) 键长

形成共价键的两个原子核之间的平衡距离称为键长(键距)。键长等于成键两原子的共价半径之和,但远小于两原子的范德华半径之和,如图 3-2 所示。

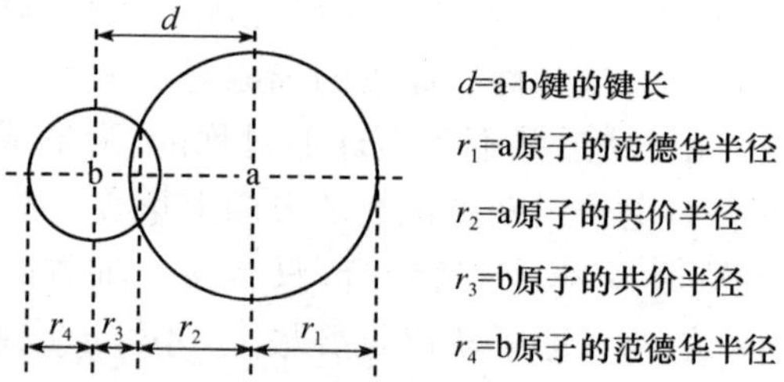


图 3-2 范德华半径和共价半径

不同的共价键有不同的键长,相同的共价键由于成键原子的杂化状态不同和分子中其他键的影响,其键长也稍有差异。表 3-2 给出了一些不同杂化状态的 C—C σ 键和 C—H σ 键的键长。相连的重键对它们的影响是比较大的。

**表 3-2 原子的杂化状态及分子中其他键对键长的影响**

| 键型(C—$CH_3$) | 键长/nm | 键型(C—C) | 键长/nm | 键型(C—H) | 键长/nm |
|---|---|---|---|---|---|
| $CH_3$—$CH_3$ | 0.153 | $CH_2$═CH—CH═$CH_2$ | 0.148 | $CH_3CH_2$—H | 0.109 |
| $CH_3CH_2$—$CH_3$ | 0.154 | $CH_2$═CH—C≡CH | 0.147 | $CH_3CH_2CH_2CH_2$—H | 0.110 |
| $CH_3CH_2CH_2$—$CH_3$ | 0.154 | $CH_3$CH═CH—CHO | 0.146 | $CH_2$═CH—H | 0.108 |
| $C_6H_5$—$CH_3$ | 0.152 | $CH_2$═CH—CN | 0.143 | $CH_2$═CHCH═CH—H | 0.108 |
| OHC—$CH_3$ | 0.146 | CH≡C—CHO | 0.145 | OHC—CH═CH—H | 0.107 |
| NC—$CH_3$ | 0.146 | OHC—CHO | 0.138 | —C(═O)—H | 0.106 |

续表

| 键型(C—$CH_3$) | 键长/nm | 键型(C—C) | 键长/nm | 键型(C—H) | 键长/nm |
|---|---|---|---|---|---|
| NC—C≡C—$CH_3$ | 0.146 | CH≡C—C≡CH | 0.138 | CH≡C—H | 0.106 |
| | | CH≡C—CN | 0.138 | | |
| | | NC—CN | 0.138 | | |

但是，同一种共价键在不同化合物中，其键长的差别是很小的。一般地说，两原子之间所形成的键越短表示键越强，越牢固。

2）键角

共价键有方向性，任何一个两价以上的原子，与其他原子所形成的两个共价键间(在空间)都有一个夹角，叫做键角。它反映了分子的空间结构，其大小与成键的中心原子有关，也随着分子结构的不同而改变。例如，甲烷分子四个 C—H 共价键之间的键角都是 109.5°，而水分子中两个氢氧键之间的键角为 104.5°。

键长与键角决定分子的立体形状。

3）键能

断裂或形成一根键时所消耗或放出的能量，称为离解能，是键的一种特性。双原子分子的键能就是键的离解能。多原子分子的键能与键的离解能并不一致。例如，甲烷分解成四个氢原子和一个气态的碳原子所吸收的热为 1661.9kJ/mol，因此，每一个 C—H 键的平均键能为 415.5kJ/mol。但甲烷的各步离解能为

$$CH_4 \longrightarrow \cdot CH_3 + H\cdot \quad 439.3\text{kJ/mol}$$

$$\cdot CH_3 \longrightarrow \cdot\dot{C}H_2 + H\cdot \quad 442\text{kJ/mol}$$

$$\cdot\dot{C}H_2 \longrightarrow \cdot\dot{\underset{\cdot}{C}}H + H\cdot \quad 442\text{kJ/mol}$$

$$\cdot\dot{\underset{\cdot}{C}}H \longrightarrow \cdot\dot{\underset{\cdot}{C}}\cdot + H\cdot \quad 338.6\text{kJ/mol}$$

因此，离解能指的是离解特定共价键的键能，而键能则泛指多原子分子中几个同类型键的离解能的平均值。分子中相同类型的化学键具有不同的离解能；分子中相同类型的化学键具有相同的键能，不同分子中同类型的化学键的键能差别较小。

4）共价键的极性与键的偶极矩、极性分子、极化性

(1) 键的极性。对于两个相同原子形成的共价键来说，如 H—H、Cl—Cl，可以认为成键电子云是对称分布于两个原子之间的，这样的共价键没有极性，称为非极性共价键。但当两个不同的原子结合成共价键时，这两个原子电负性不同，即对于价电子的引力不完全一样，这就使分子的一端带电荷多些，而另一端带电荷少些，认为一个原子带一部分负电，而另一个原子则带一部分正电。这种由于电子云的不完全对称分布而呈现极性的共价键叫做极性共价键，可以用箭头来表示这种极性键，也可以用 $\delta^-$ 或 $\delta^+$ 来表示构成极性共价键的原子的带电情况，箭头指向电

负性较大的一端，部分元素的电负性见表 3-3。

**表 3-3　部分元素的电负性**

| | | | | |
|---|---|---|---|---|
| H | C | N | O | F |
| 2.2 | 2.5 | 3.0 | 3.5 | 4.0 |
| | Si | P | S | Cl |
| | 1.9 | 2.2 | 2.5 | 3.0 |
| | | | | Br |
| | | | | 2.9 |
| | | | | I |
| | | | | 2.6 |

(2) 极性分子。分子的极性由分子的偶极矩度量。偶极矩用 $\mu$(C · m)表示，$\mu=qd$，$q$ 是正电荷中心或负电荷中心所带的电荷，$d$ 是两电荷中心之间的距离，通常用+→表示偶极矩的方向。双原子分子的偶极矩就是键矩，见表 3-4。多原子分子的偶极矩是由组成它的共价键的键矩的向量之和决定的。例如，四氯化碳分子的偶极矩为零；氯甲烷的偶极矩为 $6.24\times10^{-30}$C · m。可见，极性键组成的分子未必有极性。一些常见化合物的偶极矩列于表 3-5 中。

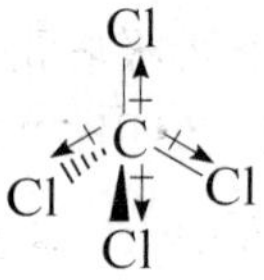

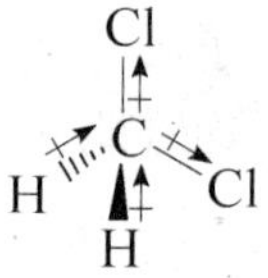


**表 3-4　常见共价键的键矩**

| 共价键 | $\mu/(10^{-30}$C · m) | 共价键 | $\mu/(10^{-30}$C · m) | 共价键 | $\mu/(10^{-30}$C · m) |
|---|---|---|---|---|---|
| H—C | 1.33 | H—I | 1.27 | C—Br | 4.60 |
| H—N | 4.37 | C—N | 0.73 | C—I | 3.97 |
| H—O | 5.04 | C—O | 2.47 | C═O | 7.67 |
| H—S | 2.27 | C—S | 3.00 | C≡N | 11.67 |
| H—Cl | 3.60 | C—F | 4.70 | | |
| H—Br | 2.60 | C—Cl | 4.78 | | |

**表 3-5　常见化合物气态时偶极矩**

| 化合物 | $\mu/(10^{-30}$C · m) | 化合物 | $\mu/(10^{-30}$C · m) | 化合物 | $\mu/(10^{-30}$C · m) |
|---|---|---|---|---|---|
| $H_2O$ | 6.14 | $CCl_4$ | 0 | $CH_3OCH_3$ | 4.34 |
| $NH_3$ | 4.87 | $CH_3NH_2$ | 4.37 | $CH_3CHO$ | 8.97 |
| $CH_4$ | 0 | $CH_3OH$ | 5.67 | $CH_3COCH_3$ | 9.51 |
| $CH_3Cl$ | 6.24 | $CH_3CH_2OH$ | 5.64 | HCOOH | 4.70 |
| $CH_2Cl_2$ | 5.34 | | | | |

键的极性影响化学反应活性。分子的极性还影响化合物的沸点、熔点和溶解度等性质。

(3) 键的极化性。在外电场作用下，键(或分子)的极性发生变化称为键(或分子)的极化性。键的极化性用键的极化度度量，它表示成键电子被成键原子核电荷约束的相对程度。极化度除了与成键原子的体积、电负性和键的种类有关外，还与外电场强度有关。成键原子的体积越大，电负性越小，对成键电子的约束越小，键的极化度就越大，例如，碳卤键的极化度为 C—I>C—Br>C—Cl>C—F；π 键(如碳碳双键中 π 键)比 σ 键易极化；外电场越强，键的极化度越大；成键电子和原子核都在运动，使键产生瞬间键矩，所以不论共价键是否是极性键，均有一定的极化度。极化现象是暂时现象，外电场消失，极化现象也即消失。

绝大多数有机化合物分子中都存在共价键，共价键的键能和键长反映了键的强度，即分子的热稳定性；键角反映了分子的空间形象；键的极性、键矩和键的极化性反映了分子的化学反应活性和影响它们的物理性质。

## 3.2　杂化轨道理论与官能团的结构

众所周知，碳原子基态的电子构型为 $1s^2 2s^2 2p_x^1 2p_y^1$。在化学反应中，一般都有能量输入，从而导致电子激发，其中 1 个 2s 电子被激发到 $2p_z$ 轨道上，因此激发态的碳原子电子构型变成 $1s^2 2s^1 2p_x^1 2p_y^1 2p_z^1$。由于 2s 和 2p 的能级不同，碳原子的 4 个价电子情况就应该不完全相同，即 1 个价电子应在能量较低的 2s 轨道，较不活泼，其余 3 个价电子应位于能量较高的 2p 轨道上，比较活泼。但是，甲烷和许多饱和有机化合物的性质实验表明，它们的分子中碳的 4 个价电子实际完全等同。

为了解释类似的种种现象，鲍林于 1931 年提出了原子间形成分子时的原子轨道杂化理论。所谓杂化，就是将原来的原子轨道混杂均匀而重新组成等量的能量相同的新的轨道——杂化轨道，进而成键。这个过程叫做轨道的杂化。

### 3.2.1　$sp^3$ 杂化和 σ 键

1) 烷烃的结构

甲烷是最简单的烷烃，甲烷分子中四个氢原子的地位完全相同，用其他原子取代其中任何一个氢原子，只能形成一种取代甲烷，例如，构造式为 $CH_3Cl$ 的化合物只有一个，构造式 $CH_3Cl$ 只代表一个化合物。

用物理方法测得甲烷分子为一正四面体结构，碳原子居于正四面体的中心，和碳原子相连的四个氢原子居于正四面体的四个角，见图 3-3，四个碳氢键键长都为 0.110nm，所有 H—C—H 的键角都是 109.5°。

碳原子基态的电子构型是 $1s^2 2s^2 2p_x^1 2p_y^1$。按杂化轨道理论，在形成甲烷分

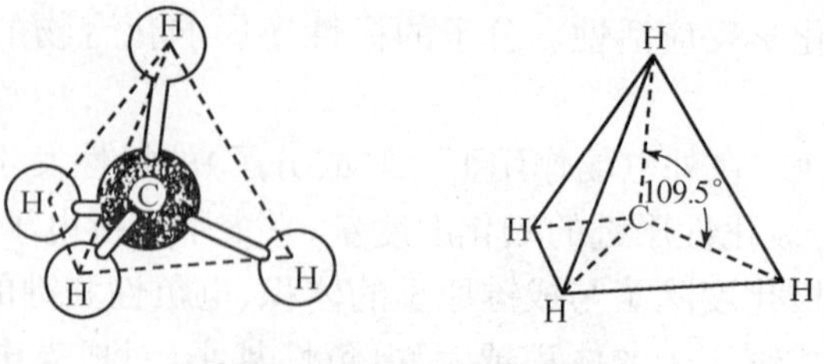


图 3-3 甲烷的四面体结构

子时，先从碳原子的 2s 轨道上激发一个电子到空的 $2p_z$ 轨道上去，这样就具有四个各占据一个轨道的未成对的价电子，即形成 $1s^2 2s^1 2p_x{}^1 2p_y{}^1 2p_z{}^1$ 的电子层结构(激发过程所需要的能量约 402kJ/mol，可被成键后放出的能量所补偿)。然后碳原子的一个 2s 轨道和三个 2p 轨道“杂化”，组成四个等能量的新的原子轨道——$sp^3$ 杂化轨道，见图 3-4，每个 $sp^3$ 杂化轨道含有 1/4s 成分和 3/4p 成分。

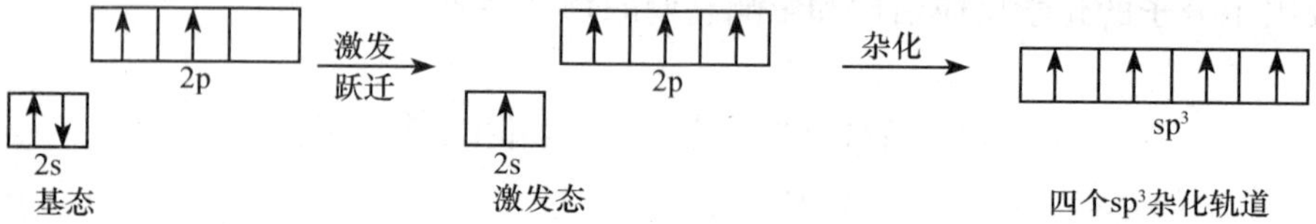


图 3-4 碳原子 $sp^3$ 杂化轨道形成示意图

$sp^3$ 杂化轨道是有方向性的，一头大，一头小(形状类似于葫芦形)，大头电子云密度较高，小头电子云密度较低。它们都有各自的对称轴。四个能量相同的 $sp^3$ 杂化轨道的能量介于 s 和 p 轨道能量之间，且四个 $sp^3$ 杂化轨道对称地排布在碳原子的周围。每个 $sp^3$ 杂化轨道都指向正四面体的顶点，对称轴(相当于正四面体中心引向四个顶点的四条直线)之间的夹角为 109.5°，如图 3-5 所示，这样的排布使价电子尽可能彼此离得最远，相互之间排斥力最小。$sp^3$ 杂化轨道的大头表示电子云偏向这一边，成键时重叠的程度就比不杂化的 s 轨道和 p 轨道都大，所以 $sp^3$ 杂化轨道所形成的键比较牢固。

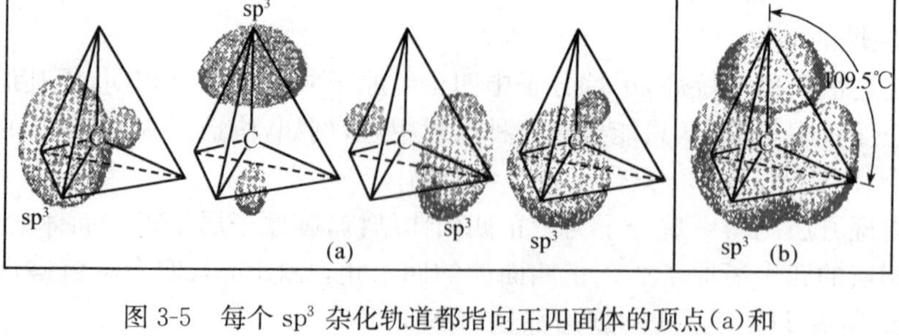


图 3-5 每个 $sp^3$ 杂化轨道都指向正四面体的顶点(a)和碳原子核为中心的四个 $sp^3$ 杂化轨道的排布(b)

当四个氢原子分别沿着 $sp^3$ 杂化轨道对称轴方向接近碳原子时，氢原子的 1s 轨道可以与碳原子的 $sp^3$ 杂化轨道进行最大限度地重叠，形成四个等同的 C—H 键，见图 3-6，因此甲烷分子具有正四面体的空间结构。按正四面体计算，每个 H—C—H 键应是 109.5°，与实验测得结果相符。

甲烷分子的 C—H 键是沿着 $sp^3$ 杂化轨道对称轴方向发生轨道重叠而形成的，这种键的电子云分布具有圆柱形的轴对称，长轴在两个原子核的连线上。凡是成键电子云对键轴呈圆柱形对称的键都称为 σ(sigma)键。σ 键是由两轨道沿着共同的对称轴以“头碰头”的形式重叠而形成的，成键电子云也呈轴对称分布，因此以 σ 键相连的两个原子可以绕键轴相对旋转而不影响电子云的分布，即不会破坏或削弱 σ 键，σ 键电子云重叠程度较高，键能较大，σ 键的成键电子称为 σ 电子。

碳的 $sp^3$ 杂化轨道除了和 H 的 1s 轨道形成 σ 键以外，还可以和其他原子形成 σ 键。例如，碳原子的 $sp^3$ 杂化轨道之间也可以以“头碰头”的形式形成 σ 键，因此其他烷烃分子中的碳原子也都具有正四面体结构。例如，乙烷($CH_3CH_3$)分子中，两个碳原子各以一个 $sp^3$ 杂化轨道相互重叠形成 C—C σ 键，其余六个 $sp^3$ 杂化轨道分别与六个氢原子的 1s 轨道重叠形成六个 C—H σ 键，见图 3-7。实验表明，乙烷分子中 C—C 键长为 0.154nm，C—H 键长为 0.110nm，键角也是 109.5°。

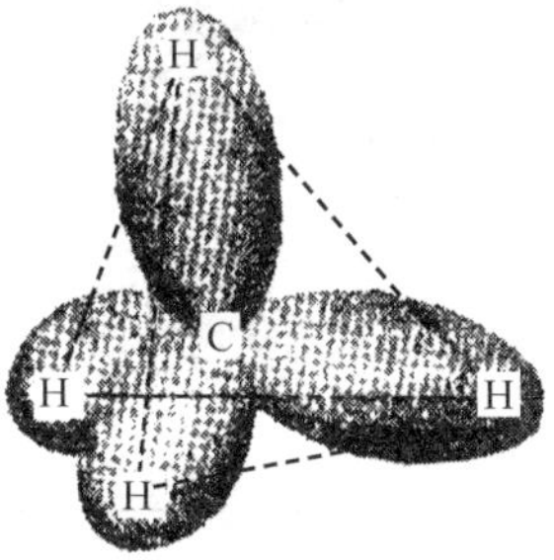


图 3-6　甲烷的四个 C—H σ 键($sp^3$-s)

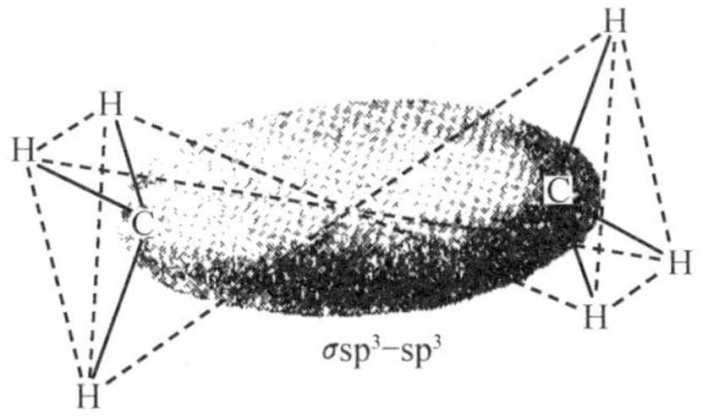


图 3-7　乙烷分子中 C—C σ 键 C—H σ 键用直线表示

烷烃分子中各碳原子的结构都可以用正四面体模型来表示。但除甲烷外，其他烷烃的各个碳原子上相连的四个原子或原子团不完全相同，因此每个碳上的键角并不完全相等，但都接近于 109.5°。例如，丙烷分子中 C—C—C 键角为 112°。根据物理方法测定，除乙烷外，烷烃分子的碳链并不排布在一条直线上，而是曲折地排布在空间(为书写方便，一般仍将碳链写成直链形式)。这是烷烃碳原子的四面体结构所决定的。烷烃分子中各原子之间都以 σ 键相连接的，所以两个碳原子可以相对旋转，这样就形成了不同的空间排布。实际上，在室温下烷烃(液态)的各种不同排布方式就经常不断地互相转变着。

2）醇的结构

氧原子的电子构型是 $1s^2 2s^2 2p_x^2 2p_y^1 2p_z^1$。由于 p 轨道处于互相垂直的方向，因此在水分子中，如果氧原子的 2p 轨道直接与氢原子的 1s 轨道从键轴方向成键时，形成的键角应该是 90°，但实际测得水分子的键角∠HOH 是 104.5°，与甲烷分子中四个 $sp^3$ 杂化轨道所形成的键角 109.5°相近。根据杂化轨道理论，我们可以得到合理的解释：氧原子与氢原子成键过程中，氧原子的 2s 轨道和三个 2p 轨道进行杂化，形成四个 $sp^3$ 杂化轨道。

氧原子以 $sp^3$ 杂化轨道上的未成对电子与氢原子的 1s 轨道电子成键，孤电子对亦占据 $sp^3$ 杂化轨道，但由于只有一个氧原子核对它有吸引，故离氧原子核较近，对另两对 σ 电子的排斥增大，使 HOH 键角受压变小。同样，在醇或醚分子中，氧原子也是 $sp^3$ 杂化，其中 O—H 键是氧原子以一个 $sp^3$ 杂化轨道与氢原子的 1s 轨道相互交盖而成的，C—O 键是碳原子的一个 $sp^3$ 杂化轨道与氧原子的一个 $sp^3$ 杂化轨道相互交盖而成的。氧原子的另外两个 $sp^3$ 杂化轨道则分别被两对孤电子对所占据。例如，甲醇（$CH_3OH$）的空间结构及物理常数分别见图 3-8 和表 3-6。

图 3-8　甲醇的成键轨道（a）和甲醇分子中氧原子的正四面体结构（b）

**表 3-6　甲醇分子中的键长和键角**

| 键长/nm | | 键角/(°) | |
|---|---|---|---|
| C—H | 0.110 | H—C—H | 109 |
| C—H | 0.096 | H—C—O | 110 |
| C—H | 0.143 | C—O—H | 108.9 |

3）氨和胺的结构

氨和胺类化合物中氮原子在成键时，也是以 $sp^3$ 杂化方式成键。例如，氨分子中有三个 N—H σ 键，它是由氮原子的三个 $sp^3$ 杂化轨道分别与氢原子的 1s 轨道相互交盖而形成的，此外尚有一对未共用电子对占据另一个 $sp^3$ 杂化轨道。N—H 键的键长为 0.101nm，H—N—H 的键角为 107.3°。氨的结构如图 3-9 所示。胺类化合物具有类似氨的结构。例如，甲胺和三甲

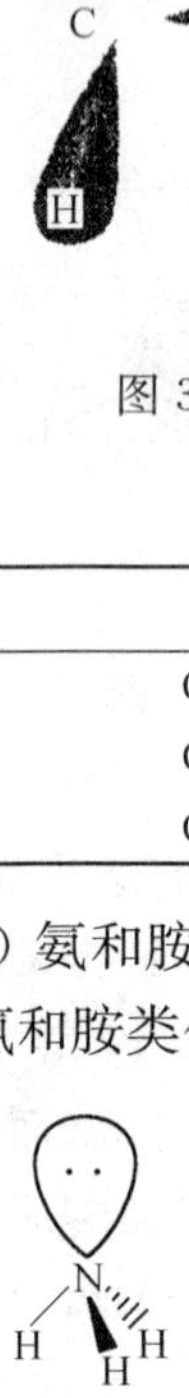


图 3-9　氨的结构

胺的结构分别如图3-10 和图 3-11 所示。

| 键长/nm | | 键角/(°) | |
|---|---|---|---|
| N—H | 0.101 | H—N—H | 105.9 |
| C—H | 0.147 | H—N—C | 112.9 |

图 3-10　甲胺的结构

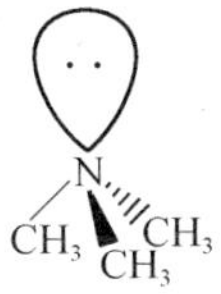


| 键长/nm | | 键角/(°) | |
|---|---|---|---|
| N—C | 0.147 | C—N—C | 108 |

图 3-11　三甲胺的结构

4）环烷烃的结构

在烷烃分子中，碳原子是 $sp^3$ 杂化的。当碳原子成键时，它的 $sp^3$ 杂化轨道是沿着轨道对称轴与其他原子的轨道，以“头碰头”的形式进行交盖，形成 109.5°的键角。这种成键方式键能较大，分子较稳定。环烷烃的碳原子也是 $sp^3$ 杂化的。但是为了形成环，碳原子的键角就不一定是 109.5°，环的大小不同，键角不同。下面以环丙烷和环丁烷为例，将环烷烃的结构做简单介绍。

(1) 环丙烷的结构。在环丙烷分子中，三个碳原子形成一个正三角形。$sp^3$ 杂化轨道的夹角是 109.5°，而正三角形的内角是 60°。因此，在环丙烷分子中，碳原子形成 C—C σ 键时 $sp^3$ 杂化轨道不可能沿轨道对称轴实现最大的交盖，见图 3-12。

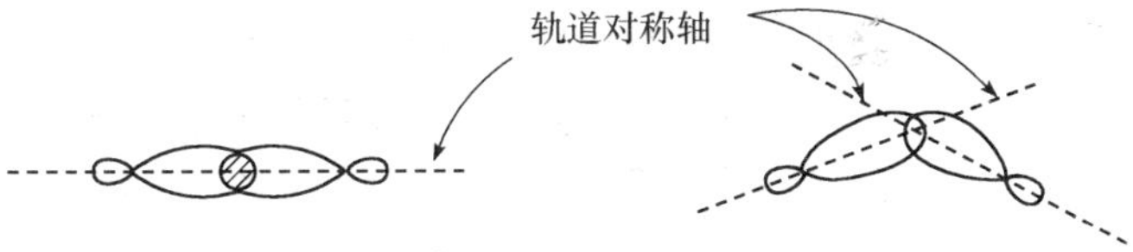


(a) 交盖较好　　(b) 交盖较差

图 3-12　σ 键轨道的交盖

为了能交盖得好些，每个碳原子必须把形成 C—C 键的两个杂化轨道间的角度缩小。根据物理方法测定结果，已知环丙烷的 C—C—C 键角是 104°，它的C—H 键键长是 0.1089nm，比烷烃的 H—C—H 键长(0.1095nm)短些，它的H—C—H 键角是 115°，比甲烷的 H—C—H 键角(109.5°)大些，见图 3-13。由此形成的环丙烷，其 C—C—C 键角虽然比 109.5°小，但还是比 60°大，因此碳碳之间的杂化轨道仍然不是沿着两个原子之间的连线交盖的。这样的键与一般的 σ 键不一样，它的电子云没有轨道对称轴，而是分布在一条曲线上，故通常称之为弯曲键。

弯曲键与正常的 σ 键相比，轨道交盖的程度较小，因此比一般的 σ 键弱，具有较高的能量。这就是环丙烷张力较大，分子能量较高，容易开环的一个重要因素。这种由于键角偏离正常键角而引起的张力叫做角张力。

(2) 环丁烷的结构。环丁烷是由四个碳原子组成环。如果环是平面结构，正四边形内角是 90°，所以环丁烷的 C—C 键也只能是弯曲键。不过其键弯曲的程度比较小，见图 3-14。但环丁烷有四个弯曲键，比环丙烷多一个，因此环丁烷的角张力也还是比较大的。

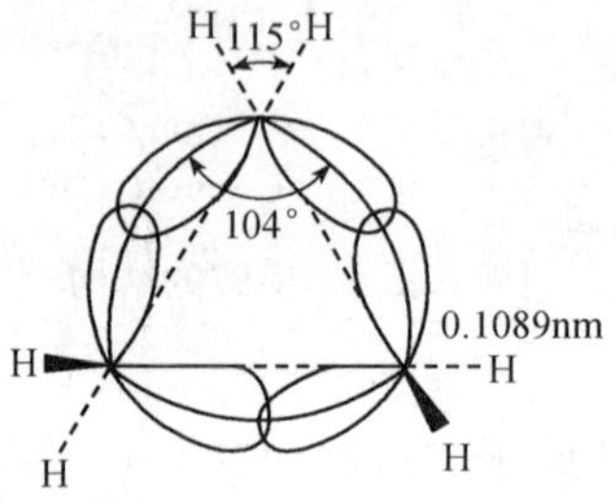


图 3-13　环丙烷分子中的键

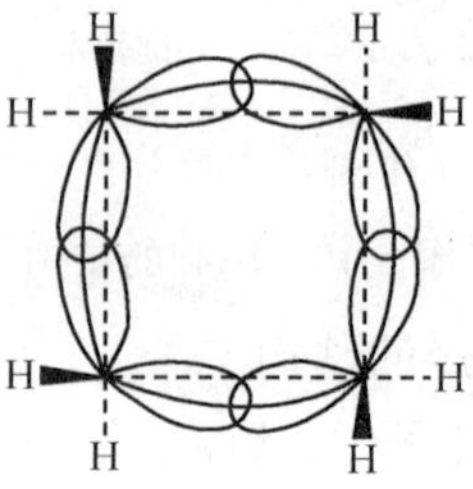


图 3-14　环丁烷分子中的键

环戊烷如果是平面结构，C—C—C 夹角应是 108°，与正常的 $sp^3$ 键角相近，故这种结构没有什么角张力。环已烷以及其他大环化合物都不存在角张力，因此它们的化学性质相对比较稳定。实际上，环烷烃中除了环丙烷成环碳原子共平面以外，其他化合物都不是平面结构。

### 3.2.2　$sp^2$ 杂化和 π 键

物理方法证明，乙烯分子的所有碳原子和氢原子都分布在同一平面上，如图 3-15 所示。乙烯的每个碳原子只和其他三个原子相连接，因此每个碳原子都只用三个价电子构成 σ 键。

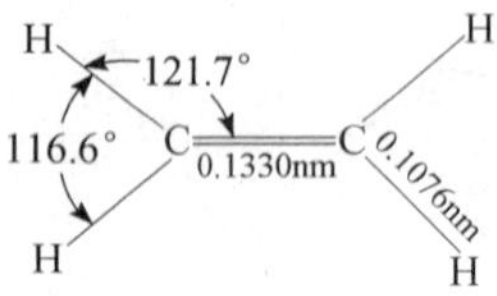


图 3-15　乙烯的结构

在这种情况下碳原子的价电子并不像烷烃中那样进行 $sp^3$ 杂化，而是进行了由一个 s 轨道和两个 p 轨道参加的 $sp^2$ 杂化，其结果形成了处于同一平面上的三个 $sp^2$ 杂化轨道，如图 3-16 所示。

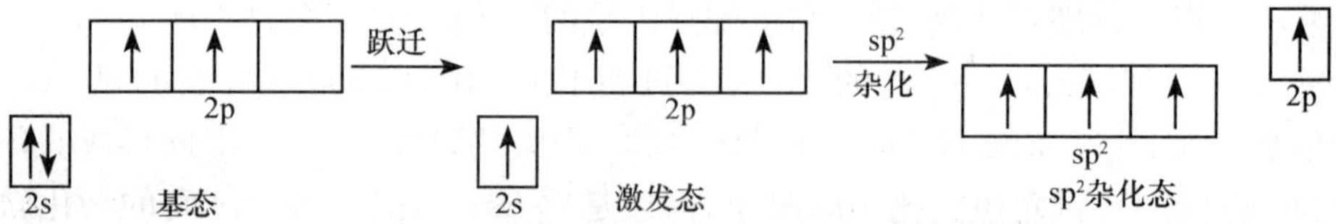


图 3-16　碳原子 $sp^2$ 杂化轨道形成示意图

$sp^2$ 杂化轨道的能量介于 s 轨道和 p 轨道之间，其形状与 $sp^3$ 杂化轨道的形状相似(类似于葫芦形)，一头大，一头小，而且每个 $sp^2$ 杂化轨道含有 1/3s 成分和 2/3p 成分，都有各自的对称轴。这三个 $sp^2$ 杂化轨道的对称轴是以碳原子为中心，分别指向正三角形的三个顶点，即它们对称地分布在碳原子的周围，相互之间构成三个接近 120°的夹角。这种排布方式常称为三角形模型。这样，乙烯分子的两个碳原子各以两个 $sp^2$ 杂化轨道与两个氢原子的 1s 轨道交盖形成两个 σ 键，两个碳原子之间又各以一个 $sp^2$ 杂化轨道相互交盖形成一个 σ 键。这五个 σ 键的对称轴都在同一平面上。

每个碳原子还各有一个未参加杂化的 p 轨道，它们的对称轴均垂直于乙烯分子所在的平面，因此它们是相互平行的，以“肩并肩”的形式在侧面相互交盖而形成另一种键，叫做 π 键(图 3-17)。π 键的成键电子称为 π 电子。

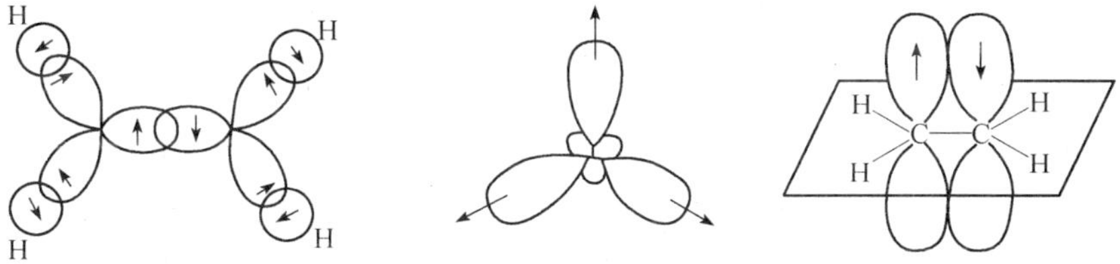


(a) 乙烯分子中由 $sp^2$杂化轨道交盖所形成的五个σ键　(b) 三个 $sp^2$杂化轨道在平面上的分布　(c) 乙烯分子中由p轨道交盖所形成的π键

图 3-17　乙烯的 σ 键和 π 键

σ 键是两原子轨道沿轨道对称轴以“头碰头”的方式进行交盖，成键电子云呈轴对称，因此成键两原子可以自由地相对旋转而不影响 σ 键电子云重叠。由于 σ 键电子云集中地分布在两原子核之间，因此不易与外界试剂相接近。而 π 键则是两不饱和原子平行的 p 轨道以“肩并肩”的方式在侧面进行电子云重叠，它们没有共同的轨道对称轴，并且只有当轨道平行时电子云重叠程度最大。当两原子间做相对旋转时，轨道偏离平行位置，使轨道间距离增大，电子云重叠减小，π 键减弱，从而最终导致 π 键的破裂，所以形成 π 键的两原子不能自由地相对旋转。双键是由四个电子组成的，相对单键来说，电子云密度更大，而且构成 π 键的电子云都暴露在乙烯分子平面的上方和下方，因此 π 键受核的控制较弱，电子云极易流动，键能较小而不及 σ 键稳固，并且易受外界电场的影响而极化。因此，外界试剂，特别是具有亲电性的试剂更易与 π 键接近，决定了碳碳双键的亲核性。

其他烯烃分子中，碳碳双键的状态基本上与乙烯中的双键相同，都是由一个 σ 键和一个 π 键所组成的。由于碳碳之间存在两个键，所以碳碳双键的键长(0.133nm)比碳碳单键(0.154nm)短。π 键是两个 p 轨道侧面交盖而成的，与 σ 键相比，重叠程度小，因此 π 键较 σ 键为弱，较易断裂[断裂乙烷的碳碳 σ 键需要能量 347kJ/mol，而断裂碳碳双键则需要能量 611kJ/mol，这说明了碳碳 π 键断裂时只需 611－347＝264(kJ/mol)能量]。正是由于 π 键的存在，烯烃具有较大的反应活性。

碳氧双键(羰基)和碳碳双键类似，也由一个 σ 键和一个 π 键组成。羰基碳原

子以三个 $sp^2$ 杂化轨道与氧原子和两个其他原子形成三个 σ 键，这三个键分布在同一平面上，键角近似于 120°。碳原子还有一个没有参与杂化的 p 轨道，与氧原子的一个 p 轨道侧面交盖形成 π 键，所以羰基具有平面三角形结构。羰基是醛和酮的官能团。最简单的醛——甲醛的结构如图 3-18 所示。

碳氧双键虽然也是由一个 σ 键与一个 π 键组成，但是由于氧原子的电负性较大，其容纳电子的能力很强，故碳氧双键是极化的，特别是其中的 π 键。因为 π 电子云容易流动，容易偏向于电负性强的氧原子周围，从而使氧原子附近电子云密度增高，碳原子附近的电子云密度降低。因此，羰基是个极性基团，它的氧原子带有部分负电荷，而碳原子则带有部分正电荷，见图 3-19。

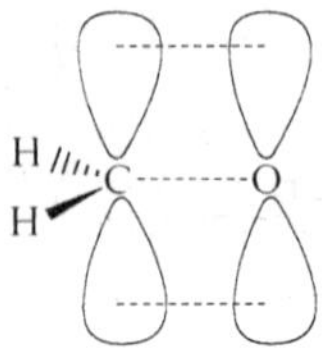


| | | | | |
|---|---|---|---|---|
| 键长/nm | C═O | 0.120 | O—H | 0.110 |
| 键角/(°) | H—C—O | 121.3 | H—O—H | 116.5 |

图 3-18　甲醛的结构

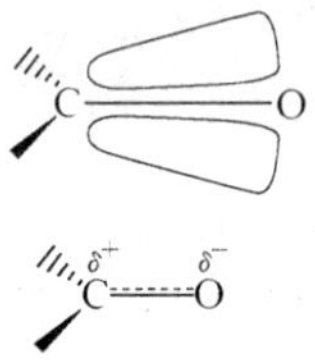


图 3-19　羰基 π 电子云分布示意图

羰基具有极性，故羰基化合物是极性分子，有一定的偶极矩，如

甲醛

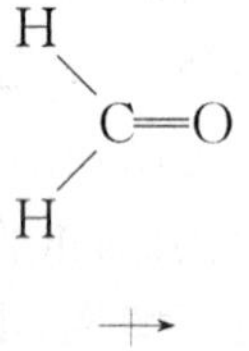

丙酮

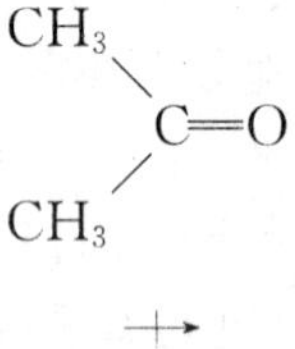

偶极矩 ($10^{-30}$C · m)　　7.57　　9.51

总之，碳碳双键和碳氧双键都是平面结构，不饱和碳原子均为 $sp^2$ 杂化，双键也都是由一个 σ 键和一个 π 键组成。它们的 π 键都具有以下几个特点：①π 键的成键两原子不能作相对旋转。②π 键电子云比较裸露，受原子核的束缚力较小，π 键电子云流动性大。③π 键的键能较小，易断裂，化学性质较活泼(如易加成、易氧化等)。

### 3.2.3　sp 杂化

碳原子除了 $sp^3$ 杂化和 $sp^2$ 杂化以外，还可以进行 sp 杂化，形成不饱和叁键，如C≡C和C≡N。下面将以乙炔为例，说明 sp 杂化和C≡C的结构。

X 射线衍射和电子衍射等物理方法测定，乙炔分子是一个线形分子，四个原子都排布在同一条直线上，分子中各键的键长和键角如图 3-20 所示。

成键碳原子的价电子层应满足八个电子(八隅体结构)的要求，乙炔的两个碳原子共用了三对电子,所以碳碳之间的键应当用叁键来代表。量子化学的研究结果表明,在乙炔分子中,每个碳原子与另外两个原子(一个氢原子和一个碳原子)结合成键时,使用了两个相同的 sp 杂化轨道。

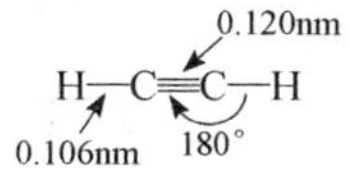


图 3-20　乙炔分子结构

sp 杂化轨道的形状与 $sp^3$ 或 $sp^2$ 杂化轨道的形状相似,呈葫芦形,一头大,一头小,且轨道呈轴对称。每个 sp 杂化轨道含 1/2s 成分和 1/2p 成分,能量介于 s 轨道和 p 轨道能量之间。两个 sp 杂化轨道在空间分布上与 $sp^3$ 杂化轨道以及 $sp^2$ 杂化轨道不同,两个 sp 杂化轨道分布在同一条直线两个相反的方向上,有共同的轨道对称轴。乙炔分子中,每个碳原子各自形成了两个具有圆柱形对称的 σ 键,分别是 $C_{sp}$—$C_{sp}$和 $C_{sp}$—$H_s$,如图 3-21 所示。

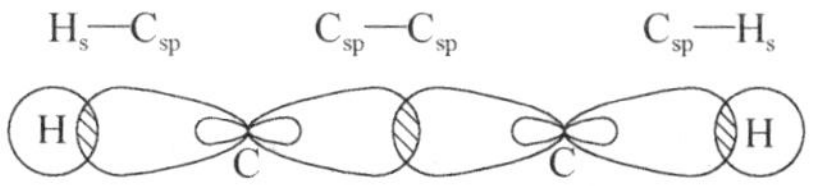


图 3-21　乙炔分子中的 σ 键

这就是乙炔分子成为直线分子的原因。

乙炔的每个碳原子还各有两个相互垂直的 p 轨道,在空间分布上它们都垂直于两个 sp 杂化轨道所在的直线,即垂直于乙炔分子中四个原子所在的直线。不同碳原子的 p 轨道又是相互平行的,一个碳原子的两个 p 轨道与另一个碳原子相对应的两个 p 轨道形成两个碳碳 π 键,成键 π 电子云呈圆筒形分布在碳碳 σ 键的周围,如图 3-22 所示。

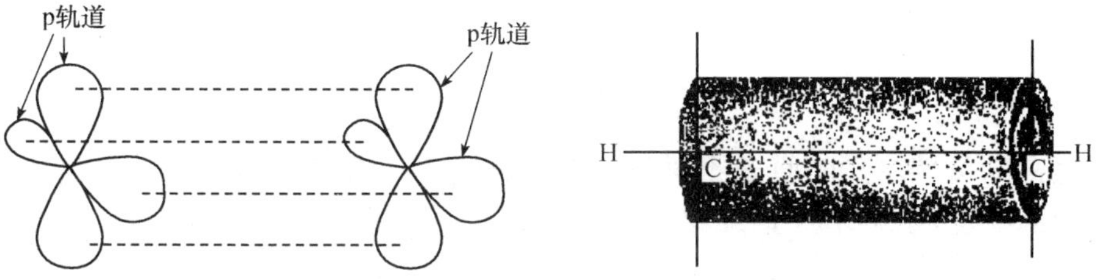


(a) 乙炔分子的π键　　(b) 乙炔分子的圆筒形π电子云

图 3-22　乙炔分子的 π 键和圆筒形 π 电子云

由此可见,碳碳叁键是由一个 σ 键和两个 π 键组成的。乙炔的碳碳叁键的键能是 837kJ/mol,而乙烯的碳碳双键的键能是 611kJ/mol,乙烷的碳碳单键的键能是 347kJ/mol。相比之下叁键的键能最大,但仍比单键键能的三倍数值要低得多。叁键键长最短。

在形成有机分子时,碳原子存在三种不同的杂化形式:$sp^3$、$sp^2$ 和 sp 杂化。不同杂化形成的杂化轨道的形状是相似的，均呈葫芦形，一头大，一头小。电子云偏向于大头，因此在成键时有很强的方向性。它们都呈轴对称，能量均介于 s 轨道和 p 轨道之间，通常可以和其他原子的轨道形成 $\sigma$ 键。但是不同的杂化方式存在明显不同的特点。首先它们的空间结构不同。四个 $sp^3$ 杂化轨道指向正四面体的四个顶点，碳原子在正四面体的中心上。三个 $sp^2$ 杂化轨道指向正三角形的三个顶点，碳原子位于正三角形的中心上。而两个 sp 杂化轨道则分布在同一直线两个相反的方向上。其次不同杂化碳原子的电负性不同。由于形成的杂化轨道所含的 s 成分和 p 成分不同，含 s 成分越大，碳原子的电负性越大，所以杂化碳原子的电负性为 $C_{sp}(3.29)>C_{sp^2}(2.75)>C_{sp^3}(2.48)$。最后，不同的杂化方式，原子间形成的键型不同。例如，$sp^3$ 杂化碳与其他原子间只能形成单键，$sp^2$ 杂化碳可与其他原子形成双键(如 C═C、C═O)，而 sp 杂化碳可与其他原子形成叁键(如—C≡C—)。

值得注意的是，所谓杂化是成键过程中相伴生的，并不是成键前孤立发生的，只有在成键过程中，由于原子轨道间的相互影响，电子的运动状态发生某种变化时，才可能发生轨道的杂化。运用杂化轨道理论可以很好地解释有机化合物的立体结构。

## 3.3 电子效应

在研究化合物的性质及其反应性能的大小时，常比较原子团间的相互影响，这些影响可由诱导效应和共轭效应等原因引起。有机化学中有很多问题可用诱导效应及共轭效应来解释。

### 3.3.1 诱导效应

通常电负性较高的原子或原子团 X 常能使 X—A 键中的电子云比较多地集中在它的附近，使相邻原子 A 呈现部分的正电荷。若 A 又和另外原子 B 等相连接，则 A—B 及 B—C 等键也将受到它的影响，使这些键上的电子云或多或少地向 X 原子或原子团转移，使 B、C 等原子比原先要呈现较多的正电荷：

$$\overset{\delta^-}{X}\leftarrow\overset{\delta^+}{A}\leftarrow\overset{\delta'^+}{B}\leftarrow\overset{\delta''^+}{C}$$

若 Y 的电负性小于 A，则由于 Y 的存在，A、B、C 上的电子云密度增高，即呈现较多负电荷：

$$\overset{\delta^+}{Y}\rightarrow\overset{\delta^-}{A}\rightarrow\overset{\delta'^-}{B}\rightarrow\overset{\delta''^-}{C}$$

例如，氯乙酸的酸性($pK_a=2.86$)比乙酸的酸性($pK_a=4.76$)强，就是由于氯原子的电负性较大，使成键电子云向氯原子偏移，导致羟基氧上的电子云密度降低，使其对质子的束缚力减弱，有利于质子的解离。

$$\mathrm{Cl} \leftarrow \mathrm{CH_2} \leftarrow \overset{\overset{\displaystyle \mathrm{O}}{\|}}{\mathrm{C}} \leftarrow \mathrm{OH} \rightleftharpoons \left[\mathrm{Cl} \leftarrow \mathrm{CH_2} \leftarrow \overset{\overset{\displaystyle \mathrm{O}}{\|}}{\mathrm{C}} \leftarrow \mathrm{O}\right]^- + \mathrm{H^+}$$

成键原子的电负性不同引起的极性效应，通过静电诱导作用沿着分子链传递而影响到分子的其他部分，这种分子中原子间的相互影响叫做诱导效应。诱导效应的影响使分子的极性也发生变化，因此可通过测定分子的偶极矩反映出来。

诱导效应在分子链传递中迅速减弱，一般经过三四个原子后就可忽略不计。

在有机化合物分子中，诱导效应的方向是以 C—H 键作为标准来衡量的。当 C—H 键中的氢原子被其他原子或原子团 X(或 Y)取代后，假定 X 的电负性大于 H 原子，则成键电子云将向 X 偏移，即 X 具有吸电子性，称 X 为吸电子基团(或亲电子基团)，由它所引起的诱导效应，叫做吸电子诱导效应，用“－I”表示；相反，假定 Y 的电负性小于氢原子，则当 Y 取代 H 原子后，键的电子云将向碳原子偏移，Y 具有斥电子性，因此把它叫做斥电子基团(或供电子基团)，由它引起的诱导效应叫做供电子诱导效应，一般用“＋I”表示。

一些取代基的吸电子能力(－I 效应)强弱的次序如下：

$$-\mathrm{NR_3^+} > -\mathrm{SR_2^+} > -\mathrm{NH_3^+} > -\mathrm{NO_2} > -\mathrm{SO_2R} > -\mathrm{CN} > -\mathrm{SO_2Ar} >$$
$$-\mathrm{COOH} > -\mathrm{F} > -\mathrm{Cl} > -\mathrm{Br} > -\mathrm{I} > -\mathrm{OAr} > -\mathrm{COOR} > -\mathrm{OR} > -\mathrm{COR} >$$
$$-\mathrm{SH} > -\mathrm{SR} > -\mathrm{OH} > -\mathrm{C{\equiv}CR} > -\mathrm{C_6H_5} > -\mathrm{CH{=}CH_2} > -\mathrm{H}$$

一些取代基的供电子能力(＋I 效应)强弱的次序如下：

$$-\mathrm{O^-} > -\mathrm{COO^-} > -\mathrm{C(CH_3)_3} > -\mathrm{CH(CH_3)_2} > -\mathrm{CH_2CH_3} > -\mathrm{CH_3} > -\mathrm{H}$$

由诱导效应所引起电子转移的方向，可用画在 $\sigma$ 键中央的箭头表示，即

$$-\underset{|}{\overset{|}{\mathrm{C}}}\rightarrow\underset{|}{\overset{|}{\mathrm{C}}}\rightarrow\underset{|}{\overset{|}{\mathrm{C}}}\rightarrow\mathrm{Cl}$$

上面所讲的是在静态分子中所表现出来的诱导效应，称为静态诱导效应，与键的极性密切相关。但在化学反应中，分子中的反应中心如果受到极性试剂的进攻，则键的电子云分布将受试剂电场的影响而变化。与键的极化类似，这种改变与外界电场强度及键的可极化性大小有关，并且只有在进行化学反应的瞬间才表现出来，这种诱导效应称为动态诱导效应。

### 3.3.2 共轭效应与超共轭效应

3.3.2.1 1,3-丁二烯的结构与共轭效应

由物理方法测得的1,3-丁二烯分子结构如图3-23所示。

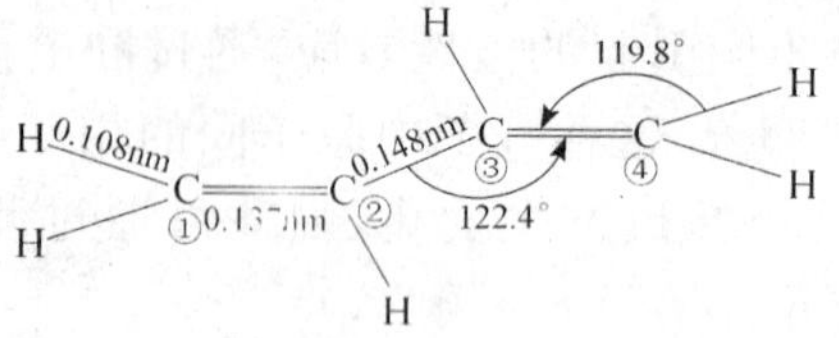


图3-23 1,3-丁二烯分子的结构

在1,3-丁二烯分子中,①、②、③、④四个碳原子和四个氢原子处在同一平面内。分子中的每个碳原子都是以 $sp^2$ 杂化方式成键的,碳原子之间以及碳原子与氢原子之间均以 $sp^2$ 杂化轨道或氢原子的1s轨道以“头碰头”的方式重叠形成σ键,分子中一共形成了三个碳碳σ键和六个碳氢σ键,而且这些σ键的键轴共平面。每个碳原子的未参与杂化的p轨道都垂直于1,3-丁二烯分子所在的平面,因此这四个p轨道都相互平行,这样不仅 $C_1—C_2$,$C_3—C_4$ 之间的p轨道可以从侧面重叠形成π键,而且 $C_2—C_3$ 之间也有p轨道的重叠,使 $C_2—C_3$ 之间也有部分双键的性质,使分子中碳碳单键键长(0.148nm)比烷烃中碳碳单键(0.154nm)短。分子中碳碳双键键长(0.137nm)比单烯烃中碳碳双键(0.133nm)长,即1,3-丁二烯分子中单键和双键键长趋于平均化。由此可见,在1,3-丁二烯分子中组成两个π键的四个π电子不只是定域在 $C_1—C_2$ 及 $C_3—C_4$ 之间运动,而是扩展(离域)到整个碳链之中,这种现象称为电子离域,所形成的π键称为离域大π键。

能发生电子离域的体系称为共轭体系。显然只有在每个碳原子的p轨道都相互平行时,才有可能发生电子离域。在含有两个或两个以上的双键的烃类中,如果有两个双键被一个单键隔开,其余的双键并不累积,这种烃类就叫做共轭烯烃。共轭烯烃含单双键间隔的结构,就提供了p轨道相互平行的条件,如图3-24所示。

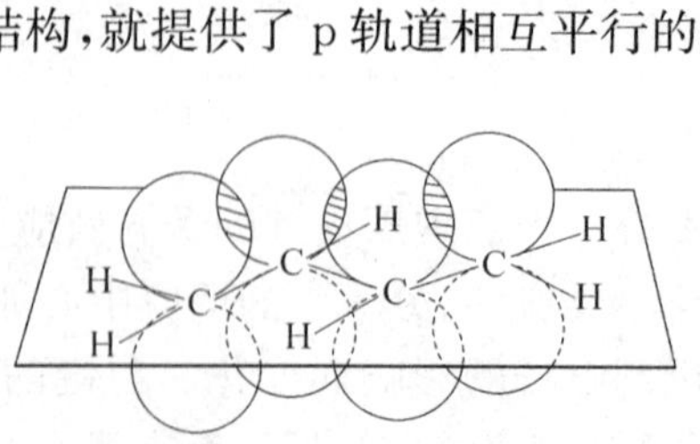


π键所在平面与纸面垂直

图3-24 四个p轨道与分子平面垂直且相互平行

由上面1,3-丁二烯分子结构的讨论中可以看出,四个π电子已经不是两两分别局限在两碳原子之间,由于电子的离域作用,电子云的分布有所改变,体系的内能降低,分子更稳定,键长趋于平均化,产生的效应叫做共轭效应,以C(conjugation)表示,供电子共轭效应以+C表示,吸电子共轭效应以-C表示。显然,共轭效应产生的原因与诱导效应不同,只有各碳原子形成的所有σ键在同一平面内,才能使p轨道的对称轴垂直于同一平面并从侧面重叠发生电子的离域。如果这种共平面性受到破坏,那么p轨道的相互平行就发生偏离,它们之间的重叠减少,共轭效应也就随之减弱甚至完全消失。

由于π电子在分子体系中的离域,导致了分子的稳定性增加,分子的能量明显降低。共轭体系的这种稳定性可以从非共轭烯烃和共轭烯烃的氢化热数值的比较中显示出来。1mol烯烃催化加氢生成烷烃所放出的能量叫做氢化热。

表3-7中列出了部分烯烃和二烯烃的氢化热数据。

**表3-7　部分烯烃和二烯烃的氢化热**

| 化合物 | 构造式 | ΔH/(kJ/mol) |
|---|---|---|
| 丁烯 | $CH_3CH_2CH=CH_2$ | −127 |
| 戊烯 | $CH_3CH_2CH_2CH=CH_2$ | −125 |
| 1,4-戊二烯 | $CH_2=CH-CH_2-CH=CH_2$ | −254 |
| 己烯 | $CH_3CH_2CH_2CH_2CH=CH_2$ | −126 |
| 1,3-丁二烯 | $CH_2=CH-CH=CH_2$ | −239 |
| 1,3-戊二烯 | $CH_3-CH=CH-CH=CH_2$ | −226 |

1,3-戊二烯和1,4-戊二烯加氢后都生成戊烷,但从表3-7中可以看出具有共轭体系的1,3-戊二烯的氢化热比不是共轭体系的1,4-戊二烯的氢化热低[254−226=28(kJ/mol)]。之间的差值是共轭体系分子中π电子的离域而导致分子更稳定的能量,称为离域能,也叫做共轭能(或共振能)。离域能越大,表示这个共轭体系越稳定。

必须指出,这种共轭效应不仅存在于1,3-丁二烯分子中,在其他具备共轭条件的分子或离子中同样存在。常见的有π-π共轭效应、p-π共轭效应、σ-π超共轭和σ-p超共轭效应。

1) π-π共轭效应

在共轭多烯中,由于π电子离域所产生的共轭效应,称为π-π共轭效应,如1,3-丁二烯、1,3,5-己三烯等。另外,苯分子是一环状的π-π共轭体系。按照杂化轨道理论,苯分子中六个碳原子都是$sp^2$杂化的,每个碳原子都以$sp^2$杂化轨道与相邻碳原子相互交盖形成六个碳碳σ键,每个碳原子又都以$sp^2$杂化轨道与氢原子的1s轨道相互交盖形成C—H σ键。每个碳原子的三个$sp^2$杂化轨道的对称轴都分布在同一平面上，而且两个对称轴之间的夹角为 120°，这样就形成了正六边形的碳架，所有的碳原子和氢原子都处在同一平面上。此外，每个碳原子都剩余一个垂直于此平面的 p 轨道，它们的对称轴都相互平行，每个 p 轨道都能与相邻的 p 轨道从侧面重叠，结果形成了一个包含六个碳原子在内的闭合共轭体系，如图 3-25 所示，形成 $\pi_6^6$ 键。π 电子云分布在苯环平面的上方和下方，形成一个像夹心饼干形的封闭环状共轭大 π 键，如图 3-26 所示。苯环的共轭作用很强，六根碳碳键等长，是一个完全对称的分子，所以非常稳定。从苯的氢化热（208.4kJ/mol）可以进一步说明苯的稳定性，已知环己烯的氢化热为 119.7kJ/mol，那么苯的离域能为（119.7×3－208.4）＝150.7（kJ/mol），说明苯比凯库勒所假定的环己三烯构造式的能量低 150.7kJ/mol，所以苯环具有特殊的稳定性。

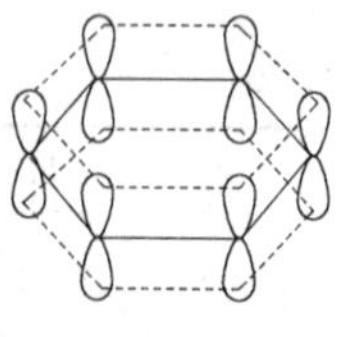

图 3-25　苯环的 p 轨道交盖

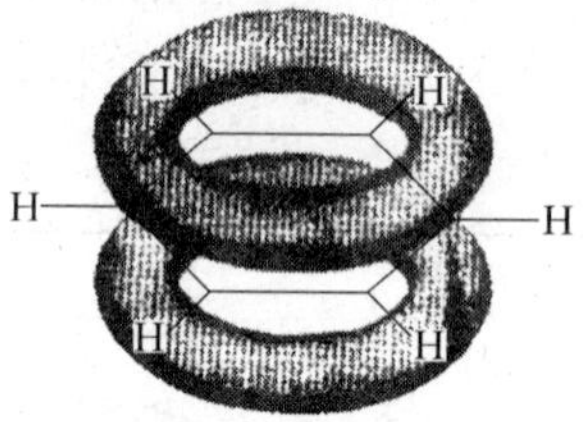


图 3-26　苯环的电子云分布

2）p-π 共轭效应

由组成 π 键的 p 轨道与相邻原子的 p 轨道重叠，成键电子云离域而产生的共轭效应，称为 p-π 共轭效应。例如，在苯酚分子中，氧原子也是以 $sp^2$ 杂化方式成键的，氧原子上带有一对电子的 p 轨道与苯环的六个碳原子的 p 轨道相互平行，可以从侧面重叠，体系中的 π 电子和氧原子上的一对 p 电子可以发生离域而产生 p-π 共轭效应（图 3-27）。因此，氧原子上的部分电子离域到整个苯环中，使氧原子的电子云密度降低，减弱了 O—H 键的强度，使氢原子容易以质子的形式解离而呈现弱酸性。同时，由于电子的离域使苯环的电子云密度升高，使苯环的亲电取代反应变得比较活泼。

在羧酸分子中也存在 p-π 共轭效应。羧基中的碳原子也是 $sp^2$ 杂化的，三个 $sp^2$ 杂化轨道分别与—OH 的氧原子、C＝O 的氧原子和一个烃基的碳原子（也可以是一个氢原子）以 σ 键相结合，且这三个 σ 键在同一平面上。碳原子的剩余 p 轨道与 C＝O 中氧原子的 p 轨道相互交盖形成一个 π 键。—OH 的氧原子的 p 轨道可以与 C＝O 的 π 键发生 p-π 共轭效应，使体系中的 π 电子与—OH 的氧原子的 p 电子发生离域。而且羧酸解离形成的羧酸根离子，由于 p-π 共轭效应，负电荷分散在两个氧原子的周围，如图 3-28 所示。

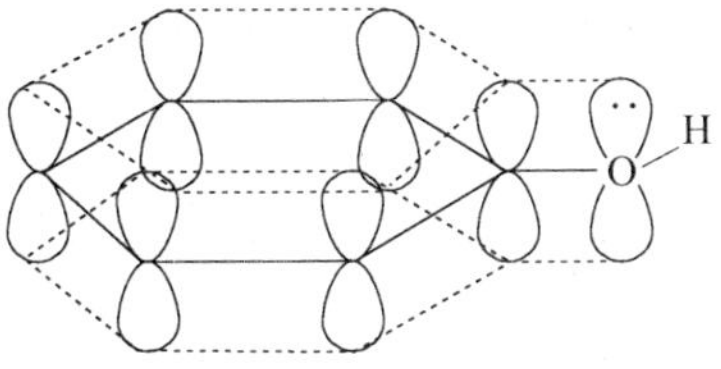


图 3-27　苯酚的结构

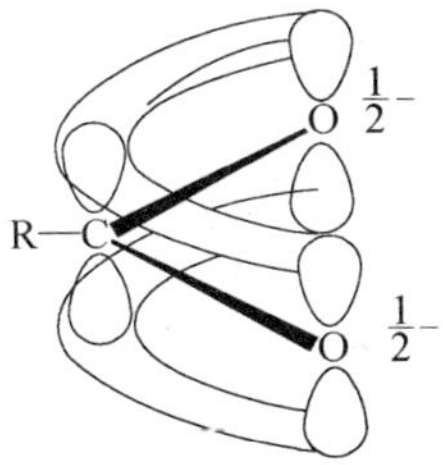


图 3-28　羧酸根负离子的轨道图

因此，在羧酸根离子中两个氧原子的地位是等同的，已不能区别哪一个是原来羧酸中的羰基氧原子、哪一个是羟基氧原子，由于电子的离域，羧酸根离子是比较稳定的，所以羧酸容易解离而显示酸性。

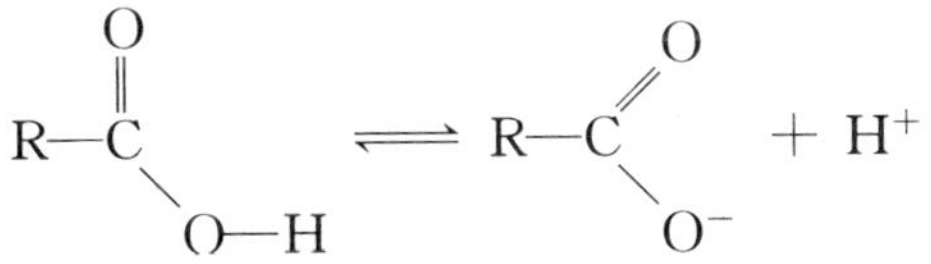

### 3.3.2.2　超共轭效应

超共轭效应是一类微弱的共轭效应，当碳氢 σ 键与 π 键相邻，并处于一种近似于平行(由于 C—C σ 键的旋转)状态时，则 π 电子与 σ 电子也有类似的离域现象，这种 σ、π 电子的离域作用比 π-π 共轭或 p-π 共轭效应的电子离域作用要弱得多，所以称之为 σ-π 超共轭效应，如丙烯分子中的 σ-π 超共轭效应(图 3-29)。

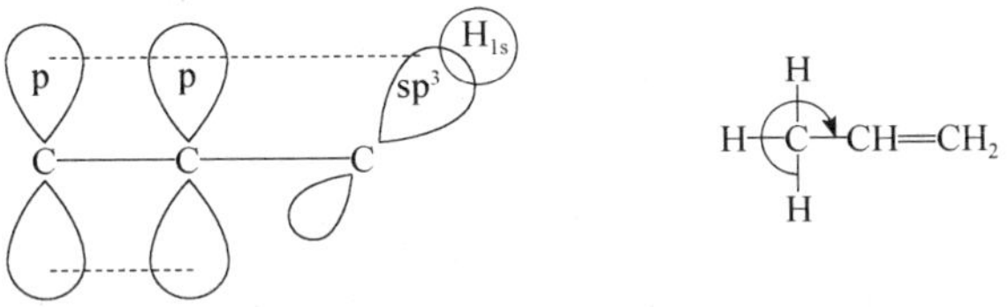


图 3-29　丙烯分子中的超共轭效应

烯烃分子中的 σ-π 超共轭效应，可以从它们的氢化热得到证明，如

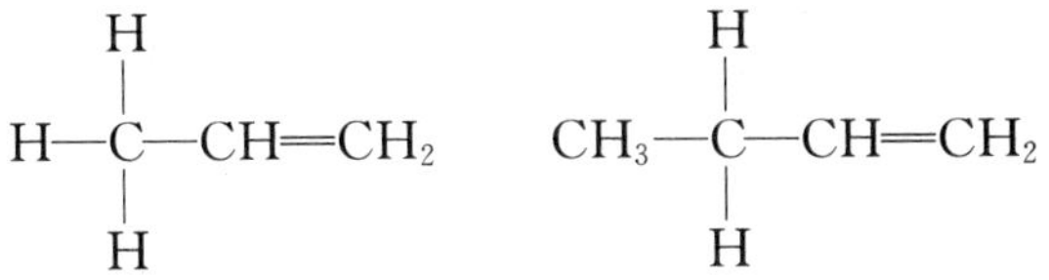

| | | |
|---|---|---|
| 氢化热/(kJ/mol) | 126 | 127 |
| 与 π 键共轭的 C—H σ 键 | 三个 | 两个 |

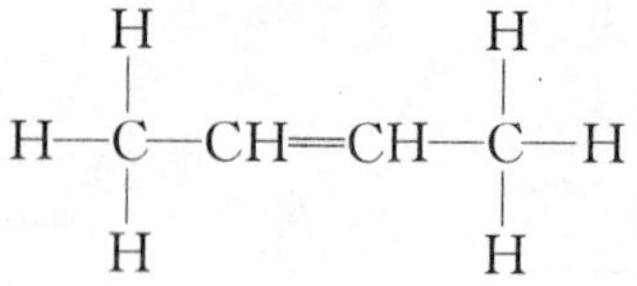

氢化热/(kJ/mol)　　120(顺式)

与 $\pi$ 键共轭的 C—H $\sigma$ 键　　六个

由上述可知,与双键相邻碳原子上的碳氢 $\sigma$ 键越多,发生超共轭效应的机会也越多,成键电子云离域也越充分,氢化热越低,烯烃越稳定。

与 $\sigma$-$\pi$ 超共轭效应相似,当碳氢 $\sigma$ 键与 p 轨道相邻时,C—H $\sigma$ 电子云也可以发生部分离域作用,这种电子的离域称为 $\sigma$-p 超共轭效应。例如,碳正离子稳定性的比较就是借助于 $\sigma$-p 超共轭效应而得到解释的。碳正离子中心碳一般认为是 $sp^2$ 杂化状态或近似于 $sp^2$ 杂化状态,如图 3-30 所示。这个碳正离子上还留有一个空的 p 轨道,当空的 p 轨道与相邻的 C—H $\sigma$ 键发生 $\sigma$-p 超共轭效应时,使正电荷得到分散,离子的稳定性增加,且与中心碳相邻的碳原子上的 C—H $\sigma$ 键越多,碳正离子越趋稳定。下面是碳正离子的稳定性次序:

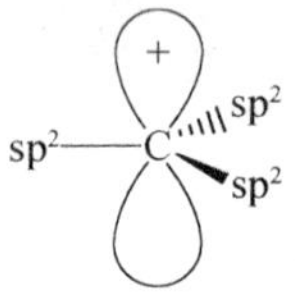


图 3-30　碳正离子的结构

$$(CH_3)_3C^+ > (CH_3)_2\overset{+}{C}H > CH_3\overset{+}{C}H_2 > CH_3^+$$

共轭效应与诱导效应都是分子中原子之间相互影响的电子效应,区别不仅在于产生的条件不同,还在于在共轭效应中成键电子可在整个共轭体系中离域,电子在沿着共轭链传递时不受距离的影响,而各个键以交替极化的形式,从共轭链的一端一直传递到另一端。这种传递电子的方式与诱导效应中沿 $\sigma$ 键短距离传递电子的方式有着本质的区别。

## 3.4　有机反应中活泼中间体的结构与稳定性

大多数有机化学反应不只一步完成,反应过程中常包含有一个活泼中间体的生成,例如,叔卤代烷的水解首先生成叔碳正离子,然后与水反应而得到产物。

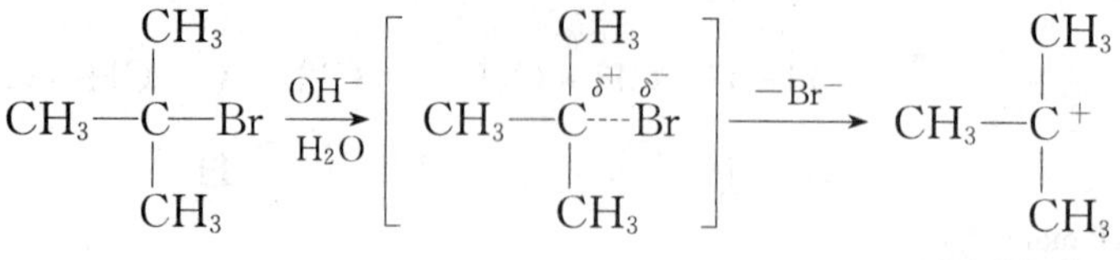

活泼中间体

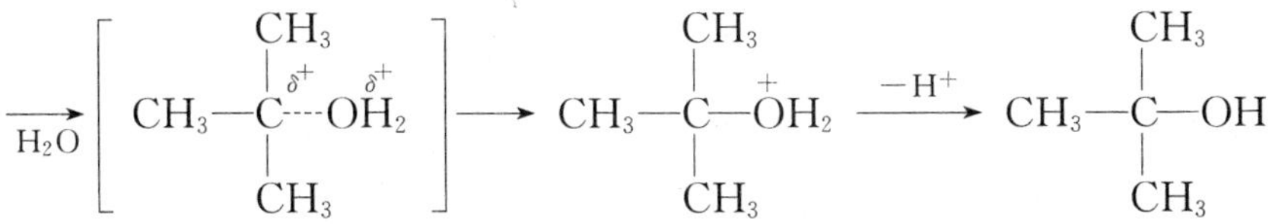


活泼中间体具有一定的寿命，虽然非常活泼，但仍有一定的相对稳定性，可以检测其存在，有些在适当条件下甚至可以分离。它既是由反应物生成，而最终产物又是由它衍生得到，因此关于活泼中间体的结构和稳定性研究成为研究有机化学反应历程的重要问题。

现就几类重要的活泼中间体的结构和稳定性进行简要讨论。

### 3.4.1　碳正离子的结构与稳定性

碳正离子带有正电荷，是有机化学反应中常见的活泼中间体，很多离子型的反应是通过生成碳正离子活泼中间体进行的，如

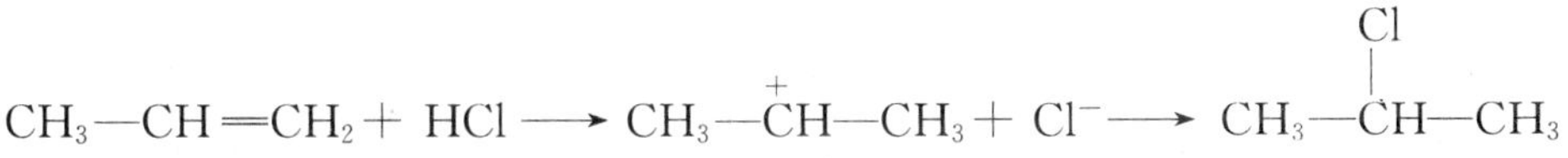


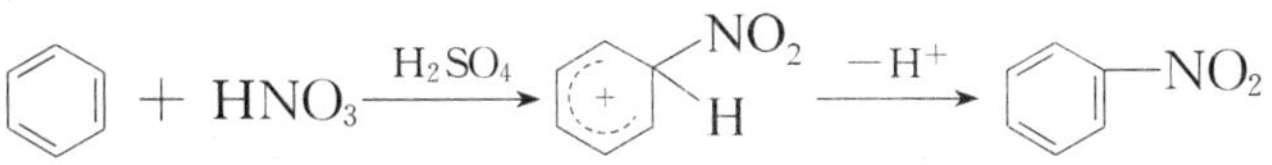


同时碳正离子也是研究得最早、最深入的活泼中间体，很多研究反应历程的基本概念和方法都起始于碳正离子的研究。因此，有人认为碳正离子的研究是理论有机化学的基础。

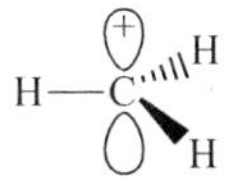
$sp^2$杂化(平面构型)

图 3-31　甲基碳正离子的结构

一般认为碳正离子的中心碳是 $sp^2$ 杂化状态成键的，中心碳原子以三个 $sp^2$ 杂化轨道与另外三个原子或基团形成 σ 键，三个 σ 键的键轴共平面，空着的 p 轨道垂直于此平面，正电荷集中在 p 轨道上。图 3-31 为甲基碳正离子的结构。

碳正离子的稳定性与电子效应、空间效应及溶剂效应都直接有关。

碳正离子的中心碳原子是缺电子的，显然任何使碳正离子中心碳原子上电子云密度增加的结构因素都将使正电荷分散，使碳正离子的稳定性增高。相反，任何吸电子基团都将使中心碳原子正电荷更集中，而使碳正离子稳定性减小。例如，烷基一般表现为推电子诱导效应，所以下面碳正离子的稳定性顺序为

$$(CH_3)_3C^+ > (CH_3)_2CH^+ > CH_3CH_2^+ > CH_3^+$$

氯一般表现为吸电子诱导效应，所以 2-氯乙基碳正离子的稳定性则低于乙基碳正离子。

$$Cl\leftarrow CH_2\overset{+}{C}H_2 < CH_3\overset{+}{C}H_2$$

烷基碳正离子的稳定性顺序也可以用超共轭效应来解释。

共轭效应在碳正离子稳定性方面所起的作用也是明显的。凡碳正离子的中心碳原子与双键共轭时，电子离域使正电荷分散，从而使其稳定性增大，如烯丙基碳正离子

$$CH_2=CH-\overset{+}{C}H_2 \longrightarrow \overbrace{CH_2\text{=-=}CH\text{=-=}CH_2}^{+}$$

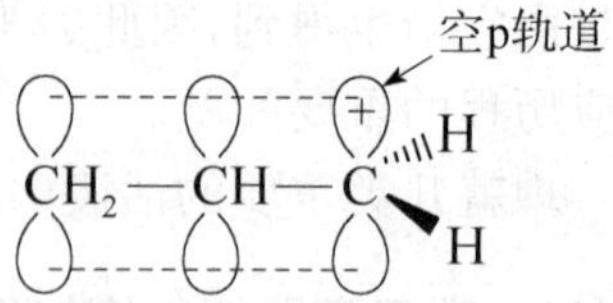


由于 p-π 共轭，π 电子发生离域，使正电荷分散在三个碳原子形成的共轭体系中形成 $\pi_3^2$ 键，使烯丙基碳正离子的稳定性增大。由于同样的原因，二乙烯基碳正离子、三乙烯基碳正离子则更为稳定，其顺序是

$$(CH_2=CH)_3C^+ > (CH_2=CH)_2\overset{+}{C}H > CH_2=CH-\overset{+}{C}H_2 > (CH_3)_3C^+$$

苄基碳正离子与烯丙基碳正离子相似，也存在 p-π 共轭效应，也是比较稳定的：

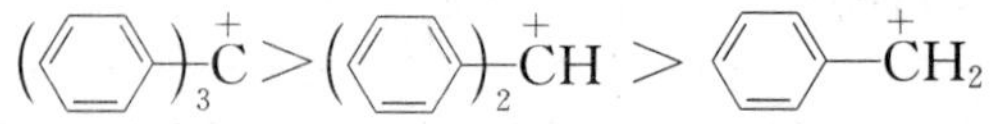

除电子效应外，碳正离子的稳定性还受空间效应的明显制约。碳正离子的中心碳原子是平面构型，是 $sp^2$ 杂化状态，三个 σ 键键角接近 120°，而饱和碳则为 $sp^3$ 杂化，键角 109.5°。在形成碳正离子的过程中，键角由 109.5°到 120°，张力是松弛的、减小的。中心碳原子连的基团越大，原来 $sp^3$ 饱和状态时的张力（基团间的斥力）也越大，因而碳正离子也越容易生成，稳定性也越大。所以上述碳正离子稳定性的顺序实际上也有空间效应影响的结果。

### 3.4.2 碳负离子的结构与稳定性

碳负离子通常带有负电荷，也是有机化学反应中一类重要的活泼中间体。很多有机化学反应是通过碳负离子活泼中间体的生成而完成的，如

$$R-C\equiv CH \xrightarrow[NH_3(\text{液})]{NaNH_2} R-C\equiv C^-Na^+$$

$$\xrightarrow{CH_3Cl} R-C\equiv C-CH_3$$

$$RCl \xrightarrow[\text{干醚}]{Mg} R\,MgCl \xrightarrow[\text{②}H_2O]{\text{①}CO_2} RCOOH$$

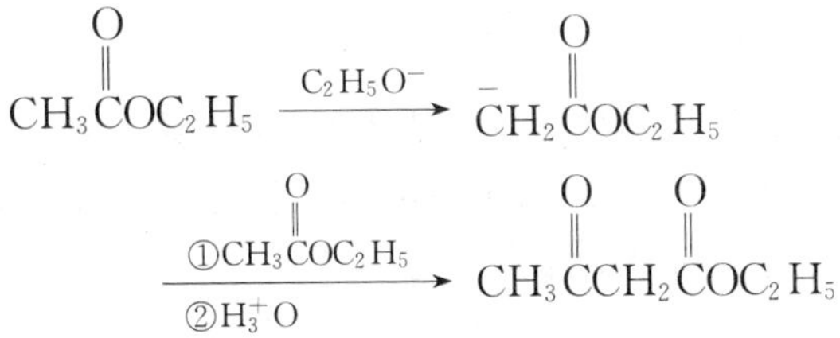

与碳正离子的结构不同，一般简单的烃基碳负离子的中心碳原子是以 $sp^3$ 杂化状态与其他原子成键的，未共用电子对占据四个 $sp^3$ 杂化轨道中的一个，呈棱锥构型。图 3-32 为甲基碳负离子的结构。

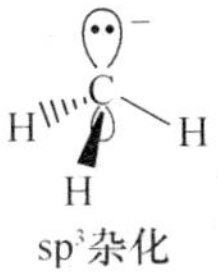


图 3-32　甲基碳负离子的结构

当带负电荷的中心碳原子与 π 键或芳环相连时，由于未共用的电子对能与 π 键发生共轭离域而稳定，这时碳负离子将取 $sp^2$ 杂化的平面构型，以达到轨道最大的交盖，更好地离域，使体系能量最低、最稳定，而不是 $sp^3$ 杂化的棱锥构型，如

$CH_2=CH—CH_2^-$

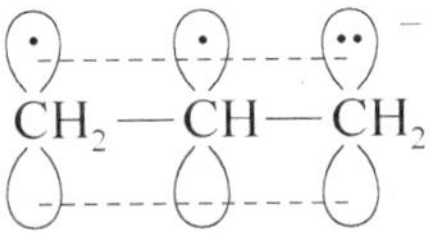

影响碳负离子稳定性的原因无非是结构和溶剂等主要因素，这种影响主要表现在两个方面：一方面表现在碳负离子是否容易形成，与碳原子相连的氢原子是否容易离去，即酸性的强弱；另一方面表现为生成的碳负离子是否稳定。

现就影响碳负离子稳定性的因素简要讨论如下：

(1) 共轭效应。当碳负离子的中心碳原子与 π 键直接相连时，由于未共用电子对与 π 键共轭（p-π 共轭效应），电子离域的结果使碳负离子稳定。

$CH_2=CH—\bar{C}H_2$

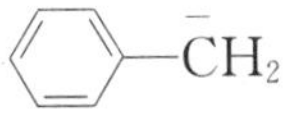

而且连接的 π 键（或苯环）越多，则离域越充分，碳负离子越稳定。

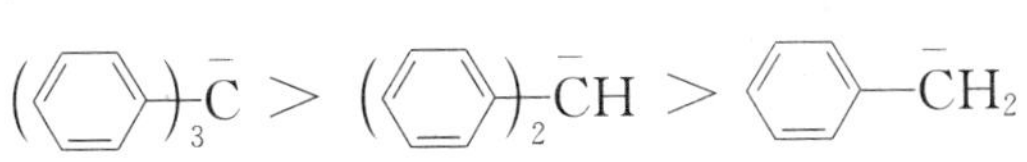

碳氮、碳氧和氮氧 π 键与碳负离子的中心碳原子直接相连时，也有同样的影响，而且由于氮和氧的电负性较大，能更好地分散负电荷，所以更能使碳负离子稳定。例如，硝基烷的碳负离子能在水中存在。

(2) 诱导效应。当碳原子上连有强的吸电子基团时，由于吸电子诱导效应，碳原子上所连的氢原子酸性增强，容易质子化离去而形成碳负离子。同样，当生成的碳负离子的中心碳原子上连有强的吸电基团时，负电荷可以得到分散，而使碳负离子稳定。

$$F \leftarrow CH_2 \leftarrow H \rightleftharpoons F \leftarrow \overset{-}{C}H_2 + H^+$$

相反，当中心碳原子上连有供电子基团时，由于诱导效应的影响，与碳原子相连的氢质子化趋势变小，酸性减弱，生成的碳负离子其负电荷难于分散，稳定性降低。例如，下列碳负离子的稳定性次序为

$$CH_3^- > RCH_2^- > R_2CH^- > R_3C^-$$

(3) 杂化作用。一般来讲，C—H 键中的碳原子 s 成分越多，氢越容易以质子形式释出，这是因为在 C—H 键中一对成键电子处于不同杂化轨道时，s 轨道成分越多，电子对靠碳原子核越近，被碳原子核拉得越紧，氢原子质子化的趋势也就越大，因此酸性顺序为

炔烃>烯烃>烷烃

例如，乙炔具有酸性，容易形成具有离子特性的金属化合物：

$$HC \equiv CH + NaNH_2 \longrightarrow HC \equiv C^- Na^+ + NH_3$$

碳负离子的碳原子的 s 成分增加，碳负离子的稳定性增加，因而稳定性顺序为

$$RC \equiv C^- > RCH = CH^- > R_3C—CH_2^-$$

(4) 芳香性。环状碳负离子是否具有芳香性，对其稳定性也有明显的影响，如环戊二烯的酸性($pK_a = 14.5$)比一般烯烃的酸性($pK_a = 37$)要大得多，当然这与环戊二烯负离子存在共轭效应有关，但更重要的是因为环戊二烯负离子符合休克尔规则，具有芳香性所致：

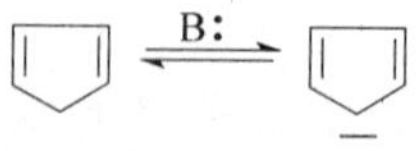


环壬四烯负离子也具有芳香性，因而也是较稳定的负离子。

### 3.4.3 自由基的结构与稳定性

自由基也叫游离基，与碳正离子和碳负离子不同，自由基是共价键均裂的产物，带有未成对电子，也是重要的活泼中间体，如

| | | |
|---|---|---|
| $CH_3 \cdot$ | $(CH_3)_3C \cdot$ | $CH_2 = CH—CH_2 \cdot$ |
| 甲基自由基 | 叔丁基自由基 | 烯丙基自由基 |

与碳正离子及碳负离子相似，自由基的中心碳原子的构型可能是 $sp^2$ 杂化的平面构型或 $sp^3$ 杂化的棱锥构型，或介于二者之间。目前认为简单的甲基自由基是平面构型，或近似于平面的浅棱锥形。中心碳原子为 $sp^2$ 杂化，或接近于 $sp^2$ 杂化，未成对单电子处于 p 轨道，三个 $sp^2$ 杂化轨道则与氢原子的 s 轨道交盖形成三个 $\sigma$ 键，其对称轴共平面，如图 3-33 所示。

根据许多实验结果得到关于自由基的稳定性顺序如下：

$$CH_2{=}CH\dot{C}H_2 > (CH_3)_3\dot{C} > (CH_3)_2\dot{C}H > CH_3\dot{C}H_2 > \dot{C}H_3$$

$$(C_6H_5)_3\dot{C} > (C_6H_5)_2\dot{C}H > C_6H_5\dot{C}H_2$$

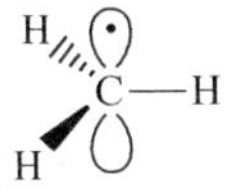


图 3-33　甲基自由基的结构

影响自由基稳定性的因素包括共轭效应和空间效应。例如，烯丙基自由基和三苯甲基自由基具有较大的稳定性，是由于未成对电子的离域作用。叔丁基自由基的稳定性大于乙基和甲基自由基，可利用超共轭效应来解释。

## 3.5　共　振　论

前已述及 1,3-丁二烯和苯分子都是 π 电子离域的共轭体系。显然，至今仍然沿用的 19 世纪布特列罗夫提出的用一个价键结构式描写一个分子，即从成键电子定域的概念出发，用孤立单双键简单表达分子中原子的连接顺序和结合方式，并未合理地表明分子中电子的真实状态，即分子的复杂结构。为了解决经典构造式不能圆满表示分子真实结构也不能说明分子物理化学性质等的困惑，美国化学家鲍林从经典价键构造式出发，运用量子力学的变分法研究化学键的本质，发现用单一价键构造式确立的变分函数求出的苯分子能量总高于实验值，而利用几个构造式确立分子的轨道变分函数得出的能量值可以降低并趋于接近实验值，从而对体系的稳定性给以合理解释。于是他突破仅用一个构造式描写一个分子的旧框框，但仍然维护分子结构的单一性；以经典价键理论为基础，用化学工作者所熟悉的语言和经典的结构要素提供了某些能被化学家直接应用的直观模型，把量子力学的共振概念作为价键理论的补充和延伸，于 1931～1933 年提出共振论。

共振论应用于分子结构描写时认为，在价键规则许可的范围内，当一个分子或离子可以写出一个以上的路易斯构造式时，则任何一个单独的经典价键构造式都不能正确反映出分子的真正结构，可以用多个并不存在的经典构造式叠加（共振、杂化）形成的共振杂化体来近似模拟分子的真实结构，即“不能有把握地用一种价键结构式归于某一分子”，“分子是在若干个价键结构之间共振”。这些价键构造式之间的差别仅仅在电子排布，而原子核的位置，电子配对的数目以及分子的形象都是完全相同的。共振不涉及 σ 键而只是以不同方式改变 π 电子或未共用电子。就是说，只要移动 π 电子或未共用电子就能写出每个分子的共振结构。

共振论把参与共振形成杂化体的经典构造式称为极限构造式，各个极限构造式之间用↔号（表示共振）连接，表示由↔所联系的若干极限构造式共振得到一个在任何瞬间都只有单一构造的共振杂化体，绝不是这些极限构造式的混合物。它不同于任何一个极限构造，但又在一定程度上有相似之处。例如，苯可以认为是由下面极限构造式共振而成的共振杂化体。

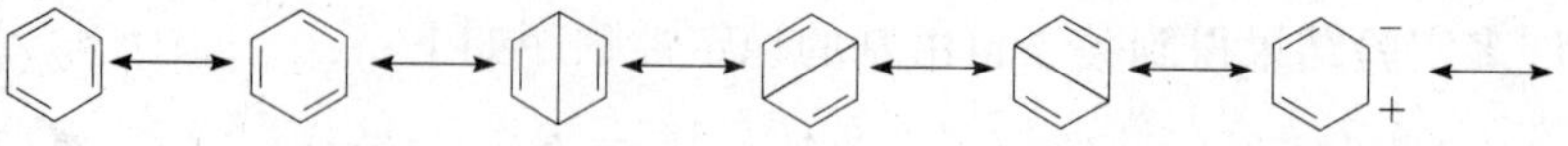

Ⅰ　　Ⅱ　　Ⅲ　　Ⅳ　　Ⅴ　　Ⅵ

共振结构式不是任意指定的，必须基本符合能量近似，在对电子数相等和构型相等三个条件，每个共振构造式中的原子都服从价键规则和满足路易斯结构式。

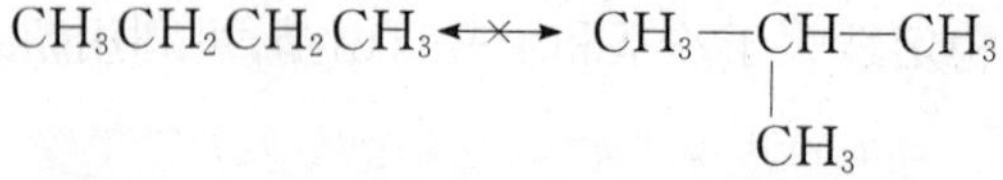

不存在共振

$$CH_2{=}CH{-}\dot{C}H_2 \longleftrightarrow \dot{C}H_2{-}CH{=}CH_2 \not\longleftrightarrow \dot{C}H_2{-}\dot{C}H{-}\dot{C}H_2$$

一个未成对电子　　　　三个未成对电子

共振论允许所有符合价键规则的经典结构式共振，因此，用于描述分子结构时似乎要写出所有可能写出的共振式若干，显得很复杂。但是，共振论认为对杂化体贡献大的共振式是主要的，而有的贡献小，是次要的；一般情况下，只需写出几个主要共振式就可以了，次要的可以忽略不计。那么如何评价极限共振式对杂化体的贡献大小呢？能量低、稳定的共振式对杂化体贡献大，具体说：

（1）没有电荷分离的共振式比有电荷分离的共振式具有更低的能量，也就是说，共价键数目越多的共振式比共价键数目少的共振式能量低、稳定。两相反电荷的距离越近越稳定，如

$$\underset{\underline{1}}{CH_2{=}CH{-}CH{=}CH_2} \longleftrightarrow \underset{\underline{2}}{\overset{+}{C}H_2{-}CH{=}CH{-}\overset{-}{C}H_2} \longleftrightarrow$$

$$\underset{\underline{3}}{CH_2{=}CH{-}\overset{+}{C}H{-}\overset{-}{C}H_2} \longleftrightarrow \cdots$$

上面三种共振式中，1最稳定，2又比3不稳定一些。

（2）负电荷在电负性大的原子上或正电荷在电负性最弱的原子上的共振式较稳定，对杂化体的贡献大，如下，4 比 5 稳定。

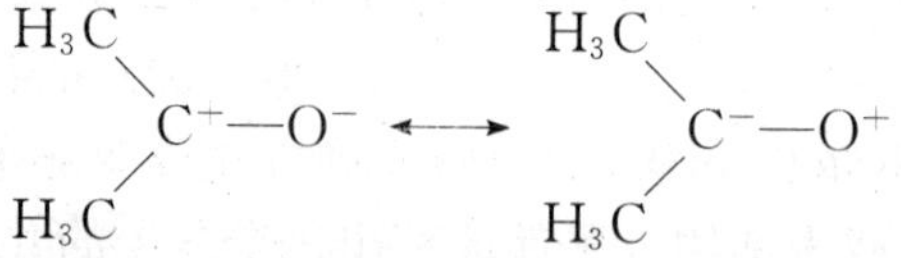

4　　　　5

（3）相邻两原子带有相同电荷的共振式能量高，不稳定，对杂化体的贡献小，如

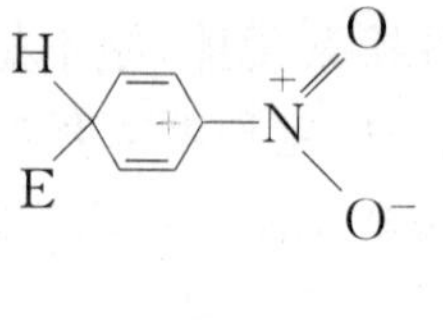

(4) 具有不完全电子壳层的原子,任何情况下均为最不稳定。例如,1,3-丁二烯的共振结构式$\overset{+}{C}H_2—CH═CH—\overset{-}{C}H_2$中的$\overset{+}{C}$的外层电子只有 6 个,所以它的能量较高,因而不是一个重要的参与结构式。

(5) 结构中键角和键长变形较大的稳定性差,贡献小,即相邻原子成键的比不相邻原子间成键的能量低、稳定、贡献大。

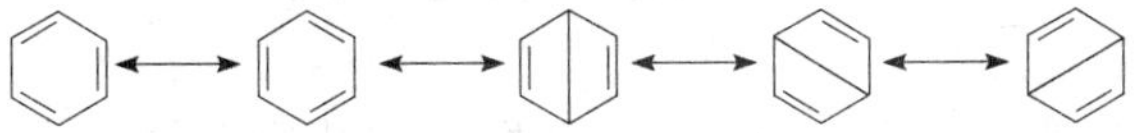

其中后 3 个不稳定。

(6) 共振空间的位阻效应导致不稳定。例如,2,3-二叔丁基丁二烯表现出一个非共轭的二烯烃性质,较大体积的两个相邻叔丁基使结构扭曲并阻止了两个双键共平面,离域受阻,导致不稳定。

共振论认为共振是一种稳定因素。凡物种有共振者较之没有共振的来得稳定,参加共振的结构数目越多,意味着离域范围越广,则杂化体就越稳定,尤其是结构相似和能量上相同的式子参加共振,其杂化体就稳定。共振结构中比较稳定的,即具有较低能量的极限式对共振杂化体贡献也较大,通常以能量最低,稳定性最高的共振结构为标准,其实分子即共振杂化体所降低的能量叫共振能(共振能可以通过量子化学方法计算,但一般可用热化学方法,测定其实验值)。例如,烯丙基碳正离子:

$$\overset{+}{C}H_2—CH═CH_2 \longleftrightarrow CH_2═CH—\overset{+}{C}H_2$$

这种由于电荷离域而获得的稳定化称为共振稳定化,能量差即为共振能。共振结构之间能量上差别越小,共振能越大。共振结构等同时,能量相同,共振能量越大,共振稳定化作用也越大。

共振结构理论用价键结构式叠加即共振概念,实际包含价键电子的离域及键长键能的变化等概念在内。所以在很多情况下,用几个共振式的叠加——共振杂化体比只用某一个共振式更能反映分子的真实结构,更能说明分子的真实物理化学性质。共振论在解释分子的物理和化学性能上是较为简明有效的,诸如分子的酸碱性强弱、偶极矩和键长的大小,光谱特性及预测反应条件、产物分布及相对稳定性等都显示出优点。但是,共振结构理论也有其不足之处。共振论认为,一个物种能写出的共振式越多越稳定,然而环丁二烯和环辛四烯等分子也似乎可写出一定的共振式,事实上它们是不稳定的。此外,共振论也不能说明立体化学的问题,不能解释周环反应,对芳香性的判断往往是错误的。它虽然注意到电子云分布的某些特点,如离域,但尚未从本质上揭示化学结构的整体。鲍林本人也指出“共振论远非完善,大部分还是粗略的”。

共振论对电子离域的处理，仅仅用粗糙的价键来定性地表示价键的量子现象，不像分子轨道理论那样用量子力学作工具，从分子整体上去考虑价键的电本性。此外，共振论在做某些规定时有很大的随意性，缺少量子力学基础，用这些无量子力学基础的假定处理量子现象，不可能避免局限性甚至得到错误的结论。

## 3.6　分子轨道理论

按照分子轨道理论，当原子组成分子时，形成共价键的电子运动于整个分子区域。分子中价电子的运动状态，即分子轨道，可以由波函数 $\varphi$ 来描述。分子轨道由原子轨道通过线性组合而成。组合前后的轨道数是守恒的，即形成的分子轨道数与参与组成原子轨道数相等。每个分子轨道有一定的能量，分子轨道容纳电子对遵循能量最低原理、泡利(Pauli)原理和洪德(Hund)规则。

例如，两个原子轨道可以线性组合成两个分子轨道，其中一个分子轨道由符号相同(波相相同)的两个原子轨道波函数相加而成；另一个分子轨道则由符号不同(波相不同)的两个原子轨道波函数相减而成。

$$\varphi\begin{cases}\varphi_2=\phi_1-\phi_2\\ \varphi_1=\phi_1+\phi_2\end{cases}$$

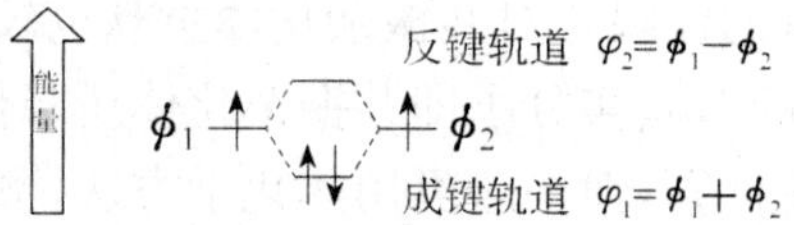


前式表示在分子轨道 $\varphi_1$ 中两个原子核之间的波函数增大，电子云密度亦增大，这种分子轨道的能量较原来两个原子轨道能量低，所以叫做成键轨道；后式表示在分子轨道 $\varphi_2$ 中两个原子轨道之间波函数减少，电子云密度减少，这种分子轨道能量比原来两个原子轨道能量反而高，所以叫做反键轨道。

又如，氢分子具有两个分子轨道：一是具有两个电子的成键分子轨道；二是没有电子的反键分子轨道。在成键轨道中的电子有利于成键，而在反键轨道中电子则迫使原子分离(不利于成键)。

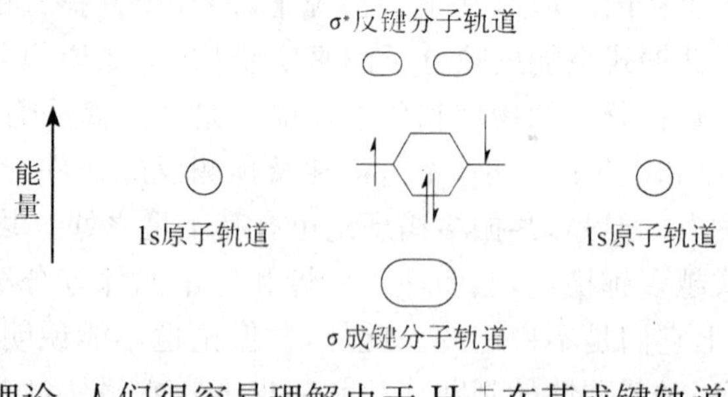


用分子轨道理论，人们很容易理解由于 $H_2^+$ 在其成键轨道上仅有一个电子，所以 $H_2^+$ 没有 $H_2$ 那样稳定。我们可以预测 $He_2$ 不存在，因为 $He_2$ 有四个电子，两个在低能量的成键轨道，另两个在高能量的反键轨道，后者将抵消前者的作用。

在 $F_2$ 的共价键是由两个氟原子的 2p 原子轨道“头碰头”重叠而成。

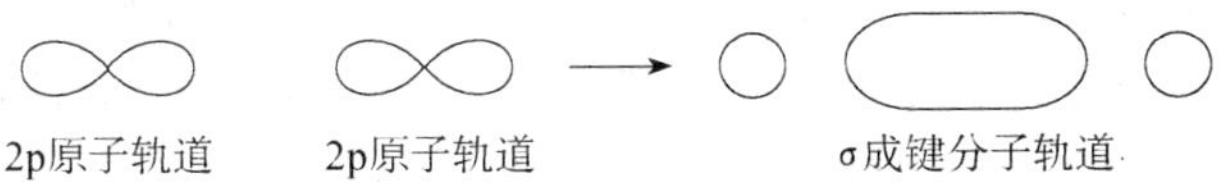


由于 2p 原子轨道的体积大于 1s 的原子轨道，所以 2p 原子轨道上的平均电子云密度低丁 1s 原子轨道，因此当 $F_2$ 的 2p 轨道重叠时，其所形成的成键分子轨道的平均电子云密度比 $H_2$ 的成键分子轨道小，因而电子不可能将静电相互排斥的核拉得特别近，因此与 $H_2$ 相比，$F_2$ 的键长长，键能小（F—F 键长 0.142nm；H—H 键长 0.074nm；F—F 键能 159kJ/mol，H—H 键能 435kJ/mol）。

s 原子轨道相互重叠所形成的共价键，显香肠形，其截面为圆形，对长轴呈圆筒形对称，长轴在原子核的联结线上，这种形状的成键轨道称为 σ 轨道，这个反键轨道称为 $\sigma^*$ 键。

p 原子轨道相互重叠有两种形式：一是“头碰头”方式重叠，类似上述 F—F 键，即形成 σ 键，当两个 p 轨道叠瓣是同相，则形成成键分子轨道 σ，若反相，则形成反键分子轨道 $\sigma^*$。成键分子轨道的电子云密度集中在两核间，因此每个重叠轨道的后瓣变小，而反键分子轨道的电子云密度则是组合后在两核间变小，p 轨道的电子云互为反相不重叠且两核间瓣变小，后瓣变大。

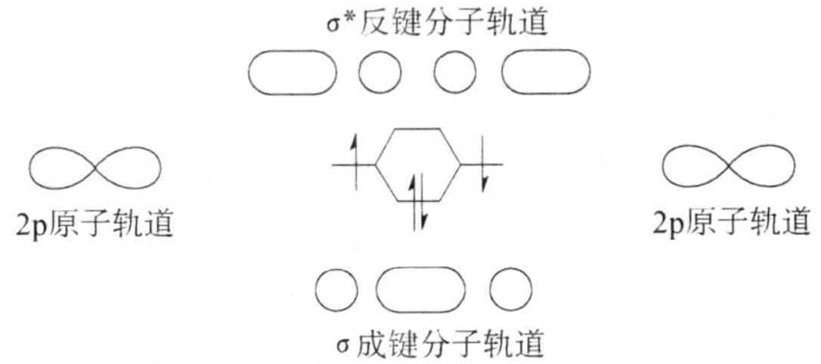


二是两个 p 原子轨道“肩并肩”式重叠形成 π 键，两个同相原子轨道“肩并肩”重叠形成 π 成键分子轨道，而反相重叠形成 $\pi^*$ 反键分子轨道，在成键分子轨道上的最大电子云密度是在核间长轴的上下边。

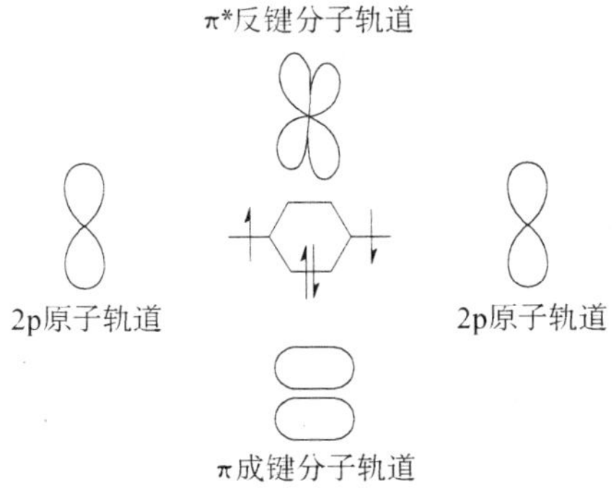

用分子轨道法处理共轭体系的有机分子的化学键是最方便的。例如，按照分子轨道理论，1,3-丁二烯分子中的四个碳原子的四个 p 原子轨道可以通过线性组合而形成四个分子轨道，其中两个是成键轨道，用 $\pi_1$ 和 $\pi_2$ 表示；两个是反键轨道，用 $\pi_3^*$ 和 $\pi_4^*$ 表示。这些分子轨道的图形如图 3-34 所示。

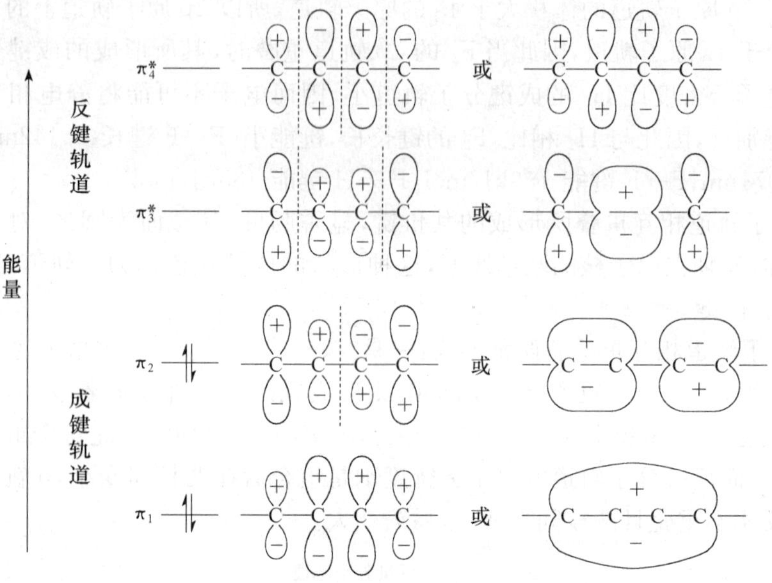


图 3-34　1,3-丁二烯的 π 分子轨道图形

每个分子轨道可以容纳两个电子。在基态时，1,3-丁二烯的四个 p 电子分别位于能量低的 $\pi_1$ 和 $\pi_2$ 成键轨道上，而 $\pi_3^*$ 和 $\pi_4^*$ 反键轨道中无电子存在。图 3-34 中，p 原子轨道图形的大小大致表示它们参与分子轨道组成的比例大小，图形中的虚线表示垂直于分子平面的节面。在能量最低的 $\pi_1$ 成键轨道上，分子所在的平面是一个节面，除此之外没有其他的节面。$\pi_1$ 分子轨道图形表示此成键轨道环绕于整个分子周围，各碳原子之间都可认为是成键区域。$\pi_1$ 轨道的能量最低。在 $\pi_2$ 成键轨道上，除了分子所在平面为一节面外，$C_2$—$C_3$ 键轴上还有一个节面，使得成键轨道的能量稍高于 $\pi_1$。反键轨道 $\pi_3^*$ 和 $\pi_4^*$ 则在键轴上还分别有两个和三个节面，能量更高。有电子占据的 $\pi_1$ 和 $\pi_2$ 两个成键轨道的组合，可以说明 1,3-丁二烯分子中各碳原子的成键情况，即 $C_2$—$C_3$ 间的电子云密度将比 $C_1$—$C_2$ 或 $C_3$—$C_4$ 间要小，具体表现在 $C_2$—$C_3$ 间的键长大于 $C_1$—$C_2$ 间的键长。所以共轭二烯烃中两个双键之间的单键，具有部分双键的性质。

随着计算机技术的发展，分子轨道理论逐渐在有机化学理论中占据主导地位。然而对于习惯于通过考察分子中键的变化来思考化学反应的有机化学家而言，虽然分子轨道理论关于共价键中“价电子”是分布在整个分子中的离域的描述更为确切,但由于价键理论的关于价电子只处于形成的共价键原子间的定域描述更为直观形象,易于理解,目前仍得到广泛应用。由于价键理论不便于处理有明显离域现象的分子以及处于激发态的分子,所以本书将视情况分别选用价键理论或分子轨道理论以便给出最清晰的讨论。

## 3.7　立体结构化学

有机化合物之所以种类繁多,其主要原因是有机化合物中普遍存在同分异构现象。例如,分子式为 $C_2H_6O$ 的化合物可以有两种不同的结构:

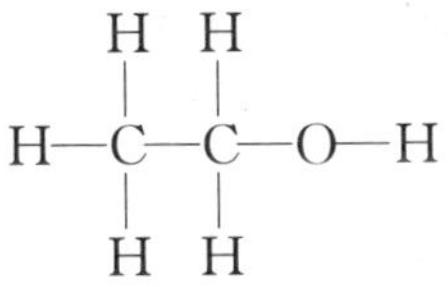

乙醇

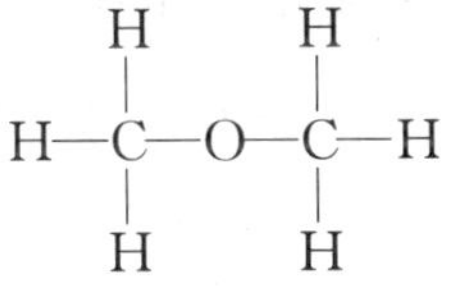

甲醚

这种分子式相同而结构和性质相异的化合物,称为同分异构体,这种现象叫做同分异构现象。

分子中各原子相互结合的顺序(方式和次序)叫做构造(constitution)。只是构造不同而致的异构体叫做构造异构体,这种现象叫做构造异构现象(constitutional isomerism)。分子的构造相同,但分子中各原子在空间的排列方式不同也可形成不同的异构体,这种异构体称为立体异构体,这种现象称为立体异构现象(stereoisomerism)。立体异构又包括构型(configuration)异构和构象(conformation)异构。

异构分类
- 构造异构
  - 碳链异构　如 $CH_3CH_2CH_2CH_3$ 和 $CH_3CH(CH_3)_2$
  - 官能团位置异构　如 $CH_3CH_2CH{=}CH_2$ 和 $CH_3CH{=}CHCH_3$
  - 官能团异构　如 $CH_3CH_2OH$ 和 $CH_3OCH_3$
- 立体异构
  - 构型异构
    - 顺反异构
    - 对映异构
  - 构象异构

立体化学(stereochemistry)是一种在三维空间来研究分子的结构和性质的科学,是有机化学的一个重要组成部分,包括化合物及其在化学反应中的立体化学。本节主要讨论化合物的立体结构化学(立体异构)。反应中的立体化学将在讨论有关反应历程时再做适当介绍。

### 3.7.1　构象与构象异构

一个分子沿单键旋转形成分子中各原子在空间的不同排列方式称为构象,这些不同的排列称为构象异构体。形成的构象异构体按说应有无数种，但是我们习惯上只是注意其中有限的几个，即由于各取代基和电子云间相互作用的能量最小的及最大的一些构象异构体。

1）烷烃的构象

当乙烷分子中两个 $CH_3$ 原子团围绕 C—C 键相对旋转时，其氢原子在空间的相对位置将不断改变，形成许多不同的构象异构体。乙烷的构象可以有无数种，其中一种是一个甲基上的氢原子正好处于另一个甲基的两个氢原子之间的中线上，这种排布方式叫做交叉式构象。另一种是两个碳原子上的各个氢原子，正好处在相互对映的位置上，这种排布方式叫做重叠式构象。交叉式构象和重叠式构象是乙烷无数构象中的两种极限情况。图 3-35 和图 3-36 分别是乙烷的两种极限构象的球棒模型及其透视式和纽曼（Newman）投影式。

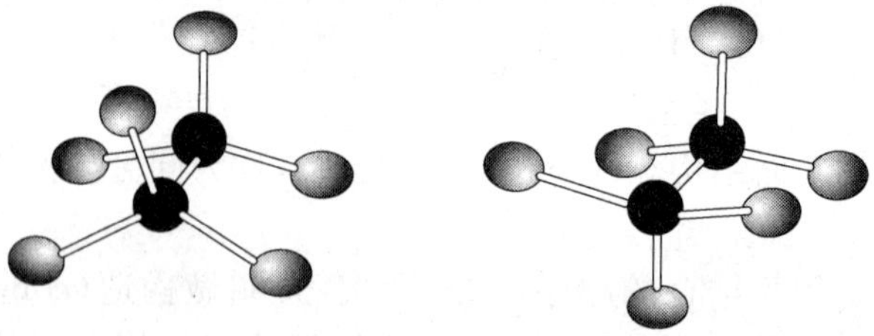

(a) 重叠式结构　　　　(b) 交叉式结构

图 3-35　乙烷的球棒模型

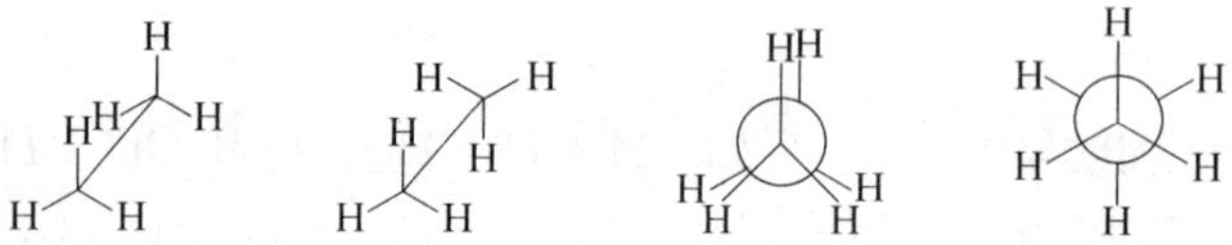

重叠式　　交叉式　　重叠式　　交叉式

(a) 透视式　　　　(b) 纽曼投影式

图 3-36　乙烷两种极限构象的透视式和纽曼投影式

透视式表示从斜面观察乙烷分子模型的情况。纽曼投影式是从碳碳单键的延长线上观察乙烷分子，以 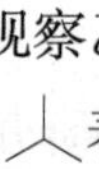 表示前面的碳原子及其三个键， 表示后面的碳原子及其三个键，旋转的 C—C 键则因垂直于纸面而没有表现。乙烷的各种构象异构体能量不相同，一方面因为前后两碳原子上的氢原子之间的斥力作用，另一方面 C—H 键的 $\sigma$ 电子云之间也有斥力作用，前后两碳原子上的氢原子离的越近，上述斥力作用越大。在交叉式构象中，前后两碳原子上的氢原子以及两碳氢键之间相距最远，斥力作用最小，能量最低，是乙烷的优势构象。在重叠式构象中，前后两碳原子上的氢原子以及两碳氢键之间相距最近，斥力作用最大，能量最高。处于这两种构象之间的其他无数种构象的能量介于交叉式和重叠式构象之间，如图 3-37 所示。重叠式和交叉式构象之间的能量差可以看作是由于 σ 键的扭转引起的张力作用，称为扭转张力，这之间的能量差称为扭转能。由此可见，乙烷分子中 C—C 单键的旋转并不是完全自由的。

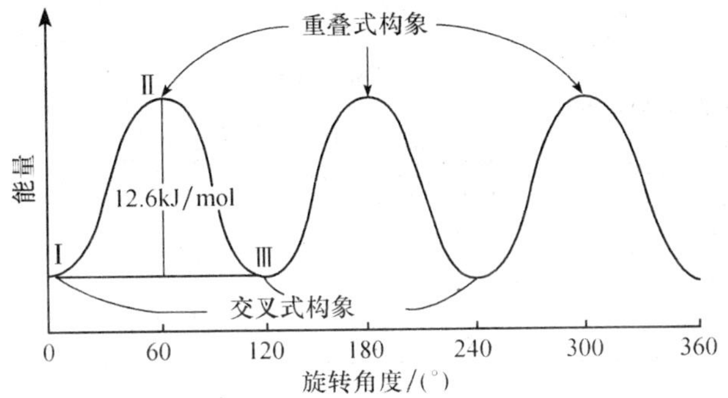


图 3-37　乙烷分子各种构象的能量曲线

单键的旋转能垒一般为 12.6～41.8kJ/mol。在室温下分子的热运动即可越过此能垒，而使各种构象迅速互变。乙烷分子处于各种构象的动态平衡中，交叉式构象的能量最低、最稳定，乙烷的大多数分子都是以交叉式构象形式存在。温度不同，各种构象所占的比例也不相同。可以想像，在一般条件下分离不同的构象是不可能的。

丁烷的构象更复杂些，其中沿 $C_2$—$C_3$ 间的 σ 键旋转所形成的四种极限构象较为典型，如图 3-38 所示，丁烷的各种构象的能量变化见图 3-39。

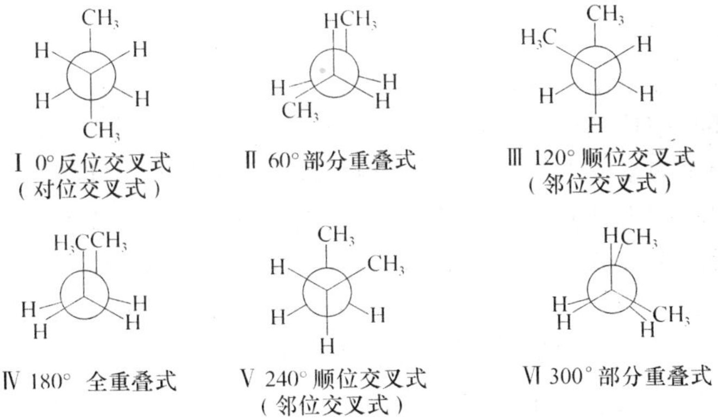


图 3-38　丁烷的构象

在丁烷的各种构象中，两个体积较大的基团(甲基)离得最远的构象没有扭转张力，能量最低，出现的机会最大，是丁烷的优势构象。这种构象称为对位交叉式

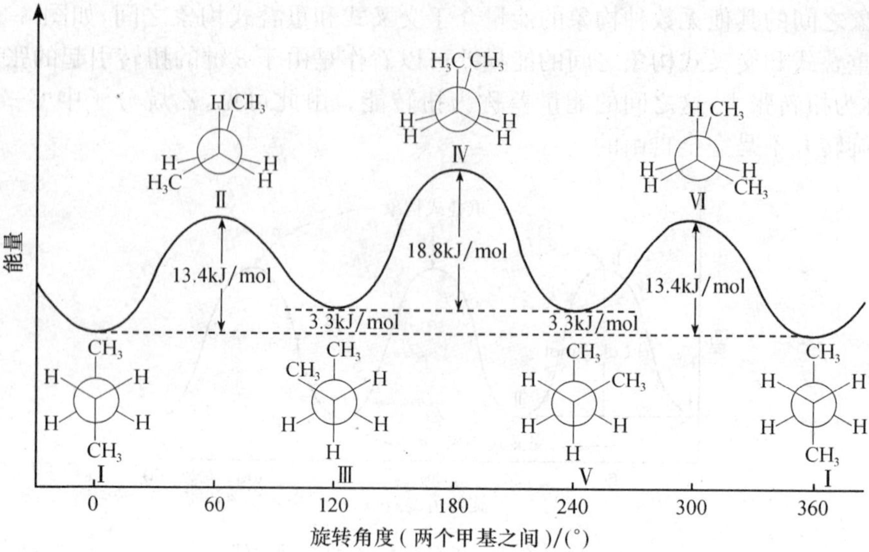


图 3-39 丁烷 $C_2$—$C_3$ 键旋转引起的各种构象的能量变化

构象,其次为邻位交叉式构象,在邻位交叉式构象中,两个甲基靠的比对位交叉式要近些,其能量比对位交叉式要高约 3.3kJ/mol。在全重叠式构象中,两个甲基离的最近,扭转张力最大,能量最高是最不稳定的构象。丁烷的各种构象的能量差也不是很大(最大约为 22.1kJ/mol),也能相互转化,但常温下大多数丁烷分子也以对位交叉式构象存在。

结构更复杂的烷烃,构象也更复杂,但从以上讨论可看出,它们也主要以对位交叉式为主要存在形式。

2) 环烷烃的构象

单环环烷烃体系中,一般分为小环(含 3～4 个碳原子的环)、普通环(含 5～7 个碳原子的环)、中环(含 8～12 个碳原子的环)及大环(12 个以上碳原子的环)。

环丙烷分子为平面形结构,分子中相邻碳原子上的 C—H 键均处于全重叠式,具有较大的扭转张力,同时分子中还存在较大的角张力,所以环丙烷很不稳定,容易开环。如果环丁烷分子为平面形结构,分子中相邻碳原子上的 C—H 键也处于全重叠式,并且环丁烷比环丙烷多一个 $CH_2$,处于重叠式构象 C—H 键比环丙烷还要多,因此环丁烷也具有较大的扭转张力。但实际上,环丁烷的四个碳原子不在一个平面上。环丁烷分子是通过 C—C 键的扭转而以一个折叠的碳环形式存在的,因为这样可以减少 C—H 键的重叠,从而使环张力相应降低。环丁烷折叠式构象是四个碳原子中,三个分布在同一平面上,另一个处于这个平面之外(图 3-40)。环丁烷的这种构象虽较平面构象能量有所降低,但环张力还是相当大的,所以环丁烷也是不稳定的化合物。

如果环戊烷分子为平面形结构，所有 C—H 键都是重叠的，因此有较大的扭转张力。为降低扭转张力，环戊烷实际上是以折叠环的形式存在的，四个碳原子基本在一个平面上，另一个碳原子则在这个平面之外。这种构象常叫做“信封式”构象（图 3-41）。在这种构象中，分子的张力不太大，因此环戊烷的化学性质比较稳定。

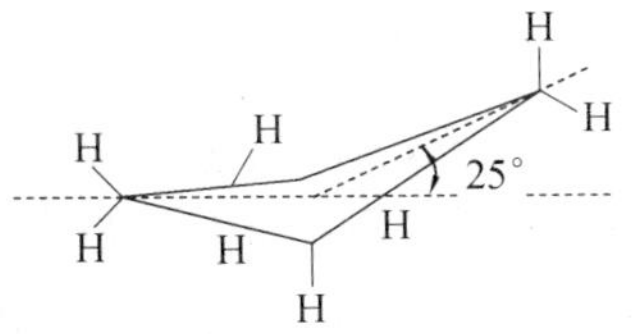


图 3-40　环丁烷的构象

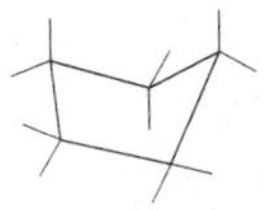

图 3-41　环戊烷的构象

环己烷是环烷烃中最稳定的化合物，环己烷的环是个无张力环，关于它的构象将在后面讨论。

七元以上的中环化合物，由于相隔较远的碳原子上的氢原子（常是环系对面的氢原子）彼此接近，因此比较拥挤而产生张力。图 3-42 是环癸烷的一种可能构象，图中虚线表示这种远程氢原子之间的干扰排斥，因此中等环的张力比普通环的张力又有所增加。目前已知最难合成的就是 $C_9 \sim C_{12}$ 的环状化合物。

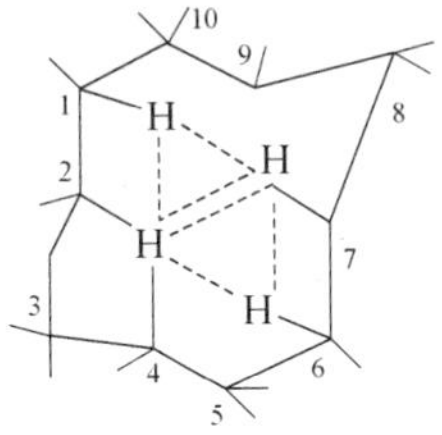


图 3-42　环癸烷分子中远距离氢的排斥

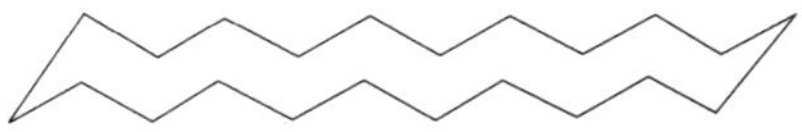

图 3-43　环二十二烷的立体构象

十二碳原子以上的大环化合物，其分子就变得松动了，基本上是无张力环。例如，环二十二烷是以皱褶形存在，不是共平面的，键角为 109.5°，是由两条碳链组成的无张力环，如图 3-43 所示。

3）环己烷及取代环己烷的构象

环己烷不是平面结构，它的典型构象是椅式构象和船式构象。这两种构象的透视式和纽曼投影式如图 3-44 所示。

在椅式构象中，所有 C—C—C 键角基本保持 109.5°，而且任何相邻碳上的 C—H 键都是交叉式的，所以环己烷的椅式构象是一个既无角张力，也无扭转张力的无张力环。在船式构象中所有键角也都接近 109.5°，故也没有角张力。但从图 3-44 中可以看出，其相邻碳上的 C—H 键并非全是交叉的，图 3-44 的船式构象中，

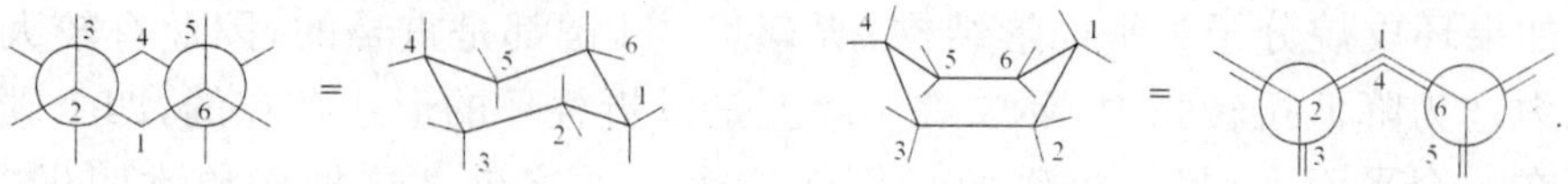


Ⅰ（纽曼投影式）　Ⅱ（透视式）　Ⅲ（透视式）　Ⅳ（纽曼投影式）

椅式构象　船式构象

图 3-44　环己烷的椅式和船式构象

$C_2$ 和 $C_3$ 上的C—H 键，以及 $C_5$ 和 $C_6$ 上的 C—H 键，都是全重叠式，故具有扭转张力。此外船式构象中 $C_1$ 和 $C_4$ 上的两个内伸的氢原子之间由于距离较近而互相排斥，这也使分子的能量有所升高。船式和椅式相比，船式的能量高，稳定性差，在常温下环己烷的椅式构象和船式构象是相互转化的，在平衡混和物中椅式构象占绝对优势(约占 99.9%)，椅式环己烷没有张力，具有与烷烃相类似的稳定性。

椅式环己烷的六个碳原子在空间分布在两个平面上(图 3-45)，其中 $C_1$，$C_3$，$C_5$ 在平面 P 上，$C_2$，$C_4$，$C_6$ 在平面 P′上，P 和 P′平行。图 3-45 中 C 线垂直于两平面，是椅式构象的对称轴。环己烷有 12 个 C—H 键，其空间取向不同，分为两种：一种与对称轴 C 平行，垂直于 P 和 P′平面，叫做直立键，或 a 键(axial bond)；另一种与对称轴成 109.5°的倾斜角，与平面 P 或 P′成 19.5°的倾斜角并且伸向环外，叫做平伏键或 e 键(equatorial bond)，如图 3-46 所示。

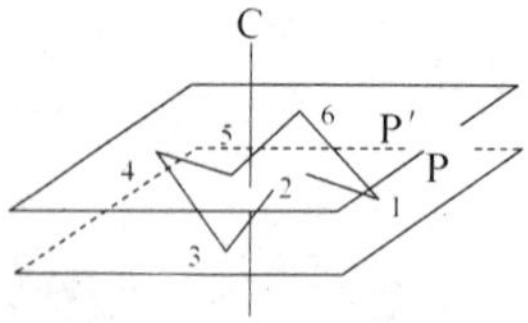


图 3-45　环己烷椅式构象中碳原子的空间排布

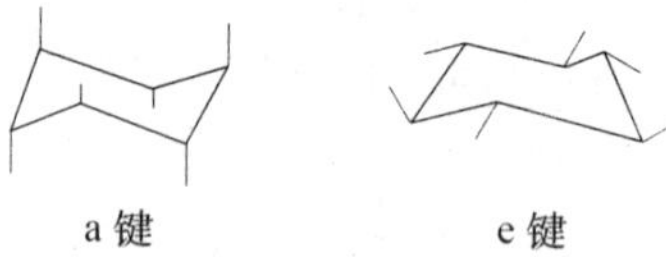

a 键　　e 键

图 3-46　椅式构象中的两种 C—H 键

环己烷分子并不是静止的，通过 C—C 键的不断扭动，它可以由一种椅式翻转为另一种椅式。翻转以后，原来分布在 P 平面上的三个碳原子转移到 P′平面上，而原来在 P′平面上的碳原子则转移到 P 平面上。同时原来的 a 键变成 e 键，原来的 e 键变成 a 键，而后一种椅式又可以再翻转成原来的椅式(图 3-47)。常温下，这种构象的翻转进行得非常快，达到动态平衡状态时，两种构象各占一半。因为六个碳上连接的都是氢原子，所以这两种椅式构象是等同的分子，能量也相同。环己烷衍生物绝大多数也以椅式构象存在，且大都可以进行构象翻转，但翻转前后的两种构象可能是不相同的。

甲基环己烷分子中甲基可以在 e 键上，也可以在 a 键上，它们通过环的翻转互相转变，两种构象形成动态平衡(图 3-48)。甲基在 e 键上时，与邻近的氢原子相距

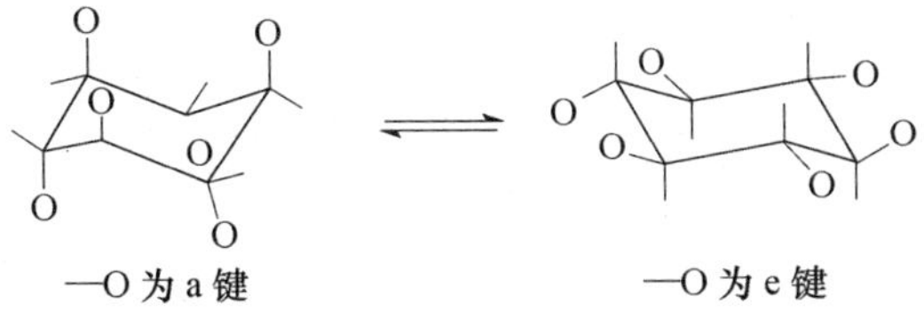


图 3-47　椅式构象的翻转

较远，而在 a 键上时受到环同一边 3,5-位上 $\alpha$-氢原子的排斥，能量升高，因此在平衡时，较稳定的 e-甲基构象占多数(95%左右)。取代基越大，e-取代基构象越多。例如，异丙基环己烷中，e-异丙基构象约占 97%，叔丁基环己烷差不多完全以一种构象存在，e-叔丁基构象大于 99.99%。

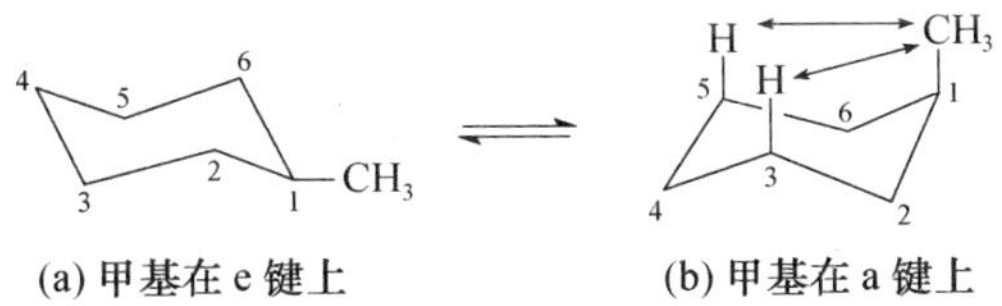


图 3-48　甲基环己烷椅式构象的翻转

二取代环己烷中，若两个取代基不在同一个碳原子上时有六种异构体，如 1,2-二甲基环己烷有顺式和反式两种异构体，在顺式异构体分子中，两个甲基只能一个在 a 键上，一个在 e 键上，翻转后也是这样，能量不变。在反式异构体分子中，两个甲基或者都在 a 键上，或者都在 e 键上，都在 e 键上的构象要比都在 a 键上的构象稳定得多。因此在环己烷多取代物中，e 取代基最多的构象最稳定。

在顺-1-甲基-4-叔丁基环己烷中，两个取代基为 ae 型的，叔丁基在 a 键上受到的环同一边两个 a 氢原子的排斥远大于甲基，因此较稳定的构象是叔丁基在 e 键，甲基在 a 键的构象，因此环己烷的多元取代物中体积大的取代基在 e 键的构象较稳定。

4) 十氢化萘的构象

十氢化萘分子中含有两个环己烷环，它们共用两个碳原子。十氢化萘有顺式和反式两种构型，可用下式表示：

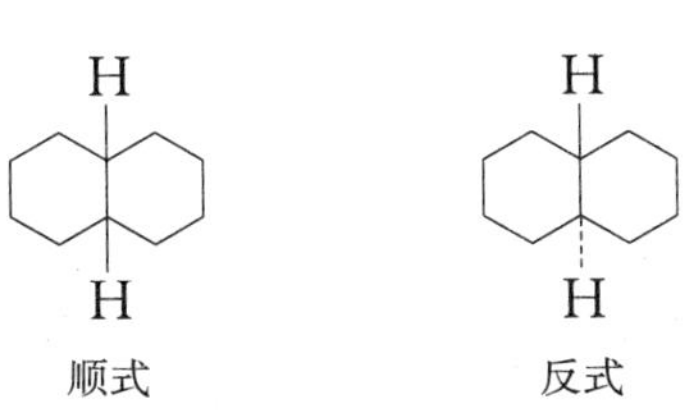


顺十氢化萘和反十氢化萘都不是平面结构，它们各自的六元环都是椅式的。

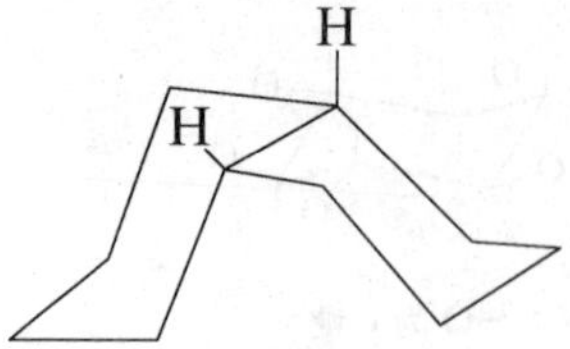


顺十氢化萘

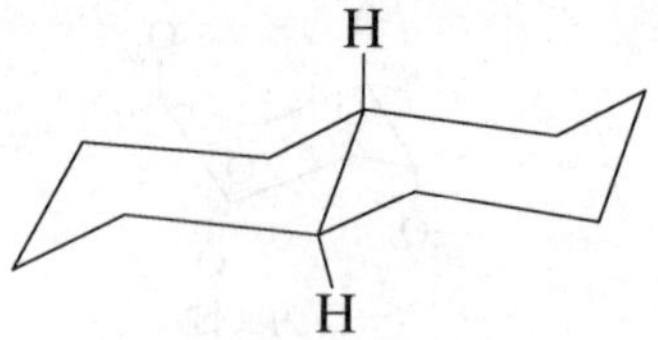


反十氢化萘

顺十氢化萘中的环可以翻转，而反十氢化萘中的环不能翻转。顺十氢化萘分子中一个环己烷环用一个 a 键和一个 e 键与另一个环相连接。而反十氢化萘分子中的一个环己烷环用两个 e 键与另一个环相连接，因此反十氢化萘较稳定，此外由于顺十氢化萘分子中环下方几个 a 键上的氢原子比较靠拢，有些拥挤，也使分子能量升高，可用下式表示：

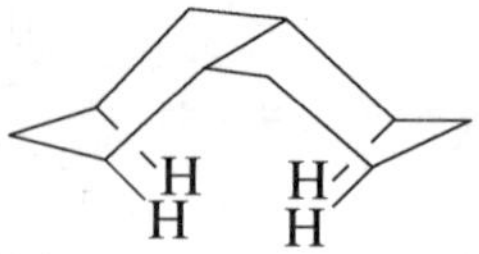


### 3.7.2　构型和构型异构

#### 3.7.2.1　顺反异构

分子中各原子的空间排列方式叫做构型。构造相同而构型不同的化合物互相称为构型异构体。构型异构与构象异构都属于立体异构，但构象异构是因 C—C 单键旋转而产生的，只要通过键的扭转，一种构象异构体就可以转变成另一种构象异构体；而构型异构体之间的转化，必须断裂分子中的两个键，然后对换两个基团的空间位置，此过程所需能量较高。构型异构包括顺反异构和对映异构。

1）烯烃的顺反异构

由于双键碳原子不能作相对旋转，也由于双键两端碳原子连接的四个原子处在同一平面上，因此，当两个双键碳原子各自连接不同的原子或原子团时，就有可能生成两种不同的异构体。

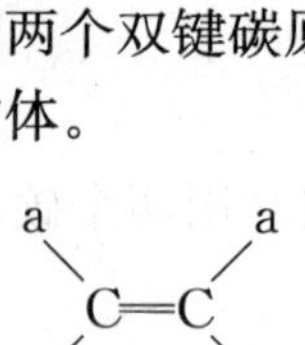


顺式

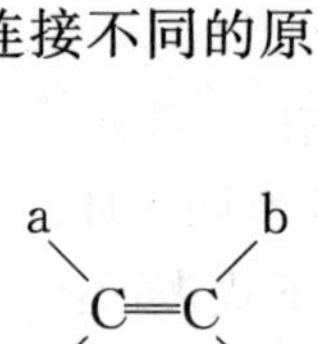


反式

如上式所示，两个相同基团处于双键同侧的叫做顺式，反之叫做反式。这种由于双键碳原子连接不同基团而形成的异构现象叫做顺反异构现象，形成的同分异构体叫做顺反异构体。顺反异构体的分子构造相同，但分子的构型不同，它是立体异构体的一种。

并不是所有的烯烃都有顺反异构现象。只要有一个双键碳原子所连接的两个取代基是相同的，就没有顺反异构现象。例如，1-丁烯只有一种空间排列方式：

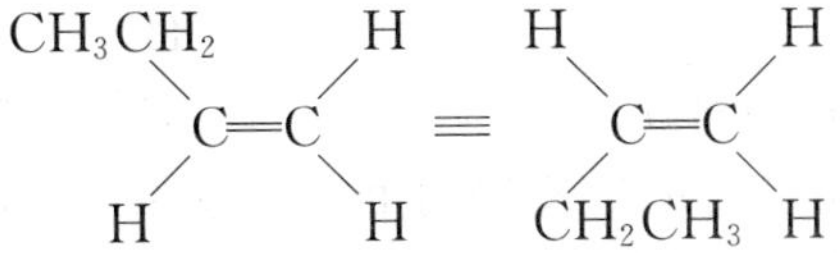


反之，当双键的两个碳原子各连接两个不同基团时，就有顺反异构现象。下列化合物都有顺反异构体存在：

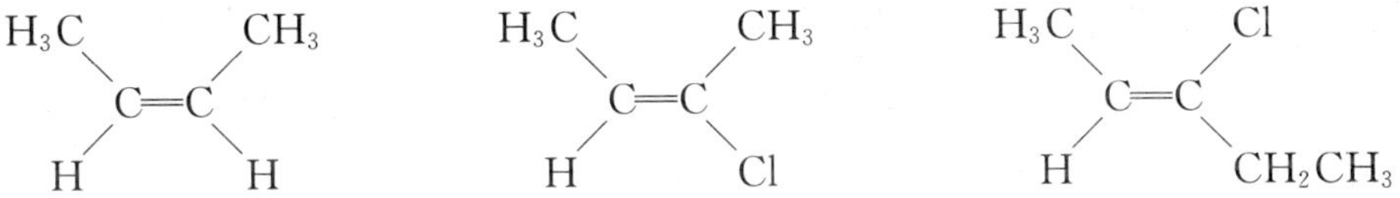


2）取代环烷烃的顺反异构

在环烷烃分子中，由于碳原子连接成环，环上 C—C 单键不能自由旋转。因此在环烷烃的分子中，只要环上两个碳原子各连接有不同的原子或原子团，就有构型不同的顺反异构体存在。例如，1，4-二甲基环己烷就有顺反异构体。两个甲基在环平面同一边的是顺式异构体，两个甲基分布在环平面两边的是反式异构体。在书写环状化合物的结构式时，为了表示出环上碳原子的构型，可以把碳环表示为垂直于纸面[式Ⅰ、Ⅲ]，将向前面（向着读者）的三个键用粗线或楔形线表示，把碳上的基团排布在环的上边和下边（若碳上没有取代基只有氢原子，也可省略不写）。或者把碳环表示为在纸面上[式Ⅱ、Ⅳ]，把碳上的基团排布在环的前方和后方，用实线表示伸向环平面前方的键，虚线表示伸向后方的键。因此，1，4-二甲基环己烷的顺反异构体分别表示如下：

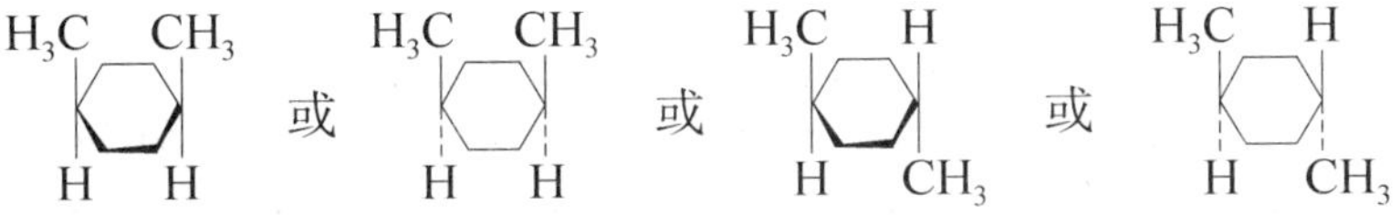


Ⅰ　Ⅱ　Ⅲ　Ⅳ

顺-1，4-二甲基环己烷　反-1，4-二甲基环己烷

必须指出，无论烯烃还是取代环烷烃，分子产生顺反异构现象，需要在结构上具备两个条件：①分子中要有限制旋转的因素，如烯烃的碳碳双键及环烷烃的碳环；②至少两个碳原子（双键碳或环上的碳原子）上必须连接有两个不同的原子或原子团。

3）含 C═N 键化合物的顺反异构

含 C═N 键的化合物，如亚胺、肟、腙、缩氨脲等，N 原子也是 $sp^2$ 杂化，当两双键原子连有不同原子或原子团时出现不同空间排列，即顺反异构，如

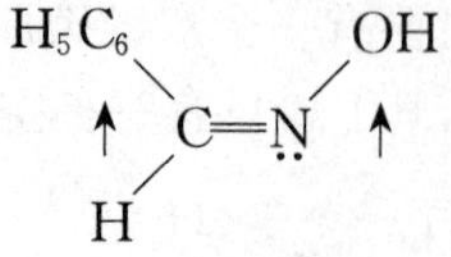

(*Z*)-苯甲醛肟

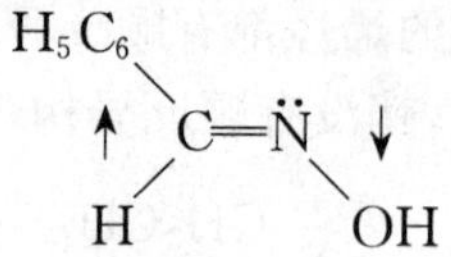

(*E*)-苯甲醛肟

双键上 C 与 N 不同之处是 C 连接两个原子或原子团，N 连接一个原子或原子团，另一个 $sp^2$ 杂化轨道被孤对电子占据。

4）含 N═N 键化合物的顺反异构

含有 N═N 键的化合物是偶氮化合物，N 上连的两个基团在 π 键同侧的为顺式或 *Z*，在异侧的为反式或 *E*，如

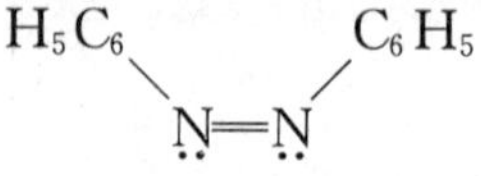

(*Z*)-偶氮苯

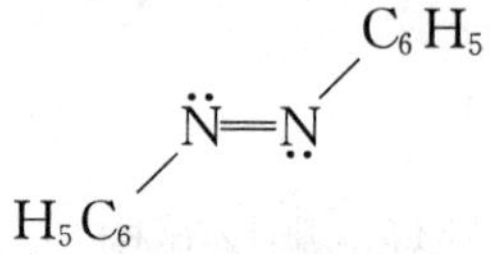

(*E*)-偶氮苯

### 3.7.2.2　对映异构

1）对映异构现象

当我们进行 2-丁烯的水合反应时，分离得到两种丁醇，它们的物理性质和化学性质基本上相同，只是在对偏振光的作用上有差异：一种使偏振光向右转（右旋体，dextrorotatory）；另一种使偏振光向左转（左旋体，levorotatory），旋转度数基本上相同。

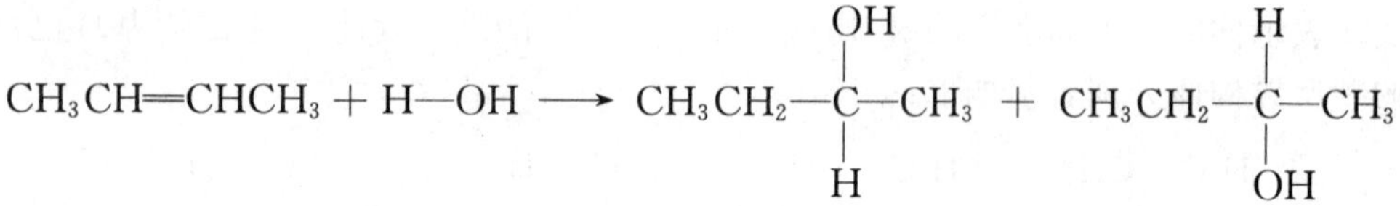

左旋体 $[\alpha]_D^{25} = -13.52°$　　右旋体 $[\alpha]_D^{25} = +13.52°$

它们的结构如按平面来书写，很难看出区别，都是 $CH_3CH_2CH(OH)CH_3$。可是在空间排列上它们是不同的，互成镜像不重合，所以不是一个化合物，是构型异构体。

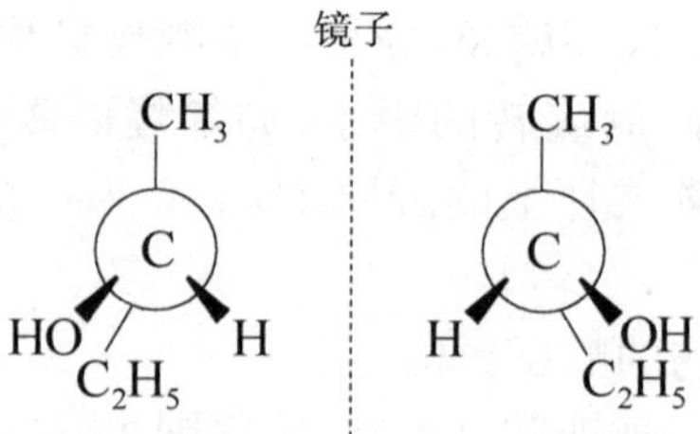


左旋 2- 丁醇　　右旋 2- 丁醇

这里粗线(楔形线)表示指向纸平面前,细线(或虚线)表示指向平面后。由于这两个异构体互相对映,故称为对映体(enantiomer)。这种现象称为对映异构现象。又因为它们中一个使偏振光向左转,另一个使偏振光向右转,所以对映体也常称为旋光异构体(optical isomer)。

并非所有的烯烃加水都能得到对映异构体。例如,丙烯加水后生成的异丙醇只有一种结构,没有对映异构体。

$$CH_3CH{=}CH_2 + H{-}OH \xrightarrow{H^+} CH_3{-}\underset{\displaystyle OH}{\underset{|}{CH}}{-}CH_3$$

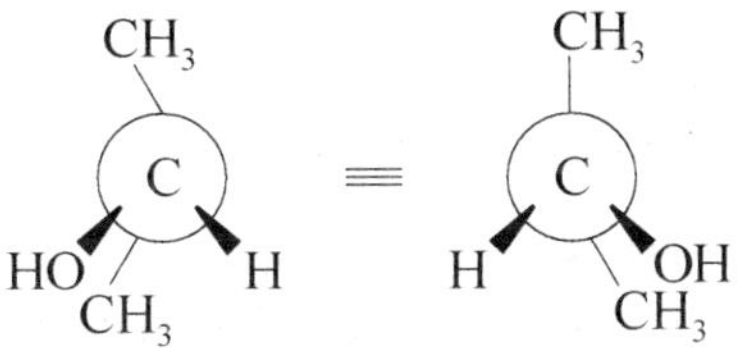

其他类型的化合物有的也有对映体,如

2-氯丁烷　$CH_3\underset{\displaystyle Cl}{\underset{|}{C}}HCH_2CH_3$

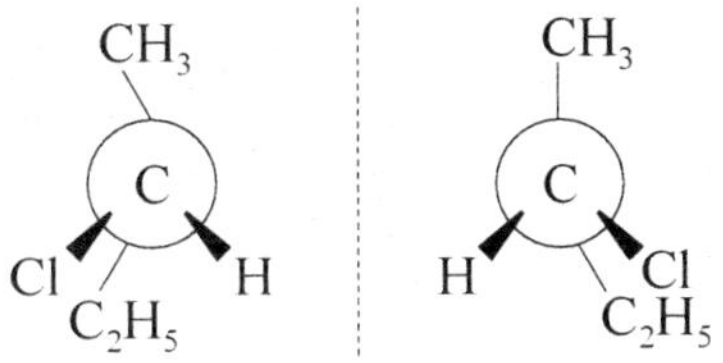

乳酸　$CH_3\underset{\displaystyle OH}{\underset{|}{C}}HCOOH$

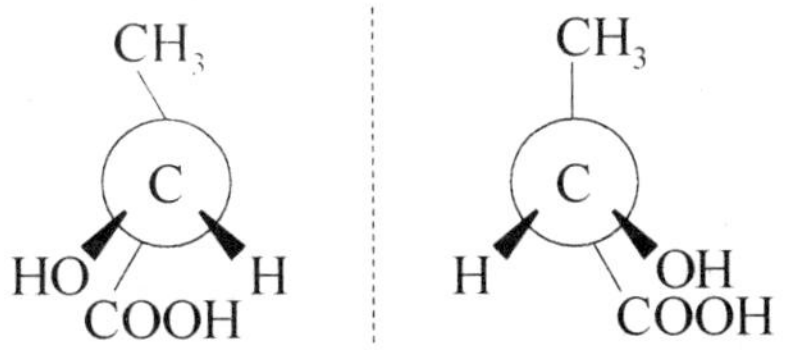

旋光异构现象是用偏振光来鉴别的,那么什么是偏振光?化合物的旋光性是怎样测定的?什么样的化合物有旋光性?下面分别做简要介绍。

A. 偏振光和分子旋光性的测定

我们知道光是一种电磁波。通常光线可在垂直于它的传播方向的各个不同平面上振动。如图 3-49 所示,每个双箭头表示与光的前进方向垂直的平面。

假使让普通光线通过一个尼科尔(Nicol)棱镜(或人造偏振片),则一部分光线将被阻挡下来而不能通过。因为这种棱镜具有一种特殊的性质,它只能使在某一平面上振动的光线通过。如这个棱镜的轴是直立的,那么只有在这个直立平面上振动的光线才能通过。这种通过尼科尔棱镜只在一个方向上振动的光线叫做平面偏振光,简称偏振光。

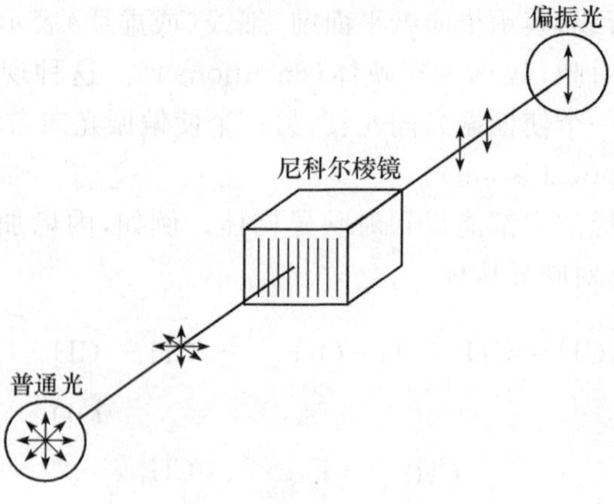


图 3-49　普通光与偏振光

当偏振光通过某种介质时，有的介质对偏振光没有作用，即透过介质的偏振光仍在原方向上振动，而有的介质使偏振光振动方向发生旋转(图 3-50)。这种能旋转偏振光而具有旋光性的物质叫做旋光性物质或光活性物质。

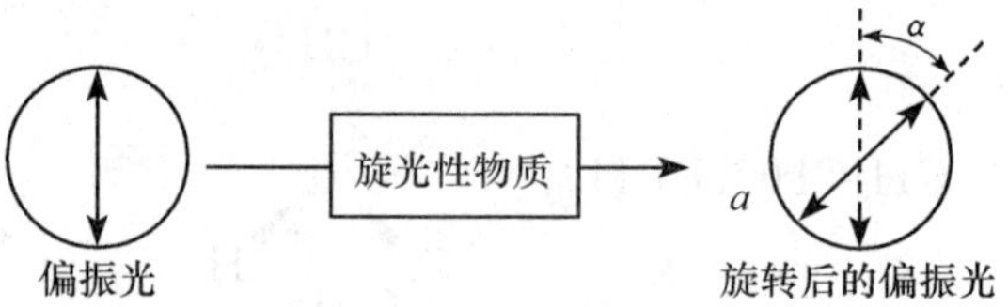


图 3-50　偏振光的旋转

对映体的一般物理性质，如熔点、沸点、相对密度、折光率、在一般溶剂中的溶解度等都相同，只是对偏振光的作用不同。这种作用的不同就表现在两者的旋光方向相反，即一个对映体是右旋的，另一个是左旋的，但它们的旋光能力是相等的。就是说，如果其中之一在一定条件下右旋多少度，则另一个在相同的条件下左旋相同的度数。通常用“*d*”(拉丁文 dextro 的缩写，“右”的意思)或“+”表示右旋，用“*l*”(拉丁文 laevo 的缩写，“左”的意思)或“−”表示左旋。偏振光振动方向的旋转角度，叫做旋光度，用“$\alpha$”表示。

旋光性物质的旋光度和旋光方向可用旋光仪进行测定。

旋光仪主要由一个光源、两个尼科尔棱镜和一个盛测试样品的盛液管组成。普通光经第一个棱镜(起偏镜)变成偏振光，然后通过盛液管，再由第二个棱镜(检偏镜)检验偏振光的振动方向是否发生了旋转，以及旋转的方向和旋转的角度(图 3-51)。

由旋光仪测得的旋光度，甚至旋光方向，不仅与物质的结构有关，而且与测定的条件有关，因为旋光现象是偏振光透过旋光性物质的分子时所造成的。透过的

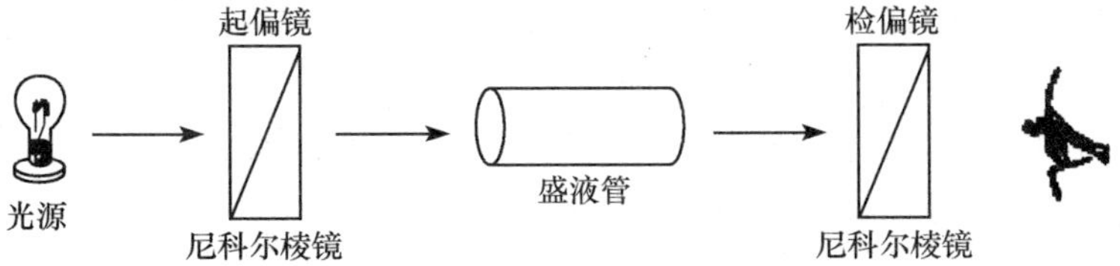


图 3-51　旋光仪原理示意图

分子越多，偏振光旋转的角度越大。因此，由旋光仪测得的旋光度与被测样品的浓度(如果是溶液)以及盛放样品的管子的长度都有关。除此之外，测试温度、偏振光波长以及溶剂对旋光度也有影响。物质的旋光度一般用比旋光度(specific rotation)[α]来表示。比旋光度和旋光仪中读到的旋光度 $\alpha$ 有以下关系：

$$[\alpha]=\frac{\alpha}{lc}$$

式中：$c$ 是溶液的浓度(g/mL)；$l$ 是盛液管的长度(dm)。

若所用的样品是纯液体，那么

$$[\alpha]=\frac{\alpha}{l\rho}$$

式中：$\rho$ 是液体的密度($g/cm^3$)。

因为比旋光度受温度($T$)、波长($\lambda$)、溶剂的影响，所以表示比旋光度时它们都要在式子中注明即$[\alpha]_\lambda^T$，同时必须指出旋光方向。例如，葡萄糖水溶液在 25℃用钠光灯作光源测得的比旋光度为右旋 52.5°，写作

$$[\alpha]_D^{25}=+52.5°(\text{水})$$

果糖的比旋光度则为

$$[\alpha]_D^{25}=-93°(\text{水})$$

其中“D”代表钠光波长。因钠光波长 589nm 相当于太阳光谱中的 D 线。

由于许多物质的比旋光度都已被测定编入手册，在已知比旋光度的情况下，可利用上面介绍的公式来鉴定物质的纯度。例如，有一未知浓度的葡萄糖溶液，在钠光灯源，25℃下测得其旋光度为＋3.4°，从手册上查知葡萄糖的比旋光度$[\alpha]_D^{25}=+52.5°$(水)，若管长为 1dm，则此葡萄糖溶液的浓度为

$$c=\frac{\alpha}{[\alpha]_D^{25}\times 1}=\frac{+3.4}{+52.5\times 1}=0.0647(g/mL)$$

在制糖工业中常利用旋光度来控制溶液的浓度，十分方便。

应该指出的是，测定旋光度时，旋光仪上的一次读数不能无误地给出旋光物质的旋光度。例如，一种物质测得旋光仪读数为 60°，究竟应为＋60°还是－300°？可将浓度降低到原来的 1/2，或旋光仪盛液管长度缩短 1/2 再测一次。若第二次读数为＋30°，则第一次应是＋60°；若第二次读数为－150°，则第一次应是－300°。测

定两种不同浓度或两种不同盛液管长度下的旋光度，经常可以无误地确定旋光物质的旋光度，从而得到旋光物质的比旋光度。

正像物质的熔点、沸点、相对密度、折射率一样，比旋光度是旋光性物质的一个物理常数，可以定量地表示旋光物质的一个特征——旋光性。

B. 对称元素和手性

手是不能与自身镜像相叠合的。因此一个物体若与自身镜像不能叠合，就叫做具有手性。一对对映异构体是互成镜像的，所以它们都具有手性。在立体化学中，不能与自身镜像叠合的分子叫做手性分子，而能叠合的分子叫非手性分子。对映体都是手性分子，例如，乳酸分子就是手性分子。

不能与镜像叠合是手性分子的特征。但要判断一个化合物是否具手性，并非一定要用模型来考察它与镜像能否叠合起来，复杂分子较难利用这一判别标准。一个分子能否与其镜像叠合，即是否具有手性，与分子的对称性有关。只要考察分子的对称性就能判断它是否具有手性。考察分子的对称性，需要考虑的对称因素有下列四种：

(1) 对称轴(旋转轴)。设想分子中有一条直线，当分子以此直线为轴旋转 $360°/n$ 后($n$＝正整数)，得到的分子与原分子相同，这条直线就是 $n$ 重对称轴，用 $C_n$ 表示(图 3-52)。

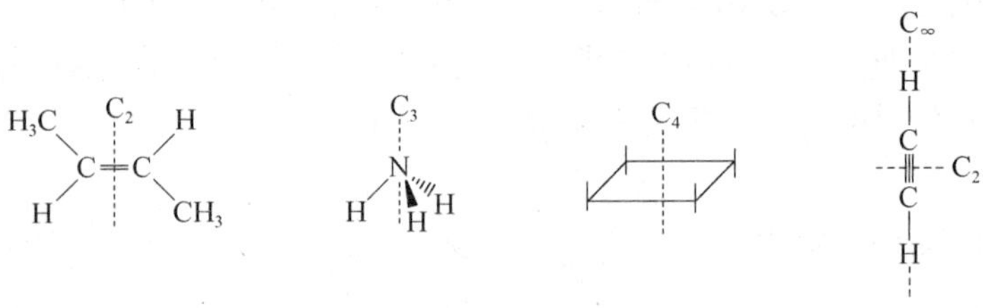


图 3-52 分子对称轴示意图

反-2-丁烯有一个二重轴 $C_2$，氨有一个三重轴 $C_3$，环丁烷有一个四重轴 $C_4$，线形分子有一个 $C_\infty$ 轴。有 $n$ 重轴 $C_n$ 的分子，绕轴旋转一周，可以得到 $n$ 个与原始构型无法区别的等价构型。分子中对称轴不一定只有一种，如线形分子乙炔除有一个 $C_\infty$ 轴外，还有无数个 $C_2$ 轴。

(2) 对称面。设想分子中有一个平面，它可以把分子分成互为镜像的两半，这个平面就是对称面，符号为 $\sigma$(图 3-53)。

分子中每个原子通过对称面反映得到新的构型与原来构型是等价的。有对称面的分子中不在对称面上的原子一定是成对的，在对称面的两边等距离处各有一个，如果某一种原子的数目为奇数，则其中至少有一个在对称面上。分子的对称面可能不只一个，如二氯甲烷有两个对称面。平面形分子，如水、硫化氢等，分子所在

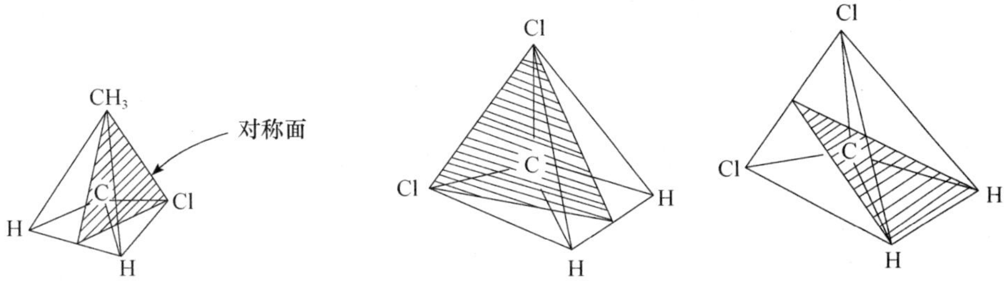


氯乙烷（一个对称面）　　二氯甲烷（两个对称面）

图 3-53　分子对称面示意图

的平面也是一个对称面。线形分子有无数个对称面。

(3) 对称中心。设想分子中有一个点，分子中任何一个原子或基团向这个点连线，在其延长线的相等距离处都可以遇到相同的原子或基团，这个点就是该分子的对称中心，符号为 $i$。一个分子只可能有一个对称中心，见图 3-54。

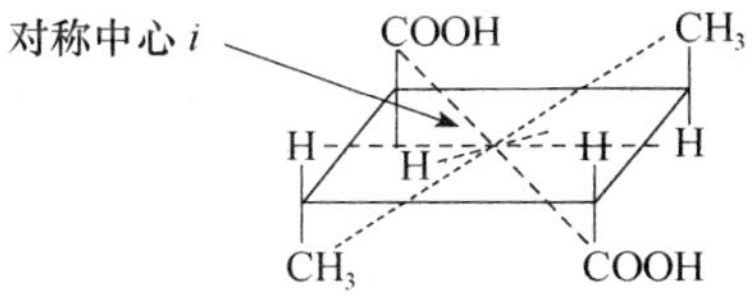


图 3-54　分子对称中心示意图

(4) 交替对称轴(旋转反映轴)。设想分子中有一条直线，当分子以此直线为轴旋转 $360°/n$ 后，再用一个与此直线垂直的平面进行反映(以此平面为镜面，作出镜像，常称作镜像反映)，如果得到的镜像与原来的分子完全相同，则这条直线就是交替对称轴，用 $S_n$ 表示。如图 3-55(a)和图 3-55(b) 中的分子分别具有四重交替对称轴 $S_4$ 和二重交替对称轴 $S_2$。

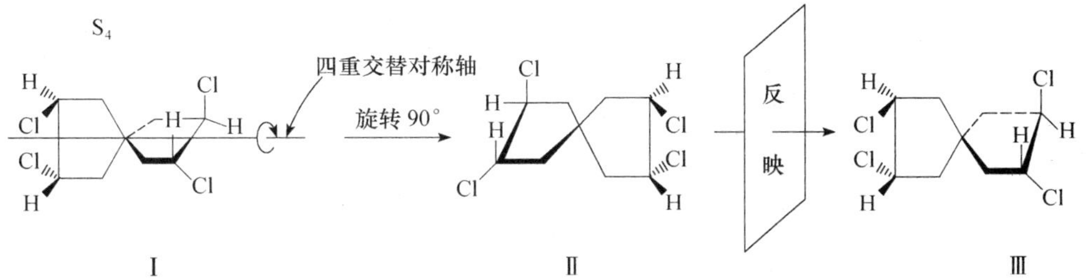


Ⅰ旋转 90°后得Ⅱ，Ⅱ以垂直于旋转轴的平面反映后得Ⅲ，Ⅲ ═ Ⅰ

(a)

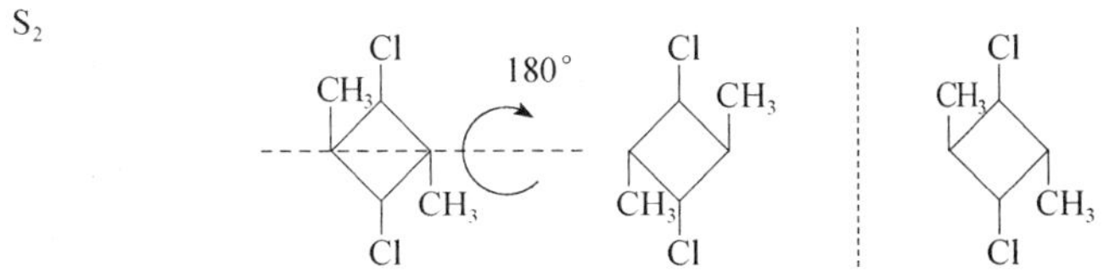


(b)

图 3-55　分子交替对称示意图

凡具有对称面、对称中心或交替对称轴的分子，都能与其镜像叠合，都是非手性分子。而既没有对称面，又没有对称中心，也没有四重交替对称轴的分子，都不能与其镜像叠合，都是手性分子。对称轴的有无对分子是否具有手性没有决定作用。

在有机化合物中，绝大多数非手性分子都具有对称面或对称中心，或者同时还具有四重交替对称轴。没有对称面或对称中心，只有四重交替对称轴的非手性分子是很个别的，因此只要一个分子既没有对称面，又没有对称中心，一般就可以初步断定它是个手性分子。

凡是手性分子，必有互为镜像的两种构型。分子的手性是存在对映体的必要的和充分的条件（充要条件）。手性分子都具有旋光性。旋光性物质的结构特点是分子具有手性。

2）含一个手性碳原子的化合物的对映异构

有机化合物分子是否具有手性取决于其化学结构。在有机化合物中，手性分子大都含有与四个互不相同的基团相连的碳原子。这种碳原子没有任何对称因素，故叫做不对称碳原子，或手性碳原子。乳酸 $CH_3\overset{*}{C}HOHCOOH$ 的第二个碳就是这样一个碳原子。在结构式中通常用“∗”标出手性碳原子。

含有一个手性碳原子的分子一定是一个手性分子。一个手性碳原子可以有两种构型，所以含有一个手性碳原子的化合物有构型不同的两种分子。例如，含有一个手性碳原子的乳酸就有两种。它们都有旋光性（一个右旋，一个左旋），是互为对映体的立体异构体。右旋乳酸$[\alpha]_D^{25}=+2.6°$，m.p. 53℃。左旋乳酸$[\alpha]_D^{25}=-2.6°$，m.p. 53℃。它们可以分别由葡萄糖在不同菌种的作用下经发酵制得。用化学合成的方法也能制得乳酸，但合成得到的乳酸和用发酵法得到的乳酸，性质上有差别。前者没有旋光性，m.p. 18℃。这是因为由合成得到的乳酸不是单纯的化合物，而是等量的右旋乳酸和左旋乳酸的混合物。右旋乳酸和左旋乳酸旋光方向相反，但旋光能力相等，所以等量混合时，旋光性消失。这种由等量的对映体相混合而得的混合物叫做外消旋体。外消旋体不仅没有旋光性，而且其他物理性质也往往与单纯的旋光体不同。例如，外消旋体乳酸的熔点（18℃）比右旋或左旋乳酸的熔点（53℃）低。外消旋体是两种分子的混合物。但这两种分子是对映体，分子中任何两个原子之间的距离都相同，因此两分子的能量相同。对映体在非手性环境中除旋光方向相反外，各种物理性质都相同，如熔点、沸点、在非手性溶剂中溶解度及与非手性试剂反应的转化速率等都相同。在手性环境中对映体的某些性质则不同。如旋光性、与手性试剂反应或在手性催化剂或手性溶剂中的转化速率都不相同。所以，一般的物理方法，如分馏、重结晶等方法，不能把外消旋体分开。要达到拆开分离的目的，必须采用其他特殊的方法。

旋光性化合物在物理因素或化学试剂作用下变成两个对映体的平衡混合物，失去旋光性的过程称为外消旋化。

A. 构型的表示

用分子模型的图形（球棒式）可以清楚地表示出手性碳原子的构型。现在广为使用的是费歇尔（Fischer）投影式。图 3-56 是两种乳酸的分子模型图及其费歇尔投影式。

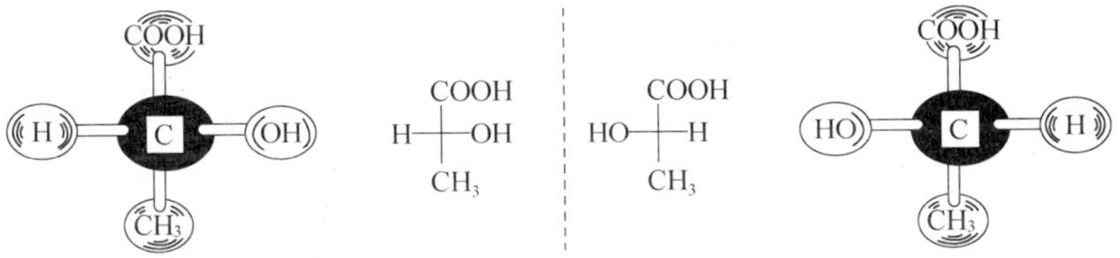


图 3-56　乳酸的分子模型图和投影式

在费歇尔投影式书写中，有如下规定：①将手性碳原子放在纸平面上，横键表示该键伸向纸平面前方，竖键表示伸向纸平面后方，简言之即横前竖后；②一般情况下，将碳链放在竖键上，并且 1 号碳原子始终在竖键的最上端；③手性碳原子可以写出来，也可以不写出来。在书写费歇尔投影式时，必须将模型按这样的规定方式投影。同样，在使用费歇尔投影式时，也必须记住由于是用平面书写方式表示分子构型的立体概念。所以，对于费歇尔投影式：①不能随意调换基团的位置。但若固定其中一个基团，其他三个基团按次序（顺时针或逆时针）位置交换，其构型不变，即所得化合物结构与原结构是等价的。如果对调手性碳原子上任何两原子或原子团，一般对调两次（或偶数次）就是原来的化合物，对调一次（或奇数次）就变成它的对映体。②不能离开纸面翻转 180°，否则得到的是它的对映体（或镜像）；但可以在纸面上旋转 180°。③不能在纸面上旋转 90°或 270°，否则也将得到它的对映体（或镜像）。

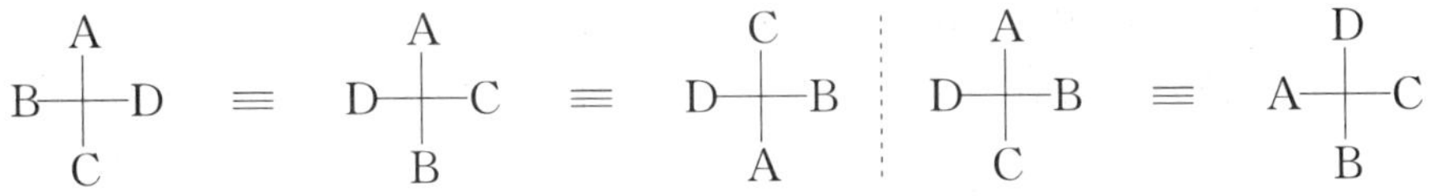


以费歇尔投影式表示构型，应用相当普遍。但有时为了更直观些，也常用另一种表示法，即透视式，它是将手性碳原子表示在纸面上，用实线表示纸面上的键，用虚线表示伸向后方的键，用楔形实线表示伸向纸前方的键，简言之即楔前虚后实平面。另外有时也常用锯架式、楔形式、纽曼投影式来表示其构型。旋转纽曼投影式上的原子（团）使成重叠形式，再加以平板化即可得到费歇尔投影式，见图 3-57。

后面两种表示法虽然比较直观，但不适宜于表示含有多个手性碳原子化合物的构型。

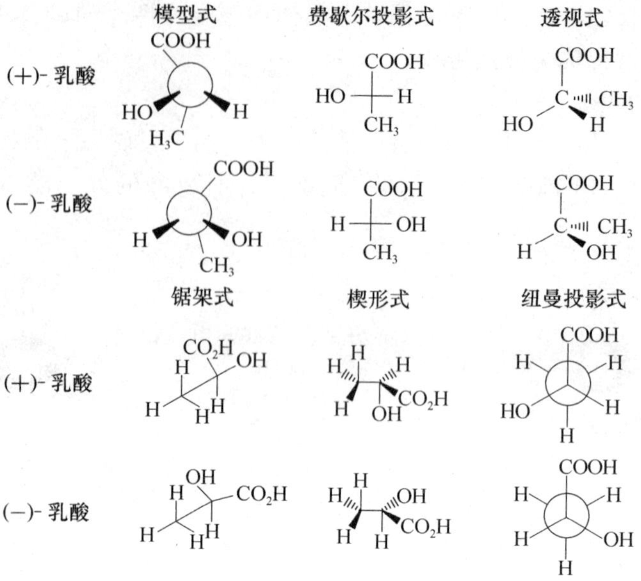


图 3-57 乳酸分子构型的表示

B. 构型的确定

对映体是具有互为镜像的两种构型的异构体。它们可以用两个费歇尔投影式来表示,其中一个投影式代表右旋体、另一个代表左旋体。但是哪一个代表右旋体、哪一个代表左旋体,从模型或投影式中都看不出来。通过旋光仪可以测定出对映体中哪一个是右旋的、哪一个是左旋的,但是根据旋光方向不能判断构型。因此对映体的构型,在还没有直接测定的方法之前,只能是任意指定的。即如果指定右旋体的构型是两种构型中的某一种,那么左旋体就是另一种。因而这种构型只具有相对的意义。同时对各种化合物的构型如果都这样任意地指定,必然会造成混乱。为此,有必要选定一种化合物的构型作为确定其他化合物构型的标准。1906年,Rosanoff 等人为选用甘油醛(2,3-二羟基丙醛,$CH_2OH$—CHOH—CHO)作为标准构型的化合物,它含有一个手性碳原子,故有两种构型。它们的费歇尔投影式如下:

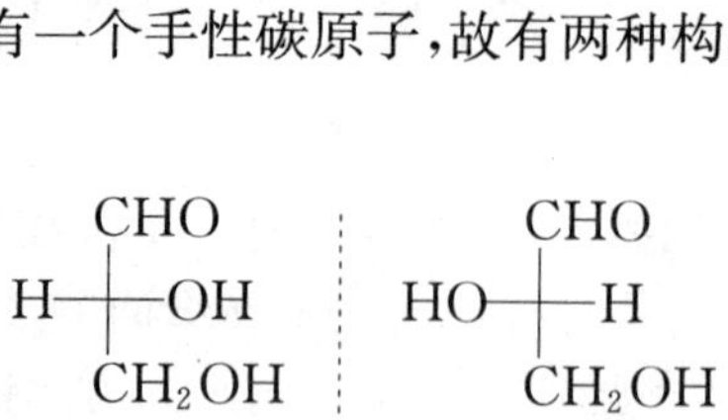

Ⅰ D　　Ⅱ L

现指定Ⅰ代表右旋甘油醛的构型,那么Ⅱ就是左旋甘油醛的构型。在甘油醛的投影式中,总是把碳链竖立起来,醛基(第一个碳原子)在上面,而羟甲基(第三个碳原子)在下面,第二个碳原子(即手性碳原子)的羟基和氢原子在碳链的左、右两边。右旋甘油醛的羟基在右边，氢在左边；而左旋甘油醛则反之。以甘油醛这种人为指定的构型为标准，再确定其他化合物的相对构型。一般是用通过化学反应把其他化合物与甘油醛相关联或相对照的方法来确定，即将未知构型的化合物经过某些化学反应转化成甘油醛，或者甘油醛转化成未知构型的化合物。在这些化学转化中，一般是利用反应过程中与手性碳原子直接相连的键不发生断裂的反应，以保证手性碳原子的构型不发生变化。例如，图 3-58 所列出的各个反应都不涉及手性碳原子的键，通过这些转化，可以确定左旋乳酸具有与右旋甘油醛相同的构型。即在左旋乳酸的投影式中也是羟基在手性碳原子的右边，氢原子在左边。通过这样的化学方法确定的各种旋光化合物的构型，是以甘油醛人为指定的构型为标准的，因此都是相对构型。

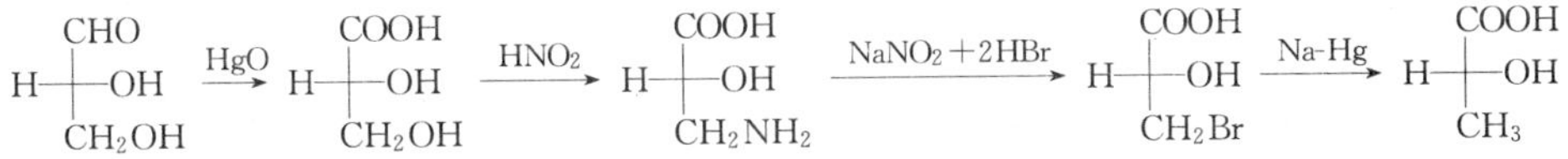


(+)-甘油醛　(−)-乳酸

图 3-58　左旋乳酸构型的确定

那么两种甘油醛的真正的构型，即绝对构型是否正如所指定的还是正好相反？这个问题直到直接测定了右旋酒石酸钾钠的绝对构型之后，才得到了解答。1951 年，荷兰的毕奥特(Bijvoet)通过 X 射线衍射法直接测定了右旋酒石酸钾钠的绝对构型，证实了它的由化学关联比较法所确定的相对构型与其绝对构型正巧是一致的，从而也证明了过去人为任意指定的甘油醛的构型也正是其绝对构型。因此以甘油醛为标准所确定的各种旋光化合物的相对构型就是它们的绝对构型。虽然用 X 射线衍射法可以直接测定一些化合物的构型，但这个方法受仪器设备限制(价格昂贵)，并不方便。而且，液体样品或难以得到单晶的样品就不能应用此技术了。此外，要注意有的化合物在晶体中的构象和其在液体或溶液中的构象也不是完全相同的。另外，旋光谱和圆二色光谱也是测定光学异构体立体结构的一个好方法。在不同的波长下，测量化合物的旋光度，所得到的曲线反映出左旋圆偏振光和右旋圆偏振光在这一介质中传播的速度不同，得到旋光谱(ORD)。在这一介质中被吸收的程度对左或右旋圆偏振光也不相同，此时可以得到圆二色谱(CD)，它们都反映出分子手性对光的作用。从这两个光谱的特征曲线上可以得到有关手性分子的立体化学结构信息。对于某一类化合物，如果已经找到了它们的谱线和结构之间关系的规律，如环己酮和“八区律”，就可以应用这规律在类似化合物的谱线上分析出手性分子的构型来。如尚未找到此类规律，就要用对比方法，即用结构已知的尽可能手性相似或相反的化合物与未知物进行谱线比较来确定未知物结构。故化合物的构型一般仍常用上述间接方法来确定。

C. 构型与旋光方向的标记

构造相同构型不同的异构体在命名时，不仅标出组成，而且有必要对它们的构型分别给以一定的标记。构型的标记法有多种，过去常用 D-L 标记法，现在广泛采用 *R-S* 标记法。

D-L 标记法是以甘油醛的构型为对照标准来进行标记的。右旋甘油醛的构型被定为 D 型，左旋甘油醛的构型被定为 L 型。凡通过实验证明其构型与 D-甘油醛相同的化合物，都叫做 D 型的，命名时标以“D”；而构型与 L-甘油醛相同的，都叫做 L 型的，命名时标以“L”。“D”和“L”只表示构型，不表示旋光方向。命名时，若既要标出构型，又要标出旋光方向和组成。旋光方向用“(＋)”或“(－)”表示，而不用“*d*”或“*l*”；外消旋用(±)表示。例如，前面已证明左旋乳酸的构型与右旋甘油醛(D-甘油醛)相同，所以左旋乳酸的名称为 D-(－)-乳酸；右旋乳酸就是 L-(＋)-乳酸；外消旋体写作(±)-乳酸。

D-L 标记法应用已久，对于糖类和氨基酸的表达较为方便。但是这种标记只能表示出分子中一个手性碳原子的构型。对于含有多个手性碳原子的化合物，用这种标记法并不合适，有时会产生名称上的混乱。

*R-S* 标记法基于手性碳原子所连四个基团互不相同，它们在空间按一定次序排列。我们可以用次序规则(Cahn-Ingold-Prelog 优先基团次序规则)来比较它们的先后(优先)次序。

图 3-59　确定 *R*/*S* 构型的方法

若 a、b、c、d 四个基团的次序为 a＞b＞c＞d，把排在最后的最不优先的基团 d 置于离观察者最远的位置，即从最不优先的基团 d 的对面，观察其他三个基团的排列次序。这正如汽车司机对方向盘，a、b、c 在方向盘上，d 位于方向盘连杆上。如果从 a 经过 b 再到 c 旋转方向是顺时针，则将该手性碳原子的构型标记为“*R*”(拉丁文 *rectus* 的缩写，“右”的意思)；如果是逆时针，则标记为“*S*”(拉丁文 *sinister* 的缩写，“左”的意思)，如图 3-59 所示。

*R-S* 标记法也可直接应用于费歇尔投影式。若最不优先的基团 d 在横键上，从 a→b→c 的顺序如果是顺时针方向排列的，则手性碳原子构型为 *S* 型；如果是逆时针方向排列的，则为 *R* 型。若最不优先的基团 d 在竖键上，结论正好相反，即如果 a→b→c 是顺时针方向排列的，则其手性碳原子构型为 *R* 型；如果是逆时针方向排列的，则构型为 *S* 型。

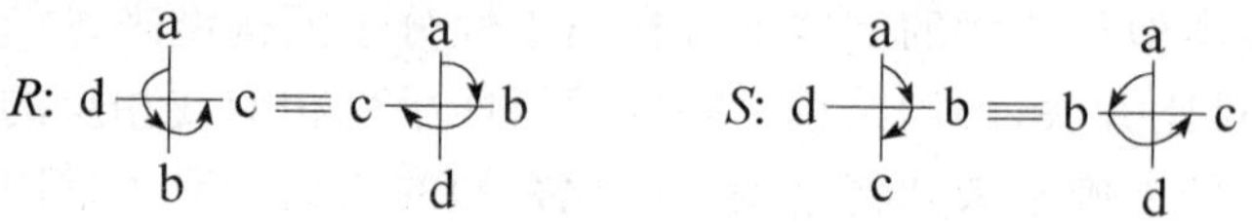

以乳酸为例，先将手性碳原子的四个基团排队，它们的先后次序是 OH>COOH>$CH_3$>H。因此乳酸的两种构型可分别识别和标记，如图 3-60 所示。

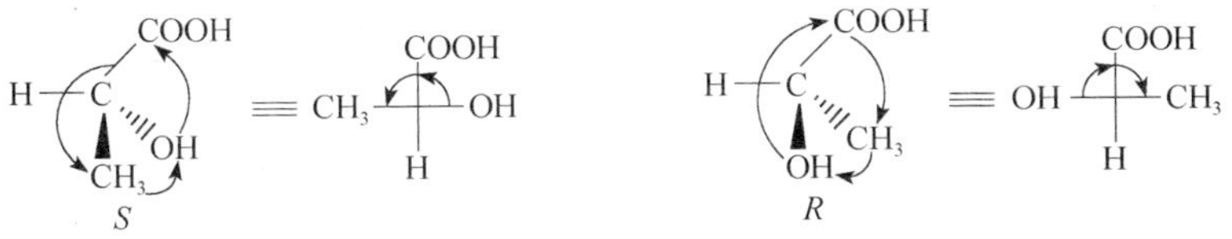


图 3-60　乳酸的 *R*-*S* 构型

右旋乳酸是 *S* 型，左旋乳酸是 *R* 型，所以这两种乳酸的名称分别是：(*S*)-(+)-乳酸和(*R*)-(−)-乳酸。

这里需要指出的是，当手性碳原子连接的原子团中有互为立体异构时，顺式(或 *R* 型)比反式(或 *S* 型)优先，如 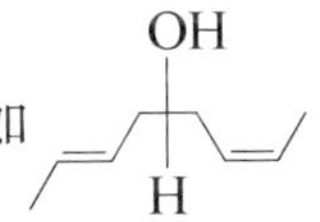

中  比  优先，该分子是 *R* 型。

对费歇尔投影式直接进行 *R*-*S* 标记，除前述“方向盘定则”之外，也可用“手腕定则”确定。首先按顺序规则将手性碳上连的四个原子或原子团按优先性排列成序。把次序最不优先的原子或原子团 d 看作已经在胳膊肘上，如果 d 在横线右端，则伸出右手，且分别用右手拇指、食指、中指指向 a、b 和 c。然后保持手指顺序不变，转动手腕，面向手心，观察 a、b 和 c 的排列顺序。如果 a→b→c 按顺时针方向排列，称手性碳为 *R* 构型；如果 a→b→c 按逆时针方向排列，称手性碳为 *S* 构型。如果 d 在横线左端，则伸出左手，照上述程序观察和判别构型。如果 d 在竖线上，可以先将 d 交换到横线上，然后应用手腕定则判别手性碳的构型。

用前述方法规定 D、L 型甘油醛手性碳的构型分别为 *R* 构型和 *S* 构型。需要注意的是 D 构型的不一定都是 *R* 构型，L 构型的也不一定都是 *S* 构型，反之亦然。

*R*-*S* 方法标记手性碳的构型是由顺序规则确定的，也是相对的；手性化合物旋光方向是实验测得的，因此构型与旋光方向之间也无必然联系。即 *R* 构型的化合物可能是右旋光化合物，也可能是左旋光化合物；*S* 构型的化合物可能有右旋光的性质，也可能有左旋光的性质。

在一个化学反应中，如果手性碳原子绝对构型保持不变，产物的构型与反应物的相同，但它的 *R* 或 *S* 标记却不一定与反应物的相同。反之，如果反应后手性碳原子的构型转化了，产物构型的 *R* 或 *S* 标记也不一定与反应物的不同。因为经过化学反应，产物的手性碳上所连基团与反应物的不一样了，产物和反应物的相应基团的排列顺序却可能相同也可能不同。产物构型的 *R* 或 *S* 标记，取决于它本身四

个基团的排列顺序，与反应时构型是否保持不变无关，如

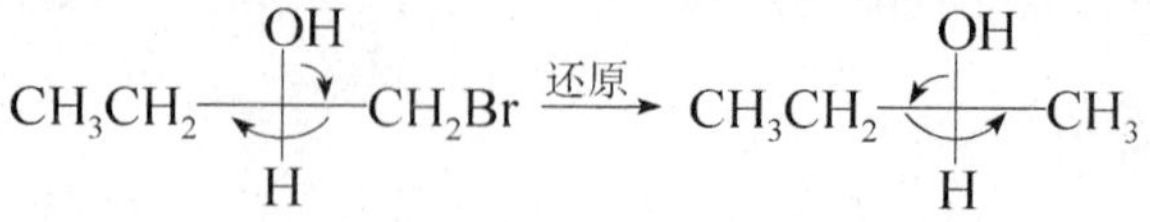

$R$ $S$

OH>$CH_2Br$>$CH_2CH_3$>H　OH>$CH_2CH_3$>$CH_3$>H

在还原时，手性碳原子的键未发生断裂，故反应后构型保持不变，但是还原后 $CH_2Br$ 变成了 $CH_3$。在反应物分子中，$CH_2Br$ 排在 $CH_2CH_3$ 之前；而在产物分子中，与 $CH_2Br$ 相应的 $CH_3$ 却排在 $CH_2CH_3$ 之后。所以反应物构型的标记是 $R$，产物构型的标记却是 $S$。

3）含多个手性碳原子化合物的对映异构

分子中手性碳原子数目增加，对映异构体的数目随之增多。而且，分子含有的多个手性碳原子中有的可能相同，也可能不相同。因此，对映异构现象比较复杂，分别讨论如下：

（1）含有 $n$ 个不相同手性碳原子的化合物，对映异构体的数目为 $2^n$ 个。例如，2-羟基-3-氯丁二酸（氯代苹果酸）有 $2^2$ 个异构体：

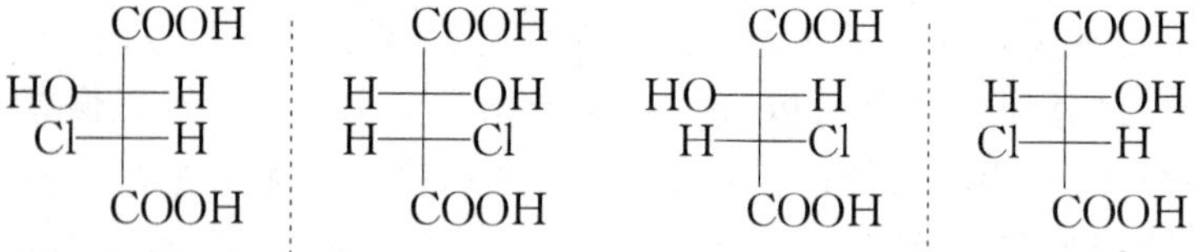

Ⅰ（2$R$，3$R$）　Ⅱ（2$S$，3$S$）　Ⅲ（2$R$，3$S$）　Ⅳ（2$S$，3$R$）

命名时可用 $R$-$S$ 方法逐个标记每个手性碳原子的构型，又实验测得Ⅰ、Ⅱ、Ⅲ和Ⅳ的旋光方向分别为左旋、右旋、左旋和右旋。它们分别命名为（2$R$，3$R$）-（－）-2-羟基-3-氯丁二酸、（2$S$，3$S$）-（＋）-2-羟基-3-氯丁二酸、（2$R$，3$S$）-（－）-2-羟基-3-氯丁二酸和（2$S$，3$R$）-（＋）-2-羟基-3-氯丁二酸。Ⅰ和Ⅱ、Ⅲ和Ⅳ互为对映体；等量的Ⅰ和Ⅱ、Ⅲ和Ⅳ分别组成两种外消旋体；含 $n$ 个不同手性碳原子的化合物，外消旋体的数目为 $2^{n-1}$ 个；Ⅰ与Ⅲ或Ⅳ、Ⅱ与Ⅲ或Ⅳ也是对映异构体，但它们不互为实物与镜像关系；是非对映的，所以称为非对映异构体，简称非对映体。

在一般情况下，对映体除旋光方向相反外，其他物理及化学性质都相同。但非对映体的旋光度不相同，旋光方向可能相同也可能不同；其他物理性质，如熔点等也不同。氯代苹果酸的物理性质如表 3-8。因此，非对映体混合在一起，可以用一般物理方法将它们分离开来。

**表 3-8　氯代苹果酸的物理性质**

| 异构体 | 构　型 | [α]D | 熔点/℃ |
|---|---|---|---|
| Ⅰ | (2*R*,3*R*)- | −31.3°(乙酸乙酯) | 173 |
| Ⅱ | (2*S*,3*S*)- | +31.3°(乙酸乙酯) | 173 外消旋体 146 |
| Ⅲ | (2*R*,3*S*)- | −9.4°(水) | 167 |
| Ⅳ | (2*S*,3*R*)- | +9.4°(水) | 167 外消旋体 153 |

(2) 含有相同手性碳原子的化合物。例如,酒石酸,HOOC$\overset{*}{C}$HOH$\overset{*}{C}$HOHCOOH,分子中含有两个手性碳原子,似乎可能有如下四个对映异构体(两对对映体):

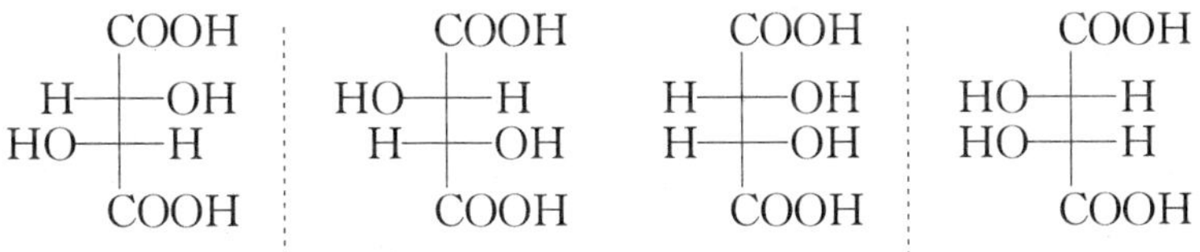

Ⅰ(2*R*,3*R*)　　Ⅱ(2*S*,3*S*)　　Ⅲ(2*R*,3*S*)　　Ⅳ(2*S*,3*R*)

Ⅰ和Ⅱ是对映体。Ⅲ和Ⅳ也好像是对映体,但实际上Ⅲ和Ⅳ是同一种分子。因为它们可以互相叠合。只要把Ⅲ以通过 $C_2$—$C_3$ 键中点的垂直线为轴旋转 180°,就可以看出来它是可以与Ⅳ叠合的。也就是说,Ⅲ和Ⅳ是相同的。

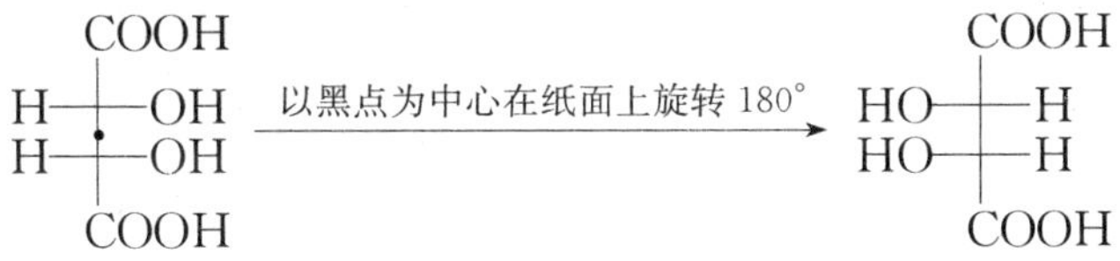


Ⅲ　　Ⅳ

Ⅲ既然能与其镜像相叠合,就不是手性分子。在它的全重叠式构象中可以找到一个对称面。在它的对位交叉构象中可以找到一个对称中心。

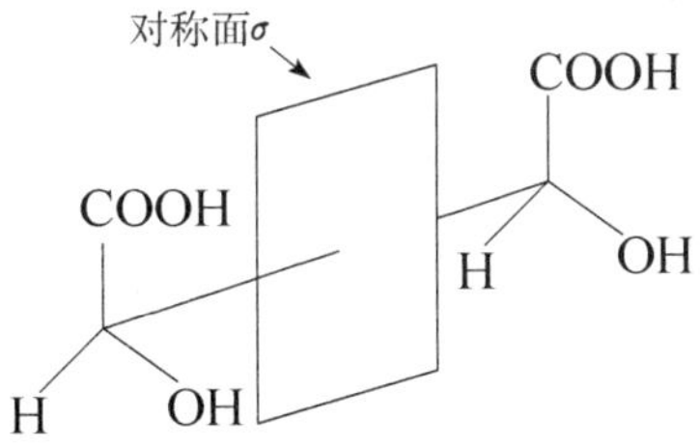


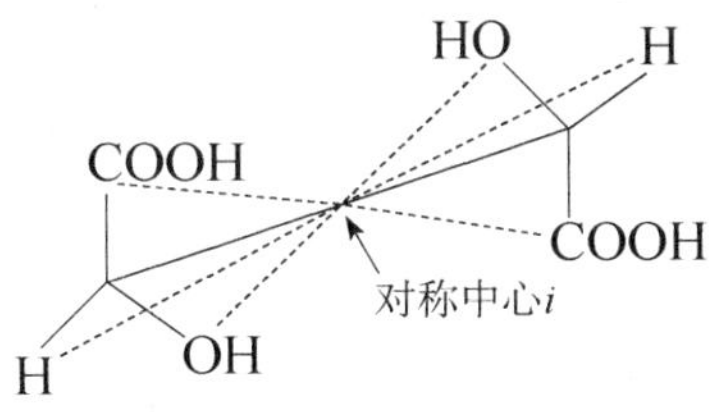


这种虽然含有手性碳原子,但却不是手性分子,因而也没有旋光性的化合物,叫做内消旋体。内消旋体用"*meso*-"或"*m*-"表示,Ⅲ命名为 *meso*-2,3-二羟基丁二酸。内消旋体虽然无旋光性,习惯上仍认为它是对映异构体。酒石酸的立体异构体中有一个内消旋体,因此异构体的数目就比 $2^n$ 少——总共只有三种异构体,而不是四个。

酒石酸之所以有内消旋体，是因为它的两个手性碳原子所连的四个基团都是一样的，所以它们是相同的手性碳原子，它们的构造完全相同。当这两个手性碳原子的构型相反时，它们在分子内可以互相对映，因此整个分子不再具有手性。由此可见，虽然含有一个手性碳原子的分子必有手性，但是含有多个手性碳原子的分子却不一定都有手性，即不能说凡是含有手性碳原子的分子都是手性分子，都有旋光性。

内消旋酒石酸Ⅲ和有旋光性的酒石酸Ⅰ或Ⅱ是不对映的立体异构体，即非对映体，所以Ⅲ不仅没有旋光性，并且物理性质也与Ⅰ或Ⅱ不相同，见表 3-9。

**表 3-9　酒石酸的物理性质**

| 酒石酸 | 熔点/℃ | $[\alpha]_D^{25}$ | 溶解度/(g/100g 水) | 相对密度(20℃) | $pK_{a_1}$ | $pK_{a_2}$ |
|---|---|---|---|---|---|---|
| (*R*,*R*)-酸 | 170 | +12° | 139 | 1.760 | 2.93 | 4.32 |
| (*S*,*S*)-酸 | 170 | −12° | 139 | 1.760 | 2.93 | 4.32 |
| *meso*-酸 | 140 | 无 | 125 | 1.667 | 3.11 | 4.80 |
| (±)-酸 | 206 | 无 | 20.6 | 1.680 | 2.96 | 4.24 |

内消旋体和外消旋体都没有旋光性，但它们本质不同。前者是一个单纯的非手性分子，而后者是两种互为对映体的手性分子的等量混合物。所以外消旋体可以用特殊方法拆分成两个组分，而内消旋体是不可分的(只含一种组分)。

由此可以理解，在旋光仪上测不出旋光度的样品可能是外消旋体、内消旋体或是没有手性的分子，也可能样品的旋光度太小或所用光波不配难以测出。这里要注意的是旋光方向和构型之间并无直接联系，它们是不同的概念。关于结构和旋光方向之间的关系，是一个一百多年来未能解决的问题，多数人认为二者之间应该有一定的关系，但是目前还没能完全认识并给以解决。这虽有点遗憾，但也是非常令人感兴趣的一个难题。

含有三个手性碳原子的化合物最多可能有 $2^3=8$ 种立体异构体。例如，戊醛糖(2,3,4,5-四羟基戊醛 $CH_2(OH)—\overset{*}{C}H(OH)—\overset{*}{C}H(OH)—\overset{*}{C}H(OH)—COOH$)就有如下八个构型：

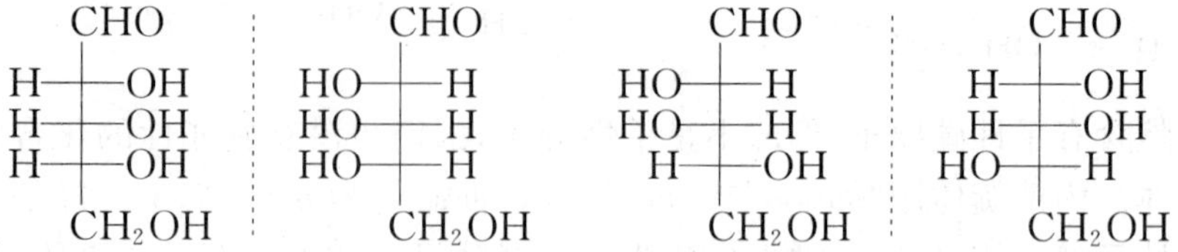

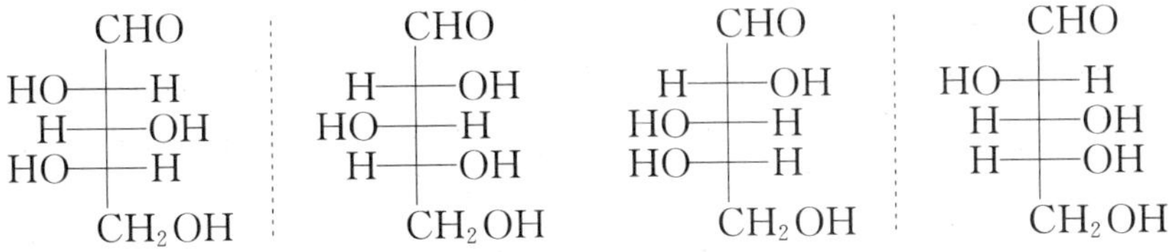

如果把戊醛糖两端氧化成羧基，就只有四个立体异构体了。

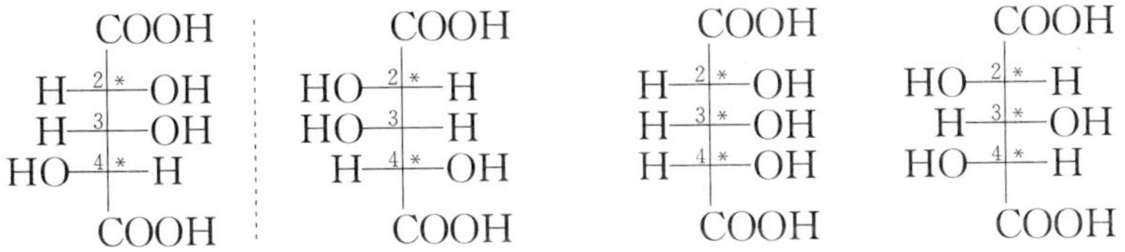

Ⅰ(2*R*,4*R*) 左旋体 熔点 128℃　　Ⅱ(2*S*,4*S*) 右旋体 熔点 128℃　　Ⅲ(2*R*,4*S*) 内消旋体 熔点 170℃　　Ⅳ(2*S*,4*R*) 内消旋体 熔点 152℃

(Ⅰ、Ⅱ) 外消旋体，熔点 155℃

Ⅰ和Ⅱ是一对对映体，可以组成外消旋体。Ⅰ、Ⅱ的 $C_2$ 和 $C_4$ 所连基团构造相同，构型也相同，因此Ⅰ和Ⅱ的 $C_3$ 不是手性碳原子。Ⅲ、Ⅳ与Ⅰ、Ⅱ不同。Ⅲ、Ⅳ的 $C_2$ 和 $C_4$ 所连基团虽然构造相同，但是构型不同。因此Ⅲ和Ⅳ的 $C_3$ 是手性碳原子。在Ⅲ中 $C_2$ 为 *R* 型，$C_4$ 为 *S* 型，*R* 型比 *S* 型优先，所以 $C_3$ 的构型为 *R* 型；在Ⅳ中 $C_2$ 为 *S* 型，$C_4$ 为 *R* 型，所以Ⅳ中 $C_3$ 构型为 *S* 型。Ⅲ、Ⅳ虽然有手性碳原子，却是非手性分子。因为它们都有一个通过 $C_3$ 及其所连的 H 和 OH 的对称面，都是内消旋体。像Ⅲ、Ⅳ分子中 $C_3$ 这样的不能对分子手性起作用的手性碳原子，叫做假手性碳原子。

在立体化学中，含有多个手性碳原子的立体异构体中，只有一个手性碳原子的构型不同，其余的构型都相同的非对映体，又叫做差向异构体(异头物)。内消旋酒石酸与有旋光性的酒石酸只有一个手性碳原子的构型相同，另一个手性碳原子构型不同，所以它们是差向异构体。又如下列化合物中，Ⅰ和Ⅱ、Ⅰ和Ⅲ、Ⅰ和Ⅳ也都是差向异构体。

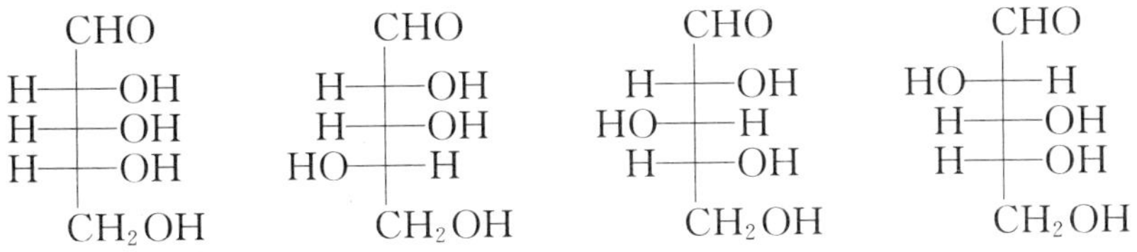

Ⅰ D-(－)-核糖　　Ⅱ L-(－)-来苏糖　　Ⅲ D-(＋)-木糖　　Ⅳ D-(－)-阿拉伯糖

4）不含手性碳原子的手性分子

前面讨论的各种手性分子都含有手性碳原子。但在有机化合物中，也有一些手性分子并不含有手性碳原子。这些手性分子都有对映体存在，有些也可拆分成旋光体。

A. 非碳原子为手性中心的光学活性化合物

前面讨论的都是碳原子为手性中心的化合物。实际上，凡是连接四个不同的配体（基团、原子或电子对）的元素都能构成手性中心，如

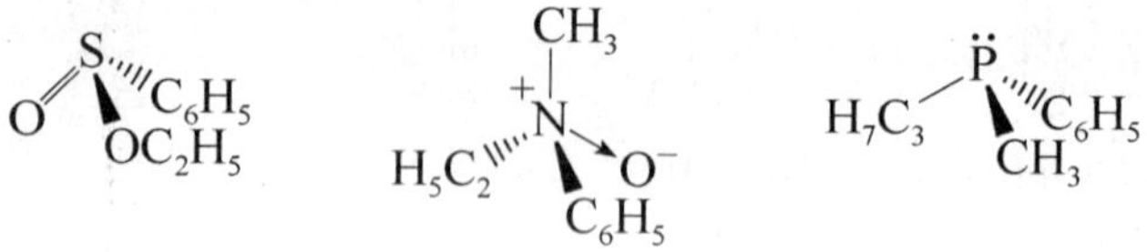

其他如 $R_1R_2R_3R_4N^+X^-$，$R_1R_2R_3R_4Si$，$R_1R_2R_3RP{=}O$ 等都具有光学活性，有的在自然界有着重要的作用。

有些化合物分子中没有手性中心，但可以有手性。这些分子中含有手性轴或手性面。

B. 含手性轴的化合物

（1）丙二烯型化合物。在 1，2-二烯烃分子中，累积双键两端碳上连的原子或基团是处在互相垂直的两个平面内。如果两端碳原子都是连接两个不同的原子或基团，例如 2，3-戊二烯，存在一根手性轴，可以有一对对映体：

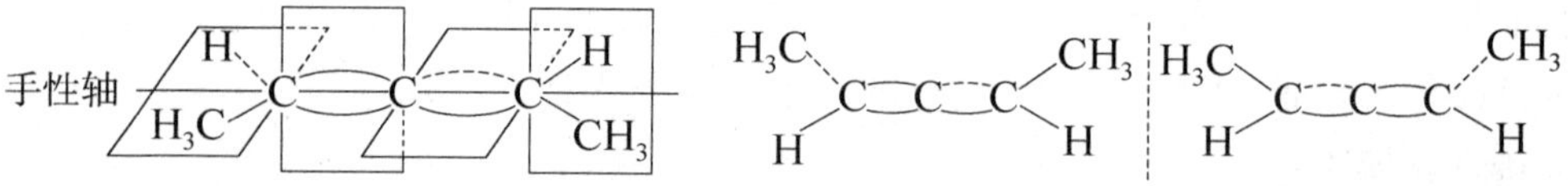


（2）螺环化合物。同理，在 2，6-二甲基螺［3.3］庚烷分子中，两个四元环是刚性的，所在平面是互相垂直的，与 1，2-二烯烃结构相似，有一根手性轴，存在一对对映体：

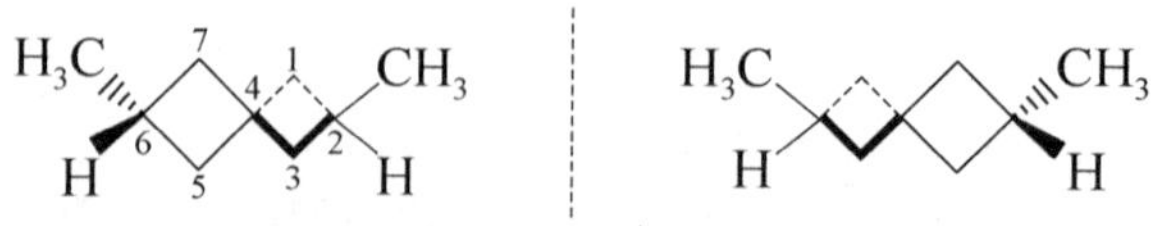

（3）联苯型化合物。这一类化合物的邻位上如有两个大的取代基，限制两苯环绕两苯环间 $\sigma$ 键的自由旋转，当两苯环不是对称的被取代时，则出现对映体。如 2，2′-二羟基-6，6′-二氯联苯存在一对对映体：

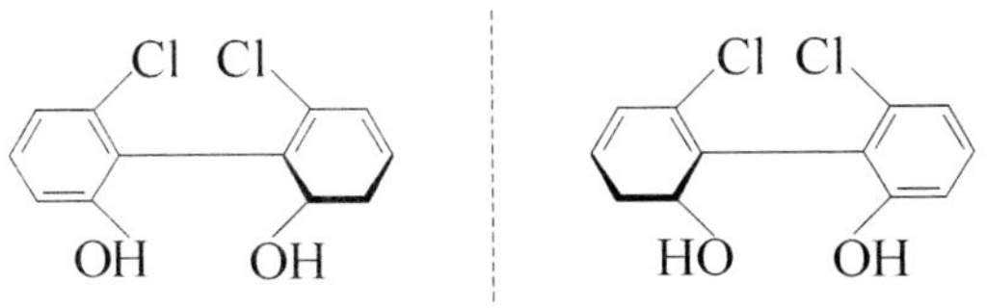

这一对对映体实际上是构象异构体。但由于大基团的存在,使单键旋转变得困难,给它们足够的能量仍可通过键的扭转而互相转换。而2,6-二硝基-2′,6′二溴不存在对映体。

(4) 把柄型化合物,如

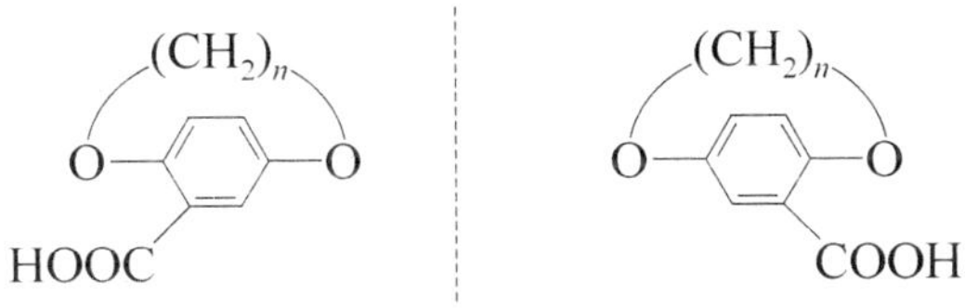

式中 $n$ 是不太大的整数,使苯环(带某些取代基)不能自由旋转,分子又不呈对称,故有对映异构体。

C. 含手性面的化合物

这类分子中既无手性中心,也无手性轴,但有手性,是含有手性面的化合物。如六螺并苯是苯用两个相邻碳原子互相稠合,六个苯环构成一个环状烃,两端的两个苯环上的四个氢拥挤,使两个苯环不能在一个平面内,一端在平面之上,另一端在平面之下,整个分子形成一个螺旋状物,构成含手性面的分子,具有一对对映体,一个左旋,一个右旋。这类光学异构体的旋光能力是惊人的,六螺并苯的[$\alpha$]=3700°,说明旋光与分子结构的密切关系。

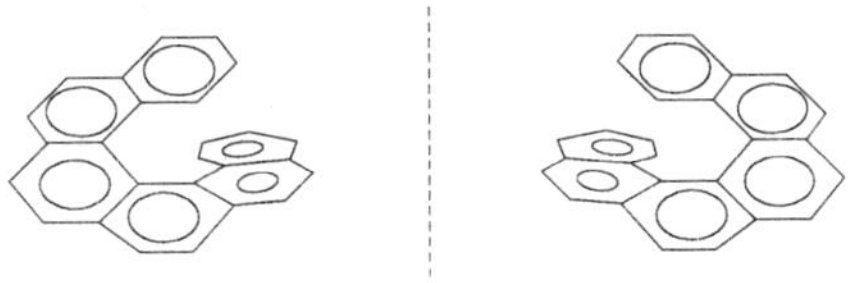

反式环辛烯分子中既无对称面也无对称中心,碳链只能处于双键平面的上方或下方,这是一个有手性的分子。手性面是双键碳及两个直接与双键相连的亚甲基碳和与双键碳相连的两个氢所在平面。整个分子也相当于一个篮子,四个亚甲基组成的碳桥相当于篮子的提梁。

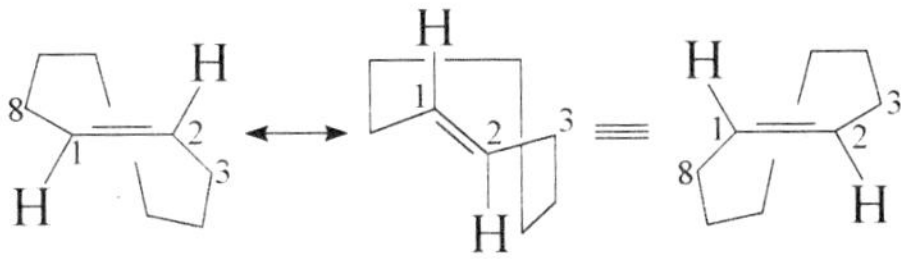

双键平面围绕 $C_8—C_1$ 和 $C_2—C_3$ 键按顺时针方向旋转，旋转难易取决于环的大小，环较大时，此类旋转较易发生而产生外消旋。反式环辛烯对于这类热外消旋化作用是较为稳定的，室温时不能发生。

此外，正丁烷分子也是不含手性碳原子的手性分子，这可从构象分析解释。正丁烷四种特殊的构象异构体中，对位交叉式有对称中心、全重叠式有对称面，它们是内消旋化合物；而邻位交叉式和部分重叠式都有对映异构体存在。

5）环状化合物的对映异构

环状化合物的立体异构与相应的开链化合物类似。环烷烃只要在环上有两个碳原子各连一个取代基，就有顺反异构现象。如环上有手性碳原子，则还有对映异构现象。例如，2-羟甲基环丙烷-1-羧酸有下列四种立体异构体：

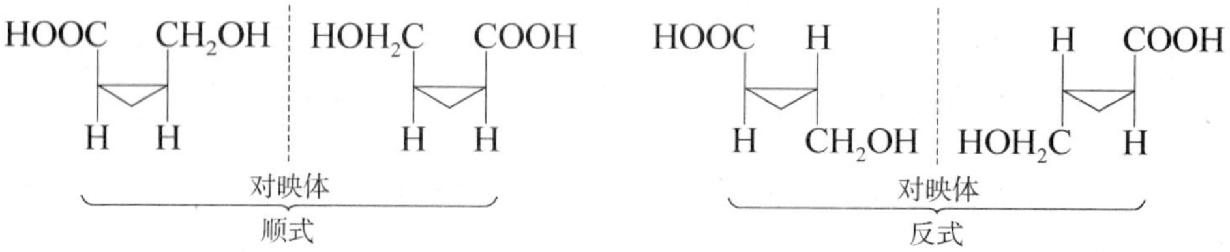


环丁烷-1，2-二羧酸则有一个顺式的内消旋体和一个反式的对映体：

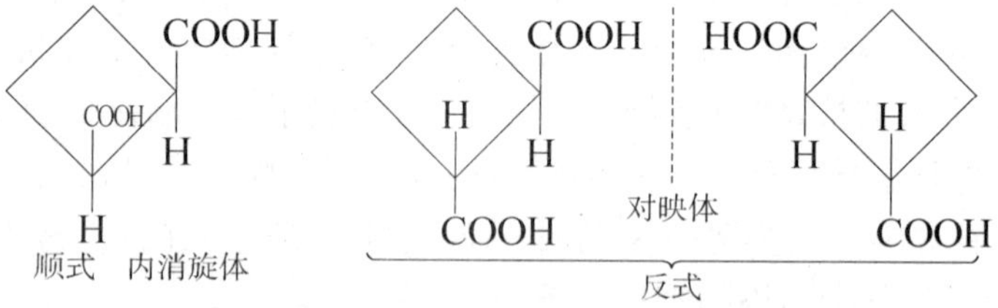


而环丁烷-1，3-二羧酸只有顺式和反式两种立体异构体，它们是非对映体。

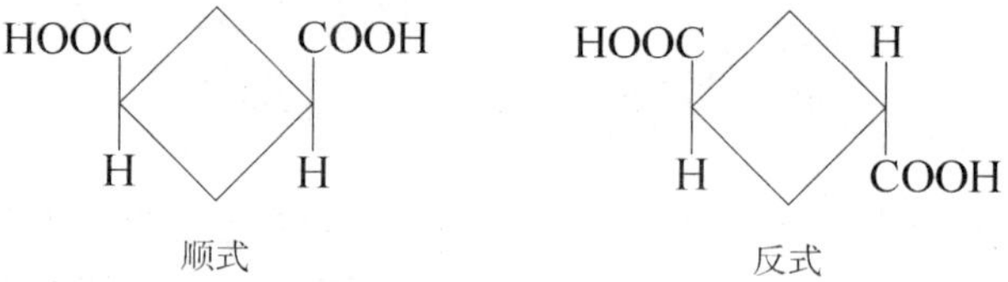


薄荷醇的构造式为 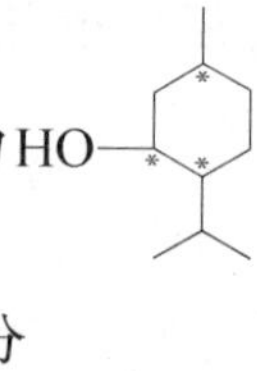，有 3 个不同的手性中心，有 $2^3$ 个对映异构体。

6）外消旋体的拆分

一般人工合成（在非手性条件下）的手性化合物（除了用特殊方法——不对称

合成以外)都是外消旋体,用一般的物理方法(如分馏、分步结晶等)不能把一对对映体分开,必须用特殊的方法才能把它们拆开。将外消旋体分离成旋光体的过程通常叫做“拆分”。

拆分的方法很多,一般有下列几种:

(1) 机械拆分法。利用外消旋体中对映体结晶形态上的差异,借肉眼直接辨认或通过放大镜进行辨认,而把两种结晶体分开。

(2) 微生物拆分法。某些微生物或它们所产生的酶,对于对映体中的一种异构体有选择性的分解作用。利用微生物或酶的这种性质可以从外消旋体中把一种旋光体拆分出来。此法缺点是在分离过程中,外消旋体至少有一半被消耗掉了而无法回收。

(3) 选择吸附拆分法。用某种旋光性物质作为吸附剂,使之选择性地吸附外消旋体中的一种异构体,这样可达到拆分的目的。例如,以乳酸作色谱柱的吸附剂可以拆分 Troger 碱。各种色谱用于拆分非对映异构体是常见的方法,如用手性柱直接分离对映体、用非手性柱间接分离非对映异构体等。

(4) 诱导结晶拆分法。在外消旋体的过饱和溶液中,加入一定量的一种旋光体的纯晶体作为晶种,于是溶液中该种旋光体含量较多,且在晶种的诱导下优先结晶析出。将这种结晶滤出后,则另一种旋光体在滤液中相对较多,母液经浓缩,再用另一种对映的晶体为晶种,于是另一种旋光体优先结晶析出。如此反复进行结晶,就可以把一对对映体完全分开。

(5) 化学拆分法。这种方法应用最广。其原理是将对映体转变成非对映体,然后用一般方法分离。外消旋体与无旋光性的物质作用并结合后,得到的仍是外消旋体;但若使外消旋体与旋光物质作用得到就是非对映体的混合物。非对映体具有不同的物理性质,可以用一般的分离方法把它们分开。用来拆分对映体的旋光性物质,通常称为拆分剂。不少拆分剂是由天然产物中分离提取获得的。化学拆分法最适用于(±)-酸或碱(±)-的外消旋体的拆分。拆分(±)-酸时,常用的旋光性碱主要是生物碱,如(—)-奎宁、(—)-马钱子碱、(—)-番木鳖碱、麻黄碱、胺等。拆分(±)-碱时,常用的旋光性酸是酒石酸、樟脑-$\beta$-磺酸、苹果酸等。拆分既非酸又非碱的外消旋体时,可以设法在分子中引入酸(或碱)性基团,然后按拆分酸(或碱)的方法拆分。也可选择适当的旋光性物质与外消旋体作用形成非对映体的混合物,然后分离。

对映体与某个手性试剂反应时,两个异构体的反应过渡态之间不呈实物和镜像关系,因此反应活化能也各不相同,反应速率自然也不同,因此挑选合适的手性试剂有可能利用动力学控制来得到某一个对映异构体。例如,用不足量的(—)-金鸡纳酸和(±)-$\alpha$-苯乙胺作用,未反应的(+)-胺异构体的含量明显增加。

拆分可以得到纯度很高的光学异构体,但操作很麻烦,最好的办法是直接合成出所需要的光学异构体，即不对称合成。非手性反应物分子中一个对称结构单元，用一个试剂通过化学反应转化为一个不对称的结构单元，产生不等量对映异构体的反应称为不对称合成，又称为手性合成。不对称合成反应广泛用于有机化合物的构型的测定和阐明有机反应机理以及研究酶催化活性等领域。

7) 光学纯度

由前面的讨论已经知道，旋光仪中测不出旋光度的化合物，不一定没有旋光性，它可能是一个外消旋体。

在不对称合成的产物中，如果不是等量的左旋体和右旋体的混合物，则这种不等量对映体的混合物的比旋光度取决于它们的组成。完全由一种对映异构体组成的，不含有它的对映体的化合物称为光学纯化合物。光学纯化合物的比旋光度最大，用$[\alpha]_{max}$表示。光学纯度 $P$ 是指一种对映体对另一种对映体的过量百分数 e. e，即

$$\text{e. e} = \frac{A_1 - A_2}{A_1 + A_2} \times 100\%$$

式中：$A_1$ 是产物对映体中过量的一个异构体的量；$A_2$ 是产物对映体中另一个少量的异构体的量。光学纯度 $P$ 可由测定样品的旋光度计算得到：

$$P = \frac{[\alpha]_{测定}}{[\alpha]_{max}} \times 100\%$$

知道了光学纯度 $P$，就可以计算混合物中两种对映体的组成。例如，已知旋光纯 2 -甲基-1 -氯丁烷的比旋光度为＋1.64°，现有一个该化合物的试样，经测定其比旋光度是＋0.82°，求该试样的光学纯度 $P$ 和(＋)、(－)对映体的组成比。由光学纯度的定义可求出

$$P = \frac{[\alpha]_{测定}}{[\alpha]_{max}} \times 100\% = \frac{+0.82}{+1.64} \times 100\% = 50\%$$

该试样称为 50％旋光纯。这个试样是由 50％的(＋)-异构体和 50％的外消旋体所组成。其中，(＋)-异构体应为 50％＋1/2×50％＝75％、(－)-异构体含量为 1/2×50％＝25％。也就是说，试样中(＋)-异构体∶(－)-异构体＝75∶25。

## 习 题

1. 下列阐述哪些是正确的？哪些是错误的？
   (1) 具有 $R$ 构型的手性化合物必定有右旋的旋光方向
   (2) 对映异构体可通过单键旋转相互重叠
   (3) 所有具有手性碳的化合物都是手性分子
   (4) 构象异构体都没有旋光活性
   (5) 所有手性分子都有非对映异构体

(6) 一对对映体总有实物与镜像的关系

(7) 只有一个手性碳的化合物必有旋光性

(8) 外消旋体是纯净物，而内消旋体是混合物

2. 指出下列化合物中碳原子的杂化情况：

(1) $CH_3\underset{}{\overset{CH_3}{|}}{CH}CH{=}CHCH_2C{\equiv}CCH_3$　　(2) $CH_3\overset{O}{\overset{\|}{C}}CH_2CH_2NH_2$

3. 选择题。

(1) 下列碳正离子稳定性由大到小的顺序是：

① 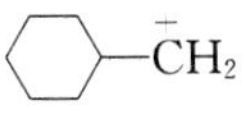　$\overset{+}{C}H_3$　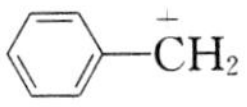　$CH_3\overset{+}{C}HCH_3$

a　b　c　d

A. a>c>d>b　B. c>a>d>b　C. c>d>a>b　D. d>c>a>b

② 　$CF_3\overset{+}{C}HCH_2CH_3$　$CH_3CH{=}CH\overset{+}{C}H_2$　$CH_3\overset{+}{C}HCH_2CH_3$

a　b　c　d

A. a>b>c>d　B. a>c>d>b　C. b>d>c>a　D. c>a>d>b

(2) 下列碳负离子的稳定性由大到小的顺序是：

① 　　　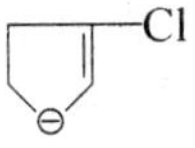

a　b　c　d

A. a>b>c>d　B. a>d>c>b　C. b>c>d>a　D. d>c>b>a

② $Ph_2\overset{\ominus}{C}H$　$Ph\overset{\ominus}{C}H_2$　$R\overset{\ominus}{C}H_2$　$R_3\overset{\ominus}{C}$

a　b　c　d

A. a>b>c>d　B. a>b>d>c　C. a>d>b>c　D. d>c>b>a

(3) 下列自由基的稳定性由大到小的顺序是：

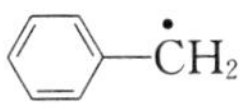　$CH_3\dot{C}HCH_3$　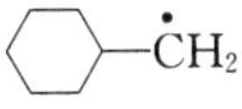　$\dot{C}H_3$

a　b　c　d

A. a>b>d>c　B. d>c>b>a　C. a>b>c>d　D. b>a>c>d

(4) 1-甲基-3-异丙基环己烷有几种构型异构体：

A. 2 种　B. 3 种　C. 4 种　D. 5 种

(5) 下列哪一个化合物没有旋光性？

A. 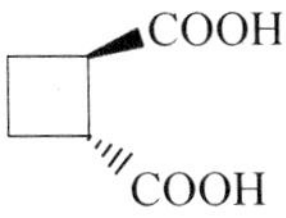　B. $PhCH{=}C{=}CHPh$

C. $C_2H_5PPhCH_3$　D. 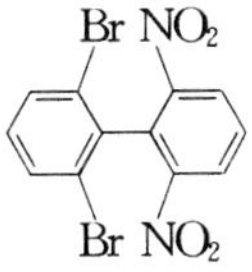

(6) 葡萄糖水溶液在 25℃用钠光灯作光源测得的比旋光度为右旋 52.5℃，应记作：

A. $[\alpha]=52.5°$　　B. $[\alpha]_D^{25}=+52.5°$

C. $[\alpha]_D^{25}=+52.5°$(水)　　D. $[\alpha]_D^{25}=52.5°$(水)

4. 回答：

(1) 下列两组共振结构式中，哪一个对真实分子的贡献更大？为什么？

① $\overset{-}{C}H_2CH{=}CH{-}CH{=}CH\overset{-}{C}H_2 \longleftrightarrow CH_2{=}CH{-}CH{=}CH{-}\overset{+}{C}H{-}\overset{-}{C}H_2$

a　　b

② $CH_2{=}CH{-}\ddot{B}r \longleftrightarrow \overset{-}{C}H_2{-}CH{=}\overset{+}{B}r$

a　　b

(2) 下列两组共振结构中哪个是错误的？为什么？

① $\dot{C}H_2CH{=}CH \longleftrightarrow \dot{C}H_2\dot{C}H\dot{C}H_2 \longleftrightarrow \dot{C}H_2\overset{+}{C}H\overset{-}{C}H_2$

a　　b　　c

② $CH_2{=}CH\overset{+}{C}H_2 \longleftrightarrow \overset{+}{C}H_2CH{=}CH_2 \longleftrightarrow$ 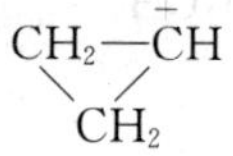

a　　b　　c

(3) 以下各组化合物，在下列各性质方面表现相同还是不同？

① (*R*)-2-氯丁烷与(*S*)-2-氯丁烷

② D-苏阿糖与 D-赤藓糖

③ 内消旋酒石酸与外消旋酒石酸

A. 熔点和沸点　　B. 旋光性　　C. 溶解度

5. 命名(注意标记构型)或写顺、反异构体：

(1) 1-甲基-3-乙基环丁烷　　(2) 3,4-二甲基-3-己烯

(3) 1-氯-4-溴环己烷　　(4) 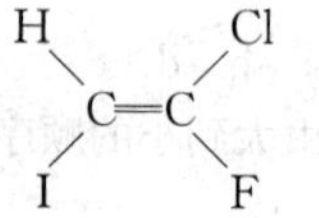

(5) 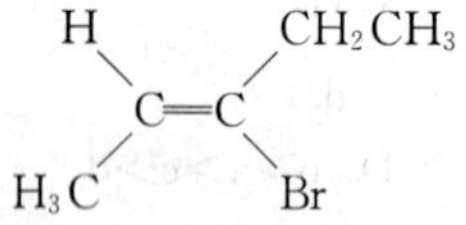　　(6) 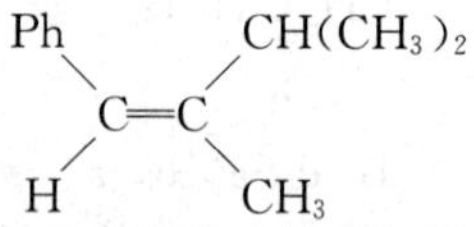

(7) 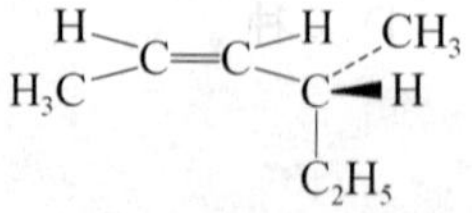　　(8) 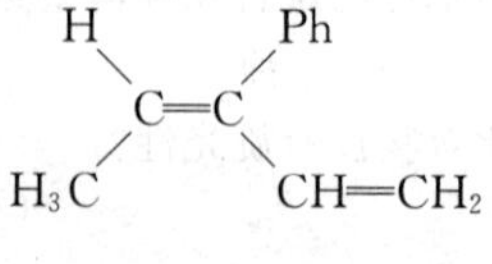

6. 写出下列化合物最稳定的构象的透视式：

(1) 顺-1-甲基-2-异丙基环己烷　　(2)反-1-乙基-3-叔丁基环己烷

(3) 1,3-环己二醇

7. 下列化合物哪些是手性分子？

(1) 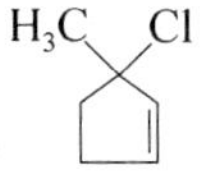　　(2) 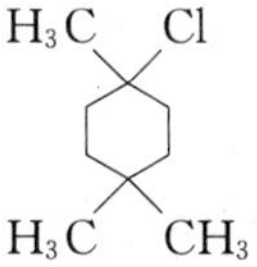

(3) 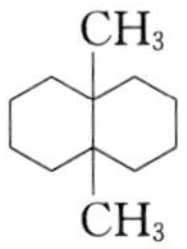　　(4) 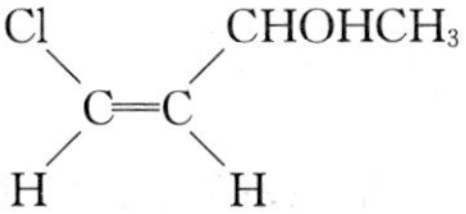

(5) 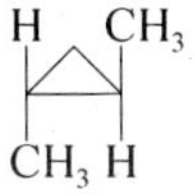

8. 下列各组化合物哪些是相同的？哪些是对映体？哪些是非对映体？

(1) 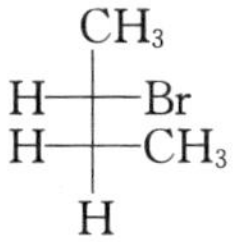 和 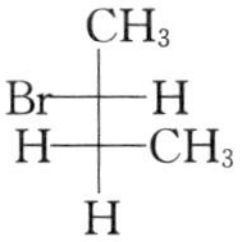　　(2) 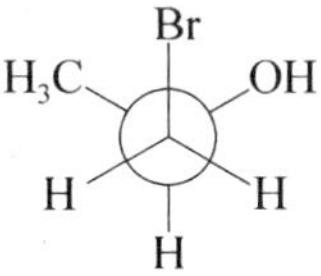 和 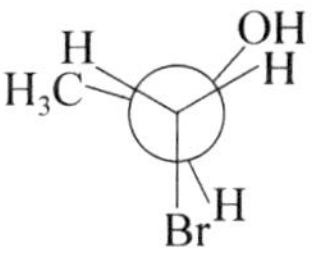

(3) 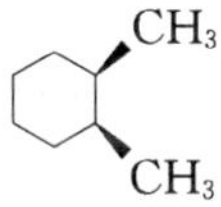 和 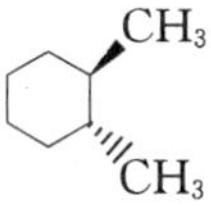

(4) 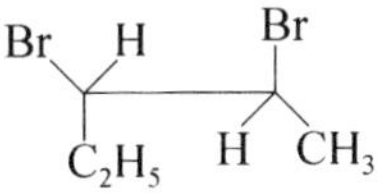 和 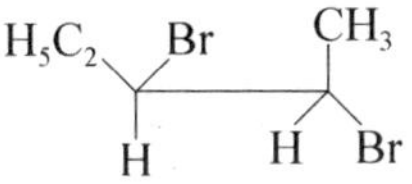

(5) 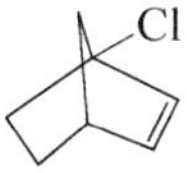 和 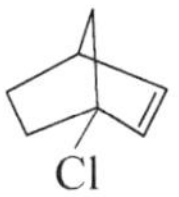　　(6) 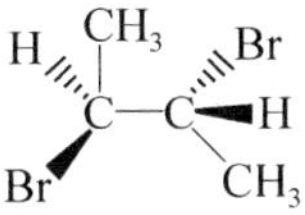 和(2*R*,3*S*)-2,3-二溴丁烷

9. 用纽曼投影式写出下列化合物中最稳定的构象。

(1) (1*R*,2*S*)-1,2-二氯-1,2-二苯基乙烷　　(2) $FCH_2CH_2OH$

10. 写出下列化合物的费歇尔投影式，并对每个手性碳原子的构型标以(*R*)或(*S*)。

(1) 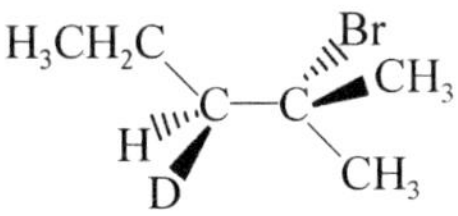　　(2) 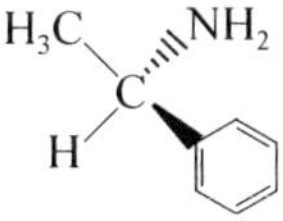

(3) 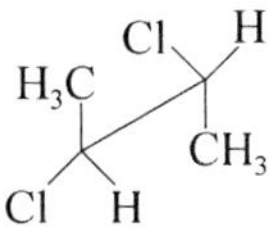　　(4) 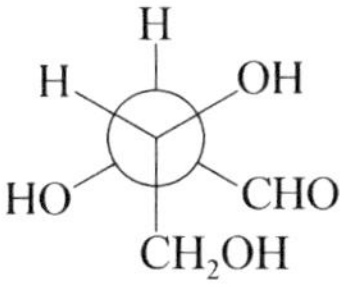

11. 某化合物 10g 溶于 99mL 的乙醇中，得到 100mL 溶液。在 25℃时用 10cm 长的盛液管在旋光仪中观察到旋光度为+2.50°，同样条件下改用 5cm 长的盛液管，测得旋光度为+1.25°，

计算该化合物的比旋光度。第二次测定结果说明什么问题?

12. 转换下列结构形式:

(1) 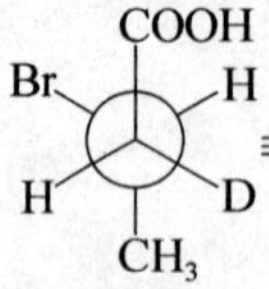 ≡费歇尔投影式(?)

(2) 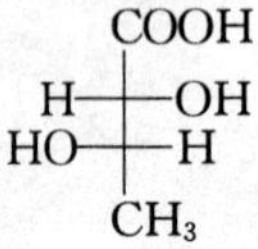 ≡纽曼投影式(?)≡锯架式(?)

# 第4章 饱 和 烃

分子中只含有碳和氢两种元素的有机化合物叫做碳氢化合物，简称烃(hydrocarbon)。根据烃分子中碳原子间的连接方式不同，烃可分为脂肪烃、脂环烃和芳香烃三大类。脂肪烃(又叫做开链烃)可分为烷烃、烯烃和炔烃。分子中碳原子间均以单键(C—C)相连，而其余价键被氢原子所饱和的脂肪烃称为饱和烃(saturated hydrocarbon)或烷烃(alkane)，也叫做石蜡烃(paraffin)。

最简单的烷烃为甲烷，分子式为 $CH_4$，随着碳原子数的增加，依次为乙烷 $C_2H_6$、丙烷 $C_3H_8$、丁烷 $C_4H_{10}$ 等。从它们的分子式不难看出，这些化合物的组成可用一个通式来表示，即 $C_nH_{2n+2}$，其中 $n$ 为大于或等于 1 的整数。同时可以发现相邻的两个化合物在组成上均相差一个"$CH_2$"。像这样在组成上相差一个或几个"$CH_2$"的一系列化合物称为同系列(homologous series)。同系列中的化合物互为同系物(homologue)，"$CH_2$"则称为系差。

从丁烷开始，烷烃存在由于碳链异构引起的同分异构现象。例如，戊烷 $C_5H_{12}$ 有三个同分异构体：

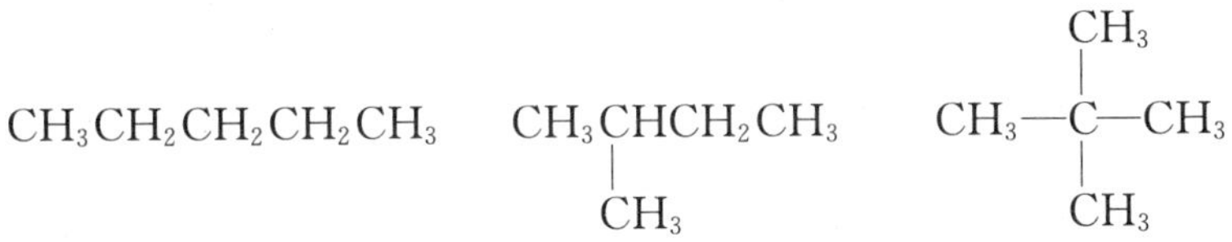

正戊烷　　异戊烷　　新戊烷

## 4.1 烷烃的物理性质

有机化合物的物理性质一般指它们的状态、相对密度、熔点、沸点、折射率、溶解度以及波谱性质等。

一般单一、纯净的有机化合物，其物理性质在一定条件下是固定的、不变的，常把这些数值称为物理常数，是特定的化合物在一定条件下所固有的标志。通过物理常数的测定，常可以鉴定有机化合物及其纯度。

一般说来，在有机化合物中，同系列化合物的物理常数是随相对分子质量的增减而规律变化的。

在常温常压(25℃，101.325Pa)下，$C_1$～$C_4$ 的直链烷烃是气体；$C_5$～$C_{17}$ 的直链烷烃是液体；18 个碳原子以上的直链烷烃是固体。常见烷烃的物理常数见表 4-1。

表 4-1　常见烷烃的物理常数

| 名　称 | 沸点/℃ | 熔点/℃ | 相对密度 $d_4^{20}$ | 折光率 $n_D^{20}$ |
|---|---|---|---|---|
| 甲烷 | −161.7 | −182.5 | 0.424 | |
| 乙烷 | −88.6 | −183.3 | 0.456 | |
| 丙烷 | −42.1 | −187.7 | 0.501 | |
| 正丁烷 | −0.5 | −138.3 | 0.579 | |
| 异丁烷 | −11.7 | −159.4 | | |
| 正戊烷 | 36.1 | −129.8 | 0.626 | 1.3575 |
| 异戊烷 | 29.9 | −159.9 | | 1.3537 |
| 新戊烷 | 9.4 | −16.8 | | |
| 正己烷 | 68.7 | −95.3 | 0.659 | 1.3749 |
| 正庚烷 | 98.4 | −90.6 | 0.684 | 1.3876 |
| 正辛烷 | 125.7 | −56.8 | 0.703 | 1.3974 |
| 正壬烷 | 150.8 | −53.5 | 0.718 | 1.4054 |
| 正癸烷 | 174.0 | −29.7 | 0.730 | 1.4119 |
| 十一烷 | 195.8 | −25.6 | 0.740 | 1.4176 |
| 十二烷 | 216.3 | −9.6 | 0.749 | 1.4216 |
| 十三烷 | 235.4 | −5.5 | 0.756 | 1.4233 |
| 十四烷 | 253.7 | 5.9 | 0.763 | 1.4290 |
| 十五烷 | 270.6 | 10 | 0.769 | 1.4315 |
| 十六烷 | 287.0 | 18.2 | 0.773 | 1.4345 |
| 十七烷 | 301.8 | 22 | 0.778 | 1.4369 |
| 十八烷 | 316.1 | 28.2 | 0.777 | 1.4349 |

1）沸点

一个化合物的沸点就是这个化合物的蒸气压与外界压力达到平衡时的温度。化合物的蒸气压与分子间的引力有关。如果分子间的吸引力较小，化合物的蒸气压就较高，往往只需要外界供给较小的能量就可使它的蒸气压提高到与外界压力相等，该化合物的沸点就较低；反之，该化合物的沸点就较高。烷烃分子是靠范德华引力吸引在一起的，烷烃是非极性分子，范德华力主要产生于色散力。非极性分子在不断运动过程中，也可以产生瞬间偶极，当分子充分靠近时就会产生很弱的吸引力，这种吸引力称为色散力。色散力的大小与分子中原子的数目和大小有关，烷烃分子中碳原子数增多，则色散力增大，因此分子间的范德华力增大，沸点随之而升高，如图 4-1 所示。一般在常温常压下，4 个碳以下的直链烷烃是气体，由戊烷开始是液体，大于 17 个碳的烷烃是固体。

在同系列中，虽然相邻两个烷烃的组成都是相差一个 $CH_2$，但其沸点差值并不相等，低级烷烃的差值较大，随着相对分子质量的增加，相邻两个烷烃的沸点差值逐渐减小。同碳数的构造异构体中，分子的支链越多，则沸点越低。这是因为支链增多，则分子趋向于球形，使这些分子不能像直链分子那样接近，分子的作用力

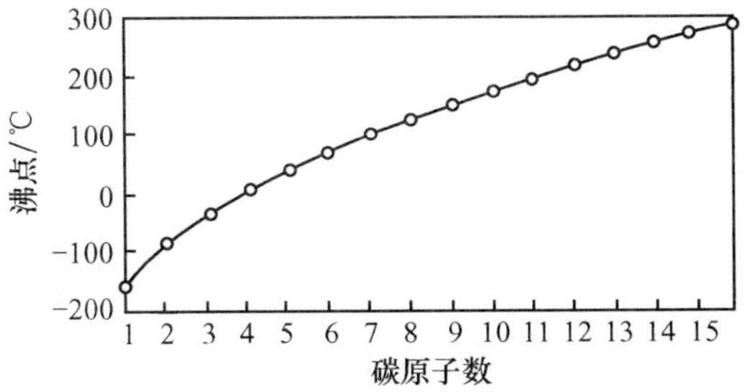


图 4-1　直链烷烃的沸点

也就减弱，所以在较低温度下，就可以克服分子间引力而沸腾。如正戊烷的沸点为 36.1℃，异戊烷的沸点为 29.9℃，而新戊烷的沸点为 9.4℃。

2）熔点

烷烃同系列熔点的变化基本上也是随碳原子数的增加而升高，不过，含奇数碳原子和含偶数碳原子的烷烃分别构成两条熔点曲线，如图 4-2 所示，上面是偶数碳原子烷烃的熔点曲线，下面是奇数碳原子烷烃的熔点曲线，随着相对分子质量的增加，两条曲线逐渐接近。因为晶体分子间的作用力，不仅取决于分子的大小，而且也取决于它们在晶体中的排列情况。在晶体中，偶数碳原子的烷烃分子排列比奇数碳原子的烷烃分子排列更紧密些，所以熔点稍高些。一般带支链的烷烃的熔点比同碳数的直链烷烃低，如异戊烷的熔点为 −159.9℃，低于正戊烷的熔点（−129.8℃），这是由于支链的存在阻碍了分子在晶格中的紧密排列，使分子间引力降低。但是，当支链的增加引起分子结构向球状过渡且带有高度的对称性时，它们的熔点会随之升高。因为分子对称性越高，它们在晶格中排列也越紧密，分子间的范德华力越强。例如，甲烷和新戊烷分子都接近球状，甲烷的熔点比丙烷高，而新戊烷的熔点（−16.8℃）比正戊烷（−129.8℃）高。

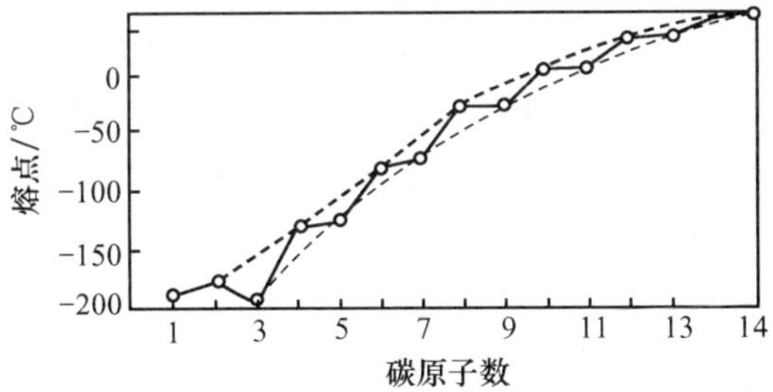


图 4-2　直链烷烃的熔点与分子中所含碳原子数目的关系

3）相对密度

烷烃的相对密度也随相对分子质量的增加而增加，但到 0.8 时约为最大，所有的烷烃都比水轻。

这也是与分子间范德华力有关的，分子间的作用力增大，则分子间的距离相应减小，所以相对密度必然增大。

4）溶解度

烷烃不溶于水而易溶于有机溶剂，在非极性溶剂（如烃类）中的溶解度也比在极性有机溶剂（如乙醇）中的溶解度大。溶解过程实际上是溶质和溶剂分子之间的均匀混合。这也是分子之间相互作用力问题，当溶剂和溶质分子之间作用力与其各自相同分子之间的作用力相近时，这种混合就会易于发生；反之两类分子将各自聚集在一起，就不能或不易混合，这就是所谓"结构相似相溶"原理。非极性的烷烃显然不会溶于极性强的水中，而易溶于非极性或极性较弱的有机溶剂中。

5）折光率

光是一种电磁波，振动频率很高，形成了快速交变电场，当光线照射到透明物质的分子上时，分子中的电子易受光的电场影响而发生振动。由于光波与电子之间的相互影响，而产生折射现象，光波折射的程度可以测量并用折光率表示。分子越容易极化，其折光率也就越大。折光率的大小，除与分子中原子的种类和数量有关外，还与结构密切相关。在一定波长的光源和一定的温度条件下测得的折射率，对确定的化合物是一个常数。因此，常用测定折光率的方法进行未知物的结构分析。实践证明，这种方法相当灵敏可靠。当然，多数情况下，还需要配合化学方法或其他物理方法，以作出最后的结论。液体烷烃可以用测定折光率的方法十分准确地加以鉴别，这种方法比测定沸点更为可靠、方便。

## 4.2 烷烃的化学性质

一个化学反应，无非就是旧键的断裂和新键的形成，所以化学性质就是化学键的性质。烷烃分子中含有C—C σ键和C—H σ键，σ键键能大，比较牢固，C—C键又没有极性，C—H键也基本没有极性，因此，烷烃表现得十分稳定，常温常压下，与强酸、强碱和强氧化剂等都不发生反应或反应较慢。当然，在一定条件下，也能发生一些反应，其中主要是氧化、异构化、裂解和取代反应。

### 4.2.1 氧化反应

在有机化学中，可简单认为，分子中氧原子的增加或氢原子的减少为氧化；反之则为还原。

在常温常压下，烷烃与氧不发生反应，如果点火引发、燃烧时氧气充足，则烷烃可燃烧生成二氧化碳和水，同时放出大量热能。

$$CH_4 + 2O_2 \longrightarrow CO_2 + 2H_2O + 890\text{kJ/mol}$$

这个反应的价值在于它能放出大量的热。石油和天然气作为能源利用的根据就在于此。控制反应条件，可以使烷烃发生部分氧化，生成一定的有工业价值的含氧衍生物。

烷烃是易燃易爆物质，烷烃与空气混合，达到一定比例时(爆炸极限——爆炸的浓度范围)，遇火花就发生爆炸。例如，甲烷在空气中的爆炸极限是5.3%～14%(体积分数)。

### 4.2.2 异构化反应

异构体之间相互转化的反应叫异构化反应，如

$$CH_3CH_2CH_2CH_3 \underset{27^\circ C}{\overset{AlBr_3, HBr}{\rightleftharpoons}} CH_3\underset{\displaystyle |\atop \displaystyle CH_3}{CH}CH_3 \quad (80\%)$$

利用异构化反应可将直链烷烃转化为支链烷烃，可用以改善汽油质量。

烷烃异构化是可逆的，反应受热力学平衡控制，低温有利于支链异构体的生成。为达此目的，对催化剂进行了深入研究和改进，如采用Ni载于$Al_2O_3$等的双效催化剂，以及Pt-$Al_2O_3$和$AlCl_3$等组成的低温双效催化剂均已开发，效果良好。

### 4.2.3 裂化反应

烷烃在没有氧气存在下进行的热分解反应称为裂化(pyrolysis)反应。裂化反应是一个复杂的过程。烷烃分子中所含的碳原子数越多，裂化产物越复杂，反应条件不同产物也不相同，但都是由烷烃分子中C—C键和C—H键的断裂形成的复杂混合物，其中既含有较低级的烷烃，也含有烯烃和氢气，如

$$CH_3CH_2CH_2CH_3 \xrightarrow{500^\circ C} \begin{cases} CH_4 + CH_3CH{=}CH_2 \\ CH_2{=}CH_2 + CH_3CH_3 \\ H_2 + CH_3CH_2CH{=}CH_2 \end{cases}$$

由于C—C键的键能(347kJ/mol)小于C—H键的键能(414kJ/mol)，一般C—C键较C—H键更容易断裂，因此，甲烷的裂化就要求更高的分解温度。

$$CH_4 \xrightarrow{>1200^\circ C} C + 2H_2$$

烷烃的裂化主要是由较长碳链的烷烃分解为较短碳链的烷烃、烯烃和氢，但同时也有异构化、环化(转变为脂环烃)、芳构化(转变为芳香烃)、缩合和聚合(由较小分子转变为较大分子的烃)等反应伴随而发生，因此产物就更为复杂。

利用裂化反应，可以提高汽油的质量。一般由原油经分馏而得到的汽油只占原油的10%～20%，且质量较差。炼油工业中利用加热的方法，将原油中含碳原子较多的烷烃裂化成更有用的汽油组分($C_6$～$C_9$)。

通常在5MPa及500～600℃温度下进行的裂化反应称为热裂化反应，热裂化

可以提高汽油的产量，但对汽油的质量的提高并不理想。在催化剂存在下的裂化叫做催化裂化，通过催化裂化既可以提高汽油的产量，也可以提高汽油的质量。催化裂化一般在450～500℃，常压下进行，常用硅酸铝作催化剂。

为了得到更多的化学工业基本原料乙烯、丙烯、丁烯等低级烯烃，化学工业将石油馏分在更高的温度（>700℃）下进行深度裂化，这种以得到更多低级烯烃为目的的裂化过程，称为“裂解”。裂解和裂化从有机化学上讲是同一种反应，但在石油化学工业上是有特殊意义的，裂解的主要目的是为了获得低级烯烃等化工原料，而不是简单地只为了提高油品的质量和产量，这是其不同之处。

### 4.2.4 取代反应

分子中某个或某几个原子或原子团被其他原子或原子团所取代的反应叫取代反应，被卤原子取代的反应叫做卤代反应，也叫做卤化反应。

#### 4.2.4.1 甲烷的氯代反应

甲烷和氯气在室温或在暗处不发生反应，如果在强烈的日光照射下，则起猛烈的反应，甚至发生爆炸。在漫射光或适当加热（250～400℃）或在某些催化剂作用下，则可发生如下的取代反应：

$$CH_4 + Cl_2 \xrightarrow{\text{漫射光}} CH_3Cl + HCl + 102.4\text{kJ/mol}$$

反应难以停止在这一阶段，生成的 $CH_3Cl$ 可继续被氯化，即

$$CH_3Cl + Cl_2 \longrightarrow CH_2Cl_2 + HCl$$
$$CH_2Cl_2 + Cl_2 \longrightarrow CHCl_3 + HCl$$
$$CHCl_3 + Cl_2 \longrightarrow CCl_4 + HCl$$

通常甲烷的氯代反应得到的是四种氯代产物的混合物。控制反应条件可使某种产物为主，工业上采用加热氯化的方法，温度控制在400～500℃，使甲烷与氯气的投料比为10∶1，则主要产物为 $CH_3Cl$。若使甲烷与氯气之比为0.263∶1，主要产物为 $CCl_4$。卤代烃的混合物难以分离，可直接用作溶剂等。

#### 4.2.4.2 其他烷烃的氯代反应——伯、仲、叔氢原子的反应活性

一般烷烃的氯代反应的反应条件与甲烷的氯代相似，但产物更复杂。乙烷与氯气反应不仅生成氯乙烷，还得到1,1-二氯乙烷和1,2-二氯乙烷。

$$CH_3CH_3 + Cl_2 \longrightarrow CH_3CH_2Cl + HCl$$
$$CH_3CH_2Cl + Cl_2 \longrightarrow CH_3CHCl_2 + ClCH_2CH_2Cl + HCl$$

丙烷氯代可以得到两种一氯代丙烷。

$$CH_3CH_2CH_3 + Cl_2 \longrightarrow CH_3CH_2CH_2Cl + CH_3\underset{\underset{\displaystyle Cl}{|}}{C}HCH_3$$

正丙基氯 43%　　　异丙基氯 57%

异丁烷的氯代可得到 64%的异丁基氯和 36%的叔丁基氯。

$$CH_3CH(CH_3)_2 + Cl_2 \longrightarrow CH_3\overset{\overset{\displaystyle CH_3}{|}}{C}HCH_2Cl + CH_3-\overset{\overset{\displaystyle CH_3}{|}}{\underset{\underset{\displaystyle CH_3}{|}}{C}}-Cl$$

上述实例表明，烷烃分子中任何一个氢原子都有被取代的可能，丙烷分子中六个伯氢，两个仲氢。如果两类氢的活性相同的话，丙烷的两种一氯代产物的比例应为 3∶1，实际却为 43∶57。同样异丁烷分子中有九个伯氢、一个叔氢，则异丁烷的两种一氯代产物的比例应为 9∶1，实际却为 64∶36。这只能说明伯、仲、叔氢的反应活性是不同的，其活性比大致为

$$伯:仲 = \frac{43}{3} : \frac{57}{1} \approx 1:4$$

$$伯:叔 = \frac{64}{9} : \frac{36}{1} \approx 1:5$$

即伯∶仲∶叔≈1∶4∶5。

由此，我们可以得出烷烃分子中氢原子的反应活性大小次序是叔氢＞仲氢＞伯氢。另有实验表明，甲烷的氢原子的氯化反应活性远低于伯氢。实验还表明，烷烃分子的氢原子在卤化反应中的活性，只与氢原子的种类(伯氢、仲氢、叔氢)有关，而与何种烷烃基本无关。

烷烃分子中伯、仲、叔氢原子活泼性的不同，也可以用键离解能来解释。

| | | 键的离解能/(kJ/mol) |
|---|---|---|
| 伯氢 | $CH_3CH_2CH_2—H$ | 410 |
| 仲氢 | $(CH_3)_2CH—H$ | 395 |
| 叔氢 | $(CH_3)_3C—H$ | 380 |

碳-叔氢键的离解能最小，说明这个键最易断裂，所以叔氢原子的反应活性最高。

高碳烷烃的氯代反应在工业上有重要应用。例如，石蜡、聚乙烯(可以看成是相对分子质量非常大的烷烃)经氯代反应可以得到氯含量不同的氯化石蜡和氯化聚乙烯。氯含量≥61%的氯化聚乙烯有良好的耐候性、耐臭氧、耐热、耐燃、耐化学试剂等作用，可用于耐腐蚀、自熄性、耐磨性涂料。氯化石蜡是高分子材料的阻燃增塑剂。

#### 4.2.4.3 烷烃与其他卤素的取代反应

在光、热、催化剂的影响下，烷烃也能与溴发生溴代反应，但反应比较缓慢。溴

与烷烃的反应活性比氯与烷烃的反应活性小，但溴更具有选择性，溴总是尽量取代烷烃分子的叔氢原子或仲氢原子，因此溴代反应在有机合成中更有用，如

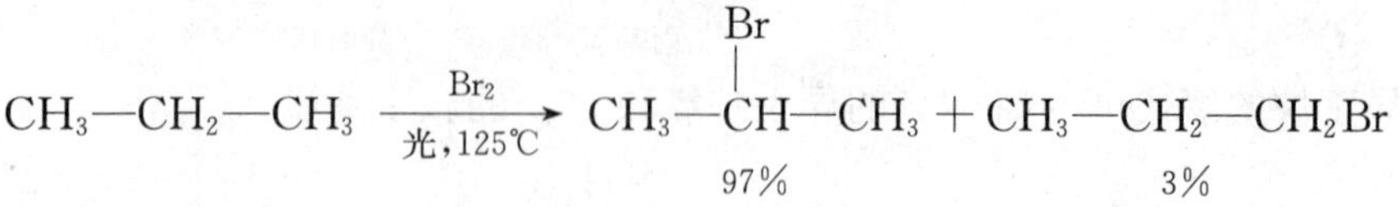

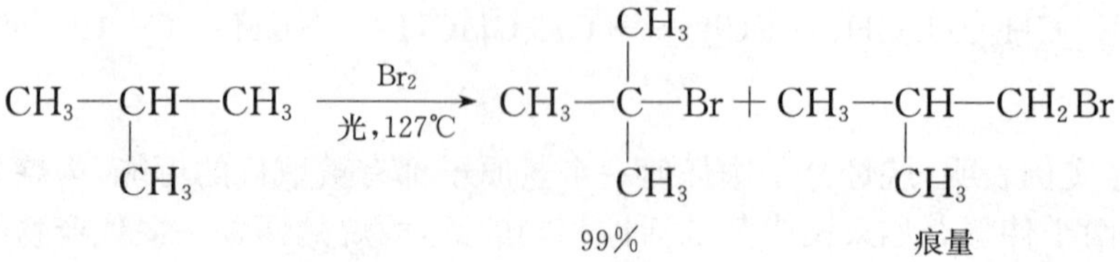

这可用卤原子的活泼性来解释，因为氯原子较活泼，它有能力夺取烷烃中的各种氢原子而成为 HCl；而溴原子不活泼，它只能夺取烷烃中较活泼的氢原子（叔氢原子或仲氢原子）。

烷烃与氟作用时，反应剧烈并有大量热放出，反应不易控制，有时会引起爆炸，所以烷烃氟代并无实用价值。

烷烃与碘不能发生反应，碘代烷必须用其他方法来制备。因此有实用价值的卤代反应只是氯代和溴代反应。

反应活性与选择性的关系，还可从烷烃卤化反应时的相对速率看出。因为反应的相对速率差别越大，说明选择性越大，试剂的相对活性越低。不同卤原子与不同氢原子反应的相对速率（以伯氢为标准）如表 4-2 所示。

**表 4-2　不同卤原子夺取氢原子的相对速率**(27℃)

| 卤原子 | $—CH_3$(伯氢) | $>CH_2$(仲氢) | $>CH—$(叔氢) |
|---|---|---|---|
| F | 1 | 1.3 | 1.8 |
| Cl | 1 | 4.4 | 6.7 |
| Br | 1 | 80 | 1600 |
| I | 1 | 1850 | 210 000 |

表 4-2 说明：烷烃卤化时，卤原子的选择性是 I＞Br＞Cl＞F。不同卤原子的选择性不同，也可利用过渡态理论进行解释，这里不再讨论。

### 4.2.5　甲烷氯代反应历程

甲烷的氯代应必须在光的照射下或高温（250℃以上）时才能发生，可以认为甲烷氯代反应首先是氯分子在光照或高温条件下，吸收能量均裂为两个氯自由基所引起的：

$$Cl:Cl \xrightarrow{\text{光或热}} 2Cl\cdot \qquad (1)$$

氯自由基非常活泼，具有强烈的成键倾向。当氯自由基与甲烷分子充分靠近而发生碰撞时，就会发生如下反应：

$$Cl\cdot + CH_4 \longrightarrow \cdot CH_3 + HCl \qquad (2)$$

生成的甲基自由基$\cdot CH_3$，也非常活泼，当它与氯分子碰撞时又会发生如下反应：

$$\cdot CH_3 + Cl_2 \longrightarrow CH_3Cl + Cl\cdot \qquad (3)$$

生成的新的氯自由基又可重复进行反应(2)，生成新的甲基自由基又可重复进行反应(3)。像这种每步反应都生成一个新的自由基，因而使反应可以不断继续进行下去的反应叫做链反应(chain reaction)，又叫连锁反应。因为这是由自由基参加而进行的链反应，所以又叫做自由基反应，或称自由基链反应。反应(1)称为链引发阶段，反应(2)和反应(3)称为链增长阶段或链传递阶段，只要还有甲烷和氯分子存在，反应(2)和反应(3)就会一直重复进行下去，在链增长阶段，还可以进行如下的一系列反应：

$$CH_3Cl + Cl\cdot \longrightarrow \cdot CH_2Cl + HCl$$
$$\cdot CH_2Cl + Cl_2 \longrightarrow CH_2Cl_2 + Cl\cdot$$
$$\vdots \qquad\qquad \vdots$$
$$CHCl_3 + Cl\cdot \longrightarrow \cdot CCl_3 + HCl$$
$$\cdot CCl_3 + Cl_2 \longrightarrow CCl_4 + Cl\cdot$$

当体系的自由基不断增多时，各种自由基之间碰撞的概率也增加。

$$Cl\cdot + Cl\cdot \longrightarrow Cl_2$$
$$\cdot CH_3 + \cdot CH_3 \longrightarrow CH_3—CH_3$$

两个自由基的结合生成了反应活性小的分子，这样就消耗了自由基，使反应(2)和反应(3)不能继续进行，反应至此终止，这个阶段称为链终止阶段。

甲烷的氯代反应是通过共价键的均裂生成氯自由基，而后进行的链反应，它包括链引发、链增长和链终止三个阶段。

以上是根据甲烷氯代反应的实验事实做出的由反应物到产物所经历的过程的详细描述和理论解释。这种对反应的全面详细描述和理论解释叫做反应历程(或反应机理 reaction mechanism)。如果根据的实验事实越多，则由此得出的理论解释越可靠。一个反应的反应机理，应经得起更多的实验事实的考验，并应有一定的预见性，否则就应做必要的修正，使它更符合实际情况。了解了某一反应的反应机理，就可以更好地了解和掌握这一反应在开始、中间以及终了时的变化规律及其所需的最佳条件，以提高产物的质量和产量。目前，许多反应机理是可以肯定的，也有些反应机理还缺乏足够的依据，只是一种设想，甚至还有争议，有待进一步予以证实和确认。

## 4.2.6 甲烷氯代反应过程的能量变化——反应热、活化能和过渡态

一个化学反应，由于反应物被转变成生成物，必定发生一定的能量变化，正是这个能量的变化，才是推动一个化学反应得以进行的基本动力。根据反应物与产物共价键的变化，用键的离解能数值（表 4-3），可以估计一个化学反应的能量变化，即反应物与产物之间的能量差，这个差值在热化学中叫反应热（heat of reaction），用 $\Delta H$ 表示，如

$$CH_3—H + Cl—Cl \longrightarrow CH_3—Cl + H—Cl$$

键离解能/(kJ/mol)　435　243　349　431

$$\Delta H = 435 + 243 - 349 - 431 = -102(\text{kJ/mol})$$

**表 4-3　单键的离解能**（单位：kJ/mol）

$A:B \longrightarrow A\cdot + B\cdot$

| | | | |
|---|---|---|---|
| H—H | 435 | $CH_3CH_2CH_3—CH_3$ | 334 |
| F—F | 159 | $CH_3CH_2CH_2—H$ | 410 |
| Cl—Cl | 243 | $CH_3CH_2CH_2—F$ | 443 |
| Br—Br | 192 | $CH_3CH_2CH_2—Cl$ | 341 |
| I—I | 150 | $CH_3CH_2CH_2—Br$ | 288 |
| H—F | 568 | $CH_3CH_2CH_2—I$ | 224 |
| H—Cl | 431 | $CH_3CH_2CH_2—OH$ | 382 |
| H—Br | 366 | $CH_3CH_2CH_2—OCH_3$ | 334 |
| H—I | 297 | $(CH_3)_2CH—H$ | 395 |
| $CH_3—H$ | 435 | $(CH_3)_2CH—F$ | 439 |
| $CH_3—F$ | 451 | $(CH_3)_2CH—Cl$ | 339 |
| $CH_3—Cl$ | 349 | $(CH_3)_2CH—Br$ | 284 |
| $CH_3—Br$ | 293 | $(CH_3)_2CH—I$ | 222 |
| $CH_3—I$ | 234 | $(CH_3)_2CH—OH$ | 385 |
| $CH_3—OH$ | 380 | $(CH_3)_2CH—OCH_3$ | 336 |
| $CH_3—OCH_3$ | 334 | $(CH_3)_3C—H$ | 380 |
| $CH_3CH_2—H$ | 410 | $(CH_3)_3C—Cl$ | 328 |
| $CH_3CH_2—F$ | 443 | $(CH_3)_3C—Br$ | 263 |
| $CH_3CH_2—Cl$ | 341 | $(CH_3)_3C—I$ | 207 |
| $CH_3CH_2—Br$ | 288 | $(CH_3)_3C—OH$ | 378 |
| $CH_3CH_2—I$ | 224 | $(CH_3)_3C—OCH_3$ | 326 |
| $CH_3CH_2—OH$ | 382 | | |

这里规定正值为吸热、负值为放热。计算结果表明，甲烷的氯代反应是一个放热反应。用同样的方法，可以计算甲烷的溴代反应的反应热 $\Delta H = -31.4$kJ/mol。甲烷的氯代比溴代放出的热量要多得多。一般地说，放热反应比吸热反应易于进行，放出热量越多，反应越易进行，所以甲烷的氯代比溴代要快得多。

实验表明，许多高度放热的反应，在初始阶段，如果外界不提供一定的能量，反

应也是不能进行的。为了阐明其中的原因，下面仍以甲烷为例，进一步讨论反应过程中各阶段能量的变化情况。

(1) $Cl—Cl \longrightarrow 2Cl\cdot$　　$\Delta H_1 = +243kJ/mol$

(2) $Cl\cdot + CH_3—H \longrightarrow HCl + \cdot CH_3$　　$\Delta H_2 = 4kJ/mol$

(3) $\cdot CH_3 + Cl—Cl \longrightarrow CH_3—Cl + Cl\cdot$　　$\Delta H_3 = -106kJ/mol$

反应(1)是链引发阶段，要吸收相当大的能量(243kJ/mol)才能使反应进行，所以必须在反应的初始阶段为反应物提供足够的能量(高温或光照)，以生成足够的氯自由基，才能使反应发生并进行下去。在反应(2)中，按计算只需供给 4kJ/mol 的能量即能进行反应，但实际并不是这样，实验表明，要使这个反应发生，必须供给 17kJ/mol 的能量。这是因为反应物粒子必需获得足够的动能，以克服粒子间的范德华力，才能发生有效碰撞，进而发生反应。为使反应物取得这部分动能，需要供给 17kJ/mol 的能量。根据过渡状态(transition state)理论，有效碰撞后的粒子会形成一个不稳定的过渡态，即甲烷分子的 C—H 被削弱(或部分断裂)，H—Cl 键则部分形成，这时体系的能量升高到最大值(17kJ/mol)。

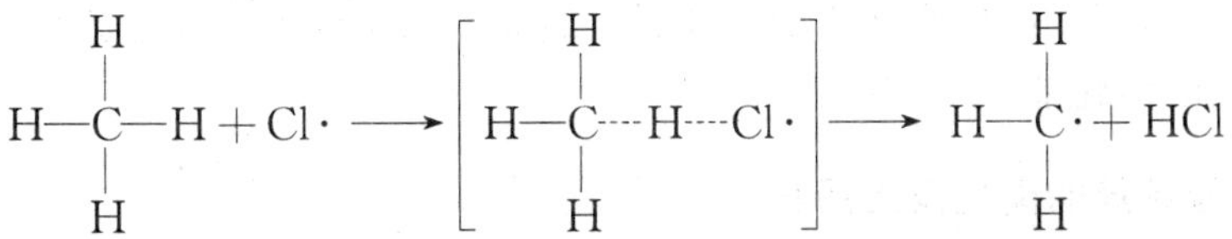

过渡态

随着 C—H 键的进一步断裂和 H—Cl 键的进一步形成，过渡态的能量逐渐降低，直到形成产物 $\cdot CH_3$ 和 HCl，产物的能量比反应物($CH_4$ 和 $Cl\cdot$)的能量高 4kJ/mol，体系的能量变化参见图 4-3(a)。

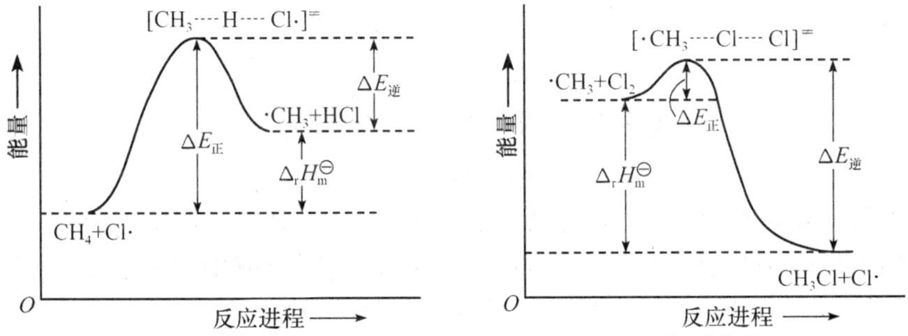


(a) 反应(2)　　　(b) 反应(3)

图 4-3　甲烷氯代反应能量曲线图

反应物与产物之间的能量差称为反应热 $\Delta H$。过渡态位于能垒的顶部，过渡态与反应物之间的能量差是形成过渡态所必需的最低能量，也是使这个反应能够进行所需要的最低能量，叫做活化能，用 $E_{活化}$ 表示。活化能来源于粒子的动能，发生碰撞使动能转变为位能，有足够的动能转变为位能就可达到过渡态(即能垒的顶部)而使反应进行。实验表明，反应(2)的活化能为 $E_{活化}=17\text{kJ/mol}$。每一个化学反应都有它特有的活化能数值，活化能的大小决定一个反应的反应速率。一般是活化能越小，反应越易进行，反应速率也越快。活化能大的反应就不易进行，反应速率也慢。

反应(3)的反应热 $\Delta H=-106\text{kJ/mol}$，是一步高度放热反应，但仍需要一定的活化能来形成过渡态，如图 4-3(b)所示，这里 $E_{活化}=4\text{kJ/mol}$，活化能数值较小，反应又是高放热，因此反应(3)很容易进行。反应(3)的逆反应是高度吸热的，并且有一相当高的活化能[106+4=110(kJ/mol)]，所以逆反应实际上并不发生。

由上述讨论可知，甲烷氯代反应涉及链增长的两步反应，它们的活化能都不大(分别为 17kJ/mol 和 4kJ/mol)，只有链引发阶段需要较高的活化能(243kJ/mol)，故甲烷氯代反应开始需要一定的能量(光和热)，产生了氯自由基后，反应即可继续进行。

单纯用反应热来讨论反应活性并不完全正确，因为反应热仅仅表示反应物和产物之间的内能差，而反应速率取决于活化能的大小，即使反应是放热的，它们仍要得到一定的活化能。

### 4.2.7 一般烷烃的卤化反应历程

和甲烷氯代反应历程一样，一般烷烃的卤代反应都是自由基取代反应，可以用下面的式子表示：

$$\text{链引发}\quad X_2 \xrightarrow{\text{光或热}} 2X\cdot$$

$$\text{链增长}\begin{cases} RH + X\cdot \longrightarrow R\cdot + HX \\ R\cdot + X_2 \longrightarrow RX + X\cdot \end{cases}$$

$$\text{链终止}\begin{cases} X\cdot + X\cdot \longrightarrow X_2 \\ R\cdot + X\cdot \longrightarrow RX \\ R\cdot + R\cdot \longrightarrow R{-}R \end{cases}$$

从丙烷开始，分子中有不同的氢原子可被取代，一氯代产物就不止一种。当正丙烷和异丁烷分别与氯自由基反应时，氯自由基分别夺取伯、仲、叔氢原子，形成伯、仲、叔烷基自由基，进一步可生成不同的一氯代产物。

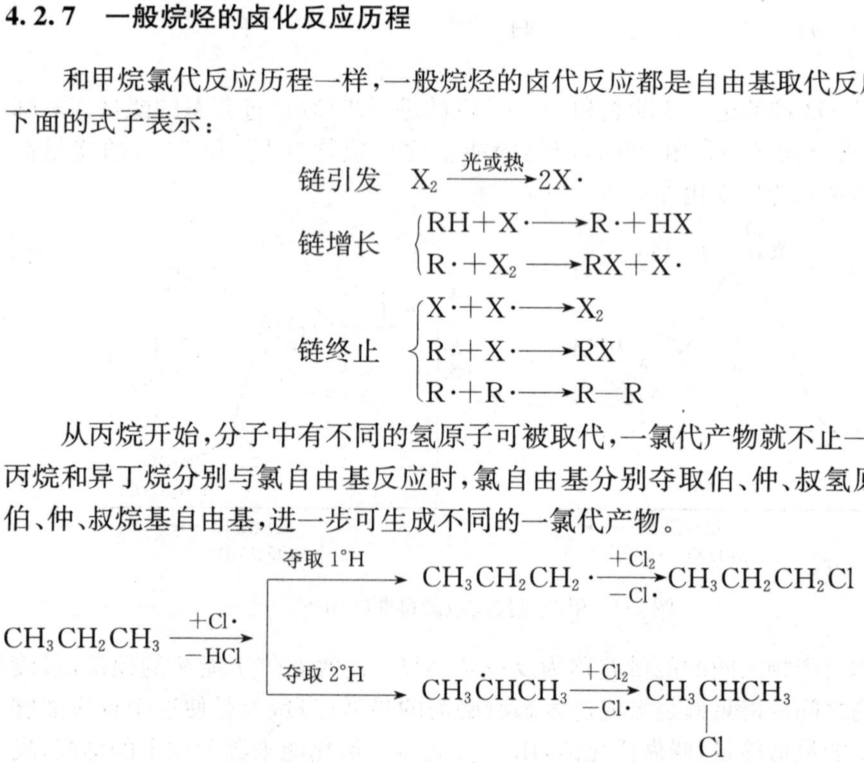

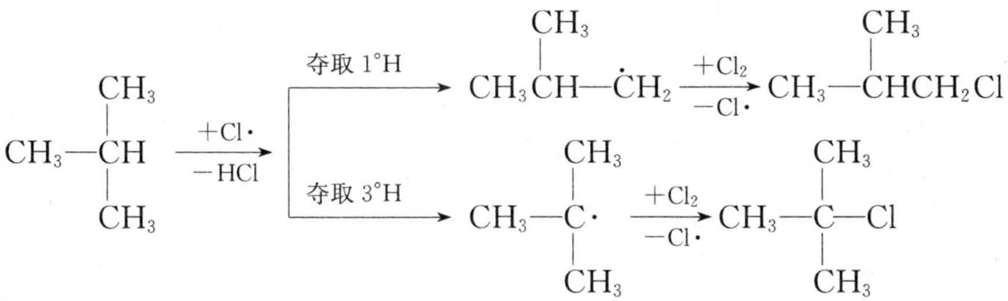

有关各键的离解能如下所示：

$$CH_3—H \longrightarrow CH_3\cdot + H\cdot \qquad 435kJ/mol$$

$$CH_3CH_2CH_2—H \longrightarrow CH_3CH_2CH_2\cdot + H\cdot \qquad 410kJ/mol$$

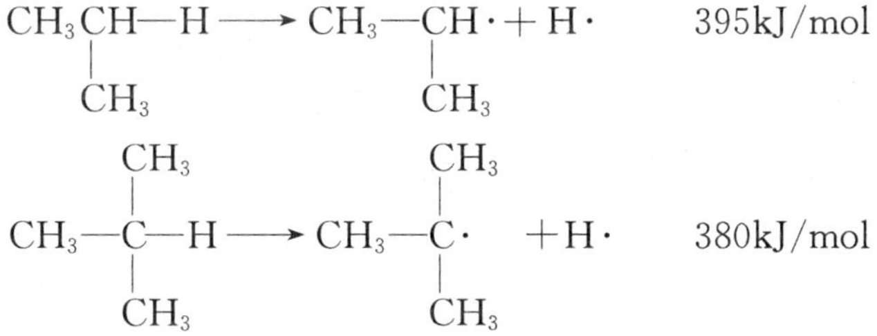

由上列离解能可知，形成各种烷基自由基所需能量按 3°R·＜2°R·＜1°R·＜$CH_3\cdot$ 的次序逐渐升高，相对于形成各自由基的母体烷烃来说，形成自由基所需能量越低，意味着这个自由基越易形成，所含的能量也越低，即越稳定。所以自由基的稳定性次序是 3°R·＞2°R·＞1°R·＞$CH_3\cdot$。这个次序和烷烃分子中不同氢原子被夺取的容易程度（即活泼性 3°H＞2°H＞1°H）是一致的，因此越稳定的自由基越易形成。

## 4.3　烷烃的天然来源

烷烃的天然来源主要来自石油和天然气。天然气主要包含一些低级烷烃，一般为 75％的甲烷、15％的乙烷和 5％左右的丙烷，其余的为较高级烷烃，但要从中分离提纯单一烷烃较为困难。煤矿的坑道气中也含有 20％～30％的甲烷，生物废物发酵产生的沼气中也含有大量甲烷。甲烷是无色无味的气体，几乎不溶于水，但可溶于乙醇中。除作为燃料使用外，甲烷还可用作生产炭黑和一碳卤代物，另外可作为合成甲醇和氨的原料。除天然气外，石油直接蒸馏产生的气体中也含有乙烷，乙烷是生产乙烯和氯乙烯的重要原料。丙烷同样存在于天然气和石油中，它和乙烷一起用于乙烯的生产，也可作溶剂和致冷剂，其另一个重要用途是以液化石油气的形式用作燃料。丁烷和异丁烷都是轻汽油的成分。丁烷在工业上用于生产乙烯、丙烯和丁二烯等重要的工业原料。

石油是一种褐红色至黑色的黏稠液体，从油田中开采出来的原油要进行加工处理，需先将溶于其中的石油气分离，接着可分馏出汽油、煤油、柴油等轻质油和润滑油、凡士林、液体石蜡等重油和固体石蜡、沥青等固态物质。由于原油的组成不同，对加工产品的需要也不同，所以各地所分馏的石油馏分也不一样。除了作直接用途外，石油产品可变化为其他种类的化合物。例如，将高级烷烃经裂解生成相对分子质量较小的烷烯类，从而增加汽油产量，用此方法产生的烯烃更是合成大量有机化合物和各种材料的重要原料。经催化重组（catalytic reforming）可将烷烃转变成为芳香族化合物，经异构化作用（isomerization）可以将直链烷烃异构化为支链烷烃。多支链烷烃组分比例增加可以提高汽油的辛烷值，故在石油工业上也占有相当重要地位。

石油因产地不同而成分各异，但主要都是各种烃的混合物。由于燃料和各种化工基本原料的需求日益增长，石油工业的地位非常重要。随着世界上石油资源不断减少，用蕴藏量极其丰富的煤炭为原料代替石油来合成化工原料受到越来越多的重视。所谓一碳化学即是以煤炭、一氧化碳、二氧化碳等为原料制得较大相对分子质量有机化合物的化学，如

$$nC+(n+1)H_2 \xrightarrow[70MPa]{FeO,450℃} C_nH_{2n+2}$$

$$2nCO+(4n+1)H_2 \xrightarrow[250℃]{Co/Th} C_nH_{2n}+C_nH_{2n+2}+2nH_2O$$

这些方法的成功将使一碳化学有远大发展前途。另外，某些天然的动植物中也有某些烷烃存在，如菠菜和卷心菜叶中分别有 $C_{33}$、$C_{35}$、$C_{37}$ 和 $C_{29}$ 烷烃，苹果表皮含有 $C_{27}$ 烷烃，一些昆虫分泌出的信息素中也含有烷烃。

## 4.4 环 烷 烃

在结构上具有环状碳骨架而性质上和开链烃相类似的有机化合物称为脂环烃，脂环烃可以分为饱和脂环烃和不饱和脂环烃，饱和脂环烃又称为环烷烃，不饱和脂环烃有环烯烃和环炔烃。分子中只有一个碳环的环烷烃，其通式为 $C_nH_{2n}$，可以看作是单烯烃的同分异构体。在单环体系中，一般分为小环（含 3～4 个碳原子的环）、普通环（含 5～7 个碳原子）、中环（含 8～12 个碳原子）和大环（12 个以上碳原子）。其中以环戊烷和环己烷最为普通。还可以根据分子中所含碳环数目不同而分为单环、双环以及多环脂环烃，如

单环脂环烃

环己烷

环戊二烯

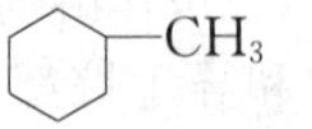

甲基环己烷

二环脂环烃

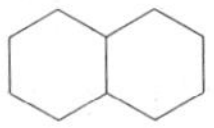

十氢化萘

降冰片烷

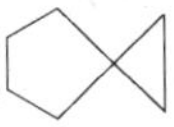

螺[2,4]庚烷

多环脂环烃

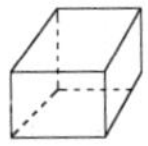

立方烷

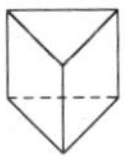

棱烷

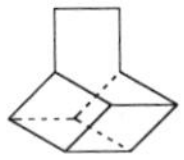

篮烷

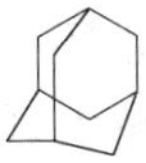

金刚烷

环烷烃由于环的大小及侧链的长短和位置不同而产生同分异构现象。例如，含有五个碳原子的环烷烃有五个构造异构体。

环戊烷

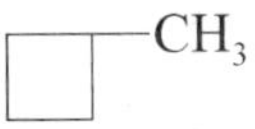


甲基环丁烷

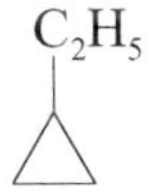


乙基环丙烷

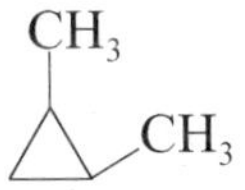


1,2-二甲基环丙烷

1,1-二甲基环丙烷

根据环烷烃的结构分析得出：环的稳定性与环的大小有关，即三、四元环很容易开环；普通环和大环比较稳定。这一点可以从它们的燃烧热和化学性质看出。所谓燃烧热是指1mol化合物完全燃烧生成二氧化碳和水所放出的热量。燃烧热的大小可以反映出分子内能的大小。

环烷烃的燃烧热随碳原子数的增加而增加，但不像开链烷烃那样有规律。已知开链烷烃分子中每增加一个$CH_2$，燃烧热的增值基本上一定，平均为658.6kJ/mol，环烷烃的通式是$C_nH_{2n}$，即$(CH_2)_n$。因此环烷烃分子中每个$CH_2$的燃烧热是$\Delta H_c/n$。由表4-4可以看出，不仅不同环烷烃分子的燃烧热不同，并且不同分子的每个$CH_2$的燃烧热也不同。

**表4-4 环烷烃的熔点、沸点、张力能和每个—$CH_2$—单元的燃烧热**

| 名 称 | 熔点/℃ | 沸点/℃(MPa) | 张力能/(kJ/mol) | 每个$CH_2$的燃烧热/(kJ/mol) | 相对密度$d_4^{20}$ |
|---|---|---|---|---|---|
| 环丙烷 | −127 | −34(0.1) | 115 | 697.1 | 0.689 |
| 环丁烷 | −90 | −12(0.1) | 110 | 682.2 | 0.689 |
| 环戊烷 | −93 | 49(0.1) | 27 | 664.0 | 0.746 |
| 环己烷 | 6 | 80(0.1) | 0 | 658.6 | 0.778 |
| 环庚烷 | 8 | 119(0.1) | 27 | 662.3 | 0.810 |
| 环辛烷 | 4 | 148(0.1) | 42 | 663.6 | 0.830 |
| 环壬烷 | 10 | $69(1.8\times10^{-3})$ | 54 | 664.6 | |
| 环癸烷 | 9 | $69(1.6\times10^{-3})$ | 50 | 663.6 | |
| 环十五烷 | 61 | $147(1.6\times10^{-3})$ | 6 | 658.6 | |

大多数环烷烃的$\Delta H_c/n$比烷烃的每个$CH_2$的燃烧热高。这就表明环烷烃比

开链烷烃具有较高的能量。这高出的能量叫做张力能。例如，环丙烷的 $\Delta H_c/n$ 为 697.1kJ/mol，比烷烃的每个—$CH_2$—的燃烧热(658.6kJ/mol)高 38.5kJ/mol。这个差值就是环丙烷分子中每个 $CH_2$ 的张力能。环丙烷总的张力能为 38.5×3=115.5(kJ/mol)。

不同的环烷烃张力能不同(表 4-4)。环己烷的每个 $CH_2$ 燃烧热与烷烃相等，它的张力能为零。因此环己烷是个没有张力的环状分子。

环烷烃的张力能越大，能量越高，分子越不稳定。环丙烷和环丁烷的张力能比其他的环烷烃都大很多，因此它们最不稳定，容易开环。环戊烷、环庚烷等的张力能不太大，因此比较稳定。环己烷和 $C_{12}$ 以上的大环化合物的张力能很小或等于零，因此它们都是很稳定的化合物。

环丙烷及环丁烷在常温常压下为气体，环戊烷为液体，高级同系物为固体。环烷烃的熔点和沸点都比相应的直链烷烃高。环烷烃的相对密度比相应烷烃大，但仍比水轻。和烷烃一样，环烷烃不溶于水。常见环烷烃的物理常数见表 4-4。

环烷烃的化学性质与相应的烷烃类似，但由于具有环状结构，且环有大有小，故还有一些环状结构的特性。

1) 取代反应

在光或热的引发下，环烷烃可以发生卤代反应生成相应的卤代物，如

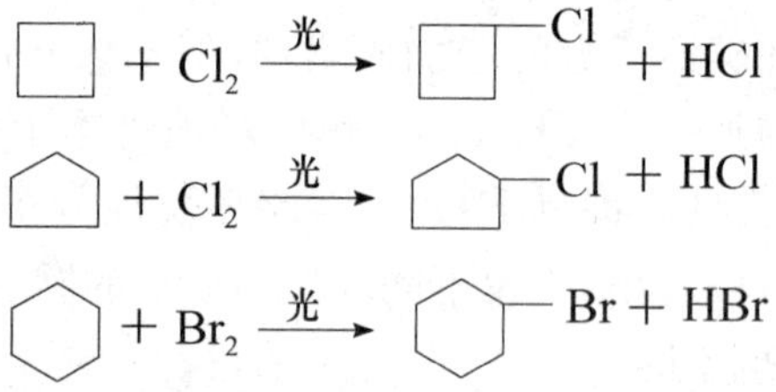


其反应机理同样也是按自由基取代反应进行的。

2) 开环反应

环烷烃中的小环化合物，特别是三碳环化合物，和一些试剂作用时容易发生环破裂而与试剂相结合的反应。这些反应常叫做开环反应，有时也叫做加成反应。

(1) 催化加氢。环丙烷在较低温度和催化剂存在下，加氢开环，生成丙烷。

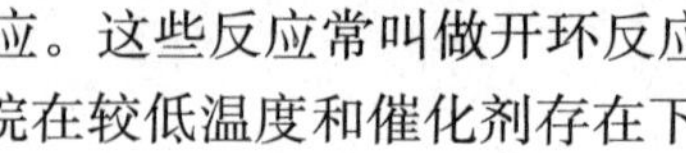


环丁烷在较高温度下也可以加氢开环生成丁烷。

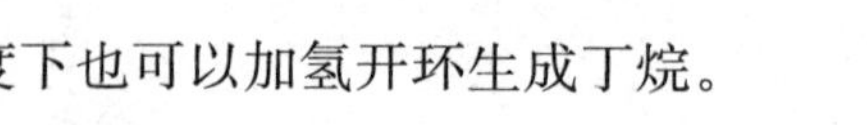


环戊烷、环己烷等要用活性高的铂催化剂在更高温度下才能开环，生成戊烷烃。

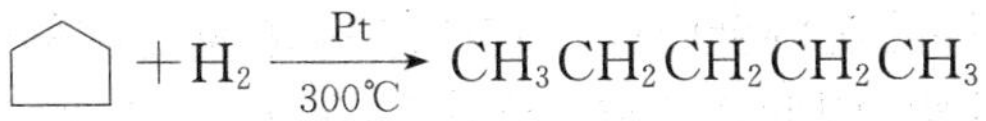


(2) 加卤素。在室温下，溴就可使环丙烷开环，生成 1,3-二溴丙烷，所以环丙烷也可以使溴的四氯化碳溶液褪色。

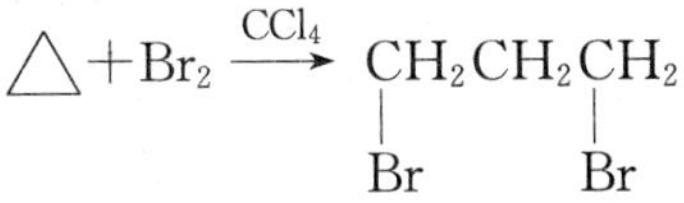


环丁烷在室温下加成比较困难，环戊烷以上的环烷烃一般不与卤素发生加成反应。多环化合物中的三元环在溴作用下也容易开环，如

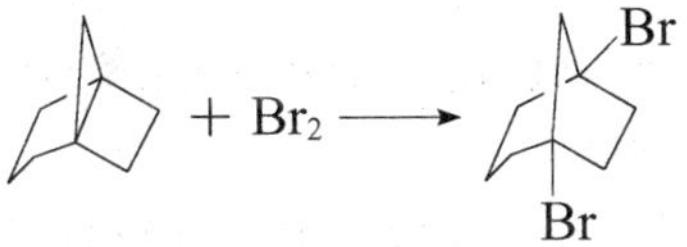


(3) 加卤化氢。环丙烷能与卤化氢发生反应而开环，生成 1-卤丙烷，如

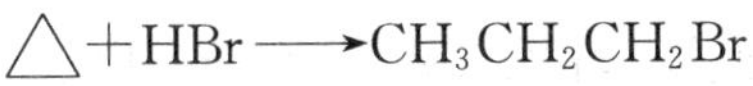


取代环丙烷与卤化氢加成时，环的破裂发生在取代基最多和取代基最少的碳原子之间，氢原子加在连氢较多的碳原子上，如

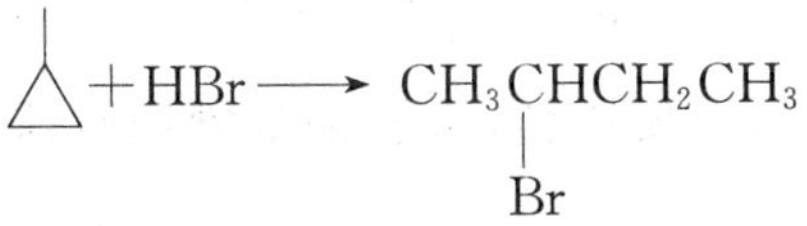


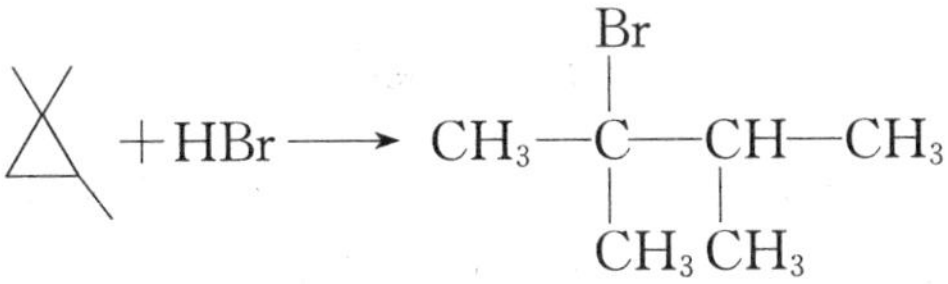


环丁烷、环戊烷等与卤化氢不起反应。

3) 氧化反应

在常温下，环烷烃与一般氧化剂(如高锰酸钾、臭氧等)不起反应。即使环丙烷，常温下也不能使高锰酸钾溶液褪色。但是在加热时与强氧化剂作用，或在催化剂存在下用空气氧化，环烷烃可以被氧化生成各种氧化产物。例如，用热的浓硝酸氧化环己烷，则环破裂生成己二酸。

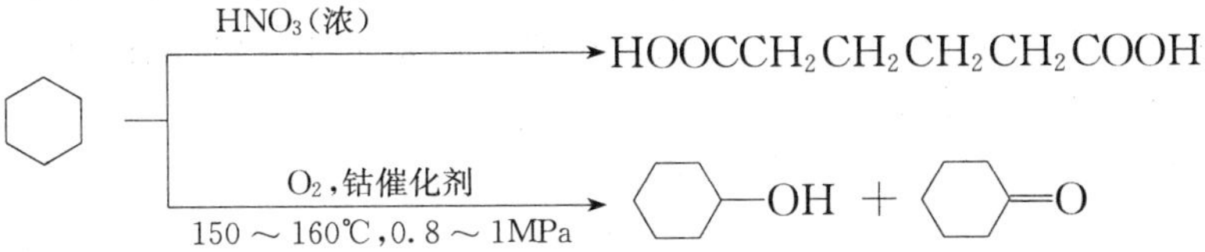


金刚烷的分子结构可以看成是金刚石晶体的一部分，因此而得名。金刚烷可以看成椅型构象的环己烷的同平面上三个碳上的 $\alpha$-氢被叔丁烷的三个甲基取代

的产物，是三个椅型环己烷稠合而成。它的结构是高度对称的，分子接近球形，有利于在晶格中紧密堆集，因此熔点特别高(270℃)。如果在分子中引入一个取代基，熔点大幅度降低。

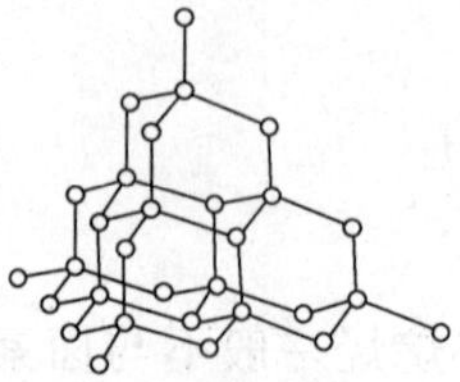
金刚石

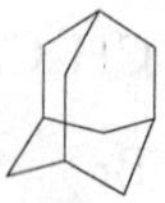
金刚烷
熔点 270℃

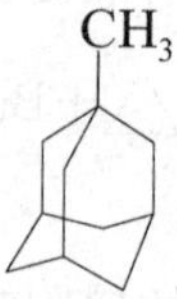

1-甲基金刚烷
熔点 104℃

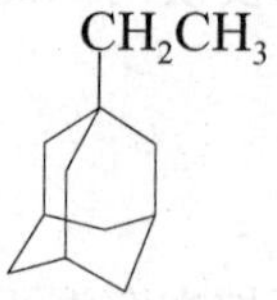

1-乙基金刚烷
熔点 52℃

金刚烷是无张力结构，比较稳定。金刚烷能溶于烃类溶剂中。桥头氢原子容易被卤素取代，生成卤代金刚烷。

金刚烷在石油中含量为百万分之四，由于其物理性质特殊，可从石油中直接分离出来。金刚烷可由氢化二环戊二烯在强酸($HBF_4$，$HAlCl_4$，$FSO_3H$)或 $AlCl_3$ 作用下，经碳架异构制得，氢化二环戊二烯可由二聚环戊二烯催化加氢得到：

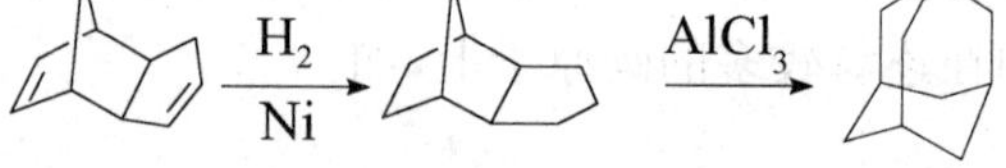


金刚烷是医药工业的重要原料，可制备金刚烷胺盐酸盐——一种有效的退烧药。

## 习　　题

1. 正戊烷、异戊烷和新戊烷的沸点分别为 36℃、28℃和 9.5℃；而熔点却分别为 −130℃、−160℃和 −17℃。变化的次序为何不同？试简单解释。
2. 不要查表，试将下列烃类化合物按沸点降低的次序排列。
   (1) 2,3-二甲基戊烷　　(2) 正庚烷　　(3) 2-甲基庚烷
   (4) 正戊烷　　(5) 2-甲基己烷
3. 已知某烷烃的相对分子质量为 72，氯化时：
   (1)只得到一种氯代产物；(2)得到三种一氯产物；(3)得到四种一氯产物；(4)只得到两种二氯代产物。分别写出这些烷烃的构造式。
4. 在烷烃和环己烷或更大的环烷烃中，每个—$CH_2$—的燃烧热约为 658.6kJ/mol。对于环丙烷和环丁烷来说，这个值分别为 697.1kJ/mol 和 686.2kJ/mol。解释这种差别。
5. 完成下列反应方程式。

(1) 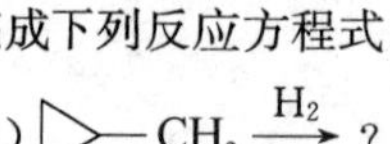


(2) 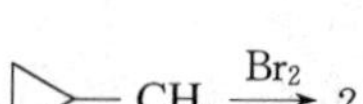


(3) 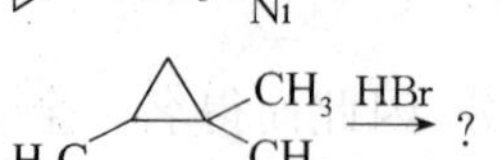


(4) 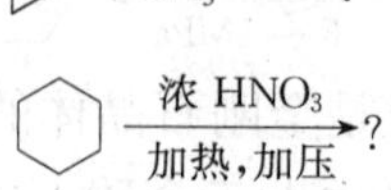

# 第 5 章　不饱和脂肪烃

分子中含有碳碳双键和碳碳叁键的碳氢化合物称为不饱和烃（unsaturated hydrocarbon）。它们的种类很多，这里主要讨论开链的和环状的烯烃、炔烃和共轭二烯烃等。开链的不饱和烃与能稳定存在的环状不饱和烃性质相似，故本章将它们放在一起讨论。

## 5.1 烯　　烃

分子中含有碳碳双键的烃类化合物叫做烯烃。开链的单烯烃的通式为 $C_nH_{2n}$（$n\geqslant 2$ 的整数），单环单烯烃的通式为 $C_nH_{2n-2}$（$n\geqslant 2$ 的整数）。碳碳双键（C=C）是烯烃的特征官能团。

### 5.1.1 烯烃的物理性质

烯烃的物理性质和烷烃相似。在常温下，含 2～4 个碳原子的烯烃为气体，含 5～18 个碳原子的烯烃为液体，高级同系物为固体。烯烃比水轻，相对密度较相应的烷烃略高，有微弱的极性，故它们的折光率比相应的烷烃高。烯烃难溶于水，易溶于非极性的有机溶剂，如苯、四氯化碳等。在顺反异构体中，反式异构体的熔点比顺式高。这是由于反式异构体分子的对称性较高，在晶体中能更紧密地排列在一起的缘故。沸点则是反式异构体比顺式低，这是由于反式异构体的极性比顺式低。末端烯烃（双键在链端的烯烃）的沸点比相应的双键在碳链中间的异构体略低。直链烯烃的沸点比带支链的异构体略高。但这些差别都不大，一般只有几摄氏度的差别。烯烃均为无色物质。部分烯烃的物理常数见表 5-1。

**表 5-1　部分烯烃的物理常数**

| 名　称 | 构造式 | 熔点/℃ | 沸点/℃ | 相对密度 |
|---|---|---|---|---|
| 乙烯 | $CH_2=CH_2$ | −169.1 | −103.7 | |
| 丙烯 | $H_3C-CH=CH_2$ | −185.2 | −47.4 | |
| 1-丁烯 | $CH_3CH_2CH=CH_2$ | −184.3 | −6.3 | |
| 反-2-丁烯 | 反-$CH_3CH=CHCH_3$ | −106.5 | 0.9 | 0.6042 |
| 顺-2-丁烯 | 顺-$CH_3CH=CHCH_3$ | −138.9 | 3.7 | 0.6213 |
| 异丁烯 | $CH_2=C(CH_3)_2$ | −140.3 | −6.9 | 0.5942 |
| 1-戊烯 | $CH_2=CH(CH_2)_2CH_3$ | −138.0 | 30.0 | 0.6405 |

续表

| 名称 | 构造式 | 熔点/℃ | 沸点/℃ | 相对密度 |
|---|---|---|---|---|
| 反-2-戊烯 | 反-$CH_3CH{=}CHCH_2CH_3$ | −136.0 | 36.4 | 0.6482 |
| 顺-2-戊烯 | 顺-$CH_3CH{=}CHCH_2CH_3$ | −151.4 | 36.9 | 0.6556 |
| 2-甲基-1-丁烯 | $CH_2{=}C(CH_3)CH_2CH_3$ | −137.6 | 31.1 | 0.654 |
| 3-甲基-1-丁烯 | $CH_2{=}CHCH(CH_3)_2$ | −168.5 | 20.7 | 0.6272 |
| 2-甲基-2-丁烯 | $(CH_3)_2C{=}CHCH_3$ | −133.8 | 38.5 | 0.6623 |
| 1-己烯 | $CH_2{=}CH(CH_2)_3CH_3$ | −139.8 | 63.3 | 0.6731 |
| 2,3-二甲基-2-丁烯 | $(CH_3)_2C{=}C(CH_3)_2$ | −74.3 | 73.2 | 0.7080 |
| 1-庚烯 | $CH_2{=}CH(CH_2)_4CH_3$ | −119.0 | 93.6 | 0.6970 |
| 1-辛烯 | $CH_2{=}CH(CH_2)_5CH_3$ | −101.7 | 121.3 | 0.7149 |
| 1-壬烯 | $CH_2{=}CH(CH_2)_6CH_3$ |  | 146.0 | 0.7300 |
| 1-癸烯 | $CH_2{=}CH(CH_2)_7CH_3$ | −66.3 | 170.5 | 0.7408 |

## 5.1.2　烯烃的化学性质

碳碳双键是烯烃的特征官能团，烯烃的特征反应发生在 π 键和 α-碳氢键上。

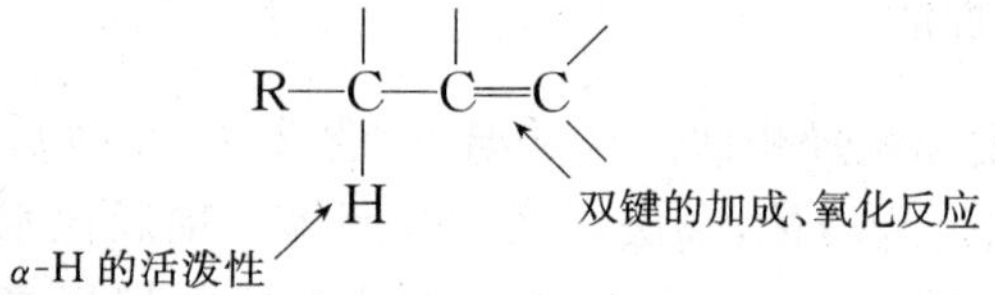


首先由于 π 键的键能较小，π 电子云易于流动极化，因此 π 键容易受到缺电子试剂（亲电试剂）的进攻，发生亲电加成反应；碳碳双键也容易被氧化。另外，与双键碳直接相连的碳原子称为 α-碳原子，α-碳原子上的氢原子称为 α-氢原子。由于 $sp^3$ 杂化的 α 碳的电负性小于 $sp^2$ 杂化的双键碳，碳碳双键表现为吸电子性，使 α-碳的电子云密度降低，使 α-碳氢键较易断裂，即 α-H 具有一定的活泼性。

### 5.1.2.1　催化加氢

烯烃在适当的催化剂作用下，可加氢生成烷烃，这一反应称为催化加氢（catalytic hydrogenation）。常用于氢化反应的催化剂有镍、钯、铂、铑等金属。因为这些金属都不溶于有机溶剂，故也称异相催化剂。近年来发现了一些可溶于有机溶剂的催化剂，称为均相催化剂，如氯化铑或氯化钌与三苯基磷的络合物 $[(C_6H_5)_3P]_3RhCl$ 和 $[(C_6H_5)_3P]_3RuCl_2$。这种均相催化剂的发现在有机合成工业中是一大进展。

工业上常采用一种价格比铂和钯低廉的异相催化剂雷尼镍，它是镍铝（1∶1）合金经过氢氧化钠溶液处理，溶去铝后制成的多孔性、活性较高的镍粉，它的表面积很大，使用这种催化剂，加氢反应可以在室温下进行。除了镍外，工业上还常用铁、铬、钴、铜等作催化氢化的催化剂，这些金属的活性较低，需要在高温、高压的强烈条件下使用，其中铜铬催化剂［$CuO \cdot CuCrO_4$］是一个较便宜的氢化催化剂，但需在 300atm① 的条件下使用。

催化加氢反应的历程一般认为：通过催化剂化学吸附氢气和烯烃，在金属表面形成了金属的氢化物以及金属与烯烃结合的络合物。然后在金属表面上金属氢化物的一个氢原子和双键碳原子先结合，得到的中间体再与另一金属氢化物的氢原子结合生成烷烃，最后烷烃脱离催化剂表面。大部分催化加氢都是顺式加成，即新的碳氢 σ 键都形成于双键的同一侧。这一事实也说明了加氢反应中加氢这一步是在催化剂的表面进行的。

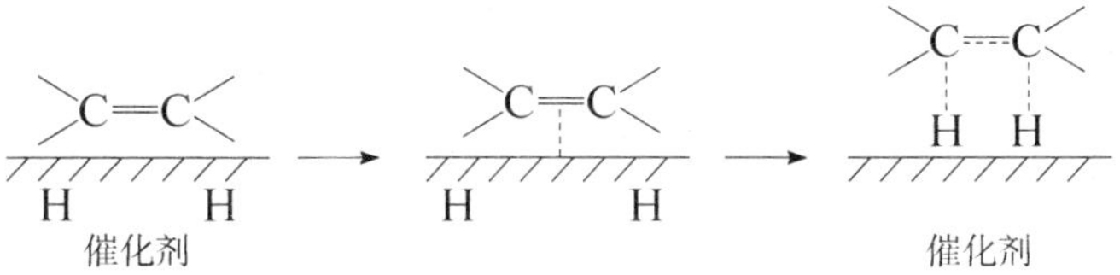


烯烃双键碳上取代基越少，烯烃越容易吸附于催化剂表面上，其氢化反应也越快。

$$R_2C{=}CR_2 < R_2C{=}CHR < RCH{=}CHR < RCH{=}CH_2 < CH_2{=}CH_2$$

烯烃的催化加氢反应在理论上和实际应用中都十分重要。例如，在油脂工业中，常把含有不饱和键的油脂氢化处理，使液态的油变成固态或半固态的脂，改性后的油脂可成为奶油的代用品。又如，石油加工制得的粗汽油常含有少量的活泼烯烃，因容易发生氧化、聚合等反应而产生杂质，影响油品质量，若进行氢化处理，将少量烯烃转变为烷烃，就提高了油品的质量。同时，氢化反应也可用于烯烃的分析测定，因为这个反应是定量进行的，可以根据氢气的吸收量的计算来分析试样中烯烃的含量或测定烯烃分子中双键的数目。

烯烃的加氢反应是放热反应。这是因为反应过程中新形成两个 C—Hσ 键放出的能量大于断裂一个 π 键和一个 H—H 键所需的能量。1mol 烯烃催化加氢放出的能量叫做氢化热。体系放出了热量，增加了化合物的稳定性。这也说明烷烃比烯烃稳定。烯烃的氢化热越高，说明原化合物所含能量越大，越不稳定。利用氢化热的测定，可以比较不同烯烃的相对稳定性。由表 5-2 可见，不同的烯烃其氢化热是有差别的，即使分子式相同的各种异构体，它们的氢化热也不相同。

实验证明，当双键碳上被取代的烷基数越多，烯烃越趋稳定，各取代烯烃的相对稳定性次序为

---

① 非法定单位，1atm＝1.01325×$10^5$Pa，下同。

$$R_2C=CR_2>R_2C=CHR>R_2C=CH_2>RCH=CHR(反>顺)>$$
$$RCH=CH_2>CH_2=CH_2$$

**表 5-2 部分烯烃的氢化热**

| 名 称 | 构造式 | 氢化热 $\Delta H$/(kJ/mol) |
|---|---|---|
| 乙烯 | $CH_2=CH_2$ | 137 |
| 丙烯 | $CH_3CH=CH_2$ | 126 |
| 1-丁烯 | $CH_3CH_2CH=CH_2$ | 127 |
| 顺-2-丁烯 | 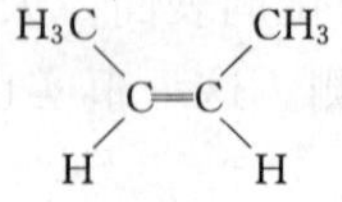 | 120 |
| 反-2-丁烯 | 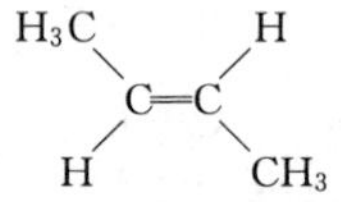 | 115 |
| 2,3-二甲基-2-丁烯 | 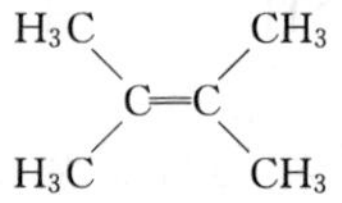 | 112 |

5.1.2.2 亲电加成反应

烯烃中的双键由一个 σ 键和一个 π 键组成，π 键的电子云分布在 σ 键的上方和下方，受原子核的束缚力较小，电子云比较裸露，容易受缺电子试剂的进攻而发生反应。在化学反应中，具有亲电性能的缺电子试剂称为亲电试剂，如 $H^+$、$X^+$、$BH_3$ 等。由亲电试剂作用而引起的加成反应叫做亲电加成反应。烯烃的亲电加成反应可用下列通式表示：

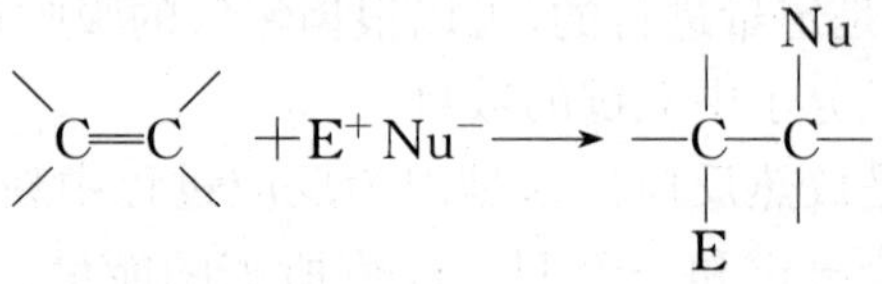

其中，$E^+Nu^-$ 代表加成所用的试剂。

大量实验事实表明，烯烃的亲电加成反应历程分两步进行：

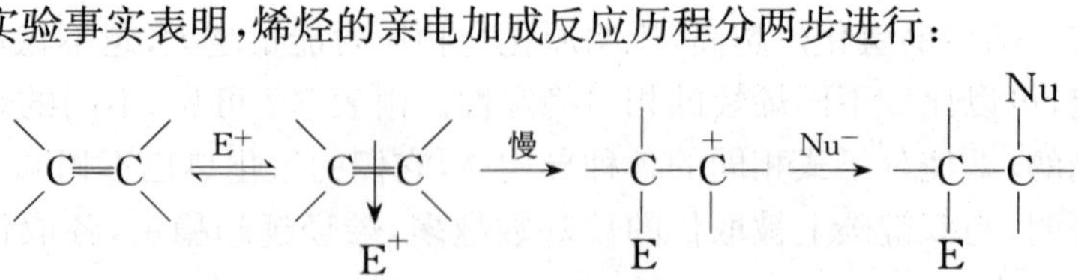

π络合物　　碳正离子中间体

首先是缺电子的亲电试剂 $E^+$ 进攻 π 键，形成 π 络合物过渡态，随着反应的进一步进行，亲电试剂 $E^+$ 夺取一对 π 电子与其中的一个双键碳形成 σ 键，另一双键碳因缺电子而带正电荷，称为碳正离子中间体，这一步涉及 π 键断裂和 σ 键的形成，反应活化能较高，反应速率较慢，是决定反应速率的一步。第二步，碳正离子中间体与体系中的负离子 $Nu^-$ 结合，生成加成产物，这一步只涉及正、负离子结合，反应速率较快。

烯烃能与一系列亲电加成试剂反应，常用的加成试剂有 HX、$H_2SO_4$、$H_2O$、$X_2$ 等。

1）与卤化氢加成

烯烃与卤化氢发生加成反应，生成相应的卤代烃：

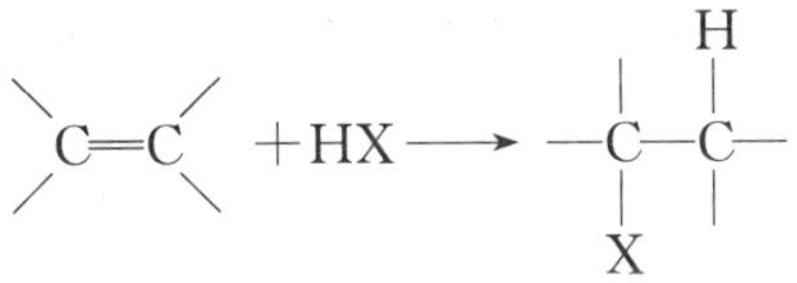

HX 是指 HCl、HBr 和 HI。它们的反应活性按照 HCl＜HBr＜HI 的次序递增。

将干燥的 HX 气体直接通入烯烃，即可使此加成反应进行。有时也可在具有适当极性的溶剂（如乙酸）中进行，因为极性的卤化氢和非极性的烯烃都可溶于这些溶剂。和碘化氢的加成也可使用能在反应过程中生成碘化氢的试剂。例如，磷酸与碘化钾的混合物一起和烯烃作用，碘化氢一旦生成就立即与烯烃加成。

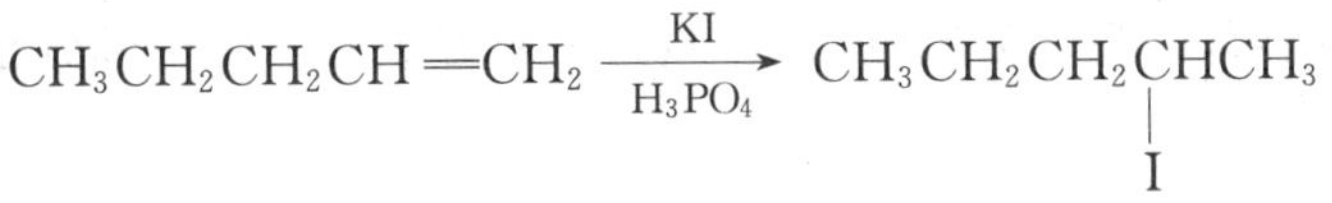

工业上氯乙烷的生产是用乙烯和氯化氢在氯乙烷溶液中，在无水氯化铝的催化下进行的。氯化铝起促进氯化氢解离的作用，因而加快了此反应的进行。

$$AlCl_3 + HCl \longrightarrow AlCl_4^- + H^+$$

烯烃与卤化氢的反应历程可表示如下：

$$HX \longrightarrow H^+ + X^-$$

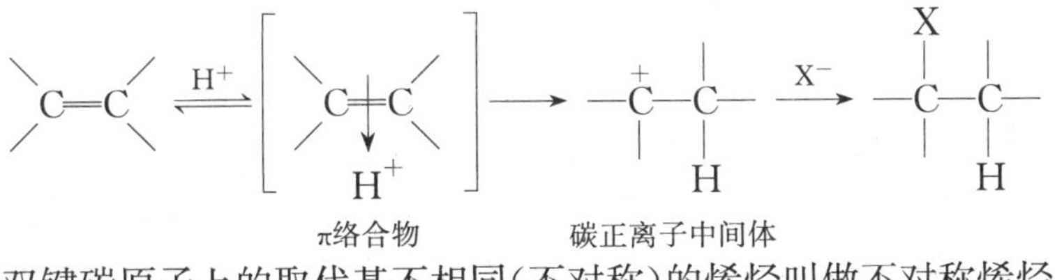


两个双键碳原子上的取代基不相同（不对称）的烯烃叫做不对称烯烃。当卤化氢与不对称烯烃加成时，可以得到两种不同产物，如

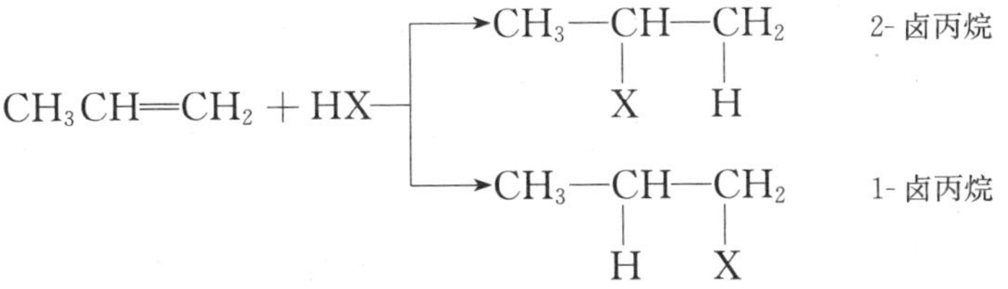

实验证明，上述反应主要以 2-卤丙烷为主。根据大量实验结果总结出一条经验规律，不对称烯烃与极性试剂(如卤化氢)进行加成时，试剂中带正电的部分(如 $H^+$)总是加到含氢较多的双键碳原子上，带负电部分($X^-$)则加到含氢较少的双键碳原子上。这个经验规律是由俄国化学家马尔科夫尼科夫(Markovnikov)总结出来的，因此称为马尔科夫尼科夫规律，简称马氏规则，也称不对称加成规则。应用这个规律可以预测各种不对称烯烃的加成产物，如

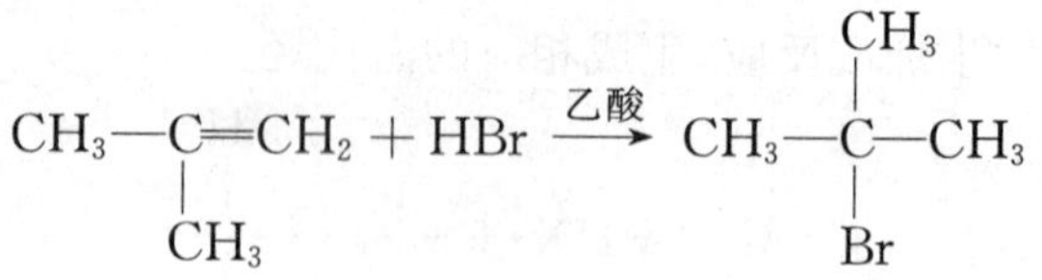

100%

马氏规则的理论解释可用以下两点说明：

(1) 诱导效应。在丙烯分子中，由于双键碳原子为 $sp^2$ 杂化，相邻的甲基碳原子则为 $sp^3$ 杂化，$sp^2$ 杂化碳的电负性大于 $sp^3$ 杂化碳，因此甲基碳和双键碳之间的价电子云偏向电负性大的双键碳原子，这样甲基表现出供电子诱导效应，同时进一步使 π 键极化，使 π 电子云向着另一个碳原子偏移，因此，含氢较多的双键碳原子上电子云密度较高，带部分负电荷($\delta^-$)，另一双键碳原子则带部分正电荷($\delta^+$)，如下式所示：

$$CH_3 \rightarrow \overset{\delta^+}{C}H = \overset{\delta^-}{C}H_2$$

这样丙烯与卤化氢发生加成反应时，带正电的质子便加到带部分负电荷的双键碳原子上，而卤素负离子则和带部分正电荷的双键碳结合。

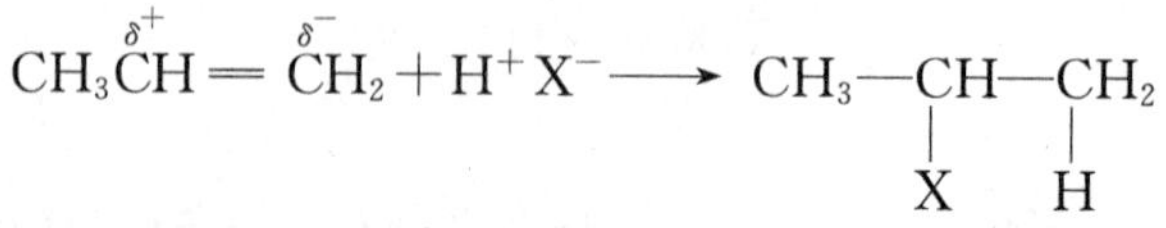

所以加成产物符合马氏规则。

当其他烷基与双键碳相连时，与甲基相似，也表现供电子性 $R \rightarrow CH = CH_2$。

(2) 反应中间体——碳正离子的稳定性。在烯烃与质子酸的反应中，第一步是质子与烯烃形成 π 络合物，质子无电子对，不能形成环状鎓离子，只能形成碳正离子。质子与双键上哪个碳原子相连接，取决于哪个碳原子的负电荷密度高，也可以说取决于形成碳正离子的稳定性，稳定性大的正离子易形成。第二步是亲核性基团与碳正离子结合，完成反应。第一步是最慢的，是决定反应速率的步骤。若生成的碳正离子越稳定，则反应越容易进行。

当丙烯和卤化氢加成时，生成两种不同的碳正离子中间体。

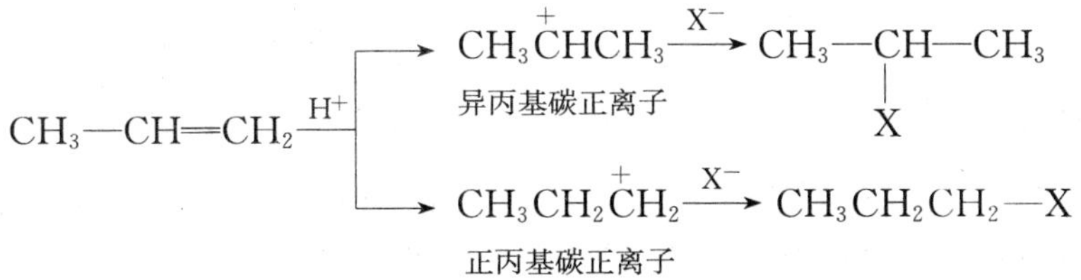


根据静电学原理,带电体系的稳定性随着电荷的分散而增大。烷基是供电子基团,碳正离子上连接的烷基越多,其稳定性越大。碳正离子的稳定性为

$$3°R^+ > 2°R^+ > 1°R^+ > CH_3^+$$

所以,异丙基碳正离子较正丙基碳正离子稳定,异丙基碳正离子更容易生成,相应反应所需活化能较低,反应速率相应也较大,反应产物主要是 2-卤丙烷。

2）与 $H_2SO_4$ 加成

烯烃与浓硫酸反应,生成烷基硫酸(也叫做酸性硫酸酯)

$$CH_2{=}CH_2 + H_2SO_4(浓) \longrightarrow \underset{硫酸氢乙酯}{CH_3CH_2{-}OSO_3H}$$

反应历程与 HX 的加成一样,第一步是乙烯与质子的加成,生成碳正离子,然后碳正离子再和硫酸氢根结合。不对称烯烃与硫酸的加成,也符合马氏规则。硫酸氢酯易水解为相应的醇。

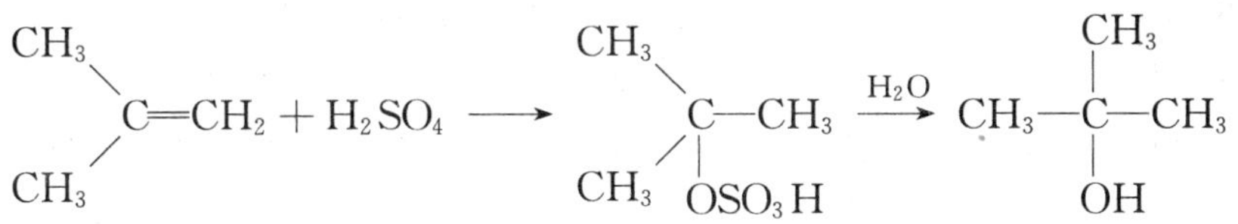


由于异丁烯与质子加成所形成的是比较稳定的叔丁基碳正离子,因此这个反应比较容易进行。63%的浓硫酸就可以和异丁烯发生作用,而丙烯则需要 80%的浓硫酸,乙烯则需要 98%的加热硫酸才能发生加成反应。

通过加成和水解两个反应,结果是烯烃分子中加了一分子水,所以又叫做烯烃的间接水合,工业上可用来制备醇。只有乙烯才能制备伯醇,其他烯烃只能制备仲醇和叔醇。

某些不与硫酸作用又不溶于硫酸的有机化合物,如烷烃、卤代烃等,含有烯烃时,可以利用硫酸与烯烃反应的性质把烯烃分离出来。例如,可将含有少量烯烃的烷烃与适量的浓硫酸一起振荡,则烯烃被硫酸吸收而生成可溶于硫酸的烷基硫酸氢酯,这样便可除去烷烃中的烯烃。

3）与水加成

水是一种较弱的亲电试剂,它与烯烃不易直接进行加成反应,一般需要加热加压并用酸作催化剂。例如,乙烯在高温高压下,以载于硅藻土上的磷酸作催化剂,与过量的水蒸气作用,可直接生成乙醇。

$$CH_2=CH_2+H_2O\xrightarrow[300℃,7\sim8MPa]{H_3PO_4/硅藻土}CH_3CH_2OH$$

这类反应叫烯烃的直接水合，反应历程也为亲电加成反应。

$$CH_2=CH_2+H^+\rightleftharpoons CH_3\overset{+}{C}H_2\overset{H_2O}{\rightleftharpoons}CH_3CH_2-OH_2^+\rightleftharpoons CH_3CH_2OH+H^+$$

不对称烯烃与水的加成反应也符合马氏规则。

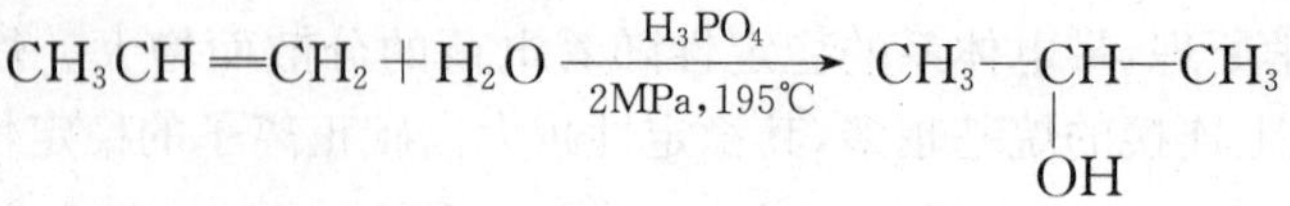

这是工业上制备异丙醇的方法。

为了减少“三废”，处理好环境保护问题，今后的发展方向是采用固体酸，如用杂多酸代替液体酸催化剂。

烯烃在酸催化下也可以与醇反应生成醚，如

$$(CH_3)_2C=CH_2+HOCH_3\xrightarrow{磺酸型离子交换树脂}(CH_3)_3COCH_3$$

工业上就是用此法生产甲基叔丁基醚，甲基叔丁基醚是油品抗爆震剂，可以代替有毒的四乙基铅添加到汽油中，能提高汽油的辛烷值，又可减少对环境的污染。它本身含有氧，有利于燃料燃烧完全。

但是，有些烯烃在与上述三类试剂（HX、$H_2SO_4$、$H_2O$）发生反应后，并不是完全得到正常的加成产物，往往有异构化产物出现，如

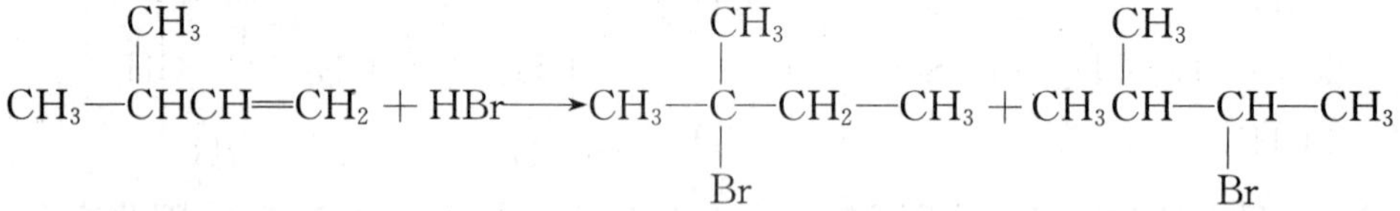

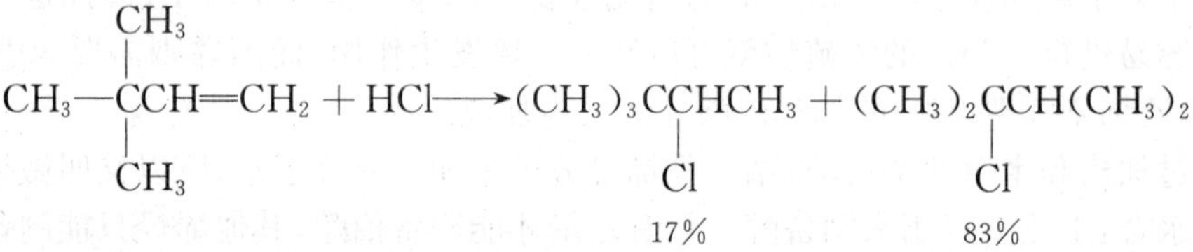

上述反应产物发生变化的原因是什么呢？可以从它们的反应历程来解释。

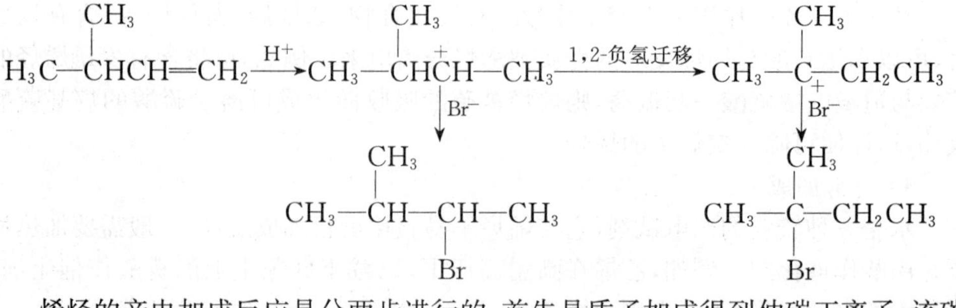

烯烃的亲电加成反应是分两步进行的，首先是质子加成得到仲碳正离子，该碳

正离子与 $Br^-$ 结合得到正常的加成产物，但中间体仲碳正离子可以通过相邻碳原子上的负 H 迁移(重排)得到稳定性更好的叔碳正离子，再与 $Br^-$ 结合得到经重排的产物。

同理，3，3-二甲基-1-丁烯与 HCl 的加成也发生了重排。

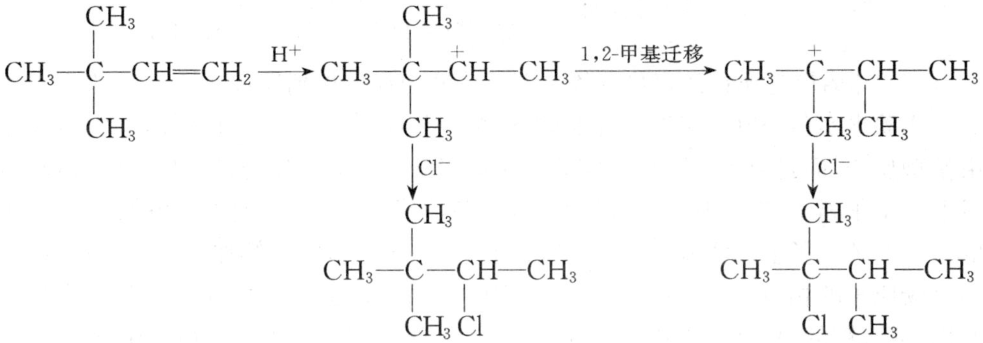

碳正离子重排在有机反应中时常会遇到，判断重排反应能否发生的依据是碳正离子稳定性。经重排后的碳正离子比未重排的碳正离子要有更好的稳定性。必须注意重排通常只发生在相邻碳原子上，即 1，2-迁移。

4) 与卤素加成

烯烃容易与卤素发生加成反应生成邻二卤代烃。

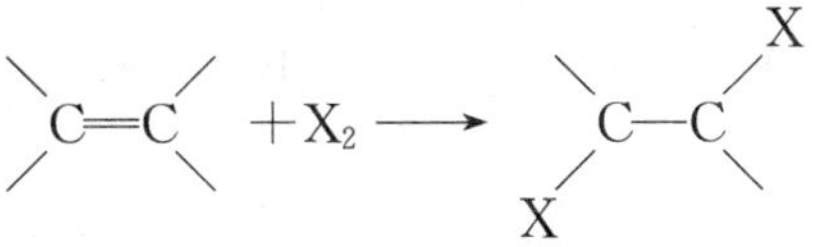

卤素的活泼性次序为氟＞氯＞溴＞碘。

碘和烯烃一般难发生加成反应，而氟与烯烃的反应太剧烈，往往得到碳链断裂的各种产物，无实用意义，所以烯烃与卤素的加成反应实际上是指与溴和氯的加成。

在研究烯烃与溴反应时，积累了下列实验事实：

(1)干燥乙烯通入无水的溴的四氯化碳溶液中，红色不褪去，当滴入一滴水后反应立即发生，溴的颜色迅速褪去；

(2)乙烯与溴在玻璃容器中反应进行很顺利，若改在内壁涂了石蜡的玻璃容器中，反应不易进行；

(3)乙烯和溴分别和含有 NaCl、NaI 和 $NaNO_3$ 的水溶液反应，不仅得到 1，2-二溴乙烷，还分别得到 1-氯-2-溴乙烷、1-溴-2-碘乙烷和硝酸-2-溴乙酯：

$$CH_2{=}CH_2 + Br_2 \xrightarrow{H_2O,\,NaCl} BrCH_2CH_2Br + CH_2ClCH_2Br$$

$$CH_2{=}CH_2 + Br_2 \xrightarrow{H_2O,\,NaI} BrCH_2CH_2Br + CH_2BrCH_2I$$

$$CH_2{=}CH_2 + Br_2 \xrightarrow{H_2O,\,NaNO_3} BrCH_2CH_2Br + CH_2BrCH_2ONO_2$$

(4)乙烯与溴分别在甲醇和水溶液中反应，还得到 1-甲氧基-2-溴乙烷和 2-溴乙醇：

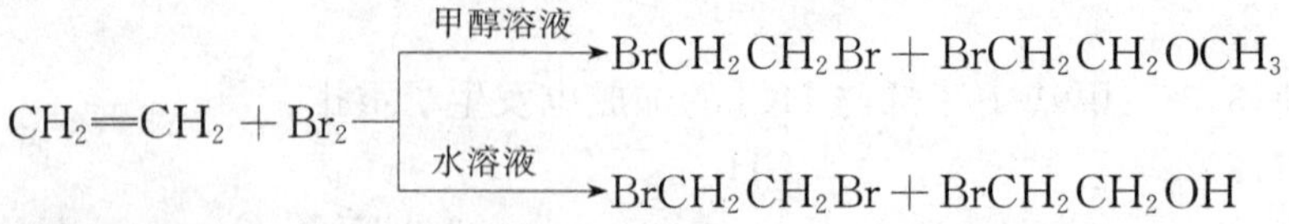


(5) 环烯烃与溴在四氯化碳等非极性溶液中加成得到反式-1,2-二溴环烷烃。

实验事实(1)和(2)说明无光照射下，烯烃与溴反应需要极性条件，反应不是自由基型反应，而是离子型反应。实验事实(3)和(4)能假设反应是分步进行的，先加成上一个正离子，然后其他亲核性基团，如负离子、“亲核”试剂等竞争加成到双键的另一个碳原子上。实验事实(5)能假设在第一步从双键一侧加上一个溴时，双键两个碳原子的相对位置没有变化，某种程度上保持双键的性质，亲核性基团从溴的对面(或双键的另一侧)进攻双键的另一个碳原子，完成了加成反应。由此提出了烯烃加溴反应经过环状溴正离子的分步历程。以乙烯为例说明，乙烯双键 $\pi$ 电子具有供电子性，与溴接近时使溴分子的 $\sigma$ 键极化，靠近 $\pi$ 键一端的溴原子带有部分正电荷，另一端带有部分负电荷，形成 $\pi$ 络合物，然后溴的 $\sigma$ 键断裂形成环状溴离子和溴负离子：

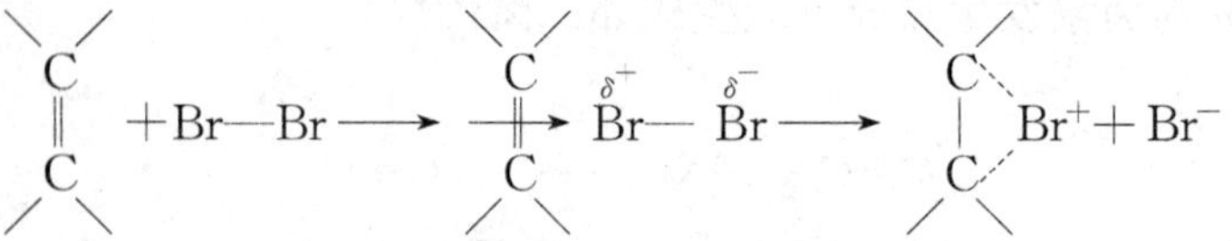

π络合物　　　　　　溴鎓离子(环状溴正离子)

形成溴鎓离子是合理的，因为溴 $\sigma$ 键断裂后要生成一个碳正离子 $BrCH_2—CH_2^+$，这个正离子能量很高，碳上缺电子，而溴上有孤对电子，具有供电子性，两者又很接近，正电荷转移到溴原子上，即形成溴离子，能量降低。三元环离子的键还是很弱的(三元环是弯曲键)。第二步，溴负离子只能从溴的背面进攻碳原子，得到反式加成产物：

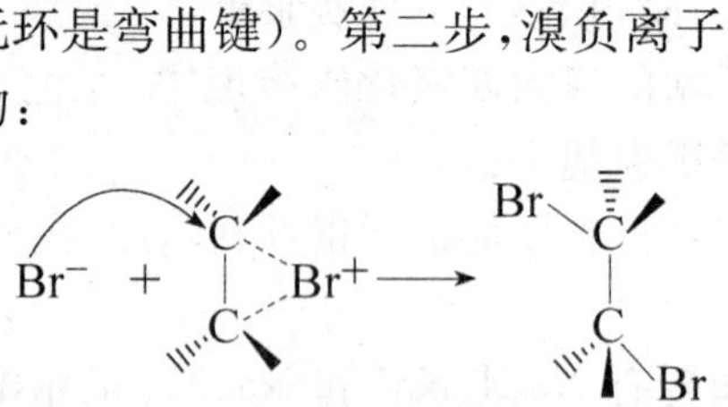

如果在第二步进攻时，还有其他亲核性基团如 $Cl^-$、$I^-$、$^-ONO_2$ 等存在，会与 $Br^-$ 竞争进攻溴鎓离子的碳原子，形成实验事实(3)中的副产物；若亲核性基团是 $H_2O$、$H—OCH_3$ 等亲核试剂，也会与 $Br^-$ 竞争进攻溴鎓离子的碳原子，形成相应的实验事实(4)的副产物，这些副产物也是反式加成的结果。

对于环烯烃，则分步加成得到反式加成产物：

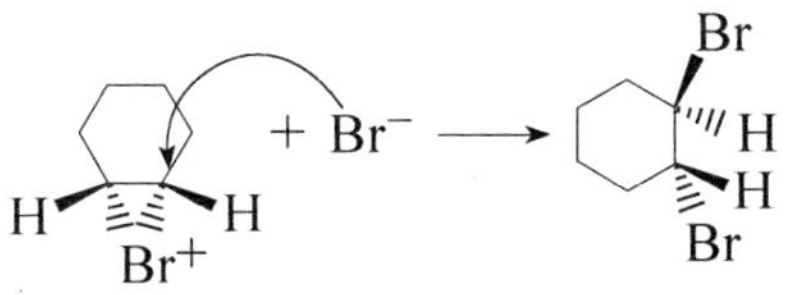

$(Z)$-2-丁烯与溴反应生成$(2S,3S)$-2,3-二溴丁烷和$(2R,3R)$-2,3-二溴丁烷，它们是一对对映体，无旋光性，是外消旋体：

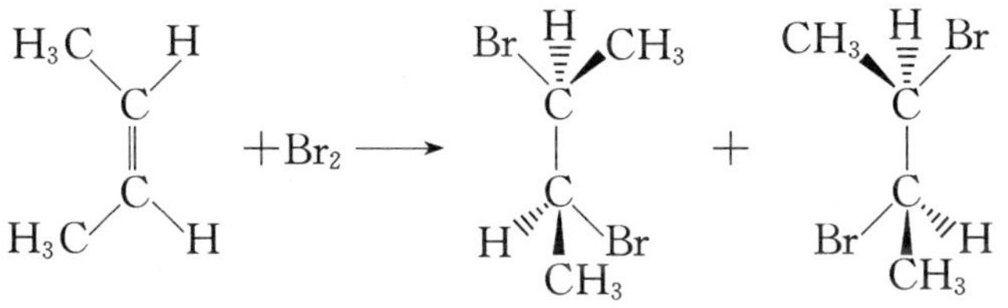

$(S,S)$　　$(R,R)$

因为溴与$(Z)$-2-丁烯接近，在双键两边接近概率相等，形成溴鎓离子，而 $Br^-$ 进攻溴鎓离子连接的两个碳原子的概率也是相等的，所以形成等量的一对对映体；而$(E)$-2-丁烯与溴反应生成$(2R,3S)$-2,3-二溴丁烷，为内消旋体，无旋光性。上述 2-丁烯与溴加成产物进一步证明了烯烃与溴的反式加成机理是合理的，对于烯烃与其他亲电试剂的加成反应不能一概而论。

5）与 HOX 加成

烯烃和卤素（溴或氯）在水溶液中可发生加成反应，生成卤代醇，同时也有部分二卤化物生成。

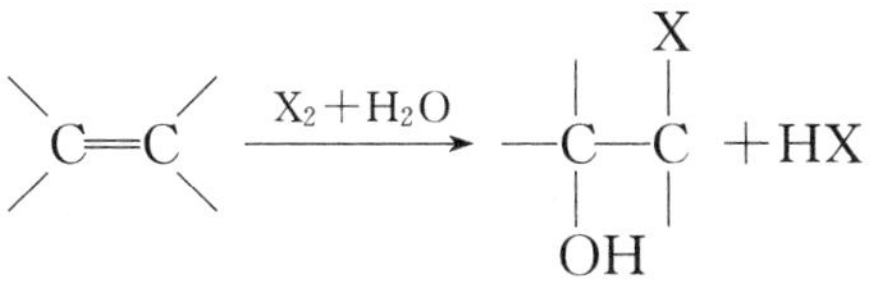

这个加成反应的结果是双键上加上了一分子次溴酸或次氯酸，所以有时也叫和次卤酸的加成，但实际上反应只是烯烃和卤素在水溶液中进行的结果。这个反应也是一个亲电加成反应。反应的第一步不是质子的加成，而是卤素正离子的加成。所以当不对称烯烃发生“次卤酸”加成时，按照马氏规则，带正电的卤素应加到连有较多氢原子的双键碳上，羟基则加到连有较少氢原子的双键碳上。

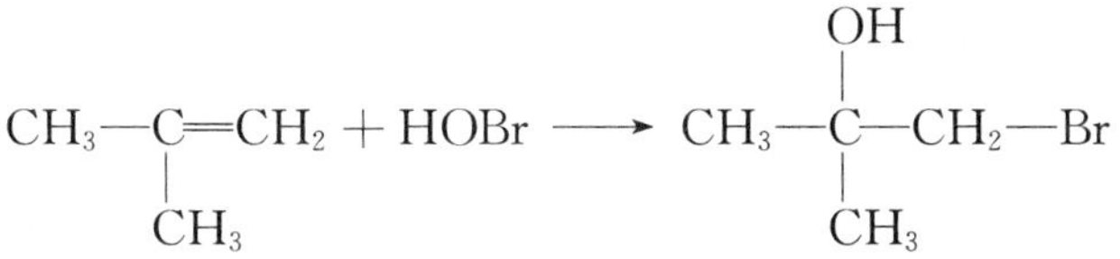

烯烃和溴在有机溶剂中可发生溴的加成，和溴在有水存在的有机溶剂中则发生 HO—Br 的加成，但产物除溴代醇外还有二溴代物。

#### 5.1.2.3　自由基加成——过氧化物效应

在日光或过氧化物存在下，烯烃与溴化氢的加成取向正好与马氏规则相反。这一现象称过氧化物效应，如

$$CH_3-CH=CH_2+HBr\xrightarrow{\text{无日光或过氧化物}}CH_3\underset{\substack{|\\Br}}{CH}-CH_3$$

$$CH_3-CH=CH_2+HBr\xrightarrow[\text{反马氏规则}]{\text{日光或过氧化物}}CH_3CH_2CH_2Br$$

反马氏规则的加成不是离子型的亲电加成，而是自由基型的加成反应。反应起始于过氧化物的分解，如过氧化氢（$H_2O_2$）或有机过氧化物（ROOR），这些物质很容易分解，产生自由基（游离基）。有机过氧化物分解时，产生烷氧基自由基 RO·，这个自由基又可以和 HBr 作用，就引发了溴自由基的生成。

$$RO:OR\longrightarrow 2RO\cdot$$

$$RO\cdot+HBr\longrightarrow ROH+Br\cdot$$

溴自由基加到烯烃双键上，π 键发生均裂，一个电子与溴原子结合成单键，另一电子留在另一个碳原子上形成了烷基自由基。烷基自由基又可以从溴化氢分子夺取氢原子，再生成一个新的溴原子自由基。如此循环进行下去，这就是链反应的传递阶段。

$$RCH=CH_2+Br\cdot\longrightarrow R\dot{C}HCH_2Br$$

$$R\dot{C}HCH_2Br+HBr\longrightarrow RCH_2CH_2Br+Br\cdot$$

溴自由基进攻双键碳，生成烷基自由基，此时有两种选择，即进攻端基双键碳生成仲自由基或进攻双键碳中间链上碳生成伯自由基。

$$RCH=CH_2+Br\cdot\ \not\longrightarrow\ R\underset{\substack{|\\Br}}{C}HCH_2\cdot$$

因为自由基的稳定性为叔(3°)R·＞仲(2°)R·＞伯(1°)R·＞$CH_3$·，所以溴自由基总是进攻端基双键碳生成仲自由基，得到的仲自由基再和 HBr 作用，最后生成的是反马氏规则的溴代产物。反应周而复始，直至两个自由基相互结合使链反应终止。

$$Br\cdot+Br\cdot\longrightarrow Br_2$$

$$R\dot{C}HCH_2Br+R\dot{C}HCH_2Br\longrightarrow \begin{array}{c}RCHCH_2Br\\|\\RCHCH_2Br\end{array}$$

$$R\dot{C}HCH_2Br+Br\cdot\longrightarrow R\underset{\substack{|\\Br}}{C}HCH_2Br$$

光也能促使溴化氢离解为溴自由基，所以它也是个自由基型加成反应，它们的第一步都是溴自由基的生成。

烯烃只能和 HBr 发生自由基加成。HI 之所以不能发生自由基加成是因为 C—I 键较弱，碘原子和烯烃的加成是吸热反应。

$$RCH{=}CH_2 + I\cdot \longrightarrow R\dot{C}HCH_2I \qquad \Delta H = 39.7\text{kJ/mol}$$

进行上述加成时，必须克服较大活化能。这就使链的传递困难，所以自由基反应不易进行。HCl 之所以不发生自由基加成是因为 H—Cl 键太强，均裂 H—Cl 键需要较高的能量，以致 HCl 和烷基自由基的反应也为吸热反应。

$$R\dot{C}HCH_2Cl + HCl \longrightarrow RCH_2CH_2Cl + Cl\cdot \qquad \Delta H = 33.5\text{kJ/mol}$$

反应进行也需要克服很大的活化能，这就使链的传递不能顺利进行。所以 HI 和 HCl 都不能和烯烃发生自由基加成，即 HI 和 HCl 都不存在过氧化物效应。

有过氧化物效应的反应进行得很快，而无过氧化物的反应进行得较慢。若控制反应按马氏加成规律方向进行，必须将烯烃纯化，除去长期存放的烯烃中生成的过氧化物，或在反应中加入自由基抑止剂（对苯二酚、二苯胺等）。若希望反应按反马氏加成方向进行，要向反应体系中加过氧化物，如 RCOOOH、ROOR 等。

5.1.2.4　硼氢化-氧化反应

烯烃与硼氢化物[乙硼烷（$B_2H_6$）]容易发生加成反应生成三烷基硼，这个反应叫硼氢化反应。该反应是美国化学家布朗（Brown，获 1979 年诺贝尔化学奖）发现的。

$$RCH{=}CH_2 + B_2H_6 \xrightarrow{THF} (RCH_2CH_2)_3B$$

最简单的硼氢化物应是甲硼烷（$BH_3$），但是硼是缺电子的，甲硼烷很不稳定，两个甲硼烷互相结合生成乙硼烷：

$$2BH_3 \rightleftharpoons B_2H_6[\text{或}(BH_3)_2]$$

目前甲硼烷尚未分离、鉴定，由硼氢化钠制备甲硼烷，实际得到的是乙硼烷。

硼烷能与醚形成络合物（$H_3B{\leftarrow}OR_2$），市售的甲硼烷是四氢呋喃（THF）的络合物（$H_3B{\leftarrow}THF$）。醚如 THF、一缩乙二醇二甲醚等是硼氢化反应的溶剂。硼烷的醚络合物不需要分离可直接用于反应。乙硼烷解离为两分子甲硼烷与溶剂如四氢呋喃形成络合物，然后甲硼烷与烯烃反应。

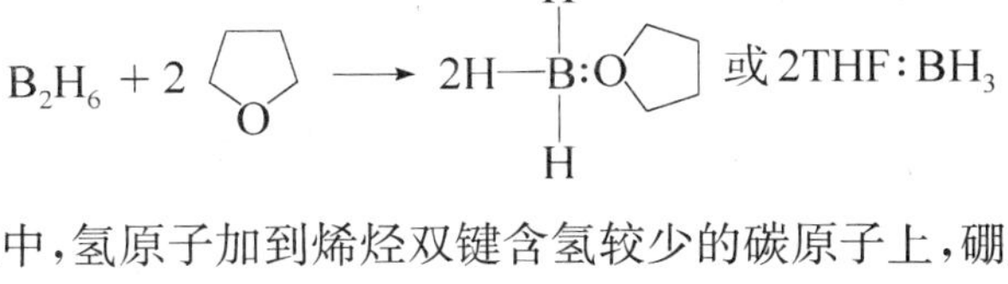


硼氢化反应中，氢原子加到烯烃双键含氢较少的碳原子上，硼加到含氢较多的

碳原子上,从表面上看是反马氏规则的:

$$(CH_3)_2C{=}CH_2+\frac{1}{2}(BH_3)_2 \longrightarrow \begin{cases} [(CH_3)_2CH{-}CH_2]\!\!-\!BH_2 & (99\%) \\ [(CH_3)_3C]\!\!-\!BH_2 & (1\%) \end{cases}$$

得到这样的加成反应结果除有电子因素外,可能还有立体因素的影响,硼原子容易连到空间位阻较小的碳原子上。

硼烷的亲电中心在硼原子上,氢的电负性(2.1)比硼的(2.0)大,更重要的是硼缺电子,它只有六个价电子,能够接受电子对,从电子效应看,它与马氏规则是一致的。

同时,硼和氢是一起加在双键的一边,即顺式加成,反应经过一个四中心过程,如下式所示:

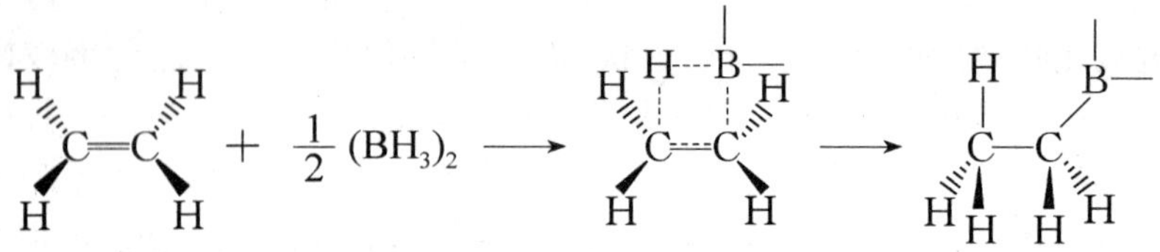

在该反应过程中,不经过形成碳正离子中间体这一步,因此各碳原子或取代基仍保持原来的相对位置,整个分子的几何形状不发生改变,保持原来的构型,即反应过程中没有重排产物生成。

生成的一烷基硼可再和烯烃加成生成二烷基硼,然后再和烯烃加成生成三烷基硼。

$$RCH_2CH_2BH_2 \xrightarrow{RCH{=}CH_2} (RCH_2CH_2)_2BH \xrightarrow{RCH{=}CH_2} (RCH_2CH_2)_3B$$

如果烯烃双键碳上都具有立体障碍比较大的取代基,反应也可能停止在一烷基硼或二烷基硼的阶段。

气体的硼烷和高挥发性的低碳数烷基硼对空气极敏感,在空气中自燃。硼氢化反应需要在惰性气体保护下进行。

硼氢化反应后所得的反应混合物不必分离直接和过氧化氢的氢氧化钠溶液作用,反应混合物中的烷基硼被氧化为烷氧基硼,然后再水解为相应的醇。

$$3RCH{=}CH_2 \xrightarrow{BH_3} (RCH_2CH_2)_3B \xrightarrow[OH^-,\,H_2O]{H_2O_2} 3RCH_2CH_2OH+B(OH)_3$$

烷基硼氧化的过程可能是

$$H_2O_2+OH^- \rightleftharpoons H_2O+{}^-OOH$$

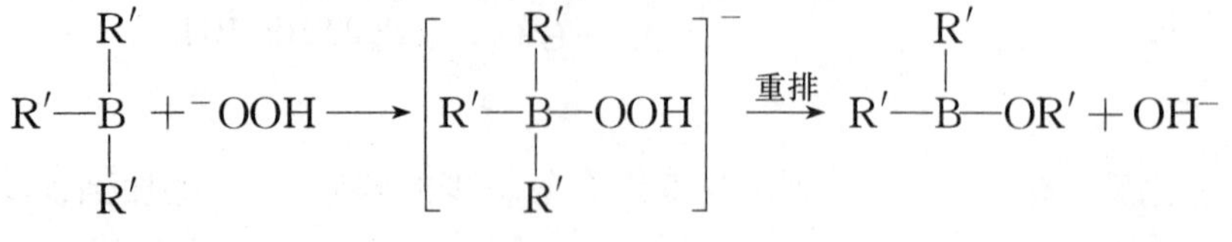

烷基硼和碱、$H_2O_2$ 反应是快速的放热反应，产物 $R'_2BOR'$ 以相同的过程进一步生成三烷基硼酸酯。

$$R'_2BOR' + 2^-OOH \longrightarrow (R'O)_3B + 2OH^-$$

然后硼酸酯在反应条件下，水解成醇和硼酸钠。

$$(R'O)_3B + 3OH^- \longrightarrow 3R'OH + BO_3^{3-}$$

烯烃的硼氢化反应和氧化-水解反应的总结果是双键上加上一分子水，所以它是制备醇特别是伯醇的一个好方法。

$$CH_3-\underset{}{\overset{CH_3}{\overset{|}{C}}}=CH_2 \xrightarrow{B_2H_6} \xrightarrow[OH^-]{H_2O_2} CH_3\overset{CH_3}{\overset{|}{C}H}CH_2OH$$

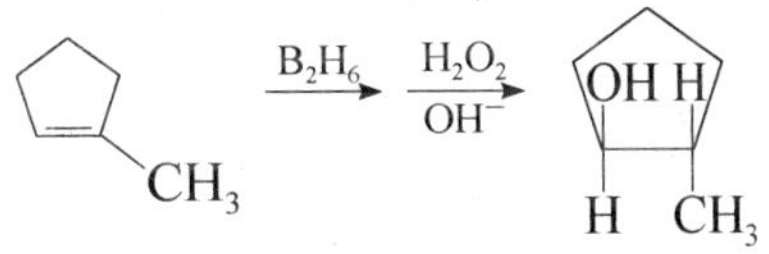

顺式加成

$$(CH_3)_3C-CH=CH_2 \xrightarrow{B_2H_6} \xrightarrow[OH^-]{H_2O_2} (CH_3)_3CCH_2CH_2OH \qquad \text{无重排产物}$$

综上所述，硼氢化-氧化反应的特点是，产物为反马氏规则的加成产物，立体化学上为顺式加成，且无重排产物生成。所以它在有机合成上有着广泛的应用，用它可以从烯烃制得用其他方法所不易制得的醇。

### 5.1.2.5　氧化反应

烯烃的活泼性还表现为双键容易被氧化。在氧化剂作用下，首先是双键中的 $\pi$ 键发生断裂，若在强烈的氧化条件下，双键中的 $\sigma$ 键也遭破坏，因此，在不同的氧化剂和反应条件下可得到不同的氧化产物。

1）催化氧化

工业上，乙烯在活性银或氧化银催化作用下，可被空气中的氧氧化生成环氧乙烷。

$$CH_2=CH_2 + \frac{1}{2}O_2 \xrightarrow[250℃]{Ag} \overset{\quad O}{CH_2-CH_2}$$

该反应必须严格控制反应温度，若温度超过 300℃，则双键中的 $\sigma$ 键也会断裂，最后生成二氧化碳和水。

当乙烯或丙烯在氯化钯和氯化铜的水溶液中，也能被催化氧化，产物为乙醛或丙酮，它们都是重要的化工原料。

$$CH_2=CH_2 + \frac{1}{2}O_2 \xrightarrow[100\sim125℃]{PdCl_2\text{-}CuCl_2} CH_3CHO$$

$$CH_3CH=CH_2 + \frac{1}{2}O_2 \xrightarrow[120℃]{PdCl_2\text{-}CuCl_2} CH_3COCH_3$$

除乙烯氧化得到乙醛外，其他的$\alpha$-烯烃氧化都得到甲基酮，此催化氧化方法称为瓦克尔(Wacker)法。

较难氧化的烯烃可用 $H_2O_2$ 催化氧化，得到很高收率的环氧化物，如

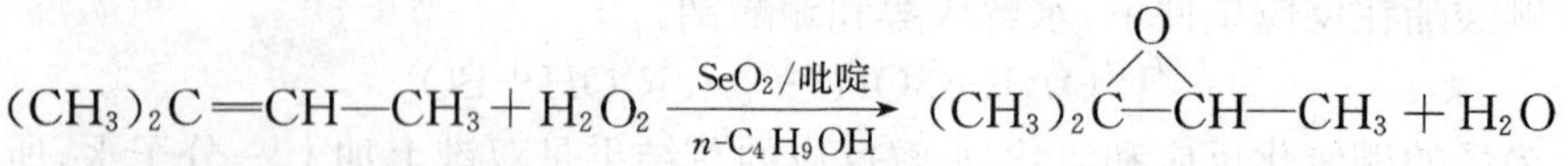


2) 高锰酸钾氧化

用适量的稀(质量分数小于 5%)冷高锰酸钾溶液作氧化剂，在中性或碱性溶液中，烯烃双键中的$\pi$键断开，氧化生成顺式邻二醇，可作为实验室制备二元醇的一个方法，也可用四氧化锇($OsO_4$)代替高锰酸钾。

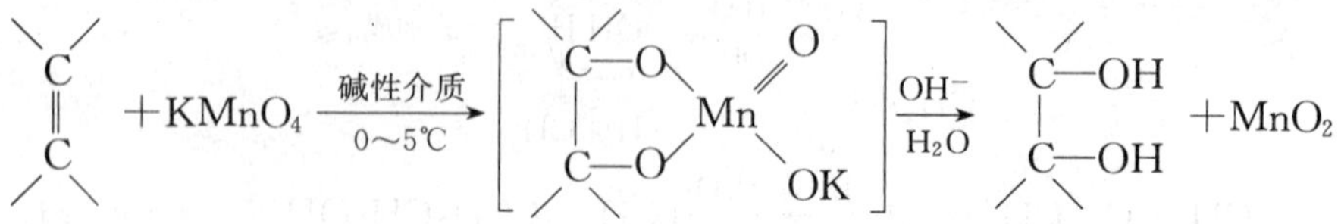


这类反应比较复杂，产率很低，作为一类制备方法用途不大，但可以用来检查烯烃的存在。

如果用酸性浓高锰酸钾或温度较高时氧化烯烃，则双键完全断裂，不同结构的烯烃氧化产物不同。双键碳上有两个氢($CH_2$ ═)生成 $CO_2$；有一个氢($R_1CH$ ═)生成酸；无氢($R'RC$ ═)则生成酮。

$$RCH═CH_2 \xrightarrow[H_2SO_4]{KMnO_4} RCOOH + CO_2 + H_2O$$

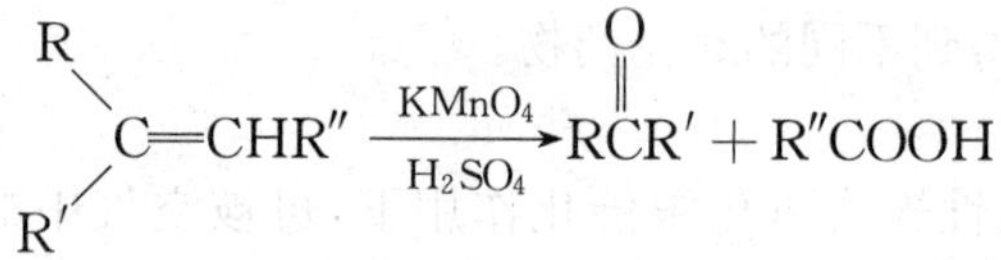


在反应中，紫红色的高锰酸钾溶液迅速褪色，因此可利用此反应来鉴别双键是否存在。另外，通过分析氧化产物，可推测原烯烃的结构。

上述氧化反应，由于氧化剂的大量消耗会严重污染环境，因此工业上主要采用催化氧化法制备一系列含氧化合物。

3) 臭氧化反应

烯烃与臭氧(含有臭氧 6%～8%的氧气)在低温时(−80℃)就能迅速定量反应，生成黏稠状的臭氧化物，后者在游离状态下极不稳定，容易发生爆炸，故一般可以不经分离而直接水解，生成醛或酮，同时生成过氧化氢。为了避免产物被过氧化氢进一步氧化生成羧酸，水解时通常加入还原剂锌粉或亚硫酸氢钠，也可以在催化剂(Pt，Pd/C)存在下通入氢气，这样可以破坏生成的过氧化氢。

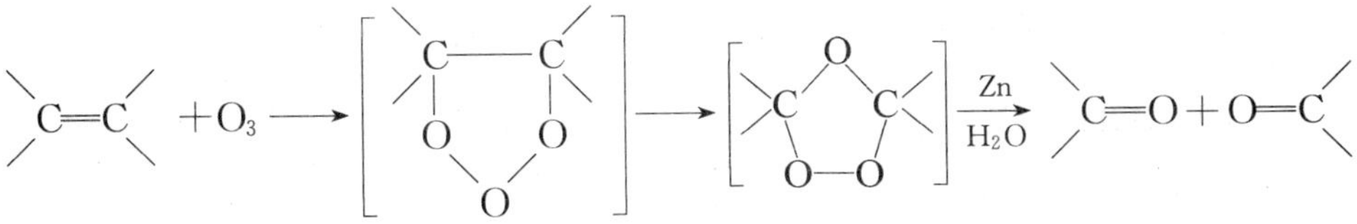

分子臭氧化物　　臭氧化物

通过臭氧化和臭氧化物的还原水解，不同结构的烯烃可以得到不同的醛或酮：

$$RCH{=}CH_2 \xrightarrow[\text{②}Zn,H_2O]{\text{①}O_3} R\overset{\overset{\large O}{\|}}{C}H + H\overset{\overset{\large O}{\|}}{C}H$$

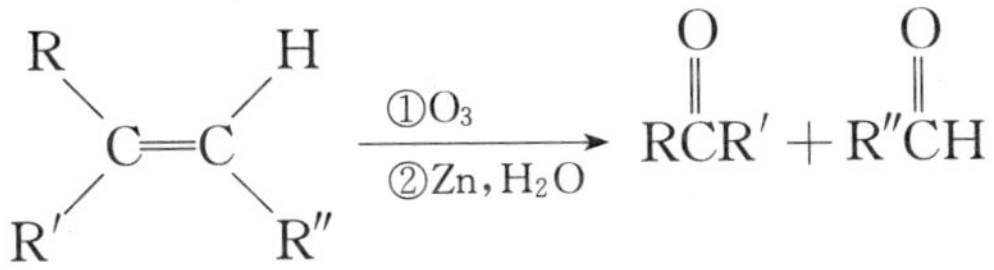

因此，可以通过对臭氧化物水解产物的分析测定来研究和确定原烯烃的结构。

随着工业臭氧发生器的改进，烯烃臭氧化反应在工业上得到了应用。

4) 环氧化反应

烯烃与过氧酸（简称过酸，RCOOOH）反应生成 1,2-环氧化物（简称环氧化物），称为环氧化反应，如

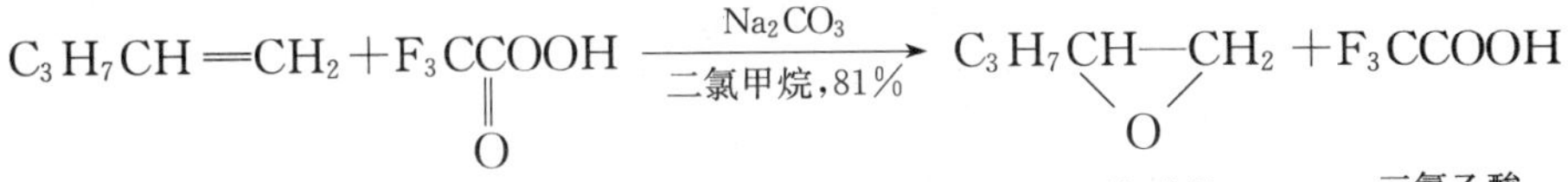

过氧三氟乙酸　　1,2-环氧戊烷　　三氟乙酸

烯烃与过氧酸的反应历程可表示如下：

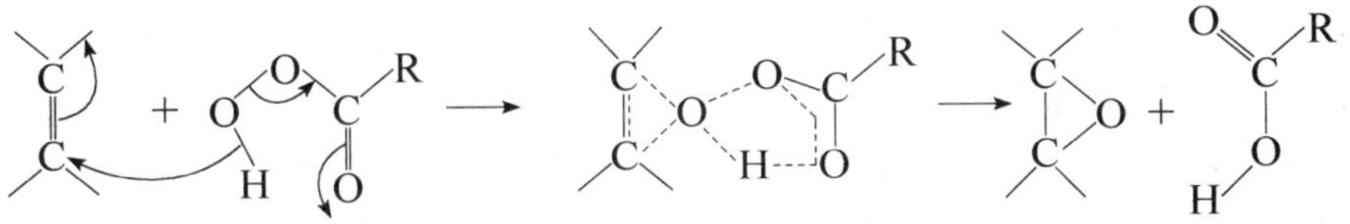

烯烃与过氧酸的反应是顺式亲电加成反应。亲电试剂是过氧酸。双键碳原子连有供电子基团（如烷基）时，反应较易进行，连接的供电子基团越多，反应越容易。

常用的过氧酸有过氧甲酸、过氧乙酸、过氧苯甲酸、过氧间氯苯甲酸、过氧三氟乙酸等，其中以过氧三氟乙酸最有效。有时某些过氧酸（如过氧甲酸和过氧乙酸等）也可用羧酸（如甲酸和乙酸）与过氧化氢的混合物代替。由于环氧化合物比较活泼，容易发生反应，尤其容易与含有活泼氢的化合物反应，因此环氧化反应一般在非水溶剂中进行。因其反应条件温和，产物容易分离和提纯，产率较高，是制备环氧化合物的一种很好的方法。

环氧化反应有时也可用过氧化氢代替过氧酸来完成，如

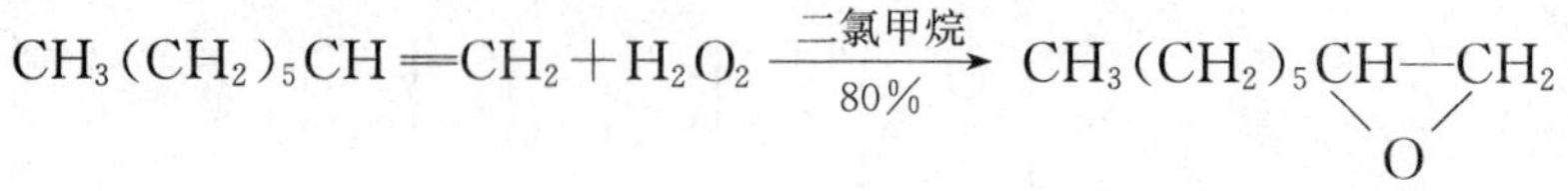

1,2-环氧辛烷

5.1.2.6 聚合反应

相对分子质量较小的烯烃及其衍生物，在特定条件（催化剂，温度，压力）下断开 $\pi$ 键，分子间相互以 $\sigma$ 键连接，生成高分子化合物，这种反应称为聚合反应（polymerization）。参加聚合反应的低相对分子质量化合物称为单体（monomer）。参加聚合反应的单体分子个数叫聚合度，用 $n$ 表示。反应中生成的高相对分子质量化合物叫聚合物，也称高聚物。把 $n<15\sim20$ 的反应统称为齐聚反应，$n>20$ 的反应称为高聚反应。

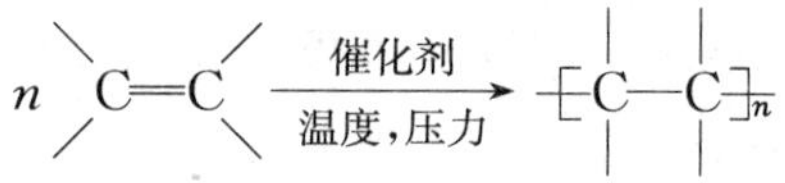

单体　　　　聚合物

一般常用的单体有乙烯、丙烯、氯乙烯等。它们在不同条件下聚合成各种规格的聚合物。以聚乙烯为例：

$$nCH_2{=}CH_2 \xrightarrow[100\sim250^\circ C,150\sim300MPa]{\text{少量自由基引发剂}} \left[CH_2-CH_2\right]_n$$

聚乙烯

在聚合过程中，乙烯通过双键断裂而相互加成，所以这种聚合反应又叫做加成聚合反应。

在此反应条件下得到的聚乙烯工业上叫做高压聚乙烯。高压聚乙烯的平均相对分子质量为 25000～50000。这里所用的引发剂是自由基链反应的引发剂，所以这种聚合反应又叫做自由基聚合反应。高压聚乙烯分子并不是单纯的直链化合物，由于自由基链反应的缘故，它的分子中还具有支链。这种分子结构决定了它的密度较低（约 $0.92g/cm^3$），并且比较柔软，所以高压聚乙烯又叫做低密度聚乙烯或软聚乙烯。

工业上乙烯也可通过齐格勒-纳塔催化剂[$(CH_3CH_2)_3Al+TiCl_4$]在低压下（0.1～1MPa）、60～150℃时聚合。由低压法得到主体构型规整的聚乙烯叫做低压聚乙烯。反应属于离子型聚合反应，也称定向聚合或配位聚合反应。由于齐格勒-纳塔（两人 1963 年获诺贝尔化学奖）催化剂的作用，低压聚乙烯分子基本上是直链分子，平均相对分子质量为 10000～300000，一般在 35000 左右。低压聚乙烯的密度较高（约 $0.94g/cm^3$），也较坚硬，所以又叫做高密度聚乙烯或硬聚乙烯。聚乙烯耐酸，耐碱，抗腐蚀，具有优良的电绝缘性能，是目前大量生产的优良高分子材料。

低压和高压聚乙烯按它们性质的不同，都各有合适的应用。由丙烯聚合而得的聚丙烯也是工业上大量生产且应用很广的高分子材料，它也可以由低压法生产。

$$n\underset{\displaystyle CH_3}{\underset{|}{CH}}{=}CH_2 \xrightarrow[50℃,1MPa]{(CH_3CH_2)_3Al\text{-}TiCl_4} \left[\underset{\displaystyle CH_3}{\underset{|}{CH}}-CH_2\right]_n$$

聚合反应若只用一种单体参与聚合，称为均聚；也可用两种或两种以上单体进行聚合，这叫共聚。如工业上常用的乙丙橡胶就是一种高分子共聚物，由乙烯和丙烯按一定比例共聚而成。

$$nCH{=}CH_2 + n\underset{\displaystyle CH_3}{\underset{|}{CH}}{=}CH_2 \xrightarrow{\text{共聚}} \left[CH_2-CH_2-CH_2-\underset{\displaystyle CH_3}{\underset{|}{CH}}\right]_n$$

乙丙橡胶

在一定反应条件下，烯烃还可以进行由两个、三个或少数分子进行的聚合，得到的聚合物分别叫做二聚体、三聚体等。例如，异丁烯被 50％硫酸吸收后，在 100℃时，可得到下列二聚体：

$$H_3C-\underset{\displaystyle CH_3}{\underset{|}{C}}{=}CH_2 + H_2C{=}\underset{\displaystyle CH_3}{\underset{|}{C}}-CH_3 \longrightarrow \begin{cases} (CH_3)_3C-CH{=}C(CH_3)_2 \\ (CH_3)_3C-CH_2-\underset{\displaystyle CH_3}{\underset{|}{C}}{=}CH_2 \end{cases}$$

5.1.2.7　$\alpha$-氢的反应

与双键碳直接相连的碳原子称为 $\alpha$-碳，$\alpha$-碳原子上的氢叫做 $\alpha$-氢原子。由于该氢原子受到双键的影响，和一般烷烃中的氢原子不同，具有一定的活泼性，即 $\alpha$-碳氢键较易断裂，可以发生取代和氧化反应。

1）卤代

在低于 200℃，丙烯与氯反应主要是加成反应。有 $\alpha$-氢的烯烃和氯在高温或光照下，发生 $\alpha$-氢原子被氯取代的反应，得到的是取代产物而不是加成产物。

$$CH_3-CH{=}CH_2+Cl_2 \xrightarrow{500℃} \underset{\displaystyle Cl}{\underset{|}{CH_2}}CH{=}CH_2 + HCl$$

在这个反应条件下，有利于氯自由基的生成，所以这里进行的是和烷烃氯代类似的自由基型氯代反应。由于 $\alpha$-氢原子活泼，优先被取代。

反应的自由基取代历程为

$$Cl_2 \xrightarrow[\triangle]{\text{光}} 2Cl\cdot$$

$$Cl\cdot + H-CH_2CH{=}CH_2 \longrightarrow \cdot CH_2CH{=}CH_2 + HCl$$

$$\cdot CH_2CH{=}CH_2 + Cl:Cl \longrightarrow Cl\cdot + ClCH_2CH{=}CH_2$$

在实验室中，对烯丙型化合物进行 $\alpha$-溴代反应，经常用 $N$-溴代丁二酰亚胺(NBS)为溴化剂，在四氯化碳溶剂及过氧化苯甲酰存在下进行。

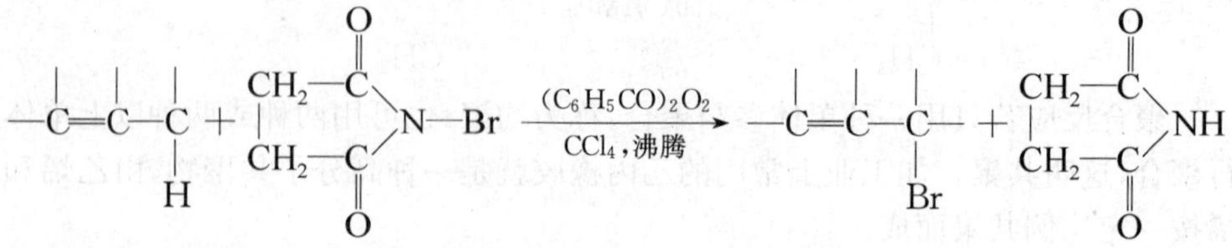

NBS 产生的溴自由基优先取代 $\alpha$-碳上的氢原子，选择性很好。这个反应也是自由基反应。

像丙烯这样特定的 $\alpha$-氢原子又称烯丙(基)型氢原子，通常它比叔氢原子还容易被取代。

当 $\alpha$-烯烃的烷基不止一个碳原子时，卤化结果通常得到重排产物，如

$$CH_3(CH_2)_4CH_2CH{=}CH_2 \xrightarrow{NBS}$$

$$\underset{\text{3-溴-1-辛烯}}{CH_3(CH_2)_4\underset{Br}{CH}CH{=}CH_2} + \underset{\text{1-溴-2-辛烯}}{CH_3(CH_2)_4CH{=}CH\underset{Br}{CH_2}}$$

两种产物均具有烯丙基结构，只是双键位次不同，其中 1-溴-2-辛烯是重排产物，这种重排称为烯丙基重排或烯丙位重排。

2) 氧化

在一定温度和压力下，分别选用氧化亚铜和磷钼酸铋作催化剂，丙烯和空气混合氧化生成丙烯醛和丙烯酸。丙烯醛可用于制造甘油、饲料添加剂、蛋氨酸等，还可用作油田注水的杀虫剂。

$$CH_3CH{=}CH_2 + O_2 \xrightarrow[350℃,0.25MPa]{Cu_2O} CH_2{=}CH{-}CHO$$

$$CH_3CH{=}CH_2 + O_2 \xrightarrow[550\sim750℃,1MPa]{\text{磷钼酸铋}} CH_2{=}CH{-}COOH$$

选用氧化钼、氧化铋或磷钼酸铋作催化剂，使丙烯与氨及氧(空气)作用，生成丙烯腈。

$$CH_2{=}CH{-}CH_3 + NH_3 + \frac{3}{2}O_2 \xrightarrow[470℃]{\text{磷钼酸铋}} CH_2{=}CH{-}CN + 3H_2O$$

这是目前工业上生产丙烯腈的重要方法。

与丙烯相似，在催化剂作用下，异丁烯用空气氧化生成 $\alpha$-甲基丙烯醛，进一步氧化生成 $\alpha$-甲基丙烯酸。这是 20 世纪 80 年代工业上采用的新方法。

$$CH_2{=}C(CH_3)CH_3 \xrightarrow[300\sim400^\circ C]{O_2, Mo\text{-}W\text{-}Te} \underset{\alpha\text{-甲基丙烯醛}}{CH_2{=}C(CH_3)CHO} \xrightarrow[270\sim350^\circ C]{O_2, \text{钼系杂多酸}} \underset{\alpha\text{-甲基丙烯酸}}{CH_2{=}C(CH_3)COOH}$$

在上述的这些氧化产物中仍保持有双键，在适当的条件下可聚合，生成具有不同应用价值的高聚物。

#### 5.1.2.8 羰基化反应

在烯烃分子中引进羰基的反应称为羰基化反应，又称羰基合成反应。使用不同原料，产物不同，但都是生成酰基衍生物。这是 20 世纪 40 年代发展起来的烯烃络合催化反应，在有机化工上有重大应用。概括起来有下列反应：

$$RCH{=}CH_2 + CO + H_2 \longrightarrow RCH_2CH_2CHO \tag{1}$$

$$RCH{=}CH_2 + CO + H_2O \longrightarrow RCH_2CH_2COOH \tag{2}$$

$$RCH{=}CH_2 + CO + R'OH \longrightarrow RCH_2CH_2COOR' \tag{3}$$

$$RCH{=}CH_2 + CO + R'_2NH \longrightarrow RCH_2CH_2CONR'_2 \tag{4}$$

$$RCH{=}CH_2 + CO + R'CO_2H \longrightarrow RCH_2CH_2COOOCR' \tag{5}$$

$$RCH{=}CH_2 + CO + HCl \longrightarrow RCH_2CH_2COCl \tag{6}$$

烯烃羰基化反应是一类合成方法的总称，反应(1)～(6)相当于烯烃双键上加成了甲酰基，生成长碳链的酰基衍生物。按产物的名称，反应(1)～(6)依次称为烯烃氢甲酰化、氢羧化、氢酯化、氢酰胺化、氢酐化和氢酰氯化。

与烯烃的其他加成反应一样，在形式上甲酰基的氢可以加到双键的任一个碳原子上，形成正构和异构两种产物，两种产物的比例取决于烯烃的结构，更取决于使用的催化剂和反应条件。例如，1-辛烯在 $H_2:CO=1$、总压力为 20MPa 下进行氢甲酰化反应，使用不同的催化剂，得到正构醛和异构醛的百分数如下：

$$CH_3(CH_2)_5CH{=}CH_2 + CO + H_2 \longrightarrow$$

| 催化剂 | 温度 | $CH_3(CH_2)_5CH_2CH_2CHO$ | $CH_3(CH_2)_5CH(CH_3)CHO$ |
|---|---|---|---|
| $HCo(CO)_4$ | 190℃ | 65% | 35% |
| $HRh(CO)_4$ | 100℃ | 52% | 48% |
| $HCo(CO)_4/P{+}n\text{-}C_4H_9{+}_3$ | 190℃ | 83% | 17% |

在催化剂中引入手性配体，可进行不对称合成，如苯乙烯在 $PtCl_2$/DIOP/

$SnCl_2$ 催化下进行氢甲酰化反应，得到手性 2-苯基丙醛的立体异构体（e. e＝80％）。DIOP 是个手性双膦配体。

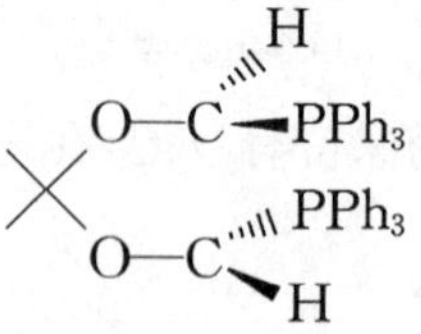

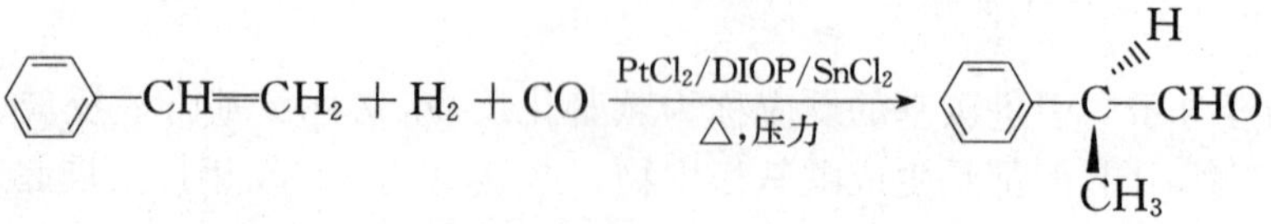

羰基化反应的烯烃也可以是内烯烃，在反应过程中双键可以移到端位上。

氢甲酰化反应得到醛，改进催化剂和 $CO/H_2$ 的进料比，在氢甲酰化这一步可直接得到醇。高碳醇是合成洗涤剂、增塑剂的原料。

## 5.1.3 烯烃的来源和制法

### 5.1.3.1 烯烃的工业来源和制法

乙烯、丙烯和丁烯等低级烯烃都是化学工业的重要原料。过去它们主要是从石油炼制过程中产生的炼厂气和热裂气中分离得到的，随着石油化学工业迅速的发展，现在低级烯烃主要是通过石油的各种馏分裂解和原油直接裂解获得，如

$$C_6H_{14} \xrightarrow{700\sim900^\circ C} \underset{15\%}{CH_4} + \underset{40\%}{CH_2{=}CH_2} + \underset{20\%}{CH_3CH{=}CH_2} + \underset{25\%}{\text{其他}}$$

原料不同或裂解条件不同（热裂或催化裂解，以及裂解温度和催化剂的不同等），得到各种烯烃的比例也不同。石油化工是指以石油裂解获得烯烃，然后进一步以烯烃为原料制造各种化工产品的工业。石油化工企业的规模也以乙烯的产量来衡量，如我国近年建立的多套 30 万吨乙烯装置，都具有较大规模。

### 5.1.3.2 烯烃的实验室制法

1）醇脱水

醇容易在浓酸（硫酸、磷酸等）或氧化铝催化下脱水生成烯烃，如

$$CH_3CH_2OH \xrightarrow[170^\circ C]{\text{浓 } H_2SO_4} CH_2{=}CH_2 + H_2O$$

$$CH_3CH_2OH \xrightarrow[350\sim360^\circ C]{Al_2O_3} CH_2{=}CH_2 + H_2O$$

$$\underset{\displaystyle\overset{|}{OH}}{CH_3CH}CH_2CH_2CH_3 \xrightarrow[-H_2O]{H_2SO_4} \underset{\substack{\text{2-戊烯}\\\text{（主要产物）}}}{CH_3CH=CHCH_2CH_3} + \underset{\text{1-戊烯}}{CH_2=CHCH_2CH_2CH_3}$$

2）卤烷脱卤化氢

卤烷在碱的醇溶液中，脱去卤化氢而得到烯烃，如

$$CH_3CH_2\underset{\displaystyle\overset{|}{Br}}{CH}CH_2CH_3 + KOH \xrightarrow{\text{乙醇}} CH_3CH=CHCH_2CH_3 + KBr$$

3）邻二卤烷脱卤素

邻二卤代烷在金属锌（或镁、镍）粉作用下，可失去卤素生成烯烃，如

$$CH_3\underset{\displaystyle\overset{|}{X}}{CH}\underset{\displaystyle\overset{|}{X}}{CH}CH_2CH_3 \xrightarrow[Zn,\triangle]{\text{乙醇}} CH_3CH=CHCH_2CH_3$$

### 5.1.4　重要的烯烃

1）乙烯

乙烯的用途非常广泛，它作为生产乙醇、环氧乙烷及聚乙烯的基本原料而被大量消耗。目前世界各国，乙烯的产量一直是直线上升。以乙烯为原料生产的系列产品与日俱增，在国际上乙烯产品的产值占到全部石油化工产值的一半左右，因此，当今衡量一个国家的化学工业发展水平，往往看乙烯的生产量。在工业上乙烯主要由石油裂解而得。

乙烯是一种无色而带有甜味的气体，沸点－103℃。乙烯在空气中容易燃烧，呈现明亮的火焰，与空气可形成爆炸性混合物，其爆炸极限为3%～29%（体积分数）。

此外，乙烯可用作已采摘的未成熟果子的催熟剂，又能加速树叶的衰老从而使新叶得以生长。乙烯和生长素、赤霉素一样，是植物的内源激素。不少植物器官都含有微量乙烯。

2）丙烯

丙烯也是一种重要化工原料，用于制备甘油、醇类以及环氧氯丙烷等重要化工产品，这些产品又是生产各种食品添加剂和助剂的主要原料。丙烯也是石油裂解产物之一。

丙烯是一种无色气体，比空气重，沸点为－47.7℃。以丙烯为原料制得的产品随着石油炼制及乙烯化工的发展而不断增加。

其他烯烃如丁烯、异丁烯、戊烯，也和丙烯一样，作为乙烯生产的附带产物，也属于石油裂解产物。它们也都是重要的基本有机合成原料。

## 5.2 二 烯 烃

分子中含有不止一个双键的开链烃，按双键数目的多少，分别叫做二烯烃、三烯烃、……以至多烯烃等，其中以二烯烃最为重要，它们的通式为 $C_nH_{2n-2}$。按分子中两个双键相对位置的不同，二烯烃又可分为下列三类：

(1) 累积二烯烃。两个双键连接在同一个碳原子上的二烯烃称累积二烯烃，如丙二烯 $CH_2=C=CH_2$。累积二烯烃一般不稳定，存在不多。

(2) 隔离二烯烃。两个双键之间被两个或两个以上单键间隔的烯烃称为隔离二烯烃，也叫孤立二烯烃，如 1,5-己二烯($CH_2=CH-CH_2-CH_2-CH=CH_2$)。这类二烯烃由于分子中两个双键相距较远，双键之间相互影响较小，分子中双键的结构和性质与单烯烃相似。

(3) 共轭二烯烃。两个双键被一个单键间隔的二烯烃叫做共轭二烯烃，如 1,3-丁二烯($CH_2=CH-CH=CH_2$)，它是最简单的也是最重要的二烯烃。共轭二烯烃的结构和性质与前面两类二烯烃不同，由于两个双键相互影响，表现出特有的性质，因此共轭二烯烃在理论研究和实际应用中占有特别重要的地位，本部分主要讨论共轭二烯烃。

共轭二烯烃分子中，由于两个 π 键之间存在 π-π 共轭效应，体系中 π 电子可以在整个共轭体系中离域，导致了分子的稳定性增加，分子的能量明显降低。

### 5.2.1 共轭二烯烃的性质

共轭二烯烃的物理性质和烷烃相似。碳原子数较少的二烯烃为气体，如 1,3-丁二烯为沸点 −4℃的气体。碳原子数较多的二烯烃为液体，如 2-甲基-1,3-丁二烯为沸点 34℃的液体。它们都不溶于水而溶于有机溶剂。

共轭二烯烃具有烯烃双键的一些化学性质，但由于是共轭体系，在加成和聚合反应中又有它特有的一些特殊规律。

#### 5.2.1.1 1,2 和 1,4-加成反应

共轭二烯烃和卤素、卤化氢等都容易发生亲电加成反应，但可产生两种加成产物，如下式所示：

$$CH_2=CHCH=CH_2+Br_2 \longrightarrow \underset{\text{1,2-加成产物}}{\underset{Br\quad Br}{CH_2CHCH=CH_2}} + \underset{\text{1,4-加成产物}}{\underset{Br\qquad\qquad Br}{CH_2CH=CHCH_2}}$$

1,2-加成产物是一分子试剂在同一个双键的两个碳原子上的加成。1,4-加成

产物则是一分子试剂加在共轭双键的两端碳原子($C_1$ 或 $C_4$)上,即 $C_1$ 和 $C_4$ 上原来的双键变成单键,而在 $C_2$ 和 $C_3$ 之间,原来的单键变成双键。在 1,4-加成反应中,共轭二烯烃作为一个整体参与反应,因此也称为共轭加成。这是共轭二烯烃的特征反应。

共轭二烯烃进行加成反应时,由于外界试剂或溶剂的影响,共轭体系产生极化,不仅一个双键产生极化,而且使整个共轭体系的电子云发生形变,产生交替极化,如 1,3-丁二烯与溴化氢的加成。加成反应分为两步,第一步氢原子可以进攻 $C_1$ 或 $C_3$,形成两种碳正离子中间体Ⅰ和Ⅱ。

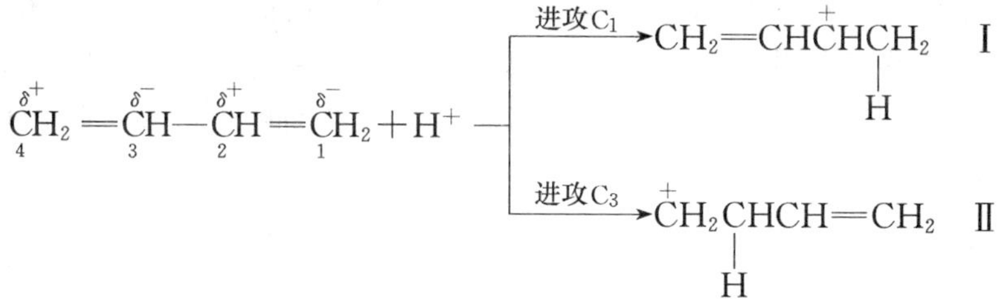


碳正离子Ⅰ可看作是烯丙型的碳正离子,其中心碳为 $sp^2$ 杂化状态,中心碳的空 p 轨道与 π 键可发生 p-π 共轭效应,π 电子可以在 π 键的两个 p 轨道和空 p 轨道的范围内离域,使碳正离子的正电荷得到分散,增加了碳正离子的稳定性。

由于碳正离子Ⅱ属于伯碳正离子,不存在这样的离域效应,因此碳正离子Ⅰ要比碳正离子Ⅱ稳定。1,3-丁二烯的第一步加成总是要生成稳定的碳正离子Ⅰ。也就是说,第一步反应总是发生在末端碳原子 $C_1$ 上,生成碳正离子Ⅰ。碳正离子Ⅰ的正电荷分散在 π 键和空 p 轨道形成的共轭体系中,根据量子化学的计算结果,在两端碳原子上带的正电荷更多一些,即 $C_2$ 和 $C_4$ 上带的正电荷更多一些。在加成反应的第二步中,带负电荷的溴离子就加在 $C_2$ 或 $C_4$ 上,分别生成 1,2-加成产物或 1,4-加成产物。

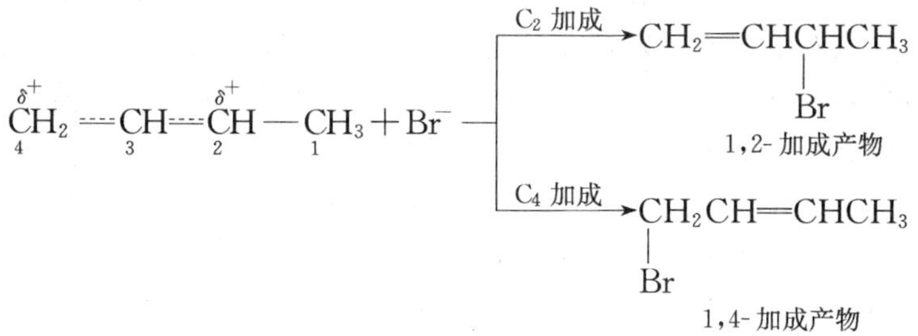


共轭二烯烃的亲电加成产物中,1,2-加成产物和 1,4-加成产物之比按二烯烃的不同结构以及所用试剂和反应条件(如溶剂、温度、反应时间等)的不同而变化。例如,1,3-丁二烯与 HBr 的加成,在不同温度下进行反应,可得到不同的产物比:

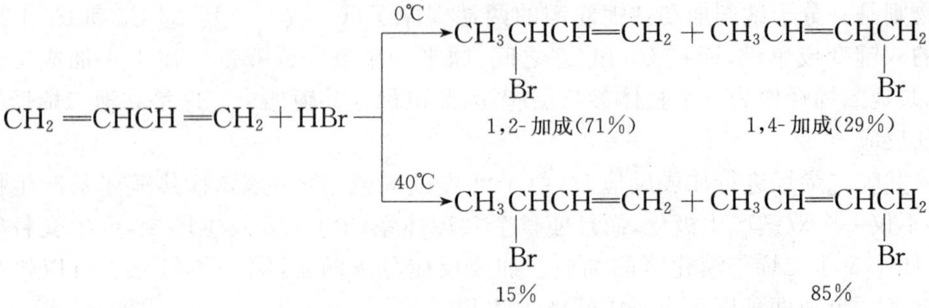


但如将 0℃时反应所得到产物，再在 40℃下较长时间加热，也可获得 40℃时反应的产物比例，即其中 85%是 1,4-加成产物，15%是 1,2-加成产物。之所以如此是由于上述两种加成方式需要的活化能以及所得的产物的稳定性不同，如图 5-1 所示。

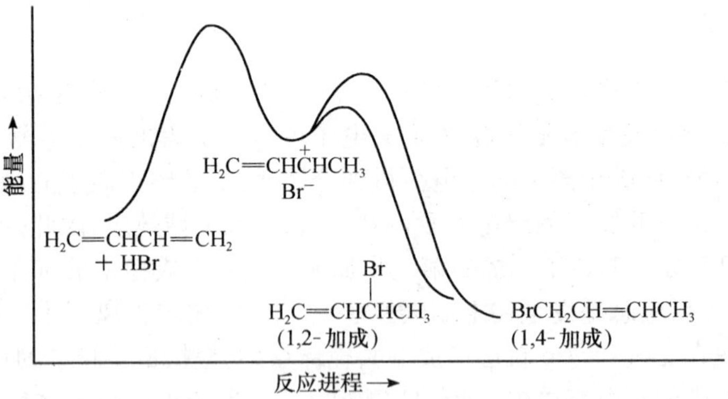


图 5-1　1,3-丁二烯与 HBr 亲电加成反应进程的能量变化示意图

由于 1,2-加成反应活化能低，在低温时，1,2-加成反应速率比 1,4-加成快。这时加成产物的比例由加成反应速率决定(称受动力学控制的反应)，1,2-加成产物占优势。但当温度升高(至 40～60℃)或极性溶剂增加，反应时间延长时，碳正离子有条件获得更多的能量，以满足 1,4-加成需要较高活化能的要求，而且生成的 1,4-加成产物较稳定，这时 1,4-加成反应便更容易进行。此外，在较高温度时 1,2-加成的逆反应速率也增加，先生成的 1,2-加成产物也容易迅速逆转为烯丙型碳正离子，这就更利于 1,4-加成产物的生成。因此当达到动态平衡时，主要生成较稳定的 1,4-加成产物(也称受热力学控制的反应)。

叁键与双键共轭的不饱和烃也有 1,4-加成反应。例如，乙烯基乙炔加氯化氢：

$$\overset{\delta^+}{C}H_2{=}CHC{\equiv}\overset{\delta^-}{C}H + HCl \longrightarrow \underset{\displaystyle Cl}{\underset{|}{C}}H_2CH{=}C{=}CH_2$$

生成的累积二烯烃不稳定，重排得到 2-氯-1，3-丁二烯：

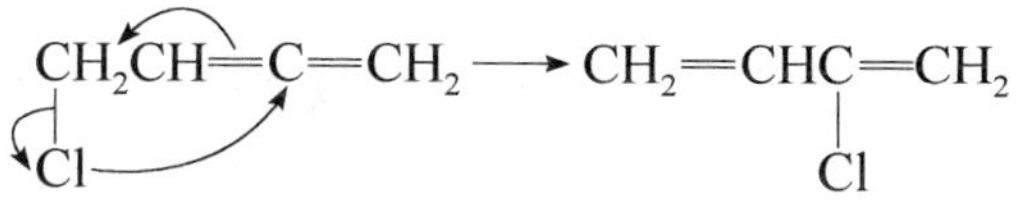

5.2.1.2　双烯合成——第尔斯-阿尔德反应

共轭二烯烃与具有碳碳双键或碳碳叁键的不饱和化合物进行 1，4-加成反应，生成六元环烯烃及其衍生物，这类反应叫做第尔斯-阿尔德(Diels-Alder)反应，也叫双烯合成。它是由德国有机化学家第尔斯和阿尔德发现的，因此两人同时获 1950 年诺贝尔化学奖。这一反应是可逆反应，正向成环反应温度较低，逆向开环反应温度较高，是共轭二烯烃所特有的反应，它是合成六元碳环化合物的一种重要方法。

通常把进行双烯合成的共轭二烯烃叫做双烯体(diene)，把与共轭二烯烃起双烯合成反应的不饱和化合物叫亲双烯体(dienophile)，如

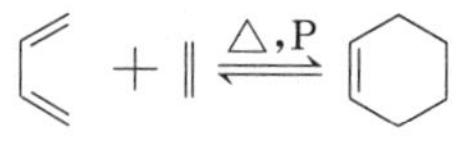

1，3-丁二烯与乙烯进行的双烯合成不是很容易：在 200℃、9MPa 反应 17h，产率 18%。然而，具有供电子基团的双烯体和具有吸电子基团的亲双烯体反应时，有利于反应进行。

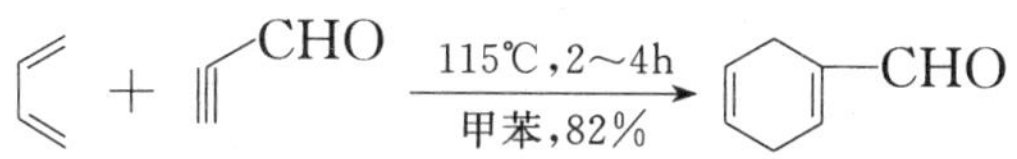

丙炔醛　　1，4-环己二烯甲醛

在双烯合成反应过程中，一般没有活性中间体生成，反应不分阶段，一步完成，称为协同反应。在反应过程中保持双烯体和亲双烯体构型：

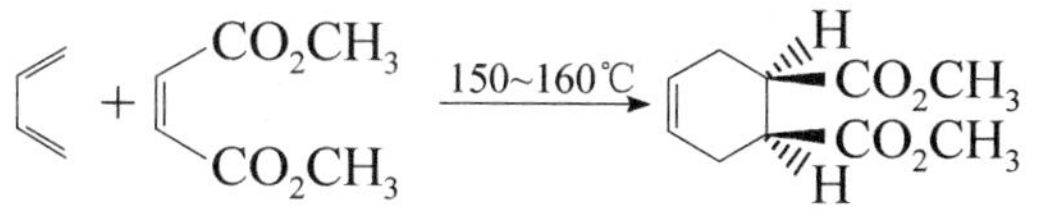

由双烯合成反应机理可知，双烯体均以 *S*-顺式参加反应。具有 *S*-顺式构象的

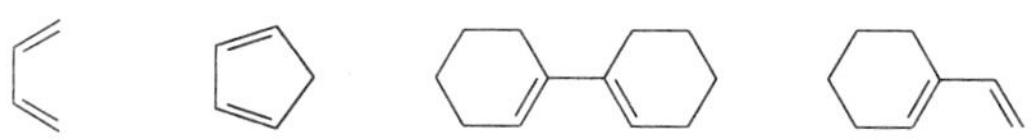

开链共轭双烯　　同环共轭双烯　　异环共轭双烯　　环内外共轭双烯

都可以发生双烯合成反应。

若不能形成 $S$-顺式，则反应不能进行，如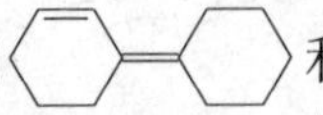和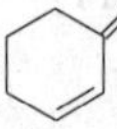；而 2，3-二叔丁基-1，3-丁二烯由于两个叔丁基体积很大，空间位阻的结果也不能形成 $S$-顺式构象，故不发生双烯合成反应。

双烯合成反应具有很强的区域选择性。当双烯体和亲双烯体上均有取代基时，从反应式看，有可能产生两种不同的反应产物。反应规律为1-取代的双烯体与单取代的亲双烯体反应主要生成邻位产物，2-取代的双烯体则主要生成对位产物。

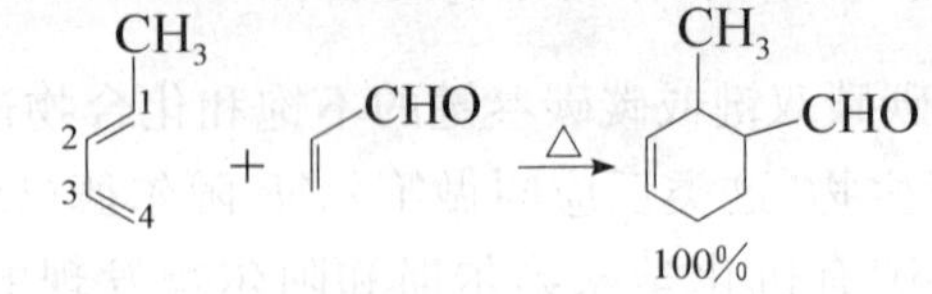


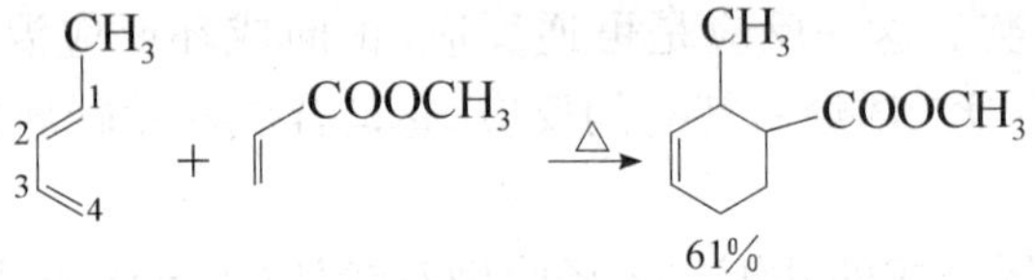


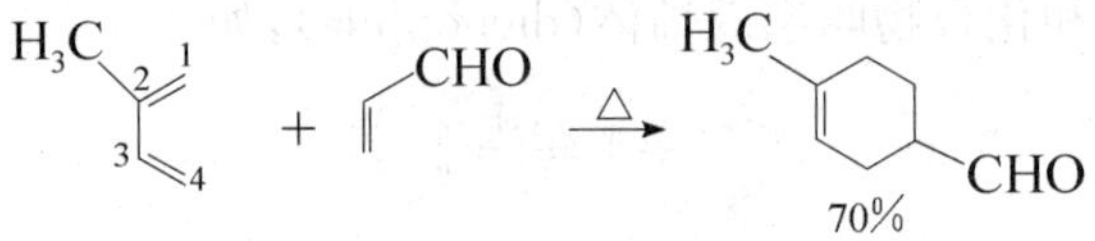


有些烯烃衍生物，如马来酸酐(顺丁烯二酸酐)，与 1，3-丁二烯反应时，生成的环状化合物常为固体。因此可以利用此反应来鉴别共轭二烯烃。

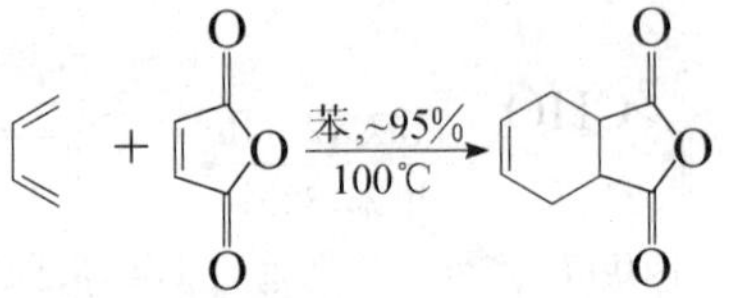


环戊二烯作为双烯体也能进行双烯合成反应：

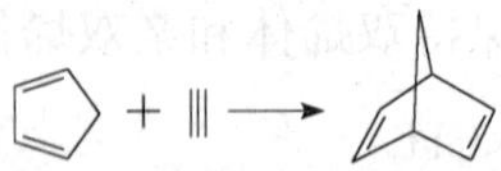

环戊二烯自身也能进行双烯合成，一分子为双烯体，另一分子为亲双烯体，这个反应很容易进行。在室温下放置环戊二烯就变成二聚环戊二烯，加热蒸馏后又分解成环戊二烯，可立即使用。

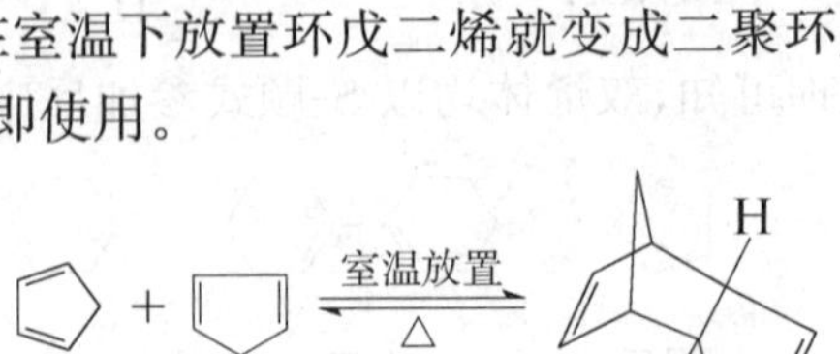

双烯体或亲双烯体的不饱和碳原子换成杂原子，仍能进行双烯合成，这也是合成杂环化合物的一个重要方法。

#### 5.2.1.3　聚合及共聚合反应

1）高聚反应

共轭二烯烃在催化剂作用下可以聚合生成高分子化合物。例如，1，3-丁二烯在金属钠催化下，聚合生成聚丁二烯。这种聚合物具有橡胶的性质，即它们具有伸缩性和弹性，所以也叫做弹性体。它是最早发明的合成橡胶，又称丁钠橡胶。

$$n\mathrm{CH_2{=}CHCH{=}CH_2} \xrightarrow[60^\circ\mathrm{C}]{\mathrm{Na}} \mathrm{\left[CH_2{-}CH{=}CH{-}CH_2\right]_n}$$

上式中的聚合物可以看作是 1，3-丁二烯单体分子间的 1，4-加成产物，但实际上除上述单体分子之间的 1，4-加成外，还可以有分子之间的 1，2-加成，以及 1，2-与 1，4-加成，即一个分子的 $C_1$、$C_2$ 与另一个分子的 $C_1$、$C_4$ 发生加成。

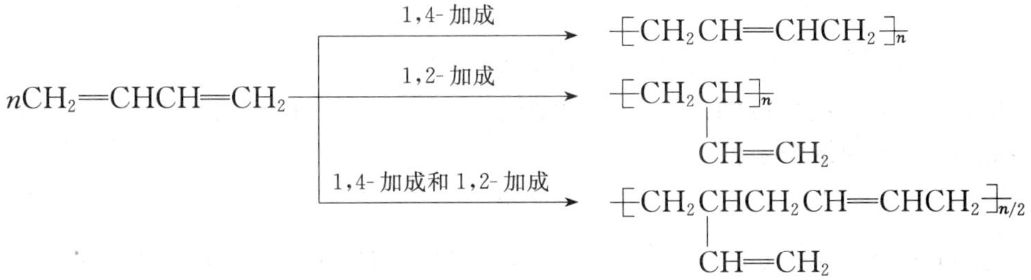


由于最终得到的是上述各种加成方式聚合的混合产物，这种丁钠橡胶的性能并不理想。近年来，随着催化剂和聚合反应研究的发展，工业上使用齐格勒-纳塔催化剂[$(CH_2CH_2)_3Al + TiCl_4$]可以使 1，3-丁二烯基本上都是按 1，4-加成方式聚合。

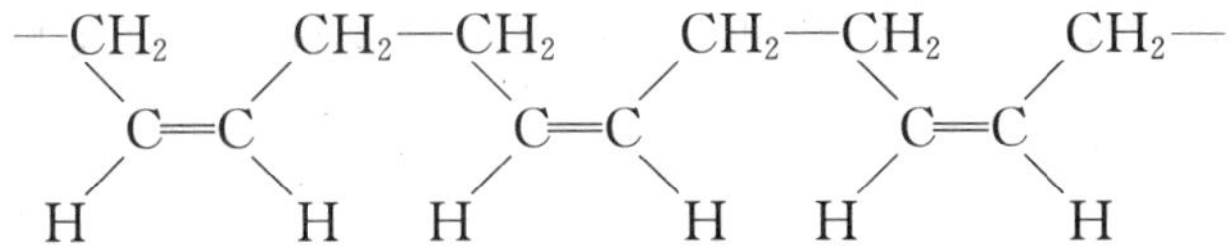

由上式可以看出，聚合产物中双键上的较小基团都在双键的同一侧，所以得到的聚丁二烯称顺-1，4-聚丁二烯，简称顺丁橡胶。除 1，3-丁二烯外，下面两种丁二烯也可聚合而得到合成橡胶：

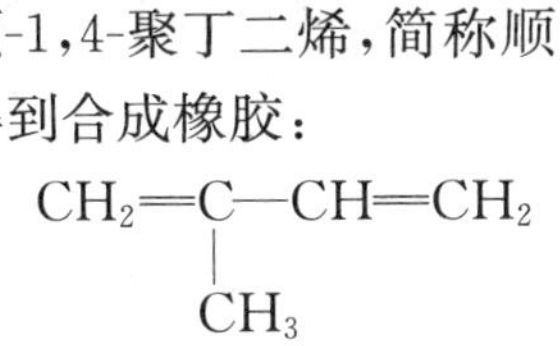
2-甲基-1，3-丁二烯或异戊二烯

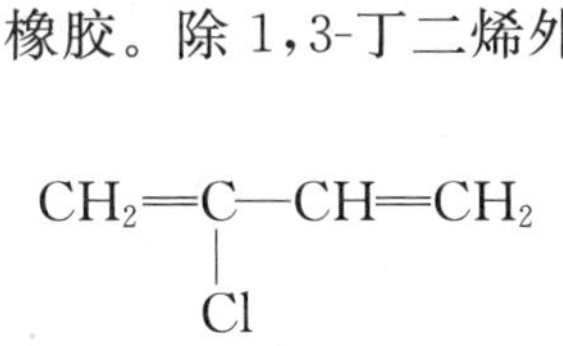
2-氯-1，3-丁二烯

同样，在这些聚合产物中，1，2-和 1，4-加成产物的比例以及顺式和反式产物的比例也都会影响聚合物的性质。而产物的组成又往往由不同的反应条件，特别是催化剂的性质所决定。所以反应条件和催化剂种类的选择对这些聚合反应来说都是非常重要的。

1,3-丁二烯在环烷酸镍/三异丁基铝催化剂作用下进行聚合反应得到顺式结构含量大于96%的1,4-聚丁二烯(又称顺丁橡胶),低温弹性和耐磨性能好,可以做轮胎。

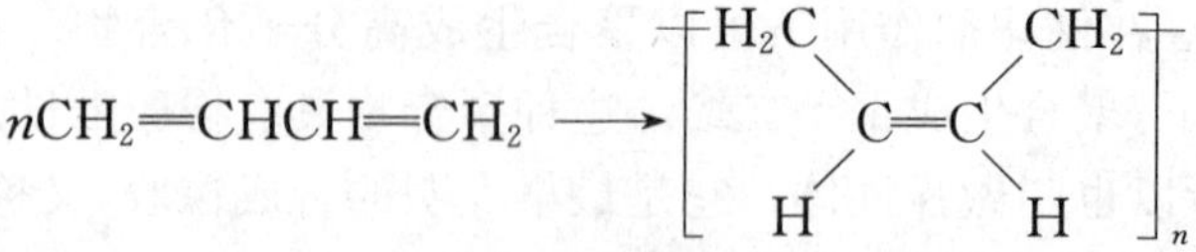

用烯丙基碘化镍作催化剂,1,3-丁二烯聚合则得到反式结构大于99%的1,4-聚丁二烯:

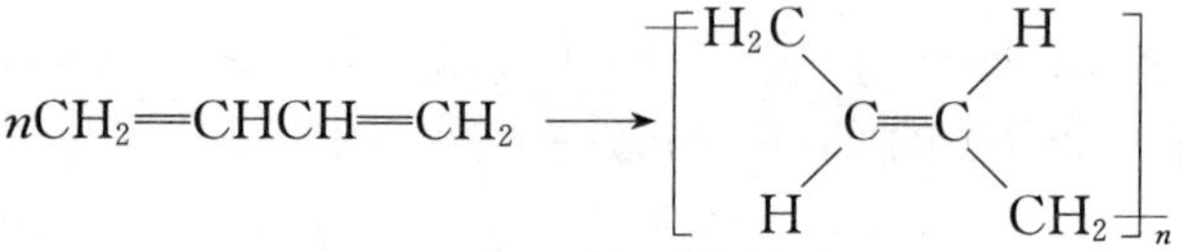

调节丁基锂/醚引发剂中各组分的比例,使1,3-丁二烯在进行1,4-聚合的同时也进行1,2-聚合,得到含1,2-聚合结构在25%～65%的中乙烯基橡胶,其加工性能好,是新的橡胶品种。

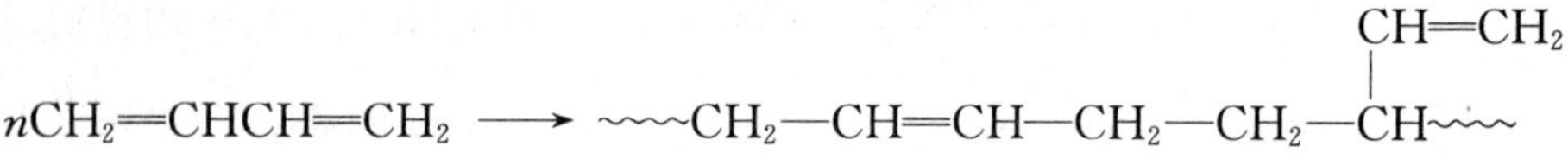

2) 共聚合反应

共轭二烯烃还可以和其他双键化合物共同聚合(共聚)成高分子聚合物。例如,1,3-丁二烯可以与苯乙烯、丙烯腈、甲基丙烯酸甲酯等单体进行共聚合反应,得到橡胶和塑料等。

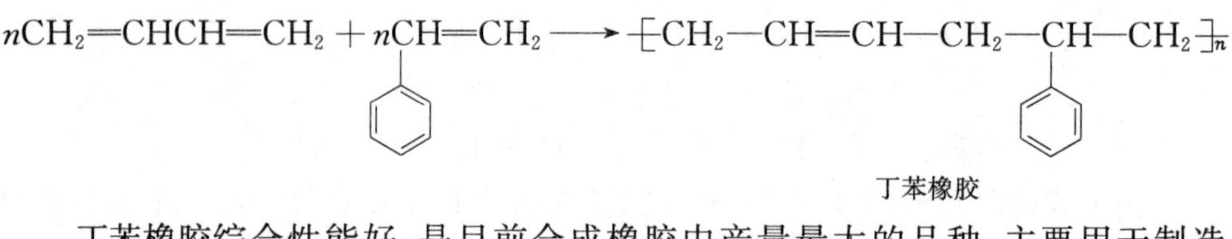

丁苯橡胶

丁苯橡胶综合性能好,是目前合成橡胶中产量最大的品种,主要用于制造轮胎。

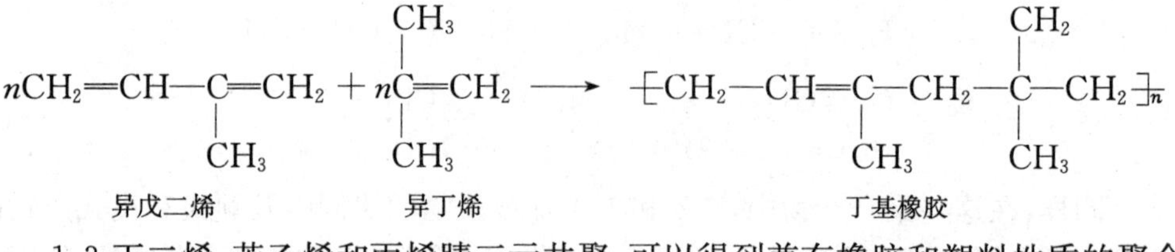

异戊二烯　　异丁烯　　丁基橡胶

1,3-丁二烯、苯乙烯和丙烯腈三元共聚,可以得到兼有橡胶和塑料性质的聚合物 ABS 树脂：

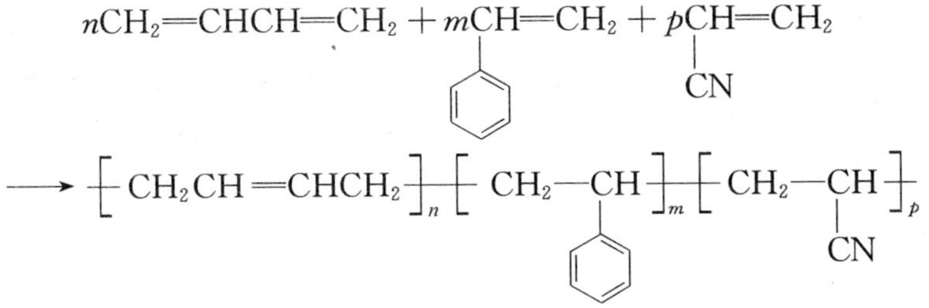

它是聚丁二烯、聚苯乙烯和聚丙烯腈的嵌段聚合物，性能优异，是有广泛用途的工程塑料。

### 5.2.2　1,3-丁二烯的来源和制备方法

1,3-丁二烯是合成橡胶的主要原料，它可由石油裂解产物的 $C_4$ 馏分分离精制取得。目前工业上是从石油裂解气中分离取得的丁烯和丁烷在催化剂存在下脱氢或氧化脱氢制备。第二次世界大战期间，由于合成橡胶的需要，也多采用乙醇为原料生产丁二烯。

1）由丁烷或丁烯制备

丁烷在氧化铬-氧化铝催化剂存在下，可脱氢生成 1,3-丁二烯。

$$CH_3CH_2CH_2CH_3 \xrightarrow[600℃]{Al_2O_3\text{-}Cr_2O_3} CH_2{=}CHCH{=}CH_2 + H_2$$

丁烯在催化剂磷酸钙镍存在下加热，可脱氢生成 1,3-丁二烯；也可在磷-钼-铋催化剂存在下加热，通过氧化脱氢制备 1,3-丁二烯。

$$\left.\begin{array}{r} CH_3CH_2CH{=}CH_2 \\ CH_3CH{=}CHCH_3 \end{array}\right\} \longrightarrow \begin{cases} \xrightarrow[580\sim650℃]{\text{磷酸钙镍}} CH_2{=}CHCH{=}CH_2 + H_2 \\ \xrightarrow[480\sim500℃]{\text{磷-钼-铋},O_2} CH_2{=}CHCH{=}CH_2 \end{cases}$$

2）由乙醇脱水脱氢制备

将乙醇蒸气通过氧化镁-氧化硅催化剂，在 360℃以上，脱水脱氢生成 1,3-丁二烯。

$$2CH_3CH_2OH \xrightarrow[360℃\text{以上}]{MgO\text{-}SiO_2} CH_2{=}CHCH{=}CH_2 + H_2O + H_2$$

此反应比较复杂，副产物较多，但工业上应用较早，工艺技术较成熟，在石油资源匮乏、农产品丰富的国家仍有一定的使用价值。

### 5.2.3　天然橡胶和合成橡胶

#### 5.2.3.1　天然橡胶

从橡胶树割取得到的白色胶乳——橡浆加入少量乙酸后即凝聚成块，再经加

工压片就成为生天然橡胶，通称生橡胶。

将天然橡胶在隔绝空气下加热，就分解生成异戊二烯(2-甲基-1,3-丁二烯)。异戊二烯在一定条件下又可聚合生成与天然橡胶类似的物质。经长期研究认为，天然橡胶是异戊二烯单体以1,4-加成方式聚合，由“首尾相连”而成的顺-1,4-聚异戊二烯线型高分子化合物：

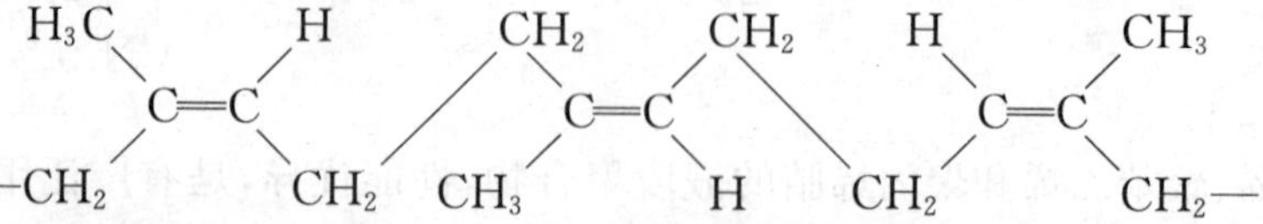

生橡胶是柔软无定形的弹性物质，无一定熔点，不溶于水而溶于有机溶剂，具有耐曲折、绝缘、防水等性质。但受热易软化，低温时又变得脆硬。放置空气中日久就逐渐氧化而失去弹性，通称为橡胶的“老化”。生橡胶的机械强度和耐磨性均较差，必须经过“硫化”处理后才能进一步加工为橡胶制品。所谓“硫化”就是将天然橡胶与硫或某些复杂的有机硫化合物一起加热，发生反应，使天然橡胶的线状高分子链被硫原子所连接(交联)。硫桥可以发生在线状高分子链的双键处，也可以发生在双键旁的$\alpha$-碳原子上。硫化后的结构表示如下：

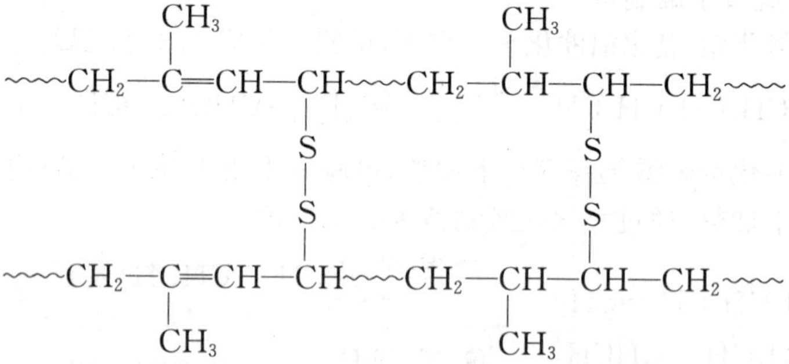

硫化使线状高分子通过硫桥交联成相对分子质量更大的体型分子，这样就克服了原来天然橡胶黏软的缺点，产物不仅硬度增加，而且仍保持弹性。

目前模拟天然橡胶结构的“合成天然橡胶”已经合成，其性质与天然橡胶极其相似，且已超越了天然橡胶。

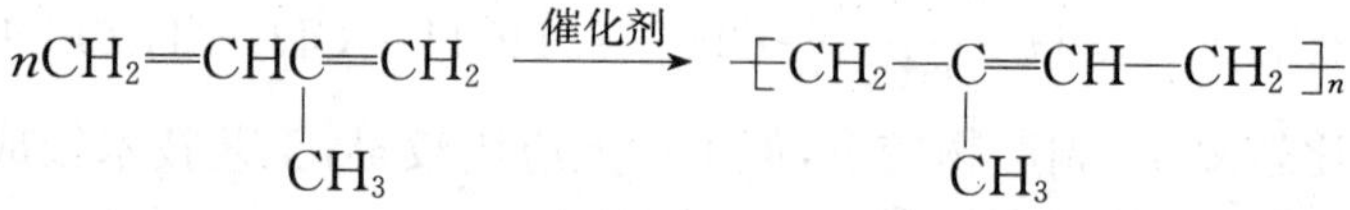


5.2.3.2　合成橡胶

天然橡胶的产量和性能早已不能满足工农业、交通、国防的需要，为了满足橡胶的供应不受自然条件的限制，而又能赋予耐油、耐酸、耐高温、耐严寒等特殊性能，在探明天然橡胶结构的基础上发展了多种多样的合成橡胶。除上述合成天然橡胶外，目前常用的还有顺丁橡胶、丁苯橡胶、丁氰橡胶、氯丁橡胶等。

(1) 顺丁橡胶（顺-1，4-聚丁二烯橡胶）。选择齐格勒-纳塔催化剂（$R_3Al$-$TiCl_4$）使单体 1，3-丁二烯的聚合基本上都按 1，4-加成方式进行，由“首尾相连”生成顺 1，4-聚丁二烯橡胶。在顺丁橡胶中每个“链节”都符合顺式 2-丁烯的结构。这种选择性催化剂叫做定向聚合催化剂，这种聚合方式叫做定向聚合。

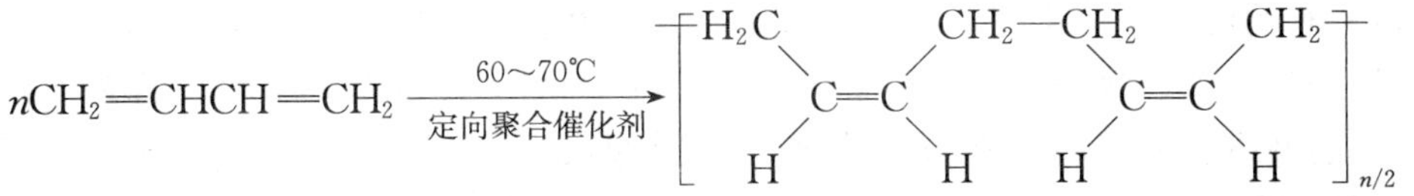


这种定向聚合所生成的顺丁橡胶由于结构的排列次序规则，具有耐磨、耐低温、耐老化、弹性良好等优异性能。

(2) 丁苯橡胶。1，3-丁二烯和苯乙烯共聚而生成的高分子化合物叫丁苯橡胶。

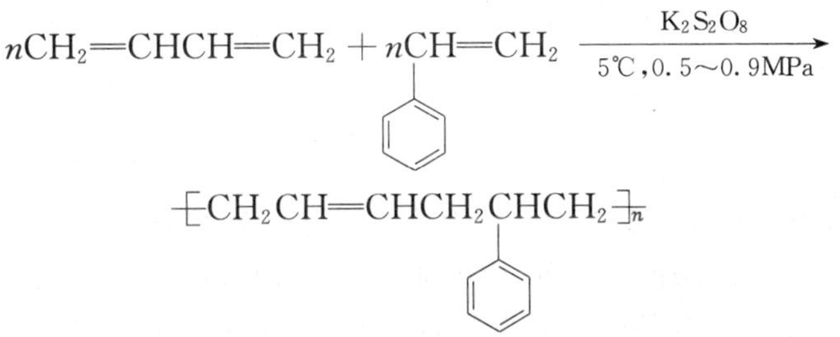


丁苯橡胶具有良好的耐老化、耐热、耐油和耐磨损等性能，主要用来生产各种轮胎和其他工业橡胶制品，产量占目前世界上合成橡胶的首位。

(3) 丁腈橡胶。1，3-丁二烯与丙烯腈共聚生成丁腈橡胶。

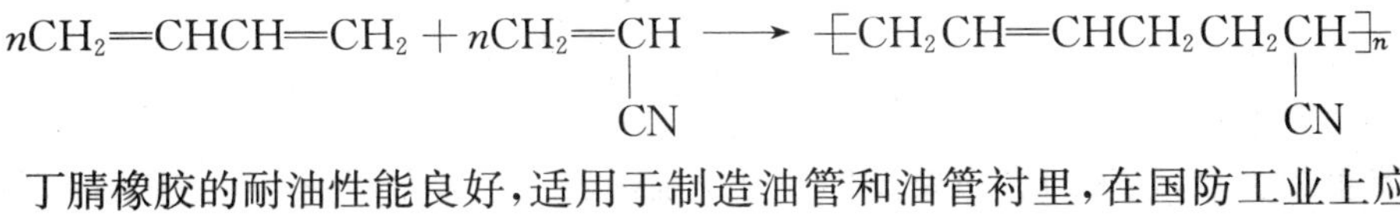

丁腈橡胶的耐油性能良好，适用于制造油管和油管衬里，在国防工业上应用很广。

(4) 氯丁橡胶。由 2-氯-1，3-丁二烯单体聚合生成的高聚物叫做氯丁橡胶。

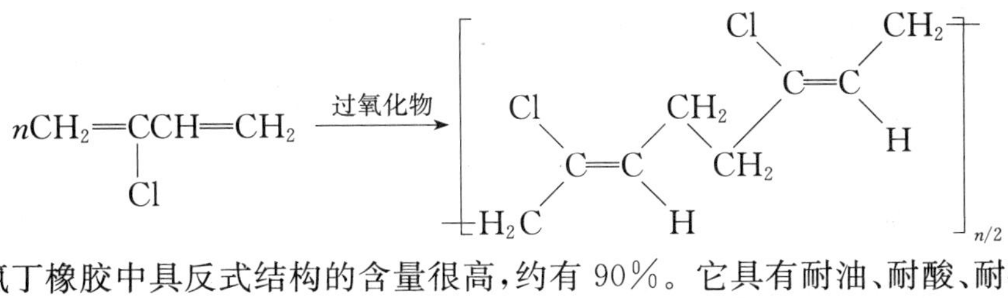


氯丁橡胶中具反式结构的含量很高，约有 90%。它具有耐油、耐酸、耐碱、耐热、耐燃烧、耐挠曲、气密性良好等性能，唯有耐寒性和储存稳定性较差。但价格低廉，适用于制备运输带、胶管、印刷胶管、油箱等。

上述各种合成橡胶都是线型高分子化合物，都要经过硫化处理后才能应用。

## 5.2.4 周环反应

一个化学反应从历程来看，有的是多步完成，前面关于烯烃的加成反应以及烷烃的自由基取代反应都是多步完成，反应过程中有离子或自由基等中间体生成。但是，有的反应是一步完成的，反应过程中新键的生成和旧键的断裂同时发生，反应只经过一个过渡态而没有离子或自由基等中间体过程的基元反应，称为协同反应。前面讲过的双烯合成，既不是离子型反应，也不是自由基型反应，而是不经过中间体的协同反应。后面卤代烃亲核取代反应中的 $S_N2$，亲核试剂和碳原子间新键的形成和离去基团与旧键之间的裂解是同时形成的，消除反应的 E2 机理中，进攻试剂夺取 $\beta$-H，离去基团带着一对电子离去的同时在两个碳原子间也生成了双键，也都是协同反应。本节所涉及的电环化反应和环加成反应也属于协同反应，但这些反应的一个共同点是反应经过一个环过渡态而进行的，故称之为周环反应。因此，周环反应是协同反应中的一种，而协同反应不一定是周环反应，二者不可混淆。

周环反应有两个特点：第一，反应显著受光照和加热作用影响，而且光照和加热所得反应结果不同，极少受极性溶剂和自由基引发剂或抑制剂的影响，近来观察到少数周环反应受酸碱的催化作用影响；第二，有高度的立体化学专一性，一定立体构型的反应物在一定条件下反应只能得到特定构型的产物。

周环反应的机理是基于日本化学家福井谦一(Fukui Kenichi，1981 年获诺贝尔化学奖)提出的分子前沿轨道学说以及美国化学家伍德沃德(Woodward，1965 年获诺贝尔化学奖)和霍夫曼(Hofmann，1981 年与福井谦一同获诺贝尔化学奖)提出的分子轨道对称守恒原理，这两项工作是近代有机化学理论研究的重大成果之一。

与原子价电子的概念相类似，分子前沿轨道学说认为：在化学反应中，分子轨道要重新组合，这种组合主要发生在分子前沿轨道上，即发生在分子中能量最高的电子占据轨道(HOMO)和能量最低的电子未占据轨道(LUMO)之间。分子轨道对称守恒原理认为：反应成键过程是分子轨道的重新组合过程，反应过程中分子轨道的对称性必须是守恒的。即反应物分子轨道的对称性必须与产物分子轨道的对称性保持一致，才容易进行反应，称为对称性允许。反之，不能保持一致，反应就难进行或不能进行，称为对称性禁阻。

按反应的特点，周环反应主要分为三类：电环化反应、环加成反应、$\sigma$ 键迁移反应。本节只介绍前两类。

### 5.2.4.1 电环化反应

在线形共轭体系的两端，由两个 $\pi$ 电子生成一个新的 $\sigma$ 键的反应或其逆反应都称为电环化反应。电环化反应的显著特点是具有高度的立体专一性，即在一定的反应条件下(光或热)，一定构型的反应物只生成一种特定构型的产物，如

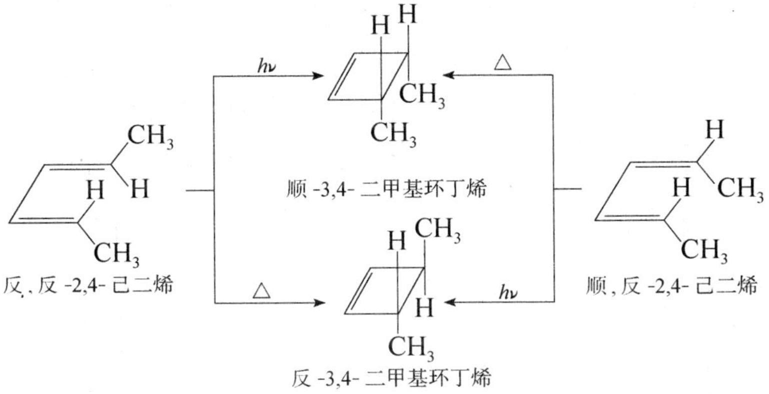


取代己三烯在不同的条件下得到构型不同的关环产物。

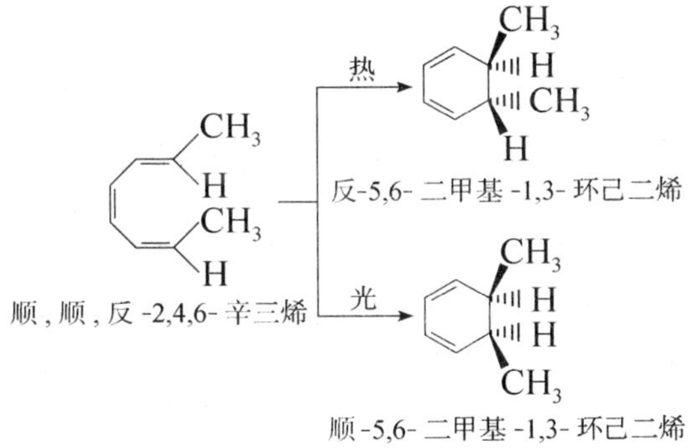


电环化反应的立体化学与共轭体系中的 π 电子数目有关。

电环化反应是可逆的，按微观可逆原则，正反应和逆反应所经过的途径是相同的，所以成环反应的结果也适用于开环反应。

#### 5.2.4.2　环加成反应

环加成反应是在两个 π 电子体系的两端同时生成两个 σ 键而闭合成环的反应。环加成反应可以根据 π 电子数目不同分为[2＋2]和[4＋2]型等。

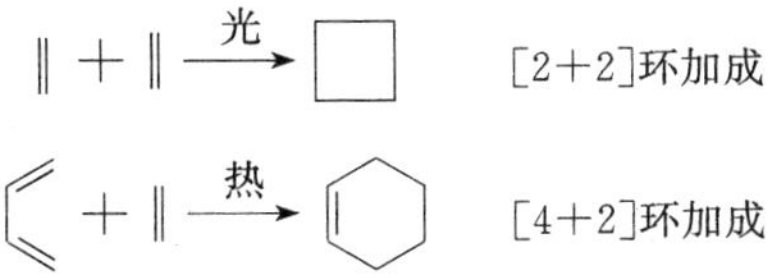


环加成也具有立体专一性。例如，顺-2-丁烯在光作用下环加成反应只生成两种异构体：

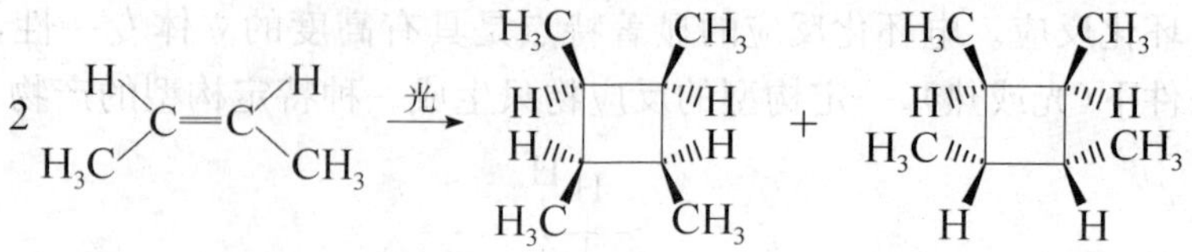


[2+2]与[4+2]型环加成反应所需要的条件不同，前者在光照条件下反应，后者在加热条件下反应方可进行。环加成反应也是可逆的。

5.2.4.3 前线轨道理论

前面所讨论的电环化反应及环加成反应的立体专一性和反应条件的确定要用分子轨道对称守恒理论加以理解。其表述方法有多种，如前线轨道理论、能量相关理论以及芳香过渡态理论等。我们仅介绍简单直观的前线轨道理论。

前线轨道是指分子中能量最高的电子占据轨道和能量最低的电子未占据轨道，分别用 HOMO 和 LUMO 表示。正如原子在反应过程中起关键作用的是能量最高的价电子一样，分子中处于能量最高占有轨道的电子能量最高、最活泼、最容易推动反应的进行，常常对反应的进程起决定作用。热反应只与基态有关，在反应中起关键作用的是 HOMO。但是，在光的作用下，往往有 π 电子被激发，从 HOMO 进入 LUMO，后者变成了处于激发态时的能量最高的电子占据轨道（HOMO），即前线轨道。

考虑周环反应中轨道的对称性，关键是前线轨道的对称性。它的性质决定着反应的途径。在电环化反应中，共轭二烯烃两碳原子的 p 轨道变成环烯烃分子中的 σ 键，因此要考虑这两个 p 轨道在反应过程中的对称性守恒。例如，2，4-己二烯的分子轨道示于图 5-2。它的两端分别绕 $C_2$—$C_3$ 和 $C_4$—$C_5$ 键旋转，同时 $C_2$ 和 $C_5$ 上的 p 轨道逐渐变成 $sp^3$ 轨道，相互交盖生成 σ 键。旋转有两种可能的方式：一种是向同一方向旋转，称为顺旋；另一种向相反方向旋转，称为对旋。参见图 5-3。顺旋时，$C_2$ 上的 p 轨道或 $sp^3$ 轨道的一瓣始终接近 $C_5$ 上的 p 轨道或 $sp^3$ 轨道相位相同的一瓣，它们可以交盖成键，p 轨道逐渐变成 $sp^3$ 轨道，形成 σ 键。因此顺旋是对称性允许的途径。相反，对旋相位相反，不能形成 σ 键，是对称性禁阻的途径。所以($Z$,$E$)-2，4-己二烯受热顺旋成环应得到顺-3，4-二甲基环丁烯。

在光照条件下，2，4-己二烯分子中的一个 π 电子从 $\pi_2$ 轨道跃迁到 $\pi_3^*$，这时，2，4-己二烯的 HOMO 为 $\pi_3$，LUMO 为 $\pi_4$。在成环反应中起关键作用的是 $\pi_3$ 轨道，两种可能的旋转方向如图 5-4 所示。对旋时，轨道对称性允许，$C_2$ 和 $C_5$ 可以成键；在顺旋时是轨道的对称性禁阻的。因此(2$Z$，4$E$)-2，4-己二烯在光照下对旋生成反-3，4-二甲基环丁烯。

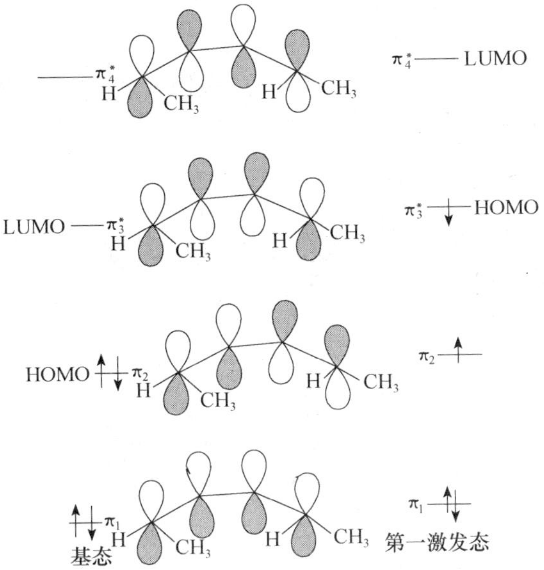


图 5-2　(*Z*,*E*)-2,4-己二烯分子的 π 轨道

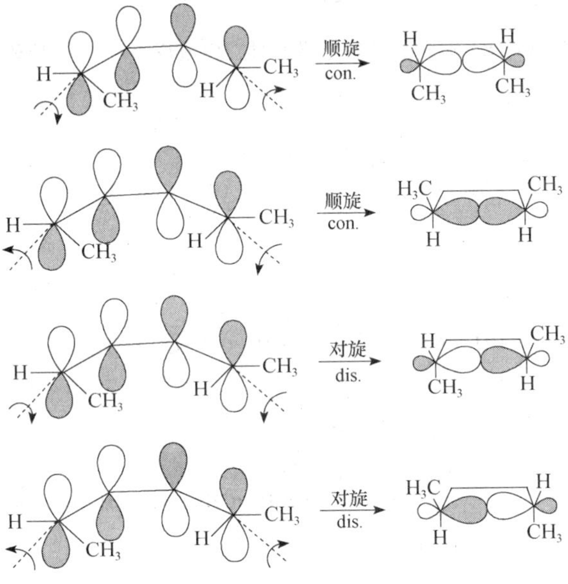


图 5-3　(*Z*,*E*)-2,4-己二烯加热顺旋变成顺-3,4-二甲基环丁烯

共轭三烯的电环化反应恰好与共轭二烯相反，这也是由它们的前线轨道的对称性决定的。共轭三烯的 π 分子轨道如图 5-5 所示，在热反应中 HOMO 为 $\pi_3$，对旋是对称性允许的，而在光反应中，HOMO 为 $\pi_4^*$，顺旋是对称性允许的。

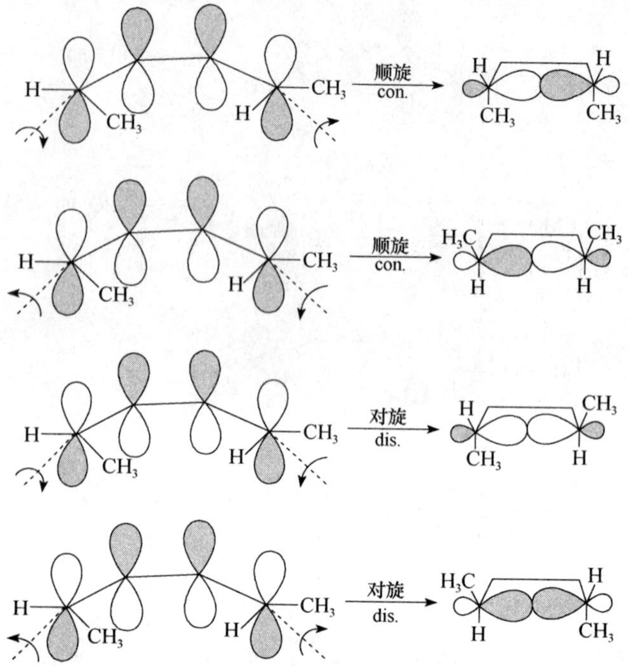


图 5-4 (*Z*,*E*)-2,4-己二烯光照下对旋生成反-3,4-二甲基环丁烯

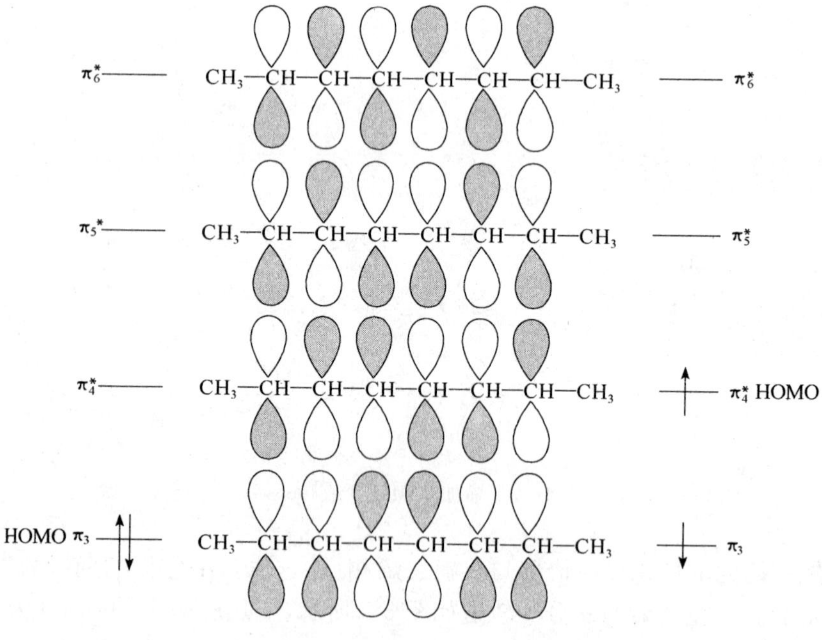


图 5-5 2,4,6-辛三烯的 π 分子轨道

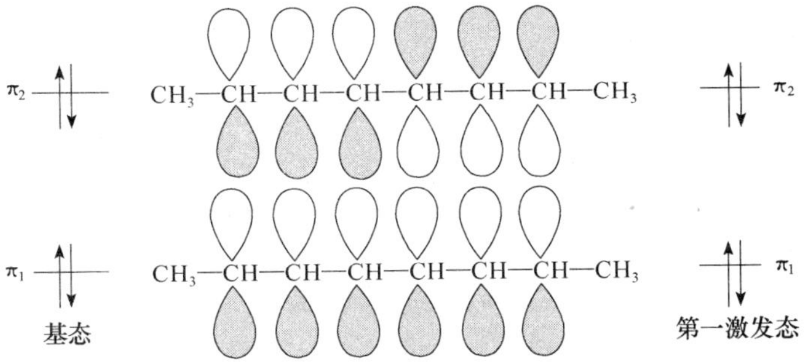


图 5-5(续)

如

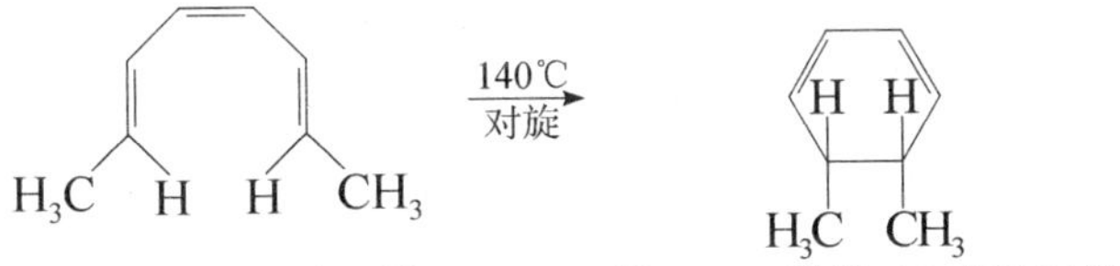


反，顺，反-2,4,6 辛三烯　　顺-5,6-二甲基-1,3-环己二烯

反，顺，顺-2,4,6 辛三烯　　顺-5,6-二甲基-1,3-环己二烯

共轭体系中 π 电子数目不同，电环化反应的选择规律也不同，这是由它们的 HOMO 的对称性决定的，见表 5-3。

**表 5-3　电环化反应规律**

| 反应物 π 电子数 | 旋转方式 | 热反应 | 光反应 |
|---|---|---|---|
| $4n$ | 顺旋 | 允许 | 禁阻 |
| | 对旋 | 禁阻 | 允许 |
| $4n+2$ | 顺旋 | 禁阻 | 允许 |
| | 对旋 | 允许 | 禁阻 |

下面用前线轨道理论解释环加成反应。以乙烯为例讨论[2+2]环加成反应。在环加成反应中，由两个分子的 4 个 π 电子生成两个 σ 键，要求两两轨道交盖，而一个轨道只能容纳两个电子，因此只能一个分子的已占轨道与另一分子的未占轨道交盖。在热反应中，基态的乙烯分子 HOMO 为 π 轨道，另一分子乙烯的 LUMO 为 $\pi^*$ 轨道，它们的位相不同，相互接近时，轨道对称性禁阻。在光反应中，一个处于激发态的乙烯分子的 HOMO 为 $\pi^*$，另一个处于基态的乙烯分子的 LUMO 也是 $\pi^*$，它们的位相相同，轨道对称性允许，如图 5-6 所示。

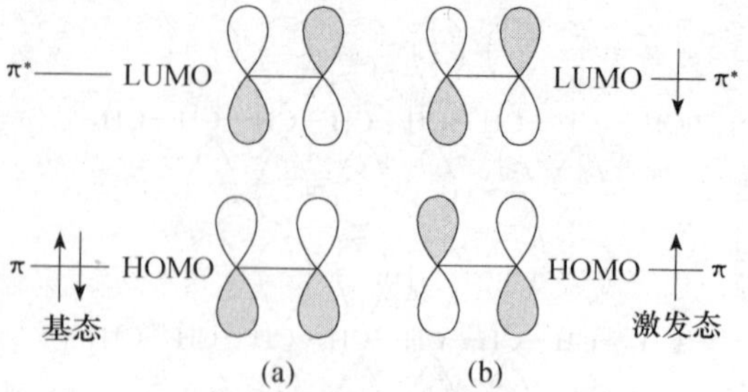


图 5-6　[2+2]环加成反应

其他烯烃的轨道对称性与乙烯相同，因此[2+2]环加成反应热反应禁阻，光反应允许。

双烯合成是[4+2]环加成。已知双烯合成在加热条件下即可反应，说明它们是对称性允许的。从理论上分析，在热作用下，双烯体（如 1,3-丁二烯）和亲双烯体（如乙烯）都可以利用基态下 HOMO 和另一分子的 LUMO 进行反应，如图 5-7 所示。

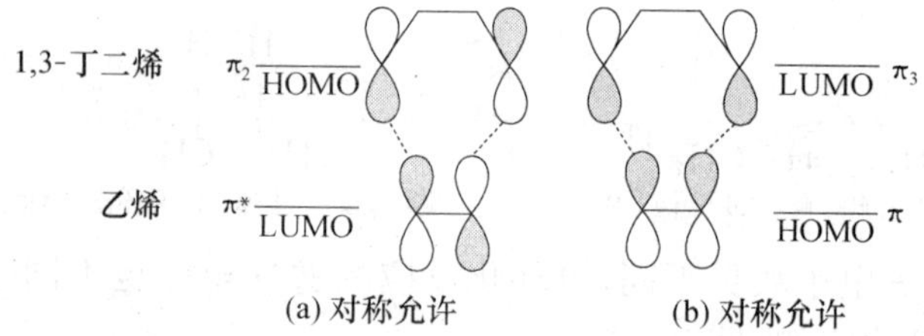


图 5-7　[4+2]环加成热反应轨道对称情况

当两个分子在反应过程中彼此相互接近，逐渐由原来的 π 电子在两个分子之间形成新的 σ 键时，由于原来两个分子的成键轨道（HOMO）都已充满，而且一个轨道只能容纳两个电子，因此两个新的 σ 键的生成只能是电子从一个分子的 HOMO流入另一个分子的 LUMO，从而相互交盖成键。加热条件下的环加成是基态下的反应，在基态时，乙烯的 HOMO 是 π 轨道，而 LUMO 是 1,3-丁二烯的 $\pi_3$，两个轨道的对称性是匹配的（位相相同），因此，乙烯和 1,3-丁二烯在加热下（基态下）进行环加成反应是对称允许的，如图 5-7(b)所示。另外，在基态时，1,3-丁二烯的 HOMO 是 $\pi_2$，而 LUMO 是乙烯的 $\pi^*$，两个轨道的对称性也是匹配的，在加热下进行环加成也是允许的，如图 5-7(a)所示。

如果在光作用下，双烯体和亲双烯体的前线轨道性质就不同，不能在对称守恒原则下交替成键，所以是对称性禁阻的。

以上是用前线轨道理论来解释电环化反应和环加成反应。这是一个简化了的理论，其优点是简单、直观，但是它有一定的局限性，因为实际反应中不仅前线轨道，而且其他的轨道也都发生了变化。尽管如此，该理论在大多数情况下是正确的，在解释周环反应机理上起着重要作用。

这里讲的对称性禁阻反应是指按协同反应途径进行反应时所需活化能很大，不易进行，但不排除反应按其他途径，如自由基型机理进行反应的可能性。

## 5.3 炔　　烃

炔烃的通式为 $C_nH_{2n-2}$。碳碳叁键是炔烃的官能团。

炔烃不存在顺反异构现象。叁键可以在分子链的端位上，称为末端炔烃，也可以在碳链中间，称为内炔烃。只有大环分子才有环炔烃，这是因为叁键基团是直线状结构，在小环和普通环状烃中容纳不下这一结构。

碳碳叁键的碳原子是以 sp 杂化方式成键的，两个 $\pi$ 键互相垂直。$\pi$ 键电子云分布在 $\sigma$ 电子云的外围，呈筒状分布。

### 5.3.1 炔烃的物理性质

炔烃的物理性质和烷烃、烯烃基本相似。低级的炔烃在常温常压下是气体，但沸点比相同碳原子数的烯烃略高。随着碳原子数的增多，它们的沸点也升高。叁键位于碳链末端的炔烃（又叫末端炔烃）和叁键位于碳链中间的异构体相比，前者具有更低的沸点。炔烃不溶于水，但易溶于极性小的有机溶剂，如石油醚（石油中的低沸点馏分）、苯、乙醚、四氯化碳等。部分炔烃的物理常数见表 5-4。

**表 5-4　部分炔烃的物理常数**

| 名　称 | 熔点/℃ | 沸点/℃ | 相对密度 $d_4^{20}$ |
|---|---|---|---|
| 乙炔 | −80.8(压力下) | −84.0(升华) | 0.6181(−32℃) |
| 丙炔 | −101.5 | −23.2 | 0.7062(−50℃) |
| 1-丁炔 | −125.7 | 8.1 | 0.6784(0℃) |
| 2-丁炔 | −32.3 | 27.0 | 0.6910 |
| 1-戊炔 | −90.0 | 40.2 | 0.6901 |
| 2-戊炔 | −101.0 | 56.1 | 0.7107 |
| 3-甲基-1-丁炔 | −89.7 | 29.3 | 0.666 |
| 1-己炔 | −132.0 | 71.3 | 0.7155 |
| 1-庚炔 | −81.0 | 99.7 | 0.7328 |
| 1-辛炔 | −79.0 | 125.2 | 0.7470 |
| 1-壬炔 | −50.0 | 150.8 | 0.7600 |
| 1-癸炔 | −36.0 | 174.0 | 0.7650 |

### 5.3.2 炔烃的化学性质

炔烃和烯烃分子中都有 π 键，故两者有相似的化学性质，如都能发生加成、氧化、聚合等反应。但两者碳的杂化方式、π 键数目、不饱和程度等都不同，这不仅决定了两者 π 键的稳定性、加成反应的难易程度及其他一些化学性质有所差异，而且还决定了炔烃有别于烯烃的特殊性质，如叁键碳上的氢有"酸性"等。

#### 5.3.2.1 炔氢原子的活泼性(弱酸性)

末端炔烃的叁键碳上的氢原子叫炔氢。由于同炔氢连接的碳原子为 sp 杂化状态，其电负性较大[各种不同杂化状态的碳原子电负性顺序为 sp(3.29)＞$sp^2$(2.73)＞$sp^3$(2.48)]，使 C—H 键的 σ 电子对偏向碳原子，在反应中容易产生异裂，导致炔氢有一定的弱酸性。从下列 $pK_a$ 数值可以看出炔氢的酸性比水还弱。

| | $H_2O$ | $HC\equiv CH$ | $CH_2=CH_2$ | $NH_3$ | $CH_3CH_3$ |
|---|---|---|---|---|---|
| $pK_a$ | 15.7 | 25 | 34 | 36.5 | 42 |

炔氢的酸性虽然比水弱，但它能与强的碱金属或强碱($NaNH_2$)反应，生成炔烃的金属衍生物，也称金属炔化物，这是末端炔烃的特征反应。例如，将乙炔通过熔融的金属钠，就可以得到乙炔钠和乙炔二钠，并有氢气放出。

$$HC\equiv CH \xrightarrow{Na,110℃} CH\equiv CNa \xrightarrow{Na,190\sim220℃} NaC\equiv CNa$$

乙炔与氨基钠在四氢呋喃的氨溶液中反应，生成炔钠。

$$HC\equiv CH + NaNH_2 \xrightarrow[\text{四氢呋喃}]{\text{液氨}} CH\equiv CNa + NH_3$$

其他末端炔烃也同样可以发生上述反应。

$$RC\equiv CH + NaNH_2 \xrightarrow{\text{液氨}} RC\equiv CNa + NH_3$$

生成的炔钠可以与伯卤代烷反应，制得较高级的炔烃，这是增长碳链的方法之一，如

$$CH\equiv CNa + CH_3\underset{\displaystyle CH_3}{\underset{|}{C}}HCH_2CH_2Br \xrightarrow{\text{液氨}} CH_3\underset{\displaystyle CH_3}{\underset{|}{C}}HCH_2CH_2C\equiv CH + NaBr$$

这类反应叫做炔烃的烷基化反应。这是制备高级炔烃的重要方法。因此金属炔化物是一个有用的有机合成中间体。

此外，具有活泼氢的炔烃又容易和硝酸银的氨溶液或氯化亚铜的氨溶液发生作用，迅速生成炔化银白色沉淀或炔化亚铜红色沉淀。

$$HC\equiv CH + 2Ag(NH_3)_2NO_3 \longrightarrow \underset{\text{白}}{AgC\equiv CAg\downarrow} + 2NH_4NO_3 + 2NH_3$$

$$HC\equiv CH + 2Cu(NH_3)_3Cl \longrightarrow \underset{\text{红}}{CuC\equiv CCu\downarrow} + 2NH_4Cl + 2NH_3$$

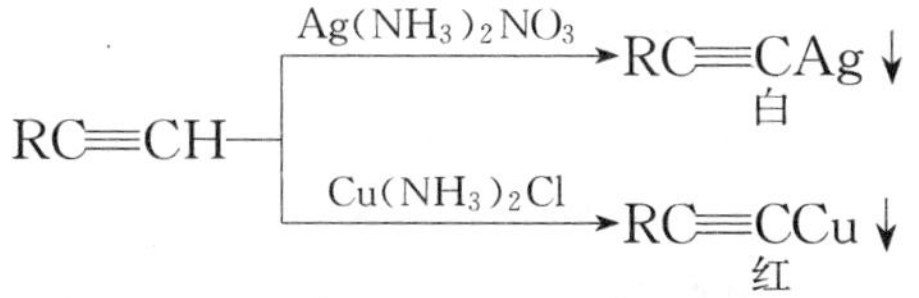

反应很灵敏，现象明显，常用于末端炔烃的定性检验。不含活泼氢的炔烃就没有这些反应。

生成的炔化物和无机酸（如稀硝酸）作用后，可分解为原来的炔烃。因此，也可以利用这些反应，从含有各种炔烃的混合物中分离出末端炔烃。乙炔银和乙炔亚铜等重金属炔化物，在润湿时还比较稳定，但在干燥状态下受热或撞击时易发生爆炸，实验后应立即用稀酸分解。

### 5.3.2.2　加成反应

1）催化加氢与还原反应

炔烃可以催化加氢，生成烯烃，如再进一步加氢则得到烷烃。

$$RC\equiv CR' \xrightarrow[H_2]{Pt(或 Pd,Ni)} RCH=CHR' \xrightarrow[H_2]{Pt(或 Pd,Ni)} RCH_2-CH_2R'$$

当使用一般的催化加氢催化剂，如铂、钯或镍等，在氢气过量的情况下，反应往往不容易停留在烯烃的阶段，一般是加两分子氢生成烷烃。

在催化加氢反应中，炔烃比烯烃具有较大的反应活性，更容易加氢。这是因为炔烃在催化剂表面吸附作用较快，而催化加氢主要是靠催化剂表面的吸附作用，因此炔烃更容易进行催化加氢。

利用叁键和双键在加氢反应活性上的差异，可以控制氢量，使用钝化的催化剂，如在钯/碳酸钙中加入一些乙酸铅使之钝化，得到林德拉（Lindlar）催化剂；在钯/硫酸钡中加入一些喹啉使之钝化，得到克拉姆（Cram）催化剂；在乙醇溶液中，用硼氢化钠还原乙酸镍得到硼化镍催化剂，又称布朗（Brown）催化剂或 P-2 催化剂；都能使炔烃选择加氢生成烯烃，只对炔烃的催化加氢有效，而对烯烃的加氢无效。例如：

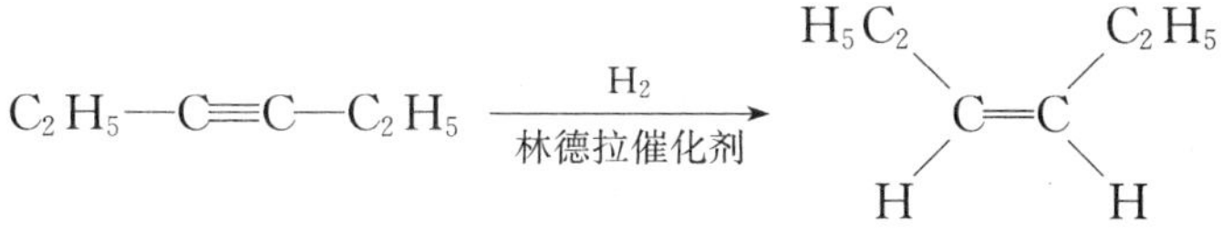

由于加氢是炔烃分子吸附在金属催化剂表面上发生的，因此得到顺式加成产物。

催化氢化一般不用于从乙烯、丙烯、乙炔、丙炔等低级烯烃和炔烃制取相应的烷烃，但此反应在工业上和研究工作中都具有重要意义。例如，石油加工得到的粗汽油常含有少量的烯烃，后者易发生氧化、聚合而产生杂质，影响油品质量，若进行氢化反应，可将少量烯烃还原为烷烃，从而提高了油品质量，这种加氢处理后的汽油称为加氢汽油；在油脂工业中，常将含不饱和键的液态油脂进行部分氢化，使之转化为固态脂肪，以改变油脂的性质和用途。例如，使用齐格勒-纳塔催化剂催化乙烯聚合，要求反应体系中不能有微量的乙炔，否则催化剂失活，无法得到高相对分子质量的聚乙烯，因此聚合前需除去微量乙炔。而裂解法得到的乙烯，分离精制后仍有 2000～3000μL/L 的乙炔。用钝化的催化剂使乙炔选择加氢成乙烯，可以除去乙烯中的乙炔。

炔烃可用还原剂还原成烯烃，一种有效的方法是在液氨中用金属钠或锂还原，主要产物为反式烯烃，如

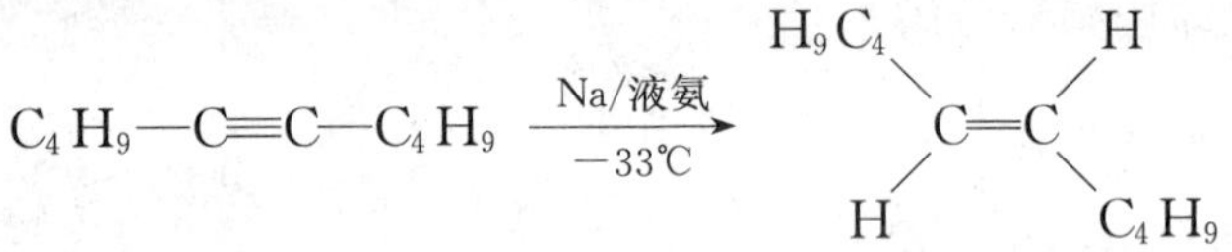

烯烃在液氨中不被还原，炔烃还原停留在生成烯烃一步。金属还原炔烃反应与 P-2 催化剂催化炔烃加氢反应不同，它是反式加氢，得到高含量的反式烯烃。

2）亲电加成反应

炔烃和烯烃类似，也可以与卤素、卤化氢等发生亲电加成反应，得到高含量的反式烯烃。

(1) 与卤素加成。炔烃可以和卤素加成，第一步先生成一分子加成产物，但一般可继续加成，得到两分子加成产物——四卤代烷，控制得当可以停留在加一分子卤素阶段，如

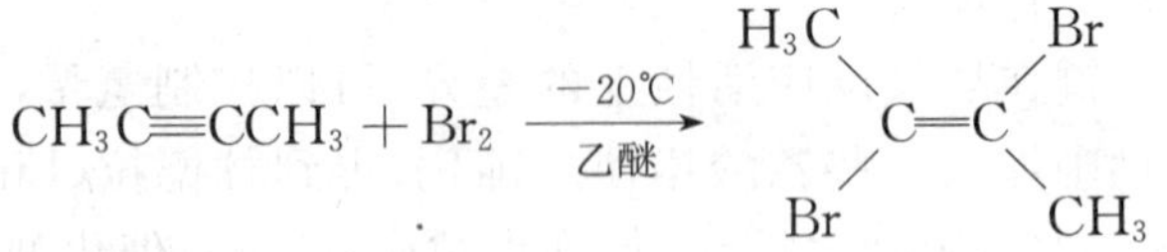

$$CH_3C\equiv CCH_3 + 2Br_2 \xrightarrow[CCl_4]{20℃} CH_3CBr_2CBr_2CH_3$$

炔烃与溴的反应也同烯烃相似，可用溴的褪色来鉴定叁键的存在。碘与炔烃的加成比较困难，通常只能加一分子碘，如

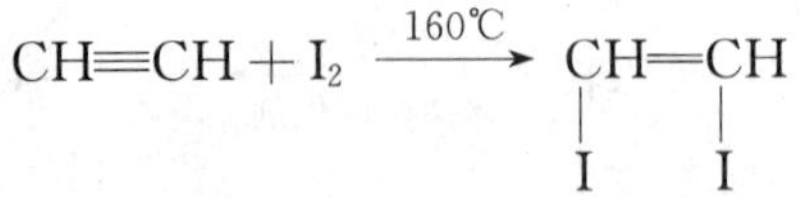

和炔烃相比较，烯烃与卤素的加成更易进行，因此当分子中既有叁键又有双键时，首先在双键上发生卤素的加成。例如，在低温，缓慢地加入溴的条件下，如下式所示，叁键可以不参与反应，这种加成叫做选择性加成。

$$CH_2{=}CHCH_2C{\equiv}CH + \underset{(限量)}{Br_2} \xrightarrow[CCl_4]{-20℃} \underset{Br}{\underset{|}{C}H_2}\underset{Br}{\underset{|}{C}H}CH_2C{\equiv}CH$$

为什么炔烃的亲电加成不如烯烃活泼？这是由于叁键加成的活性中间体不如双键加成的活性中间体稳定的缘故。它们在反应过程中都形成碳正离子中间体：

$$RCH{=}CH_2 + H^+ \longrightarrow R\overset{+}{C}HCH_3 \quad 烷基碳正离子 \quad (sp^2)$$

$$RC{\equiv}CH + H^+ \longrightarrow R\overset{+}{C}{=}CH_2 \quad 烯基碳正离子 \quad (sp)$$

烯烃亲电加成生成的烷基碳正离子的中心碳为 $sp^2$ 杂化状态，它的正电荷因 σ-p 超共轭效应而分散到烷基上，比较稳定。炔烃亲电加成生成的烯基碳正离子的中心碳为 sp 杂化状态，它的两个相互垂直的 p 轨道中一个仍与相邻的 p 轨道组成 π 键，另一个 p 轨道才是空轨道(图 5-8)。它的正电荷不易分散到相邻的 $sp^2$ 杂化碳原子的周围，所以能量高，比较不稳定，形成时需要更高的活化能，不容易生成。所以烯烃的亲电加成反应较炔烃容易进行。

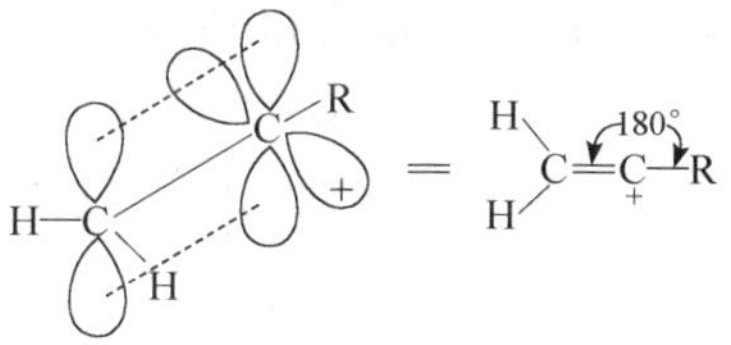


图 5-8　烯基碳正离子的结构

一个碳原子是 sp 杂化，另一个碳原子是 $sp^2$ 杂化

(2) 与卤化氢加成。炔烃可以与卤化氢(HCl、HBr、HI)加成，但也不如烯烃那样容易进行。不对称炔烃的加成反应也遵循马氏规则。

$$RC{\equiv}CH \xrightarrow[HgCl_2/C]{HX} R{-}\underset{X}{\underset{|}{C}}{=}CH_2 \xrightarrow[HgCl_2/C]{HX} R{-}\overset{X}{\overset{|}{\underset{X}{\underset{|}{C}}}}{-}CH_3$$

上述反应可以控制在一分子加成的阶段。

如果用亚铜盐或高汞盐作为催化剂，可以加快反应的进行，如

$$CH{\equiv}CH + HCl \xrightarrow[或\ HgSO_4]{Cu_2Cl_2} H_2C{=}CHCl$$

和烯烃的情况相似，在光或过氧化物存在下，炔烃和 HBr 的加成，也是自由基加成反应，得到的是反马氏规则的产物：

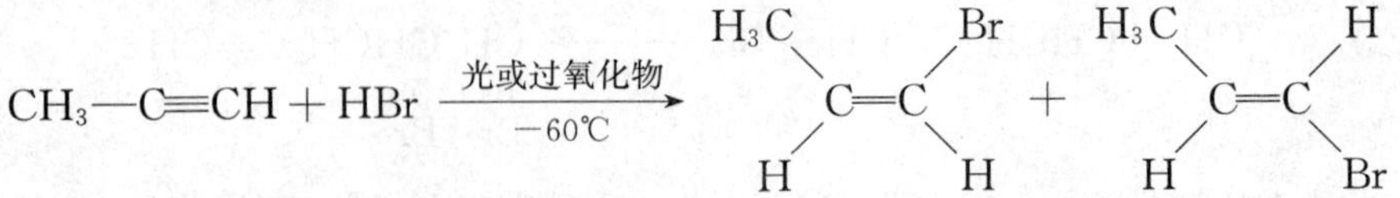

(3) 与水加成。炔烃和水的加成也不如烯烃容易进行，必须在催化剂硫酸汞和稀硫酸的存在下才发生加成。首先是叁键与一分子水加成，生成具有双键以及双键碳上连有羟基的烯醇(或称烯醇式化合物)。烯醇式化合物不稳定，容易重排生成醛或酮，即羟基中的质子，转移到另一个双键碳原子上，同时组成共价键的电子云发生转移，使碳碳双键变成单键，碳氧单键变成双键。这个反应称为Kucherov反应，如

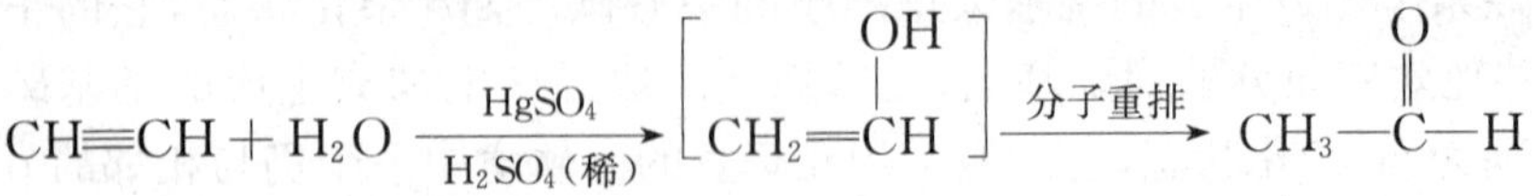

烯醇式　　乙醛(酮式)

这是瓦克尔法制备乙醛出现以前工业上生产乙醛的重要方法之一。由于汞盐污染环境，现在已使用非汞催化剂。

除乙炔水合生成乙醛外，其他炔烃水合得到酮，末端炔烃水合得到甲基酮。

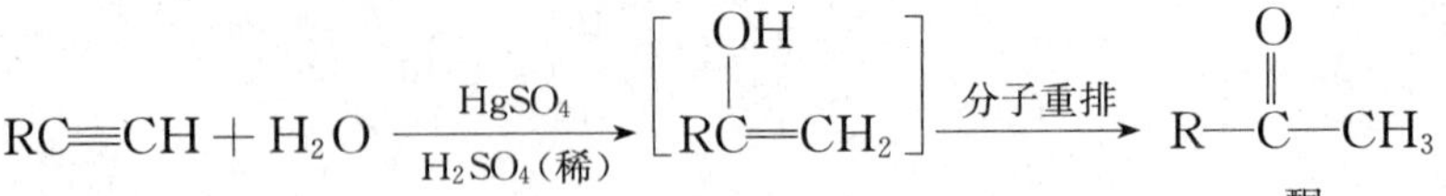

酮

这种一个分子或离子在反应过程中发生了基团的转移和电子云的重新分布而最后生成较稳定的分子或离子的反应称为分子重排反应(或称重排反应)。为了讨论为什么烯醇式化合物能分子重排为醛或酮，以乙烯醇和乙醛为例，计算它们在分子重排前后的键能变化：

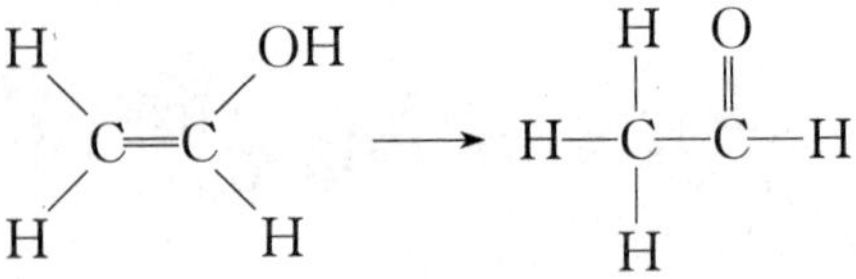

由计算可知，乙醛的总键能(2741kJ/mol)比乙烯醇的总键能(2678kJ/mol)约大63kJ/mol，即乙醛比乙烯醇稳定，但能量差别并不很大。在酸性条件下，烯醇式和酮式可以相互转化，达到动态平衡，由于酮式结构的能量较低，乙醛比乙烯醇稳定，因此最终产物以酮式(乙醛)为主。在一般条件下，两个构造异构体可以迅速地相互转变的现象，叫做互变异构现象，涉及的异构体叫做互变异构体。上述互变异构体彼此间的区别仅在于双键和氢原子的位置不同。由于异构体中一个为酮式，另一个为烯醇式，因此这种互变异构现象又叫做酮-烯醇互变异构现象，一般可用

下式表示：

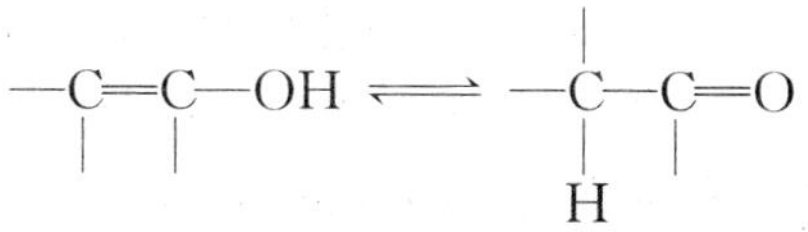

烯醇式　　　　酮式

3）硼氢化-氧化反应

炔烃与乙硼烷加成生成烯基硼，然后在过氧化氢存在下，进行碱性氧化水解生成烯醇式中间体，最后重排成醛或酮类。该加成反应是按反马氏规则进行的，所以末端炔烃经硼氢化-氧化水解生成醛。

$$RC{\equiv}CH \xrightarrow{B_2H_6} [RCH{=}CH]_3B \xrightarrow[OH^-,H_2O]{H_2O_2} [RCH{=}CH{-}OH] \rightleftharpoons RCH_2\overset{\overset{\displaystyle O}{\|}}{C}H$$

非末端炔烃经硼氢化-氧化水解则生成两种酮的混合物：

$$CH_3{-}C{\equiv}C{-}CH_2CH_3 \xrightarrow[\text{②}H_2O_2/OH^-]{\text{①}B_2H_6} CH_3\overset{\overset{\displaystyle O}{\|}}{C}CH_2CH_2CH_3 + CH_3CH_2\overset{\overset{\displaystyle O}{\|}}{C}CH_2CH_3$$

4）亲核加成——乙烯基化反应

炔烃可以和 HCN、RCOOH、ROH 等发生反应，生成含有双键的产物，如乙炔在氯化亚铜及氯化铵的催化下与氢氰酸加成生成丙烯腈：

$$CH{\equiv}CH + HCN \xrightarrow[20\sim25℃]{Cu_2Cl_2\text{-}NH_4Cl} CH_2{=}CH{-}CN$$

这是工业上较早的制备丙烯腈的方法。目前主要采用丙烯的氨氧化法生产。乙炔气通入乙酸溶液，在汞盐存在下反应得到乙酸乙烯酯：

$$CH{\equiv}CH + CH_3COOH \xrightarrow[70\sim80℃]{HgSO_4} H_2C{=}CHOOCCH_3$$

这是目前工业生产中的方法之一。乙酸乙烯酯是一种重要的化工原料，用于制备合成纤维的维尼纶和纺织浆纱用的浆料等。

在碱存在下，乙炔与醇也能发生加成反应。例如，将乙炔气通入甲醇和氢氧化钾的混合液中，生成甲基乙烯基醚：

$$CH{\equiv}CH + CH_3OH \xrightarrow[160℃,2MPa]{20\%KOH\text{水溶液}} CH_2{=}CH{-}OCH_3$$

这是一个重要的单体，经过加聚反应生成高分子化合物，可用作涂料、清漆、增塑剂和黏合剂等。

上述反应得到的产物是乙烯的各种衍生物，相当于试剂的分子中引进了一个乙烯基，故通常把这类反应称为乙烯基化反应。乙炔是一个重要的乙烯基化试剂。

同时,这一类反应的历程并非是亲电加成。例如,在碱作用下炔烃与醇的加成,首先是甲氧基($CH_3O^-$)负离子与叁键碳原子结合,而这带负电荷的基团是一个亲核试剂,因此,它们发生的反应是亲核加成反应(详见醛酮性质)。

在亲核加成中,双键和叁键生成的中间体碳负离子分别为Ⅰ和Ⅱ:

$sp^2$ 杂化的碳原子的电负性比 $sp^3$ 杂化碳原子的大,在Ⅱ中负电荷出现在电负性较大的原子上,较稳定,易生成;而在Ⅰ中,负电荷出现在电负性小的碳原子上,不稳定,不易生成。因此炔烃可以进行亲核加成,烯烃较难发生此类反应。

#### 5.3.2.3 氧化反应

炔烃经高锰酸钾或臭氧氧化再经水处理,在碳碳叁键处断裂,生成相应的羧酸。结构不同的炔烃其氧化产物也不相同。

$$RC\equiv CR' \xrightarrow[H_3^+O]{KMnO_4} RCOOH + R'COOH$$

$$RC\equiv CH \xrightarrow[H_3^+O]{KMnO_4} RCOOH + CO_2 + H_2O$$

利用 $KMnO_4$ 溶液紫色的逐渐消失,也可以检验分子中是否存在叁键。另外,可根据氧化产物的结构来推测原炔烃中叁键的位置和碳链的异构情况。

炔烃的氧化可以控制一定的条件,使非末端炔烃的氧化停留在二酮阶段。

$$CH_3+CH_2+_7C\equiv C+CH_2+_2COOH \xrightarrow[\substack{H_2O \\ pH=7.5}]{KMnO_4} CH_3+CH_2+_7\overset{\overset{O}{\|}}{C}-\overset{\overset{O}{\|}}{C}+CH_2+_2COOH$$

炔烃与臭氧反应,先生成臭氧化物,后者用水分解则生成 $\alpha$-二酮和过氧化氢,随后过氧化氢将 $\alpha$-二酮氧化成羧酸。

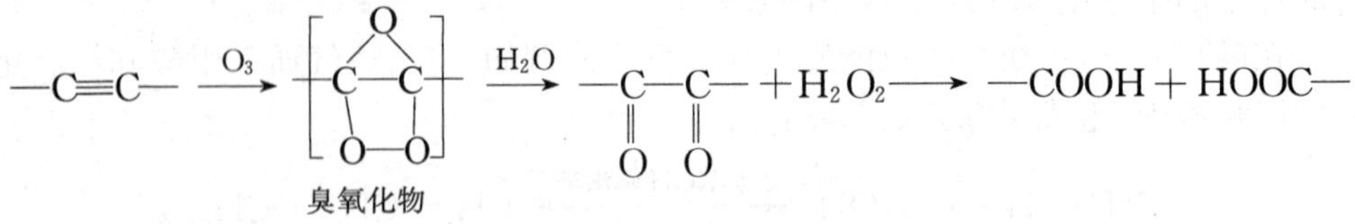


如

$$CH_3CH_2CH_2C\equiv CCH_3 \xrightarrow[②H_2O]{①O_3} CH_3CH_2CH_2COOH + HOOCCH_3$$

臭氧化反应除碳碳双键和叁键外,其他官能团很少反应,分子的碳架也很少发生重排,故此反应可根据产物的结构测定重键的位置和原化合物的结构。

5.3.2.4　聚合反应

炔烃的聚合与烯烃不同，它一般不易聚合成高分子化合物，而只能生成二聚、三聚或四聚体。例如，将乙炔气通入氯化亚铜和氯化铵的溶液中，则进行双分子聚合，生成乙烯基乙炔，且还可以再与一分子乙炔反应，生成二乙烯基乙炔：

$$2CH{\equiv}CH \xrightarrow[NH_4Cl,H_2O]{Cu_2Cl_2} CH_2{=}CH{-}C{\equiv}CH$$

$$\xrightarrow[Cu_2Cl_2,NH_4Cl,H_2O]{CH{\equiv}CH} CH_2{=}CH{-}C{\equiv}C{-}CH{=}CH_2$$

乙烯基乙炔可合成氯代丁二烯，氯代丁二烯是氯丁橡胶的单体，工业上用此方法合成氯丁橡胶。

在特殊的催化剂作用下，乙炔还可生成环状三聚体苯和四聚体环辛四烯：

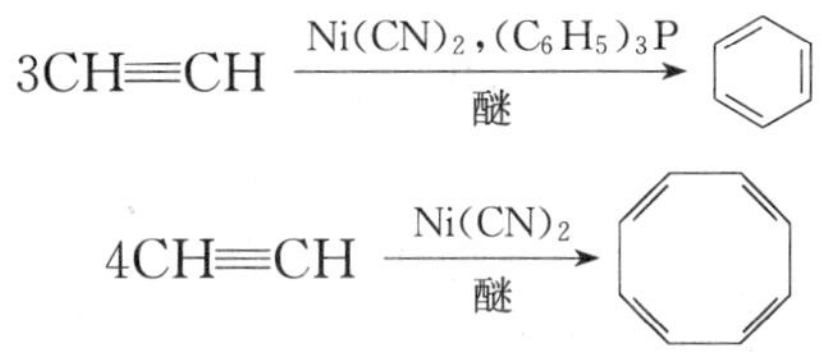


在齐格勒-纳塔催化剂作用下，乙炔也可直接聚合成聚乙炔。它有顺、反两种异构体：

$$nHC{\equiv}CH \longrightarrow \left[CH{=}CH\right]_n$$

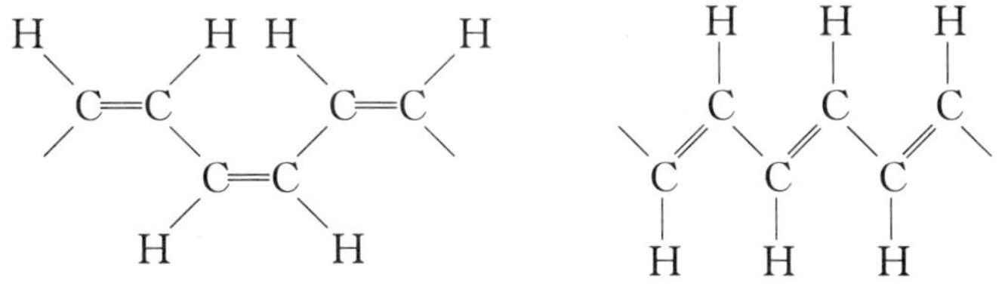

顺聚乙炔　　　　反聚乙炔

聚乙炔分子具有单、双键交替结构，呈现大 π 键，电子可以流动，有较好的导电性。若在聚乙炔中掺杂 $I_2$、$Br_2$ 或 $BF_3$ 等路易斯酸，其导电率可提高到金属水平，因此称为“合成金属”。线型高相对分子质量的聚乙炔是不溶、不熔的结晶性高聚物半导体，对氧敏感。聚乙炔加工很困难，为了加工方便，现仍致力于合成高顺式聚乙炔，并致力于将聚乙炔作为太阳能电池、电极和半导体材料的研究。

## 5.3.3　重要的炔烃——乙炔

乙炔是最重要的炔烃，它不仅是一种有机合成的重要原料，而且还大量地用作高温氧炔焰的燃料。工业上可用煤、石油或天然气作为原料生产乙炔，所以乙炔是可以大量生产而又成本低廉的工业产品。

(1) 碳化钙法生产乙炔。焦炭和石灰在高温电炉中反应,得到碳化钙(电石):

$$3C + CaO \xrightarrow{2500℃} CaC_2 + CO$$

碳化钙作为产品出厂,需要乙炔时,在现场使电石与水反应,即得到乙炔:

$$CaC_2 + 2H_2O \longrightarrow HC{\equiv}CH + Ca(OH)_2$$

此方法在工业使用已久,耗电量大,但生产工艺比较简单。

(2) 由天然气或石油生产乙炔。甲烷是天然气的主要成分,在1500℃的高温下,甲烷能通过一系列的反应生成乙炔。这是一个强烈的吸热反应。因此工业上又使一部分甲烷同时被氧化(加入氧气),甲烷氧化产生的热量供给甲烷合成乙炔所需要的大量热量。所以此法又叫做甲烷的部分氧化法。

$$2CH_4 \xrightarrow[0.01\sim0.1s]{1500℃} HC{\equiv}CH + H_2$$

$$4CH_4 + O_2 \longrightarrow HC{\equiv}CH + 2CO + 7H_2$$

反应的产物包括乙炔、一氧化碳和氢气。分离乙炔后得到的一氧化碳和氢气的混合物又叫"合成气",可作为有机物合成(如合成甲醇)的原料。

为了避免乙炔在高温下分解为碳和氢,要求反应中生成的乙炔迅速地冷却,所以甲烷在反应区的时间必须很短,一般只有0.01～0.1s。在天然气资源丰富的国家,此方法的成本较适宜大规模生产。目前,石油工业飞速发展,石油低沸点馏分裂解法已逐步取代电石法制备乙炔。

纯乙炔是无色无臭的气体,但由碳化钙法制得的乙炔往往混有磷化氢、硫化氢等杂质,使气体具有臭味。乙炔微溶于水,易溶于有机溶剂。乙炔是一种不稳定的化合物,加热时可分解为碳和氢,同时放出大量的热。

$$HC{\equiv}CH \longrightarrow 2C + H_2 \qquad \Delta H = -227kJ/mol$$

如果在加压的情况下,常温下即可发生上述反应,反应时所释放出的大量的热会引起爆炸。因此,在乙炔的使用、运输和储藏过程中要注意安全,防止爆炸事故发生。乙炔与一定比例的空气混合,可形成爆炸性的混合物,乙炔的爆炸极限为3%～80%(体积分数)。为避免爆炸危险,一般可用浸有丙酮的多孔物质(如石棉活性炭)吸收乙炔后一起储存在钢瓶中,这样可便于运输和使用。乙炔燃烧能放出大量的热:

$$2HC{\equiv}CH + 5O_2 \longrightarrow 4CO_2 + 2H_2O \qquad \Delta H = -270kJ/mol$$

乙炔在氧气中燃烧所形成的氧炔焰的最高温度可达3000℃,因此被广泛用于熔接或切割金属。

乙炔之所以是有机合成的重要基本原料,主要是因为它通过叁键加成可以转变成许多工业上有用的原料或单体。

乙炔
- 加氯 → 四氯乙烷 ⟶ 三氯乙烯 ⟶ 四氯乙烯（用作除肠内钩虫药）
- 加氯化氢 → 氯乙烯 ⟶ 聚氯乙烯
- 加水 → 乙醛
  - 氧化 → 乙酸
  - 甲醛 → 季戊四醇
- 加乙酸 → 乙酸乙烯酯 ⟶ 维尼纶、聚乙烯醇
- 加甲醇 → 甲基乙烯基醚（用于涂料、增塑剂）
- 聚合 → 乙烯基乙炔 ⟶ 氯丁橡胶

## 习　　题

1. 3-甲基-2-戊烯分别在下列条件下发生反应，试写出各反应的主要产物：

（1）$H_2/Pd\text{-}C$　（2）$HOBr(Br_2+H_2O)$　（3）$Cl_2$（低温）

（4）稀冷 $KMnO_4$　（5）$B_2H_6/NaOH\text{-}H_2O_2$　（6）$O_3$，锌粉-乙酸溶液

（7）HBr-过氧化物　（8）$H_2O\text{-}H^+$

2. 完成下列反应：

（1）$CH_3CH{=}CH_2+Cl_2 \xrightarrow{h\nu} ?$

（2）$CH_3CH(CH_3)CH_2CH{=}CH_2 + HCl \longrightarrow ?$

（3）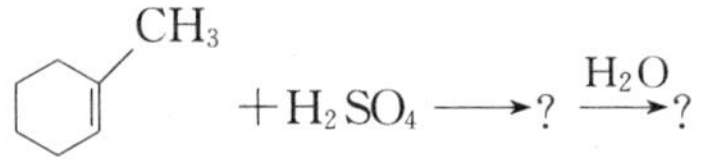


（4）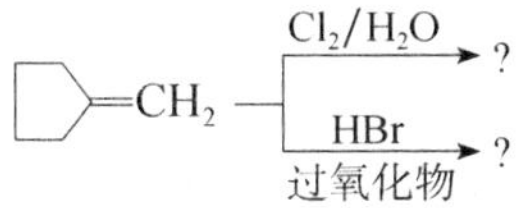


（5）$CH_3CH{=}C(C_2H_5)_2 \xrightarrow[H^+]{KMnO_4} ?$

（6）$(CH_3)_2CHC(CH_3){=}CHCH_3 \xrightarrow{O_3} ? \xrightarrow[H_2O]{Zn} ?$

（7）

3. 用化学方法鉴别下列各组化合物：

（1）丙烷、丙烯和环丙烷　（2）正丁烷、1-丁烯和 1-丁炔

（3）1-戊炔和 2-戊炔　（4）1,3-戊二烯和 1,4-戊二烯

4. 写出下列双烯合成的产物：

（1）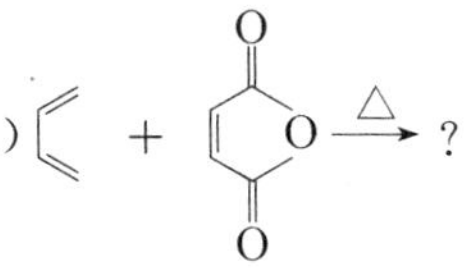


（2）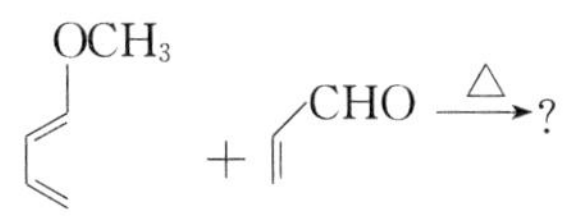


5. 某化合物分子式为 $C_8H_{16}$。它能使溴水褪色，也可溶于浓硫酸。经臭氧化并在锌粉存在下水解，只得到一种产物丁酮。写出该烯烃的构造式。

6. 1,3-丁二烯聚合时，除生成高分子聚合物外，还有一种二聚体生成，该二聚体能发生如下一些反应：

(1) 催化氢化生成乙基环己烷

(2) 与溴作用,可加入 2mol 溴

(3) 氧化时可生成 $\beta$-羧基己二酸

根据以上事实,试写出该二聚体的构造式。

7. 某烃分子式 $C_6H_{10}$,能使溴褪色,能与水在硫酸汞盐存在下生成羰基化合物,但与硝酸银氨溶液无反应,试写出该烃的构造式。

8. 有 A、B、C 三个化合物,分子式均为 $C_5H_8$,它们都能使溴的四氯化碳溶液迅速褪色,A 与硝酸银的氨溶液作用产生沉淀,而 B、C 没有。A、B 经催化氢化都生成正戊烷,而 C 只吸收 1mol 氢,产生 $C_5H_{10}$。B 可与加热的 $KMnO_4$ 反应,得到乙酸和丙酸,C 与臭氧反应后,并在锌粉存在下水解,得到戊二醛。试推出 A、B、C 的可能结构式,并写出各步骤主要的反应式。

9. 某烃分子式为 $C_{10}H_{16}$,催化加氢时只吸收 1mol 氢,经臭氧化并在锌粉存在下水解,产生环状对称的二酮 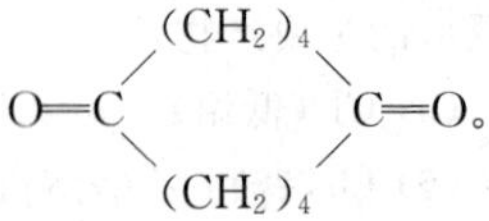。试写出该烃的构造式。

10. 1,3-丁二烯和 HCl 在乙酸中室温时加成可以得到 78%的 3-氯-1-丁烯和 22%的 1-氯-2-丁烯的混合物,此混合物再经长时间加热或和三氯化铁一起加热,则混合物的组成变为前者仅占 25%,后者占 75%。请解释原因,并用反应式表示。

11. 指出下列化合物可由哪些原料通过双烯合成制得:

(1) 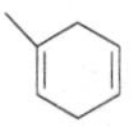 (2) 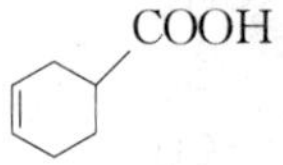 (3) 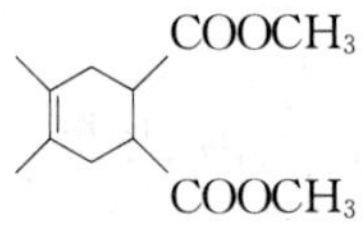

12. 以四个碳原子及以下烃为原料合成下列化合物:

(1) 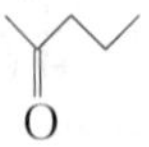 (2) 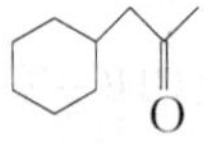

13. 如何实现下述转变?

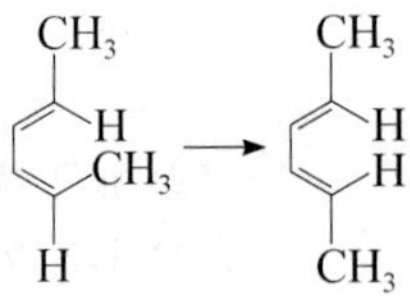

# 第6章 芳 烃

在有机化学发展初期，曾把从天然树脂、香精油中得到的一类性质上和脂肪族化合物明显不同，具有高度不饱和性(C/H 高)，且具有特殊稳定性和芳香气味的有机化合物称为芳香族化合物，仅由碳、氢两种元素组成的芳香族化合物称为芳香烃，简称芳烃。因当时发现的这些芳香族化合物经递降后最终得到苯，故人们把苯及其衍生物称为芳香族化合物。随着有机化学的不断发展，又发现了一些非苯构造的环状烃，它们与苯及其衍生物的性质相似，成环原子间的键长也趋于平均化，性质上表现为易发生取代反应，不易发生加成反应，不易被氧化，它们的质子与苯的质子相似，在核磁共振谱中显示相似的化学位移。这些特性统称为芳香性。后经研究发现，具有芳香性的化合物在结构上都符合休克尔规则。所以，近代有机化学把结构上符合休克尔规则、性质上具有芳香性的化合物称为芳香族化合物。芳烃不一定具有"香"味。根据是否含有以及所含苯环的数目和连接方式不同，芳烃又可分为如下三类：

1) 单环芳烃

分子中只含有一个苯环结构，如苯、甲苯、苯乙烯等。

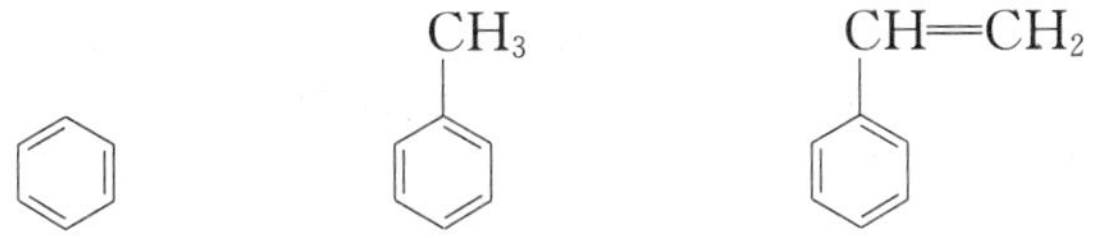


2) 多环芳烃

分子中含有两个或两个以上的苯环结构，如联苯、萘、蒽等。

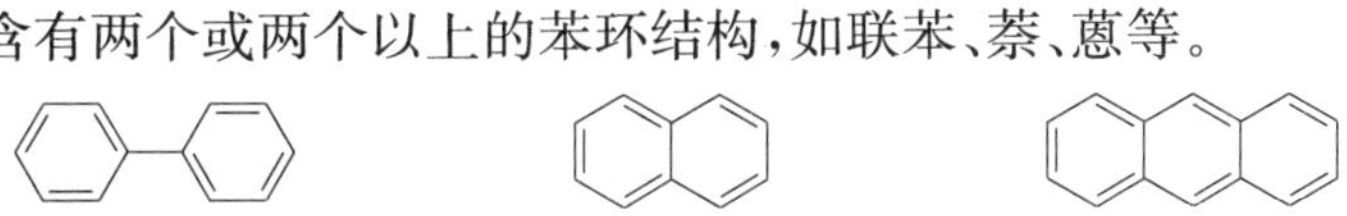

3) 非苯芳烃

分子中不含苯环结构，但含有结构和性质与苯环相似的芳环，并具有芳香族化合物的共同特性，如环戊二烯负离子、环庚三烯正离子等。

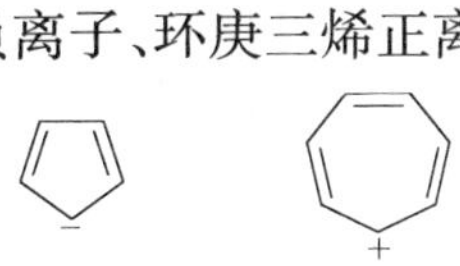

## 6.1 单环芳烃

最简单的单环芳烃是苯，其分子式为 $C_6H_6$。现代物理方法测得苯的结构为苯分子的六个碳原子和六个氢原子都在同一平面上，六个碳原子构成正六边形，C—C 键长 0.140nm，C—H 键长为 0.108nm，键角∠CCH 及∠CCC 均为 120°。

### 6.1.1 单环芳烃的物理性质

苯及其同系物多数为液体，不溶于水，易溶于有机溶剂。特别是二甘醇、环丁砜、*N*-甲基吡咯烷-2-酮、*N*，*N*-二甲基甲酰胺等溶剂对芳烃有很好的选择性溶解，因此，工业上用它们从烃的混合物中萃取(抽提)芳烃。

单环芳烃的相对密度小于 1，但比同碳数的脂肪烃和脂环烃大，一般在 0.8～0.9。单环芳烃有特殊的气味，蒸气有毒，对呼吸道、中枢神经和造血器官产生损害，有的稠环芳烃对人体有致癌作用。由于苯及其同系物中含碳量比较多，燃烧时火焰带有黑烟。

苯的同系物中每增加一个 $CH_2$ 单位，沸点平均增高约 25℃，如苯、甲苯、乙苯、正丙苯和正丁苯的沸点分别为 80.1℃、110.6℃、136.2℃、159.2℃和 183℃。含同碳数的各种异构体的沸点很接近，如邻、间和对二甲苯的沸点分别为 144.4℃、139.1℃和 138.2℃，可以用高效精馏塔把邻二甲苯分离出来，而很难把间、对位异构体分开。

在同分异构体中，结构对称的异构体具有较高的熔点，如邻、间、对二甲苯的熔点分别为－25.5℃、－47.9℃和 13.3℃，可用低温结晶的方法使对二甲苯分离出来。一些常见的苯衍生物的物理性质见表 6-1。

**表 6-1 常见苯衍生物的物理常数**

| 化合物 | 熔点/℃ | 沸点/℃ | 相对密度 $d_4^{20}$ | 折光率 $n_D^{20}$ |
|---|---|---|---|---|
| 苯(benzene) | 5.5 | 80.1 | 0.8786 | 1.5001 |
| 甲苯(toluene) | －95 | 110.6 | 0.8669 | 1.4961 |
| 乙苯(ethylbenzene) | －95 | 136.2 | 0.8670 | $1.4959^{10℃}$ |
| 丙苯(propylbenzene) | －99.5 | 159.2 | 0.8620 | 1.4920 |
| 异丙苯(isopropylbenzene) | －96 | 152.4 | 0.8618 | 1.4915 |
| 丁苯(butylbenzene) | －88 | 183 | 0.8601 | |
| 仲丁苯(sec-butylbenzene) | －75 | 173 | 0.8621 | |
| 叔丁苯(tert-butylbenzene) | －57.8 | 169 | 0.8665 | |
| 氟苯(fluorobenzene) | －41.2 | 85.1 | 1.0225 | |
| 氯苯(chlorobenzene) | －45.6 | 132 | 1.1058 | |
| 溴苯(bromobenzene) | －31 | 156 | 1.4950 | |
| 碘苯(iodobenzene) | －31.2 | 188.3 | 1.8308 | |
| 邻二甲苯(*o*-xylene) | －25.5 | 144.4 | 0.8802 | 1.5055 |
| 间二甲苯(*m*-xylene) | 47.9 | 139.1 | 0.8642 | 1.4972 |

续表

| 化合物 | 熔点/℃ | 沸点/℃ | 相对密度 $d_4^{20}$ | 折光率 $n_D^{20}$ |
|---|---|---|---|---|
| 对二甲苯(*p*-xylene) | 13.3 | 138.2 | 0.8611 | 1.4958 |
| 邻氯甲苯(*o*-chlorotoluene) | −35.1 | 159.2 | 1.0825 | |
| 间氯甲苯(*m*-chlorotoluene) | −47.8 | 162 | 1.0722 | |
| 对氯甲苯(*p*-chlorotoluene) | 7.5 | 162 | 1.0697 | |
| 邻溴甲苯(*o*-bromotoluene) | −27.7 | 181.7 | 1.4232 | |
| 间溴甲苯(*m*-bromotoluene) | −39.8 | 183.7 | 1.4099 | |
| 对溴甲苯(*p*-bromotoluene) | 28.5 | 184.3 | 1.3995 | |
| 邻硝基甲苯(*o*-nitrotoluene) | −9.6 | 220.4 | 1.1629 | |
| 间硝基甲苯(*m*-nitrotoluene) | 16 | 232.6 | 1.1571 | |
| 对硝基甲苯(*p*-nitrotoluene) | 54.5 | 238.3 | 1.1038 | |
| 邻氯溴苯(*o*-chlorobromobenzene) | −12.3 | 204 | 1.6382 | |
| 间氯溴苯(*m*-chlorobromobenzene) | −21.5 | 196 | 1.6302 | |
| 对氯溴苯(*p*-chlorobromobenzene) | 68 | 196 | 1.576 | |
| 邻二氯苯(*o*-dichlorobenzene) | −17 | 180.5 | 1.3048 | |
| 间二氯苯(*m*-dichlorobenzene) | −24.7 | 173 | 1.2884 | |
| 对二氯苯(*p*-dichlorobenzene) | 7.5 | 162 | 1.2697 | |
| 邻二溴苯(*o*-dibromobenzene) | 7.1 | 225 | 1.6155 | |
| 间二溴苯(*m*-dibromobenzene) | −7 | 218 | 1.6088 | |
| 对二溴苯(*p*-dibromobenzene) | 87.3 | 218 | 1.5742 | |
| 邻硝基氯苯(*o*-nitrochlorobenzene) | 34 | 246 | | |
| 间硝基氯苯(*m*-nitrochlorobenzene) | 46 | 235 | 1.343 | |
| 对硝基氯苯(*p*-nitrochlorobenzene) | 84 | 242 | 1.298 | |
| 邻硝基溴苯(*o*-nitrobromobenzene) | 43 | 258 | 1.625 | |
| 间硝基溴苯(*m*-nitrobromobenzene) | 17 | 265 | 1.7036 | |
| 对硝基溴苯(*p*-nitrobromobenzene) | 127 | 256 | 1.948 | |
| 1,2,3-三甲苯(1,2,3-trimethylbenzene) | −25.4 | 176.1 | 0.8944 | |
| 1,2,4-三甲苯(1,2,4-trimethylbenzene) | −43.8 | 169.4 | 0.8758 | |
| 1,3,5-三甲苯(1,3,5-trimethylbenzene) | −44.7 | 164.7 | 0.8652 | |
| 苯乙烯 | −30.6 | 145.2 | 0.9060 | 1.5468 |
| 苯乙炔 | −44.8 | 142.4 | 0.9281 | 1.5485 |

### 6.1.2 单环芳烃的化学性质

单环芳烃的特征反应是芳环的亲电取代反应，反应前后芳环体系不变。由于芳环的稳定性好，只有在特殊条件下才能发生加成反应和氧化反应。另外，由于芳环的影响，芳环侧链的 $\alpha$-H 表现出一定的活泼性，易发生侧链 $\alpha$-H 的氧化和取代反应。

6.1.2.1　取代反应

由于高度离域的 π 电子云分布在苯环平面的上方和下方，组成闭合共轭体系，苯环容易受到亲电试剂的进攻，使苯环 H 被取代，生成相应的取代苯，这种反应称为亲电取代反应。

苯环亲电取代反应历程可表示如下：

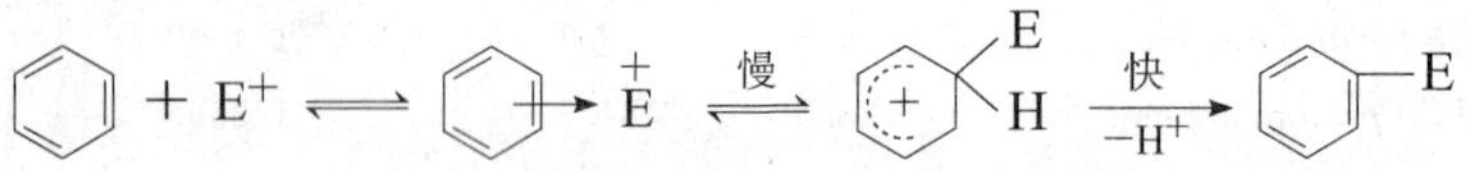


π络合物　　σ络合物

在亲电取代反应中，首先是亲电试剂 $E^+$ 进攻苯环，并与苯环形成 π 络合物，该络合物仍保持苯环的结构。然后 π 络合物中的亲电试剂 $E^+$ 从苯环上夺取一对 π 电子与苯环的一个碳原子结合形成 σ 键，生成 σ 络合物。此时这个碳原子核的杂化状态也由 $sp^2$ 杂化转变为 $sp^3$ 杂化。

由于苯环原有的六个 π 电子中给出一对 π 电子，因此只剩下四个 π 电子，而且这四个 π 电子只是离域分布在五个碳原子所形成的(缺电子)共轭体系中，因此生成的 σ 络合物已不再是原来的苯环结构，而是碳正离子中间体，可以用以下三个共振式表示：

应该指出，σ 络合物的三个共振结构式不仅表示余下的五个碳原子仍是共轭体系，而且还可表示在取代基的邻位和对位碳原子上带有较多的正电荷。这符合量子化学处理的结果，也便于说明苯及其衍生物的许多化学事实。

σ 络合物是苯亲电取代反应的中间体，与烯烃亲电加成反应生成的碳正离子相似。σ 络合物的生成涉及苯环共轭大 π 键的破裂和 σ 键的形成，所以反应速率比较慢，是决定整个反应速率的步骤。与烯烃的加成反应不同的是，由烯烃生成的碳正离子迅速地与亲核试剂结合而形成加成产物，而由芳烃生成的 σ 络合物迅速失去一个质子，重新恢复为稳定的苯环结构，最后生成取代产物，这一步是放热反应。反应过程的能量变化如图 6-1 所示。

如果 σ 络合物不是继续失去一个质子，而是和亲核试剂结合生成加成产物(环己二烯衍生物)，由于加成产物不再具有稳定的苯环结构，这一步将是吸热反应，如

$$CH_2{=}CH_2 + Br_2 \longrightarrow \underset{Br}{\underset{|}{CH_2}}{-}\underset{Br}{\underset{|}{CH_2}} \qquad \Delta H = -122.06\text{kJ/mol}$$

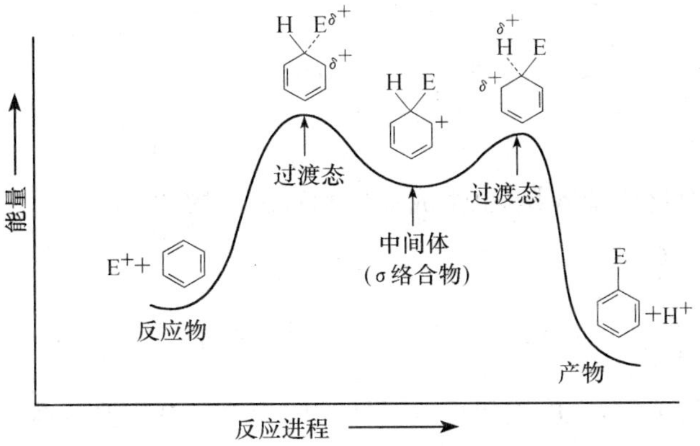


图 6-1　苯亲电取代反应过程的能量示意图

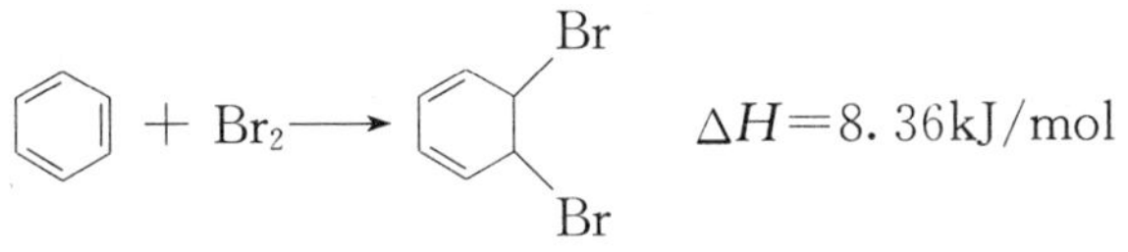


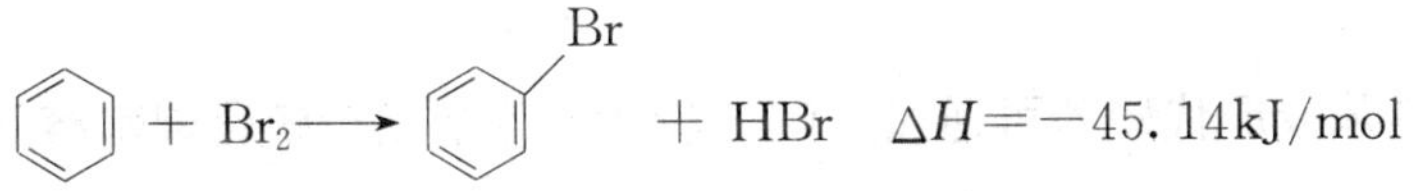


因此芳烃发生取代反应比加成反应容易得多。事实上，芳烃并不发生上述加成反应。因此芳烃不易加成，而易发生亲电取代反应，这是由苯环的稳定性所决定的。

单环芳烃重要的取代反应有卤化、硝化、磺化、烷基化和酰基化等。

1）卤化反应

在三卤化铁或铁粉等路易斯酸的催化下，单环芳烃很容易与卤素($Cl_2$、$Br_2$)作用生成卤代芳烃，该反应称为卤化反应(halogenation)，如

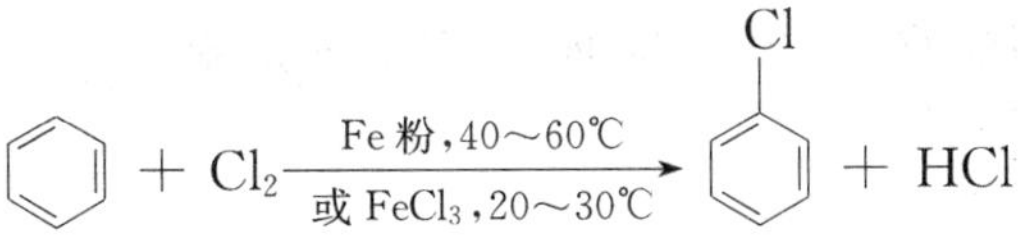


催化剂的作用原理是

$$2Fe + 3X_2 = 2FeX_3$$

$$FeX_3 + X_2 \rightleftharpoons X^+ + FeX_4^-$$

生成的 $X^+$ 作为亲电试剂 $E^+$ 进攻苯环，即得到卤苯。

在比较强烈的条件下，卤苯继续与卤素作用，主要生成邻位和对位二卤代苯。

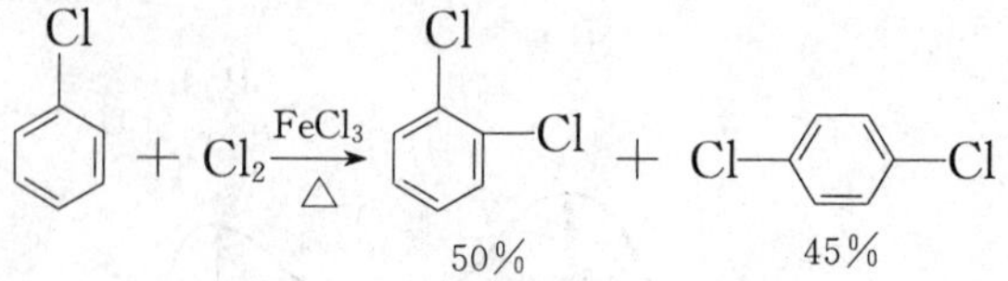

烷基苯的卤化比苯容易，也生成邻位和对位产物，如

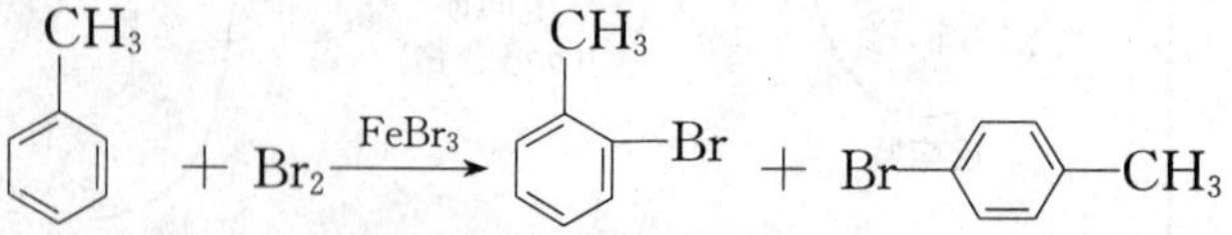

对于不同的卤素，亲电取代反应活性次序为氟＞氯＞溴＞碘。

苯的碘化在氧化剂如硝酸的存在下进行：

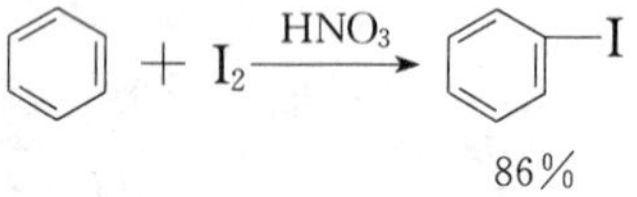

氧化剂的作用是产生亲电的碘正离子：

$$I_2 \xrightarrow{-2e} 2I^+$$

碘苯或取代碘苯可通过二(三氟乙酸)芳基铊与碘化钾水溶液反应制得，即

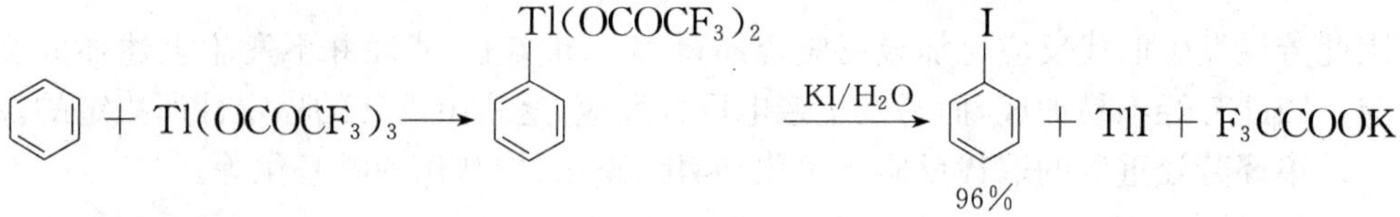

式中三氟乙酸铊很容易制备，将氧化铊($Tl_2O_3$)悬浮于含有10%～20%水的三氟乙酸中经加热即可，产率90%～100%。反应液可直接用于下一步反应。三氟乙酸铊在合成上是很有用的试剂。

氟的亲电性很强，它与苯的反应难以控制，因此氟苯一般用间接的方法合成，将在以后的章节中学习。

2) 硝化反应

单环芳烃在浓硝酸和浓硫酸的混合物(常称为混酸)作用下生成硝基苯。如果只用浓硝酸作硝化试剂，反应速率很慢。

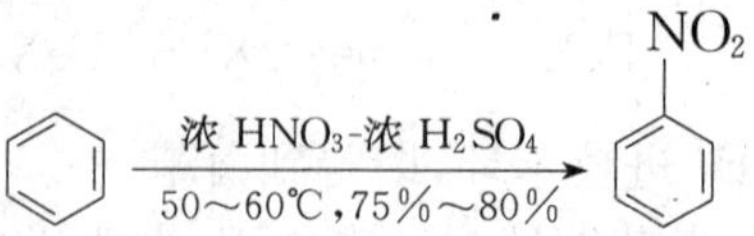

硝化反应的亲电试剂是硝酰正离子 $NO_2^+$，浓硫酸的存在有利于 $NO_2^+$ 的生成。

$$HNO_3 + H_2SO_4 \rightleftharpoons H_2\overset{+}{O}NO_2 + HSO_4^-$$

$$H_2\overset{+}{O}NO_2 + H_2SO_4 \rightleftharpoons NO_2^+ + H_3^+O + HSO_4^-$$

总反应式为

$$HNO_3 + 2H_2SO_4 \rightleftharpoons NO_2^+ + H_3^+O + 2HSO_4^-$$

硝酰正离子是一个强的亲电试剂，它可以进攻苯环先生成 $\sigma$ 络合物，然后 $\sigma$ 络合物再失去一个质子生成硝基苯。

硝基苯不容易继续硝化，只有在更高温度下或用发烟硫酸和发烟硝酸的混合物作硝化试剂才能引入第二个硝基，且主要生成间二硝基苯，如

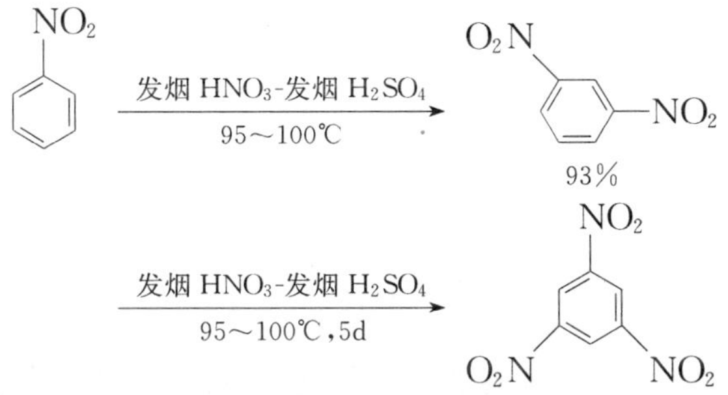


烷基苯硝化比苯容易，如甲苯硝化产物主要为邻、对位产物。若继续硝化，主要产物是 2,4-二硝基甲苯、2,4,6-三硝基甲苯(TNT)，如

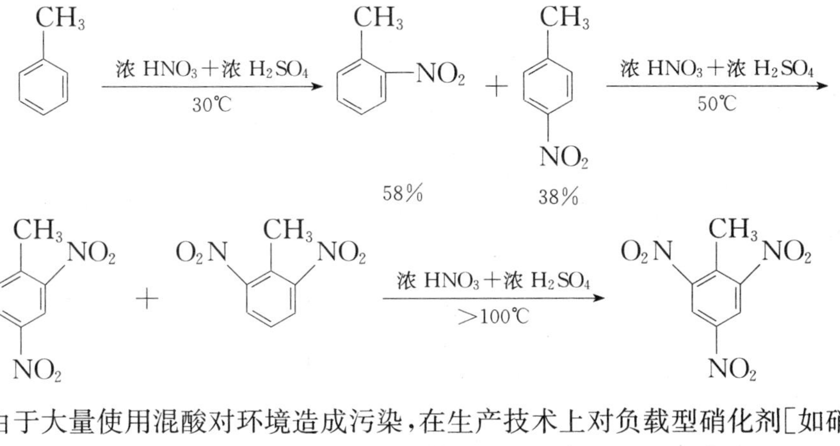


由于大量使用混酸对环境造成污染，在生产技术上对负载型硝化剂[如硝酸铜担载到蒙脱土上，称黏土铜(clay cop)试剂]的开发研究已取得一定成果。

3）磺化反应

芳烃环上的氢原子被磺酸基取代的反应称为磺化反应。磺化试剂除浓 $H_2SO_4$、发烟 $H_2SO_4$ 外，还有 $SO_3$、$ClSO_3H$ 等。苯磺酸继续磺化比苯困难，生成间苯二磺酸。

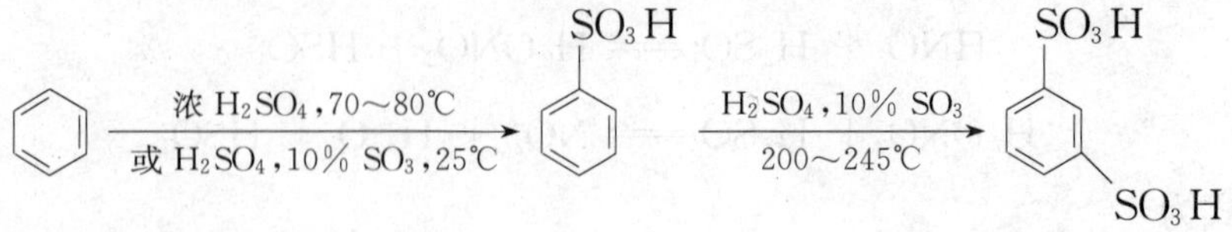


用氯磺酸磺化生成苯磺酸，氯磺酸过量时生成苯磺酰氯，通常把该反应称为氯磺化反应。苯磺酰氯非常活泼，通过光可以制备苯磺酰胺、苯磺酸酯等苯磺酰基衍生物，在制备涂料、农药和医药方面用途广泛。

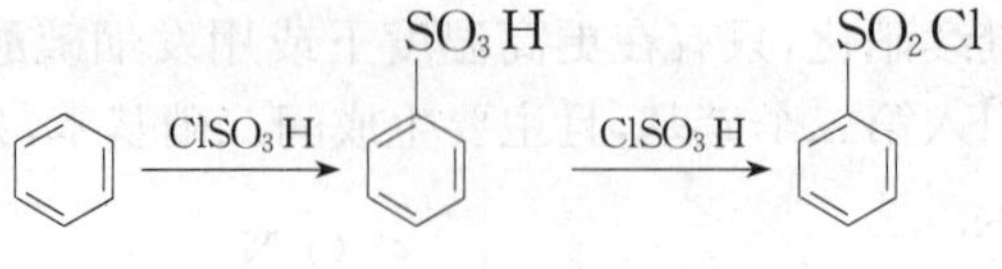


同样，烷基苯的磺化比苯容易，主要生成邻、对位取代物。

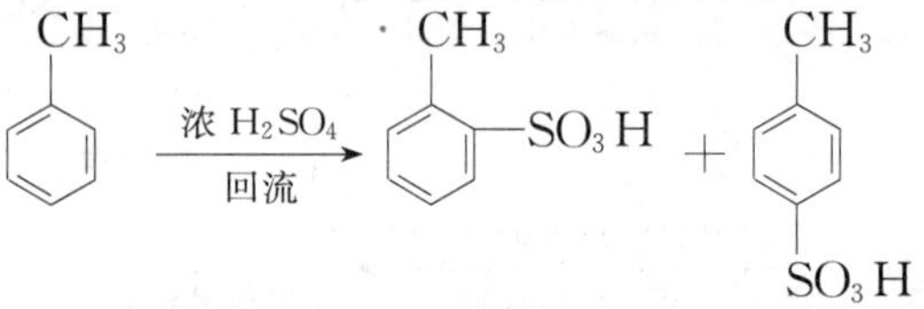


上述磺化反应中，目前认为有效的亲电试剂是三氧化硫，其反应历程如下：

$$2H_2SO_4 \rightleftharpoons SO_3 + H_3^+O + HSO_4^-$$

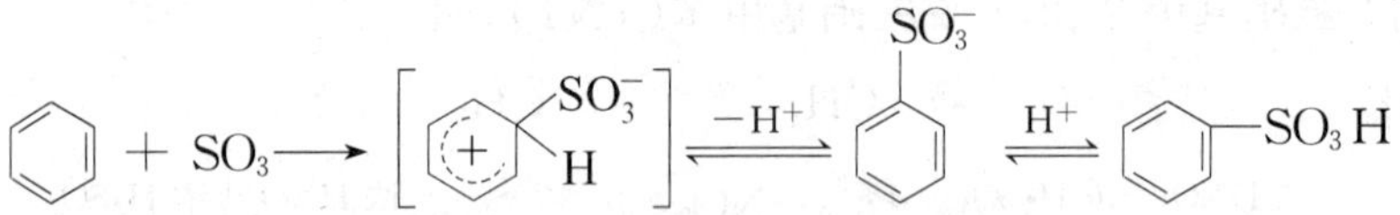


使用浓硫酸时，可能是硫酸正离子 $HO_3S^{\delta+}$—$OH^{\delta-}$ 进攻芳烃。

与硝化或卤化反应不同，苯的磺化反应是可逆反应。如果将苯磺酸和稀硫酸或盐酸在压力下加热，或在磺化反应所得到的混合物中通入过热水蒸气，可以使苯磺酸发生水解反应又生成苯：

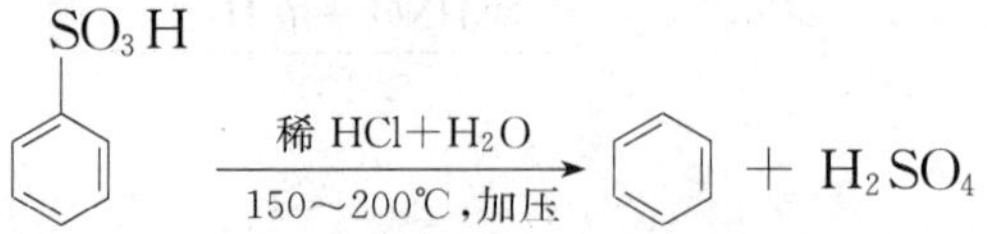


由于磺酸基容易除去，因此可利用磺酸基暂时占据苯环上的某些位置，使这些位置不再被其他基团取代，或利用磺酸基影响物质的水溶性等，待其他反应完毕后，再经水解将磺酸基脱去。磺酸基的这一性质被广泛用于有机合成及有机化合物的分离和提纯。

磺化反应之所以可逆，是因为从反应过程中生成的 σ 络合物脱去 $H^+$ 和脱去 $SO_3$ 两步的活化能（$E_1$ 和 $E_2$）相差不大，因而它们的反应速率比较接近（图 6-2）。

而在硝化或卤化反应中，从相应的 σ 络合物中脱去 $NO_2^+$ 或 $X^+$ 的活化能较高，即脱去 $NO_2^+$ 或 $X^+$ 的反应速率比脱去质子的反应速率慢得多，因此反应是不可逆的。

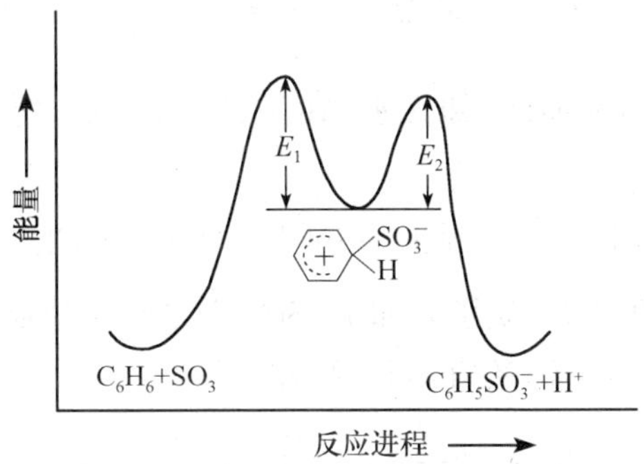


图 6-2　苯的磺化和苯磺酸的水解反应过程能量示意图

由于磺化反应的可逆性，烷基苯经磺化所得邻位和对位异构体的比例随温度不同而不同。例如，甲苯磺化所得邻、间和对位三种甲苯磺酸的比例，在 0℃ 时分别为 43%、4% 和 53%，在 100℃ 时则分别为 13%、8% 和 79%。在较低温度时，磺化反应生成的邻位和对位产物的数量相差不多。但磺酸基有较大的体积，在发生取代反应时，容易受到邻位取代基的空间阻碍；在较高温度反应达到平衡时，没有空间阻碍的对位是取代的主要位置，因而对位异构体成为主要产物。这种空间效应又称邻位效应。

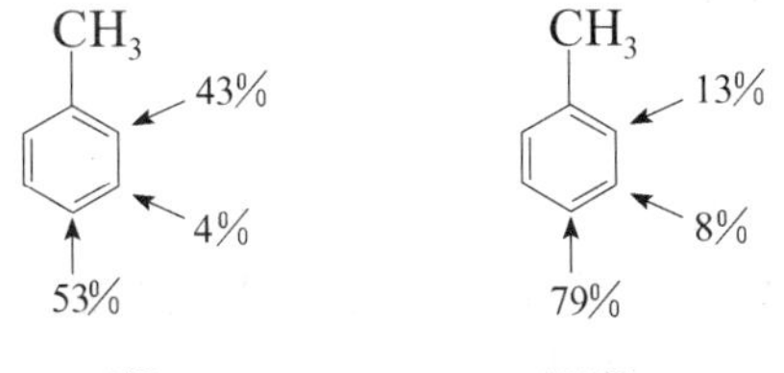


磺化温度　　0℃　　100℃

4）傅瑞德-克来福特（Friedel-Crafts）烷基化反应

芳烃与卤代烷在无水 $AlCl_3$ 的催化下，生成芳烃的烷基衍生物，反应的结果是苯环上引入了烷基，这个反应叫做傅瑞德-克来福特烷基化反应，简称傅-克烷基化反应。

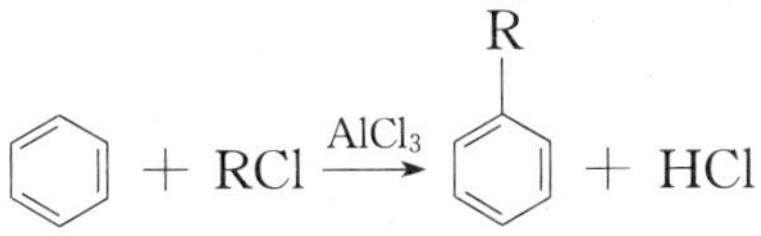


反应中，三氯化铝作为路易斯酸，与卤代烷发生反应，生成有效的亲电试剂烷基碳正离子。

$$RCl + AlCl_3 \longrightarrow R^+ + AlCl_4^-$$

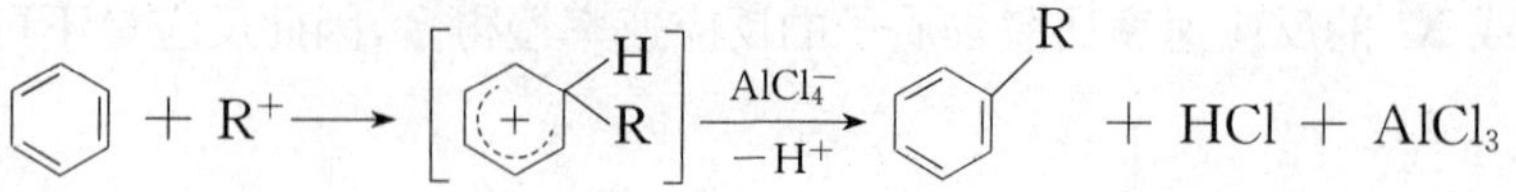

常用的催化剂是路易斯酸，如无水 $AlCl_3$、$FeCl_3$、$BF_3$ 等。常用的路易斯酸催化活性顺序大致如下：

$$AlCl_3 > FeCl_3 > SbCl_5 > SnCl_4 > BF_3 > TiCl_4 > ZnCl_2$$

以无水 $AlCl_3$ 活性最高，质子酸如 $H_2SO_4$ 也是常用的催化剂。

烷基化试剂除卤代烷外，还有烯和醇，如

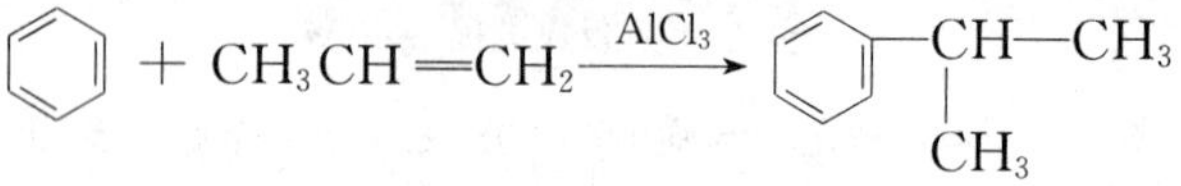

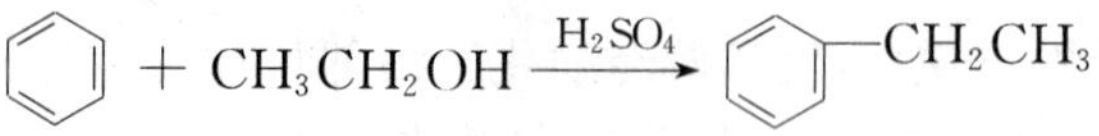

由于苯环上引入烷基后，生成的烷基苯比苯更容易进行亲电取代反应，特别是当烷基基团为甲基、乙基等体积较小的基团时，因此烷基化反应中常有多烷基化产物生成。因此，要得到单取代苯常需要过量的苯为反应原料。

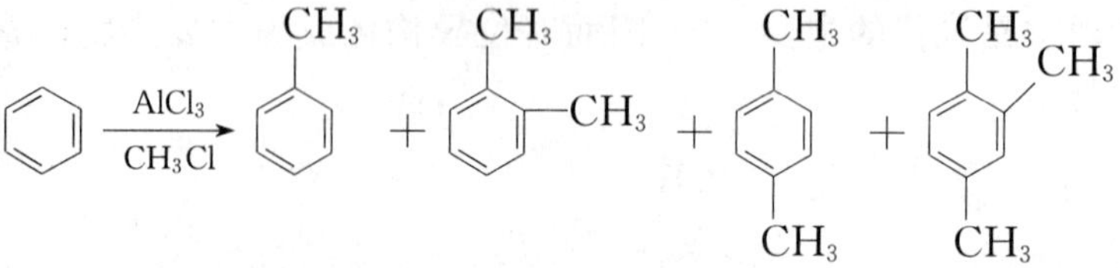

此外，由于烷基化反应的亲电试剂是烷基碳正离子 $R^+$，而碳正离子容易发生重排，因此，当所用的卤烷具有三个碳以上的直链烷基时，就可得到由于碳正离子重排而生成的异构化产物，如

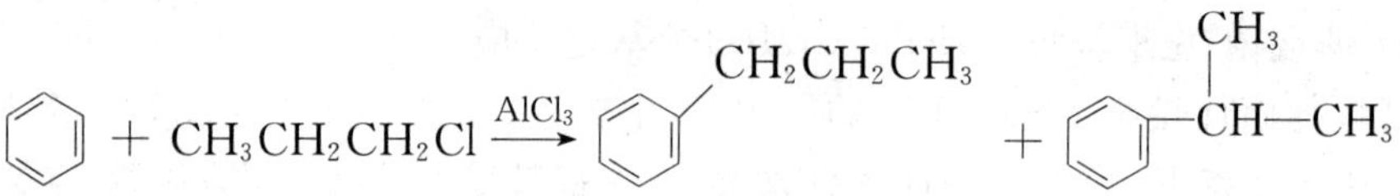

30%　　70%

上述反应主要产物是异丙基苯，而不是正丙基苯，这是由于反应过程中生成的伯碳正离子容易重排生成比较稳定的仲碳正离子而后参与反应。

$$CH_3CH_2CH_2Cl \xrightarrow{AlCl_3} CH_3CH_2CH_2^+ \xrightarrow{1,2\text{-负氢迁移}} CH_3\overset{+}{C}HCH_3$$

烷基化反应是可逆反应，反应中常伴有歧化反应发生。工业上常利用甲苯歧化制备苯和二甲苯。

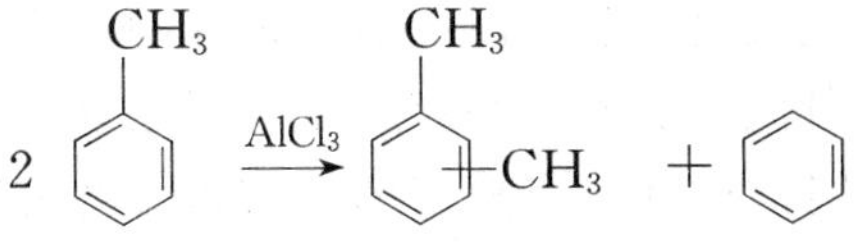

$(o-, m-, p-)$

当苯环上有强的吸电子基团(如$—NO_2$、$—SO_3H$、—COOH、—CN 等)时，烷基化反应不能进行。

5) 傅瑞德-克来福特酰基化反应

芳烃与酰卤(RCOX)在无水 $AlCl_3$ 催化作用下，生成芳酮，这个反应叫做傅瑞德-克来福特酰基化反应，简称为傅-克酰基化反应。这是制备芳酮的重要方法之一。常用的酰化试剂为酰卤、酸酐和羧酸等。酰卤中最常用的是酰氯和酰溴，且反应活性 RCOCl>RCOBr。

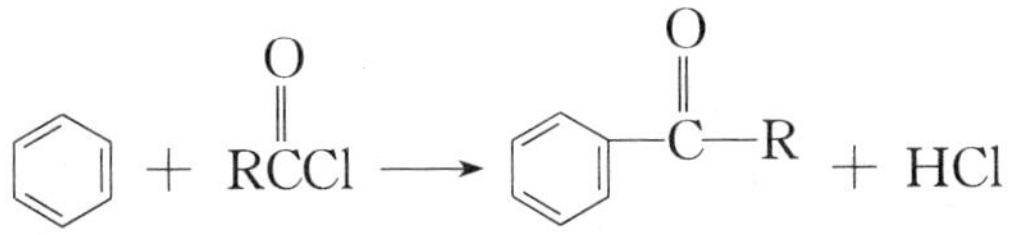

酰化反应的亲电试剂是酰基正离子

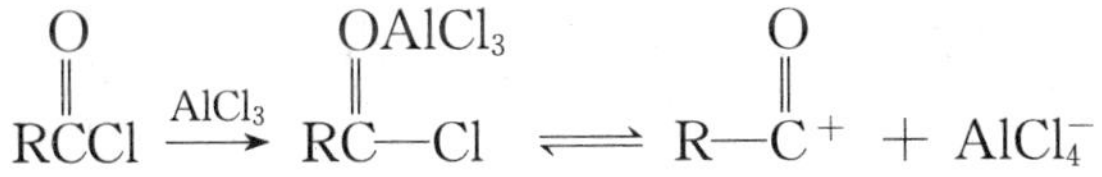

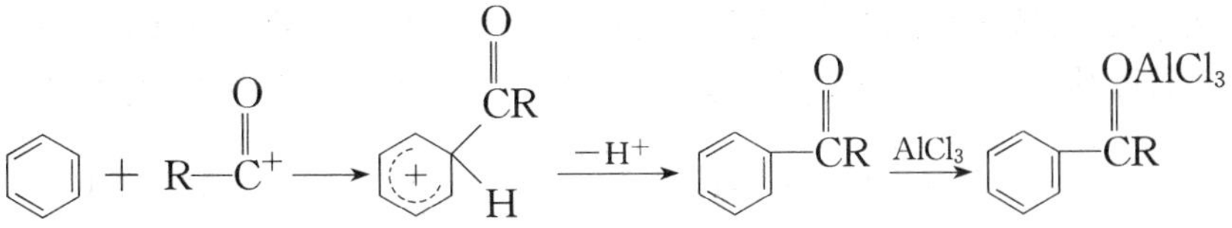

反应后生成的芳酮是与 $AlCl_3$ 相络合的，需再加稀酸处理，才能得到游离的酮。因此傅-克酰基化反应与烷基化反应不同，三氯化铝必须过量。

酰基化反应没有重排产物，且不易生成多酰基化产物，如

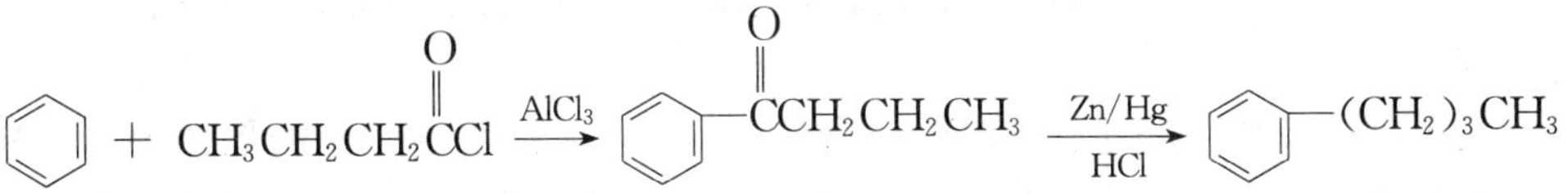

生成的酮可以用锌汞齐加盐酸将羰基还原为亚甲基。因此酰基化反应也是芳环上引入正构烷基的一个重要方法。

苯环上如果有硝基、磺基、—COR 等强吸电子取代基时，不能发生傅-克烷基化及酰基化反应，所以常用硝基苯作为反应的溶剂，苯和 $AlCl_3$ 都能溶于硝基苯中。苯胺等化合物能与 $AlCl_3$ 等路易斯酸成盐，也不发生傅-克反应。

长期以来，傅-克反应使用的催化剂多数为 $AlCl_3$，它有两个缺点：反应后有大

量的水合三氯化铝需要处理；反应选择性差，常常伴随生成大量的二取代或多取代物，甚至产生焦油，需要分离、处理，产物难纯化。现已开发出一些新的试剂或催化剂，不仅能提高产物的选择性，而且更重要的是改善了环境的质量。如

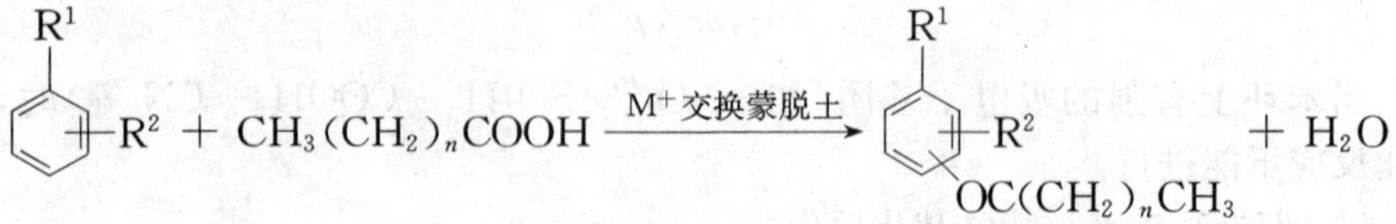


$R^1$＝H 或 $CH_3$；$R^2$＝H 或 $CH_3$；$n$＝0～14；

（$M^+$＝$H^+$，$Al^{3+}$，$Ni^{2+}$，$Zr^{2+}$，$Ce^{3+}$，$Cu^{2+}$ 等）

用比 $H_2SO_4$ 和 $HClO_4$ 酸性强的固体杂多酸代替 $H_2SO_4$ 等液体酸催化傅-克反应，可以解决反应设备腐蚀问题，且能使反应在较缓和的反应条件下进行，提高产物的选择性，如

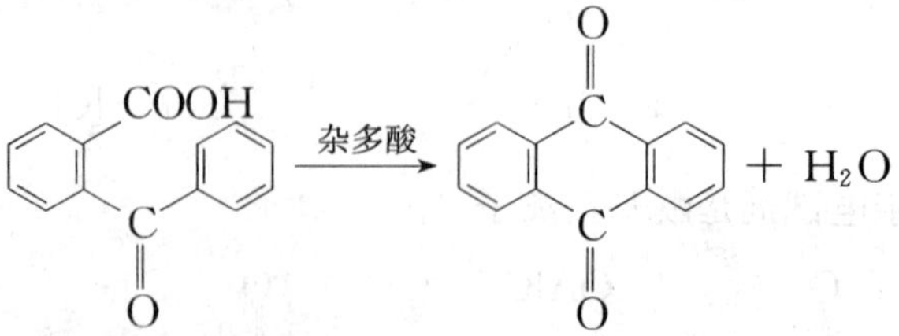


6）氯甲基化反应

在无水氯化锌催化下，芳烃与甲醛及氯化氢作用，芳环上的氢被氯甲基（—$CH_2Cl$）取代，称为氯甲基化反应。实际操作时一般用三聚甲醛代替甲醛，如

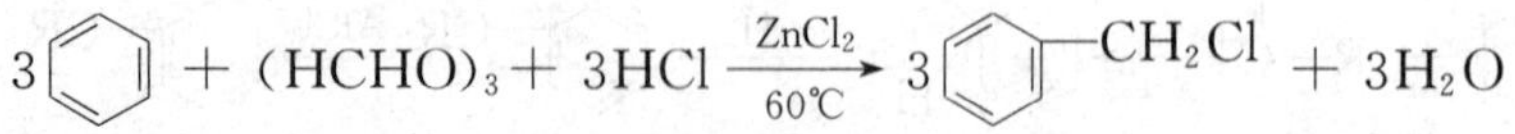


反应时，甲醛与氯化氢作用，形成的中间体的极限式如下：

$$[H_2C{=}\overset{+}{O}H]Cl^- \longleftrightarrow [H_2\overset{+}{C}{-}OH]Cl^-$$

中间体与苯发生亲电取代，生成苯甲醇，然后与体系中的氯化氢作用，迅速形成苄氯。

氯甲基化反应也属于傅-克反应，所以，凡是可以作傅-克反应的催化剂均可用于氯甲基化反应。氯甲基化反应对于苯、烷基苯、烷氧基苯和稠环芳烃等都是成功的，但当苯环上有强吸电子基团时，产率很低，甚至不反应。

氯甲基化反应很重要，因为氯甲基很容易转化羟甲基（—$CH_2OH$）、氰甲基（—$CH_2CN$）、醛基（—CHO）、羧甲基（—$CH_2COOH$）、氨甲基（—$CH_2NH_2$）等，在有机合成中可方便地将芳烃转化成相应的衍生物。

#### 6.1.2.2 加成反应

由于苯环的特殊结构，其离域能大，较稳定，一般情况下不易进行加成反应，只有在特殊条件下才发生加成反应。

1）加氢

在 Ni、Pt、Pd 等催化剂作用下，且在较高温度或加压下，苯与氢气加成生成环己烷。

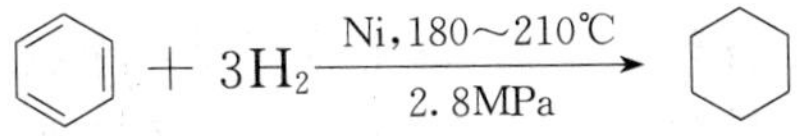


也可采用均相催化剂 2-乙基乙酸镍/三乙基铝催化加氢，条件比较温和。

2）加氯

在紫外线照射下，苯与氯气加成生成 1,2,3,4,5,6-六氯环己烷，因其分子式为 $C_6H_6Cl_6$，简称六六六。

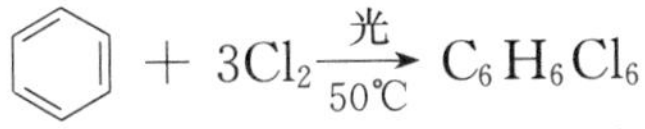


溴也能进行上述反应，生成六溴环己烷，反应历程同氯一样，均按自由基反应历程进行。

#### 6.1.2.3 氧化反应

苯环很稳定，在一般条件下不易被氧化开环。只有在高温、催化作用下，苯才可被空气氧化而生成顺丁烯二酸酐。

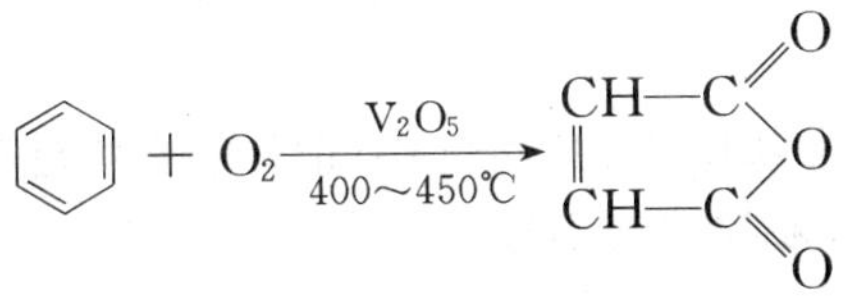


#### 6.1.2.4 聚合反应

当苯环的侧链含有碳碳不饱和键时，与不饱和烃相似，也可发生聚合反应和共聚反应，如

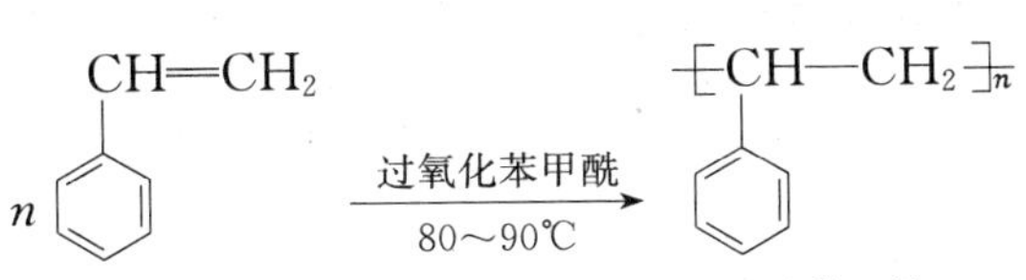


聚苯乙烯

用氯化铝作催化剂，氯化铜为氧化剂，于 35～50℃，苯聚合生成聚苯，又称聚对苯或聚对亚苯基。

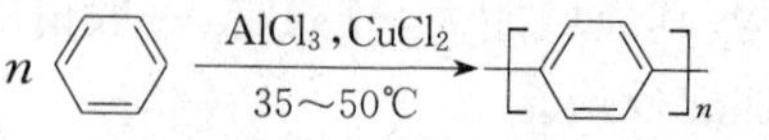

反应主要是质子化苯与另一分子苯发生亲电取代反应，然后再发生氧化脱氢，并按此方式不断进行，最后生成聚苯，即苯经过氧化阳离子型聚合生成了聚苯。从反应的最后结果来看，许多苯分子通过脱氢缩合生成聚苯，是一种缩聚反应。

聚苯是最简单的全芳香环高聚物，整个分子是一个很大的共轭体系，因此具有类似导体的特性。聚苯的性质由于制备方法不同而有所不同。一般具有如下特性：热稳定性好，分解温度为 530℃（比聚四氟乙烯、聚酰亚胺高），可在 300℃长期使用；耐辐射性好；自润滑性好（优于石墨）；除浓硝酸和吡啶外，不溶于任何溶剂。聚苯与石棉等的复合层材料可用于火箭发动机部件、高速轴承、原子能反应堆部件、耐辐射耐氧化结构件等。聚苯还可作为高温离子交换树脂、耐高温辐射涂料和胶黏剂等。

#### 6.1.2.5 芳烃侧链的反应

1）卤化反应

烷基苯分子中的 α-H 因受苯环的影响活性增强，当在较高温度下或光照条件下，与卤素发生 α-H 取代反应。例如，甲苯在光照下与氯反应生成苄氯。

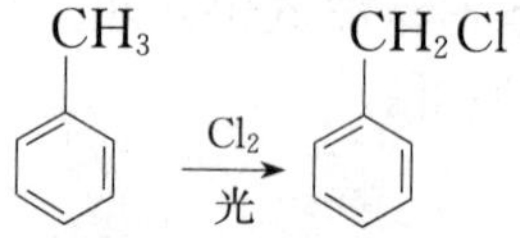

侧链氯化反应为自由基反应，其活性中间体为苄基自由基。苄氯可以继续氯化，生成苯基二氯甲烷和苯基三氯甲烷。

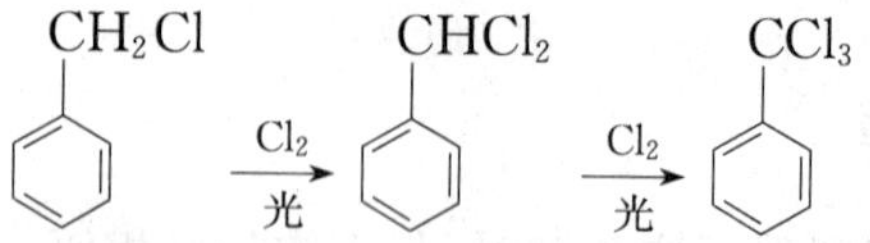

控制氯气的用量可以使反应停留在生成苄氯的阶段。

其他烷基苯的自由基卤化也在侧链上与苯环相连的碳原子（α-C）上进行，如

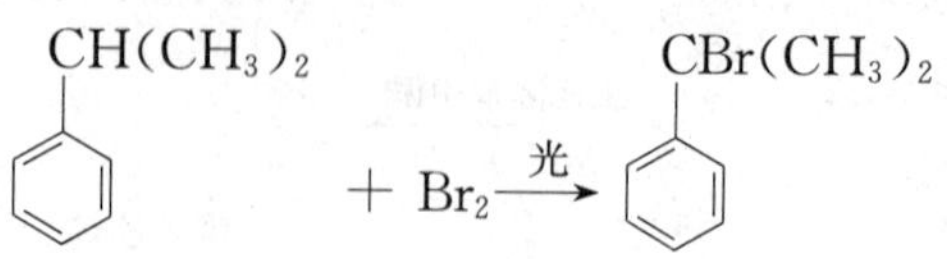

自由基溴化反应可以用 *N*-溴代丁二酰亚胺(NBS)作试剂：

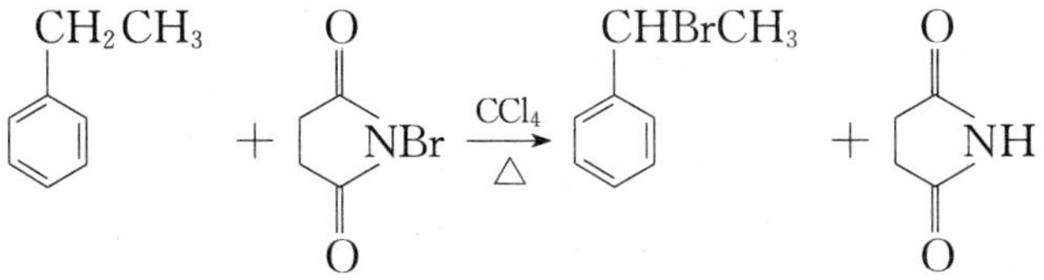

芳烃侧链卤化反应的主产物为 $\alpha$-卤代产物，溴化反应比氯化反应的选择性好。

2) 氧化反应

对于烷基苯来说，因其 $\alpha$-H 活泼，易被氧化，且不管碳链有多长，以及侧链上有什么基团，$\alpha$-H 一律被氧化生成苯甲酸。常用的氧化剂有高锰酸钾、重铬酸钾、硝酸等。无 $\alpha$-H 的烷基苯不被氧化。在激烈氧化时，苯环被破坏，如

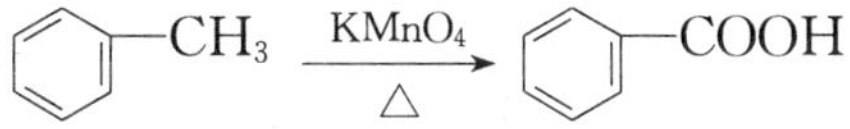

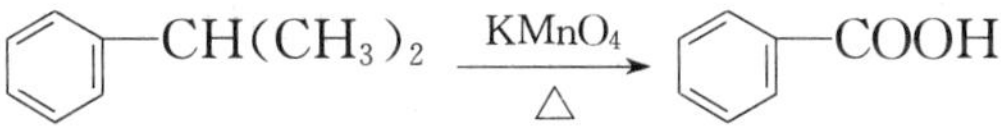

当苯环上有两个或多个烷基时，在强烈条件下，均可被氧化成羧基。若两个烷基处于邻位，氧化的最后产物是酸酐，如

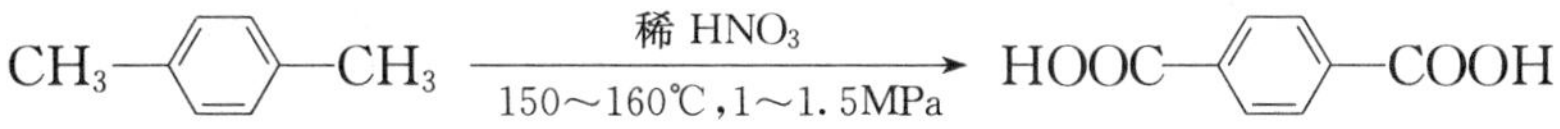

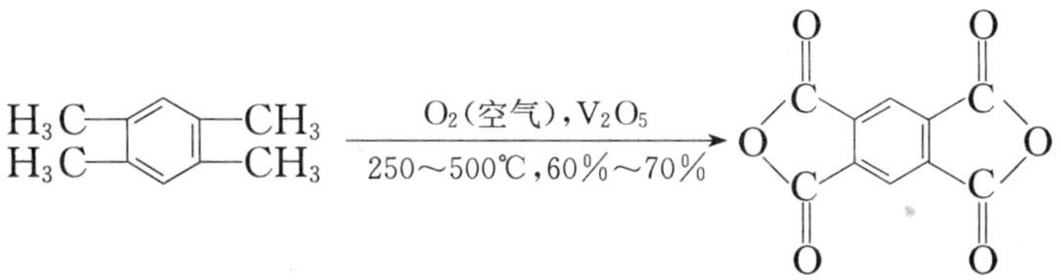

1,2,4,5-四甲苯　　　　均苯四甲酸二酐

这是工业上生产对苯二甲酸和均苯四甲酸二酐的方法。前者是制造涤纶的原料，后者为白色结晶，工业上用作环氧树脂固化剂及制备聚酰亚胺树脂等。

异丙苯在碱性条件下，很容易被空气氧化生成氢过氧化异丙苯，后者在稀酸作用下，分解为苯酚和丙酮。这是生产苯酚(联产丙酮)的重要方法。

烷基苯的烷基也可进行脱氢。例如，工业上用乙苯经催化脱氢生产乙烯：

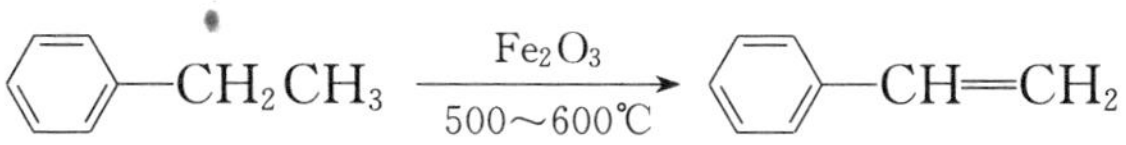

苯乙烯是合成丁苯橡胶和聚苯乙烯等高分子化合物的重要单体。

### 6.1.3 单环芳烃的亲电取代反应的活性和定位规律

#### 6.1.3.1 一取代苯的活性和定位规律

从前面讨论的一些苯环亲电取代反应中可以看出，当苯环上已有一个取代基，再引入第二个取代基时，其进入的位置主要由苯环上原有取代基的性质所决定。芳环上原有的取代基称为定位基，定位基支配第二个取代基进入芳环位置的能力称为定位效应。

大量实验结果表明(表 6-2)，不同一元取代苯在进行同一取代反应时(如表 6-2 中的硝化反应)，按所得产物的比例不同，可以分成两类：一类是取代反应产物中邻位和对位异构体占优势，且其反应速率一般都要比苯快；另一类是间位异构体为主，而且反应速率比苯慢。因此，按所得取代产物的不同组成来划分，可以把苯环上的取代基分为邻、对位定位基和间位定位基两类。

**表 6-2 一取代苯硝化反应相对速率和产物分布**

| 定位基 | 相对速率(与氢比较) | 二元取代硝化反应中各异构体的分布/% | | | |
|---|---|---|---|---|---|
| | | 邻位 | 对位 | 间位 | 邻、对位之和 |
| $—H$ | 1 | | | | |
| $—OCH_3$ | 约 $2\times10^5$ | 74 | 11 | 15 | 85 |
| $—OH$ | | 50～55 | 45～50 | 微量 | 约 100 |
| $—NHCOCH_3$ | 很快 | 19 | 79 | 2 | 98 |
| $—CH_3$ | 24.5 | 58 | 38 | 4 | 96 |
| $—CH_2CH_3$ | | 55 | 45 | <1 | 约 100 |
| $—C(CH_3)_3$ | 15.5 | 15.8 | 72.7 | 11.5 | 88.5 |
| $—CH_2Cl$ | $3.02\times10^{-1}$ | 32 | 52.5 | 15.5 | 84.5 |
| $—F$ | 0.15 | 12 | 88.5 | 微量 | 约 100 |
| $—Cl$ | $3.3\times10^{-2}$ | 29.6 | 69.5 | 0.9 | 99.1 |
| $—Br$ | $3.0\times10^{-2}$ | 36 | 62.9 | 1.1 | 98.9 |
| $—I$ | 0.18 | 41 | 59 | 微量 | 约 100 |
| $—\overset{+}{N}(CH_3)_3$ | $1.2\times10^{-8}$ | 微量 | 微量 | 约 100 | 微量 |
| $—NO_2$ | $6\times10^{-8}$ | 6.4 | 0.3 | 93.3 | 6.7 |
| $—CN$ | | 15 | 2 | 83 | 17 |
| $—SO_3H$ | | 21 | 7 | 72 | 28 |
| $—COOH$ | $<10^{-3}$ | 18.5 | 1.3 | 80.2 | 19.8 |
| $—CHO$ | | 19 | 9 | 72 | 28 |
| $—COCH_3$ | | 30 | | 68 | 30 |
| $—COOC_2H_5$ | $3.67\times10^{-3}$ | 24 | 4 | 72 | 28 |

1) 邻、对位定位基

邻、对位定位基又叫第一类定位基，它们使第二个取代基主要进入它的邻位和对位(邻+对>60%)，其定位能力由强到弱的次序大致如下：

$$—O^-,—NR_2,—NHR,—NH_2,—OH,—OCH_3,—NHCOR,\\—OCOR,—C_6H_5,—R,—X$$

这类定位基主要有以下三个特点：①这些取代基与苯环直接相连的原子一般都是饱和的且多数有孤电子对或带负电荷；②除卤素外，这类定位基均能使苯环上电子云密度升高，使苯环活化，因此这些定位基又称活化基；③这些取代苯(除卤苯外)的亲电取代反应活性比苯高，反应速率比苯快。

2) 间位定位基

间位定位基又叫第二类定位基，它们使第二个取代基主要进入它的间位(间位>40%)，其定位能力由强到弱的次序大致如下：

$$—\overset{+}{N}R_3,—NO_2,—CN,—COOH,—SO_3H,—CHO,—COR,—COOR,—CONH_2$$

这类定位基主要有以下三个特点：①这些取代基与苯环直接相连的原子一般都是不饱和的(重键的另一端是电负性大的元素)或带正电荷(也有例外，如$—CCl_3$)；②这类定位基均能使苯环上电子云密度降低，使苯环钝化，因此这些定位基又称钝化基；③这些取代基的亲电取代反应活性比苯低，反应速率比苯慢。

### 6.1.3.2 定位规律的理论解释

1) 电子效应

苯是一个对称分子，苯环上的电子云密度因共轭(共振)而平均化。在苯环上引入一个取代基后，取代基对苯环的影响(吸电子或供电子的)会沿着苯环的共轭链传递，使得苯环的电子云出现了交替极化的现象，也就使苯环上不同位置进行亲电取代反应的难易程度不同。另外，亲电试剂$E^+$进攻一取代苯环的邻、对或间位时，生成的碳正离子σ络合物稳定性不同，所以不同位置被亲电取代的难易程度也就不同。

(1) 邻、对位定位基对苯环的影响。以甲苯、苯酚和氯苯为例讨论。

因为甲苯上甲基$sp^3$杂化碳原子的电负性比苯环上$sp^2$杂化碳原子的电负性小，甲基表现为供电子的诱导效应。另外甲基上的C—H σ键与苯环的大π键还存在σ-π超共轭效应。这两种电子效应的影响都能使苯环的电子云密度升高，亲电取代比苯活泼。在共轭体系中电子的传递是以极性交替的方式进行，邻位和对位上电子云密度的增加比间位多些，所以亲电取代反应主要发生在甲基的邻位和对位上。

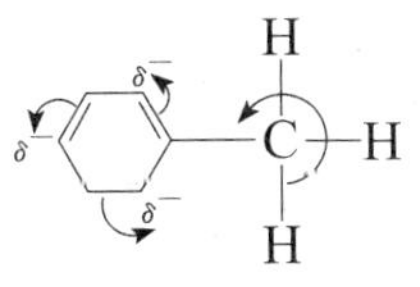

另外，从共振论观点来看，当 $E^+$ 进攻邻位时，生成碳正离子Ⅰ

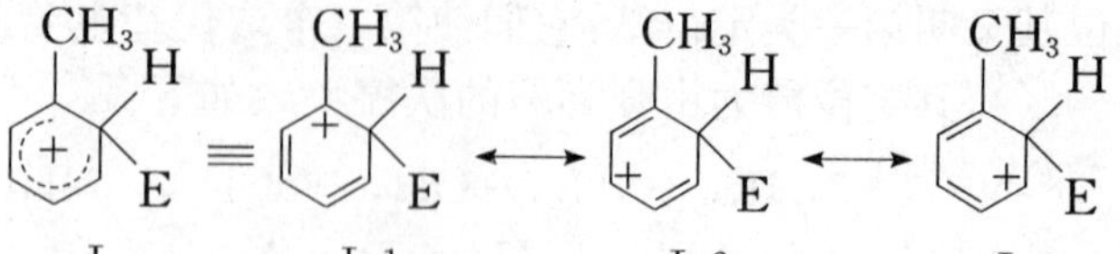

Ⅰ　　　Ⅰ-1　　　Ⅰ-2　　　Ⅰ-3

当 $E^+$ 进攻对位时，生成碳正离子Ⅱ

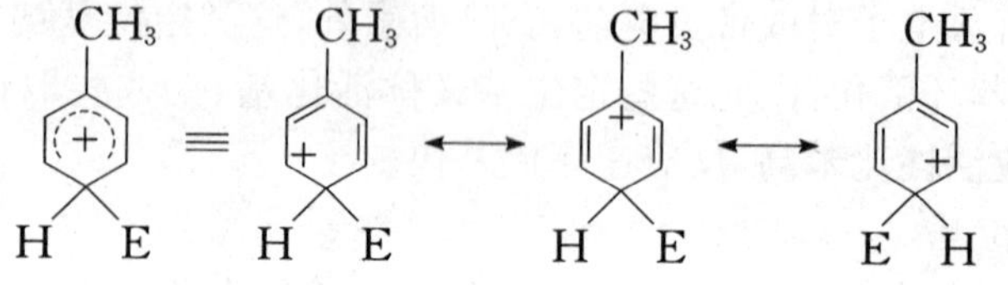

Ⅱ　　　Ⅱ-1　　　Ⅱ-2　　　Ⅱ-3

其中，Ⅰ-1 和Ⅱ-2 带正电荷的碳原子与具有供电性的甲基直接相连，正电荷分散较好，能量较低，较稳定，是主要参与结构式，由此形成的共振杂化体碳正离子也较稳定，所以邻、对位取代产物较易形成。

当 $E^+$ 进攻间位时，生成碳正离子Ⅲ

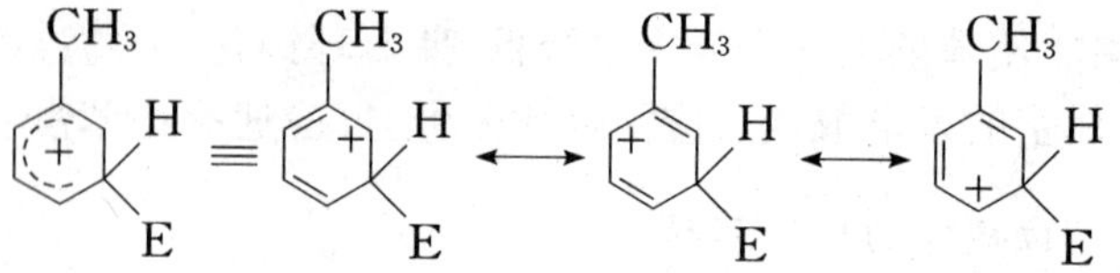

Ⅲ　　　Ⅲ-1　　　Ⅲ-2　　　Ⅲ-3

这三个共振结构式都是仲碳正离子，带正电荷的碳原子不与甲基直接相连，正电荷分散不很好，能量较高，稳定性较差，故生成间位取代产物较困难。甲苯和苯在亲电取代反应中的能量变化关系如图 6-3 所示。

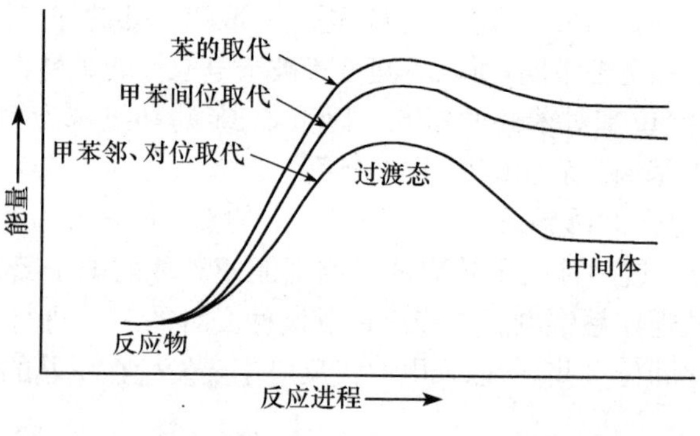


图 6-3　甲苯和苯亲电取代反应中的能量变化比较

在苯酚分子中，羟基氧的电负性比碳原子大，羟基表现为吸电子诱导效应，但羟基氧带有孤电子对的p轨道与苯环的π键之间存在p-π共轭效应，共轭效应的结果使氧上的电子云向苯环离域，使苯环的电子云密度升高，苯酚分子在亲电取代反应中总的电子效应表现为供电子的共轭效应大于吸电子的诱导效应，结果使苯环的电子云密度升高，特别是羟基的邻位和对位上增加的较多。因此当苯酚进行亲电取代反应时，不仅比苯容易进行，且取代反应主要发生在羟基的邻位和对位。

用共振论方法分析，当羟基的邻位和对位受到亲电试剂进攻时，形成的中间体碳正离子的共振结构式中，除了具有与甲基的邻位和对位相似的共振结构式外，还应包括下列共振结构式：

亲电试剂进攻邻位

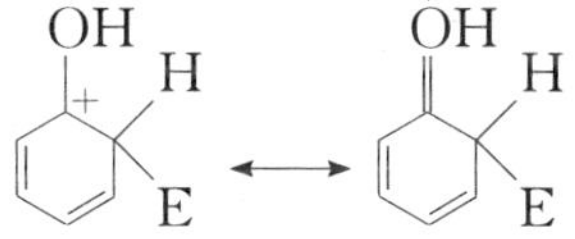

Ⅳ

亲电试剂进攻对位

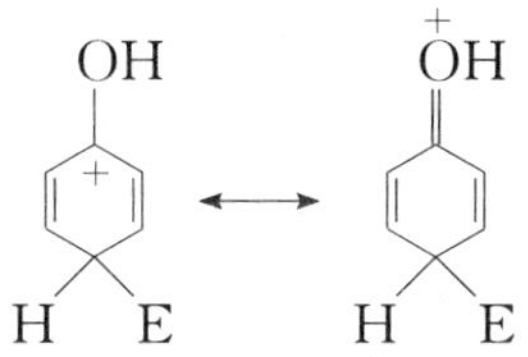

Ⅴ

从Ⅳ和Ⅴ两个共振结构式可以看出，参与共轭体系的原子都具有八隅体的结构。这样的结构是特别稳定的。所以它们在共振杂化体中的参与程度比其他的共振结构大得多，因此包含这些共振结构的共振杂化体碳正离子也特别稳定而且容易生成，所以羟基是强的邻、对位定位基。

在氯苯分子中，因为直接与苯环相键合的氯原子的电负性比碳原子大，表现为吸电子诱导效应。同时氯原子上带有孤电子对的p轨道又与苯环的π键之间存在供电子的p-π共轭效应。电子效应的总结果是吸电子诱导效应大于供电子的共轭效应，是使苯环的电子云密度降低。因此，氯苯的亲电取代反应活性比苯低。但是，由于共轭效应的结果使苯环上氯原子的邻位和对位上的电子云密度下降的比间位少，所以氯原子是一个邻、对位定位基。另外，也可以从共振论的角度比较氯苯在亲电取代反应中生成邻、对位和间位碳正离子（σ络合物）的共振杂化体的稳定性，从而解释氯原子属于邻、对位定位基。

(2) 间位定位基对苯环的影响。以硝基苯为例

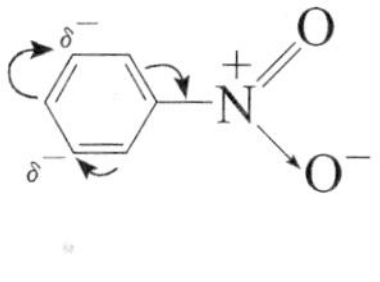

因为硝基上氮原子的电负性比碳原子大，硝基是表现为吸电子诱导效应，使苯环的电子云密度降低，另外硝基的 π 键与苯环的 π 键可形成 π-π 共轭体系，共轭效应的结果也使苯环的电子云密度降低，下降最多的是硝基的邻位和对位。因此，硝基苯在进行亲电取代反应时，不仅比苯难进行，而且主要生成间位产物。

硝基苯在发生亲电取代反应时形成的碳正离子中间体可以用下列共振结构式表示：

亲电试剂进攻邻位

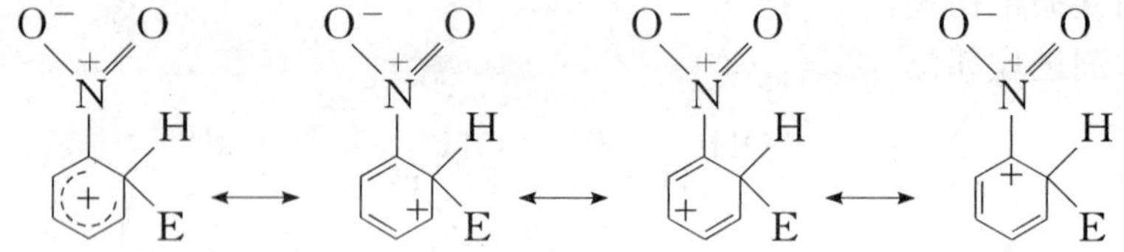

Ⅵ

亲电试剂进攻对位

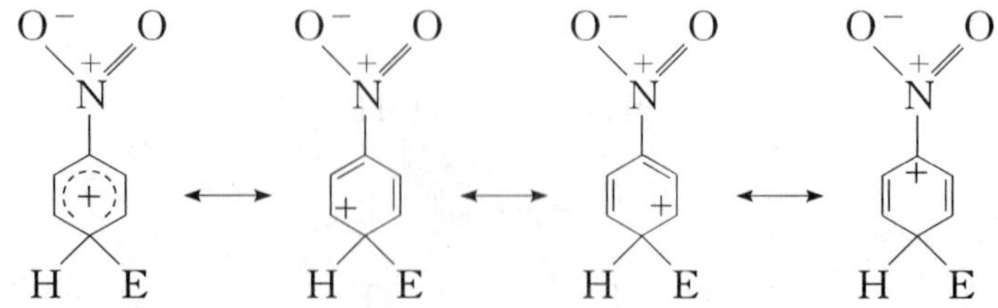

Ⅶ

亲电试剂进攻间位

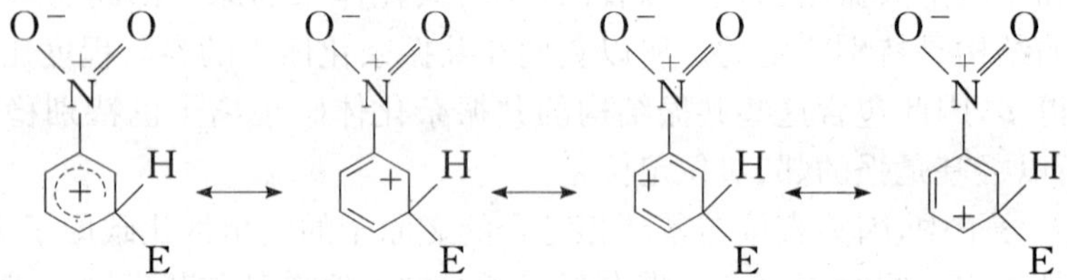

亲电试剂进攻硝基的邻位和对位所生成的碳正离子共振结构Ⅵ、Ⅶ中，硝基的氮原子和与它直接相连的碳原子都带正电荷，能量特别高，因而是不稳定的共振结构，而亲电试剂进攻硝基的间位所生成的碳正离子的共振结构式中却不存在这种结构。因此进攻硝基间位生成的碳正离子中间体要比进攻硝基的邻位和对位生成的碳正离子中间体的能量低并且稳定，所以硝基苯的亲电取代反应以间位产物为主。间位定位基对苯环的钝化影响可以用硝基苯和苯的亲电取代反应过程中能量变化比较图表示，如图 6-4 所示。

以上讨论的是苯环上原有取代基对于新引入基团进入苯环位置的影响，它是影响单环芳烃亲电取代反应定位效应的主要因素。除此之外，苯环上原有取代基的空间效应，新引入基团的空间效应和极化效应、温度、催化剂等对定位效应也有

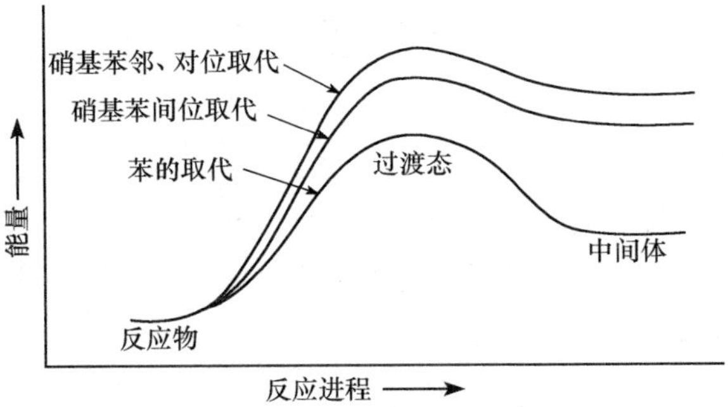


图 6-4　硝基苯和苯亲电取代反应中的能量变化比较

一定的影响。

2）空间效应

苯环上原有的定位基的空间位阻与新引入基团的空间位阻都对产物异构体的分布产生一定的影响。例如，当苯环上的定位基是邻、对位定位基时，实验结果表明随着定位基空间位阻的增大，空间效应也增大。此时产物的邻位异构体减少，而对位异构体增加，见表 6-3。

**表 6-3　一烷基苯硝化反应的异构体分布**

| 定位基 | $—CH_3$ | $—CH_2CH_3$ | $—CH(CH_3)_2$ | $—C(CH_3)_3$ |
|---|---|---|---|---|
| 邻位/% | 58.45 | 45.0 | 30.0 | 15.8 |
| 对位/% | 37.15 | 48.5 | 62.3 | 72.7 |
| 间位/% | 4.40 | 6.5 | 7.7 | 11.5 |

苯环上的定位基不变时，随着新引入基团的空间位阻的增大，空间效应也增大，对位异构体增加，而产物的邻位异构体减少，见表 6-4。

**表 6-4　甲苯烷基化反应时的异构体分布**

| 引入基 | $—CH_3$ | $—CH_2CH_3$ | $—CH(CH_3)_2$ | $—C(CH_3)_3$ |
|---|---|---|---|---|
| 邻位/% | 53.8 | 45.0 | 37.5 | 0 |
| 对位/% | 28.8 | 25.0 | 32.7 | 93 |
| 间位/% | 17.3 | 30.3 | 29.8 | 7 |

3）其他因素的影响

除以上讨论的电子效应外，温度、催化剂与其他反应条件等因素对单环芳烃的亲电取代反应产物的异构体也有一定的影响。例如，甲苯在不同温度下的磺化反应产物异构体分布见表 6-5。

**表 6-5 甲苯磺化时异构体的分布**

| 温度/℃ | 邻位/% | 对位/% | 间位/% |
|---|---|---|---|
| 35 | 31.9 | 62.0 | 6.1 |
| 100 | 13.3 | 78.7 | 8.0 |

溴苯的氯化分别用 $AlCl_3$ 和 $FeCl_3$ 作催化剂，所得产物的邻、对位异构体的比例都不同：

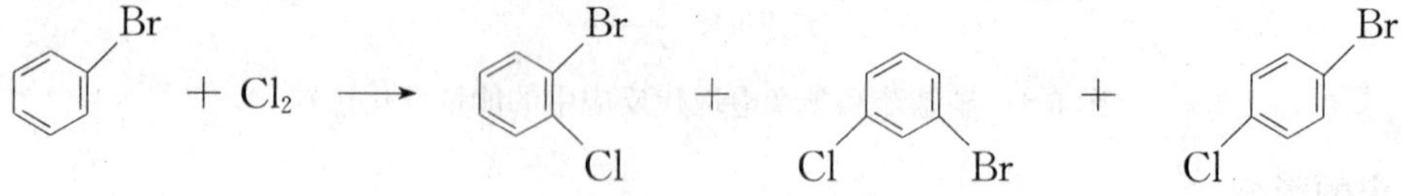

| | | | |
|---|---|---|---|
| $AlCl_3$ | 30% | 5% | 65% |
| $FeCl_3$ | 42% | 7% | 51% |

利用现代催化技术，可以控制取代基的定位作用，如使用有选择性催化作用的分子筛催化乙苯的乙基化，可以得到高选择性的对二乙苯。工业上就是用分子筛催化合成对二乙苯。后者催化脱氢，得到交联聚苯乙烯的单体对二乙烯基苯：

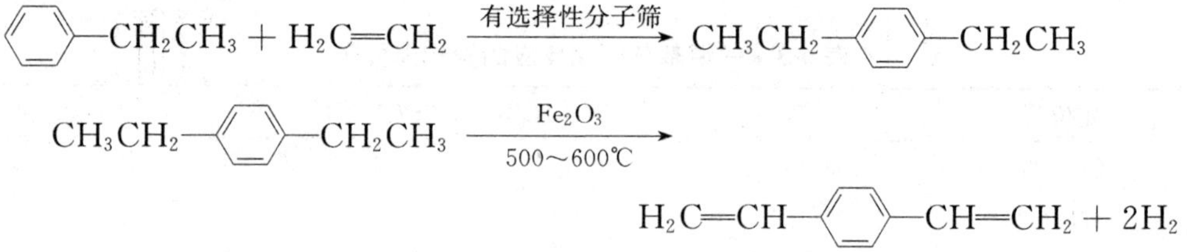

甲苯与丙烯烷基化反应，使用不同孔径的分子筛催化剂，分别得到间甲基异丙基苯和对甲基异丙基苯，已应用于年产万吨烷基化产物的工业生产装置上。

#### 6.1.3.3 二元取代苯的定位规律

苯环上已有两个取代基时，第三个取代基进入苯环的位置由苯环上原有的两个定位基共同决定。

若两个取代基的定位效应一致时，则由定位规律决定，如

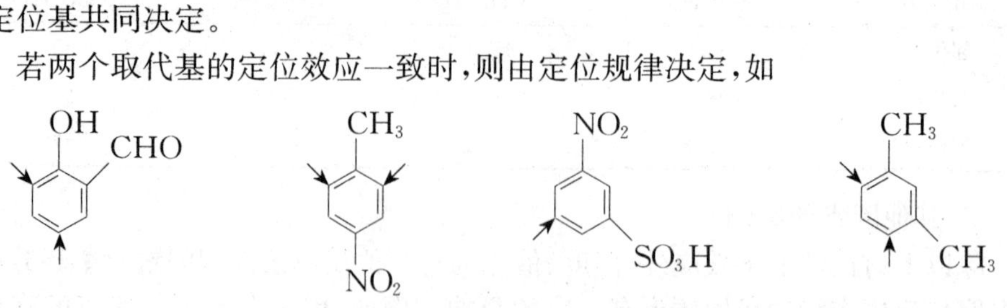

箭头表示第三个取代基进入的位置

有时也受其他因素的影响，如间二甲苯，由于空间效应的影响，两个甲基之间的位置就很难引入取代基，虽然这个位置是两个甲基的邻位。

若两个取代基的定位效应不一致时，则可分为两种情况：

(1) 定位基属于同一类时，第三个取代基进入苯环的位置由定位效应强的定位基决定；若定位效应相差不大，则生成混合物。

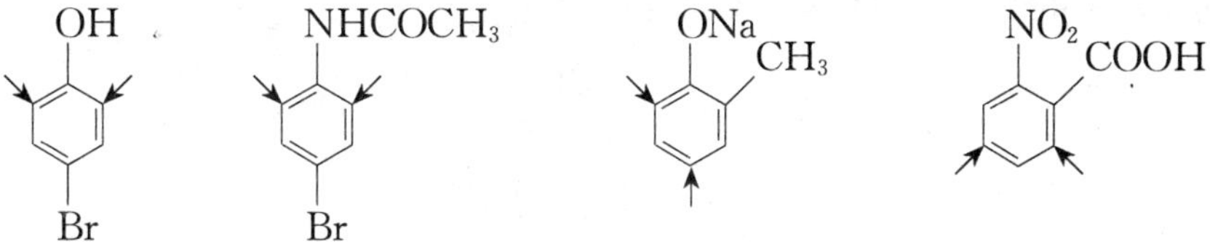


(2) 定位基属于不同类时，第三个取代基进入苯环的位置由活化基决定，如

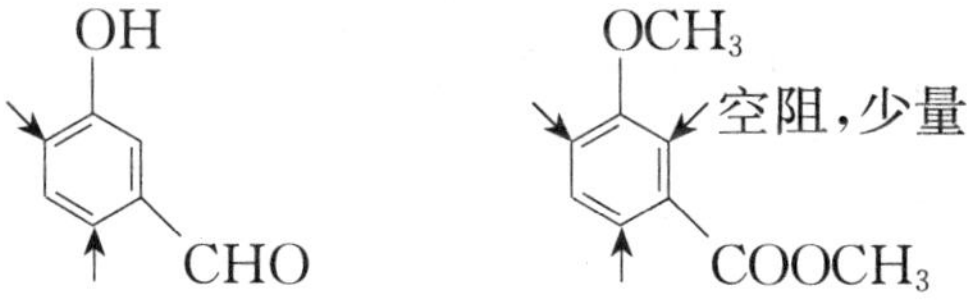


此外，还应注意空间效应和反应条件问题，如

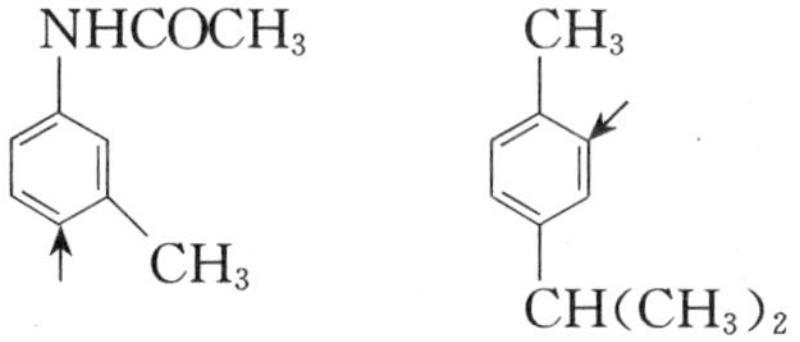


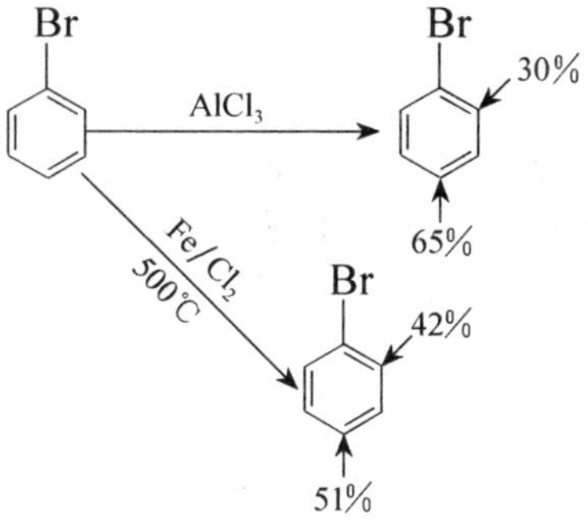


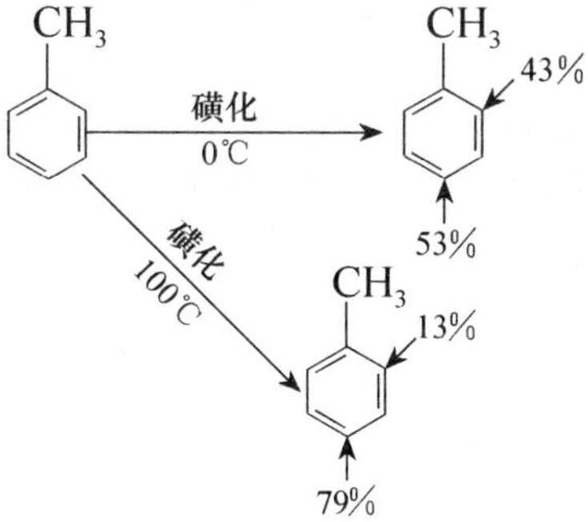


### 6.1.4　定位规律的应用

单环芳烃的亲电取代定位规律不仅可以解释一些实验事实，更重要的是应用定位规律来指导多取代苯的合成，包括预测反应主要产物和正确选择合成路线。

1）预测主要产物

当二元取代苯发生亲电取代反应时，若能综合考虑取代基的影响因素（电子因素、空间因素），就可以解释和预测所得的主要产物。例如，间甲酚进行硝化时，主要得到在羟基的邻位和对位取代的产物：

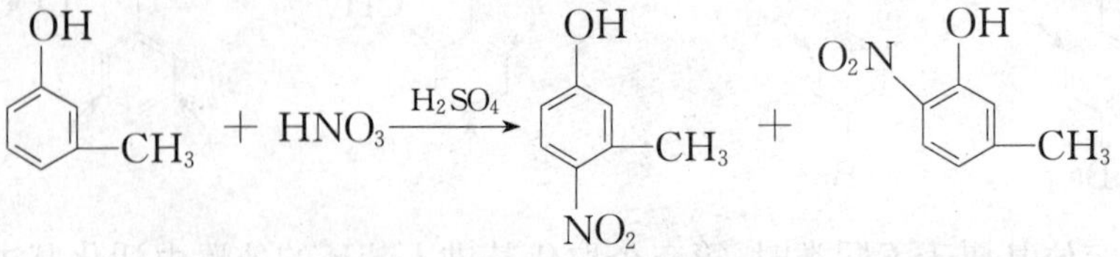

三种二甲苯进行磺化反应时，由于间二甲苯的定位作用一致，而邻、对位二甲苯的定位作用不一致，因此间二甲苯最易磺化。工业上利用这个规律将混合二甲苯经过磺化、分离和水解，得到纯的间二甲苯：

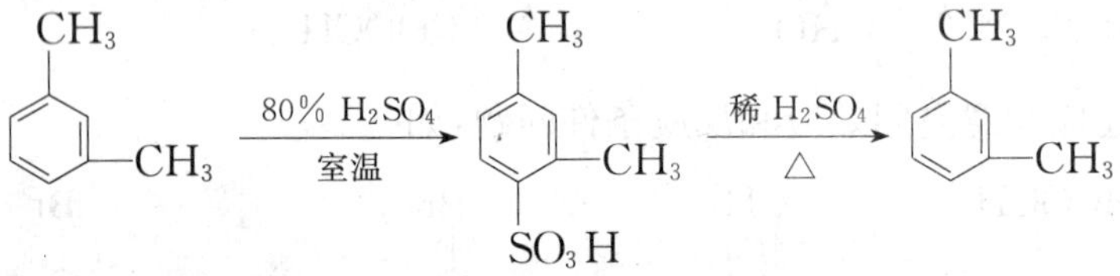

2）选择合理的合成路线

应用定位规律可以选择可行的合成路线，得到较高的产率和避免复杂的分离。

**【例 6-1】** 由苯合成对氯苯磺酸。

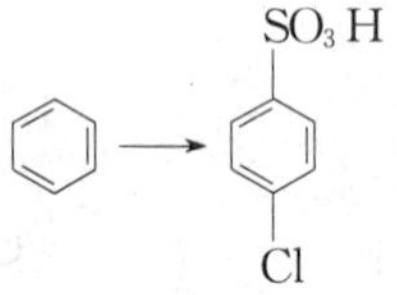

这时需要在苯环上引入两个取代基——氯和磺酸基。而氯是邻、对位定位基，磺酸基是间位定位基，所以应先引入氯，再引入磺酸基，最后分离出邻位异构体，即得到符合要求的产物。

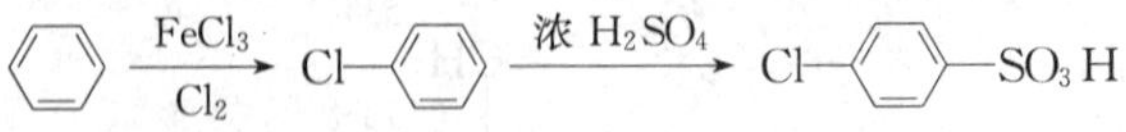

**【例 6-2】** 由苯合成邻硝基苯甲酸。

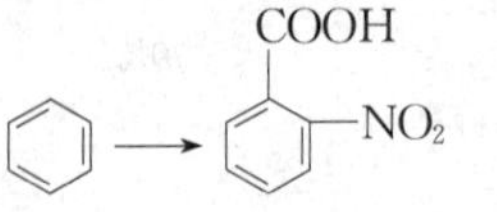

从产物中看出，羧基和硝基处于邻位，而二者都是间位定位基，这时采用逆推的方法，考虑邻硝基甲苯经氧化可得到产物，这样，似乎是甲苯硝化后分离出邻硝基甲苯再进行氧化就可以得到产物了。但仔细分析发现，若这样进行，硝化后所得的邻硝基甲苯的产率不足60%，而磺

化反应是可逆的，在较高温度下磺化，磺酸基主要进入甲基的对位，再硝化，硝基只能进入甲基的邻位，最后水解除去磺酸基即得到邻硝基甲苯，再氧化便得到邻硝基苯甲酸。所以最佳合成路线是

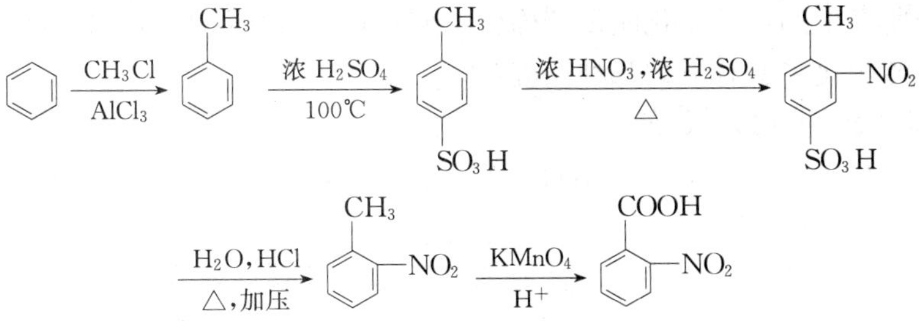


除取代基的定位效应以外，反应温度、容积、催化剂、新进入取代基的极性、体积等众多因素对取代基进入苯环的位置也均有影响。因此，进行合成时要综合考虑。

### 6.1.5　单环芳烃的来源与制法

1）煤的干馏

煤在炼焦炉里隔绝空气加热至 1000～1300℃，即分解得到固态的焦炭、液态的煤焦油和氨水以及气态的焦炉气（也就是煤气）。

煤焦油中含有大量的芳香族化合物，分馏煤焦油可以得到如表 6-6 所示的各种馏分。

**表 6-6　煤焦油的分馏产物**

| 馏　分 | 沸点范围/℃ | 产率/% | 主要成分 |
|---|---|---|---|
| 轻油 | <180 | 0.5～1.0 | 苯、甲苯、二甲苯 |
| 酚油 | 180～210 | 2～4 | 苯酚、甲苯酚、二甲酚 |
| 萘油 | 210～230 | 9～12 | 萘 |
| 洗油 | 230～300 | 6～9 | 萘、苊、芴 |
| 蒽油 | 300～360 | 20～24 | 蒽、菲 |
| 沥青 | >360 | 50～55 | 沥青、游离碳 |

苯及其同系物主要存在于低沸点馏分即轻油中。此外，由于在煤干馏时，苯和甲苯等一部分轻油馏分未能冷凝成液体，而仍以气体状态被煤气带走，因此用重油洗涤煤气，可以吸收其中的苯和甲苯等。再蒸馏此重油，就可以从中获得苯和甲苯。

2）石油的芳构化

随着有机合成工业特别是塑料、纤维和橡胶三个合成材料工业的发展，芳烃的需求量不断增加。从煤焦油（以及煤气）中分离出来的芳烃远远不能满足需要，因

此发展了以石油为原料来制取芳烃的方法。此法主要是将轻汽油馏分中含6～8个碳原子的烃类，在催化剂铂或钯等存在下，于 450～500℃进行脱氢，经环化和异构化等一系列复杂的化学反应使其转变为芳烃，工业上将这一过程称为铂重整，在铂重整中所发生的化学变化叫做芳构化。芳构化的成功使石油成为芳烃的主要来源之一。芳构化主要有下列几种反应：

(1) 环烷烃催化脱氢，如

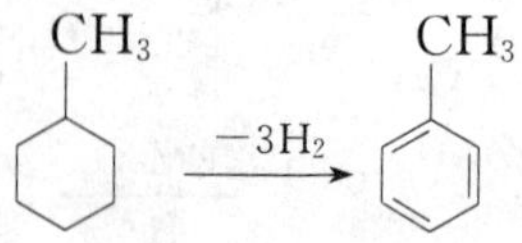


(2) 烷烃脱氢环化和再脱氢，如

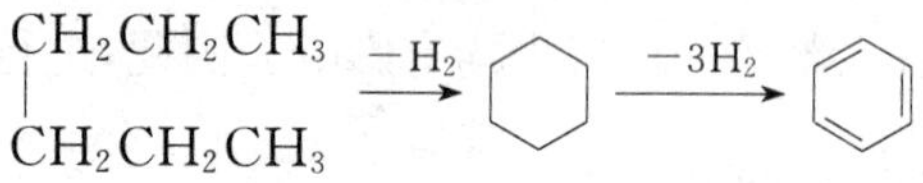


(3) 环烷烃异构化和脱氢，如

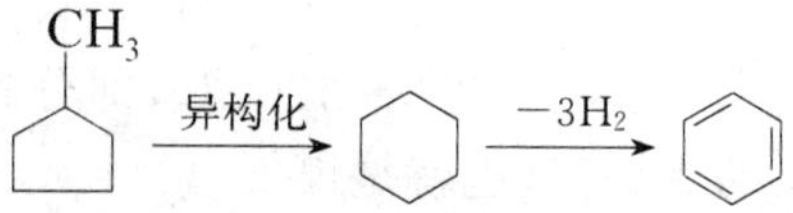


此外，在以生产乙烯为目的的石油裂解过程中，也有一定分量的芳烃生成，可以从液态焦油中回收得到。由于生产乙烯的石油裂解工厂较多，规模庞大，因此副产的芳烃数量较大，已成为芳烃的重要来源之一。

### 6.1.6　重要的单环芳烃

1) 苯

苯为无色、易挥发、易燃液体，熔点 5.5℃，沸点 80℃，有类似汽油的特殊气味，不溶于水而易溶于乙醇和乙醚等许多有机溶剂中，燃烧时发出光亮而带浓烟的火焰。它的蒸气与空气形成爆炸性混合物，爆炸极限 1.5%～8.0%(体积分数)，苯有毒，能损害造血器官。工业上从焦炉气、煤焦油中提取、分馏而得，但常含有少量噻吩。石油化工迅速发展后，可由石油催化重整制得。

苯是化学工业和医药工业的重要基本原料，可用来制备染料、塑料、树脂、农药、合成药物、合成橡胶、合成纤维、合成洗涤剂等。

2) 甲苯

甲苯为无色易挥发的液体，熔点－95℃，沸点 111℃，有类似苯的特殊气味，不溶于水而溶于乙醇、乙醚和丙酮等有机溶剂，化学性质与苯相似。它的蒸气与空气可形成爆炸性混合物，爆炸极限 1.2%～7.0%(体积分数)。工业上可从煤焦油和石油催化重整制得。

甲苯是制造三硝基甲苯、对苯二甲酸、防腐剂、染料、泡沫塑料、合成纤维等的重要原料。

3）二甲苯

二甲苯有邻、间、对三种异构体，混存于煤焦油中，其中邻位体约 10%、间位体约 70%、对位体约 20%。由于它们的沸点很相近（分别为 144℃、139℃、138℃），分离为纯品较困难，工业上常用的都是三种异构体的混合物。如采用高效分馏先将邻二甲苯分出，然后再用硫酸处理间位体与对位体的混合物，则间二甲苯被溶解而对二甲苯不溶解，这样就可分离。

混合二甲苯可作溶剂。邻二甲苯可用于制备邻苯二甲酸酐、染料、药物、增塑剂等的原料。间二甲苯可用于染料及香料工业。对二甲苯是生产聚酯纤维（涤纶）的原料。

4）苯乙烯及其聚合物

工业上可用傅-克烷基化反应制备苯乙烯，将苯和乙烯在无水三氯化铝的催化下先生成乙苯，然后在某些金属氧化物（如 MgO、$Fe_2O_3$、$K_2O$、CuO 的混合催化剂）的存在下，经催化脱氢而得，产率很高。

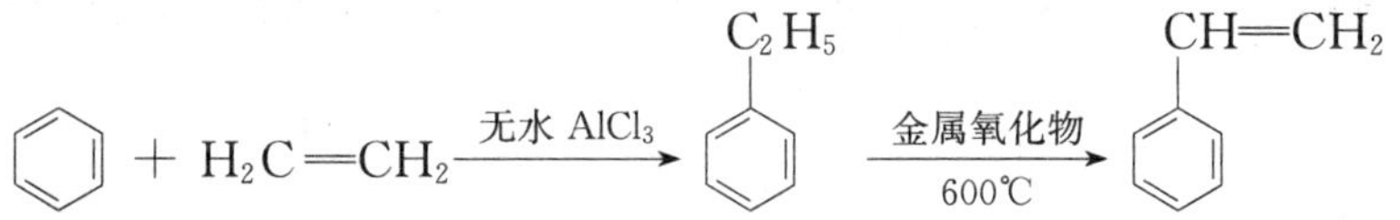


苯乙烯为无色易燃液体，有芳香气味，熔点－33℃，沸点 146℃。苯乙烯极易聚合生成聚苯乙烯。

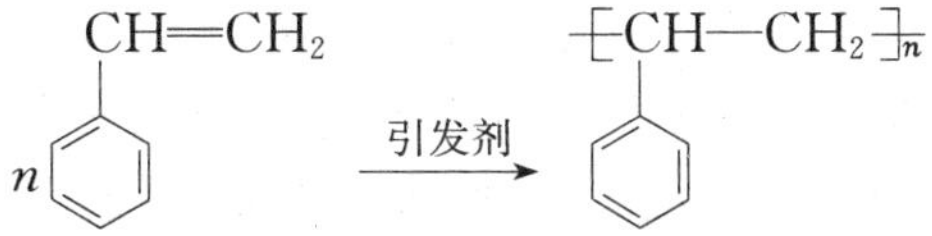

聚苯乙烯

聚苯乙烯是一种很好的塑料，具有绝缘、耐水性、耐腐蚀性，又具有良好的透光率和成型性能，可用于制造高频绝缘材料、光学器材、日用品等。

苯乙烯还大量用于与其他单体共聚，如与 1,3-丁二烯共聚，合成丁苯橡胶；与二乙烯苯共聚、磺化，生产离子交换树脂等。

## 6.2　多环芳烃

分子中含有两个或两个以上的苯环结构的芳烃称为多环芳烃。按照苯环相互连接方式的不同，多环芳烃可分为如下三种：

（1）联苯及联多苯。这类多环芳烃分子中有两个或两个以上的苯环直接以单键相连，如联苯、联三苯等。

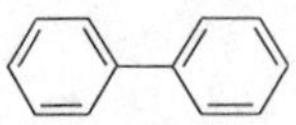

联苯

对联三苯

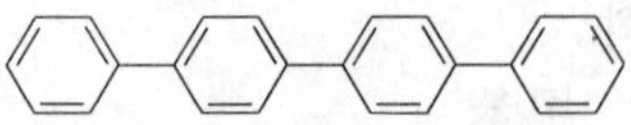

4,4′-二苯基联苯（联四苯）

（2）多苯代脂烃类。这类多环芳烃可看作是脂肪烃中两个或两个以上的氢原子被苯基取代，如二苯甲烷（$)_2$$CH_2$，它们的性质与单环芳烃的性质类似。

（3）稠环芳烃。这类多环芳烃分子中有两个或两个以上的苯环以共用两个相邻碳原子的方式相互稠合，如萘、蒽、菲等。

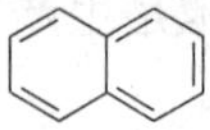

萘

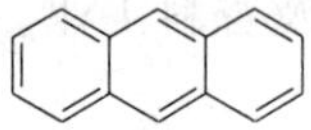

蒽

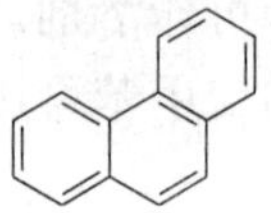

菲

多环芳烃中以稠环芳烃比较重要。

### 6.2.1　联苯及其衍生物

工业上联苯是由苯蒸气通过温度在 700℃以上的红热的铁管，热解得到。

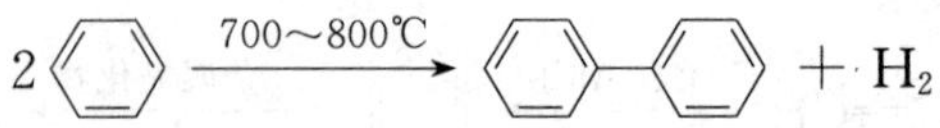


实验室中可由碘苯与铜粉共热而制得。

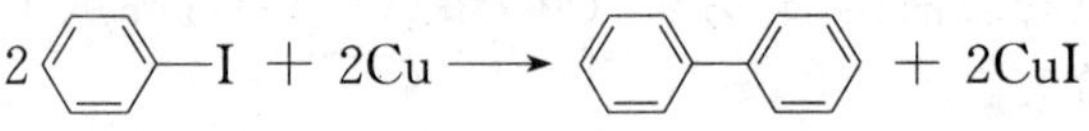


联苯为无色晶体，熔点 70℃，沸点 254℃，不溶于水而易溶于有机溶剂。联苯的化学性质与苯相似，在两苯环上均可发生磺化、硝化等取代反应。

联苯可看作是苯环上的一个氢原子被苯基所取代，而苯基是邻、对位定位基，所以当联苯发生亲电取代反应时，取代基主要进入苯基的对位，同时也有少量的邻位产物生成。例如，联苯硝化时，主要是生成 4,4′-二硝基联苯。

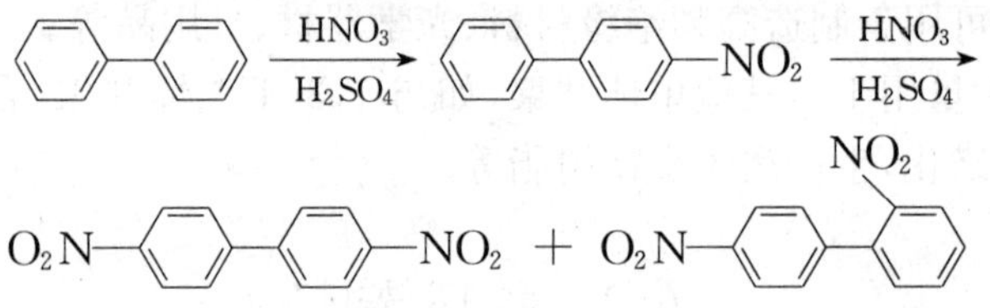


### 6.2.2　稠环芳烃

#### 6.2.2.1　萘及其衍生物

萘是最简单的稠环芳烃，分子式为 $C_{10}H_8$。它是煤焦油中含量最多的芳香族

化合物，约达 6%，是重要的化工原料。

萘的结构式和苯类似，也是一个平面形分子。萘分子中每个碳原子也是以 $sp^2$ 杂化轨道与相邻的碳原子以及氢原子的 1s 轨道相互重叠而形成 σ 键。十个碳原子都处在同一平面内，连接成两个稠合的六元环，八个氢原子也在这个平面内。每个碳原子还都剩余一个垂直于这个平面的 p 轨道，这些对称轴相互平行的 p 轨道在侧面相互交盖，形成一个闭合的离域大 π 键 $\pi_{10}^{10}$（图 6-5）。由于 π 电子的离域，萘具有 255kJ/mol 的离域能（共振能），小于苯的离域能的两倍[2×150.7=301.4(kJ/mol)]，故萘的稳定性比苯差。

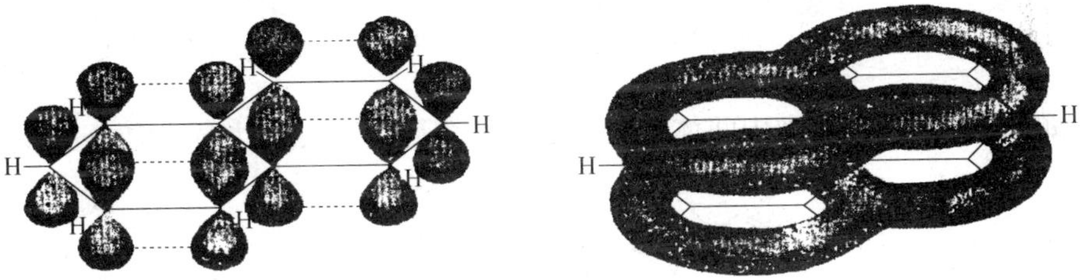


图 6-5　萘的 π 分子轨道示意图

由于萘分子中的各碳原子的位置不是等同的，键长平均化并不彻底。经 X 射线衍射法测定萘分子各键的键长如下：

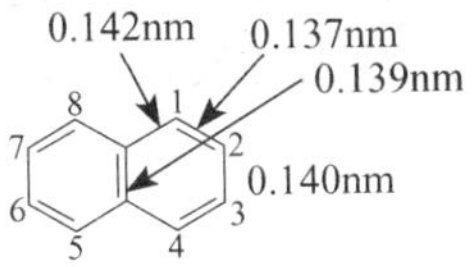


萘分子结构可用如下共振结构式表示：

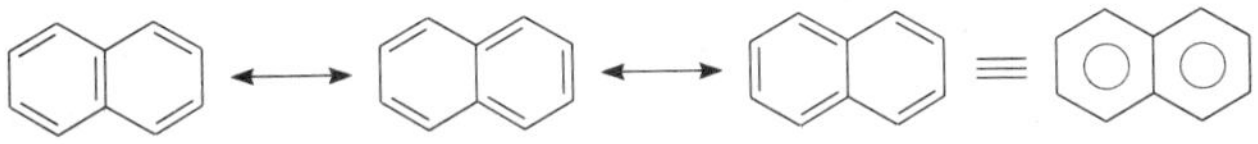

但一般常用下式来表示：

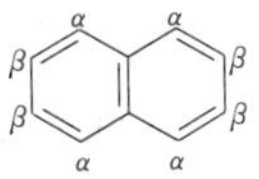


或

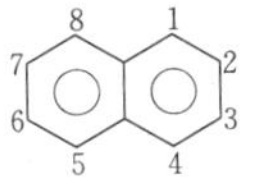


其中，1、4、5、8 四个碳原子位置等同，称为 α-位；2、3、6、7 四个碳原子位置等同，称为 β-位。因此萘的一元取代物可有两种。二元取代物中，若两个取代基相同则有十种异构体，若两个取代基不同则有 14 种异构体。三元取代物就更复杂了。

萘是白色晶体，熔点 80.5℃，沸点 218℃，有特殊气味，易升华。它不溶于水，易溶于有机溶剂如热乙醇及乙醚等。萘曾用作防蛀剂，并在染料合成中应用很广。

萘的化学性质与苯相似，但亲电活性比苯活泼，既比苯容易进行亲电取代反应，又比苯容易进行加成和氧化反应。这是因为萘的π电子云平均化并不彻底，在加成和氧化反应时，打开一个苯环所需的能量比苯小[2×150.7－255.2＝46.2(kJ/mol)]。

1）取代反应

萘可以发生亲电取代反应。萘的α-位活性大于β-位，这可以用中间体碳正离子的稳定性及其形成过渡态时的活化能高低来解释。当萘的α-位被取代时，中间体碳正离子的结构可以用下列共振结构式来表示：

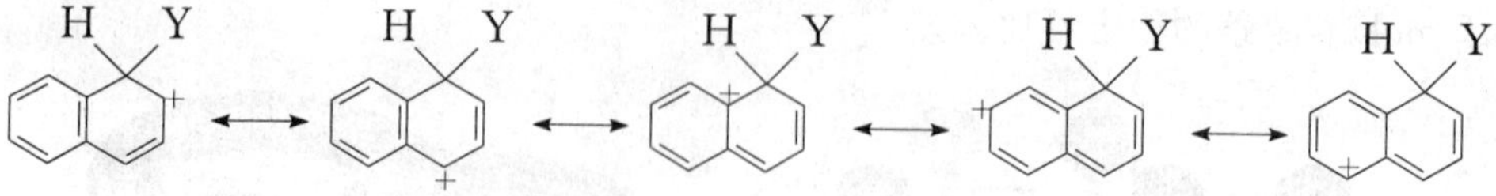

如果β-位被取代，则中间体碳正离子的结构可以用下列共振结构式表示：

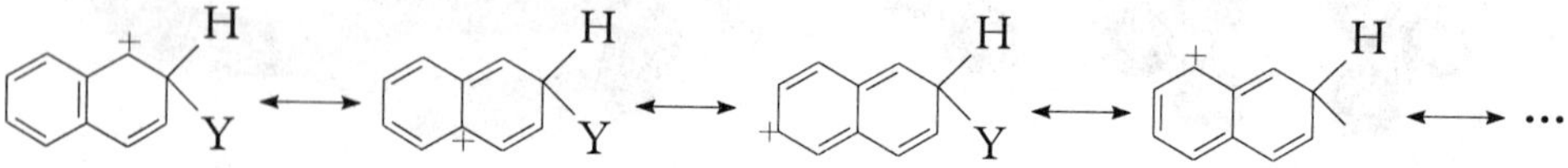

在α-位取代所形成的共振结构式中，第一、第二两个共振结构式仍保持了一个苯环的结构，它们的能量比较低，在共振杂化体中贡献较大。在β-位取代的共振结构式中，只有第一个共振结构式保留了苯环的结构，它的能量低，贡献大，其余四个共振结构式能量都较高，所以就整个共振杂化体来说，β取代的能量比α取代的高，β取代的中间体碳正离子在形成过渡态时，活化能也较高，因此萘的亲电取代一般发生在α-位。

(1) 卤代。萘与溴的四氯化碳溶液一起加热回流，反应在不加催化剂的情况下就可进行，得到α-溴萘。制备氯萘是在氯化铁作用下，将氯气通入熔融的萘中，主要得到α-氯萘。

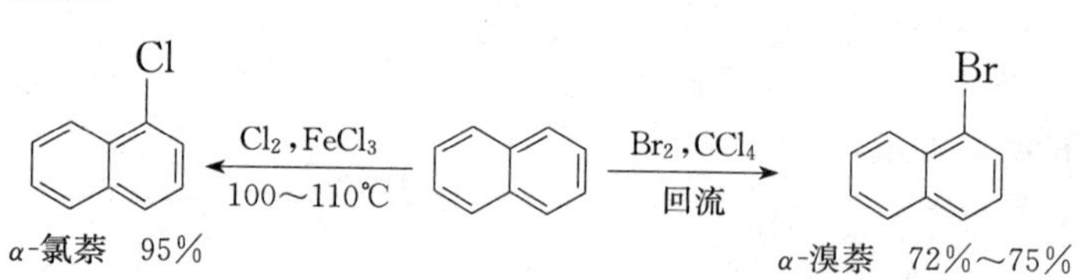


次氯酸叔丁酯负载到 $SiO_2$ 上是近年开发的一种新的氯化剂，与芳烃反应条件温和，转化率高，选择性好，如

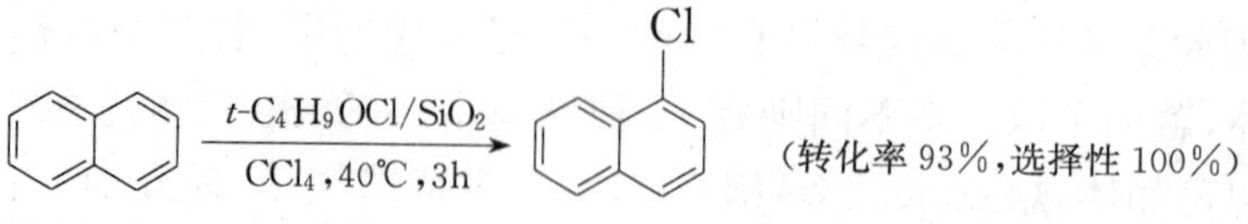


(2) 硝化。萘用混酸硝化，α-位反应速率比苯的硝化要快750倍，β-位比苯快50倍，主要产物为α-硝基萘。该反应室温下即可进行，工业上通常在温热情况下

进行，为防止二硝基萘的生成，所用混酸的浓度比苯硝化时低。

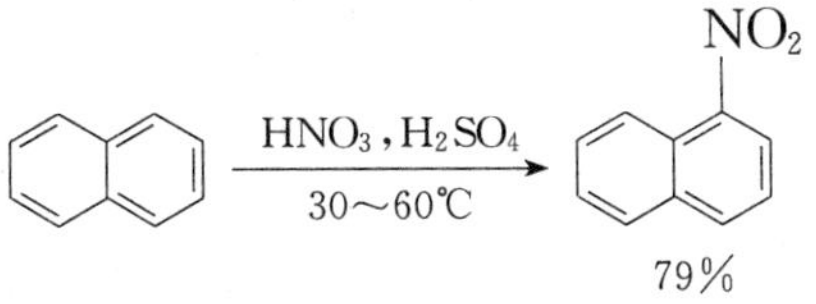

α-硝基萘是黄色针状结晶，熔点 61℃，不溶于水而溶于有机溶剂，常用于制备 α-萘胺、α-萘酚等染料中间体。

(3) 磺化。萘的磺化反应与苯的磺化一样是可逆反应。因为 α-位比 β-位活泼，所以当用浓 $H_2SO_4$ 磺化时，在 80℃ 以下则生成 α-萘磺酸，而在较高的温度(165℃)时则主要生成 β-萘磺酸。若把 α-萘磺酸与硫酸共热至 165℃时，即转变为 β-萘磺酸。

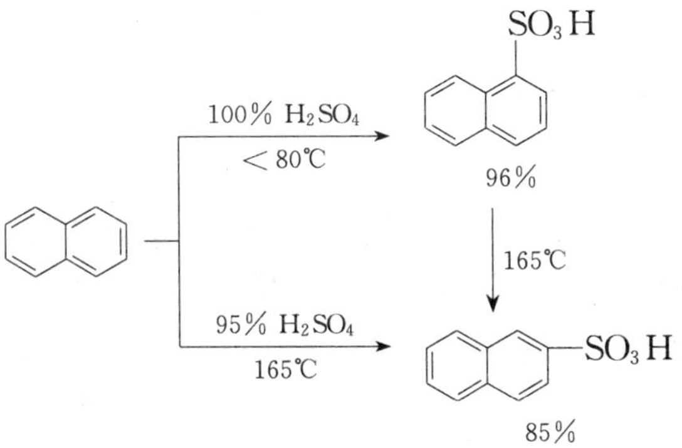

由于萘的 α-位活性比 β-位大，萘在较低温度下磺化，反应产物主要是 α-萘磺酸，但由于磺酸基的体积比较大，处在异环相邻 α-位上的氢原子的范德华半径之内，空间干扰使得 α-萘磺酸比较不稳定。虽然如此，在较低的磺化温度下，α-萘磺酸的生成速率快，而且在低温时逆反应并不显著，α-萘磺酸生成后不易转变成其他化合物，所以仍可以得到 α-取代产物。当在较高温度下磺化时，先生成的 α-萘磺酸也可发生显著的逆反应而转变为萘，即它的脱磺酸基反应速率也增加。此外，β-萘磺酸具有较大的热力学稳定性，该反应是热力学控制的反应。在较高温度下，β-萘磺酸也容易生成，且由于不存在磺酸基与邻环 α-H 的空间干扰，它比 α-萘磺酸稳定，生成后又不易脱去磺酸基，即它的逆反应很小，因此，高温下磺化时主要得到 β-萘磺酸。

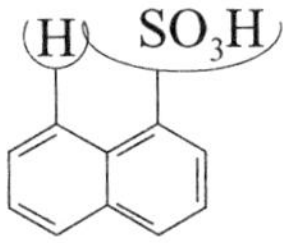

α-萘磺酸位阻大

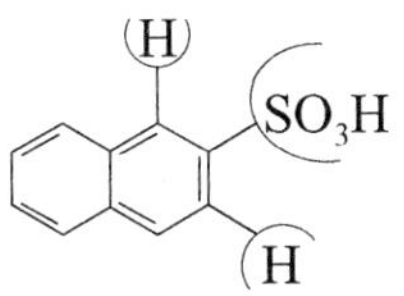

β-萘磺酸位阻小

在萘的亲电取代反应中，主要生成 $\alpha$-取代物。$\beta$-取代物只有 $\beta$-萘磺酸比较易得，故其他 $\beta$-取代物往往通过 $\beta$-萘磺酸来制备，如

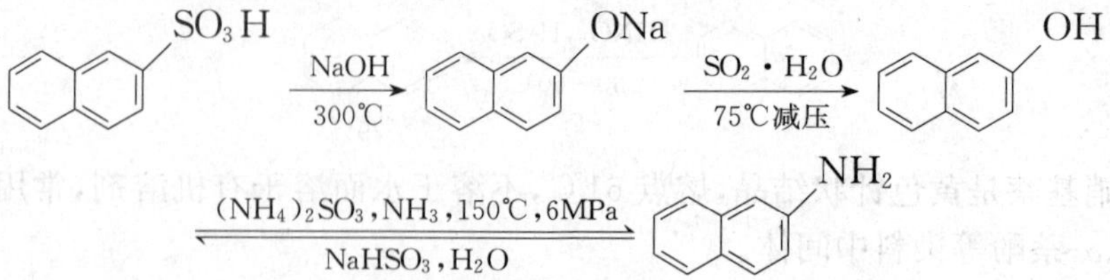


(4) 傅瑞德-克来福特反应。萘的酰基化反应常常得到混合物，一般用氯化铝作催化剂。在非极性溶剂(如二硫化碳或 1,1,2,2-四氯乙烷)中，产物以 $\alpha$-异构体为主，但难同 $\beta$-异构体分离，如

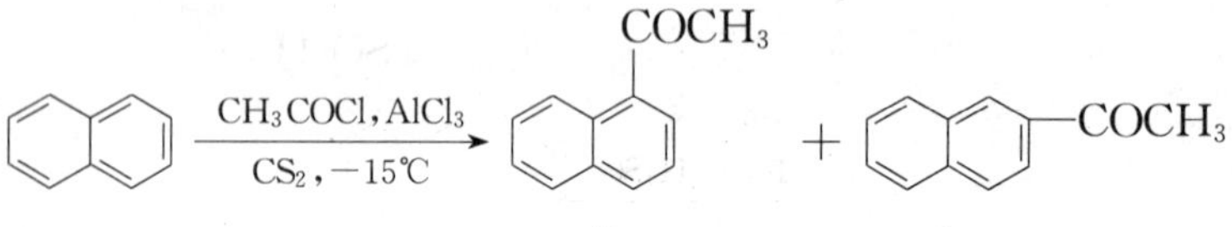


3　：　1

在极性溶剂(如硝基苯)中，产物通常以 $\beta$-异构体为主，这可能是由于 $CH_3COCl$、$AlCl_3$ 和 $C_6H_5NO_2$ 形成的络合物体积较大，使之不易进攻 $\alpha$-位，即由于空间效应造成的，如

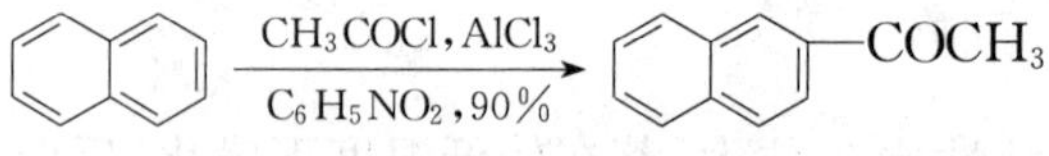


由于萘较苯活泼，萘的烷基化易生成多烷基萘，同时反应过程中萘环易破裂，所以烷基化产率较低。但在萘的 $\alpha$-位引入羧甲基则有实有价值。例如，在加热和催化剂作用下，萘与氯乙酸反应，生成 $\alpha$-萘乙酸，这是生产 $\alpha$-萘乙酸的方法之一。

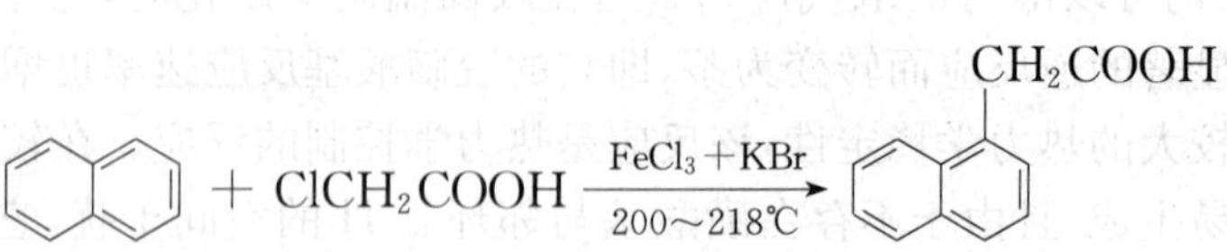


$\alpha$-萘乙酸简称 NAA($\alpha$-naphthyl acetic acid)。纯品为无色针状或粉末状晶体，熔点 134.5～135.5℃，难溶于冷水，易溶于热水、乙醇和乙酸等。$\alpha$-萘乙酸是一种植物生长激素，能促使植物生根、开花、早熟、多产，对人畜无害。

2) 氧化反应

萘比苯容易被氧化，随氧化条件不同产物也不相同，如

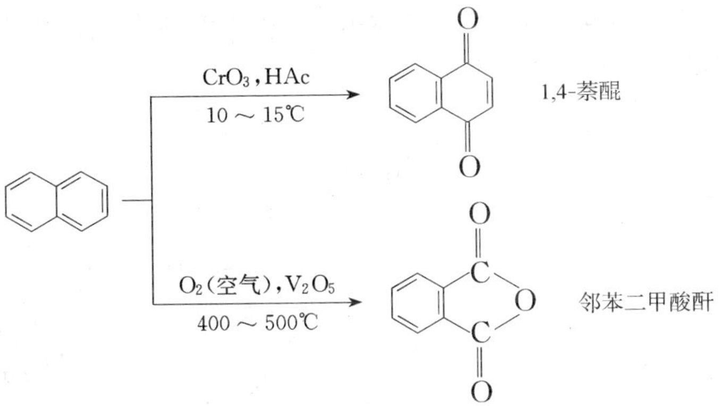


取代萘被氧化时哪一个环破裂,取决于取代基的性质。两个环中比较活泼(电子云密度比较高)的环被氧化破裂。若取代基为活化基,则连接取代基的苯环被氧化破裂;若取代基为钝化基,则另一苯环被氧化破裂。结果都生成邻苯二甲酸酐及其衍生物。

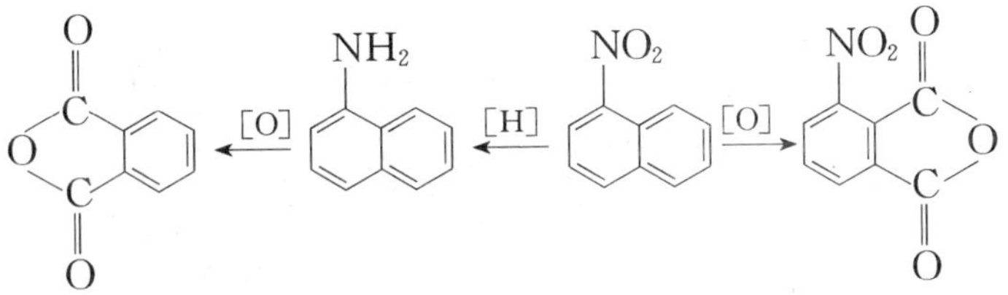


3) 还原反应

萘的还原反应比苯容易,但比烯烃困难。用金属钠和溶解在乙醇中的萘反应时,萘被还原成 1,4-二氢化萘,1,4-二氢化萘不稳定,加热后生成 1,2-二氢化萘,如

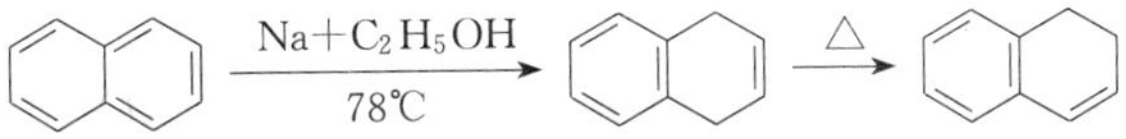


若在强烈条件下还原,则生成四氢化萘和十氢化萘,如

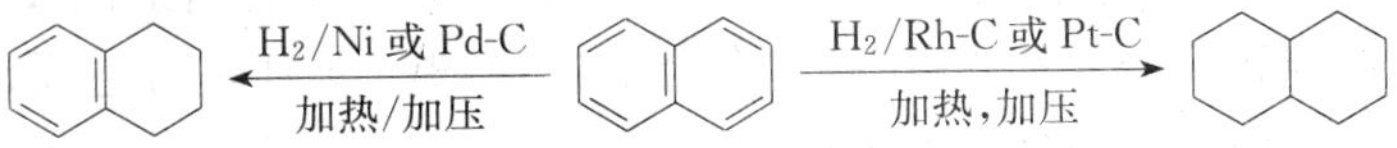


四氢化萘又叫萘满,是沸点为 270.2℃的液体,十氢化萘又叫萘烷,是沸点为 191.7℃的液体,它们都是良好的高沸点溶剂。

4) 萘环的二取代定位规律

萘衍生物进行亲电取代反应的定位规律比苯衍生物复杂,原则上讲,在萘环上引入第二个取代基的位置要由原有取代基的性质、位置以及反应时的条件来决定。

当原有的取代基是活化基时,它能使和它相连的苯环活化,则第二个取代基就进入该环,即“同环取代”。如果原来取代基是在 $\alpha$-位,则第二个取代基主要进入

同环的另一 α-位。如果原来取代基在 β-位，它又是邻、对位定位基，则第二个取代基主要进入与它相邻的 α-位，如

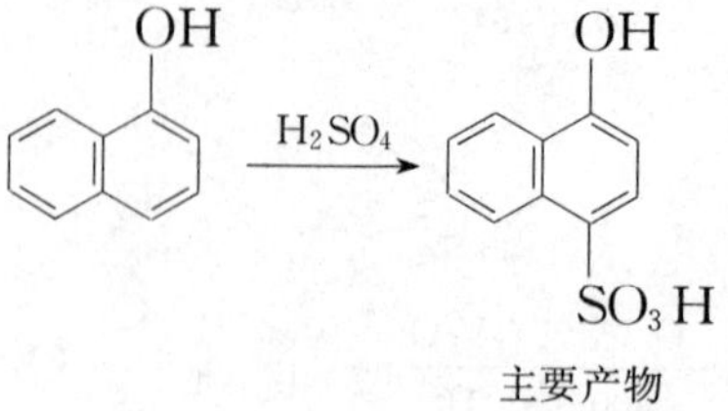


主要产物

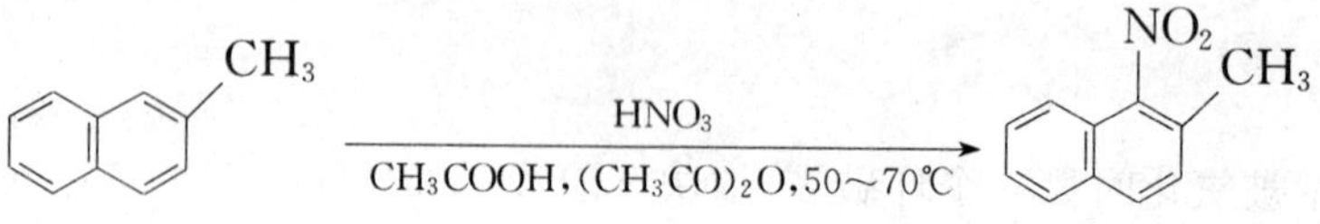


主要产物

当原有的取代基是钝化基时，它使与它相连的苯环钝化，第二个取代基主要进入另一个环上，即异环取代。不论原有取代基是在 α-位还是 β-位，第二个取代基一般进入另一环的 α-位，如

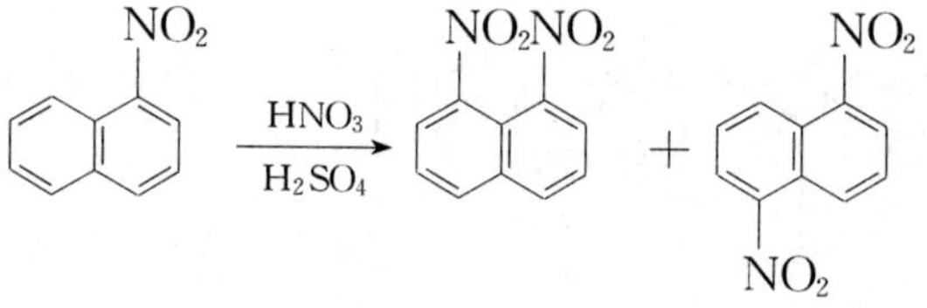


15%　　45%

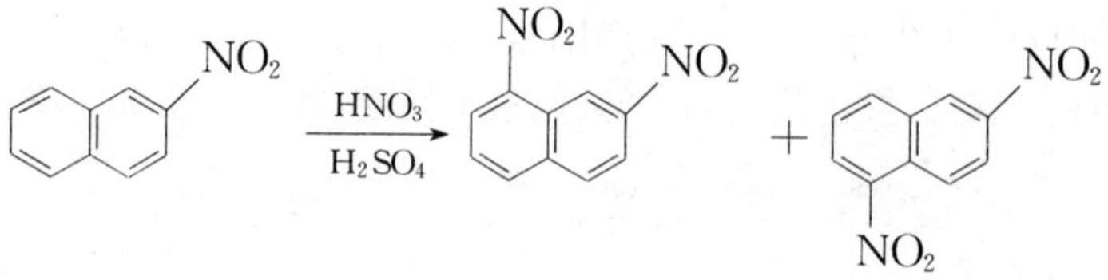


主要产物　　次要产物

上述仅仅是一般原则，实际上影响萘的亲电取代反应的因素比较复杂，因此有许多萘衍生物取代反应定位并不完全符合上述规律。尤其是可逆反应，产物随条件不同而变化。例如，2-取代萘的磺化和傅-克酰基化反应如下：

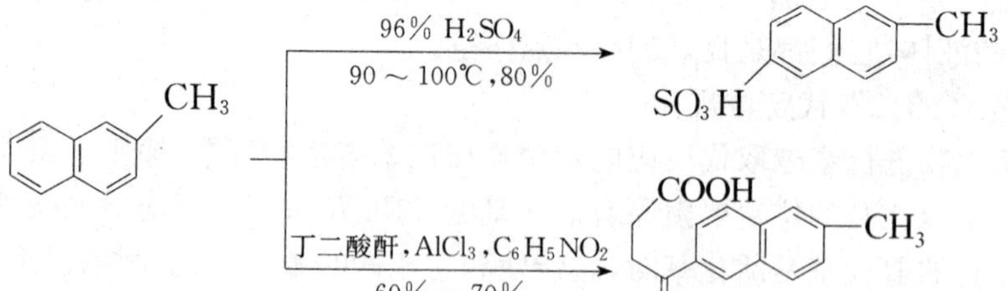

#### 6.2.2.2　蒽及其衍生物

蒽存在于煤焦油中，分子式为 $C_{14}H_{10}$，可以从分馏煤焦油的蒽油馏分中提取。蒽分子是由三个苯环稠合而成。分子中所有的碳原子和氢原子都在同一个平面内，与萘相似，环上相邻的碳原子上的 p 轨道侧面相互交盖，形成闭合共轭大 $\pi_{14}^{14}$ 键。蒽环上键长的平均化也不彻底。蒽的结构和键长可表示如下：

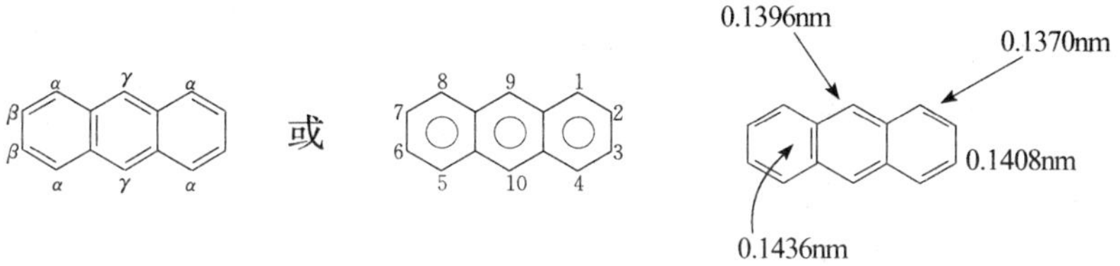


蒽的各碳原子的位置也不完全相同，其中 1、4、5、8 位是相同的，称为 α-位；2、3、6、7 位也相同，称为 β-位；9、10 位相同，称为 γ-位，或称中位。因此，蒽的一元取代物有 α、β、γ 三种异构体。

蒽是白色片状结晶，具有蓝色荧光，熔点 216℃，沸点 340℃，不溶于水，难溶于乙醇和乙醚，而能溶于苯等有机溶剂。

蒽比萘更容易发生化学反应。蒽的 γ-位最活泼，反应优先发生在 γ-位。蒽的共振能是 351kJ/mol。如果与苯、萘的共振能比较，可以看出，随着分子稠合环的数目增加，每个环的共振能数值却逐渐下降，所以稳定性也逐渐下降。与此相应，它们也越来越容易进行氧化和加成反应。

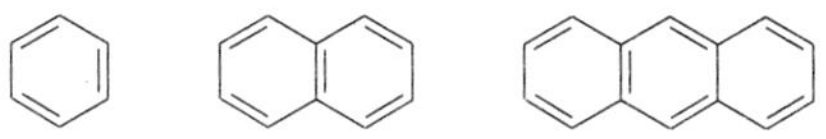

| | | | |
|---|---|---|---|
| 共振能/(kJ/mol) | 152 | 255 | 351 |
| 每个环共振能/(kJ/mol) | 152 | 128 | 117 |
| 化学反应性能 | 活泼性增加 → | | |

蒽容易在 9、10 位上发生加成反应。例如，蒽催化加氢或化学还原（Na＋$C_2H_5OH$）生成 9，10-二氢化蒽。

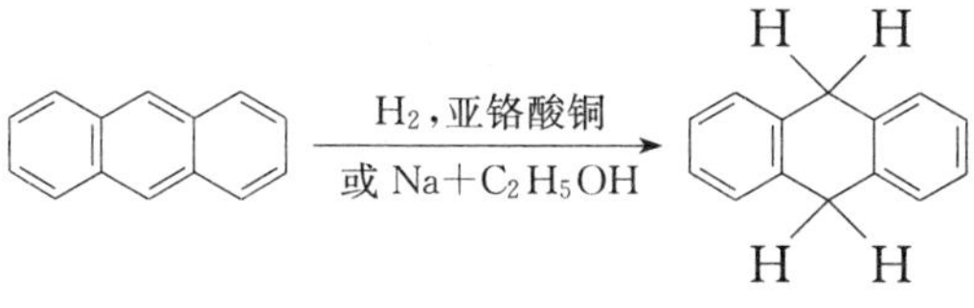


氯或溴在低温下就可与蒽发生加成反应，如

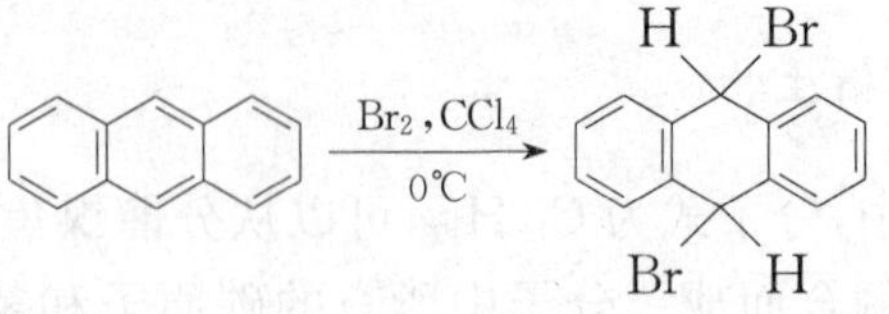


9,10-二溴-9,10-二氢化蒽

因为蒽的 $\gamma$-位加成产物的结构中还保持两个苯环[共振能为 $2\times152=304$(kJ/mol)],而 $\alpha$-位或 $\beta$-位的加成产物中则留有一个萘环(共振能为 255kJ/mol),前者比后者更稳定,因此 9、10 位容易发生加成反应。蒽的其他反应也往往发生在 $\gamma$-位。重铬酸钾加硫酸可使蒽氧化为蒽醌。

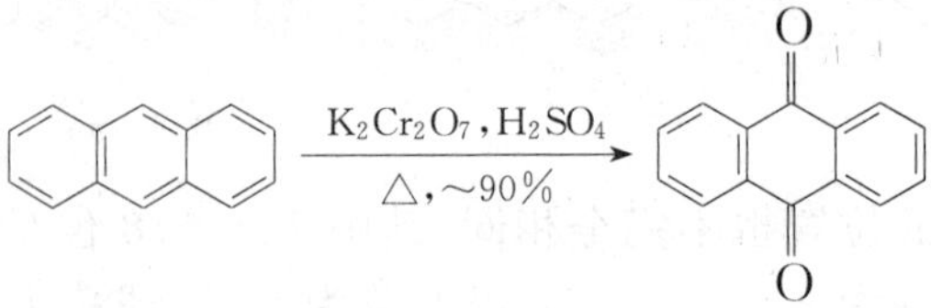


工业上一般用 $V_2O_5$ 作催化剂,在 300~500℃下,空气催化氧化的方法制备蒽醌。它也可以用苯和邻苯二甲酸酐反应来合成。

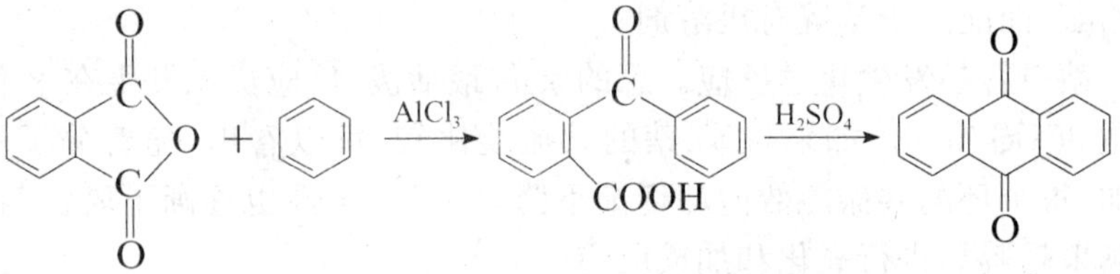


蒽醌是浅黄色晶体,熔点 275℃,蒽醌不溶于水,也难溶于多数有机溶剂,但易溶于浓硫酸。蒽醌及其衍生物是合成许多蒽醌类染料的重要原料。其中,$\beta$-蒽醌磺酸尤为重要,它可由蒽醌经发烟硫酸磺化制得。

蒽容易发生取代反应,但由于取代产物往往都是混合物,在有机合成上没有实用价值。由于蒽的芳香性比较差,且在 9、10 位比较活泼,因此蒽可作为双烯体发生第尔斯-阿尔德反应,如

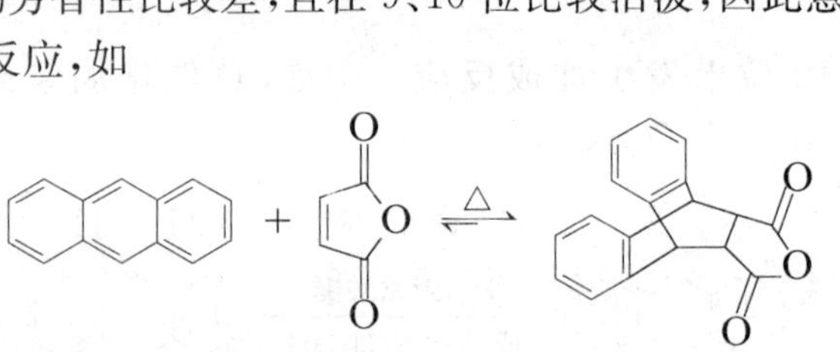


此反应常被用来测定蒽。

上述反应若在微波(microwave,MW)辐射下进行,反应仅 1min,产率为 90%,而采用传统加热则需要 90min。与此相似,蒽与反丁烯二酸二甲酯进行的第尔斯-阿尔德反应,用传统加热需 4h,产率为 67%,而用微波辐射,仅需 4min,产率达 87%。

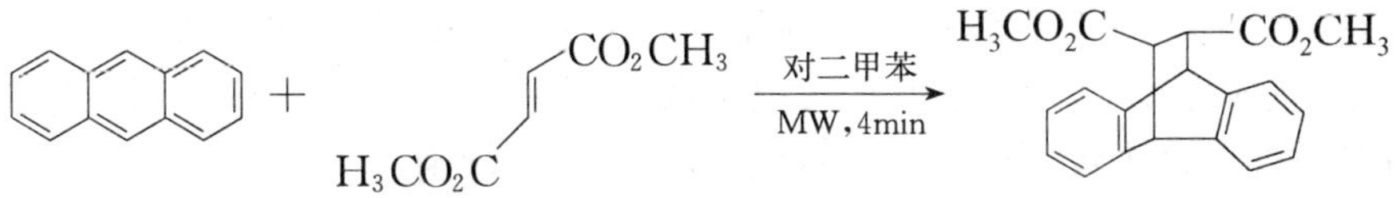


在这里，微波是作为有机反应的热源，它不仅可提供热能，还可加速反应(有时反应速率可提高 $10^3$ 倍)。其应用范围除第尔斯-阿尔德反应外，在催化氢化、亲核取代反应、自由基反应、氧化反应、烷基化反应和重排反应等方面的应用也已见诸报道。

6.2.2.3 菲

菲也存在于煤焦油的蒽油馏分中，分子式为 $C_{14}H_{10}$，与蒽互为同分异构体。它由三个苯环以角式稠合而成。菲的构造式可用下式表示：

在菲分子中有五对相互对应的位置，即 1 和 8、2 和 7、3 和 6、4 和 5、9 和 10 位，所以菲一元取代物就有五种。

菲为白色片状结晶，有荧光，熔点 101℃，沸点 340℃。不溶于水，易溶于苯和乙醚等有机溶剂，溶液呈蓝色荧光。

菲的离域能为 382kJ/mol，芳香性与稳定性均比蒽强，化学活性比蒽弱，性质与蒽相似，也可发生加成、氧化和取代等反应，并首先发生在 9、10 位，如

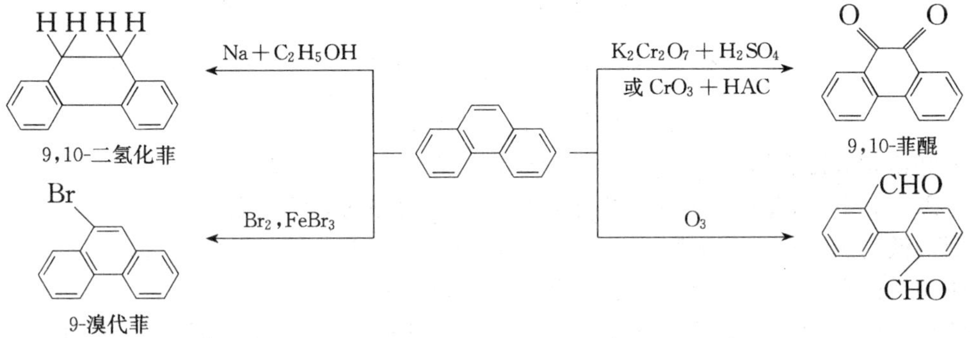


菲醌是红色针状结晶，可作农药。用作杀菌拌种剂可防治小麦莠病、红薯黑斑病等。

## 6.3 非苯芳烃

### 6.3.1 休克尔规则

前面讨论的芳烃都含有苯环结构，是不是具有芳香性的化合物一定要含有苯

环？1931 年德国化学家休克尔(Hückel)发现：如果一个单环化合物具有闭合的共轭体系，且成环原子共平面，它的 π 电子数为 $4n+2(n=0,1,2,\cdots)$，则该化合物就具有芳香性。这个规则称为休克尔规则，或 $4n+2$ 规则。

休克尔规则的理论解释可从这类体系的分子轨道能级图中得到答案。环多烯的通式为 $C_nH_n$。当一个环多烯分子所有的碳原子($n$ 个)处在(或接近)一个平面上时，由于每个碳原子都具有一个与平面垂直的 p 轨道，它们就可以组成 $n$ 个 π 轨道。图 6-6 为 3～8 个碳原子的各环多烯烃或环多烯离子的 π 分子轨道能级及基态 π 电子构型。

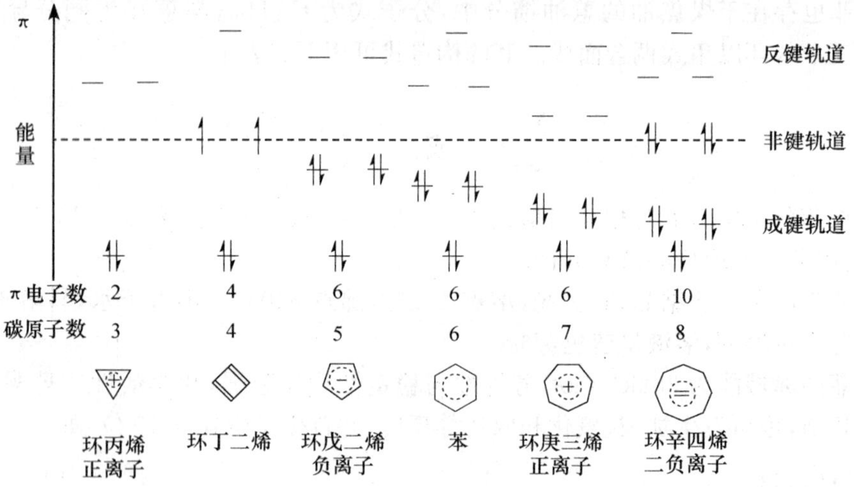


图 6-6　环多烯烃 $C_nH_n$ 或环多烯离子的 π 分子轨道能级和基态电子构型

从图 6-6 中可以看出，当环上的 π 电子数为 2，6，10，…，即$(4n+2)$时，π 电子正好填满成键轨道(有些也填满非键轨道)，即具有闭壳层的电子构型。例如，苯含有六个 π 电子，基态下四个 π 电子占据了一组简并的成键轨道，另两个 π 电子则占据最低的成键轨道。又如，环辛四烯二负离子含有十个 π 电子，其中有一组简并的成键轨道和一组简并的非成键轨道($n=2$)，这四个轨道上填满了八个 π 电子，另两个 π 电子则占据最低的成键轨道。因而它们都具有稳定的闭壳层电子构型，所以这些环多烯或环多烯离子的能量都比相应的直链多烯烃低，它们都是相当稳定的。

充满简并的成键轨道和非键轨道的电子数正好为 4 的倍数，而充满能量最低的成键轨道需要两个电子，这就是 $4n+2$ 数目的合理性所在。

环丁二烯有四个 π 电子，不符合 $4n+2$ 的要求，根据休克尔规则，环丁二烯应没有芳香性。它有一组简并的非键轨道($n=1$)和一个成键轨道，基态下其中两个 π 电子占据能量最低的成键轨道，但两个简并的非键轨道中只有两个 π 电子，就是说它们是半充满的。按照洪德规则，它的两个 π 电子分别占据一个非键轨道，这是个极不稳定的双基自由基。实验证实，环丁二烯只能在极低温度下才能存在。凡 π 电子数符合 4*n* 的离域的平面环状体系，基态下它们的 *N* 组简并轨道都如环丁二烯那样缺少两个电子，也就是说，都含有半充满的电子构型，这类化合物不但没有芳香性，而且它们的能量都比相应的直链多烯烃要高得多，即它们的稳定性很差，通常将它们叫做反芳香性化合物。

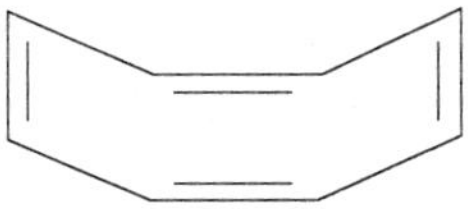

环辛四烯结构

环辛四烯分子有八个 π 电子，属 4*n* 体系，但它并不显示一般的反芳香性化合物（如环丁二烯）那样异常高的反应活性，却能发生一般的单烯烃所具有的典型反应。也就是说，环辛四烯既不是反芳香性化合物，也不是芳香性化合物，这是因为环辛四烯是个非平面的分子，因而 4*n* 规则不适用于环辛四烯分子。经测定，环辛四烯的八个碳原子不在同一个平面上，其中碳碳双键和碳碳单键的键长分别为 0.134nm 和 0.148nm，因此它具有烯烃的性质，是非芳香性的化合物。

### 6.3.2　非苯芳烃芳香性的判断

凡符合休克尔规则，具有芳香性而构造上不含苯环结构的环状烃类统称为非苯芳烃。通常它们是一些环多烯和具有芳香性的离子等。

#### 6.3.2.1　具有芳香性的离子

1）环丙烯正离子

环丙烯正离子的盐是通过 3-氯环丙烯与五氯化锑或三氯化铝等作用制得的。

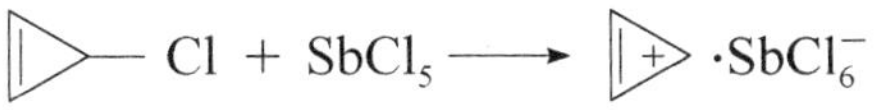


3-氯环丙烯　　　　环丙烯正离子

环丙烯正离子的两个 π 电子完全离域在环的三个碳原子上，形成了缺电子型的 $\pi_3^2$ 大 π 键。它的 π 电子数目符合休克尔规则（$n=0, 4n+2=2$）。经测定环丙烯正离子的环中碳碳键长都是 0.140nm，和苯的碳碳键 0.139nm 接近。从图 6-6 可见，环丙烯正离子基态下的两个 π 电子正好填满一个成键轨道，所以它具有芳香性。现已合成了一些具有一定稳定性的取代环丙烯正离子的盐，如三苯基环丙烯正离子氟硼酸盐：

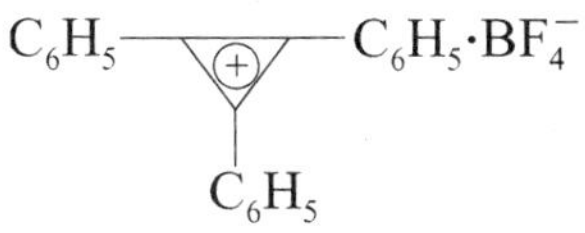


2）环戊二烯负离子

环戊二烯分子中亚甲基上的氢原子显酸性（p$K_a$＝16.0），当用金属锂或强碱叔丁醇钾与其反应时，则生成比较稳定的环戊二烯负离子的盐。

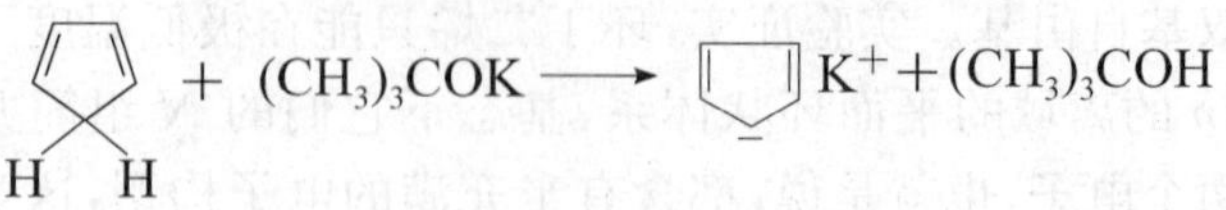


环戊二烯负离子有六个 π 电子，它们离域分布在五个碳原子上，基态下三个成键轨道正好被六个 π 电子填满（图 6-6）。环戊二烯负离子虽然不含苯环，但它具有六个 π 电子，符合 $4n+2$ 规则，因此它具有芳香性。环烯是一种由具有潜在的负电荷和正电荷组成的芳香体系。

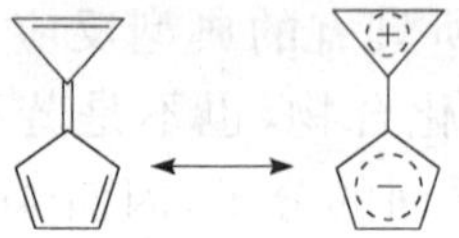

3）环庚三烯正离子

环庚三烯和三苯甲基正离子在 $SO_2$ 溶液中作用，生成较稳定的环庚三烯正离子和三苯甲烷。

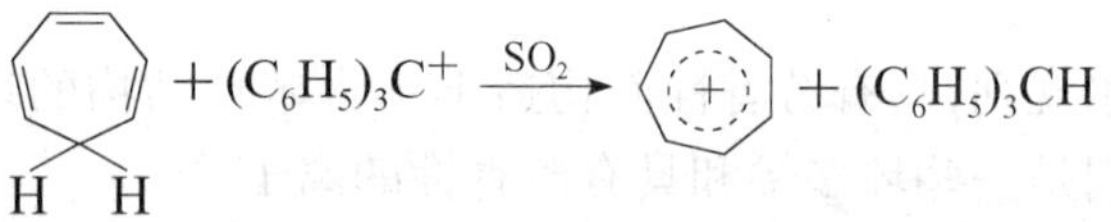


环庚三烯正离子有六个 π 电子，它们离域分布在七个碳原子上，也符合休克尔规则，具有芳香性。环庚三烯酮类似环丙烯酮，也具有芳香性。

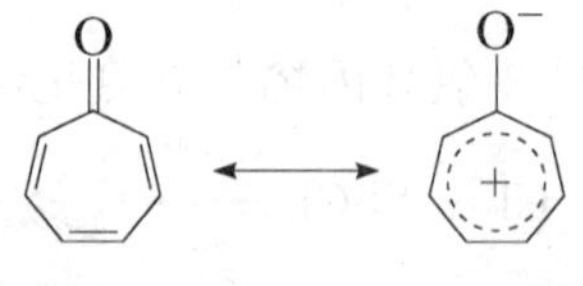


4）薁（偶极离子）

薁的分子式为 $C_{10}H_8$，是萘的异构体。它是由一个五元环和一个七元环稠合而成的，它有十个 π 电子，且有较高的偶极矩（1.08）。据此可以说明它和一般烃的构造不同，可以把它看成是由环庚三烯正离子和环戊二烯负离子稠合而成的。薁是天蓝色固体，熔点 99℃，符合休克尔规则，是典型的稳定非苯芳烃，可以发生某些典型的芳烃亲电取代反应，如硝化、乙酰化等反应，易异构化生成萘。

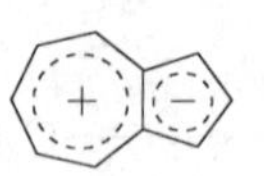

6.3.2.2　环多烯

1）轮烯

通常将 $n \geqslant 10$ 的一类共轭单环多烯烃 $C_nH_n$ 称为轮烯。命名时把成环的碳原

子数填在方括号中，写在母体轮烯之前，如

[10]轮烯

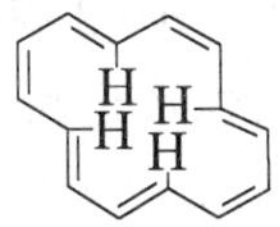


[14]轮烯

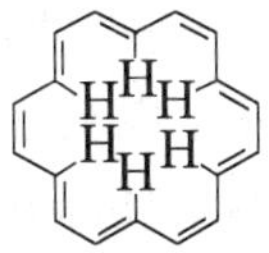


[18]轮烯

可根据休克尔规则判断它们是否具有芳香性，首先看环上的碳原子是否均处于一个平面内，其次看 π 电子数是否符合 $4n+2$。[18]轮烯环上碳原子基本上在一个平面内，π 电子数为 $4n+2(n=4)$，因此有芳香性。又如[10]轮烯，π 电子数符合 $4n+2(n=2)$，但由于环内两个氢原子的空间位阻，使环上碳原子不能在一个平面内，故无芳香性。

目前已合成出的轮烯有[14]轮烯、[16]轮烯、[18]轮烯、[22]轮烯、[24]轮烯、[30]轮烯等。[14]轮烯按理应该有芳香性，但因环内氢原子具有强烈的排斥作用，致使环上碳原子不能在同一平面上，所以[14]轮烯没有芳香性。[16]轮烯和[24]轮烯因为 π 电子数不符合休克尔规则，都无芳香性。[30]轮烯的 π 电子数虽符合休克尔规则，但它没有芳香性。据计算认为休克尔规则有一上限，在[22]轮烯和[26]轮烯之间，超过该上限的轮烯就不服从休克尔规则了。

2) 周边共轭体系化合物

在环状共轭多烯的环内引入一个或若干个原子，使环内原子与若干个成环的碳原子以单键相连，这样的化合物称为周边共轭体系化合物，如

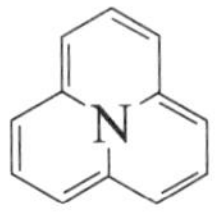


Ⅰ

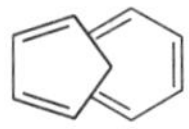

Ⅱ

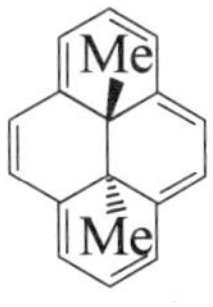


Ⅲ

Ⅰ的 π 电子数是 12，没有芳香性。Ⅱ可以看作是[10]轮烯中的两个 H 被 $CH_2$ 取代，中心原子的引入排除了两个氢之间的排斥，利于将环拉紧，使其成环平面结构，π 电子数为 10，符合 $4n+2$，有芳香性。同样Ⅲ也符合 $4n+2$，具有芳香性。

3) 富烯及衍生物

环烯间以双键相连构成的化合物称为富烯型分子，如

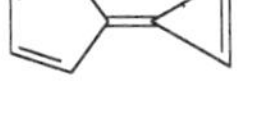

Ⅳ

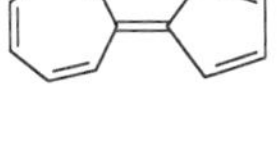

Ⅴ

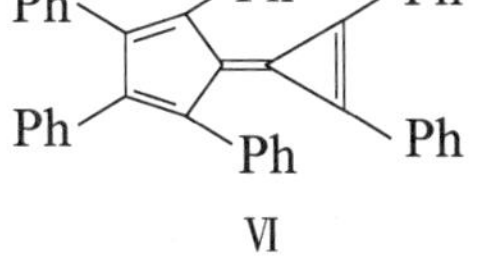


Ⅵ

这类化合物的偶极矩很大，如Ⅵ的 $\mu=6.3\times10^{-30}$ C · m，说明电荷有很大程度

的分离。

对这类分子的芳香性的判断也用 $4n+2$ 规则。其基本方法是将分子先写成偶极结构式，分别对两个电荷相反的共轭环进行判别，确定它们的 $\pi$ 电子数是否符合 $4n+2$ 规则，若两个环都满足，则整个分子具有芳香性。

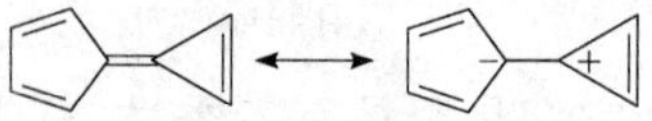

Ⅳ　　　　　　Ⅶ

将Ⅳ写成Ⅶ后，Ⅶ中五元环为六个 $\pi$ 电子，三元环为两个 $\pi$ 电子，都满足 $4n+2$ 规则，所以Ⅳ具有芳香性。

## 习　题

1. 单选题。

(1) 下列化合物硝化反应比苯慢，且硝化产物是邻、对位的是：

A. $PhCH(CH_3)_2$　　B. PhCOOH　　C. $PhCOCH_3$　　D. PhCl

(2) 下列化合物用高锰酸钾氧化生成一元芳香酸的是：

A. 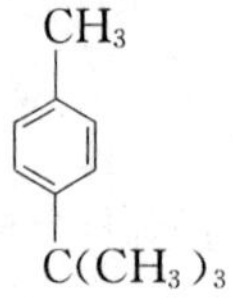


B. 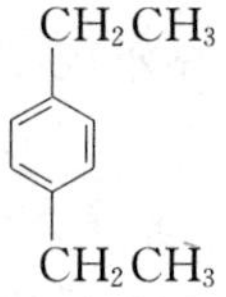


C. 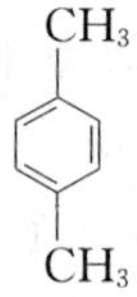


D. 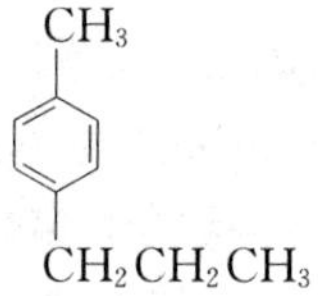


(3) 下列化合物中无芳香性的是：

A. 

B. 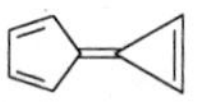

C. 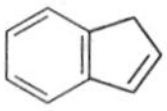

D. 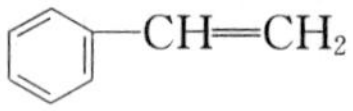


(4) 不能发生芳环上烷基化反应的是：

A. 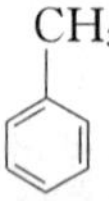


B. 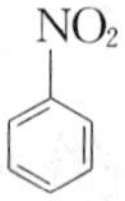


C. 

D. 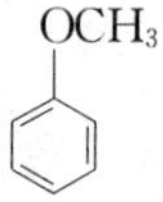


(5) 苯发生氯甲基化反应所用试剂是：

A. HCHO+HCl　　B. CO+HCl　　C. $CH_3Cl$　　D. $Cl_2/Fe$

2. 用化学方法鉴别下列各组化合物：

(1) 苯乙烯、乙苯、苯乙炔

(2) 苯、环己烷、环己烯

3. 完成下列各反应式：

(1) 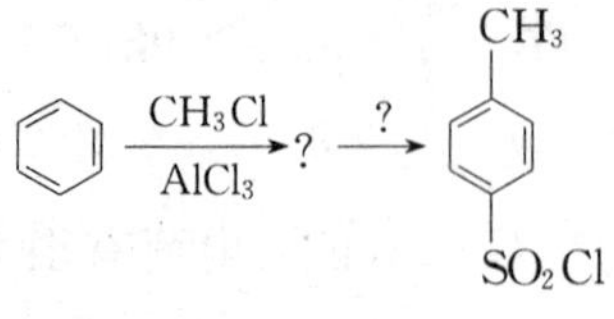

（2）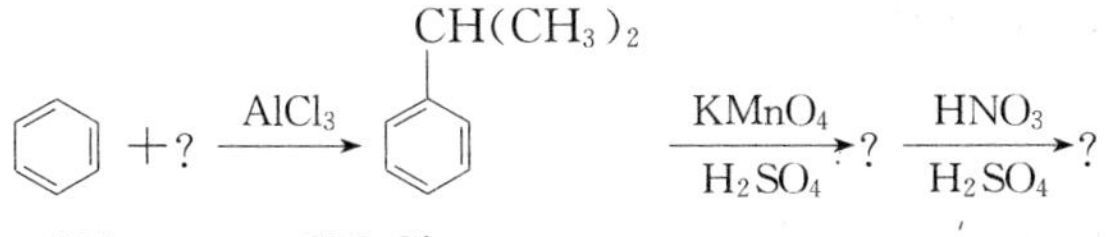


（3）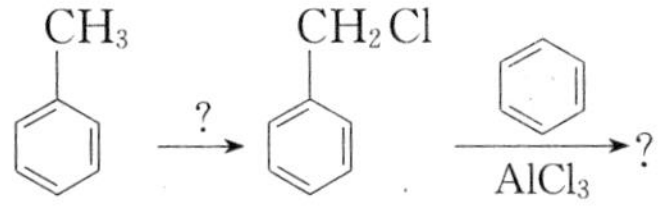


（4）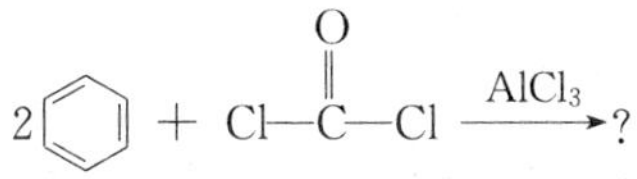


（5）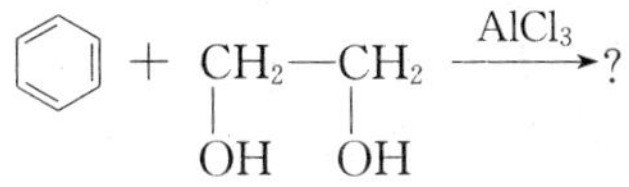


（6）

（7）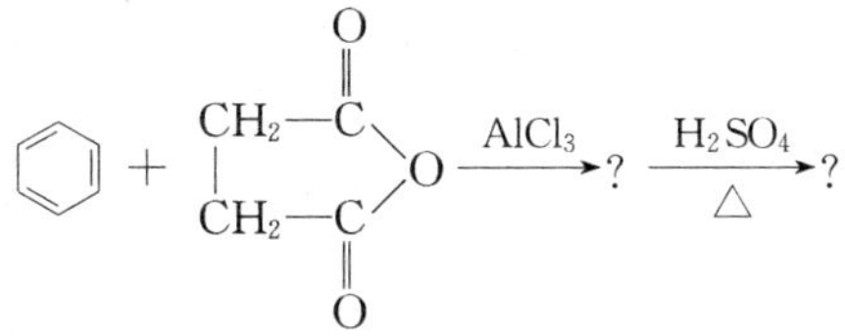


（8）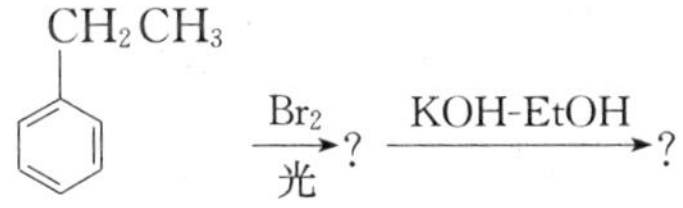


（9）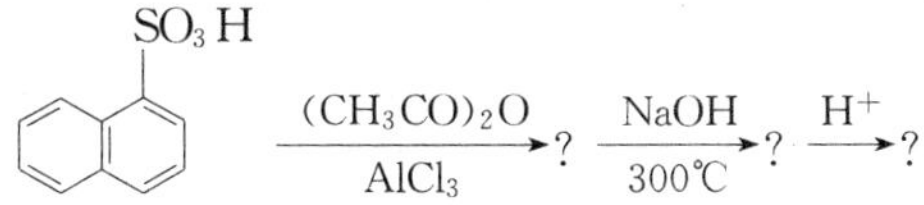


4. 将下列各组化合物按环上硝化反应的活泼性顺序排列：

（1）苯、甲苯、对二甲苯、间二甲苯

（2）苯、乙苯、氯苯、苯甲醚、苯甲酸

（3）苯酚、对硝基苯酚、2,4-二硝基氯苯、2,4-二硝基苯酚

（4）苯酚钠、乙酰苯胺、苯、硝基苯

5. 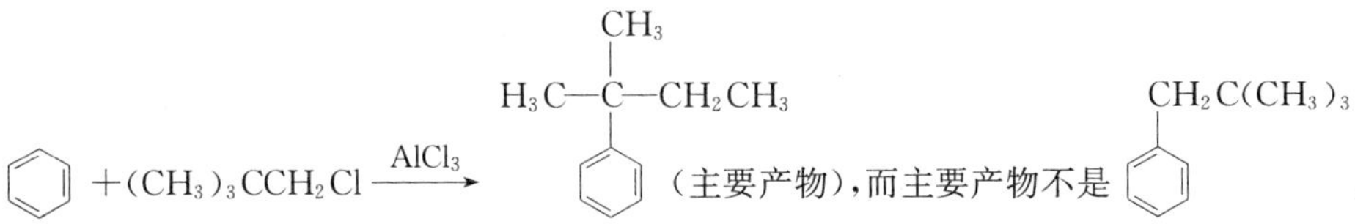

。

试解释原因，并写出反应历程。

6. 指定原料合成下列化合物，无机试剂任选：

（1）由甲苯合成 4-硝基-2-溴苯甲酸

（2）由邻硝基甲苯合成 2-硝基-4-溴苯甲酸

（3）由间二甲苯合成 5-硝基-1,3-苯二甲酸

(4) 由苯甲醚合成4-硝基-2,6-二溴苯甲醚

(5) 由苯合成间氯苯甲酸

(6) 由苯合成3,5-二硝基苯乙酮

7. 以苯、甲苯、萘以及其他必要试剂合成下列化合物：

(1) 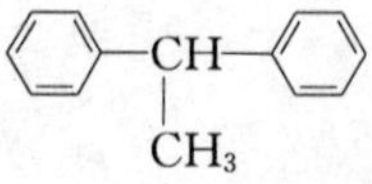

(2) 正丙苯　(3) 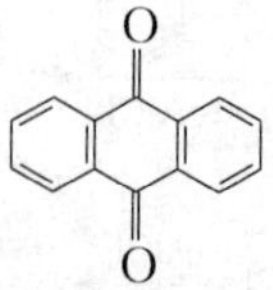


8. 某不饱和烃A的分子式为$C_9H_8$，它能和氯化亚铜氨溶液反应生成红色沉淀。化合物A催化加氢得到B($C_9H_{12}$)。将化合物B用酸性重铬酸钾氧化得到酸性化合物C（$C_8H_6O_4$）。将化合物C加热得到D（$C_8H_4O_3$）。若将化合物A和丁二烯作用则得到另一个不饱和化合物E，将化合物E催化脱氢得到2-甲基联苯。写出化合物A～E的构造式及各步反应方程式。

9. 指出下列化合物中哪些具有芳香性：

(1) 　(2) 　(3) 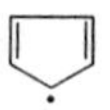　(4) 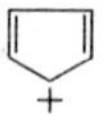

(5) 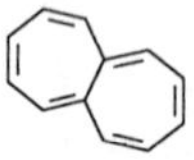　(6) 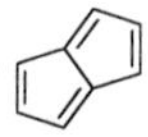　(7) 　(8) 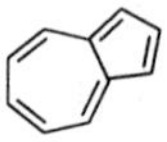

(9) 　(10) 　(11) 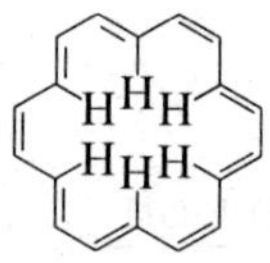

(12) 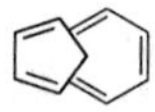

(13) 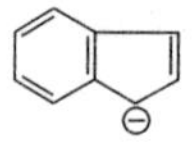　(14) $CH_2=CH-CH=CH-CH=CH_2$

# 第7章　卤代烃

烃分子中的氢原子被卤素原子取代后的生成物叫做卤代烃，简称卤烃。虽然卤素包括氟、氯、溴、碘四种元素，但是一般卤代烃只是指氯代烃、溴代烃和碘代烃，不包括氟代烃。由于氟代烃的制法和性质都比较特殊，和其他三种卤代烃不同，因此总是单独讨论。

在卤烃分子中，卤原子是官能团。按照分子中烃基的类别，卤烃分为卤代烷烃、卤代烯烃及卤代芳烃等。按照分子中卤原子的数目，卤烃分为一元卤代烃和多元卤代烃。按照与卤原子相连的碳原子不同，卤代烷又分为伯卤代烷（$RCH_2X$）、仲卤代烷（$R_2CHX$）和叔卤代烷（$R_3CX$）。

## 7.1　卤烷的物理性质

在常温常压下，除氯甲烷、氯乙烷、溴甲烷是气体以外，其他常见的一元卤烷为液体，$C_{15}$以上的卤烷是固体。一元卤烷的沸点随着碳原子数的增加而升高。同一烷基的卤烷，以碘烷的沸点最高，其次是溴烷、氯烷。在卤烷同分异构体中，直链异构体的沸点最高，支链越多，沸点越低。

一卤代烷的相对密度大于同碳数的烷烃。一氯代烷的相对密度小于1，一溴代烷、一碘代烷及多氯代烷的相对密度大于1。同一烃基的卤烷，氯烷的相对密度最小，碘烷相对密度最大。如果卤素相同，其相对密度随烃基的相对分子质量增加而减小。卤烷不溶于水，溶于醇、醚、烃等有机溶剂中。

纯净的一元卤烷都是无色的。但碘烷易分解产生游离碘，故碘烷久置后逐渐变为红棕色。不少卤烷带有香味，但其蒸气有毒，特别是碘烷，应尽可能防止吸入。

卤烷在铜丝上燃烧时能产生绿色火焰，这可作为鉴定卤代烃的简便方法（不包括氟代烃）。卤烷的物理常数见表7-1。

**表7-1　卤烷的物理常数**

| 烷基或卤烷名称 | 氯化物 | | 溴化物 | | 碘化物 | |
|---|---|---|---|---|---|---|
| | 沸点/℃ | 相对密度 $d_4^{20}$ | 沸点/℃ | 相对密度 $d_4^{20}$ | 沸点/℃ | 相对密度 $d_4^{20}$ |
| 甲基 | −24.2 | 0.916 | 3.5 | 1.676 | 42.4 | 2.279 |
| 乙基 | 12.3 | 0.898 | 38.4 | 1.460 | 72.3 | 1.936 |
| 正丙基 | 46.6 | 0.891 | 71.0 | 1.354 | 102.5 | 1.749 |
| 异丙基 | 35.7 | 0.862 | 59.4 | 1.314 | 89.5 | 1.703 |

续表

| 烷基或卤烷名称 | 氯化物 | | 溴化物 | | 碘化物 | |
|---|---|---|---|---|---|---|
| | 沸点/℃ | 相对密度 $d_4^{20}$ | 沸点/℃ | 相对密度 $d_4^{20}$ | 沸点/℃ | 相对密度 $d_4^{20}$ |
| 正丁基 | 78.5 | 0.886 | 101.6 | 1.276 | 130.5 | 1.615 |
| 仲丁基 | 68.3 | 0.873 | 91.2 | 1.259 | 120 | 1.592 |
| 异丁基 | 68.9 | 0.875 | 91.5 | 1.264 | 120.4 | 1.605 |
| 叔丁基 | 52 | 0.842 | 73.3 | 1.221 | 100 | 1.545 |
| 二卤甲烷 | 40.0 | 1.335 | 97 | 2.492 | 181 | 3.325 |
| 1,2-二卤乙烷 | 83.5 | 1.256 | 131 | 2.180 | 分解 | 2.130 |
| 三卤甲烷 | 61.2 | 1.492 | 149.5 | 2.890 | 升华 | 4.008 |
| 四卤甲烷 | 76.8 | 1.594 | 189.5 | 3.270 | 升华 | 4.500 |

## 7.2 卤烷的化学性质

卤烷的许多化学性质是由于官能团卤原子的存在而引起的。本节主要讨论一卤代烷的化学反应。卤烷分子中，由于卤素原子的电负性大于碳原子，因此 C—X 键是极性共价键。C—X 键上的电子云偏向卤原子一边，卤原子带部分负电荷，而碳原子则带部分正电荷：$\overset{\delta^+}{C}-\overset{\delta^-}{X}$。

实验测得的卤烷的偶极矩也证实了这一点：

| 卤烷 | $CH_3CH_2Cl$ | $CH_3CH_2Br$ | $CH_3CH_2I$ |
|---|---|---|---|
| 偶极矩 $\mu/(10^{-30}C\cdot m)$ | 6.84 | 6.77 | 6.37 |

由上可见，随着卤素电负性的增大，C—X 键的极性也增大。此外，和 C—C 或 C—H 键比较，C—X 键在化学反应过程中具有更大的可极化度。

C—X 键的键能也比较小（C—I 为 217.6kJ/mol，C—Br 为 284.5kJ/mol，C—Cl 为 338.9kJ/mol），易断裂。因此卤烷的化学性质比较活泼，能与多种试剂反应，其中一些反应在有机合成上有重要的应用价值。下面将对一些重要的反应类型加以讨论。

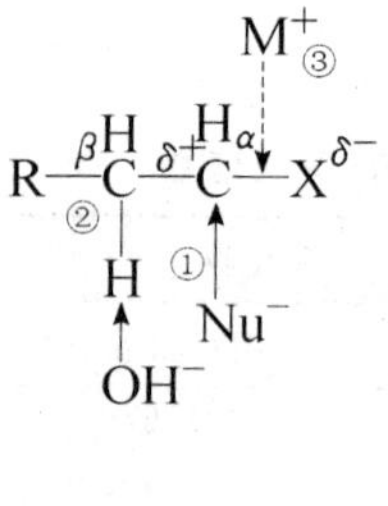


① 亲核取代反应
② 消除反应
③ 与金属的反应

### 7.2.1 取代反应

在卤烷分子中，卤素原子可被富电子的试剂，如负离子（$OH^-$、$RO^-$、$NO_3^-$ 等）

或具有未共用电子对的分子(如 $NH_3$、$H_2O$ 等)取代,这些富电子试剂都具有向带部分正电的中心原子亲近的性质(亲核性),因此称为亲核试剂(nucleophile),常用"Nu"或"$Nu^-$"表示。由亲核试剂进攻而引起的取代反应称为亲核取代反应(nucleophilic substitution),以 $S_N$ 表示。取代下来的卤素原子以负离子形式离去,称为离去基团(leaving group),以 L 表示,反应可用下列通式表示:

$$Nu^- + R—L \longrightarrow R—Nu + L^-$$

式中:R—L 是反应物,又称底物(substrate);$Nu^-$ 是亲核试剂;$L^-$ 是离去基团。

1) 水解

卤烷水解生成醇。这个反应是可逆的。

$$RX + H_2O \rightleftharpoons ROH + HX$$

在通常情况下,卤烷水解进行得很慢。为了加快反应速率和使反应进行完全,常常将卤烷与强碱(NaOH、KOH)的水溶液共热来进行水解。这里 $OH^-$ 是比水更强的亲核试剂,所以反应容易进行。反应中产生的 HX 可被碱中和,从而加速反应并提高醇的产率。

$$RX + NaOH \longrightarrow ROH + NaX$$

一般卤烷都可由相应的醇制得,因此这个反应似乎没有什么合成价值,但实际上在一些比较复杂的分子中要引入一个羟基常比引入一个卤素原子困难。因此在合成上,往往可以先引入卤素原子,然后通过水解再引入羟基。工业上也可将一氯戊烷的各种异构体混合物通过水解制得戊醇各种异构体的混合物,以用作工业溶剂。

$$C_5H_{11}Cl + NaOH \xrightarrow{\text{水溶液}} C_5H_{11}OH + NaCl$$

卤烷水解反应的速率与卤烷的结构、使用的溶剂及反应条件等都有关。卤烷的水解反应在理论上为取代反应的反应历程提供了很多资料。

2) 与氰化钠作用

卤烷与氰化钠(或氰化钾)在醇溶液中加热回流反应生成腈(RCN)。

$$RX + NaCN \longrightarrow RCN + NaX$$

氰基(—CN)是腈类化合物的官能团,通过以上反应,分子中增加了一个碳原子,在有机合成中常作为增长碳链的方法之一。此外,通过氰基可转变为其他官能团,如水解成羧基(—COOH)、酰胺基(—$CONH_2$)等,加氢还原为胺。

3) 与氨或胺的作用

氨比水或醇具有更强的亲核性,卤烷和过量的氨作用可制得伯氨。

$$RX + \ddot{N}H_3 \longrightarrow [RNH_2 \cdot HX] \xrightarrow{NH_3} NH_4X + RNH_2 \quad \text{伯胺}$$

若卤烷过量，则反应可以继续进行：

$$RX + RNH_2 \longrightarrow [R_2NH \cdot HX] \xrightarrow{RNH_2} R_2NH \quad \text{仲胺}$$

$$RX + R_2NH \longrightarrow [R_3N \cdot HX] \xrightarrow{R_2NH} R_3N \quad \text{叔胺}$$

$$RX + R_3N \longrightarrow R_4N^+ X^- \quad \text{季铵盐}$$

最终得到的是伯、仲、叔胺及季铵盐的混合物。

4）与醇钠作用

卤烷与醇钠作用可制得醚。

$$RX + R'ONa \longrightarrow ROR' + NaX$$

该反应是制备醚的重要方法，称为威廉姆逊（Williamson）合成反应。反应中的卤烷一般指伯卤烷，如用叔卤烷和醇钠作用，往往主要得到烯烃。

5）与硝酸银作用

卤烷与硝酸银的乙醇溶液作用可得到硝酸酯和卤化银沉淀。

$$RX + AgNO_3 \xrightarrow{CH_3CH_2OH} RONO_2 + AgX\downarrow$$

不同的卤代烷反应活性次序是 RI＞RBr＞RCl；当卤原子相同而烃基结构不同时，其活性次序为 $3°>2°>1°$。其中伯卤代烷通常需要加热才能使反应进行。因此可根据反应生成 AgX 速率大小和卤化银沉淀的颜色不同来分析鉴别不同种类的卤烷。

6）卤离子交换反应

在丙酮溶液中，氯代烷和溴代烷分别与碘化钠反应生成碘代烷。这是由于碘化钠溶于丙酮，而氯化钠和溴化钠不溶于丙酮，从而有利于反应的进行，如

$$\underset{\displaystyle\underset{Br}{|}}{CH_3CHCH_3} + NaI \xrightarrow[25℃]{\text{丙酮}} \underset{\displaystyle\underset{I}{|}}{CH_3CHCH_3} + NaBr$$

氯代烷和溴代烷的活性次序是 $3°<2°<1°$。碘化钠的丙酮溶液（溶解度为5％）很稳定，且操作方便，故此反应可用于检验氯代烷和溴代烷。另外，还可利用此反应在实验室制备碘代烷。

### 7.2.2 消除反应

1）脱卤化氢（dehydrohalogenation）

卤烷和氢氧化钠（或氢氧化钾）的乙醇溶液共热脱去一分子卤化氢生成不饱和烃，这种从分子中失去一个简单分子生成不饱和键的反应称为消除反应（elimination reaction)，用 E 表示。这种脱去一分子或两分子卤化氢的反应在有机合成上常作为在分子中引入碳碳双键和碳碳叁键结构的方法。常用的强碱有甲醇钠的甲醇溶液，氢氧化钾(或氢氧化钠)的乙醇溶液等。脱去卤原子和 $\beta$-碳上的氢通常称为 $\beta$-消除反应。

$$R\overset{\beta}{C}H_2\overset{\alpha}{C}H_2X + NaOH \xrightarrow[\triangle]{\text{乙醇}} RCH{=}CH_2 + NaX + H_2O$$

$$R\overset{\beta}{C}H_2\overset{\alpha}{C}HX_2 + 2KOH \xrightarrow[\triangle]{\text{乙醇}} RC{\equiv}CH + 2KX + H_2O$$

卤烷脱卤化氢的难易与烃基的结构有关。叔卤代烷最容易脱去卤化氢，仲卤代烷次之，伯卤代烷最难。由于仲和叔卤代烷分子往往都含有不止一个 $\beta$-碳原子，那么究竟优先消去哪个 $\beta$-碳原子上的氢原子呢？即仲和叔卤代烷脱卤化氢时，反应可以在碳链的不同方向进行，生成不同的产物。例如，2-溴丁烷和 KOH 的乙醇溶液反应，生成的烯烃中含有 2-丁烯和 1-丁烯：

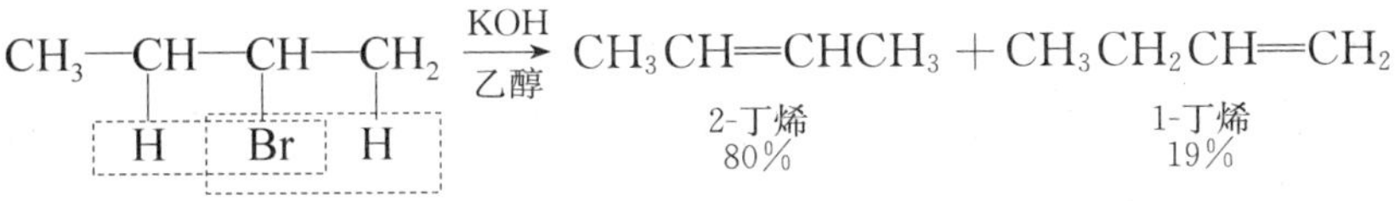


2-甲基-2-溴丁烷在消除反应中也生成两种烯烃：

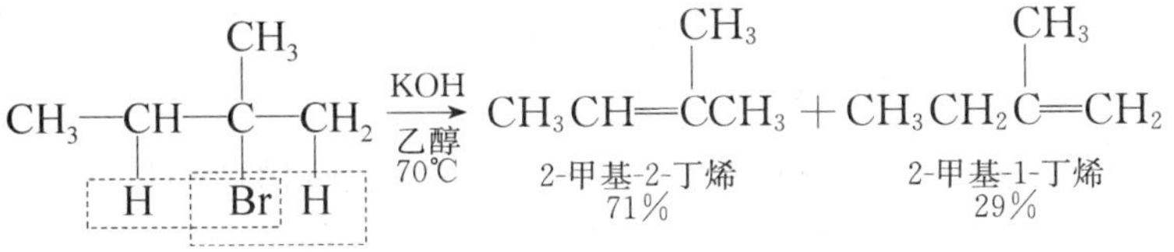


实验证明，卤烷脱卤化氢时，氢原子总是从含氢最少的 $\beta$-碳原子上脱去的，生成双键碳上烷基取代基最多的烯烃(或稳定的烯烃，如共轭烯烃)，这个经验规律称为札依采夫(Saytzeff)规则。

当 $\beta$-氢原子所处的位置有较大的立体位阻，或亲核试剂的体积太大不利于进攻某 $\beta$-氢原子时，札依采夫规则也常常出现例外。

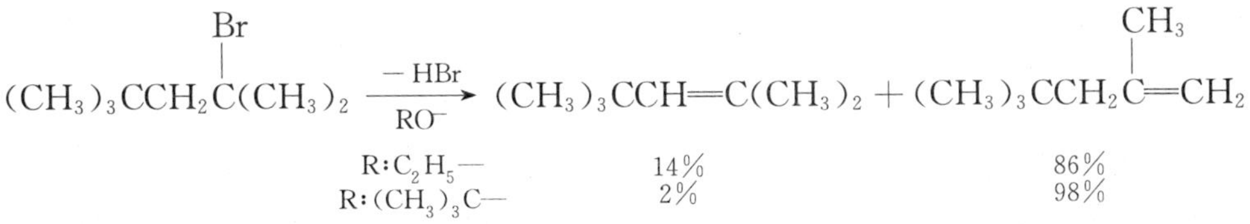


另外，注意到卤代烃消除反应的碱性试剂又可作为取代反应的亲核试剂，从而联想到卤代烷的消除反应常与取代反应同时进行，互相竞争。例如，异丙基溴与乙醇钠的溶液反应，除生成消除产物丙烯外，还生成取代产物乙基异丙基醚。

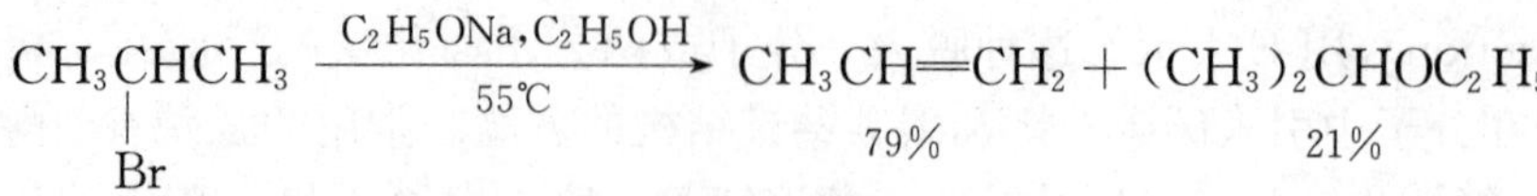

叔丁基溴用具有碱性的氰化钠或醇钠处理时，主要产物不是腈或醚而是烯烃。

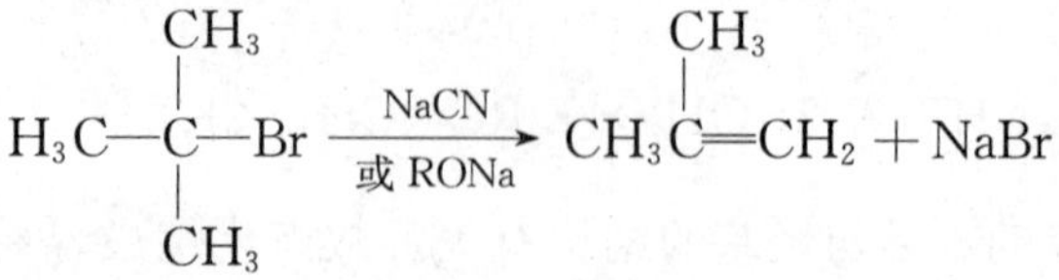

从上面这些反应可以看出，卤代烷的消除反应和取代反应是同时进行且相互竞争，那么究竟哪一种反应占优势呢？首先要看卤代烷分子的结构，其次要看反应条件。叔卤烷和有可能形成共轭烯烃的卤代物，则有利于发生消除反应。一般极性大的溶剂、低浓度的弱碱有利于发生取代反应。

2）脱卤素（dehalogenation）

邻二卤代物除能脱卤化氢生成炔烃或较稳定的共轭二烯烃外，在锌粉（或镍粉）存在下，邻二卤代物更能脱去卤素生成烯烃。

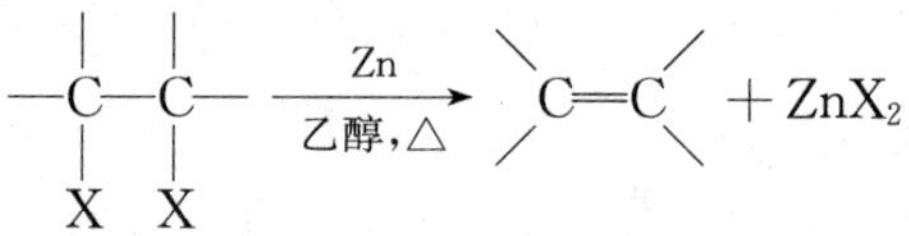

邻二碘代物的脱碘成烯反应很快，不需要外加试剂，稍稍加热即可。因此，烯烃很难和碘发生有效的加成反应。

另一个有用的二卤代烷和锌的脱卤反应是用来制备环丙烷衍生物。

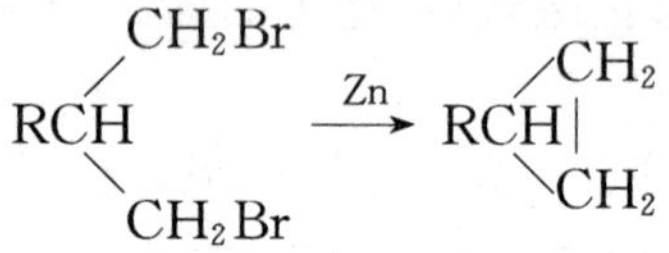

### 7.2.3　与金属的反应

卤代烃的另一个重要反应是它能和某些金属（如 Li、Na、Mg、Al、Zn 等）作用生成有机金属化合物（organometallic compound）。所谓有机金属化合物是一类分子中含有 C—M（金属）键的有机化合物。由于无论哪一种金属，它的电负性总比碳小，因此有机金属化合物中的 C—M 键是极性的，C 端带部分负电荷，M 端带部分正电荷：$\overset{\delta^-}{C} \leftarrow \overset{\delta^+}{M}$，反应时总是 C 带着它的一对电子转移到其他分子上去。

1）与金属钠作用

卤代烷在惰性溶剂如醚类化合物中和金属钠共热时会发生偶联反应(coupling reaction)，生成高级烷烃。

$$2RX + 2Na \xrightarrow{\triangle} R—R + 2NaX$$

反应中可能先形成有机钠化合物。但是由于有机钠化合物的活性较大，在高温下它与第二个氯代烷分子很快地作用生成偶联产物。

$$RX + 2Na \longrightarrow \underset{\text{烷基钠}}{RNa} + NaX$$

$$\overset{\delta^-}{R}Na + \overset{\delta^+}{R}X \longrightarrow R—R + NaX$$

这个偶联反应[俗称伍尔兹(Wurtz)反应]以前曾被用来制备烷烃，但是产率不高，现在已经很少用，只有在合成高级的偶数碳烷烃时才用到它。用该反应合成的烷烃所含碳原子数比所用卤烷的碳原子多一倍。这个反应适用于相同的伯卤烷(一般为溴烷或碘烷)，产率较高。此反应也可用来制备芳烃，称为伍尔兹-菲提希(Wurtz-Fittig)反应。

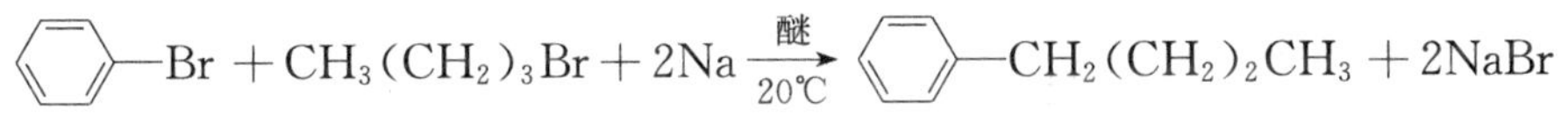

虽然理论上可以用两个不同的卤烷与金属钠作用制备各种碳原子数的烷烃，但是实际上三种可能的产物都有，分离起来相当困难，所以它没有实用价值。

$$RX + 2Na + R'X \longrightarrow R—R + R'—R' + R—R' + 2NaX$$

2）与金属镁作用

一卤代烷与金属镁在绝对乙醚(无水、无醇的乙醚)中作用生成有机镁化合物，产物能溶于乙醚，不需分离即可直接用于各种合成反应，这种产物一般称为格利雅(Grignard)试剂，简称格氏试剂。

$$RX + Mg \xrightarrow{\text{绝对乙醚}} RMgX \quad \text{烷基卤化镁(格氏试剂)}$$

格氏试剂的结构至今还不完全清楚，一般写成 R—Mg—X，但也可能是 $R_2Mg \cdot MgX_2$。

$$2RMgX \rightleftharpoons R_2Mg + MgX_2$$

乙醚在这里的作用是络合，使格氏试剂成为稳定的溶剂化物溶于乙醚。

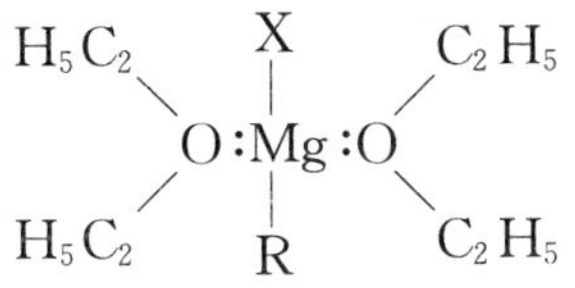

乙醚的氧原子与镁原子形成配位键。此外,四氢呋喃、苯和其他醚类也可作为溶剂。格氏试剂非常活泼,能发生多种化学反应。

(1) 与活泼氢的反应。格氏试剂遇有活泼氢的化合物(如水、醇、氨等)则分解为烷烃。

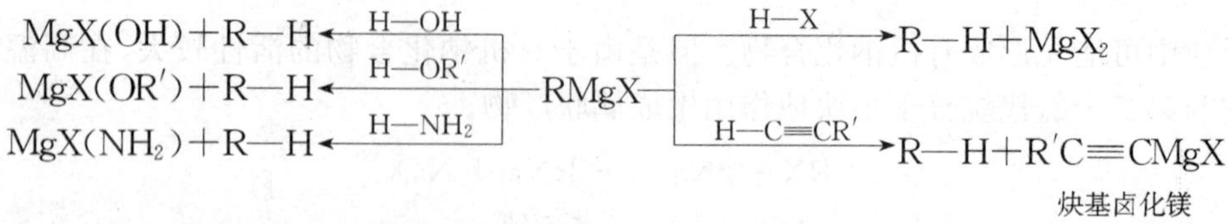


格氏试剂与有活泼氢化合物的反应是定量进行的。在有机分析中,常用一定量的甲基碘化镁($CH_3MgI$)和一定量的含活泼氢化合物作用,根据生成甲烷的体积可以计算出活泼氢的数量。格氏试剂遇水分解成烷烃和镁的碱式卤化物,所以制备格氏试剂时不能有水汽存在。

(2) 与氧的作用。格氏试剂在空气中能慢慢地吸收氧气,生成烷氧基卤化镁(ROMgX)。此产物遇水则分解生成相应的醇。

$$\mathrm{RMgX} + \frac{1}{2}\mathrm{O_2} \longrightarrow \underset{\text{烷氧基卤化镁}}{\mathrm{ROMgX}} \xrightarrow{\mathrm{H_2O}} \underset{\text{醇}}{\mathrm{ROH}}$$

因此,保存格氏试剂时应使它与空气隔绝;制备时最好是在氮气流中进行,否则可能产率较低。

(3) 与活泼卤代烃的反应。烯丙型和苄基型卤代烃可与格氏试剂发生偶合作用形成烃,如

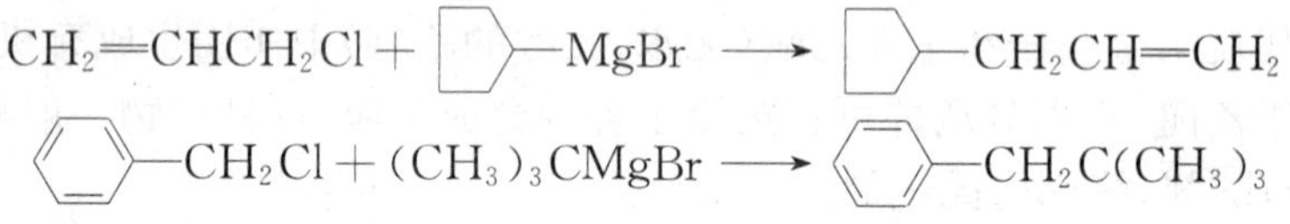


这是合成末端烯烃和芳烃的一个方法。三级卤代烃也可进行此反应,但产率较低。

此外,格氏试剂还能和二氧化碳、醛、酮、酯、环氧化合物、腈、硝基化合物等多种试剂反应,生成羧酸、醇等一系列产物。

### 7.2.4 卤代烷的还原反应

卤代烷中卤素可以被氢还原为烷,还原剂很多,但使用较为普遍的是氢化铝锂($LiAlH_4$),它是很多化合物的还原剂,所有类型的卤代烷包括乙烯型卤代烷均可被还原。

$$\mathrm{RX} \xrightarrow[\mathrm{THF}]{\mathrm{LiAlH_4}} \mathrm{RH}$$

一级卤代烷反应性能较好，所得产物构型转化，认为按 $S_N2$ 历程反应。

二级卤代烷也可用此法还原，三级卤代烷易发生消除反应，不适用此法。

硼氢化钠($NaBH_4$)是比较温和的试剂，适用于二级、三级卤代烷还原，而一级卤代烷不易用此试剂还原。

其他化学试剂如 Zn/HCl、HI、催化氢解等方法均可将卤代烷还原，如

$$CH_3(CH_2)_{14}CH_2I \xrightarrow{Zn,HCl} CH_3(CH_2)_{14}CH_3$$

85%

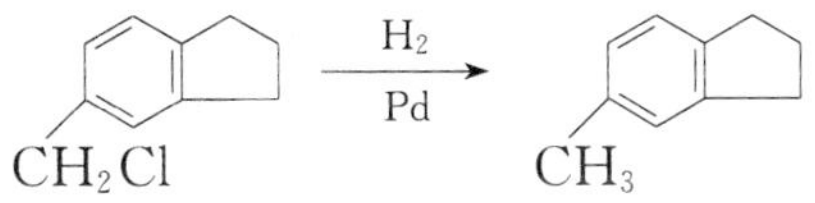

90%

用催化氢化法使碳与杂原子(O、N、X 等)之间的键断裂称为氢解。苯甲基的碳与杂原子之间的键很容易氢解。

钠与液氨可还原卤代烃，对于双键碳上的卤原子，还原时双键的构型不变，如

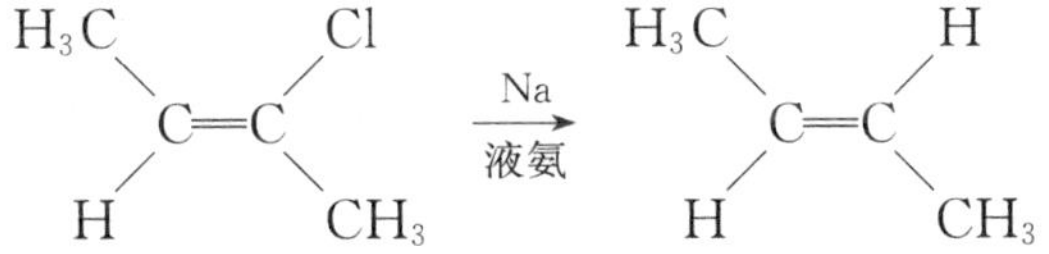

## 7.3 饱和碳原子上的亲核取代反应历程

亲核取代反应是卤代烷的一个重要反应。通过这类反应，卤素官能团可转变为其他多种官能团，所以在有机合成中得到广泛的应用，且对其反应历程的研究也比较多。其中溴代烷的水解反应更是研究得比较充分的一类亲核取代反应。

$$RBr + H_2O \longrightarrow ROH + HBr$$

大量研究表明，有些卤烷的水解反应速率仅与卤代烷本身的浓度有关，而另一些卤烷的水解反应速率不仅与卤烷的浓度有关，还和试剂(如碱)的浓度有关，这就说明卤烷的水解可能按照两种不同的历程进行。

### 7.3.1 单分子亲核取代反应($S_N1$)

实验证明，叔丁基溴在碱性溶液中水解反应速率仅与卤烷的浓度成正比，而与亲核试剂($OH^-$或水分子)的浓度无关。这说明决定反应速率的一步与试剂无关，而仅取决于卤烷分子本身 C—X 键断裂的难易和它的浓度。

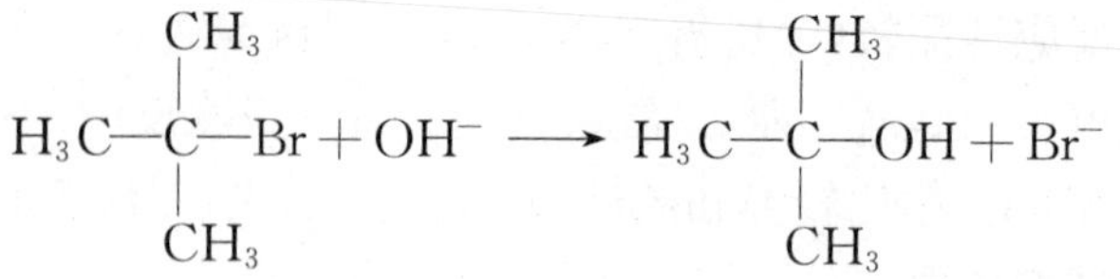

因此，上述反应可以认为分为两步进行：第一步是叔丁基溴在溶剂中首先离解成叔丁基碳正离子和溴负离子，在离解过程中还经历一个 C—Br 键拉长至将断未断而能量较高的过渡态阶段。

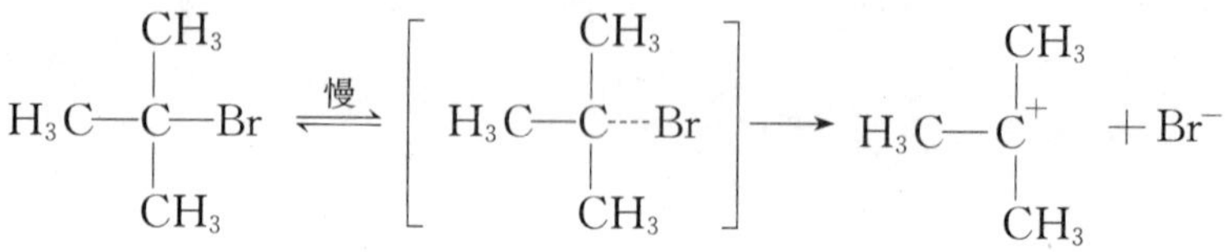


过渡态

这里生成的碳正离子是个中间体，性质活泼，所以又称为活性中间体。

第二步是生成的叔丁基碳正离子立即与试剂 $OH^-$ 或水作用生成水解产物叔丁醇。

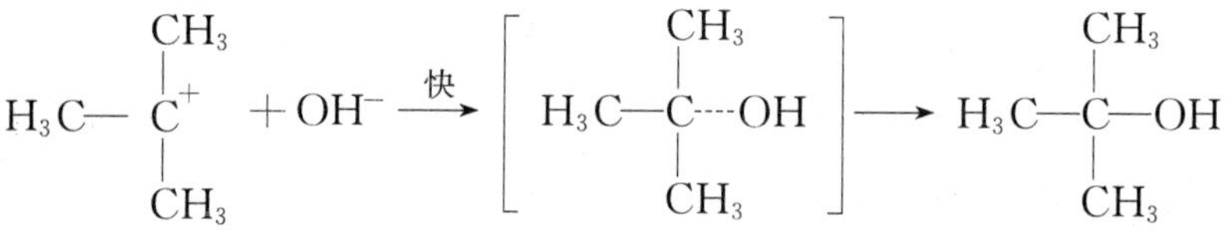


对于多步反应来说，生成最后产物的速率由速率最慢的一步来决定。叔丁基溴的水解反应中，C—Br 的离解速率是慢的，而生成碳正离子后就立即与 $OH^-$ 作用，因此上述第一步反应是决定整个反应速率的步骤，而这一步反应的速率是与反应物卤烷的浓度成正比的，所以整个反应速率仅与卤代烷的浓度有关，而与试剂浓度无关。在决定反应速率的这一步骤中，发生共价键变化的只有一种分子，所以称为单分子反应历程。这种单分子亲核取代反应常用 $S_N1$ 来表示。

叔丁基溴水解反应过程中能量变化如图 7-1 所示。图 7-1 中 B 和 D 分别为两步反应的过渡态，它们都处在能量曲线的最高点——峰顶。活性中间体碳正离子 C 的能量比过渡态 B、D 的能量低，在能量曲线上处于一个极小值（峰谷），中间体的存在是可以证实的。图 7-1 中 $\Delta E_1$ 是第一步反应的活化能，$\Delta E_2$ 是第二步反应的活化能。$\Delta E_1 > \Delta E_2$，故第一步反应较慢，是决定整个反应速率的一步。从活化能的大小可以估计反应的难易，$\Delta H$ 是反应热。

在 $S_N1$ 反应的立体化学中，首先从第一步叔丁基溴离解成叔丁基碳正离子来看，碳原子由 $sp^3$ 杂化的四面体结构转变为 $sp^2$ 杂化的平面三角形结构的碳正离子，带正电荷的碳原子上有一个空的 p 轨道。当亲核试剂（如 $OH^-$）在第二步和碳正离子作用时，从平面两边进攻的机会是均等的。

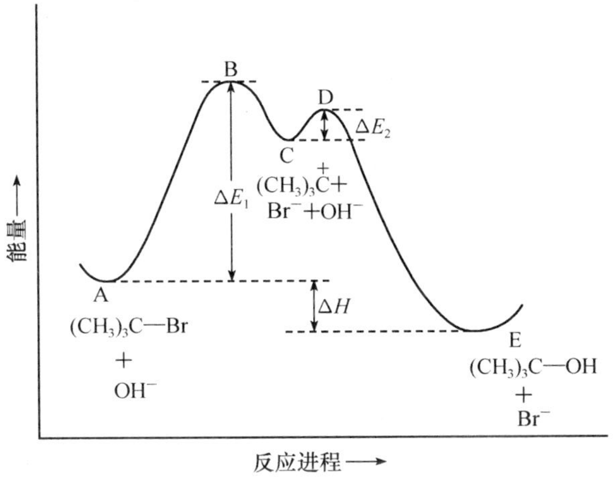


图 7-1　叔丁基溴水解反应的能量曲线

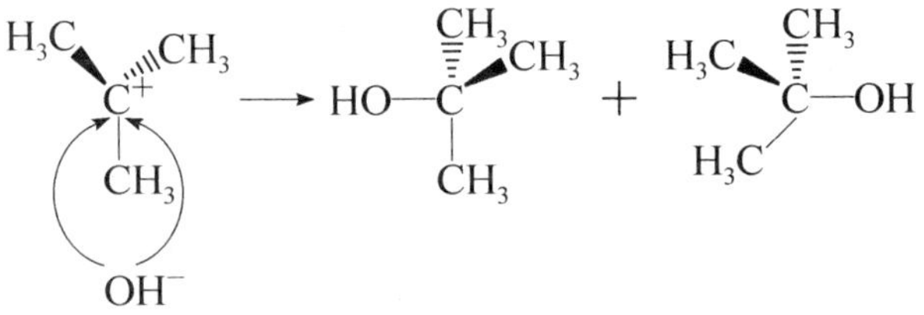

因此，如果是一个卤素连在手性碳原子上的卤烷发生 $S_N1$ 水解反应，就会得到“构型保持”和“构型转换”几乎等量的两个化合物，即外消旋体混合物。

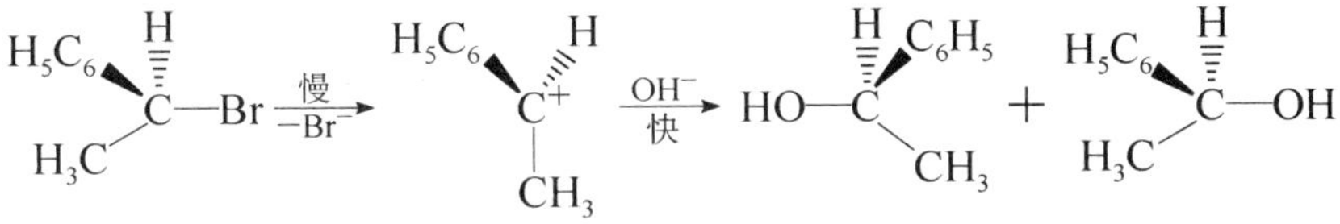


和后面将要叙述的 $S_N2$ 历程的产物不同，经 $S_N1$ 历程的产物基本上是外消旋体。因此可以通过测反应物和产物的旋光度，从旋光性的变化可初步鉴别这个反应的历程是 $S_N1$ 还是 $S_N2$。

除上述情况外，也有 $S_N1$ 取代构型保持的反应，如旋光性的 α-溴代丙酸经水解形成 100%构型不变的产物（乳酸），因为整个反应过程中经历了两次构型反转（参见本节邻基效应的有关内容）。

$S_N1$ 反应的另一个特点是反应中常伴有重排反应发生，如

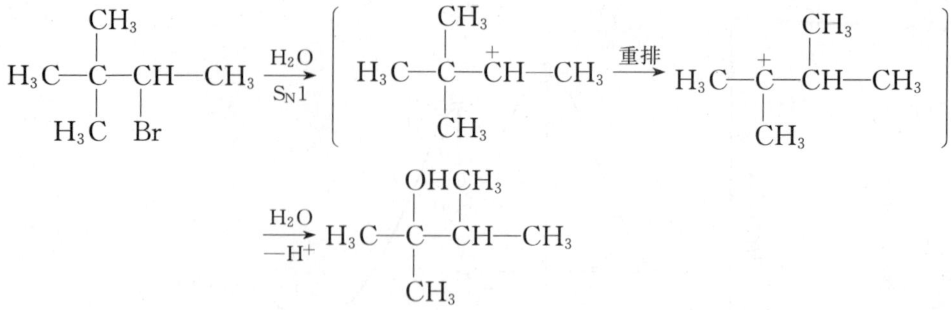

综上所述，$S_N1$ 反应的特点是：反应分两步进行，反应速率只与卤代烃的浓度有关，而与试剂浓度无关；反应过程中有活性中间体——碳正离子生成，如果碳正离子所连的三个基团不同，得到的产物基本上是外消旋体。同时因碳正离子中间体存在，往往有重排产物。

### 7.3.2 双分子亲核取代反应（$S_N2$）

实验证明，溴甲烷碱性水解的反应速率不仅与卤烷的浓度成正比，也与碱的浓度成正比。

$$CH_3Br + OH^- \longrightarrow CH_3OH + Br^-$$

$$v = k[CH_3Br][OH^-]$$

通过研究，认为溴甲烷的碱性水解反应历程可表示为

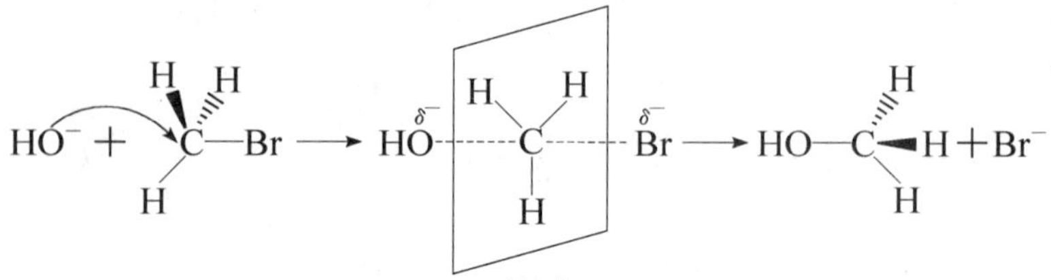

当亲核试剂 $OH^-$ 进攻溴甲烷中的碳原子时（亲核试剂有向电子云密度较低的碳原子进攻的倾向），由于卤原子原来带有部分负电荷，带负电荷的亲核试剂一般总是从溴原子的背面进攻碳原子，在接近碳原子过程中逐渐部分地形成C—O 键，同时 C—Br 键由于受到 $OH^-$ 进攻的影响而逐渐伸长变弱，使溴原子带着原来成键的电子对逐渐离开碳原子。在这个过程中，体系的能量逐渐增高。随着反应继续进行，$OH^-$ 继续接近碳原子，由于碳原子逐渐地共用氧原子的电子对，$OH^-$ 的负电荷不断地降低，而溴则不断增加负电荷，与此同时，甲基上的三个氢原子由于亲核试剂进攻所排斥也向溴原子一方逐渐偏转，这样就形成了一个过渡态，此时体系的能量达到一个最大值。处于过渡态时，碳原子与 $OH^-$ 还未完全成键，碳原子

与溴原子之间的键也没有完全断裂，此时进攻试剂、中心碳原子和离去基团处于一条直线上，而碳和其他三个氢原子处在垂直于这条直线的平面上，—OH 与 Br 分别在平面的两边。随着 $OH^-$ 继续接近碳原子和溴原子继续远离碳原子，体系的能量又逐渐降低。最后 $OH^-$ 与碳生成 O—C 键，溴则离去而成为 $Br^-$。甲基的三个氢原子也完全转向偏到溴原子的一边，这个过程好像雨伞被大风吹得向外翻转一样。水解产物甲醇中—OH 官能团不是连在原来由溴占据的位置上，所得到的甲醇与原来的溴甲烷的构型相反，这称为瓦尔登转化或瓦尔登反转。

溴甲烷碱性水解过程中的能量曲线如图 7-2 所示。

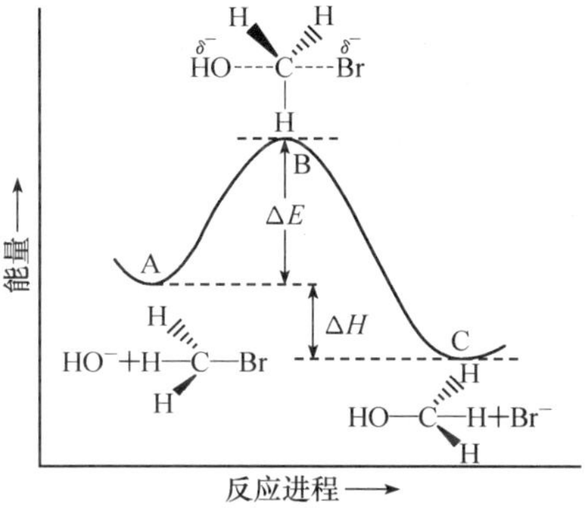


图 7-2　溴甲烷碱性水解过程中的能量曲线

如果是卤素连在手性碳原子上的卤烷发生 $S_N2$ 反应，则产物的构型与原来反应物的构型相反，如

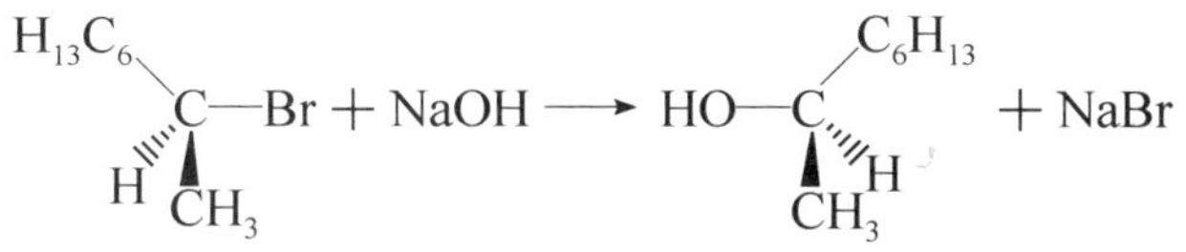

[α]=-34.6°　　　　　　[α]=+9.9°

已知(—)-2-溴辛烷和(＋)-2-辛醇的构型相反，因此瓦尔登转化是 $S_N2$ 反应的一个重要标志。

综上所述，$S_N2$ 反应的特点是反应速率既与反应物的浓度有关，又与试剂的浓度有关；反应中新键的形成和旧键的断裂是同步的，共价键的变化发生在两种分子中，因此它是双分子亲核取代反应，以 $S_N2$ 表示。经由 $S_N2$ 反应得到的产物通常发生构型反转，同时反应只通过一个过渡态而无中间体生成，因此不存在重排产物。

### 7.3.3　分子内亲核取代反应历程——邻基效应

从以上讨论的饱和碳原子的亲核取代反应不难发现，反应物和亲核试剂是两种不同的化合物，这种反应是分子之间的反应。如果亲核试剂与被取代的离去基团处于同一分子内，能否发生分子内的亲核取代反应？回答是能，但是有条件。例如，与氯乙烷和碱反应生成醇不同，2-氯乙醇与碱反应生成环状化合物——环氧乙烷。

$$CH_3CH_2Cl \xrightarrow[H_2O,\triangle]{OH^-} CH_3CH_2OH$$

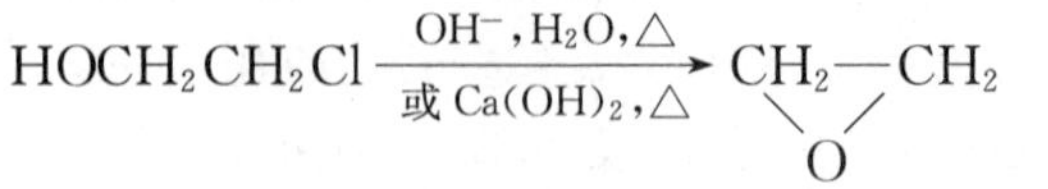

在氯乙醇与亲核试剂（$OH^-$）的反应中，因为 $OH^-$ 既是亲核试剂又是强碱，它与醇羟基的活泼氢反应远比进攻氯原子所在的中心碳原子取代氯原子更容易，故此反应首先是氯乙醇分子中的羟基与强碱作用失去氢原子形成氧负离子。然后氧负离子进攻中心碳原子，发生分子内的亲核取代反应，生成环氧乙烷。分子内的氧负离子比外界的 $OH^-$ 进攻中心碳原子更有利，因为它在分子内距中心碳原子最近，且位置最有利——反式共平面，因此有利于从氯原子的背面进攻中心碳原子：

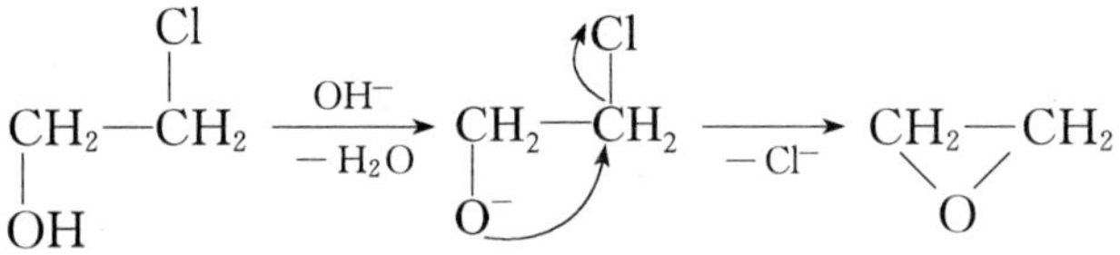

反式共平面构象

这是一种分子内的 $S_N2$ 反应，它远比分子间的 $S_N2$ 反应有利。这种同一分子内一个基团参与并制约和反应中心相连的另一个基团所发生的反应称为邻基参与。它是分子内基团之间的特殊作用所产生的影响，又称为邻基效应。

存在邻基参与的有机分子，其亲核基团与离去基团之间的距离不限于连接在两个相邻碳原子上。当其位置适当，且能形成反式共平面构象时也能产生邻基参与。

像上述反应生成环氧乙烷那样，反应后生成环状化合物是邻基参与的特点之一，但不一定都是如此。

分子内的 $S_N2$ 反应比分子间的 $S_N2$ 反应速率明显加快。例如，1-氯己烷和 β-氯代二乙硫醚分别进行水解反应（$S_N2$ 反应），β-氯代二乙硫醚比 1-氯己烷快 $3\times10^3$ 倍。

$$CH_3CH_2{-}S{-}CH_2CH_2Cl + H_2O \xrightarrow{k} CH_3CH_2{-}S{-}CH_2CH_2OH$$

β-羟基二乙硫醚

$$CH_3CH_2CH_2CH_2CH_2CH_2Cl \xrightarrow{k'} CH_3CH_2CH_2CH_2CH_2CH_2OH$$

1-己醇

$$k : k' = 3\times10^3 : 1$$

$\beta$-氯代二乙硫醚之所以比 1-氯己烷的水解速率快很多，是因为邻基参与的结果。

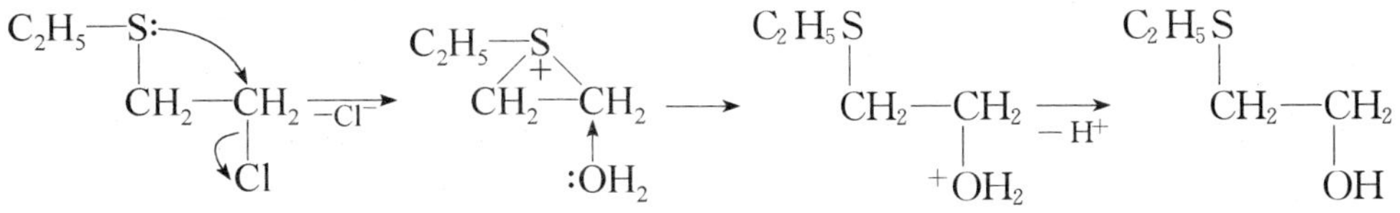

邻基参与使反应速率加快，这是邻基参与的又一特点。这种由于邻基参与而加快反应速率的现象又称邻助作用。

当离去基团所连的碳原子是手性碳原子时，若发生分子内的反应(发生邻基参与)，将限制产物的构型。例如，若按卤代烷的正常水解反应，无论是按 $S_N1$ 还是按 $S_N2$ 反应历程进行，手性碳原子的构型均要发生一定变化。但具有旋光性的 $\alpha$-溴代丙酸盐的碱性水解反应，由于是分子内的 $S_N2$ 反应，邻近羧基负离子从离去基团溴原子的背面进攻 $\alpha$-碳原子，促进溴原子离去，生成三元环内酯中间体，随后亲核试剂 $OH^-$ 从三元环上的氧原子的另一侧进攻 $\alpha$-碳原子，生成 100%构型保持的 $\alpha$-羟基丙酸盐。因为反应过程中经历过两次构型反转，氧上具有孤电子对，可以屏蔽反应中心碳原子的"背面"，因此亲核试剂只能从"前面"进攻，导致构型保持。构型保持是邻基参与的另一特点。

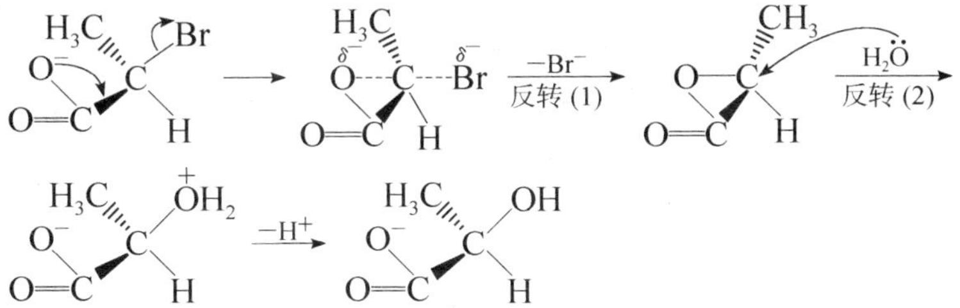

能发生邻基参与的基团是：具有未共用电子对的杂原子，如氧、氮、硫、卤原子等，这种参与称为 n-参与；碳碳双键和苯环的 $\pi$ 电子的参与称为 $\pi$-参与；环丙基和碳碳 $\sigma$ 键电子的参与称为 $\sigma$-参与。邻基参与的结果是或生成环状化合物，或促进反应速率明显增加，或限制产物的构型，或几种情况兼而有之。

邻基效应不限于发生亲核取代反应，在消除反应、重排反应、加成反应、氧化还原反应、自由基反应等中也普遍存在。它对于反应速率和反应产物等有较大影响，所以在有机化学中也是研究较活跃的内容之一。

### 7.3.4 影响亲核取代反应历程的因素

卤代烷的亲核取代反应既可按 $S_N1$ 也可按 $S_N2$ 历程进行，但究竟按何种历程进行，则与卤代烷的结构、离去基团、亲核试剂和溶剂的性质等因素有关。

1)烃基结构的影响

卤代物的类型是使反应倾向于 $S_N1$ 或 $S_N2$ 历程进行的重要因素，不论是经由 $S_N1$ 历程还是 $S_N2$ 历程，卤烷分子中的反应中心都是 $\alpha$-碳原子(与 X 原子相连的碳原子)。因此，这个碳原子上的电子云密度大小不但决定反应将主要经由哪个历程进行，而且也会影响反应的速率。如果它的电子云密度较大，则有利于 C—X 键的 X 以 $X^-$ 形式离去，反应即按 $S_N1$ 历程进行。如果它的电子云密度较小，则不利于 $S_N1$ 而有利于亲核试剂的直接进攻，反应将按 $S_N2$ 历程进行。例如，下列溴代烷中，由于甲基是供电子基团，中心碳原子的电子云密度应依次增加。

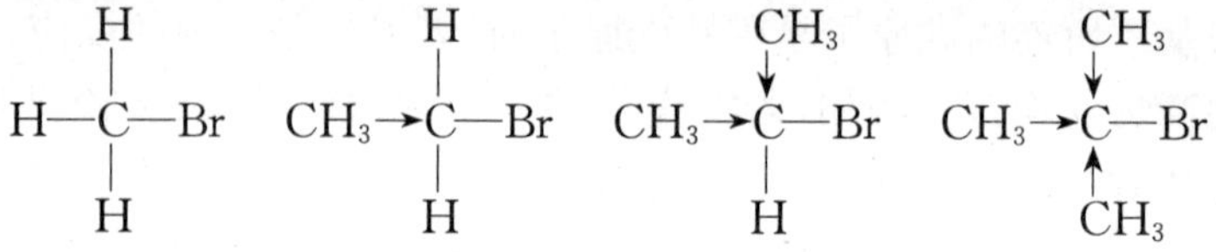

1°　　2°　　3°

因此在按 $S_N1$ 历程进行时，它们的活性是 3°>2°>1°>$CH_3X$。在按 $S_N2$ 历程进行时，它们的活性应该正好相反，即 $CH_3X$ >1°>2°>3°。这与事实相符(表 7-2)。

**表 7-2　亲核取代反应的相对速率**

| | $CH_3Br$ | $CH_3CH_2Br$ | $(CH_3)_2CHBr$ | $(CH_3)_3CBr$ |
|---|---|---|---|---|
| $S_N1$ 相对速率($RBr+H_2O$) | 1.0 | 1.7 | 4.5 | $1\times10^8$ |
| $S_N2$ 相对速率($RBr+I^-$) | 150 | 1 | 0.01 | 0.001 |

烯丙基型和苄基型卤代烃的亲核取代反应，不论是按 $S_N1$ 历程还是按 $S_N2$ 历程进行，反应速率都很快。例如，3-氯丙烯的亲核取代反应，因为它能离解成较稳定的烯丙基正离子(与烷基正离子相比)，所以它的 $S_N1$ 反应很容易进行。

$$CH_2{=}CHCH_2Cl \longrightarrow \overset{\delta^+}{C}H_2\text{┈}CH\text{┈}\overset{\delta^+}{C}H_2 + Cl^-$$

烯丙基正离子

另外，当亲核试剂进攻 $\alpha$-碳原子时，由于旁边的碳碳双键能帮助它分散电荷，因此 3-氯丙烯的 $S_N2$ 反应也很容易进行。

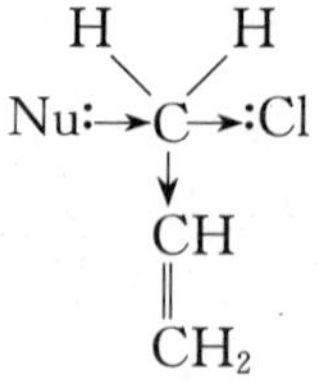

此外还要指出，上述从电子效应来考察问题是不够全面的，还应该从空间体积效应来衡量。例如，下列四个溴代物的相对速率，单从甲基供电子诱导效应来讲是很难解释的(表 7-3)。

表 7-3　RX 和 $C_2H_5O^-$ 的 $S_N2$ 反应($C_2H_5OH$,55℃)

| RX | 相对速率 | RX | 相对速率 |
|---|---|---|---|
| $CH_3CH_2Br$ | 1 | $(CH_3)_2CHCH_2Br$ | 0.030 |
| $CH_3CH_2CH_2Br$ | 0.28 | $(CH_3)_3CCH_2Br$ | 0.0000042 |

我们知道,甲基是一个弱的供电子基团,而诱导效应随 C—C 键的增加而减弱。假使它连在 β-碳原子上,那么它的供电子效应对反应中心所产生的影响应该是很小的。这样溴代新戊烷 $(CH_3)_3CCH_2Br$ 的亲核取代反应($S_N2$)速率应该比溴乙烷 $CH_3CH_2Br$ 慢得不多。可是事实上却相差很大,只有溴乙烷的百万分之四,因此必然有另一种因素在起作用。如果考虑体积效应,那么就很容易解释了。这里 β-碳原子上的三个甲基,它们的体积较 H 原子大,在空间阻碍了亲核试剂的进攻,使反应速率变得很慢。

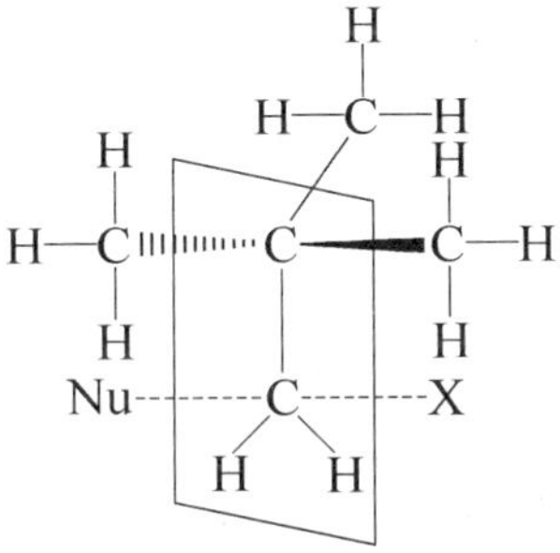

并不是所有伯卤代烷都是以 $S_N2$ 反应为主;新戊基溴是伯卤代烷,但它在 80%乙醇中发生的反应主要是按 $S_N1$ 方式进行的。其原因是大体积的叔丁基阻碍了中心碳原子被亲核试剂($CH_3CH_2OH$)从 C—Br 键背后攻击的空间,使 $S_N2$ 反应不能有效地进行,迫使其按照 $S_N1$ 反应历程进行。

空间体积效应除了对 $S_N2$ 反应有较大的影响外,对 $S_N1$ 反应也有影响。例如,下列四个叔氯代物的水解反应相对速率(丙酮水溶液,25℃)相差很大:

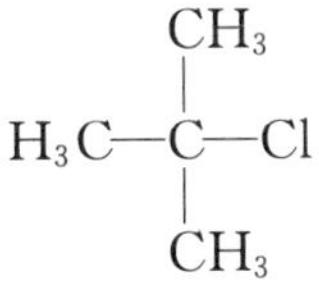

1.00

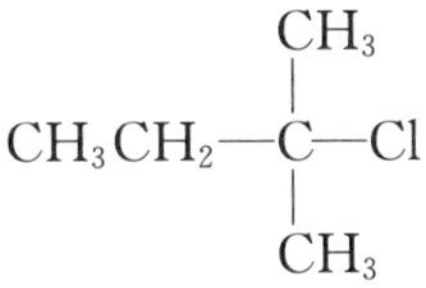

2.06

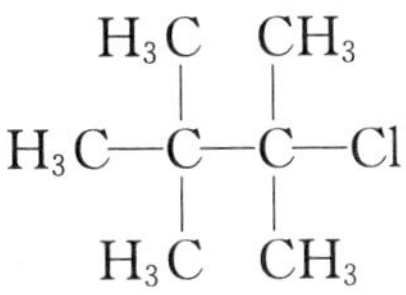

2.40

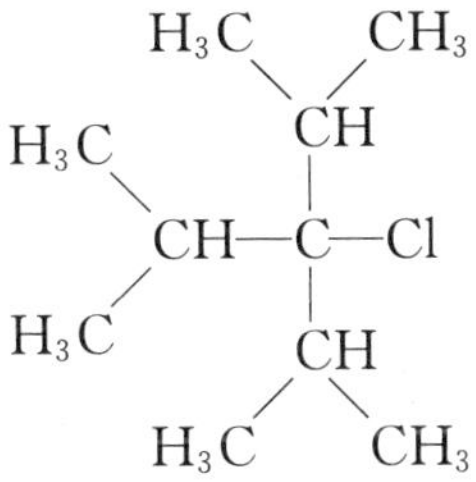

6.91

当连在中心 α-C 原子上的基团体积增大时，分子显得很拥挤，就有张力产生。为了消除张力，C—Cl 键就极易离解，因离解后键角增大，拥挤现象可以得到减轻。当然，也可以用烷基的供电子效应使 α-碳正离子电荷分散，增加其稳定性来加以解释，但一般说来是两者共同作用的结果。

空间效应最明显的例子是取代连接在桥环化合物桥头碳原子上的卤原子。这种卤原子非常稳定，不论经由 $S_N1$ 历程还是经由 $S_N2$ 历程都不易被取代。例如，7,7-二甲基-1-氯双环[2.2.1]庚烷与 $AgNO_3$ 的醇溶液回流 48h，或 30%KOH 的醇溶液回流 21h，都看不出有氯原子被取代的反应产生。原因是它很难离解成平面的碳正离子，因为有桥环系统牵制着，所以很难进行 $S_N1$ 反应，其次氯的背面是一个环，亲核试剂不能从背面进攻，所以 $S_N2$ 反应也很难进行。

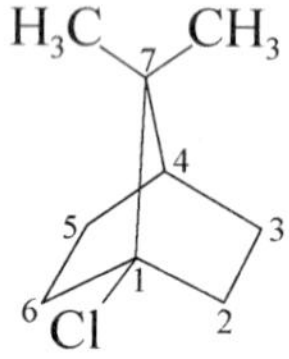


7,7-二甲基-1-氯双环[2.2.1]庚烷

从上述讨论中可以看出，溴烷（卤烷）分子中的烷基结构对反应按照何种历程进行有很大的影响。叔溴烷（叔卤烷）分子易失去 $Br^-$（$X^-$）而形成较稳定的碳正离子，所以它主要按 $S_N1$ 历程进行亲核取代反应；而伯溴烷则反之，主要按 $S_N2$ 历程进行。仲溴烷（仲卤烷）则处于两者之间，反应可同时按 $S_N1$ 和 $S_N2$ 两种历程进行。在 $CH_3Br$、$(CH_3)_2CHBr$ 和 $(CH_3)_3CBr$ 这个系列中，水解反应历程是一个由 $S_N2$ 转变为 $S_N1$ 的过程。它们的水解反应速率可由图 7-3 表示。

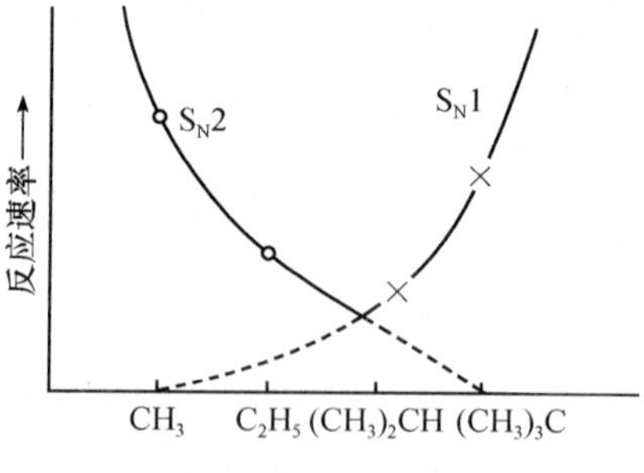


图 7-3 溴烷的烷基对水解速率的影响

需要指出的是，伯卤烷一般易发生 $S_N2$ 反应，但如果控制适当的反应条件，也会发生 $S_N1$ 反应。例如，在银离子或汞离子存在下，这些离子能促使伯卤烷碳卤键的离解，形成碳正离子，发生 $S_N1$ 反应。

$$R—X + Ag^+ \rightleftharpoons \overset{\delta^+}{R}—X\cdots\overset{\delta^+}{Ag} \rightleftharpoons R^+ + AgX\downarrow$$

配合物

在有机分析鉴定中，用 $AgNO_3$ 的乙醇溶液与伯卤烷作用就属于 $S_N1$ 反应。例如，叔氯烷室温下立即生成 AgCl 沉淀，仲氯烷微热即可生成 AgCl 沉淀，而伯氯烷在室温下反应很慢，加热煮沸后才有 AgCl 沉淀产生。

叔卤烷一般易发生 $S_N1$ 反应，但如果控制适当的反应条件，也会发生 $S_N2$ 反应。例如，叔氯烷(或叔溴烷)与 NaI 的丙酮溶液反应，因为碘离子很容易进攻氯(或溴)的 α-碳原子，于是形成过渡态，使叔氯烷(或叔溴烷)发生 $S_N2$ 反应，生成不溶于丙酮的 NaCl(或 NaBr)沉淀。

综上所述，卤烷进行 $S_N2$ 反应的难易程度主要取决于空间体积效应，其活性次序是 $CH_3X>1°>2°>3°$；卤烷进行 $S_N1$ 反应的速率取决于碳正离子的稳定性，其活性次序是 $3°>2°>1°>CH_3X$。

2) 卤素的影响

亲核取代反应无论按照哪一种历程进行，离去基团总是带着电子对离开中心碳原子。这与亲核试剂总是带着电子对向中心碳原子进攻的情况恰恰相反，因此离去基团的碱性越弱，形成的负离子越稳定，离去基团就越容易离开中心碳原子，即反应物越容易被取代。卤离子的碱性次序是 $I^-<Br^-<Cl^-<F^-$，它们的离去倾向应该是 $I^->Br^->Cl^->F^-$。所以在同一烷基、不同卤素的四种卤代物中，取代反应的速率是 RI>RBr>RCl>RF。

此外，如果离去基团特别容易离去，那么反应中有较多的碳正离子中间体生成，反应就按 $S_N1$ 历程进行。如果离去基团不容易离去，反应就要按 $S_N2$ 历程进行。

3) 亲核试剂浓度和亲核能力的影响

从 $S_N1$ 历程来看，决定反应速率的步骤是碳正离子的生成，因此亲核试剂的浓度对反应没有什么影响。相反地，$S_N2$ 反应的速率与亲核试剂的浓度有直接关系，浓度大，反应就快。

亲核试剂的亲核能力对反应历程有很大影响，试剂的亲核能力越强，反应按 $S_N2$ 历程进行的趋势越大。

亲核试剂的亲核能力一般与下列三个因素有关：

(1) 试剂的碱性。亲核试剂都具有未共用电子对或负电荷，所以它们都呈碱性(路易斯碱)，一般碱性越强，亲核能力越大。下列亲核试剂的亲核能力与其碱性顺序一致：

$$RO^- > HO^- > C_6H_5O^- > CH_3COO^- > F^-$$

但该规律不是绝对的，如卤离子的碱性是 $I^-<Br^-<Cl^-<F^-$，然而它们的亲核能

力是 $I^- > Br^- > Cl^- > F^-$。

亲核性和碱性是两个不同的概念。试剂的碱性是指试剂与质子结合的能力，而亲核性是指试剂与带部分正电荷碳原子结合的能力。因此，试剂的亲核性强弱与其碱性大小并非完全一致(不过大多数还是平行的)。通常碱性很少受试剂的体积和极化性的影响，而亲核性对此极为敏感。

(2) 试剂的体积和极化性。大原子的外层电子离原子核较远，核对它们的束缚力较小，易受外界电场的作用而变形，因而也易于进攻带部分正电荷的碳原子，故当试剂的碱性相近时，试剂中亲核原子的体积较大者亲核能力较强。上面的卤素离子的亲核性次序就是它的具体例子。同理，$RS^- > RO^-$，$RSH > ROH$。

若不考虑溶剂等因素的影响，只综合考虑亲核试剂本身的碱性、体积和可极化性，则试剂的亲核性强弱的主要规则如下：

(i) 带负电荷的亲核试剂的亲核性比它们的共轭酸强，如

$$^-OH > H_2\ddot{O} \qquad ^-NH_2 > \ddot{N}H_3 \qquad RO^- > R\ddot{O}H \qquad RS^- > R\ddot{S}H$$

(ii) 当亲核试剂中的亲核原子相同时，它们的亲核性强弱与其碱性的大小基本一致，如

$$C_2H_5O^- > HO^- > C_6H_5O^- > CH_3COO^- > CH_3\ddot{O}H > H_2\ddot{O}$$

(iii) 属于同一周期元素组成的同类型的亲核试剂，其亲核性与碱性的大小基本一致，如

$$R_3C^- > R_2N^- > RO^- > F^-$$
$$NH_2^- > HO^- > F^-$$

(iv) 对于同族元素组成的亲核试剂，随着原子序数的增大，可极化度的增强，其亲核性增强，而与其碱性的大小顺序刚好相反，如

亲核性 $RS^- > RO^- \quad R\ddot{S}H > R\ddot{O}H$
$I^- > Br^- > Cl^- > F^-$ (在质子溶剂中)

碱性 $RS^- < RO^- \quad R\ddot{S}H < R\ddot{O}H$
$I^- < Br^- < Cl^- < F^-$ (在质子溶剂中)

(v) 烷氧负离子的亲核性依烃基体积增大而减小，其顺序刚好与碱性大小相反，如

$$CH_3O^- > CH_3CH_2O^- > (CH_3)_2CHO^- > (CH_3)_3CO^-$$

(3) 溶剂化。试剂的亲核性也受溶剂化的强烈影响。能溶剂化负离子的溶剂将降低负离子的亲核性。因为负离子受包围后被稳定下来，不易再去进攻带部分正电荷的碳原子。例如，(iv)中卤离子的次序是在水和醇等质子溶剂(protic solvent)中测得的。若在非质子溶剂(aprotic solvent){如 *N*,*N*-二甲基甲酰胺

[$HCON(CH_3)_2$,俗称 DMF]、六甲基磷酰三胺[$(CH_3)_2N_3OP$,俗称 HMPT]、二甲基亚砜[$(CH_3)_2OS$,俗称 DMSO]}中,试剂很少溶剂化,则卤素离子的亲核性次序正好相反,即 $I^- < Br^- < Cl^- < F^-$;这是因为负离子在质子性溶剂中被强烈溶剂化。例如,在质子性溶剂中,卤离子通过氢键(hydrogen bonding)被溶剂化( $EtOH\cdots X^-\cdots HOEt$ )。氟离子的电负性较大,同时它的体积又较小,因此它与溶剂的缔合程度非常大。碘离子体积较大,电负性较小,因此它与溶剂的缔合程度较小,故在质子极性溶剂中卤离子的亲核性是

$$I^- > Br^- > Cl^- > F^-$$

而在非质子极性溶剂中是

$$I^- < Br^- < Cl^- < F^-$$

4) 溶剂极性的影响

在 $S_N1$ 反应中,从反应物到过渡态,体系的极性有所增加。因为极性溶剂对过渡态的稳定化作用要比对反应物的稳定化作用更大,从而使活化能降低,使反应加快。在 $S_N2$ 反应中,从反应物到过渡态,通常是体系的极性没有变化,只是发生了电荷的分散。这时极性溶剂对 $Nu^-$ 的稳定作用要比对过渡态的稳定作用大,从而使活化能升高,使反应速率减慢。例如,叔氯丁烷在 25℃的水中(介电常数 79)分解的速率($S_N1$)要比在乙醇中(介电常数 24)快 30 万倍。2-溴丙烷和 NaOH 的反应速率($S_N2$)在含水 40%的乙醇中要比在无水乙醇中慢一倍。总之,溶剂极性的大小,不论是对 $S_N1$ 反应,还是对 $S_N2$ 反应都有影响,影响结果不一样。一般说来,弱极性溶剂有利于 $S_N2$ 反应,强极性溶剂有利于 $S_N1$ 反应。因为在极性溶剂作用下卤代烷烃才能离解为碳正离子和卤离子,而且极性大的溶剂有利于碳正离子的溶剂化,使其稳定性增加。

一般来说,在极性较强的溶剂(如含水的乙醇)中,叔卤烷的取代反应是按 $S_N1$ 历程进行。在极性较弱的溶剂(如乙醇)中,伯卤烷的取代反应按 $S_N2$ 历程进行。仲卤烷的取代反应则同时按两种历程进行,通常以 $S_N2$ 为主。改变溶剂的极性和溶剂化的能力常可改变反应历程的类型。例如,在极性很大的溶剂(如甲酸,介电常数为 58)中,伯卤代烃也可按 $S_N1$ 进行反应,在极性小的非质子性溶剂(如无水丙酮,介电常数约为 21)中,叔卤代烷烃也可按 $S_N2$ 历程进行反应。

为什么在无水丙酮中叔卤代烃也可按 $S_N2$ 历程进行呢? 这一方面由于无水丙酮的极性很小,不利于叔卤代烃的离解;另一方面由于它是一种非质子极性溶剂,它能用氧上的电子使亲核试剂中的正离子溶剂化,然而它没有质子,不能使试剂中的负离子溶剂化,这样的负离子"赤裸裸"的,有较大的亲核性,所以在这种非质子极性溶剂中的亲核取代反应是按 $S_N2$ 历程进行。

总之,影响亲核取代反应的因素很多,要确定一个反应的历程需要综合考虑各

种因素。

## 7.4　消除反应历程

与亲核取代反应相似，β-消除反应的历程也有两种：双分子消除反应历程和单分子消除反应历程。双分子消除反应常用 E2 表示，单分子消除反应常用 E1 表示。这两者的区别是：前者 α-C—X 键和 β-C—H 键同时断裂脱去 HX 生成烯烃；后者 α-C—X 键首先断裂生成活性中间体碳正离子，然后 β-C－H 键断裂生成烯烃。现分述如下：

### 7.4.1　单分子消除反应(E1)

E1 与 $S_N1$ 反应相似，也是分两步进行的。第一步是卤烷分子在碱性水溶液中先离解为碳正离子，第二步是在 β-碳原子上脱去一个质子，同时在 α-与 β-碳原子之间形成一个双键。反应历程如下式所示：

离解

$$H—CR_2—CR_2—X \xrightarrow{慢} H—CR_2—\overset{+}{C}R_2 + X^-$$

去质子

$$\underset{HO^-}{H}—CR_2—\overset{+}{C}R_2 \xrightarrow{快} CR_2{=}CR_2 + H_2O$$

第一步反应速率较慢，第二步反应速率较快。第一步生成碳正离子是决定反应速率的一步，因为这一步中只有一种分子发生共价键的异裂，所以这样的反应历程称为单分子消除反应。整个 E1 的反应速率仅取决于卤烷的浓度，而与试剂(如 $OH^-$)的浓度无关，因此 E1 和 $S_N1$ 很相似。它们所不同的仅在第二步，E1 是 $OH^-$ 进攻 β-碳上的氢原子，使氢原子以质子的形式脱掉而形成双键。

此外，E1 与 $S_N1$ 反应相似之处还有生成的碳正离子可以发生重排而转变为更稳定的碳正离子，然后再消除质子(E1)。例如，新戊基溴和乙醇作用，因为新戊基溴没有 β-H，理论上不会有消除产物，实际上不但发生了消除反应，而且主要消除产物是 2-甲基-2-丁烯。这是因为，首先生成的新戊基碳正离子易重排成较稳定的叔戊基碳正离子。

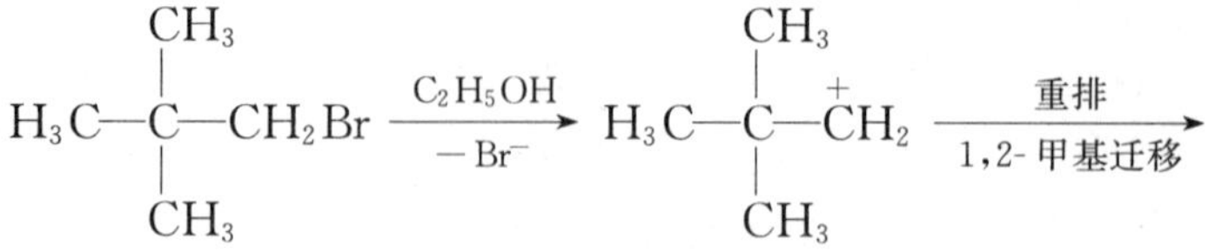

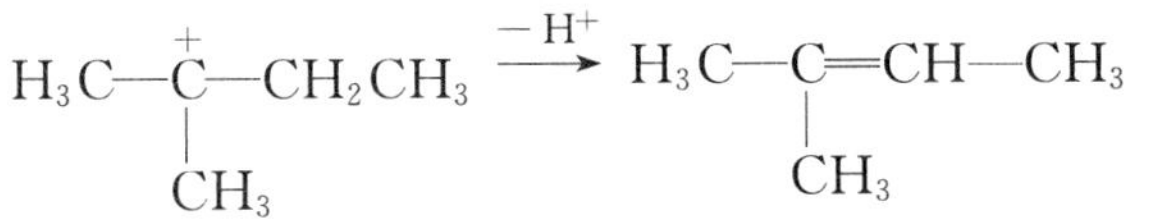

由于碳正离子的形成与重排反应有密切的关系，因此通常把重排反应作为 E1 或 $S_N1$ 历程的标志。

### 7.4.2 双分子消除反应(E2)

双分子消除反应是碱性试剂进攻卤烷分子中的 $\beta$-氢原子，使这个氢原子成为质子和试剂结合而脱去，同时分子中的卤原子在试剂的作用下带着一对电子离去，在 $\beta$-碳原子与 $\alpha$-碳原子之间形成双键。在此期间电子云也逐渐重新分配，反应经过一个能量较高的过渡态。

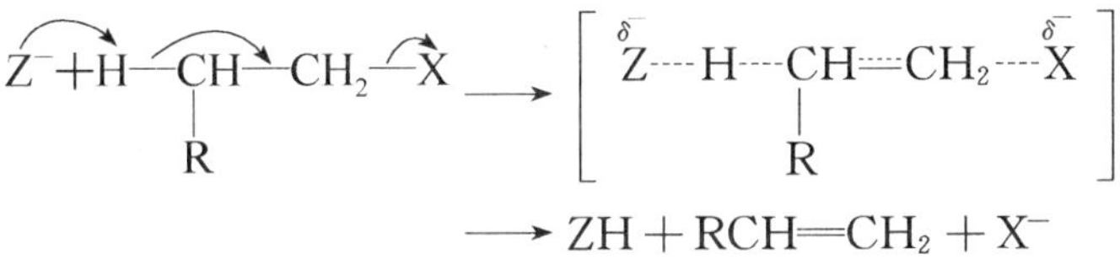

上述反应是一步完成的，新键生成和旧键断裂同时发生，其反应速率与反应物浓度以及进攻试剂的浓度成正比，这说明反应是按双分子历程进行的，因此叫做双分子消除反应，反应中形成的过渡态与 $S_N2$ 很相似，其区别在于试剂在 E2 中进攻 $\beta$-氢原子，而在 $S_N2$ 中则进攻 $\alpha$-碳原子。

从立体化学角度来考虑，$\beta$-消除可能导致两种不同的顺反异构体。将离去基团 X 与被脱去的 $\beta$-H 放在同一平面上，若 X 与 $\beta$-H 在 $\sigma$ 键同侧被消除，称为顺式消除；若 X 与 $\beta$-H 在 $\sigma$ 键的两侧(异侧)被消除，称为反式消除。

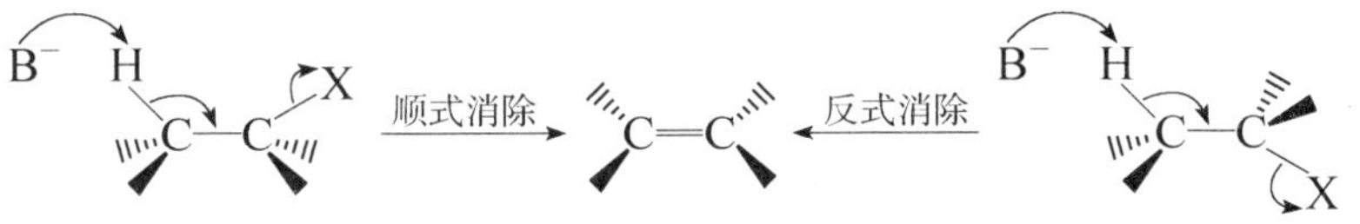


实验表明，在按 E2 机理进行的消除反应中，一般发生反式消除。例如，蓋基氯(氯蓋烷)与强碱作用，生成唯一产物 2-蓋烯，利用蓋基氯的构象式可以看出，蓋基氯脱 HCl 是一种反式消除。

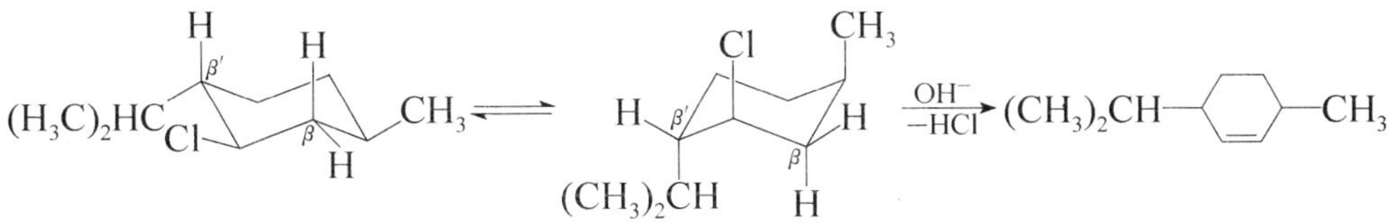

Ⅰ 蓋基氯　　Ⅱ　　2-蓋烯

在反应中，构象式Ⅰ和Ⅱ的平衡体系中以构象Ⅱ参加反应，因此时被消除的两个原子处于反式共平面上而有利于消除反应。从Ⅱ中可以看出，$\beta'$-H 与 Cl 不在同一平面上；$\beta$-H 虽有两个，但只有处于 a 键的 H 与 Cl 处在同一平面上，且处于反式。只有消除这个 H 才能生成 2-蓋烯，说明消除反应是一种反式消除。

同样道理，新蓋基氯(新氯蓋烷)在强碱作用下消除 HCl 生成 75％的 3-蓋烯和 25％的 2-蓋烯，也证明了是反式消除。

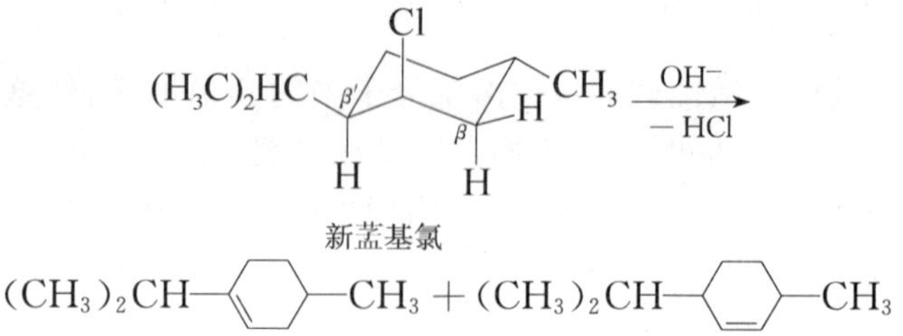


3-蓋烯 2-蓋烯

在新蓋基氯中，各有一个 $\beta$-H 和 $\beta'$-H 与 Cl 处于反式共平面构象，可以发生反式消除。其消除的取向遵从札依采夫规则，故主要得到 3-蓋烯，而 2-蓋烯较少。

在卤代烯烃衍生物中也可看到同样的现象。例如，顺式-1，2-二氯乙烯消除氯化氢的反应速率要比反式异构体快 20 倍，因为后者只能发生顺式消除，而前者发生反式消除。

虽然 E2 反应是以反式共平面形式进行的，但是这并不意味着不能发生顺式消除。特别是在一些难以形成反式共平面要求的环状体系中，顺式消除过程是可以发生的并成为唯一的过程，但所需反应条件比较剧烈。

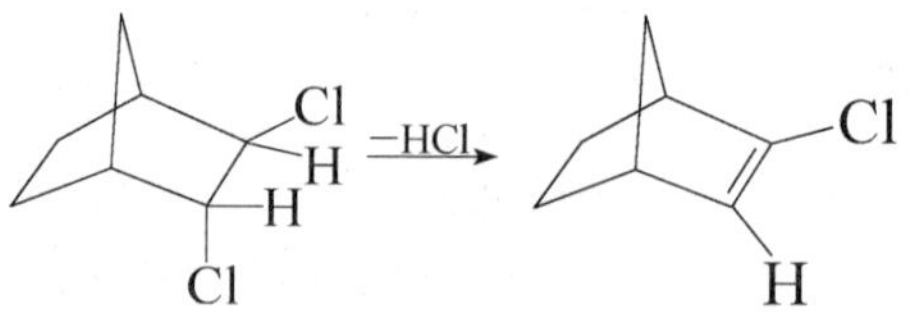


### 7.4.3 影响消除反应的因素

1) 反应物结构的影响

消除反应和亲核取代反应均由同一试剂的进攻而引起的，进攻 $\alpha$-碳原子引起取代反应，进攻 $\beta$-氢原子就引起消除反应。例如，溴烷和乙醇钠在乙醇中反应，其取代产物和消除产物的百分数见表 7-4。

**表 7-4　溴烷和乙醇钠在乙醇中反应的取代产物和消除产物的百分数**

| 溴　烷 | 温度/℃ | $S_N2$ 产物/% | E2 产物/% |
|---|---|---|---|
| $CH_3CH_2Br$ | 55 | 99 | 1 |
| $(CH_3)_2CHBr$ | 25 | 19.7 | 80.3 |
| $(CH_3)_3CBr$ | 25 | <3 | >97 |
| $CH_3CH_2CH_2Br$ | 55 | 91 | 9 |
| $(CH_3)_2CHCH_2Br$ | 55 | 40.4 | 59.6 |
| —$CH_2CH_2Br$ | 55 | 4.4 | 94.6 |

没有支链的伯卤烷与强亲核试剂作用，主要发生 $S_N2$ 反应。$\alpha$-碳原子上支链增加，$\alpha$-碳原子进攻的空间位阻加大，则不利于 $S_N2$ 反应而有利于 E2 反应。$\beta$-碳原子上有支链的伯卤烷容易发生消除反应，因为 $\beta$-碳原子上的烃基会阻碍试剂从背面进攻 $\alpha$-碳原子，从而不利于 $S_N2$ 的进行。

叔卤代烷在没有强碱存在时发生 $S_N1$ 和 E1 反应，得到取代产物和消除产物的混合物。当 $\beta$-碳原子上烷基增加时，对 E1 反应比对 $S_N1$ 反应更为有利。例如，下列叔卤烷在 25℃时与 80%乙醇作用，消除产物和取代产物的产率分别为

叔卤烷
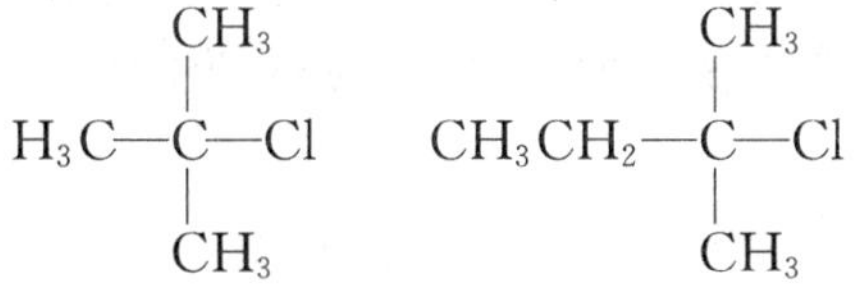

| | | |
|---|---|---|
| 消除产物 /% | 16 | 34 |
| 取代产物 /% | 84 | 66 |

叔卤烷
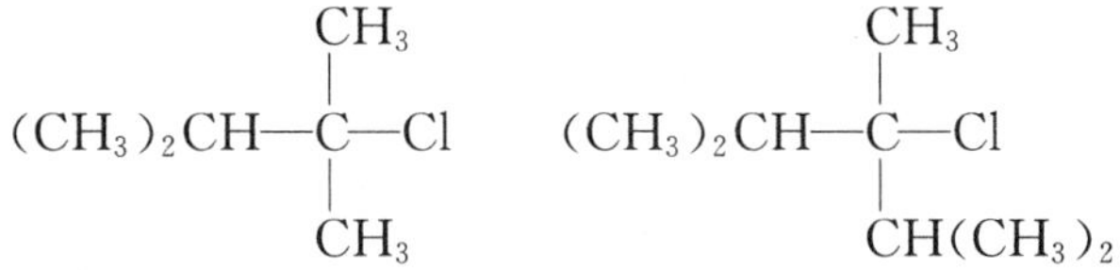

| | | |
|---|---|---|
| 消除产物 /% | 62 | 78 |
| 取代产物 /% | 38 | 22 |

仲卤烷情况比较复杂，介乎两者之间，而 $\beta$-碳原子上有支链的仲卤烷更易生成消除产物，如

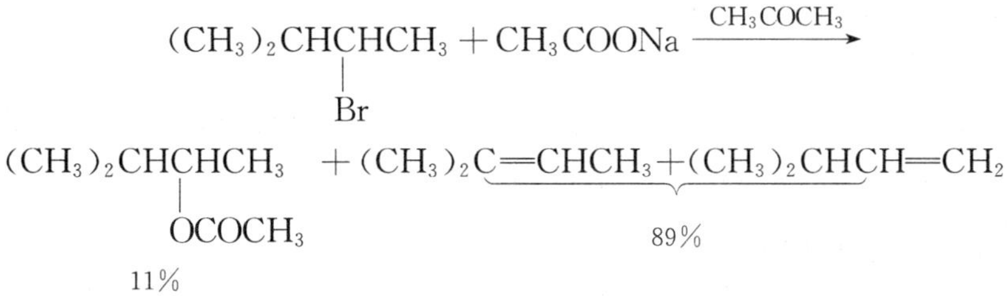

一般说来，卤代物的结构对消除反应和取代反应有如下影响：

消除增加 →

$CH_3X$　　$RCH_2X$　　$R_2CHX$　　$R_3CX$

← 取代增加

故常用叔卤烷制备烯烃，伯卤烷制备醇、醚等取代产物。

2）试剂的影响

亲核性强、碱性弱的试剂有利于取代反应，亲核性弱、碱性强的试剂有利于消除反应。以下负离子都是亲核试剂，碱性大小次序为 $NH_2^- > RO^- > HO^- > CH_3COO^- > I^-$。例如，当伯或仲卤烷用 NaOH 水解时，往往得到取代和消除两种产物，因为 $OH^-$ 既是亲核试剂又是强碱。而当卤烷与 KOH 的醇溶液作用时，由于试剂为碱性更强的烷氧基负离子（$RO^-$），故主要产物为烯烃。如果试剂碱性增强或碱浓度增加，消除产物的量也相应增加。

对单分子反应（E1 和 $S_N1$）来说，它们的反应速率与试剂的浓度无关，而双分子反应（E2 和 $S_N2$）的速率则因试剂浓度的降低而减小。因此，增加试剂的浓度有利于双分子反应进行。例如，如增加碱的浓度，叔卤烷就会增加消除产物，因为强碱容易进攻叔卤烷的 β-氢原子，使反应有利于按 E2 历程进行。

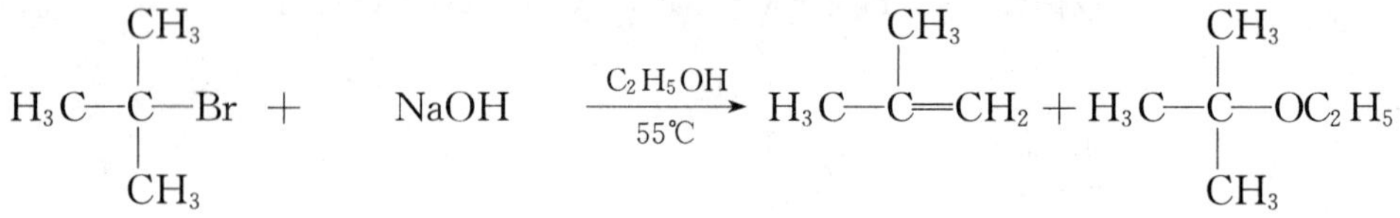

| $OH^-$ 浓度 /(mol/L) | 消除产物 /% | 取代产物 /% |
|---|---|---|
| 0 | 28(E1) | 72 |
| 0.05 | 34(E1＋E2) | 66 |
| 2.00 | 93(E2) | 7 |

3）溶剂极性的影响

溶剂的极性对反应也有很大的影响，一般极性大的溶剂对单分子反应有利，而对双分子反应不利，其中对 E2 反应更不利，因为极性大的溶剂有利于电荷的集中而不利于 E2 过渡态电荷的分散。反之，弱极性溶剂有利于双分子反应而不利于单分子反应，其中对 E2 反应更为有利。

4）反应温度的影响

由于消除反应中的过渡态需要拉长 β-C—H 键，因此消除反应的活化能比取代反应大，提高反应温度往往可增大消除产物的比例。

### 7.4.4 消除反应择向的解释

消除反应的择向规律与其历程有关，如 2-甲基-2-溴丁烷的 E1 反应：

第一步 $$\underset{\displaystyle \mathrm{Br}}{\mathrm{CH_3CH_2C(CH_3)_2}} \xrightarrow[\text{慢}]{\mathrm{C_2H_5OH,25℃}} \mathrm{CH_3CH_2\overset{+}{C}(CH_3)_2} + \mathrm{Br^-}$$

第二步 $$\mathrm{CH_3CH_2\overset{+}{C}(CH_3)_2} \xrightarrow[\text{快}]{\mathrm{C_2H_5OH}} \underset{\text{主要产物}}{\mathrm{CH_3CH{=}C(CH_3)_2}} + \mathrm{CH_3CH_2\underset{\displaystyle CH_3}{C}{=}CH_2}$$

上述第一步是决定反应速率的步骤，第二步是决定产物组成的步骤。第二步中生成消除产物的过渡态的能量与烯烃产物的稳定性有关。实验证明，双键碳上烷基多的烯烃稳定性大，能量低，相应地达到过渡态所需的活化能较小，因此反应速率快，产物所占比例也较多，其择向符合札依采夫规则，如图 7-4 所示。

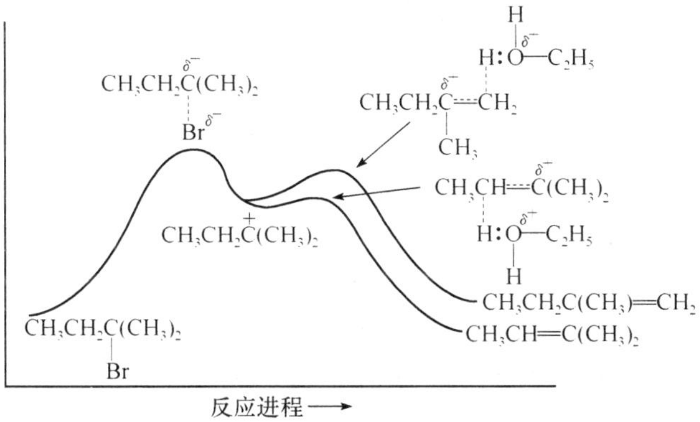


图 7-4　E1 反应的能量曲线

在 E2 反应中，它的择向与其过渡态有关，如 2-溴丁烷与乙醇钾的 E2 反应：

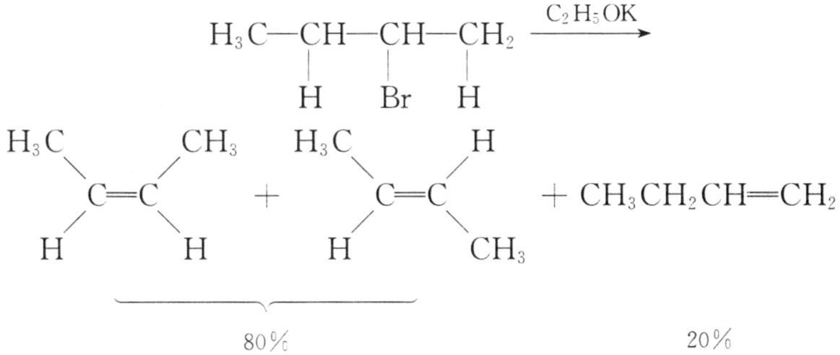


$C_2H_5O^-$ 进攻 $\beta$-氢原子位置不同，生成的过渡态和能量变化也不同。其 E2 反应的能量曲线如图 7-5 所示。在 E2 反应中，过渡态已有部分双键的性质。烯烃的稳定性反映在过渡态的能量上，生成烯烃的稳定性大，则其过渡态的能量也低，反应所需的活化能小，反应速率快，在产物中所占的比例也多，因此符合札依采夫规则。

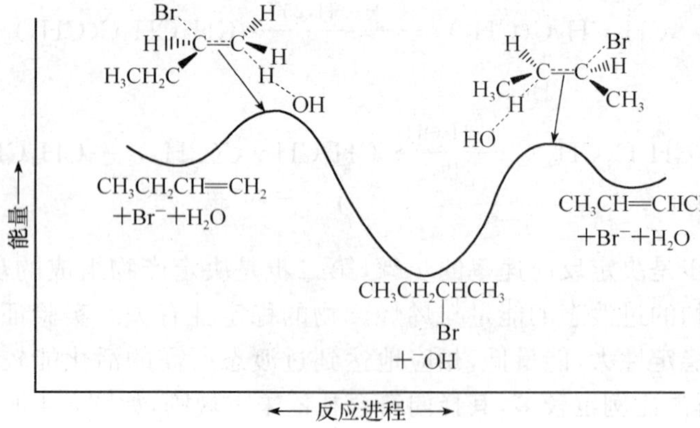


图 7-5　E2 反应的能量曲线

上述消除产物 1-丁烯和 2-丁烯的比例也可从超共轭效应来解释。

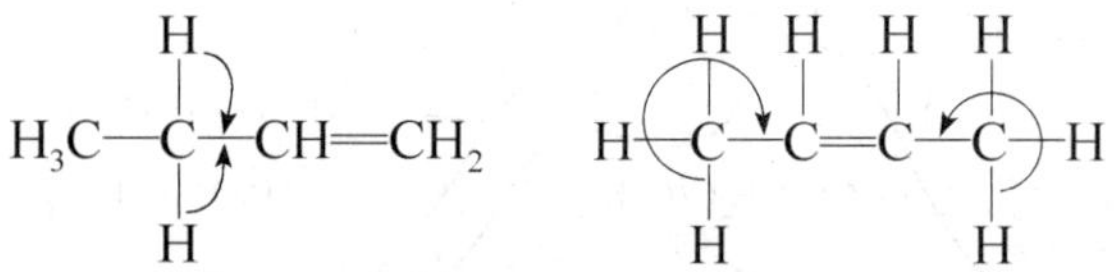

在 2-丁烯中，有六个 C—H 键与双键发生超共轭效应；而在 1-丁烯中，仅有两个 C—H 键与双键发生超共轭效应。从超共轭效应的大小可以估计产物的稳定性——2-丁烯比 1-丁烯稳定。

## 7.5　卤代烯烃和卤代芳烃

### 7.5.1　分类

根据卤代烯烃和卤代芳烃分子中卤原子和双键或芳环的相对位置不同，分为三类：

(1) 乙烯型和卤苯型卤代烃。卤原子直接与双键或苯环(芳环)碳原子相连，其通式分别为

$RCH=CHX$　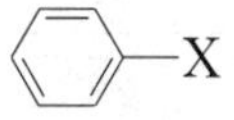

(2) 烯丙基型和苄基型卤代烃。卤原子与双键或苯环相隔一个饱和碳原子的卤代烃，其通式分别为

$RCH=CHCH_2X$　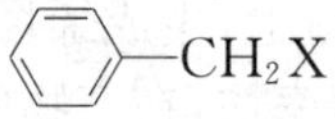

(3) 孤立型卤代烯烃和卤代芳烃。卤原子与双键或苯环相隔两个或多个饱和

碳原子的卤代烯烃和卤代芳烃，其通式分别为

$$RCH{=}CH(CH_2)_nX，其中 n \geqslant 2，如 CH_2{=}CHCH_2CH_2Cl$$

—$(CH_2)_nX$，其中 $n \geqslant 2$，如 —$CH_2CH_2Cl$

### 7.5.2 化学活性

上述三类卤代烯烃和卤代芳烃，由于分子内双键或芳环与卤原子的相对位置不同，相互之间的影响不同，表现在化学性质上尤其是卤原子的活泼性上差别较大。

对于乙烯型或卤苯型卤代烃，因受双键或芳环的直接影响，卤素原子很不活泼，在一般条件下不发生取代反应；同时，由于卤原子电负性较大，受其影响，双键或芳环的活泼性降低，即双键的亲电加成或芳环的亲电取代反应活性比相应的烯烃或芳烃活性要低。

对于烯丙基型或苄基型卤代烃，其卤素原子非常活泼，很容易进行亲核取代反应；而卤原子对双键或芳环的影响较小。

对于孤立型卤代烯烃或卤代芳烃，其卤原子的活泼性基本和卤烷中的相同，双键或芳环的活性也基本上和烯烃或芳烃相同。

对各类卤代烃的亲核取代反应，卤原子的活泼性一般有下列规律：

$RCH{=}CHCH_2X$、—$CH_2X$ $> R_3CX > R_2CHX > RCH_2X > CH_3X >$ $RCH{=}CHX$、—X

### 7.5.3 结构对化学活性的影响及解释

造成三类卤代烯烃和卤代芳烃化学活性显著差异的原因是结构上的差别。下面分别以氯乙烯、氯苯、3-氯-1-丙烯和苄基氯（苯氯甲烷）为例来讨论。

1）氯乙烯

氯乙烯是无色气体，沸点 −13.4℃，可由乙炔和氯化氢在氯化汞存在下加成制得。

$$HC{\equiv}CH + HCl \xrightarrow[150 \sim 160℃]{HgCl_2/活性汞} CH_2{=}CHCl$$

这是工业上利用乙炔为原料制造氯乙烯的方法，但自从石油化工发展之后，工业上乙烯来源丰富，且成本较低，因此近年来工业上氯乙烯大多改用以乙烯为原料的氧氯法制造。这个方法往往与氯碱工业相配合，利用食盐电解所得的氯气与乙烯加成，先制得二氯乙烷，然后在加热条件下（约 400℃）消除一分子 HCl 而得氯乙烯。

$$CH_2{=\!=}CH_2 + Cl_2 \longrightarrow ClCH_2{-}CH_2Cl \xrightarrow[-HCl]{\triangle} CH_2{=\!=}CHCl \quad (1)$$

乙烯再和副产物 HCl 及空气(或氧气)混合,在催化剂存在和加热下,又发生如下反应:

$$2HCl + \frac{1}{2}O_2 \longrightarrow Cl_2 + H_2O \quad (2)$$

$$CH_2{=\!=}CH_2 + Cl_2 \longrightarrow ClCH_2{-}CH_2Cl \xrightarrow{\triangle} CH_2{=\!=}CHCl + HCl \quad (3)$$

式(2)和式(3)相加,则利用副产物 HCl 的反应可表示为

$$CH_2{=\!=}CH_2 + HCl + \frac{1}{2}O_2 \longrightarrow CH_2{=\!=}CHCl + H_2O \quad (4)$$

而总的氧氯化法[式(1)和式(4)相加]可以表示为

$$2CH_2{=\!=}CH_2 + Cl_2 + \frac{1}{2}O_2 \longrightarrow 2CH_2{=\!=}CHCl + H_2O$$

在一般条件下,氯乙烯分子中的氯原子不能被羟基、烃氧基、氨基、氰基所取代;即使在一般加热情况下,也不和硝酸银的乙醇溶液反应;不能与镁在乙醚中生成格氏试剂;与卤化氢进行加成时速率较一般烯烃慢;脱去卤化氢也比较困难。以上这些特性都是氯乙烯分子中双键和氯原子相互影响的结果。

在氯乙烯分子中,氯原子的价电子分布为 $3s^2 3p_x^2 3p_y^2 3p_z^1$,其中一个未成对电子(假定为 $3p_z^1$)和碳原子的 $sp^2$ 杂化电子组成 C—Cl 键(σ 键)。C—Cl σ 键可以旋转到一定方向而使 $3p^2$ 电子($3p_x^2$ 或 $3p_y^2$)所处的 p 轨道与 C═C 键的 p 轨道相互平行而发生交盖,形成 p-π 共轭体系。氯乙烯分子中的共轭体系中共有四个 p 电子,其中两个 p 电子分别来自两个碳原子,另外两个则来自氯原子,这种 p 电子数目超过原子数目的共轭体系叫做多电子共轭体系。氯乙烯分子中的 p-π 共轭如图 7-6 所示。

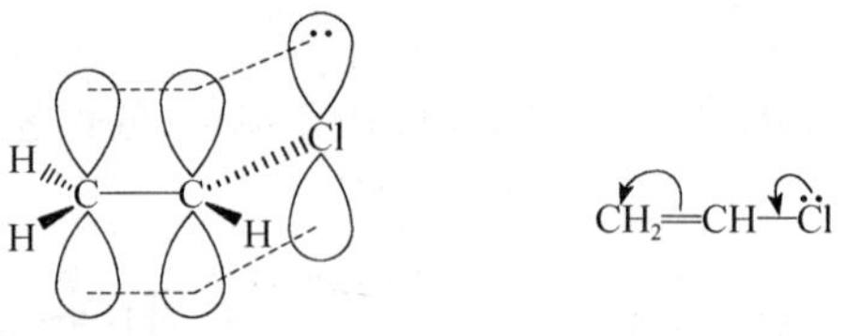


图 7-6　氯乙烯分子中的 p-π 共轭

由于 p-π 共轭的结果,电子云的分布趋向平均化,因此 C—Cl 键的偶极矩将减小,氯的一对未共用电子对已不再为氯原子所独占,它们都离域而为整个共轭体系所共有,这就使 C—Cl 键的电子云密度相应增加,键长缩短(表 7-5)。

**表 7-5　p-π 共轭对键长的影响**

| 物　质 | 偶极矩/($10^{-30}$C · m) | 键长/nm | 键长/nm |
|---|---|---|---|
| $CH_3CH_2Cl$ | 6.84 | C—Cl 0.178 | |
| $CH_2$═CHCl | 4.84 | C—Cl 0.172 | C═C 0.138 |
| $CH_2$═$CH_2$ | | | C═C 0.134 |

这也意味着 C—Cl 之间结合得更为紧密，致使氯原子的活泼性降低，不容易发生一般的取代反应。与此同时，C═C 双键上的电子云也不再局限在原来的范围，而是离域扩展到整个共轭体系，也相应地减弱了 C═C 之间的电子云密度，使 C═C 键长增长。

氯乙烯的亲电加成反应符合马氏规律。

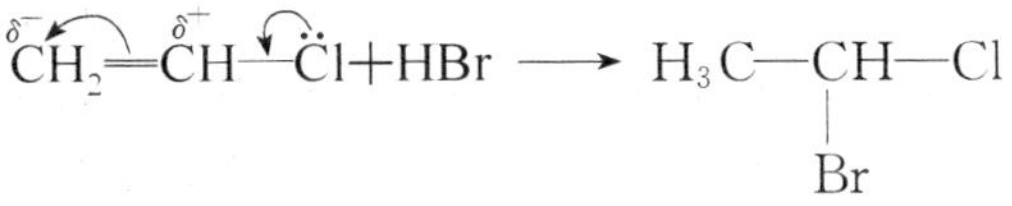

但加成速率比较慢，可能是由于氯的强电负性（诱导效应）使原双键处的电子云密度有所降低，反应时过渡态的活化能较高的缘故。

从氯乙烯 C—Cl 键的键长可以看出它具有部分双键的性质，键能也高，因此也不易发生亲核取代反应。氯乙烯在少量过氧化物存在下，能聚合生成白色粉状固体高聚物，称为聚氯乙烯，简称 PVC（poly vinyl chloride）。工业上生产聚氯乙烯是在偶氮二异丁腈催化下聚合而成。

$$n\mathrm{CH_2{=}CHCl}\xrightarrow[40\sim 80^\circ\mathrm{C},\ 0.63\sim 1.5\mathrm{MPa}]{\text{偶氮二异丁腈}}\left[\mathrm{CH_2{-}\underset{\underset{\displaystyle Cl}{|}}{CH}}\right]_n$$

聚氯乙烯具有化学性质稳定、耐酸、耐碱、不易燃烧、不被空气氧化、不溶于一般溶剂等优良性能，常用来制造塑料制品、合成纤维、薄膜、管材及其他类似物，其溶液可做喷漆，在工业上有着广泛的应用。

2）氯苯

氯苯为无色液体，沸点 132℃，可由苯直接氯化制得。

工业上也可将苯蒸气、空气及氯化氢通过氯化铜催化剂（浮石为载体）来制造。

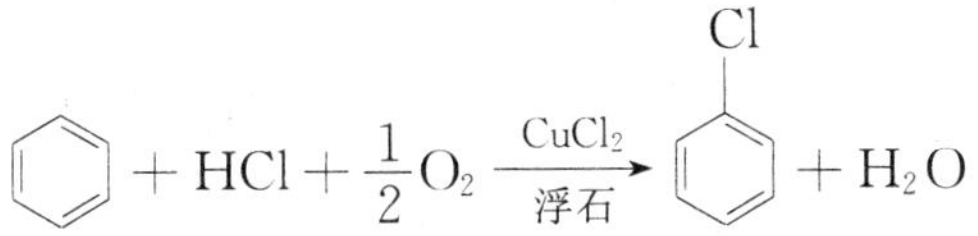

氯苯可用作溶剂和有机合成原料，也是某些农药、药物和染料中间体的原料。

氯苯分子中的氯原子和氯乙烯分子中的氯原子的地位很相似，氯原子是直接

与苯环上的 $sp^2$ 杂化碳原子相连，氯原子与苯环之间同时存在着供电子共轭效应和吸电子诱导效应，因此氯苯不活泼。

与氯乙烯分子类似，氯苯分子在一般条件下不能进行亲核取代。

氯原子是邻、对位定位基，由于存在吸电子诱导效应，最终使苯环上电子云密度降低，因此氯苯的亲电取代反应活性比苯的低。

3) 3-氯-1-丙烯（烯丙基氯）

丙烯在高温（500℃）气相下与氯作用，是工业上制取 3-氯-1-丙烯的主要方法。

烯丙基氯中的氯原子非常活泼，很容易发生取代反应，一般比叔卤烷中的卤原子活性还要大。例如，在室温下即可和硝酸银的乙醇溶液发生 $S_N1$ 反应，很快生成氯化银沉淀。对 $S_N1$ 来说，烯丙基氯的这种活泼性是因为氯离解后可以生成稳定的烯丙基碳正离子。这个碳正离子的带正电的碳原子是 $sp^2$ 杂化的，它的一个缺电子的空 p 轨道和相邻的碳碳双键的 π 轨道发生交盖，使 π 电子云离域（形成缺电子共轭体系），因此正电荷得到分散，使这个碳正离子趋于稳定，如图 7-7 所示。

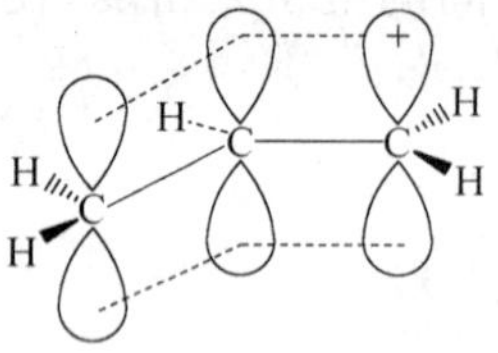

图 7-7　烯丙基碳正离子空 p 轨道

也可用共振结构式表示如下：

$$H_2C{=}CH{-}\overset{+}{C}H_2 \longleftrightarrow \overset{+}{C}H_2{-}CH{=}CH_2 \equiv \overbrace{CH_2\cdots CH\cdots CH_2}^{+}$$

由此可见，烯丙基氯比较容易离解产生烯丙基碳正离子和氯负离子，故有利于 $S_N1$ 反应的进行。

从烯丙基碳正离子的电子云分布来看，两端碳上都带有部分正电荷，当它遇到亲核试剂如 $OH^-$ 时，有两种可能的进攻位置，但产物并无区别，都是烯丙醇。

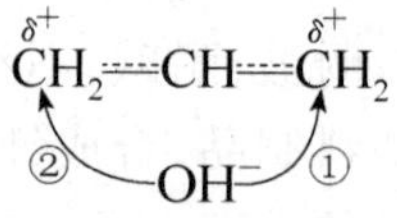


但是其他烯丙型的卤代烯烃，如 1-氯-2-丁烯，水解后就得到两种产物，似乎发生了—OH 基团转移位置的分子重排，但实际是发生下式所示的 $S_N1$ 反应历程：

$$H_3C{-}CH{=}CH{-}CH_2Cl \longrightarrow H_3C{-}\underbrace{CH\cdots CH\cdots CH_2}_{+} + Cl^-$$

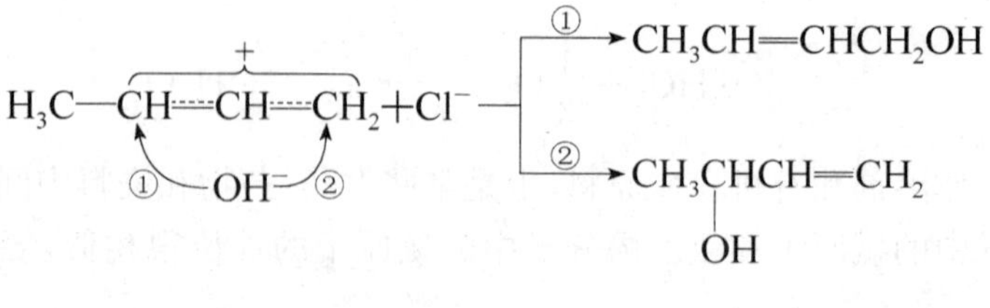

这种现象称为烯丙位重排。在单独加热取代烯丙基卤时，也有这种重排现象，如

$$CH_3CH{=}CHCH_2Br \underset{}{\overset{-Br^-}{\rightleftharpoons}} H_3C{-}\overset{\delta^+}{C}H{\cdots}CH{\cdots}\overset{\delta^+}{C}H_2 \overset{+Br^-}{\rightleftharpoons} CH_3\underset{\displaystyle Br}{\underset{|}{C}}HCH{=}CH_2$$

一般认为，烯丙基氯无论对 $S_N1$ 或 $S_N2$ 历程都是活泼的。为什么它对 $S_N2$ 历程活泼？是因为它的过渡态比较稳定。在过渡态时，它已有了初步的共轭体系结构，使过渡态的电荷得到分散，所以比较稳定，可以用图 7-8 表示这种情况。

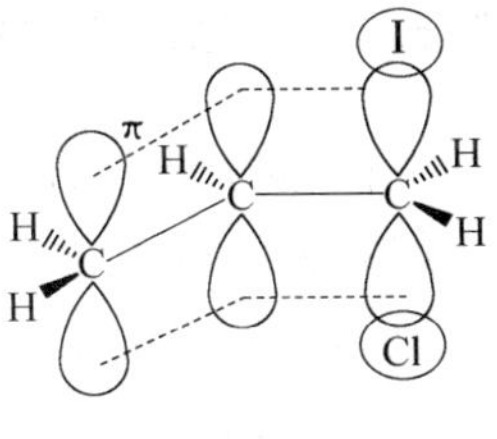


图 7-8　烯丙基氯进行 $S_N2$ 反应时的过渡态

4) 苄基氯(苯氯甲烷)

苄基氯又称氯化苄、苄氯或苯氯甲烷。它是一种催泪性的液体，沸点 179℃，不溶于水。工业上制备苄基氯是在日光或较高温度下于沸腾的甲苯中通氯气，到质量增加达理论量为止；也可以通过苯的氯甲基化来制取。实验室中可通过甲苯与 NBS 反应合成苯溴甲烷。

芳烃与甲醛及氯化氢在无水氯化锌存在下发生反应，芳环上的氢原子能被氯甲基 ($-CH_2Cl$)取代，此反应叫做氯甲基化反应。

苄氯容易水解为苯甲醇，是工业上制备苯甲醇的方法之一。苄氯在有机合成上常用作苯甲基化试剂。

苄氯分子中的氯原子和烯丙基氯分子中的氯原子的地位很相似，因此具有较大的活泼性，$S_N1$ 和 $S_N2$ 反应都易于进行。苄氯可发生水解、醇解、氨解等反应；在室温下，和硝酸银的乙醇溶液作用立即出现氯化银沉淀；和镁在无水乙醚存在下，容易生成格氏试剂。在进行 $S_N1$ 反应时，苄氯易于离解成较稳定的苄基碳正离子。这时亚甲基上的碳正原子是 $sp^2$ 杂化的，它的空 p 轨道与苯环上的 π 轨道发生交盖，造成电子的离域，使正电荷得到分散，因而这个离子趋于稳定，如图 7-9 所示。

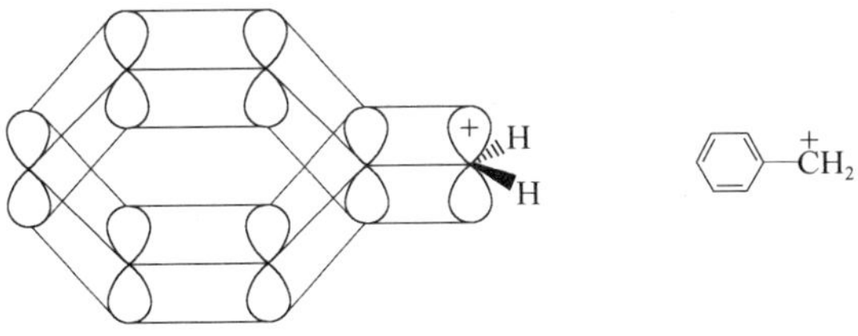


图 7-9　苄基碳正离子 p 轨道的交盖

苄基碳正离子的稳定性也可以由下列共振结构式来表示，共振结构式表示了正电荷的分散性。

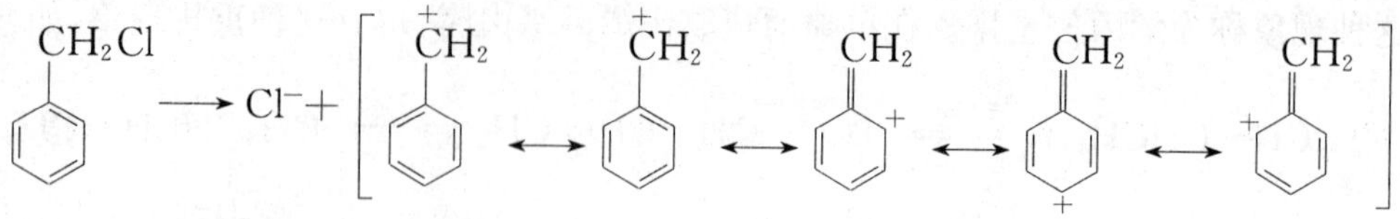

### 7.5.4　卤苯的亲核取代反应

卤苯分子中的卤原子很不活泼，在一般条件下不能进行亲核取代，但在加热加压的条件下也能发生水解、氨解，也可在液氨中与氨基钠作用生成苯胺。下面主要以氯苯为例作简要讨论。

1）水解

氯苯很难被水解，只有在高温高压下，它的氯原子才能被羟基所取代(这是工业上制备苯酚的一种方法)。

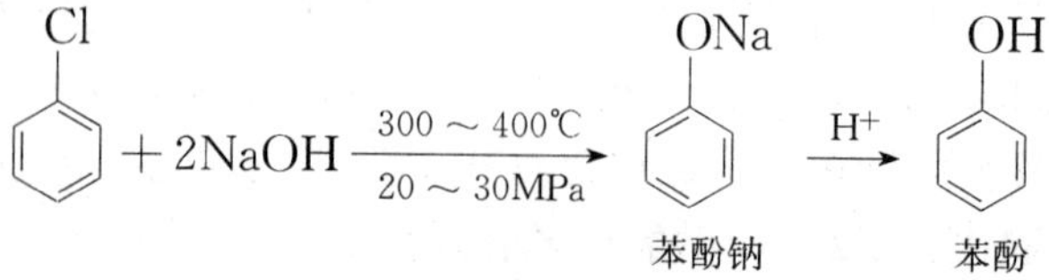

当苯环上卤原子的邻位或对位有一个或多个强的吸电子基(如—$NO_2$、—$SO_3H$ 等)时，水解反应才比较容易进行，如

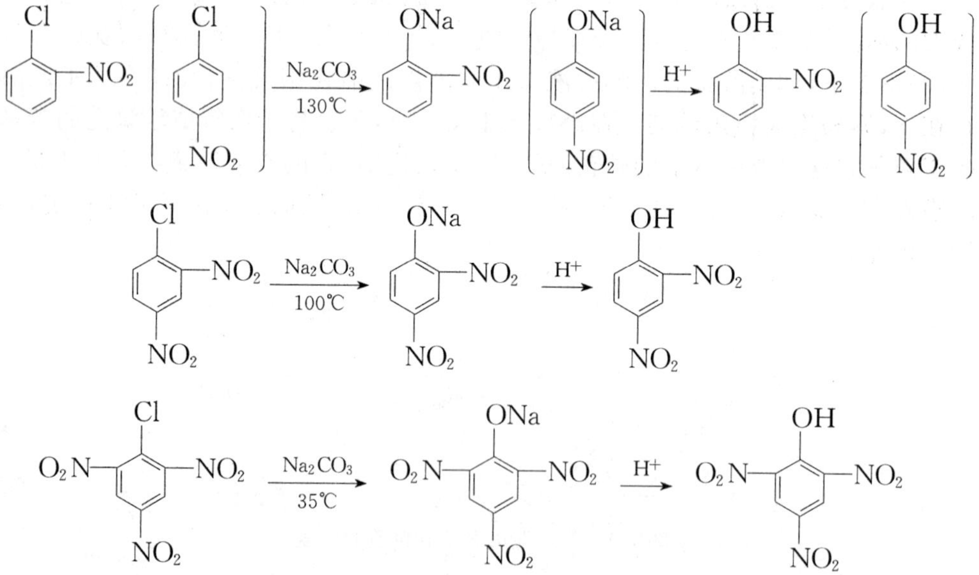

因此，通过芳卤衍生物水解制酚的方法有一定的局限性。

2）氨解

苯环上的卤素也很难被氨化。氨化时需要高温和高压。

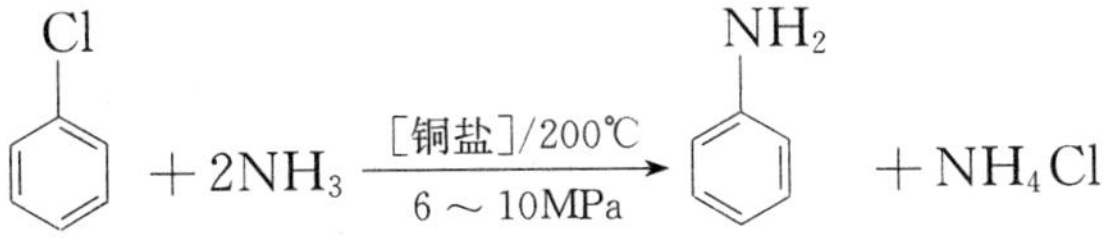

但当苯环上卤原子的邻位或对位有一个或多个强吸电子基（如—$NO_2$）时，该卤原子也变得非常活泼，很容易被氨解，如

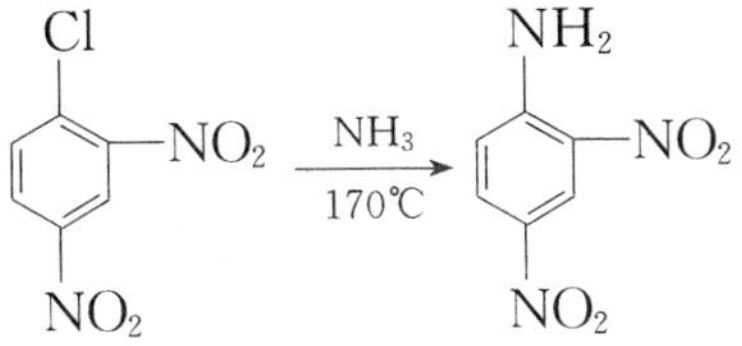

3）芳环上亲核取代反应的历程

（1）加成-消除历程。以卤苯为例可用通式表示如下：

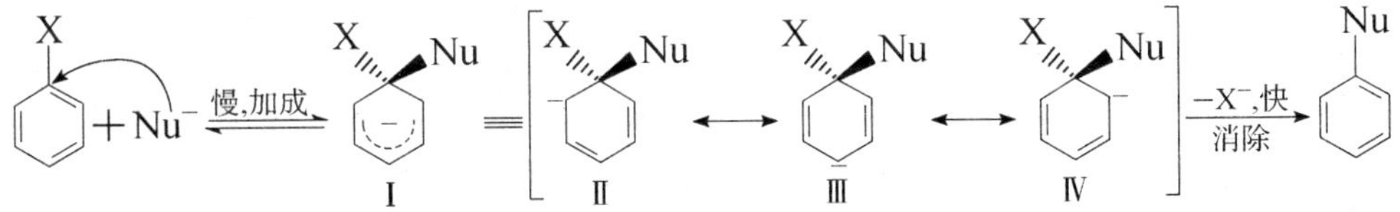

可以看出，反应分两步进行：第一步，亲核试剂进攻加到苯环卤原子所在的碳原子上，生成一个被共振稳定化的碳负离子中间体，这是控制反应速率的步骤；第二步，卤原子以 $X^-$ 形式从芳环上脱去，生成产物。这种反应历程称为加成-消除历程。反应的能量变化曲线如图 7-10 所示。

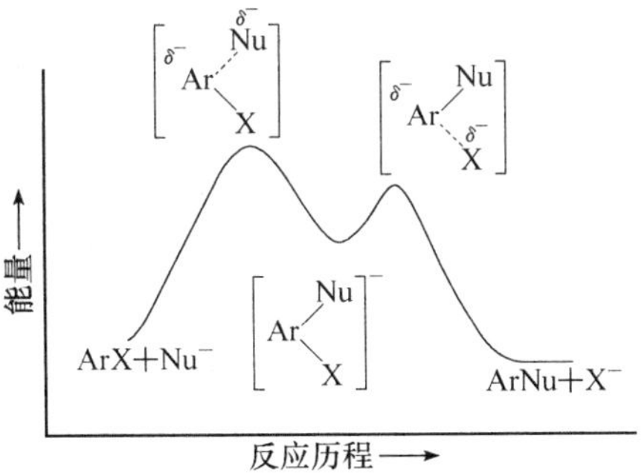


图 7-10　卤苯 $S_N2$ 反应的能量变化曲线

其次，像共振极限结构Ⅱ、Ⅲ和Ⅳ所表明的那样，当卤原子的邻位或对位有强的吸电子基团（如硝基）时，通过诱导和共轭效应，可使负电荷有效地分散在苯环和

硝基上，如共振极限结构Ⅴ和Ⅵ所示：

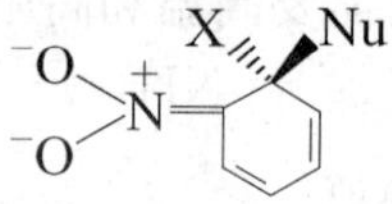

Ⅴ

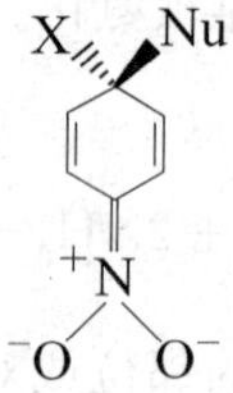

Ⅵ

综上所述，可以得到如下结论：其一，在卤原子的邻位和/或对位上连有吸电子基团时，可以使卤原子活泼，连接的吸电子基团越多，卤原子越活泼，越容易发生亲核取代；当吸电子基团处于卤原子的间位时，由于不能形成与Ⅴ和Ⅵ相似的共振极限结构，故处于间位的吸电子基团对卤原子的取代活性影响较小。其二，当芳环上连有供电子基团如 R—、RO—等时，由于其供电子作用，使碳负离子中间体Ⅰ趋于更不稳定，故使芳环上卤原子钝化，更加难以被亲核试剂取代。

(2) 苯炔历程(消除-加成历程)。卤苯与氨在封管中，虽经长时间加热并不能发生反应，但在液氨中与氨基钠(金属钠与氨作用)反应，却很容易制得苯胺。这表明，卤苯必须是在强碱($NH_2^-$)的作用下才能发生取代。但这个反应不是一个简单的取代反应，而实际上分两步进行：第一步氨基负离子($NH_2^-$)先从卤苯的卤原子邻位上夺取一个质子，然后再失去卤负离子，形成中间体——苯炔(或脱氢苯)，相当于从卤苯分子中消去一分子卤化氢；第二步是氨与苯炔发生亲核加成，生成苯胺。这样的反应过程称为苯炔历程或消除-加成历程。

第一步 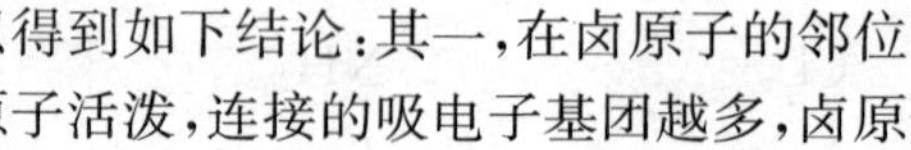 苯炔

第二步 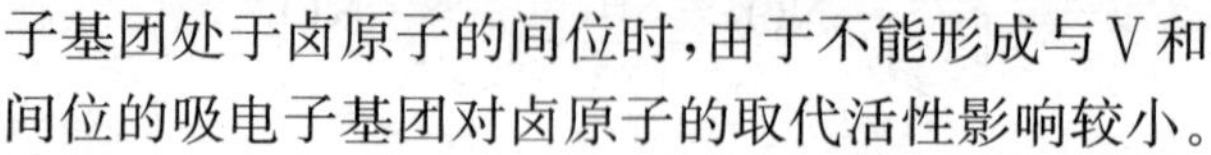

即

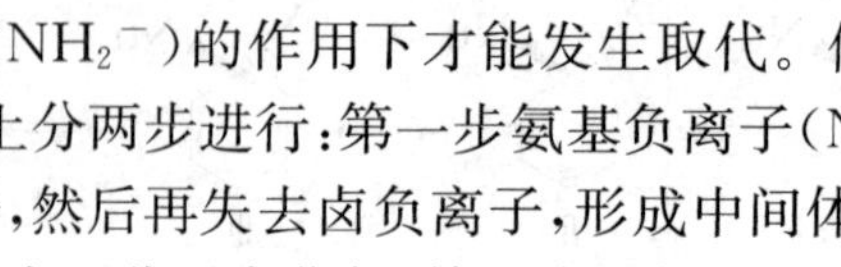

用同位素碳$^{14}C$示踪研究表明，氯苯与氨基钾在液氨中反应可得两种苯胺，一种是$-NH_2$连在$^{14}C$上，另一种是$-NH_2$连在$^{14}C$的邻位，且这两种苯胺的量几乎相等。

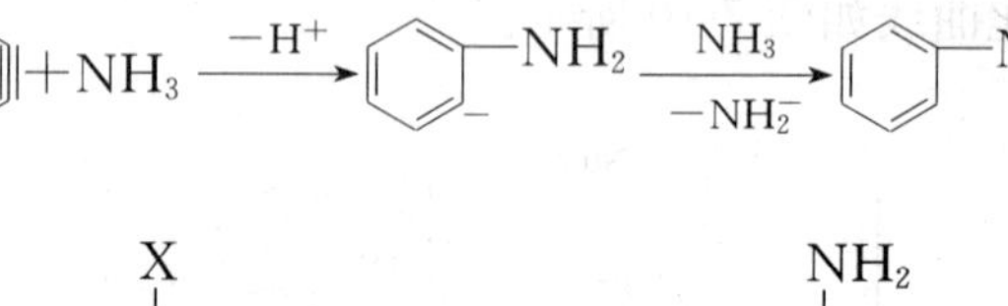

48%　　52%

这是由于苯炔是对称的，氮原子可与两个叁键碳原子中的任何一个相连，而且连接概率相等，因而得到氨基位于$^{14}C$和$^{14}C$邻位的两种苯胺：

第一步（消除）

第二步（加成）

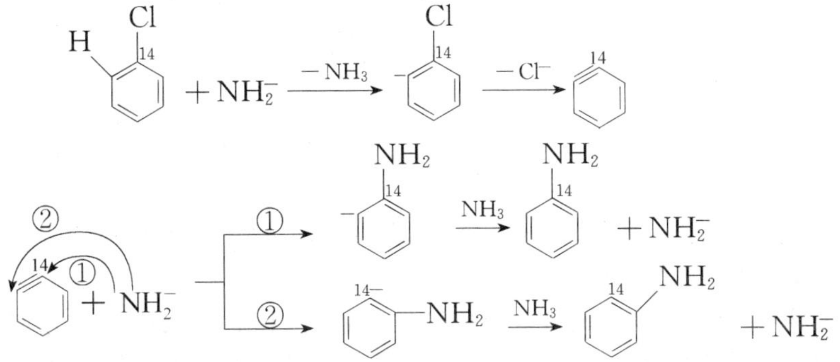

这个历程合理地说明了上述反应结果，并经实验证明，如果卤苯中卤原子的两个邻位上都有取代基时，则不能发生上述氨解反应，从而也证实苯炔历程与事实相符，即通过生成活性中间体苯炔的先消除后加成历程。

苯炔是一个高度不稳定的活性中间体。按凯库勒的写法，可写出下列两种结构式：

Ⅰ　　　　Ⅱ

根据共振论的观点可写出下列几个共振结构式：

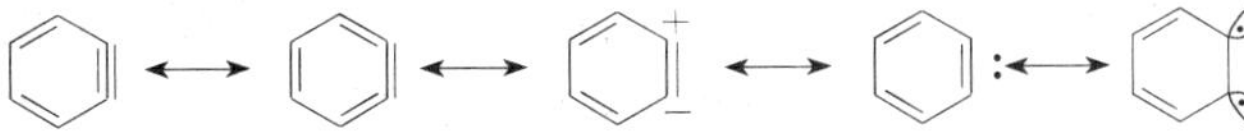

但苯炔的红外光谱显示，它主要以Ⅰ的结构形式存在。Ⅰ中含有一个特殊的碳碳叁键。炔烃中碳-碳叁键的碳原子是 sp 杂化的，在形成 σ 键时，键角为 180°，这样的碳原子不可能在苯环中存在，因此苯炔中碳原子仍为 $sp^2$ 杂化，在碳碳叁键中，有一个 π 键是由不平行的 $sp^2$ 轨道微弱地重叠形成，并与苯环的 π 体系相互垂直，位于苯环平面上，但处在碳环外侧，如图 7-11 所示。

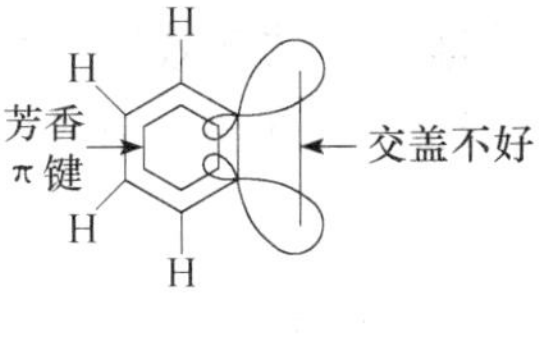


图 7-11　苯炔的结构

从图中可以看出，两个 $sp^2$ 杂化轨道相距较远，彼此不可能重叠得很多，所以这个 π 键很弱，且有较大的张力，因此远远不如乙炔中的炔键稳定，而容易发生反应。正是由于这个结构特点，苯炔及其衍生物成为合成多种化合物非常有用的中间体。

在卤苯的消除-加成历程中能生成苯炔这一活性中间体，曾被下面反应事实间接证明：

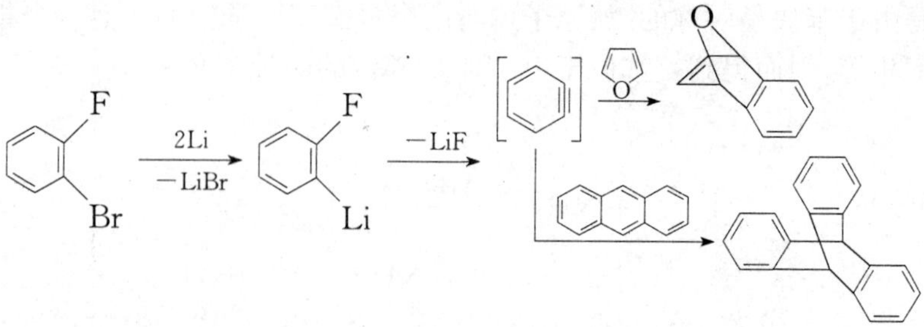

这也说明了“苯炔”应有“叁键”的性质，而这个“叁键”中有一个“π 键”是极活泼的，是亲双烯体。

取代的卤苯在形成苯炔类中间体时，邻位和对位取代卤苯分别生成 3-取代及 4-取代苯炔中间体，而间位取代卤苯则可能形成上述中间体中的一种或者两种都能生成。

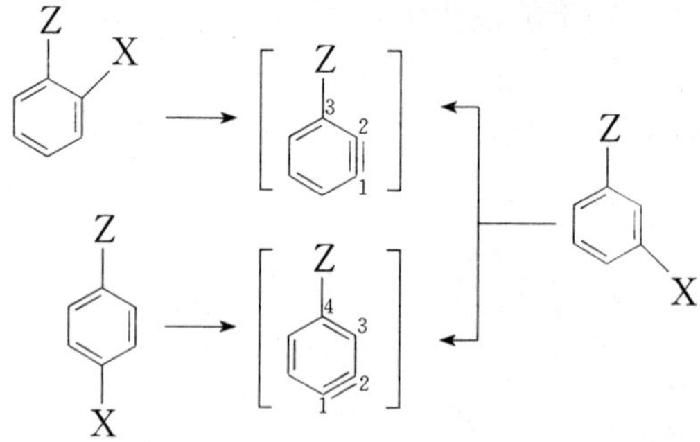

间位取代卤苯究竟生成哪种苯炔中间体，取决于卤苯邻位上的哪一个氢酸性较强，而它的酸性主要是由取代基的诱导效应所控制。

氨基负离子与取代的苯炔中间体加成时，氨基负离子进入的位置受取代基诱导效应的影响，也就是由于取代基的作用，使氨基进入后所生成的负电荷处于能量有利的地位。共轭效应对氨基负离子的进入影响甚小，因含电子对的 $sp^2$ 轨道与芳环的 π 轨道并不重叠。当 Z 为吸电子基时主要生成下列的化合物：

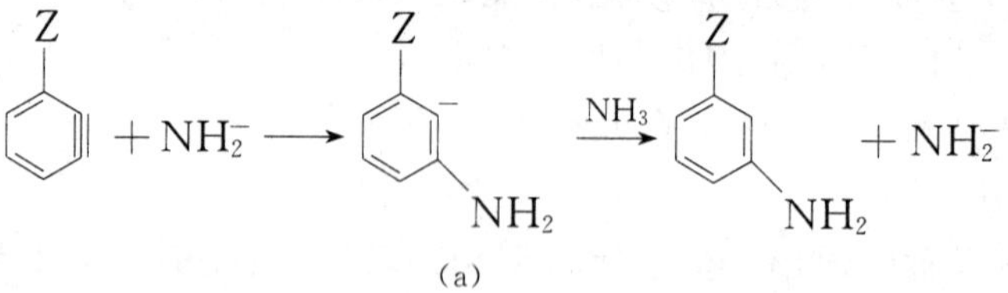

(a)

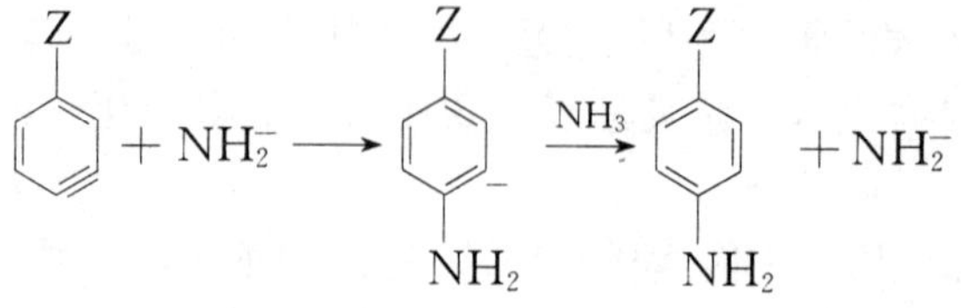

(b)

由于形成的负电荷离 Z 较近，Z 的吸电子作用使(a)、(b)中负电荷分散而稳定。当 Z 为给电子基团时，则主要产物如下：

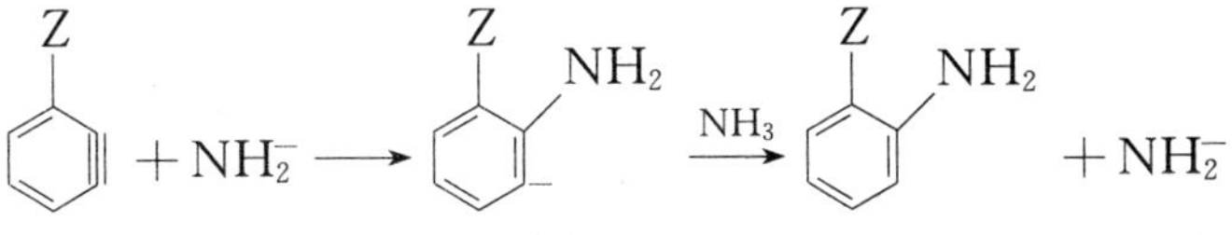

(c)

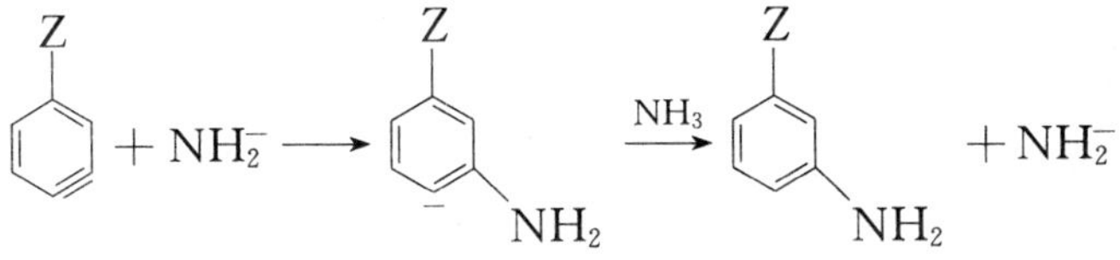

(d)

因为这样加成时，给电子基团 Z 与所形成的负电荷离得较远，所以使(c)、(d)比较稳定，容易形成最终产物。

根据上述规律，不难预见下式中的结果：

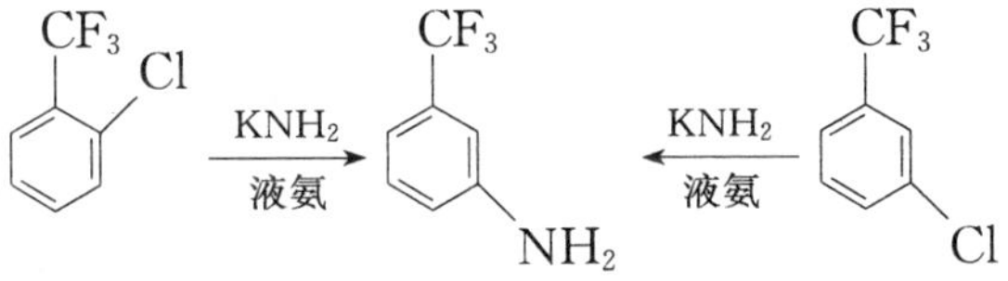

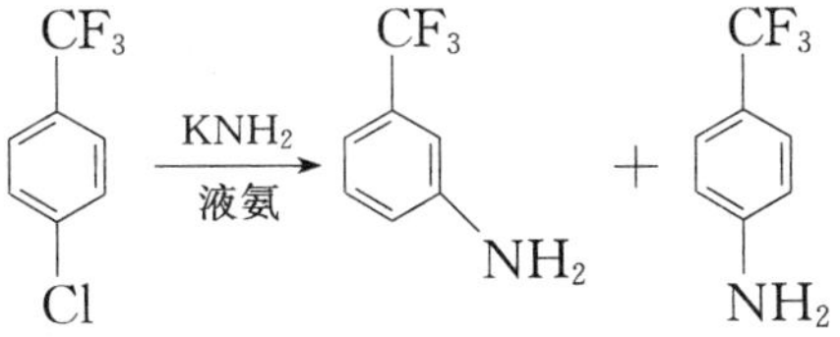

62%　　30%

## 7.6 卤代烃的制备方法

### 7.6.1 烷烃卤代

在光或高温作用下，烷烃可直接与卤素发生卤化反应。因为烷烃分子中每个碳上的氢原子都可被卤素取代，故通常得到的是一元或多元卤代烃的混合物。由烷烃卤代制备卤烷，目前工业上虽有一些应用，特别是甲烷的氯代，通过调节原料比例和反应条件，可制备一氯甲烷、二氯甲烷或三氯甲烷，但在实验室内通常只限于制备烯丙基型卤代物和苄基型卤代物。

烷烃的溴代反应比氯代困难，碘代反应更难，一般不易由烷烃碘代制得碘烷，因为碘代时生成的碘化氢为一较强的还原剂，能使反应逆向进行。

$$CH_4 + I_2 \rightleftharpoons CH_3I + HI$$

如果在反应时同时加入一些氧化剂(如碘酸、硝酸、氧化汞)使 HI 氧化,则碘化反应能顺利进行。

$$5HI + HIO_3 \longrightarrow 3H_2O + I_2$$

### 7.6.2 不饱和烃与卤化氢或卤素加成

不饱和烃可以与卤化氢或卤素加成,生成卤烷。

### 7.6.3 从醇制备

醇分子中的羟基可被卤素原子取代而得到相应的卤烷。这是制取卤烷最普遍的方法,无论在实验室或工业上都可采用。最常用的试剂是氢卤酸、卤化磷或亚硫酰氯。

1) 醇与氢卤酸作用

醇与氢卤酸作用生成卤烷和水。

$$ROH + HX \rightleftharpoons RX + H_2O$$

这是一个可逆反应,增加反应物的浓度并除去生成的水,可以提高卤烷的产率。例如,氯烷一般是将浓盐酸和醇在无水氯化锌存在下反应制得的,制备溴烷则需要将醇与氢溴酸及浓硫酸(或溴化钠与浓硫酸)共热;碘烷则可将醇与恒沸氢碘酸(57%)一起回流加热制得。

醇和氢卤酸反应的速率与氢卤酸的浓度成正比。一般都使用恒沸点氢卤酸为试剂。盐酸、氢溴酸、氢碘酸在恒沸点时,它们的组成分别为 20.2%、47.5%、57%(恒沸点相应为 110℃、126℃、127℃)。所以在醇与各种氢卤酸的反应中,与其他两种氢卤酸相比,盐酸中 HCl 浓度比较低。此外,H—X 键的离解能为 HCl 431kJ/mol、HBr 364kJ/mol、HI 297kJ/mol,以 HCl 为最大,这说明了氢卤酸与醇反应时活性次序应为 HI>HBr>HCl。

2) 醇与卤化磷作用

醇与三卤化磷作用也能生成卤烷,这是制备溴烷和碘烷的常用方法。

$$3ROH + PX_3 \longrightarrow 3RX + P(OH)_3$$

通常所用的 $PBr_3$、$PI_3$ 可以不必事先制备,只要将溴或碘和赤磷加到醇中共热,卤素与赤磷作用生成 $PX_3$,后者立即与醇作用。这样制得的碘烷产率一般可达 90%左右。

$$2P + 3I_2 \longrightarrow 2PI_3$$

$$3C_2H_5OH + PI_3 \longrightarrow 3C_2H_5I + P(OH)_3$$

伯醇与三氯化磷作用，常因副反应而生成亚磷酸酯，故氯烷产率不高，一般不超过50%。

$$3ROH + PCl_3 \longrightarrow P(OR)_3 + 3HCl$$

因此从伯醇制取氯烷时，一般可用五氯化磷。

$$ROH + PCl_5 \longrightarrow RCl + POCl_3 + HCl$$

3) 醇与亚硫酰氯($SOCl_2$)作用

用亚硫酰氯(又名氯化亚砜、二氯亚砜)为试剂，醇的羟基可被取代。该反应的优点是反应速率快、产率高(一般在90%左右)，而且副产物二氧化硫和氯化氢都是气体，容易和氯烷分离。

$$ROH + SOCl_2 \longrightarrow RCl + SO_2\uparrow + HCl\uparrow$$

溴化亚砜因其不稳定而难于得到，故此反应只是实验室和工业上常用于制备氯烷的方法之一。

### 7.6.4 卤素的置换

将氯烷或溴烷的丙酮溶液与碘化钠(或碘化钾)共热时，氯烷或溴烷分子中的氯或溴可被碘所置换，反应产物中的NaCl(或NaBr)在丙酮中溶解度很小，即沉淀出来，使反应向右方进行，最后可得碘烷，如

$$RCl + NaI(\text{丙酮溶液}) \longrightarrow RI + NaCl$$

这是一种从氯烷制备碘烷的方法，产率很高，但这个反应一般只适用于制备伯碘烷。

## 7.7 多卤代烃

多卤代烃通常分为两类：一类是两个或两个以上的卤原子分别连在不同的碳原子上，例如，$ClCH_2CH_2Cl$，它们的性质和卤烷相类似；另一类是多个卤原子连在同一碳原子上，其性质比较特殊，如$CHCl_3$、$CCl_4$等。

一般，一卤代烃中多引入一个卤原子，它的C—X键的活性就明显地降低。以水解反应为例，氯原子的活泼性有如下次序：$CH_3Cl > CH_2Cl_2 > CHCl_3 > CCl_4$，这可能是由于卤素吸电子的相互影响，使C—X键极性减小，因而变得稳定。

$CHCl_3$和$CCl_4$在通常情况下和硝酸银的醇溶液不能产生氯化银沉淀。这一方面可能是由于多个氯原子挤在同一碳原子上，增加了空间位阻，使得亲核试剂进攻碳原子变得困难；另一方面由于C—X键的极性影响，可以作为向量而相互抵消，因此化学性质显得不活泼。它们的偶极矩数据也能说明这一点。

| | $CH_3Cl$ | $CH_2Cl_2$ | $CHCl_3$ | $CCl_4$ |
|---|---|---|---|---|
| 偶极矩 $\mu/(10^{-30}C\cdot m)$ | 6.24 | 5.34 | 3.50 | 0 |

1）三氯甲烷

三氯甲烷俗称氯仿，是一种无色而有甜味的液体，沸点为61.2℃，$d_4^{20}=1.482$，不能燃烧，也不溶于水，是一个良好的不燃性溶剂，能溶解油脂、蜡、有机玻璃和橡胶等，常用来提取草药有效成分和精制抗菌素，还广泛用于合成涂料。三氯甲烷具有麻醉作用。它可从甲烷氯化得到，也可从四氯化碳还原制得：

$$CCl_4+[H]\xrightarrow{Fe+H_2O}CHCl_3+HCl$$

$$3CCl_4+CH_4\xrightarrow{400\sim650℃}4CHCl_3$$

氯仿中由于三个氯原子的吸电子效应，使它的C—H键变得活泼起来，容易在光的作用下，被空气中的氧所氧化并分解生成毒性很强的光气。

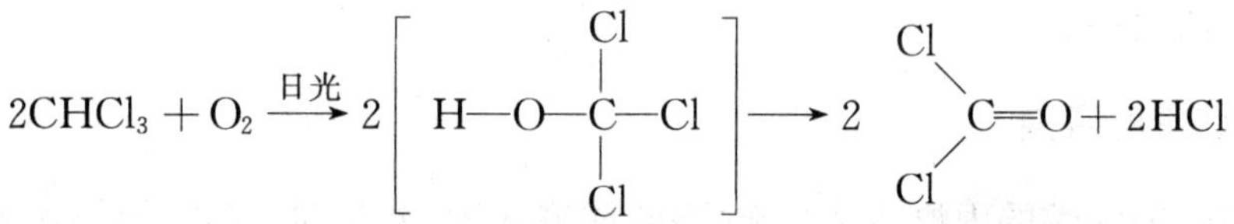

光气

因此，氯仿要保存在棕色瓶中，装满到瓶口加以封闭，以防止和空气接触。通常还可加入1%的乙醇以破坏可能生成的光气。

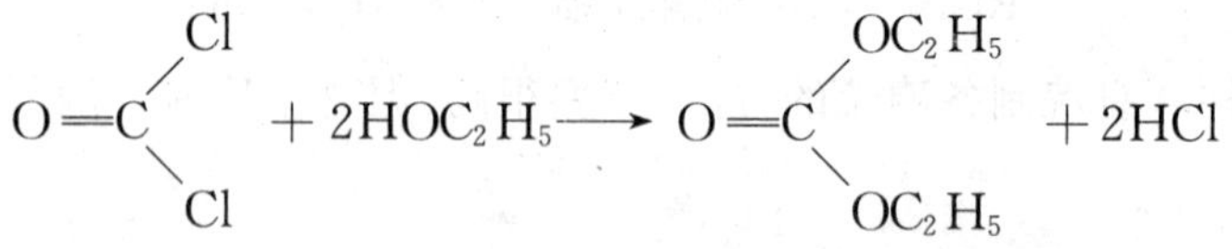

碳酸二乙酯（无毒）

此外，工业上还可用乙醇或乙醛与次氯酸盐作用来合成氯仿。

2）四氯化碳

四氯化碳为无色液体，沸点为26.8℃，$d_4^{20}=1.5940$，有特殊的气味。四氯化碳不能燃烧，受热易挥发，其蒸气比空气重，不导电，因此它的蒸气可把燃烧物体覆盖，使之与空气隔绝而达到灭火的效果。适用于扑灭油类的燃烧和电源附近的火灾，是一种常用的灭火剂。

四氯化碳在500℃以上高温时，能发生水解而有少量光气生成，故灭火时要注意空气流通，以防中毒。

$$CCl_4+H_2O\xrightarrow{高温}COCl_2+2HCl$$

四氯化碳主要用作合成原料和溶剂，能溶解脂肪、油漆、树脂、橡胶等物质，又常用作干洗剂，因其不燃，使用比较安全。四氯化碳有一定毒性，能损害肝脏，使用时应加以注意。

四氯化碳是甲烷氯化的最终产物，工业上用甲烷与氯混合(1∶4)，在440℃作用制备四氯化碳，产率可达96%。此外，它也可由氯与二硫化碳在$AlCl_3$、$FeCl_3$或$SbCl_5$存在下作用制得：

$$CS_2 + 3Cl_2 \longrightarrow CCl_4 + S_2Cl_2$$
$$2S_2Cl_2 + Cl_2 \longrightarrow CCl_4 + 4S$$

3) 多氟代烃

如果用烃直接氟化制备氟代烃，反应异常剧烈，放出大量的热，而使碳-碳键断裂。虽可使用氮气稀释等方法来缓和反应，但直接氟化得到的产物非常复杂。因此氟代烷或多氟代烷常用卤代烷和无机氟化物进行置换反应而得。常用的无机氟化物有$SbF_3$、HF、$CoF_3$等。这里只介绍两个工业上重要的氟化物。

(1) 四氟乙烯。四氟乙烯在常温下为无色气体，沸点为−76.3℃，不溶于水，可溶于有机溶剂。在过硫酸铵引发下，可聚合成聚四氟乙烯。

$$nCF_2{=}CF_2 \xrightarrow[50℃,490.5kPa]{(NH_4)_2S_2O_3,H_2O,HCl} \left[CF_2{-}CF_2\right]_n$$

聚四氟乙烯的相对分子质量可达$(5\sim20)\times10^5$，有优越的耐热和耐寒性能，可在−100～300℃温度范围内使用，化学稳定性超过一切塑料，与浓硫酸、浓碱、元素氟和王水等都不起反应，机械强度高，由它所制成的塑料有“塑料王”之称，商品名为“特氟隆”。

四氟乙烯在工业上由氯仿合成。将氯仿和氟化氢在五氯化锑存在下作用，先制得二氟一氯甲烷，后者加热分解得四氟乙烯。

$$CHCl_3 + 2HF \xrightarrow[20\sim30℃]{SbCl_5} CHF_2Cl + 2HCl$$
$$2CHF_2Cl \xrightarrow{600\sim800℃} CF_2{=}CF_2 + 2HCl$$

(2) 二氟二氯甲烷。1928年，米奇利(Midgley)承担研制新型冷冻剂以取代液氨和硫氧化物等制冻剂的任务，成功地筛选出$CCl_2F_2$这个化合物。该化合物是无色、无臭、无毒、无腐蚀性、化学性质稳定的气体，沸点为−29.8℃，易压缩到不燃性液体。解除压力后又立刻汽化，同时吸收大量的热，因此广泛用作制冷剂、气溶剂、灭火剂、发泡剂、干洗剂等。它的商品名叫“氟利昂-12”或$F_{12}$。氟利昂(freon)实际上指含有一个或两个碳原子的氟氯烃的总称。商业上，不同的氟利昂常用不同的数字来代表它的结构，即用$F_{\times\times\times}$代号来表示，其中F表示它是一个氟代烃，F右下角的数字——个位数字代表分子中的氟原子数，十位数字代表氢原子数加一，百位数字代表分子中碳原子数减一(对$CCl_2F_2$而言，百位数字为0，省去不写)。例如，$F_{11}(CCl_3F)$、$F_{22}(CHClF_2)$、$F_{113}(CFCl_2CF_2Cl)$、$F_{114}(ClF_2C{-}CF_2Cl)$等。利用它们不同的沸点用于不同的制冷场所，如家用冰箱用 $F_{12}$、冷库里用 $F_{13}$（$CClF_3$）和 $F_{23}$（$CHF_3$）、空调器用 $F_{114}$ 等。

由于其特别的化学性能，氟利昂不易分解，残留在大气中并不断上升，这引起了人们对其最终去向的注意。人们发现，除了有同样破坏臭氧层作用的氮氧化物的影响外，这些稳定的在对流层不会分解的氟利昂是主要的反应物。它们到达成层圈后吸收了 260nm 波长以下的阳光，分解出氯自由基，继之与臭氧作用生成 ClO· 自由基，引发链反应，一个 Cl 原子可以破坏许多 $O_3$ 分子从而造成了对臭氧层的破坏作用。

地球上的臭氧层在离地表约 25km 的成层圈内，下部浓度最大，系由空气中的氧气受到紫外光作用引发出原子氧后再与氧气作用而产生。臭氧层一旦出现空洞，每受到 1%的破坏，抵达地球表面的有害紫外线将增加 2%左右，这引起植物生长受到抑制，生物体 DNA 中相邻的胸腺嘧啶发生二聚而造成基因改变并损伤细胞。1995 年，诺贝尔化学奖授予了 Crutzen、Rowland 和 Molina，以表彰他们自 20 世纪 70 年代以来对氟利昂造成大气层臭氧空洞的出色研究工作。80 年代末以后，国际上接连签署了多个关于限制使用生产氟利昂的协议，以更好地保护生态环境。既然氟利昂问世给人类造成环境污染问题，那么，寻求氟利昂代用品的研究因此也开始受到广泛关注，目前它们主要包括含氢的氟利昂，它们将在到达臭氧层之前的对流圈里就被分解。或者用不含氯的氟利昂，如 $F_{22}$、$F_{125}$、$F_{134}$ 和 $F_{143}$ 等，使它们即使到达臭氧层也不会产生破坏作用。有的替代品则是不含 F 和 Cl 的有机物，如精制石油气和二甲醚、烷烃、氮气、二氧化碳等。但由于受到可燃、有毒、低级的热学物理性能和工艺、价格因素等影响和限制，替代氟利昂工作是一个非常复杂的系统工程。

(3) 氟化学研究及其发展。氟化学的进步中最明显的特点是它的化学基础研究工作与应用发展密切结合。首先，氟的原子半径和 C—F 键长与氢原子的半径及 C—H 键长相近，因此不会引起太大的体积效应，即有"伪拟作用"。其次，C—F 键能很高，其热稳定性和抗氧化性都较好，抗代谢作用也好。另外，氟的极强电负性改变了化合物的电荷效应、酸碱性、偶极矩、分子构型和邻近基团的化学反应性等等理化性能。氟原子的存在还增加了化合物在细胞膜上的脂溶性，提高药物使用时的吸收和传递速度。三氟甲基 $CF_3$ 是已知的最具亲脂性的基团之一，对药物设计和应用有重要意义。

含氟生理活性物质的研究起始于 20 世纪 40 年代。人们发现某些毒性植物的剧毒性是由单氟代乙酸所致，这一发现大大推动了少氟化合物在毒性及药物方面的研究。含氟药物中有些是对有生理活性但不含氟的化合物进行改造而合成的，有些则是有意识合成的人工目标分子。在农药领域、杀虫剂、除草剂、昆虫信息素等方面都可以看到氟原子引入后明显改善了药物分子的疏水亲脂性、特效性、吸收、传输和转化降解等性能的要求。

此外，含氟的有机化合物从麻醉剂、人造血液到人造组织都有其应用。$C_2H_5C_6H_4R$、$CF_3CBrClF$ 等挥发性大、吸入容易、无毒、不燃，物化特性很好，更兼效果迅速，麻醉效果远高于一般的麻醉剂。新的麻醉品正朝含氟的氧醚发展，如 $CHFClCF_2OCHF_2$、$CF_3CHClOCHF_2$ 等。全氟碳烷的溶氧量是水的 20 倍，因此可以作为生物体内氧气运载的担体。这与它们的表面张力低、分子间吸引力小、运动黏度低及分子疏松堆积而有足够空间供氧气分子自由进出有关。它能代替红细胞携氧，也没有血型之分而引起的抗原抗体反应，且有适度挥发性，过一段时期即随呼吸排出。但它们没有白细胞，不能抵抗病菌病毒，不含血小板，也无凝血功能和免疫能力。因此，不能像血液那样长期使用。十氟化萘和三全氟丁基胺$N(C_4F_9)_3$等都是较理想的人造血液。含氟碳代物与血液不能互溶，无法直接用于输血及脏器灌流保存，需用无毒的乳化剂配成超细颗粒的乳液来使用。不少含氟的偶数碳原子化合物有毒，可能是它在体内要代谢生成剧毒的氟乙酸 $FCH_2CO_2H$ 所致。

作为表面活性剂的含氟化合物的用途也极为广泛。在防水防油的纤维处理剂、电镀工业上的集油剂、乳化剂、玻璃及其他材料表面的涂料、除霜剂、去水剂等等工业和民用领域都有含氟表面活性剂在起作用。

## 习 题

1. 完成下列反应式：

(1) $CH_3CH{=}CH_2 + HBr \longrightarrow ? \xrightarrow{NaCN} ?$

(2) $CH_3CH{=}CH_2 + HBr \xrightarrow{\text{过氧化物}} ? \xrightarrow{H_2O(KOH)} ?$

(3) $CH_3CH{=}CH_2 + Cl_2 \xrightarrow{500℃} ? \xrightarrow{Cl_2+H_2O} ?$

(4) 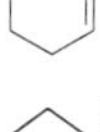 $+Cl_2 \longrightarrow ? \xrightarrow[\text{醇}]{2KOH} ?$

(5)  $\xrightarrow{NBS} ? \xrightarrow[\text{丙酮}]{NaI} ?$

(6) $CH_3\underset{\underset{\displaystyle CH_3}{|}}{CH}-\underset{\underset{\displaystyle OH}{|}}{CH}-CH_3 \xrightarrow{PCl_5} ? \xrightarrow{NH_3} ?$

(7) $(CH_3)_3CBr + KCN \xrightarrow{\text{乙醇}} ?$

(8) $CH_3\underset{\underset{\displaystyle OH}{|}}{CH}CH_3 \xrightarrow{?} CH_3\underset{\underset{\displaystyle Br}{|}}{CH}CH_3 \xrightarrow[\text{醇}]{AgNO_3} ?$

(9) $C_2H_5MgBr + CH_3CH_2CH_2CH_2C{\equiv}CH \longrightarrow ?$

(10) $ClCH=CHCH_2Cl+CH_3COONa \xrightarrow{CH_3COOH} ?$

(11) $HC\equiv CH\ +2Cl_2 \longrightarrow ? \xrightarrow[1mol]{KOH(醇)} ?$

(12) 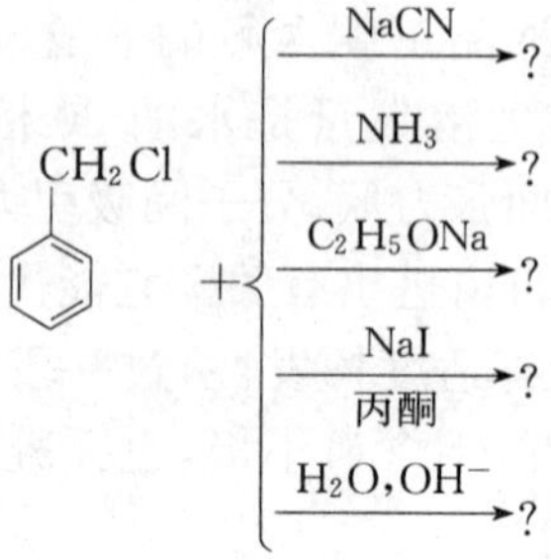

(13) 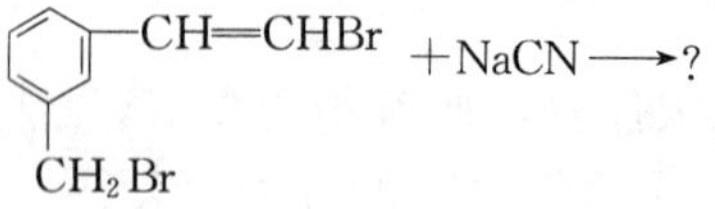

2. 用方程式表示 $CH_3CH_2CH_2CH_2Br$ 与下列化合物反应的主要产物：

(1) KOH(水)　(2) KOH(醇)　(3) (A)Mg，干醚；(B)A 的产物+ $HC\equiv CH$

(4) NaI/丙酮　(5) $NH_3$　(6) NaCN

(7) $AgNO_3$(醇)　(8) $CH_3C\equiv CNa$　(9) Na

(10) $HN(CH_3)_2$

3. 用化学方法区别下列各组化合物：

(1) $CH_3CH=CHCl$、$CH_2=CHCH_2Cl$ 和 $CH_3CH_2CH_2Cl$

(2) 苄氯、氯苯和氯代环己烷

(3) 1-氯戊烷、2-溴丁烷和 1-碘丙烷

(4) 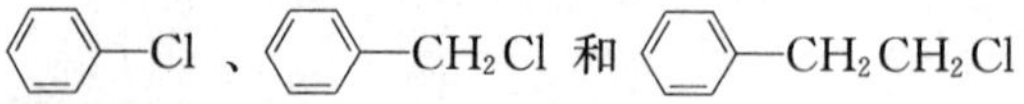

4. 将下列各组化合物按反应速率大小排序：

(1)按 $S_N1$ 反应

(a) $CH_3CH_2CH_2CH_2Br$，$(CH_3)_3CBr$，$CH_3CH_2CHBrCH_3$

(b) 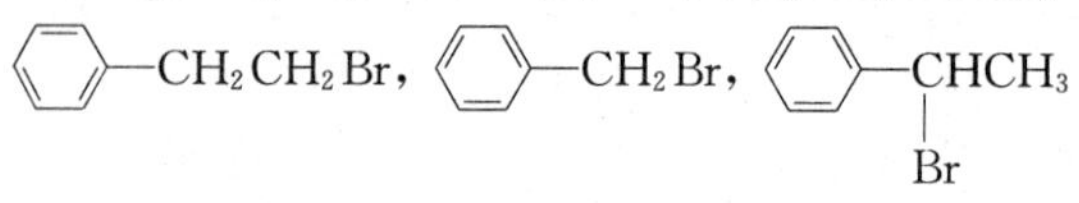

(c) 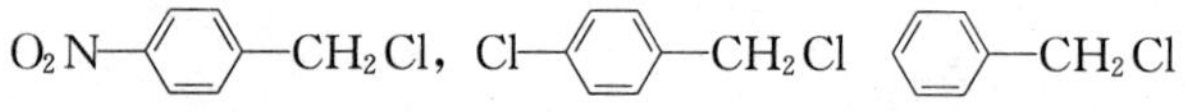

(2) 按 $S_N2$ 反应

(a) $CH_3CH_2CH_2Br$，$(CH_3)_3CCH_2Br$，$(CH_3)_2CHCH_2Br$

(b) $CH_3CH_2CHBrCH_3$，$(CH_3)_3CBr$，$CH_3CH_2CH_2CH_2Br$

(c) 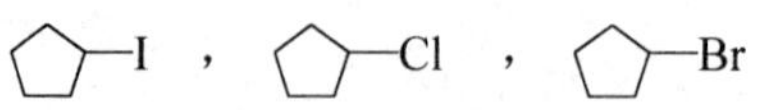

5. 将下列各组化合物按照消去 HBr 难易次序排列，并写出产物的构造式：

(1) $CH_3CH(CH_3)CH(Br)CH_3$，$CH_3CH(CH_3)CH_2CH_2Br$，$CH_3C(CH_3)(Br)CH_2CH_3$

(2) E1 反应

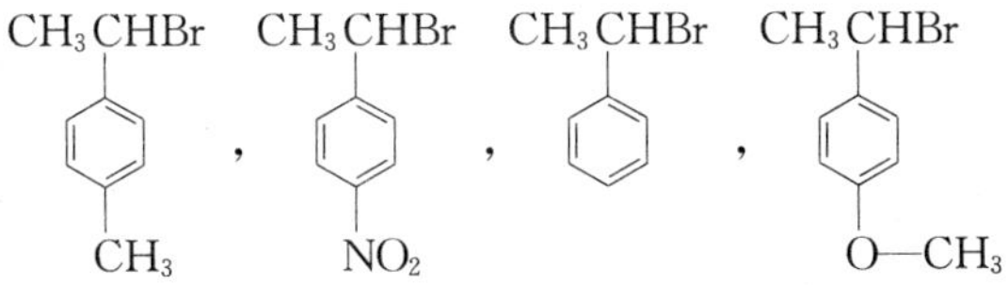


6. 预测下列各对反应中，哪一个反应较快？并说明理由。

(1) $CH_3CH_2CH(CH_3)CH_2Br + CN^- \longrightarrow CH_3CH_2CH(CH_3)CH_2CN + Br^-$

$CH_3CH_2CH_2CH_2Br + CN^- \longrightarrow CH_3CH_2CH_2CH_2CN + Br^-$

(2) $(CH_3)_3CBr \xrightarrow[\triangle]{H_2O} (CH_3)_3COH + HBr$

$(CH_3)_2CHBr \xrightarrow[\triangle]{H_2O} (CH_3)_2CHOH + HBr$

(3) $CH_3I + NaOH \xrightarrow{H_2O} CH_3OH + NaI$

$CH_3I + NaSH \xrightarrow{H_2O} CH_3SH + NaI$

(4) $(CH_3)_2CHCH_2Cl \xrightarrow{H_2O} (CH_3)_2CHCH_2OH$

$(CH_3)_2CHCH_2Br \xrightarrow{H_2O} (CH_3)_2CHCH_2OH$

7. 卤烷与 NaOH 在水与乙醇混合物中进行反应，指出哪些属于 $S_N1$ 历程、哪些属于 $S_N2$ 历程。

(1) 产物的构型完全转化 (2) 有重排产物

(3) 碱浓度增加反应速率加快 (4) 叔卤烷速率大于仲卤烷

(5) 增加溶剂的含水量反应速率明显加快 (6) 反应不分阶段，一步完成

(7) 试剂亲核性越强反应速率越快

8. 下列各步反应中有无错误（独立地看）？如果有错误，试指出其错误的地方。

(1) $CH_3—CH{=}CH_2 \xrightarrow[(A)]{HOBr} CH_3—CH(Br)—CH_2(OH) \xrightarrow[(B)]{Mg，干醚} CH_3—CH(MgBr)—CH_2(OH)$

(2) $CH_2{=}C(CH_3)_2 + HCl \xrightarrow[(A)]{过氧化物} (CH_3)_3CCl \xrightarrow[(B)]{NaCN} (CH_3)_3CCN$

(3)

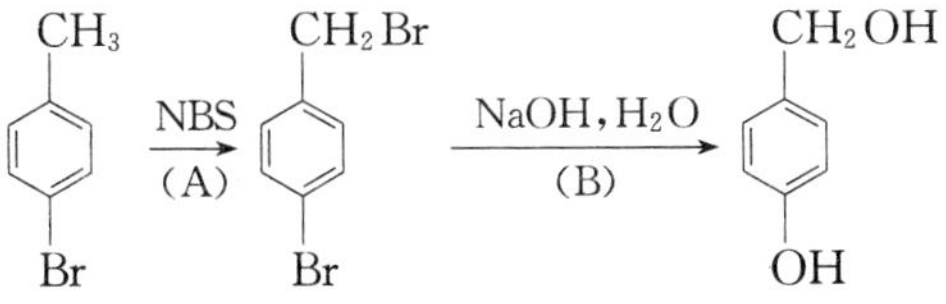

（4） 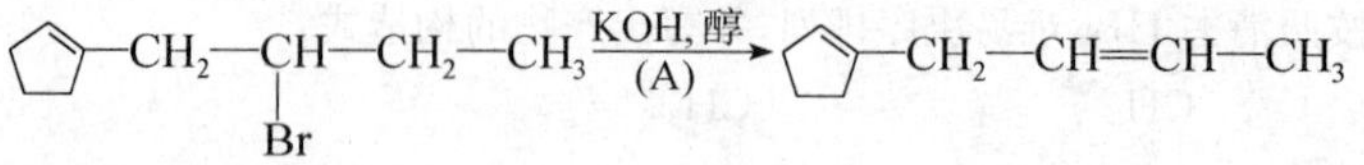

9. 合成下列化合物：

（1） $CH_3—CH(Br)—CH_3 \longrightarrow CH_3—CH_2—CH_2Br$

（2） $CH_3—CH(Cl)—CH_3 \longrightarrow CH_3—CCl_2—CH_3$

（3） $CH_3—CH=CH_2 \longrightarrow CH_2(OH)—CH(OH)—CH_2(OH)$

（4） $CH_3CH=CH_2 \longrightarrow HC\equiv C—CH_2OH$

（5） 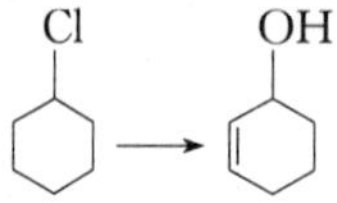

（6） 1-溴丙烷⟶2-己炔

10. 2-甲基-2-溴丁烷、2-甲基-2-氯丁烷以及 2-甲基-2-碘丁烷以不同速率与纯甲醇作用，得到相同的 2-甲基-2-甲氧基丁烷、2-甲基-1-丁烯以及 2-甲基-2-丁烯的混合物。试以反应历程简单说明上述结果。

11. 某烃 A 的分子式为 $C_5H_{10}$，它与溴水不发生反应，在紫外光照射下与溴作用只得到一种产物 B($C_5H_9Br$)。将化合物 B 与 KOH 的醇溶液作用得到 C($C_5H_8$)，化合物 C 经臭氧化并在 Zn 粉存在下水解得到戊二醛。写出化合物 A 的构造式和各步反应式。

12. 某开链烃 A 的分子式为 $C_6H_{12}$，具有旋光性，加氢后生成相应的饱和烃 B。A 与溴化氢反应生成 $C_6H_{13}Br$。试写出 A、B 可能的构造式和各步反应式，并指出 B 有无旋光性。

13. 某化合物 A 与溴作用生成含有三个卤原子的化合物 B。A 能使稀、冷 $KMnO_4$ 溶液褪色，生成含有一个溴原子的 1，2-二醇。A 很容易与 NaOH 作用，生成 C 和 D，C 和 D 氢化后分别给出两种互为异构体的饱和一元醇 E 和 F，E 比 F 更容易脱水。E 脱水后产生两个互为异构体的化合物，F 脱水后仅产生一个化合物。这些脱水产物都能被还原成正丁烷。写出 A～F 的构造式及各步反应式。

# 第 8 章　醇、醚、酚

醇、醚和酚都是烃的含氧衍生物。烃分子中饱和碳原子上的氢原子被羟基所取代的化合物称为醇，羟基直接与芳环（如苯环）相连的化合物叫做酚。醚则可以看作是水分子中两个氢原子同时被两个烃基取代后的化合物。

硫和氧同属于元素周期表ⅥA 族，因此，有机含硫化合物与有机含氧化合物有一些相似的性质，所以也把硫醇放在本章中一并讨论。

## 8.1　醇

醇可根据羟基数目分别称为一元醇、二元醇、三元醇等。含两个以上羟基的醇总称为多元醇，如

| $HOCH_2CH_2OH$ | $HOCH_2CHOHCH_2OH$ | $(HOCH_2)_4C$ |
|---|---|---|
| 乙二醇 | 丙三醇 | 季戊四醇 |

对于一元醇可根据羟基所连的碳原子是伯（第一）、仲（第二）或叔（第三）碳原子，分别称为伯醇（第一醇，1°醇）、仲醇（第二醇，2°醇）或叔醇（第三醇，3°醇）。

醇也可按羟基所连接的烃基不同，分别称为饱和醇、不饱和醇和芳醇。芳醇也有伯、仲、叔醇之分，如

$CH_2{=}CH{-}CH_2{-}OH$

烯丙醇（不饱和醇）

$H{-}C{\equiv}C{-}CH_2{-}OH$

炔丙醇（不饱和醇）

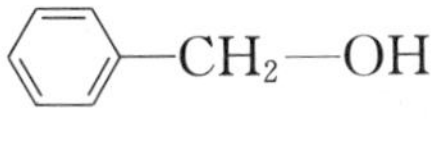

苯甲醇（苄醇）（芳醇）

$$\underset{\large OH}{CH_3{-}\overset{}{CH}{-}CH_3}$$

异丙醇（饱和醇）

### 8.1.1　醇的物理性质

低级醇是具有酒味的无色透明液体，$C_{12}$ 以上的直链醇为固体。低级直链饱和一元伯醇的沸点比相对分子质量相近的烷烃的沸点高得多。例如，甲醇（相对分子质量 32）的沸点为 64.7℃，而乙烷（相对分子质量 30）的沸点为－88.2℃，这是由于醇分子间能通过氢键而缔合起来的缘故。甲醇、乙醇分子中的氢键键能为 25.9kJ/mol。当醇从液态变为气态时氢键完全破裂，这就必须供给破裂氢键的能量，因此醇的沸点比相应的烃高得多。

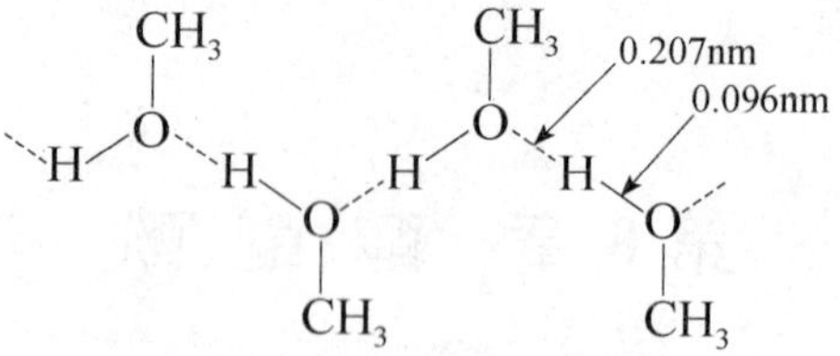


直链饱和一元醇的沸点随相对分子质量的增加而有规律的升高，每增加一个 $CH_2$ 系差，沸点升高 18～20℃（图 8-1）。在醇的异构体中，直链伯醇的沸点最高，带支链的醇沸点要低一些；支链越多，沸点越低。例如，正丁醇、异丁醇、仲丁醇、叔丁醇的沸点分别是 117.7℃、108℃、99.5℃、82.5℃。

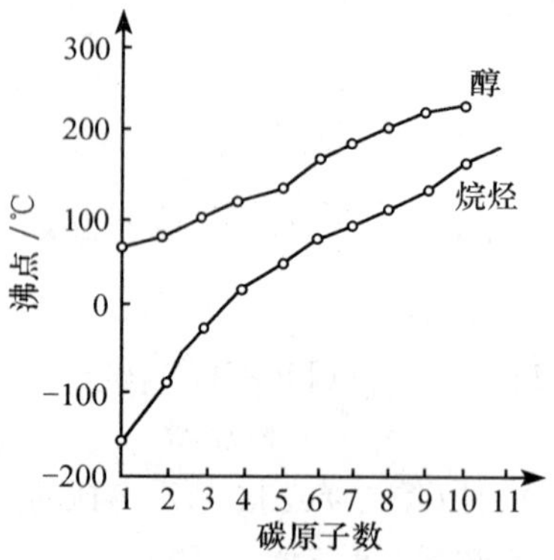


图 8-1　直链伯醇的沸点

除甲醇、乙醇、丙醇外，其余直链饱和一元醇的熔点和相对密度均随相对分子质量的增加而升高，多元醇和芳醇的相对密度大于 1。

甲醇、乙醇、丙醇都能与水互溶。乙醇与水混溶时有热量放出，并使总体积缩小。例如，52mL 乙醇与 48mL 水混溶后，总体积不是 100mL 而是 96.3mL。自正丁醇开始，随着烃基增大，在水中的溶解度降低，癸醇以上的醇几乎不溶于水（表 8-1）。低级醇易溶于水，是因为醇分子与水分子间也有氢键生成。醇分子与水分子之间的引力可以克服醇分子间的引力以及水分子间的引力，因此，低级醇易溶于水。但自正丁醇开始，随着烃基的增大，烃基部分的范德华力增加，同时烃基对羟基有遮蔽作用，阻碍了醇羟基与水形成氢键。因此，在水中的溶解度减低以至不溶于水，故高级醇的溶解性质与烃类相似，不溶于水而溶于有机溶剂。芳醇由于芳环的存在，溶解度都很小。

**表 8-1　醇的物理常数**

| 构造式 | 名　称 | 熔点/℃ | 沸点/℃ | 相对密度 $d_4^{20}$ | 溶解度 /(g/100g $H_2O$) | 折射率 $n_D^{20}$ |
|---|---|---|---|---|---|---|
| $CH_3OH$ | 甲醇 | −97 | 64.7 | 0.792 | ∞ | 1.3288 |
| $CH_3CH_2OH$ | 乙醇 | −114 | 78.3 | 0.789 | ∞ | 1.3611 |
| $CH_3CH_2CH_2OH$ | 丙醇 | −126 | 97.2 | 0.804 | ∞ | 1.3850 |
| $CH_3CH(OH)CH_3$ | 异丙醇 | −88 | 82.3 | 0.786 | ∞ | 1.3776 |
| $CH_3CH_2CH_2CH_2OH$ | 丁醇 | −90 | 117.7 | 0.810 | 7.9 | 1.3993 |
| $CH_3CH(CH_3)CH_2OH$ | 异丁醇 | −108 | 108.0 | 0.802 | 10.0 | 1.3959 |

续表

| 构造式 | 名　称 | 熔点/℃ | 沸点/℃ | 相对密度 $d_4^{20}$ | 溶解度 /(g/100g $H_2O$) | 折射率 $n_D^{20}$ |
| --- | --- | --- | --- | --- | --- | --- |
| $CH_3CH_2CH(OH)CH_3$ | 仲丁醇 | −114 | 99.5 | 0.808 | 12.5 | 1.3978 |
| $(CH_3)_3COH$ | 叔丁醇 | 25 | 82.5 | 0.789 | ∞ | 1.3878 |
| $CH_3(CH_2)_3CH_2OH$ | 正戊醇 | −78.5 | 138.0 | 0.817 | 2.4 | 1.4101 |
| $CH_3(CH_2)_4CH_2OH$ | 正己醇 | −52 | 156.5 | 0.819 | 0.6 | 1.4162 ($n_D^{25}$) |
| $CH_3(CH_2)_5CH_2OH$ | 正庚醇 | −34 | 176 | 0.822 | 0.2 | 1.4225～1.4250 |
| $CH_3(CH_2)_6CH_2OH$ | 正辛醇 | −15 | 195 | 0.825 | 0.05 | 1.430 |
| $CH_3(CH_2)_7CH_2OH$ | 正壬醇 | | 212 | 0.827 | — | 1.431～1.435 |
| $CH_3(CH_2)_8CH_2OH$ | 正癸醇 | 6 | 228 | 0.829 | — | 1.4372 |
| $CH_3(CH_2)_{10}CH_2OH$ | 正十二醇 | 24 | 259 | 0.831 (熔点时) | — | 1.444 |
| $CH_2=CHCH_2OH$ | 烯丙醇 | −129 | 97 | 0.855 | ∞ | 1.4135 |
| —OH | 环己醇 | 24 | 161.5 | 0.962 | 3.6 | 1.465($n_D^{22}$) |
| —$CH_2OH$ | 苯甲醇 | −15 | 205 | 1.046 | 4 | 1.5396 |
| $CH_2OHCH_2OH$ | 乙二醇 | −16 | 197 | 1.113 | ∞ | 1.430($n_D^{25}$) |
| $CH_3CHOHCH_2OH$ | 1,2-丙二醇 | | 187 | 1.040 | ∞ | 1.4293($n_D^{27}$) |
| $CH_2OHCH_2CH_2OH$ | 1,3-丙二醇 | | 215 | 1.060 | ∞ | |
| $CH_2OHCHOHCH_2OH$ | 丙三醇 | 18 | 290 | 1.261 | ∞ | |
| $C(CH_2OH)_4$ | 季戊四醇 | 260 | 276 (3999.6Pa) | 1.050 (15℃) | | |

多元醇分子中含有两个以上的羟基，可以形成更多的氢键，故分子中所含羟基越多，沸点越高，在水中的溶解度也越大。例如，乙二醇沸点为 197℃，丙三醇沸点为 290℃，它们都能与水混溶。

由于醇分子中羟基是一个极性很强的基团，因此一般低碳醇分子的极性大，常被用作质子型极性溶剂。

醇也能溶于强酸，这是由于它能和酸中质子结合成镁盐的缘故。例如，正丁醇虽然在水中的溶解度只有 8%，但是它能和浓硫酸互相混溶。醇能溶于浓硫酸这个性质在有机分析上很重要，常被用来区别醇和烷烃，因为后者不溶于强酸。

### 8.1.2 醇的化学性质

醇的化学性质主要由它所含的羟基(—OH)官能团决定。在醇的化学反应中,根据键的断裂方式,主要有氢-氧键断裂和碳-氧键断裂两种不同类型的反应。其次是$\alpha$-H的活泼性使醇发生氧化反应,以及$\beta$-C—H键断裂引起的醇分子内脱水反应。

醇的化学性质可以描述为

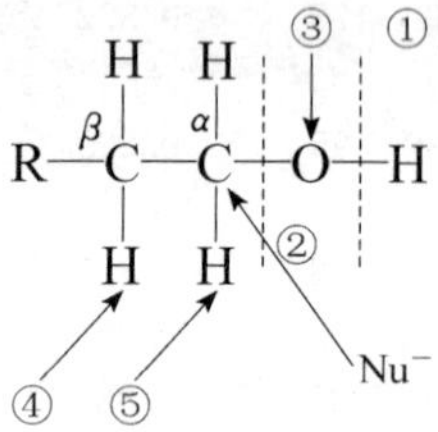


①弱酸性
②亲核取代反应
③酯化反应
④脱水反应
⑤氧化与脱氢

#### 8.1.2.1 醇弱酸性

醇分子中羟基上的氢很活泼,能被活泼金属(如Na、K、Mg、Al等)所取代,生成氢气和醇金属,因此醇具有酸性。例如,醇分别和钠、镁、铝等作用放出氢气生成醇钠、醇镁、醇铝等。

$$2C_2H_5OH + 2Na \longrightarrow \underset{\text{乙醇钠}}{2C_2H_5ONa} + H_2\uparrow$$

$$2C_2H_5OH + Mg \longrightarrow \underset{\text{乙醇镁}}{(C_2H_5O)_2Mg} + H_2\uparrow$$

$$6CH_3\underset{\displaystyle OH}{\underset{|}{C}}HCH_3 + 2Al \xrightarrow{[HgCl_2\text{ 或 }AlCl_3]} \underset{\text{异丙醇铝}}{2[(CH_3)_2CHO]_3Al} + 3H_2$$

$$2(CH_3)_3COH + 2K \longrightarrow \underset{\text{叔丁醇钾}}{2(CH_3)_3COK} + H_2\uparrow$$

但是,醇既不能和铁作用放出氢气,也不能使石蕊变红。同时和氢氧化钠的作用也很难,是一个可逆反应。逆反应要比正反应容易进行,因为水($pK_a=15.4$)是一个比醇(如甲醇的$pK_a=16$)较强的酸。

$$R—O—H + NaOH \rightleftharpoons RONa + H_2O$$

所以醇和金属钠的作用没有水那样强烈,目前工厂和实验室都是用乙醇来破坏反应中多余的金属钠,要比用水安全得多。乙醇和金属镁的作用更加缓慢,往往需要加入少量的碘作为催化剂。实验室中制备无水乙醇时,最后微量的水分是用这个反应来除去。

乙醇先和镁作用生成乙醇镁，乙醇镁再和水作用生成乙醇和氧化镁。

$$(C_2H_5O)_2Mg + H_2O \rightleftharpoons 2C_2H_5OH + MgO$$

醇金属是一类很重要的有机化合物。例如，醇钠可以用来制醚，异丙醇铝 $[(CH_3)_2CHO]_3Al$ 和叔丁醇铝 $[(CH_3)_3CO]_3Al$ 也是一个很好的催化剂和还原剂，在有机合成上都有重要的用途。

醇钠是白色固体，它是个具有烷氧基的强亲核试剂。工业上生产醇钠，为了避免使用昂贵的金属钠，是用醇和氢氧化钠来制取的。例如，工业上用乙醇和氢氧化钠反应生产醇钠。

$$C_2H_5OH + NaOH \rightleftharpoons C_2H_5ONa + H_2O$$

在乙醇和氢氧化钠作用过程中，向体系里加一些苯，使苯和乙醇与水形成一个三元共沸物（沸点 64.89℃，其中苯：乙醇：水＝74.1：18.5：7.4，体积比）进行共沸蒸馏而将水带出，破坏平衡从而使反应向着有利于生成醇钠的方向进行。

醇与金属的反应随醇相对分子质量的增大而变慢。醇的反应活性为甲醇＞伯醇＞仲醇＞叔醇。

#### 8.1.2.2　卤代烃的生成

1）与 HX 作用

醇与氢卤酸作用，则羟基被卤素取代而生成卤烃和水，反应历程为亲核取代反应。这是制备卤烃的重要方法之一。

$$R\text{—}OH + HX \rightleftharpoons R\text{—}X + H_2O$$

这个反应是可逆的，如果采用催化剂或使反应物之一过量或使生成物之一从平衡混合物中移去，都可使反应向有利于生成卤烃的方向进行，以提高产量。

$$CH_3CH_2CH_2CH_2OH \begin{cases} HI \xrightarrow{\triangle} CH_3CH_2CH_2CH_2I + H_2O \\ HBr \xrightarrow[\triangle]{H_2SO_4} CH_3CH_2CH_2CH_2Br + H_2O \\ HCl \xrightarrow[\triangle]{ZnCl_2} CH_3CH_2CH_2CH_2Cl + H_2O \end{cases}$$

氢卤酸反应活性次序是 HI＞HBr＞HCl。各种醇和浓盐酸在无水 $ZnCl_2$ 催化下的反应活性依次是苄醇和烯丙醇＞叔醇＞仲醇＞伯醇＞$CH_3OH$。

$$(CH_3)_3C\text{—}OH + HCl \xrightarrow[20℃,1min]{ZnCl_2} (CH_3)_3C\text{—}Cl + H_2O$$

$$CH_3CH_2CH(OH)CH_3 + HCl \xrightarrow[20℃,10min]{ZnCl_2} CH_3CH_2\underset{\displaystyle |\atop\displaystyle Cl}{C}HCH_3 + H_2O$$

$$CH_3CH_2CH_2CH_2OH + HCl \xrightarrow[\text{20℃,1h 不起作用}\atop\text{加热才起反应}]{ZnCl_2} CH_3CH_2CH_2CH_2Cl + H_2O$$

将浓盐酸与无水氯化锌所配制的溶液(称为卢卡斯试剂)分别与伯、仲、叔醇在常温下作用,叔醇反应最快,仲醇次之,伯醇最慢。由于在反应中所生成的氯烷不溶于水,因此呈现混浊或分层现象,观察反应中出现混浊或分层的快慢,就可区别反应物是伯醇、仲醇还是叔醇(适用于含 $C_4 \sim C_7$ 的醇)。

醇与卤代烃相比较难进行亲核取代反应,因为醇的离去基团碱性较强($HO^- > X^-$)。实验发现:强酸的负离子如 $X^-$ 等较易离去,是好的离去基团;弱酸的负离子如 $HO^-$、$RO^-$、$H_2N^-$ 等较难离去。据此,醇的亲核取代反应需在酸催化下进行。此时,醇形成鎓盐($R\overset{+}{O}H_2$),离去基团由强碱($OH^-$)转变为弱碱($H_2O$),而容易进行亲核取代反应。或将醇与对苯磺酰氯反应,使醇羟基转变为对甲苯磺酰氧基,即由强碱转化为弱碱性基团,以利于反应发生,如

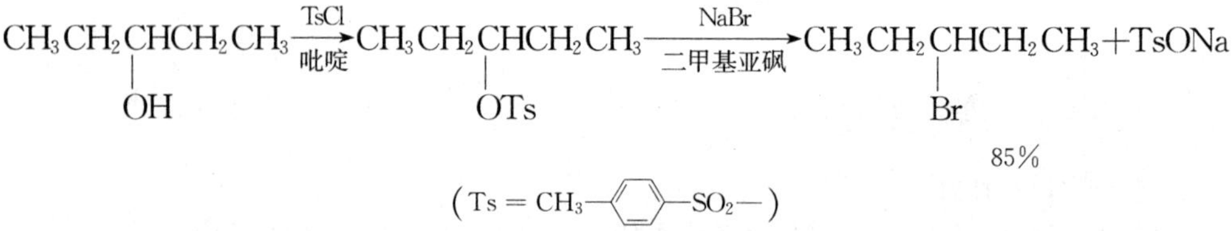

烯丙型醇、苄醇、叔醇、仲醇易按 $S_N1$ 历程进行。有一些醇(除大多数伯醇外)与氢卤酸反应时常有重排产物生成,即与此有关,如

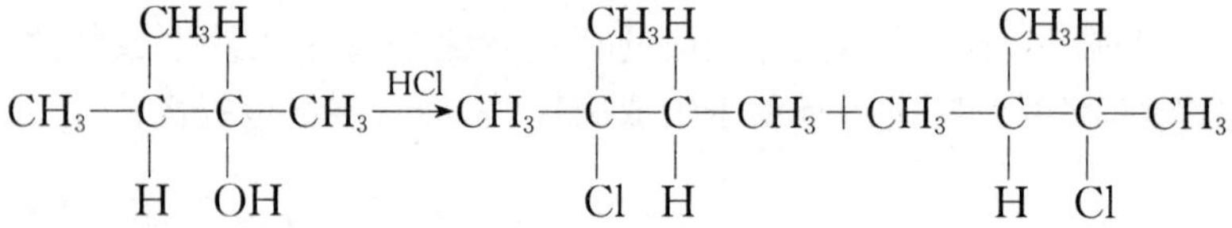

主要产物

这是由于反应过程中,碳正离子不稳定而发生了重排反应的缘故,又如

主要产物

这是因为新戊醇 $\alpha$-碳上叔丁基位阻较大,阻碍了亲核试剂的进攻而不利于$S_N2$反应,所以反应按 $S_N1$ 进行。反应过程中的伯碳正离子重排为较稳定的叔碳正离子,而后与 $Br^-$ 结合,得 2-甲基-2-溴丁烷为主要产物。

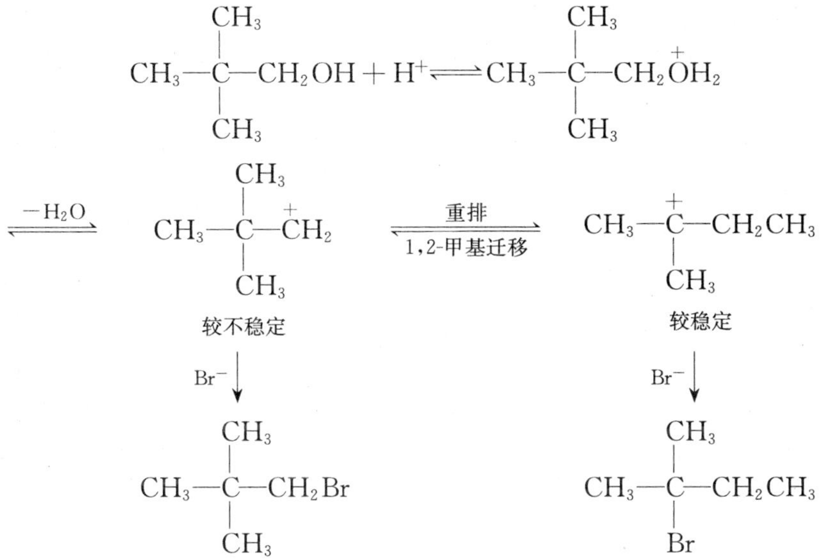


大多数伯醇不发生重排，是因为它们与氢卤酸的反应是按 $S_N2$ 历程进行的。

$$X^- + R\overset{+}{O}H_2 \longrightarrow [\overset{\delta^-}{X}\cdots R\cdots\overset{\delta^+}{O}H_2] \longrightarrow X{-}R + H_2O$$

2）与卤化磷作用

醇也可以与三碘（或溴）化磷、五氯化磷反应生成相应的卤代烃。在实际操作中，常用红磷与溴或碘代替三卤化磷。

$$3ROH + PI_3 \xrightarrow{\text{或}(P+I_2)} 3RI + P(OH)_3$$

$$ROH + PCl_5 \longrightarrow RCl + POCl_3 + HCl$$

卤化磷与醇反应生成卤代烃是 $S_N2$ 反应，反应中心碳原子发生构型转化且没有重排产物，这一特征在有机合成中是很有用处的。

醇和三氯化磷的反应产物比较复杂，副反应较多，常常得到的是亚磷酸酯而非氯代物，故该反应不被用来制备氯代物。用五氯化磷来代替三氯化磷也有磷酸酯副产物生成，而且磷酸酯不易除去，产物氯代物的质量不易控制，故这个方法并不适于制备氯代烃。

3）与亚硫酰氯作用

醇与亚硫酰氯作用生成氯代烃，碳架不发生重排，且产率较高，产品较纯，副产物 $SO_2$ 与 HCl 均为气体，易于分离。可用碱吸收以避免造成环境污染。

$$ROH + SOCl_2 \longrightarrow RCl + SO_2\uparrow + HCl\uparrow$$

由于这一反应体系对金属设备有很强的腐蚀，一般多用于实验室中制取氯代烃。

醇和亚硫酰氯反应历程与醇和氢卤酸反应历程不同。醇与亚硫酰氯作用首先生成氯代亚硫酸酯和氯化氢，接着氯代亚硫酸酯发生分解，在碳-氧键发生异裂的同时，带有部分负电荷的氯原子恰好位于缺电子碳的前方并与之发生分子内的亲核取代反应。当碳-氯键形成时，分解反应完成并放出 $SO_2$。由于发生亲核攻击的氯原子所处方位与将要离去的 $SO_2$ 是同侧，所以在反应过程中醇的 $\alpha$-碳原子是构型保持的。这种取代反应机理称为分子内亲核取代，记作 $S_Ni$：

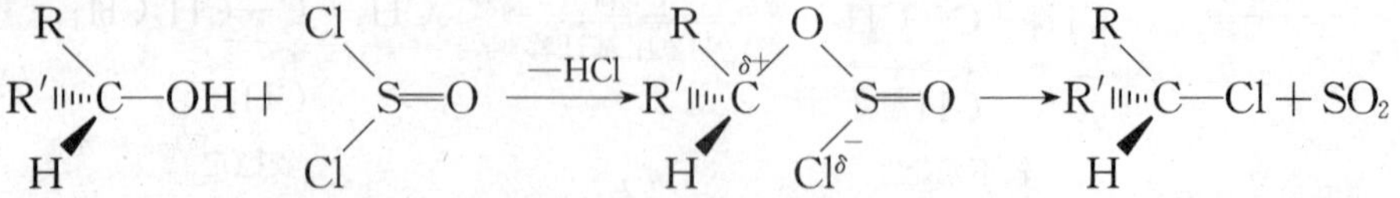

上述反应一般在以乙醚为溶剂的体系中进行。若用吡啶碱为溶剂，得到的是构型翻转的产物。这是由于第一步反应得到的氯代亚硫酸酯和氯化氢均能与吡啶成盐，它们都产生“自由”的氯负离子，此时它将从碳-氧键的背面进攻从而使该碳原子的构型翻转。

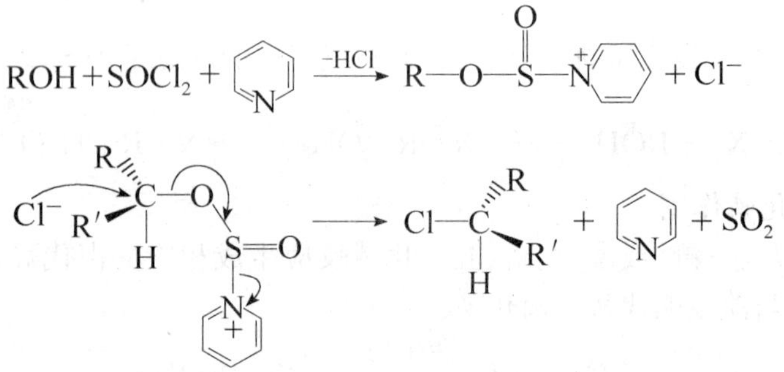

因此，我们从光学活性的醇出发制备构型保留的氯代物可以在乙醚溶剂体系中进行．若想得到构型反转的氯代物时，可以在以吡啶为溶剂的体系中进行。

8.1.2.3　与无机酸的反应

醇除与氢卤酸作用外，与硫酸、硝酸、磷酸等无机酸也可作用，得到的产物总称为无机酸酯。伯醇主要是按 $S_N2$ 历程进行；叔醇则主要是按 $S_N1$ 历程进行；对仲醇而言，两种历程都可以发生，何者为主，应看其他的反应条件（如酸的浓度及强度、反应温度、酸根负离子的亲核性等），如

$$CH_3-\boxed{OH+H}-O-SO_2OH \rightleftharpoons \underset{\text{硫酸氢甲酯(酸性酯)}}{CH_3OSO_2OH}+H_2O$$

如将硫酸氢甲酯加热减压蒸馏，即得硫酸二甲酯（中性酯）。

$$CH_3OSO_2OH+HOSO_2OCH_3 \rightleftharpoons CH_3OSO_2OCH_3+H_2SO_4$$

硫酸和乙醇作用，也可得硫酸氢乙酯和硫酸二乙酯。硫酸二甲酯和硫酸二乙

酯都是常用的烷基化试剂，因有剧毒，使用时应注意安全！高级醇的酸性硫酸酯钠盐，如 $C_{12}H_{25}OSO_2Na$ 是一种表面活性剂。

甘油三硝酸酯是一种炸药，也可用作药物，用于血管扩张，治疗心绞痛和胆绞痛；磷酸三丁酯用作萃取剂和增塑剂。

一般的磷酸酯是在吡啶存在下，醇和三氯氧磷($POCl_3$)作用制得。如

$$3C_8H_{17}OH + Cl-\underset{Cl}{\overset{Cl}{P}}=O \longrightarrow \underset{\text{磷酸三辛酯}}{(C_8H_{17}O)_3PO} + 3H_2O$$

甘油与磷酸反应可得到磷酸甘油，它和钙离子形成的甘油磷酸钙，可在人体内调节钙磷比例，用来防治佝偻病。

8.1.2.4　脱水反应

根据反应条件不同，醇可发生分子内脱水而生成烯烃，也可以发生分子间脱水而生成醚，如

$$\underset{H\quad OH}{CH_2-CH_2} \xrightarrow[\text{或 }Al_2O_3\text{，}360℃]{\text{浓 }H_2SO_4(98\%)\text{，}170℃} CH_2=CH_2 + H_2O$$

$$CH_3CH_2OH + HOCH_2CH_3 \xrightarrow[\text{或 }Al_2O_3\text{，}240\sim260℃]{\text{浓 }H_2SO_4\text{，}140℃} \underset{\text{乙醚}}{CH_3CH_2-O-CH_2CH_3} + H_2O$$

反应温度对脱水反应的产物有很大的影响，低温时有利于取代反应而生成醚，高温有利于消除反应，即分子内脱水生成烯烃。醇的结构对产物也有很大的影响，一般是叔醇脱水生成烯烃，伯醇发生分子间脱水生成醚。

醇分子内脱水属于消除反应，其取向同卤烃消除卤化氢相似，也符合札依采夫规则，脱去羟基和含氢较少的 $\beta$-碳上的氢，即生成的烯烃总是连有较多烃基的取代乙烯，如

$$CH_3CH_2\underset{OH}{CH}CH_3 \xrightarrow[100℃]{66\%H_2SO_4} \underset{\substack{80\% \\ \text{2-丁烯(主要产物)}}}{CH_3CH=CHCH_3}$$

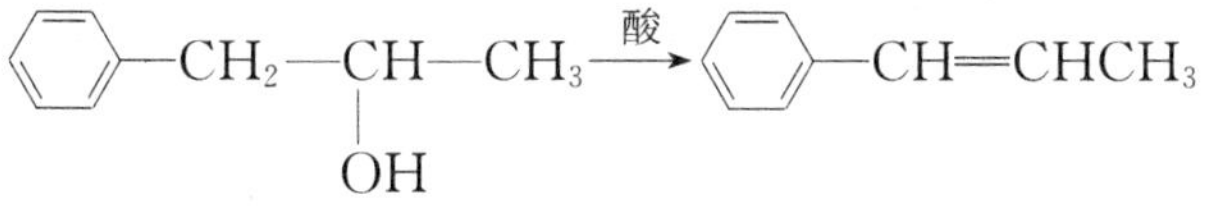

1-苯基-2-丙醇　　　　1-苯基丙烯

此外，不饱和醇和二元醇脱水时，也总是优先生成共轭二烯烃。因为共轭体系是一个较稳定的体系。

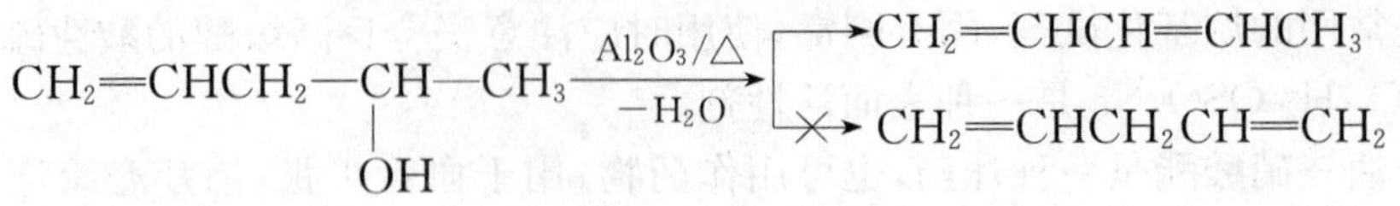


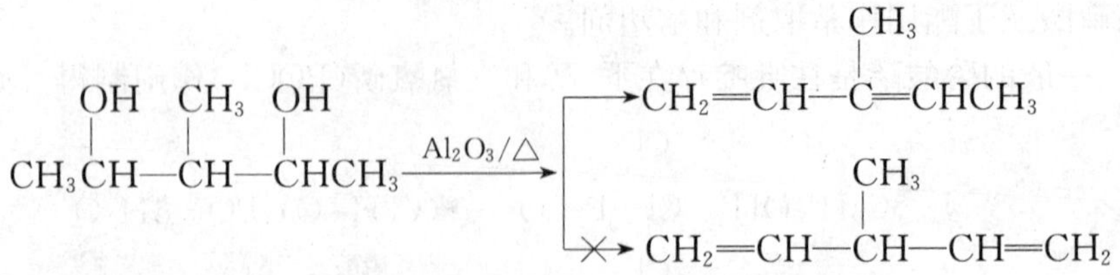


常用的脱水剂除浓 $H_2SO_4$ 外还有氧化铝。虽然用氧化铝时反应温度要求较高(350～450℃)，但是它有两个优点：脱水剂(经再生后)可以重复使用，“三废”少；反应中很少有重排产物生成。例如，正丁醇在浓 $H_2SO_4$ 脱水时，主要产物不是1-丁烯，而是2-丁烯；但用氧化铝作脱水剂时，产物是纯的1-丁烯。

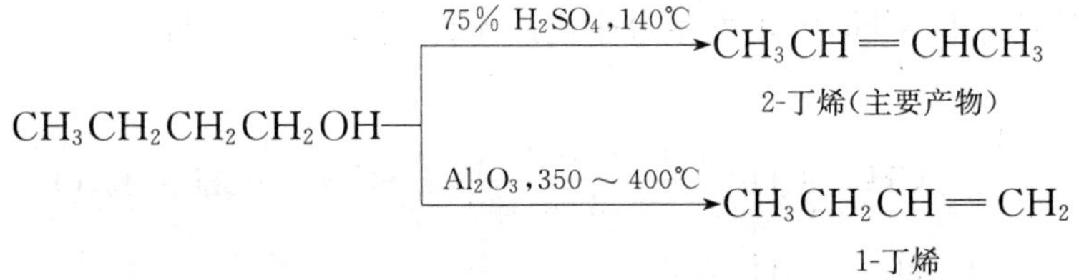


大多数醇在质子酸催化下加热进行分子内脱水生成烯烃，主要按E1历程反应。因此，上例这个双键的重排现象在用硫酸脱水时是常见的，它可以用E1碳正离子历程来说明：

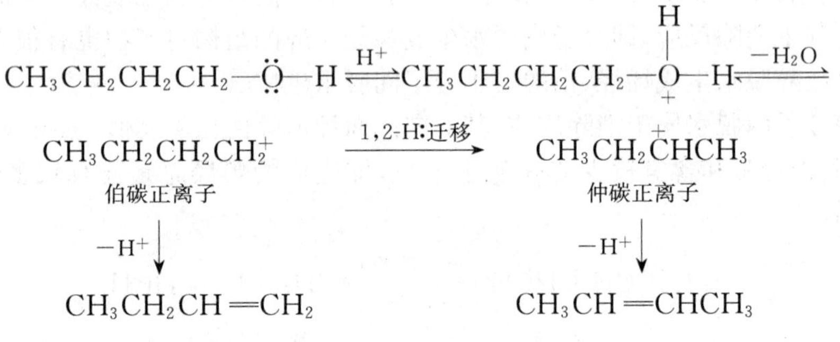


在硫酸中，醇先质子化形成一个较好的离去基团 $H_2O$ 而产生碳正离子，接着通过1,2-迁移形成一个更稳定的碳正离子，然后再按札依采夫规则脱去一个 $\beta$ 氢原子，如

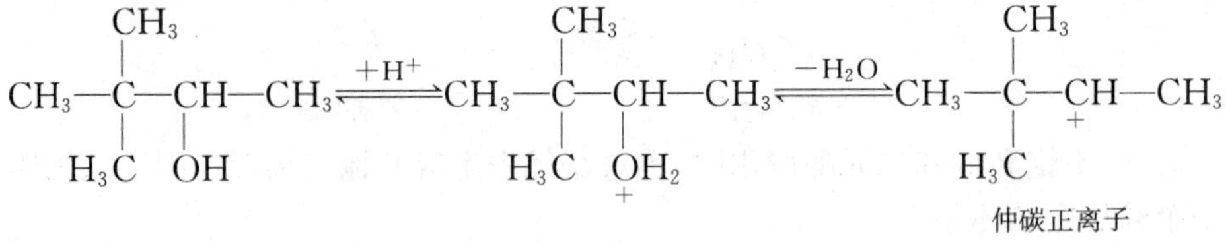

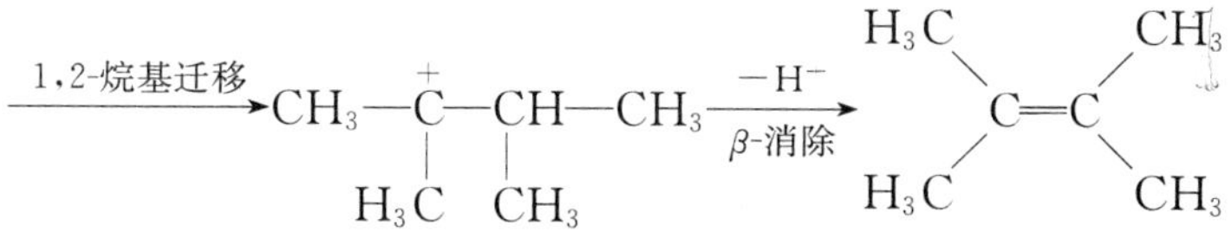

叔碳正离子(更稳定)　　主要产物

醇分子间脱水生成醚的反应是 $S_N$ 历程。在用醇制备单醚时,一般以伯醇为宜,这时的脱水反应是 $S_N2$ 历程,如正丁醚的合成:

$$CH_3CH_2CH_2CH_2OH + H^+ \longrightarrow CH_3CH_2CH_2CH_2\overset{+}{O}H_2$$

$$n\text{-}C_4H_9\ddot{\underset{\cdot\cdot}{O}}H + H_2\overset{+}{O}CH_2CH_2CH_2CH_3 \longrightarrow (n\text{-}C_4H_9)_2\overset{+}{O}H + H_2O$$

$$(n\text{-}C_4H_9)_2\overset{+}{O}H \xrightarrow{-H^-} (n\text{-}C_4H_9)_2O$$

酸性催化剂可以是硫酸、磷酸、对甲苯磺酸等无机、有机酸,也可以使用三氟化硼和无水氯化锌等路易斯酸及硅胶、氧化铝等脱水剂。这个方法一般不用于制备低级的混合醚,因为选择性不好,产率低,分离也很困难,但可用于制备叔(仲)烷基伯烷基混合醚。

$$C_6H_5CH(OH)C_6H_5 + HOCH_2CH_2Cl \xrightarrow{H_2SO_4} (C_6H_5)_2CHOCH_2CH_2Cl$$

如用甲醇及叔丁醇来制备甲基叔丁基醚,可以得到较高的收率,这是因为叔丁基正离子容易形成,使反应按如下 $S_N1$ 历程进行:

$$(CH_3)_3COH + H^+ \longrightarrow (CH_3)_3C\overset{+}{O}H_2 \longrightarrow (CH_3)_3C^+ + H_2O$$

$$(CH_3)_3C^+ + HOCH_3 \longrightarrow (CH_3)_3C-\underset{\displaystyle H}{\overset{+}{O}}-CH_3 \longrightarrow (CH_3)_3C-O-CH_3 + H^+$$

8.1.2.5 氧化和脱氢

伯、仲、叔三种醇对于氧化剂的作用是不同的。伯醇、仲醇易被氧化,伯醇氧化后的产物是醛或者酸,仲醇氧化后的产物是酮。这是由于伯醇和仲醇分子中,与醇羟基直接相连接的碳原子($\alpha$-碳原子)上连有氢原子,这些氢原子受羟基的影响,比较活泼,易被氧化。叔醇分子中,和羟基相连的碳原子上没有氢原子,因此很难被氧化,如在剧烈条件下氧化,则碳链断裂,生成含碳原子数较少的产物(低级酮和酸的混合物)而无实用价值。

$$RCH_2OH \xrightarrow[\text{KMnO}_4 + H_2SO_4 \text{ 或 } Na_2Cr_2O_7 + H_2SO_4]{[O]} \underset{\text{醛}}{RCHO} \xrightarrow{[O]} \underset{\text{羧酸}}{RCOOH}$$

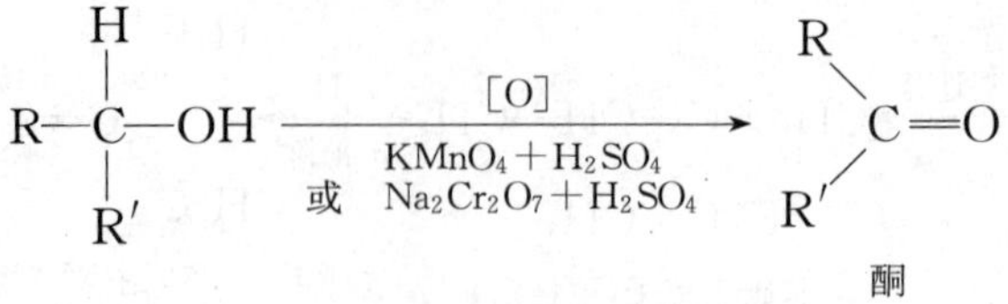


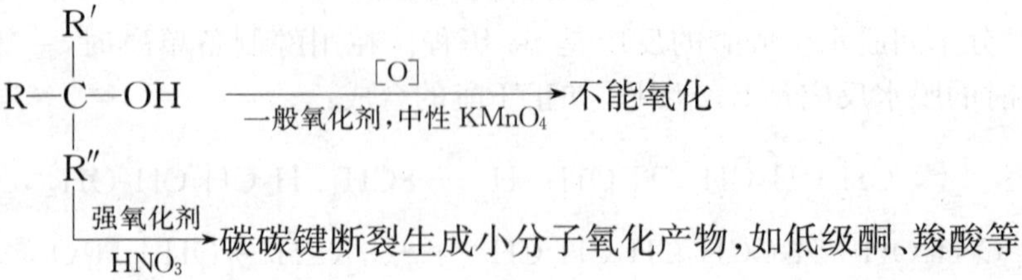


为使伯醇和仲醇氧化成羰基化合物，可采用一些较弱的氧化剂或特殊的氧化剂。例如，三氧化铬与吡啶的加合物是其中之一。

$$CH_3CH_2\underset{\displaystyle CH_3}{\underset{|}{C}H}(CH_2)_4CH_2OH \xrightarrow[CH_2Cl_2,69\%]{CrO_3\text{-吡啶}} CH_3CH_2\underset{\displaystyle CH_3}{\underset{|}{C}H}(CH_2)_4CHO$$

二环己基碳二亚胺(简称 DCC 或 DCCI)与二甲基亚砜的混合物可用于伯醇或仲醇的氧化，并可避免醛进一步被氧化成羧酸，如

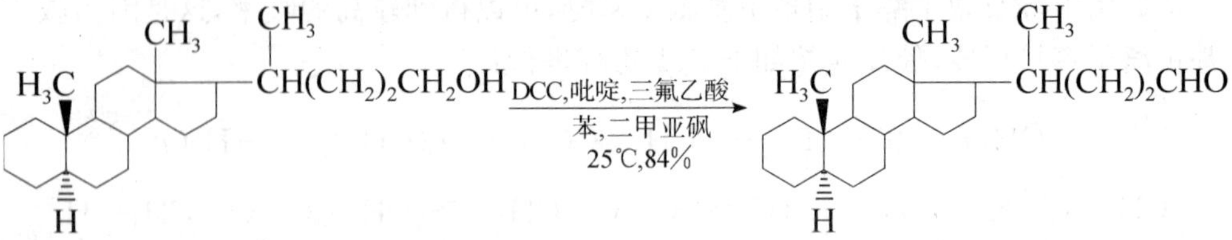


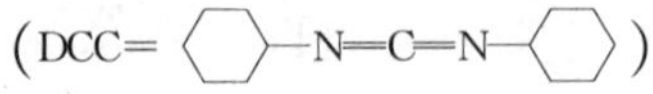

脂环醇氧化也先生成酮，进一步以强氧化剂氧化，则碳-碳键断裂而生成含同碳数的二元羧酸，如

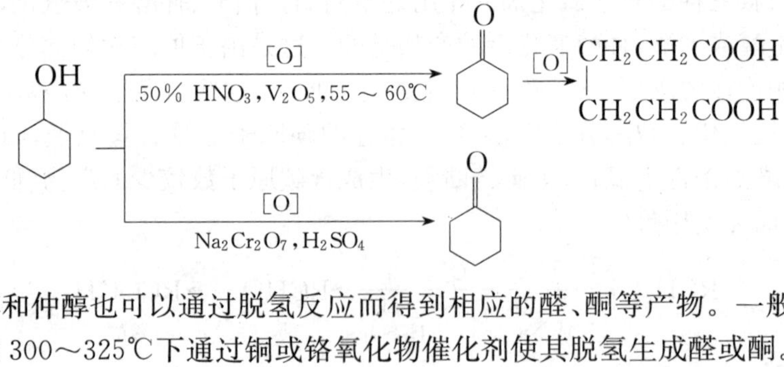


伯醇和仲醇也可以通过脱氢反应而得到相应的醛、酮等产物。一般是把它们的蒸气在 300～325℃下通过铜或铬氧化物催化剂使其脱氢生成醛或酮。

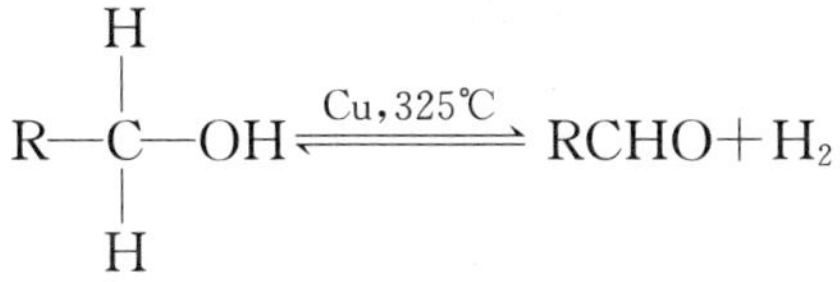

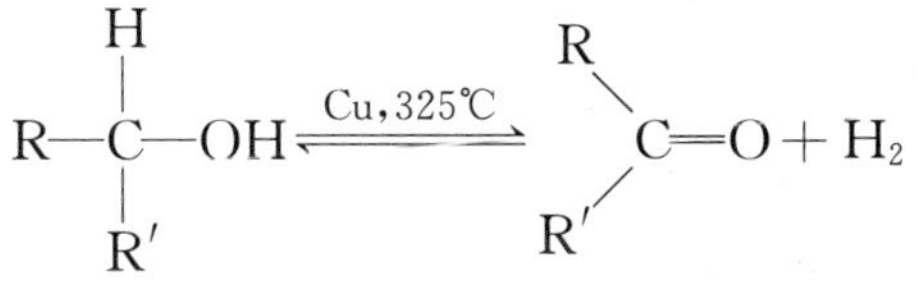

该反应的优点是产品较纯，但脱氢过程是吸热的可逆反应，反应中要消耗热量。若将醇与适量的空气或氧气通过催化剂进行氧化脱氢，则氧和氢结合生成水，反应可以进行到底，如

$$CH_3CH_2OH + \frac{1}{2}O_2 \xrightarrow[550℃]{Cu 或 Ag} CH_3CHO + H_2O$$

氧化脱氢时，氧与氢结合放出大量的热，把脱氢的吸热过程转变为放热过程，这样可以节省热量。该反应的缺点是产品复杂、分离困难。

由于伯、仲、叔醇氧化后所生成的产物不同，根据氧化产物的结构可以区别它们。

#### 8.1.2.6　二元醇的性质

二元醇与一元醇类似，两个羟基可以单独反应或全部反应，如

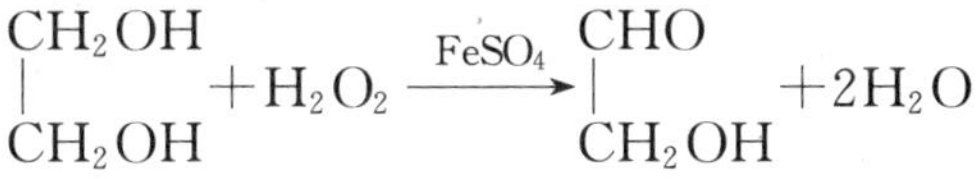

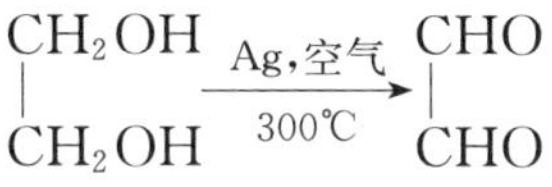

1) 邻二醇用高碘酸氧化

高碘酸可以使邻二醇碳碳键断裂，醇羟基转化为相应的醛、酮，并能定量进行反应。因此，根据高碘酸的消耗量，可推知多元醇中所含相邻醇羟基的数目，并根据产物可推知原化合物的结构，如

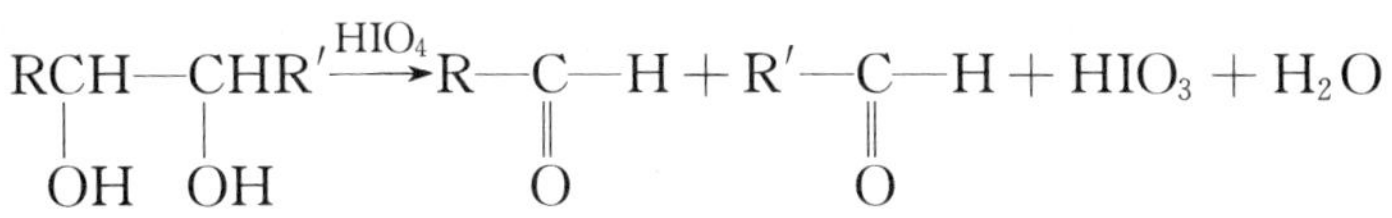

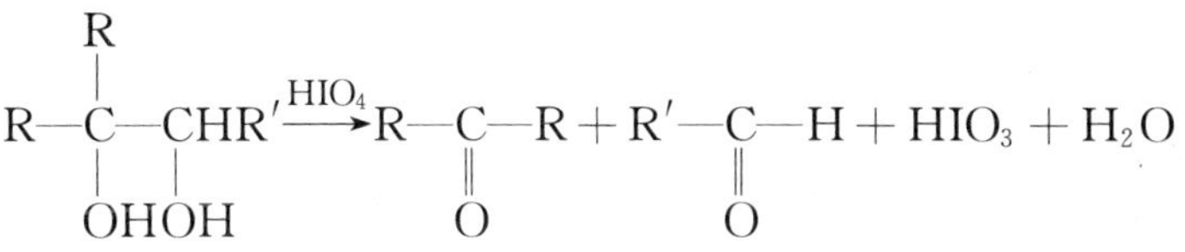

在反应混合物中加入硝酸银，根据是否含有碘酸银的白色沉淀生成，可以判断反应是否进行。

2）频哪醇(Pinacol)重排

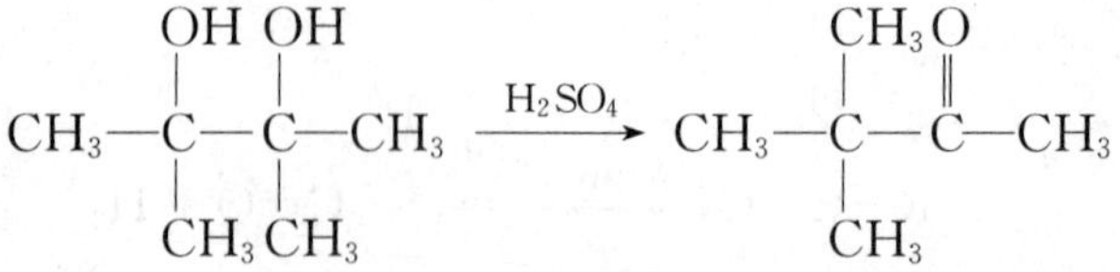

频哪醇　　　　频哪酮

频哪醇重排反应常用于一般方法不易得到的化合物的制备，如环戊酮制备螺[4.5]-6-癸酮。

### 8.1.3 醇的制法

#### 8.1.3.1 烯烃水合

随着石油化工的发展，目前一些简单的醇，如乙醇、异丙醇、叔丁醇等，可用烯烃直接水合，即用相应的烯烃与水蒸气在加热、加压和催化剂存在下直接生成醇，如

$$CH_2{=}CH_2 + HOH \xrightarrow[280\sim300℃,8MPa]{H_3PO_4\text{-硅藻土}} CH_3{-}CH_2{-}OH$$

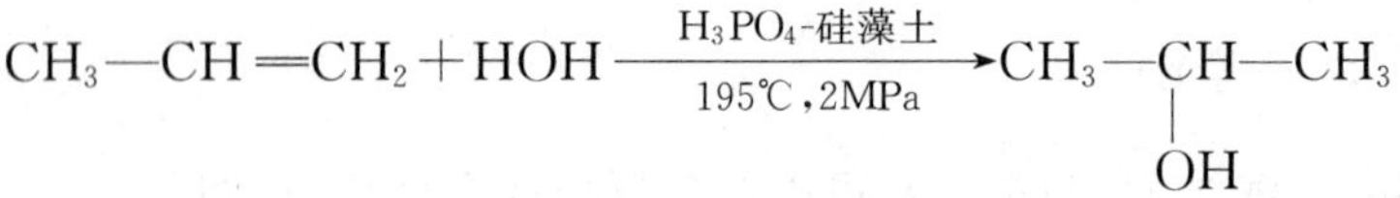

不对称烯烃与水在酸催化下的直接水合按马氏规则进行。除乙烯水合生成伯醇外，其他烯烃直接水合可得仲醇和叔醇。也可用烯烃间接水合，即烯烃用98%的硫酸吸收后先生成烷基硫酸氢酯，再经水解得到醇，如

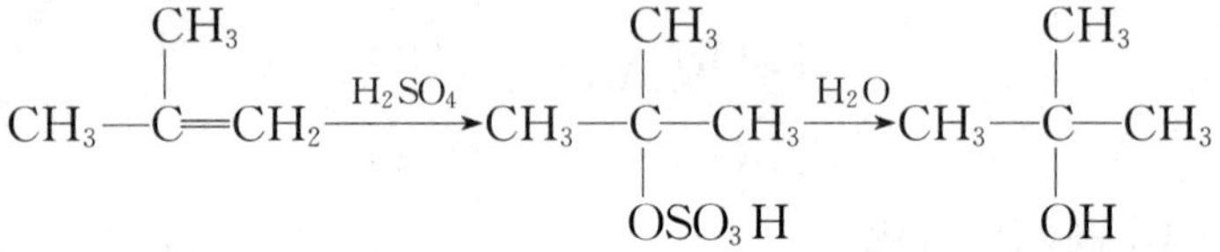

不对称烯烃如3,3-二甲基-1-丁烯在酸催化下水合，往往由于中间体碳正离子可发生重排而生成叔醇。

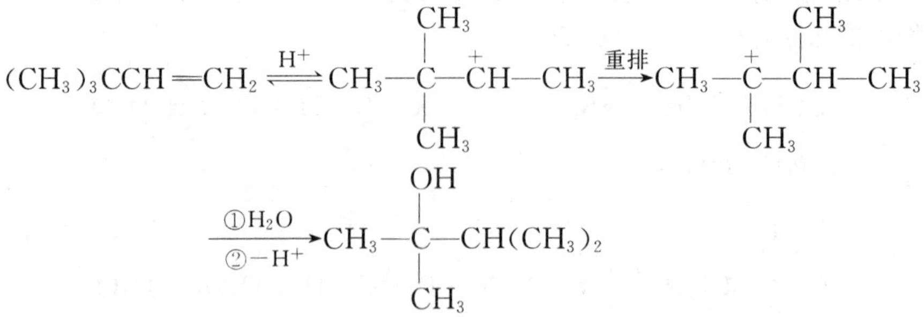

不对称烯烃与水在酸催化下的直接水合按马氏规律进行。除乙烯水合生成伯

醇外，其他烯烃直接水合可得仲醇和叔醇。

#### 8.1.3.2　烯烃硼氢化-氧化

烯烃与乙硼烷（$B_2H_6$）反应生成三烷基硼烷。产物不需分离，在碱性溶液中，用过氧化氢直接氧化就得到醇。

$$CH_2=CH_2 \xrightarrow{B_2H_6} (CH_3CH_2)_3B \xrightarrow[NaOH]{H_2O_2} CH_3CH_2OH$$

硼氢化-氧化反应简单方便，产率也很高。它的特点是：有高度的方向选择性，水分子在双键上加成总是反马氏规律的；立体化学上为顺式加成，且无重排产物生成。所以它在有机合成上应用较广，用它可以从烯烃制得用其他方法所不易制得的醇。若反应物为不对称的末端烯烃，经硼氢化-氧化反应可得到相应的伯醇，这是制备伯醇的一个很好的方法，如

$$CH_3CH=CH_2 \xrightarrow{B_2H_6} \xrightarrow[OH^-]{H_2O_2} CH_3CH_2CH_2OH$$

#### 8.1.3.3　从醛、酮、羧酸及其酯还原

醛、酮、羧酸和羧酸酯的分子中都含有羰基，它们能催化加氢（催化剂为镍、铂或钯）或用还原剂（$LiAlH_4$ 或 $NaBH_4$）还原生成醇。除酮还原生成仲醇外，醛、羧酸、羧酸酯还原都生成伯醇。

#### 8.1.3.4　从格氏试剂制备

格氏试剂与醛或酮作用发生加成反应，烃基加到羰基的碳原子上，—MgX 部分加到氧原子上，加成产物经水解即生成醇。

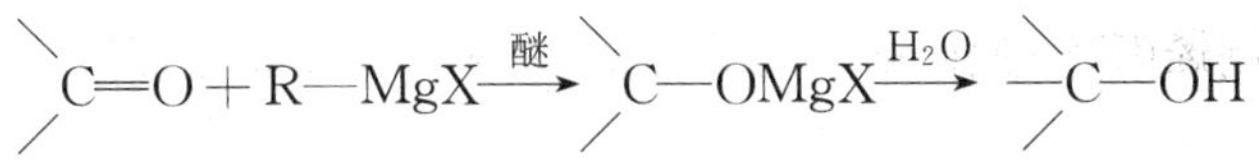

这个反应可利用来制备各种醇。例如，从甲醛可以得到伯醇，其他醛可以得到仲醇，从酮可以得到叔醇。反应必须在醚（如无水乙醚或四氢呋喃）中进行。

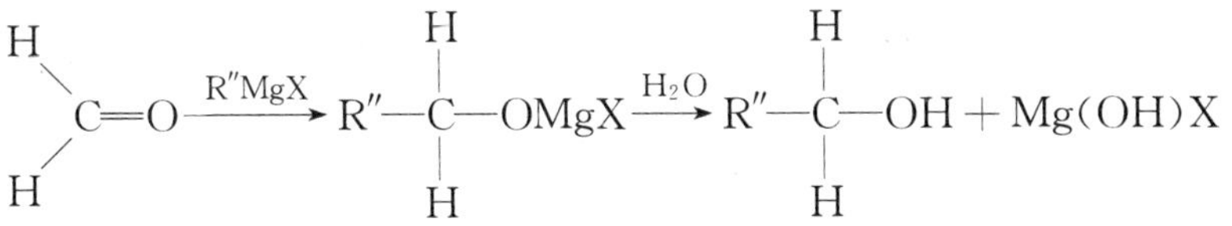

1°醇

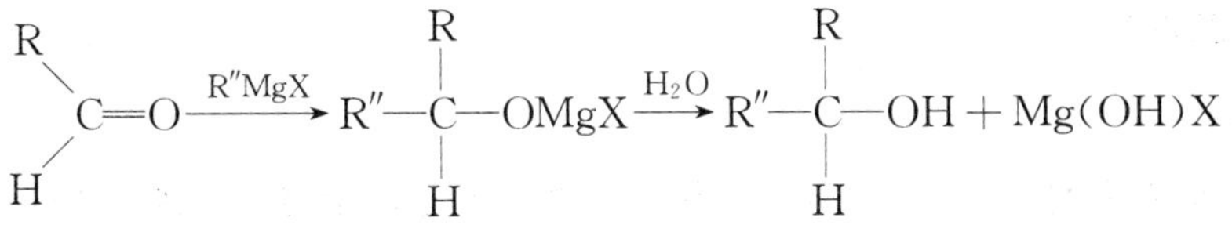

2°醇

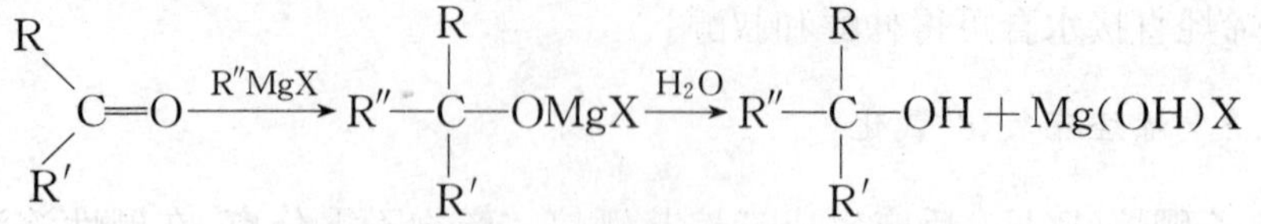

3°醇

选用哪一种格氏试剂和哪一种羰基化合物来制备所需要的醇，可以从连接醇羟基的碳上的三个基团的结构来考虑，即其中一个基团必须来自格氏试剂，另两个基团(包括氢)必须来自羰基化合物，然后研究其中哪些原料容易获得，如

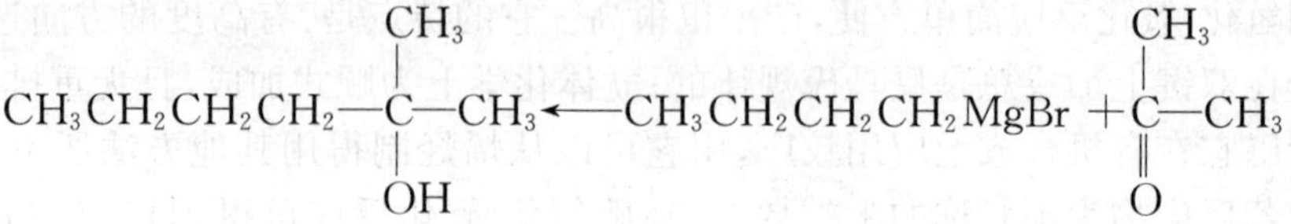

(1)

2-甲基-2-己醇　　　　正丁基溴化镁　　　　丙酮

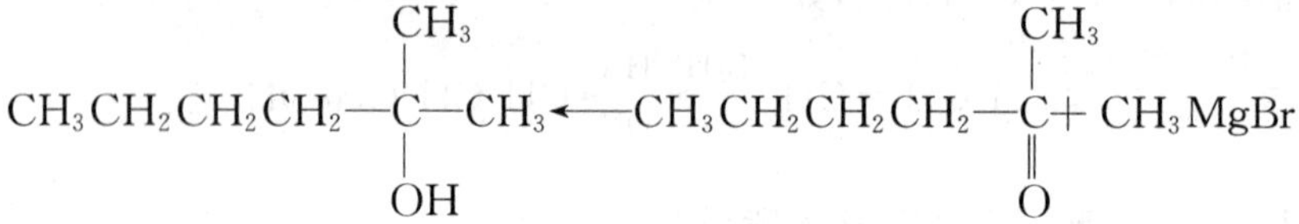

(2)

2-己酮　　　　甲基溴化镁

比较式(1)和式(2)可以看出，丙酮和正丁基溴化镁更易得到，因此可用正丁基溴化镁和丙酮加成，再水解制得 2-甲基-2-己醇。

#### 8.1.3.5　卤代烃水解

通过卤代物的水解可以制得醇，有很大的局限性。第一，有严重的副反应——产生烯烃；第二，一般情况下醇比相应的卤代烃容易制得，通常是由醇来制卤代烃而不是由卤代烃来制醇，只有在相应的卤代烃容易得到时才采用这个方法。例如，用 $\alpha$-氯丙烯水解制烯丙醇，$\alpha$-氯丙烯很容易由丙烯高温氯化得到。

$$CH_2=CHCH_2\fbox{Cl+H}OH \xrightarrow{Na_2CO_3} CH_2=CHCH_2OH+HCl$$

由芳卤代烷如苄氯可制备苄醇，同样苄氯容易从甲苯高温氯化得到。

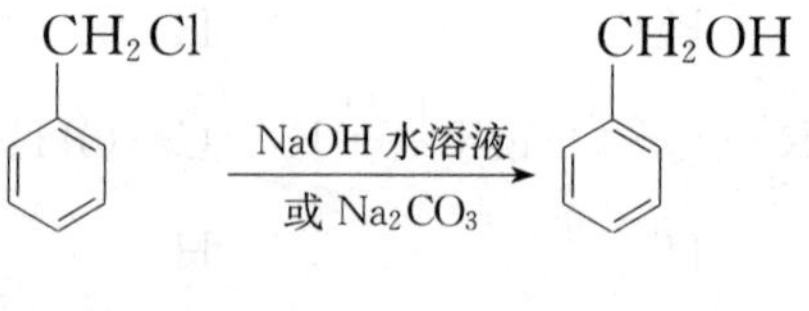

### 8.1.4　重要的醇

1）甲醇

甲醇最早由木材干馏而得，故称木精。近代工业上以合成气($CO+2H_2$)或天

然气(甲烷)为原料,在高温、高压和催化剂存在下合成甲醇。

$$CO + 2H_2 \xrightarrow[30\sim32\text{MPa},380\sim410℃]{CuO,ZnO\text{-}Cr_2O_3} CH_3OH$$

$$CH_4 + \frac{1}{2}O_2 \xrightarrow[\text{通过钢管}]{10\text{MPa},200℃} CH_3OH$$

甲醇为无色液体,易燃,爆炸极限为 6.0%～36.5%(体积分数)。有毒性,甲醇蒸气与眼接触可引起失明,饮用也可致盲。

甲醇用途很广,主要用来制备甲醛及在有机合成工业中用作甲基化试剂和溶剂,也可加入汽油或单独用作汽车或飞机的燃料。

2) 乙醇

乙醇俗称酒精。我国古代就知道用曲发酵酿酒。目前工业上用乙烯为原料来大量生产乙醇,但用发酵方法仍是工业上生产乙醇的方法之一。发酵法所用原料应为含有大量淀粉的物质(如甘薯、谷物等)或制糖工业的副产物——糖蜜。发酵是一个复杂的通过微生物进行的一种生物化学过程,大致步骤可概括如下:

$$\underset{\text{淀粉}}{(C_6H_{10}O_5)_n} \xrightarrow{\text{糖化酶}} \underset{\text{麦芽糖}}{C_{12}H_{22}O_{11}} \xrightarrow{\text{麦芽糖酶}} \underset{\text{葡萄糖}}{C_6H_{12}O_6} \xrightarrow{\text{酒化酶}} C_2H_5OH + CO_2$$

$$\underset{\text{糖蜜(含蔗糖)}}{C_{12}H_{22}O_{11}} \xrightarrow{\text{转化酶}} \underset{\text{葡萄糖和果糖}}{C_6H_{12}O_6} \xrightarrow{\text{酒化酶}} C_2H_5OH + CO_2$$

在发酵液中乙醇的含量为 10%～15%,将它进行分馏,可以得到浓度较高的溶液,但最高只能得到 95.6%乙醇。分馏后的残余液叫做杂醇油,内含 7%正丙醇、24%异丙醇、68%异戊醇,以及 2-甲基-1-丁醇等。杂醇油经酯化后可用作溶剂、香料等。

95.6%乙醇中还含有 4.4%水分,是沸点为 78.15℃的共沸混合物,所以利用分馏法不能将 4.4%的水分除去。实验室中要制备无水乙醇(绝对乙醇),可将 95.6%乙醇先与生石灰(CaO)共热,蒸馏得到 99.5%乙醇,再用镁处理除去微量水分而得 99.95%乙醇。工业上无水乙醇的制法是先在 95.6%乙醇中加入一定量苯,再进行蒸馏。先蒸出的是苯、乙醇和水的三元共沸物(沸点是 64.8℃,含苯 74.1%、乙醇 18.5%、水 7.4%),然后蒸出苯和乙醇的二元共沸物(沸点 68.25℃,含乙醇 32.41%,苯 67.59%),最后可得完全无水乙醇(沸点 78.3℃)。绝对无水的乙醇常称为无水乙醇或称为绝对乙醇。检验乙醇中是否含有水分,可加入少量无水硫酸铜,如呈蓝色(生成 $CuSO_4 \cdot 5H_2O$)就表明有水存在。

乙醇能与 $CaCl_2$ 或 $MgCl_2$ 形成 $CaCl_2 \cdot 3C_2H_5OH$ 或 $MgCl_2 \cdot 6C_2H_5OH$ 结晶络合物,称为结晶醇。低级醇都有与氯化钙等形成络合物的性质,所以实验室中常用干燥剂无水氯化钙不能用来使醇脱水干燥。乙醇是重要的工业原料,也是酒类的原料，为了防止工业用价廉的乙醇被用作配制酒类，常加入少量有毒、有臭味或有色物质(如甲醇、吡啶、染料)，掺有这些物质的酒精，叫做变性酒精。

十个碳原子以下的醇还能和橙色的硝酸铈铵生成酒红色的络合物，在有机分析上可以用来鉴定醇的存在，利用此反应原理制成的仪器可检验驾驶员是否酒后驾车，非常灵敏。

$$(NH_4)_2[Ce(NO_3)_6]+2ROH \longrightarrow Ce(NO_3)_4[ROH]_2+2NH_4NO_3$$

乙醇的用途极广，是有机合成工业的重要原料，也是常用的溶剂。70%～75%乙醇的杀菌能力最强，用作防腐剂和消毒剂。

乙醇易燃，它的蒸气爆炸极限为 3.28%～18.95%，闪点 4℃，使用时须注意安全。

3) 乙二醇

乙二醇俗称甘醇，是多元醇中最简单、工业上最重要的二元醇。它可从乙烯制备，目前工业上普遍采用由环氧乙烷水合的方法制备乙二醇。

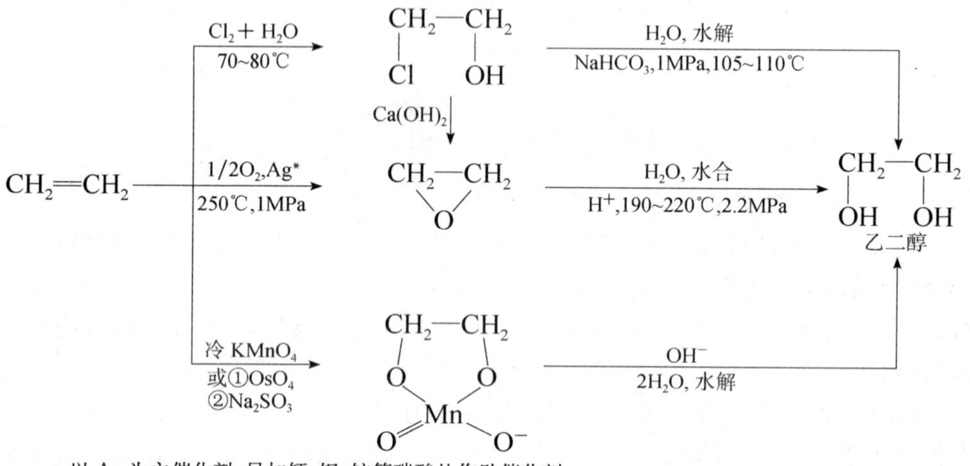


* 以 Ag 为主催化剂，另加钙、钡、铈等碳酸盐作助催化剂

在微量 $H^+$ 或 $OH^-$ 存在下，乙二醇可与环氧乙烷作用生成一缩二乙二醇(二甘醇)和二缩三乙二醇(三甘醇)。它们分别可以看作是两分子乙二醇脱去一分子水，或三分子乙二醇脱去两分子水的缩合产物，如继续与多个分子环氧乙烷作用，则生成由更多乙二醇缩合而成的高聚体的混合物，称为聚乙二醇。

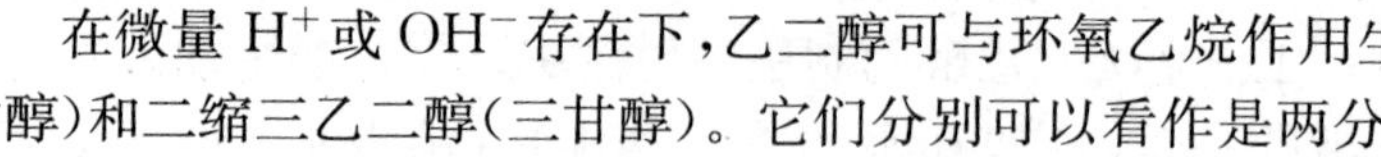


乙二醇(甘醇)　　　　　　　　　　二甘醇

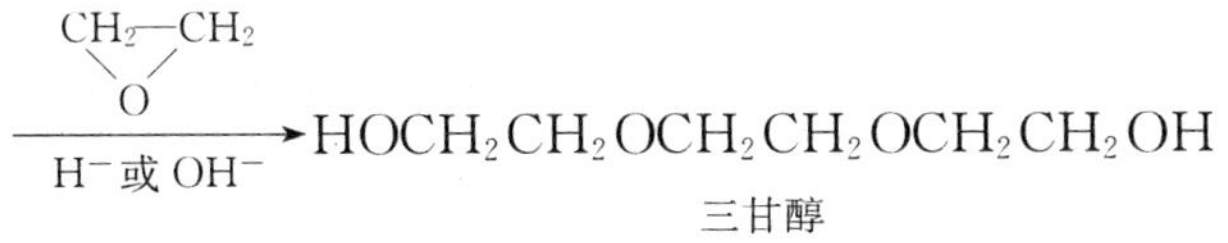

反应条件不同，得到的聚乙二醇的平均相对分子质量也不同，低的只有200～300，高的可达6000～7000。商业上往往以不同的牌号代表一定平均相对分子质量的商品。聚乙二醇工业上用途很广，可以用作乳化剂、软化剂以及气体净化剂（如脱硫、脱$CO_2$）等。

乙二醇是带有甜味但有毒性的黏稠液体，因分子中含有两个羟基以氢键相互缔合，所以乙二醇的沸点和相对密度（表8-1）均比同碳数的一元醇高。乙二醇可与水混溶，但不溶于乙醚。含40%（体积分数）乙二醇的水溶液，冰点为－25℃，60%（体积分数）的水溶液的冰点为－49℃，由于乙二醇水溶液的冰点低，在水中的溶解度又大，因此，乙二醇是很好的防冻剂。由于乙二醇的沸点高（197℃），因此它是一个高沸点溶剂。乙二醇也是合成聚酯纤维涤纶、炸药乙二醇二硝酸酯的原料，聚乙二醇醚类是一类非离子型表面活性剂。

4）丙三醇

丙三醇俗称甘油。它是一个重要的三元醇，以酯的形式广泛存在于自然界中。油脂的主要成分就是丙三醇的高级脂肪酸酯。丙三醇最早由油脂水解制备。近代工业上以石油热裂气中的丙烯为原料，用氯丙烯法（氯化法）或丙烯氧化法（氧化法）来制备。

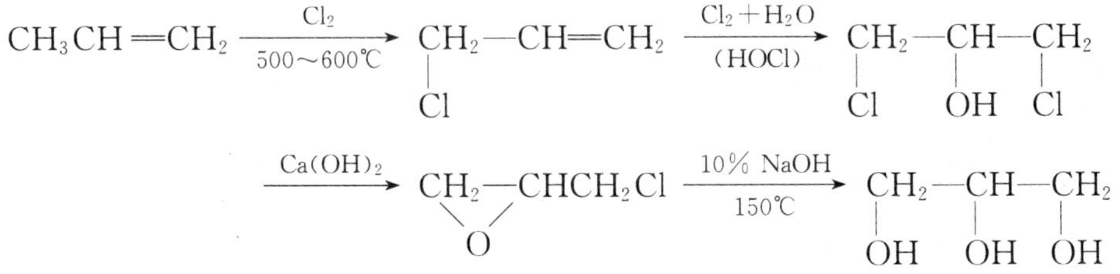


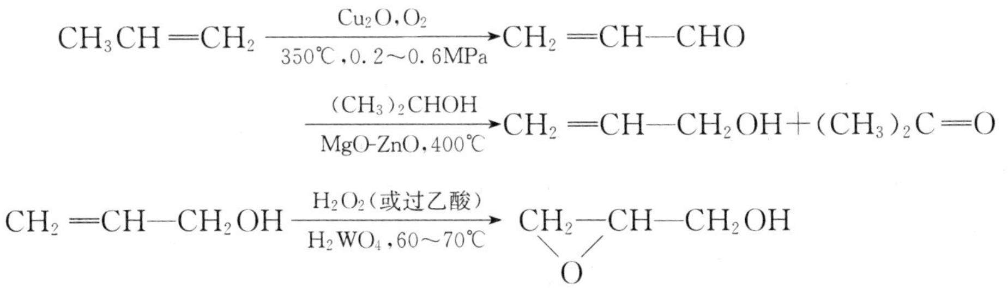

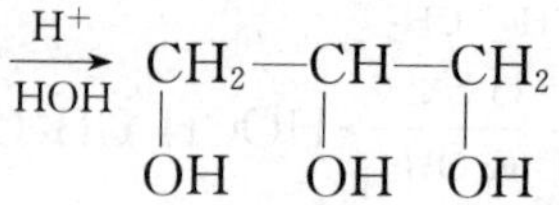

甘油是有甜味的黏稠液体,因分子中含有的三个羟基都可形成氢键,所以它的沸点比乙二醇更高。甘油与水可混溶,吸湿性强,能吸收空气中水分,不溶于乙醚、氯仿等有机溶剂,对石蕊试剂呈中性反应。甘油在工业上用途极为广泛,可用来制造三硝酸酯用作炸药或医药,也可用来合成树脂,在印刷工业、化妆品工业、烟草工业中作为润湿剂。

5）苯甲醇

苯甲醇俗称苄醇,是一个最简单最重要的芳醇,存在于茉莉等香料油中。工业上可从苯氯甲烷在碳酸钾或碳酸钠存在下水解而得。

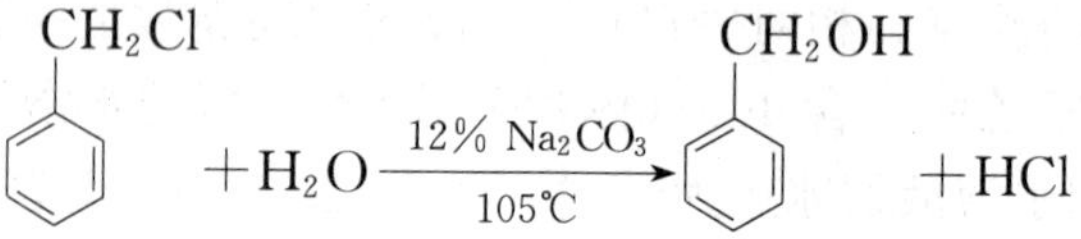

苯甲醇为无色液体,具有芳香味,微溶于水,易溶液于乙醇、甲醇等有机溶剂。苯甲醇分子中的羟基连接在苯环侧链上,具有脂肪族醇羟基的一般性质,但因受苯环的影响而性质活泼,易发生取代反应。苯甲醇具微弱的麻醉作用,例如,目前使用的青霉素稀释液就含有 2%的苄醇,可减轻注射时的疼痛。此外,苯甲醇在香料工业上也有广泛的应用。

### 8.1.5 硫醇

醇分子中的氧原子为硫原子所代替而形成的化合物叫做硫醇。巯基(—SH)是硫醇的官能团,如

| | | |
|---|---|---|
| $CH_3SH$ | $C_2H_5SH$ | 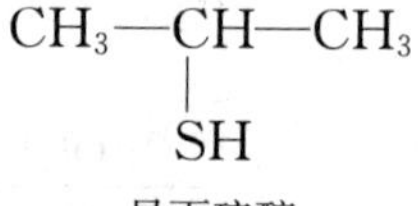 |
| 甲硫醇 | 乙硫醇 | 异丙硫醇 |
| m. p. −123℃, b. p. 5.9℃ | m. p. −114℃, b. p. 37℃ | m. p. −131℃, b. p. 58℃ |

#### 8.1.5.1 硫醇的制法

硫醇存在于原油和石油产品中。卤烷与硫氢化钾作用或醇的蒸气与硫化氢混合后在 400℃下通过氧化钍都可制得硫醇。

$$R—X + KSH \xrightarrow{\triangle} R—SH + KX$$

$$R—\boxed{OH + H}—SH \xrightarrow[400℃]{ThO_2} R—SH + H_2O$$

实验室中常用卤代烷与硫脲反应制取硫醇：

$$RBr + H_2N\overset{\overset{S}{\|}}{C}NH_2 \longrightarrow H_2N\overset{\overset{R-S}{|}}{C}{=}\overset{+}{N}H_2Br^- \xrightarrow[-H_2O]{NaOH} RS^- + H_2NCN$$

$$\xrightarrow{H_3O^-} RSH + H_2NCONH_2$$

8.1.5.2　硫醇的性质

硫与氧的电负性不同，因此，硫醇的性质与醇既有类似也有差别。例如，ROH易形成氢键，有缔合现象，而RSH因硫原子的电负性较小很难形成氢键，不能缔合，不溶于水。硫醇的相对分子质量大于同碳原子数的醇类，但沸点反而低于相应的醇，就是由于硫醇不能形成氢键的缘故。又如，低级醇有酒味而低级硫醇有恶臭味，空气中有$5\times10^{-10}$(体积分数)的硫醇，即可被人嗅觉。因此硫醇是一种臭味剂，即可以把它加入有毒气体如煤气中，以便检查管道是否漏气。除甲硫醇室温时是气体外，其余硫醇均为液体或固体。

在化学性质上，硫醇与醇也有区别。

1）弱酸性

硫醇的酸性比醇大，如$C_2H_5SH$的$pK_a=10.5$，而$C_2H_5OH$的$pK_a=17$，所以硫醇能与氢氧化钠(或钾)成盐，称为硫醇盐。

$$CH_3CH_2\ddot{\underset{..}{S}} + H + H_2\ddot{\underset{..}{O}} \rightleftharpoons H_3O^+ + CH_3CH_2\ddot{\underset{..}{S}}{:}^-$$

$$CH_3CH_2SH + NaOH \longrightarrow C_2H_5S^-Na^+ + H_2O$$

硫醇酸性较醇强，可能是因为硫原子3p轨道上的价电子和氢原子的1s轨道重叠不够，而且硫原子大于氧原子，比较容易极化，使质子容易离解。在石油炼制中常用氢氧化钠来洗涤以除去硫醇。硫醇不仅能与碱金属生成盐，还可与重金属汞、铜、银、铅等形成不溶于水的硫醇盐，如

$$2C_2H_5SH + HgO[\text{或}(CH_3COO)_2Hg] \longrightarrow \underset{\text{白色}}{(C_2H_5S)_2Hg\downarrow} + H_2O$$

$$2RSH + (CH_3COO)_2Pb \longrightarrow \underset{\text{黄色}}{(RS)_2Pb\downarrow} + 2CH_3COOH$$

该反应不仅可用来鉴定硫醇，而且可用于重金属Pb、Hg、Sb等中毒的解毒。例如，2,3-二巯基-1-丙醇可和汞生成一个稳定的环硫化合物，因此它在人体内可起解毒作用。汞离子因被螯合而随尿排出，硫醇的英文名称mercaptan即是“捕获汞”的意思。

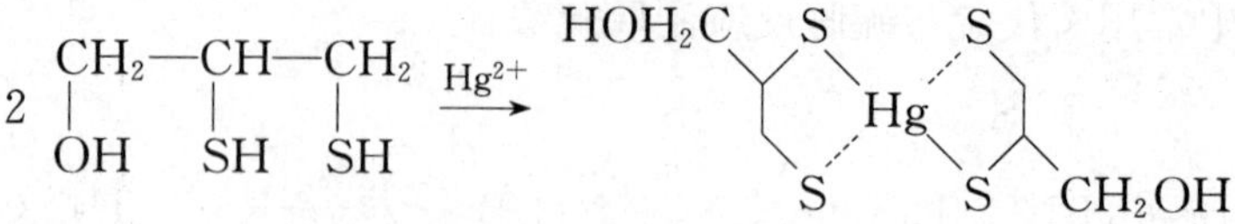

由于硫醇也可以和有机砷化合物中的砷形成稳定的环状化合物，因此也是砷路易斯毒气（$ClCH=CHAsCl_2$）的解毒药。

2）氧化反应

硫醇易被缓和氧化剂（如 $H_2O_2$、NaIO、$I_2$ 或 $O_2$）氧化为二硫化物。

$$2RS—H + \underset{(\text{或}I_2)}{H_2O_2} \longrightarrow RS—SR + \underset{(\text{或}2HI)}{2H_2O}$$

该反应可以定量地进行，因此可用来测定巯基化合物的含量。在石油工业中，利用这个反应所生成的二硫化物无酸性以避免硫醇的酸性腐蚀，并可同时脱去硫醇的恶臭味。

硫醇与强氧化剂（如 $HNO_3$、$KMnO_4$）作用，可被氧化生成磺酸。

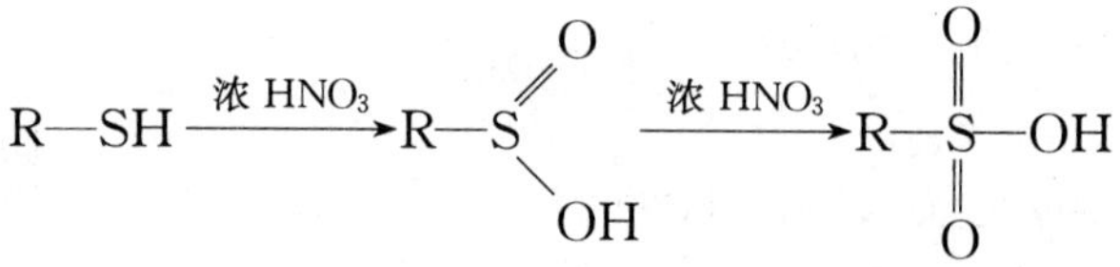

烷基亚磺酸　　　　烷基磺酸

3）酯化反应

与醇相似，硫醇也可和羧酸发生酯化反应。

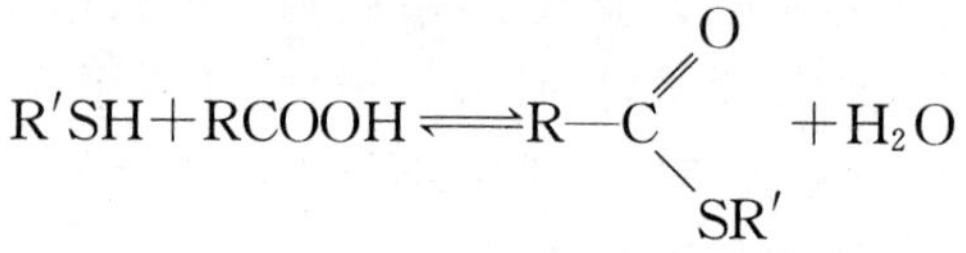

4）分解反应

硫醇可发生氢解和热解反应，该反应在工业上可用来脱硫。

$$RSH \xrightarrow[CoMnO_4,\ 300\sim400℃]{\text{氢解},\ +H_2} RH + H_2S$$

$$RSH \xrightarrow[150\sim250℃]{\text{热解}} \text{烯烃} + H_2S$$

## 8.2　醚

醚的通式为 R—O—R′、Ar—O—Ar′。醚分子中的氧基—O—也叫做醚键，按它所连接的烃基结构和连接方式不同，醚可以分类如下：

醚
- 饱和醚
  - 单醚——R＝R′　如 $CH_3$—O—$CH_3$
  - 混醚——R≠R′　如 $CH_3$—O—$C_2H_5$
- 不饱和醚——R 为不饱和烃基　如 $CH_3$—O—$CH_2CH$═$CH_2$
- 芳醚——RO 或 ArO 与芳烃基相连　如 $CH_3$—O—、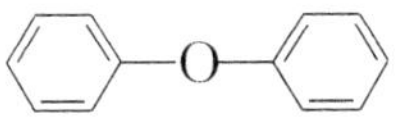
- 环醚——二价烃基的两端与醚键相连接　如 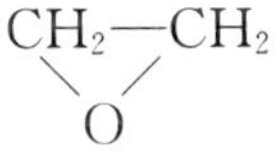
- 硫醚——硫原子置换氧原子与两个烃基相连接　如 $CH_3$—S—$CH_3$

烃基的异构和官能团位置的不同，还可引起醚的同分异构现象(构造异构现象)。例如，分子式为 $C_4H_{10}O$ 的醚，有下列三种构造异构体：

$CH_3OCH_2CH_2CH_3$　　　$CH_3CH_2OCH_2CH_3$　　　$CH_3OCH(CH_3)_2$

丁醇的分子式也是 $C_4H_{10}O$，因此，相同碳原子数的醇和醚也互为构造异构体，这种异构体是属于官能团不同的构造异构体。

### 8.2.1　醚的物理性质

常见醚的物理常数见表 8-2。

**表 8-2　常见醚的物理常数**

| 名　称 | 构造式 | 沸点/℃ | 相对密度 $d_4^{20}$ |
|---|---|---|---|
| 甲醚 | $CH_3$—O—$CH_3$ | −24.9 | 0.661 |
| 甲乙醚 | $CH_3$—O—$CH_2CH_3$ | 8 | 0.679 |
| 乙醚 | $CH_3CH_2$—O—$CH_2CH_3$ | 35 | 0.741 |
| 正丙醚 | $CH_3(CH_2)_2$—O—$(CH_2)_2CH_3$ | 90 | 0.736 |
| 异丙醚 | $(CH_3)_2CH$—O—$CH(CH_3)_2$ | 69 | 0.735 |
| 正丁醚 | $CH_3(CH_2)_3$—O—$(CH_2)_3CH_3$ | 143 | 0.769 |
| 甲丁醚 | $CH_3$—O—$(CH_2)_3CH_3$ | 70 | 0.744 |
| 乙丁醚 | $CH_3CH_2$—O—$(CH_2)_3CH_3$ | 92 | 0.752 |
| 乙二醇二甲醚 | $CH_3$—O—$CH_2CH_2$—O—$CH_3$ | 83 | 0.863 |
| 乙烯醚 | $CH_2$═CH—O—CH═$CH_2$ | 35 | 0.773 |
| 四氢呋喃 | 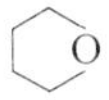 | 65 | 0.888 |
| 1,4 二氧六环 | 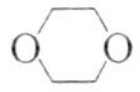 | 101 | 1.034 |

续表

| 名　称 | 构造式 | 沸点/℃ | 相对密度 $d_4^{20}$ |
|---|---|---|---|
| 环氧乙烷 |  | 11 | |
| 环氧丙烷 | 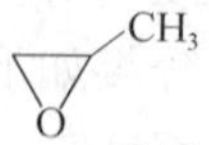 | 34 | 0.859 |
| 1,2-环氧丁烷 | 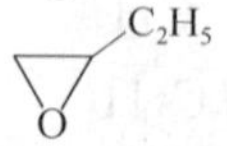 | 63 | 0.837 |
| 顺-2,3-环氧丁烷 | 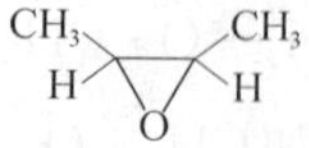 | 59 | 0.823 |
| 反-2,3-环氧丁烷 | 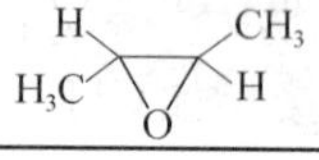 | 54 | 0.801 |

大多数的醚是无色液体，只有简单的醚，如甲醚、甲乙醚和甲基乙烯基醚是气体。由于在醚的分子之间不能发生氢键缔合，醚的沸点比相同相对分子质量的醇低得多，如甲醚的沸点是－23℃，而乙醇的沸点是 78.3℃。

醚在水中的溶解度与相同相对分子质量的醇相似。例如，乙醚在水中的溶解度约为 8g/100mL，与正丁醇相似，这是由于醚和醇一样能和水形成氢键的缘故。

醚能溶于有机溶剂，同时很多有机物质也能溶液于醚中，因此醚常用作溶剂。低级的醚如甲醚、乙醚具有高度的挥发性，易着火，使用时要注意。乙醚有麻醉性，在医药上曾用作全身麻醉剂。

## 8.2.2　醚的化学性质

醚分子的 R—O—R 键角与水分子的 H—O—H 键角(104.5°)相似，都很接近 109.5°，如甲醚为 110°，故一般认为醚分子中氧原子的价电子也是在 $sp^3$ 杂化轨道上。醚的氧原子与两个烷基相连，分子的极性很小，如乙醚的偶极矩为 $3.94\times10^{-30}C\cdot m$。因此，它的化学性质比较不活泼，在常温下不与金属钠作用，对碱、氧化剂和还原剂都十分稳定，但能发生下列反应。

### 8.2.2.1　
锌盐的生成和醚键的断裂

醚的氧原子上有未共用电子对，是一个路易斯碱，在常温时能溶于无机强酸形成锌盐，生成的锌盐可溶于强酸。但醚的碱性很弱，生成的锌盐是一种弱碱和强酸所形成的盐，不稳定，遇水很快分解为原来的醚，利用这种性质可将醚从烷烃或卤烃等混合物中分离出来。

$$R—\ddot{O}—R + HX \longrightarrow \left[\begin{array}{c} H \\ | \\ R—\underset{\cdot\cdot}{O}—R \end{array}\right]^{+} X^{-} \xrightarrow{H_2O} R—O—R + H_3O^{+} + X^{-}$$

醚和浓酸(常用 57%浓氢碘酸)共热,则醚键发生断裂生成碘烷和醇。在反应中,醚先生成𨦡盐,碳氧键变弱,碘离子作为强亲核试剂进攻𨦡盐而使原来的醚键断裂。如在高温并有过量氢碘酸存在下,过量氢碘酸又可与反应中所生成的醇作用,生成另一分子碘烷。

$$CH_3-O-C_2H_5+HI \rightleftharpoons \left[CH_3-\underset{\displaystyle H}{\overset{+}{O}}-C_2H_5\right]+I^- \xrightarrow{S_N2} CH_3I+C_2H_5OH \xrightarrow{HI} C_2H_5I$$

氢卤酸使醚键断裂的能力为 HI>HBr≫HCl,氢氟酸不是使醚键断裂的有效试剂。

$$CH_3\underset{\displaystyle OCH_3}{CH}CH_2CH_3 \xrightarrow[\triangle]{HBr} CH_3\underset{\displaystyle Br}{CH}CH_2CH_3 + CH_3Br$$

81%

常用的试剂为 57%的氢碘酸,也可以用碘化钾加磷酸代替氢碘酸。

芳基烷基醚与氢碘酸一起加热生成碘代烷和酚,氢碘酸不能使酚变成碘代芳烃。二苯醚不被氢碘酸所分解。

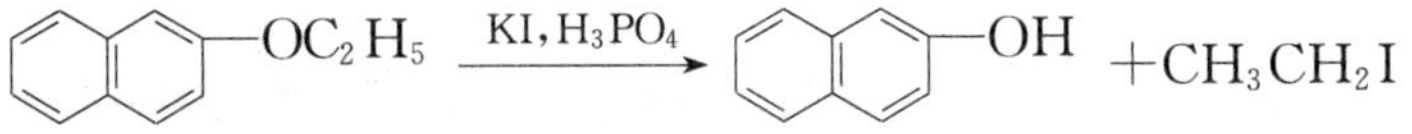


由于位阻效应,醚键往往是从含碳原子较少的烷基断裂下来,与碘结合生成碘代烷。这个反应可用来使含有甲氧基的醚定量地生成碘甲烷,再将反应混合物中的碘甲烷蒸馏出来,通入硝酸银的醇溶液,由生成碘化银的含量来换算测定分子中的 $CH_3O-$的含量(蔡塞尔法)。

仲、叔烷基醚可按 $S_N1$ 历程进行反应,也可进行消除反应生成烯烃。

HBr 也能裂解醚键,但作用比 HI 小,除叔烷基、烯丙基和苄基醚外,HCl 和 $H_2SO_4$等与醚几乎没有作用。用软硬酸碱理论来分析,醚类化合物中氧是硬端,碳是软端,与 HI 作用时,硬酸 $H^+$进攻氧,软碱 $I^-$进攻碳,反应较顺利。若用 HCl 或 $H_2SO_4$,则 $Cl^-$和 $HSO_4^-$也是硬碱,它们与软酸碳的结合就比较差。因此,HCl 和 $H_2SO_4$等不适用于醚的裂解。同样道理,$BBr_3$是较好的裂解醚键的试剂,而 $BF_3$则效果很差,$Me_3SiI$ 也是一个裂解醚键的优良试剂。$I^-$是在强酸溶液中所存在的最强的一个亲核试剂,有利于 $S_N2$ 反应的发生。

$$Nu^-\cdots A-B\cdots E^+ \longrightarrow Nu-A+B-E$$

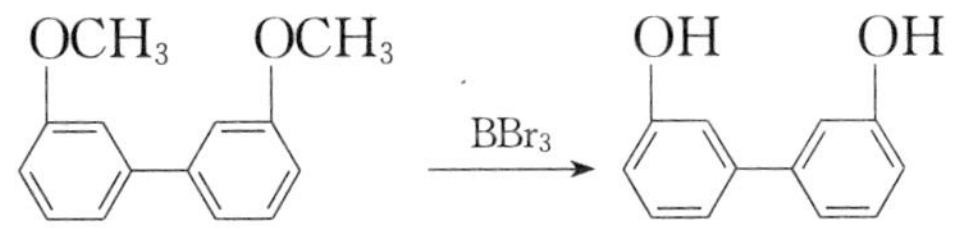

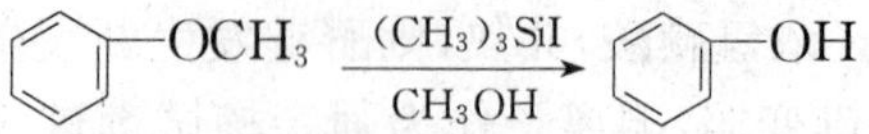

醚与稀硫酸在加压下加热可生成相应的醇。

$$R_2O+H_2O \xrightarrow{H_2SO_4} 2ROH$$

醚除与强酸生成鉾盐外，还可与三氟化硼、三氯化铝、溴化汞、溴化镁或格氏试剂等化合物(它们都含有缺电子的原子)作用生成络合物。

三氟化硼是一个很好的路易斯酸催化剂，但是它的沸点很低(－101℃)，使用不便。利用醚的碱性，可以将三氟化硼溶于乙醚，形成很稳定的可以蒸馏的三氟化硼乙醚络合物，后者还可以继续与氟代烃形成叔取代鉾盐，这些叔取代鉾盐极易分解出烷基正离子并与亲核试剂作用，故在有机合成中较有用，是最具活性的烷基化试剂之一。

$$C_2H_5OC_2H_5 \xrightarrow{BF_3} C_2H_5\overset{+}{O}(BF_3^-)C_2H_5 \xrightarrow{C_2H_5F} C_2H_5O(C_2H_5)C_2H_5 \cdot BF_4^-$$

$$\xrightarrow{ROH} ROC_2H_5+C_2H_5OC_2H_5+HBF_4$$

8.2.2.2　过氧化物的生成

醚对氧化剂比较稳定，但与空气长期接触，可被空气氧化生成过氧化物。一般认为氧化发生在$\alpha$-碳氢键上，先生成下列结构的氢过氧化物，然后再转变为结构更为复杂的过氧化物，如

$$CH_3—\overset{\alpha}{C}H(CH_3)—O—CH(CH_3)—CH_3+O_2 \longrightarrow CH_3—\overset{\alpha}{C}(OOH)(CH_3)—O—CH(CH_3)—CH_3$$

$$CH_3CH_2OCH_2CH_3+O_2 \longrightarrow CH_3CH(OOH)—O—CH_2CH_3$$

生成过氧化物是一个自由基过程。醚之所以在$\alpha$-碳原子上氧化是因为氧原子的孤电子对使这个自由基的稳定性增加：

$$R\dot{C}H—\ddot{O}—R \longleftrightarrow RCH=\dot{O}—R$$

过氧化物和氢过氧化物沸点很高，都不易挥发，蒸馏乙醚时，残留液中过氧化物浓度增加，受热后分解极易爆炸。蒸馏乙醚时，有时发生爆炸事故就是这个原因。因此，蒸馏乙醚时，不要完全蒸完，以免过氧化物受热而爆炸。在蒸馏乙醚之

前，必须检验有无过氧化物存在，以防意外。检验方法如下：

(1) 用 KI-淀粉试纸检验。如有过氧化物存在，KI 被氧化成 $I_2$ 而使淀粉试纸变为蓝紫色。

(2) 加入 $FeSO_4$ 和 KCNS 溶液。如有红色 $[Fe(CNS)_6]^{3-}$ 生成，证明有过氧化物存在。

除去过氧化物的方法如下：

(1) 加入还原剂如 $Na_2SO_3$ 或 $FeSO_4$ 后振荡，以破坏所生成的过氧化物。

(2) 储存醚类化合物时，可在醚中加入少许金属钠或铁屑，以避免过氧化物生成。

为了防止醚中过氧化物的生成，市售的无水乙醚中有时加入 $5\times10^{-8}$ g/mL 的抗氧剂二乙基氨基二硫代甲酸钠 $[(C_2H_5)_2NCS_2Na]$。甲基叔丁基醚不易产生过氧化物，而异丙醚和四氢呋喃也和乙醚一样，较易生成过氧化物。

## 8.2.3　醚的制备

### 8.2.3.1　威廉姆逊合成法——卤代烃与醇金属作用

应用醇金属与卤代烃等亲核取代反应制备醚的方法称为威廉姆逊合成法，醇钠的烷氧基负离子是个强亲核试剂，此反应是一个双分子亲核取代反应。这个合成法可用来合成单醚或混醚，但主要用来合成混醚。在合成混醚时，必须注意选择适当的原料。

$$C_2H_5O^-Na^+ + CH_3—I \longrightarrow CH_3—O—C_2H_5 + NaI$$

制备具有叔烃基的混醚时，应采用叔醇钠与伯卤烷作用：

$$CH_3CH_2CH_2Cl + (CH_3)_3C—O^-\ Na^+ \longrightarrow \underset{\text{正丙基叔丁基醚(85\%)}}{(CH_3)_3C—O—CH_2CH_2CH_3} + NaCl$$

这里要避免采用叔卤烷为原料，因为叔卤烷在反应过程中会发生脱卤化氢而生成烯烃的副反应(消除反应)，如

$$(CH_3)_3C—X + NaOCH_3 \longrightarrow CH_3—\underset{\displaystyle CH_3}{\underset{|}{C}}{=}CH_2 + NaX + CH_3OH$$

而改用叔丁醇钠和 $CH_3I$ 作用，则可制得甲基叔丁基醚。

$$(CH_3)_3CONa + CH_3I \longrightarrow (CH_3)_3COCH_3 + NaI$$

制备具有苯基的混醚时，应采用酚钠。例如，茴香醚只能用酚钠与卤甲烷($CH_3Cl$)作用而得到。

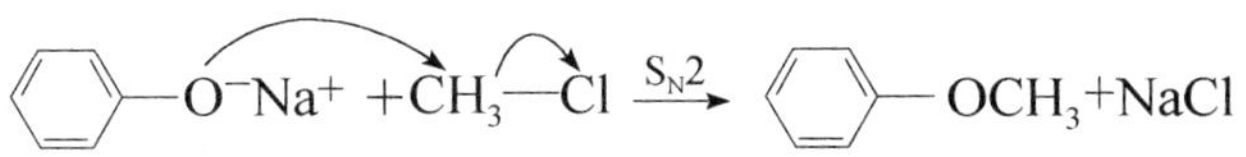

茴香醚

乙烯基醚不可能用乙烯醇钠与卤代烃反应来制备，因为乙烯醇是很难存在的，卤代烯烃又是活性很差的亲电试剂，故也不能应用醇钠和氯乙烯反应。现在是用乙炔和醇在醇钠或氢氧化钠催化下作用得到，汞盐对此反应也有催化作用。

利用威廉姆逊合成法合成醚，若在反应中加入相转移催化剂，则反应速率和产率均有所提高。若同时采用微波辐照(MV)代替传统加热，则反应时间大为缩短，产率也有所提高。例如，下列反应采用传统方式加热，无催化剂，反应24h产率为28%；若加入相转移催化剂溴化三甲基十六烷基铵，则产率为80%；若用微波辐照，则仅5min产率即达到85%。

$$C_2H_5OH + ClCH_2C_6H_5 \xrightarrow[\text{MV}, 85\%]{\text{NaOH，催化剂}} C_2H_5OCH_2C_6H_5 + HCl$$

8.2.3.2　醇的脱水

不论是工业生产还是实验室制备，醇脱水都是一种制取低级单醚的方法。例如，工业上制乙醚就是先将乙醇和浓硫酸在65℃以下混合，变成硫酸氢乙酯，然后加热到125～140℃，再将过量的乙醇慢慢加到混合物中去，这时就有乙醚蒸出。这个方法不能用来制备低级混合醚。因为用它来制混醚时，不可避免地会有其他两种单醚生成，这样产率不高，同时分离也有困难。其次，醇的脱水也不能用来制叔烷基醚，因为叔醇很容易脱水成烯。但是也有例外，此法可用于制备叔(仲)烷基伯烷基混合醚，如实验室中乙基叔丁基醚的合成：

$$(CH_3)_3COH + C_2H_5OH(\text{过量}) \xrightarrow[95\%]{\text{稀 } H_2SO_4} (CH_3)_3COC_2H_5$$

伯醇、仲醇脱水成醚时也要注意控制温度。温度不能太高，否则也会有较多的烯烃生成。脱水催化剂除 $H_2SO_4$、$Al_2O_3$ 外，也可以用芳香族磺酸、氯化锌、氯化铝、氟化硼及硅胶等作催化剂。

**8.2.4　环醚**

碳链两端或碳链中间两个碳原子与氧原子形成环状结构的醚，称为环醚，如

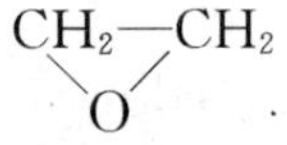


环氧乙烷(氧化乙烯)

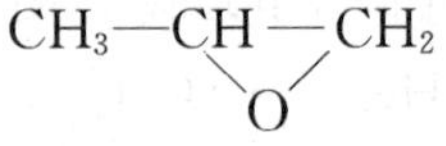


环氧丙烷

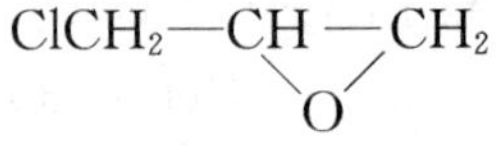


环氧氯丙烷

其中，五元环和六元环的环醚性质比较稳定。三元环的环醚又称环氧化合物，由于环易开裂，容易与各种不同试剂发生反应而生成各种不同的产物，三元环醚结构最简单，但它是广泛应用的重要合成原料。

1）环氧乙烷

环氧乙烷是最简单和最重要的环醚，是无色有毒气体，沸点 10.7℃，易于液化，可与水混溶，也可溶于乙醇、乙醚等有机溶剂，爆炸极限 3.6%～78%（体积分数），使用时应注意安全。由于三元环存在张力，张力能 114.1kJ/mol，环氧乙烷的化学性质很活泼，容易在酸或碱催化下与亲核试剂发生亲核取代反应而使环开裂，生成开环产物，因此环氧乙烷是一种重要的工业原料。例如，在酸催化下，它容易和水、醇、氢卤酸等反应而得到各种开环产物。反应首先是环氧乙烷与 $H^+$ 作用生成质子化的环氧乙烷，然后作为亲核试剂的水分子、醇分子或卤离子等向它进攻，则环开裂生成相应的产物。

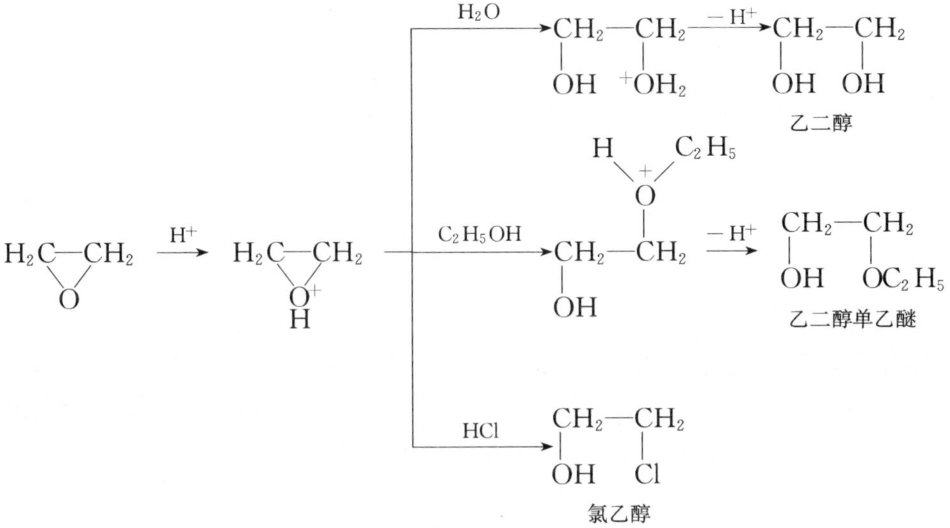


在中性或碱催化下，环氧乙烷也容易发生开环反应，这些反应也是按 $S_N2$ 历程进行的亲核取代反应，在亲核试剂 $HO^-$、$RO^-$、$NH_3$、RMgX 等作用下，生成相应的开环产物。

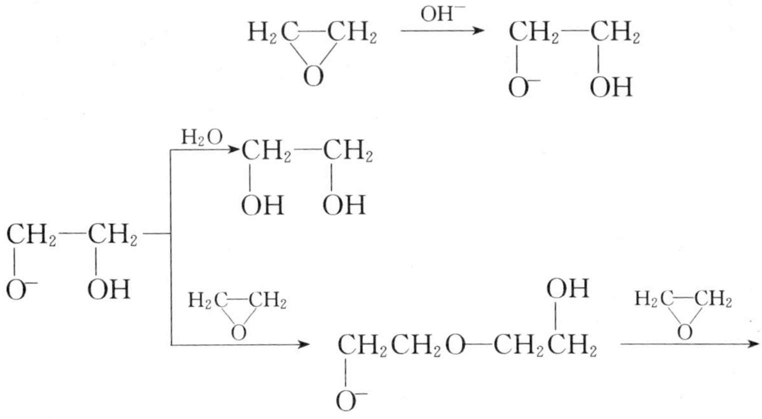

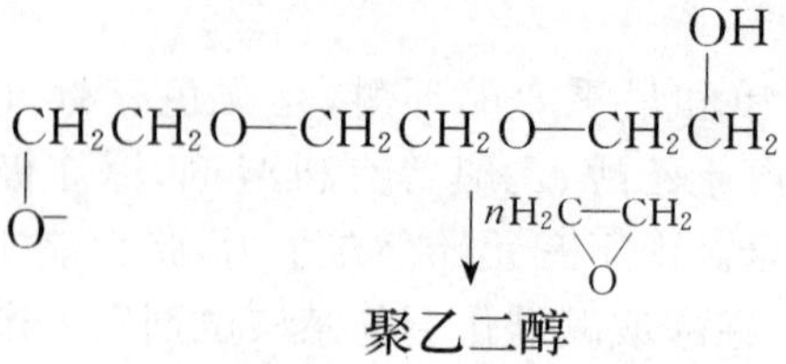


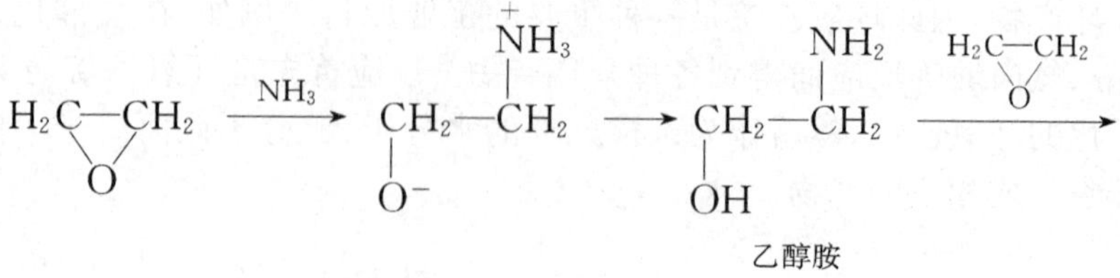


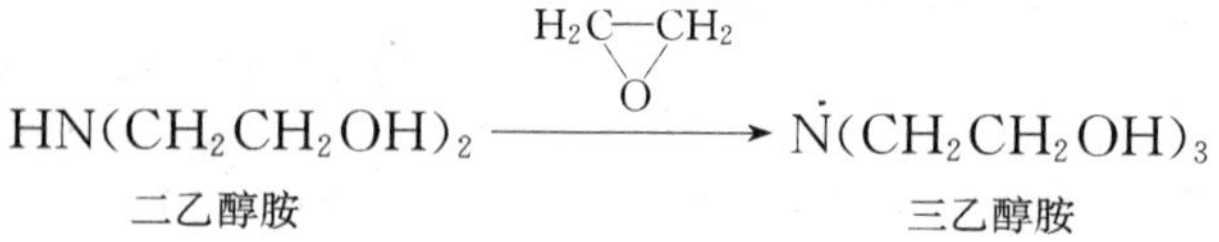


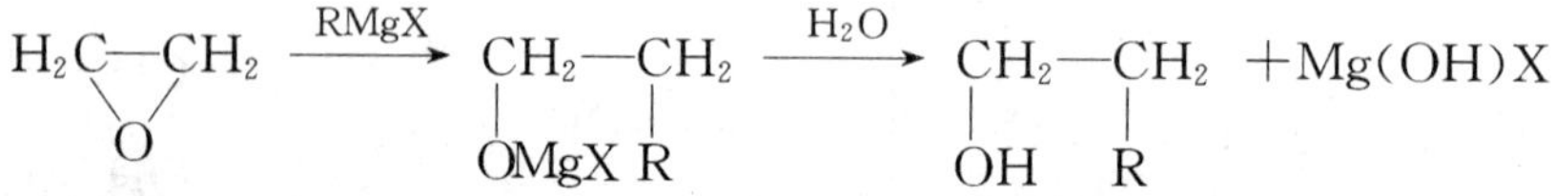

上述产物中，乙二醇和乙二醇单乙醚是两个常用的高沸点溶剂。此外，乙二醇又常作防冻剂（把它溶于水，能使水的冰点下降）和制造合成纤维“涤纶”的原料。乙二醇单醚（$ROCH_2CH_2OH$）更能溶解纤维素，故又称“溶纤剂”，是油漆的优良溶剂。氯乙醇是一个有机合成中间体，因为其分子中有两个官能团（—Cl、—OH），可发生很多反应。

乙醇胺是一种润湿剂和防锈剂。环氧乙烷与格氏试剂 RMgX 作用水解后的产物是一个伯醇，这个伯醇与格氏试剂相比较多两个碳原子，因此它是一个实验室中制备伯醇和增长碳链的方法。除上述反应外，环氧乙烷还可与酚（ArOH）、羧酸（RCOOH）、胺（$RNH_2$）、酰胺（$RCONH_2$）等发生反应，生成相应的产物。

不对称环氧化合物的开裂（开环）方向取决于反应条件，即取决于酸催化还是碱催化。一般碱催化的开裂反应（$S_N2$）主要发生在取代基较少的一端，即空间位阻较小的碳原子。酸催化的开裂反应主要发生在取代基较多的一端。

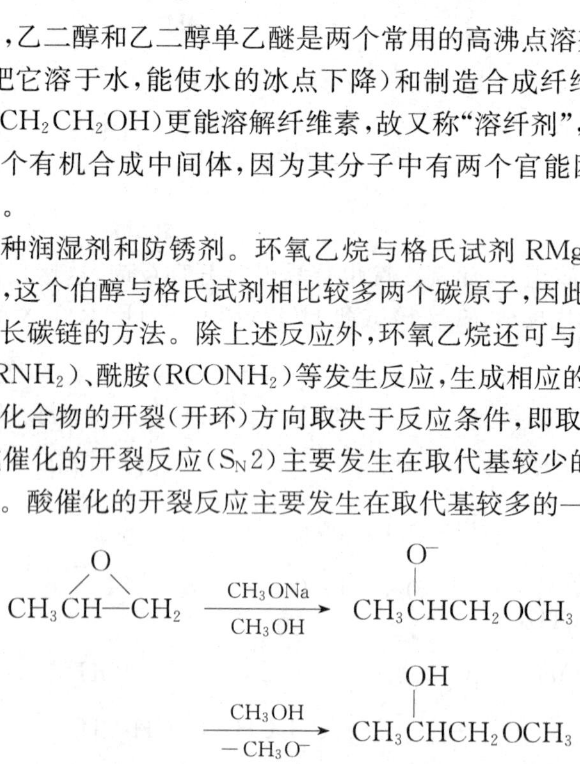

在酸性条件下，首先是质子进攻氧原子，质子化了的环氧化合物由于环张力而

带有部分碳正离子的性质。然后以 $S_N1$ 或 $S_N2$ 反应历程进行。若按 $S_N1$ 过程，质子化的环氧化物开环生成碳正离子，则正电荷更容易位于原来环中含取代基更多的碳原子上，然后亲核试剂迅速进攻这个碳正离子得到产物，此时亲核进攻的方向与在碱性介质中的开环反应正好相反。若仍以 $S_N2$ 反应进行，中间体环状正离子结构中，同样是带有取代基较多的碳原子上正电荷更多一些，容易受到亲核试剂的进攻。在这里，空间阻碍不是主要因素，因为此处的离去基是一个碱性较弱的醇羟基。这个 $S_N2$ 过程仍带有较多的 $S_N1$ 特性。而在碱性条件下，离去基是一个碱性较强的烷氧负离子，它不容易离去，故位阻效应产生更多的作用。

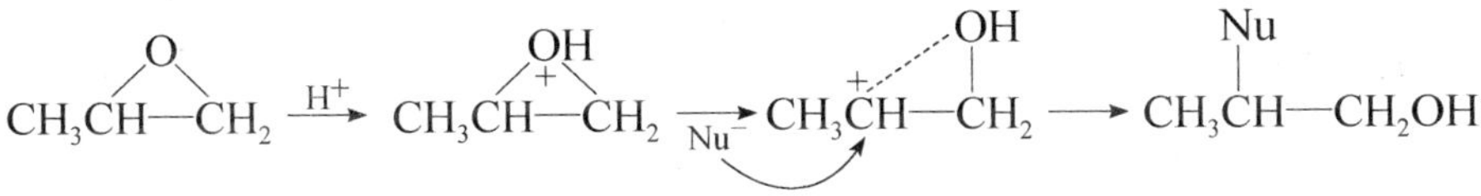


环氧化合物开环后的产物都是反式产物，具有典型的 $S_N2$ 机理特征。这是因为试剂总是从靠近氧桥背面一侧进攻而使环开裂生成产物。整个过程与烯烃加溴时溴负离子进攻溴鎓离子相似。因此，从烯烃出发，用 $KMnO_4$ 氧化得到顺式二醇，而经环氧化后再水解得到的是反式邻二醇。

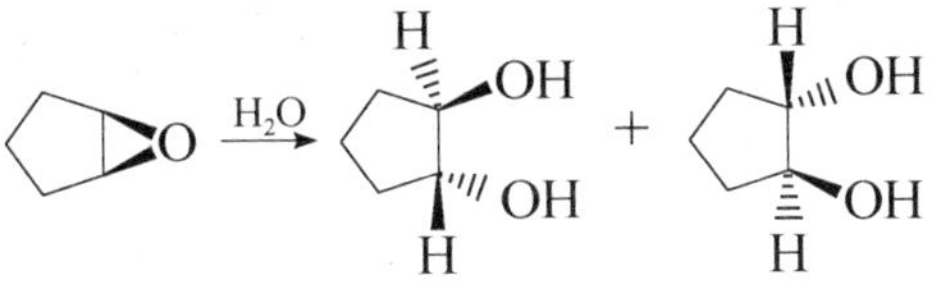


2）1,4-二氧六环

1,4-二氧六环又称二噁烷或 1,4-二氧杂环己烷，可由乙二醇脱水或环氧乙烷二聚制备。

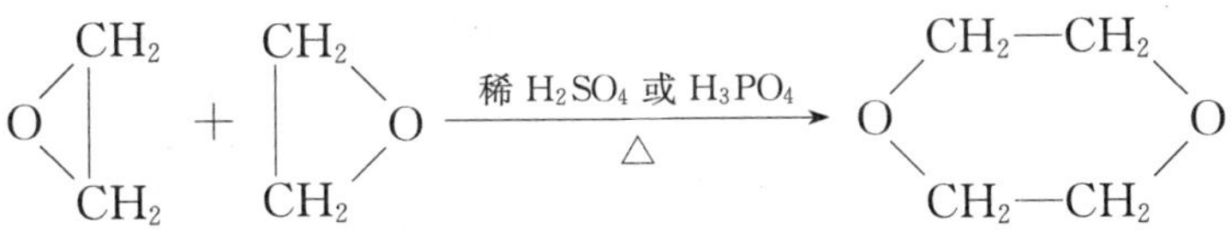


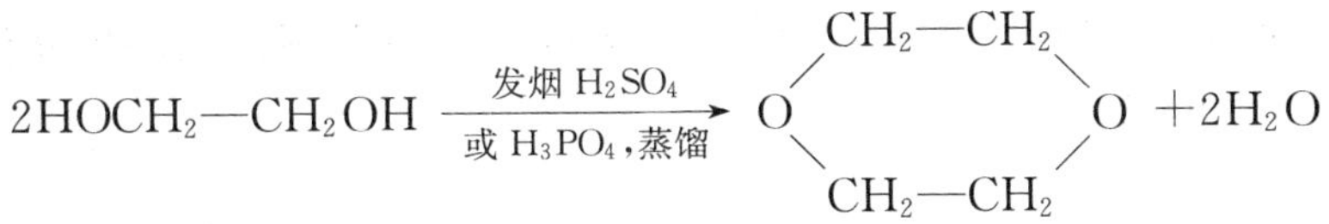


1,4-二氧六环为无色液体，能与水和多种有机溶剂混溶，由于它是六元环，故较稳定，是优良的有机溶剂。

环氧化合物中还有一类是芳烃环氧化物，它们由细胞色素 $P_{450}$ 酶催化下生成。环氧化合物的形成往往是进入人体的外源化合物（如药、香烟）变成水流性化合物而排出体外的第一步，它同样是合成或生物合成苯酚的主要中间体。它在亲核试剂进攻下可形成加成产物，或者重排成酚。

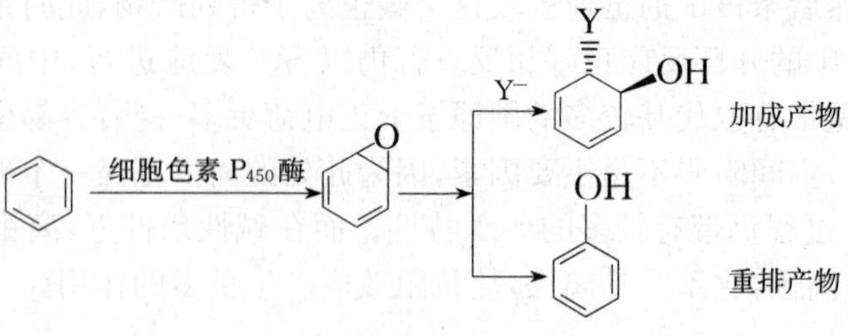


反应历程为

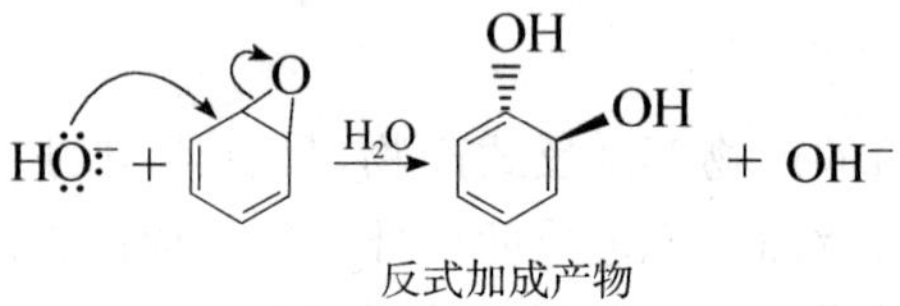


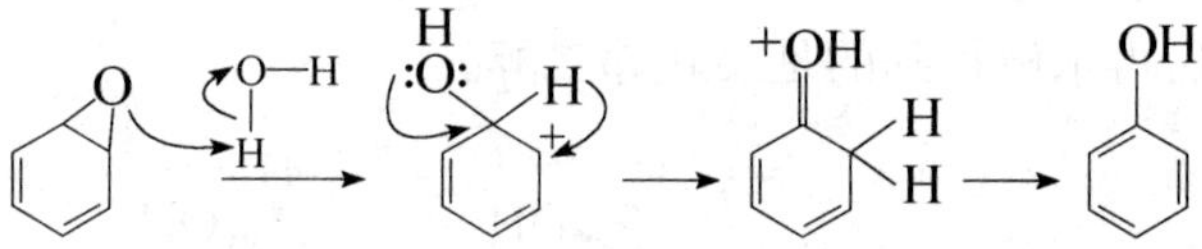


如

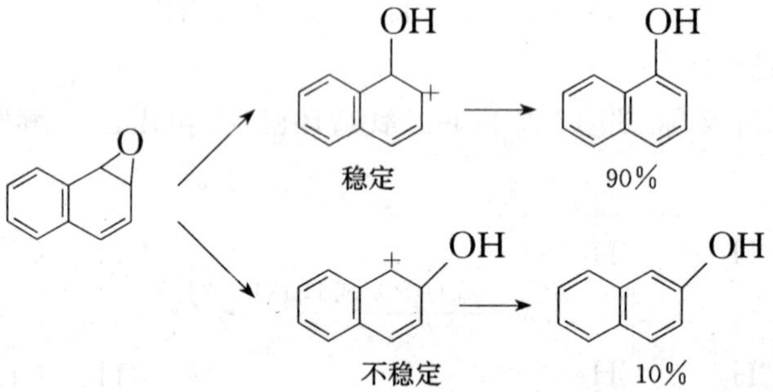


如下芳香化合物为致癌物，实际上，这些芳环首先形成致癌的环氧化合物后，再与 DNA 中的碱基反应，从而导致癌变。

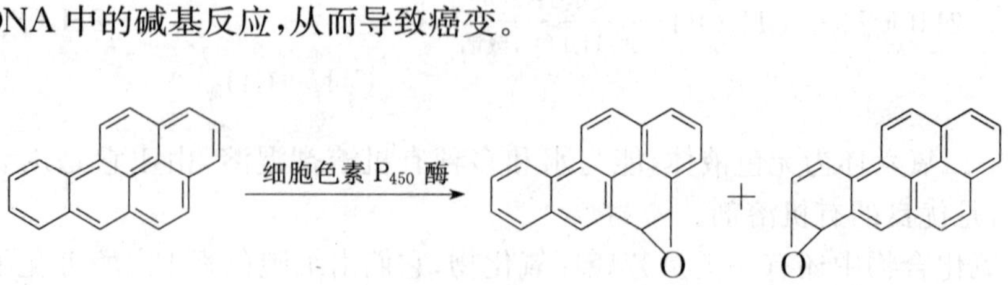

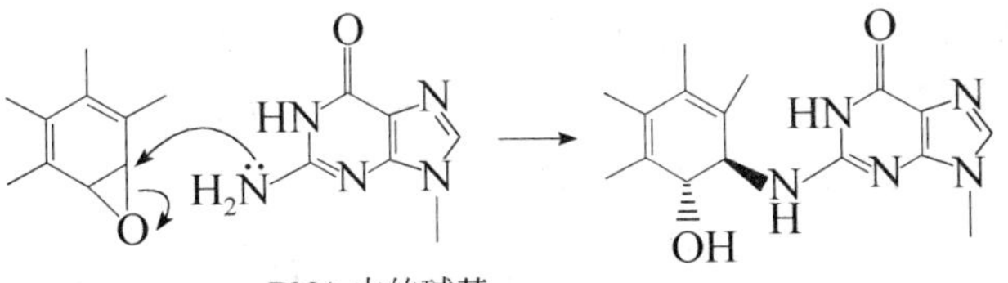

DNA 中的碱基

## 8.2.5　冠醚

1962 年首次合成了多氧的大环醚，它分子中具有$\leftarrow CH_2—CH_2—O \rightarrow_n$重复单元。由于它们的结构像王冠，因此称为冠醚。

冠醚主要用威廉姆逊合成法制备。例如，18-冠-6 和二苯并-18-冠-6 的制法如下：

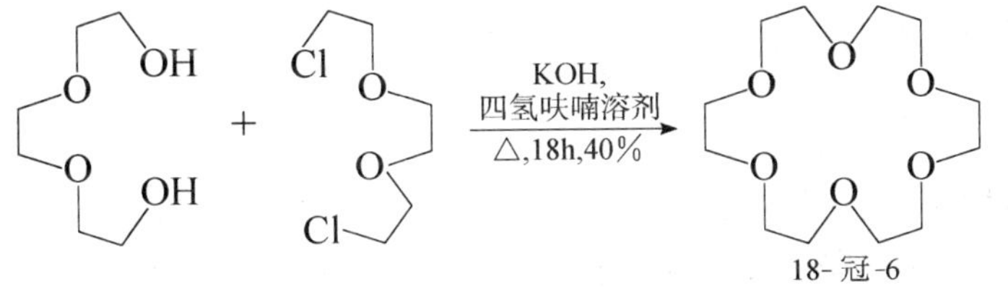

18-冠-6

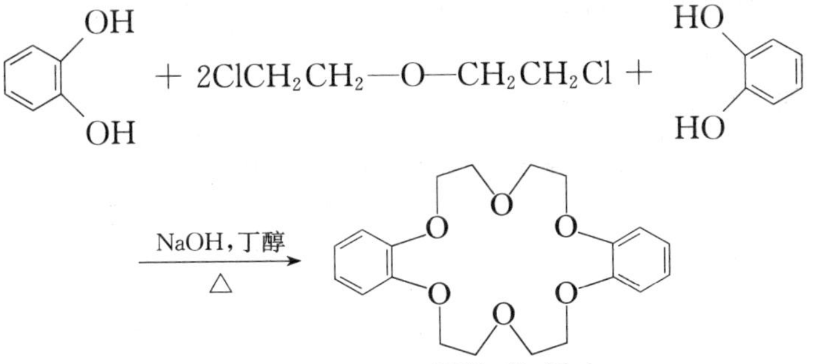

二苯并-18-冠-6

在冠醚的大环结构中有空穴，且由于氧原子上含有未共用电子对，可和金属阳离子形成络合离子。各种冠醚的空穴大小不同，因此对金属离子具有较高的络合选择性，只有和空穴大小相当的金属离子才能进入空穴。例如，18-冠-6 中的空穴直径为 0.30nm，可以与 $KMnO_4$ 中钾离子(直径为 0.266nm)形成稳定的络合物；而 12-冠-4、15-冠-5 能与 $Li^+$、$Na^+$形成稳定的络合物。

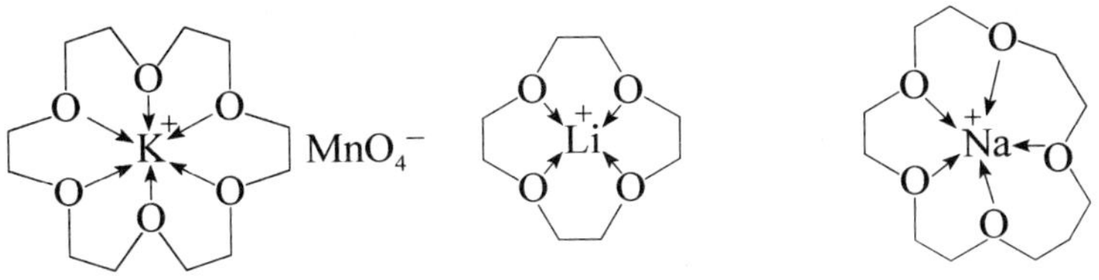

蓝色溶液

冠醚的这个性质可以利用来分离金属阳离子，也可利用其来使某些反应加速进行。例如，环己烯用高锰酸钾氧化，因高锰酸钾不溶于环己烯，反应较难进行，产率不高，但加入 18-冠-6 后，反应即迅速进行。

大环多醚也能和固体盐中的离子络合，因此也可发生固液相催化反应。

冠醚除用作络合催化剂外，还可作离子选择性电极等。

## 8.3 酚

酚类化合物按分子中所含羟基数目分为一元酚、二元酚和多元酚。苯酚是酚类中最简单最重要的一个。

### 8.3.1 酚的物理性质

酚大多数为结晶固体，少数烷基酚为高沸点液体（如间甲苯酚）。由于酚分子中含有羟基，它的物理性质与醇相似，酚分子之间或酚与水分子之间可发生氢键缔合。因此，酚的沸点和熔点都比相对分子质量相近的烃高，酚微溶于水，能溶于乙醇、乙醚等有机溶剂。

常见酚的物理常数见表 8-3。

**表 8-3 常见酚的物理常数**

| 名 称 | 构造式 | 熔点/℃ | 沸点/℃ | 溶解度 /(g/100gH$_2$O) | p$K_a$ |
|---|---|---|---|---|---|
| 苯酚 | 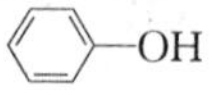  | 43 | 181 | 9.3 | 9.98 |
| 邻甲苯酚 | 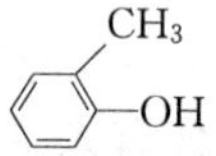  | 30 | 191 | 2.5 | 10.28 |
| 间甲苯酚 | 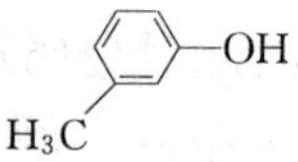  | 11 | 201 | 2.6 | 10.08 |
| 对甲苯酚 | 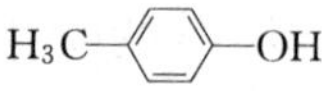  | 35.5 | 202 | 2.3 | 10.14 |
| 4-甲基-2,6-二叔丁基苯酚 | 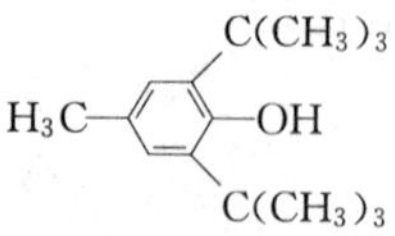  | 70.0 | 147(2666Pa) | 难 | |
| 邻氯苯酚 | 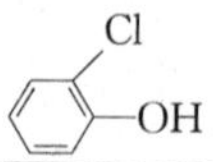  | 8 | 176 | 2.8 | 8.48 |

续表

| 名　称 | 构造式 | 熔点/℃ | 沸点/℃ | 溶解度/(g/100g$H_2O$) | $pK_a$ |
|---|---|---|---|---|---|
| 间氯苯酚 | 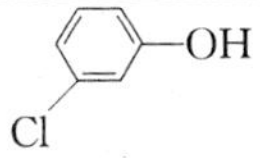 | 33 | 214 | 2.6 | 9.02 |
| 对氯苯酚 | 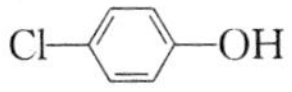 | 43 | 220 | 2.7 | 9.38 |
| 邻硝基苯酚 | 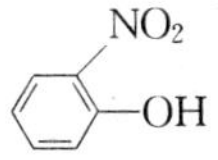 | 45 | 217 | 0.2 | 7.23 |
| 间硝基苯酚 | 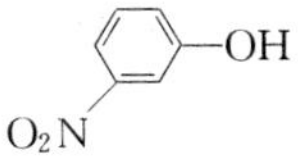 | 96 | 分解 | 1.4 | 8.40 |
| 对硝基苯酚 | 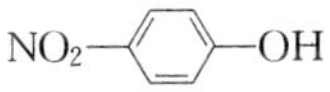 | 114 | 分解 | 1.7 | 7.15 |
| 2,4-二硝基苯酚 | 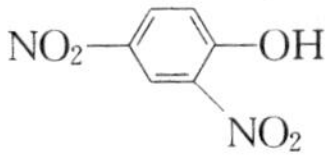 | 113 | 分解 | 0.6 | 4.00 |
| 2,4,6-三硝基苯酚 | 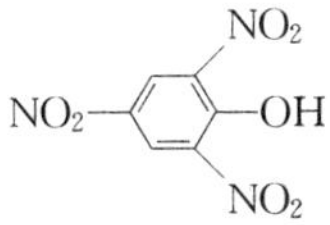 | 122 | 分解(300℃爆炸) | 1.4 | 0.71 |
| α-萘酚 | 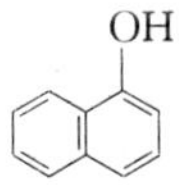 | 94 | 279 | 难 | 9.31 |
| β-萘酚 | 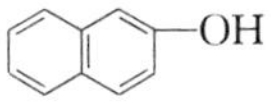 | 123 | 286 | 0.1 | 9.55 |
| 邻苯二酚 | 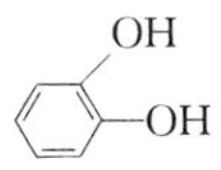 | 105 | 245 | 45.1 | 9.48 |
| 间苯二酚 | 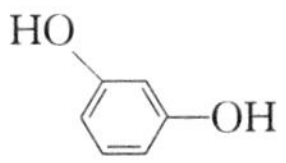 | 110 | 281 | 111 | 9.44 |
| 对苯二酚 | 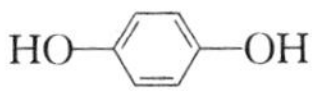 | 170 | 286 | 8 | 9.96 |
| 1,2,3-苯三酚 | 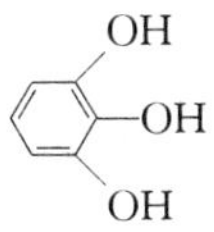 | 133 | 309 | 62 | 7.0 |
| 1,2,4-苯三酚 | 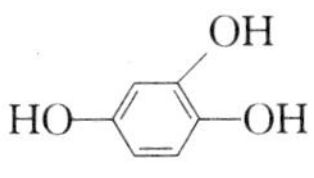 | 140 | | 易 | |
| 1,3,5-苯三酚 | 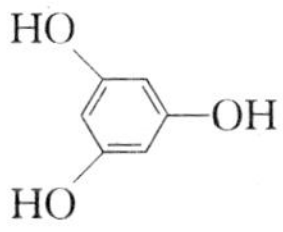 | 218 | 升华 | 1 | |

## 8.3.2　酚的化学性质

在苯酚分子中，氧原子的价电子是以 $sp^2$ 杂化轨道参与成键的，酚羟基中氧原子的一对未共用电子对所在的 p 轨道与苯环的六个碳原子的 p 轨道平行，它们形成 p-π 共轭体系。由于氧原子的部分负电荷离域而分散到整个共轭体系中，因此氧原子电子云密度降低，而苯环上电子云密度升高，它的化学性质主要表现在：

（1）由于氧原子上电子云密度降低，减弱了 O—H 键，有利于苯酚离解成为质子和苯氧负离子，且苯氧负离子上的负电荷可以更好地离域而分散到整个共轭体系，而使苯氧负离子比较稳定，因此酚容易离解出质子呈酸性。可表示如下：

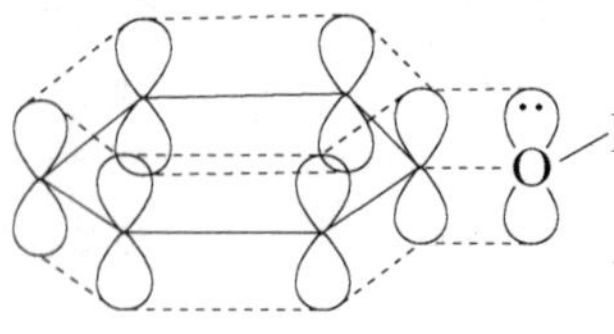

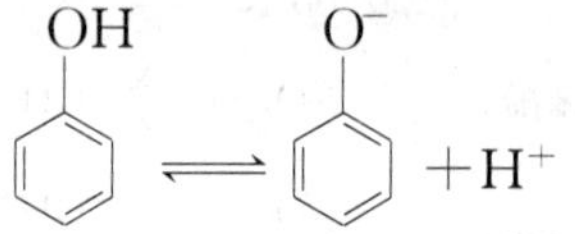

按照共振结构的写法：

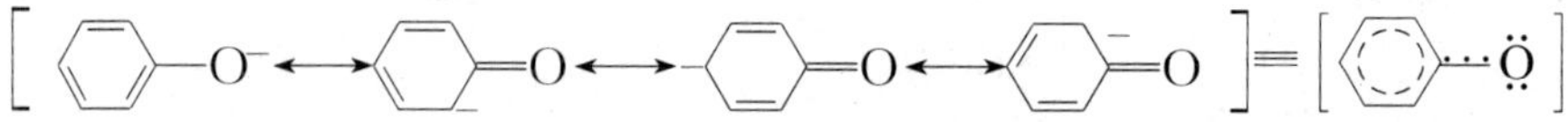

离域的(共振稳定的)负离子

同时由于 p-π 共轭效应，C—O 键加强，与醇分子中的 C—O 键相比难断裂，因此难于生成酚醚和酚酯。

（2）由于 p-π 共轭效应，苯环上电子云密度升高，因此苯环的亲电取代反应活性增加。

（3）由于酚的特殊结构，它具有特殊的显色反应。

#### 8.3.2.1　酸性

苯酚的 $pK_a \approx 10$，它的酸性比醇强（乙醇的 $pK_a = 17$，环己醇的 $pK_a \approx 18$）。苯酚能溶解于氢氧化钠水溶液而生成酚钠。

但苯酚的酸性比碳酸（$pK_a = 6.38$）弱，所以苯酚不能与碳酸氢钠作用生成盐。向苯酚钠水溶液中通二氧化碳，苯酚即游离出来。

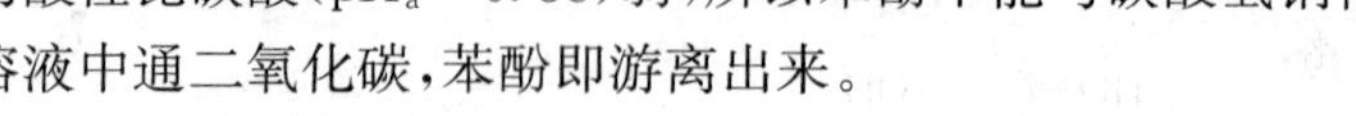

工业上常用酚的这种能溶于碱而又能用酸将它从碱溶液中游离出来的性质来回收和处理含酚污水。

苯环上的不同取代基能影响酚的酸性。当苯环上连有供电子基团时，可使取代苯氧负离子不稳定，使取代苯酚的酸性减弱；当苯环上连有吸电子基团时，可使取代苯氧负离子更稳定，使取代苯酚的酸性增强。例如，对硝基苯酚中—$NO_2$是吸电子基团，诱导效应和共轭效应都使羟基氧上的电子云更好地离域而移向苯环，可以生成更稳定的对硝基苯氧负离子。所以，对硝基苯酚的酸性比苯酚的酸性强。且邻、对位硝基苯酚的酸性比间硝基苯酚的酸性强。苯酚的邻、对位上硝基越多，酸性越强。

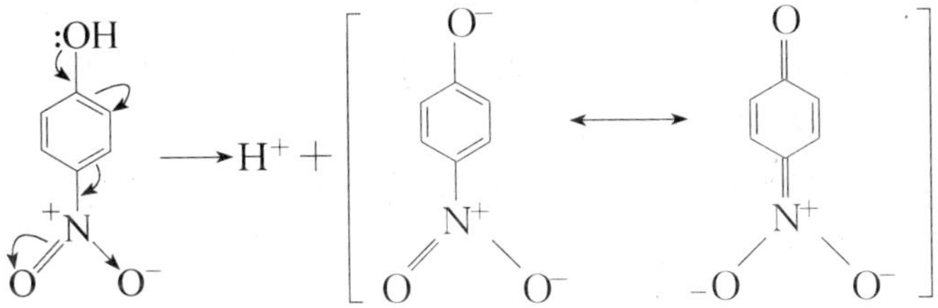


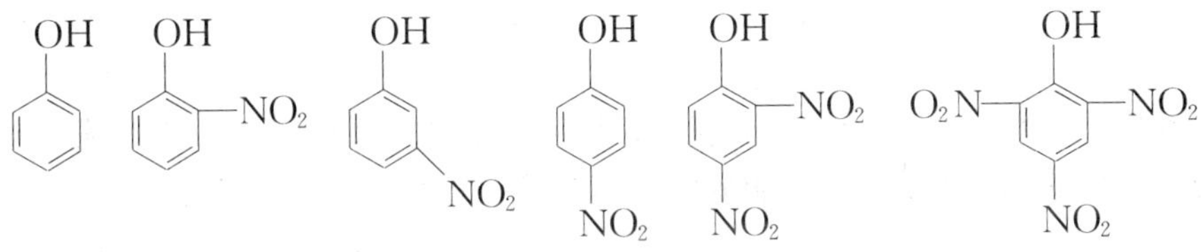


$pK_a$　10.0　7.22　8.39　7.15　4.00　0.71

部分取代苯酚的 $pK_a$ 见表 8-4。

**表 8-4　部分取代苯酚的 $pK_a$**(25℃)

| 取代基 | 邻　位 | 间　位 | 对　位 |
|---|---|---|---|
| H | 10.00 | 10.00 | 10.00 |
| $CH_3$ | 10.29 | 10.09 | 10.26 |
| F | 8.81 | 9.28 | 9.81 |
| Cl | 8.48 | 9.02 | 9.38 |
| Br | 8.42 | 8.87 | 9.26 |
| I | 8.46 | 8.88 | 9.20 |
| $CH_3O$ | 9.98 | 9.65 | 10.21 |
| $NO_2$ | 7.22 | 8.39 | 7.15 |

8.3.2.2　成醚

酚与醇相似，也可生成醚。但因酚羟基的碳氧键比较牢固，一般不能通过酚分子间脱水来制备。通常是由酚金属盐与烷基化试剂(如碘甲烷或硫酸二甲酯)在弱碱性溶液中经 $S_N2$ 反应而得。

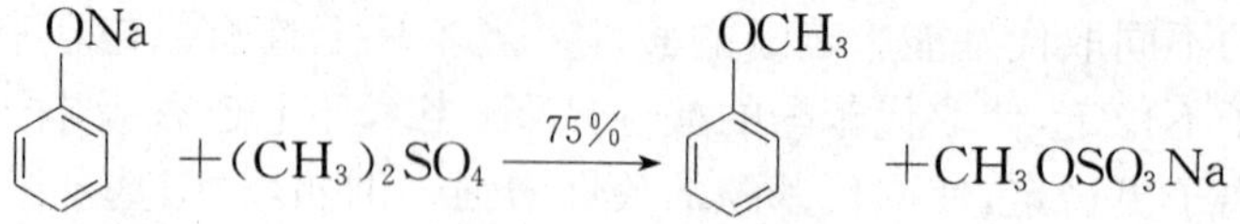

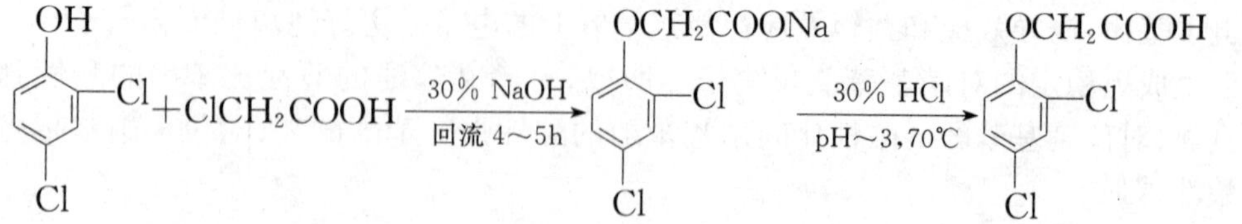

2,4-二氯苯氧乙酸(2,4-dichlorophenoxyacetic acid)又称 2,4-D,是植物生长调节剂,也是一种除双子叶杂草的除草剂。

二芳基醚可用酚钠与芳卤衍生物作用制备,但因芳环上卤原子不活泼,需在铜催化下加热反应。

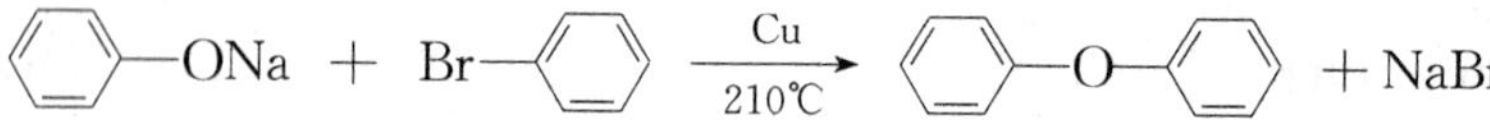

酚醚化学性质比酚稳定,不易被氧化,而且酚醚与氢碘酸作用,只发生烷氧键断裂而不发生芳氧键断裂,又能分解而得到原来的酚。

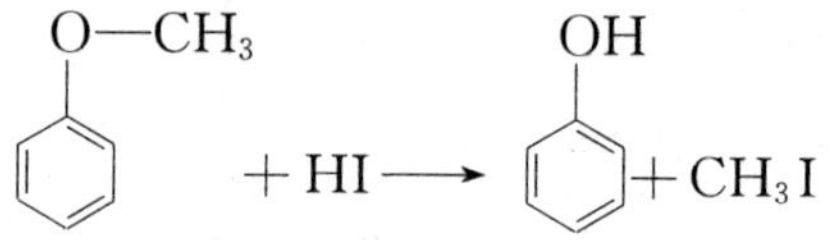

二苯醚在 250℃与 HI 共热也不发生反应。

在有机合成上,常利用暂时转变成醚的方法来保护酚羟基,以免羟基在反应中被破坏,待反应完成以后再将醚分解,恢复原来的羟基。

#### 8.3.2.3　成酯

酚与羧酸直接酯化比较难,一般须与酸酐或酰氯作用才能生成酯。

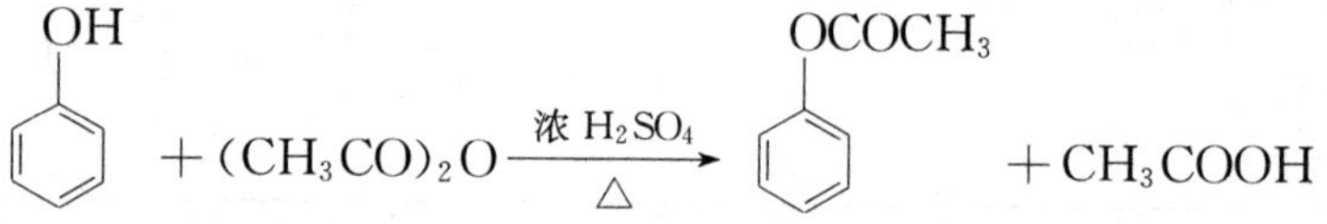

乙酸酐（或乙酰氯 $CH_3COCl$）　　乙酸苯酯

酚酯与氯化铝或氯化锌等路易斯酸共热,重排生成邻或对羟基酮,此反应称为弗利斯(Fries)重排。该反应常用于制备酚酮,在较低的温度下,主要得到对位异构体;而较高的温度下,主要得到邻位异构体。

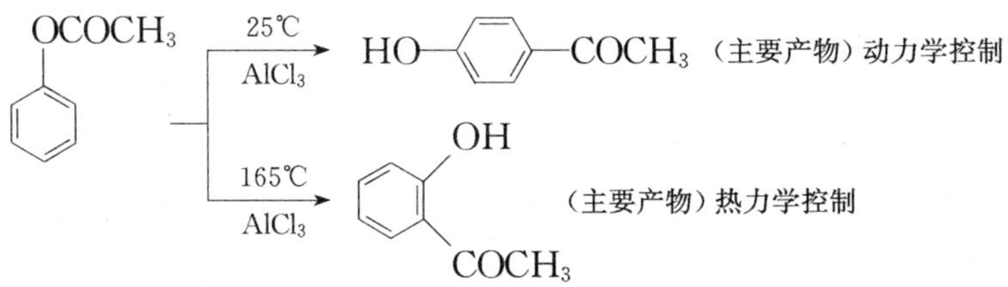


8.3.2.4　与三氯化铁的显色反应

酚能与三氯化铁溶液发生显色反应,不同的酚呈现不同的颜色。苯酚显蓝紫色,邻苯二酚显深绿色,对苯二酚呈暗绿色结晶,对甲苯酚显蓝色,1,2,4-苯三酚显蓝绿色,连苯三酚显淡棕红色。

这种特殊的显色作用可用来检验酚羟基的存在。除酚类外,凡具有烯醇(C═C—OH)式结构的化合物与 $FeCl_3$ 也都有显色反应,一般醇没有这种显色反应。酚与三氯化铁的显色反应一般认为是生成络合物。

$$6ArOH + FeCl_3 \rightleftharpoons [Fe(OAr)_6]^{3-} + 6H^+ + 3Cl^-$$

8.3.2.5　芳环上的亲电取代反应

羟基是强的邻、对位定位基,可使苯环活化。酚易在羟基的邻、对位发生卤化、硝化、磺化等亲电取代反应。

1) 卤化反应

酚很容易发生卤化。苯酚与溴水作用,立刻取代邻、对位的三个氢原子,生成2,4,6-三溴苯酚白色沉淀。邻、对位上有磺酸基存在时,也可同时被取代。如果溴水过量,则生成黄色的四溴衍生物黄色沉淀。三溴苯酚在水中的溶解度极小,含有10μg/g 苯酚的水溶液也能有三溴苯酚析出。该反应常用于苯酚的定性检验和定量测定。

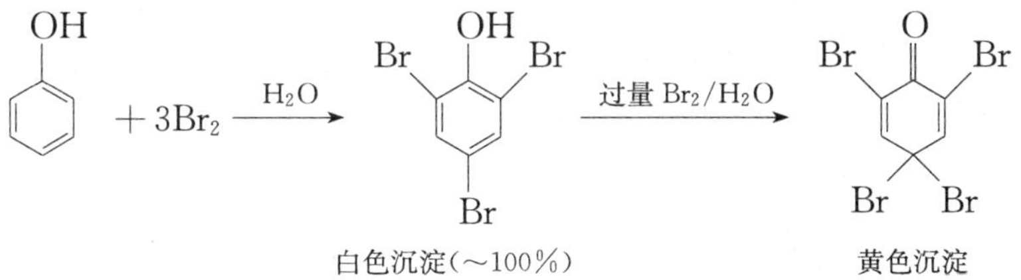


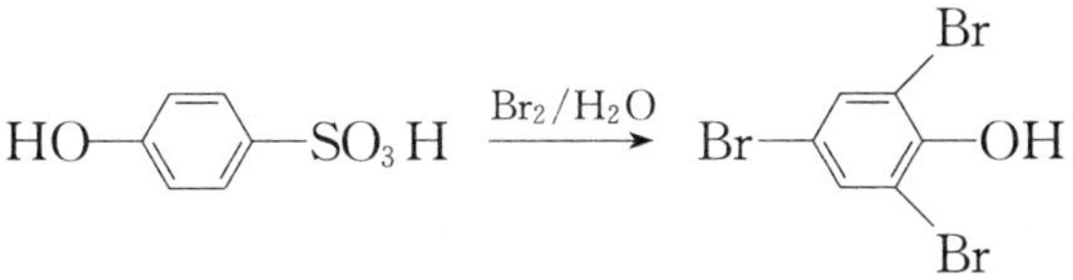


在低温下,于非极性溶剂(如 $CS_2$、$CCl_4$)中,控制溴不过量,则可生成一元取代

物对溴苯酚。

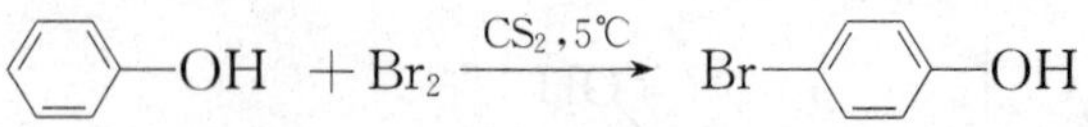

如果不用溶剂，控制不同温度和氯用量，则可生成对氯苯酚、邻氯苯酚和 2,4-二氯苯酚。

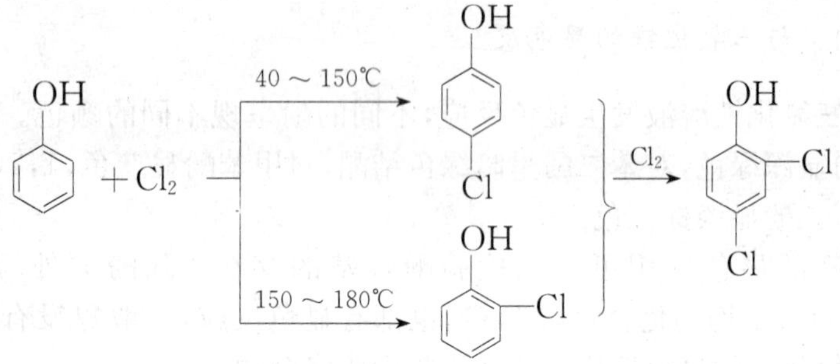

在水溶液中，特别是 pH＝10 时，即使用不到 3mol 的氯，也能得到 2,4,6-三氯苯酚。在三氯化铁存在下，2,4,6-三氯苯酚能进一步氯化成五氯苯酚。

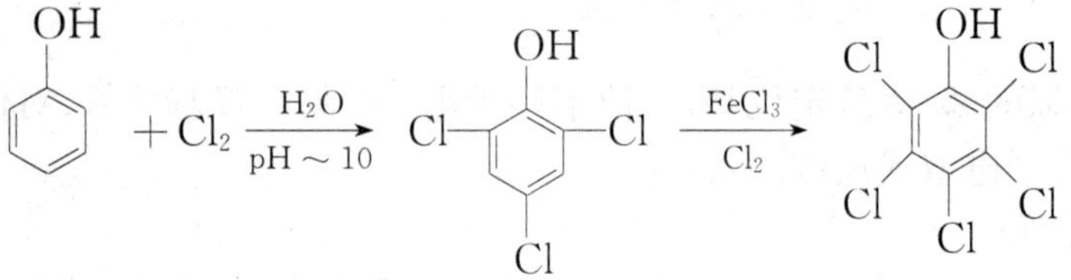

五氯苯酚是一种橡胶制品的杀菌剂，也是一种灭钉螺(防止血吸虫病)的药物。

2）硝化反应

酚很容易硝化，与稀硝酸在室温下作用生成邻硝基苯酚和对硝基苯酚的混合物。如用浓硝酸进行硝化，则生成 2,4-二硝基苯酚和 2,4,6-三硝基苯酚(苦味酸)。但因酚羟基和苯环易被浓硝酸氧化，产量很低，一般均用间接方法制备。

邻硝基苯酚和对硝基苯酚可用水蒸气蒸馏方法分开。因邻硝基苯酚分子中的羟基和硝基处在相邻位置，能通过氢键在分子内形成六元环的螯合物，故沸点较低，能进行水蒸气蒸馏；而对硝基苯酚分子中的羟基和硝基处在对位，只能通过分子间的氢键缔合，相对分子质量较大，不能随水蒸气蒸馏出来。

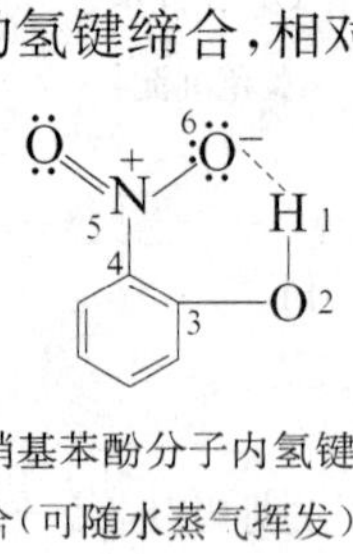

邻硝基苯酚分子内氢键螯合(可随水蒸气挥发)

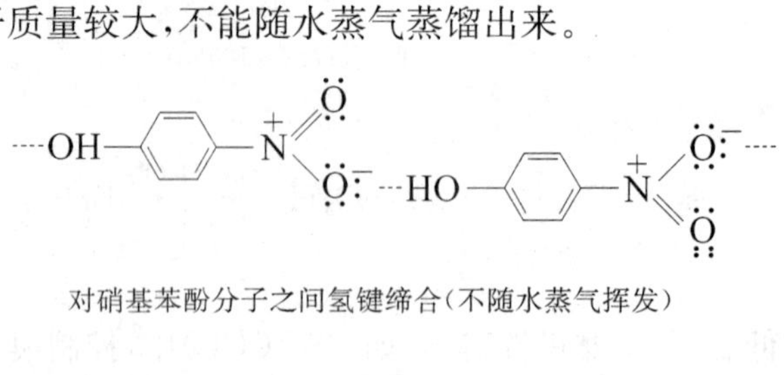

对硝基苯酚分子之间氢键缔合(不随水蒸气挥发)

苯酚甚至能与弱的亲电试剂亚硝酸中的亚硝酰正离子($NO^+$)发生反应，生成对亚硝基苯酚，再用稀硝酸将其顺利地氧化成对硝基苯酚。

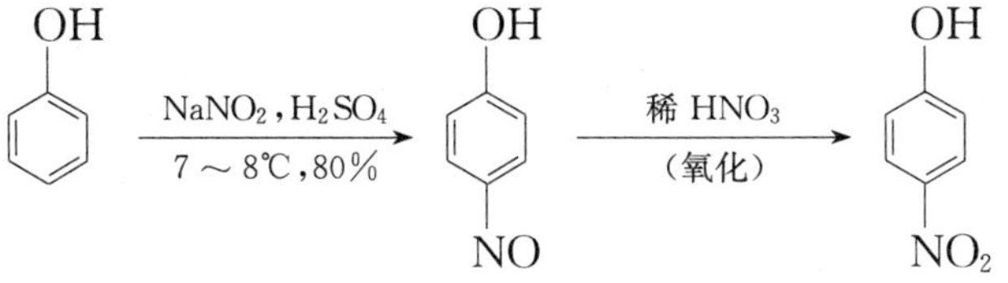


3）磺化反应

苯酚与浓 $H_2SO_4$ 作用，即发生磺化反应而生成羟基苯磺酸。随磺化条件不同可得不同的产物，进一步磺化可得 4-羟基-1,3-苯二磺酸。苯酚分子中引入两个磺酸基后，可使苯环钝化，不易被氧化，再与浓 $HNO_3$ 作用，两个磺酸基可同时被硝基置换而生成 2,4,6-三硝基苯酚。

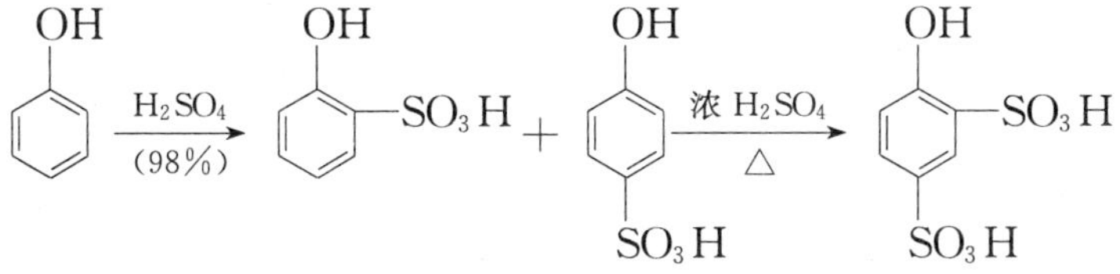


| | | |
|---|---|---|
| 20℃ | 49% | 51% |
| 100℃ | 10% | 90% |

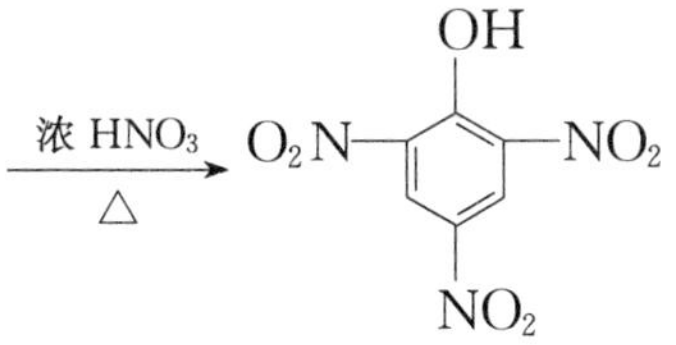


2,4,6-三硝基苯酚 90%

4）傅-克烷基化和酰基化反应

由于酚羟基的影响，酚比芳烃容易进行傅-克反应。但此处一般不用 $AlCl_3$ 作催化剂，因为酚羟基与三氯化铝形成络合物($ArOAlCl_2$)，使它失去催化能力而影响产率。一般酚的烷基化反应是用醇或烯烃为烷基化剂，以浓硫酸或酸性阳离子交换树脂为催化剂。

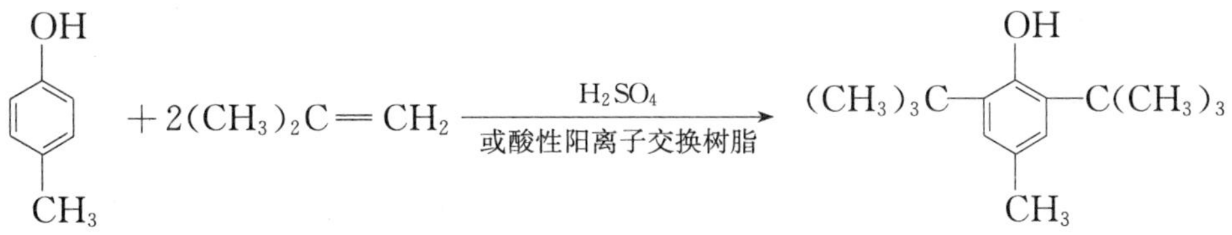


4-甲基-2,6-二叔丁基苯酚(BHT)(白色，m. p. 70℃)

(简称二六四抗氧剂，食品防腐剂)

酚的酰基化反应也比较容易进行，如

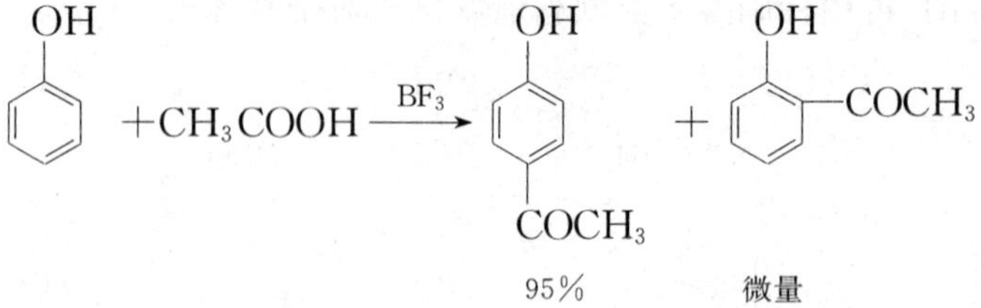


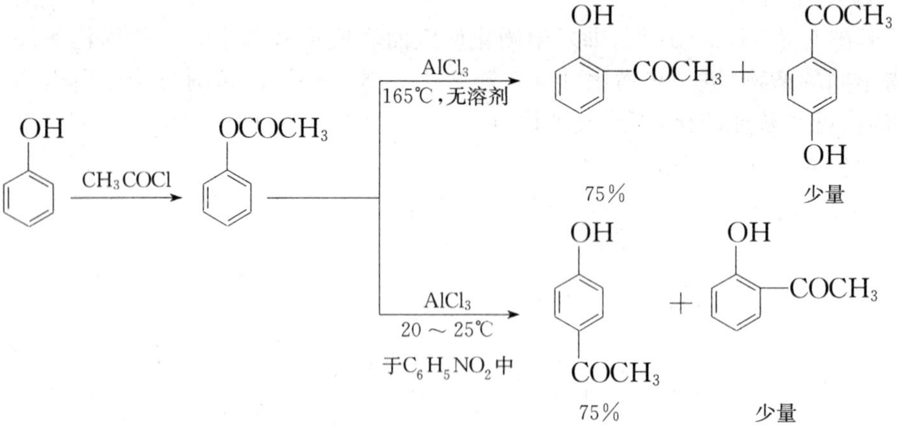


苯酚与邻苯二甲酸酐在浓硫酸催化下生成酚酞：

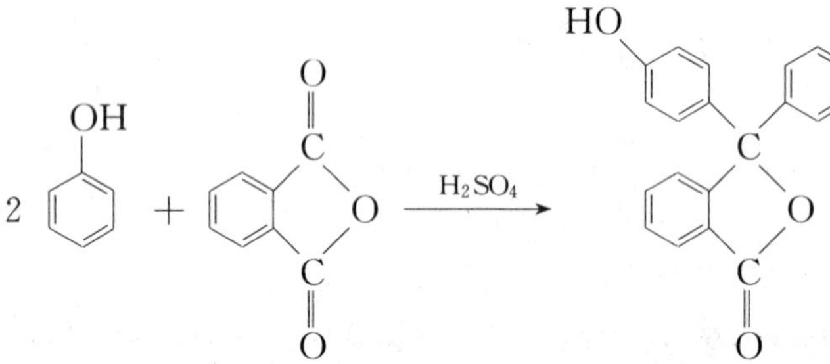


酚酞溶液在 pH<8.5 时无色，在 pH>9 时显红色，因此可用作指示剂。

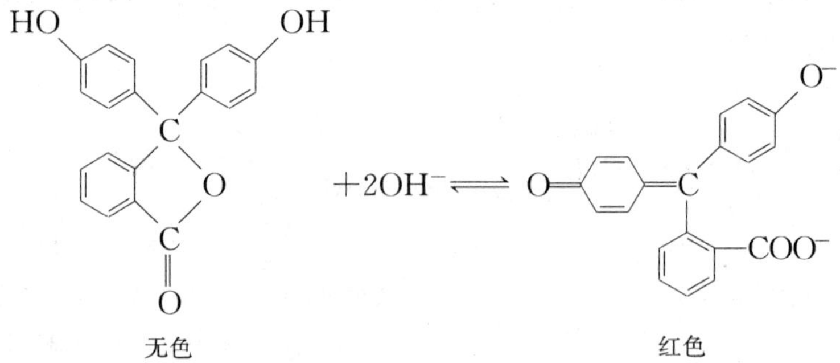

### 8.3.2.6　偶合反应

在弱碱性条件下，酚还可以与弱亲电试剂——芳香族重氮盐发生亲电取代反应，生成偶氮化合物，这是合成偶氮化合物的重要反应之一。

### 8.3.2.7　还原反应

酚通过催化加氢，苯环被还原，生成环己烷衍生物，如

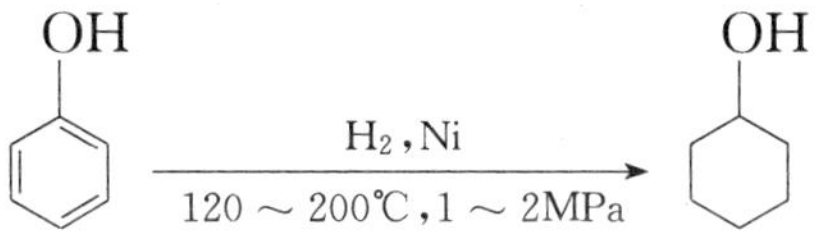


这是工业上生产环己醇的方法之一。

### 8.3.2.8　氧化反应

在氧化剂的作用下，酚被氧化成醌，如

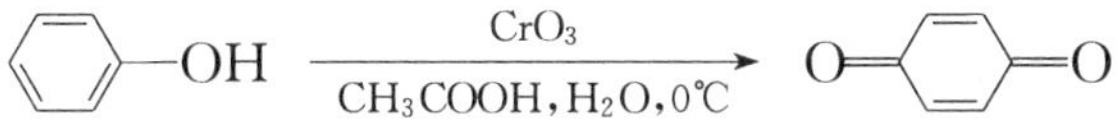


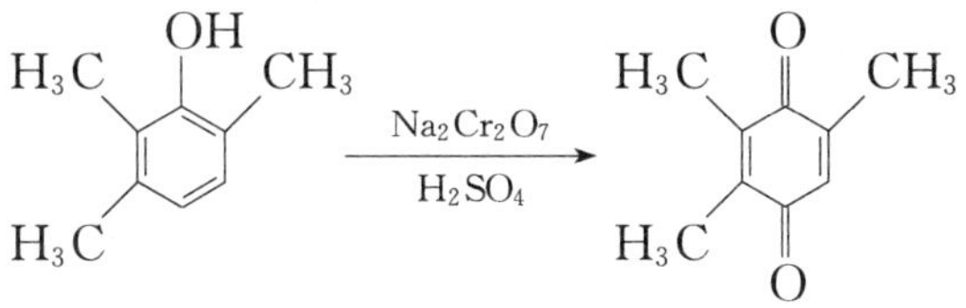


酚在空气中长期放置或在光的照射下，能被空气中的氧氧化，颜色逐渐变深。

### 8.3.2.9　与羰基化合物的缩合反应

1）与甲醛缩合——酚醛树脂的生成

酚的邻、对位上的氢原子特别活泼，可与羰基化合物（醛或酮）发生缩合反应。例如，苯酚和甲醛在酸或碱的作用下，按酚和醛的质量比例不同，可得到不同结构的高分子化合物。在这些反应中，不论是酸或碱的催化，都是首先生成邻或对羟甲基酚。

酸催化时，甲醛先与质子结合：

$$CH_2{=}O + H^+ \rightleftharpoons {}^+CH_2OH$$

$^+CH_2OH$ 比甲醛具有更强的亲电性，容易对苯环发生亲电取代反应。

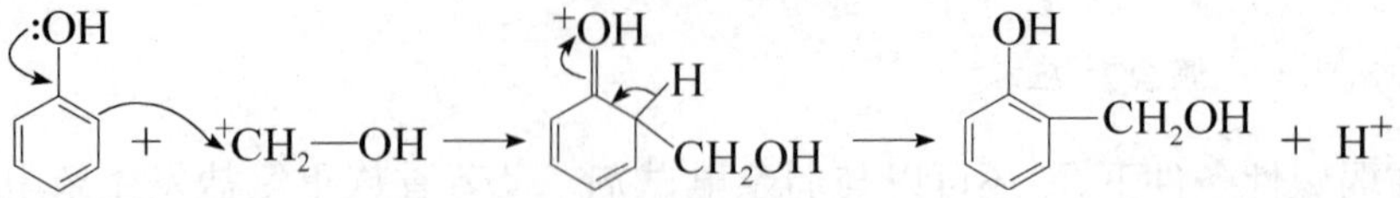

碱催化时，苯酚成为苯氧负离子，比苯酚具有更强的亲核性，进攻甲醛的羰基碳，发生亲核加成反应。

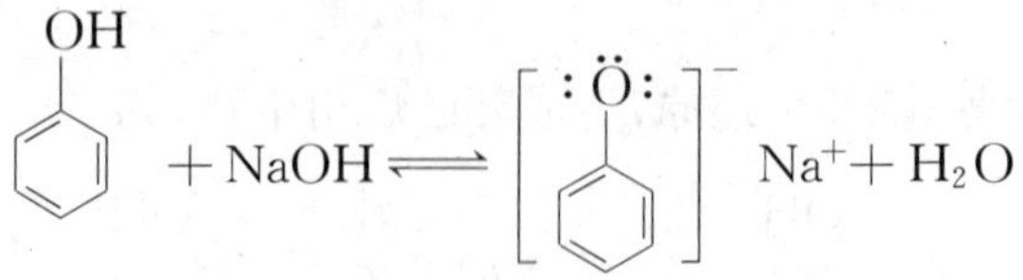

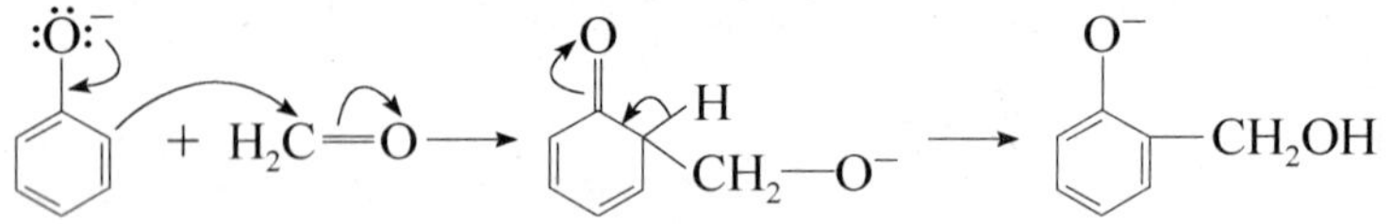

当醛过量时，生成含有羟甲基较多的2,4-二羟甲基苯酚和2,6-二羟甲基苯酚。

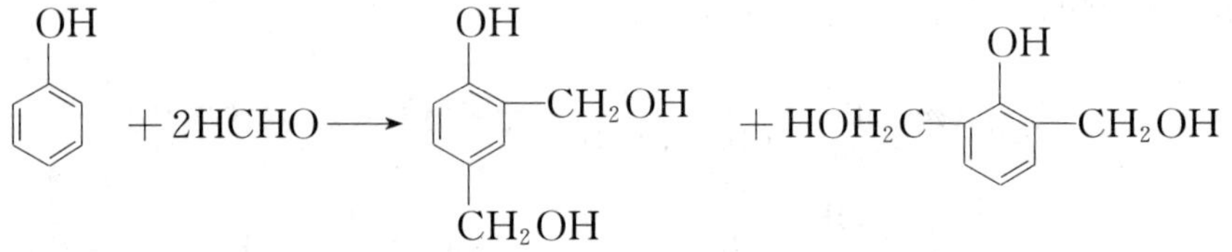

当酚过量时，可生成不含羟甲基的4,4′-二羟基二苯甲烷和2,2′-二羟甲基二苯甲烷。

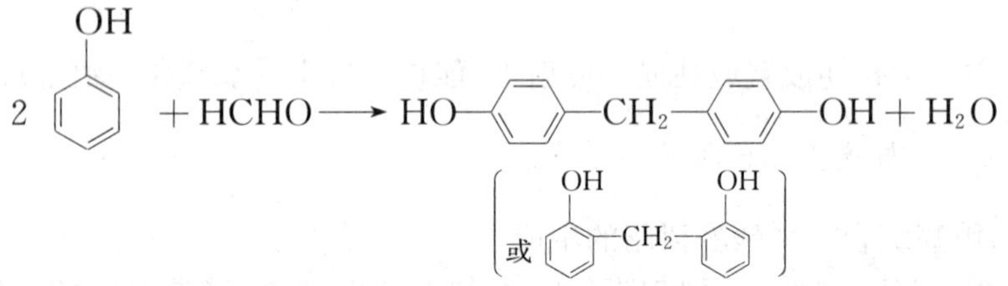

这些中间产物相互缩合并与甲醛、苯酚继续作用，就可得到线型或体型的缩聚(缩合聚合)物。这种树脂状的高分子物质叫做酚醛树脂。其他酚(如甲酚、二甲酚等)、醛(如乙醛、糠醛等)也可缩聚生成相似的酚醛树脂。

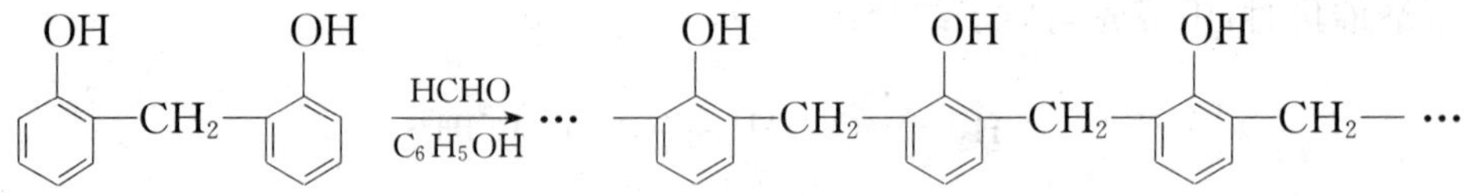

线型酚醛树脂

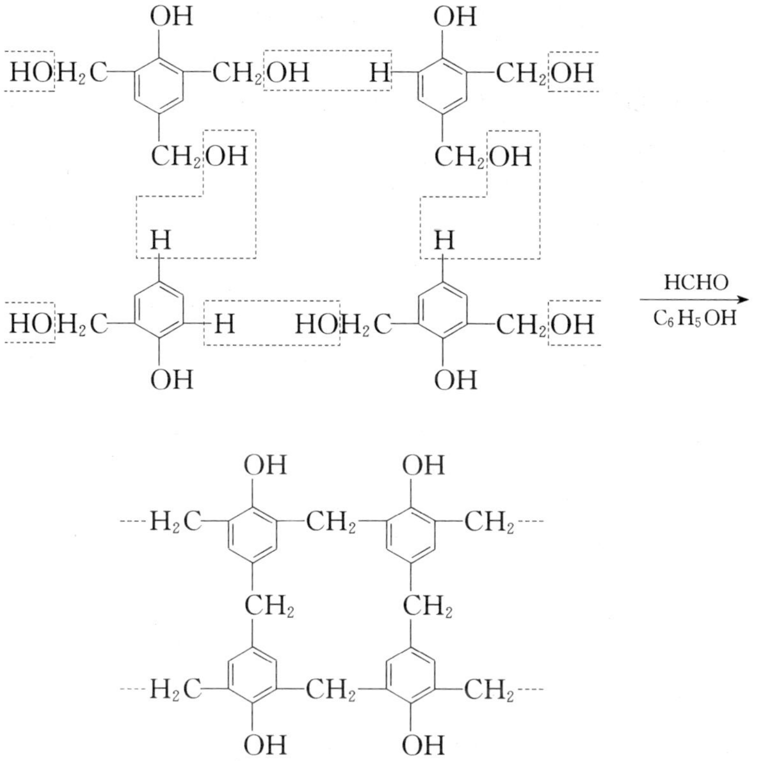


网状体型酚醛树脂

酚醛树脂的用途广泛，可用来作涂料、黏合剂及塑料等。酚醛塑料又称电木，广泛用于电绝缘器材及日用品的制造。由不同工艺制得的酚醛树脂具有不同的结构与性质，适合于不同的用途（图 8-2）。

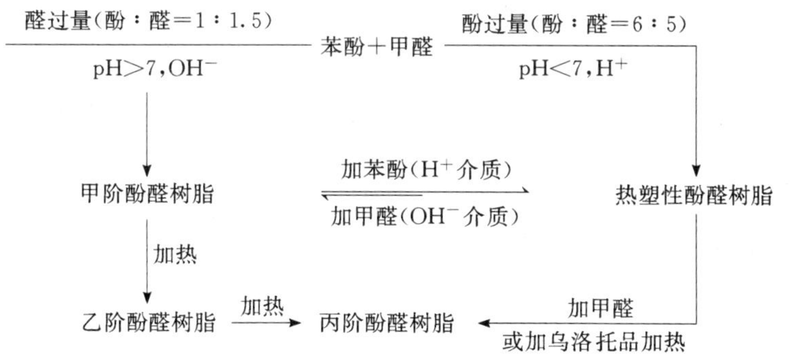


图 8-2　酚醛树脂的合成

在甲醛过量的情况下，甲醛和酚以 1：1.5 的比例缩合生成可溶、可熔、相对分子质量不太大的线型树脂，称为甲阶酚醛树脂（resol）。它可溶于乙醇、丙酮等有机溶剂。加热时线型高分子通过与甲醛进一步缩合，成为部分网状结构的高分子，是半熔性、冷时性脆、热之成弹性体的酚醛树脂，称为乙阶酚醛树脂(resitol)。它不能溶于乙醇，但能膨胀。再继续加热，则网状结构进一步发展成为不溶、不熔的酚醛树脂，称为丙阶酚醛树脂(resite)。

2）与丙酮缩合——环氧树脂的生成

苯酚与丙酮缩合可生成2,2-(4,4′-二羟基二苯基)丙烷，简称双酚A或二酚基丙烷。

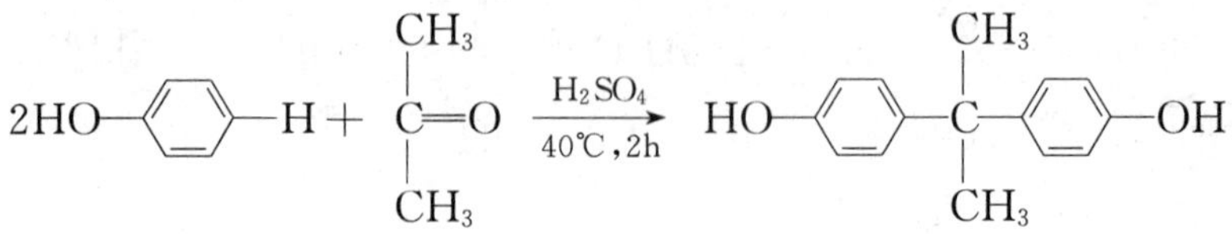


双酚A是制备环氧树脂的重要原料。凡是含有两个酚羟基的化合物(如双酚A或其他多元酚)都能与环氧氯丙烷进行一系列缩聚反应，生成一类在分子中至少含有两个以上环氧基的高分子热固性树脂，这类树脂称为环氧树脂。环氧氯丙烷是由3-氯丙烯与HOCl作用，生成1,3-二氯丙醇后再与氢氧化钠作用，发生分子内亲核取代而成。

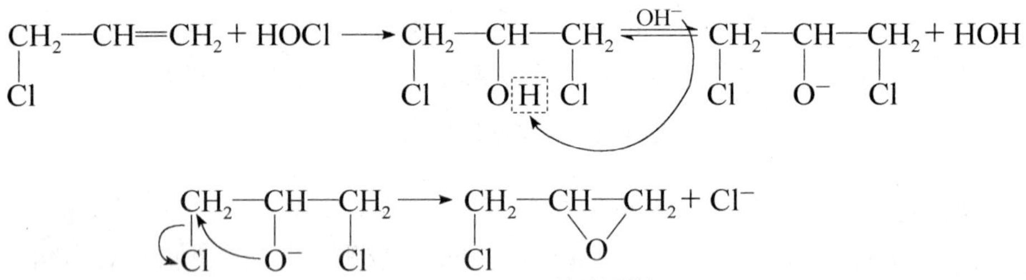


环氧氯丙烷

双酚A与环氧氯丙烷合成环氧树脂的过程可表示如下：

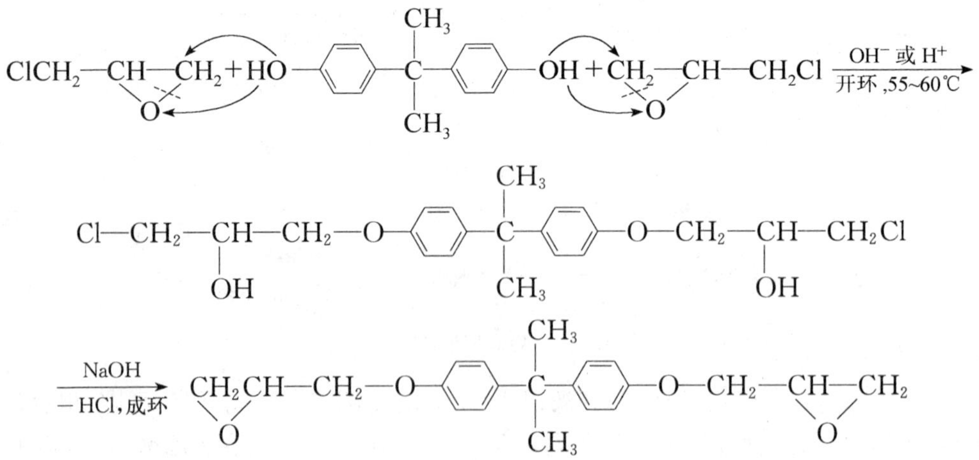

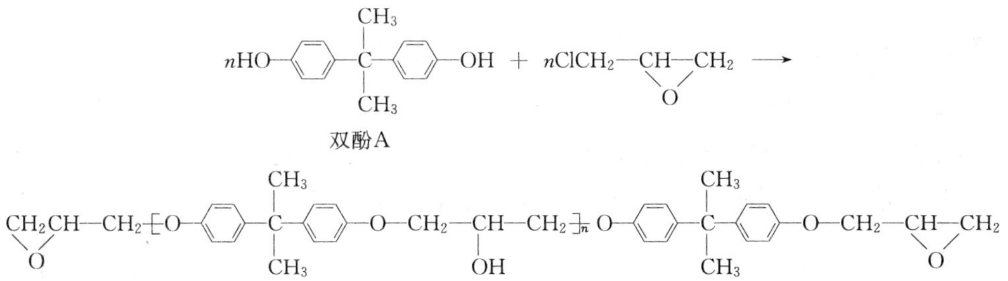


式中：$n$(聚合度)为 5～12。根据用途需要可调节双酚 A 与环氧氯丙烷的物质的量比来控制产物的相对分子质量。

线型环氧树脂再加固化剂，就可生成体型网状结构。常用的固化剂有胺类、羧酸酐类(如二乙烯三胺、间苯二胺、顺丁烯二酸酐、邻苯二甲酸酐、均苯四酐等)和低相对分子质量聚酰胺。固化剂的作用是使环氧树脂链端两个活泼的环氧基的环氧键打开(开环)，这样就可使线型分子交联而形成体型结构，如

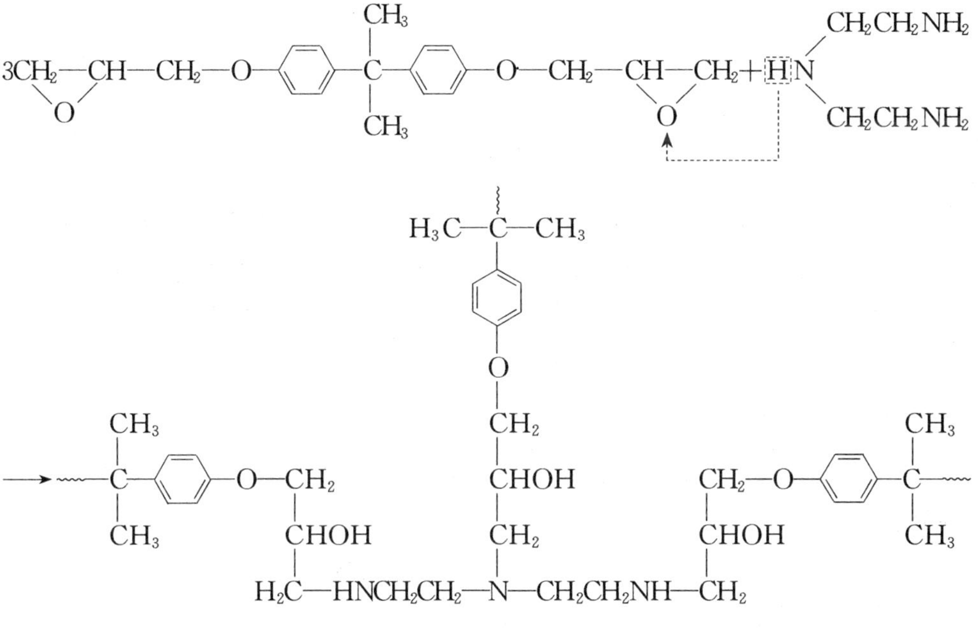

环氧树脂具有极强的黏结性，能极牢固地黏合各种材料，如金属、陶瓷、玻璃、木材等，俗称“万能胶”。

由于环氧树脂结构中有羟基、醚键和环氧基，因而具有很高的黏结力，固化时没有气泡产生，固化后收缩性小，机械强度高，电绝缘性能好，耐酸、耐碱、耐盐，加入玻璃纤维为填料制成的层压制品比酚醛、不饱和聚酯的相应层压材料的强度要高，接近于钢材的强度，故又称为“玻璃钢”。

### 8.3.3 酚的制法

从煤焦油分馏所得的酚油(180～210℃)、萘油(210～230℃)馏分中含有苯酚和甲苯酚 28%～40%,可先经碱、酸处理,再减压蒸馏而分离得到。但产量有限,已远远不能满足工业的需要,目前都用合成方法大量生产酚。

#### 8.3.3.1 异丙苯氧化法

工业上目前大量生产苯酚的方法是以异丙苯在过氧化物或紫外线的催化下,使异丙苯被空气氧化生成氢过氧化异丙苯,后者在强酸或酸性离子交换树脂作用下分解,生成苯酚和丙酮。

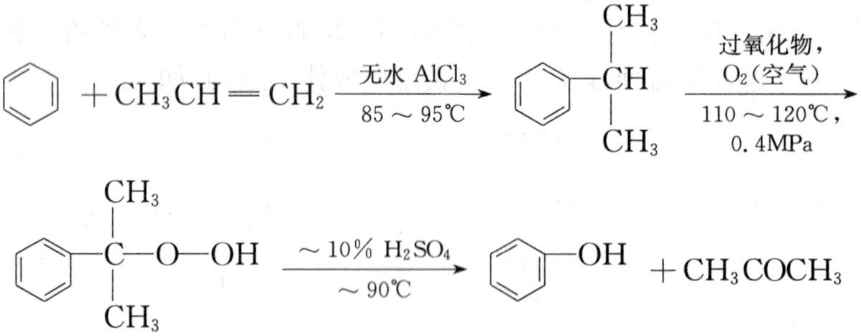


氧化反应一般在碱性条件(pH＝8.8～10.5)和 1%乳化剂(硬脂酸钠或蓖麻酸钠)存在下进行。此方法的优点是生产 1000kg 苯酚可同时获得 600kg 丙酮。苯酚和丙酮都是重要的工业原料,因此这个方法在经济上是比较适用的,但设备和技术要求较高。

#### 8.3.3.2 磺化碱熔法

将芳磺酸钠盐与氢氧化钠共熔(称为碱熔)可以得到相应的酚钠,再经酸化,即得相应的酚。

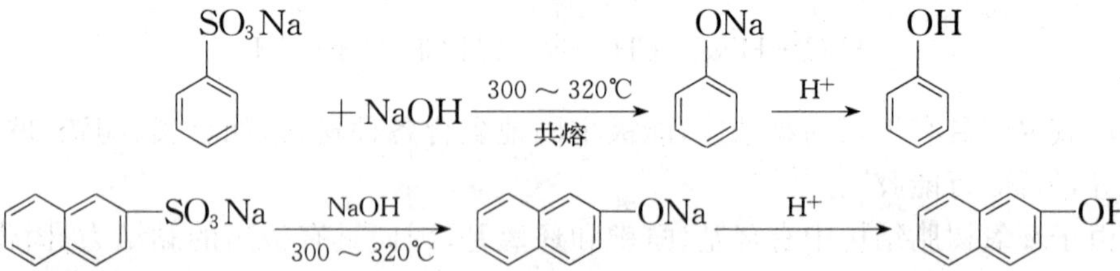


磺化碱熔法是最早用来合成苯酚的一种方法,它的优点是设备简单,产率高,产品纯度好。缺点是生产工序多,劳动强度大,较难实行自动化生产,且需消耗大量酸碱等无机化工原料,成本较高。同时因为反应在高温下进行,当环上已有

—COOH、—Cl、—$NO_2$等基团时，则副反应更多，所以此法的应用也有一定的限制。

8.3.3.3　从芳卤衍生物制备

连在芳环上的卤素原子很不活泼，很难水解，需要高温和高压。只有当卤原子的邻位或对位有强的吸电子基团时，水解反应才比较容易进行，如

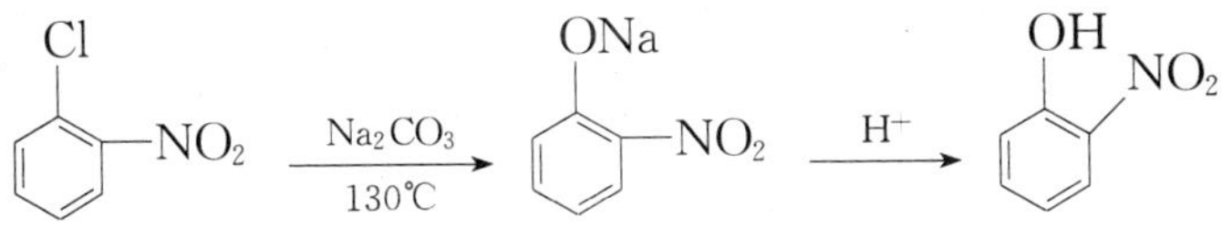


因此，由芳卤衍生物水解制酚的方法有一定的局限性，工业上常用此法生产取代苯酚。

8.3.3.4　从重氮盐制备

重氮盐在酸性条件下水解，可制备一些不能由芳磺酸盐碱熔而制得的酚类。如间溴苯酚不宜用间溴苯磺酸钠碱熔制取，因为溴原子也会在碱熔时水解。因此在有机合成上可用间溴苯胺经重氮化，水解而制得间溴苯酚。

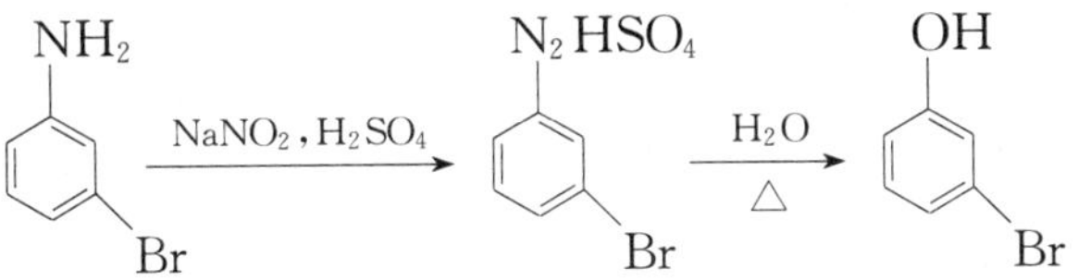


### 8.3.4　重要的酚

1）苯酚

苯酚简称酚，俗名石炭酸，为具有特殊气味的无色结晶，暴露于光和空气中易被氧化变为粉红色渐至深褐色。苯酚微溶于冷水，在 65℃以上时可与水混溶，易溶于乙醇、乙醚等有机溶剂(物理常数见表 8-3)。酚有毒性，可用作为防腐剂和消毒剂。在工业上，苯酚的用途很广，是有机合成的重要原料，大量用于制造酚醛树脂以及其他高分子材料、药物、染料、炸药等。

2）甲苯酚

甲苯酚简称甲酚，有邻、间、对位三种异构体，都存在于煤焦油中，由于它们的沸点相近(表 8-3)，不易分离。工业应用的往往是三种异构体未分离的粗甲酚。甲酚可由对甲基苯磺酸钠碱熔制备或由氯甲苯与氢氧化钠加压加热(300～320℃)制备。

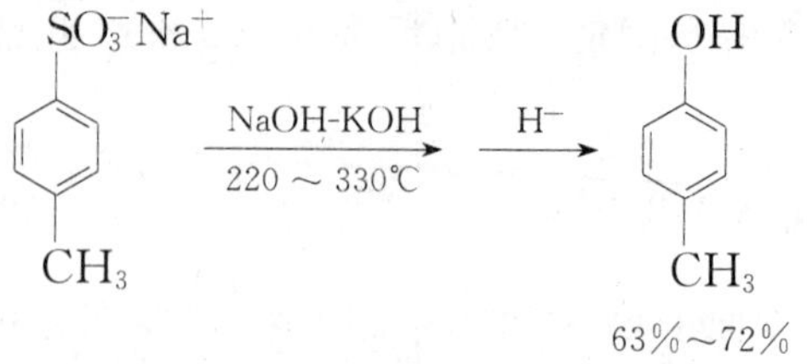

邻、对甲苯酚均为无色晶体，间甲苯酚为无色或淡黄色液体，有苯酚气味，是制备染料、炸药、农药、电木的原料。甲酚的杀菌力比苯酚大，可作木材、铁路枕木的防腐剂。医药上用作消毒剂，商品名“来苏尔”(lysol)消毒药水就是粗甲酚的肥皂溶液。

3）对苯二酚

对苯二酚可由苯胺氧化成对苯醌，再经缓和还原剂还原而得。

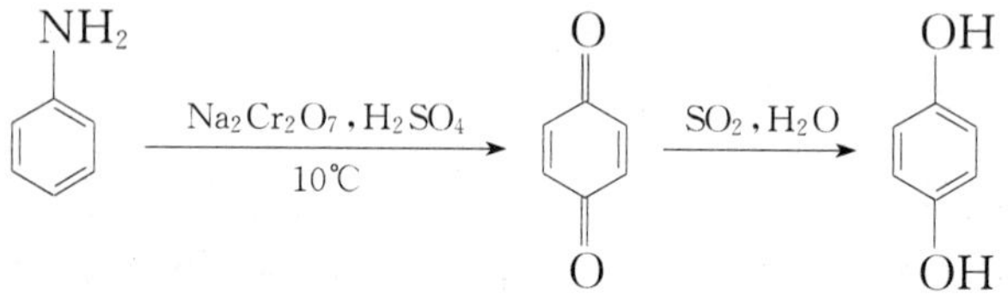

对苯二酚是无色固体，熔点 170℃，溶于水、乙醇、乙醚。对苯二酚极易氧化成醌。它是一种强还原剂，可用作显影剂，也可用作防止高分子单体聚合的阻抑剂。

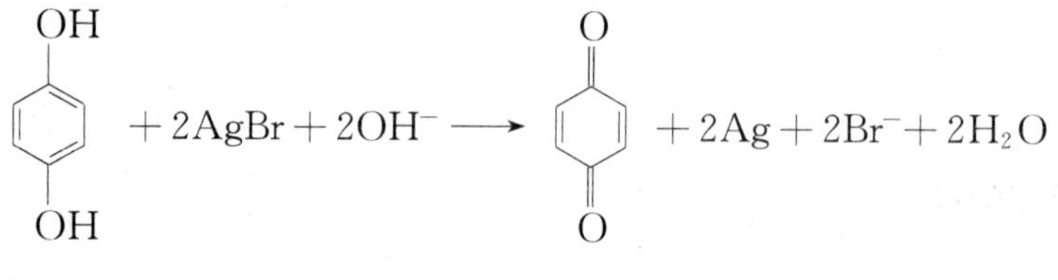

4）萘酚

萘酚有 $\alpha$-萘酚和 $\beta$-萘酚两种异构体，其中 $\beta$-萘酚较为重要。它们都是由相应的萘磺酸钠经碱熔而得。

$\alpha$-萘酚为针状结晶，$\beta$-萘酚为片状结晶，能溶于醇、醚等有机溶剂，它们的物理常数见表 8-3。萘酚的化学性质与苯酚相似，都呈弱酸性，与 $FeCl_3$ 发生显色反应。($\alpha$-萘酚呈紫色絮状沉淀，$\beta$-萘酚呈绿色)。萘酚易发生硝化、磺化等反应。萘酚的羟基比苯酚的羟基活泼，易生成醚和酯。萘酚广泛用于制备偶氮染料，是重要的染料中间体。$\beta$-萘酚还可用作杀菌剂、抗氧剂。

## 习　　题

1. 乙二醇及其甲醚的沸点随相对分子质量的增加而降低，试解释原因。

| | | |
|---|---|---|
| $CH_2OH$ <br> \| <br> $CH_2OH$ | $CH_2OH$ <br> \| <br> $CH_2OCH_3$ | $CH_2OCH_3$ <br> \| <br> $CH_2OCH_3$ |
| b. p. 197℃ | b. p. 125℃ | b. p. 84℃ |

2. 比较下列各化合物的酸性强弱：

(1) 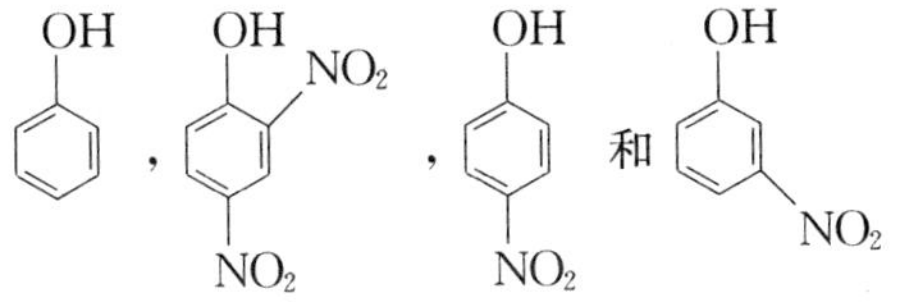

(2) 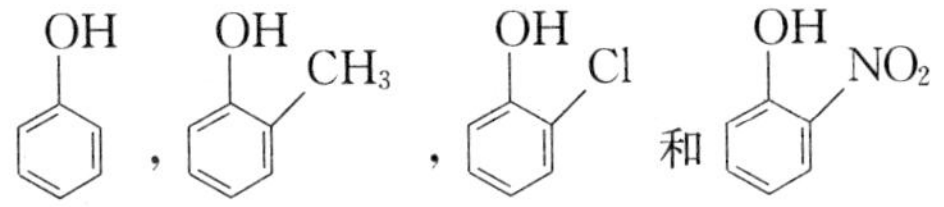

3. 区别下列各组化合物：

(1) $CH_2{=}CHCH_2OH$，$CH_3CH_2CH_2OH$ 和 $CH_3CH_2CH_2Cl$

(2) $CH_3CH_2CH(OH)CH_3$，$CH_3CH_2CH_2CH_2OH$ 和$(CH_3)_3COH$

(3) $\alpha$-苯乙醇和 $\beta$-苯乙醇

(4) 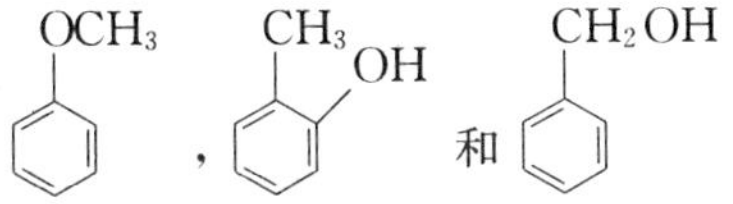

4. 分离下列各组化合物：

(1) 乙醚中混有少量乙醇　　(2) 戊烷、1-戊炔和 1-甲氧基-3-戊醇

(3) 苯和苯酚　　(4) 环已醇中含少量苯酚

(5) 苯甲醚和对甲苯酚　　(6) $\beta$-萘酚和正辛醇

5. 比较下列各组醇和 HBr 反应的相对速率：

(1) 苄醇、对甲基苄醇和对硝基苄醇

(2) 苄醇、$\alpha$-苯基乙醇和 $\beta$-苯基乙醇

6. 完成下列反应：

(1) 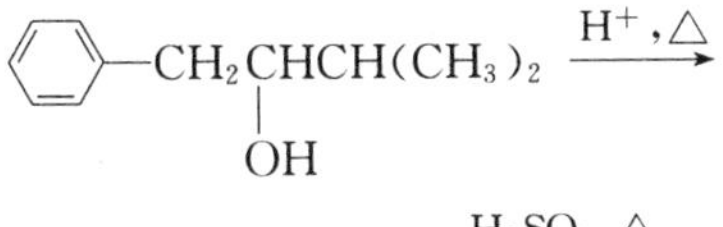

(2) $(CH_3)_2\underset{\displaystyle OH}{C}CH_2CH_2OH \xrightarrow{H_2SO_4,\triangle}$

(3) 2-甲基-2-氯丙烷＋正丙醇钠⟶

(4) 苯甲醚＋HI⟶

7. 写出邻甲苯酚与下列各种试剂作用的反应方程式：

(1) $FeCl_3$　　(2) 溴水　　(3) NaOH　　(4) $CH_3COCl$

(5) $(CH_3CO)_2O$　　(6) 稀 $HNO_3$　　(7) $Cl_2$(过量)　　(8) 浓 $H_2SO_4$

(9) $NaOH/(CH_3)_2SO_4$　　(10) HCHO，酸或碱催化剂

8. 用反应历程解释下列反应事实：

(1) $(CH_3)_3CCH_2OH \xrightarrow{H^+} CH_3CH{=}\underset{}{\overset{CH_3}{|}}{C}CH_3$

(2) $(CH_3)_3CCH(OH)CH_3 \xrightarrow{85\%H_3PO_4} (CH_3)_3CCH{=}CH_2 + (CH_3)_2CHC(CH_3){=}CH_2 + (CH_3)_2C{=}C(CH_3){-}CH_3$

(3) 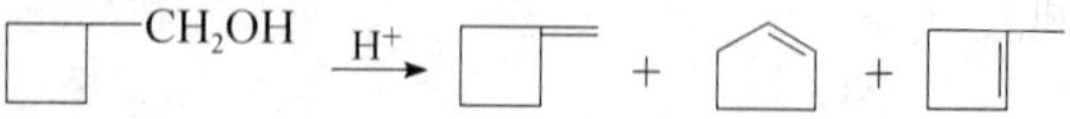

(4) $CH_3CH(OH)CH{=}CH_2 \xrightarrow[HBr]{H^+} CH_3CH(Br)CH{=}CH_2 + CH_3CH{=}CH{-}CH_2Br$

9. 合成题：

(1) 甲醇，2-丁醇⟶ 2-甲基丁醇

(2) 正丙醇，异丙醇⟶2-甲基-2-戊醇

(3) 甲醇，乙醇⟶正丙醇，异丙醇

(4) 2-甲基丙醇，异丙醇⟶2，4-二甲基-2-戊烯

(5) 丙烯⟶甘油⟶三硝酸甘油酯

(6) 苯，乙烯，丙烯⟶3-甲基-1-苯基-2-丁烯

(7) 乙烯，甲醇⟶乙二醇二甲醚，三甘醇二甲醚

(8) 乙烯⟶二乙醇胺

(9) 甲烷⟶二甲醚

(10) 丙烯⟶异丙醚

(11) 苯，甲醇⟶2，4-二硝基苯甲醚

(12) 乙烯⟶正丁醚

(13) 从苯和丙烯合成邻甲氧基苯基丙三醇单醚[  ]

10. 完成下列转变：

(1) 乙基异丙基甲醇⟶2-甲基-2-氯戊烷

(2) 3-甲基-2-丁醇⟶叔戊醇(2-甲基-2-丁醇)

(3) 异戊醇⟶2-甲基-2-丁烯

(4) 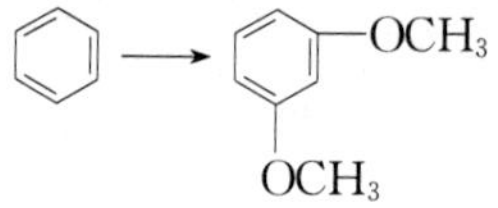

(5) 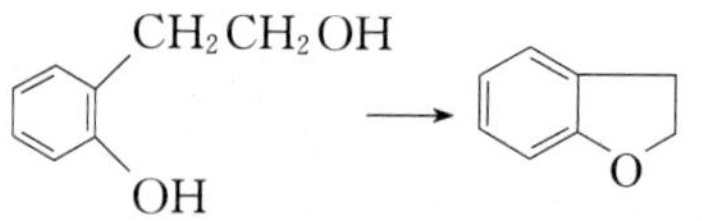

(6) 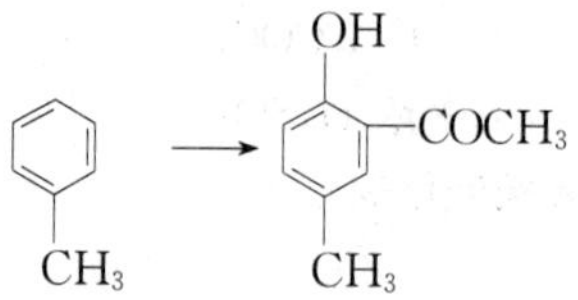

11. 用指定原料合成下列化合物(其他试剂任用)：

(1) $(CH_3)_3COH \longrightarrow (CH_3)_3CCH_2CH_2OH$

(2) 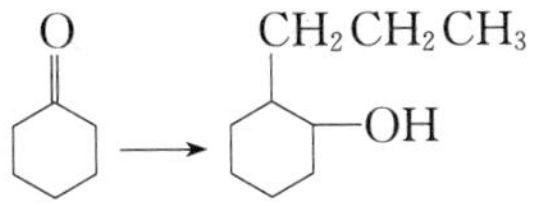

(3) 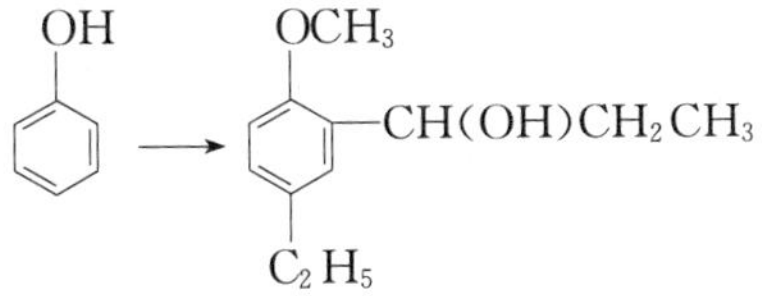

(4) 五个碳原子以下的有机化合物⟶ 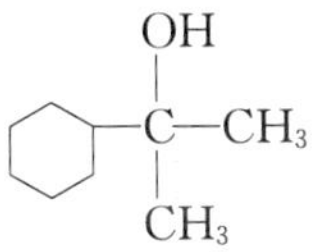

12. 由苯或甲苯和必要的无机或有机试剂合成下列各化合物：

(1) 4-乙基-1,3-苯二酚　　(2) 对亚硝基苯酚

(3) 苯乙醚　　(4) 2,4-二氯苯氧乙酸

(5) 2,4-二硝基苯甲醚　　(6) 2,6-二氯苯酚

(7) 2,6-二叔丁基-4-硝基苯酚

13. 某醇 $C_5H_{12}O$ 氧化后生成酮，脱水生成一种不饱和烃，将此烃氧化可生成酮和羧酸两种产物的混合物。试推测该醇的结构。

14. 某醇依次和 HBr、KOH(醇溶液)、$H_2SO_4$、$H_2O$、$K_2Cr_2O_7+H_2SO_4$ 作用，可得到 2-丁酮。试推测此化合物的可能结构，并写出各步反应式。

15. 某化合物 A 的分子式为 $C_5H_{11}Br$，和 NaOH 水溶液共热后生成 $C_5H_{12}O$ 的化合物 B。B 具有旋光性，能和钠作用放出氢气，和浓硫酸共热生成化合物 C，分子式为 $C_5H_{10}$。C 经臭氧化和在还原剂存在下水解，则生成丙酮和乙醛。试推测 A～C 的结构，并写出各步反应式。

16. 新戊醇在 $H_2SO_4$ 存在下加热可生成不饱和烃。将该不饱和烃臭氧化后，在锌粉存在下水解，可得到一个醛和酮。试写出反应的历程及各步反应产物的构造式。

17. 由化合物 A($C_6H_{13}Br$)所制得的格氏试剂与丙酮作用可生成 2,4-二甲基-3-乙基-2-戊醇。A 可发生消除反应生成两种互为异构体的产物 B 和 C。将 B 臭氧化后，再在还原剂存在下水解，则得到相同碳原子的醛 D 和酮 E。试写出各步反应式以及 A～E 的构造式。

18. 某化合物的分子式为 $C_6H_{14}O$，常温下不与金属钠作用，和过量的浓氢碘酸共热时生成碘烷，此碘烷与氢氧化银作用则生成丙醇。试推测此化合物的结构，并写出反应式。

19. 某化合物的分子式为 $C_7H_{16}O$，并且：

(1) 在常温下不和金属钠作用。

(2) 和过量浓氢碘酸共热生成两种物质，经分析得知它们的组成为 $C_2H_5I$ 和 $C_5H_{11}I$。后者用氢氧化银处理后，所生成的化合物的沸点为 138℃。

试按表 8-1 推测此化合物的结构并写出各步反应式。

20. 某化合物的分子式为 $C_{20}H_{21}O_4N$，与热的浓氢碘酸作用可产生 $CH_3I$，表明有甲氧基存在。当此化合物 4.24mg 用氢碘酸处理，并将所生成的 $CH_3I$ 通入硝酸银的醇溶液，得到

11.62mg 碘化银。此化合物含有几个甲氧基?

21. 某芳香族化合物 A,分子式为 $C_7H_8O$,不与钠发生反应,但与浓 HI 作用生成 B 和 C 两个化合物,B 能溶于 NaOH,并与 $FeCl_3$ 作用呈紫色,C 能与 $AgNO_3$ 溶液作用,生成黄色碘化银。写出 A~C 的构造式。

# 第 9 章　醛、酮、醌

醛、酮、醌分子中都含有羰基。羰基碳原子上至少连有一个氢原子的化合物叫做醛，因此也常将—CHO 叫做醛基，醛基总是位于碳链的一端。羰基碳原子上同时连有两个烃基的化合物叫做酮，酮分子中羰基必然位于碳链中间。醌是一类特殊的环状 $\alpha$、$\beta$-不饱和二酮。

酮分子中与羰基相连的两个烃基可以相同，也可以不同。相同的叫单酮，不同的叫混酮。

醛和酮可以根据与羰基相连的烃基不同分为脂肪族醛酮、芳香族醛酮和脂环族醛酮；根据烃基是否饱和分为饱和醛酮和不饱和醛酮；还可以根据分子中所含羰基数目分为一元醛酮、二元醛酮和多元醛酮。

## 9.1　醛、酮

### 9.1.1　醛、酮的物理性质

室温下除甲醛是气体外，其他 12 个碳原子以下的醛、酮都是液体，更高级的醛、酮是固体。低级醛带有刺鼻的气味，但中级醛($C_8$～$C_{13}$)则有果香味，常用于香料工业。

醛、酮的沸点比相对分子质量相近的醇要低得多，因为醛、酮本身分子间不能形成氢键，没有缔合现象，但是由于羰基是极性基团，分子之间偶极的静电引力较大，因此醛、酮的沸点一般比相对分子质量相近的烷烃和醚都高(表 9-1)。

**表 9-1　相近相对分子质量的醇、醛、烷的沸点比较**

| 物　质 | 相对分子质量 | 沸点/℃ |
|---|---|---|
| 甲醇 | 32 | 64.7 |
| 甲醛 | 30 | −21 |
| 乙烷 | 30 | −88.6 |

但这种沸点上的差距随着分子中碳原子数目的增加而逐渐减小。

醛、酮分子中的羰基可以与水分子形成氢键。低级醛、酮能溶于水，随着分子中碳原子数的增加，其在水中的溶解度逐渐降低，六个碳原子以上的醛、酮不溶于水而溶于有机溶剂中。脂肪族醛、酮的相对密度小于 1，芳香族醛、酮的相对密度大于 1。

常见醛、酮的物理常数见表 9-2。

**表 9-2　常见醛、酮的物理常数**

| 名　称 | 构造式 | 熔点/℃ | 沸点/℃ |
|---|---|---|---|
| 甲醛 | HCHO | −92 | −21 |
| 乙醛 | $CH_3CHO$ | −121 | 208 |
| 2-丁烯醛(巴豆醛) | $CH_3CH{=}CHCHO$ | −76.5 | 104.0 |
| 苯甲醛 | 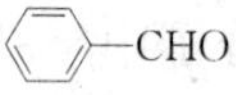 | −26 | 178.1 |
| 2-苯基丙醛 | 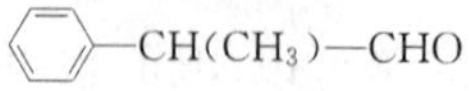 | | 202.5 |
| 邻羟基苯甲醛(水杨醛) | 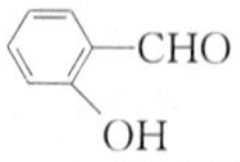 | −7 | 197 |
| 丙酮 | $CH_3COCH_3$ | −94.8 | 56.1 |
| 2-戊酮 | $CH_3CH_2CH_2COCH_3$ | −77.8 | 101.7 |
| 乙烯酮 | $CH_2{=}C{=}O$ | −151 | −56 |
| 环己酮 | 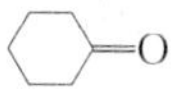 | −16.4 | 155.7 |
| 苯乙酮 | 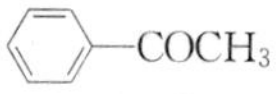 | 20.5 | 202.0 |
| 2,3-戊二酮(α-戊二酮) | $CH_3CH_2CO{-}COCH_3$ | | 108 |
| 2,4-戊二酮(β-戊二酮) | $CH_3COCH_2COCH_3$ | −23 | 139(99458Pa) |
| 3-苯基丙烯醛 | 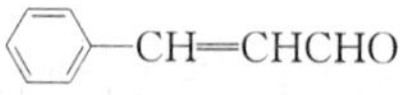 | −7.5 | 253 |

## 9.1.2　醛、酮的化学性质

醛、酮的化学反应一般可描述如下：

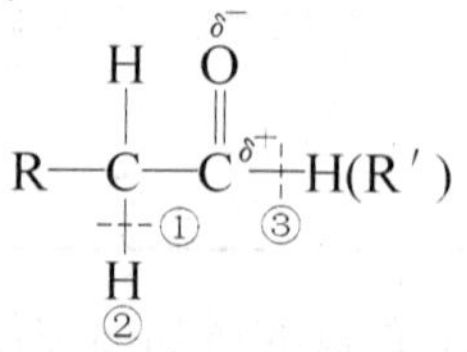


① 羰基的亲核加成反应
② α-氢的反应
③ 醛、酮的氧化、还原反应

### 9.1.2.1　亲核加成反应

1）羰基亲核加成反应的历程及影响因素

羰基是一个不饱和基团，容易发生加成反应。它与碳碳双键一样，也是由一个

σ 键和一个 π 键组成。但由于羰基氧原子的电负性比碳原子大，电子云不是对称地分布在碳和氧之间，氧原子上电子云密度较高，而碳原子上的电子云密度较低，氧原子上带有部分负电荷，碳原子上带有部分正电荷。从羰基的偶极矩数值进一步证明羰基是极化的，因此羰基具有两个反应中心。从碳原子上表现出正电中心，而氧原子表现出负电中心。带部分正电荷的碳与带部分负电荷的氧相比，前者要活泼得多。因此羰基碳容易受带负电荷或有未共用电子对的亲核试剂进攻而发生加成反应。由亲核试剂进攻引起的加成反应叫亲核加成(nucleophilic addition)反应。亲核加成反应分两步进行：第一步是亲核试剂(:Nu)从羰基平面的一侧进攻缺电子的羰基碳，碳-氧 π 键打开，一对 π 电子转向氧，羰基碳从 $sp^2$ 杂化变为 $sp^3$ 杂化，由原来的平面三角构型变为四面体构型。经历该过渡状态之后，生成一氧负离子中间体。这一步涉及 π 键的断裂和 σ 键的形成，反应速率较慢，是决定反应速率的一步。

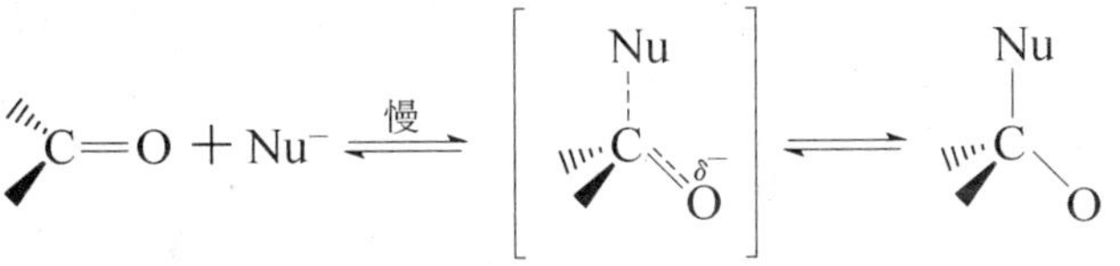


第二步是亲电试剂($E^+$)和氧负离子结合，生成产物。

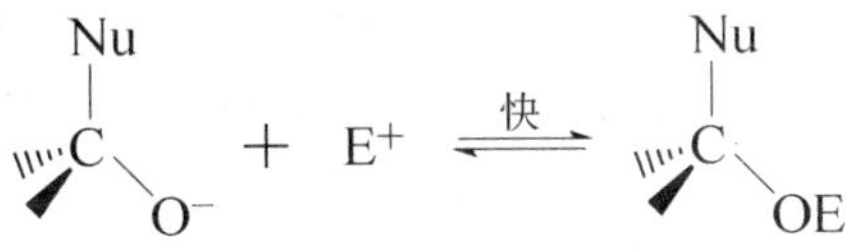


亲核加成反应的难易不仅与试剂的亲核性大小有关，也与羰基碳原子的亲电性强弱以及空间效应等因素有关。当羰基碳上连有供电性的烃基时，羰基碳原子的正电性降低，不利于亲核试剂的进攻，因而加成反应的速率放慢。但是，烃基结构的立体因素对羰基活性的影响更大。在加成反应过程中，羰基碳原子由原来 $sp^2$ 杂化的平面三角结构变成了 $sp^3$ 杂化的四面体结构。因此当碳原子上所连基团体积比较大时，不利于亲核试剂对羰基碳的进攻，同时，加成后基团之间比原来拥挤，产生立体障碍，使反应生成的氧负离子中间体不稳定，反应不易进行。芳香族羰基化合物进行亲核加成反应困难的原因是羰基与芳环共轭；同时芳环有较大的体积，能产生空间效应。以下列化合物为例，醛、酮的加成反应活性一般由易到难的顺序为

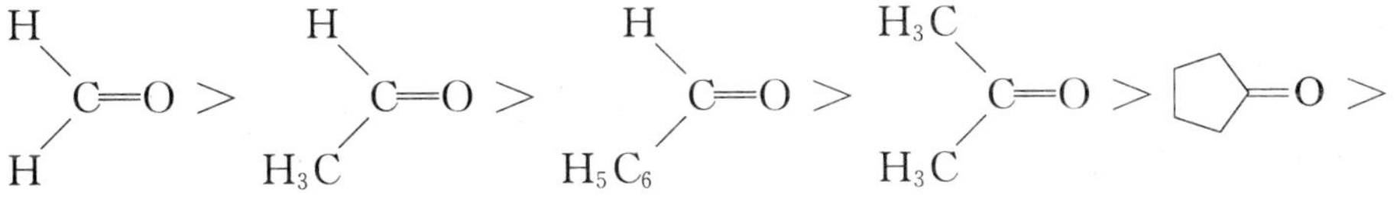

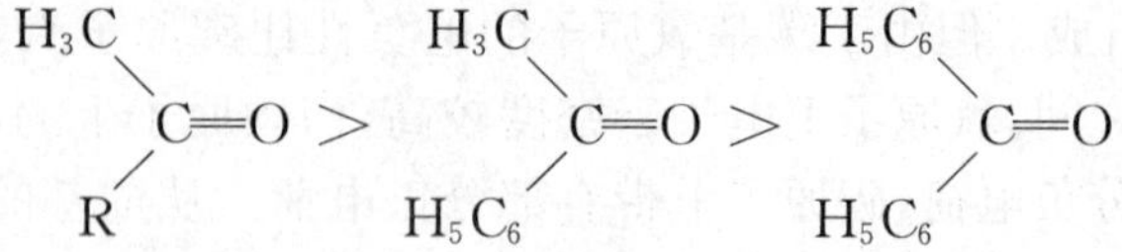

2）重要的亲核加成反应

（1）加氰化氢。醛、脂肪族甲基酮和含 8 个碳以下的脂环酮都可以加氰化氢，生成氰醇（$\alpha$-羟基腈）。

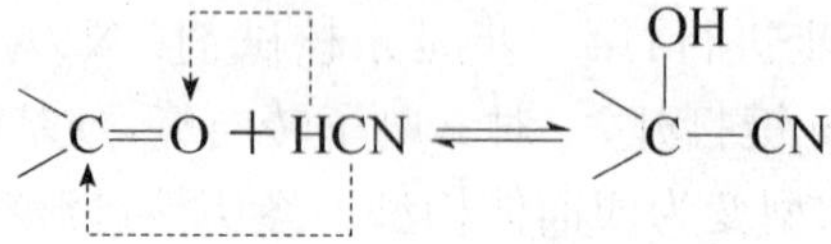

$\alpha$-羟基腈

实验证明碱对这个反应的影响很大。例如，丙酮和氰化氢作用，不加任何催化剂，3～4h 内只有 50％的丙酮反应；当加入一滴氢氧化钠溶液，反应在 2min 内完成。加入酸，反应速率减慢；加入较多的酸，放置几个星期也不发生反应。因为氢氰酸是弱酸，酸或碱的存在将直接影响它的电离平衡。

$$HCN \underset{H^+}{\overset{OH^-}{\rightleftharpoons}} H^+ + CN^-$$

加入碱，平衡向右移动，$CN^-$ 的浓度增加；加入酸，平衡向左移动，$CN^-$ 的浓度降低。这些事实说明在丙酮与氰化氢的反应中起决定作用的是 $CN^-$ 本身的性质和浓度。

醛、酮加氰化氢的反应是可逆的，亲核试剂是 $CN^-$，其历程可以表示如下：

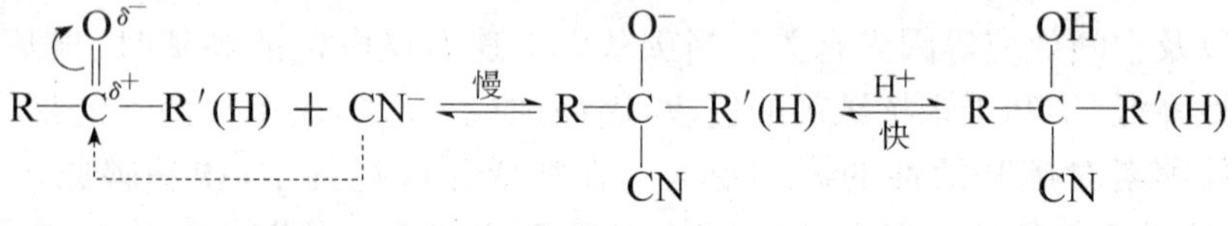

反应分两步进行：第一步是 $CN^-$ 进攻羰基碳，生成氧负离子中间体，该反应步骤是慢步骤，也是决定速率的步骤。第二步是氧负离子中间体和质子结合，形成氰醇，该反应步骤是快步骤。

醛、酮和氰化氢直接加成反应的产率较好，但是氰化氢有剧毒，且易挥发（沸点 26.5℃），使用不安全。为了避免反应中直接使用氰化氢，一般采用醛或酮与氰化钾（钠）的水溶液混合，然后加入无机酸，使氰化氢一旦生成立即和醛或酮作用。但在加酸时应控制溶液的 pH，使之始终偏于碱性（pH≈8），以利于反应的进行。

醛、酮加氰化氢在有机合成中很有实用价值，是增长碳链的一种方法；此外加成物含有双官能团，是一类较活泼的化合物，可进一步转化为多种其他化合物，如

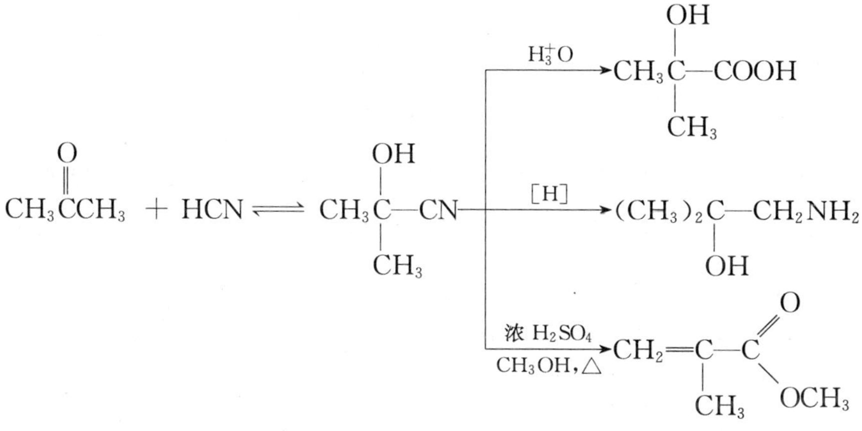

α-甲基丙烯酸甲酯(90%)

α-甲基丙烯酸甲酯是合成有机玻璃——聚 α-甲基丙烯酸甲酯的单体。

(2) 加亚硫酸氢钠。大多数醛、脂肪族甲基酮和 8 个碳以下的脂环酮与亚硫酸氢钠饱和溶液(40%)加成,生成白色的 α-羟基磺酸钠晶体。

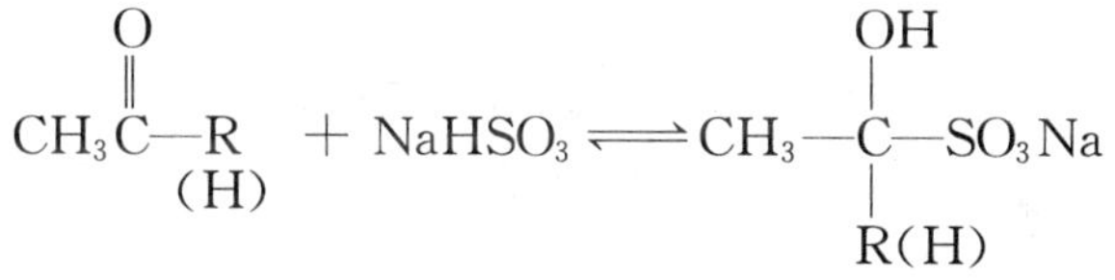

α-羟基磺酸钠易溶于水,不溶于醚或饱和亚硫酸氢钠溶液,所以常用该反应定性地鉴别某些醛、酮,因为反应是可逆的,若向羟基磺酸钠溶液中加入酸或碱,共热后又可以得到原来的醛、酮。

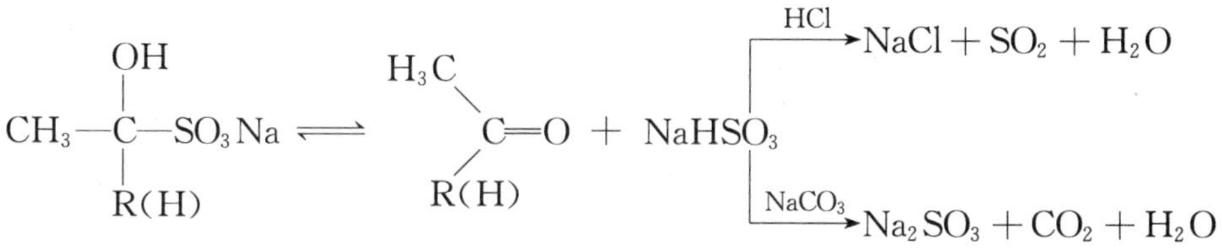

所以,利用该反应还可以分离或提纯某些醛、酮。

醛、酮加亚硫酸氢钠与加氰化氢的反应历程类似,亲核试剂是亚硫酸氢根离子中带有孤电子对的硫,其历程可以表示如下:

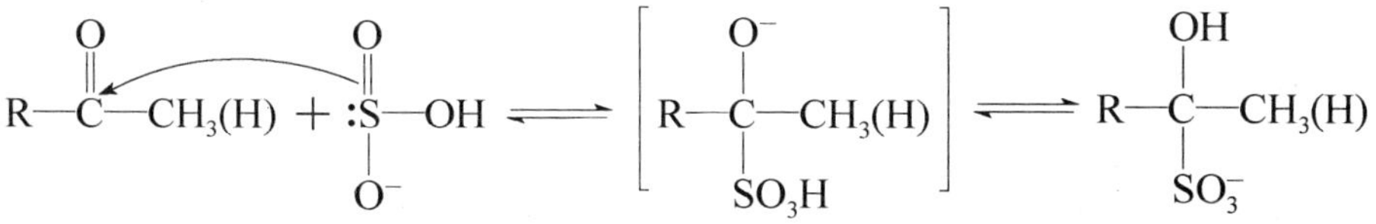

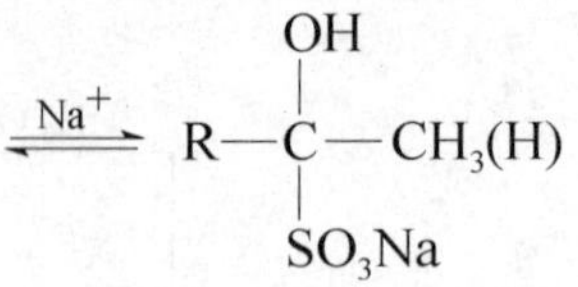

这种加成反应是可逆的，最初形成的中间体分子内含一个强酸性基团($-SO_3H$)和一个强碱性基团$\left(-\overset{|}{\underset{|}{C}}-O^-\right)$，分子内的酸碱反应生成$\alpha$-羟基磺酸钠。

大多数醛都可以发生这种反应，但对酮的结构要求比较严格。因为亚硫酸氢根的体积比较大，羰基碳上所连烃基体积太大时，加成反应将受到空间阻碍，所以，除甲基酮和低相对分子质量的脂环酮外，其他的酮较难和亚硫酸氢钠发生加成反应。

$\alpha$-羟基磺酸钠和等物质的量的氰化钠作用，磺酸基可以被氰基取代，生成$\alpha$-羟基腈，这是制备$\alpha$-羟基腈的好方法。它的优点是避免使用剧毒的氰化氢，而且产率也较高，如

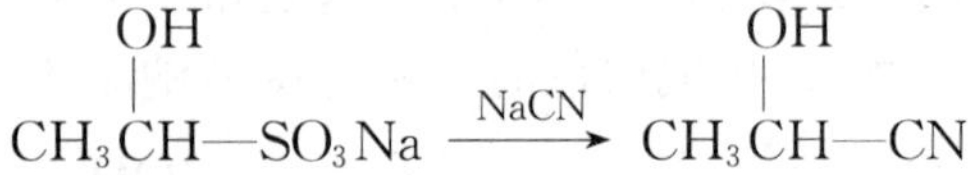

(3) 加醇。在干燥的氯化氢或其他无水强酸催化下，醛和一分子醇加成，生成半缩醛(hemiacetal)，半缩醛和另一分子醇进一步缩合，生成缩醛(acetal)，所以该反应也叫缩醛化反应。

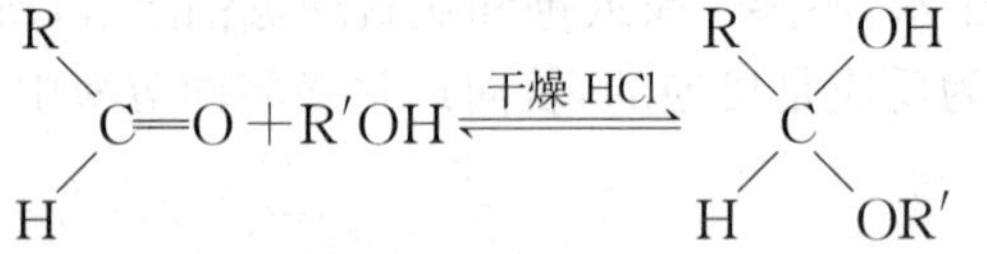

半缩醛

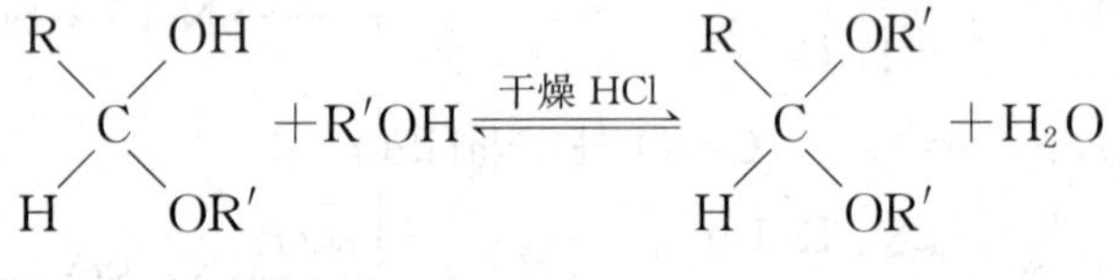

缩醛

如

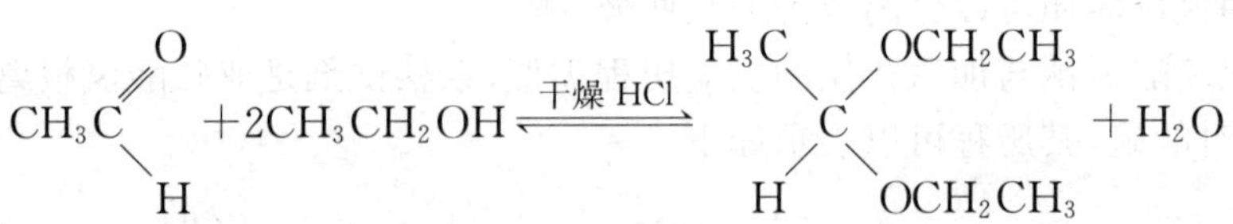

乙醛缩二乙醇

生成半缩醛的反应是酸催化下的亲核加成反应。该反应经历几个中间步骤：第一步是羰基质子化，羰基氧上带正电荷，从而增加了羰基碳的亲电活性；第二步是亲核性较弱的醇进攻羰基碳，这是决定反应速率的步骤；第三步是加成物失去一个质子，生成半缩醛。

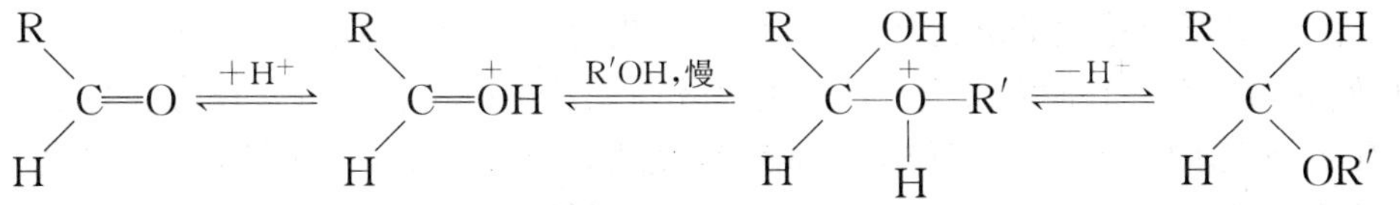

半缩醛分子中有两个负性官能团连接在同一个碳原子上，一个是烷氧基，一个是羟基。通常半缩醛的羟基是很活泼的，它很容易和醇作用失去一分子水，得到缩醛。

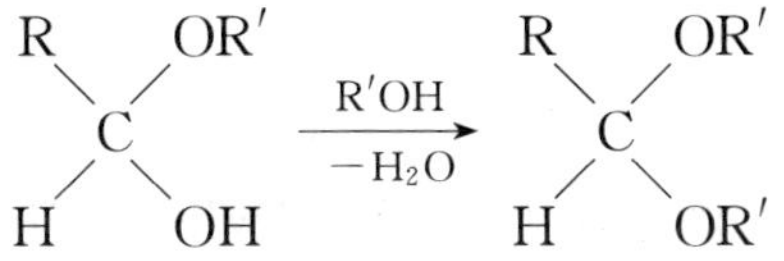

简单的半缩醛一般不稳定，不易分离，而缩醛是稳定的，可以分离出来。从结构上看，缩醛是同碳二元醇的双醚，性质与醚相似，它对碱、氧化剂和还原剂都比较稳定。但是，因为缩醛化反应是可逆的，所以在酸存在下缩醛可以水解成原来的醛和醇。缩醛化反应在有机合成上常用于保护醛基。在反应中为了避免醛基被氧化、被还原或被碱性试剂破坏，通常先将醛基用缩醛保护起来，然后进行所需的反应，待反应完成后再用酸将缩醛分解，重新恢复原来的醛基。例如，从丙烯醛制 2,3-二羟基丙醛：

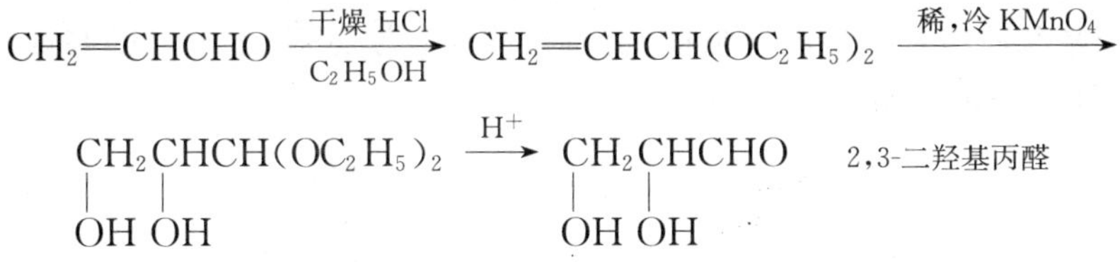

2,3-二羟基丙醛

当在醛的 $\gamma$-或 $\delta$-碳上有羟基时，可以进行分子内的缩醛化反应，形成五元或六元的环状半缩醛，这种半缩醛是稳定的，如

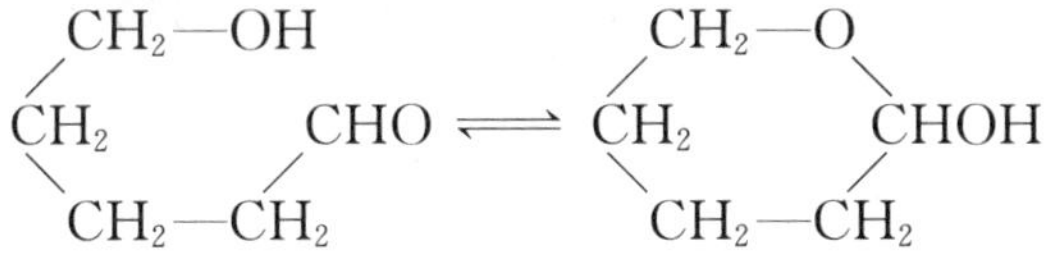

环状半缩醛在糖类化学中很重要，因为葡萄糖等糖类化合物分子中的 $\gamma$-或 $\delta$-羟基容易和羰基发生缩合，形成环状半缩醛。

二元醇和醛也能发生缩醛化反应生成环状缩醛。

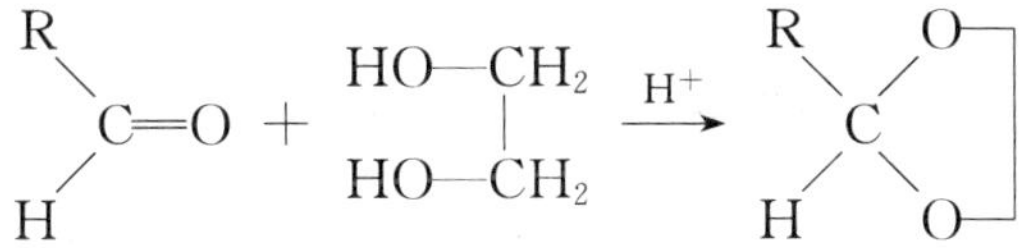

由于能形成稳定的五元环，因此此缩醛更容易生成，该反应已应用于工业生产中，例如，在制造纤维“维尼纶”时就用甲醛与聚乙烯醇进行缩醛化反应。分子中包含有多个亲水的羟基，不能作为合成纤维使用，为了提高其耐水性，在酸催化下用甲醛使它部分缩醛化，便得到性能优良的合成纤维，商品名称为维纶(维尼纶)。

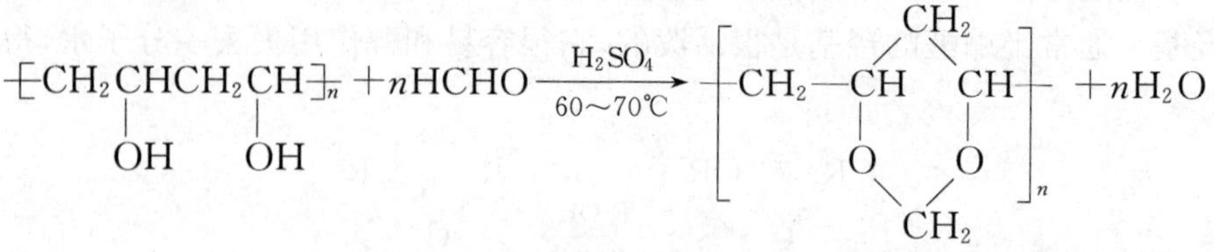

在酸催化下，酮也能与醇反应生成半缩酮或缩酮，但反应较为困难。如果把反应生成的水不断除去或用特殊试剂(如 1,2-、1,3-二醇原甲酸酯等)，将有利于缩酮的生成，如

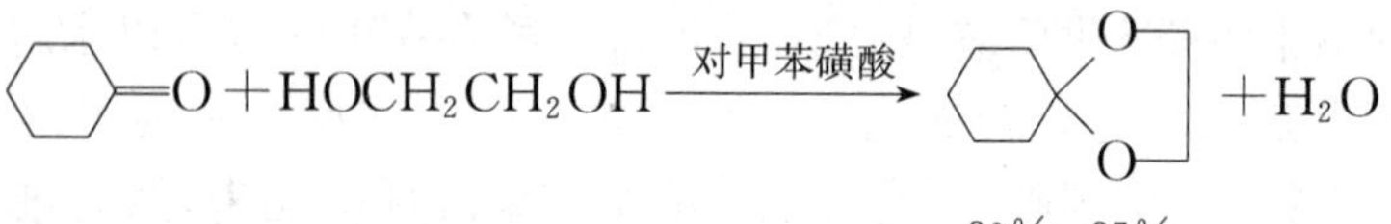

80%～85%

缩酮也可以被稀酸水解为原来的酮，故可利用缩酮保护酮基。

(4) 与氨的衍生物加成缩合。醛、酮也能和氨的衍生物，如羟氨、肼、苯肼、2,4-二硝基苯肼以及氨基脲等反应，分别生成肟、腙、苯腙、2,4-二硝基苯腙以及缩氨脲等，其反应可用通式表示如下：

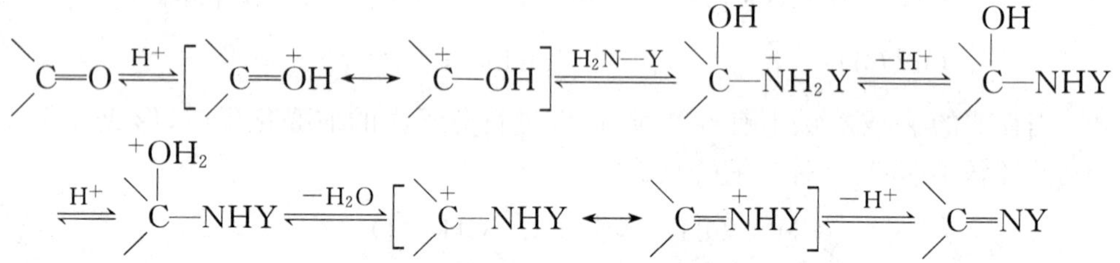

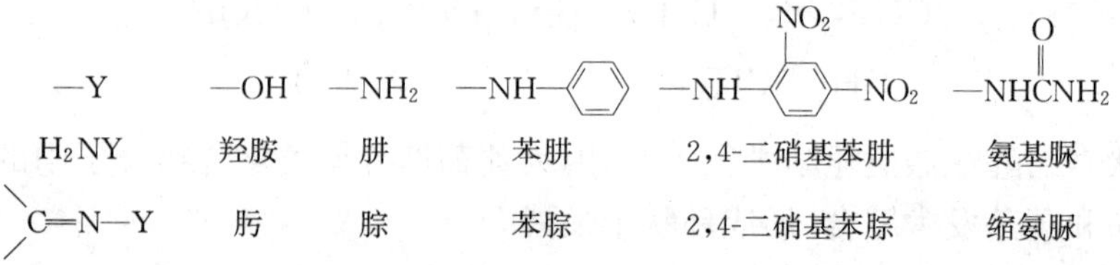


反应分两步完成，首先氮原子上的孤电子对作为亲核试剂与羰基进行亲核加成，生成加成中间产物。然后加成产物失去一分子水，形成含有 $\gt C=N-$ 结构的化合物。

在这些反应中所用的氨的衍生物又叫羰基化试剂，它们的亲核能力比 $CN^-$ 弱，反应常常需要酸催化。酸的作用是使羰基质子化，增加了羰基碳的亲电能力，使其有利于亲核试剂的攻击。

$$\rangle C{=}O + H^+ \rightleftharpoons \rangle C{=}\overset{+}{O}H$$

但是，反应不能用强酸催化，因为在强酸性介质中氨的衍生物也会质子化，生成铵离子。

$$NH_2{-}Y + H^+ \rightleftharpoons \overset{+}{N}H_3{-}Y$$

铵离子因缺乏未共用电子对而丧失了亲核能力，因此，常常需要把反应介质调节到一个适当的 pH。在这个 pH 时，既能保证羰基达到足够的质子化，又能保证游离碱(未质子化的氨衍生物)的足够浓度。

许多醛、酮与氨的衍生物的加成缩合产物，如肟、腙、苯腙、缩氨脲等，都是很好的结晶，收率高，易于提纯，具有固定的熔点，由熔点的测定可以与已知物的熔点核对比较，推断它们是由何种醛或酮所生成，用来鉴定醛和酮。肟、腙、苯腙、缩氨脲与稀酸共热可水解生成原来的醛和酮，因此这一反应也常用来从混合物中分离和精制醛或酮。通常相对分子质量高的醛和酮采用生成肟的方法；一般醛和酮采用生成苯腙的方法；相对分子质量小水溶性好的醛和酮采用生成 2,4-二硝基苯腙的方法。这主要是根据它们的溶解度和熔点来抉择。

醛、酮与氨的反应一般比较困难，但甲醛与氨反应较容易，但生成的亚胺类似物($H_2C{=}NH$)不稳定，能很快聚合生成六亚甲基四胺，俗称乌洛托品，可被用作有机合成中的氨化试剂，也可用作酚醛树脂的固化剂及消毒剂等。

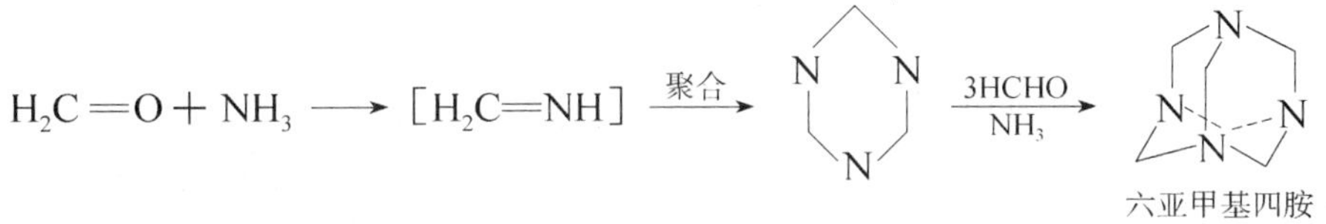

六亚甲基四胺

伯胺和醛、酮反应，生成的取代亚胺叫席夫(Schiff)碱。

食品和发酵制品在加工储存过程中发生的非酶褐变，它的初始阶段就是醛糖或酮糖的羰基和氨基酸中的氨基反应，生成席夫碱。

脂肪族取代亚胺一般不太稳定，而芳香族取代亚胺则是比较稳定的化合物，可以分离出来，如

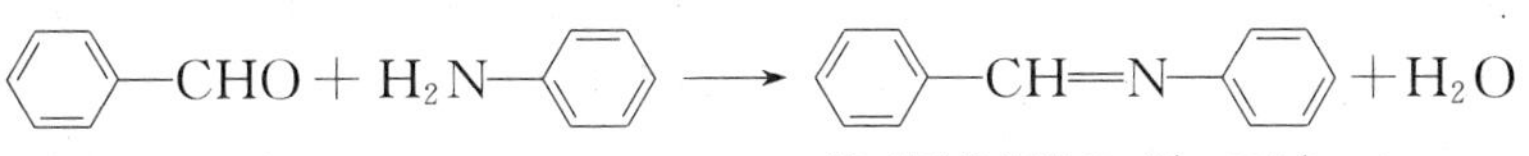

苯亚甲基苯胺(84%～87%)

取代亚胺是有用的合成反应中间体，经过催化氢化可以还原为仲胺。

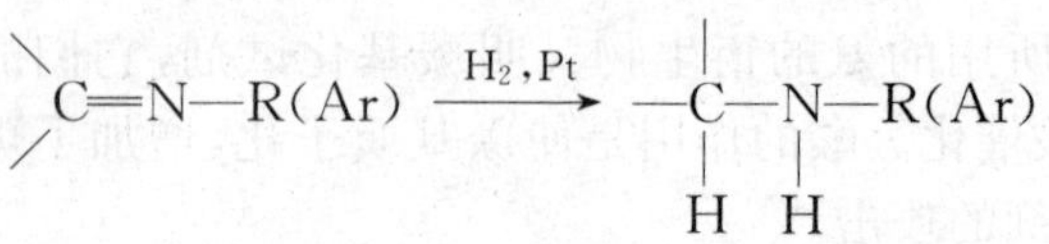

仲胺和醛、酮反应，加成物采取另一种脱水方式，即脱去$\beta$-碳原子上的氢，生成烯胺(enamine)。

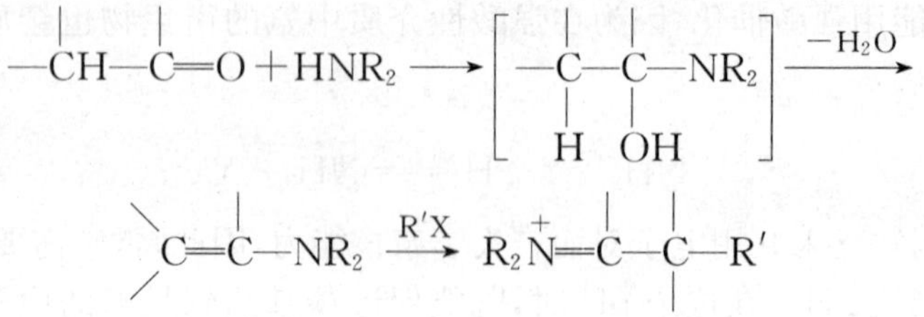

烯胺的结构和烯醇很相似，两者在性质上也有类似之处。

叔胺一般不和醛、酮发生类似的反应。

(5) 与格氏试剂加成。格氏试剂是一种极性颇大的金属有机化合物。它能和醛、酮进行亲核加成反应，加成产物不需分离，直接酸性水解得醇。

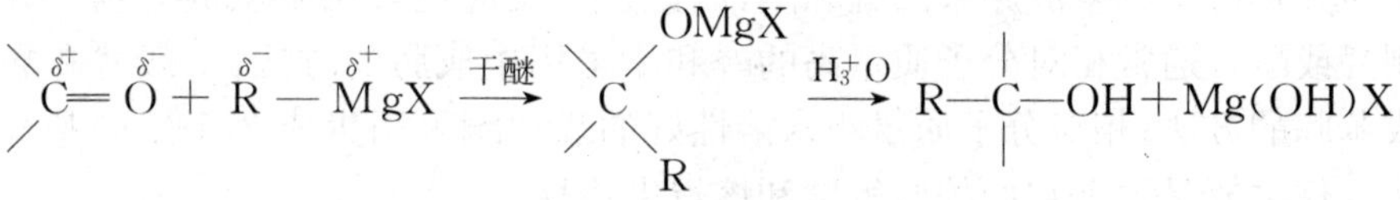

这是一种由醛、酮制备复杂醇的好方法。用甲醛和格氏试剂反应，生成伯醇；用其他醛得仲醇；用酮得叔醇。

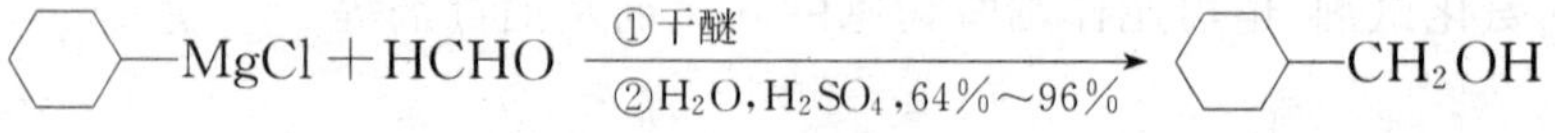

$$(CH_3)_2CHMgBr + CH_3CHO \xrightarrow[②H_2O]{①干醚} (CH_3)_2CHCH(OH)CH_3$$

$$C_6H_5MgBr + (C_6H_5)_2C{=}O \xrightarrow[②H_2O]{①干醚} (C_6H_5)_3COH$$

因此，只要选择适当的格氏试剂和适当的醛、酮，就可以合成具有指定结构的醇。

醛、酮除了和格氏试剂发生加成反应外，还与有机锂化合物进行加成反应，有机锂化合物比格氏试剂更活泼，反应方式与格氏试剂相似，除甲醛外，其他醛、酮分别得到仲醇及叔醇。反应优点是产率较高，而且较易分离。此外，格氏试剂不易与二叔丁基酮反应，其原因是空间障碍较大，而叔丁基锂与二叔丁基酮在$-70$℃，在醚的存在下能发生反应：

$$(CH_3)_3CCOC(CH_3)_3+(CH_3)_3CLi \xrightarrow[-70℃]{醚} [(CH_3)_3C]_3COH$$

(6) 惟悌希(Wittig)反应。三苯基膦是一个很强的亲核试剂，它易和卤代烷进行亲核取代反应，生成季鏻盐。例如，三苯基膦和溴乙烷作用，生成季鏻盐——溴化乙基三苯鏻。

$$(C_6H_5)_3\ddot{P}+CH_3CH_2Br \xrightarrow{苯} (C_6H_5)_3\overset{+}{P}—CH_2CH_3\overset{-}{Br}$$

季鏻盐用强碱处理[如丁基锂、苯基锂($C_6H_5Li$)的醚溶液，氨基钠的液氨溶液，氢化钠的四氢呋喃溶液，醇锂的醇溶液等]，则消除烷基上的一个 α-氢原子，生成稳定的三烷基或三苯基亚甲基膦。由于磷-碳键的极性很强，磷原子带正电荷，碳原子带负电荷，因而这类化合物叫内鏻盐，如

$$(C_6H_5)_3\overset{+}{P}—CH_2CH_3\overset{-}{Br}+(C_6H_5)_3Li \longrightarrow$$

$$(C_6H_5)_3P═CHCH_3[或(C_6H_5)_3\overset{+-}{PC}HCH_3]+C_6H_6+LiBr$$

内鏻盐又叫磷叶立德(phosphorus ylide)，它是由惟悌希于 1954 年发明的，所以又叫惟悌希试剂，可以用通式$[(C_6H_5)_3\overset{+-}{PC}R'R'']$表示。惟悌希试剂的化学性质非常活泼，对水和空气都不稳定，一般不需分离即可进行下一步反应。

惟悌希试剂是一类很强的亲核试剂，它能和醛、酮发生亲核加成反应：

$$>C═O+R'R''C═P(C_6H_5)_3 \longrightarrow >C═CR'R''+(C_6H_5)_3P═O$$

反应的结果是醛、酮的羰基氧(═O)被亚甲基(═CR′R″)取代，得到烯烃和氧化三苯基膦。这种反应叫惟悌希反应。它是由醛、酮直接合成烯烃的好办法，尤其是用其他方法不易得到的烯烃，如

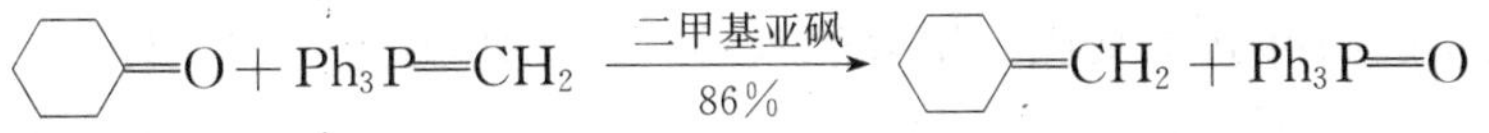


不过，如果在磷叶立德的 α-碳原子上连有吸电子取代基团，使 α-碳上的电荷得以分散，则有利于提高磷叶立德的稳定性。制备时一般用较弱的碱即可得到，如

$$(C_6H_5)_3P+C_6H_5COCH_2Br \longrightarrow [(C_6H_5)_3PCH_2COC_6H_5]^+Br^-$$

$$\xrightarrow{Na_2CO_3} (C_6H_5)_3\overset{+-}{PC}HCOC_6H_5 \longleftrightarrow (C_6H_5)_3P═CHCOC_6H_5$$

$$(C_6H_5)_3P+CH_2═CHCH_2Cl \longrightarrow [(C_6H_5)_3PCH_2CH═CH_2]^+Cl^-$$

$$\xrightarrow{NaOC_2H_5} (C_6H_5)_3\overset{+-}{PC}HCH═CH_2 \longleftrightarrow (C_6H_5)_3P═CHCH═CH_2$$

当然，这个碳负离子上带有羰基的磷叶立德也可以由三苯基膦与酰氯反应而制得：

$$(C_6H_5)_3\overset{+}{P}-\overset{-}{C}H_2 + C_6H_5COCl \longrightarrow [(C_6H_5)_3\overset{+}{P}CH_2OCC_6H_5]Cl^-$$

$$\xrightarrow{(C_6H_5)_3\overset{+}{P}-\overset{-}{C}H_2} [(C_6H_5)_3\overset{+-}{P}CHOCC_6H_5] + (C_6H_5)_3\overset{+}{P}CH_3Cl^-$$

惟悌希反应的历程一般认为分两步进行:首先惟悌希试剂对羰基进行亲核加成,形成一个新的内鏻盐,然后经过一个四元环状过渡态消除氧化三苯基膦,得到烯烃,如

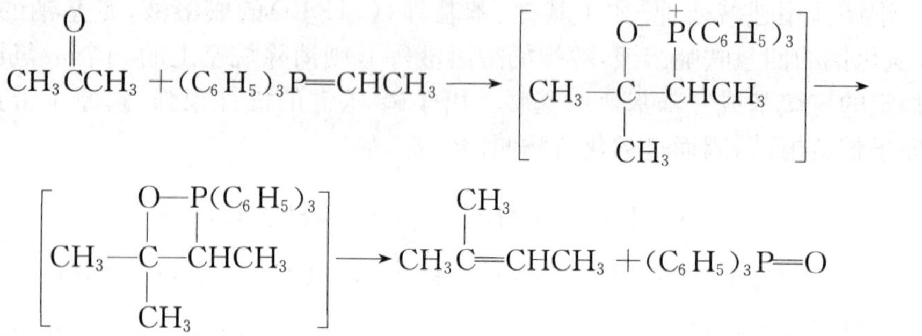

三苯基膦是结晶固体,熔点为 80℃,可用相应的格氏试剂作用于三氯化磷而得:

$$3C_6H_5MgBr + PCl_3 \longrightarrow (C_6H_5)_3P + 3MgClBr$$

也可通过下列反应制得:

$$3C_6H_5Br + PCl_3 + 6Na \longrightarrow (C_6H_5)_3P + 3NaCl + 3NaBr$$

惟悌希反应的特点是烯烃中双键的位置可以由醛、酮中羰基的位置确定,且反应条件温和、产率较高;与 $\alpha,\beta$- 不饱和醛酮作用时,一般不发生 1,4-加成;该反应还具有立体选择性。在非极性溶剂中,共轭稳定的磷叶立德与醛反应,优先生成反式烯烃,而不稳定的磷叶立德则优先生成顺式烯烃。例如,$R_3P{=}CHCOOC_2H_5$ 与苯甲醛作用得到 75% 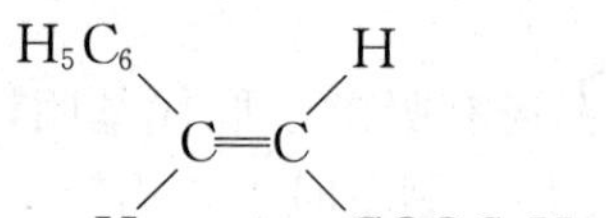 和 25% 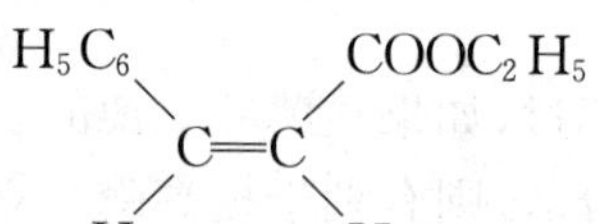 ;而如用 $(C_6H_5)_3P{=}CHCH_3$ 与 2,2-二甲基丙醛作用,则得到 99%的顺式烯烃和 1%的反式烯烃。上述磷叶立德与羰基化合物的立体选择性一般适用于制备顺反异构体的双取代的烯烃。惟悌希反应除了用于合成普通烯烃外,还用来合成一些用其他方法难于制备的烯烃和天然产物,如

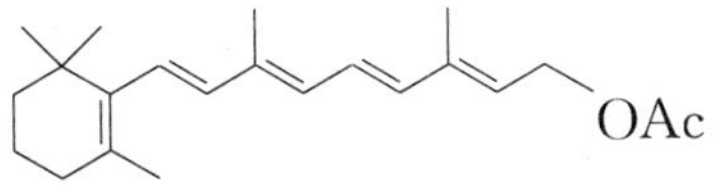


该反应已用于维生素 A 的工业合成。

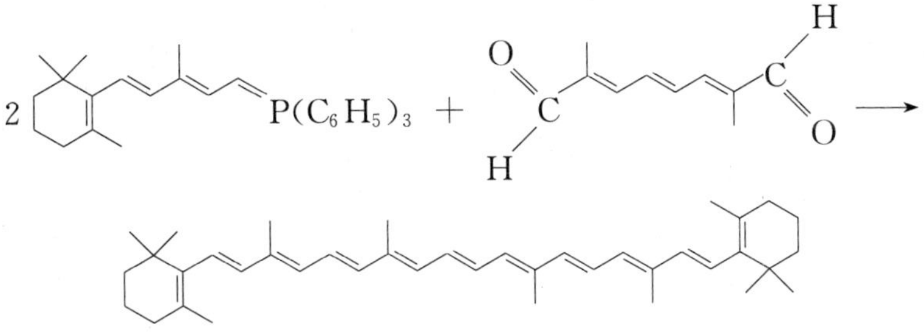

β-胡萝卜素

β-胡萝卜素是一种红橙色植物色素，在动物体内转化为维生素 A，因此称为维生素 A 元。

惟悌希试剂也包括其他的内鎓盐如硫叶立德也能与醛、酮的羰基发生亲核反应，但生成物通常是环氧乙烷衍生物，而不是烯烃，如

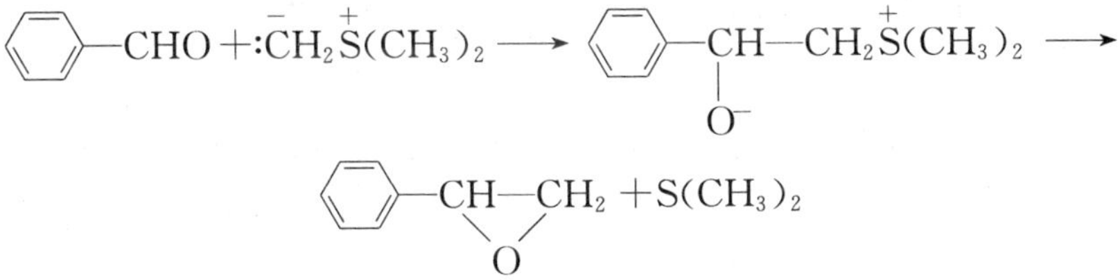

由于一系列惟悌希试剂的开发及在有机合成中的重要作用，德国化学家惟悌希荣获 1979 年诺贝尔化学奖。

(7) 与炔烃的加成。炔钠是一个强碱性的盐，也具有很强的亲核性，如它与环己酮反应可得到相应的 α-炔醇。

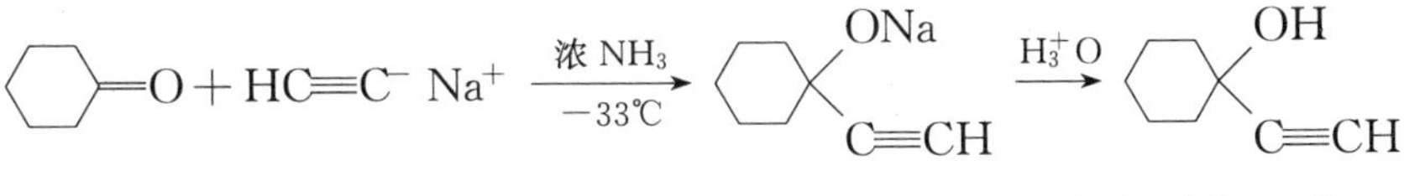

乙炔有两个炔氢，在碱的作用下，可与两分子的甲醛反应得到炔二醇：

$$HC\equiv CH + 2H_2C=O \xrightarrow[\text{压力}]{KOH} HOCH_2C\equiv CCH_2OH$$

$$HC\equiv CH + 2CH_3COCH_3 \xrightarrow[\text{压力}]{KOH} HOC(CH_3)_2C\equiv CC(CH_3)_2OH$$

(8) 与活泼亚甲基化合物的加成。活泼亚甲基化合物在碱催化下很容易形成碳负离子，并随之进攻羰基碳原子发生亲核加成，而后脱水，生成具有碳-碳双键的

产物，这个反应称诺文葛尔（Knoevenage）反应。常见活泼亚甲基化合物有 β- 二酮、β- 酮酸酯、丙二酸（酯），苯乙腈，氰基乙酸酯，硝基甲基化物等。诺文葛尔反应的收率一般都比较好，在有机合成中有广泛的应用，芳香族和脂肪族醛酮均可反应。

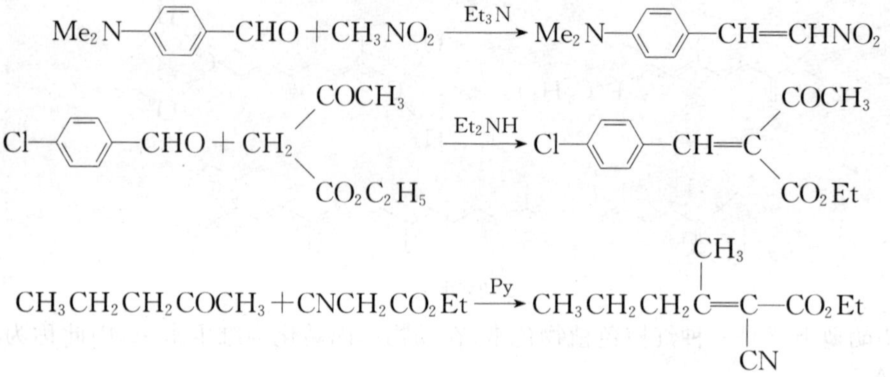

9.1.2.2　α-氢的反应

醛、酮分子中的 α-氢原子由于极性羰基的影响而活泼。

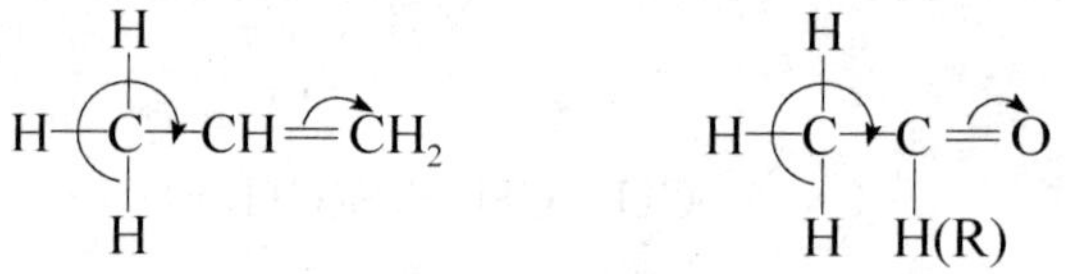

这主要是由两种不同的电子效应所引起的：一种是羰基的吸电子诱导效应，使 α-碳原子上的电子云密度降低；另一种是 α-碳氢键与羰基的 π 键存在 σ-π 超共轭效应。二者都有利于 α-氢原子的离解，和碳碳双键相比，羰基的极性更大，导致超共轭效应更强，α-氢原子有更大的离解倾向。同时，醛、酮失去质子后形成的碳负离子，由于电子的离域作用，负电荷更加分散，从而增加了碳负离子的稳定性。

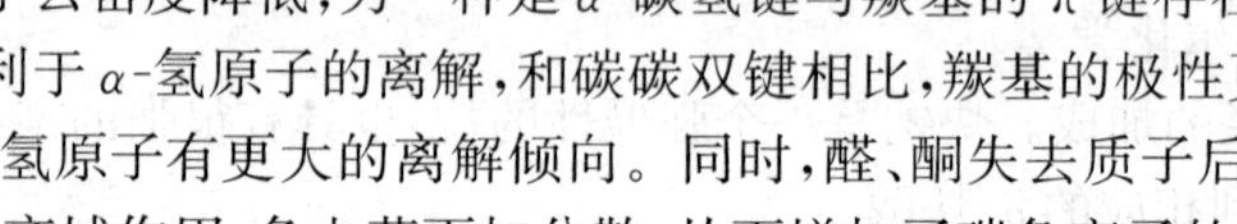

所以醛、酮的 α-氢原子具有一定的酸性。例如，乙烷、丙酮和乙醛的碳-氢键的 $pK_a$ 分别为 50、20 和 17。

1）酮-烯醇互变异构

醛、酮失去一个 α-氢原子后形成一个碳负离子。但由此而形成的碳负离子与烷烃失去一个氢原子所形成的碳负离子是不同的。由醛、酮失去 α-氢原子所形成的碳负离子，由于 p-π 共轭效应，其负电荷不完全在 α-碳上。它可以用 2 个共振式来表示如下：

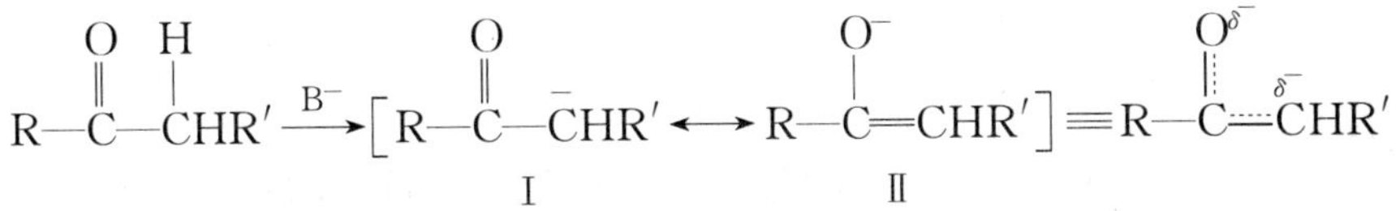

由此可见，氧原子和 $\alpha$-碳原子都带有部分负电荷。而且因氧的电负性较大，能更好地容纳负电荷，所以两个共振结构式中Ⅱ的贡献较大。

由于氧上或碳上都带有部分负电荷，所以当它接受一个质子时就有两种可能：若碳上接受质子，就形成醛或酮，称为酮式；若氧上接受质子，就形成烯醇，称为烯醇式。负离子接受质子变成醛酮或烯醇的转化都是可逆的。这些相互转化可表示如下：

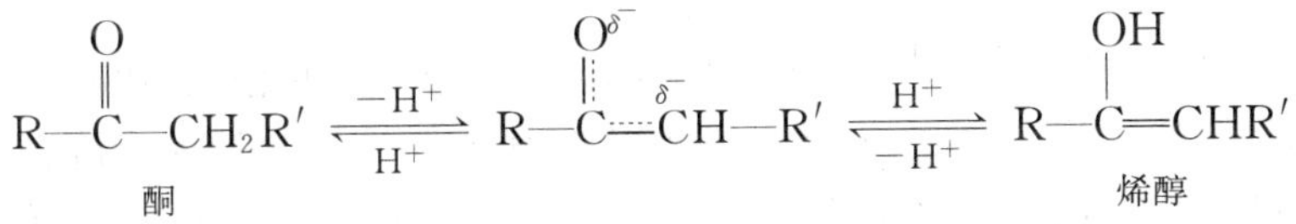


由上式可见，酮失去氢原子所形成的负离子，与烯醇失去羟基氢所形成的负离子是同样的，所以也常把这种负离子叫做烯醇负离子。

酮与相应的烯醇是构造异构体，通常它们可以相互转变。在微量酸或碱的存在下，酮和烯醇互相转变，很快就能达到动态平衡，这种能够互相转变而又同时存在的异构体叫做互变异构体。酮和烯醇的这种异构现象就叫做酮-烯醇互变异构现象。

含有一个羰基且结构比较简单的醛、酮（如乙醛、丙酮等）的烯醇式在互变平衡混合物中含量很少，如

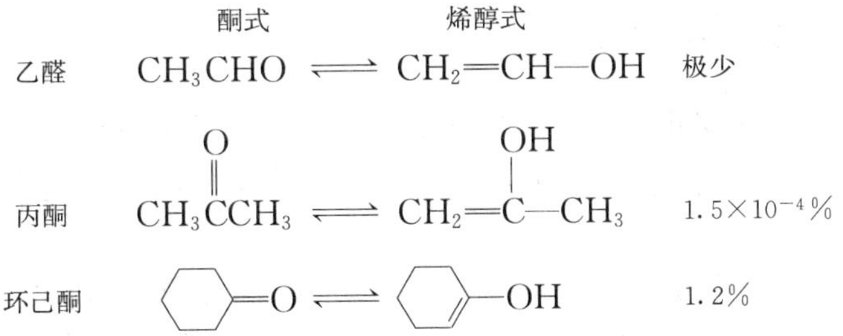


这些醛、酮的酮式比较稳定，可以从酮式和烯醇式各键键能之和不同中看出来（酮式的总键能大于烯醇式）。对于两个羰基之间只隔一个饱和碳原子的 $\beta$-二羰基化合物来说，由于共轭效应，烯醇式的能量降低，因而稳定性增加，所以在平衡混合物中它的含量要高得多，如

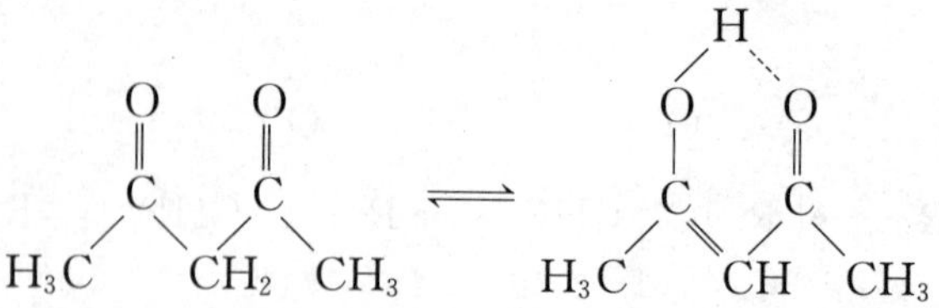

酮式(24%)　　烯醇式(76%)

另外，在烯醇式中 O—H 与另一羰基氧之间形成了 H…O 氢键，也使它更加稳定。

溶剂对互变异构的影响也较大，特别是在能形成分子内氢键的互变异构体中，如 2,4-戊二醇在各种溶剂中的烯醇式含量(%)为

| $H_2O$ | $CH_3CN$ | 纯液态 | 己烷 | 气态 |
| --- | --- | --- | --- | --- |
| 1.8 | 58 | 76.4 | 92 | 92 |

可以看出在非极性溶剂中烯醇式的含量和在气相中的相同，比其自身作为溶剂(即纯液态)的比例还要高，而在极性大的溶剂中烯醇式含量大为降低。这是由于极性溶剂的溶剂化效应对酮式是较为有效的。水相中，水和酮式的羰基生成分子间氢键从而代替并破坏了烯醇式中分子内的氢键。

2）卤代和卤仿反应

醛、酮的 α-氢原子，在酸或碱催化下，容易被卤素取代，生成 α-卤代醛、酮，如

$$CH_3\overset{O}{\overset{\|}{C}}CH_3 + Cl_2 \xrightarrow[\text{冷却}]{CaCO_3,\ H_2O} ClCH_2\overset{O}{\overset{\|}{C}}CH_3 + HCl$$

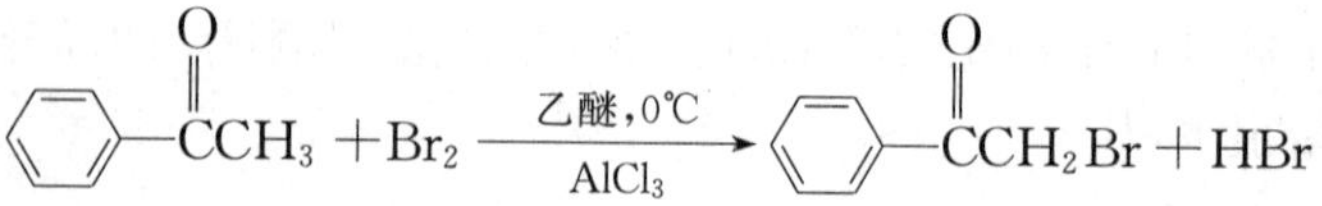

酸催化的历程一般认为是

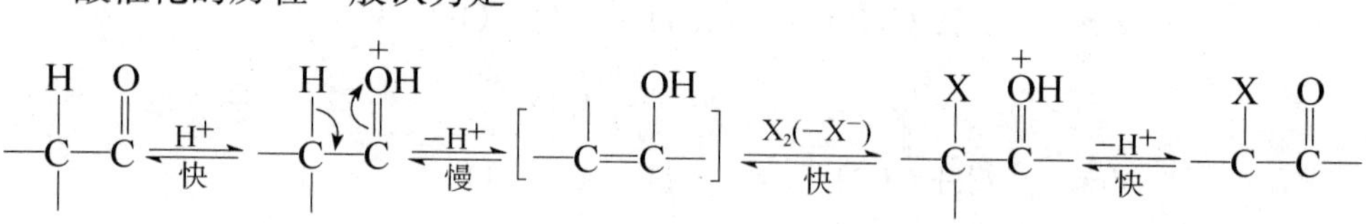

醛、酮生成一卤代物后，由于卤素原子的吸电子诱导效应，降低了醛、酮的羰基质子化的活性，再进行卤代就比较困难，所以酸催化下醛、酮的卤代效应可以停留在一卤代物阶段。

碱催化的历程一般认为是

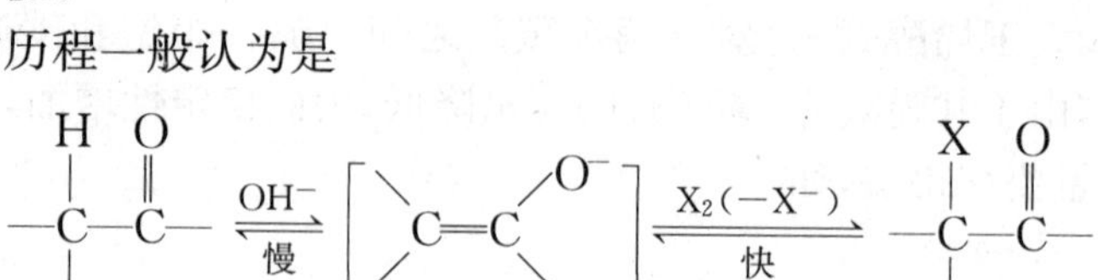

其中碱夺取质子生成碳负离子是一慢步骤，它决定整个反应速率，如

$$\mathrm{CH_3\overset{\overset{O}{\|}}{C}{-}CH_2{-}H \overset{OH^-}{\rightleftharpoons} \left[CH_3\overset{\overset{O}{\|}}{C}{-}\overset{-}{C}H_2 \longleftrightarrow CH_3{-}\overset{\overset{O^-}{|}}{C}{=}CH_2\right] \xrightleftharpoons{Br-Br,(-Br^-)} CH_3\overset{\overset{O}{\|}}{C}CH_2Br}$$

因为溴原子的吸电子作用，使 α-氢的酸性增加，而且生成的碳负离子由于溴的吸电子诱导效应使其更稳定，所以 α-溴代丙酮余下的 α-氢原子更容易重复上述反应，以至于不易停留在一溴代阶段，而生成多溴代物(三溴代丙酮)。

醛、酮的三卤代衍生物在碱性条件下容易分解，生成三卤甲烷和羧酸盐，如

$$\mathrm{CH_3\overset{\overset{O}{\|}}{C}CBr_3 \overset{OH^-}{\rightleftharpoons} CH_3{-}\underset{\underset{OH}{|}}{\overset{\overset{O^-}{|}}{C}}{-}CBr_3 \longrightarrow CH_3\overset{\overset{O}{\|}}{C}{-}OH+\overset{-}{C}Br_3 \rightleftharpoons CH_3\overset{\overset{O}{\|}}{C}{-}O^-+CHBr_3}$$

凡是具有 $CH_3CO$—结构的醛、酮和卤素的碱溶液(次卤酸盐溶液)作用，都能顺利地得到三卤甲烷和羧酸盐。三卤甲烷俗称卤仿($CHX_3$)，所以这种反应又叫卤仿反应(haloform reaction)，用通式表示为

$$\mathrm{\begin{matrix}H_3C\\ \quad\diagdown\\ \qquad C{=}O\\ \quad\diagup\\ R(H)\end{matrix} + 3NaOX \longrightarrow CHX_3 + \underset{(H)}{R}COONa + 2NaOH}$$

如果使用碘的氢氧化钠溶液，生成有特殊气味的黄色晶体——碘仿($CHI_3$)，因此常称这种反应为碘仿反应。

碘仿反应常用来鉴别具有 $CH_3CO$—结构的醛、酮或具有 $CH_3CH(OH)$—结构的醇。因为次碘酸钠是一个氧化剂，它能把 $CH_3CH(OH)$—结构的醇氧化成 $CH_3CO$—结构的醛或酮，然后碘代、分解，生成碘仿，如

$$\mathrm{CH_3CHOHCH_3 \xrightarrow{NaOI} CH_3COCH_3 \xrightarrow{NaOI} CH_3COONa + CHI_3\downarrow}$$

卤仿反应还可以用来制备一些其他方法不易得到的羧酸，如

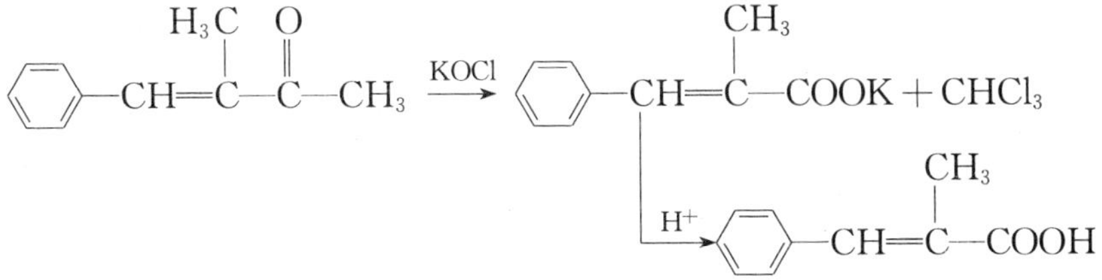


在中性条件下，可以发现开始时反应很慢，因为没有质子催化，烯醇含量很低。过一段时间后，反应立即进行并很快完成。因为反应开始后生成的卤化氢开始催

化烯醇的形成，使反应速率大大加快了。这种现象称为自动催化现象(autocatalysis)，反应称为自动催化反应。它的进行有一段诱导期(induction period)。

3) 羟醛缩合反应

在稀碱(10%)的催化下，一分子醛的 $\alpha$-氢原子加到另一分子醛的羰基氧原子上，其他部分加到羰基碳上，生成 $\beta$-羟基醛，若 $\beta$-羟基醛分子内含有 $\alpha$-氢原子，加热或在酸作用下发生分子内脱水，生成有稳定共轭体系的 $\alpha,\beta$-不饱和醛，这种反应叫羟醛缩合或醇醛缩合(aldol condensation)。

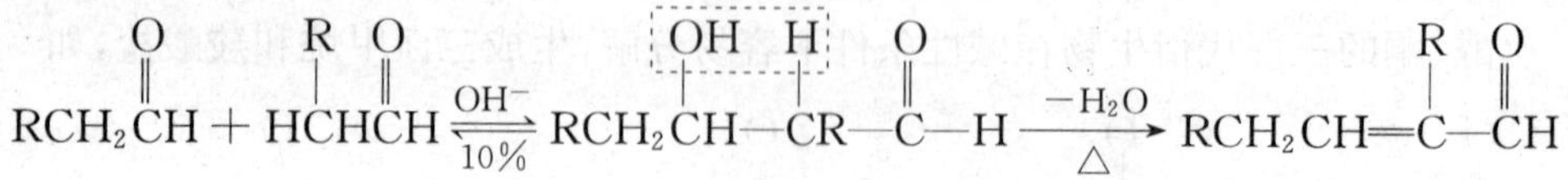

如

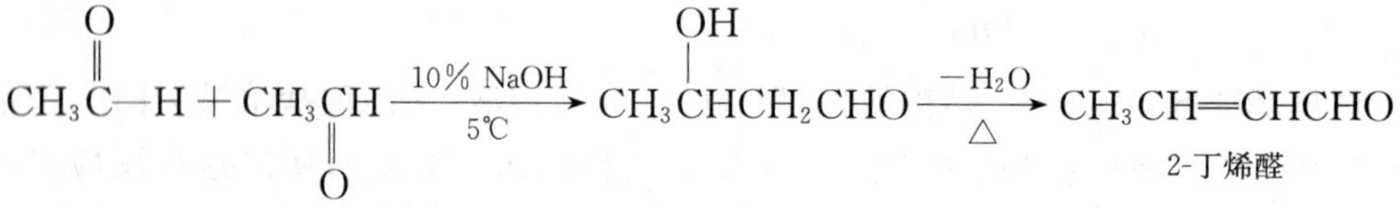


该反应是向分子中引入羟基和增长碳链的一种重要方法。

羟醛缩合反应的历程是分步进行的。首先，碱($OH^-$)夺取醛的 $\alpha$-氢原子，生成一个活泼的碳负离子。

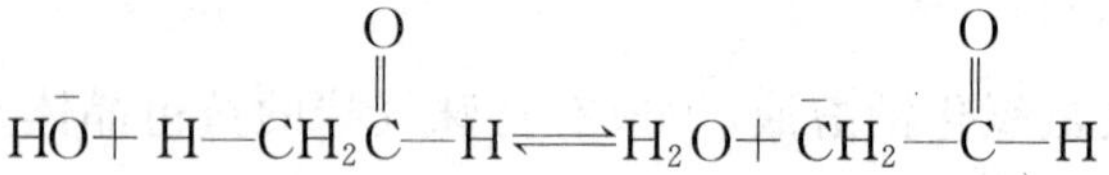

然后，碳负离子作为亲核试剂很快地和另一分子醛的羰基进行亲核加成，生成烷氧负离子。

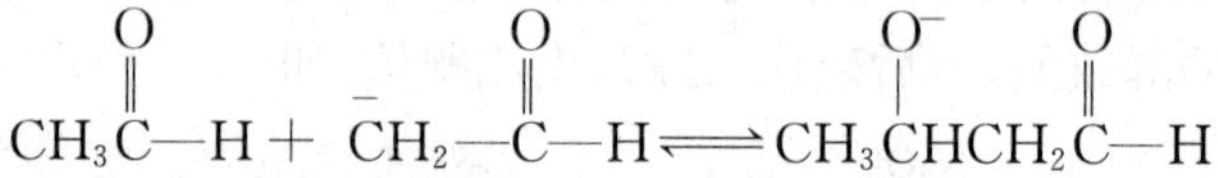

最后，烷氧负离子夺取水分子中的质子，转变成不带电荷的羰基化合物，并重新释放出催化剂——碱($OH^-$)。

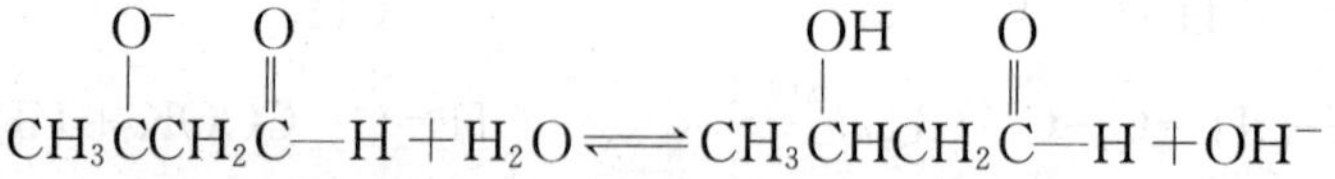

$\beta$-羟基醛中的亚甲基氢由于受羰基和羟基的双重影响，活性更高，很容易发生分子内脱水，生成具有共轭双键的 $\alpha,\beta$-不饱和醛。

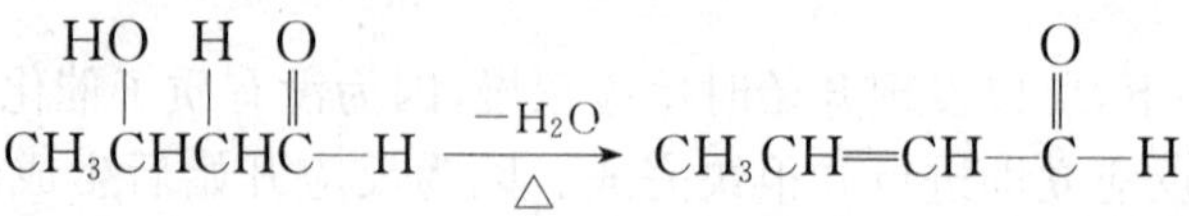

含 α-氢的酮也能发生醇酮缩合反应。例如，丙酮在碱存在下发生反应生成二丙酮醇。

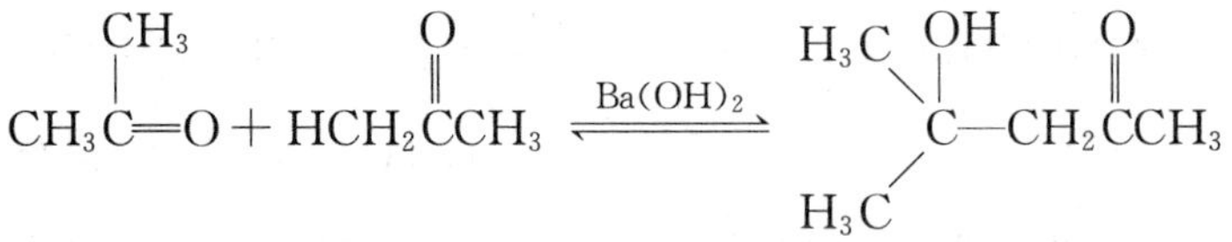

但是，平衡大大地偏向反应物，二丙酮醇的产率很低。在实际制备过程中常采用索氏(Soxhlet)提取器移走生成物——二丙酮醇，使平衡向产物方向移动，产率可达 70%～80%。用弱酸性阳离子交换树脂催化丙酮的羟醛缩合，产率可达 87.4%，反应时间缩短 5 倍，且不需要提取装置。二丙酮醇也容易发生分子内脱水，生成 α,β-不饱和酮。

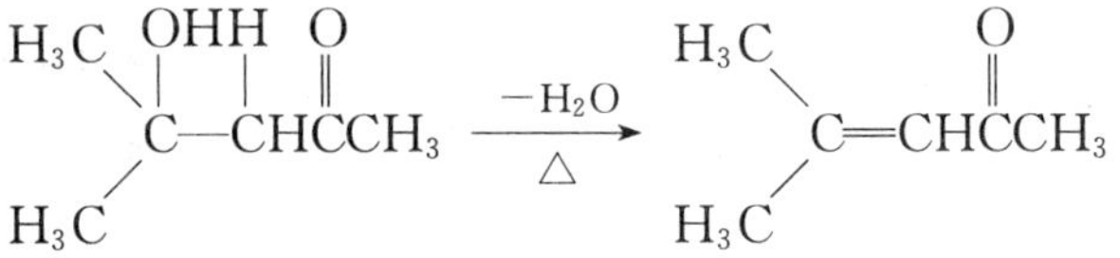

羟醛(酮)缩合反应中提供 α-氢原子的醛(酮)叫做亚甲基组分，提供羰基的醛(酮)叫做羰基组分。因为醛分子的羰基活性高，所以醛容易起羰基组分的作用。

若醛或酮的同一分子内既有羰基组分，又有亚甲基组分，就可以发生分子内的羟醛(酮)缩合，形成环状化合物。特别是形成五、六元环时，反应很容易进行，如

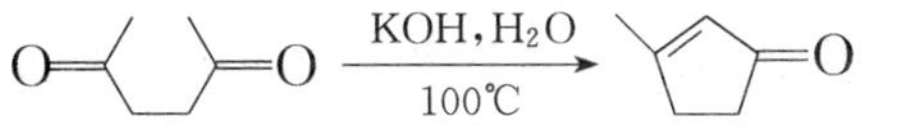

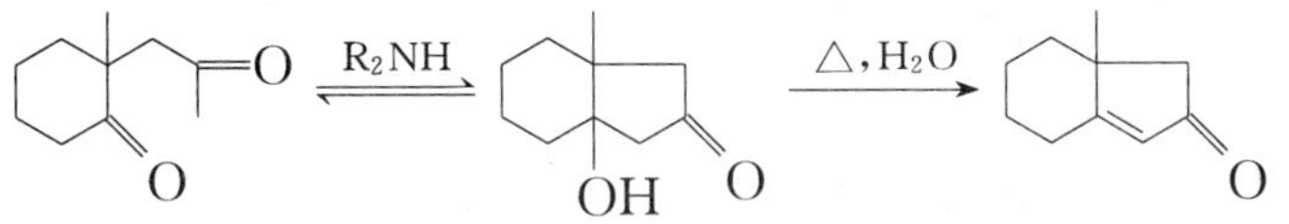

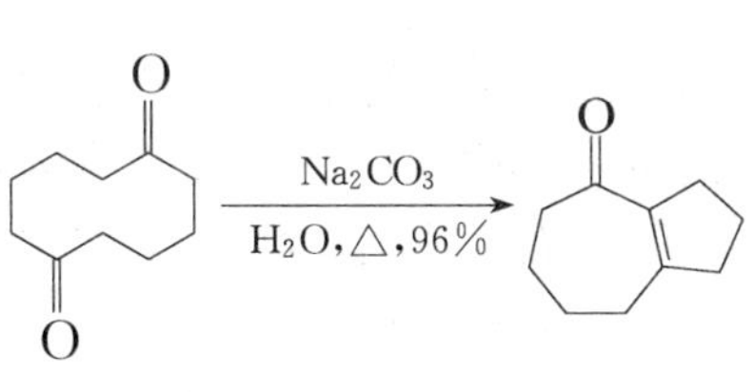

这是合成环状化合物的重要方法之一。

两种不同的含 α-氢的醛或酮之间也能发生羟醛缩合反应。除了同一种醛或酮分子之间发生羟醛缩合外，不同的醛或酮之间也能发生羟醛缩合，因此又叫交叉羟醛缩合反应。交叉羟醛缩合有四种可能的产物，分离比较困难，在合成上意义不大。

没有 α-氢的醛在稀碱溶液中不能形成碳负离子，所以不发生羟醛缩合反应，

但若慢慢加入其他含 $\alpha$-氢的醛或酮，则发生交叉羟醛缩合，得到单一的产物。如

$$(CH_3)_3CCHO + CH_3CHO \xrightarrow{NaOH} (CH_3)_3C\underset{}{\overset{OH}{\overset{|}{C}}}HCH_2CHO \xrightarrow{\triangle, -H_2O} (CH_3)_3CCH{=}CHCHO$$

芳醛和含 $\alpha$-氢的脂肪醛、酮在稀碱溶液中发生缩合反应，失水后得到 $\alpha,\beta$-不饱和醛、酮，这个反应叫克莱森-施密特(Claisen-Schmidt)反应，如

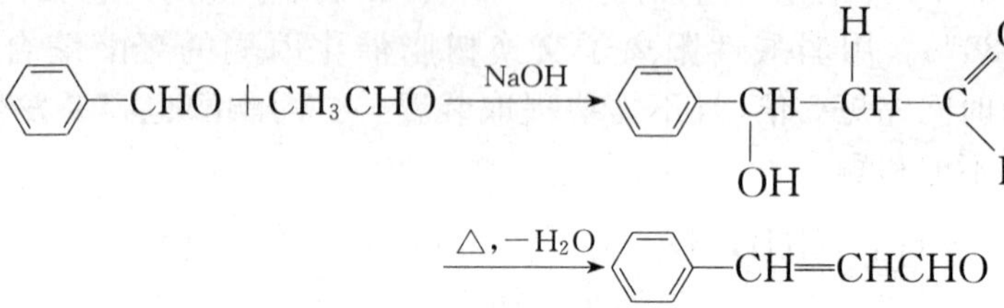

肉桂醛

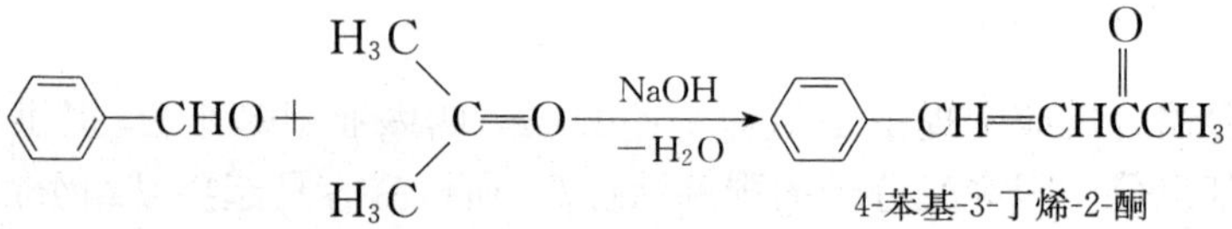

4-苯基-3-丁烯-2-酮

这种类型的交叉羟醛缩合在有机合成上很有用。

4) 曼尼希(Mannich)反应

含活泼 $\alpha$-氢的醛、酮和甲醛及一个胺的盐酸盐发生缩合反应，生成 $\beta$-酮胺(曼尼希碱)盐酸盐，这是一种 $\alpha$-H 的胺甲基化反应，称之为曼尼希反应，如

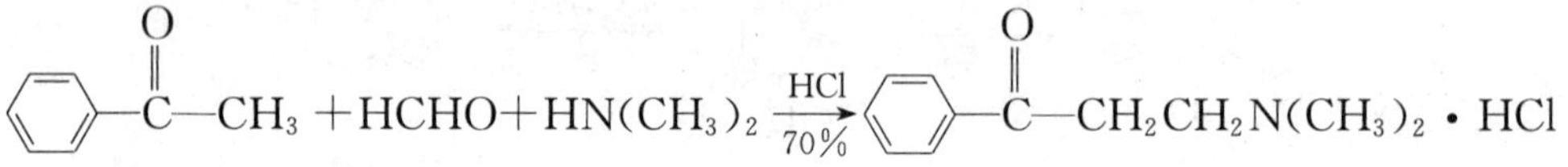

曼尼希反应一般是在水、乙酸等溶剂中于弱酸性和室温条件下进行的。反应完成后，用碱中和得到游离的 $\beta$-酮胺，它是有机合成的重要中间体。例如，它与 KCN 或 NaCN 水溶液加热可生成氰基化合物，后者经水解制得 $\gamma$-酮酸；而 $\beta$-酮胺的盐酸盐，在受热时则分解成 $\alpha,\beta$-不饱和酮，如

$$C_6H_5COCH_3 + CH_2O + (CH_3)_2NH \cdot HCl \longrightarrow C_6H_5COCH_2CH_2N(CH_3)_2 \cdot HCl$$

$$C_6H_5COCH_2CH_2N(CH_3)_2 \cdot HCl \xrightarrow{\triangle} (CH_3)_2NH \cdot HCl + C_6H_5COCH{=}CH_2$$

$$C_6H_5COCH_2CH_2N(CH_3)_2 \cdot HCl \xrightarrow{^-OH} C_6H_5COCH_2CH_2N(CH_3)_2 \xrightarrow{KCN} C_6H_5COCH_2CH_2CN \xrightarrow{H_3^+O} C_6H_5COCH_2CH_2CO_2H$$

所以,曼尼希反应提供了一个间接合成 $\alpha,\beta$-不饱和酮的方法。

除醛、酮外,其他含有活泼 $\alpha$-氢原子的化合物包括酯、腈、羧酸、硝基和炔烃化合物。伯胺因氮原子上还有多余的氢可以进一步与醛酮反应得到多种产物而受限制。

#### 9.1.2.3　氧化与还原反应

1）氧化反应

醛和酮在结构上的差异主要表现在醛有一个氢原子连在羰基碳上,而酮则没有.因此在氧化时它们表现出明显的差别。醛很容易被氧化成羧酸,酮则不易被氧化。例如,较温和的氧化剂土伦试剂(硝酸银的氨溶液)或费林试剂(硫酸铜溶液和酒石酸钾钠的碱性溶液)都可以使醛氧化。

土伦试剂起氧化作用的是银氨络离子中的银离子。醛和土伦试剂作用,醛被氧化成羧酸,银离子被还原成金属银。

$$RCHO + 2Ag(NH_3)_2OH \xrightarrow{\triangle} RCOONH_4 + 2Ag\downarrow + H_2O + 3NH_3$$

若反应器皿很洁净,析出的细微银粒可以附在光滑的器壁上,形成漂亮的银镜,所以这种反应又叫银镜反应。

费林试剂起氧化作用的是二价铜离子,醛和费林试剂作用,醛被氧化成羧酸,二价铜离子被还原成砖红色的氧化亚铜沉淀。

$$RCHO + 2Cu(OH)_2 + NaOH \xrightarrow{\triangle} RCOONa + Cu_2O\downarrow + 3H_2O$$

甲醛还原能力较强,氧化亚铜可继续被甲醛还原,生成“铜镜”。

费林试剂的氧化作用比土伦试剂更弱,它不能氧化芳香醛(Ar—CHO)。土伦试剂和费林试剂常用于鉴别醛、酮。费林试剂还常用于糖的定量测定。

土伦试剂和费林试剂不与碳碳重键反应,因此可由不饱和醛合成相应的不饱和酸,如

$$RCH{=}CHCHO \xrightarrow{[Ag(NH_3)_2]OH} RCH{=}CHCOOH$$

反应物可以通过羟醛缩合制备。

酮不能被弱氧化剂氧化。若用强氧化剂,如高锰酸钾、浓硝酸等,酮也可以被氧化,通常在 $\alpha$-碳与羰基碳之间发生碳链断裂生成较小分子的羧酸混合物,合成上没什么意义。然而对称环状酮如环己酮氧化只生成一种羧酸。

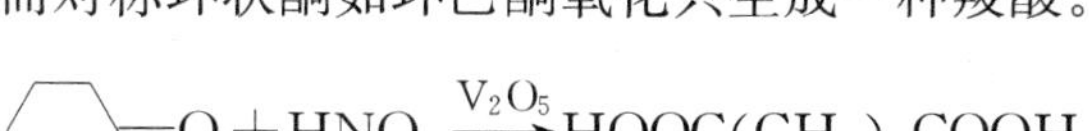

这是工业上制备己二酸的方法。己二酸是合成纤维尼龙-66 的单体之一。

2) 还原反应

在不同的条件下选用不同的试剂可以将醛、酮还原成醇或烃。

(1) 催化氢化。金属催化剂 Ni、Cu、Pd、Pt 等存在下，醛加氢生成伯醇，酮加氢生成仲醇。一般需要较高温度和压力。

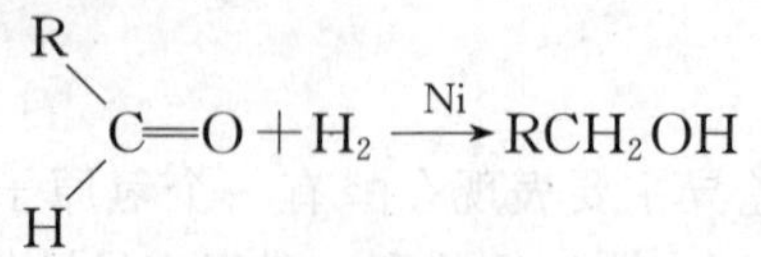

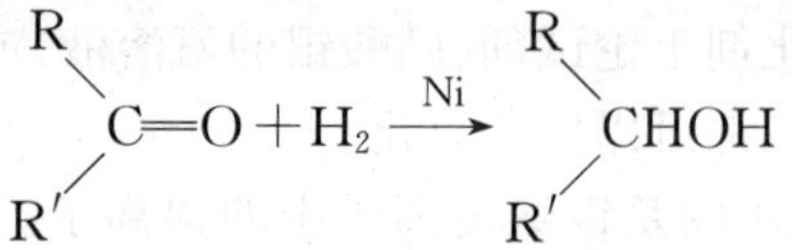

反应是在金属催化剂表面进行的，产率一般较高，后处理也比较简单。但是选择性较差，当分子中同时含有其他不饱和基团，如—C═C—、—C≡C—、$-NO_2$、—CN 等某些基团也同时被还原。

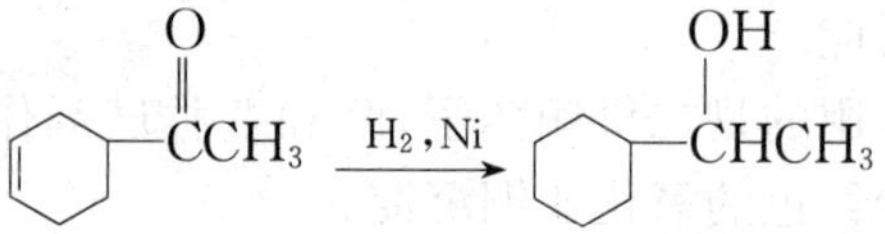

所以，这种还原方法的应用受到限制。

(2) 用化学还原剂还原。醛、酮可以被化学还原剂还原为伯醇、仲醇，常用的化学还原剂有异丙醇铝、硼氢化钠、氢化铝锂等。

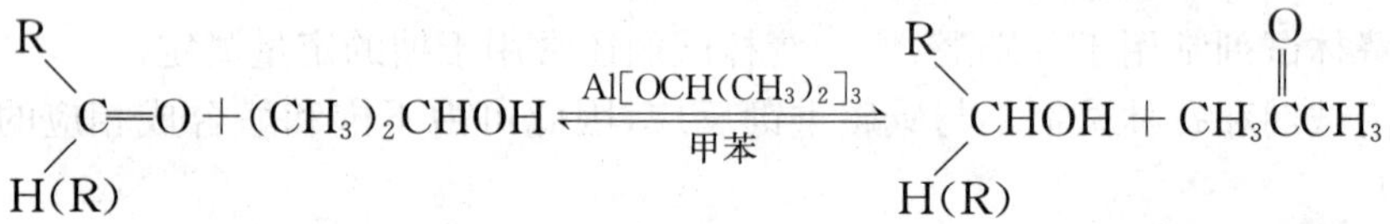

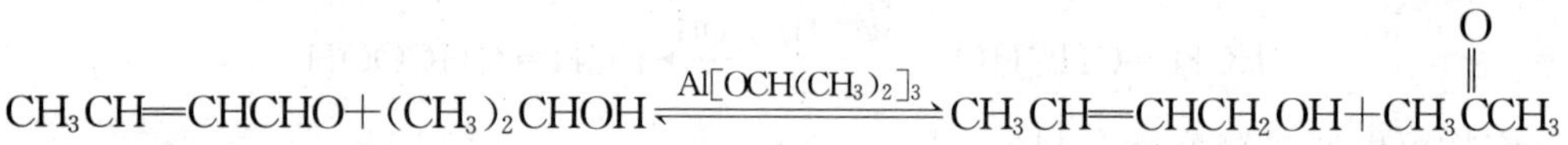

用异丙醇铝作还原剂还原醛、酮，反应是可逆的。因为产物丙酮的沸点(56.1℃)较低，可以从体系中蒸出，使平衡向右移动，所以得到产物也是方便的。这相当于前面 Oppernauer 醇氧化的逆反应，此反应称为 Meerwein-Ponndorf 反应。

硼氢化钠在醇溶液中可以把醛、酮还原成醇。这类反应也是亲核加成，此处亲核试剂是氢，它带着一对电子成为氢负离子($H^-$)，转移到羰基的碳上，与格氏试剂中的 R 加到羰基碳上相似。一分子 $LiAlH_4$ 或 $NaBH_4$ 能还原四分子的醛或酮：

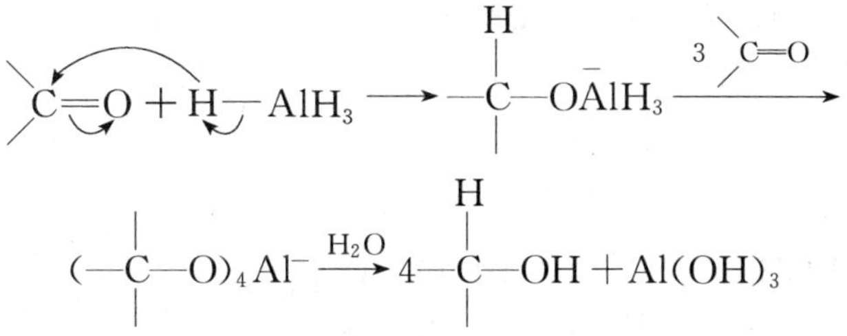

异丙醇铝和硼氢化钠的还原效果好，选择性较高，只能还原醛、酮的羰基，分子中其他不饱和基团，如—C═C—、—C≡C—、$—NO_2$、—C≡N、—COOH、—COOR等不受影响。

氢化铝锂的还原能力比异丙醇铝和硼氢化钠都强，但选择性较差，虽然不还原—C═C—、—C≡C—，但其他的不饱和基团，如$—NO_2$、—CN、—COOH、—COOR 等都能被还原，而且只能在无水乙醚或四氢呋喃(THF)中进行，反应完毕后再加水，使其水解生成醇。

(3) 金属还原法。包括以下两种：

A. 金属钠/乙醇还原法

在乙醇溶液中，金属钠可还原酮成为仲醇。一般认为这是个负离子自由基机理：

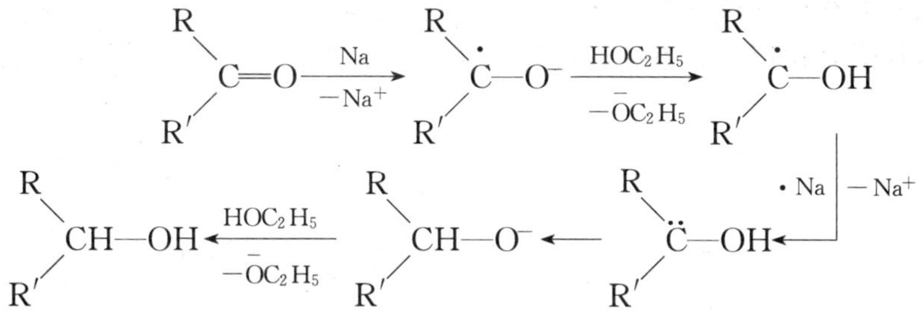

在这个还原反应中，生成了两分子的 $NaOC_2H_5$，是一个强碱性体系，所以会有一些副反应发生($\alpha$-二醇是副产物之一)，导致还原反应收率不高。如果是用于醛还原，则收率更低。

B. 金属镁或镁汞齐还原法

用金属镁或镁汞齐在苯溶液中还原酮，可以得到双分子还原反应产物 $\alpha$-二醇。

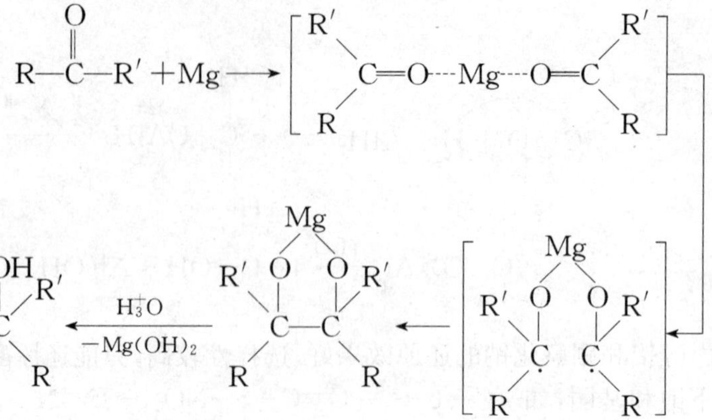

铝汞齐、钠汞齐也可以将酮还原为 $\alpha$-二醇，但收率不如用镁汞齐好。

(4) 羰基的彻底还原。将羰基还原成亚甲基有以下几种方法：

A. 克莱门逊(Clemmensen)还原法

醛、酮用锌汞齐与浓盐酸还原，羰基被还原成亚甲基，这种反应叫克莱门逊还原法。

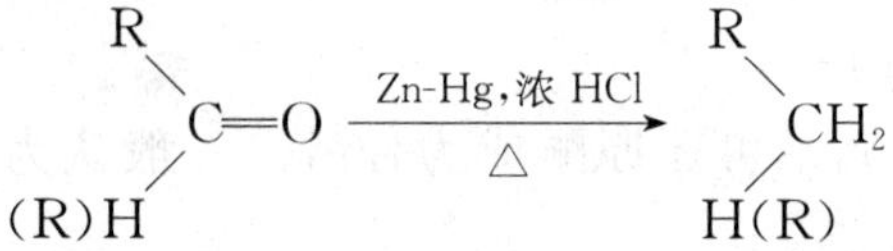

该法具有很好的选择性，除 $\alpha,\beta$-不饱和键之外，一般对于双键无影响。

把芳烃酰基化反应和克莱门逊还原法结合起来，为合成直链烷基苯提供了好方法，如

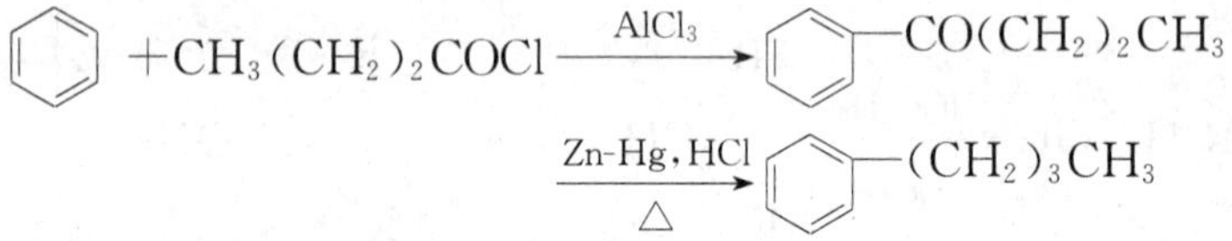

该方法不适用于对酸性介质敏感的羰基化合物的还原(如呋喃醛、酮和吡咯类醛、酮)。

B. 沃尔夫-凯息纳(Wolff-Kishner)-黄鸣龙还原法

醛、酮与肼反应生成腙，腙在碱性条件下受热发生分解，放出 $N_2$，并生成烃：

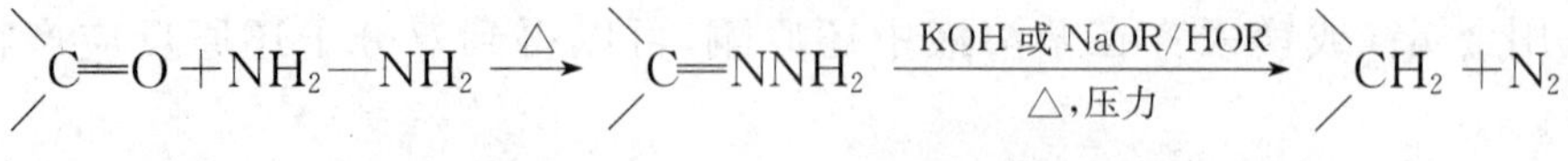

1911 年，俄国化学家凯息纳(Kishner)首先发现羰基化合物的腙类衍生物和无水粉状 KOH 在封管中加热至 160～180℃时，发生分解，得到还原产物烃；1912 年德国化学家沃尔夫(Wolff)也发现，采用浓度为 7％的醇钠-无水醇，在封管中进

行腙的分解反应，产物也是烃，分解温度可降低到 150～160℃。这就是著名的沃尔夫-凯息纳反应。我国有机化学家黄鸣龙于 1946 年对这个反应进行改进。他把酮(或醛)与 50%～85%的水合肼及 KOH(或 NaOH)共混，在水溶性高沸点溶剂(如二甘醇或三甘醇)中，于常压下加热回流，当腙生成后，蒸出水和过量的肼，然后继续加热至 190～200℃，保持回流 1～2h，使腙完全分解而得到烃。通过这种改进方法，使反应的应用范围进一步扩大，特别是对甾酮的还原效果良好。采用含水的肼和高沸点的溶剂，使反应在常压下进行，避免了昂贵的无水肼及使用高压设备，更适合工业生产，而且副反应少，收率也好。所以现在常称为沃尔夫-凯息纳-黄鸣龙还原法，如

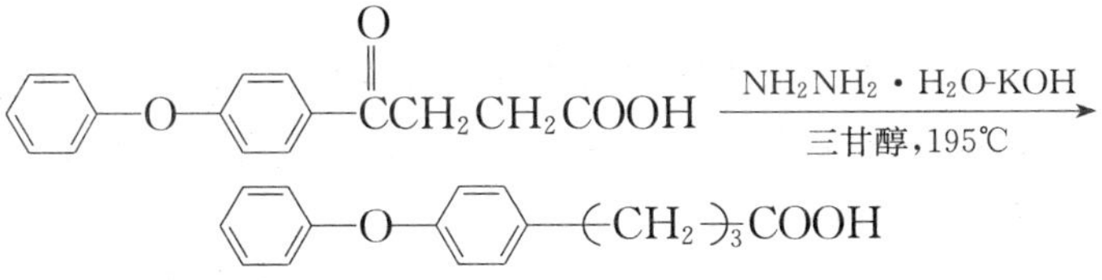


1962 年，美国科学家克拉姆(Cram)提出了另一个腙的分解方法：在 DMSO 溶剂中，使用 $KOC(CH_3)_3$ 与腙作用，常压下进行腙的分解放氮反应，还原产物的收率也很好，如

$$(C_6H_5)_2C{=}O \xrightarrow[\triangle]{NH_2NH_2} (C_6H_5)_2C{=}NNH_2 \xrightarrow[DMSO,\triangle]{KOC(CH_3)_3} (C_6H_5)_2CH_2 + N_2$$

氨基脲可用来代替肼，因为生成的缩氨脲发生水解生成腙：

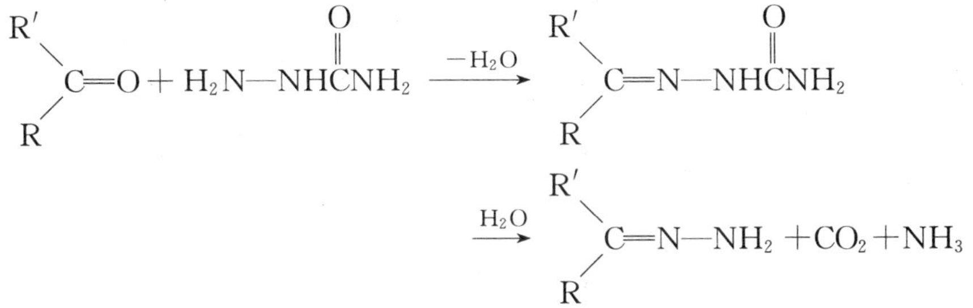


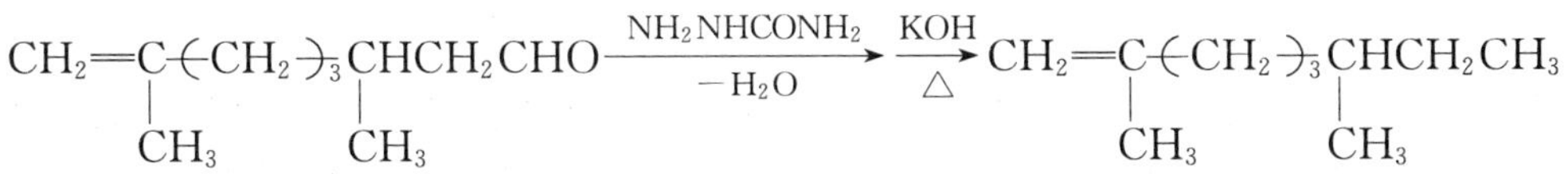


这种还原方法是在碱性条件下进行的，可用来还原对酸敏感的醛或酮，因此可以和克莱门逊还原法互相补充。

C. 硫代缩酮(或缩醛)还原法

醛或酮与硫醇反应可生成硫代缩醛或硫代缩酮。

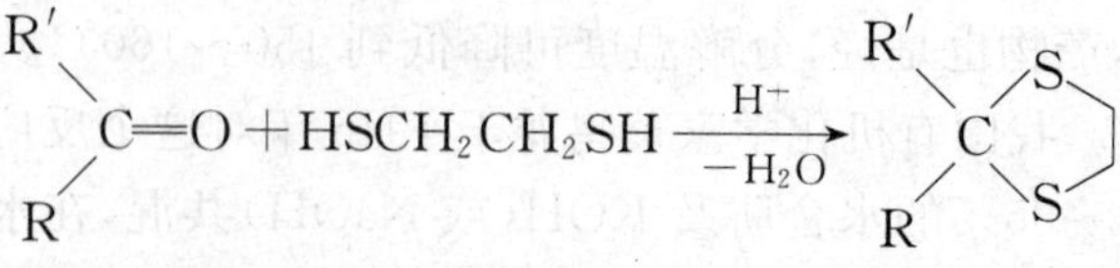

在有机合成中，硫代缩醛和硫代缩酮的生成是重要的羰基还原手段，因为它们与预先吸附了氢的雷尼 Ni 共热时，碳硫键便立即氢化裂解，从而使羰基化合物还原为烃：

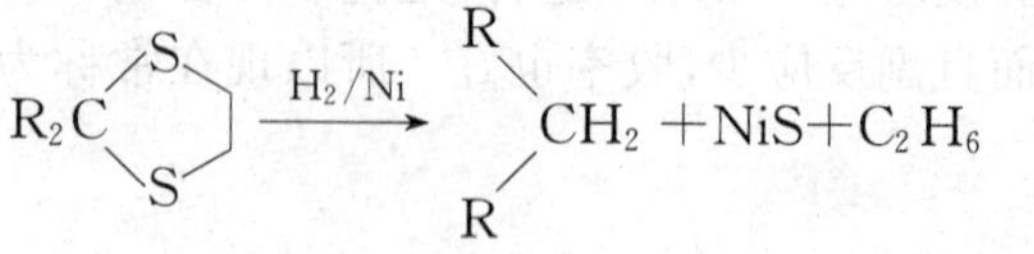

这个还原方法对于那些对酸碱都敏感的化合物的羰基还原是非常有用的。

此外，相转移催化剂在这个反应中的应用也已取得很好的效果。

3）坎尼扎罗(Cannizzaro)反应

在浓碱作用下，不含 $\alpha$-氢的醛发生歧化作用，一分子醛被氧化为羧酸，另一分子醛被还原成醇，这种反应叫坎尼扎罗反应，如

$$2HCHO \xrightarrow[\triangle]{40\%, NaOH} HCOONa + CH_3OH$$

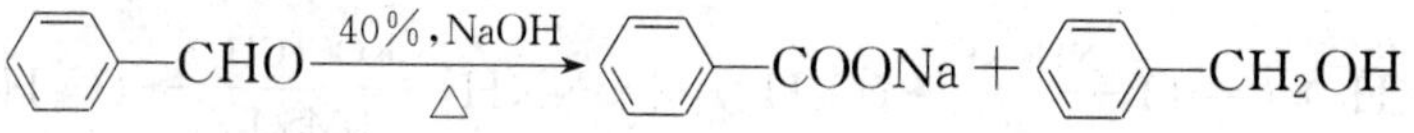

坎尼扎罗反应是连续两次亲核加成，首先是 $OH^-$ 向羰基碳进攻，生成中间体Ⅰ，然后此中间体生成氢负离子与第二个醛分子进行加成，如

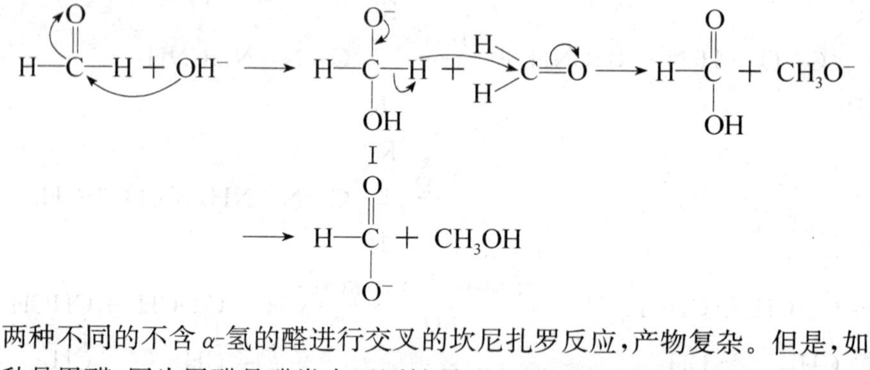

两种不同的不含 $\alpha$-氢的醛进行交叉的坎尼扎罗反应，产物复杂。但是，如果其中一种是甲醛，因为甲醛是醛类中还原性最强的醛，所以它总是被氧化成甲酸，另一种醛被还原成醇。这样，甲醛参与的交叉坎尼扎罗反应是有制备意义的。例如，工业上用甲醛和乙醛制备季戊四醇就是应用交叉羟醛缩合和交叉坎尼扎罗反应。

$$3HCHO + CH_3CHO \xrightarrow[55\sim56℃]{Ca(OH)_2} (HOCH_2)_3CCHO$$

$$(HOCH_2)_3CCHO + HCHO \xrightarrow[55\sim56℃]{Ca(OH)_2} (HOCH_2)_4C + (HCOO)_2Ca$$

为了减少副反应，需将乙醛和碱溶液同时分别慢慢地加到甲醛溶液中，使甲醛始终过量，有利于交错羟醛缩合产物——三羟甲基乙醛的生成。季戊四醇的熔点是 261～262℃。它是生产涂料、炸药和表面活性剂的原料。

#### 9.1.2.4　α,β-不饱和醛酮的特性

不饱和醛酮的种类很多，其中最主要的是 α,β-不饱和醛酮。它可以由羟醛缩合后失水制得。根据 α,β-不饱和醛、酮的结构，我们可以预料它兼有烯烃和醛酮的性质。它既能和亲电试剂（如 $X_2$）加成（在碳碳双键上），也能和亲核试剂（如 RLi）加成（在羰基上）。

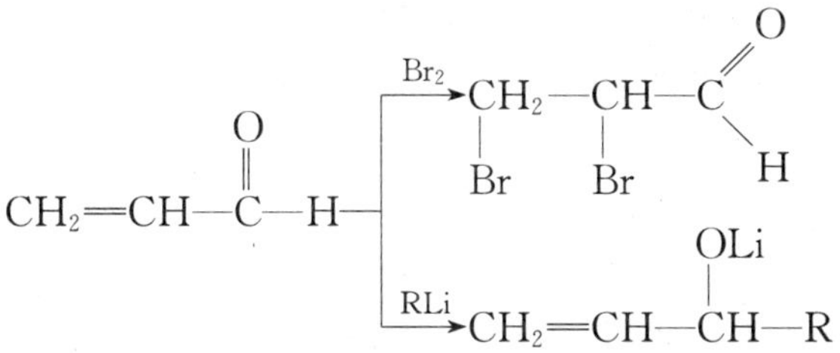

但是羰基的吸电子作用使这里的碳碳双键的亲电加成会较一般的烯烃难。此外，由于碳碳双键和羰基共轭，它也会和共轭双烯一样有一些独特的性质。下面简单的介绍 α,β-不饱和醛、酮的两个特性。

1) 1,4-加成

当 α,β-不饱和醛、酮和卤化氢（亲电试剂）、氢氰酸、羟胺、亚硫酸氢钠（亲核试剂）加成时，最终结果是加在碳碳双键上，而且 H 总是加在 α-碳原子上，负电部分总是加在 β-碳原子上。

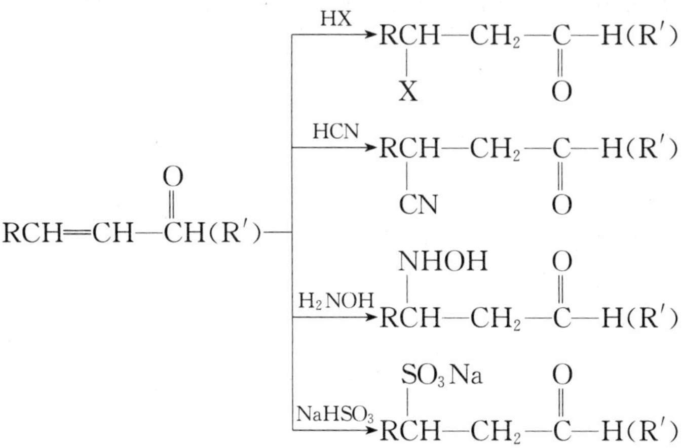

这是为什么呢？我们可以从不饱和醛、酮的结构来说明。由于碳碳双键和羰基共轭，因此它的加成反应和共轭二烯烃类似，有 1,2-加成和 1,4-加成两种可能。上述各反应都是 1,4-加成。由于 1,4-加成产物具有烯醇式结构，不稳定，所以发生分子内重排生成稳定的 3,4-加成产物。因此，这些加成反应为 1,4-加成。

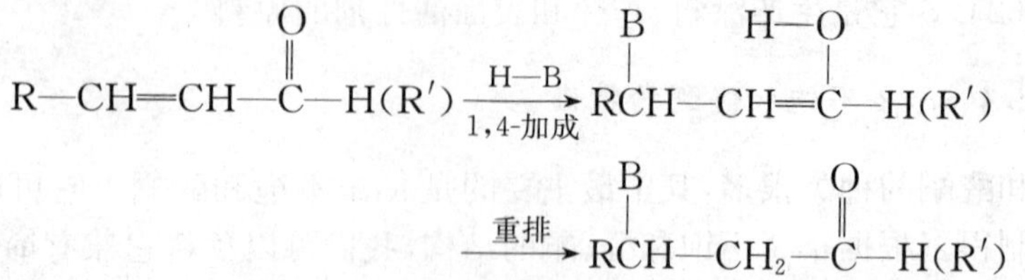


然而我们要指出：虽然在一般情况下，$\alpha,\beta$-不饱和醛、酮所引起的加成反应是 1,4-加成转成 3,4-加成，但是这并不是说它不能起 1,2-加成反应。羰基旁的基团和试剂的大小及性质对产物的分布均有影响。例如，$\alpha,\beta$-不饱和醛酮和格氏试剂作用时，除了 1,4-加成产物外，还有 1,2-加成产物。

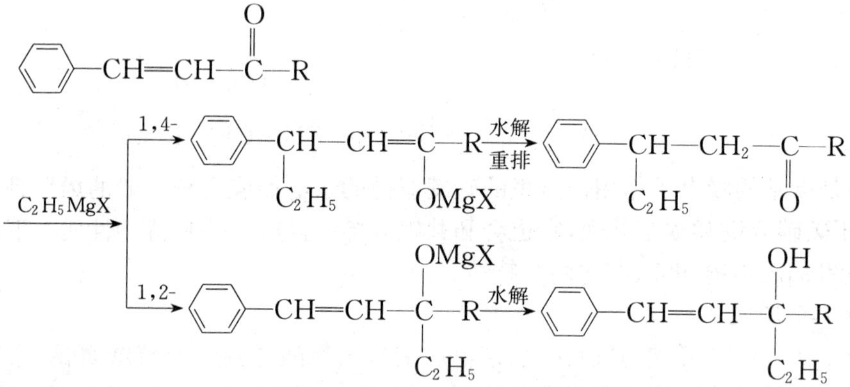


| R | H | $CH_3$ | $C_2H_5$ | *i*-Pr | *t*-Bu |
|---|---|---|---|---|---|
| 1,4-加成 | 0 | 60% | 71% | 100% | 100% |

特别是当 R 很小(如 H)时($\alpha,\beta$-不饱和醛)，羰基旁没有位阻，产物主要是 1,2-加成产物。

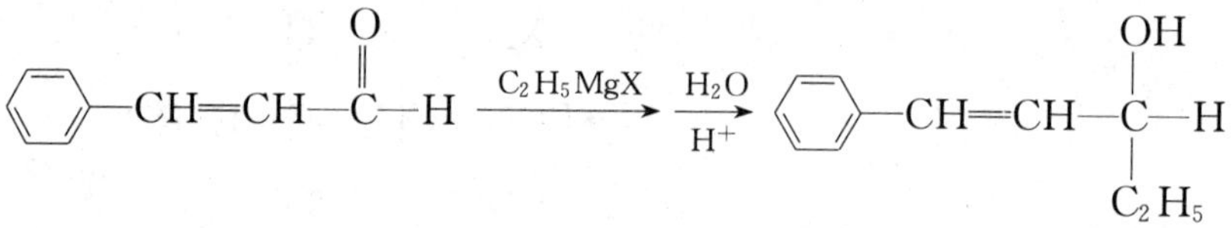


有机钠和有机锂化合物，它们的碱性较强，因而在与 $\alpha,\beta$-不饱和醛、酮作用时，主要进攻羰基，产物大多是 1,2-加成产物。

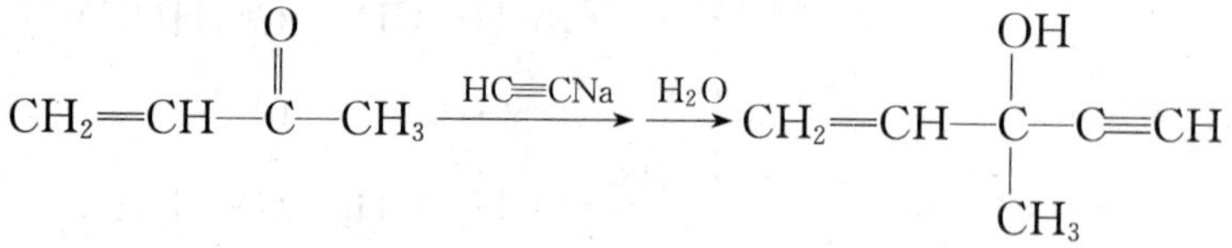

$$CH_3CH{=}CH-\overset{\overset{\large O}{\|}}{C}-CH_3 \xrightarrow{CH_3Li} \xrightarrow{H_2O} CH_3CH{=}CH-\underset{\underset{\large CH_3}{|}}{\overset{\overset{\large OH}{|}}{C}}-CH_3$$

但是若改用弱碱性试剂(CN 或 $RNH_2$)或二烃基铜锂时,产物则变为以 1,4-加成为主。如

$$CH_3CH{=}CH-\overset{\overset{\large O}{\|}}{C}CH_3 \xrightarrow{(CH_3)_2CuLi} \xrightarrow{H_2O} CH_3\overset{\overset{\large CH_3}{|}}{C}HCH_2-\overset{\overset{\large O}{\|}}{C}CH_3$$

我们把碳负离子对共轭不饱和羰基化合物的 1,4-加成叫麦克尔(Michael)加成反应,这是一个非常有用的反应。如

$$CH_2{=}CH-\overset{\overset{\large O}{\|}}{C}-H + CH_2(CO_2C_2H_5)_2 \xrightarrow[C_2H_5OH]{C_2H_5ONa} \left[\begin{array}{l} CH_2-CH{=}\overset{\overset{\large O^-}{|}}{C}H \\ | \\ CH(CO_2C_2H_5)_2 \end{array}\right]$$

$$\xrightarrow{H_3^+O} \begin{array}{l} CH_2CH_2CHO \\ | \\ CH(CO_2C_2H_5)_2 \end{array}$$

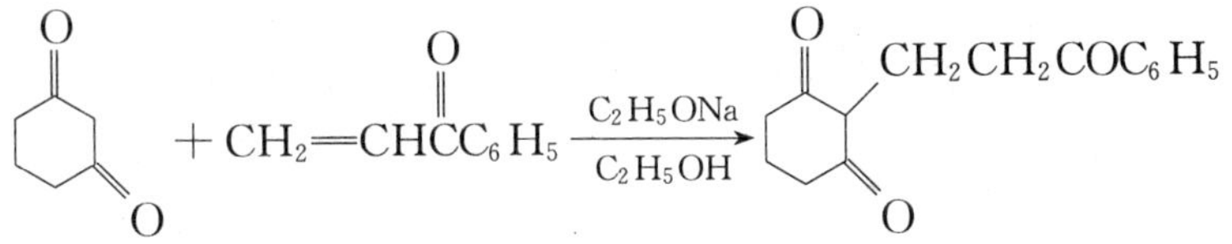

2) 插烯作用

在研究巴豆醛(2-丁烯醛)的性质时,我们还发现它的甲基非常活泼。例如,它可以和乙醛或自身发生羟醛缩合反应:

$$CH_3CHO + CH_3CH{=}CHCHO \xrightarrow{OH^-} \xrightarrow[\triangle]{H_2O} CH_3CH{=}CHCH{=}CHCHO$$

$$CH_3CH{=}CHCHO + CH_3CH{=}CHCHO \xrightarrow{OH^-} \xrightarrow[\triangle]{H_2O} CH_3CH{=}CHCH{=}CHCH{=}CHCHO$$

这可以用共轭效应来解释。虽然在甲基和羰基之间加一个碳-碳双键,但是因为这个双键是和羰基共轭,而且 $\pi$ 电子的流动性较大,所以羰基的电子效应将通过双键而传递到 $\gamma$-键上,使 $\gamma$-H 活化。

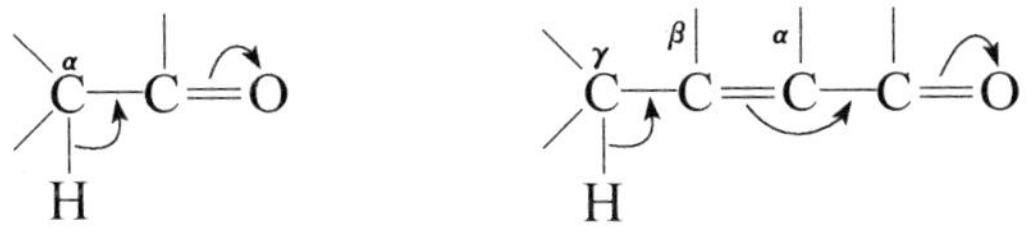

同样地，只要是一个连续不断的共轭体系，这种效应还可以传递到更远的碳上。

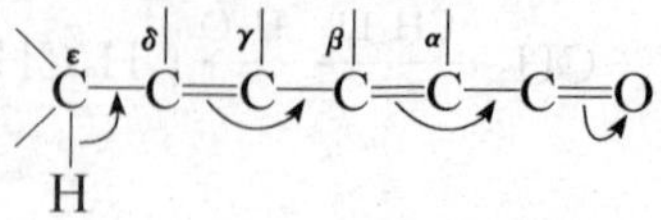

总之，共轭不饱和醛、酮在结构上可以看作 A—B 的 A 和 B 之间插入一个或多个 1,2-乙烯基(—CH═CH—)得到的化合物 A$\leftarrow$CH═CH$\rightarrow_n$B，而 A 和 B 仍保持着原来的相互关系，这种现象叫做插烯作用，相应的化合物叫做插烯体。共轭不饱和醛、酮就是含羰基的插烯体。

### 9.1.3　醛、酮的制备

#### 9.1.3.1　醇的氧化和脱氢

伯醇和仲醇通过氧化或脱氢反应，可得到相应的醛或酮，叔醇分子中没有 $\alpha$-H，在一般条件下不被氧化，也不能脱氢。在实验室中常用的氧化剂是重铬酸钠或重铬酸钾加硫酸，此外，从不饱和醇氧化成不饱和醛或酮需采用特殊的选择性氧化剂。丙酮-异丙醇铝(叔丁醇铝)或三氧化铬-吡啶都是可以达到这个目的氧化剂，如

$$(CH_3)_2C{=}CH(CH_2)_2CH_2OH + CH_3\overset{\overset{\displaystyle O}{\|}}{C}CH_3 \xrightleftharpoons{\text{异丙醇铝}}$$

$$(CH_3)_2C{=}CH_3(CH_2)_2CHO + CH_3\overset{\overset{\displaystyle OH}{|}}{C}HCH_3$$

反应是可逆的，使用过量的丙酮，反应向右进行。在这种氧化条件下，醇羟基被氧化而分子中的不饱和键保留不变。这种选择氧化醇羟基的方法叫欧芬脑尔氧化法。虽然伯醇可以用这种方法氧化成相应的醛，但因醛在碱性条件下容易发生羟醛缩合反应，故这种氧化方法更适合制备酮。

醇在适当的催化剂存在下可以脱去一分子氢。将伯醇或仲醇蒸气高温下通过催化剂 Cu、Ag、Ni 或 ZnO，则伯醇脱氢生成醛，仲醇脱氢生成酮，如

$$CH_3{-}\underset{\underset{\displaystyle H}{|}}{\overset{\overset{\displaystyle H}{|}}{C}}{-}OH \xrightarrow[260\sim290℃]{Cu} CH_3{-}\overset{\displaystyle O}{\overset{\|}{C}}{-}H + H_2\uparrow$$

$$(H_3C)_2CH{-}OH \xrightarrow[380℃]{Zn} CH_3\overset{\overset{\displaystyle O}{\|}}{C}CH_3 + H_2\uparrow$$

这个反应也可用来制备芳香族醛、酮。

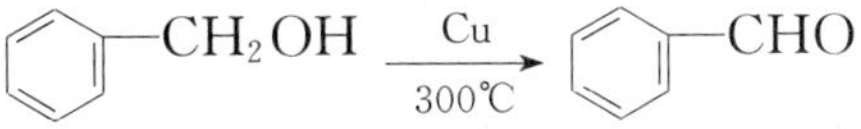


由醇脱氢得到的产品纯度较高，但因反应是吸热的，需要供给大量的热，所以工业上常在进行脱氢的同时，通入一定量的空气，使生成的氢与氧结合成水。氢与氧结合成水时放出的热量可直接供给脱氢反应，这种方法叫氧化脱氢法。

9.1.3.2 炔烃水合

在汞盐催化下，炔烃与水化合生成羰基化合物，可用通式表示如下：

$$R—C≡C—R + H_2O \xrightarrow[H_2SO_4]{Hg^{2+}} \left[ R—\overset{\overset{OH}{|}}{C}=CHR \right] \xrightarrow{\text{重排}} R—\overset{\overset{O}{\|}}{C}—CH_2R$$

9.1.3.3 同碳二卤化物水解

在水或碱的催化下，同碳二卤化物水解生成相应的醛或酮，如

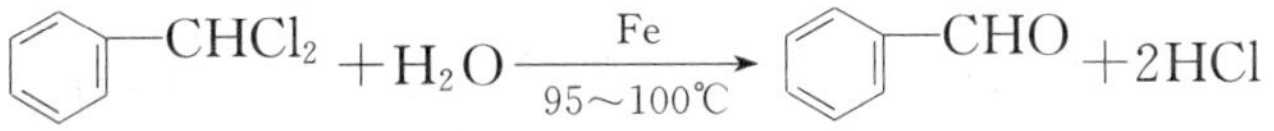


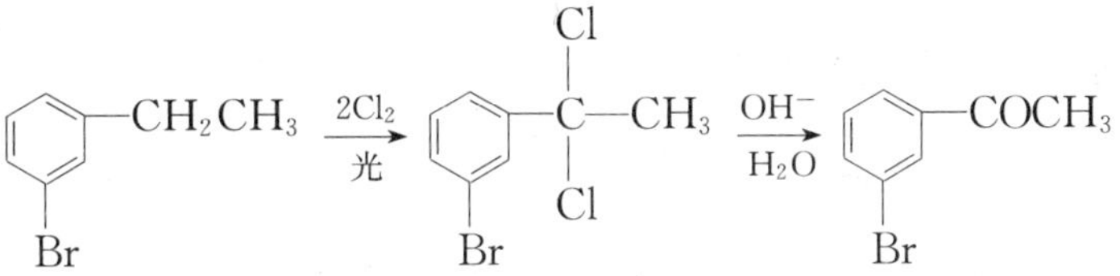


因为芳环侧链上的 α-氢容易被卤化，故这个方法主要是芳香醛、酮的制法。脂肪族同碳二卤化物由于较难得到，故一般不用此法制备脂肪醛酮。

9.1.3.4 芳环酰基化反应

芳烃在无水三氯化铝的催化下与酰卤（RCOX）或酸酐[$(RCO)_2O$]作用，则环上的氢原子可以被酰基取代，生成芳酮，如

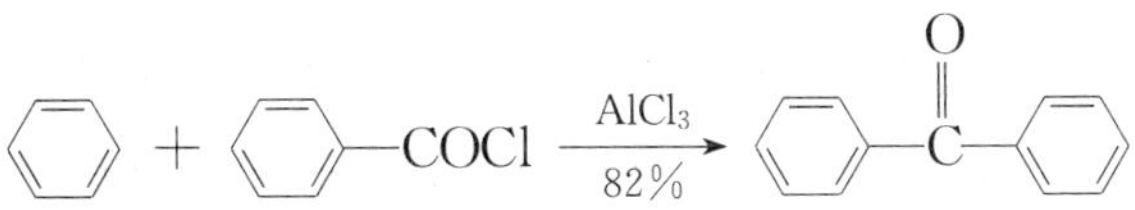


在 $AlCl_3$-$Cu_2Cl_2$ 存在下，芳烃与一氧化碳和氯化氢作用可以在环上引入一个甲酰基，得到相应的芳醛，这个反应叫伽特曼-科赫反应，如

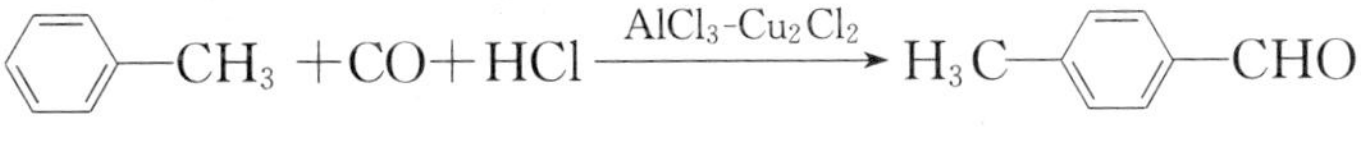

这个反应主要用于苯环、烷氧基苯环和烷基苯环的甲酰化，对于酚类和带有间位取代基的芳环不适用。

#### 9.1.3.5　芳烃侧链的氧化

芳烃侧链上的 α-H 因受芳环的影响，容易被氧化。控制反应条件可以由芳烃氧化成相应的醛或酮。芳环上甲基可被氧化成芳醛。但醛能继续氧化生成芳酸，故由芳烃直接氧化制备芳醛时，必须选用适当的氧化剂。例如，用氧化铬-乙酐、酰氯等为催化剂，或催化氧化都可使反应主要停留在生成芳醛的阶段。

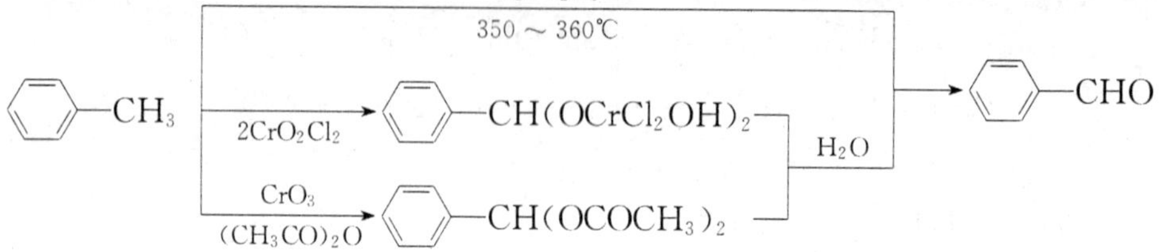


乙苯用空气氧化可得苯乙酮。

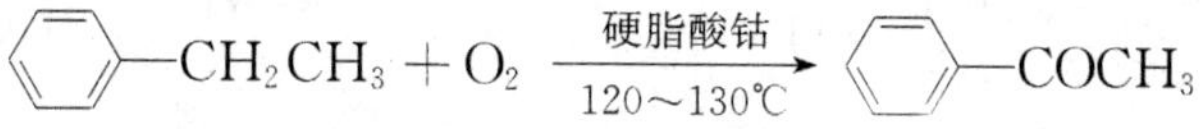


这是工业上生产苯乙酮的方法。

#### 9.1.3.6　羰基合成法

烯烃与一氧化碳和氢气在某些金属羰基化合物如八羰合钴$[Co(CO)_4]_2$的催化作用下加热加压可以发生反应生成多一个碳原子的醛。这个反应叫羰基合成法，如

$$CH_3CH{=}CH_2 + CO + H_2 \xrightarrow[100℃\sim200℃,\ 20\sim30MPa]{[Co(CO)_4]_2} \underset{75\%}{CH_3CH_2CH_2CHO} + \underset{25\%}{CH_3CH(CH_3)CHO}$$

羰基合成的原料大多用双键在链端的 α-烯烃，其产物以直链醛为主，该法对设备要求高，近年来对该方法作了改进，使用途较大的正构醛的生成比例增加，如

$$CH_3CH{=}CH_2 + CO + H_2 \xrightarrow[160℃,\ 5\sim6MPa]{Co(CO)_6[P(n\text{-}C_4H_9)]_2} CH_3CH_2CH_2CHO + CH_3CH(CH_3)CHO$$

$$5 \quad : \quad 1$$

## 9.1.4 重要的醛、酮

醛、酮是一类很重要的化合物，它们广泛地用作溶剂、合成中间体、香料、塑料单体等。

### 9.1.4.1 甲醛

甲醛是无色、有刺激性的气体，易溶于水。37％～40％的甲醛水溶液(内含8％的甲醇)商业上叫福尔马林(Formalin)。因为甲醛能使蛋白质凝固，所以常用作消毒剂和防腐剂。

甲醛是结构上比较特殊的醛。羰基直接连接两个氢原子，因此它表现出特殊的化学活性。甲醛和氨作用生成一个结构复杂的化合物——六亚甲基四胺，商品名叫乌洛托品。

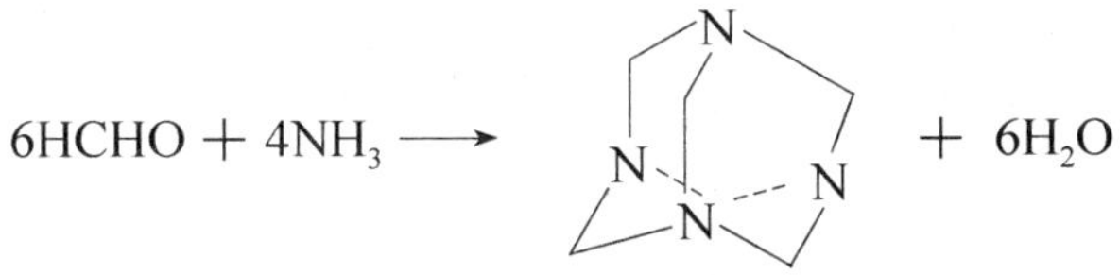


六亚甲基四胺是无色晶体，熔点 263℃，易溶于水，有甜味，燃烧时产生炽热的火焰。乌洛托品在医药上用作利尿剂和尿道消毒剂。在塑料工业上用作固化剂，如热塑性酚醛树脂中加入六亚甲基四胺，加热即可固化。这是因为六亚甲基四胺在加热时水解产生的甲醛起着交联剂的作用，氨则起碱性催化剂的作用。六亚甲基四胺也是制造烈性炸药的原料。

甲醛非常容易聚合，在不同的条件下生成三聚甲醛和多聚甲醛。它们加热到一定的温度都解聚成甲醛。

高纯度的甲醛用三氟化硼作催化剂容易聚合成相对分子质量为数万至数十万的线性甲醛聚合物，叫做聚甲醛。它是白色粉末。聚甲醛是一种具有优良综合性能的工程塑料，在较大的温度范围内有很好的机械强度和硬度，自润性和耐磨性也很好，可以代替金属材料制造汽车、飞机的零件、泵、轴承等。

### 9.1.4.2 乙醛

乙醛是无色、有刺激气味的液体，沸点 20.8℃，可溶于水、乙醇及乙醚中。在少量硫酸和干燥 HCl 存在下乙醛聚合成环状的三聚或四聚、多聚乙醛。

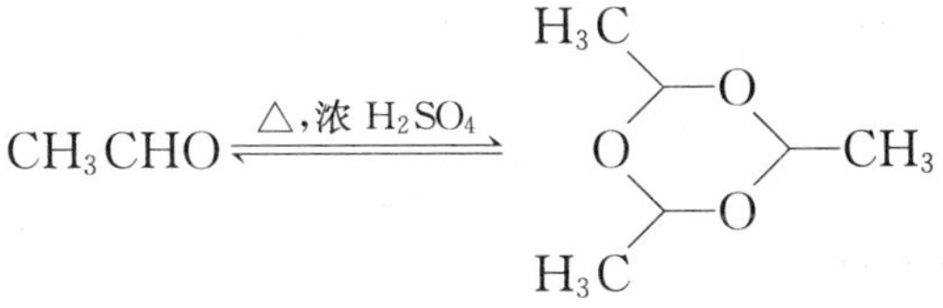

三聚乙醛是有香味的液体，沸点 124℃，在硫酸存在下解聚成乙醛，所以三聚乙醛是储存乙醛的最方便的方法。四聚乙醛是一种不溶于水的白色固体，沸点 246℃，可用作固体无烟燃料。乙醛是有机合成的重要原料，可用来合成乙酸、丁醇、季戊四醇等产品。

#### 9.1.4.3 丙酮

丙酮在常温下是无色液体，沸点 56.1℃，具有令人愉快的香味，易溶于水、乙醇、乙醚等。丙酮是一种优良的溶剂，广泛地用于油漆、合成纤维等工业。丙酮还是合成环氧树脂、有机玻璃等的原料。工业上通过异丙苯氧化法同时获得丙酮和苯酚。

#### 9.1.4.4 环己酮

环己酮是一种脂环族饱和酮。它可由环己醇催化脱氢或氧化制备。工业上则从苯酚催化加氢，先制得环己醇，再经氧化而生成环己酮。

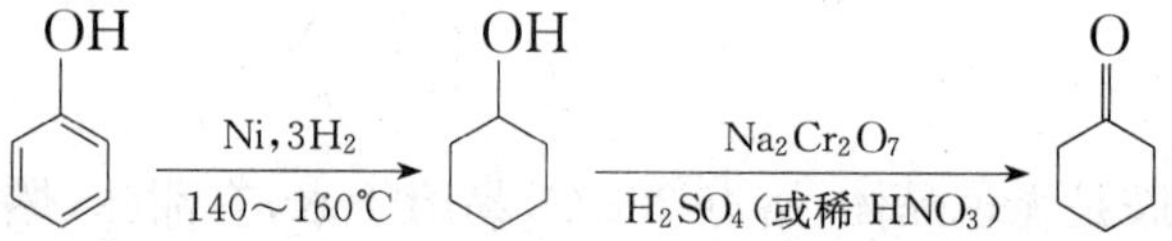


近年来，将苯在气相下氢化，先生成环己烷，再经空气氧化，环己烷就生成环己酮和环己醇的混合物，反应生成的环己醇，经脱氢可得环己酮。

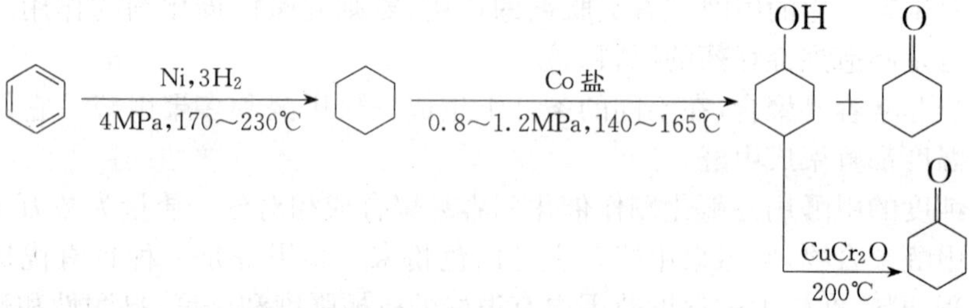


环己酮为无色油状液体，有丙酮的气味，沸点 155.7℃，微溶于水，易溶于乙醇和乙醚，环己酮氧化后生成己二酸，它是制造尼龙-66 的原料。

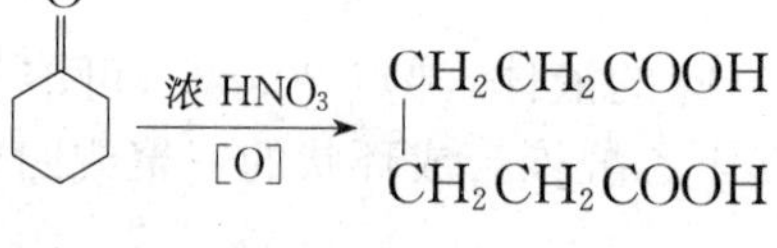


环己酮与羟胺作用生成环己酮肟，可用来生产尼龙-6。

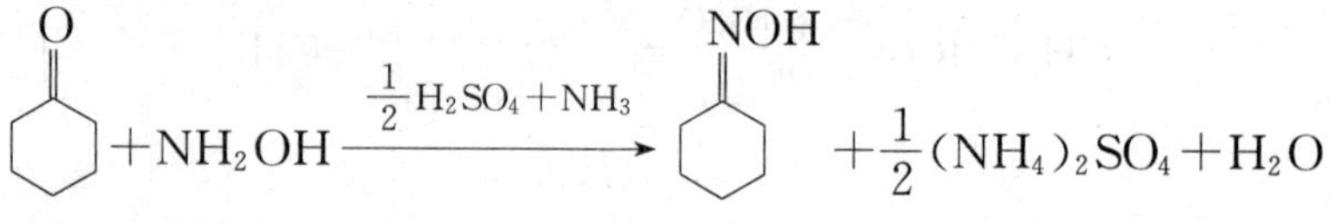

### 9.1.4.5　丁二酮

丁二酮($CH_3COCOCH_3$)又叫双乙酰，是一个最简单的 $\alpha$-二酮。它是一种有脂肪奶油香味的淡黄色的油状液体，熔点 $-4$℃，沸点 88℃，除了具有酮的一般化学性质外，由于羰基之间的相互影响，还表现出一些特殊的性质。

1）聚合作用

$\alpha$-二酮很容易聚合为二聚体。例如，双乙酰与盐酸混合时，生成二聚丁二酮；在碱存在下，发生醇醛缩合反应，并进一步闭环、脱水生成对苯醌衍生物。

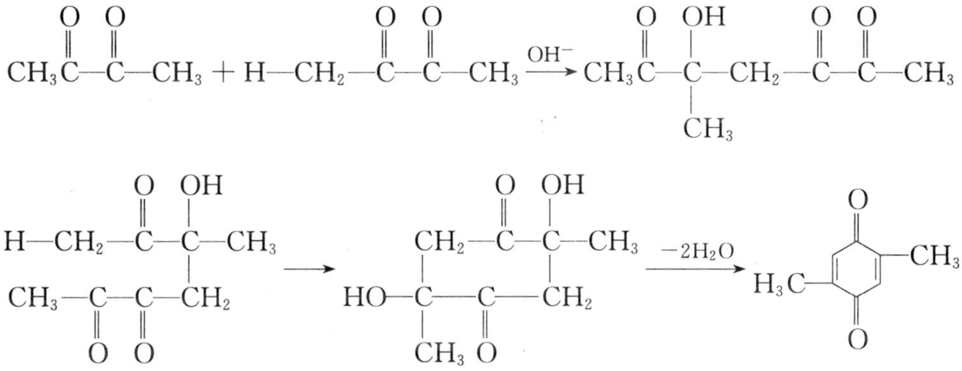

2）缩合反应

与 1,2-二胺的缩合作用是 $\alpha$-二酮的特性之一。例如，双乙酰与邻苯二胺反应生成 2,3-二甲基苯并吡嗪。

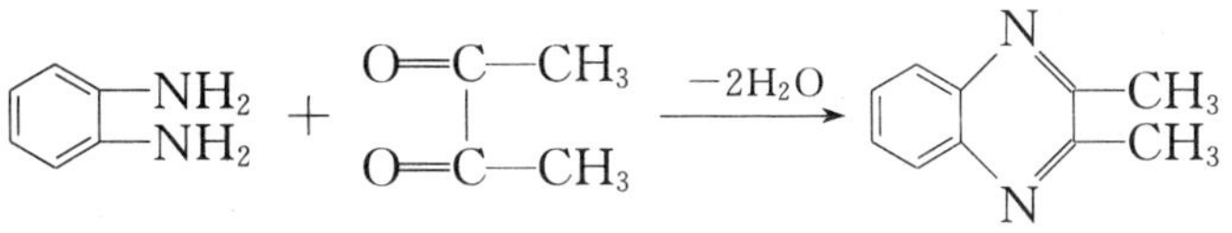

该反应常在乙醇或乙酸溶液中进行，所得产物有一定的熔点；当与硫酸混合时显示红色，因此常利用这一反应来鉴别 $\alpha$-二酮及 1,2-二胺。

3）生成络合物

双乙酰和羟胺反应生成双乙酰二肟，它可以与镍盐生成红色络合物。

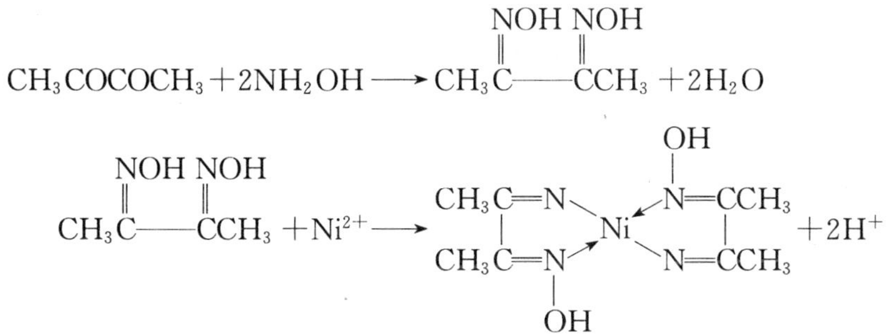

啤酒在发酵过程中由于酵母的作用常产生双乙酰，当达到一定的浓度时就使啤酒有一种馊饭味，饮用时产生异味口感。

9.1.4.6 2,4-戊二酮

2,4-戊二酮（$CH_3COCH_2COCH_3$）又叫乙酰丙酮，是最简单的$\beta$-二酮。它是无色的液体，沸点139℃，具有芳香气味；微溶于水，可与乙醇、乙醚混溶。乙酰丙酮分子中的亚甲基氢原子由于受到两个羰基的影响，变得很活泼，容易由酮式变成烯醇式，最后达到动态平衡，这就是前面介绍的互变异构现象。

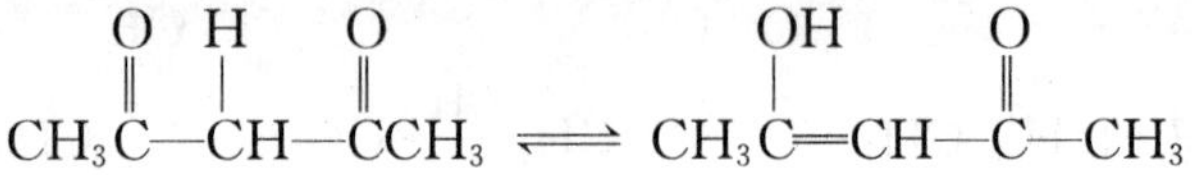

该平衡混合物遇三氯化铁显紫红色，证明有烯醇式结构存在。

又由于它的烯醇式结构中可以形成分子内氢键，所以在它的互变平衡中烯醇式的含量最高，达到76%；即便是在水溶液中，烯醇式的含量也在1.8%左右，而在己烷溶液中烯醇式的含量高达92%，在气态中其烯醇式含量占91%～93%。

在醇钠或其他强碱作用下，乙酰丙酮容易形成碳负离子，该碳负离子能与卤代烷发生亲核取代反应，也能与$\alpha$,$\beta$-共轭不饱和羰基化合物发生麦克尔反应。

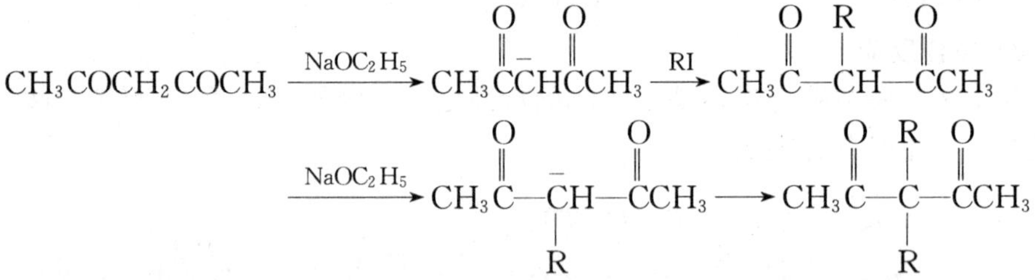

乙酰丙酮可以与铜、铝、铬等金属离子形成环状络合物，性质稳定，具有一定的熔点，易溶于苯等有机溶剂，而不易溶于水，如

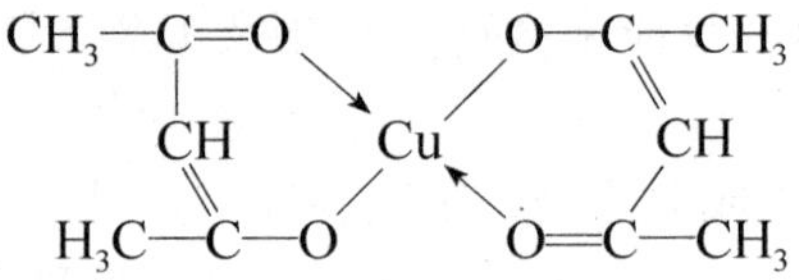

$\beta$-二酮的这些性质，在研究酒花的化学性质时有意义。

$\beta$-二酮的亚甲基具有高度的反应活性还表现在它可以被弱氧化剂$SeO_2$氧化，这也是茚三酮的制备方法，如

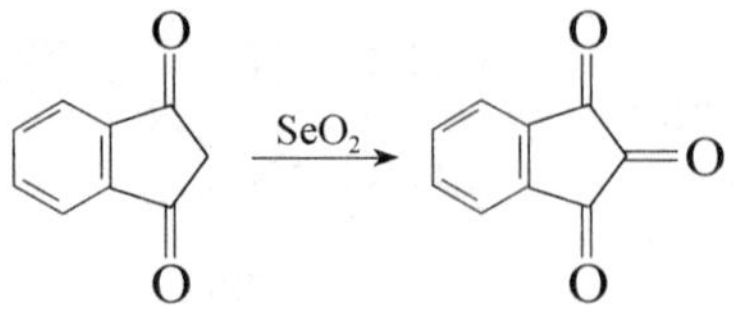

（茚三酮）

9.1.4.7　乙烯酮

乙烯酮($CH_2{=}C{=}O$)是一种特殊不饱和酮,很不稳定,只有在低温下才能保存。它是一种易溶于乙醚、丙酮的有毒气体,沸点$-48$℃,很活泼,能与含活泼氢的化合物发生加成反应,在试剂分子中引入乙酰基,因此是一种很好的乙酰基化试剂。

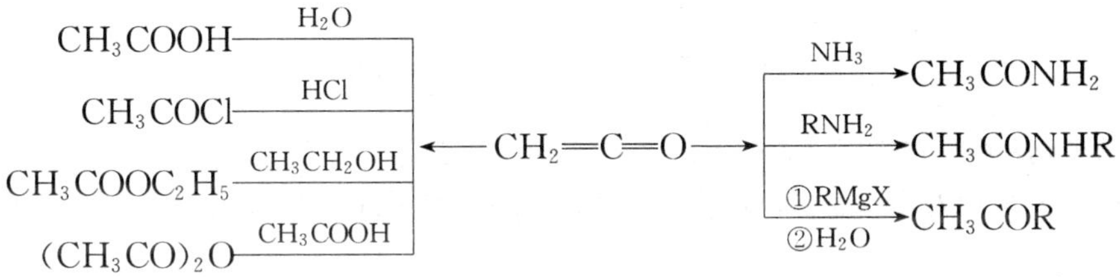


乙烯酮在 0℃时易发生聚合反应。控制反应条件可获得二聚体——二乙烯酮。

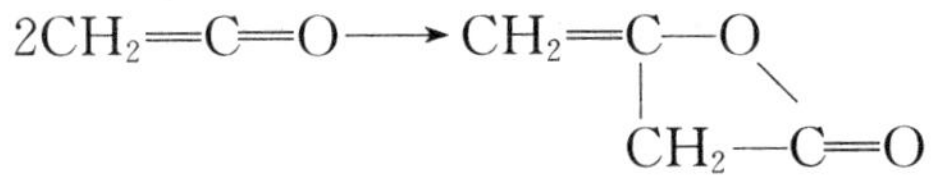


二乙烯酮是液体,沸点 127℃。它具有一个不饱和内脂的结构,是重要的有机合成原料,工业上用于合成乙酰乙酸乙酯。

乙烯酮可由乙酸或丙酮加热裂解制得。

$$CH_3COOH \xrightarrow[700℃]{\text{磷酸三乙酯}} CH_2{=}C{=}O + H_2O$$

$$CH_3COCH_3 \xrightarrow[\triangle]{700\sim850℃} CH_2{=}C{=}O + CH_4$$

更好的工业制备方法则是近年发展来的 CO 和 $H_2$ 在加热加压下催化进行的反应。

$$3CO + H_2 \xrightarrow[250℃,\text{加压}]{ZnO} CH_2{=}C{=}O + CO_2$$

乙烯酮在紫外光的照射下分解生成卡宾(Carbene),卡宾又称碳烯。

$$CH_2{=}C{=}O \xrightarrow{h\nu} :CH_2 + CO$$

## 9.2　醌

### 9.2.1　苯醌

苯醌只有邻苯醌和对苯醌两种异构体,不存在间苯醌。

对苯醌和邻苯醌可以由相应的二元酚氧化制备,如

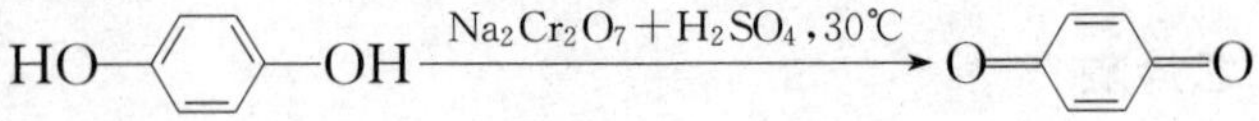

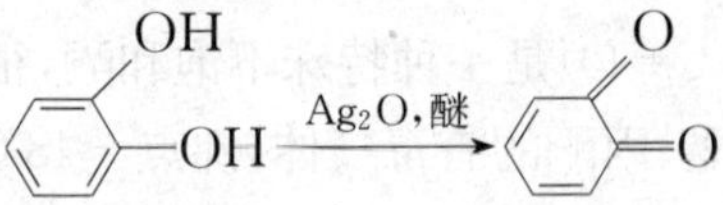

苯胺或苯酚氧化也可以制得对苯醌。

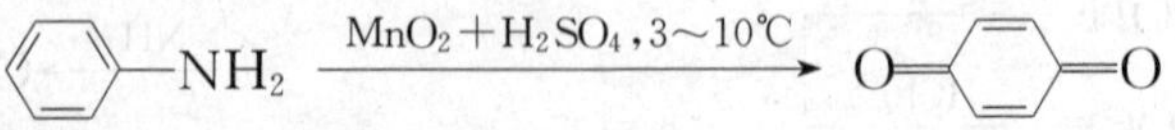

苯醌分子中有羰基，又有碳碳双键，为此它能发生羰基和烯键的一般反应。同时，由于羰基与双键共轭，它在结构上相当于 $\alpha,\beta$-不饱和酮，因此可以发生 1,4-加成和 1,6-加成。

1）羰基的加成

对苯醌中的羰基能与羰基试剂、格氏试剂等加成。例如，它与一分子羟胺或两分子羟胺加成分别得到单肟或双肟。

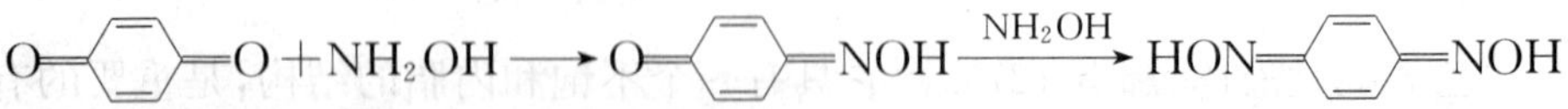

对苯醌与格氏试剂加成，生成醌醇。

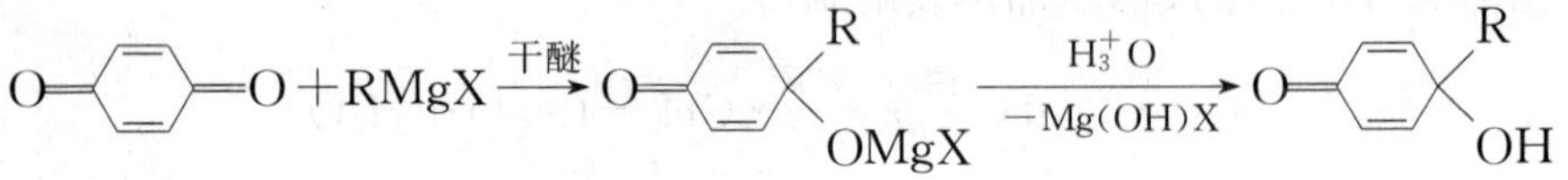

醌醇分子中的羰基还可以和格氏试剂加成，生成二元醇。

2）烯键的加成

对苯醌中的碳碳双键可以和卤素、卤化氢等亲电试剂加成。例如，对苯醌与氯加成发生在碳碳双键上，属亲电加成，生成二氯或四氯苯醌。

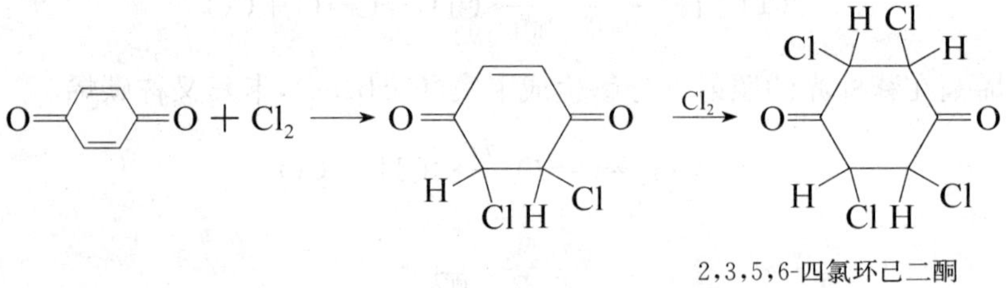

2,3,5,6-四氯环己二酮

苯醌与氯化氢 1,4-加成，生成 1,4-对苯二酚的氯代衍生物。

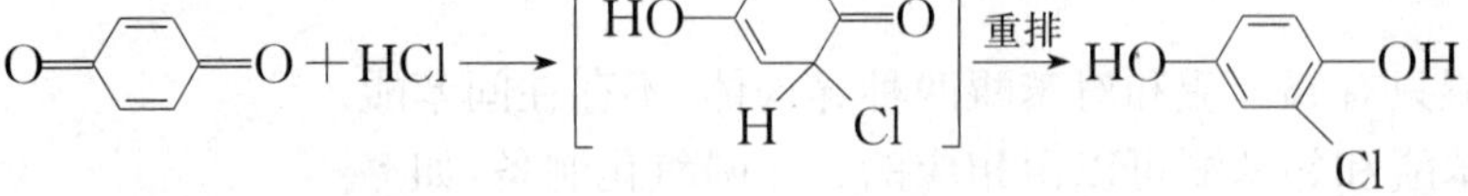

这实际上相当于$\alpha,\beta$-不饱和醛、酮的 1,4-加成作用。氢氰酸、亚硫酸氢钠与苯醌的反应也是 1,4-加成。

苯醌分子中的烯键因受两个羰基吸电子效应的影响而成为一个活化的亲双烯体，所以苯醌能和共轭双烯进行环加成作用，如

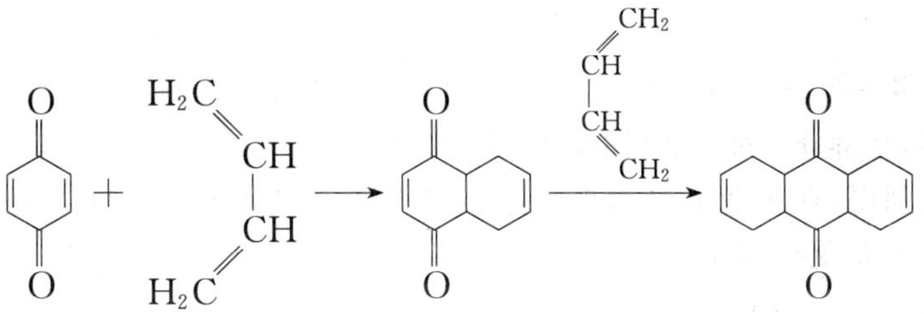

3）还原反应

对苯醌很容易被还原为对苯二酚（或氢醌），这相当于 1,6-加成，也是对苯二酚氧化的逆反应。还原剂可以是 $H_2S$、HI、$Na_2S_2O_3$、$Fe/H_2O$、$FeCl_2$ 等。

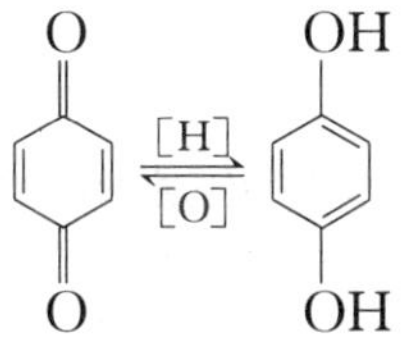

对苯二酚易被氧化成对苯醌，而对苯醌又易被还原为对苯二酚，所以利用二者之间的氧化-还原性可以制成氢醌电极，用来测定氢离子浓度。

对苯醌易挥发，有毒，气味与臭氧相似，熔点 112.9℃。

### 9.2.2　萘醌

萘醌有 1,4-、1,2-和 2,6-三种异构体。1,4-萘醌可由萘在乙酸溶液中用氧化铬进行氧化而得，但产率较低。工业上，则用空气催化氧化。

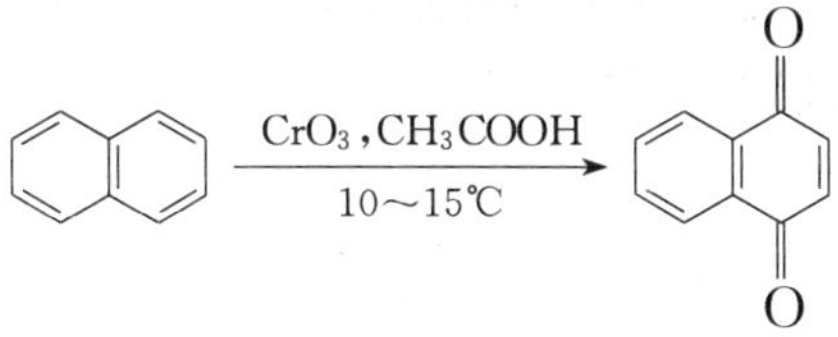

1,4-萘醌

从 1,4-苯醌和 1,3-丁二烯通过双烯合成可以得到二羟基二氢萘，然后再氧化，即得 1,4-萘醌。

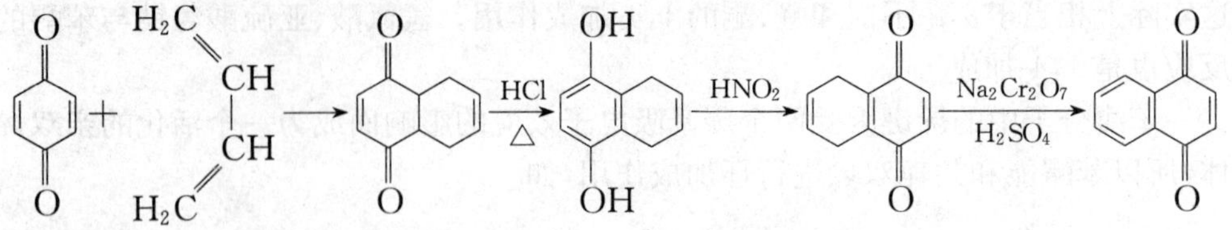


88%　　91%～97%　　88%

1,4-萘醌是挥发性黄色固体，熔点 125℃，有显著的气味。天然产物中，如维生素 $K_1$ 和维生素 $K_2$ 都是萘醌的衍生物。萘醌-2-磺酸钠盐可由 1,4-萘酚或 1,4-萘醌经磺化制得，在工业上可用来脱除多种气体中的硫化氢以净化气体，它本身无毒并且可再生而反复使用。

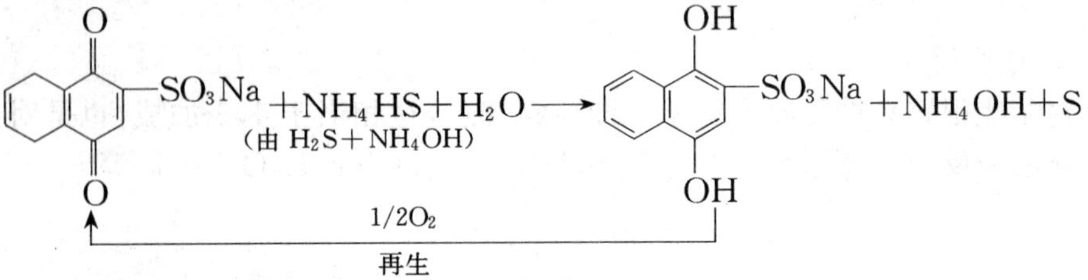


2-甲基萘醌又名维生素 $K_3$，它与维生素 $K_1$ 都是良好的止血剂。

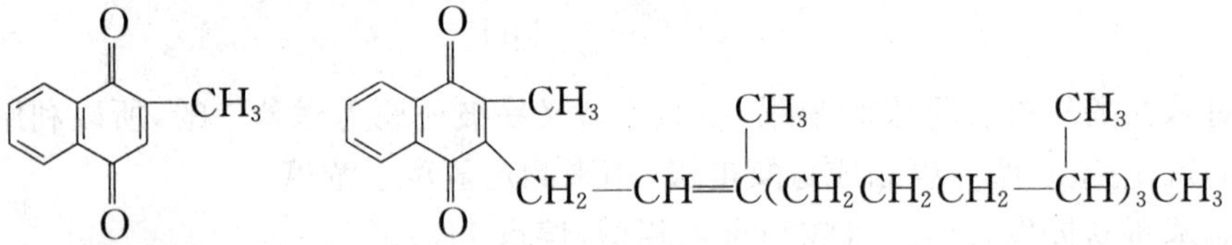

维生素 $K_3$　　维生素 $K_1$

### 9.2.3 蒽醌

蒽醌有九种异构体，但已知存在的只有 1,2-、1,4-和 9,10-三种，其中最重要的是 9,10-蒽醌，通常简称蒽醌。9,10-蒽醌可由蒽氧化或由邻苯二甲酸酐和苯在三氯化铝存在下发生傅-克酰基化反应制得。

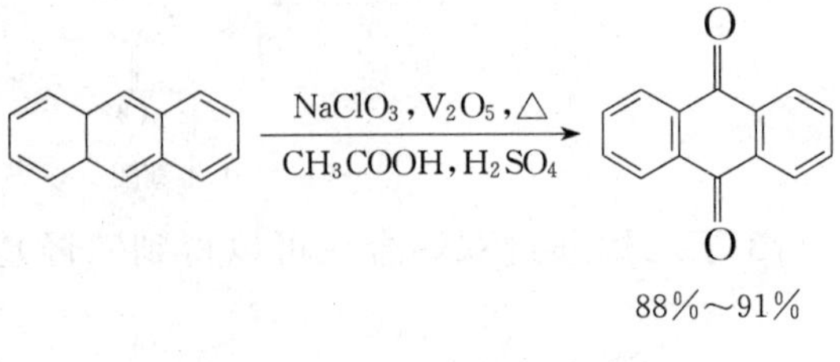


88%～91%

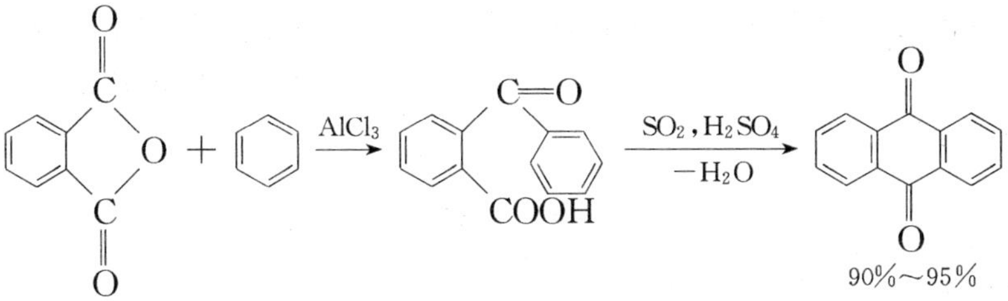

蒽醌是淡黄色结晶，熔点 285℃，沸点 382℃。蒽醌没有气味，挥发性不大，不溶于水，微溶于乙醇、乙醚、氯仿等有机溶剂，可溶于浓硫酸。将溶有蒽醌的硫酸溶液用水稀释，蒽醌即析出，借此可使杂质分离。蒽醌很稳定，不易被氧化，不被弱还原剂（如亚硫酸）还原，但在保险粉（低亚硫酸钠 $Na_2S_2O_4$）的碱溶液中，可被还原生成 9，10-二羟基蒽的血红色溶液。但此溶液易被空气氧化而褪色并又析出蒽醌，故可用于蒽醌的分离提纯。

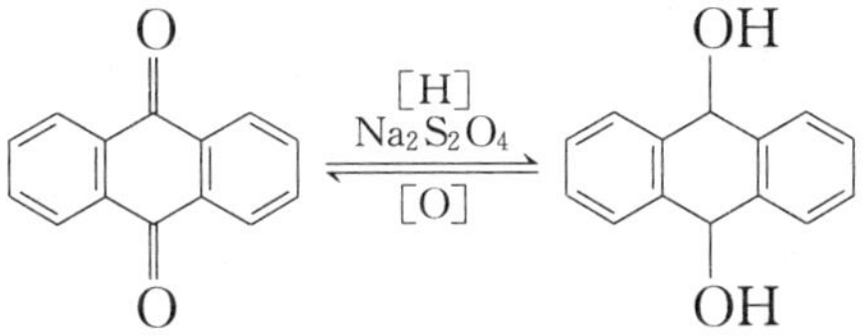

蒽醌分子中的两个羰基使相邻的两个苯环钝化，因此蒽醌不易发生亲电取代反应。例如，它不发生傅-克反应。

蒽醌很难用浓硫酸磺化，但用发烟硫酸并加热至 160℃时，可磺化生成 $\beta$-蒽醌磺酸及少量 $\alpha$-蒽醌磺酸，继续磺化，可得到等量的 2，6-和 2，7-蒽醌二磺酸（简称 ADA）。如用硫酸汞作催化剂则先生成 $\alpha$-蒽醌磺酸，然后生成 1，5-和 1，8-蒽醌二磺酸。

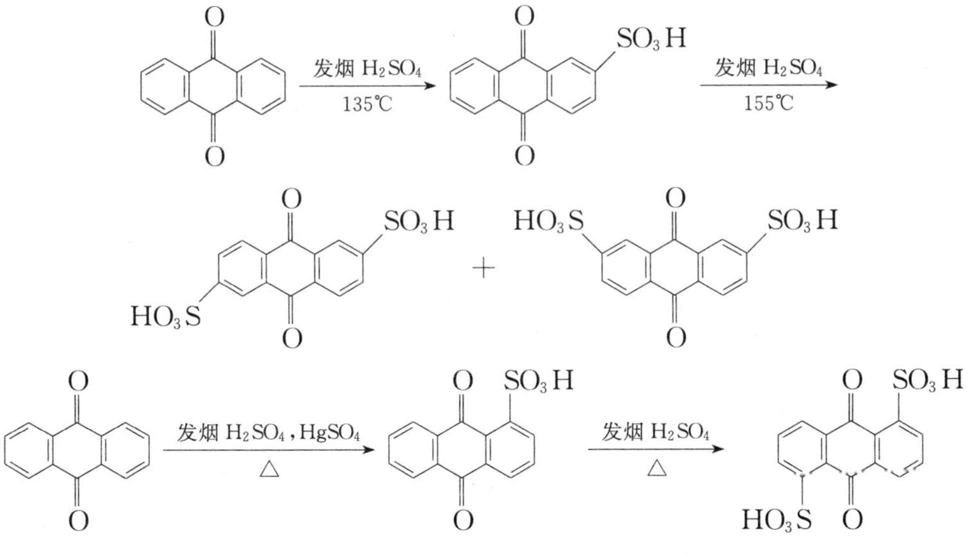

蒽醌磺酸分子中的磺酸基可被羟基或氨基取代，$\beta$-蒽醌磺酸是重要的染料中间体，可用来制取染料阴丹士林蓝等。2，6-和 2，7-蒽醌二磺酸的钠盐在工业上可作脱硫催化剂。

## 习　题

1. 按沸点降低的顺序排列下列化合物：

(1) $CH_3CH_2CH_2CHO$　(2) $CH_3CH_2CH_2CH_2OH$　(3) $CH_3(CH_2)_3CH_3$

2. 将下列化合物按其亲核加成的活性次序排列：

(1) $CH_3CHO$　$CH_3COCH_3$　$CF_3CHO$　$CH_3COCH{=}CH_2$

(2) $CH_2ClCHO$　$BrCH_2COCH_3$　$CH_2{=}CHCHO$　$CH_3CH_2CHO$

(3) $CH_3CHO$　$CH_3COCH_3$　$C_6H_5CHO$　$C_6H_5COC_6H_5$

3. 写出下列每个反应生成半缩醛(酮)或缩醛(酮)的构造式：

(1) 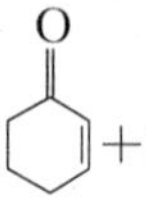 $+CH_3CH_2OH \xrightarrow{\text{干燥 HCl}}$　(2) $CH_3CH_2CH_2CHO+CH_3OH \xrightarrow{\text{干燥 HCl}}$

(3) 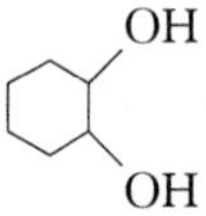 $+CH_3COCH_3 \xrightarrow{\text{干燥 HCl}}$　(4) $CH_3CHO+HOCH_2CH_2OH \xrightarrow{\text{干燥 HCl}}$

4. 写出下列反应的产物及产物的名称：

(1) 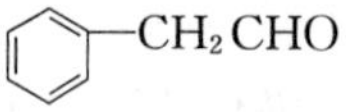 $+H_2NNH_2 \longrightarrow$　(2) 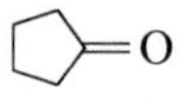 $+\ H_2NNHCONH_2 \longrightarrow$

(3) 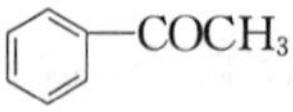 $+$ 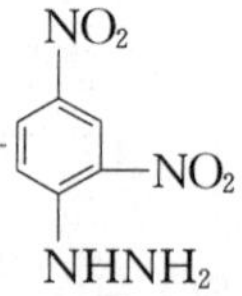 $\longrightarrow$　(4) $CH_3COCH_2CH_3+H_2NOH \longrightarrow$

5. 丙醛和苯乙酮与下列试剂有无反应？如有，请写出反应方程式。

(1) $NaBH_4$ 在甲醇中　(2) $C_6H_5MgBr$，然后加 $H_3O^+$

(3) $NaHSO_3$ 饱和液，然后加 HCN　(4) $LiAlH_4$，然后加 $H_2O$

(5) 稀 NaOH 水溶液，然后加热　(6) $H_2$，Pt

(7) $HOCH_2CH_2OH$，HCl　(8) $I_2$+NaOH 溶液

(9) $[Ag(NH_3)_2]OH$　(10) $H_2NOH$

(11) Zn-Hg+HCl　(12) $(C_6H_5)_3P{=}CHCH_3$

6. 下列化合物哪些能发生碘仿反应？哪些能和饱和 $NaHSO_3$ 溶液加成？写出反应产物。

(1) 　(2) 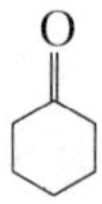　(3) 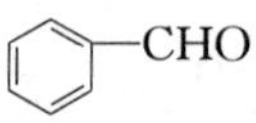　(4) $CH_3CH_2COCH_2CH_3$

(5) $CH_3CH_2OH$　(6) $CH_3CH(OH)CH_2CH_3$　(7) $CH_3CH_2COCH_3$　(8) $CH_3CH_2CHO$

7. 完成下列反应：

(1) $CH_3CH(OH)CH_2CH_3 \xrightarrow{?} CH_3C(=O)CH_2CH_3 \xrightarrow{HCN} ?$

(2) $CH_3CH_2CHO \xrightarrow{\text{稀 }OH^-} ? \xrightarrow[\text{②}H_2O]{\text{①}LiAlH_4} ?$

(3) 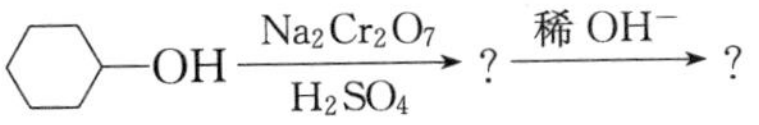

(4) $(CH_3)_2CHCHO \xrightarrow[\text{乙酸}]{Br_2} ? \xrightarrow[\text{干 HCl}]{2CH_3CH_2OH} ? \xrightarrow[\text{干醚}]{Mg} ? \xrightarrow[\text{②}H_3^+O]{\text{①}(CH_3)_2CHCHO} ?$

(5) 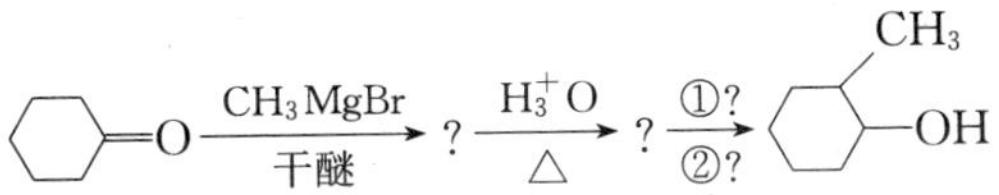

(6) $(CH_3)_3CCHO + HCHO \xrightarrow{\text{浓 NaOH}} ? + ?$

(7) 

(8) $Ph_3P + CH_3CH_2Br \longrightarrow ? \xrightarrow{C_6H_5Li} ? \xrightarrow{CH_3CH=CH-C(=O)-CH_3} ?$

(9) 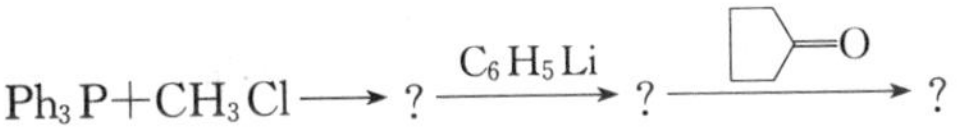

(10) $CH_2=CHCHO + HCN \xrightarrow{OH^-} ?$

8. 用化学方法区分下列各组化合物：

(1) 苯甲醇、苯乙醛与苯乙酮　　(2) 2-己醇、2-己酮与 3-己酮

(3) 甲醛、乙醛与丙酮　　(4) 2-戊酮、3-戊酮与环己酮

(5) 丁酮、2-丁醇与 2-氯丁烷

9. 用化学方法分离、提纯下列化合物：

(1) 分离环己醇、环己酮和 3-己酮的混合物

(2) 除去异丙醇中所含少量丙酮

10. 利用惟悌希试剂和必要的原料合成下列化合物：

(1) 　　(2) $(CH_3)_2C=CHC_6H_5$

11. 利用适当的醛、酮和格氏试剂合成下列化合物：

(1) $CH_3C(OH)(CH_2CH_3)CH_2CH_2CH_3$　　(2) 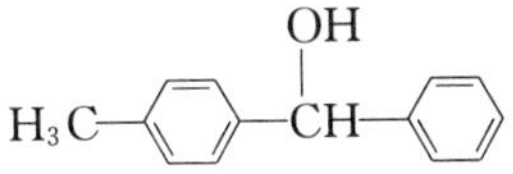

(3) 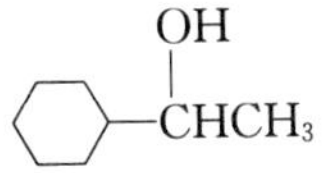　　(4) $CH_3CH_2CH_2OH$

12. 试以乙醛为原料制备下列各化合物，所需无机试剂和必要的有机试剂任选：

(1) $CH_2=CHCH=CH_2$　　(2) 2,4,6-辛三烯醛

(3) 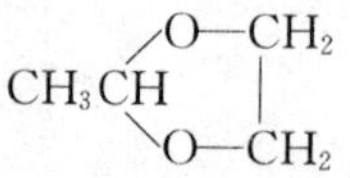　　(4) 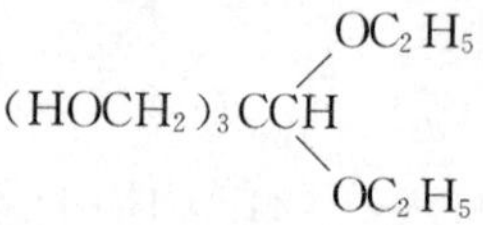

13. 以下列各化合物为主要原料合成指定的化合物：

(1) 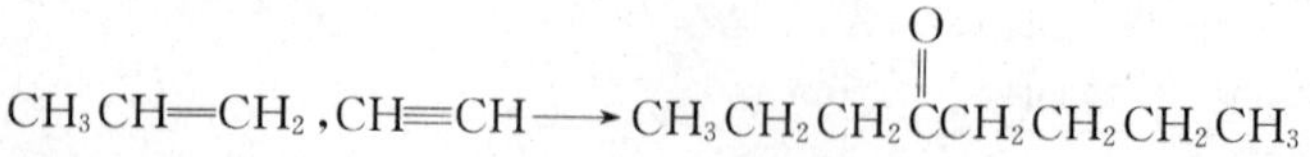

(2) 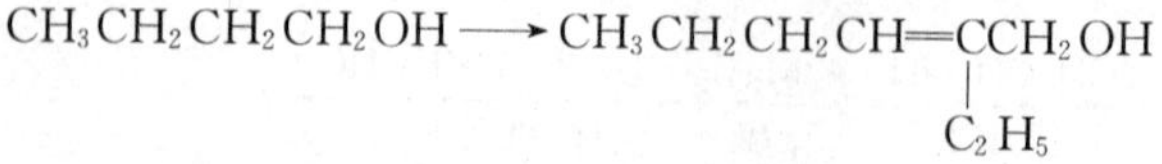

(3) 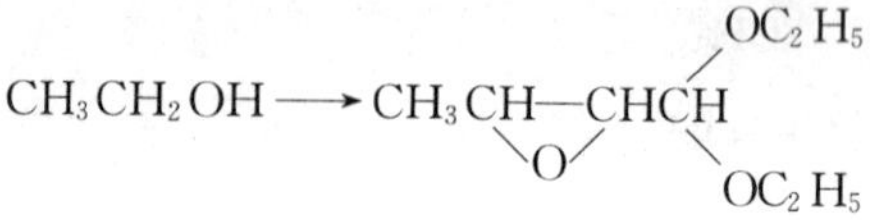

(4) 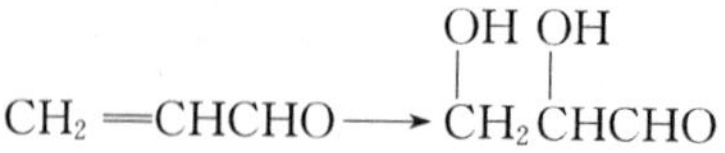

(5) 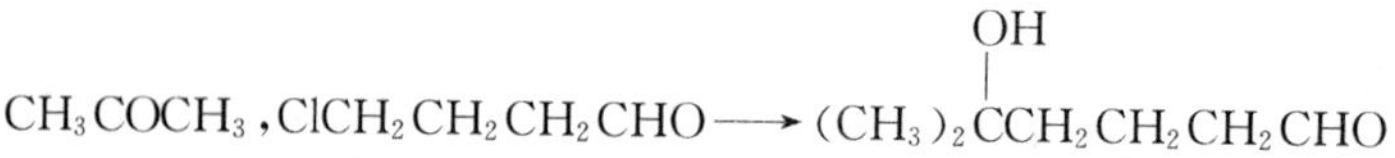

14. 化合物 A($C_5H_{12}O$)有旋光性。它在碱性 $KMnO_4$ 溶液作用下生成化合物 B($C_5H_{10}O$)，无旋光性。化合物 B 与正丙基溴化镁反应，水解后得到 C，C 经拆分可得互为镜像关系的两个异构体。试推测化合物 A～C 的结构。

15. 某化合物的分子式 $C_6H_{12}O$，能与羟胺作用生成肟，但不起银镜反应，在铂催化下进行催化加氢则得到醇，此醇经去水、臭氧氧化、水解等反应后，得到两种液体，其中之一能起银镜反应，但不能起碘仿反应；另一种能起碘仿反应，而不能使费林试剂还原。试写出该化合物的构造式。

16. 有一化合物 A 分子式为 $C_8H_{14}O$，A 可使溴水迅速褪色，可以与苯肼反应，A 氧化生成一分子丙酮及另一化合物 B，B 具有酸性，与 NaOCl 反应生成一分子氯仿和一分子丁二酸。试写出 A、B 可能的构造式。

17. 分子式为 $C_5H_{10}O$ 的化合物，可通过克莱门逊还原法还原为正戊烷，可以与苯肼作用生成腙，但没有碘仿和银镜反应。试写出化合物的构造式及有关反应式。

18. 分子式为 $C_9H_{16}O$ 的化合物 A，经臭氧化后生成 B、C 两个化合物。B 能与羟胺作用，但不与亚硫酸氢钠的饱和溶液作用；C 能与碘仿反应，同时生成一种结构为 $HOOCCH_2COOH$ 的羧酸。试写出 A～C 的可能的结构式。

19. 一种芳香醛和丙酮在碱作用下可以生成分子式为 $C_{12}H_{14}O_2$ 的化合物 A，A 经碘仿反应后生成 $C_{11}H_{12}O_3$ 的化合物 B，B 经催化加氢后生成 C。B、C 经氧化都生成分子式为 $C_9H_{10}O_3$ 的化合物 D。D 经 HBr 处理后生成邻羟基苯甲酸。试写出 A～D 的结构式。

# 第 10 章　羧酸及其衍生物

## 10.1　羧　　酸

分子中含有羧基(—COOH)的一类化合物称为羧酸(carboxylic acid)。羧基是羧酸的官能团。除甲酸外,羧酸都可看作是烃的羧基衍生物,其通式为 RCOOH。按羧基所连的烃基种类的不同,羧酸可分为脂肪族羧酸、脂环族羧酸和芳香族羧酸。按烃基是否饱和,可分为饱和羧酸和不饱和羧酸。按羧酸分子中所含羧基的数目不同,又可分为一元羧酸、二元羧酸、三元羧酸等。二元及二元以上羧酸统称为多元羧酸。

### 10.1.1　羧酸的物理性质

甲酸、乙酸、丙酸是具有刺激性臭味的液体,丁酸至壬酸是具有腐败气味的油状液体,癸酸以上的正构羧酸是无臭的固体。脂肪族二元羧酸和芳香族羧酸都是结晶固体。

由于羧酸可和水形成氢键,因此是亲水基团。甲酸至丁酸能与水混溶。从戊酸开始随相对分子质量增加,分子中非极性烃基增大,水溶性迅速降低。癸酸以上的羧酸不溶于水。脂肪族一元羧酸一般都能溶于乙醇、乙醚、氯仿等有机溶剂中。低级的饱和二元羧酸也可溶于水,并随碳链的增长而溶解度降低。芳香族羧酸的水溶性极微小。

饱和一元脂肪酸,除甲酸、乙酸的相对密度大于 1 外,其他羧酸的相对密度都小于 1。二元羧酸和芳酸的相对密度都大于 1。

饱和一元羧酸的沸点随相对分子质量的增加而增加。羧酸的沸点比相对分子质量相同或相近的醇的沸点高。例如,甲酸和乙醇的相对分子质量均为 46,而甲酸的沸点 100.7℃,乙醇的沸点 78℃;又如乙酸和丙醇的相对分子质量均为 60,而乙酸的沸点 118℃,正丙醇的沸点 97.2℃。这是由于羧酸分子之间能由两个氢键互相缔合形成双分子缔和二聚体。在固态和液态,羧酸主要以二聚体形式存在。通过物理方法测定证明,甲酸、乙酸等低级的羧酸,在气相时仍以双分子缔和状态存在,如图 10-1(a)所示。

羧酸的熔点随着碳原子数的增加而呈锯齿状上升。含偶数碳原子的羧酸的熔点比相邻两个奇数碳原子的羧酸的熔点高,如图 10-1(b)所示。这是因为偶数碳原子的羧酸分子的对称性较高、晶体排列比较紧密的缘故。

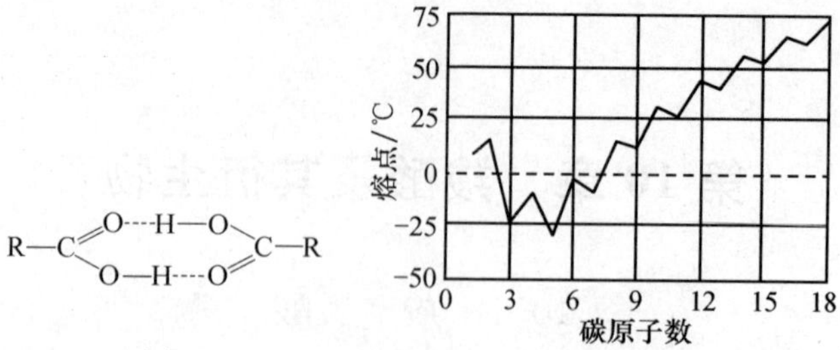

(a)　　(b)

图 10-1　脂肪族饱和一元羧酸的熔点

芳酸一般具有升华性，有些能随水蒸气挥发出去。

部分羧酸的物理常数如表 10-1 所示。

**表 10-1　部分羧酸的名称和物理常数**

| 化学式 | 系统名 | 俗　名 | 熔点/℃ | 沸点/℃ | 溶解度/(g/100g$H_2O$) | $pK_a$ |
|---|---|---|---|---|---|---|
| HCOOH | 甲酸 | 蚁酸 | 8.4 | 100.7 | ∞ | 3.77 |
| $CH_3COOH$ | 乙酸 | 醋酸 | 16.6 | 118 | ∞ | 4.76 |
| $CH_3CH_2COOH$ | 丙酸 | 初油酸 | −21 | 141 | ∞ | 4.88 |
| $CH_3(CH_2)_2COOH$ | 丁酸 | 酪酸 | −5 | 164 | ∞ | 4.82 |
| $CH_3(CH_2)_3COOH$ | 戊酸 | 缬草酸 | −34 | 186 | 3.7 | 4.86 |
| $CH_3(CH_2)_4COOH$ | 己酸 | 羊油酸 | −3 | 205 | 1.0 | 4.85 |
| $CH_3(CH_2)_{10}COOH$ | 十二酸 | 月桂酸 | 44 | 225 | 不溶 | |
| $CH_3(CH_2)_{12}COOH$ | 十四酸 | 肉豆蔻酸 | 54 | 251* | 不溶 | |
| $CH_3(CH_2)_{14}COOH$ | 十六酸 | 棕榈酸（软脂酸） | 63 | 390 | 不溶 | |
| $CH_3(CH_2)_{16}COOH$ | 十八酸 | 硬脂酸 | 71.5～72 | 369（分解）287* | 不溶 | 6.37 |
| $CH_2{=}CH{-}COOH$ | 丙烯酸 | 败脂酸 | 13 | 141.6 | 溶 | 4.26 |
| $CH_3(CH_2)_7CH{=}CH(CH_2)_7COOH$ | 顺-十八碳-9-烯酸 | 油酸 | 16 | 285.6* | 不溶 | |
| $COOH(CH_2)_7CH{=}CHCH_2CH(OH)(CH_2)_5CH_3$ | 12-羟基十八碳-9-烯酸 | 蓖麻酸（蓖麻醇酸） | 5.5 | 226 | 不溶 | |
| HOOC—COOH | 乙二酸 | 草酸 | 189.5 | 157（升华） | 10 | $pK_{a_1}$ 1.23<br>$pK_{a_2}$ 4.19 |
| HOOC—$CH_2$—COOH | 丙二酸 | 胡萝卜酸（缩苹果酸） | 135.6 | 140（分解） | 140 | $pK_{a_1}$ 2.83<br>$pK_{a_2}$ 5.69 |

续表

| 化学式 | 系统名 | 俗　名 | 熔点/℃ | 沸点/℃ | 溶解度/(g/100g$H_2O$) | p$K_a$ |
|---|---|---|---|---|---|---|
| COOH—$CH_2$—$CH_2$—COOH | 丁二酸 | 琥珀酸 | 188 (185) | 235(失水分解) | 6.8 | p$K_{a_1}$ 4.16<br>p$K_{a_2}$ 5.61 |
| COOH—CH═CH—COOH | 顺-丁烯二酸 | 马来酸(失水苹果酸) | 130.5 | 135 (分解) | 78.8 | p$K_{a_1}$ 1.83<br>p$K_{a_2}$ 6.07 |
| HOOC—CH═CH—COOH | 反-丁烯二酸 | 富马酸 | 286～287 | 200 (升华) | 溶于热水 0.70 | p$K_{a_1}$ 3.03<br>p$K_{a_2}$ 4.44 |
| COOH$CH_2CH_2$—$CH_2CH_2$COOH | 己二酸 | 肥酸(凝脂酸) | 153 | 300.5 (分解) 265* | 2 | p$K_{a_1}$ 4.43<br>p$K_{a_2}$ 5.41 |
| 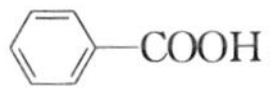 | 苯甲酸 | 安息香酸 | 122.4 | 100 (升华) 295 | 0.34 | 4.19 |
| 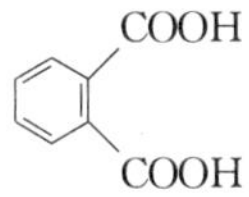 | 邻苯二羧酸或邻苯二甲酸 | 酞酸 | 231 (速热) | | 0.70 | p$K_{a_1}$ 2.89<br>p$K_{a_2}$ 5.51 |
| 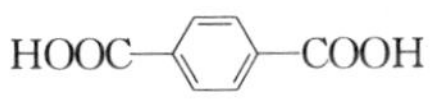 | 对苯二羧酸或对苯二甲酸 | 对酞酸 | 300 (升华) | | 0.002 | p$K_{a_1}$ 3.51<br>p$K_{a_2}$ 4.82 |
| 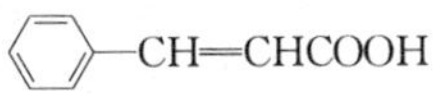 | 3-苯丙烯酸(反式) | 肉桂酸 | 133 | 300 | 溶于热水 | 4.43 |

* 在 13332Pa。

### 10.1.2　羧酸的化学性质

羧酸的主要化学反应都发生在羧基官能团上或受羧基影响较大的 $\alpha$-碳原子上。根据羧酸分子结构中键的断裂方式不同而发生不同的反应，可表示如下：

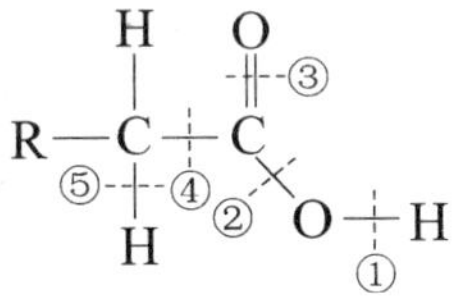

① O—H 键断裂而表现出酸性；
② —OH 被取代的反应；
③ 羰基的亲核加成反应；
④ C—C 键断裂发生脱羧反应；
⑤ $\alpha$-H 的取代反应。

#### 10.1.2.1　羧酸的酸性

1）酸性与成盐

羧酸呈明显的酸性。在水溶液中，羧基中的氢-氧键断裂，离解出的氢离子能与水结合成为水合氢离子。

$$RCOOH + H_2O \rightleftharpoons RCOO^- + H_3^+O$$

一般羧酸的 $pK_a$ 为 4～5，属于弱酸，但比碳酸的酸性($pK_a=6.5$)要强。所以羧酸可与 $Na_2CO_3$ 或 $NaHCO_3$ 溶液发生反应，而苯酚($pK_a=10$)不能发生上述反应。因此，可利用这个性质来分离或鉴别酚和羧酸。一些羧酸的 $pK_a$ 值见表 10-1 和表 10-2。

羧酸与碳酸氢钠(或碳酸钠、氢氧化钠)的成盐反应如下：

$$RCOOH + NaHCO_3 \longrightarrow RCOONa + CO_2 + H_2O$$

加入无机强酸又可以使盐重新变为羧酸游离出来。

$$RCOONa + HCl \longrightarrow RCOOH + NaCl$$

因此可利用上述性质使羧酸与不溶于水的或易挥发的物质分离。

各类羧酸盐有广泛的应用。例如，乙酸钾可用作脱水剂、纤维处理剂、分析化学试剂以及青霉素培养基等；乙酸锰可用作乙醛和二甲苯的氧化催化剂、纤维染色氧化催化剂、媒染剂、涂料和清漆的干燥剂；乙酸锌主要用作有机合成的催化剂，也可用于印染的媒染剂和木材的防腐剂，在医药上用于收敛剂、消毒剂和防腐剂；乙酸钴主要用作催化剂，还可用于制造油漆的干燥剂、玻璃固化促进剂及隐显墨水等；乙酸铅在医学、农药、染料、涂料等行业中有大量的应用；等等。

羧酸呈现酸性，一方面是由于羧基中的羟基氧原子上带未共用电子对的 p 轨道可以与羰基的碳-氧 π 键形成 p-π 共轭体系，羟基氧上的未共用电子对发生离域，使羟基 O—H 键减弱，易离解成负离子和质子。另一方面羧酸解离后形成的羧酸根负离子是 p-π 共轭体系，负电荷平均分散在它的两个电负性强的氧原子上变得比较稳定。实验已证明羧酸根负离子的结构和原来羧酸中羧基的结构有所不同，两个碳-氧键是等同的，这种结构可以用下列共振结构式表示：

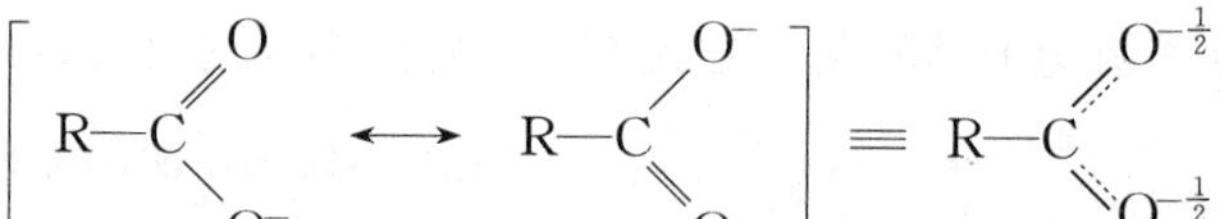

根据 X 射线衍射研究表明，在甲酸根负离子中，两个碳氧键的键长是一样的，都等于 0.127nm。甲酸的 C═O 键长为 0.120nm，C—O 键长为 0.134nm，这说明在甲酸根负离子中已没有一般的碳氧双键和碳氧单键，由于电子的离域而发生键长的平均化，两个碳氧键是完全相同的。

2) 影响酸性的因素

不同结构的羧酸其酸性强弱不同。表 10-2 列出了部分羧酸的 $pK_a$。

影响羧酸酸性强弱的因素很多，其中主要是电子效应和空间效应，溶剂和温度也是不可忽视的因素。

**表 10-2　部分羧酸和卤代羧酸的 $pK_a$**

| 羧　酸 | 构造式 | $pK_a$ | 卤代乙酸 | 构造式 | $pK_a$ |
|---|---|---|---|---|---|
| 甲酸 | HCOOH | 3.77 | 氯乙酸 | $ClCH_2COOH$ | 2.86 |
| 乙酸 | $CH_3COOH$ | 4.74 | 二氯乙酸 | $CHCl_2$—COOH | 1.26 |
| 丙酸 | $CH_3CH_2COOH$ | 4.87 | 三氯乙酸 | $CCl_3$—COOH | 0.64 |
| 丁酸 | $CH_3CH_2CH_2COOH$ | 4.82 | 氟乙酸 | $FCH_2COOH$ | 2.66 |
| α-氯代丁酸 | $CH_3CH_2CH(Cl)COOH$ | 2.84 | 氯乙酸 | $ClCH_2COOH$ | 2.86 |
| β-氯代丁酸 | $CH_3CH(Cl)CH_2COOH$ | 4.06 | 溴乙酸 | $BrCH_2COOH$ | 2.89 |
| γ-氯代丁酸 | $CH_2(Cl)CH_2CH_2COOH$ | 4.52 | 碘乙酸 | $ICH_2COOH$ | 3.17 |

从表 10-2 中的数据可以看出：羧酸分子烃基上的氢原子被氯原子取代后，其酸性增强。氯乙酸的酸性（$pK_a=2.86$）远比乙酸（$pK_a=4.74$）的强，这是因为氯原子的电负性较大，是个吸电子基团，氯原子吸电子诱导效应使羟基氧原子上的电子云向氯原子方向偏移，有利于质子的解离，使酸性增强。同样的原因使羧酸根负离子稳定，也有利于质子的解离，酸性增强。

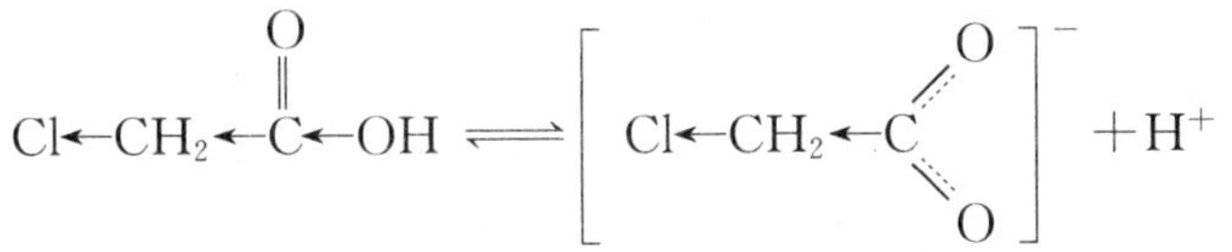

从表 10-2 还可以看出：羧酸分子中引入氯原子的数目越多，吸电子诱导效应越强，酸性也越强；氯原子距羧基的位置越近，对羧基的影响越大，酸性越强；羧酸分子中引入的取代原子电负性越强，吸电子诱导效应越强，酸性越强。

羧酸分子中引入供电子基团后，由于供电子诱导效应使酸性减弱。乙酸的酸性比甲酸的弱，因为甲基具有供电子性。

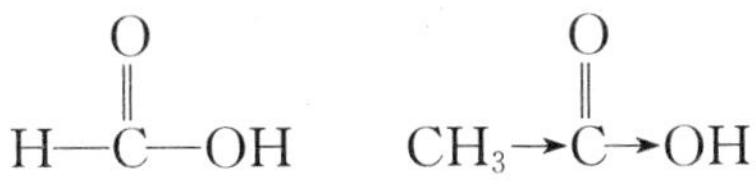

从表 10-1 中可以看出：苯甲酸的酸性（$pK_a=4.19$）比 HCOOH 的酸性弱（$pK_a=3.77$），这是由于苯基具有吸电子诱导效应和供电子共轭效应，且供电子共轭效应大于吸电诱导效应，因此苯基对羧基有供电子能力，使苯甲酸的酸性比 HCOOH 弱。但是在生成苯甲酸根时，由于苯环对这个负离子的稳定化作用使苯甲酸的酸性比乙酸、丙酸和苯乙酸强：

| | HCOOH | $CH_3COOH$ | $CH_3CH_2COOH$ | $C_6H_5COOH$ | $C_6H_5CH_2COOH$ |
|---|---|---|---|---|---|
| $pK_a$ | 3.77 | 4.76 | 4.84 | 4.17 | 4.31 |

取代苯甲酸的酸性不仅与取代基的种类有关，而且与取代基在苯环上的位置有关(表 10-3)。

**表 10-3　取代苯甲酸($Y—C_6H_4—COOH$)的 p$K_a$(25℃)**

| Y | *o* | *m* | *p* |
|---|---|---|---|
| $CH_3$ | 3.19 | 4.27 | 4.38 |
| $C_2H_5$ | 3.79 | 4.27 | 4.35 |
| F | 3.27 | 3.86 | 4.14 |
| Cl | 2.92 | 3.83 | 3.97 |
| Br | 2.85 | 3.81 | 3.97 |
| I | 2.86 | 3.85 | 4.02 |
| CN | 3.44 | 3.64 | 3.55 |
| $CF_3$ | | 3.77 | 3.66 |
| OH | 2.98 | 4.08 | 4.57 |
| $OCH_3$ | 4.09 | 4.09 | 4.47 |
| $C_6H_5$ | 3.46 | 4.14 | 4.21 |
| $NO_2$ | 2.21 | 3.49 | 3.42 |

从表 10-3 中的间位和对位取代基对羧酸酸性的影响可以看到，取代基的吸电子作用(−I，−C 效应)使酸性增强，而取代基的供电子作用(＋I、＋C 效应)则使酸性减弱。邻位取代基对取代苯甲酸的酸性影响，除了有基团的电子效应外，还有基团的场效应(field effect)、立体效应(steric effect)、氢键的形成等因素，总称为邻位效应(ortho effect)。如邻位的$—CH_3$、$—C_2H_5$由于空间拥挤，取代基破坏了羧基与苯环的共平面性，苯环对羧基的＋C 效应减弱甚至消失，使其酸性接近甲酸，这种立体效应使酸性比间位或对位取代的苯甲酸强。另外，具有强吸电子作用的邻位取代基(如$—NO_2$)，由于它可在空间上对羧酸根产生空间诱导作用(通称场效应)，使羧酸根上的负电荷通过空间场直接分散到邻位的吸电基上，结果使羧酸根的稳定性增加，因此使该取代酸的酸性比其间位和对位异构体的强。有的邻位取代苯甲酸，如邻羟基苯甲酸(水杨酸)，其羧酸根负离子与相邻的羟基可以通过形成氢键而使其稳定性增强，所以邻羟基苯甲酸的酸性也比其间位和对位异构体都强。

苯二甲酸的三个异构体中，以邻苯二甲酸的 p$K_{a_1}$ 最小，其 p$K_{a_2}$ 最大(表 10-4)，这种情况也是邻位效应的影响所致。

**表 10-4　苯二甲酸的 p$K_a$**

| | 邻苯二甲酸 | 间苯二甲酸 | 对苯二甲酸 |
|---|---|---|---|
| p$K_{a_1}$ | 2.89 | 3.54 | 3.51 |
| p$K_{a_2}$ | 5.41 | 4.60 | 4.82 |

10.1.2.2　羧酸衍生物的生成

羧酸分子中羧基上的羟基被卤素(—X)、酰氧基(RCOO—)、烷氧基(—OR)及氨基(—$NH_2$)取代分别生成酰卤、酸酐、酯和酰胺等羧酸衍生物(carboxylicacid derivative)。

1）酰氯的生成

羧酸与三氯化磷、五氯化磷或亚硫酰氯反应生成酰氯。酰氯是酰卤中最重要的化合物。

$$3\ \mathrm{R\overset{\overset{O}{\|}}{C}OH} + \mathrm{PCl_3} \longrightarrow 3\ \mathrm{R\overset{\overset{O}{\|}}{C}Cl} + \mathrm{H_3PO_3}$$

$$\mathrm{R\overset{\overset{O}{\|}}{C}OH} + \mathrm{PCl_5} \longrightarrow \mathrm{R\overset{\overset{O}{\|}}{C}Cl} + \mathrm{POCl_3} + \mathrm{HCl}$$

$$\mathrm{R\overset{\overset{O}{\|}}{C}OH} + \mathrm{SOCl_2} \longrightarrow \mathrm{R\overset{\overset{O}{\|}}{C}Cl} + \mathrm{SO_2} + \mathrm{HCl}$$

酰氯非常活泼，极易水解，所含无机杂质不能用水洗除去，只能用蒸馏方法分离。在选择氯化剂时，要注意产物与副产物的沸点差距，差距较大有利于产物的分离提纯。通常是用 $PCl_3$ 来制备沸点较低的酰氯，而用 $PCl_5$ 制备具有较高沸点的酰氯，如

$$\mathrm{3CH_3COOH + PCl_3 \longrightarrow 3CH_3COCl + H_3PO_3}$$

沸点　118℃　75℃　52℃

亚硫酰氯在实验室中常用来制备酰氯(也用于制备氯代烷)，由于生成的 HCl 和 $SO_2$ 可从反应体系中移出，所以反应的转化率很高，酰氯的产率高达 90%以上。但由于使用 $SOCl_2$ 过量，应当在制备与它有较大沸点差别的酰氯中使用，以便于蒸馏分离，如

$$\mathrm{CH_3(CH_2)_4COOH + SOCl_2 \longrightarrow CH_3(CH_2)_4COCl + SO_2\uparrow + HCl\uparrow}$$

沸点　205℃　76℃　153℃

生成的酸性气体 HCl 和 $SO_2$ 要回收或吸收，以避免造成对环境的污染。

芳香族酰氯一般是由五氯化磷或亚硫酰氯与芳酸作用制取的。芳香族酰氯的稳定性较好，在水中发生水解反应缓慢。苯甲酰氯是常用的苯甲酰化试剂。

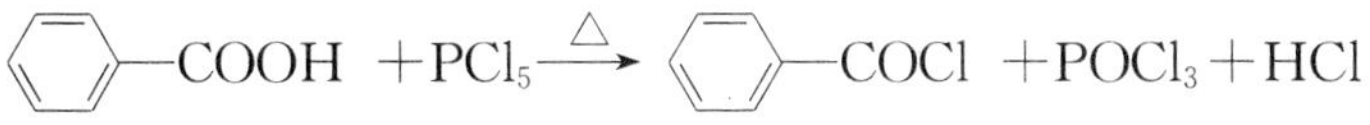


沸点　249℃　197℃　105℃

2）酸酐的生成

羧酸在脱水剂(如乙酸酐、五氧化二磷等)作用下，两分子羧酸脱去一分子水生

成酸酐。

$$\mathrm{R\overset{\overset{\large O}{\|}}{C}-OH + HO-\overset{\overset{\large O}{\|}}{C}R \xrightarrow[\triangle]{P_2O_5} R\overset{\overset{\large O}{\|}}{C}-O-\overset{\overset{\large O}{\|}}{C}R}$$

有些二元酸，如丁二酸、戊二酸等，只需加热，分子内就可脱水形成五元环或六元环的酸酐，而不必使用脱水剂，这是由于五、六元环稳定且容易形成的缘故。

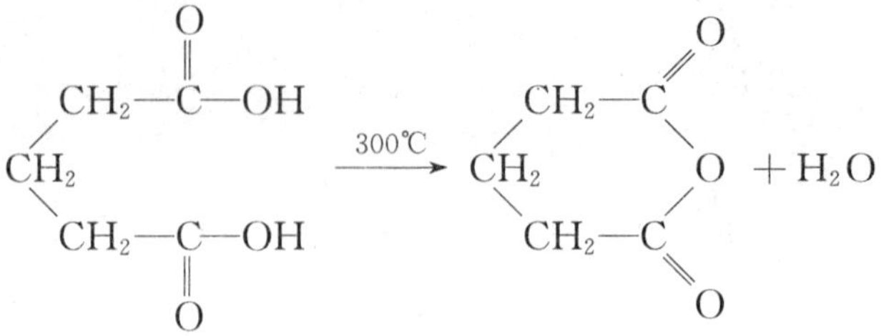

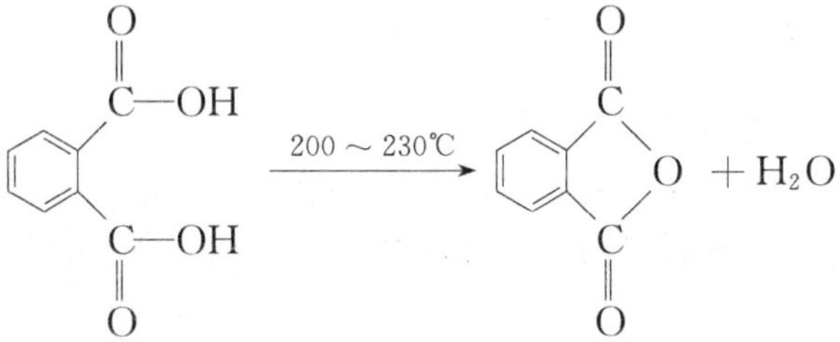

混合酸酸酐可由酰卤与羧酸盐作用得到，也可以由乙烯酮与羧酸作用得到。

3）酯的生成——酯化反应

羧酸与醇反应生成酯的反应称为酯化反应。酯化反应速率一般很慢，需要加催化剂或加热来提高反应速率。常用的催化剂有浓硫酸、干燥的氯化氢、对甲苯磺酸和强酸性离子交换树脂等。

$$\mathrm{R\overset{\overset{\large O}{\|}}{C}OH + R'OH \overset{H^+}{\rightleftharpoons} R-\overset{\overset{\large O}{\|}}{C}-OR' + H_2O}$$

酯化反应是可逆反应。如果将 1mol 乙醇与 1mol 乙酸在催化下反应达到平衡时，只得到约 2/3mol 乙酸乙酯。为了提高酯的产率，一方面可以增加其中一种便宜原料的用量，另一方面可以不断除去反应生成的水[加进合适的脱水剂，如无水 $CuSO_4$、$Al(SO_4)_3$、二环己基碳二亚胺等或恒沸去水的手段来实现]或者及时将生成的低沸点酯蒸出，使平衡向正反应方向移动。

酯化反应有两种脱水方式：

(1) 酰氧键断裂。

$$\mathrm{R-\overset{\overset{\large O}{\|}}{C}-OH + HO-R' \overset{H^+}{\rightleftharpoons} R-\overset{\overset{\large O}{\|}}{C}-OR' + H_2O}$$

(2) 烷氧键断裂。

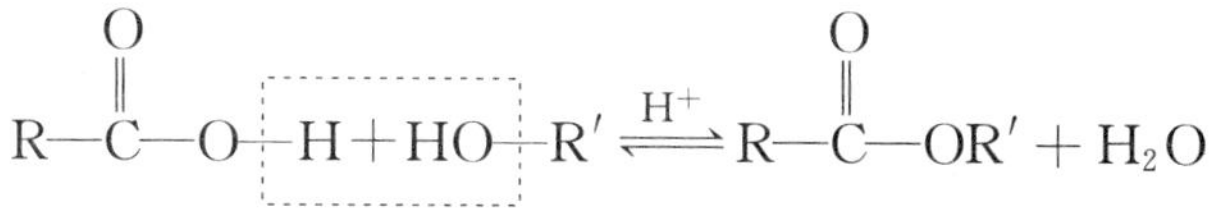

酯化反应究竟是按哪种方式脱水的？通过示踪原子的实验表明：大多数酯化反应是按照第(1)种方式脱水的。用含 $O^{18}$ 的醇与羧酸反应，结果发现生成的酯含有 $O^{18}$。

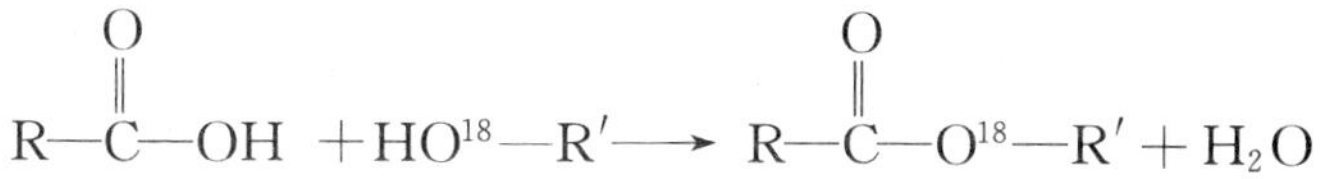

据此，可推知酸催化酯化反应历程如下：

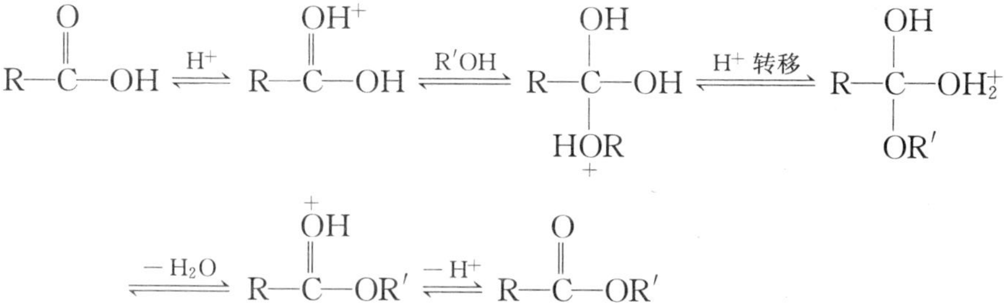

上述反应中，羧酸分子中的羰基首先结合质子形成𬭩盐，增加了羰基碳的正电荷密度，有利于亲核试剂 R′OH 对羰基的亲核加成。

实验还表明酯化反应存在明显位阻，羧酸分子中的烃基 R 体积越大，酯化反应速率越慢，即 $HCOOH > CH_3COOH > RCH_2COOH > R_2CHCOOH > R_3CCOOH$。这是因为随着烃基 R 体积的增大，空间效应增强，阻碍了亲核试剂对羧酸的进攻，使酯化反应速率变慢。同理，酯化反应速率是：伯醇＞仲醇＞叔醇。这从另一个角度证实了上述酯化反应机理是正确的。表 10-5 列出了不同结构的羧酸在相同条件下与甲醇酯化反应的相对速率。

**表 10-5　几种羧酸与甲醇酯化反应的相对速率**

| 羧酸的结构 | 相对速率 |
|---|---|
| $CH_3COOH$ | 1 |
| $CH_3CH_2CH_2COOH$ | 0.51 |
| $(CH_3)_3CCOOH$ | 0.037 |
| $(CH_3CH_2)_3CCOOH$ | 0.00016 |

2,4,6-三甲基苯甲酸酯化时，因空间位阻关系，醇分子难以接近羧基而不能反应。如果将羧酸先溶于 100％$H_2SO_4$，使其形成酰基正离子，再将其倒入醇中就可以顺利实现酯化，这是由于酰基正离子是 $sp^2$ 杂化，并且与苯环共平面。这样，醇分子可以几乎不受阻碍地从平面的上方或下方进攻酰基碳从而产生酯化产物：

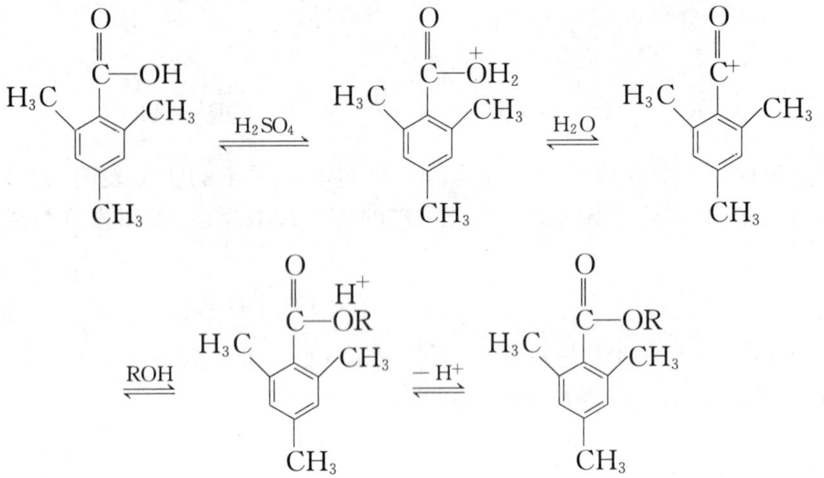

酚类化合物和羧酸的酯化较脂肪醇困难得多，故通常在酚和活性比羧酸大的酸酐或酰卤之间进行：

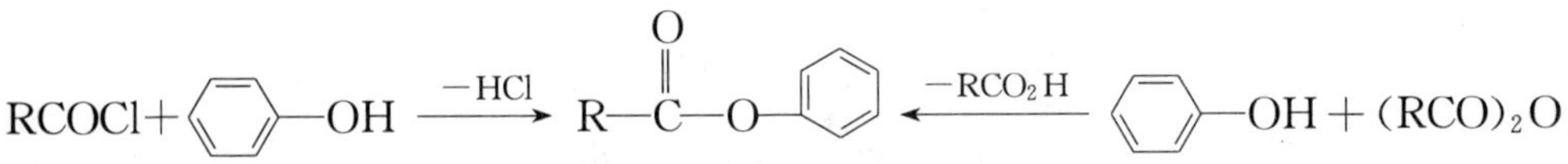

芳香族羧酸的酯化反应要比脂肪族的难一些。对苯二甲酸与乙二醇或环氧乙烷作用可生成对苯二甲酸二羟乙酯，它是合成纤维(涤纶)的中间体：

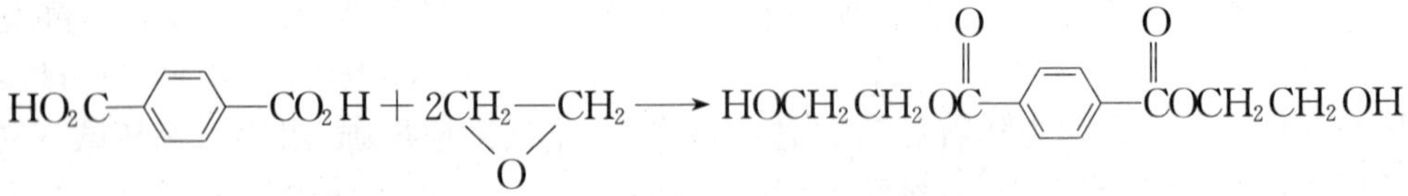

少数酯化反应是按第(2)种方式脱水。例如，在酸催化作用下，叔醇酯化时首先容易生成碳正离子，碳正离子作为亲电试剂与羧酸的羟基反应生成鎓盐，再脱去质子生成酯。

$$R_3COH \underset{}{\overset{H^+}{\rightleftharpoons}} R_3C\overset{+}{O}H_2 \rightleftharpoons R_3C^+ + H_2O$$

$$R'\overset{O}{\overset{\|}{C}}OH + R_3C^+ \rightleftharpoons R'-\overset{O}{\overset{\|}{C}}-\underset{H}{\overset{+}{O}}-CR_3 \overset{-H^+}{\rightleftharpoons} R'-\overset{O}{\overset{\|}{C}}-O-CR_3$$

从上述讨论可知，同一类型的反应，反应历程也不是不变的。反应历程主要取决于反应物的结构、性质和反应条件。

4) 酰胺的生成

羧酸与氨或碳酸铵反应，生成铵盐，铵盐加热后部分脱水得到酰胺。

$$R-\overset{\overset{\displaystyle O}{\|}}{C}-OH + NH_3 \longrightarrow R-\overset{\overset{\displaystyle O}{\|}}{C}-ONH_4 \xrightarrow{\triangle} R\overset{\overset{\displaystyle O}{\|}}{C}NH_2 + H_2O$$

对氨基苯酚与乙酸作用，加热后脱水的产物是对羟基乙酰苯胺（“扑热息痛”药物）。

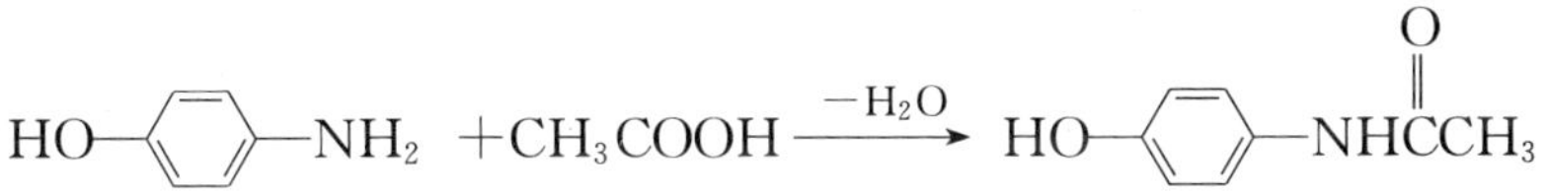

10.1.2.3　还原反应

羧酸在一般条件下不易被还原，只能被强烈的还原剂[如氢化铝锂（$LiAlH_4$）]或在高温（300～400℃）、高压（20～30MPa）下，用铜、锌、亚铬酸镍等催化剂催化加氢还原为伯醇。硼氢化钠不能还原羧酸。

$$RCOOH + LiAlH_4 \xrightarrow[\text{② 水解}]{\text{① 无水乙醚}} RCH_2OH$$

$$RCOOH + H_2O \xrightarrow[300\sim400℃, 20\sim30MPa]{Cu} RCH_2OH$$

用氢化铝锂直接还原羧酸，不但产率高，而且还原不饱和羧酸时，对碳-碳不饱和键没有影响。但由于它价格昂贵，在工业上还不能广泛应用。乙硼烷也是一种特别有用的还原剂，可使羧酸还原为伯醇。

除直接还原外，也可以将羧酸先酯化后，再将羧酸还原成醇。

10.1.2.4　脱羧反应

羧酸失去羧基放出 $CO_2$ 的反应，称为脱羧反应（decarboxylation）。例如，羧酸的无水碱金属盐与碱石灰（NaOH＋CaO）共热，则从羧基中脱去 $CO_2$ 生成烃。

$$CH_3-COONa \xrightarrow[\triangle]{NaOH+CaO} CH_4 + CO_2$$

此反应是实验室制取甲烷的方法。

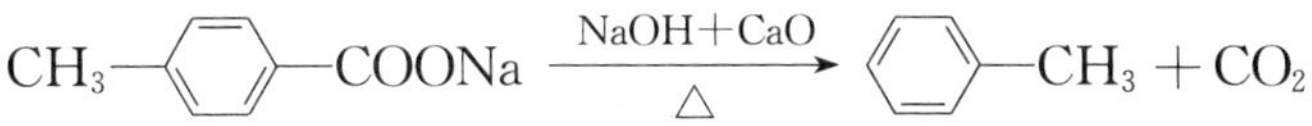

因副产物很多，不易分离，一般不用来制备烷烃，如

$$C_2H_5COONa \xrightarrow[\triangle]{NaOH} \underset{44\%}{C_2H_6} + \underset{20\%}{CH_4} + \underset{33\%}{H_2} + \text{不饱和化合物} + CO_2$$

羧酸蒸气通过加热的钍、锰或镁等氧化物，可进行气相催化脱羧生成酮类。

$$2RCOOH \xrightarrow[400\sim500℃]{ThO_2} RCOR + CO_2 + H_2O$$

如果羧酸的 $\alpha$-碳上连有吸电子基团，如硝基、卤素、酮基、氰基等，诱导效应使羧基变得不稳定，容易进行脱羧反应。

$$CCl_3COOH \xrightarrow{\triangle} CHCl_3 + CO_2$$

$$CH_3\overset{\overset{\displaystyle O}{\|}}{C}CH_2COOH \xrightarrow{\triangle} CH_3\overset{\overset{\displaystyle O}{\|}}{C}CH_3 + CO_2$$

$$HOOC{-}CH_2{-}COOH \xrightarrow{\triangle} CH_3COOH + CO_2$$

在羧基的 $\alpha$-位有重键存在时也易脱羧。许多取代的芳香羧酸也容易发生脱羧或羧基重排反应，特别是羧基的邻位有供电子基团存在或羧基邻位有大的立体位阻基团存在的情况下更是如此。羧酸的碱金属盐电解脱羧，在阳极上生成烃，即科尔柏(Kolbe)反应。

$$C_6H_5CH{=}CHCO_2H \xrightarrow{\triangle} C_6H_5CH{=}CH_2$$

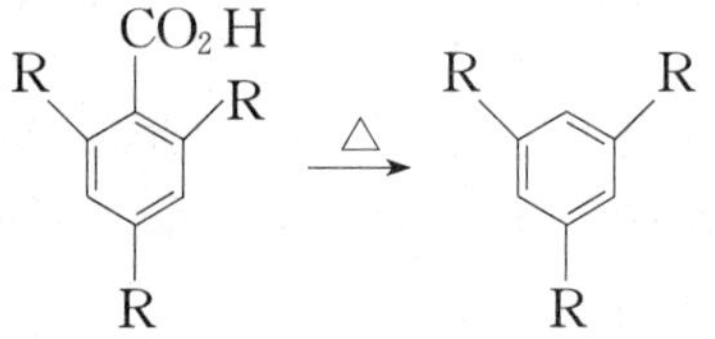

$R = NO_2$、$NH_2$

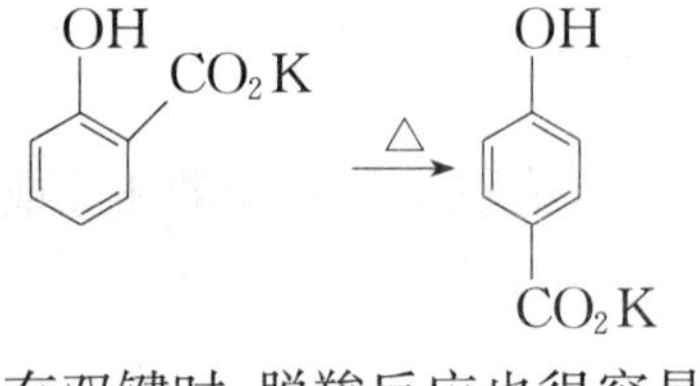

羧酸 $\beta$-碳原子上有双键时，脱羧反应也很容易进行。这些反应都经过一个六元环过渡态，因此不能形成烯醇双键结构的 $\beta$-羰基羧酸不易脱羧，而 $\beta$、$\gamma$-双键在脱羧后会重排到 $\alpha$、$\beta$-之间。

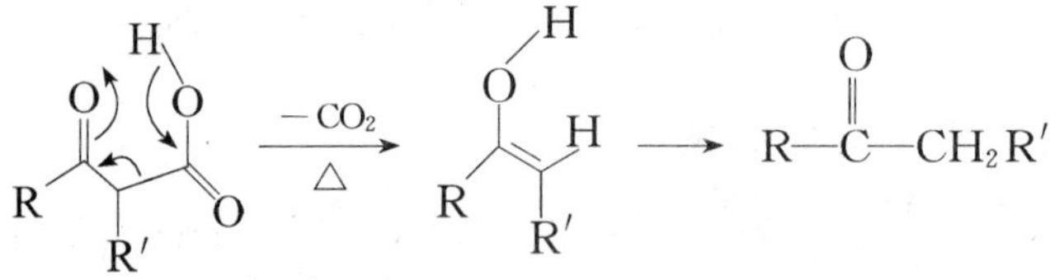

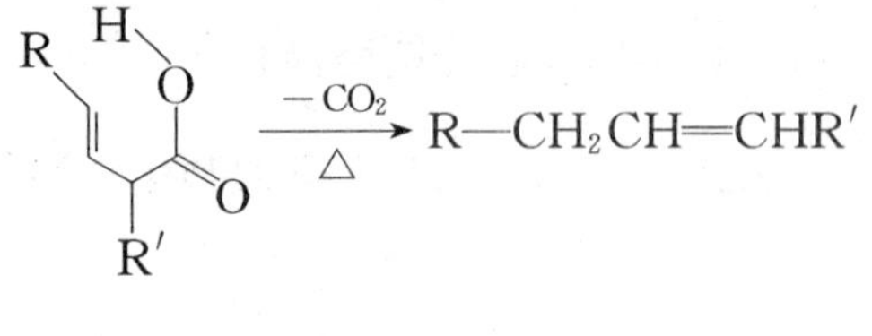

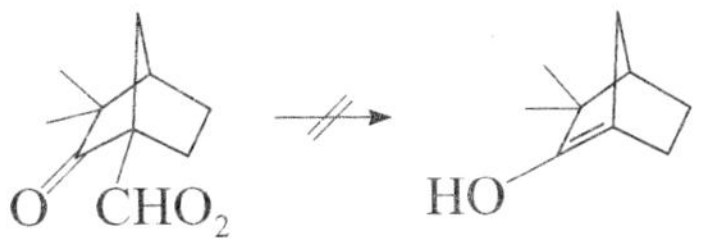


### 10.1.2.5　$\alpha$-氢的取代反应

羧酸中的羧基和醛、酮中的羰基一样，由于吸电诱导效应和 $\sigma$-$\pi$ 超共轭效应共同作用使 $\alpha$-碳上的氢易活化而发生取代反应。但羧基的活化作用比羰基小得多，因此羧酸的 $\alpha$-卤代反应并不容易进行，需要在红磷或三卤化磷的催化下，才能逐渐被氯或溴取代。

$$CH_3COOH \xrightarrow[P]{Cl_2} CH_2ClCOOH \xrightarrow[P]{Cl_2} CHCl_2COOH \xrightarrow[P]{Cl_2} CCl_3COOH$$

控制卤素的量和反应条件可以制取不同的卤代酸。

$$CH_3CH_2CH_2COOH \xrightarrow[P]{Br_2} \underset{82\%}{CH_3CH_2\overset{\overset{\displaystyle Br}{|}}{C}HCOOH}$$

羧酸 $\alpha$-卤代反应称为海耳-沃耳霍德-泽林斯基(Hell-Volhard-Zelinsky)反应。这是工业生产一氯乙酸的方法。一氯乙酸是染料、医药、农药、树脂及其他有机合成的重要中间体。三氯乙酸不但可作农药的原料、蛋白质的沉淀剂，主要还用于生化药品的提取剂，如磷酸腺苷(ATP)、细胞色素丙和胎盘多糖等高效生化药品的提取。

三卤化磷的催化作用是让羧酸先形成酰卤，酰卤的 $\alpha$-氢有更大的互变异构倾向而加快了卤化反应。在反应时，少量红磷与卤素相遇，生成卤化磷进行催化反应。

该反应历程如下：

$$P + Br_2 \longrightarrow PBr_3$$

$$RCH_2COOH \xrightarrow{P+Br_2} RCH_2\overset{\overset{\displaystyle O}{\|}}{C}—Br$$

羧酸首先反应生成酰溴，酰溴的 $\alpha$-氢互变异构，形成少量的烯醇异构体，使 $\alpha$-碳上受到极化的卤素碳正离子的进攻，而卤素负离子则与质子结合：

$$RCH_2\overset{\overset{\displaystyle O}{\|}}{C}—Br \rightleftharpoons RCH{=}\overset{\overset{\displaystyle OH}{|}}{C}—Br + \overset{\delta^+}{Br}—\overset{\delta^-}{Br} \longrightarrow \underset{\underset{\displaystyle Br}{|}}{RCH}—\overset{\overset{\displaystyle OH^+}{\|}}{C}—Br + Br^-$$

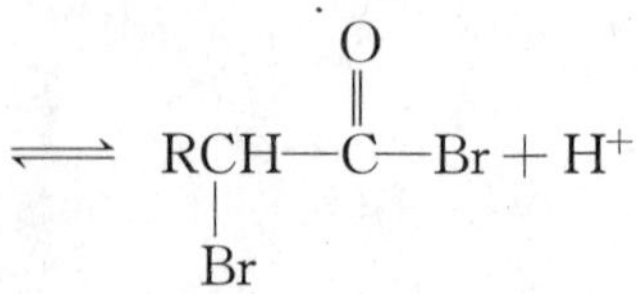


α-溴代酰溴再和未反应的羧酸交换一个溴原子，生成α-溴代酸与酰溴，酰溴可以循环使用。

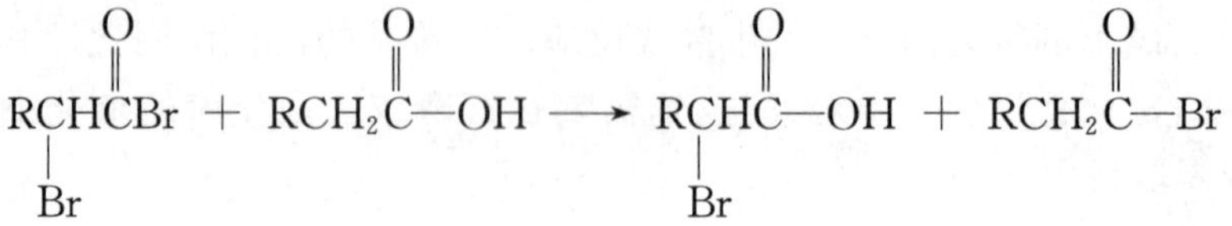


真正的反应是溴与酰溴的烯醇式反应，这是关键的一步，羧酸本身在这个反应中不起作用。反应经过的步骤很多，总的结果是α-氢被卤素取代。

更新的方法是不用磷作催化剂，直接加入10%～30%乙酰氯或乙酸酐，也可取得同样效果。

α-卤代酸是制备其他α-取代酸的母体，例如，α-溴代丙酸可以制备α-羟基酸、α-氨基酸、α,β-不饱和酸以及α-氰基酸等。

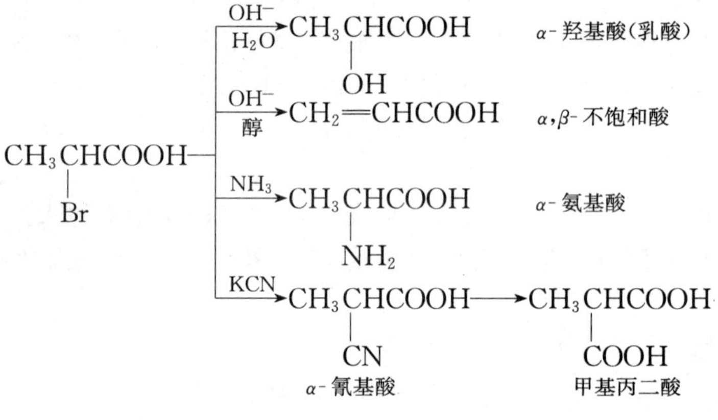


### 10.1.3 羧酸的制法

#### 10.1.3.1 烃氧化

高级烷烃在锰盐催化下加热，用空气或氧气氧化，可制得脂肪酸的混合物，分子中含12～18个碳的脂肪酸可用作表面活性剂和制造肥皂的原料。烯烃也可以作为原料来制取羧酸，反应中烯烃碳链在双键处断裂生成羧酸产物。

含α-氢的烷基苯氧化可制取芳香族羧酸。工业上利用对二甲苯在乙酸钴催化下，用空气氧化，制取对苯二甲酸。对苯二甲酸是合成涤纶的主要原料。

10.1.3.2　伯醇或醛氧化

伯醇或醛氧化可生成相应的羧酸，这是制备羧酸最普遍的方法。伯醇氧化先生成醛，醛易进一步氧化生成羧酸。常用的氧化剂有重铬酸钾-硫酸、三氧化铬-冰醋酸、高锰酸钾、硝酸等。

工业上常用氧或空气与催化剂一起进行催化氧化。由此法制得的羧酸的碳原子数与原来的伯醇或醛的碳原子数相等，如

$$RCH_2OH \xrightarrow{[O]} RCHO \xrightarrow{[O]} RCOOH$$

不饱和醇或醛也可以氧化生成相应的羧酸，但需选用适当的氧化剂，如湿润的氧化银或$[Ag(NH_3)_2]^+$等，以免影响不饱和键。

$$CH_3CH{=}CHCHO \xrightarrow{AgNO_3,NH_3} CH_3CH{=}CHCOOH$$

10.1.3.3　由水解反应制备

1）由腈水解制备

腈在碱或酸催化下可水解而生成羧酸，如

$$RCN \xrightarrow[H_2O]{HCl} RCOOH$$

$$RCN \xrightarrow[H_2O]{NaOH} RCOONa \xrightarrow{H^+} RCOOH$$

腈可从卤烃与 NaCN 或 KCN 作用制备。由此法所制得的羧酸，可比原来卤烃中增加了一个碳原子。但此法不适用于仲卤烃和叔卤烃，因 NaCN、KCN 碱性较强，易使仲卤烃或叔卤烃脱去卤化氢而成烯烃。

2）由油脂水解制备

油脂是高级脂肪酸的甘油酯。油脂在酸或碱的催化下可水解生成高级脂肪酸和甘油。

$$\begin{array}{l} CH_2COOR \\ | \\ CHCOOR' \\ | \\ CH_2COOR'' \end{array} + 3H_2O \xrightarrow{H^+(OH^-)} \begin{array}{l} CH_2OH \\ | \\ CHOH \\ | \\ CH_2OH \end{array} + \begin{array}{l} RCOOH \\ \\ R'COOH \\ \\ R''COOH \end{array}$$

碱性条件下水解生成的高级脂肪酸的钠盐就是肥皂的主要成分。目前工业上常用高压水解法。

3）苯甲酸的制备

工业上也可用甲苯氯化得苯三氯甲烷，再水解可得苯甲酸。

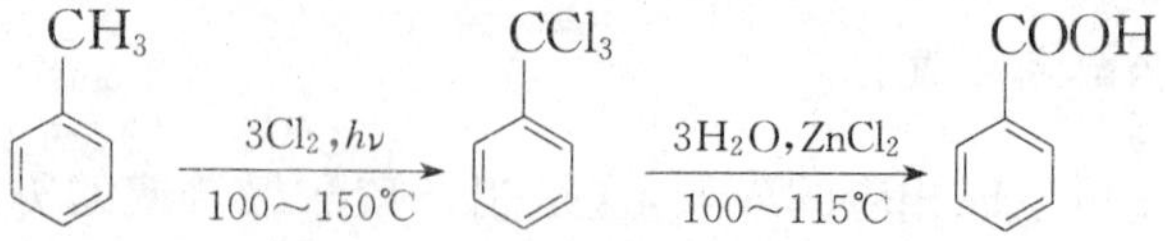

#### 10.1.3.4　由格氏试剂制备

将格氏试剂倒在干冰(固体 $CO_2$，干冰不仅是反应试剂而且是冷却剂)上，或将 $CO_2$ 在低温下通入格氏试剂的干醚溶液中，待 $CO_2$ 不再被吸收后，把所得的混合物水解，便得到羧酸。

$$\mathrm{RMgX} + \mathrm{CO_2} \xrightarrow[\text{低温}]{\text{干醚}} \mathrm{R{-}\overset{\overset{\large O}{\|}}{C}{-}OMgX} \xrightarrow{\mathrm{H_2O}} \mathrm{R{-}\overset{\overset{\large O}{\|}}{C}{-}OH}$$

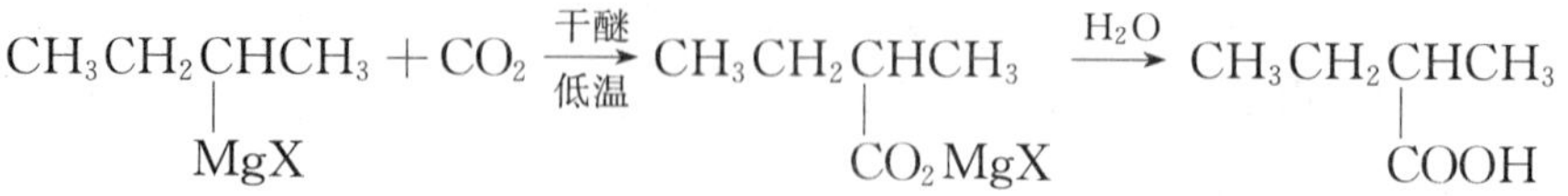

上述反应必须在低温下进行，否则生成的中间产物羧酸盐会与格氏试剂反应生成叔醇。

#### 10.1.3.5　酚酸合成

工业上是在加热加压下，由苯酚钠和二氧化碳作用生成邻羟基苯甲酸。

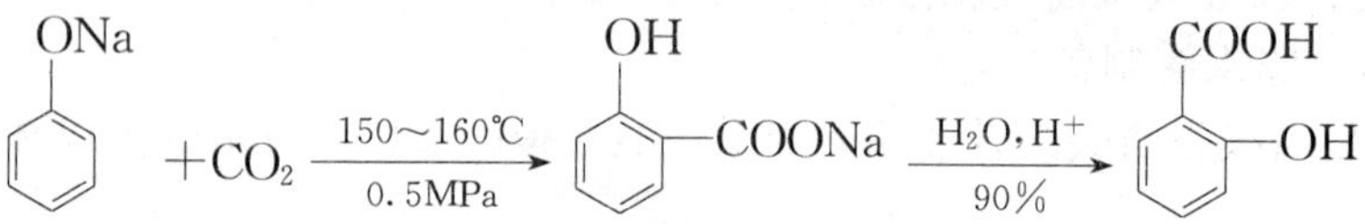

用苯酚钾与二氧化碳作用，几乎定量地得到对羟基苯甲酸钾，再用无机酸酸化则得到对羟基苯甲酸，此反应称为科尔柏-施密特反应。

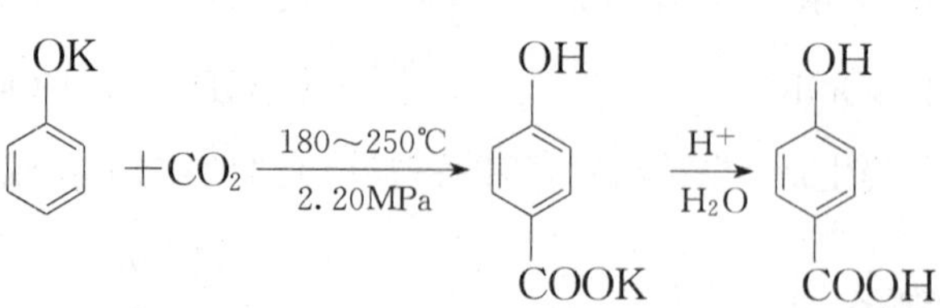

近期研究指出，可在较低温度(140℃)下、短时间(1～1.5h)内定量完成该超临界相反应。

### 10.1.4　二元羧酸

二元羧酸分子中含有两个羧基，它们是分步解离的。

$$HOOC(CH_2)_nCOOH \xrightleftharpoons{K_{a_1}} HOOC(CH_2)_nCOO^- + H^+$$

$$HOOC(CH_2)_nCOO^- \xrightleftharpoons{K_{a_2}} {}^-OOC(CH_2)_nCOO^- + H^+$$

表 10-6 列出了几个二元羧酸的 $pK_a$。

**表 10-6　二元羧酸的 $pK_{a_1}$ 与 $pK_{a_2}$**

| 二元羧酸 | $pK_{a_1}$ | $pK_{a_2}$ |
|---|---|---|
| HOOCCOOH | 1.27 | 4.27 |
| $HOOCCH_2COOH$ | 2.85 | 5.70 |
| $HOOC(CH_2)_2COOH$ | 4.21 | 5.64 |
| $HOOC(CH_2)_3COOH$ | 4.34 | 5.41 |

当第一个羧基解离成为羧酸根负离子后，它所带的负电荷对第二个羧基具有强的供电子能力和场效应，使第二个羧基的氢原子比较不容易解离，所以二元酸的 $pK_{a_2}$ 总是大于 $pK_{a_1}$。二元羧酸的 $pK_{a_1}$ 一般比一元羧酸的 $pK_a$ 小，这是因为羧基是个吸电子基，它的诱导效应可以促进另一个羧基的解离，分子中两个羧基相距越近酸性增强程度越大。

$$HOOCCH_2COOH \xrightleftharpoons{pK_{a_1}=2.9} H^+ + HOOCCH_2COO^- \xrightleftharpoons{pK_{a_2}=5.7} {}^-OOCCH_2COO^-$$

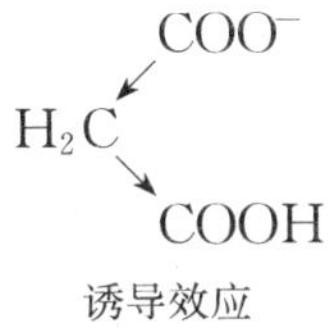

诱导效应

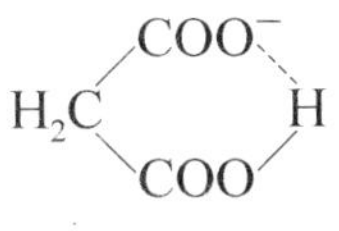

场效应

在丁烯二酸的顺、反两个异构体中，虽然都是 $pK_{a_1} < pK_{a_2}$，但是对于 $pK_{a_1}$ 而言，是顺式小于反式，而对于 $pK_{a_2}$ 来说，却是反式小于顺式。

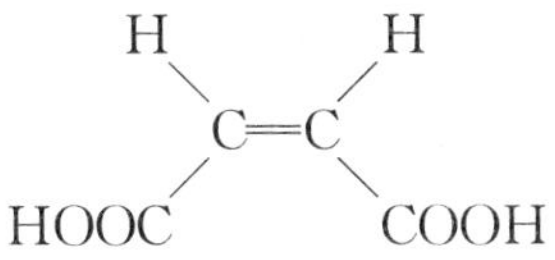

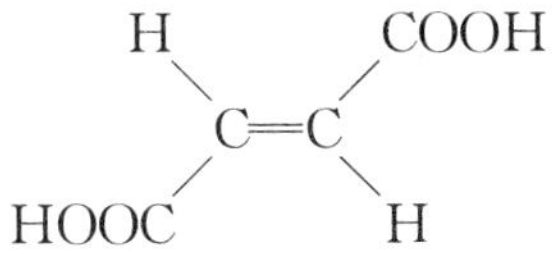

| | | |
|---|---|---|
| $pK_{a_1}$ | 1.92 | 3.03 |
| $pK_{a_2}$ | 6.59 | 4.54 |

这是由于顺-丁烯二酸可通过分子内氢键的形成来稳定一级解离生成的羧酸根负离子，使顺式的 $pK_{a_1}$ 较反式的小；但又由于氢键的形成使第二个质子不易解离，则 $pK_{a_2}$ 较反式的大。

各种二元酸受热后，由于两个羧基的位置不同而发生不同的化学反应，有的失水，有的失羧，有的同时失水失羧，如

$$HOOCCOOH \xrightarrow{160\sim180℃} HCOOH + CO_2$$

$$HOOCCH_2COOH \xrightarrow{140\sim160℃} CH_3COOH + CO_2$$

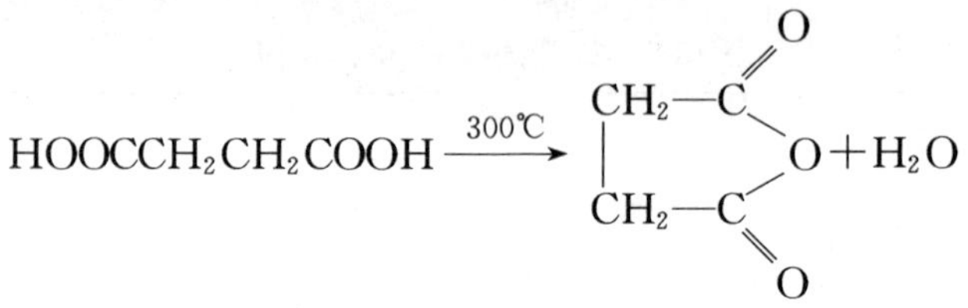

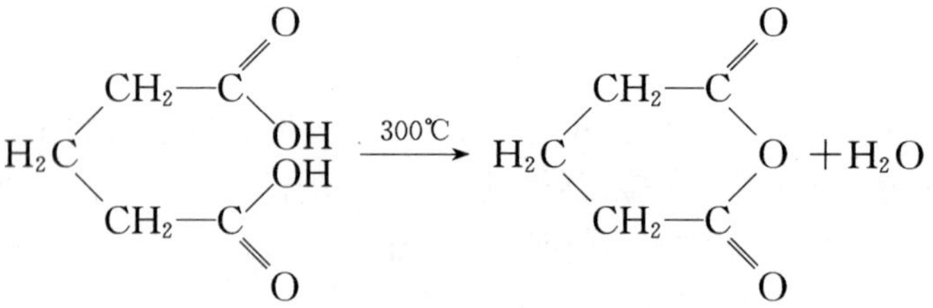

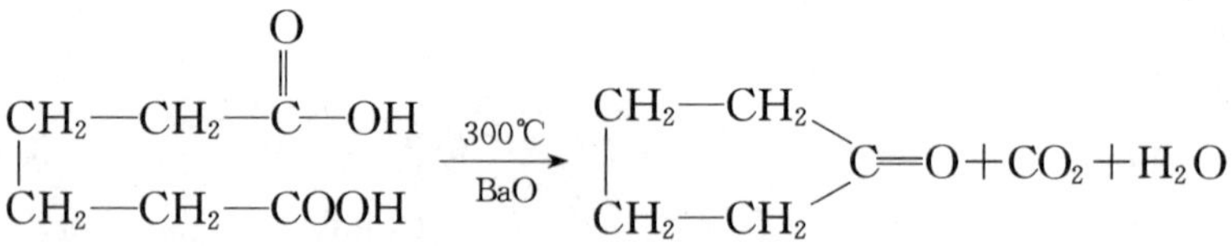

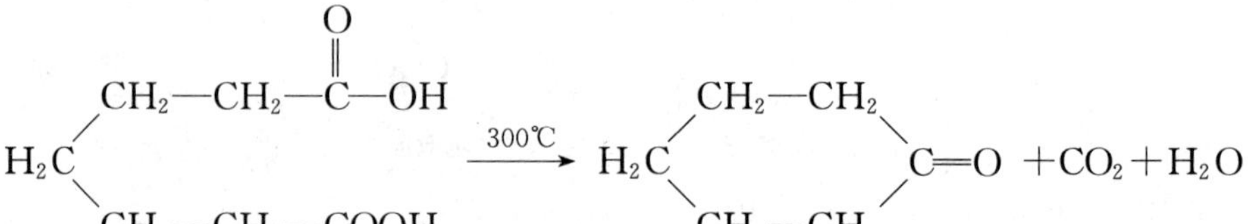

庚二酸以上的二元酸，在高温时发生分子间的失水作用，形成高分子的酸酐，不形成环酮。根据以上反应，可以得出一个结论，即在成环时有一种倾向，如有可能时总是倾向于形成张力较小的五元或六元环。

取代的二元酸，同样也能发生上述反应。

乙二酸中如有硫酸存在，反应在 100℃左右就可进行。丙二酸或一取代、二取代的丙二酸失羧，因为 $\beta$-羰基的影响，反应很容易进行，一般在水溶液中加热即可，在合成反应中非常有用。丁二酸以上的二元酸失水，用于合成时常与脱水剂共热，反应比

较顺利，常用的脱水剂为乙酰氯、乙酸酐、五氧化二磷等。芳香二元酸也能进行上述反应。

多元酸与多元醇之间发生缩聚反应，生成大分子化合物——聚酯，可以是饱和的，也可以是不饱和的聚酯，是重要的高分子材料。

二元羧酸的二铵盐在受热时发生分子内脱水、脱氨反应，生成五元或六元环状酰亚胺，如

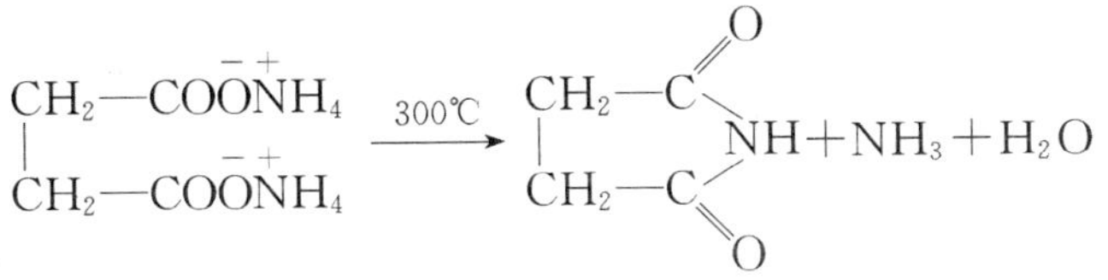


己二酸与己二胺聚合生成聚酰胺纤维——“尼龙-66”（又称锦纶-66）。

$$n\mathrm{H_2N(CH_2)_6NH_2} + n\mathrm{HO_2C(CH_2)_4CO_2H} \xrightarrow[-\mathrm{H_2O}]{250^\circ\mathrm{C}} \left[\mathrm{NH{+}CH_2{+}_6NH-\overset{\overset{\displaystyle O}{\|}}{C}{+}CH_2{+}_4\overset{\overset{\displaystyle O}{\|}}{C}}\right]_n$$

## 10.1.5　羟基酸

羟基酸是分子中同时具有羟基和羧基的化合物。由于羟基在烃基的位置不同，可分为 $\alpha$-，$\beta$-，$\gamma$-，…羟基酸。通常把羟基连在碳链末端的称为 $\omega$-羟基酸。羟基连在饱和碳链上的羟基酸称为醇酸。羟基直接连在芳环上的芳酸，称为酚酸。

### 10.1.5.1　羟基酸的性质

羟基酸一般为结晶固体或黏稠液体。由于羟基酸分子中含有羟基和羧基，这两个基团都能分别与水形成氢键。所以羟基酸在水中的溶解度比一般的羧酸都大，低级的羟基酸可以与水混溶。羟基酸的熔点也比相应的羧酸高。

羟基酸兼有羟基和羧基的特性，并由于羟基和羧基的相互影响而具有一些特殊的性质。

1）酸性

在羟基酸分子中，羟基是吸电子基，它对羧基有吸电子诱导效应，使羟基酸的酸性较相应的脂肪族羧酸强。但羟基比卤代酸中卤素的吸电子诱导效应小。羟基距羧基距离越远，则对酸性影响越小（表 10-7）。

**表 10-7　部分羟基酸的 p$K_a$**

| 构造式 | p$K_a$ | 构造式 | p$K_a$ | 构造式 | p$K_a$ |
|---|---|---|---|---|---|
| $CH_3COOH$ | 4.76 | $CH_3CH_2COOH$ | 4.87 | 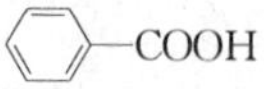 | 4.17 |
| $CH_2(OH)COOH$ | 3.85 | $CH_3CH(OH)COOH$ | 3.68 | 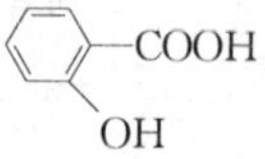 | 2.98 |
| | | $CH_2(OH)CH_2COOH$ | 4.51 | 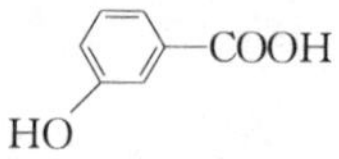 | 4.07 |
| | | | | 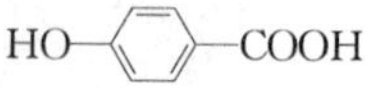 | 4.58 |

连接在芳环上的羟基因共轭和诱导的双重作用（方向相反），而使对羟基苯甲酸的酸性降低。其中，邻羟基苯甲酸（水杨酸）的酸性异常强，是因为分子内形成氢键，有利羧酸电离的缘故。

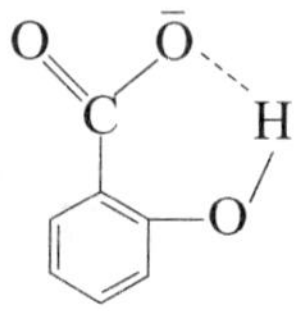

2）脱水反应

羟基酸受热或与脱水剂共热脱水时，由于羟基和羧基的相对位置不同而脱水的产物不同。

$\alpha$-羟基酸受热时，两分子间的羟基与羧基相互酯化脱水而生成交酯。$\beta$-羟基酸受热时，发生分子内脱水而生成 $\alpha,\beta$-不饱和酸。

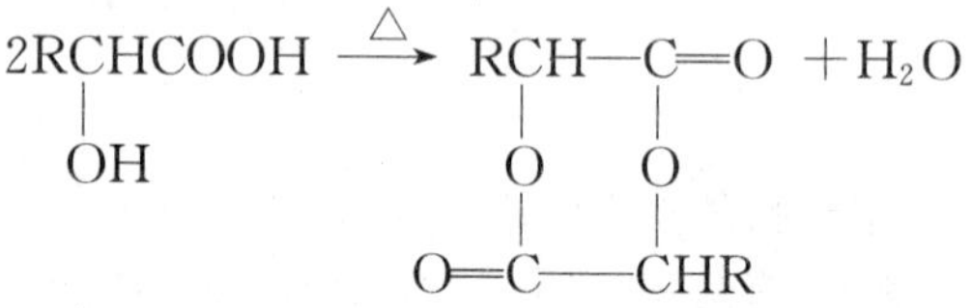

$$RCH(OH)—CH_2—COOH \xrightarrow{稀 H^+ 或稀 OH^-} RCH=CH—COOH + H_2O$$

$\gamma$-和 $\delta$-羟基酸很容易脱水生成五元环和六元环的内酯。

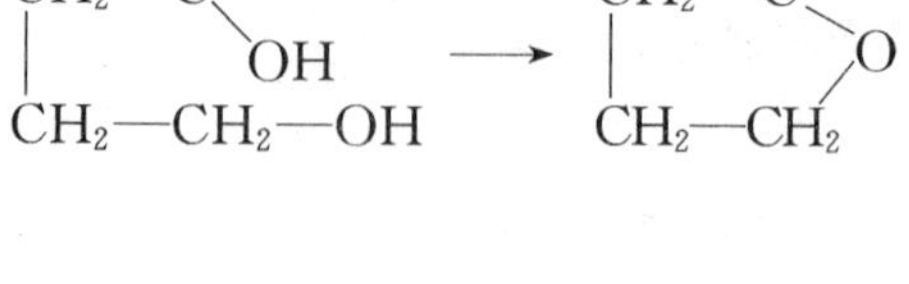 $\gamma$-丁内酯

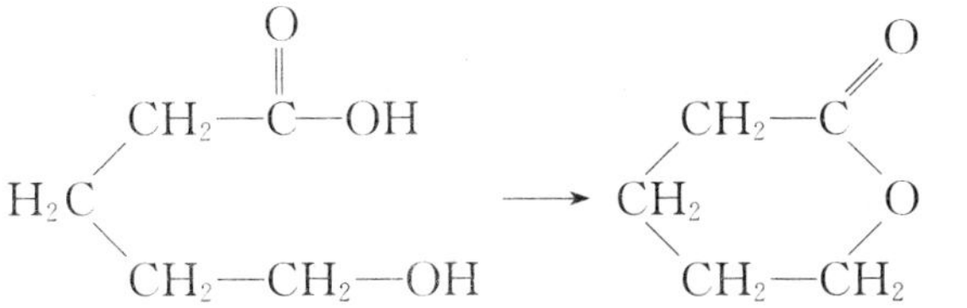

δ-戊内酯

当羟基与羧基相隔四个以上亚甲基碳时，分子内脱水生成大环内酯就比较困难了。直接反应时，发生的基本上都是分子间的反应，生成聚酯。

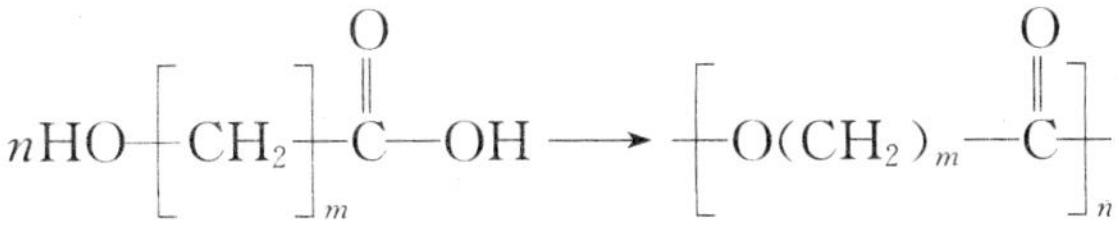

要得到分子内的脱水产物大环内酯，一个办法是使反应物的浓度降低，减少分子间碰撞的机会，但这样将使反应很慢，达不到反应的生产要求。另一个办法是活化这两个官能团，促使它们进行分子内而不是分子间的反应。其中较成功的例子是在双吡啶二硫醚的存在下，将羧基变为带吡啶环的硫代酯。硫醇酯的活性较大，发生分子内质子转移并实现重排环化。

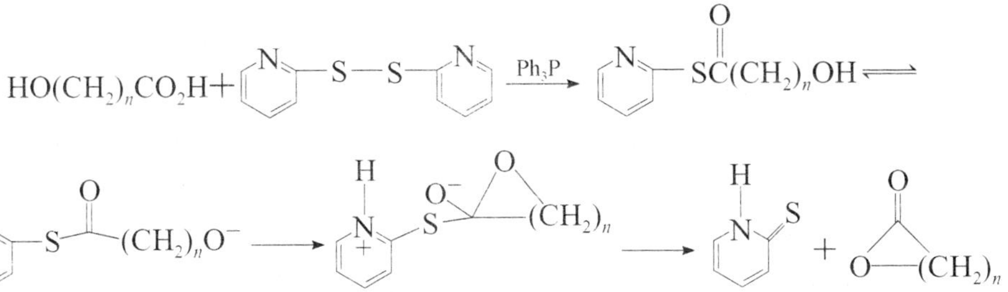

许多大环内酯有抗菌和抗肿瘤的活性，如红霉素：

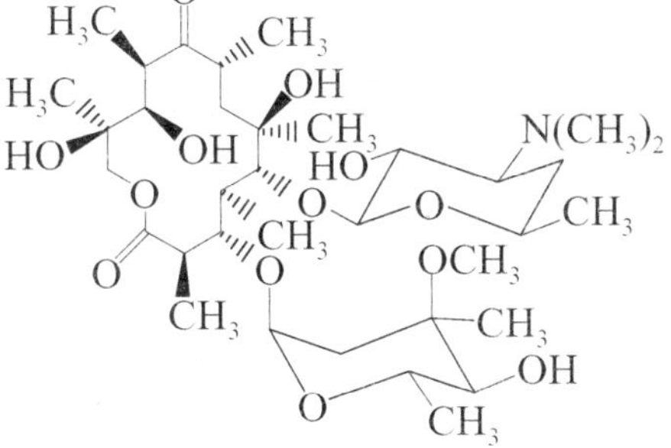

许多内酯存在于自然界，有些是天然香精的主要成分，如

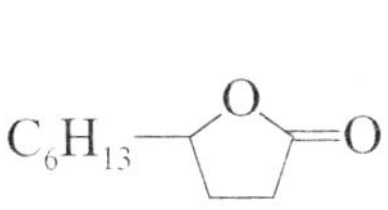

γ-癸内酯

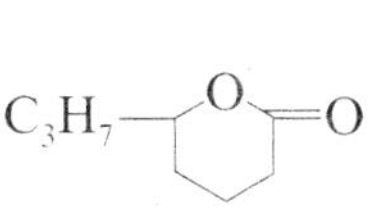

δ-辛内酯

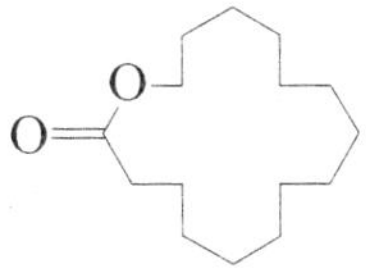

十五内酯（黄蜀葵素）

3）分解脱羧反应

α-羟基酸与稀硫酸或酸性高锰酸钾共热，则羧基和α-碳原子之间的键断裂，分解脱羧生成醛、酮或羧酸。

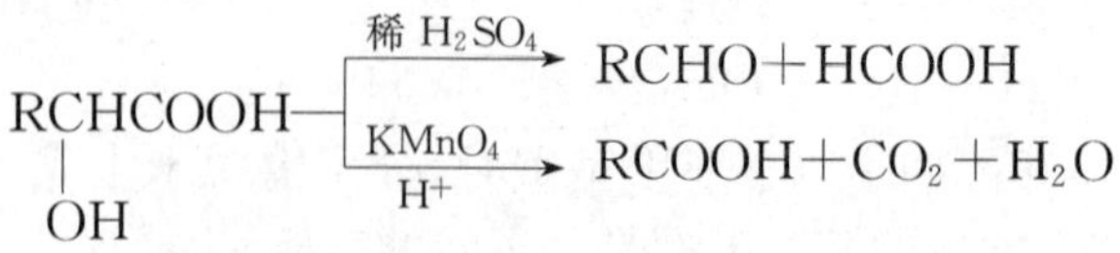

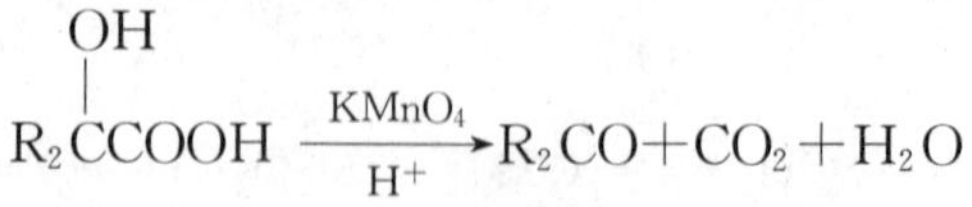

这个反应可用来从高级羧酸经α-溴代水解再通过上述反应来合成少一个碳的醛或酮。

β-羟基酸用碱性高锰酸钾氧化则分解生成少一个碳原子的酮。

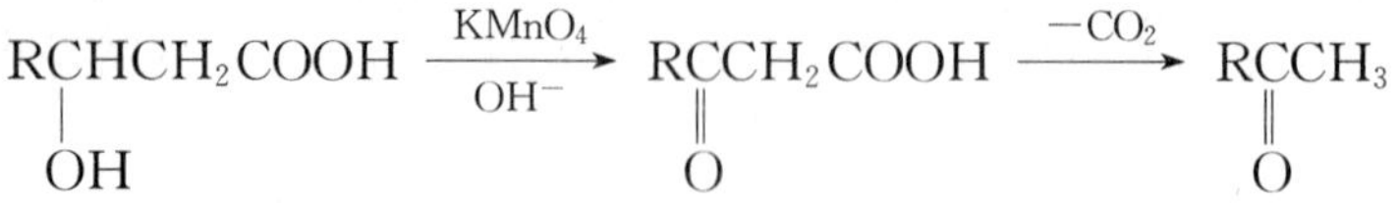

10.1.5.2　羟基酸的制法

在含有羟基的化合物中引入羧基或在羧酸分子中引入羟基均可制得。

1）从羟基腈水解

羟基腈水解后就得到羟基酸。α-羟基腈可从羰基化合物与氰化氢反应制得。

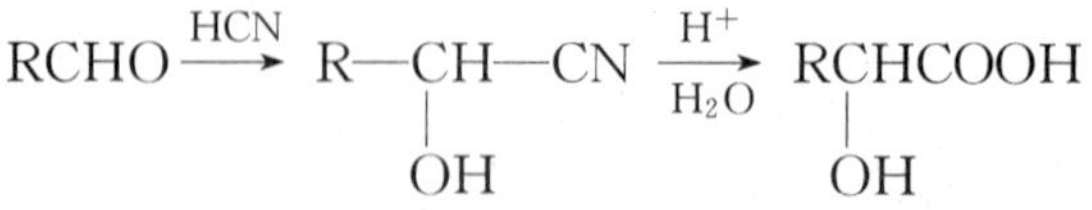

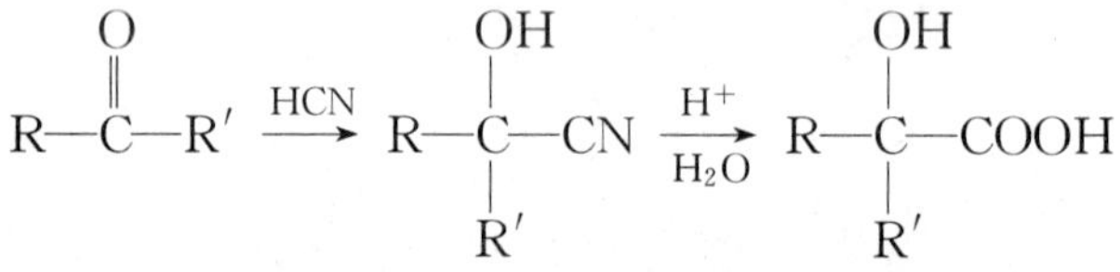

β-羟基腈可从烯烃与次氯酸加成后，再与氰化钾作用而得羟基酸。

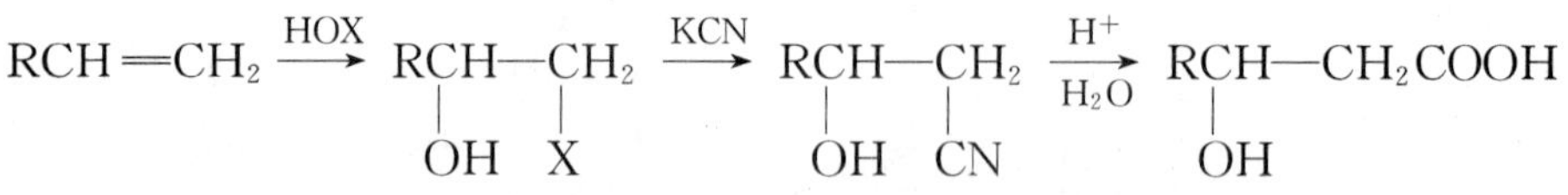

2）从卤代酸水解

羧酸的α-氢被卤代后，再水解生成α-羟基酸，产率很高。

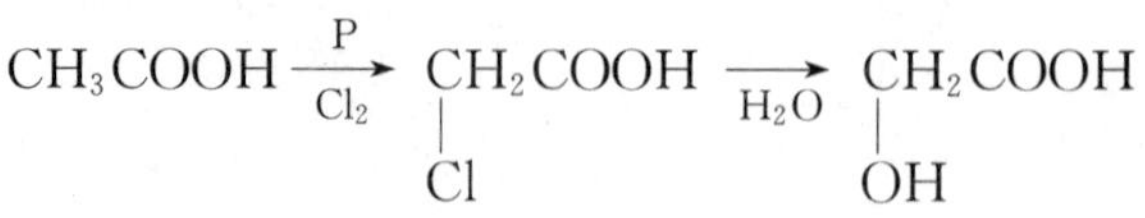

3）雷佛马茨基反应

将醛或酮与 $\alpha$-溴代酸酯的混合物在惰性溶剂（如醚、苯等）中与锌粉作用，$\alpha$-溴代酸酯就先生成有机锌化合物，所得的有机锌化合物与醛或酮的羰基发生亲核加成后再水解，生成 $\beta$-羟基酸酯。酯再水解得到 $\beta$-羟基酸。这个反应称为雷佛马茨基（Reformatsky）反应。

$$BrCH_2COOC_2H_5 \xrightarrow[\text{醚}]{Zn} \underset{\displaystyle ZnBr}{\underset{|}{C}}H_2COOC_2H_5 \xrightarrow{RCHO} R\underset{\displaystyle OZnBr}{\underset{|}{C}}HCH_2COOC_2H_5$$

$$\xrightarrow[HCl]{H_2O} R\underset{\displaystyle OH}{\underset{|}{C}}HCH_2COOH + C_2H_5OH$$

脂肪族或芳香族醛、酮都可发生这一反应，但空间位阻太大时，与羰基反应可能发生困难。这个反应不能用镁代替锌，因镁太活泼，可与酯基中的羰基发生反应。有机锌试剂比较稳定，只与醛、酮中的羰基反应，而不与酯反应。

### 10.1.6　重要的羧酸

1）甲酸

甲酸俗称蚁酸，最初是从蚂蚁中提取的。在自然界甲酸还存在于蜂、蜈蚣和荨麻、松树针叶等动植物体中。工业上利用一氧化碳和氢氧化钠作用制备甲酸。

$$CO + NaOH \xrightarrow[0.6\sim1MPa]{210℃} HCOONa \xrightarrow{H_2SO_4} HCOOH$$

甲酸是具有刺激性气味的无色液体，沸点 100.7℃，能与水、乙醇、乙醚混溶。甲酸是饱和一元酸酸性最强的一种。

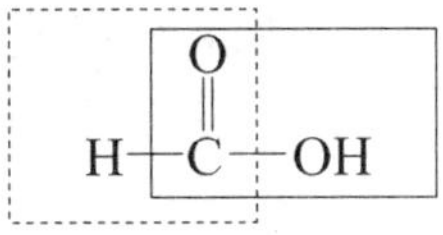


甲酸结构比较特殊，它的羧基直接与氢原子相连，可以看作甲酸的分子中既含有羧基又含有醛基。

甲酸与它的同系物不同，即具有羧酸的通性，也具有醛的某些性质。例如，甲酸既有显著的酸性（$pK_a = 3.77$），又具有还原性，能与费林试剂作用生成铜镜，与土伦试剂作用生成银镜，也易被一般氧化剂氧化生成二氧化碳和水。

$$HCOOH \xrightarrow{[O]} CO_2 + H_2O$$

甲酸与浓硫酸共热是实验制取纯净一氧化碳的方法。

$$HCOOH \xrightarrow[60\sim80℃]{\text{浓 } H_2SO_4} CO + H_2O$$

甲酸可作纺织工业中的媒染剂、医药中的消毒剂、塑料中的缩合剂、橡胶的凝固剂，还可用作还原剂和合成酯类。

2）乙酸

乙酸俗称醋酸。利用粮食发酵法制得的食醋约含3%的乙酸，这是人类最早制取乙酸的方法，至今仍用于酿醋工业。工业上制取乙酸的主要方法有甲醇羰基化和乙醛空气氧化法。

$$CH_3OH + CO \xrightarrow[I_2]{Rh} CH_3COOH$$

$$CH_3CHO + \frac{1}{2}O_2 \xrightarrow[65\sim70℃, 0.2\sim0.3MPa]{(CH_3COO)_2Mn} CH_3COOH$$

纯乙酸是具有强烈刺激性气味的无色液体，沸点118℃，熔点16.6℃，低于熔点时无水乙酸呈冰状晶体，故无水乙酸也称冰醋酸。

乙酸是重要的有机合成原料，可用于合成乙酸酐和乙酸乙烯酯（合成维尼纶的单体）等。乙酸是染料、香料、医药等工业不可缺少的原料。在食品工业中乙酸可用作调味剂。

3）丙烯酸

丙烯酸（$CH_2{=}CH{-}COOH$）是最简单的不饱和酸，为无色液体，沸点141.6℃，熔点13℃，具有刺鼻的酸味，能与水混溶。

丙烯酸能从丙烯气相氧化制得。

$$CH_2{=}CH{-}CH_3 \xrightarrow[280\sim360℃, 0.2\sim0.3MPa]{O_2, MoO_3} CH_2{=}CH{-}COOH$$

丙烯酸兼有羧酸和烯烃的性质，双键容易发生氧化和聚合反应。丙烯酸聚合时，控制反应条件，可以得到不同平均相对分子质量的聚丙烯酸。按相对分子质量的不同，它们的性质和用途也不一样，在工业上可用作阻垢剂、分散剂、涂料、黏合剂等。

4）苯甲酸

苯甲酸俗称安息香酸。在自然界存在于安息香胶、洋水仙、桂皮内。苯甲酸是一种最简单的芳香族羧酸，白色晶体，能升华，微溶于水，易溶于乙醇或乙醚。由于受苯环的影响，苯甲酸的酸性比脂肪族一元羧酸强（甲酸除外）。

工业上制取苯甲酸主要采用甲苯氧化法和甲苯氯化后水解法。

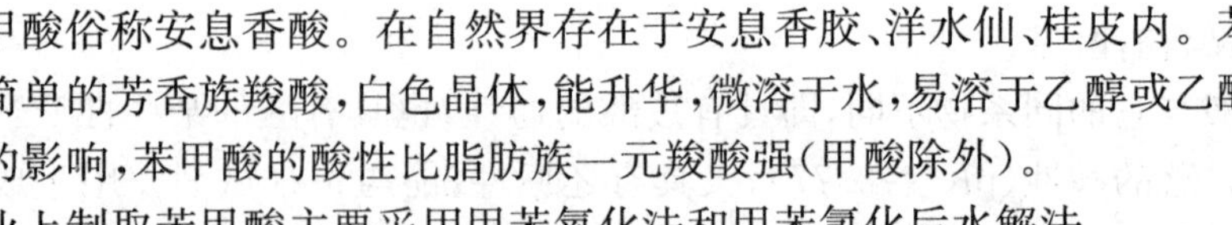

苯甲酸和苯甲酸钠是目前国内外广泛使用的食品防腐剂。苯甲酸是有机合成的重要原料,用以制备香料、染料和药物等,还可以代替安息香酯作定香剂。

5）乙二酸

乙二酸俗称草酸,通常以钾盐和钙盐的形式存在于多种植物体内。工业上通常采用将甲酸钠迅速加热至 360～400℃制得乙二酸钠,再用硫酸酸化制得乙二酸。

$$2HCOONa \xrightarrow{360\sim400^\circ C} \begin{array}{c} COONa \\ | \\ COONa \end{array} \xrightarrow{H_2SO_4} \begin{array}{c} COOH \\ | \\ COOH \end{array}$$

乙二酸是无色晶体,熔点 189.5℃。通常乙二酸含有 2 分子结晶水 $H_2C_2O_4 \cdot 2H_2O$,熔点 101.5℃。乙二酸溶于水和乙醇,不溶于乙醚。由于乙二酸的两个羧基直接相连,因此羧基的强诱导作用使乙二酸的酸性比其他的二元羧酸强且容易脱羧。

$$HOOC{-}COOH \xrightarrow{150^\circ C} HCOOH + CO_2$$

乙二酸容易被氧化。在酸性条件下,高锰酸钾可以定量地把乙二酸氧化成二氧化碳和水。在定量分析中常用乙二酸为基准物标定高锰酸钾溶液。

$$5H_2C_2O_4 + 2KMnO_4 + 3H_2SO_4 = K_2SO_4 + 2MnSO_4 + 10CO_2\uparrow + 8H_2O$$

乙二酸能与许多金属形成配位离子,可用于除去铁锈和蓝墨水的痕迹。乙二酸还可用作漂白剂和媒染剂。

6）己二酸

己二酸为白色晶体,熔点 153℃,溶于乙醇,微溶于乙醚和水。工业上制取己二酸可用苯酚法和环己烷直接氧化法。

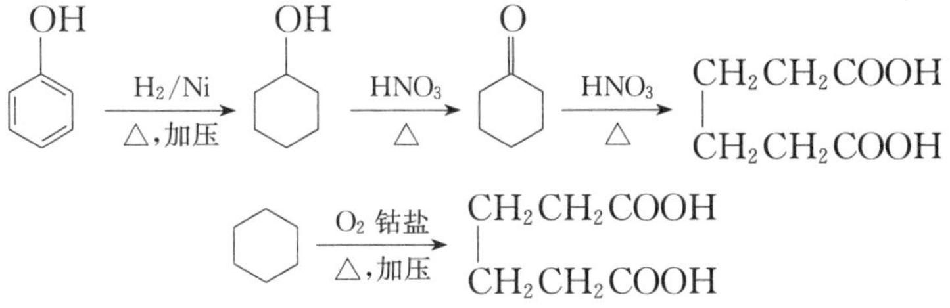


第一种方法工业技术成熟,第二种方法来源丰富,成本低。还可以用己二腈水解制取己二酸。

己二酸是重要的化工原料,可用来合成尼龙-66、增塑剂、润滑剂等。

7）苯二甲酸

邻苯二甲酸为白色结晶固体,迅速加热至 231℃就熔融分解,失去一分子水而生成邻苯二甲酸酐(白色针状晶体,熔点 131℃,易升华)。

邻苯二甲酸可由邻二甲苯(或邻二烷基苯)或萘氧化制备。

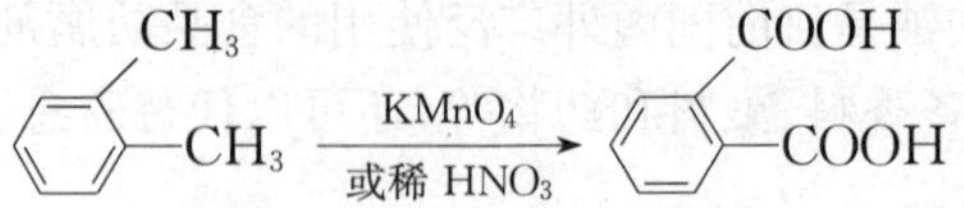


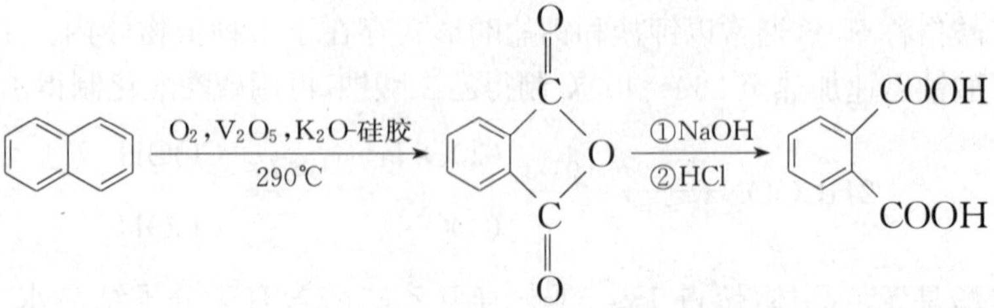


邻苯二甲酸及其酸酐用于制备染料、树脂、合成纤维、药物和增塑剂等。例如,邻苯二甲酸二甲酯可作驱蚊剂,邻苯二甲酸二丁酯和邻苯二甲酸二辛酯都是塑料工业应用较广的增塑剂。

对苯二甲酸为白色晶体,加热至 300℃以上不熔而升华,不能生成酸酐,主要用于制造合成树脂、增塑剂,是合成纤维涤纶的原料。工业上的生产方法较多,可按原料来源选择。

对二甲苯氧化法:

邻苯二甲酸钾转位法:

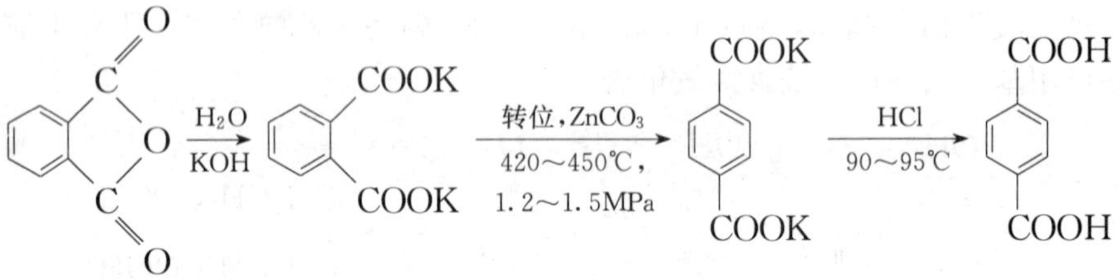


8) 乳酸

乳酸($\alpha$-羟基丙酸)因来自酸牛乳而得名。肌肉活动后也会分解出乳酸。工业上,乳酸是由葡萄糖在乳酸菌作用下发酵制得的。

$$\underset{\text{葡萄糖}}{C_6H_{12}O_6} \xrightarrow[35\sim45^\circ C]{\text{乳酸菌}} \underset{\text{乳酸}}{2H_3C-\underset{}{\overset{\displaystyle OH}{\overset{|}{C}H}}-COOH}$$

乳酸是无色黏稠液体,能溶于水、乙醇和乙醚中。乳酸分子中的 $\alpha$-碳原子连接四个不同的原子和基团,是一个手性碳原子,具有旋光性。乳酸是最早研究立体化学的化合物之一。

乳酸在食品工业中可用作酸味剂，在制革工业中用作脱灰剂，印染工业中用作媒染剂，还可应用于医药等工业。

9）酒石酸

酒石酸（2，3-二羟基丁二酸）来自葡萄糖酿酒时所产生的酒石（酸性酒石酸钾）而得名。它广泛存在于植物果实中。酒石酸也可用合成方法制取。例如，将顺-或反-丁烯二酸用高锰酸钾碱性溶液氧化，都能得到酒石酸。

$$\begin{matrix}\text{CHCOOH}\\ \| \\ \text{CHCOOH}\end{matrix} \xrightarrow[\text{OH}^-]{\text{KMnO}_4} \begin{matrix}\text{CH(OH)COOH}\\ | \\ \text{CH(OH)COOH}\end{matrix}$$

从不同原料或不同方法所得到的酒石酸，熔点不同，具有不同的旋光性。这是由于酒石酸分子含有手性碳原子的缘故。酒石酸也是最早研究立体化学的化合物之一。

酒石酸是透明菱形晶体，溶于水、乙醇和乙醚。它的盐类在工业上可用作媒染剂、鞣剂等。

10）水杨酸

水杨酸即邻羟基苯甲酸，最初是从水杨树中提取的。水杨酸为白色针状晶体，熔点 159℃，76℃时升华，易溶于沸水、乙醇、乙醚等。工业上水杨酸是用酚钠通过科尔柏-施密特反应制得的。

水杨酸具有酚和羧酸的性质，它与醇或酚作用可生成相应的羧酸酯；与羧酸或酸酐作用可生成酚酯。它的水溶液与 $FeCl_3$ 反应呈紫色。将水杨酸加热至熔点以上，能脱羧生成苯酚。水杨酸可用作消毒剂和防腐剂，还可用于香料工业。水杨酸钠可用作解热药。水杨酸甲酯是冬青油的主要成分，广泛用于香料和医药工业。乙酰水杨酸俗称阿司匹林，是良好的解热止痛药。现代医学已证实它还具有良好的降低风湿性心脏病和预防肠癌发生的作用。阿司匹林是由乙酸酐与水杨酸作用得到的。

11）苹果酸

苹果酸有两种异构体：天然的苹果酸为左旋体，熔点 100℃，而合成的苹果酸（由丁烯二酸加水合成）熔点 132℃。苹果酸在水、乙酸、丙酮、二氧六环等溶剂中有很好的溶解性，但不溶于苯。在山楂、苹果、葡萄果实的浆汁中，含有大量的左旋苹果酸，多用于制药及糖果和饮料的制造。

苹果酸分子中只有一个醇羟基，在浓硫酸的作用下，可脱羰脱水生成丙醛酸；而在受热时，则生成丁烯二酸。所以，苹果酸中的羟基兼有 $\alpha$-和 $\beta$-羟基酸的双重特点。

$$\text{HOOC—CH}_2\text{—}\overset{\text{OH}}{\overset{|}{\text{CH}}}\text{—COOH} \begin{cases} \xrightarrow{\text{浓 H}_2\text{SO}_4} \text{OHC—CH}_2\text{—COOH} + \text{CO} + \text{H}_2\text{O} \\ \xrightarrow{\triangle} \text{HOOC—CH=CH—COOH} \end{cases}$$

12）柠檬酸

柠檬酸是 3-羟基 3-羧基戊二酸的俗名。柠檬酸存在于天然柠檬汁中，含量为6%～10%。柠檬酸为无色晶体，熔点 153℃，易溶于水。柠檬酸可从柠檬中提取。工业上通常用淀粉或蔗糖在柠檬酶作用下发酵制取柠檬酸。

$$C_{12}H_{22}O_{11} + H_2O + 3O_2 \xrightarrow[\text{柠檬酶}]{\text{发酵}} 2HOOCCH_2\underset{\displaystyle COOH}{\overset{\displaystyle OH}{\overset{|}{\underset{|}{C}}}}CH_2COOH + 4H_2O$$

柠檬酸主要用作食品酸味调味剂，同时它还具有防止食品变色和抑制微生物生长的作用。它还可用作媒染剂，其镁盐是温和的泻药。

13）肉桂酸

肉桂酸是 $\beta$-苯基丙烯酸的俗名。它以游离态或酯的形式存在于苏合香油和桂皮油中。纯肉桂酸为白色针状晶体，具有淡甜气息及爽快的甜酯香气。肉桂酸具有两种几何异构体。顺式的肉桂酸不稳定，通常都是以反式形式存在。顺-肉桂酸的熔点 68℃，反-肉桂酸的熔点 133℃。

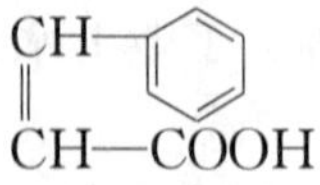

顺($Z$)-肉桂酸

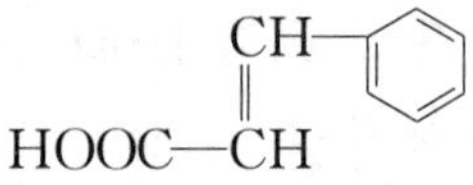

反($E$)-肉桂酸

目前工业上利用佩金(Perkin)反应制备肉桂酸。

肉桂酸主要用于香料工业，它可用作香精或香水中的定香剂。肉桂酸酯类也是很好的香料。

## 10.2　羧酸衍生物

羧酸分子中羧基上的羟基被其他原子或原子团取代后的产物称为羧酸衍生物。酰卤、酸酐、酯和酰胺都是羧酸衍生物。

### 10.2.1　羧酸衍生物的物理性质

低级的酰卤和酸酐都是有刺激性气味的无色液体，高级的为白色固体。低级的酯是有香味的液体，如乙酸异戊酯有香蕉香味，苯甲酸甲酯有茉莉香味，正戊酸异戊酯有苹果香味，故许多低级酯可用作香料。高级酯为蜡状固体。

酰卤、酸酐和酯的分子中都没有可以形成氢键的氢原子，分子间不能缔合。酰卤的沸点比相应的羧酸低，酸酐的沸点比与其相对分子质量相当的羧酸低，酯的沸点比相应的酸或醇都要低，而与相同碳数的醛、酮差不多。

酰胺分子中氨基上的氢原子可以形成氢键，因此酰胺的熔点和沸点较高。除甲酰胺外，其余的酰胺均为结晶固体。

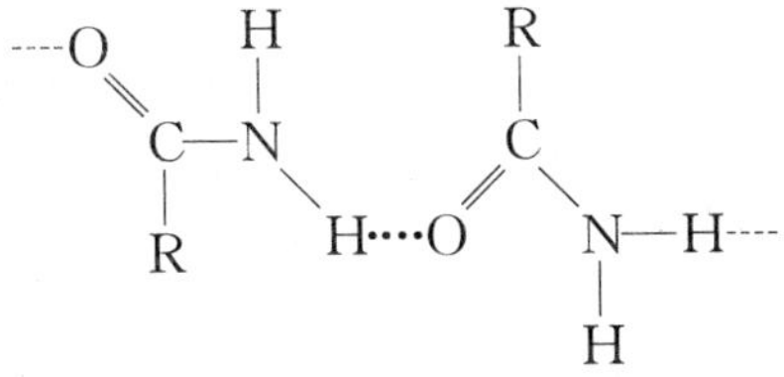

*N*-取代酰胺或 *N*，*N*-二取代酰胺分子中氨基上的氢被取代，使氢键缔合作用减弱或无氢键生成，使其熔沸点降低。脂肪族 *N*-烃基取代酰胺和 *N*，*N*-二烃基取代酰胺通常为无色、有氨味的液体。液态酰胺是有机化合物和无机化合物的优良溶剂。例如，*N*，*N*-二甲基甲酰胺（DMF）能与水和多数有机溶剂及无机溶剂互溶，是一种良好的非质子极性溶剂。*N*，*N*-二甲基乙酰胺（DMAC）比 DMF 稳定，也是一种优良溶剂。低级的酯和酰胺在水中有一定的溶解度；而酸酐和酰氯在水中基本不溶，但低级的酰氯和酸酐在水中容易发生水解。常见羧酸衍生物的物理常数见表 10-8。

**表 10-8　常见羧酸衍生物的物理常数**

| 类　别 | 名　称 | 构造式 | 沸点/℃ | 熔点/℃ | 相对密度 $d_4^{20}$ |
|---|---|---|---|---|---|
| 酰卤 | 乙酰氯 | $CH_3COCl$ | 51 | −112 | 1.104 |
| | 乙酰溴 | $CH_3COBr$ | 76.7 | −96 | 1.52 |
| | 乙酰碘 | $CH_3COI$ | 108 | | 1.98 |
| | 丙酰氯 | $CH_3CH_2COCl$ | 80 | −94 | 1.065 |
| | 丁酰氯 | $CH_3CH_2CH_2COCl$ | 102 | −89 | 1.028 |
| | 苯甲酰氯 | $C_6H_5COCl$ | 197 | −1 | 1.212 |
| 酯 | 甲酸甲酯 | $HCOOCH_3$ | 32 | −99.8 | −0.974 |
| | 乙酸甲酯 | $CH_3COOCH_3$ | 57.5 | −98 | 0.924 |
| | 乙酸乙酯 | $CH_3COOC_2H_5$ | 77 | −84 | 0.901 |
| | 乙酸丁酯 | $CH_3COO(CH_2)_3CH_3$ | 126 | −77 | 0.882 |
| | 乙酸戊酯 | $CH_3COO(CH_2)_4CH_3$ | 147.6 | −70.8 | 0.879 |
| | 乙酸异戊酯 | $CH_3COO(CH_2)_2CH(CH_3)_2$ | 142 | −78 | 0.876 |
| | 丙二酸二乙酯 | $H_2C(COOC_2H_5)_2$ | 199 | −50 | 1.055 |
| | 甲基丙烯酸甲酯 | $CH_2{=}C(CH_3)-COOCH_3$ | 100 | | 0.936 |
| | 苯甲酸乙酯 | $C_6H_5COOC_2H_5$ | 213 | −32.7 | 1.051(15°) |
| | 苯甲酸苄酯 | $C_6H_5COOCH_2C_6H_5$ | 324 | 18.8 | 1.114(18°) |
| | 邻苯二甲酸二甲酯 | $C_6H_4(COOCH_3)_2$ | 282 | | 1.1905 |
| | 邻苯二甲酸二丁酯 | $C_6H_4(COO(CH_2)_3CH_3)_2$ | 340 | | 1.045 |

续表

| 类别 | 名称 | 构造式 | 沸点/℃ | 熔点/℃ | 相对密度 $d_4^{20}$ |
|---|---|---|---|---|---|
| 酸酐 | 乙酸酐 | $(CH_3CO)_2O$ | 139.6 | −73 | 1.082 |
| | 丁二酸酐 | $CH_2—CO$ / O / $CH_2—CO$ | 261 | 119.6 | 1.104 |
| | 苯甲酸酐 | $(C_6H_5CO)_2O$ | 360 | 42 | 1.199 |
| | 顺-丁烯二酸酐 | CHCO / O / CHCO | 200 | 60 | 1.48 |
| | 邻苯二甲酸酐 | 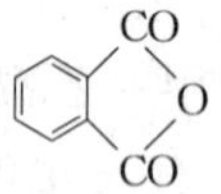 | 284 | 131 | 1.527 |
| 酰胺 | 甲酰胺 | $HCONH_2$ | 200 分解 | 3 | 1.139 |
| | 乙酰胺 | $CH_3CONH_2$ | 221 | 82 | 1.159 |
| | 丙酰胺 | $CH_3CH_2CONH_2$ | 213 | 80 | 1.042 |
| | 丁酰胺 | $CH_3(CH_2)_2CONH_2$ | 216 | 116 | 1.032 |
| | 戊酰胺 | $CH_3(CH_2)_3CONH_2$ | 232 | 106 | 1.023 |
| | 己酰胺 | $CH_3(CH_2)_4CONH_2$ | 255 | 101 | 0.999 |
| | 苯甲酰胺 | $C_6H_5CONH_2$ | 290 | 130 | 1.341 |
| | 乙酰苯胺 | $CH_3CONHC_6H_5$ | 305 | 114 | 1.21(4°) |
| | *N*-甲基甲酰胺 | $HCONHCH_3$ | 180 | | |
| | *N*,*N*-二甲基甲酰胺 | $HCON(CH_3)_2$ | 153 | −61 | 0.944(22.4°) |
| | *N*,*N*-二甲基乙酰胺 | $CH_3CON(CH_3)_2$ | 165 | | 0.937(25°) |
| | 邻苯二甲酰亚胺 | 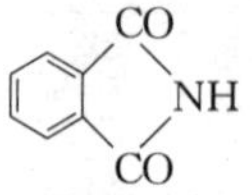 | 升华 | 238 | |

## 10.2.2　羧酸衍生物的化学性质

### 10.2.2.1　亲核取代(加成-消除)反应

羧酸衍生物的典型反应是羰基碳原子上发生的亲核取代反应。羧酸衍生物在亲核试剂(如 $H_2O$、$R'OH$、$NH_3$)的作用下发生 C—L σ 键断裂，结果是分子中—X、—OOCR、OR′或—$NH_2$ 被—OH、—OR 或—$NH_2$ 取代，生成羧酸、酯或酰胺等产物。这些反应分别叫做水解、醇解和氨解。

1) 水解反应

酰氯、酸酐、酯和酰胺都可与水发生亲核取代反应生成相应的羧酸。

反应活性递减 ↓

$$\left.\begin{array}{r} RCOCl \\ RCOOOCR \\ RCOOR' \\ RCONH_2 \end{array}\right\} \xrightarrow[\text{水解}]{H_2O} \left\{\begin{array}{l} \xrightarrow{\text{立即反应}} RCOOH + HCl \\ \xrightarrow[\triangle]{} 2RCOOH \\ \xrightarrow[\triangle]{H^+ \text{或} OH^-} RCOOH + R'OH \\ \xrightarrow[\text{长时间回流}]{H^+ \text{或} OH^-} RCOOH + NH_3 \end{array}\right.$$

水解反应的难易顺序为酰氯>酸酐>酯>酰胺。

酯在碱性条件下的水解，称为皂化反应。肥皂就是利用此反应制取的。酚酯比醇酯容易水解，因为离去基 $ArO^-$ 比 $RO^-$ 稳定。

2）醇解反应

酰氯、酸酐、酯和酰胺都可与醇作用，通过亲核取代反应生成酯。

$$\left.\begin{array}{r} RCOCl \\ RCOOOCR \\ RCOOR'' \\ RCONH_2 \end{array}\right\} \xrightarrow{R'OH} \left\{\begin{array}{l} \longrightarrow RCOOR' + HCl \\ \longrightarrow RCOOR' + RCOOH \\ \longrightarrow RCOOR' + R''OH \\ \longrightarrow RCOOR' + NH_3 \end{array}\right.$$

酰氯和酸酐可以直接和醇作用生成相应的酯和酸。酰氯性质比较活泼，一般难以制备的酯和酰胺，可通过酰氯来合成。例如，酚酯不能直接用羧酸与酚酯化制备，但用酰氯则反应可顺利进行。

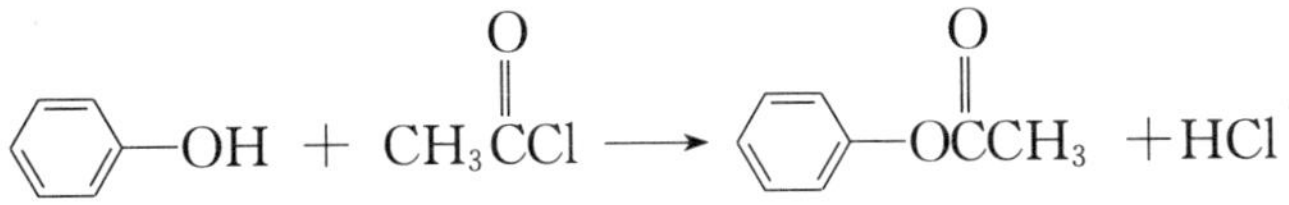

苯酐与甘油发生的醇解反应，可缩聚成醇酸树脂，广泛应用于涂料行业。

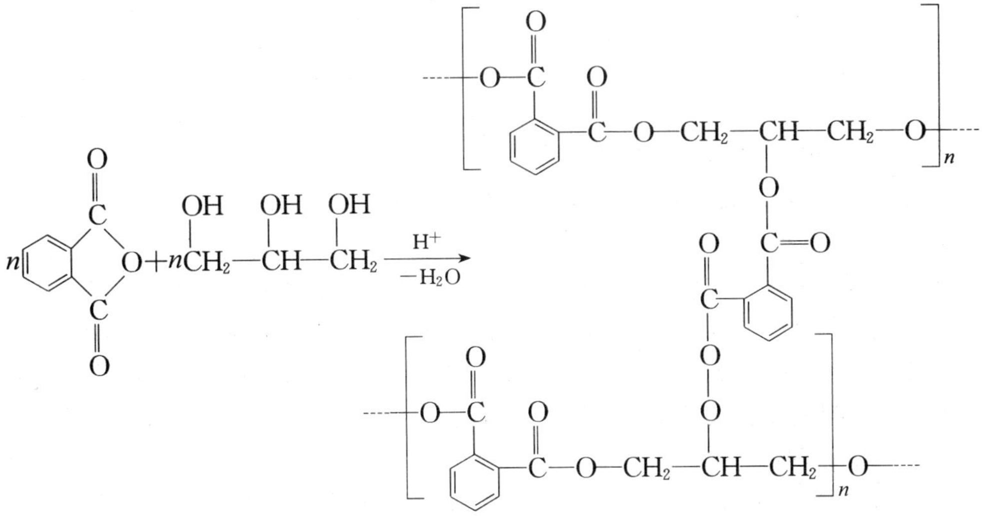

酰胺的醇解是可逆的，需用过量的醇才能生成酯，并放出氨。酸或碱对反应有催化作用。

酯与醇作用需在盐酸或醇钠的催化下，可生成另一种醇和另一种酯，这个反应称为酯交换反应。酯交换反应也是可逆的，在工业生产上常有应用。

3）氨解反应

酰氯、酸酐和酯都可与氨作用生成酰胺。

$$\left.\begin{array}{l}RCOCl \\ RCOOOCR \\ RCOOR'\end{array}\right\} \xrightarrow{NH_3} \left\{\begin{array}{l}RCONH_2 + NH_4Cl \\ RCONH_2 + RCOONH_4 \\ RCONH_2 + R'OH\end{array}\right.$$

$$RCONH_2 \xrightarrow[\text{过量}]{R'NH_2} RCONHR' + NH_3$$

酰胺与胺的反应是可逆反应，胺需过量才可得到 $N$-烷基酰胺，因此反应实际意义不大。羧酸衍生物的亲核取代反应实际分两步进行：第一步是羰基碳上发生亲核加成，先形成一个带负电的中间体，它的中心碳原子为 $sp^3$ 杂化，是四面体结构；第二步是中间体消除一个离去基团，由此形成的产物就是另一种羧酸衍生物或羧酸。因此羧酸衍生物的亲核取代反应又叫做羰基的亲核加成-消除反应。

总的反应机理可以用下式表示：

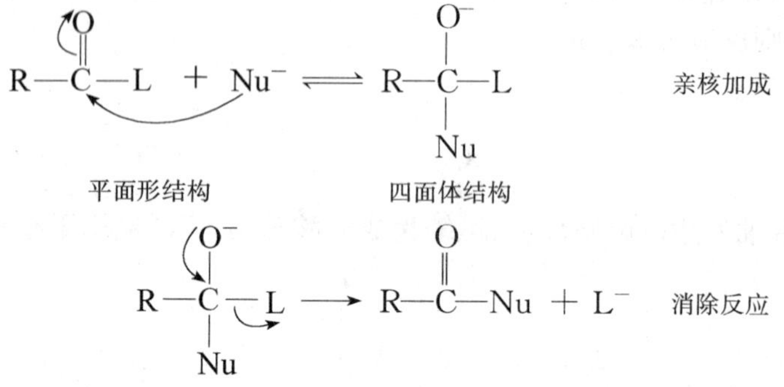


$Nu^-$：进攻的亲核试剂，即 $H_2O$、ROH、$NH_3$、$RNH_2$ 或 $R_2NH$ 等

$L^-$：离去基团，即 X、—OOCR 、—OR、—$NH_2$、—NHR 或—$NR_2$

总的反应速率和两步反应的速率都有关系，但第一步更为重要。酰基中羰基碳原子是 $sp^2$ 杂化，三个 $\sigma$ 键是平面形分布。羰基碳上如果连有吸电子基团，将增加羰基碳的正电性，有利于亲核试剂的进攻；反之，如果连有供电子基团，将不利于亲核试剂的进攻。亲核加成生成的中间体，其碳原子为 $sp^3$ 杂化，即四面体结构。如果原来羰基碳原子上连接的基团过于庞大，在四面体结构中就显得过于拥挤而不利于反应进行。上述电子效应和空间效应都将对第一步的反应速率有所影响。第二步反应是否容易进行，取决于离去基团 $L^-$ 的碱性，碱性越弱，越易离去。离去基团碱性的强弱可由其共轭酸的酸性的强弱决定。

$$HCl > HCOOH > ROH > NH_3$$

$pK_a$　2.2　4～5　16～19　34

则羧酸衍生物各离去基团离去的难易次序为

$$Cl^- > RCOO^- > RO^- > NH_2^-$$

在许多亲核取代反应中，酰氯的活泼性最大，酸酐次之。它们在有机合成中常用作酰基化试剂。

羧酸衍生物在酸性或碱性溶液中，由于酸或碱的催化作用，比在中性溶液中更容易水解。酸催化作用第一步是酰基氧原子质子化，这就使羰基碳原子更易受到亲核试剂的进攻，即使弱的亲核试剂也可以与它发生作用。

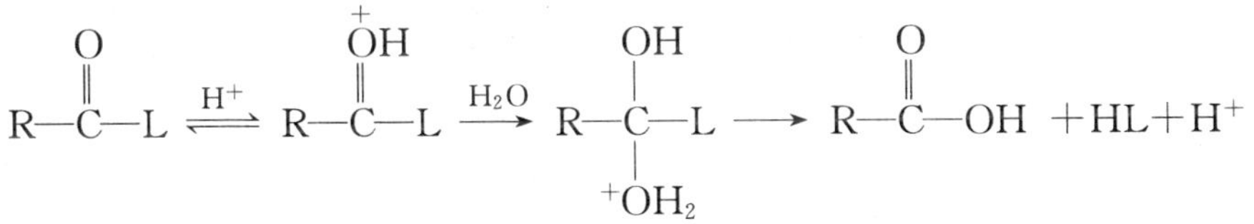

碱催化时，碱性溶液提供的 $OH^-$ 是一种强的亲核试剂，容易攻击羰基碳原子。

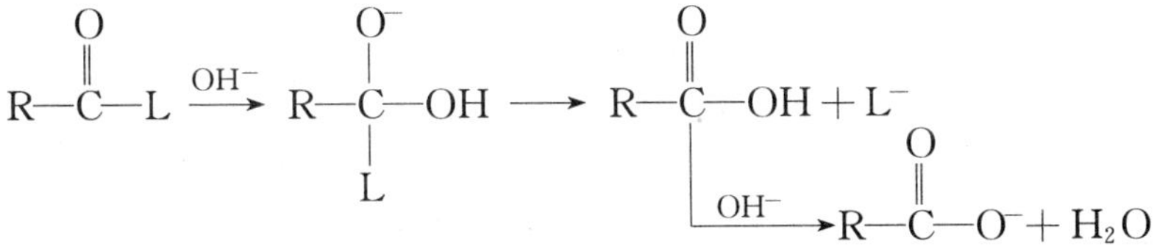

4）与格氏试剂的反应

格氏试剂可以与酰氯、酸酐、酯和 *N*,*N*-二取代酰胺发生亲核加成反应，反应能否停留在酮阶段取决于反应物的活性、用量和反应条件。酯和酰氯与格氏试剂的加成反应在有机合成中应用较多，如

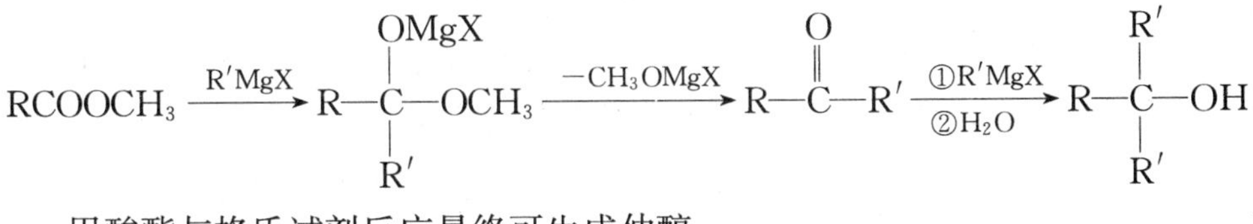

甲酸酯与格氏试剂反应最终可生成仲醇。

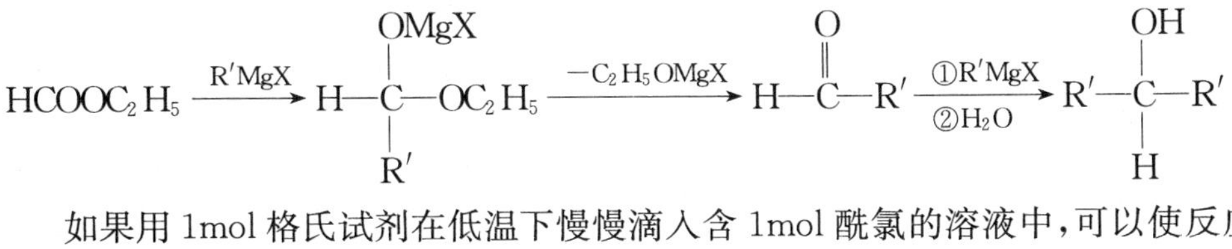

如果用 1mol 格氏试剂在低温下慢慢滴入含 1mol 酰氯的溶液中，可以使反应停留在生成酮的一步。

$$RCOCl + R'MgX \longrightarrow R{-}\underset{R'}{\overset{OMgX}{C}}{-}Cl \xrightarrow{H_2O} R{-}\overset{O}{\overset{\|}{C}}{-}R'$$

酸酐、酰胺与格氏试剂反应在有机合成上价值不大，这里不再介绍。

#### 10.2.2.2　还原反应

羧酸衍生物比羧酸易被还原，可以催化加氢还原，也可用氢化铝锂还原，酰氯、酸酐和酯的还原产物均为伯醇，酰胺的还原产物为胺。

$$\left.\begin{array}{l} RCOCl \\ RCOOOCR \\ RCOOR' \\ RCONH_2 \end{array}\right\} \xrightarrow[\text{或 } LiAlH_4]{\text{催化加氢}} \left\{\begin{array}{l} RCH_2OH \\ 2RCH_2OH \\ RCH_2OH + R'OH \\ RCH_2NH_2 \end{array}\right.$$

将钯沉积在 $BaSO_4$ 上作催化剂，常压下加氢使酰氯还原成相应醛的反应称为罗森蒙德(Rosenmund)还原。为使反应停留在醛的阶段，可在反应体系中加入适量的喹啉-硫、硫或硫脲等作为“抑制剂”，以降低催化剂的活性，如

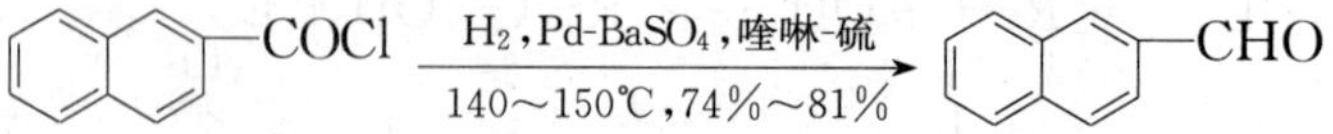


罗森蒙德反应是制备醛的一种好方法。

氢化铝锂中的氢被烷氧基取代后，还原性逐渐减弱。若烷基位阻加大，则还原性能更弱。利用这种试剂可进行选择性还原，如

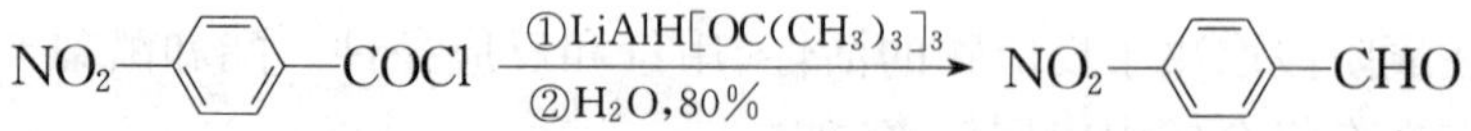


由于很难用其他方法把酰胺还原成醛，所以本法更具合成价值。

酯的还原反应还可以用金属钠和醇作还原剂，将酯还原为醇，该还原剂对碳-碳双键无影响，可用于从油脂制备高级不饱和脂肪醇，如

$$CH_3(CH_2)_7CH{=}CH(CH_2)_7COOC_4H_9 \xrightarrow{Na + C_4H_9OH} CH_3(CH_2)_7CH{=}CH(CH_2)_7CH_2OH$$

在有机合成中，酯的还原是使羧酸间接转变为伯醇的重要方法，因为羧酸还原比酯困难。

#### 10.2.2.3　$\alpha$-氢的反应

羧酸衍生物分子中的 $\alpha$-氢由于受羰基影响($\sigma$-$\pi$ 超共轭和吸电诱导效应)，因此比较活泼，与醛酮相似，在一些碱性试剂催化下可以发生缩合反应。在有机合成中酯缩合反应应用较多。由于酯的 $\alpha$-H 酸性小于醛酮，也小于酰氯(但大于酰

胺),所以酯缩合用的碱是醇钠或其他碱性催化剂(如氨基钠)而不是氢氧化钠的水溶液。酯在强碱作用下发生分子间的缩合反应,称为克莱森酯缩合反应,此反应在制备 $\beta$-二羰基化合物时很有用。

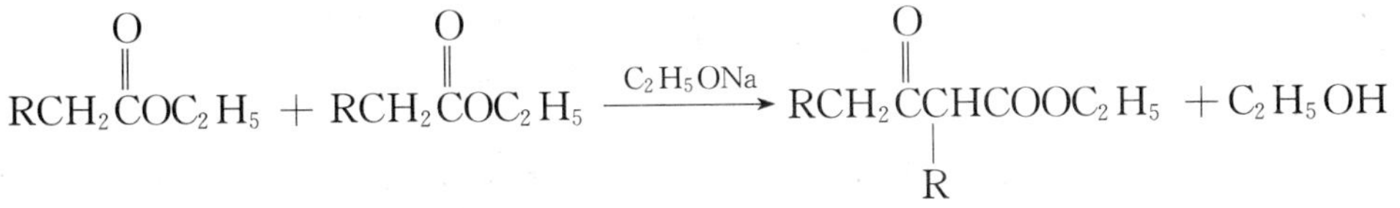

$$CH_3COOC_2H_5 + CH_3COOC_2H_5 \xrightarrow{C_2H_5ONa} CH_3COCH_2COOC_2H_5 + C_2H_5OH$$

它的缩合反应机理和前面讲过的羟醛缩合相似,即

$$C_2H_5ONa \rightleftharpoons Na^+ + C_2H_5O^-$$

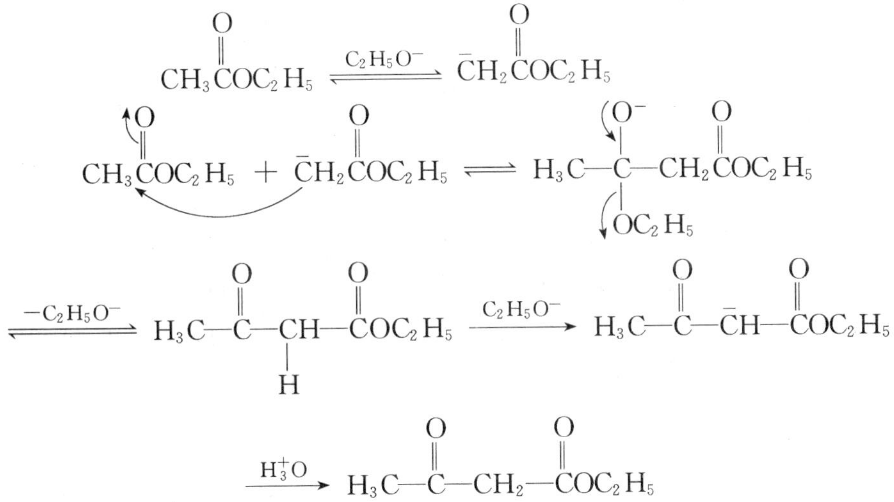

在此机理中,前面每一步都是平衡反应,整个反应完成是靠倒数第二步,由于乙酰乙酸乙酯的负离子有较多的共振稳定性,因此反应能趋于完成,而最后的酸化一步使反应终止。

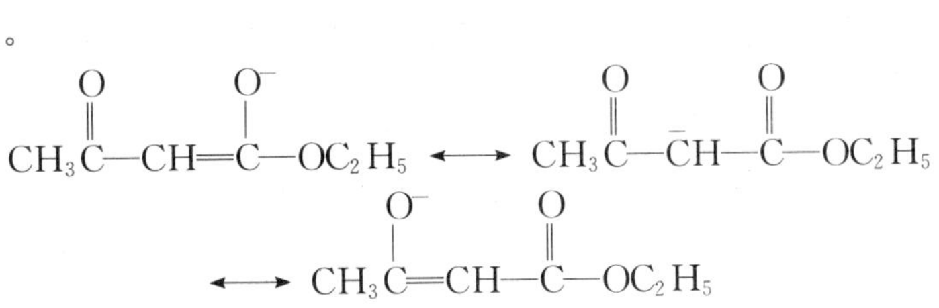

一般只含有一个 $\alpha$-氢的酯因 $\alpha$-H 的酸性更加弱而较难进行酯缩合反应,需要在比 $C_2H_5ON_a$ 更强的碱(如氢化钠,氨基钠或三苯甲基钠等)作用下才能进行,如

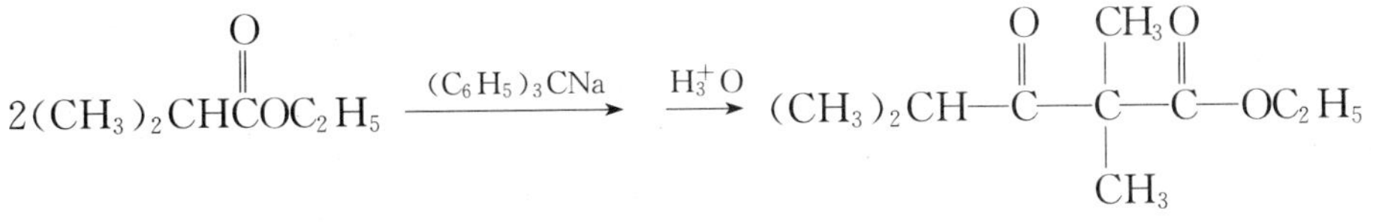

一般克莱森酯缩合反应是在两个相同的酯之间进行。虽然我们可以进行混合酯的交叉缩合反应，即采用两种不同的酯，但产物太复杂，没有实用价值，除非一个酯有 $\alpha$-氢，一个酯没有 $\alpha$-氢，才有制备意义。例如，乙二酸乙酯、苯甲酸酯、甲酸酯等都是不含 $\alpha$-氢的酯，可用于交叉酯缩合反应。这时产物比较纯。

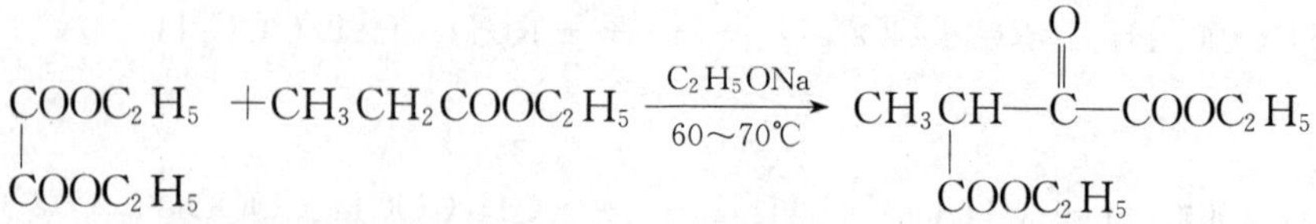

己二酸酯和庚二酸酯在醇钠作用下主要是发生分子内的酯缩合反应生成环状的 $\beta$-酮酸酯，称为迪克曼(Dieckmann) 缩合反应。

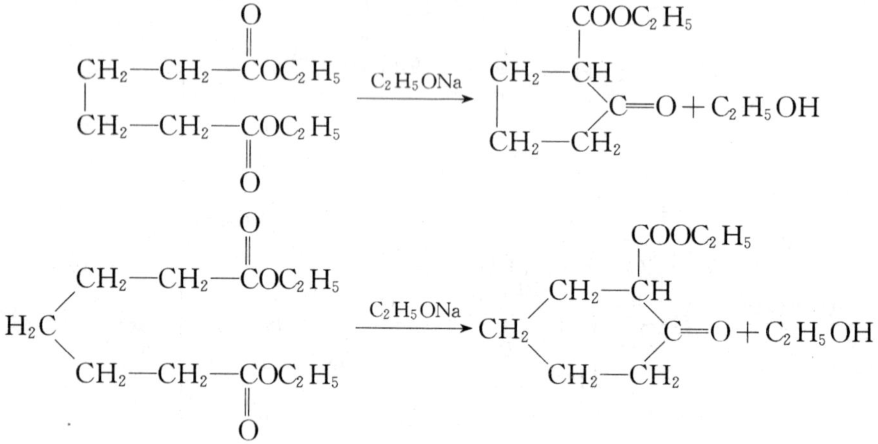

上述两个产物在酸性溶液中水解时，最初生成的是 $\beta$-羰基酸不稳定，容易脱羧，所以最后的产物是环戊酮和环己酮。

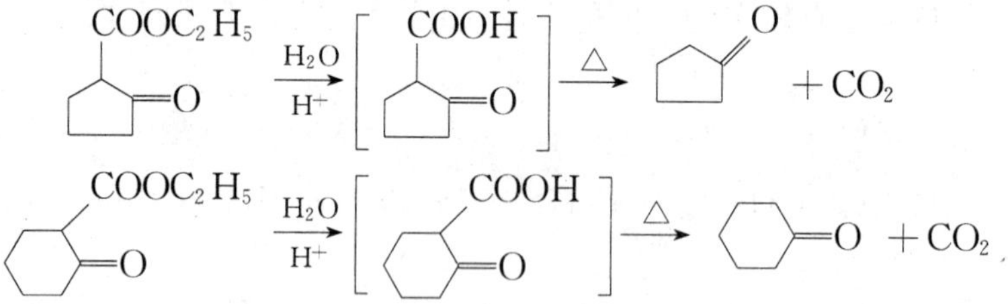

酯与适当的醛或酮特别是甲基酮中的 $\alpha$-氢发生交叉缩合反应，如

$$CH_3\overset{O}{\overset{\|}{C}}—OC_2H_5 + H—CH_2—\overset{O}{\overset{\|}{C}}—CH_3 \xrightarrow[C_2H_5OH]{C_2H_5ONa} \xrightarrow{H_3O^+} CH_3\overset{O}{\overset{\|}{C}}CH_2\overset{O}{\overset{\|}{C}}CH_3$$

$$H\overset{O}{\overset{\|}{C}}—OC_2H_5 + H—CH_2—\overset{O}{\overset{\|}{C}}—C_6H_5 \xrightarrow[C_2H_5OH]{C_2H_5ONa} \xrightarrow{H_3O^+} H—\overset{O}{\overset{\|}{C}}—CH_2—\overset{O}{\overset{\|}{C}}—C_6H_5$$

在这些反应中，酯作为酰基化试剂使醛或酮酰化。

含 α-氢的酸酐与苯甲醛在相应的羧酸或钠盐催化作用下也可以发生缩合反应，如

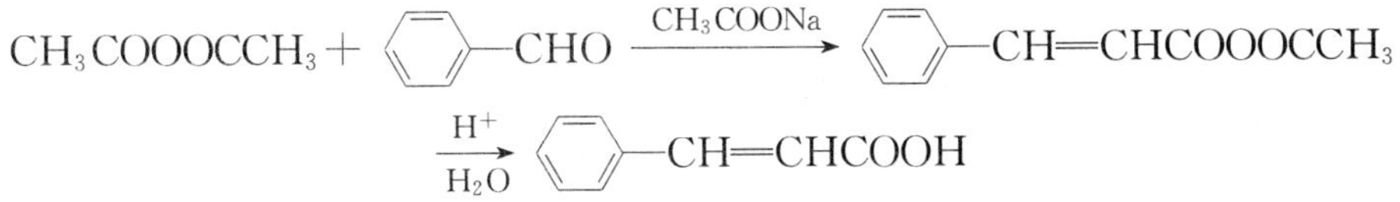

上述反应称为佩金反应，是制备肉桂酸的方法。反应中乙酸酐在乙酸钠的催化下，首先失去 α-氢，生成碳负离子。碳负离子作为亲核试剂，与苯甲醛发生亲核加成生成 β-羟基酸酐，后者不稳定，失去一分子水，最后再经酸性水解即得肉桂酸。

酯和带有 α-氢原子的腈之间也能发生类似克莱森缩合的反应。腈的酸性比酯强，它们在碱的作用下先生成碳负离子，而后进攻酯羰基，发生加成-消除反应后得到 β-酮腈。

$$CH_3\overset{\overset{O}{\|}}{C}-OC_2H_5 + RCH_2CN \xrightarrow{C_2H_5ONa} CH_3\overset{\overset{O}{\|}}{C}-\overset{\overset{CN}{|}}{C}HR$$

### 10.2.2.4　酰胺的特征反应

酰胺是羧酸衍生物中最不活泼的化合物，但却能发生一些特征反应。

1）酸碱性

酰胺分子中氮原子的未共用电子对与羰基存在 p-π 共轭效应，使氮原子上的电子云密度降低，减弱了它接受质子的能力，因此，酰胺近于中性。

在特殊条件下，酰胺可显示弱碱性。例如，把氯化氢气体通入乙酰胺的乙醚溶液中能生成不溶于乙醚的盐（$CH_3CONH_2 \cdot HCl$）。但此盐不稳定，遇水即分解成酰胺和盐酸，这说明酰胺的碱性极弱。

$$CH_3\overset{\overset{O}{\|}}{C}NH_2 + HCl(\text{气}) \xrightarrow{\text{乙醚}} CH_3\overset{\overset{O}{\|}}{C}NH_2 \cdot HCl\downarrow$$

2）脱水反应

酰胺在强脱水剂作用下或高温加热，发生分子内脱水生成腈，常用的脱水剂有五氧化二磷和亚硫酰氯等，如

$$R\overset{\overset{O}{\|}}{C}NH_2 \xrightarrow{P_2O_5\ \text{或加热}} RCN + H_2O$$

3）降级反应

酰胺与次氯酸钠或次溴酸钠的碱溶液作用，脱去羰基生成伯胺。在反应中碳链减少一个碳原子，故称为酰胺降级反应，也叫霍夫曼降级反应。含 8 个碳以下的

酰胺，采用此法，产率较高。

$$RCONH_2 + NaOBr + NaOH \longrightarrow RNH_2 + Na_2CO_3 + NaBr + H_2O$$

一般认为上述反应历程如下：

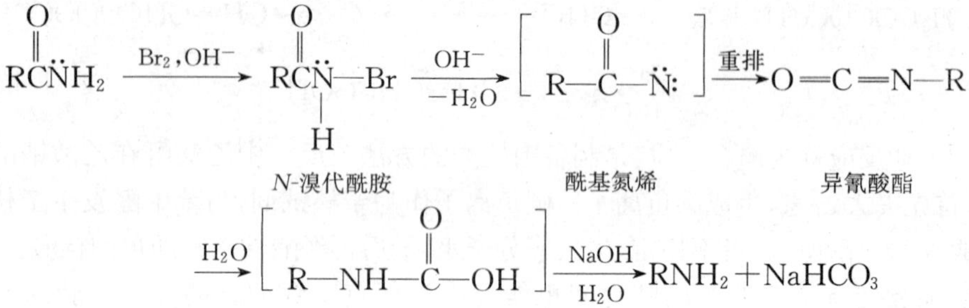


反应中首先是酰胺与溴的碱溶液作用，生成 N-溴代酰胺。N-溴代酰胺在碱的作用下脱去 HBr，生成类似碳烯的活性中间体——氮烯，氮烯分子中氮的周围只有 6 个价电子，不稳定，易发生重排，生成异氰酸酯。异氰酸酯是个非常活泼的化合物，遇水后立即分解，得到伯胺，放出二氧化碳。

4）与 $HNO_2$ 的反应

酰胺的氮原子上连有两个氢原子时，与 $HNO_2$（$NaNO_2$＋HCl）作用生成羧酸，同时定量放出 $N_2$。这个反应可用于酰胺的鉴别和定量分析。

$$RCONH_2 + HO{-}NO \longrightarrow RCOOH + N_2\uparrow + H_2O$$

有的酰胺由于空间障碍较大，水解不易进行，如用 $HNO_2$ 处理，则在室温下就可使其水解，并得到较高收率的羧酸。

### 10.2.3 过氧酸和过氧酰基化合物

过氧酸 $RCO_3H$ 和过氧酰基化合物 $(RCO_2)_2$ 分别是过氧化氢的单酰基化物和双酰基化物。过氧酸能形成较强的分子内五元环氢键，其酸性较相应的羧酸弱。

过氧酸是一类很强的氧化剂。例如，通过顺式-加成反应从位阻较小的一面接近双键并将双键氧化成环氧化物，它能将醛氧化为酸，酮氧化为酯。低级的过氧酸不够稳定，受热后有强烈爆炸的危险，特别在浓度较高时更要注意安全操作。过氧苯甲酸相对要比过氧乙酸安全得多，它们在储存时都会渐渐分解而降低过氧含量。

过氧酸可由羧酸和高浓度的过氧化氢在酸性催化剂存在下反应得到，酰卤和酸酐与过氧化钠反应或过氧酰基化物溶剂溶解也都产生过氧酸。

$$RCO_2H + H_2O_2 \xrightleftharpoons{H^+} RCO_3H + H_2O$$

$$RCOCl + HOONa \longrightarrow RCO_3H + NaCl$$

$$(RCO_2)_2 + R'OH \longrightarrow RCO_3H + RCO_2R'$$

2mol 酰氯和 1mol 过氧化氢反应生成 1mol 过氧二酰基化物，分子中有较弱的过氧单键(—O—O—)，易发生均裂反应而产生自由基，过氧化苯甲酰(benzoyl peroxide)在室温下是一个稳定的固体，受热时易放出二氧化碳并产生苯基自由基，是最常用的自由基引发剂之一。

$$2RCOCl + HOOH \xrightarrow{OH^-} R-\overset{O}{\overset{\|}{C}}-O-O-\overset{O}{\overset{\|}{C}}-R$$

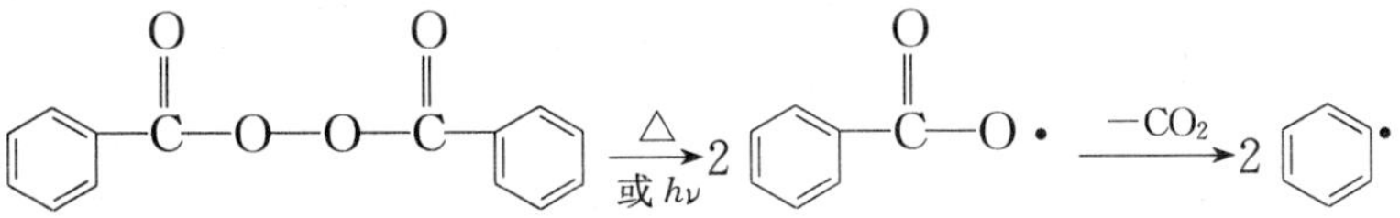

## 10.2.4 β-二羰基化合物

分子中含有两个羰基官能团的化合物称为二羰基化合物，其中两个羰基间隔一个亚甲基的化合物叫做 β-二羰基化合物(β-dicarbonyl compound)，如

| $CH_3\overset{O}{\overset{\|}{C}}-CH_2-\overset{O}{\overset{\|}{C}}CH_3$ | $CH_3\overset{O}{\overset{\|}{C}}CH_2\overset{O}{\overset{\|}{C}}OC_2H_5$ | $C_2H_5O\overset{O}{\overset{\|}{C}}-CH_2-\overset{O}{\overset{\|}{C}}OC_2H_5$ |
|---|---|---|
| 2,4-戊二酮<br>(乙酰丙酮) | 乙酰乙酸乙酯<br>(β-丁酮酸酯) | 丙二酸二乙酯 |

亚甲基受两个羰基吸电子的影响，α-碳上的氢原子变得很活泼。因此 β-二羰基化合物也称为活泼亚甲基化合物。

### 10.2.4.1 β-二羰基化合物的酸性和烯醇负离子的稳定性(酮-烯醇平衡)

β-二羰基化合物上的 α-氢原子有较强的酸性，$pK_a$ 为 9～13，远比醇和水的酸性强(表 10-9)。

**表 10-9　羰基化合物的 $pK_a$**

| 构造式 | 名　称 | $pK_a$ |
|---|---|---|
| $H_3C-\overset{O}{\overset{\|}{C}}-COC_2H_5$ | 乙酸乙酯 | 25 |
| $H_3C-\overset{O}{\overset{\|}{C}}-CH_3$ | 丙酮 | 20 |
| $C_2H_5O\overset{O}{\overset{\|}{C}}-CH_2-\overset{O}{\overset{\|}{C}}OC_2H_5$ | 丙二酸二乙酯 | 13 |
| $CH_3\overset{O}{\overset{\|}{C}}-CH_2-\overset{O}{\overset{\|}{C}}OC_2H_5$ | 乙酰乙酸乙酯(β-丁酮酸酯) | 11 |
| $CH_3\overset{O}{\overset{\|}{C}}-CH_2-\overset{O}{\overset{\|}{C}}CH_3$ | 2,4-戊二酮 | 9 |

β-二羰基化合物的酸性之所以比一般羰基化合物强得多，是因为它们能发生酮-烯醇互变异构，烯醇式因分子内形成氢键而比较稳定，以 2,4-戊二酮为例：

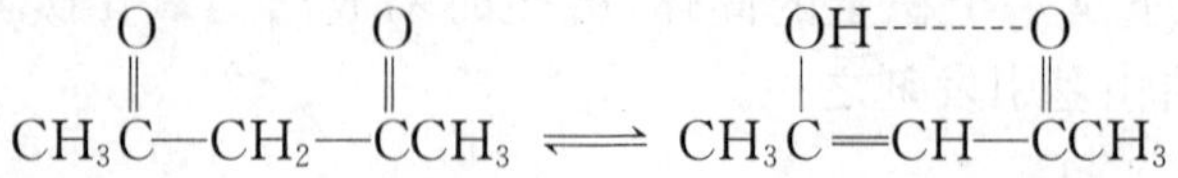

酮式(24%)　　烯醇式(76%)

在碱性作用下，β-二羰基化合物可生成稳定的负离子，因为负电荷可以发生离域而扩展到两个羰基上。

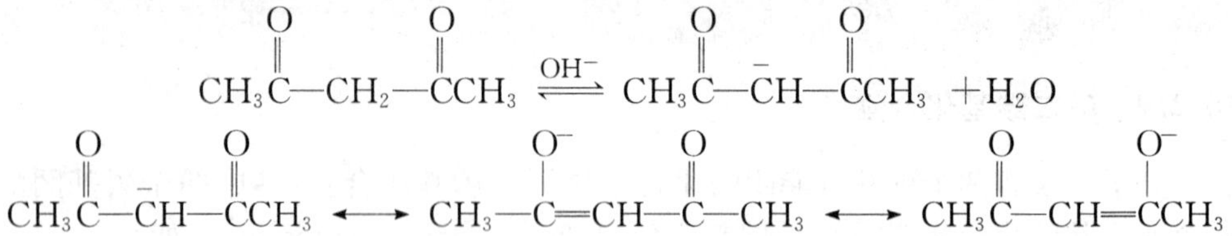

β-二羰基化合物负离子有烯醇式存在，所以一般称之为烯醇负离子。而且亚甲基碳原子也带有负电荷，且反应往往发生在此碳原子上，所以这种负离子也常称之为碳负离子，即两可负离子。

β-二羰基化合物除了具有羰基化合物的通性外，它们还具有自己独特的反应，在有机合成上有多方面的应用。

#### 10.2.4.2　乙酰乙酸乙酯

1）乙酰乙酸乙酯的制备

乙酰乙酸乙酯可以由乙酸乙酯在乙醇钠的催化作用下，经克莱森酯缩合反应来制备，也可以由乙烯酮制备。乙烯酮是不饱和酮，容易发生聚合，控制反应条件可得到二聚体——二乙烯酮。二乙烯酮实际上是个内酯，在酸催化作用下与乙醇首先反应，生成一个烯醇式中间体，然后经重排，制得乙酰乙酸乙酯。

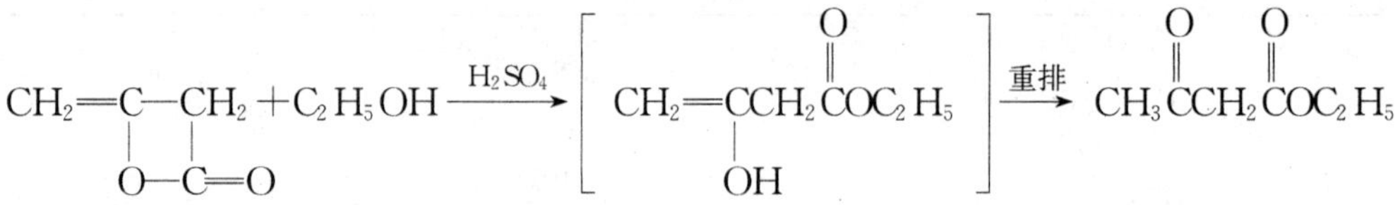

2）乙酰乙酸乙酯的性质

乙酰乙酸乙酯是无色有水果香味的液体，沸点 180.4℃，在沸点时有分解现象，制备时一般用减压蒸馏的方法提纯。

在通常条件下，乙酰乙酸乙酯是以酮式和烯醇式两种结构通过动态平衡同时存在的互变异构体。

92.5%(b. p. 41℃/266.6Pa)　　　　7.5%(b. p. 33℃/266.6Pa)

在乙酰乙酸乙酯的平衡体系中，烯醇式结构的含量与溶剂的性质有关。溶剂的极性越小越有利于形成分子内氢键，烯醇的含量越高(表 10-10)。

**表 10-10　乙酰乙酸乙酯在不同溶剂中的烯醇式含量**

| 溶　剂 | 水 | 甲醇 | 乙醇 | 乙酸乙酯 | 苯 | 乙醚 | 正己烷 |
|---|---|---|---|---|---|---|---|
| 烯醇式含量/% | 0.40 | 6.87 | 10.52 | 12.9 | 16.2 | 27.1 | 46.4 |

当乙酰乙酸乙酯的亚甲基上连有烷基时，在水中的平衡体系中，烯醇式含量将下降，酸性也下降(表 10-11)。

**表 10-11　取代乙酰乙酸乙酯在水溶液中的烯醇式含量**

| 化合物 | $CH_3COCH_2CO_2Et$ | $CH_3COCH(CH_3)CO_2Et$ | $CH_3COCH(C_2H_5)CO_2Et$ | $CH_3COCH(CH(CH_3)_2)CO_2Et$ |
|---|---|---|---|---|
| 烯醇式含量/% | 0.40 | 0.30 | 0.17 | 0.04 |
| $pK_a$ | 11.0 | 12.25 | 12.50 | 13.50 |

另外，烯醇式结构的含量还与浓度和温度等因素有关。

乙酰乙酸乙酯的烯醇式和酮式两者在低温时可以被分开。如将乙酰乙酸乙酯的石油醚溶液用干冰冷却到−78℃以下时，就可得到一无色晶体，该晶体最初不与 $FeCl_3$ 发生显色反应，也不使溴的乙醇溶液褪色，但是有酮的特征反应，说明它是酮式结构。在常态下，乙酰乙酸乙酯可以表现出烯醇和酮两方面的特征反应。能与羰基试剂(如羟氨、苯肼等)发生反应，也能与金属钠作用放出氢气，可以使溴的四氯化碳溶液褪色，还能与三氯化铁作用显紫色。由于它的特殊结构，还可发生以下反应：

(1) 酮式分解与酸式分解。乙酰乙酸乙酯在稀碱(5%NaOH)或稀酸中加热，首先发生酯的水解反应，生成乙酰乙酸。乙酰乙酸不稳定，加热容易脱羧生成酮，这个过程称为酮式分解。

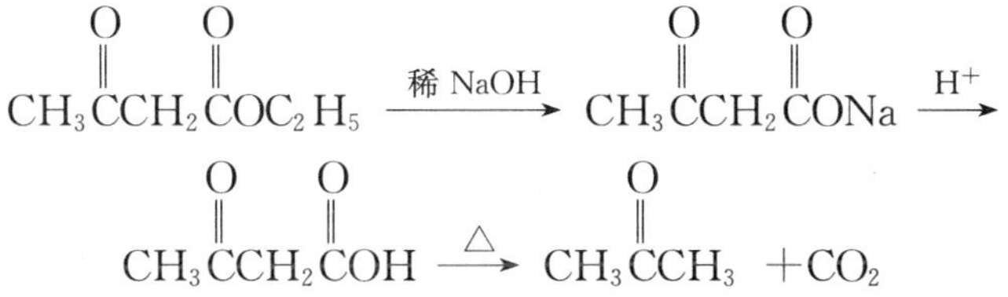

乙酰乙酸乙酯在浓碱(40%NaOH)中加热，其 $\alpha$-碳和 $\beta$-碳之间的键断裂，生成

两分子乙酸盐，酸化后得到乙酸，这个过程为酸式分解。

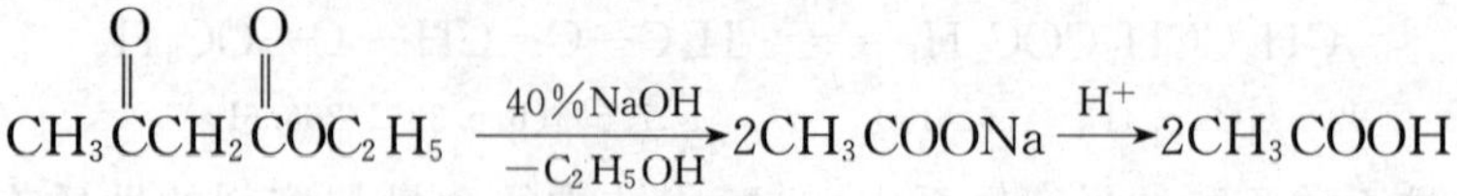

反应历程如下：

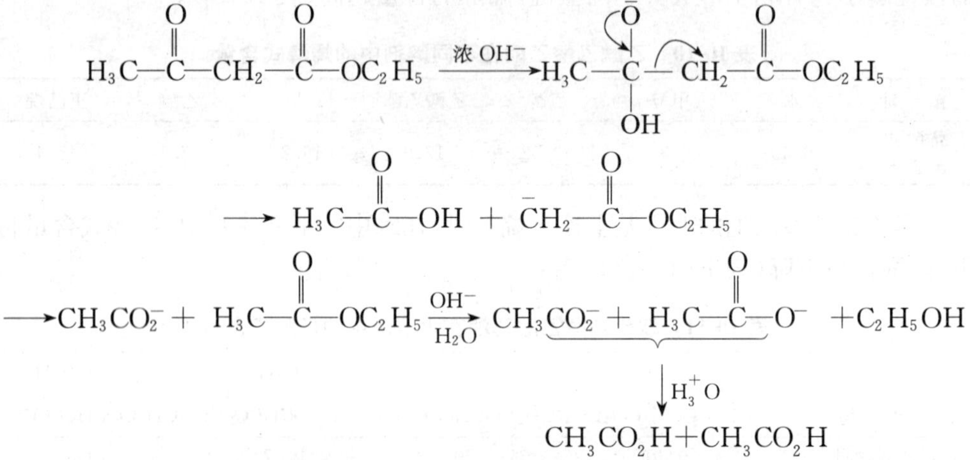

乙酰乙酸乙酯在酸式分解的同时常伴有酮式分解的副反应的发生。酸式分解实际上是 $OH^-$ 作为亲核试剂首先对 $\beta$-羰基进行加成，然后消除完成反应。

(2) 亚甲基上活泼氢的反应。乙酰乙酸乙酯在醇钠等强碱作用下可以生成钠盐。该盐是良好的亲核试剂，能与伯卤代烃、苄卤以及酰卤等发生亲核取代反应($S_N2$)，主要生成在亚甲基碳原子上烃基或酰基化的乙酰乙酸乙酯，如

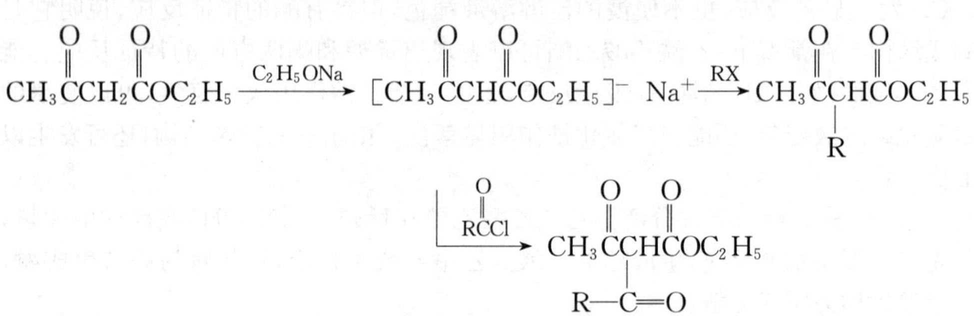

烃基或酰基乙酰乙酸乙酯分子中还有一个活泼氢，可重复上述反应，得到二烃基或二酰基乙酰乙酸乙酯。

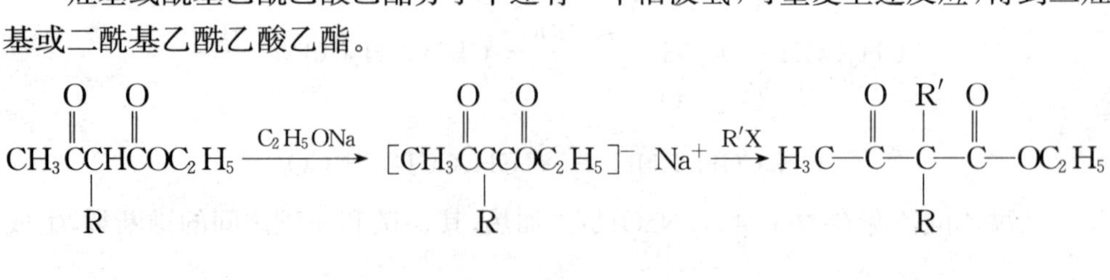

烃基或酰基乙酰乙酸乙酯也可以发生酮式或酸式分解。

(3) 乙酰乙酸乙酯在合成上的应用。利用乙酰乙酸乙酯活泼亚甲基上烃基或酰基取代物,通过酮式或酸式分解,可以合成甲基酮、二酮、一元羧酸和酮酸等一系列化合物。

合成甲基酮:

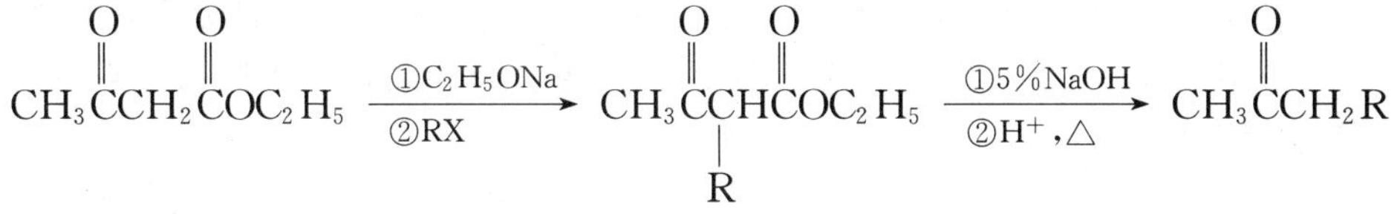

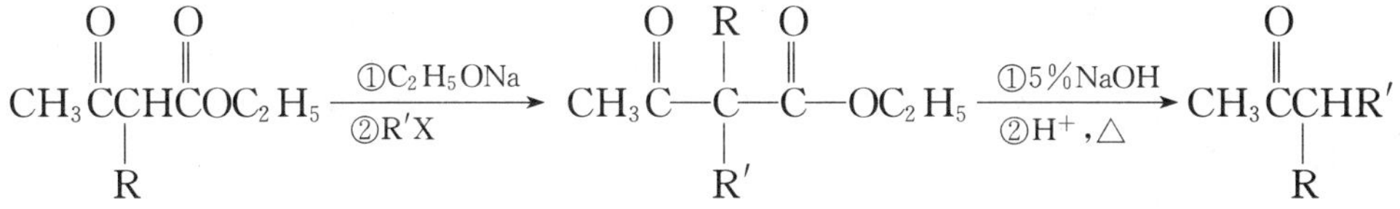

用二卤代烃重复上述反应可以得到环状甲基酮,如

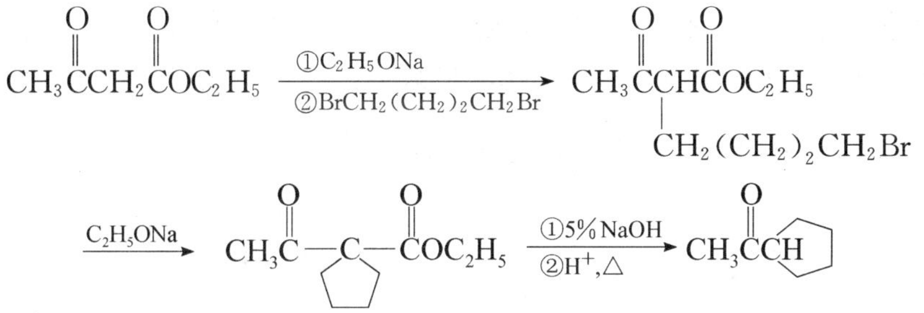

合成二酮:

用酰卤、酸酐与乙酰乙酸乙酯反应,再经过酮式分解可得到 $\beta$-二酮。

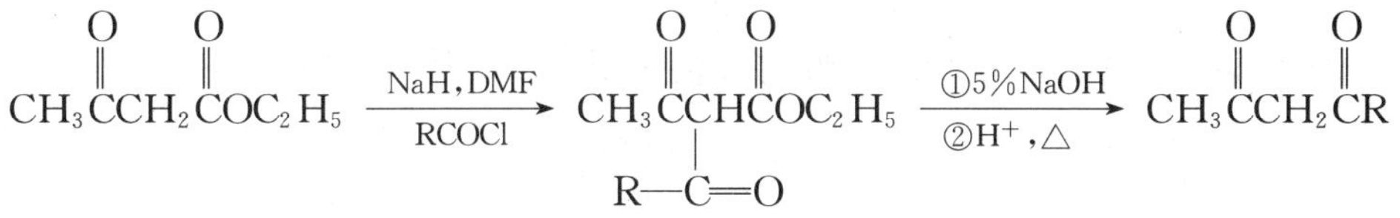

用 1 分子二卤代烃与 2 分子乙酰乙酸乙酯或用 $\alpha$-卤代酸酯与乙酰乙酸乙酯反应,再经酮式分解可以合成其他的二酮或酮酸。

合成各种羧酸:

利用烃基乙酰乙酸乙酯酸式分解可以合成各种羧酸。但由于酸式分解时常伴有酮式分解的副产物生成,产率低,因此一般不采用乙酰乙酸乙酯合成法制取各种羧酸,通常采用丙二酸酯合成法。

在乙酰乙酸乙酯合成法中使用的卤代烃,一般要求采用伯或仲卤代烃,叔卤代烷在碱性条件下,易发生消除反应生成烯烃,产率较低。乙烯型的卤代烃

(CH ═CHX、Ar—X)，由于卤原子活性低，不易发生反应。同时，卤代烃分子中不能含有羧基和酚羟基一类的酸性基团，因其会分解乙酰乙酸乙酯的钠盐，使反应难以进行。

当应用乙酰乙酸乙酯合成二烷基取代丙酮时，若两个烷基都是伯烷基，也应该先引入较大的，后引入较小的。若有仲烷基取代，则应该先引入伯烷基，后引入仲烷基。这主要是由于仲烷基取代后，乙酰乙酸乙酯上的酸性要比伯烷基取代物小，而立体位阻又大，使第二次烷基化较困难，两个取代基引入次序不同会影响到产物的质量和纯度。

### 10.2.4.3　丙二酸二乙酯

丙二酸二乙酯是无色有香味的液体，沸点 199℃，微溶于水。它在有机合成中应用很广，是一个重要的合成中间体。

1）丙二酸二乙酯的制备

由于丙二酸分子中两个羧基间的诱导效应较强，因此使丙二酸不稳定，加热后容易脱羧生成乙酸，故不用丙二酸直接酯化制取丙二酸酯。通常用乙酸为原料，通过α-卤代酸与 NaCN 反应后水解酯化来制取：

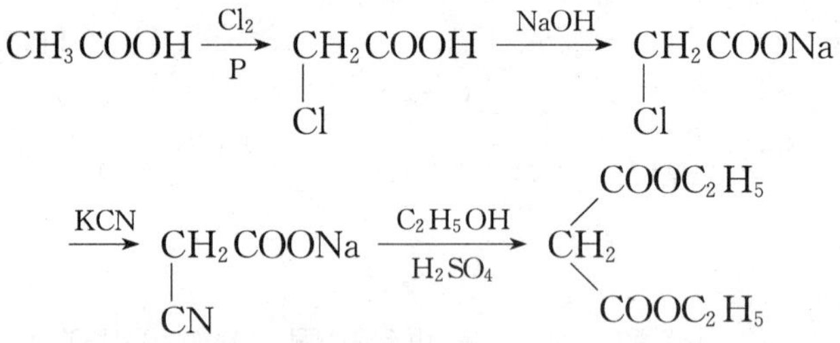

2）丙二酸二乙酯的性质及其在合成中的应用

丙二酸二乙酯分子能与强碱性的醇钠作用形成钠盐。

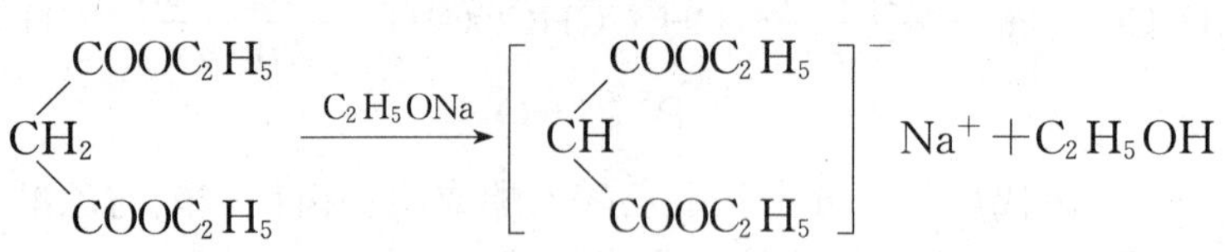

生成的负离子是一个强亲核试剂，与卤烃(伯或仲)反应时，可发生亲核取代而生成一烃基取代的丙二酸二乙酯。水解后就得到相应的烃基取代的丙二酸。它在加热下即脱羧生成相应的烃基取代乙酸。

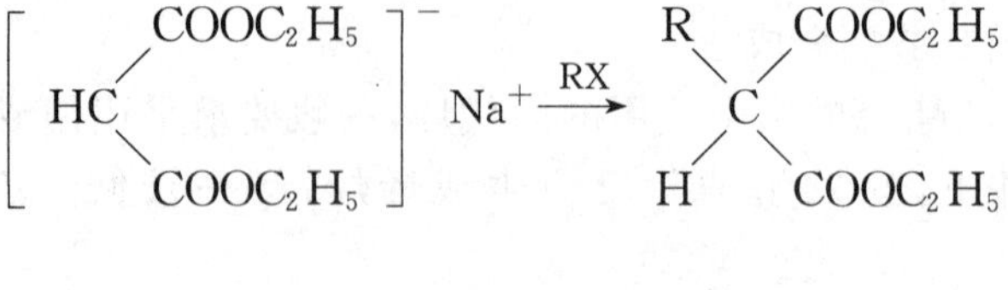

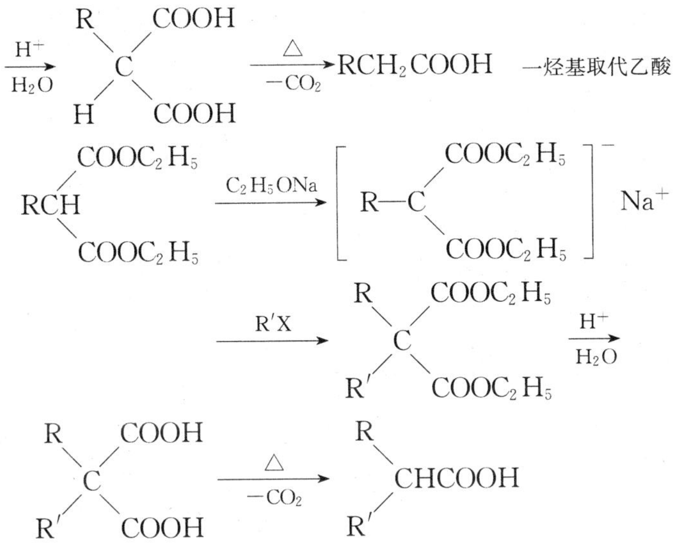

与乙酰乙酸乙酯合成法类似，当需要引入两个不同的烃基时，$S_N2$ 反应考虑空间效应，一般是先引入较大的烃基。第二次所用的卤代烃也要更活泼一点。

丙二酸二乙酯的 $\alpha$-碳上的烃基化反应是制备 $\alpha$-烃基取代乙酸的最有效方法。丙二酸二乙酯也可用来合成二元羧酸，如

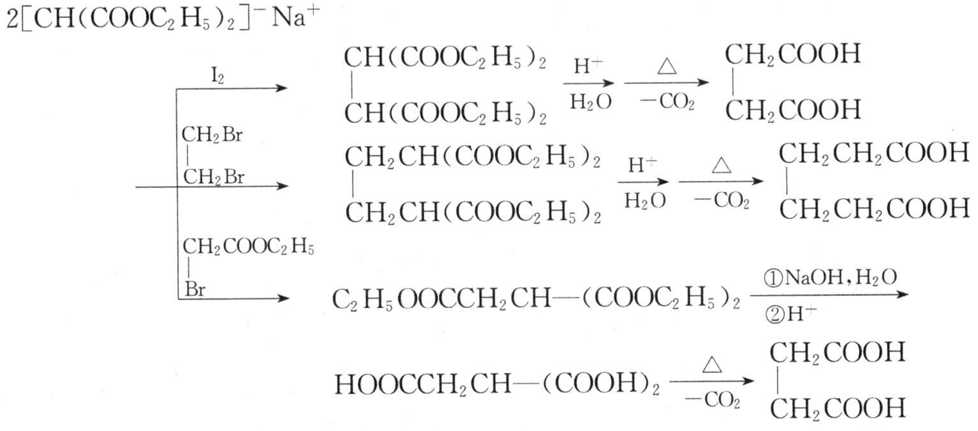

用酰氯或酸酐与丙二酸二乙酯的钠盐反应还可以制取 $\beta$-酮酸，如

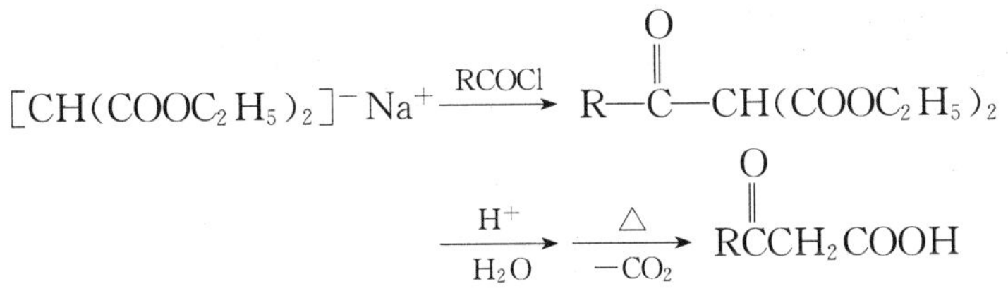

进行此类反应时，不宜用醇钠为碱，以免生成的醇和酰氯反应生成酯，而烷氧

负离子又被生成的酸中和。故常用氢化钠代替醇钠，用非质子极性溶剂 DMF、DMSO 等代替乙醇。

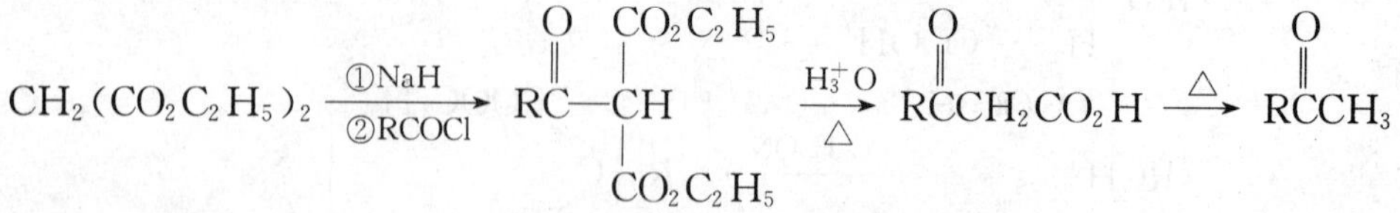

丙二酸二乙酯在有机合成上用途很广。利用丙二酸二乙酯为原料的合成方法，常称为丙二酸二乙酯合成法。

10.2.4.4　活泼亚甲基化合物的其他反应

可以预料，所有具有被双活化基团相连的亚甲基化合物都有类似丙二酸酯和乙酰乙酸乙酯的性质。事实的确如此，如 $CH_3COCH_2COCH_3$、$NCCH_2CN$、$CH_3COCH_2CN$、$O_2NCH_2CN$、$CH_2(NO_2)_2$ 等化合物都可形成稳定的碳负离子，进行类似的反应：

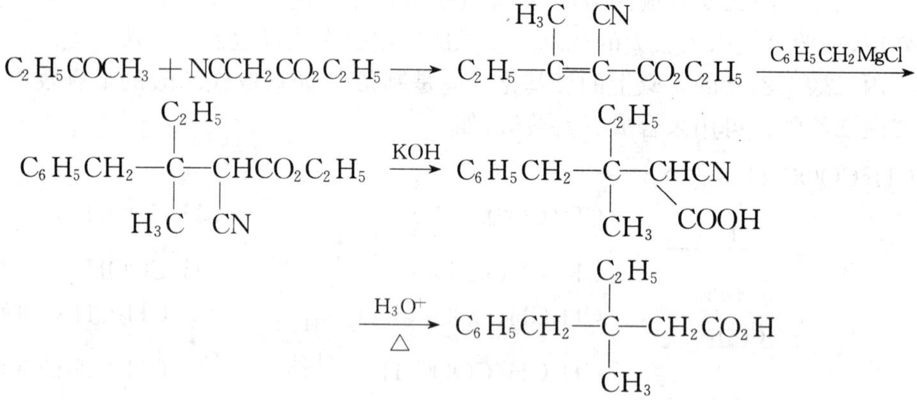

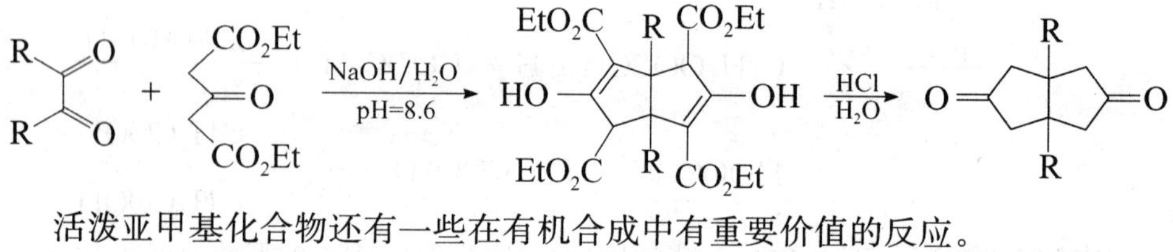

活泼亚甲基化合物还有一些在有机合成中有重要价值的反应。

1）诺文葛尔缩合反应

活泼亚甲基化合物上的碳负离子在吡啶等有机碱催化下，和醛、酮的羰基加成发生类似醇醛缩合的诺文葛尔（Knoevenagel）缩合反应：

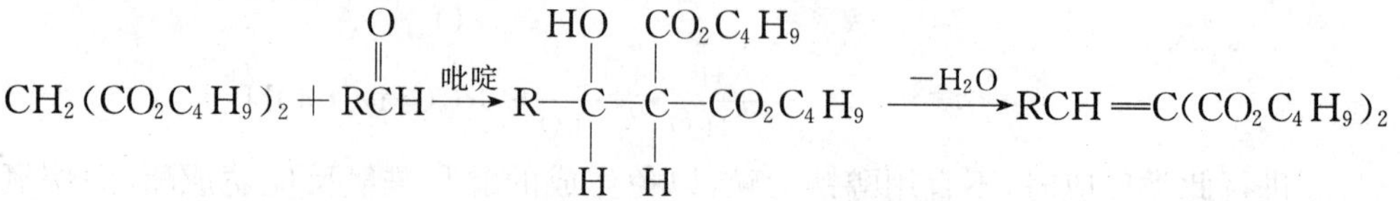

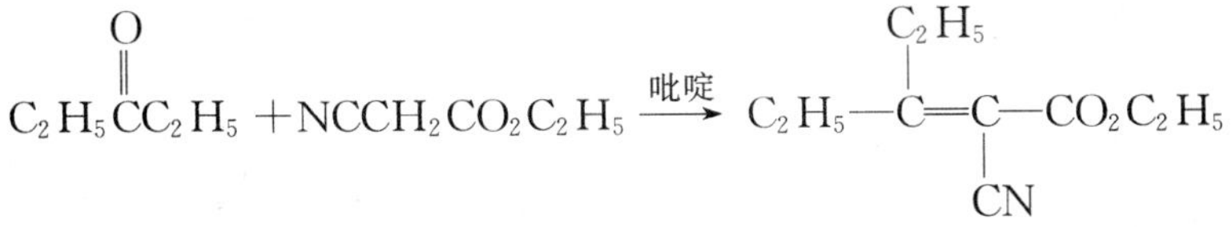


2）斯滔布反应

丁二酸二酯在碱的催化下与醛、酮也进行类似羟醛缩合的反应，生成丁二酸酯的一个亚甲基与醛、酮的羰基脱水缩合的产物，该反应称为斯滔布(Stobbe)反应。反应历程中一个酯基发生水解产生羧基，生成 1-酯基、2-取代亚甲基和 4-羟基的丁二酸单酯衍生物，将其用酸溶液加热处理后，接在不饱和碳上的那个酯基也发生水解并脱羧，生成在醛酮羰基碳上增加 3 个碳原子的 $\beta,\gamma$-不饱和羧酸和 $\gamma$-内酯的混合物：

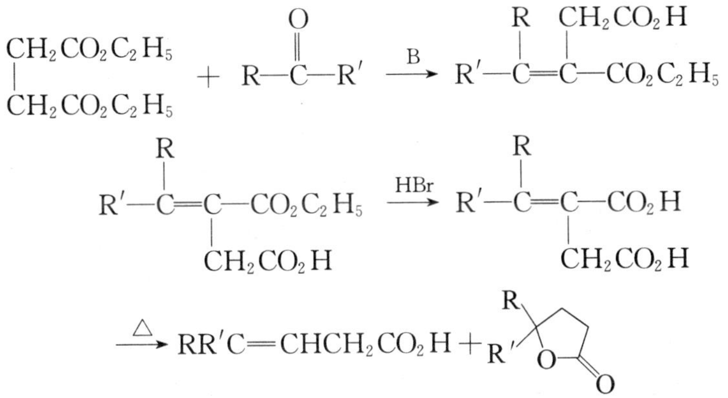

芳香醛酮进行斯滔布反应中所得到的产物经水解、脱羧、还原后环化可得到六元环酮骈联的产物，若不经还原直接环合则生成萘酚类产物。

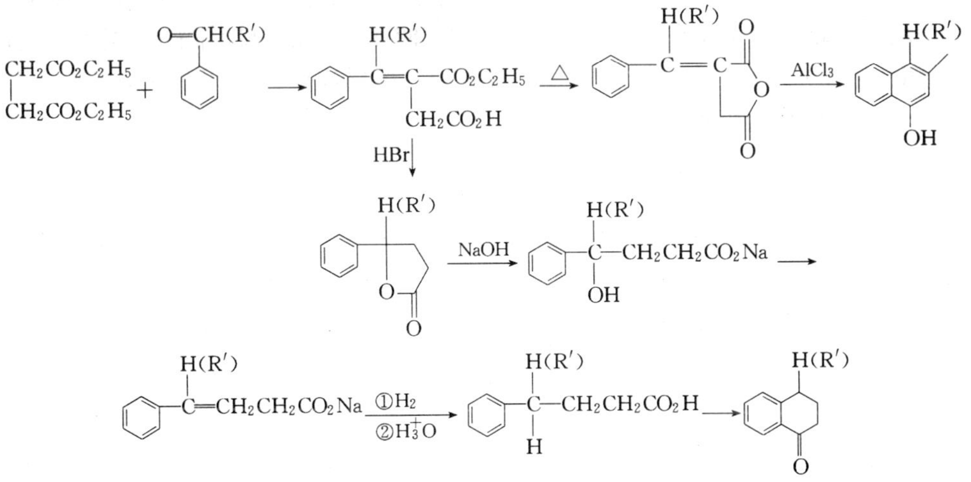

斯滔布反应也能在酯中发生：

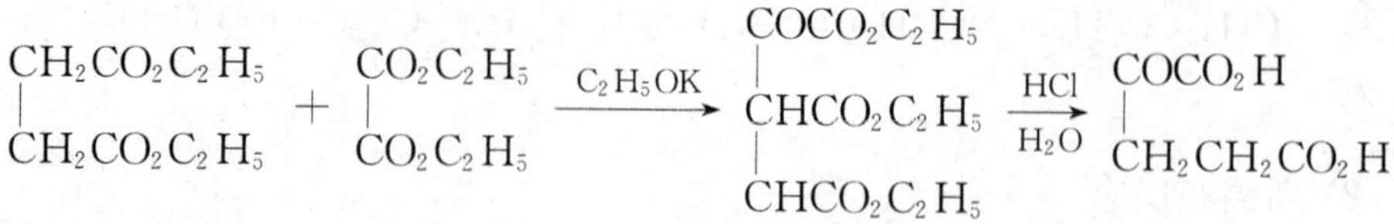

3）迈克尔反应

活泼亚甲基化合物在碱的催化下与α,β-不饱和醛、酮、酯、腈、硝基化合物等可以进行1,4-共轭加成反应，反应的结果是碳负离子加在α,β-不饱和羰基（腈基、硝基）化合物的β碳原子上，而α-碳原子则加上一个氢离子，即迈克尔加成反应。多种碱如NaOH、$C_2H_5ONa$、NaH、吡啶和季铵碱等都可用作催化剂，这与活泼亚甲基化合物的酸性有关，如

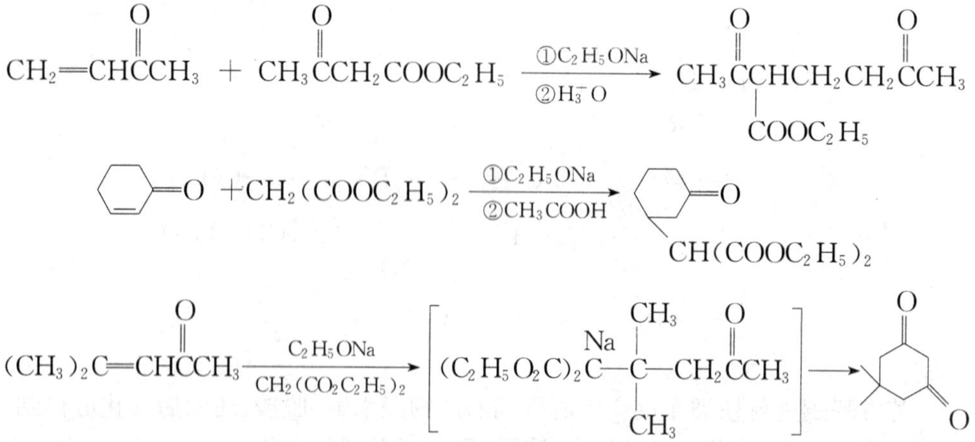

它的反应机理是α,β-不饱和羰基化合物的共轭体系中发生了碳负离子对它的1,4-加成。碳负离子先在β-碳原子（1位）上，使4位上的氧原子得到更多的负电荷，氢离子就加到4位上，得到烯醇式结构，所以，反应的总结果只是碳-碳双键的加成。反应机理可表示如下：

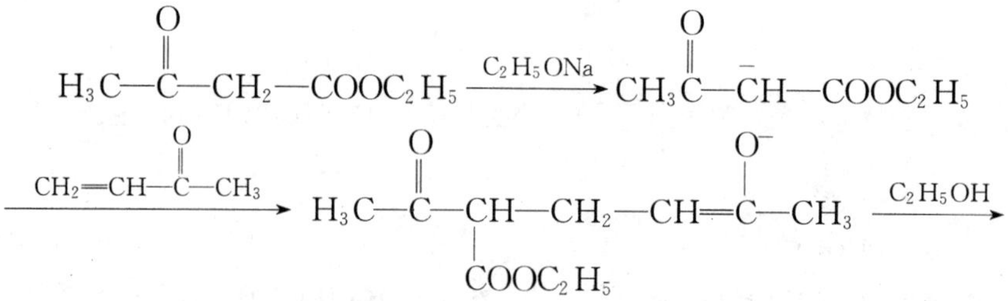

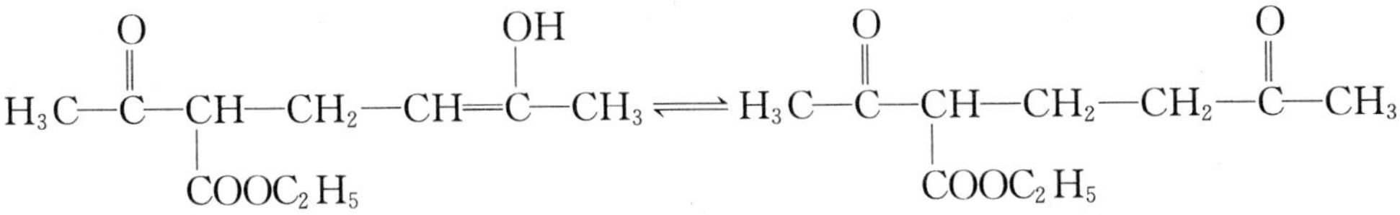

烯醇式　　　　　　酮式

活泼亚甲基化合物和$\alpha,\beta$-不饱和羰基化合物的共轭加成产物经水解和加热脱羧，最后得到1,5-二羰基化合物。

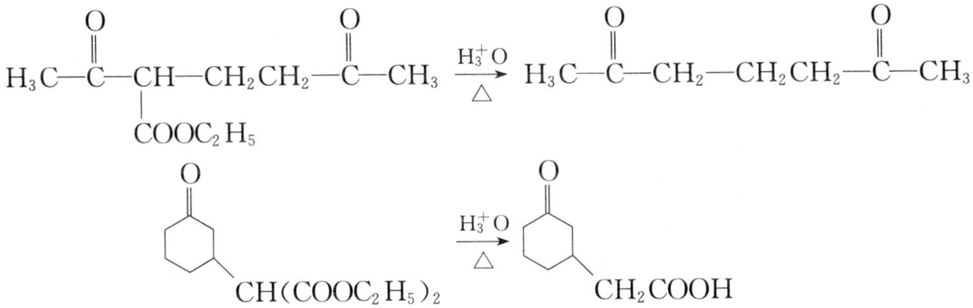

迈克尔反应在有机合成上应用很广，是制备1,5-二羰基化合物最好的方法。各种不同的$\alpha,\beta$-不饱和羰基化合物(醛、酮、酯、腈、酰胺)，甚至$\alpha,\beta$-不饱和硝基化合物都可与活泼亚甲基化合物在碱性条件下进行共轭加成。

### 10.2.5 重要的羧酸衍生物

1）乙酸酐

乙酸酐简称乙酐，又名醋酐，是具有刺激性气味的无色液体，沸点139.6℃，微溶于水，易溶于有机溶剂。工业上用乙酸钴-乙酸铜作催化剂，在2.5～5MPa、45～50℃时用氧气将乙醛氧化生成过氧乙酸，后者与乙醛作用则生成乙酸酐。

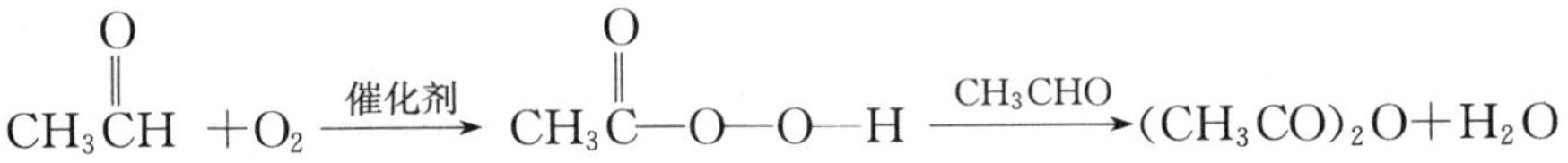

在生产乙酸酐同时会生成乙酸，为防止乙酸酐水解，生产过程中应保持较低的温度。由乙酸与乙烯酮加成也是工业生产方法之一。

2）顺-丁烯二酸酐

顺-丁烯二酸酐又称马来酸酐，是无色结晶固体，熔点60℃，工业上主要由苯催化氧化制得：

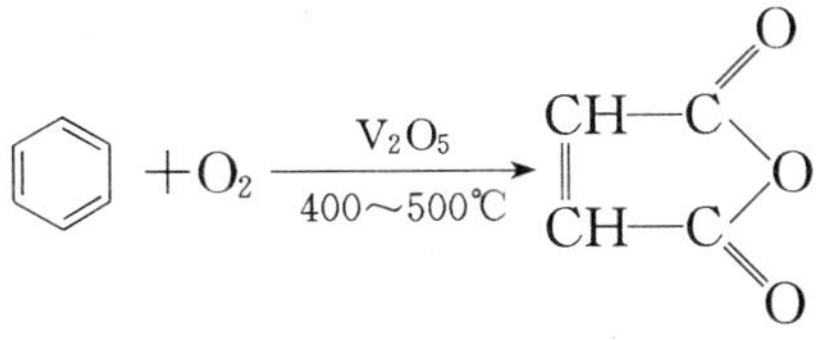

顺-丁烯二酸酐在工业上有广泛的用途，如与乙二醇缩合生成不饱和醇酸聚酯，这种不饱和聚酯常用来制造各种涂料和以玻璃纤维为填料的增强塑料(俗称玻璃钢)。

3）邻苯二甲酸酐

邻苯二甲酸酐俗称苯酐，为白色针状晶体，熔点 130.8℃，易升华，工业上用萘或邻二甲苯蒸气在钒催化剂存在时由空气氧化制得：

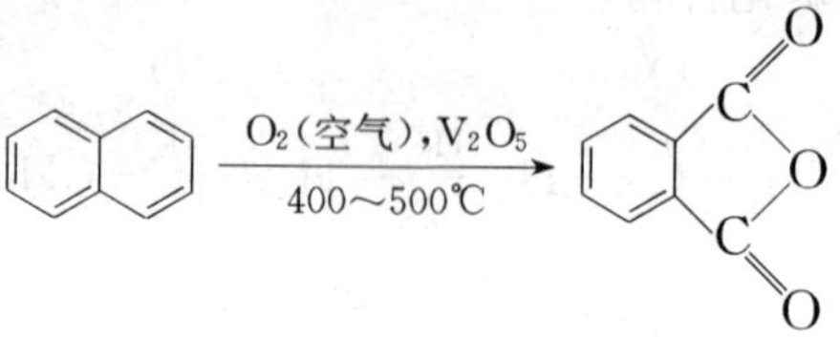


苯酐广泛用于制染料、药物、聚酯树脂、醇酸树脂、塑料、增塑剂、涤纶等。

4）乙酸乙烯酯及其聚合物

乙酸乙烯酯可以看作是乙酸与乙烯醇所生成的酯。工业上可由乙炔与乙酸在乙酸锌催化下制得：

$$CH_3COOH + CH{\equiv}CH \xrightarrow[210\sim250℃]{(CH_3COO)_2Zn} CH_3COOCH{=}CH_2$$

由于石油化工的迅速发展，以乙烯为原料与乙酸蒸气在 160～200℃、0.5～1MPa 下，通过以钯为主体的催化剂进行氧化，可直接合成乙酸乙烯酯。这种合成方法比乙炔法耗电少，成本低，较为优越。

$$CH_3COOH + CH_2{=}CH_2 + O_2 \xrightarrow[0.5\sim1MPa]{Pd,160\sim200℃} CH_3COOCH{=}CH_2 + H_2O$$

乙酸乙烯酯为无色液体，沸点 75℃，在引发剂作用下能聚合成聚乙酸乙烯酯。

$$nCH_3COOCH{=}CH_2 \xrightarrow[90\sim100℃]{\text{引发剂}} \left[\underset{\underset{\overset{\|}{O}}{OCCH_3}}{\underset{|}{CH}}-CH_2\right]_n$$

聚乙酸乙烯酯常用于制造涂料及胶黏剂。它在酸或碱的存在下，可以水解生成聚乙烯醇(PVA)。

$$\left[\underset{\underset{\overset{\|}{O}}{OCCH_3}}{\underset{|}{CH}}-CH_2\right]_n + nCH_3OH \xrightarrow[H^+\text{或}OH^-]{H_2O} \underset{\text{聚乙烯醇}}{\left[\underset{OH}{\underset{|}{CH}}-CH_2\right]_n} + nCH_3COOCH_3$$

乙烯醇很不稳定，不能单独存在，所以聚乙烯醇只能间接地由乙酸乙烯酯水解制备。聚乙烯醇分子中含有很多羟基，可溶于水而不溶于有机溶剂，可用作涂料和胶粘剂。它与甲醛作用，生成聚乙烯醇缩甲醛，再经过一些化学处理，就成为“维尼纶”纤维，为我国大量生产的合成纤维之一。

5）α-甲基丙烯酸甲酯及其聚合物

α-甲基丙烯酸甲酯是以丙酮为原料，先与氢氰酸发生亲核加成生成丙酮氰醇，然后再和浓硫酸及甲醇共热，同时进行水解、脱水及酯化而得：

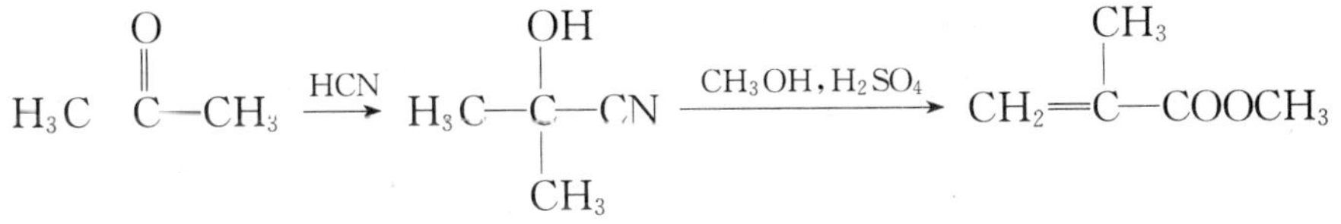

α-甲基丙烯酸甲酯在引发剂作用下，容易聚合生成无色透明的聚合物——聚甲基丙烯酸甲酯（俗称有机玻璃）。它可透过紫外光，机械强度大，是制造仪表、仪器的良好材料。

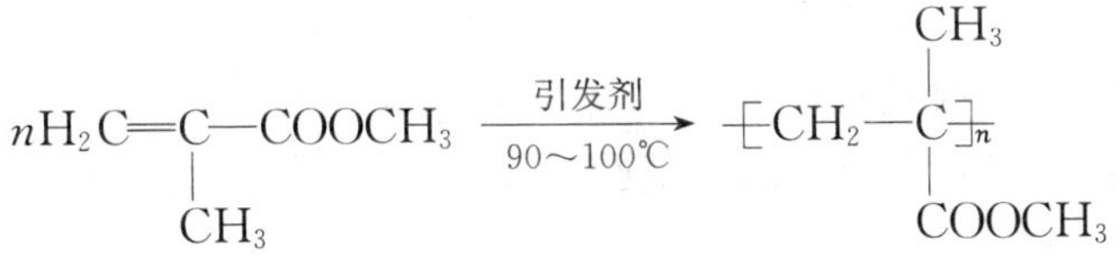

6）丙烯酰胺及其聚合物

丙烯酰胺为无色透明片状晶体。熔点 84～85℃，沸点 125℃。在 30℃不同溶剂中溶解度分别为：63.1g（丙酮），86.2g（乙醇），155g（甲醇），215.5g（水）。丙烯酰胺在阴暗处较稳定，在熔点时或受紫外光照射易聚合，水溶液中一般加对苯二酚、叔丁基邻苯二酚等抗氧剂，可使其稳定。

工业上可用丙烯腈水合法制得，按所用催化剂的不同，可以分为硫酸水合法、催化水合法和以生物酶催化的生化法。

$$CH_2{=}CHCN + H_2O \xrightarrow{100℃,\ H_2SO_4} CH_2{=}CHCONH_2 \cdot H_2SO_4 \xrightarrow{NH_3} CH_2{=}CHCONH_2$$

$$CH_2{=}CHCN + H_2O \xrightarrow[90\sim130℃]{\text{骨架铜催化剂}} CH_2{=}CHCONH_2$$

$$CH_2{=}CHCN + H_2O \xrightarrow[\text{常温}]{\text{含酶菌体}} CH_2{=}CHCONH_2$$

丙烯酰胺（AM）在引发剂作用下可以聚合生成聚丙烯酰胺（PAM）。

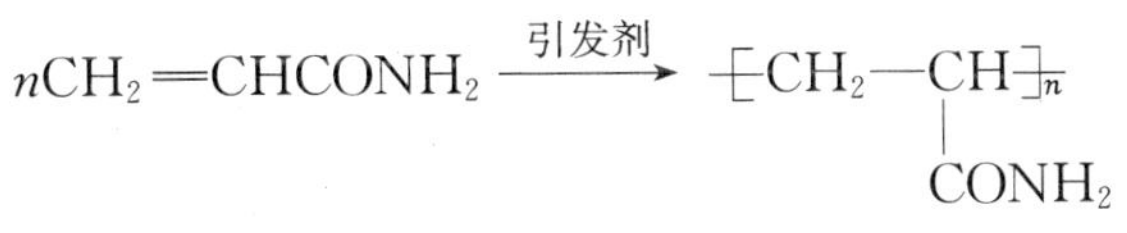

聚丙烯酰胺是一种线型水溶性高分子，是水溶性高分子化合物中应用最为广泛的品种之一。聚丙烯酰胺及其衍生物可以用作有效的絮凝剂、增稠剂、纸张增强剂以及液体的减阻剂等，广泛应用于水处理、造纸、石油、煤炭、冶矿、地质、轻纺、建筑等工业部门。

7）ε-己内酰胺

ε-己内酰胺简称己内酰胺，工业上由环己酮肟经过贝克曼(Beckmann)分子重排制备。环己酮肟可由苯酚经氢化、氧化后再与羟胺作用而得。

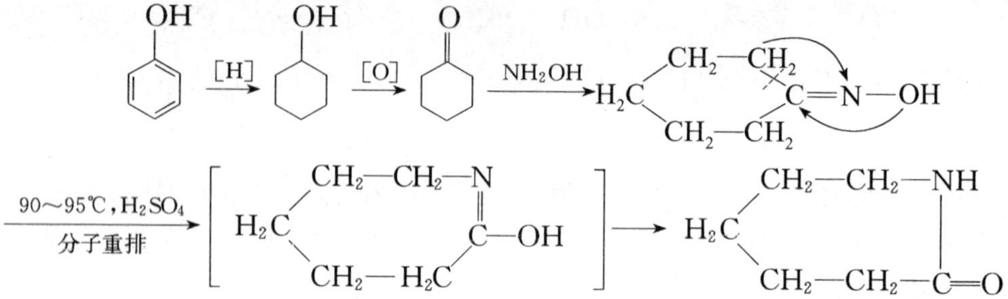


己内酰胺为白色晶体，熔点 68～70℃，溶于水和乙醇、乙醚等有机溶剂，是制造尼龙-6 的原料。己内酰胺在 200～300℃及微量水或有机酸、碱的催化引发下，可发生开环聚合反应而生成聚己内酰胺(商品名为尼龙-6 或锦纶-6)。

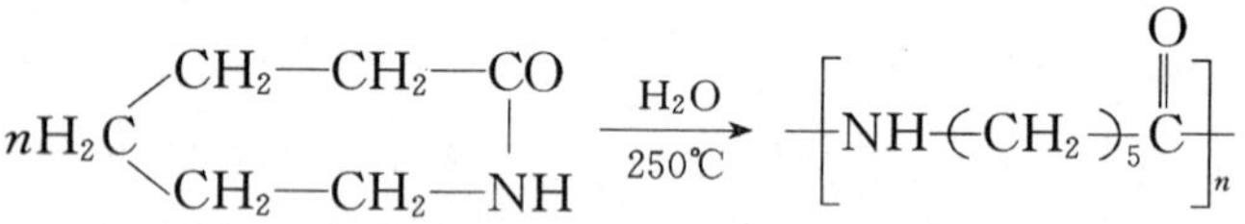


环酰胺又称内酰胺(lactam)。1939 年，Fleming 意外地发现了青霉素这一抗菌物质。Florey 和 Chain 将其活性成分盘尼西林(penicillin)分离，自 1943 年开始已经大量生产并广泛应用于民间。他们三人为此出色的工作而荣获 1945 年的诺贝尔医学生理奖。盘尼西林分子结构中一个四元环内酰胺与一个五元环的含硫杂环相骈联，五元环上有一个羧基，酰胺 $\alpha$-碳上接上各种酰胺基从而形成各种盘尼西林药物。后来发展出来的头孢霉素则由 $\beta$-内酰胺和一个六元的含硫杂环骈联而成，抗菌活性更好。据测定，它们的活性与张力较大的 $\beta$-内酰胺的存在密切相关，使细菌细胞膜上的蛋白酶失去活性。

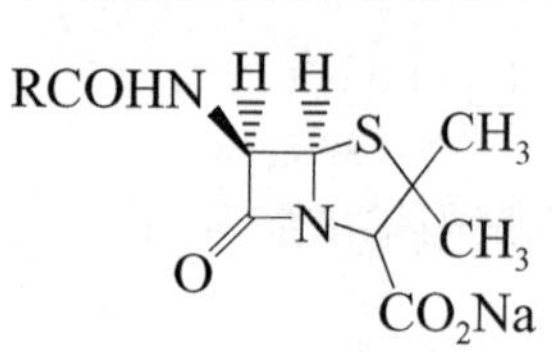


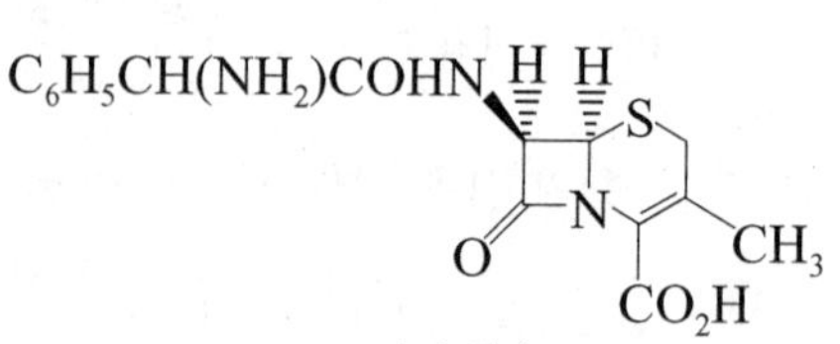


头孢霉素

盘尼西林 G　R：$C_6H_5CH_2$—

盘尼西林 F　R：$CH_3CH_2CH{=}CHCH_2$—

盘尼西林 X　R：p-$HOC_6H_5CH_2$—

盘尼西林 K　R：$CH_3(CH)_4CH_2$—

8）丁二酰亚胺

丁二酸的单酰胺脱水生成环状的丁二酰亚胺，后者也可由丁二酸酐氨解得到：

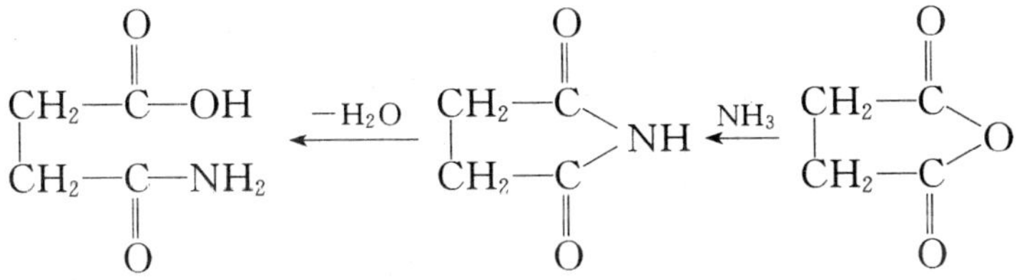

丁二亚酰胺中氮原子上的氢原子受到两边两个羰基的影响变得非常活泼，可以与 KOH 作用生成稳定的钾盐，在分离出生成的水之后，较低温度下与溴作用得到 *N*-溴代丁二酰亚胺（NBS），它是一个常用的制备烯丙型溴代烃的溴化试剂。

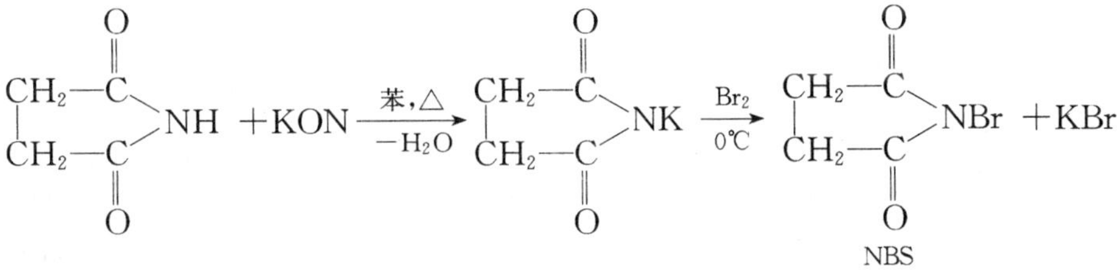

9）邻苯二甲酰亚胺

邻苯二甲酰亚胺是无色固体，熔点 238℃，它可由以下方法制得：邻苯二甲酸二胺加热制得；邻苯二甲酸酐与 $NH_3$ 在压力下加热，可直接得到邻苯二甲酰亚胺。也可用下述反应制备：

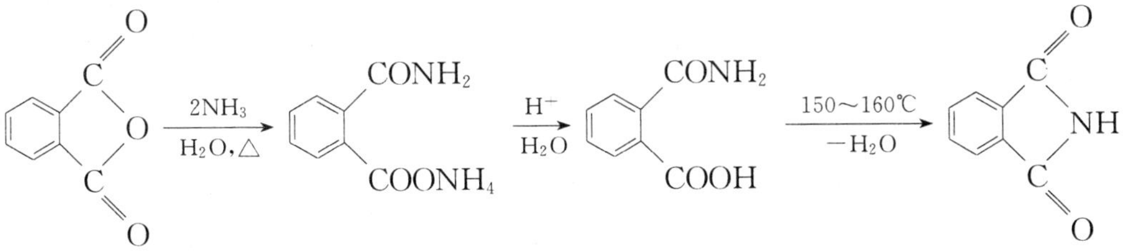

在邻苯二甲酰亚胺分子中，由于氮受两边羰基的影响，使氮上的氢活泼并显示一定的弱酸性。

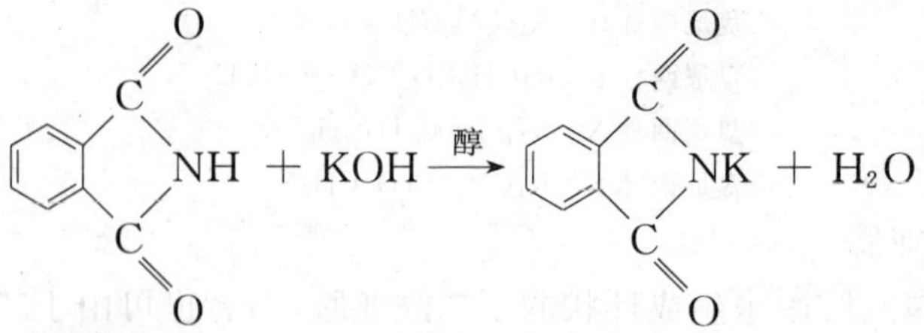


生成的邻苯二甲酰胺是个良好的亲核试剂，与RX、卤代酸、卤代酸酯等发生取代反应，经水解可制得纯伯胺、氨基酸、氨基甲酸酯等。

### 10.2.6 碳酸衍生物

碳酸可以看作是一个羰基上连有两个羟基的二元羧酸，不稳定，不能游离存在。碳酸衍生物可视作碳酸分子中的一个或两个羟基被其他基团取代后的生成物。它并不是由碳酸直接制备。碳酸衍生物可以分为酸性衍生物和中性衍生物，酸性衍生物（Y＝X、OR、$NH_2$）不稳定，易分解，实用价值不大；中性衍生物是稳定的，并且有应用价值，比较重要的是碳酰氯和碳酰胺。

#### 10.2.6.1 碳酰氯

碳酰氯俗称光气。常温下为无色、有甜味的气体，熔点－118℃，沸点8.2℃，剧毒，对人和动物的呼吸道有强烈的刺激作用，能引起窒息。在第一次世界大战中曾用它作化学武器，造成极大伤亡。工业碳酰氯可用一氧化碳和氯气在活性炭催化下加热制得：

$$\mathrm{CO} + \mathrm{Cl_2} \xrightarrow[200℃]{\text{活性炭}} \mathrm{Cl{-}\overset{\overset{\displaystyle O}{\|}}{C}{-}Cl}$$

碳酰氯具有酰氯的一般特性，可水解生成$CO_2$＋HCl，醇解生成氯代甲酸酯、碳酸酯，氨解生成尿素，也可以与芳烃发生傅-克酰基化反应。它是有机合成上的一种重要的原料，可用来生产染料、安眠药、泡沫塑料和聚碳酸酯塑料等。

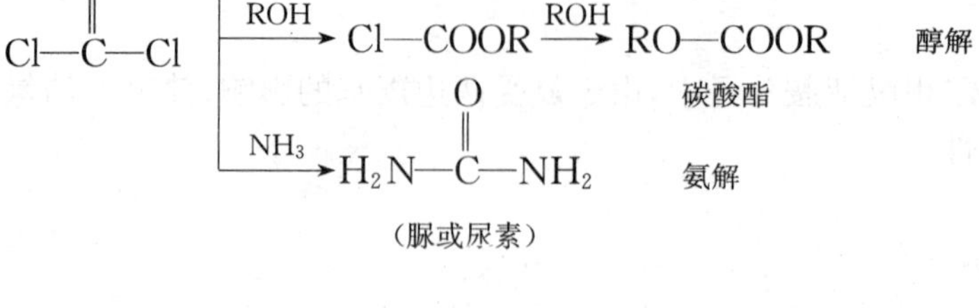


（脲或尿素）

### 10.2.6.2　碳酰胺

碳酰胺俗称尿素，也称为脲，存在于人和哺乳动物的尿中。脲为白色晶体，熔点 132℃，易溶于水和乙醇，不溶于乙醚。尿素主要用作化肥，还是重要的化工原料，主要用于塑料和医药工业。

工业上尿素利用二氧化碳和过量氨在高压下加热制取的。

$$2NH_3 + CO_2 \xrightarrow[180^\circ C]{20MPa} NH_2\overset{\overset{\displaystyle O}{\|}}{C}ONH_4 \xrightarrow{-H_2O} NH_2\overset{\overset{\displaystyle O}{\|}}{C}NH_2$$

脲除具有酰胺的化学性质外，由于其结构特点还具有一些特殊性质。

1）成盐

脲的碱性比酰胺强，能与强酸成盐，但仍是弱碱，其水溶液不能使石蕊变蓝。脲与硝酸反应生成硝酸脲，它不溶于水和浓硝酸，利用这一性质可从尿中提取脲。

$$CO(NH_2)_2 + HNO_3 \longrightarrow \underset{\text{硝酸脲}}{CO(NH_2)_2HNO_3} \downarrow$$

2）水解

脲在酸、碱或尿素酶的存在下，可水解生成氨（或铵盐），故可用作氮肥。

$$H_2N-\overset{\overset{\displaystyle O}{\|}}{C}-NH_2 \xrightarrow[\triangle]{NaOH,\,H_2O} NH_3 + Na_2CO_3$$

$$H_2N-\overset{\overset{\displaystyle O}{\|}}{C}-NH_2 \xrightarrow[\triangle]{HCl,\,H_2O} CO_2 + NH_4Cl$$

$$H_2N-\overset{\overset{\displaystyle O}{\|}}{C}-NH_2 \xrightarrow[\text{尿素酶}]{H_2O} NH_3 + CO_2$$

3）与亚硝酸作用

脲与亚硝酸反应立即放出氮气和二氧化碳，反应可定量进行，利用此反应可以测定脲的含量或用来除去某些反应中残留的过量亚硝酸。

$$H_2N-\overset{\overset{\displaystyle O}{\|}}{C}-NH_2 + 2HNO_2 \longrightarrow 2N_2\uparrow + CO_2\uparrow + 3H_2O$$

4）加热反应

将固体脲慢慢加热到 150～160℃，两分子脲脱去一分子氨，生成缩二脲。

$$2H_2N-\overset{\overset{\displaystyle O}{\|}}{C}-NH_2 \xrightarrow{\triangle} \underset{\text{缩二脲（无色针状结晶，难溶于水）}}{H_2N-\overset{\overset{\displaystyle O}{\|}}{C}-NH-\overset{\overset{\displaystyle O}{\|}}{C}-NH_2} + NH_3$$

缩二脲以及分子中含有两个以上的酰胺基的有机化合物，都能和硫酸铜的碱溶液生成紫色络合物，这个显色反应叫做缩二脲反应，常用于有机分析鉴定。

5）酰基化

脲与酰氯、酸酐或酯作用可生成相应的酰脲，如

$$NH_2CONH_2 \xrightarrow{(CH_3CO)_2O} CH_3\overset{O}{\overset{\|}{C}}—NH\overset{O}{\overset{\|}{C}}NH_2$$

$$\xrightarrow{(CH_3CO)_2O} CH_3\overset{O}{\overset{\|}{C}}—NHCONH—\overset{O}{\overset{\|}{C}}CH_3$$

脲的饱和甲醇溶液与 $C_6$ 以上的直链化合物（烷烃、醇、醚等）混合时，可形成固体结晶。脲分子把这些（$C_6$ 以上的）直链化合物包围在脲的六角形桶状结晶晶格之中，这种结晶的分子化合物称为包含化合物。碳数少于六个的不能形成结晶。含有支链或环状结构的化合物，由于体积较大，不能容纳在桶状孔道（直径为0.53nm）之中，也不能形成结晶。将形成的结晶加热到脲熔融或用水处理，则晶格被破坏，不溶于水的直链分子就可分离出来，利用这一性质，可从汽油中分离出直链烃以提高汽油的质量。

脲与丙二酸酯反应生成环状的丙二酰脲，它有酸性，又称巴比妥酸（Barbituric acid）。巴比妥酸是一类重要的安眠剂药物，它互变异构后形成六元嘧啶芳环体系，能溶于氢氧化钠，故有酸性，但结构中酮式为最主要的形式。

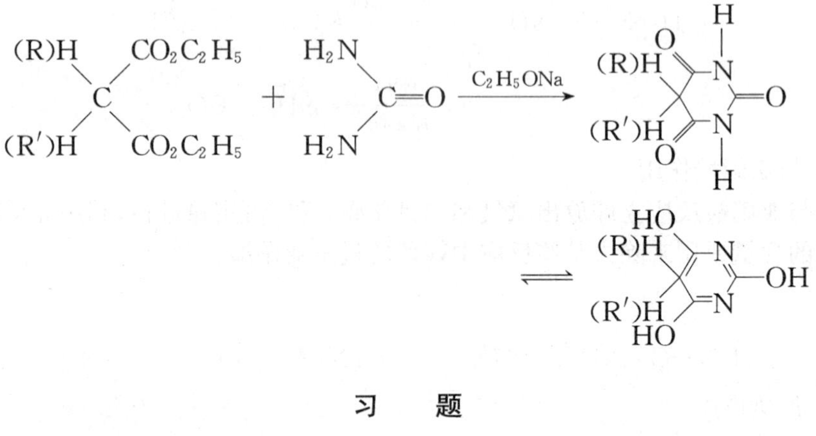

## 习　　题

1. 写出分子式为 $C_5H_6O_4$ 的不饱和二元羧酸的所有异构体（包括顺、反异构）的结构式，并指出哪些容易生成酐。
2. 比较下列各组化合物的酸性强弱：
   (1) 乙酸，丙二酸，乙二酸，苯酚和甲酸
   (2) $C_6H_5OH$，$CH_3COOH$，$F_3CCOOH$，$ClCH_2COOH$ 和 $C_2H_5OH$

(3) 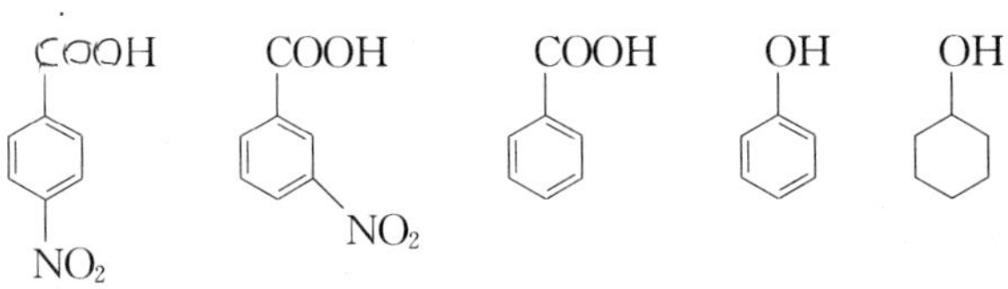

3. 用化学方法区别下列各组化合物：

(1) 乙醇，乙醛，乙酸

(2) 甲酸，乙酸，丙二酸

(3) 乙二酸，马来酸，丁二酸

(4) 

(5) $CH_3COCH(CH_3)COOC_2H_5$ 和 $CH_3COC(C_2H_5)(CH_3)COOC_2H_5$

4. 完成各反应式(写出主要产物或主要试剂)：

(1) 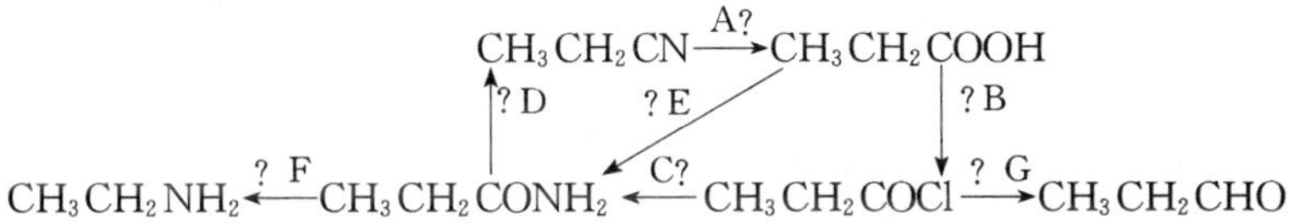

(2) 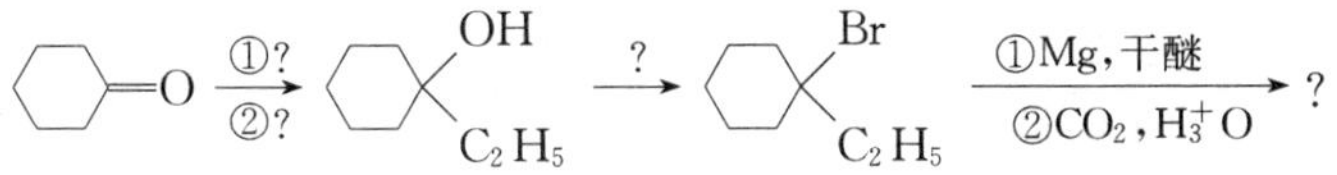

(3) $ClCOCl \xrightarrow{?} NH_2CONH_2 \xrightarrow[?]{NH_2CONH_2} ?$

(4) 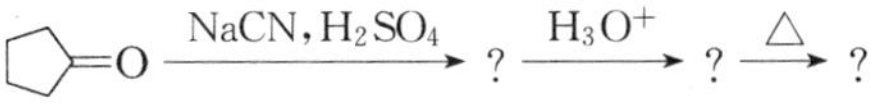

5. 完成下列转变：

(1) $CH_3CH_2COOH \longrightarrow CH_3CH_2CH_2COOH$

(2) $CH_3CH_2CH_2COOH \longrightarrow CH_3CH_2COOH$

(3) 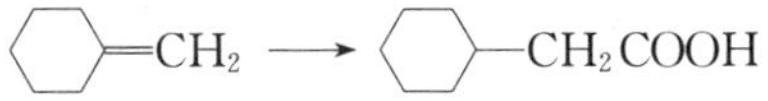

(4) $CH_3COCH_2CH_2CBr(CH_3)_2 \longrightarrow CH_3COCH_2CH_2C(CH_3)_2COOH$

6. 试写出以下反应的主要产物：

(1) $\begin{matrix} CH_2CH_2COOH \\ | \\ CH_2CH_2COOH \end{matrix} \xrightarrow[\triangle]{P_2O_5?} ?$

(2) 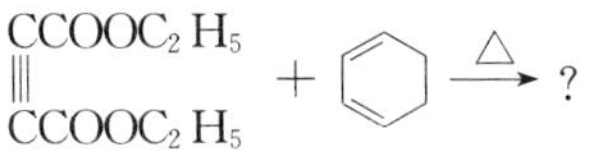

(3) 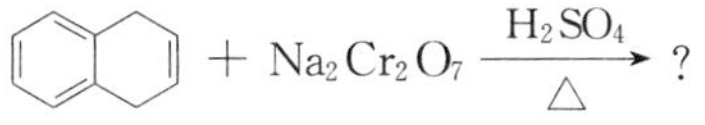

(4) 

(5) 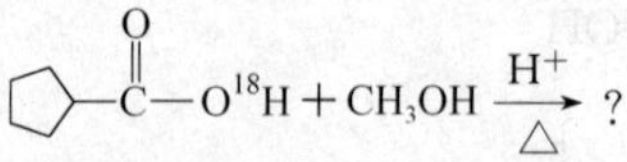

(6) (*R*)-2-溴丙酸+(*S*)-2-丁醇 $\xrightarrow[\triangle]{H^+}$ ?

(7) $CH_3CH_2COONa + CH_3CH_2CH_2COCl \longrightarrow$ ?

(8) 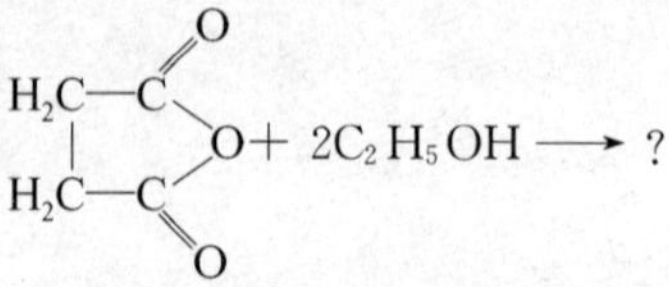

(9) 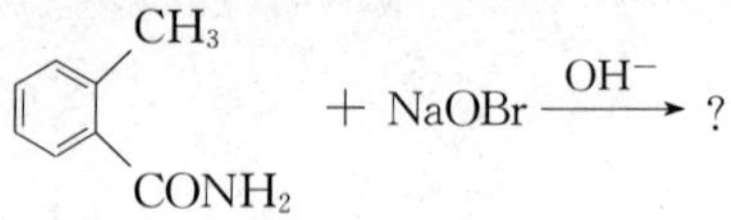

(10) 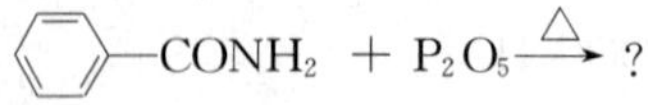

7. 完成下列缩合反应：

(1) $2CH_3CH_2COOC_2H_5 \xrightarrow[②H^+]{①NaOC_2H_5}$ ? + ?

(2) 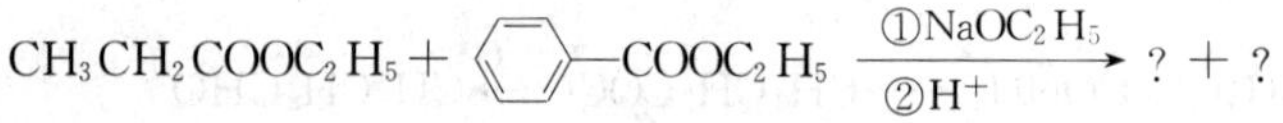

(3) 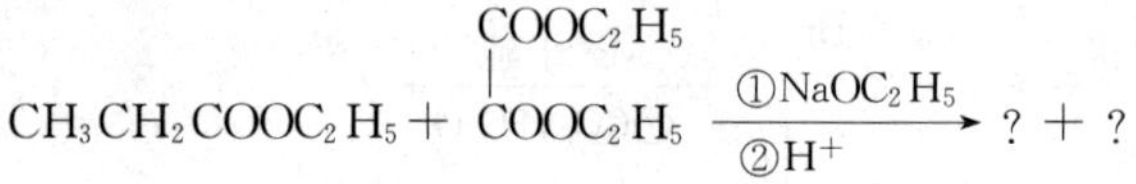

(4) 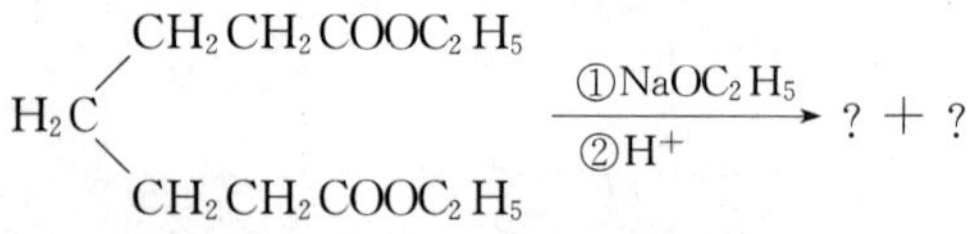

(5) 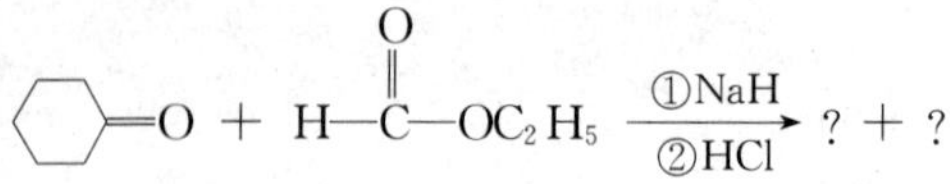

8. 完成下列反应式：

(1) 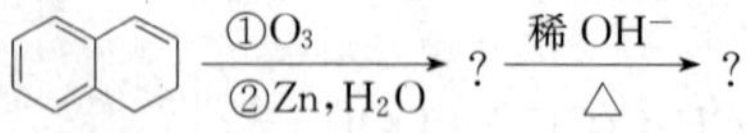

(2) 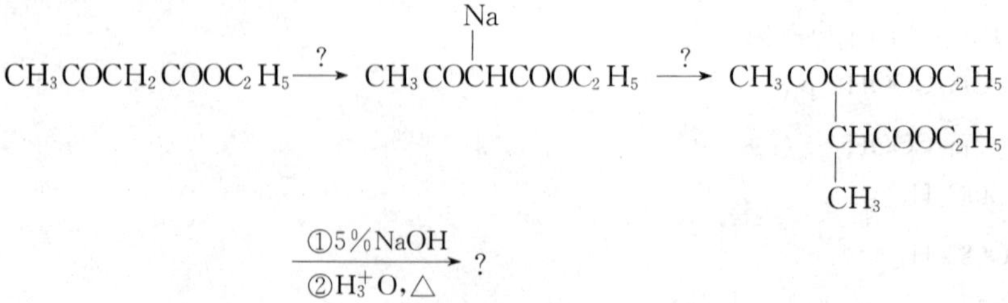

(3) 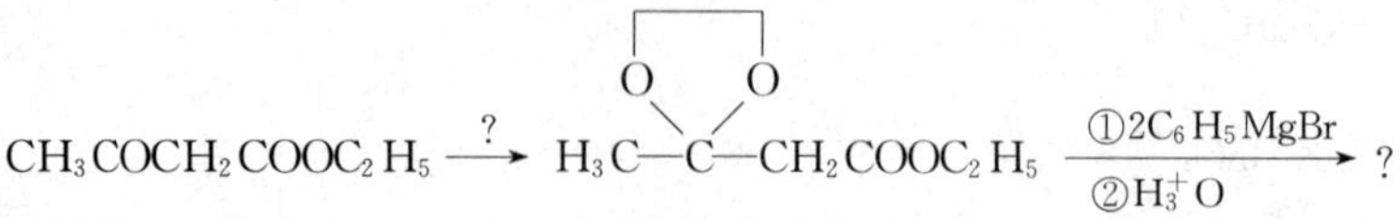

（4） 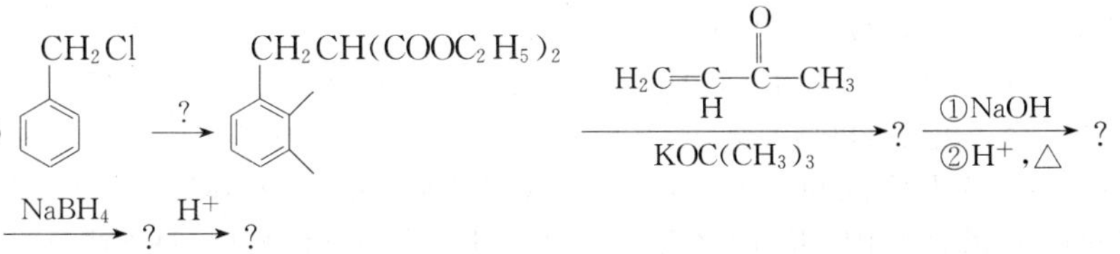

9. 写出下列各化合物加热后生成的主要产物：

（1） α-甲基-α-羟基丙酸

（2） β-羟基丁酸

（3） β-甲基-γ-羟基戊酸

（4） δ-羟基戊酸

（5） 乙二酸

（6） 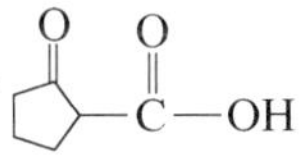

（7） $O=C(CH_2COOH)CH_2CH_2CH_2COOH$

10. 预测下列化合物在碱性条件下水解反应的速率次序：

（1） $CH_3CO_2CH_3$，$CH_3CO_2C_2H_5$，$CH_3CO_2CH(CH_3)_2$，$CH_3CO_2C(CH_3)_3$，$HCOOCH_3$

（2） 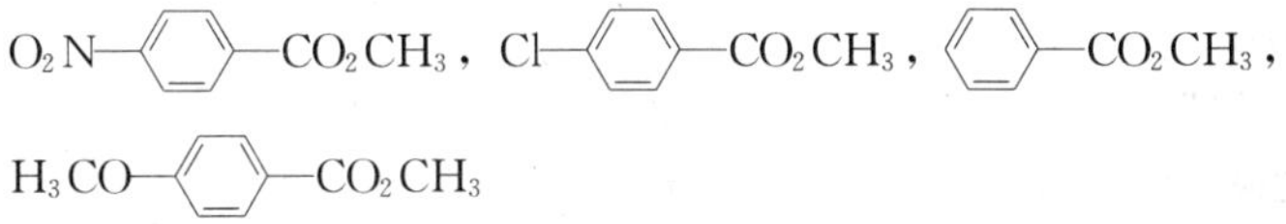

11. 由指定原料合成下列化合物（无机试剂可任选）：

（1） 乙炔→丙烯酸甲酯

（2） 甲苯→苯乙酸（用两种方法合成）

（3） 乙烯→β-羟基丙酸

（4） 乙烯→α-甲基-β-羟基戊酸（用雷佛马茨基合成反应）

12. 在 3-氯己二酸分子中所含的两个羧基中，哪个酸性强？

13. 下列各组物质中，何者碱性较强？试简要说明。

（1） $CH_3CH_2O^-$，$CH_3CO_2^-$

（2） $ClCH_2CH_2CO_2^-$，$CH_3CH_2CH_2CO_2^-$

（3） $ClCH_2CH_2CO_2^-$，$CH_3CHClCO_2^-$

（4） $FCH_2CO_2^-$，$F_2CHCO_3^-$

（5） $HC\equiv CCH_2CO_2^-$，$CH_3CH_2CH_2CO_2^-$

14. 某一化合物 A 的分子式为 $C_7H_{12}O_4$，已知其为羧酸，依次与下列试剂作用：$SOCl_2$；$C_2H_5OH$；催化加氢（高温）；与浓硫酸共热；用 $KMnO_4$ 氧化。得到一个二元羧酸 B。将 B 单独加热，则生成丁酸。试推测 A 的结构，并写出各步反应式。

15. 化合物 A 的分子式为 $C_4H_6O_2$，它不溶于 NaOH 溶液，不与 $Na_2CO_3$ 作用，可使 $Br_2$ 水褪色。它有类似乙酸乙酯的香味。A 和 NaOH 溶液共热后变成 $CH_3CO_2Na$ 和 $CH_3CHO$。另一化合物 B 的分子式与 A 相同。它和 A 一样，不溶于 NaOH，和 $Na_2CO_3$ 没有作用，可使 $Br_2$ 水褪色，香味和 A 类似。但 B 和 NaOH 水溶液共热后生成醇和一个羧酸钠盐，这钠盐用 $H_2SO_4$ 中和后蒸馏出的有机物可使 $Br_2$ 水褪色。问 A 和 B 各为何物？

16. 化合物 A 的分子式为 $C_5H_6O_3$。它能与乙醇作用得到两个互为异构体的化合物 B 和 C。B 和 C 分别与亚硫酰氯作用后再加入乙醇，则两者都生成同一化合物 D。试推测 A～D 的结构。

17. 写出下列反应过程：

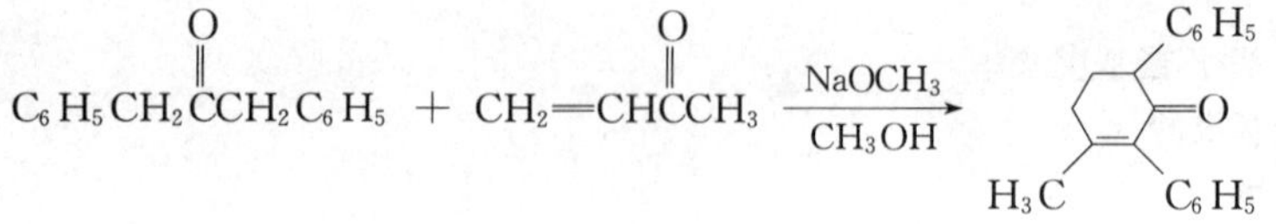


18. 以甲醇、乙醇为主要原料，用丙二酸酯法合成下列化合物：
　(1) α-甲基丁酸　　(2) 正己酸
　(3) 3-甲基己二酸　　(4) 1,4-环己烷二甲酸
　(5) 环丙烷甲酸

19. 以甲醇、乙醇及无机试剂为主要原料，经乙酰乙酸乙酯合成下列化合物：
　(1) 3-乙基-2-戊酮　　(2) α-甲基丙酸
　(3) γ-戊酮酸　　(4) 2,7-辛二酮
　(5) 甲基环丁基甲酮

20. 某酮酸经 $NaBH_4$ 还原后，依次用 HBr、$Na_2CO_3$ 和 KCN 处理后生成腈，腈水解得到 α-甲基戊二酸。试推测此酮酸的结构，并写出各步反应式。

21. 某酯类化合物 A($C_5H_{10}O_2$)，用乙醇钠的乙醇溶液处理，得到另一个酯 B($C_8H_{14}O_3$)。B 能使溴水褪色，将 B 用乙醇钠的乙醇溶液处理后再与碘乙烷反应，又得到另一个酯 C($C_{10}H_{18}O_3$)。C 和溴水在室温下不发生反应，把 C 用稀碱水解后再酸化，加热，即得到另一个酮 D($C_7H_{14}O$)。D 不发生碘仿反应，用锌汞齐还原则生成 3-甲基己烷。试推测 A～D 的结构并写出各步反应式。

22. 化合物 A 能溶于水，但不溶于乙醚，含有 C、H、O、N 四种元素。A 加热后失去一分子水，得到化合物 B。B 与氢氧化钠水溶液煮沸，放出一种有气味的气体，残余物酸化后得到一种不含氮的酸性物质 C。C 与 $LiAlH_4$ 反应后的产物，与浓硫酸作用，得到一种气态烯烃 D，相对分子质量为 56，D 用臭氧氧化后得到一种醛和一种酮。试推测 A～D 的结构，并写出有关反应式。

# 第 11 章　有 机 波 谱

有机化合物的结构、性质和合成的研究是有机化学的三大重要部分。过去，有机化合物结构的测定主要依靠化学方法，试样用量大、费力、耗时。例如，鸦片中吗啡碱的结构测定，从 1805 年开始直到 1952 年才完全阐明。随着科学技术的进步，运用物理方法来研究有机化合物的结构有了巨大的发展，使有机化合物的鉴定以及结构的确定都大大简化。这些方法中特别重要的是波谱技术，它研究电磁辐射对分子的作用，从分子水平认识物质，而且还能探索到分子间各种聚集态的结构构型及构象状况，为鉴定有机化合物和确定其结构提供了非常有价值的信息。波谱方法具有分析速度快、用量少、准确等优点，与经典官能团试验不同，样品经测试后常不会被破坏，可另作他用。

有机化学中应用最广泛的波谱方法是红外光谱（IR）、紫外光谱（UV）、核磁共振谱（NMR）和质谱（MS）。

## 11.1　电磁波和分子吸收光谱的一般原理

光是电磁波或称电磁辐射，覆盖的区域范围很广，从波长很短（～$10^{-7}$ nm）的宇宙线到波长很长（～$10^{12}$ nm）的无线电波都是电磁波，按波长排列成一个范围很大的电磁波谱（图 11-1）。

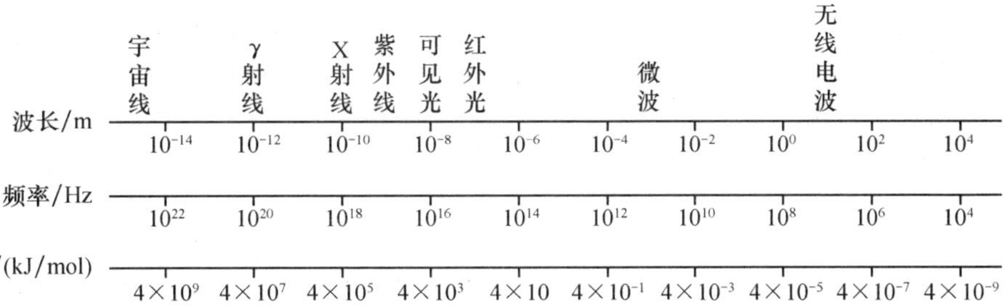


图 11-1　电磁波谱

电磁波常用波长或频率来表示。它们之间的关系为

$$\lambda\nu = c$$

式中：$c$ 是光速（$3\times10^{8}$ m/s）；$\nu$ 是频率，单位是赫兹（Hz）或秒$^{-1}$（$s^{-1}$），表示单位时间内通过的波的数目，在红外光谱中频率还常用波数（$\sigma$）来表示，$\sigma=1/\lambda$，即每厘米长度中所含波的数目，其单位是厘米$^{-1}$（$cm^{-1}$）；$\lambda$ 为波长，可以用各种长度单位来

表示，如纳米(nm)、微米(μm)、毫米(mm)、米(m)等。

光具有波粒二象性，因此电磁波还可以用光量子的能量来描述：

$$E = h\nu = hc/\lambda$$

式中：$E$ 是光量子能量；$h=6.624\times10^{-34}\ \mathrm{J\cdot s}$，是普朗克(Planck)常量。由上式可见，波长越短，频率越大，其能量也越高。

当电磁波照射物质时，物质可以吸收一部分辐射。吸收的能量可以激发电子到较高的能级或增加分子振动能级和转动能级。分子的能量是量子化的，分子吸收的辐射能也是量子化的。所以对某一个分子来说，它只能吸收某些特定频率的辐射，因为只有这些特定频率辐射的能量，才能引起分子中电子的跃迁或振动能级和转动能级的变化，产生特征的分子光谱。把某一有机化合物对不同波长辐射的吸收情况(以透射率或吸收率等表示)记录下来就成为这个化合物的吸收光谱，如红外光谱、紫外光谱等。吸收光谱与分子结构的关系非常密切，可以认为吸收光谱也是一个化合物的固有性质——对光的吸收性质，因此吸收光谱可以作为鉴定有机化合物的重要依据。

表 11-1 列出一个分子在吸收各种不同波长的辐射后发生的变化。

**表 11-1　分子吸收光能后的变化**

| 波长/nm | | 100 | 200 | 400 | 780 | | | |
|---|---|---|---|---|---|---|---|---|
| 波长/μm | | 0.1 | 0.2 | 0.4 | 0.78 | 3 | 30 | 300 |
| 光谱区域 | X 射线 | 远紫外光 | 紫外光 | 可见光 | 红外光：近红外 | 红外光：中红外 | 红外光：远红外 | 微波 |
| 吸收光能后的变化 | 内层电子跃迁 | 价电子跃迁 | | | 分子振动及转动能级的变化 | | | 分子转动能级变化 |
| 波数/$cm^{-1}$ | | $10^5$ | $5\times10^4$ | $2.5\times10^4$ | 12 820 | 3333 | 333 | 33 |

分子吸收光谱可分为三类：

(1) 转动光谱。分子转动能级之间的能量差很小，转动光谱位于电磁波谱中的远红外及微波区域内，以此可以测定简单分子的键长、键角，但在有机化学上用途不大。

(2) 振动光谱。分子振动能级间的能量差比同一振动能级中转动能级之间能量差大 100 倍左右，它们大多在近红外区域内，因此称为红外光谱。

(3) 电子光谱。使电子能级发生变化所需的能量约为使振动能级发生变化所需能量的 10～100 倍，一般出现在可见及紫外区域内，称为紫外-可见光谱。

分子中电子能级、振动能级和转动能级如图 11-2 所示。

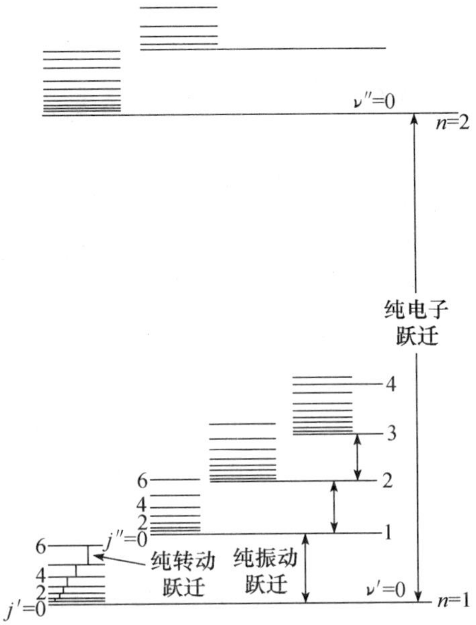


图 11-2　分子中电子能级、振动能级和转动能级示意图

电磁波谱区域及其相应的波谱分析方法见表 11-2。

**表 11-2　电磁波谱与光谱方法**

| 区　域 | 波长范围 | 激发能级 | 光谱方法 |
|---|---|---|---|
| γ 射线 | 0.005～0.14nm | 核 | 穆斯堡尔(Mössbauer)谱法 |
| X 射线 | 0.1～10nm | 内层电子 | X 射线光谱法 |
| 远紫外线 | 10～200nm | σ 电子 | 真空紫外光谱法 |
| 紫外线 | 200～400nm | n 及 π 电子 | 紫外光谱法 |
| 可见光 | 400～800nm | n 及 π 电子 | 可见光谱法 |
| 近红外线 | 0.8～2.5μm | 振动与转动 | 近红外光谱法 |
| 中红外线 | 2.5～15μm | 振动与转动 | 红外光谱法，拉曼光谱法 |
| 远红外线 | 15～300μm | 振动与转动 | 远红外光谱法 |
| 微波 | 0.3～100cm | 分子转动，电子自旋 | 微波波谱法，电子自旋波谱法 |
| 无线电波 | 1～1000m | 原子核自旋 | 核磁共振波谱法 |

本章讨论的紫外光谱、红外光谱和核磁共振谱为吸收光谱。质谱是化合物分子经电子流轰击形成的正电荷离子在电场、磁场的作用下按质量大小排列而成的图谱，不是吸收光谱。

# 11.2　紫外光谱

## 11.2.1　紫外光谱的产生及纪录

紫外-可见光谱简称紫外光谱(UV),又称为电子光谱,因为它是有机分子吸收紫外-可见光(波长 200～800nm)后分子中的电子由低能量的基态向高能量的激发态跃迁所产生的。在电子跃迁的同时,往往伴随着分子振动和转动能级的跃迁,因此紫外光谱为带状光谱。

若控制光源,使紫外光按波长由短到长的顺序依次照射试样分子时,外层价电子就吸收与激发能相应波长的光,从基态跃迁到能量高的激发态。将吸收强度随波长的变化记录下来,得到的吸收曲线即为紫外光谱。紫外光谱呈现一些峰和谷,每一个峰峦相当于一个谱带。在某些情况下,谱带表现出明显的齿状结构,这就是所谓的振动结构。

紫外光谱图的横坐标一般以波长表示(单位为 nm);纵坐标为吸收强度,多用吸光度 $A$、摩尔吸收系数 $\varepsilon$ 或 $\lg\varepsilon$ 表示。吸收强度遵守朗伯-比尔定律:

$$A = \lg\frac{I_0}{I} = \lg\frac{1}{T} = \varepsilon cl$$

式中:$A$ 是吸光度;$I_0$ 是入射光强度;$I$ 是透射光强度;$T$ 是透射比(以百分比表示);$\varepsilon$ 是摩尔吸收系数,是浓度为 1mol/L 的溶液在 1cm 厚度的吸收池中,于一定波长下测得的吸光度,单位为 L/(mol · cm)(通常省略);$c$ 是溶液的物质的量浓度,单位为 mol/L;$l$ 是液层厚度,单位为 cm。

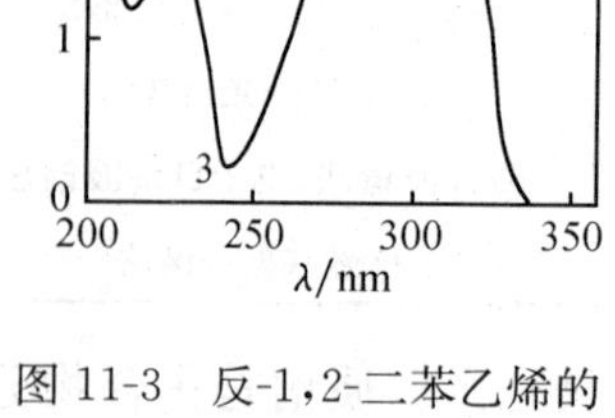


图 11-3　反-1,2-二苯乙烯的紫外吸收光谱

(室温,溶剂为庚烷)

图 11-3 是反-1,2-二苯乙烯的紫外吸收光谱。图中曲线的峰 1 称为吸收峰,对应的波长为最大吸收波长($\lambda_{max}$);2 为肩峰;曲线谷 3 对应的波长称为最小吸收波长($\lambda_{min}$);吸收很大,但不成峰的部分 4 称为末端吸收。

文献中报道的化合物紫外光谱数据,为最大吸收波长以及相应的摩尔吸收系数。有的同时报道最低谷的波长及其摩尔吸收系数。例如,丙酮的紫外吸收是 $\lambda_{max}^{正己烷}=279$nm($\varepsilon=15$),表示丙酮在正己烷溶液中,于 279nm 处有最大吸收,该吸收峰的摩尔吸收系数为 15。

应当指出,并不是所有的有机化合物都在紫外区发生吸收。紫外光谱往往局限于分子中存在共轭效应、芳香族及杂环类化合物。

### 11.2.2　基本原理

通常有机化合物中价电子有三种类型：σ 电子、π 电子和未参与成键的孤对电子(n 电子)。各类电子吸收紫外光后，由基态向激发态跃迁，主要有以下四种类型，它们相应的能量如图 11-4 所示。据此，可以大致比较不同类型能级跃迁所需能量大小，以及与吸收峰波长的关系。

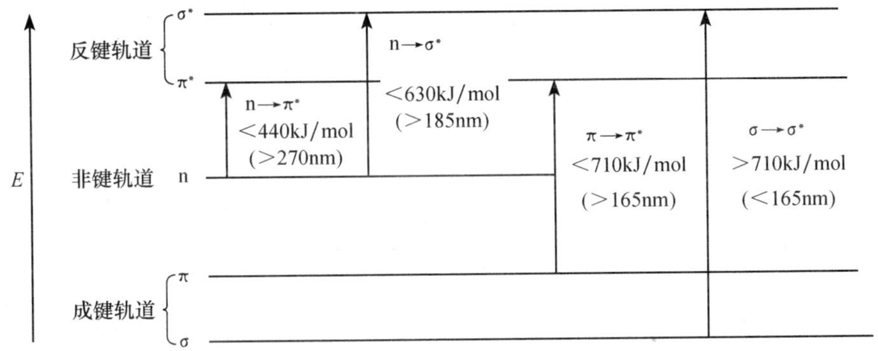


图 11-4　电子跃迁能量示意图

(1) $\sigma\to\sigma^*$ 跃迁所需能量最大，必须吸收较短波长的紫外光，这种波长一般在 190nm 以下，落在远紫外区，在近紫外区无吸收，不能为一般的紫外光谱仪所检测。饱和的脂肪族化合物的分子中只存在 σ 成键电子，吸收紫外光后只能发生 $\sigma\to\sigma^*$ 跃迁，因此它们在紫外区是透明的，常用作测定紫外光谱的溶剂。例如，—$CH_2$—$\lambda_{max}$=125nm。

(2) $n\to\sigma^*$ 跃迁所需能量小于 $\sigma\to\sigma^*$ 跃迁，这是因为未成键的 n 电子比 σ 成键的电子易于激发，因此 $n\to\sigma^*$ 跃迁发生在较长的波长，仍在远紫外区 200nm 左右。当分子中含有—OH、—OR、—$NH_2$、—SH 和—X 时，在大于 190nm 的波长可发生吸收。我们常称这些基团为助色团。对共轭和芳香体系有特征性。

(3) $n\to\pi^*$ 跃迁所需能量最小，在较长的波长发生吸收。当分子中含有杂原子形成的不饱和键时，杂原子上未成对的 n 电子被激发到 $\pi^*$ 轨道。例如，丙酮在 279nm 有 $n\to\pi^*$ 跃迁的吸收峰，但强度较弱。除羰基外，硝基和偶氮基均可发生 $n\to\pi^*$ 跃迁。含杂原子双键或杂原子上孤电子对与碳上 π 电子形成共轭 $\lambda_{max}$= 310nm。

(4) $\pi\to\pi^*$ 跃迁所需能量比 $n\to\pi^*$ 大，但比 $\sigma\to\sigma^*$ 小，而且强度大。当分子中含有不饱和基团时能发生这种跃迁。例如，>C=C<，—C≡C—，—C≡N，>C=O，N=O 和—N=N—等，常将这类基团称为发色团。但是，孤立双键 π 电子的$\pi \to \pi^*$吸收峰位于远紫外区，对研究分子的结构意义不大。例如，乙烯发生$\pi \to \pi^*$跃迁的吸收波长为165nm。当分子中存在π-π共轭结构时，在200nm以上可以看到较强的吸收带。例如，丁二烯在217nm发生吸收，这是因为共轭降低了$\pi \to \pi^*$跃迁所需的能量(图11-5)。

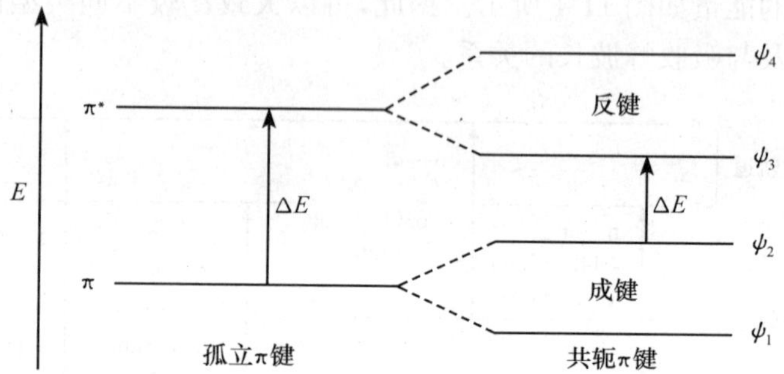


图11-5　孤立π键和共轭π键的能量相关示意图

对于芳香族化合物来说也存在$\pi \to \pi^*$跃迁，例如，苯有三个吸收峰180nm、200nm和255nm，前两个一般不易看到，在255nm的吸收峰强度较弱。当苯环上有助色团如羟基存在时，吸收峰移向长波长(通常称红移)；当苯环上有发色团，如苯乙烯取代时，可看到强的$\pi \to \pi^*$跃迁，并移向长波长(红移)。

在测量有机化合物的紫外光谱时，通常使用它们的稀溶液，常用的非极性溶剂有己烷和庚烷等烃类化合物，极性溶剂有甲醇、乙醇和水。溶剂的极性增加可使$n \to \pi^*$跃迁移向短波长(通常称蓝移)，而使$\pi \to \pi^*$跃迁移向长波长(红移)。表11-3列出了部分化合物紫外吸收峰的位置。

**表11-3　部分化合物紫外吸收峰的位置**

| 电子结构 | 实　例 | 电子跃迁 | $\lambda_{max}$/nm | ε | 溶　剂 |
|---|---|---|---|---|---|
| σ | 乙烷 | $\sigma \to \sigma^*$ | 135 | — | |
| n | 水 | $n \to \sigma^*$ | 167 | 7000 | |
| | 甲醇 | $n \to \sigma^*$ | 183 | 500 | |
| | 1-己硫醇 | $n \to \sigma^*$ | 224 | 126 | |
| | *n*-碘丁烷 | $n \to \sigma^*$ | 257 | 486 | |
| π | 乙烯 | $\pi \to \pi^*$ | 165 | 15000 | 正己烷 |
| | 乙炔 | $\pi \to \pi^*$ | 173 | 6000 | 气体 |
| π和n | 丙酮 | $\pi \to \pi^*$ | 约150 | — | |
| | | $n \to \sigma^*$ | 188 | 1860 | |
| | | $n \to \pi^*$ | 279 | 15 | 正己烷 |
| | 乙酸 | $n \to \pi^*$ | 204 | 41 | 水 |
| | 乙酰氯 | $n \to \pi^*$ | 220 | 100 | 正己烷 |
| | 乙酸乙酯 | $n \to \pi^*$ | 204 | 60 | 水 |

续表

| 电子结构 | 实　例 | 电子跃迁 | $\lambda_{max}$/nm | ε | 溶　剂 |
|---|---|---|---|---|---|
| | 乙酰胺 | n → $\pi^*$ | 217 | 63 | 水 |
| π-π | 1,3-丁二烯 | π → $\pi^*$ | 224 | 21 000 | 正己烷 |
| | 1,3,5-己三烯 | π → $\pi^*$ | 258 | 35 000 | |
| π-π 和 n | 丙烯醛 | π → $\pi^*$ | 210 | 5500 | 水 |
| | | n → $\pi^*$ | 315 | 14 | 乙醇 |
| 芳环 π | 苯 | 芳环 π → $\pi^*$ | 约 180 | 60 000 | |
| | | 芳环 π → $\pi^*$ | 约 200 | 8000 | 正己烷 |
| | | 芳环 π → $\pi^*$ | 255 | 200 | 正己烷 |
| 芳环 π-π | 苯乙烯 | 芳环 π → $\pi^*$ | 244 | 12 000 | |
| | | 芳环 π → $\pi^*$ | 282 | 450 | |
| 芳环 π-σ(超共轭) | 甲苯 | 芳环 π → $\pi^*$ | 208 | 2460 | |
| | | 芳环 π → $\pi^*$ | 262 | 174 | |
| 芳环 π-π 和 n | 苯乙酮 | 芳环 π → $\pi^*$ | 240 | 13 000 | |
| | | 芳环 π → $\pi^*$ | 278 | 1100 | |
| | | 芳环 n → $\pi^*$ | 319 | 50 | |
| 芳环 π-n (助色团) | 苯酚 | 芳环 π → $\pi^*$ | 210 | 6200 | |
| | | 芳环 n → $\pi^*$ | 270 | 1450 | |

### 11.2.3　紫外光谱的解析

在解析紫外光谱时，通常用最大吸收波长 $\lambda_{max}$ 和摩尔吸收系数 ε 来表示紫外吸收峰，例如，丙酮的紫外光谱可表示为：$\lambda_{max}$(nm) 279，ε15(正己烷)。$\lambda_{max}$ 可以从紫外光谱中直接读到，摩尔吸收系数 ε 应用朗伯-比尔定律求得：

$$\varepsilon = \frac{\lg(I_0/I)}{cl}$$

此处，$\lg(I_0/I)=A$(吸收度)可以直接从紫外分光光度计上读到。

利用紫外-可见光谱(根据 $\lambda_{max}$ 和 ε)进行结构分析时，通常可以初步推测分子中可能存在哪一类基团，具体步骤如下：

如果在 200～800nm 范围内没有吸收带出现，说明被测物质是饱和化合物，也可能是孤立碳碳双键、叁键的不饱和化合物。既不含共轭体系，也不可能含有溴、碘、硫等杂原子。

如果在 210～250nm 有强吸收，$\varepsilon_{max} \geqslant 10^4$，表明分子中含有两个双键的共轭体系，如共轭二烯烃、α，β-不饱和羰基化合物等。

如果在 300nm 以上区域有吸收，$\varepsilon_{max} \geqslant 10^4$，说明化合物中含有大的共轭体系，如共轭多烯，并且多为稠环芳烃及其衍生物。

如果在 250～300nm 有中等强度的吸收带，$\varepsilon_{max}$ 在 1000～10000，表明分子中含有苯环或者芳杂环。

如果在 250～350nm 有中、低等强度的吸收带，并且为一个峰，$\varepsilon_{max}$ 在 10～100 之间（$n\rightarrow\pi^*$），而且谱图中出现两个峰或三个峰，说明分子中有不共轭的发色团，例如，羰基或其他含杂原子的不饱和基团存在：—C≡N、—N═N—、—$NO_2$、—COOR、—COOH、—$CONH_2$。

如果在 200～220nm 有中等强度的吸收带，并且为单峰，$\varepsilon_{max}$ 在 100～10000 范围内（$n\rightarrow\sigma^*$），说明分子可能是胺、醇、醚、硫醇。

紫外光谱提供的信息有时能方便地解决其他结构分析方法难以解决的问题。例如，乙酰乙酸乙酯存在酮式和烯醇式两种互变异构体。酮式没有共轭双键，在它的紫外吸收光谱中仅在 204nm 处有弱吸收。烯醇式有两个双键形成的共轭体系，在 245nm 处有强的吸收，因此根据紫外吸收光谱提供的信息可以判断是否有烯醇式存在。又如 α-紫罗兰酮和 β-紫罗兰酮互为位置异构体。前者是两个双键形成的 α,β-不饱和酮，$\pi\rightarrow\pi^*$ 跃迁形成的 $\lambda_{max}$＝228nm，而后者则是三个双键形成的共轭体系，$\lambda_{max}$＝298nm，用紫外吸收光谱很容易区别它们。

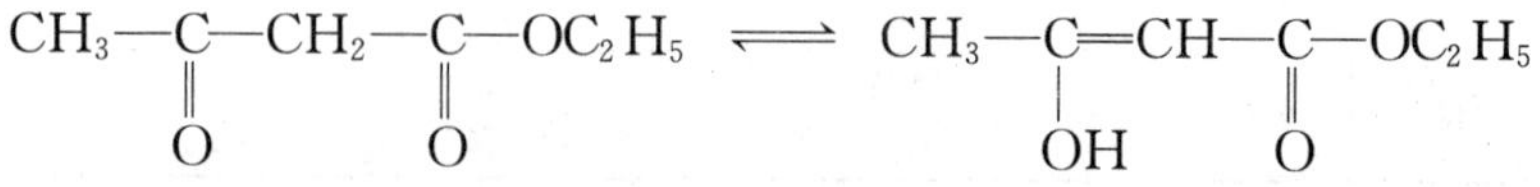

酮式　　　　烯醇式

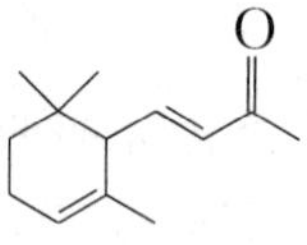

α-紫罗兰酮

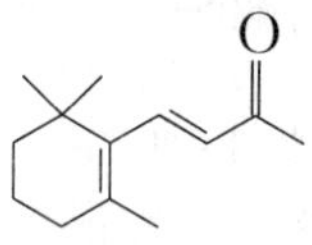

β-紫罗兰酮

紫外光谱的图形比较简单，只反映 $n\rightarrow\pi^*$ 和 $\pi\rightarrow\pi^*$ 的电子跃迁，因此它能给出的结构信息不多，通常它只能告诉我们化合物中有没有共轭 π 键，以及共轭体系中取代基的种类、位置和数目。单凭紫外光谱很难确定出化合物的结构，其应用有很大的局限性。即使这样，紫外光谱在测定有机化合物的结构中还是起着重要作用。

因为紫外吸收光谱有高的灵敏度和选择性，定量方法比较简单，它可以很方便地直接测定某些化合物中的一些组分含量，如己烷中的苯、鱼肝油中的维生素 A 等。

除了单组分物质的定量分析外，利用吸收值的加和性，还可对多组分物质进行定量分析。

## 11.3　红外光谱

红外吸收光谱（infrared absorption spectroscopy，IR）是分子吸收红外光引起

的振动和转动能级跃迁产生的吸收信号。整个红外光区域位于波长 0.76～300μm 的很宽的区域(表 11-2)，分为近红外区、中红外区和远红外区三个部分，绝大部分化合物的基团振动处在波长范围为 2.5～25μm 的中红外区，这一区域是研究得最多、检测仪器最成熟、应用最广泛的区域，我们的讨论也局限于中红外吸收光谱。

与紫外吸收光谱不同，红外吸收光谱通常以百分透过率 $T\%$-波长(或频率)曲线表示，谱图的横坐标为频率，一般为波数 $\sigma$(cm$^{-1}$)或波长 $\lambda$(μm)，纵坐标为百分透过率，当某一波长的红外光被分子吸收时，透过样品的光强度便会减弱，因此红外吸收光谱图上记录下来的是一个倒峰，如图 11-6 所示。

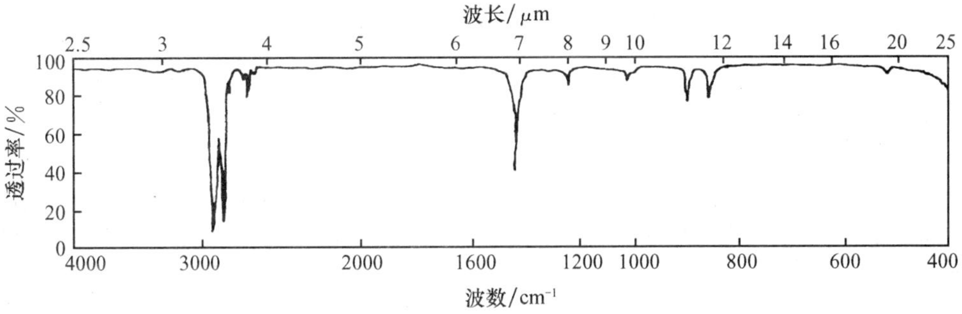


图 11-6　环己烷的红外吸收光谱图

红外吸收光谱具有很强的特征性，不同化合物因构成化合物的相对原子质量不同，或化学键不同，或几何构型不同都会造成红外吸收光谱的差别。所以，它在化合物的定性鉴定或位置结构推测方面应用的重要性远远大于紫外吸收光谱。

### 11.3.1　基本原理

1) 分子的振动形式

当有机物分子吸收红外光后，体系能量增加，产生振动能级的跃迁。分子的振动可分为两大类：伸缩振动和弯曲振动(又称变形振动)。通常用希腊字母 $\nu$ 表示伸缩振动，$\delta$ 表示弯曲振动。伸缩振动是指原子沿着化学键方向的往复运动，在振动过程中化学键的键长发生变化。根据振动时原子间相对位置的变化，伸缩振动还可分为不对称伸缩振动($\nu_{as}$)和对称伸缩振动($\nu_s$)。弯曲振动是指原子垂直于化学键方向的振动，引起键角的变化。弯曲振动可以分为面内弯曲振动和面外弯曲振动。面外弯曲振动是指弯曲振动垂直于原子所在的平面，根据原子的运动方向，又可分为面外摇摆振动和扭曲振动。图 11-7 以亚甲基为例描述了上述各种振动形式，每一种振动形式都有特定的振动频率。当外界提供的红外光频率正好等于基团振动的某种频率时，分子就可能吸收该频率的红外光产生吸收峰。

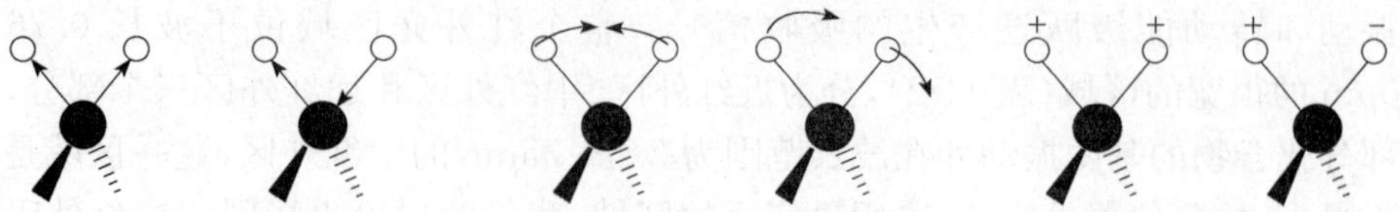

伸缩振动($\nu$)
对称 (symmetric) 2853cm$^{-1}$　不对称 (asymmetric) 2926cm$^{-1}$

面内弯曲振动($\delta$)
剪切 (scissor) 1468cm$^{-1}$　摇式 (rocking) 720cm$^{-1}$

面外弯曲振动($\gamma$)
摆动 (wagging) 1305cm$^{-1}$　扭动 (twisting) 1250cm$^{-1}$

图 11-7　亚甲基(—$CH_2$—)的各种振动形式及其红外吸收

2) 决定振动频率的因素

分子振动的频率决定分子所能吸收的红外光频率,即红外吸收峰的位置。红外光谱中吸收的频率与振动形式密切相关。由于弯曲振动不改变键长,它所需要的能量较小,因此它的吸收频率较低,通常在 1500cm$^{-1}$以下。分子中的原子在平衡位置附近以很小的振幅做周期性的振动,这种情况与经典力学中弹簧振子所做的简谐振动十分相似。分子中的化学键犹如一根弹簧,两个键连原子犹如弹簧两端的小球。这样的简谐振子模型,其振动频率可借用经典力学的胡克(Hooke)定律来计算。

$$\nu = \frac{1}{2\pi}\sqrt{\frac{k(m_1+m_2)}{m_1 \cdot m_2}}$$

或

$$\sigma = \frac{1}{2\pi c}\sqrt{\frac{k(m_1+m_2)}{m_1 \cdot m_2}}$$

式中:$m_1$、$m_2$ 是两个键连原子的相对原子质量;$k$ 是化学键的力常数。单键的力常数为 5N/cm 左右,双键和叁键分别是单键的两倍和三倍。

从上式可看出:①化学键的振动频率或波数与其力常数 $k$ 的平方根成正比,$k$ 越大,振动波数亦越大,如 C—C 吸收出现在较低的波数区,1200～700cm$^{-1}$,而 C═C 在 1700～1450cm$^{-1}$,C≡C 在 2300～2100cm$^{-1}$。②振动频率或波数与原子的折合质量 $m_1 \cdot m_2/(m_1+m_2)$的平方根成反比。因此,当两个振动原子中有一个为氢原子时,因为氢原子的相对原子质量很小,$m_1 \cdot m_2/(m_1+m_2)$就很小,振动频率或波数就大,C—H、O—H、N—H 键的伸缩振动吸收出现在高波数区就是这个缘故。如果是多原子分子,我们可以把它分解成若干个基团来研究。由于各有机化合物的结构不同,组成其中各基团的相对原子质量和化学键力常数不同,出现的吸收频率也各不相同,因此各有其特征的红外光谱。但是,真实分子的振动并不是严格的简谐振动,所以光谱上看到的情况复杂得多。表 11-4 列出了有机化合物化学键的主要吸收谱带。

**表 11-4　有机化合物的各类键的主要吸收谱带**

| 键　型 | 化合物类型 | IR 吸收谱带宽度 | | |
|---|---|---|---|---|
| | | 波数范围* /$cm^{-1}$ | 波长 $\lambda/\mu m$ | 强度** |
| C—H | 烷烃 | | | |
| | —$CH_3$,2 个峰 | 2960 和 2870 | 3.38 和 3.48 | s |
| | —$CH_2$,2 个峰 | 2925 和 2855 | 3.42 和 3.50 | |
| | 环 | 3100～2900 | 3.23～3.34 | |
| | 烯烃 | 3000 左面 | 3.33 | m～w |
| | 炔烃 | 3333～3267 | 3.00～3.06 | m |
| | 芳香族 | 3100～3000 | 3.23～3.33 | |
| | 醛,2 个峰 | 2900～2800 | 3.45～3.57 | m～w |
| | | 2800～2700 | 3.57～3.70 | |
| C═C | 烯烃 | 1670～1640 | 5.99～6.10 | m～w |
| | 共轭二烯 | | | |
| | (对称) | 1600 | 6.25 | |
| | (不对称) | 1650 和 1600 | 6.06 和 6.25 | |
| C═C | 芳香族 | 1600～1500,一个峰 | 6.25～6.76 | m～w |
| | 环 | 1500～1400,一个或两个峰 | | s～m |
| C≡C | 炔 | 2260～2100 | 4.24～4.76 | m～w |
| C═O | 羧酸 | 1720～1665 | 5.81～6.00 | s |
| | 酯 | 1750～1715 | 5.71～5.83 | s |
| | 酰胺 | 1700～1640 | 5.88～6.10 | s |
| | 酮 | 1725～1705 | 5.80～5.87 | s |
| | 与双键共轭 | 1710～1665 | 5.85～6.00 | s |
| | 醛 | 1740～1720 | 5.75～5.81 | s |
| C—O | 醇 | 1260～1000 | 7.94～10.0 | s～m |
| | 酸 | 1315～1280,二重峰 | 7.60～7.81 | s～m |
| | 酯 | 1300～1000 | 7.69～10.0 | s～m |
| | 脂肪族醚 | 1150～1085 | 8.70～9.22 | s～m |
| | 芳基烷基醚 | 1275～1200 | 7.84～8.83 | s～m |
| O—H | 醇、酚 | 3649～3584 | 2.74～2.79 | m |
| | (氢键) | 3550～3200 | 2.82～3.13 | s |
| O—H | 羧酸 | 3300～2500 | 3.03～4.00 | m |
| | | (以 3000 为中心) | | |
| N—H | 胺,伯 | 3500 和 3400 | 2.86 和 2.94 | m |
| | 仲 | 3340～3310 | 2.99～3.02 | |
| | 酰胺 | 3520～3060 | 2.84～3.27 | s～m |
| C—N | 胺 | 1345～1020 | 7.43～9.80 | m |
| | 酰胺 | ≈1400 | ≈7.14 | s |
| C≡N | 腈 | 2260～2220 | 4.42～4.50 | s |
| N═O | 硝基 | 两个峰,1600～1500 | 6.25～6.67 | s |
| | | 1400～1300 | 7.14～7.69 | s |

* 大多数红外光谱纸上标记"频率"。

** s=强,m=中强,w=弱。

实验结果还表明，化学键的振动频率还受其他因素的影响，但影响较小，所以同一基团的红外吸收基本上相对稳定地出现在某一特定范围内。

3）红外光谱产生的条件

当一定频率的红外光照射物质时，如果分子中某一基团的振动频率正好与其相同，物质就能吸收这一频率的红外光从低能级跃迁到较高的能级，产生红外吸收光谱，即 $\nu_{光}=\nu_{分}$。

红外吸收光谱产生的另一个条件是外界的电磁辐射（红外光）与分子之间必须有偶合作用。外界的辐射必须把它所携带的能量转移给物质的分子才能引起分子能级的跃迁，而这种能量的转移是通过分子振动时偶极矩的变化来实现的。如果振动时分子的偶极矩没有变化，光的能量无法转移给分子，红外吸收光谱就不能产生，这种振动称为非红外活性。当分子中的原子在其平衡位置附近振动时，电荷量 $q$ 并不发生变化，但正负电荷中心的距离 $r$ 则不断变化，偶极矩 $\mu$ 也发生相应的变化。对称分子的正负电荷中心重叠，当对称分子做对称振动时，正负电荷中心始终重叠，偶极矩不发生变化，因此是非红外活性，如 $N_2$、$O_2$ 等。应当注意，对称分子在不对称振动时会产生瞬间偶极矩，因此是红外活性的。例如，$CO_2$ 是一个由三原子组成的线形分子，有 4 种不同的振动方式：①对称的伸缩振动；②不对称的伸缩振动；③面内弯曲振动；④面外弯曲振动（图 11-8）。

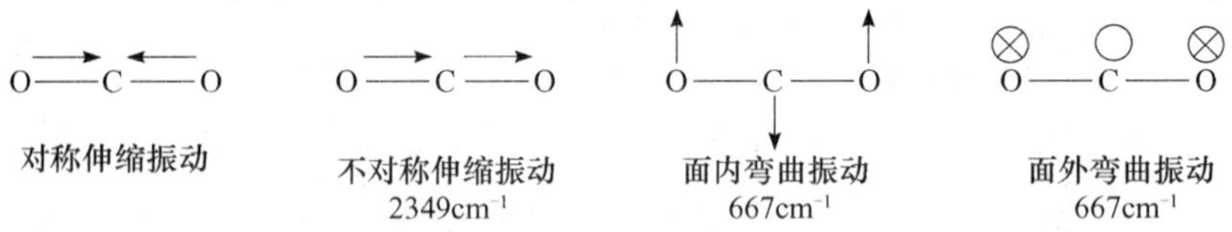


图 11-8　$CO_2$ 的基本振动方式及频率

$CO_2$ 是一个对称分子，正负电荷中心重叠，偶极矩 $\mu=0$。在振动方式①中正负电荷中心始终重叠，$\Delta\mu=0$，为非红外活性；在振动方式②、③和④中都能产生瞬间偶极矩，$\Delta\mu\neq0$，因此是红外活性，能在红外吸收光谱图中产生吸收峰。但③和④的振动频率相同，两种振动发生简并。所以，$CO_2$ 虽然有四种振动形式，但在红外光谱图上只出现两个吸收峰。它们是 $2349cm^{-1}$ 的不对称伸缩振动吸收和 $667cm^{-1}$ 的弯曲振动吸收。

当物质分子吸收外界的辐射能量从较低能级跃迁到较高能级时，还受到能级跃迁规律的限制，即分子并不能从低能级跃迁到任意一个较高的能级。通常振动量子数相差 1 的两个能级之间跃迁概率最大。常温下，大部分分子处在振动基态（振动量子数 $\nu=0$），吸收相应能量的红外光后跃迁到第一激发态（$\nu=1$）。由这种振动能级跃迁产生的吸收频率叫基频，是红外吸收光谱中最重要的吸收峰。分子吸收较高频率的红外光，从振动基态直接跃迁到第二或第三激发态的情况以很小的概率出现，这种跃迁产生的吸收频率叫做倍频。还有一种情况是某一频率的红外光，它的能量恰好等于两种振动能级跃迁所需能量之和，它也能被分子吸收，同时用于两种能级跃迁，产生的吸收频率称作组合频。在红外光谱图中，倍频和组合频都是一些很弱的吸收峰。但当它们在适当条件下与某基频吸收发生共振偶合时，强度会增大。

### 11.3.2 红外光谱和分子结构

1）特征谱带区和指纹区

许多基团的振动频率不会受到分子中其他部分的显著影响，基本上符合双原子分子的振动方程，因此只要组成基团的原子和化学键确定，它们的振动频率总是出现在一定的范围内。例如，C—H 伸缩振动总是出现在 3000$cm^{-1}$左右。如果这一区域内没有任何峰出现，则表明被测物质中不含 C—H 基团。这种基团的振动频率，我们称之为基团特征频率。基团特征频率的特点是特征性很强，可用于鉴定这些基团是否存在。分子中还有一些基团的振动频率对分子中其他部分的存在很敏感，它们的频率在一个较大的区域里变化。例如，碳、氮等原子以单键形式形成的基团，与其相邻的每一个原子和基团的性质都将影响 C—C 和 C—N 振动频率的变化，使其特征性不同。

为了便于对红外光谱进行解析，通常将中红外区域划分为四个部分。

(1) 4000～2500$cm^{-1}$，为含氢基团的伸缩振动区，通常称为“氢键区”。OH、NH、CH、SH 等基团的伸缩振动都出现在这一区域中。

(2) 2500～2000$cm^{-1}$，叁键和累积双键区。各种叁键基团如 C≡C、C≡N 以及累积双键如 C═C═C、N═C═O(异腈酸酯)的伸缩振动都落在此区域中。

(3) 2000～1500$cm^{-1}$，双键区。各种双键基团，包括共轭双键基团如 C═C、C═O、C═N、C═S、N═O 以及苯基的伸缩振动都在这一频率范围。

(4) 小于 1500$cm^{-1}$，单键区。包括 C—C、C—O、C—N 等单键的伸缩和含氢基团 OH、NH、CH 等的弯曲振动频率都出现在这一区域内。

其中，氢键区、叁键区和双键区的特征性强，所以 4000～1500$cm^{-1}$的区域称为官能团特征频率区，又称为特征谱带区，主要用于鉴定官能团。该区域中出现的谱带不多，主要是 OH、NH、CH、SH 和重键的伸缩振动引起的吸收峰。这些能用于鉴定官能团存在的吸收峰称为特征吸收峰，见表 11-4。

波数在 1500～400$cm^{-1}$(低频区)的单键区，光谱复杂，吸收带相当多，特征性差。它们主要是 C—X 键(X═C、N、O)的伸缩振动及各种弯曲振动引起的吸收峰。有机分子中 C—C 键大量存在，其振动吸收峰非常多，大量的 C—H 弯曲振动也落在该区域；而且各种弯曲振动的能级差较小，该区域中单个吸收峰虽然特征性不强，但它们对分子其他部分结构变化十分敏感。分子结构的微小差别，例如，某个官能团的位置引起的立体异构，都会造成这一区域光谱图形的变化。正是上述原因，致使这一区域内的谱带非常密集，犹如人的指纹，因此，小于 1500$cm^{-1}$的区域在红外吸收光谱中称为指纹区。该区域内的吸收带有些是由整个分子的振动、转动而引起的，故它们反映了整个分子的特征。没有两个化合物在这部分的信号是一样的。各种有机化合物结构上的微小差异在指纹区都有反映。如果两个化合物具有完全相同的结构，那么它们的红外吸收光谱图中，不仅官能团特征频率区的吸收峰完全相同，而且在指纹区的吸收峰的个数、位置、相对强度和形状也完全相同，反之亦然。因此，指纹区经常用来与已知物的标准谱图进行比较，以最后确定有机化合物结构分析结果是否正确。

在红外光谱图中，吸收峰的位置取决于基团振动频率，吸收峰的强度则与基团振动时偶极矩变化（$\Delta\mu$）的大小有关。基团振动时，$\Delta\mu$ 越大吸收强度越大；$\Delta\mu$ 较小吸收强度就弱。如果振动时 $\Delta\mu=0$，吸收强度就为 0，即非红外活性。主要有两个因素影响振动时 $\Delta\mu$ 的大小：一是振动基团本身的极性，极性大的基团振动时偶极矩的变化较大，对应的红外吸收峰较强。例如，C═C 和 C═O，它们的吸收峰都出现在双键区，但 C═C 的吸收强度总是弱于 C═O。二是分子的对称性，分子对称性越强，振动时偶极矩的变化越小，吸收峰也越弱。例如，C═C 的吸收在端基烯烃、顺式烯烃和反式烯烃中的强度依次减弱，反式烯烃中 C═C 的伸缩振动吸收几乎看不到。由此可见，在红外光谱中，谱峰强度也是一个重要的信息，它能为基团的归属、分子对称性的判断提供辅助依据。

在确证官能团和化合物类型时，单凭特征频率区的吸收峰往往还不够，因为有时它们不是某些基团的基频，而是另一些基团的倍频（通常并非恰好整数倍）或是某一些基团的组合频。此外基频也会受到邻近环境的影响而有所偏移，个别特征峰为许多基团所共有，故一般还要找它们的相关峰。任何一个基团都有多种振动形式，而每一种红外活性的振动都将产生一个吸收峰，通常把这些相互依存又可以相互佐证的吸收峰叫做相关峰。例如，有 O—H 和 C═O 的化合物不一定是酸，它也可能是羟基醛或羟基酮，因此通常要找一下它们的相关峰，各类官能团的相关峰是不一样的，图 11-9 是有机化合物中主要基团的相关图。

2）影响基团频率位移因素

根据基团特征频率区中出现的吸收峰，我们可以判断被测样品中含有什么样的官能团。例如，前面提到在 3000$cm^{-1}$左右出现的较为尖锐的吸收峰，表明被测物中含有 C—H 基团。但仅仅知道有 C—H 基团，对于有机化合物结构分析是远远不够的，我们还希望了解这个 C—H 是 $CH_3$ 还是 $CH_2$，或者是═C—H 或≡C—H。

对于一个特定化合物中的特定基团来说，它的振动频率是一个固定值，这个值与这一基团在分子中所处的环境有关。仍以 C—H 基团为例，炔碳原子与氢组成

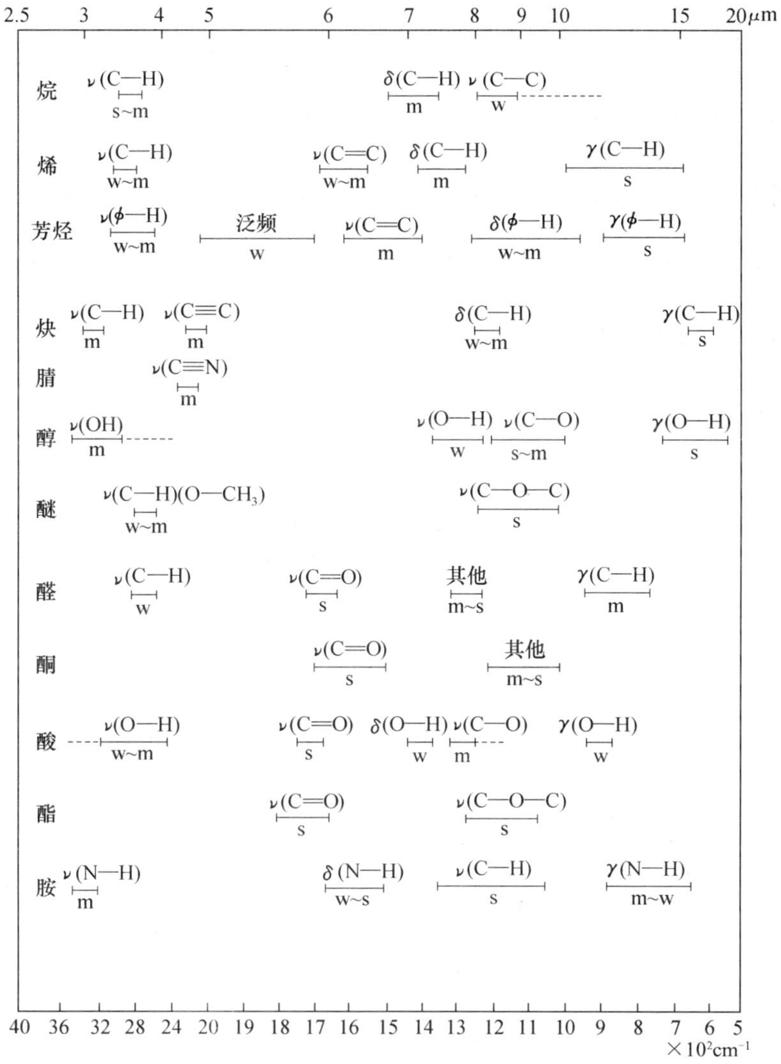


图 11-9 有机化合物中主要基团的相关图

的≡C—H 伸缩振动频率为 $3300cm^{-1}$，烯碳原子与氢组成的═C—H 伸缩振动频率为 $3100\sim3050cm^{-1}$，而饱和碳氢基团 $CH_3$ 或 $CH_2$ 的振动频率比 $3000cm^{-1}$ 略小。不同类型 C—H 的振动频率有差异是因为分子中化学键的力常数并不一样。例如，≡C—H、═C—H 和—C—H 基团中碳原子的杂化轨道不同，键的强度有差异，振动频率也随之改变。

对基团频率产生较大影响的因素有电子效应和空间效应。

诱导效应使分子中电子云发生变化，从而引起基团的化学键力常数变化，使基团振动频率增大或减小。共轭体系中成键电子的离域作用造成电子云分布平均化，使共轭体系内的双键键强减弱，而单键键强略有增加。因此与孤立双键相比较，共轭双键的伸缩振动向低频移动，但体系内的单键振动频率增大。例如，乙烯的红外光谱图中，1650$cm^{-1}$出现 C═C 伸缩振动吸收，丁二烯谱图中相应的吸收峰出现在 1630$cm^{-1}$。

空间立体障碍使共轭效应受到限制，双键的振动频率向高频移动。例如，C═O 的伸缩振动频率在 1700$cm^{-1}$左右，在苯乙酮中，因 >C═O 与苯环共轭，$\nu_{C=O}$红移到 1663$cm^{-1}$。在 2-甲基苯乙酮中，邻位的甲基产生位阻使 >C═O 和苯环的共平面性受到破坏，共轭受到限制，$\nu_{C=O}$向高频移动到 1686$cm^{-1}$。如果 >C═O 两侧的邻位均引入异丙基，造成更大的位阻，$\nu_{C=O}$进一步向高频移动到 1693$cm^{-1}$。

另一种空间效应是环的张力。六元环没有张力，因此六元环上的基团振动频率与它们处在链状化合物时基本相等。但随着环张力变大，环外基团的振动频率增大，而环内基团的振动频率减小(表 11-5)。

**表 11-5　环张力对基团振动频率的影响**

| 化合物 | 基团及振动形式 | 振动频率/$cm^{-1}$ | | | |
|---|---|---|---|---|---|
| | | 六元环 | 五元环 | 四元环 | 三元环 |
| 环酮 | $\nu_{C=O}$ | 1715 | 1745 | 1780 | 1850 |
| 环外烯 | $\nu_{C=C}$ | 1651 | 1657 | 1678 | 1781 |
| 环烷 | $\nu_{C-H}$ | 2925 | — | — | 3050 |
| 环烯 | $\nu_{C=C}$ | 1639 | 1623 | 1556 | — |

此外，氢键的形成使 O—H、N—H 键变长，键的力常数变小，振动频率向低频移动，谱带变宽。

### 11.3.3　各类有机化合物的特征吸收

1) 烷烃

在烷烃中甲基和亚甲基均有对称和不对称的 C—H 伸缩振动，通常在 3000～2840$cm^{-1}$给出四个峰。甲基($-CH_3$)的两个 C—H 峰在 2960$cm^{-1}$和 2870$cm^{-1}$附近。亚甲基($-CH_2-$)的两个 C—H 峰在 2925$cm^{-1}$和 2855$cm^{-1}$附近。

Ⅰ　　Ⅱ

图 11-10　甲基的弯曲振动

Ⅰ为不对称弯曲振动 $\delta_{as}$

Ⅱ为对称弯曲振动 $\delta_s$

甲基和亚甲基均有弯曲振动。甲基有两种弯曲振动(图 11-10)，发生在 1450$cm^{-1}$和 1375$cm^{-1}$附近。亚甲基有四种弯曲振动(图 11-7)，其中剪动出现在 1465$cm^{-1}$附近，常与甲基的弯曲振动重叠，从正十二烷的红外光谱图(图 11-11)中可看到这些谱带。

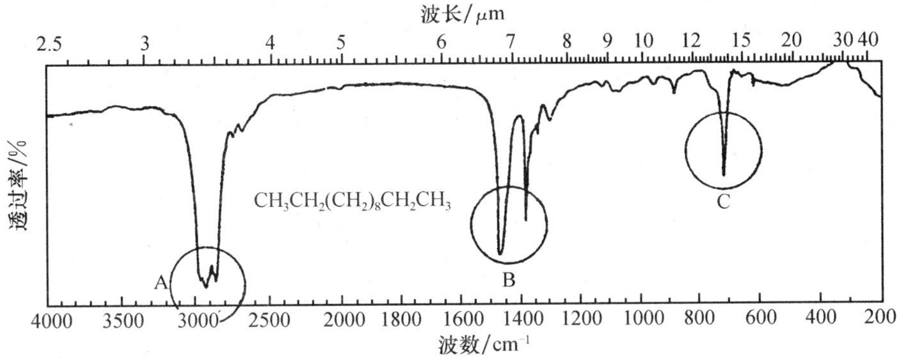


图 11-11 正十二烷的红外光谱

A. C—H 伸缩振动;B. C—H 弯曲振动;C. $CH_2$ 的摇摆振动

当有两个甲基连在同一个碳上时,在 C—H 弯曲振动区域有特征的吸收。异丙基具有强度几乎相等的双重峰,分别出现在 1385～1380$cm^{-1}$ 和 1370～1635$cm^{-1}$。叔丁基也给出 C—H 弯曲振动的双重峰,分别出现在 1395～1385$cm^{-1}$和 1370$cm^{-1}$附近,低频率吸收峰强度较大。

无环张力的环烷烃与链状烷烃的红外光谱无显著区别,亚甲基的 C—H 伸缩振动出现在上述的范围内。但是在有张力的环烷烃中,随着环的缩小,张力变大,亚甲基的伸缩振动移向高频率。例如,环丙烷的 C—H 伸缩振动出现在 3060～3040$cm^{-1}$内。

当分子中含有四个以上的亚甲基($CH_2$)组成的长链时,在 720$cm^{-1}$出现直链的碳碳骨架振动。构成直链的 $CH_2$ 单元数越多,这个吸收峰的相对强度就越大。支链烷烃中各种支链的碳碳骨架振动出现在小于 1500$cm^{-1}$的单键区。如异丙基的碳骨架在 1170～1140$cm^{-1}$有弱吸收,叔丁基的碳骨架则在 1250～1200$cm^{-1}$有弱吸收。一旦分子中引入氧、氮等杂原子,C—O、C—N 的伸缩振动在这一区域产生强吸收,会淹没上述碳碳的振动吸收。

2) 烯烃

在烯烃的分子中存在碳碳双键(C ═ C)的伸缩振动和不饱和碳氢键(═C—H) 的伸缩振动,碳碳双键的伸缩振动在 1670～1640$cm^{-1}$内有中到弱的峰。不对称共轭二烯烃有两个 C ═ C 伸缩振动吸收峰,分别在 1650$cm^{-1}$ 和 1600$cm^{-1}$附近,对称共轭二烯烃则有一个 C ═ C 伸缩振动吸收峰,出现在 1600$cm^{-1}$附近。

═C—H 的伸缩振动:末端烯(═$CH_2$)有对称和不对称两种伸缩振动,顺式或反式烯烃只有一种振动方式,振动频率在 3100～3010$cm^{-1}$内。烷烃 C—H 的各种伸缩振动频率均小于 3000cm$^{-1}$，如果分子中存在双键的═C—H，在烷基的 $CH_3$、$CH_2$、CH 振动吸收峰高频一侧会出现一个小峰。此峰虽小，但能指示分子中存在不饱和 C—H，因而很重要。═C—H 的弯曲振动发生在 1000～650cm$^{-1}$内，吸收峰较强。不同类型的烯烃中这一基团的振动频率各不相同，而且不受取代基性质的影响，频率比较固定，因此在判断烯烃存在及其类型时十分有用，见表 11-6。从 1-癸烯的红外光谱图(图 11-12)中可看到这些谱带。

**表 11-6　各类烯烃的红外吸收频率**

| 烯烃类型 | C═C 伸缩振动频率 /cm$^{-1}$ | ═C—H 的弯曲振动 /cm$^{-1}$ | 倍频 /cm$^{-1}$ |
|---|---|---|---|
| R—CH═CH$_2$ | 1645 (m) | 990 (s),910 (s) | 1860～1800 (m) |
| 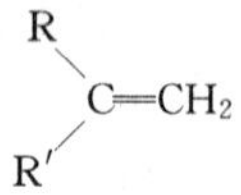 | 1655 (m) | 890 (s) | 1800～1750 (m) |
| 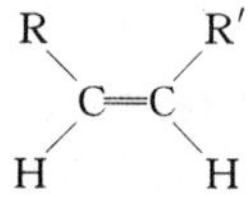 (顺式) | 1660 (m) | 730～675 (m)(可变) | |
| 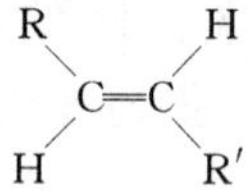 (反式) | 1675 (w) | 965 (s) | |
| 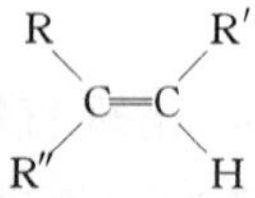 | 1670 (w～m) | 840～800 (s) | |
| 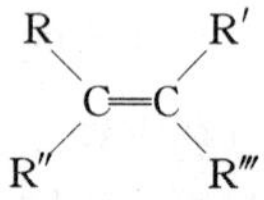 | 1670(w) | 无 | |

3) 炔烃

炔烃的红外吸收较烯烃简单。炔烃中 C≡C 的伸缩振动在叁键区的 2260～2100cm$^{-1}$内产生特征吸收，呈现中到弱的尖峰。这一区域除 C≡N、N═C═O、B—H 等特殊基团之外较少受干扰。在 R′C≡CR 中 $\nu_{C≡C}$ 吸收强度取决于 R′和 R 的差别。炔烃的另一个特征吸收出现在 3300cm$^{-1}$的叁键碳原子上碳氢基团(≡C—H)的伸缩振动，呈现一个强的尖峰。这一区域中 O—H、N—H 等存在干扰吸收，但后二者产生的吸收峰峰形较宽，还比较容易区分。

因此，C≡C 处于端基的炔烃 RC≡CH 用红外吸收光谱很容易鉴别，但 C≡C 处于链中间的炔烃 R′C≡CR 没有 3300 的 $\nu_{≡C—H}$吸收，如果分子是对称的或近于

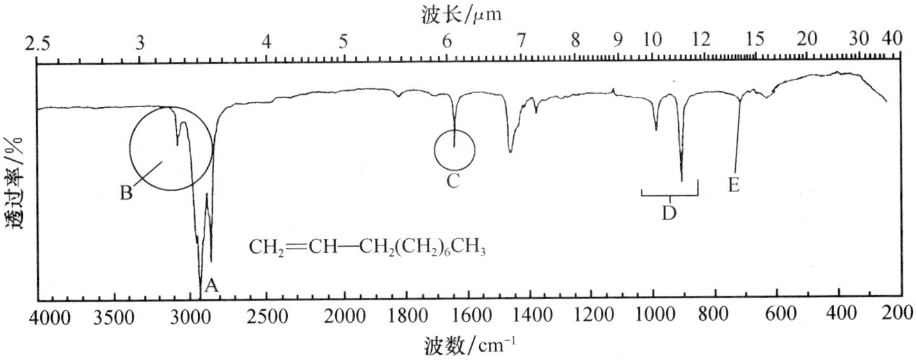


图 11-12　1-癸烯的红外光谱

A. C—H 伸缩振动；B. ═C—H 伸缩振动；C. C═C 伸缩振动；
D. 乙烯基的═C—H 弯曲振动；E. $CH_2$ 的摇摆振动

对称，在叁键区的 $\nu_{C\equiv C}$吸收信号也变得很微弱，这时很容易发生判断失误。从图 11-13 中 1-己炔的红外光谱中可看到它们的吸收峰。

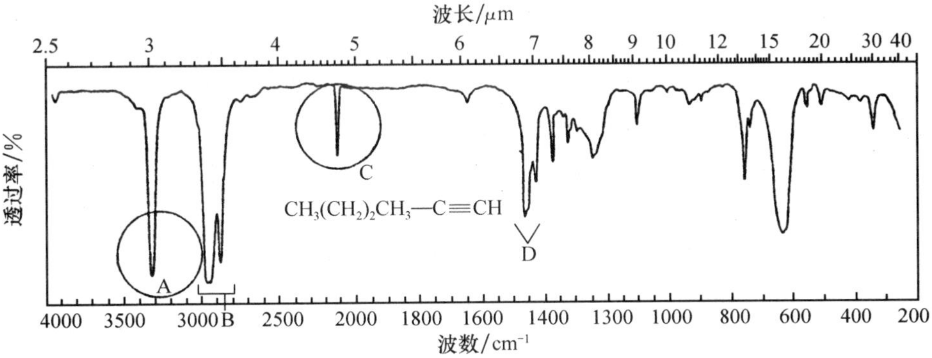


图 11-13　1-己炔的红外光谱

A. ≡C—H 伸缩振动；B. C—H 伸缩振动；C. C≡C 伸缩振动；D. C—H 弯曲振动

4）芳香烃

芳香烃的红外光谱与烯烃相似，主要由三个特征的基频吸收区域：第一个是苯环的骨架振动，在 1600～1450cm$^{-1}$范围内可看到 2～4 个由于环的伸缩振动所引起的吸收峰，通常出现在 1600cm$^{-1}$、1580cm$^{-1}$、1500cm$^{-1}$、1450cm$^{-1}$ 附近。1450cm$^{-1}$的吸收峰与烷基的 C—H 弯曲振动相近，无甚判断价值。第二个是苯环上碳原子生成的 C—H 基团伸缩振动，在 3100～3000cm$^{-1}$ 出现三个吸收峰，这与烯烃的 $\nu_{=C-H}$非常相似，但烯烃一般只出现一个峰。第三个也与烯烃类似，是苯环碳原子的═CH 面外弯曲振动（$\delta^{外}_{=CH}$）产生的吸收峰，位于指纹区的 950～650cm$^{-1}$。大量的光谱数据证明，这些峰的位置和个数与苯环上氢被取代位置和个数有关,而与取代基的类型无关。存留在苯环上相连的氢原子数目越多,吸收峰的频率越低,吸收强度越大(表 11-7)。利用这一区域的红外吸收信息能有效地确定苯环的取代类型,区别各种位置异构体。

**表 11-7　芳香族化合物 $\delta^{外}_{=C-H}$ 频率与取代基位置的关系**

| 取代类型 | 相连的 C—H 数 | $\delta^{外}_{=CH}$ 频率/$cm^{-1}$(强度) |
|---|---|---|
| 苯 | 6 | 670 (s) |
| 单取代* | 5 | 770～730 (s) |
| 1,2-二取代 | 4 | 770～735 (s) |
| 1,3-二取代* | 3 | 810～750 (s) |
| | 1 | 900～860 (m) |
| 1,4-二取代 | 2 | 860～800 (s) |
| 1,2,3-三取代 | 3 | 800～770 (s) |
| 1,2,4-三取代 | 2 | 860～800 (s) |
| | 1 | 900～860 (m) |
| 1,3,5-三取代 | 1 | 900～860 (m) |

* 单取代苯和 1,3-二取代苯在 710～690$cm^{-1}$还有一个环弯曲振动产生的强吸收。

芳烃除了上述三个特征吸收之外,苯环上 C—H 面外弯曲振动的倍频在 2000～1660$cm^{-1}$ 产生一些弱的吸收峰。各种不同类型的取代苯在这一倍频区中表现出不同图像的吸收,它们可作为判断苯环取代类型的辅助证据。图 11-14 是邻二甲苯的红外光谱图,在 3010$cm^{-1}$处可见芳基 C—H 伸缩振动峰,1605$cm^{-1}$、1495$cm^{-1}$和 1466$cm^{-1}$是苯环骨架碳-碳共轭双(单)键伸缩振动峰,1050$cm^{-1}$、1022$cm^{-1}$和 742$cm^{-1}$处分别是芳基 C—H 面内和面外弯曲振动峰,2800～2970$cm^{-1}$处为甲基的 C—H 伸缩振动多重峰。

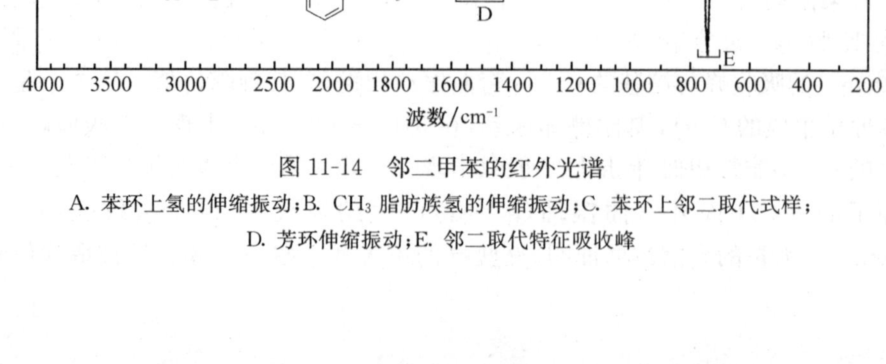


图 11-14　邻二甲苯的红外光谱

A. 苯环上氢的伸缩振动;B. $CH_3$ 脂肪族氢的伸缩振动;C. 苯环上邻二取代式样;

D. 芳环伸缩振动;E. 邻二取代特征吸收峰

5）醇和酚

在这两类化合物中都存在羟基(—OH)官能团，在红外光谱中的特征谱带是由 O—H 伸缩振动和 C—O 伸缩振动所产生的。前者在 3650～3590$cm^{-1}$内有尖锐的强峰，但这个谱带只在蒸气相或非极性溶剂的稀溶液中才能观察到，直接测定液态或固态醇、酚时，由于羟基间存在氢键，这个谱带移向低频，在 3400～3200$cm^{-1}$内出现宽而强的缔合羟基伸缩振动峰。C—O 伸缩振动在 1260～1000$cm^{-1}$内出现一个强吸收峰。由于该吸收峰处在指纹区，且氧原子的相对原子质量与碳原子相差不大，C—O 键的强度又与 C—C 相近，$\nu_{C—O}$和 $\nu_{C—C}$的吸收位置处于同一区域中，因此其特征性远低于 $\nu_{OH}$。在不同的羟基化合物中，C—O 基团所处的环境不同，因而频率 $\nu_{C—O}$也有差别。例如，酚羟基与苯环发生 p-π 共轭，C—O 键增强，故其 $\nu_{C—O}$大于 1200$cm^{-1}$，而伯、仲、叔醇的 $\nu_{C—O}$均低于 1200$cm^{-1}$。当化合物中没有干扰基团存在时，研究 C—O 伸缩振动吸收位置有助于确定不同类型的醇。

羟基 O—H 有两种弯曲振动，即面外弯曲振动($\delta_{OH}^{外}$)和面内弯曲振动($\delta_{OH}^{内}$)。所有醇的 $\delta_{OH}^{外}$因氢键缔合之故都是宽峰，中心位置靠近 650$cm^{-1}$出现宽吸收带，随氢键缔合程度而变化。$\delta_{OH}^{内}$在 1500～1300$cm^{-1}$出现宽吸收带，具体位置因结构和测定条件有一定变化。

对于复杂分子来说，O—H 弯曲振动频率在结构分析中实用价值不大。从 2,6,8-三甲基-4-壬醇的红外光谱(图 11-15)和苯酚的红外光谱(图 11-16)中可看到 O—H 和 C—O 的特征吸收峰。

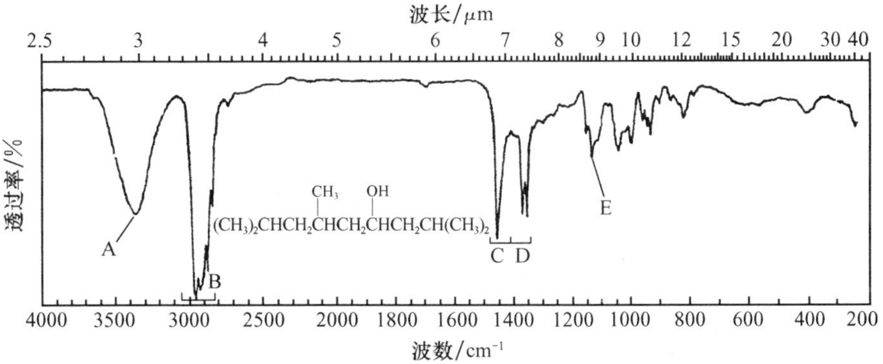


图 11-15　2,6,8-三甲基-4-壬醇的红外光谱

A. O—H 伸缩振动；B. C—H 伸缩振动；C. C—H 弯曲振动；
D. 偕二甲基 C—H 弯曲振动；E. C—O 伸缩振动

6）醚

醚、环氧化合物、缩醛、缩酮中 C—O—C 基团的不对称伸缩振动在 1275～

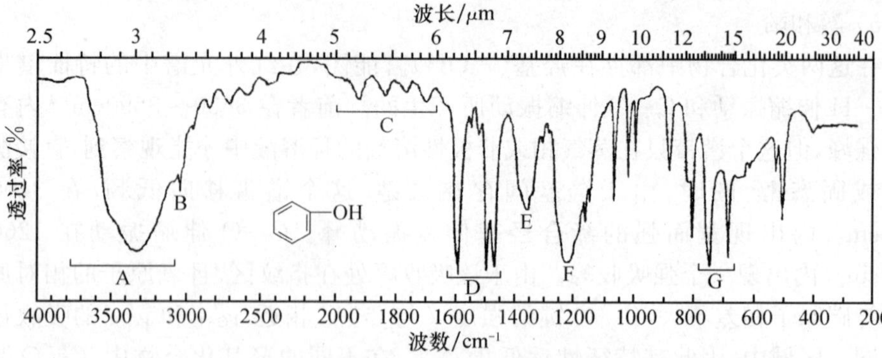


图 11-16　苯酚的红外光谱

A. O—H 伸缩振动；B. 芳环 C—H 伸缩振动；C. 单取代式样；
D. 芳环伸缩振动；E，F. C—O 伸缩振动；G. 单取代特征吸收

$1600cm^{-1}$区域产生强吸收峰。当醚键的氧原子与芳基或烯基相连时，因 p-π 共轭使碳-氧键键强增大，吸收峰出现在大于 $1200cm^{-1}$ 的高频一侧。芳基烷基醚则有两个 C—O 伸缩振动吸收峰，一个在 $1270\sim1230cm^{-1}$ 内，一个在 $1075\sim1020cm^{-1}$ 内，脂肪醚则出现在 $1150\sim1060cm^{-1}$ 内。C—O—C 的对称伸缩振动在 $1075\sim1020cm^{-1}$ 区域产生较弱的吸收峰。

醚的红外吸收光谱不很特征，这不仅因为 C—C 伸缩振动频率与 C—O—C 的相近，而且因为任何含有 C—O 键的分子，如醇、酚、酸、酯对上述吸收峰都会产生干扰。乙醚的红外光谱见图 11-17。

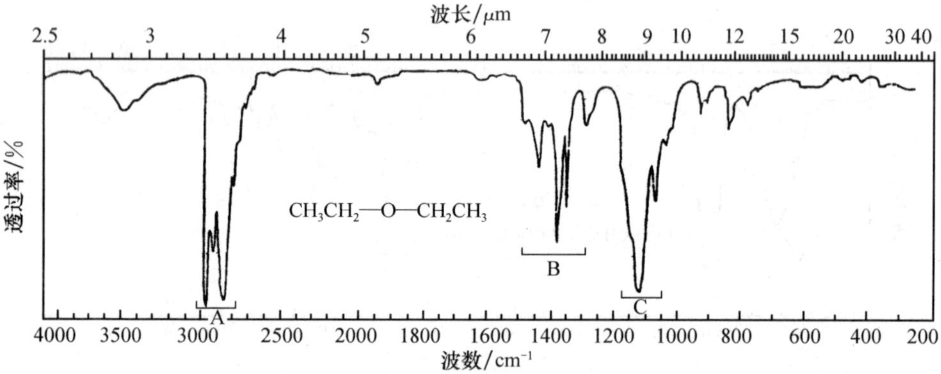


图 11-17　乙醚的红外光谱

A. C—H 伸缩振动；B. C—H 弯曲振动；C. C—O 伸缩振动

7）酮

酮具有羰基——碳-氧双键(C═O)，它的伸缩振动是这类化合物的特征，通常在 $1720cm^{-1}$附近有一个强的吸收峰(图 11-18)。当羰基与双键或苯环共轭时，

C═O 伸缩振动移至低频,约为 $1680cm^{-1}$。

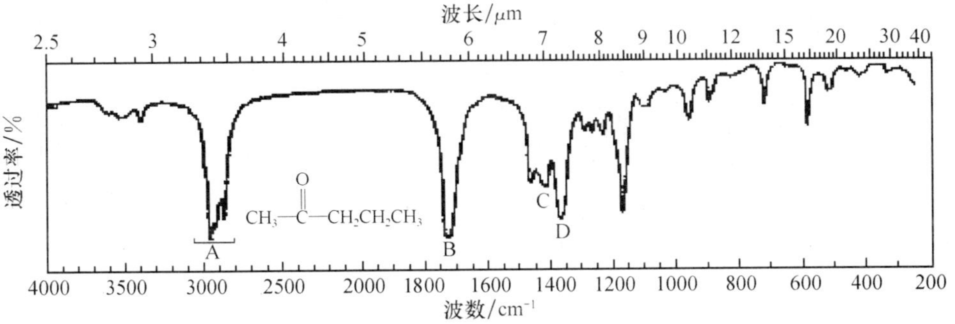


图 11-18 2-戊酮的红外光谱

A. C—H 伸缩振动;B. C═O 伸缩振动;C. C—H 弯曲振动;D. $CH_3CO$ 的 C—H 弯曲振动

氢键的形成使 $\nu_{C=O}$ 向低频移动,例如,邻羟基苯乙酮能形成分子内氢键,其间位和对位异构体内形成分子间氢键,它们的 $\nu_{C=O}$ 从苯乙酮的 $1690cm^{-1}$ 红移到 $1660\sim1650cm^{-1}$。

环酮的 $\nu_{C=O}$ 与张力有关,随着环张力的增大,$\nu_{C=O}$ 向高频移动。

醌是一类特殊的酮,C═O 伸缩振动在 $1690\sim1635cm^{-1}$。

8) 醛

脂肪族醛的羰基伸缩振动吸收频率比酮羰基稍高一些,在 $1740\sim1730cm^{-1}$ 内,$\alpha,\beta$-不饱和醛和芳香醛的羰基吸收峰在稍低的频率 $1705\sim1685cm^{-1}$ 内。

醛与酮的区别在于醛基中的碳氢伸缩振动在 $2820cm^{-1}$ 和 $2720cm^{-1}$ 附近有两个中等强度的吸收峰,当上述区域中出现两个中等强度吸收峰,同时谱图上还存在羰基吸收带时,可明确判断有醛基。在某些结构的醛中,醛基的弯曲振动明显偏离 $1390cm^{-1}$,此时在上述区域只能观察到一个醛羰基 C—H 吸收带。然而在脂肪醛中高频率的吸收峰常被强的烷基 C—H 伸缩振动吸收遮盖而不易发现,但是低频率的吸收峰通常能看到。图 11-19 是乙醛的红外光谱,从中可看到所有这些特征吸收峰。

9) 羧酸

羧酸在气相中 $\nu_{OH}\approx3520cm^{-1}$。即使在非极性溶剂的稀溶液中,羧酸亦以二聚体的形式存在,因而饱和脂肪酸在液态和固态时的羰基(C═O)伸缩振动吸收峰移向低频,出现在 $1725\sim1700cm^{-1}$ 内。$\alpha,\beta$-不饱和的和芳香族的羧酸则移向低频($1710\sim1680cm^{-1}$)。在水杨酸分子中存在分子内氢键,使 C═O 吸收频率移至 $1655cm^{-1}$。

羧酸与其他羰基化合物的区别在于存在 O—H 伸缩振动,这个吸收谱带从 $3300cm^{-1}$ 一直伸到 $2500cm^{-1}$,比醇和酚的 $\nu_{OH}$($3400\sim3300cm^{-1}$)更低,这是由于

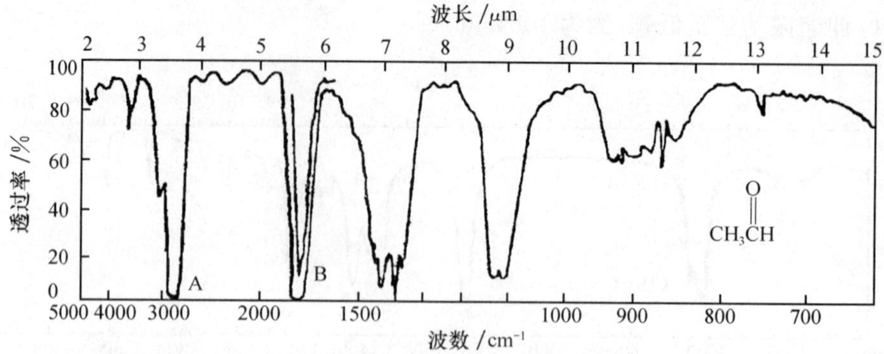


图 11-19 乙醛的红外光谱

A. 醛基 C—H 伸缩振动；B. C═O 伸缩振动(约 $1730cm^{-1}$)

存在强的分子间氢键所造成的。低相对分子质量的羧酸中 $\nu_{C-H}$ 在 $3000cm^{-1}$ 左右的谱带几乎完全被淹没在其中，长链羧酸的 $\nu_{C-H}$ 叠加在 $\nu_{OH}$ 的宽谱带之上形成独特形状的谱带。

从庚酸的红外光谱(图 11-20)中很容易辨认出强的、宽的 O—H 伸缩振动吸收峰和 C═O 伸缩振动吸收峰。

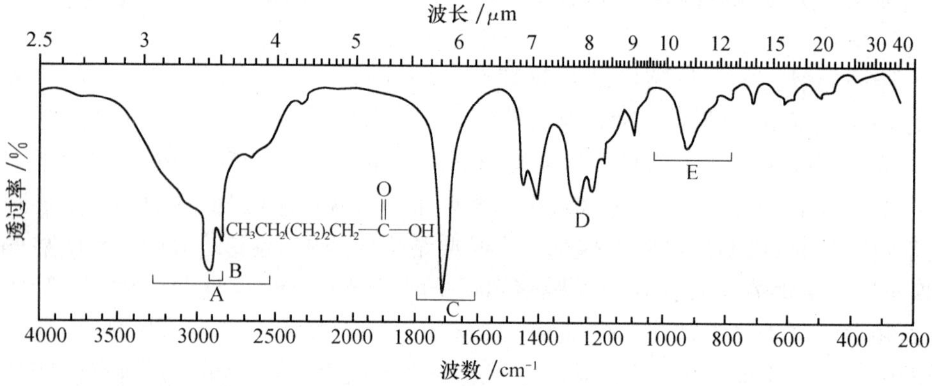


图 11-20 庚酸的红外光谱

A. O—H 伸缩振动的宽峰；B. C—H 伸缩振动；C. C═O 伸缩振动；
D. C—O 伸缩振动；E. O—H 弯曲振动

羧酸的另一个较为特征的谱带是由 OH 面外弯曲振动引起的，其频率约为 $920cm^{-1}$，呈现宽的中等强度。羧酸和醇、醚、酯的 $\nu_{C-O}$ 都出现在 $1250cm^{-1}$ 附近，特征性较差。

当羧酸成盐之后，两个最特征的谱带 $\nu_{C=O}$ 和 $\nu_{OH}$ 消失，羧酸根离子产生两个吸收带：$\nu^{as}_{COO^-}$ 在 $1650\sim1550cm^{-1}$ 区域；$\nu^{s}_{COO^-}$ 在 $1400cm^{-1}$ 附近。

10）酯

酯具有两个强的特征吸收带：羰基（C ═O）和碳氧（C—O）伸缩振动谱带。C ═O 伸缩振动频率一般比酮高些，这是由于邻近烷氧基的吸电子性（诱导效应）的影响。饱和脂肪酸酯的 C ═O 伸缩振动吸收峰在 1750～1735cm$^{-1}$内。$\alpha$,$\beta$-不饱和羧酸酯和芳香酸酯的 C ═O 伸缩振动吸收峰在 1730～1715cm$^{-1}$内。

在乙烯酯和苯酯的红外光谱中，由于在氧原子上连有不饱和基团，C ═O 吸收频率升高。例如，乙酸乙烯酯的 C ═O 吸收频率在 1776cm$^{-1}$，乙酸苯酯的C ═O 吸收频率为 1770cm$^{-1}$。

酯的 C—O 伸缩振动吸收峰出现在 1300～1000cm$^{-1}$内，其中在 1200cm$^{-1}$附近展示的不对称伸缩振动强吸收峰常常是谱图中的第一强峰。一般饱和酯的 C—O 吸收频率在 1210～1162cm$^{-1}$内，乙酸乙烯酯和乙酸苯酯则在稍低的频率范围内（1190～1140cm$^{-1}$）。

从图 11-21 和图 11-22 可看到乙酸乙酯和乙酸苯酯 C ═O 吸收峰和 C—O 吸收峰的变化。

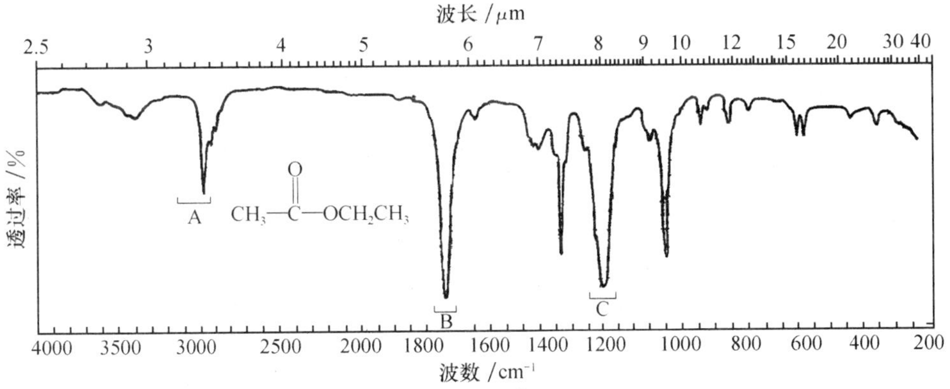


图 11-21　乙酸乙酯的红外光谱

A. C—H 伸缩振动；B. C ═O 伸缩振动；C. C—O 伸缩振动

11）酰胺

所有的酰胺都有一个强的、特征的羰基吸收谱带，出现在 1700～1630cm$^{-1}$内，在稍低的频率往往可看到氮氢键（N—H）的弯曲振动吸收峰（图 11-23），这是鉴定酰胺的主要标志。一般来说酰伯胺在 1655～1590cm$^{-1}$有弱的单个或多个吸收峰，酰仲胺在 1570～1510cm$^{-1}$仅有一个弱的吸收峰。

在非极性溶剂中酰伯胺在 3530 和 3400cm$^{-1}$附近有两个中等强度的 N—H 伸缩振动吸收峰，而纯的酰伯胺则在 3350 和 3180cm$^{-1}$附近有两个吸收峰。酰仲胺则分别在 3500～3400cm$^{-1}$或者 3360～3330cm$^{-1}$有一个 N—H 伸缩振动吸收峰。

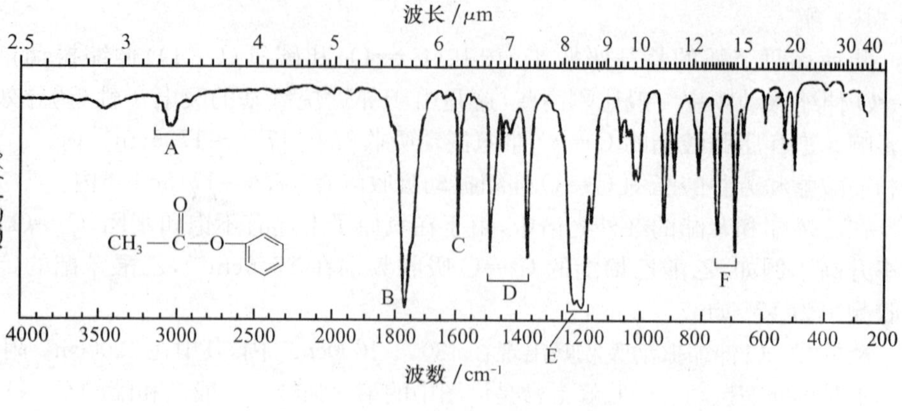


图 11-22　乙酸苯酯的红外光谱

A. 芳环 C—H 伸缩振动；B. C═O 伸缩振动；C. 芳环伸缩振动；D. $CH_3$ 弯曲振动

E. C—O 伸缩振动；F. 单取代特征吸收

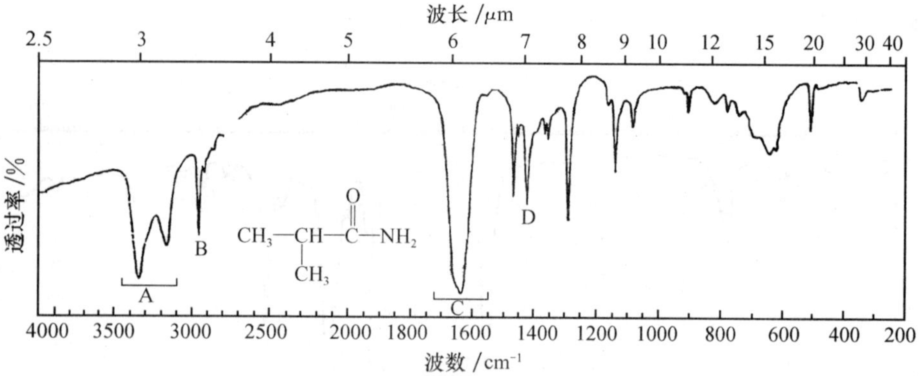


图 11-23　2-甲基丙酰胺的红外光谱

A. N—H 伸缩振动；B. C—H 伸缩振动；C. C═O 伸缩振动和 N—H 弯曲振动；D. C—N 伸缩振动

在酰叔胺中，没有 N—H 吸收峰。

12）酸酐

酸酐的红外光谱非常容易识别。这是因为酸酐的两个羰基连在一个氧原子上，它们发生振动偶合的结果，在双键区的高频一侧 1860～1800cm$^{-1}$ 和 1800～1750cm$^{-1}$ 出现两个强吸收峰，两峰相距约 60cm$^{-1}$。线状酸酐的两峰强度接近相等，环状酸酐在低波数的峰却比高波数的峰强。通常可根据这一点来判断酸酐是线状还是环状。饱和的非环酸酐两个吸收峰分别出现在 1820cm$^{-1}$ 和 1750cm$^{-1}$，共轭效应会使两峰向低频移动；环状酸酐的羰基振动频率受环张力的影响，随着环张力的增大，$\nu_{C=O}$ 增大，例如，戊二酸酐是一个六元环酸酐，其 $\nu_{C=O}$ 位于 1822cm$^{-1}$ 和 1780cm$^{-1}$，而形成五元环的琥珀酸酐相应峰则位于 1871cm$^{-1}$ 和 1793cm$^{-1}$。

13）卤代烃

总的来说，卤代烃的红外吸收光谱特征性不强，因为卤素是单价元素，它们与碳原子相连生成的基团伸缩振动出现在 $1500cm^{-1}$ 以下的单键区。在这一区域中，存在大量 C—C 伸缩振动和 C—H 弯曲振动，C—O 和 C—N 的伸缩振动频率也出现在此范围，使 C—X 峰的归属比较困难。幸好卤素原子的电负性较大，产生强吸收峰，有助于我们辨认。C—X 伸缩振动频率按 F、Cl、Br、I 的顺序向低频移动，因为它们的相对原子质量差别大，所以它们的伸缩振动频率差别大，$\nu_{C-F}$在 $1350 \sim 1000cm^{-1}$，$\nu_{C-Cl}$在 $850 \sim 650cm^{-1}$，$\nu_{C-Br}$在 $700 \sim 500cm^{-1}$，$\nu_{C-I}$在 $600 \sim 500cm^{-1}$。

因卤代物存在着对映异构体，所以液态或溶液中的卤代物均为多重峰。当同一碳上相连的卤素原子增多时，$\nu_{C-X}$向高频移动。例如，$CF_2$ 的 $\nu_{CF_2}^{as}$ 和 $\nu_{CF_2}^{s}$ 在 $1280 \sim 1120cm^{-1}$，而 $CF_3$ 的相应伸缩振动 $\nu_{CF_3}^{as}$ 和 $\nu_{CF_3}^{s}$ 在 $1350 \sim 1120cm^{-1}$，并呈现多重峰，谱带极强，容易识别；又如化合物中仅含一个 Cl 原子时，$\nu_{C-Cl}$ 出现在 $750 \sim 700cm^{-1}$，而 $CCl_4$ 的 $\nu_{C-Cl}$ 出现在 $797cm^{-1}$。

由于氟原子的强电负性和 p-π 共轭效应，分子中氟原子的存在对邻接基团的振动吸收频率影响较大。例如，当氟原子直接和 C═C 相连时，使 $\nu_{C=C}$ 向高频移动。与 C═C 相连的氟原子数越多，位移越大，在 $C═CF_2$ 中 $\nu_{C=C}$ 出现在 $1755 \sim 1735cm^{-1}$，在 $CF═CF_2$ 中 $\nu_{C=C}$ 出现在 $1800 \sim 1780cm^{-1}$。氯原子同样也能使 C═C、C═O 伸缩振动频率向高频移动。

当卤素原子直接和芳核相连时，能看到一个包含有 C—Cl 伸缩振动吸收的环振动峰，在 $1000 \sim 1100cm^{-1}$。

从 1-氯己烷的红外光谱(图 11-24)容易认出 C—Cl 吸收峰。

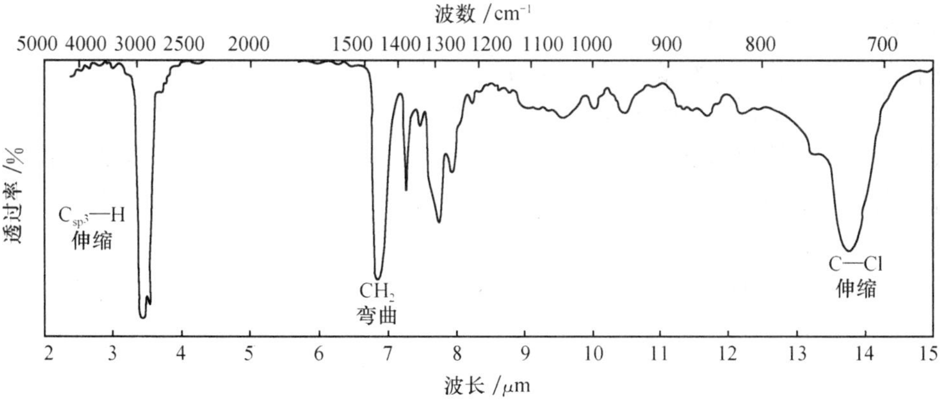


图 11-24　1-氯己烷的红外光谱

### 11.3.4 红外光谱解析

红外吸收光谱在有机物结构分析中的作用主要包括下列四个方面：

1）确定化合物的类型

从一张红外光谱图上，我们很容易判断被测物质是有机物还是无机物，是饱和的还是不饱和的，是脂肪族还是芳香族化合物。确定被测物质所属的类型，对于缩小和限定进一步解析的范围，提高工作效率和加快分析进度非常重要。

第一，区分有机物和无机物。无机化合物中的基团振动有相当一部分出现在中红外区，但无机化合物中不含 C—H 基团，所以在 $3000cm^{-1}$ 左右没有饱和或不饱和的 C—H 伸缩振动产生的吸收峰。另外，无机物所含基团较少，在红外吸收光谱中产生的振动吸收峰个数较少，且吸收峰的峰形一般较宽。因此，根据谱图中 $3000cm^{-1}$ 左右是否有尖锐的 $\nu_{C-H}$ 吸收峰以及谱图中吸收峰的个数和形状，很容易判断被测物是否为有机物。

第二，区分饱和与不饱和化合物。在红外光谱中有两个区域的信息可用于区分这两类化合物。首先是在氢键区，以 $3000cm^{-1}$ 为界限，大于 $3000cm^{-1}$ 的尖锐的吸收峰是由烯、炔和芳烃碳原子上的 C—H 伸缩振动产生的，它们的存在说明被测物是不饱和化合物。但应注意的是环丙烷由于环的张力很大，它的 $\nu_{CH_2}$ 在 $3050cm^{-1}$ 产生吸收峰。另一个信息是不饱和化合物会在叁键或双键区产生吸收峰，但也有一些特殊情况需要注意：对称的烯烃或炔烃中，C=C 或 C≡C 伸缩振动时偶极矩变化为零，是红外非活性的。这些化合物虽是不饱和化合物，但在红外光谱的双键、叁键区却没有特征吸收。

第三，区分脂肪族化合物和芳香族化合物。在红外光谱中有 3 个区域的信息可用来区别两者。首先是在双键区检查 $1600cm^{-1}$、$1580cm^{-1}$、$1500cm^{-1}$ 和 $1450cm^{-1}$ 是否有两个至四个苯环骨架振动吸收峰，如有，则可初步确定为芳香族化合物。然后进一步检查 $950\sim650cm^{-1}$ 是否有表征芳环取代特征的 $\delta^{外}_{=C-H}$ 吸收带和 $2000\sim1660cm^{-1}$ 区域 $\delta^{外}_{=C-H}$ 的倍频峰，或者检查 $3000\sim3100cm^{-1}$ 是否有吸收峰，若有，则可确认其为芳香族化合物。然后根据 $910\sim700cm^{-1}$ 内的吸收峰来确定取代基的位置。这三个信息中，苯环骨架振动产生的吸收峰最为重要。若在 $1600\sim1450cm^{-1}$ 内无吸收峰，则为脂肪族化合物。

2）确定官能团

主要依据 $4000\sim1500cm^{-1}$ 基团特征频率区中的吸收峰来确定被测物质中可能含有的官能团。在 $4000\sim2500cm^{-1}$ 的氢键区内，我们可以确定许多含 H 基团，如羟基、胺基、饱和或不饱和的碳-氢基团；根据 $2500\sim2000cm^{-1}$ 的叁键区出现的吸收峰，能确定化合物中所含的 C≡C、C≡N、C=C=C、N=C=O 等基团；在 $2000\sim1500cm^{-1}$ 的双键区内可以判断被测物中是否含有 C=O、C=C、C=N、

C═S、$NO_2$ 等含双键的基团。在利用基团特征频率区的吸收峰确定官能团时，要兼顾吸收峰的位置、强度和形状，其中以吸收峰位置最为重要。

由于有机化合物种类繁多，结构复杂，基团之间相互影响造成红外谱图的复杂性，即使在基团特征频率区出现的吸收峰也可能有几种解释，因此在利用基团特征频率区的吸收峰作出初步判断后，还需要用官能团的其他振动方式产生的吸收峰进行核对和验证，或考察相关基团的振动频率。

检查 1880～1620$cm^{-1}$ 区域是否存在一个中等以上强度的吸收峰，若有，则可能是 C═C、C═O 伸缩振动产生的吸收峰。如果有 C═C 基团，通常在高于 3000$cm^{-1}$ 有 $\nu_{=C-H}$ 吸收峰，在 1000～650$cm^{-1}$ 内有 $\delta^{内}_{=C-H}$ 吸收峰。能在这两个相关区域找到相应的证据，那么可以确定被测物中肯定含有 C═C 基团，然后根据 1000$cm^{-1}$ 以下吸收峰的频率确定双键的类型。如果在这两个区域均没有吸收峰，那么 1700～1600$cm^{-1}$ 的吸收峰可能是 C═O，应该进一步寻找各类羰基化合物的特征吸收峰以及其他吸收峰作为辅证。

酸：C═O 吸收在 1720～1680$cm^{-1}$，O—H 吸收在 3300～2500$cm^{-1}$，有宽的强峰，它可能叠盖 C—H 吸收峰。

酰胺：C═O 吸收在 1700～1630$cm^{-1}$，N—H 吸收在以 3500$cm^{-1}$ 为中心，有窄或宽的、中等强度的峰。

酯：C═O 吸收在 1750～1715$cm^{-1}$，不存在 O—H 吸收，在 1300～1000$cm^{-1}$ 存在 C—O 吸收，通常有两个峰。

醛：C═O 吸收在 1740～1685$cm^{-1}$，不存在 O—H 吸收，在 2820$cm^{-1}$ 和 2750$cm^{-1}$ 附近有两个从中到弱 C—H 吸收。2820$cm^{-1}$ 附近的峰常与烷基中的 C—H 伸缩振动相交盖，2750$cm^{-1}$ 附近的峰是主要的特征。

酸酐：约在 1810$cm^{-1}$ 和 1760$cm^{-1}$ 附近有两个 C═O 吸收。

酮：只有 C═O 吸收，在 1725～1680$cm^{-1}$，无其他特征吸收。

检查其他官能团。

羟基：醇和酚在 3550～3200$cm^{-1}$ 有宽的 O—H 伸缩振动吸收峰。

醚：没有 O—H 吸收峰，在 1275～1200$cm^{-1}$ 和 1075～1020$cm^{-1}$ 各有一个 C—O 伸缩振动吸收峰。

3）区分位置或立体异构

从红外吸收光谱我们不仅能够确定被测化合物含有哪些官能团，有时还能得到这些官能团连接方式和立体化学方面的信息。例如，前面提到的在指纹区 1000～650$cm^{-1}$ 出现的烯烃的 $\delta^{外}_{=C-H}$，借助于这一区域的信息，我们可以确定烯烃的取代类型，也可以区别烯的顺反异构体。

4）确定化合物的结构

在相同的条件下测定化合物的红外光谱，并与标准谱图进行比较看是否一致。

红外光谱的重复性很好，指纹区与化合物的精细结构相关联，两张完全相同的谱图代表了两个结构相同的化合物。

有机分子，尤其复杂有机分子有许多振动方式，所以在红外光谱中产生许多吸收峰，导致了谱图的复杂性。目前还不能对每一个吸收峰都能作出解释。在对红外吸收光谱进行解析时要注意各种信息的相互补充和验证。一个基团有不同的振动方式，频率各不相同，所以常常有几个吸收峰可以证明同一基团的存在，使所得结论的可靠性得以增加。在解析时还应注意不能忽视谱图中一些较弱的但确实有用的谱带，比如烯烃中的不饱和 C—H 伸缩振动通常并不明显。一般说来，除了一些简单化合物，光靠红外光谱谱图解析是很难确定一个有机物的结构的，还需配合化学分析、MS、NMR、UV 和其他理化数据综合分析，才能确定其结构。

## 11.4 核磁共振谱

用频率为兆赫数量级的波长为 1～1000m 的电磁波照射分子，这种电磁波能与处在强磁场中的磁性原子核作用，引起磁性原子核发生磁能级的共振跃迁。记录原子核对射频区电磁波的吸收，就得到核磁共振谱(nuclear magnetic resonance spectroscopy)，简称 NMR。

### 11.4.1 基本原理

核磁共振是由原子核的自旋运动引起的。不同的原子核，自旋运动的情况不同，它们可以用核的自旋量子数 $I$ 来表示。核的自旋量子数与原子的质量数和原子序数之间存在着一定的关系：当原子的质量数和原子序数均为偶数时，$I=0$，原子核不能产生自旋运动，也没有磁矩，如${}^{12}_{6}C$、${}^{16}_{8}O$ 等，这种原子核没有核磁共振现象。当原子的相对原子质量数和原子序数两者之一是奇数或两者均为奇数时，$I\neq0$，该原子核就有自旋现象，产生自旋磁矩，如${}^{1}_{1}H$、${}^{13}_{6}C$、${}^{19}_{9}F$ 和${}^{31}_{15}P$ 等，这些原子核无外加磁场时自旋产生的核磁矩随机取向。

当 $I\neq0$ 的原子核置于一均匀的外磁场($H_0$)中时，核的自旋具有$(2I+1)$个不同的取向。氢原子核($I=1/2$)是磁性核，其自旋产生的磁矩在外磁场中可有两种取向：一种是与外磁场方向相同，称为顺磁取向，该取向的磁量子数 $m=+1/2$，或用 $\alpha$ 表示。另一种是与外磁场方向相反，称为反磁取向，该取向的磁量子数 $m=-1/2$，或用 $\beta$ 表示。

反磁取向能量较顺磁取向能量高，这两种取向的能量差 $\Delta E$ 与外加磁场强度成正比。

$$\Delta E=\gamma\frac{h}{2\pi}H_0$$

式中：$h$ 是普朗克常量；$\gamma$ 是核常数，称为核磁比，是一个因原子核不同而异的比例常数。对于氢原子，$\gamma=26750$。以上关系如图 11-25 所示。不过即使在很强的外加磁场中，$\Delta E$ 数值也很小。对于氢原子核，当 $H_0=14092\text{G}$（高斯，$1\text{G}=10^{-4}\text{T}$）时，$\Delta E$ 仅为 $2.5\times10^{-5}\text{kJ/mol}$，当 $H_0=23468\text{G}$ 时，$\Delta E$ 约为 $4\times10^{-5}\text{kJ/mol}$，相当于电磁波谱中射频区的（1～1000m）能量。

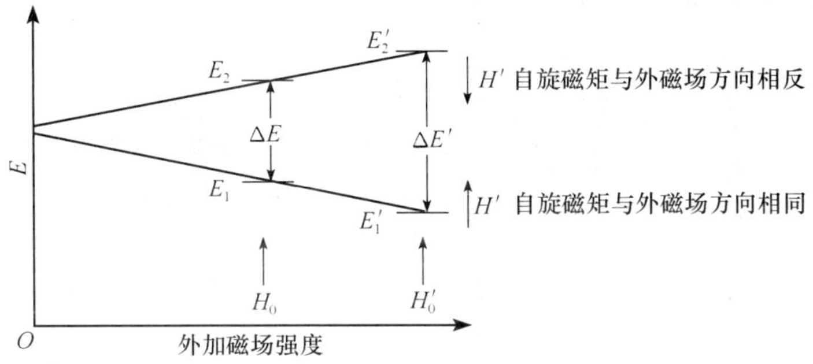


图 11-25 核能级被外磁场的分裂

若外界提供电磁波，其频率适当，能量恰好等于核的两个自旋能级之差，$h\nu=\Delta E$，则此原子核就可以从低能级跃迁到高能级，发生核磁共振吸收。检测能量被吸收的情况就能得到 $^1$H 的核磁共振信号。核磁共振（nuclear magnetic resonance）谱就是描述在不同电磁波频率下的核磁共振吸收情况。

由上面的公式可得

$$\nu=\frac{\Delta E}{h}=\frac{\gamma}{2\pi}H_0$$

从上式可看出，一个特定的核（$\gamma$= 常数），在一定强度的外磁场中（$H_0$ = 常数），只有一种共振频率能使核从低能级跃迁至高能级，发生核磁共振。上式又叫共振条件。如 $^1$H，当 $H_0=1.0\text{T}$ 时，$\nu=42.6\text{MHz}$；当 $H_0=1.4092\text{T}$ 时，$\nu=60\text{MHz}$；当 $H_0=2.3486\text{T}$ 时，$\nu=100\text{MHz}$；而当 $H_0=1.4092\text{G}$ 时，$^{13}$C 和 $^{19}$F 产生核磁共振所需要的频率分别为 24.29 MHz 和 15.08MHz。

有机化学中研究得最多，应用得最广泛的是氢原子核（质子 $^1$H）的核磁共振谱，又叫质子核磁共振谱（proton magnetic resonance），简写为 PMR 或 $^1$H NMR。近年来 $^{13}$C 的核磁共振谱（$^{13}$C NMR）有较大的发展，限于篇幅，这里只介绍核磁共振氢谱。

### 11.4.2 核磁共振仪简介

图 11-26 为核磁共振仪示意图，其核心部件是一个强度很大的磁铁，样品管放在磁铁两极之间，样品管周围为射频线圈。轴垂直于磁场方向，输入线圈的轴垂直

输出线圈的轴。因而三者相互垂直,互不干扰。实现核磁共振的方法有两种:一是固定磁场 $H_0$,改变频率 $\nu$,这种方法叫扫频;另一是固定频率 $\nu$ 改变磁场 $H_0$,这种方法叫扫场。一般的核磁共振仪中多用扫场的方法。当磁场 $H_0$ 和频率满足共振条件 $\nu=(\gamma/2\pi)H_0$ 时,样品中的质子便发生能级跃迁,接收器就会收到信号,有记录仪记录下来,得到 NMR。实验室中常用的核磁共振仪有 60MHz、90MHz、100MHz、220MHz,甚至可到 800MHz。

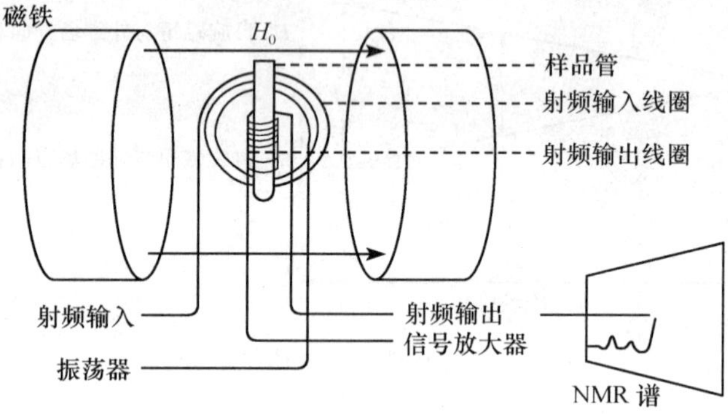


图 11-26　核磁共振仪示意图

## 11.4.3　化学位移

### 11.4.3.1　化学位移的产生

按照上面的公式,在一固定的外加磁场($H_0$)中,$^1$H 核磁共振谱应该只有一个峰,即在 $\nu=(\gamma/2\pi)H_0$ 处。事实并非如此,例如,乙醇的$^1$H NMR 中就有三个峰(图 11-27)。

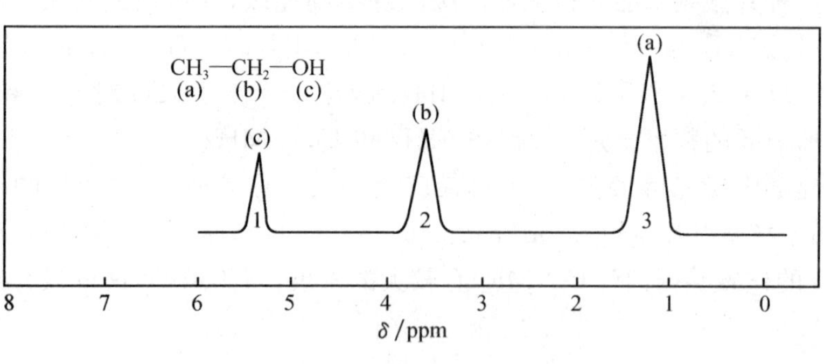


图 11-27　乙醇的$^1$H 核磁共振谱

我们知道,有机化合物中的氢原子核与独立的质子不同,其周围还有电子。在电子的影响下,它们发生核磁共振信号的位置与独立的质子不同。这种原子核由于化学环境所引起的核磁共振信号位置的变化叫化学位移，它是核外电子云的屏蔽效应引起的。所谓屏蔽效应，就是有机化合物分子中的氢核与独立质子相比较，由于分子中的电子对氢核有屏蔽作用，其核磁共振信号出现在高磁场。电子在外加磁场中产生感应磁场，其感应磁场的方向与外加磁场相反，所以作用于原子核的磁场强度比外加磁场略小一些(图 11-28)。由于屏蔽效应，外加磁场的强度要略为增加，才能产生核磁共振信号。显然，核周围的电子云密度越大，屏蔽效应亦越大，共振信号将移向高磁场区。共振条件调整为

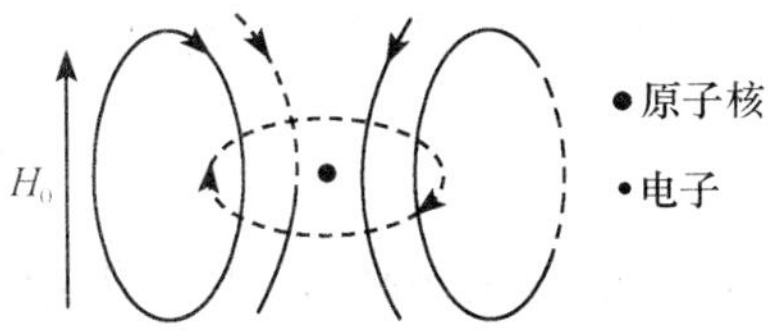

图 11-28　电子对核的屏蔽效应

$$\nu = \frac{\gamma}{2\pi} H_{实} = \frac{\gamma}{2\pi}(H_0 - H) = \frac{\gamma}{2\pi} H_0 (1 - \sigma)$$

$\sigma$ 称为屏蔽常数，它表示电子云对核屏蔽作用的大小，也反映核所处的化学环境。核周围的电子云密度与氢核所处的化学环境有关，因此不同化学环境的核，它们所受的屏蔽作用不同，它们的核磁共振信号就出现在不同的地方。这样就可以根据吸收峰的多少知道化合物中有多少个不同环境的质子。再根据峰的位置推测出是哪一类质子。从乙醇($CH_3CH_2OH$)的结构来看，它有三种不同的氢原子，它的$^1$H NMR 应该有三组信号三个峰(图 11-27)。

#### 11.4.3.2　化学位移的表示方法及测定

由于屏蔽效应所造成的磁场强度的改变量很小，通常难以准确地测出其绝对值，因此需要一个参考标准来对比。常用的标准物质是四甲基硅烷，$(CH_3)_4Si$，简写为 TMS，它只有一个峰，而且 TMS 中氢核所经受的屏蔽效应很高，一般质子的吸收峰都出现在它的左边——低场。此外，TMS 化学性质不活泼，与样品之间不发生化学反应和分子间缔合；TMS 易溶于有机溶剂，沸点低(27℃)，回收样品也较容易。但 TMS 不溶于重水，用重水测谱时要用其他标准物。例如，2，2-二甲基-2-硅戊烷-5-磺酸钠$(CH_3)_3SiSO_3Na$(简写为 DSS)，叔丁醇等。把其他峰与四甲基硅烷峰之间的距离称为化学位移(chemical shift)。

从上面的式中可以看出，共振频率与外磁场强度成正比，磁场强度不同，同一种化学环境的质子共振频率就不同。若用频率表示化学位移，则使用不同频率的仪器所得的化学位移值不同，例如，化合物 1，2，2-三氯丙烷($CH_3CCl_2CH_2Cl$)在 60MHz 核磁共振仪器上测得的谱图中出现两个吸收峰，与 TMS 相距 134Hz 的是 $CH_3$ 的吸收峰，处在 240Hz 的是 $CH_2$ 的吸收峰，两峰相差 106Hz。如果在 100MHz 仪器上测定该化合物，所得谱图中的 $CH_3$ 和 $CH_2$ 吸收峰将分别位于 223Hz 和 400Hz 处，两峰相差 177Hz。显然在不同频率仪器上测得的结果没有简

单的可比性。因此化学位移通常用位移常数 $\delta$ 值表示。$\delta$ 值的定义为

$$\delta = \frac{(\nu_{样} - \nu_{标})}{\nu_{标}} \times 10^6 = \frac{\Delta\nu}{\nu_{仪}} \times 10^6$$

式中,$\nu_{样}$ 和 $\nu_{标}$ 分别是样品中氢核与标准物中氢核的吸收频率;$\nu_{仪}$ 是仪器频率,因为 $\nu_{标}$ 与仪器频率相差很小,故 $\nu_{标}$ 可用仪器频率代替。

由于 $\nu_{样}$、$\nu_{标}$ 和 $\nu_{仪}$ 都很大,一般为几十至几百兆赫,而 $\Delta\nu$ 则很小,通常只有几十至几百赫兹,因而 $\delta$ 值一般只有百万分之几或百万分之零点几。为读写方便起见,将 $\delta$ 值乘以 $10^6$,所得值读作 ppm。这样 $CH_3CCl_2CH_2Cl$ 中 $CH_3$ 的化学位移如用 $\delta$ 值表示,在 60MHz 和 100MHz 仪器上测定时所得的值都是一样的,用 $\delta$ 值表示化学位移,就有了可靠的比较标准。

60MHz 仪器

$$\delta = \frac{134-0}{60 \times 10^6} \times 10^6 = 2.23\text{ppm}$$

100MHz 仪器

$$\delta = \frac{223-0}{100 \times 10^6} \times 10^6 = 2.23\text{ppm}$$

按 IUPAC 的建议,将 TMS 的 $\delta$ 值规定为 0,其他质子的 $\delta$ 值应为负值,但文献中常将负号略去,改为正值。因此 $\delta$ 值大的出现在低场,$\delta$ 值小的出现在高场。一般环境相同的质子,不论它在哪一个分子中,都有大致相同的化学位移。

表 11-8 列出了部分不同类型质子的化学位移。

**表 11-8 部分基团质子的化学位移**

| 基团 | 质子类型 | $\delta$/ppm |
|---|---|---|
| 环丙烷 | 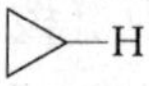 | 0.2 |
| 伯 | $RCH_3$ | 0.9 |
| 仲 | $R_2CH_2$ | 1.3 |
| 叔 | $R_3CH$ | 1.5 |
| 乙烯型 | C═C—H | 4.5～5.9 |
| 烯丙型 | C═C—$CH_2$—H | 1.7 |
| 乙炔型 | C≡C—H | 2～3 |
| 氟 | FC—H | 4～4.5 |
| 氯 | ClC—H | 3.4 |
| 溴 | BrC—H | 2.5～4 |
| 碘 | IC—H | 2～4 |
| 醇 | HOC—H | 3.4～4 |
| 醚 | ROC—H | 3.3～4.0 |
| 酯 | RCOO—C—H | 3.7～4.1 |
| | R′OOCC—H | 2～2.2 |
| 酸 | HOOCC—H | 2～2.6 |

续表

| 基　团 | 质子类型 | $\delta$/ppm |
|---|---|---|
| 羰基化合物 | O═C—C—H | 2～2.7 |
| 醛 | O═C—H | 9～10 |
| 羟基 | RO—H | 1～5.5 |
| 烯醇 | C═C—O—H | 15～17 |
| 羧酸 | RCOO—H | 10.5～12 |
| 胺 | $RNH_2$ | 1～5 |
| 苯环 | Ar—H | 6.4～9.0 |

注:其中,—OH、—$NH_2$ 等质子的化学位移随溶剂、温度、浓度等的不同而有较大变化。

$\delta$ 值应用方便,对于分子中给定的氢与所用仪器的射频无关,均具有相同的数值。除用 $\delta$ 度量外,化学位移亦可用 $\tau$ 表示,它们的关系是:$\tau=10-\delta$。

### 11.4.3.3　影响化学位移的因素

影响化学位移的因素,即影响屏蔽效应的因素一般有以下几种:

1) 电子效应

我们已经知道,由于氢核(质子)外面的电子围绕氢核运动而产生屏蔽效应,显然屏蔽效应的大小与核外电子云密度有关,电子云密度越高,屏蔽效应越大,质子在较高的磁场吸收。当与质子相连的碳上连有电负性大的原子或官能团(如卤素、硝基、氰基、羰基、烷氧基、氨基等)时,质子周围的电子云密度减小,在较低的磁场发生吸收,例如,$CH_3$—C,$\delta=0.9$ppm;$CH_3$—N,$\delta=2.3$ppm;$CH_3$—O,$\delta=3.3$ppm。同样在卤代烷中,甲基氢的化学位移 $\delta$ 随卤原子电负性的增大而增大。例如,$CH_4$,$\delta=0.9$ppm;$CH_3I$,$\delta=2.2$ppm;$CH_3Br$,$\delta=2.7$ppm,$CH_3$—Cl,$\delta=3.1$ppm;$CH_3$—F,$\delta=4.3$ppm。而在 $CH_4$、$CH_3Cl$、$CH_2Cl_2$、$CHCl_3$ 系列中,$\delta$ 值随氢原子被氯取代的程度而增加(向低场移动),它们分别为 0.9ppm、3.1ppm、5.3ppm、7.3ppm。电负性大的原子(或基团)可以影响邻近质子的化学位移,但是当它们之间有碳原子将它们隔开时,影响减弱。例如,$CH_3Cl$,$\delta=3.1$ppm;$CH_3$—C—Cl,$\delta=1.5$ppm;$CH_3$—C—C—Cl,$\delta=1.0$ppm。因此,我们通常只考虑相邻碳原子上的基团对化学位移的影响。

此外,烷烃中不同类型的氢原子中伯氢出现在高场,仲氢次之,叔氢出现在较低场。

2) 磁的各向异性效应

为什么乙烯型质子($\delta=4.5\sim5.9$ppm)、醛基质子($\delta=9\sim10$ppm)和苯环质子($\delta=6.4\sim9.0$ppm)的 $\delta$ 值这么大?

这是由于磁各向异性效应引起的。由电子组成的化学键在空间形成小的磁场,它与化学键不对称时,称为“各向异性”。当存在外磁场 $H_0$ 时,由于 $\pi$ 电子比 $\sigma$

电子容易流动。当它环流时就产生一个附加磁场(诱导磁场),其磁力线的方向在双键中间与外加磁场的方向相反(屏蔽区域),而在双键质子处与外加磁场相同(去屏蔽区域),使双键上的质子可以在较低场发生吸收,$\delta$ 值增大(图 11-29)。根据同样道理,我们可以设想炔氢的 $\delta$ 值应该很大,可是实际上它只有 2～3。这里有两种效应在起作用。首先,由于叁键是直线结构,$\pi$ 电子云围绕 C—C 轴呈筒状分布,它所产生的诱导磁场与双键时不一样,磁力线正好以和外加磁场相反的方向通过叁键,这样就产生了屏蔽效应,使叁键质子的吸收移向高场。其次,叁键碳的 s 成分较大,C≡C 要吸电子,使 C—H 键中的电子远离 H,产生了去屏蔽效应,使叁键质子在低场吸收。这两种效应的综合结果,使叁键质子在 $\delta$=2～3ppm 处吸收。

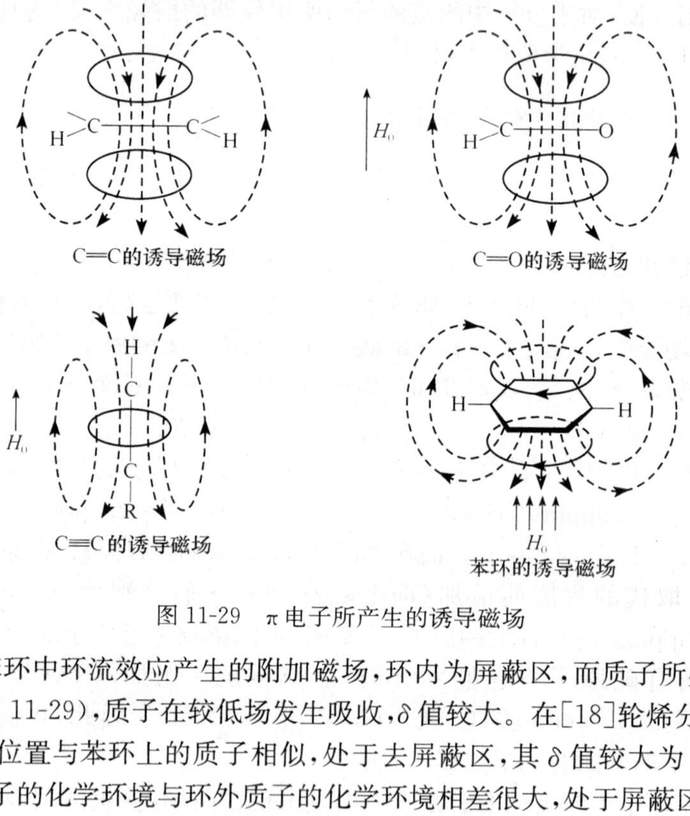


图 11-29　$\pi$ 电子所产生的诱导磁场

同理,苯环中环流效应产生的附加磁场,环内为屏蔽区,而质子所处的位置为去屏蔽区(图 11-29),质子在较低场发生吸收,$\delta$ 值较大。在[18]轮烯分子中,环外 12 个质子的位置与苯环上的质子相似,处于去屏蔽区,其 $\delta$ 值较大为 8.2ppm;而环内 6 个质子的化学环境与环外质子的化学环境相差很大,处于屏蔽区,质子在较高场发生吸收,$\delta$ 值甚至超过 TMS 的 $\delta$ 值,为－1.9ppm。

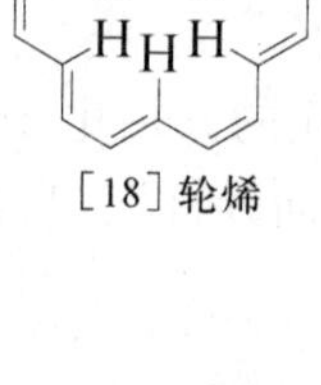

[18] 轮烯

同样的方法可以分析，羰基上的氢处于去屏蔽区，$\delta$ 值较大。

其他如酮、酯、羧基和肟等都产生各向异性效应。

由于形成碳-碳单键的 $sp^3$ 杂化轨道不是球形对称的，因而也能产生各向异性效应(图 11-30)。与双键、叁键形成的环电流相比，单键的各向异性效应弱得多。甲基的氢被碳取代，去屏蔽效应增大，信号向低场移动，所以化学位移值大小为 $R_3CH > R_2CH_2 > RCH_3$。

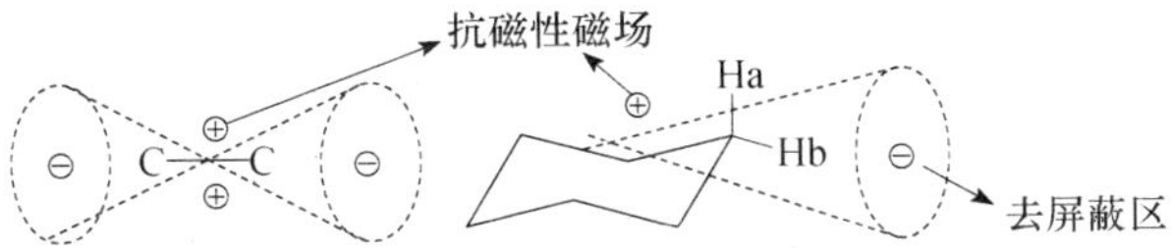


图 11-30　碳-碳单键的各向异性效应

在开链烷烃中，C—C 单键能自由旋转，使这一效应平均化，因此同一碳上的 $^1H$ 一般具有相同的化学位移。当键的旋转受阻时，同一碳上的不同 $^1H$ 会显示出化学位移差，例如，对氘代环己烷 $C_6D_{11}H$ 在低温时测定，e 键氢原子处于去屏蔽区，吸收峰出现在低场，$\delta$ 值比直立 a 键氢大 0.5ppm。

3）氢键

$^1H$ 的化学位移会受氢键的影响而发生变化。分子形成氢键后，使 $^1H$ 周围电子云密度降低，产生去屏蔽作用，故氢键通常导致化学位移向低场移动。氢键的缔合程度与溶液温度、浓度等条件有关，因此 OH、$NH_2$ 等能形成氢键的质子化学位移也随条件改变。温度升高不利于氢键形成，$\delta$ 会移向高场。

4）溶剂效应

同一化合物在不同溶剂中的化学位移是不相同的，溶质质子受到溶剂的影响而引起化学位移的变化叫溶剂效应。溶剂效应主要是溶剂的各向异性效应及溶剂间生成氢键的影响。当溶剂含活泼氢时，溶剂效应就比较大，因此溶剂最好不含氢。一般常用的溶剂为 $CCl_4$、$CDCl_3$、$CF_3COOD$ 等。水是最不理想的溶剂，但极性很强的化合物有时只能用重水 $D_2O$ 作溶剂。苯、吡啶等对极性化合物分子中的质子产生强烈影响。

#### 11.4.3.4　峰面积和质子数的计算

判断两个质子是否化学等价的方法是将它们分别用一个试验基团取代，如果取代后得到同一结构，则它们是等价的，反之则为不等价质子，如 $CH_3CH_2CH_3$ 中，六个甲基氢都是等价的，两个亚甲基氢也是等价的。等价的质子具有相同的化学位移。

在 $^1H$ NMR 图中，有几组峰表示样品中有几种化学不等价的质子，每一组峰的强度，即其面积，则与质子数目成正比。根据各组峰的面积比，可以推测各种质子的数目比。

峰的面积用电子积分仪测定，得到的结果在谱图上用积分曲线表示，积分曲线为阶梯形，各个阶梯的高度表示不同化学位移的质子数之比。如果再知道化合物的分子式或它的质子总数，那么各类质子的具体数目就可以知道了。图 11-31 是苯基丙酮的$^1$H NMR 谱图，其中积分曲线所给出的三个峰的面积之比为 3∶2∶5，即为甲基质子、亚甲基质子和苯环上质子的数目比。

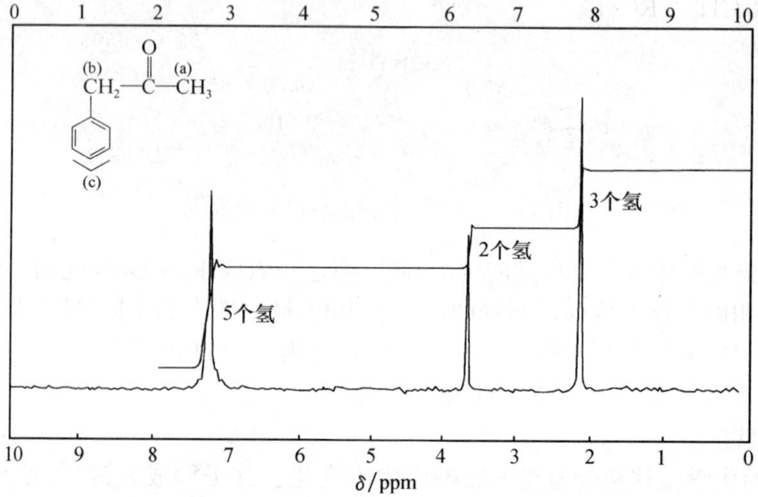


图 11-31　苯基丙酮的核磁共振谱图

从苯基丙酮的核磁共振谱来看，每一组氢原子都呈现为单峰，但并不是所有的谱图都是这样。例如，从高分辨的绝对乙醇核磁共振谱(图 11-32)中，我们可以看出它有三组峰(这种峰的裂分现象将在 11.4.4 讨论)。在这种情况下，计算氢原子

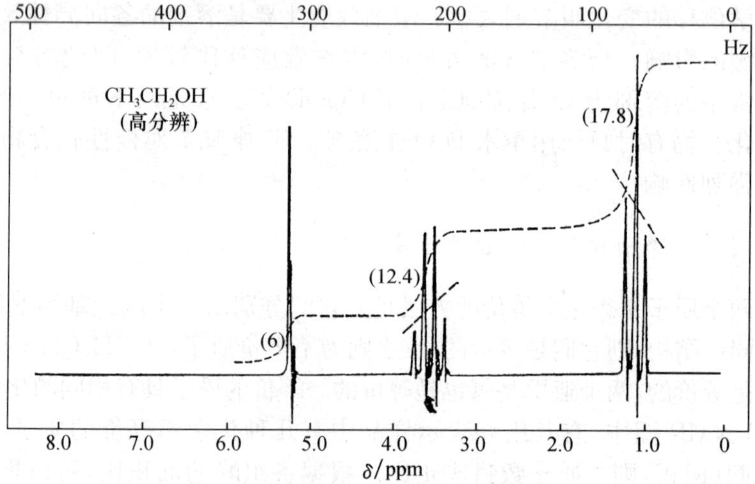


图 11-32　乙醇的高分辨率核磁共振谱图

数时，是测量每组峰的总的面积，而每一组峰代表处在一种环境中的氢原子。数出它积分曲线三个阶梯高度：6 格、12.4 格和 17.8 格。因为乙醇中有 6 个氢，积分曲线的总高度是 36.2 格，所以左边的信号代表 6×6/36.2=1 个氢，右边的信号代表 17.8×6/36.2=3 个氢，中间的信号代表 12.4×6/36.2=2 个氢。

#### 11.4.3.5　自旋偶合和自旋裂分

1）自旋偶合的简单原理

我们仔细地观察一下图 11-32 乙醇的高分辨图，不难发现它们是三组峰，每组峰的中心与图 11-27 的低辨图中的一样（$\delta$=1.17ppm、3.62ppm 和 5.37ppm），即化学位移不变。

所不同的是，前面两个矮而宽的峰现在分裂成两组细长的峰，即峰形较复杂。那么核磁共振信号为什么会裂分呢？这是由于受不等性质子自旋的影响，故这种裂分现象俗称自旋裂分。我们知道氢核的自旋方式有两种：与外加磁场同向（↑）或异向（↓）。因此它要使邻近的核感受到磁场强度加强或减弱。这样就使邻近质子在半数分子中的共振吸收向低场移动，半数分子的共振吸收向高场移动。原来的信号裂分成强度相等的两个峰——一组双重峰（图 11-33）。

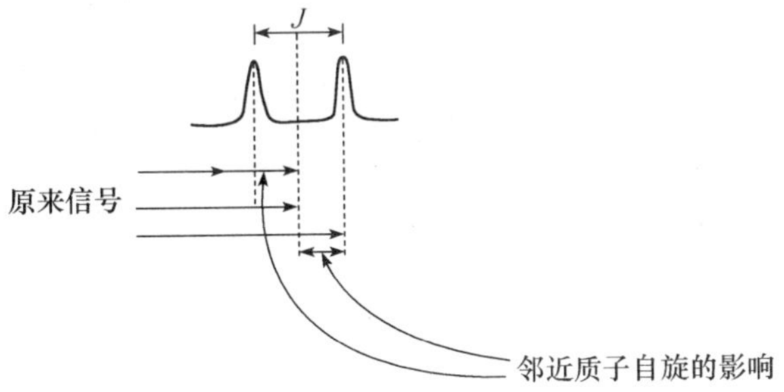


图 11-33　信号等强度裂分成两个峰

这种相邻碳上氢核的相互影响称为自旋偶合，偶合是裂分的原因，而裂分是偶合的结果。

2）偶合常数

自旋核之间相互干扰程度的大小用偶合常数 $J$ 表示，以赫兹为单位。偶合常数的大小可以从核磁共振谱图上测量，它等于自旋裂分峰之间的距离。但应该注意核磁共振谱图的横坐标是化学位移，从谱图上测得的裂距是 $\Delta\delta\times\nu_{仪}$ 转换为赫兹数。由于偶合常数随原子核所处的环境不同而不同，通过对自旋偶合和自旋裂分的了解，可以得到分子结构的丰富信息。

$J$ 的大小与发生干扰的两核之间相隔的距离有关，同时也与它们之间的电子云密度、立体化学等因素有关而与外磁场强度无关。许多情况下，自旋偶合作用一般只能传递 3 个单键。例如，乙基 $CH_2$ 的氢与 $CH_3$ 的氢，其间相隔 3 个单键（H—C—C—H），$J=6Hz$。相隔 4 个以上单键的氢，$J$ 接近零。有时处在特殊位置的相隔 4 个键以上的质子之间还可以看到偶合，即 $J$ 不等于 0，这种偶合称为远程偶合。质子之间的偶合作用比较小，一般不超过 20Hz。

3）偶合作用的一般规则

较简单的有机分子在较强外磁场强度下出现的偶合现象有以下几个一般规则：

（1）如果某一组核有 $n$ 个磁等价的相邻核，这一组核自旋裂分峰的数目为 $2nI+1$。对 $^1H$ 核来说，$I=1/2$，裂分峰数等于 $n+1$。这就是所谓的 $n+1$ 规律。例如，乙醇 $CH_3CH_2OH$ 中，$CH_3$ 相邻碳上有两个 $^1H(CH_2)$，因此 $CH_3$ 裂分为三重峰；$CH_2$ 相邻碳上有 3 个 $^1H$，所以 $CH_2$ 裂分为四重峰（图 11-34）。若有 $n$ 个磁等价的相邻核偶合，裂分峰的强度比相当于二项式 $(x+1)^n$ 的展开系数，如

$n=2$　$(x+1)^2=x^2+2x+1$　　即 1∶2∶1

$n=3$　$(x+1)^3=x^3+3x^2+3x+1$　　即 1∶3∶3∶1

…　　…　　…

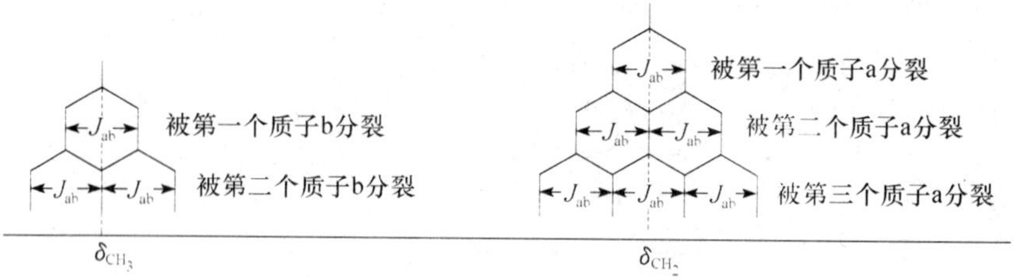


图 11-34　$CH_3{}^a$ $CH_2{}^b$ 的裂分

单重峰和裂分的二重、三重、四重峰分别用 s、d、t 和 q 表示，多重峰记为 m。

乙基中 $CH_3$ 表现为三重峰，峰高比为 1∶2∶1，中间的两条裂分峰实际上是重合的，所以中间峰高度为两侧峰的两倍。而 $CH_2$ 的四重峰峰高比为 1∶3∶3∶1。

（2）如果相邻的 $n$ 个氢不是等价的，它们以不同的偶合常数与所测核作用，各组磁等价的 $^1H$ 个数为 $n_1$、$n_2$、…，那么被测定核的裂分峰数等于 $(n_1+1)(n_2+1)\cdots$。

（3）裂分峰以该质子的化学位移为中心，左右大体对称。偶合是相互的，如乙基的 $CH_3$ 对 $CH_2$ 有偶合作用，$CH_2$ 对 $CH_3$ 同样有偶合作用，互相偶合的质子，其偶合常数 $J$ 相等。相互偶合的裂分峰好像应当是对称分布的，但实际上往往并不总是这样，而是呈不对称的四重峰和三重峰，这两组峰都是从最外面的一个峰开始逐渐向上倾斜，高的靠着高的，里面的比外面的高，这个现象又称倾斜（leaning）效应（图 11-35）。相互偶合的峰的化学位移越是接近，该效应越明显，这对于在谱图上发现两组彼此偶合的峰是很有帮助的。

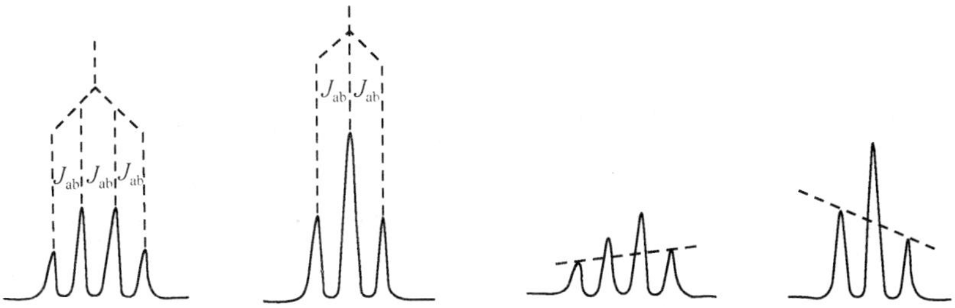


图 11-35 乙基的偶合裂分核倾斜效应示意图

(4) 影响偶合常数的因素。根据相互干扰的两核间间隔的键数,可将偶合常数分为$^1J$、$^2J$、$^3J$ 等。左上角的数字表示相互干扰的核之间间隔的键数目。如 H—F 为$^1J$,同碳上的两个$^1H$ 偶合为$^2J$(也可用 $J_{同}$ 表示),邻碳上的偶合为$^3J$(也可用 $J_{邻}$ 表示)。

A. 脂肪烃质子的偶合常数

$^2J$ 的变化范围较大,与结构关系密切。在 $sp^3$ 杂化体系(单键)中,$^2J$ 值为 10～15Hz。由于链状化合物的单键自由旋转,同碳质子大部分是磁等价的,如 —$CH_3$ 中的三个质子,并不显示裂分峰。与手性碳原子相连的—$CH_2$ 上的两个氢是化学不等价的,它们有偶合裂分现象出现,手性碳原子的影响有时候还能到达更远。在环烷烃中,单键不能旋转,如环己烷 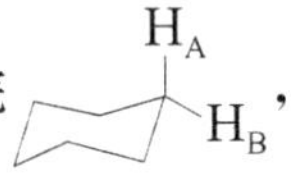,$H_A$ 与 $H_B$ 之间的偶合常数$^2J_{AB}$=12.6Hz。在 $sp^2$ 杂化体系中,如 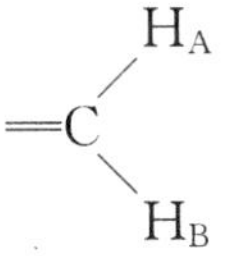,$^2J_{AB}$仅为 0.5～3Hz。

邻碳上质子偶合是最常见和最重要的一种偶合方式,饱和邻碳的偶合有两种情况。单键能自由旋转时,$^3J$=6～7Hz,比较固定,如乙基中 $CH_3$ 和 $CH_2$ 之间的

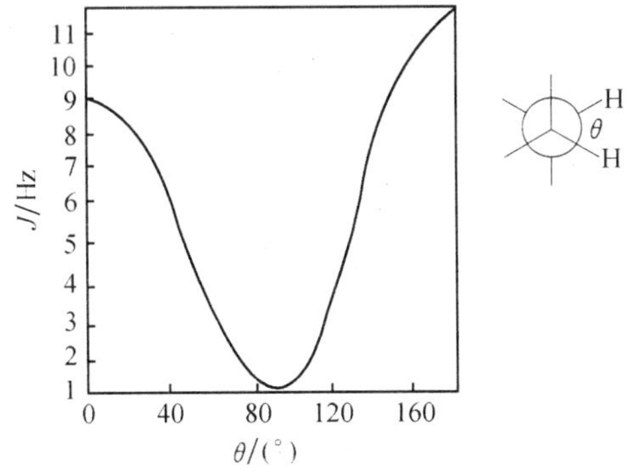


图 11-36 $J_{HH}$ 与两面角 θ 的关系

偶合；构象固定时，$^3J$ 受两个 C—H 键之间的夹角——两面角 $\theta$(图 11-36)的影响较大，当 $\theta$ 为 90°时，$^3J$ 值最小；$\theta$ 为 180°或 0°时 $^3J$ 值最大。这一关系在环戊烷、环己烷、糖类和稠环化合物的谱图分析中很有用，例如，在环己烷中，$^3J_{H_a\text{-}H_a}=9.2Hz$，$^3J_{H_e\text{-}H_e}$ 和 $^3J_{H_a\text{-}H_e}$ 为 1.8Hz，它们的两面角分别为 180°、60°、60°。

在很纯的乙醇 $^1$H NMR 谱图中，羟基(—OH)上的质子也受到邻位亚甲基质子的影响而裂分为三重峰，但是一般的乙醇中微量酸或碱的存在使羟基质子在分子间发生快速交换，此时它不易感受到邻位质子的自旋影响而不再产生裂分，看不到自旋偶合现象，往往出现宽峰。

乙烯型的邻碳偶合也与两面角有关，如 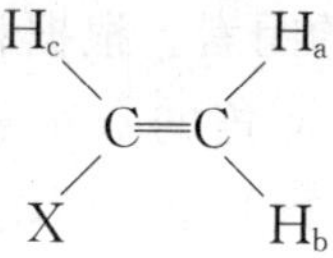 随 X 的电负性不同，$J_{反}$ 即 $J_{bc}$ 在 11～18Hz 内变化，$J_{顺}$ 即 $J_{ac}$ 在 6～14Hz 内变化，$J_{同}$ 即 $J_{ab}$ 在 3.5Hz 以内。

对于单键而言，超过三个键的偶合常数 $J$ 很小，可以忽略。但对于 π 电子系统而言，由于电子的流动性较大，在相隔 3 个键以上的质子间仍可能发生 $J$ 值可达几赫兹的偶合作用。

烯丙基型的偶合是跨越 3 个单键和 1 个双键的偶合，$J$ 值的大小与立体构型有关，烯烃氢与同碳上烷基氢的三键偶合常数较大，$^3J_{cd}=4\sim10Hz$。

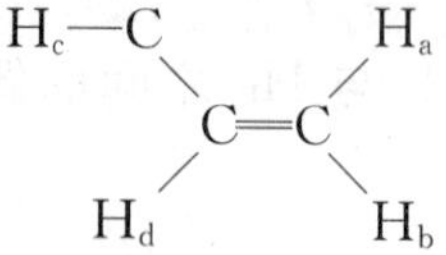

$^4J_{ac}$(顺式)$=0\sim1.5Hz$，$^4J_{bc}$(反式)$=1.6\sim3Hz$

B. 芳环上质子的偶合常数

苯环邻位两个质子的偶合，一般在 6～10Hz；处于间位的两个质子是通过 4 个键的远程偶合 $J_{间}=1\sim3Hz$；处于对位的两个质子则是相隔 5 个键，偶合常数更小 $J_{对}=0\sim1Hz$。

C. 其他类型的远程偶合

在共轭体系中，5 个键处于锯齿状时，能产生 $^5J$，在饱和体系中 4 个键处于平面状态并构成 W 型时，也能发生远程偶合。如图 11-37 所示，$J$ 大部分小于 1Hz。

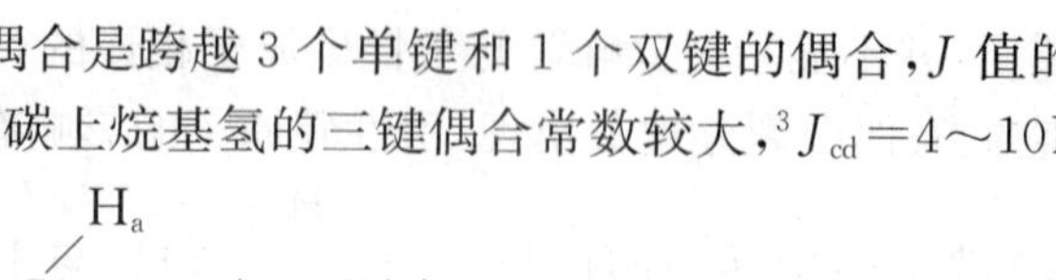

图 11-37 W 型远程偶合

利用远程偶合的信息可以研究分子的精细结构，例如，确定苯环上取代基的位置，确定分子中是否有烯丙基结构单元以及它们的顺反异构情况。

综上所述，[1]H NMR 谱图提供了四方面的结构信息。下面以溴代正丙烷为例加以说明。图 11-38 是溴代正丙烷的[1]H NMR 谱图，它除告知 3 组峰外，还提供了三方面的信息。

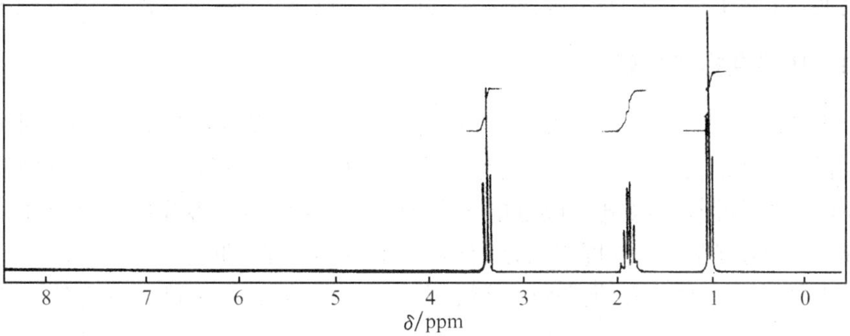


图 11-38　溴代正丙烷的[1]H NMR 谱图

a. 化学位移

图中三组峰的化学位移分别为 1. 05ppm、1. 88ppm、3. 40ppm。化学位移能指示质子的类型，同时还能判断相邻原子或基团的情况。根据影响化学位移的因素及各类质子化学位移的数值，我们可以确定 1. 05ppm 处的吸收峰是 $CH_3$ 产生的，1. 88ppm 处的吸收峰是仲碳 $CH_2$ 产生的，而 3. 40ppm 处的吸收峰对应于与溴原子相连的碳上的质子。

b. 偶合常数和自旋裂分

图中出现两组三重峰和一组多重峰。根据 $n+1$ 规律，乙基($CH_3CH_2$—)中的 $CH_2$ 使 $CH_2Br$ 裂分为三重峰，使 $CH_3$ 裂分为三重峰，$CH_3$ 和 $CH_2Br$ 使—$CH_2$—裂分为多重峰，该峰应该有 12 重峰[$(3+1)\times(2+1)$]，但相互重叠较难辨识。

c. 积分曲线(峰面积)

因为等价质子在同一有效磁场发生跃迁，跃迁的质子越多，吸收的能量也越多，吸收峰的面积就越大。在[1]H NMR 谱中，吸收峰的峰面积大小与质子数目成正比，峰面积可由图中阶梯形的积分曲线求出。例如，图中从低场到高场三组峰的积分曲线高度比为 2∶2∶3，这表明对应的峰组间质子数目之比为 2∶2∶3。这与从化学位移和自旋裂分提供的结构信息是一致的。

这张谱图可记录为 $\delta_H$：3. 40ppm(2H，t、$J=6.7$Hz)，1. 88ppm(2H，m)，1. 05ppm(3H，t、$J=6.7$Hz)。

用积分曲线能推定质子数。分子式已确定时，可以从积分曲线高度求出各种类型的质子的绝对数目。分子式不知道时，一般可以以 $CH_3$ 峰的积分线作标准来推算。

核磁共振谱图的解析就是具体分析和综合利用化学位移、偶合常数(包括自旋裂分情况)和积分曲线高度提供的信息来测定化合物的结构。

最后，在乙醇的核磁共振谱中还有一个现象需要指出：氧上的氢与亚甲基氢靠得很近，它们之间为什么不发生偶合作用而使羟基质子信号裂分呢？这是因为在一般纯的乙醇中，总会有微量的酸（或碱），它促使羟基质子很快地在许多个乙醇分子中交换，以至于羟基质子不能感受邻近质子的自旋影响，故不产生裂分现象。

### 11.4.4 核磁共振谱的解析

解析 NMR 谱主要是查看共振信号的数目、位置、强度和裂分情况。因为从信号的数目可以知道有多少种不同类型的质子；从信号的位置可以知道每种质子的化学环境，即邻近有无吸电子或推电子基团；信号强度则告诉我们每种质子的比数或个数；裂分情况告诉我们它的邻近有多少个不同质子，即它的化学环境。

对于各种类型的有机化合物的核磁共振谱，很难以一种固定不变的规则来解析它们，有时为了从谱图中得到确切的信息，还需要做一些另外的实验，以提供补充信息。下述解析步骤便于初学者用来解析一般的谱图。

（1）将谱图中各类氢原子的化学位移 $\delta$ 值列表。根据氢原子的值判断它们是哪一种类型的氢原子。如果对于某组峰，不能判断它是来源于个别氢原子或者是复杂的多重峰中的一部分，暂将它作为一组氢原子，记录它们的化学位移范围。

（2）测量积分曲线的阶梯高度，以确定各类氢原子之间的比例，填入表中。

（3）观察各组峰的裂分情况。

（4）测量峰间距离偶合常数 $J$，根据 $J$ 确定相互偶合的氢原子。

（5）根据上述信号可以确定是否存在烷基、烯基或芳基，以及它们相邻的情况。

（6）为了确定是否存在—OH、—$NH_2$ 或者—SH，可以加入一滴重水（$D_2O$）振摇后再测定核磁共振谱。如果存在上述基团，在加重水后的核磁共振谱中，它们的信号消失。

下面举例说明核磁共振谱的解析方法。

**【例 11-1】** 推测如图 11-39 所示的[1]H NMR、分子式为 $C_4H_{10}O$ 的化合物的结构。

**解析** （1）图中有四组共振峰，证明该化合物有四种不同类型的氢。

（2）从积分曲线的阶梯高度看，四种氢的比例是 a∶b∶c∶d＝6∶12∶6∶36＝1∶2∶1∶6，已知该分子中共有 10 个氢，所以这四种氢的数目分别是 1、2、1、6。

（3）根据共振峰的位置：$\delta$＝1ppm 处为相当于六个氢（d）的二重峰，证明是两个—$CH_3$，且它的邻近碳上连有一个氢；$\delta$＝2.5ppm 处为相当于一个氢的单峰（a），因此可能是羟基上的氢；$\delta$＝3.4ppm 处为相当于两个氢的二重峰（b），且与其相邻的碳上也有一个氢。因此可得出结论，该化合物的结构式为

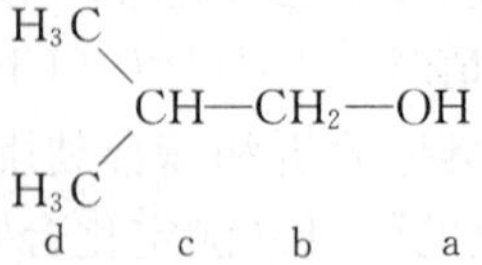

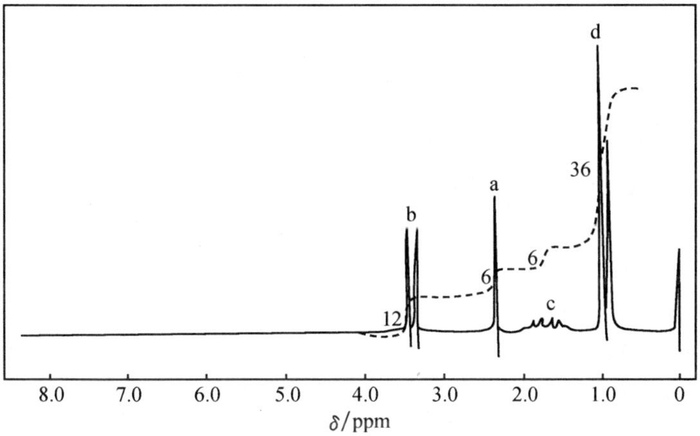


图 11-39　化合物 $C_4H_{10}O$ 的 $^1H$ NMR 谱图

$H_c$的邻近有八个氢，故裂分为多重峰。

**【例 11-2】**　一未知液体，沸点 218℃，分子式为 $C_8H_{14}O_4$，红外光谱图显示有 $\rangle C{=}O$ ，无芳香环，它的核磁共振谱见图 11-40，试推测其结构。

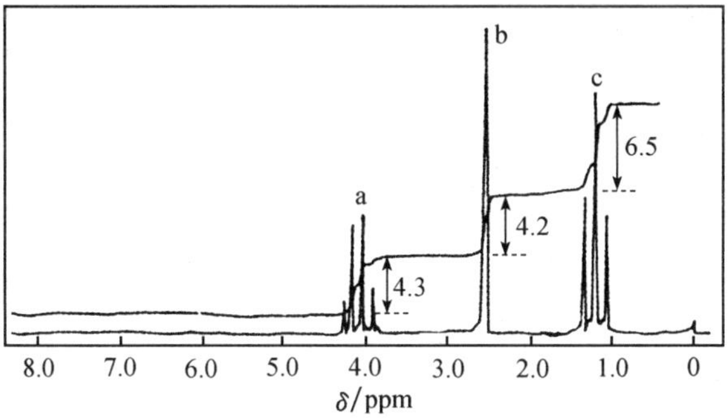


图 11-40　$C_8H_{14}O_4$ 的核磁共振谱图

**解析**　(1) 图中共有三组共振峰，说明化合物有三种不同类型的氢，由分子式 $C_8H_{14}O_4$ 知，对称性较高，且不饱和度为 2，可能有两个羰基。

(2) 从积分面积看，三种氢的比例是 a∶b∶c=4.3∶4.2∶6.5=2∶2∶3，已知分子中共有 14 个氢，所以三种氢的数目分别是 4、4、6。

(3) 根据化学位移：$\delta$=1.1ppm 处，六个氢，三重峰，证明是两个—$CH_3$，且相邻碳上有两个氢；$\delta$=2.5ppm 处，四个氢，单峰，是两个完全等价的—$CH_2$，且两端相邻碳上不连有氢；$\delta$=4.1ppm 处，四个氢，四重峰，为两个—$CH_2$—，与邻接的—$CH_3$ 的三个质子偶合，且与电负性大的氧连接，即为 O═C—$OCH_2CH_3$ 的形式。综上所述，该化合物的结构式应为

$$\underset{a}{CH_3}\underset{c}{CH_2}O\overset{\overset{O}{\|}}{C}\underset{b}{CH_2}\underset{b}{CH_2}\overset{\overset{O}{\|}}{C}—O\underset{c}{CH_2}\underset{a}{CH_3}$$

# 11.5 质　　谱

## 11.5.1 基本原理

质谱(mass spectrometry,MS)和上面所讲的三种谱不同,它不是描述一个分子吸收不同波长电磁波的能力,而是记录化合物蒸气在高真空($10^{-5}\sim10^{-3}$ Pa)系统中,受到能量较高的电子束轰击后生成碎片正离子的情况。质谱的图形(mass spectrum)和上面三种谱也不相同,它是一根根线条(图 11-41),纵坐标是离子的丰度,横坐标是离子的质荷比($m/z$)(mass to charge ratio)。一般以谱图中最高的峰为基本峰(base speak),将它的丰度计为 100,其他峰的丰度则用它和基峰的相对值表示,称为相对丰度(intensity),或称相对强度。

当一束具有大于离解能的电子通过蒸气状态的化合物样品时,一些分子发生了离解。离解的方式是分子的一个价电子被击出去,留下一个游离基正离子,如甲烷

$$CH_4 + e \longrightarrow 2e + [CH_4]^{+\cdot}$$

原来在 $CH_4$ 分子中,四个氢与碳通过八个价电子键合。符号 $[CH_4]^{+\cdot}$ 代表一种结构,其中四个氢通过七个价电子与碳结合,符号+表示该物质具有正电荷,符号·表示该物质具有奇数电子,如果用电子轰击(electron impact,EI)某化合物的混合物,只要分子离子的能量大于某些化学键的键能,便发生裂解,生成碎片,则产生具有不同质量的游离基正离子的混合物。

$$CH_4, C_2H_6 \longrightarrow \underset{m/z\ \ 16}{[CH_4]^{+\cdot}}, \underset{30}{[C_2H_6]^{+\cdot}}$$

实际上,即使是纯物质用电子轰击,也会产生各种正离子的混合物,这个过程叫做裂解。例如,甲烷可以得到相对分子质量分别为 16、15、14、13 和 12 的离子。

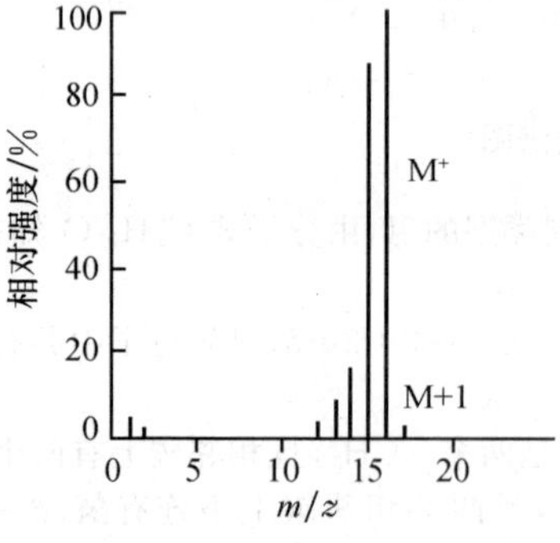


图 11-41　甲烷的质谱图

$$CH_4 \longrightarrow \underset{m/z\ \ 16}{[CH_4]^{+\cdot}}, \underset{15}{CH_3^{+\cdot}}, \underset{14}{CH_2^{+\cdot}}, \underset{13}{CH^{+\cdot}}, \underset{12}{[C]^{+\cdot}}$$

要注意,上述具有偶数氢的正离子叫做游离基正离子,而具有奇数氢的正离子为正常的碳正离子。一张质谱图就是由质谱仪所得到的信息图。图 11-41 为甲烷的质谱图。

质谱的重要特点是用极少量的化合物($10^{-3}$g)即可记录它的谱图,从而得知有关分子结构的信息和化合物准确的相对分子质量及分子式。此外还可测定反应过程中离子的结构及其稳定性等。

### 11.5.2　质谱仪简介

质谱仪(mass spectrometer)就是一种标记气体分子离子、分离不同质核比的离子和记录不同离子的相对丰度的仪器。它包括电离裂解、分离、检测三大主要组成和进样、高真空两个辅助系统。

图 11-42 为质谱仪的结构示意图。

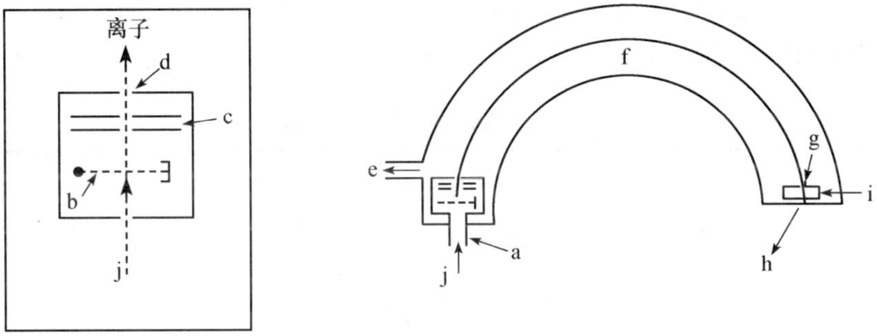


图 11-42　质谱仪示意图

样品蒸气 j 在低压($1.3\times10^{-5}\sim1.3\times10^{-4}$ Pa,由泵 e 抽真空)由 a 点(电离室)引入。当样品蒸气进入电离室(左边放大图),它通过电子束 b,并发生电离。产生的离子进入加速电场 c,它有几千伏的位能差,使离子加速,通过缝隙 d 进入磁场区 f。在强磁场的作用下,离子沿着弧形轨道前进。通过缝隙 g 碰撞在离子收集器 i 中,最后进入放大器 h。当电场的电压 $V$ 和磁场强度 $H$ 固定时,质核比 $m/z$ 大的正离子,其轨道的弯曲程度小;质荷比 $m/z$ 小的正离子,其轨道的弯曲程度大。这样不同质荷比的正离子就被分离开,正如白光通过三棱镜分成各种单色光一样。

进行扫描时,可以变动磁场的强度,使不同质荷比的正离子依次达到收集器,通过放大器后用记录仪记录下来,不带电荷或带负电荷的离子不能达到收集器,质谱通过谱图中各种离子峰提供了组成这个有机化合物的各种碎片信息,依据这些信息和有关化学分析数据以及其他波谱分析资料,可以综合推断这个化合物的结构。因此质谱分析,特别是使用色-质联用已成为测定有机化合物结构的一个重要手段。由于大多数离子只带单位电荷,因此,质荷比 $m/z$ 等于碎片的质量。

### 11.5.3　分子离子峰和同位素离子峰

如果从母体分子中去掉一个电子,得到的正离子就叫分子离子(或叫母体离子,以 $M^+$ 表示)。它的 $m/z$ 值就是该化合物的相对分子质量。在一般情况下,$M^+$ 峰就是基峰,这很容易认出来。然而有时候它并不是基峰,这就需要做相当多的工作来确定 $M^+$ 峰,一经确定,就能得出正确的相对分子质量。

在有机化合物中，大多数元素都有几个同位素同时存在，质谱图中每一个特定的峰都伴随有几个同位素峰。表 11-9 列出了几种元素的普通同位素及它们的天然丰度。从甲烷衍生出来的分子离子，大多数的甲烷分子是 $^{12}C^{1}H_4$，相对分子质量为 16。然而有些分子可以是 $^{13}C^{1}H_4$ 或 $^{12}C^{2}H^{1}H_3$，它们的相对分子质量为 17，叫做 M+1 峰，甚至少数分子为 $^{13}C^{2}H^{1}H_3$ 或 $^{12}C^{2}H_2{}^{1}H_2$，它们的相对分子质量为 18，叫做 M+2 峰。因为大多数重同位素的天然丰度并不高，它们的强度通常比 $M^+$ 峰低得多，至于强度低到什么程度，要看这些峰是由哪些元素产生的。就甲烷而言，M+1 峰的强度是 $M^+$ 峰的 1.18%。

**表 11-9　普通同位素的天然丰度**

| 元　素 | 丰度/% |
|---|---|
| H | 99.985 $^{1}H$　0.015 $^{2}H$ |
| C | 99.893 $^{12}C$　1.107 $^{13}C$ |
| N | 99.634 $^{14}N$　0.366 $^{15}N$ |
| O | 99.975 $^{16}O$　0.037 $^{17}O$　0.024 $^{18}O$ |
| S | 95 $^{32}S$　0.76 $^{33}S$　4.22 $^{34}S$　0.014 $^{36}S$ |
| F | 100 $^{19}F$ |
| Cl | 75.53 $^{35}Cl$　24.47 $^{37}Cl$ |
| Br | 50.54 $^{79}Br$　49.46 $^{81}Br$ |
| I | 100 $^{127}I$ |

对于大多数化合物来说，M+2 峰很小，甚至没有。然而对含氯和溴的化合物，M+2 峰是重要的，在它们的谱图中常看到特殊的双峰。这是判断这些元素存在的极好方法。

## 11.5.4　裂解反应

分子在离子源中被电离而生成各种离子，在质谱图上表现为强弱不同的各种离子峰。要确定分子的结构，就必须学会分析谱图，识别各种峰所代表的离子。要识别离子峰，必须了解离子形成的过程和各类化合物裂解的一般规律，这一工作往往通过对已知结构化合物的研究来弄清某一结构可以裂分成哪些碎片，然后从未知化合物所给出的碎片种类推断出该化合物的结构。质谱仪中产生的高能电子束一般有 50～70eV(4812～6736kJ/mol)，它大大超过了有机化合物分子中一些典型键的键能(210～545kJ/mol)。因此当电子束在电离室碰撞分子以后，部分能量被产生的分子离子带走。如果分子离子得到足够的剩余能量，就会进一步发生键的裂解，形成新的正离子和游离基，使裂解作用加深和扩大。下面简要讨论各类化合物裂解反应的一般规律。

1）烷烃

烷烃倾向于从 $M^+$ 逐步发生 M－14（相当于失去相邻的 $CH_2$）生成同系列的峰。支链烷烃的分子离子峰强度变小，同时具有 M－15（甲基）和 M－29（乙基）支链的裂片，支链的位置可由裂片的性质得到解释。例如，在 2-甲基戊烷的裂解过程中，$C_3H_7$ 或 $CH_3$ 比 $C_2H_5$ 失去更多，因为前者能给出仲碳正离子，后者给出伯碳正离子。2-甲基戊烷的裂解过程（质谱图见图 11-43）如下：

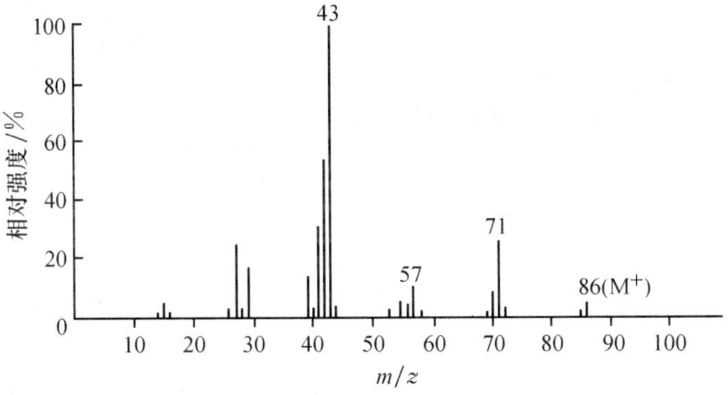


图 11-43　2-甲基戊烷质谱图

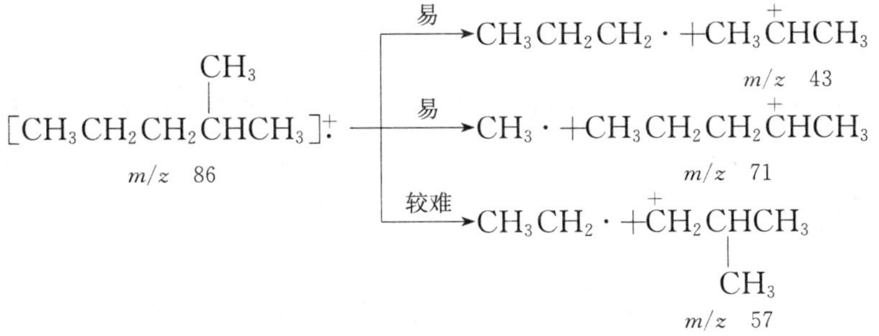


2）卤代烷

卤代烷 C—X 裂解失去 X 得到 $R^+$，也可以通过 $\alpha$-碳碳键裂解得到卤素原子在任一端的裂片。在 2-溴丁烷的质谱图（图 11-44）中主要的峰是：

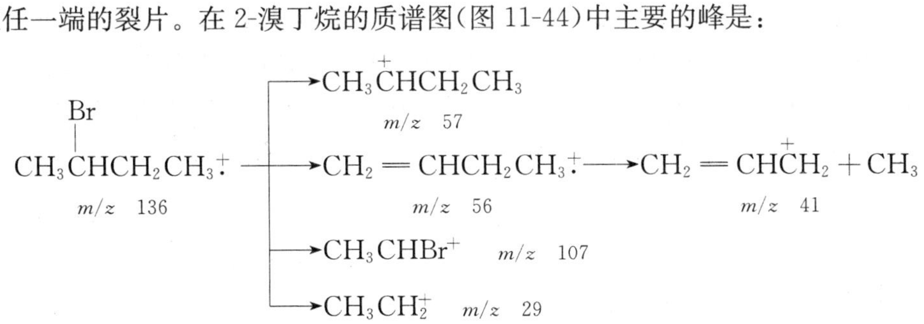

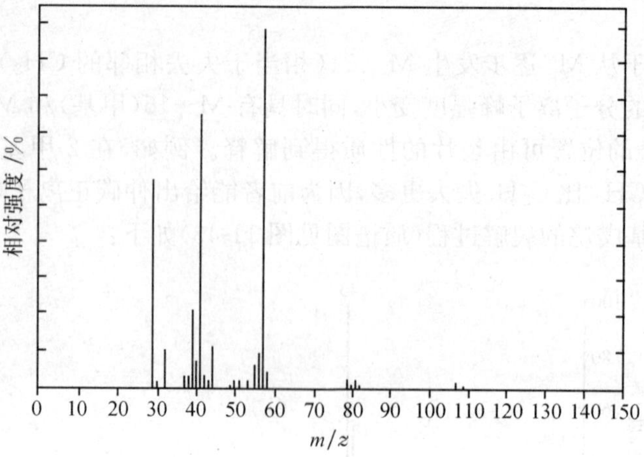


图 11-44 2-溴丁烷的质谱

溴代烷常有一对相差两个相对原子质量单位的峰，这是由同位素$^{79}$Br 和 $^{81}$Br 造成的，它们有相近的丰度。氯代烷也有一对相差两个相对原子质量单位的峰，是$^{35}$Cl 和$^{37}$Cl 造成的。高质量峰的强度为低质量峰的 33%。碘代烷只有一个单峰，因为它只有一个碘同位素。在烷基氟中有一个很强的 M－1 峰，相当于 RF 中失去一个 H·。

3）醇

醇具有一个很弱的分子离子峰和一个 M－18（失去水）的强峰。支链醇易失去甲基或其他小的支链，当发生裂解时电荷总留在大的裂片上。醇最常见的裂解为 α-碳碳单键断裂：

$$RCHOHR'^{+\cdot} \longrightarrow RCH{=}\overset{+}{O}H + R'\cdot$$

伯醇经常出现 $m/z$ 31 峰，就是 α-碳碳单键断裂产生的。

$$CH_3(CH_2)_4CH_2{-}OH^{+\cdot} \longrightarrow CH_3(CH_2)_4^{\cdot} + \underset{m/z\ 31}{CH_2{=}\overset{+}{O}H}$$

人们曾经用氘标记的实验证实醇脱去的水中，常不含有 α-H，而是含有相隔较远距离碳上的氢。这可以从 M－18 的裂片中再脱去乙烯而得到解释，导致 M－46 峰有相当大的丰度。例如，1-己醇通过六元环状结构 γ-H 迁移机理生成 M－46 峰（$m/z$ 56），是其质谱图中的基峰，这里包含了水和乙烯二者的脱去。

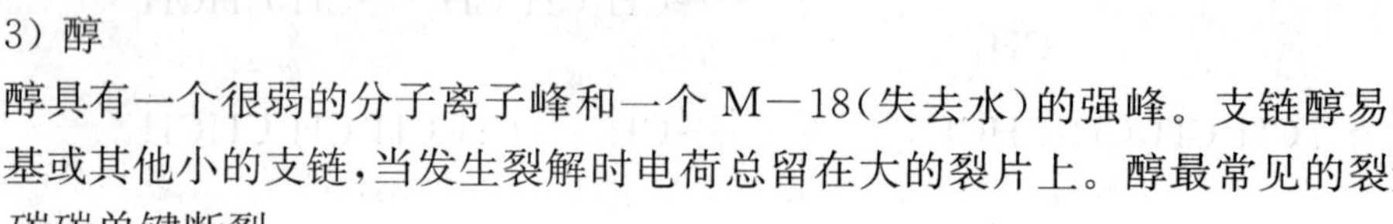

4）烯烃

烯烃进行裂解反应是经过 $\beta$-碳碳单键断裂等方式进行。环烯还发生第尔斯-阿尔德反应的裂解。不幸的是，许多烯烃具有失去单个 $CH_2$ 的同系列的图谱。

单靠质谱不容易识别烯烃，因为双键易移位，而且顺、反异构体在裂解时内部发生交换。

例如，从 2-甲基-2-己烯的质谱（图 11-45）可以看到，在 M−29（$m/z$ 69）处的强峰由 $\beta$-碳碳单键处的断裂而来。但也可看到相当于 $C_4H_8$（$m/z$ 56）、$C_3H_5$（$m/z$ 41）和 $C_3H_3$（$m/z$ 39）的峰，后两峰的裂解是经过了双键移位过程。

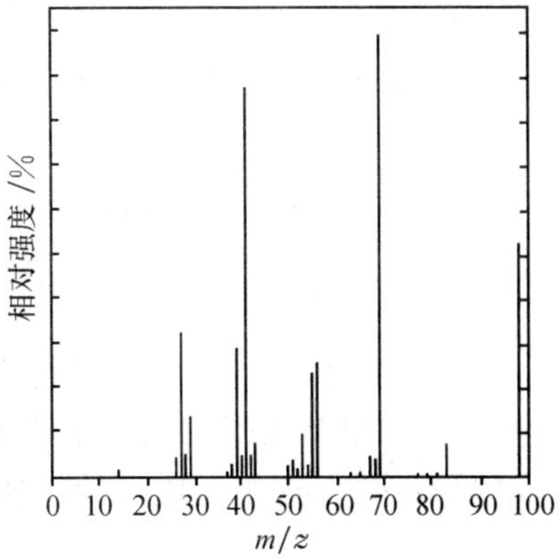


图 11-45　2-甲基-2-己烯的质谱

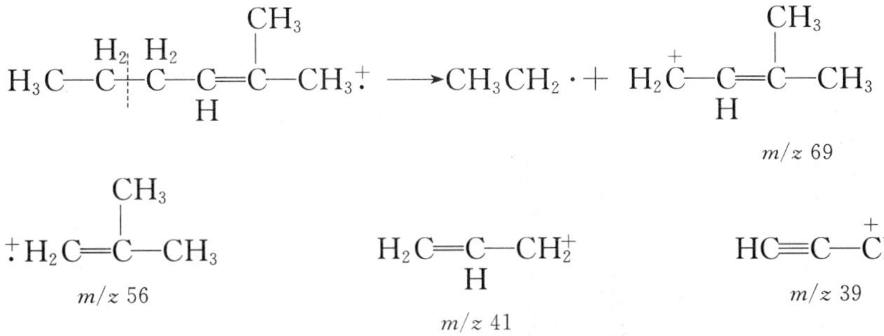

5）醚

醚的裂解方式主要是 C—O 单键的断裂，也可以发生 $\alpha$-碳碳单键的断裂，后一种断裂中氧原子可以稳定正电荷。之后 C—O 键断裂，同时发生质子转移，生成 $[CH_2{=}OH]^+$（$m/z$ 31）的主要峰。

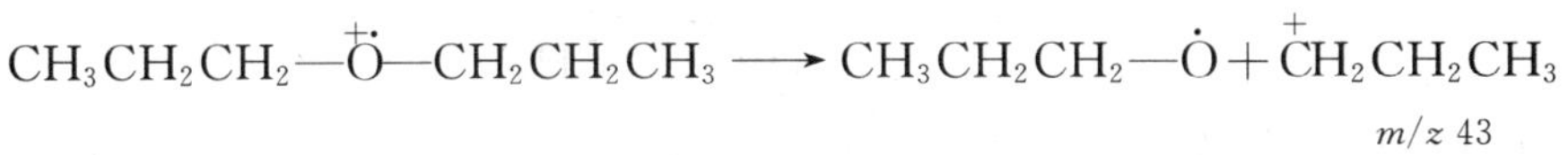

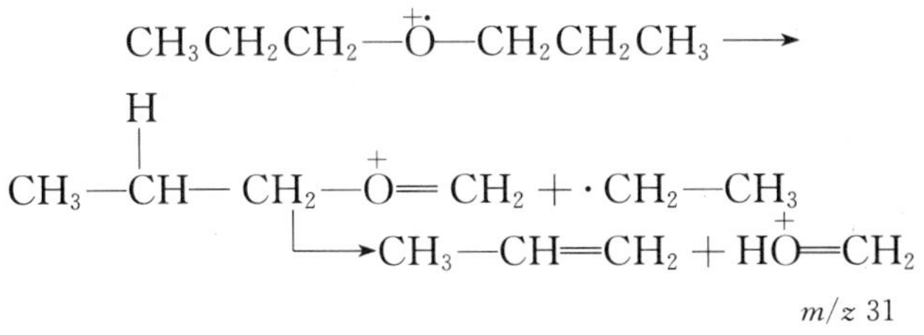

不对称醚可以同时看到 C—O 单键的两种分裂。$\alpha$-碳上有支链的醚按 $\alpha$-碳碳单键断裂时，得到较高质量数的裂片峰。

6）醛

醛按照羰基碳的 C—H 键和 $\alpha$-碳碳单键断裂的方式裂解生成 M−1 和 $m/z$ 29 峰。

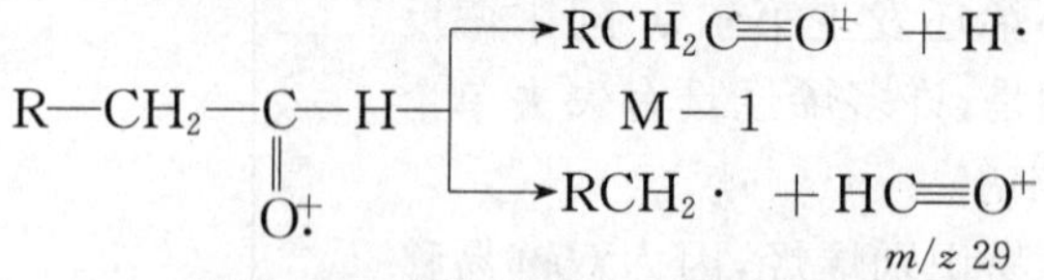


当存在 $\gamma$-H 时，也可进行六元环状 $\gamma$-H 迁移的脱烯重排裂解。在图 11-46 中，2,4-二甲基戊醛的质谱说明了这一点，$m/z=58$ 处显著的峰是由于脱烯重排生成的异丁烯。这个大质量的偶数裂片，是因重排失去中性分子后的唯一产物。

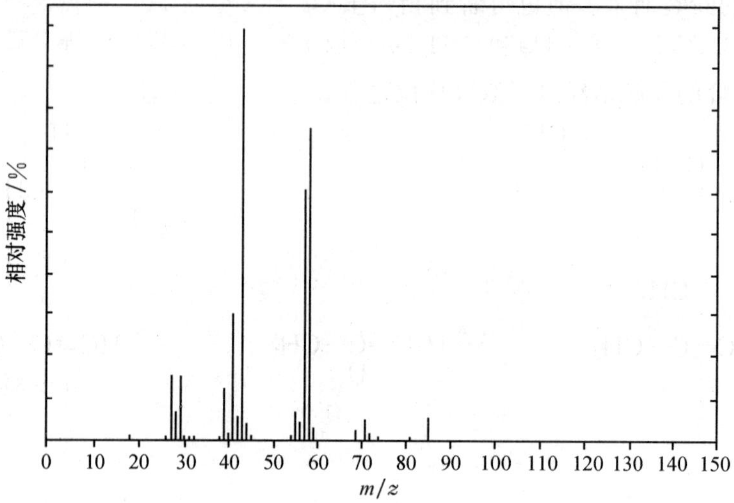


图 11-46　2,4-二甲基戊醛的质谱图

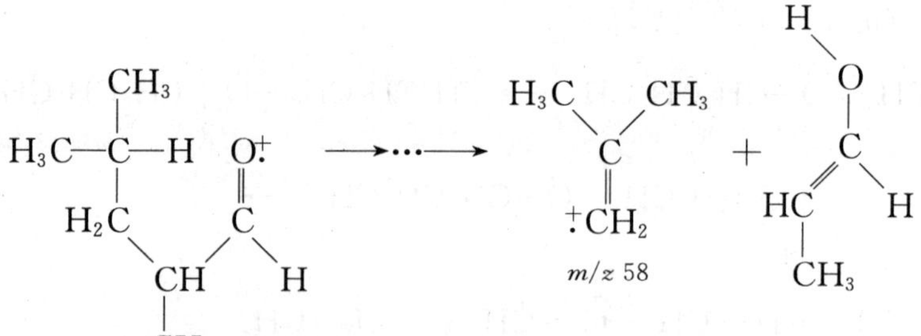


7）酮

酮和醛有同样的裂解反应，即羰基的 $\alpha$-碳碳单键断裂。不对称酮进行两种类型的羰基的 $\alpha$-碳碳单键断裂，生成的两种离子的质荷比之和为 M+28，而以失去

较大的不带电荷的裂片更为有利。

当羰基两侧有三个碳或更长碳链时，可发生两种方式的六元环 γ-H 迁移脱烯重排。

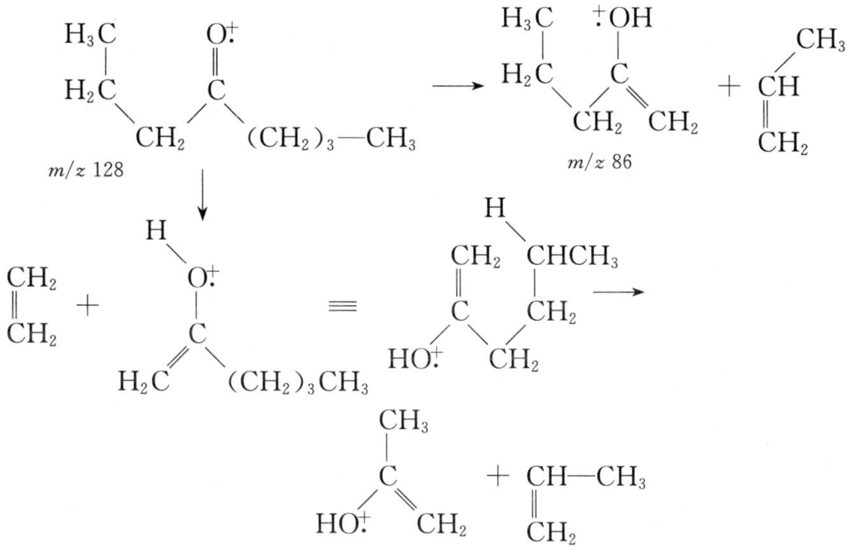

8）酯和羧酸

大分子的羧酸是不挥发的，在质谱中的用途较之其相应的酯要小得多，它们谱图的特征是失去 OH(M－17)和失去 COOH(M－45)。酯可以发生羰基碳上 C—O 单键的断裂。与醛、酮相似，当有 γ-H 时，酯发生六元环 γ-H 迁移脱烯重排裂解。

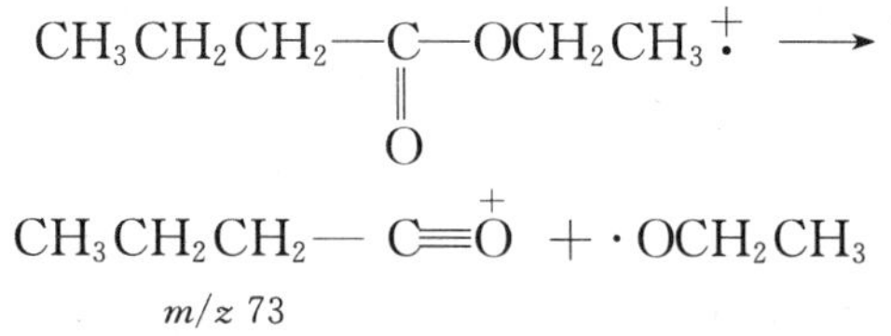

9）芳香族化合物

取代苯容易发生 α-碳非苯环侧键的断裂生成苄基正离子，重排后生成草鎓离子（m/z 91），它还可以进一步失去烯烃生成环戊二烯正离子（m/z 65）。例如，甲基苄基醚的裂解。

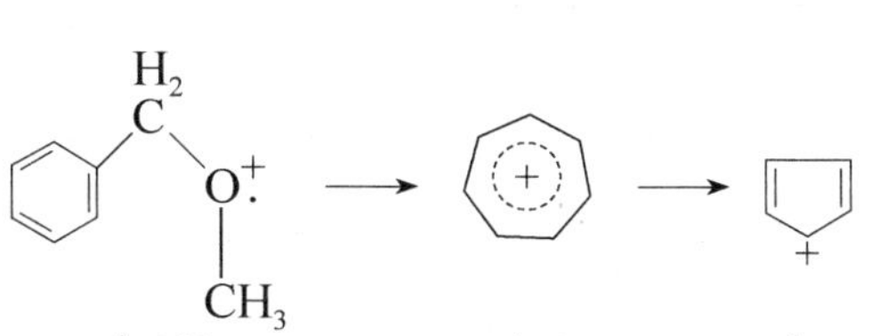

m/z 122　　m/z 91　　m/z 65

甲苯不易从苯环上失去甲基，但乙苯却容易失去甲基形成草鎓离子。烷基萘有相同的裂解反应。

邻位二取代的芳香族化合物可以发生通过六元环的 $\gamma$-H 迁移，失去一个小的分子，而苯环上的某一个支侧链只保留一个碳原子的断裂方式。这可以解释为什么苄醇中没有 M－18 峰，而邻甲基苄醇的 M－18 峰很大。

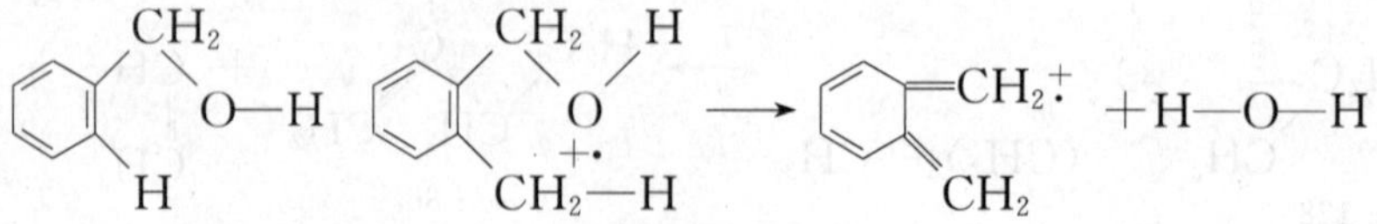

邻甲基苯甲酸甲酯，也发生这一裂解反应。

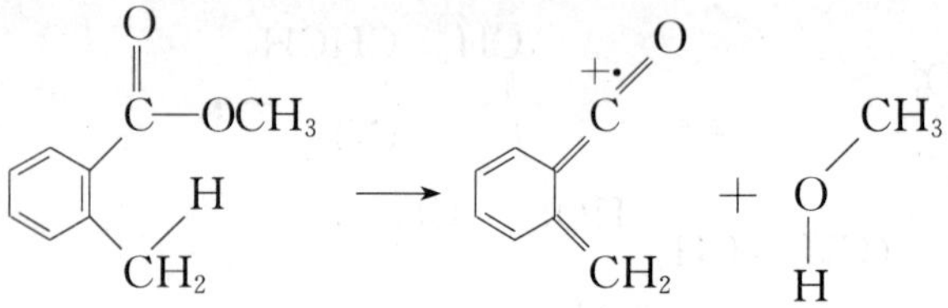

苯酚有一个由于失去 CO 的 M－28 的强峰和失去 HCO 的 M－29 的强峰。

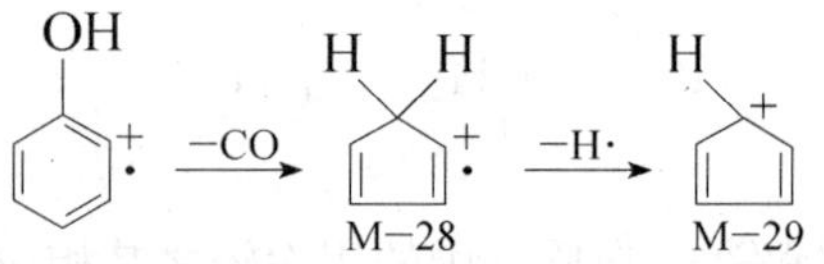

### 11.5.5　质谱提供的结构信息

在质谱图中，各种离子或离子系列的质荷比 $m/z$ 及相对丰度提供了有机化合物的结构信息，主要有化合物的相对分子质量、分子式、官能团和化合物类型。

1) 相对分子质量

这是质谱提供的最重要信息。质谱图中分子离子峰的质荷比就是该化合物的相对分子质量。因此在谱图中确定分子离子峰是测定相对分子质量的关键。分子离子峰具有下列一般特性：

(1) 质谱图中 $m/z$ 值最大的峰(它右边的同位素峰除外)。

(2) 必须是一个奇数电子离子峰($M^{+\cdot}$)。

(3) 在高 $m/z$ 区域应有合理的、通过失去中性碎片而产生的重要的碎片离子峰。

如果这三个条件有任何一条不符合，那么一定不是分子离子峰。但是如果符合上述三个条件，可能是也可能不是分子离子峰。因为有些化合物在电子轰击后根本不产生分子离子峰，有些化合物如醇、醛可以脱水或脱氢，也有一些分子会捕捉 1～2 个氢原子。关于失去中性碎片，如 $M^{+\cdot}-15(CH_3)$、$M^{+\cdot}-17(OH)$、$M^{+\cdot}-18(H_2O)$、$M^{+\cdot}-29(C_2H_5$或 $CHO)$等，这些都是合理的。但是从 $M^{+\cdot}$ 中失去质量数为 3～14、21～26、38、50～53、65、66 等中性碎片一般是不可能的，如出现这种情况，说明$m/z$ 值最大的峰不是分子离子峰 $M^{+\cdot}$。

氮规则：当化合物中含有偶数氮原子时，分子离子峰的质量数为偶数；当含有奇数氮原子时，则分子离子峰的质量数为奇数。该规则可以作为判断分子离子峰的一个依据。因为有机化合物主要由 C、H、O、N、P、S、Si、X 等元素组成，其中只有氮原子是奇数价而质量数为偶数。

常规的电子轰击方法常常得不到分子离子峰或分子离子峰极弱。各种提高分子离子峰强度的新电离方法相继产生，如场致电离(FI)、场解吸电离(FD)、化学电离(CI)以及快原子轰击(FAB)等。这些方法的缺点是碎片较少，不利于结构分析。因此采用场解吸-电子轰击或化学电离-电子轰击的复合型离子源，以便各取所长，有利于结构分析。

2) 分子式

确认分子离子峰可以直接得到精确的相对分子质量，这样便可以确定化合物的分子式。利用质谱确定分子式主要有两种方法：同位素丰度法和高分辨质谱法。

(1) 同位素丰度法。凡含有 C、H、O、N 的化合物，可用下式计算 M+1 与 M 峰的相对丰度。

$$\frac{M+1}{M}=\frac{W_C}{100-c}+\frac{X_H}{100-h}+\frac{Y_N}{100-n}-\frac{Z_{O_1}}{100-o_1-o_2}$$

式中：$W$、$X$、$Y$、$Z$ 分别是 C、H、N、O 的原子个数；$c$、$h$、$n$、$o_1$、$o_2$ 分别是$^{13}C$、$^{2}H$、$^{15}N$、$^{17}O$、$^{18}O$ 的自然丰度。(M+2)/M 的公式很复杂，在此不作讨论。

Beynon 根据这个公式计算了 C、H、N、O 的各种组合质量和同位素丰比度的表格(可查阅洪山海著《光谱解析法在有机化学中的应用》附录Ⅱ及第 608～652 页)。通过实际测得的质谱和 Beynon 表相比较，便可确定分子的可能经验式。

(2) 高分辨质谱法。应用高分辨的质谱仪，在确定分子离子和精确相对分子质量的基础上，就可进一步确定该化合物分子式。分辨能力定义为把质量相近的离子分离开的能力。高分辨质谱仪目前能分辨小数点四位以下的质量单位，精确度极高。例如，按化学元素原子量近似值来计算 CO、$N_2$ 和 $C_2H_4$ 相对分子质量都为 28。但是实际上以碳原子最大丰度同位素的精确相对原子质量为 12 的标准计算，其他原子的相对质量并不等于整数。

$$m_H=1.007825 \qquad m_N=14.003050 \qquad m_o=15.994914$$

所以 CO、$N_2$ 和 $C_2H_4$ 的实际质量是

| | | | | | |
|---|---|---|---|---|---|
| $^{12}C$ | 12.0000 | $^{14}N_2$ | 28.0061 | $^{12}C_2$ | 24.0000 |
| $^{16}O$ | 15.9949 | | | $^{1}H_4$ | 4.0313 |
| | 27.9949 | | | | 28.0313 |

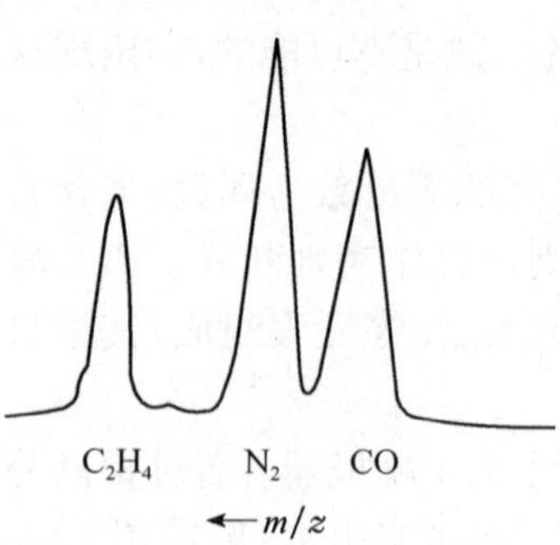


图 11-47 三种化合物混合物的高分辨质谱图

高分辨的质谱仪就能将以上三个质量明显地区别开来，如图 11-47 所示。

对于绝大多数有机化合物，所含的元素不外C、H、N、O、P、S和卤素。由这些元素的任意组合所形成的有机化合物，其同位素纯净的精确相对分子质量都具有很特征的分子量尾数，这直接反映了组成该分子的元素的种类和数目。莱德伯格(Lederberg)将 H、N、O 的组合产生的小数排列成表，列出了相对分子质量尾数部分(5 位数)包含的组成该分子的元素的种类和数目的详尽信息。将实验所得的分子离子峰质量数的尾数部分与这一数据表进行核对，就可推定分子式(可查阅唐恢同编著《有机化合物的光谱鉴定》第 11 页及附录Ⅵ)。将质谱仪和计算机联用时，计算机可把质谱图中每一离子峰的强度及所代表的元素组成打印出一张元素图。从元素图中不仅可以知道离子的元素组成，也可以知道每个碎片离子的元素组成。仪器的分辨率越高，对离子质量测定的误差越小，得到的结果越可靠。

3) 官能团和化合物的类型

质谱图中各种碎片离子的质荷比 $m/z$ 和相对丰度能提供有关化合物所含官能团和化合物类型的信息。在低质量区域，一个特定的 $m/z$ 的离子只有少数几个元素组成和结构的可能性，例如，$m/z=29$，只有 CHO 和 $C_2H_5$ 两种可能。研究重要的低质量端离子系列可以得到有关化合物类型的信息。表 11-10 列出了常见的低质量离子系列。

**表 11-10 常见低质量离子系列**

| 官能团 | 化学式 | 质荷比($m/z$) |
|---|---|---|
| 烷基 | $C_nH_{2n+1}^+$ | 15 29 43 57 71 85 |
| 醛、酮 | $C_nH_{2n-1}O^+$ | 29 43 57 71 85 |
| 胺 | $C_nH_{2n+2}N^+$ | 30 44 58 72 86 |
| 醇、醚 | $C_nH_{2n+1}O^+$ | 31 45 59 73 87 |
| 酸、酯 | $C_nH_{2n-1}O_2^+$ | 45 59 73 87 |
| 氯代烷 | $C_nH_{2n}Cl^+$ | 35 49 63 77 91 |
| 腈 | $C_nH_{2n-2}N^+$ | 40 54 68 82 96 |
| 烯、环烷基 | $C_nH_{2n-1}^+$ | 27 41 55 69 83 97 |
| 芳烃 | $C_nH_{\leqslant n}^+$ | 38 39 50～52 63～65 75～78 |

随着质荷比增大，可能结构的数目呈指数上升，直接研究高质荷比离子很困难，通常研究小中性碎片的失去。这些小中性碎片可能是稳定分子或者自由基，在

质谱仪中检测不到，在质谱图上看到的是分子离子失去中性碎片的离子，如$[M-1]^+$表示分子离子峰失去一个氢，$[M-15]^+$、$[M-18]^+$、$[M-20]^+$等总是表示分子离子失去$CH_3$、$H_2O$、HF。

虽然离子的单分子裂解是多途径和多级反应，能生成许多碎片离子，但是由于官能团的存在而引发的简单断裂或重排反应生成的离子常具有特殊的质量数(特征离子)。例如，苯基的 $m/z=77$，苄基 $m/z=91$，伯醇的 $m/z=31$ 等。了解特征离子所代表的结构对于确定化合物类型及所含官能团非常有用。表 11-11 列出了一些常见的特征离子。其中所有离子加 $14n$($n$ 为正整数)的同系列离子是相应同系物的特征离子。

**表 11-11　常见特征离子**

| 离子质荷比 | 组　成 | 化合物类型 |
|---|---|---|
| 30 | $CH_2{=}NH^+$ | 伯胺 |
| 31 | $CH_2{=}OH^+$ | 伯醇 |
| 44 | $C_2H_4O^{+\cdot}$ | 醛* |
| 58 | $C_3H_6O^{+\cdot}$ | 甲基酮* |
| 59 | $C_2H_3NO^{+\cdot}$ | 酰伯胺* |
| 60 | $C_2H_4O_2^{+\cdot}$ | 羧酸* |
| 74 | $C_3H_6O_2^{+\cdot}$ | 羧酸甲脂* |
| 77 | $C_6H_5^+$ | 含苯环的化合物 |
| 91 | $C_7H_9^+$ | 含苄基的化合物 |
| 92 | $C_7H_8^{+\cdot}$ | 含苄基的化合物* |
| 93 | $C_6H_5O^+$ | 苯基醚 |
| 94 | $C_6H_6O^{+\cdot}$ | 苯基醚* |
| 105 | $C_6H_5CO^+$ | 苯甲酰衍生物 |

* 能发生六元环状结构氢迁移重排失去小分子的化合物，生成奇电子离子。

## 11.6　波谱综合解析

从有机化学实际工作来看，综合利用波谱数据来鉴定一个化合物，具有用量少、快速、准确等优点。利用波谱数据来确定未知化合物的结构，需要对各个谱图进行细致的分析、反复验证，使推得的结构能与各种谱图相吻合。对于不同的实例往往可以采用不同的方法，有时即使是同一例子也可以从不同方面或用不同的程序加以解析。不过鉴定能否顺利在很大程度上取决于工作者本人对有机化学知识的熟悉程度以及对波谱原理的了解程度。

一般来说，除了紫外光谱，其余三种光谱方法都可独立用于简单化合物的结构分析。但是对于稍微复杂一些的实际问题，单靠一种光谱方法来解决问题是困难的，几种方法结合起来应用，各种信息相互补充、核对，可以避免和减少差错。但波谱综合解析并非片面追求“四谱俱全”，而是以准确、简便和快速解决问题为目标，根据实际需要选择适当的方法。下面是波谱综合解析的一般程序，供读者参考。

(1) 确定分子式。一般情况下质谱数据能提供可靠的分子式，但由于有些化合物没有分子离子峰，所以碳、氢、氮、硫等元素定量分析数据将有很大帮助。此外用$^{1}$H NMR数据也可对提出的分子式进行校核，因为分子中$^{1}$H的总数应是$^{1}$H NMR谱中各组峰面积最简单比例的和的整数倍。确定分子式是结构鉴定中最重要的方面，因为分子式一旦错误，以后的结构分析已经没有正确的可能性。

(2) 计算不饱和度$\Omega$(环加双键数)。在提出各种部分结构时，希望能包括所有除碳、氢以外的杂原子和不饱和度数，故在确定分子式后，应立即计算出其不饱和度$\Omega$。公式为

$$\Omega = n_4 + 1 - \frac{n_1 - n_3}{2}$$

式中：$n_1$是一价原子(如氢、卤素)个数；$n_3$是三价原子(氮原子等)个数；$n_4$是四价原子(碳原子等)个数。例如，分子式$C_{14}H_{16}N_2O_2$，其不饱和度$\Omega$为

$$\Omega = 14 + 1 - \frac{16 - 2}{2} = 8$$

$\Omega$=0时为饱和化合物，$\Omega$=1时为双键或有环状结构，$\Omega$=2为两个双键(或环)或一个双键加一个环或一个叁键，依此类推。$\Omega \geqslant 4$时很可能含有芳香环。利用IR和NMR数据，用各种能想到的办法来弄清它们的归属，每指定一个不饱和度$\Omega$归属，都应看作是结构鉴定的一项进展。

(3) 确定官能团。利用IR、MS的数据，找出分子中所含官能团及$\Omega$的归属，力求有可靠的结论，并且能使NMR、UV提供有力的支持而相互印证。

(4) 列出结构片断。根据$^{1}$H NMR谱的偶合常数及自旋裂分图形，找出各组质子间的关系，结合各组质子间的关系，并结合该组质子的化学位移将它和各种“杂原子”连接起来，如—$OCH_2CH_3$、—$NHCH_3$、—$CH_2$—CH ═CH—等。再把已经确定的各个结构片断所包含的原子加起来，与分子式比较，看看还相差多少，有时剩余的“残余结构”本身能提供一些信息。

(5) 组成可能的分子结构。在尽量不违背所有已知波谱数据的前提下，将小的结构单元组成较大的结构片断，最后列出可能的结构式。质谱中碎片离子的质荷比对排列和核对结构片断或整个分子结构非常有用。

(6) 核对数据，确定最终结构。对于比较复杂的化合物，上一步经常会列出不

止一个可能结构，这时需要对每一个可能的结构式进行核对，然后选择出最可能的结构是必不可少的一步。即使在推测过程中只列出一个可能的结构，进行核对以避免错误也是必要的。

核对就是从分子结构出发，根据原理去推测各种谱图，并与实测的谱图对照。这时各种经验公式（如化学位移、偶合常数、紫外吸收峰的位置、摩尔消光系数等），简单的定性实验（如加酸、加碱后 IR，UV 的变化，重水交换后的$^1$H NMR 等）以及推测每一个可能结构中裂解方式、碎片离子的质荷比都能达到删除一些可能的结构式的目的。如果对各谱的核对均很满意，说明该结构是合理的、正确的。

当推测的可能结构有标准谱图可对照时，用对照标准谱图的方法也能确定最终结构。当测试条件固定时，红外光谱和核磁共振谱有相当好的重复性。同分异构体的质谱有时非常相似，因此单独使用质谱时要注意。若有两种或两种以上标准谱图用于对照，则结论相当可靠。

解析谱图能力的提高主要来自经验的积累。下面介绍一些典型的实例，仍按照上述一般程序进行解析，初学者应当独立完成一定数量的练习题，积累经验。

**【例 11-3】** 从谱图 11-48 推测未知物的结构。

**解析** (1)由质谱图可确定未知物的相对分子质量为 70。

(2) IR 中 3500～2700cm$^{-1}$宽峰为 O—H 伸缩振动，1710cm$^{-1}$为 C═O 伸缩振动，可认为有一羧基，这由 NMR 在 $\delta$=10.3ppm 的峰以及加入 $D_2O$ 后的变化所证实。IR 中 2130cm$^{-1}$尖锐峰表示叁键的存在，在 NMR 中 $\delta$=3.15ppm 表明炔氢H—C≡C—存在，IR 的 3300cm$^{-1}$峰支持了这一点。

(3) 由上述信息只能列出一个可能的结构：CH≡C—COOH。

(4) 用质谱验证 $m/z$ 70 符合丙炔酸分子离子峰的质量数 70，同时根据羧酸羟基的 $\alpha$-裂解可得到 $m/z$ 53(失去 OH)和 $m/z$ 25(失去 COOH)的碎片离子峰，以及 $m/z$ 44 和 $m/z$ 26 有很大的丰度(因为裂解为 $CO_2$ 和乙炔，这可能是热裂解引起的)都证实了化合物为 CH≡C—COOH 这一结构。

**【例 11-4】** 从谱图 11-49 推测未知物的结构。

**解析** (1) 由质谱图可知，确定未知物的相对分子质量为 122。

(2) IR 中 3350cm$^{-1}$宽带吸收是 OH 在分子间形成氢键的特征。1050cm$^{-1}$处的 C—O 伸缩振动和 NMR 在 $\delta$=3.15ppm 的信号加入 $D_2O$ 消失说明了这一点。因为 3030cm$^{-1}$、3070cm$^{-1}$、3090cm$^{-1}$、1610cm$^{-1}$、1500cm$^{-1}$、750cm$^{-1}$ 和 700cm$^{-1}$ 峰的存在表明苯环存在，750cm$^{-1}$、700cm$^{-1}$骨架振动吸收表明为一单取代苯，由 NMR 在 $\delta$=7.2ppm 处的积分有 5 个 Ar—H 亦可表明，而 MS 中 $m/z$ 91 和 $m/z$ 92 证明了苄基的存在。IR 在 2800～2940cm$^{-1}$峰表明有脂肪 C—H 存在。在 $\delta$ 3.7ppm 和 $\delta$ 2.7ppm 处有两个三重峰($J$=7Hz)说明存在两个相邻的 —$CH_2$—，各有不同的化学位移。

(3) 上述分析可得到下列结构单元：$C_6H_5$—($CH_2$—)、—$CH_2CH_2$—、OH。

(4) 由上述结构单元只能列出一个可能的结构：$C_6H_5CH_2CH_2OH$。

(5) 用质谱验证：

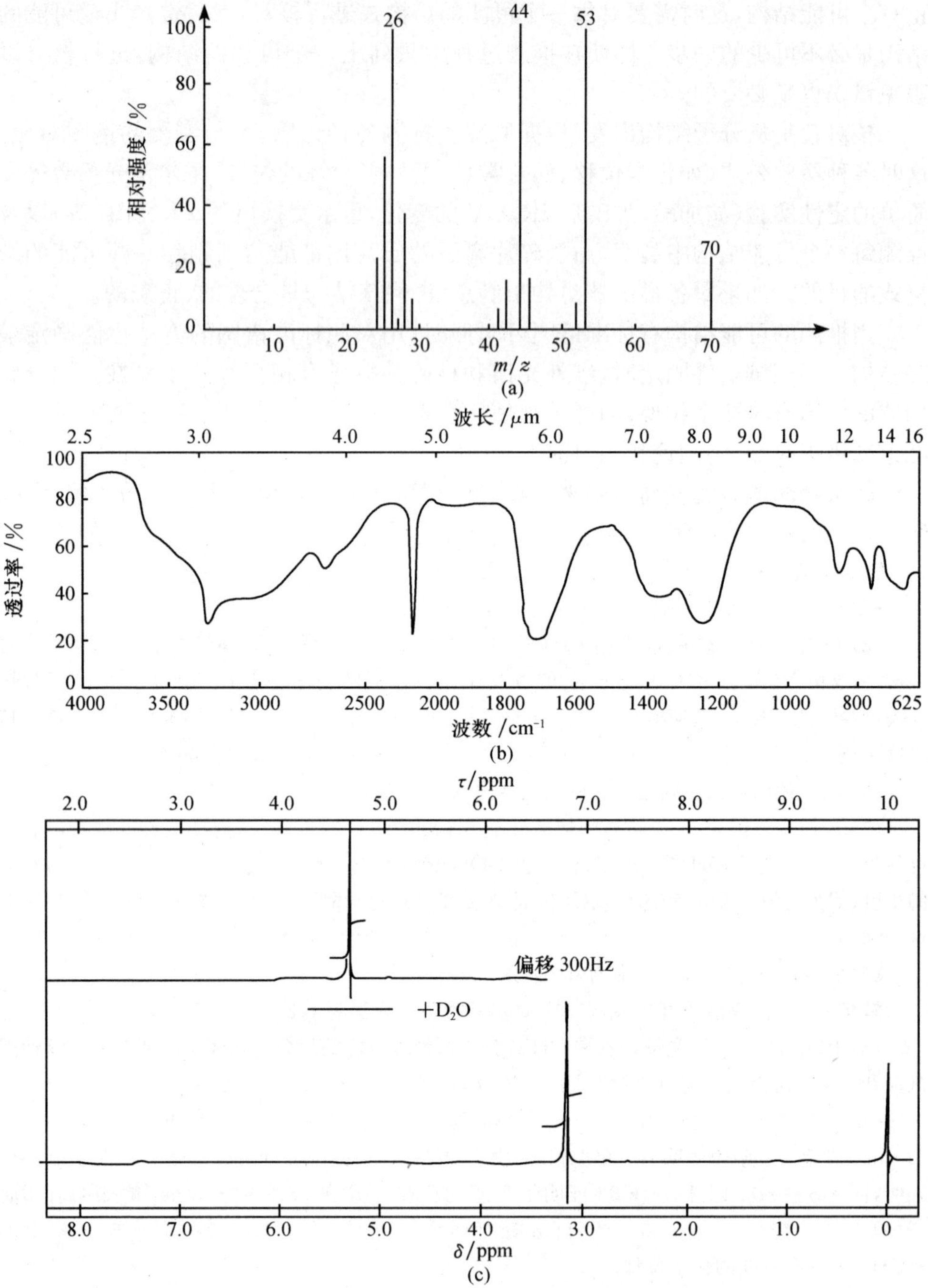


图 11-48　未知物的质谱图(a)、红外光谱图(b)和核磁共振谱图(c)

NMR 在 $CDCl_3$ 中 60MHz(扫描宽度 50Hz)

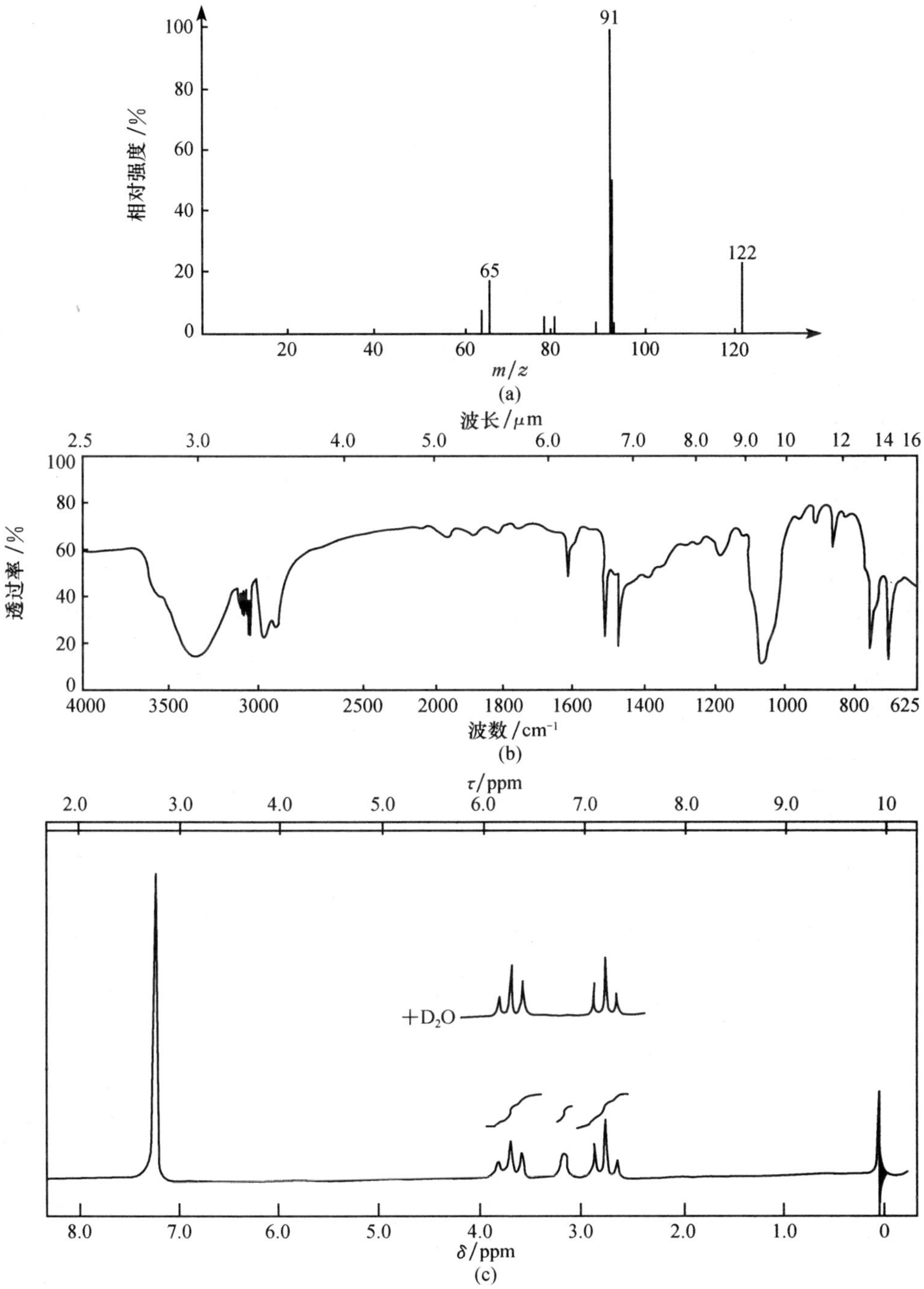


图 11-49　未知物的质谱图(a)、红外光谱图(b)和核磁共振谱图(c)

分子离子峰在 $m/z$ 122 处，三个强峰 $m/z$ 65、$m/z$ 91 和 $m/z$ 92 系由下列裂解而来：

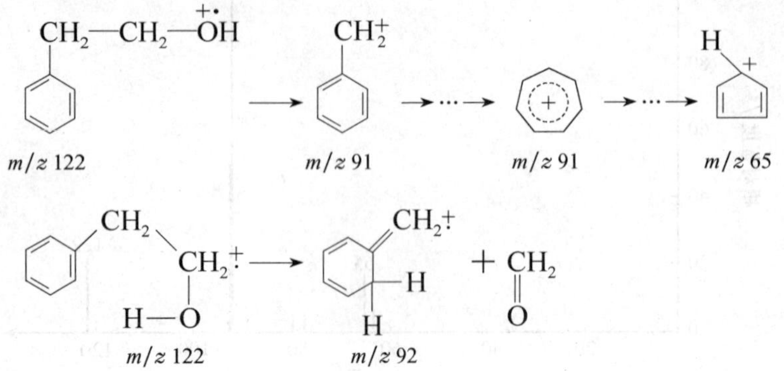


【例 11-5】 从谱图 11-50 推测未知物的结构。

**解析** (1) 未知物的相对分子质量为 132。

(2) IR 中 2830cm$^{-1}$(强)可能是 $OCH_3$ 中 C—H 伸缩振动，1075cm$^{-1}$(强)、1125cm$^{-1}$(强)为 C—O—C 的不对称伸缩振动，这些吸收带表示可能有甲氧基。脂肪醚的 C—O—C 不对称伸缩振动应在 1060～1150cm$^{-1}$(强)，因此这个甲氧基是脂肪醚。3100～3000cm$^{-1}$ 附近以及 1500～1600cm$^{-1}$ 无明显吸收峰，说明该分子中无苯环。$\delta>5$ppm 无信号亦可证明这一点。1720cm$^{-1}$(强)为 C═O 吸收峰，在 1150～1300cm$^{-1}$ 无强吸收带，因此不是酯，可能是酮羰基的吸收带。

在 NMR 中，$\delta$ 2.1ppm 单峰(3H)为 $CH_3CO$—中甲基质子的信号。$\delta$ 3.3ppm 单峰(6H)为两个 $OCH_3$ 中质子的信号。

(3) "剩余结构"部分：

$$132-(12+3+16+16\times2+12\times2+3\times2)=27$$

由于"剩余相对分子质量"为 27，很可能为 $CH_2$、CH。在 NMR 中 $\delta$ 4.7ppm 三重峰(1H)和 $\delta$ 2.65ppm 二重峰(2H)说明了—$CH_2$—CH—结构片断的存在，这两处的 $J$ 相同，可进一步说明—$CH_2$—CH— 孤立单元的存在。

在 IR 上已注明了有杂质存在，$\delta$ 3.75ppm 处的峰远不足一个 H，可视为杂质信号。

(4) 由上述结构单元可写出，下面两个结构式Ⅰ或Ⅱ。

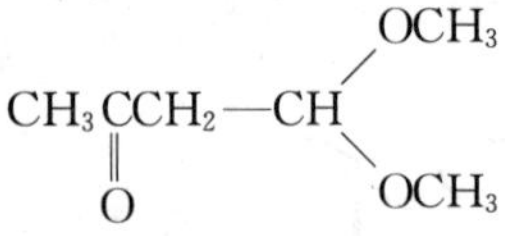

Ⅰ

或

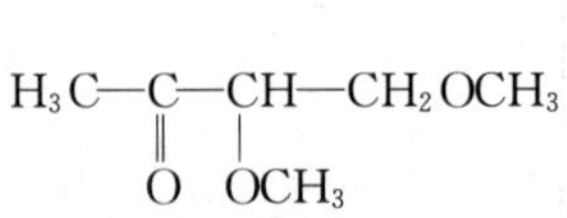

Ⅱ

(5) 核对结构式。Ⅱ中—$CH_2$—与不对称碳原子相连，$CH_2$ 的两个质子不等价，与邻位质子有偶合，应为多重峰。Ⅱ中两个 $OCH_3$ 化学环境不同，信号也不可能重叠，因此可以排除Ⅱ。

又 CH 的信号出现在很低场 $\delta$ 4.7ppm，可以认为这个 CH 可能与两个氧原子相连，Ⅰ符合这一情形。

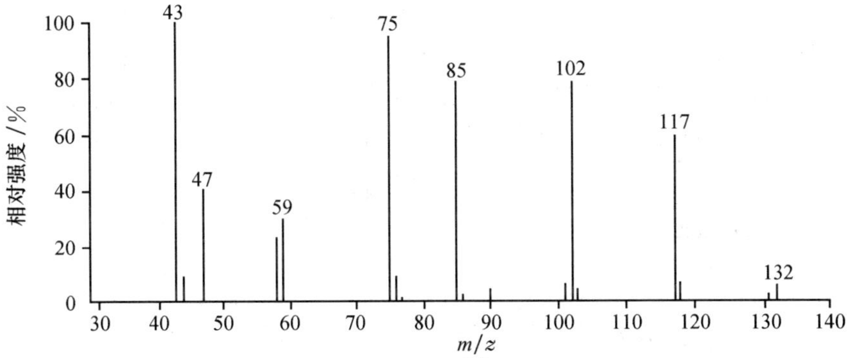


(a)

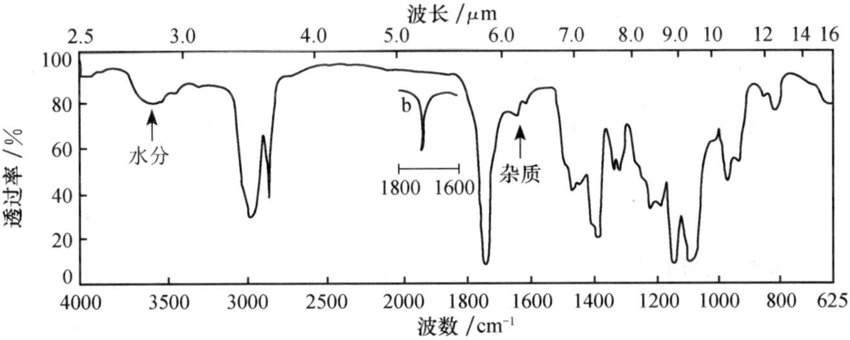


(b)

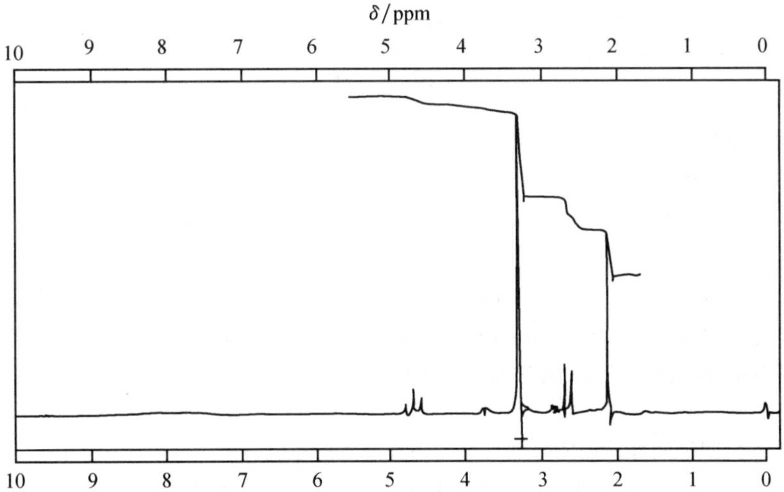


**积分比：** δ4.7 (t,1.3 格)，δ3.75 (m,0.5 格)，δ3.3 (s,10.5 格)，δ2.65 (d,4 格)，δ2.1 (s,5.5 格)

(c)

图 11-50　未知物的质谱图(a)、红外光谱图(b)和核磁共振谱图(c)

由 MS 数据可进一步核实。如按 Ⅰ，应有 $m/z$ 117、$m/z$ 102、$m/z$ 75 和 $m/z$ 43 的碎片离子出现。

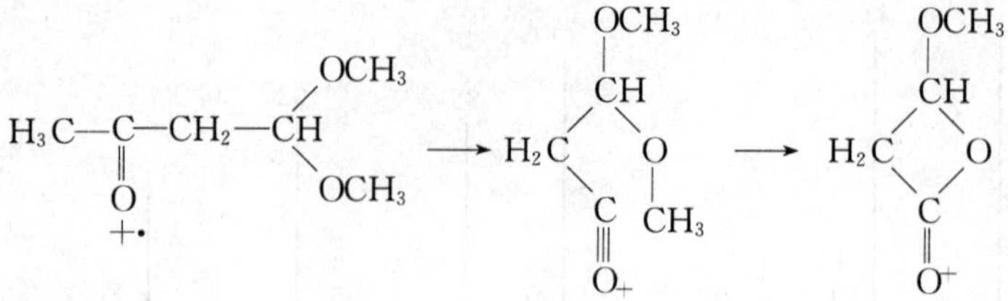

m/z 132　　m/z 117　　m/z 102

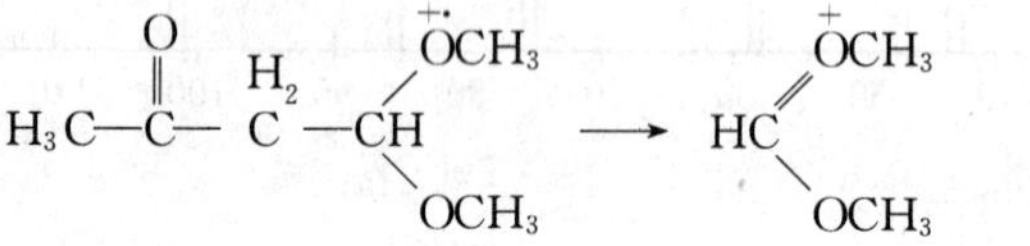

m/z 132　　m/z 75

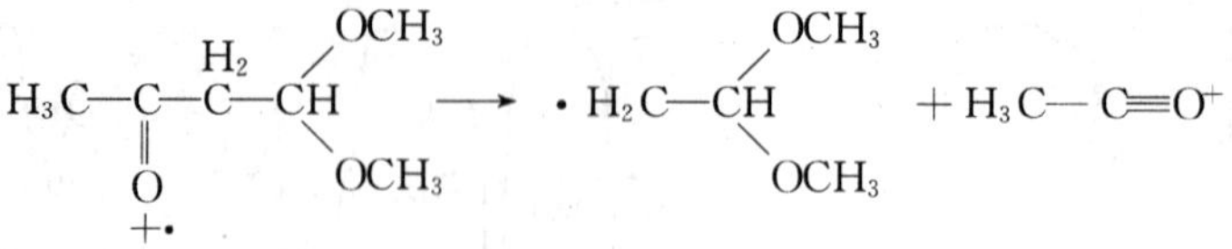

m/z 43

符合质谱图，故为Ⅰ，即

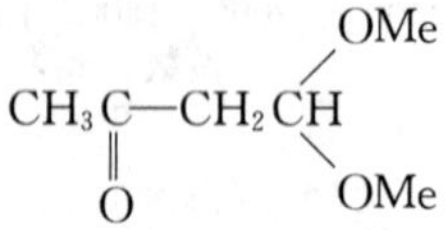

## 习　题

1. 简要回答下列问题：

   (1) 下列化合物哪个吸收的光波最长？哪个最短？为什么？

   A. 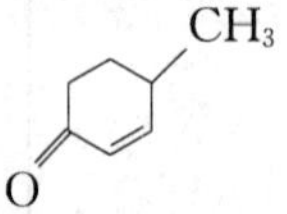　B. 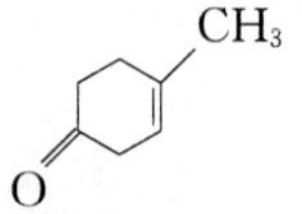　C. 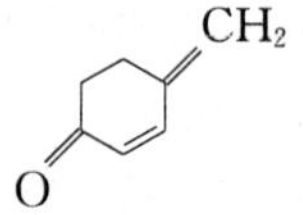

   (2) 反-二苯乙烯 $\lambda_{max}=295.5nm$，而顺-二苯乙烯 $\lambda_{max}=280nm$，为什么？

   (3) 下列化合物哪个吸收的光波较长？为什么？

   A. $CH_2=CH—CH=CH_2$　　B. $CH_3—CH=CH—CH=CH_2$

2. 请指出下列四种同分异构体分别与哪一个红外光谱对应。

   (1) 丙酮　(2) 烯丙醇　(3) 环氧丙烷　(4) 丙醛

   红外光谱数据($cm^{-1}$)：

   A. 3333(宽)，1030，1640(小，尖)　　B. 3012，1710(尖)

   C. 3033，1150～1120(宽)　　D. 2739，1730(尖)

3. 乙醇和乙二醇的浓 $CCl_4$ 溶液在 $3350cm^{-1}$ 处都有宽的吸收，在极稀的 $CCl_4$ 溶液中，乙醇的这个吸收带逐渐消失，而在 $3600cm^{-1}$ 处出现一个尖的吸收带；而乙二醇的 $3350cm^{-1}$ 吸收带却始终存在。请解释原因。

4. 图 11-51 是烯丙醇简单衍生物的红外光谱，试问它是什么化合物？

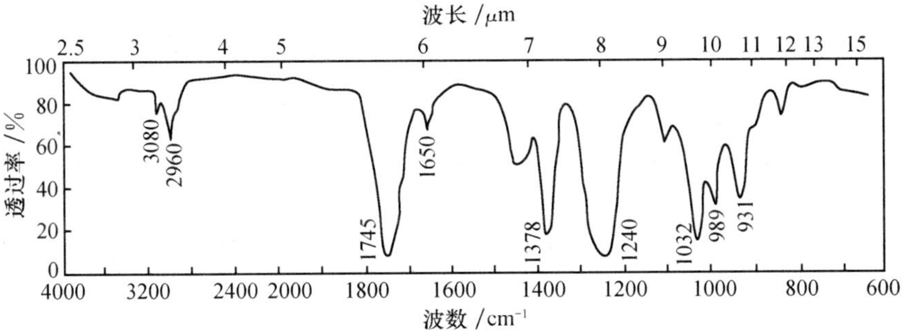


图 11-51　习题 4 图

5. 下列化合物的核磁共振氢谱中只有一个单峰，试写出它们的构造式：

(1) $C_2H_6O$　　(2) $C_3H_6$　　(3) $C_4H_6$　　(4) $C_4H_8$

(5) $C_5H_{12}$　　(6) $C_2H_4Br_2$　　(7) $C_8H_{18}$

6. 指出图 11-52 中各峰的归属。

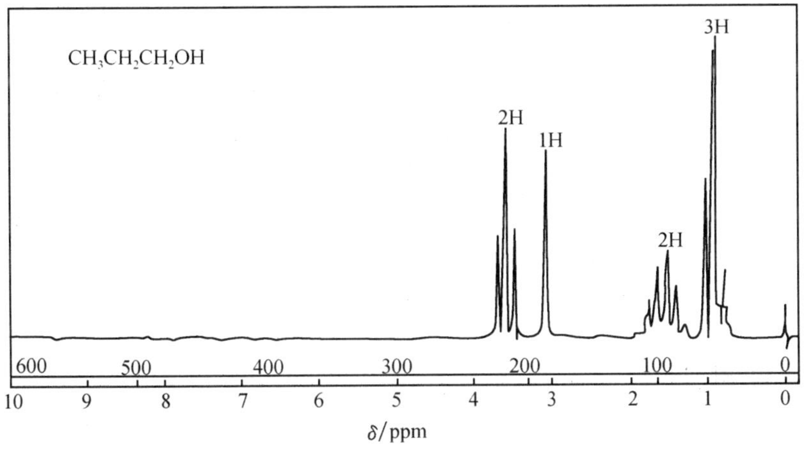


图 11-52　习题 6 图

7. 化合物 A($C_9H_{10}O$)不能起碘仿反应，其红外光谱表明在 1690cm$^{-1}$处有一强吸收峰。核磁共振谱如下：

δ 1.2ppm(3H)三重峰　　δ 3.0ppm(2H)四重峰　　δ 7.7ppm(5H)多重峰

推测 A 的结构。

已知 B 为 A 的异构体，能起碘仿反应，其红外光谱表明在 1705cm$^{-1}$处有一强吸收峰。核磁共振谱如下：

δ 2.0ppm(3H)单峰　　δ 3.5ppm(2H) 单峰　　δ 7.1ppm(5H)多重峰

推测 B 的结构。

8. 化合物A具有分子式$C_6H_{12}O_3$,在$1710cm^{-1}$处有强的红外吸收峰。A用碘的氢氧化钠溶液处理时得到黄色沉淀,与土伦试剂作用不发生银镜反应,然而A先用稀硫酸处理,然后再与土伦试剂作用有银镜产生。A的核磁共振数据如下:

δ 2.1ppm(3H)单峰　　δ 3.2ppm(6H) 单峰

δ 2.6ppm(2H) 双峰　　δ 4.7ppm(1H) 三重峰

推测A的结构。

9. 化合物A的相对分子质量为100,与$N_aBH_4$作用后得B,相对分子质量为102。B的蒸气于高温下通过$Al_2O_3$可得C,相对分子质量为84。C臭氧化分解后得D和E。D能发生碘仿反应,而E不能。试根据以上化学反应和A的如下图谱数据,推测A的结构,并写出各步反应式。

| | | | | |
|---|---|---|---|---|
| A的IR: | $1712cm^{-1}$ | $1383cm^{-1}$ | $1376cm^{-1}$ | |
| A的NMR:δ/ppm | 1.00 | 1.13 | 2.13 | 3.52 |
| 峰型 | 三 | 双 | 四 | 多 |
| 峰面积 | 7.1 | 13.9 | 4.5 | 2.3 |

10. 分子式为$C_4H_8O_2$化合物的同分异构体的$^1H$ NMR如下图所示。试确定各谱图所代表化合物的构造式。

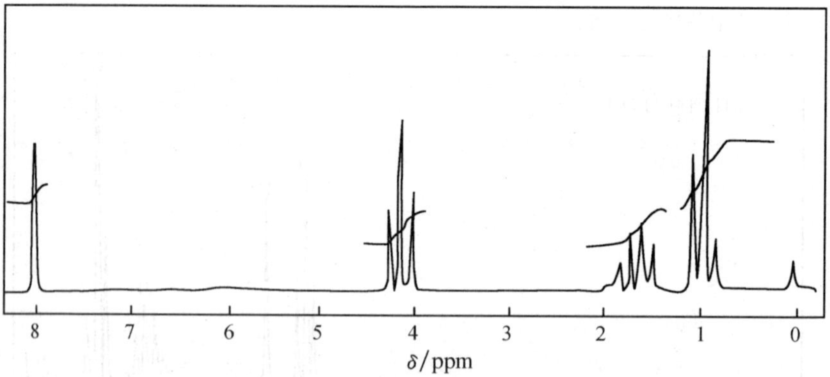

(a)

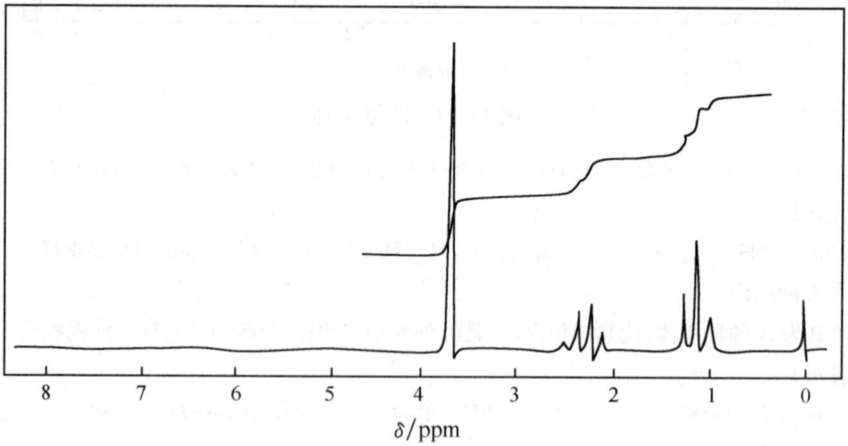

(b)

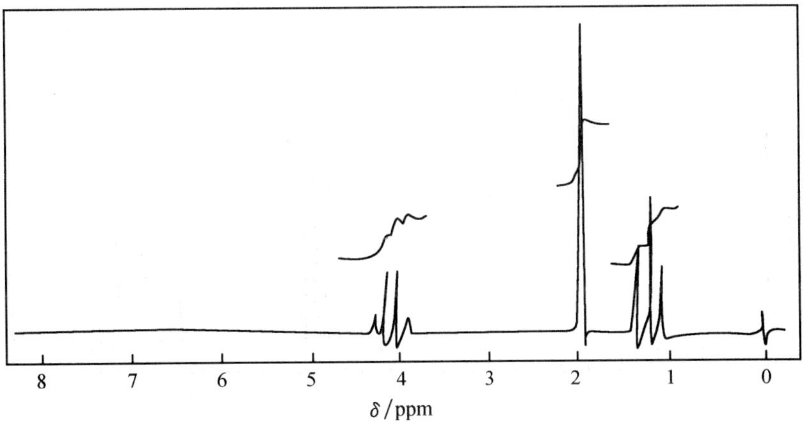


(c)

11. 试判断下列两个质谱图，哪个是 3-甲基-2-戊酮、哪个是 4-甲基-2-戊酮？

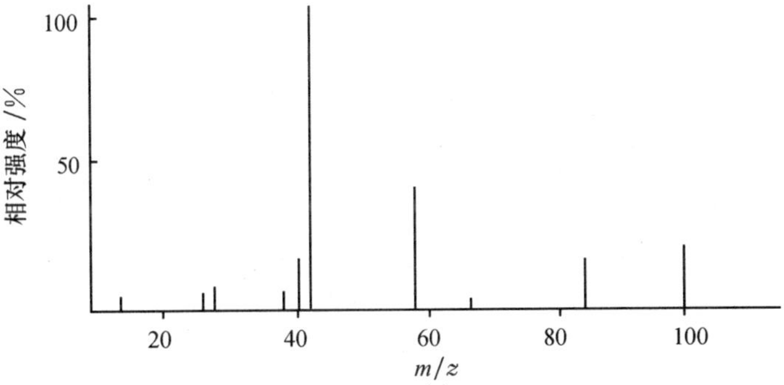


(a)

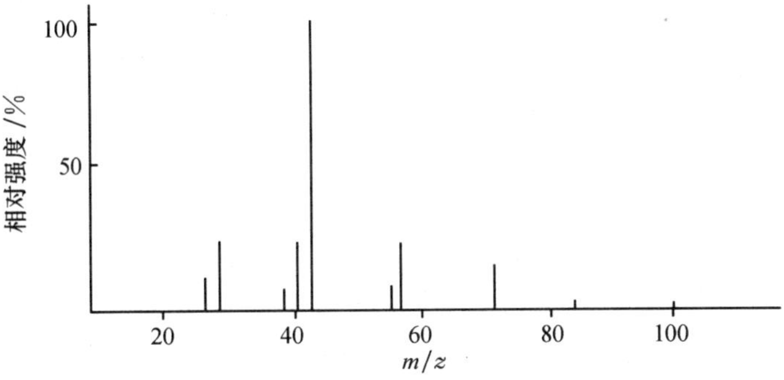


(b)

12. 某化合物的结构可能为 A 或 B，质谱图上给出 $m/z$ 97 及 $m/z$ 111 两个离子峰，试问该化合物结构如何？说明理由。

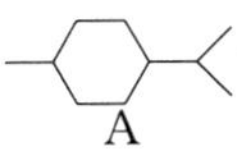
A

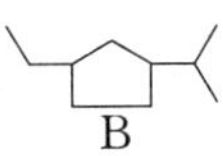
B

13. 下图是化合物 A 的核磁共振谱及质谱图，给出 A 的结构。

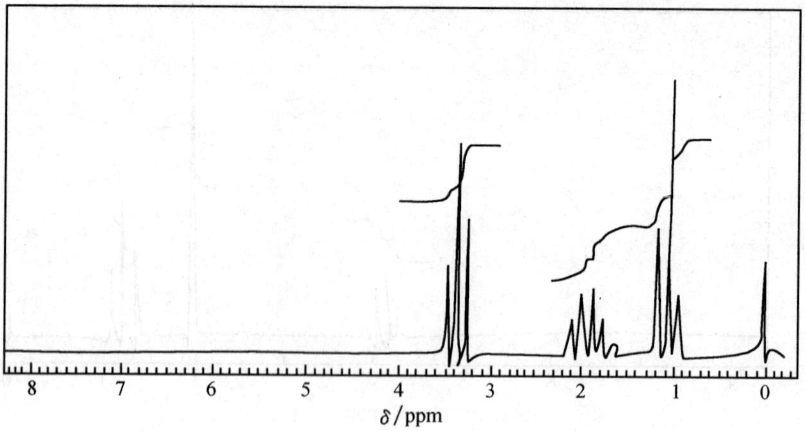
8
7
6
5
4
3
2
1
0
δ/ppm

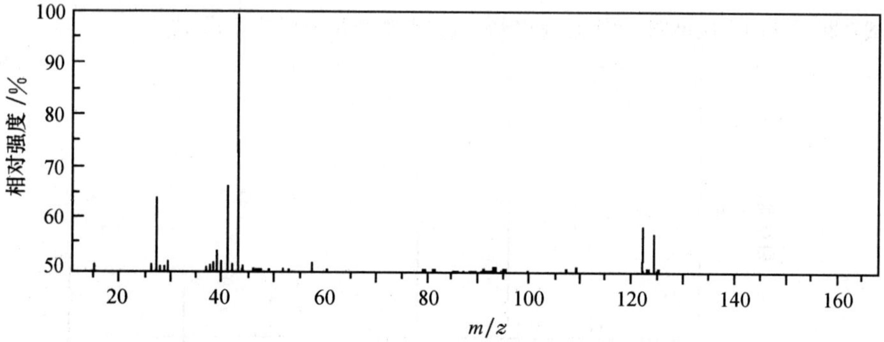
100
90
80
70
60
50
相对强度/%
20
40
60
80
100
120
140
160
m/z

# 第 12 章　含氮化合物

分子中含有氮元素的有机化合物统称为含氮化合物（nitrogenous compound）。

含氮化合物可以看作是烃分子中的一个或几个氢原子被各种含有氮原子的基团取代后的生成物。含氮化合物的类型颇多，它们的结构特征是含有碳氮键（C—N、C═N、C≡N），有的还含有 N—N、N═N、N≡N、N—O、N═O 及 N—H 等价键。其中有的已经做过介绍，如酰胺类化合物等，这里不再重述。本章着重讨论硝基化合物、胺类、重氮和偶氮化合物、腈、异腈和异腈酸酯类化合物。

## 12.1　硝基化合物

烃分子中的氢原子被硝基（$—NO_2$）取代后的生成物，称为硝基化合物（nitro compound）。一元硝基化合物的通式是 $RNO_2$ 或 $ArNO_2$。

硝基化合物包括脂肪族、芳香族及脂环族硝基化合物；根据与硝基相连接的碳原子不同，可分为伯、仲、叔（1°、2°、3°）硝基化合物；又根据硝基的数目可分为一硝基和多硝基化合物。

硝基化合物与亚硝酸酯是同分异构体：

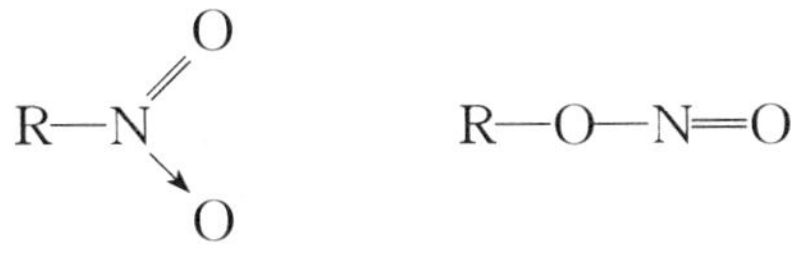

硝基化合物　　　　亚硝酸酯

脂肪族硝基化合物工业上由烷烃在高温下用浓硝酸、$N_2O_4$ 或 $NO_2$ 直接硝化制备，如

$$CH_4 + HNO_3 \xrightarrow{400℃} CH_3NO_2 + H_2O$$

$$CH_3CH_2CH_3 \xrightarrow[70\%]{NO_2,200℃} CH_3CH_2CH_2NO_2 + (CH_3)_2CHNO_2$$

烷烃的硝化反应与烷烃的卤化反应相似，也是自由基取代反应。实验室中，可通过卤代烷与亚硝酸盐（如 $NaNO_2$、$AgNO_2$ 等）的取代反应来制备一些硝基烷。如

$$CH_3(CH_2)_5\underset{|}{\overset{Br}{C}}HCH_3 + NaNO_2 \xrightarrow{58\%} CH_3(CH_2)_5\overset{NO_2}{C}HCH_3 + NaBr$$

芳香族硝基化合物一般采用直接硝化法制备。硝化时所用的试剂和反应条件,因反应物不同而异。

### 12.1.1 硝基化合物的结构

氮原子的电子层结构为 $1s^2$、$2s^2$、$2p^3$。其价电子层具有五个电子,而这一价电子层最多可容纳八个电子,因此,硝基化合物的结构可表示如下:

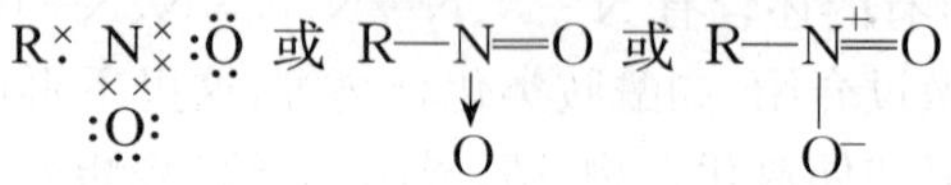

在上述结构式中,氮原子与一个氧原子以共价双键相结合,而与另一个氧原子以配价键相结合。由此看来,这两种不同氮氧键的键长应该是不同的。但电子衍射法实验证明:在硝基中两个氮氧键的键长都是 0.121nm。可见硝基中的两个氮氧键既不是一般的氮氧单键,也不是一般的氮氧双键,而是等同的。这是因为硝基中氮原子的 p 轨道和两个氧原子的 p 轨道平行且相互重叠,由此形成的共轭体系中发生了电子的离域,使得 N—O 键趋于平均化,硝基的负电荷平均分配在两个氧原子上。氮原子和两个氧原子上的 p 轨道互相重叠,形成包括三个原子在内的分子轨道:

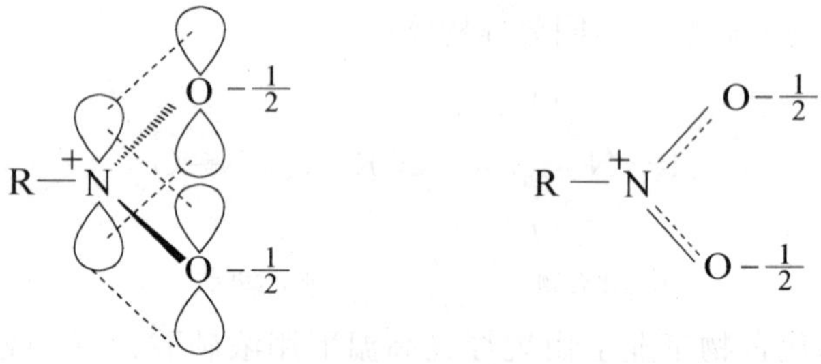

为方便起见,一般仍用 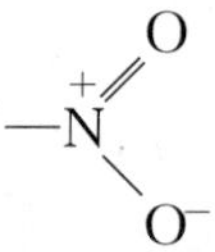 来表示硝基的结构。

由于键的平均化,硝基中的氧原子是等同的,写成共振式:

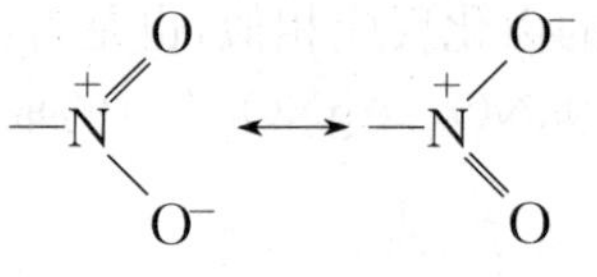

在硝基甲烷中，两个氮氧键的键长都是 0.122nm，而在亚硝酸甲酯中，则分别为 0.137nm(N—O)及 0.114nm(N═O)。

### 12.1.2　硝基化合物的物理性质

脂肪族硝基化合物是近于无色，具有香味的高沸点液体，微溶于水，易溶于醇和醚等有机溶剂，通常作为有机溶剂使用。

芳香族一元硝基化合物是无色或淡黄色的高沸点液体或固体，有苦杏仁味；多硝基化合物多数是黄色晶体。它们都不溶于水而溶于有机溶剂。多硝基化合物通常具有爆炸性，故可用作炸药。还有些多硝基化合物具有类似于天然麝香的香气而被用作香水、香皂和化妆品的定香剂，如

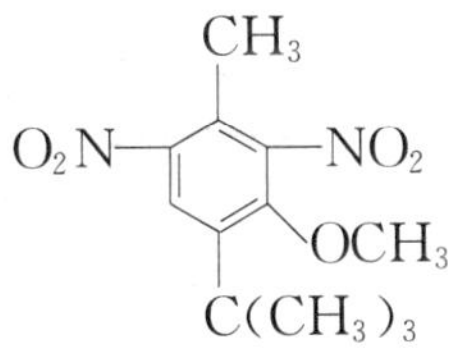

葵子麝香

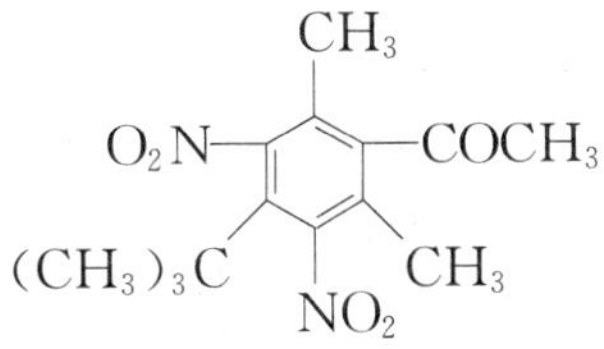

酮麝香

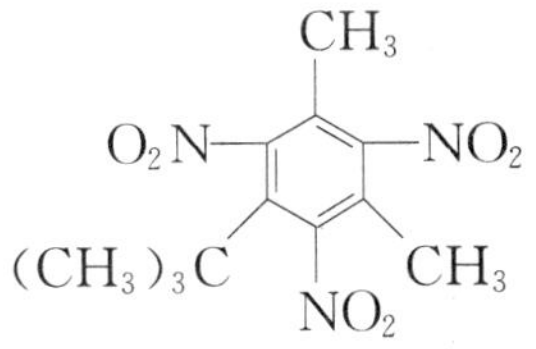

二甲苯麝香

此类合成麝香称为硝基麝香，年用量为 1000t 左右，约占目前世界上商品化人造麝香的 50%，其中葵子麝香是已知硝基麝香中使用最广泛的产品。

硝基化合物相对密度都大于 1，能溶于浓硫酸中，这是因为形成[UNK]盐的缘故。

硝基化合物多数都具有毒性，是作用于肝、肾、中枢神经和血液的毒物，因此在使用时要倍加小心。

硝基化合物的物理常数见表 12-1。

**表 12-1　硝基化合物的物理常数**

| 名　称 | 结构式 | 熔点/℃ | 沸点/℃ | 相对密度 $d_4^{20}$ | 折光率 $n_D^{20}$ |
|---|---|---|---|---|---|
| 硝基甲烷 | $CH_3NO_2$ | −28.5 | $101.5^{765mm}$ | 1.1381 | 1.3811 |
| 硝基乙烷 | $CH_3CH_2NO_2$ | −90 | $114.8^{761mm}$ | 1.0448 | $1.3901^{24.3}$ |
| 1-硝基丙烷 | $CH_3CH_2CH_2NO_2$ | −108 | 132 | $1.0221^{25℃/4}$ | 1.4016 |
| 2-硝基丙烷 | $(CH_3)_2CHNO_2$ | −93 | 120.3 | 1.024 | $1.4003^{24.8}$ |
| 硝基苯 | $C_6H_5NO_2$ | 5.6～5.7 | 210.9 | $1.205^{18℃/4}$ | 1.5499 |
| 间二硝基苯 | $m$-$C_6H_4(NO_2)_2$ | 90 | 302.8 | $1.575^{18℃/4}$ | |
| 1,3,5-三硝基苯 | 1,3,5-$C_6H_3(NO_2)_3$ | 122 | >122 分解 | 1.688 | |
| 邻硝基甲苯 | $o$-$CH_3C_6H_4NO_2$ | −9.5 | 222 | 1.1629 | 1.5474 |
| 对硝基甲苯 | $p$-$CH_3C_6H_4NO_2$ | 51.4 | 237.7 | 1.286 | 1.5346 |

续表

| 名　称 | 结构式 | 熔点/℃ | 沸点/℃ | 相对密度 $d_4^{20}$ | 折光率 $n_D^{20}$ |
|---|---|---|---|---|---|
| 2,4-二硝基甲苯 | $CH_3C_6H_3(NO_2)_2$ | 70 | 300,微分解 | 1.321 | |
| 2,4,6-三硝基甲苯 | $CH_3C_6H_2(NO_2)_3$ | 81 | 280,爆炸 | 1.654 | |

硝基的红外光谱有很强的吸收峰,脂肪族伯和仲硝基化合物 N—O 伸缩振动在 1565～1545cm$^{-1}$ 和 1385～1360cm$^{-1}$;叔硝基化合物在 1545～1530cm$^{-1}$ 和 1360～1340cm$^{-1}$。芳香族硝基化合物 N—O 伸缩振动在 1550～1510cm$^{-1}$ 和 1365～1335cm$^{-1}$ 产生两个很强的吸收峰,C—N 键的伸缩振动吸收峰出现在 870cm$^{-1}$附近。硝基乙烷和硝基苯的红外光谱图分别如图 12-1 和图 12-2 所示。

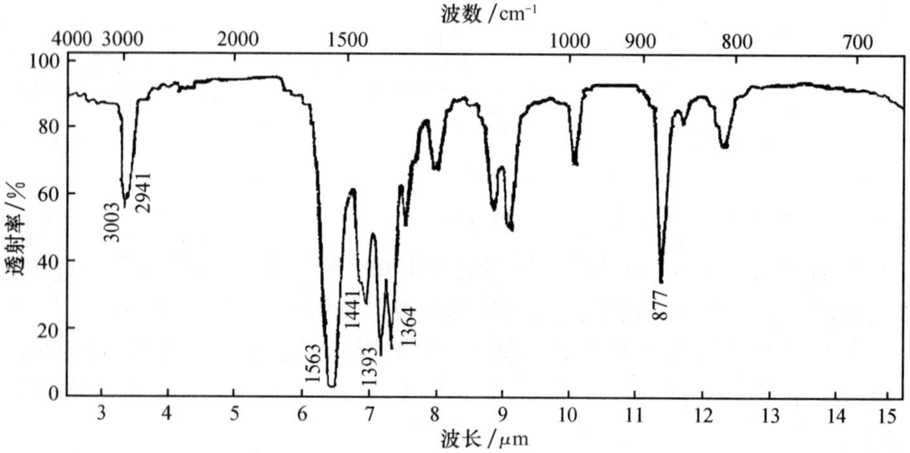


图 12-1　硝基乙烷的红外光谱

1563cm$^{-1}$和 1393cm$^{-1}$:N—O 伸缩振动;877cm$^{-1}$:$NO_2$ 弯曲振动;3003cm$^{-1}$和 2941cm$^{-1}$:C—H 伸缩振动;1441cm$^{-1}$:C—H 弯曲振动(甲基或亚甲基);1364cm$^{-1}$:C—H 弯曲振动(甲基)

在硝基化合物的核磁共振谱中,直接与硝基相连的亚甲基上的氢,因受硝基强吸电性的影响,信号出现在较低场,一般 $\delta$ 为 4.28～4.34ppm;随着与硝基的距离拉长,信号逐渐向较高场移动。

芳香族硝基化合物的紫外光谱图中,在 250～300nm 处有一强而宽的吸收峰,其位置取决于溶剂和苯环上取代基的性质。硝基苯的$^1$H NMR 谱图中,硝基使苯环上质子的化学位移向低场移动,邻、间和对位上的氢分别移动 0.93ppm、0.21ppm 和 0.33ppm。

脂肪族硝基化合物的质谱图中通常没有分子离子峰($M^+$),而有很强的 $m/z$ 30($NO^+$)和 $m/z$ 46($NO_2^+$)峰,高级脂肪族硝基化合物的最强峰是由 C—C 键断裂所形成的烃基离子峰。芳香族硝基化合物有很强的分子离子峰($M^+$),$m/z$

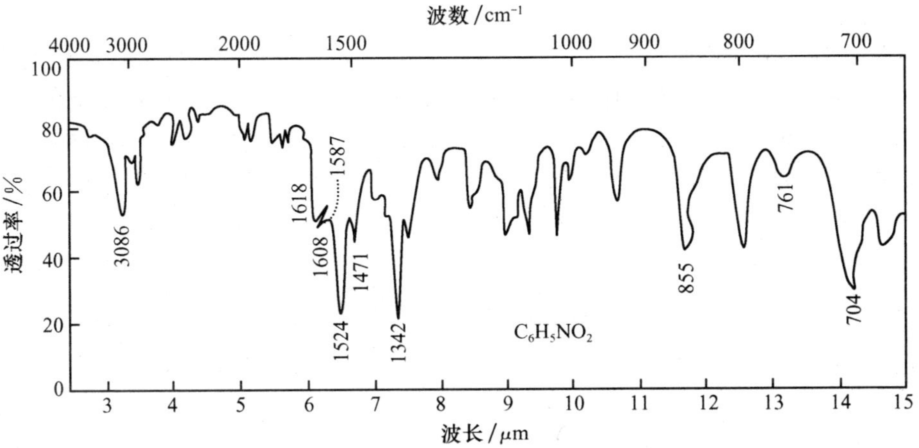


图 12-2　硝基苯的红外光谱

1618cm$^{-1}$，1608cm$^{-1}$，1587cm$^{-1}$和 1471cm$^{-1}$：C═C 伸缩振动（芳环）；3086cm$^{-1}$：═CH 伸缩振动（芳香族化合物）；1524cm$^{-1}$和 1342cm$^{-1}$：N—O 伸缩振动（芳硝基化合物）；855cm$^{-1}$：$NO_2$ 弯曲振动；761cm$^{-1}$和 704cm$^{-1}$：一取代苯 C—H 弯曲振动

30 峰以及 M—30、M—46 等峰。

### 12.1.3　硝基化合物的化学性质

#### 12.1.3.1　硝基化合物 α-氢的活泼性

1）互变异构

含有 α-氢的脂肪族伯或仲硝基化合物能逐渐溶解于氢氧化钠溶液而生成钠盐，如

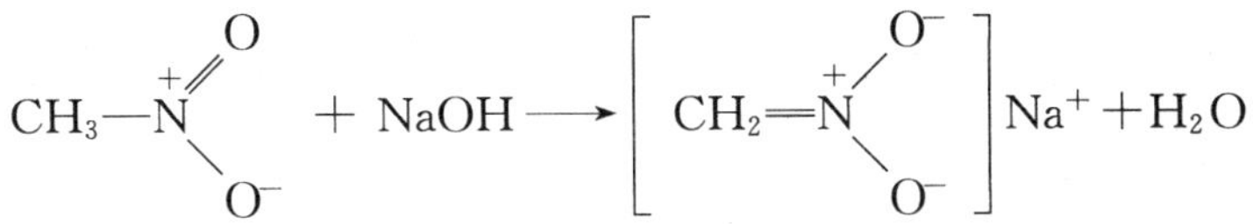

这是因为在伯和仲硝基化合物中，α-碳上的碳氢键的 σ 电子云与硝基氮氧双键的 π 电子云之间存在着 σ-π 超共轭效应，从而使 α-氢变得比较活泼，可以转移到硝基氧原子上去，因此存在着下面的互变异构现象。

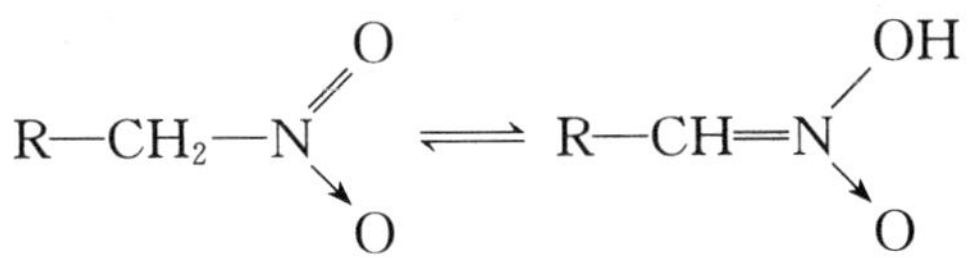

硝基式　　　　假酸式

假酸式中氧原子上的氢原子在水溶液中能电离成质子而呈现酸性，故可与强碱作

用生成盐。

伯和仲硝基化合物在游离状态时主要以硝基式存在，并不显酸性，但遇到碱溶液时，碱便与少量的假酸式作用而成盐，这就破坏了假酸式和硝基式之间的平衡，硝基式不断地转变成假酸式，以至全部与碱作用生成酸式盐。后者用硫酸处理可分别得到醛或酮，该反应称为 Nef 裂解反应，它在有机合成上有一定用处。例如，硝基甲烷用于糖的递升。

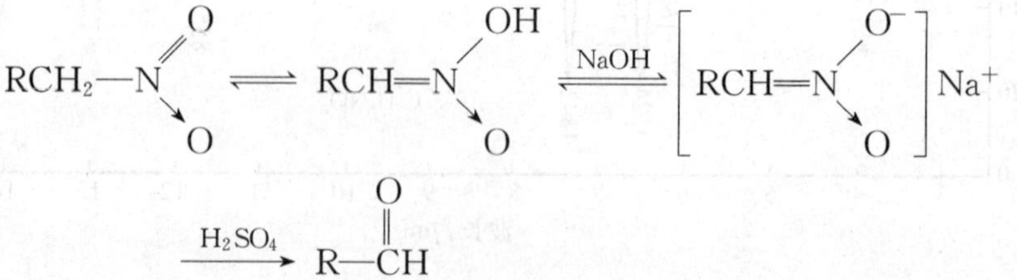


脂肪族叔硝基化合物和芳香族硝基化合物因没有 $\alpha$-氢，所以它们不能与碱作用。

假酸式有烯醇式特征，如与 $FeCl_3$ 溶液有显色反应，也能与 $Br_2/CCl_4$ 溶液加成。通常硝基化合物中的假酸式含量很少。例如，$p$-$NO_2C_6H_4CH_2NO_2$ 在乙醇中假酸式的含量只有 0.18%。

2）缩合反应

与羟醛缩合及克莱森缩合等反应类似，具有活泼 $\alpha$-氢的硝基化合物可以与羰基化合物作用，这在有机合成中很有用处，如

$$C_6H_5CHO + CH_3NO_2 \xrightarrow{OH^-} \xrightarrow[\triangle]{-H_2O} C_6H_5CH{=}CHNO_2$$

$$C_6H_5COOC_2H_5 + CH_3NO_2 \xrightarrow{C_2H_5O^-} C_6H_5COCH_2NO_2 + C_2H_5OH$$

$$C_6H_5CH_2NO_2 + CH_3COCH_3 \xrightarrow{OH^-} C_6H_5{-}\underset{NO_2}{\underset{|}{CH}}{-}\underset{OH}{\underset{|}{C}}(CH_3)_2$$

其他的如 2,4-二硝基甲苯都能有类似的反应。

反应机理：具有 $\alpha$-氢的硝基化合物在碱的作用下可以生成稳定的碳负离子并发生亲核反应。

3）与亚硝酸反应

伯硝基化合物与亚硝酸反应得到蓝色的 $\alpha$-亚硝基取代的硝基化合物。在碱性的作用下转变成红色的硝肟酸的钠盐：

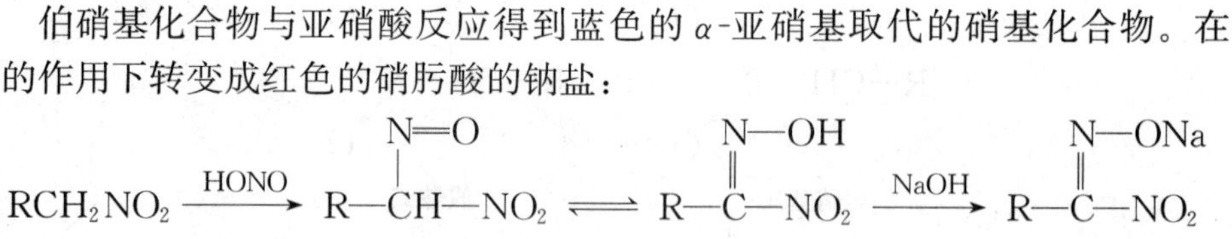

仲硝基化合物在与亚硝酸反应后生成无色的 $\alpha$-亚硝基硝基化合物。此时硝基 $\alpha$-碳上不再有氢原子存在，也不会再变成硝肟酸，但是在碱性条件下仍转成蓝色。

叔硝基化合物无 $\alpha$-氢，与亚硝酸无作用。

12.1.3.2　硝基化合物的还原

硝基化合物容易被还原，其还原产物因条件不同而异。因芳香族硝基化合物的还原较为复杂，而且应用也比脂肪族硝基化合物更为广泛，故以硝基苯为例讨论之。

硝基苯还原时，反应介质的 pH 对反应结果影响颇大，在酸性或中性介质中进行的是单分子还原；而在碱性介质中进行的却是双分子还原。

硝基苯在强酸介质中，用金属还原时，总是得到苯胺。用催化氢化法也可得到同样的结果。

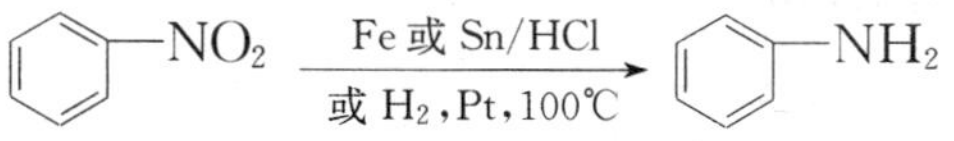


其中金属的作用是供给电子，反应机理如下：

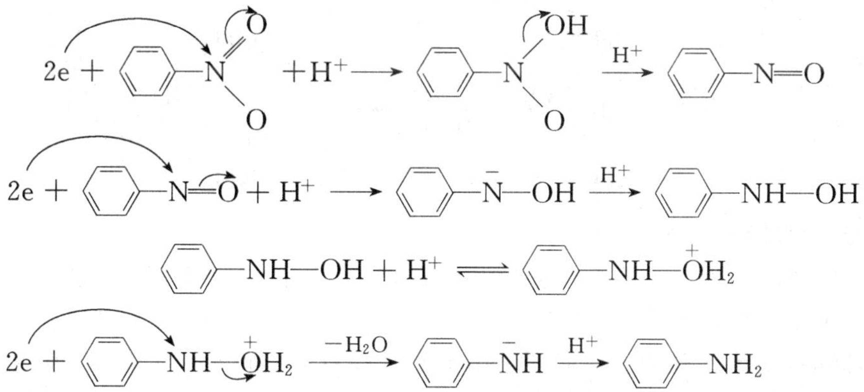


当芳环上还连有可被还原的羰基时，则用氯化亚锡和盐酸还原是特别有用的，因为它只还原硝基成为氨基，如

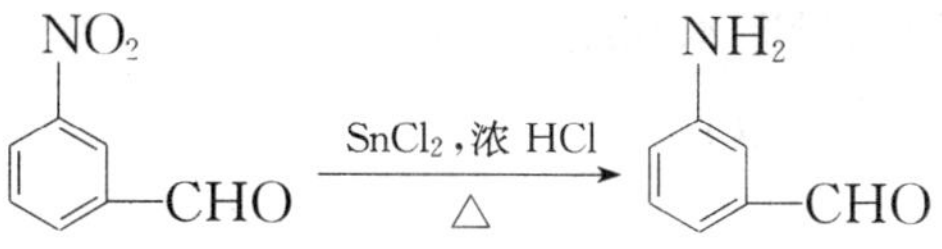


硝基苯在中性或碱性介质中还原，选用不同的还原剂可得到各种不同的中间产物，这些中间产物又在一定条件下相互转化。现将有关反应概括如下：

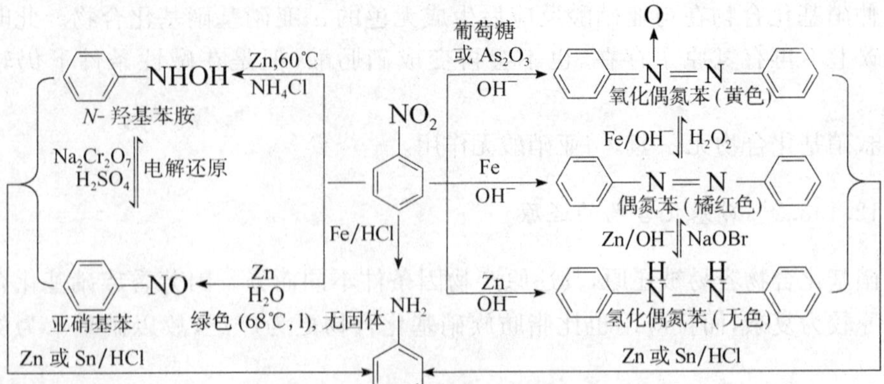


钠或铵的硫化物、硫氢化物或多硫化物，如硫化钠、硫化铵、硫氢化钠、硫氢化铵等，以及氯化亚锡和盐酸，在适当的条件下，可以选择性地将多硝基化合物中的一个硝基还原成氨基，而具有一定的实用意义。至于选择哪一个硝基还原，还无法预测，这是通过实验得到的结果，如

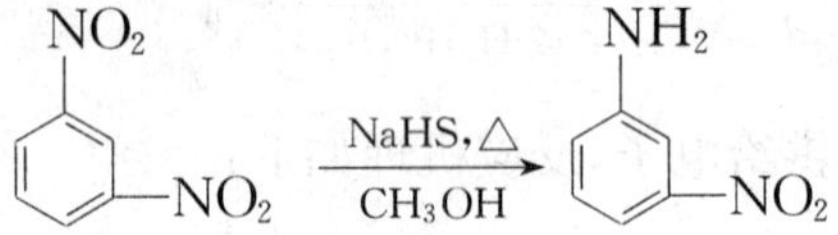


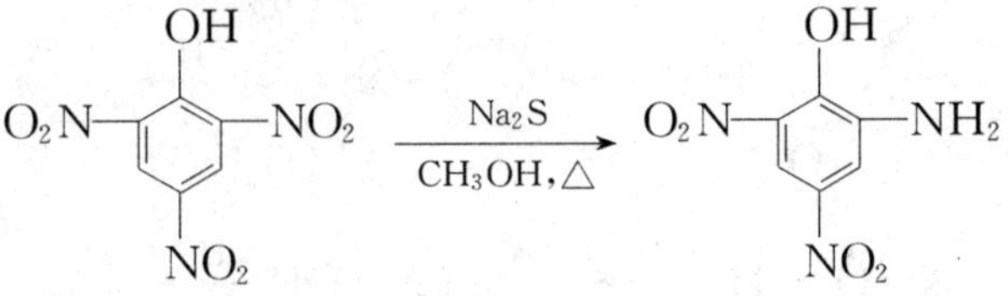


若试剂过量，则继续反应。

部分还原的理由可能是在多硝基化合物中，由于一个硝基吸引电子而增加了另一个硝基的还原作用(接受电子的能力)，使其中一个硝基比单硝基苯容易还原，同时，由于氨基的生成而产生给电子性质，因此降低了留下来的硝基的还原作用。

现代化工生产中，硝基化合物的还原一般采用催化加氢的方法。常用的催化剂有 Cu、Ni 或 Pt 等，其显著的特点是不但可连续化生产，而且又不会造成像用铁和盐酸还原时所产生的大量废水和废渣($Fe_3O_4$)对环境的污染，如

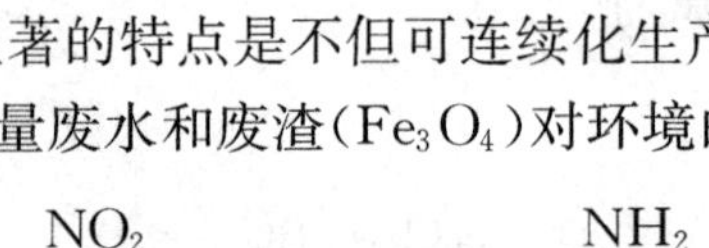


实验室中也可采用这种方法，如用硝基化合物的醇溶液和分散得很细的活性

镍粉或铂在氢气中振荡时，硝基即可被还原成氨基，如

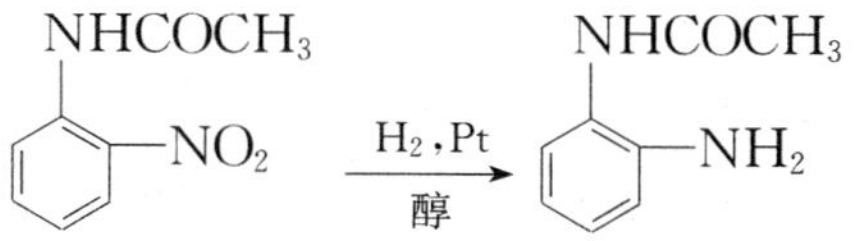


12.1.3.3 硝基对苯环邻、对位上取代基的影响

当硝基与苯环直接相连时，硝基的 $\pi$ 轨道与苯环的 $\pi$ 轨道构成离域轨道，其电子的离域是朝着硝基方向的。毫无疑问，硝基的存在必然会对环上邻位和对位的取代基产生影响。

1）对卤原子活泼性的影响

如 7.5.4 节所述，在一般情况下氯苯难以发生亲核取代反应。但是，若在氯苯的邻位或对位连有硝基时，氯原子就比较活泼，容易被羟基取代。而且邻、对位上的硝基数目越多，氯原子越活泼，反应也就越容易进行，如

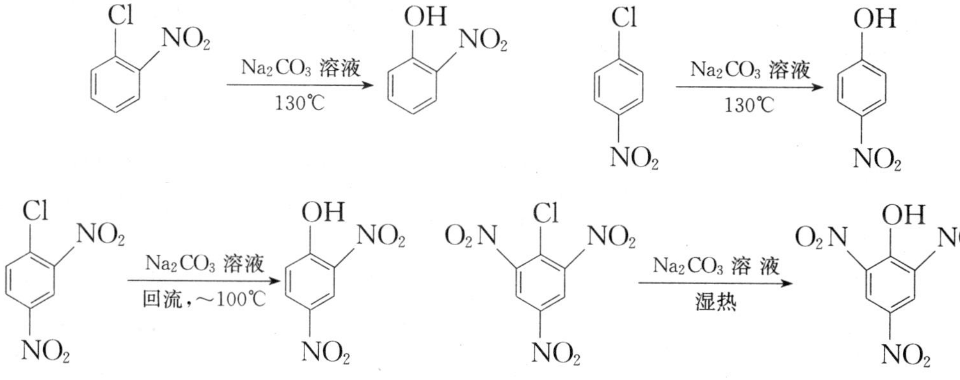


这是因为硝基氯苯的水解反应系亲核取代反应，就其反应历程来说，首先是亲核试剂 $OH^-$ 进攻氯原子连接的碳原子，形成碳负离子中间体，然后是碳负离子失去负氯离子生成产物，属于加成-消除历程（addition-elimination mechanism）。

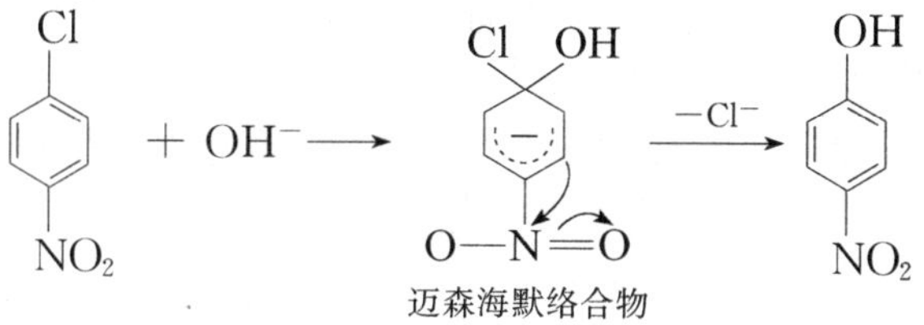


硝基的影响就在于当它处于氯原子的邻位或对位时，由于硝基吸电子诱导和共轭效应的影响，使碳负离子中间体的负电荷得到分散，体系能量降低，中间体的稳定性增加，因此有利于水解反应的进行。显然，处于邻、对位上的硝基数目越多，碳负离子中间体的负电荷越分散，其稳定性也随之增加，反应也就更容易进行；但

是，当它处于氯原子的间位时，所引起的中间体负电荷的分散作用仅表现在吸电子诱导效应上，故对氯原子的活泼性影响不大。

2）对苯酚酸性的影响

苯酚是一种弱酸，其酸性比碳酸还弱。当在苯环上引入硝基时可使其酸性增强。例如，2,4-二硝基苯酚的酸性与甲酸相近，2,4,6-三硝基苯酚的酸性几乎与强无机酸相近。苯酚及硝基酚类的 p$K_a$ 值如表 12-2 所示。

**表 12-2　苯酚及硝基酚类的 p$K_a$ 值**

| 名　称 | 苯酚 | 邻硝基苯酚 | 间硝基苯酚 | 对硝基苯酚 | 2,4-二硝基苯酚 | 2,4,6-三硝基苯酚 |
|---|---|---|---|---|---|---|
| p$K_a$(25℃) | 10 | 7.22 | 8.39 | 7.15 | 4.09 | 0.25 |

硝基对酚羟基的影响与硝基和羟基在环上的相对位置有关。当硝基处于羟基的邻、对位时，由于产物邻或对硝基苯氧负离子上的负电荷可以通过诱导效应和共轭效应分散到硝基上去得以稳定，故邻或对硝基苯酚的酸性较强。

3）对甲基的影响

如果硝基的邻位或对位连有甲基，由于受硝基诱导效应与共轭效应的影响，邻、对位甲基上的氢变得活泼，因此可与苯甲醛发生缩合反应。

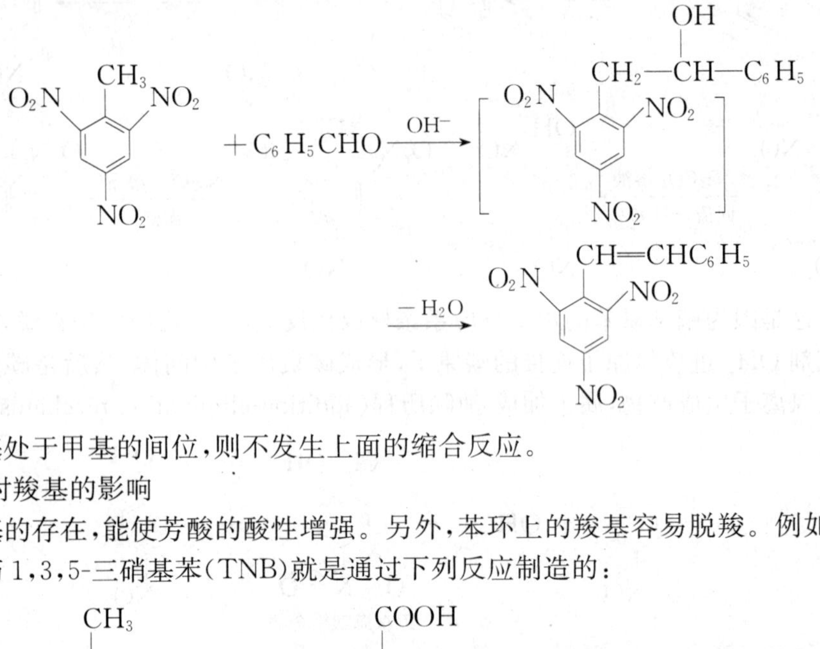


如果硝基处于甲基的间位，则不发生上面的缩合反应。

4）对羧基的影响

硝基的存在，能使芳酸的酸性增强。另外，苯环上的羧基容易脱羧。例如，强烈性炸药 1,3,5-三硝基苯(TNB)就是通过下列反应制造的：

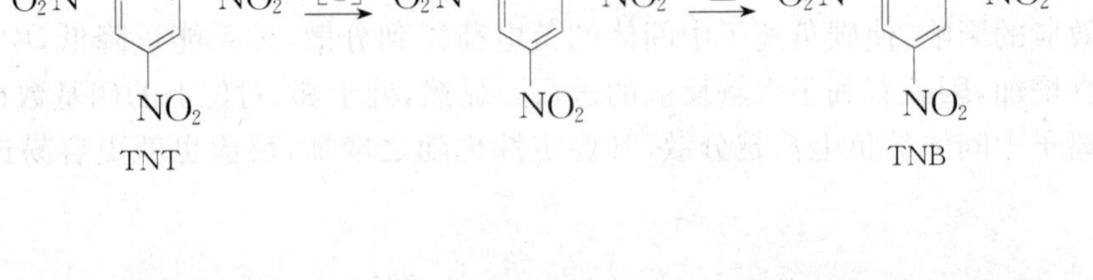

TNB 的爆炸性较 TNT 更强烈。

5）对氨基的影响

硝基使芳氨中氮原子上的电子云密度降低，从而使芳胺碱性明显减弱。

总之，硝基能增加苯环邻位或对位取代基的活泼性。在合成上就利用这一性质来合成邻、对位的硝基衍生物，如

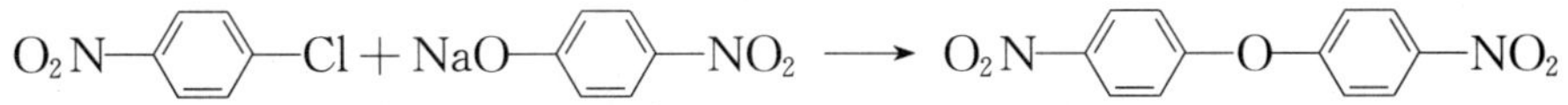

4，4′-二硝基二苯醚可用来合成 4，4′-二氨基二苯醚，后者是制备工程塑料聚酰亚胺的原料之一。

## 12.2　胺

### 12.2.1　胺的分类、结构

#### 12.2.1.1　胺的分类

胺(amine)可看作氨($NH_3$)的衍生物，即氨分子中的氢原子被烃基取代的产物。氨分子中的一个、两个或三个氢原子被烃基取代后的生成物，分别称为伯胺(1°胺)、仲胺(2°胺)或叔胺(3°胺)。

| $NH_3$ | $RNH_2$ | $R_2NH$ | $R_3N$ |
| --- | --- | --- | --- |
| 氨 | 伯胺 | 仲胺 | 叔胺 |

这里值得注意的是：伯、仲、叔胺与前面讲过的伯、仲、叔醇的含义是不同的。前者由氮原子所连烃基的数目而定，后者则是对羟基所连碳原子的类型而言。例如，叔丁醇和叔丁胺，在它们的分子中虽然都具有叔丁基，但前者是叔醇，而后者却是伯胺。

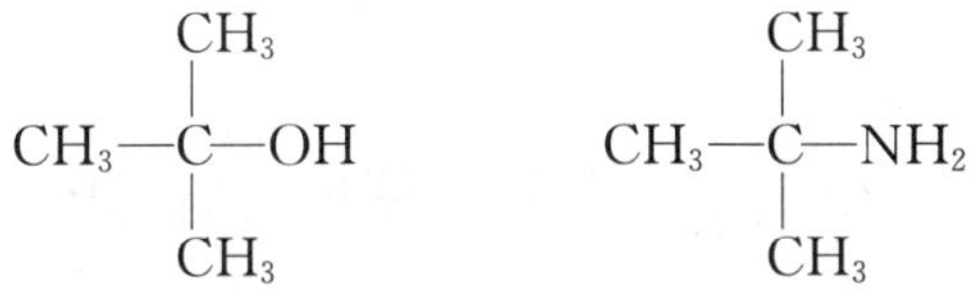

叔醇(羟基与叔碳相连)　　伯胺(氮原子只连接一个烷基)

胺类根据烃基的不同可分为脂肪族胺和芳香族胺；根据分子中氨基的数目又可分为一元胺、二元胺等。

相当于氢氧化铵和铵盐的四烃基取代物，则分别称为季铵碱和季铵盐。

| $R_4N^+OH^-$ | $R_4N^+X^-$ |
| --- | --- |
| 季铵碱 | 季铵盐 |

12.2.1.2　胺的结构

氨分子中的氮原子是以 $sp^3$ 杂化轨道分别与三个氢原子的 s 轨道构成 σ 键(N—H)的，而氮原子上的一对未共用电子对则占据了第四个杂化轨道，故氨分子具有锥形体结构。同理，胺亦具有锥形体结构。

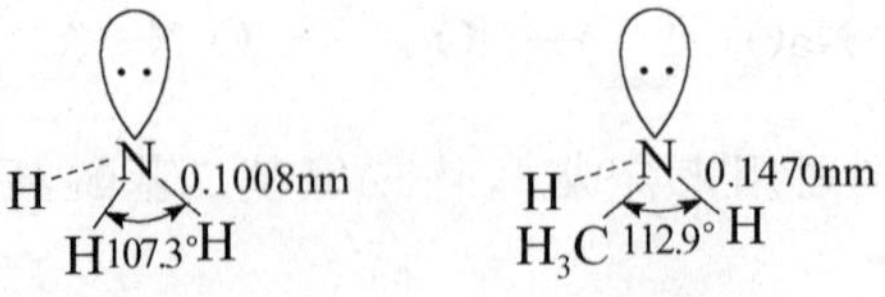


氨分子的结构　　甲胺的结构

如果把胺分子的未共用电子对看成是一个附加的取代基，那么，对氮上连有的三个不同原子或原子团来说就应该具有旋光性。例如，甲乙胺分子在氮上连接了四个不同的取代基——甲基、乙基、氢原子和 $sp^3$ 杂化轨道内的未共用电子对，该分子是手性分子，理应有对映异构体，但遗憾的是至今还没能分离出类似甲乙胺分子的两个对映体。这是因为对于那些烃基较小的胺来说，两个异构体之间的势能差较小(一般只需 25.1kJ/mol 的活化能)，在室温下，分子的热运动足以克服势能差使构型发生翻转而迅速地相互转变，所以它们的对映异构体通常不能分离出来。

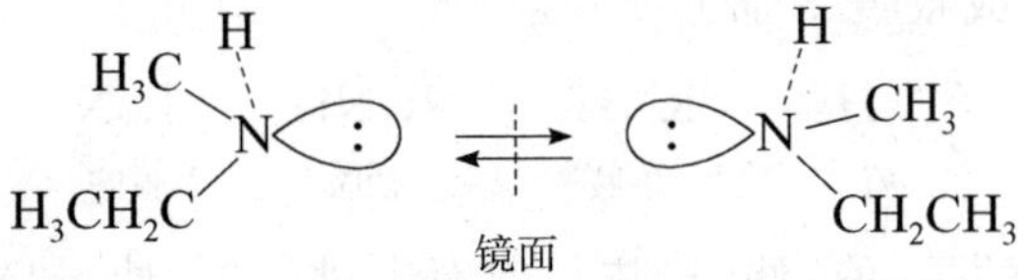


如果使氮原子上所连基团具有足够的空间因素或形成环状，使该化合物的构型不能翻转，那么，它们的对映体便可拆分，手性季铵正离子、氧化胺类就可以拆分成比较稳定的对映体，如

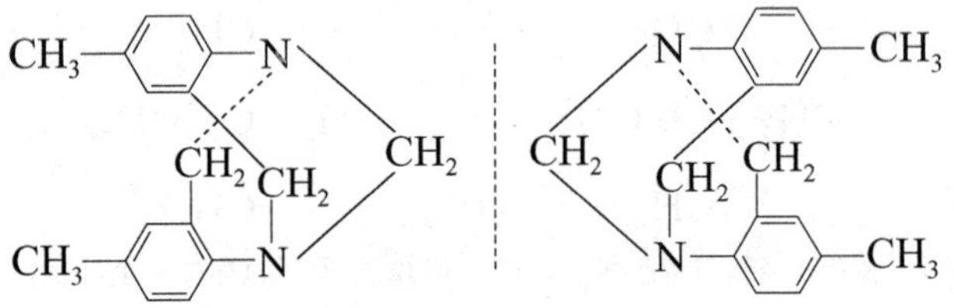

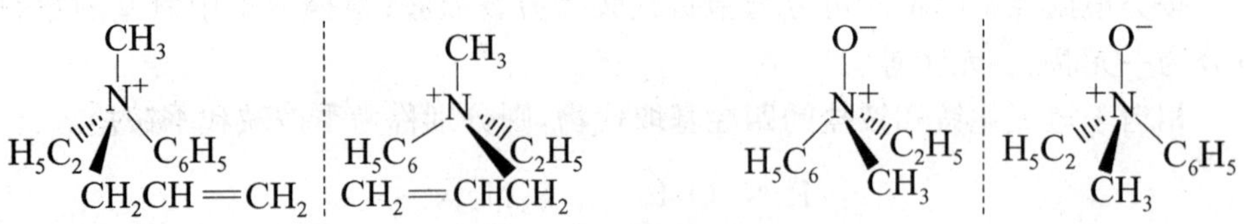

氨基连在双键上的烯胺类化合物，与烯醇型的不稳定性类似，容易异构化为较稳定的亚胺类化合物：

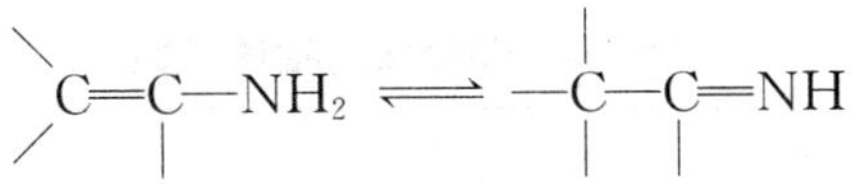

但是具有芳香大 π 键的苯胺类化合物却较稳定，这是由于有与酚类相似的 p-π 共轭效应，所不同的是参与共轭的氮原子上的电子对是处于 $sp^3$ 杂化轨道（准确说，N 杂化状态在 $sp^2$ 与 $sp^3$ 之间，H—N—H 平面与苯环平面之间的角度为 39.4°）。

### 12.2.2　胺的物理性质

低级脂肪胺如甲胺、二甲胺、三甲胺和乙胺在常温下为气体，其他低级胺为液体，高级胺则为固体。低级胺的气味与氨相似，有的还有鱼腥味。烂鱼的恶臭味就是三甲胺 $(CH_3)_3N$ 的气味。随着相对分子质量的增加、挥发性的减小，这种鱼腥味逐渐减小，以至几乎没有气味。对于 $H_2N(CH_2)_4NH_2$、$H_2N(CH_2)_5NH_2$ 等二元胺来说，胺的特殊气味就更加明显，难怪人们把丁二胺称为腐胺，而把戊二胺称为尸胺。

像氨一样，胺也是极性物质，除叔胺外均可形成分子间氢键，因此，伯胺和仲胺的沸点比相对分子质量相近的烷烃高。但因氮的电负性小于氧，N—H…N 氢键比 O—H…O 氢键弱，所以其沸点低于相对分子质量相近的醇和羧酸，如

| | $CH_3(CH_2)_4CH_3$ 己烷 | $CH_3(CH_2)_4NH_2$ 正戊胺 |
|---|---|---|
| 相对分子质量 | 86 | 87 |
| b.p./℃ | 69 | 104.4 |

| | $CH_3(CH_2)_3CH_2OH$ 正戊醇 | $CH_3(CH_2)_2COOH$ 正丁酸 |
|---|---|---|
| 相对分子质量 | 88 | 88 |
| b.p./℃ | 138 | 164 |

叔胺虽然是极性分子，但由于氮原子上没有氢原子，故不能形成分子间氢键，其沸点与相对分子质量相近的烷烃接近。在相对分子质量相同的脂肪胺中，伯胺沸点最高，仲胺次之，叔胺最低，如

| | $CH_3CH_2CH_2NH_2$ | $CH_3CH_2NHCH_3$ | $(CH_3)_3N$ |
|---|---|---|---|
| b.p./℃ | 48.7 | 36 | 2.9 |

无论是伯胺、仲胺还是叔胺，均可与水形成氢键，因此，都能溶于水。但在水中的溶解度随着相对分子质量的增加而迅速降低。

芳胺毒性较大，使用时必须小心。纯净的芳胺是无色液体或固体，但由于易被

氧化致使常带点黄色或棕色。

部分胺的物理常数见表 12-3。

**表 12-3 部分胺的物理常数**

| 名 称 | 结构式 | 熔点/℃ | 沸点/℃ | 相对密度 $d_4^{20}$ | 折射率 $n_D^{20}$ |
|---|---|---|---|---|---|
| 甲胺 | $CH_3NH_2$ | −92 | −7.5 | 0.6628 | $1.432^{17.5℃}$ |
| 二甲胺 | $(CH_3)_2NH$ | −96 | 7.5 | $0.6804^{0℃}$ | $1.350^{17℃}$ |
| 三甲胺 | $(CH_3)_3N$ | −117 | 3 | 0.6356 | $1.3631^{0℃}$ |
| 乙胺 | $CH_3CH_2NH_2$ | −80 | 17 | 0.6829 | 1.3663 |
| 二乙胺 | $(CH_3CH_2)_2NH$ | −39 | 55 | 0.7056 | 1.3864 |
| 三乙胺 | $(CH_3CH_2)_3N$ | −115 | 89 | 0.7275 | 1.4010 |
| 正丙胺 | $CH_3CH_2CH_2NH_2$ | −83 | 48.7 | 0.7173 | 1.3870 |
| 正丁胺 | $CH_3(CH_2)_2CH_2NH_2$ | −50 | 77.8 | 0.7414 | 1.4031 |
| 正戊胺 | $CH_3(CH_2)_3CH_2NH_2$ | −55 | 104.4 | 0.7547 | 1.4118 |
| 乙二胺 | $H_2NCH_2CH_2NH_2$ | 8 | 117 | 0.8995 | 1.4565 |
| 丁二胺 | $H_2N(CH_2)_4NH_2$ | 27～28 | 158～160 | $0.877^{25℃}$ | |
| 戊二胺 | $H_2N(CH_2)_5NH_2$ | 9 | 178～180 | $0.867^{25℃}$ | $1.4561^{25℃}$ |
| 己二胺 | $H_2N(CH_2)_6NH_2$ | 41～42 | 204～205 | | |
| 氢氧化四甲铵 | $(CH_3)_4N^+OH^-$ | 63 | 135 分解 | | |
| 苯胺 | 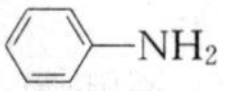 | −6 | 184 | 1.02173 | 1.5863 |
| *N*-甲基苯胺 |  | −57 | 196 | 0.98912 | 1.5684 |
| *N*,*N*-二甲基苯胺 | 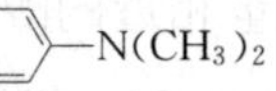 | 3 | 194 | 0.9557 | 1.5582 |
| 二苯胺 | 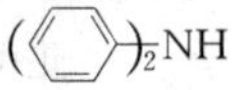 | 53 | 302 | $1.160_{20}^{25℃}$ | $1.5882^{77℃}$ |
| 三苯胺 | 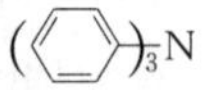 | 127 | 365 | $0.774^{0℃}$ | |
| 4,4′-联苯二胺 | 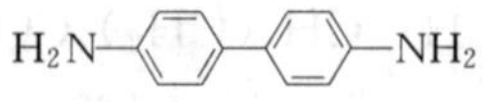 | 125 | $400^{740mm}$ | | |
| α-萘胺 | 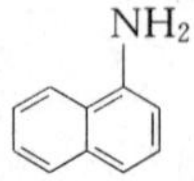 | 50 | 300.8 | $1.1229^{25℃}$ | $1.67034^{51℃}$ |
| β-萘胺 | 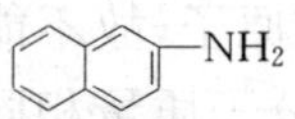 | 113 | 306.1 | $1.0614^{25℃}$ | $1.64927^{96℃}$ |

胺类能与氯化钙形成配合物，故不能用氯化钙来干燥胺，一般用固体 KOH、NaOH 等碱性物质作干燥剂。

1）胺的红外光谱

脂肪族和芳香族伯胺的 N—H 伸缩振动在 3500～3400cm$^{-1}$ 区域有两个吸收峰，两峰间隔为 100cm$^{-1}$，这是由于 $NH_2$ 中的两个 N—H 键的对称伸缩和不对称伸缩振动所引起的，强度是中到弱；缔合胺的 N—H 伸缩振动向低波数方向移动，但出于 NH…N 氢键比 OH…O 氢键弱，此移动不大，一般不超过 $100cm^{-1}$，其吸收峰也不如缔合的 O—H 吸收峰强。仲胺在该区域只有一个吸收峰。脂肪仲胺此峰的吸收强度通常很弱，芳仲胺则要强得多且峰形尖锐。叔胺因没有 N—H 键，故无该伸缩振动吸收峰。

脂肪伯胺的 N—H 弯曲振动吸收峰在 $1650\sim1590cm^{-1}$ 区域，吸收峰强度由中到强。芳伯胺的 N—H 弯曲振动的吸收频率与芳环骨架的相近，可能相互重叠或掩盖，故难于区分。仲胺的 N—H 弯曲振动吸收峰很弱，不能用于鉴定。

C—N 的伸缩振动吸收位置与 $\alpha$-碳上所连基团有关，脂肪胺在 $220\sim1020cm^{-1}$ 区域，由于这一区域也包含许多其他化合物的吸收峰，因此不易识别。但芳胺例外，它的 C—N 伸缩振动吸收相当强，其中芳伯胺在 $1340\sim1250cm^{-1}$，芳仲胺在 $1360\sim1280cm^{-1}$，芳叔胺在 $1360\sim1310cm^{-1}$ 区域出现吸收峰。

苯胺的红外光谱图如图 12-3 所示。

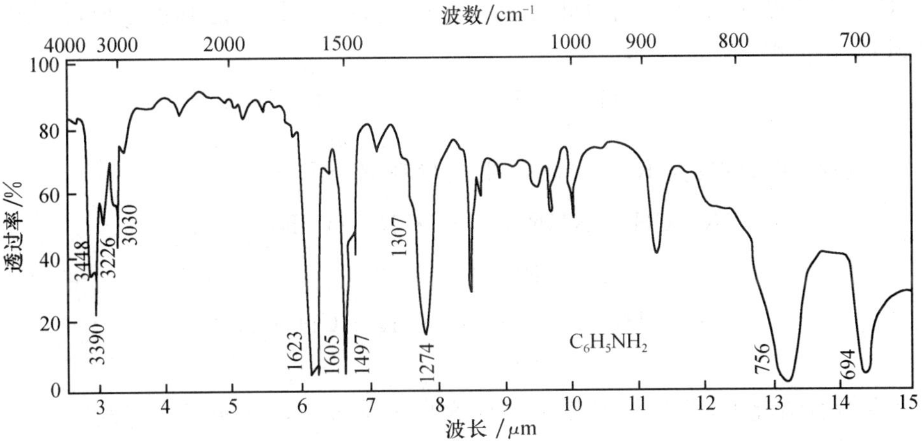


图 12-3　苯胺的红外光谱

$1623cm^{-1}$，$1605cm^{-1}$ 和 $1497cm^{-1}$：C═C 伸缩振动（芳环）；$3030cm^{-1}$：═C—H 伸缩振动（芳香族化合物）；$3448cm^{-1}$ 和 $3390cm^{-1}$：N—H 伸缩振动（伯胺）；$3226cm^{-1}$：N—H 伸缩振动（缔合）；$1307cm^{-1}$ 和 $1274cm^{-1}$：C—N 伸缩振动（芳伯胺）；$756cm^{-1}$ 和 $694cm^{-1}$：一取代苯 C—H 弯曲振动

2）胺的核磁共振谱

在胺分子中，氮的 $\alpha$-碳上质子的化学位移 $\delta$ 在 2.2～2.8ppm，$\beta$-碳上质子受氮的影响较小，所以其化学位移移向高场，$\delta$ 在 1.1～1.7ppm。

N—H 上的质子受样品纯度、所用溶剂、测量时溶液的浓度和温度的影响，化学位移变化较大，$\delta$ 在 0.6～3ppm，通常不被邻近质子裂分，即 H—C—N—H 型偶合观察不到，或者常不在谱图中出现，一般不容易鉴定。

N—H 上质子和 $CH_3$ 上质子的化学位移非常接近，也难以分辨。二乙胺的核磁共振谱见图 12-4。

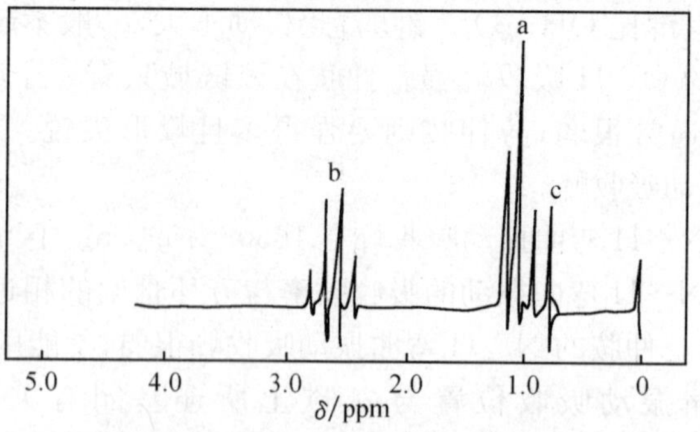


图 12-4　二乙胺的核磁共振谱

3）胺的质谱

在质谱图中，脂肪胺的分子离子峰很弱，相对分子质量较大的开链胺则观察不到分子离子峰，环胺和芳香胺的分子离子峰较强。胺的裂解主要在氮原子相邻的C—C 键发生断裂，带有氮原子的正离子中的氮原子可以稳定其正电荷，伯胺中常得到 $m/z$ 30 峰。

$$\mathrm{R{-}CH_2{-}NH_2^{+}\cdot \longrightarrow R\cdot + CH_2{=}\overset{+}{N}H_2}$$
$$m/z\ 30$$

裂解后仲胺的峰是 $R^1+29$，而叔胺的峰在 $R^1+R^2+28$ 处。

$$\mathrm{(R{-}CH_2{-}NHR^1)^{+\cdot} \longrightarrow R\cdot + CH_2{=}\overset{+}{N}HR^1}$$

$$\left[\mathrm{R{-}CH_2{-}N}\begin{matrix}\mathrm{R^1}\\ \mathrm{R^2}\end{matrix}\right]^{+\cdot} \longrightarrow \mathrm{R\cdot + CH_2{=}\overset{+}{N}}\begin{matrix}\mathrm{R^1}\\ \mathrm{R^2}\end{matrix}$$

在所有情况下，大的 R 基最可能成为自由基失去。仲胺经上述断裂，再经氢迁移重排裂解也生成 $m/z$ 30 峰。

$$\mathrm{(R{-}CH_2{-}CH_2{-}NH{-}CH_2R^1)^{+\cdot} \longrightarrow \cdot R^1 + R{-}\overset{H}{C}H{-}CH_2{-}\overset{+}{N}H{=}CH_2}$$
$$\mathrm{\longrightarrow RCH{=}CH_2 + CH_2{=}\overset{+}{N}H_2}$$
$$m/z=30$$

$\alpha$-碳上有支链的仲胺和叔胺，经过上述两个步骤后可生成较大的碎片。如图 12-5 中，二异丙基胺按下列方式裂解：

$$\underset{m/z=101}{\mathrm{(CH_3)_2CH{-}NH{-}CH(CH_3)_2^{+\cdot}}} \longrightarrow \mathrm{\cdot CH_3} + \underset{m/z=86}{\mathrm{(CH_3)_2CH{-}\overset{+}{N}H{=}CHCH_3}}$$
$$\longrightarrow \underset{m/z=44}{\mathrm{H\overset{+}{N}{=}CHCH_3}} + \mathrm{CH_2{=}\overset{CH_3}{C}H}$$

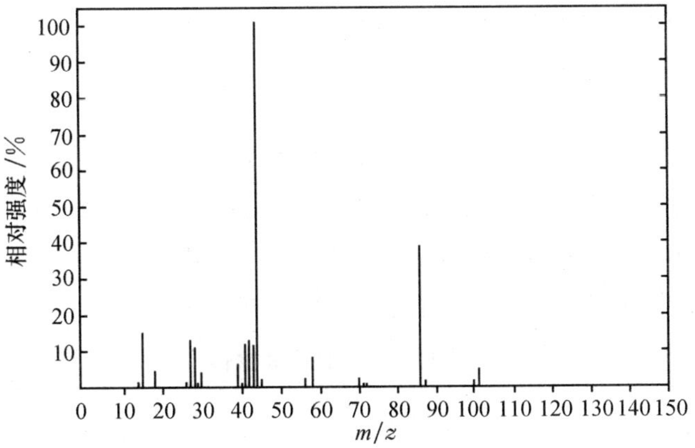


图 12-5　二异丙基胺的质谱图

胺也可以经 N—C 键断裂产生碎片离子，但程度较小。

$$R^1—NH—R^{+\cdot} \longrightarrow R^1NH^+ + R\cdot$$

在二异丙基胺的图谱中，$m/z$ 58 的小峰显然是由这一裂解而来。即

$$CH_3—\underset{\displaystyle CH_3}{\overset{|}{C}}H—\overset{+}{N}H + \cdot CH(CH_3)_2$$

$m/z$ 58

当化合物中含有奇数个氮原子时，分子离子峰的质量数为奇数，重排裂解后的碎片质量数为偶数；含有偶数个氮原子时则与此相反。因为在组成有机化合物的主要元素 C、H、O、N、P、S、Si、卤素中，只有氮原子是奇数价而质量数为偶数的。

### 12.2.3　胺的化学性质

像氨一样，伯、仲、叔胺的氮原子上都具有未共用电子对，因此胺与氨在化学性质上很相似，即胺的最重要的化学性质也是它们的碱性和亲核性，以及在芳胺分子中连于芳环上的氨基（或 N—取代氨基）对芳环上亲电取代反应有高的致活性。

#### 12.2.3.1　碱性与成盐

1）碱性

胺与氨相似，由于氮原子上的未共用电子对能与质子结合，形成带正电荷的铵离子，因此它们都具有碱性。

胺溶于水时，发生下面解离反应：

$$RNH_2 + H_2O \rightleftharpoons RNH_3^+ + OH^-$$

这样，我们可以很方便地通过测量胺类从水中接受质子的程度来比较它们的

碱性强度，该反应的平衡常数以 $K_b$ 或其负对数 $pK_b$ 表示。

$$K_b=\frac{[RNH_3^+][OH^-]}{[RNH_2]} \qquad pK_b=-\lg K_b$$

如果一个胺的 $K_b$ 值越大或 $pK_b$ 值越小，则该胺的碱性越强。

有机化学中往往还用它的共轭酸 $RNH_3^+$ 的强度来表示胺的碱性强度。显然，胺的共轭酸的 $K_a$ 值越小或 $pK_a$ 值越大，胺的碱性就越强。

部分胺的 $pK_b$ 值及其共轭酸的 $pK_a$ 值列于表 12-4。

**表 12-4　部分胺的碱性**

| 胺 | $pK_b$(25℃) | 共轭酸 | $pK_a$(25℃) |
|---|---|---|---|
| $NH_3$ | 4.76 | $NH_4^+$ | 9.24 |
| $CH_3NH_2$ | 3.38 | $CH_3NH_3^+$ | 10.62 |
| $(CH_3)_2NH$ | 3.27 | $(CH_3)_2NH_2^+$ | 10.73 |
| $(CH_3)_3N$ | 4.21 | $(CH_3)_3NH^+$ | 9.79 |
| $CH_3CH_2NH_2$ | 3.36 | $CH_3CH_2NH_3^+$ | 10.64 |
| $(CH_3CH_2)_2NH$ | 3.06 | $(CH_3CH_2)_2NH_2^+$ | 10.94 |
| $(CH_3CH_2)_3N$ | 3.25 | $(CH_3CH_2)_3\overset{+}{N}H$ | 10.75 |
| $C_6H_5NH_2$ | 9.40 | $C_6H_5NH_3^+$ | 4.60 |
| $(C_6H_5)_2NH$ | 13.8 | $(C_6H_5)_2NH_2^+$ | 1.20 |
| $C_6H_5NHCH_3$ | 9.6 | $C_6H_5\overset{+}{N}H_2CH_3$ | 4.40 |
| $C_6H_5N(CH_3)_2$ | 9.62 | $C_6H_5\overset{+}{N}H(CH_3)_2$ | 4.38 |

胺类的碱性强弱与其结构有关。其基本规律如下：

(1) 脂肪胺的碱性。胺类的碱性强弱取决于氮原子上未共用电子对与质子结合的能力。若以氨为标准，脂肪胺则因烷基是供电子基，使氮上的电子密度增加，增强了对质子的吸引能力，故其碱性比氨强。同理，若仅考虑供电子的影响，脂肪胺分子中氮上所连烷基增多，其碱性也相应地增强。因此，下面三种脂肪胺的碱性强弱次序应该是

$$(CH_3)_3\ddot{N}>(CH_3)_2\ddot{N}H>CH_3\ddot{N}H_2>\ddot{N}H_3$$

这个结论在气态时是正确的。布朗曼(Brauman)等用离子回旋加速器对各种胺的碱性进行了进一步研究，其结果表明：

$$(CH_3)_3CNH_2>(CH_3)_3CCH_2NH_2>(CH_3)_2CHNH_2>$$
$$CH_3CH_2CH_2NH_2>CH_3CH_2NH_2>CH_3NH_2$$
$$(C_2H_5)_2NH>(CH_3)_2NH \qquad (C_2H_5)_3N>(CH_3)_3N$$
$$(C_2H_5)_3N>(C_2H_5)_2NH>C_2H_5NH_2$$

该研究结果表明，不仅一般的碱性是按伯、仲、叔胺的顺序递增，而且也表明在同为伯胺或仲胺时，烷基分支越多或烃基越大的胺其碱性越强。

但从在水中实际测得的 $pK_b$ 值来看，叔胺的碱性反而减弱，如

| | $CH_3NH_2$ | $(CH_3)_2NH$ | $(CH_3)_3N$ |
|---|---|---|---|
| $pK_b$ | 3.38 | 3.27 | 4.21 |
| | $CH_3CH_2NH$ | $(CH_3CH_2)_2NH$ | $(CH_3CH_2)_3N$ |
| $pK_b$ | 3.36 | 3.06 | 3.25 |

说明溶剂对胺的碱性强弱有一定的影响。这是因为脂肪胺在水中的碱性强度，不仅取决于氮原子上电子密度的大小，同时还取决于它们与质子结合后生成的铵离子是否易于溶剂化。在这些铵离子中，氮上连接的氢原子越多，则因氢键而发生的溶剂化作用也越强，铵离子也就越稳定，胺的碱性也就越强。

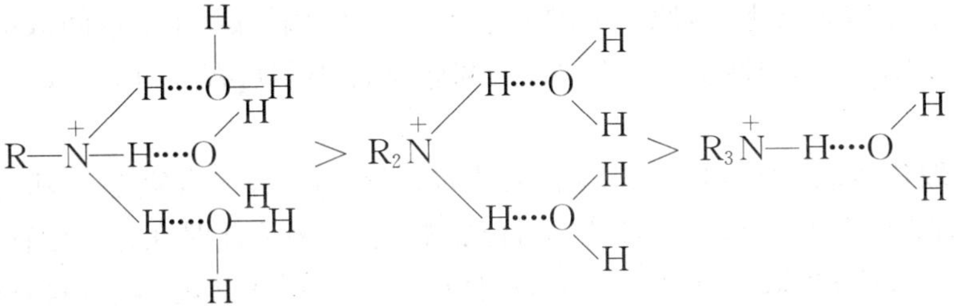

从诱导效应看，胺的氮原子上烷基增多，碱性增强；但从溶剂化效应考虑，烷基增多，碱性则减弱，两种效应正好相反。因此，脂肪胺在水中的碱性强弱是电子效应与溶剂化效应两者综合影响的结果，此外还包括一定的空间效应，如烷基体积较大，使质子不易与氮原子结合。这些因素导致的总的结果是使脂肪族叔胺在水溶液中的碱性降低。

在氯仿、乙腈、氯苯等非质子传递溶剂中测定胺的碱性强弱，可以避免生成氢键的干扰。例如，在氯苯中测定的丁胺、二丁胺和三丁胺的碱性依次增强。

在胺分子中导入吸电子基团后因吸电诱导效应使碱性减弱。例如，$(CF_3)_3N$ 几乎没有碱性。

(2) 芳香族胺的碱性。芳胺也呈碱性，但其碱性一般比脂肪胺弱，这是出于氨基氮原子上的未共用电子对与苯环上的 π 电子组成共轭体系(图 12-6)，发生了电子的离域，使氮原子上的电子云密度部分地移向苯环，而相应地削弱了它与质子结合的能力。因此，苯胺的碱性($pK_b$=9.40)不仅比脂肪胺弱得多，而且比氨($pK_b$=4.76)也弱得多。

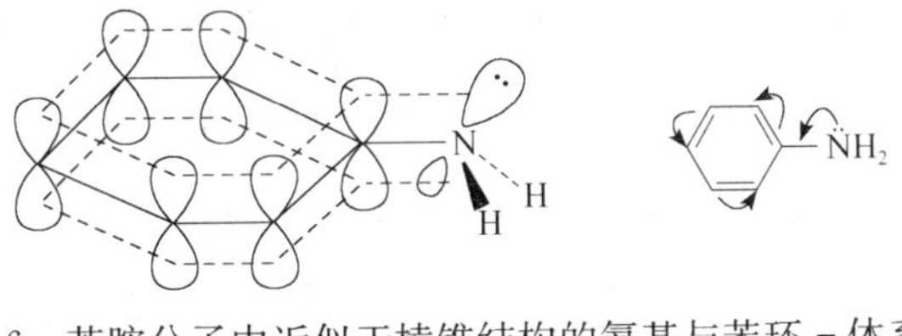

图 12-6　苯胺分子中近似于棱锥结构的氨基与苯环 π 体系共轭

利用共振论也可以对芳胺的弱碱性做出解释。例如，在苯胺中存在如下的共振：

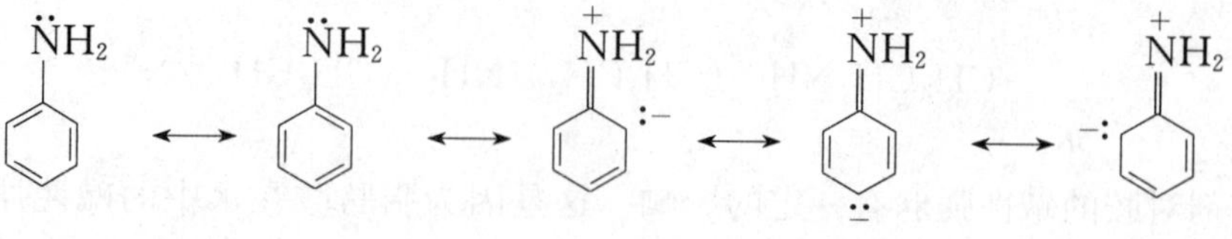

Ⅰ Ⅱ Ⅲ Ⅳ Ⅴ

由于极限结构Ⅲ、Ⅳ和Ⅴ的贡献，降低了苯胺的碱性。

如果氮原子上引入两个或三个芳基，由于氮原子上的未共用电子对与两个或三个芳环的 $\pi$ 体系共轭，氮原子上的电子云密度大大降低，加上空间效应的影响，更难与质子结合，其碱性更弱。例如，二苯胺碱性很弱（$pK_b=13.8$），三苯胺几乎不显碱性。

对于取代芳胺，当环上连有供电子基时，碱性增强；连有吸电子基时，碱性减弱。这种影响，以取代基处于氨基的对位影响较大，因为此时在分子中存在着诱导和共轭两种效应；当取代基处于氨基的间位时，因未形成共轭体系，故只有诱导效应；当取代基处于氨基的邻位时，虽然存在诱导和共轭两种效应，但因取代基与氨基的空间效应及形成氢键等原因，故对碱性有不同程度的影响，有时会给出非预期的结果。部分取代苯胺的碱性如表 12-5 所示。

**表 12-5　部分取代苯胺的碱性**

| 取代基 | $pK_b$ | | |
|---|---|---|---|
| | 邻 | 间 | 对 |
| H | 9.40 | 9.40 | 9.40 |
| OH | 9.28 | 9.83 | 8.50 |
| $OCH_3$ | 9.48 | 9.77 | 8.66 |
| $CH_3$ | 9.56 | 9.28 | 8.90 |
| $NO_2$ | 14.26 | 11.53 | 13.00 |
| Cl | 11.35 | 10.48 | 10.02 |

2）成盐

胺类既有碱性，就可与强酸作用生成稳定的盐。胺盐易溶于水而不溶于醚、烃等有机溶剂。

$$CH_3\ddot{N}H_2 + HCl \longrightarrow CH_3NH_3^+Cl^-\text{（或}CH_3NH_2\cdot HCl\text{）}$$

苯胺的碱性虽弱，但仍可与盐酸、硫酸等强酸成盐，如

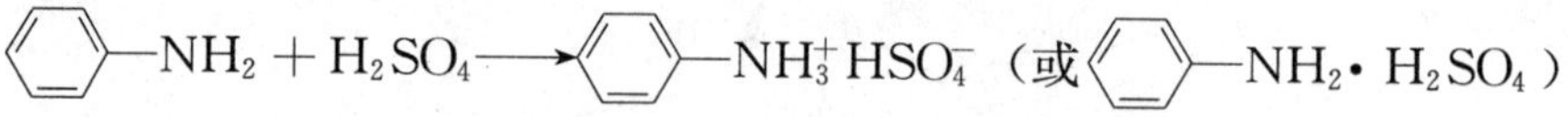

利用这一性质可以鉴别胺和不溶于酸的有机物，如硝基化合物等。

二苯胺虽然可与强酸成盐，但遇水就分解。而三苯胺即使与强酸也不能成盐。

由于胺盐系弱碱形成的盐，故一遇强碱即可游离出胺来。利用这一性质可以区别、分离和提纯胺。

12.2.3.2 烃基化

胺和氨一样是亲核试剂，可与卤代烃(通常为伯卤代烃和具有活泼卤原子的芳卤化物)、醇、酚等烃基化试剂作用，氨基上的氢原子被烃基取代。例如，伯胺与卤代烷作用，则可生成仲胺、叔胺和季铵盐。

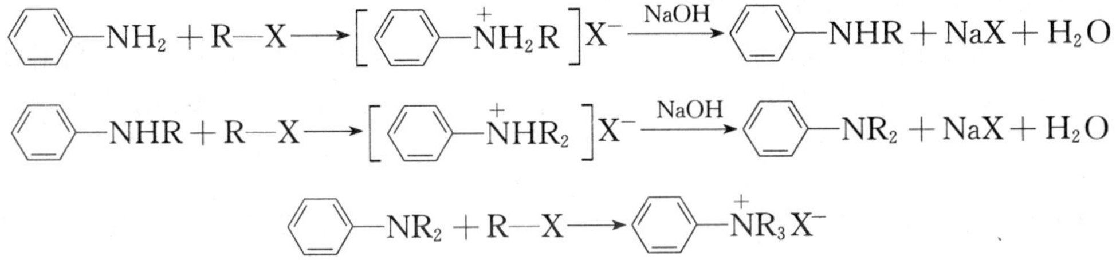


在硫酸存在时，在高温高压下，用过量的甲醇和苯胺作用，则生成 $N,N$-二甲基苯胺。

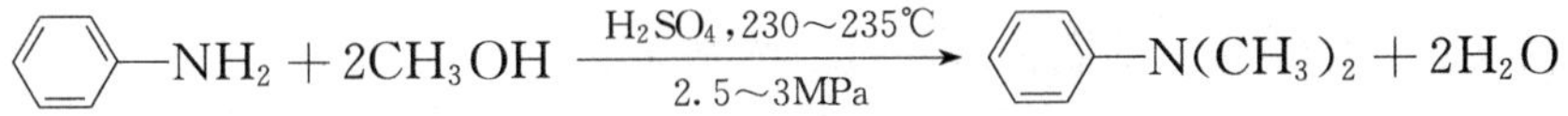


$N,N$-二甲基苯胺是合成香兰素的基础物质之一。香兰素是一种重要的香料，广泛用于日用香精，也是饮料和食品的重要增香剂。此外，$N,N$-二甲基苯胺还是重要的合成染料中间体，在有机合成工业中也有重要的用途。

在硫酸存在下，$\beta$-萘酚与苯胺作用生成 $N$-苯基-$\beta$-萘胺。

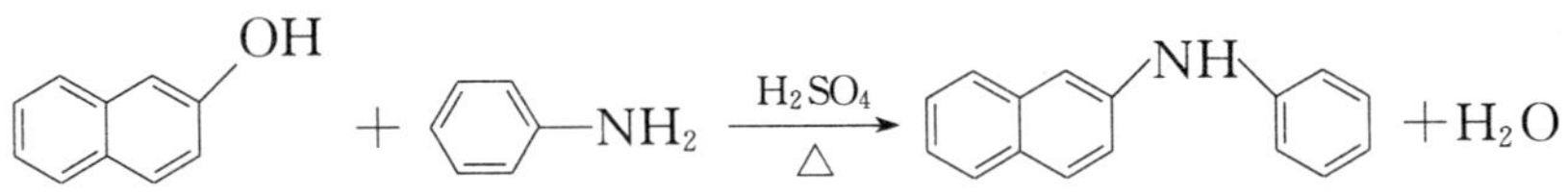


$N$-苯基 $\beta$-萘胺是用作橡胶和润滑油的抗氧剂。

胺与被活化的烯键也能发生共轭加成反应而烷基化，如

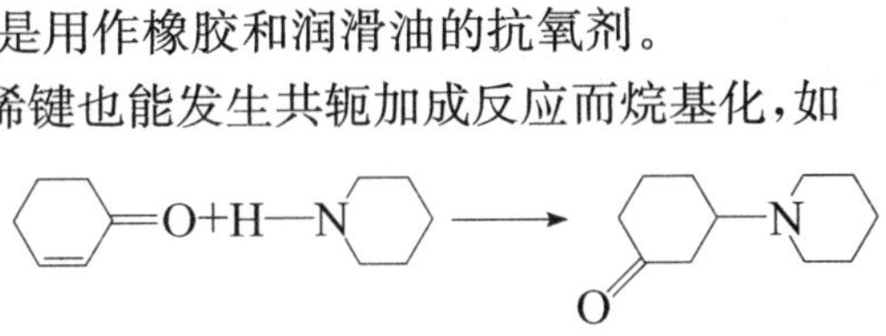


12.2.3.3 酰基化

伯胺和仲胺作为亲核试剂可与酰卤、酸酐等酰基化试剂反应，生成 $N$-取代酰胺和 $N,N$-二取代酰胺。叔胺的氮原子上没有氢原子，故不发生酰基化反应。

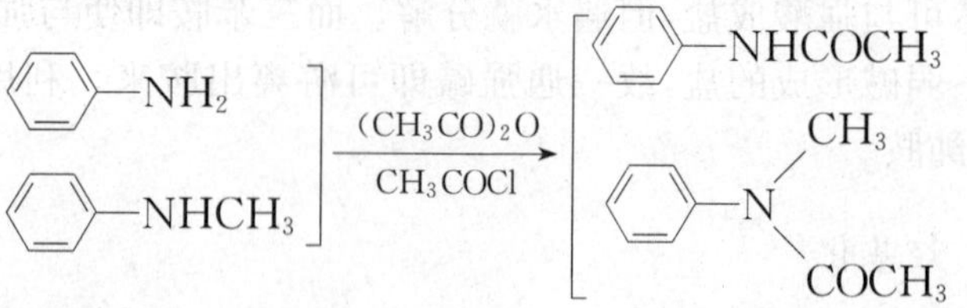

羧酸的酰化能力较弱，在反应过程中需要加热并不断除去反应中的水。例如，工业上制备乙酰苯胺即是由苯胺与乙酸加热(160℃)制得。

胺的酰基衍生物多为结晶固体，具有一定的熔点，经熔点测定可推断出原来的胺，故酰基化反应可用来鉴定伯胺和仲胺。

胺经酰基化后生成的 *N*-取代酰胺呈中性，不能与酸作用生成盐，因此，利用该性质可以把叔胺从伯、仲和叔胺的混合物中分离出来，而伯胺和仲胺的酰化产物经水解后又得到原来的胺。

$$CH_3CONHR(或 CH_3CONR_2)+H_2O \xrightarrow{H^+ 或 OH^-} RNH_2(或 R_2NH)+CH_3COOH$$

在芳胺的氮原子上引入酰基，在有机合成上具有重要意义：一是引入暂时性的酰基起保护氨基或降低氨基对芳环的致活能力；二是引入永久性酰基。后者是合成许多药物时常用的反应。例如，对羟基乙酰苯胺，又叫扑热息痛(paracetamol)，是一种解热镇痛药物，它的制备即经过乙酰基化反应。

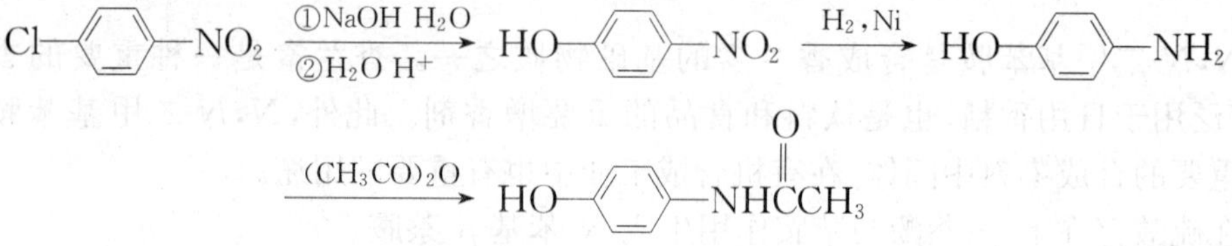

12.2.3.4　磺酰化

伯胺和仲胺在氢氧化钠或氢氧化钾溶液中可与磺酰化试剂(如苯磺酰氯或对甲苯磺酰氯)作用，氨基上的氢原子被磺酰基取代，生成相应的芳磺酰胺，称为磺酰化反应。叔胺的氮原子上没有氢原子，故不发生上述磺酰化反应。此反应常用于分离及鉴定胺类，称为欣斯堡(Hinsberg)实验法，反应过程如下：

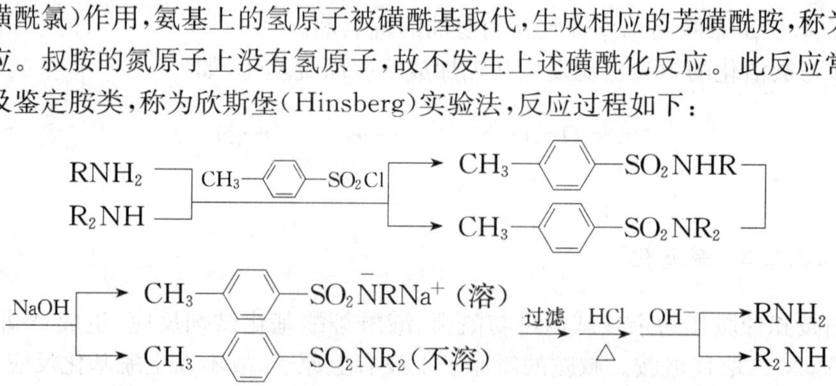

#### 12.2.3.5　亚硝基化反应

各类胺与亚硝酸反应可生成不同的产物。由于亚硝酸不稳定，一般用亚硝酸钠与盐酸（或硫酸）代替亚硝酸。

1）一级胺与亚硝酸的反应

脂肪族伯胺与亚硝酸作用先生成极不稳定的脂肪族重氮盐，后者即使在低温下也会立即分解，放出氮气并产生一个碳正离子 $R^+$，然后该碳正离子继续发生各种反应，生成醇、卤代烃和烯烃的混合物。

$$RNH_2 + NaNO_2 + HCl \longrightarrow [R—N\equiv\overset{+}{N}\colon X^-] \longrightarrow N_2\uparrow + R^+ + Cl^-$$

$$R^+ \begin{cases} \xrightarrow{H_2O} ROH \\ \xrightarrow{X^-} RX \text{ 和 } R^+ \text{ 重排后的产物} \\ \xrightarrow{-H^+} \text{烯烃} \end{cases}$$

由于反应较复杂，故在合成上没有使用价值。但因定量地放出氮气，所以可用于脂肪族伯胺的定量测定。

芳香族伯胺与亚硝酸在低温（一般小于 5℃）及强酸性条件下反应，生成芳香族重氮盐。此反应称为重氮化反应。

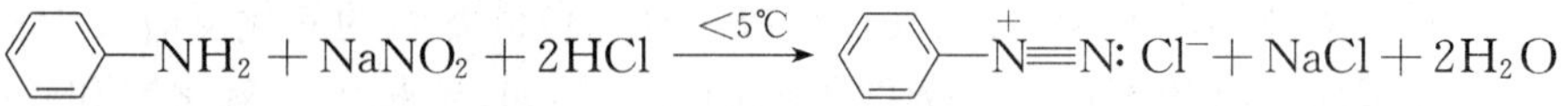

芳香族重氮盐比脂肪族重氮盐稳定，广泛用于芳香族化合物的合成中。

2）二级胺与亚硝酸的反应

脂肪族和芳香族仲胺与亚硝酸作用均生成 *N*-亚硝基胺，如

$$(CH_3)_2NH + NaNO_2 + HCl \longrightarrow (CH_3)_2N—N=O + NaCl + H_2O$$

*N*-亚硝基二甲胺

88%～90%

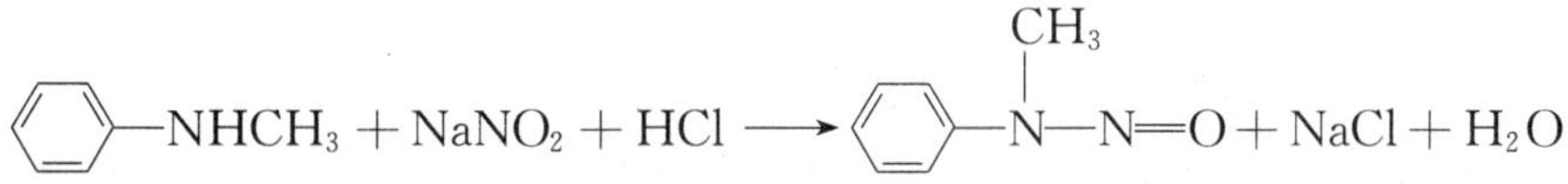

*N*-亚硝基-*N*-甲基苯胺

87%～93%

*N*-亚硝基胺都是难溶于水的黄色中性油状液体或固体，有强的致癌作用。它们与稀盐酸共热时则水解成原来的仲胺，故可用来分离、提纯仲胺。

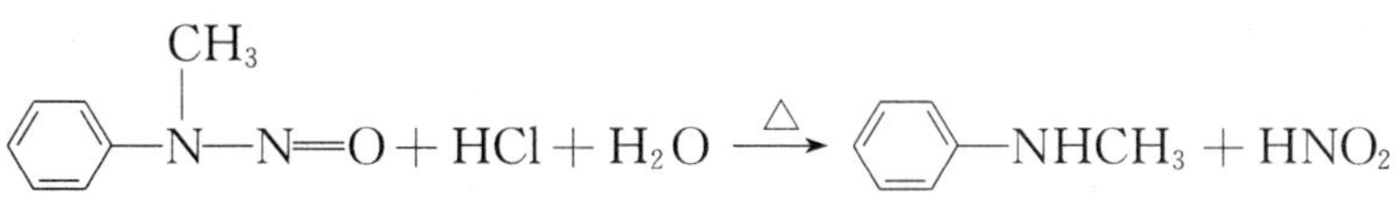

3）三级胺与亚硝酸的反应

叔胺氮上无氢原子，因此脂肪族叔胺在浓酸（pH＜3）中与亚硝酸不发生反应，但在 pH＝3～6 时，则生成仲胺的亚硝基化合物和羰基化合物。

$$R_2NCHR'_2 + HNO_2 \longrightarrow R_2N{-}N{=}O + R'_2C{=}O$$

芳香族叔胺与亚硝酸作用，则发生环上的亚硝化反应，生成对亚硝基化合物，如

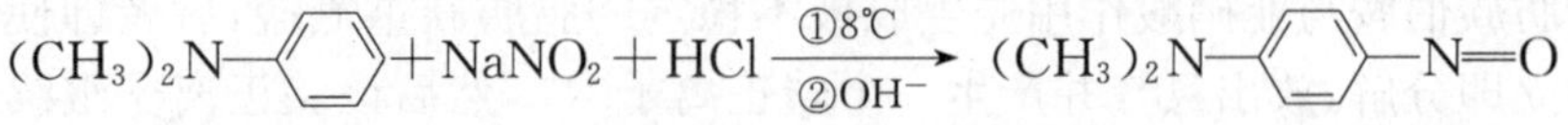

对亚硝基-*N*,*N*-二甲基苯胺

环上的亚硝化反应系芳烃亲电取代反应。

如对位上有别的取代基，则生成 *N*-亚硝基化合物。

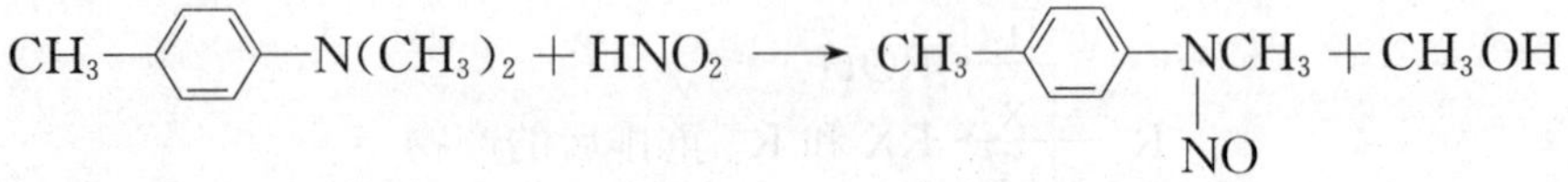

综上所述，可以利用胺与亚硝酸的反应来鉴别伯、仲、叔胺。

12.2.3.6　氧化反应

无论脂肪族还是芳香族的胺均容易被氧化。脂肪族伯胺的氧化产物很复杂，以致无实际意义；芳伯胺很容易被氧化，在储藏中就会逐渐被空气中的氧所氧化，由无色透明的液体逐渐变为黄色、浅棕色以至红棕色。苯胺的氧化反应极为复杂，其氧化产物因所用氧化剂和反应条件不同而异。例如，苯胺用二氧化锰和硫酸或重铬酸盐氧化，其主要产物为苯醌。这是生产苯醌的主要方法。

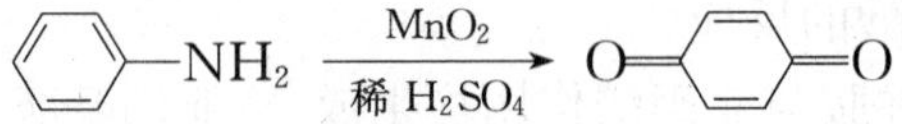

苯胺遇漂白粉即得到紫色的、含醌式结构的化合物，故可用来检验苯胺。

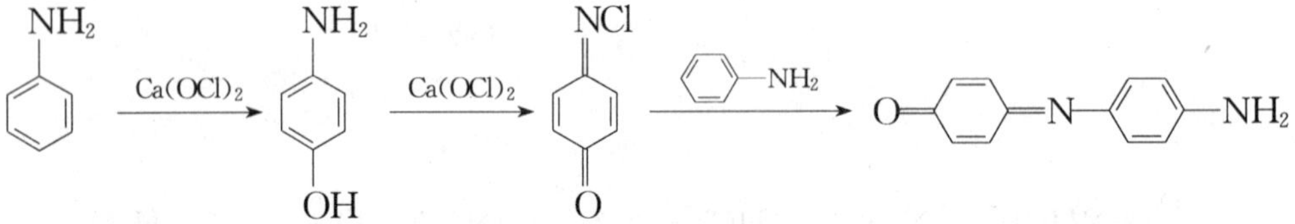

由于芳胺容易被氧化，要想氧化芳胺环上的其他官能团而不损害氨基，就必须先将氨基"保护"起来，其方法是先进行酰基化反应，待其他反应完成后，再将酰基水解掉，如

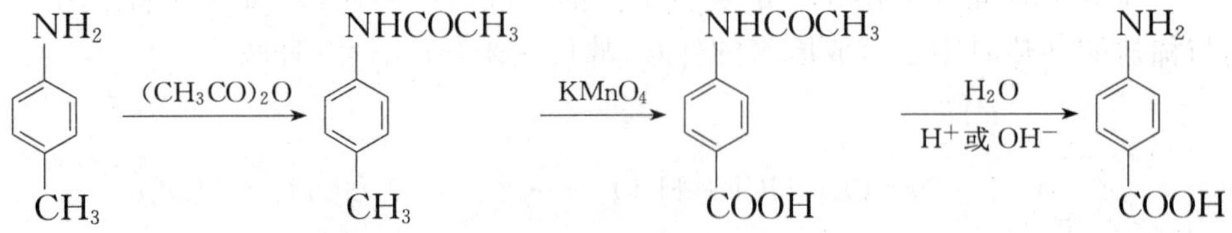

仲胺用过氧化氢氧化可生成羟胺，但通常产率甚低；叔胺用过氧化氢或过氧酸 RCOOOH 氧化，则生成氧化胺，如

$$R_2NH + H_2O_2 \longrightarrow \underset{\text{羟胺}}{RNHOH} + H_2O$$

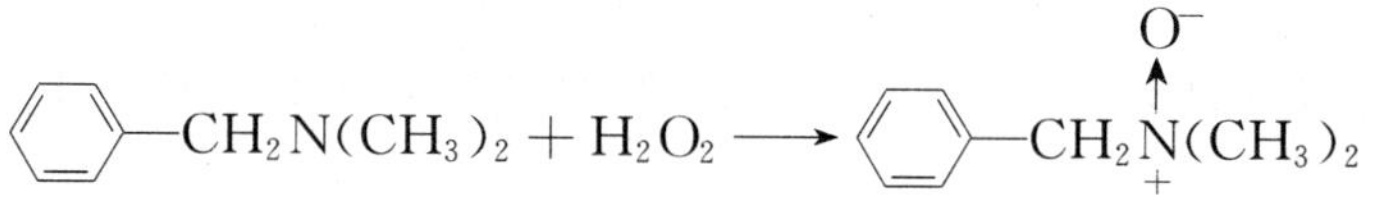

90%

氧化胺具有四面体结构，与季铵盐相似，当氮原子连接的三个烃基不同时，则存在对映异构现象。例如，下面这一对具有相反旋光方向的对映体已经拆分得到。

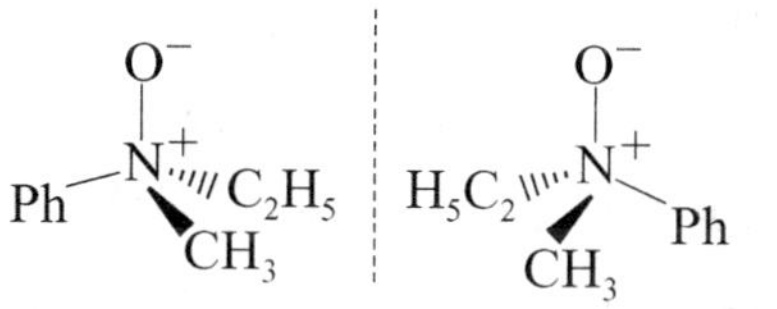

氧化叔胺的偶极矩较大，因此这类化合物极性大，熔点高，不溶于乙醚、苯等，易溶于水。具有一个长链烷基的氧化胺，也是性能优异的表面活性剂。

苯环上含吸电子基的芳胺较为稳定，如对硝基苯胺、对氨基苯磺酸等。芳胺的盐也较难氧化，往往将芳胺成盐后储存。

### 12.2.3.7　芳环上的取代反应

1）卤代

芳胺与卤素（$Cl_2$ 或 $Br_2$）很容易发生取代反应。例如，在苯胺水溶液中滴加溴水，立即生成 2,4,6-三溴苯胺白色沉淀。该反应常被用来检验苯胺的存在，也可用作苯胺的定量分析。

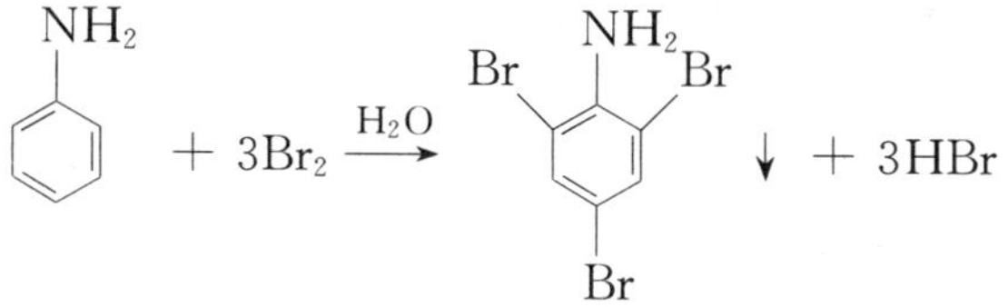

当苯环上连有某些其他基团时，也可发生类似的反应。如

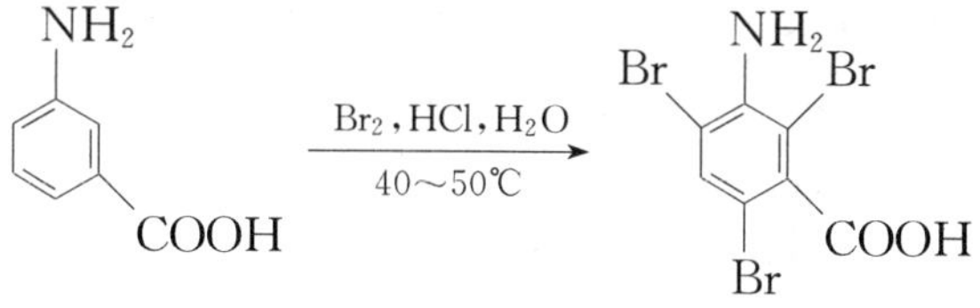

如若制备苯胺的一元溴代物，必须先将苯胺乙酰化，以降低其活化能力，再溴化，最后再水解将乙酰基除去，即可得到邻位或对位溴代苯胺。若在无水乙酸溶液中进行溴化反应，对位产物几乎是唯一产物。

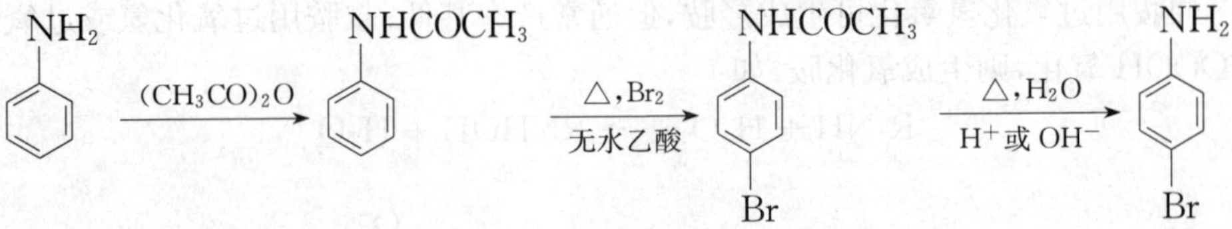

若用硫酸或盐酸使氨基变成—$NH_3^+$ 官能团，然后进行溴代反应，则主要得到间溴苯胺。

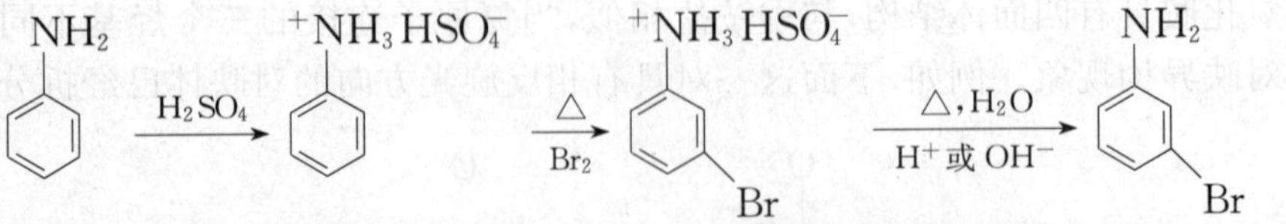

苯胺与不太活泼的碘也可发生取代反应，但只能得到一元碘代物。

2）硝化

芳胺硝化时，因硝酸的氧化作用，常有氧化反应发生。为避免芳胺被氧化，可将芳胺溶于浓硫酸中，使之先生成盐，然后再硝化，其硝化产物主要是间位取代物。

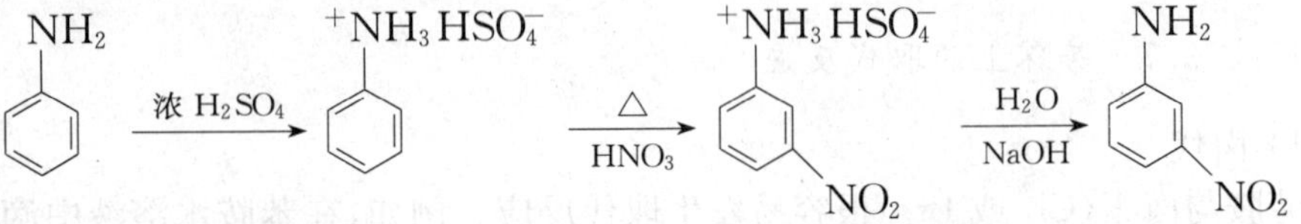

若制备邻、对位取代物，可采用乙酰化反应，将氨基“保护”起来，然后再依次硝化、水解，可得到以对位为主的硝化产物。若制备邻位硝基化合物，则需酰基化后的芳胺先行磺化，然后再依次硝化、水解，如

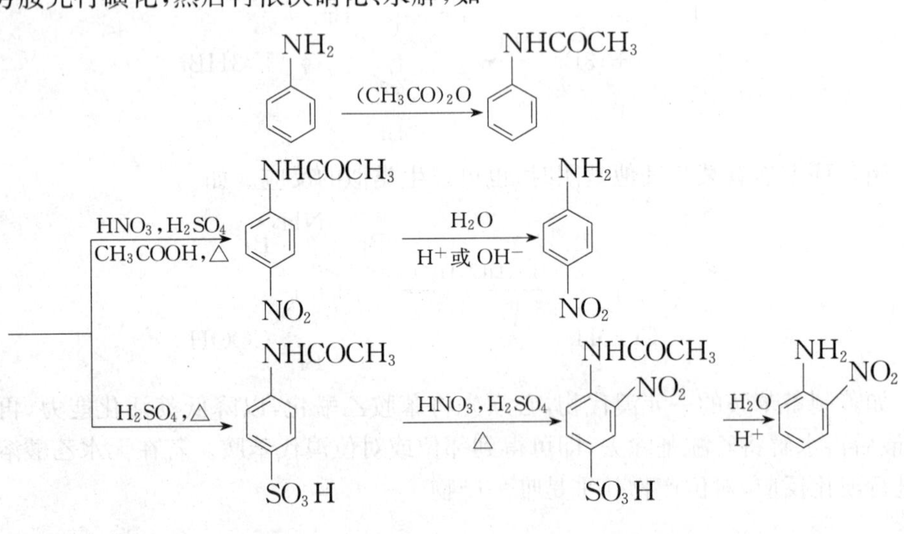

3）磺化

苯胺与浓硫酸混合，首先生成苯胺硫酸盐，后者在 180～190℃烘焙，即得到对氨基苯磺酸。

对氨基苯磺酸分子中同时具有碱性氨基和酸性磺酸基，故可在分子内成盐，该盐称之为内盐。

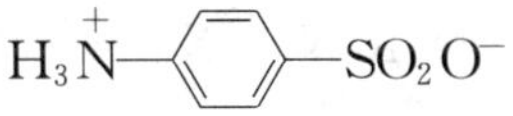

对氨基苯磺酸为白色晶体，在 280～300℃分解。微溶于冷水，易溶于沸水。可溶于氢氧化钠和碳酸钠溶液，是重要的染料中间体和常用的农药（敌锈酸）。

对氨基苯磺酸的酰胺（简称磺胺）是最简单的磺胺药物，它的合成过程如下：

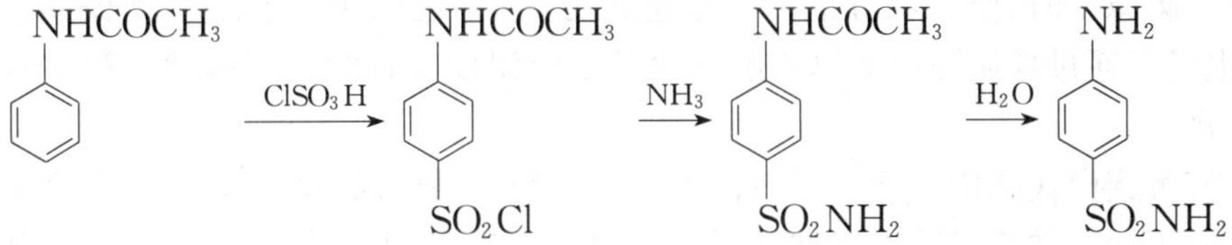

如果在氨解过程中，采用相应的氨基化合物，反应产物就是各种磺胺药物，如磺胺胍（SG）：

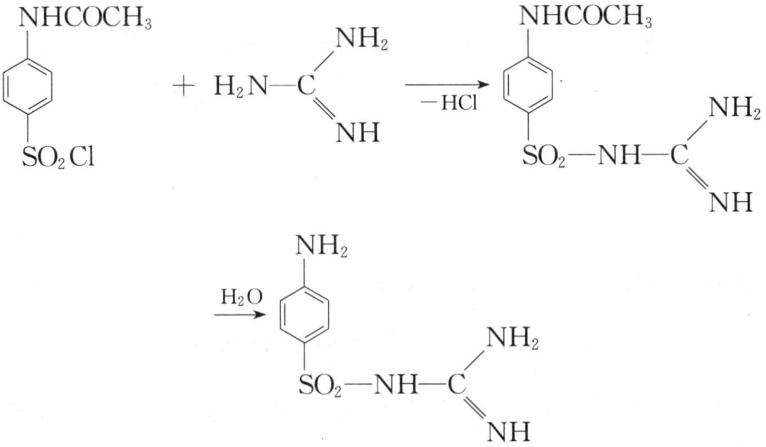

磺化时如果氨基的对位被占据，则生成邻位化合物，也以内盐形式存在。

4）芳香族叔胺的苯环上的酰化反应

芳香族叔胺的苯环上的酰化反应也有一定意义，如制备米蚩（Michler）酮。

## 12.2.4　胺的制法

### 12.2.4.1　氨或胺的烃基化

氨或胺作为亲核试剂可与卤代烃、硫酸酯等烃基化试剂起 $S_N2$ 反应，最终得到的是伯、仲、叔胺和季铵盐的混合物。

$$NH_3 + RX \longrightarrow RNH_3^+X^- \xrightarrow{NH_3} NH_4X + RNH_2$$

$$RNH_2 + RX \longrightarrow R_2NH_2^+X^- \xrightarrow{NH_3} NH_4X + R_2NH$$

$$R_2NH + RX \longrightarrow R_3NH^+X^- \xrightarrow{NH_3} NH_4X + R_3N$$

$$R_3N + RX \longrightarrow R_4N^+X^-$$

当 R 是一个较小的烷基时，这些产物的分离是比较困难的；但是当 R 含有三个以上碳原子时，便可用分馏的方法进行分离，并适用于工业上大规模制备。当然，也可以通过控制原料的物质的量比及反应温度、时间等条件，使某种胺成为主要产物。

芳香族卤代物因其卤原子活性较低，一般不与氨或胺发生反应，只有在下面两种情况下才能转变成胺：①卤素的邻位或对位有一个或几个—$NO_2$，或其他强吸电子基团；②使用高温、高压及催化剂。

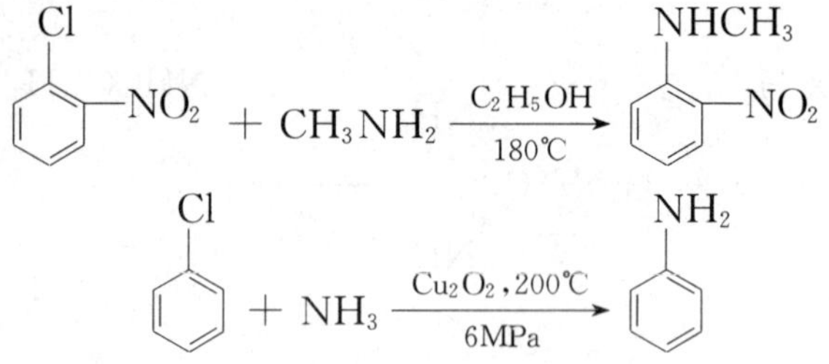


在工业生产中常用醇的氨解来制备脂肪族胺类，这是因为原料来源方便，生产过程中的腐蚀问题不大，所以对生产较为有利，如

$$C_2H_5OH + NH_3 \xrightarrow[350℃,5MPa]{Al_2O_3} C_2H_5NH_2 + H_2O$$

但反应条件也较高，同时也产生仲胺、叔胺等副产物。工业上，甲胺、二甲胺、三甲胺用此法生产。

这种方法对于制备仲或叔烷基胺类是不合适的，因为仲、叔卤代烷或醇容易发生消除反应而生成烯烃。工业上生产 *N*-甲苯胺和 *N*,*N*-二甲苯胺可用苯胺和甲醇反应。

硫酸二甲酯、环氧乙烷与氨或胺反应，也可制得相应的胺类化合物。

#### 12.2.4.2　硝基化合物还原

硝基化合物还原可得到伯胺。

当芳香族硝基化合物分子中同时存在其他容易被还原的基团（如—CHO 等）时，可选用氯化亚锡和盐酸的混合液作还原剂，使硝基还原而不影响醛基。该还原剂还可用于多硝基化合物的部分还原。

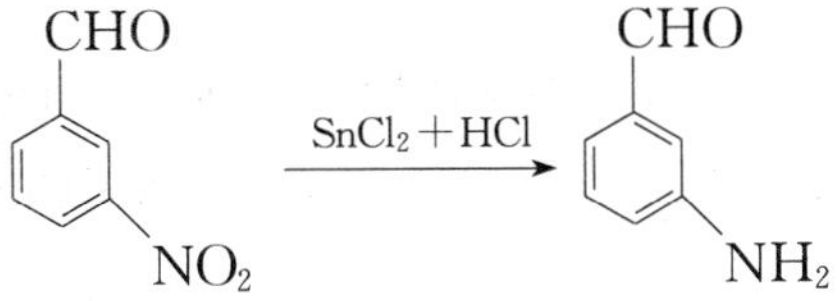

常用于部分还原的还原剂还可以是碱金属的硫化物或多硫化物、硫氢化铵、硫化铵等。

#### 12.2.4.3　腈还原

腈容易被催化氢化或用氢化锂铝还原得到伯胺，如

苄基氯　　苯基乙腈（苄腈）　　β-苯基乙胺

工业上由高级脂肪酸经腈催化氢化的方法制备具有重要用途的高级脂肪胺，如

$$C_{15}H_{31}COOH \xrightarrow[-H_2O]{NH_3,\triangle} C_{15}H_{31}\overset{\overset{\displaystyle O}{\|}}{C}-NH_2 \xrightarrow[-H_2O]{\triangle} C_{15}H_{31}C\equiv N$$

$$\xrightarrow{H_2,Ni} C_{15}H_{31}CH_2NH_2$$

#### 12.2.4.4　酰胺还原

酰胺可被氢化铝锂还原为伯胺，$N$-取代酰胺和 $N,N$-二取代酰胺则可被还原成相应的仲胺和叔胺。

$$R-\overset{\overset{\displaystyle O}{\|}}{C}-NH_2 \xrightarrow[\text{②}H_2O]{\text{①}LiAlH_4} \underset{1°\text{胺}}{RCH_2NH_2}$$

$$R-\overset{\overset{\displaystyle O}{\|}}{C}-NHR' \xrightarrow[\text{②}H_2O]{\text{①}LiAlH_4} \underset{2°\text{胺}}{RCH_2NHR'}$$

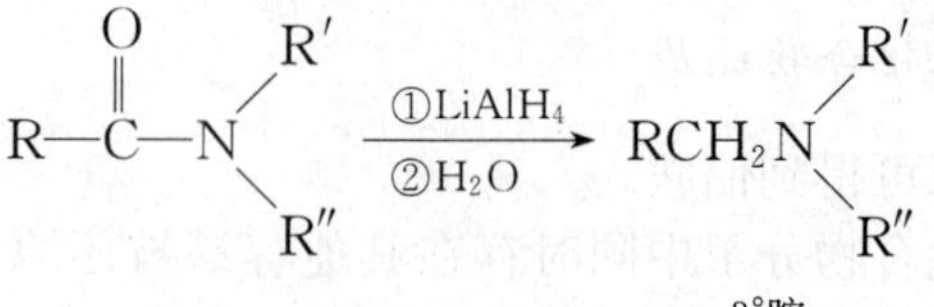


3°胺

#### 12.2.4.5 霍夫曼酰胺降级反应

酰胺与次卤酸钠溶液共热，可得到比原来酰胺少一个碳原子的伯胺。

$$RCONH_2 + NaOX + 2NaOH \longrightarrow RNH_2 + Na_2CO_3 + NaX + H_2O$$

#### 12.2.4.6 盖布瑞尔合成法

盖布瑞尔(Gabriel)合成法是合成纯伯胺的方法，产率通常较高。

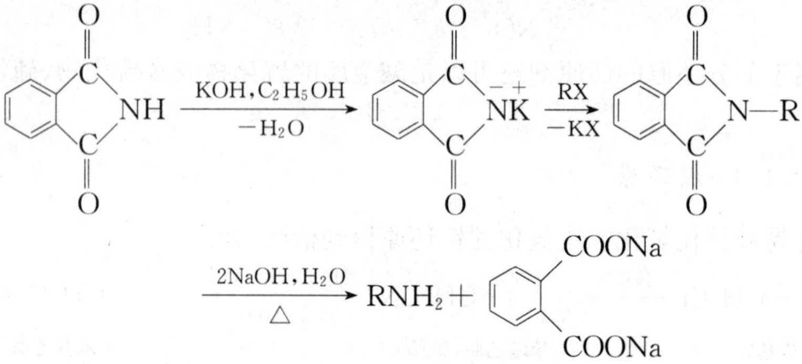


有些情况下，水解若很困难，可用肼解代替，如

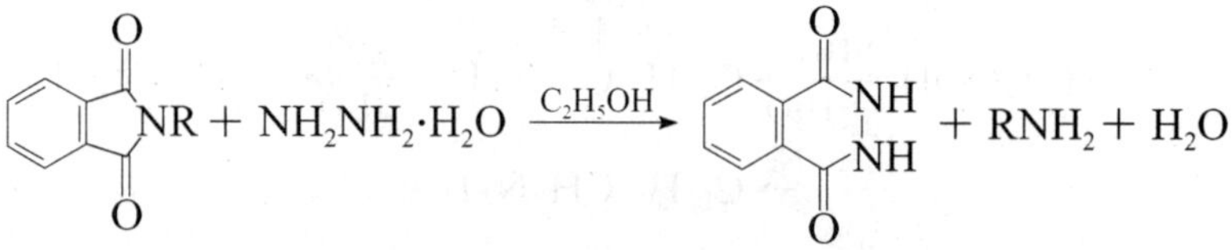


盖布瑞尔合成法还可用于制备某些氨基酸，产物纯度好，产率高，如

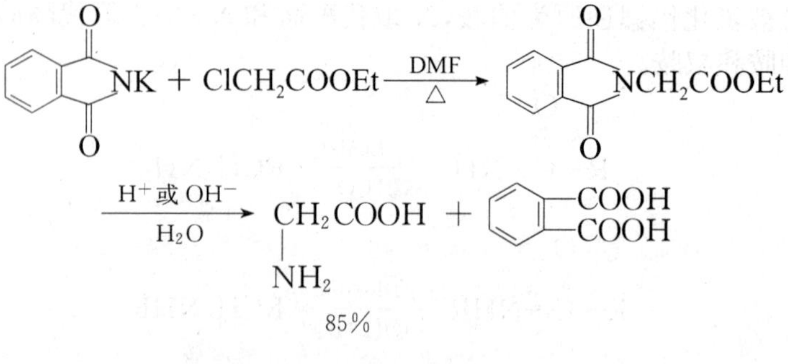


85%

上式中不能直接用 $\alpha$-卤代酸，否则发生酸碱中和。由于酯比酰胺易水解，羧酸可游离出来。

12.2.4.7　醛或酮的氨化还原

醛或酮可以和氨或胺缩合成亚胺，再通过催化加氢或化学还原剂，很容易还原成相应的胺：

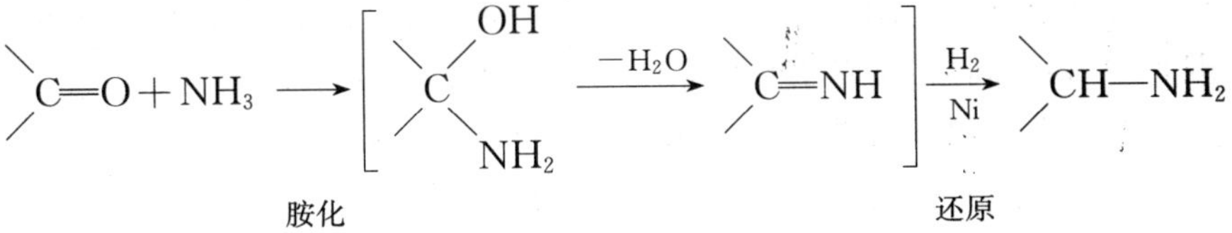


很多脂肪族和芳香族醛酮都可以用此法来合成胺，如

$$CH_3(CH_2)_5CHO + NH_3 \longrightarrow \xrightarrow[Ni]{H_2} CH_3(CH_2)_5CH_2NH_2$$

$$C_6H_5CHO + NH_3 \longrightarrow \xrightarrow[Ni]{H_2} C_6H_5CH_2NH_2$$

醛或酮用甲酸铵在高温下反应生成相应的伯胺，称为刘卡特(Leuckart)反应，如

$$C_6H_5COCH_3 + HCOONH_4 \xrightarrow{185℃} C_6H_5\underset{\displaystyle NH_2}{\underset{|}{C}H}—CH_3$$

这里的甲酸铵遇热分解，产生甲酸及氨：

$$HCOONH_4 \xrightarrow{\triangle} HCOOH + NH_3$$

氨和羰基进行缩合反应，甲酸作为还原剂，将亚胺还原为胺。

用伯胺或仲胺与醛或酮一起加氢，可以得到仲胺或叔胺：

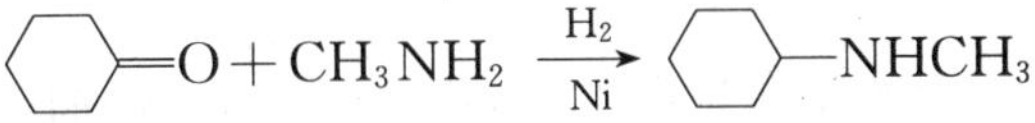


## 12.2.5　季铵盐与季铵碱

12.2.5.1　季铵盐

叔胺与卤代烃(脂肪族或被活化的芳卤代烃)、硫酸酯等烃基化试剂起 $S_N2$ 反应生成季铵盐：

$$R_3N + RX \rightleftharpoons R_4N^+X^-$$

季铵盐分子中氮的四个 $sp^3$ 杂化轨道均已成键，与不对称碳原子一样，含不对称氮原子的季铵盐也有对映异构现象，且对映体之间的转化不能再发生，故光学活性的季铵盐，如下列化合物的对映异构体已经得到。

$$H_3C-\overset{+}{N^*}(CH_2C_6H_5)(CH_2CH_3)-CH_2CH{=}CH_2\,Cl^-$$

季铵盐是白色结晶固体，离子型化合物，具有盐的性质，溶于水而不溶于非极性有机溶剂，熔点高，常常在加热到熔点时分解为叔胺和卤代烃。

季铵盐与强碱作用得到含季铵碱的平衡混合物。

$$R_4N^+X^- + KOH \rightleftharpoons R_4N^+OH^- + KX$$

该反应若在季铵盐与强碱的醇溶液中进行，则由于碱金属的卤化物不溶于醇，可使反应进行到底制得季铵碱。如果用湿的氧化银代替氢氧化钾，反应也可顺利完成。

$$(CH_3)_4\overset{+}{N}I^- + AgOH \longrightarrow (CH_3)_4\overset{+}{N}OH^- + AgI$$

滤出碘化银沉淀，再减压蒸馏滤液，即可得到结晶的季铵碱。

具有一个 $C_{12}$ 以上烷基的季铵盐，是一类重要的阳离子表面活性剂，水溶性较好，既耐酸又耐碱，而且大多数还具有杀菌作用。例如，溴化二甲基苄基十二烷基铵是具有去污能力的表面活性剂，也是杀菌特别强的消毒剂，商品名"新洁尔灭"，它溶于水呈透明液体，发泡性好；溴化十六烷基吡啶可用作染色助剂和杀菌剂；三甲基十八烷基氯化铵、二甲基苄基十八烷基氯化铵是腈纶纤维的良好匀染剂；二甲基羟乙基十八烷基铵硝酸盐是应用较广的抗静电剂等，除具有杀菌、柔软、乳化等功能外，还用于制备有机膨润土。有机膨润土是一种流变性调节剂，它在涂料工业中用于控制油漆的流变性，在油井钻探中用来配制钻井液以及用作各种金属加工中的润滑剂。此外，还大量用作矿物浮选剂、织物整理剂、染色助剂等。

含有长碳链（一般含 $C_{12}\sim C_{25}$）或碳原子总数较多的（一般含 $C_{15}\sim C_{25}$）的季铵盐是一类重要的相转移催化剂。相转移催化作用是指一种催化剂能加速分别处于互不相溶的两相中的物质发生的作用。相转移催化剂中的季铵盐如溴化四丁基铵[$(C_4H_9)_4N^+Br^-$]、溴化三乙基十六烷基铵[$C_{16}H_{33}N^+(C_2H_5)_3Br^-$]、溴化三乙基苄基铵[$PhCH_2N^+(C_2H_5)_3Br^-$]等；另外还有季鏻盐，如溴化三乙基十六烷基磷[$C_{16}H_{33}P^+(C_2H_5)_3Br^-$]、氯化四苯基膦[$(C_6H_5)_4P^+Cl^-$]等。季铵盐的用量仅为作用物的物质的量的 5%以下。例如，1-氯辛烷与氰化钠水溶液的反应，1-氯辛烷不溶于水，自成一相——有机相；氰化钠水溶液另成一相——水相。由于两种反应物形成两相，是一种非均相反应，加热两周也不发生反应。若加入相转移催化剂溴化三丁基十六烷基铵，加入回流 1.5h，壬腈的产率达到 99%。

某些低碳链的季铵盐（或季铵碱）具有生理活性，例如，氯化胆碱

$[(CH_3)_3NCH_2CH_2OH]^+Cl^-$具有促进糖类和蛋白质的新陈代谢作用，除被用作治疗脂肪肝和肝硬化的药物外，还被大量用作饲料添加剂；乙酰胆碱$[(CH_3)_3NCH_2CH_2OOCCH_3]^+OH^-$对动物神经有调节保护作用；矮壮素$[(CH_3)_3NCH_2CH_2Cl]^+Cl^-$是一植物生长调节剂，它能抑制农作物细胞伸长，但不抑制细胞分裂，从而使植株变矮，秆茎变粗，叶色变绿，具有提高农作物耐旱、耐盐碱和抗倒伏的能力。

12.2.5.2　季铵碱

季铵碱是强碱，其碱的强度与氢氧化钠或氢氧化钾相当。它具有碱的一般性质，如能吸收空气中的二氧化碳，易潮解，易溶于水等。

季铵碱加热时很容易分解，其分解产物为叔胺和另一化合物，这取决于氮原子上所连烃基的结构。

当季铵碱分子中没有 $\beta$-H 时，例如，氢氧化四甲基铵受热分解时，发生 $S_N2$ 反应，生成三甲胺和甲醇。

$$(CH_3)_4\overset{+}{N}OH^- \xrightarrow{\triangle} (CH_3)_3N + CH_3OH$$

当季铵碱的烃基上含有 $\beta$-H 时，加热则分解生成叔胺和烯烃，该反应称为霍夫曼消除反应，如

$$(CH_3CH_2)_3\overset{+}{N}CH_2CH_3\overset{-}{O}H \xrightarrow{\triangle} (CH_3CH_2)_3N + CH_2{=}CH_2 + H_2O$$

当季铵碱分子中烃基上含有不同 $\beta$-H 进行加热消除反应时，$\beta$-H 消除的难易顺序是—$CH_3$＞$RCH_2$—＞$R_2CH$—，得到的主要产物是双键碳上烷基较少的烯烃，这个定向作用称为霍夫曼规则，正好与札依采夫规律相反。

$$CH_3\overset{\beta'}{C}H_2\overset{\alpha}{C}H(\overset{+}{N}(CH_3)_3)\overset{\beta}{C}H_3OH^- \longrightarrow \underset{\text{主要产物}}{CH_3CH_2CH{=}CH_2} + \underset{\text{次要产物}}{CH_3CH{=}CHCH_3} + (CH_3)_3N$$

霍夫曼消除是 E2 机理，它要求被消除的氢与离去基团处于反式共平面的位置，如

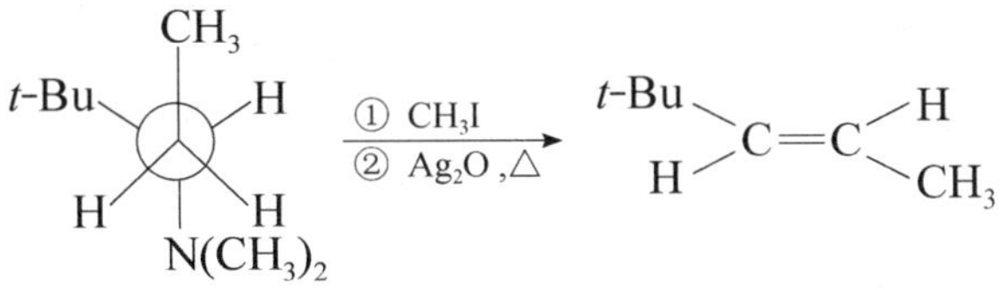


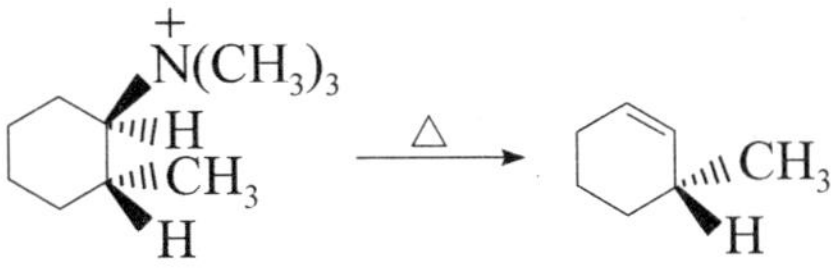

消除方向是由 $\beta$-氢的酸性和 $\beta$-碳上的基团位阻作用所决定。当两者不一致时，则通常 $\beta$-氢原子的酸性起主导作用。

如果 $\beta$-碳原子上有吸电子集团，特别是像苯基、乙烯基、羰基等有吸电共轭效应的集团存在时，则它们 $\beta$-氢的酸性增大，容易接受碱的进攻，生成不符合霍夫曼取向规则的消除反应产物。

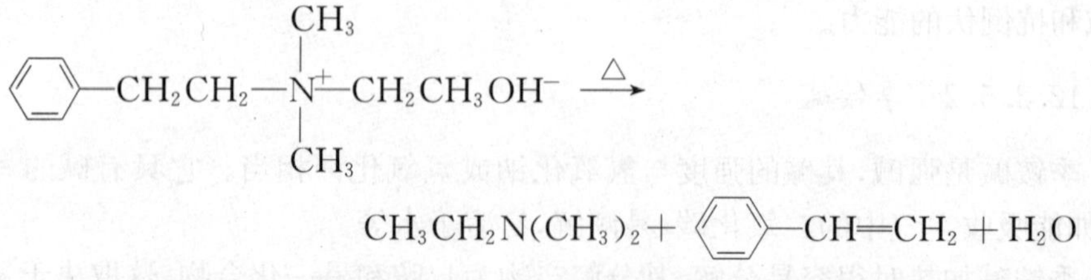

由于季铵碱消除反应降解为烯具有一定的取向，通过测定烯烃结构可以推测胺的结构。其方法是先由过量的碘甲烷与胺作用生成季铵盐，这个过程称为彻底甲基化反应。继而用湿的氧化银处理转变为季铵碱，再进行加热分解。根据反应过程中消耗碘甲烷的物质的量和生成烯烃的结构，便可推测出原来胺的结构，如

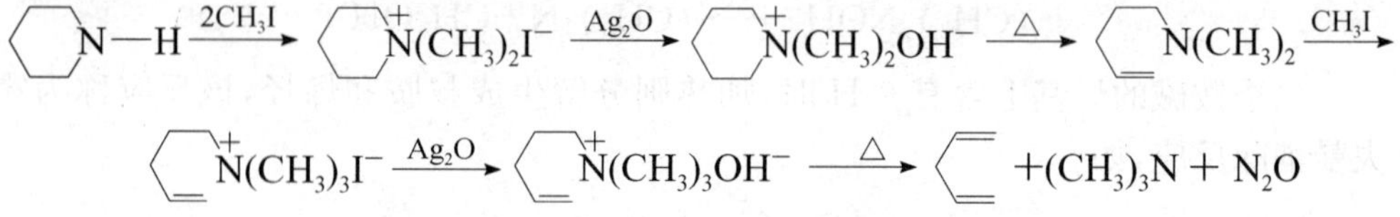

## 12.3　重氮和偶氮化合物

重氮和偶氮化合物均含有—N═N—官能团。该原子团两端均与烃基相连的化合物称为偶氮化合物(azo compound)，可用通式 R—N═N—R 来表示，其中 R 可以是脂肪族烃基或芳香族烃基，如

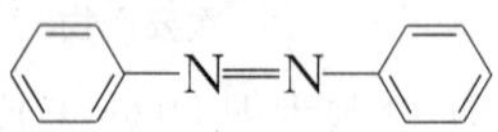

偶氮苯

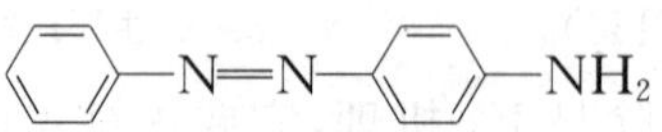

对氨基偶氮苯

$CH_3—N═N—CH_3$

偶氮甲烷

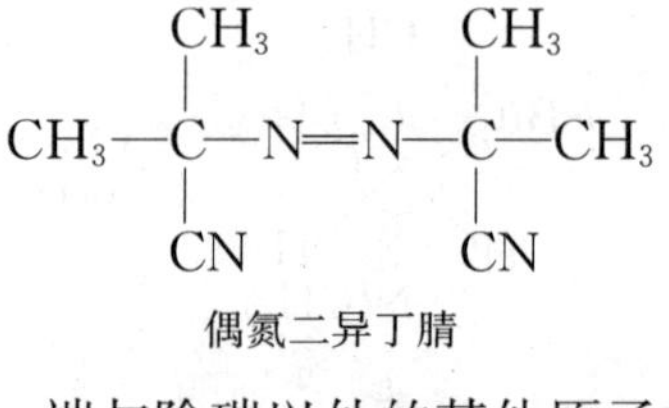

偶氮二异丁腈

若该官能团的一端与烃基相连，另一端与除碳以外的其他原子或原子团相连，则称为重氮化合物(diazo compound)，如

氯化重氮苯(或重氮苯盐酸盐)　　　$CH_2N_2$ 重氮甲烷

脂肪族重氮和偶氮化合物为数不多,远不及芳香族重氮和偶氮化合物重要,因此这里着重讨论芳香族重氮和偶氮化合物。

### 12.3.1　重氮盐的制备及其结构

在低温和强酸水溶液中,芳伯胺与亚硝酸作用生成重氮盐(diazonium salt)的反应称为重氮化反应。例如,苯胺在盐酸溶液中与亚硝酸钠在低温下反应生成氯化重氮苯(又叫重氮苯盐酸盐)。

若以硫酸代替盐酸,则得到重氮苯硫酸盐($C_6H_5N_2HSO_4$)。其操作方法一般是将芳伯胺溶解于过量的盐酸中,将溶液冷却后慢慢加入亚硝酸钠溶液,同时进行冷却和搅拌。若以硫酸代替盐酸,则得到重氮苯硫酸盐。

重氮化反应具有下列明显的特点:

(1) 反应要在低温下进行。重氮盐一般在低温下稳定,超过 5℃就会引起重氮盐分解,即使在 0℃时重氮盐的水溶液也只能保持数小时,因此必须在用时临时配制。

(2) 反应要在强酸性介质中进行。这首先是因为重氮化试剂只有在酸性介质中才能生成,其次是生成的重氮盐只有在酸性介质中稳定,否则重氮盐将与未反应的胺发生偶联反应。

(3) 亚硝酸不能过量。亚硝酸钠与胺的用量比应为 1∶1,亚硝酸过量易使生成的重氮盐分解。当反应混合物使淀粉碘化钾试纸呈蓝色时即为反应终点。过量的亚硝酸可以加入尿素来除去。

$$NH_2CONH_2 + 2HNO_2 \longrightarrow 2N_2\uparrow + CO_2 + 3H_2O$$

重氨盐的结构可表示为$[Ar-\overset{+}{N}\equiv N]X^-$或简写为$Ar\overset{+}{N}_2X^-$。重氮正离子的两个氮原子和苯环上直接相连的碳原子是线形结构,而且两个氮原子的 π 轨道和苯环的 π 轨道形成离域的共轭体系,其结构如图 12-7 所示。

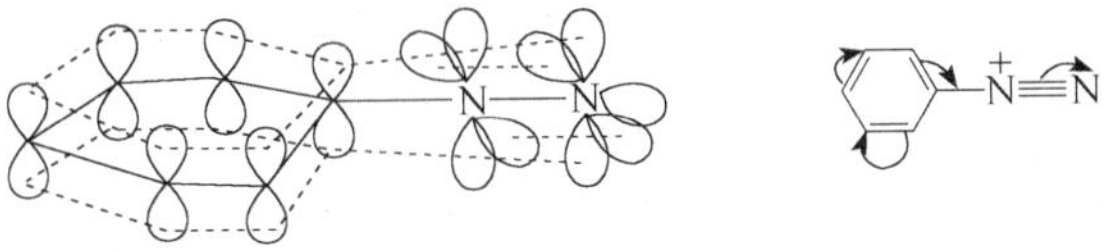


图 12-7　苯重氮正离子的轨道结构

苯重氮正离子也可用共振式表示如下：

这一观点可以在重氮盐的化学性质中体现出来。

重氮盐的性质与铵相似，溶于水而不溶于有机溶剂，其水溶液能导电。重氮盐在水溶液中离解成 $ArN_2^+$ 正离子和 $X^-$ 负离子。

干燥状态的重氮盐极不稳定，当受热或震动时易发生爆炸。在水溶液中低温时重氮盐较为稳定，温度升高时，则容易分解，因此，重氮化反应通常都在低温下(0～5℃)进行。重氮化反应生成的重氮盐不需要分离，直接以混合溶液的形式用于有机合成反应中。

重氮盐的稳定性与苯环上的取代基以及重氮盐的酸根有关。当环上连有吸电子基团如卤素、硝基、磺酸基等时会增加重氮盐的稳定性，这是由于强化了 N≡N 与苯环的共轭，同时也说明具有正电荷的空轨道不与苯环共轭，此时，重氮化反应可在稍高的温度(40～60℃)下进行。一般来说，芳基重氮硫酸盐比其盐酸盐稳定，重氮氟硼盐很稳定，只有高温下才分解。

### 12.3.2 重氮盐的性质及其应用

重氮盐的化学性质非常活泼，能够发生多种反应，大致分为放氮反应和留氮反应两大类。

#### 12.3.2.1 放氮反应

重氮盐中的重氮基可被氢、羟基、卤素、氰基等原子或原子团取代，同时放出氮气。通过该反应可以把氨基经重氮化转化为其他基团。

1）被氢原子取代

重氮盐与还原剂次磷酸($H_3PO_2$)或氢氧化钠-甲醛溶液作用，重氮基即被氢原子取代而生成芳烃，产率达 80%左右。

$$ArN_2HSO_4 + H_3PO_2 + H_2O \longrightarrow Ar—H + N_2\uparrow + H_3PO_3 + H_2SO_4$$

$$ArN_2Cl + HCHO + 2NaOH \longrightarrow ArH + N_2\uparrow + HCOONa + NaCl + H_2O$$

重氮盐与乙醇作用，重氮基也可被氢原子取代，但往往有副产物醚生成，产率一般为 50%～60%。如果用甲醇代替乙醇，生成醚的量很大。

$$ArN_2Cl + C_2H_5OH \longrightarrow Ar—H + N_2\uparrow + CH_3CHO + HCl$$

$$ArN_2Cl + C_2H_5OH \longrightarrow Ar—O—C_2H_5 + N_2\uparrow + HCl$$

该反应在合成上可作为去氨基或硝基的方法。利用这一性质，首先在苯环上引入氨基，再借助氨基的定位效应，引入其他基团进入苯环的某个位置，最后将氨基去掉，从而可得到用其他方法不能或不易直接取代得到的某些化合物。例如，1,3,5-三溴苯的合成，若由苯直接溴代是不可能得到该化合物的。但以苯为原料经过下列步骤却可合成 1,3,5-三溴苯。

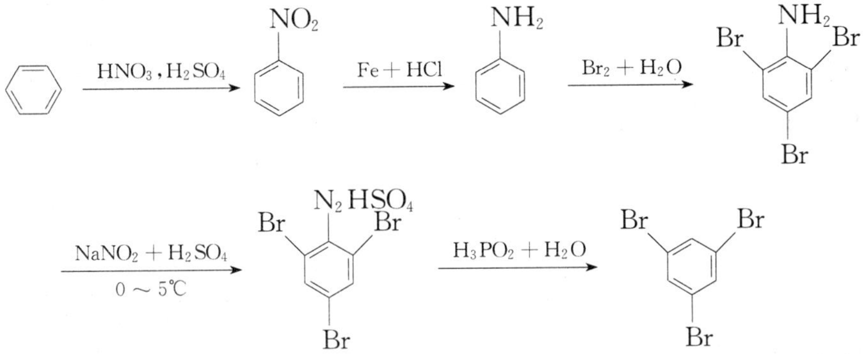


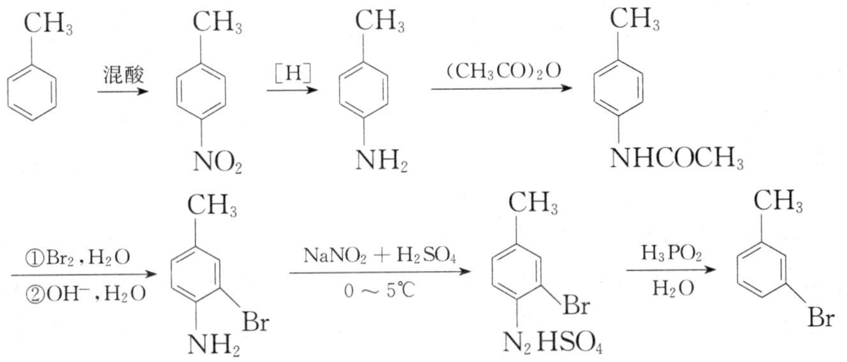


通过此反应，可以从芳胺变为芳烃，所以常称其为去氨基反应。此反应在结构证明及有机合成中都很有用。因为去氨基反应，有利于认识化合物的原来骨架；而在有机合成中，则可以起到在特定位置上的“占位、定位”作用。

2）被羟基取代

加热重氮盐水溶液，即有氮气放出，并有酚生成，产率一般为 50%～60%。

$$ArN_2HSO_4 + H_2O \xrightarrow{\triangle} Ar{-}OH + N_2\uparrow + H_2SO_4$$

重氮盐被羟基取代的反应是按 $S_N1$ 历程进行的。首先，重氮正离子是因失去稳定的氮（$N_2$），生成苯基正离子。

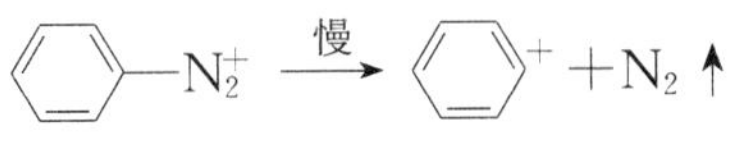


由于苯基正离子是因失去 σ 电子形成的，其空轨道为 $sp^2$ 杂化轨道，它与苯环的 π 轨道不能共轭，即不能形成离域轨道，其正电荷集中在一个碳原子上。苯基正离子轨道如图 12-8 所示。

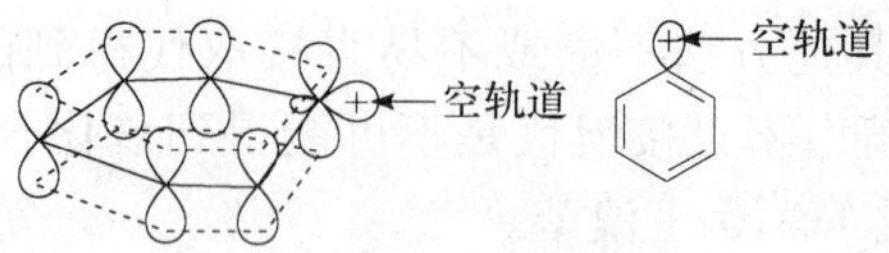


图 12-8　苯基正离子轨道图

因此，苯基正离子能量较高，很活泼，一旦生成即与水反应而生成酚。同时，也与溶液中别的亲核试剂结合。

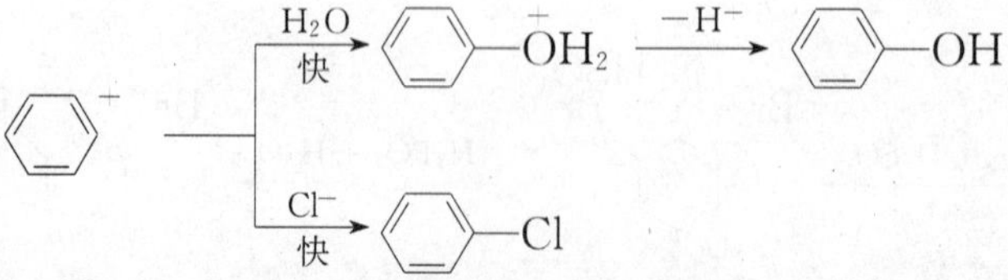


在用重氮盐制备酚时，通常用芳香族重氮硫酸盐，在强酸性的热硫酸溶液(40%～50%)中进行。这是因为：其一，若采用重氮盐酸盐在盐酸溶液中进行，则由于体系的 $Cl^-$ 作为亲核试剂也能与苯基正离子反应，生成副产物氯苯；其二，水解反应中已生成的酚易与尚未反应的重氮盐发生偶合反应，强酸性的硫酸溶液不仅可使偶合反应减少到最低程度，而且还可提高分解反应的温度，使水解进行得更加迅速、彻底。

在有机合成中通常通过重氮盐的途径使氨基转化成羟基来制备某些不能用芳磺酸盐碱熔法来制备的酚类。例如，间溴苯酚就不宜用间溴苯磺酸钠碱熔来制取，因为溴原子在碱熔时也会被水解掉。因此，可用间溴苯胺经重氮化、水解来制备间溴苯酚。

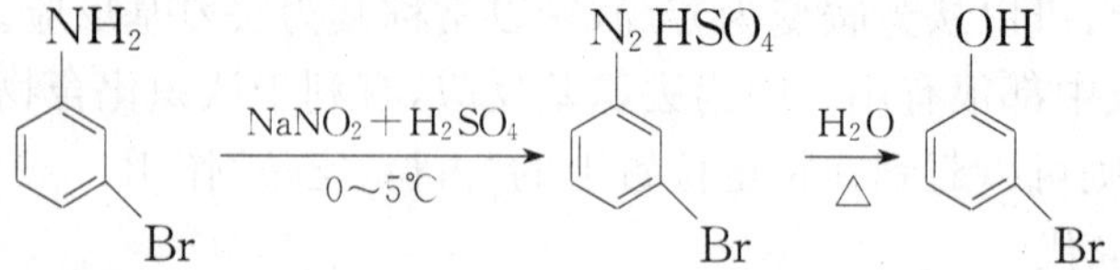


3）被卤原子取代

重氮盐的水溶液和碘化钾一起加热，重氮基即被碘原子所取代，生成碘化物并放出氮气，这是把碘原子引入苯环的好方法，产率很高。

$$ArN_2HSO_4 + KI \xrightarrow{\triangle} ArI + N_2\uparrow + KHSO_4$$

如

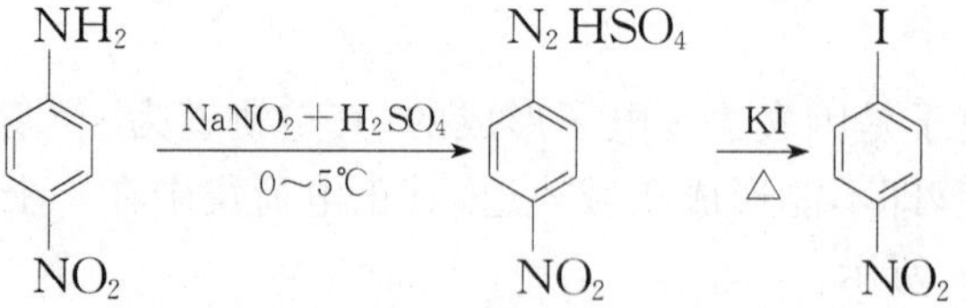

该反应属于 $S_N1$ 历程。氯离子和溴离子的亲核能力比碘离子要弱，因此氯化钾和溴化钾就难于进行上述反应，要使反应进行必须使用催化剂。用氯化亚铜或溴化亚铜作催化剂，使重氮盐与相应的氢卤酸共热，分别生成芳基氯或芳基溴的反应称为桑德迈尔(Sandmeyer)反应。将 CuI 或 CuF 用桑德迈尔反应，不能得到相应的碘化物或氟化物。如果改用铜粉作为催化剂，反应也可以进行，但产率较低，这个反应称为伽特曼(Gattermann)反应。

$$ArN_2Cl \xrightarrow[HCl]{CuCl\text{ 或 }Cu} ArCl + N_2\uparrow$$

$$ArN_2Br \xrightarrow[HBr]{CuBr\text{ 或 }Cu} ArBr + N_2\uparrow$$

如

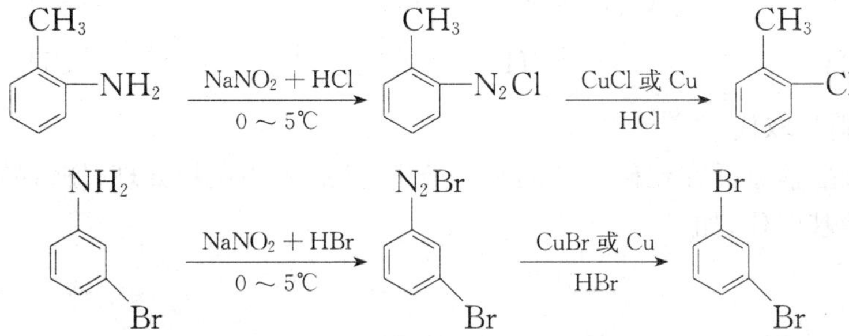


在制备溴化物时，可用硫酸代替氢溴酸进行重氮化，因为它对溴化物的产率影响很小，且价格便宜。但不能用盐酸代替，否则将得到氯化物和溴化物的混合物。

芳香族氟化物也可由此法制备，但需首先将重氮盐转变为氟硼酸重氮盐。方法是将氟硼酸(硼酸溶于氢氟酸中)加到重氮盐溶液中，使生成氟硼酸重氮盐沉淀，经分离并干燥后再小心加热，即逐渐分解而制得相应的芳香族氟化物。该反应称为希曼(Shiemann)反应。

$$ArN_2X \xrightarrow{HBF_4} ArN_2BF_4 \xrightarrow{\triangle} ArF + BF_3 + N_2\uparrow$$

如

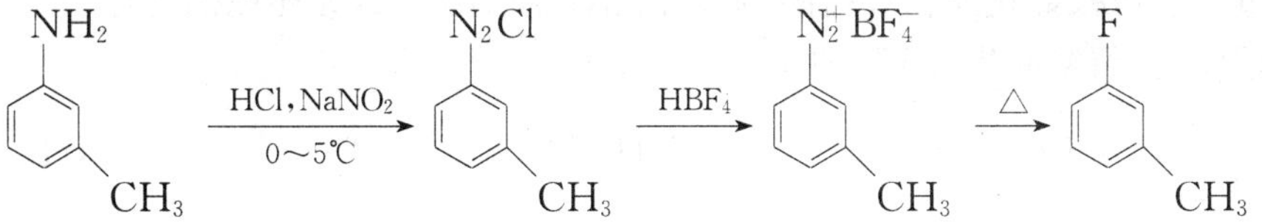


该反应也可以在氟硼酸中进行重氮化反应，则反应完毕后重氮氟硼酸盐直接沉淀出来。利用重氮基被卤素取代的反应可制备某些不易或不能用卤代法得到的卤素衍生物。

4）被氰基取代

重氮盐与氰化亚铜的氰化钾水溶液作用(桑德迈尔反应)或在铜粉存在下与氰化钾水溶液作用(伽特曼反应),则重氮基可被氰基取代,生成芳氰,如

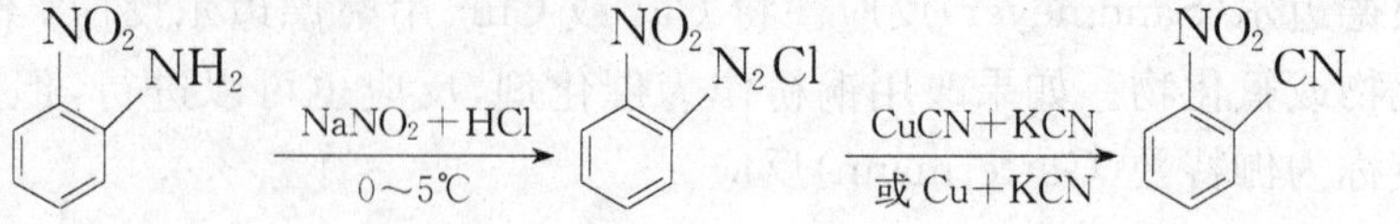

氰基可以水解成羧基,因此该反应也是通过重氮盐在苯环上引入一个羧基的较好方法,如

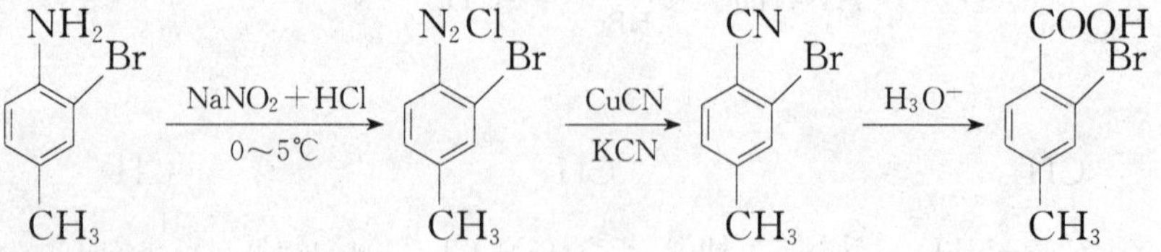

5）被硝基取代

将氟硼酸盐悬浮在亚硝酸盐的水溶液中,然后再用铜粉处理(伽特曼反应),则重氮基被硝基取代,如

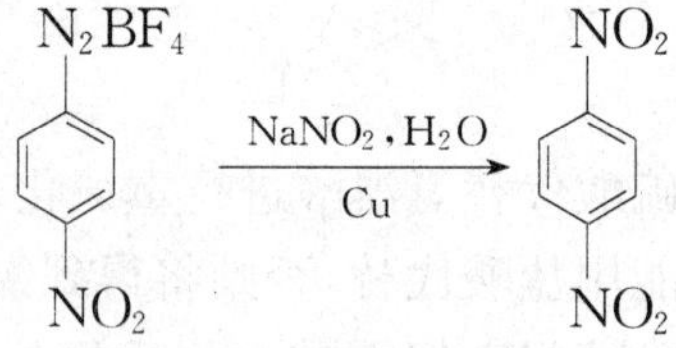

对硝基苯胺可以从对硝基氯苯合成,因此,利用该反应可以合成不能直接用硝化反应制得的一些结构特殊的化合物。

上述放氮反应,一般也适用于萘及其衍生物。

12.3.2.2　留氮反应

1）还原反应

重氮盐可被氯化亚锡和盐酸、亚硫酸钠、亚硫酸氢钠等还原剂还原,也可进行电解还原,保留氮而生成芳基肼,如

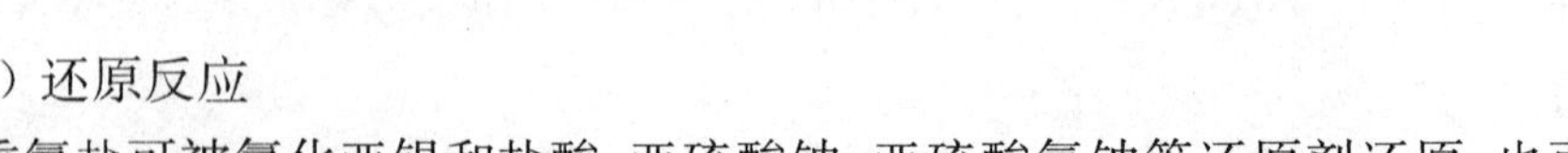

苯肼是无色油状液体,微溶于水,熔点 19.5℃,是常用的羰基试剂,也是合成药物和染料的原料。苯肼极毒,使用时要注意安全。

如果用较强的还原剂(如锌和盐酸),则生成苯胺和氨:

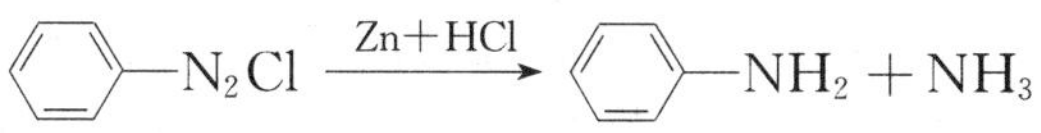

2）偶联反应

重氮盐与酚或芳胺作用，共同失去一分子卤化氢，生成偶氮化合物，该反应称为偶联反应或偶合反应，如

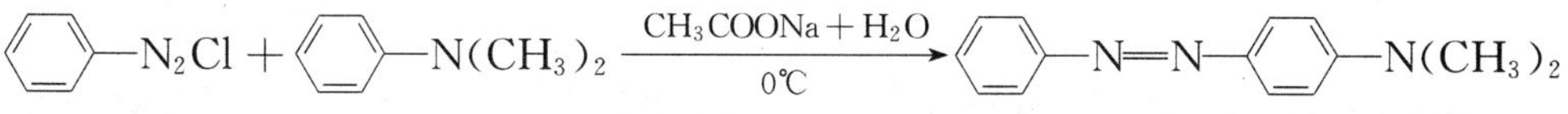

4-($N$,$N$-二甲胺基)偶氮苯(黄色)

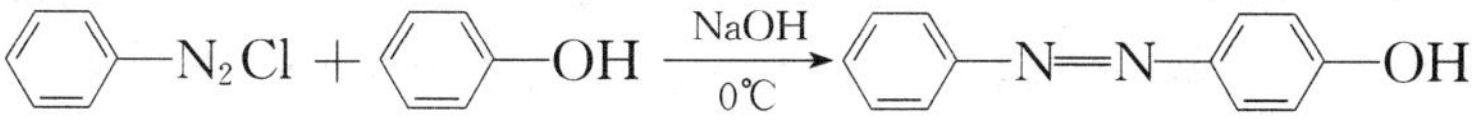

对羟基偶氮苯(橙红色)

偶联反应实际上是亲电取代反应，重氮正离子作为亲电试剂。重氮正离子中氮原子上的正电荷可以离域到芳环上，因此它是一个很弱的亲电试剂，只能进攻像酚、芳胺等高度活化的芳环。参加偶联反应的重氮盐称为重氮组分，与其偶联的酚、芳胺称为偶联组分。偶联反应是制备偶氮染料的基本反应。

偶联反应中，由于电子效应和空间效应的影响($ArN_2^+$ 体积较大)，反应符合定位规律，一般发生在烃基或氨(胺)的对位，当对位被占时才发生在邻位，但不会发生在间位，如

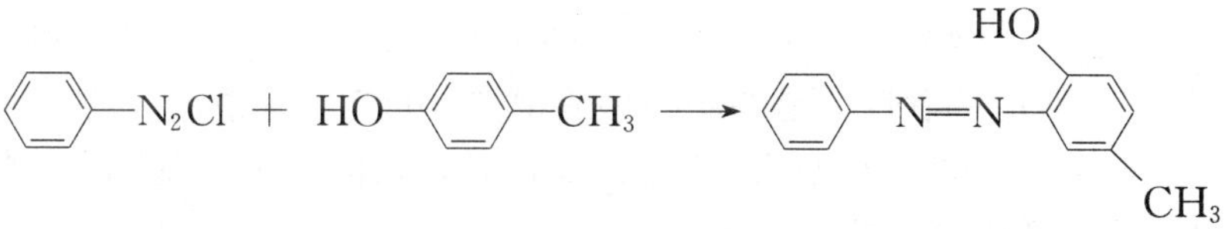

重氮盐与芳伯胺、芳仲胺偶联时，反应首先发生在氨基或亚胺基上(氮上有活泼氢原子)生成取代的苯重氮氨基苯。后者和盐酸或苯胺盐酸盐一起加热到 30～40℃，则经分子重排生成对氨基偶氮苯。

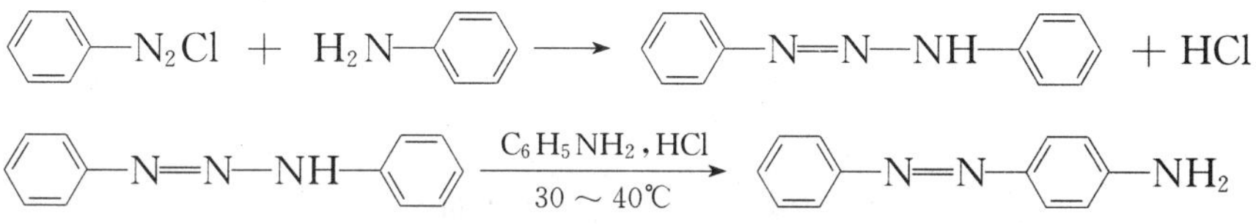

sp 杂化的氮原子的电负性很大(4.67)，π 键容易极化。氰基是强极性基团，其吸电子作用仅次于硝基，腈的分子极性较大，如

| | $CH_3—CN$ | $C_6H_5—CN$ |
|---|---|---|
| $\mu/(10^{-30}C \cdot m)$ | 13.14 | 14.58 |

若对位已有取代基，则重排生成邻氨基偶氮苯。

重氮盐与萘酚或萘胺偶联时，反应发生在烃基或氨基的同环。对于 α-萘酚或

$\alpha$-萘胺，偶联反应在 4 位上进行。若 4 位有取代基，则在 2 位上进行；对于 $\beta$-萘酚或 $\beta$-萘胺，偶联反应在 1 位上进行，若 1 位被占据，则不发生反应。

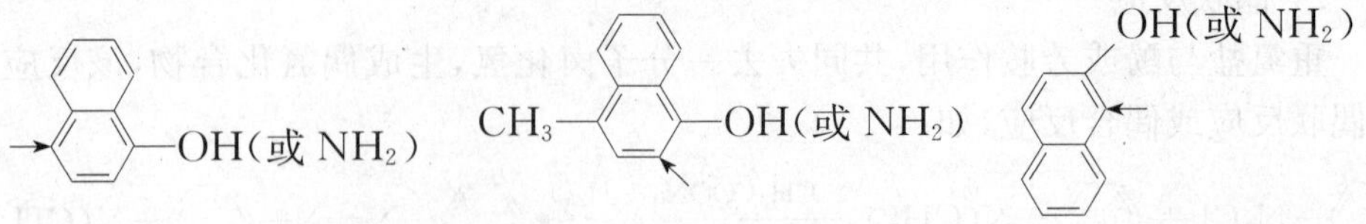


在偶合反应中，对于重氮组分来说，在重氮基的邻、对位有吸电子基团时，反应活性增强，如 2,4,6-三硝基苯重氮盐甚至可以和 1,3,5-三甲苯偶合；2,4-二硝基苯重氮盐则可以和苯甲醚偶合。相反，环上具有供电子基团的重氮盐，则偶合能力很弱。例如，2,4-二甲基苯胺的重氮盐必须在相当浓的溶液中方可偶合。

对于不同的偶合组分来说，必须强调的是，反应介质的酸碱性是非常重要的。

重氮盐与酚的偶联反应一般是在弱碱性溶液中进行(pH 8～10)，因为在碱性溶液中酚成为苯氧负离子，更易于发生亲电取代反应，有利于偶合反应的进行。如果溶液碱性太强(pH＞10)，则对反应不利。因为在强碱性条件下重氮盐会与碱作用，生成不能进行偶联反应的重氮酸或重氮酸根负离子。如果溶液酸性太强，则酚质子化，钝化芳环不发生偶合。

$$ArN^{+}{\equiv}NCl^{-} \overset{OH^{-}}{\rightleftharpoons} [\,Ar{-}N^{+}{\equiv}NOH^{-}\,] \rightleftharpoons ArN{=}N{-}OH \overset{OH^{-}}{\rightleftharpoons} ArN{=}N{-}O^{-}$$

重氮碱(不能偶合)　　重氮酸(不能偶合)　　重氮酸根负离子(不能偶合)

重氮盐与芳胺的偶联反应是在弱酸性或中性(pH 5～7)中进行的。因为反应体系酸性太强，氨(胺)基将转变为铵正离子，它们是强的吸电子基团，使苯环电子云密度降低，不利于偶联反应的发生。

偶联反应时介质的 pH 对同时具有氨基和酚羟基的化合物进行偶联位置的选择十分重要。例如，染料中间体 H-酸在 pH 5～7 时优先发生 7 位偶联，而当 pH 8～10 时，则偶联优先发生在 2 位：

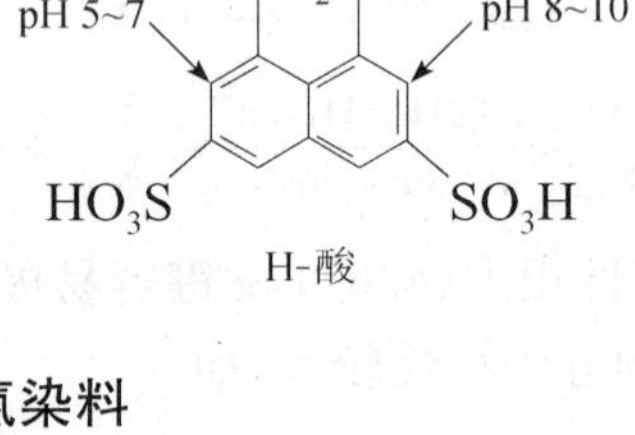


H-酸

## 12.3.3 偶氮化合物和偶氮染料

### 12.3.3.1 偶氮化合物

脂肪族偶氮化合物加热时分解放出氮气，并形成烷基自由基，故常用于自由基反应的引发剂，如偶氮二异丁氰普遍应用于工业上或实验室中。

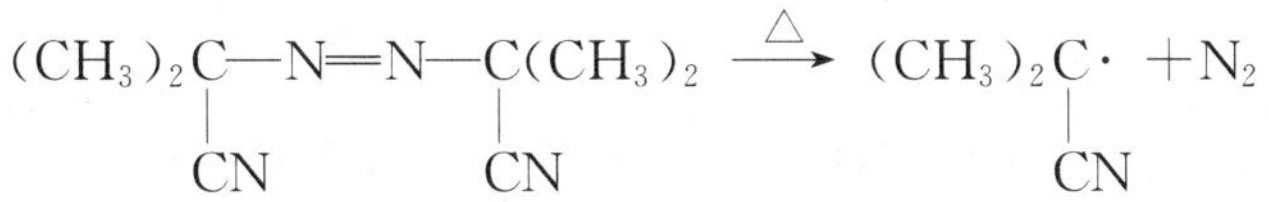

芳香族偶氮化合物具有高度的热稳定性，加热到 300℃以上时才开始分解。

偶氮化合物可用适当的还原剂（$SnCl_2$＋HCl 或 $Na_2S_2O_4$）还原生成氢化偶氮化合物，继续还原则偶氮基断裂，生成两分子芳胺，如

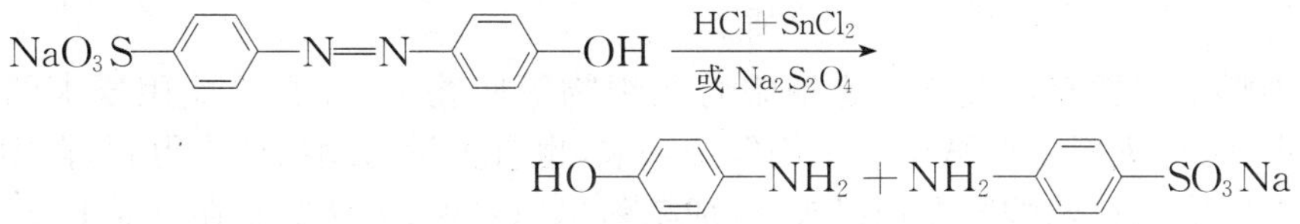

从还原生成的芳胺的结构，能推测原偶氮化合物的结构，因此可以用来测定偶氮染料的结构，这个还原反应还可以用来合成某些氨基酚或二胺。

偶氮化合物都有颜色，有的可用作指示剂，有的可用作染料，被称为偶氮染料。

#### 12.3.3.2　偶氮指示剂

指示剂的颜色变化是由于不同 pH 时其结构不同而引起的。常用的偶氮指示剂如下：

（1）甲基橙(methyl orange)。甲基橙是由对氨基苯磺酸钠的重氮盐与 *N*,*N*-二甲基苯胺在弱酸溶液中偶合而成。它在中性或碱性时呈黄色，在酸性中（pH＜3）显红色，在 pH 3～4.4 显橙色。这种颜色变化是由可逆的两性离子结构引起的。

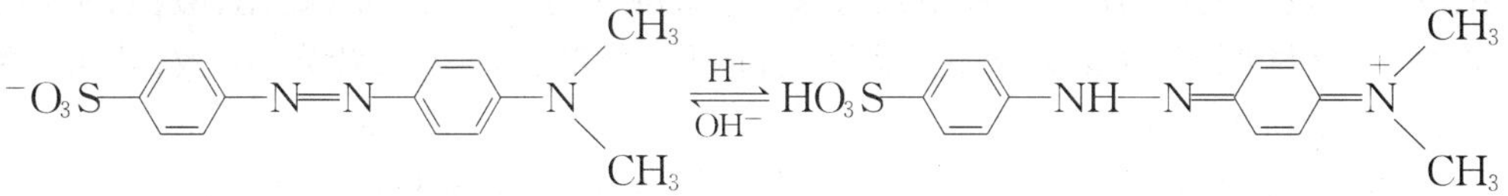

黄色　　　　　　　　　　　　红色

甲基橙是酸碱滴定的常用指示剂。

（2）刚果红(congo red)。刚果红是由联苯胺重氮盐与 4-氨基萘磺酸偶合而成。它在弱酸性、中性或碱性介质中均以磺酸钠形式存在，呈红色，在强酸性（pH＜3）时以具有邻醌结构的磺酸内盐形式存在，显蓝色。

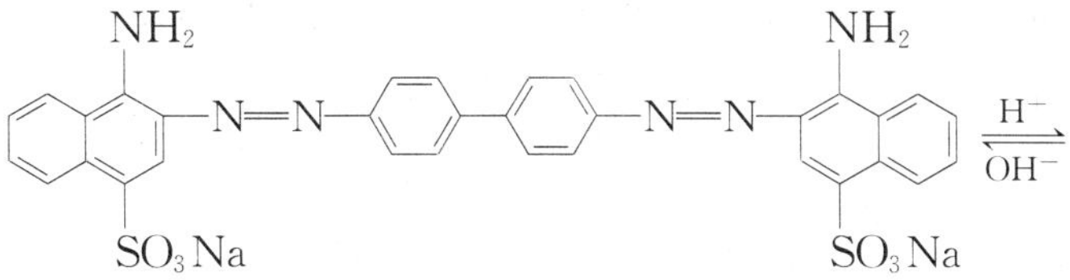

红色

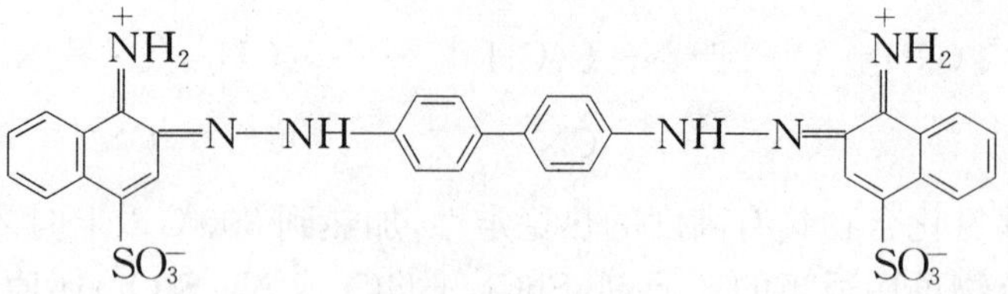


蓝色

12.3.3.3　偶氮染料

染料是一类有色且能稳定地附着在织物等底物上，并合乎应用要求的物质。历史上，天然染料主要从某些植物资源获取，也有少量由动物体中得到；自 1856 年第一个人造染料苯胺紫发现以来，合成染料迅速发展，天然染料在工业上已几乎不再使用。

化合物之所以有颜色并能作为染料使用，这与光的作用和化合物本身的分子结构及应用条件密切相关。早在 19 世纪末期，人们就提出了有关发色团和助色团的理论。分子中若具有多个—N═N—、—N═O、—$NO_2$、$\alpha$-烯酮基、$\alpha$-二羰基等基团或这些基团与共轭链共轭相接时往往会呈现颜色，这些基团称为生色团；还有一些基团能使物质的颜色加深，如—$NH(R)_2$、—OH(R)、—X 等，这些基团中的氮、氧和卤素原子上都有未共享电子对，本身的吸收峰在远紫外区，但它们能使共轭链或生色团的吸收移向长波从而使化合物的颜色加深，故称之为助色团。助色团除加深颜色之外，还能改善染料的物理性质和附着在底物上的能力。

染料的品种很多，主要有两种分类方法。染料合成者按化学结构将染料分为偶氮、蒽醌、酞菁、靛属、多苯甲烷、花青、醌亚胺、喹啉及硝基、二苯乙烯等；染料使用者乐于按应用(使用方法和印染对象)将染料分为直接、还原、硫化、酸性、中性、活性、不活性偶氮(冰染)、氧化、缩聚、暂溶性、分散、阳离子、荧光、压敏、热敏、溶剂、皮革染料等。

偶氮染料是合成染料中为数最多的一种，约占全部染料的一半，颜色齐全，广泛用于棉、毛、丝、麻织品以及塑料、印刷、皮革、橡胶、化妆品等产品的着色，如

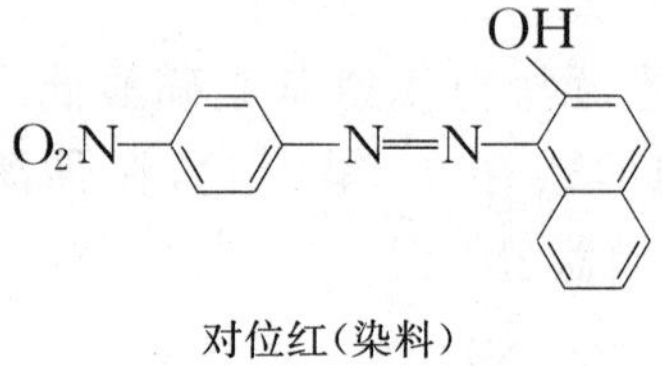


对位红(染料)

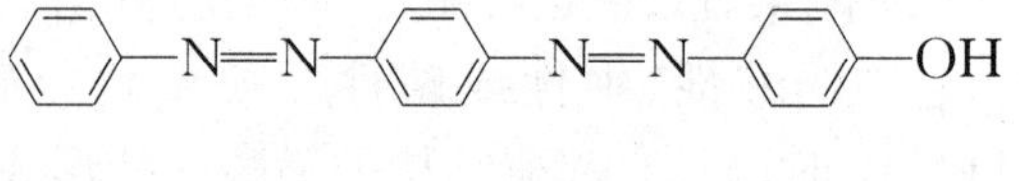


分散黄(染料)

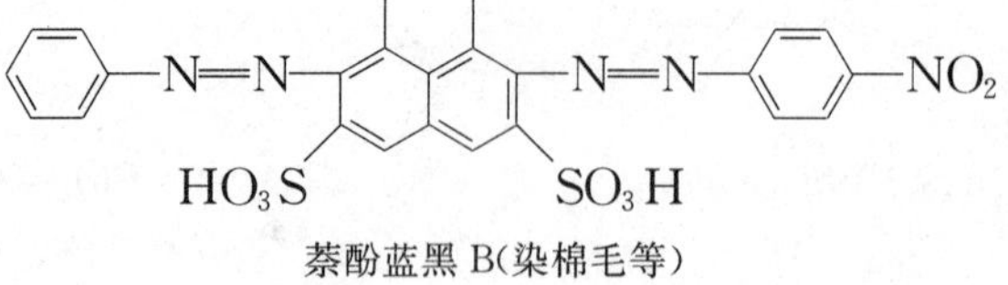


萘酚蓝黑 B(染棉毛等)

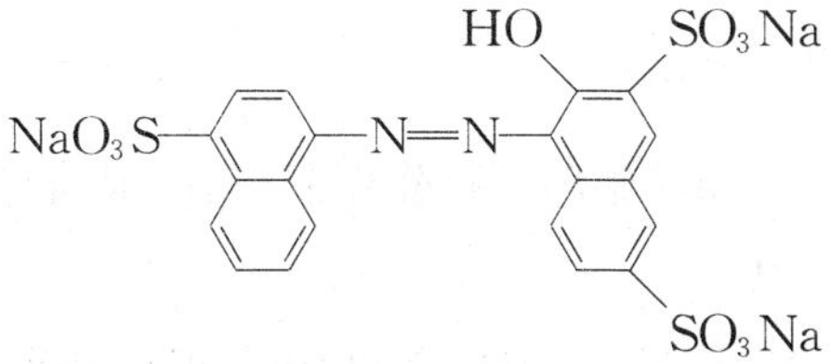


苋莱红(染料)

染料科学的应用历史悠久，并且学科涉及面广，物理有机化学的研究方法在染料化学上发挥了重要作用，使染料学科在分子设计和应用功能两方面都有了长足的进步。用量子化学的方法计算分子的轨道能量、解释分子结构与吸收光谱的关系，通过化学反应动力学了解染料的上色率、固色率和褪色的变化机理，通过仪器分析的方法能够跟踪染料的晶形、表面性能及后处理加工等过程中的结构变化并提供信息。在功能方面，除可见光作用外，在其他因素如热、电、压力、酸碱、氧化还原条件下的变色和发光的有机染料已广泛用于热敏和无碳复写纸、文具、玩具、服装、建材、调光薄膜、玻璃及信息电子器材上。电致发光用染料、光致变色染料、复印机和打印机等器材上用的光导电性染料，激光用染料、CD 刻录光盘上的光记录介质用有机酞菁类染料、彩色液晶显示用的二色性染料、具有非线性光学性能的染料和用于医药和农药的染料等，都是当前研究工作的重要方向。在用作染色剂、成色剂和感光材料的增减剂等方面，复合染料和新染色方法及毛发染料、荧光增白剂、指示剂及适应不断出现的各种新型合成纤维和功能材料着色的应用也仍在继续增长。

染料工业生产和应用中的一个值得关注的问题是，如何适应环境保护和卫生法规的要求向着无公害排放的绿色合成化学方向发展。

## 12.3.4 重氮甲烷

### 12.3.4.1 重氮甲烷的结构

最简单而又最重要的脂肪族重氮化合物为重氮甲烷。重氮甲烷的结构比较特殊，可用下列共振式表示：

$$CH_2=\overset{+}{N}=\overset{-}{\underset{\cdot\cdot}{N}}: \longleftrightarrow :\overset{-}{C}H_2-\overset{+}{N}\equiv N:$$

重氮甲烷的轨道如图 12-9 所示。

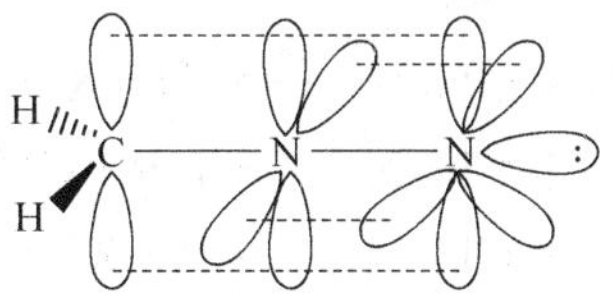


图 12-9　重氮甲烷的轨道示意图

### 12.3.4.2 重氮甲烷的制备

重氮甲烷很难用甲胺和亚硝酸直接作用制得，一般通过仲胺或 *N*-烃基酰胺与亚硝酸反应而制得 $R-N(NO)-CH_3$ 型的化合物，再与碱作用而得到重氮甲烷。其中，R 可以是烃基、酰基、磺酰基等，如

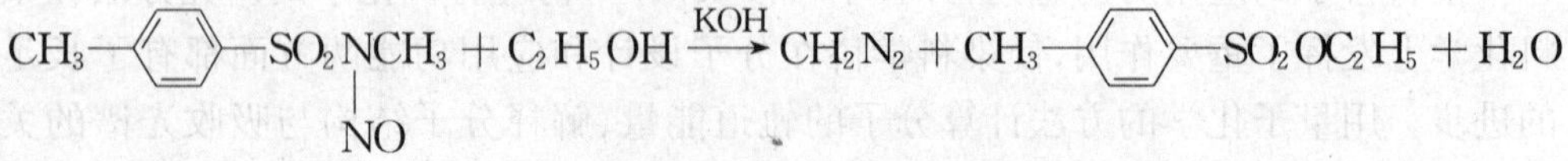

$$NH_2-\overset{O}{\overset{\|}{C}}-N(NO)CH_3 \xrightarrow{KOH} CH_2N_2 + NH_3 + KHCO_3$$

得到的是重氮甲烷的醚溶液，可以直接用于各种反应。

### 12.3.4.3 重氮甲烷的性质

重氮甲烷为黄色有毒气体，沸点 −24℃，在纯粹状态下容易爆炸，通常在乙醚稀溶液中使用。重氮甲烷的化学性质非常活泼，其碳原子既有亲核性质又有亲电性质，能发生许多类型的反应，在有机合成上占有重要的地位。

重氮甲烷是一个重要的甲基化试剂，它能与酸性化合物反应而放出氮气。与羧酸反应生成羧酸甲酯。

$$RCOOH + CH_2N_2 \longrightarrow RCOOCH_3 + N_2\uparrow$$

该反应操作简便，产率高（约 100%），副产物为气体，是将贵重羧酸转变为甲酯的好方法。

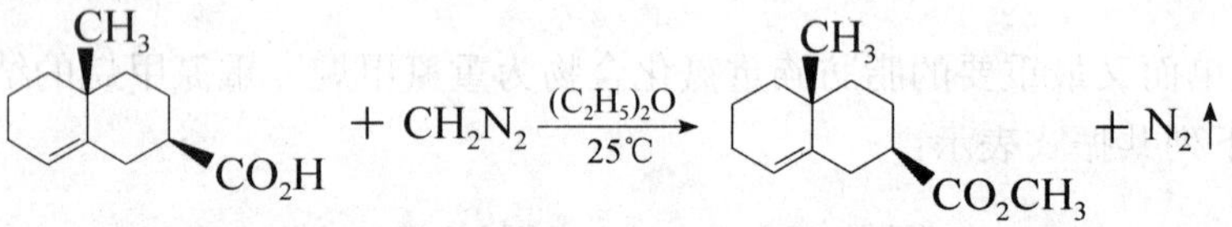

其他的酸，如氢卤酸、磺酸、酚和烯醇都可以用重氮甲烷分别转变为卤代甲烷、磺酸甲酯、酚的甲基醚和烯醇甲醚。

$$HX + CH_2N_2 \longrightarrow CH_3X + N_2$$
$$RSO_3H + CH_2N_2 \longrightarrow RSO_3CH_3 + N_2$$
$$ArOH + CH_2N_2 \longrightarrow ArOCH_3 + N_2$$

醇的酸性不足以使重氮甲烷质子化，在一般情况下重氮甲烷与醇不起反应。

重氮甲烷与醛酮的羰基进行亲核加成，然后与羰基相连的一个烃基迁移到亚甲基上，同时脱去氮分子，得到增加一个碳原子的化合物。

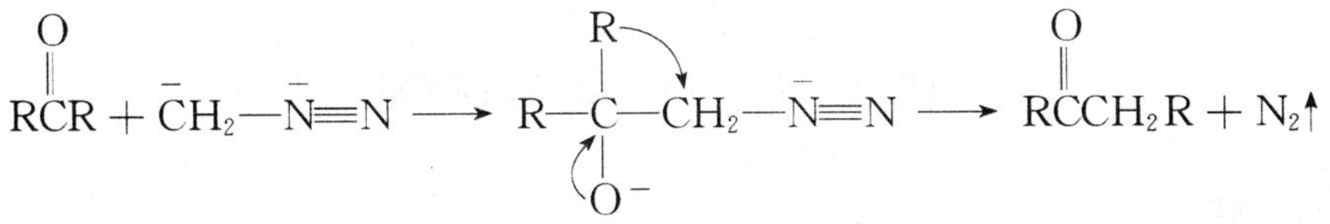

酮分子中两个烃基不相同时，与重氮甲烷反应，生成两种异构体。此外，带负电荷的氧原子，还可以直接进攻亚甲基，生成环氧化合物，有时这是反应的主要产物。

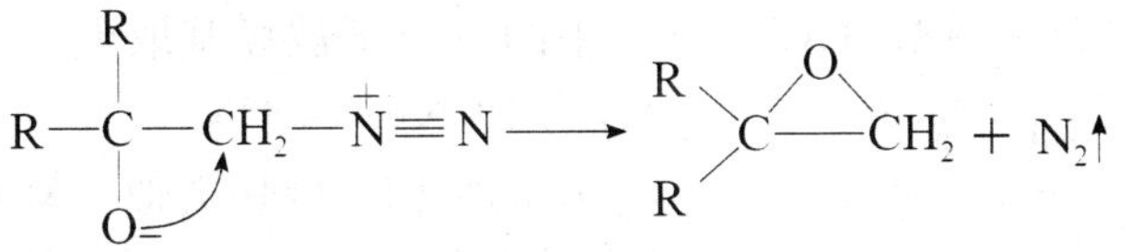

利用酮与重氮甲烷的反应有时可以制备用别的方法难以得到的化合物，如

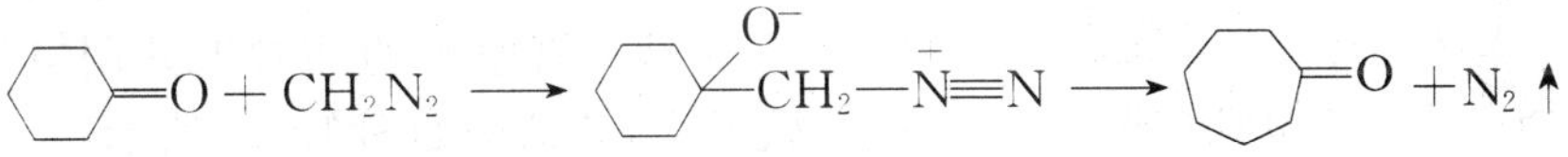

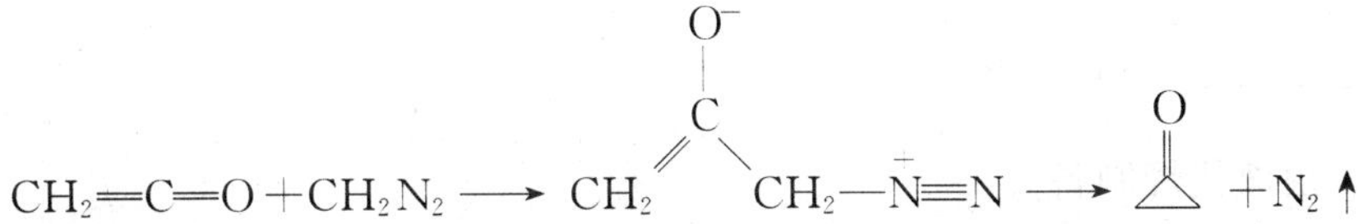

重氮甲烷与酰氯反应，生成 $\alpha$-重氮酮，同时放出氯化氢。氯化氢能使重氮酮分解为 $\alpha$-氯代酮，因此操作时要将酰氯滴加到过量的重氮甲烷溶液中去，使生成的氯化氢立即与重氮甲烷反应掉。

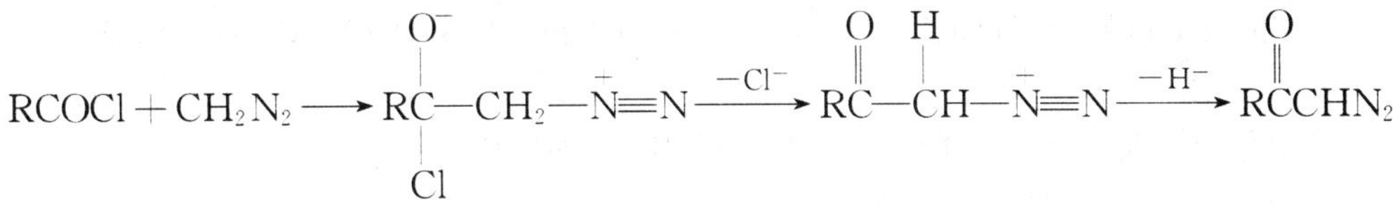

$\alpha$-重氮酮在氧化银的存在下加热，重排而生成烯酮，称为沃尔夫(Wolff)重排。

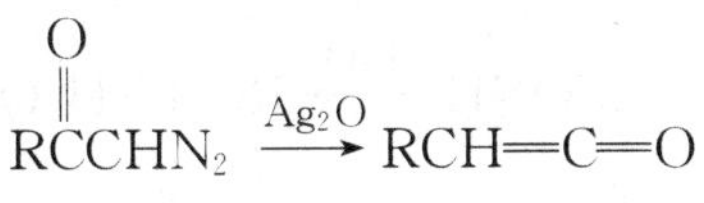

生成的烯酮能与水、醇、胺等反应生成酸及酸的衍生物。例如，反应在水溶液中进行，产物为羧酸；在醇溶液中，产物为酯。因此，以酰氯为原料，经两步反应，可以得到高一级的羧酸，产率可达 50%～80%。

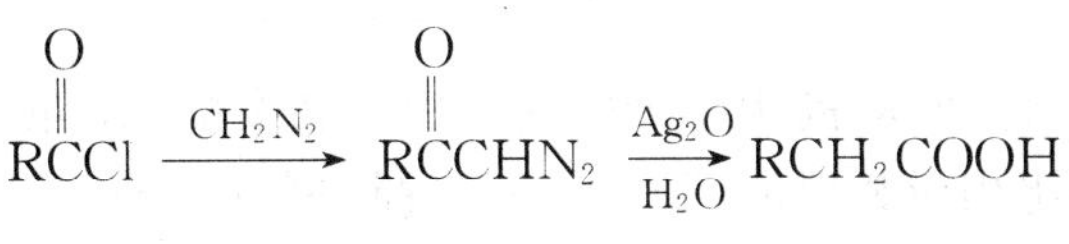

这种增长碳链的方法，称为阿恩特-艾斯特(Arndt-Eistert)反应，是将羧酸转变成它的高一级同系物的重要方法之一。

## 12.4　腈、异腈和异氰酸酯

### 12.4.1　腈

#### 12.4.1.1　腈的结构

腈可以看作是氢氰酸(HCN)分子中的氢原子被烃基取代后的生成物。腈的通式为 RCN 或 ArCN。

腈的结构与丙炔类似。氰基中的碳原子和氮原子均为 sp 杂化，碳氮之间除 $C_{sp}—N_{sp}$ σ 键外，还有两个由 p 轨道侧面相互重叠而成的 $C_p—N_p$ π 键。氮原子的一对未共用电子在 sp 杂化轨道中，其结构如图 12-10 所示。

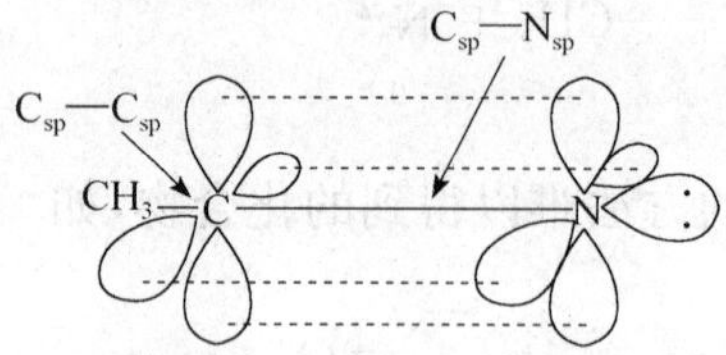


图 12-10　乙腈的结构

#### 12.4.1.2　腈的制法

1) 由卤代烃制备

腈可由卤代烷(叔卤代烷不宜)与氰化钠或氰化钾作用得到。该反应在有机合成上常用来增长碳链，如

$$RCH_2X + NaCN \xrightarrow{\text{乙醇}} RCH_2CN + NaX$$

$$ClCH_2CH_2CH_2CH_2Cl + 2NaCN \longrightarrow \underset{\text{己二腈}}{NCCH_2CH_2CH_2CH_2CN} + 2NaCl$$

己二腈是合成尼龙-66 的单体——己二酸和己二胺的原料。

2) 由酰胺或羧酸胺盐制备

酰胺或羧酸胺盐与五氧化二磷共热，则脱水生成腈。

$$RCONH_2 \xrightarrow[\triangle]{P_2O_5} RCN + H_2O$$

3) 芳腈还可以由重氮盐与氰化亚铜反应制得。

#### 12.4.1.3　腈的性质

1) 物理性质

低级腈类为无色液体，高级腈为固体。由于腈类的高度极性，所以分子间引力很大，它们的沸点比相应相对分子质量的烃、醚、醛、酮、胺均高，而与醇相近，较羧酸为低(表 12-6)。

**表 12-6　相对分子质量相近的腈、胺、醛、醇、酸的沸点的比较**

| 化合物 | $CH_3CN$ | $C_2H_5NH_2$ | $CH_3CHO$ | $C_2H_5OH$ | HCOOH |
|---|---|---|---|---|---|
| 相对分子质量 | 41 | 45 | 44 | 46 | 46 |
| 沸点/℃ | 82 | 16.6 | 21 | 78.3 | 100 |

腈类与水形成氢键,所以在水中溶解度较大,低级腈均溶于水,并能溶解盐类等离子化合物,常用作溶剂及萃取剂。随着相对分子质量的增加,腈在水中的溶解度迅速下降,丁腈以上就难溶于水。腈类的毒性较大,使用时需加强防护。

腈基的红外特征吸收与炔键一样,均在 2260～2220$cm^{-1}$内有一个尖锐的中强的碳氮叁键(C≡N)伸缩振动吸收峰,从邻甲苯甲腈的红外光谱(图 12-11)中很容易认出C≡N 吸收峰,由于只有少数基团在此区域有吸收,它往往不被其他吸收峰所遮盖,极易判断,在鉴定分析中很有用。

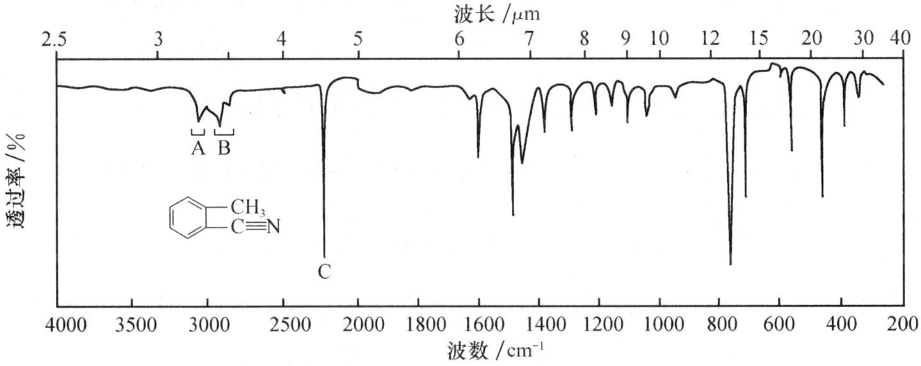


图 12-11　邻甲苯甲腈的红外光谱

A. 芳环 C—H 伸缩振动;B. C—H 伸缩振动;C. C≡N 伸缩振动

核磁共振谱中,氰基邻碳上 H 的化学位移值为 2～3ppm;氰基对 β-碳上的 H 的影响相当大,可达 0.4～0.8ppm。

饱和脂肪腈的质谱特征系列离子 $C_{10}H_{20}N^+$ $m/z$ 为 30,$m/z$ 44,…均是偶数质荷比的峰。脂肪腈的分子离子峰很弱,但芳腈有较强的分子离子峰。脂肪腈能失去 α-H 生成比较稳定的$[M-1]^+$,该离子峰强度虽弱,但有利于判断相对分子质量。四个碳以上的直链烷基腈能发生重排,重排离子常常是基峰生成的 $m/z$ 41 峰。

2) 化学性质

腈分子中含有碳氮叁键,可以起各种加成反应。其化学性质与羰基化合物相似,可发生水解、醇解、加氢等反应。不饱和键加成反应及氰基 α-碳上的反应。

(1) 水解。腈在酸或碱的催化下,水解生成羧酸,在酸催化下得到游离的羧酸和铵盐,而在碱催化下得到羧酸盐和氨。

$$R—CN + H_2O \xrightarrow{H^+} RCOOH + NH_4^+$$
$$R—CN + H_2O \xrightarrow{OH^-} RCOO^- + NH_3$$

腈的水解被认为是分步进行的，第一步生成酰胺，第二步生成羧酸。但该反应一般情况下难以停留在酰胺阶段。例如，若使反应停止在酰胺阶段就必须控制适当的反应条件。工业上用己二腈水解制备己二酸。

(2) 醇解。腈的醇溶液和浓硫酸或盐酸一起共热，则发生醇解而生成酯。

$$R—C\equiv N + R'OH + H_2O \xrightarrow{H_2SO_4} RCOOR' + NH_3$$

例如，有机玻璃单体α-甲基丙烯酸甲酯。就是由羟基腈经甲醇和浓硫酸处理，同时发生脱水、水解和酯化反应而得到的。

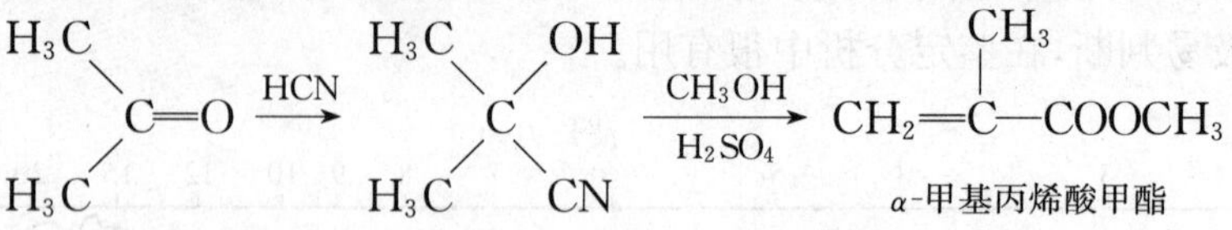


(3) 加氢还原。腈加氢或还原则生成伯胺，这是制备伯胺的方法之一。

$$R—C\equiv N + H_2 \xrightarrow{Ni} R—CH=NH \xrightarrow{H_2/Ni} R—CH_2—NH_2$$

副反应：

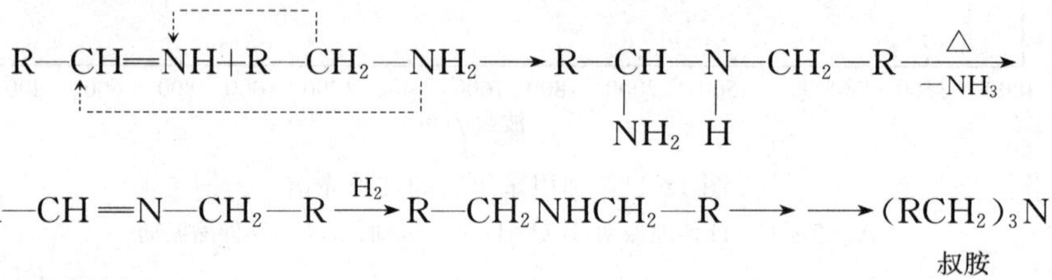


为了抑制副反应，需加入过量的 $NH_3$，也可加些 KOH 等碱类。工业上用己二腈催化加氢制己二胺。

(4) 与格氏试剂反应。腈类与格氏试剂作用可以生成酮类，如进一步反应，则最终产物为叔醇。

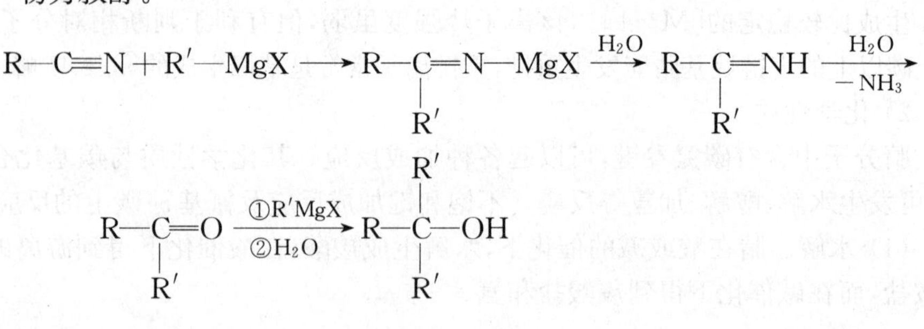

(5) $\alpha$-氢的活泼性。由于氰基的强吸电子性，使 $\alpha$-H 活泼，可以发生自身缩合反应[索普(Thorpe)腈缩合反应]，如

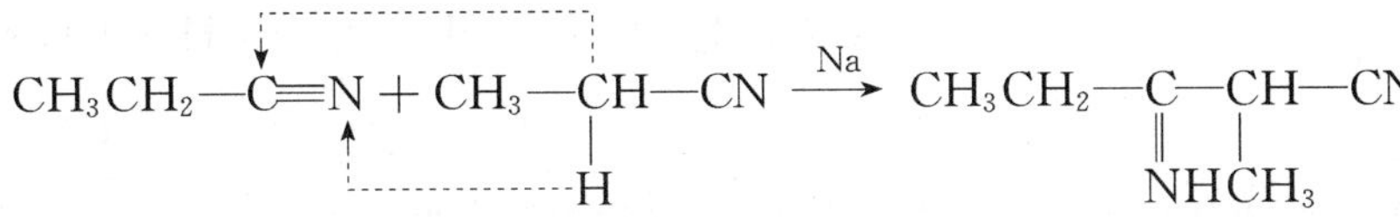

也可以与芳醛发生缩合反应，如

$$C_6H_5CHO + C_6H_5CH_2CN \xrightarrow[EtOH]{EtONa} \xrightarrow[-H_2O]{\triangle} C_6H_6CH{=}\underset{\substack{|\\ C_6H_5}}{C}{-}CN$$

也可以与酯等缩合，如

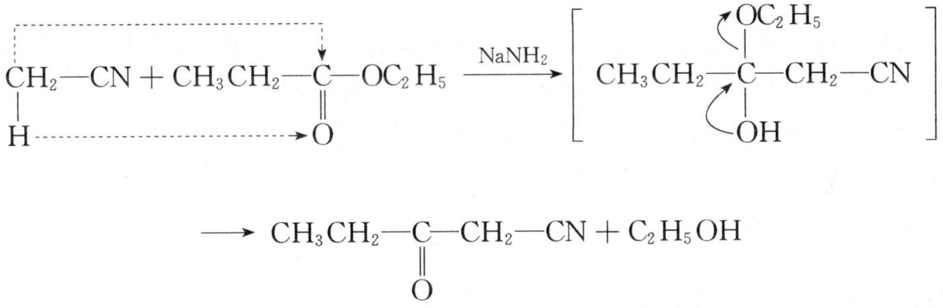

12.4.1.4　丙烯腈

丙烯腈为无色液体，沸点 78℃，稍溶于水，易溶于一般有机溶剂。它既是合成纤维和合成橡胶的单体，又是重要的有机合成原料。

目前生产丙烯腈的主要方法是氨化氧化法，简称氨氧化法。

$$CH_2{=}CH{-}CH_3 + NH_3 + \frac{3}{2}O_2 \xrightarrow{\text{磷钼酸铋}} CH_2{=}CHCN + 3H_2O$$

丙烯腈在引发剂(如过氧化苯甲酰)存在下，可聚合生成聚丙烯腈。

$$nCH_2{=}\underset{\substack{|\\ CN}}{CH} \xrightarrow{\text{引发剂}} {+}CH_2{-}\underset{\substack{|\\ CN}}{CH}{+}_n$$

聚丙烯腈制成的纤维称为腈纶。腈纶质地柔软，类似羊毛，故有"人造羊毛"之称，它具有强度高、保暖性好、耐日光、耐酸、耐溶剂等优点。

丙烯腈还能与其他化合物共聚，例如，丙烯腈与 1,3-丁二烯共聚可生成具有耐油、耐寒、耐溶剂等特性的丁腈橡胶。

$$nCH_2=CH-CH=CH_2 + nCH_2=\underset{\underset{CN}{|}}{CH} \longrightarrow \left[CH_2-CH=CH-CH_2-CH_2-\underset{\underset{CN}{|}}{CH}\right]_n$$

丙烯腈在浓硫酸存在下,限制水量,则可水解为丙烯酰胺。

$$CH_2=CH-CN + H_2O \xrightarrow{浓 H_2SO_4} CH_2=CH-CONH_2 \cdot H_2SO_4$$
$$\xrightarrow{Na_2CO_3} CH_2=CH-CONH_2$$

工业上则用骨架铜作催化剂,使丙烯腈水解成丙烯酰胺。

$$CH_2=CH-CN+H_2O \xrightarrow[85\sim125℃]{骨架酮} CH_2=CH-CONH_2$$

丙烯酰胺经聚合得到聚丙烯酰胺。聚丙烯酰胺主要用作絮凝剂、油田注水增稠剂、钻井液处理剂、纺织浆料、纸张增强剂、纤维改性剂等。

丙烯腈电解二聚则生成己二腈,是无色液体,沸点 295℃,主要用于生产己二胺、己二酸等。

$$2CH_2=CHCN+2H^+ +2e(电解) \longrightarrow NC(CH_2)_4CN$$

### 12.4.2 异腈

异腈又称为胩,通式为 RNC。腈和异腈是同分异构体。在腈分子中,腈基上的碳原子和烃基相连,而在异腈分子中,氰基上的氮原子和烃基相连。

异腈的结构可以用共振式表示:

$$R-\ddot{N}=C \longleftrightarrow R-\overset{+}{N}\equiv C:^-$$

异腈是一类比较稳定的含两价碳的化合物。

异腈可以由碘代烷与氰化银或氰化亚铜在乙醇溶液中加热的方法制备,其中含有少量腈。

$$RI+AgCN \longrightarrow RNC+AgI$$

如果用银氰化四甲铵 $(CH_3)_4N^+[Ag(CN)_2]^-$ 代替氰化银与碘代烷反应,异腈的产率可接近 100%。

伯胺与氯仿及氢氧化钾的醇溶液反应,也能生成异腈。异腈的沸点比相应的腈低,相对分子质量小的异腈是具有恶臭味,有毒性的液体。异腈对碱稳定,而用稀酸就可以使其水解生成 *N*-烃基甲酰胺,后者进一步水解生成甲酸和比异腈少一个碳原子的伯胺。

$$RNC+H_2O \underset{}{\overset{H^+}{\rightleftharpoons}} HCONHR \xrightarrow[H_2O]{H^+} RNH_2+HCOOH$$

异腈催化加氢，则生成仲胺：

$$RNC+2H_2 \xrightarrow{Ni\text{或}Pt} RNHCH_3$$

异腈与卤素发生加成反应，生成二卤代物：

$$RNC+Cl_2 \longrightarrow RN{=}CCl_2$$

将异腈加热到250～300℃，则发生异构化生成相应的腈：

$$RNC \xrightarrow{250\sim300℃} RCN$$

异腈与氧化汞或硫反应，分别生成异氰酸酯和异硫氰酸酯：

$$RNC+HgO \longrightarrow R{-}N{=}C{=}O+Hg$$
$$RNC+S \longrightarrow R{-}N{=}C{=}S$$

## 12.4.3　异氰酸酯

### 12.4.3.1　异氰酸酯的结构

氰酸结构的表示方法，目前尚未完全解决。一般认为氰酸和异氰酸是互变异构体，在平衡时主要组分是异氰酸。

$$\underset{\text{氰酸}}{HO{-}C{\equiv}N} \rightleftharpoons \underset{\text{异氰酸}}{O{=}C{=}N{-}H}$$

异腈酸酯具有下面结构：R—N═C═O 或 RNCO。其轨道如图12-12所示。

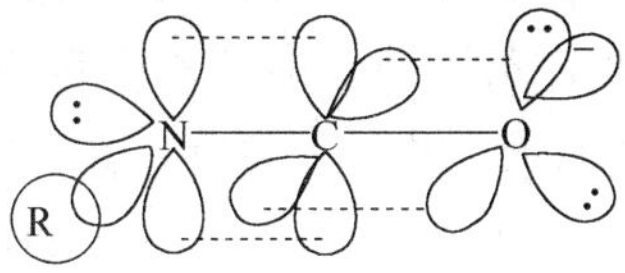

图 12-12　异氰酸酯轨道示意图

迄今尚未发现相当于氰酸的酯。在异氰酸酯中，以芳香族异氰酸酯较为重要。

### 12.4.3.2　异氰酸酯的制法

制备脂肪族或芳香族异氰酸酯的常用方法是由伯胺与光气作用，先生成胺基甲酰氯，后者受热脱去氯化氢即分解为异氰酸酯，如

$$2RNH_2+Cl{-}\underset{\underset{O}{\|}}{C}{-}Cl \longrightarrow RNHCOCl+RNH_2HCl \xrightarrow[-HCl]{\triangle} R{-}N{=}C{=}O$$

异氰酸苯酯

光气与二胺作用则生成二异氰酸酯，如

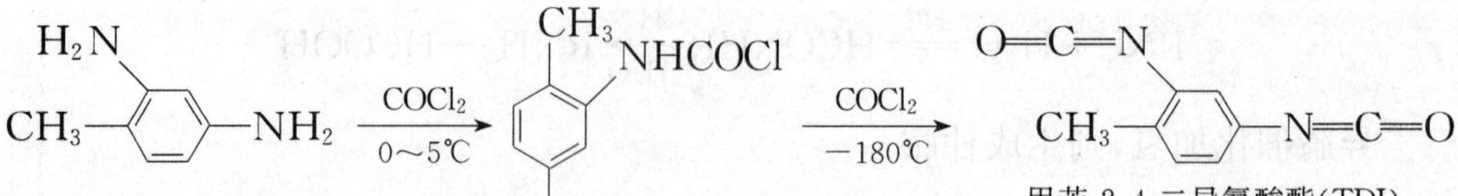

甲苯-2,4-二异氰酸酯(TDI)

12.4.3.3　异氰酸酯的性质

异氰酸酯是难闻的催泪性液体。其分子中有一个碳原子与两个双键相连，其结构与烯酮相似。异氰酸酯的化学性质很活泼，可与水、醇、胺等含有活泼氢的各类化合物发生反应，如

$$R—N═C═O + H_2O \longrightarrow RNH_2 + CO_2$$

$$C_6H_5—N═C═O + CH_3NH_2 \longrightarrow C_6H_5—NH—\overset{\overset{\displaystyle O}{\|}}{C}—NHCH_3$$

*N*-甲基-*N′*-苯基脲

$$C_6H_5—N═C═O + ROH \longrightarrow C_6H_5—NH—\overset{\overset{\displaystyle O}{\|}}{C}—OR$$

*N*-苯氨基甲酸酯

异氰酸苯酯的 *N*,*N*-二取代脲和 *N*-苯氨基甲酸酯为结晶固体，具有一定的熔点，在有机分析中常用来鉴定醇类、酚类和伯、仲胺。

某些芳基异氰酸酯是合成树脂、涂料、农药及除草剂的重要原料。例如，二异氰酸酯与二元醇作用可生成聚氨基甲酸酯类高分子化合物，即聚氨酯类树脂。工业上先将己二酸和乙二醇缩聚成低相对分子质量的聚酯，该聚酯的两端带有两个醇羟基，可把它看作二元醇。

$$HOOC(CH_2)_4COOH + (n+1)HOCH_2CH_2OH \longrightarrow$$
$$HOCH_2CH_2O{+}CO{+}CH_2{)}_4COCH_2CH_2O{\rfloor}_n H + 2nH_2O$$

然后再和甲苯-2,4-二异氰酸酯作用，即可制得聚氨基甲酸酯树脂。

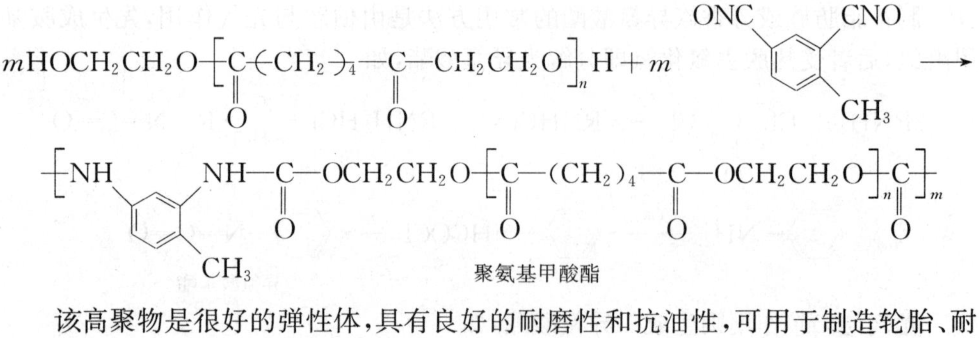

聚氨基甲酸酯

该高聚物是很好的弹性体，具有良好的耐磨性和抗油性，可用于制造轮胎、耐

油胶管、运输带、传送带、鞋底等橡胶制品。在制备时如果在乙二醇中加入少量水，那么在聚合时则有少量二异氰酸酯与水作用，生成二元胺和二氧化碳，待产品固化时，$CO_2$ 形成的小气泡便留在高分子聚合体中，形成海绵状泡沫塑料。这就是常见的聚氨酯泡沫塑料。该泡沫塑料无臭无毒，手感舒适，可用作家具、坐垫、衣服衬里及生活日用材料。

3,4-二氯苯氨基甲酸甲酯又称为火草灵，是高效、低毒、低残毒的稻田除草剂。它可由氯苯为原始原料制造。

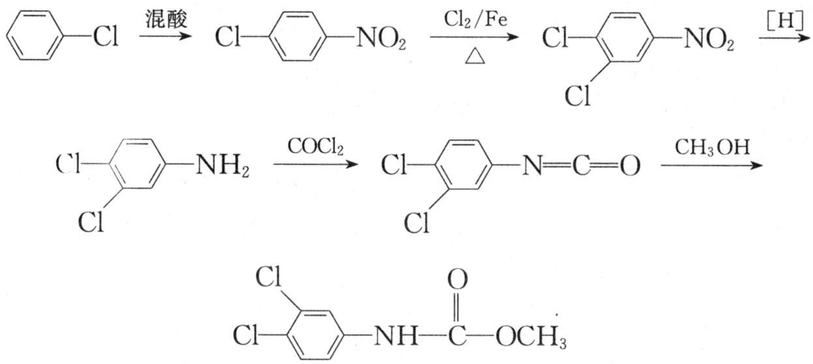


## 习　题

1. 用化学方法区别下列各组化合物：
   (1) 乙醇、乙醛、乙酸和乙胺
   (2) 对氯苯胺、苯胺和苯胺盐酸盐
   (3) 邻甲苯胺、*N*-甲基苯胺和 *N*,*N*-二甲基苯胺
   (4) 正丁胺、二乙胺和二甲乙胺
2. 用化学方法分离下列各组化合物：
   (1) $CH_3CH_2CH_2NO_2$、$(CH_3)_3CNO_2$ 和 $CH_3CH_2CH_2NH_2$
   (2) 苯酚、苯胺和对氨基苯甲酸
   (3) 正己醇、2-己酮、三乙胺和正己胺
   (4) 二乙胺、三乙胺和正己胺
3. 比较下列各组化合物的碱性，并按碱性由强到弱排列：
   (1) $CH_3CONH_2$、$CH_3NH_2$、$NH_3$ 和 $C_6H_5NH_2$
   (2) 对甲苯胺、苄胺、2,4-二硝基苯胺和对硝基苯胺
   (3) 苯胺、甲胺、三苯胺和 *N*-甲基苯胺
   (4) 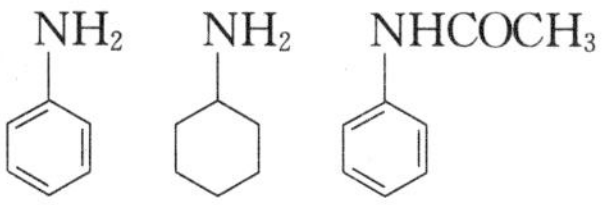

   (5) 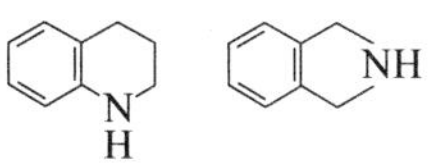

(6) 乙胺、乙酰胺、三乙胺、氢氧化四甲铵

(7) 丙胺、2-氨基-1-丙醇、3-氨基-1-丙醇

(8) 苯胺、对氯苯胺、对硝基苯胺、对溴苯胺、对甲氧基苯胺、2,4-二硝基苯胺

4. 完成下列反应：

(1) $CH_3CH_2CN \xrightarrow{H_2O/H^+} ? \xrightarrow{SOCl_2} ? \xrightarrow{(CH_3CH_2CH_2)_2NH} ? \xrightarrow[H_2O]{LiAlH_4} ?$

(2) 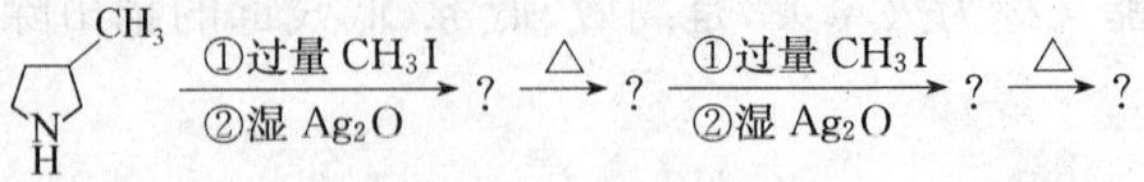


(3) 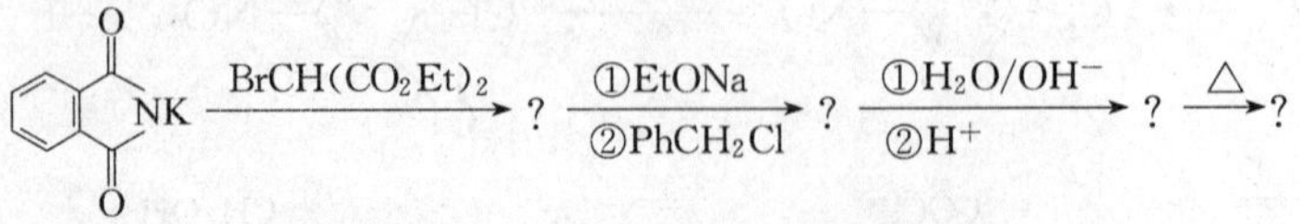


(4) 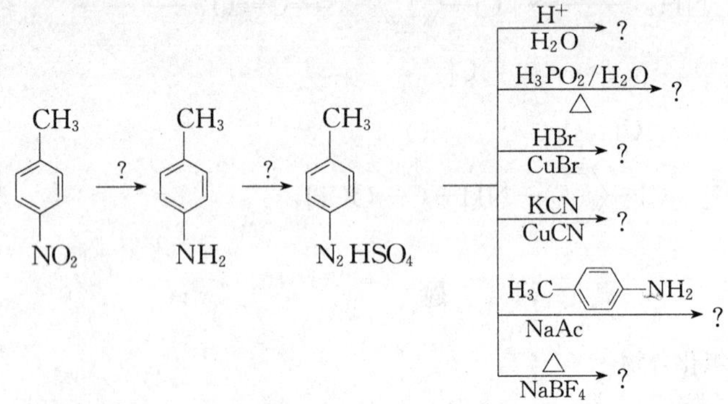


(5) 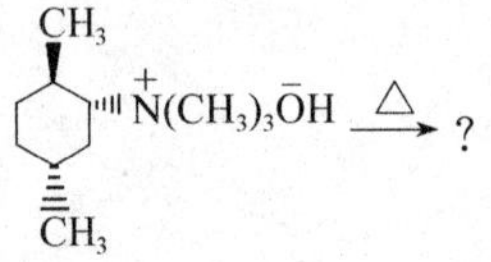


(6) 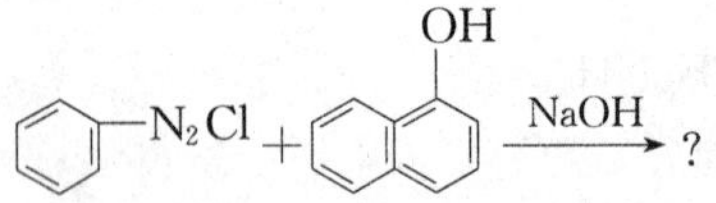


(7) 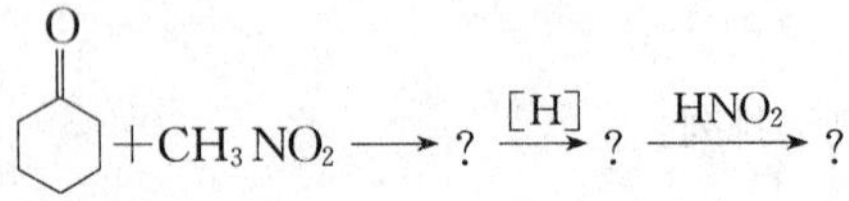


5. 写下列反应机理：

(1) 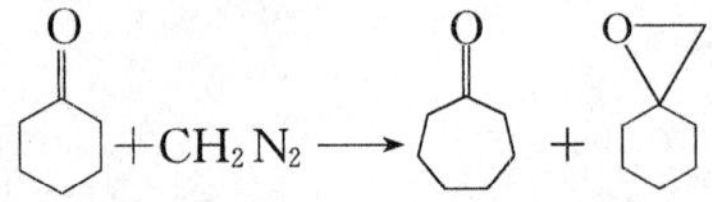


(2) 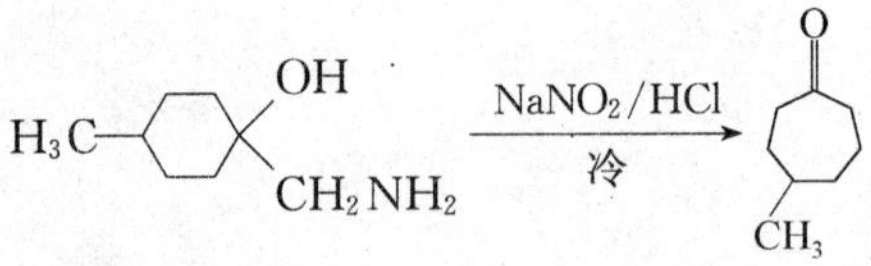

6. 写出下列季铵碱按霍夫曼消除的主要产物：

(1) $CH_3CH_2CH_2CH_2\overset{-}{N}(CH_3)_3OH^-$

(2) 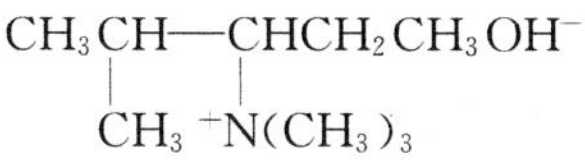

(3) 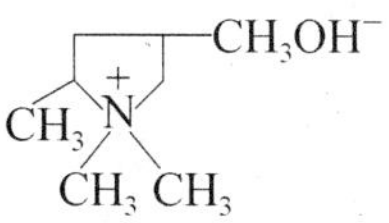

(4) 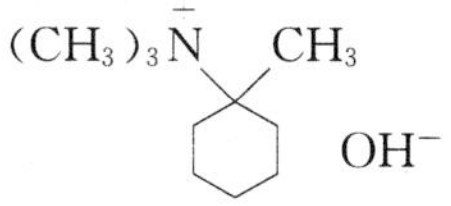

(5) 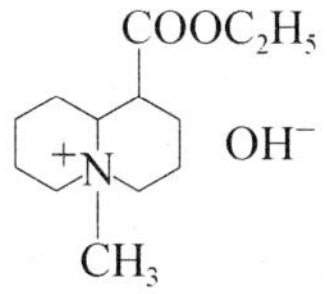

(6) 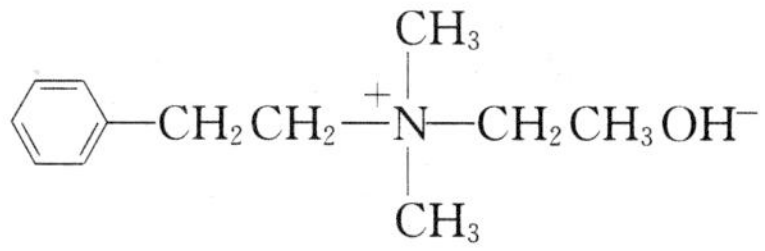

7. 指出下列反应中的错误：

(1) $RCONH_2 \xrightarrow{CH_3I} RCONHCH_3$

(2) 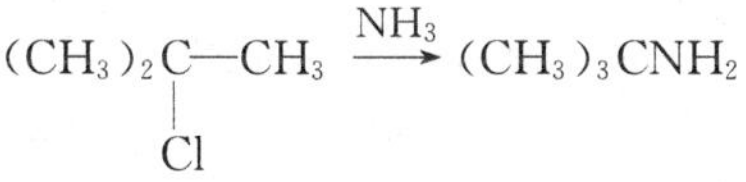

(3) $BrCH_2CH_2CH_2NH_2 \xrightarrow[\text{乙醚}]{Mg} \xrightarrow{CO_2} \xrightarrow{H_3O^+} HOOC(CH_2)_3NH_2$

(4) 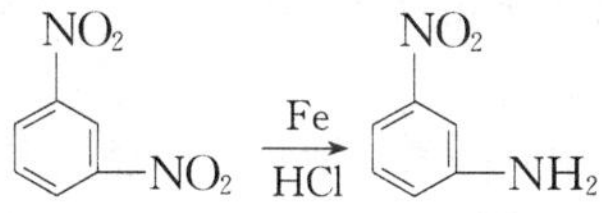

(5) 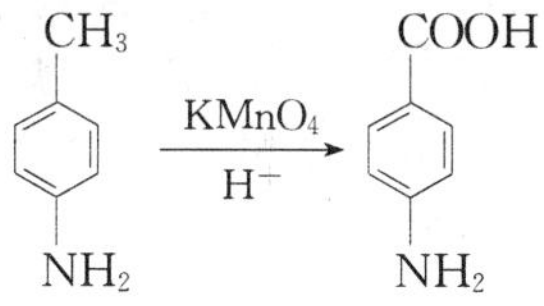

(6) 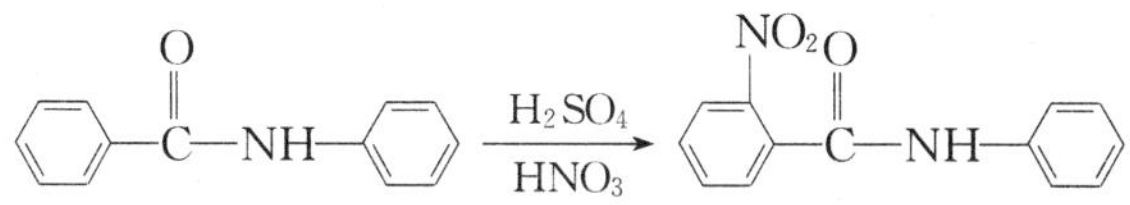

8. 以苯、甲苯及三个碳以下的有机化合物为原料，合成下列化合物：

(1) 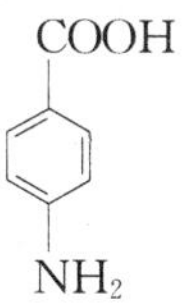

(2) 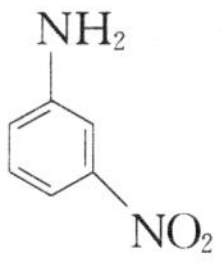

(3) 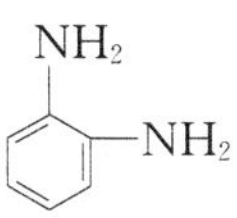

(4) 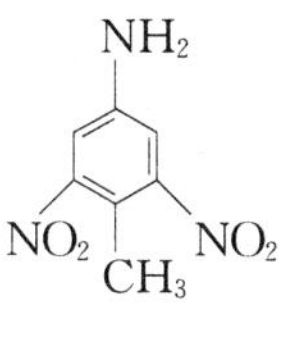

(5) 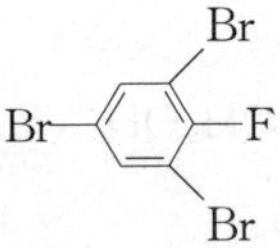


(6) 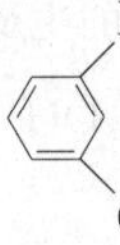


(7) 

(8) 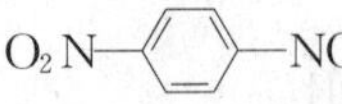


(9) 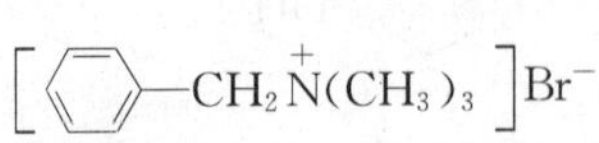


(10) 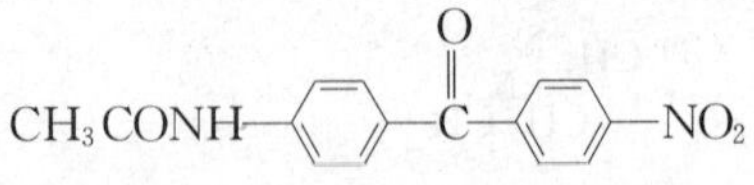


(11) 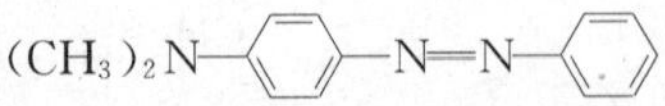


(12) 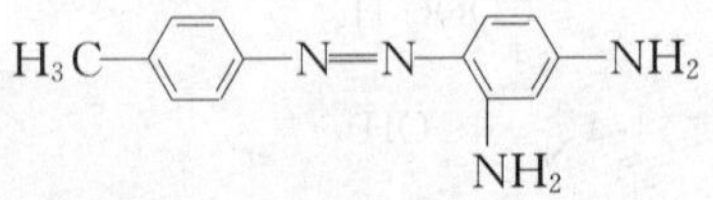


9. 某化合物 A 分子式为 $C_6H_5Br_2NO_3S$，与亚硝酸钠和硫酸作用生成重氮盐 B，B 与乙醇共热生成分子式为 $C_6H_4Br_2SO_3$ 的化合物 C。C 在硫酸存在下用过热水蒸气处理生成间二溴苯。A 能够从对氨基苯磺酸经一步反应得到。试推测 A 的结构式。

10. 化合物 A($C_7H_{15}N$)用碘甲烷处理生成水溶性的盐 B($C_8H_{18}IN$)。用湿的氧化银处理后加热，生成 C($C_8H_{17}N$)。C 再用碘甲烷处理，随后同氧化银-水悬浮液共热，生成三甲胺和 D($C_6H_{10}$)。D 经催化氢化生成 E($C_6H_{14}$)。E 的核磁共振谱显示七重峰和二重峰两组峰。它们的强度之比为 1∶6。写出 A～E 的结构式。

11. 毒芹碱 A($C_8H_{17}N$)是毒芹的有毒成分。A 与 2mol $CH_3I$ 反应，再用湿的 $Ag_2O$ 处理，热解产生中间体 B($C_{10}H_{21}N$)。B 进一步甲基化后再转变为氢氧化物，经热解生成三甲胺、1,5-辛二烯和 1,4-辛二烯。试推测 A 和 B 的结构。

12. 某碱性化合物 A($C_4H_9N$)经臭氧化再水解，得到的产物中有一种是甲醛。A 经催化加氢得 B($C_4H_{11}N$)。B 也可由戊酰胺和溴的氢氧化钠溶液反应得到。A 和过量的碘甲烷作用，能生成盐 C($C_7H_{16}IN$)。该盐和湿的氧化银反应并加热分解得到 D($C_4H_6$)。D 和丁炔二酸二甲酯加热反应得 E($C_{10}H_{12}O_4$)。E 在钯存在下脱氢生成邻苯二甲酸二甲酯。试推测 A～E 的结构，并写出各步反应式。

13. 化合物 A 的分子式为 $C_9H_{13}N$，其红外光谱及核磁共振光谱如下图所示，试写出 A 的结构并指出核磁共振吸收峰的归属。

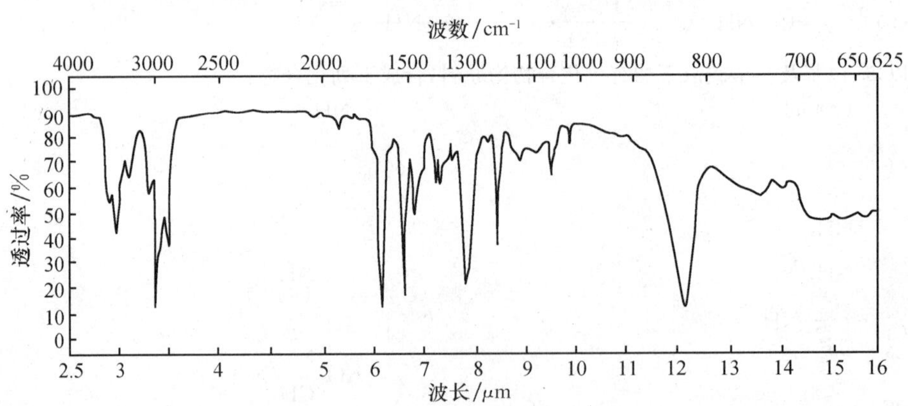

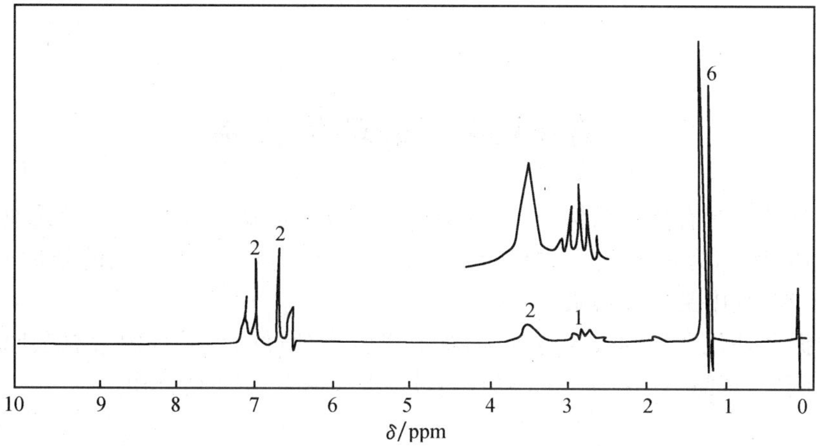


14. 化合物 A 的分子式为 $C_{15}H_{17}N$,用苯磺酰氯和 KOH 溶液处理,它没有作用。该化合物酸化后得一澄清的溶液。A 的核磁共振谱如下图所示。试推导化合物 A 的结构。

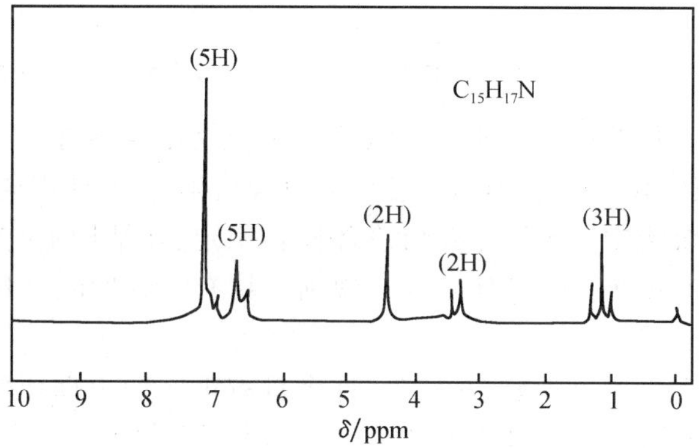

# 第 13 章　杂环化合物

凡分子中具有环状结构单元，且构成环的原子除碳原子外还包括其他杂原子的化合物，统称为杂环化合物(heterocyclic compound)。最常见的杂原子有氧、硫、氮三种，其中又以氮为最多。

根据杂环化合物的定义，在以前章节里曾出现过的很多环内含有杂原子的化合物。例如，环醚、环状的二元酸酐、内酯等均应属于杂环化合物。

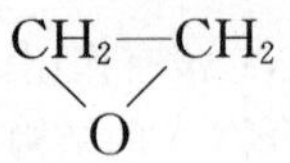
环氧乙烷

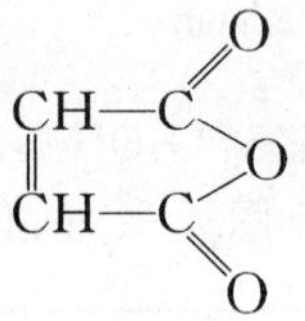
顺丁烯二酸酐

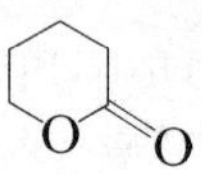
$\delta$-戊内酯

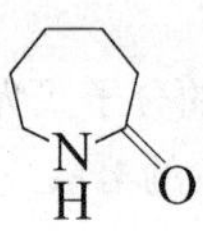
己内酰胺

但是这些化合物的性质与相应的脂肪族化合物比较接近，它们中的杂环既容易由链状化合物闭环生成，也容易破裂再生成链状化合物，所以通常将它们归并到相应的脂肪族化合物中。本章主要讨论环比较稳定、在结构上与芳香族化合物相似(主要为平面形，$\pi$ 电子数符合 $4n+2$ 规则)，具有芳香性的杂环化合物，即芳杂环化合物。

杂环化合物在自然界中分布极广。许多具有重要的生理功能，如植物中的叶绿素、动物血液中的血红素、细胞的成分核酸及某些维生素等，它们的分子中都含有杂环结构。从理论上讲，合成的杂环系几乎是无穷无尽的。迄今，许多合成药物、合成染料、化纤助剂、食品添加剂以及某些工程塑料等都与杂环化合物关系密切。近年来，在有机化学领域内，有关杂环化合物的研究工作占了相当大的比例。

由于组成杂环的杂原子的种类和数量不同，环的大小及稠合的方式不同，因此杂环化合物的种类繁多，数目庞大，约占全部已知有机化合物的三分之一。为了研究方便，杂环化合物可按环的大小分类，最小的是三元杂环，大的可以是几十元杂环，其中最重要的是五元杂环和六元杂环；又可按杂环中杂原子数目分为含一个杂原子的杂环以及含有两个或两个以上杂原子的杂环；还可按环的数目以及环的组合形式，分为单杂环和稠杂环。

本章重点介绍只含有一个杂原子的五元杂环和六元杂环化合物的结构和性质。

# 13.1　五元杂环化合物

## 13.1.1　结构与芳香性

最重要的五元杂环化合物是呋喃、噻吩和吡咯，它们在结构上有共同点：五元杂环的 5 个原子都是 $sp^2$ 杂化。彼此以各自的 $sp^2$ 杂化轨道重叠所形成的 $\sigma$ 键相连接，位于同一平面上，环上的 5 个原子各有一个 p 轨道，这五个 p 轨道垂直于环所在的平面，侧面相互重叠形成大 $\pi$ 键——一个闭合的环状共轭体系。其中，碳原子的 p 轨道提供一个电子，杂原子的 p 轨道提供 2 个电子，总共 6 个 $\pi$ 电子分布在环上包括 5 个原子在内的分子轨道中，符合休克尔 $4n+2$ 规则的要求，所以它们都具有芳香性，如图 13-1 和图 13-2 所示。

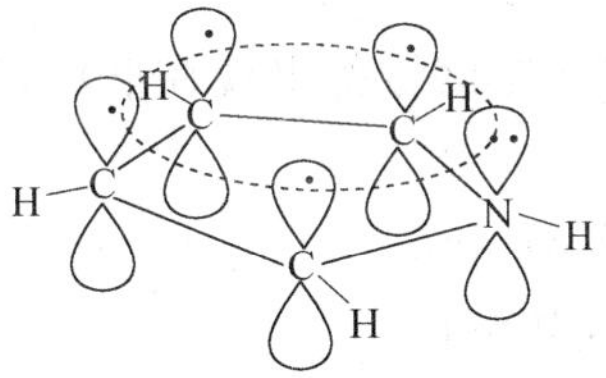

图 13-1　吡咯的分子轨道

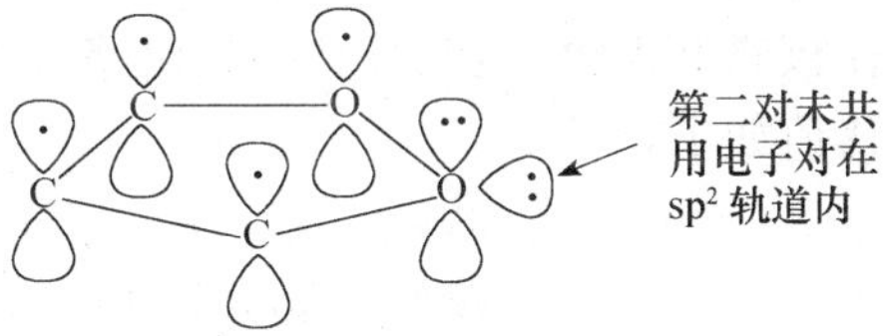


图 13-2　呋喃的分子轨道

它们的芳香性也可从下面的物理特性来说明。

1）键长有一定程度的平均化

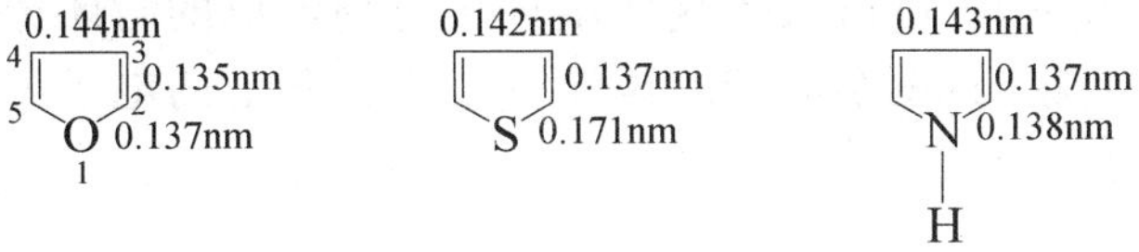


从上述键长数据可以看出，碳杂键键长都比相应饱和化合物中的键长（C—O，0.1430nm；C—N，0.1470nm；C—S，0.1820nm）短，而 $C_2$—$C_3$ 或 $C_4$—$C_5$ 键长比乙烯的 C═C 键长（0.1340nm）长，$C_3$—$C_4$ 键长比乙烷 C—C 键长（0.1540nm）短。说明这些杂环的键长在一定程度上发生了平均化，但不像苯那样完全平均化，即键长的平均化并不彻底，它们在一定程度上仍具有不饱和化合物的性质。

2）偶极矩

比较呋喃、噻吩、吡咯与相应饱和化合物的偶极矩，说明未共用电子对的离域现象。

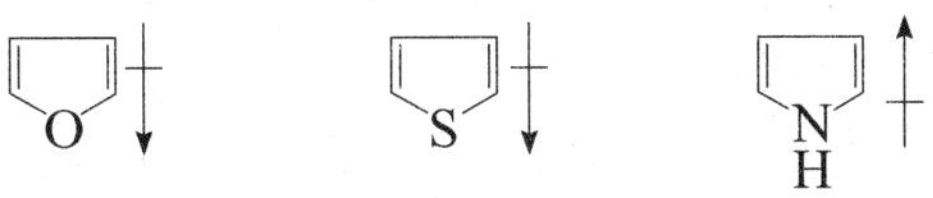

偶极矩 /($10^{-30}$C·m)　2.33　　1.70　　6.04

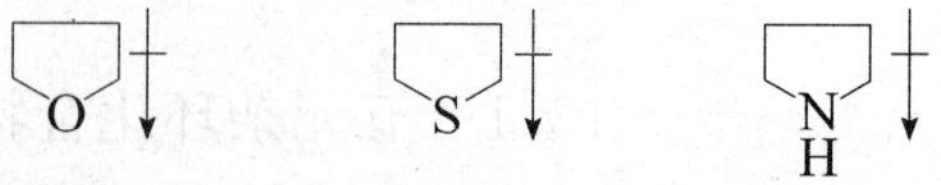

偶极矩 /($10^{-30}$C·m)　5.77　6.34　5.27

在饱和化合物中因杂原子的吸电子诱导效应而具有极性；在呋喃、噻吩、吡咯中，杂原子的吸电子诱导效应和给电子共轭效应并存且方向相反，对于呋喃和噻吩来说，吸电子诱导效应大于给电子诱导效应，因而它们的偶极矩比相应的饱和化合物的要小；而吡咯因氮的给电子共轭效应远大于吸电子诱导效应且方向相反，故偶极矩比相应的饱和化合物的要大，且两者的偶极矩方向相反。

3）离域能

呋喃、吡咯和噻吩的离域能分别为 67kJ/mol、88kJ/mol 和 117kJ/mol，比苯的离域能（150.5kJ/mol）低，但比大多数共轭二烯烃的离域能（12～28kJ/mol）要大得多。

4）化学位移

在核磁共振谱中，呋喃、噻吩、吡咯环上氢的核磁共振信号都出现在低场，其化学位移值如下：

| | | |
|---|---|---|
| 呋喃 | $\alpha_H$ $\delta$ 7.42ppm | $\beta_H$ $\delta$ 6.37ppm |
| 噻吩 | $\alpha_H$ $\delta$ 7.30ppm | $\beta_H$ $\delta$ 7.10ppm |
| 吡咯 | $\alpha_H$ $\delta$ 6.68ppm | $\beta_H$ $\delta$ 6.22ppm |

即它们的 $\delta$ 一般在 7ppm 左右，环上的氢受离域电子环电流的影响，它们的核磁共振信号位于芳香化合物的区域内，这也是它们具有芳香性的一种标志（苯的 NMR 谱的 $\delta$ 为 7.27ppm，一般的芳香环上质子的 $\delta$ 为 7.0～8.0ppm，双键上质子的 $\delta$ 为 4.7～5.7ppm）。可以认为这些杂环化合物形成的封闭芳香共轭体系与苯环相似。$\alpha_H\ \delta > \beta_H\ \delta$ 说明杂原子的诱导效应使 $\alpha$-碳上的电子云密度较 $\beta$-碳上要低些。

### 13.1.2 呋喃、噻吩和吡咯

呋喃存在于松木焦油中，是无色液体，沸点 31℃，熔点 −86℃，相对密度 $d_4^{20}$ = 0.9336，有氯仿气味。呋喃蒸气遇被盐酸浸湿过的松木呈现绿色，这一反应叫做松木片反应；噻吩与苯共存于煤焦油中，是无色、有特殊气味的液体，沸点 84℃，熔点 −38℃，在浓硫酸存在下，与靛红一同加热显示蓝色，反应灵敏；吡咯存在于煤焦油和骨焦油中，是无色液体，有弱的苯胺气味，沸点 131℃。吡咯蒸气或其醇溶液，能使浸过浓盐酸的松木片呈现红色。它们都易溶于有机溶剂，不易溶于水，与苯环稠合后，由于分子中增加了疏水基团，水溶性大为减小。它们的主要化学性质如下：

1）亲电取代反应

这些五元杂环最显著的通性是有芳香性，能进行环上的亲电取代反应。由于每个杂原子提供一对电子参与共轭，使环上 $\pi$ 电子云密度比苯环大，因此亲电取代反应比苯容易进行。吡咯最活泼，其次是呋喃，其活泼性与苯胺或苯酚相当，噻吩较不活泼，但仍比苯活泼得多。正是由于三者的高度活性，在很多情况下要在较低温度和较温和的条件下进行反应。又由于吡咯、呋喃环的稳定性较差，在强酸作用下容易破坏共轭体系而发生水解、聚合等反应，因此不能与硝酸或硫酸进行亲电取代反应。

三种化合物的亲电取代反应主要发生在 $\alpha$-位，这可以从反应中形成的碳正离子中间体的稳定性得到解释。与苯环的取代反应相类似，亲电取代反应历程是先加成后消除：

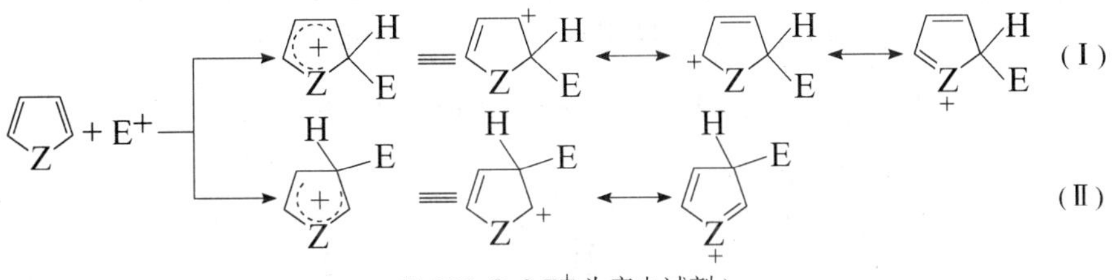


(Z=NH、O、S;E$^+$ 为亲电试剂)

反应(Ⅰ)中形成的碳正离子为烯丙型碳正离子，比较稳定，它可能有三个共振式参与共振，(Ⅱ)中形成的碳正离子只可能有两个共振式参与共振。所以，反应按(Ⅰ)式进行，取代反应主要发生在 $\alpha$-位上。

(1) 卤化。呋喃、噻吩在室温与氯或溴反应很激烈，得到多卤代物。若在温和条件下(如用溶剂稀释并采用低温)可得到一卤代物，不活泼的碘则需在催化剂的作用下进行。

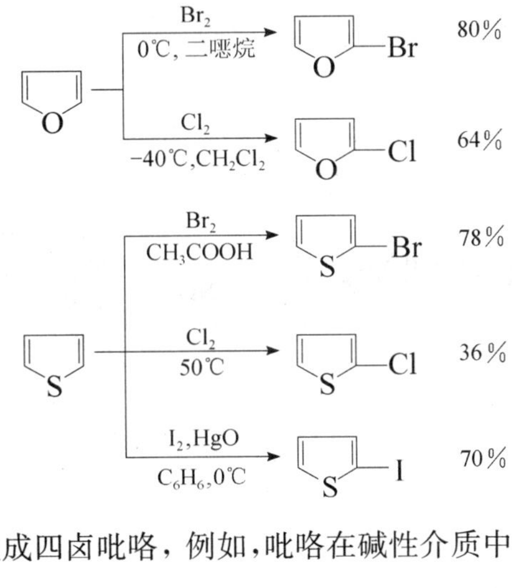


吡咯极易卤化生成四卤吡咯，例如，吡咯在碱性介质中与碘作用，生成四碘代吡咯。

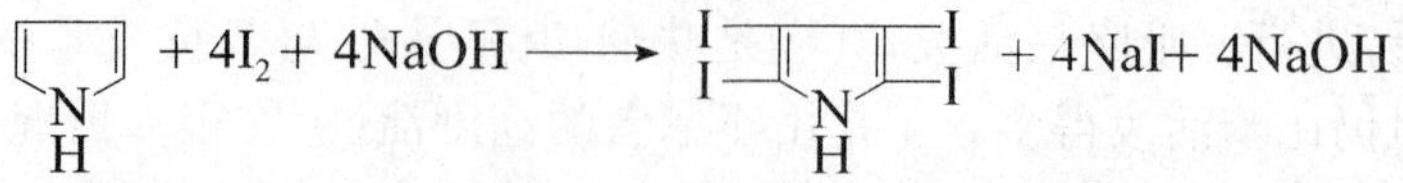

四碘吡咯常用来代替碘仿做伤口消毒剂。吡咯分别与 $Br_2$ 和 $SOCl_2$ 作用，可得到四溴吡咯和四氯吡咯。只有在特殊条件下才能制得一卤吡咯，且很不稳定，在空气和光照下很快分解，如果分子中有吸电子基团，可以较好地得到一卤吡咯。

（2）硝化。呋喃和吡咯很容易被氧化，甚至能被空气氧化，遇无机酸容易发生聚合，因而不能用硝酸硝化。通常用比较温和的非质子硝化试剂，如硝酸乙酰酯，它是无色、发烟、易吸潮的液体，因易爆炸，所以在临用时制备。

$$(CH_3CO)_2O + HONO_2 \longrightarrow CH_3COONO_2 + CH_3COOH$$

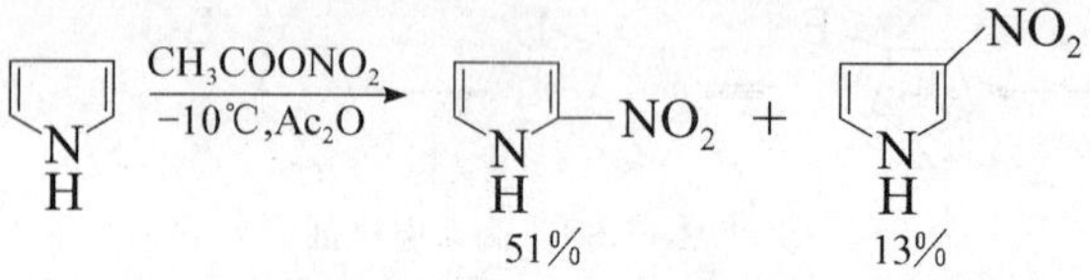

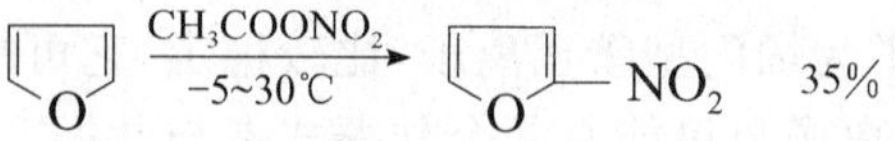

当呋喃或吡咯环上连有吸电子基团时，环的稳定性增加，可以用一般方法硝化。

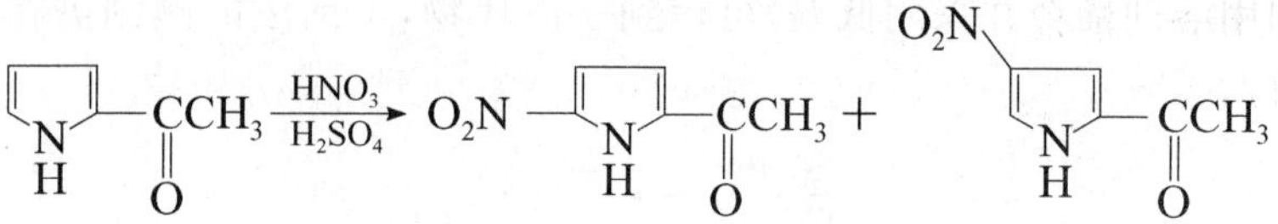

主

噻吩比较稳定，可以用一般的硝化方法进行硝化，但反应非常猛烈，其反应速率比苯快 850 倍。如果环上有供电子基，反应活性增加，位置选择性降低。

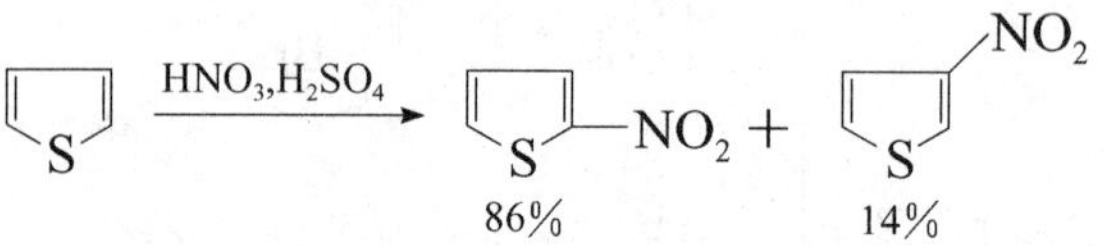

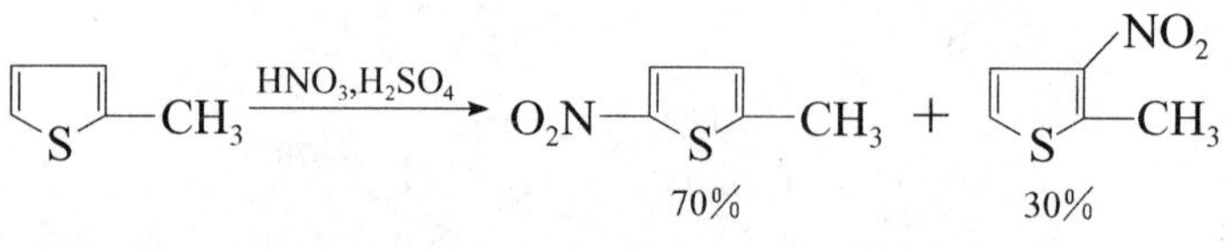

（3）磺化。吡咯和呋喃也不能用硫酸直接磺化，要用温和的非质子磺化试剂，如吡啶与三氧化硫的配合物进行磺化，反应首先得到的是吡啶的磺酸盐，经酸化后得到游离的磺酸。

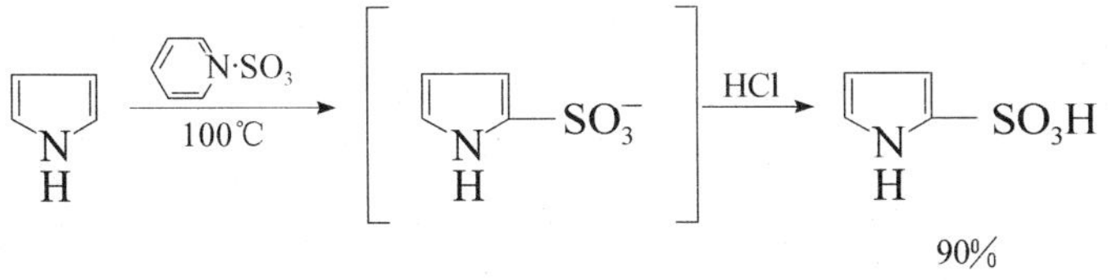

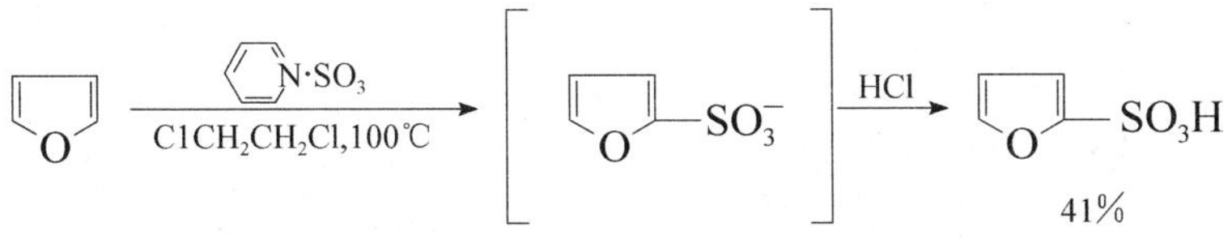

当吡咯或呋喃环上连有吸电子基团时,可以用一般的磺化方法。

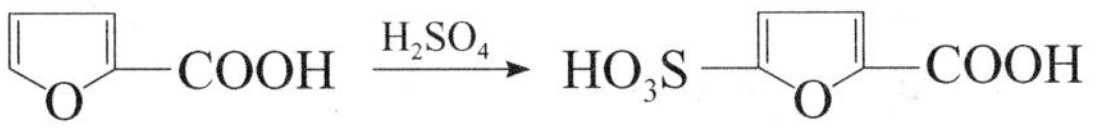

由于噻吩是含一个杂原子的五元杂环化合物中最稳定的一个,可在室温下用95%的硫酸直接磺化,但产率不如用上述试剂的高。这个反应可用于苯和噻吩的分离:从煤焦油中分离出来的苯通常含有少量的噻吩,将其在室温下反复用硫酸提取,由于噻吩比苯容易磺化,磺化的噻吩溶于浓硫酸内,可以与苯分离,然后水解除去磺酸基得到噻吩,分离出来的苯即为无噻吩苯。

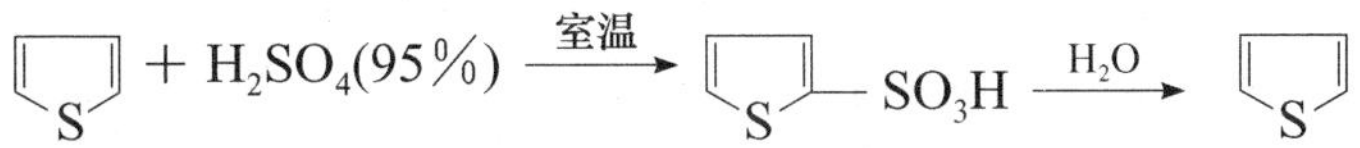

(4) 烷基化和酰基化。吡咯烷基化反应很难控制,常得到混合的多烷基取代物,甚至产生树脂状物质,因此用途不大。吡咯可用乙酸酐进行酰基化。与苯酚或苯胺相似,吡咯很易和芳香族重氮盐发生偶合作用,生成有色的偶氮化合物。

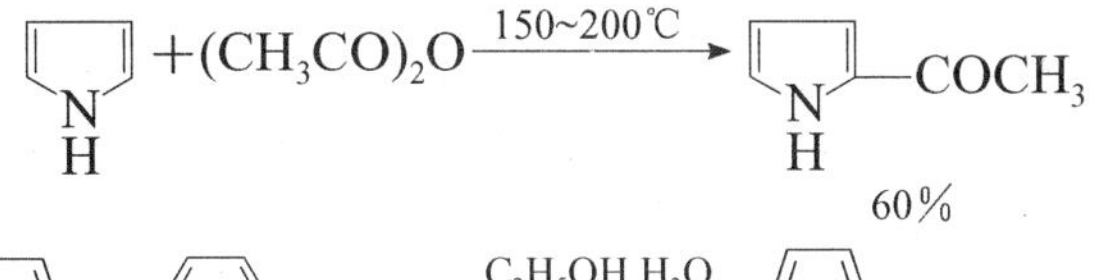

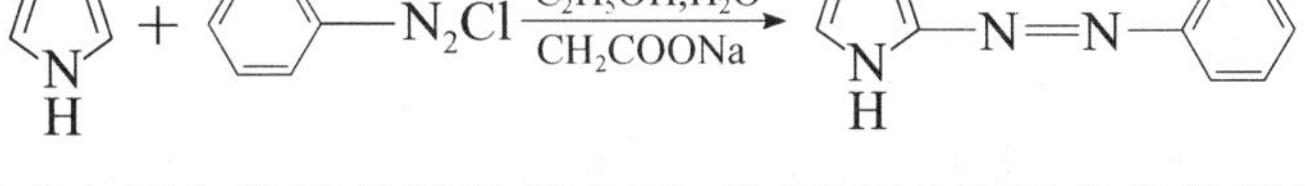

呋喃和噻吩在缓和的路易斯酸催化下,控制适当的反应条件可以进行烷基化和酰基化。

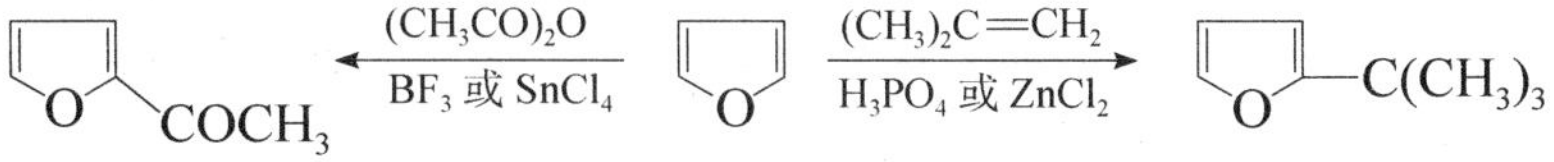

如果环上已有取代基,再进行亲电取代反应时,则对第二个基团的进入有定位

效应，同时环上的杂原子也有 $\alpha$-定位效应。3-取代呋喃、噻吩、吡咯，如环上已有的基团为间位定位基，则第二个基团进入 5 位；如环上已有的基团为邻对位定位基，则第二个基团入 2 位，2-取代呋喃比较简单，不管取代基是间位还是邻对位定位基，第二个基团总是进入 5 位；2-取代吡咯和噻吩，如为间位定位基，反应发生在 4、5 位；如为邻对位定位基，反应主要发生在 5 位，部分在 3 位，但 2 位有叔丁基等较大基团时，由于空间阻碍作用，使 5 位取代成为唯一产物。如果杂环上 2 个 $\alpha$-位均已有取代基，则反应发生在 $\beta$-位。如果已有 2 个基团分别占据一个 $\alpha$-位和一个 $\beta$-位，则第三个基团进入的位置，由原有的 2 个取代基共同决定。

2）加成反应

(1) 加氢。呋喃、噻吩、吡咯均可进行催化加氢反应，失去芳香性而得到饱和的杂环化合物。呋喃与吡咯可用一般的催化加氢催化剂；噻吩分子中含有硫原子，能使催化剂中毒失去催化能力，因而需使用特殊催化剂，如 Na-Hg/$C_2H_5OH$、$MoS_2$ 等。

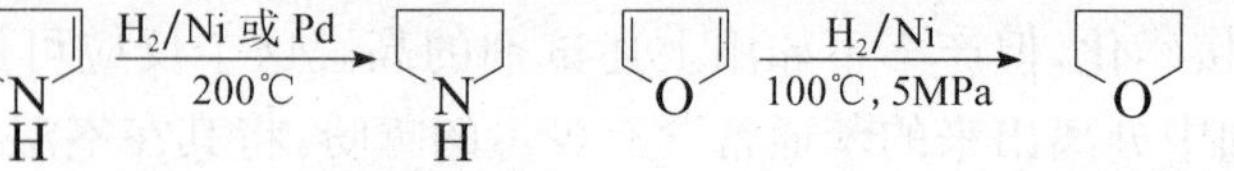


四氢吡咯　　　　　　四氢呋喃

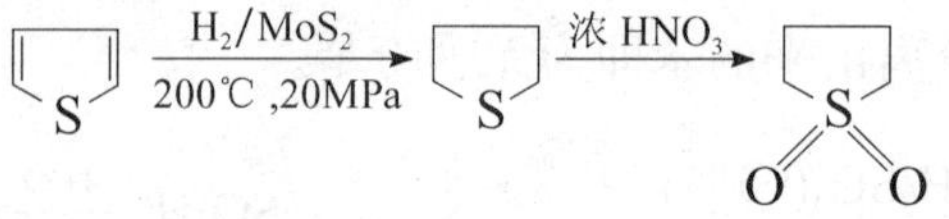


四氢噻吩　　　环丁砜

四氢吡咯又叫吡咯烷(pyrrolidine)，具有脂肪族仲胺的性质，可用于制备药物、杀菌剂等。四氢呋喃(tetrahydrofuran，THF)具有醚的性质，有乙醚的气味，沸点 65.5℃，是优良的溶剂，也是有机合成的原料，常用以制取己二酸、己二胺、丁二烯等。四氢吡咯的重要衍生物 *N*-甲基-2-吡咯烷酮是一个较好的芳烃萃取剂和理想的极性非质子溶剂，可由 $\gamma$-丁内酯通过下列反应制得。

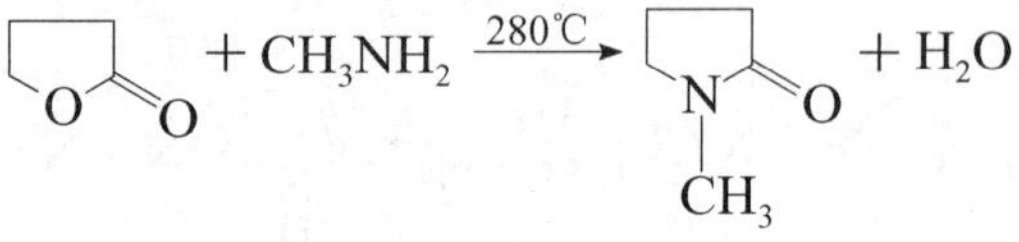


四氢噻吩具有硫醚的性质，经氧化生成环丁砜，环丁砜的沸点 287℃，熔点 28℃，是一种重要的溶剂。工业上用二氧化硫与 1,3-丁二烯经环丁烯砜，再加氢而得。

(2) 第尔斯-阿尔德(Diels-Alder)反应。呋喃的离域能较小，环的稳定性较差，可以看成是 1,3-环二烯，具有共轭双烯的性质，能发生第尔斯-阿尔德反应。

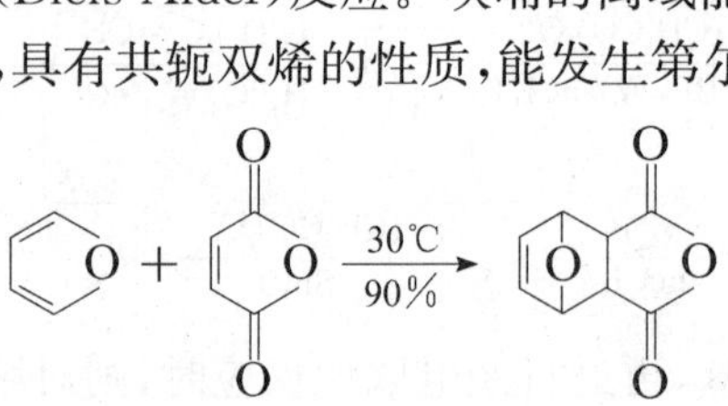

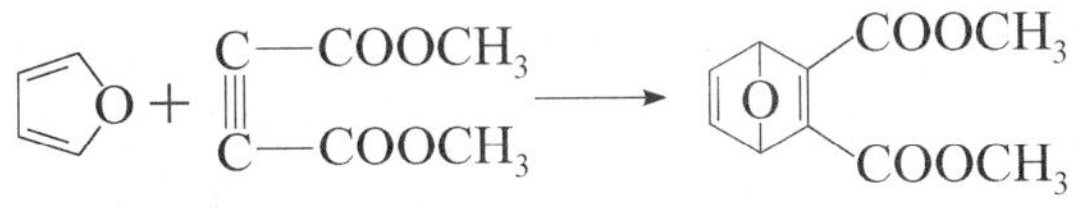


3）吡咯的弱碱性和弱酸性

由于吡咯氮原子的未共用电子对参与了杂环的共轭体系，并呈现给电子的共轭效应，氮原子上的电子云密度降低，减弱了吸引质子的能力，故碱性极弱，比苯胺的碱性还要弱得多，$pK_b=13.6$（四氢吡咯的 $pK_b=3.7$，苯胺的 $pK_b=9.4$）。吡咯只能慢慢地溶解在冷的稀酸溶液中，它遇浓酸不能形成稳定的盐，而聚合成红色树脂状物质，称为吡咯红。另外，氮原子上的电子云密度降低，削弱了氮-氢键而有微弱的酸性，其酸性比醇强而比酚弱，当与固体氢氧化钾或氢氧化钠共热时生成钾盐或钠盐。

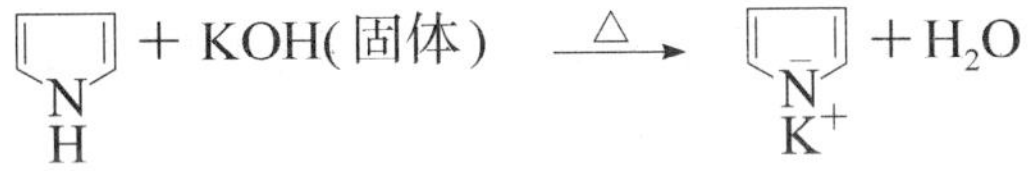


吡咯具弱酸性，是因为吡咯的负离子比吡咯更为稳定，这可用下列共振式表示出来。

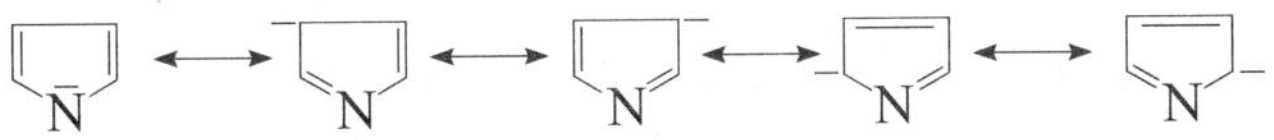

与吡咯共振式不同的是，吡咯负离子不存在能量较高的相邻原子具有异电荷的共振式。

吡咯盐可发生 *N*-烷基化和 *N*-酰基化反应，继续加热，则烷基和酰基会重排到 $\alpha$-位上。

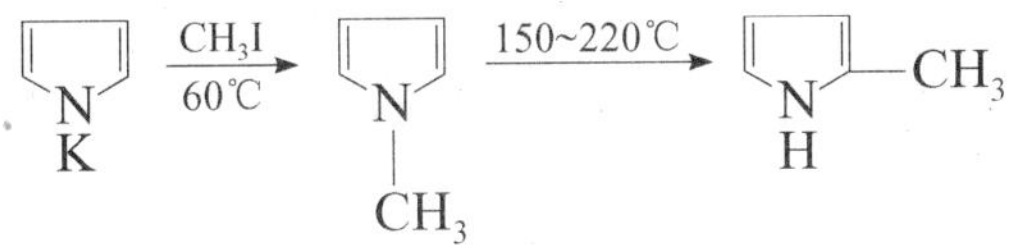


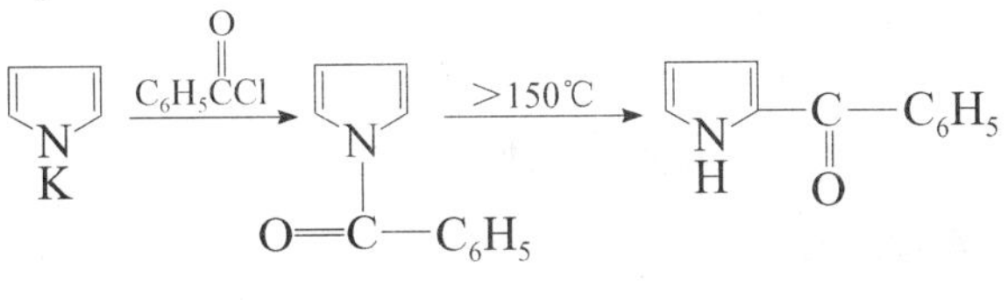


## 13.1.3　糠醛

糠醛（furfuraldehyde）是一种重要的呋喃衍生物，学名为 $\alpha$-呋喃甲醛，结构式为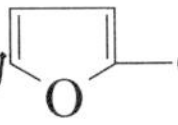—CHO，因最初是由米糠与稀酸共热制备而得名糠醛。除米糠外，其他农副产品，如麦秆、玉米芯、棉籽壳、甘蔗渣、高粱秆、花生壳等，也都含有多缩戊糖，在稀酸作用下水解为戊糖，戊糖进一步脱水环化成糠醛。

糠醛为无色液体，在空气中，尤其在酸性或铁离子催化下逐渐被氧化变成棕褐色，为防止氧化，可加入少量氢醌作为抗氧剂，再用碳酸钠中和游离酸。糠醛的沸点 162℃，熔点 −36.5℃，相对密度 1.160，可溶于水，能与醇或醚混溶，是一种常用的优良溶剂，也是一种重要的有机合成原料。

糠醛具有一般醛的性质，如

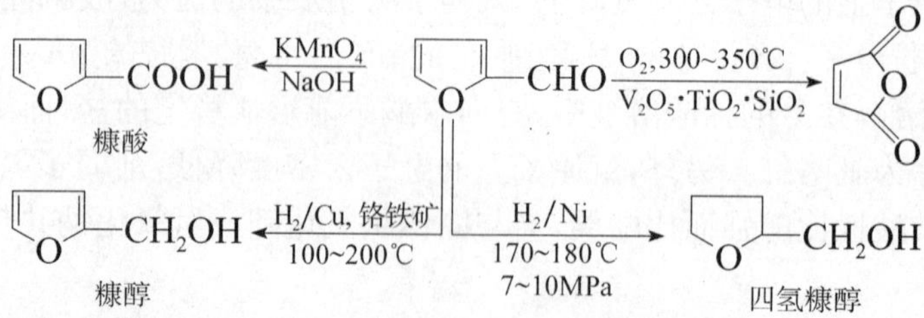


糠醛是不含 α-H 的醛，其化学性质与甲醛或苯甲醛相似，也可发生佩金缩合反应和坎尼扎罗反应。

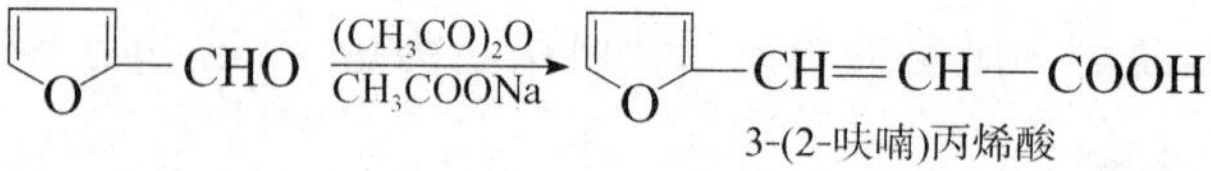


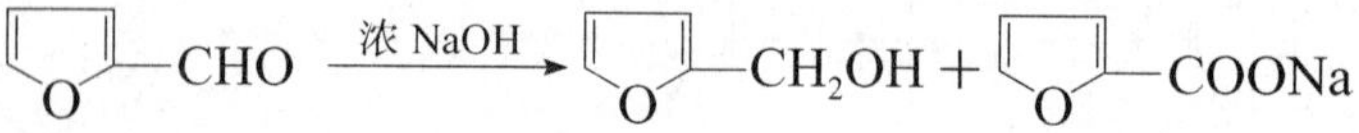


糠醛在乙酸的存在下与苯胺作用，能生成一种亮红色的缩合产物，利用这一反应可检验糠醛。

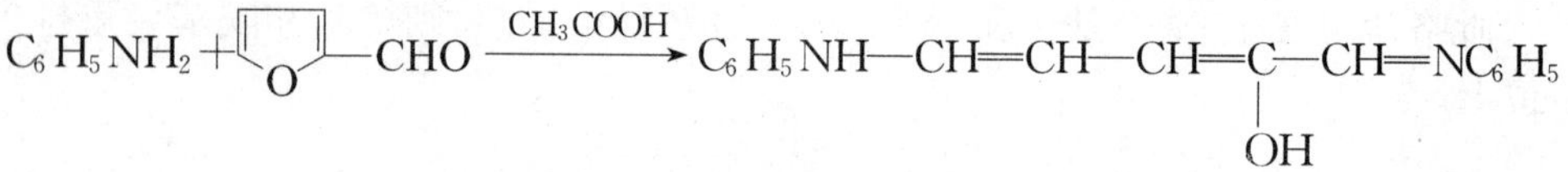


糠醛还可与苯酚缩合生成类似电木的酚糠醛树脂。由糠醛通过以上反应转变而得的一些化合物也都是有用的化工产品。例如，糠醇为无色液体，沸点 170～171℃，是一种优良的溶剂，是制备糠醇树脂（用作防腐蚀涂料及制玻璃钢）的原料；糠酸为白色结晶，熔点 133℃，可作为防腐剂及制造增塑剂的原料；四氢糠醇是无色液体，沸点 177℃，也是一种优良溶剂和合成原料。

### 13.1.4 咪唑、吡唑和噻唑

咪唑、吡唑和噻唑的结构式为

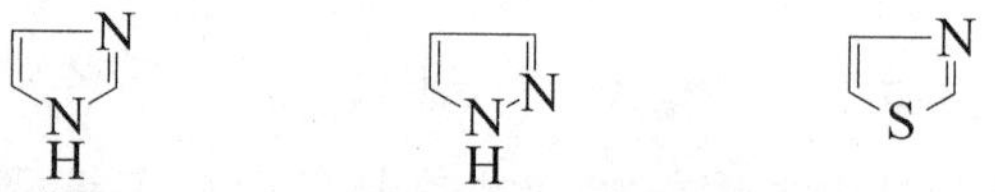

咪唑　　　吡唑　　　噻唑

凡是含两个或两个以上杂原子，且其中一个为氮原子的五元杂环化合物，都称为"唑"。"唑"分子中有"—N="基，此 N 原子与吡啶的氮原子类似，仅用 2p 轨道中的一个单电子参与共轭，属 6π 电子芳香体系；另一对电子则处于 $sp^2$ 杂化轨道中，不参与 π 共轭，可与质子结合而显示不同程度的碱性。图 13-3 为咪唑的轨道结构。

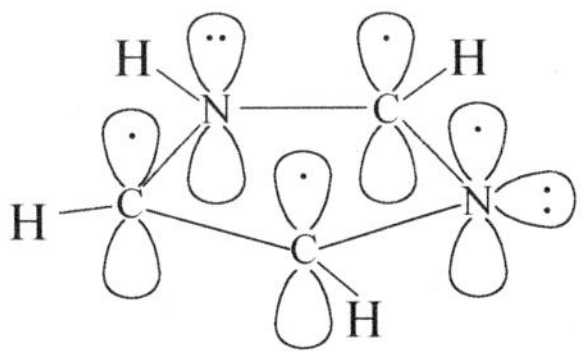

图 13-3　咪唑的轨道结构

1）咪唑

咪唑为棱柱状结晶，熔点 90～91℃，沸点 257℃，溶于水和有机溶剂。咪唑的 $pK_b$ 为 6.8。

咪唑的一个重要衍生物是组氨酸；另一种是耐高温树脂——聚苯并咪唑，因分子中有苯并咪唑环而得名的，它可由 3,3′,4,4′-四氨基联苯和间苯二甲酸二苯酯作用而得。聚苯并咪唑的制品可以在 250℃以下长期使用，但加工困难，一般用作黏合剂和增强塑料。

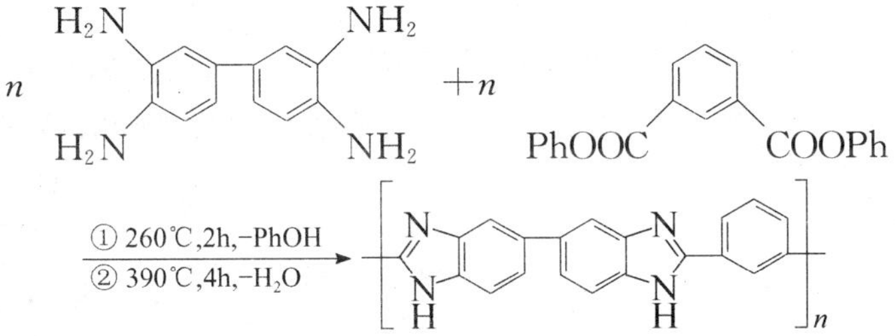

2）吡唑

吡唑为无色固体，熔点 70℃，沸点 188℃，能溶于水、醇、醚中，吡唑常呈两分子缔合状态。

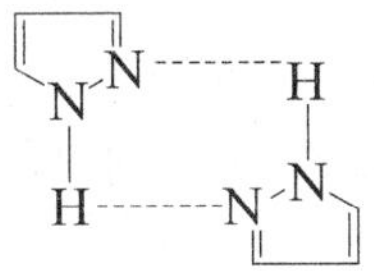

吡唑也具有弱碱性（$pK_b$ = 11.5）。吡唑环的芳香性比较明显，能发生硝化、磺化、卤化等取代反应，得到 4 位取代产物，如

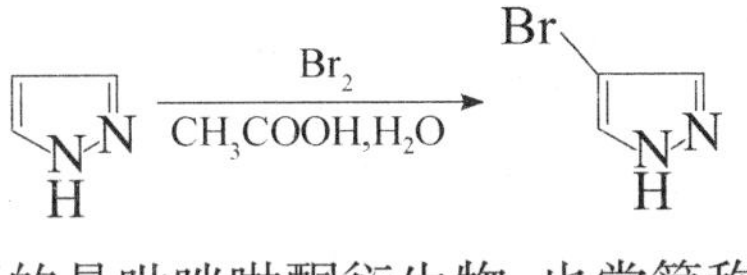

吡唑衍生物中最重要的是吡唑啉酮衍生物，也常简称为吡唑酮衍生物，如检定钙的试剂、增白剂 AD、彩色胶片中使用的品红成色剂，常用的退热药安替吡啉、安乃近等都具有吡唑酮的基本结构，如

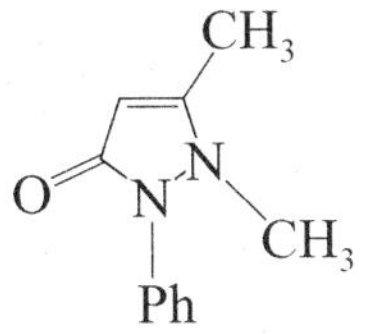

安替吡啉

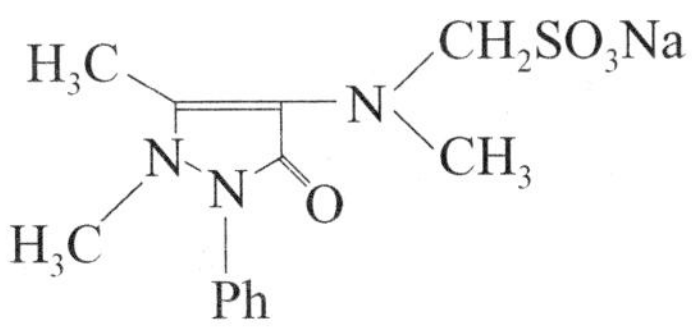

安乃近

3）噻唑

噻唑为无色液体，沸点 117℃，相对密度 1.2，碱性很弱（$pK_a$ = 11.5），但能与酸生成稳定的盐，与卤烷作用形成噻唑鎓盐，如

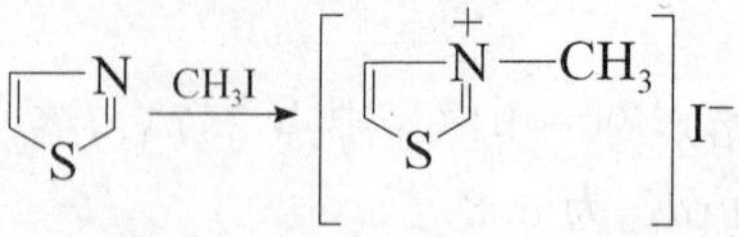

与噻吩比较，由于氮的电负性比碳的强，所以相对而言，噻唑环上的电子云密度比噻吩的低，不易发生亲电取代反应。例如，在一般情况下，不起卤化反应，不与硝酸作用，磺化反应必须在硫酸汞存在下才能发生。

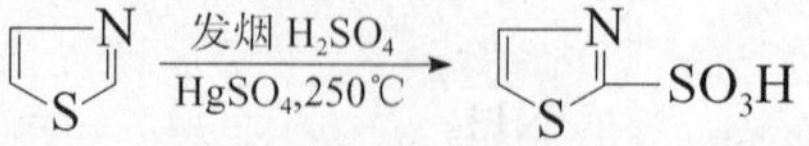

噻唑及其衍生物都存在于自然界中，也可用合成方法制备，如青霉素、维生素 $B_1$、磺胺噻唑、某些染料、橡胶促进剂等都含有噻唑或氢化噻唑的结构。

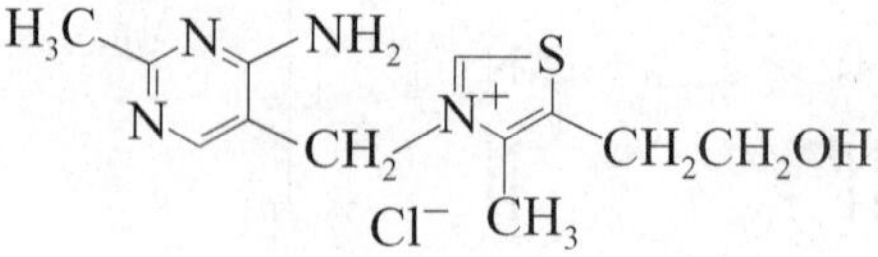

维生素 $B_1$

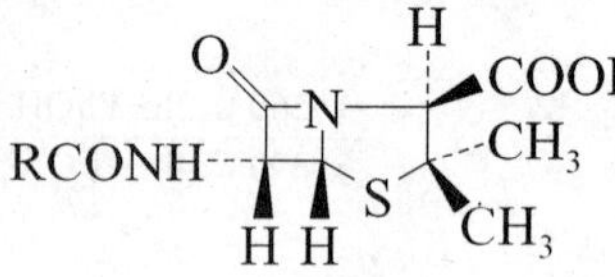

青霉素

青霉素有多种，其差别在于上式中的 R 不同，如青霉素 F，R 为 $CH_2CH{=}CHCH_2CH_3$；青霉素 G，R 为 $CH_2C_6H_5$；青霉素 K，R 为 $CH_2(CH_2)_5CH_3$。青霉素的活性主要在于容易打开的四元环。

2-巯基苯并噻唑是一种橡胶硫化促进剂（促进剂-M），可由苯胺和二硫化碳及硫在高温、高压作用下而得。

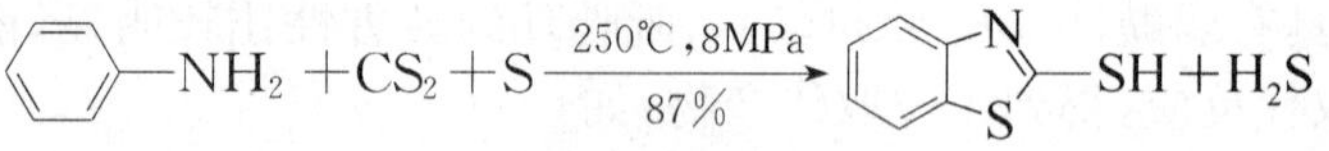

另一种耐高温聚合物——聚苯并噻唑，可由 3,3′-二巯基联苯胺和间苯二甲酸二苯酯作用制得。

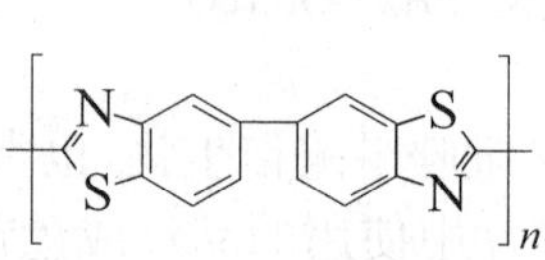

### 13.1.5 吡咯色素

很多生理上的重要物质都是由吡咯的衍生物组成的，如植物的叶绿素和动物的血红素及维生素 $B_{12}$、胆红素等。

叶绿素和血红素的基本结构是由四个吡咯环通过 α-位与四个次甲基（—CH═）交替相连而成共轭体系，称为卟吩（porphine），旧称卟（音雷）核，其取代物则称为

卟啉(porphyrin)。卟吩本身在自然界并不存在,但卟啉却广泛存在。卟吩呈平面形结构,环中有 20 个碳原子组成的共轭体系,具有芳香性,其共轭能大于 1925kJ/mol,故十分稳定。共轭使卟吩衍生物显色。

卟啉一般是和金属形成配合物。在维生素 $B_{12}$ 中为钴,在叶绿素中是镁,在血红素中是铁。在叶绿素和血红素里,每个吡咯环 3、4 位均被取代,取代基是甲基、乙烯基、丙酸基等,如

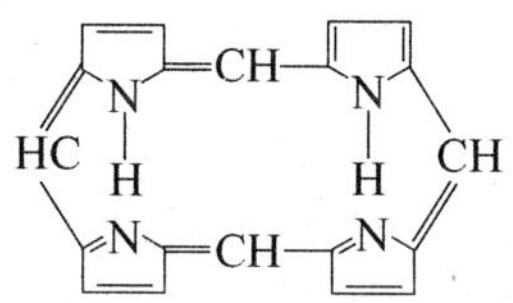

卟吩(噐核)

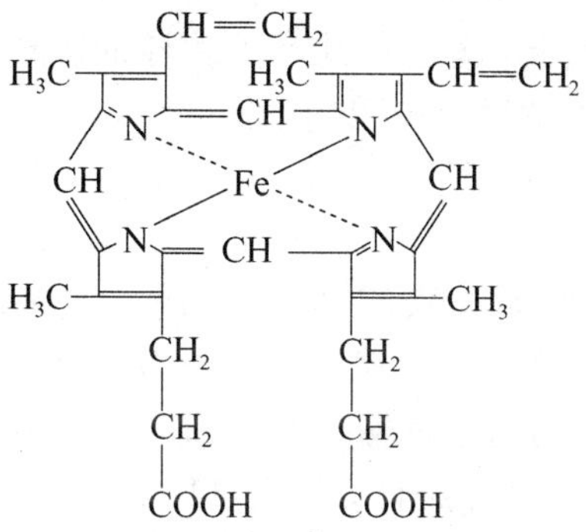

血红素

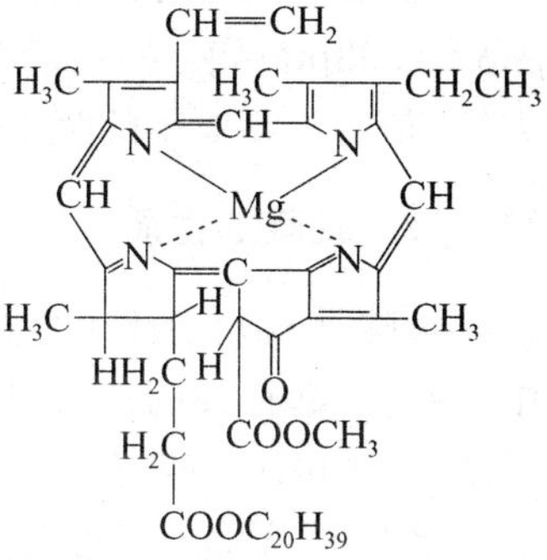

叶绿素 a

## 13.2　六元杂环化合物

### 13.2.1　结构与芳香性

以吡啶为例来说明六元杂环化合物的结构。吡啶环上的五个碳原子和一个氮原子均以 $sp^2$ 杂化轨道成键,六个成环原子共平面;环上每个原子还有一个 p 轨道,它们组成包括六个原子在内的 π 分子轨道——一个闭合的共轭轨道体系。其中,环上每个原子提供一个 p 电子,共有六个 π 电子,符合休克尔 $4n+2$ 规则,所以吡啶具有芳香性。氮原子上还有一对未共用电子对,它们在 $sp^2$ 杂化轨道上,并不参与 π 共轭体系,如图 13-4 所示。

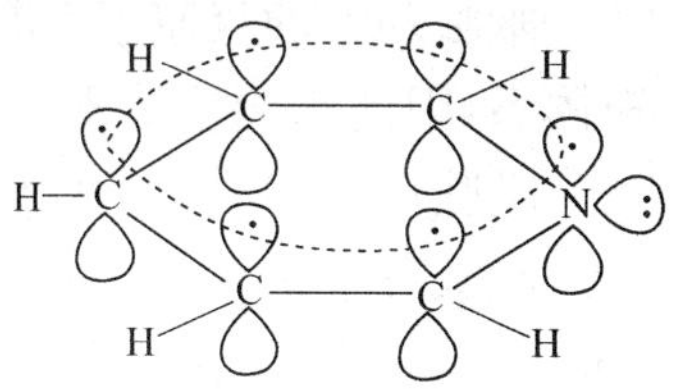

图 13-4　吡啶分子轨道示意图

吡啶的芳香性也可以从下面的物理特性来说明。

1) 键长有较大程度的平均化

吡啶分子:C—N 键长为 0.134nm,$C_2$—$C_3$ 键长为 0.139nm,$C_3$—$C_4$ 键长为 0.140nm,C—C 键长与苯相近,C—N 键长比一般的 C—N 键长(0.147nm)短,比一般的 C＝N 键长(0.128nm)长。这些数据表明,吡啶环的键长平均程度较大,但仍未完全平均化。

2) 偶极矩

吡啶的偶极矩比六氢吡啶大,这是因为吡啶环上吸电子诱导效应和吸电子共

轭效应共存,且方向一致,而六氢吡啶环上只有氮原子的吸电子诱导效应。

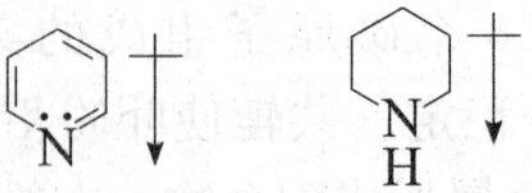

$\mu/(10^{-30}C \cdot m)$　　7.4　　3.9

3) 化学位移

吡啶的核磁共振谱中,环上氢的化学位移 $\delta$ 移向低场,$\alpha_H$ $\delta=8.50$ppm,$\beta_H\delta=6.98$ppm,$\gamma_H$ $\delta=7.36$ppm,这是它具有芳香性的重要标志。其中 $\alpha_H$ 的 $\delta$ 最大,这是由于氮原子的吸电子诱导效应引起的。

## 13.2.2　吡啶的性质

吡啶是六元杂环化合物中最重要的一种,它存在于煤焦油、骨焦油和页岩油中,与它一起存在的还有甲基吡啶等。吡啶环广泛存在于生物碱中,维生素 $B_5$、维生素 $B_6$、烟碱(又叫尼古丁)、辅酶Ⅰ及辅酶Ⅱ也都含有吡啶环。

吡啶是无色、有恶臭气味的液体,沸点 115.5℃,熔点 −42℃,相对密度 0.9819,折光率 $n_D^{20}=1.5095$,能与水及很多有机溶剂混溶,且能溶解多种有机化合物和无机盐类。吡啶用作溶剂时,往往需要干燥成无水的吡啶。因其能与无水 $CaCl_2$ 配合,所以不能用 $CaCl_2$ 干燥,一般用碱性物质如固体氢氧化钾或固体氢氧化钠干燥,也可以加苯共沸蒸馏除去水分。

考察吡啶的分子结构,吡啶环系分子具有以下主要化学性质:

1) 吡啶盐的生成

吡啶环上的氮原子上有一对未共用电子占据 $sp^2$ 杂化轨道,未参与环上的共轭体系,因此它能接受质子或亲电试剂的进攻生成吡啶盐类。

吡啶环上的氮原子可以与质子结合,表现出弱碱性。

吡啶分子中存在共轭体系,致使环上电子云密度趋向平均化,所以它的碱性($pK_b=8.8$)比脂肪胺及氨弱得多;但其氮原子上有一对未共用电子对,环上的电子云也偏向于氮原子,因而它的碱性又比苯胺的碱性($pK_b=9.4$)强。吡啶可与无机酸成盐,如

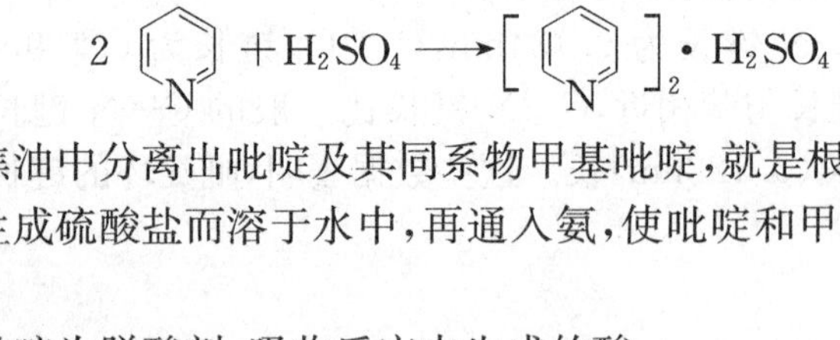

工业上从煤焦油中分离出吡啶及其同系物甲基吡啶,就是根据它们的碱性,加入稀硫酸使吡啶生成硫酸盐而溶于水中,再通入氨,使吡啶和甲基吡啶分离出来,然后再蒸馏精制。

工业上常用吡啶为脱酸剂,吸收反应中生成的酸。

如果用非质子的硝化试剂、磺化试剂、卤代烷、酰氯等与吡啶进行反应，则生成相应的吡啶盐。

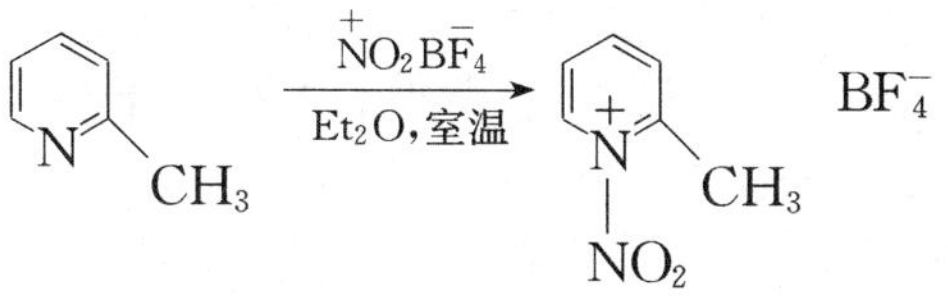

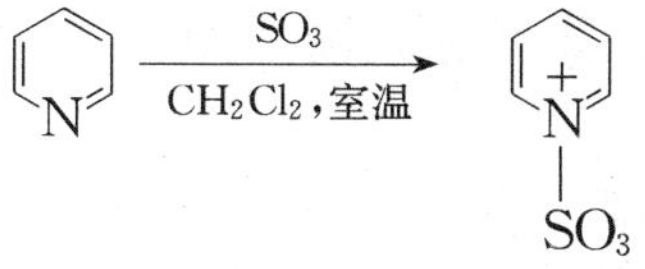

*N*-磺酸吡啶

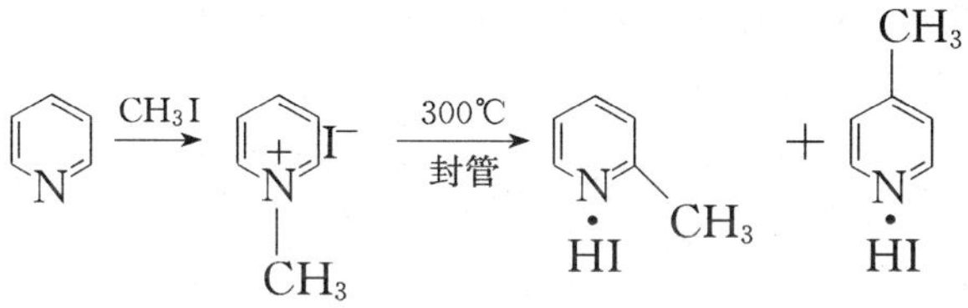

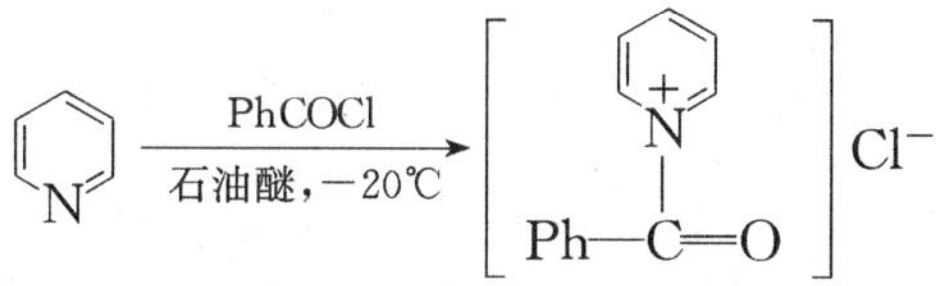

其中与卤烷结合生成的吡啶鎓盐相当于季铵盐，受热时发生分子重排，烷基从氮原子上转移到$\alpha$-或$\gamma$-碳原子上，生成吡啶同系物。这也可理解为吡啶盐是一种温和的烷基化试剂。事实上，吡啶盐也是有芳香性的，是温和的硝化、磺化、烷基化、酰基化试剂。对于许多在硫酸或硝酸中不稳定的化合物就是用这个方法进行磺化、硝化。

吡啶与高级卤烷作用生成的鎓盐是一种阳离子表面活性剂，如

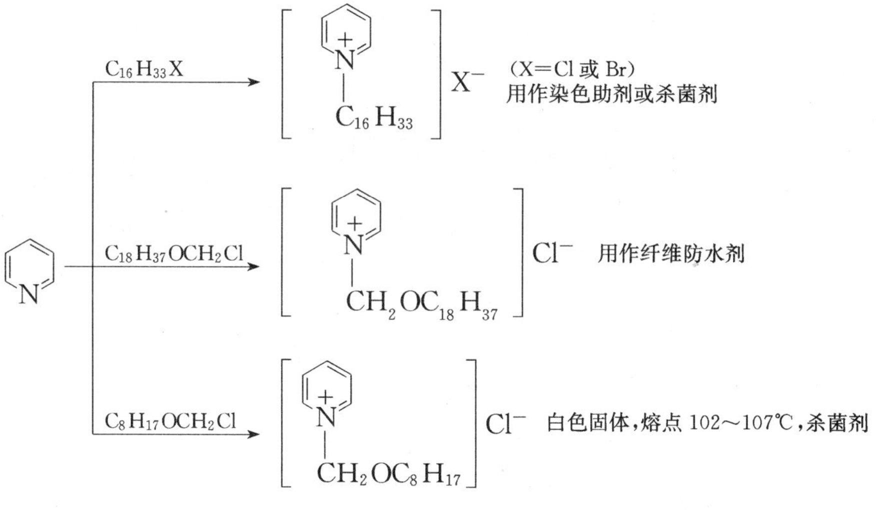

2）亲电取代反应

吡啶具有芳香性，因而也可以发生亲电取代反应。由于吡啶环上的氮原子的吸电子诱导效应和吸电子共轭效应，环上碳原子的电子云密度降低，所以其亲电取代反应活性不如苯，而与硝基苯类似；另外由于反应在强的亲电试剂（如 $Br^+$、$^+NO_2$）中进行，易生成吡啶盐，如果再发生亲电进攻，则形成双正离子，能量更高。因此反应极不顺利，硝化、磺化等反应只能在极强的条件下进行而且产率很低，当环上有给电子基团时，能增进吡啶环的反应活性。吡啶环不能发生傅-克反应。

吡啶的亲电取代反应都发生在 β-位，α-、γ-位都不易发生反应，这是由于 β-取代生成的碳正离子中间体较稳定的缘故。亲电试剂进攻 β-位比 α-位形成的中间体稳定，因为后者有六电子氮，与六电子碳相比，由于氮的电负性较大，含六电子氮的极限结构是不稳定的。

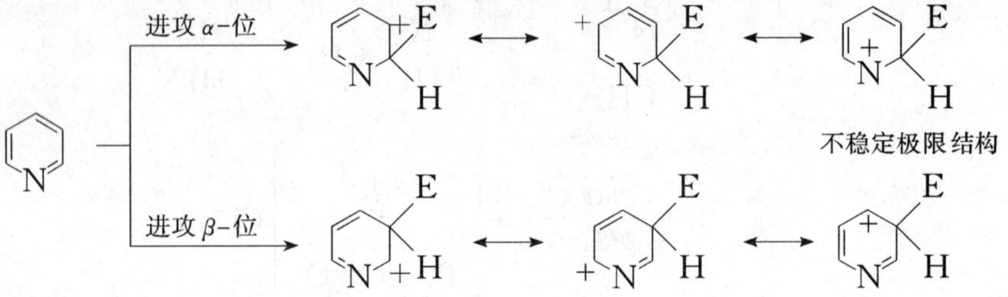


硝化

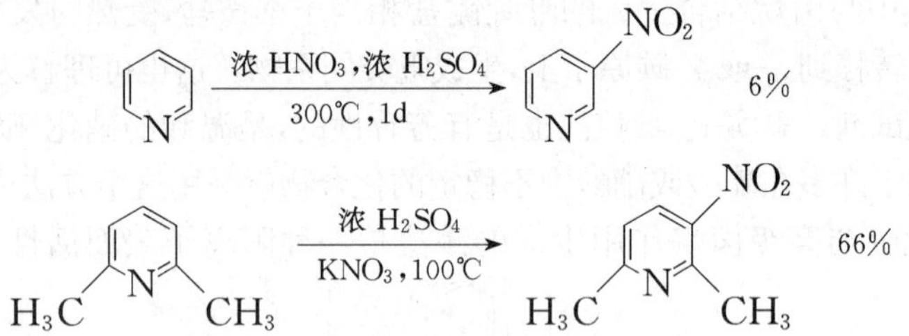


磺化

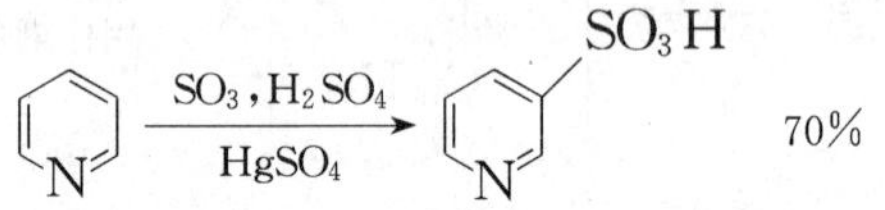


卤化

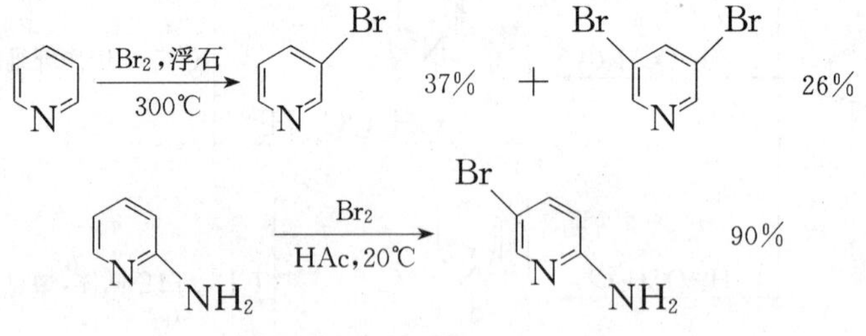

吡啶环上已有的取代基对进一步发生取代反应也具有定位效应。如果在 α-位或 γ-位有邻对位定位基，则进一步的取代反应发生在 β-位上；当 β-位上有给电子取代基，且其给电子效应超过了吡啶环的吸电子效应时，亲电取代反应主要发生在 α-位上。

3）亲核取代反应

吡啶的性质类似硝基苯，它的 α-位、γ-位的电子云密度较低，所以相对于五元芳杂环化合物和苯来说，吡啶较易接受亲核试剂的进攻而发生亲核取代反应，取代基主要进入 α-位。如吡啶与氨基钠作用，生成 α-氨基吡啶（含少量 γ-氨基吡啶），此反应称为齐齐巴宾反应。

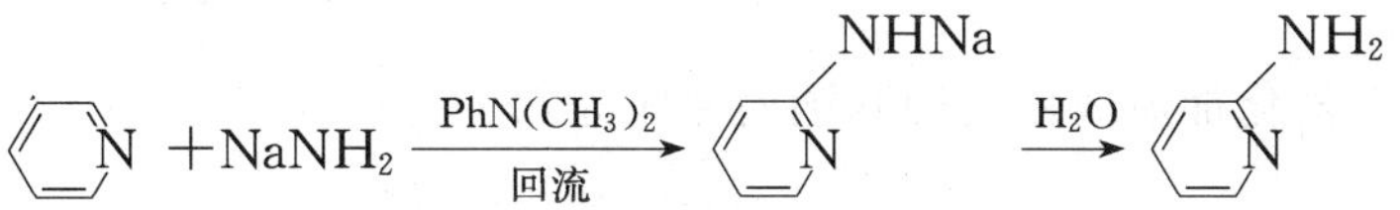


如果两个 α-位已有基团，则发生在 γ-位。

吡啶与烷基锂或芳基锂作用，可在吡啶的 α-与 γ-位引入烷基或芳基。

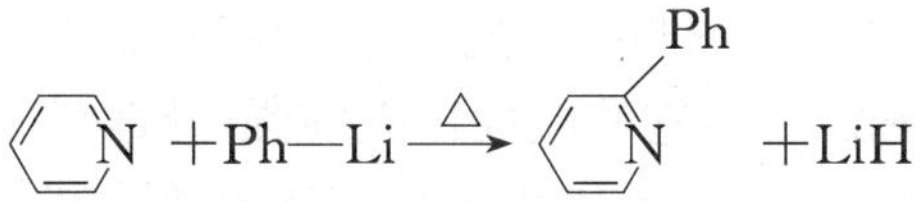


吡啶环的 α-位和 γ-位的碳原子缺少电子，若这些位置上有易离去的基团（Cl、Br、$NO_2$ 等），可以与氨（或胺）、烷氧化物、水等亲核试剂发生亲核取代反应，其现象和原理类似于邻或对硝基氯苯的亲核取代反应。

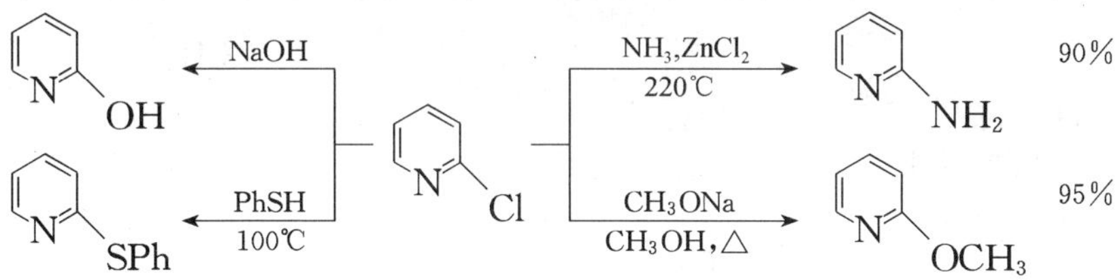


4）氧化还原反应

吡啶比苯稳定，不易被氧化剂氧化。例如，铬酸或硝酸都不能使吡啶氧化，吡啶的同系物氧化时，总是侧链先氧化而吡啶环不被破坏，结果生成相应的吡啶甲酸，如

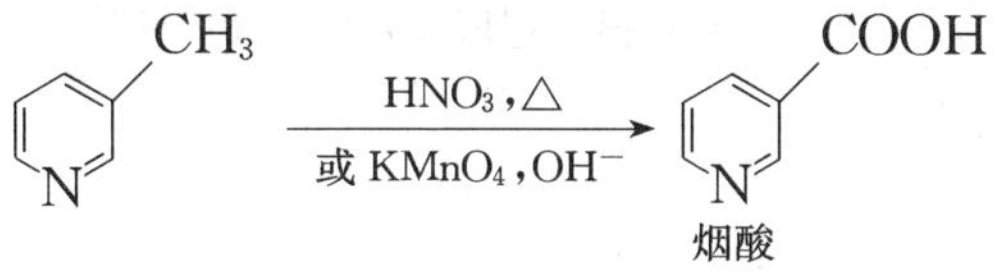


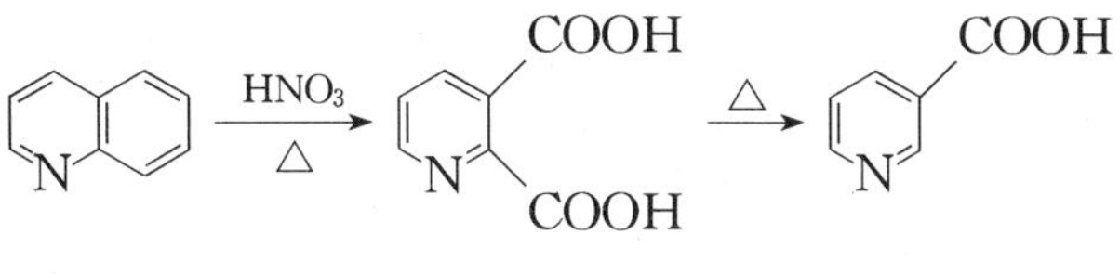

用过氧酸或 $H_2O_2$ 处理吡啶可得 *N*-氧化吡啶，后者的亲电取代和亲核取代反应均可加快，是很有用的有机合成中间体。

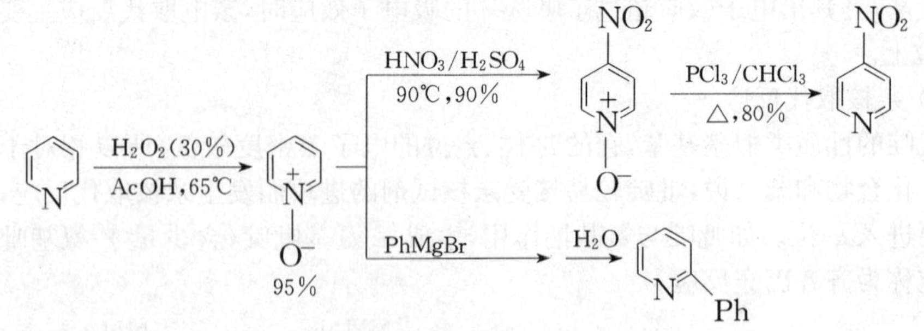


吡啶可被催化加氢或用乙醇和钠还原成为六氢吡啶。

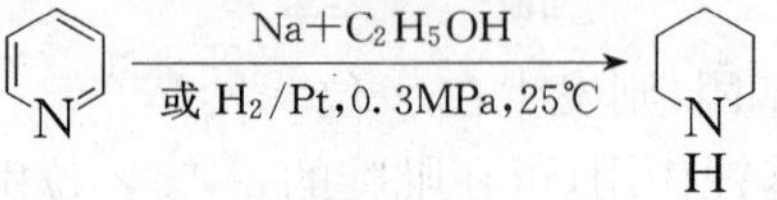


六氢吡啶又叫哌啶（piperidine），为无色有氨臭的液体，沸点 106℃，熔点 −7℃，易溶于水、乙醇和乙醚。它的碱性比吡啶强，化学性质与脂肪族仲胺相似，可作为有机碱性催化剂、溶剂、环氧树脂固化剂和有机合成原料。例如，由氯甲烷和哌啶作用制得的氯化 *N*,*N*-二甲基哌啶是一种植物生长调节剂。鱼死后体内的赖氨酸经分解产生有臭气的哌啶。很多天然产物及药物中都含哌啶环系，如维生素 $B_6$、烟碱（尼古丁）、胡椒中的辣味成分胡椒碱、石榴皮碱、毒芹碱和颠茄碱等。

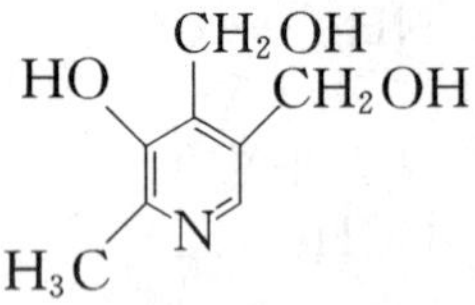
维生素$B_6$

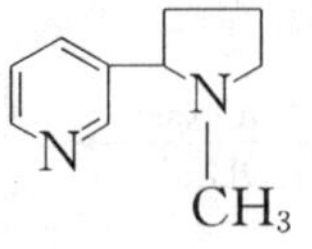
烟碱

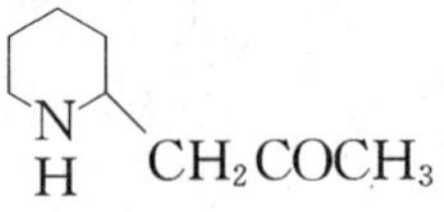
石榴皮碱

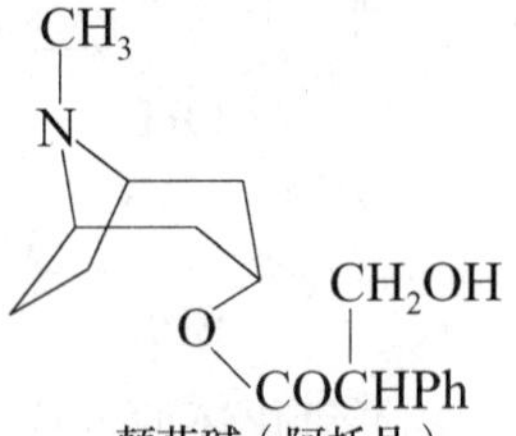
颠茄碱（阿托品）

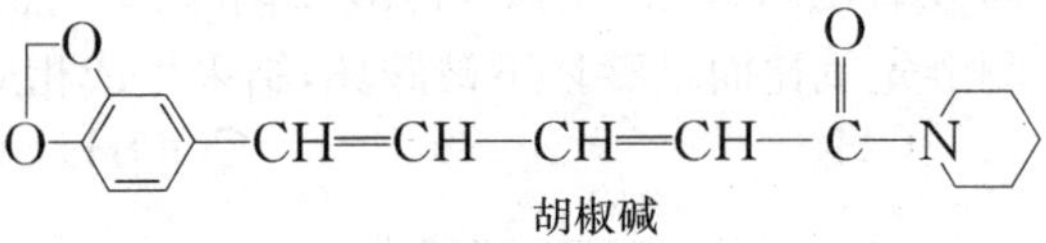
胡椒碱

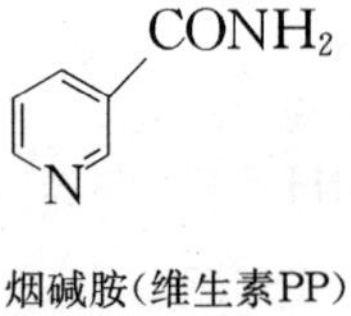
烟碱胺（维生素PP）

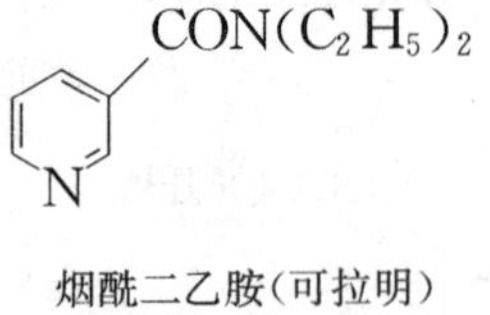
烟酰二乙胺（可拉明）

异烟酰肼（雷米封）

5）侧链 $\alpha$-H 的缩合反应

由于吡啶环上氮原子的吸电子诱导效应和吸电子共轭效应，$\alpha$-位和 $\gamma$-位侧链的 $\alpha$-H 有一定的酸性，其酸性与甲基酮的 $\alpha$-H 相似，比苯环侧链的 $\alpha$-H 更活泼，因此在强碱的催化下可与羰基化合物进行缩合反应，这在吡啶化学中是很有用的。

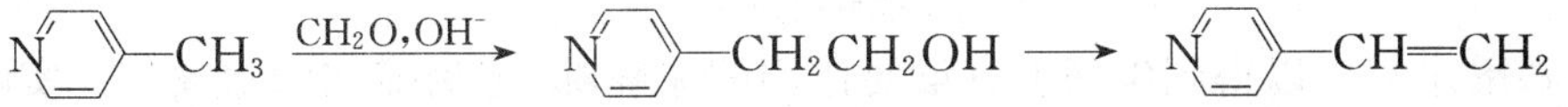


这个反应可以用羟醛缩合反应的反应历程来说明。$\alpha$-乙烯基吡啶是合成高聚物的单体，它与丙烯腈共聚，制成易于染色的合成纤维。$\gamma$-乙烯基吡啶与丁二烯共聚，制成性能优良的丁吡橡胶。

由 $\alpha$-甲基吡啶与乙醛缩合、脱水，再催化加氢制成 $\alpha$-正丙基哌啶（毒芹碱），这是第一个用合成方法制成的生物碱。

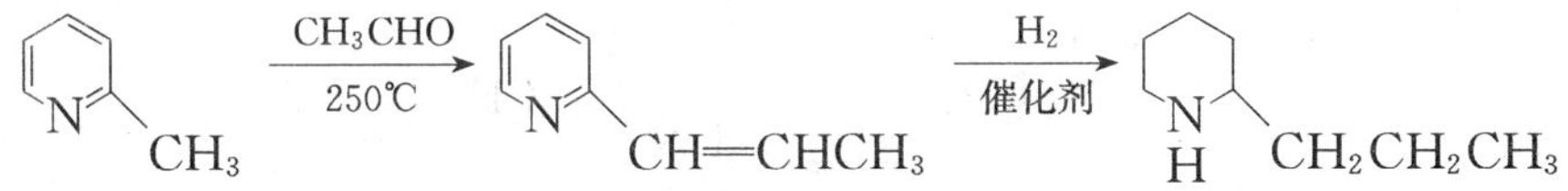


$\alpha$-甲基吡啶经高温氯代反应生产一种氮肥增效剂。

*N*-烷基吡啶盐的 $\alpha$-位上侧链 $\alpha$-H 更活泼，例如，在弱碱作用下在室温就能进行反应，$\alpha$-位反应活性比 $\gamma$-位大。

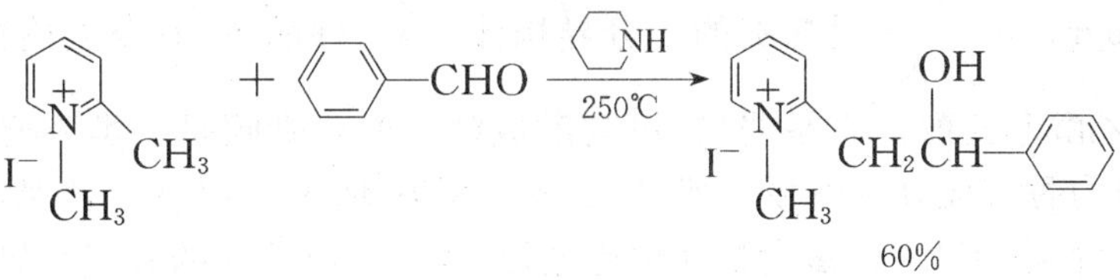


由于吡啶氮原子的吸电子共轭效应不能传到 $\beta$-甲基上，因此 $\beta$-甲基上的 $\alpha$-H 很不活泼，不能发生缩合反应。

### 13.2.3　嘧啶和吡嗪及其衍生物

1）嘧啶及其衍生物

嘧啶（pyrimidine）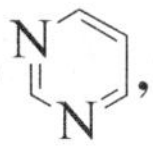，又叫间二嗪，是一种无色晶体，熔点 22℃，沸点 124℃，易溶于水和醇，它的碱性（$pK_b=12.7$）比吡啶弱，水溶液呈中性，但能生成稳定的苦味酸盐。

嘧啶有芳香性。由于环中两个氮原子的吸电子作用与吡啶相似，环上碳原子的电子云密度有所降低，尤其是 $C_2$、$C_4$、$C_6$ 处降低更多，因此这三个位置不易发生亲电取代,却较易发生亲核取代。$C_5$ 上电子云密度相对较高,可以发生亲电取代。

嘧啶本身在自然界中并不存在,但它的衍生物在自然界中分布很广,在生理及医药上都占有重要的地位。如

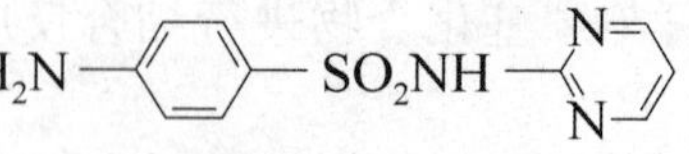

磺胺嘧啶(简称SD)

核酸水解可以得到生理上有重要作用的尿嘧啶、胞嘧啶和胸腺嘧啶。实际上它们以烯醇式和酮式互变异构存在。

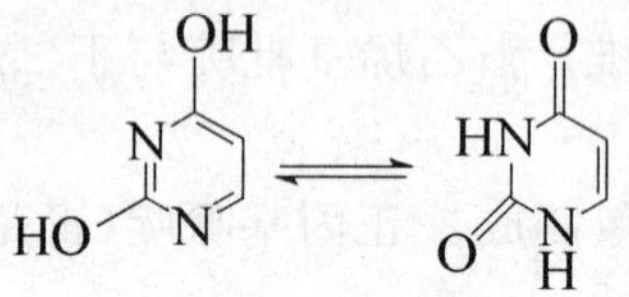

尿嘧啶

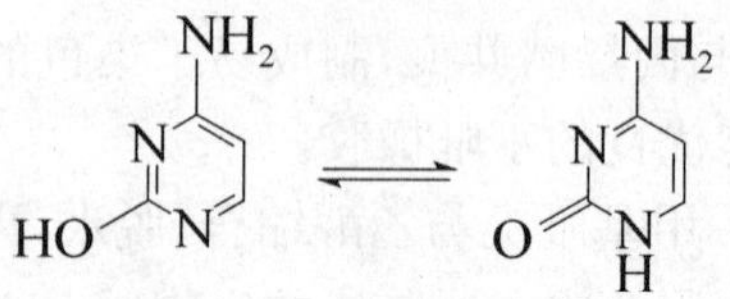

胞嘧啶

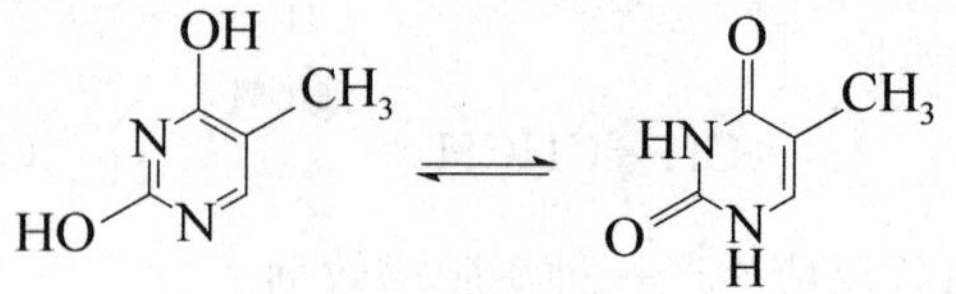

胸腺嘧啶

2）吡嗪及其衍生物

吡嗪(pyrazine)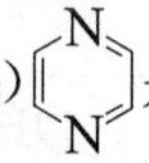是嘧啶的同分异构体,是一种晶体,有令人愉快的气味,易溶于水、乙醇和乙醚。它是弱碱,可与酸成盐。取代吡嗪是一类重要的合成原料。在巧克力香气成分中有甲基吡嗪、2,3-二甲基吡嗪、5-甲基-2-乙基吡嗪、2,5-二甲基-3-乙基吡嗪等。许多食物在烘烤过程中,散发出诱人的香气与烘烤中形成的吡嗪类物质有关,在炒花生、炒芝麻的香气中发现有 2,5-二甲基吡嗪等物质。

### 13.2.4　均三嗪及其衍生物

含有三个氮原子的六元单杂环体系称为三嗪,三个氮原子处在间位的称为均三嗪(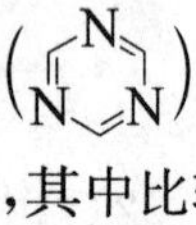)。均三嗪本身在自然界中并不存在,它的衍生物却在自然界中广泛存在,其中比较重要的有三聚氯氰(2,4,6-三氯均三嗪)和三聚氰胺(2,4,6-三氨基均三嗪)两种。

1）三聚氯氰

三聚氯氰是由三分子的氯化氰聚合而成,并因此而得名。

$$NaCN + Cl_2 \xrightarrow[0℃]{H_2O} Cl—CN + NaCl$$

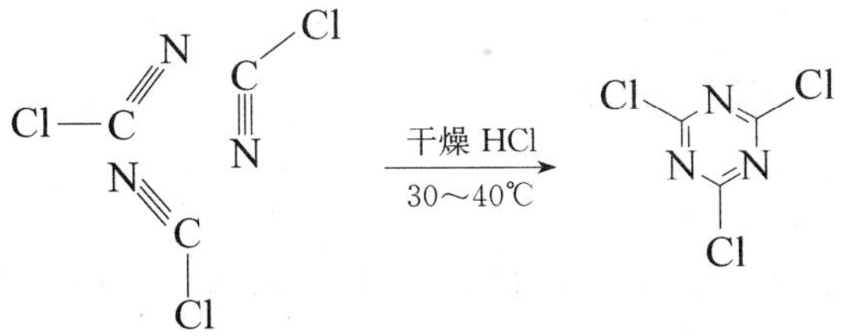

三聚氯氰是制备活性染料的一种中间体，在染料工业中具有重要地位。三聚氯氰分子中的三嗪环是芳香共轭体系，由于三个氮原子的吸电子作用，三个氯原子非常活泼（相当于具有酰氯结构），很容易被亲核试剂所取代。例如，胺类与三聚氯氰反应，随着反应温度的升高，三个氯原子依次被取代。

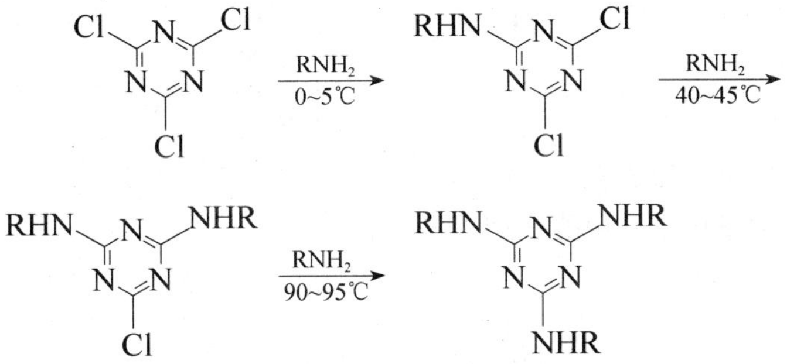

因此，可根据需要选择适当的反应温度和 pH 范围，首先与一分子或两分子另外的染料中间体反应，制得分子中仍有两个或一个氯原子的活性染料。活性染料中保留的活泼氯原子能和棉纤维上的—OH 或毛纤维上的—$NH_2$ 以共价键结合。这种活性染料着色力强，耐磨耐洗。

此外，三聚氯氰还用来生产荧光增白剂和高效农药，如

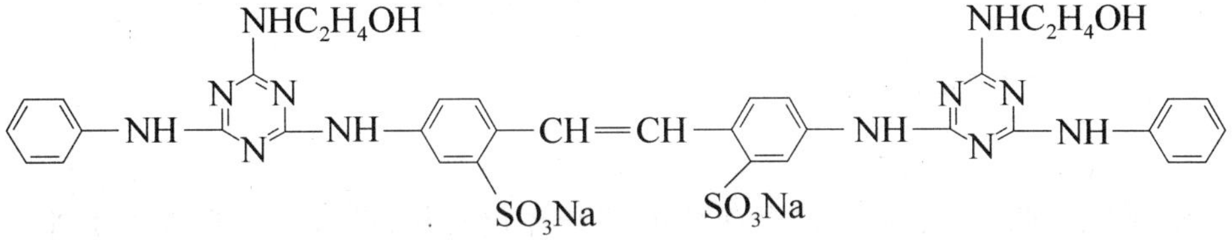

荧光增白剂VBL

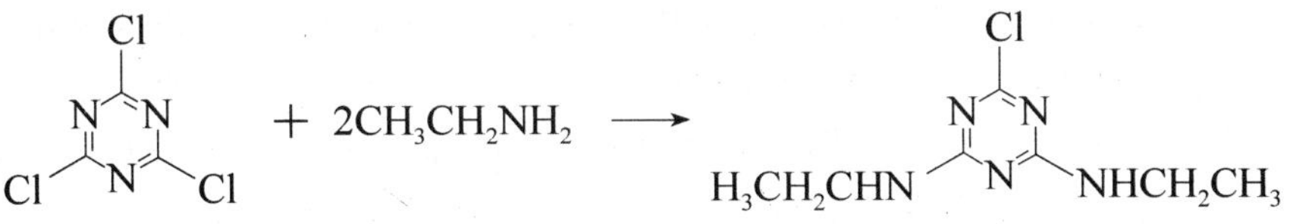

2,4-二(乙胺基)-6-氯均三嗪(除草剂西玛律)

2）三聚氰胺

三聚氰胺可由以下方法制取：

$$CaC_2 + N_2 \xrightarrow{1000 \sim 1100℃} Ca(CN)_2 \longrightarrow \underset{\text{氰胺钙}}{CaNCN} + C$$

$$CaNCN + CO_2 + H_2O \longrightarrow \underset{\text{氰胺}}{H_2NCN} + CaCO_3$$

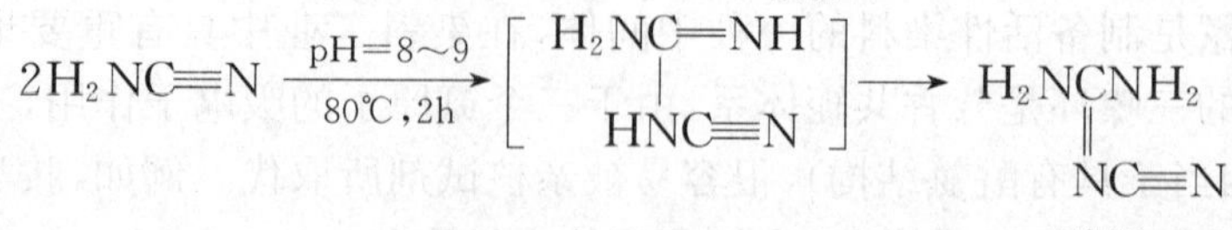

双氰胺

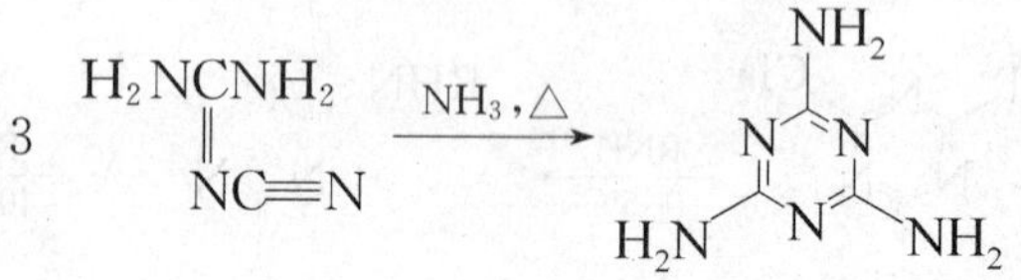

三聚氰胺也可用尿素在 14.0～14.7MPa、425℃下作用得到。

三聚氰胺大量用于同甲醛作用得到树脂。

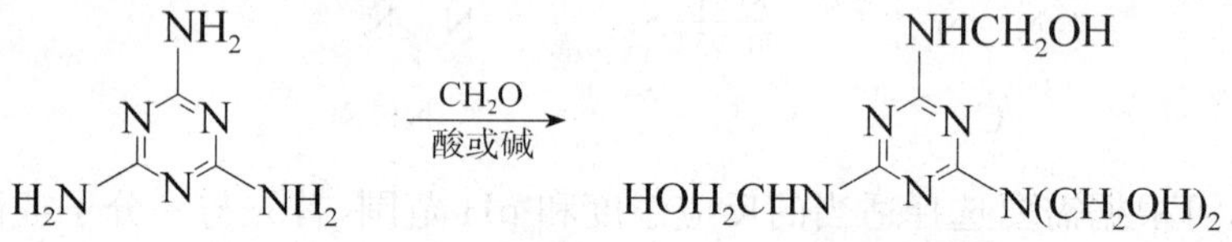

多羟甲基三聚氰胺

多羟甲基三聚氰胺通过本身的缩聚反应及同丁醇等的醚化反应，形成高分散性的聚合物，即三聚氰胺甲醛树脂。

## 13.3　稠杂环化合物

### 13.3.1　苯环与杂环稠合

1）吲哚

吲哚是由苯环和吡咯环稠合而成的稠杂环化合物，因此也可叫做苯并吡咯。苯并吡咯类化合物有吲哚和异吲哚两类。

吲哚及其衍生物在自然界中分布很广，常存在于动、植物中，如素馨花香精及蛋白质的腐败产物中。在动物粪便中也含有吲哚及其同系物 β-吲哚乙酸。一些生物碱，如利血平、麦角碱等，都是吲哚的衍生物，它们在动植物体内起着重要的生理作用。另外，吲哚也存在于煤焦油中（240～260℃馏分）。

吲哚为白色片状结晶，熔点 52.5℃，沸点 254～255℃，具有极臭的气味，但在浓度极稀时则有香味，可以作为香料，用于制造茉莉型香精。

吲哚的分子结构中包含吡咯环，它的性质与吡咯相似，在空气中颜色变深，并逐渐树脂化，能使浸有盐酸的松木片显红色；它也是很弱的碱，遇强无机酸发生聚合。吲哚的吡咯环由于受苯环的影响，正如萘环上 α-位上的氢受苯环的影响易被亲电取代一样，吡咯环的 β-位上氢易被取代。加成和取代反应都发生在吡咯环上。

β-羟基吲哚是一种重要的吲哚衍生物，以葡萄糖苷的形式存在于木兰属植物茎中，俗称靛素。靛素在水溶液中受到酶的作用即水解成 β-羟基吲哚。该化合物是黄色结晶固体，熔点 85℃，它能发生互变异构，与酮式异构体同时存在。

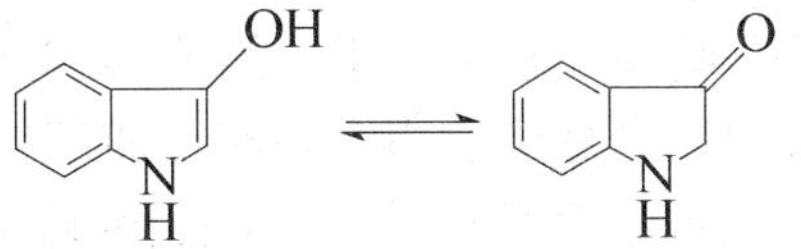


β-羟基吲哚在空气中氧化成靛蓝，氧化时是酮式结构参加反应。靛蓝还原时生成能溶于碱中的具有烯醇结构的靛白，后者经空气氧化又变为靛蓝。

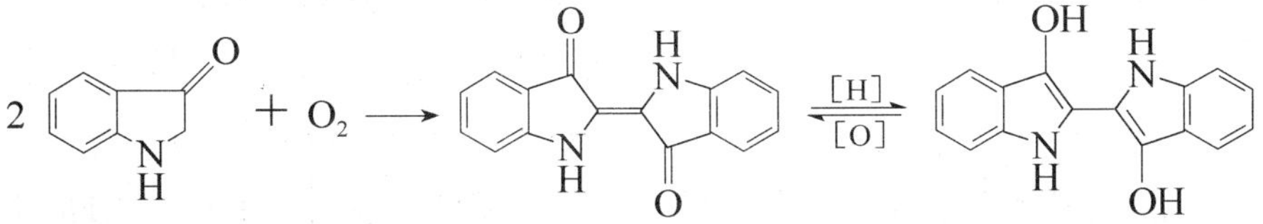


靛蓝　　靛白

靛蓝是一种色泽鲜艳又耐久的蓝色染料，常用作牛仔裤染料，是最早发现的天然染料之一，也是我国古代最重要的蓝色染料。靛蓝为深蓝色固体，熔点 390～392℃，不溶于水、醇及醚，也不溶于稀酸、稀碱，但可溶于氯仿及硝基苯中。染色时，用保险粉($Na_2S_2O_4$)在碱溶液中将靛蓝还原溶解，而后浸染棉布，取出轧干后，经空气氧化即成靛蓝，固着在纤维上。近代工业上，靛蓝由合成方法制得，一般是先合成 β-羟基吲哚，然后经氧化而变成靛蓝。例如，用苯胺和氯乙酸为原料，经缩合、环化，最后氧化即得靛蓝。

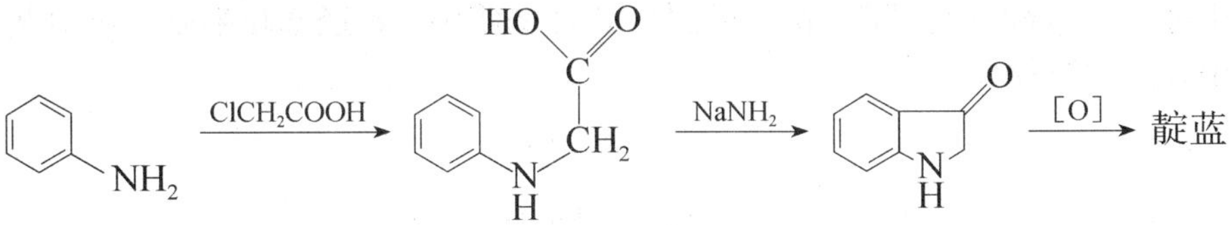


β-吲哚乙(丁)酸是一类植物生长激素，低浓度(0.01%～0.1%水溶液)时可刺激植物生长和发育，使植物具有向光性。长春碱(vinblastine)和长春新碱(vincristine)都是双吲哚衍生物，它们是从夹竹桃科植物长春花中提取出来的具有抗癌作用的天然生物碱。

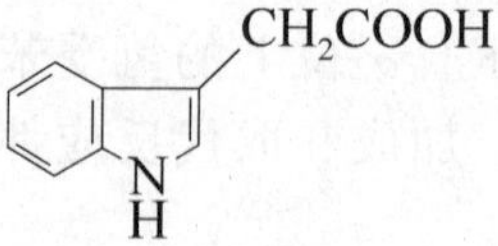

β-吲哚乙酸

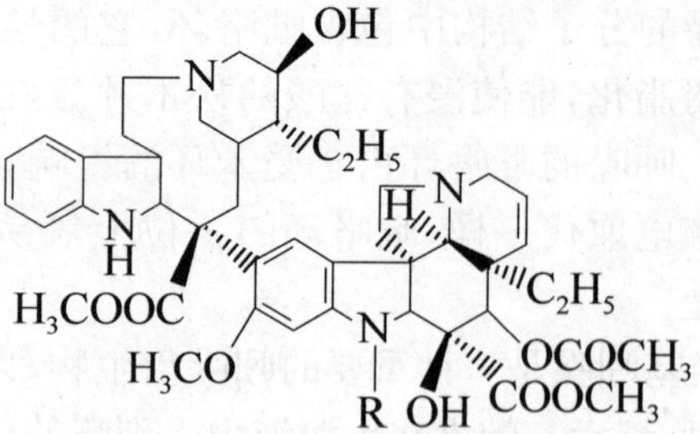

长春碱（R＝$CH_3$），长春新碱（R＝CHO）

2）喹啉

喹啉（quinoline）即苯并吡啶。它存在于煤焦油、页岩油和骨焦油中，可用稀硫酸提取，但含量不多，所以也用合成法制得。斯克洛浦（Skraup）合成法是喹啉及取代喹啉最通用的合成法。喹啉本身是用苯胺、甘油、浓硫酸、硝基苯反应而得。反应过程可能是甘油首先与热的浓硫酸作用脱水生成丙烯醛，然后和苯胺发生 1,4-亲核加成生成β-苯胺基丙醛，在酸催化下烯醇式脱水生成二氢喹啉，最后被硝基苯氧化去氢变成喹啉。反应实际上是一步完成的。反应式表示如下：

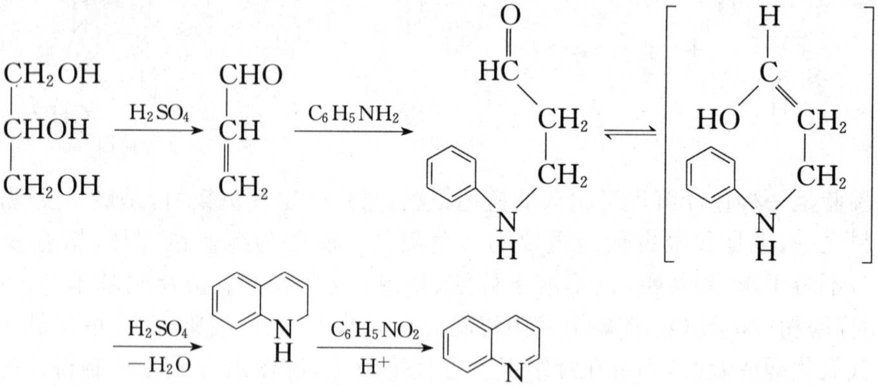

用其他芳胺或不饱和醛、酮代替苯胺和甘油，可以制备各种喹啉衍生物。例如，用邻氨基苯酚代替苯胺，就可以制得 8-羟基喹啉。8-羟基喹啉是一种分析试剂，用以测定多种金属。

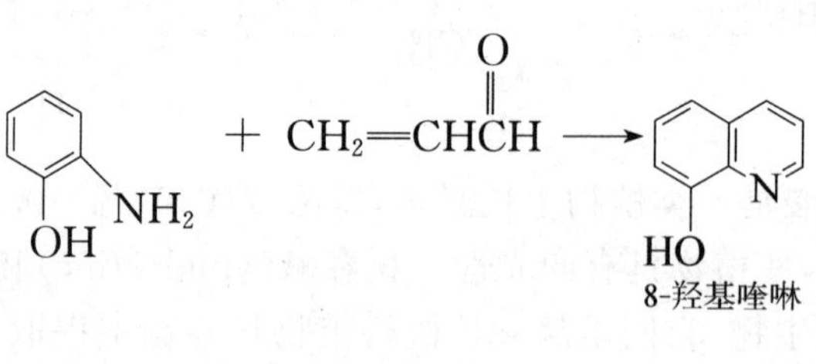

8-羟基喹啉

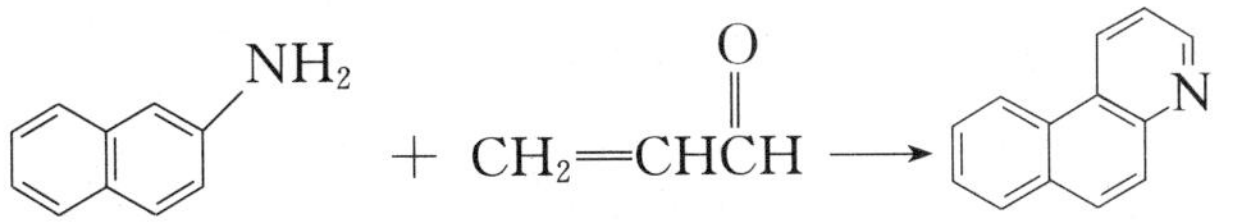

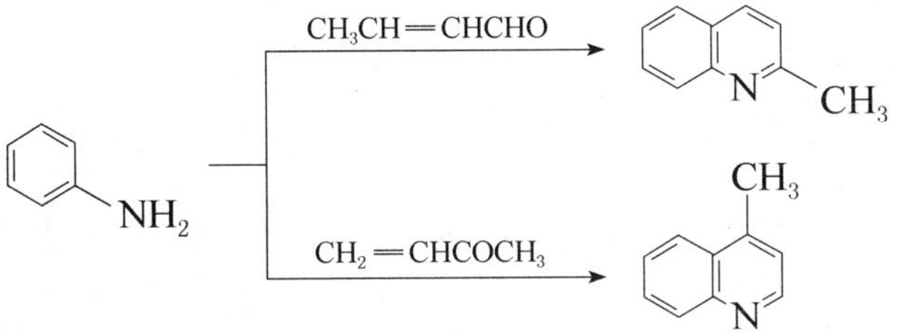

苯环上氨基的间位有供电子基团时，主要得到 7-取代喹啉，有吸电子基团时，则主要得到 5-取代的喹啉。

喹啉是具有恶臭的无色液体，在空气中放置逐渐变成黄色，熔点－15.6℃，沸点 238℃，相对密度 1.095，折光率 $n_D^{20}=1.6268$，难溶于水，易溶于有机溶剂。喹啉有弱碱性($pK_b=9.1$)，能与酸作用生成盐，与卤代烷作用生成季铵盐，可用作萃取剂和浮选剂。喹啉与重铬酸形成难溶的复盐$(C_9H_7N)_2 \cdot H_2Cr_2O_7$，可用此法来精制喹啉。

喹啉有芳香性，亲电取代发生在苯环上(5 位或 8 位)，而亲核取代则发生在吡啶环上(2 位)。

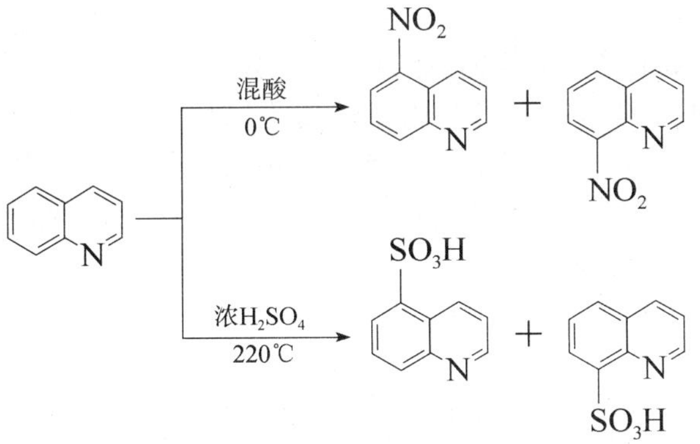

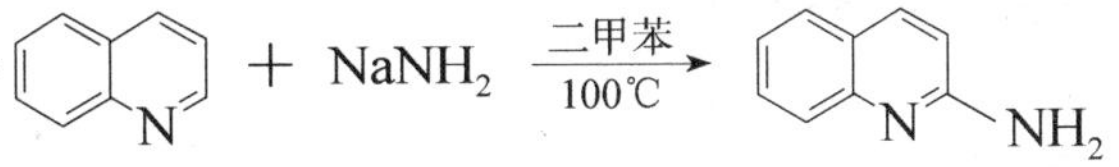

喹啉发生氧化反应时，苯环容易破裂，进一步反应，则 $\alpha$-位的羧基容易脱羧。

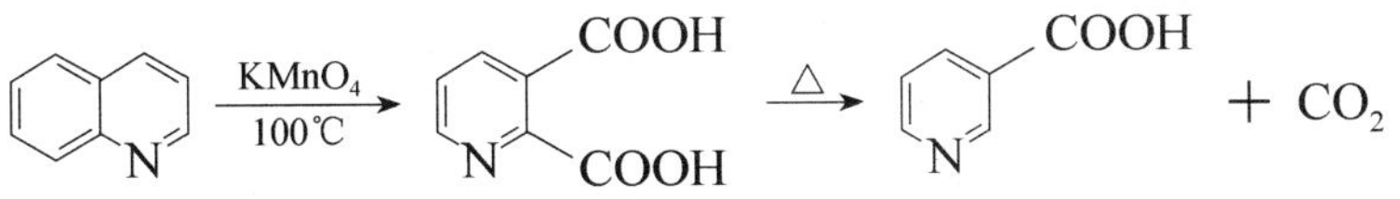

喹啉加氢还原，则吡啶环容易被加氢。

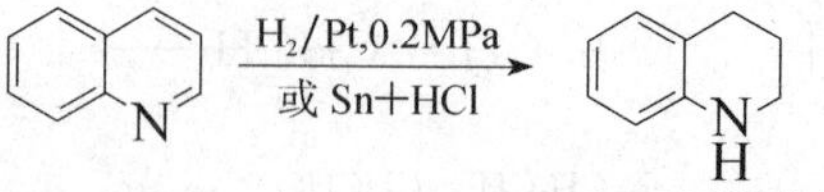

1,2,3,4-四氢喹啉

彻底加氢时则生成十氢喹啉，产物中以反式(ee 稠合)为主。

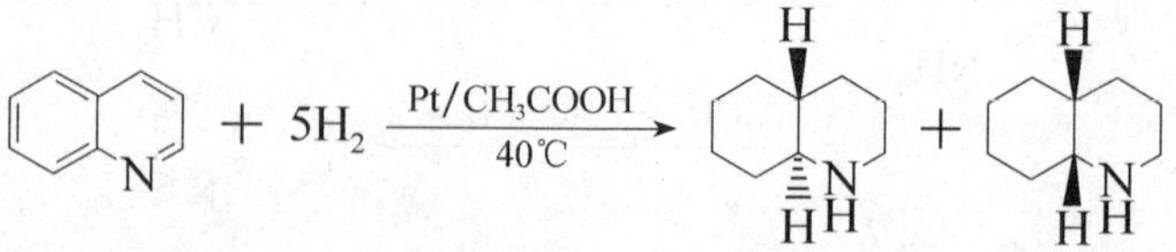

(反式ee)　(顺式ae)

喹啉的 $N$-氧化物的硝化则生成吡啶环上的 $\gamma$-位硝基化物。

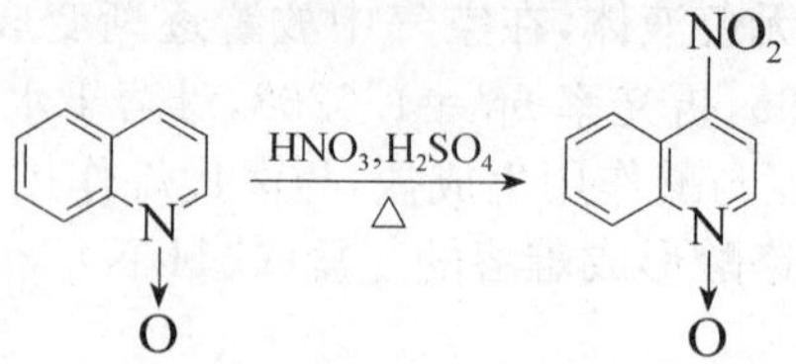

不少天然的和合成的产物中都含有喹啉环，例如，抗疟药奎宁(又名金鸡纳碱)、氯喹、抗癌药喜树碱、抗风湿病药阿托方(又名辛可芬)等。

3) 异喹啉

异喹啉是喹啉的同分异构体，也存在于煤焦油和骨油中。从煤焦油得到的粗喹啉中异喹啉约占 1%，两者可利用碱性的不同而分开。异喹啉的碱性($pK_b = 8.6$)比喹啉($pK_b = 9.1$)强，这是因为异喹啉相当于苄胺的衍生物，而喹啉可认为是苯胺的衍生物。工业上常利用喹啉的酸性硫酸盐溶于乙醇，而异喹啉的酸性硫酸盐则不溶的性质来进行分离。

异喹啉是一个具有香味的低熔点(24℃)结晶，沸点 243℃，微溶于水，易溶于有机溶剂，能随水蒸气挥发。

异喹啉的化学性质与喹啉类似。可以发生亲电取代、亲核取代及氧化反应等，反应产物也符合一般的反应规律，如

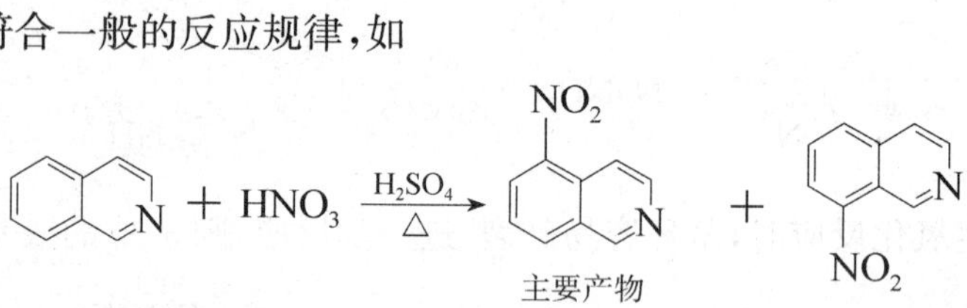

主要产物

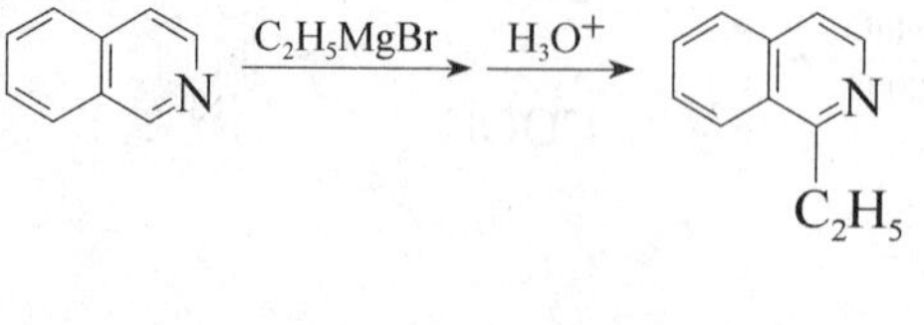

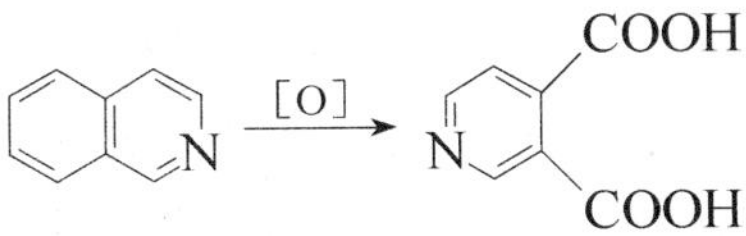

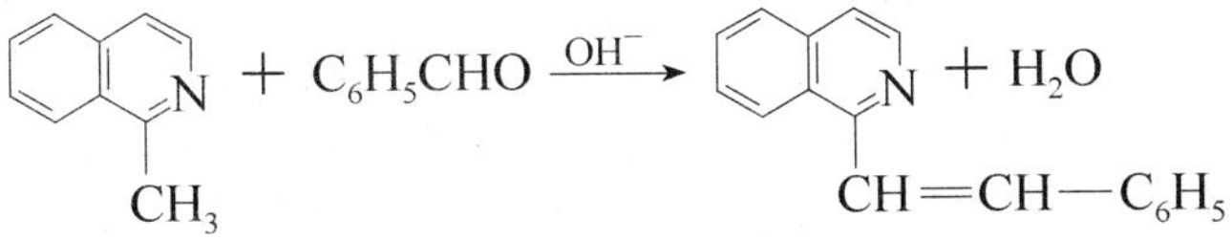

不少合成药物及天然药物(尤其是中草药)的成分中含有喹啉及异喹啉环的结构,如罂粟碱、小檗碱(又名黄连素)等。

### 13.3.2　杂环与杂环稠合

稠杂环化合物中比较重要的是嘌呤环系。嘌呤系(purine)是由嘧啶和咪唑稠合而成的,它是两个互变异构体形成的平衡体系,平衡主要组分是 9H-嘌呤。

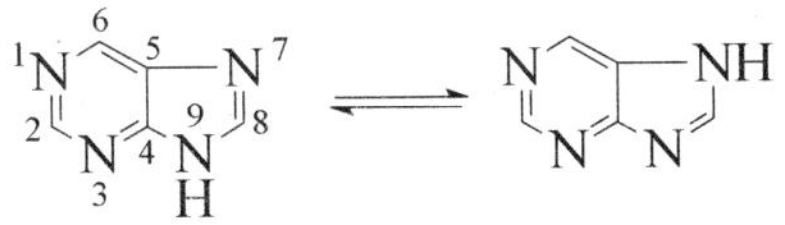

9H-嘌呤　　7H-嘌呤

嘌呤为无色晶体,熔点 216～217℃,易溶于水,水溶液呈中性,但可与酸或碱成盐,环上 2、6 和 8 位容易发生亲核取代,如果 2、6 位有第一类定位基,则 8 位可发生亲电取代和偶合反应。

嘌呤本身并不存在于自然界中,但它的羟基和氨基衍生物(常称为嘌呤碱)在自然界分布很广。例如,腺嘌呤(adenine,A)和鸟嘌呤(guanine,G)存在于核酸中。其中,嘌呤的羟基衍生物可与酮式互变。

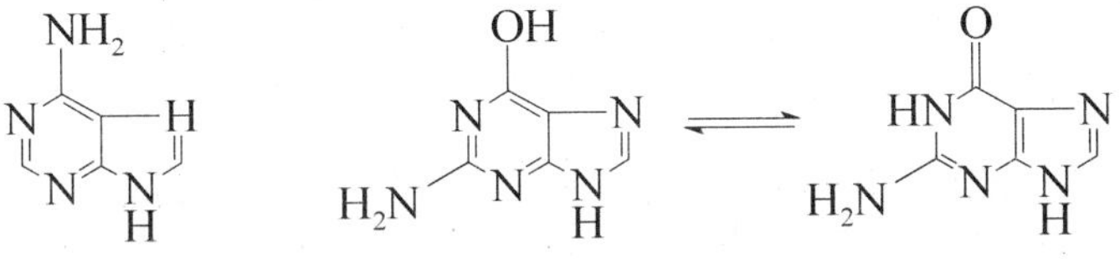

腺嘌呤　　鸟嘌呤

尿酸和咖啡碱也是常见的嘌呤衍生物。尿酸是人体和高等动物核酸的代谢产物,存在于尿中。咖啡碱存在于茶叶和咖啡内,对人体有兴奋、利尿等功用,是常用退热药 APC 中成分之一。

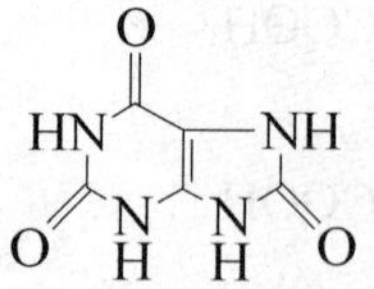

尿酸

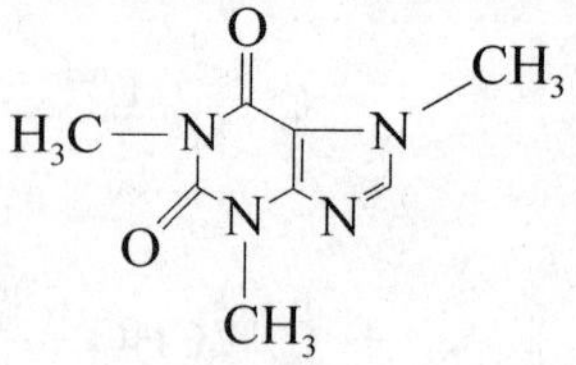

咖啡碱

## 习题

1. 用化学方法区别下列各组化合物：
   (1) 苯、噻吩、苯酚　　(2) 苯甲醛与糠醛
   (3) 吡啶与 $\alpha$-甲基吡啶　　(4) 吡咯与吡咯烷
2. 用适当的化学方法除去下列混合物中的少量杂质：
   (1) 苯中混有少量噻吩　　(2) 甲苯中混有少量吡啶
   (3) 吡啶中混有少量六氢吡啶
3. 完成下列反应式：

(1) 

(2) 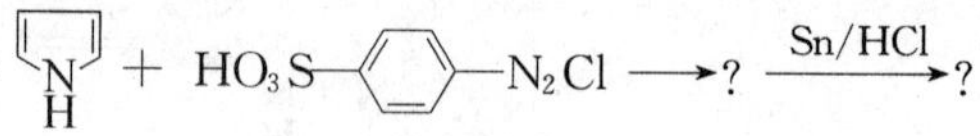

(3) 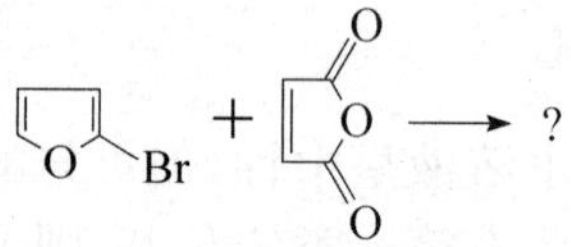

(4) 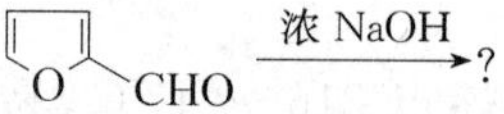

(5) 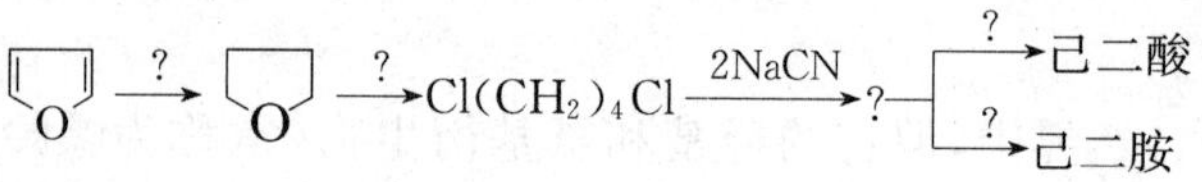

(6) 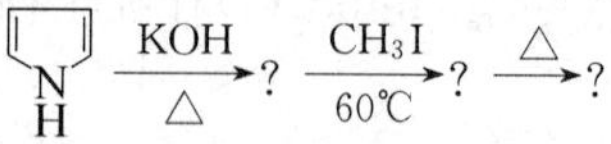

(7) 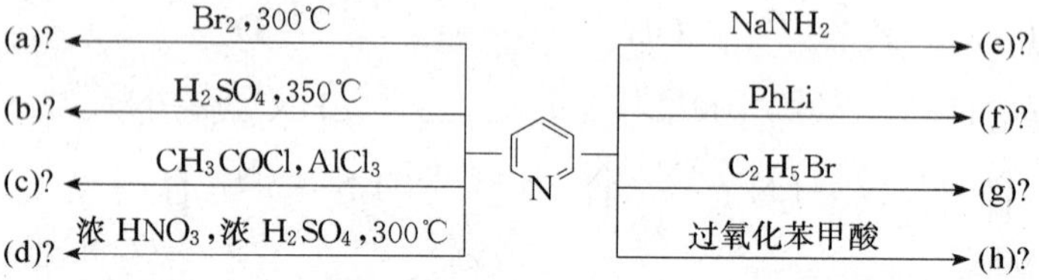

(8) 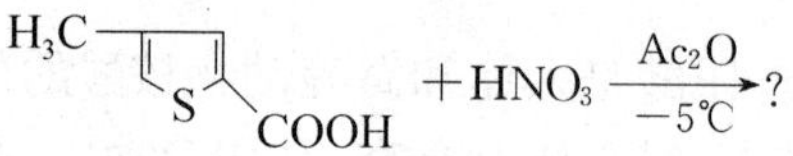

(9) 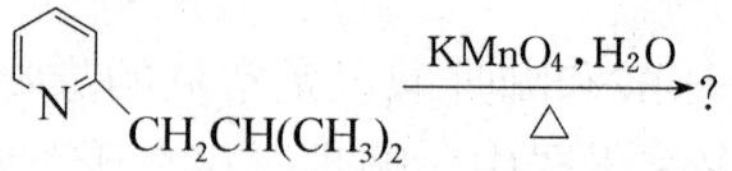

(10) 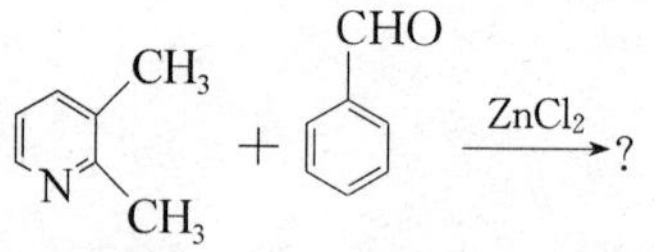

(11) 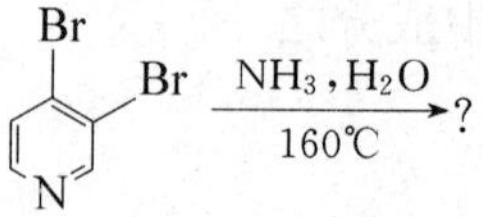

4. 用箭头表示下列化合物起反应时的位置：

(1) 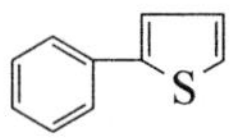 的溴化　　(2) 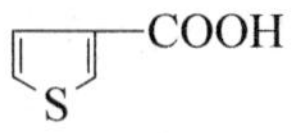 的溴化

(3) 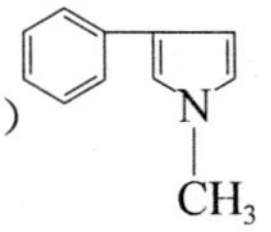 的碘化　　(4) 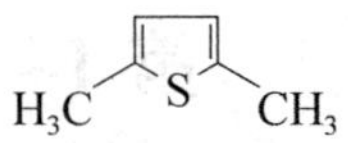 的硝化

(5) 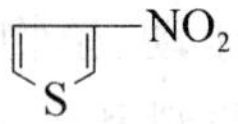 的溴化　　(6) 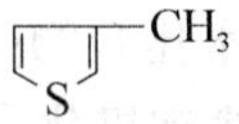 的硝化

5. 下列化合物按碱性强弱次序排列：

(1) (a) 苯胺　(b) 吡咯　(c) 吡啶　(d) 氨

(2) (a) 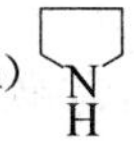　(b) 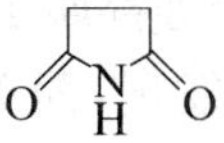　(c) 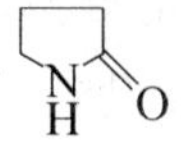

6. 下列化合物中哪个氮原子的碱性最强？

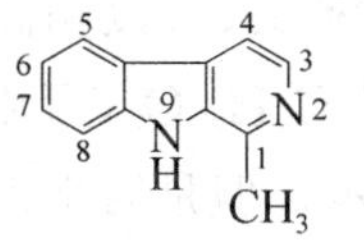

写出它与下列试剂作用的产物：

(1) $HNO_3+H_2SO_4$　(2) 苯甲醛和 NaOH

7. 下列杂环化合物哪些具有芳香性：

(1) 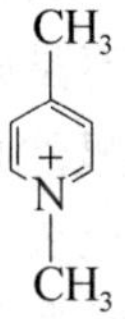　(2) 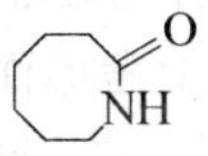　(3) 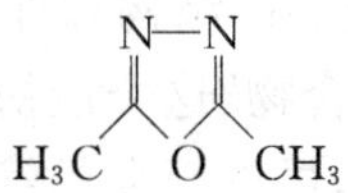

(4) 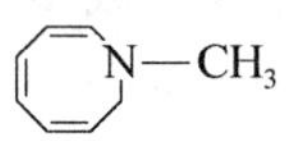　(5) 

8. 合成下列物质：

(1) 糠醛⟶1,4-丁二醇　　(2) 吡啶⟶2-羟基吡啶

(3) 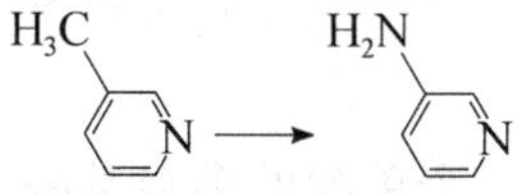　　(4) 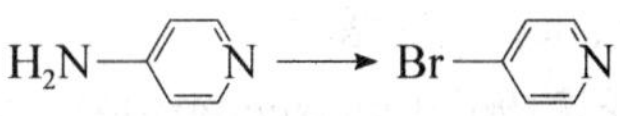

(5) 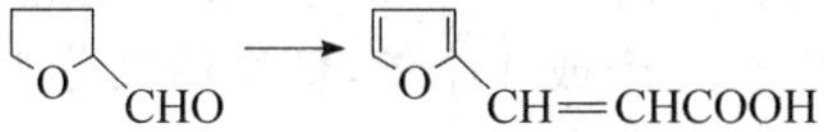

9. 以苯、甲苯及其他开链化合物为原料合成下列化合物：

(1) 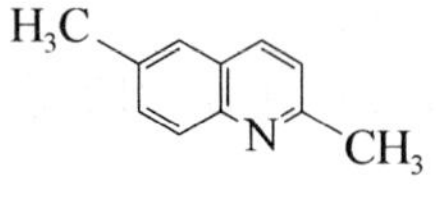　　(2) 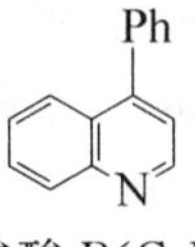

10. 分子式为 $C_5H_4O_2$ 的化合物 A，在氧化时生成羧酸 B($C_5H_4O_3$)，B 在封管内加热到 260～275℃后生成化合物 C($C_4H_4O$)，C 不能与金属钠作用。也不能和醛、酮反应，试推测 A～C 的结构。

# 第14章　糖　　类

糖类(sugar)也叫碳水化合物(carbohydrate)。它们广泛存在于动、植物体内，是极为重要的一大类天然有机化合物。许多糖类是重要的化工原料和产品。例如，食品和酿造工业所用的谷物主要含的淀粉，造纸、棉纺用料和建筑用的木材主要的纤维素，制糖工业生产的蔗糖及医用葡萄糖等都属于糖类。

糖类由碳、氢、氧三种元素组成。人们最初发现，简单的糖类中，除碳原子外，氢原子和氧原子数之比恰好是 2∶1，相当于水分子中氢与氧之比，而且实验式都符合通式 $C_m(H_2O)_n$($m$、$n$ 是正整数，可以相同，也可以不同)，因而取名为碳水化合物。例如，葡萄糖的分子式是 $C_6H_{12}O_6$，可用 $C_6(H_2O)_6$ 表示，蔗糖的分子式是 $C_{12}H_{22}O_{11}$，可用 $C_{12}(H_2O)_{11}$ 表示。但是后来发现，这类化合物并不是由碳与水结合而成的；而且有些化合物，如鼠李糖($C_6H_{11}O_5$)，按其结构和性质虽然与这类化合物相似，应是碳水化合物，但是其组成并不符合通式 $C_m(H_2O)_n$；此外，也有一些化合物，如甲醛($CH_2O$)、乙酸($C_2H_4O_2$)、乳酸($C_3H_6O_3$)等，其分子式虽然符合通式 $C_m(H_2O)_n$，但是它们的结构和性质与这类化合物迥然不同，它们并不是碳水化合物。可见，“碳水化合物”这个最初只是从组成上考虑而称谓的名称，显然是不确切的。由于历史原因，虽然至今仍然沿用“碳水化合物”这个名称，却早已失去了原来的含义。现在所说的糖类，从构造上，它们则是一类多羟基醛(酮)或多羟基醛(酮)的缩合物和衍生物。

一般来说，糖类都是用俗名表示的。

糖类通常根据它们能否水解以及水解后生成分子的多少分为三类：

(1) 单糖(monosaccharide)。最简单的不能水解的多羟基醛或多羟基酮。例如，葡萄糖、果糖、核糖等。

(2) 低聚糖(oligasaccharide)。水解后能生成 2～9 个单糖的多羟基醛(酮)的缩合物。按照水解生成单糖的分子数是 2 个、3 个或 4 个等，低聚糖又分为二糖、三糖或四糖等。低聚糖中最常见、最重要的是二糖(disaccharide)，如蔗糖、麦芽糖、纤维二糖等。其次是三糖，如棉籽糖等。

(3) 多糖(polysaccharide)。水解后能生成 10 个以上的单糖分子的多羟基醛(酮)缩合物。如淀粉、纤维素等。

单糖是构成低聚糖和多糖的基本单元，了解单糖的结构和性质则是研究糖类化学的基础。因此，本章重点介绍单糖的结构和性质。

## 14.1　单　　糖

纯粹的单糖都是结晶固体，易溶于水，具有甜味。天然存在的单糖都具有旋光性。单糖的种类很多，按分子中所含羰基的类型分为醛糖（aldose）与酮糖（ketose）；按分子中含碳原子的数目又分为丙糖、丁糖、戊糖、己糖等。这两种分类方法常结合使用。例如，最简单的单糖是丙醛糖（俗称甘油醛，$CH_2OHCHOHCHO$）和丙酮糖（甘油酮，$CH_2OHCOCH_2OH$），不过常把它们列入醛酮类化合物加以讨论。单糖中最重要、分布最广的是己醛糖中的葡萄糖和己酮糖中的果糖。我们就以葡萄糖和果糖为例来阐述单糖的结构和性质。

### 14.1.1　单糖的结构

#### 14.1.1.1　葡萄糖的结构

1）葡萄糖（glucose）的开链构造式和开链构型式

从自然界中得到的葡萄糖是（+）-葡萄糖，其分子式为 $C_6H_{12}O_6$。根据它们的化学性质，导出它是己醛糖（aldohexose），其构造式是

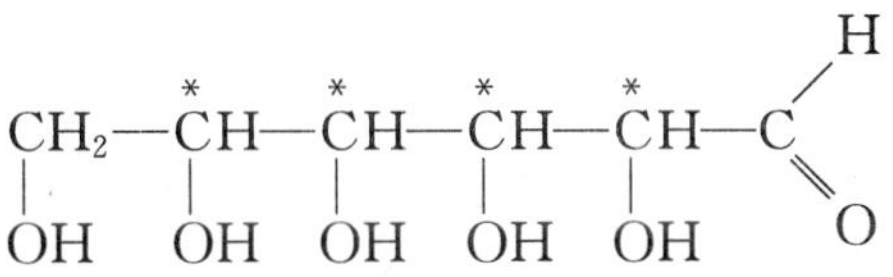

该分子中有四个手性碳原子（以 C* 表示），故应有 $2^4=16$ 个对映异构体，组成八对对映体，（+）-葡萄糖只是其中的一个（表 14-1）。它们中只有 D-（+）-葡萄糖、D-（+）-甘露糖和 D-（+）-半乳糖存在于自然界中，其余由人工合成而得。

单糖分子中各手性碳原子的构型是用化学方法确定的（关于确定单糖构型的方法和步骤在此不作讨论）。19 世纪德国著名化学家费歇尔（Fischer）确定了（+）-葡萄糖的构型，为此他被授予诺贝尔化学奖。（+）-葡萄糖的费歇尔平面投影式如下：

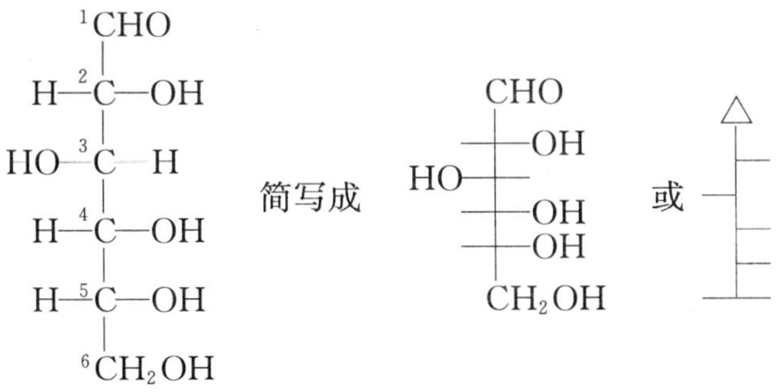

**表 14-1　D-型和 L-型的醛糖**

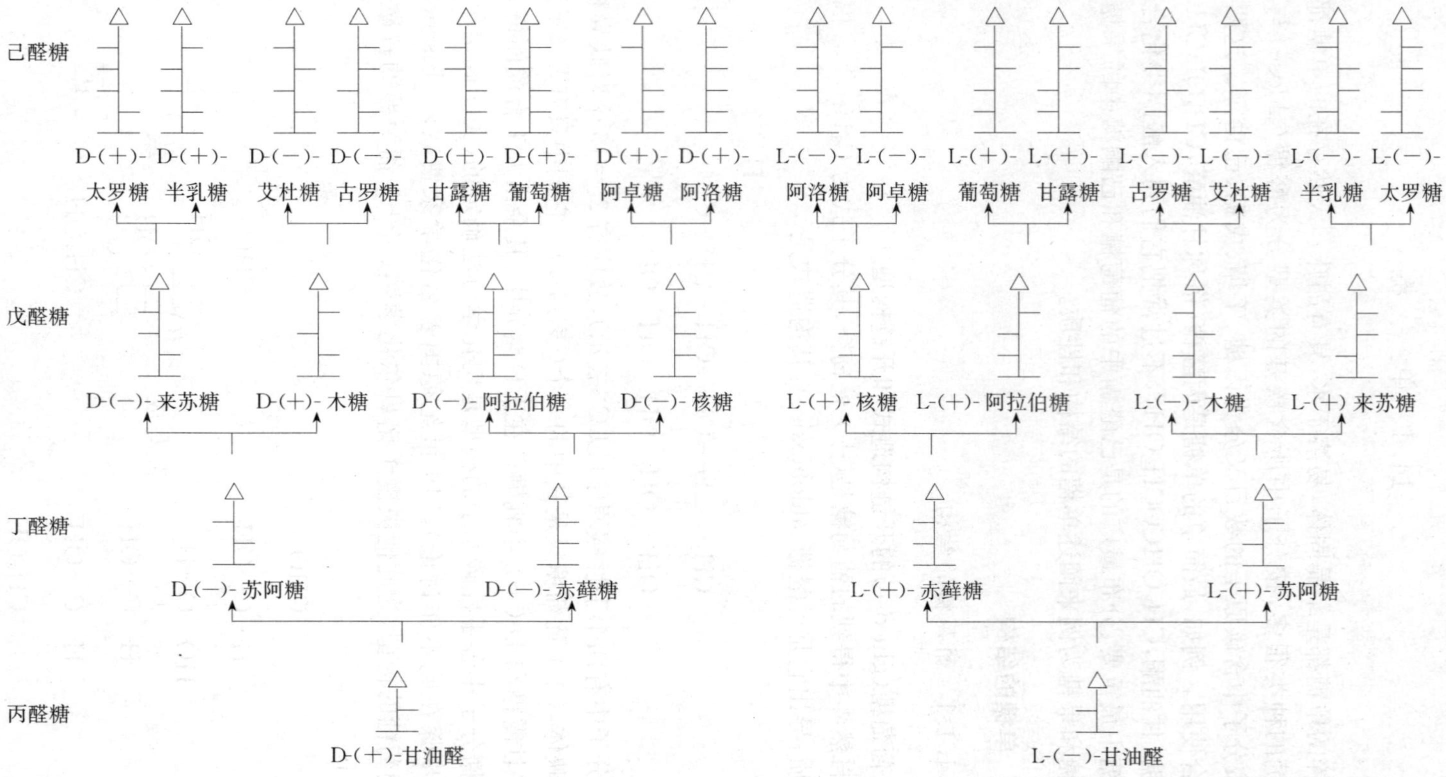

书写单糖的费歇尔平面投影式时，一般将碳链竖写，编号最小的醛基（或编号较小的酮基）写在上端。碳链的编号从靠近羰基的一端开始，用阿拉伯数字标记。单糖的构型是用甘油醛作为标准来确定的。凡是单糖分子中与羰基最远的手性碳原子与 D-(＋)-甘油醛构型相同的（投影式中羟基在右边），称为 D-型；与 L-(－)-甘油醛构型相同的（投影式中羟基在左边），称为 L-型。按与甘油醛的构型联系，(＋)-葡萄糖是 D 型；其对映体(－)-葡萄糖属于 L 型（D，L 表示分子的构型；＋，－表示旋光方向）。

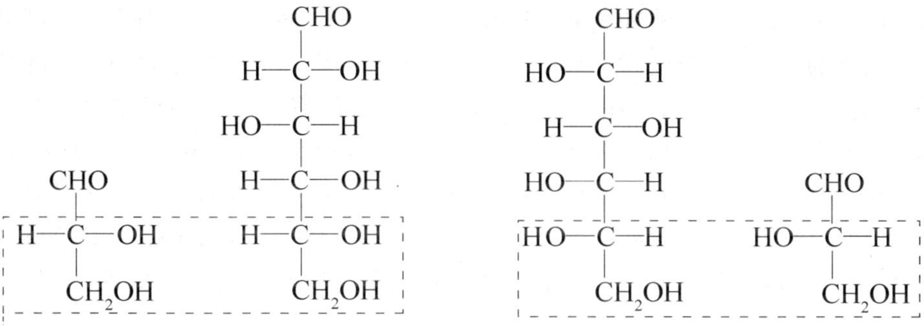

D-(+)-甘油醛　D-(+)-葡萄糖　L-(−)-葡萄糖　L-(−)-甘油醛

天然葡萄糖的全名应为 D-(＋)-葡萄糖。

单糖的构型也可以采用 *R*/*S* 标记法把每一个手性碳原子的构型逐一标出来。因此，天然葡萄糖的名称也可称为(2*R*，3*S*，4*R*，5*R*)-(＋)-葡萄糖。不过，在糖类化学中，糖的构型更常用 D/L 标记法表示。

2）葡萄糖的氧环式

单糖的开链式结构可以阐明它的许多性质，但是，也发现一些与其开链式结构相矛盾的事实。早在 1846 年已发现，D-(＋)-葡萄糖以不同方式重结晶时，可以得到两种不同的葡萄糖。从温水（50℃）溶液中结晶出来（或从乙醇溶液中重结晶得到）的普通 D-(＋)-葡萄糖的熔点是 146℃（分解）。新配制的水溶液的比旋光度 $[\alpha]_D^{20}$ 是＋112°，放置时，比旋光度逐渐减小到＋52.5°。这种 D-(＋)-葡萄糖叫做 α-D-(＋)-葡萄糖。如果使 D-(＋)-葡萄糖在 98℃以上从水溶液中结晶（或从吡啶溶液中重结晶），得到的是另外一种 D-(＋)-葡萄糖，其熔点为 150℃。新配制的水溶液的比旋光度是＋19°，放置时逐渐增大到＋52.5°，这种 D-(＋)-葡萄糖叫做 β-D-(＋)-葡萄糖。像 D-(＋)-葡萄糖这样配制的糖溶液，随时间变化，比旋光度逐渐增大或缩小，最后达到恒定值的现象，叫做变旋光现象（mutarotation），如图 14-1 所示。

葡萄糖的水溶液不与 $NaHSO_3$ 发生加成；当使用甲醇与葡萄糖在酸性催化条件下制备缩醛时，在反应产物中引入了一分子甲醇生成醚键，而产物对碱的稳定性与缩醛相似；在酸性条件下水解这个产物又重新得到葡萄糖和一分子甲醇，这说明

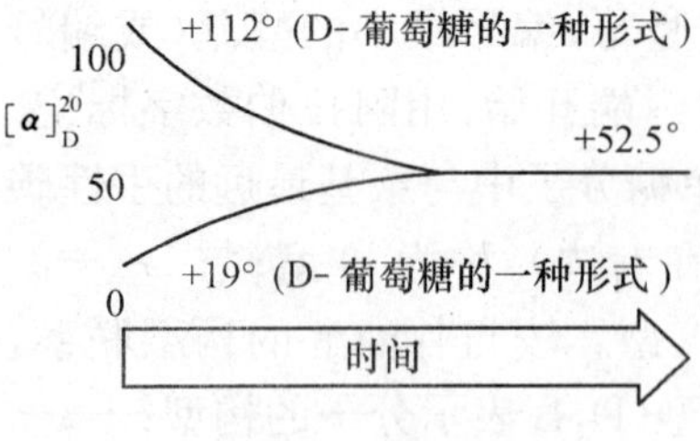


图 14-1　变旋光现象

在己醛糖的结构中,已不具有独立的醛基了。

此外,在葡萄糖的 IR 及 NMR 谱中找不到醛基的特征峰值。

如何解释上述实验事实呢?从葡萄糖的开链结构上无法找到答案。开链式说明了葡萄糖分子内含有羟基和醛基。既然醇可以和醛作用生成半缩醛和缩醛,这就给人们以启示,同一葡萄糖分子内的醛基和适当位置的羟基也应当能发生作用,生成环状半缩醛。也就是说,D-(+)-葡萄糖很可能是以 δ-氧环式(六元环)或 γ-氧环式(五元环)存在。这种最初为了解释葡萄糖的变旋光现象而提出的大胆而又富有推理的设想——氧环式结构,现经 X 射线衍射分析证明,葡萄糖分子确实是以 δ-氧环式存在,即 δ-碳原子($C_5$)上的羟基与醛基作用生成了环状半缩醛(六元环)。在形成氧环式过程中,由于羟基可以从羰基平面的两侧进攻羰基碳,结果可生成两种不同构型的新的手性碳原子,如下式所示:

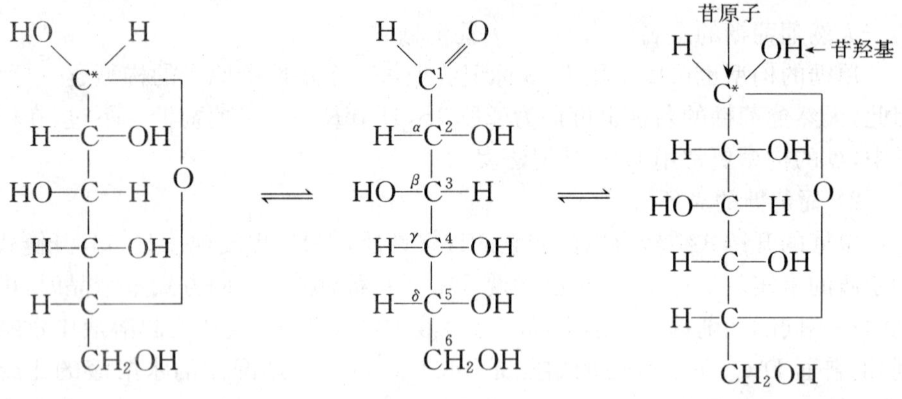


(Ⅰb)　β-D-葡萄糖(δ-氧环式)　$[\alpha]_D^{20}=19°$,熔点 148～150℃

(Ⅰ)　D-(+)-葡萄糖(醛式)

(Ⅰa)　α-D-葡萄糖(δ-氧环式)　$[\alpha]_D^{20}=112°$,熔点 146℃

这个新形成的手性碳原子(半缩醛碳原子)也叫苷原子,它连接的羟基(半缩醛羟基)叫做苷羟基。苷羟基中的氢原子被其他基团取代生成的化合物叫做苷。苷羟基和决定构型的 $C_5$ 上的羟基,从费歇尔投影式(Ⅰ)导出来的构型中处在碳链的同侧时即(Ⅰa),叫做 α 型——α-D-(+)-葡萄糖;在异侧时即(Ⅰb),叫做 β 型——β-D-(+)-葡萄糖。α 型和 β 型之间的区别仅在于第一个手性碳原子构型不相同。这种含多个手性碳的两个异构体中只有一个手性碳构型不同,其余手性碳原子构型都相同的非对映体,称为差向异构体(epimers)。在糖类氧环式中除 $C_1$ 构型不同外，其他手性碳原子的构型完全相同，这种差向异构体又叫异头物（anomers）。苷原子则叫异头碳。

费歇尔平面氧环式尚不能恰当地反映出糖分子的构型。为了更清楚起见，哈沃斯（Haworth）提出了类似脂环分子构型的表示方式来表示糖的氧环式结构的方法，即用五元环平面或六元环平面来表示单糖氧环式结构中各原子在空间的排布，这种式子（透视式）叫做哈沃斯氧环式，简称哈沃斯式。

把开链的费歇尔投影式改写成六元环状半缩醛的哈沃斯式，其过程表示如下：

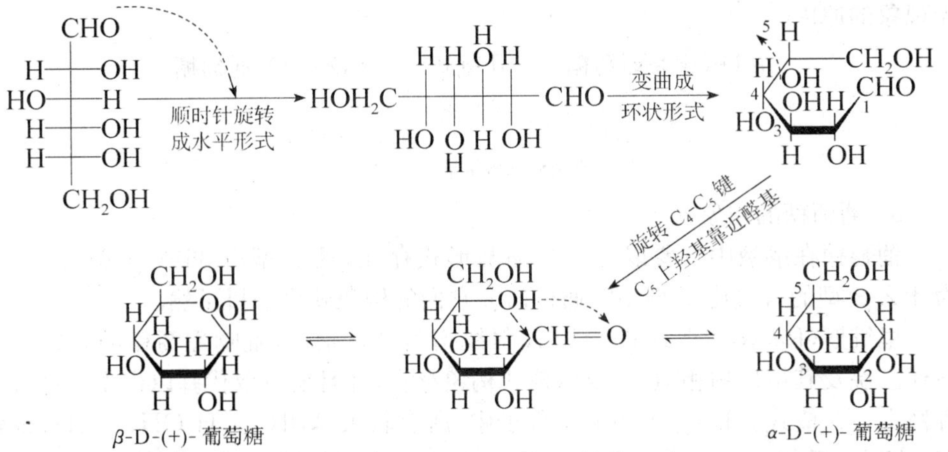


当不必表示出异头碳的构型是 α 型还是 β 型时，D-（＋）-葡萄糖的哈沃斯式可写作：

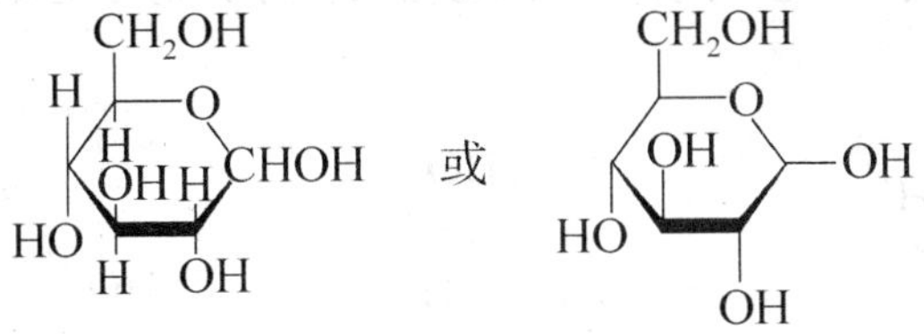


但是，在实际工作中，常需要改写成另外的形式。例如，将上述 α-D-（＋）-吡喃葡萄糖的哈沃斯式，离开纸平面向左或向下翻转 180°便得到另外的形式。很明显，经过翻转后，H 和 OH 在环上的位置发生了上下变换。

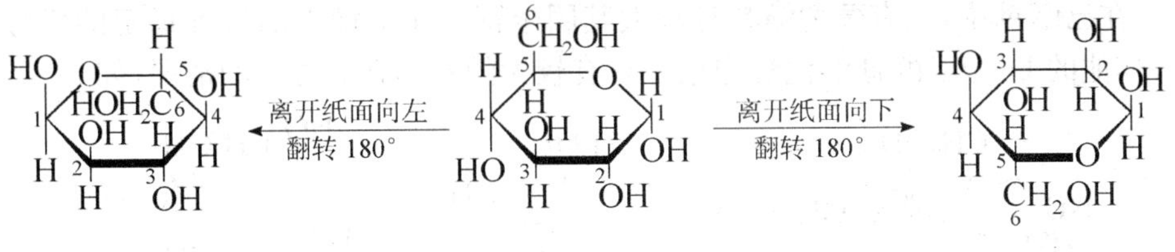


所谓吡喃糖（pyranose），它是指具有与吡喃环相似骨架的 δ-氧环式六元环结构的糖类；类似地，把具有与呋喃环相似骨架的 γ-氧环式五元环结构的糖类叫做

呋喃糖(furanose)。例如,葡萄糖的两种异头物可分别称为 α-D-(+)-吡喃葡萄糖和 β-D-(+)-吡喃葡萄糖。

葡萄糖的 δ-氧环式可以说明它的很多特性。例如,变旋光现象是由于它的 α-型、β-型和开链式之间平衡的结果。差向异构体是非对映异构体,它们的物理性质和比旋光度是不同的。但是,如果将葡萄糖的任何一个异构体溶于水后,都能通过开链式而相互转变,形成一个平衡体系,其中 α-型占 36%,β-型占 64%,开链式只占 0.01%。这种开链式结构与氧环式结构的互变异构现象正是葡萄糖产生变旋光现象的原因。

$$\underset{\substack{36\% \\ [\alpha]_D^{20}=+112^\circ}}{\alpha\text{-D-(+)-葡萄糖}} \rightleftharpoons \underset{0.01\%}{\text{开链式}} \rightleftharpoons \underset{\substack{64\% \\ [\alpha]_D^{20}=+19^\circ}}{\beta\text{-D-(+)-葡萄糖}}$$

平衡混合物 $[\alpha]_D^{20}=+52.5^\circ$

3) 葡萄糖的构象式

葡萄糖在溶液中主要以环状半缩醛形式存在,且 α-型占 36%,β-型占 64%。为什么 β-型的含量比 α-型多? 通过研究它们的构象就可一目了然。

里维斯(Reeves)于 1960 年用 X 射线衍射分析指出,吡喃葡萄糖的 δ-氧环式与环己烷及其衍生物相似,主要以椅式构象存在,并且所有取代基以占据 e 键最多者稳定。在椅式 β-D-(+)-葡萄糖分子中,所有较大基团($—CH_2OH$、—OH)都处在 e 键上;而在 α-D-(+)-葡萄糖分子中,则有一个羟基(苷羟基)处在 a 键上,其余较大基团占据 e 键。因此可以看出,β-型比 α-型稳定些(能量约相差 25kJ/mol),所以 β-型占比例大于 α-型。换言之,葡萄糖两种异头物相对稳定性与它们的构象密切相关。

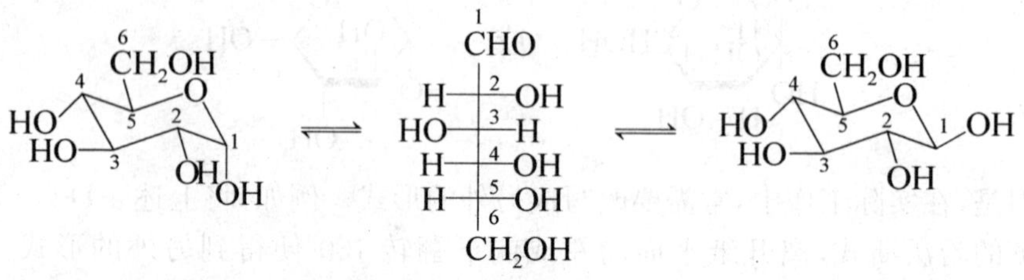

α-D-(+)-葡萄糖　　D-(+)-葡萄糖　　β-D-(+)-葡萄糖

在己醛糖中,只有葡萄糖具有较大基团全都处于 e 键上的这种稳定的优势构象,其他的 D-型己醛糖的优势构象中总有较大的基团在 a 键上的情况,如

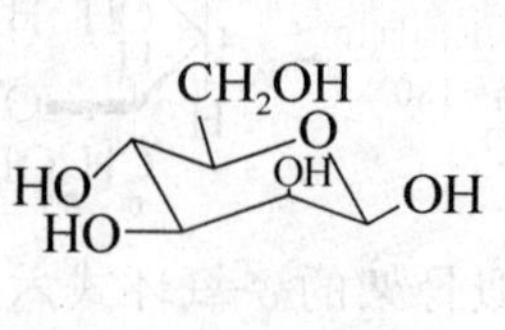

β-D-甘露糖

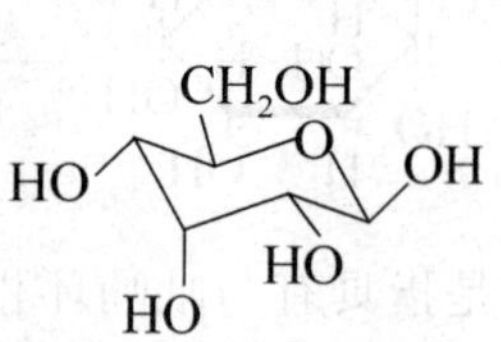

β-D-阿洛糖

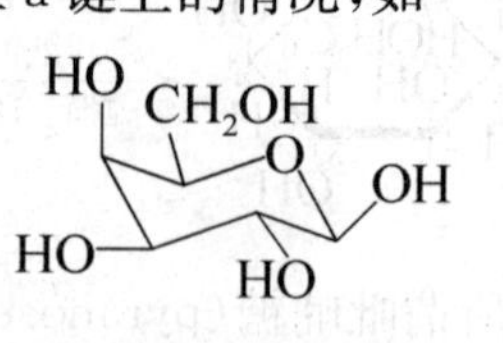

β-D-半乳糖

### 14.1.1.2　果糖的结构

果糖(fructose)是个己酮糖,其构造式为

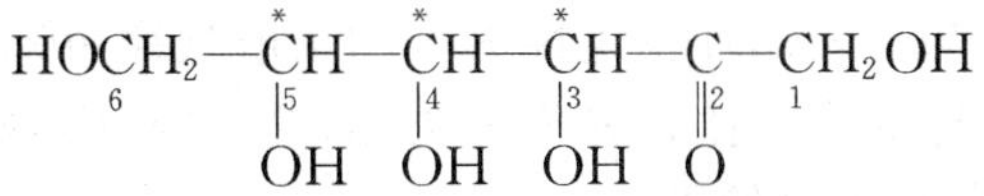

它有三个不相同的手性碳原子,应有 $2^3=8$ 个对映异构体,组成四对对映体。天然的果糖只是其中的一个,属于 D-型左旋糖,其开链式为

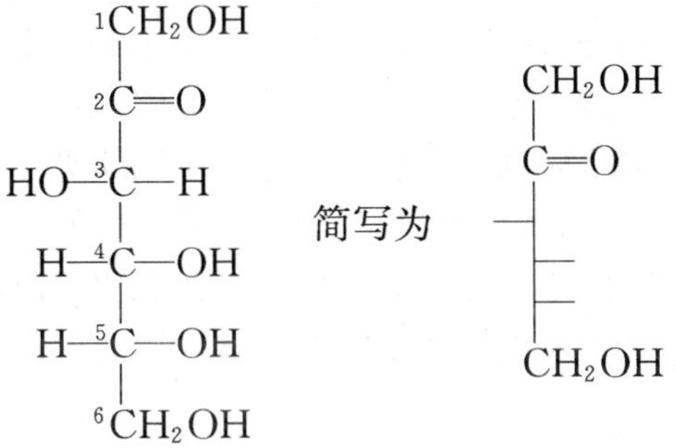


自然界游离存在的 D-(—)-果糖具有 δ-氧环式结构,称为D-(—)-吡喃果糖。而在蔗糖分子中(或果糖衍生物中)的果糖单元则主要是 γ-氧环式结构,称为 D-(—)-呋喃果糖。果糖也有 α 和 β 两种异构体,在水溶液中同样也存在开链式和氧环式的互变平衡体系,而且在平衡混合物中,既有两种吡喃果糖,又有两种呋喃果糖,所以 D-(—)-果糖也有变旋光现象。下面给出吡喃果糖和呋喃果糖的结构。

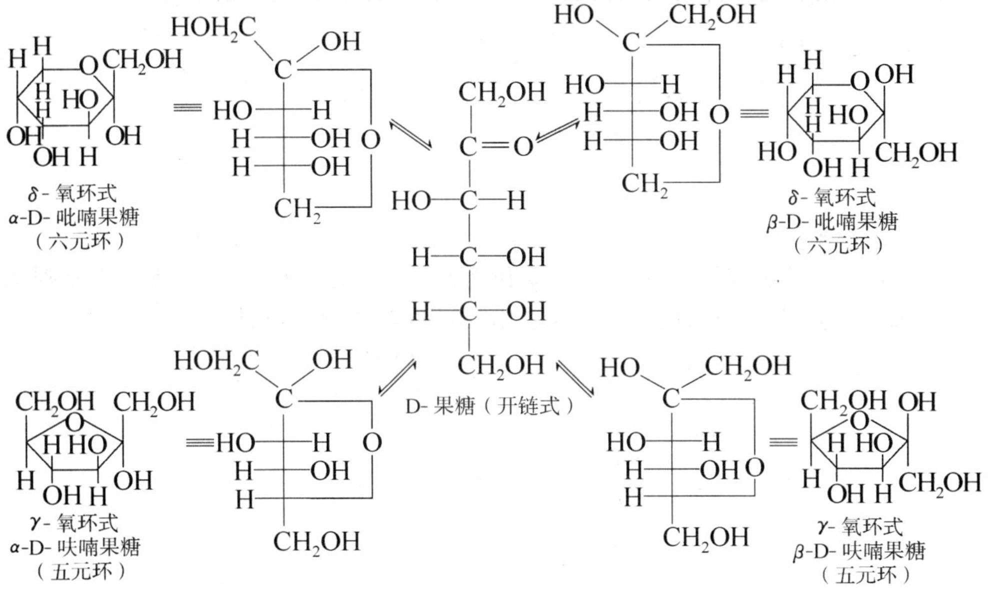

尚需指出，天然存在的单糖大都是D-型的，而且游离的单糖都是$\delta$-氧环式。虽然迄今尚未分离得到游离的呋喃糖，但是具有$\gamma$-氧环式的呋喃糖衍生物却是大量存在的。在单糖水溶液中开链式结构和氧环式结构处于互变异构平衡状态，所以单糖都有变旋光现象。根据环稳定性大小的一般规律可知，自然界中的单糖以戊糖、己糖较丰富；$\beta$-异头物又比$\alpha$-异头物为多，这又与其构象密切相关。由此不难理解，单糖中的葡萄糖在自然界存在量最多。

### 14.1.2　单糖的化学性质

单糖分子开链结构中既含有羟基又含有羰基，所以它们能够发生羰基的某些反应，例如，能够发生氧化反应、还原反应，可与HCN、$H_2NOH$、苯肼等羰基试剂反应；也能够发生羟基的反应，例如，它们可以成醚和酯等。在水溶液中，单糖的开链式与氧环式处于同一平衡体系中，当其中某一种式子发生反应，即会引起这种互变异构平衡的移动。此外，单糖分子的氧环式结构表明，苷羟基具有与其他醇羟基不同的化学环境，它应该表现出某些不同的特殊性质。

#### 14.1.2.1　氧化反应

单糖易被多种氧化剂氧化，生成的氧化产物随氧化剂的不同而不同。醛糖用缓和的氧化剂氧化，如溴水，在弱酸性条件下（pH＝5），则醛基被氧化为羧基生成一元糖酸。$\beta$-D-葡萄糖的氧化速率是$\alpha$-D-葡萄糖的250倍，由此可知氧化反应是在醛糖的氧环式半缩醛碳上进行的。处在平伏键位置上的羟基比处在直立键上的羟基更容易被氧化。若用强氧化剂则醛基和伯醇基都被氧化成糖二酸，如

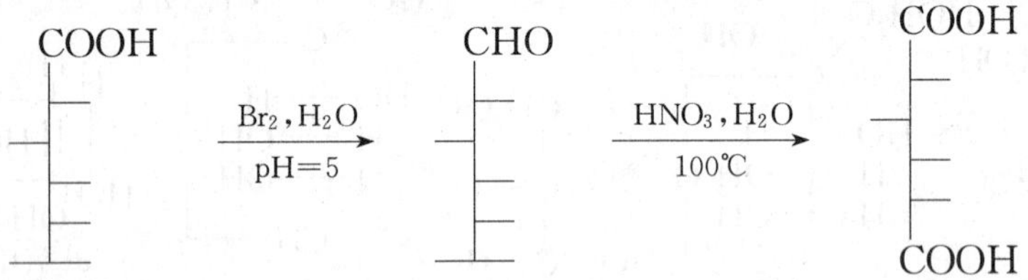


葡萄糖酸　　　　D-葡萄糖　　　　葡萄糖二酸

由于在许多糖酸分子的4-位和5-位有羟基，因此很易形成内酯。从原则上讲，它既可以形成$\gamma$-内酯也可以形成$\delta$-内酯，但最稳定的内酯是$\gamma$-内酯。

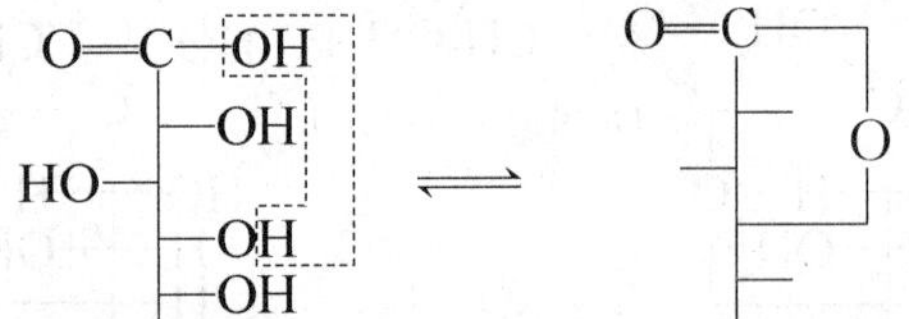


D-葡萄糖酸　　　　D-葡萄糖酸-$\gamma$-内酯

和糖酸类似，糖二酸也可以形成双内酯。例如，葡萄糖二酸形成1,4-和3,6-

双内酯。

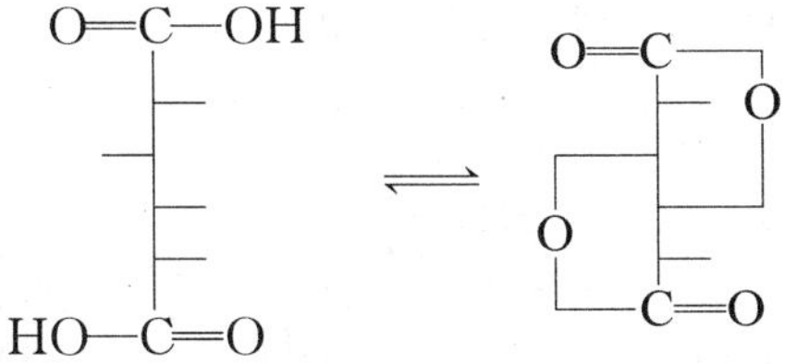

醛糖用硝酸氧化成二酸的反应，在某些时候可以提供立体化学的资料。例如，氧化 D-(+)-半乳糖生成没有旋光性的内消旋混合物半乳糖二酸，然而 D-(+)-葡萄糖的类似氧化则得到旋光性的二酸。说明在半乳糖二酸中，四个手性碳必然是对称排列的，在 $C_3$ 和 $C_4$ 之间有一个对称面。

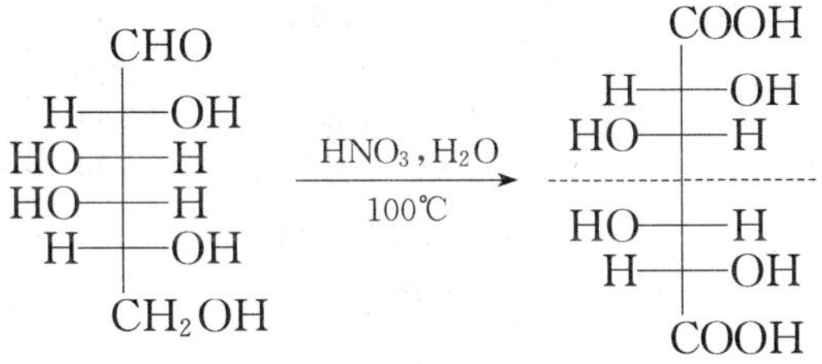

D-(+)-半乳糖　　　　半乳糖二酸(内消旋)

酮糖比醛糖较难氧化。例如，果糖不被溴水氧化，用此反应可鉴别醛糖和酮糖；若用强氧化剂硝酸或氧化汞氧化果糖，则氧化的同时发生碳碳键的断裂。

醛糖和酮糖都可以被弱氧化剂如费林试剂或土伦试剂所氧化，分别生成氧化亚铜的砖红色沉淀或银镜。这种能还原费林试剂或土伦试剂的糖叫还原糖(reducing sugar)，否则叫非还原糖(nonreducing sugar)。所有的单糖和大多数低聚糖都是还原糖，多糖都是非还原糖。此反应可用来鉴别是否是还原糖。另外，也可利用葡萄糖与土伦试剂的反应，在玻璃制品上镀银，葡萄糖转变成葡萄糖酸。

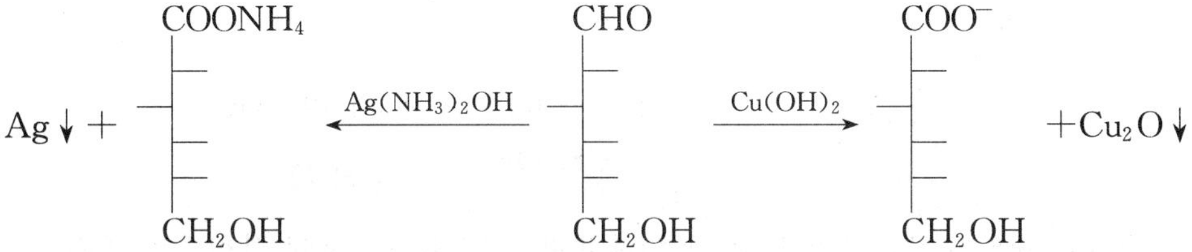

酮糖与一般酮类不同，它能还原费林试剂和土伦试剂。其原因是醛糖和酮糖在稀碱作用下发生互变异构，而费林试剂和土伦试剂都是碱性试剂。

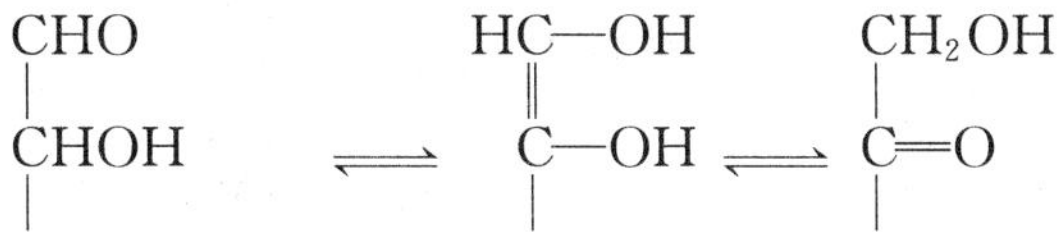

醛糖(部分结构)　　　烯二醇　　　酮糖(部分结构)

例如，在碱性水溶液中，单纯的葡萄糖或果糖或甘露糖都可以成为这三者的平衡混合物，这是羰基-烯醇式之间平衡的结果。

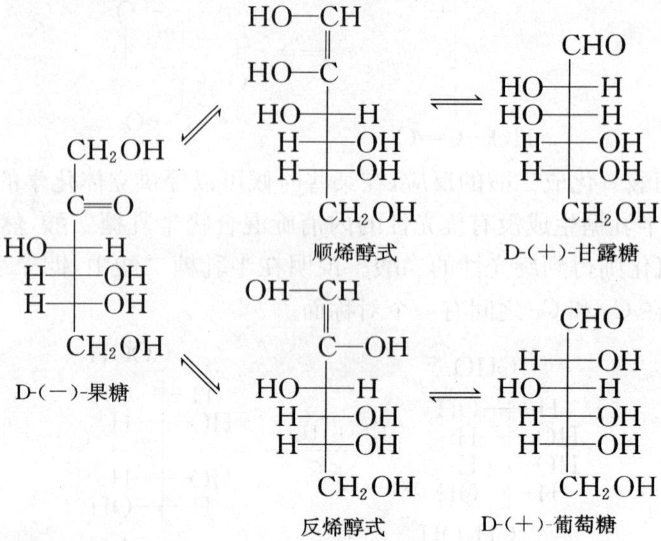


在稀碱溶液中，单糖于室温下通过烯醇化产生差向异构体。这个变化称为差向异构化。D-葡萄糖和D-甘露糖之间经由果糖相互转变，两者只有一个手性碳原子的构型不同，属于差向异构体。它们之间的转化即为差向异构化。另外，酮糖在稀碱作用下，还发生醇醛缩合的逆反应，如

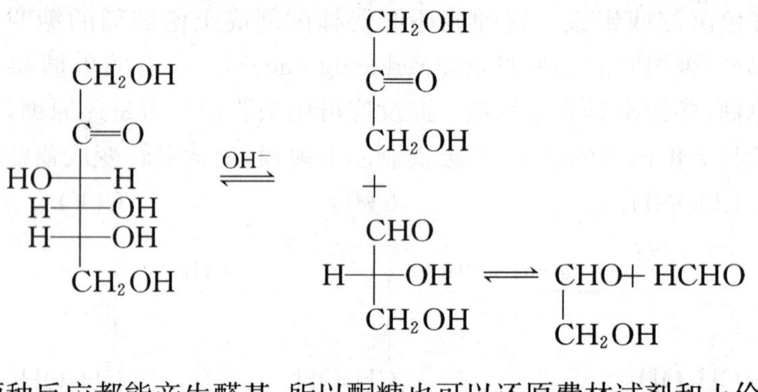

上述两种反应都能产生醛基，所以酮糖也可以还原费林试剂和土伦试剂。

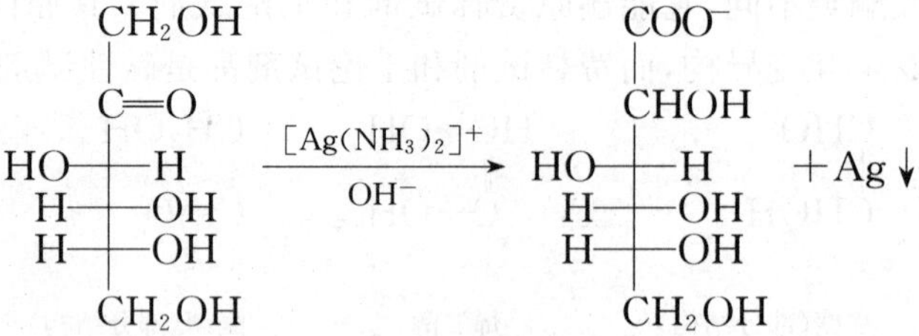

高碘酸也能使单糖氧化(pH=3.7),反应定量消耗氧化剂。氧化的结果,相邻两个羟基的碳原子之间断键,生成一些碳链较短的产物。

生物体内由酶催化进行氧化反应,醛基不受影响,而末端伯羟基氧化为羧基,生成糖醛酸,这是一个重要的生化反应,糖醛酸衍生物在动物体内可由尿液排出起到除毒作用。

#### 14.1.2.2　还原反应

单糖用化学还原剂(如 $LiAlH_4$、$NaBH_4$ 等)还原,或用催化加氢的方法,都可以变成对应的糖醇,如

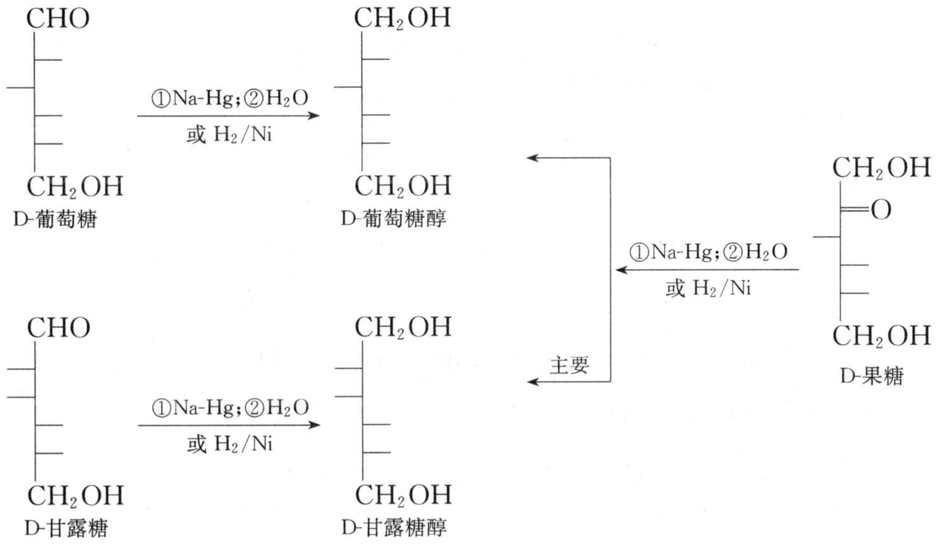


果糖还原后产生一个新的手性碳原子,理论上可以生成两种多元醇,但实际上只有一种占优势(甘露糖醇)。

在苹果、樱桃、梨等水果中和海藻中含有山梨醇和甘露醇,它们可作食品添加剂,并且它们也是化妆品和药物生产中用量较大的多元醇。山梨醇还是制取非离子表面活性剂的重要原料。

糖醇被 HI 还原为正己烷。

#### 14.1.2.3　脎的生成

单糖与苯肼作用时,开链结构的羰基发生反应,生成苯腙;如果苯肼过量,单糖苯腙能够继续再与两分子苯肼反应,生成一种不溶于水的黄色晶体,称为脎。如

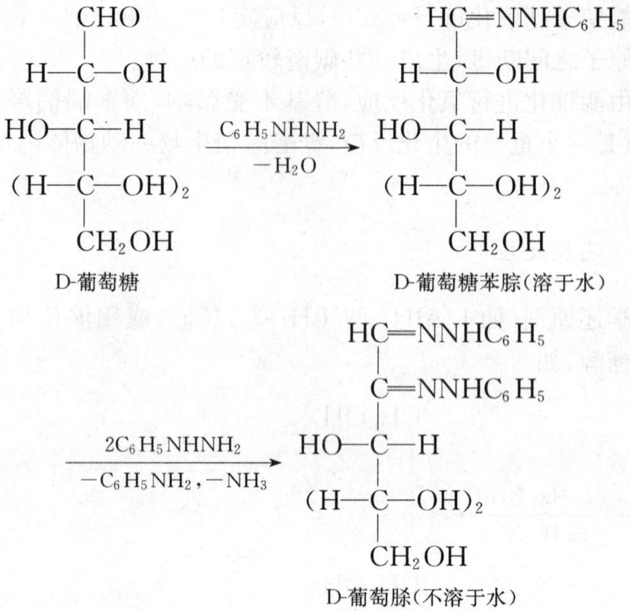


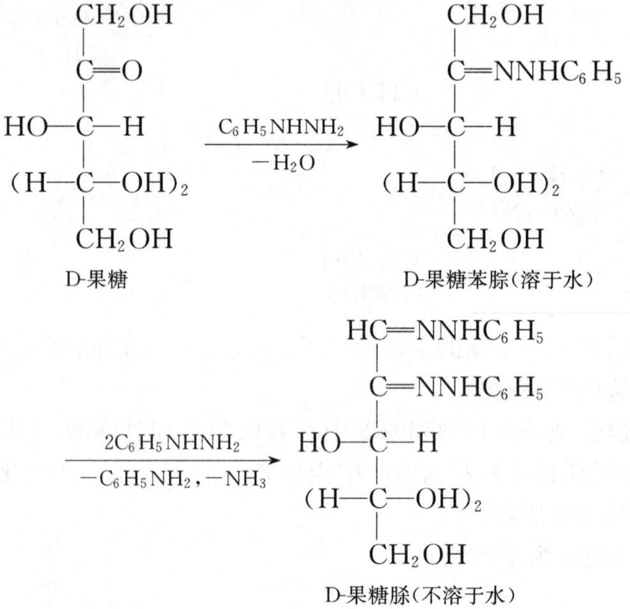


脎的生成只发生在 $C_1$ 和 $C_2$ 上，其余碳原子的构型不受影响，因此只有 $C_1$ 和 $C_2$ 不同的糖将生成相同的脎。例如，D-葡萄糖，D-果糖和 D-甘露糖生成同样的脎。换言之，凡能生成相同脎的己糖，$C_3$，$C_4$ 和 $C_5$ 的构型是相同的。因此，成脎反应在确定糖的构型中很重要。不同的糖一般生成不同的脎，不同的糖脎结晶形态不同，熔点也不同；即使能生成相同的脎，其反应速率和析出糖脎的时间也不相同。

因此，利用脎的生成可以鉴别糖类。由于在不同糖中，成脎反应速率和析出糖脎的时间不同，又可以用于糖的分离。

糖脎水解的产物称为肱，后者用 Na-Hg 还原可以得到 2-酮糖。这个方法可用来将醛糖变成 2-酮糖。

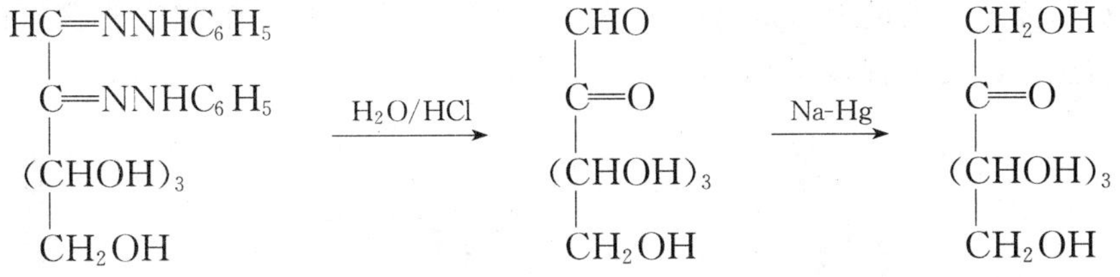

脎　　　　肱　　　　2-酮糖

14.1.2.4　苷的生成

单糖的氧环式是半缩醛或半缩酮，可以再与含羟基的化合物（如醇、酚）反应生成缩醛或缩酮。通常在糖分子中，苷羟基上的氢原子被其他基团取代后的产物叫糖苷（glycoside，苷，有的书曾用甙），在生物学上也称配糖物（体）。苷的非糖部分（聚糖中均为糖）叫苷元（aglycone），也叫配基。糖苷的命名通常是用构成糖分子的糖和配基来命名的，称为某配基某糖苷，同时还必须指出它们的构型和旋光方向。例如，在无水卤化氢存在下，D-（＋）-葡萄糖与热甲醇作用，生成 D-（＋）-甲基葡萄糖苷。这是由于半缩醛羟基特别活泼的缘故。

苷分子中已无苷羟基，不能再转变为开链式，故它们（α-型或β-型）也就不能再发生相互转变。苷是一种缩醛（或缩酮），所以它对碱稳定，较难氧化，不与苯肼、土伦试剂、费林试剂反应，也无变旋光现象。但是，在稀酸或酶催化下，苷易水解成原来的糖和相应的羟基化合物。

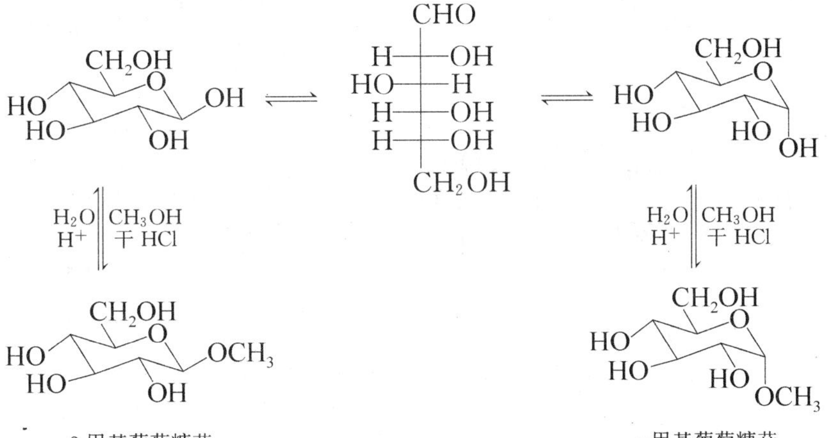

β-甲基葡萄糖苷　　　　α-甲基葡萄糖苷

熔点 107℃，$[\alpha]_D^{20}=-33°$　　　　熔点 165℃，$[\alpha]_D^{20}=+158°$

由于苷的稳定性，糖苷广布自然界中。许多植物色素、生物碱等，具有很高经济价值和治疗作用的有效成分都是苷。例如，天然燃料靛蓝和茜素，中药苦杏仁苷，黄酮苷，C-17 位带有不饱和五元或六元内酯环的甾体苷元组成的强心苷，苷元为三萜或螺旋烷甾类的皂苷等。人们熟知的人参是传统的滋补中药，它含有多种化学成分，而最主要的有效成分就是人参皂苷，含量约 4%，根须中的含量比主根还要高，至今已分离提取了几十种人参皂苷。

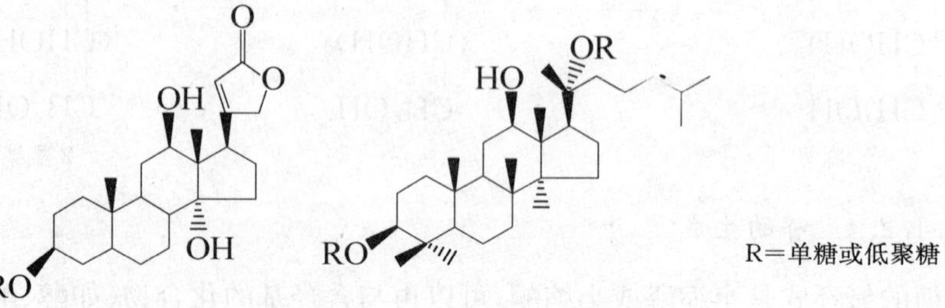


强心苷　　A 型人参皂苷

低聚糖和多糖也都是糖苷。这些都是以含羟基化合物的羟基与半缩醛羟基而成的苷，称为 *O*-苷。同一糖苷的不同异构体的化学活性是不同的，例如，$\beta$-D-葡萄糖苷可用 $O_3$ 氧化为葡萄糖酸酯，而 $\alpha$-D-异构体却不容易被氧化。糖苷也可以与 $HIO_4$ 作用，但不同的糖苷氧化分解产物不同。$\alpha$-D-甲基吡喃葡萄糖苷与 $HIO_4$ 反应可消耗两分子的 $HIO_4$，只生成一分子甲酸和一分子二醛。后者用溴水再氧化，然后水解生成 D-甘油酸和乙醛酸：

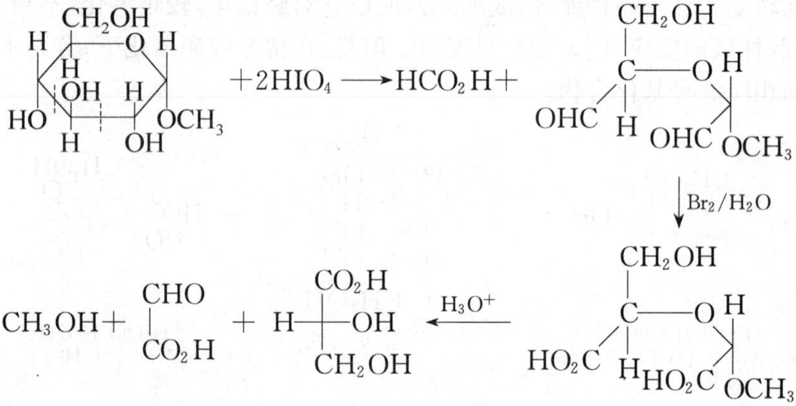

当呋喃型葡萄糖苷与两分子 $HIO_4$ 作用时，则生成一分子甲醛和一分子三元醛，后者经溴水氧化后再水解就得到一分子 $\alpha$-羟基丙二酸和一分子乙醛酸：

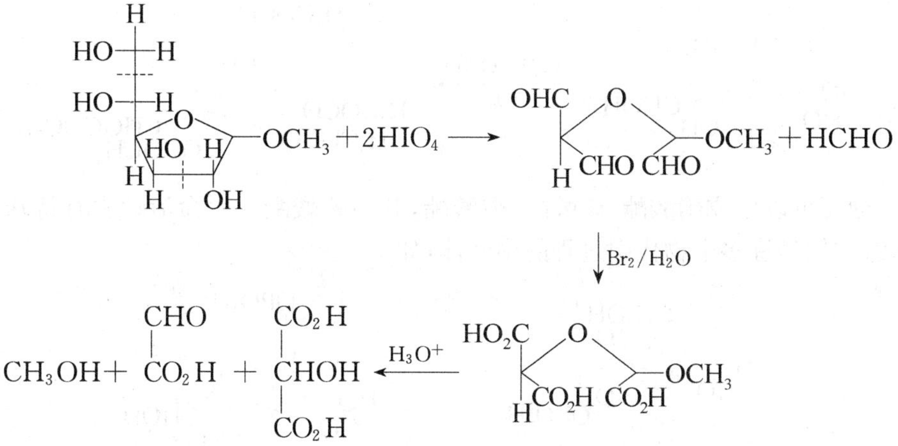

在葡萄糖苷分子中，其他的四个游离羟基也可以被醚化或酯化，生成四甲氧基或四酰氧基葡萄糖苷，如

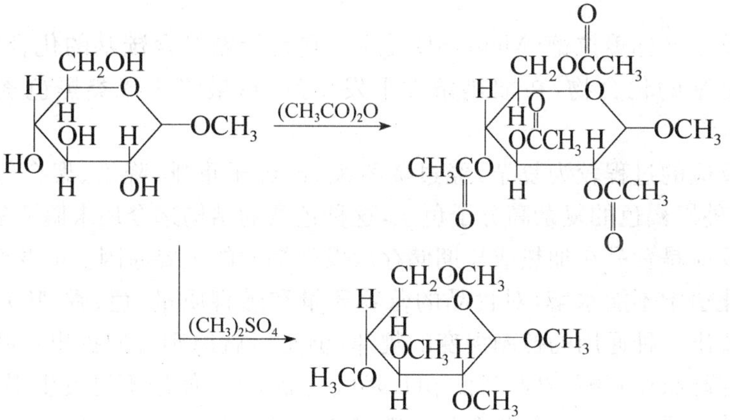

除此之外，还有以含氮碱基作配基的苷则通过氮原子与糖结合称为 *N*-苷。例如，核酸分子中就有 *N*-苷结构存在，这将在第 15 章中讨论。

14.1.2.5 醚和酯的生成

单糖分子中不只苷羟基，其余的醇羟基与适当的试剂作用，都可以得到单糖的醚和酯。例如，D-葡萄糖与硫酸二甲酯在碱的存在下作用，或者与碘甲烷和氧化银作用，氧环结构中的所有羟基都能变成甲氧基，得到五甲基葡萄糖。

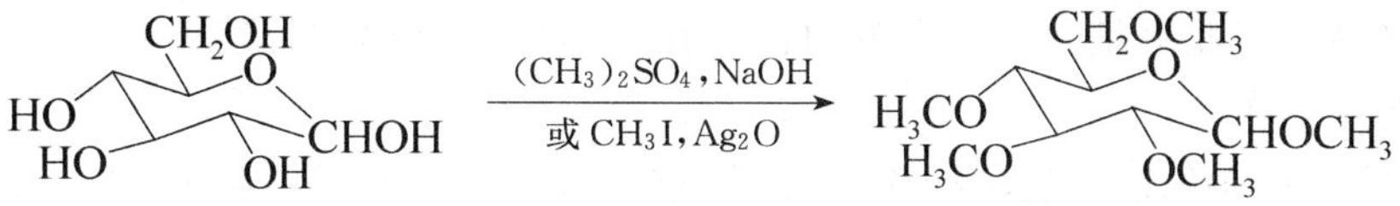

D-葡萄糖与乙酸或乙酸酐作用，则发生酯化反应，生成五羧酸酯。

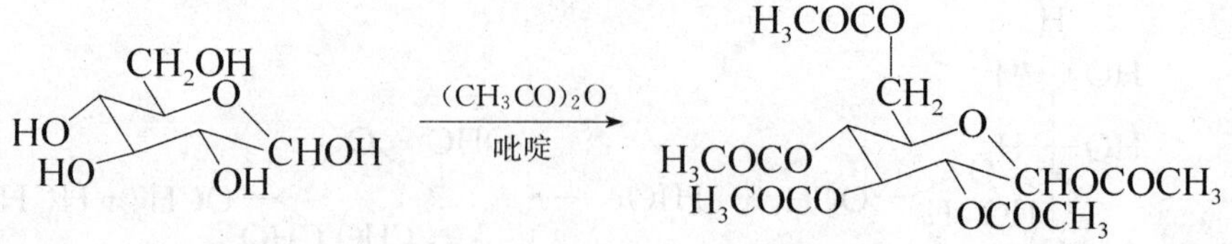

糖还可以生成硝酸酯、硫酸酯、磷酸酯，其中磷酸酯在生命活动中有特殊的重要性，它们是许多生物代谢过程的中间体，如

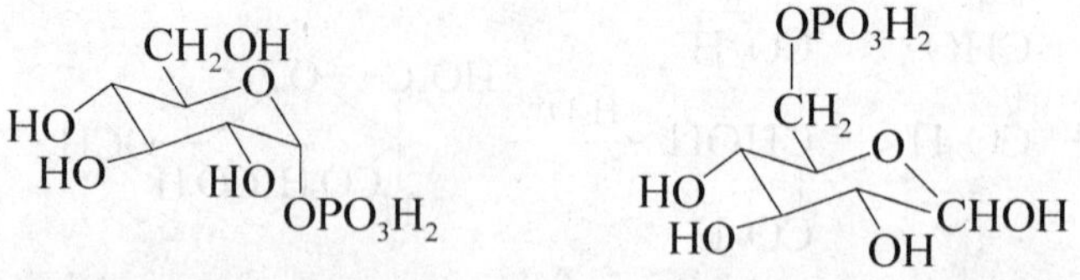

α-1-磷酸-D-葡萄糖酯　　6-磷酸-D-葡萄糖酯

14.1.2.6　*羰氨反应*

羰氨反应又称美拉德(Maillard)反应。它是指糖等含羰基的化合物，能和氨基酸等含氨基的化合物，在加热条件下发生反应，最终生成类黑色素(melanoidins)的反应。

羰氨反应的过程较为复杂，经过羰氨缩合、分子重排、降解、聚合等一系列反应，生成一种黑褐色的复杂高分子色素，这种色素的结构迄今还未搞清楚。

羰氨反应是食品在加热或长期储存后发生褐变的主要原因。褐变产物色素复合物在消化道中不能水解，对食品的营养质量和感官质量(色、香、味)均有影响。尽管难以找出一种通用的控制褐变的规律，但是可就原则方向提出一些可能的抑制途径，如降温、亚硫酸处理、降低 pH、降低成品浓度、使用不易发生褐变的糖类、添加钙盐等。褐变反应对某些食品特殊风味的形成有密切的关系。糕点及面食在焙烤过程中，某些呈味物质的形成，就是由于褐变反应而产生的。

### 14.1.3　重要的单糖

1）葡萄糖

葡萄糖是自然界分布最广的己醛糖。它除以游离形式存在外，常以多糖或糖苷形式存在于葡萄糖等水果以及许多植物的种子、根、叶或花中。动物体内也有少量葡萄糖。天然的葡萄糖是右旋的，故又称右旋糖。蔗糖、淀粉和纤维素水解都可得到葡萄糖，工业上是由淀粉水解而得。在水溶液中析出的葡萄糖带有一分子结晶水，熔点 83℃。

葡萄糖是无色或白色结晶粉末，相对密度 1.544(25℃)，熔点 146℃，甜度约为蔗糖的 70%，易溶于水，稍溶于乙醇，不溶于乙醚和烃类等。

葡萄糖是人体内新陈代谢不可缺少的重要营养物质，在医药和食品上具有重要用途。它是制造葡萄糖酸钙和维生素 C 等的原料。它在印染和制革、镀银工业中常用作还原剂。

维生素 C 不属于糖类，可视作单糖的衍生物，其结构为不饱和糖酸内酯，全名为 L-(＋)-苏糖型-2,3,4,5,6-五羟基-2-己烯酸-4-内酯。维生素 C 是可溶于水的无色无臭、片状结晶或粉末。溶于乙醇，但不溶于苯、乙醚、油脂等溶剂。L-型，$[\alpha]_D^{20}=+21°$，遇光色渐变深；干燥状态比较稳定，在水溶液中很快被氧化分解，中性或碱性溶液中尤甚；熔点 190～192℃(分解)。维生素 C 味酸且有防止坏血病的功能，所以在医学上把它叫做 L-抗坏血酸(L-ascorbic acid)。维生素 C 极易被氧化为去氢抗坏血酸，所以它是一个较强的还原剂，可用作食品的抗氧剂。L-去氢抗坏血酸在生物体内可还原为 L-抗坏血酸，故仍有生理活性。当然，在那些不易添加酸性物质的食品，如牛乳等中，应使用 L-抗坏血酸钠。维生素 C 不是羧酸而是内酯，但显酸性且易氧化，这是因为分子中有邻烯二醇官能团。

许多动物在其肝脏中能够合成维生素 C，但在进化过程中，人已丧失了这种能力。经常食用维生素 C 可以防止坏血病。维生素 C 可以由葡萄糖制备，结合生物和化工技术，使得它可以大量低成本生产。

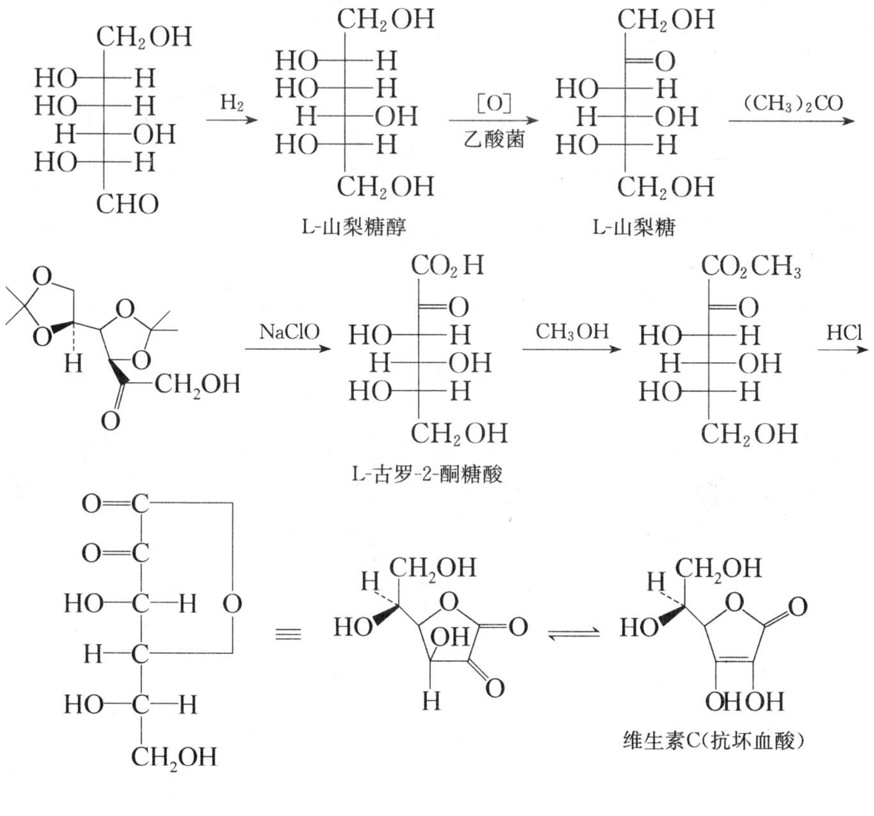

2）果糖

果糖是最甜的一种糖。它广泛分布在植物中，如水果和许多植物的种子、块茎和叶等。蜂蜜中也有果糖。菊科植物根部储藏的糖类——菊粉，就是果糖的高聚体。工业上用酸或酶水解菊粉来制取果糖。天然果糖是左旋的，$[\alpha]_{D}^{20}=-92.4^{\circ}$，故也称左旋糖。

果糖是白色晶体或结晶粉末，易溶于水，可溶于乙醇和乙醚，熔点 102℃（分解）。果糖能与氢氧化钙形成难溶于水的配合物 $C_6H_{12}O_6 \cdot Ca(OH)_2 \cdot H_2O$；并能与间苯二酚的稀盐酸溶液发生颜色反应（呈现红色），可用于鉴别果糖。

3）D-(－)-核糖及 D-(－)-2-脱氧核糖

它们是极为重要的戊醛糖。D-核糖通常以六元的吡喃环半缩醛为主，但在生物体内 D-核糖或 D-2-脱氧核糖作为糖基是以五元呋喃环式存在的。它们的氧环式和开链式异构体的结构如下：

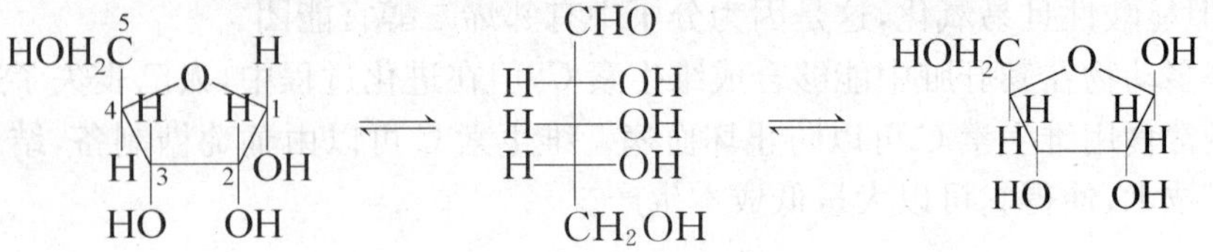

α-D-核糖(20%)　　D-核糖　　β-D-核糖(56%)

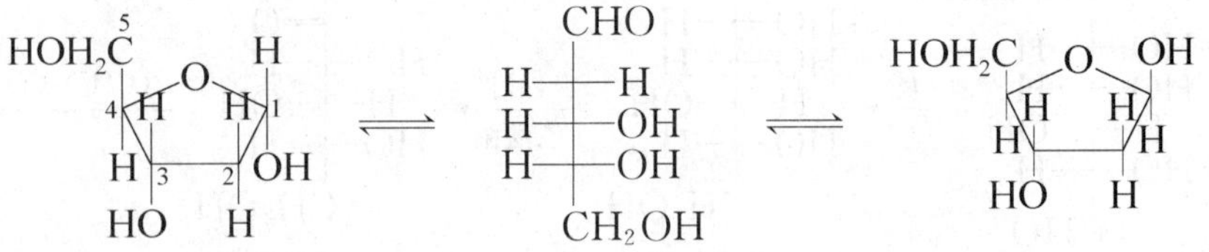

α-D-2-脱氧核糖(6%)　　D-2-脱氧核糖　　β-D-2-脱氧核糖(18%)

4）氨基糖

糖分子中除苷羟基外的其他羟基被氨基取代后的化合物称为氨基糖。多数天然氨基糖是己糖分子中 $C_2$ 上的羟基被氨基取代的产物。例如，2-氨基-D-葡萄糖（Ⅰ）和 2-氨基-D-半乳糖（Ⅱ）。它们是很多糖和蛋白质的组成部分，广泛存在于自然界，具有重要的生理作用。例如，2-乙酰氨基-D-葡萄糖（Ⅲ）是甲壳质的组成单元。甲壳质存在于虾、蟹和某些昆虫的甲壳以及低等植物如真菌、藻类的细胞壁中，其天然产量仅次于纤维素，其用途尚在开发中。

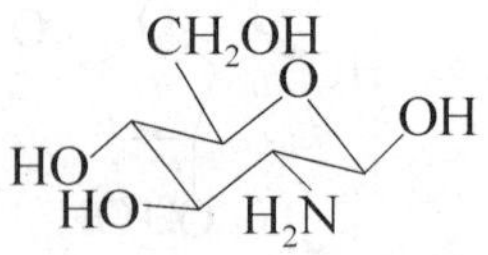

Ⅰ

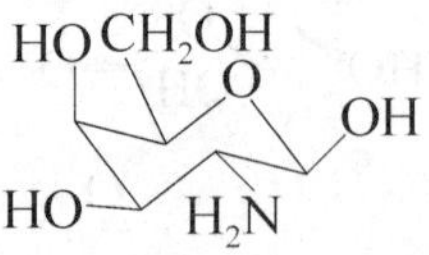

Ⅱ

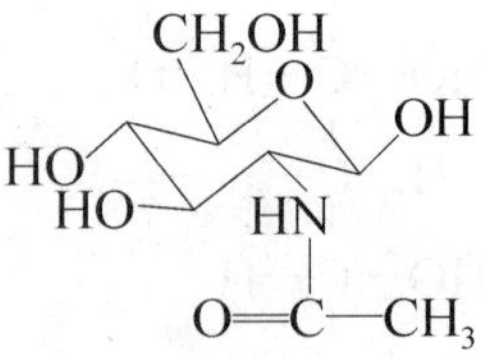

Ⅲ

一些被称为氨基苷类的抗生素药物，如链霉素、庆大霉素、卡那霉素和新霉素等，主要对革兰氏阴性菌有杀灭作用，并对一些阳性球菌也有佳效，其分子中含有氨基糖组分。例如，链霉素分子中含有 2-甲氨基-$\alpha$-L-葡萄糖（Ⅳ）。链霉素（Ⅴ）是最早的抗结核药，也是治疗鼠疫的首选药。

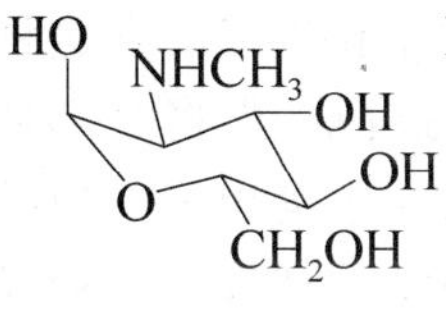

Ⅳ

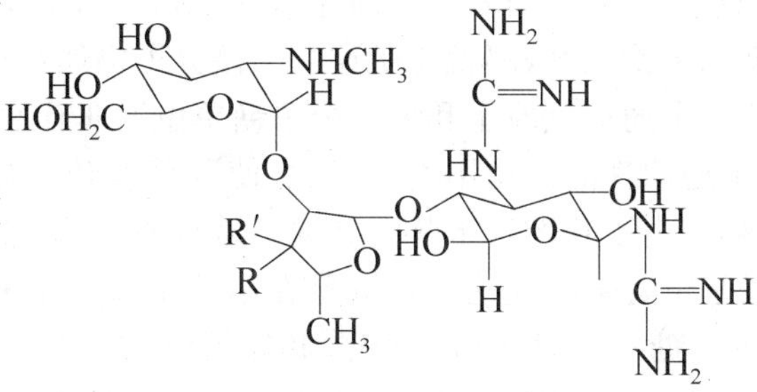

Ⅴ

硫酸链霉素：
R=OH，R′=CHO
硫酸双氢链霉素：
R=OH，R′=$CH_2OH$
硫酸双氢去氧链霉素：
R=H，R′=$CH_2OH$

氨基糖常与磷酸及某些杂环化合物结合而存在于核蛋白中，是核酸及脱氧核糖核酸的重要组成部分，在第 15 章中再作介绍。

## 14.2　低　聚　糖

低聚糖具有和单糖相似的物理性质：能成结晶，易溶于水，并有甜味。低聚糖按其化学性质可分为两类：一类低聚糖具有和单糖相似的化学性质：有变旋光现象和还原性（如能还原费林试剂和土伦试剂），并能与苯肼成脎，这类低聚糖连同单糖都叫还原性糖。另一类低聚糖没有变旋光现象和还原性，也不能与苯肼成脎，这类低聚糖叫做非还原性糖。两类低聚糖化学性质上的差异与它们结构上的不同密切相关。现以低聚糖中最重要的二糖为例进行讨论。

### 14.2.1　二糖的结构和性质

二糖可以看作是由两个单糖分子通过形成苷键的方式结合而成的苷。也就是说，二糖可看成是一个单糖分子中的苷羟基和另一个单糖分子中的苷羟基或醇羟基之间脱去一分子水的缩合产物。

为了测定二糖的结构，首先要从它的水解产物来确定组成这个二糖的单糖单位。例如，1mol 蔗糖水解得 1mol 葡萄糖和 1mol 果糖，可知蔗糖是由葡萄糖和果糖生成的糖苷。麦芽糖、纤维二糖都是由两分子葡萄糖组成的糖苷。其次是弄清二糖分子中苷键的类型，换言之，要弄清二糖中一个单糖分子中的苷羟基究竟是和另一个单糖分子中的那一个羟基之间脱水缩合成的一个糖苷。如果它是一个非还原糖，即它不能还原费林试剂和土伦试剂，那就说明这个二糖分子没有苷羟基存在，而是由两个单糖单元中的两个苷原子通过氧原子相互连接在一起的。例如，蔗糖就可看作是 D-(＋)-葡萄糖的苷羟基和 D-(－)-果糖的苷羟基间的缩水产物。它既是葡萄糖苷，也是一个果糖苷。这种由两分子单糖彼此都用苷羟基失水缩合得到的二糖称为非还原性二糖。它们不能再转变成开链式，因而不再具有变旋光现象；也没有羰基的还原性，不与苯肼反应生成脎和腙。如果它是一个还原糖，即它能还原费林试剂和土伦试剂，那就说明这个二糖分子仍然存在着一个苷羟基，是一个单糖单位的苷原子通过氧原子和另一个单糖单位的非苷原子相连接。在这种情况下，可先把这个还原性的二糖用溴水氧化，使苷羟基转变为羧基，再将全部羟基甲基化，最后水解。由于苷键易水解而醚键不易水解，所以可从水解出来的单糖衍生物分子中的羟基位置来断定这个苷键是在第几个碳原子上。例如，麦芽糖经氧化后转变为 D-麦芽糖酸，它与硫酸二甲酯和氢氧化钠作用后，即生成八-*O*-甲基-D-麦芽糖酸，后者在酸性溶液中水解即得到 2,3,5,6-四-*O*-甲基-D-葡萄糖酸和 2,3,4,6-四-*O*-甲基-D-葡萄糖。这就说明在麦芽糖分子中两个葡萄糖单位是以 1,4-苷键相连接的。

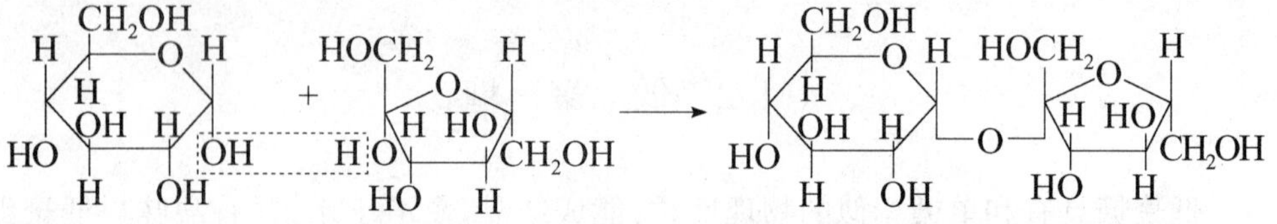

蔗糖

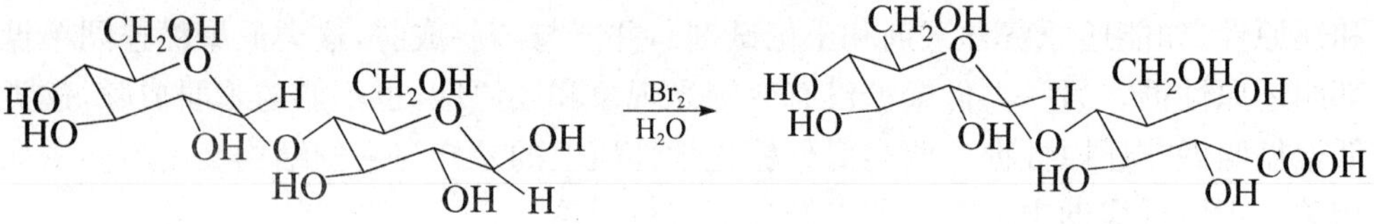

D-麦芽糖(β-异头物)　　D-麦芽糖酸

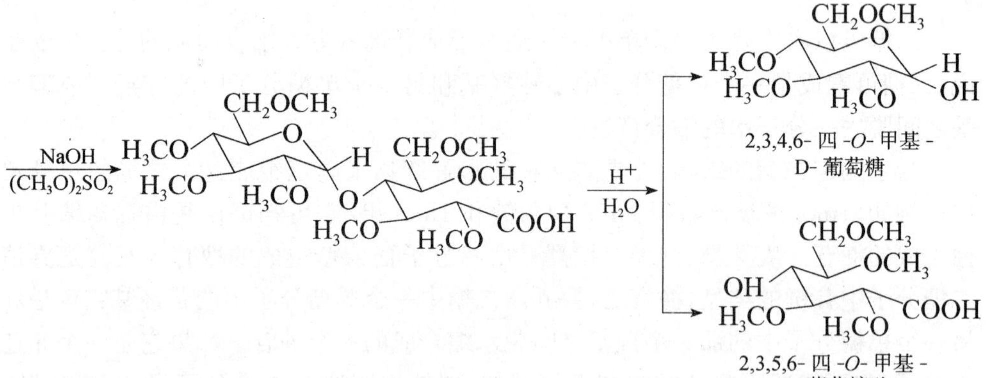

2,3,4,6-四-*O*-甲基-D-葡萄糖

2,3,5,6-四-*O*-甲基-D-葡萄糖酸

类似的方法证实纤维二糖也是由两分子葡萄糖单位通过 1,4-苷键连接的。这种由一个单糖的苷羟基与另一分子的单糖的醇羟基失水缩合得到的二糖，能呈现出单糖的各种典型性质——有还原性，能还原费林试剂和土伦试剂，有变旋光现象，与苯肼反应生成脎和腙。总之，由于所参加缩合脱水的羟基不同，导致生成的二糖化学性质不同。据此可将二糖分为两类：一类是含有苷羟基的二糖[还原(性)二糖]；另一类是不含苷羟基的二糖[非还原(性)二糖]。

二糖结构有待阐明的第三个问题是苷的构型。这个问题用一般的化学方法不能解决，不同构型的苷可利用酶来确定，因为酶对糖类的水解是有选择性的。例如，麦芽糖酶只能使 α-葡萄糖苷水解，而对 β-葡萄糖苷无效；苦杏仁酶只能使 β-葡萄糖苷水解，而对 α-葡萄糖苷无效。由于蔗糖能用麦芽糖酶催化水解，也能用一种使 β-果糖苷水解的酶(转化糖酶)催化水解，说明蔗糖是一个 α-葡萄糖苷，也是一个 β-果糖苷，其结构如下：

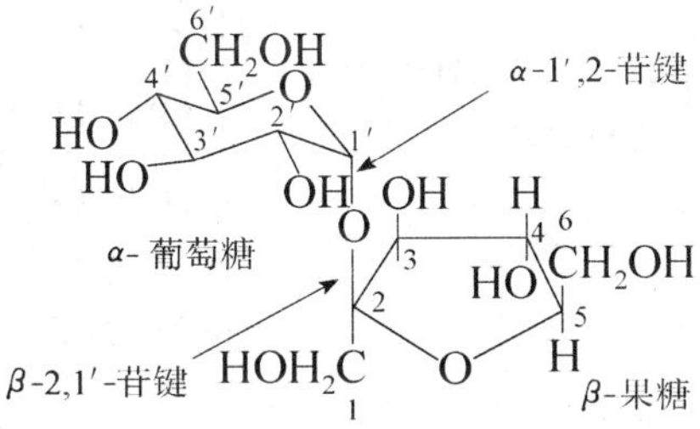


蔗糖

α-D-吡喃葡萄糖苷基-β-D-呋喃果糖苷或 β-D-呋喃果糖苷基-α-D-吡喃葡萄糖苷

麦芽糖的水解只能被 α-糖苷酶(麦芽糖酶)而不被 β-糖苷酶(苦杏仁酶)所催化，因此麦芽糖的苷键是 α-1,4-苷键。

纤维二糖与麦芽糖不同，纤维二糖的水解是被 β-糖苷酶而不是 α-糖苷酶所催化。因此，纤维二糖与麦芽糖是异构体，它是一个 β-葡萄糖苷。

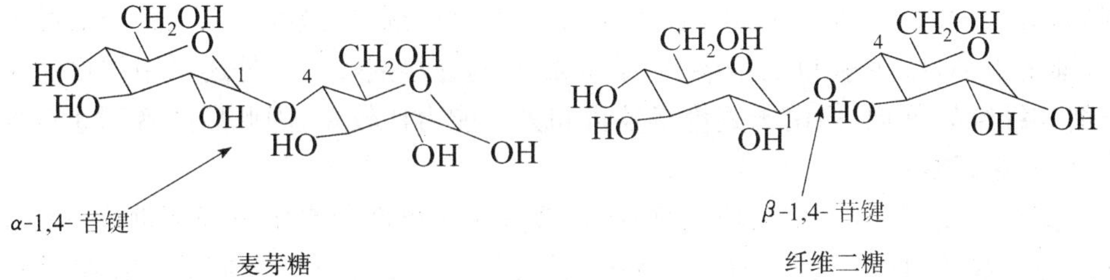


麦芽糖　　　　纤维二糖

4-*O*-(α-D-吡喃葡萄糖苷基)-β-D-吡喃葡萄糖　　4-*O*-(β-D-吡喃葡萄糖苷基)-β-D-吡喃葡萄糖

## 14.2.2　重要的低聚糖

最常见的低聚糖有蔗糖、麦芽糖和棉籽糖等。

1）蔗糖

蔗糖(sucrose)是自然界中分布最广的二糖。在有光合作用的植物中，都有蔗糖存在。甘蔗和甜菜中含量最多，故俗称蔗糖或甜菜糖。工业上制造蔗糖的方法是压榨洗净的甘蔗，把得到的糖汁和石灰乳共热，则糖汁中所含的杂质如有机酸、蛋白质等沉淀出来。过滤后，通入二氧化碳以除去过量的石灰乳，再用活性炭脱色，并减压浓缩，即得蔗糖。蔗糖的甜味超过葡萄糖，但不及果糖。蔗糖是无色晶体，熔点 180℃，易溶于水，是个右旋糖，比旋光度$[\alpha]_D^{20}=+66.5°$。果糖的$[\alpha]_D^{20}=-92.4°$，D-葡萄糖的$[\alpha]_D^{20}=+52.7°$，所以蔗糖水解后的混合物是左旋的。即蔗糖水解后旋光方向发生了转化。因此，把蔗糖的水解反应叫转化反应(invert reaction)，而水解后生成的葡萄糖、果糖的混合物称为转化糖(invertsugar)。蔗糖的水解反应如下：

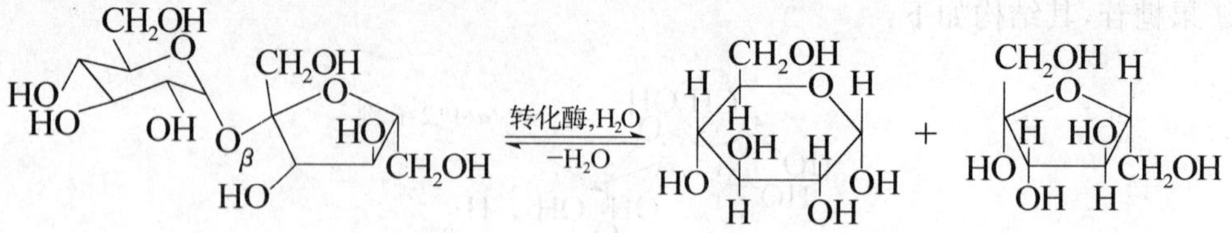


蔗糖 $[\alpha]_D^{20}=+66.5°$　　D-(+)-葡萄糖 $[\alpha]_D^{20}=+52.5°$　　D-(−)-果糖 $[\alpha]_D^{20}=-92.4°$

转化糖 $[\alpha]_D^{20}=-20°$

蜂蜜的主要成分就是转化糖。

蔗糖分子中含有羟基，与醇相似，也能生成酯。如在碳酸钠存在下，蔗糖与硬脂酸甲酯作用，经酯交换反应生成蔗糖单硬脂酸酯，简称蔗糖酯，是一种非离子表面活性剂。它是无毒、无臭、无味的物质，其最大的特点是对人体无害，进入人体后经消化转变为蔗糖和脂肪酸，成为营养物质，因此主要用于食品、医药和化妆品中。例如，可作为面包、糕点等的防老剂，糖果等的改性剂，冰激凌等以及化妆品的乳化剂，维生素 A、维生素 D 的增溶剂，维生素 K 的悬浮剂等。另外还可用作食品用洗涤剂和纤维处理剂，但由于其价格较贵和去污能力比较差，因此后两者用途较少。

2）麦芽糖

淀粉经麦芽(含 α-淀粉糖化酶)或唾液酶作用可部分水解成麦芽糖(maltose)。它是白色晶体，熔点 160～165℃，甜味不如蔗糖。麦芽糖是右旋的。在结晶状态下，麦芽糖中含有苷羟基的异头碳是 β-型的。β-异头物的比旋光度$[\alpha]_D^{20}=+112°$。麦芽糖易溶于水，在水溶液中，它的环状结构可以变成开链结构。通过开链结构，β-麦芽糖与 α-麦芽糖互变平衡。α-异头物的比旋光度$[\alpha]_D^{20}=+168°$经过变旋光达到平衡后，其比旋光度$[\alpha]_D^{20}=+136°$。

麦芽糖在酸性条件下或在麦芽糖酶存在下水解得到两分子 D-葡萄糖，其水解反应如下：

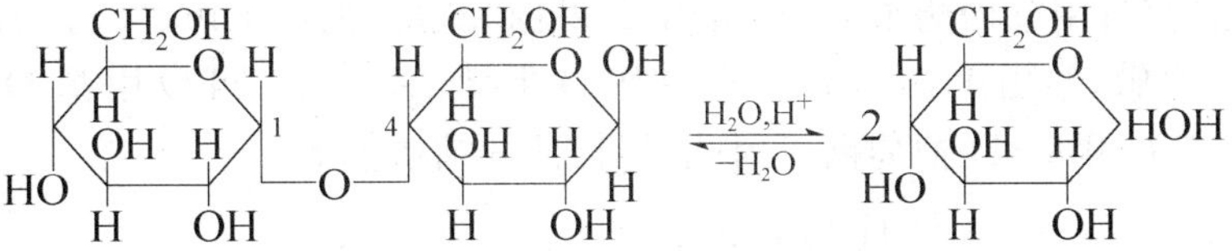


β-麦芽糖

在谷物种子的胚芽中存在着 α-淀粉酶，在其作用下淀粉水解生成麦芽糖。大麦芽中的麦芽糖含量最高，在用大麦酿造的啤酒中，麦芽糖的含量一般为 10%～12%。

3）纤维二糖

纤维二糖(cellobiose)是一种白色晶体，熔点 225℃，可溶于水，具有旋光性，$[\alpha]_D^{20}=+35.2°$。纤维二糖在自然界中并不是游离存在的，可以通过纤维素部分水解得到。纤维二糖的化学性质与麦芽糖相似。例如，一分子纤维二糖水解也生成两分子葡萄糖，且分子中也有苷羟基，是个还原糖。它也是两分子葡萄糖通过 1，4-苷键结合的。但是纤维二糖与麦芽糖不同，它水解是被 β-糖苷酶(苦杏仁酶)而不是 α-糖苷酶(麦芽糖酶)所催化，因此纤维二糖与麦芽糖是异构体，它是一个 β-葡萄糖苷。食草动物的消化道中的微生物可产生纤维素酶，能使纤维素及纤维二糖水解，进而被吸收。

4）乳糖

乳糖(lactose)存在于人和哺乳动物的乳汁中，人乳中含乳糖量为 6%～8%。工业上蒸发乳清而有乳糖结晶出来。乳糖是白色结晶，熔点 203℃(分解)。它是一种还原二糖，经水解后得到等物质的量的 D-(＋)-半乳糖和 D-(＋)-葡萄糖。由于它能被苦杏仁酶水解而不能被麦芽糖酶水解，所以它是一个 β-糖苷，成苷部分是半乳糖单元。其结构可表示如下：

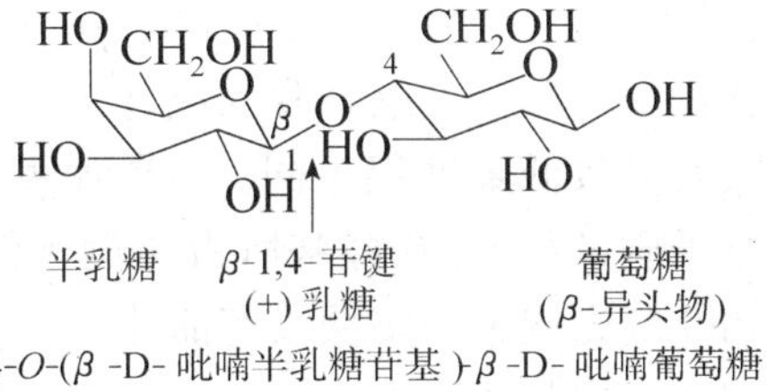


4-O-(β-D-吡喃半乳糖苷基)-β-D-吡喃葡萄糖

乳糖水溶度较小，没有吸湿性，是奶酪生产的副产物。乳糖是右旋糖，在人乳、牛乳及羊乳中其含量分别是 6%～7%、5%～6%及 4%～5%。乳糖不能被酵母发酵，但在乳酸杆菌作用下可以氧化成乳酸，牛乳变酸就是其中的乳糖变成了乳酸的缘故。

5）棉籽糖

棉籽糖(蜜三糖)(raffinose)是一个重要的三糖，甜菜和棉籽内均含有它。由甜菜制造蔗糖时，得到结晶后的母液称为糖浆，是提取棉籽糖最好的原料。棉籽糖的分子式为 $C_{18}H_{32}O_{16}$。它是一个非还原糖。用酸水解时，它给出 D-果糖、D-半乳糖和 D-葡萄糖；用蔗糖酶水解时，给出 D-果糖和蜜二糖（melibiose）。棉籽糖经甲基化，随后水解，给出 1,3,4,6-四-*O*-甲基-D-果糖、2,3,4,6-四-*O*-甲基-D-半乳糖以及 2,3,4-三-*O*-甲基-D-葡萄糖。因此，棉籽糖的结构如下：

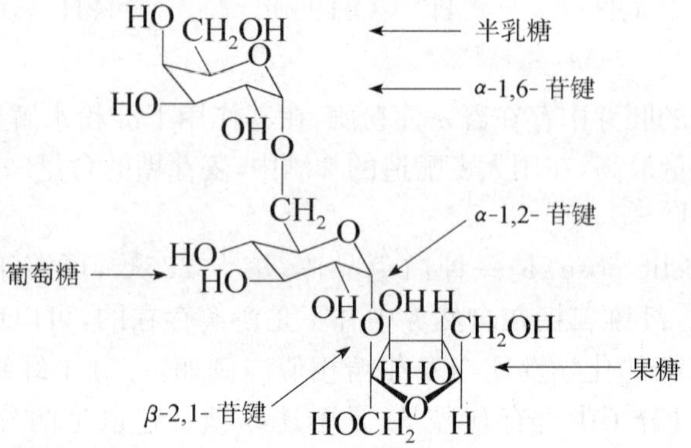


棉籽糖

β-D- 呋喃果苷基-6-*O*-(α-D- 吡喃半乳苷基 )-α-D- 吡喃葡萄糖苷

## 14.3 多　糖

多糖是自然界中分布最广的一类天然高分子化合物。它们的每个分子是由上千个单糖单元通过苷键结合而形成的糖苷，而这些糖苷键均可被水解。就一个多糖的结构来说，不仅要知道组成它的单糖单元是什么、在每个分子中有多少个单元，而且还要弄清它们是如何连接的、这样巨大的分子是直链的还是有支链的且是环状的还是卷绕状的。

自然界中最重要的多糖都是由己糖单元构成的，在分子链中，单糖单元呈 δ-氧环式，单糖之间相互以苷羟基与醇羟基缩合脱水成苷。

多糖的性质与单糖、大多数低聚糖很不同。尽管某些多糖分子链的末端含有一个苷羟基，但因相对分子质量很大，苷羟基所占比例极低，不足以使费林试剂还原，因而不呈现还原性和变旋光现象。多糖没有甜味，而且大多数是不溶于水的非晶形固体，个别的只能与水形成胶体溶液。

最常见最重要的多糖是淀粉和纤维素。

### 14.3.1 淀粉

淀粉（starch）存在于植物的种子、茎和块根中。

#### 14.3.1.1　淀粉的结构和性质

淀粉是无色、无味、无臭、无定形的粉状物质。它的颗粒形状和大小根据来源不同而各异。完整的淀粉颗粒在冷水中是不溶解的，如果它的外膜被磨破后，则颗粒会在冷水中溶胀并形成凝胶。当完整的颗粒用温水处理时，淀粉的可溶部分会通过颗粒壁扩散出来；在热水中颗粒会溶胀到破裂。淀粉不溶于一般的有机溶剂。

淀粉的分子式为$(C_6H_{10}O_5)_n$。酸水解的最终产物是 D-(+)-葡萄糖。由此可见，淀粉是一种均多糖，组成它的单糖单元只是葡萄糖。

但是，天然淀粉并不是一个单纯分子，而是一种混合物。它由两种不同类型的分子所组成：直链淀粉(amylose)和支链淀粉(amylopectin)。随着植物的不同，两者所占的比例也各异。在多数淀粉中，直链淀粉的含量为 10%～20%，支链淀粉的含量为 80%～90%。用热水处理颗粒状淀粉时，由于直链淀粉悬浮在水中，可达到与支链淀粉的初步分离。如果采用极性较强的酚类与直链淀粉作用生成配合物而沉淀析出，则可以与支链淀粉分开。这两部分在结构与性质上有一定的区别。直链淀粉是 $\delta$-氧环式葡萄糖经 $\alpha$-1,4-苷键连接起来的一种线型高分子聚合物，这是直链淀粉的一级结构。直链淀粉的链不是直线形，而是盘旋成一个螺旋状，每盘旋一周约含有六个葡萄糖单位(图 14-2)，此为直链淀粉的二级结构。另外，盘旋的直链淀粉也不是直筒形的，盘旋的长链还可以变折形成一个表面上不规则的形状，此为直链淀粉的三级结构。如果多条直链淀粉之间通过分子间力或氢键结合在一起或与另一个类型的分子结合时，形成立体形态各异的复合型直链淀粉，此为四级结构。

生物大分子的这种高级结构的立体构型和构象对高度专一性的生物化学反应起着决定性的作用。当这些高级结构被破坏时，分子的物理、化学性质改变，原有的生理活性也将受到破坏。

这种紧密堆积的线圈结构，不利于水分子接近，故难溶于冷水，但能溶于热水。由于直链淀粉的二级结构中间的空穴——螺旋孔径正好能容下碘分子，形成一个蓝色配合物，配合与吸附作用使淀粉遇碘即呈蓝色(图 14-3)。这个显色反应可用来检验淀粉的存在和作为碘量法分析指示终点之用。

纯的、没有降解的支链淀粉是带有支链的大分子，由于具有高度分支，容易与水接触，故易溶于冷水；与热水作用则膨胀而成糊状。纯支链淀粉遇碘呈红紫色。

无论是直链淀粉或支链淀粉，用酸或酶处理均易使之水解，逐步裂解成小分子。水解过程中产生的低相对分子质量的多糖混合物称为糊精(dextrin)，继续水解得到二糖，最终产物是 D-(+)-葡萄糖。淀粉水解过程表示如下：

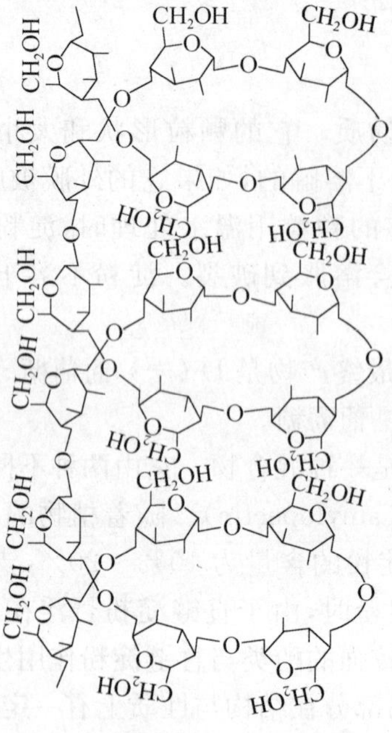

图 14-2　直链淀粉的螺旋结构

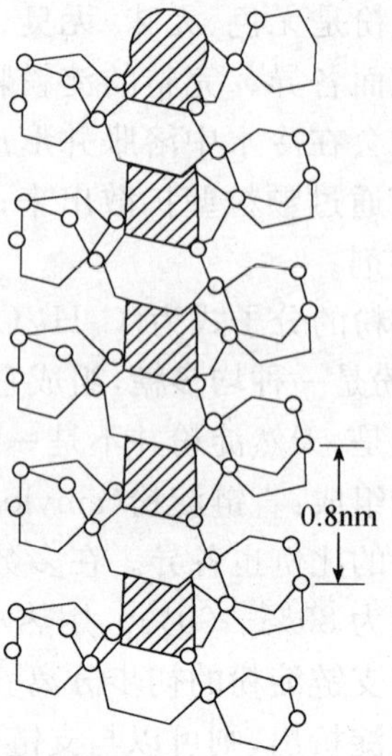


图 14-3　直链淀粉与碘生成络合物

$$(C_6H_{10}O_5)_n \xrightarrow[\triangle]{H^+,H_2O} (C_6H_{10}O_5)_m(m<n) \xrightarrow[\triangle]{H^+,H_2O} C_{12}H_{22}O_{11} \xrightarrow[\triangle]{H^+,H_2O} C_6H_{12}O_6$$

淀粉　　　　糊精　　　　麦芽糖或异麦芽糖　　　　葡萄糖

淀粉水解的程度不同，所得糊精的分子大小也不同，当与碘作用时，就分别呈现蓝紫、紫、红、橙等颜色。当淀粉完全水解为麦芽糖和葡萄糖时，就没有这种颜色反应。因此根据水解产物对碘所呈颜色可以判断水解反应的进程。

若淀粉与淀粉酶或唾液酶作用，则水解的最终产物为麦芽糖(粗制品即饴糖)。

直链淀粉在稀酸中水解得到的二糖只是麦芽糖，这说明直链淀粉分子是由葡萄糖单元通过 $\alpha$-1,4-苷键连接在一起的。

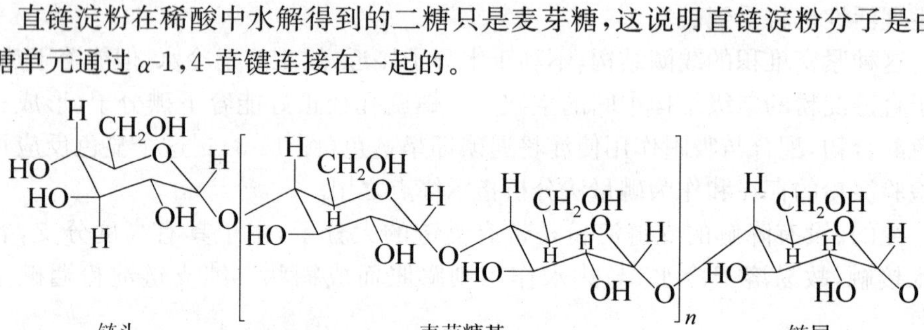

链头　　　　麦芽糖基　　　　链尾

$n$=200~300，相对分子质量 3000~5000

直链淀粉的结构

支链淀粉在稀酸中水解得到的二糖除麦芽糖之外，还有异麦芽糖，即 $\alpha$-1,6-苷键构成的二糖。异麦芽糖的存在说明支链淀粉分子中的葡萄糖单元,除了以 α-1,4 苷键相连外,还有以 α-1,6-苷键相连的,其结构式可表示如下:

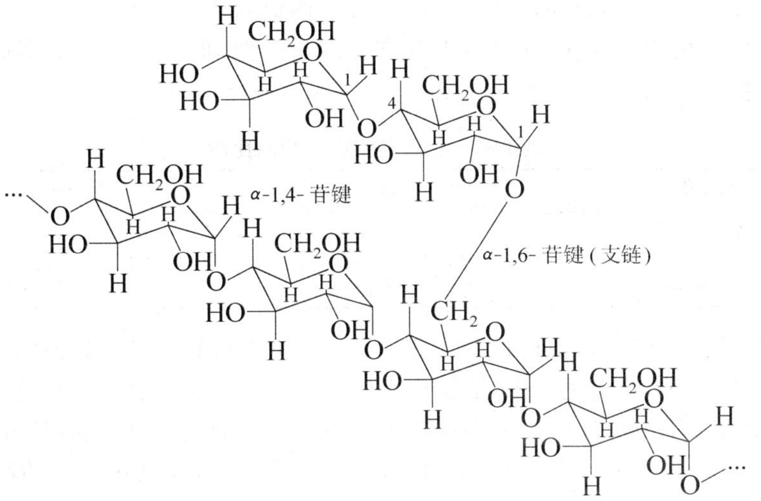


支链淀粉的结构

支链淀粉大约隔 20 个由 α-1,4-苷键相连接的葡萄糖单元就有一个由 α-1,6-苷键接出的分支(图 14-4)。支链淀粉所含葡萄糖单元比直链淀粉多,平均相对分子质量为$1\times10^{6}\sim6\times10^{6}$(6000～37 000 个葡萄糖单元)。用淀粉酶水解时,只有外围的支链可被分解为麦芽糖。

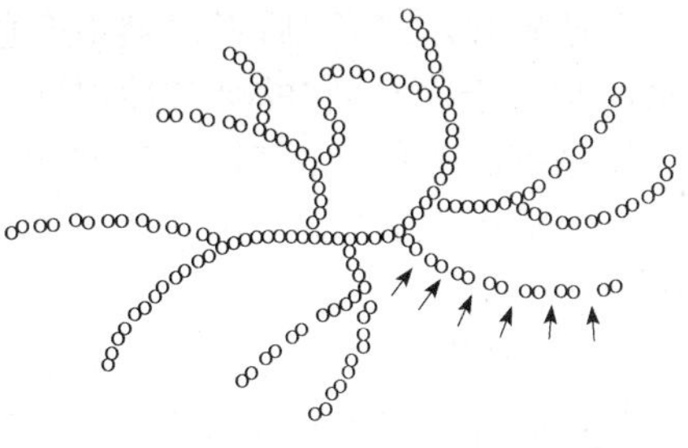

图 14-4　支链淀粉的结构示意图

每一个圆圈代表一个葡萄糖单元,两个圆圈代表麦芽糖单元,箭头所指处为可被淀粉酶水解的部分

#### 14.3.1.2　淀粉的应用

淀粉可直接用作食品。成人每天耗能约 10 000kJ,1mol 淀粉可产生约 2820kJ 的热量,若人需要的能量单由淀粉供给,则需要 550g 的淀粉,一般的米、面约含 75%淀粉。淀粉进入人体后,经口腔唾液中的 α-淀粉酶和十二指肠中的胰 α-淀粉酶的作用水解为 α-糊精、低聚麦芽糖和麦芽糖,再在小肠黏膜上经各种酶转化为葡

萄糖，单糖在人体内再转化为水和二氧化碳，同时放出热量。人体消化吸收的糖主要是葡萄糖，它一部分进入血液循环形成血糖，血糖是糖在体内的运输形式，一部分被氧化吸收，另一部分即转化为糖原在肝脏内储藏。糖原是含有大约 100 万个 D-葡萄糖单元组成的淀粉，在结构上和支链淀粉类似，但是支链相对多而短，相对分子质量更大。两者比较如表 14-2 所示。

**表 14-2　糖原与支链淀粉的比较**

| 名　称 | 支链淀粉 | 糖　原 |
|---|---|---|
| 平均相对分子质量 | $5\times10^5$ | $>1\times10^8$ |
| α-1,4-苷键分支长度 | 20～30 个葡萄糖单元 | 12～18 个葡萄糖单元 |
| 分支间距 | 11～12 个葡萄糖单元 | 6～7 个葡萄糖单元 |

因此，糖原又称动物淀粉。由于它最早从肝脏中得到的，所以，糖原又叫肝糖。它是一种可溶于水的无色粉末，溶于冷水而不呈糊状，遇碘呈红色、棕色或紫色，无还原性，也不发生成脎反应。人和动物进食后体内葡萄糖大量增加，超过平均血糖浓度(1.7mg/mL)，它就结合成糖原而储存于肝脏中；当血液中含糖量降低时，糖原就分解为葡萄糖而供给机体以能量。当血糖浓度低于 1.6mg/mL 时，人就会感到饥饿。这是一个在酶的作用下进行得很复杂的生物分解过程。

糖原也含于酵母菌、细菌等微生物中，高等植物中罕见，仅在一种甜玉米中发现过类似糖原的多糖。

淀粉大量用于酿造工业。

淀粉在酸、热或 α-淀粉酶的作用下部分水解后生成糊精。糊精还可分为红糊精和无色糊精两大类。前者遇碘显示红色，后者遇碘不变色，其相对分子质量也比前者小。糊精易溶于热水而难溶于冷水，它的黏结性很好，在造纸、纺织和印染、油墨等工业中有广泛应用。用高碘酸等氧化淀粉，在某些单元的 $C_2$ 和 $C_3$ 之间的键断裂形成两个醛基，得名“二醛淀粉”的产品可用于生产吸水纸和皮革工业中的鞣料，在医疗上也有去毒的治疗作用。

此外，由于组成淀粉的每个葡萄糖单元的 $C_2$、$C_3$ 和 $C_6$ 上都有一个醇羟基，它们能生成酯类和醚类衍生物，如乙酸淀粉、磷酸淀粉、羟乙基淀粉；与多官能团化合物起反应制得交联淀粉；能与人工高分子单体接枝共聚。例如，淀粉和丙烯酸、丙烯腈、苯乙烯、丁二烯以及其他人工高分子单体起接枝反应生成共聚物，叫做接枝共聚淀粉。这些工业淀粉，加上经过热处理制得的预胶凝淀粉和糊精，在造纸、纺织、医药、农药、建材、塑料、采油、选矿、机械、冶金以及环保等方面都有广泛的应用。

## 14.3.2　纤维素

### 14.3.2.1　纤维素的结构和性质

纤维素是构成植物细胞膜的主要成分。它在自然界中分布很广。在植物中，纤维素是和木质素(不属糖类、一种含有羟基、甲氧基以及芳环结构的复杂物质,其结构和组成尚未清楚)、半纤维素(是多聚戊糖和多聚己糖的混合物,相对分子质量比纤维素的小)、油脂、无机盐等同时存的。木材中约含纤维素 50%,亚麻含纤维素 80%,棉花约含 90%以上。定量滤纸可以说是纯粹的纤维素。造纸工业就是以制取纤维素为主要任务,通常是在加热的条件下,用碱溶液或亚硫酸铵溶液处理植物体,使其中木质素等杂质溶解,纤维素受碱的破坏作用较小(苷键对碱稳定),从而提取出纯粹的纤维素。

纤维素的纯品无色、无味、无臭。它像直链淀粉一样,是没有分支的链状分子化合物,不溶于水和一般有机溶剂(如乙醇、苯、醚等)。

纤维素的分子式也是$(C_6H_{10}O_5)_n$,此处的 $n$ 与淀粉中的 $n$ 不同。纤维素的相对分子质量比淀粉大得多,其葡萄糖单元个数为 6000～8000。

纤维素比淀粉难于水解,一般需要在浓酸中或在稀酸加压下进行。在水解过程中可以得到纤维四糖、纤维三糖和纤维二糖等,但水解的最后产物也是 D-(+)-葡萄糖。

$$\underset{\text{纤维素}}{(C_6H_{10}O_5)_n} \xrightarrow[\triangle]{H_2O,H^+} \underset{\text{纤维四糖}}{(C_6H_{10}O_5)_4} \xrightarrow[\triangle]{H_2O,H^+} \underset{\text{纤维三糖}}{(C_6H_{10}O_5)_3} \xrightarrow[\triangle]{H_2O,H^+}$$

$$\underset{\text{纤维二糖}}{(C_6H_{10}O_5)_2} \xrightarrow[\triangle]{H_2O,H^+} \underset{\text{D-葡萄糖}}{C_6H_{12}O_6}$$

与淀粉水解所得二糖不同,纤维素水解得纤维二糖。因为纤维二糖是 β-1,4-糖苷,说明纤维素是由很多葡萄糖单位通过 β-1,4-苷键连接起来的直链分子,其结构式可表示如下:

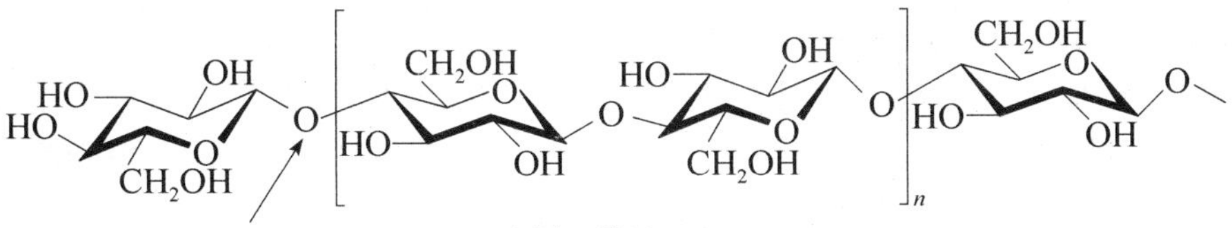


β-1,4-苷键　　　　纤维二糖基　　　　n=3000~4000

纤维素

纤维素分子是一条条卷曲的长链,每条长链中相邻葡萄糖单元相互扭转 180°。这些长链通过分子间的氢键结合成纤维束,若干纤维素束捻在一起,扭转曲折成绳索状结构。这些绳索状结构的链再排列起来形成肉眼所见到的纤维,并具有一定的机械强度和化学稳定性。如图 14-5 所示。

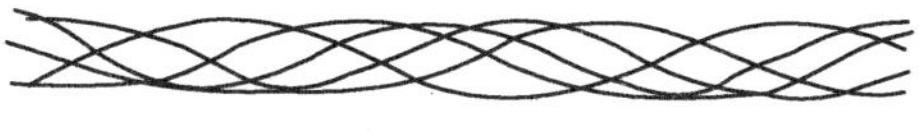

图 14-5　相互扭缠的纤维素链

淀粉酶只能水解 $\alpha$-1,4-苷键。人体内没有能使纤维素水解断裂生成葡萄糖的纤维素酶,所以纤维素不能作为人类的营养食物。然而食草动物(牛、马、羊)的消化道中所含的某些微生物却能分泌出水解纤维素的 $\beta$-1,4-苷键的酶,使之转化为葡萄糖,因而它可作为饲料。

但是,人也吃一些富含纤维素的食物,如粗粮、燕麦、大麦、水果、蔬菜等。肠子因果胶、树胶、木质等纤维素的存在而增加蠕动,加上纤维素是多羟基亲水性的化合物,它吸水使肠子保持湿润而让大便通畅并有助于食物的消化吸收。食物中的纤维素还有一些可以被肠道细菌的酶分解,除产生水和二氧化碳外还有乙酸、乳酸和其他短链脂肪酸。例如,大肠杆菌能和纤维素作用合成维生素 B 之类的泛酸、维生素 K 和肌醇,从而被人体所吸收利用。高纤维植物还容易使人得到饱感,带走胆固醇的代谢产物胆固酸,使胆固醇在体内的沉积减少。因此,膳食纤维也被列为蛋白质、脂肪、糖类、维生素、无机盐和水之外的第七类营养素,是其他营养素无法代替的重要物质。

纤维素的化学反应和染色性能等,主要发生在 $C_6$ 伯羟基上。

#### 14.3.2.2　纤维素的应用

纤维素可直接作为纺织、造纸工业的主要原料。除此之外,纤维素经再生、衍生或改性处理而得到更为广泛的应用。例如,硝酸纤维素酯、纤维素黄原酸酯、乙基纤维素、羧甲基纤维素(CMC)等。纤维素材料如浆、纸、纺织纤维、再生纤维、纤维素衍生物等的性质,均能利用接枝和交联反应来加以改变。经过改性后的纤维素纤维可获得具有特殊性能的纤维素新产品。接枝共聚和交联反应虽然都可属于酯化和醚化的作用范围,但是不能把它们与纤维素的衍生物的生成反应相混淆,应从高分子合成的角度去理解。

在结束本章之时,除了应提及自然界中的淀粉、纤维素之外,还有许多重要的杂多糖,如半纤维素、琼脂、果胶物质(pectic substance)、甲壳素(也称甲壳质)、动物黏多糖、透明质酸、肝素等,有关它们的应用研究为众多学者和企业家所关注。

## 习　题

1. 写出下列糖的开链式、哈沃斯式和构象式:
   (1) D-(+)-葡萄糖　(2) D-(-)-果糖　(3) 蔗糖　(4) 麦芽糖
   (5) 纤维二糖　(6) 直链淀粉　(7) 纤维素　(8) $\alpha$-D-吡喃葡萄糖乙苷
2. 回答下列问题:
   (1) D-葡萄糖和 L-葡萄糖的开链式结构是否对映体?
   (2) $\alpha$-D-吡喃葡萄糖与 $\beta$-D-吡喃葡萄糖是否对映体?
3. 试从 $\alpha$-和 $\beta$-D-(+)-葡萄糖水溶液的比旋光度值以及经过变旋后溶液的比旋光度值,算出平衡时 $\alpha$-和 $\beta$-型的相对数量(假定开链式的数量很少,可忽略不计)。为什么 $\beta$-型异构体占有较大的比例?

4. 完成下列反应(凡涉及构型的反应,一律用哈沃斯式表示):

(1) 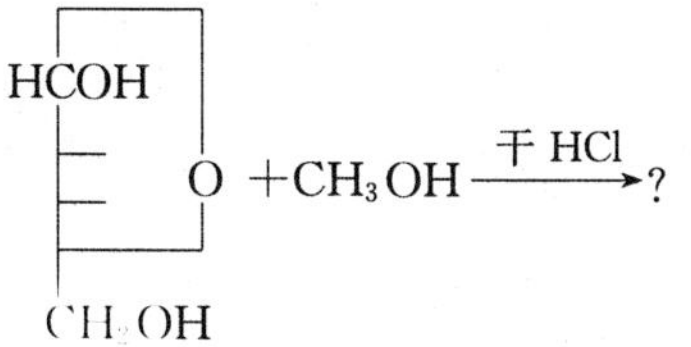


(2) 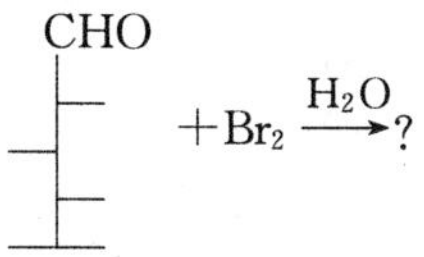


(3) 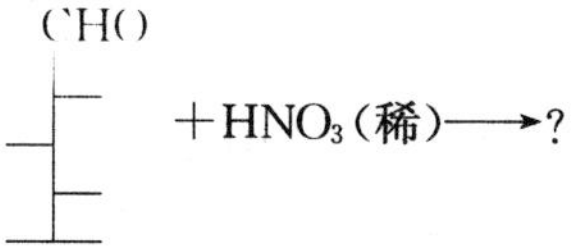


(4) 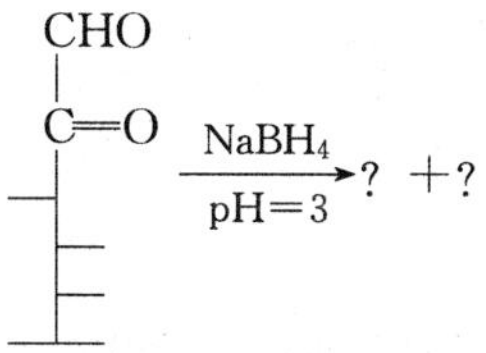


(5) 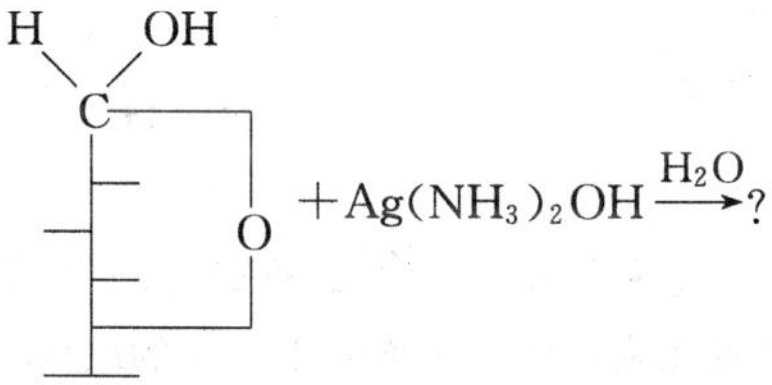


(6) 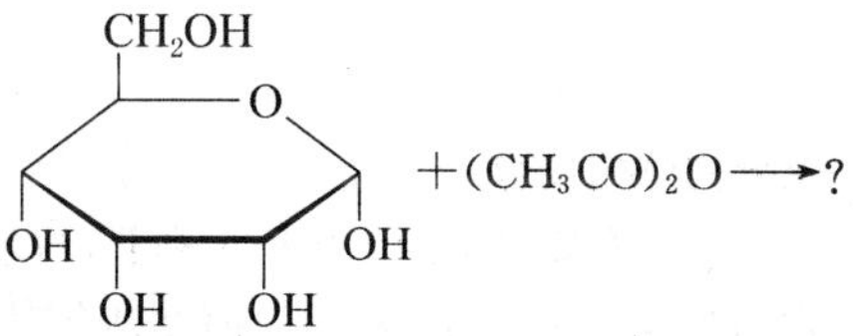


(7) 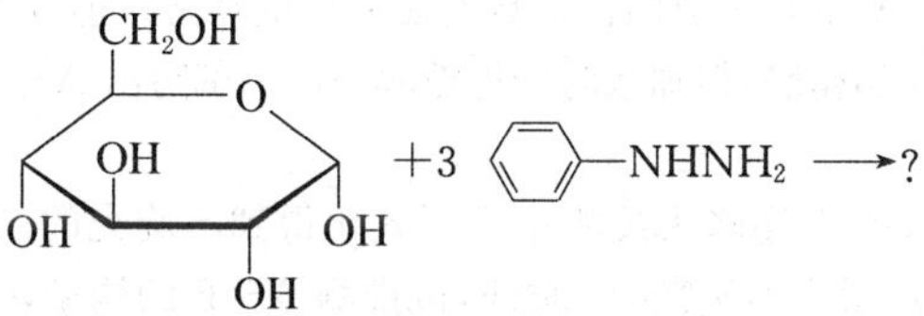


5. 如何用化学方法区别下列各组化合物?

(1) (a) 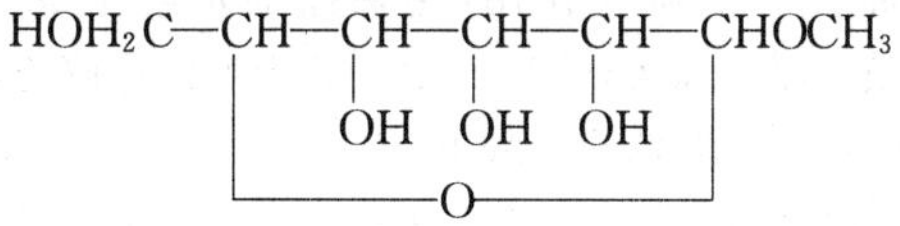


(b) 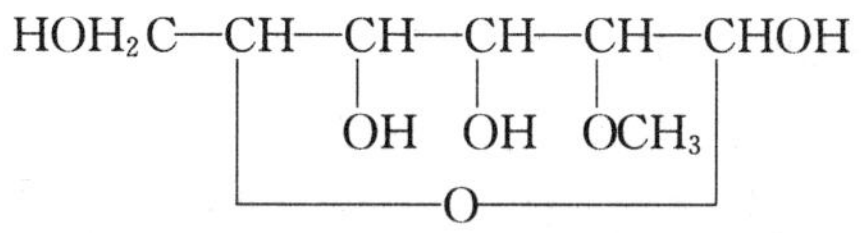


(c) 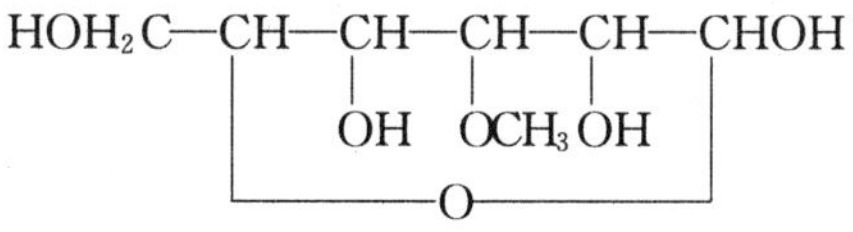


(2) (a) 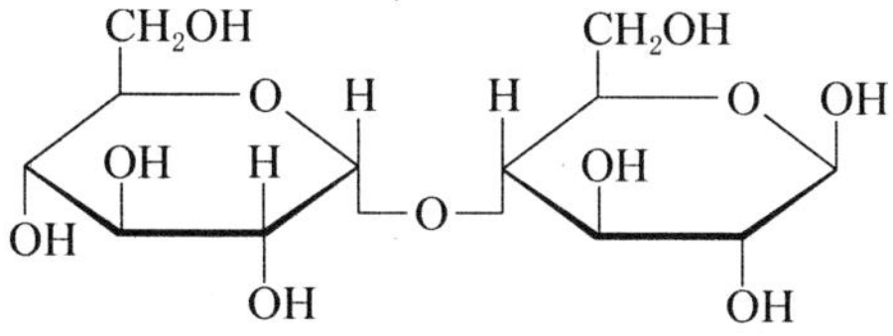

(b) 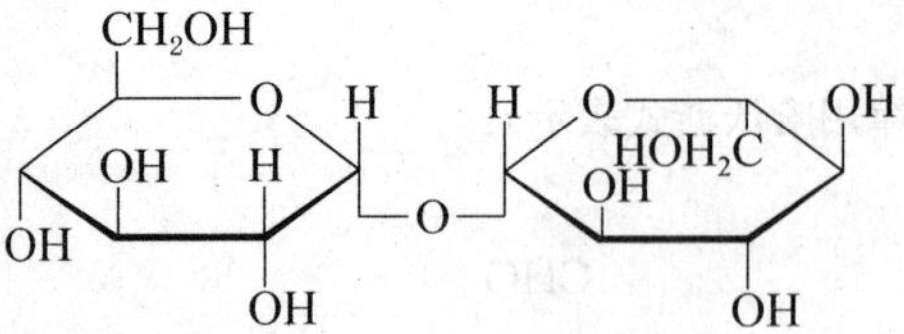


(3) 葡萄糖和蔗糖

(4) 葡萄糖和果糖

(5) 麦芽糖和蔗糖

(6) 纤维素和纤维二糖

(7) 淀粉和纤维素

6. 有三个单糖，和过量苯肼作用后得同样晶形的脎，其中一个投影式是 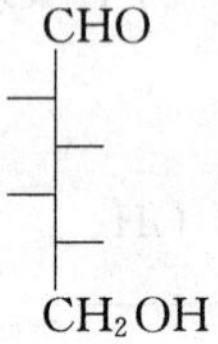 ，写出其他两个异构体的投影式。


7. 有两个具有旋光性的丁醛糖Ⅰ和Ⅱ，与苯肼作用生成相同的脎。用硝酸氧化，Ⅰ和Ⅱ都生成含四个碳原子的二元酸。但前者具有旋光性，后者无旋光性。试推测Ⅰ和Ⅱ的结构式。

8. A、B、C 都是 D-型己醛糖，催化加氢后，A 和 B 生成同样的具有旋光性的糖醇。但与苯肼作用时生成的脎不同。B 和 C 能生成同样的糖脎，但加氢时所得糖醇不同。试写出 A～C 可能的投影式和名称。

9. 某 D-型己醛糖 A 氧化得到旋光二酸 B，将 A 递降为戊醛糖后再氧化得到不旋光的二酸 C。与 A 生成相同脎的另一己醛糖 D 氧化后得到不旋光的二酸 E，试推测 A～E 的构型，并用反应式表示变化过程。

10. 一天然产物 A($C_7H_{14}O_6$)没有还原性和变旋光作用，用稀盐酸水解生成一个还原糖 B($C_6H_{12}O_6$)。B 用硝酸氧化生成不旋光的二酸 C($C_6H_{10}O_8$)。B 用糖的递降方法可变成一个还原糖 D($C_5H_{10}O_5$)。D 用硝酸氧化生成旋光的二酸 E($C_5H_8O_7$)。A 依次用 NaOH 和 $(CH_3)_2SO_4$，稀盐酸和热硝酸处理后从反应混合物中可以分离出 $\alpha$,$\beta$-二甲氧基丁二酸和 $\alpha$-甲氧基丙二酸，假定 A 属于 D-型。试写出 A～E 的构型式。

# 第 15 章　氨基酸、肽、蛋白质和核酸

蛋白质属于生物高聚物，它是生命的基础物质。蛋白质水解后的最终产物几乎都是 $\alpha$-氨基酸，$\alpha$-氨基酸是组成蛋白质的基本单位，因此首先讨论氨基酸。

## 15.1　氨　基　酸

### 15.1.1　氨基酸分类、命名和结构

#### 15.1.1.1　分类和命名

分子中含有氨基的羧酸叫做氨基酸(amino acid)。根据氨基和羧基的相对位置，可分为 $\alpha$-氨基酸、$\beta$-氨基酸、$\gamma$-氨基酸、…、$\omega$-氨基酸等。其中以 $\alpha$-氨基酸最为重要，因为蛋白质水解所得氨基酸除个别外，全都是 $\alpha$-氨基酸。根据分子中所含氨基和羧基的数目，氨基酸常分为中性氨基酸、酸性氨基酸和碱性氨基酸三类。所谓中性氨基酸是指分子中氨基和羧基数目相等，但氨基的碱性和羧基的酸性并不是恰好抵消的，并非真正的中性物质；分子中羧基的数目多于氨基，呈现酸性的氨基酸叫酸性氨基酸；分子中氨基的数目多于羧基，呈现碱性的氨基酸叫碱性氨基酸。按照分子结构的特点，氨基酸可分为脂肪族氨基酸、芳香族氨基酸以及杂环氨基酸。

天然氨基酸大多根据其来源或性质采用俗名命名。例如，最初从蚕丝中获得的氨基酸称为丝氨酸；一种略具甜味的氨基酸叫做甘氨酸。1975 年，IUPAC 对 20 多种蛋白氨基酸逐一正式命名并规定了通用的缩写和碳架定位。缩写符号由其英文名的前三个字母组成。这种符号在表示蛋白质和肽链结构时是被广泛应用的。非蛋白氨基酸的命名方式相对混乱一些，俗名、半系统命名和系统命名均有。

由蛋白质水解得到的 $\alpha$-氨基酸的俗名以及简写见表 15-1。

**表 15-1　蛋白质中的 $\alpha$-氨基酸**

| 氨基酸 | 符　号 | 字母代号 | 结构式 | 等电点 pI | 熔点/℃ |
|---|---|---|---|---|---|
| 甘氨酸 | Gly | G | $\mathrm{H{-}CH(NH_2){-}COOH}$ | 5.97 | 292 分解 |
| 丙氨酸 | Ala | A | $\mathrm{CH_3{-}CH(NH_2){-}COOH}$ | 6.00 | 297 分解 |

续表

| 氨基酸 | 符 号 | 字母代号 | 结构式 | 等电点 pI | 熔点/℃ |
|---|---|---|---|---|---|
| * 缬氨酸 | Val | V | $(H_3C)_2CH—CH(NH_2)—COOH$ | 5.96 | 315 分解 |
| * 亮氨酸 | Leu | L | $(H_3C)_2CH—CH_2—CH(NH_2)—COOH$ | 6.02 | 337 分解 |
| * 异亮氨酸 | Ile | I | $CH_3—CH_2—CH(CH_3)—CH(NH_2)—COOH$ | 5.98 | 285 分解 |
| * 苯丙氨酸 | Phe | F | 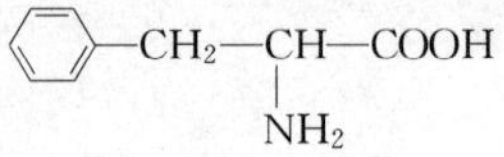 | 5.48 | 283 |
| 丝氨酸 | Ser | S | $HO—CH_2—CH(NH_2)—COOH$ | 5.68 | 228 分解 |
| * 苏氨酸 | Thr | T | $HO—CH(CH_3)—CH(NH_2)—COOH$ | 6.53 | 253 分解 |
| 酪氨酸 | Tyr | Y | 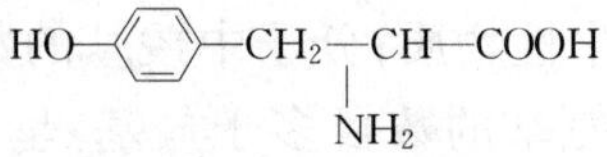 | 5.66 | 342 |
| 半胱氨酸 | Cys | C | $HS—CH_2—CH(NH_2)—COOH$ | 5.05 | — |
| 胱氨酸 | Cys-Cys | | $S—CH_2—CH(NH_2)—COOH$ / $S—CH_2—CH(NH_2)—COOH$ (两个 S 相连) | 5.06 | 258 |
| * 蛋氨酸 | Met | M | $CH_3SCH_2CH_2CH(NH_2)COOH$ | 5.74 | 283 |
| * 色氨酸 | Trp | W | 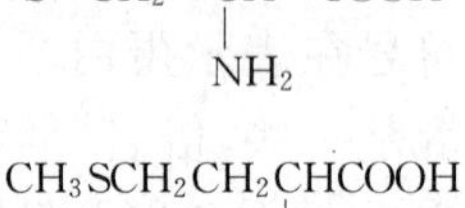 | 5.89 | 283 |
| * 赖氨酸 | Lys | K | $H_2NCH_2—(CH_2)_3—CH(NH_2)COOH$ | 9.74 | 224 |

续表

| 氨基酸 | 符　号 | 字母代号 | 结构式 | 等电点 pI | 熔点/℃ |
|---|---|---|---|---|---|
| 精氨酸 | Arg | R | $H_2N-C(=NH)-NH-(CH_2)_3-CH(NH_2)COOH$ | 10.76 | 230～244 分解 |
| 组氨酸 | His | H | 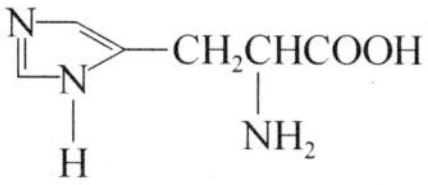 | 7.59 | 287 |
| 天门冬氨酸 | Asp | D | $HOOC-CH_2-CH(NH_2)-COOH$ | 2.77 | 269 |
| 谷氨酸 | Glu | E | $HOOC\ CH_2CH_2CH(NH_2)\ COOH$ | 3.22 | 247 |
| 天门冬酰胺 | Asn | | $H_2N\ CO\ CH_2CH(NH_2)\ COOH$ | 5.41 | 236 |
| 谷氨酰胺 | Gln | Q | $H_2N\ CO\ CH_2CH_2CH(NH_2)\ COOH$ | 5.65 | 184 |
| 脯氨酸 | Pro | P | 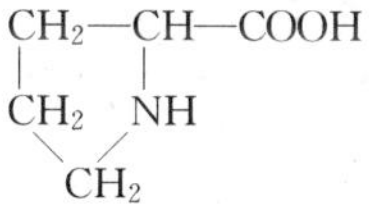 | 6.30 | 220 |

注：Cys 又可写作 CySH；Cys-Cys 又可写作 Cy—s—s—Cy。

表中带 * 号的八个氨基酸叫做人体必需氨基酸。所谓必需氨基酸是指那些构成蛋白质的但不能为人体所合成、必须经过食物摄取的氨基酸。营养学研究表明，如果缺乏这些氨基酸，人体就会发生某些疾病，即它们是生命的必需物质。人们可以从不同的食物中得到必需的氨基酸，但并不能从某一种食物中获得全部必需的氨基酸，因此人们的饮食就应多样化，这对人体的健康是必需而有好处的。

人体要求的各种氨基酸的相对比例有所不同，这是因为组成人体各种组织细胞中蛋白质的氨基酸也有一定比例。含有所有必需氨基酸的蛋白质叫做全蛋白，大多数动物蛋白质属于全蛋白。动物从食物中摄取所需要的蛋白质经消化变成氨基酸被吸收，其中有些被用作合成蛋白质所需物质，有些转化为其他生理活性物质，有些被消耗而提供能量。

常见的氨基酸有 20 多种，但是组成蛋白质的氨基酸远不止 20 种，因为蛋白质在酶作用下水解，其中的氨基酸还会起各种反应，水解后生成非典型的氨基酸。

习惯上将蛋白质的氨基酸之外的其他氨基酸统称为非蛋白组分氨基酸，迄今发现的天然非蛋白氨基酸已超过 700 多种，广泛分布于植物、微生物和动物中。D-氨基酸也属于非蛋白氨基酸。近年来，在微生物产生的一些多肽抗生素和植物中也能分离到一些 D-氨基酸，其功能已经引起人们的注意。

15.1.1.2 构型

$\alpha$-氨基酸除甘氨酸外，都至少含一个手性碳原子，因此水解蛋白质所得到的 $\alpha$-氨基酸，除甘氨酸外，都有光学活性，它们的相对构型(D/L 标记)以丝氨酸为标准，标其 $\alpha$-碳原子。如

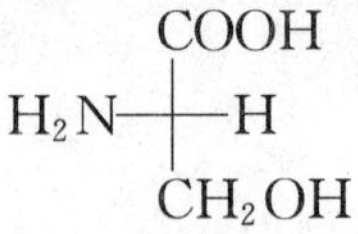

L-(一)丝氨酸

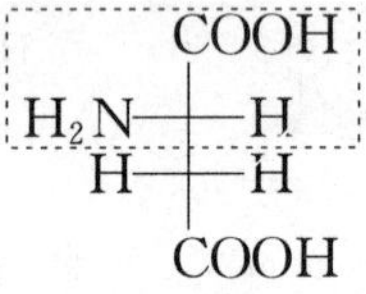

L-天门冬氨酸

天然氨基酸都属于 L 构型。对于绝大多数氨基酸来说，L 构型就相当于绝对构型($R/S$ 标记)中的 $S$ 型。如

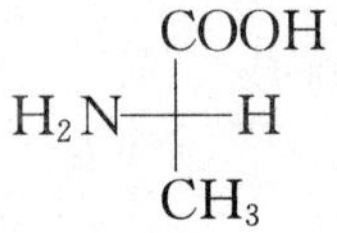

L- 丙氨酸或($S$)- 丙氨酸

## 15.1.2 氨基酸的性质

15.1.2.1 氨基酸的物理性质

$\alpha$-氨基酸是难挥发的黏稠液体或无色晶体。固体氨基酸的熔点很高，并常常在熔融时分解。一般的氨基酸能溶于水，但是胱氨酸和酪氨酸在水中溶解度很小；氨基酸在盐酸溶液中都有一定的溶解度；不溶于乙醚、丙酮、苯和氯仿等非极性有机溶剂，除脯氨酸和羟基脯氨酸之外，其余的 $\alpha$-氨基酸都不溶于乙醇。除甘氨酸外，其他天然氨基酸都有旋光性。

$\alpha$-氨基酸在固态或溶液中其红外光谱 $1720cm^{-1}$ 处不呈现羧基典型谱带，而在 $1600\sim1500cm^{-1}$ 有一羧酸负离子的吸收带，在 $3100\sim2600cm^{-1}$ 有一强而宽的 N—H 键伸缩吸收带。

氨基酸的物理性质都显示出盐类化合物的特性，表 15-2 列出了常见的 $\alpha$-氨基酸的物理常数。

**表 15-2　常见的 α-氨基酸的物理常数**

| 名　称 | 溶解度(25℃) /(g/100g$H_2O$) | $[\alpha]_D^{25}$ | $pK_1$ | $pK_2$ | $pK_3$ | 分解温度/℃ |
|---|---|---|---|---|---|---|
| 甘氨酸 | 25 | | 2.35 | 9.78 | | 233 |
| 丙氨酸 | 16.7 | +8.5 | 2.35 | 9.87 | | 297 |
| 丝氨酸 | 5.0 | −6.8 | 2.19 | 9.44 | | 228 |
| 半胱氨酸 | | +6.5 | 1.86 | 8.35 | 10.34 | |
| 苏氨酸 | 易溶 | −28.3 | 2.09 | 9.10 | | 225 |
| 蛋氨酸 | 3.4 | −8.2 | 2.17 | 9.27 | | 280 |
| 缬氨酸 | 8.9 | +13.9 | 2.29 | 9.72 | | 315 |
| 亮氨酸 | 2.4 | −10.8 | 2.33 | 9.74 | | 293 |
| 异亮氨酸 | 4.1 | +11.3 | 2.32 | 9.76 | | 284 |
| 苯丙氨酸 | 3.0 | −35.1 | 2.58 | 9.24 | | 283 |
| 酪氨酸 | 0.04 | −10.6 | 2.20 | 9.11 | 10.07 | 342 |
| 脯氨酸 | 162 | −85.0 | 1.95 | 10.64 | | 220 |
| 色氨酸 | 1.1 | −31.5 | 2.43 | 9.44 | | 289 |
| 天门冬氨酸 | 0.54 | +25.0 | 1.99 | 3.90 | 10.00 | 270 |
| 谷氨酸 | 0.86 | +31.4 | 2.13 | 4.32 | 9.95 | 247 |
| 精氨酸 | 15 | +12.5 | 1.82 | 8.99 | 13.20 | 244 |
| 赖氨酸 | 易溶 | +14.6 | 2.16 | 9.20 | 10.80 | 225 |
| 组氨酸 | 4.2 | −39.7 | 1.81 | 6.05 | 9.15 | 287 |

15.1.2.2　氨基酸的化学性质

氨基酸具有氨基和羧基的典型性质，也有氨基和羧基相互影响而产生的一些特殊性质。

1) 氨基的反应

α-氨基酸分子中的氨基具有典型氨基的性质，能与酸、亚硝酸、羟基化试剂、酰基化试剂、甲醛、过氧化氢等反应，如

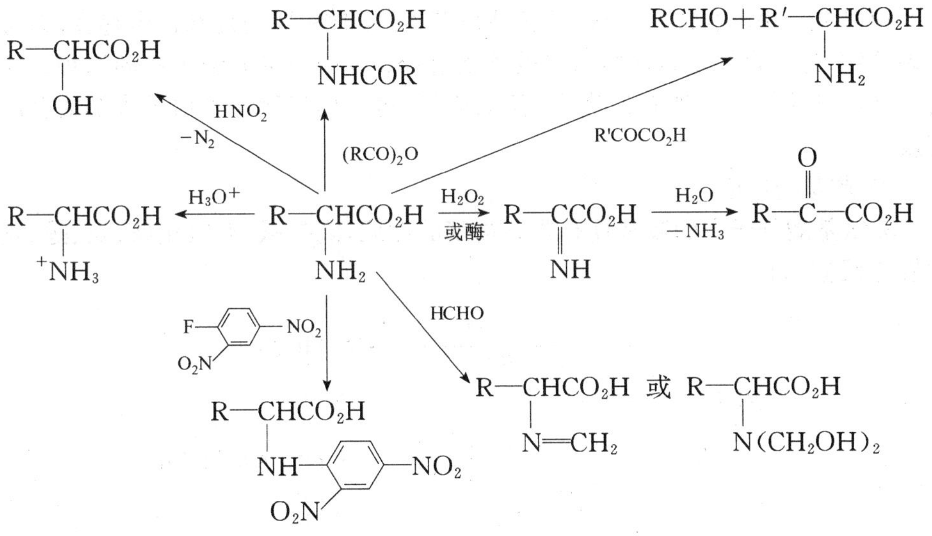

（1）酰基化反应。氨基酸分子中的氨基能和酰卤或酸酐作用生成酰胺。

$$(CH_3)_2CH\underset{}{CH}(NH_3^+)CO_2^- + C_6H_5\overset{O}{\overset{\|}{C}}Cl \xrightarrow[4℃,2h]{OH^-,H_2O} \xrightarrow{HCl} (CH_3)_2CHCH(NH\overset{O}{\overset{\|}{C}}C_6H_5)CO_2H \quad 80\%$$

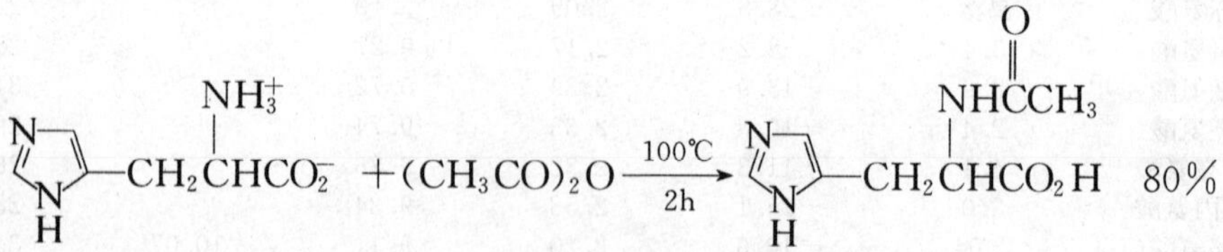

以上反应可应用在实验室合成多肽或蛋白质时保护氨基。

（2）与亚硝酸的作用。氨基酸与亚硝酸作用放出氮气，得到羟基酸，此反应称为范斯莱克(van Slyke)氨基测定法。

$$R-\underset{NH_2}{\underset{|}{CH}}-COOH + HNO_2 \longrightarrow R\underset{OH}{\underset{|}{CH}}-COOH + N_2\uparrow + H_2O$$

反应迅速且定量完成，测定放出氮气的体积，可计算含伯氨基的氨基酸分子中的氨基的含量。

（3）与甲醛的作用。氨基酸分子中的氨基能与甲醛作用成为羟甲基衍生物。

$$R-\underset{NH_2}{\underset{|}{CH}}-COOH + HCHO \longrightarrow R\underset{NHCH_2OH}{\underset{|}{CH}}-COOH \xrightarrow{HCHO} R\underset{N(CH_2OH)_2}{\underset{|}{CH}}-COOH$$

氨基酸与甲醛作用后，碱性的氨基被遮盖，此时酸性的羟基自由存在，即可用强碱滴定，这就是测定氨基酸含量的索楞逊(Sorensen)甲醛滴定法的原理。这个方法在氨基酸的定量测定上得到广泛的应用，也可用于测定蛋白质水解或合成的程度。

2）羧基的反应

$\alpha$-氨基酸分子中的羧基具有典型羧基的性质，能与碱、五氯化磷、氨、醇、氢化铝锂等反应，如

$$R\underset{NH_2}{\underset{|}{CH}}-COOH \xrightarrow[-POCl_3,\ -HCl]{PCl_5} R\underset{NH_2}{\underset{|}{CH}}COCl \qquad (1)$$

$$R\underset{NH_2}{\underset{|}{CH}}-COOH \xrightarrow[-H_2O]{PhCH_2OH} R\underset{NH_2}{\underset{|}{CH}}COOCH_2Ph \qquad (2)$$

反应(1)在肽的合成中可用来活化羧基；反应(2)在肽的合成中可用来保护羧基。

将氨基酸小心加热或在高沸点溶剂中回流，可失去二氧化碳而得胺。例如，赖氨酸失羧后便得到戊二胺(尸胺)。

$$\underset{\text{赖氨酸}}{H_2NCH_2CH_2CH_2CH_2\underset{|}{CH}(NH_2)—COOH} \xrightarrow{\triangle} \underset{\text{戊二胺}}{NH_2CH_2CH_2CH_2CH_2CH_2NH_2} + CO_2$$

细菌或动植物体内的脱羧酶作用于氨基酸，也能发生失羧反应。

3）氨基酸的特性

(1) 两性和等电点。氨基酸既含有氨基又含有羧基，它可以和酸形成铵盐，也可以和碱生成羧酸盐，所以氨基酸是两性物质，氨基酸本身就能形成盐，这种盐叫内盐，也称两性离子或偶极离子。

$$NH_2—\underset{R}{CH}—COOH \rightleftharpoons NH_3^+—\underset{R}{CH}—COO^-$$

氨基酸在水溶液中根据 pH 的不同，而解离为正离子、偶极离子和负离子。

$$\underset{\substack{\text{负离子}\\ \text{(在强碱性溶液中的主要存在形式)}}}{NH_2—\underset{R}{CH}—COO^-} \underset{OH^-}{\overset{H^+}{\rightleftharpoons}} \underset{\text{偶极离子}}{NH_3^+—\overset{R}{CH}—COO^-} \underset{OH^-}{\overset{H^+}{\rightleftharpoons}} \underset{\substack{\text{正离子}\\ \text{(在强酸性溶液中的主要存在形式)}}}{NH_3^+—\overset{R}{CH}—COOH}$$

当氨基酸的溶液电解时，在强酸性溶液中氨基酸正离子移向阴极，在强碱性溶液中氨基酸负离子移向阳极。当氨基酸主要以偶极离子存在时，这时在电场中，两性离子不向任何一极移动，此时溶液的 pH 叫做氨基酸的等电点(isoelectric point)，一般用 pI 表示。表 15-1 所示为各种 $\alpha$-氨基酸的等电点。例如，对甘氨酸来说，pH＝6.06 时净电荷为 0，故在电场中不移动，这时的 pH 便是甘氨酸的等电点。

下面以谷氨酸为例，阐明两性电离的概念及等电点的计算方法。

$$\underset{Glu^+}{HOOC(CH_2)_2CH(NH_3^+)—COOH} \underset{+H^+}{\overset{K_1,\ -H^+}{\rightleftharpoons}} \underset{Glu^\pm}{HOOC(CH_2)_2CH(NH_3^+)COO^-} \underset{+H^+}{\overset{K_2,\ -H^+}{\rightleftharpoons}} \underset{Glu^-}{{}^-OOC(CH_2)_2CH(NH_3^+)COO^-} \underset{+H^+}{\overset{K_3,\ -H^+}{\rightleftharpoons}} \underset{Glu^=}{{}^-OOC(CH_2)_2CH(NH_2)COO^-}$$

羧基和氨基作为酸的解离常数由下式求得：

$$K_1 = \frac{[Glu^{\pm}][H^+]}{[Glu^+]} \qquad K_2 = \frac{[Glu^-][H^+]}{[Glu^{\pm}]}$$

取负对数：

$$pK_1 = -\lg K_1 = pH - \lg \frac{[Glu^{\pm}]}{[Glu^+]}$$

$$pK_2 = -\lg K_2 = pH - \lg \frac{[Glu^-]}{[Glu^{\pm}]}$$

很明显 $pK_1$ 是 $[Glu^{\pm}]=[Glu^+]$ 的 pH，$pK_2$ 是 $[Glu^-]=[Glu^{\pm}]$ 的 pH。那么等电点 pI 是 $[Glu^+]=[Glu^-]$ 时的 pH。

谷氨酸由 $Glu^+$ 解离为 $Glu^-$ 的总反应为

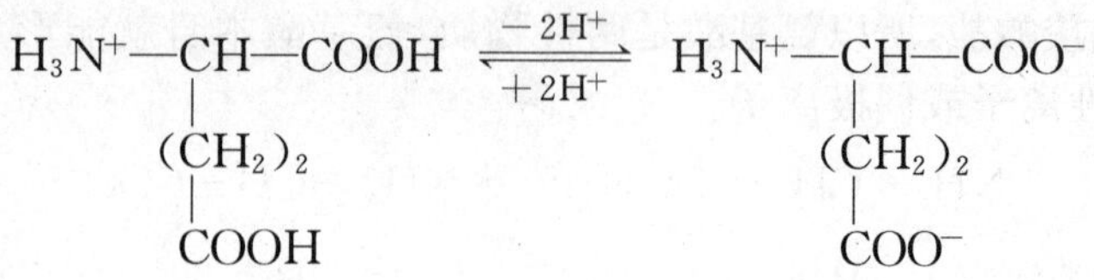

$Glu^+$ $Glu^-$

总平衡常数为

$$K = \frac{[Glu^-][H^+]^2}{[Glu^+]}$$

等电点时，$[Glu^+]=[Glu^-]$，$K=[H^+]^2$，而 $K=K_1K_2$，则 $K_1K_2=[H^+]^2$ 即 $pK_1 + pK_2 = 2pH$。因此等电点 $pI=(pK_1+pK_2)/2$，谷氨酸 $pK_1=2.19$，$pK_2=4.25$。谷氨酸的等电点为

$$pI = (2.19 + 4.25)/2 = 3.22$$

pH=3.22 时谷氨酸存在形式如下：

$$[Glu^+] = [Glu^-] = 7.86\%$$

$$[Glu^{\pm}] = 84.24\%$$

$$[Glu^{=}] = 0.2789 \times 10^{-5}\%$$

由此看出，氨基酸在等电点时主要以偶极离子存在，作为正离子和负离子的氨基酸浓度很低，而且相等。氨基酸在 pH 大于等电点的溶液中主要以阴离子形式存在，在 pH 小于等电点的溶液中主要以阳离子形式存在。

不同氨基酸由于结构的不同，等电点也不同。在水溶液中氨基和羧基的电离程度是不同的，所以氨基酸水溶液一般不呈中性。一般来讲所谓中性氨基酸，酸性比碱性稍微强一点，也就是正离子的浓度比负离子的要小一点，负离子要多一点，要调节到等电点，就得加一点酸，使 pH 降低，用酸来抑制羧基的解离，而

达到等电点。可见，氨基酸的等电点并非是它的中性点。中性氨基酸的等电点一般为5.0～6.3，酸性氨基酸的等电点为 2.8～3.2，碱性氨基酸的等电点为7.6～10.9。由于氨基酸具有两性，因此氨基酸可以作为缓冲试剂使用。在等电点时氨基酸的偶极离子浓度最大，溶解度最小。因此，根据等电点可以鉴定氨基酸，而用调节等电点的方法可以分离氨基酸的混合物。常用的方法有两种：一是利用在等电点时的溶解度最小，可以将某氨基酸从混合溶液中沉淀出来；二是利用在同一 pH 下不同的氨基酸所带电荷的不同而进行分离。例如，在 pH 约为 6 时，甘氨酸、丙氨酸等主要以两性离子形式存在，而天门冬氨酸、谷氨酸等则主要是以负离子形式存在。若将此混合液通过阳离子交换树脂的层析柱，这时天门冬氨酸、谷氨酸等就和树脂的阳离子交换而留在柱中，再根据它们的 pI 选用不同的 pH 缓冲溶液将后者洗脱出来。

(2) 氨基酸受热后的反应。和羟基酸相似，氨基酸分子中氨基和羧基相对位置不同，受热后发生的反应也不相同。

(i) $\alpha$-氨基酸受热时，能发生两分子间的氨基和羧基的去水作用生成六元环状的交酰胺，如

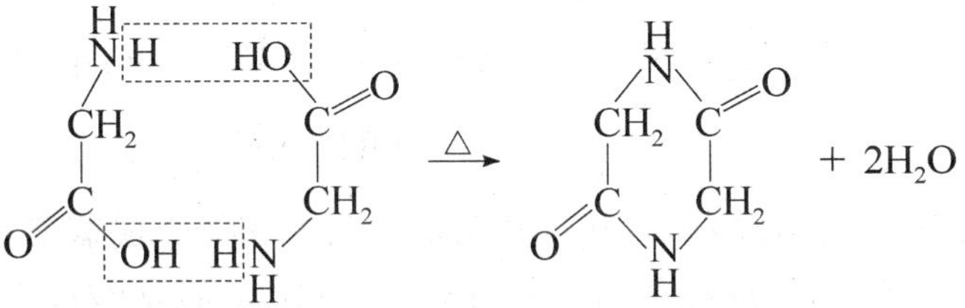


2,5- 二酮哌嗪

(ii) $\beta$-氨基酸受热失去一分子氨，生成 $\alpha,\beta$-不饱和羧酸。

$$R\text{—}\underset{\underset{NH_2}{|}}{CH}\text{—}\underset{\underset{H}{|}}{C}HCOOH \xrightarrow{\triangle} RCH{=}CHCOOH + NH_3\uparrow$$

(iii) $\gamma$-或$\delta$-氨基酸加热至熔点时，分子内容易失水生成五元或六元环的内酰胺。

内酰胺用酸或碱水解又得到相应的氨基酸。

(iv) 氨基酸中的氨基与羧基间的距离大于四个碳原子时，受热后可以多分子脱水生成链状的聚酰胺。

$$nH_2N—(CH_2)_m—COOH \xrightarrow{\triangle}$$

$$H_2N—(CH_2)_m—\overset{\overset{\displaystyle O}{\|}}{C}\!\left[NH—(CH_2)_m—\overset{\overset{\displaystyle O}{\|}}{C}\right]_{n-2}NH—(CH_2)_m—COOH$$

某些聚酰胺型的合成纤维和工程塑料，如尼龙-6、尼龙-11等，就是由相应的$\omega$-氨基酸脱水生成的。

(3) 与金属离子的配位作用。某些氨基酸的金属盐是形状很好的结晶，形成一种分子配合物。不同的氨基酸和不同的金属以特有的比例形成各种配合物。利用这种性质，可以用来沉淀和鉴别某些氨基酸和蛋白质。$\alpha$-氨基酸与$Cu^{2+}$、$Co^{2+}$等螯合。例如，当氧化铜与甘氨酸的水溶液共热时，生成美丽的深蓝色铜盐。而且，螯合后还能使$\alpha$-碳上的氢得到活化，与醛酮发生aldol类型的缩合反应。

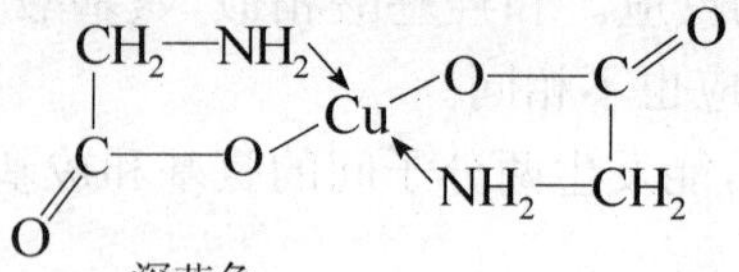

深蓝色

$$\xrightarrow{2CH_3CHO}\xrightarrow{H_3O^+} CH_3—\underset{\displaystyle OH}{\underset{|}{CH}}—\underset{\displaystyle NH_2}{\underset{|}{CH}}—COOH$$

(4) 与水合茚三酮反应。$\alpha$-氨基酸遇水合茚三酮能生成蓝紫色的产物(脯氨酸及羟基脯氨酸例外，生成黄色)，非常灵敏，是鉴定$\alpha$-氨基酸最迅速最简便的方法。$\alpha$-氨基酸被茚三酮氧化为醛、氨和二氧化碳，茚三酮被还原。

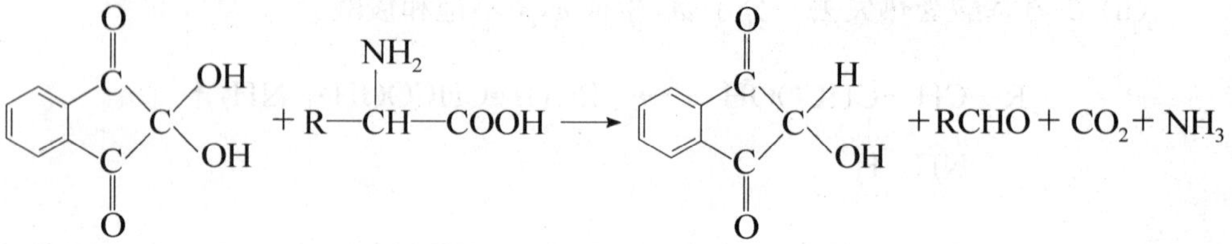

水合茚三酮　　　　　　　　　　　　茚三酮还原产物

然后放出的氨与另一分子茚三酮及一分子茚三酮的还原产物缩合而成蓝紫色的化合物。

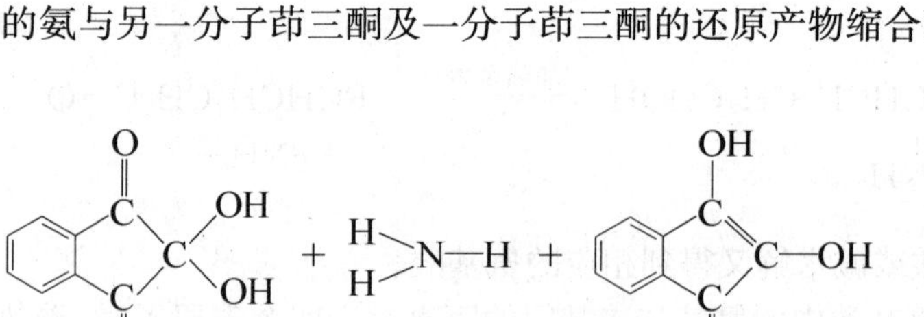

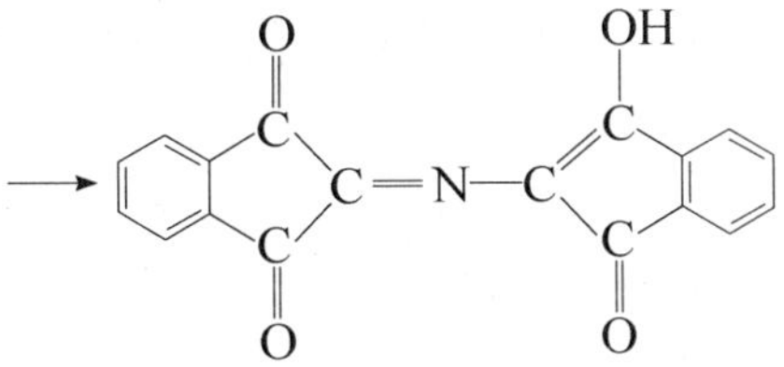

蓝紫色

根据上述反应中 $CO_2$ 的生成量或对蓝紫色溶液的比色测定，就可以对氨基酸做定量分析，与离子交换层析法结合，广泛用于定量测定氨基酸的浓度。这是因为与试剂作用生成颜色的强度直接和氨基酸的浓度有关。水合茚三酮也用于定性检出电泳、纸层析及薄层层析中氨基酸的位置。在这些分析中水合茚三酮作为显色剂。

(5) 失羧和失氨作用。氨基酸受某些微生物中酶的作用，同时失羧、失氨而得醇。例如，亮氨酸在这种作用下能转化为异戊醇。

$$(CH_3)_2CHCH_2\underset{\displaystyle NH_2}{\underset{|}{C}}HCOOH + H_2O \xrightarrow{\text{酶}} (CH_3)_2CHCH_2CH_2OH + CO_2 + NH_3$$

用发酵法制乙醇时，发酵液中的杂醇油就是这样生成的。

### 15.1.3　氨基酸的制备

氨基酸是典型的精细化工产品，世界年产量已达 50 多万吨。其中谷氨酸产量占氨基酸产量的 64%，蛋氨酸的产量占 26%，赖氨酸占 7%，其他 20 多种氨基酸产量仅占 3%。

氨基酸的制备主要有三种方法：蛋白质水解法、有机合成法和发酵法。蛋白质水解制备氨基酸是最直接也是最古老的一种方法。例如，由毛发水解制胱氨酸。微生物发酵法最显著的优点就是由该法生产出来的氨基酸都是具有生物活性的 L-氨基酸。例如，由微生物发酵糖类制谷氨酸（味精）。但利用这些方法通常较难得到单一纯品。而合成法则可得到单一物质。

#### 15.1.3.1　氨基酸的合成法

1) 由醛或酮制备

醛或酮用 $NH_3$ 和 HCN 处理可以得到 α-氨基腈，再经水解即得 α-氨基酸。这个反应称为斯特雷克尔合成(Strecker synthesis)，如

$$C_6H_5CH_2CHO \xrightarrow[HCN]{NH_3} C_6H_5CH_2\underset{\displaystyle NH_2}{\underset{|}{C}}HCN \xrightarrow[\text{② } H^+]{\text{① } NaOH,\,2H_2O} C_6H_5CH_2\underset{\displaystyle NH_2}{\underset{|}{C}}HCOOH$$

苯丙氨酸(74%)

用氯化铵和氰化钾的水溶液与醛酮反应，也可以得到同样产物，这样可以避免使用氢氰酸或氰化铵。

2）由 α-卤代酸的氨解制备

α-卤代酸和过量的氨作用，可以生成 α-氨基酸，如

$$CH_3CH_2COOH \xrightarrow{Br_2,P} CH_3\underset{\displaystyle Br}{\underset{|}{C}}HCOOH \xrightarrow{NH_3(过量)} CH_3\underset{\displaystyle NH_2}{\underset{|}{C}}HCO_2^-NH_4^+$$

3）由丙二酸酯制备

丙二酸酯是合成氨基酸的重要原料。首先是从丙二酸酯合成 N-丙二酸酯邻苯二甲酰亚胺，然后烷基化、水解、再脱羧即可得到 α-氨基酸，如

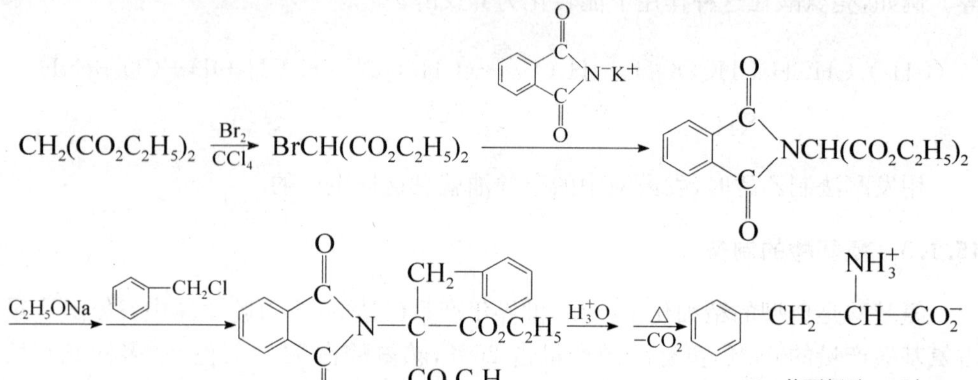


(*dl*)-苯丙氨酸 (64%)

由上述一些合成方法制得的氨基酸都是外消旋体，需要其中某一种旋光体时，可以利用形成非对映体的方法，或利用酶的选择反应进行拆分。即在某些酶的作用下，使外消旋氨基酸的 N-酰基化物或氨基酸酯中的某一种分解成游离的氨基酸而得到分离。不对称合成 L-α-氨基酸的工作也取得不少进展。

### 15.1.3.2 蛋白质水解方法

蛋白质酸性水解在研究氨基酸的组成上应用最普遍，其方法是以 20.5% 盐酸溶液回流 12～70h。酸水解可避免氨基酸之消旋化，所以可得到天然的 L-型氨基酸，但在酸水解过程中，有的氨基酸会被破坏（如色氨酸）。

蛋白质的碱性水解会造成氨基酸的消旋化，营养价值上受一定影响。其方法是以 6mol/L NaOH 或 $Ba(OH)_2$ 处理。在碱性水解过程中，精氨酸、胱氨酸及部分赖氨酸会被破坏，但色氨酸保留下来。

蛋白质在酸或碱的作用下水解，最后生成的都是多种 α-氨基酸的混合物。将

混合物用各种分离手段(如色层分离法、离子交换法、电泳法等)进行分离,即可分别得到各种氨基酸。但是,分离手续比较复杂,成本很高。虽然如此,现在有些氨基酸还是由蛋白质水解获得的。

#### 15.1.3.3　发酵法制氨基酸

1956 年开始以淀粉为原料,利用微生物发酵法生产谷氨酸,获得成功并带动了一系列氨基酸的工业生产,形成了新型的发酵工业。现在近 20 种氨基酸都可用微生物发酵法生产。发酵法有许多优点,不仅原料来源丰富,生产过程中对设备腐蚀性小。而且产品都是具有生理活性的 L-氨基酸,因此近年来发展迅速。20 世纪 70 年代后期生物工程的研究,对谷氨酸的生产起了非常重要的作用,不仅利用基因工程选育出产酸率高的新菌种,而且采用了固定法细胞技术的新工艺,因此发酵法生产氨基酸是有极广阔前途的。

工业上脯氨酸由明胶水解制得,L-色氨酸用吲哚、丙酮酸和氨在色氨酸酶作用下生产,光学活性的赖、缬、亮、异亮、苏、精、苯丙、酪、组、脯等 L-氨基酸主要是由微生物发酵法生产,而甘、丙和蛋氨酸主要仍用合成法来制取。生物体系中氨基酸的合成在酶的催化下进行,多由 $\alpha$-酮酸经还原氨基化产生,NADH 为还原剂,其化学原理和实验室里的合成完全一样。

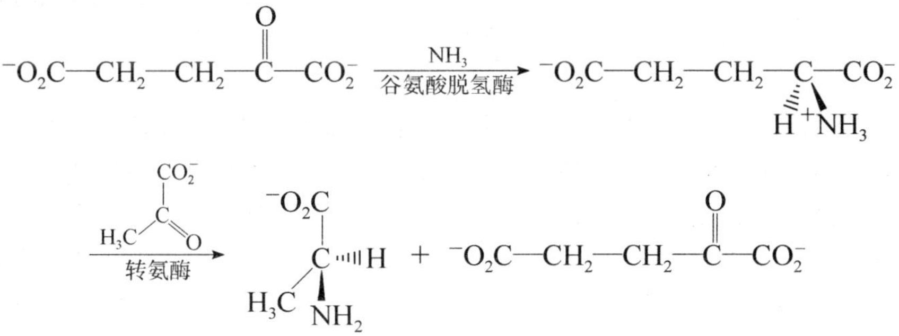


$\alpha$-氨基酸广泛应用于食品、医药和饲料等工业中,*L*-谷氨酸单钠盐即味精,L-天冬氨酸钠和甘氨酸钠、丙氨酸钠和某些核苷酸如肌苷酸、鸟苷酸等均有增强鲜味的作用。食品和饲料中常常加入某些必需的氨基酸以增强营养效果,氨基酸配置的输液可用作手术前后病人的营养补充,不少氨基酸衍生物则有药理作用。

### 15.1.4　重要的氨基酸

当体内进行蛋白质合成时,必须所有必需氨基酸均存在方能进行;当某种氨基酸缺乏时,则蛋白质合成减慢或停止,造成生理代谢活动的失调,最常见的是发育不良、生长迟缓。

1）色氨酸

色氨酸是动物生长不可缺少的氨基酸。它存在于大多数蛋白质中。色氨酸在动物大肠中因细菌的分解作用而产生粪臭素。色氨酸也是植物幼芽中所含生长素$\beta$-吲哚乙酸的来源。

近年来，色氨酸作为饲料添加剂，需求量不断增加。色氨酸还具有抑制紧张状态和催眠作用，另外色氨酸在医药上有防治癫皮病的作用。

2）半胱氨酸和胱氨酸

它们存在于蛋白性动物保护组织（如毛发、指甲、角等）中，并可通过还原而相互转化。

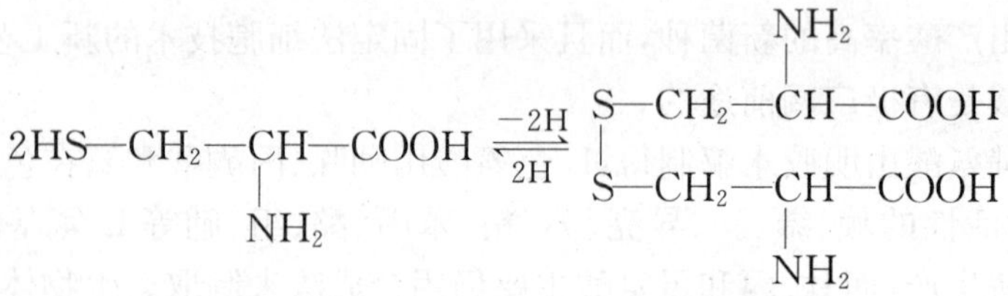

半胱氨酸　　　　胱氨酸

它们都可以由头发水解制得。在医学上半胱氨酸可用于肝炎、锑剂中毒或放射性药物中毒的治疗。胱氨酸有促进机体细胞氧化还原作用，增加白细胞和阻止病原菌发育等作用，并可用于治疗脱发症。

3）谷氨酸

左旋谷氨酸的单钠盐就是味精。白色而有光泽的柱状晶体，强烈鲜味。

早在 1866 年德国雷赫逊利用硫酸水解小麦面筋，最先制得谷氨酸。1908 年日本池日苗从海带汁中提取谷氨酸，以后人们逐渐用脱脂大豆、玉米、蛋白质为原料采取水解方法制取谷氨酸。1956 年日本改变了过去用盐酸水解面筋制取谷氨酸的方法，利用糖质原料用微生物直接发酵生产谷氨酸成功。我国于 1964 年由上海开始用发酵法生产谷氨酸以来，味精工业取得很大进展。由单一的味精产品发展到呈味核苷酸（第二代味精）和风味复合味精（第三代味精）。呈味核苷酸是 20 世纪 60 年代新兴的调味剂，由 5′-肌苷酸钠（或 5′-鸟苷酸钠）和谷氨酸合用，添加量 2%～12%，鲜味可增加 3.2～6.7 倍，5′-鸟苷酸钠和谷氨酸钠合用，添加量 2%～12%，鲜味可增加 4.6～9.9 倍。我国已试制生产风味复合味精十多个品种，例如，“牛肉味精”是以牛肉为基料，经与其他配料组合后，即成为口感逼真的新一代调味品。目前我国味精产量居世界第二位，仅次于日本。

4）苯丙氨酸

近年来氨基酸生产发展最迅速的是苯丙氨酸，由于新型人工甜味剂“天冬精”的开发利用，苯丙氨酸作为其生产原料也随之得到发展。“天冬精”是由天门冬氨酸和苯丙氨酸甲酯组成的二肽衍生物(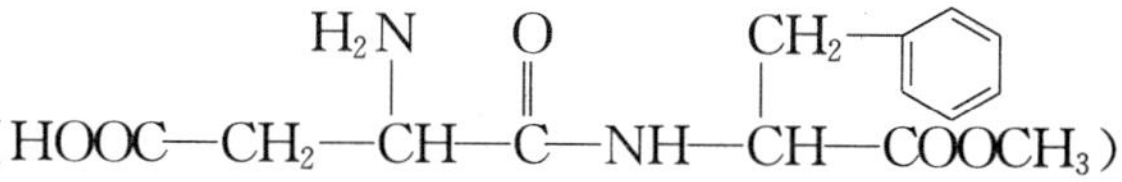)，食用后在体内分解成相应的氨基酸。它的甜度约是蔗糖的 200 倍，而热量却很低。苯丙氨酸也用在医学工业上。

5) L-赖氨酸

L-赖氨酸为白色粉末。L-赖氨酸是重要的饲料添加剂，L-赖氨酸是人体和动物的必需氨基酸之一。必须氨基酸根据动物的种类不同而不同，例如，猪的必需氨基酸共 10 种，鸡的共 11 种。无论缺了哪一种，生物体生长都会受到阻碍。

L-赖氨酸的制法有水解蛋白分离法、发酵法及合成法三种。合成法所得的是外消旋体，必须进行光学分离。发酵法是以环己烯为原料，制成氨基内酰胺，再在水解酶和外消旋化酶共同作用下得到赖氨酸。

## 15.2　肽

### 15.2.1　肽的结构与命名

一分子 α-氨基酸中的羧基与另一分子 α-氨基酸中的氨基脱水生成酰胺基时，所得的化合物叫做肽(peptide)。肽分子中的酰胺键(—NH—CO—)叫做肽键。根据肽分子中的 α-氨基酸的数目，分别把它们叫做二肽、三肽、四肽以至多肽(polypeptide)。例如，由两个氨基酸首尾相接，失去一分子水而缩合成的酰胺叫做二肽。

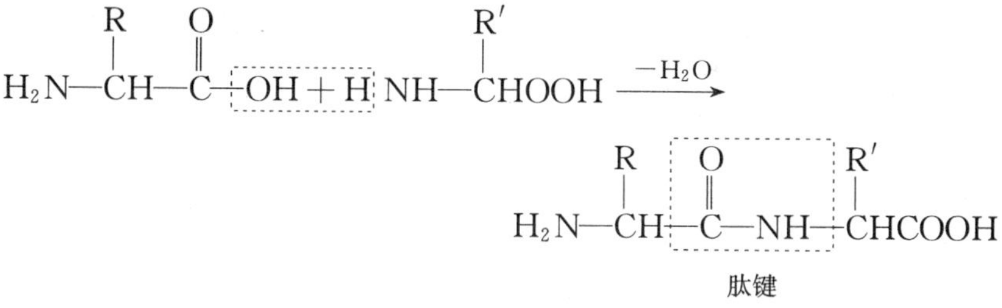


多肽链可用如下通式表示：

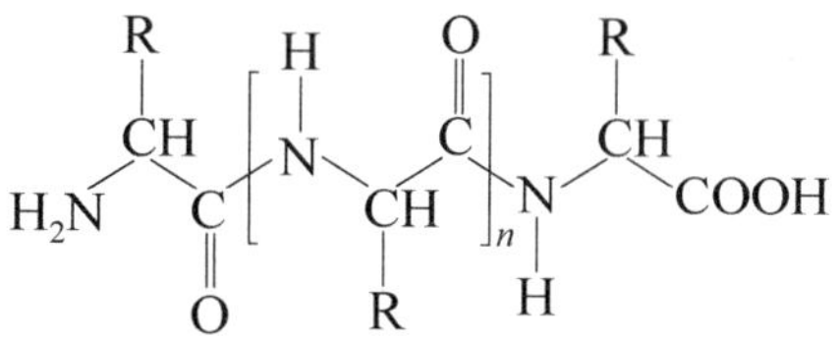

在肽链中，有氨基的一端叫做 N 端；有羧基的一端叫做 C 端。在写多肽结构

时,通常把N端写在左边,C端写在右边。命名时以含有完整的羧基的氨基酸作为母体,由N端叫起,依次称为某氨酰某氨酸,也可用简写来表示,如

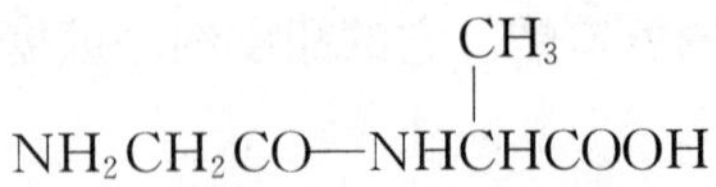

甘氨酰丙氨酸或简称甘-丙(缩写为Gly-Ala)

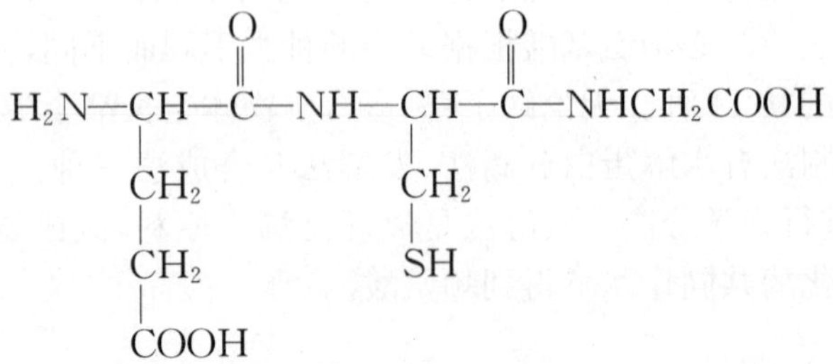

谷氨酰半胱氨酰甘氨酸或简称谷-半胱-甘(Glu-Cys-Gly)

### 15.2.2　多肽

多肽与蛋白质都是以$\alpha$-氨基酸为组成单位,它们之间没有严格区别,一般是将相对分子质量在10000以下、能透过半透膜以及不被三氯乙酸或硫酸所沉淀的称为多肽。多肽广泛存在于自然界,它们在生物体内起着各种重要的作用,有些作为生物化学反应的催化剂,有些具有抗菌素的性质,有些则是激素等。例如,谷胱甘肽能保护人体,使之免受对细胞有破坏性影响的毒素的侵袭,能延缓人体衰老。各种多肽结构上的差异,有时甚至是很微小的差别,都会导致它们在生理功能方面的显著不同。例如,催产素和加血压素都是脑垂体分泌的激素,它们所含氨基酸的顺序类似,只有3和8位氨基酸单位不同,其余氨基酸和排列顺序都相同。

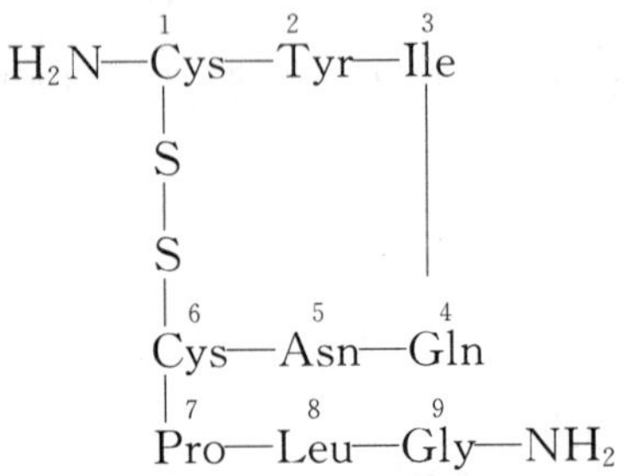

催产素

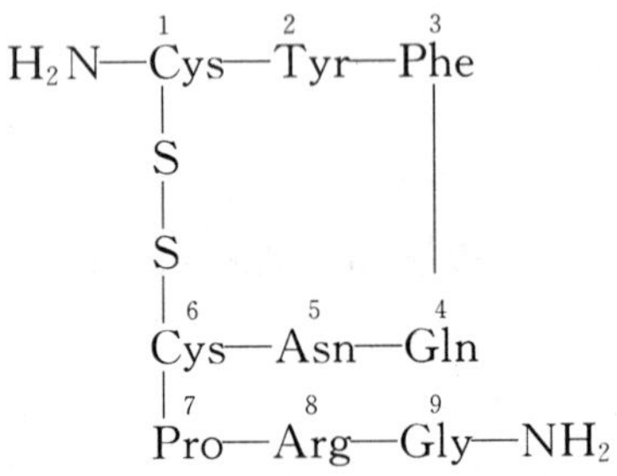

加血压素

两个物质结构差别虽小,但生理功能显著不同。催产素可引起子宫收缩,而加血压素有抗利尿作用,并引起血管收缩,升高血压。

肽的结构与其生理功能之间有着密切的关系,而且,蛋白质就是相对分子质量

很大的多肽。蛋白质经水解可以得到各种多肽。显然通过对多肽结构和性质的研究,将有利于了解蛋白质的微观世界。

因此,半个多世纪以来,有机化学及生物化学家通力合作,对多肽的研究取得了卓有成效的成绩,研究工作主要包括两个方面:一方面,需要确定多肽的结构,即由哪些氨基酸组成的、各种氨基酸的相对比例是多少,以及它们的排列顺序是什么;另一方面,要进行合成,借以验证所推测的结构是否正确,或者提供多肽,或者旨在合成和研究蛋白质。

在多肽结构的测定方面,首先将多肽在酸性溶液中彻底水解,去除非氨基酸物质后,用色谱法、电泳法、离子交换层析或氨基酸分析仪等分离和确定有哪些氨基酸组成以及它们的相对含量,然后计算出各种氨基酸的相对数目,求出实验式。其次,用化学或物理方法(如渗透压和光散射测量、超离心和 X 衍射法等)测定其相对分子质量,从而确定分子式。测定多肽链中氨基酸的连接顺序是一项相当复杂的工作,可用端基分析法,并配合部分水解加以确定。依据埃德曼(Edman)降解原理制成的现代氨基酸自动分析仪已被广泛使用。这种仪器只需几毫克甚至更少($1\times10^{-3}$mg)的试样,即能测定出多肽中氨基酸的排列顺序。以上只是确定了多肽氨基酸排列次序,对于多肽结构的最终确定,是按照测定的氨基酸顺序合成这个多肽,且合成的多肽应当具有与要测定的多肽完全相同的结构和性质。以牛胰岛素的结构研究为例,前后共花费了 10 年的时间,才确定了胰岛素中 16 种不同的氨基酸以及 51 个氨基酸分子在肽链中的相互连接顺序。Sanger 正是由于确定了牛胰岛素的结构并且首先提出测定氨基酸排列次序的方法和步骤,而于 1958 年获得诺贝尔奖。

许多肽和蛋白质具有十分重要的生理作用,是生命不可缺少的物质。有些肽由于具有特殊的生理效能,而在临床上极为重要。因此,多肽的合成是一项重要的有机合成反应,其在近三四十年来取得了很大进展。多肽的合成是若干个氨基酸实现多个有序分步缩合反应的复杂过程。在反应的全过程中均应尽量保持反应条件缓和。为此,多肽合成过程中需要注意解决好两个问题:一是将同一分子的两个官能团中的一个"保护"起来不反应,选择性留下一个羧基或氨基去构成所需的肽键结构,反应完后再定量地去掉保护基,同时还不能影响分子中的其他部分,特别是已接好的肽键。二是设法"活化"参与反应的氨基和羧基,使之在温和的条件下能够顺利反应。因为将两个分别保护过氨基和羧基的氨基酸直接反应并不容易形成肽键。合成肽的工作是比较复杂的有机合成系列反应,1953 年 Vigneaud 合成八肽催产素(结构见前,已工业化生产)的成功是多肽领域中划时代的成就,为此他获得 1955 年度的诺贝尔化学奖。1965 年,我国科学家在世界上首先合成了生物活性与天然产品基本相同的结晶牛胰岛素,它是一个由 51 个氨基酸组成的两个多肽键(A 链和 B 链)通过 S-S 桥连接而成的多肽类激素。1971 年,我国又完成了猪胰岛素晶体的测定。胰岛素的合成具有重要的理论意义，标志着人类在探索生命奥秘的征途上向前迈进了一步，反映出我国科技界的创新水平。

传统的多肽合成是在溶液中进行的，接长肽链不仅操作步骤繁杂，每步反应都要分离精制，消耗大量溶剂，费时，而且产率也随之大为降低。20 世纪 60 年代，美国化学家梅里菲尔德（Merrifield）发明了一种将反应物连接在一个不溶性的固相载体的合成方法——固相合成法，避免了上述缺点，实现了快速、定量、连续化合成。由于肽链在固体表面具有不溶性，每次成肽反应后通过洗涤就可除去杂质和多余的原料，最后用氢溴酸和三氟乙酸处理，使肽链从树脂上解脱下来，同时脱去 N 端苄氧羰基保护基，得到游离的肽。树脂也恢复为溴甲基化的树脂，可以继续用固相合成。上述形成肽键的反应是在液相中进行，但是此均相反应物又是接到固体上的，故被称为固相合成。由于梅里菲尔德创立了固相多肽合成法，并首先合成出世界上第一个人工合成的蛋白质——含 124 个氨基酸碱基的核糖核酸酶 A。为此，梅里菲尔德荣获了 1984 年诺贝尔奖。

固相合成法不仅可以成功地合成多肽，而且在合成聚核甘酸、低聚糖等生物活性物质以及在组合合成和药物筛选等方面得到广泛的应用。

固相合成方法的优点是可以用过量的试剂来提高反应产率，使偶联反应更有效，多余的试剂、副产物、溶剂容易洗涤除去，只有产物在树脂上，省去了重结晶和层析的分离操作，操作相对较为简单并可实现自动化，缩短合成时间。固相合成也有不足之处，如合成多肽时，生成的多肽在最后一步完成后才进行提纯，每一步反应产率不可能达到 100%，即使每步产率为 99%，也有 1%未起反应，而且得到的多肽中会混有缺少一个或多个氨基酸的杂质肽，这给提纯工作带来了很大困难。

目前，基因工程是一个合成多肽化合物的重要手段，但对于肽链长度小于 20 个氨基酸的多肽，则常常通过化学合成的方法得到。

多肽的传统合成和固相合成方法的相同之处，都是针对某一个具体的目标分子合成。这对于从合成化合物（或从天然产物中）筛选具有生物活性的化合物来说，犹如大海捞针。人们曾着力探索分子构效关系，并力图通过分子设计的方法寻找新药，取得了许多进展。但是，在 20 世纪 90 年代之前，一直沿用传统研究模式——逐一合成、逐一纯化、逐一筛选，每推出一个新药需 6～10 年的时间，耗资约 1 亿美元。可见，药物合成和筛选的方式亟待创新。随着固相合成的问世和发展，1991 年，福卡（Furka）、朗姆（Lam）和洪腾（Houghten）等人同时利用组合论的思想提出了以固相合成为重要工具的组合化学（combinatorial chemistry）这一新概念。

组合化学也称组合合成（combinatorial synthesis），与以单一化合物为目标分子进行合成的传统方法相比，组合合成不再以单个化合物为目标逐个进行合成，而是在相同条件下一次同步合成一系列化合物（也称化合物库），以便从中筛选。组合化学的概念源于药物的合成与筛选，得益于固相合成的进步，产生于组合论的思想。

组合化学研究的核心问题，就是解决如何构建分子多样性的化合物库(compound library)。构建化合物库的方法(或称组合技巧、组合方法)不只一种，主要有三种：同步合成法(parallel approach)、混合-均分法(combine-divide，或 split-pool)及生物合成技术。在这三种方法中，又以混合-均分法影响最大、应用最广。

在组合化学研究领域中，除了编码技术外，人们还特别关注数学方法及计算机技术的应用。

组合化学概念的提出不仅对新药的合成及筛选产生重大影响，而且对于合成化学及其他相关学科的发展也将产生巨大的推动作用。事实上，组合化学已从药物合成领域向电子、光、磁、机械及超导材料的制备发展，尤其是向其他化学领域渗透，此外，组合化学技术在农药、高分子材料和金属配体等的合成中已被广泛采用。

## 15.3　蛋　白　质

蛋白质(protein)是一类由多个 α-氨基酸分子间失水形成酰胺键(—CONH—)而组成链状的很重要的含氮生物高分子化合物。它是生物体内一切组织的基础物质，并在生命现象和生命过程中起着决定性作用，担负着各种生理作用和机械功能。动物的肌肉、皮肤、毛发、角蹄以及蚕丝等都是蛋白质构成的。细胞内除水外，其余 80%的物质是蛋白质。有的蛋白质(如核蛋白)则与生物的遗传有关；另外，所有的酶、激素、病毒也都是蛋白质。蛋白质主要由 C、H、O、N、S 等元素组成，有些还含有 P、Fe、I、Zn、Mo 等元素。蛋白质在无机酸中水解为 α-氨基酸的混合物，有的还同时生成一些其他物质，如脂肪、糖、色素、含磷化合物、含铁化合物等。蛋白质相对分子质量很大，通常在 10000 以上，有的达几万、几十万，个别的甚至上千万。例如，烟草斑纹病毒的核蛋白的相对分子质量已超过 2000 万，腺病毒的核蛋白的相对分子质量还更大。蛋白质结构非常复杂。它不仅存在着多肽链内氨基酸的种类和排列问题(构造)，还存在着一条多肽链本身或几条多肽链之间的空间结构问题(构型和构象)。

本节重点讨论蛋白质的分类和功能、结构和性质。

1) 蛋白质的分类

蛋白质有不同的分类方法，主要有三种，分别依据其形状及溶解性、组成和生理作用。从组成来看，蛋白质可分为单纯蛋白质和结合蛋白质两种。按形状及溶解性可分为两大类：一类是不溶与水的纤维状蛋白质；另一类是能溶与水、酸、碱或盐溶液的球状蛋白质。根据蛋白质在生物体内的功能不同分为两类：一类是起组织结构作用的非溶性蛋白。例如，角蛋白组成皮肤、毛发、指甲、头角；骨胶蛋白组成腱、骨;肌球蛋白组成肌肉;等等。另一类是在生命运动中起生理作用的活性蛋白,例如,激素起调节作用,酶对生物化学反应起催化作用,血红蛋白在血液循环中输送氧气,胰岛素调节葡萄糖的代谢,抗体起免疫作用等。

2) 蛋白质的结构

一般认为蛋白质存在着四级结构。

(1) 一级结构。氨基酸在蛋白质肽链中排列的顺序叫做它的一级结构。

(2) 二级结构。肽链在空间不是成直线形,也不是任意排布的。由于某些基团之间的氢键作用使肽链具有一定的构象。这是蛋白质的二级结构。二级结构主要有两种形式:①$\alpha$-螺旋形肽链结构示于图 15-1(a);②$\beta$-折叠型示于图 15-1(b)。$\alpha$-螺旋和 $\beta$-折叠是氨基酸链在蛋白质中的两个重复结构。聚集氢键在维持蛋白质的二级结构中起着关键的作用。

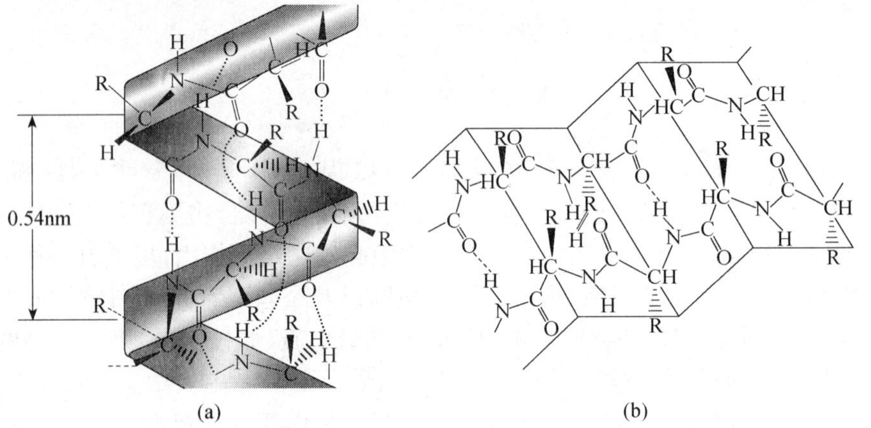


图 15-1 肽链中相邻两个肽键之间的关系 $\alpha$-螺旋和 $\beta$-折叠

(3) 三级结构。在二级结构基础上的折叠是有固定形式的,每一种蛋白质都在给定的条件下按特定的方式形成三级结构。三级结构对蛋白质的性质和生理功能产生很大的影响。

(4) 四级结构。两个或两个以上具有三级结构的肽链缔合在一起,就是所谓蛋白质的四级结构。

具有完整的四级结构的蛋白质分子将具有特定的生理活性,这些蛋白质分子中的亚基数目、种类和空间中相互的缔合吸引作用所造成的构象都有严格的排列方式。1962 年,Kendrew 和 Perutz 因对血红蛋白、球蛋白和纤维蛋白等的结构研究所取得的出色成果而荣获诺贝尔化学奖。

3) 蛋白质的性质

蛋白质的基本组成单位是氨基酸,因此它和氨基酸有部分相似的物理、化学性质,但由于其结构复杂,相对分子质量很大,分子带有很多极性基团并彼此间相互作用着，某些基团还带有电荷，所以它们表现出一系列物理和化学特性。

(1) 两性和等电点。在酸性溶液中，蛋白质带正电荷，在碱性溶液中带负电荷。调节溶液的 pH 至一定数值时，蛋白质的净电荷为零，在电场中不移动。此时溶液的 pH 就是该蛋白质的等电点。不同的蛋白质有不同的等电点。表 15-3 列出了几种蛋白质的等电点。不在等电点的条件下，蛋白质以离子形式存在。

**表 15-3　一些蛋白质的等电点**

| 蛋白质 | 等电点 | 蛋白质 | 等电点 |
|---|---|---|---|
| 丝纤维蛋白 | 2.0～2.4 | 乳球蛋白 | 4.5～5.5 |
| 酪蛋白 | 4.6 | 胰岛素 | 5.3～5.35 |
| 白明胶 | 4.8～4.85 | 血清球蛋白 | 5.4～5.5 |
| 血清蛋白 | 4.88 | 血红蛋白 | 6.79～6.83 |
| 卵清蛋白 | 4.84～4.90 | 鱼精蛋白 | 12～12.4 |

蛋白质两性电离可以用下式表示：

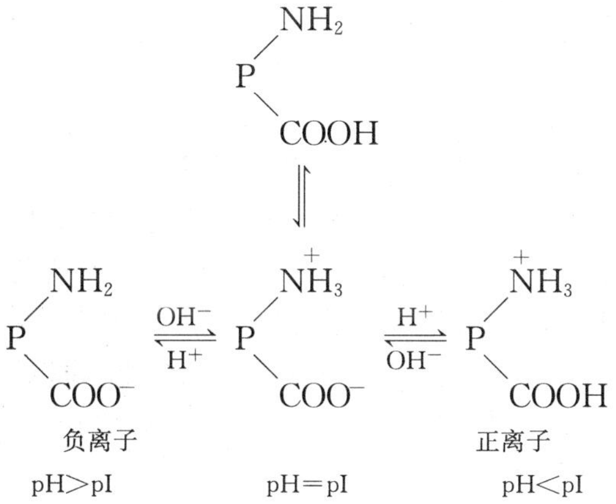


P 表示蛋白质大分子，pI 是该蛋白质的等电点。

与氨基酸相似，在等电点时蛋白质的溶解度最小，因此通过调节溶液的 pH 至等电点时，就可使蛋白质从溶液中沉淀析出。而在同一 pH 的溶液中，不同蛋白质分子的大小和所带电荷的性质、数量也不相同，故在电场中移动的速率也不一样，利用这种性质发展出来的电泳分析方法就可以将各种蛋白质分离分析。

(2) 高分子性质。从蛋白质相对分子质量的测定结果，可知蛋白质分子颗粒的大小已经达到胶体质点的范围(1～10μm)，故蛋白质溶液具有胶体溶液的性质。蛋白质溶液还具有黏度大、扩散速率慢等高分子溶液的性质。

(3) 变性作用和水解。当蛋白质在某些物理和化学因素影响下，如加热、加压、超声、光照、辐照、振荡、搅拌、干燥、脱水或强酸、强碱、重金属盐及有机溶剂乙醇、丙酮、脲等作用下，蛋白质肽链间的二硫键和氢键受到破坏，缔合的肽链松展开来，它的多级空间结构受到破坏而不复存在。此时，虽然蛋白质中的肽链并无断裂，但蛋白质的物理、化学性质和生物特性都被改变了，即产生了蛋白质的变性作用。

变性后的蛋白质最显著的特点是溶解度降低、黏度增加和难以结晶，酶活性显著降低或消失，旋光度增加，更易被蛋白酶催化水解。这些性质与蛋白质变成非折叠形及更不对称而暴露更多疏水基有关。变性作用带来的另一个重要影响是蛋白质原来有的生理活性完全丧失。蛋白质的变性和人类的生活生产活动密切相关。如种子要在适当的环境下保存以避免其变性而失去发芽能力；疫苗、制剂、免疫血清等蛋白质产品在储存、运输和使用过程中也要注意防止变性；延迟和制止蛋白质变性也是人类保持青春、延缓衰老的一个有效手段。另外，我们又可以用注入乙醇和加热、辐照等手段使病菌和病毒的蛋白质变性而起到治病、消毒和灭菌等作用。变性后的煮熟蛋白质更易被人体吸收，酸奶是牛奶经发酵而成，其所含的蛋白质变性后也比鲜牛奶更易消化吸收，营养价值也更高一点。蛋白质在水溶液中受到酸、碱等催化剂的影响，连一级结构都受到破坏后，即发生了水解作用，此时可以产生一系列脲、胨、肽等中间产物，直到最终水解产物氨基酸。水解完全时，自由氨基酸的量就成为恒定的了。

$$\text{蛋白质} \xrightarrow{\text{水解}} \text{脲} \xrightarrow{\text{水解}} \text{胨} \xrightarrow{\text{水解}} \text{多肽} \xrightarrow{\text{水解}} \text{二肽} \xrightarrow{\text{水解}} \alpha\text{-氨基酸}$$

(4) 沉淀。蛋白质溶液的稳定性和离子的大小，电荷及水化程度等有关系。当决定蛋白质胶体溶液稳定性的两个因素受外部条件的变化而消失时，蛋白质就能从溶液中沉淀出来。例如，在蛋白质溶液中加入脱水剂以除去其水化层，或者改变溶液 pH 使其达到等电点失去相同的电荷及加入电解质破坏双电层，这样都能使蛋白质分子凝聚，即形成更大的质点从溶液中沉淀出来。利用这个性质也可以分离提纯蛋白质。沉淀出的蛋白质有些是变性的，有些并未变性。使蛋白质沉淀的主要方法有下面几个：①盐析。往蛋白质水溶液中加入氯化钠、碳酸钠等中性电解质盐，使蛋白质分子表面的电荷被中和，失去电荷的蛋白质颗粒就开始凝聚。②加热。加热可使某些蛋白质变性凝固沉淀出来，这与热运动使氢键破坏有关，加热灭菌也是使细菌体内的蛋白质凝固而失去生理活性。③加脱水剂。丙酮、甲醇和乙醇等亲水性强的有机溶剂加到蛋白质溶液中后，这些有机溶剂的亲水性能很强，使蛋白质胶体颗粒表面的水化膜消失而产生沉淀或进入肽链空隙引致溶胀作用使氢键和分子间力受到破坏。在这个过程中还往往引起变性作用75%的乙醇有最强的灭菌作用也是这个性质所产生的效果。④加试剂。钨酸、鞣酸、三氯乙酸和苦味酸、磷钨酸等生物碱试剂既能使生物碱沉淀，也能使蛋白质沉淀，这些试剂与蛋白质结合后生成不溶性的盐。$Hg^{2+}$、$Ag^{+}$、$Cu^{2+}$等重金属离子也会和蛋白质结合生成沉淀，此时蛋白质往往也发生变性作用。利用这个性质在临床上可用来救治重金属盐中毒的病人，给他们口服生鸡蛋或生牛奶，使其和重金属离子结合成不溶性的能沉淀的蛋白质，然后在催吐剂作用下将它们呕出以达到解毒的效果。

蛋白质的凝固、沉淀和变性有一定关系，但变性不一定就会沉淀，凝固的变性蛋白质也不一定沉淀；但多数情况蛋白质变性后有沉淀现象。在等电点附近蛋白质最易沉淀。此外，沉淀还有可逆和不可逆两种。可逆沉淀中沉淀出的蛋白质分子的各级结构基本没有变化，消除掉沉淀因素，沉淀蛋白质会重新溶解，而不可逆沉淀则不会再重新溶解了。用盐析法沉淀蛋白质的反应是可逆的，用重金属盐离子的方法沉淀蛋白质的反应是不可逆的，用有机溶剂方法沉淀蛋白质的反应在初期是可逆的，时间长了以后也成为不可逆的了。

(5) 颜色反应。一切伯胺和含有 $\alpha$-氨基酰基官能团的化合物与茚三酮反应均能生成蓝紫色物质，蛋白质也有同样的反应现象，并可用于它的定性和定量分析。

碱性蛋白质溶液中滴加硫酸铜稀溶液，铜离子与四个肽键上的氮原子形成紫红色的配合物，肽键越多，颜色越深。因为缩二脲在碱性溶液中和 0.5% $CuSO_4$ 溶液反应产生紫红色，故蛋白质的这个呈色反应又被称为蛋白质的缩二脲反应。所有蛋白质都有此反应。

蛋白质遇到硝酸，在芳香氨基酸、酪氨酸、苯丙氨酸的侧链芳香环上发生硝化反应，产生黄色的物质，这被称为蛋白黄反应。做实验时皮肤不慎溅上硝酸会留下黄色的痕迹就是蛋白黄反应的结果。

## 15.4 核 酸

核酸(nucleic acid)和糖、蛋白质一样，都是对生命现象有重大意义的生物高分子化合物。核酸是 1868 年瑞士科学家米谢(Miescher)首次从细胞核中分离得到的，又因具有酸性，故称为核酸。核酸不仅存在于细胞核内，在细胞质，特别是细胞质的粒质中，也含有丰富的核酸。自然界中，无论是植物、微生物、动物，还是人类，凡是有生命的地方都有核酸的存在。核酸是生物用来制造蛋白质的模型，换言之，没有核酸就没有蛋白质。因此，核酸是生命的最根本的物质基础。Avery 发现并证实了染色体[存在于细胞核内的由脱氧核糖核酸(DNA)与蛋白质组成的纤维状物质]中的 DNA 是携带遗传信息的物质。到了 20 世纪 50 年代，人们已经可以肯定，核酸是以遗传编码的方式储存和传递信息并指导蛋白质合成的物质。可以说，核酸是支配人体整个生命活动(新陈代谢、生长、遗传、变异等)的本源性物质，被现代科学称之为“生命之源”、“生命之本”。所以是近年来生物化学、有机化学及医学中研究得最广泛、最活跃的课题之一，至今已有 38 位科学家因从事设计核酸的研究而荣获诺贝尔奖。这里仅从有机化学的角度对核酸的结构及两类重要的核酸加以简介。

核酸作为辅基与蛋白质结合成核蛋白。核酸的结构和蛋白质一样，非常复杂，也分为一级结构与空间结构。一级结构指核酸的组成各组分的排列顺序以及连键的性质；空间结构指分子链内及链间通过氢键折叠卷曲而成的构象。

### 15.4.1 核酸的一级结构

经过元素分析，核酸主要含 C、H、O、N、P 五大元素，个别的还有 S。其中含 N 15%～16%，含 P 9%～10%。

核酸用稀酸、稀碱或某些酶控制部分水解生成核苷酸，核苷酸用核苷酸酶继续水解生成磷酸和核苷(nucleoside)，核苷再继续酸性水解则生成戊糖和杂环碱。核酸用酸完全水解生成磷酸、戊糖(核糖或脱氧核糖)和含嘌呤环及嘧啶环的杂环碱的混合物。

核苷酸水解通常得到的嘧啶衍生物通常有下列三种：

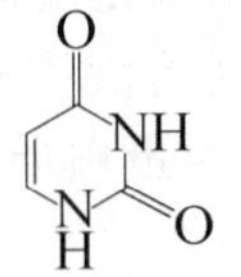

尿嘧啶 (uracil,U)

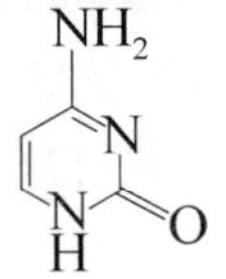

胞嘧啶 (cytosine,C)

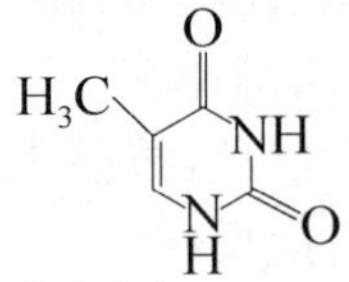

胸腺嘧啶 (thymine,T)

嘌呤衍生物通常有下列两种：

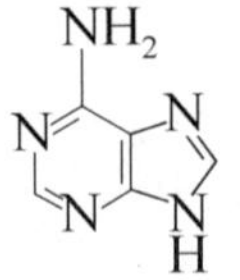

腺嘌呤 (adenine,A)

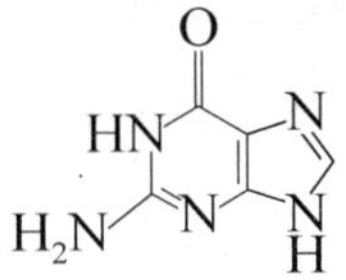

鸟嘌呤 (guanine,G)

以上五种杂环碱都有互变异构体存在，如下所示的鸟嘌呤一般以酮式与烯醇式两种互变异构体存在：

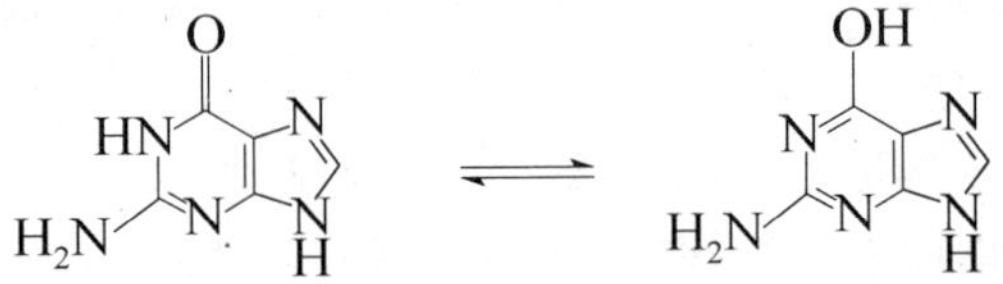

酮式　　　　烯醇式

它们主要存在的形式由溶液的 pH 决定，在生理系统中 pH 为 7±0.2 时，主要以酮式为主。

综上所述，核糖或脱氧核糖和杂环碱构成核苷；核苷和磷酸构成核苷酸；由很多核苷酸形成的多核苷酸，即是核酸。核苷酸是组成核酸的基本结构单元，核苷中有两类戊糖，因此，核苷酸、核酸也有相应两类，即核糖核酸(ribonucleic acid,

RNA)和脱氧核糖核酸(deoxyribonucleic acid,DNA)。下面分别介绍它们的结构。

1) 核苷

核苷是一种糖苷,由戊糖和碱基缩合而成。戊糖与碱基之间以糖苷键相连接。戊糖分子的 1′位 C 原子的羟基与嘧啶碱的 1 位 N 原子或与嘌呤碱的 9 位 N 原子上的氢脱去水后相连接。所以,戊糖与碱基间的连接是 N—C 键,一般称之为 *N*-糖苷键。用 X 射线衍射法已证明,核苷中的碱基与糖环平面互相垂直。核苷中的 D-核糖及 D-2-脱氧核糖均为呋喃型环状结构。糖环中的 1′-C 是手性碳原子,所以有 $\alpha$-及 $\beta$-两种构型。但核酸分子的糖苷键均为 $\beta$-糖苷键。

根据核苷中所含戊糖的不同,将核苷分成两大类:核糖核苷和脱氧核糖核苷。对核苷命名时必须先冠以碱基的名称,如腺嘌呤核苷、胞嘧啶-2′-脱氧核苷等。

RNA 中杂环碱有腺嘌呤、鸟嘌呤、胞嘧啶、尿嘧啶,对应的四种核苷如下:

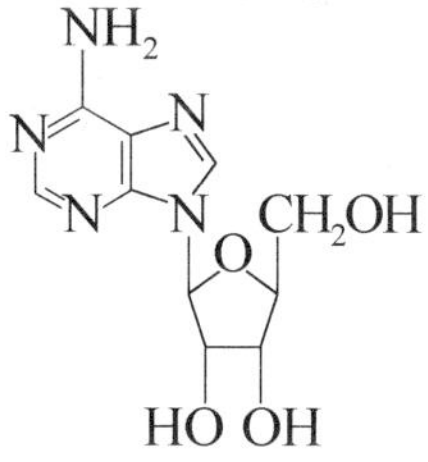
腺嘌呤核苷

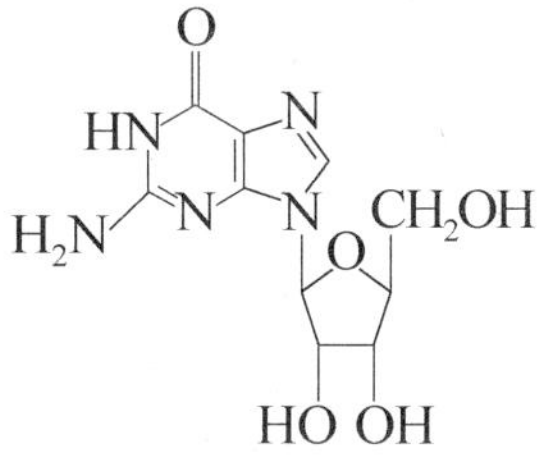
鸟嘌呤核苷

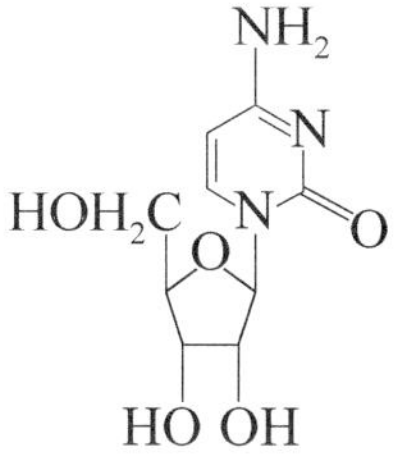
胞嘧啶核苷

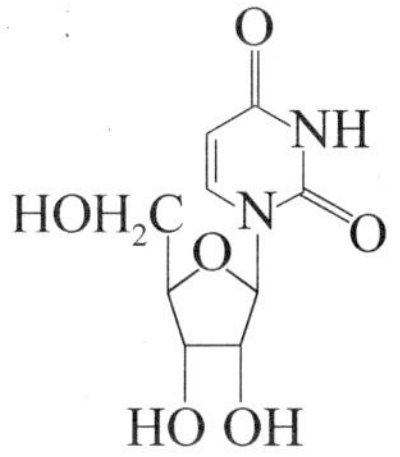
尿嘧啶核苷

DNA 中杂环碱有腺嘌呤、鸟嘌呤、胞嘧啶、胸腺嘧啶,对应的四种核苷如下:

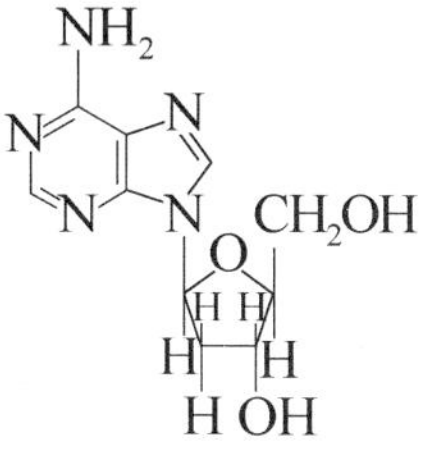
腺嘌呤-2′-脱氧核苷

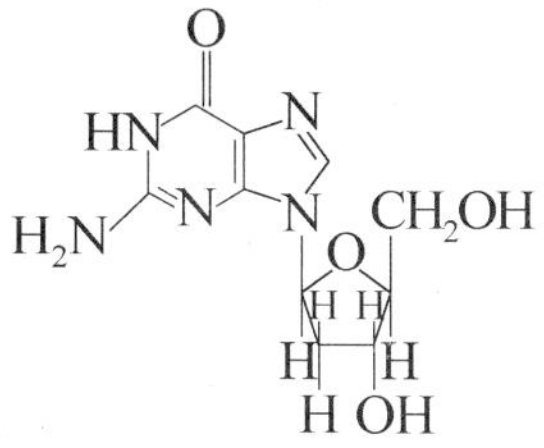
鸟嘌呤-2′-脱氧核苷

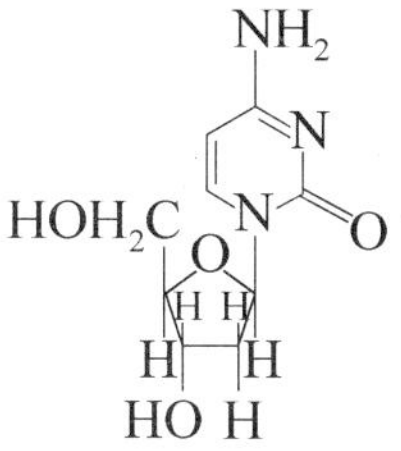
胞嘧啶-2′-脱氧核苷

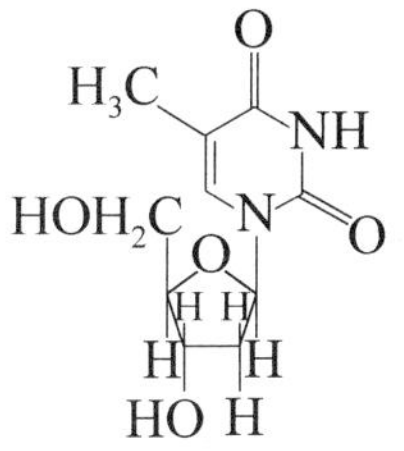
胸腺嘧啶-2′-脱氧核苷

2) 核苷酸

核苷中戊糖的 3′或 5′位的羟基被磷酸酯化,就形成核苷酸。因此,核苷酸是核苷的磷酸酯,可以命名为核苷磷酸;如果命名为核苷酸,则在核苷的前面标出戊糖酯化碳原子的位次,在核苷的后面加上"酸"字。由于核糖核苷的糖环上有三个自由羟基,而脱氧核糖核苷只有两个,所以,它们分别能形成 2′、3′及 5′-核糖核苷酸与 3′及 5′-脱氧核糖核苷酸。在生物体内游离存在的大多是 5′-核苷酸。对核苷酸命名时,下面两例分别为 5′-腺苷酸、3′-胞嘧啶脱氧核糖核酸。

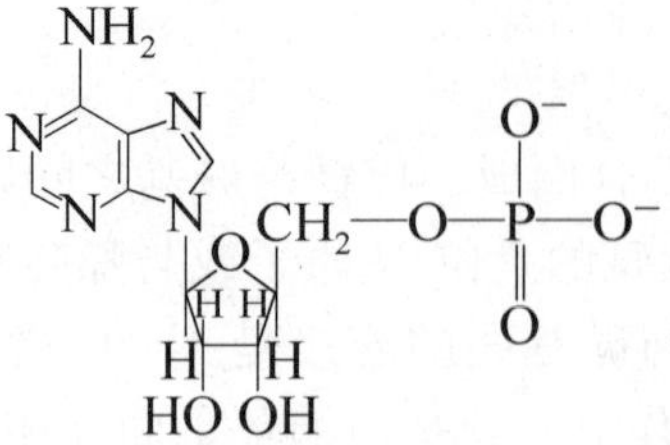

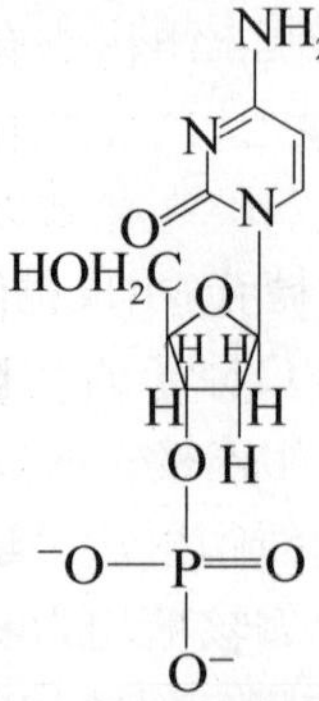

在了解了核苷酸的结构之后，就可以考察这些核苷酸是如何结合成多核苷酸的。在脱氧核糖核酸和核糖核酸中，通过一个核苷酸的戊糖的 3′位羟基与另一个核苷酸单位戊糖的 5′位羟基之间形成的磷酸酯键，将核苷酸连接在一起，因而在两个核苷酸之间有一个磷酸二酯键。图 15-2 示出 RNA 和 DNA 的片断结构，它含有四个核苷酸，糖-磷酸酯序列组成每一条链的骨架。杂环碱基连在戊糖环上面。图中用箭头表明了磷酸二酯桥由 3′→5′的方向。

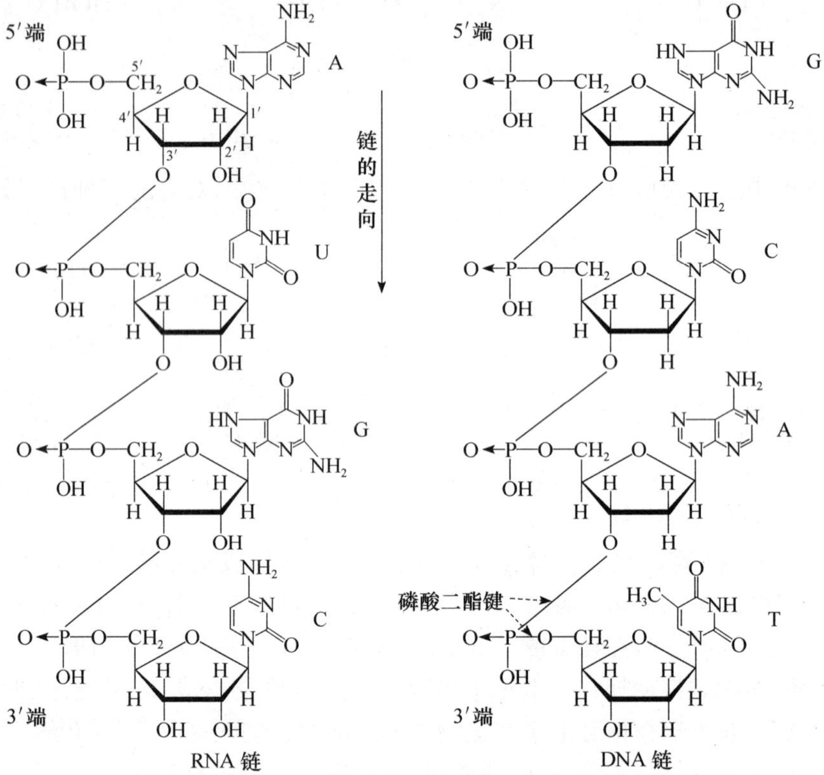


图 15-2　RNA 和 DNA 的一级结构

DNA 和 RNA 在结构上有两点差别：第一，DNA 中是 β-D-2-脱氧核糖，RNA 中是 β-D-核糖；第二，DNA 中的碱基没有尿嘧啶（U），RNA 中的碱基没有胸腺嘧啶（T）。成键时，嘧啶类碱基以 1-位和戊糖的 1′-位形成苷键，嘌呤类碱基则以 9-位和戊糖的 1′位形成苷键，它们都是 β-苷键。正磷酸则与戊糖的 3′和 5′位形成磷酸二酯键。因此，核酸是由核糖或脱氧核糖通过磷酸连接起来的一条长链，在糖的分子上再和不同的碱基结合。核酸的两个末端分别为磷酸单酯或游离的羟基。

上述核酸分子中核苷酸单位的排列顺序（也叫碱基顺序）是核酸的一级结构，它决定核酸的基本性质。

某些核苷酸除作为核酸的组成单位外，本身还具有重要的生理作用。例如，环腺苷-3′，5′-磷酸（环 AMP 或 CAMP）是磷酸基连至核糖的 $C_{3'}$ 和 $C_{5'}$ 的单核苷酸，结构如图 5-13 所示，它是一个重要的激素。

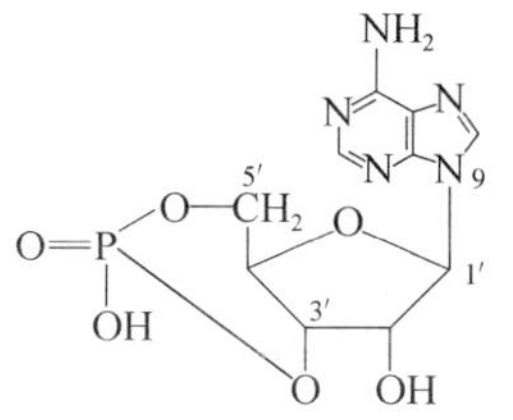

图 15-3　环 AMP（激素）

核苷酸分子中既有只带一个磷酸基的一磷酸核苷，也有含两个和三个磷酸基的二磷酸腺苷（ADP）和三磷酸腺苷（ATP）等多磷酸核苷，它们都有着非常重要的生理功能（图 15-4）。

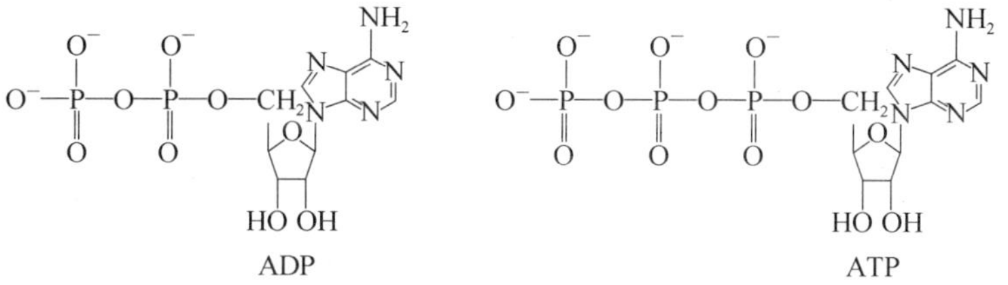

图 15-4　ADP 和 ATP 的结构

## 15.4.2　核酸的二级结构

20 世纪 40 年代后期，已经证实在所有的 DNA 分子中，腺嘌呤（A）和胸腺嘧啶（T）的个数相等，鸟嘌呤（G）和胞嘧啶（C）的个数也完全相等。也就是说，这两对碱中的每两个碱基之间是互补的。DNA 中的核酸形成碱基对，碱基对中两个配对核酸的浓度总是彼此相当的。当 DNA 来源不同时，配对核酸相对量有变化，这些发现为人们探索 DNA 结构奠定了基础。通过对分子模型的推论及各碱基的性质研究，结合 DNA 分子的 X 射线衍射分析，美国生物学家克里克（Crick）和沃森（Watson）在 1953 年合作提出了 DNA 的双螺旋（double helix）结构模型。这是人类在分子水平上认识生命现象所取得的一个重大突破。这两个科学家也因他们的杰出工作而荣获 1960 年诺贝尔生理医学奖。

如图 15-5 所示，根据双螺旋结构模型，DNA 是两条平行的脱氧多核苷酸彼此盘结并以螺旋方式围绕同一个中心轴。这两股链的走向相反，彼此互补以反向平行的状态构成双螺旋，一条磷酸二酯键的走向是从 5′→3′，另一条则从 3′→5′。两条链之间通过螺旋内嘧啶碱和嘌呤碱的氢键固定下来，它们之间的距离正好和双螺旋的直径(2nm)相吻合，螺旋的轴心穿过氢键的中点。链上的脱氧核糖和磷酸处于螺旋外侧。碱基平面与中心轴垂直，和糖环平面也近乎垂直，螺旋的每一圈相距 34nm，约包括十个核苷酸，两个相邻核苷酸之间的夹角约为 36°。碱基堆积成螺旋系列时，相互之间也有交互作用。嘌呤和嘧啶碱基形状扁平，呈疏水性，在双螺旋内侧大量碱基层层堆积，十分贴近，使双螺旋结构内部有一个强大的疏水区，与介质中的水分子隔开，这种碱基堆积力也是维持 DNA 双螺旋结构的主要力量。加之链上配对碱基之间的氢键作用使这两个多核苷酸链互相联系在一起。为了使两个链之间的作用足够有效，碱基的氢键配对就不能是随意的，如果两个都是嘌呤环，则将占有太大的空间而有拥挤感；如果两个都是嘧啶环，则相距太远而难以形成氢键。因此，一条螺旋链上的碱基顺序就决定了另一条螺旋链上的碱基顺序。这两个互补的碱基对中，A 和 T 之间有两根氢键，G 和 C 之间有三根氢键。碱基对中的两个碱基处于同一个平面，而各个碱基对平面相互平行，每两个碱基对之间相距 0.34nm。螺旋外部有两个螺旋凹槽，一条深宽的称为大沟(major groove)，另一条稍浅窄一点的称为小沟(minor groove)，这是 DNA 行使功能时蛋白质的识别位点所在之处。

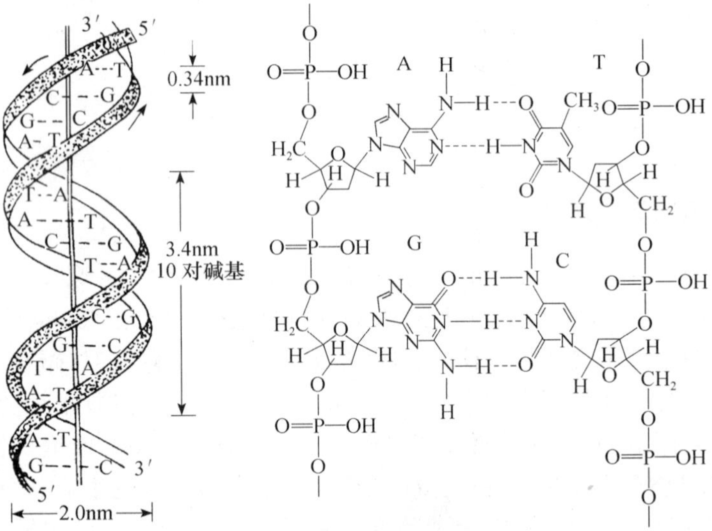


图 15-5　DNA 的双螺旋结构示意图

S 表示糖基；P 表示磷酸基；A 与 T 配对，G 与 C 配对，其间的虚线表示配对碱基之间的氢键

DNA 的二级结构也可分为两大类：一是右手双螺旋；另一类是局部的左手双螺旋。随着溶剂、温度及盐型和碱基顺序的不同，DNA 可以有不同的构象存在并处于动态平衡之中。构象的变化使螺旋盘旋的松紧程度、大小沟的深浅和宽窄都发生变化，从而使蛋白质对 DNA 分子的识别也有变化。正是双螺旋结构的柔性和构象间的可变性，使它在与调控蛋白质及其他分子的相互作用中得以发挥重要的生物功能。DNA 分子的这种双螺旋结构已被证明是非常稳定的。这些双螺旋的二级结构可进一步紧缩为闭合成环状或复杂麻花状的空间构象，形成所谓的三级结构，如超螺旋、十字架和三链状结构等，非常复杂，至今搞清楚的结构很少。

天然 RNA 的二级结构，一般不像 DNA 那样都是双螺旋结构。和 DNA 相比，RNA 的碱基主要是腺嘌呤(A)、鸟嘌呤(G)、胞嘧啶(C)和尿嘧啶(U)四种。但有些 RNA 分子还有另外一些特殊碱基，如 5-甲基胞嘧啶等，这些特殊碱基又被称为“稀有碱基”。RNA 虽然也可以由碱基的互补同样成为一个双股螺旋，但由于核糖的 2′位上还存在一个羟基，它能深入到分子密集的部位，使类似与 DNA 那样的双螺旋结构难以形成。另外，DNA 中只有 3′、5′位上的两个羟基，它们无选择地都是磷酸酯化的，而 RNA 中有三个自由的羟基。因此，磷酸二酯键可以在 3′、5′位上发生，也可以在 2′、5′位之间形成。现在知道，在大部分 RNA 结构中只在一条分子的一段或某几段中有两股互补的排列，而其他区段则是单股、弯曲的核苷酸链，在某些区域可发生自身回褶形成双螺旋结构，其间的碱基也有互补关系，但彼此不平行，也不垂直于螺旋轴。它的二级结构也远不如 DNA 那么有规律(图 15-6)。例如，1965 年 Hofley 完成了第一个由 77 个核苷酸组成的核糖核酸——酵母转移丙氨酸核糖核酸的顺序测定，综合考虑核苷酸排列顺序和碱基配对规律，提出了 tRNA 多核酸链在平面卷曲成三叶草型二级结构模型，它有四个互补的双股链段，被非互补的单股链所分开。该模型在 1974 年被 X 衍射分析结果所证实。迄今已研究过的 tRNA 二级结构几乎都符合三叶草型的模型。结构中形成氢键的碱基对都是 A 对 U、G 对 C，这些部位称为臂。不能形成氢键的部位成环状突起，称为突环。模型中的三叶草柄称为氨基酸臂，由 3′和 5′末端附近的碱基配对而成，其对应面称为反密码子突环，由 7 个碱基组成，其中 3 个碱基代表着某种氨基酸的反密码子，正巧与密码子对应。

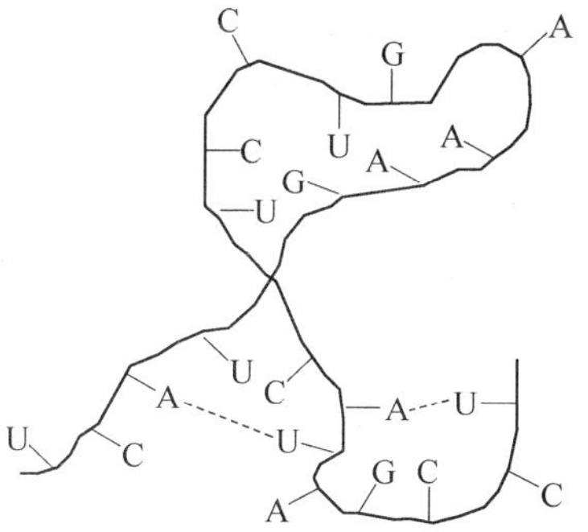

图 15-6　RNA 的二级结构示意图

但是，人工合成的多聚腺苷酸——多聚尿苷酸具有类似于 DNA 的双螺旋结构，所以，它具有与 DNA 十分类似的物理、化学性质。

## 习　　题

1. 用 $R/S$ 标记法给出下列两个 $\alpha$-氨基酸的系统名称：

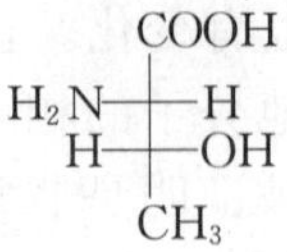


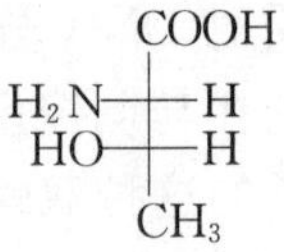


2. 指出谷氨酸的主要存在形式：
   (1) 在强酸溶液中　　(2) 在强碱溶液中
   (3) 在等电点 pI＝3.2
3. 写出下列化合物在指定 pH 时的结构式：
   (1) 缬氨酸在 pH＝8 时　　(2) 丝氨酸在 pH＝1 时
   (3) 赖氨酸在 pH＝10 时　　(4) 谷氨酸在 pH＝3 时
   (5) 色氨酸在 pH＝12 时
4. 脯氨酸、苏氨酸、色氨酸和羟基脯氨酸中，哪一些不能与茚三酮反应？为什么？
5. 用丙二酸二乙酯为原料合成下列物质：
   (1) 异亮氨酸　　(2) 苯丙氨酸
6. 某多肽含 10 个氨基酸，水解时生成：缬-半胱-甘；甘-苯丙-苯丙；谷-精-甘；酪-亮-缬；甘-谷-精。试写出其氨基酸顺序。
7. 由氨基酸和缬氨酸缩合，能形成几种多肽？写出其结构式和名称，并用缩写符号表示其名称。
8. 合成含有赖氨酸的多肽时，需要对两个氨基保护，用苄氧羰基作保护基，合成赖-异亮。
9. 血管舒缓激肽是一个九肽，由下列氨基酸组成：2 个精氨酸、1 个甘氨酸、2 个苯丙氨酸、3 个脯氨酸、1 个丝氨酸。用 2,4-二硝基氟苯和羟肽酶水解，发现两个末端残基都是精氨酸；血管舒缓激肽部分酸性水解时，得到下列的二肽和三肽：

   苯 - 丝＋脯 - 甘 - 苯＋脯 - 脯＋丝 - 脯 - 苯＋苯 - 精＋精 - 脯

   请写出血管舒缓激肽中氨基酸的结合顺序。

# 现代生物工程

## （第二版）

焦炳华　主编



科学出版社
北　京

## 内 容 简 介

本书是为落实国家生命科学与技术人才培养基地建设委员会关于加强生物类专业教学的要求而组织编写的。书中全面介绍了现代生物工程的概念、原理、研究方法、发展方向及其应用领域，分现代生物工程导论以及基因工程、细胞工程、发酵工程、蛋白质工程、酶工程、抗体工程、组织工程和生物芯片8篇，共36章。

本书可作为高等院校生物学专业教材，也可供综合性大学、师范、农林、医药院校有关专业本科生、研究生及教师作为参考用书。

**图书在版编目(CIP)数据**

现代生物工程/焦炳华主编. —2版. —北京：科学出版社，2014.5
ISBN 978-7-03-040537-1

Ⅰ.①现… Ⅱ.①焦… Ⅲ.①生物工程 Ⅳ.①Q81

中国版本图书馆CIP数据核字(2014)第089929号

责任编辑：夏 梁 贺窑青／责任校对：刘亚琦 宋玲玲
责任印制：赵 博／封面设计：陈 敬

科学出版社出版
北京东黄城根北街16号
邮政编码：100717
http://www.sciencep.com
北京天宇星印刷厂印刷
科学出版社发行 各地新华书店经销
*
2007年3月第 一 版 开本：787×1092 1/16
2014年5月第 二 版 印张：41 1/2
2025年1月第七次印刷 字数：960 000

**定价：138.00元**

（如有印装质量问题，我社负责调换）

# 《现代生物工程》（第二版）编委会名单


**主　　编**　焦炳华

**副 主 编**　王梁华　蔡在龙　刘小宇

**主编助理**　陈　欢　杨生生

**编　　者**　（按姓氏汉语拼音排序）

蔡在龙　陈　欢　蒋尔鹏　焦炳华　李文林
李玉泉　蔺海燕　刘　芳　刘小宇　卢小玲
吕　军　缪明永　田野苹　王梁华　杨生生
杨向群　张　喜　张传森　张志英

# 第一版序言

近年来，生命科学的研究取得了突破性的进展。生命科学已经体现出信息化、网络化以及学科高度交叉、渗透和融合的特点，成为 21 世纪的主导力量。现代生物工程（技术）是以现代生命科学理论体系为基础，结合先进的工程技术手段，利用生物体及其亚细胞结构和分子，研究、设计和制造新产品，或预期性改变生物的特性乃至创造新的物种或品种，使人们得到所期望的品质的先进技术。

现代生物技术按目的和用途区分，可分为农业生物技术、工业生物技术、医药生物技术、环境生物技术、海洋生物技术、军事生物技术等；按操作对象和操作技术的不同，又可分为基因工程、发酵工程、细胞工程、蛋白质工程、酶工程、抗体工程、组织工程等。生物芯片技术也是近年来发展起来的一种新型生物技术。这些生物技术之间是互相联系、互相渗透的。

近期由国务院发布的国家中长期科学和技术发展规划纲要中已将生物技术作为科技发展的战略重点，明确指出“把生物技术作为未来高技术产业迎头赶上的重点，加强生物技术在农业、工业、人口与健康等领域的应用”。同时，在纲要中又将生物技术列为国家重点发展的八大前沿技术之首（生物技术、信息技术、新材料技术、先进制造技术、先进能源技术、海洋技术、激光技术、空天技术）。从中可见生物技术对国家社会、经济发展的重要性。

生物技术是由多学科综合而成的一门新兴学科，涉及微生物学、生物化学、化学工程、现代物理学、遗传学、细胞生物学、免疫学等学科，分子生物学的最新理论更是生物工程发展的基础。现代生命科学的发展已在分子、亚细胞、细胞、组织和个体等不同层次上，揭示了生物的结构及其功能的相互关系，从而使人们得以应用其研究成果对生物体进行不同层次的设计、控制、改造或模拟，并产生了巨大的生产能力。

《现代生物工程》一书是为落实国家生命科学与技术人才培养基地建设委员会关于加强生物类专业教学的要求，并由长期在生命科学与生物技术一线从事教学和科研工作的数位教授共同组织编写而成。该书系统介绍了现代生物技术的概念、原理、研究方法、发展方向及其应用领域，内容全面、新颖，反映了当今生物技术发展的新进展。我相信该书的出版，将有助于推进我国生物技术事业的不断发展。

杨胜利

中国工程院院士

中国生物工程学会理事长

2006 年 1 月

# 第二版前言

生物技术（工程）是一门新兴综合性学科，是现代生物学与现代工程学发展、交叉、融合的产物，其核心是以DNA重组技术为基础的基因工程。近年来，以基因工程、发酵工程、细胞工程、蛋白质工程、组织工程等为代表的现代生物技术发展迅猛，并日益影响和改变着人们的生产和生活方式。

21世纪以来，全球生物技术及产业发展呈现四大趋势：一是生物技术已经成为许多国家科技开发和资金投入的战略重点；二是生物技术已经成为国际科技竞争的重点之一；三是生物产业正在成为新的经济增长点；四是生物安全已经成为保障国家安全的重要组成部分。

我国政府高度重视生物技术及生物产业的发展。胡锦涛同志在2006年的全国科学技术大会上明确指出“把生物科技作为未来高技术产业迎头赶上的重点，加强生物科技在农业、工业、人口和健康等领域的应用”；温家宝同志也指出“我们要奋力抢占生物技术制高点”；《国家中长期科学和技术发展规划纲要（2006～2020年）》把生物技术作为科技发展的五个战略重点之一。

生物技术的发展将为人类解决人口健康、食品安全、能源安全、环境安全、生物安全，乃至保障国家安全提供有效的科技手段。①保障粮食供应和安全，培育超级农作物新品种，发展新型食品加工业，改善农业生态环境；②保障公众健康，针对心脑血管、肿瘤等重大疾病，艾滋病、结核、乙型肝炎等重大传染病和新发传染病的防治，发展新型预防和治疗技术，发展创新药物和先进医疗器械，提高我国中医药现代化水平；③发展战略性新兴产业，加强生物技术集成创新，推进“绿色制造”，加速传统产业升级、产业结构调整，重点突破一批共性关键技术，研发具有自主知识产权、市场竞争能力强的重大产品，实现我国生物技术研究与开发由技术积累向产业化开发的战略转变，引领生物产业的发展；④保护生态环境，解决饮水安全、水污染治理，防止水土流失，遏制土地沙漠化，大幅度增加绿色植被面积、减少二氧化碳排放量及现代垃圾处理；⑤发展生物能源，降低重要能源物资的对外依存度，保障国家能源安全；⑥提高我国防御生物恐怖能力，保障国家安全。

自2007年3月本书第一版问世以来已有六载。在这几年中，现代生物工程又有了飞速的发展。本次修订在基本框架基本不变的前提下对内容进行了全面的更新，重编了基因工程篇，并增加了发酵工程篇。此次修订的宗旨是力求内容全面新颖、概念准确，语言深入浅出、通俗易懂。

真诚地感谢作者们为本次修订所作出的贡献！

焦炳华

2013年10月

# 第一版前言

生命科学（life science）和生物工程（bioengineering）是生物技术专业的两门主干课程。生命科学是自然科学的一个重要分支，涉及生命的起源与演化、各类型生物的结构与功能、各种生命现象的本质与规律，以及生物与环境复杂而密切的相互关系。生物工程也称为生物技术（biotechnology），它最初的含义是指利用生物将原材料转变为产品，包括传统生物技术和现代生物技术。传统生物技术是指旧有的制酱、醋、酒、奶酪、酸奶及有机酸的传统工艺；现代生物技术是指以现代生命科学为基础，结合先进的工程技术手段利用生物体及其亚细胞结构和分子，研究、设计和制造新产品，或预期性地改变生物的特性乃至创造新的物种或品种，使人们得到所期望的品质的先进技术。

生命科学的研究涉及三个层次。①核心层次：从分子与细胞水平研究各类型生物生命活动的规律及其机制，其基础是分子生物学与细胞生物学。②个体生物学层次：逐一研究每一类群生物的结构与功能，纵向（从生物演化角度）上可分为细菌学、病毒学、藻类学、昆虫学、鱼类学等；横向（从生命活动的共同规律角度）上可分为遗传学、生理学、解剖学、进化论、生物发育学等。③生物圈层次：研究整个地球生物之间的相互关系，这对于改善生态环境、提高生存质量、实施可持续发展将起到极大的推动作用。

现代生物工程（技术）列为当今世界公认的七大高新工程技术（现代生物工程技术、航天工程技术、信息工程技术、激光工程技术、自动化工程技术、新能源工程技术和新材料工程技术）之首。生物技术之所以令世界各国如此重视，是因为它在解决人类所面临的诸如食物短缺、人类健康、环境污染和资源匮乏等重大问题上有着无可比拟的优势和巨大潜力。生物工程技术已广泛应用于医药卫生、农林牧渔、轻工、食品、化工和能源等领域，促进了传统产业的技术改造和新兴产业的形成，对人类社会生活已产生了深远的革命性的影响。

生物工程包括基因工程、发酵工程、细胞工程、蛋白质工程、酶工程、抗体工程、组织工程等。基因工程可描述为用“剪刀（限制性内切核酸酶）＋糨糊（核酸连接酶）”创造新物种的工程；发酵工程是把微生物或细胞造就成无数微型工厂的过程；细胞工程是在微观水平上进行“嫁接”的技术；蛋白质工程是一种“巧夺天工”的技术；酶工程是一项让工厂高效、安静、美丽如画的工程；抗体工程是设计和生产具有多功能的抗体或抗体片段的工程；而组织工程则是制造人工“自身”组织和器官的宏大工程。

21世纪是生命科学和生物技术的世纪。生命科学的研究进展神速，并突出体现在：①向生命本质深入。功能基因组学的研究将获得重大突破，众多的基因工程药物和基因治疗方案不断涌现，并将为重大疾病的防治提供根本性的措施和方法。届时，人类生命延长1倍将并非难事！发育生物学将异军突起，无性克隆繁殖技术的发展将使“工厂化”生儿育女成为可能。神经生物学将取得革命性进展，将彻底阐明学习、思维、记忆、情感、行为及智力的本质。生命起源和人类进化将得到回答，特别是人类发源于何处、人类是否同祖等重大问题。②向宏观方向发展。生态学将受到科学家、政府和大众的共同关注，人口、资源、环境将成为新世纪科学研究的三大技术领域。③向学科交叉综合。生命科学与其他多个学科密切交叉，相互渗透，形成一批新的边缘学科，如生命科学与工程学的联姻将形成生命工程学，生命科学与天文学的联姻将形成生物天文学，生命科学与地理学的联姻将形成生物地理学，生命科学与考古学的联姻将形成生物考古学，生命科学与海洋学的联姻出现海洋生物学。这些新的边缘学科的形成，将有力地推动生命科学的一次次飞跃和革命。

高新技术的重要特征就是学科横向渗透，纵向加深，综合集成，发展迅猛。生物工程（技术）是现实生产力，更具有巨大的经济效益前景，所以世界各国争相投入巨资加以发展，确定生物工程技术为 21 世纪经济和科技发展的优先领域。可以预言，生物工程技术将是 21 世纪高技术革命的核心内容，生物技术产业将是 21 世纪的支柱产业。

本书是由长期在生命科学和生物技术一线从事教学、科研工作的专家、教授共同编写完成的。其中，“现代生物工程导论”是由焦炳华教授编写的，第一篇“基因工程”是由孙树汉教授组织编写的，第二篇“细胞工程”是由胡以平教授组织编写的，第三篇“蛋白质工程”是由王梁华副教授和焦炳华教授编写的，第四篇“酶工程”是由缪明永副教授编写的，第五篇“抗体工程”是由田野苹教授编写的，第六篇“组织工程”是由张传森教授组织编写的，第七篇“生物芯片”是由吕军讲师和焦炳华教授编写的。此外，第二军医大学的蒋平讲师亦参加了本教材的部分文字和图片处理工作。

我们编写本教材的指导原则是力求内容全面而新颖，概念准确，语言深入浅出、通俗易懂，能反映生物工程各领域的最新研究进展。但限于时间的关系，不一定能完全达到上述要求，内容也可能有疏漏之处，敬请读者提出批评意见，以便适时补充和更正。

本书承蒙中国工程院院士、中国生物工程学会理事长杨胜利先生作序，在此表示深深的谢意！

焦炳华　孙树汉

2006 年 1 月

# 目　录

# 现代生物工程导论

21世纪是科学技术飞速发展的时代，也是充满竞争的时代。事实上，各国综合国力的竞争焦点都集中在科学技术的发展上。当今世界确定的七大高新技术包括现代生物工程技术、航天工程技术、信息工程技术、激光工程技术、自动化工程技术、新能源工程技术和新材料工程技术，其中生物工程技术列在首位，并已得到世界各国的重视。

生物技术的发展将为人类解决人口健康、食品安全、能源安全、环境安全、生物安全，乃至保障国家安全提供有效的科技手段。

# 第1章　生物工程概述

生物工程（技术）是一门新兴综合性学科，是现代生物学与现代工程学发展、交叉、融合的产物，其核心是以DNA重组技术为基础的基因工程。近年来，以基因工程、发酵工程、细胞工程、蛋白质工程、组织工程等为代表的现代生物技术发展迅猛，并日益影响和改变着人们的生产和生活方式。

高新技术的重要特征就是学科横向渗透、纵向加深、综合集成、发展迅猛。生物工程（技术）是现实生产力，更是具有巨大经济效益的潜在生产力，所以世界各国争相投入巨资加以发展，并确定生物工程（技术）为21世纪经济和科技发展的优先领域。可以预言，生物工程（技术）将是21世纪高技术革命的核心内容，生物工程（技术）产业将是21世纪的支柱产业。

## 1.1　生物工程的定义

生物工程（bioengineering）又称为生物技术（biotechnology），有时又笼统地称为生物工程技术。1982年国际合作和发展组织（ICDO）对它的定义是：应用自然科学和工程学的原理，依靠微生物、动物、植物反应器将物料进行加工以提供产品来为社会服务的技术。生命科学的飞速发展又赋予了它更广泛的定义。现在，生物工程的内涵除了提供产品外，还包括设计和改造生命体、了解和操纵生命体过程中发展起来的和应用的一切高新技术。现代生物工程包括基因工程、发酵工程、细胞工程、蛋白质工程、酶工程、抗体工程、组织工程等，生物芯片也是近年来发展起来的一种新型生物工程。这些生物工程之间互相联系、互相渗透，其中以基因工程为其核心。

生物工程是由多学科综合而成的一门新兴学科，涉及微生物学、生物化学、化学工程、现代物理学、遗传学、细胞生物学、免疫学等学科，分子生物学的最新理论更是生物工程发展的基础。现代生命科学的发展已经在分子、亚细胞、细胞、组织和个体等不同层次揭示了生物的结构与功能的相互关系，从而使人们得以应用其研究成果对生物体进行不同层次的设计、控制、改造或模拟，并产生了巨大的生产能力。

## 1.2　生物工程的种类

生物工程从发展历程来讲包括传统生物工程和现代生物工程。

### 1.2.1　传统生物工程

传统生物工程是指通过微生物（菌种）的初级发酵来生产产品，常见的有抗生素及微生物的其他次级代谢产物、氨基酸、多肽和蛋白质、酶及多糖等。它一般包括下列3个重要步骤。

第一步：上游处理过程，即上游过程。它是指对粗材料进行加工，将其作为微生物的营养和能量来源。

第二步：发酵或转化。发酵是指目的微生物的大量生长，发酵过程必须在一个大的生物反应器内进行，反应罐容积通常大于100 L，可以连续生产某一目的产品。

第三步：下游处理过程。它主要是指对所需目的产品的提取、纯化和为了达到实际应用的质量控制过程。目的产品可以从细胞的培养液中获得，也可以直接从细胞中获得。

生物工程研究的主要目标就是最大限度地提高上述3个步骤的整体效率，同时发现和筛选那些可以用来制备工业原料、农用制品、生物材料、食品和食品添加剂、保健品和药物的微生物。从20世纪六七十年代开始，生物工程的研究主要集中在包括上游处理过程、生物反应器的设计和下游纯化过程等方面。这些研究在反应器的设计和应用、反应模型的建立、过程监测与控制、发酵工艺技术和相关仪器方面有了很大的进展。目前，这些仪器已经可以用于生产各种不同的产品。

在利用微生物生产目的产品的整个过程中，生物转化往往是条件最难优化的一个环节。通常用于大规模生产的培养条件往往不是自然条件下微生物的最佳生长条件。因此，科学家一般都通过化学突变、化学诱变或紫外线照射来产生突变体，从而改造菌种，提高产量。传统诱导突变和选择的方法在生物工程生产中获得了较大的成功，多种抗生素的产业化生产就是成功的例证。

通过上述传统方法提高目的产品产量的幅度是非常有限的。因为如果一个突变菌株中某一组分合成过多，其他一些代谢产物的合成就会受到影响，这反过来又会影响微生物在大规模发酵过程中的生长。传统的诱变和选择的方法过程烦琐，耗时很长，费用极高，需要筛选和检测大量的克隆。另外，用传统方法只能提高微生物一种已有产品的生产能力，并不能赋予微生物产生新物质的特性。随着DNA重组技术的出现和发展，这种情况发生了根本性的改变。

### 1.2.2 现代生物工程

1953年，J. Watson和F. Crick发现了DNA双螺旋结构，奠定了现代分子生物学的基础，从而给整个生命科学乃至整个人类社会带来了一场革命。随着内切核酸酶的发现，基因分离、鉴定和操作技术的不断进步，DNA重组技术问世了。这使得生物工程过程中生物转化这个环节的优化过程变得更为有效，通过这些技术，人们不但可以生产出宿主原本不含有的外源物质，还可以制造出具有新功能的新菌株、细胞株或新的动物、植物品系，为现代农业、工业、医药业和其他行业的发展注入了新的动力。

现代生物工程按目的和用途可分为农业生物工程、工业生物工程、医药生物工程、环境生物工程、海洋生物工程、军事生物工程等。按操作对象和操作技术的不同又可分为基因工程、细胞工程、发酵工程、蛋白质工程、酶工程、抗体工程、组织工程等。

**1. 基因工程**

基因工程（gene engineering）是20世纪70年代以后兴起的一门新技术，其主要原理是应用人工方法分离的生物体遗传物质（DNA）或通过化学方法合成的人工遗传物质，在体外进行切割、拼接和重组，再将其导入某种宿主（微生物、动物、植物细胞或动物、植物个体），使后者获得新的遗传品行；新的遗传信息在宿主内大量表达，以获得基因产物（多肽、蛋白质或其他物质）。这种创造新生物并给予新生物以特殊功能的过程就称为基因工程，也称为DNA重组技术。

**2. 细胞工程**

细胞工程（cell engineering）是指以细胞为基本单位，在体外条件下进行培养、繁殖，或人为地使细胞某些生物学特性按人们的意愿发生改变，从而达到改良生物品种和创造新品种，加速繁育动物、植物个体，或获得某种有用物质的过程。所以细胞工程包括动物、植物细胞的体外培养技术、细胞融合技术（细胞杂交技术）、细胞器转移技术等。

干细胞（stem cell）工程是当今医学界研究的重要方向。干细胞是指未充分分化但具有再生为各种组织细胞和器官的一群功能细胞，如造血干细胞可分化成红细胞、白细胞、血小板等。用造血干细胞移植治疗白血病和一些遗传性血液病已获得试验成功。其他的如胚胎干细胞分化成心肌细胞、脐血干细胞分化成神经元细胞、肝干细胞分化成肝细胞等均已获得成功，上述这些研究成果，在人类再生组织器官梦想的道路上又前进了关键的一步。

**3. 发酵工程**

发酵工程（fermentation engineering）是指利用微生物生长速率快、生长条件简单及代谢过程特殊等特点，在合适的条件下，通过现代化工程技术手段，由微生物的某种特定功能生产出人类所需的产品的技术，有时也称为微生物工程。

**4. 蛋白质工程**

蛋白质工程（protein engineering）可以在两个层面上进行操作：①在基因水平上，结合蛋白质结晶学、计算机辅助设计和蛋白质化学等多学科的基础知识，通过对其编码基因进行人工定向改造，从而达到对蛋白质进行修饰、改造、拼接，以获得新的蛋白质分子；②在蛋白质水平上，针对蛋白质分子上某些特殊基团（—SH、—OH、$—NH_2$、—COOH等），直接对蛋白质分子进行修饰，如糖基化、酰胺化、聚乙二醇（PEG）化等，以获得新的功能或特性。

**5. 酶工程**

酶工程（enzyme engineering）是利用酶、细胞器或细胞所具有的特异催化功能，或对酶进行修饰改造，并借助生物反应器和工艺过程来生产人类所需产品的一项技术。包括酶的固定化、细胞的固定化、酶反应器的设计、酶生物转化工艺等技术。

当代酶工程发展的趋势之一是发现和筛选耐极端条件的酶，如耐高（低）温、耐酸碱、耐盐、耐压等。这些极端酶存在于嗜高（低）温、嗜酸碱、嗜高盐和嗜深海微生物中。近年来对这些极端微生物的研究发展迅速，为现代酶工业的发展提供了源源不断的新型酶类。

**6. 抗体工程**

抗体工程（antibody engineering）就是在基因和蛋白质水平上对抗体分子进行切割、拼接或修饰，甚至将人工全合成的抗体基因导入受体细胞表达，产生新型抗体的技术。其产品包括鼠单克隆抗体的人源化、小分子抗体［Fab 抗体、单链抗体（ScFv）、单域抗体、超变区多肽］、特殊类型的基因工程抗体（双特异性抗体、免疫粘连素、催化抗体）、人源化抗体等。

治疗性单克隆抗体技术是当前国际生物技术领域开发的热点，它被视为新药研究和开发的又一个重要方向。目前已解决了制备全人单克隆抗体关键技术，即人-人杂交瘤技术，这项技术的关键就是将人 B 细胞与人骨髓瘤细胞株（Karpas 707）进行融合，经培养和筛选后获得产全人单克隆抗体的杂交瘤细胞株。人-人杂交瘤抗体技术与其他抗体技术相比具有以下优点：①没有鼠源性异种蛋白质，不良反应更小；②无需抗体分子结构的变构转换及拼接等，技术更为简便，高通量筛选，开发周期短；③生产工艺简单，抗体产量很高，达 200～700 mg/L；④与人体内天然产生的抗体完全一致，具有经过自然筛选的合适的亲和力（affinity）和结合力（avidity）。

**7. 组织工程**

组织工程（tissue engineering）的基本内涵是应用工程学和生命科学的基本原理及方法，在体外预先构建一个有生物活性的种植体，植入体内，修复组织缺损，替代组织、器官部分或全部功能，或作为一种体外装置，暂时替代器官部分功能，达到提高生活质量、延长生命的目的。人工生物器官是组织工程研究的最终目标。

**8. 生物芯片技术**

生物芯片（biochip）又称为微阵列（microarray），是近 20 年在生命科学领域中迅速发展起来的一项高新技术。它主要是指通过微加工和微电子技术在固体芯片表面构建微型生物化学分析系统，以实现对生命机体的组织、细胞、蛋白质、核酸、糖类及其他生物组分进行准确、快速、大信息量的检测。这种在一定的固相表面建立的微流体检测系统，通过微加工工艺在厘米见方的硅片、玻片、塑料或尼龙膜等固相载体上以点阵的形式有序地固定成千上万个与生命相关的信息分子，形成所谓的密集二维生物分子微阵列，这个微阵列密度非常高，可以达到每平方厘米数十万个点。在一定的条件下与标记的样品分子进行生化反应，反应结果用化学荧光法、酶标法、放射性核素法显示，再用扫描仪等光学仪器进行数据采集，最后通过专门的计算机软件进行数据分析。从而实现对 DNA、RNA 和蛋白质等生物活性物质进行高效快捷的测试和分析。由于常用玻片或硅片作为固相支持物，且在制备过程中模拟计算机芯片的制备技术，所以称之为生物芯片技术。

应该指出，各种生物工程体系之间并不是独立的，它们彼此之间是相互联系、相互渗透的（附图）。其中以基因工程为核心技术，它带动和促进了其他技术的发展。例如，通过基因工程对细菌或细胞进行改造后获得的“工程菌”或细胞，都必须通过发酵工程或细胞工程来生产有用的物质；又如，通过基因工程技术对酶进行改造以增加酶的产量、酶的稳定性及提高酶的催化效率等。而为了获得一种新的产品，往往需要综合以上各种生物工程。

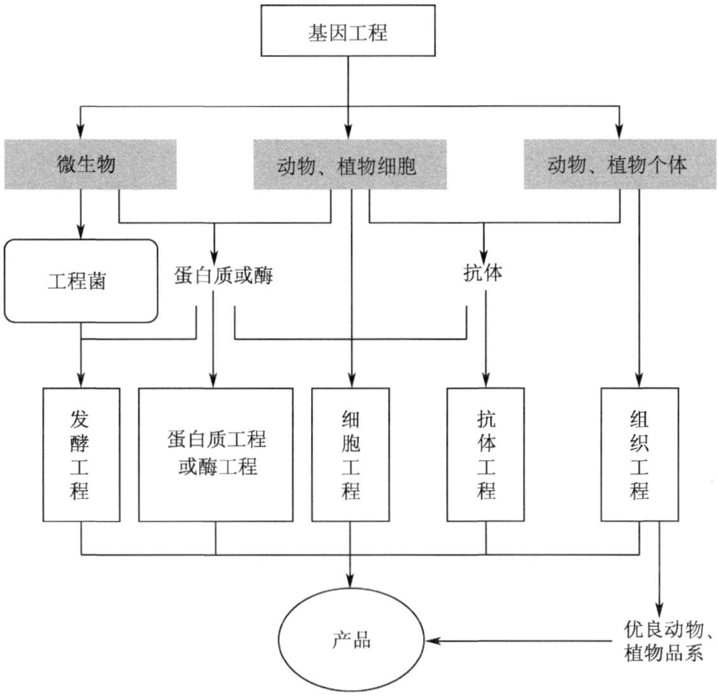


附图　生物工程体系之间的相互关系

（焦炳华）

# 第 2 章　生物工程简史

生物工程应该说从史前时代就一直为人们所开发和利用。生物工程的发展与生物学的发展是密不可分的。根据发展历程，生物工程的历史可分为 4 个阶段，即前生物工程时期、古典生物工程时期、实验生物工程时期和现代生物工程时期（附表）。

**附表　生物工程发展史上的重要事件**

| 时期/年代 | 重要事件 |
|---|---|
| **前生物工程（经验生物工程）时期** | |
| 新石器时期 | 哪些生物可作为食物？哪些生物是人类的天敌 |
| 公元前 7000 年 | 白菜人工栽培成功 |
| 公元前 5000 年 | 水稻人工栽培成功 |
| 公元前 3000 年 | 人工驯养家猪成功 |
| 公元前 500 年 | 《诗经》收录药物 200 多种 |
| 公元前 221 年 | 制酱、制醋、做豆腐 |
| 公元 10 世纪 | 预防天花疫苗 |
| 1593 年（明朝末） | 《本草纲目》收录药物 1892 种 |
| **古典生物工程时期** | |
| 1590 年 | 荷兰人 Z. Janssen 发明显微镜 |
| 1665 年 | 英国人 R. Hooke 出版《显微图像》 |
| 1735 年 | 瑞典植物学家 C. von Linne 出版《自然系统》（生物分类） |
| 1838 年 | 德国植物学家 M. Schleiden 发表《论植物的再生》——细胞学的开始（恩格斯誉称其为 19 世纪自然科学的三大发现之一） |
| 1859 年 | C. Darwin 出版巨著《物种起源》 |
| **实验生物工程时期** | |
| 1865 年 | G. Mendel 出版《植物杂交实验》 |
| 1865 年 | L. Pasteur 加热灭菌消毒法 |
| 1917 年 | K. Ereky 首次使用“生物技术”这一名词 |
| 1926 年 | T. H. Morgan 发表《基因论》一文 |
| 1928 年 | A. Fleming 发现青霉素 |
| 1930～1940 年 | T. H. Huxley 和 T. Dobzhansky 创立新达尔文主义（现代综合进化论） |
| 1943 年 | 大规模工业生产青霉素 |
| 1944 年 | O. Avery 证明遗传物质为 DNA 而非蛋白质 |
| **现代生物工程时期** | |
| 1953 年 | J. Watson 和 F. Crick 发表核酸的分子结构 |
| 1957 年 | F. Crick 提出了著名的遗传信息流——分子生物学中心法则 |
| 1961 年 | J. Monod 和 F. Jacob 提出乳糖操纵子模型 |
| 1965 年 | 我国科学家全合成牛胰岛素 |
| 1966 年 | 生物界通用的 64 个遗传密码被全部破译 |
| 1973 年 | S. Cohen 建立了体外 DNA 重组技术 |
| 1975 年 | G. Kohler 和 C. Milstein 建立了单克隆抗体技术 |

续表

| 时期/年代 | 重要事件 |
| --- | --- |
| 1978 年 | Genentech 公司在大肠杆菌中表达出胰岛素 |
| 1981 年 | 第一台商业化 DNA 自动测序仪诞生 |
| 1981 年 | 第一个单克隆诊断试剂盒在美国被批准使用 |
| 1982 年 | 用 DNA 重组技术生产的第一个动物疫苗在欧洲获得批准 |
| 1988 年 | 聚合酶链反应（PCR）方法问世 |
| 1990 年 | 人类基因组计划（HGP）开始 |
| 1990 年 | 美国批准第一个体细胞基因治疗方案 |
| 1997 年 | I. Wilmut 培育出克隆羊——Dolly |
| 1998 年 | 发现干细胞，美国《科学》杂志将其列在十大科学进展的首位 |
| 2000 年 | 人类基因组序列草图完成 |
| 2003 年 | HGP 完成，DNA 元件百科全书（ENCODE）计划实施 |
| 21 世纪 | 功能基因组学、系统生物学蓬勃发展，重要疾病的防治可望突破 |

现代生物工程的发展极其迅速，对社会经济的发展也将带来更加重大的影响。21 世纪生物工程的发展，将会涌现出越来越多先进的技术和产品，并有可能在重大疾病的预防和治疗上取得突破，为人类最终了解生命、控制生命和操纵生命奠定坚实的基础。

（1）分子操作技术层出不穷、日新月异。针对基因、蛋白质、细胞和个体的各种分子操作技术将不断涌现，一经产生就会对生命科学和生物技术的发展产生巨大的推动作用。

（2）更多的生物体基因组将得到阐明。目前，人类、小鼠、水稻、一些酵母和细菌的基因组已测序完毕。今后一个阶段，其他生物体基因组序列的测定仍将是一项长期的工作。

（3）功能基因组学研究不断深入。功能基因组学，即注释基因功能及阐明其编码蛋白质的结构与功能将是生命科学发展的一个主流方向。结构基因组学、转录组学、蛋白质组学、代谢组学等各种组学技术将得到极大地发展。

（4）转基因动物和植物取得重大突破。现代农业生物技术在农业上的广泛应用作为生物技术的“第二次浪潮”在 21 世纪将全面展开，将会出现众多的“分子农场”，给农业和畜牧业的生产带来新的飞跃。

（5）系统生物学（systems biology）将成为研究生命现象的关键技术。系统生物学的理论和研究方法将得以广泛应用，从综合和整体的角度研究一个生物系统中所有组成成分的构成以及在特定条件下这些组分间的相互关系，在 DNA、RNA、蛋白质相互作用及信息网络方面整合所获得的信息，然后开发出能描述系统结构和行为的数学模型并可加以模拟，以阐明生命活动发生、发展的机制。

（6）基因工程药物和疫苗的研发突飞猛进。新的治疗药物及预防和治疗用疫苗将不断出现，其产业化前景非常美好，21 世纪整个医药工业将面临全面的改造更新。

（7）基因治疗取得重大进展。“基因修补术”将变为现实，有可能革新整个疾病的预防和治疗领域。估计到 21 世纪中期，恶性肿瘤、艾滋病等严重危害人类健康的疾病在防治上可望获得突破。

（8）蛋白质工程技术获得有力的发展。蛋白质工程是基因工程的发展，21世纪，蛋白质的晶体学、分子生物学、结构生物学及现代计算机技术和新的数学算法将得到更为有机地结合，人们可以随意设计、改造并获得任何新型的蛋白质分子。

（9）生物信息学技术更加发达。生物信息学是综合运用生物学、数学、物理学、信息科学及计算机科学等诸多学科的理论方法，解决生命科学相关问题的一门崭新的交叉学科。生物信息学内涵非常丰富，其核心是基因组信息学，包括基因组信息的获取、处理、存储、分配和解释。21世纪，随着更高速计算机的问世和新的有效算法的建立，以及全球通信网络的日趋扩大和完善，将加大、加快生物信息技术的发展。

（10）生物经济（bio-economy）将成为国民经济的一个重要组成部分。20世纪末，全世界生物工程产品的年销售额已达到6000亿美元，随着生物技术的不断发展和应用范围的不断扩大，其在国民经济中所占的比例将越来越大，至21世纪中期，估测将占全球国内生产总值（GDP）的40％～50％，真正成为推动经济发展的半壁江山。

（焦炳华）

# 第3章　生物工程的未来

近代科技史表明，每一次重大的科学发现和技术创新，都使人们对客观世界的认识产生一次飞跃；每一次技术革命浪潮的兴起，都使人们改造自然的能力和推动社会发展的力量提高到一个新水平。生物工程的发展也不例外，它的发展越来越深刻地影响着世界经济、军事和社会发展的进程。

## 3.1　现代生物工程促进农业生产

通过现代农业生物技术的应用和发展，可极大地提高农作物产量及其品质，例如，通过转基因技术可培育出抗寒、抗旱、抗盐碱、抗病虫害等抗逆特性优良的作物新品系；通过转基因手段可增加作物氨基酸、蛋白质和维生素等的含量，提高作物的品质和附加值；利用细胞工程技术对植物优良品种进行大量的快速无性繁殖，实现经济花卉、果树、蔬菜、药用植物和农作物的工业化生产；将固氮基因转入微生物中，施放在农作物根部后可达到生物固氮的作用，以减少化肥施用量；应用转基因和动物体细胞克隆技术，实现动物的大量快速无性繁殖和培育优良的动物品系，以促进畜牧业的发展。

## 3.2　现代生物工程支撑能源、环境安全

含转纤维素基因的微生物可将农业废弃物，如杂草、秸秆、稻草等纤维素或木质素等材料降解成单糖分子，再通过发酵过程获得乙醇作为能源使用；应用蓝藻在反应器中连续培养产生清洁能源——氢气；利用微生物分解蜡质使石油流动性增加而提高其开采率；利用转基因微生物降解海上溢油、治理废水、吸附重金属、清除有毒气体、减少农作物农药用量等。

## 3.3　现代生物工程推动产业升级

微生物在生长过程中积累的代谢产物，可用来生产食品工业原料，如氨基酸类、酸味剂和甜味剂；化学工业原料，如乙醇、乙烯、丙酮、丁醇、癸二酸（制造尼龙、香料）、丙烯酰胺（化学试剂）、黏康酸（制造电子材料）、衣康酸（制造合成树脂、纤维、塑料等制品）、长链二羧酸（制造工程塑料、树脂、尼龙）等。微生物浸矿技术也已应用于金、银、铜、铀、锰、钼、锌、钴、镍、钡、钍等10多种贵重金属和稀有金属的提炼中。

## 3.4 现代生物工程保障人类健康

### 3.4.1 基因工程药物和疫苗

20 世纪 70 年代以来，以 DNA 重组为核心的现代生物技术——基因工程技术，为生命科学的研究带来了革命性的变化，并极大地推动了生物制药产业的发展。传统的生物制药主要是指利用动物、植物、微生物等生物材料加工制成的含有某些或一组天然活性成分的复合制剂；或利用生物化学和免疫学原理，应用近代分离、纯化技术从生物体制取的具有针对性治疗作用的特异性单一活性成分。但由于生物材料的来源、成本及免疫原性等问题使生物药物和疫苗的制备及应用受到了限制，以基因工程为代表的第三代生物制药技术则克服了上述不足。基因工程产品是指运用现代生物技术，从动物（包括人体）、植物和微生物中获得有实际应用价值的基因（如药源基因）；或通过基因操作技术得到具有更高药理活性的天然结构类似物或全新结构的基因，然后将上述基因在体外培养的动物、植物和微生物细胞中；或直接在动物、植物体内进行大量表达而制备得到生物活性更高、免疫原性降低、毒副作用更低的重组蛋白质、疫苗、抗体和导向药物。

按性质划分，广义的基因工程药物包括蛋白质多肽类药物和疫苗、核酸类药物和疫苗。前者主要包括基因工程（重组）细胞因子类、激素类、抗菌肽类、酶和酶抑制剂类及治疗性抗体类药物、基因工程微生物、寄生虫和肿瘤疫苗，后者则包括裸 DNA 基因药物、反义核酸类药物和核酸疫苗。

基因工程药物和疫苗具有巨大的国际市场。据统计，全球生物医药市场规模已从 2000 年的 300 亿美元稳步发展到 2010 年的 1500 亿美元，占整个医药行业销售额的比例从 2000 年的 5%提高到 2010 年的 10%左右；预计 2015 年世界生物技术药物和疫苗市场将接近 3000 亿美元，占世界药物市场的 25%。21 世纪是生命科学的世纪，也是以基因工程为关键技术的生物制药飞速发展的世纪，为此，世界各国都制订了详尽的发展规划，力争在国际基因工程药物和疫苗市场中占有一席之地。我国的基因工程药物和疫苗的研究与开发在国家“863”计划、“火炬计划”和“攀登计划”等支持下于 20 世纪 90 年代开始迅速发展，目前已有超过 30 种基因工程药物与疫苗上市，2010 年产值已超过 500 亿元人民币。目前作为新药研究的基因不到 400 个，但随着人类基因组计划的完成，有近 1000 个或更多的基因可作为新药研究的靶标。

目前全世界已有 140 余个基因工程药物和疫苗被批准上市，适应证达 220 多种，全球有超过 5 亿患者受益。处于研发阶段的基因工程药物和疫苗还有 1000 余种，主要针对一些严重威胁人类健康的重大疾病，如癌症、艾滋病、自身免疫性疾病、心脑血管疾病、神经障碍性疾病、呼吸系统疾病、糖尿病和遗传性疾病等。我国自 1993 年第一个拥有自主知识产权的基因工程人 α1b 干扰素面世以来，迄今已有 30 余个基因工程药物和疫苗投放市场，另有近 50 种处于临床试验阶段。

随着人类基因组计划的完成和功能基因组学研究的不断深入，新基因和新蛋白质的功能不断得到阐明，其中的一些新基因和新蛋白质将成为重组药物的候选分子。通过现代新理论、新技术和新方法，如功能基因组学、药物基因组学、蛋白质组学、RNA 干扰、噬菌体展示文库、组合化学、高通量筛选、计算机辅助设计等的广泛应用，将有一大批新的药物靶点被发掘，并必将为新药的源头创新提供理论依据。从天然产物中筛选可供基因重组的药物，或对现有药物进行蛋白质工程改造，获得疗效更好、靶向性更明确的新药，也是研究和开发新型重组药物的重要途径。

## 3.4.2 人类基因组计划和后基因组计划

人类基因组中蕴藏有人类生、老、病、死的遗传密码，破译这些密码将为诊断各种疾病、研制新药和新的有效疗法带来一场大革命。因此，破译人类遗传密码的人类基因组计划（human genome project，HGP）与“曼哈顿”计划（研制原子弹）和“阿波罗”计划（人类登月）并列被誉为20世纪的三大科技计划。

1990年成立了国际HGP组织，由美国、英国、日本、法国、德国和中国6个国家的科学家共同承担人类基因组的测序工作。经过参与各国科学家的努力，于2001年6月26日提前绘制出人类基因组框架图，2003年4月14日，国际HGP组织宣布该计划顺利完成。HGP的实施与完成实现了对人类基因组的破译，对认识各种基因的结构与功能、了解基因表达及调控方式、理解生物进化的基础，进而阐明所有生命活动的分子基础具有十分重要的意义。现今，生命科学已进入到后基因组时代。

后基因组时代研究工作的重点就是注释基因及其调控序列的功能。2003年启动的DNA元件百科全书（encyclopedia of DNA element，ENCODE）计划的目标是识别人类基因组的所有功能元件。该计划的启动主要基于科学界的共识，即全面了解人类基因组序列中所编码的结构和功能元件是揭示疾病的遗传学基础和保障人类健康的关键。这些功能元件包括蛋白质编码基因、各类RNA编码序列、转录调控元件及介导染色体结构和动力学的元件等，当然还包括有待明确的其他类型的功能性序列。ENCODE计划的实施将为阐明生命活动过程中生理和病理现象的发生、发展机制，重大疾病的诊断、预防和治疗，发现和确定新的药物靶点，研制更加有效的治疗用药等奠定基础。

## 3.4.3 基因诊断与基因治疗

### 3.4.3.1 基因诊断

基因诊断（gene diagnosis）是20世纪70年代末迅速发展起来的一项诊断技术，是运用现代分子生物学和分子遗传学方法（主要是分子杂交和PCR技术），检查特定基因的存在与否、基因的结构及其表达功能是否正常等，从而确定：①是否患有某种遗传病，用于成年人遗传型分析、产前诊断；②是否患有某些特定的微生物感染疾病；③是否患有某种肿瘤，并对肿瘤患者的预后进行分析；④基因配型，用于移植、输血等；⑤其他应用，如DNA指纹、个体识别、亲子关系识别、法医物证等。

### 3.4.3.2 基因治疗

基因治疗（gene therapy）就是用正常基因或野生型（wild type）基因校正或置换致病基因的一种治疗方法。目的基因被导入靶细胞（target cell）内，它们或与宿主细胞（host cell）染色体整合成为宿主遗传物质的一部分，或不与染色体整合而位于染色体外，但都能在细胞中得到表达，起到治疗疾病的作用。目前基因治疗的概念有了较大的扩展，凡是采用分子生物学的方法和原理，在核酸水平上开展的疾病治疗方法都可称为基因治疗。随着对疾病本质的深入了解和新的分子生物学方法的不断涌现，基因治疗方法有了较大的发展。

常用的基因治疗方案包括以下几种。①基因置换（gene replacement），就是用正常基因原位替换病变细胞内的致病基因，使细胞内的 DNA 完全恢复正常状态。这种治疗方法最为理想，但目前由于技术原因尚难达到。②基因修正（gene correction），是指将致病基因的突变碱基序列纠正，而正常碱基序列予以保留。这种基因治疗方法最后也能使致病基因得到完全恢复，操作上要求高，实践中有一定难度。③基因增强（gene augmentation）又称为基因增补，是将目的基因导入病变细胞或其他细胞，使目的基因的表达产物能修饰缺陷细胞的功能或使原有的某些功能得以加强。在这种治疗方法中，缺陷基因仍然存在于细胞内，目前基因治疗多采用这种方法。例如，将组织型纤溶酶原激活剂的基因导入血管内皮细胞并得以表达后，可防止经皮冠状动脉成形术诱发的血栓形成。④基因失活（gene inactivation）是指利用反义技术特异地封闭基因表达特性，抑制一些有害基因的表达，以达到治疗疾病的目的。例如，利用反义 RNA、核酶或肽核酸等抑制一些癌基因的表达，抑制肿瘤细胞的增殖，诱导肿瘤细胞的分化。用此技术还可封闭肿瘤细胞的耐药基因的表达，增加化疗效果。⑤免疫调节（immune adjustment）是将抗体、抗原或细胞因子的基因导入患者体内，改变患者免疫状态，达到预防和治疗疾病的目的。例如，将白细胞介素-2（interleukin-2，IL-2）基因导入肿瘤患者体内，提高患者 IL-2 的水平，激活体内免疫系统的抗肿瘤活性，达到防治肿瘤复发的目的。⑥其他。例如，增加肿瘤细胞对放疗或化疗的敏感性，可采用给予无毒或低毒前体药物的方法减少化疗药物对正常细胞的损伤力。再如，向肿瘤细胞中导入单纯疱疹病毒胸苷激酶基因，然后给予患者无毒性的丙氧鸟苷（GCV）药物，由于只有含 *HSV-TK* 基因的细胞才能将 GCV 转化成有毒的药物，因而肿瘤细胞被杀死，而对正常细胞无影响；耐药基因治疗，将产生抗药物毒性基因（如 *MDR-1*）导入干细胞中，使机体耐受更大剂量的化疗或放疗。

基因治疗已广泛地应用于包括遗传性疾病、肿瘤、传染病和其他疾病的治疗。例如，对于隐性遗传病可用正常基因置换致病基因而达到完全校正，也可通过导入正常基因序列以达到暂时性校正；对于显性遗传病除了可用正常基因置换致病基因而达到完全校正外，也可应用反义技术、核酶等使有害基因失活而达到暂时性校正；对于肿瘤基因治疗包括利用自杀基因直接杀伤肿瘤细胞、激活免疫系统、使癌基因失活（反义技术、核酶)、增加抑癌基因的表达等方法，同时可导入保护基因防止正常细胞免受化疗药物的损伤等；传染病的基因治疗方法有杀伤传染源（免疫法、自杀基因)、使传染源失活（反义技术、核酶、核酸陷阱）等；其他疾病的基因治疗方法包括导入药物基因（药物释放)（如激素、细胞因子)、失活有害基因产物（反义技术、核酶、核酸陷阱)、杀伤策略（如减少特异细胞群）等。

尽管基因治疗目前在临床实践中尚面临许多困难，但随着现代生命科学和生物工程技术的快速发展，基因治疗在 21 世纪将获得重大的突破，“基因修补术”将变为现实，将彻底革新整个疾病的预防和治疗领域的理念。

## 3.5 现代生物工程引发军事变革

生物工程的发展不仅导致生命科学领域发生了深刻的变化，同时也给军事领域的对抗手段带来了新的发展机遇，武器装备正在出现革命性的高新技术，其中新兴的军事生物工程发展势头甚猛，不少军事观察家认为，在未来战场上，生物武器将是一支重要的威慑力量，甚至比原子弹更可怕。

### 3.5.1 基因武器

基因武器（genetic weapon）是按照作战需要，应用基因工程原理设计和制造的新型生物武器，例如，在一些本来不致病的微生物体内植入致病基因而制成的高致病性微生物，在一些致病微生物中植入能对抗药物作用的抗药性微生物。再如，人类不同种群的遗传基因是不一样的，基因武器可以根据人类的基因特征选择某一种群作为杀伤对象，因此科学家也称这种“只对敌方具有残酷杀伤力，而对己方毫无影响的”武器为“种族武器”。

目前，至少美国、俄罗斯和以色列都有研制基因武器的计划。美国已经研制出一些具有实战价值的基因武器，他们在普通酿酒菌中接入一种在非洲和中东地区引起可怕裂谷热的致病菌基因，从而使酿酒菌可以传播裂谷热病。俄罗斯利用遗传工程方法研究成功了一种炭疽变种的超级细菌，可以对绝大多数抗生素产生抗药性。据称，以色列正在研制一种仅能杀伤阿拉伯人而对犹太人没有危害的基因武器。所以，科学家又将这类武器称为“世界末日武器”。

### 3.5.2 动物武器

利用基因技术可产生极具攻击性和杀伤力的“杀人蜂”、“食人蚁”、“血蛙”和“巨蛙”类新物种。不远的将来，人类可用生物工程技术创造一些“智商”高、体力强、动作敏捷、繁殖快、饲养简单的动物，去充当“动物兵”。随着基因技术的发展，杂交出一些令人瞠目结舌的“怪物”是完全有可能的。

### 3.5.3 生物装备

美国陆军研究发展和工程中心已经从织网蜘蛛中分离出合成蜘蛛丝的基因，从而能够生产蛛丝，还将基因转移到细菌中生产可溶性丝蛋白，经浓缩后可纺成特殊的纤维，其强度可超过钢丝强度的100倍，可用以生产防弹背心、防弹头盔、降落伞绳索和其他高强度轻型装备。利用生物工程提供各种生物材料。例如，用珊瑚礁和玻璃纤维合成的生物陶瓷是坦克和装甲车的理想防护材料，可提高穿甲能力；利用某些酶制剂可迅速降解敌方军事设备上的高分子材料，如合成橡胶、天然材料等，在不知不觉中使这些设备逐步失去战斗效能。

中华人民共和国是一个爱好和平的国家，已签署了“生物武器防扩散”国际条约。我们坚决反对研制旨在危害军队和人民安全的所谓新型基因武器、动物武器，但必须高度关注国外在这方面的动向，研究和发展快速侦检和防治对策，为维护世界和平和保障社会主义建设的顺利前进做出贡献。

（焦炳华）

# 第一篇　基因工程

基因工程技术自从20世纪70年代初诞生以来，在短短的40多年时间内发展非常迅速。随着基因工程的广泛应用，“基因工程”已不仅仅被视为是将不同来源的基因在体外人工剪切组合的一种技术，它已经形成一整套关于基因的结构、功能研究的理论和方法，这些理论和方法已广泛渗透到包括医学在内的生命科学的各个领域，对这些学科的发展起着十分重要的作用。基因工程是一门涉及遗传学、微生物学和生物化学等多学科的边缘学科，在编写本篇时，在保持学科完整体系的前提下尽量减少与相关学科重叠交叉的内容，力求重点突出、概念准确、内容新颖。本篇共分基因、基因组与基因组学，基因操作技术，基因表达技术3章，内容包括基因与基因组结构、基因的转移与重组、基因的表达与调控、基因的获得、基因工程载体及工具酶的选用、DNA重组技术、原核表达系统、真核表达系统，并介绍了人类基因组计划（HGP）的完成情况和人类DNA元件百科全书（ENCODE）计划的实施情况与阶段性成果。

# 第4章 基因、基因组与基因组学

自然界所有生物的遗传信息都是以基因作为基本单位储存于核酸分子中的。从分子生物学意义上说，基因（gene）是指编码 RNA 和蛋白质序列信息及表达这些信息所必需的全部核苷酸序列；而基因组（genome）则是一个细胞或一个生物体所载的全部遗传信息，这些信息决定了生物体的发生、发展和各种生命现象的产生。

随着生命过程整体分析技术的出现，近年来兴起的"组学"（-omics）从组群或集合的角度整体检视生物体各类分子的结构与功能以及它们之间的相互联系。基因组学（genomics）的目标是阐明整个基因组的结构与功能以及基因之间的相互作用。HGP 的完成为我们提供了基因组庞大的序列信息，并定位了大部分蛋白质编码基因。但是，如何全面解读这些海量序列或信息中所蕴含的生物学意义以理解生命体的复杂性，进而为保障人类健康服务仍然是当今生命科学的头等大事。正在开展的 ENCODE 计划将全面确定基因组中各个功能元件及其生物学作用，从而真正实现基因组从"结构"到"功能"的转变。

## 4.1 基因的化学本质与结构

DNA 是基因的物质基础，基因一方面通过复制将其遗传信息稳定、忠实地遗传给子代细胞；同时，基因通过表达（转录和翻译）将其携带的遗传信息呈现出各种生物学性状（表型）。

### 4.1.1 基因学说与基因概念的发展

从 1865 年奥地利神父 G. Mendel 提出遗传因子学说以来，人们对基因的认识遵循着由表及里、由浅入深、由简单到复杂、由片面到全面的发展过程，使基因的概念得到不断完善与发展。

**1. 遗传因子是基因的早期概念**

1856～1864 年，现代遗传学奠基人 Mendel 通过豌豆杂交试验，提出了遗传因子（genetic factor）的概念，并对其基本性质做了最早的论述。Mendel 根据实验结果认为，遗传性状是由成对的遗传因子决定的。在生殖细胞形成时，成对的遗传因子分离，分别进入两个生殖细胞中，这被后人称为 Mendel 第一定律或分离律（law of segregation）。Mendel 还认为，在生殖细胞形成时，不同对的遗传因子可以自由组合，即 Mendel 第二定律或自由组合律（law of assortment）。这两个定律是 Mendel 遗传因子学说的中心内容。

1909 年，丹麦植物学家 W. Johannsen 将 Mendel 提出的遗传因子改称为基因，并提出了基因型（genotype）和表型（phenotype）的概念。基因型是指逐代传递下去的成对因子的集合，成对因子中一个来源于父本，另一个来源于母本；表型则是指一些容易区分的个体特征的总和。自此，基因一词一直伴随着遗传学发展至今。

1910～1930年，美国生物学家T. Morgen等通过果蝇性状的杂交实验发现了基因连锁和交换现象，确立了遗传学的第三定律——连锁交换律（law of linkage and crossing-over），其成果总结成《基因论》（1926年）一书。Morgen认为，基因是染色体上的实体；基因就像链珠一样，孤立地呈线状排列在染色体上；基因是染色体功能、突变和交换的最小单位。Morgen第一次将代表某一特定性状的基因与某一特定的染色体联系起来，基因不再是代表某种性状的抽象符号，而是染色体上具有一定空间位置的实体。

**2. 转化现象的研究确定了基因的本质为DNA**

肺炎球菌在揭示DNA作为遗传信息携带者的研究中发挥了极为重要的作用。1928年，英国医生F. Griffith发现非致病性粗糙型（R）肺炎球菌可以转变为致病性光滑型（S）肺炎球菌，他推测某种物质在两个菌株间发生了转移，从而使粗糙型肺炎球菌获得了致病性（图1-4-1）。

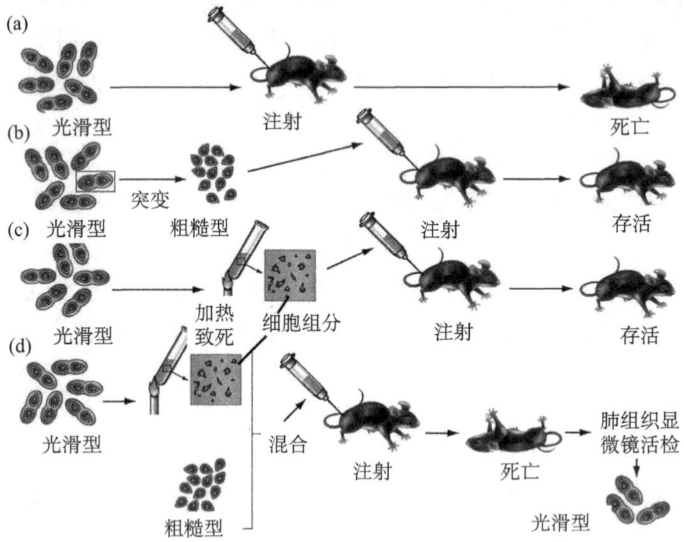


图1-4-1 Griffith发现了光滑型肺炎球菌中某种“转化因子”能使粗糙型肺炎球菌转变成致死的光滑型肺炎球菌

1944年，美国Rockefeller医学研究所的O. Avery等在*J. Exp. Med.*杂志上发表了有关“转化因子”（transforming principle）化学本质的研究结果。他们利用灭活的光滑型肺炎球菌无细胞提取液进行了一系列分析，证实DNA就是光滑型肺炎球菌将其致病性转移给粗糙型肺炎球菌的物质（图1-4-2）。这项工作成为生物化学发展史上的重要事件。在此之前，人们普遍认为蛋白质是遗传信息的携带者。Avery的工作为“基因是由DNA组成”的理论奠定了基础。

1952年，美国冷泉港卡内基遗传学实验室的科学家A. D. Hershey等发表报告，他们用放射性核素$^{32}P$和$^{35}S$分别标记噬菌体的内部DNA和外壳蛋白质，然后再用这种双标记的噬菌体去感染大肠杆菌，结果发现只有$^{32}P$标记的DNA进入寄主细胞内部后才

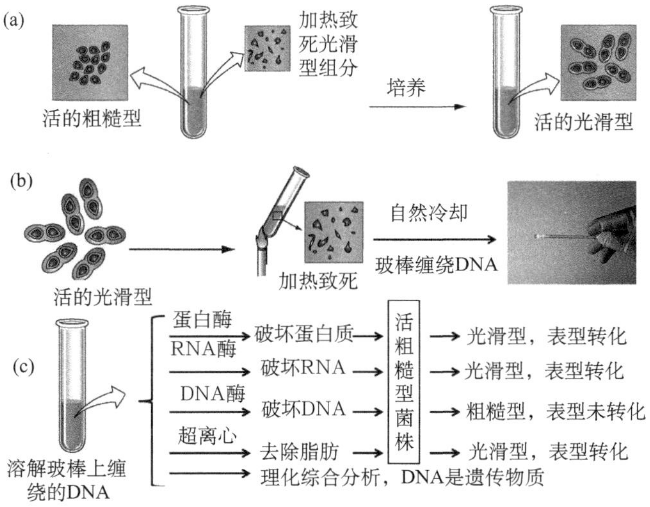


图 1-4-2　Avery 证明了所谓的“转化因子”的本质是 DNA

能重新繁殖出子代噬菌体。这项实验进一步表明，在噬菌体中的遗传物质是 DNA 分子，而不是蛋白质，从而进一步肯定了 Avery 的结论。

上述实验为遗传物质是 DNA 还是蛋白质的争论画上了句号。之后，基因是具有一定遗传效应的 DNA 片段的观点被普遍接受。1953 年，J. Watson 和 F. Crick 的 DNA 双螺旋结构模型成为解密 DNA 分子复制过程的钥匙，特别是 DNA 半保留复制规律的揭示使遗传学家感到困惑的基因自我复制问题得到了最后的解决，也为基因存在于 DNA、遗传信息可以通过 DNA 的半保留复制而传代下去的认识提供了基础。

**3. 现代基因的概念不断完善**

（1）“一个基因一种酶”假说。1941 年，美国科学家 G. Beadle 和 E. Tatum 以红色链孢霉（*Neurospora crassa*）为材料进行生化遗传研究，他们通过诱变获得了多种氨基酸和维生素营养缺陷突变体。这些突变体不能产生某种酶，或只产生有缺陷的酶。例如，有一个突变体不能合成色氨酸是由于它不能产生色氨酸合成酶。他们在这项研究的基础上，提出了“一个基因一种酶”（one gene-one enzyme）的假说。

（2）顺反子理论。1955 年，美国物理学家 S. Benzer 以 T4 噬菌体为材料，在 DNA 分子水平上研究基因内部的精细结构，提出了顺反子（cistron）、突变子（muton）和重组子（recon）的概念。Benzer 认为，顺反子是一个遗传功能单位，实际上就是一个功能水平上的基因，一个顺反子决定一条多肽链，这就使“一个基因一种酶”的假说发展为“一个基因一种多肽”（one gene-one polypeptide）的假说。能产生一种多肽的是一个顺反子，顺反子也就是基因的同义词。顺反子可以包含一系列突变单位——突变子。突变子是 DNA 中构成基因的一个或若干个核苷酸，由于基因内的各个突变子之间有一定距离，所以彼此间能发生重组，这样，基因就有了第三个内涵——重组子。重组子代表一个空间单位，它有起点和终点，可以是若干个密码子的重组，也可以是单个核苷酸的互换。如果是后者，重组子也就是突变子。顺反子理论把基因具体化为 DNA 分子的一段序列，它负责传递遗传信息，是决定一条多肽链的完整的功能单位；但它又是可分的，组成顺反子的核苷酸可以独自发生突变或重组，而且基因与基因之间还有相互作用。基因排列位置的不同，会产生不同的效应。

（3）操纵子模型。1961 年，法国遗传学家 F. Jacob 和 J. Monod 提出了原核基因表达调控机制——大肠杆菌乳糖操纵子模型（operon model）。该理论认为，很多生化功能上相关的结构基因在染色体上串联排列，由一个共同的控制区来操纵这些基因的转录。包含这些结构基因和控制区的整个核苷酸序列就称为操纵子（operon）。操纵子模型表明基因不但在结构上是可分的，而且在功能上也是有差别的，可分为负责编码蛋白质的结构基因（structural gene）和负责调节编码（结构）基因表达的调控基因（regulatory gene）。

（4）现代基因的概念。20 世纪 70 年代后，随着对基因作为遗传物质的重要性的不断认识，基因结构与功能的研究成为生命科学领域研究的重中之重，并引领着生命科学的发展方向。目前从分子生物学角度把基因定义为：基因是核酸分子中储存遗传信息的基本单位，是 RNA 和蛋白质相关遗传信息的基本存在形式，是编码 RNA 和蛋白质多肽链序列信息以及表达这些信息所必需的全部核苷酸序列。简单地说，基因的本质是核酸，一方面基因通过复制将其遗传信息稳定、忠实地遗传给子代细胞；另一方面，基因通过表达（转录和翻译）将其携带的遗传信息呈现出各种生物学性状（表型）。大部分生物中构成基因的核酸物质是 DNA，少数生物（如 RNA 病毒等）中是 RNA。现代基因概念确切地表述了基因的本质和功能。

## 4.1.2 基因的化学本质

生物界存在的核酸有两大类，即脱氧核糖核酸（deoxyribonucleic acid，DNA）和核糖核酸（ribonucleic acid，RNA），它们均是以核苷酸为基本组成单位的生物大分子，是生物遗传信息的载体。DNA 存在于细胞核和线粒体内，携带遗传信息，决定着细胞和个体的基因型；RNA 存在于细胞质、细胞核和线粒体内，参与遗传信息的复制与表达。某些 RNA 病毒则以 RNA 作为遗传信息的载体。这里主要介绍作为遗传信息载体的 DNA 的结构。

**1. DNA 是由 4 种脱氧核苷酸组成的长链大分子**

DNA 是由碱基（base）、脱氧核糖和磷酸 3 种成分组成的大分子。组成 DNA 的碱基有腺嘌呤（adenine，A）、鸟嘌呤（guanine，G）、胞嘧啶（cytosine，C）和胸腺嘧啶（thymine，T）。在 DNA 分子的戊糖中，与第 2 位碳原子（C-2）相连的羟基上缺少一个氧原子，称为脱氧核糖（deoxyribose）。脱氧核糖与碱基在戊糖的第 1 位碳原子（C-1）和嘧啶的第 1 位氮原子（N-1）或嘌呤的第 9 位氮原子（N-9）以糖苷键相连构成脱氧核苷（deoxynucleoside）。磷酸与脱氧核苷中的戊糖在第 5 位碳原子（C-5）之间通过磷酯键相连，构成脱氧核糖核苷酸，后者靠 3′,5′-磷酸二酯键连接形成一条多核苷酸链。这一连接方式决定了 DNA 多核苷酸链具有特定的方向性，其 5′端为磷酸基、3′端为羟基，以 5′→3′ 或 3′→5′表示。在 DNA 的一级结构中，脱氧核糖和磷酸都是相同的，核苷酸的差异主要是碱基不同，4 种不同碱基的顺序也就代表了核苷酸的顺序。因此，核苷酸序列又称为碱基序列，即核酸的一级结构。

### 2. DNA 以双螺旋结构存在

1953 年，J. Watson 和 F. Crick 在 *Nature* 杂志上发表了 DNA 双螺旋（double helix）结构模型的论文。这一发现揭示了生物界遗传性状得以世代相传的分子机制。毫无疑问，DNA 双螺旋结构模型的建立是 20 世纪生命科学领域最重要的事件，并自此开创了分子生物学新时代。

DNA 双螺旋作为 DNA 的主要二级结构类型具有如下主要特点。①两条多核苷酸单链以相反的方向互相缠绕形成右手螺旋结构。②在这条双螺旋 DNA 链中，脱氧核糖与磷酸是亲水的，位于螺旋的外侧；而碱基是疏水的，处于螺旋内部。③螺旋链的直径为 2.37 nm，每个螺旋含 10.4 个碱基对（base pair，bp），螺距 3.54 nm；外观上，DNA 双螺旋分子表面存在一个大沟（major groove）和一个小沟（minor groove）。④由疏水作用造成的碱基堆积力（base tacking）和两条链间由于碱基配对形成的氢键是保持螺旋结构稳定性的主要作用力；A 与 T 配对形成 2 个氢键，G 与 C 配对形成 3 个氢键，配对的碱基在同一平面上，与螺旋轴相垂直。⑤碱基可以在多核苷酸链中以任何排列顺序存在（图 1-4-3）。

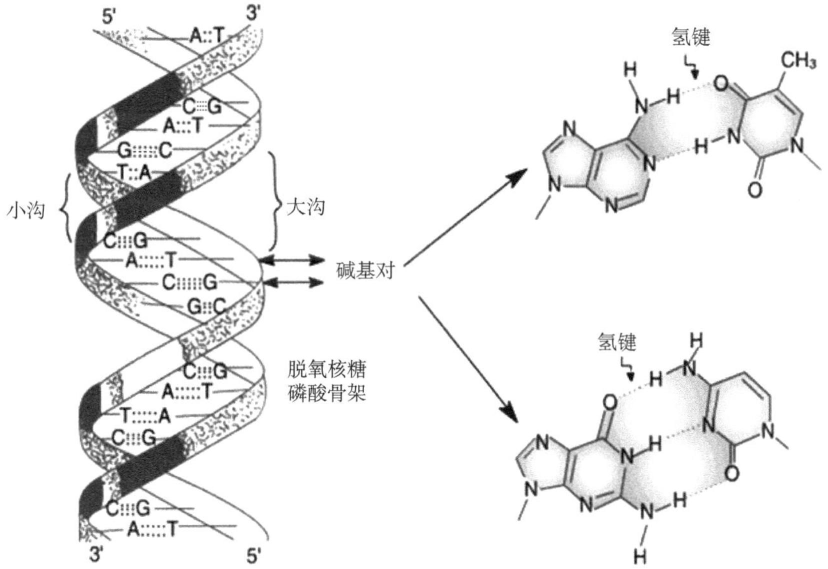


图 1-4-3　DNA 双螺旋结构及其碱基配对示意图

两条多核苷酸单链通过碱基配对（base pairing）形成的氢键不仅是保持双螺旋结构稳定的主要作用力，更重要的是碱基配对蕴含着十分重要的生物学意义。由于几何形状等原因，A 只能与 T 配对，G 只能与 C 配对，这种配对原则称为碱基互补配对。这就意味着在 DNA 复制过程中，以预先存在的 DNA 链作为模板就可以得到一条与其完全互补的子链，由此可以保证遗传信息的准确传递。

### 3. DNA 在细胞核内以超螺旋形式存在

DNA 在细胞核内以双螺旋为结构基础进一步旋转折叠形成超螺旋（supercoil），此为 DNA 的三级结构。盘绕方向与 DNA 双螺旋方向相同的为正超螺旋（positive supercoil)，反之则为负超螺旋（negative supercoil)。

形成超螺旋结构可能具有两个方面的生物学意义：①超螺旋DNA比松弛型DNA更紧密，使DNA分子体积变得更小，对其在细胞的包装过程更为有利；②超螺旋能影响双螺旋的解链程序，因而影响DNA分子与其他分子（如酶、蛋白质）之间的相互作用。

(1) 闭环DNA可形成超螺旋结构。一些生物的闭环DNA以超螺旋形式存在，如细菌的质粒，一些病毒、线粒体的DNA等；而线性DNA分子或环状DNA分子中有一条链有缺口时均不能形成超螺旋结构。原核生物（如细菌）的DNA在细胞内进一步盘绕，并形成拟核（nucleoid）结构，以保证其以较致密的形式存在于细胞内。拟核结构中约80%为DNA，其余为蛋白质。在细菌基因组中，超螺旋结构可以相互独立存在，形成超螺旋区（图1-4-4），各区域间的DNA可以有不同程度的超螺旋结构。目前已知大肠杆菌的基因组中，平均每200 bp就有一个负超螺旋形成。

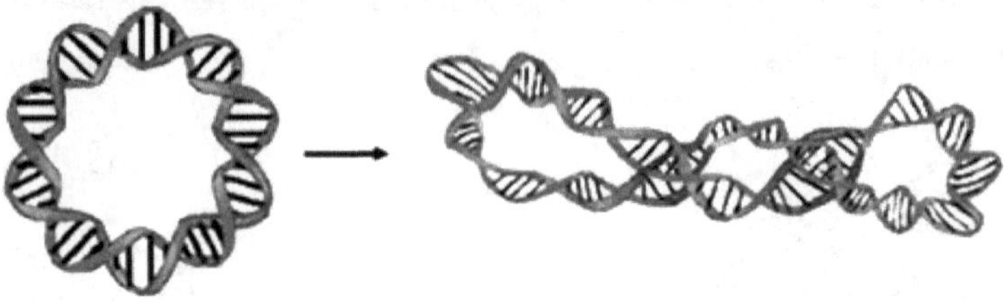

图1-4-4　环状DNA和超螺旋DNA示意图

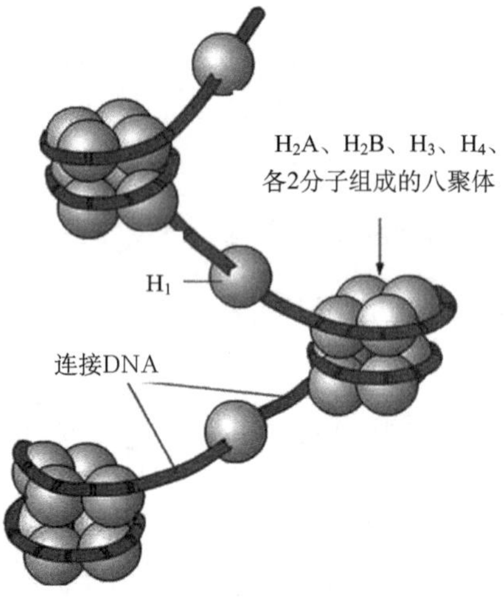


图1-4-5　核小体结构示意图

(2) 真核生物的DNA在细胞核内组装成染色体。真核生物的DNA与蛋白质形成的复合物以非常致密的形式存在于细胞核中，其基本结构单位为核小体（nucleosome）（图1-4-5）。在细胞周期的大部分时间以分散存在的染色质（chromatin）形式出现，在细胞分裂期形成高度组织有序的染色体（chromosome），在光学显微镜下可见。

核小体由DNA和5种组蛋白（histone）共同构成。组蛋白是小分子质量的碱性蛋白质，富含精氨酸和赖氨酸。核小体中的组蛋白有5种，$H_1$、$H_2A$、$H_2B$、$H_3$和$H_4$。各2分子的$H_2A$、$H_2B$、$H_3$和$H_4$构成八聚体的核心组蛋白，双链DNA缠绕在这个核心上形成核小体的核心颗粒（core particle）。核小体的核心颗粒之间再由DNA（约60 bp）和组蛋白$H_1$构成的连接区相连形成串珠样的结构（图1-4-6）。染色质纤维经过几次卷曲折叠后，DNA形成复杂的多层次超螺旋结构，其长度大大压缩。

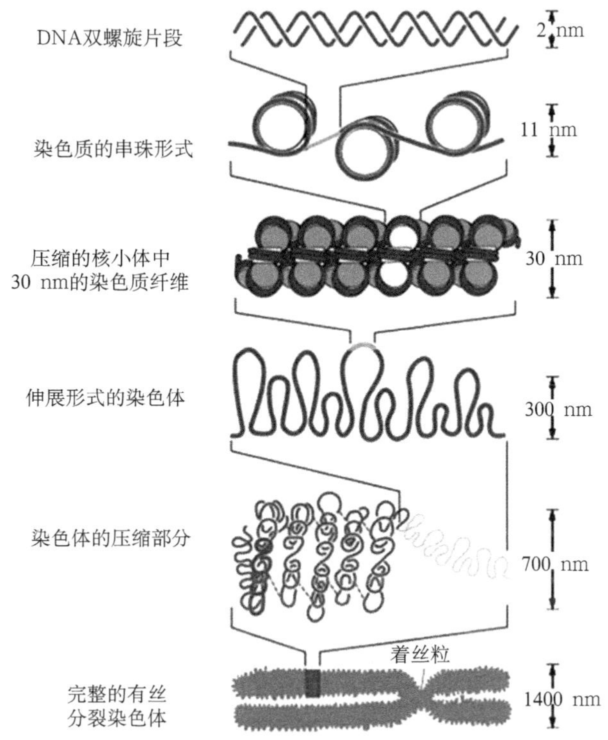


图 1-4-6　核小体折叠形成染色体

### 4.1.3　基因结构

一个完整的基因由两部分构成，一是可以在细胞内表达为多肽链（蛋白质）或功能 RNA 的结构基因序列，二是为表达这些结构基因（合成 RNA）所需要的启动子、增强子等调控序列。病毒、原核生物和真核生物的基因组构成各有其特点（详见 4.2 节），此处讨论单个基因的组成结构。

#### 4.1.3.1　结构基因编码 RNA 或多肽链

结构基因决定了其表达产物 RNA 或多肽链的序列。有的结构基因仅编码一些有特定功能的 RNA，如 rRNA、tRNA、微 RNA（micro-RNA，miRNA）等；而有的结构基因通过 mRNA 进一步编码蛋白质。为蛋白质编码的结构基因中除含有一段储存着一个特定多肽链的一级结构信息的 DNA 序列外，还存在一些与多肽链信息无关的 DNA 序列，如内含子和编码 mRNA 非翻译区序列等，这些序列是多肽链翻译和加工所必需的调控序列。

一般来说，原核生物编码蛋白质的结构基因是连续的，而真核生物则是不连续的，因而将真核生物的结构基因称为断裂基因（split gene）。如图 1-4-7 所示，如果将成熟的 mRNA 序列与其结构基因比较，可以发现并不是全部的结构基因序列都保留在成熟的 mRNA 分子中，有一些区段（序列）通过剪接（splicing）被去除了。在结构基因序列中，与成熟 mRNA 分子相对应的序列称为外显子（exon）；位于外显子之间，在

mRNA 剪接过程中被删除的部分相对应的序列称为内含子（intron）。外显子与内含子相间排列，共同组成结构基因。

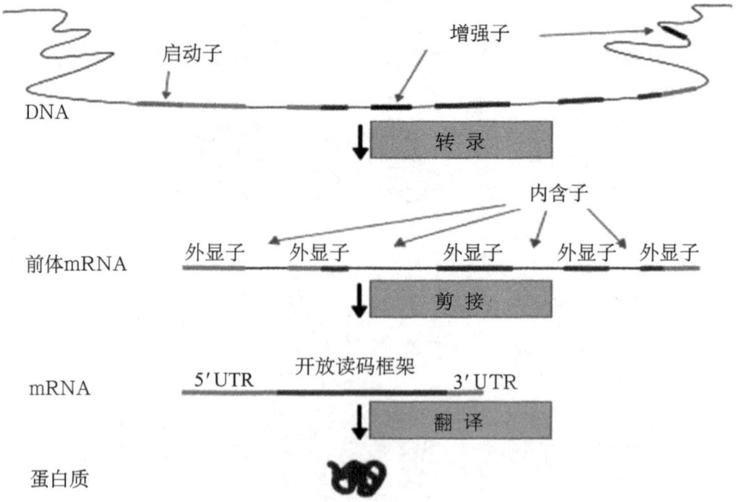


图 1-4-7　真核生物的断裂基因及其转录、翻译
5′UTR：5′端非翻译区；3′UTR：3′端非翻译区

## 4.1.3.2　调控序列保证结构基因的表达

单个基因的组成结构中除了结构基因的编码序列外，还包括对结构基因表达起调控作用的调控序列，如启动子、增强子、转录终止信号等。对一个基因的完整描述不仅针对它的编码区，同时也包括它的调控区。如果一个基因的调控区和结构基因位于同一条染色体中的相邻部位，这种调节方式称为顺式调节（*cis*-regulation），相应的 DNA 序列称为顺式调控元件，或称为顺式作用元件（*cis*-acting element）。顺式作用元件的作用需通过结合相应的蛋白质因子（多为转录因子）方可实现，而这些蛋白质一般由位于另外的染色体或同一条染色体远距离部位的基因来编码，因而被称为反式作用因子（*trans*-acting factor）。反式作用因子通过直接结合或间接作用于 DNA，对基因表达发挥不同作用（促进或阻遏）。

**1. 原核生物基因的调控序列**

原核生物基因调控序列最主要的有启动子（promoter）和终止子（terminator）。在不同的基因中尚有可被其他调节蛋白（阻遏蛋白或激活蛋白）所识别和结合的顺式作用元件（图 1-4-8）。

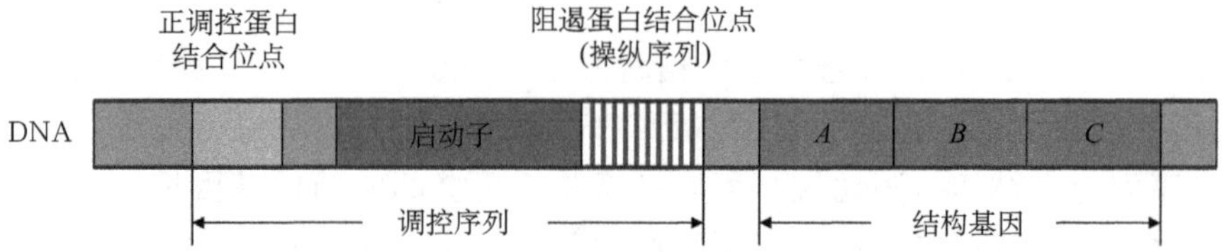


图 1-4-8　原核生物基因的典型结构

(1) 启动子提供转录起始信号。启动子是指与 DNA 依赖的 RNA 聚合酶（RNA polymerase，RNA pol）相结合的一段 DNA 序列（20～300 bp），包括 RNA pol 识别位点和 mRNA 转录起始位点，其功能是转录出目的基因的 mRNA。启动子具有方向性，一般位于结构基因转录起始点的上游。不同基因间的启动子序列存在一定保守性，称为一致性序列（consensus sequence）或称为共有序列。启动子序列本身不出现在 RNA 产物中，仅提供转录起始信号。大肠杆菌启动子区的长度为 40～60 bp，至少包括了 3 个功能区：一是 RNA 合成的起点，即＋1 位碱基；二是位于－10 bp 区的 RNA pol 结合部位，由 6～8 bp 组成，富含 A、T，称为 TATA 盒（TATA box），又称为 Pribnow 盒或－10 区；三是转录起始识别部位（recognition site），位于－35 bp 区，共有序列是 TGACA。尽管存在着上述共有序列，但原核生物启动子间序列可有较大差异。启动子的序列越接近共有序列，起始转录的作用越强，称为强启动子，反之称为弱启动子。例如，λ 噬菌体的 $P_L$、$P_R$ 是强启动子，而乳糖操纵子（$P_{Lac}$）是较弱的启动子。噬菌体 T7 RNA pol 启动子（$P_{T7}$）是一个很强的启动子，在外源蛋白的原核表达中得到广泛应用。

(2) 终止子提供 RNA 合成终止信号。原核生物转录终止子可分为两类，一类为在 Rho（ρ）因子的作用下使 mRNA 的转录终止；另一类为 DNA 模板上靠近终止区的一段序列所转录出的一段 mRNA 可形成茎环（stem-loop）或发夹（hairpin）形式的二级结构，使转录终止。

(3) 操纵元件被阻遏蛋白识别与结合。操纵元件或称为操纵序列（operator），是启动子邻近部位的一小段特定序列，可被具有抑制转录作用的阻遏蛋白识别并结合，通常与启动子区域有部分重叠。

(4) 正调控蛋白结合位点可加强下游结构基因的转录。在前已述及的原核基因的弱启动子附近常有一些特殊的 DNA 序列，某些具有转录激活作用的正调控蛋白可以识别并结合这种 DNA 序列，加快转录的启动。

**2. 真核生物基因的调控序列**

真核生物基因的调控序列远比原核生物复杂。真核生物顺式作用元件主要包括启动子、上游调控元件（增强子、沉默子）、加尾信号等（图 1-4-9）。

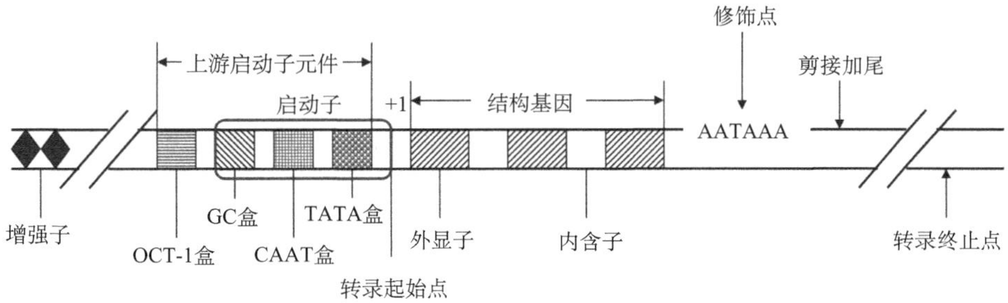


图 1-4-9　真核生物基因的一般结构

OCT-1：ATTTGCAT 八聚体

(1) 启动子提供转录起始信号。真核生物基因的启动子是位于转录起始点上游、由转录因子识别和结合，并决定 RNA pol 结合和起始转录的核苷酸序列。真核生物主要有3类启动子，分别结合细胞内3种不同的RNA pol（RNA pol Ⅰ、RNA pol Ⅱ和RNA pol Ⅲ）和转录因子，启动转录。①Ⅰ类启动子富含GC碱基对：具有Ⅰ类启动子的基因主要是编码rRNA的基因。Ⅰ类启动子包括核糖体起始因子（ribosomal initiator，rInr）和上游启动子元件（upstream promoter element，UPE），能增强转录的起始。两部分序列都富含GC碱基对。②Ⅱ类启动子具有TATA盒特征结构：具有Ⅱ类启动子的基因主要是编码蛋白质（mRNA）的基因和一些小RNA基因。Ⅱ类启动子通常由TATA盒、上游调控元件和增强子的起始元件（initiator element，Inr）组成。TATA盒的核心序列是TATA（A/T）A（A/T），决定着RNA合成的起始位点。有的Ⅱ类启动子在TATA盒的上游还可存在CAAT盒、GC盒等特征序列，共同组成启动子。③Ⅲ类启动子包括A盒、B盒和C盒：具有Ⅲ类启动子的基因包括*5S rRNA*、*tRNA*、*U6snRNA*等RNA分子的编码基因。

（2）增强子增强邻近基因的转录。增强子（enhancer）是一段短的DNA序列，其中含有多个作用元件，可特异性结合转录因子，增强基因的转录活性。与启动子不同，增强子可以位于基因的任何位置。增强子通常处于转录起始点上游−100～300 bp处，但有的距离所调控的基因远达几千bp。通常数个增强子序列形成一簇，有时增强子序列也可位于内含子之中。增强子的功能与其所处位置和方向无关，可以是$5'\rightarrow3'$方向，也可以是$3'\rightarrow5'$方向。不同的增强子序列结合不同的调节蛋白。

（3）沉默子是负调节元件。沉默子（silencer）也称为沉默子元件，是真核基因中的一种负调控序列，与增强子有许多类似之处。沉默子能够与反式作用因子结合从而阻断增强子及反式激活因子的作用，阻遏基因的转录活性，使基因沉默。

## 4.2 基因组与基因组学

### 4.2.1 基因组

一个细胞或一种生物体的一套完整单倍体遗传物质总和称为基因组。病毒（包括噬菌体）的基因组由DNA（DNA病毒）或RNA（RNA病毒）组成；原核生物（如细菌）的基因组由存在于拟核中的DNA及质粒（plasmid）DNA组成；真核生物（如人类）的基因组包含细胞核染色体（常染色体和性染色体）及线粒体DNA所携带的所有遗传物质。

不同的生物体基因组的大小和复杂程度各不相同。例如，大肠杆菌的基因组为$4.6\times10^6$ bp，酵母的基因组为$1.3\times10^7$ bp，而某些哺乳动物基因组可达$10^9$ bp。然而，基因组大小与生物种类及基因数目并没有必然的线性关系。例如，肺鱼（*Protopterus*）的基因组可达$10^{11}$ bp，是人类的100倍，但其基因数目及功能远没有人类复杂。当然，不同生物的基因组在结构与组织形式上各有其不同的特点。

#### 4.2.1.1 病毒基因组由DNA或RNA构成

与真核生物和细菌基因组相比，病毒基因组要小得多。不同病毒的基因组在大小和结构上有较大差异。例如，乙型肝炎病毒（hepatitis B virus，HBV）DNA只有3 kb大小，只能编码4种蛋白质；而痘病毒的基因组为175.7 kb，含有186个基因，可以编码

186 种蛋白质，不但可编码病毒复制所需的酶类，而且还可编码核苷酸代谢的酶类，因此，痘病毒对宿主的依赖性较乙型肝炎病毒小得多。

**1. 病毒基因组只含一种类型的核酸**

每种病毒只含有一种类型的核酸，或为 DNA 或为 RNA，两者不共存于同一种病毒中。基因组为 DNA 的病毒称为 DNA 病毒，基因组为 RNA 的病毒称为 RNA 病毒。组成病毒基因组的 DNA 或 RNA 可以是单链结构，也可以是双链结构；可以是闭环分子，也可以是线性分子。但每种病毒只含有一种类型的核酸。

**2. RNA 病毒基因组可以由数条不相连的 RNA 链组成**

RNA 病毒基因组可以由不相连的几条 RNA 链构成。例如，流感病毒的基因组由 8 个 RNA 分子构成，每个 RNA 分子都含有编码不同蛋白质分子的信息；呼肠孤病毒的基因组由 10 个不相连的双链 RNA 片段构成，同样每段 RNA 分子都编码一种蛋白质。

**3. 病毒基因组存在基因重叠**

病毒（或噬菌体）基因组大小十分有限，因此在进化过程中形成了基因重叠现象。所谓重叠基因（overlapping gene）是指两个或两个以上的基因共有一段 DNA 序列，或是指一段 DNA 序列成为两个或两个以上基因的组成部分。例如，噬菌体 phiX174，基因组共有 5386 个核苷酸，却编码了 2500 个氨基酸，表明有的基因重叠在一起（图 1-4-10）。

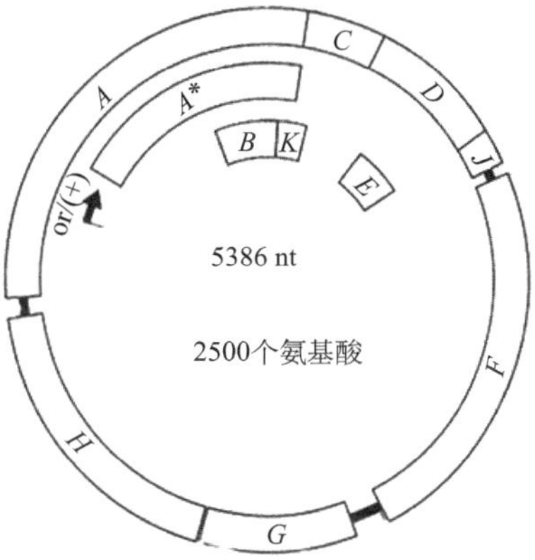

图 1-4-10　噬菌体 phiX174 基因 $A^*$、$B$、$K$、$E$ 与其他基因有重叠现象

### 4.2.1.2　原核基因组储存于拟核中

原核生物没有真正的细胞核，基因组较小，主要存在于拟核 DNA 中。某些原核生物还有质粒等其他携带遗传物质的 DNA（图 1-4-11）。

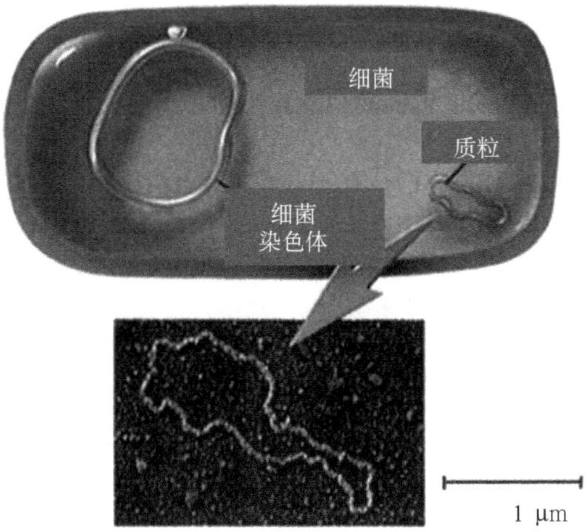

图 1-4-11　细菌的基因组 DNA 及质粒

原核生物基因组的结构和功能与真核生物相比有如下特点：①编码的结构基因大多是连续的；②基因组中的重复序列很少；③编码蛋白质的结构基因多为单拷贝基因，但编码 rRNA 的基因仍然是多拷贝基因；④结构基因在基因组中所占的比例（约占 50%）远远大于真核基因组，但小于病毒基因组；⑤许多结构基因在基因组中以操纵子为单位排列。

**1. 原核生物基因组以操纵子模型为其特征**

原核生物基因组的重要特征就是结构基因与调控序列以操纵子的形式存在（详见

4.1.3节）。在操纵子结构中，数个功能上有关联的结构基因串联排列，共同构成编码区。这些结构基因共用一个启动子和一个转录终止信号序列，因此转录合成时仅产生一条mRNA长链，编码几种不同的蛋白质，称为多顺反子（polycistron）mRNA。

**2. 质粒也是原核生物的遗传物质**

质粒是细菌细胞内一种自我复制的环状双链DNA分子，不整合到宿主染色体DNA上，能稳定地独立存在，并传递到子代。质粒大小一般为$10^6$～$10^8$ bp，小型质粒的长度一般为1.5～15 kb。

质粒只有在宿主细胞内才能完成自我复制，一旦离开宿主就无法复制和扩增。质粒对宿主细胞的生存不是必需的，宿主细胞离开了质粒依旧能够存活。尽管质粒不是细菌生长、繁殖所必需的物质，但它所携带的遗传信息能赋予细菌特定的遗传性状。例如，耐药性质粒带有耐药基因，可以使宿主细菌获得耐受相应抗生素的能力；一些人类致病菌的毒力基因也存在于质粒中，如炭疽杆菌中编码炭疽毒素的基因。质粒常含抗生素抗性基因，经过人工改造后的质粒是重组DNA技术中常用的载体。

### 4.2.1.3 人类基因组储存于染色体和线粒体中

人类基因组大小为3099.37 Mb，目前已鉴定出37 248个编码基因（编码功能性RNA和蛋白质）（表1-4-1），绝大部分基因分布在23对染色体上，少数分布在线粒体上。其中1号染色体上的基因数目最多，为3570个；Y染色体上的基因数目最少，为449个（截至2013年6月）。线粒体仅含37个编码基因，其中13个基因编码蛋白质，其余24个基因中22个编码tRNA、2个编码rRNA。

**表1-4-1 人类染色体与线粒体上的编码基因数**

| 染色体/线粒体 | 碱基数/Mb | 基因数* |
|---|---|---|
| 1 | 247 | 3 570 (5) |
| 2 | 243 | 2 445 |
| 3 | 200 | 1 891 |
| 4 | 191 | 1 488 (4) |
| 5 | 181 | 1 659 |
| 6 | 171 | 2 074 |
| 7 | 159 | 1 944 (8) |
| 8 | 146 | 1 357 (2) |
| 9 | 140 | 1 571 (6) |
| 10 | 135 | 1 413 |
| 11 | 134 | 2 183 |
| 12 | 132 | 1 738 |
| 13 | 114 | 875 |
| 14 | 106 | 1 525 |
| 15 | 100 | 1 265 |
| 16 | 89 | 1 348 |
| 17 | 79 | 1 798 (7) |

续表

| 染色体/线粒体 | 碱基数/Mb | 基因数* |
|---|---|---|
| 18 | 76 | 571 |
| 19 | 64 | 2 072 (10) |
| 20 | 62 | 897 |
| 21 | 47 | 477 |
| 22 | 50 | 884 |
| X | 155 | 1 717 |
| Y | 58 | 449 |
| 线粒体（mt） | 16 kb | 37 |
| 合计 | | 37 248 (42) |

*括号中数字为未定位的基因数。

资料来源：http://www.ncbi.nlm.nih.gov/projects/genome

**1. 人类基因组中存在许多重复序列**

研究表明，人类基因组中约90%的序列是可以转录的，这些序列实际上都属于编码序列。因此，目前编码序列的概念已不再局限于先前的“蛋白质编码序列”或“基因编码序列”，凡是可以转录出RNA（mRNA及所有其他RNA）的序列均属于编码序列的范畴。在这些编码序列中，只有很小一部分（约2%）编码mRNA并翻译成蛋白质；而其他大部分编码序列所转录出的RNA分子中没有编码蛋白质的信息，均不能指导蛋白质的合成，因而称为非编码RNA（non-coding RNA，ncRNA），但这些RNA可直接或间接参与蛋白质编码基因的表达与调控，是蛋白质生物合成所必需的因素。

真核基因组的一个重要特征就是存在大量的重复序列（repeat sequence），重复序列的长度不等，短的仅含2 bp，长的多达数百至上千个碱基对。根据重复序列出现的频率不同，可将其分为高度重复序列（highly repetitive sequence）、中度重复序列（moderately repetitive sequence）和单拷贝序列（single copy sequence）或低度重复序列3种。

（1）高度重复序列。高度重复序列的重复频率可高达数百万次（$>10^5$），在人类基因组中，高度重复序列约占基因组长度的20%。典型的高度重复序列包括：①反向重复序列（inverted repeat），即两个顺序相同的拷贝在DNA链上呈反向排列，又称为回文结构（palindrome），常见于基因的调控区内；②卫星DNA（satellite DNA），为出现在非编码区（常为间隔DNA和内含子）中的串联重复（tandem repeat）序列，串联重复单位可以从2 bp起，长短不等。反向重复序列可能与基因的复制、转录的调控有关，而卫星DNA可能与染色体减数分裂时的染色体配对有关。

（2）中度重复序列。中度重复序列在基因组中的重复次数为$10^3$～$10^5$，散在分布于基因组中，约占基因组DNA总量的35%。中度重复序列可分为长度为300～500 bp的短分散重复片段（short interspersed repeated segment，SINES；如*Alu*家族）和长度为3500～5000 bp的长分散重复片段（long interspersed repeated segment，LINES；如rRNA基因）两种类型。中度重复序列的功能可能类似于高度重复序列。

（3）单拷贝序列或低度重复序列。单拷贝序列在单倍体基因组中只出现一次或数次，大多数蛋白质编码基因属于这一类。在基因组中，单拷贝序列的两侧往往为散在分布的重复序列。单拷贝序列编码的蛋白质维系着细胞的功能，如酶、激素、受体、结构蛋白和调节蛋白等，因此对这些序列的功能研究显得尤为重要（图 1-4-12）。

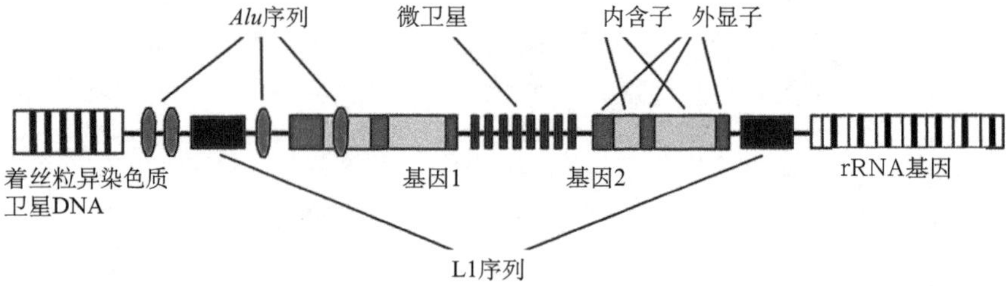


图 1-4-12　人类基因组上各种序列分布模式示意图

**2. 人类基因组中存在多基因家族和假基因**

（1）多基因家族。多基因家族（multigene family）是指核酸序列相同或相似，或其编码产物具有相似功能的一类基因，主要包括 3 类。①核酸序列相同的多基因家族，如 rRNA、tRNA 和组蛋白基因家族等，它们实际上分别是一个基因的多次拷贝。②核酸序列高度同源的多基因家族。例如，人生长激素基因家族含编码 3 种激素，即生长激素、胎盘促乳素和催乳素的基因 *GH*、*CS* 和 *PRL*，它们之间的同源性非常高，尤其是 *GH* 和 *CS* 之间。③编码产物的功能或功能区同源的多基因家族。例如，*src* 癌基因家族，各成员基因结构并无明显的同源性，但每个基因产物都含有一个由 250 个氨基酸组成的同源蛋白激酶结构域。

基因超家族（gene superfamily）是指 DNA 序列有一定的相似性，但功能不一定相同的若干个多基因家族的集合。最经典的是免疫球蛋白基因超家族，该基因超家族编码免疫球蛋白、多种细胞表面蛋白及一些黏附分子等，它们在氨基酸组成上具有较高的同源性，并均含有 1 个或几个免疫球蛋白样结构域。这个基因超家族可能从同一个祖先基因进化而来。

（2）假基因。假基因（pseudogene，$\psi$）是指与某些有功能的基因结构相似，但不能表达产物的基因。假基因的产生是由于功能基因发生突变或 cDNA 插入所致。由突变而引起的功能缺失通常是在编码区引入了终止密码子，这种假基因称为重复假基因或传统假基因。由插入了 mRNA 反转录生成的 cDNA 而造成的假基因称为加工假基因（processed pseudogene）或返座假基因。加工假基因不含内含子，大多数也没有基因表达所需要的调控区，因此不能被表达（图 1-4-13）。

**3. 人类线粒体基因组包含 37 个基因**

线粒体是细胞内的一种重要细胞器，是生物氧化的场所，一个细胞可拥有数百至上千个线粒体。线粒体 DNA（mitochondrial DNA，mtDNA）可以独立编码线粒体中的一些蛋白质，因此 mtDNA 是核外遗传物质。mtDNA 的结构与原核生物的 DNA 类似，是环状分子。线粒体基因的结构特点也与原核生物相似。

人线粒体基因组全长 16 569 bp，共编码 37 个基因，包括 13 个编码构成呼吸链多酶体系的一些多肽的基因、22 个编码 mt-tRNA 的基因、2 个编码 mt-rRNA 的基因（图 1-4-14）。

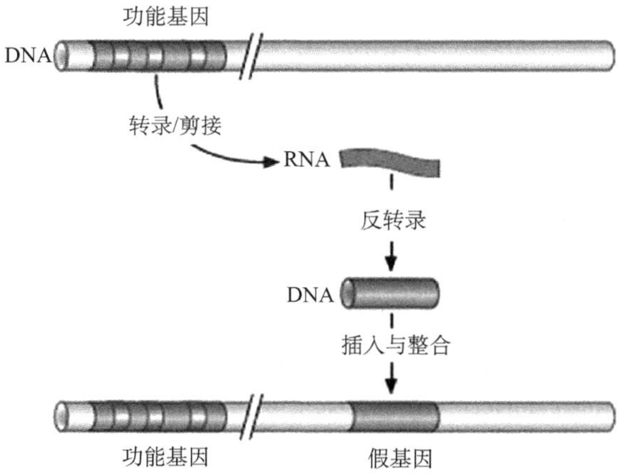

图 1-4-13　加工假基因的形成

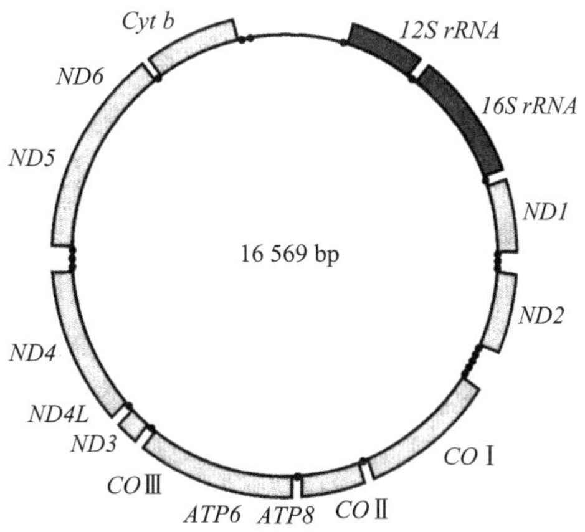

图 1-4-14　人类线粒体基因组成示意图

## 4.2.2　基因组学

基因组是一个细胞（或病毒）所载的全部遗传信息，它代表了一种生物所拥有的全部遗传信息。基因组学是阐明整个基因组结构、结构与功能关系及基因之间相互作用的科学。根据研究目的不同而分为结构基因组学（structural genomics）、比较基因组学（comparative genomics）和功能基因组学（functional genomics）。结构基因组学的主要任务是通过人类基因组作图，揭示人类基因组的全部 DNA 序列及其组成；比较基因组学通过模式生物基因组之间或模式生物与人类基因组之间的比较与鉴定，为预测新基因的功能和研究生物进化提供依据；功能基因组学则利用结构基因组所提供的信息，分析和鉴定基因组中所有基因（包括编码序列和非编码序列）的功能。功能基因组学是后基因组时代生命科学发展的主流方向。随着组学的兴起，使大规模、高通量研究基因功能成为可能。

### 4.2.2.1　结构基因组学的主要任务是基因序列测定

结构基因组学主要通过 HGP 的实施，解析人类自身 DNA 的序列和结构。研究内容就是通过基因组作图、构建连续克隆系及大规模测序等方法，结合主要模式生物已知基因组 DNA 序列，辅以生物信息学和计算生物学技术，解密人类基因组 DNA 序列和结构。HGP 的研究成果主要体现为 4 张基因组图谱，即遗传图谱（genetic map）、物理图谱（physical map）、序列图谱（sequence map）及转录图谱（transcription map）。

**1. 通过遗传作图和物理作图绘制人类基因组草图**

人染色体 DNA 很长，不能直接进行测序，必须先将基因组 DNA 进行分解、标记，使之成为可操作的较小结构区域，这一过程称为作图。HGP 实施过程中采用了遗传作图和物理作图的策略。

（1）遗传作图就是绘制连锁图。遗传图谱又称为连锁图谱（linkage map）。遗传作图（genetic mapping）就是确定连锁的遗传标志位点在一条染色体上的排列顺序及它们之间的相对遗传距离，用厘摩尔根（centi-Morgan，cM）表示，当两个遗传标记之间的重组值为1%时，图距即为1 cM。

在HGP实施中先后采用限制性片段长度多态性、可变数目串联重复序列及单核苷酸多态性的DNA标志。

a. 限制性片段长度多态性：限制性片段长度多态性（restriction fragment length polymorphism，RFLP）就是利用特定的限制性内切核酸酶识别并切割基因组DNA，得到大小不等的DNA片段，所产生的DNA数目和各个片段的长度实际上反映了DNA分子上不同酶切位点的分布情况。由于不同个体等位基因之间碱基的替换、重排、缺失等变化导致限制性内切核酸酶酶切位点发生改变从而造成基因型间限制性片段长度的差异。

b. 可变数目串联重复序列：可变数目串联重复序列（variable number of tandem repeat，VNTR）又称为微卫星DNA（mini-satellite DNA），是一种重复DNA短序列[每个重复单位仅由2～6 bp组成，故又称为短串联重复序列（short tandem repeat，STR)]。不同数目的重复单位呈串联重复排列而呈现出长度多态性，不同个体基因组VNTR重复单位的数目是可变的，因此，形成了极其复杂的等位基因片段长度多态性。VNTR的基本原理与RFLP大致相同，通过限制性内切核酸酶的酶切和DNA探针杂交，可一次性检测到众多微卫星位点，得到个体特异性的DNA指纹图谱。

c. 单核苷酸多态性：单核苷酸多态性（single nucleotide polymorphism，SNP）是指在基因组水平上由单个核苷酸的变异所引起的DNA序列多态性。SNP在人类基因组中广泛存在，平均每500～1000 bp中就有1个，估计其总数可达300万个甚至更多。在人群中SNP的发生频率大于1%，因此不同于点突变。SNP是人类可遗传的变异中最常见的一种，也是基因组中最为稳定的变异。SNP最大限度地代表了不同个体之间的遗传差异，因而成为研究多基因疾病、药物遗传学及人类进化的重要遗传标记。SNP与其他DNA标记的主要不同是其不再以“长度”的差异作为检测手段，而直接以序列的变异作为标记。

（2）物理作图就是描绘杂交图、限制性酶切图及连续克隆系图。物理作图（physical mapping）是在遗传作图的基础上绘制的更详细的人类基因组图谱。物理作图包括荧光原位杂交图（fluorescent *in situ* hybridization map，FISH map；将荧光标记的探针与染色体杂交确定分子标记所在的位置）、限制性酶切图（restriction map；将限制性酶切位点标定在DNA分子的相对位置）及连续克隆系图（clone contig map）等。在这些操作中，构建连续克隆系图是最重要的一种物理作图，它是在采用酶切位点稀有的限制性内切核酸酶或高频超声破碎技术将DNA分解成大片段后，再通过构建酵母人工染色体（yeast artificial chromosome，YAC）或细菌人工染色体（bacterial artificial chromosome，BAC）获取含已知基因组序列标签位点（sequence tagged site，STS）的DNA大片段。STS是指在染色体上定位明确，并且可用聚合酶链反应（PCR）扩增的单拷贝序列，每隔100 kb距离就有一个标志。在STS基础上构建能够覆盖每条染色体的大片段DNA连续克隆系就可绘制精细物理图。可以说，通过连续克隆系作图就可以知晓特异DNA大片段在特异染色体上的定位，这就为大规模DNA测序做好了准备。

**2. 通过EST文库绘制转录图谱**

人类基因组DNA中只有约2%的序列为蛋白质编码序列，对一个特定的个体来讲，其体内所有类型的细胞均含有同样的一套基因组，但成年个体的每个特定组织中，细胞内一般只有10%的基因是表达的；即使是同一种细胞，在其发育的不同阶段，基因表达谱也是不一样的。因此，了解每一个组织细胞及其在不同发育阶段、不同生理和病理情况下mRNA转录情况，可以帮助了解不同状态下细胞基因的表达情况，推断基因的生物学功能。

转录图谱又称为cDNA图或表达图（expression map），是一种以表达序列标签（expressed sequence tag，EST）为位标绘制的分子遗传图谱。通过从cDNA文库中随机挑取的克隆进行测序所获得的部分cDNA的5′端或3′端序列称为表达序列标签，一般长300～500 bp。将mRNA反转录合成的cDNA片段作为探针与基因组DNA进行分子杂交，标记转录基因，绘制出可表达基因的转录图谱，最终绘制出人体所有组织、所有细胞及所有发育阶段的全基因组转录图谱。EST不仅为基因组遗传图谱的构建提供了大量的分子标记，而且来自不同组织和器官的EST也为基因的功能研究提供了有价值的信息。此外，EST还有助于基因的鉴定，通过分析基因组序列能够获得基因组结构的完整信息，如基因在染色体上的排列顺序、基因间的间隔区结构、启动子的结构及内含子的分布等。截至2013年6月，NIH数据库中收集的EST数目已达22 719 896条（www.ncbi.nlm.nih.gov/dbEST）。

**3. 通过BAC克隆系、鸟枪法测序等构建序列图谱**

在上述基因作图完成的基础上，通过BAC克隆系的构建、鸟枪法测序（shotgun sequencing），辅以生物信息学技术，就可完成全基因组的测序工作，从而构建出基因组的“分子解剖图”——序列图谱。

（1）BAC克隆系的构建是大规模DNA测序的基础。YAC载体装载量偏大（1～2 Mb），自身稳定性不够。BAC克隆技术的诞生，使大规模克隆成为可能，并取代YAC用于大部分人类基因组的序列分析。BAC是一种装载DNA大片段的克隆载体系统，用于人、动物和植物基因组文库构建。BAC具有插入片段较大（几kb至350 kb）、嵌合率低、遗传稳定性好、易于操作等优点。BAC文库的构建是真核生物基因组研究的重要基础，可用于真核生物重要基因及全基因组物理作图、重要功能基因的定位和克隆、基因结构及功能分析。

（2）鸟枪法是大规模DNA测序的重要方法。全基因组鸟枪法测序直接将整个基因组打成不同大小的DNA片段，构建BAC文库，然后对文库进行随机测序，最后运用生物信息学方法将测序片段拼接成全基因组序列。该法的主要步骤是：①建立高度随机、插入片段大小为1.6～4 kb的基因组文库；②高效、大规模的克隆双向测序；③序列组装（sequence assembly），借助Phred、Phrap、Consed等软件将所测得的序列进行组装，产生一定数量的重叠群（contig）；④缺口填补，利用引物延伸或其他方法对BAC克隆中存在的缺口进行填补（图1-4-15）。

（3）高通量测序技术大大加快了基因组DNA测序的进行。20世纪90年代中后期问世的基于毛细管阵列电泳仪的测序系统，使测序方法从平板胶电泳发展为毛细管电泳，序列分析实现了“分析反应”和“读片过程”的自动化，单次测定通量也从几百碱基提高到几万碱基。应用这一技术，完成了包括人类基因组等在内的多个生物全基因组的测序。近年来发展的新一代测序技术跨过了文库构建这一实验步骤，避免了亚克隆过

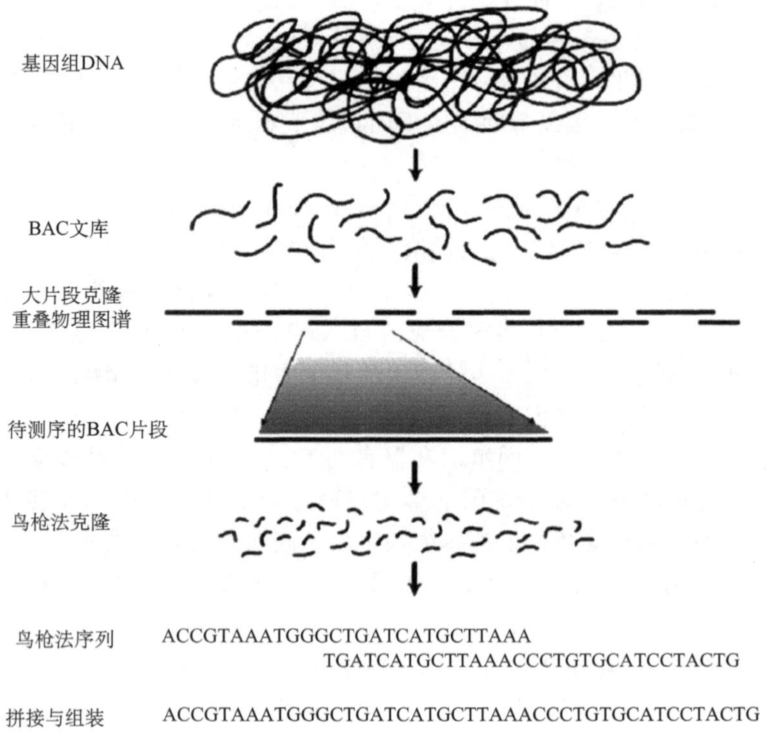


图 1-4-15　鸟枪法测序的基本步骤

程中引入的偏差。采用这种高通量测序（high-throughput sequencing）技术，一次实验可以读取 40 万～400 万条序列，它可以对一种生物、组织或细胞器进行基因组的全面分析，故又称为深度测序（deep sequencing）。

### 4.2.2.2　功能基因组学系统探讨基因的活动规律

功能基因组学的主要研究内容包括基因组的表达、基因组功能注释、基因组表达调控网络及机制的研究等。它从整体水平上研究一种组织或细胞在同一时间或同一条件下所表达基因的种类、数量、功能及在基因组中的定位，或同一个细胞在不同状态下基因表达的差异。它可以同时对多个表达基因或蛋白质进行研究，使生物学研究从以往的单一基因或蛋白质研究转向多个基因或蛋白质的系统研究。实现功能基因组学研究需要的分子生物学实验室工作与生物信息学技术的结合。

**1. 通过全基因组扫描鉴定 DNA 序列中的基因**

全基因组扫描是对测得的基因组序列进行诠释或注释，包括鉴定和描述推测的编码序列（基因）、非编码序列及其功能。这项工作以人类基因组 DNA 序列数据库为基础，以高性能计算机为支持，利用庞大的算法流水线（pipeline）来加工和注释人类基因组的 DNA 序列，进行新基因预测、蛋白质功能预测及疾病基因的发现。主要采用改进的十进制计算机进行全基因组扫描，鉴定内含子与外显子之间的衔接，寻找开放读码框架（open reading frame，ORF），确定多肽链编码序列。

**2. 通过 BLAST 等程序搜索同源基因**

同源基因在进化上来自共同的祖先，因此通过核苷酸或氨基酸序列的同源性比较，就可以推测基因组内相似基因的功能。这种同源搜索涉及以计算机为基础的序列比较分析，NCBI 的序列局部相似性查询（basic local alignment search，BLAST）程序是基因同源性搜索和比对的有效工具。每一个基因在 GenBank 中都有一个序列访问号（accession number)，这个号码在很多论文，尤其是有关该基因的第一篇论文中被提供。在 BLAST 界面上输入 2 条或多条访问号，就可实现两两或多对序列的比对。

**3. 通过实验设计验证基因功能**

推测的基因功能可通过设计一系列实验来进行验证，通过转基因（transgene)、基因过表达（over expression)、基因敲除（knock-out)、基因敲减（knock-down）或基因沉默（gene silencing）等方法，结合所观察到的表型变化即可验证基因功能。由于生命活动的重要功能基因在进化上是保守的，因此可以采用合适的模式生物替代人体进行实验，避免社会道德和伦理等的限制。目前在基因功能研究中应用最广泛的模式生物有噬菌体、大肠杆菌、酿酒酵母、秀丽隐杆线虫、海胆、果蝇、斑马鱼、爪蟾和小鼠等。

**4. 通过转录组和蛋白质组描述基因表达模式**

基因的表达涉及 RNA 的转录和蛋白质的翻译，研究基因的表达模式及调控需借助转录组学和蛋白质组学的相关技术与方法。

### 4.2.2.3 比较基因组学鉴别生物基因组间的相似性与差异性

比较基因组学是在基因组图谱和测序的基础上，通过与已知生物基因组的比较，鉴别同源基因的相似性和差异性，为预测新基因的功能和阐明物种进化关系提供依据。在医学上，比较基因组学可利用模式生物与人类基因组之间编码序列和结构的同源性，揭示基因功能，阐明疾病发生、发展的分子机制。

比较基因组学可在物种间和物种内进行，前者称为种间比较基因组学，后者称为种内比较基因组学，两者均采可用 BLAST 等序列比对工具。

**1. 种间比较基因组学阐明物种间基因组结构的差异**

种间比较基因组学通过比较不同亲缘关系物种的基因组序列，可以鉴别出编码序列、非编码（调控）序列及特定物种独有的基因序列。而通过对基因组序列的比对，可以了解不同物种在基因构成、基因顺序和核苷酸组成等方面的异同，从而用于基因定位和基因功能的预测，并为阐明生物系统发生进化关系提供数据。

(1) 全基因组比较揭示基因组相关性。比较基因组学实际上是比较相关生物基因组在组成和顺序等方面的相似性与差异性。例如，两种生物进化阶段越近，它们的基因组相关性就越高，反之亦然。如果两种生物之间存在很近的亲缘关系，那么它们的基因组就会表现出同线性（synteny)，即基因序列的大部分或全部保守，这称为种间同源基因（orthologous gene)。利用与模式生物基因组编码序列和结构同源性或相似性的比对结果，通过已知基因组的作图信息可以定位其他物种基因组中的同源基因，这对了解基因组的结构、揭示基因的潜在功能和物种进化关系极有帮助作用。

(2) 种间比较基因组学从分子水平分析系统发生的进化关系。生物系统发育（phylogeny）是指现存物种在进化上的关系，自 20 世纪 70 年代以来一直以 16S rRNA 或

18S rDNA 为工具来描绘生物的系统发育。随着基因组研究的不断深入，系统发育组学（phylogenomics）应运而生，它运用进化的规律来解读基因组，其中重建生物进化的历史就是这门学科的重要分支。

种间比较基因组学研究前所未有地丰富和发展了分子进化理论。对多种生物基因组进行序列比较，可以得到序列在系统发生树中的进化关系。越来越多生物基因组测序的完成使在基因组水平上研究分子进化成为可能。通过对多种生物基因组数据及其垂直进化、水平演化过程进行研究，就可了解与生命至关重要的基因的结构及其调控作用模式。

**2. 种内比较基因组学阐明群体内基因组结构的变异和多态性**

同种群体内各个个体基因组存在大量的变异和多态性，这种基因组序列的差异构成了不同个体与群体对疾病的易感性和对药物、环境因素等不同反应的分子遗传学基础。

（1）SNP。如前所述，SNP 最大限度地代表了不同个体之间的遗传差异，对定位人群突变基因、发现人类疾病相关基因、鉴定特定遗传病人群中含有的罕见致病基因及药物新靶点的发现和新的治疗方法的建立均具有十分重要的意义，是开展个体化医疗（personalized medicine）的重要基础。

（2）拷贝数多态性。人类基因组遗传变异有许多种形式，从大型的、显微镜可见的染色体到单核苷酸突变都包括在内。在进行 HGP 时发现正常表型的人群中，不同个体间在某些基因的拷贝数上存在差异，一些人丢失了大量的基因拷贝，而另一些人则拥有额外的、延长的基因拷贝，将这种现象称为基因拷贝数多态性（copy number polymorphism，CNP）或拷贝数变异（copy number variation，CNV）。CNP 的平均长度为 465 kb，平均 2 个个体间存在 11 个 CNP 的差异，其中半数以上的 CNP 在多个个体中重复出现。CNP 与个体的疾病易感性、药物的疗效和不良反应等相关。

## 4.3 HGP 和 ENCODE 计划

HGP 和 ENCODE 计划对解码生命，认识人类生、老、病、死规律起着极其重要的作用。下面简要介绍这两个计划的背景、目标及取得的成果。

### 4.3.1 HGP

HGP 最早由美国提出并启动，发起单位为美国能源部和美国人类基因组研究所，随后英国、日本、法国、德国和中国等国家相继加入。该计划于 1990 年 10 月正式启动，至 2003 年 4 月完成，历时 13 年，实现了人类基因组的破译和解读。20 世纪 90 年代的 HGP 与 40 年代的第一颗原子弹爆炸、60 年代的人类首次登上月球被认为是 20 世纪人类科技发展史上的三大创举。

**1. HGP 旨在阐明人类基因组的特征**

HGP 的主要任务是要阐明人类基因组和其他模式生物基因组的特征，从整体上破译遗传信息。HGP 的目标包括 9 个方面：①人类基因组作图及序列分析；②人类基因组中基因的鉴定；③基因组研究技术的建立、创新与提升；④重要模式生物基因组的作图与测序；⑤信息系统的建立，信息的储存、处理及相应软件开发；⑥与人类基因组相关的伦理学、法学和社会影响与结果的研究；⑦研究人员的培训；⑧技术转让及产业开发；⑨研究计划的外延。

**2. 历时 13 年的 HGP 已取得丰硕成果**

HGP 的研究内容体现为完成基因组的 4 张图谱，即遗传图谱、物理图谱、转录图谱和序列图谱。2003 年 4 月，在 DNA 双螺旋结构模型发表 50 周年之际，HGP 顺利完成（表 1-4-2、表 1-4-3）。

**表 1-4-2　HGP 的目标与完成情况比较表**

| 研究内容 | 研究目标 | 完成情况 | 完成时间（年·月） |
|---|---|---|---|
| 遗传图谱 | 2～5 cM 精度图谱（600～1500 个标记） | 1 cM 精度图谱（3000 个标记） | 1994.09 |
| 物理图谱 | 30 000 个 STS | 52 000 个 STS | 1998.10 |
| 序列图谱 | 基因组序列中 95% 的基因，完成图精度 99.99% | 基因组序列中 99% 的基因，完成图精度 99.99% | 2003.04 |
| 完成图谱的容量与费用 | 500 Mb/a，＜ 0.25 USD /bp | ＞1400 Mb/a，＜ 0.09 USD /bp | 2002.11 |
| 人基因组序列变异 | 定位 100 000 个 SNP | 定位 3 700 000 个 SNP | 2003.02 |
| 基因鉴定 | 全长人 cDNA | 15 000 条全长人 cDNA | 2003.03 |
| 模式生物 | 大肠杆菌、酿酒酵母、秀丽隐杆线虫、黑腹果蝇的全基因组序列 | 大肠杆菌、酿酒酵母、秀丽隐杆线虫、黑腹果蝇基因组精细图；秀丽隐杆线虫、拟暗果蝇、小鼠、大鼠基因组草图 | 2003.04 |
| 功能分析 | 开发大规模基因组研究技术 | 高通量寡核苷酸合成 | 1994 |
| | | DNA 芯片 | 1996 |
| | | 真核（酵母）全基因组敲除 | 1999 |
| | | 规模化的研究蛋白质-蛋白质相互作用双杂交系统 | 2002 |

**表 1-4-3　HGP 实施过程中的重要时间节点**

| 年份 | 重要进展 |
|---|---|
| 1990 | HGP 启动 |
| 1995 | 获得高精度的 16 号和 19 号染色体物理图谱 |
| | 获得中等精度的 3 号、11 号、12 号、22 号染色体物理图谱 |
| 1997 | 获得高精度的 X 和 7 号染色体物理图谱 |
| 1998 | GeneMap'98 发布（含 30 000 个标签） |
| 1999 | 发布 22 号染色体完整序列图谱 |
| 2000 | 美国总统克林顿、HGP 项目负责人 F. Collins 和 C. Venter 共同宣布人类基因组工作草图完成（6 月 26 日） |
| | 发布 21 号染色体完整序列图谱 |
| | 发布 5 号、6 号、19 号染色体工作草图 |

续表

| 年份 | 重要进展 |
| --- | --- |
| 2001 | 发布21号染色体完整序列图谱 |
| | 人类基因组第一个工作草图发表（新闻发布会，2月12日；*Science* 杂志，2月16日；*Nature* 杂志，2月15日） |
| 2002 | 启动国际单倍体图计划（HapMap Project） |
| | 发布小鼠基因组工作草图（*Nature* 杂志，12月5日） |
| 2003 | 发布6号、7号、14号和Y染色体完整序列图谱 |
| | HGP联盟宣布HGP完成（新闻发布会，4月14日；*Nature* 杂志，4月24日；*Science* 杂志，4月11日） |
| | 启动ENCODE计划（9月） |
| 2004 | 发布5号、9号、10号、13号、16号、18号、19号染色体完整序列图谱 |
| 2005 | 发布2号、4号和X染色体完整序列图谱 |
| 2006 | 发布1号、3号、8号、11号、12号、15号、17号染色体完整序列图谱 |

HGP的实施与完成实现了人类基因组的破译，对认识各种基因的结构与功能、了解基因表达及调控方式、理解生物进化的基础，进而阐明所有生命活动的分子基础具有十分重要的意义。现今，生命科学已进入到“后基因组时代”。

**3. 测序技术的发展及生物信息学的应用是完成HGP的重要保证**

HGP启动之初，测序的自动化及读长有限，随着测序公司的加入，测序的自动化不断提高，测序的读长不断增加。而大量的EST序列、STS序列、多态性序列以及众多的DNA克隆、DNA序列，使与之相关的资料收集、储存、整理、排列、归纳、注释十分复杂，工作量庞大，因此建立计算机资料库和管理系统，发展自动化程序必不可少。数据库的建设汇集了大量DNA序列和蛋白质信息，成为基因、基因产物的结构和功能预测的有用工具，也成为分析基因-基因、基因-产物、产物-产物之间的相互作用或联系，描述细胞或整体水平的基因表达谱，推测系统发生关系的必需工具。结合HGP的实施，生物信息学的发展促进了相关数据库的建设。目前，国际数据库数量如云，最大的三个生物信息中心是美国国家生物技术信息中心（NCBI，网址：http://www.ncbi.nih.gov）、欧洲生物信息研究所（EBI，网址：http://ebi.ac.uk）和日本DNA数据库（DDBJ，网址：http://www.ddbj.nig.ac.jp），通过因特网站向公众开放，供研究者查询、分析和应用。

GenBank（http://www.ncbi.nih.gov/GenBank）是NIH的基因序列数据库，包含所有已知的核苷酸及蛋白质序列以及与之相关的生物学信息和参考文献，是世界上最权威的序列数据库。截至2013年4月15日，GenBank登录了164 136 731条报道的序列（包含151 178 979 155 bp）。利用GenBank可以查询基因、注册基因以及利用基因组数据信息挖掘新基因。

## 4.3.2 ENCODE计划

现代生物医学理论认为，控制人类生命活动的遗传信息储藏在细胞内的基因组上。基因组由一个物种所有基因的组成。从整体水平上探索基因的存在、基因的结构与功能及基因间的相互关系，对揭示生命的奥秘具有重要的作用。随着HGP的完成，我们获得了人类基因组DNA约30亿个碱基对的序列信息，极大地推动了人类认识自身，掌握生、老、病、死的规律和了解生命起源的进程。然而，我们也面临着新的挑战，即如何从由A、T、C、G 4个碱基组成的约30亿个碱基序列这本“天书”中读懂有用的信息，来理解人类生长发育、健康与疾病等不同的生命活动规律。

在此背景下，继HGP后国际上有一庞大的合作计划——ENCODE计划于2003年9月由美国国家人类基因组研究所启动，其目的主要是通过研发不同的高通量技术和生物信息学工具，对人类基因组约30亿对碱基这本“天书”进行功能性的注解，标明隐藏在巨大碱基信息中与人类生命活动相关的具体遗传信息。参与该计划的有来自5个国家（美国、英国、西班牙、日本和新加坡）的32个研究机构，442名科学家。该计划历时近10年，耗资近2亿美元，获得并分析了超过15兆兆字节（15万亿字节）的原始数据，目前已经全部公布，并可公开获得。对147个组织类型进行了分析，以确定哪些能打开和关闭特定的基因，以及不同类型细胞之间的“开关”存在什么差异。到2012年9月初，ENCODE计划的阶段性成果为共30多篇论文分别发表在*Science*、*Nature*和*Genome Research*等杂志上，产生了一系列令人惊讶地发现，尤其是发现基因组上80%的非编码区域是有功能的，颠覆了人们一直认为的人类基因组中90%以上都是垃圾DNA的观念。这些发现为未来进一步认识整个人类基因组的功能蓝图开辟了道路，对与人类疾病相关的基因序列的研究将产生重大的影响。

**1. ENCODE计划的研究内容**

ENCODE计划的任务是使科学界和医学界能够读懂人类基因组DNA序列，并用它来理解人类生物学，从而提升健康水平。由各国科研人员组成的ENCODE计划联盟整合多种技术和方法，共同努力以发现并定义人类基因组编码的功能元件，包括基因、转录本和转录调控区域，连同它们伴随的染色质状态和DNA甲基化模式（图1-4-16）。

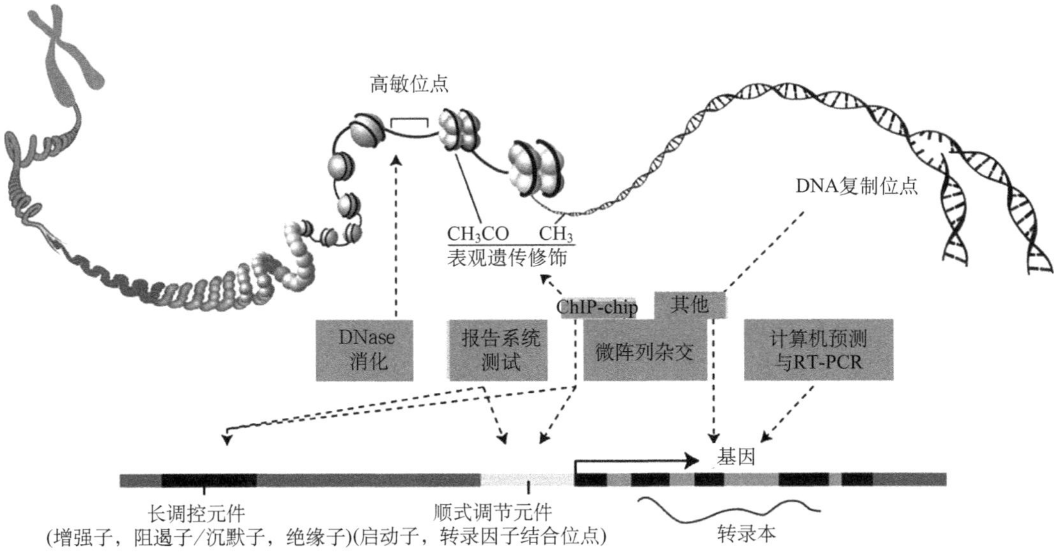


图1-4-16 ENCODE计划在基因组上的研究对象和策略

ENCODE计划首先要回答的一个主要问题是人类基因组上到底编码多少个基因，这些基因的组成及在基因组DNA上的位置如何？因此该计划的主要研究内容是研发包括CAGE、PET、RNA-seq等的高通量技术，对人类基因组所编码的所有基因进行系统性研究，确定这些基因的转录起始位点、转录终止位点、外显子和内含子在基因组上的位置分布。除了对这些编码蛋白质的基因进行功能性注解外，人类基因组上还有大量的转录非编码RNA的区域、负责维持染色体结构和参与染色体复制的序列以及与蛋白质结合以影响基因表达的调控序列，这些功能性元件在基因组上的分布也是该计划的研究内容。此外，人类基因组DNA甲基化状态和组蛋白的各种不同修饰模式，以及这些表观遗传修饰对生长发育和疾病的影响，都是ENCODE计划所关注的范围。

**2. ENCODE计划的实施**

ENCODE计划大体上分为3个阶段。①先导阶段（pilot phase）（2003～2007年）。这个阶段用了5年时间，花费5千多万美元，针对约占整个基因组的1%（3千万个碱基）的一组区域开展研究。ENCODE计划联盟测试和比较当时已有的用于注解人类基因组1%区域的不同研究技术和策略，同时研发新的高通量技术用于发现基因组中的功能性元件。这个阶段的目的是寻找到合适的研究方法用于对人类基因组上的功能性元件进行系统性地研究，进而将其扩大到用于对整个基因组功能性元件的探寻。2007年6月，ENCODE计划团队相继在*Nature*和*Genome Research*杂志上发表了29篇相关论文，报道了他们5年来努力的成果，即通过建立一个目录，详尽地描述了1%人类基因组的功能基础。该结果高度肯定了鉴定和归类人类基因组功能元件工作的成功，并在ChIP-PET、ChIP-seq等新技术的兴起的基础上，获得了大量关于功能元件的数据，标志着此阶段技术研发也获得了成功。②技术开发阶段（technology development phase）（2008～2012年）。随着ENCODE计划试点研究阶段的成功，美国国家基因组研究所于2007年9月又投入1.3亿美元的经费，将人类基因组功能性注解的工作从原来1%区域推进到约30亿个碱基的整个基因组范围，使ENCODE计划进入大规模化的产出阶段。这个阶段还建立了数据整合中心和数据分析中心，数据整合中心用于存储和公布数据，数据分析中心用于对数据进行综合分析。ENCODE计划研究团队产生的全部数据都会尽快公布到公共数据库中，数据整合中心的数据也是公开的。2012年9月初，ENCODE计划的30多篇研究论文分别在*Science*、*Nature*和*Genome Research*等杂志上发表，标志着这一阶段接近尾声。这个阶段所取得最令人惊讶地发现是人类基因组上80%的序列是有功能的。长期以来，人们一直认为人类基因组上不到5%的区域负责编码蛋白质，其余90%以上的区域都属于垃圾，现在看来这个认识并不正确。ENCODE计划发现，大多数人类基因组序列都参与复杂的分子编程，是基因信息转变为细胞生命活动的必要程序。这个阶段中，来自美国、英国、西班牙、新加坡和日本的数百名研究人员对147种细胞、组织进行了1648次实验，将80%的人类基因序列与某种特定的生物功能相联系，在基因组DNA上确定了400万个调控区。蛋白质在这些调控区与DNA的相互作用，引发了特定的功能。在整个研究过程中ENCODE计划生成的原始数据已有15万亿bit。③产出阶段（production phase）。尽管研究技术取得了长足的进展，ENCODE的“编纂”工作还远未结束。不同的蛋白质如何与基因组上的调控区域相互作用、精确地调控不同时间和空间上的基因表达、不同的基因变异和疾病之间关系以及基因组上不同区域的各种表观遗传修饰如何影响人类的健康和疾病，这些问题都有待回答。因此美国国家基因组研究所将在今后的几年中投入 1.2 亿美元的经费继续推动这项计划。

**3. ENCODE 计划的研究成果**

到目前为止，ENCODE 计划最主要的研究成果是发现了人类基因组上 80%的序列是有功能的。除此以外，该计划还在以下几个方面取得进展。①在人类基因组上发现了近 300 万个 DNase Ⅰ 超敏位点，这幅综合性的 DNase Ⅰ 超敏位点图谱显示发育全能型细胞和永生化细胞比高度分化的细胞 DNase Ⅰ 超敏位点具有更高的突变率。②在人类基因组上发现了大约 840 万个蛋白质结合位点序列，各种不同的调控蛋白通过与基因组上的这些具有调控功能的位点相互作用，影响基因的表达。③构建了由 119 个转录因子组成的转录调控网络，不同的转录因子协调的相互作用促进或抑制基因的表达。例如，利用 PET 技术，在淋巴瘤细胞的基因组上系统性地分析了致瘤性转录因子 c-myc 在全基因组上的结合位点，并构建了 c-myc 的调控网络，发现在 B 淋巴瘤细胞内直接受 myc 调控的靶基因多达数百个，包括 50 余个转录因子。这一结果显示，在整个转录调控网络中 myc 处于调控枢纽的地位。④通过转录组分析发现人类基因组超过 75%的区域可转录出 RNA，这个数字远远超出人们原来的估计。

具体地讲，ENCODE 计划已经在以下 18 个方面取得了有意义的阶段性成果，包括：转录因子的足迹分析；人基因组 DNA 元件集成百科全书；人细胞转录全景图；人基因组中可访问的染色质全景图；基因的三维立体结构图谱；人基因组调控网络结构；基因启动子的远距离相互作用全景图；果蝇和人的转录因子结合位点变异分析；重新界定了“基因”的含义，明确了功能基因的定位、变异和调节转录因子 TCF7L2 通过 GATA3 结合到基因组上；构建定量模型研究染色质特征和基因表达水平之间的关系；ENCODE 假基因资源；对人启动子的转录因子结合位点进行功能性分析；基于转录相关因子的结合位点对人基因组区域进行分类；利用 RegulomeDB 标注个人基因组中的功能性变异；制定 ChIP-seq 工作标准和指导准则；利用 RT-PCR-seq 和 RNA-seq 统计所有人基因组编码的基因元件；初步分析了基因变异与疾病的相互关系。

**4. ENCODE 计划的意义**

21 世纪初完成的 HGP 标志着人们向着利用基因信息进行疾病的预防、诊断和治疗的目标迈出了重要的第一步。这就好比我们已经得到了人体遗传信息的“使用手册”，但是如果要将这份手册用于疾病诊断和治疗，我们还必须读懂这份手册。ENCODE 计划首次系统地研究了人类基因组上所有类型的功能元件的分布和组织方式，对人类遗传信息的实际应用具有划时代的意义，为未来进一步认识整个人类基因组的功能蓝图开辟了道路。

ENCODE 计划的研究结果推翻了传统的观点，即我们的基因蓝图作为一群独立基因，漂浮在“垃圾 DNA”的大海上。ENCODE 研究发现人类基因组上的 30 亿个碱基组成了一个极为复杂的网络，在这个网络中，基因、调控序列和其他的 DNA 序列以一种人们尚未了解的方式相互作用，共同控制人类的生理活动。“垃圾 DNA”实际上是一个庞大的控制面板，能调控数以百万计基因的活性。如果没有这些开关调控，基因将不能正常工作。美国国家人类基因组研究所的科学家将这些结果称之为人类生物学上的一个里程碑。

关于 ENCODE 计划的意义，该计划的项目主任 E. Feingold 用了一个非常形象的比喻，他将这部 ENCODE 比喻为谷歌地图，来介绍 ENCODE 的各种功能。谷歌地图可以放大某一个感兴趣的区域，查看该区域的各种信息，如各种建筑物、街道和山川河流等。类似的，研究人员可以利用 ENCODE 图谱查看人类基因组中的染色体、基因、功能元件和核苷酸修饰等。

科学家预言，ENCODE 的研究将导致药物开发方面出现实质性的突破，以使人类真正攻克癌症等复杂疾病，对破解人类疾病和生老病死之谜、解决人类健康问题，以及对生命科学的研究和生物产业的发展具有非常重要的意义，将为人类社会带来不可估量的巨大影响。

## 4.4 基因的转移和重组

基因作为遗传物质，通常具有如下基本特点：结构稳定，能够精准的复制自己，并能发生可遗传的变异；具有储存巨大遗传信息的能力；能指导蛋白质的合成，决定生物的性状。此外，基因在自然界中是可移动的，这种可移动性体现在两个方面。一方面，基因在所在的基因组上的可移动性；另一方面，基因在同种或不同物种个体间的可移动性。自然界的基因重组和基因转移有多种方式，包括接合、转化、转导、转染、转座、同源重组和位点特异性重组等，了解、掌握基因可移动、可重组的自然特性及规律，能更好地为人类服务。基因工程是人们利用这些基因的自然特性，不断发展基因操作方法，进行有目的地人工基因操作的一门学科。

### 4.4.1 细菌的接合

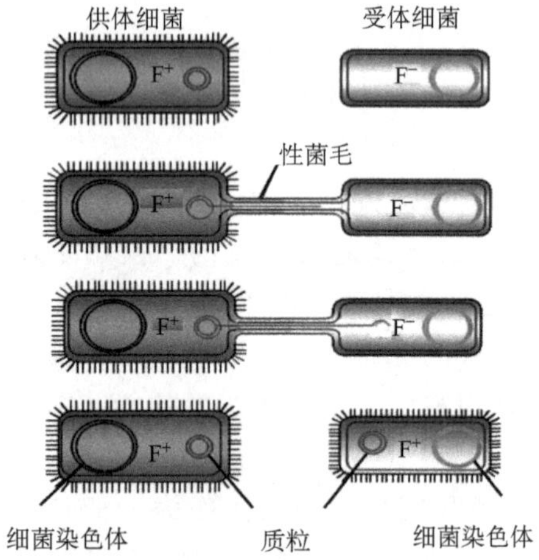

图 1-4-17 细菌接合发生过程

J. Lederberg 和 E. Tatum 于 1946 年发现并证实了大肠杆菌的细菌接合（conjugation）现象。大肠杆菌细胞有性别之分，这与大肠杆菌细胞中是否存在称为 F 因子的质粒有关，这种质粒又称为性因子或致育因子。具有 F 因子的细菌是染色体的供体（雄性）细菌，没有 F 因子的细菌（$F^-$）是染色体的受体（雌性）细菌。F 因子是环状的脱氧核糖核酸（DNA）分子，大约由 94 500 bp 组成，它上面存在着决定细菌细胞表面形成性菌毛的基因。当细菌接合时，供体细菌通过细菌表面的性菌毛与受体细菌相连接（图 1-4-17），与此同时供体细菌的染色体 DNA 单链向受体细胞转移并和受体细菌的染色体 DNA 发生重组，这种染色体 DNA 的转移是通过性菌毛的孔道进行的。

## 4.4.2 细菌的转化

细菌的转化（transformation）是指细菌获得外源 DNA 产生新的遗传性状的过程。1928 年 F. Griffith 在肺炎双球菌中发现了转化现象，但直到 1944 年转化因子的本质才被 O. Avery 等鉴定，这也是说明遗传物质是 DNA 的第一个明确的实验依据。转化因子进入受体细胞后既可以独立存在（游离质粒），也可以与染色体结合存在（整合）。鉴于质粒有转化和自我复制特性，所以许多天然的质粒经改造后可成为基因工程的有用载体。研究表明，具有整合性能的游离质粒进入细胞后，多数以游离状态存在，少数可以整合进染色体 DNA。在自然条件下，某些细菌溶解以后释放的 DNA 被其他细菌吸收而发生转化，这种自然发生的转化现象在当时是微生物遗传学的一个重大发现（图 1-4-18）。现在我们说到的转化，一般都是指实验室内从细菌纯化的 DNA 分子直接导入的细菌。例如，质粒转化，用的是纯化的质粒 DNA 本身，没有任何媒介帮助。

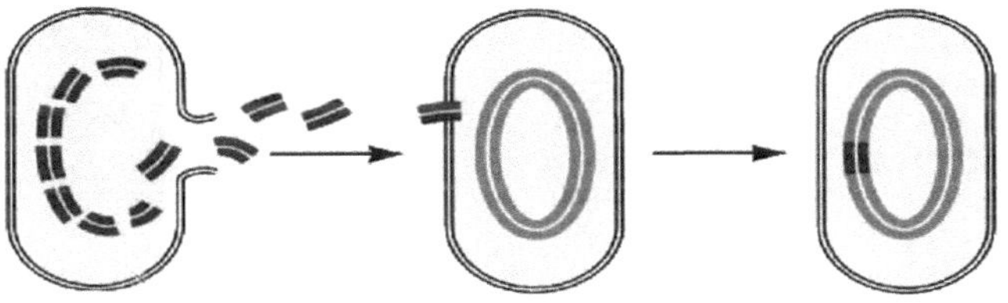


图 1-4-18　细菌的自然转化过程

## 4.4.3 细菌的转导

转导（transduction）是由噬菌体（病毒）将一个细胞的基因传递给另一细胞的过程。它是细菌之间传递遗传物质的方式之一。其具体含义是指一个细胞的 DNA 或 RNA 通过病毒载体的感染转移到另一个细胞中。首先，转导一般用于描述通过病毒而发生的基因转移。其次，转移的必须是宿主的 DNA，病毒感染的时候，不少病毒 DNA 可能被整合到受体基因组中，如果没有病毒以外的宿主 DNA，这个过程就不能称为转导。自然条件下，一些病毒与宿主 DNA 发生重组，形成新的病毒基因组，包装以后感染其他细胞，就产生转导。实验研究中，常用基因重组的办法把目的 DNA 插入病毒基因组，实现目的基因的转导。最后，这个 DNA 必须整合到新宿主细胞基因组才算实现转导。转导又分为普遍性转导和局限性转导。

**1. 普遍性转导**

普遍性转导（generalized transduction）是指噬菌体能传递供体细菌的任何基因的转导。鼠伤寒沙门菌的 P22 噬菌体、大肠杆菌的 P1 噬菌体、枯草杆菌的 PBS1 噬菌体都是普遍性转导噬菌体。由普遍性转导产生的转导子（即接受了噬菌体传递的供体细胞基因的受体细胞）不具溶源性，说明转导噬菌体中不带有完整的噬菌体 DNA，却带有噬菌体在繁殖过程中错误包装的供体细菌的基因。其感染其他细菌后，可将供体细菌的基因整合到受体细菌基因组上［图 1-4-19（a）］。

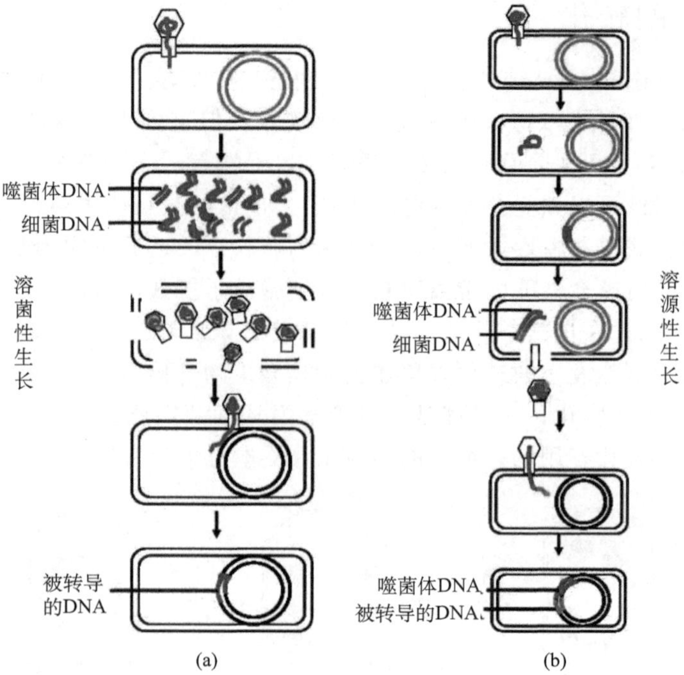


图 1-4-19　噬菌体转导的两种方式

（a）普遍性转导；（b）限制性转导

**2. 限制性转导**

限制性转导（restricted transduction）是指噬菌体只能传递供体染色体上原噬菌体整合位置附近的基因的转导。λ 噬菌体和 Φ80 噬菌体是大肠杆菌 K-12 的限制性转导噬菌体。λ 噬菌体只能转导大肠杆菌 K-12 染色体半乳糖基因（*gal*）和生物素基因（*bio*）等少数基因。Φ80 噬菌体只能转导色氨酸基因（*trp*）、胸腺嘧啶激酶基因（*tdk*）等少数基因。产生这种现象的原因是由于在溶源化过程中噬菌体 DNA 总是整合在供体细胞染色体的特定位置上，当溶源性细菌受紫外线等因素诱导后原噬菌体 DNA 便脱离细菌染色体而进行复制，一部分原噬菌体 DNA 脱离寄主染色体时带有邻近的染色体基因，这部分噬菌体便是转导噬菌体，其感染其他细菌后，可将供体细菌的基因整合到受体细菌基因组上［图 1-4-19（b）］。

转导是指目的基因（宿主 DNA）的转移过程，其主体是目的基因，但是实现转导的手段是病毒感染，它的主体是病毒载体。所以我们可以这样说：通过反转录病毒感染，把 *ADA* 基因转导造血干细胞。但是我们不能这样说：通过反转录病毒转导，把 *ADA* 基因感染造血干细胞。

## 4.4.4　转染

病毒分动物病毒、植物病毒、细菌病毒（噬菌体）。最初转染（transfection）的概念与感染类似，即病毒侵入宿主细胞的过程称为感染（infection），其他微生物侵入体内的过程也称为感染。现在一般将外源 DNA 导入真核细胞的过程称为转染，显然转染也是一种基因转移的方式。对于真核生物，转染就是原核生物中转化的同义词。之所以在真核生物中使用转染这个词来代替转化，是因为人们之前已经习惯了用转化这个词表示真核细胞变为恶性细胞。

## 4.4.5 转座

1952 年，美国冷泉港实验室的科学家 B. McClintock 根据玉米粒色素和斑点的变化首先提出玉米中存在某些控制因子（controlling element）或称为激活-解离因子（activator-dissociation element，AC/DS 因子）可以插入玉米染色体上的某个位点，并抑制邻近基因的表达。它们在染色体上的位置并不固定，可以在 DNA 上移动，而在适当时间内，插入的控制因子又可以脱离下来，原先抑制基因的功能又可重新恢复，这种现象称为转座（transposition）。

遗憾的是，当时世界正处在 DNA 双螺旋结构发现的热潮中，Watson 和 Crick 提出的 DNA 双螺旋结构模型侧重阐明的是基因的稳定性及双链的严格互补关系，人们对 McClintock 的基因移动观念很不理解，认为这不符合 Mendel 的关于基因固定排列在染色体上的概念，加上当时基因分析技术的缺乏，在此后近十年中她的那些富有创意的发现非但未引起重视反而招致反对和非议。直到 1961 年，Jacob 和 Monod 的乳糖操纵模型和基因控制理论出现之后，McClintock 控制因子移动的观点才开始重新引起人们的注意。1967 年 E. Jordan 研究细菌乳糖操纵子时也发现转座因子的存在。随后 L. Shapiro 在研究大肠杆菌时发现某些突变是由在染色体上插入的一种大片段 DNA 所造成的，他把这种 DNA 片段称为插入序列（insertion sequence，IS），这是在细菌中首次发现的移动基因。这时移动基因或转座的观念才被大家所公认。McClintock 因她超时代的发现和杰出贡献，时隔 32 年之久于 1983 年获诺贝尔生理学或医学奖。

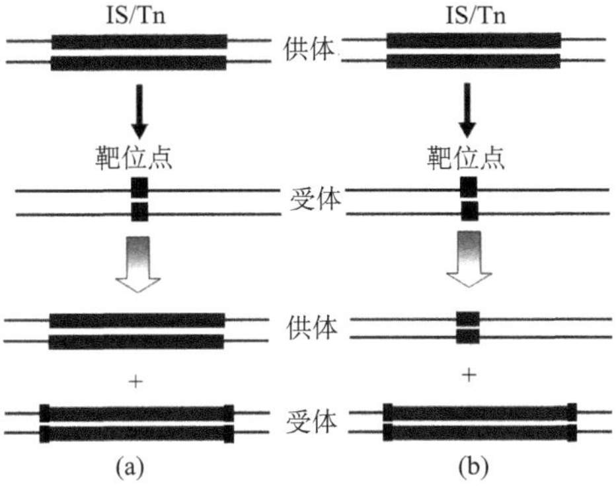

图 1-4-20 转座的两种方式
(a) 复制性转座；(b) 保守性转座（非复制转座）

能从基因组一个位点转移至另一位点的 DNA 片段称为转座因子（或可移动因子）。DNA 的转座或称为移位，是由可移动因子（transposable element）［即转座子（transposon）］介导的遗传物质转移现象。这种移动可以是遗传物质从染色体的一个位置移到另一个位置，也可以是遗传物质在不同染色体之间的转移。转座可分为两大类，即复制性转座（replicative transposition）和保守性转座（conservative transposition）或非复制转座（non-replicative transposition）（图 1-4-20）。复制转座是指转座因子在转座期间先复制一份拷贝，然后拷贝转座到新的位置，在原先的位置上仍然保留原来的转座因子。复制转座有转座酶（transposase）和解离酶（resolvase）的参与。转座酶作用于原来的转座因子的末端，解离酶则作用于复制的拷贝。TnA 是复制转座的例子。保守性转座（非复制转座）是指转座因子直接从原来位置上转座插入新的位置，这种转座只需转座酶的作用。保守性转座的结果是在原来的位置上丢失了转座因子，而在插入位置上增加了转座因子，这可造成表型的变化。

目前转座子元件是分子生物学操作最有力的工具之一，其中的一大类——反转录转座子具有分布广、异源转座高和受组织培养诱导激活等优势，因此它的发现和利用又为转座子标签的应用提供了更广阔的前景。此外，通过对现有转座元件的改造以及转座元件作为载体改造的工具，也将大大加速基因和功能序列的分离与研究，如利用转座子元件构建启动子捕捉载体、转基因动物载体等。

## 4.4.6 同源重组

同源重组（homologous recombination）是最基本的 DNA 重组方式，又称为基本重组（general recombination），是指发生在姐妹染色单体（sister chromatin）之间或同一染色体上含有同源序列的 DNA 分子之间或分子之内的重新组合。同源重组需要一系列的蛋白质催化，如原核生物细胞内的 RecA、RecBCD、RecF、RecO、RecR 等以及真核生物细胞内的 Rad51、Mre11-Rad50 等。同源重组反应通常根据交叉分子或 Holliday 结构（Holliday juncture structure）的形成和拆分分为 3 个阶段，即前联会体阶段、联会体形成阶段和同源重组阶段，反应严格依赖 DNA 分子之间的同源性（图 1-4-21）。

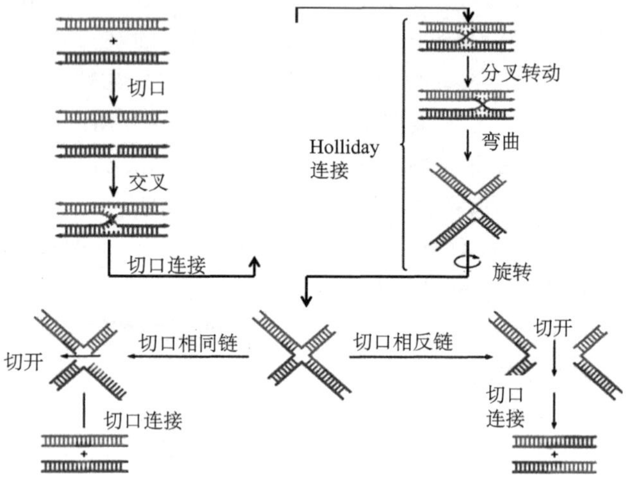


图 1-4-21　同源重组中 Holliday 结构的形成与拆分

## 4.4.7 位点特异性重组

位点特异性重组（site-specific recombination）只发生在特异 DNA 区域，有短的同源顺序存在，参与重组的蛋白质不是 Rec 系统而是 Int 等。位点特异性重组不依赖于 DNA 顺序的同源性（虽然也可有很短的同源序列），而依赖于能与某些酶相结合的 DNA 序列的存在。这些特异的酶能催化 DNA 链的断裂和重新连接，它们能发动位点特异性重组作用。而在同源重组中，DNA 链的切断完全是随机的，结果暴露出一些能与 RecA 这样的蛋白质相结合的序列，从而发动交叉重组。λ 噬菌体编码 λ 整合酶（integrase，Int）。这个酶能指导噬菌体 DNA 插入大肠杆菌染色体中，这种插入作用是通过两个 DNA 分子的特异位点进行重组的，可将两个环状 DNA 分子变成一个大环。在噬菌体感染的早期即有大量整合酶产生，故几乎所有被感染的细胞都发生了整合作用。λ 噬菌体侵入大肠杆菌后，面临着裂解生长还是溶源生长的选择。进入溶源状态需要 λDNA 整合进宿主 DNA，由溶源进入裂解生长需要 λDNA 从宿主 DNA 上切离下来。λ 噬菌体的整合与切离均通过细菌 DNA 和噬菌体上特定位点［附着点（attachment site)］的重组而发生。大肠杆菌 DNA 上的附着点称为 *attB*；λ 噬菌体 DNA 上的附着点称为 *attP*。*attB* 和 *attP* 中只有 15 bp 的序列完全一致，序列是：GCTTTTT-TATACTAA。*attB* 和 *attP* 其余序列的长度与组成并不相同。研究结果表明，*attP* 的长度为 240 bp、*attB* 的长度只有约 25 bp。

整合过程需要 λ 噬菌体 *int* 基因的产物 Int 和细菌编码的整合宿主因子（intergration host factor，IHF）参与。Int 是一种 DNA 结合蛋白质，对特定的 DNA 序列有强亲和力并催化重组整合。切离时除了 Int 和 IHF 参与外，还需要有 λ 噬菌体 *xis* 基因编码的一种切离酶（excisionase，Xis）（图 1-4-22）。

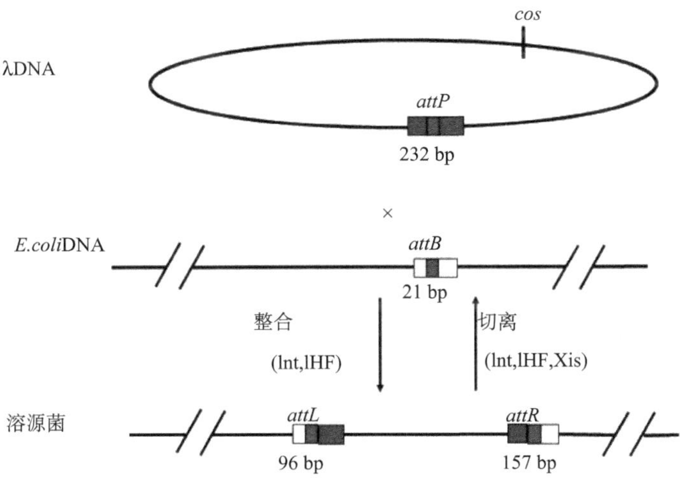


图 1-4-22　λ 噬菌体 DNA 位点特异重组

## 4.4.8　水平基因转移

水平基因转移（horizontal gene transfer，HGT）又称为侧向基因转移（lateral gene transfer，LGT)，是指在差异生物个体之间或单个细胞内部细胞器之间所进行的遗传物质的交流。差异生物个体可以是同种但含有不同的遗传信息的生物个体，也可以是远缘的，甚至没有亲缘关系的生物个体。单个细胞内部细胞器主要是指叶绿体、线粒体及细胞核。水平基因转移是相对于垂直基因转移（亲代传递给子代）而提出的，它打破了亲缘关系的界限，使基因流动的可能变得更为复杂。水平基因转移在历史上的大量证据，使人们有必要对生物进化理论进行重新审视。传统的简单分支的系统发育树不能成为表现众多生物亲缘关系的最佳方式，而网络性的或类网状的系统发育模式才能给予它们恰当的描述。同时，水平基因转移在微生物进化中还被认为是一种重要的推动力量。随着转基因生物的商业化过程，转基因工程的生物安全性逐步受到人们的重视。有研究认为，距今 20

亿～10 亿年发生了大量水平基因转移的事实。假设这是正确的话，在人为介入水平基因转移之后，大量穿梭载体及特异人工遗传物质的出现并释放到实验室之外后，是否会出现水平基因转移的第二次大爆发呢？近年来，发现自然环境中存在大量具有转化活性的 DNA 分子以及能主动摄取外源 DNA 的感受态细胞，使得人们对环境中发生的水平基因转移有了新的认识，也必然引起人们对基因工程使用安全性的更深层次的思考。

## 4.5 基因的表达与调控

不同生物基因组所含的基因数量不同，通常仅少数基因处于高水平转录活性状态，其余大多数基因处于静息状态或以极低的速率进行转录，但是在一定的条件下可引发一些基因的表达。例如，参与 DNA 损伤修复的酶分子编码基因极少表达，但当紫外线照射引起 DNA 损伤时，这些修复酶编码基因表达异常活跃。可见，基因表达是在一定的调节机制控制下进行的，根据需要，生物体随时调整不同基因的表达状态，以适应环境，维持生长发育的需要。基因表达（gene expression）就是基因转录及翻译的过程。对这个过程的调节即为基因表达调控（regulation of gene expression）。

基因表达调控是现代分子生物学研究的重要内容之一。了解基因表达调控的时间和空间概念，掌握基因调控机制，就等于掌握了一把揭示生物学奥秘的钥匙。基因表达调控主要表现在以下几个方面。①DNA 和染色体水平：基因丢失、基因修饰、基因重排、基因扩增、染色体结构变化。②转录水平调控（主要调控方式）：对转录起始、延伸、终止均有影响。原核生物借助于操纵子、真核生物通过顺式作用元件和反式作用因子相互作用进行调控。③转录后水平调控：主要是指真核生物原初转录产物经过加工成为成熟的 mRNA，包括加帽、加尾、甲基化修饰等。④翻译水平调控：对 mRNA 稳定性的调控、反义 RNA 对翻译水平的调控等。⑤翻译后水平调控：蛋白质的剪切、化学修饰（磷酸化、乙酰化、糖基化等）、转运等。⑥mRNA 降解的调控。

由于病毒、原核生物和真核生物的基因结构有很大差异，因此它们的调控机制各有其特殊性。病毒结构最简单，必须感染宿主细胞才能进行基因的表达，其本身没有基因表达的规律可循；本部分重点介绍原核生物、真核生物的基因表达调控特点。

### 4.5.1 原核生物的基因表达调控

原核生物没有真正的细胞核，染色体结构简单，其基因表达主要体现在基因的转录水平调控，通过转录水平的调控，使原核生物（如细菌）能合理利用、分配资源，更好地适应环境而生存。在转录水平调控中，现已搞清楚了细菌的几个操纵子模型，现以乳糖操纵子和色氨酸操纵子为例予以说明。

**1. 乳糖操纵子**

大肠杆菌乳糖操纵子（lactose operon）包括 4 个部分。①结构基因。能通过转录、翻译产生功能相关的酶或结构蛋白。乳糖操纵子包含 3 个结构基因：*lacZ*、*lacY* 和 *lacA*，分别编码 β-半乳糖苷酶、透性酶、乙酰基转移酶。β-半乳糖苷酶将乳糖分解为葡萄糖和半乳糖，透性酶使乳糖透过细菌细胞壁进入细胞内，乙酰基转移酶与乳糖代谢有关，因此，*lacZ*、*lacY*、*lacA* 属于功能相关基因。②操纵元件（operator，O）。控制结构基因的转录速率，位于结构基因的上游附近。③启动子（promoter，P）。位于操纵子的附近，与 RNA 聚合酶结合。④调节基因（regulatory gene，*lacI*）。可调节操纵基因的活动，调节基因能转录出 mRNA，并合成有活性的阻遏蛋白。调节乳糖分解酶产生的操纵子就称为乳糖操纵子。

（1）当细菌缺少乳糖时，调节基因转录出 mRNA，合成阻遏蛋白，有活性的阻遏蛋白因其构象能够识别并结合在操纵元件上，因此 RNA 聚合酶就不能与启动子结合，结构基因也被抑制，结果结构基因不能转录出 mRNA，不能翻译酶蛋白，避免不必要的资源浪费［图 1-4-23（a）］。

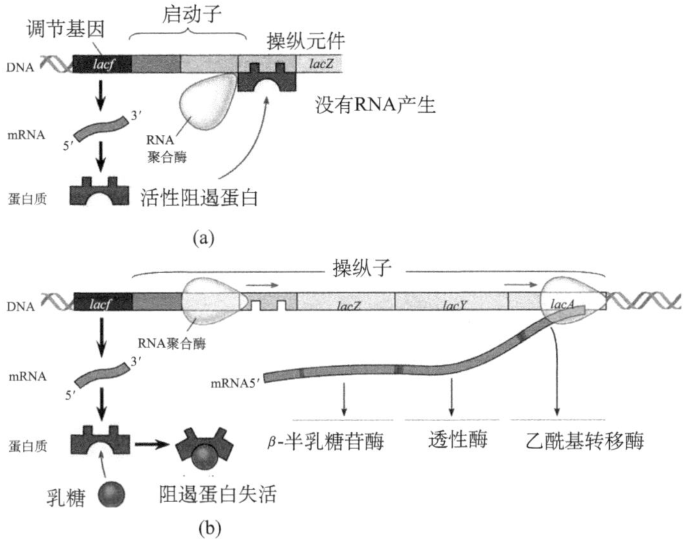


图 1-4-23　乳糖操纵子工作模式示意图

（a）当细菌缺少乳糖时，阻遏蛋白有活性，乳糖操纵子结构基因被抑制，操纵子关闭；

（b）当乳糖存在时，阻遏蛋白失活，乳糖操纵子结构基因被激活，操纵子打开

（2）当细菌存在乳糖时，乳糖代谢产生别乳糖（allolactose），别乳糖能和调节基因产生的阻遏蛋白结合，使阻遏蛋白改变构象，不能再与操纵元件结合，失去阻遏作用，结果 RNA 聚合酶便与启动子结合，使结构基因活化，转录出 mRNA，翻译出酶蛋白，催化分解乳糖为半乳糖和葡萄糖［图 1-4-23（b）］，葡萄糖经过代谢、生物氧化，产生能量。产生诱导作用的乳糖被称为诱导物。除了乳糖可作为诱导物外，一些能被 $\beta$-半乳糖苷酶识别但不能被分解的半乳糖苷化合物，如异丙基-$\beta$-D-硫代半乳糖苷（IPTG）等也能作为诱导物。IPTG 有极强的诱导效应，而本身又不被分解，因而被称为安慰性诱导物。

（3）当乳糖和葡萄糖同时存在时，细菌首先利用葡萄糖作为碳源，直到葡萄糖用完才开始利用乳糖作为碳源。在代谢转换过程中会出现一个短的生长停顿期。这种现象被称为“二度生长”或“葡萄糖效应”。产生这种现象的原因是葡萄糖是一个最方便的能源，细菌在葡萄糖消耗完以前，无需开动一些不常用的基因去利用乳糖；只有在葡萄糖用完以后才开始诱导合成分解乳糖的酶。实际上是葡萄糖降解物的存在使一种正控制因素不起作用的结果。细菌中有一种代谢物激活蛋白（catabolite activator protein，CAP），是 cAMP 结合蛋白，它与 cAMP 结合后形成一个 CAP-cAMP 复合物。这个复

合物是一个正调节因子，它与启动子上的CAP结合位点结合后促进基因的转录。尽管由于乳糖的存在而使阻遏蛋白处于失活状态，乳糖操纵元件因此而开放，但由于培养基中同时还含有葡萄糖，葡萄糖的代谢产物会抑制细菌的腺苷酸环化酶的活力，使cAMP的合成减少，CAP-cAMP复合物随之减少，因此结构基因仍然不能转录［图1-4-24（a）］。而当培养基中葡萄糖耗尽时，cAMP浓度升高，CAP与cAMP形成的复合物增多，就可以促进基因的转录，细菌就开始诱导合成分解乳糖的酶［图1-4-24（b）］

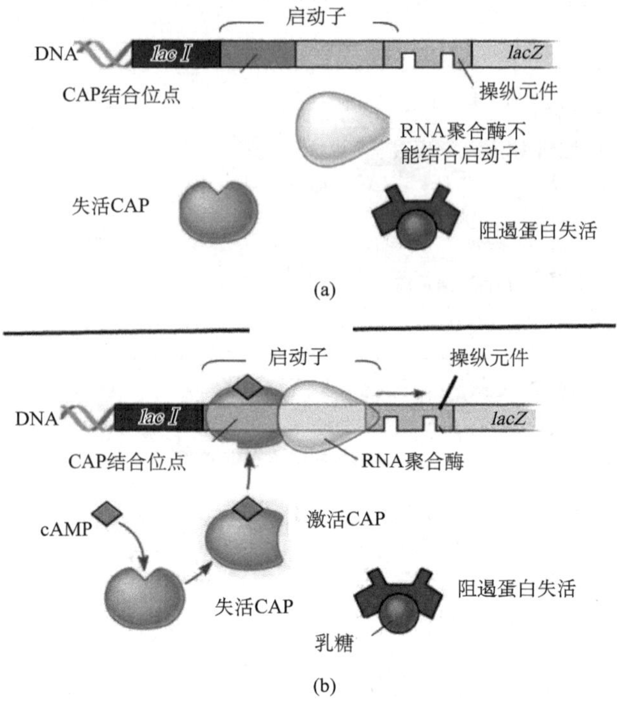


图1-4-24　CAP作用机制示意图

（a）乳糖、葡萄糖充足（cAMP↓），操纵子关闭；（b）乳糖充足、葡萄糖缺乏（cAMP↑），操纵子开放

**2. 色氨酸操纵子**

色氨酸操纵子（tryptophane operon）的结构基因包含5个合成色氨酸相关的酶的编码基因，分别为*trpA*、*trpB*、*trpC*、*trpD*和*trpE*，它们串联在一起，受共同操纵子调控。色氨酸操纵子的激活与否完全根据培养基中有无色氨酸而定。色氨酸操纵子与乳糖操纵子相反，色氨酸调节基因产生的阻遏蛋白是失活的，不能阻止结构基因的表达，因此，缺乏色氨酸时，操纵子被打开，使细菌能合成色氨酸；当培养基中有足够的色氨酸时，色氨酸与阻遏蛋白结合，使阻遏蛋白的构象发生改变而与操纵元件结合，操纵子自动关闭。色氨酸在这里不是起诱导作用而是起阻遏作用，因而被称为辅阻遏分子，意指能帮助阻遏蛋白发生作用（图1-4-25）。

乳糖操纵子的结构基因编码的酶用于分解乳糖，其调节基因（*lacI*）编码有活性的阻遏蛋白，作为诱导物的乳糖能使阻遏蛋白失活；而色氨酸操纵子的结构基因编码的是合成色氨酸的酶，其调节基因（*trpR*）编码的阻遏蛋白是没有活性的，色氨酸能激活阻遏蛋白，从而关闭操纵子。上述操纵子展示了原核生物精细的调控机制。

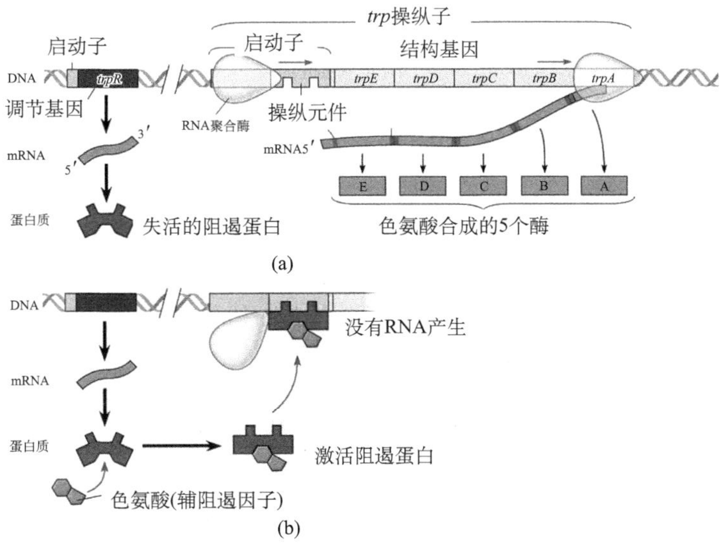


图 1-4-25 色氨酸操纵子的激活与否完全根据培养基中有无色氨酸而定

(a) 色氨酸缺乏，阻遏蛋白失活，操纵子开放；(b) 色氨酸充足，阻遏蛋白激活，操纵子关闭

## 4.5.2 真核生物基因表达调控

真核生物基因表达调控与原核生物有很大的差异。原核生物同一群体的每个细胞都和外界环境直接接触，它们主要通过转录调控，以开启或关闭某些基因的表达来适应环境条件（主要是营养水平的变化），故环境因子往往是调控的诱导物。而大多数真核生物，基因表达调控最明显的特征是能在特定的时间和特定的细胞中激活特定的基因，从而实现“预定”的、有序的分化和发育过程，并使生物的组织和器官在一定的环境条件范围内保持正常的生理功能。

真核生物基因表达调控根据其性质可分为两大类。第一类是瞬时调控或称为可逆调控，相当于原核生物对环境条件变化所做出的反应。瞬时调控包括某种代谢底物浓度或激素水平升降时及细胞周期在不同阶段中酶活性和浓度的调节。第二类是发育调节或称为不可逆调控，这是真核生物基因表达调控的精髓，因为它决定了真核生物细胞分化、生长和发育的全过程。

基因表达调控又分为染色质结构调控、转录水平调控、转录后水平调控、翻译水平调控及蛋白质加工水平调控。真核细胞 DNA 与组蛋白及大量非组蛋白结合，只有小部分 DNA 是裸露的，而且高等真核细胞内的 DNA 中有很大一部分是不转录的。真核生物能有序的根据生长发育阶段的需要进行 DNA 片段重排，并能根据需要增加细胞内某些基因的拷贝数等。

**1. DNA 水平的调控**

DNA 水平的调控是指通过改变基因组中有关基因的数量和顺序来实现基因表达调控，主要有 3 种形式：染色质丢失、基因扩增和基因重排。DNA 水平的调控是真核生物基因表达调控的一个次要手段和辅助手段。

(1) 染色体丢失。染色质丢失仅见于某些低等动物的发育过程，在细胞分化的过程中，可以通过丢失某些基因而去除这些基因的活性。某些原生动物、线虫、昆虫和甲壳类动物在个体发育中，许多体细胞常丢失掉整条或部分染色体，只有将来分化成生殖细胞的那些细胞一直保留着整套的染色体。

目前在高等真核生物（包括动物、植物）中尚未发现类似的基因丢失现象。由于许多生物各类不同的细胞或细胞核都具有经过去分化和再分化而发育出完整个体的潜在能力，说明这些细胞核内保存了个体发育所必需的全部基因。这种发育出完整个体的潜在能力称为全能性（totipotency）。

（2）基因扩增。基因扩增是细胞内某些特定基因的拷贝数专一性地增加，是细胞为满足某种需要而产生足够的基因产物的一种调控手段。

（3）基因重排。基因重排是指调整基因组中有关基因片段的衔接顺序，使之重排成一个完整的转录单位。哺乳动物免疫球蛋白（immunoglobulin，Ig）基因在B细胞分化过程中的基因重排，就是通过基因重排来调节基因表达的典型例子之一。我们知道机体可以产生 $10^9$ 或更多种不同的Ig，而事实上基因组不可能为如此众多的Ig编码，Ig的多样性是通过基因重排实现的。

染色质结构对转录调控具有重要的影响。真核细胞中的DNA以染色质的形式存在于细胞核中，所以DNA的转录与染色质的构造密切相关。凡是活跃转录的基因全部位于常染色质中，处于异染色质中的基因则不表达。当然，并非所有位于常染色质部位的基因都在进行活跃的转录，在特定的时间内，只有一部分常染色质的基因在表达。

染色质中DNA、组蛋白和非组蛋白大约各占1/3。组蛋白是一类碱性蛋白质（等电点在pH10以上），带正电荷，可与DNA分子中的磷酸基结合。在以染色质为模板的体外转录实验中，发现染色质去除组蛋白后可以提高转录活性。然而，组蛋白的这种抑制转录作用是非特异的，它对DNA的各区段没有专一性，主要功能是维持和稳定真核染色质的结构。转录发生之前，常染色质往往在特定区域被解旋或松弛，形成自由DNA，这种变化可能包括核小体结构的消除或改变、DNA本身局部结构的变化。例如，双螺旋的局部去超螺旋或松弛、DNA从右旋变为左旋，这些变化可导致结构基因暴露，RNA聚合酶能够发生作用，促进转录因子与启动区DNA的结合，导致基因转录（图1-4-26）。转录调控是通过各种转录因子及反式作用蛋白对特定DNA位点的结合与脱离引起染色质构象的变化来实现的。真核生物DNA严密的染色质结构及其在核小体上的超螺旋结构，决定了真核基因表达与DNA高级结构变化之间的必然联系。致密染色质与松弛染色质的转换与组蛋白的乙酰化、甲基化程度有着密切关系。

**2. 转录水平的调控**

转录水平的调控涉及顺式作用元件（*cis*-acting element）和反式作用因子（*trans*-acting factor）等。顺式作用元件是指对基因转录有调控作用的DNA序列，反式作用因子是指能直接或间接与DNA调控元件结合而发挥调控作用的蛋白质因子。真核基因转录除分别需要3种RNA聚合酶（Ⅰ、Ⅱ、Ⅲ）外，还必须有转录的辅助因子参与；RNA聚合酶需要相应的辅助因子先与起始点附近的DNA形成稳定的转录起始复合体才能实现转录。这些因子分别按照其所辅助的聚合酶种类命名。例如，参与RNA聚合酶Ⅱ转录的因子为TFⅡ类，并再以TFⅡa、TFⅡb等作为个别因子的名称。这些普遍存在于各种细胞中的因子可统称为“通用因子”。因此在体外用DNA酶Ⅰ降解启动子

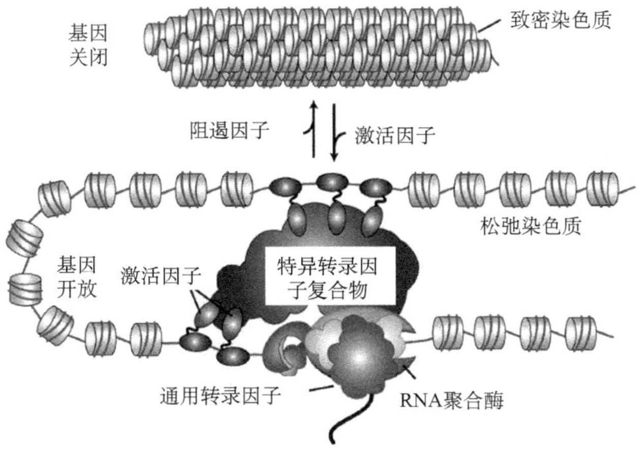


图 1-4-26　致密染色质转换为松弛染色质是基因表达的前提

区（起始位点）附近的 DNA 时出现了被蛋白质保护而不被酶降解的空白“足迹”，这就是发现有 DNA 结合蛋白存在的最早证据和一直沿用至今的经典实验，即Ⅰ型 DNA 酶“足迹”分析（DNaseⅠ “foot-print” analysis）。自从发现并成功的克隆了第一个反式作用因子 SP1 以来，通过对多种反式作用因子的结构与功能分析，发现这类因子有一些共同特征。①基本结构中至少包含 3 个功能域，即 DNA 识别域、结合域、转录活化域及可用于结合其他调控蛋白的调节域。②结构特征基本有三大类，即螺旋-转角-螺旋（helix-turn-helix，HTH）、锌指（zinc finger）结构以及通常包括亮氨酸拉链（leucine zipper）在内的螺旋-环-螺旋（helix-loop-helix，HLH ）结构。③同（异）源二聚体形成的结构基础。在调控元件中存在的回文结构及串联序列表明反式因子二聚化可能是蛋白质与 DNA 作用的重要方式，而反式因子结构上的亮氨酸拉链和螺旋-环-螺旋等则是因子间同源或异源二聚化的主要基本结构（图 1-4-27～图 1-4-30）。

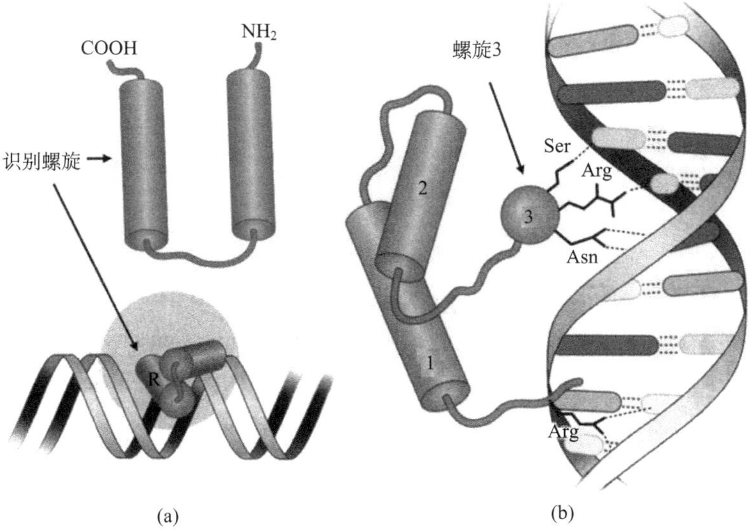


图 1-4-27　螺旋-转角-螺旋及同源异型结构域示意图

（a）HTH 结构域；（b）同源异型结构域

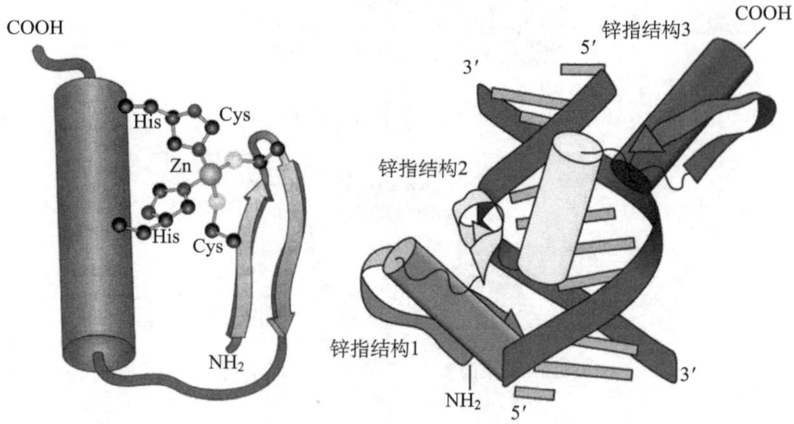


图 1-4-28　锌指结构示意图

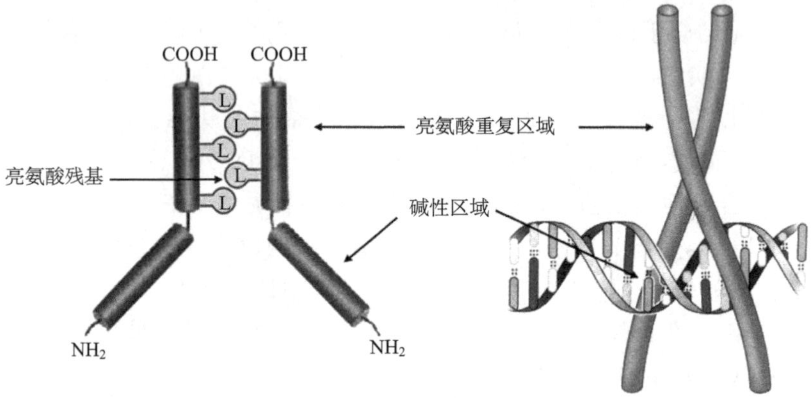


图 1-4-29　亮氨酸拉链示意图

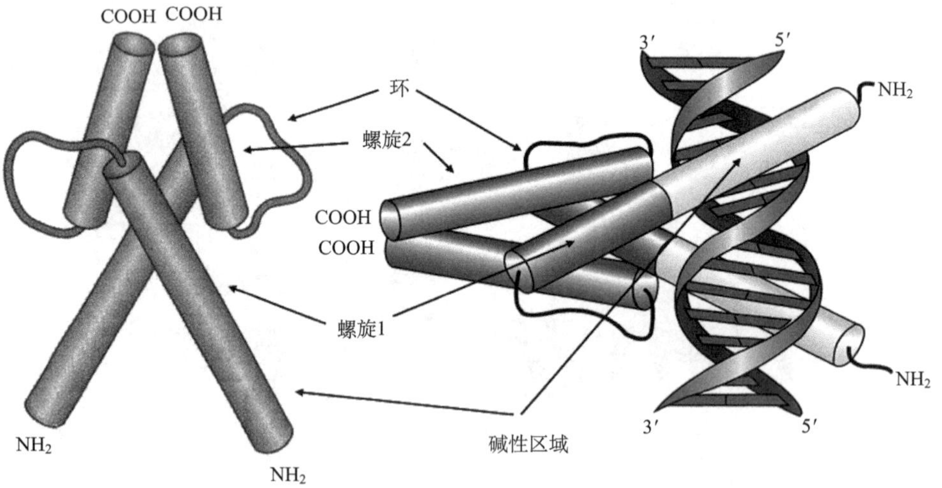


图 1-4-30　碱性螺旋-环-螺旋（basic helix-loop-helix，bHLH）示意图

特异性转录因子与组织细胞特异基因表达有关。例如，白蛋白上游－170 bp 到 TATA 盒之间有一个肝细胞专一性反式作用因子的结合位点，其中 HNF 1 和 C/EBP 为最突出的组织专一性表达转录因子，前者只存在于肝细胞中。此外，OCT1 与 OCT2 的分子结构上存在相同的 DNA 结合域，识别完全相同的 8 核苷酸序列，两者的亲和力也相同。但 OCT2 只存在于 B 淋巴细胞中，是诱导免疫球蛋白基因在 B 淋巴细胞表达的典型细胞特异因子；OCT1 与其相反，普遍存在于各种细胞中，并参与组蛋白 $H_2B$ 等基因的表达调控。

通用转录因子、RNA 聚合酶Ⅱ与启动子相互作用启动基础水平的基因转录；而增强子、特异转录因子、RNA 聚合酶Ⅱ与启动子及上游的调控元件相互作用即可进行特异性或程序性基因转录（图 1-4-31、图 1-4-32）。

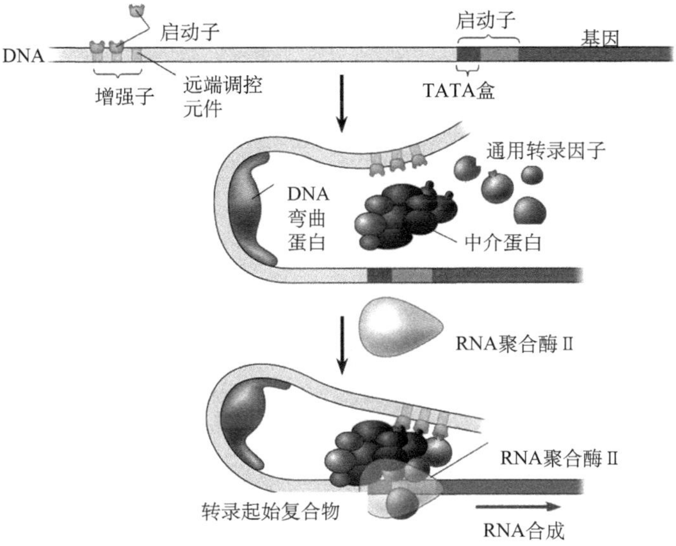


图 1-4-31 增强子、特异转录因子、RNA 聚合酶Ⅱ与启动子及上游的调控元件相互作用启动基因转录

**3. 转录后水平的调控**

真核生物基因转录在细胞核内进行，而翻译则在细胞质中进行。真核基因有插入序列，结构基因被分割成不同的片段，因此转录后的调控也是真核生物基因表达调控的一个重要方面，而首要的是 RNA 的加工、成熟，各种基因转录产物 RNA（无论 rRNA、tRNA 还是 mRNA）必须经过转录后的加工才能成为有活性的分子。

**4. 翻译水平的调控**

真核生物蛋白质合成起始时，40S 核糖体亚基及有关合成起始因子首先与 mRNA 模板近 5′端处结合，然后向 3′端方向移行，发现 AUG 起始密码时，与 60S 亚基形成 80S 起始复合物，即真核生物蛋白质合成的“扫描模式”。mRNA 5′端的帽子与蛋白质合成速率有重要关系：①帽子结构是 mRNA 前体在细胞核内的稳定因素，也是 mRNA 在细胞质内的稳定因素，没有帽子的转录产物会很快被核酸酶降解；②帽子可以促进蛋白质生物合成过程中起始复合物的形成，因此提高了翻译强度；③没有甲基化（$m^7G$）

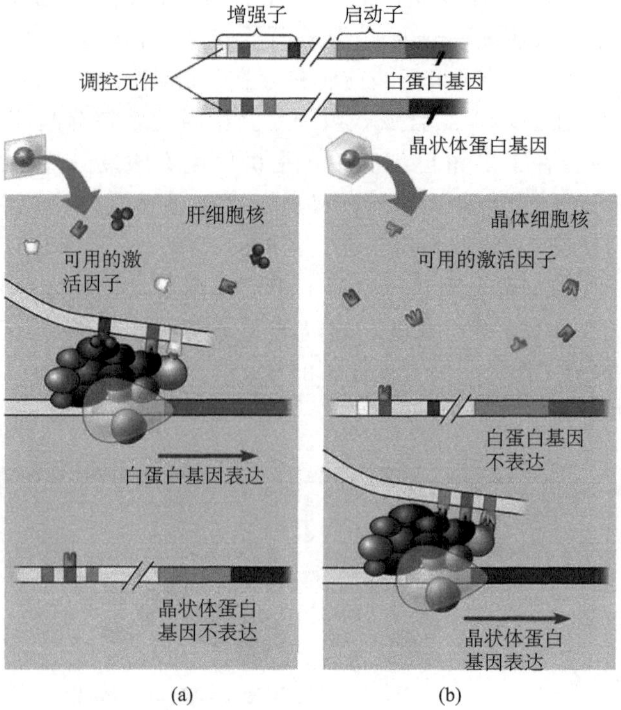


图 1-4-32　肝细胞核基因组与晶体细胞核基因组相同，但可用的基因表达激活因子不同，导致组织细胞基因表达上的差异

(a) 肝细胞；(b) 晶体细胞

的帽子（如 GPPPN-）以及用化学或酶学方法脱去帽子的 mRNA，其翻译活性明显下降。

（蔡在龙　焦炳华）

# 第5章　基因操作技术

本章所述基因操作技术主要是指DNA重组技术，即利用一些工具酶在体外对DNA分子进行剪切和重新连接，构成重组DNA分子，然后把它导入宿主细胞，进而扩增相关DNA片段，表达相关基因的产物。DNA重组技术的基本流程包括：①目的基因的获取；②载体的选择和处理（限制性内切核酸酶酶切）；③目的基因和载体的连接；④将连接产物导入宿主细胞内；⑤重组子的筛选和鉴定。

## 5.1　基因的获取

### 5.1.1　已知序列基因的克隆

随着分子生物学实验技术、高通量测序技术和生物信息学的飞速发展及人类基因组计划的完成，越来越多的基因序列被我们所了解，在GenBank的数据库（http://www.ncbi.nlm.nih.gov/genbank/）中可以方便地获得某种基因的核酸序列和蛋白质序列，甚至有许多基因已被研究人员克隆至相应载体上。当研究需要我们重新克隆这些已知核苷酸序列的基因时，就可用化学合成和PCR的方法获取该基因片段。

#### 5.1.1.1　化学合成法

基因的化学合成是指在体外利用化学反应合成多条单链寡核苷酸，再将其拼接组装成双链DNA分子的技术。

**1. 寡核苷酸的化学合成**

寡核苷酸的化学合成研究始于20世纪50年代。1952年阐明核酸大分子是由4种核苷酸通过3′,5′-磷酸二酯键连接起来的这个基本结构以后，化学家们便立即开始尝试核酸的人工合成。英国剑桥大学A. R. Todd实验室于1955年首先合成了具有3′,5′-磷酸二酯键结构的TpT和pTpT，并获得1957年的诺贝尔化学奖。此后，H. G. Khorana等对基因的人工合成作出了划时代的贡献，不仅创建了基因合成的磷酸二酯法，而且发展了一系列有关核苷酸的糖上羟基、碱基的氨基和磷酸基的保护基及缩合剂和合成产物的分离、纯化方法。到目前为止，寡核苷酸化学合成方法有磷酸三酯法、亚磷酸酯法及亚磷酸酰胺法。此后又发展了固相化技术，实现了DNA合成的自动化。

核酸固相合成（nucleic acid solid-phase synthesis）的基本原理是将所要合成的核酸链的末端核苷酸先固定在一种不溶性高分子固相载体上，然后再从此末端开始将其他核苷酸按顺序逐一延长。每延长一个核苷酸残基经历一轮相同的操作，由于延长的核酸链始终被固定在固相载体上，所以过量的未反应物或反应副产物可通过过滤或洗涤的方法除去。合成至所需长度后的核酸链可从固相载体上切割下来并脱去各种保护基，再经纯化即可得到最终产物。

目前大多数DNA合成仪是以固相磷酰亚胺法为基础设计制造的，一般都采用$\beta$-乙腈亚磷酰胺化学合成寡聚 DNA。合成时从 3′→5′方向进行，通常 3′端的第一个碱基结合在玻璃载体（controlled pore glass，CPG）上。合成的详细过程见图 1-5-1，基本过程简要说明如下。

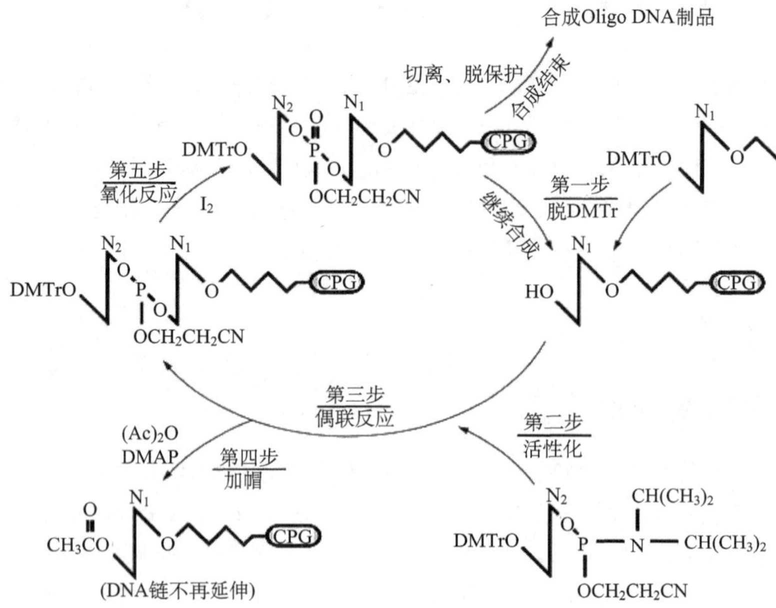


图 1-5-1　寡核苷酸合成过程示意图

（1）第一步：脱掉附加在 CPG 上的第 1 个碱基 5′-OH 基团上的保护基（DMTr），准备附加下一个新的碱基。

（2）第二步：活化新的碱基单体亚磷酰胺（phosphoramidite），准备与第 1 个碱基进行反应。

（3）第三步：第 2 个碱基与第 1 个碱基发生偶联反应。

（4）第四步：将没有反应的第 1 个碱基的 5′—OH 加帽封闭（capping），使其不再进一步参与反应。

（5）第五步：将核苷亚磷酸酯氧化成更稳定的核苷磷酸酯（即将三价磷氧化成五价磷）。

（6）重复进行第一步至第五步，直至合成完所需的寡聚 DNA 序列。

（7）合成结束后，将寡聚 DNA 分子从 CPG 上切下，再进行进一步的纯化。

该方法的优点在于准确性极高、合成速率较快。尽管合成时每一步的效率都为 97%～98%，但累积的效率并不高，粗产品中存在大量盐和未合成完全的短链，目的寡聚 DNA 含量很低。所合成的寡核苷酸长度越长，产率越低，所以现在合成的单链寡核苷酸链长度一般不超过 80 个碱基，主要用于 PCR 引物、寡核苷酸探针、人工接头和较小基因的合成。

**2. 基因合成**

我们通常所说的基因合成是指在寡核苷酸合成的基础上，采用分段合成的方法先合成相应的单链寡核苷酸，再利用互补拼接或互补延伸的方法组装成完整的双链目的基因的技术。

互补拼接法也称为全片段连接法，一般对于长度较短而又不易得到的基因采用该方式。其过程是将双链基因分成若干寡核苷酸单链片段，每个片段长度控制在 40～60 个碱基，并使每对相邻互补的片段之间有约 6 个碱基交叉重叠。在体外将所有片段磷酸化，然后在适宜的条件下进行复性，再用 T4 DNA 连接酶将其连接成完整的基因片段。对于更长的基因序列，可以进行多步拼接的方法进行组装（图 1-5-2）。

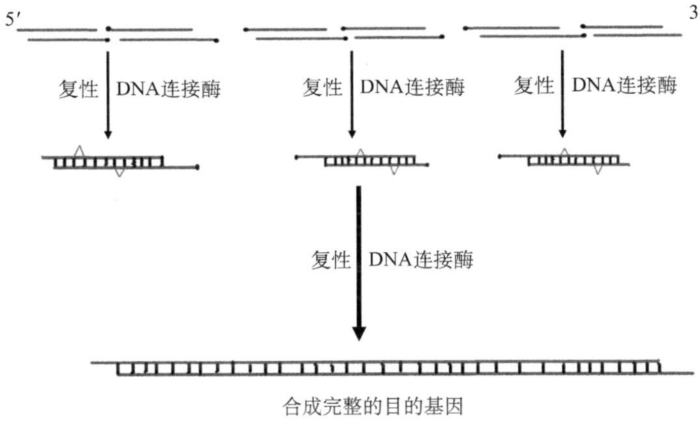


图 1-5-2　互补拼接法（全片段连接法）流程

互补延伸法也称为酶促填充法，是一种基因的半合成的方法。全基因，特别是较大的基因的全部化学合成成本昂贵，使用半合成的方法可以降低成本。具体过程是，首先合成末端之间 10～14 个互补碱基的寡核苷酸片段，退火后形成不连续、有间断的 DNA 链（类似于模板-引物复合体）；再以重叠区序列作为引物，4 种 dNTP 为原料，在 Klenow 酶作用下延伸以填充片段间的单链区域；最后用 T4 DNA 连接酶将其连接成完整的基因片段（图 1-5-3）。

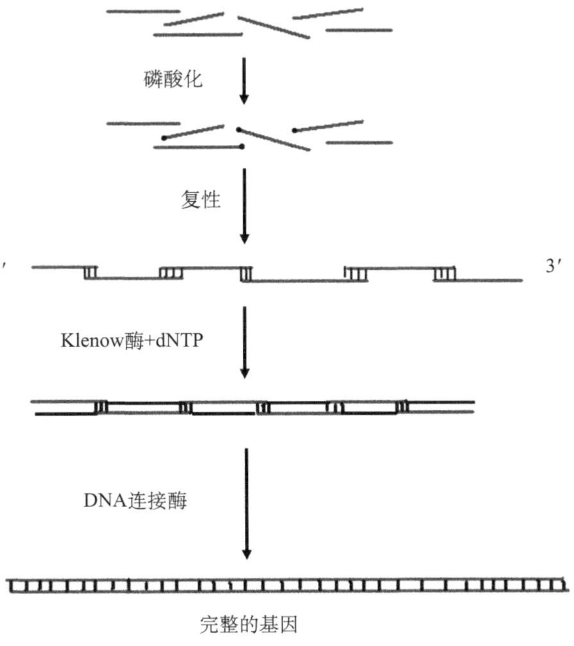


图 1-5-3　互补延伸法（酶促填充法）的流程

全基因化学合成的方法可以帮助我们获得一些用一般的实验手段无法得到的基因，目前可以合成长度为 50 bp～15 kb 的基因。化学合成法也可以改变原始的基因序列，甚至可以合成自然界不存在的基因序列，为人类改造生物开辟了一个全新的方向，是一种重要的基因获取的手段。

#### 5.1.1.2 聚合酶链反应技术

聚合酶链反应（polymerase chain reaction，PCR）是一种在体外快速扩增特定基因或 DNA 序列的方法，又称为基因的体外扩增法。PCR 技术自问世以来已成为获得外源基因的一个有效的手段。对于序列已知的目的基因，可以设计一段与目的基因两端特异性互补的引物，利用 PCR 技术，在试管中建立反应，经数小时之后，就能将极微量的目的基因或特定的 DNA 片段扩增数十万倍，乃至千百万倍。PCR 技术操作简单，容易掌握，结果也较为可靠，为基因的分析与研究提供了一种强有力的手段。随着 PCR 技术的发展，现在已能合成长达几十 kb 的 DNA 片段。但是此方法的产物中可能有1/10 000～1/1000 的错配率，所以 PCR 产物中可能存在突变体。因此，通过 PCR 克隆的基因，必须通过 DNA 序列测定才能确认。PCR 技术不仅可以用来扩增、分离和筛选目的基因，而且在临床医疗诊断、胎儿性别鉴定、癌症治疗的监控、基因突变与检测、分子进化研究及法医学等诸多领域都有着重要的用途。

**1. PCR 原理**

PCR 在体外酶促扩增 DNA 的原理类似于天然 DNA 的复制机制，主要是利用 DNA 聚合酶依赖于 DNA 模板的特性，模仿体内的复制过程，在附加的一对引物之间诱发聚合反应。人工合成的这对引物的序列是依据被扩增区域的两侧边界 DNA 序列确定的，而且每种引物分别与相对的一条 DNA 链互补。PCR 的全过程是通过变性、退火、延伸组成的“三部曲”的若干轮循环完成的，其中每一步的转换是通过温度的改变来控制（图 1-5-4）。

（1）变性（denaturation）。模板 DNA 在 95℃左右的高温条件下双螺旋的氢键断裂，双链 DNA 解链成为单链 DNA 并游离于反应液中。

（2）退火（annealing）。人工合成的两个寡核苷酸引物在适当的温度下分别与模板 DNA 扩增区域的两个侧翼准确配对结合。由于添加的引物比模板 DNA 的分子数远远过量，因此引物与模板 DNA 形成复合物的概率远远高于 DNA 分子自身的复性。

（3）延伸（extension）。在 4 种 dNTP 底物及 $Mg^{2+}$ 存在的条件下，DNA 聚合酶在最适作用温度条件下可将单核苷酸从引物 3′端掺入，沿模板延伸合成新股 DNA，每一个循环的产物可作为下一个循环的模板。

整个 PCR 过程一般需进行 30 轮的循环。在最初的循环阶段，原来的 DNA 链起着模板的作用，随着循环次数的递增，新合成的引物延伸链急剧增多而成为主要的模板，因此 PCR 扩增产物将受到所加引物 5′端的限定，其终产物序列介于两种引物 5′端之间的区域。

**2. PCR 反应中的主要成分**

（1）引物（primer）。PCR 反应产物的特异性由一对上下游引物所决定。引物的好坏往往是 PCR 成败的关键。引物设计和选择目的 DNA 序列区域时可遵循下列原则。

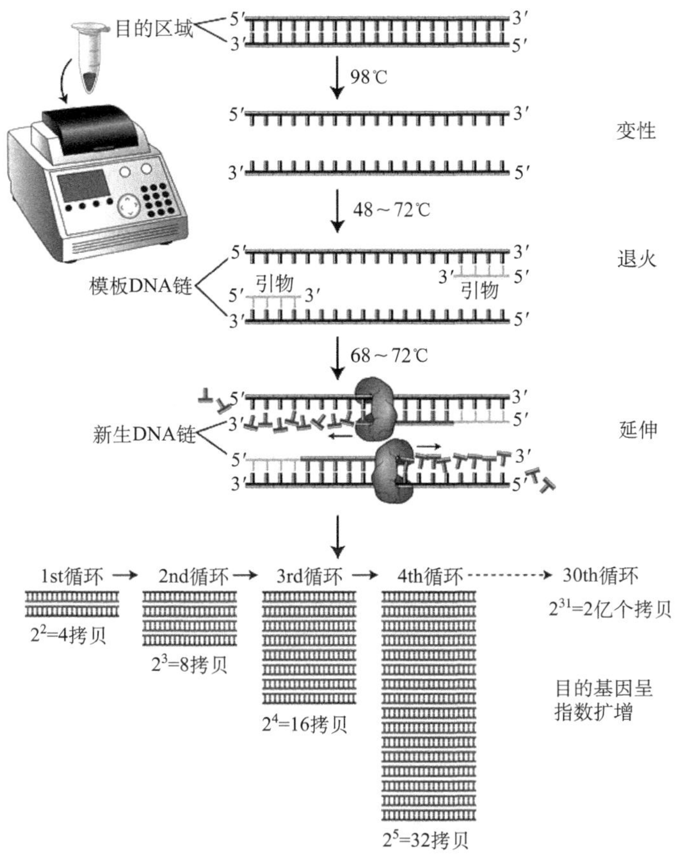


图 1-5-4　PCR 原理示意图

①引物长度为 16～30 nt，常用为 20 nt 左右，太短会降低退火温度，影响引物与模板配对，从而使非特异性增高；太长则比较浪费，且难以合成。②引物中 G+C 含量通常为 40%～60%，可按下式估计引物的解链温度 $T_m=4(G+C)+2(A+T)$。③4 种碱基应随机分布，在 3′端不存在连续 3 个 G 或 C，因这样易导致错误引发。④引物 3′端最好与目的序列阅读框架中密码子的第 1 位或第 2 位核苷酸对应，以减少由于密码子摆动产生的不配对。⑤在引物内，尤其在 3′端应不存在二级结构。⑥两个引物之间尤其在 3′端不能互补，以防出现引物二聚体而减少产量。两个引物之间最好不存在 4 个连续碱基的同源性或互补性。⑦引物 5′端对扩增特异性影响不大，可在引物设计时加上限制酶切位点、核糖体结合位点、起始密码子、缺失或插入突变位点以及标记生物素、荧光素、地高辛等。通常应在 5′端限制酶位点外再加 1～2 个保护碱基。⑧引物不与模板结合位点以外的序列互补。所扩增产物本身无稳定的二级结构，以免产生非特异性扩增，影响产量。⑨简并引物应选用简并程度低的密码子，如选用只有一种密码子的 Met，3′端应不存在简并性，否则可能由于产量低而看不见扩增产物。⑩引物的特异性：引物应与核酸序列数据库的其他序列无明显同源性（70%）。

一般 PCR 反应中的引物终浓度为 0.2～1.0 μmol/L。引物过多会产生错误引导或产生引物二聚体，过低则降低产量。利用紫外分光光度计可精确计算引物浓度，在 1 cm光程比色杯中，260 nm 下，引物浓度可按下式计算：

$$X\ mol/L = OD_{260}/[A\ (16\ 000) + C\ (70\ 000) + G\ (12\ 000) + T\ (9600)]$$

式中，$X$ 为引物摩尔浓度；$A$、$C$、$G$、$T$ 为引物中 4 种不同碱基的个数。

（2）4 种三磷酸脱氧核苷酸（dNTP）。dNTP 应该用 NaOH 将 pH 调至 7.0，并用分光光度计测定其准确浓度。dNTP 原液可配成 5～10 mmol/L 并分装于－20℃储存。一般反应中每种 dNTP 的终浓度为 20～200 μmol/L。理论上 4 种 dNTP 各 20 μmol/L，足以在 100 μl 反应液中合成 2.6 μg 的 DNA。当 dNTP 终浓度大于 50 mmol/L 时可抑制 *Taq* DNA 聚合酶的活性。4 种 dNTP 的浓度应该相等，以减少合成中由于某种 dNTP 的不足出现的错误掺入。

（3）$Mg^{2+}$。$Mg^{2+}$ 浓度对 *Taq* DNA 聚合酶影响很大，它可影响酶的活性和保真性、引物退火和解链温度、产物的特异性及引物二聚体的形成等。通常 $Mg^{2+}$ 的浓度为 0.5～2 mmol/L。对于一种新的 PCR 反应，可以用 0.1～5 mmol/L 递增浓度的 $Mg^{2+}$ 进行预备实验，选出最适的 $Mg^{2+}$ 浓度。在 PCR 反应混合物中，应尽量减少有高浓度的带负电荷的基团，如磷酸基团或 EDTA 等可能影响 $Mg^{2+}$ 浓度的物质，以保证最适 $Mg^{2+}$ 浓度。

（4）模板。PCR 反应必须以 DNA 为模板进行扩增，模板 DNA 可以是单链分子，也可以是双链分子；可以是线状分子，也可以是环状分子（线状分子比环状分子的扩增效果稍好）。一般 PCR 反应中的模板数量为 $10^2$～$10^5$ 个拷贝；对于单拷贝基因，则需要 0.1 μg 的人基因组 DNA、10 ng 的酵母 DNA、1 ng 的大肠杆菌 DNA。扩增多拷贝序列时，模板用量更少。灵敏的 PCR 可从一个细胞、一根头发、一个孢子或一个精子提取的 DNA 中分析目的序列。模板量过多则可能增加非特异性产物。DNA 中的杂质也会影响 PCR 的效率。

（5）*Taq* DNA 聚合酶。耐热的依赖于 DNA 的 DNA 聚合酶，分子质量为 65 kDa，主要应用于 PCR 中对 DNA 分子的特定序列进行体外扩增。其特点是 95℃不失活，引物退火与延伸可在较高温度进行。目前有两种 *Taq* DNA 聚合酶供应，一种是从栖热水生杆菌中提纯的天然酶，另一种是大肠杆菌合成的基因工程酶。酶合成速率为 150 b/s/分子（75℃），酶催化合成的忠实度高，催化一个典型的 PCR 反应约需酶量 2.5 U（指总反应体积为 100 μl 时），浓度过高可引起非特异性扩增，浓度过低则合成产物量减少。一般 *Taq* DNA 聚合酶活性半衰期为 92.5℃ 130 min、95℃ 40 min、97℃ 5 min。*Taq* DNA 聚合酶的酶活性单位定义为 74℃下 30 min，掺入 10 nmol/L dNTP 到核酸中所需的酶量。*Taq* DNA 聚合酶的一个致命弱点是它的出错率，一般 PCR 中出错率为 $1/2\times10^4$ 核苷酸/每轮循环，在利用 PCR 克隆和进行序列分析时对此尤其应该注意。

PCR 反应结束后，如果需要利用这些产物进行下一步实验，需要预先灭活 *Taq* DNA 聚合酶，灭活 *Taq* DNA 聚合酶的方法有：①PCR 产物经酚∶氯仿抽提，乙醇沉淀。②加入 10 mmol/L 的 EDTA 螯合 $Mg^{2+}$；③99～100℃加热 10 min。目前已有直接纯化 PCR 产物的试剂盒可用。

（6）反应缓冲液。反应缓冲液一般含 10～50 mmol/L Tris-HCl（20℃下 pH 8.3～8.8）、50 mmol/L KCl 和适当浓度的 $Mg^{2+}$。Tris-HCl 在 20℃时 pH 为 8.3～8.8，但在实际 PCR 反应中，pH 为 6.8～7.8。50 mmol/L 的 KCl 有利于引物的退火。另外，反应液可加入 5 mmol/L 的二硫苏糖醇（DDT）或 100 μg/ml 的牛血清白蛋白（BSA），

它们可稳定酶活性。另外，加入T4噬菌体基因32编码蛋白对扩增较长的DNA片段有利。各种商品化*Taq* DNA聚合酶都有自己特定的一些缓冲液。

**3. PCR反应参数**

（1）变性。在第一轮循环前，在94℃下变性5～10 min非常重要，它可使模板DNA完全解链，然后加入*Taq* DNA聚合酶（即热启动），这样可减少聚合酶在低温下仍有活性从而延伸非特异性配对的引物与模板复合物所造成的错误。变性不完全往往使PCR失败，因为未变性完全的DNA双链会很快复性，减少DNA产量。一般变性温度和时间为94℃、1 min。在变性温度下，双链DNA解链只需几秒钟即可完全，所耗时间主要是为使反应体系完全达到适当的温度。对于富含GC的序列，可适当提高变性温度。但变性温度过高或时间过长都会导致酶活性的损失。

（2）退火。引物退火的温度和所需时间的长短取决于引物的碱基组成、引物的长度、引物与模板的配对程度及引物的浓度。实际使用的退火温度比扩增引物的$T_m$值约低5℃。一般当引物中GC含量高、长度长并与模板完全配对时，应提高退火温度。退火温度越高，所得产物的特异性越高。有些反应甚至可将退火与延伸两步合并，只用两种温度（如68℃和94℃）完成整个扩增循环，既省时间又提高了特异性。退火一般仅需数秒钟即可完成，反应中所需时间主要是为使整个反应体系达到合适的温度。通常退火温度和时间为37～65℃、1～2 min。

（3）延伸。延伸反应温度通常为72℃，接近于*Taq* DNA聚合酶的最适反应温度75℃。实际上，引物延伸在退火时即已开始，因为*Taq* DNA聚合酶的作用温度为20～85℃。延伸反应时间的长短取决于目的序列的长度和浓度。在一般反应体系中，*Taq* DNA聚合酶每分钟约可合成2 kb长的DNA。延伸时间过长会导致产物非特异性增加。但对很低浓度的目的序列，则可适当增加延伸反应的时间。一般在扩增反应完成后，都需要一步较长时间（10～30 min）的延伸反应，以获得尽可能完整的产物，这对以后进行克隆或测序反应尤为重要。

（4）循环次数。当其他参数确定之后，循环次数主要取决于DNA浓度。一般而言，25～30轮循环已经足够。循环次数过多，会使PCR产物中非特异性产物大量增加。通常经25～30轮循环扩增后，反应中*Taq* DNA聚合酶活性已经不足，如果此时产物量仍不够，需要进一步扩增，可将扩增的DNA样品稀释$10^3$～$10^5$倍作为模板，重新加入各种反应底物进行扩增，这样经60轮循环后，扩增水平可达$10^9$～$10^{10}$。

**4. 反转录PCR制备目的基因**

普通PCR方法以DNA为模板扩增基因，但真核生物的基因组中通常分为可转录为mRNA的外显子和不转录为mRNA的内含子，所以从染色体DNA中用PCR方法扩增出的基因是内含子和外显子相间排列的DNA分子，不能用于基因工程的直接表达。反转录PCR（reverse transcription-PCR，RT-PCR）利用反转录病毒依赖于RNA的DNA反转录酶，在寡聚（dT）、随机引物或基因特异性引物的引导下合成mRNA互补的DNA（complemental DNA，cDNA），再按普通PCR方法用两条引物以cDNA为模板，扩增出不含内含子的可编码完整蛋白质的基因（图1-5-5）。这个DNA的5′端和3′端经改造可直接用于基因工程的表达，因此RT-PCR成为了目前获取目的基因的一条重要途径。

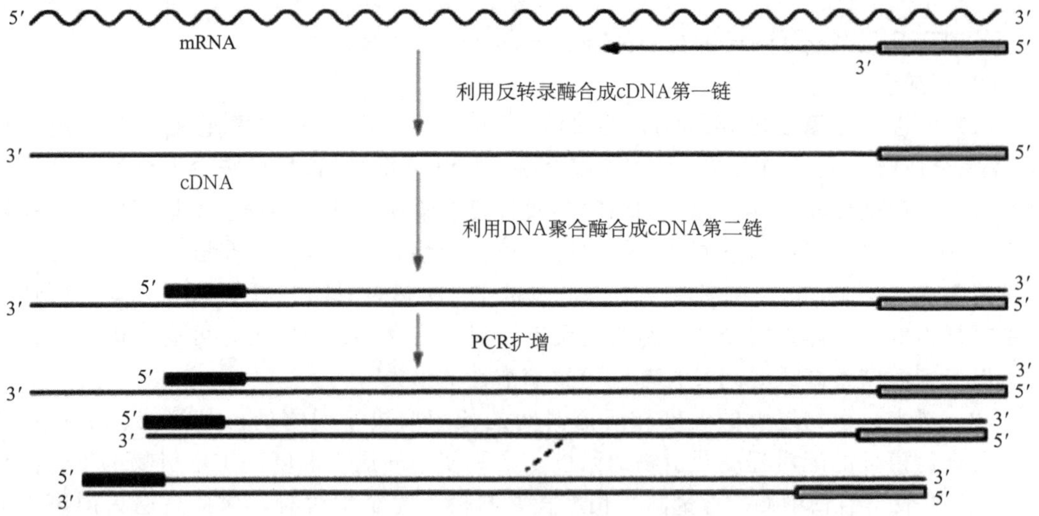


图 1-5-5 RT-PCR 原理示意图

以 mRNA 为样品时，应注意扩增产物既可能来源于 mRNA，也可能来源于染色体上的 DNA。解决的办法有两种，一种办法是设计引物时一对引物跨过一个内含子，这样从 mRNA 和 DNA 来的 PCR 产物大小不同，可以在琼脂糖电泳下区别。另一种办法是将得到的 RNA 样品用不含 RNA 酶的 DNA 酶预消化，彻底降解其中的 DNA。

**5. 其他 PCR 衍生技术**

（1）套式 PCR。套式 PCR 是指用两对引物先后扩增同一样品的方法。一般先用一对引物扩增一段较长的靶基因，然后取 1～2 $\mu$l 第一次扩增的产物再用第 2 对引物扩增其中的部分片段。这种方法较常规 PCR 灵敏度大大提高，同时第 2 次扩增又可鉴定第 1 次扩增产物的特异性。所以这种方法用于临床检验，假阴性极少，特异性也好，临床血清、尿等样品仅需简单处理即可得到重复性很好的结果。

（2）原位 PCR。原位 PCR 是指直接在组织细胞中对特异 DNA 或 RNA 进行 PCR 扩增，然后直接检测或用原位杂交对扩增产物进行分析的一种方法。这种方法与 PCR 相比，不需抽提组织细胞中的核酸，形态结构不被破坏；与探针原位杂交相比，灵敏度一般可提高 100 倍左右。目前原位 PCR 或原位杂交 PCR 主要应用于病毒的检测［主要是人类免疫缺陷病毒（HIV）］、肿瘤发生率、胚胎学、RNA 转运等。

（3）多重 PCR。多重 PCR 是指同时扩增模板上的多个靶基因。这项技术的特点是效率高、消耗的时间和试剂少；能够作为内部参照；可指示模板的数量和质量。目前多重 PCR 已大量地应用于病原体鉴别、连锁分析、法医研究、模板定量和遗传病诊断。

（4）定量 PCR。定量 PCR 即通过 PCR 扩增来定量扩增体系中的 DNA 或 RNA 的起始拷贝数量。用定量 PCR 技术可以分析某一个基因的拷贝数和转录水平，也可以对特异病原体 DNA 或 RNA 进行定量研究。

目前发展的定量 PCR 技术主要有两种，一是 Taqman 荧光探针技术，二是 SYBR-Green I 染料法。定量 PCR 技术可对 PCR 扩增全过程进行实时动态检测，可精确测定几个到几百万个起始拷贝，定量重现性好。

## 5.1.2 未知基因的克隆

未知基因的克隆相对要复杂一些，根据研究目的的不同主要分为两种类型：一是克隆某一序列未知基因的完整序列，用于基因工程表达蛋白质或基因功能研究；二是获得与某些疾病或生理功能相关的未知差异表达基因，阐明相应的分子机制。克隆某一特定未知基因常用的方法有基因文库筛选（gene library screening）和染色体步移（genomic DNA walking），克隆获得功能相关的差异表达基因的方法主要有差异显示 PCR 和消减杂交技术等。

### 5.1.2.1 基因文库的构建和筛选

基因文库分为基因组文库（genomic library）和 cDNA 文库（cDNA library）。基因组文库是指含有某种生物体全部基因的随机片段的重组 DNA 克隆群体，来源于基因组 DNA，反映基因组的全部信息，用于基因组物理图谱的构建、基因组序列分析、基因在染色体上的定位、基因组中基因的结构和组织形式等；cDNA 文库是指含有所有 cDNA 片段的重组克隆群体，来源于细胞表达的 mRNA，反映基因组表达的基因序列信息，用于研究特定细胞中基因的表达状态和表达基因的功能等。两者构建方法不同，但筛选方法基本一致。

**1. 基因组文库的构建**

用限制性内切核酸酶切割细胞的整个基因组 DNA，可以得到大量的基因组 DNA 片段，然后将这些 DNA 片段与载体连接，再转化到宿主菌中去，让宿主菌长成克隆。这样，一个克隆内的每个细菌的载体上都包含有特定的基因组 DNA 片段，整个克隆群体就包含基因组的全部基因片段总和，称为基因组文库（图 1-5-6）。

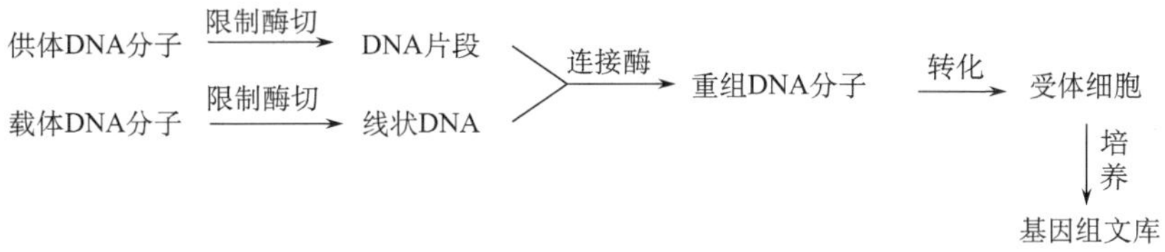


图 1-5-6 基因组文库的构建流程图

(1) 基因组 DNA 的制备。由于哺乳类动物基因组含量大，在提取其特异组织或细胞内的全部染色体 DNA 后，需用限制性内切核酸酶对基因组 DNA 进行不完全切割，并用不同的方法分离获得 15～45 bp 大小的片段。通常采用蔗糖梯度离心法，经10%～40%梯度离心，收集不同梯度分离液，经琼脂糖凝胶电泳鉴定 DNA 片段的大小后，将所需要的 DNA 片段沉淀纯化，以备与载体连接使用。还可以采用琼脂糖凝胶电泳分离法，经电泳分离后，洗脱出所需的 0.5～20 kb DNA，此方法需要特殊的电泳装置。

(2) 载体。适用于构建基因组文库的载体有以下两种。①噬菌体中置换型 EMBL3 和 EMRL 载体。这类载体含多个酶切位点，可插入外源 DNA 片段的大小为 15 kb，将这类载体可置换的中央片段切除，收集载体的左臂和右臂部分，与外源插入 DNA 的片段在体外连接包装成为噬菌体。对真核生物 $3\times10^9$ bp 大小的 DNA 来说，以平均插入片段为 15 kb 计算，大约需要 20 万个噬菌体才能容纳全部真核生物基因组 DNA 的信息。经统计学计算，也要进行 1 万～200 万个噬菌体的筛选。工作量之大，显而易见。②柯斯质粒。它最大的优点是携带外源 DNA 片段较大，为 45 kb。虽然具有噬菌体包装所必需的 2 个 *cos* 基因，柯斯质粒在插入外源 DNA 后也需在体外包装，用以感染大肠杆菌。

（3）基因组文库的建立。目前基因组文库的建立多采用以上介绍的两种载体携带外源基因组 DNA 构建而成，主要有以下步骤。①连接：将准备好的基因组 DNA 片段与经酶切割的载体 DNA 片段按适当的比例加在一起，在 T4 连接酶的作用下，使两者连接成为重组克隆。②体外包装：连接后的重组体均需在体外加入包装提取物，促使重组体包装后成为单个噬菌体颗粒。③转染：经包装形成的噬菌体颗粒进一步转染到适合的大肠杆菌受体中，为基因组文库的储存和筛选做好准备。比较成功的基因组文库的滴度应为 $1\times10^{6}$ pfu/ml 以上。

**2. cDNA 文库的构建**

cDNA 文库是以特定的组织或细胞 mRNA 为模板，反转录形成的互补 DNA 与适当的载体（常用噬菌体或质粒载体）连接后转化受体菌形成重组 DNA 克隆群，这种包含着细胞全部 mRNA 信息的 cDNA 克隆集合称为该组织或细胞的 cDNA 文库（图 1-5-7）。cDNA 文库特异地反映某种组织或细胞中，在特定发育阶段表达的蛋白质的编码基因，因此 cDNA 文库具有组织或细胞特异性。

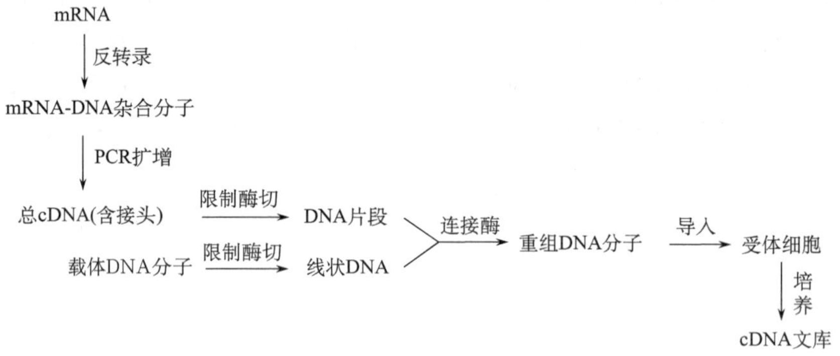


图 1-5-7　cDNA 文库构建的流程图

由于技术和理论的迅速发展，现在许多 cDNA 文库能够用小量 mRNA 进行常规制备，并且已有许多可靠的方法可用来鉴定稀少 mRNA 相对应的 cDNA 克隆。由于合成 cDNA 的酶促反应得到改善，增加了克隆 cDNA 的长度。现在除了最长的 mRNA 外，分离其他所有的 mRNA 的全长 cDNA 都已成为可能。

（1）cDNA 合成。构建 cDNA 文库的第一个步骤是分离细胞总 RNA，然后从中分离出大部分是 mRNA 的组分。真核 mRNA 分子的 3′端有 polyA 尾的结构。这种结构特征为从大量的 tRNA 和 rRNA 中分离出 mRNA 提供了非常方便的方法。把寡聚（dT）与纤维素（cellulose）结合的层析填料装入一根小柱中，当总 RNA 流过该柱时，mRNA 分子通过 polyA 与柱中的寡聚（dT）结合，而其他成分流出柱子，然后从柱上洗脱下 mRNA。一般含 polyA 的 mRNA 占细胞总 RNA 的 1%～2%。

mRNA 分子的 polyA 尾进而可被用来合成 cDNA。用 12～20 nt 长的寡聚（dT）与 polyA 结合作为反转录酶的引物，反转录反应的产物是一条 RNA-DNA 的杂交链。寡聚（dT）结合在 mRNA 的 3′端，因此合成全长的 cDNA 需要反转录酶从 mRNA 分子的一端移动到另一端，有时这种全合成难以达到，尤其是 mRNA 链很长时。为此，建立了一种随机引物法合成 cDNA。随机引物是一种长度为 6～10 nt，由 4 种碱基随机组成的 DNA 片段。与寡聚（dT）仅与 mRNA 3′端结合不同，它们可以在 mRNA 的不同位点结合。研究表明，用这种方法反转录，长链 mRNA 分子的 5′端顺序更容易被克隆。随机引物法合成的产物也是一条 RNA-DNA 杂交链。在把 cDNA 克隆到载体中之前，必须把这种杂交中的 RNA 链转变成 DNA 链，即形成双链 DNA 分子。

合成 cDNA 第二链的一种方法是利用 cDNA 第一链的末端（3′端）常常出现发夹环的特征，这种发夹结构是反转录酶在第一链末端“返折”并且进行复制第一链的结果。虽然这一现象可能是体外 DNA 合成所特有的，但是它为合成 cDNA 第二链提供了有用的引物。用这种方法合成的双链 cDNA 在一端有一个多余的发夹环，可以用单链特异的 S1 核酸酶处理，常常会“修剪”过多的 cDNA 顺序，使 cDNA 丢失 mRNA 5′端的部分顺序。

另一种方法是用大肠杆菌的 RNase H 进行。RNase H 能识别 RNA-DNA 杂交分子并把其中的 RNA 切割成短的片段，这些 RNA 短片段仍与 cDNA 第一链结合，成为大肠杆菌 DNA 聚合酶的引物，于是以 DNA 第一链作为模板合成新链。用这种方法合成的双链 cDNA，除 5′端头上尚余一小片段 mRNA 外，其余均被新合成的 DNA 所取代。新合成的 DNA 存在缺刻（nick），进一步用 DNA 连接酶把这些缺刻连接在一起形成一条完整的 DNA 链。RNase H 法优于 Sl 核酸酶法，它能获得包括 mRNA 5′端全部的或绝大部分的更长顺序 cDNA 分子。

（2）cDNA 克隆。cDNA 克隆的载体有质粒和噬菌体，它们各具有以下特点。①用质粒载体构建的文库，在重组子鉴定、文库扩增和保存等操作方面都较为方便，尤其是质粒改造的可塑性强，可根据不同的实验要求改造载体和接受各种克隆程序。但是质粒载体的克隆效率较低，用相同和等量的 cDNA 分子构建文库时，用质粒载体所得到的 cDNA 克隆数一般较用 $\lambda$ 噬菌体低 10～50 倍。并且文库筛选时通常限制在较低的菌落密度下进行，尤其是用抗体筛选时较为困难。②$\lambda$ 噬菌体载体克隆效率高（可达 $10^7$ 克隆/$\mu$g cDNA)，能在高密度噬菌斑下进行筛选。但是，重组子鉴定和文库扩增等操作较为麻烦。此外，克隆程序单一。

双链 cDNA 插入载体可用末端转移酶加尾的方法，或者采用更为普遍的“接头”的方法，即在 cDNA 两端加上用化学方法合成的、顺序中含限制酶识别位点（如 *Eco*RⅠ位点）的寡核苷酸片段（通常为 8～12 bp)。用连接酶把接头与双链 cDNA 相连，再用限制酶切割，使原来平端的 cDNA 变成黏端，插到已用相同限制酶处理的载体中。用接头法克隆 cDNA 时，首先用甲基化酶（methylase）修饰 cDNA 顺序中可能存在的限制酶识别位点（如 *Eco*RⅠ），以防止在后续步骤中被该限制酶切割破坏。

**3. 基因文库的筛选**

根据不同的研究目的选择基因组文库或对 cDNA 文库进行筛选，可以获得序列未知的基因组序列或者 cDNA 序列。cDNA 文库比基因组 DNA 文库小得多，能够比较容易从中筛选克隆得到细胞特异表达的基因。但对真核细胞来说，从基因组DNA文库获得的基因是带有内含子和外显子的基因组基因，而从cDNA文库中获得的是已经过剪接、去除了内含子的cDNA。两者筛选的方法基本相同，主要是利用核酸杂交的方法筛选目的基因，下面以cDNA文库筛选为例进行介绍。

（1）用核酸探针筛选目的cDNA。当对欲分离的基因序列有所了解时，筛选的最直接方法是用核酸探针进行杂交。例如，当目的基因的部分序列已被克隆，则可用该片段作为探针筛选该基因其他序列的克隆；或者当有与目的基因同源的基因已被克隆时，则可用该基因作为探针在部分配对的杂交条件下筛选目的克隆。用这种方法筛选时，应使用较低温度（42℃而不是65℃）和较高盐浓度（低严谨条件），此时，探针和克隆基因顺序中的错配碱基（mismatched base）可发生杂交。

图1-5-8是用核酸探针筛选λ噬菌体文库的示意图。当平板上噬菌斑长至肉眼可见时，把滤膜放在平板上，静止片刻后小心地掀起滤膜，此时噬菌斑中的噬菌体颗粒黏附在滤膜上，这些颗粒在滤膜上的分布与在主平板上的分布完全一致。经处理后，破坏颗粒的外壳蛋白并使噬菌体DNA结合在滤膜上。然后把滤膜放入含有放射性标记的DNA或RNA探针的溶液中杂交。这种杂交反应一般在塑料袋或杂交炉中进行。杂交后洗去膜上非结合的探针，而结合了探针的噬菌体DNA的位点则在X射线片上曝光［即放射自显影（auto-radiograph）］确定。然后根据X射线片上的放射性位点寻找相应的噬菌斑，从而分离到与探针顺序互补的目的克隆。

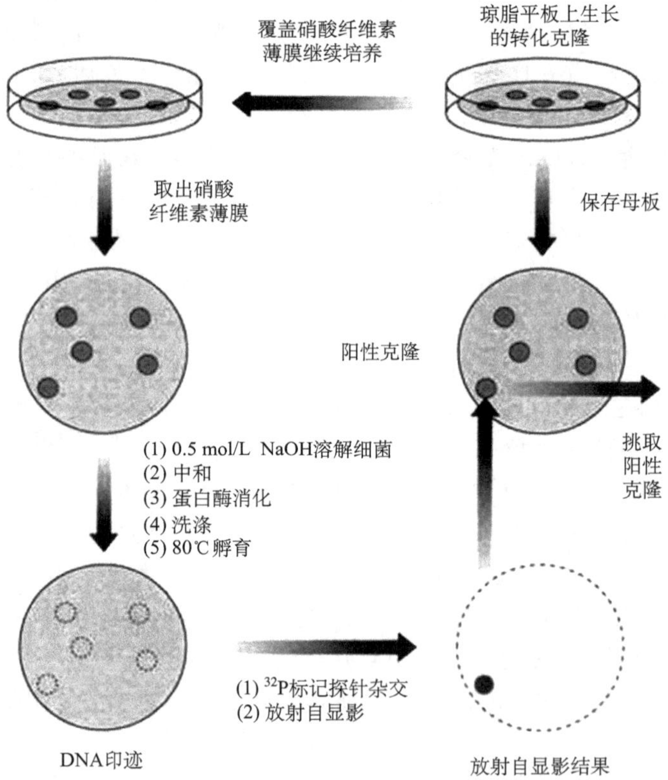


图1-5-8　用核酸探针筛选文库

(2) 用寡核苷酸探针筛选目的 cDNA。当目的基因的核苷酸序列一无所知，但该基因产物的少数氨基酸序列已知时，则可以从这些氨基酸序列中推导核苷酸序列来合成寡核苷酸探针。近年来，由于多肽序列测定技术有了很大改进，使这一筛选方法变得易于实施。

从氨基酸序列来指导合成寡核苷酸探针应注意以下两个问题。①设计的寡核苷酸探针必须能特异地识别目的基因，这种能在整个真核 cDNA 文库中与单一序列特异结合的寡核苷酸探针的最短长度为 15～16 nt，通常为 17～20 nt 的，即至少需要了解蛋白质肽链上 6 个连续的氨基酸序列。②由于遗传密码的简并性（degeneracy），大多数氨基酸有 2 种或 2 种以上的遗传密码，有的可多至 6 种，因此，一种氨基酸存在多种可能的 DNA 序列，这样，为了包括全部可能的序列，通常需要合成一组混合的寡核甘酸探针。该方法的不足之处是容易出现假阳性。

在重组 DNA 技术问世之前，测定蛋白质的氨基酸序列之前需要用经典的生化方法纯化蛋白质。随着 DNA 重组技术的发展和应用，使我们能比较迅速地从 cDNA 顺序推导出氨基酸序列，大量新的蛋白质序列资料迅速地增加，目前已形成了一个巨大的蛋白质数据库（database）。运用这个数据库，根据结构同源性和功能特征把蛋白质分成不同的家族。因此，对一个家族内部的不同蛋白质序列加以分析比较，可以找到一些含共同氨基酸序列的区域。通常一个保守区域由多肽链上的 6～7 个连续的氨基酸组成。这样大小的序列正适合制备寡核苷酸探针，因此可以作为筛选与该家族相关蛋白质的 cDNA 克隆。这一策略已被成功地用于分离编码蛋白激酶的 cDNA。

(3) 用抗体筛选目的 cDNA。目的 cDNA 克隆也可以用抗体进行筛选（图 1-5-9）。抗体筛选与核酸探针筛选在构建 cDNA 文库方面有以下不同。①cDNA 应克隆至表达载体中。表达载体中有使外源基因表达的必要调控成分，如启动子、SD 序列等，cDNA 片段插入载体，在这些调控元件作用下得到表达。通过表达产物与抗体特定的结合来识别和分离目的 cDNA 克隆。②一般以融合的形式表达目的基因，即把 cDNA 插在细菌基因的下游，使细菌基因的 3′端与 cDNA 的 5′端相连，两个基因融为一体进行转录和翻译，产生一个融合蛋白。③cDNA 片段在表达载体中的方向和阅读框架问题。在构建 cDNA 表达文库时，最简单的做法是在 cDNA 片段的两端连上接头，然后把 cDNA插入载体。以这样的方式克隆，每一种 cDNA 分子可按两个可能的方向插入载体，并且，由于 cDNA 合成时的随机性，在表达时每种方向插入的 cDNA 分子可能存在 3 种不同的阅读框架，因此，每种 cDNA 分子存在 6 种可能的表达产物，其中仅 1 种为该 cDNA 编码的正确产物，即出现的概率为 1/6。为了提高在筛选时找到目的 cDNA 的可能性，在构建 cDNA 文库时，可以采用使 DNA 片段以一种正确的方向插入载体的方法。例如，使 cDNA 片段两端带有不同的限制酶位点，以 cDNA 片段的 5′端靠近启动子的方向插入载体。同时，可以采用一套含有 3 种彼此不同阅读框架的系列载体，使任一 cDNA 片段插入后均可产生正确无误的表达产物。

构建表达 cDNA 文库的载体可以是质粒或噬菌体。并且，在筛选时与核酸探针相似，首先在平板上涂铺文库和制备硝酸纤维滤膜的拷贝，然后将滤膜处理（但不能在 80℃烤）暴露菌落或噬菌斑中的蛋白质，再将滤膜放入含抗体的溶液中，温育一定时间后，洗去未结合的抗体，再加入第二抗体或葡萄球菌蛋白 A。第二抗体用放射性核素

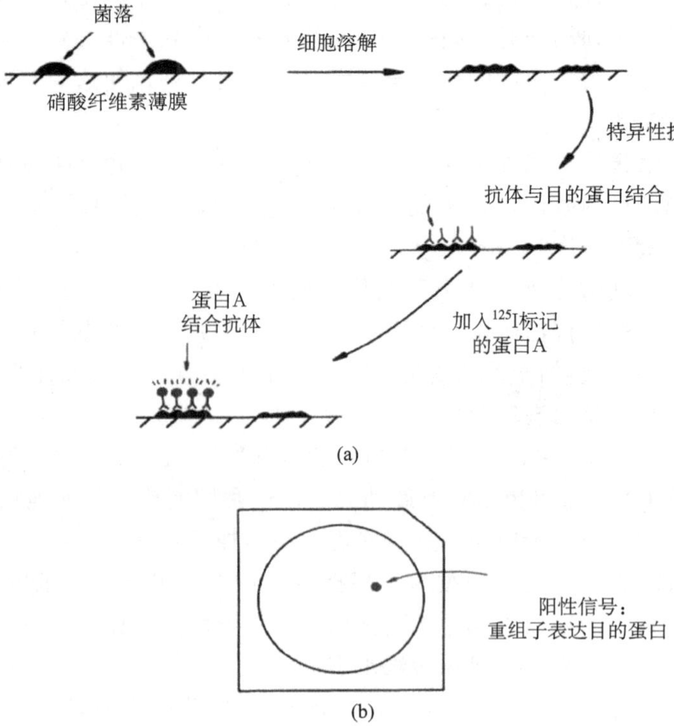


图 1-5-9 抗体筛选目的 cDNA 流程示意图

（a）免疫筛选；（b）放射自显影结果

（如$^{125}$I）、生物素或酶（如碱性磷酸酶）标记，通过这个标记试剂找到表达产物能与抗体结合的克隆，从而筛选出目的 cDNA 克隆。

### 5.1.2.2 染色体步移

染色体步移（chromosome walking）又称为基因组步移（genome walking），是指由生物基因组或基因组文库中的已知序列出发，逐步探知其旁邻的未知序列或与已知序列呈线性关系的目标序列的方法。对于已经完成基因组测序的模式生物种（如人、小鼠、线虫、水稻、拟南芥等），可以从数据库中轻松地找到已知序列的侧翼序列。但是对于自然界中基因组 DNA 序列仍未知的生物，要想知道一个已知区域两侧的 DNA 序列，染色体步移无疑是一种非常有效的方法。因此，染色体步移技术在现代分子生物学研究中占有举足轻重的地位和重要的现实意义。

染色体步移技术目前主要有以下几个方面的应用：①根据基因的已知片段、EST 或插入的转座子序列克隆目的基因，分离基因的启动子及调控元件；②鉴定 T-DNA 或转座子的插入位点，鉴定转基因技术所导致的外源基因的插入位点；③用于染色体测序工作中的空隙填补，获得完整的基因组序列；④图位克隆过程中获得连锁标记两侧的叠连群片段；⑤转化标记辅助育种中的序列标签位点（sequence-tagged site，STS）或序列特征化扩增区域（sequence characterized amplified region，SCAR）标记等。

目前，分离侧翼序列的染色体步移方法主要有两种。一种是以基因组文库为主要手段的染色体步移技术。构建基因组文库进行染色体步移尽管步骤比较烦琐，但是适于长距离步移，可以获得代表某一特定染色体的较长连续区段的重叠基因组克隆群。随着亚克隆文库构建条件的优化及测序技术的进步，这种方法也将更加快捷、准确。另一种是基于 PCR 扩增为主要手段的染色体步移技术。基于 PCR 扩增为主要手段的染色体步移技术步移距离相对较短，但是操作比较简单，尤其适合于已知一段核苷酸序列的情况下进行的染色体步移。

**1. 结合基因组文库的染色体步移技术**

利用基因组文库克隆目的基因，首先要有一个根据目的基因建立起来的遗传分离群体，找到与目的基因紧密连锁的分子标记，然后用遗传作图将目的基因定位在染色体的特定位置，找到与目的基因紧密连锁的分子标记。构建含有插入大片段 DNA 的基因组文库（BAC 或 YAC），以与目的基因连锁的分子标记为探针筛选基因组文库，鉴定出分子标记所在的大片段克隆，再以该克隆为染色体步移的起点，用外侧克隆末端作为探针筛选基因组文库，分离新的重叠克隆，用获得的阳性克隆，多次重复上述步骤，逐渐逼近目的基因，构建目的基因区域的重叠群。随后通过亚克隆文库获得含有目的基因的小片段克隆，最后通过遗传转化和功能互补验证最终确定目的基因的碱基序列。

**2. 基于 PCR 技术的染色体步移技术**

PCR 技术自发明以来，发展突飞猛进，先后有十几种扩增未知序列的染色体步移方法的报道。这些方法都有独特的技术特点以及特定的应用环境，但根据其技术原理，这些方法体现了 3 种主要的策略：连接成环 PCR 策略、外源接头介导 PCR 策略和半随机引物 PCR 策略。

（1）连接成环 PCR 策略。反向 PCR（inverse-PCR，I-PCR）是连接成环 PCR 策略最为典型的代表，该方法的基本原理是对已知序列进行分析，选择已知序列中没有的限制性内切核酸酶位点，酶切基因组 DNA 后，酶切片段环化自连，然后利用已知序列设计的反向引物，扩增已知序列两侧的未知序列，原理如图 1-5-10 所示。这种方法包括以下 3 个步骤：①基因组 DNA 酶切；②线性酶切产物环化；③已知序列处设计的反向引物扩增目标片段。在 PCR 扩增之前，选择在已知序列内具有单一酶切位点的酶，将自连后的环状 DNA 再切成线状，可显著提高 I-PCR 的扩增效率。若已知序列内没有合适的酶切位点，加热使环状 DNA 产生缺口，也可达到提高扩增效率的目的。最初，I-PCR 用于扩增基因组 DNA 的侧翼未知序列，后来利用 T4 DNA 聚合酶补平双链 cDNA 末端后再环化，可以有效扩增已知 cDNA 的侧翼未知序列。

I-PCR 成败的影响因素主要有两个：①分子间连接形成大量的线状串联体会导致非特异扩增；②酶切片段过长将导致扩增效率下降，因此优化连接反应体系尤为重要。以 I-PCR 为代表的连接成环 PCR 策略是历史上第一次利用 PCR 技术进行的染色体步移。尽管 I-PCR 应用不多，但它却是利用 PCR 进行染色体步移的一块基石，从此以后各种新方法大量涌现。

（2）外源接头介导 PCR 策略。接头介导 PCR 是通过对基因组 DNA 酶切消化之后，在未知序列酶切末端加上相应的接头，利用位于接头及已知序列处的引物扩增目标序列。锅柄 PCR（panhandle PCR，PPCR）是其代表性方法，因 PCR 过程中模板会形成

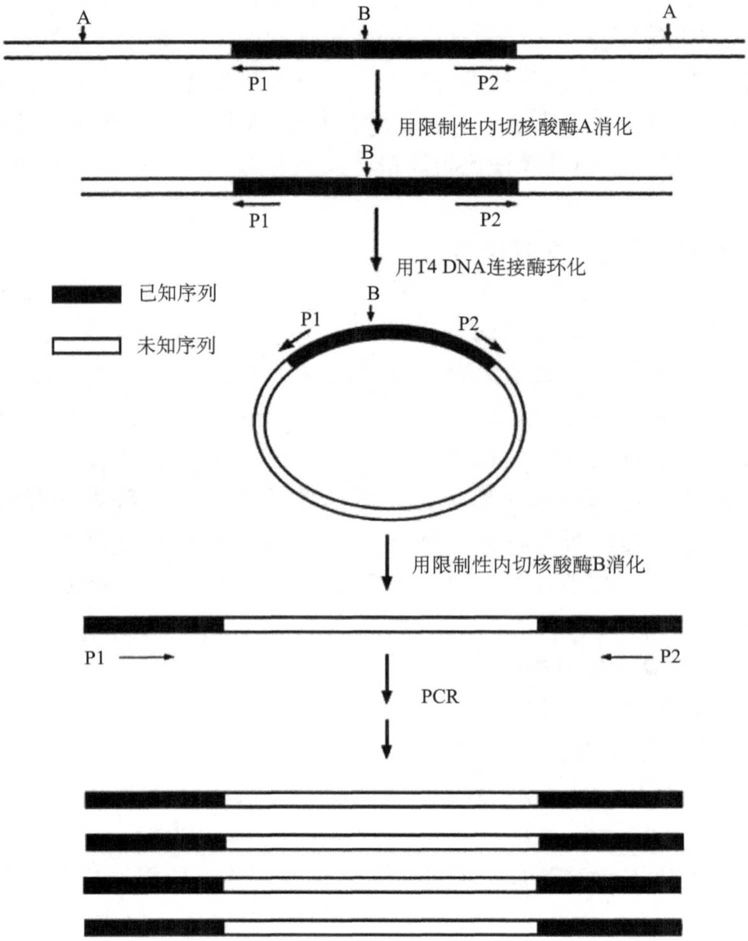


图 1-5-10　反向 PCR 原理示意图

类似锅柄状的茎环结构而得名，原理如图 1-5-11 所示。PPCR 的一般流程为：①酶切基因组 DNA，在 5′端产生黏性末端；②单链 DNA 接头的 5′端与酶切 DNA 黏性末端配对连接，连接产物纯化回收；③变性退火之后，单链模板上的接头与已知序列配对成双链，形成一个形似“锅柄”状的茎环结构；④利用特异引物与接头引物组合扩增目标片段。PPCR 的成功与否，就在于能否形成“锅柄”状的茎环结构。因此接头链的 5′端要与酶切末端配对连接，3′端要与部分已知序列反向互补。

（3）半随机引物 PCR 策略。上述 PCR 方法都需要利用限制性内切核酸酶酶切和连接的步骤，其应用就受限于序列中的酶切位点数目。半随机引物 PCR 方法不需要酶切、连接的步骤，直接利用已知序列上的特异引物与随机引物扩增未知序列。这种方法虽然简便易行，但是目标片段只是随机扩增，非特异性扩增现象较严重。

热不对称交错 PCR 反应（thermal asymmetric interlaced PCR，TAIL-PCR）对随机引物及 PCR 过程进行改进，使非特异性扩增产物得到有效抑制，是一种用来分离与已知序列邻近的未知 DNA 序列的技术。其原理是根据已知的 DNA 序列设计 3 条序列较长、退火温度较高的特异引物（special primer，SP），与位于未知序列处的随机简并

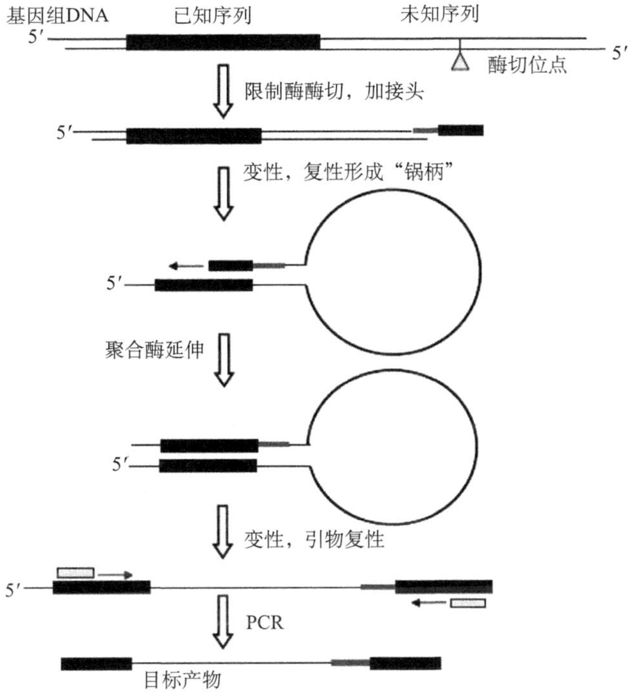


图 1-5-11　锅柄 PCR 原理示意图

引物（arbitrary degenerate primer，AP）组合，进行 3 次 PCR 反应，从而获得目的产物，如图 1-5-12 所示。锚定在已知序列处的特异引物的方向是由已知序列指向未知侧翼序列（即引物的 5′端远离未知序列）；引物长度为 25～27 个碱基，退火温度较高。另外一端的随机简并引物较短，碱基数为 14 个左右，退火温度较低。而巢式特异引物的退火温度至少要比随机简并引物的退火温度高 10℃，随机简并引物的退火温度大约为 46℃，巢式特异引物的退火温度一般为 58～65℃。因此，PCR 过程中，在高退火温度条件下，特异引物能较好地与已知序列上的位点结合，而随机简并引物则不能很好地与模板 DNA 结合；在低温条件下，两条引物链与模板 DNA 的结合效率相同。所以，在高严谨循环与低严谨循环交替进行时，由于引物退火温度不对称，使目标产物的量提高，随机简并引物自我配对扩增的非目标产物的量受到抑制。随后利用巢式 PCR 进一步提高目标产物的量，从而达到特异扩增目标产物的目的。

TAIL-PCR 能够有效扩增已知序列侧翼的未知序列，从而能够简易而有效地从已知序列中分离到其邻近的未知侧翼序列，解决有关基因操作的一系列难题。与反向 PCR、接头 PCR 等相比 TAIL-PCR 具有简便易行、特异性高的优点。只要用长的特异性巢式引物和随机简并引物组合，对模板 DNA 进行简单的 PCR 操作，就能达到扩增未知目标序列的目的。整个过程不需要事先对模板 DNA 进行酶切、连接、加尾等繁琐的操作。PCR 之后的产物直接回收便可用于测序，整个 TAIL-PCR 能够在一天内完成，可快速得到目标片段。

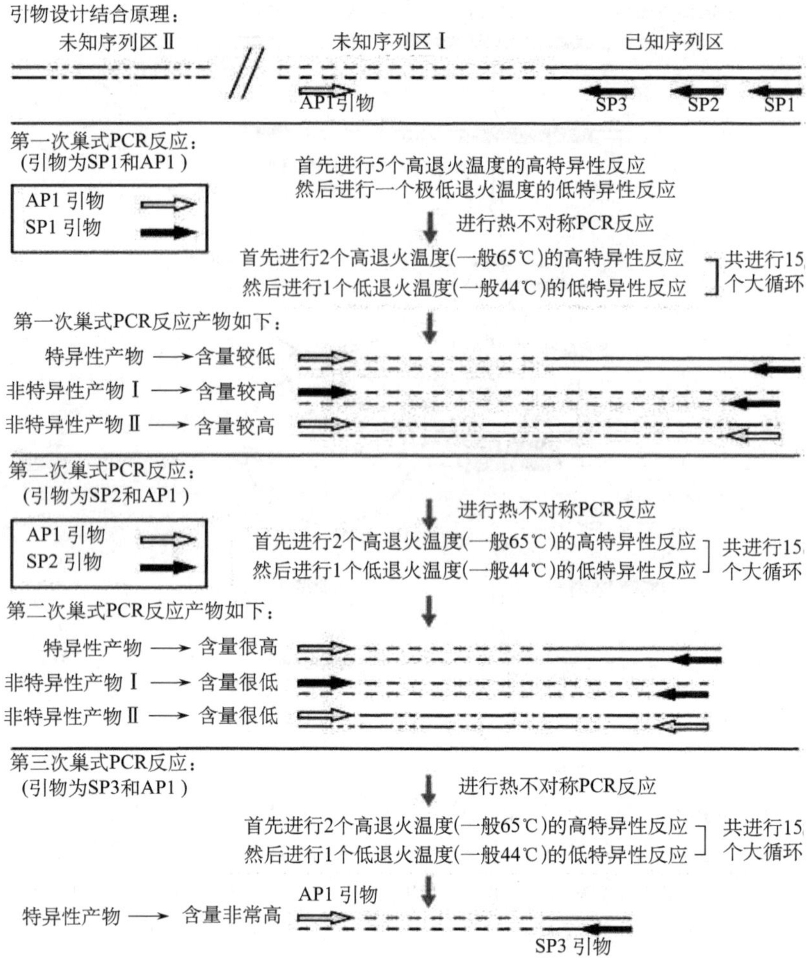


图 1-5-12　TAIL-PCR 原理示意图

### 5.1.2.3　差异显示 PCR 技术

差异基因表达是细胞分化的基础，正是这些基因在细胞中的特异表达与否，决定了生命历程中细胞的发育和分化、细胞周期的调节、细胞的衰老和死亡等。mRNA 差异显示 PCR 技术（mRNA differential display PCR，mRNA DD-PCR）是由梁鹏等在 1992 年建立的对组织特异性表达基因进行分离的一种快速而行之有效的方法。它是将 mRNA 反转录技术和 PCR 技术相结合的一种 RNA 指纹图谱技术。每一种组织细胞（包括同一组织细胞经过不同的处理）都有其特异表达的不同于其他组织细胞的基因谱，即特异的 RNA 指纹图谱。

不同的组织细胞或遗传背景相同的同一组织细胞经过不同的处理后，提取各自的总 RNA，进行 mRNA 的反转录合成 cDNA。进行反转录时 3′端引物采用寡聚（dT）12 MN，其中 M 为 A、C、G 中的任何一种，N 为 A、C、G 或 T 中的任何一种，共有 12 种寡聚（dT）12 MN 引物。其中 M 称为锚定引物，起增大引物 $T_m$ 值的作用；N 称为分类碱基，对反转录进行归类。用这12种引物分别对同一总RNA样品进行cDNA合成，即进行12次不同的反转录反应，从而使反转录的cDNA具有12种类型，也就是对cDNA进行12种归类[目前较为流行的是进行4种归类，即3′端引物采用寡聚（dT）12 M]。5′端引物采用20条由10个碱基组成的随机引物。对每一类cDNA进行随机引物和反转录引物PCR扩增，通过对不同的组织细胞或经不同处理的同一组织细胞的同一类cDNA的PCR选择性扩增产物的凝胶电泳分析，可反映出不同样品的基因在时间上和空间上的组织特异性表达。简述其基本原理，就是将基因背景相同的2个或几个细胞系或组织的mRNA反转录成cDNA，用不同引物对进行PCR扩增，扩增时加入放射性核素标记的核苷酸。用测序凝胶电泳分离PCR产物，经放射自显影即可找到被扩增的差异表达的基因。

#### 5.1.2.4 消减杂交法

消减杂交法（subtractive hybridization，SH）是将实验组mRNA与对照组（也称为驱动组）cDNA杂交，或将实验组cDNA与对照组mRNA杂交，通过羟基磷灰石层析、亲和素-生物素结合等方法，去除杂交体和未杂交上的对照组成分（cDNA或mRNA），得到为实验组独有的mRNA或cDNA，这些基因即为差异表达基因。经过不断改进，先后建立了几种新的消减杂交技术，包括代表性差异分析技术（representational difference analysis，RDA）、抑制消减杂交技术（suppression subtractive hybridization，SSH）和基于PCR的消减杂交法（PCR-based subtractive hybridization）等。通过利用这些方法已筛选获得了许多与一些疾病和生理功能密切相关的未知基因。

## 5.2 基因工程常用的载体

载体是基因工程技术的核心，没有合适的载体，外源基因很难进入受体细胞中，即使能够进入，一般也不能进行复制和表达。有了合适的载体，通过体外DNA重组方式，可以把基因与载体相连，转移到适当的受体细胞中，进行无性繁殖，从而获得大量的基因片段或相应的蛋白质产物。因此，基因工程操作是离不开载体的。细菌的质粒、酵母的质粒、噬菌体、病毒DNA的衍生物等，经过改造都可以成为载体。

### 5.2.1 质粒

质粒（plasmid）是染色体外能够独立复制、稳定遗传的一种环状双链DNA分子。质粒DNA分子可以持续稳定地处于染色体外的游离状态，但在特定条件下又会可逆地整合到寄主染色体上，随着染色体的复制而复制，并通过细胞分裂传递到子代。质粒是目前基因工程中使用最为广泛的载体。

#### 5.2.1.1 质粒的一般特性

质粒是细菌细胞内一种自我复制的环状双链DNA分子，能稳定地独立存在于染色体（拟核）外，并传递到子代，不整合到宿主染色体DNA上。质粒的分子大小一般为$10^6$～$10^8$ bp，小型质粒的长度一般为1.5～15 kb。质粒常含抗生素抗性基因，经过人工改造后的质粒是重组 DNA 技术中常用的载体。

质粒只有在宿主细胞内才能够完成自我复制，一旦离开宿主就无法复制和扩增。质粒对宿主细胞的生存不是必需的，宿主细胞离开了质粒依旧能够存活。尽管质粒不是细菌生长、繁殖所必需的物质，但它所携带的遗传信息能赋予细菌特定的遗传性状。例如，耐药性质粒带有耐药基因，可以使宿主细菌获得耐受相应抗生素的能力；一些人类致病菌的毒力基因也存在于质粒中，如炭疽杆菌中编码炭疽毒素的基因。

质粒在细菌中的遗传方式有以下特点：①质粒能够在不断增殖的细胞中以一定的拷贝数稳定遗传，这是由于质粒自身带有一套复制调控系统，控制质粒复制的频率；②质粒中存在特殊的机制与细菌分裂相同步，使质粒在细菌分裂过程中被精确分配到子细胞中；③质粒中的细胞分裂控制系统能够抑制细胞分裂，使细胞分裂与质粒复制协调，避免太多不含质粒的子代细菌出现，该系统对低拷贝数质粒的稳定遗传十分重要；④质粒在宿主菌中具有不相容性（incompatibility）。具有相同复制起始位点的两种质粒不能共存于一个宿主菌。不过当一个宿主菌中的两个质粒的复制起始位点不同时，它们有各自的分配系统，能精确调节它们在子代细胞中的分配，因此这两种质粒可在子代细胞中稳定共存，这称为质粒的相容性（compatibility）。

### 5.2.1.2 理想质粒载体必须具备的条件

**1. 质粒拷贝数较高**

质粒拷贝数是指生长在标准的培养基条件下，每个细菌细胞中所含有的质粒 DNA 分子的数目。根据宿主细胞所含的质粒拷贝数多少，可将质粒分成两种不同的复制型：严紧型和松弛型。低拷贝数的质粒，每个宿主细胞中仅含有 1～3 个的拷贝，称这类质粒为“严紧型”复制控制的质粒（stringent plasmid）；高拷贝数的质粒，每个宿主细胞中可高达 10～60 个拷贝，这类质粒被称为“松弛型”复制控制的质粒（relaxed plasmid）。高拷贝的质粒倾向在松弛控制下进行复制，而低拷贝的质粒则通常在严紧控制下进行复制。高拷贝质粒 DNA 复制的启动，是由质粒编码基因合成的功能蛋白调节的，与宿主细胞周期开始时合成的不稳定的复制起始蛋白质无关。所以当用蛋白质合成抑制剂氯霉素或壮观霉素处理宿主细胞，使染色体 DNA 复制受阻的情况下，松弛型质粒仍可继续扩增。低拷贝质粒的情况则不同，它的复制是受宿主细胞不稳定的蛋白质控制的，并可与宿主细胞染色体同步进行。实验证明，一个细胞中每种质粒拷贝数的多寡是通过控制 DNA 合成的启动速率来调节的。很显然，如果一个转化子细胞是由低拷贝的严紧型质粒的单拷贝 DNA 转化而来，那么在细胞分裂之前，它只需要复制少数几次就可以拥有足够的拷贝数；而如果一个转化子细胞是由多拷贝的松弛型质粒的单拷贝 DNA 转化而来，那么转化的质粒 DNA 就需要重复地进行多次复制，直至达到所需的拷贝数为止。

**2. 分子质量较低**

一般来说，低分子质量的质粒通常拷贝数较高，克隆时所预期的基因表达产物的数量较大。分子质量低的质粒限制酶的切点相应减少，有可能找到合适的单一限制酶切点，便于制作酶切图谱。分子质量低的质粒的外源 DNA 容量较大，且转化效率与质粒大小成反比。质粒小容易转化，当质粒大于 15 kb 时，质粒大小将成为转化效率的制约因素。另外，小分子质量质粒在进行遗传工程操作时容易掌握、容易分离、不易断裂。一般来说小分子质量的质粒其拷贝数往往较高，这不仅有利于质粒 DNA 的制备，同时还会使细胞中克隆基因的剂量增加。

**3. 带有可供筛选的标记**

常采用的标记是对某种抗生素的抗性，如氨苄青霉素抗性（$amp^r$）、卡那霉素抗性（$kan^r$）、四环素抗性（$tet^r$）等，而且希望各抗性基因内有若干单一的限制酶切点。在克隆时通过单一酶切点插入外源基因，使该抗性基因失活，宿主菌变为对该抗生素敏感的菌株，这样极易检查到克隆是否成功。另外，可利用 $\beta$-半乳糖苷酶筛选系统作为筛选标记，详见 5.4.3.1 节。

**4. 带有尽可能多的单一限制性酶切位点**

单一限制性酶切位点可供外源 DNA 定点插入；较多不同的单一限制酶酶切位点可有选择地供带有不同末端的外源基因插入。目前常用载体上的多克隆位点（multiple cloning site，MCS）即具有该功能。

**5. 具有复制起始点**

复制起始点（origin，ori）是质粒自我增殖所必不可少的基本条件，也是决定质粒拷贝数的重要元件，可使繁殖后的细胞维持一定数量的质粒拷贝数。例如，含 ColE1 或 pMB1 复制起始点的质粒即为松弛型质粒。在一般情况下，一个质粒只含有一个复制起始点，构成一个独立的复制子。但穿梭质粒含有两个复制子，一个是原核生物复制子，另一个是真核生物复制子，以确保其在两类细胞中均能得到扩增。

### 5.2.1.3 常用的质粒载体

**1. 克隆载体**

pSC101 质粒载体是第一个成功地用于克隆真核 DNA 的大肠杆菌质粒载体。pBR322 是用人工方法构建的符合理想质粒载体条件的好载体，一度曾得到广泛的应用。常用的克隆质粒载体有 pUC 系列和 pGEM 系列。此处以 pUC 系列为例介绍克隆质粒载体的特点。

pUC 系列的质粒载体包括如下 4 个组成部分：①来自 pBR322 质粒的复制起点（ori）；②氨苄青霉素抗性基因（$amp^r$），但它的 DNA 核苷酸序列已经发生了变化，不再含有原来的限制酶的单识别位点；③大肠杆菌 $\beta$-半乳糖酶基因（*lacZ*）的启动子及其编码该基因氨基端 $\alpha$-肽链的 DNA 序列，此结构特称为 *lacZ′* 基因；④多克隆位点（MCS）区段，位于 *lacZ′* 基因中的靠近 5′端，内含十几个单一的限制性内切核酸酶识别切割位点，使含有不同黏端的目的 DNA 片段可方便地定向插入载体中，但它并不破坏 *lacZ′* 基因的功能（图 1-5-13）。

pUC 质粒载体系列是目前基因工程研究中最通用的克隆载体之一。pUC8 质粒载体的特点是：具有更小的分子质量和更高的拷贝数，便于重组子的检测，具有多克隆位点区段。

**2. 表达载体**

表达载体需要有一个强启动子及其两侧的调控序列；有 SD 序列且该序列与起始密码子 ATG 之间要有合适的距离；在克隆基因与启动子之间有正确的阅读框架；外源基

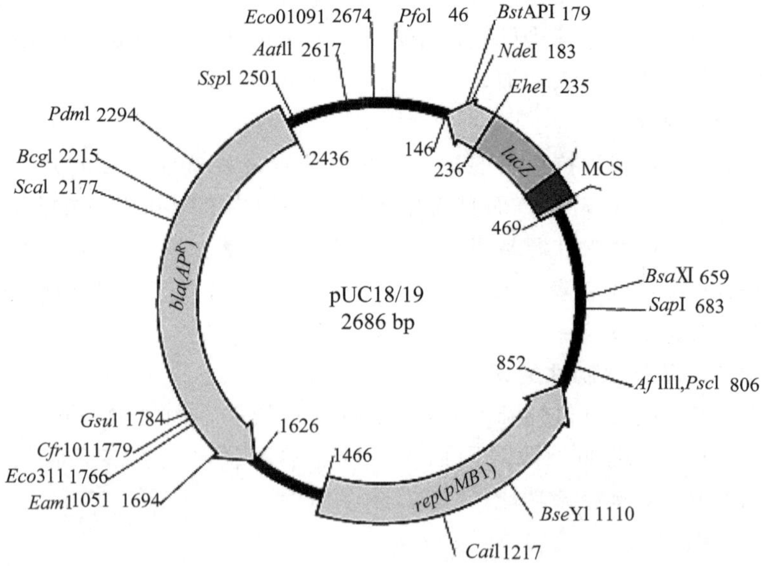


图 1-5-13 pUC18 和 pU119 质粒物理图谱

因下游有转录终止子等。

表达载体应根据不同的表达系统加以选择，第 6 章详细介绍了各种原核、真核表达系统及其常用的载体。

## 5.2.2 噬菌体

噬菌体载体主要由 λ 噬菌体和 ΦC31 噬菌体衍生，此外还有 M13 噬菌体和黏粒（cosmid）等。

**1. λ 噬菌体**

采用突变、缺失等手段消除野生型 λ 噬菌体 DNA 上过多的酶切位点及非必要区，并在非必要区插入外源基因（如 *lacZ* 基因），改变噬菌斑的颜色、浊度等，以利筛选。目前常用的 λ 衍生物载体有插入型载体和置换型载体。

（1）插入型载体。将野生型 λ 噬菌体的 DNA 进行改造后使 λ DNA 分子的中心含有几个单一酶位点。利用这单一的酶切点插入外源 DNA 片段。如果有比较大的 DNA 片段插入，使载体的总长度过长而超过病毒基因组自身长度便不能进行包装。因此使用插入型载体装载容量较小，只能插入比较小的外源 DNA 片段，一般可克隆 10 kb 外源 DNA。

（2）置换型载体。由于 λ 噬菌体通常只能接受相当于野生型全部 DNA 的 5%的外来基因，所以大大限制了 λ 噬菌体装载外源基因的容量。但是 λ 噬菌体有一个重要特征就是只有 60%的基因组对噬菌体的裂殖是必需的，基因组中间部分约 1/3 的基因组（从 *J* 基因到 *N* 基因之间）与病毒裂解复制无关。因此这部分基因便可以用外源基因进行替换，从而扩大载体的装载容量。这种载体就称为置换型载体。例如，EMBL 系列可克隆 20 kb 外源 DNA。

**2. 黏粒**

黏粒又称为柯斯质粒，它是一种特殊的用基因工程技术组建的大肠杆菌质粒，含有 λ 噬菌体的 *cos* 位点和整个 pBR322 的 DNA 顺序，经感染进入细菌细胞以后，像质粒那样在细胞中复制。可容纳 35～45 kb 外源 DNA，有抗性标记及多种单限制性酶切位点，可以体外包装成噬菌体颗粒，以感染方式进入宿主细菌，避开了大质粒转化困难的缺点，在宿主体内则像质粒那样复制。常用的黏粒为 PJ88、PAC79、C2XB、C2RB、NuA-3、koS1 等。

**3. M13 噬菌体**

M13 是一种细线状的单链 DNA 噬菌体，在分子生物学研究中主要用于 DNA 的碱基序列分析。

M13 DNA 中有 507 个核苷酸（3948～6005）属非必要区，称为 IS，在该区插入酶切位点或 *lacZ* 基因部分，可构建成 M13 运载体。常用 M13 运载体为 M13mp 系列，单链及双链均可转化受体，DNA 大小无包装界限，外源 DNA 容量为 M13 DNA 的 6～7 倍，其缺点是插入片段不稳定，传代次数多了会丢失。经宿主菌释出含外源 DNA 的单链 M13 噬菌体，可直接用于 DNA 序列分析。

### 5.2.3 酵母质粒

常用的酵母表达载体多为穿梭质粒载体，它们可在大肠杆菌中进行筛选和扩增。应用最广泛的酵母载体是由 pBR322 衍生而来的，它含有可保证其在大肠杆菌中具有高拷贝数的复制起始点（ori）及 $amp^r$、*tet* 等抗生素筛选标记。

根据载体在酵母中的复制形式、用途及表达外源基因的方式，酵母表达载体可分为整合型质粒（yeast integrating plasmid，YIp）、复制型质粒（yeast replicating plasmid，YRp）、着丝粒质粒（yeast centromeric plasmid，YCp）和附加体质粒（yeast episomal plasmid，YEp）。此外，还有用于克隆 DNA 大片段的酵母人工染色体（yeast artificial chromosome，YAC）（详见第 6 章）。

### 5.2.4 哺乳动物细胞表达质粒

哺乳动物细胞表达载体主要有质粒载体和病毒载体两类（详见第 6 章）。

质粒载体常用的有 pcDNA3.1 系列、pTRE 应答质粒与 pTet-off（或 pTet-on）调节质粒系统、pSI、pCMV、pBudCE4.1 等。它们的不同之处在于转录元件、选择性标记和表位标签等不同。

病毒载体的种类主要有反转录病毒（pLHCX、pLNCX2、pBABE、pMCs、pMXs、pMYs 等）、腺病毒（adenovirus）、腺相关病毒（pAdeno-X）。此外还有牛痘病毒和杆状病毒等。

## 5.3 基因工程常用的工具酶

DNA 体外重组主要涉及两种关键的工具酶，一种是用于切割 DNA 的限制性内切核酸酶，另一种是用于连接 DNA 的连接酶。

## 5.3.1 限制性内切核酸酶

限制性内切核酸酶（restriction endonuclease，RE）是指能够识别和切割双链DNA内部特定核苷酸序列的一类核酸酶，简称为内切酶。根据限制性内切核酸酶识别位点序列特性可将其分为Ⅰ型、Ⅱ型、Ⅲ型，其中Ⅰ型酶和Ⅲ型酶识别位点不同；Ⅱ型酶一般识别4～6个具有回文结构的核苷酸序列且具有位点识别特异性，因此，Ⅱ型酶是DNA体外重组最常用的限制性内切核酸酶。

**1. 识别位点**

限制性内切核酸酶的识别位点一般具有回文结构序列特征，即两条链的5′→3′序列是一样的。表1-5-1是一些常用的限制性内切核酸酶及其识别和切割位点。

**表1-5-1 常用限制性内切核酸酶的识别及切割位点**

| 名称 | 识别及切割位点 | 名称 | 识别及切割位点 |
|---|---|---|---|
| *Apa* Ⅰ | 5′GGGCC↓C 3′<br>3′C↑CCGGG 5′ | *Nde* Ⅰ | 5′CA↓TATG 3′<br>3′GTAT↑AC 5′ |
| *Bam* HⅡ | 5′G↓GATCC 3′<br>3′CCTAG↑G 5′ | *Not* Ⅰ | 5′GC↓GGCCGC 3′<br>3′CGCCGG↑CG 5′ |
| *Bgl* Ⅱ | 5′A↓GATCT 3′<br>3′TCTAG↑A 5′ | *Pst* Ⅰ | 5′CTGCA↓G 3′<br>3′G↑ACGTC 5′ |
| *Eco*RⅠ | 5′G↓AATTC 3′<br>3′CTTAA↑G 5′ | *Sac* Ⅰ | 5′GAGCT↓C 3′<br>3′C↑TCGAG 5′ |
| *Eco*RⅤ | 5′GAT↓ATC 3′<br>3′CTA↑TAG 5′ | *Sal* Ⅰ | 5′G↓TCGAC 3′<br>3′CAGCT↑G 5′ |
| *Hind* Ⅲ | 5′A↓AGCTT 3′<br>3′TTCGA↑A 5′ | *Sma* Ⅰ | 5′CCC↓GGG 3′<br>3′GGG↑CCC 5′ |
| *Hae* Ⅲ | 5′ GG↓CC 3′<br>3′ CC↑GG 5′ | *Sph* Ⅰ | 5′GCATG↓C 3′<br>3′C↑GTACG 5′ |
| *Hap* Ⅱ | 5′ C↓CGG 3′<br>3′ GGC↑C 5′ | *Xba* Ⅰ | 5′T↓CTAGA 3′<br>3′AGATC↑T 5′ |
| *Kpn* Ⅰ | 5′GGTAC↓C 3′<br>3′C↑CATGG 5′ | *Xho* Ⅰ | 5′C↓TCGAG 3′<br>3′GAGCT↑C 5′ |
| *Nco* Ⅰ | 5′C↓CATGG 3′<br>3′GGTAC↑C 5′ | *Xma* Ⅰ | 5′C↓CTAGG 3′<br>3′GGATC↑C 5′ |

注：正链切割点用↓，互补链切割点用↑

由表1-5-1可以看出，不同的限制性内切核酸酶识别和切割位点一般是不一样的，在位点序列中心位置切割可以使两条DNA链的切割末端对齐，但若在位点序列偏心位置切割就会引起两条DNA链的切割末端不齐。依据切割位点的差异，将限制性内切核酸酶分为平端酶和黏端酶。

（1）平端酶。位点位于识别位点序列的中心位置。例如，*Sma* I 的切割位点在 CCC 和 GGG 之间，正好位于识别位点序列（CCC↓GGG）的中间，切割双链 DNA 后产生平头末端，也称为钝端（blunt end）。表 1-5-1 中的 *Hae* III、*Eco*RⅤ 和 *Sma* Ⅰ 都属于平端酶。

（2）黏端酶。切割位点位于识别位点序列的偏心位置，靠近 5′端或靠近 3′端。当限制性内切核酸酶在识别位点的偏心位置切断双链 DNA 时，切割部位将产生一段单链末端，称为黏性末端（cohesive end），根据突出单链的方向可将黏性末端分为 5′突出的黏性末端（5′-protruding cohesive end）和 3′突出的黏性末端（3′-protruding cohesive end）。例如，*Hin*d Ⅲ 在识别位点（A↓AGCTT）的 5′端 A-A 之间切割产生 5′突出的黏性末端［图 1-5-14（a）］，*Pst* Ⅰ 在识别位点（CTGCA↓G）的 3′端 A-G 之间切割产生 3′突出的黏性末端［图 1-5-14（b）］。

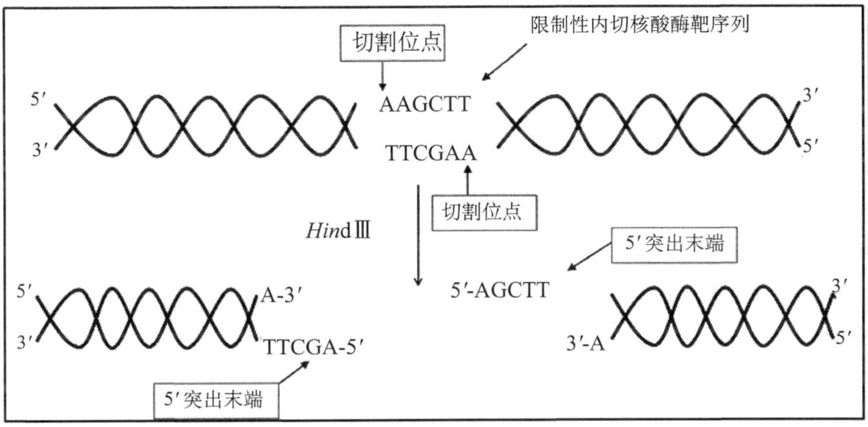


(a)

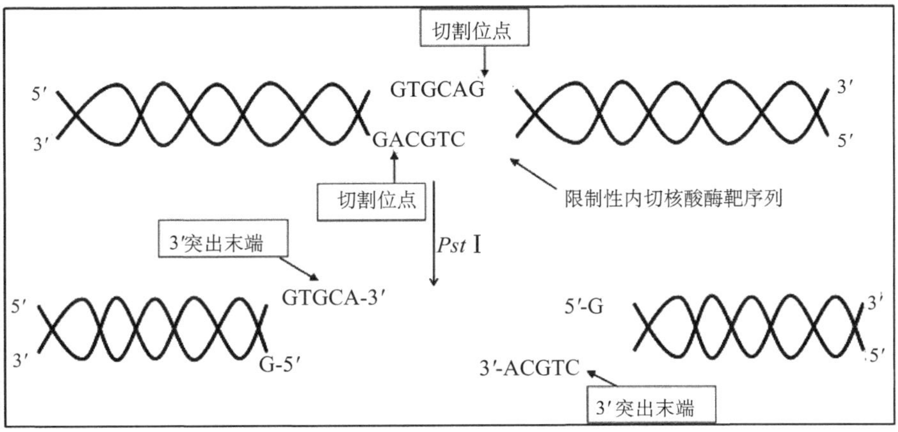


(b)

图 1-5-14　黏端酶切割形成的黏性末端

选用限制性内切核酸酶时，除了需要了解限制性内切核酸酶的识别位点序列外，还应清楚限制性内切核酸酶的切割位点以及切割后 DNA 的末端特征，否则容易造成切割错误或影响 DNA 的连接。

**2. 酶切效率**

限制性内切核酸酶的活性单位定义为：1 h 内完全酶解 1 μg λ 噬菌体 DNA 中所有相同酶切位点所需要的酶量。酶切效率除了与酶的活性单位和反应时间有关外，还受反应温度、pH 及离子强度的影响。

（1）缓冲液对酶切效率的影响。限制性内切核酸酶活性的发挥需要合适的缓冲体系，目前商品化限制性内切核酸酶有高盐、中盐和低盐缓冲液（表 1-5-2）。

**表 1-5-2 限制性内切核酸酶缓冲液及其配方** （单位：mmol/L）

| 缓冲液 | NaCl | Tris-HCl（pH 7.5） | $MgCl_2$ | DTT |
|---|---|---|---|---|
| 低盐 | 10 | 10 | 10 | 1 |
| 中盐 | 50 | 10 | 10 | 1 |
| 高盐 | 100 | 50 | 10 | 1 |

注：DTT 为二硫苏糖醇（dithiothreitol）

各种酶都配有能发挥最佳酶切效率的缓冲液，当同时需要使用两种限制性内切核酸酶时，应注意选择最适配比的缓冲液。尽管如此，以下现象也常发生。①一种酶高效率工作而另一种酶低效率工作或不工作。此时，首先需要确定两种限制性内切核酸酶各自的最适缓冲液，分别加入两种酶且先低盐后高盐的原则。②两种酶的酶切效率均低或不工作。遇到这种情况可先用一种酶，经抽提去除或加热灭活第一种酶后，再用第二种酶。

（2）酶切位点对酶切效率的影响。酶切位点的侧翼序列或酶切位点的化学修饰都可影响酶切效率。①限制性内切核酸酶发挥作用除了需要识别位点序列外，还需要位点两边的侧翼序列。不同酶所需的侧翼序列长短不同，最短侧翼序列为 1 个核苷酸。侧翼序列能直接影响酶切效率。例如，两个限制性内切核酸酶的酶切位点相邻且切割位点分别位于 5′端和 3′端，切割后可能造成一个酶的侧翼序列缩短或丢失（图 1-5-15），即使两个切割位点均位于同侧，对需要较长侧翼序列的限制性内切核酸酶也会造成侧翼序列长度不足。建议避开选择两个位点相邻的限制性内切核酸酶，或先用一个酶酶切，然后插入一段 DNA，再用两个酶酶切。②酶切位点发生甲基化也会影响酶切效率，当遇到从细菌中提取的质粒在酶切位点不变的情况下无法切开，应考虑是否发生了甲基化修饰，可以将质粒重新转化到另一个菌中后再提取酶切，通常可有效解决酶切受阻的问题。

（3）酶含量对酶切效率的影响。商品化限制性内切核酸酶保存在 50%甘油溶液中，因此，酶切体系中酶的体积应控制在 10%以内，即甘油含量在 5%以下，防止甘油抑制酶的活性。如果切割 DNA 的量大，可通过延长反应时间减少酶用量，并在反应过程中取少量反应液进行凝胶电泳以检测酶切进程。

（4）反应时间对酶切效率的影响。酶切反应时间可根据操作指南确定，也可根据实验需求选定，一般控制在 1 h 以内。若需延长反应时间，应适当减少酶的用量，否则极易出现酶的星活性，即在酶切位点以外切割 DNA。

（5）加样顺序对酶切效率的影响。保存在 50%甘油中的限制性内切核酸酶在 −20℃条件下是最稳定的，因此，在进行酶切消化时，应先加入酶以外的各种成分并充分混匀，再从 −20℃冰箱中取出酶，并立即放在冰浴中，尽快吸取所需的酶量，加到反应

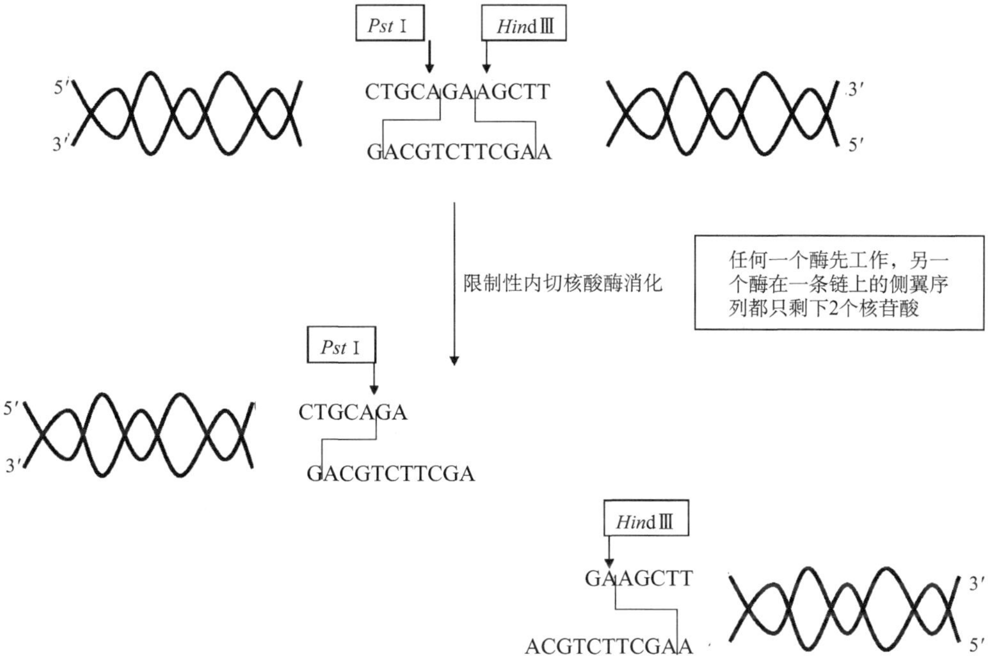


图 1-5-15　双酶切及其产物

体系中并混匀。每次吸取酶时都应采用无菌的吸头，以避免酶被污染。

(6) 稀释酶对酶切效率的影响。商品化的限制性内切核酸酶都是浓度很高的浓缩酶，若需要微量酶时，可在使用前以 1×缓冲液进行稀释，切勿用水稀释，水可使酶变性失活。

## 5.3.2　DNA 连接酶

DNA 连接酶（DNA ligase）能在 DNA 双链上相邻的 5′-磷酸基和 3′-羟基之间形成 3′,5′-磷酸二酯键，从而封闭 DNA 链上的缺口或连接两个 DNA 片段。T4 DNA 连接酶是在 T4 噬菌体中发现的能在 DNA-DNA、DNA-RNA 和 RNA-RNA 之间发挥连接作用的酶蛋白。

T4 DNA 连接酶是 ATP 依赖的 DNA 连接酶，在 ATP 和 $Mg^{2+}$ 存在的情况下能催化 DNA 双链上相邻的 5′-磷酸基和 3′-羟基形成 3′,5′-磷酸二酯键，因而用于 DNA 的体外连接重组。

影响 T4 DNA 连接酶活性的因素有以下两个。

(1) 反应温度。T4 DNA 连接酶的最适反应温度为 37℃，但 37℃条件下 DNA 的分子运动速率快，黏性末端即使能通过互补单链形成氢键也极不稳定，因此，通常采用低温（如 12～16℃）作为连接反应温度，一般黏性末端 DNA 连接反应 30 min 即可取得较好效果。平头末端 DNA 连接需要增加 DNA 片段碰撞的机会，一般应选择 37℃进行连接反应，并适当延长反应时间。

(2) 缓冲体系。T4 DNA 连接酶的缓冲液成分和 pH 可能依不同产品而有所差异，但 ATP 和 $Mg^{2+}$ 是两种必不可少的重要成分。另外，DTT 也是缓冲液中的重要成分之一，因为它可提供一定的还原能力，从而有利于 DNA 末端的酶促反应。由于反复冻融能引起缓冲液中 ATP 的降解，建议可将缓冲液分装后冻存或 4℃ 保存。另外，反应体系中应避免能抑制 T4 DNA 连接酶活性的 0.2 mol/L KCl 和精胺。

## 5.4 DNA 重组技术

DNA 重组技术（recombinant DNA technique）是指在体外将目的基因与载体的 DNA 片段重新组合成杂合的 DNA 分子，即 DNA 的重新组合。这种重新组合的 DNA 称为重组体，因为是由两种不同来源的 DNA 组合而成，所以又称为异源嵌合 DNA。

一个完整的 DNA 重组过程应包括：目的基因的获得，基因载体和工具酶的选择，目的基因和载体的连接，将重组 DNA 分子转移到适当的受体细胞，筛选出获得重组 DNA 分子的受体细胞，外源基因的表达。本节就 DNA 重组方式及重组子筛选做扼要介绍。

### 5.4.1 DNA 的克隆

经典的 DNA 重组方法为连接克隆方法，此外，如位点特异性重组克隆法、同源重组克隆法等基于重组的克隆方法也逐渐被应用到 DNA 重组技术中，使基因克隆过程更加简便、高效。

#### 5.4.1.1 经典连接克隆法

经典连接克隆法产生于 20 世纪 70 年代初，是最早应用的基因克隆方法，它首先需要从细胞或组织中分离并获得含有目的基因的 DNA 片段，然后利用能识别特异 DNA 序列的限制性内切核酸酶切断 DNA 双链，产生两个单链黏性末端（sticky end）或平末端（blunt end）。如果被插入的载体 DNA 具有相同的末端，那么在适宜的条件下，具有黏性末端的两种片段可经碱基间的氢键互补配对，形成双链 DNA 分子，再在 DNA 连接酶的作用下形成磷酸二酯键，连接成重组 DNA 分子；而具有平末端的两种片段也可经 DNA 连接酶的作用组成重组 DNA 分子，然后利用重组子转化技术使该分子在宿主细胞中复制，产生多个完全相同的拷贝。这种传统的酶切-连接经典克隆法主要依赖于限制性内切核酸酶和 DNA 连接酶的作用，是比较通用且常规的方法，一直沿用至今。

**1. DNA 的连接策略**

外源 DNA 片段和质粒载体的连接反应策略有以下几种。

（1）互补性黏性末端的连接。单一限制性内切核酸酶或两种限制性内切核酸酶（为同尾酶，如 *Bam* HⅠ和 *Bgl* Ⅱ）分别处理载体和外源 DNA，得到的黏性末端为互补性突出末端，在连接反应中外源片段和质粒载体 DNA 均可能发生自身环化或几个分子串联形成寡聚物，且正反两种连接方向都可能有。为了降低载体的自身环化，使正确的连接产物数量达到最高水平，一般载体 DNA 和外源 DNA 的分子数比（浓度比）为 1∶3～1∶10。同时，为了最大限度地抑制质粒 DNA 的自身环化，还可将载体 DNA 的 5′端磷酸基团用碱性磷酸酯酶去掉，防止其自身环化。而带有5′端磷酸的外源DNA片段可有效地与去磷酸化的载体相连，产生一个带有两个缺口的开环分子，在转入大肠杆菌受体菌后该缺口可在DNA复制过程中自动修复。

（2）非互补性黏性末端的连接。用两种不同的限制性内切核酸酶进行消化可以产生带有非互补的黏性末端，这是DNA重组中最容易克隆的DNA片段。一般情况下，常用质粒载体均带有多个不同限制酶的识别序列组成的多克隆位点，因而几乎总能找到与外源DNA片段末端匹配的限制酶切位点的载体，从而将外源片段定向地克隆到载体上。也可在PCR扩增时，在DNA片段两端人为加上不同酶切位点以便与载体相连。这种黏性末端的连接载体DNA和外源DNA的分子数比通常为1∶1。

（3）平末端的连接。它是由产生平末端的限制酶或外切核酸酶消化产生，或由DNA聚合酶补平所致。由于平末端的连接效率比黏性末端要低得多，故在其连接反应中，T4 DNA连接酶的浓度和外源DNA及载体DNA的浓度均要高得多。通常还需加入低浓度的聚乙二醇（PEG 8000）以促进DNA分子凝聚成聚集体的物质以提高转化效率。特殊情况下，外源DNA分子的末端与所用的载体末端如果无法相互匹配，可以在线状质粒载体末端或外源DNA片段末端接上合适的接头（linker）或衔接头（adapter）使其匹配，也可以有控制的使用大肠杆菌DNA聚合酶Ⅰ的Klenow大片段部分填平3′凹端，使不相匹配的末端转变为互补末端或转变为平末端后再进行连接。

**2. DNA连接的影响因素**

为了使连接反应物中有尽可能多的外源DNA片段插入载体分子形成重组DNA，就必须设法阻止经限制酶切割后的线性载体分子自身的再环化作用，以提高DNA片段的插入效率。目前通用的有3种办法。①用碱性磷酸酶处理由限制酶消化产生的线性载体分子。碱性磷酸酶可以除去线性载体DNA的5′-P末端，而留下5′-OH基团。经过碱性磷酸酶处理过的线性载体分子，除非插入了外源DNA片段，否则就不能够再重新环化成有功能的载体分子。②使用同聚物加尾连接技术，可以自动地防止线性载体DNA分子自身再环化作用。这是因为切割后形成的线性DNA分子的2个3′-OH末端，此时都被加上具有同样碱基结构的同聚物尾巴。③应用柯斯质粒也可防止质粒DNA分子发生自身的再环化作用。

**3. PCR产物的T-A克隆**

PCR产物克隆的方法大致分为两类，即平端连接和黏端连接。

平端连接是将制备好的平端载体和补平或削平的PCR产物直接进行连接。载体可用*Eco*RⅤ或*Sma*Ⅰ切成平头；PCR产物纯化后，可以在22℃用DNA聚合酶Ⅰ作用30 min（利用该酶所具有的3′→5′外切核酸酶活性和5′→3′的聚合酶活性）。如果要求不高，PCR产物也可不加处理。如果使用Stratagene公司的*Pfu* DNA聚合酶或New England Biolabs公司的*Vent* DNA聚合酶，因这两种酶有5′→3′校对能力，扩增出来的PCR产物已经是平端，可以不作平端处理。平端连接的一个显而易见的缺陷是连接效率低下，即使使用很高单位的连接酶，或在反应体系中加入PEG 8000，也只能很有限地提高效率。

黏端连接也可以大致分为两类，一类是用某种方法，在载体和PCR产物上产生长的可互补的黏性末端。最普遍的方法是在引物的5′端加入一段某种限制酶的识别序列。

如果两个引物选用不同的限制性内切核酸酶识别序列，就可以做到定向连接。另一类是黏端连接 T-A 克隆，是目前 PCR 产物克隆最常用的方法。

T-A 克隆（T-A cloning）方法是指把 PCR 片段与一个具有 3′-T 突出的载体 DNA 连接起来的方法。PCR 反应中所适用的一般聚合酶具有末端转移的活性，但无 3′→5′的外切核酸酶的校准活性，通常会在 PCR 产物的 3′端加上一个脱氧腺苷（A），而且这种特性与模板无关。选择经特殊处理而在 3′端拥有一个脱氧胸苷（T）突出末端的线性化 DNA 片段作为的载体，与 PCR 产物的 3′-A 的尾巴互补，可连接形成重组子。这种在带有 3′-T 突出端的商品化载体就称为 T 载体。常用的商品化 T 载体有 TaKaRa 公司的 pMD18-T、Promega 公司的 pGEM-T 等。

在 PCR 过程中，由于使用的 DNA 聚合酶不同，可分为两种情况。①使用不同的 *Taq* 酶，在 PCR 扩增循环结束后，加上 72℃ 10 min 一个过程，*Taq* 酶可以在扩增产物的 3′端加上 A，因此 PCR 产物回收纯化后可以和 T 载体直接连接。②使用高保真的 DNA 聚合酶，如 *Pfu* 酶，由于其不能在扩增产物的 3′端加上 A，得到的 DNA 序列为钝端，因此，需要在回收纯化后进行加 A 的过程，通常是以 PCR 回收产物为模板，加上一定量的普通 *Taq* 酶和反应液，加入 dATP（或 dNTP），72℃ 10 min，然后将加 A 产物直接用于 T-A 连接。

#### 5.4.1.2 基于重组的克隆方法

上述经典连接克隆法是比较通用且常规的方法，一直沿用至今。然而在实际的实验过程中，这种方法的步骤显得较为繁琐，比较费时，同时合适酶切位点的选择也成为大片段操作和大规模基因克隆无法回避的问题。为克服传统克隆方法的缺陷，基于位点特异性重组和同源重组的克隆方法也先后被开发出来并被研究者使用。

**1. 位点特异性重组**

位点特异性重组（site specific recombination）广泛发生在噬菌体整合到宿主染色体上的过程中。噬菌体编码的一种位点特异性整合酶（integrase，Int），能特异性的识别自身的 *attP* 位点和宿主染色体 *attB* 位点，并在整合宿主因子（integration host factor，IHF）介导两位点的切割和链交换下，将噬菌体基因组整合进宿主染色体。对位点特异性整合酶的体外研究发现，该类酶催化的重组反应不仅专一性高，而且快速高效。

Invitrogen 公司推出的 Gateway 克隆技术就是基于位点特异性重组的克隆技术，通过在目的片段两端添加重组位点，将其与含重组位点的目的载体混合，重组反应便可直接转化筛选重组克隆。与经典克隆多个步骤相比，该方法只需一步重组反应便能完成克隆，是高通量克隆基因的好方法；缺点是通用性不如经典克隆强，对于本身含有重组类似或保守序列的片段或结构复杂的片段应用此法可能会受影响。下面对 Gateway 克隆技术做简单介绍。

Gateway 克隆技术的原理也是建立在 $\lambda$ 噬菌体 DNA 定点整合到细菌宿主基因组上这一机制基础上的。在噬菌体和细菌的整合因子（IHF、Int）的作用下，$\lambda$ 噬菌体的 *attP* 位点和大肠杆菌基因组的 *attB* 位点可以发生定点重组，$\lambda$ 噬菌体的 DNA 整合到大肠杆菌的基因组 DNA 中，两侧产生两个新位点：*attL* 和 *attR*，称为 BP 反应。这是一个可逆的过程，如果在一个噬菌体编码蛋白 Xis 和 IHF、Int 的共同介导下这两个新位点可以再次重组回复为 *attB* 和 *attP* 位点，噬菌体从细菌基因组上裂解下来，称为 LR 反应。这一过程的方向受控于两个重要因素：存在的介导蛋白和重组位点。

Gateway 系统就是由 BP 和 LR 两个反应组成的，可表示为 *attB*×*attP*←→*attL*×*attR*（图 1-5-16）。介导重组反应的 4 个 *att* 位点序列和相关蛋白质是 Gateway 克隆技术的基础，它们能被大肠杆菌编码的克隆酶特异识别，双载体发生融合后，产生出新的质粒表达载体。

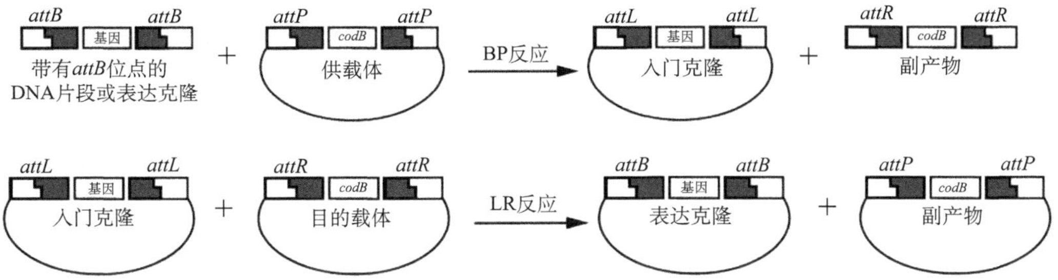


图 1-5-16　Gateway 克隆技术原理图

BP 反应是利用由 λ 噬菌体基因组编码的 Int 和由大肠杆菌编码的 IHF 组成的 BP 克隆酶混合物催化一个带有 *attB* 位点的 DNA 片段或表达克隆和一个带有 *attP* 位点的供载体（donor vector）之间的重组反应，把目的片段及其两端部分位点转移至供载体中，创建一个入门克隆（entry clone），其结构为 *attL1*-基因-*attL2*。同时，供载体中的 *ccdB* 细胞死亡控制基因及其两端部分位点被置换出来，单独或融合到表达载体中而形成副产物。*ccdB* 是大肠杆菌 F 质粒编码的毒性基因，ccdB 蛋白阻挠了 DNA 促旋酶（对染色体的子代分配起作用）的重新聚合，含 *ccdB* 毒性基因的质粒只能在促旋酶突变（gyrA462）菌中繁殖。

LR 反应是利用由 Int、IHF 和由 λ 噬菌体基因组编码的切除酶（Xis）组成的 LR 克隆酶混合物催化一个带有 *attL* 位点的入门克隆和一个带有 *attR* 位点的目的载体（destination vector）之间的重组反应，使目的片段及其两端部分位点取代目标载体的 *ccdB* 基因及其两端部分位点而产生最终的表达克隆（expression clone），其结构为 *attB1*-基因-*attB2*。副产物为带有 *attP* 位点的供载体。LR 反应作为 Gateway 克隆的主要反应，可用来在平行的反应中将一个或多个目的 DNA 片段在不同的表达平台之间克隆、重组和转移。目的 DNA 片段可以是 cDNA、部分或完整的基因或者是基因组 DNA，可通过用一对含有可利用酶切位点的特异引物进行 PCR，限制性内切核酸酶的消化来制备；也可经由设计一对含有 *attB* 位点的基因特异技术引物进行 PCR 扩增获得。

Gateway 技术作为一种强大且高效的体外操作系统，可应用于细菌、酵母、昆虫、哺乳动物及慢病毒等系统中进行分析表达。自 Gateway 技术开发并商业化以来，在克隆基因及构建蛋白质表达载体等方面发挥了重要的作用。整个克隆过程涉及的质粒均需要购买，且须考虑读码框架、启动子、终止密码等问题，需要选择多种入门载体和目标载体，因此花费较高。

**2. 同源重组克隆**

同源重组（homologous recombination）是生物界普遍存在的生理现象，是自然界最基本的 DNA 重组方式，是指发生在同源序列间的重组，它通过重组酶介导的链的断裂和再连接，在两个 DNA 分子同源序列间进行单链或双链片段的交换。

近年来，研究人员利用这一原理，使用纯化的重组酶，在优化的反应条件下，实现了目的基因与载体的重组。且种子重组完成之后，不会在载体上留下任何不必要的序列。下面介绍两种目前应用广泛、技术成熟的同源重组克隆技术。

（1）不依赖基因序列和连接反应克隆法。不依赖基因序列和连接反应克隆法（sequence and ligation-independent cloning，SLIC）是 M. Z. Li 和 S. J. Elledge 在 2007 年发明的一种同源重组克隆法。此方法通过 RecA 介导的体外同源重组（*in vitro* homologous recombination）和不依赖 RecA 的单链退火（single-strand annealing，SSA）途径可以将 DNA 片段整合在一个反应体系中。体外同源重组过程利用 T4 DNA 聚合酶的 3′→5′外切核酸酶活性在插入片段以及载体片段的末端产生单链 DNA 突出末端，通过同源序列在体外完成交换重组，达到 DNA 片段的重新组合，进而完成基因克隆的目的（图 1-5-17）。SLIC 还可有效地同时将 5 个或 10 个 DNA 片段整合在一起。

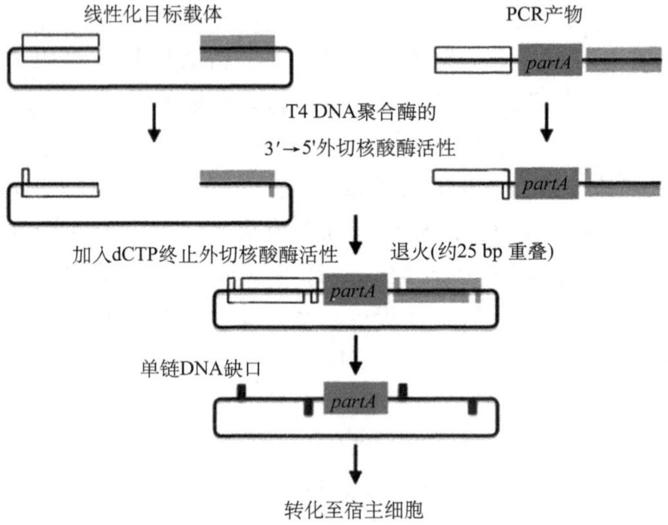


图 1-5-17　SLIC 原理示意图

SLIC 的应用，不仅避开了一些传统重组方法对序列的要求，而且当在较低的 DNA 浓度时，用 RecA 催化同源重组依然能够很有效地发挥其作用，这种灵活性将为今后的合成生物学研究重组 DNA 的产生提供更多的可能性。

（2）In-Fusion 和 CloneEZ 克隆法。Clontech 公司推出的 In-Fusion PCR Cloning Kit 和 GenScript 公司推出的 CloneEZ PCR Cloning Kit 都是运用拥有各自专利的重组酶对线性 DNA 末端有 15 个碱基同源序列的多个目的片段进行的重组结合。两者原理基本相同，下面以 In-Fusion 方法为例做介绍（图 1-5-18）。①由于用于重组反应的克隆载体必须为线性化载体，所以首先制备线性化载体。该线性化载体可通过限制性内切核酸酶消化环状载体获得，也可由反向 PCR 扩增环状载体获得。②设计并合成与线性载体末端至少有 15 个碱基同源序列的基因特异引物（In-Fusion 引物）。③利用该对引物扩增目的基因。④PCR 产物纯化。⑤将这种两端带有载体末端同源序列的 PCR 产物和线性化克隆载体按一定比例混合后，在重组酶的催化下进行反应。⑥将反应产物转化宿主菌。整个反应通常只需要 5～20 ng 的线性 DNA 即可进行，而且不论片段大小都有较高的重组效率，转化后也很少会有非线性的载体背景出现。

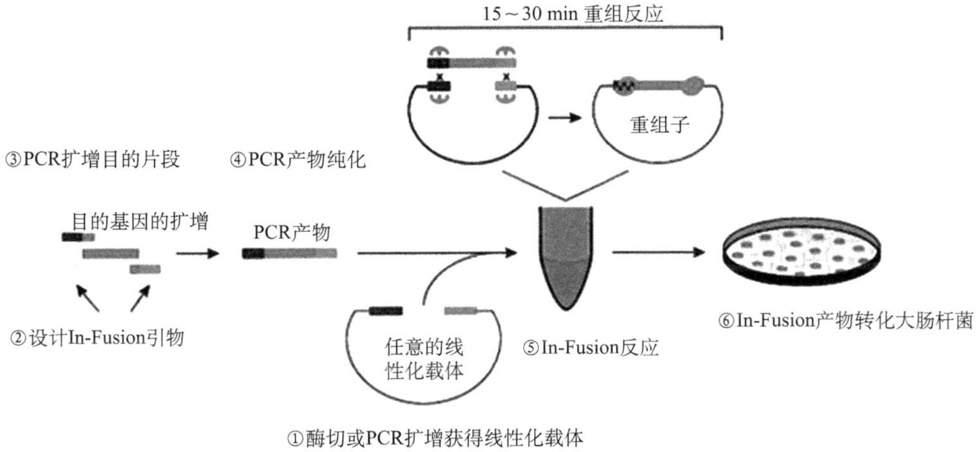


图 1-5-18　In-Fusion PCR 克隆技术的基本原理

In-Fusion PCR 克隆是目前最为简便有效的体外构建重组表达载体的 DNA 重组方法。整个过程不需要限制性酶、连接酶及磷酸酶，所以不用考虑目的片段中含有的特殊位点；而且不需要附加特定的重组位点，就能够高通量的将任何插入片段克隆到任何自备载体中，这有助于实现分子克隆的自动化操作。

## 5.4.2　重组子的导入和鉴定

体外重组生成的重组子必须导入合适的宿主细胞中才能进行复制、扩增和表达。宿主细胞为以大肠杆菌为代表的原核细胞和包括哺乳类动物细胞、酵母和昆虫细胞的真核细胞。对不同的宿主细胞应采取不同的方法导入 DNA，但都以获得尽可能多的转化宿主细菌或细胞为前提。

当一个基因重组的连接反应混合物转化或感染受体菌后，可以产生千千万万个转化菌，因此，必须从宿主细胞中筛选出含有阳性重组 DNA 的细胞，并鉴定重组 DNA 的正确性。

### 5.4.2.1　重组子的导入

**1. 重组 DNA 分子导入原核细胞**

将重组的 DNA 分子引入细菌（原核细胞），使其在细菌体内扩增及表达的过程称为转化作用（transformation），最常用的细菌是大肠杆菌。细菌在生长过程中，只有某一阶段的细菌才能成为转化的接受体，这一生理状态称为感受态（competent）。

常用的转化方法有 $CaCl_2$ 法、电穿孔、PEG 介导的原生质体转化法等。

**2. 重组 DNA 分子导入真核细胞**

将噬菌体、病毒或以它们为载体构建的 DNA 重组体导入真核细胞的过程称为转染(transfection)。常用的转染方法有物理方法（电穿孔法、显微注射技术）、化学方法（磷酸钙共沉淀法、DEAE-葡聚糖转染法、脂质体介导法、乙酸锂转化法等）及病毒感染法。具体技术及方法参见第 6 章。

### 5.4.2.2 转化率

转化率（transformation rate）是转化（包括转染）效率的评估指标，通常有两种形式表示转化率。一种表示形式是在待转化 DNA 分子数大于受体细胞数的条件下，转化细胞与细胞总数之比。例如，在标准条件下，利用 $Ca^{2+}$ 诱导法转化质粒 DNA 的最大转化率为 $10^{-3}$，即平均每 1000 个受体细胞中有 1 个细胞接纳了质粒 DNA。如果假定处于感受态的受体细胞能 100%接纳 DNA 分子，则这种转化率直接反映了受体细胞中感受态细胞的含量；另一种表示形式是在受体细胞数相对于待转化 DNA 分子数大大过量时，每微克 DNA 转化所产生的克隆数。由于在一般规模的转化实验中，所观测到的每个受体细胞只能接纳 1 个 DNA 分子，因此，上述转化率的定义也可表征为每微克 DNA 进入受体细胞的分子数。例如，pUC18 对大肠杆菌的转化率为 $10^8/\mu g$ DNA，其含义是每微克 pUC18 只有 $10^8$ 个分子能进入受体细胞，$1\mu g$ pUC18 中共有 $6.02\times10^{17}/2686\times660=3.4\times10^{11}$ 个分子，也就是说，每 3400 个 pUC18 分子中只有 1 个分子进入受体细胞。如果能够准确确定转化 1 $\mu g$ pUC18 所用的受体细胞的总数，则上述两种转化率是可以换算的。

## 5.4.3 重组子的筛选与鉴定

通过转化、转染等过程，得到了这种混合的 DNA 产物转化或感染的受体菌后，可以产生千千万万个转化菌。因此，我们需要采用特殊的方法，将众多的克隆区分开来，并鉴定出可能含有阳性重组 DNA 目的基因的细胞，并鉴定重组 DNA 的正确性。不同的克隆载体及相应的宿主系统，其重组子的筛选、鉴定方法不尽相同，现分述如下。

### 5.4.3.1 根据载体的性状变化进行筛选

**1. 根据载体的抗药性标志筛选**

这是一种主要的筛选含有重组 DNA 宿主细胞的方法。大多数的载体都带有抗生素的抗药基因，常见的有抗氨苄青霉素基因、抗四环素基因、抗卡那霉素基因等。当带有完整抗药性基因的载体转化无抗药性细胞后，凡转入载体的细胞都获得了抗药性，能在含有相应药物的琼脂平板上生长成菌落，而未被转化的宿主细胞不能生长。但是，这种只带有一种抗药基因的载体组成的重组 DNA 转入细胞后，在琼脂平板上生长成的菌落是不能被区分是否是真正含有重组 DNA 或是空载体，这需要进一步的鉴定。

**2. 根据载体抗药性标志插入失活选择**

一般的情况下，选用含有两个以上的抗药基因的载体，外源 DNA 片段插入其中一个基因，并导致这个基因失活，就可用两个含不同药物的平板互相对照，筛选含重组

DNA 的菌落，这就是插入失活效应。例如，pBR322 质粒含有抗氨苄青霉素基因和抗四环素基因，某一外源 DNA 片段插入在 pBR322 的 *Bam* H Ⅰ 位点，从而导致抗四环素基因失活。由此可以判断：在含氨苄青霉素或四环素的培养基中不能够生长的细菌是不含有载体或重组 DNA 的，也就是说是没有转化的；在含氨苄青霉素的培养基能生长的细菌，而在含四环素的培养基不能生长的细菌是被重组 DNA 转化的；在含氨苄青霉素或四环素的培养基都能生长的细菌只含有载体，是未被重组的 pBR322 质粒。因此，根据菌落的不同抗药性可以筛选出含有重组 DNA 的菌落。

**3. β-半乳糖苷酶系统**

许多载体（如 pUC、pGEM 系列载体等）都带有一个来自大肠杆菌 DNA 的短序列，其中含有编码 β-半乳糖苷酶（β-galactosidase）基因（*lacZ* 基因）的调控序列和 N 端 146 个氨基酸的编码序列，在编码序列中插入一个多克隆位点，但不破坏阅读框架，不影响功能。当这种载体转入的宿主细胞是含有 β-半乳糖苷酶 C 端编码序列时，此酶的 N 端序列和 C 端序列可以互补（称为 α 互补），产生具有酶活性的蛋白质（β-半乳糖苷酶），从而使宿主细菌在含有 IPTG（异丙基-β-D-硫代半乳糖苷）/X-gal（5-溴-4-氯-3-吲哚-β-D-半乳糖苷）的培养基上呈蓝色，IPTG 是 β-半乳糖苷酶产生的诱导剂，X-gal 是发色底物。

当 pUC18 质粒的多克隆位点有外源 DNA 片段插入时，破坏此酶的 N 端阅读框架，产生无 α 互补功能的 N 端片段，因此带有外源 DNA 片段的细菌在含有 IPTG/X-gal 的培养基上呈白色。如果没有外源 DNA 插入多克隆位点，则不破坏 β-半乳糖苷酶的氨基端氨基酸序列的阅读框架，产生的菌落呈蓝色（图 1-5-19）。

**4. 根据插入的外源性 DNA 片段的性状进行筛选**

如果外源性 DNA 片段可编码产生蛋白质，并且该蛋白质为细菌生命活动所必需，可利用该蛋白质的性状进行筛选。例如，亮氨酸是细菌生命活动所必需的，当外源性 DNA 片段含有合成亮氨酸的基因时，将该外源性 DNA 片段转入亮氨酸缺陷的细菌中，放入仅含亮氨酸的培养基中，只有能利用亮氨酸的细菌才能生长，因此，能生长的细菌即含有外源性 DNA 片段。

### 5.4.3.2 根据重组 DNA 的结构特征进行筛选

**1. 重组 DNA 的快速裂解、鉴定**

重组 DNA 的快速裂解、鉴定是重组 DNA 的初步筛选方法，是根据重组 DNA 大小和载体 DNA 大小之间的差别来区分的。当重组 DNA 克隆在培养基平板上长到 2 mm 左右时，挑取菌落，加入 50 μl 裂解液（50 mmol/L Tris-HCl，pH 6.8；1%SDS；2 mmol/L EDTA；400 mmol/L 蔗糖；0.01%溴酚蓝）进行裂解，37℃下保温 15 min 后，以 12 000 r/min 离心（4℃），吸上清液，在 1%琼脂糖凝胶中进行电泳分离，紫外灯下观察并比较与载体 DNA 片段的迁移率，初步判断是否有外源 DNA 插入。

**2. 限制性内切核酸酶图谱进行分析**

当初步确定是带有外源性 DNA 片段的重组体菌落时，挑取少量菌落进行小量培养。然后进行快速抽提得到重组 DNA，用限制性内切核酸酶进行酶切，凝胶电泳分析是否有外源 DNA 的插入。

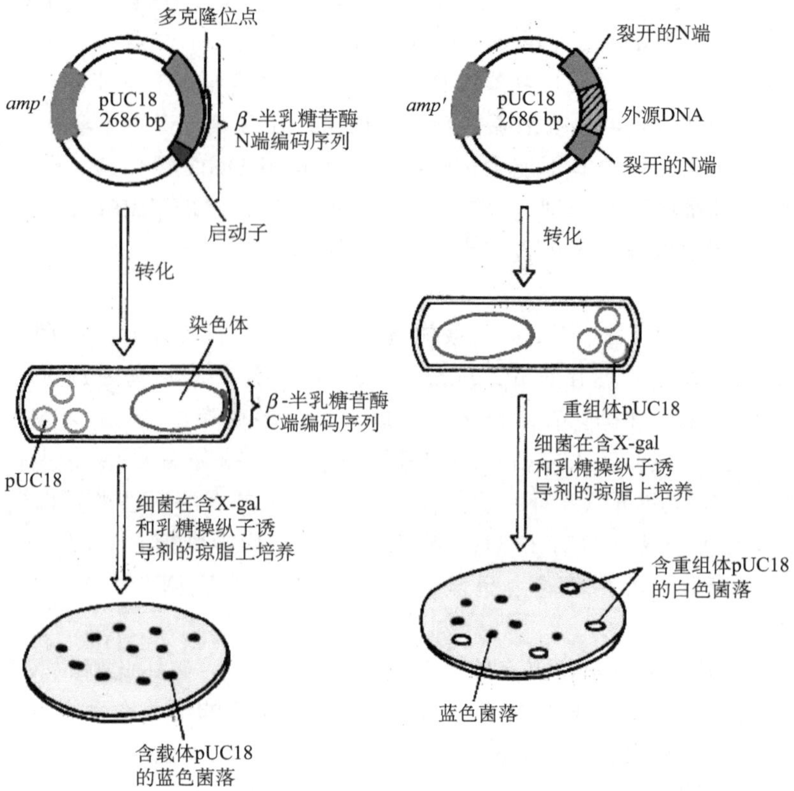


图 1-5-19 重组子蓝/白斑筛选

**3. 核酸分子杂交方法进行鉴定**

核酸分子杂交是核酸分析的重要方法，是鉴定重组 DNA 最通用的方法。该方法的基本原理是：具有一定同源性的两条核酸单链在一定条件下（适宜的温度及离子强度等），可按碱基互补配对原则退火形成双链，此杂交过程是高度特异性的。杂交的双方是待测的核酸序列和用于检测的已知核酸片段（称为探针）。将待测核酸变性后，用一定的方法将其固定在硝酸纤维膜（或尼龙膜）上，用经标记示踪的特异核酸探针与之杂交，该探针只能与互补的特异核酸牢固结合，而其他的非特异结合将被洗去。最后，示踪标记将指示待测核酸中能与探针互补的特异 DNA 片段所在的位置。

**4. PCR 扩增方法进行鉴定**

根据已知插入的外源性 DNA 片段的序列，设计出相应的引物；也可根据一些载体克隆位点两翼存在恒定的序列。例如，pGEM 载体系列中双侧是 SP6 及 T7 启动子的序列，通过与 SP6、T7 启动子互补的通用引物对，以小量抽提得到的重组 DNA 为模板，直接用 PCR 进行扩增，通过 PCR 产物的电泳分析可以确定是否有目的 DNA 的插入。利用 PCR 的方法除了迅速扩增特异的外源性 DNA 片段外，还可以利用其产物进行 DNA 序列的直接测序。该方法目前已得到广泛的应用。

**5. DNA 序列分析鉴定**

DNA 序列分析是最后确定分离的 DNA 是否是特异的外源性插入 DNA 的唯一方法，也是最确定的方法。现在 DNA 序列分析已实现自动化，是一个快速、简便和实用的方法。

以上介绍的是几种基因重组体筛选及最后如何确证所克隆基因序列正确性的方法。在应用时要根据具体情况选择适当的方法，本着先粗后精的原则，对重组体进行逐步的分析。

（杨生生　焦炳华）

# 第 6 章　基因表达技术

1973 年美国科学家 S. Cohen 建立了体外 DNA 重组技术，并在细菌中成功表达了外源基因，从而开创了基因工程的新时代。

外源基因的表达是研究基因功能以及编码蛋白质的结构与功能的重要方法，也是制备和生产蛋白质药物及诊断试剂必不可少的手段。外源基因通过在宿主细胞中的表达可获得大量的产物。基因表达系统（expression system）由表达载体（vector）和表达宿主（host）两部分组成。外源基因可以在不同的系统中表达，本章主要介绍外源基因在原核、真核和无细胞系统的表达。

## 6.1　原核表达系统

外源基因原核表达最常用的为大肠杆菌表达系统，此外还有芽孢杆菌表达系统和链霉菌表达系统等（表 1-6-1）。对于不同的表达系统，需要构建不同的表达载体。外源基因在不同系统中表达成功的可能性及表达产量的高低取决于我们对这些系统中基因表达调控规律的认识程度。

**表 1-6-1　外源基因常用的原核表达系统及其特点**

| 宿主细胞 | 常用载体 | 特点 |
|---|---|---|
| 大肠杆菌 | 质粒：pET 系列、pMAL 系列、pTrx 系列等 | 优点：遗传操作简单，目的蛋白表达水平高，培养周期短；可进行融合表达<br>缺点：缺少蛋白质翻译后修饰和加工；表达产物多以不溶性的包涵体形式存在；产物易受宿主细胞内毒素（热原）的污染 |
| 芽孢杆菌 | 质粒：pUB110、pC194、pE194<br>噬菌体：$\Phi$105、SPβ | 优点：目的蛋白表达水平高、培养周期短；表达产物可外分泌；不含内毒素成分<br>缺点：转化频率较低，质粒不稳定；分泌大量蛋白酶，可使外源表达产物发生降解 |
| 链霉菌 | 质粒：pIJ101、pIJ702、pIJ922、pIJ940、pHJL197、pIH1351、pHJL210（SCP2*/pBR322）、pHJL302（SCP2*/pUC19）<br>黏粒 cosmid<br>噬菌体：KC 系列 | 优点：目的蛋白表达水平高、培养周期短；表达蛋白大量分泌；不含内毒素成分；自身分泌的蛋白酶少<br>缺点：遗传操作相对复杂，质粒不稳定 |

### 6.1.1　常用原核表达系统及其选择

原核表达常用的有大肠杆菌（*Escherichia coli*，*E. coli*）表达系统、芽孢杆菌（*Bacillus*）表达系统和链霉菌（*Streptomyces*）表达系统等。其中大肠杆菌是应用最广泛的原核表达系统。

### 6.1.1.1 大肠杆菌表达系统

大肠杆菌表达系统是基因表达技术中发展最早，目前应用仍最为广泛的经典表达系统。与其他表达系统相比，这一表达系统具有遗传背景清楚、目的基因表达水平高、培养周期短等特点，因而在基因表达技术中占有重要地位，是生产基因工程药物和疫苗的重要工具。

**1. 大肠杆菌表达载体的构成**

大肠杆菌在其染色体（拟核）以外还具有携带少数遗传学性状的核外基因结构，即质粒（plasmid）。大肠杆菌质粒的分子大小为 2～50 kb，是双链、环状、闭合的 DNA 分子，具有自主复制能力，因此几乎所有的大肠杆菌表达系统都选用质粒作为运载外源基因的载体。这些表达载体一般均是通过对天然质粒改造而获得的。构成表达载体的基本元件包括复制子、筛选标记、启动子、终止子和核糖体结合位点。

（1）复制子。复制子是一段包含复制起始位点、反式因子作用区在内的 DNA 片段，其功能是通过复制使质粒能稳定存在于细胞内。常用的大肠杆菌质粒载体根据其复制子类型的不同可分为 pMB1、p15A、ColE1 和 pSC101 等。

（2）筛选标记。大肠杆菌经过转化后，仅有少数细菌能获得携带有外源基因的质粒并稳定地传代，因此质粒表达载体上必须含有表型选择标记。由于大肠杆菌对大多数抗生素敏感，因此该表达系统大多采用抗生素抗性基因作为显性选择标记，常用的有氨苄青霉素（*Amp*）、四环素（*Tet*）、氯霉素（*Chl*）、新霉素（*Neo*）、卡那霉素（*Kan*）抗性基因等；也可同时引入两个抗性基因。

（3）启动子和终止子。启动子是指与 DNA 依赖的 RNA 聚合酶相结合的一段 DNA 序列（20～300 bp），包括 RNA 聚合酶识别位点和 mRNA 转录起始位点。其功能是转录出目的基因的 mRNA。细菌基因的启动子由两段高度保守的核苷酸序列组成，一段位于 mRNA 转录起始位点上游 10 bp 处，由 6～8 bp 组成，富含 A、T，称为 TATA 盒（box），又称为 Pribnow 盒或－10 区。另一段位于转录起始位点上游 35 bp 处的 35 区，该区由 10 bp 组成。根据启动子起始 mRNA 合成效率的不同，可分为强启动子、弱启动子。某些启动子的活性可以通过物理或化学方法诱导，在原核表达系统中通常采用可调控的强启动子。常见的原核启动子有：由温度诱导的 *PL* 启动子和 *PR* 启动子，由异丙基-D-硫代半乳糖苷（isopropyl-thio-$\beta$-D-galactoside，IPTG）诱导的 *lac* 启动子，由 3-吲哚乙酸（IAA）诱导的 *trp* 启动子等。噬菌体 T7 RNA 聚合酶启动子是一个很强的启动子，在原核表达中得到广泛应用。

原核表达系统的转录终止子可分为两类，一类为在 Rho 因子的作用下使 mRNA 的转录终止；另一类为 DNA 模板上靠近终止区的一段序列所转录出的一段 mRNA 可形成茎环（stem-loop）或发夹（hairpin）形式的二级结构，使新生的 mRNA 终止转录。来自于大肠杆菌 *rrnB rRNA* 操纵子的 T1、T2 多联转录终止子已被广泛应用于质粒表达载体中。

（4）核糖体结合位点。原核基因核糖体结合位点是指紧靠启动子下游的、从转录起始位点开始延伸几十个 bp 的一段序列，翻译起始密码 ATG 通常位于它的中心位置，核糖体结合位点中与 rRNA 16S 亚基 3′端互补的核心部分称为 SD 序列（Shine-Dalgarno sequence）。SD 序列在结构上表现为一个富嘌呤区，UAAGGAGG 和 AAGGA 是最常见的典型序列，它位于翻译起始密码的上游，距离一般为 5～13 bp。SD 序列对于形成翻译起始复合物、有效地进行蛋白质翻译是必需的。

pET 系列是最常用的高效大肠杆菌表达载体，该系列质粒的基本结构由 T7 启动子、核糖体结合位点、信号肽系列、多克隆位点、T7 转录终止信号、氨苄青霉素抗性标记（amp$^r$）和质粒复制位点等组成（图 1-6-1）。目的基因被克隆到 pET 质粒载体上，受 T7 噬菌体强转录及翻译信号控制，表达由宿主细胞提供的 T7 RNA 聚合酶诱导。该系列质粒有可以表达 N 端融合、C 端融合和非融合蛋白的不同质粒，也可以表达非分泌性蛋白。

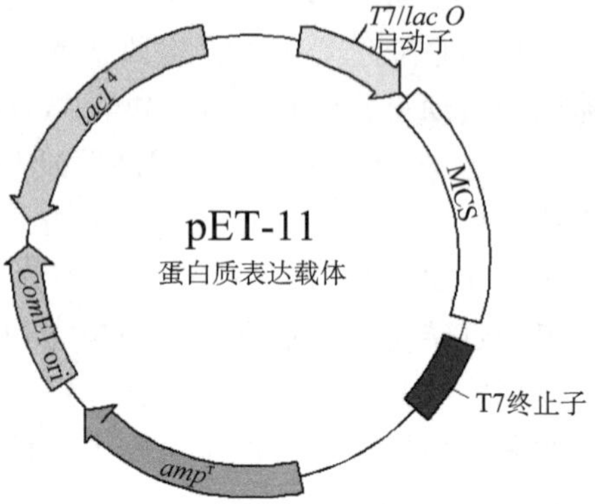


pET-11a　GAAGGAGATATACATATGGCTAGCATGACTGGTGGACAGCAAATGGGTCGCGGATCCGGCTGCTAA...

RBS　*Nco* I，*Nhe* I　*Bam*H I

pET-11b　GAAGGAGATATACATATGGCTAGCATGACTGGTGGACAGCAAATGGGTCGGGATCCGGCTGCTAA...

RBS　*Nco* I，*Nhe* I　*Bam*H I

pET-11c　GAAGGAGATATACATATGGCTAGCATGACTGGTGGACAGCAAATGGGTCGGATCCGGCTGCTAA...

RBS　*Nco* I，*Nhe* I　*Bam*H I

pET-11d　GAAGGAGATATACCATGGCTAGCATGACTGGTGGACAGCAAATGGGTCGGATCCGGCTGCTAA...

RBS　*Nco* I，*Nhe* I　*Bam*H I

图 1-6-1　大肠杆菌 pET-11 表达载体结构示意图

此外，常用的还有 pUC、pSP 等质粒。pUC 系列质粒全长 2.6 kb，由 pBR322 的 *amp*$^r$、复制起始位点及大肠杆菌 *lacZ* 片段构成，在 *lacZ* 中加入了多克隆位点，供外源基因插入，可以进行颜色筛选。pSP 系列质粒含 *SP*6 启动子，或者 *SP*6 和 *T*7 两个启动子（pGEM），可用于外源基因表达。

**2. 大肠杆菌载体的表达方式**

大肠杆菌表达载体可根据其表达方式的不同分为非融合表达、融合表达（包括带纯化标签表达）、分泌表达、表面展示表达和带伴侣蛋白表达等。

（1）非融合表达载体。应用此种载体表达的蛋白质与天然状态下存在的蛋白质在结构、功能和免疫原性等方面基本或完全一致。

(2) 融合表达载体。分子质量较小的蛋白质可采用这种载体进行表达。通过此种方法表达可增加其 mRNA 和表达产物的稳定性。某些蛋白质经过融合表达后，可应用针对融合蛋白中融合的非目的蛋白片段进行亲和层析，很容易将融合表达的蛋白质纯化出来。有些蛋白质通过融合表达还可产生可溶性蛋白质。融合表达不足的一点就是需对融合表达产物进行酶或化学方式的切割以得到目的蛋白，因而增加了制备工艺的步骤和成本。

目前较为成熟的融合表达系统主要包括 $\beta$-半乳糖苷酶（$\beta$-galactosidase）系统、谷胱甘肽-S-转移酶（glutathione-S-transferase，GST）系统、麦芽糖结合蛋白（maltose-binding protein，MBP）系统、硫氧还蛋白（thioredoxin，Trx）系统和 His-纯化标签融合表达系统等（表 1-6-2）。

**表 1-6-2　原核融合表达常用的载体**

| 载体系统 | 融合伴侣 | 特点 |
|---|---|---|
| pUC、pSK、GEM、pBluescript | $\beta$-半乳糖苷酶 | 表达受 *lac* 启动子-操纵子的调控 |
| pGEX 系列 | GST | IPTG 诱导型启动子；含凝血酶切割位点 |
| pMAL 系列 | MBP | IPTG 诱导型启动子；MBP 信号肽促进融合蛋白分泌至外周质 |
| pTrx、pTrxFus | Trx | IPTG 诱导型启动子，含肠激酶切割位点 |
| pET 系列 | 6His | *T7* 启动子（IPTG 诱导型），存在化学或酶切割位点 |

(3) 分泌表达载体。某些外源蛋白质在大肠杆菌中高表达后常常形成无活性的包涵体，需经烦琐的复性才能恢复其活性和构象。为此，可构建分泌表达载体，使目的蛋白分泌到外周质（位于外膜和细胞壁间）中。这需要在信号肽的帮助下完成。常用的信号肽有 OmpA、PelB、PhoA 和 Hly 等，此外还可利用 ST 信号肽、Kil、LamB、Col A 等达到分泌目的。

(4) 表面展示表达载体。目前常用的两种技术，一种为噬菌体表面展示技术，另一种为细菌表面表达技术。大肠杆菌表面展示表达技术是将目的基因克隆入细菌表面蛋白（如外膜蛋白、鞭毛、纤毛）的结构基因中，从而达到细菌表面表达。

(5) 带分子伴侣的表达载体。分子伴侣（chaperone）具有促进蛋白质正确折叠的能力，从而达到避免包涵体形成的目的。分子伴侣主要为热激蛋白，大肠杆菌的分子伴侣主要有 GroEL、GroES、Dnak 和 HtpG 4 种。在此类载体的构建上，可将分子伴侣基因克隆入载体特定的部位，以达到与目的蛋白共表达的目的。

### 6.1.1.2　芽孢杆菌表达系统

芽孢杆菌除炭疽芽孢杆菌（*Bacillus anthracis*）和蜡样芽孢杆菌（*Bacillus cereus*）外，均为非致病性土壤微生物，对人畜无毒，革兰染色阳性。该类细菌细胞壁内不含内毒素，能分泌大量蛋白质到体外，目前已成为一些重要工业酶制剂的生产菌种。很多质粒和噬菌体适合于作其克隆载体。芽孢杆菌表达系统最常用的宿主细菌为枯草芽孢杆菌（*Bacillus subtilis*），如美国芽孢杆菌遗传保藏中心的 168 菌株突变体和从我国江西土壤中分离到的 Ki-12 菌株。

**1. 芽孢杆菌表达载体**

芽孢杆菌表达载体主要有自主复制质粒、整合质粒和噬菌体 3 类。

(1) 自主复制载体。芽孢杆菌的自主复制质粒大多为无抗性标志的隐秘质粒。带有抗性标志的自主复制质粒主要来自其他革兰氏阳性菌，特别是金黄色葡萄球菌，其中使用广泛的有 pUB110、pC194、pE194 等。在这些质粒的基础上构建了双标记质粒、芽孢杆菌/大肠杆菌穿梭质粒、表达质粒、整合质粒、探针质粒等。自主复制质粒不稳定，在复制过程中易发生丢失。

(2) 整合质粒。为克服芽孢杆菌质粒的不稳定性，可采用整合质粒将外源基因整合到细菌染色体。整合质粒的基本结构是在大肠杆菌质粒的基础上增加一个芽孢杆菌的抗性标志及待整合的目的基因，它在大肠杆菌中进行基因克隆和亚克隆操作。整合质粒导入芽孢杆菌后，由于它没有芽孢杆菌质粒的复制起点而不能自主复制，只有插入到宿主染色体后，随细胞复制而复制。

(3) 噬菌体。$\Phi$105、SPβ 及其他噬菌体均可作为芽孢杆菌的表达载体。其中 $\Phi$105 噬菌体应用较多，它是一种温和噬菌体，基因组约为 39.2 kb。

**2. 芽孢杆菌表达系统的缺点**

芽孢杆菌表达系统存在两个方面的缺点。一是自身分泌的蛋白酶的存在可使外源基因产物发生降解。目前可采用基因失活突变的方法使染色体上的相应蛋白酶基因失活。二是质粒的不稳定性，可通过构造整合质粒部分解决这一问题。

### 6.1.1.3 链霉菌表达系统

链霉菌是一类好氧、丝状的革兰氏阳性菌，广泛存在于土壤中。链霉菌的基因组约为大肠杆菌的 2 倍，约为 8 Mb。与细菌不同的是链霉菌的染色体呈线状结构，在中间含有复制起始点和共价结合的末端蛋白。链霉菌中也发现有线状质粒，其复制是从中间开始，向两端进行，3′端回文结构中含 DNA 合成识别位点和限制性内切核酸酶加工位点。链霉菌属基因的不稳定性归因于染色体末端的不稳定性，长达 2 Mb 的不稳定序列经常会自发的缺失或扩增，有时这种自发缺失导致染色体的环化，但对其生长没有严重影响。

链霉菌能产生许多胞外酶，但链霉菌属中最常用的基因表达宿主——变铅青链霉菌 (*Streptomyces lividans*) 分泌蛋白酶的量较少，因此可用于外源蛋白的分泌表达。

**1. 链霉菌表达载体**

(1) 高拷贝载体。普遍采用的链霉菌高拷贝载体为 pIJ101，在链霉菌中的拷贝数为 40～800。通常加入硫链丝霉素 (*Tsr*)、红霉素 (*Ery*)、紫霉素 (*Vio*) 和新霉素 (*Neo*) 等抗性基因作为选择性标记。pIJ702 是由 pIJ101 衍生的使用最广泛的质粒载体，其拷贝数达 40～300，具有两个选择性标记，分别为 *mel* (酪氨酸酶) 和 *tsr* 基因，外源基因克隆在 *mel* 位点可使其失活，因不产生酪氨酸酶而导致不产生黑色素的表型，以此作为插入失活的标记。

(2) 低拷贝载体。由 SCP2* 衍生的质粒 pIJ922 和 PIJ940 等，能插入大小约 30 kb 的片段，但其拷贝数低 (1～2 个)。

(3) 穿梭载体。由于在链霉菌中提取质粒的操作不像在大肠杆菌中那么容易，构建同时能在大肠杆菌和链霉菌中复制的穿梭质粒是比较理想的，这样可以在大肠杆菌中完成重组质粒的构建，构建完成后转入链霉菌中进行表达。这类质粒有 pHJL197、pHJL210（SCP2*/pBR322）、pHJL302（SCP2*/pUC19）、pIH1351 等。但这类载体存在不稳定性的问题。

(4) 黏粒（cosmid）。其又称为柯斯质粒，是含有 λ 噬菌体 *cos* 位点的穿梭质粒载体，因具有较大的包含外源 DNA 的容量（40～50 kb），广泛地应用于链霉菌基因文库的构建。

(5) 噬菌体载体。其大部分由 ΦC31 衍生，常用的有 KC304、KC505、KC515/516、KC518、KC684 等。这类载体能在大多数链霉菌中通过溶源性转换而完成外源基因的重组。

(6) 其他载体。有接合转移载体 pPM801，表达载体 pIJ6021、pIJ4143、pH21271 和 pH21272，分泌载体，大容量载体（100～300 kb），整合型载体，高表达载体（含激活调节基因）等。

**2. 链霉菌表达系统的缺点**

由于链霉菌具有胞外酶分泌系统，因此部分外源基因能借助此类分泌机制得到分泌表达，便于表达产物的分离和纯化。近年来，虽然链霉菌的克隆体系已较为完善，但链霉菌基因操作的难度要比大肠杆菌复杂得多，外源基因引入链霉菌的转化频率往往较低。另外，链霉菌中对应于用于大肠杆菌基因表达操作中的启动子和载体，特别是诱导型超量表达载体的发展与应用还十分有限。

## 6.1.2 原核外源基因的表达与鉴定

### 6.1.2.1 蛋白质在原核细胞中的表达特点

原核细胞的 RNA 聚合酶与真核细胞不同，其特点就是不能识别真核基因的启动子序列。因此，在利用原核细胞表达真核基因时，一般应使用原核启动子。例如，用能在原核细胞表达真核细胞的 RNA 聚合酶，则可以在该细胞中用真核启动子来表达真核基因。

原核表达载体的 mRNA 含有 SD 序列，该序列位于 mRNA 的 5′端起始密码子的上游，能够与 16S 核糖体 RNA 的 3′端互补结合。SD 序列与 16S 核糖体 RNA 结合后，与起始密码子 AUG 一起形成翻译起始复合物，启动蛋白质合成。真核细胞则缺乏 SD 序列。

真核生物基因往往有内含子（intron），转录后的 mRNA 前体经剪接后成为成熟的 mRNA。原核细胞则缺乏 mRNA 转录后加工的能力。因此，真核目的基因一般来源于 mRNA 反转录而成的 cDNA。

原核细胞缺乏真核细胞对蛋白质进行翻译后加工的能力，因而往往不能进行正确的折叠、不能进行糖基化等。如果表达产物的功能或蛋白质的糖基化与高级结构有关，建议应用真核表达系统。

外源基因在原核细胞中高效表达时，表达产物往往在细胞浆聚集而形成包涵体

(inclusion body)，包涵体内的蛋白质不具生物学活性，故在蛋白质纯化后需进行复性处理。

### 6.1.2.2 包涵体的形成、变性与复性

目的蛋白在原核系统中表达的形式有两种，一种是在细胞内表现为不溶性的包涵体形式，另一种是在细胞内表现为可溶的蛋白质形式。包涵体表达有其有利的一面，如表达量高、便于富集和分离纯化、可避免细胞内蛋白水解酶的作用等；不利的一面是需用变性剂溶解并进行蛋白质复性，增加了蛋白质制备成本。

（1）包涵体的组成与形成。包涵体是无定型的蛋白质聚合物，其中大部分（50%以上）是外源基因的表达产物，这些产物一级结构正确，但空间构象错误。包涵体的成分除了目的蛋白外，主要有宿主细胞蛋白质及膜蛋白片段，此外还含有 DNA、RNA 和质粒编码蛋白质及脂多糖等。

包涵体的形成与细胞内分子伴侣和折叠酶的功能失衡有关。细胞内蛋白质聚集导致包涵体的形成起源于肽链折叠过程中部分折叠的中间态之间的特异性的错误聚合，而不是形成于成熟的天然态或完全解链的蛋白质。包涵体的形成与这些折叠中间态的溶解性和稳定性有关（图 1-6-2）。除了分子伴侣和折叠酶外，影响包涵体形成的因素还有蛋白质本身的性质（形成转角的残基数目、平均带电性等）、生长条件（宿主、培养温度、培养基、pH 等）。

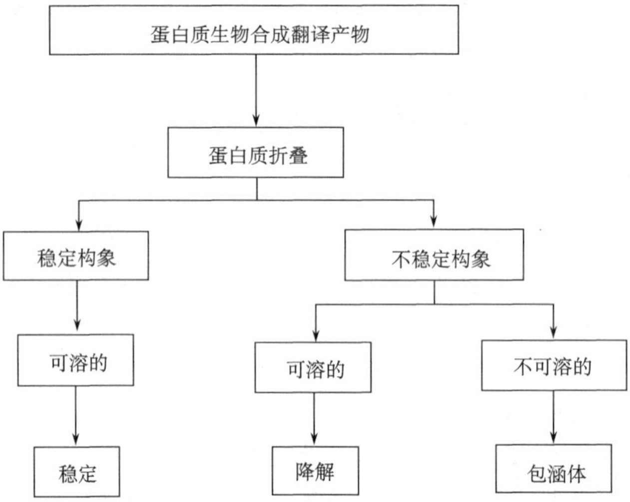


图 1-6-2 包涵体形成机制示意图

（2）包涵体的变性与复性。沉淀出的包涵体可以用变性剂溶解。在变性剂溶液中，目的蛋白呈变性状态，但其一级结构不被破坏。因此，除去变性剂后，目的蛋白可以自动（或在一定的人工条件下）折叠成具有活性的天然构象，此为蛋白质的复性。

基于包涵体的实质与性质，获得包涵体以后的主要工作是，用变性剂增溶使之成为可溶性的伸展的肽链，然后再在适当的条件下折叠成天然的、有活性的蛋白质分子（图 1-6-3，表 1-6-3）。

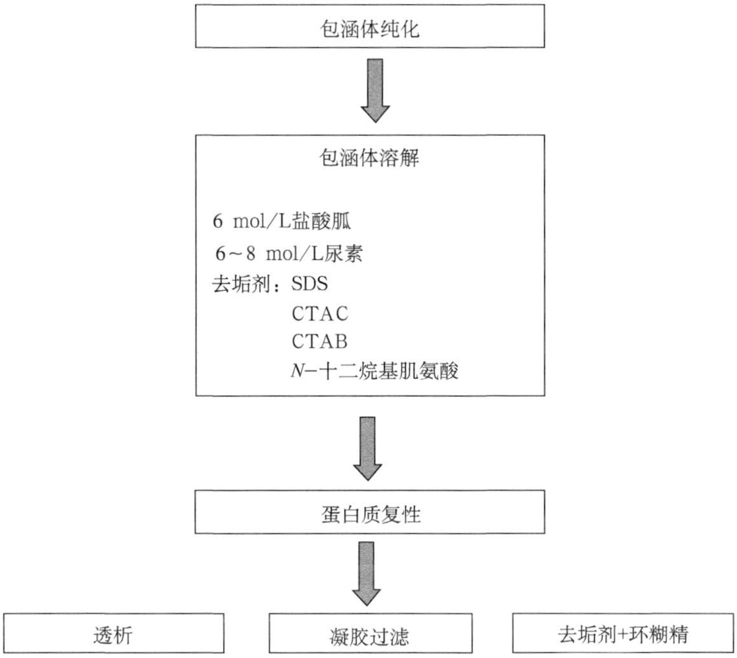


图 1-6-3　包涵体的变性与复性策略

**表 1-6-3　影响蛋白质复性的因素**

| 促进二硫键形成的因素 | 促进天然结构形成或抑制集聚的因素 |
|---|---|
| 氧化还原系统 | 氨基酸：L-精氨酸，甘氨酸 |
| 氧化/还原型谷胱甘肽 | 蔗糖或甘油（10% *m*/*V*） |
| 氧化/还原型二硫苏糖醇 | 去垢剂：*N*-十二烷基肌氨酸，CHAPS，十二烷基麦芽糖苷等 |
| 胱胺/半胱胺 | 含去垢剂和磷脂的混合胶团（micelles） |
| 半胱氨酸/胱氨酸 | 聚乙二醇（PEG 3500） |
| 二羟乙基二硫化物/2-巯基乙醇 | 高渗 Tris 液（0.4～1.0 mol/L） |
| $Cu^{2+}$（催化空气氧化） | 辅基：金属离子与配体 |
| *S*-磺化相关试剂 | 乙二醇 |
| 高静水压 | 非去垢剂：磺基甜菜碱 |

### 6.1.2.3　蛋白质在原核细胞表达的调控

原核细胞在基因转录、蛋白质合成方面对外源基因的表达进行调控。与表达外源基因有关的主要调控因子有启动子、SD 序列等。

(1) 启动子。涉及转录水平的调控主要为启动子。为了在原核细胞中获得高表达，近年来常采用一个强原核启动子，即噬菌体 *T7* RNA 聚合酶启动子。T7 RNA 聚合酶是来源于 T7 噬菌体的一种依赖 DNA 的 RNA 聚合酶，其合成 RNA 的效率比大肠杆菌相应的酶要高得多，而且较少发生转录中止。该聚合酶特异性地启动 *T7* 启动子。应用该表达系统经数小时诱导后，表达的外源蛋白的量一般占总蛋白质量的25%～50%。正常大肠杆菌并不表达T7 RNA聚合酶，为了能利用*T7*启动子表达外源基因，可将*T7* RNA聚合酶基因置于*lac UV5*启动子的控制下，整合到大肠杆菌染色体，构建成能诱导表达T7 RNA聚合酶的大肠杆菌菌株。用*T7*启动子在原核细胞中表达外源基因时，将外源基因克隆到有*T7*启动子的原核表达载体中，置于*T7*启动子的控制下，转化可以表达T7 RNA聚合酶的大肠杆菌，在IPTG的诱导下，T7 RNA聚合酶得到表达，启动*T7*启动子控制的外源基因合成mRNA，表达外源蛋白。

（2）SD序列。原核细胞在翻译水平的调控中SD序列起有很大作用。SD序列与16S RNA 3′端的互补程度、SD序列和目的基因间的距离在很大程度上影响蛋白质的合成量（详见6.1.3节）。

#### 6.1.2.4 外源基因在原核细胞中表达的鉴定

外源基因在原核细胞中表达的鉴定主要包括插入基因和表达产物的鉴定两个方面。

**1. 目的基因的正确性**

目的基因可由基因组DNA文库、cDNA文库、PCR扩增或人工化学合成获得。为了验证获得目的基因的正确性，一般先构建测序载体，通过DNA测序方法来验证目的基因的正确性。其他的粗筛选方法有：根据遗传表型筛选（抗生素平板筛选、β-半乳糖苷酶系统筛选）、快速裂解菌落鉴定分子大小、限制性酶切图谱鉴定、菌落或噬菌斑原位杂交、Southern杂交等。

**2. 表达产物的鉴定**

（1）理化特性的鉴定。需要鉴定的理化性质包括：分子质量、氨基酸组成与含量、等电点等。作为基因工程药物，还要求分析氨基端和羧基端的部分序列以及进行肽图谱分析，只有所有指标都正确，才能确认表达的目的蛋白的正确性。

（2）生物学功能的鉴定。根据目的蛋白特有的生物学功能，从分子、细胞或整体动物模型确证其功能。例如，抗肿瘤蛋白可采用体外瘤细胞杀伤或抑制试验、体内采取移植瘤抑制试验等模型；抗菌蛋白体外可采用抑菌试验、体内抗感染动物模型等。

### 6.1.3 原核外源基因表达条件的优化

由于目的基因结构的多样性，尤其是真核基因在许多方面与大肠杆菌基因有明显的差异，要使各种基因在大肠杆菌表达系统获得高效表达并制备出相应的重组蛋白质，还需根据每一个目的基因的具体情况，结合所采用的表达系统类型加以分析研究，制订出适合的对策才能实现。

#### 6.1.3.1 表达载体的优化设计与选择

在设计和选择表达载体时，为达到重组载体有较高的拷贝数，并在菌体内稳定存在，应考虑如下几个方面的问题。

（1）选择适当的强启动子。常用的启动子有*PL*、*PR*、*Ptrp*、*Ptac*、*Plac*、*PΦ10*和*Ptrc*等。一般选用的启动子多为可控表达型，即诱导前本底表达很低或无，仅在诱导（温度或化学诱导剂）后目的基因才能获得较高的表达效率。有时为提高启动子的强度，可构建融合启动子。例如，*Ptac* 启动子由 *Ptrp* 的－35 区域和 *Plac* 的－10 区域及 *lac* 操纵基因组成，这样就综合了 *Ptrp* 的高效率和 *Plac* 易调节的特点，从而提高了表达效率。利用强启动子表达外源基因时必须在其下游加入不依赖 ρ 因子的转录终止区，以防止转录过程的通读并提高质粒的稳定性。

（2）引入原核增强子序列。在大肠杆菌中存在能提高翻译效率的一段核苷酸序列，称为原核增强子序列或元件，它位于特定基因转录起始的远端，一般位于 mRNA 转录起始上游至少 100 bp 以上处。增强子长度为 50～1.5 kb，常由一个或多个连续或不连续的 DNA 序列元件组成。增强子是一种顺式 DNA 元件，它起着增强基因转录的作用，其作用机制是通过加强 mRNA 与核糖体的相互作用来提高 mRNA 的翻译效率。因此，构建带有原核增强子的表达载体，有利于目的基因的高表达。

（3）设计合理的 SD 序列以改善核糖体结合位点的结构。构建表达质粒时首先要考虑使目的基因的翻译起始密码 ATG 与 SD 序列之间的距离和碱基组成处于一个适当的范围内。在各种表达载体中，启动子和 SD 序列的下游都设计了一段含有各种限制性酶切位点的序列，用于目的基因的插入。这一插入位点附近的序列将成为核糖体结合位点的一部分，它与核糖体的结合程度直接影响 mRNA 的翻译效率，因此在载体设计时应注意以下几点：① SD 序列 UAAGGAGG 的翻译效率要比 AAGGA 高 3～6 倍；② 要使 mRNA 翻译能够进行，ATG 与 UAAGGAGG 至少要相隔 3～4 bp，与 AAGGA 至少相隔 5 bp；③ 要获得较高的 mRNA 翻译效率，翻译起始密码 ATG 与 UAAGGAGG 的最适距离为 6～8 bp，与 AAGGA 的最适距离为 5～7 bp；④ ATG 与 SD 序列之间的碱基组成为 A、T 丰富时，mRNA 翻译效率较高。

（4）外源基因中稀有密码子的使用。原核基因与真核基因在同义密码子的使用上有所不同，这主要是因为同义密码子的使用频率与细胞内对应的 tRNA 丰度有正比关系。稀有密码子对应的 tRNA 丰度很低，有可能在翻译过程中发生中止或移码突变。故而一般来说，含有较高稀有密码子的外源基因在原核表达载体中的表达效率往往不高。

大肠杆菌稀有密码子有以下 8 种：编码 Arg 的 AGA/AGG/CGA/CGG；编码 Pro 的 CCC/CCU/CCA，编码 Cys 的 UGU/UGC，编码 Gly 的 GGA/GGG，编码 Leu 的 CUA/CUC，编码 Ile 的 AUG，编码 Ser 的 UCA/AUG/UCG/UCC，编码 Thr 的 ACG。

解决这一问题通常可采用两种方式：① 将稀有密码子改成大肠杆菌偏爱的密码子；② 共表达稀有密码子的 tRNA 基因。

#### 6.1.3.2 增加 mRNA 的稳定性

大肠杆菌中存在的核酸酶可以降解目的基因的 mRNA。目前大肠杆菌已经发现的核酸酶有数种内切核酸酶和 3′-外切核酸酶。避免核酸酶的降解作用是延长 mRNA 半衰期、增加 mRNA 稳定性的关键。通过序列及结构改造，可达到稳定 mRNA 的目的。例如，*ompA* 基因 mRNA 5′非翻译区末端的一段序列有一个“发夹”结构，把这段序列融合到目的 mRNA 的 5′非翻译区能提高 mRNA 的稳定性。如果融合 mRNA 的 5′端再设计加上一个发夹结构，目的 mRNA 半衰期能进一步延长。再如，大肠杆菌中有 500～1000 个拷贝的重复基因外回文顺序（repetitive extragenic palindrome，REP）存在于染色体上，当它在 mRNA 的 3′端出现时，可避免 3′→5′外切核酸酶的降解作用，从而增加 mRNA 的稳定性。将 REP 顺序克隆到氯霉素转乙酰酶（*cat*）基因下游，可使表达量增加近 3 倍。

#### 6.1.3.3 提高外源蛋白的稳定性

由于宿主菌本身含有多种蛋白水解酶，故外源蛋白表达后易受到其酶解作用而发生降解。蛋白酶的作用与蛋白质本身的性质有关。例如，蛋白质的 N 端如果是 Met、Ser、Ala、Thr、Val、Gly，其半衰期可达 20 h 以上；而如果是 Phe、Leu、Asp、Lys 和 Arg，其半衰期少于 3 min。

提高目的蛋白在大肠杆菌表达系统中的稳定性可采取以下措施：①利用蛋白质转运系统把目的蛋白最终积累在间周质，或分泌到胞外的培养基中；②选择蛋白水解酶基因的缺陷株作为宿主菌；③对分子质量较小的目的蛋白进行融合表达或串联表达；④共表达能提高特定目的蛋白稳定性的辅助因子，如分子伴侣基因等；⑤对蛋白质序列中的蛋白水解酶敏感区域和识别位点进行改造。

#### 6.1.3.4 选择合适的宿主菌

某些特殊的启动子需要特殊的宿主菌。例如，pET3a 载体是利用 $\Phi10$ 启动子，需 T7 RNA 聚合酶特异地合成 mRNA，这就要应用带有溶源性转换的 *T7* RNA 聚合酶基因的细菌，如 BL21（DE3）。

在发酵后期，宿主菌内蛋白水解酶的含量大为升高，同时，随着热休克蛋白数量的提高，会进一步激发蛋白水解酶的活性，两者的综合作用使表达的目的蛋白大量降解。此时，可选择蛋白酶活力低的宿主菌。例如，利用缺失 *lon* 基因（编码一种丝氨酸蛋白酶）的菌株可使 PTH 在细胞内的表达量提高 3 倍；由 rpoH（对多种蛋白水解酶的活力有正调控作用）缺失突变株构建的工程化宿主菌在外源基因的表达方面也有实际应用价值。

## 6.2 真核表达系统

原核表达系统由于产物不能正确折叠及缺乏翻译后修饰（二硫键配对、信号肽切除、糖基化、磷酸化等）等原因，往往导致表达产物不表现其相应的生物学活性。因此，在进行真核基因（特别是人类基因）表达时，真核细胞表达系统应该是首要的选择，尤其功能性膜蛋白、需要翻译后修饰的蛋白质、分泌型蛋白质和蛋白复合物中的亚基组分等更应选择真核细胞表达系统，因为这些蛋白质往往只有在真核细胞表达系统中才能获得有完全生物学活性的表达产物。

### 6.2.1 真核表达载体及宿主

#### 6.2.1.1 常用表达系统及其特点

目前常用的真核表达体系包括酵母、昆虫细胞和哺乳动物细胞表达系统，此外还有动物乳腺反应器和植物表达系统等。真核表达宿主大体可分为 3 类：酵母、昆虫细胞和哺乳动物细胞。针对不同的表达宿主特点，可采用不同的载体携带外源基因，如质粒（酵母），质粒、杆状病毒（昆虫细胞），质粒、病毒（哺乳动物细胞）（表 1-6-4）。由于翻译后加工体系的不同，不同真核表达系统表达出来的蛋白质在结构、抗原性和生物学活性上存在一定程度的差异。因此，可根据所要表达的蛋白质的种类和用途，选择最合适的宿主和载体。

**表 1-6-4　外源基因常用的真核表达系统及其特点**

| 宿主细胞 | 常用载体 | 特点 |
|---|---|---|
| 酵母 | 穿梭质粒：整合型质粒（YIp）、复制型质粒（YRp）、着丝粒质粒（YCp）、附加体质粒（YEp）等 | 优点：易培养；遗传操作简单；表达产物可进行一定的翻译后修饰与加工<br>缺点：糖基化与真核细胞显著不同，糖链含有过多的甘露糖或糖链过长 |
| 昆虫细胞 | 转移质粒（果蝇表达系统）：pDS47、pAc5.1、pMT 等<br>杆状病毒质粒（杆状病毒载体表达系统）：pIB、pMIB、pIZ、pIZT 等 | 优点：表达产物可进行正确的折叠及翻译后修饰与加工<br>缺点：遗传操作相对复杂；难以大规模培养 |
| 哺乳动物细胞 | 质粒载体：pcDNA3.1（+/−）、pCMV 系列、pTRE、pSI、pBudCE4.1 等<br>病毒载体：反转录病毒、腺病毒、腺相关病毒、牛痘病毒、EB 病毒等 | 优点：表达产物可进行正确的折叠及翻译后修饰与加工<br>缺点：遗传操作相对复杂；难以大规模培养 |

### 6.2.1.2　外源基因在真核细胞中表达的主要方式

真核表达系统如原核表达系统一样，可依据外源基因在真核细胞中的表达方式分为分泌表达和非分泌表达、融合表达和非融合表达等。

真核表达还可依据外源基因在细胞中表达时间的长短分为瞬时表达（transcient expression）或瞬时转染（transcient transfection）和稳定表达（stable expression）或稳定转染（stable transfection）两种类型。

（1）瞬时转染。外源 DNA 不与宿主染色体整合，不能随宿主基因组进行复制，只能在细胞内维持 2～3 天。瞬时转染方法耗时短、转染方法相对简单，适合于蛋白质表达的快速分析。一般应在转染后 48～72 h 内收获细胞进行表达产物的检测。随着细胞的增殖，少数转染细胞很快被未转染细胞稀释。

（2）稳定转染。外源 DNA 整合入宿主细胞染色体，随宿主基因组一起进行复制并被稳定遗传。稳定转染的目的是为了获得稳定表达外源目的基因的细胞单克隆，因此需要从转染的细胞中筛选出已转染了外源基因的细胞，通常使用药物（如 G-418）筛选来达到目的。若筛选出高效率表达外源基因的细胞单克隆，即获得了该目的基因的稳定表达细胞株。稳定转染耗时长（一般需要 6 周或 8 周以上），步骤烦琐，成功率低。

#### 6.2.1.3 外源基因在真核细胞中表达的鉴定

如原核基因表达系统一样，外源基因导入真核细胞后是否能够有效表达可以在mRNA和蛋白质两个水平分别进行测定。mRNA的表达情况可采用反转录PCR方法、实时定量PCR方法或RNA印迹杂交。蛋白质的表达水平可采用SDS-PAGE染色法、蛋白质免疫印迹法等检测目的蛋白的表达与否、表达丰度及生物活性。

### 6.2.2 真核细胞基因导入方法

将外源基因导入真核细胞的方法主要有两类：一类为质粒转染（transfection），即利用物理或化学的方法将外源基因导入真核细胞；另一类为病毒感染（viral infection），即利用病毒作为基因载体，感染真核细胞后将外源基因导入。

#### 6.2.2.1 物理方法

（1）电穿孔法。将外源DNA与宿主细胞混合于电穿孔杯中，在高频电流作用下，细胞膜出现许多小孔，外源基因得以进入细胞。这种细胞转染方法称为电穿孔（electroporation）法。

（2）显微注射技术。通过毛细玻璃管在显微镜下直接将外源基因注射到细胞核内。这种基因转染方法称为显微注射技术（microinjection）。常用于制备转基因动物。

#### 6.2.2.2 化学方法

（1）磷酸钙共沉淀法。外源DNA溶解在$Na_2HPO_4$中，再逐渐加入$CaCl_2$溶液，当$Na_2HPO_4$和$CaCl_2$形成$Ca_3(PO_4)_2$沉淀时，DNA被包裹在沉淀中，形成DNA-$Ca_3(PO_4)_2$微小颗粒，将其加入到宿主细胞培养基中，颗粒沉积到细胞表面，部分宿主细胞可摄取这些颗粒将其中的DNA导入到细胞中。此种转染方法称为磷酸钙共沉淀法（calcium phosphate co-precipitation）。

（2）DEAE-葡聚糖转染法。外源DNA与DEAE-葡聚糖介质混合，DEAE-葡聚糖介质带有大量正电荷的化学基团，可与DNA中带负电荷的磷酸基团结合并黏附于细胞表面，借助细胞内吞过程促进外源DNA进入细胞。

（3）脂质体介导法。阳离子脂质体（liposome）与外源DNA混合后，形成稳定的脂质双层复合物，DNA包裹在脂质体中间。这种脂质体可直接加到培养的细胞中，脂质体黏附到细胞表面并与细胞膜融合，DNA释放到细胞浆中，达到外源基因导入的目的。可用于瞬时转染和稳定转染。

（4）乙酸锂转化法。在高浓度乙酸锂（LiAc，1.0 mol/L）条件下，细胞膜通透性增加，使外源DNA得以进入。这一方法称为乙酸锂转化法（lithium acetate transformation），常用于酵母中外源基因的导入。

#### 6.2.2.3 病毒感染法

首先构建携带外源基因的重组病毒载体（反转录病毒、腺病毒、腺相关病毒、牛痘病毒、EB病毒等），然后通过病毒对敏感细胞的感染达到基因转移的目的（详见6.2.5节）。

### 6.2.3 外源基因在酵母细胞中的表达

酵母是一类单细胞真核生物，具有完整的亚细胞结构和严密的基因表达调控机制。酿酒酵母（*Saccharomyces cerevisiae*）是第一个完成了全基因组测序的真核生物（于1996年完成），2009年5月完成了巴斯德毕赤酵母（*Pichia pastoris*）GS115株1～4号染色体的全序列测定工作。上述工作为酵母作为基因表达系统的广泛应用奠定了坚实的基础。

酵母是一类十分理想的真核模式生物，它们生长迅速，易于进行遗传操作，可有效转化外源基因并且长期稳定表达，表达的蛋白质可有一定的翻译后修饰，具有生物学活性。其缺点：一是蛋白质糖基化与真核细胞显著不同，常常含有过多甘露糖的糖链；二是缺乏加工某些高等真核蛋白质的细胞成分。

#### 6.2.3.1 常用的酵母细胞表达载体

常用的酵母表达载体多为穿梭质粒载体，它们可在大肠杆菌中进行筛选和扩增，随后在酵母中进行表达。应用最广泛的酵母载体是由pBR322衍生而来的，它含有可保证其在大肠杆菌中具有高拷贝数的复制起始点（ori）及$amp^r$、*tet*等抗生素筛选标记。

根据载体在酵母中的复制形式、用途及表达外源基因的方式，酵母表达载体可分为整合型质粒（yeast integrating plasmid，YIp）、复制型质粒（yeast replicating plasmid，YRp）、着丝粒质粒（yeast centromeric plasmid，YCp）和附加体质粒（yeast episomal plasmid，YEp）。此外，还有用于克隆DNA大片段的酵母人工染色体（yeast artificial chromosome，YAC）。

（1）YIp。这是一种整合型载体，它不含酵母的DNA复制区，因此不能在酵母细胞中自主复制，但可以通过同源重组整合到酵母基因组并随同酵母染色体一起复制。YIp因其转化子的高度稳定性而被广泛应用。缺点是转化频率很低（$<10^2$转化子/μg DNA）、整合拷贝数少（1～2个/细胞）。若在酵母基因发生重组的序列处（整合介导区）进行酶切，将质粒线性化，转化效率可提高10～1000倍。

（2）YRp。该质粒含有来自酵母基因组的DNA复制起始区序列，因此可以在酵母染色体外自主复制。YRp质粒具有很高的转化效率（$10^3$～$10^4$个转化子/μg DNA），但在细胞分裂过程中很不稳定，极易发生丢失，只有5%～10%的选择性生长细胞仍然保留有质粒。

（3）YCp。该质粒是将来自酵母着丝粒的DNA片段（cen）结合到YRp质粒而构建成的。由于酵母着丝粒的存在可以使这种载体在细胞分裂时能像染色体一样在母代细胞和子代细胞之间平均分配。这种质粒在细胞中的拷贝数尽管只有1～2个，但表现出高度的稳定性，每代丢失率仅约为1%。YCp质粒常用于基因文库的构建。

（4）YEp。该质粒含有来自天然酵母质粒2 μ的与DNA复制有关的全部或部分序列。这些2 μ序列使质粒能独立复制并赋予其高转化率（$10^4$～$10^5$个转化子/μg DNA）。这类质粒在酵母细胞中的拷贝数高（60～100个/细胞）、稳定性强，因而常用于高水平基因表达。

一些专业公司提供多种高效表达外源蛋白质的酵母表达系统和载体，如

PichiaPink™ Yeast Expression System（Invitrogen 公司）、YeastHIGHTM Advanced Protein Expression Package（SC1346）（GenScript 公司）、GenWay Biotech's Yeast Expression Platform（GenWay 公司），Pichia GlycoSwitch™（Invitrogen 公司），SpECTRATM S. pombe Expression System（Invitrogen 公司），pYES2/GS © GeneStorm ©（Invitrogen 公司）等。使用者可以根据拟表达的蛋白质的性质和表达系统的特点加以选用。

#### 6.2.3.2 酵母细胞表达外源蛋白产物的主要方法

**1. 酵母表达系统中的宿主及其特点**

作为基因表达宿主，所用酵母必须具备下述条件：①安全无毒，不致病；②具有较清楚的遗传学背景，易进行基因操作；③容易导入外源 DNA；④培养条件简单，容易进行高密度发酵；⑤有较强的蛋白质分泌能力；⑥有类似高等真核生物的蛋白质翻译后修饰功能。目前常用的酵母宿主主要有酿酒酵母和毕赤酵母。

（1）酿酒酵母。酿酒酵母安全、无毒，是最早发展成为酵母基因表达系统的宿主，已成功地应用于亚单位疫苗［如乙型肝炎病毒（HBV）疫苗、口蹄疫疫苗等］的制备。酿酒酵母作为宿主的不足之处是难以高密度培养，分泌效率低，所表达的蛋白质过度甘露糖糖基化，产物的抗原性明显增强，而且蛋白质 C 端往往被截短。

（2）毕赤酵母。毕赤酵母属甲醇营养型酵母，能在以甲醇为唯一能源和碳源的培养基上生长。毕赤酵母的发酵密度很高，外源基因表达产物的分泌能力强，糖基化修饰更接近高等真核生物。不足之处是发酵周期长，培养时要添加甲醇，用其生产药品或食品目前还未被广泛接受。

**2. 酵母系统表达外源蛋白的技术路线**

（1）构建携带外源基因的穿梭质粒载体。选择合适的酵母表达载体，通过常规基因操作插入外源 DNA 序列，验证插入序列的方向和序列正确性（酶切、PCR 或测序），扩增并纯化质粒。

（2）穿梭质粒载体导入酵母宿主。将携带外源基因的质粒载体转染酵母宿主菌，一般可用乙酸锂转化法（酿酒酵母）、电穿孔法（毕赤酵母）等。阳性重组子可采用抗性标记进行筛选。

（3）酵母菌的培养。采用酵母培养基（YPD、SD 等）进行大规模、高密度培养。

（4）表达产物的鉴定。应用电泳染色法或免疫印迹法检测外源蛋白的表达情况；应用不同的生物学方法分析蛋白质活性。

**3. 酵母系统表达外源蛋白的相关技术操作**

（1）酵母细胞的培养。除了对培养基的要求和培养温度的要求不同外，酵母细胞的培养与大肠杆菌的培养基本相同，操作十分简便。只需要 30℃培养箱、恒温摇床及 400 倍光学显微镜等常规试验设备。另外还需要借助一台适用于分割酵母四联体的显微镜，用于遗传分析及细胞株的建立。酵母培养常用的培养基有 YPD 培养基（yeast extract-peptone-dextrose）和 SD 培养基（synthetic complete drop out medium）。在酵母细胞株培养液中加入 15%灭菌甘油，储存于－70℃，可保持细胞存活 5 年以上。细胞也可用外加土豆淀粉的营养培养基斜面培养，保存于 4℃可存活 1～2 年。

培养基中酵母细胞密度的测定方法也与大肠杆菌相同，即可通过测定其600 nm波长处的光密度（OD）加以确定。欲得到可靠的结果，则可将培养液稀释至$OD_{600\ nm}$小于1。在此范围内，每单位的$OD_{600\ nm}$相当于每毫升$3\times10^7$个细胞。一般来说，细胞密度小于$10^7$个/ml时为早对数期，在$1\times10^7\sim5\times10^7$/ml时为中对数期，而在$5\times10^7\sim2\times10^8$时为晚对数期。

（2）酵母质粒DNA的提取。酵母质粒提取的方法与大肠杆菌类似，主要的差别是需要使用不同的裂解液。酵母裂解可用山梨醇缓冲液，内加可破坏酵母细胞壁的酵母裂解酶（zymolyase）。此外，还需使用SDS方可有效裂解细胞。

（3）酵母细胞外源DNA导入法。将外源基因导入酵母细胞最常用的方法为乙酸锂法；其次是$CaCl_2$法，该法甚至可以得到更高的转化效率，但需要相对较长的时间。电穿孔法则是另外一种选择。需要注意的是，实验过程中，所有与酵母细胞接触的溶液和玻璃器皿都必须进行灭菌处理。玻璃器皿必须彻底清洗干净，沾有任何痕量的去污剂都会降低转化效率。用于配制溶液和洗涤器皿的水必须是高质量的，最好使用Milli Q级的水。

## 6.2.4 外源基因在昆虫细胞中的表达

昆虫属于高等真核生物，昆虫细胞生长速率快，易于悬浮培养。昆虫表达系统具有表达水平高，表达产物可进行翻译后加工，其抗原性、免疫原性和生物活性等与天然蛋白质相似，并可通过感染昆虫幼虫而实现大规模低成本生产基因工程产品等优点，因此，昆虫表达系统是较理想的重组真核蛋白表达系统。

### 6.2.4.1 常用的昆虫表达系统

昆虫表达系统常用的主要有果蝇表达系统（*Drosophila* expression system，DES）和杆状病毒表达载体系统（*Baculovirus* expression vector system，BEVS）两类。

（1）DES。该表达系统结合了昆虫高水平表达和哺乳动物细胞非溶解、稳定表达的优点。DES使用的宿主为黑腹果蝇（*Drosophila melanogaster*）晚期胚胎的S2细胞，常用的质粒载体有pDS47、pAc5.1和pMT等，载体上的启动子分别为*DS47*、*Ac5*和*MT*，以便重组蛋白能稳定或瞬时高水平表达。该系统是非溶解性的，受体细胞在转染后2天即可获得蛋白质的短时高水平表达。表达载体可以连续表达，也可诱导表达。

（2）BEVS。杆状病毒表达载体是一种辅助性依赖的真核DNA表达载体。仅有质粒载体不能表达外源基因，还需要野生型杆状病毒辅助。野生型杆状病毒感染昆虫细胞能力强，感染后可形成病毒空斑。其基因组为双链闭环DNA，当携带外源基因的转移质粒与线性化病毒DNA共同转染昆虫细胞后，通过同源重组形成整合有外源基因的重组杆状病毒才能完成外源基因的表达。该表达载体所用的转录调节信号是单一启动子或多个杆状病毒启动子，常用的为多角体蛋白（polyhedrin，PH）启动子（是目前已知最强的启动子之一）和p10蛋白启动子。多数杆状病毒转移载体由pUC质粒改造而来，含$amp^r$。常用的有pIB、pMIB、pIZ和pIZT等系列质粒载体。另外，pFastBac™ HT也是一种杆状病毒表达系统（Bac-to-Bac®）的载体。该穿梭载体可与杆状病毒DNA先在特定的大肠杆菌感受态细胞中形成重组杆状病毒质粒（bacmid），并通过蓝/白斑筛选鉴定重组体。然后，再感染昆虫细胞。所生成带组氨酸标签的重组蛋白，可使用镍螯合树脂亲和柱快速纯化。

常用的昆虫基因导入方法有磷酸钙共沉淀法和脂质体介导法。相关专业公司都有这些昆虫细胞株所需的细胞培养和基因转染试剂。

### 6.2.4.2 昆虫细胞表达外源蛋白产物的主要方法

**1. 昆虫表达系统中的宿主及其特点**

常用于DES的宿主为果蝇S2细胞。常用于BEVS的昆虫细胞株有4种：来源于草地贪夜蛾（*Spodoptera frugiperda*）IPLB-Sf21-AE的虫卵细胞Sf9和Sf21，来源于粉纹夜蛾（*Trichoplusia ni*）的卵细胞Tn-368和Tn High FiveTM BTI-TN-5B1-4。

尽管昆虫细胞的倍增时间较短（18～24 h），但它们只能在一个较狭窄的细胞密度范围内生长，如Sf9和Sf21细胞在含血清培养基中的生长密度为$1\times10^6\sim4\times10^6$/ml。若密度过低，细胞会停止生长；若密度过高，1天后细胞就会开始死亡。因此，每2～3天必须分瓶传代一次，以保持适当的细胞密度。当连续传代至细胞倍增时间显著增加或对病毒的敏感性明显降低时（一般在无血清培养基中传代30～50次），应弃之。重新复苏冻存细胞，开始新一批培养。昆虫细胞培养所用培养基与哺乳动物细胞培养基类似，由于成分复杂，目前主要是直接购买，很少自己配制。

**2. 昆虫系统表达外源蛋白的技术路线**

DES操作相对简单，与大肠杆菌表达系统一样，只需构建携带外源基因的质粒载体，再通过磷酸钙沉淀或脂质体介导法将其导入宿主细胞即可。BEVS须先构建携带外源基因的转移载体，然后与野生型杆状病毒共同转染宿主细胞，才能获得具有感染能力的重组病毒；或采用穿梭载体，先构建携带外源基因的杆状病毒质粒，再感染宿主细胞。昆虫系统表达外源蛋白的大致方法如下所述。

（1）将外源基因至转移载体。通常在载体插入序列两侧都有部分病毒基因序列，以便与野生型线性病毒DNA［如常用的苜蓿银纹夜蛾核型多角体病毒（*Autographa californica* multiple nuclear polyhedrosis virus，AcMNPV）DNA］进行同源重组。验证插入基因方向的正确性。扩增并纯化质粒。

（2）用含外源基因的转移载体与线性病毒载体共转染昆虫细胞。可采用电穿孔、脂质体或磷酸钙共沉淀法进行转染。通过同源重组，产生具有复制、感染能力并携带有外源基因的病毒颗粒。有些载体可同时携带如$\beta$-半乳糖苷酶等筛选标记，以利于阳性重组子的筛选。

（3）收集转染细胞上清液。采用空斑试验法，将连续稀释的上清液感染昆虫细胞。根据筛选标记，经过反复筛选获得单个病毒空斑。

（4）病毒扩增。用筛选出的空斑病毒感染其他昆虫细胞使病毒量及滴度增加。一般需要2～3轮扩增。

（5）表达及检测。优化蛋白质表达条件。经电泳、免疫印迹及蛋白质活性测定等分析表达情况。

## 6.2.5 外源基因在哺乳动物细胞中的表达

哺乳动物细胞无疑是最理想的表达人类基因的系统。哺乳动物细胞表达系统的优势在于能够指导蛋白质的正确折叠、提供准确的 $O$-和 $N$-糖基化等多种翻译后加工功能，因而表达产物在分子结构、理化性质和生物学活性方面最接近于天然的高等生物蛋白质分子，目前已成为研究人类基因功能和生产基因工程药物与疫苗的主流技术平台。

### 6.2.5.1 常用的哺乳动物细胞表达载体

哺乳动物细胞表达载体主要有质粒载体和病毒载体两类。

**1. 质粒载体**

用于哺乳动物细胞的质粒载体大多数是通过改造细菌质粒而获得的，主要是在原质粒的基础上，插入了一些病毒或其他一些物种及人的基因表达调控序列。典型的哺乳动物细胞表达载体必须含有 3 个基本的转录元件，即启动子和增强子、终止信号和poly A 信号、剪接信号。此外，还需有允许载体在细菌内进行扩增的质粒序列（便于构建穿梭质粒），能用于筛选已整合的外源基因的选择标记（如抗生素选择标记或报告基因）。有时还带有选择性增加拷贝数的扩增系统。

pcDNA3.1（Invitrogen 公司）是目前应用最多的真核细胞质粒表达载体之一（图 1-6-4）。该质粒的主要特征包括：含高效表达的 CMV 启动子、*amp*$^r$、*neo*$^r$、16 个酶切位点的多克隆位点（MCS）、牛生长激素（BGH）多腺苷酸化信号。在此载体基础上，又衍生出多种适合各种不同要求的载体，如 pcDNA3.1/V5 系列、pcDNA3.1/TOPO 系列等。

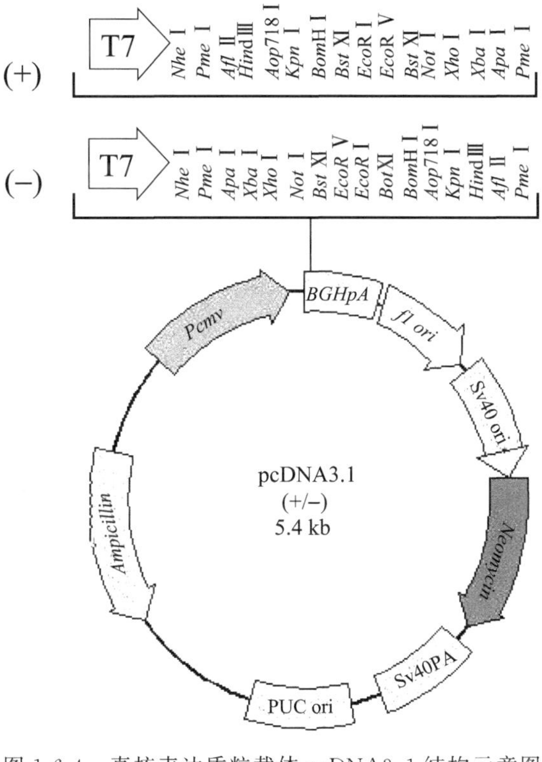

图 1-6-4 真核表达质粒载体 pcDNA3.1 结构示意图

pTRE 应答质粒与 pTet-off（或 pTet-on）调节质粒一起构成四环素（Tet）或多西环素（Dox）诱导表达载体系统。Tet 系统是一个调控严格的高表达系统，其特点是基因的表达与环境中不同浓度的 Tet 或 Tet 衍生物（如 Dox）有关。选用 pTet-off 系统进行基因表达时，需要建立含有表达调节蛋白的 pTet-off 及表达外源基因的 pTRE 的稳转细胞系。pTRE 所携带的外源基因的表达受其上游的四环素反应元件（TRE）的调控。pTet-off 编码的含部分四环素抑制蛋白（TetR）结构的 tTA 调节蛋白，具有反式激活因子作用，可与 TRE 结合并启动外源基因的表达。tTA 与 Tet 或 Dox 结合后则失去与 TRE 结合及启动基因表达的功能。通常，基因表达前要在细胞培养基中保持高浓度的 Tet 或 Dox 使外源基因的表达处于封闭状态，然后通过逐渐降低 Tet 或 Dox 浓度的方式调控和诱导基因表达的水平。pTet-on 与 pTet-off 的作用相反，所编码的 rtTA 调节蛋白（TetR 序列中 4 个氨基酸改变）不能与 TRE 结合，因此不表达外源基因。当加入 Dox 后，被 Dox 修饰的 rtTA 才能与 TRE 结合，进而启动目的基因的表达（图 1-6-5）。

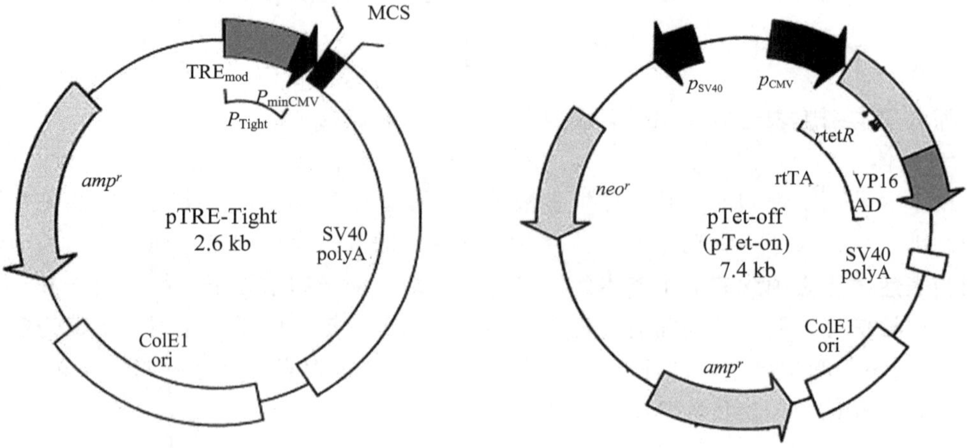


图 1-6-5 pTRE 应答质粒（a）和 pTet-on/off 质粒（b）结构示意图

TRE 质粒系列有多种类型。例如，pTRE-Tight-BI 质粒含低本底表达的 *pTRE-Tight* 启动子并可共表达两个目的基因。pTRE-Tight-BI-AcGFP1/ZsGreen1/DsRed 等结合有荧光报告基因。

其他常用的真核表达质粒载体还有 pSI（Promega 公司）、pCMV（Clontech 公司）、pBudCE4.1（Invitrogen 公司）等。它们的不同之处在于转录元件、选择性标记、表位标签等的不同。

**2. 病毒载体**

目前，多种病毒已被广泛地应用于外源基因在哺乳动物细胞中表达的载体，这类载体在基因治疗中也具有非常重要的价值。病毒载体的种类主要有反转录病毒（retrovirus）、腺病毒（adenovirus）、腺相关病毒（adeno-associated virus）、牛痘病毒（vaccinia virus）和杆状病毒（baculovirus）等。

（1）反转录病毒载体。反转录病毒属于 RNA 病毒，其进入处于增殖状态的细胞后，在细胞分裂过程中反转录成 DNA 并整合入宿主基因组，整合的基因可以被传至子代细胞，并在细胞中表达目的蛋白。早期的反转录病毒由于不具有感染不分裂细胞的能力，以及可能引起某些疾病的副作用，逐渐被淘汰。由 HIV 发展而来的慢病毒（lentivirus）载体弥补了这些不足，慢病毒可以感染分裂细胞和不分裂细胞，且感染效率也有大幅度的提升。

反转录病毒载体种类较多，包括 pLHCX、pLNCX2、pBABE、pMCs、pMXs、pMYs 等。pLHCX（Clontech 公司）包含有细菌质粒 pBR322 和 MMLV（小鼠白血病

病毒）及MMSC（小鼠肉瘤病毒）的一些元件。这些元件包括：①来自于pBR322的*ColE*1复制起始子和$amp^r$，使得载体可以在大肠杆菌中复制和被筛选；②5′端和3′端长末端重复序列（long terminal repeat，LTR），可以促进基因的整合；③5′端*LTR*启动子及增强子序列，控制$\psi+$序列和潮霉素B（hygromycin B）抗性基因的表达；④用于插入外源基因的多克隆位点；⑤人巨细胞病毒立早启动子（*PCMVIE*）（图1-6-6）。

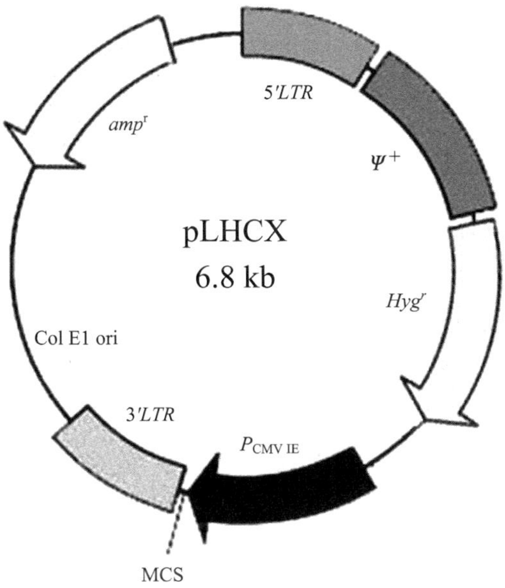


图1-6-6　反转录病毒载体pLHCX结构示意图

（2）腺病毒载体。目前已发现了超过40种不同的腺病毒血清型，其中作为载体使用的有2型和5型（Ad2和Ad5）。pAdeno-X（Clontech公司）为最常用的腺病毒表达载体，来源于Ad5。pAdeno-X保留了野生型腺病毒DNA基因组的大部分序列，但去除了复制相关的基因（*E*1/*E*3）。采用腺病毒载体进行表达时，需先将外源基因克隆到穿梭质粒中，在DH5α大肠杆菌中扩增后，再经PI-*Sce*/I-*Ceu* Ⅰ双酶切将基因表达盒与相应酶切线性化的pAdeno-X连接，构建重组腺病毒载体（图1-6-7）。

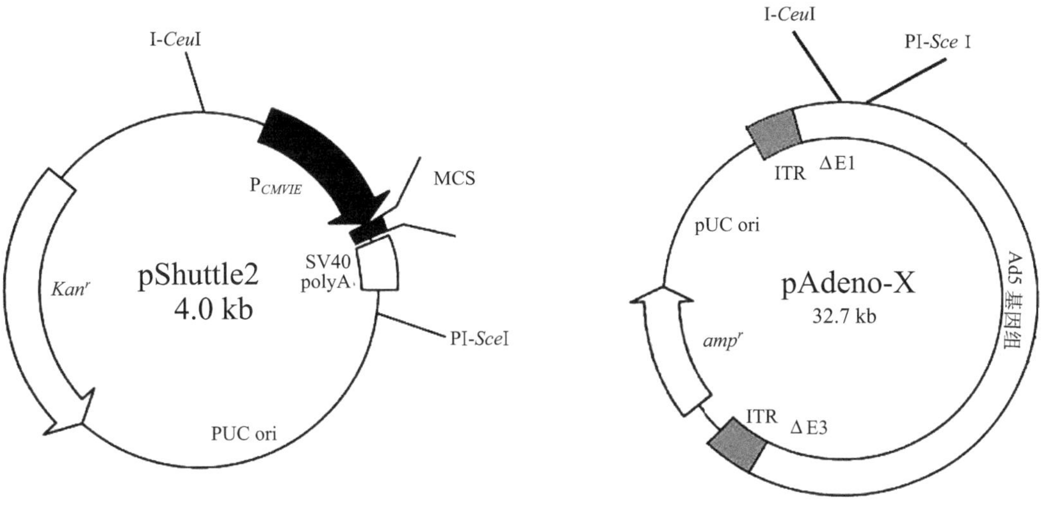


图1-6-7　腺病毒载体pAdeno-X结构示意图

### 6.2.5.2　哺乳动物细胞表达外源蛋白产物的主要方法

**1. 哺乳动物细胞表达系统中的宿主及其特点**

根据基因表达的目的与要求，可选择合适的细胞株，构建哺乳动物细胞表达系统。

（1）常用于稳定表达的细胞。来源于小鼠的L-细胞、Ltk-细胞和NIH 3T3细胞都是常用的用于研究基因功能的细胞系；小鼠骨髓瘤细胞株Sp2/0和NSO等来自于分泌型细胞，并且可以在无血清培养基中生长，因而适合用于高水平表达蛋白质。中国仓鼠卵巢（CHO）细胞已被广泛用于表达细胞因子、受体和单克隆抗体等多种不同类型的蛋白质。常用的人细胞株包括HEK293、HeLa、HL-60和HT-1080等。

（2）常用于瞬时表达的细胞。从理论上讲，只要选择正确的转染方法，绝大多数真核细胞，包括细胞株和原代培养细胞，都可被导入外源基因，并进行瞬时表达。表达效率高，并常用于快速制备少量蛋白质的细胞有COS细胞和HEK 293细胞。COS细胞源自非洲绿猴细胞株CV-1。在这一细胞中，转染含SV40复制起始子的质粒后，SV40复制起始子与SV40 T-抗原的结合可导致转染质粒在染色体外大量复制。HEK 293是一种来自于转化有人Ad5 DNA的人胚胎肾脏细胞的细胞株，含有腺病毒E1A基因，可激活带CMV启动子的质粒，促进目的基因的高水平表达。

**2. 哺乳动物细胞系统表达外源蛋白的技术路线**

（1）构建携带外源基因的质粒或病毒载体。选择合适的商品化哺乳动物细胞表达载体，通过常规基因克隆操作插入外源DNA序列，验证插入序列的方向和正确性，扩增并纯化质粒。或将病毒载体转染入包装细胞株，获得有感染能力的病毒颗粒。

（2）质粒载体导入宿主或病毒感染宿主。将携带外源基因的质粒载体转染宿主细胞，或以病毒载体感染宿主细胞。阳性重组子可以通过选择性标记或表位标签进行筛选。

（3）哺乳动物细胞系的培养。采用细胞培养基进行大规模、高密度培养。

（4）表达产物的鉴定。应用电泳染色法或免疫印迹法检测外源蛋白的表达情况；应用不同的生物学方法分析蛋白质活性。

**3. 哺乳动物细胞系统表达外源蛋白的相关技术操作**

（1）哺乳动物细胞外源DNA的导入。对外源基因转染方法的要求包括：转移效率高，不影响细胞正常生理活动，低毒性，容易使用，重复性好，易获得稳定转化子。电穿孔和脂质体介导的转染技术是目前最常用的哺乳动物细胞基因转染方法。不论选择哪种方法，均应优化实验条件，并最大限度保护细胞存活力和提高转化效率。脂质体介导的转染中，重组DNA载体中若含GFP序列，还可通过荧光显微镜观察判断转染效率。另外，用siRNA、shRNA或miRNA代替重组DNA转染，也可用于下调基因表达的分析。

（2）G-418筛选转染细胞。细菌新霉素抗性基因（$neo^r$）是哺乳动物细胞表达载体最常用的选择性标记基因，编码氨基糖苷磷酸转移酶（APH），该酶可使氨基糖苷类抗生素G-418（新霉素衍生物）失活。G-418能阻断细胞内的蛋白质合成，对原核细胞和真核细胞均有毒性。如果将带有$neo^r$的质粒导入细胞，并在含有G-418的培养基中培养，则未转染的细胞不能存活，从而可筛选出稳定转染有外源基因的细胞。

## 6.3 无细胞表达系统

无细胞表达系统（cell-free expression system）是一种以外源DNA或mRNA为模

板，利用细胞抽提物中的蛋白质合成机器（核糖体）、蛋白质折叠因子及其他相关酶系，通过添加氨基酸、T7 聚合酶和能量物质等来实现蛋白质表达的体外系统（图 1-6-8）。

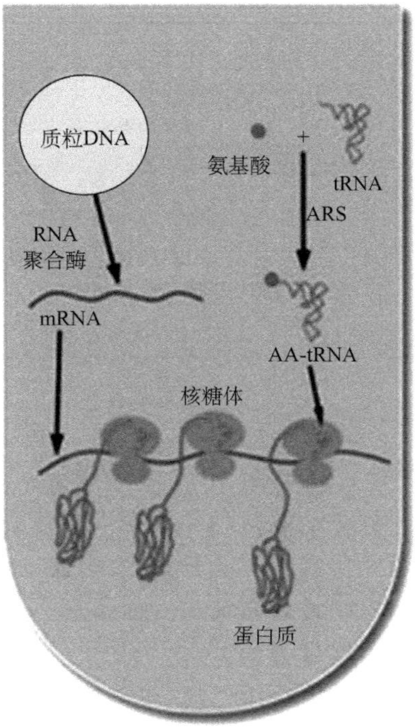


图 1-6-8　无细胞表达系统示意图
ARS. 氨酰-tRNA 合成酶

## 6.3.1　无细胞表达系统的类型

无细胞表达系统有原核和真核两种类型。原核系统通常是应用大肠杆菌 BL21（DE3）或其他敲除了内源蛋白酶和核酸水解酶菌株的提取物而建立的体外表达体系；真核系统则是指应用真核细胞提取物建立的体外表达体系。

（1）原核系统。原核系统是利用大肠杆菌的提取物来实现的。大肠杆菌的遗传背景清晰、蛋白质合成机制清楚、来源容易、表达效率高，因而仍然是体外表达的主要选择。目前常用的有大肠杆菌 TnT®、大肠杆菌快速翻译系统（rapid translation system，RTS），大肠杆菌 Expressway™等。

如同原核细胞表达系统一样，原核无细胞表达系统遇到的主要问题仍然为蛋白质的翻译后加工和正确折叠，特别是在表达真核蛋白时。

（2）真核系统。可用来自麦芽、兔网织红细胞、昆虫细胞或人源细胞提取物构建的无细胞蛋白质体外合成体系。常用的有 TnT® 系列、RTS 系列和 CFS 系列真核无细胞蛋白质表达系统等。

麦芽提取物含内源的 mRNA 很少，有利于外源基因的表达，但这个体系要求 RNA 有帽子结构才能进行更好的翻译；兔网织红细胞提取物中内源核酸酶很少，有助于长链 mRNA 的稳定；昆虫细胞和人源细胞提取物能进行翻译后修饰（如糖基化），但含有较多的内源遗传信息，因此必须以微球菌核酸酶进行预处理，以降低内源遗传物质水平，保证外源基因的表达。表 1-6-5 列出了各种原核与真核无细胞表达系统的优缺点。

**表 1-6-5　各种无细胞表达系统的优缺点比较**

| 表达系统 | 优点 | 缺点 |
|---|---|---|
| 大肠杆菌 | ①蛋白质表达量高；<br>②对添加剂相对耐受 | ①表达的真核蛋白质大多不溶；<br>②缺乏真核表达的翻译后修饰；<br>③与真核系统采用的密码子不一致 |
| 兔网织红细胞 | ①哺乳动物系统；<br>②依赖帽子结构的翻译 | ①对添加剂敏感；<br>②缺乏蛋白质糖基化；<br>③非目标蛋白共表达 |
| 麦芽 | ①可用于大分子质量蛋白质表达；<br>②无内源性哺乳动物非目标蛋白表达；<br>③蛋白质表达量高 | ①缺乏真核表达的翻译后修饰；<br>②易见未成熟的表达产物 |

续表

| 表达系统 | 优点 | 缺点 |
| --- | --- | --- |
| 昆虫细胞 | ①可用于大分子质量蛋白质表达；<br>②无内源性哺乳动物非目标蛋白表达；<br>③可有一定类型的蛋白质糖基化 | 非人源系统 |
| 人源细胞 | ①人源系统；<br>②具有翻译后修饰能力；<br>③可合成功能蛋白质；<br>④可合成病毒样颗粒（VPLs） | ①对添加剂敏感；<br>②表达量低于大肠杆菌系统 |

### 6.3.2 无细胞表达系统的应用

相对于原核和真核体内表达系统，无细胞表达系统尽管表达产量较低，难以产业化或商业化大规模制备重组蛋白，但由于反应体系简单、反应时间短、成本低，在蛋白质的快速制备和结构与功能研究方面仍具有较大的应用价值。目前，无细胞表达系统的主要应用领域有：

（1）用于蛋白质-蛋白质相互作用和蛋白质-核酸相互作用研究；

（2）快速、高通量表达突变或截短蛋白质用于功能分析；

（3）可用于表达具有一定形式糖基化和天然翻译后修饰的哺乳动物蛋白质；

（4）制备稳定放射性核素标记的蛋白质以用于结构分析；

（5）可用于制备功能性病毒颗粒或毒性多肽；

（6）分析蛋白质折叠、稳定性或降解的相关成分（因子）。

（陈　欢　焦炳华）

# 第二篇　细 胞 工 程

细胞工程是现代生物工程的一个组成部分，是由细胞生物学、发育生物学、遗传学和分子生物学等学科的理论与方法整合起来的综合性技术体系，其基本目的是获得具有产业化价值的细胞及其相关产品。在未来的发展中，干细胞研究的进展必将极大地推动细胞工程的发展，细胞工程在整个生命科学中的地位和作用也将会日趋明显。随着生命科学研究的进步和突破，生命科学研究体系和技术平台的发展需要细胞工程技术的参与。而且，生命科学研究中产生一些新知识或新理论，本身也需要通过细胞工程，以使其转化为具有实用价值的细胞或细胞相关的产品。

干细胞是指存在于个体发育过程中或者成体组织内，具有分裂增殖能力，并能分化产生一种以上特化细胞的原始细胞。个体的正常发育及其功能维持有赖于干细胞在空间上和时间上的有序增殖与分化。干细胞具有一般细胞的基本生命现象，如分裂、分化、迁移、衰老及死亡等，而且也同样服从于一般细胞调控的基本原理。但是，干细胞也有不同于一般细胞的生物学特性，如增殖分裂的缓慢性和自稳性及分化的多潜能性和可塑性等。目前，干细胞的研究有两个方面最为人们所关注，一是干细胞在发育过程中和成体中的基本生物学功能及生物学特性；二是干细胞（尤其是多能干细胞）在生物医学领域中的应用。尽管干细胞在人类疾病的治疗中已经显示出了很好的应用前景，但要真正进入临床得到广泛应用，则还有赖于干细胞生物学基础研究的进步。

# 第7章　动物细胞工程操作技术

细胞工程是现代生物技术的核心研究领域之一。细胞工程是指应用细胞生物学和分子生物学方法，根据人们的意愿定向改造细胞的遗传表型的综合技术体系。根据研究对象的不同，可将细胞工程分为微生物细胞工程、植物细胞工程和动物细胞工程三大类。随着细胞生物学（尤其是干细胞）、分子生物学、细胞遗传学研究的日益深入及其相关技术的长足发展，细胞工程，尤其是动物细胞工程的发展最为迅速，在医学研究和实践中的应用也日益广泛。本篇将主要介绍动物细胞工程。

作为一种综合性技术体系，动物细胞工程应用的技术领域十分广泛，并不断有新技术新方法产生。其技术涉及对细胞不同结构层次的改造，包括细胞整体层次，如细胞培养、细胞融合等；细胞器层次，如核移植、细胞拆合、染色体倍性或组成改变等；分子层次，如基因操作技术等。

## 7.1　体外培养技术

体外培养具有细胞培养、组织培养、器官培养3个方面的内涵。细胞培养是指单个细胞或细胞群在体外条件下的培养技术，可以分为原代细胞培养和传代细胞培养。1979年国际组织培养学会规定，原代细胞经首次传代成功后的细胞称为细胞系（cell line），由原先存在于原代培养物中的细胞世系（lineages of cell）组成。如果不能继续传代或传代次数有限，称为有限细胞系（finite cell line）。如果可以连续传代，则称为连续细胞系（continuous cell line），即已建成的细胞系。从一个经过生物学鉴定的细胞系中用单细胞分离培养或通过筛选的方法，由单细胞增殖形成的、具有特殊性质或标志的细胞群，称为细胞株（cell strain）。组织培养是指在无菌、适当温度和一定营养条件下，使离体的生物组织生存和生长并维持其结构和功能的技术。器官培养是指器官的胚芽（organ rudiment）、整个器官或器官的一部分在体外条件下的生存和生长，并保持器官的立体结构和功能。现代的体外培养技术尚不能长期在体外维持动物组织的结构和机能不变。细胞培养是最为成熟、应用最为广泛的体外培养技术。

细胞培养技术是一项基本的生物学技术。此处主要介绍哺乳动物细胞的大量培养和无血清培养以及目前新发展的特殊细胞培养技术。

### 7.1.1　细胞的大规模培养

重组细菌在生产分子质量较小、结构较为简单的异源蛋白质方面显示出巨大的优越性，但对一些结构复杂的大分子蛋白质并不合适，尤其是那些空间结构和生物活性依赖于糖基化或磷酸化等修饰的蛋白质药物，必须用重组哺乳动物细胞进行生产才能保证产品折叠和加工的正确性。虽然哺乳动物细胞娇嫩挑剔、生长缓慢、培养成本昂贵，但其大规模培养技术的建立使重组哺乳动物细胞生产医用蛋白质成为可能。大规模动物细胞培养技术是生产基因工程药物、单克隆抗体和疫苗等生物制品的关键技术。例如，大规模培养重组CHO细胞制造红细胞生成素（erythropoietin，EPO），该药在1989～2011年为安进公司创造了370亿美元的效益，特别是2004年，其年销售额达到顶峰119亿美元，成为全球第一大生物工程产品。目前国外真核表达系统及动物细胞培养技术在生物制药中的比例早已超过原核表达及细菌发酵技术。除此之外，兴起的组织工程研究也需要通过大规模细胞培养技术来获得足够的种子细胞。与常规的细胞培养不同，大规模细胞培养技术必须要解决以下几个问题。

#### 7.1.1.1 增加培养容积和细胞的附着面积

实现大规模细胞培养，首先要扩大细胞的培养容积，由于绝大部分哺乳动物细胞均具有贴壁生长的特性，因此还必须扩大细胞的可附着面积。目前应用较多的培养系统包括微载体、中空纤维、微胶囊固化等细胞培养系统。微载体细胞培养是将细胞附着和生长在悬浮于培养基的微珠表面，借助温和搅拌，使细胞所处环境均一，易于放大生产。该系统把单层和悬浮培养的特点结合起来，提供了细胞所需的表面，同时保持了均相悬浮培养。从目前的应用和发展来看，微载体培养体系是大规模培养方法中最有前途、最具潜力的技术。中空纤维细胞培养系统是将细胞附着于纤维管的外表面，纤维管的内部灌注培养液。管壁是半透性的，小分子可以自由通过，对大分子有阻滞作用。该系统有利于分泌型表达蛋白的纯化，但不易放大培养。微胶囊固化细胞培养系统是将细胞包裹于微囊中进行培养的方法，其优点是细胞密度大、产物单位体积浓度高、分离纯化简单。

#### 7.1.1.2 抑制细胞的凋亡

大规模细胞培养的后期，维持细胞的高活力是个富有挑战性的课题。研究表明，细胞凋亡是导致培养器中细胞死亡的主要原因。因此如何预防并控制细胞凋亡成为研究热点。目前普遍认为，在大规模动物细胞培养条件下，细胞凋亡/死亡多是在营养成分耗尽、有毒代谢产物增多时发生。而一种“细胞静止”过程可以有效降低营养成分消耗和代谢毒物产生，提高细胞的目的蛋白产率。通过向细胞中导入*p21*、*p27*基因，可使细胞周期的$G_1$期延长（细胞静止），改造后，细胞活力正常，有效抑制了细胞凋亡，外源基因表达蛋白质量有所提高。

### 7.1.2 无血清培养

细胞培养基是细胞在体外赖以生长、增殖、分化的重要因素。在经历了天然培养基、合成培养基后，无血清培养基成为当今细胞培养领域研究的一大课题。无血清培养基具有组成成分明确，质量一致、蛋白质含量低的特点。为研究和阐明细胞增殖和分化的调节机制提供了有力的工具。而且由于无血清培养基有利于提高细胞产品生产的稳定性并使细胞产品易于纯化，在生产疫苗、单克隆抗林和生物活性蛋白质等生物制品方面也具有重要应用前景。更为重要的是，可通过对培养基成分的优化使不同的细胞能在最有利于其生长或有利于表达目的产物的环境中持续高密度培养。在含血清的合成培养基中往往不能较长时间地维持细胞高密度培养，同时衰老死亡的细胞会将蛋白酶释放到培养基中，降解蛋白质类目的产物，这对蛋白质类生物制品的生产极为不利。无血清培养基可通过延长细胞的 $G_1$ 期或迫使细胞处于 $G_0$ 期而较长时间地维持细胞高密度培养，从而尽可能高效地生产目的产物。由于无血清培养基较传统培养基具有明显优势（表2-7-1），目前人们正试用有生长因子组成的无血清培养基来代替含血清培养基。

**表 2-7-1　血清培养基和无血清培养基的比较**

| 血清培养基 | 无血清培养基 |
|---|---|
| 存在批次的差异 | 有明确的质量标准，避免了批次差异 |
| 影响细胞生长的因子多、复杂、不明确 | 成分明确，培养基可针对不同的细胞株进行成分优化，以达到最佳培养效果 |
| 血清中蛋白质含量超过 45 g/L，成分复杂，且存在易被病毒或支原体感染的问题，不利于下游纯化工作，不利于产业化 | 下游产品纯化容易，产品回收率高，不存在病原体污染问题，易于产业化 |
| 适用细胞谱系较宽 | 适用细胞谱系窄，对某些细胞需要培养者对培养基成分进行调整摸索；黏度小，细胞易受搅拌等机械因素的影响 |

无血清培养基由 3 部分组成，即基础培养基、生长因子和激素、基质。常用的基础培养基有 RPMI1640、DMEM、Ham's F12 等，其中又以 1∶1 的 Ham's F12 和 DMEM 的混合培养基最为常用。常用的生长因子、激素包括胰岛素、表皮生长因子（epidermal growth factor，EGF）、成纤维细胞生长因子（fibroblast growth factor，FGF）、生长激素等。常用的基质有纤维连接蛋白（fibronectin）、胶原、多聚赖氨酸等。在上述血清培养液中，一般细胞浓度可达 $10^6 \sim 10^7 ml^{-1}$，但并非任何细胞均能获得如此成功，不同的细胞需要不同的适于生长的培养环境，在生产疫苗、单克隆抗体和各种生物活性蛋白等生物制品的应用领域中，优化无血清培养基的成分可使不同的细胞在最有利于细胞生长和表达目的产物的环境中维持高密度培养。这方面还需要进一步探索。

## 7.1.3　其他细胞培养技术

大多数动物细胞培养系统都是通过附加的外力使培养的细胞或组织得以悬浮。搅拌器和气泡都会对细胞或组织形成机械剪切作用，造成细胞损伤，不利于细胞聚集形成组织。美国宇航局（NASA）约翰逊航天中心在进行外太空细胞培养研究时，为了使在失重条件下生长的细胞或组织返回地面后不会由于重力作用而受到破坏，设计了一种模拟微重力条件的细胞培养器，即三维微重力细胞培养器（rotary cell culture system，RCCS）。RCCS 的圆柱状的培养容器中充满了用作培养基的生长液及细胞或组织材料。培养贴壁生长的细胞时，需另加入微孔载体。整个容器由电机驱动沿水平轴旋转。通过旋转的离心力来抵消重力作用，该装置可以悬浮直径达 1 cm 的组织块。培养基及细胞组织颗粒随容器一起旋转但不与容器壁和它物相撞。由于系统无搅拌器、空气升液器，系统中的细胞通过膜式气体交换器来吸 $O_2$ 和排出 $CO_2$，不产生气泡，消除了涡旋气泡可能形成的机械剪切对细胞生长的影响。通过 RCCS 培养的三维组织具有与父系组织相同的结构和功能。目前，该系统培养的软骨密度很高，完全可治疗关节损伤。科研工作者还进行了肝脏、皮肤、淋巴结的培养，都取得了令人振奋的结果。还有研究通过获得活体肿瘤组织，将其与患者自身的白细胞或淋巴细胞在RCCS中混合培养，刺激它们识别和攻击肿瘤组织，然后把经驯化后有杀伤力的细胞直接注入病灶，用于治疗肿瘤。

# 7.2 细胞核移植技术

细胞核移植（nuclear transfer）技术是指将一个双倍体的细胞核与另一个已将其单倍体细胞核除去的卵子（生殖细胞）细胞质重组在一起后，在一定条件下，能像受精卵一样启动发育并形成胚胎、幼体或成体。

## 7.2.1 细胞核移植的技术路线

### 7.2.1.1 选取受体细胞

在核移植发展的早期，研究人员以卵细胞作为受体细胞。后来的研究发现，成熟卵母细胞比卵细胞更适于用作核移植的受体细胞。它能使各个发育时期的胚胎细胞甚至体细胞核的重构胚胎恢复到受精卵的状态，重新编序，正常发育。

完全去掉受体细胞核是进行细胞核移植的前提。常用去核方法有盲吸法、功能性去核法和紫外线照射法等。盲吸法是目前大多数核移植所采用的去核方法。它是根据MⅡ期卵母细胞中第一极体与细胞核的对位关系，在特定的时间段内，通过去核针直接将第一极体及其附近的胞质吸除，从而达到去除细胞核的目的。该法的去核成功率可高达80%以上。但是鉴于小鼠的质膜系统较脆，常规的盲吸法去核后，卵母细胞的存活率往往较低，因而也采用预先以显微针在透明带打孔，然后以细胞松弛素处理后去核的方法，可大大提高去核后卵母细胞的存活率。另外，通过一定剂量的紫外线照射卵母细胞，可破坏其中的DNA而成功去核，早期该法用于两栖类的克隆中，但因对细胞损伤较大，目前基本已废弃。

### 7.2.1.2 获取供体核

获取大量供体核是提高细胞核移植效率的重要途径之一。早期的核移植技术一般用胚胎细胞作为供核细胞。但是，现在认为胚胎细胞、未分化的原始生殖细胞、胎儿细胞乃至高度分化的成年动物细胞都可以作为供核细胞。对不同来源的供核细胞的克隆研究结果表明，克隆效率一般随供核细胞分化程度的提高而下降。

### 7.2.1.3 重构胚的组建和激活

目前，通常做法的是，采用显微操作的方法，直接将供核细胞移植到已经去核的、处于MⅡ期的卵母细胞（或受精卵）的透明带下，然后通过细胞融合（电融合或仙台病毒介导）的方式，使供核细胞与受体细胞发生融合，由此实现细胞核与细胞质的重组。由于这种重组细胞实际上是一个细胞的胚胎，故可将其称为重构胚。实际上，该方法在家畜等大动物上取得成功的例子颇多。当然，这种方法也有一个问题，即供核细胞的胞质也参与重构胚的胞质的组分，这有可能导致克隆动物组织细胞中线粒体的多样性。至于这个问题有无生物学方面的后果，目前仍处于观察和认识之中。另一种做法是，以显微针反复抽吸供核细胞，从而分离出其中的胞核部分，然后将胞核直接注入细胞核已去除的受体细胞中（MⅡ期卵母细胞），直接构成重组胚，这种方法主要被用于克隆小鼠的培养制备。

正常受精过程中，会发生一系列的精子激活卵细胞的事件。因此，在重构胚组合成功后，也必须要模拟体内的自然受精过程，对重构胚施以激活。目前常用的是电激活，在操作程序上同上述重构胚组合时的电融合方法类似。在实践中，一般在实现电融合的同时也实现了电激活。该法目前主要用于胚胎细胞作供核细胞的核移植试验中，在兔的体细胞核移植试验中也采用此法，可能电激活的次数要两次以上。

激活处理后的重构胚经继续培养后，能够卵裂的，表明重构胚已激活，否则，则激活失败。重构胚不能发育的，表明核移植失败。

#### 7.2.1.4 重组卵的培养和植入母体

重组卵需经一定时间的体外培养，或放入中间受体动物输卵管内孵育。家兔、猪约需体外培养 24 h。而牛、羊一般培养发育至桑椹胚期或囊胚期，才移植入受体子宫里。

### 7.2.2 早期的胚胎细胞核移植技术

胚胎细胞核移植技术的应用已有半个世纪的历史，德国科学家 H. Spemann 于 1938 年最早提出并进行了两栖类动物细胞核移植试验。R. Briggs 和 T. J. King 于 1952 年完成了青蛙的细胞核移植，他们发现胚胎细胞作为核供体时重组胚可以正常发育，但是当使用分化细胞作为核供体时重组胚则无法正常发育，因此他们认为分化细胞失去了发育的全能性。中国学者童第周于 1963 年在世界上首次报道了将金鱼等鱼的囊胚细胞核移入去核未受精卵内，获得了正常的胚胎和幼鱼。K. Illmensee 和 P. C. Hoppe 于 1981 年首先对哺乳动物采用细胞核移植的方法进行克隆研究，他们将小鼠胚胎的内细胞团细胞直接注射入去除原核的受精卵内，得到了幼鼠。两年后，J. McGrath 和 D. Solter 对实验方法作了改进，以二、四、八细胞期小鼠胚胎细胞和内细胞团细胞为供体细胞，获得了克隆后代。他们的工作为哺乳动物的细胞核移植奠定了基础。S. M. Willadsen 于 1986 年得到了胚胎细胞核移植的绵羊。他的工作表明，成熟卵母细胞比受精卵更适于用作细胞核移植的受体细胞，且发育至桑椹胚的细胞核，经显微注射至去除遗传物质的成熟卵母细胞重建卵后，仍具有发育的全能性。迄今胚胎细胞核移植技术已在两栖类、鱼类、昆虫、脊索椎和哺乳类等六大类动物中获得成功，但在进化上界于两栖类和哺乳类之间的爬行类和鸟类等卵生动物至今无人问津。

### 7.2.3 体细胞核移植技术

1962 年，英国科学家戈登用紫外线照射杀死了非洲一种爪蟾未受精的卵细胞核，然后把这种爪蟾小肠的上皮细胞核移入去核卵细胞中，在当时极为简陋和技术极不成熟的条件下，约有 1%的重组卵发育为成熟的爪蟾，从而证明体细胞保留了全能性并开创了由体细胞核培育动物的新型实验途径。1997 年英国罗斯林研究所 I. Wilmut 宣布，体细胞克隆羊多莉培育成功。体细胞作为供核细胞进行细胞核移植研究的成功，是 20 世纪生物学突破性成就之一，在理论上具有重要意义，说明高度分化的成体动物细胞核仍具有发育的全能性。

罗斯林研究所早些时候关于胚胎细胞核移植的研究结果表明，处于第二次减数分裂中期（MⅡ）的卵母细胞质中含有大量的成熟/有丝分裂/减数分裂促进因子（maturation/mitosis/meiosis promoting factor，MPF），这些因子可诱导供体核发生一系列形态学的变化，包括核膜破裂、早熟凝集染色体等。当供体核处于 S 期时，受体胞浆中高水平的 MPF 使染色体出现异常的概率显著升高，而当供体核处于 $G_1$ 期或 $G_2$ 期时，虽然供体核同样会出现早熟凝集染色体，但对染色体没有损害。基于此，K. H. S. Cambell 等提出以下两条协调供体核和去核卵母细胞的途径：①选取处于 $G_0$ 期或 $G_1$ 期的细胞作核供体；②选取 MPF 水平低时的卵母细胞作受体。获取 $G_0$ 期或 $G_1$ 期细胞的方法主要有两种：①采用人工捕获的方法，通过限制细胞培养基中的某种成分，从而使大部分细胞滞留在细胞周期的某一阶段，即 Wilmut 等采用的方法。Wilmut 等率先在世界上获得体细胞克隆羊，与其 $G_0$ 期细胞的成功捕获有关。他们采用血清饥饿法，即先将乳腺上皮细胞在含 10％的胎牛血清的培养基中培养，然后转入胎牛血清含量仅为 0.5％的培养基中连续培养 5 天，从而使培养细胞暂时性地退出增殖周期。②通过选择细胞类型来获得，不同类型的细胞，在细胞周期的不同阶段细胞数目相差很大，如刚排出的卵母细胞周围的卵丘细胞 90％以上处于 $G_0$ 期或 $G_1$ 期。T. Wakayama 等就是采用这种卵丘细胞作为核供体，不经培养直接作核移植，获得 50 多只克隆小鼠。这是继“多莉”后的第二批哺乳动物体细胞核移植后代，它的成功有力地支持了 Wilmut 等的试验结果。

## 7.3 基因转导技术

目前已建立起多种动物细胞的转化方法。有效地打破了动物细胞接纳外源 DNA 的进化壁垒。要实现外源基因对受体细胞的有效转化，首先要选择合适的受体细胞，其次要有可靠的转化后筛选方法。

高等动物细胞的基因转化效率较低，欲获得足够数量的转化株必须选择来源丰富的起始受体细胞。因此，在培养基中能无限制生长的哺乳动物细胞系通常用来进行基因转化实验。然而绝大多数动物组织的细胞在培养基中的生长具有平面接触抑制特性，只有来自肿瘤组织的永生性细胞系才能摆脱正常生长的限制。肿瘤细胞系不仅能在化学成分确定的培养基中无限制生长．而且生长速率较快，通常在不到一天的时间内增殖 1 倍。但是肿瘤细胞的生理特性有时与正常细胞并不相同。因此必须选择那些与正常细胞生理特性尽可能接近的肿瘤细胞系作为转基因的受体。

与细菌 DNA 转化原理相似，为了快速有效地筛选转化细胞，必须建立动物细胞特异性的选择标记。经典的动物细胞筛选方法是针对三磷酸脱氧核苷酸生物合成途径而设计的。目前应用较多的动物细胞筛选方法也包括针对细胞抗药性的筛选方法，如根据新霉素抗性进行筛选。

### 7.3.1 动物细胞的物理和化学转化法

利用物理和化学方法转化动物细胞的主要优点是转基因体系不含任何病毒基因组片段，这对于基因治疗尤为安全。但转基因进入细胞后，往往多拷贝随机整合在染色体上，导致受体细胞基因灭活或转化基因不表达。目前在动物转基因技术中常用的物理和化学转化法包括以下几种。

#### 7.3.1.1 电穿孔法

电穿孔法利用脉冲电场提高细胞膜的通透性，在细胞膜上形成纳米大小的微孔，使外源 DNA 转移到细胞中。其基本操作程序如下：将受体细胞悬浮于含有待转化 DNA 的溶液中，在盛有上述悬浮液的电击池两端施加短暂的脉冲电场。使细胞膜产生细小的空洞并增加其通透性，此时外源 DNA 片段便能不经胞饮作用直接进入细胞质。该方法因简单而被广泛运用于培养细胞的基因转移，基因转移效率最高可达 $10^{-3}$。

#### 7.3.1.2 DNA 显微注射法

DNA 显微注射法主要用于制备转基因动物。该法的基本操作程序是：通过激素疗法使雌鼠超数排卵，并与雄性小鼠交配．然后处死雌鼠，从其输卵管内取出受精卵；借助于显微镜将纯化的 DNA 溶液迅速注入受精卵中变大的雄性原核内；将注射了基因的受精卵移植到假孕母鼠输卵管中，繁殖产生转基因小鼠。该方法转入的基因随机整合在染色体 DNA 上，有时会导致转基因动物基因组的重排、易位、缺失或点突变，但这种方法应用范围广，转基因长度可达数百 kb。

#### 7.3.1.3 脂质体包埋法

将待转化的 DNA 溶液与天然或人工合成的脂类混合，后者在表面活性剂存在的条件下形成包埋水相 DNA 的脂质体结构。当这种脂质体悬浮液加入到细胞培养皿中，便会与受体细胞膜发生融合，DNA 片段随即进入细胞质和细胞核内。该方法基因转移效率很高，最高时 100％离体细胞可以瞬时表达外源基因。

#### 7.3.1.4 其他方法

最早的动物细胞转化方法是将外源 DNA 片段与 DEAE-葡聚糖等高分子碳水化合物混合，此时 DNA 链上带负电荷的磷酸骨架便吸附在 DEAE 的正电荷基团上，形成含 DNA 的大颗粒。后者黏附于受体细胞表面，并通过其胞饮作用进入细胞内。但这种方法对许多细胞类型而言转化率极低。

受二价金属离子能促进细菌细胞吸收外源 DNA 的启发，人们发展了简便有效的磷酸钙共沉淀转化法：将待转化的 DNA 溶解在磷酸缓冲液中，然后加入 $CaCl_2$ 溶液混匀，此时 DNA 与磷酸钙共沉淀形成大颗粒；将此颗粒悬浮液滴入细胞培养皿中，37℃下保温 4～16 h；除去 DNA 悬浮液，加入新鲜培养基，继续培养 7 天即可进行转化株的筛选。在上述过程中，DNA 颗粒也是通过胞饮作用进入受体细胞的。该方法转化率至少是 DEAE-葡聚糖法的 100 倍。

### 7.3.2 动物细胞病毒转染法

通过病毒感染的方式将外源基因导入动物细胞内是一种常用的基因转导方法。根据动物受体细胞类型的不同，可选择使用具有不同宿主范围和不同感染途径的病毒基因组作为转化载体。目前常用的病毒载体包括DNA病毒载体（腺病毒载体、猴肿瘤病毒载体、牛痘病毒载体）、反转录病毒载体等。用作基因转导的病毒载体都是缺陷型的病毒，感染细胞后仅能将基因组转入细胞，无法产生包装的病毒颗粒。下面以腺病毒载体为例加以介绍。

腺病毒科为线型双链DNA病毒，无包膜，呈二十面体，共有93个成员，分两个属：哺乳动物腺病毒属和禽腺病毒属。目前已鉴定的人腺病毒有6个亚属．其中常用来构建载体的腺病毒主要是C亚属的2型病毒（Ad2）和5型病毒（Ad5）。腺病毒感染人体细胞是裂解型的，不会致癌，但对啮齿目动物细胞来说，绝大多数的腺病毒成员均能致癌。腺病毒基因组DNA全长36 kb，其包装上限为原基因组的105％，即37.8 kb。腺病毒作为转化载体的特点是：基因组重排率低，外源基因与病毒DNA重组后，能稳定复制几个周期；安全性好，不整合人染色体，不导致肿瘤发生；宿主范围广，对受体细胞是否处于分裂周期要求不严格；外源基因在载体上容易高效表达。

病毒载体也具有一些缺点：所有的病毒载体都会诱导产生一定程度的免疫反应；都或多或少的存在一定的安全隐患；病毒的包装较为复杂，不适合于大规模生产。

细胞工程是一项综合性的技术体系，本章只对较为重要、应用较为广泛的几个方面进行了阐述。细胞工程常用的基本技术还包括细胞诱变、细胞融合、细胞拆合、染色体转移等，因篇幅所限，不再加以讨论。

（李文林）

# 第 8 章　动物细胞工程的应用

细胞工程是生物工程的重要组成部分，在医学实践中有着极为广泛的应用，研究人员通过细胞工程技术生产了大量的医药产品、医学材料，建立了一些新的疗法。更为令人振奋的是，细胞工程仍有广阔的领域有待开拓和深入，随着细胞工程研究的深入，人们对疾病的认识将不断加深，将会获得更多更有效的医疗产品，人类的健康水平必将得到提高。本章对细胞工程当前的主要应用领域加以介绍。

## 8.1　生产治疗和诊断用特殊蛋白质

### 8.1.1　生产单克隆抗体

1975 年 G. Kohler 和 C. Milstein 建立 B 淋巴细胞杂交瘤技术制备单克隆抗体以来，针对各种抗原的单克隆抗体已被广泛应用于生命科学的各个领域。

B 淋巴细胞杂交瘤技术不但将淋巴细胞产生单一抗体的能力和骨髓瘤无限增生的能力巧妙地结合起来，并且还可以通过融合进一步筛选获得具有期望的专一性的抗体。

单克隆抗体（简称单抗）的最主要优点在于它的专一性、均质性、灵敏性及无限量制备的可能性。单抗在生物工程技术中占有很重要的地位，已作为商品进入市场，前景不亚于基因工程产品。其用途有以下几方面。

（1）单抗作为体外诊断试剂。单抗最广泛的商品用途，目前仍然是用作体外诊断试剂。

（2）单抗作为体内诊断试剂。用放射性核素标记的单抗在特定的组织中成像的技术，可用于肿瘤、心血管畸形的体内诊断。

（3）单抗作为导向药物的载体。单抗在作为导向药物的载体方面有重大应用前景。导向药物是指对病变部位具特异选择性的药物。导向药物特别是抗癌药物、抗生素等的导向制剂将来有望取代目前的常规药物。

（4）作为治疗用的单抗。治疗用的单抗药物必须具有专一性高、稳定性好、亲和力强、分泌量大等特点，单抗药物目前是国际基因药物研发的主流方向之一。

### 8.1.2　生产复杂的人体蛋白质

由于微生物缺乏蛋白质翻译后的加工修饰系统，许多人体蛋白质必须用真核动物细胞表达。第一个由重组哺乳动物细胞规模化生产的医用蛋白质是溶血栓药物——组织型纤溶酶原激活剂（tissue-type plasminogen activator，tPA），该药物可用于中风、心肌梗死等血栓疾病的溶栓治疗。目前用大规模培养重组 CHO 细胞的方式生产的 tPA 已经商品化。另一个由哺乳动物细胞生产的人重组蛋白是凝血因子Ⅷ，其缺陷与血友病密切相关。多年来，血友病患者都是使用从人血中分离纯化的凝血因子Ⅷ制品进行治疗，然而血源凝血因子Ⅷ易受病原体的污染，这加速了利用DNA重组技术生产该药物的进程。与tPA相似，人凝血因子Ⅷ也是一种结构复杂的蛋白质大分子，必须通过重组哺乳动物细胞进行生产。此外，生物活性严格依赖于糖基化修饰的人促红细胞生成素（erythropoietin，EPO）也必须用动物细胞生产，用于治疗因肿瘤化疗或肾脏疾病所导致的红细胞减少症。EPO是最成功的生物制品之一，其年销售额居所有基因工程产品之首。

## 8.2 研制基因工程动物

基因工程动物是通过遗传工程的手段对动物基因组的结构或组成进行人为的修饰或改造，并通过相应的动物育种技术，最终获得修饰改造后的基因组在世代间得以传递和表现的工程动物。利用这项技术，人们可以在动物基因组的特定位点引入所设计的基因突变，导致基因失活，培育出基因剔除动物（gene knockout animal）。用于研究基因功能、模拟造成人类遗传性疾病的基因结构异常等；可以通过对基因结构进行修饰，在动物发生、发育的全过程研究体内基因的功能及其结构与功能的关系；可以在动物基因组中引入病毒基因组以模拟病毒性疾病的发病过程；可以通过引入具有重要药用价值的蛋白质编码基因，通过动物生产该蛋白质药物；可以将所引入的DNA片段作为环境诱变剂作用的靶DNA，通过对它回收后的结构分析，研究诱变剂造成DNA损伤和诱发基因突变的规律；等等。转基因动物技术不仅在生命科学研究中的应用越来越广，技术本身的发展也越来越快，朝着基因修饰的精确性与可调性日益逼近。

### 8.2.1 研制疾病动物模型

现代医学认为，几乎所有的人类疾病（除外伤及某些感染性疾病外）都有一定的遗传背景。在一定程度上可以看成是遗传病。因此，研究人类遗传与疾病的关系非常重要。利用基因工程动物制造出各种遗传病的动物模型，则给研究人类遗传疾病带来了极大地方便。

由于小鼠与人类基因的同源性很高，故小鼠的许多遗传病模型与人的相应疾病有一定的可比性。现在实验用的小鼠都有明确的遗传背景，又易于饲养和繁殖，而且人们对小鼠有着成熟的遗传操作技术。例如，人们可以通过基因剔除技术，排除其他基因的干扰，以检测一个特定的遗传改变所产生的效应，从而确定致病基因的功能和致病机制。现已培育成功了包括动脉粥样硬化、镰刀形红细胞贫血、阿尔茨海默病、前列腺癌等多种遗传疾病的模型小鼠。

### 8.2.2 研制动物生物反应器

把目的蛋白基因导入动物体内形成转基因动物，基因在动物体内表达，人们可以从其乳汁和血液内获得目的基因产物，使动物像一个活的发酵罐，我们称它为动物生物反应器或个体表达系统。

利用转基因动物——乳腺生物反应器来生产基因工程药物是一种全新的生产模式，与以往的制药技术相比，具有不可比拟的优越性。乳腺是一个外分泌器官，乳汁不进入体内循环，不会影响转基因动物本身的生理代谢反应。哺乳动物乳腺生物反应器好比在动物身上建“药厂”。我们可以从动物的乳汁中源源不断获得目的基因的产品。它的优越性还表现在产量高、易提纯、表达产物已经过充分修饰和加工、具有稳定的生物活性。另外，作为生物反应器的转基因动物又可无限繁殖，故具有成本低、药物开发周期短、经济效益高、可极大地降低成本和投资风险等优点。1990 年，荷兰 Phraming 公司培育了含有人乳铁蛋白的转基因牛，每升牛奶中含有 1 g 人乳铁蛋白，乳铁蛋白不仅能够促进婴儿对铁的吸收，而且能够提高婴儿免疫力，抵抗消化道疾病的感染，是母乳的良好替代品，这种转基因奶牛能够年产牛奶 10 吨；3 头转基因奶牛每年生产的含乳铁蛋白奶粉价值达到 50 亿美元。1991 年英国爱丁堡 PPL 制药公司培育成功 α1-抗胰蛋白酶（α1-antitrypsin，AAT）转基因羊，AAT 具有抑制弹性蛋白酶的活性，用于治疗囊性纤维化（cystic fibrosis，CF）和肺气肿，1 L 羊奶中含有该蛋白质 30 g，超过奶蛋白总量的 30%。最近，荷兰科学家又成功培育了含有 EPO 的转基因牛，EPO 能够促进红细胞的生成，对肿瘤化疗及肾脏机能下降引起的红细胞减少具有积极的治疗作用。我国著名学者施履吉院士早在 20 世纪 80 年代初就提出乳腺生物反应器的构想。令人欣喜的是，我国学者于 1996 年 10 月成功研制出 5 头有目的基因（人凝血因子Ⅸ基因）整合的转基因羊（3 公 2 母），其中一头母羊已于 1997 年 9 月产下小羊羔，进入泌乳期，其分泌的乳汁中含有活性的人凝血因子Ⅸ蛋白，这种凝血因子是治疗血友病的珍贵药物。

除用动物乳腺作生物反应器外，家蚕生物反应器也备受关注。众所周知，家蚕是食桑叶吐丝的经济昆虫，这种昆虫有独特的生物学特性。一条小蚕从蚕卵里破壳而出，形似蚂蚁，20 多天内仅吃桑叶 20 多克，却以惊人的速度生长，体积增加 6000 倍，体重增加 1 万倍，绢丝腺增加 4 万倍。蚕合成蛋白质效率很高，1 天内就可以合成几毫克的特种蛋白质，比人肝细胞分泌蛋白质速度快 50 倍。从重组 DNA 试验的安全性考虑，家蚕也是很好的宿主，因为它已被驯化只有在室内才能生长发育、繁衍继代。而且对家蚕的生理学、遗传学、生化学知识已有大量的积累，用家蚕作为生物反应器表达外源基因产物具有成本低廉、表达量高、产品后加工完全等优点。

### 8.2.3 生产供人类移植用器官

人们可以通过转基因猪来获得用于人类移植的器官。目前，转基因猪肝脏已用于对无法接受肝脏移植手术的患者进行离体灌注。这些猪都经过了遗传工程改造，可以表达能封闭补体介导的高敏排斥反应蛋白，从而减少排斥反应。当前，这样的器官还只能做短期代用，不能永久移植。但是这种获得器官的方式仍具有继续研究的前景。

## 8.3 组织工程

组织工程是指应用工程学和生命科学的原理及方法研究正常或病理状况下哺乳动物组织的结构、功能和生长机制，研究开发能够修复、维持或改善损伤组织的人工生物替代物的一门学科。细胞大规模培养技术的日臻成熟和生物相容性材料的开发与研究，使创造由活细胞和生物相容性材料组成的人造生物组织或器官成为可能。目前在体外构建含活性细胞成分的工程组织的核心方法是，首先分离自体或异体组织的细胞，经体外扩增达到一定的细胞数量后，将这些细胞种植在预先构建好的聚合物骨架上，这种骨架提供了细胞三维生长的支架，使细胞在适宜的生长条件下沿聚合物骨架迁移、铺展、生长和分化，最终发育形成具有特定形态及功能的工程组织。这一技术的关键是对细胞进行体外培养过程中，通过模拟体内的组织微环境，使细胞得以正常生长和分化。此过程通常包含 3 个关键步骤：第一步，需大规模扩增从体内分离获取的少量细胞；第二步，在聚合物骨架上种植这些细胞，通过对骨架的内部结构与表面性能的优化设计，在细胞-材料及细胞-细胞的相互作用下，诱导细胞进行分化；第三步，采用灌注培养系统，保持稳定的培养环境，长期维持工程组织正常的生长分化状态。采用这些方法已成功地在体外培养了人工软骨、皮肤等多种组织。

## 8.3.1 组织工程皮肤

目前正处于研发阶段的组织工程产品有很多，而获得美国食品和药物管理局（FDA）批准的组织工程产品只有人造皮肤。与传统的治疗方法相比，由活细胞和生物可吸收材料组成的人造生物皮肤具有以下优点。

(1) 细胞背景明确，产品质量可控，可有效防止异源皮肤移植时可能导致的疾病传染。

(2) 来源充足，可克服自（异）体移植物来源匮乏的缺点。例如，成纤维细胞可在体外传代 60 次而保持细胞的正常形态和功能，一个成纤维细胞经体外培养可扩增 $10^{18}$ 倍，来自包皮环切术的一个新生儿包皮可在体外扩增为 25 000 $m^2$ 的人造皮肤。

(3) 免疫原性弱，移植排斥反应发生轻微。一般构成人造生物皮肤的细胞为角质细胞或成纤维细胞，角质细胞表面有人体白细胞抗原（HLA-DR），能引发比较轻微的同种异体移植排斥反应，而成纤维细胞一般不会激发免疫反应。

(4) 储存运输方便，可低温冷冻保存，使用简便。

(5) 能为自体细胞修复伤口提供良好的生长环境。在对烧伤的治疗中可减少对供体组织的需求；减少伤口结疤和收缩现象；对大面积急性伤口可实现快速覆盖；可作为传递外界生长因子的载体等。

人工皮肤基本可分为三个大的类型：表皮替代物、真皮替代物和全皮替代物。表皮替代物由生长在可降解基质或聚合物膜片上的表皮细胞组成。真皮替代物是含有细胞或不含细胞的基质结构，用来诱导成纤维细胞的迁移、增殖和分泌细胞外基质。全皮替代物包含以上两种成分，既有表皮又有真皮结构。

## 8.3.2 组织工程膀胱

应用组织工程的方法，研究人员成功地在实验室中制造出膀胱，而且将组织工程膀胱移植给狗后证明是有功能的。为了制造膀胱，首先通过组织活检的方式取得正常狗的膀胱组织，分散后得到泌尿上皮和肌肉组织，然后将两者分开培养，再将两种组织置于可降解的生物材料制成的模型上，泌尿上皮在内，肌肉组织在外。接受人工膀胱移植的狗可重新获得原有膀胱 95%的功能。11 个月后检查组织工程膀胱，发现已经完全被泌尿上皮和肌肉组织覆盖，并有神经和血管生成。这是首次在实验室中获得的具有正常功能的哺乳动物组织工程器官。

我国学者曹谊林带领的课题组在组织工程耳的研究中也取得了突破性进展。他们用可降解的生物材料制成人耳模型。然后向该模型中植入种子细胞并将其移植在裸鼠的背上，最终获得了长在鼠背上的“人造耳”。其他正在开发的组织工程产品还包括人工结缔组织（骨、韧带、关节）、血管、肠、食道等。虽然目前只能利用组织工程的方法制造一些简单的组织或器官。但是组织工程的方法将在治疗先天器官畸形和器官移植等方面具有无可估量的前景。

（李文林）

# 第 9 章　干细胞及其应用

干细胞（stem cell）一词，最早出现于 1896 年 E. B. Wilson 关于蠕虫发育的研究论文中，并被一直沿用至今。对干细胞的深入研究，主要发生在最近几十年中。20 世纪 60 年代，科学家首次发现了小鼠骨髓中含有造血干细胞，随后对造血干细胞的深入研究直接推动了骨髓移植的临床应用。70～80 年代，畸胎瘤细胞（embryonic carcinoma cell）、小鼠胚胎干细胞（embryonic stem cell）被先后分离和培养。尤其是小鼠胚胎干细胞的建立深远影响了生命科学和基础医学的研究。小鼠胚胎干细胞不仅为研究胚胎早期发育提供了重要的细胞平台，也是建立基因剔除小鼠不可或缺的工具。因此对小鼠胚胎干细胞的开创性研究获得了 2007 年诺贝尔生理学或医学奖。进入 90 年代以后，在前期研究的基础上，人类胚胎干细胞成功建系、对组织干细胞生物学特性的研究也取得了许多重要进展，尤其是 2006 年日本科学家 S. Yamanaka（山中伸弥）成功地实现了体细胞的重编程（即将分化的体细胞逆分化为具有胚胎干细胞特性的多能干细胞），推动了干细胞研究的热潮。

目前一般认为，干细胞是指存在于个体发育过程中，具有长期（或无限）自我更新、并能分化产生某种（或多种）特殊细胞等生物学特性的原始细胞。它们是个体的生长发育、组织器官的结构和功能的动态平衡，以及其损伤后的再生修复等生命现象发生的细胞学基础。

## 9.1　干细胞的存在与分类

个体的发育是从受精卵开始的。受精卵通过精密调控的增殖分化途径，形成由不同类型的细胞所组成的、功能各异的组织和器官。即使在其个体成熟之后，机体的组织仍然保持着一种特有的自稳性（homeostasis），即在特定组织中细胞的死亡和细胞的增殖速率会维持一个动态的平衡。这一特征可以从人体、高等哺乳动物一直追溯到最为原始的动物，如海绵和苔藓虫。此外，各种组织还保持着程度不同的损伤后再生的能力。例如，一些两栖类动物的肢体在损伤后可完全重建，哺乳动物的造血系统、小肠、毛发及皮肤保持了稳定的再生，肝脏在损伤不太严重时也可以完全再生。越来越多的证据表明，干细胞的有序增殖与分化是这些生物学现象的基础。

### 9.1.1　干细胞的有序分化是个体发育的基础

每一个动物个体都来自于一个单细胞，即受精卵。受精卵经过卵裂、胚层出现和胚后发育这样一个连续的过程，最终发育成为一个成熟的个体。在这一发育过程中，最初是受精卵细胞不断地分裂，处于八细胞期之前的每一个胚胎细胞（包括受精卵）都具有全能性，也就是说如果将处于这种状态的任何一个细胞植入子宫后，它都可以发育为一个完整的个体。这种具有发育全能性的早期胚胎细胞，称为全能性干细胞（totipotent stem cell)。随着发育的进行，胚胎形成一个中空的球性结构，称为胚泡。胚泡一侧有一小团细胞，称为内细胞团（inner cell mass，ICM），内细胞团细胞具有分化为成熟个体中所有细胞类型的潜能，但没有形成一个完整个体的能力（因为它们不能分化为胎盘和其他一些发育时所必需的胚外组织），这种早期胚胎细胞被称为多能性干细胞（pluripotent stem cell），也习惯地称之为胚胎干细胞（embryonic stem cell，ES 细胞）。随着胚胎的继续发育，多能性干细胞将进一步发生分化，其后代细胞的分化潜能也将进一步趋于变窄。那些存在于胚胎各组织器官原基中的干细胞，通常只分化为可参与其相应组织器官组成的细胞。例如，肝脏原基中的肝母细胞（hepatoblast）只具有分化为成熟干细胞和胆管细胞的潜能，神经干细胞只具有分化为神经元、神经胶质细胞和寡树突状细胞的潜能。这类在器官的发育过程中起着重要作用的干细胞被称为专能性干细胞（multipotent stem cell）或组织特异性干细胞（tissue specific stem cell）。

## 9.1.2 干细胞维持了组织器官结构和功能的动态平衡

已有许多证据表明，在出生后个体的组织中仍然存在有干细胞。这些干细胞通过有序的增殖与分化，实现其所在组织中细胞的新旧更替，并维持组织器官结构和功能的动态平衡。由于这类干细胞存在于成体的组织中，而在一般的生理状态下，它们只能分化为其所在组织中的各种（或其中的几种）成熟细胞，故将其称为成体干细胞（somatic stem cell）或专能性成体干细胞（multipotent somatic stem cell）。在成体中，成体干细胞的量及其活跃程度与其组织的类型和功能状态有关。例如，在造血系统、皮肤及小肠等具有旺盛细胞更新特性的组织器官中，其相应的成体干细胞通常十分活跃；有些组织的干细胞在正常生理条件下处于休眠状态，但是当组织受到严重损伤时会被激活，如肝脏的干细胞通常并不活跃，但是在肝受到严重损伤后，肝脏的干细胞便可迅速增殖与分化，以适应其组织修复的细胞需要。

造血干细胞是首先被认识并得到广泛研究的一种成体干细胞。早在 1961 年，J. E. Till 和 E. A. McCulloch 通过小鼠脾集落形成实验，证实了小鼠骨髓中有造血干细胞（hematopoitic stem cell，HSC）的存在。他们将小鼠的骨髓细胞悬液移植到受致死照射的小鼠后，发现这些细胞可以在受照小鼠的脾脏中形成结节，结节中包括红细胞、粒细胞和巨核细胞的混合细胞群；在进一步的实验中，他们还证明了每个结节都来源于一个细胞，并由此得到了骨髓中存在可以重建造血系统的造血干细胞的证据。造血干细胞在所有骨髓细胞中所占的实际比例很少，但它们却具有强大的增殖和分化能力。有研究表明，一个单独的造血干细胞就可以重建整个造血系统。然而，对其他成体干细胞的研究则主要发生在最近十几年中。除以上所提及的造血系统、皮肤、小肠和肝脏外，目前也在中枢神经系统、呼吸道、睾丸和胰腺等组织器官中证实了干细胞的存在。尤其是神经干细胞的发现，它从根本上推翻了长期以来认为“神经组织没有分裂能力、损伤后无法修复”的观点。有关各类成体干细胞的详细特性将在下面各节中介绍。

## 9.1.3 干细胞的分类

对干细胞的分类，目前还没有统一的标准。根据发生学来源的不同，可以将干细胞分为胚胎干细胞（包括原始生殖细胞）、成体干细胞，以及新近提出的癌干细胞

(cancer stem cell)。同时，根据干细胞分化潜能的不同，也可以将干细胞分为全能性干细胞、多能性干细胞和专能性干细胞。

## 9.2 干细胞的基本生物学特性

干细胞是生物个体发育和组织再生的基础。对干细胞的生物学特性的研究，将有助于对生命的本质问题，即发育现象的认识，同时，也将加深对人体的生理机制和病理状况发生机制的认识，并有利于各种人类疾病防治手段的发展。

### 9.2.1 干细胞的形态和生化特征

干细胞是具有强大增殖潜力的原始细胞，故在形态上具有一些共同的特征。例如，细胞的体积较小，核/质比相对较大，细胞质中各种细胞器（如内质网、高尔基复合体及线粒体等）不够发达等。另外，植物的“干细胞”，即形成层细胞也具有与动物干细胞类似的特征，即体积小、呈圆形或方形、核/质比相对较大、细胞间结合紧密及细胞壁染色不明显等。

干细胞的生化特性与其所存在的组织类型密切相关，如细胞角蛋白是特异性存在于上皮细胞中的细胞骨架成分，也常被用作上皮组织干细胞的标志分子。干细胞的生化特性还与其分化程度有关。例如，造血干细胞的端粒酶（telomerase）活性很高（可达到造血系统肿瘤细胞端粒酶活性的水平），但当它分化为专能性祖细胞（multipotent progenitor，MPP）后，其端粒酶活性便随之显著降低。在目前的研究中，干细胞的生化特性常被作为鉴定干细胞在组织中存在和评价其分化程度的标志。例如，人胚胎干细胞表达 Oct4、TRA-1-60、TRA-1-81 和碱性磷酸酶等分子；神经干细胞表达巢蛋白(nestin) 和 Pax6 等分子。

干细胞有时可以根据其形态学特征和存在位置来辨认。例如，在果蝇的性腺中，干细胞、过渡放大细胞（transit amplifying cell）和外周分化细胞有固定的组织方式。但是，对许多组织而言，干细胞的存在部位目前仍未确定，也没有与分化细胞截然不同的形态学特征。干细胞的分子标记对确定其在特定组织中的位置有重要意义。同时这些标记分子也为认识干细胞增殖分化的分子机制提供了线索。例如，表皮干细胞高表达 $\beta_1$-整联蛋白（$\beta_1$-integrin），由其介导的细胞与胞外基质的黏附对表皮干细胞的迁移和分化有抑制作用。但是，仅根据细胞的形态和表面抗原来鉴定干细胞是远远不够的。具有增殖和自我更新能力以及在适当条件下表现出一定的分化潜能才是干细胞的本质特征。

### 9.2.2 独特的增殖特征是干细胞的根本特性

#### 9.2.2.1 干细胞增殖的缓慢性

当干细胞进入分化程序后，首先经过一个短暂的增殖期，产生过渡放大细胞。过渡放大细胞经若干次分裂后，生成分化细胞（图 2-9-1）。过渡放大细胞的生物学意义在于可以通过较少次数的干细胞分裂，产生较多的分化细胞。细胞动力学研究表明，干细胞本身的分裂通常很慢，而组织中的那些过渡放大细胞的分裂速率则相对较快。例如，小肠干细胞较其过渡放大细胞的分裂速率约慢1倍。目前认为，干细胞的这种缓慢增殖的生理意义是，有利于干细胞对特定的外界信号做出反应，以决定是进入增殖状态，还是进入特定的分化程序。而且，这种缓慢增殖特性还可以减少基因发生突变的危险，使干细胞有更多的时间发现和校正复制错误，对于那些无法修复的细胞，则进入凋亡程序。有学者认为，干细胞的作用可能不仅仅在于补充组织细胞，可能还具有防止体细胞自发突变的作用。过渡放大细胞的分裂速率很快，其基因组的突变频率就高，但是细胞的寿命短，不会形成突变的积累。

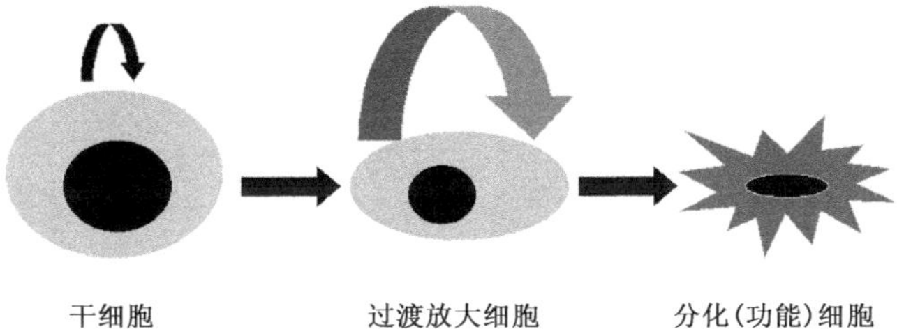


图 2-9-1　干细胞增殖的缓慢性

### 9.2.2.2　干细胞增殖系统的自稳定性

自稳定性（self-maintenance）是指干细胞可以在生物个体生命期间内自我更新（self-renewal）并维持其自身数目恒定的特性。自稳定性是干细胞的基本特征之一。当干细胞发生分裂后，如果所产生的两个子代细胞都是干细胞或都是分化细胞，这种分裂方式称为对称分裂（symmetry division）[图 2-9-2（a）]；如果产生一个干细胞和一个分化细胞，则称为不对称分裂（asymmetry division）。

对无脊椎动物而言，不对称分裂是干细胞维持自身数目恒定的方式。例如，在果蝇的外周神经系统中，其感觉器官前体细胞的不对称分裂是受一系列基因调控的，*insc* 基因是其中的一个。该基因的表达产物 Insc 蛋白至少在 3 个方面对不对称分裂进行调控：①不对称地分配细胞膜上的蛋白质分子，如 Numb；②不对称地分配细胞内的 mRNA；③决定细胞分裂时纺锤体的取向。但对哺乳动物而言，却并非如此简单，在大多数哺乳动物的可自我更新的组织中，干细胞分裂产生的两个子细胞既可能是两个干细胞，也可能是两个特定分化细胞。因此在哺乳动物中，单个干细胞通常进行对称分裂，但是平均而言，每一个干细胞产生一个子代干细胞和一个特定分化细胞。因此，哺乳动物的干细胞是种群（而不是单个干细胞）意义上的不对称分裂 [图 2-9-2（b）]。干细胞不对称分裂机制的存在使机体对干细胞的调控更具灵活性，可以更灵活地应答机体的生理变化。为了保持干细胞数目的恒定，机体需要对干细胞的分裂进行十分精密的调控。有研究表明，在小肠隐窝（crypt）中，如果额外多产生一个干细胞，则该干细胞进而会多产生64～128 个子代细胞，而每个正常隐窝大约由 250 个细胞组成。由此可见维持干细胞数目的恒定对于保持组织的稳定和功能的重要性。目前，对哺乳动物干细胞不对称分裂的调控机制及其细节所知甚少。虽然已经克隆了一些哺乳动物中与果蝇干细胞不对称分裂调控基因同源的基因，但它们是否具有类似的功能目前仍不清楚。高度进化的哺乳动物对其干细胞的调控是多角度多层次的。另外，也有人认为干细胞的自稳定性是其区别于肿瘤细胞的本质特征。按照这一观点，对干细胞自稳定性的研究，将有望从不同的侧面认识肿瘤的发生机制。

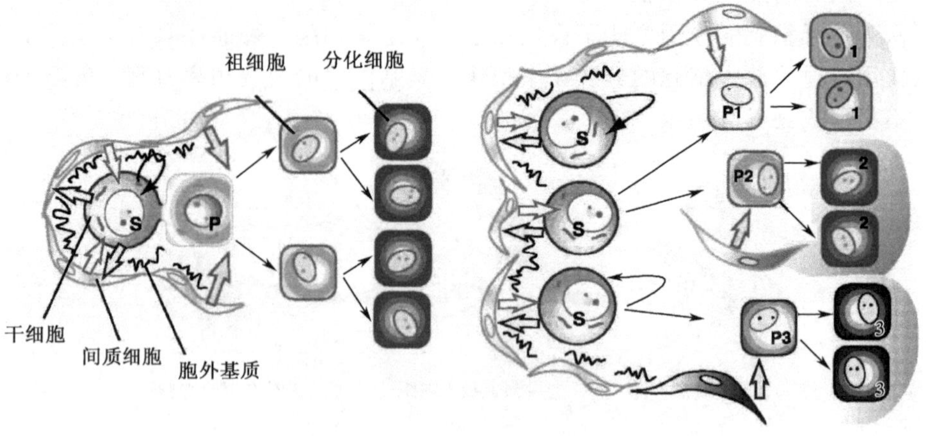


(a) (b)

图 2-9-2 干细胞的不对称分裂

（a）干细胞的简单不对称分裂；（b）干细胞的种群不对称分裂

## 9.2.3 具有多向分化能力是干细胞的本质特点

### 9.2.3.1 干细胞的分化潜能

具有分化产生特定功能细胞的能力是干细胞的另一个本质特征。如上所述，处于不同发育阶段的干细胞的分化潜能不同。受精卵被认为是全能性干细胞，可以形成个体。胚泡中的内细胞团细胞具有产生个体中任何一种组织细胞的潜能，但不能产生胎盘和其他一些发育时所必需的支持组织，所以，这些细胞是多能性干细胞。而成体干细胞的分化潜能进一步受到限制，通常只能分化产生与之相关的特定功能的细胞，如小肠干细胞可分化产生小肠的吸收细胞、杯细胞、嗜酸细胞和肠内分泌细胞。很久以来，成体干细胞被认为只能向一种类型或与之密切相关的细胞分化，如神经干细胞只能向神经系统细胞（神经元、神经胶质细胞）分化，而不能分化成其他细胞类型。但是，近年来的一些发现则对这一观点提出了挑战。越来越多的证据表明，分离自成体的干细胞仍然具有相当的可塑性，在适当的条件下可以表现出更广泛的分化能力，甚至实现跨胚层的分化。这从根本上打破了传统的胚层限制的观点。

### 9.2.3.2 干细胞的分化可塑性

干细胞分化的可塑性，是指干细胞在适当的条件下可以发生转分化（transdifferentiation）和去分化（dedifferentiation）的现象。

一种组织类型的干细胞，在适当条件下分化为另一种组织类型的细胞的现象，称为干细胞的转分化。1997 年，M. A. Eglitis 等将分离自成年雄性 C57BL/6j 小鼠的造血干细胞移植到受亚致死量照射的雌性 WBB6F1/J-kit$^{W}$/kit$^{W-V}$小鼠体内，3 天后在受体雌鼠的大、小胶质细胞中检测到 Y 染色体的存在，首次发现了成年动物的造血干细胞可分化成为脑组织中的大胶质细胞和小胶质细胞的现象。类似的发现还见于成体造血干细胞分化形成肌细胞和肝细胞，以及神经干细胞转分化为造血细胞等（图 2-9-3）。

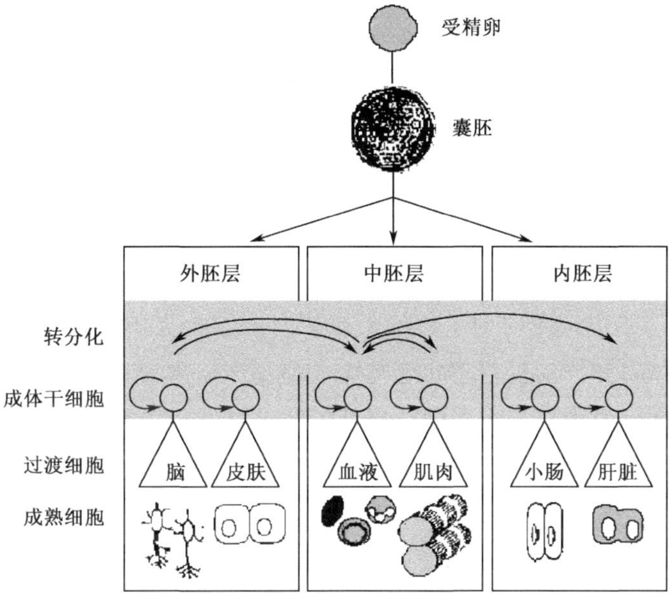


图 2-9-3　干细胞的可塑性

2001 年，D. S. Krause 等通过巧妙的实验设计，也证明了移植一个造血干细胞在重建致死照射小鼠的造血系统的同时，外源细胞还可以发生转分化，并嵌合到肝脏、食管、小肠和皮肤等器官的组织中。由于转分化现象对人们传统的细胞分化观念的冲击，以及细胞转分化能力在疾病治疗方面的潜在应用价值，对转分化现象的研究一度是干细胞研究领域的热点问题。

通过近年来大量实验资料的积累，目前对干细胞的转分化现象已经形成了较为客观的认识。首先，干细胞的转分化是客观存在的。这一点已经被众多设计严密的实验所证实。但是，在干细胞转分化研究早期积累的实验证据中，也确实有一些是假相。例如，1999 年，K. A. Jackson 等报道将骨骼肌间叶细胞移植到致死照射的小鼠后，可以转化为造血细胞，并使此小鼠得以存活。但在 2002 年，该实验室的另一篇文章则报道，骨骼肌间叶细胞群中就有造血干细胞的存在，而先前报道的转分化现象则被证实是一种假相。同时，也有一些令人信服的证据表明，某些干细胞的转分化现象是细胞融合的结果。2002 年，Q. L. Ying 等和 N. Terada 等分别报道了当在体外将神经干细胞或者造血干细胞和胚胎干细胞混合培养时，神经干细胞或者造血干细胞可以获得胚胎干细胞的表型，深入的研究表明，这实际上是胚胎干细胞和神经干细胞/造血干细胞发生了融合，而并非真正的转化。也正是由于这一发现，使科学家开始意识到了通过体内动物实验研究干细胞的可塑性时，要排除由于细胞融合所导致的假象。2003 年，M. Grompe 等报道了造血干细胞向肝细胞的转分化。他们将骨髓细胞移植到 FAH$^{-/-}$ 小鼠的肝脏后，发现外源细胞可以高比例地重建受体鼠的肝脏，但是，对肝细胞进行细致分析后发现，外源的造血细胞与内源的肝细胞的融合是主要的。在 2004 年，Grompe 等发表的进一步研究结果称，与肝细胞发生融合的并不是造血干细胞，而是混杂于其中的巨噬细胞。无论如何，这些研究都说明了融合现象确实是可能发生的，有时甚至是主导性的。尽管有细胞融合现象存在，但并不是所有的转分化过程都伴随了细胞融合，许多研究也证明了有些转分化过程中并没有发生细胞融合。

一种干细胞向其前体细胞的逆向转化被称为干细胞的去分化。长期以来，对细胞是否可以逆向分化的问题一直存在争议，对干细胞去分化的证据则就更少了。但是，2006 年日本科学家 S. Yamanaka 等成功地实现了体细胞的重编程，他们通过在小鼠胚胎成纤维细胞中同时转染 *Oct4*、*Sox2*、*Klf4* 和 *c-myc*，成功地实现了体细胞的重编程，即将分化的成纤维细胞逆分化为具有胚胎干细胞特性的多能干细胞。进一步的研究发现，即使是高度分化体细胞，如 B 细胞和胰腺 β 细胞同样可以通过类似的手段被重编程为多能干细胞。

目前对干细胞可塑性的机制仍知之甚少。但是，干细胞表现出的高度可塑性提示，应该用更加灵活的眼光来看待干细胞。也许我们不应该把干细胞看成是一种特定的细胞类型，而应当看成是一种细胞功能，这种功能可以被诱导产生，甚至对那些已经高度分化的细胞也同样如此。此外，干细胞可塑性也揭示了干细胞的生存环境对干细胞有巨大作用。

## 9.2.4 干细胞增殖与分化受到微环境的精密调控

干细胞的增殖与分化是受到严密调控的。也许正是由于这种调控机制的存在，干细胞在各种组织器官中的群体稳定性以及在不同生理或病理状态下的增殖与分化行为才得以有序地发生。目前一般认为，干细胞的这种调控机制，是由它在组织器官中所存在的微环境所决定的，这种微环境被称为干细胞巢（stem cell niche）。一般认为，干细胞巢是由干细胞及其外围细胞，以及其增殖与分化调控相关因子所组成的、并具有动态平衡特性的局部环境。在这个结构体系中，干细胞增殖与分化调控的相关因素主要有以下 3 个方面（图 2-9-2）。

### 9.2.4.1 分泌因子

在干细胞巢中，分泌因子（secreted factor）可以是干细胞自身分泌的，也可以来自外围细胞或者其他组织细胞，它们对干细胞增殖与分化的调控具有重要作用。在不同的干细胞微环境中，以及其不同的生理或发育状态下，分泌因子的种类及其水平可有很大差异，但它们总是与发育或生理状态的需求相适应。目前发现，TGF-β 和 Wnt 家族的信号分子在多种干细胞的不对称分裂以及维持干细胞自我更新方面有重要功能。例如，Wnt 信号分子可以通过 β-连环蛋白（β-catenin）和 Tcf/Lef 家族蛋白参与的复杂途径激活转录。目前已经证实，该途径对表皮和肠上皮等多种上皮组织的形成有重要作用：*Tcf4* 纯合缺失小鼠缺乏肠干细胞、*Lef1* 纯合突变小鼠毛发发育不正常等。这些结果从不同侧面表明了分泌因子在干细胞巢中的重要性。

#### 9.2.4.2 细胞间相互作用

在干细胞巢中，除游离的分泌因子可以对干细胞产生作用外，有些调控干细胞命运的信号分子也能通过细胞与细胞之间相互作用而发挥效应。这种相互作用通常是由整合膜蛋白（integral membrane protein）所介导的。整合膜蛋白是一种细胞膜结合蛋白，它与另外两种膜蛋白，即外周蛋白（peripheral protein）和脂锚定蛋白（lipid-anchored protein）不同，整合膜蛋白均为跨膜蛋白（transmembrane protein），是两性分子，疏水部分位于脂双层内部，亲水部分位于脂双层外部。由于存在疏水结构域，整合蛋白与膜的结合非常紧密。许多介导细胞与细胞黏附的受体分子都是整合膜蛋白，但是对这种细胞间黏附对干细胞的调节作用目前认识不多。现已知 Notch 介导的细胞间作用对多种干细胞的分化命运有重要的影响。

#### 9.2.4.3 整联蛋白和胞外基质

整联蛋白是一类细胞黏附分子，其作用依赖于 $Ca^{2+}$，具有介导细胞与细胞间的相互作用及细胞与细胞外基质间的相互作用。几乎所有动物、植物细胞均表达整联蛋白，其中细胞对胞间基质的附着可以由多种受体介导，目前认识较多的是整联蛋白介导细胞与胞间基质的相互作用。高表达 β-整联蛋白对维持表皮干细胞（epidermal stem cell）的增殖分化至关重要。β-整联蛋白还通过 MAP 激酶途径调节表皮干细胞的分化。此外，整联蛋白有将干细胞置于组织中正确位置的作用，否则干细胞会脱离生存微环境而分化或凋亡。胞间基质还有调节干细胞巢中局部分泌因子浓度的作用，整联蛋白的激活和表达也要受胞间基质蛋白的调节。

干细胞巢在维护干细胞自我更新以及其分化命运的决定等方面的生物学意义，在高等脊椎动物中已有越来越多的认识。例如，将一只小鼠的内胚层细胞置于另一只小鼠胰芽的分散细胞中，内胚层细胞可转变为胰腺细胞的前体细胞，这就显示了干细胞生存的微环境对其命运决定的重要性。而且，也有证据表明，干细胞巢中的因素对干细胞命运的决定是可逆的。例如，当干细胞被置于新的生存环境后，它们的特性会发生改变，由此也使得干细胞带上新环境的特征，从而体现出干细胞的可塑性。

目前，干细胞生物学所面对的一个主要挑战，就是确定干细胞巢中决定干细胞各种生物学行为的关键作用因子。现在已经知道，在某些组织的干细胞巢中，其干细胞的类型不止一种。例如，在骨髓干细胞巢中不仅有造血干细胞，还有间充质干细胞。这就意味着，不同的干细胞可以对同一个干细胞巢中的作用因子做出不同的反应。由此可见，关于干细胞微环境中各种作用因子的认识，是一个相当复杂的问题。

### 9.2.5 干细胞分化的调控方式

干细胞的分化过程是一个从原始细胞衍生出具有特定生物学功能的成熟细胞的过程。这一过程可以理解为一个级联分支的过程。而且可以认为，其过程中每一个分支的“节点”都是一个分化去向的决定点或“开关点”。这些决定点的发生机制及其调控方式，是一个备受关注尚处于初步认识阶段的基本的生物学问题。虽然目前对这一问题的认识还十分有限，但有一点是比较公认的，即“干细胞的分化是由细胞内外因素共同调控的”。这一概念的产生，是近几十年研究发展的结果。在此过程中，先后出现过“随机假说”、“决定假说”及“随机-决定假说”等。这些学说的出现，反映了人们在不同时期、从不同角度对于这一问题的认识和理解。

#### 9.2.5.1 干细胞分化具有随机性（随机假说）

20世纪60年代初，J. E. Till（1961年）和K. Becker（1963年）发现了造血干细胞，并对其分化特性开始进行研究，随后出现了解释造血干细胞分化现象的“随机假说”(stochastic hypothesis)。该假说认为干细胞的命运是由某些尚不清楚的随机的细胞内因素所决定的。这一假说主要是基于早期造血干细胞的动物移植实验而提出来的，其实验的大致过程是，经过亚致死全身照射抑制内源造血系统后，将外源性的骨髓造血干细胞移植至实验动物的脾脏，移植细胞可以在脾脏增殖成细胞集落。然后将单一的集落分离出来，并将其制成单细胞悬液，再植入第二个经过亚致死全身照射的动物体内，进而分析第二个动物脾脏中所形成集落的一致性，由此评价骨髓造血干细胞是否具有分化为不同类型细胞的潜能。这些实验结果表明，在第二个动物脾脏中除了有骨髓造血干细胞的细胞集落以外，还有一些由其他不同类型血液细胞所组成的细胞集落，即分化细胞集落。并发现，前者的出现概率（即自我更新的概率）接近60%，后者的出现概率（即分化的概率）接近40%。1977年，D. Metcalf采用体外实验的方法，也得到了近似于体内实验的自我更新概率和分化概率。由于这种自我更新与分化的事件发生在同一动物的同一脾脏中（可认为所有植入细胞的生活背景是一致的），而且分化后所产生的细胞类型没有明显的规律，由此认为造血干细胞的分化是由细胞本身的某些因素所决定的，而且这种决定很可能是随机的。

在此基础上，有人也分析过造血干细胞形成的分化细胞类型及其频率，以期认识造血干细胞分化的规律性。结果发现，在相同的培养条件下，各个单细胞分化后所产生的细胞类型的差异很大，这也支持了“分化现象的发生是随机的”的观点。

#### 9.2.5.2 干细胞分化受外环境的影响（决定假说）

在随机假说出现之后，人们也逐渐地意识到了细胞外因素对干细胞分化的调控作用。首先，A. Curry于1967年发现了“移植在脾脏中的造血干细胞所分化产生的后代细胞以白细胞为主，而造血干细胞在活体的骨髓中则主要是产生红细胞”的现象。随后，D. Metcalf等分别在1982年和1998年得到了“经过不同的生长因子处理骨髓造血干细胞的克隆后，可以产生不同类型的后代细胞”的实验结果。这些都说明了干细胞所处微环境中的某些因素对干细胞命运选择的决定作用，由此便形成了所谓的“决定假说”(deterministic hypothesis)。

在成体器官中，干细胞所处的微环境对干细胞的增殖与分化有着严密的调控作用。在一般的情况下，绝大部分的干细胞都处于静息状态（细胞周期中的$G_0$期），但在其微环境发生变化时，尤其是有增殖信号或分化信号出现时，它们可以被激活，并进入增殖和分化程序，以满足机体组织的某种变化（如细胞更新或损伤修复等）对其相应细胞的需求。但是一小部分干细胞则保持着一个低速率的自我更新，以维持其干细胞群体的稳定和平衡。目前，对于造血干细胞、神经干细胞和肠道干细胞的微环境已有一定的认识。如上所述，微环境中的许多生长因子、细胞因子、激素、细胞外的基质成分及细胞本身都对干细胞的增殖与分化有重要影响。另外，也发现干细胞在体外培养条件下，其培养的某些参数对其干细胞的命运也有潜在的影响，如氧分压的高低、细胞接种的情况及培养基的 pH 等因素，都可以影响造血干细胞和胚胎神经干细胞的某些生物学行为。

值得关注的是，在肯定了胞外因素对干细胞的分化定向具有决定性作用的基础上，人们对胞外因素的作用机制也开始有了一些研究。目前就这一问题已经有了"指导性决定"（instructive decision）和"选择性决定"（selective decision）两种主要的观点。指导性决定的观点认为，干细胞的分化定向的实质，是干细胞所处微环境中的某种（或某些）特定因素，引发了可以允许其细胞分化为某一特定类型细胞的细胞内事件。这也就是说，干细胞在接受了特定的外来信号后，其细胞内可能会发生相应的分子事件，由此便可"促使"其细胞朝向某一特定类型细胞的方向分化。支持这一观点的证据已有不少。例如，G. V. Borzillo 等发现，在前 B 细胞系中异位表达 G-CSF 受体就可以使本来倾向于向淋巴细胞发育的细胞转向分化为巨噬细胞。在神经干细胞的研究中也得到了一些支持这一观点的实验证据。然而，选择性决定的观点则认为，干细胞的分化本身是随机的（即多方向的），分化的定向实际上是干细胞所处微环境中的某种或某些细胞外因子对干细胞所产生子细胞的不断选择，使得具有某种特定表型的细胞（即当时的生理状态所需要的细胞）增殖速率加快，而其他表型的细胞则进入抑制状态，甚至死亡。例如，W. Stoffel 等于 1999 年制备了一种基因替换小鼠，他们用 G-CSF 受体的胞内信号结构域去替换血小板生成素受体的胞内信号结构域。如果按照指导性决定的观点，由于血小板生成素所引发的胞内反应，并不是激活本应的血小板生成素的信号通路，而激活的是 G-CSF 的信号通路，所以，这种小鼠血液中的血小板应该是缺乏的。而实际上，在小鼠血液中的血小板数却是正常的。这一结果并不能用"指导性决定"的观点来进行解释，而被认为是支持"选择性决定"观点的一个证据。

目前有人认为，在活体内，干细胞分化定向的"指导性决定"机制和"选择性决定"机制都是存在的。也许在不同的组织器官中，或同一组织器官的不同状态中，会启用不同的定向机制。当然，也不排除在某种情况下，两种机制被同时启用的可能性。

#### 9.2.5.3 干细胞自身特性及其所处的外环境决定干细胞的分化（随机-决定假说）

在近年的一些实验研究中发现，干细胞分化过程中的许多现象似乎很难用单一的细胞内因素或细胞外因素来加以解释，人们逐步地意识到了干细胞分化可能是外在因素和内在因素综合调控的结果，也由此出现了所谓的"随机-决定假说"（stochastic-deterministic hypothesis）。该假说认为，细胞分化的定向，尤其是在摆脱干细胞循环而进入细胞世系选择的这一分化发生的初期环节时，主要是由其细胞内的因素所决定的，而随后的分化行为则主要是由细胞外的因素所决定的。因为有研究发现，在同一个干细胞分化的初期，常常会低水平地表达多种成熟细胞的原始细胞的一些分子标记，并在统计学上具有随机分布的特征。而且也发现，在一个完整的分化过程中，细胞外因子的作用也确实是必不可少。例如，少突胶质细胞 2 型星性细胞（oligodendrocyte type-2 astrocyte，O-2A）是一种在胚胎脑组织中发现的神经祖细胞。在脑组织的发育过程中，它可以分化为少突胶质细胞或2型星形胶质细胞（为脑组织中的两种成熟的、具有特殊生理功能的神经特化细胞）。有人发现，这种细胞在体外培养中，若在适当的有丝分裂原（主要是PDGF）及某些疏水信号分子（如甲状腺素、维甲酸或地塞米松等）的共同作用下，可以分化为少突胶质细胞。N. Iborrola等（1996年）探讨了一些细胞外因子对O-2A祖细胞分化的影响，其中包括T3（甲状腺素3）、CNTF（睫状神经营养因子）和NT-3（神经营养因子-3）等。他们从处于低水平甲状腺素状态的大鼠胚胎中取出脑皮质组织，分离出O-2A祖细胞，再将其分散为单个细胞，并进行体外培养。采用这种分散的单细胞培养，目的是使由单个细胞所长出的细胞集落之间互不接触，以期降低集落之间的相互影响。通过这样的培养方式，并采用免疫细胞化学的方法，他们分别观察了上述各种因子对O-2A细胞分化的影响。结果发现，在体外培养状态下，无论是经过或者不经过上述各种细胞外因子的处理，在培养了6天时所形成的所有细胞集落中都有分化现象的发生，并表现出了明显的分化多样性（在统计学上呈现随机分布），但具有各种分化特征的细胞的比例则十分近似。而且，细胞开始分化发生的时间与体内实验中发生分化的时间几乎是同步的。并且，随着集落的不断生长，细胞外因子对其细胞的分化的影响也十分明显。例如，经T3或CNTF处理的细胞的分化程度，明显地高于未经处理的细胞，即表现为少突胶质细胞（成熟程度高）出现的比例明显增大，而前少突胶质细胞（成熟程度较低）的比例则较小。而经NT-3处理后细胞的分化程度则有所降低，这提示NT-3可能具有促进O-2A祖细胞的自我更新，并维持其低分化状态的作用。基于这些结果，他们认为，O-2A祖细胞的早期分化是细胞内因素所调控的，而这种调控具有随机性，但其在晚期的分化过程则是受细胞外因素调节的。

上述的几个假说，仅仅从不同的侧面考虑了细胞内、外因子对干细胞分化的参与性，并没有涉及其分化行为相关的分子基础。近年中，由于系统生物学概念的出现，以及各种示踪、定性和定量等方面分析技术的发展，人们已经开始意识到了将“反应网络”、“时空整合”、“浓度梯度”和“信号阈值”等概念引入干细胞分化研究的重要性，而且，也在若干方面有了一些初步的、令人鼓舞的进展。例如，采用基因组学或蛋白质组技术对处于不同分化状态的干细胞的表达谱的认识，采用分子生物学技术对分化相关蛋白质相互关系的探讨，采用示踪技术对各种分化相关分子在干细胞分化过程中的时空行为的分析，以及采用基因工程动物体系对干细胞在活体中分化行为的认识。这些新思路和新方法的引入，意味着干细胞分化调控机制的研究进入了一个新的发展时期。

## 9.3 胚胎干细胞

胚胎干细胞（embryonic stem cell，ES细胞）是指存在于早期胚胎中，具有多能性分化潜能的细胞。ES细胞可以在体外无限扩增并保持未分化状态，具有分化为胚胎或成体的各种细胞类型的潜能。ES细胞可以像普通的培养细胞那样，在体外进行传代、遗传操作和冻存且不失其多能性。在适当条件下，ES细胞可被诱导分化为多种细胞或组织，也可以与受体胚胎嵌合形成嵌合体，可嵌合进入包括生殖腺在内的各种组织，因此ES细胞是研究哺乳动物早期胚胎发生、细胞分化、基因表达调控等生物学问题的理想模型和有效工具。例如，小鼠的ES细胞在制备转基因动物模型方面具有重要的作用。在应用研究领域，ES细胞（尤其是人ES细胞）的获得，为人类疾病的细胞治疗和组织工程等生物医学问题的研究奠定了一个新的基础。自1981年M. J. Evens和M. H. Kaufman首次分离获得小鼠的ES细胞（当时曾称其为EK细胞）以后，研究者们成功地分离获得了大鼠、恒河猴、人等脊椎动物的ES细胞。本节主要以人ES细胞为例，介绍干细胞的分离获取和增殖分化特征。

### 9.3.1 人ES细胞的获得

ES细胞通常是从囊胚期胚胎的内细胞团获得的，但是内细胞团并不是ES细胞的唯一来源。小鼠和人的原始生殖细胞（primordial germ cell，PGC）经过恰当组合的信号分子作用后，可以成为ES细胞的来源。此外，来自成体畸胎瘤的胚胎癌细胞也与ES细胞类似，具有多向分化潜能（图2-9-4）。1998年11月，威斯康星大学的J. Thomson报道获得了具有无限增殖和多向分化潜能的人胚胎干细胞（human embryonic stem cell，hES细胞）。

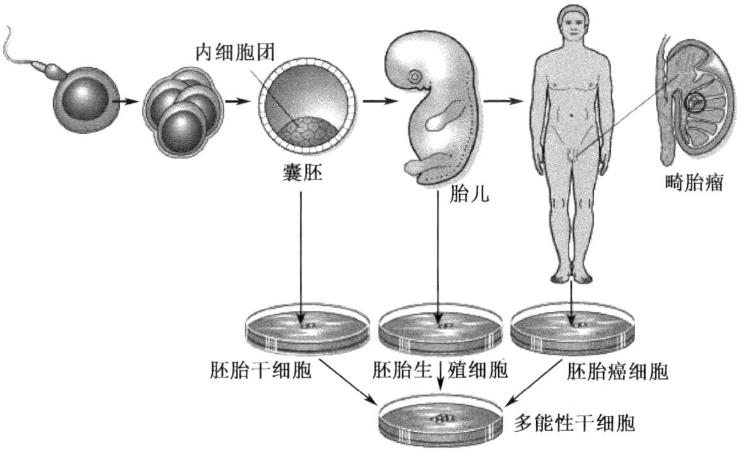


图2-9-4 胚胎干细胞的获得

Thomson研究小组是从体外受精形成的囊胚内细胞团中获得hES细胞的。他们从14个以治疗不孕症为目的体外受精并发育成囊胚的人胚中，采用免疫切除法去除滋养层，将内细胞团置于γ射线灭活的鼠胎儿成纤维细胞饲养层上，用含bFGF的培养基，克隆获得了多株人胚胎干细胞系，其中H9株一直连续传代超过8个月（32代）仍保持未分化状态（图2-9-5）。

利用克隆“多莉”羊的体细胞核移植技术是获得胚胎干细胞的又一个选择。只要供体提供任何体细胞，将其与去核的卵细胞融合，然后刺激杂合细胞发育成囊胚，再从囊胚的内细胞团中分离就可获得胚胎干细胞。结合体细胞核移植技术获得的ES细胞，具有与供体完全一致的遗传物质，再移植到供体体内不会产生免疫排斥反应，十分有利于细胞治疗的应用。

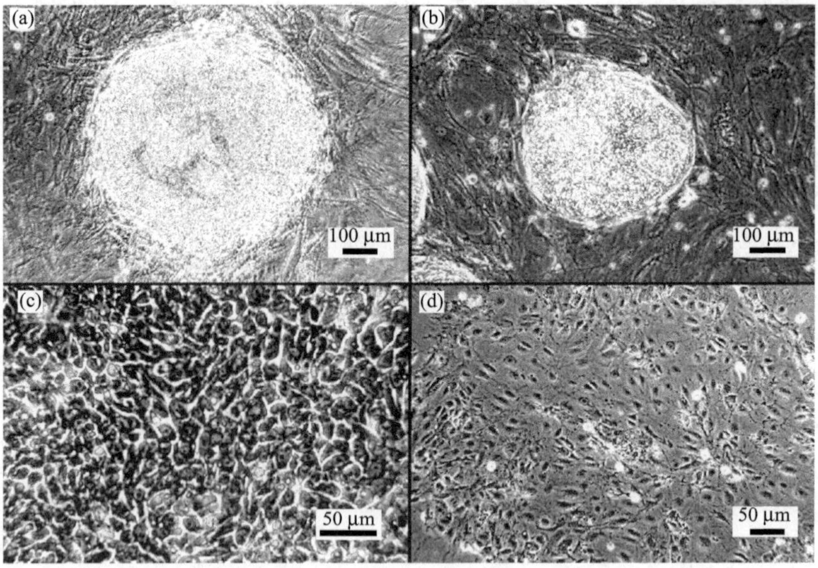

图 2-9-5　H9 株人胚胎干细胞

(a) 内细胞团细胞形成的原代克隆；(b) H9 株人胚胎干细胞的克隆；
(c) 放大的 H9 株人胚胎干细胞的克隆；(d) 发生分化的 H9 株人胚胎干细胞

## 9.3.2　hES 细胞的形态和生化特征

各种哺乳动物的 ES 细胞都具有相似的形态特征，即细胞体积小核大，有一个或多个核仁。Thomson 等分离获得的 hES 细胞克隆紧密堆积，无明显细胞界限，形似鸟巢。

ES 细胞为未分化多能性细胞，表达早期胚胎细胞、胚胎癌细胞（EC 细胞）的表面抗原。但鼠和人的 ES 细胞在形态上存在较大差异，鼠 ES 细胞呈拱形集落，细胞堆叠生长；而 hES 细胞为单层细胞集落。此外鼠和人的 ES 细胞表达的表面抗原具有种属差异性。例如，小鼠 ICM 细胞、ES 细胞和 EC 细胞表达 SSEA-1，但不表达 SSEA-3 或 SSEA-4。Thomson 等的研究表明，来源于囊胚内细胞团的 hES 细胞表达 SSEA-3、SSEA-4、TRA-1-60、TRA-1-81 和碱性磷酸酶，但是不表达 SSEA-1。端粒酶的表达与人细胞的永生化程度高度相关，Thomson 等研究证实人胚胎干细胞高表达端粒酶。与其他物种的 ES 细胞类似，hES 细胞表达 Oct4、Nanog、Sox2 等核心多能干细胞特征性的转录因子。

## 9.3.3　hES 细胞是多能性干细胞

ES 细胞是多能性干细胞，评价其多向潜能主要从 3 个方面着手：体外诱导 ES 细胞分化，观察其是否具有向 3 个胚层方向分化的能力；移植 ES 细胞至裸鼠皮下，观察其是否可以形成混合组织瘤；将 ES 细胞注射到囊胚腔中，观察其是否在各组织器官中都有嵌合。但是第 3 种手段对于 hES 细胞而言并不适用。

体外培养的 hES 细胞在无饲养层细胞、不添加 bFGF 或者悬滴培养时会自发分化

(图 2-9-6)。Thomson 等分离的 hES 细胞在无饲养层细胞的培养条件下，hES 细胞都会自发分化；在具有饲养细胞的培养条件下，hES 细胞高密度生长时会自发分化，其中 H9 系悬滴培养后可形成拟胚体，其中包含 3 种胚层发育形成的各种类型的分化细胞，由此可认为其为多能性干细胞。

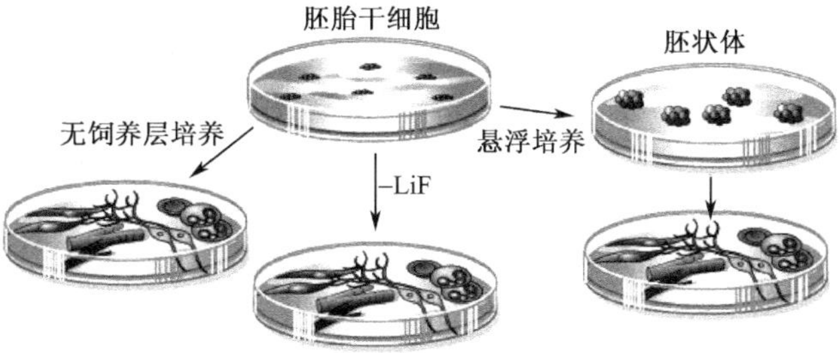


图 2-9-6　胚胎干细胞的体外分化

Thomson 等将从囊胚分离的 5 个 ES 细胞系分别注射给重症联合免疫缺陷的小鼠，结果每只小鼠都产生胚胎组织瘤。生成的瘤组织包括胃上皮（内胚层）、骨和软骨组织、平滑肌和横纹肌（中胚层）、神经表皮、神经节和复层鳞状上皮（外胚层），这证明了 hES 细胞系具有形成外、中、内 3 个胚层的潜能。验证 ES 细胞发育多潜能性的另一个方法是嵌合体试验。小鼠等哺乳动物的 ES 细胞与正常胚胎嵌合，可参与形成包括生殖系在内的各个组织器官，且能产生嵌合的功能性配子。但是由于伦理道德和实际原因不可能用 hES 制作人胚胎嵌合体。

## 9.3.4　胚胎干细胞的定向诱导分化

胚胎干细胞的重要生物学特性之一是能够分化成各种类型的成熟体细胞，这一现象的发生有赖于适当的培养条件和合适的刺激因子。实现胚胎干细胞定向分化具有潜在的医学应用价值。体外诱导胚胎干细胞分化，并通过一定的筛选手段得到的功能性目的细胞（如胰腺细胞、心肌细胞、神经细胞）可用于疾病的治疗和组织工程产品的研制(图 2-9-7)。在实际工作中，经典的手段是首先诱导胚胎干细胞形成拟胚体。拟胚体的制备可以采用悬滴培养的方式，将干细胞以较高的浓度移入含有甲基纤维素的悬挂的培养基液滴中，使其聚集生长增殖，由此便可形成具有三维特征的球状体。这种球状体与其被植入体内后所形成的胚胎组织十分相似，故将其称为拟胚体。拟胚体通常由具有 3 个胚层特性的衍生物组成，可以认为是大多数成熟体细胞系的前体细胞。值得注意的是，由于拟胚体缺乏极性，故不能发育成有形的胚胎。拟胚体形成的时间与其最终分化的细胞类型有关，中胚层和外胚层的前体在几天内便可形成，而一些内胚层的细胞类型则需要较长的时间，一般在 10 天以后形成。拟胚体形成之后，便可将其调整为一般的正置状态进行培养，使其附着于培养皿的表面上生长。拟胚体通常由具有 3 个胚层特性的衍生物所组成，因此通过拟胚体的分化途径通常难以获得纯的分化细胞。目前，在单层培养的条件下诱导 ES 细胞分化已经逐渐形成趋势。

在胚胎干细胞分化表型中，最为直观的是原始心肌细胞的表现。在经过几天悬滴培养后，就有可能在拟胚体上观察到个别正在发生“波动”的区域。在随后的正置贴壁培

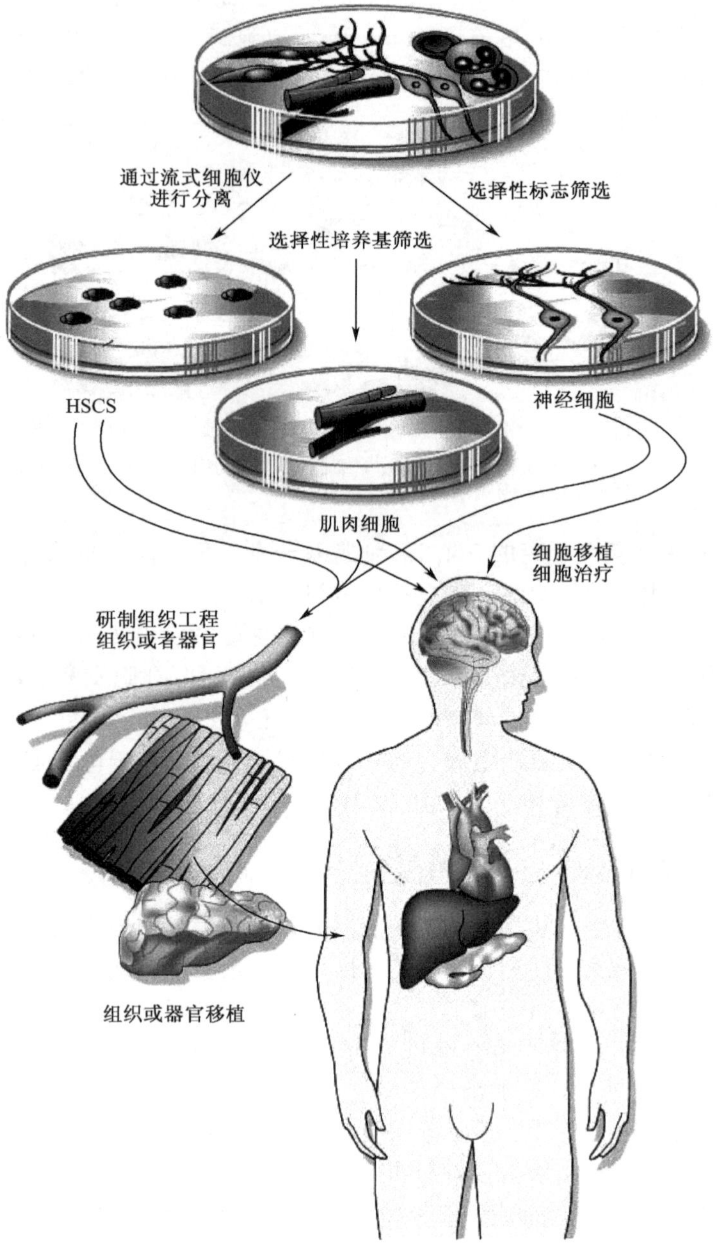


图 2-9-7 诱导胚胎干细胞分化为可用于疾病治疗的目的细胞

养中，可以看到大片状的、呈同步收缩的细胞。小鼠 ES 细胞来源的心肌细胞可以表达一些组织特异性的标志，包括心脏的各种结构蛋白、受体和转录因子。在具有收缩特性的细胞群中，具有心脏不同特殊功能的细胞可以用电生理方法检测出来，包括心房样细胞、心室样细胞、浦肯野样细胞和结样细胞。来自植入了 ES 干细胞来源的心肌细胞的小鼠模型的初步数据表明，这些细胞能够整合入内源性的心脏组织，并参与血管形成，而且还能在所植入的位置上继续增殖与分化。为了生产用于组织工程的心肌细胞，人们正致力于研究扩增分化的技术，以及从已分化的细胞群中选取合适的细胞类型的策略。目前，已经可以利用基于鼠胚胎干细胞优化的方案，从人类胚胎干细胞中产生心肌细胞，这无疑为再生医学中心脏的组织工程提供了一个全新的思路。但是，目前也存在一些问题。例如，除了组织免疫相容性的问题外，胚胎干细胞来源的心肌细胞的分化状态也值得关注，这些在体外状态下得到的分化细胞更多地表现为胎儿心肌细胞的特征，而没有成人心肌细胞基本表型。也有研究发现，植入的具有自主跳动特性的心肌细胞还可能会引发严重的心律失常，这些细胞一旦整合入内源性的心脏组织中，这种心律失常则很难加以纠正。因此，胚胎干细胞的治疗在从实验室研究到临床应用之前，还有许多障碍需要克服，其中，最重要的一点就是必须证实胚胎干细胞分化产生的各种类型的分化细胞确实具有与宿主组织之间发生完全的功能性整合的能力。

除了心肌细胞外，一些其他类型的体细胞也可以通过小鼠或人类的 ES 细胞得到，如属于中胚层的软骨细胞、脂细胞和内皮细胞等。A. E. Bishop 实验室在 2004 年建立了一套成骨细胞的分化体系，他们将小鼠胚状体分散为单细胞状态，并将其置入一种专门的培养基中培养，便可得到较高比例的成骨细胞，而且，培养 14 天后再添加一定浓度的地塞米松，可使分化的比例进一步扩增 7 倍。这表明，对于胚胎干细胞的分化，合适的胞外刺激因子是非常重要的，其添加的时间也同样非常重要。目前，用同样的方案已经可以从 hES 细胞中得到大量的成骨细胞。

ES 细胞向神经外胚层的分化相对容易，L. Studer 等通过同时抑制 TGF-β 和 BMP 信号通路可高度特异的将单层培养的 hES 细胞分化为神经元。该方法省略了拟胚体的步骤，实现了快速高效的神经诱导。此外，最近有人通过同时抑制 TGF-β 和 GSK3 高效的将 hES 细胞诱导分化为可自我更新的神经干细胞。

相对于中胚层和外胚层的细胞类型来说，内胚层细胞较难获得。有人曾使用与诱导成骨细胞分化类似的方法，并应用 SAGM（small airway growth medium）特殊培养基(可以在培养时维持末梢肺泡上皮细胞的生长)，从已分化的鼠 ES 细胞的培养物中富集到了肺泡Ⅱ型上皮细胞。然而，尽管应用了细胞富集的步骤，但这些细胞的出现率还是很低的。其他一些可以从 ES 细胞中得到的内胚层细胞类型有肝细胞和胰岛细胞等。其基本策略是利用活化素 A（activin A）诱导 hES 细胞分化为内胚层细胞，然后进一步根据发育线索诱导其向目的细胞分化。但迄今为止，与从 ES 细胞中获得外胚层和中胚层细胞系的进展相比，对获取内胚层细胞系的研究仍相对滞后。

许多 ES 细胞体外分化的研究是首先制备胚状体，然后再将其进行黏附贴壁培养。最近，有人设计了一种供 hES 细胞生长分化的聚合支架，这种支架可以支持复杂组织结构的形成，而不必经过胚状体的过程。用这种支架可以形成具有神经组织、软骨和肝脏特征性的结构，以及血管样的网状管道，也可以在该支架上涂布特殊的生长因子，使干细胞在上面生长一定时间后，再将它植入患有严重联合免疫缺陷的小鼠体内，以加快结构的形成。研究发现，植入物中具有血管样结构，而且血管中还可以见到红细胞，这表明，移植物已经与宿主的脉管系统发生了吻合。由此看来，胚胎干细胞可以生成组织学意义上的完整组织结构，这种结构除了具有潜在的移植价值外，还可以提供一个能够重现生理状态的、极为有用的体外模型，可以用于新药评价和组织培养中新疗法的靶向鉴定。

### 9.3.5 胚胎干细胞研究面对伦理学挑战

尽管有着巨大的医学应用潜力，但是，由于 hES 细胞主要来源于流产的胎儿和体外受精制造的胚胎，因此，围绕该研究的伦理道德问题也随之出现。这些问题主要包括 hES 细胞的来源是否合乎法律与道德，其应用是否会引起伦理及法律问题。有人担心，hES 细胞的研究可能导致人流的泛滥，或导致医生为提供其他患者治疗的需要而刻意收集破坏未出生胚胎，或利用该项技术进行克隆人的研究。虽然美国 NIH 在国家生物伦理指导委员会（NBAC）的参与下于 1999 年 12 月公布了"关于胚胎干细胞研究的指导原则"，但许多国家对 hES 细胞的研究仍进行程度不同的限制。但是正是这些限制因素直接推动了人们探索建立无伦理学障碍的多能干细胞。S. Yamanaka 等通过在体细胞中转染 *Oct4*、*Sox2*、*Klf4* 和 c-*myc*，诱导体细胞重编程、逆分化为具有胚胎干细胞特性的诱导的多能干细胞，从而完全回避了胚胎干细胞所涉及的伦理学难题。这一研究成果也获得了 2012 年诺贝尔医学或生理学奖。

## 9.4 精原干细胞

在哺乳动物的整个生命周期中，生殖细胞维持了种代间的延续性。原始生殖细胞（primordial germ cell，PGC）起源于外胚层，随着胚胎的发生，PGC 从尿囊基部沿后肠逐步迁移到双侧生殖腺嵴，在雄性生殖腺嵴的 PGC 被支持细胞——塞尔托利前体细胞（precusor sertoli cell）所包围，接着 PGC 与塞尔托利细胞一起形成实体细胞团——生精索。生精索逐渐形成腔隙，最后形成曲细精管。PGC 包绕在生精索中时形态发生改变，称为生精母细胞（spermatocyte），它是精原干细胞的前体细胞。生精母细胞增殖数天后停留在细胞周期的 $G_0/G_1$ 期，对小鼠而言生殖母细胞在个体出后几天里继续增殖发育成精原干细胞。

### 9.4.1 精原干细胞的增殖方式

精原干细胞紧贴曲细精管基膜，呈圆形或椭圆形，直径 12 $\mu$m，核大，除核糖体外，其他细胞器不发达。精原干细胞分 A、B 两型，A 型精原细胞的核染色质细小，无异染色质，核仁常靠近核膜，根据其在曲细精管基膜上的局部排列特征，A 型精原细胞又可分为 $A_{single}$（$A_s$）、$A_{paired}$（$A_{pr}$）及 $A_{aligned}$（$A_{al}$）三型，$A_s$ 型精原细胞是精子发生的干细胞，分裂后子细胞或者互相分离形成两个干细胞，或者细胞质不完全分裂而成为以细胞间胞质间桥（cytoplasmic bridge）相连的 $A_{pr}$ 型精原细胞。这种胞质间桥使来源于同一个母细胞的同族细胞连成一个细胞群，产生细胞同步分化的现象，直到精子形成后才成为独立个体（图 2-9-8）。正常情况下，大约一半的 $A_s$ 型精原细胞分裂形成 $A_{pr}$ 型精原细胞，而另一半则以自我增殖的方式保持干细胞数量。$A_{pr}$ 型精原细胞进一步分裂形成 4 个、8 个或 16 个 $A_{al}$ 型精原细胞，$A_{al}$ 型精原细胞再分裂形成 $A_1$ 型精原细胞，$A_1$ 型精原细胞经过连续 6 次分裂，分化形成 $A_2$、$A_3$、$A_4$ 中间型精原细胞，最终分化为 B 型精原细胞。B 型精原细胞核中富含异染色质，核仁位于中央，B 型精原细胞经过数次分裂后，体积增大，分化为初级精母细胞。如上所述，$A_s$ 型精原细胞有丝分裂形

成胞质间桥相连的 $A_{pr}$ 型精原细胞时，精子形成过程中的第一步就发生了。目前还不清楚 $A_{pr}$ 型和 $A_{al}$ 型精原细胞中胞质间桥是否反映了这些细胞在功能上已经分化。虽然 $A_s$ 型、$A_{pr}$ 型和 $A_{al}$ 型精原细胞可通过其在曲细精管基膜上的局部排列特征来区分，但这些细胞间尚无更多的形态学差异，而且 $A_s$ 型精原细胞也或多或少遵循 $A_{pr}$ 型和 $A_{al}$ 型细胞增殖方式。因此，对 $A_s$ 型、$A_{pr}$ 型和 $A_{al}$ 型细胞增殖的调节方式很可能是近似的，它们的增殖活性能同时被激活或抑制。精子的形成是一个循环往复的过程。在小鼠的精子细胞发育过程中，可以观察到 12 个阶段（Ⅰ～Ⅻ），在每个精子形成周期的第七、八阶段，$A_{al}$ 型精原细胞分化成 $A_1$ 型细胞，这一事件标志着很少循环的不分化精原细胞进入定向分化历程，经 6 次严格控制的分裂转为分化型精原细胞，最终通过减数分裂形成精子细胞。但分化型精原细胞也可选择另外一种发育途径，即进入凋亡状态而死亡。

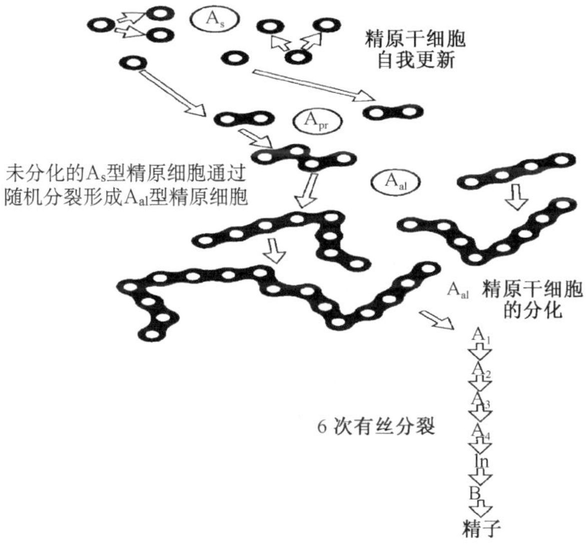


图 2-9-8　精原干细胞的增殖和分化

## 9.4.2　精原干细胞的分化是一个精密调控的过程

### 9.4.2.1　精原干细胞是精子发生的原始细胞

自青春期开始，在脑垂体促性腺激素的作用下，生精细胞增殖分化形成精子。曲细精管上皮内可见不同发育阶段的生精细胞，从上皮基部向腔面依次排列着精原细胞、初级精母细胞、次级精母细胞、精子细胞和精子。从精原细胞到形成精子的过程称为精子发生（spermatogenesis）。

**1. 初级精母细胞**

B 型精原细胞经过数次分裂，体积增大，分化为初级精母细胞（primary spermatocyte）。初级精母细胞位于精原细胞内侧，是生精细胞中最大的圆形细胞，直径约 18 $\mu$m，染色体核型为 44＋XY。细胞经过 DNA 复制后，进行第一次减数分裂，形成两个次级精母细胞，其染色体数目减少一半。

**2. 次级精母细胞**

次级精母细胞（secondary spermatocyte）位于初级精母细胞内侧，圆形，直径约 12 μm，核圆形，染色较深，染色体核型为 22＋X 或 22＋Y。每条染色体由两条染色单体组成，通过着丝粒相连。次级精母细胞不进行 DNA 复制，即进入第二次减数分裂，产生两个精子细胞。

**3. 精子细胞**

精子细胞（spermatid）是生精细胞中最小的圆形细胞，直径为 8 μm，位置接近管腔。细胞核圆形，着色较深，细胞质少。精子细胞不再进行分裂。经过一系列形态变化后形成精子。

#### 9.4.2.2 精原干细胞分化受到多方面的控制

精原干细胞分化成 $A_1$ 型精原细胞是精子生成过程中不可逆的调控点，机体对之有相当严格的控制，许多因素和机制可导致精原细胞分化停止，如塞尔托利细胞中毒、辐射损伤、维生素缺乏症，甚至睾丸温度升高等。目前已经建立了一些精子发生能被可逆抑制的动物模型，这为研究精原细胞的分化过程提供了有用的工具。其中有 3 个模型精子发生被抑制，A 型精原细胞不能分化但可增殖。在第一个模型中，连续 5 周给予大鼠塞尔托利细胞毒性药物——2,5-已二酮（hexanedione），7 周后发现 A 型精原细胞已不能分化。在第二个模型中，LBNF1 大鼠经 X 射线照射，曲细精管上皮退化，精子发生逐渐衰退，但直到照射约 15 周后，积极增殖的 A 型精原细胞仍存在。令人惊奇的是，在这两个模型中，精原细胞分化障碍都能通过用促性腺激素释放激素（GnRH）的激动剂治疗得以缓解。这表明，尽管塞尔托利细胞在两个模型中因细胞毒药物或照射而受到损伤，但其功能可通过控制激素水平而得以改善。通过 2,5-已二酮给药大鼠模型，发现 Kit 受体在精原细胞发育中的作用是成功揭开该发育过程分子调控机制的第一步。在胎儿 PGC 迁移中，PGC 表达 Kit 受体，干细胞因子（stem cell factor，SCF）是 Kit 受体的配体，可通过 Kit 受体促进细胞增殖。实际上，精原细胞也能表达 Kit 受体，而塞尔托利细胞表达其配体 SCF。SCF 有可溶的和膜结合的两种形式。啮齿动物出生后不久，精子发育开始即伴随着塞尔托利细胞由产生可溶性的 SCF 转换至产生膜结合的 SCF，这表明膜结合的 SCF 对精子发生至关重要。而且，在 2,5-已二酮导致精子发生衰退的大鼠中，塞尔托利细胞主要产生可溶形式的 SCF，而用 GnRH 激动剂进行治疗（GnRH 能重新刺激精原细胞分化）竟也伴随膜结合 SCF 表达量的增加。这些结果有力地证实了 Kit-SCF 系统在精原细胞分化中的作用。第三个模型是维生素 A 缺乏症模型，发现缺乏维生素 A 时，大鼠的精原细胞退化，直至仅存 A 型精原细胞，而且大多 A 型精原细胞是静息的、明显不能分化的细胞。补充维生素 A 或维甲酸后，分化重新开始，紧接着精子发生完全恢复。据推测 A 型精原细胞中有维甲酸的核受体，因此维甲酸直接对 A 型精原细胞作用，但是这种作用依赖塞尔托利细胞的存在。

### 9.4.3 塞尔托利细胞与精原干细胞的增殖分化密切相关

塞尔托利细胞（sertoli cell）是曲细精管上皮中的支持细胞，也是曲细精管上皮中唯一的体细胞。这种细胞的胞体为不规则的高柱状或高锥体状，细胞基部紧贴基膜，顶部直达管腔。细胞侧面和顶部有许多突起，突起间镶嵌着生精细胞。光学显微镜下，塞尔托利细胞轮廓不清，核卵圆形或三角形，染色质细小，核仁明显。胞质染色浅，内含丰富的糖原、类脂和结晶体。电子显微镜下，可见塞尔托利细胞质中有大量滑面内质网、线粒体、微丝和微管，它们大部分沿细胞纵轴排列。相邻塞尔托利细胞的基部侧面紧密连接，可阻止血液中大分子物质进入曲细精管腔内，使近腔侧的各级生精细胞能在一个适宜的微环境中分化发育，所以此处的紧密连接是形成血-睾屏障的主要结构。

塞尔托利细胞中含有卵泡刺激素受体和睾酮受体，而卵泡刺激素与睾酮是精子生成的主要激素调节因子，调节精子生成的激素对塞尔托利细胞的成熟和功能也具有调控作用，故塞尔托利细胞对协调精子发生过程至关重要，其功能损伤对精子形成及精原细胞本身都将产生严重后果。塞尔托利细胞还分泌一种能与雄性激素结合的蛋白质，即雄激素结合蛋白（androgen-binding protein)，使雄性激素在近管腔侧维持较高浓度，形成特殊的微环境，以利于生精细胞正常分化和发育。塞尔托利细胞对高热、辐射和各种毒性因子有较强的耐受力。

### 9.4.4 细胞凋亡在调控精原干细胞数量方面发挥作用

细胞程序性死亡是精子形成中必不可少的过程。体内并没有调节机制确保 $A_s$ 精原细胞或不分化精原细胞在曲细精管基膜上均匀分配，因此，分化型精原细胞在曲细精管不同部位数目差别很大，但原始生殖母细胞密度变化很小。这是不同部位分化型精原细胞选择性凋亡的结果。另外，严重损伤的精原细胞也被通过凋亡途径去除。

#### 9.4.4.1 Bcl-2 蛋白家族

Bcl-2 蛋白家族都具有与 Bcl-2 蛋白同源的 BH1 和 BH2 区段，既能诱导也能阻止细胞凋亡的发生，BH 区段使 Bcl-2 蛋白家族成员互相形成同二聚体或异二聚体。同二聚体或异二聚体间的平衡对决定一个细胞是否进入凋亡途径非常重要。Bcl-2 蛋白本身在精原细胞中并不存在，但在 Bcl-2 转基因小鼠中，局部高密度精原细胞诱导的凋亡并不会发生，这说明虽然 Bcl-2 蛋白本身并不参与，但其家族成员控制着精子发生过程。*Bcl-X* 基因编码了相关因子，在睾丸中，至少有两种相关变异体表达：Bcl-Xs 和 Bcl-Xl，Bcl-Xl 抑制凋亡，Bcl-Xs 作用相反。在 Bcl-Xl 过度表达的小鼠中，能见到与 Bcl-2 过度表达小鼠中一致的现象，而且，免疫组织化学实验发现，Bcl-Xs 和 Bcl-Xl 同时或者单独在人睾丸精原细胞中高度表达，这都说明 Bcl-X 在干细胞密度调节中的重要作用。

Bcl-2 蛋白家族成员 Bax 可能是凋亡的诱导剂，*Bax* 基因剔除小鼠无生育能力，其睾丸组织化学特征与 Bcl-2 和 Bcl-Xl 转基因小鼠相似，都表现出精原细胞的聚集，这表明，Bax 也是精原细胞控制的一个重要因素。可能是 Bcl-X 和 Bax 间表达和作用的平衡控制着精原细胞的细胞密度相关性凋亡。

#### 9.4.4.2 P53 蛋白

与野生型小鼠相比，P53 缺陷型小鼠睾丸中 $A_1$ 型精原细胞多 50%。这表明，或者是 P53 参与不分化精原细胞的细胞周期调节，或者是 P53 在正常情况下可诱导这些细胞凋亡。而且，P53 缺陷型小鼠中前细线期精母细胞的数量与野生型小鼠中的数目相近，这说明在精原细胞分化水平上控制细胞密度的机制在 P53 缺陷型小鼠中正常发挥作用。

正常精子形成过程中，在精原细胞中检测不到 P53 蛋白，但经 4 G X 射线照射后，这些细胞中出现 P53 的强组织化学标记，并导致分化型精原细胞的广泛凋亡。这说明分化型精原细胞中 P53 表达的增加与凋亡的程度呈正相关。经 X 射线照射后，P53 缺陷型小鼠中出现数量很多的巨精原细胞，这些巨细胞是受到致死性损伤的精原干细胞，其 DNA 能自我复制但不能再分裂，很明显也延迟进入凋亡，在野生型小鼠中则很少见到这种巨细胞，可见 P53 对损伤的干细胞经凋亡迅速去除是必需的。

对分化的精原细胞，P53 活性丧失产生更严重的后果，在 P53 缺陷型小鼠中，分化的精原细胞的放射敏感性比野生型小鼠低。受特别剂量 X 射线照射后，分化精原细胞的凋亡延迟，存活数目比野生型多，这些存活下来的精原细胞发育成粗线期精母细胞，并最终形成精子细胞。因此，P53 对损伤分化型精原细胞的去除及其放射敏感性至关重要。

## 9.5 癌干细胞

近期的一些实验证据表明，在白血病及一些实体肿瘤中，只有一小部分肿瘤细胞具有无限的增殖能力，并能够形成新的肿瘤。这些具有肿瘤形成能力的细胞就被称为癌干细胞（cancer stem cell）。目前可以通过特征性的表面标志分子鉴定和富集癌干细胞，并将癌干细胞移植到裸鼠体内形成新的肿瘤。目前一般认为，肿瘤组织中的细胞是不均一的，含有癌干细胞，以及大量异质性的、不具肿瘤形成能力的肿瘤细胞。癌干细胞概念的提出，为肿瘤发生机制的认识提供了一条新的思路。

### 9.5.1 癌干细胞是形成癌症组织的原始细胞

癌干细胞在癌症组织中所占的比例很少，具有肿瘤形成能力是癌干细胞的本质特征。目前已经在乳腺癌、脑瘤等实体肿瘤以及血液系统肿瘤中发现了癌干细胞。鉴定癌干细胞的方法通常是首先通过分子标志将肿瘤细胞悬液用流式细胞仪分选为若干亚群，然后将不同的细胞亚群移植到裸鼠体内观察其成瘤性，癌干细胞就存在于具有成瘤性的细胞亚群中。2003 年，M. Al-Hajj 等首先报道了乳腺癌干细胞的成功分离，为鉴定癌干细胞奠定了基础。他们首先用流式细胞仪分选转移或原位乳腺癌组织细胞。所选的标志包括黏附分子 CD44 和 CD24、乳腺/卵巢肿瘤特异性标志 B38.1 和上皮特异性抗原 ESA 等。流式细胞仪筛选出各种标志联合或单独存在的肿瘤细胞，然后将分选的细胞注射到 NOD/SCID 小鼠的皮下观察致瘤性。结果发现，$Lin^-ESA^+CD44^+CD24^{-/LOW}$ 的细胞可以在 NOD/SCID 小鼠中致瘤，而这一群细胞仅占癌组织细胞数的 2%。他们还发现，将 $Lin^-ESA^+CD44^+CD24^{-/LOW}$ 的细胞移植到 NOD/SCID 小鼠后，成瘤后的肿瘤组织中同样包括 $Lin^-ESA^+CD44^+CD24^{-/LOW}$ 表型的细胞以及 $CD44^-$、$CD24^+$ 的细胞。这就说明 $Lin^-ESA^+CD44^+CD24^{-/LOW}$ 表型的细胞可以自我更新，产生其他的乳腺癌细胞。这种特性与干细胞类似，在分化的同时还可以自我更新。目前，还有报道从脑瘤和白血病中鉴定了癌干细胞。

### 9.5.2 癌干细胞可能起源于正常的组织干细胞

癌干细胞的起源目前尚不清楚，它们与正常的干细胞有许多相似处，但有本质性的区别。正常干细胞受机体调控，精确地生成人体需要数量的正常细胞，但癌干细胞以不可控制的方式自我更新和分化。尽管目前仍然缺乏直接证据证明癌干细胞来源于正常干细胞，但是若干间接的实验结果提示了这种可能性。首先，研究表明癌干细胞的调控机制与对应组织的正常干细胞有相似性。例如，Sonic hedgehog 信号通路对维持神经干细胞的增殖十分重要，而该信号通路的阻断剂环巴胺（cyclopamine）可以选择性地杀伤脑肿瘤，这表明该信号转导途径对脑肿瘤细胞也具有重要意义。其次，已知单独一个基因的突变通常不会导致肿瘤，肿瘤的发生往往是基因突变积累的结果，这提示，肿瘤干细胞更可能是来源于干细胞而不是分化细胞，因为分化的功能细胞通常寿命短暂，不容易产生基因突变的积累。最近 H. Clevers 等通过体内示踪技术证明了小肠肿瘤可起源于单个 Lgr5 阳性的细胞，这有力地证明了肿瘤发生的癌干细胞理论；此外，因为 Lgr5 也是小肠干细胞的标记分子，该研究也提示了小肠癌干细胞和小肠干细胞存在相关性。

### 9.5.3 癌干细胞带来的启示

癌干细胞概念的提出，标志着人们对肿瘤认识的进一步深化，它将对肿瘤发生机制、肿瘤预防和治疗的研究产生深远的影响。

首先，对癌干细胞的认识可能改变肿瘤治疗的传统思路。目前常规的肿瘤治疗方法是不加区分的杀灭增殖细胞，癌干细胞对这类方法并不一定敏感，因为癌干细胞可能并不是肿瘤组织中增殖最旺盛的细胞。肿瘤发生的干细胞模式的提出将会使研究人员转向寻找对癌干细胞有特异性杀伤作用的分子，这些分子有望成为更加有效的肿瘤治疗药物。其次，该模式的提出也会影响人们对肿瘤耐药性的认识。已经发现正常干细胞表面存在许多与耐药性相关的转运通道，这些通道可以将药物泵出细胞，类似的通道也存在于癌干细胞，这提示，癌干细胞正是导致肿瘤耐药的细胞。

## 9.6 成体干细胞

在成体的组织和器官中，有许多细胞仍具有自我更新及分化产生同类组织细胞的能力，如血液细胞和皮肤细胞；此外，在损伤情况下，肝等组织和器官也表现出显著的补充受损死亡细胞的能力。所以人们一直推测在成体中也存在一些能起新旧更替作用的成体干细胞。

造血干细胞是最先被认识的成体干细胞。近年来，由于细胞生物学和分子生物学的快速发展，除造血干细胞之外已有多种其他成体组织的干细胞被成功分离或鉴定（图 2-9-9），如间充质干细胞、神经干细胞、皮肤干细胞、肠干细胞、肝干细胞等。目前认为，成体干细胞是在成体组织内具有自我更新能力，且能分化产生一种或一种以上子代组织细胞的未成熟细胞。以下从成体干细胞的形态、生化特性、生存的微环境等角度来说明目前认识较为明确的几种成体干细胞。

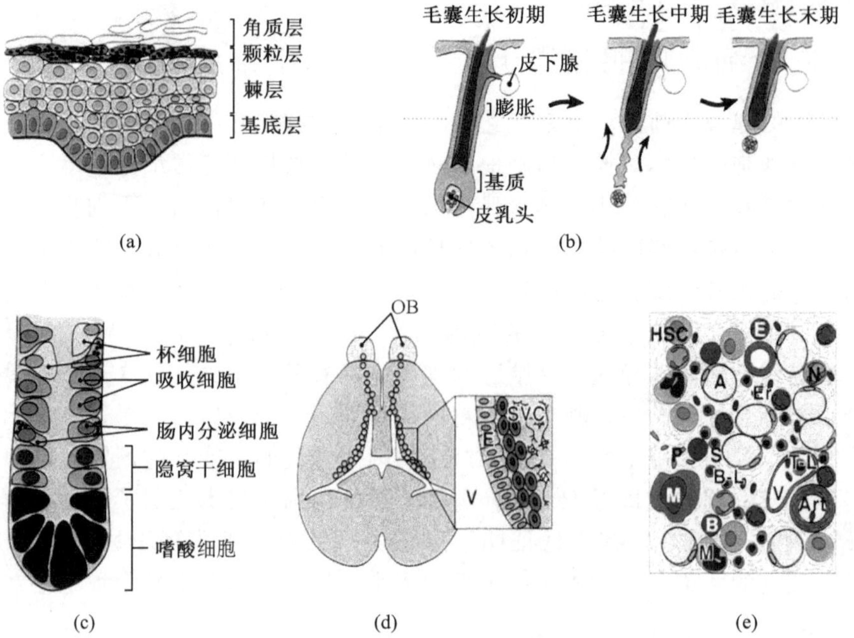


图 2-9-9　成体干细胞示意图

（a）表皮组织，干细胞位于基底层；（b）毛囊，干细胞位于膨胀部位；（c）小肠隐窝干细胞；（d）大脑神经系统，干细胞位于室管膜或下脑室区。V. 脑室区；SVC. 下脑室区；E. 室管膜；OB. 嗅觉球；（e）造血系统。HSC. 造血干细胞；A. 脂肪细胞；M. 巨噬细胞；T-L. T 淋巴细胞；B-L. B 淋巴细胞；B. 嗜碱性粒细胞；E. 嗜酸性粒细胞；N. 中性粒细胞；Er. 红细胞；P. 血小板；S. 基质细胞；V. 静脉；Art. 动脉

## 9.6.1　造血干细胞是血液发生的源泉

1961 年，J. E. Till 和 E. A. McCulloch 首次通过小鼠脾集落形成实验证实了造血干细胞（HSC）在成体内的存在。HSC 是第一种被认识的组织特异性干细胞。目前，主要通过细胞表面标志来分离纯化 HSC，比较明确的人类 HSC 表面标志包括 CD34$^{+}$、CD38$^{-}$、Lin$^{-}$、HLA$^{-}$、DR$^{-}$、Thy$^{+}$、c-kit$^{+}$、CD45RA$^{-}$和 CD71$^{-}$等，其中 CD34 是临床上应用最多的 HSC 标志物。人出生后造血组织中有 0.1%～0.5%的 CD34$^{+}$细胞表达 KDR，即血管内皮生长因子受体（VEGFR2）。1999 年，B. L. Ziegler 等将分别来源于骨髓、外周血、脐带血的 CD34$^{+}$、CD34$^{+}$KDR$^{+}$和 CD34$^{+}$KDR$^{-}$细胞植入经致死剂量照射的小鼠，发现 CD34$^{+}$KDR$^{+}$细胞均能成功植入，而 CD34$^{+}$KDR$^{-}$细胞不能植入（受体鼠死亡）。随后的一系列的移植实验显示，HSC 存在于 CD34$^{+}$KDR$^{+}$亚群，而造血祖细胞存在于 CD34$^{+}$KDR$^{-}$亚群，分化程度介于这两者之间的祖细胞则同时存在于这两种亚群中，因而 KDR 可将干细胞、祖细胞区别开来。

在哺乳动物发育过程中，血细胞首先出现在胚外中胚层——卵黄囊，被称为胚胎有核红细胞。这些血细胞表达与它们造血命运相关的特定转录因子，随着胚胎发育，这些中胚层衍生而来的前体细胞迁移进入造血环境：主动脉—性腺—中肾区（aorta-gonad-mesonephros，AGM）。血管内皮生长因子（VEGF）及其酪氨酸激酶受体——FLK 信

号传导途径对胚胎血细胞和内皮前体细胞迁移进入 AGM 是必不可少的。随着发育进程，HSC 进一步迁移入胎肝和脾脏，此过程依赖 $\beta_1$-整联蛋白。HSC 表面的整联蛋白能与环境信号作用，从而控制新内源因子的表达。当在胎肝滞留时，一些 HSC 分化产生功能定向的前体细胞，这些前体细胞可产生髓系和淋巴系细胞。在出生前，HSC 又移位至骨髓并在那里保留至整个生命过程结束。

骨髓微环境中的一些转录因子和蛋白质分子对 HSC 的移行、增殖和分化起调控作用。例如，可溶性和细胞膜结合的 SCF，不仅可与干细胞表面的 c-kit 受体作用，而且对干细胞的黏附也极为重要，造血系统的细胞虽然与其他黏附性组织（固态性）细胞在外观上相当不一致，但 HSC 还是与它们的生存微环境有着极密切的依附性。SCF 还参与维持干细胞数目的恒定。虽然 SCF 或 c-kit 的遗传缺失并不影响原始造血发生，但它们在胎肝期以后能引起严重的造血调控失调。另外，也发现 FGF-1、FGF-2、SDF-1（α-趋化因子基质细胞衍生因子-1，α-chemokin stromal cell derived factor-1）和胞外基质都能与 HSC 表面的相关受体起作用而影响 HSC 的移行、数目维持和分化。在所有干细胞系统中，对 HSC 增殖与分化的分子途径了解得较为清楚，许多参与 HSC 增殖与分化的细胞因子、转录调节子已被鉴定。例如，转录因子 GATA-2 对造血前体细胞的增殖和存活是关键的，而转录因子 GATA-1 调节红系、巨核细胞等的存活、增殖和成熟；转录因子 PU1 的表达可促使 HSC 子代前体细胞进一步分化产生淋巴系和髓系细胞；等等。但是，转基因的研究结果显示，这些决定某一细胞系命运的转录因子似乎并不是特异性的，HSC 可表达多种所谓的细胞系限制因子，因此，可能有更复杂的各血细胞系的发生及形成机制存在。

## 9.6.2 间充质干细胞具有分化为间质细胞的潜能

间充质干细胞（mesenchymal stem cell，MSC）形成于发育中的骨髓腔（marrow cavity）内。当成骨细胞形成原始的骨领被破骨细胞侵蚀，血管就可以进入骨领形成骨髓腔。血管的侵入带来了原本在骨膜中的成骨细胞，它们进入骨髓腔后成为血管外围细胞，发育成骨髓窦，形成可使 HSC 存活的血管外环境，HSC 迁入后与原始基质相互作用，建立造血功能。与此同时，原始的 MSC 中止成骨分化。个体出生后，MSC 附于骨髓窦的内腔面，形成一种包埋于窦状网络中的三维细胞网络。MSC 在原始的不具造血功能的骨髓中分裂旺盛。在具造血功能的骨髓中，MSC 是静止的，但是仍然高水平表达成骨细胞的特征性标记碱性磷酸酯酶。骨髓腔和骨髓基质的形成需要关键性的转录因子 cbfa1，cbfa1 在控制成骨细胞的分化、促进骨的形成中起重要作用。

人的 MSC 属于专能性干细胞，存在于成人骨髓中，可以以未分化细胞那样进行体外扩增，也可以分化为间充质细胞。对骨髓抽提物采用密度梯度离心处理，分离出处于 1.073 g/ml 密度界面上的细胞（占细胞总数的 0.1%～0.01%），进行平皿接种后细胞贴壁生长，类似成纤维样细胞。通过换培养基的方式除去悬浮生长细胞（如 HSC），可获得纯度达 95%～98% 的 MSC，通过流式细胞仪分析，MSC 特异性表面抗原有 SH2、SH3、CD29、CD44、CD71、CD90、CD106、CD120a、CD124 等。但与 HSC 不同，MSC 不表达 CD45、CD34、CD41、CD14 等表面抗原。分离获得的 MSC 在体外成单层生长，并有稳定核型。

MSC可分化为多种间充质组织，如骨、关节、脂肪、肌腱、肌肉、骨髓基质等。从人骨髓中获得的MSC在体外可专一性被诱导分化为脂肪细胞、软骨细胞和成骨细胞。在含有1-甲基-3-异丁基黄嘌呤、地塞米松、吲哚美辛的培养基中培养时，95%的MSC会分化为胞内富含脂滴的细胞，并表达过氧化物酶体增殖激活受体λ2（peroxisome proliferation-activated receptor λ2，PPAR λ2）、脂蛋白脂肪酶（LPL）和脂肪酸结合蛋白等脂肪细胞特异性标志。MSC在含转化生长因子β3（transforming growth factor β3，TGF-β3）的无血清培养基中生长，10～14天后，用c4f6单抗检测发现有Ⅱ型胶原蛋白表达，并且在10～21天内，表达量逐渐上升，表明已被诱导为软骨细胞。在含地塞米松、β-磷酸甘油、维生素C和含有10%FBS的培养基中培养时，MSC开始聚集，碱性磷酸酯酶的活性会增高4～10倍，一周后细胞内钙的积累持续增加，表明已被诱导为成骨细胞。由单个间充质干细胞扩增获得的克隆有与之相同的分化潜能。

由于MSC可以在体外相对容易的被诱导为成骨细胞和软骨细胞，因此MSC在骨损伤、天骨组织畸形的治疗方面将有广泛的潜在应用价值。

### 9.6.3 神经干细胞的存在推翻了神经组织无法再生的传统观点

传统观点认为，中枢神经系统的神经元在出生后不久就丧失其再生能力，因此成人脑细胞一经损伤就不能再生。然而近来的一些研究证明，在中枢神经系统中部分细胞仍具有自我更新及分化生成成熟脑细胞的能力，这些细胞被称为神经干细胞（neural stem cell，NSC）。

哺乳动物的脑由包括一个充满脑液的神经管结构发育而来。神经干细胞最初位于腔面细胞层或脑室区，随着发育的进行迁入下脑室区（subventricular zone)。这些细胞进而在嗅球（olfactory bulb）部位形成星形细胞、少突胶质细胞和神经元。根据发育生物学提示的线索，1992年B. A. Rynolds和S. Weiss首先在成年小鼠的脑旁侧室膜下的神经组织中分离出神经干细胞；1999年，C. Svendsen等用相同的方法从人的胚胎中分离出神经干细胞。神经干细胞在EGF的作用下不断分裂，如果每周传代一次，可以维持一年以上。目前人们将神经干细胞表达的一种中间巢蛋白（nestin）作为神经干细胞的特征性生物学标记。巢蛋白属于第Ⅳ类中间丝，它的表达起始于神经胚形成时，当神经元的迁移基本完成后巢蛋白的表达量开始下降，并随神经元分化的完成而停止表达。免疫组组化学证实所有神经干细胞巢蛋白均呈阳性。体外培养的单个神经干细胞可增殖并自发分化形成包含神经元和神经胶质细胞的细胞球（图2-9-10)，表明神经干细胞具有多方向的分化潜能。在神经干细胞培养过程中，如果以小牛血清代替EGF，神经干细胞可进一步分化为星形细胞、少突胶质细胞和神经元，巢蛋白的表达逐渐减少，而出现神经元特征性的微管相关蛋白-2（microtubule-associated protein，MAP-2）及胶质细胞的特征性神经胶质原纤维酸性蛋白（glial fibrillary acidic protein，GFAP)。EGF并不是维持神经干细胞的唯一因子，碱性成纤维生长因子（basic fibroblast growth factor-2，FGF-2）能直接刺激神经干细胞的增殖与分化。例如，来自睫状缘色素细胞的视网膜干细胞在体外可以克隆化增殖并形成球形集落，集落中包括视杆细胞、双极神经元、Müller神经胶质细胞，视网膜干细胞可以在无外源生长因子的存在下连续传代并维持克隆化生长，但是如果在培养基中加入 FGF-2 的抗体，则生长能力显著下降。这表明 FGF-2 是通过自分泌的方式调控视网膜干细胞的增殖。M. C. Raff 等报道，向少突胶质细胞 2 型星性细胞（O-2A）的培养基中加入 FGF-2 后，通常分裂缓慢的 O-2A 开始快速增殖并产生大量的细胞。而血小板源生长因子（platelet-derived growth factor，PDGF）和睫状神经营养因子（ciliary neurotrophic factor，CNTF）都能影响 O-2A 的分化。神经干细胞的分裂方式既有不对称分裂，也有对称分裂。在对称分裂条件下产生的两个子代细胞可以均为干细胞，也可以是两个祖细胞；在不对称分裂条件下产生一个干细胞一个祖细胞。

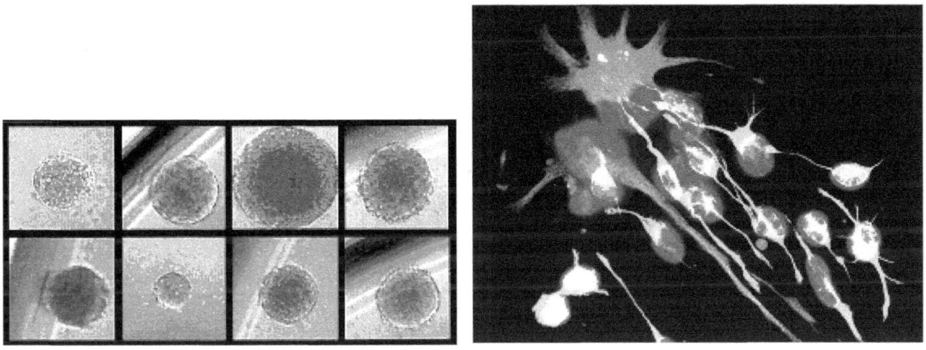

(a) (b)

图 2-9-10　神经干细胞具有多向分化潜能（见图版）

(a) 体外培养的由单个神经干细胞增殖形成的细胞球；(b) 细胞球中包含神经元和神经胶质细胞，绿色显示的是神经元特异性的蛋白 β-微管蛋白Ⅲ，红色显示的是神经角质细胞特异性的蛋白 GFAP，蓝色显示的是细胞核

EGF、FGF-2 的受体及巢蛋白分子可以作为寻找神经干细胞的标志分子。神经干细胞可以从中枢神经的海马齿状回和下脑室等部位获得。但是来源与不同部位的神经干细胞存在一定的差异。例如，来自前脑的神经干细胞比较容易被诱导成 γ-GABA 能神经元，而来源于脊髓的神经干细胞比较容易被诱导成运动能神经元。

## 9.6.4　皮肤干细胞维系了动物个体体表屏障的动态更新

与造血系统一样，在整个生命过程中，表皮细胞和毛囊不断地进行再生，另外，机体体表的扩增也需表皮细胞和毛囊的增殖。表皮中含有一层可以不断分裂的基底细胞，此层细胞能周期性的进入分化程序，细胞分化并逐步外移至皮肤表面以取代脱落的角质细胞。表皮的干细胞就位于这层基底细胞内。由于表皮更新快速，所以表皮干细胞具有强大的增殖能力。

除了在表皮的基底细胞中存在干细胞外，毛囊中也存在有干细胞。毛囊由外根鞘、内根鞘和毛干组成，产生内根鞘和毛干的活跃分裂细胞称为基质细胞，基质细胞是存在丁毛囊球中的一群可分裂的上皮细胞，毛囊球中还包括一团特化的间充质细胞称为真皮乳头。在成体毛囊中，当基质细胞耗尽其增殖潜能后，毛囊退化，并拉动真皮乳头细胞团到毛囊上部的隆起部位，此隆突（bulge）即为毛囊干细胞的栖息地。毛囊十细胞常被认为是一种特殊的表皮干细胞。在受到来自真皮乳头细胞的信号刺激后，毛囊隆突区的干细胞增殖生成新的毛囊。这些干细胞同样可以产生表皮，尤其是在外伤或烧伤后的表皮及毛发的重建过程中。脉冲标记试验表明隆突区的细胞有较长的细胞周期，体外培养的隆突细胞可以分化并毛囊角质形成细胞，将隆突部位细胞与真皮乳头细胞混合培养时可形成能存活的毛囊。

表皮角质形成细胞的最具特征性的生化标志是 K5 和 K14 分子，它们生成的角蛋白在成熟皮肤细胞中形成中间纤维网络。研究发现，毛囊隆突区的干细胞中也有 K5 和 K14 角蛋白及中间纤维网络的存在。据计算，单个人毛囊干细胞在适当的体外培养条件下能产生多达 $1.7\times10^{38}$ 个后代细胞，这大大超过了完全覆盖成体体表面所需要的细胞数量。通过对这些具有高增殖潜能的干细胞的进一步研究，更多特异性生化标志已经被鉴定出来。免疫荧光观察证实这些细胞表达低水平的细胞间连接蛋白——钙粘连蛋白（E-cadherin），这表明体内产生角质形成细胞的干细胞能与富含胞外基质的基底膜细胞黏附，这可能是使它们维持在干细胞巢（微环境）中的一个机制，而这种黏附能力的下降则可能是干细胞从巢中迁离，并向表皮分化的原因。在角质形成细胞表面的整联蛋白和黏附因子不仅在细胞黏附中具有重要的作用，而且可能也在维持它们增殖和存活的信号转导途径中发挥重要功能。

近来的研究发现，Wnt 及其相关信号也参与表皮干细胞的分化调节。β-连环蛋白在正常状况下与 E-钙粘连蛋白相互作用而促进细胞的黏附。当 β-连环蛋白的快速更新被 Wnt 信号阻断时，过量的 β-连环蛋白可与 Lef/Tcf DNA 结合蛋白家族成员结合，形成的复合物可激活下游基因的转录，包括 *c-myc* 和细胞周期蛋白 D1。因此 β-连环蛋白是弱化干细胞在巢中的附着，并激活干细胞增殖分化的关键因子。然而这一过程的精确分子机制和外源信号对这一过程的调节相当复杂，还有许多机制未知。

## 9.6.5 肠干细胞维持了小肠内腔面细胞的动态更新

小肠内表面有许多围绕隐窝并根植于肠壁的绒毛，绒毛的基部与隐窝相续，每个隐窝大约含有 250 个细胞，研究表明，这些细胞中存在着有再生能力的肠干细胞。例如，把隐窝细胞注射到受照射的小鼠体内后，在受体鼠的小肠部位可发现由移植细胞形成的肠绒毛或绒毛细胞，进一步的实验发现这些细胞位于隐窝底层。当已分化的上部隐窝细胞死亡后，位于下部的肠干细胞（intestinal stem cell）可逐步分化推移并补充已死亡的细胞。肠干细胞可分化为吸收细胞、杯状细胞、嗜酸细胞和肠内分泌细胞。

尽管肠干细胞的位置已较明确，但是肠干细胞的体外培养至今未获成功。目前对肠干细胞的认识主要来自对肠道肿瘤的研究结果。家族性腺瘤性息肉病（familial adenomatous polyposis）是由于家族性腺瘤性息肉病基因（adenomatous polyposis coil gene，*APC*）缺陷所至。APC 可与 β-连环蛋白作用并加速其降解，通过对 APC 的深入研究进一步发现了肠特异性 Lef/Tcf 家族成员 Tcf4。随后的功能研究表明，Tcf4 缺失小鼠的隐窝干细胞发育有缺陷。H. Clevers 研究组最新的研究结果表明，肠干细胞表达 G 蛋白偶联受体 Lgr5，*R*-脊椎蛋白（R-spondin）可结合 Lgr5 并激活 Wnt 信号通路从而促进肠干细胞的自我更新。

隐窝肠干细胞也表达中间纤维及上皮角蛋白 K8、K18 和 K19。K8 缺乏的小鼠会发生大肠增生，表明角蛋白表达水平的改变可影响肠干细胞的增殖和迁移功能。细胞间黏附也涉及对隐窝自身稳定的调控，E-钙粘连蛋白在小鼠肠细胞中高表达可抑制隐窝的增殖并诱导凋亡。此外，整联蛋白及其 ECM 配体对隐窝干细胞数目的维持也十分重要。研究发现，肠干细胞和表皮干细胞的调控机制之间有许多相似之处，但是细胞凋亡对肠干细胞似乎有更为重要的调控作用。

### 9.6.6 角膜干细胞维持了眼睛表面角膜上皮的动态更新

A. Schermer 和 T. T. Sun 等首次通过实验证明，角膜上皮干细胞位于 Vogt 栅栏区乳头状结构中的角膜缘基底细胞（图 2-9-11）。目前角膜干细胞在角膜缘基底细胞中的定位已经得到证实，其主要证据包括：①包括角膜基底细胞在内的所有角膜上皮细胞均表达 64 kDa 角蛋白（即 K3 角蛋白），而角膜缘基底细胞 64 kDa 角蛋白阴性，K3 角蛋白的表达可能意味着较高的分化程度，而不表达 K3 角蛋白的角膜缘基底细胞中存在分化程度相对较低的原始细胞；②用针对鼠、兔及人角膜缘基底细胞特异性的 A2 烯醇酶单克隆抗体标记角膜缘基底细胞，发现被标记细胞有向角膜中心移动趋向，提示角膜上皮的更新是通过一种从角膜缘向角膜中央的向心性运动来完成的，上皮再生的源头位于角膜缘；③用增生细胞核抗原（proliferating cell nuclear antigen，PCNA）单克隆抗体对角膜、结膜及角膜缘组织进行检测，发现角膜缘基底膜处有大量阳性细胞，提示此处细胞比角膜上皮基底细胞具有更高的分裂增生能力；④在体外分离的角膜缘基底细胞的增殖能力比角膜上皮细胞强；⑤角膜细胞鳞癌通常发生于角膜缘基底细胞，角膜上皮细胞不会发生癌变。

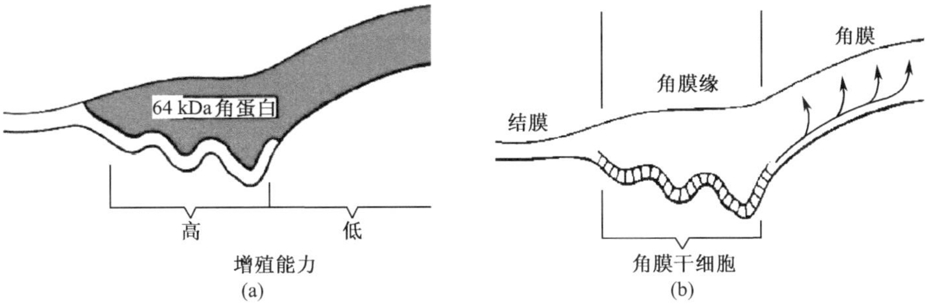


图 2-9-11　角膜干细胞

（a）整个角膜上皮和角膜缘顶层的细胞表达 K3 角蛋白，而角膜缘基底层的细胞不表达；角膜缘基底细胞具有比角膜上皮更强的增殖能力；（b）角膜干细胞位于角膜缘基底层，箭头显示角膜干细胞向角膜上皮的迁移

角膜上皮的更新和创伤修复来源于角膜缘基底层的干细胞增生和分化。角膜缘作为联系角膜和结膜的移行区，其基质层疏松并有血管分布，该处细胞密集，超过 10 层，排列不规则，基底部形成特殊乳头状结构的 Vogt 栅栏区，其中含有色素和丰富的血管网。角膜缘还有丰富的Ⅳ型胶原纤维，该纤维仅存在于结膜和角膜缘基底膜，是构成干细胞增生分化局部微环境的重要组成部分。A. Schermer 等认为角膜上皮的增生方式为：干细胞（存在于角膜缘基底部）→过度放大细胞（存在于角膜上皮基底部）→有丝

分裂后细胞（postmitotic cell，占角膜上皮绝大多数的非表面细胞）→终极分化细胞（terminally differentiated cell，位于角膜表浅上皮细胞）。角膜缘干细胞具有长寿命、无限增生力、分化程度较低及防护屏障等特点，而角膜上皮基底细胞只具备有限的增生力，属于短暂扩充细胞。浅表的角膜上皮细胞为分裂后细胞和终极分化细胞，不具备增生能力。

由于角膜干细胞是角膜上皮细胞新旧更新的细胞源，因此角膜干细胞移植可用于治疗角膜干细胞功能障碍所致的眼表疾病。临床根据干细胞的损伤原因把适应角膜干细胞移植的眼表疾病分为两类：①有明显外源性侵入性因素所致的角膜缘干细胞的丢失，包括化学伤、热灼伤、角膜缘局部的机械性损伤、手术伤、冷冻治疗伤、Stevens Johnson综合征、干细胞毒性药物造成的医源性角膜缘干细胞缺乏、接触镜致角膜病等；②无明显干细胞损伤病史，但一段时期后发现干细胞有明显损伤，包括无虹膜症、先天性皮肤红色角化、Terrien边缘角膜变性、慢性复发性角结膜炎、假性胬肉、翼状胬肉、角膜炎合并多种内分泌腺功能衰竭、肿瘤等。

目前对角膜干细胞的基本生物学特性（如细胞的分子标志、细胞增殖与分化的调控等）的认识还比不多。

## 9.6.7 肝干细胞具有分化为肝细胞和胆管上皮细胞的潜能

肝脏起源于内胚层的前肠与胚胎心脏相接触的前肠部分，受到来自心脏间充质细胞分泌的FGF家族细胞因子的作用而形成肝脏原基，如果阻断这些来自心脏的信号分子，预定发育成肝脏的前肠部分将发育为胰腺。在肝脏原基中，存在肝脏的前体细胞也被称为肝母细胞（hepatoblast），肝母细胞表达肝细胞特异性蛋白质（如甲胎蛋白和白蛋白）。随着发育的进行，侵入间质组织的肝母细胞形成肝内胆管并开始表达胆管细胞特征性的分子标志，包括γ-谷氨酰转肽酶（γ-glutamyl transpeptidase，γ-GT）。在肝内胆管形成的初期，原始胆管细胞只表达角蛋白K8和K18，随着管样结构的形成，开始表达胆管特征性的细胞角蛋白K7和K19，但是仍然有一部分细胞继续表达甲胎蛋白和白蛋白直至个体出生。另外，不与间充质组织接触的肝索细胞分化为肝细胞并形成肝板，但是一部分肝细胞可持续表达γ-GT直至个体出生。肝细胞中表达的中间纤维类型仅限于细胞角蛋白K8和K18，而不会表达K7和K19。因此，肝索细胞是个体发育过程中的肝干细胞，它们在不同的微环境中可向胆管细胞和肝细胞两个方向分化。但是目前对于正常成体肝脏中是否存在肝干细胞却一直存在争论。

肝脏是一个十分独特的器官，在正常情况下细胞的新旧更替十分缓慢，而且与造血系统、小肠和皮肤等器官不同，肝脏细胞的新旧更替是由成熟的肝细胞和胆管细胞的增殖实现的。成体肝脏细胞具有很强的增殖能力，尤其是成熟的肝细胞，这种增殖能力在肝脏2/3切除模型中表现非常明显。1931年，G. M. Higgins和R. M. Anderson建立了肝脏再生的经典实验模型，即通过简单的手术方式切除大鼠2/3的肝脏组织，大鼠的肝脏可进行再生并在两星期内恢复至原来大小。与肝脏生理性更新相同，2/3肝脏切除后，剩余的肝细胞首先进入DNA合成，然后胆管上皮细胞、枯否氏细胞和窦内皮细胞依次进行DNA合成，最终通过这些细胞的分裂增殖实现肝脏的再生。目前还没有发现肝干细胞在2/3切除后的肝脏再生过程中起作用，也没有证据表明肝干细胞在肝脏的生理性更新中起作用，但是普遍倾向于接受肝干细胞存在的结论。在成体肝脏中，肝干细胞可能存在于 Hering 管位置，即终末胆管向细胞间胆管过渡的区域，也有可能组成 Hering 管的胆管细胞就是肝干细胞（图 2-9-12）。这些细胞一方面通过不对称分裂向胆管方向分化为胆管细胞，另一方面向中央静脉方向分化为肝细胞。有证据表明，从门管区到中央静脉，肝细胞的分化程度由低到高。也就是说，从门管区到中央静脉存在肝细胞的分化梯度，这间接地支持了肝干细胞存在于 Hering 管的推断。如果肝干细胞的确存在于 Hering 管内，则其在肝脏生理性更新中的作用还有待阐明。目前这种分化梯度的假说并没有得到普遍接受，有人认为肝小叶中肝细胞的异质性仅仅是由于其所处微环境的不同造成的。

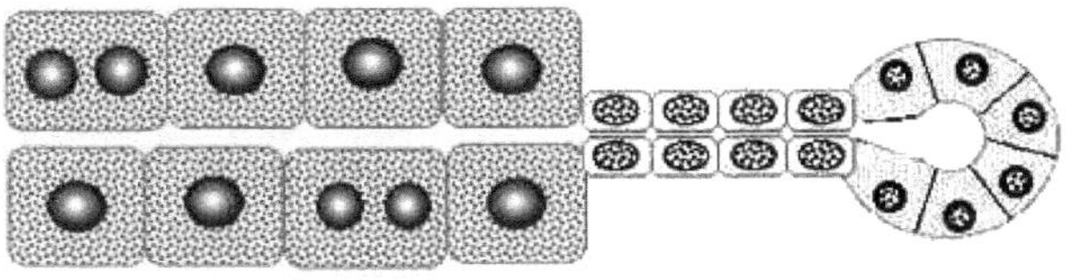


图 2-9-12 肝板模式图

肝干细胞被认为存在于 Hering 管位置

但是，并非所有肝脏再生过程都是由成熟肝细胞的增殖而实现的。当广泛而慢性的损伤导致大量肝细胞死亡或者肝细胞的增殖能力被抑制时（如化学毒物、病毒导致的肝损伤），在再生肝中可观察到所谓的胆管反应（ductular reaction），即在肝脏门管区出现一种小细胞，这种细胞因胞质少、核呈卵圆形而被统称为卵圆细胞（oval cell），目前的卵圆细胞是指那些在严重损伤肝脏中产生的肝原始细胞。卵圆细胞的增殖和分化在肝脏损伤后的修复中起作用，具有肝干细胞的特征，具备分化为肝细胞和胆管上皮细胞的双向潜能。由于卵圆细胞不存在于正常肝脏中，因此对卵圆细胞的来源尚不了解，它们很可能是由于正常肝脏中静止的肝干细胞被激活产生的。2013 年 H. Clevers 等发现四氯化碳损伤的小鼠肝脏会诱导产生一种 Lgr5 阳性的肝祖细胞，Lgr5 阳性的细胞在正常肝脏中并不存在。该细胞具有强大的增殖能力，可在体外形成类似肝脏组织的细胞团。该研究进一步证实了肝脏中存在处于静息状态的肝干细胞。

确定成体干细胞的微环境中的成分相当困难，这也是干细胞研究所面对的挑战之一。成体干细胞具有超出的人们想象的分化可塑性，在不同的培养条件或微环境中，它们可表现出多样的强大的发育潜能，这充分说明了干细胞微环境作用因子和作用机制的复杂性。但可喜的是，目前对干细胞作用因子的鉴定和作用机制的研究步伐正在不断加快，而且不断有成体干细胞在体外成功建系的报道。这些必将加深我们对干细胞基本理论问题的认识，同时对成体干细胞的研究成果也必将在医学领域产生深远影响。

## 9.7 干细胞与医学

无论是在基础研究领域还是应用研究领域，干细胞都具有极其广阔的前景。对干细胞的研究可能将对生物学、医学乃至社会生活带来今天无法想象的巨大影响。目前干细胞的应用研究还处于起步阶段，随着基础研究的逐步深入，干细胞的应用必然将得到迅速的发展。

## 9.7.1 作为细胞治疗的种子细胞

细胞治疗是将正常的干细胞或由其分化产生的功能细胞植入病变部位代偿病变细胞丧失的功能。许多疾病都是由细胞功能缺陷或器官损伤造成的，干细胞提供了可用于移植的细胞，尤其是体细胞重编程技术，有望在体外大量地收获患者同源的多能干细胞以及由其分化来的功能细胞。

**1. 神经系统疾病的治疗**

为数众多的神经系统疾病是由于神经元死亡，而成熟神经元无法分裂补充所致。例如，帕金森病是因为制造多巴胺的神经元死亡导致的，小儿麻痹则起因于支配肌肉运动的神经元死亡，其他一些神经系统的疾病，如阿尔茨海默病、中风、癫痫、泰-萨病(Tay-Sachs)、脑外伤、脊柱伤等都涉及神经元的死亡。因此神经医学可能是从干细胞研究中获益最多的医学领域。例如，从小鼠神经组织中分离获得神经干细胞，将其在体外培养增殖若干代后，再定向诱导分化为合成多巴胺的神经元，然后将这些多巴胺神经元移植入帕金森病模型小鼠的脑中，结果发现，小鼠控制运动的能力得到明显的改善。2012年，L. Studer小组建立了诱导人多能干细胞快速高效的分化为多巴胺神经元的方法，获得的多巴胺神经元移植后可以显著改善帕金森病猴模型的症状。S. Zhang等最新的研究成果也证明了人多能干细胞来源的抑制性中间神经元可用于Huntington舞蹈症的治疗。

**2. 肿瘤治疗**

造血干细胞移植是治疗血液系统恶性疾病、先天性遗传病及多发性和转移性恶性肿瘤疾病的最有效的方法之一。早在20世纪50年代，临床上就开始应用骨髓移植（bone marrow transplantation，BMT）的方法来治疗血液系统肿瘤。到80年代末，外周血干细胞移植（peripheral blood stem cell transplantation，PBSCT）发展成熟，而且在提高治疗有效率和缩短疗程方面明显优于常规疗法。近年来，随着脐血干细胞移植技术的不断改善，它有可能会代替目前自体外周血干细胞移植，为血液病及恶性肿瘤患者带来更好的治疗效果。

细胞治疗在其他疾病，如烧伤、心脏病、糖尿病、风湿性关节炎等领域同样有巨大的临床应用前景，工程化的干细胞也可以作为基因治疗的良好载体。

## 9.7.2 研制组织工程器官

细胞生物学家一直致力于分离成体干细胞以制造可供移植的人体器官，这不仅可避免使用胚胎或胎儿组织而引致的伦理学问题，而且可以克服临床的器官供应短缺和移植后的免疫排斥反应。尽管目前尚只能利用组织工程技术生成一些简单的人体组织和器官，但是可以确信，以干细胞为组织工程的种子细胞的方法将在先天器官畸形的治疗和器官移植等领域中具有无可估量的发展前景，这也是干细胞研究最具魅力之所在。有关的组织工程的详细内容将在第7篇“组织工程”中介绍。

### 9.7.3 评价药物的毒性和疗效

对人体干细胞的研究将改变药物开发和药物安全性测试的方式和途径。例如，新药常常首先用人的细胞群进行实验，现在被广泛使用的是癌细胞，不久的将来，可以让这种实验在多能干细胞生成的多种类型的细胞上进行。此方法并不是要取代在动物和人体上进行的实验，但是它将使药物开发的流程更加完整和简便，只有那些在细胞实验中被证明是安全有效的药物，才能进行进一步的相关的动物和人体实验。除了用于评价药物的毒性和疗效外，人胚胎干细胞的研究成果有望被用于阐明环境因素与疾病过程的复杂关系，有望为研究环境毒物的潜在作用机制，包括它们对胚胎和胎儿发育的细微影响提供新的研究模型。

（李文林）

# 第三篇　发 酵 工 程

传统的发酵工业是在厌氧条件下，原料经酵母分解代谢得到产物（乙醇）的过程。近代发酵工业已由自然发酵转为人工控制发酵，主要是利用微生物细胞、动物细胞和植物细胞，通过提供适当的培养环境，有目的地获取产品的工业化过程。现代科学概念上的发酵工程随着抗生素工业的兴起而不断得到完善。现代生物技术的飞速发展，特别是基因工程理论的实际应用，推动着发酵工业向着崭新的方向发展。

本篇重点介绍发酵工程的基本原理及操作，涉及生物反应工程和发酵过程控制两方面的内容。对于生物反应工程，需要对生物反应器和反应特征有深刻的理解。在生物反应器中进行的生物反应，受到分子水平上的基因特性、细胞水平上的生长特性和反应器水平上的传递特性的共同作用；生物反应器中的动量传递、热量传递和质量传递又极大地影响着所进行的生物反应，有时甚至起着制约的作用，因此生物反应器的设计必须满足必要的工程学条件。对于发酵过程控制，主要涉及生物反应器的基本操作、微生物菌种的种子制备与扩大培养、培养基的种类与配制、灭菌过程、微生物发酵过程条件控制等内容。

# 第 10 章　细胞反应动力学

细胞反应过程速率的定量描述可以用细胞为生物催化剂的反应过程动力学描述。细胞反应动力学通过研究细胞的生长速率、代谢产物的生成速率和底物的消耗速率等动力学参数反映细胞反应过程的动力学特性，因此它是进行细胞反应过程优化和生物反应器设计的重要理论依据。

## 10.1　细胞反应概述

细胞是生物体进行生长、遗传和进化等生命活动的基本单位，它也是决定生物体形态、结构和功能的基本单位。细胞的生长可定义为细胞的组分与结构在量方面的增加，繁殖则由于细胞分裂引起个体数目的增加，即产生新一代的过程。在单细胞微生物中，细胞分裂导致生物个体数目的增加，这就是繁殖；在多细胞生物中，如果细胞数目的增加不同时伴有个体数目的增加，那么仍只能称为生长。

细胞反应过程总体可分为 3 个步骤：①底物从培养基进入到细胞内；②通过胞内反应，将底物转化为细胞质和代谢产物；③代谢产物排泄至细胞外。

### 10.1.1　细胞的基本特征

**1. 细胞组成**

细胞主要由 C、H、O、N 4 种元素组成，约占细胞质量的 90%；其次还含有少量的 S、P、Na、Ca、K、Cl、Mg、Fe 8 种元素，上述 12 种元素占细胞质量的 99%以上。活细胞的主要成分是水，约占总质量的 80%～85%，细胞的生长、繁殖和代谢等生命活动所需的营养物质绝大部分是以溶解状态进入细胞内的。除去水分后的干物质，约有 90%是由蛋白质、核酸、糖类和脂类等大分子物质所组成。

**2. 细胞形状**

细胞主要有球状、杆状、菌丝等多种不同的形状。由于细胞内在结构和自身表面张力的作用以及外部的机械压力，细胞总是保持一定的形状。

细胞形态的不同会对细胞的生长反应产生多方面的影响，主要影响体现在下面几个方面。

（1）影响细胞的生长速率。例如，单细胞微生物的生长一般以裂殖或出芽的方式进行，在对数生长期，细胞呈指数增加；丝状菌，以菌丝延伸和增加分枝数目的方式生长并形成菌丝球，生物量的增加明显小于指数生长量。

（2）影响细胞承受剪切力的能力。一般，球形细胞具有较强的抗剪切能力；杆状菌和丝状菌在高剪切力下会发生断裂，影响细胞的生长和代谢，甚至造成细胞死亡。

（3）影响物质的传递速率。当丝状菌形成直径较大的菌丝团时，会对氧和营养物质的传递产生一定阻力，影响其传递速率，导致菌丝团内部存在较大的浓度梯度。如图

3-10-1 所示，产黄青霉形成菌丝团，使溶氧变差，导致菌的生长和产物的合成受到严重影响。

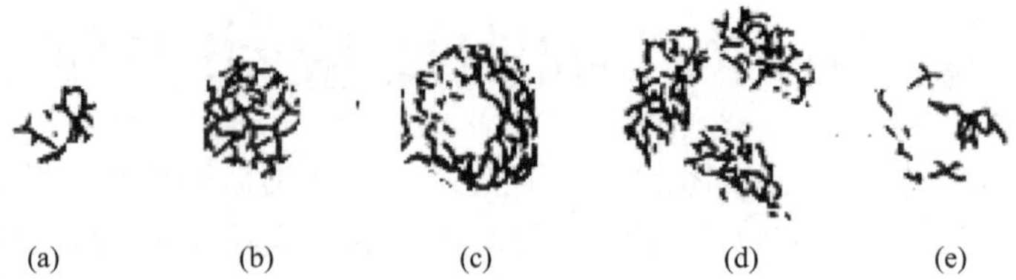

图 3-10-1 产黄青霉的菌丝团形成及菌丝团自溶变化过程

(a)、(b) 菌丝团形成；(c) ～ (e) 菌丝团自溶

**3. 细胞大小**

微生物细胞的半径为 0.1～10 μm。细胞体积大小一方面受细胞比表面积的影响，比表面积大有利于细胞与周围环境进行物质、能量和信息的交换；另一方面受细胞体积的影响，最小的细胞体积一般由胞内物质之间进行反应和交流所需的空间大小决定，最大的细胞体积受核质比的制约，细胞核中 DNA 含量恒定，决定了核的大小相对恒定。如果细胞质体积增加到超过了维持细胞核的正常比例，则会使细胞处于不稳定状态，引起分裂。

## 10.1.2 跨膜运输

细胞膜具有选择性透过介质和细胞中组分的能力，由此既保障了细胞对外界各类营养物质的摄取、代谢物的排出和细胞内离子浓度的调节，又能使细胞维持相对稳定的内环境。物质的跨膜输送（transmembrane transport）对细胞的生长至关重要。

物质运输有两种类型，一类是大分子和颗粒物质的膜泡运输；另一类是小分子和离子的跨膜运送。根据物质运送过程中是否需要消耗代谢能、有无载体参与、被运送物质是否发生化学变化等特点，跨膜运输可分为简单扩散（simple diffusion）、促进扩散（facilitated diffusion）、主动运输（active transport）和基团移位（group translocation）4 种机制。

**1. 简单扩散**

简单扩散又称为被动扩散。该扩散的特点：①推动力是浓度差，扩散速率与膜两侧的浓度差成正比；②不需要细胞提供能量；③不需要载体蛋白质的协助。通过简单扩散进行输送的物质有 $O_2$、$CO_2$、水、有机酸和乙醇等。

**2. 促进扩散**

促进扩散又称为协助扩散，是指通过膜内载体蛋白质与胞外分子结合（配合物）后扩散进入膜内，并在膜内扩散。在膜的另一侧，该配合物分解，载体蛋白质留在膜内，胞外分子则进入胞内。该扩散的特点：①推动力为浓度差；②不需要消耗代谢能；③要求细胞提供载体蛋白质；④扩散速率与浓度差不成正比，服从饱和型动力学特点，类似与 M-M 方程动力学特性。

**3. 主动运输**

主动运输是指物质逆浓度梯度，在载体的协助下，在能量的作用下运进或运出细胞膜的过程。如果输送过程中所需代谢能直接来源于 ATP，称为初级主动输送（primary active transport），或称为一次性主动运输；如果是与另一个顺浓度差方向的输送相耦合的逆浓度差的输送，称为次级主动输送（secondary active transport），或称为二次性主动运输。主动输送普遍存在于微生物细胞和动植物细胞中。例如，经典的 $Na^+$-$K^+$ 泵，可以通过主动运输的方式维持细胞内外 $Na^+$ 和 $K^+$ 之间的平衡，保证细胞对这两种离子的生理需求。

**4. 基团移位**

基团移位是另一种需要能量代谢的输送方式，也需要特异性的载体蛋白质和能量，与主动运输的不同在于营养物质在被运输过程中发生了化学修饰。这种系统主要存在于兼性和专性厌氧细菌中。

细菌中普遍存在的磷酸烯醇丙酮酸-糖磷酸转移酶系统（phosphoenolpyruvate-sugar phosphotransferase，PTS）对各种糖类的运输就是这方面的例子。在研究大肠杆菌对葡萄糖的吸收过程中，发现糖进入细胞后以磷酸糖的形式存在于细胞中，表明糖在运输的过程中发生了磷酸化作用，其中的磷酸基团来源于胞内的磷酸烯醇丙酮酸（phosphoenolpyruvate，PEP），因此也将基团移位称为磷酸烯醇丙酮酸-糖磷酸转移酶运输系统，简称为磷酸转移酶系统（图 3-10-2）。PTS 通常由 5 种蛋白质组成，包括酶Ⅰ、酶Ⅱ（包括 a、b 和 c 3 个亚基）和 1 种低相对分子质量的热稳定蛋白质（HPr）。酶Ⅰ和 HPr 是非特异性的细胞质蛋白，酶Ⅱa 是可溶性细胞质蛋白，亲水性酶Ⅱb 与位于细胞膜上的酶Ⅱc 相结合。在糖的运输过程中，PEP 上的磷酸基团逐步通过酶 I、HPr 的磷酸化与去磷酸化作用，最终在酶Ⅱ的作用下转移到糖，生成磷酸糖释放于细胞质中。此外，在厌氧型和兼性厌氧性细菌中，脂肪酸、核苷也是依靠磷酸核糖转移酶催化的基团移位反应来输送的。

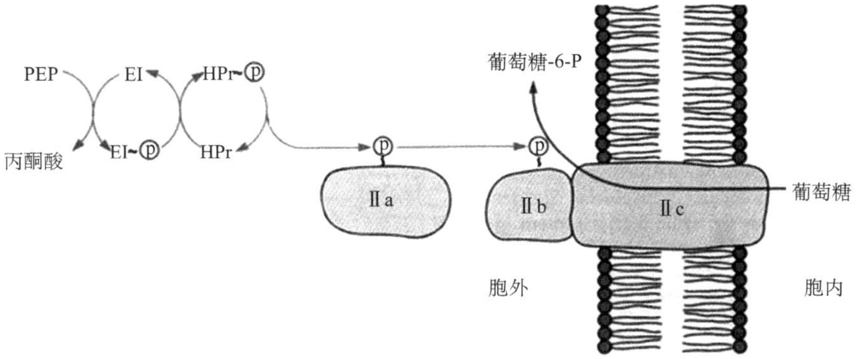


图 3-10-2 细菌 PTS 转运系统的应用——大肠杆菌对葡萄糖的吸收

由此可知，同一种微生物细胞可以拥有多种运输系统，可以通过多样化的运输机制同时输送各种不同的营养物而互不干扰。不同种类的营养物质可以以不同的方式被运输。因此，微生物细胞即使在底物浓度极低的环境中，只要能供给细胞充足的能量，细胞就可从中获得生长所需的营养物质。

### 10.1.3 胞内代谢反应

底物运输进入细胞质后，要经过 1000 多步胞内反应转化为代谢产物和细胞成分，这些成分在大小和功能上存在差异，但是 90%以上的细胞物质都是由蛋白质、RNA、DNA、脂类和碳水化合物等大分子组成的。这些大分子物质的合成，则是通过若干个独立的反应群进行的，如供能反应、生物合成反应、多聚反应和组装反应等。这些反应都需要消耗大量的自由能。

从细胞的反应过程分析，胞内的代谢过程可分为初级代谢和次级代谢两个阶段，相应的代谢产物称为初级代谢产物和次级代谢产物。

初级代谢是指微生物从外界吸收各种营养物质，通过分解代谢和合成代谢生成维持生命活动的物质和能量的过程。该类代谢与细胞生长有关、并涉及产能和耗能。初级代谢过程及其产物的形成过程均与细胞的生长过程呈平行关系。初级代谢对环境条件变化的敏感性小，遗传稳定性高。相应的初级代谢产物都是细胞生存所必不可少的物质，若这些物质的合成在某环节上出现问题，会影响细胞的生长，甚至导致细胞死亡。

次级代谢是指在一定的生长时期（一般是稳定生长期），微生物以初级代谢产物为前体合成的对微生物本身的生命活动没有明确功能的物质的过程。次级代谢合成的产物称为次级代谢产物。它与细胞的生长不呈平行关系，明显地分为细胞生长和次级代谢产物形成的不同阶段。这些代谢产物并不是细胞生长所必需的，若这些物质的合成在某环节上出现问题，不会导致细胞生长的停止或死亡，仅影响细胞合成次级代谢产物的能力。次级代谢对环境条件变化很敏感，产物的合成会因条件的变化而停止。例如，青霉素、头孢菌素等均为最经典的次级代谢产物。

## 10.2 细胞反应计量学

反应计量学是对反应物系的组成与反应转化程度的数量化研究。通过反应计量学可以得到反应组分的数量关系及变化规律。在细胞反应中，由于有众多组分的参与和错综复杂的代谢途径，因此要用有正确系数的反应方程式来表示细胞内从底物到产物的反应过程是困难的。为此可以采用元素衡算表示微生物反应过程中各种物质和各组分之间的数量关系。

### 10.2.1 元素衡算

以微生物反应过程为例，对于一个复杂的细胞反应过程首先需做简化处理，反应式可表示为

$$CH_mO_n + aO_2 + bNH_3 \rightarrow cCH_\alpha O_\beta N_\delta + dCH_xO_yN_z + eH_2O + fCO_2 \quad (10\text{-}1)$$

式中，$CH_mO_n$ 为碳源的元素组成；$CH_\alpha O_\beta N_\gamma$ 为细胞的元素组成；$CH_xO_yN_z$ 为产物的元素组成。

对各元素做元素平衡，得到如下方程：

$$C：\ 1 = c + d + f$$

$$\text{H}: \quad m + 3b = \alpha c + xd + 2e \tag{10-2}$$
$$\text{O}: \quad n + 2a = c\beta + dy + e + 2f$$
$$\text{N}: \quad b = \delta c + zd$$

上述 4 个原子平衡式中包含 6 个未知数 $a$、$b$、$c$、$d$、$e$ 和 $f$。要求得到全部未知数，尚需建立其他关系式。

RQ 为需氧反应中的呼吸熵，其表示了细胞反应中每消耗 1 mol $O_2$ 所产生的 $CO_2$ 的物质的量，这可以通过实验测得，分别测定进气 $O_2$、出气 $CO_2$ 既得。

$$\text{RQ} = \frac{CO_2\ \text{产生速率}}{O_2\ \text{消耗速率}} = \frac{\text{CER}}{\text{OUR}} \tag{10-3}$$

根据式（10-1），则有

$$\text{RQ} = \frac{f}{a} \tag{10-4}$$

化合物的还原度为该组分中每一个碳原子的有效电子摩尔数，可用 $\gamma$ 表示。在化合物中，任一元素的还原度等于该元素的化合价（表 3-10-1）。

**表 3-10-1　一些常见物质还原度的计算方法**

| 单质或化合物 | 还原度 | 单质或化合物 | 还原度 |
|---|---|---|---|
| 氧气（$O_2$） | $\gamma=-4$ | 甲烷（$CH_4$） | $\gamma=8/1=8$ |
| 二氧化碳（$CO_2$） | $\gamma=0/1=0$ | 葡萄糖（$C_6H_{12}O_6$） | $\gamma=24/6=4$ |
| 氨气（$NH_3$） | $\gamma=0/1=0$ | 乙醇（$C_2H_5OH$） | $\gamma=12/2=6$ |

某些关键元素的还原度分别为：C=4，H=1，N=－3，O=－2，P=5，S=6。

由此可以分别得到细胞、底物和产物的还原度：

$$\text{细胞：}\gamma X = 4 + \alpha - 2\beta - 3\delta$$
$$\text{底物：}\gamma S = 4 + m - 2n \tag{10-5}$$
$$\text{产物：}\gamma p = 4 + X - 2Y - 3Z$$

由此，可对式（10-1）作还原度平衡计算，其中 $NH_3$、$CO_2$ 和 $H_2O$ 的还原度均为 0，则可列出包括氧在内的还原度平衡式：

$$\gamma S - 4a = c\gamma X + d\gamma p \tag{10-6}$$

由此，可以对化学计量系数 $a$、$b$、$c$、$d$、$e$ 和 $f$ 进行解析。

## 10.2.2　得率系数

得率系数（yield coefficient）是对碳源等物质生产细胞或其他产物的能力进行定量评价的重要参数，常用 $Y_{i/j}$ 表示。它是描述细胞反应过程的重要参数。

**1. 以底物消耗为基准的细胞得率 $Y_{X/S}$**

生成的细胞量与底物消耗量之比为对底物消耗的细胞得率，定义式为

$$Y_{X/S} = \frac{\text{生成细胞的质量(g)}}{\text{消耗底物的质量(g)}} = \frac{\Delta X}{-\Delta S} = \frac{r_X}{r_S} \tag{10-7}$$

$Y_{X/S}$又称为细胞生长得率系数，单位为 g/g 或 g/mol（细胞/底物），即消耗 1 g 底物生成细胞的克数。

同理，产物对底物的得率系数：

$$Y_{P/S}=\frac{\Delta P}{-\Delta S}=\frac{r_p}{r_s} \tag{10-8}$$

前面我们曾讨论的呼吸熵 RQ 实际上也是一种得率系数：

$$Y_{CO_2/O_2}=RQ=\frac{CO_2\text{ 产生速率 CER}}{O_2\text{ 消耗速率 OUR}}=\frac{f\times 44}{a\times 32} \tag{10-9}$$

如果以摩尔（mol）表示得率系数，则需要换算。

得率系数又称为转化率，是工业过程的重要指标。若原材料（碳源）的成本占产品的大部分，提高得率便显得尤为重要，得率的提高会降低对氧的需求和减少热的形成，从而降低产品的成本。另外，有些过程需要维持生物量在适当的浓度，以获得最大的转化率。

由于得率系数与 $r_x$、$r_p$、$r_s$ 有关，而 $r_x$、$r_p$、$r_s$ 随反应环境的改变而变。所以严格来讲，得率系数是反应环境状态的函数，而不是定值，即

$$Y_{i/j}=Y_{i/j}(\text{培养环境状态})$$

因此，从以上所讨论的得率系数来看，它们都有瞬时可变的性质，故也称为瞬时细胞得率，或称为微分细胞得率。相对于微分细胞得率，还有总过程的细胞得率。例如，对于分批培养，由于反应体积不变，总的细胞得率：$Y_{X/S}=\dfrac{C_{Xt}-C_{X0}}{C_{S0}-C_{St}}$。

**2. 其他得率系数**

根据分析问题的角度不同，选择的计算基准不同，可有各种得率系数。

（1）分子得率系数。它表示每消耗 1 mol 的基质所生成的细胞量，以 $Y_{glc}$ 表示以葡萄糖作为基质的细胞得率。例如，以生成单细胞蛋白质为例，用甲醇为基质，$Y=0.5$（g/g），$Y_{jch}=0.5\times 32=16$（g/mol）；用甲烷为基质，$Y=0.8$（g/g），$Y_{jw}=0.8\times 16=12.8$（g/mol）。分子得率适用于比较不同基质的转化率。

（2）碳转化效率。若以 C 原子的消耗量为基准计算细胞的生成量，则可得出对碳的细胞得率 $Y_C$。

$$Y_C=\frac{\text{细胞生成量}\times\text{细胞含碳量}}{\text{底物消耗量}\times\text{底物含碳量}}=\frac{\Delta m_X\sigma_X}{-\Delta m_S\sigma_S}=Y_{X/S}\frac{\sigma_X}{\sigma_S} \tag{10-10}$$

式中，$\sigma_X$、$\sigma_S$ 分别为单位质量细胞/单位质量底物中含碳原子的质量。

$Y_C$ 反映出底物中的碳有多少转化为细胞中的碳，又可称为碳转化效率。这个得率系数在代谢工程中有重要的用处。由于该式反映细胞生成与底物消耗都是对于同一基准物质的碳而言，因此更为合理。

（3）以氧消耗为基准的细胞得率 $Y_{X/O}$。每消耗单位数量的氧所得到的细胞量，称为对氧消耗的细胞得率。

$$Y_{X/O}=\frac{\text{细胞生成量}}{\text{氧的消耗量}}=\frac{\Delta m_X}{-\Delta m_{O_2}}=\frac{r_X}{r_{O_2}} \tag{10-11}$$

$Y_{X/O}$随微生物种类和底物的不同而异，以葡萄糖、果糖、蔗糖等糖类物质为底物进行好氧培养时，大多数微生物的 $Y_{X/O}$值为 1 g/g。

**3. 理论得率系数与表观得率系数**

细胞反应过程中所消耗的底物，一方面要满足细胞生长所需要的碳源，另一方面要为细胞物质（包括次级代谢产物）的合成、生长和维持细胞的活力提供充分的能量。在细胞培养中，若没有代谢产物的生成，则消耗的碳源全部用于细胞生长、细胞合成的能量及维持细胞的生命活动。其中，用于细胞生命活动维持的能量称为维持能耗。

假设细胞反应所消耗的底物总量为 $\Delta m_{ST}$，用于细胞生长的底物为 $\Delta m_{SG}$，细胞维持其代谢活性所需能量的底物为 $\Delta m_{SM}$。若细胞反应过程中无代谢物生成，则有

$$\Delta m_{ST}=\Delta m_{SG}+\Delta m_{SM} \tag{10-12}$$

若 $\Delta m_{SM}=0$，维持过程不消耗底物：

$$Y_{X/S}^{m}=\frac{\Delta m_{X}}{-\Delta m_{SG}} \tag{10-13}$$

称为最大细胞得率，又称为理论细胞得率，用于细胞生长所消耗底物为基准的细胞得率。

反之，若 $\Delta m_{SM}\neq 0$，则

$$Y_{X/S}=\frac{\Delta m_{X}}{-\Delta m_{ST}} \tag{10-14}$$

称为表观细胞得率，或宏观得率。

由此可知，$Y_{X/S}^{m}>Y_{X/S}$

同样，若定义产物对细胞的表观得率为

$$Y_{P/S}=\frac{\text{生成产物的质量}}{\text{消耗底物的质量}}=\frac{\Delta m_{P}}{-\Delta m_{S}} \tag{10-15}$$

若消耗的底物中，用于生成代谢产物所消耗的底物质量为 $\Delta m_{SP}$，则有

$$Y_{P/S}^{m}=\frac{\Delta m_{P}}{-\Delta m_{SP}} \tag{10-16}$$

式中，$Y_{P/S}^{m}$为理论产物得率。

同样存在 $Y_{P/S}^{m}>Y_{P/S}$。

# 10.3 非结构模型

## 10.3.1 动力学特性

从整体上讲，细胞反应过程的宏观动力学受细胞反应内部因素、细胞反应外部因素（如 pH、温度等）及反应中传递过程因素的影响。因此，细胞反应动力学的研究内容为：细胞生长速率、底物消耗速率、产物生成速率、氧等底物的传递过程速率等。这些速率之间的相互关系受化学计量关系的约束。在反应器操作时，细胞生长，产物生成速率主要受到氧的传递速率的限制。其中，细胞生长速率是我们研究细胞反应动力学的核心。

细胞反应过程具有独特的动力学特性，主要有以下几个特点。

（1）胞内反应非常复杂。细胞在生长的同时，还释放出各种代谢产物，使细胞反应过程具有产品多样性、目的产物产率较低而副产物较多、后续分离过程复杂等特点。

（2）细胞反应具有自催化性。细胞就像一个小型的酶反应器，有底物的进入，胞内反应和代谢产物的释放。细胞也是反应的主体，生物反应的催化剂，通过特定的酶进行一系列生化反应，又是反应的产物。

（3）细胞反应具有动态性。细胞本身要经历生长、繁殖、维持和衰亡等不同阶段，在生长过程中，胞内各种组分的含量也是变化的。

（4）细胞反应过程是一个复杂的群体生命活动。在同一反应过程中，会同时存在处于不同生理特性、不同活力的细胞群体。

（5）细胞反应是具有多相、多组分的体系。多相是指反应体系内含有气相、液相及菌体相。多组分是指培养液中有多种底物和代谢产物，细胞内又含有不同生理功能的化合物。

（6）细胞反应动力学模型具有高度的非线性和强烈的时变性。非线性是指动力学模型很难用线性方程描述；时变性是指动力学模型参数在反应过程中发生变化。

根据对细胞反应过程的动力学特性分析，在建立细胞反应动力学模型时，必须进行合理的简化。

（1）从反应体系来看，反应体系内常含有气相、液相及菌体相，相间存在着复杂的传递现象。生物相（即细胞）是固相，培养基是液相与气相，因此细胞生长的数学模型应该有生物相分离化模型、生物相非分离化模型。生物相非分离化模型认为细胞是一种像化学分子一样的溶质，认为整个反应体系是一相，如液相一样。

例如，对细胞浓度就用 $C_X$ 表示，认为 X 是溶质。这种模型比较简单，实际应用较多。但是，若是高密度发酵，各种发酵液可能呈浆糊状等其他状态，在实际的场合，需要对这类情况作具体处理。

（2）从细胞群体的个体性质看，个体之间有性质差别（特别如酿酒酵母，存在不同步生长，单倍体和二倍体发芽共存）。一般有两类模型，确定论模型和概率论模型。确定论模型取细胞个体特性之间的平均值，也就是服从大多数规律的性质；概率论模型考虑个体的性质。

（3）从细胞水平考虑，可将其动力学模型分为非结构模型与结构模型两大类。非结构模型的主要假设有：①不考虑胞内存在的各种反应和各组分的功能；②细胞处于均衡生长状态，即胞内组分将不随细胞生长而变化，细胞被视为一个组成恒定的生物相，所有反应均在细胞与环境之间进行；③细胞生长过程中的唯一变量为细胞的质量或浓度。结构模型则认为：①胞内存在有若干关键组分或结构单元（如 RNA、DNA、蛋白质等）；②关键组分之间及环境间存在各种反应，因而细胞的组成和性质将随反应的进程而发生变化；③细胞需要用多于一个以上的变量来描述。

（4）从细胞生理学特性来看，细胞生长可分为均衡生长和非均衡生长。均衡生长是指在细胞的生长过程中，细胞内各种成分均以相同的比例增加。非均衡生长是指在细胞生长过程中，由于各组分的合成速率不同而使各组分增加的比例也不同。对于非结构模型，细胞被描述为均衡生长；对结构模型，细胞则被描述为非均衡生长。

总之，我们建立细胞反应动力学模型时一般的处理方式为采用生物相非分离化模型、确定论模型、非结构模型、均衡生长模型。

## 10.3.2 细胞生长曲线

细胞的生长过程可以用细胞浓度的变化来描述和表达。若以细胞浓度的对数值与细胞生长时间对应作图，可得到分批培养时的细胞浓度变化曲线。分批培养时，细胞的生长一般要经历延迟期、加速期、指数生长期、减速期、静止期和死亡期等阶段。图 3-10-3 表示分批培养时细胞的生长曲线。

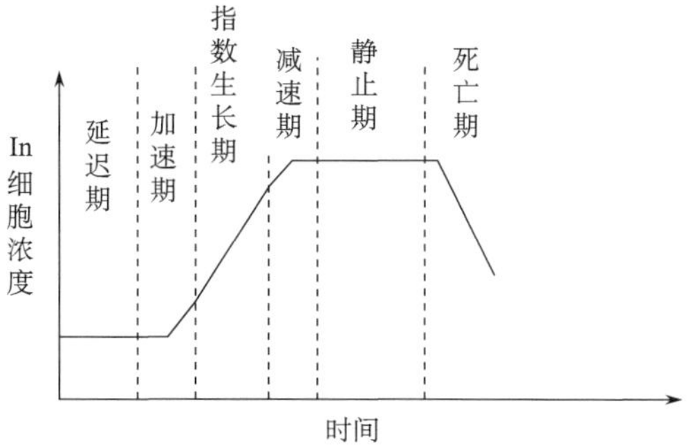


图 3-10-3　分批培养时间-细胞生长曲线

(1) 延迟期。延迟期是指培养基接种后，细胞浓度在一段时间内无明显增加的一个阶段。它是细胞在环境改变后表现出来的一个适应阶段。如果新培养基中含有较丰富的某种营养物质，而在老环境中缺乏这种物质，细胞在新环境中就必须合成有关的酶来利用该物质，从而表现出延迟期。在实际生产中应尽量缩短延迟期。例如，可将生长活性很高的指数期中期细胞用于接种、使用营养丰富的培养基和增加接种量等。

(2) 加速期。延迟期末，细胞开始生长，分裂速率急剧上升，最后达到最大值。

(3) 指数生长期。在此阶段，培养基中营养物质较充分，细胞的生长不受限制，细胞浓度随时间呈指数生长。由于此阶段的细胞分裂繁殖最为旺盛，生理活性最高，因此在工业微生物反应中，常转接处于对数生长期中期的细胞，以保证转接后细胞能迅速生长，微生物反应能快速进行。

(4) 减速期。当细胞大量生长后，培养基中营养物质大量消耗，加上有害代谢物质的积累，细胞的生长速率开始减缓。

(5) 静止期。由于营养物质已耗尽或有害物质的大量积累，使细胞浓度不再增加，此时细胞浓度为最大浓度。

(6) 死亡期。由于环境恶化，细胞开始死亡，活细胞浓度下降，细胞生长速率为负值。

细胞生长动力学可以反映细胞适应环境变化的能力。比生长速率和倍增时间是细胞生长动力学中的两个重要参数。

(1) 比生长速率。细胞生长的特点表现为：细胞数目或活细胞物质（量）增加 1 倍所需要的时间是固定的。微生物是以指数速率增长的，菌体浓度的增长速率与培养液中菌体浓度成正比，可用数学参数比生长速率 $\mu$ 来表示，即菌体生长速率与培养基中菌体浓度之比。

$$\mu = \frac{1}{C_X}\frac{\mathrm{d}C_X}{\mathrm{d}t} = \frac{r_X}{C_X} \tag{10-17}$$

式中，$\mu$ 为比生长速率，$s^{-1}$；$C_X$ 为细胞浓度，g/L；$r_X$ 为细胞生长速率，g/(L·s)。

表 3-10-2 汇总了分批培养时细胞在各生长阶段的比生长速率变化情况。

**表 3-10-2 分批培养时细胞各生长阶段的比生长速率**

| 生长阶段 | 比生长速率 | 生长阶段 | 比生长速率 |
|---|---|---|---|
| 延迟期 | $\mu\approx 0$ | 减速期 | $\mu<\mu_{max}$ |
| 加速期 | $\mu<\mu_{max}$ | 静止期 | $\mu\approx 0$ |
| 指数生长期 | $\mu\approx\mu_{max}$ | 死亡期 | $\mu<0$ |

（2）倍增时间在指数生长期，细胞进入快速分裂和增殖阶段，可用倍增时间 $t_d$ 来表示细胞浓度增加的情况。

倍增时间 $t_d$：在指数生长期内，细胞浓度增加 1 倍所需的时间。

$$t_d=\frac{\ln 2}{\mu_{max}} \tag{10-18}$$

典型微生物的生长速率如表 3-10-3 所示。

**表 3-10-3 典型微生物的生长速率**

| 微生物 | 比生长速率/$h^{-1}$ | 倍增时间 $t_d$/h |
|---|---|---|
| 大肠杆菌 | 2 | 0.35 |
| 酵母 | 0.3 | 2.3 |
| 杂交瘤细胞 | 0.05 | 13.9 |
| 昆虫细胞 | 0.06 | 11.6 |

## 10.3.3 Monod 模型方程

1942 年，现代细胞生长动力学奠基人 J. Monod 在大量实验数据的基础上概括并提出了细胞生长减速期的一种描述底物浓度对细胞生长速率影响的 Monod 动力学模型，它也是最简单、最理想的生长模型。与米氏方程在酶反应动力学中的地位一样，其他生长模型都可被认为是理想生长模型的修正。

该模型的基本假设如下：

（1）细胞的生长为均衡生长；

（2）培养基中只有一种底物 S 是限制性底物，其他组分过量，它们的变化不影响细胞的生长；

（3）细胞得率系数 $Y_{X/S}$ 为常数。

Monod 模型方程为

$$\mu=\mu_{max}\frac{C_S}{K_S+C_S} \tag{10-19}$$

式中，$\mu$ 为比生长速率，$s^{-1}$；$\mu_{max}$ 为最大比生长速率，$s^{-1}$；$C_S$ 为限制性底物的质量浓度，g/L；$K_s$ 为饱和常数，g/L。

根据式（10-19），$\mu$ 与 $C_S$ 的关系呈抛物线变化，如图 3-10-4 所示。

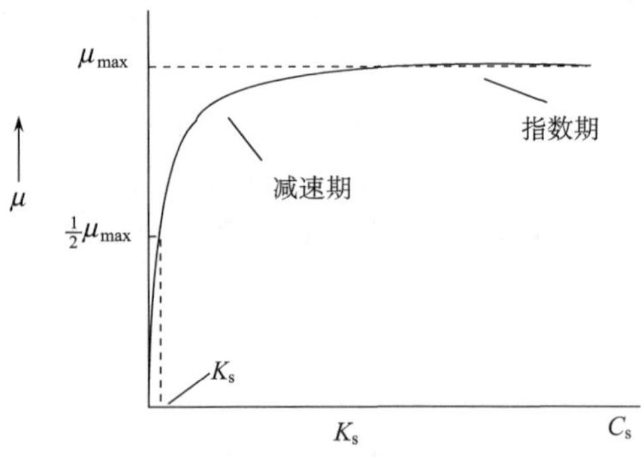


图 3-10-4 Monod 模型的关系曲线

与米氏方程类似，底物浓度对细胞生长速率的影响特征可概括为：

当 $C_S \geqslant K_S$，$\mu \approx \mu_{max}$，$\mu$ 与 $C_S$ 为零级动力学特征，此时细胞生长处于指数生长期，提高限制性底物浓度对比生长速率无影响；

当 $C_S \leqslant K_S$，$\mu \approx \mu_{max}\dfrac{C_S}{K_S}$，$\mu$ 与 $C_S$ 为一级动力学特征，此时提高限制性底物浓度可以提高比生长速率。

Monod 模型方程有两个重要参数，即 $\mu_{max}$ 和 $K_S$。

$\mu_{max}$ 为最大比生长速率，可视为细胞在底物过量时的比生长速率。它的大小同样与细胞的种类和环境条件有关。

$K_S$ 则为细胞与限制性底物亲和力的关系。$K_S$ 越小，细胞越能有效地在低浓度限制性底物条件下快速生长，$K_S$ 的大小除了与微生物种类有关外，还与底物的类型有关。

Monod 模型方程中，动力学常数的测定与 M-M 方程参数的估计方法类似。首先将 Monod 模型方程转化为线性方程的形式：

$$\frac{1}{\mu} = \frac{K_S}{\mu_{max}} \times \frac{1}{C_S} + \frac{1}{\mu_{max}} \tag{10-20}$$

或者

$$\frac{C_S}{\mu} = \frac{K_S}{\mu_{max}} + C_S \tag{10-21}$$

在不同底物浓度（$C_S$）时，测量细胞比生长速率，按照 L-B 法或 Langmuir 法作图，根据直线的斜率及其坐标轴的截距求出 $K_S$ 和 $\mu_{max}$。

Monod 模型方程是细胞生长动力学最重要的方程之一。Monod 模型方程仅适用于细胞生长速率较慢、细胞培养密度较低和底物初始浓度不是过高的情况下，此时，细胞的生长能与底物浓度成简单关系式。在很多情况下，它不能完整的说明复杂的生物过程，不能完全符合微生物的生长规律。因此，很多学者提出了其他的非结构生长模型（表 3-10-4）。

**表 3-10-4　若干非结构生长模型**

| 提出者 | 速率模型方程 | 提出者 | 速率模型方程 |
|---|---|---|---|
| Teissier<br>Moser | $\mu=\mu_{max}(1-e^{-C_S/K_S})$<br>$\mu=\mu_{max}\dfrac{C_S^n}{K_S+C_S^n}$ | Blackman | $C_S \geqslant 2K_S$，$\mu=\mu_{max}$<br>$C_S<2K_S$，$\mu=\dfrac{\mu_{max}C_S}{2K_S}$ |
| Contois | $\mu=\mu_{max}\dfrac{C_S}{K_S C_X+C_S}$ | Logistic Law | $\mu=\mu_{max}\left(1-\dfrac{C_X}{K_X}\right)$ |

## 10.3.4　有抑制的细胞反应动力学

培养液中某些物质的存在会使细胞生长的比速率下降，对细胞生长起到一定的抑制作用。细胞生长的抑制情况类似于酶的抑制情况。这些抑制包括底物抑制和产物抑制。

**1. 底物抑制**

在细胞生长过程中，所有底物均存在一个上限浓度，超过此限，会引起生长速率的下降，这种效应称为底物抑制作用。底物抑制的模式也有竞争性抑制、非竞争性抑制和反竞争性抑制等。

$$\text{对底物的非竞争性抑制：}\mu=\frac{\mu_{\max}C_S}{(K_S+C_S)\left(1+\frac{C_S}{K_{SI}}\right)} \tag{10-22}$$

或
$$\mu=\frac{\mu_{\max}C_S}{K_S+C_S\left(1+\frac{K_S}{K_{SI}}\right)+\frac{C_S^2}{K_{SI}}} \tag{10-23}$$

当 $K_{SI} \geqslant K_S$ 时，则

$$\mu=\frac{\mu_{\max}C_S}{K_S+C_S+C_S^2/K_{SI}} \tag{10-24}$$

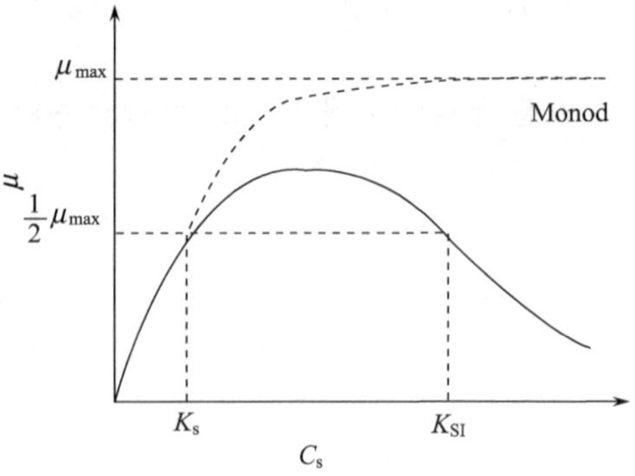


图 3-10-5 底物非竞争性抑制曲线

图 3-10-5 表示底物非竞争性抑制的曲线。由此可以看出，当底物浓度低时，细胞比生长速率随底物浓度的增加而增大，并达到最大值；当底物浓度继续增加时，比生长速率反而下降。

$$\text{对底物竞争性抑制：}\mu=\frac{\mu_{\max}C_S}{C_S+K_S\left(1+\frac{C_S}{K_{SI}}\right)} \tag{10-25}$$

上述各式中的 $K_{SI}$ 均为底物抑制常数。

**2. 产物抑制**

细胞生长过程中若代谢产物的浓度较高，也会抑制细胞的生长和其代谢能力。产物抑制动力学的模式可以是竞争性的或非竞争性的，当抑制机制未知时，可用经验式来表示。

$$\text{对产物竞争性抑制，则：}\mu=\frac{\mu_{\max}C_S}{C_S+K_S\left(1+\frac{C_P}{K_{PI}}\right)} \tag{10-26}$$

$$\text{对产物非竞争性抑制，则：}\mu=\frac{\mu_{\max}}{\left(1+\frac{K_S}{C_S}\right)\left(1+\frac{C_P}{K_{PI}}\right)} \tag{10-27}$$

经验公式主要有如下几个。

$$\text{Aiba 等：}\mu=\mu_{\max}\frac{C_S}{K_S+C_S}\exp\left(-\frac{C_P}{K_{PI}}\right) \tag{10-28}$$

$$\text{Hinshelwood：}\mu=\mu_{\max}\ (1-k_PC_P) \tag{10-29}$$

$$\text{Levenspiel：}\mu=\mu_{\max}^{*}\frac{C_S}{K_S+C_S} \tag{10-30}$$

式中，$\mu_{\max}^{*}=\mu_{\max}\left(1-\frac{C_{P}}{C_{P,\max}}\right)^{n}$

式中，$K_{PI}$为产物抑制常数；$k_P$ 为产物抑制速率常数；$C_{P,\max}$为细胞停止生长时的产物浓度；$n$ 为产物的毒性指数；$\mu_{\max}^{*}$为表观最大比生长速率。

当 $C_P=C_{P,\max}$，$\mu_{\max}^{*}$为 0，细胞停止生长。

当 $C_P=0$，$\mu_{\max}^{*}=\mu_{\max}$。

通过图 3-10-6 可知，当 $n=1$ 时，$\mu_{\max}^{*}$随 $C_P$ 的增加而呈直线下降；当 $n>1$ 时，$\mu_{\max}^{*}$随 $C_P$ 的增加，其初期下降较快，而后期下降较慢；当 $n<1$ 时，则与此相反。

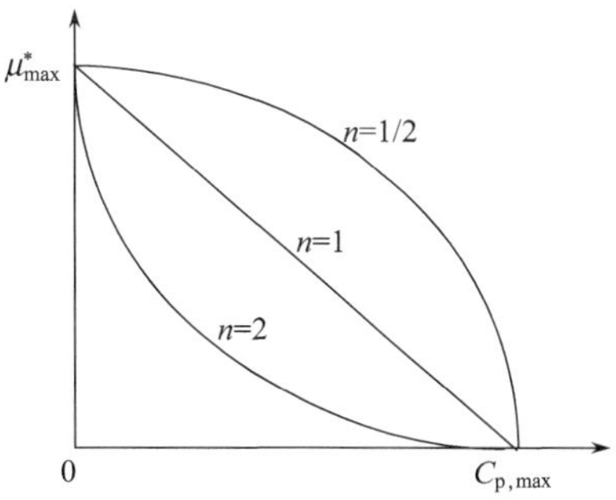

图 3-10-6 不同 $n$ 值下的 $\mu_{\max}^{*}$-$C_P$ 曲线图

## 10.3.5 影响细胞反应速率的主要环境因素

细胞的生长和代谢等生理特性受环境因素的影响很大。温度、pH、溶氧、$CO_2$、渗透压和水分等会影响细胞的生长，因此进行细胞反应过程的主要任务之一就是控制环境因素，使细胞反应过程处于最优状态。

**1. 温度**

当温度升高时，细胞内各种生化反应均会加快，有可能使胞内蛋白质、核酸及其他组分变性；若温度低于某一下限时，细胞内酶的活性下降，代谢活动缓慢，还会使胞内游离水形成冰晶，造成细胞脱水，还可因冰晶对细胞的机械损伤作用而导致细胞死亡。

因此，各种微生物细胞都有其特征性的、能进行生长的最低温度、最适温度和最高温度，如表 3-10-5 所示。

**表 3-10-5 微生物生长与温度的关系** （单位:℃）

| 分类 | 最低生长温度 | 最适生长温度 | 最高生长温度 | 举例 |
|---|---|---|---|---|
| 低温菌 | 0～10 | 10～20 | 25～30 | 发光细菌 |
| 中温菌 | 10～15 | 20～40 | 40～45 | 霉菌、酵母、放线菌、一般的细菌 |
| 高温菌 | 25～45 | 50～60 | 70～80 | 枯草菌、温泉细菌等 |

为了定量表示微生物细胞生长速率与温度的关系，常用比生长速率 $\mu$ 与热力学温度 $T$ 的倒数之间的关系来表示。

$$\mu=A\exp\left(-\frac{E}{RT}\right)$$

微生物细胞的典型活化能值为 50～70 kJ/mol。超过最适生长温度，比生长速率开始下降。这是因为细胞死亡活化能的值为 300～380 kJ/mol。细胞热死亡速率要比其生长速率对温度的变化更为敏感。随着温度的升高，细胞热死亡速率的增加远快于其生长速率的提高，致使细胞的净比生长速率下降

一方面，温度能影响细胞得率系数。当温度增加到最适温度以上时，细胞的维持能需求也在增加，导致得率系数减小，所以高温使细胞产能效率降低。另一方面，温度还

能影响胞内代谢及产物生成。细胞的最适生长温度和其产物的生成温度可能是不同的，所以在实际的细胞反应过程中常通过二阶段或变温发酵，通过对最适反应温度的合理控制来提高细胞反应过程中产物的产量。

**2. pH**

pH 是影响细胞生长特性的另一个重要因素。大多数微生物细胞能够进行生长的 pH 为 3～4 个 pH 单位，最佳生长的 pH 为 1～2 个 pH 单位。不同微生物细胞生长的最佳 pH 范围是不同的。例如，细菌的最适 pH 为中性或弱碱性（pH 6.5～8.0），霉菌和酵母的 pH 为弱酸性（pH 4.0～6.0）。

与酶促反应类似，pH 对细胞生长速率的影响可表示为

$$\mu_{\max}^{*}=\frac{\mu_{\max}}{\left(1+\dfrac{K_1}{C_{H^+}}+\dfrac{C_{H^+}}{K_2}\right)} \tag{10-31}$$

式中，$\mu_{\max}^{*}$为表观最大比生长速率；$C_{H^+}$ 为氢离子浓度；$K_1$、$K_2$ 为解离常数。

所有的微生物细胞内部的 pH 均接近于中性，但是它们大多都能耐受外部环境一定的 pH 变化。细胞内外 pH 的差值是靠消耗代谢能来维持的。这些微生物之所以能在不同的 pH 条件下生存，是因为它们能消耗代谢能将其胞内 pH 自动调节到一个狭窄的 pH 范围。

细胞的代谢活动和反应液的性质也会影响细胞反应过程中 pH 的变化。细胞通过代谢活动分泌某些酸性物质或碱性物质，细胞又利用反应液的生理酸性盐或生理碱性盐，由此导致反应环境的 pH 发生变化。同样，细胞合成产物的最适 pH 通常是不同的，pH 的变化同样会影响到产物的合成，如图 3-10-7 所示。

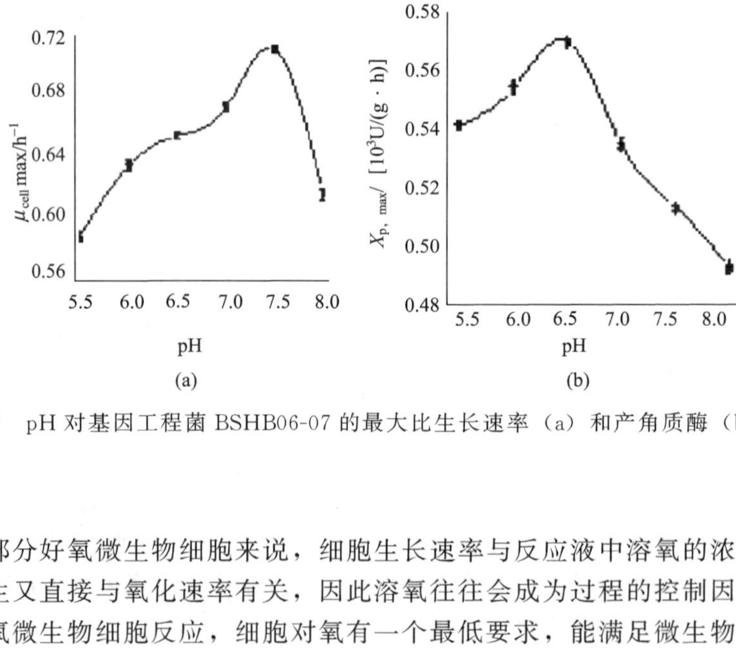


图 3-10-7　pH 对基因工程菌 BSHB06-07 的最大比生长速率（a）和产角质酶（b）的影响

**3. 溶氧**

对于大部分好氧微生物细胞来说，细胞生长速率与反应液中溶氧的浓度有关，细胞代谢能的产生又直接与氧化速率有关，因此溶氧往往会成为过程的控制因素。

对于好氧微生物细胞反应，细胞对氧有一个最低要求，能满足微生物呼吸的最低氧浓度称为临界溶氧浓度，以 $C_{OL,C}$ 表示。一般好氧微生物的临界溶氧浓度很低，为 0.003～0.05 mmol/L，为其饱和浓度的 1%～25%。

一般用氧的比消耗速率和耗氧速率定量表示微生物对氧的需求。氧的比消耗速率表示单位质量干菌体在单位时间内消耗的氧量，mmol$O_2$/(g 干菌体·h)，表示为

$$q_{O_2}=\frac{1}{Y_{X/O_2}}\mu \tag{10-32}$$

耗氧速率（摄氧率）表示单位体积反应液在单位时间内消耗的氧量，mmol$O_2$/(L·h)，可用 $r_{O_2}$ 或 OUR 表示。

耗氧速率与氧的比消耗速率的关系：

$$r_{O_2}=q_{O_2}C_X=\frac{1}{Y_{X/O_2}}\mu C_X \tag{10-33}$$

从上述讨论可以看出，当反应液中细胞浓度较高时，可能出现耗氧速率大于供氧速率的状况，导致氧浓度成为细胞生长反应的限制因素。

当氧成为细胞生长速率的限制因素时，细胞的氧比消耗速率随溶氧浓度的变化符合饱和动力学特点，可用 Monod 方程表示呼吸强度：

$$q_{O_2}=q_{O_2,\max}\frac{C_{OL}}{K_{O_2}+C_{OL}} \tag{10-34}$$

在有代谢产物生产的反应过程中，同样的供氧条件下，细胞生长阶段和产物合成阶段的临界溶氧浓度是不同的，因此在细胞反应的不同阶段应控制不同的溶氧浓度。此外，在微生物发酵过程中，要注意氧效应（巴斯德效应）的影响，氧是通过促进或抑制微生物代谢功能而影响细胞得率的。

# 10.4 底物消耗与产物生成动力学

## 10.4.1 底物消耗动力学

底物在细胞反应过程中的作用，一是合成新的细胞物质；二是合成胞外物质；三是提供能量，用于进行细胞内的反应、胞外物质的合成反应以及维持细胞内物质的浓度与环境的差别。因此，底物的消耗与细胞的生长、维持和产物的生成有密切的关系。

### 10.4.1.1 底物消耗速率的表示方式

若以单位体积反应液中底物的消耗速率来表示，且细胞生长符合 Monod 方程，则底物的消耗速率为

$$r_S=\frac{1}{Y_{X/S}}r_X=\frac{1}{Y_{X/S}}\mu C_X \tag{10-35}$$

式中，$r_S$ 称为底物的绝对消耗速率，g/(L·h)。

若以单位质量细胞（干重）在单位时间内的底物消耗量来表示，则称为底物比消耗速率，可表示为 $q_S$。

$$q_S=\frac{1}{C_X}r_S=\frac{1}{C_X}\times\frac{1}{Y_{X/S}}r_X=\frac{1}{Y_{X/S}}\mu=\frac{1}{Y_{X/S}}\mu_{\max}\frac{C_S}{K_S+C_S} \quad (10\ 36)$$

若定义：

$$q_{S,\max}=\frac{1}{Y_{X/S}}\mu_{\max} \tag{10-37}$$

则：
$$q_S=q_{S,max}\frac{C_S}{K_S+C_S} \tag{10-38}$$
式中，$q_S$ 为底物的比消耗速率。

### 10.4.1.2 底物消耗动力学

根据底物用于细胞生长、维持代谢和产物生产的用途，一般可以有 3 种底物消耗的情况。

**1. 仅用于细胞生长**

$$r_S=\frac{1}{Y_{X/S}^m}r_X=\frac{1}{Y_{X/S}^m}\mu C_X \tag{10-39}$$

$$q_S=\frac{\mu}{Y_{X/S}^m}(r_S=q_SC_X) \tag{10-40}$$

**2. 用于细胞生长和维持细胞生长**

维持能是细胞消耗能量的一部分，它用于维持细胞处于活性状态以及保持细胞内外的浓度梯度。产生维持能而消耗底物的速率可表示为

$$r_{mS}=m_SC_X \tag{10-41}$$

维持系数 $m_S$ 的定义式为单位质量细胞，在单位时间内，因维持代谢所消耗底物的数量，表示为

$$m_S=\frac{1}{C_X}\left(\frac{\Delta m_{SM}}{\Delta t}\right) \tag{10-42}$$

式中，$\Delta m_{SM}$为消耗于维持能的底物数量。

$m_S$ 是微生物菌株的一种特征值，对于特定的菌株和底物及特定的环境因素（如温度、pH），它为一个定值。$m_S$ 越小，表示细胞的能量代谢效率越高。

$$r_S=\frac{1}{Y_{X/S}^m}r_X+m_SC_X \tag{10-43}$$

$$q_S=\frac{\mu}{Y_{X/S}^m}+m_S \tag{10-44}$$

将式（10-51）与式（10-55）、式（10-56）合并，有

$$\frac{1}{Y_{X/S}}=\frac{1}{Y_{X/S}^m}+\frac{m_S}{\mu} \tag{10-45}$$

$Y_{X/S}^m>Y_{X/S}$。

**3. 用于细胞生长，维持细胞生长和产物生成**

$$r_S=\frac{1}{Y_{X/S}^m}r_X+m_SC_X+\frac{1}{Y_{P/S}^m}r_P \tag{10-46}$$

$$q_S=\frac{1}{Y_{X/S}^m}\mu+m_S+\frac{1}{Y_{P/S}^m}q_P \tag{10-47}$$

式中，$q_P$ 为产物比生成速率，即单位质量细胞在单位时间内生成产物的量，$Y_{P/S}^m$为产物的理论得率。

以上讨论的有关底物消耗动力学都是建立在单一的限制性底物基础上的，在实际的细胞反应中情况很复杂。例如，当有多种不同的底物存在时，底物的消耗和转化机制可表现为同时消耗、依次消耗和交叉消耗等情况，相应的底物消耗动力学模型也十分复杂。因此，在实际中，人们可以针对某一特定的细胞反应过程或代谢产物，研究主要限制性底物的消耗与细胞生长及产物合成的动力学关系，从而了解细胞生长代谢规律，实施反应过程的优化，提高反应水平。

## 10.4.2 代谢产物生成动力学

细胞反应生成的胞外代谢产物有醇类、有机酸、抗生素、酶和维生素等，涉及范围很广；胞内生物合成途径十分复杂，至今还难以采用统一的模型来描述代谢产物的生成动力学。

**1. 产物生成速率的表示方式**

与细胞生长速率、底物消耗速率表示方法相同，代谢产物生成速率也有两种不同的表示方式。

（1）以反应体积为基准的产物生成速率，用 $r_P$ 表示。它表示的是单位体积反应液的产物合成速率，$r_P$ 与细胞浓度有关，是进行反应过程设计的重要参数。

（2）产物比生成速率，以 $q_P$ 表示。它表示细胞合成代谢产物的活性大小。$q_P$ 与细胞浓度无关，可定量比较不同微生物细胞的生物合成活性，以有效地筛选菌株。

对代谢产物的生成模式，研究者提出了不同的分类依据及类型。下面重点讨论 Gaden 分类，即根据产物生成速率与细胞生成速率之间的动态关系分为生长偶联型、生长部分偶联型和非生长偶联型时的产物生成动力学。

**2. 根据产物生成与细胞生长的关系提出的产物生成动力学**

（1）生长偶联型产物。细胞的初级代谢产物即属于此类型，产物的生成与细胞的生长相偶联，产物的积累是细胞能量代谢的直接结果。它的动力学特征是：产物生成速率与细胞生长速率是同步和完全偶联的，都在同一时间出现高峰；两者浓度变化相同；产物的生成与底物的消耗有化学计量关系。图 3-10-8（a）表示该类型的动力学特征曲线。例如，乙醇、氨基酸、维生素等属于此类型的产物。

该类型产物的生成动力学为

$$r_P = Y_{P/X} r_X = Y^m_{P/X} \mu c_X + m c_P \tag{10-48}$$

$$q_P = Y^m_{P/X} \mu + m_P \tag{10-49}$$

式中，$Y^m_{P/X}$ 为产物对细胞理论得率；$m_P$ 为基于维持能的产物比生成速率。

（2）生长部分偶联型产物。该类型是指产物的生成是细胞能量代谢的间接结果。产物生成与细胞生长仅部分偶联。它的动力学特征是：反应前期，细胞快速生长而产物生成很少或全无；反应后期，产物快速生成而细胞也可能出现第二个生长高峰。此时的底物既要满足细胞生长所需的能量，又要作为产物合成的碳源，底物消耗速率将出现两个高峰：细胞最快生长期和产物最快合成期。从图 3-10-8（b）中可以看出，当 $\mu$ 和 $q_S$ 下降到一定值后，$q_P$ 增大；进入产物生成期，$q_P$、$\mu$ 和 $q_S$ 基本同步。属于此类型的产物有乳酸发酵。

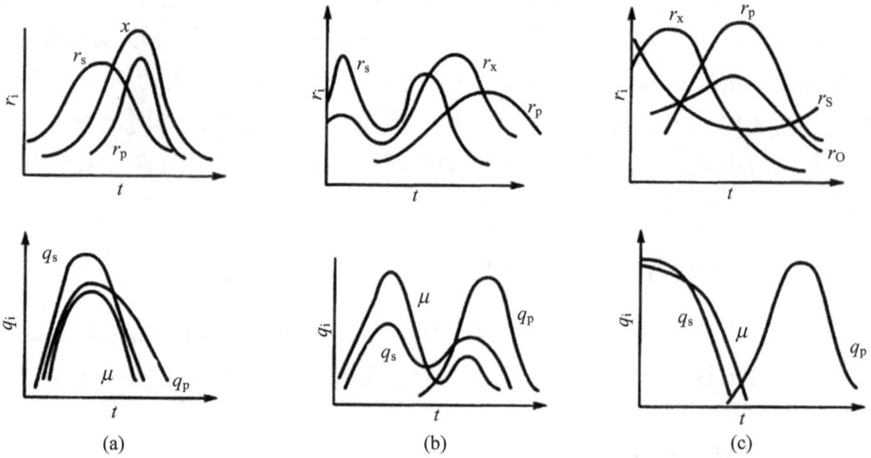


图 3-10-8　产物生成动力学模型的速率、比速率变化示意图

（a）生长偶联型；（b）生长部分偶联型；（c）非生长偶联型

该类产物生成的动力学方程为

$$r_P = \alpha r_X + \beta c_X \tag{10-50}$$

$$q_P = \alpha\mu + \beta \tag{10-51}$$

式中，$\alpha$ 为与细胞生长偶联的产物生成系数；$\beta$ 为与细胞生长非偶联的产物生成系数。通常，令 $Y_{P/X}=\alpha$，$\beta$ 则为经验参数。

（3）非生长偶联型产物。细胞的次级代谢产物即属于此类型，产物的生成与细胞的生长无直接联系，它是由细胞的独立生物合成反应所生成的。它的动力学特征是：当细胞生长时，无产物合成；当细胞停止生长后，则有大量产物积累。细胞生长与产物生成的两个阶段可以明显加以区分，产物的生成速率只与细胞积累量有关，产物的比生成速率为一个常数，它与细胞的比生长速率没有直接关系，因此产物的产率和浓度高低取决于细胞生长期结束时的生物量，而与底物的消耗无关。从图 3-10-8（c）中可以看出，该类细胞反应过程可分为细胞生长和产物合成两个阶段，也将此类发酵工艺称为二阶段发酵，属于此类型的产物有抗生素等。

该类产物生成的动力学方程为

$$r_P = \beta c_X \tag{10-52}$$

$$q_P = \beta \tag{10-53}$$

综上所述，产物比生成速率 $q_P$ 和细胞比生长速率 $\mu$ 的关系可表示为

$$q_P = \alpha\mu + \beta \tag{10-54}$$

对于生长偶联型，$\beta=0$，$q_P=Y_{P/X}\mu=\alpha\mu$，即 $q_P$ 与 $\mu$ 成正比。

对于非生长偶联型，$\alpha=0$，$q_P=\beta$，即 $q_P$ 与 $\mu$ 无关。

对与生长部分偶联型，$\alpha\neq 0$，$\beta\neq 0$，即 $q_P$ 是 $\mu$ 的一次函数。

表 3-10-6 为比生长速率对淀粉酶比生产速率与转化得率的影响。从表中可知，淀粉酶的比生产速率与比生长速率之间存在线性相关，说明在米曲霉中淀粉酶的生产是与

生长关联的，菌株形态的变化对产酶有显著影响。由此说明，比生长速率影响产物与细胞的量的变化，符合 Garden 分类中非生长偶联型的产物生成动力学。

**表 3-10-6　比生长速率对淀粉酶比生产速率与转化得率的影响**

| 试验菌株 | 发酵方式 | 基质 | 比生长速率/$h^{-1}$ | 得率系数/(FAU/g 葡萄糖) | 比生产速率/[FAU/(g·h)] |
|---|---|---|---|---|---|
| 野生型 | 补料分批 | 麦芽糊精 | 0.04 | 90 | 7.7 |
| | | 葡萄糖 | 0.04 | | 7.7 |
| | 连续培养 | | 0.15 | 98 | 27.4 |
| 转化子 | 补料分批 | | 0.018 | 400 | 20 |
| | 连续培养 | | 0.1 | 425 | 85 |
| 突变株 | 补料分批 | | 0.038 | 545 | 48 |
| | 连续培养 | | 0.1 | 570 | 130 |

（卢小玲）

# 第 11 章　生物反应器操作模型

各种细胞及其代谢产物的生产过程都要通过细胞培养，而细胞培养所用的装置就是反应器（reactor）。在生物过程中，生物反应器具有中心的作用，它是连接原料和产物的桥梁。在实验室中培养用的方瓶、锥形瓶就是反应器，扩大培养所用的各种发酵装置也是反应器，就连菌种保存用的琼脂斜面在培养阶段也是反应器。在反应器中，通过一系列生物化学过程，廉价的原料升值，获得了目的产物。因此反应器的操作是生物工程中一个极其重要的问题，它对产品的成本和质量有着重要的影响。

生物反应器的操作模型是描述理想生物反应器在不同操作方式时，反应器内所进行生物反应的动力学特征。它从反应器水平上描述生物反应过程的宏观动力学变化，它是生物反应器设计的基础模型。

## 11.1　操作模型

生物反应器的操作模型是指根据反应器的物料加入和流出的操作方式所建立的模型。

### 11.1.1　操作模型分类

根据反应器加料和出料方式的不同，可将其分为分批操作、连续操作和补料分批操作 3 个基本操作模型。

**1. 分批操作**

分批操作又称为间歇操作（图 3-11-1），是发酵工业中广泛采用的方法之一。在工业过程中有成功的应用，如柠檬酸发酵、维生素 C 两步发酵的第一步发酵、山梨醇转化为山梨糖等。它有如下特点：①反应物料一次性加入，一次性排出，操作过程中反应器与外界环境无物料交换；②反应器内的物料都具有相同的停留时间和反应时间；③反应器内细胞所处的环境不断地变化，反应过程处于非稳态操作，细胞反应不能始终在最优条件下进行，反应过程处于非定态操作；④操作简单，易于掌握，周期短，不易发生杂菌污染和菌种变异，适用于多品种、小批量的生产过程和反应速率较慢的细胞反应过程；⑤该操作有辅助操作时间（进料、出料和清洗时间），生产效率较低，下游分离纯化工程须分批进行。它是生物反应中应用最早又最多的一种操

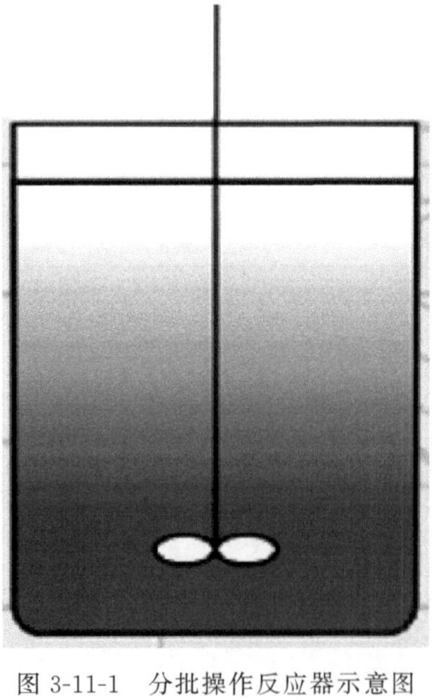

图 3-11-1　分批操作反应器示意图

作方式。

**2. 连续操作**

连续操作与分批操作特性完全相反，若在动力学曲线上选择反应速率最大的一点，则在这种理想的情况下，连续操作可达到最大的反应器生产能力，如图 3-11-2 所示。

连续操作的主要特点：①反应底物连续稳定地输入反应器中，同时反应液（包含产物）也以相同流速连续稳定地从反应器中流出，因此，反应器内反应液体积保持恒定；②由于稳态特性，底物浓度和细胞浓度保持不变，细胞所处的环境恒定，有利于动力学研究。③可进行稳定高效的过程参数控制；④具有反应条件恒定、产品质量稳定和生产效率较高的优点，常用于固定化酶催化反应。对细胞反应，由于易受到杂菌污染和存在菌种退化，若实施长期操作并维持细胞活性则存在困难，使其应用受到了限制。它适用于遗传性能稳定，反应环境不受到污染的细胞反应过程，如单细胞蛋白、面包酵母、乙醇和丙酮-丁醇发酵、污水的生化处理及固定化细胞等反应过程。

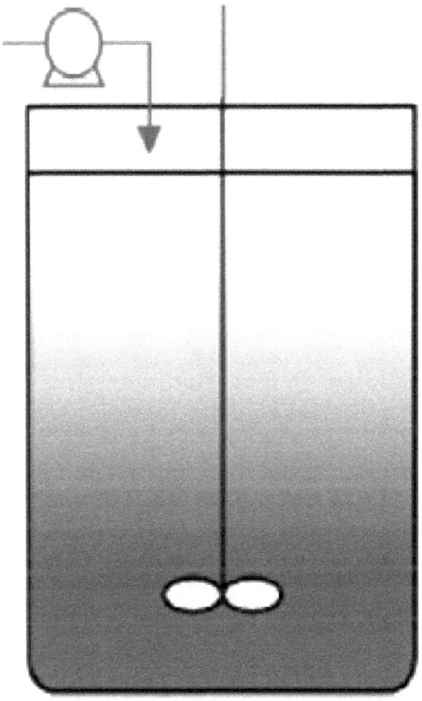

图 3-11-2　流加操作反应器示意图

**3. 补料分批操作**

补料分批操作具有较为重要的应用价值，又称为半分批操作、半连续操作、流加操作。该操作方式既有分批特性，又有连续特性，是介于分批操作和连续操作之间的一种过渡操作方式，在一定程度上弥补了它们的不足。其主要特点如下所述。①在反应进行过程中，反应物或连续或分批加入，而产物则一次性或间断地排出。②整个操作过程分为两种模式，先将少量培养液加入反应器中，以分批培养的模式进行细胞培养，当细胞浓度达到一定数值后，向反应器内加入某种特定的一种或多种限制性底物，即流加操作过程。在流加过程中，控制限制性底物浓度保持一定。当反应过程结束，将培养液一次性从反应器中取出。③可用于调节细胞反应环境中营养物的浓度。一方面它可以避免由于营养成分浓度过高而出现底物抑制现象；另一方面它又能防止某些限制性营养成分在反应过程中被消耗尽而影响细胞的生长和产物的形成。因此，它适合于次级代谢产物合成的特点以提高产量，也有利于实现细胞的高密度培养。④反应过程中，随着底物流加速率的变化，反应液的体积和组成、细胞浓度等过程状态变量均随时间而变化。所以，补料分批操作的主要特征是：通过实施流加策略，实现细胞反应过程的优化，提高反应器的生产效率（图 3-11-2）。

对流加操作，又可延伸出反复补料分批培养，又称为循环式流加操作。在流加操作过程中，定时排出一定数量的反应液，其余部分留作下一个阶段流加操作时细胞培养的种子，以此不断进行流加操作过程。该操作出料具有周期性，中间多次不连续出料。出料频繁时，较接近连续操作，有拟稳态特性。该操作具有不需要单独进行菌种培养的优点。

目前流加操作和反复流加操作由于适用于细胞高密度培养和存在底物抑制与使用缺陷型变异株的细胞反应过程，已普遍用于氨基酸、抗生素、酶制剂、单细胞蛋白、有机酸及有机溶剂等产品的生产过程，已成为生物反应器中应用较多的操作模式。

图 3-11-3 表示搅拌槽式反应器的 3 种操作模式及其进行细胞反应时的浓度分布特征。

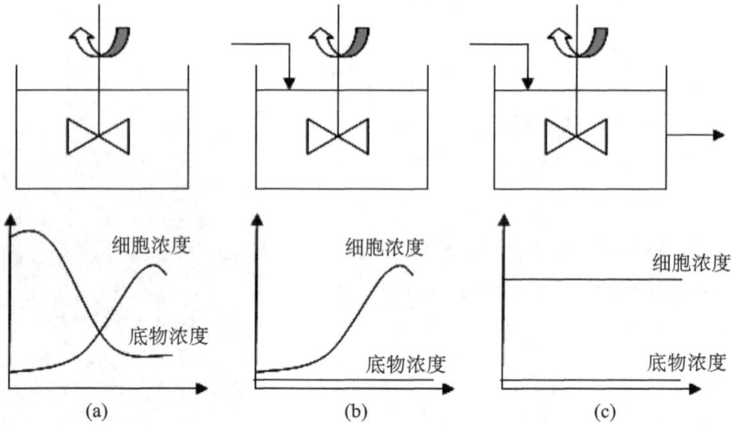


图 3-11-3　3 种操作模式细胞反应特征比较

(a) 分批操作；(b) 流加操作；(c) 连续操作

## 11.1.2　混合过程

混合是生物反应器中普遍存在的一种传递现象，它是反应体系实现均一性的过程。通过混合，反应器中的物料组成、温度和 pH 分布更加均匀，可强化反应体系的传质和传热，使细胞或颗粒保持悬浮，为生物反应创造适宜的环境。此外，反应器中流体的流动和混合程度会影响生物反应的结果。

通常采用混合程度和混合尺度来描述混合过程的特性。

混合程度表示反应器内流体的混合状况与其完全混合时的偏离程度。但是，同一混合状态的混合程度根据所取样品的尺寸大小而不同。这说明，①混合程度都是针对某一混合尺度而言的，不能完全反映其混合状态；②混合尺度表示了允许不均一性的最小尺寸，该尺寸介于体系中所存在的最小颗粒与体系本身之间。

根据混合发生的尺度，反应器中的混合过程可分为宏观混合与微观混合两种。

宏观混合是指设备尺度上的混合过程，即是描述流体微元在反应器内总体的混合特性。这里的流体微元是指含有足够多的细胞和底物分子，体积比反应器体积小很多。对连续流动反应器，宏观混合即为返混。如果搅拌作用足够使物料达到充分的混合，就说明反应器内的物料在设备尺度上达到均一，这就是返混程度达到最大的全混流状态。相反，如果物料进入反应器后，在其流动方向上无任何混合发生，这种极端的混合状态，即为轴向返混程度为零的平推流。因此，全混流和平推流是宏观混合的两种极限的流动状态。在后续的反应器介绍中将分别讨论以上述两种流动状况为基础而建立的设计模型。

微观混合是一种物料微团尺度上的混合，反映了反应器内物料的聚集状态，即为小尺度的微团混合。物料的聚集状态是指进入反应器不同物料微团间物质交换所能达到的程度和在流体微元尺度上所能达到物料组成的均匀程度。具有相同宏观混合状态的反应器，其微观混合程度可能完全不同。微观混合是控制生物反应行为的重要因素。

### 11.1.3 操作参数

评价生物反应器的操作性能时，常用的参数有停留时间、转化率、收率、体积产率和选择性等。

**1. 停留时间**

停留时间是指从反应物料进入反应器时算起到离开反应器为止所经历的时间。对于分批操作搅拌槽式反应器，所有物料的停留时间是相同的，等于反应时间；对于连续操作的搅拌槽式反应器，由于连续的进料出料，因此物料在反应器内存在停留时间分布常用平均停留时间表示。如果反应器体积为 $V_R$，物料流入反应器中的体积流量为 $F$，平均停留时间 $\tau$ 的定义式为

$$\tau = \frac{V_R}{F} \tag{11-1}$$

$\tau$ 又称为空间时间，简称为空时；$\tau$ 值越小，表示反应器处理物料的能力越大。$1/\tau$称为空间速率，简称为空速，常用 SV 表示：

$$SV = \frac{1}{\tau} = \frac{F}{V_R} \tag{11-2}$$

空速表示单位反应器体积单位时间内所处理的物料量。空速越大，反应器处理能力越大。空速其实就是稀释倍数、稀释率。连续培养中，用空速表示。

**2. 转化率**

转化率又称为底物利用率，表示供给反应器的底物发生反应的分率。表示为

$$X_S = \frac{\text{反应底物的转化量}}{\text{反应底物的起始量}} = \frac{C_{S0} - C_S}{C_{S0}} \tag{11-3}$$

对于分批操作：$C_{S0}$ 为底物初始浓度，$C_S$ 为反应时间 $t$ 时的底物浓度；对于连续操作：$C_{S0}$ 为流入反应器中的底物浓度，$C_S$ 为流出反应器的底物浓度。常用限制性底物为基准来计算其转化率。

**3. 收率**

收率是指实际产物生成量与底物全部生成目的产物的理论量之比，即收率、得率系数，在工业上称为收率。

$$Y_P = \frac{C_P}{a_{SP} C_{S0}} \tag{11-4}$$

该参数是生物反应过程优化操作的重要目标函数。

**4. 反应器生产率**

反应器生产率即目的产物在单位时间、单位反应器体积的产量，又称为反应器生产能力或容积生产率（空时得率）。

$$分批操作：P_r=\frac{C_P}{t}=\frac{C_{S0}X_S}{t} \tag{11-5}$$

式中，$t$ 为一个操作周期中反应时间 $t_r$ 与辅助时间之和；$C_P$ 为 $t$ 时反应液体积中的产物生成量。

$$连续操作：P_r=\frac{C_P}{\tau}=\frac{C_{S0}X_S}{\tau} \tag{11-6}$$

式中，$\tau$ 为物料在反应器中的平均停留时间；$C_P$ 为流出液中的产物浓度。

除了上述 $Y_P$ 和 $P_r$ 作为细胞反应过程的优化目标函数外，还有的反应是以目的产物在反应体系中的浓度 $C_P$ 作为优化目标函数。为实现生物反应过程的优化操作，$C_P$、收率和反应器生产率是3个重要参数，它们之间既相互关联，又不完全一致。在具体应用时，首先应对生物反应过程作出整体的性能评估，确定实施优化的目标参数。

### 11.1.4　基础方程

对于细胞反应，理想生物反应器操作模型的基础方程，通常由一组包括底物、产物和细胞反应动力学在内的质量衡算方程来表示。由此可描述这些状态变量随时间变化的规律。

通用的质量衡算方程表示为

［累积量］=［输入量］－［输出量］±［反应量］

式中，累积量为反应器内某组分的变化速率。反应量：对底物为其消耗速率，符合为“－”；对产物和细胞为其生成和生长速率，符合为“＋”。

在生物反应器内进行细胞反应，该反应假设为一物料处于完全混合，空间各处的浓度完全均一的理想混合搅拌槽式反应器，则细胞、底物和产物的质量衡算方程可分别表示为

$$细胞：\frac{d(V_RC_X)}{dt}=F_{in}C_{X0}-F_{out}C_X+V_Rr_X \tag{11-7}$$

$$底物：\frac{d(V_RC_S)}{dt}=F_{in}C_{S0}-F_{out}C_S+V_Rr_S \tag{11-8}$$

$$产物：\frac{d(V_RC_P)}{dt}=F_{in}C_{P0}-F_{out}C_P+V_Rr_P \tag{11-9}$$

$$体积：\frac{dV_R}{dt}=F_{in}-F_{out} \tag{11-10}$$

式中，$V_R$ 为反应器内物料体积，又称为有效体积；$F_{in}$为进料体积流量；$F_{out}$为出料体积流量；$C_{X0}$、$C_{S0}$和 $C_{P0}$分别为细胞、底物和产物的加料浓度；$C_X$、$C_S$ 和 $C_P$ 分别为细胞、底物和产物的出料浓度；$r_X$ 为细胞生成速率［mol/(L·s)］。

$$对于分批操作，则\quad F_{in}=F_{out}=0,\ \frac{dV_R}{dt}=0$$

$$对于连续操作，则\quad F_{in}=F_{out}=F,\ \frac{dV_R}{dt}=0$$

$$\text{对于流加操作，则}\quad F_{in}>0,\ F_{out}=0,\ \frac{dV_R}{dt}>0$$

根据基础方程的特征，不同的操作模式可进行简化，在已知反应动力学和操作参数的基础上，确定有关变量的变化特征，为生物反应器的设计、优化操作和控制提供必要的理论依据。

## 11.2 分批操作的搅拌槽式反应器

基本操作方程简述如下。

如果假设搅拌槽式反应器中的混合程度通过搅拌转速的增加达到无限大，即理想状态，这种反应器就成为一种分批操作的理想反应器。它的浓度、温度分布不随空间位置而改变，只是时间的函数。

分批操作的搅拌槽式反应器（batch stirred tank reactor，BSTR）的特征有：①物料完全混合（搅拌速率无穷大），没有浓度等参数的分布；②具有相同的停留时间分布。停留时间的长短取决于反应动力学和所要求的反应程度；同时它还需要用于进出物料和清洗等辅助操作时间。

对 BSTR，由于存在 $F_{in}=F_{out}=0$，$V_R$ 为常数，则式（11-7）、式（11-8）、式（11-11）可分别表示为

$$\text{细胞：}\frac{dC_X}{dt}=r_X=\mu C_X \tag{11-11}$$

$$\text{底物：}\frac{-dC_S}{dt}=r_S=q_S C_X \tag{11-12}$$

$$\text{产物：}\frac{dC_P}{dt}=r_P=q_P C_X \tag{11-13}$$

若以底物的反应程度为基准，对式（11-12）进行积分以求得所需的反应时间。

假定：$t=0$ 时，$C_S=C_{S0}$，$X_S=0$；$t=t_r$ 时，$C_S=C_S$，$X_S=X_S$。则有

$$t_r=\int_{C_S}^{C_{S0}}\frac{dC_S}{r_S} \tag{11-14}$$

和

$$t_r=C_{S0}\int_0^{X_S}\frac{dX_S}{r_S} \tag{11-15}$$

式中，$t_r$ 为底物达到某一反应程度时所需要的反应时间。

式（11-14）和式（11-15）为分批操作搅拌槽式反应的基本操作模型方程。由此可知，在分批操作反应器中进行反应时，反应达到一定程度所需的反应时间仅与该反应动力学，即反应速率快慢有关，而与反应器内物料的多少无关。

对于式（11-14）和式（11-15），简单的反应动力学可将其代入直接积分求解；复杂的反应动力学则可用如图 3-11-4 所示的图解积分法求解，以确定反应所需时间 $t_r$。根据式（11-14），对符合 M-M 方程的酶反应和符合 Monod 方程的细胞反应，均以 $C_S$-$1/r_S$ 作图，则可由该图确定分批操作达到一定反应程度时所需的反应时间 $t_r$。

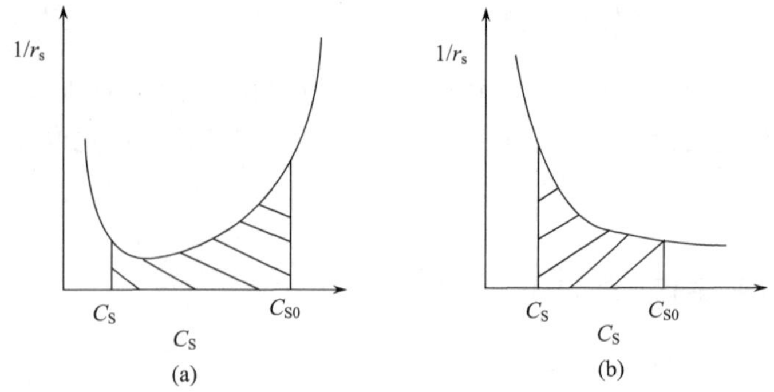


图 3-11-4　图解法确定 $t_r$

(a) 符合 Monod 方程的细胞反应；(b) 符合 M-M 方程的酶反应

# 11.3　连续操作的搅拌槽式反应器

## 11.3.1　基本操作方程

若对 BSTR 进料与出料，则一方面改变了操作方式和流动方式，有进出料的连续流动；另一方面，物料在反应器中停留时间的特征改变，有停留时间分布。这种反应器称为全混流反应器（continuous stirred tank reactor，CSTR）。

CSTR 的主要特征可概况为：①以相同的速率稳定、连续地进料和出料；②反应器内各空间上的性质，如物料体积、反应物组成等均不随时间发生改变，以空间概念来看，达到完全混合，温度、浓度等参数处处相等，并且出料也相同；③不同停留时间的物料完全有可能混合，可以认为 CSTR 是一种连续流动的极限反应器。

对单级 CSTR，有 $F_{in}=F_{out}=F$，$V_R$ 为常数，则细胞、底物和产物的质量衡算可表示为

$$细胞：V_R\frac{dC_X}{dt}=F(C_{X0}-C_X)+V_Rr_X \tag{11-16}$$

$$底物：V_R\frac{dC_S}{dt}=F(C_{S0}-C_S)-V_Rr_S \tag{11-17}$$

$$产物：V_R\frac{dC_P}{dt}=F(C_{P0}-C_P)+V_Rr_P \tag{11-18}$$

对底物进行衡算，在定态操作下，$\frac{dC_S}{dt}=0$

$$X_S=\frac{反应底物的转化量}{反应底物的起始量}=\frac{C_{S0}-C_S}{C_{S0}}$$

$$\tau_m=\frac{V_R}{F}=\frac{C_{S0}-C_S}{r_S}=\frac{C_{S0}X_S}{r_S} \tag{11-19}$$

$\tau_m$ 为 CSTR 的空时，即物料在 CSTR 中的平均停留时间。空速的大小表示 CSTR 的生产能力大小。对于细胞反应，空速也称为稀释率，以 $D$ 表示。

$$D=\frac{F}{V_R}=\frac{1}{\tau_m} \tag{11-20}$$

式（11-19）为 CSTR 的基本操作模型方程。由此可知，①$C_S$ 和 $X_S$ 均为反应器内或其出口的底物浓度或转化率，$r_S$ 为此浓度下的反应速率，反应过程中 $C_S$、$X_S$ 和 $r_S$ 均为常量；②该式为一个代数关系式，只要将某反应动力学方程和有关操作参数带入，则很容易确定 $\tau_m$ 或 $V_R$ 值。

若根据式（11-19），对符合米氏方程酶反应和 Monod 方程的细胞反应，均以 $C_S$-$1/Y_S$ 作图，则可由图解法来确定当反应到某一程度时所需的空时 $\tau_m$ 值，如图 3-11-5 所示。

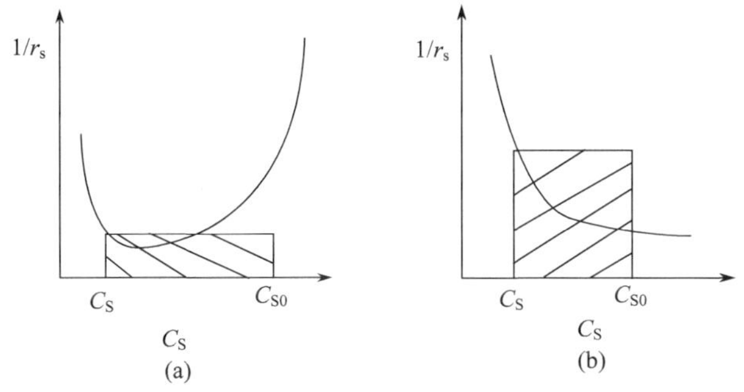


图 3-11-5 图解法确定 CSTR 的 $t_r$

（a）符合 Monod 方程的细胞反应；（b）符合 M-M 方程的酶反应

## 11.3.2 细胞反应的单级 CSTR

在 CSTR 中进行细胞反应，反应器中含有一定量的细胞，在一定进料量范围内，即使所加入的物料中不含有细胞，也能实现 CSTR 的稳态操作。根据其达到稳定状态的方法不同，可将其分为恒化器法和恒浊器法两种。CSTR 中的细胞反应就是连续培养。

恒化器（chemostat）是指在连续培养过程中，保持稳定地进料和出料速率，通过细胞自身的生长与代谢特性，致使反应过程达到稳定态（图 3-11-6）。底物浓度和细胞浓度随时间变化，$C_X$ 与 $C_S$ 在空间上变化。恒浊器（pH state、DO state、$\mu$ state、$C$x

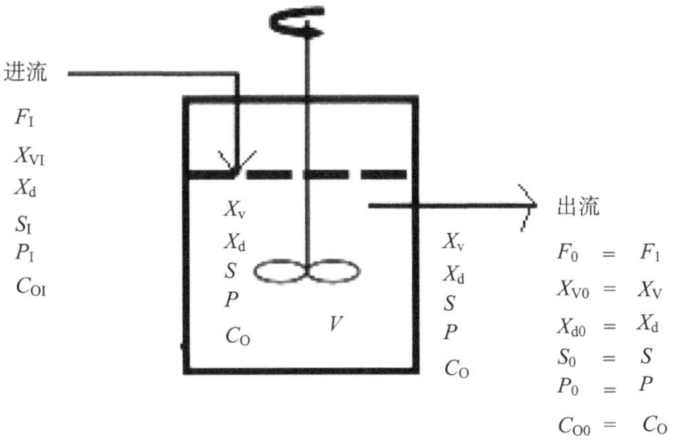


图 3-11-6 单级恒化器示意图

state）与恒化器相反，是指根据细胞的生长情况，用一定的装置（传感器），控制培养基的加料速率，以维持反应器内细胞的生长至定态。这种控制模式也称为反馈控制，这种装置要在线测量比浊度。预先确定细胞浓度，通过反馈控制培养基加入速率，以维持反应器内细胞浓度的恒定。

由于恒化器法操作简单和易控制，它又是限制性底物可自身平衡的系统，可在低于$\mu_{max}$下很宽的范围内保持稳态操作，因此它是 CSTR 的主要操作方式，而恒浊器法已应用不多。实际上实验室和工业上的连续操作，我们一般用恒化器而不是恒浊器，以下讨论恒化器。

**1. Monod 动力学的 CSTR 操作特性**

根据 CSTR 的基本操作方程式（11-16）、式（11-17）、式（11-18）和式（11-20），则有

$$\frac{dC_X}{dt}=D(C_{X0}-C_X)+r_X \tag{11-21}$$

$$\frac{dC_S}{dt}=D(C_{S0}-C_S)-r_S \tag{11-22}$$

$$\frac{dC_P}{dt}=D(C_{P0}-C_P)+r_P \tag{11-23}$$

若 $C_{X0}=C_{P0}=0$，CSTR 达到稳态操作，则$\frac{dC_X}{dt}=\frac{dC_S}{dt}=\frac{dC_P}{dt}=0$

$$r_X=DC_X$$

$$r_S=D(C_{S0}-C_S)$$

$$r_P=DC_P$$

因：$r_X=\mu C_X$

则有：$D=\mu$ （11-24）

式（11-24）表示 CSTR 达到稳态操作时，细胞比生长速率与稀释率相等，这是单级 CSTR 的重要操作特性。

$\mu$ 是细胞的生长特性，而 $D$ 则是操作参数，这表明，通过改变加料速率（或 $V_R$），就可以改变稳态下单级 CSTR 的细胞比生长速率，从而达到控制细胞生长活性的目的。因此，CSTR 可用以固定细胞的比生长速率。

若细胞生长为底物限制性生长，且符合 Monod 方程，CSTR 处于稳态下，则根据式（11-24），有

$$D=\mu=\frac{\mu_{max}C_S}{K_S+C_S} \tag{11-25}$$

则：

$$C_S=\frac{K_S D}{\mu_{max}-D} \tag{11-26}$$

若不考虑有产物的生成，此时 CSTR 中的 $C_X$ 为

$$C_X=Y_{X/S}(C_{S0}-C_S)=Y_{X/S}\left(C_{S0}-\frac{K_S D}{\mu_{max}-D}\right) \tag{11-27}$$

产物的量 $C_p$ 为

$$C_P = Y_{P/S}(C_{S0} - C_S) = Y_{P/S}\left(C_{S0} - \frac{K_S D}{\mu_{max} - D}\right) \tag{11-28}$$

单位时间、单位反应器有效体积的细胞质量生成：

$$(P_r)_X = r_X = DC_X = DY_{X/S}(C_{S0} - C_S) = DY_{X/S}\left(C_{S0} - \frac{K_S D}{\mu_{max} - D}\right) \tag{11-29}$$

上述各式中，只有 $\mu_{max} > D$ 才是正确的。如果 $\mu_{max} < D$，则细胞在反应器内的生长速率将小于细胞随物料流出的速率，出现细胞洗出现象，此时上述各式不能使用。

从式（11-26）可以看出，稳态下 $C_S$ 值的大小主要由 $D$ 来决定，而与 $C_{S0}$ 无关。当低 $K_S$ 值时，随 $D$ 的增加，$C_S$ 开始缓慢增加，当 $D$ 很大时，$C_S$ 则增加明显；当高 $K_S$ 值时，随 $D$ 的增加，$C_S$ 开始快速增加，当 $D$ 很大时，$C_S$ 则呈渐进式的增加。所以，$K_S$ 值影响 $C_S$ 曲线上升部分的曲线，$K_S$ 值越小，则曲线越陡。

从式（11-27）可以看出，稳态下 $C_X$ 值的大小主要取决于 $C_{S0}$ 和 $D$。当提高 $C_{S0}$ 值，可使 $C_X$ 值增加，而 $C_S$ 值不变；若提高 $D$ 值，则 $C_X$ 值下降。

图 3-11-7 表示 CSTR 中稳态的细胞浓度、底物浓度和细胞生产能力随稀释率变化的规律。

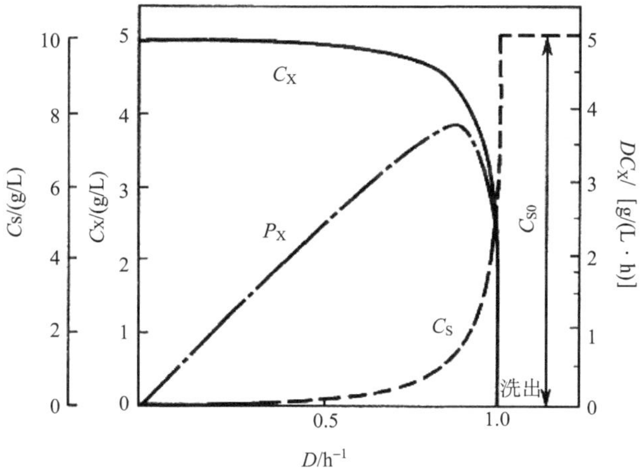


图 3-11-7　CSTR 中稳态 $C_X$、$C_S$ 和 $r_X$ 随 $D$ 变化的曲线

从图 3-11-7 中可明显看出，操作变量 $D$ 有两个重要的特征值需要进行讨论。

（1）临界稀释率 $D_C$。从图 3-11-7 可以看出，随着 $D$ 的增大，反应器内 $C_X$ 在减少，而 $C_S$ 在增加。当 $D = D_C$ 时，则有 $C_X = 0$、$C_S = C_{S0}$ 和 $DC_X = 0$，此时称为洗出状态，并有

$$D_C = \mu_{max}\frac{C_{S0}}{K_S + C_{S0}} \tag{11-30}$$

$D_C$ 是 CSTR 的重要操作参数，它是操作中所允许的上限，若超过此稀释率，CSTR 则无法进行细胞的连续培养。$D_C$ 的大小取决于细胞的生长动力学特性及加料中限制性底物的浓度，它是由 $\mu_{max}$、$K_S$ 和 $C_{S0}$ 所共同决定的。当 $C_{S0} \gg K_S$，则 $D_C \approx \mu_{max}$。

（2）最佳稀释率 $D_{opt}$。从图 3-11-7 可以看出，随着 $D$ 的增大，细胞生成能力 $r_X$ 有一个最大值，相应的稀释率称为最佳稀释率 $D_{opt}$。

若令：$\frac{dr_X}{dD}=0$

则有，$D_{opt}=\mu_{max}\left(1-\sqrt{\frac{K_S}{K_S+C_{S0}}}\right)$ （11-31）

此时 CSTR 中的细胞浓度为

$$C_{X,opt}=Y_{X/S}\left[C_{S0}+K_S-\sqrt{K_S(K_S+C_{S0})}\right] \tag{11-32}$$

细胞最大生产速率为

$$r_{X,max}=D_{opt}C_{X,opt}=Y_{X/S}\mu_{max}\left(\sqrt{K_S+C_{S0}}-\sqrt{K_S}\right)^2 \tag{11-33}$$

若 $C_{S0}\gg K_S$ 时，则有

$$r_{X,max}=Y_{X/S}\mu_{max}C_{S0} \tag{11-34}$$

在细胞生产能力为最大值附近，细胞生产能力对稀释率的变化十分敏感，为了保证体系的操作稳定性，一般都选择在小于 $D_{opt}$ 的条件下操作。

**2. 带细胞循环的单级 CSTR**

在进行单级 CSTR 操作时，常控制稀释率 $D$ 在远离 $D_C$ 的条件下进行细胞反应，致使反应器内细胞生长速率和细胞浓度较低，这使得反应器的生产能力不高。为此，可将反应器流出物中的部分细胞循环回到反应器，以增加反应器中的细胞浓度，提高细胞反应速率和反应器生产效率。根据细胞反应的自催化特征，反应器中的细胞浓度不能无限制增加，否则反应器就不能实现稳态操作。因此，带有细胞循环的反应体系中，必须同时释放出部分带细胞的物料，以实现体系的稳态操作。释放细胞的途径有多种：从细胞分离器排出或从反应器中直接排出等。

下面主要讨论 CSTR 与离心或沉降组合的细胞循环系统。

细胞循环系统如图 3-11-8 所示。反应器的流出液进入分离器，或离心，或沉降，将含有较高细胞浓度的反应液（重相）循环回到反应器入口，并与进入反应器的新物料

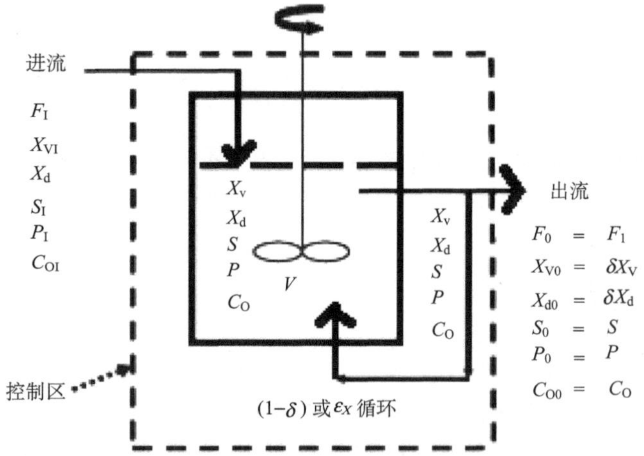


图 3-11-8 带细胞循环的 CSTR

混合后进入反应器；另外一股含有较低细胞浓度的反应液（轻相）排出反应系统。

物料循环比：循环物料体积流量与进入系统新物料体积流量之比表示为

$$R=\frac{F_{r}}{F}>0 \tag{11-35}$$

细胞浓缩比：循环物料的细胞浓度与反应器内细胞浓度之比表示为

$$\beta=\frac{C_{Xr}}{C_{X}}>1 \tag{11-36}$$

在稳态下，对 CSTR 中的细胞质量和底物质量做衡算，具体推导不讨论，可得到下述结论：

（1）
$$D=\frac{\mu}{1+R-R\beta}=\frac{\mu}{W},\ 0<W<1 \tag{11-37}$$

所以 $D>\mu$，与单级恒化器不同。

由此可以看出：在有细胞循环时的 CSTR，其稳态下的细胞比生长速率与稀释率不再相等，而且由于细胞浓缩比 $\beta>1$，所以其稀释率恒大于比生长速率。$W$ 又称为分离常数。从上述讨论可以看出，必须选择恰当的 $R$ 和 $\beta$，使其为 $0<W<1$。只有 $W<1$ 时，才有 $D>\mu$ 的关系。而当 $\beta=1$ 时，$W=1$，则失去循环的意义。但是，当 $R=0$（无循环）或 $\beta=1$（无细胞浓缩）时，$D$ 和 $\mu$ 均为 1，则为无循环的单级 CSTR。

（2）
$$C_{S}=\frac{K_{S}WD}{\mu_{max}-WD} \tag{11-38}$$

$$C_{X}=\frac{Y_{X/S}}{W}\left(C_{S0}-\frac{K_{S}WD}{\mu_{max}-WD}\right) \tag{11-39}$$

与单级 CSTR 做比较，循环式恒化器的 $C_{X}$ 增大，反应器的底物利用提高，残余的底物浓度下降。

临界稀释率改变：

$$D_{Cr}=\frac{1}{W}\frac{\mu_{max}C_{S0}}{K_{S}+C_{S0}}=\frac{1}{W}D_{C} \tag{11-40}$$

可见 $D_{Cr}>D_{C}$。

由于有浓缩细胞的循环，CSTR 的临界稀释率提高，允许的加料速率也提高；若加料速率维持不变，则所需反应器有效体积可减小。

$r_{X}=D_{C_X}$，由图 3-11-9 可以看出，对细胞进行浓缩后并循环，可明显提高 CSTR 中的 $C_{X}$ 和 $D_{C_X}$ 值。但是，如果不进行细胞浓缩，即 $\beta=1$，而仅仅循环，则无上述结果。

## 11.3.3 细胞反应的多级 CSTR

采用多级 CSTR 串联的操作方式进行细胞反应有下述优点：根据细胞反应的特点，不同反应器内可采用不同的操作条件（如温度、pH 等），以求反应的最佳化；有利于多种底物的利用和次级代谢物的生成等。

对于多个 CSTR 相串联体系，每一级反应器的操作方式，空间-浓度和时间-浓度曲线均与 CSTR 相同，但整个串联系统的空间-浓度和时间-浓度曲线呈典型的阶跃变化，当串联反应器较多时，其空间-浓度曲线接近于 CPFR 的分布曲线。通过图 3-11-10 可

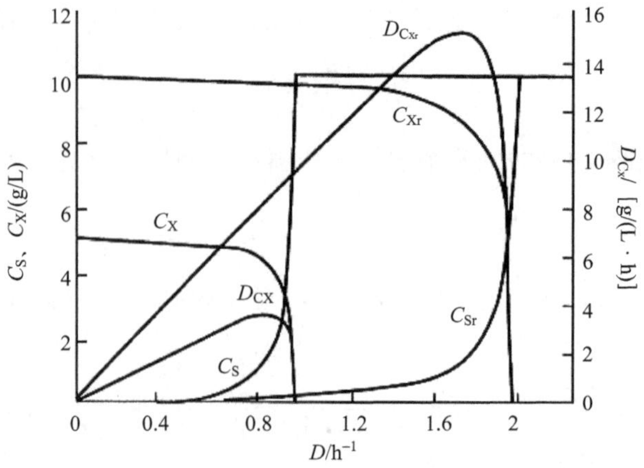

图 3-11-9　CSTR 有无细胞循环的比较

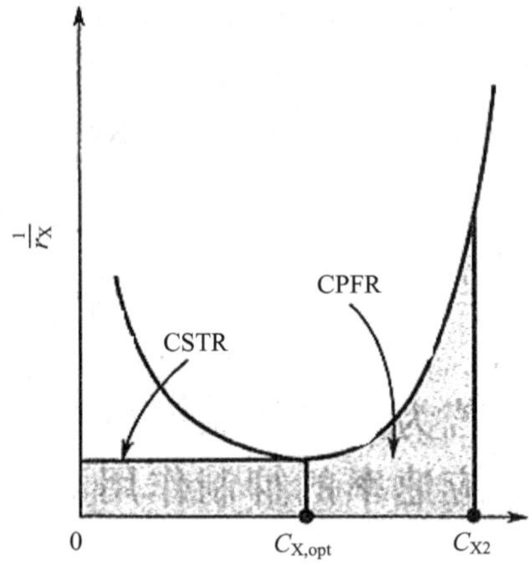

图 3-11-10　CSTR 与 CPFR 联合使用时 $1/r_X$ 与 $C_x$ 的关系图

知，在相同的 $C_X$（$C_X \geqslant C_{X,opt}$）下，CSTR＋CPFR 的效果要优于 CSTR＋CSTR，即要求最终底物浓度较低，当 $C_X$ 大于 $C_{X,opt}$ 很多时，使停留时间最小的系统是在 $C_{X,opt}$ 下操作的 CSTR 后串联一个 CPFR。但是 CPFR 很少用于微生物培养，特别是好氧培养。即便能在 CPFR 中培养，其动力学也与 CSTR 中的相差很远，因此生产中更实际的方法是采用多级 CSTR。

多级 CSTR 串联的操作方式一般有 3 种：①直接由第一个反应器加料，即单股多级 CSTR 系统；②各反应器均可独立加料，即多股多级系统；③由第一反应器加料，最后反应器的出料中部分循环回到第一反应器中，即带循环的多级 CSTR 系统。

下面主要讨论单股两级 CSTR 串联系统。

假设为：一股进料，稳态操作，则有 $F'=0$，$F=F_1=F_2$；各 CSTR 体积相同，即 $V_{R1}=V_{R2}$；反应器内物料完全混合；各 CSTR 操作条件相同，$Y_{X/S}$ 为常数。

若对第一级 CSTR 做细胞和底物的质量衡算，可得到与单级 CSTR 相同的关系式。

对第二级 CSTR 做细胞和底物的质量衡算，则有下述关系。

细胞：$\mu_2=D\left(1-\frac{C_{X1}}{C_{X2}}\right)$

因为 $0<\frac{C_{X1}}{C_{X2}}<1$，所以 $\mu_2<D$，即第二级 CSTR 中细胞比生长速率小于稀释率。而且随着反应器级数的不断增加，细胞的比生长速率越来越小。

底物：$(\mu_{max}-D)\ C_{S2}^2-\left(\mu_{max}C_{S0}+K_SD-\frac{K_SD^2}{\mu_{max}-D}\right)C_{S2}+\frac{K_S^2D^2}{\mu_{max}-D}=0$

由此可知，稳态操作时：①两级串联 CSTR 的临界稀释率相同，即在相同 $D_c$ 下被洗出；②存在 $C_{S2}<C_{S1}$，这表示底物进一步得到利用，但第二级 CSTR 中细胞生长速率，即 $D\ (C_{X2}-C_{X1})$ 值较低；③从第二级 CSTR 开始，存在 $\mu<D$。随着级数的增加，其 $\mu$ 值将依次减小，这是因为其限制性底物浓度越来越低。

若为 $N$ 个 CSTR 相串联，稳态操作时，经过推导可得

$$D(C_{X,N}-C_{X,N-1})=r_{X,N} \tag{11-41}$$

$$D=\frac{r_{X,N}}{C_{X,N}-C_{X,N-1}} \tag{11-42}$$

细胞本身有 $r_X-C_X$ 曲线。若以 $C_{X,N}-r_{X,N}$ 作图（图 3-11-11），则应为一直线，斜率为 $D$。对第一级 CSTR，若以 $C'_{X0}$ 为起点，根据式（11-42）做直线，斜率为 $D=\mu$，该直线与动力学曲线交点的横坐标，即为 $C_{X1}$，同样可求出后继串联 CSTR 的 $C_X$ 值。根据上述方法，若已知 CSTR 串联级数 $N$ 和稀释率 $D$，则可确定每一级的 $C_X$ 和 $C_S$ 值；若已知 $N$ 和最终细胞浓度或底物浓度，则可通过试差法确定 $D$ 值，或已知 $D$ 和 $C_{X,N}$ 值，也可确定 $N$ 值。

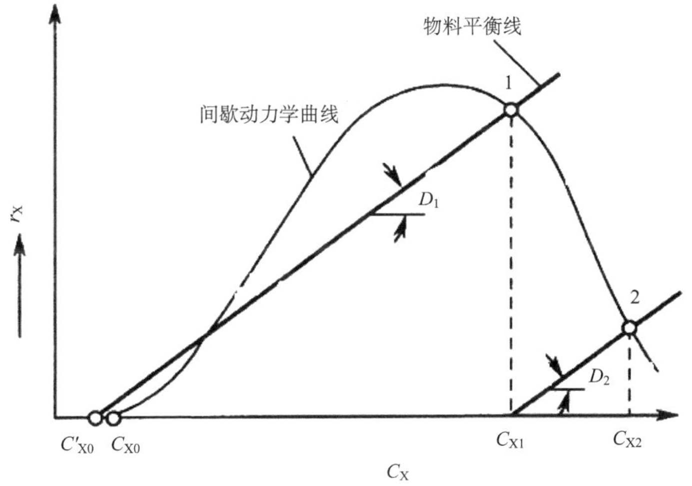


图 3-11-11　作图法估测多级 CSTR 串联的参数

# 11.4　连续操作的管式反应器

## 11.4.1　理想流动和非理想流动

CSTR 的对立面即是 CPFR（continuous plug flow reactor）。这是对连续操作的管式反应器的理想化。通常情况下，在管式反应器中，沿横截面有流动引起的速率分布和浓度分布。如果提高流速，达到相当大时，这时这种分布逐渐消失。如果径向没有速率分布，则反应器中的物料好像一个活塞在移动，所以也称为理想排剂、活塞流反应器。

该操作模型的特征：①空间上混合不可能，分布有梯度；②不同停留时间的物料微

元不可能混合。从以上结果可知，CSTR 与 CPFR 呈两种完全不同的流动与混合的极限状态。CSTR 在空间上达到完全混合，反应器内不存在浓度分布或梯度；CPFR 在流动方向上不存在混合，沿流动方向上有浓度梯度，径向没有浓度梯度。所以将这两种反应器中的两种极端的流动状态称为理想流动。

图 3-11-12（a）所示为平推流的停留时间分布，表明所有流体粒子在反应器内的停留时间相同。图 3-11-12（b）所示为全混流的停留时间分布，表明所有流体粒子在反应器内的停留时间分布随时间的增加而单调上升。当 $t\rightarrow\infty$时，$F(t)\rightarrow 1$，说明流体粒子在 CSTR 中的停留时间极度参差不齐，从 0 到无限大，返混程度最大。

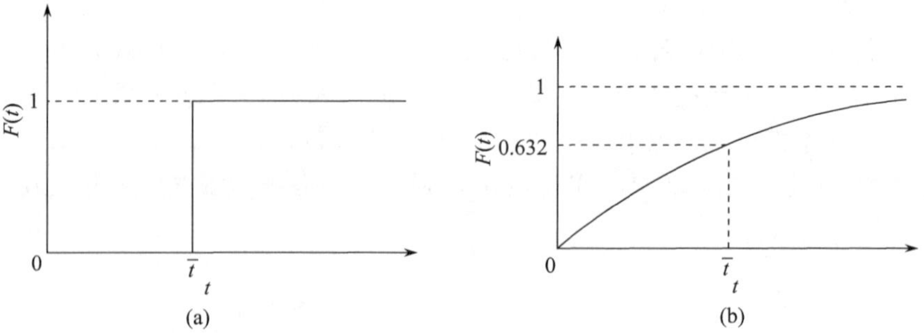


图 3-11-12　不同操作方式的停留时间分布比较

（a）平推流；（b）全混流

在实际的连续流动反应器中，流体粒子的流动状态处于这两者之间。对于这两种极限状态的中间混合状态，有一种尺度可以说明这种实际的连续流动状况，这就是返混。

返混（反向混合）(back mixing) 是指反应器中不同年龄质点之间的混合。返混的概念只有在连续操作的情况下才有意义。这个概念也是指一种混合概念，但这种混合不是指 BSTR 中的混合，这是时间概念上的返混。在 BSTR 中，虽然反应器中物料被搅拌均匀，但在反应器中并不存在时间概念上的返混。

返混是一个重要的工程因素（或称为宏观动力学因素），是可以根据动力学特性调用的因素。例如，在讨论均相酶反应时，我们知道底物浓度水平影响反应速率。假设动力学要求一定的浓度水平，而选择的连续操作反应器有一定的返混程度，也就是有一个适合的浓度分布，则可以满足宏观动力学速率最大的要求。

返混程度的大小可用停留时间分布加以描述。但是，由于停留时间分布与返混之间不一定存在着对应关系，即一定的返混必然会造成确定的停留时间分布，但同一停留时间分布却可以是由不同的返混所造成的，因此不能直接把测定的停留时间分布用于描述返混的程度，而是要借助于模型模拟的方法。根据实际的流动情况，选择一个切合实际的并加以合理简化的流动模型，并用数学模型的方法关联返混与停留时间分布的定量关系，然后通过停留时间分布的实验来检验模型并确定模型参数，最后结合反应动力学数据来计算反应结果。

在实际的大型工业反应器中，其流体流动状况偏离理想流动的原因主要有：速率分布引起的不均匀流动，如死角、沟流，短路等；空间上的反向流动，如在机械搅拌反应器和流化床内等都有可能存在的流体循环运动。

## 11.4.2 基本操作方程

连续操作管式反应器操作模型的主要特征是：在反应进行过程中，反应物料恒速连续地加入和排出，物料在反应器内的停留时间相同；流体流动方向上，即轴向不存在返混，反应物系的浓度和反应速率仅沿轴向位置而变，但不随时间而变。

对 CPFR 做反应物质量衡算时，需考虑反应物在反应器内的流动方向上，即轴向上存在浓度梯度。为此需要在其流动方向上任一位置取一个体积为 $\mathrm{d}V_{\mathrm{R}}$ 的微元体，做底物的质量衡算。

对 $\mathrm{d}V_{\mathrm{R}}$ 做底物衡算式为

$$\mathrm{d}V_{\mathrm{R}}\frac{\mathrm{d}C_{\mathrm{S1}}}{\mathrm{d}t}=FC_{\mathrm{S1}}-\mathrm{d}V_{\mathrm{R}}r_{\mathrm{S}}-F(C_{\mathrm{S1}}+\mathrm{d}C_{\mathrm{S1}})$$

稳态时，$\frac{\mathrm{d}C_{\mathrm{S1}}}{\mathrm{d}t}=0$，则有：$-F\mathrm{d}C_{\mathrm{S1}}=r_{\mathrm{S}}\mathrm{d}V_{\mathrm{R}}$

$$X_{\mathrm{S}}=\frac{\text{反应底物的转化量}}{\text{反应底物的起始量}}=\frac{C_{\mathrm{S0}}-C_{\mathrm{S}}}{C_{\mathrm{S0}}}$$

积分并整理，得

$$\tau_{\mathrm{P}}=\frac{V_{\mathrm{R}}}{F}=\int_{C_{\mathrm{S}}}^{C_{\mathrm{S0}}}\frac{\mathrm{d}C_{\mathrm{S}}}{r_{\mathrm{S}}}=C_{\mathrm{S0}}\int_{0}^{X_{\mathrm{S}}}\frac{\mathrm{d}X_{\mathrm{S}}}{r_{\mathrm{S}}} \tag{11-43}$$

由此可以看出，CPFR 与 BSTR 具有相似的操作特性和模型方程。

## 11.4.3 CSTR 型与 CPFR 型反应器性能的比较

进行连续操作反应器优化设计的主要问题是如何根据不同的反应动力学特点，选择适宜的反应器型式，在完成预定生产任务的前提下，以使反应器体积最小。下面以均相酶反应为例，根据酶催化反应的动力学特点，对 CPFR 和 CSTR 的操作性能进行比较与选择。

以动力学符合米氏方程的均相酶反应为例，对同一反应体系，在 $F$、$C_{\mathrm{S0}}$ 和 $C_{\mathrm{E0}}$ 相同的条件下，达到同一转化率时，CSTR 与 CPFR 两者所需反应器的有效体积之比，即在 $C_{\mathrm{E0}}$ 相同时两者所需酶量之比为

$$\frac{V_{\mathrm{R,\,CSTR}}}{V_{\mathrm{R,\,CPFR}}}=\frac{E_{\mathrm{CSTR}}}{E_{\mathrm{CPFR}}}=\frac{X_{\mathrm{S}}+\frac{K_{\mathrm{m}}}{C_{\mathrm{S0}}}\left(\frac{X_{\mathrm{S}}}{1-X_{\mathrm{S}}}\right)}{X_{\mathrm{S}}+\frac{K_{\mathrm{m}}}{C_{\mathrm{S0}}}\ln\frac{1}{1-X_{\mathrm{S}}}}$$

以 $K_{\mathrm{m}}/C_{\mathrm{S0}}$ 为参数，以 $E_{\mathrm{CSTR}}/E_{\mathrm{CPFR}}$-$X_{\mathrm{S}}$ 作图，可得到如图 3-11-13 所示的结果。

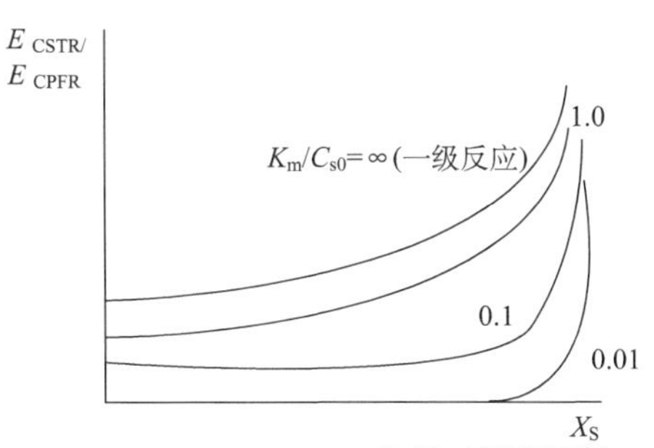


图 3-11-13 $E_{\mathrm{CSTR}}/E_{\mathrm{CPFR}}$-$X_{\mathrm{S}}$ 的关系图

从图 3-11-13 可以看出，达到同一 $X_{\mathrm{S}}$ 时，$E_{\mathrm{CSTR}}>E_{\mathrm{CPFR}}$；随着 $X_{\mathrm{S}}$ 的提高，两者的差别将增大；随着 $K_{\mathrm{m}}/C_{\mathrm{S0}}$ 值的增大，其比值也在增大。这表明，随着反应程度和反应级数的提高，两种反应器的操作性能差别也在增大。

若根据式（11-40），可在 $X_S$-$1/r_S$ 的图上通过图解得到如图 3-11-14 所示的 CPFR 与 CSTR 的性能比较图。由该图可以看出：对无抑制的符合米氏方程的酶催化反应，在相同操作条件下达到相同的反应程度时，两者所需空时是不同的，CSTR 所需空时要大于 CPFR 所需空时，即 CSTR 所需体积要比 CPFR 的大，并且随着反应程度（$X_{SI}$）的提高，即反应器出口底物浓度降低，两者的差别增大。

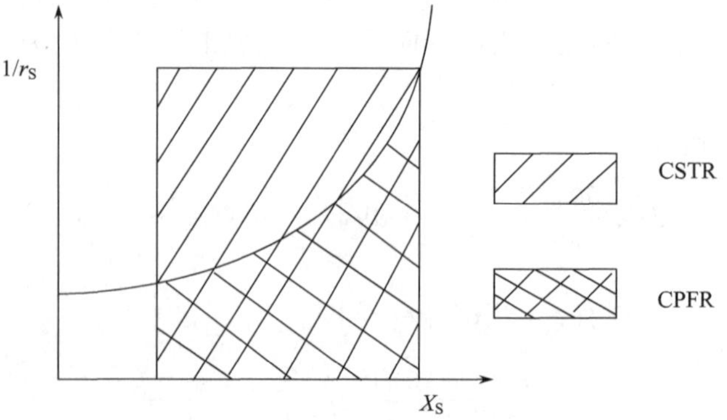


图 3-11-14　CPFR 与 CSTR 的空时比较

造成上述差别的最主要原因是：CPFR 与 CSTR 内酶反应的底物浓度和产物浓度存在不同的分布特征，如图 3-11-15 所示。由该图可以看出：在 CSTR 中，反应器底物维持相对较低的浓度水平，而反应产物则维持相对较高的浓度水平；在 CPFR 中则相反，底物浓度水平较高，而产物浓度水平较低。所以，对无抑制的米氏方程反应，则有如下关系。

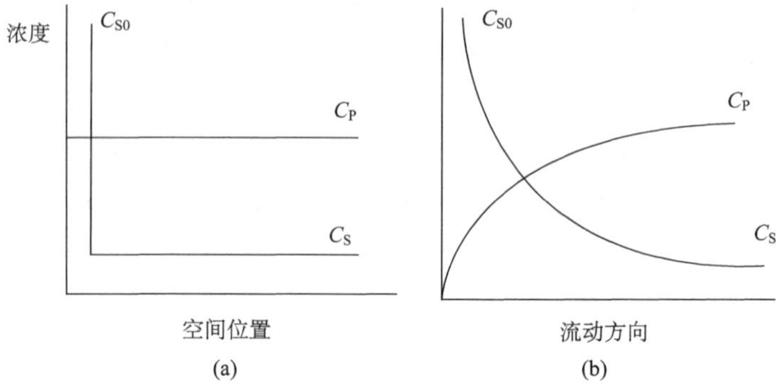


图 3-11-15　CSTR 与 CPFR 中的浓度分布示意图

（a）CSTR；（b）CPFR

当底物浓度很高时，即 $K_m/C_{S0}$ 值很低时，反应速率呈零级反应特点，由于反应速率与浓度高低无关，达到同一转化率时存在 $V_{R,CSTR}=V_{R,CPFR}$。

当底物浓度较低时，即 $K_m/C_{S0}$ 值较高时，反应速率呈一级反应特点，反应速率与底物浓度成正比。由于 CPFR 内维持了相对高的底物浓度，当转化率相同时，存在 $V_{R,CSTR}>V_{R,CPFR}$。

若为底物抑制的酶反应，由于 CPFR 中维持了比 CSTR 更高的底物浓度，因而

CPFR中底物对反应速率的抑制作用更为强烈，此时若采用 CSTR 则有利于减少底物抑制程度。若为产物抑制的酶反应，由于 CSTR 中维持了比 CPFR 更高的产物浓度，导致了 CSTR 中产物对反应速率的抑制作用更大，此时若采用 CPFR 则有利于减少产物的抑制作用。

## 11.5 补料分批操作

补料分批操作又称为流加操作，是介于分批操作和连续操作之间的一种操作模式。它是在细胞分批反应过程中向生物反应器内或间歇或连续地补加一种或一种以上的特定限制性底物，并直到反应结束时才排出反应液的一种操作方式，所用的反应器一般为搅拌槽式反应器。

### 11.5.1 补料分批操作的应用

补料分批操作的特点是能够调节细胞反应过程环境中营养物质的浓度。它可以避免某些营养成分的初始浓度过高而出现底物抑制的现象；也能防止某些限制性营养成分在反应过程中被耗尽而影响细胞的生长和产物的形成。因此，在细胞反应过程中，实施流加操作可以有效地对反应过程加以控制，以提高反应过程的水平。

补料分批操作主要适用于细胞的高密度培养、营养缺陷型菌株培养、需要补充前体的反应、存在高浓度底物和代谢产物的抑制及存在克列伯特里效应的培养系统等。

例如，在面包酵母生产中，如果葡萄糖浓度过高，由于酵母细胞好氧吸附能力的限制，导致酵母进行厌氧呼吸途径将过剩的葡萄糖转化为乙醇，产生克列伯特里效应，使细胞得率下降。在分批操作中，大部分反应时间内反应液中葡萄糖浓度均远大于饱和常数 $K_S$，因此无法避免乙醇的产生。若采用流加方式，将葡萄糖的添加速率控制在酵母的好氧吸附能力之内，可使反应液中葡萄糖浓度维持在接近于零的水平，就可以完全避免乙醇的产生，使底物转化为细胞的程度达到最大。

又如，在青霉素生产过程中，产物主要在细胞对数生长期后期和稳定期生成。高浓度的底物会抑制产物的合成，青霉素属于次级代谢产物，是细胞在不利的环境下为了保护自身的本能代谢产物。但是产物合成又需要适量的底物作为物质和能量的来源。工业上通常是先以分批操作得到高浓度的产黄青霉细胞，在此阶段青霉素产量少，然后在指数生长期的后期，按照产物合成和维持能所需底物的消耗速率向反应液中加碳源和氮源，这时产物开始大量生成。通过分批和流加两个操作阶段，可以适当延长细胞生长稳定期，从而提高产物的产量。

目前，流加操作进行细胞反应是工业上一种非常理想的操作模式，已广泛应用于氨基酸、抗生素、维生素、酶制剂、有机酸、核苷酸和单细胞蛋白质的生产。

### 11.5.2 补料分批操作过程的分类

流加操作的核心是控制底物的浓度。其关键则是流加什么物质和流加方式。根据流加方式的不同，可将流加操作方式分为无反馈控制流加［图 3-11-16（a）］和反馈控制流加［图 3-11-16（b）］两大类。无反馈流加包括恒速流加、间歇流加、变速流加和指数流加等；反馈流加具有反馈控制系统的补料方法，包括溶氧恒定、pH 恒定、$CO_2$ 释放速率和细胞浓度的间接反馈控制和基于底物浓度的直接反馈控制。

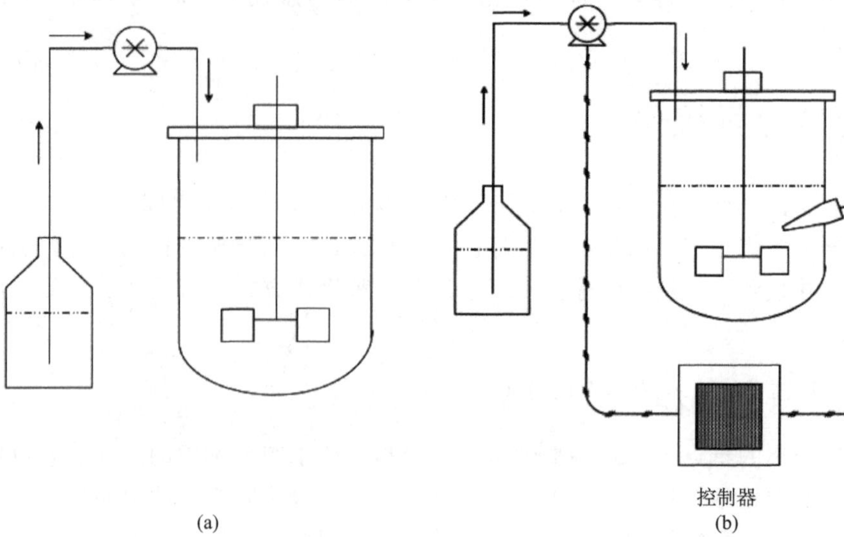


图 3-11-16　流加操作中的无反馈控制（a）和反馈控制（b）

## 11.5.3　无反馈流加

**1. 恒速流加**

恒定流速流加限制性底物是一种最简单的流加操作方式。

假定反应器内为理想混合，反应只有一种限制性底物，底物仅用于细胞生长，$Y_{X/S}$ 为一个常数。在恒速流加开始阶段，所加入的限制性底物不能被细胞所利用，其浓度 $C_S$ 逐渐升高，此时的细胞浓度 $C_X$ 因底物的流加而被稀释，致使其下降；随着流加过程的进行，反应液中因细胞的生长而使其浓度升高，限制性底物浓度反而下降。同时，稀释率则由于反应器有效体积的增加而下降。

当反应器内细胞密度较高时，实际上进入反应器的限制性底物立即被消耗掉，此时限制性底物的消耗速率等于其流加速率，反应器内的底物浓度远小于流加的底物浓度，即 $C_S \leqslant C_{Sf}$，反应器内 $dC_S/dt \approx 0$，此时流加操作可视为处于拟稳态操作。所以，该流加过程实际上存在动态操作和拟稳态操作两个阶段。

通过物料衡算及推导，可得如下结论。

（1）细胞。

$$V_R C_X = V_{R0} C_{X0} + F Y_{X/S} C_{Sf} t \tag{11-44}$$

$C_{Sf}$ 为流加底物的浓度，细胞总量随 $t$ 线性增加。

$$C_X = \frac{V_{R0} C_{X0} + Y_{X/S} F C_{Sf} t}{V_{R0} + Ft} \tag{11-45}$$

当流加时间较长，$V_{R0} \ll Ft$ 时，则有 $C_X = C_{X,\max} = Y_{X/S} C_{Sf}$。

对恒速流加，细胞浓度基本不变，但细胞总量呈线性增加的特点。

（2）底物。在拟稳态下，底物的消耗速率等于底物的流加速率，此时反应液中 $C_S$ 值虽然很低，趋于零，但并不等于零。而且在拟稳态下限制性底物的浓度变化也很小，而其他非限制性底物浓度则可能变化很大，这也是流加操作的拟稳态和连续操作的稳态所不同之处。因此拟稳态并不是严格的稳态，在拟稳态下，因存在有 $dC_X/dt \approx 0$，则 $\mu \approx D$，根据 Monod 方程，有

$$C_S = \frac{K_S D}{\mu_{max} - D} = \frac{K_S \dfrac{F}{V_R}}{\mu_{max} - \dfrac{F}{V_R}} \tag{11-46}$$

在流加过程中，由于 $F/V_R$ 随流加时间减小，$C_S$ 减小直至 $C_S \approx 0$。

（3）比生长速率 $\mu$。

前期：$\mu = \mu_{max} \dfrac{C_S}{K_S + C_S}$

通过基本方程：$\dfrac{dC_X}{dt} = (\mu - D)\,C_X$　　　　(11-47)

在拟稳态时，$\dfrac{dC_X}{dt} \approx 0$，则 $\mu \approx D$

$$\frac{d\mu}{dt} = \frac{d}{dt}\left(\frac{F}{V_R}\right) = -\frac{F^2}{V_R^2} = -\frac{F^2}{(V_{R0} + Ft)^2} \tag{11-48}$$

当 $V_R \gg V_{R0}$ 时，有 $\dfrac{d\mu}{dt} = -\dfrac{1}{t^2}$，$\mu \to 0$。

在拟稳态初期，$\mu$ 将随 $t$ 快速下降，然后在更长的时间内以较慢的速率下降。

所以，恒速流加的基本特征可以归纳如下几点。①在前期，由于细胞密度 $C_X$ 较低，加料速率相对较快，因此可以保持较高的底物浓度，这样细胞的比生长速率 $\mu$ 较大。②在后期，细胞密度较大时，流加速率相对降低，$C_S \to 0$，$\mu$ 大幅度下降，细胞的生长速率受到限制。所以这时可用这种方式调节细胞的生长状态。例如，某些系统的表达期细胞密度要求较高，对细胞生产速率要求较低，在这种操作方式的后期可以满足这种要求。③在后期，$C_X$、$C_S$、$\mu$ 等参数逐渐达到拟稳态。在这种拟稳态下，可研究在连续培养中进行的稳态实验（如代谢工程）。对于重组蛋白，营养物不能太丰富。④拟稳态的特征是：$\dfrac{dC_X}{dt} = 0$，$\dfrac{dC_S}{dt} = 0$，$C_S \approx 0$，$\mu$ 为很小的常数，$C_X$ 较大，不变。

**2. 指数流加**

恒速流加培养的主要问题是，达到拟稳态后，细胞比生长速率是逐渐减小的。为此，通过采用流加速率 $F$ 与操作时间呈指数变化的方式来流加限制性底物，以维持细胞按照指数生长的方式进行细胞反应。此时细胞的比生长速率为定值 $\mu$，在此条件下，如果过程动力学模型足够准确，则细胞总收获量，即 $V_R C_X$ 值也随时间 $t$ 呈指数形式变化。

## 11.5.4 反馈流加

在无反馈控制的系统内，底物的流加程序是预先设立的，当细胞的生长特性随时间

而变化与预想的不一致时，就不能进行有效的调节，因而在工业生产中，常把反馈控制与程序控制相结合使用。

**1. pH 恒定法**

pH 是对细胞反应过程有重要影响的参数。基于 pH 恒定的反馈控制策略就是根据具体的细胞反应过程，将某一 pH 作为补料控制的临界值。通过 pH 的检测与底物的流加进行关联控制，可以调节细胞的代谢过程，使反应液 pH 保持在最佳值。常用复合 pH 电极进行测量。

**2. 溶氧恒定法**

对于需氧的细胞反应，氧的消耗状况与细胞生长和底物消耗有着密切的关系。当反应液中底物浓度较高，并且细胞生长速率与细胞浓度较高时，耗氧速率较快，导致反应液中溶氧的速率下降；当反应液中底物浓度耗尽时，导致耗氧速率下降，反应液中溶氧升高。因此反应液中溶氧浓度的突然变化可成为底物是否流加的指示性特性。因此，对一个具体的细胞反应，可预先设定一个临界溶氧浓度 $C_{OL.C}$，若反应液中溶氧浓度 $C_{OL}$ 低于 $C_{OL.C}$，则表示细胞反应受到溶氧的限制，影响细胞的反应，因而对细胞反应常要求减少甚至停止底物的加入；当出现 $C_{OL}$ 高于 $C_{OL.C}$ 时，又应自动加入适量的底物。因此，反应液中常装有溶氧电极进行测量。

在反应器供氧条件不变的情况下，若细胞反应的耗氧速率较大，导致反应液中 $C_{OL}$ 降至较低水平，此时流加底物速率应降低；若相反，细胞反应的耗氧速率较小，导致反应液中 $C_{OL}$ 升高，此时流加底物的速率可提高。这样把底物的流加速率和耗氧速率相联系，可进而控制底物的流加速率。

## 11.6 生物反应器

传统的生物工业中使用的生物反应器称为“发酵罐”。20 世纪 70 年代，B. Atkinson提出了生物化学反应器，除了发酵罐外，还包括酶反应器、处理废水用反应器等，到了 80 年代，生物反应器一词大量出现，其除了发酵罐、酶反应器外，还包括采用固定化技术后的固定化酶或细胞反应器、动植物细胞培养用反应器等。

生物反应器是生物反应过程的主要设备，在生物反应过程中发挥中心的作用。生物反应器是指利用生物催化剂进行生物技术产品生产的反应装置。生物反应器与化学反应器在使用上的主要不同点是：生物（酶除外）反应都以“自催化”方式进行，即在目的产物生成的过程中生物自身也要生长繁殖。此外，生物反应速率慢，生物反应器的体积反应速率不高；与其他相当生产规模的加工过程相比，所需反应器体积大；耗氧反应，通风与混合的原因，动力消耗高；产物浓度低。判断生物反应器性能好坏的主要标准：是否能满足生物反应的要求，是否能获得最大的生产效率。

### 11.6.1 生物反应器的种类

生物反应器一般根据反应器中生物催化剂的种类及反应器的几何形状和结构进行分类。

**1. 根据反应器中生物催化剂的种类分类**

根据反应器中生物催化剂的种类分为酶催化反应器和细胞生物反应器。

（1）酶催化反应器。利用游离或固定化酶进行酶催化反应过程。

（2）细胞生物反应器。在生物反应过程中，伴随有活细胞（微生物、植物和动物细胞）的生长和代谢，属于典型的自催化反应过程，细胞既是生物反应的催化剂，又是反应的主要产物之一。

若为游离酶，常用的为搅拌槽式反应器。此类反应器结构简单，适合小规模生产，但不可进行酶的回收和利用。也可采用带有膜组件的超滤膜反应器，酶能被膜截留回收，可重复利用。若为固定化酶，采用较多的是固定床反应器和流化床反应器。

固定床反应器的主要特征是反应物料连续流动并通过静止不动的固定化生物催化剂的床层。

对于固定化酶催化反应和固定化非活性细胞或非生长性细胞反应，其反应过程一般不要求供氧和排出 $CO_2$，可采用液固两相的填充床生物反应器。根据液相物料的流动方向，填充床反应器可分为上行方式和下行方式两种。对需氧的固定化细胞反应，则在反应过程中必须供氧和排出细胞呼吸所产生的 $CO_2$，或虽为厌氧细胞反应但仍需移走气相末端产物 $CO_2$ 时，则一般采用带物料循环的填充床和滴流床反应器。

为了提高液相和固相催化剂之间的传递系数，必须使液体高速地通过床层，常采用液体物料循环的方式。对于需氧细胞反应，氧一般先进入培养基储罐并溶解于培养基中，若空气直接通入反应器，易造成气泡聚并产生气穴，形成沟流和不均匀分布。

工业上，对于反应热效应较大、收率对温度敏感，又要求高转化率和高选择性的反应过程，可选用列管式固定床反应器。其缺点是径向温差过大，会使反应选择性下降，耗能增加，催化剂局部结焦严重，产品质量不能保证。

**2. 根据反应器的几何形状和结构进行分类**

根据反应器的几何形状和结构主要分为槽式（罐式）反应器、管式反应器及塔式反应器。槽式反应器高径比较小（一般为 1～3）；管式反应器长径比较大（一般大于 30）；塔式反应器的高径比介于槽式反应器与管式反应器之间。

（1）槽式（罐式）反应器。该类反应器的主要特点为反应器内一般装有机械搅拌器，流体的流动主要靠机械强制驱动，高径比为 1∶2～1∶3，可以连续操作，也可以分批操作。

机械搅拌槽式生物反应器是生物反应过程中应用最多的一类反应器（图 3-11-17）。其中适用于需氧细胞反应的通气机械搅拌槽式反应器已形成标准化的通用设备，主要优点是：操作弹性大、适用性强、pH 和温度易于控制，放大容易；主要缺点是内部结构复杂、制造费用高、运行能耗大、易造成杂菌污染，机械剪切力大，易造成某些细胞的损伤。对于需氧量大、反应液黏度高、呈非牛顿流动特性的细胞反应，易采用该类反应器。

该类反应器既有机械搅拌装置又有通入压缩空气装置，此外还有温度控制系统、消泡系统、pH 系统等。

其中，搅拌器是该反应器的核心。根据搅拌器所产生流体运动的初始方向，可将搅拌器分为径向流搅拌器和轴向流搅拌器两大类。径向流搅拌器是将流体向外推进，使流

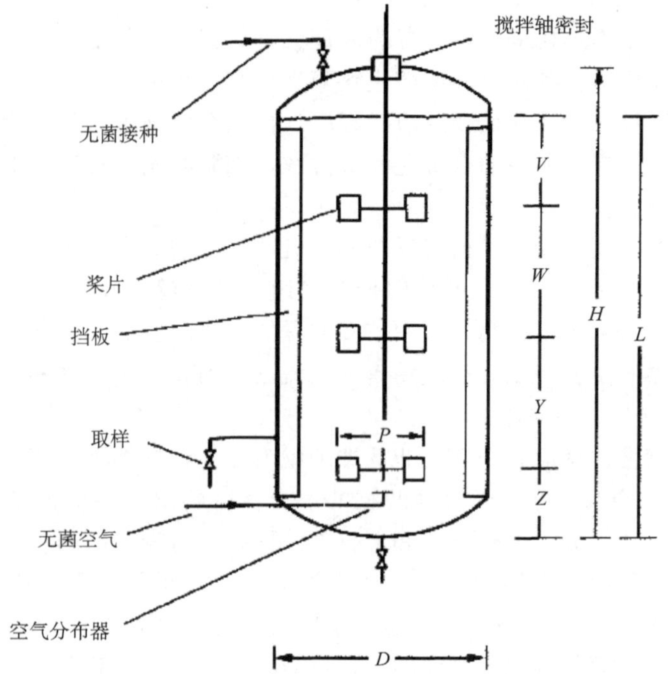


图 3-11-17　机械搅拌槽式反应器示意图

体沿叶轮半径方向排出，当遇到反应器内壁和挡板后再向上、下折返而产生次生流，即轴向流；轴向流搅拌器则使流体一开始就沿其轴向而流动。图 3-11-18 所示为机械搅拌反应器中的两种流体流动形态。

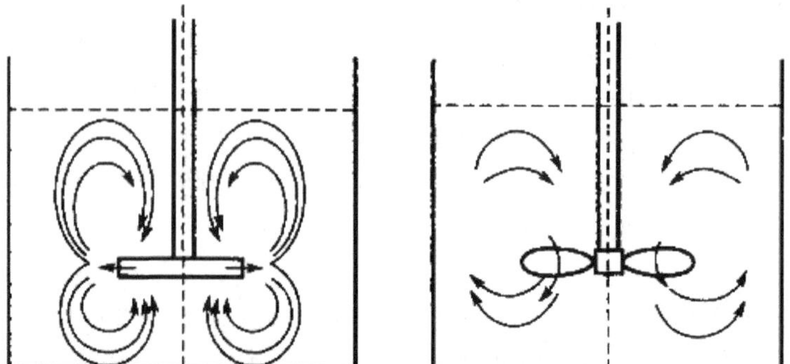

(a)　　(b)

图 3-11-18　机械搅拌反应器中流体流动形态示意图

（a）径向流；（b）轴向流

径向流搅拌器中最典型的是涡轮式搅拌器。该类搅拌器多用于对剪切力不敏感的好氧细菌和酵母的培养过程。常用的涡轮式搅拌器有叶片式、弯叶式和箭叶式 3 种。

螺旋桨搅拌器则为一种以产生轴向流动为主的搅拌器，适合于要求反应器内流体混合均匀、剪切性能温和的细胞反应过程。属于此类搅拌器的还有斜叶桨、螺带桨等。

对于大型生物反应器，常将涡轮式搅拌器和螺旋桨式搅拌器组合使用，既可利用涡轮式搅拌器强化小范围的涡轮扩散，实现小范围的气液混合，又可利用螺旋桨式搅拌器强化主体对流扩散，实现大范围的气液混合。其组合方式是，下层选用涡轮搅拌器，上层选用螺旋桨式搅拌器，该组合形式可以提高传质系数、降低功率消耗、降低剪切力。

（2）塔式反应器。罐式反应器增加高度就可变成塔式反应器，主要代表为气体搅拌塔式生物反应器。与机械搅拌槽式反应器相比，优点为：反应器结构简单、易操作；功能消耗少；减少了剪切作用对细胞的损害，反应器内无转动部件，易密封，对保持无菌操作有利。缺点为：所需通气量较大，使空气灭菌的负荷加大；对黏度较大的反应液，传递系数较低。适用于剪切力敏感的动物、植物细胞培养和生产规模较大的生物反应过程。

鼓泡塔反应器（BCR）是以气体为分散相、液体为连续相的一种反应器。该反应器结构简单，没有运动部件，适用于高压反应或腐蚀性物系。塔内充满液体，气体从反应器底部通入，分散成气泡沿着液体上升，既与液相接触进行反应又同时搅动液体以增加传质速率。鼓泡塔内液体返混严重，气泡易产生聚并，故效率较低。

气升式反应器（ALR）是指利用空气的喷射功能和流体的密度差造成的反应液循环流动，以实现流体的搅拌、混合和氧传递。该反应器以气流搅拌实现氧的传递和物料的混合，体积氧传递系数相对机械搅拌反应器较低，对需氧较高的微生物反应的适用性较差。但是在动物、植物细胞培养过程，由于对氧的需求不高，故已在不少过程中得到应用，如动物、植物细胞培养，单细胞蛋白质的生产等。

气升式反应器（图 3-11-19）主要有外循环式和内循环式两种类型。外循环式由直接通入气体的升液管和与之联通的降液管组成，该设备有死角，不易灭菌；内循环式为

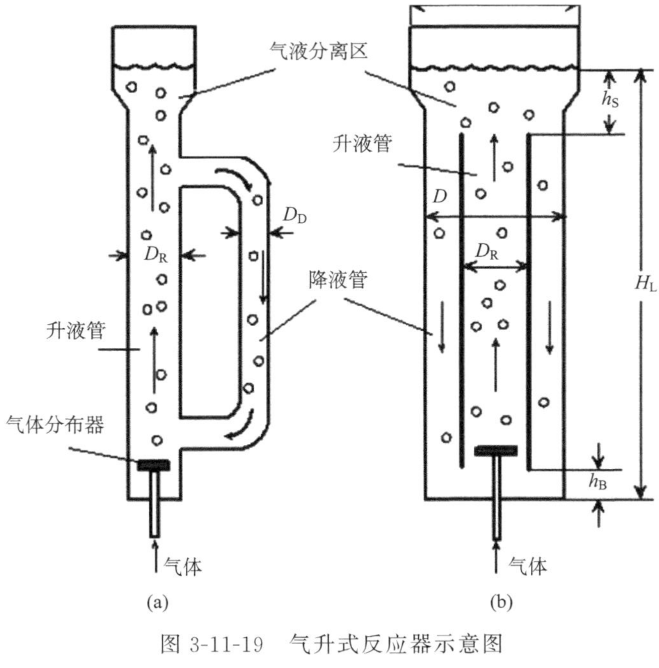


图 3-11-19　气升式反应器示意图

（a）外循环式；（b）内循环式

内部装有导流筒的鼓泡塔。导流筒的主要作用是将反应体系隔离为一个通气区和非通气区，以使反应器中的流体产生上下流体，增强流体的轴向循环，使流体沿一个固定方向运动，减少气泡的兼并，有利于提高氧传递速率，使反应器内剪切力分布更加均匀。气体分布器附近和升液管内的流体密度较小，而反应器其他部位和降液管内流体密度较大，因此在密度差的推动下实现流体的循环，以使其传递与混合过程得到强化。

## 11.6.2 动物细胞培养反应器

**1. 动物细胞培养的特点**

动物细胞属于真核细胞，与细菌等原核细胞相比，其进化程度更高，结构和成分更复杂，功能也更全面。表 3-11-1 列出了微生物细胞与动物、植物细胞的性质比较。

**表 3-11-1 微生物细胞与动物、植物细胞的性质比较**

| 项目 | 微生物细胞 | 哺乳动物细胞 | 植物细胞 |
|---|---|---|---|
| 大小（直径） | 1～10 μm | 10～100 μm | 10～100 μm |
| 在液体中的生长 | 悬浮生长，有时聚集成团 | 有些可悬浮生长，多数依赖表面 | 可悬浮生长，常聚集成团 |
| 营养要求 | 简单 | 极复杂 | 复杂 |
| 生长速率 | 一般较快，倍增时间 0.5～5 h | 慢，倍增时间 15～100 h | 慢，倍增时间 24～74 h |
| 细胞壁 | 有 | 无 | 有 |
| 对环境的敏感性 | 一般耐受范围较大 | 无细胞壁，对环境极敏感 | 耐受范围较大 |
| 需氧量 | 高 | 低 | 较低 |
| 对剪切的敏感性 | 低 | 极高 | 高 |

从表 3-11-1 中可以看出：动物细胞对营养要求更为苛刻，除氨基酸、维生素和葡萄糖等基本营养元素外，还需要血清；对培养环境的适应性更差，对包括 pH、溶氧、温度和剪切力等要求更高；生长缓慢，培养时间较长等。

动物细胞的培养方式主要有下述 3 种类型。

（1）悬浮培养。它是指动物细胞在培养器中自由悬浮生长的过程。主要用于非贴壁依赖性细胞，如来源于血液、淋巴组织的细胞，许多肿瘤细胞（包括杂交瘤细胞）和许多重组细胞。此类细胞可采用微生物的方法在培养基中悬浮培养。该类培养，细胞悬浮生长，密度一般都较高，易于大规模生产，便于对培养过程的控制。

（2）贴壁培养。它是指必须贴附在固体介质表面上生长的细胞，主要适用于贴壁依赖性细胞。大多数动物细胞属于此类。为此常用微载体作为固体介质进行贴壁培养。它具有表面积大、细胞密度高的优点。细胞附着到微载体表面的速率一般符合一级反应动力学，即与细胞浓度成正比，而与微载体的表面积无关。附着过程可以分为 3 个阶段：①物理吸附；②由蛋白质分子介导的细胞附着；③细胞在微载体表面生长扩展直至覆盖微载体的所有表面。细胞在微载体表面的附着能力除了与细胞和微载体本身性质有关外，还受接种细胞的生长阶段、接种量及培养基组成等因素的影响。

(3) 固定化培养。该类培养方式既适用于贴壁依赖性细胞，又适用于非贴壁依赖性细胞。它具有细胞生长密度高、抗剪切力和抗污染能力强等优点。由于所培养的细胞不同，固定化培养的方式也有所不同，一般对于贴壁依赖性细胞通常采用胶原包埋，而对于非贴壁依赖性细胞则常用海藻酸钙包埋。常用的细胞固定化方法主要有吸附、共价贴附、离子/共价交联、包埋和微囊化等。

**2. 培养瓶（转瓶）**

最简单的悬浮培养反应器为小规模培养常用的培养瓶，一般容积为 0.1～0.2 L。它依靠磁力驱动的搅拌器低速搅拌，通过液面上表面通气供氧，瓶内空气混有 5%的 $CO_2$，作为调节培养液酸度之用。此类培养瓶液体中的细胞浓度可达 $5\times10^6$ 个/ml。转瓶为细胞培养的一种容器，中间有一根带桨叶的轴，使用时将转瓶放置在转瓶机上。转速由转瓶机控制，带动桨叶转动，使液体混合。由于它使培养由静态变为动态，是一种简化的生物反应器，所以通常作为生物反应器放大的模拟。它适合于悬浮细胞和贴壁细胞培养。转瓶中的桨叶也有所不同，主要用于保证低的搅拌速率。

**3. 笼式通气搅拌反应器**

笼式通气搅拌反应器（图 3-11-20）是通气搅拌式动物细胞反应器最具代表性的一种，它也是在微生物细胞反应器的基础上进行改进的一种动物细胞培养反应器。它既适用于动物细胞的悬浮培养，也适用于动物细胞的微载体培养。

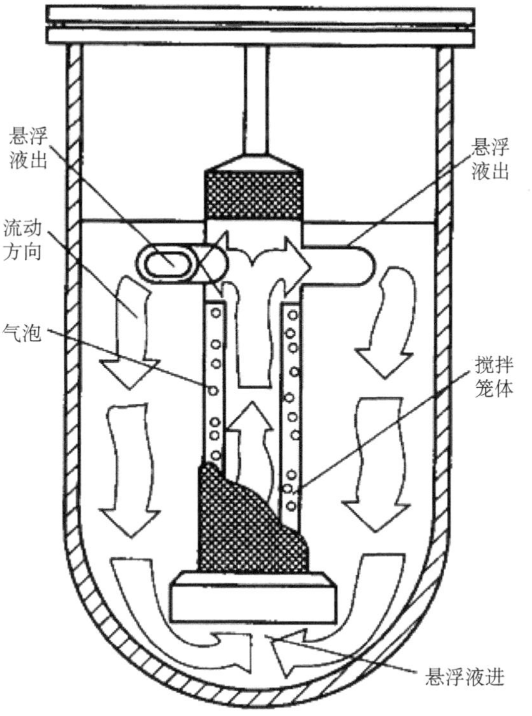


图 3-11-20 笼式通气搅拌反应器示意图

该反应器的优点主要有：有吸管搅拌叶的作用，可在较慢的搅拌速率下实现反应器内液体的混合和营养物质的均衡分布，有助于降低剪切力对细胞的伤害；搅拌器内单独分隔出一个区域供气液接触，在此区域里由于笼壁的作用只允许液体进出，细胞被挡在外面，气体鼓泡所产生的剪切力无法伤害细胞。缺点是氧传递速率低，不能满足高密度细胞培养的耗氧要求；笼式通气搅拌器结构复杂，清洗困难；等等。

**4. 中空纤维管生物反应器**

中空纤维（图 3-11-21）是由聚砜和丙烯共聚物等制成的非常细的管状物纤维，它的特点是中空纤维壁能透过各种营养物质，但细胞不能透过；能提供非常大的比表面积，因此适合在生长中既需要大量营养物质，又需要较大表面积的细胞培养体系。

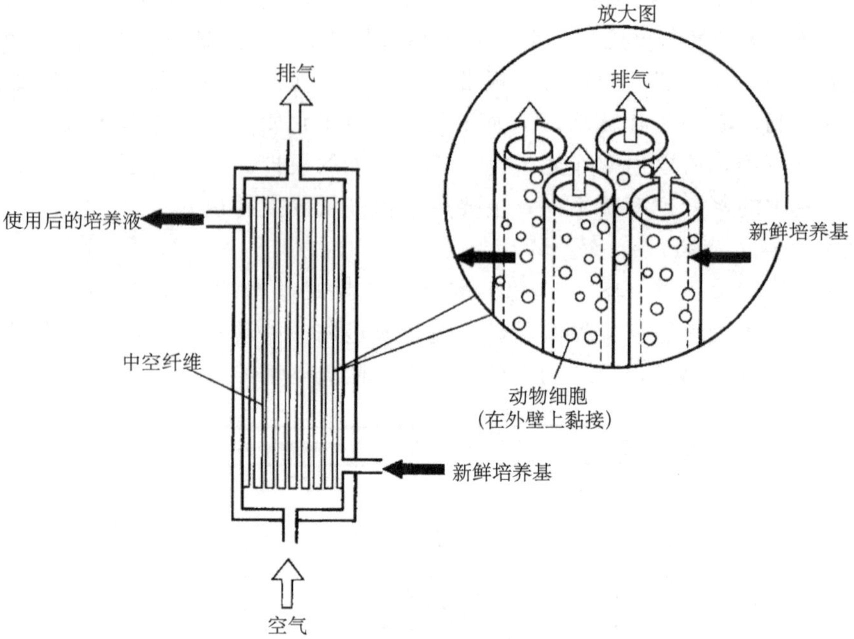


图 3-11-21　中空纤维管反应器示意图

该反应器的主要优点是提供较大的细胞生长面积，可实现细胞高密度培养；无剪切；放大容易。主要缺点为膜易污染和堵塞，不易清洗。

## 11.6.3　生物反应器的设计与放大

进行实验室研究的终极目标是进行产业化。生物反应器的放大是指在反应器的设计与操作上，将小型反应器中的最优反应结果转移至工业规模生物反应器中的重现过程。通常经历实验室小型试验、中间试验和工厂化规模放大 3 个阶段。

小型试验阶段的主要任务是根据酶或细胞的生物学特性和催化能力，研究生物反应规律，选择合理的反应器型式，确立最优操作方式和条件，此阶段通常在 1～50 L 反应器中进行；中间试验阶段，重点是检验小型试验得出的最优设计方案的可靠性，研究反应器几何尺度对反应器操作性能的影响，然后对设计方案进行一定的修正，并提出工业规模反应器的设计方案与操作条件，中间试验一般在 50～1000 L 的反应器中进行；工厂化规模放大阶段，一般是在完成设计工作后进行一段时间的试验生产，最终建立合理的工艺条件。在上述 3 个阶段的不同大小的反应器中进行相同的生物反应时，由于规模不同，生物反应器的流体流动与动量传递、热量传递和质量传递特性存在差异，有可能导致在生产反应器上不能达到实验室反应器的最优反应结果。因此，如何通过估计不同规模生物反应器中的过程状态，对放大的反应器进行合理配置，使其进行的反应过程与实验反应器的细胞生长与代谢过程相似，这是生物反应器放大的基本任务。

生物反应器放大的原则是相似性，放大方法的理论基础是相似原理。相似原理的基本点是：对任何反应系统可用数学方程描述其生物化学反应过程，流体流动与动量传递、热量和质量传递过程。如果两个系统能用相同的微分方程来描述，并具有相同的特征，则两个系统将具有统一的行为方程。模型反应器与放大反应器的相似性可表述为如下线性关系：

$$m' = km$$

理想反应器放大应达到的相似条件是：几何相似、流体力学相似、热相似、质量相似、生物化学相似。其中，几何相似和流体力学相似最为重要，按此顺序，前一级是后一级的前提。几何相似是物理边界的相似性，即放大反应器与规模反应器的形状相似，两者所有部件的线性几何尺寸之比具有相同的数值；流体力学相似则要求放大反应器中的物料流动速率与模型反应器相同，流体单元受到相同大小的各种作用力，并且，在几何相似的条件下两者的流动状态相似，此流动状态显示两者具有几何上相似的流型。生物反应器放大时保持上述相似条件的实质是使细胞的生长与代谢的环境保持不变，关键的过程参数保持不变。为获得这种相似性，一般对宏观动力学过程的分析是从微观动力学与热力学和反应器的传递与混合两方面进行的。反应过程的宏观动力学受系统规模的影响很大。在大型反应器中，pH、温度、底物浓度和压强的分布或梯度一般较大，流体的混合程度相对小型反应器较差，细胞在反应器的不同部位、不同时间均会经历差别较大的培养环境。在反应器放大时，如果这种差异成为细胞生长与代谢的限制性环境条件，就会造成过程放大的失败。总之，传递现象是生物反应器放大过程必须充分重视的核心问题，对此问题的解决是生物反应器放大的主要任务（图 3-11-22）。

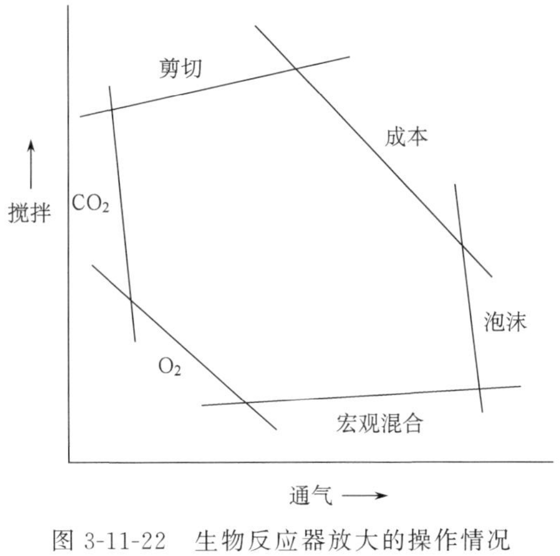


图 3-11-22　生物反应器放大的操作情况

目前生物反应器的放大方法主要有经验放大法、量纲分析法、时间常数法和数学模拟法等。其中，经验放大法是实用性较强的方法，该方法是以相似原理为理论基础。经验放大法的关键是放大准则的选择。

放大准则包括：①反应器的几何特征；②氧的体积传递系数 $K_La$；③最大剪切力（对机械搅拌反应器，可用搅拌叶端速率表示）；④单位液体体积的功率输入（$P/V_L$）；⑤单位反应器有效体积的通气速率（$V_g/V_R$ 或 VVM）；⑥通气表观线速度 $u_S$；⑦混合时间 $t_m$；⑧搅拌雷诺数 $R_eM$；⑨动量因子。在上述准则中，准则①：生物反应器放大时保持不变的基本条件，考虑反应器几何尺寸对传递过程特性的作用；准则②：许多需氧发酵过程动力学速率常受氧传递限制，反应器放大多采用恒定 $K_La$ 准则；准则③：对剪切敏感的细胞培养反应器放大至关重要；准则④：在机械搅拌发酵罐放大中较为重要，保持此参数不变能够兼顾传质和流体剪切两个方面的问题；准则⑤通气速率和准则⑥通气表观线速度是气体分散的重要指标，也是反应器流动状态和混合效果的重要参数；准则⑦：由于混合时间与反应器中底物的浓度分布有关，故大型反应器与小型反应器必须保持混合时间相等；准则⑧和准则⑨没有考虑通气对过程结果的影响，一般不用于发酵过程。反应器放大时，既有保持上述准则之一不变的放大，也有同时保持满足若干相互关联准则的情况。

（卢小玲）

# 第 12 章　生物反应器的传质

生物反应器中进行的生物反应过程的速率，不仅取决于生物化学反应本身的速率，而且还要受到各种传递过程的速率与特性的影响。一般对宏观动力学过程的分析是从微观动力学与热力学和反应器的传递与混合两方面进行的。反应过程的宏观动力学受系统规模的影响很大，在大型反应器中，pH、温度、底物浓度和压强的分布或梯度一般较大，流体的混合程度相对小型反应器较差，细胞在反应器的不同部位、不同时间均会经历差别较大的培养环境。因此，必须建立一个适宜的反应环境，使生物反应过程能在优化的条件下进行。

在这些优化条件中，对需氧的细胞反应，氧的传递速率最为重要。此外，还需要保证生物反应的适宜温度、热量传递及反应物料的混合。本章重点讨论流体的流变学特性和氧的传递。

## 12.1　流体的流变学特性

### 12.1.1　牛顿型流体和非牛顿型流体

流体的混合状态及其传质和传热速率一般用流体剪切力与速率梯度关系的模型来表示。它们的关系式表示为

$$\tau = \tau_0 + K(\dot{\gamma})^n \tag{12-1}$$

式中，$\tau$ 为单位流体面积上的剪切力，$N/m^2$；$\tau_0$ 为屈服应力，$N/m^2$；$K$ 为稠度系数，Pa·s；$\dot{\gamma}$为剪切速率，又称为切变率，$s^{-1}$；$n$ 为流动特性指数。

根据流体剪切力与速率梯度的关系，可将流体分为牛顿型流体和非牛顿型流体。

**1. 牛顿型流体**

假定剪切力与速率梯度成正比，则方程

$$\tau = \mu_L \dot{\gamma} \tag{12-2}$$

称为牛顿黏性定律，$\mu_L$ 为流体的（动力）黏度，Pa·s。

牛顿型流体：速率梯度与剪切力服从正比关系的流体。剪切力 $\tau$ 对切变率$\dot{\gamma}$作图，得到一条通过原点的直线。

该类流体的主要特征是：黏度仅是温度的函数而与切变率无关，这意味着反应器内搅拌器转数的多少对黏度无影响，反应器内任何空间位置的黏度均相同，黏度是一种物性，一种流变性质，它实质是指介质的特性，是流体对剪切作用的敏感性。

有不少低细胞密度的细菌发酵液是牛顿型流体。水是一种典型的牛顿型流体，动物细胞培养的血清培养液与无血清培养液也是牛顿型流体。

**2. 非牛顿型流体**

凡不服从牛顿黏性定律的流体统称为非牛顿型流体。根据剪切力和切变率之间的关

系，非牛顿型流体可包括下述几种，见表 3-12-1。

**表 3-12-1　非牛顿型流体的分类**

| 流体类型 | 特征 | 流动特性表示 | 举例 |
| --- | --- | --- | --- |
| 拟塑性流体 | 黏度随着切变率的提高而降低 | $\tau=K\dot{\gamma}^n$，$0<n<1$ | 高分子化合物的水溶液，青霉、曲霉和链霉菌等丝状菌的反应液 |
| 涨塑性流体 | 黏度随着切变率的升高而升高 | $\tau=K\dot{\gamma}^n$，$n>1$ | 链霉素、四环素和庆大霉素的前期反应液 |
| 宾汉流体 | 当剪切力小于屈服应力时，流体不流动；剪切力超过屈服应力时，流体才发生流动。流动曲线为不通过原点的直线 | $\tau=\tau_0+\eta(\dot{\gamma})$ | 黑曲霉、产黄青霉菌等丝状菌的反应液 |
| 凯松流体 | 当剪切力小于 $\tau^{1/2}$ 时，流体不流动；剪切力超过 $\tau^{1/2}$ 时，流体可视为拟塑性流体 | $\tau^{1/2}=\tau_0^{1/2}+K_C(\dot{\gamma})^{1/2}$ | 产黄青霉 |

图 3-12-1 表示上述牛顿型流体和非牛顿型流体的剪切力 $\tau$ 与切变率$\dot{\gamma}$的关系曲线。

## 12.1.2　影响反应液流变特性的因素

### 1. 培养介质的时变性

在发酵时，培养体系的流变性质具有时变性。如图 3-12-2 所示，灰黄霉素培养液的稠度系数 $K$ 和流动特性指数 $n$ 随培养时间发生变化。

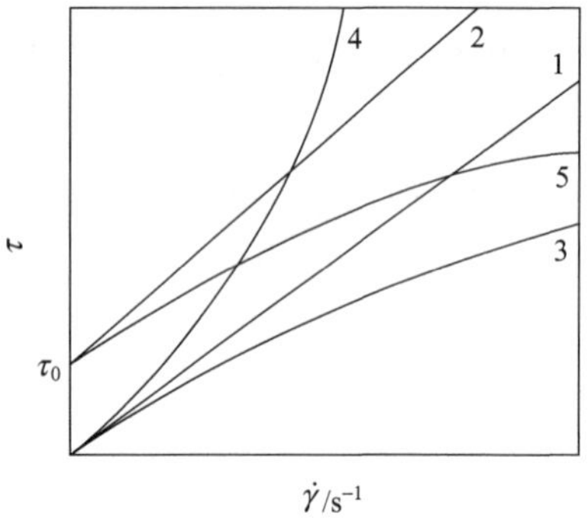


图 3-12-1　牛顿型流体及非牛顿型流体剪切力与切变率的关系

1. 牛顿流体；2. 宾汉流体；3. 拟塑性流体；4. 涨塑性流体；5. 凯松流体

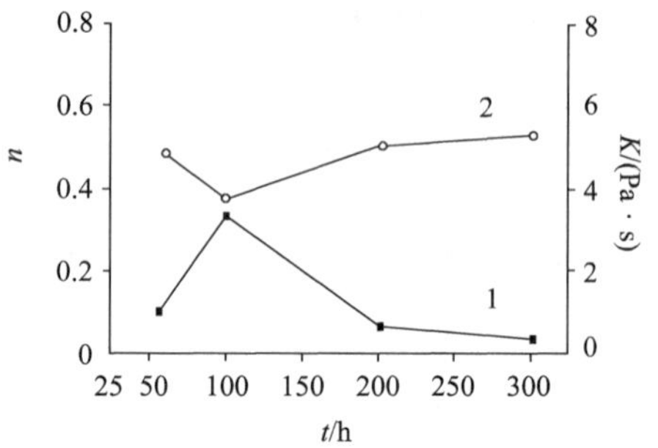


图 3-12-2　灰黄霉素培养液的稠度系数 $K$ 和流动特性指数 $n$ 随培养时间发生变化

1. $K$；2. $n$

### 2. 细胞浓度

不同细胞反应液中，浓度不同，流体的形态不一样。如果细胞颗粒呈球形而且浓度低时，悬浮液可视为牛顿型流体，其黏度如下式所示：

$$\mu_a=\mu_L(1+2.5\Phi) \tag{12-3}$$

式中，$\mu_a$ 为悬浮液黏度，Pa·s；$\mu_L$ 为悬浮液中纯液相黏度，Pa·s；$\Phi$ 为颗粒体积分数。

当细胞颗粒浓度较高时，则具有如下关系：

$$\mu_a = \mu_L(1 + 2.5\Phi + 7.25\Phi^2) \tag{12-4}$$

**3. 细胞形态**

细胞的形态特征对反应液流变特性的影响最为明显。最具代表性的是菌丝体，由于菌丝体在生长中分枝程度不同而影响反应液的流变特性。无分枝的球形菌丝体，其反应液更接近于牛顿型流体，其流动特性指数 $n$ 接近于1；而带有分枝的丝状菌丝体，高分枝的菌丝体柔性较差，导致其反应液黏度增大，更接近于拟塑性流体。从图 3-12-3 可以看出，对于相同的细胞浓度，丝状菌丝体黏度系数比球形菌丝体大几个数量级。

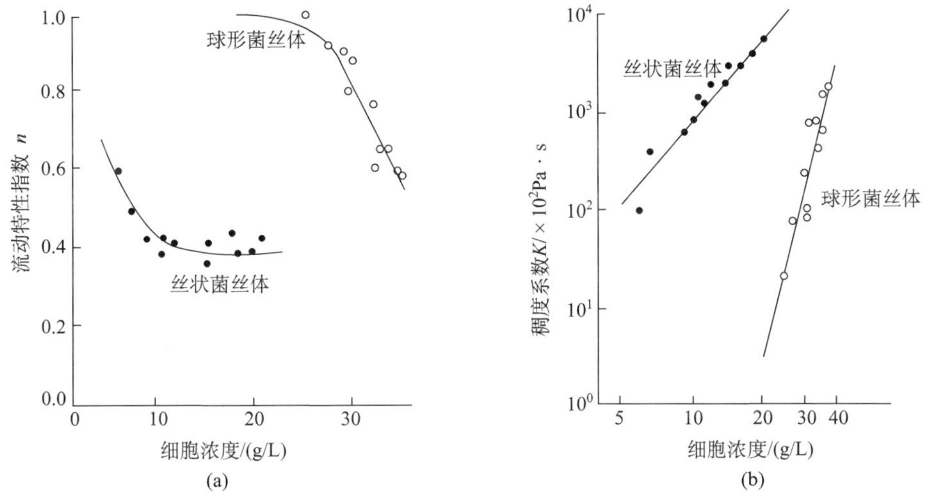


图 3-12-3 菌丝体形态对反应液流变性的影响

（a）对流动特性指数 $n$ 的影响；（b）对稠度系数 $K$ 的影响

**4. 产物和底物**

影响反应液流变特性的另一个重要因素为胞外产物。例如，对云芝培养液进行研究，发现随着云芝真菌所分泌的多糖含量的提高，反应液表观黏度增加。若培养基中含有高分子底物（如淀粉），随着反应过程中底物的分解，反应液的表观黏度将下降，在菌丝体反应中流体从非牛顿型流体向牛顿型流体转化，随着菌丝体的生长和丝状结构的发展，反应液的拟塑特性更加明显，表观黏度反而增大（图 3-12-4）。

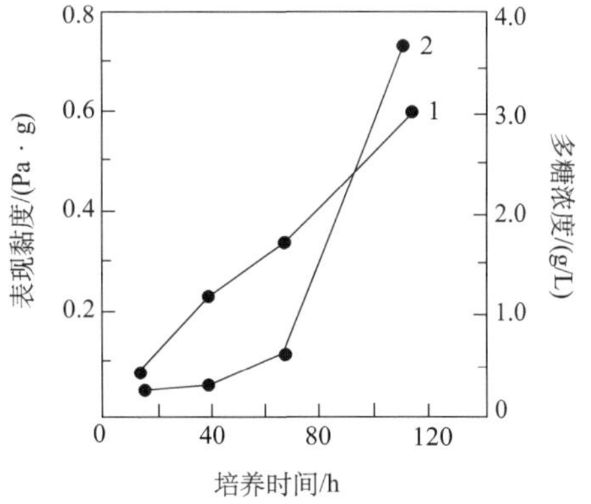


图 3-12-4 云芝多糖含量对云芝培养液表观黏度的影响

1. 多糖；2. 表观黏度

## 12.1.3 流体的剪切力

流体和移动边界之间的摩擦导致了流体剪

切。在生物反应器的研究中，流体剪切力的大小直接影响其设计和放大，尤其是对动物、植物细胞的培养和某些丝状菌的培养。流变模型表明，反应器的流体剪切力总是速率分布或流变性质的函数。但是，各种反应器中的速率分布难以研究，并且流变性质的影响因素也较多。因此，找出剪切力产生的原因是十分重要的。对于生物反应器，主要的传质方式是搅拌和通气，因此剪切力来源于搅拌和通气。

**1. 机械搅拌的剪切力**

生物反应器内装有机械搅拌能够使生物催化剂保持悬浮状态，并且使反应体系混合均匀，促进需氧反应中氧的传递。为此一般搅拌器转数越高，流体呈湍流状态，会产生较强的流体剪切力。对于机械搅拌引起的流体剪切力，有 3 种参数表示。

（1）积分剪切因子（integrated shear factor，ISF）。搅拌器桨叶附近的速率分布与切变率估计如图 3-12-5 所示。从图中可以看出，桨叶叶端附近的流动速率最大，叶端速率 $u_{L,tip}$（m/s）为

$$u_{L,\ tip}=\pi Nd \tag{12-5}$$

式中，$N$ 为搅拌器转数，r/s；$d$ 为搅拌器直径，m。

器壁上的流动速率为 0，估计桨叶与器壁之间的剪切场，可计算两者之间距离的平均速率差，即积分剪切因子 ISF：

$$\mathrm{ISF}=\frac{\Delta u_L}{\Delta x}=\frac{2\pi Nd}{D-d} \tag{12-6}$$

式中，$D$ 为反应器直径，m。

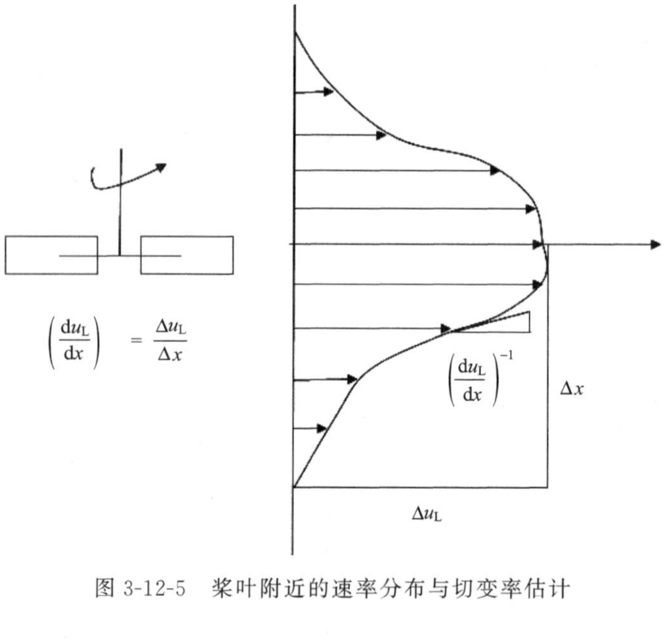


图 3-12-5　桨叶附近的速率分布与切变率估计

用这种方法计算速率分布以表示流体剪切力。所以叶端速率越大，反应器的速率分布越宽，流体的剪切力就越大。由此可见，积分剪切因子等同于叶端速率，主要取决于搅拌桨直径 $d$ 和转速 $N$。

文献上已有报道，用ISF估算反应器中的流体剪切力，用于动物细胞反应器的研究与放大。对某些动物、植物细胞培养，当ISF增加到一定数值，则由于剪切对细胞的伤害，导致细胞停止生长。$N=1000\ \mathrm{r/min}$，动物细胞不会死亡。

(2) 时均切变率。流体的状态分为湍流和层流。湍流是流体的一种流动状态。当流速很小时，流体分层流动，互不混合，称为层流；当流速增加到很大时，流线不再清楚可辨，流场中有许多小漩涡，层流被破坏，相邻流层间不但有滑动，还有混合。这时的流体作不规则运动，有垂直于流管轴线方向的分速率产生，这种运动称为湍流。

由于一般在湍流情况下，流体的速率随空间位置发生变化，特定空间位置上的速率随时间也会发生变化，因此我们用“时均”切变率研究湍流流动下的平均切变率变化。

对于无挡板反应器，机械搅拌会产生强制涡流区，其直径为

$$\frac{d_f}{d}=\frac{0.625\mathrm{Re_M}}{625+\mathrm{Re_M}} \tag{12-7}$$

式中，$d_f$ 为强制涡流区直径；$\mathrm{Re_M}$ 为搅拌雷诺数，无因次准数，是一个纯数，没有任何物理单位。

$$\mathrm{Re_M}=\frac{Nd^2\rho_L}{\mu_L} \tag{12-8}$$

式中，$\rho_L$ 为流体密度，$\mathrm{kg/m^3}$；$\mu_L$ 为流体黏度，Pa·s

雷诺数较小时，黏滞力对流场的影响大于惯性力，流场中流速的扰动会因黏滞力而衰减，流体流动稳定，为层流；反之，若雷诺数较大时，惯性力对流场的影响大于黏滞力，流体流动较不稳定，流速的微小变化容易发展、增强，形成紊乱、不规则的紊流流场。

时均切变率为

$$\dot{\gamma}_{\mathrm{ave}}=\frac{131.1Nd^{1.8}(D^{0.2}-d^{0.2})\left(\frac{d_f}{d}\right)^{1.8}}{D^2-d^2} \tag{12-9}$$

当 $\mathrm{Re_M}\geqslant625$ 时，强制涡流区的直径 $d_f$ 可由下式计算：

$$d_f=d\cdot\frac{0.625\mathrm{Re_M}}{625+\mathrm{Re_M}}\approx0.625d \tag{12-10}$$

则式（12-9）可表示为

$$\dot{\gamma}_{\mathrm{ave}}=KN \tag{12-11}$$

式中，$K$ 为常数，它的大小与流动状态和反应器的结构及尺寸有关。湍流时，若 $d/D=0.5$，则 $K=2.4$；对于层流，则 $K=10\sim13$。搅拌雷诺数的物理意义：表示一定的流动状态，从而产生一定的搅拌状态。

所以由时均切变率对搅拌引起的剪切力的估算可得出结论：时均切变率与 $N$ 成正比。通过图3-12-6可知，当 $\dot{\gamma}_{\mathrm{ave}}$ 为 $2.5\ \mathrm{s^{-1}}$ 时，细胞停止生长，发生死亡现象。

与ISF一样，可用时均切变率研究动物细胞生长受到剪切力的影响，但其不能表示导致细胞死亡的全部流体力学原因，如搅拌器尾部涡流的影响就没有包括在内。

(3) Kolmogroff 最小湍流漩涡长度。湍流流动时流体的剪切力与湍流中的漩涡尺

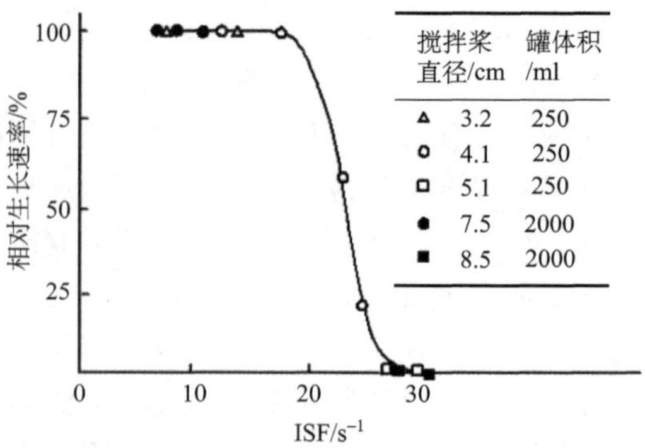


图 3-12-6　动物细胞株 FS-4 的相对生长速率与时均切变率的关系

寸和漩涡密度有关，主要与漩涡尺寸有关。这实际上是一种细胞尺寸与漩涡尺寸有关的速率分布间的关系问题。当细胞尺寸小于漩涡尺寸，细胞会随流体一起漂流，此时流体的流线与细胞的流线之间速率差很小，受到的剪切力较小；当细胞尺寸大于漩涡尺寸，细胞受到的剪切力较大，与速率分布有关的剪切力有致死的作用。

最小漩涡长度可用 Kolmogroff 漩涡长度 $\lambda$（单位：m）来估计：

$$\lambda=\left(\frac{\upsilon^{3}}{\varepsilon}\right)^{0.25} \tag{12-12}$$

式中，$\upsilon$ 为流体的运动黏度，$\upsilon=\frac{\mu_{L}}{\rho_{L}}$，$m^2/s$，为单位质量流体的黏度；$\varepsilon$ 为单位质量流体消耗的平均功率，W/kg。

式（12-12）表明，单位质量流体的功率输入越大，漩涡长度越小。表 3-12-2 为工业发酵罐中典型的湍流漩涡长度。

**表 3-12-2　工业发酵罐中典型的湍流漩涡长度**

| 反应器部位 | 小型罐（100 L，10 kW/$m^3$）/$\mu$m | 大型罐（1000 L，1 kW/$m^3$）/$\mu$m |
|---|---|---|
| 搅拌器区域 | 9 | 16 |
| 罐主体部分 | 24 | 43 |

对一定的反应器结构，搅拌功率为

$$P=N_{P}\rho_{L}N^{3}d^{5} \tag{12-13}$$

式中，$N_P$ 为功率特征数。

根据 $\varepsilon$ 的定义可知：

$$\varepsilon=\frac{P}{\rho_{L}V_{R}}=\frac{N_{P}N^{3}d^{5}}{V_{R}} \tag{12-14}$$

由此可知，当 $\varepsilon$ 越小，或 $N$ 越小、$d$ 越小，则 $\lambda$ 较大，流体剪切力较小。所以搅拌造成的剪切作用对微生物培养过程基本影响不大，对动物细胞培养过程有一定的影响。

图 3-12-7 为动物细胞株 FS-4 在各种培养液黏度下的实验结果，显示反应器中对细胞损伤作用较大的平均漩涡长度小于 100 μm。

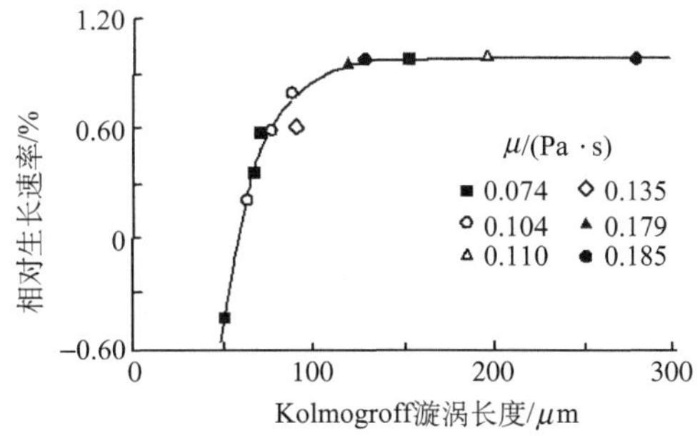

图 3-12-7　不同黏度下动物细胞的相对生长速率与漩涡长度的关系

**2. 气体搅拌的剪切力**

实际上在表面通气的条件下，对机械搅拌反应器的研究发现，搅拌对细胞的剪切力损伤并不是很大。由漩涡长度的计算，并根据细胞的直径判断，可以达到 $N_{max}=1000$ r/min，这是微生物发酵的转速范围。

这说明真正的原因是气泡的运动，是气液表面的更新，这时搅拌的剪切作用才表现出来。在仅有气体搅拌的鼓泡式反应器中，同样会产生大小不等的剪切力。气泡在鼓泡塔中一般要经历气泡形成、上升和气液分离 3 个过程，如图 3-12-8 所示。其中，气体分布器的喷嘴处的剪切力是反应器中最小的区域，其大小取决于通气速率和喷嘴内径。气泡上升过程中，细胞所受到的剪切力与喷嘴附近的剪切力约在同一个数量级范围内。气泡脱离液面处细胞受到的剪切力最大，对细胞的损伤也最大，主要影响因素是液体的表面张力、密度和气泡的液膜厚度。气液分离过程的剪切力据估算比气泡形成和上升过程的剪切力大 100～1000 倍。

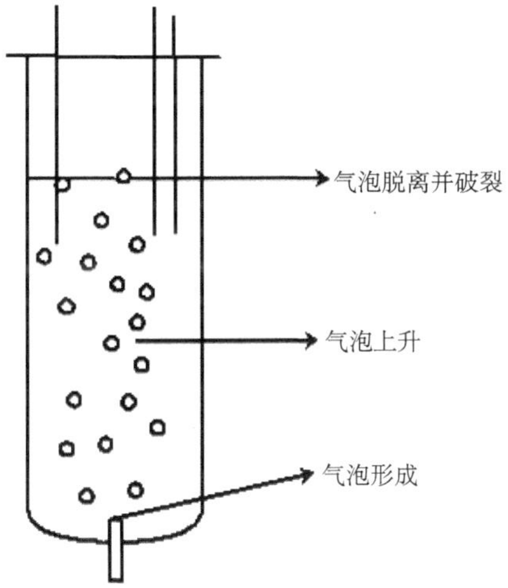

图 3-12-8　气泡在鼓泡式反应器中的经历

因此，根据上述分析，动物细胞反应器设计的一般要求是：①低搅拌强度，转速 100 r/min 以下，大直径层流搅拌桨；②避免气泡与细胞直接接触，可采用笼式或锥形无泡搅拌反应器，也有采用鼓泡通气的气升式细胞反应器的动物细胞培养过程。

为了描述气泡对细胞的损伤作用，Z. Riet 等提出了致死体积模型。通过研究发现，细胞比死亡速率常数与液面高度和通气速率有关。从图 3-12-9 可以看出，对于符合上述模型假设的鼓泡反应器的细胞培养过程，影响细胞流体力学损伤的主要因素为通气流量和反应器液面高度。通气量越大，液面高度越低，则 $k_d$ 值越大，表明细胞死亡速率越大。

由于许多动物细胞、植物细胞、丝状菌和酶对剪切作用十分敏感，因而需要开发低剪切、并且混合传质效果好的反应器。目前低剪切力生物反应器的开发主要是通过搅拌器的改型，如由涡轮桨改型为轴向流搅拌桨；或开发新型生物反应器，如漩涡膜式反应器和无泡式反应器等。

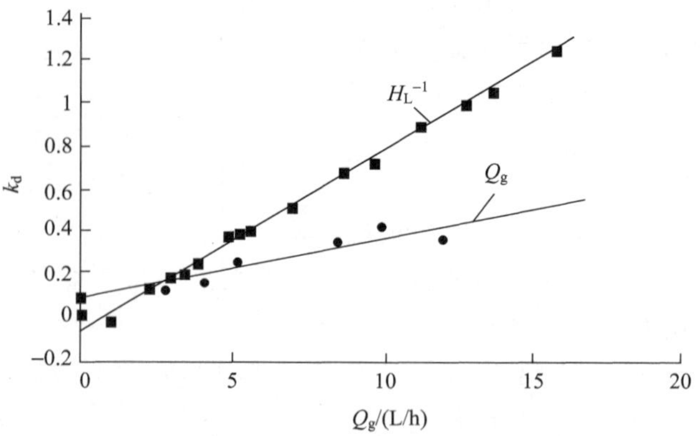


图 3-12-9 细胞比死亡速率常数与通气速率和液面高度的关系

## 12.2 生物反应器的氧传递

需氧细胞反应过程中的供氧大小对保证生物反应的良好进行是必须的，氧是细胞呼吸链电子传递系统末端的电子受体，而在呼吸链的电子传递过程中，可以释放出大量的能量，以供细胞的维持、生长和和合成。需氧细胞反应中，供氧大小即指氧的传递速率。在生物反应器中，生物反应为多相反应体系，氧的传递主要经过气液传递。

### 12.2.1 细胞反应中氧的传递过程

氧是一种难溶的气体，它在水中的溶解度很低，在细胞反应液中由于含有大量的有机物和无机盐，溶解度会进一步降低，约为 0.21 mol/m³。若不能及时向反应液中供氧，这些溶解氧仅能维持细胞 15～20 s 的正常代谢。因此高效的氧传递是保证需氧细胞反应正常进行的必要条件。

进行需氧细胞反应时，分子氧从气泡内向细胞内反应部位传递的途径如图 3-12-10 所示，遇到的阻力包括：①从气相主体到气、液相界面的气膜传递阻力；②通过气、液相界面的传递阻力；③气泡外侧液膜的传递阻力；④通过液相主体的传递阻力；⑤通过

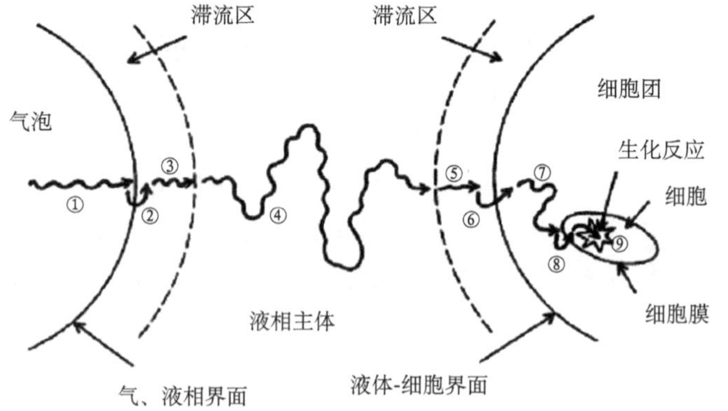


图 3-12-10 氧从气泡到细胞的传递过程示意图

细胞或细胞团周围液膜的传递阻力；⑥通过液体-细胞或细胞团界面的传递阻力；⑦通过细胞团内的传递阻力；⑧通过细胞膜和细胞壁的传递阻力；⑨通过胞内细胞质到反应部位的传递阻力。

克服上述各步传递阻力的总推动力是气相主体与细胞内的氧分压之差。当氧的传递过程为稳态时，氧的总传递速率应与上述串联的各步传递速率相同，并应由传递速率最慢的一步来决定。

对于大多数生物反应过程：①氧通过分子扩散机制在气膜和液膜中扩散，其中围绕气泡周围的液膜阻力是主要的；②氧在液相主体的传递机制为对流扩散，扩散速率大大快于分子扩散，该阻力可忽略不计，若反应液为黏性流体，则液相主体存在明显的传递阻力；③环绕单细胞液膜的阻力一般不予考虑，若为大的细胞团，则液膜阻力要考虑；④对于单细胞，胞内的氧传递阻力一般很小，不予考虑。

综上所述可知，对于大多数单细胞反应体系，氧传递的主要阻力来自于围绕气泡周围液膜的传递阻力，决定氧传递速率的控制步骤是氧通过该膜的传递速率。工业上常将通入反应液的空气分散成细小的泡沫，尽可能增大气液两相的接触界面和接触时间，以促进氧的传质速率。

## 12.2.2 双膜理论

双膜理论（two-film theory）是一个经典的传质机制理论，于 1923 年由 W. G. Whitman 和 L. K. Lewis 提出，作为界面传质动力学的理论，它将相际传质过程简化为经两膜层的稳定分子扩散的串联过程。吸收过程则为溶质通过气膜和液膜的分子扩散过程（图 3-12-11）。

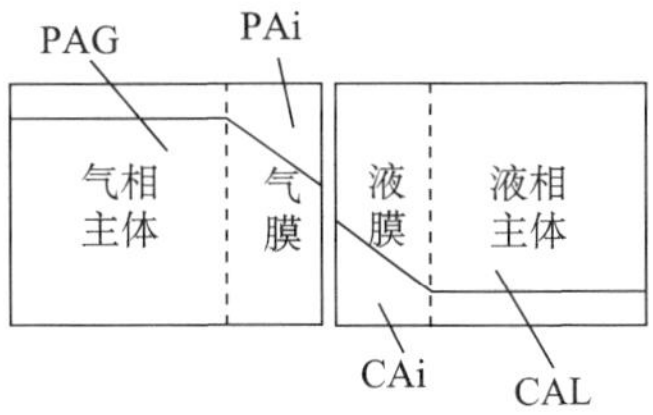


图 3-12-11　双膜理论示意图

PAG. 溶质 A 在气相中的分压；PAi. 溶质 A 在气膜处的分压；CAi. 溶质 A 在液膜处的物质的量浓度；CAL. 溶质 A 在液相中的物质的量浓度

(1) 相互接触的气、液两相流体间存在着稳定的相界面，界面两侧各有一个很薄的停滞膜，在界面的气泡一侧存在着一层气膜，在界面的液体一侧存在着一层液膜；气膜内的气体分子和液膜内的液体分子都处于层流状态，气体在双膜内以分子扩散的机制传递，推动力为浓度差；气泡内除气膜以外的气体分子处于对流状态，称为气相主体，任何一点的氧浓度和氧分压相等；液膜以外的液体分子处于对流状态，称为液相主体，任何一点的氧浓度相同。

(2) 在相界面处，气、液两相瞬间即可达到平衡，界面上没有传质阻力，溶质在界面上两相的组成存在平衡关系，即所需的传质推动力为零或气、液两相达到平衡。

(3) 气、液相界面上，气相氧分压和液相中氧浓度之间达到平衡状态，因此在界面上没有物质传递的阻力。

根据前面的讨论可知，氧在气、液相间传递过程的速率控制步骤为氧通过气泡外侧的液膜处，在该滞流膜内，氧的传递机制为分子扩散。

稳态下的一维扩散可用 Fick 第一定律进行描述。

$$N_{O_2} = -D_{OL}\frac{dc_O}{dX} \tag{12-15}$$

式中，$N_{O_2}$为氧在 X 方向的扩散通量，mol/(m$^2$·s)；$D_{OL}$为氧在液相中的扩散系数，m$^2$/s；$\frac{dc_O}{dX}$为氧在扩散方向上的浓度梯度，mol/(m$^3$·m)。

稳态下：$-\frac{dc_O}{dX}=\frac{C_{OI}-C_{OL}}{L}$ (12-16)

式中，$C_{OI}$为气、液相界面处氧的浓度，mol/m$^3$；$C_{OL}$为液相主体处氧的浓度，mol/m$^3$；$L$ 为液膜厚度，m。

若反应体系的体积为 $V_r$，它所具有的总液膜面积为 $A_S$，则单位反应体积在单位时间内所传递氧的量，即氧的传递速率以 OTR 表示，则有

$$\mathrm{OTR}=\frac{A_S}{V_r}N_{O_2}=\frac{D_{OL}}{L}\frac{A_S}{V_r}(C_{OI}-C_{OL})=K_La(C_{OI}-C_{OL}) \tag{12-17}$$

式中，$K_L$ 为 $D_{OL}/L$，液膜传递系数，m/s；$a$ 为 $A_S/V_r$，比表面积，m$^{-1}$；$K_La$ 为体积传递系数，s$^{-1}$。

一般假设氧在气、液相界面处液体是饱和的，则 $C_{OI}=C_{OL}^*$，根据 Henry 定律，有

$$P_{OG}=HC_{OL}^* \tag{12-18}$$

式中，$P_{OG}$为气相中氧的分压，Pa；$C_{OL}^*$为与 $P_{OG}$相平衡的氧在液相中的浓度，即饱和浓度，mol/m$^3$；$H$ 为 Henry 系数，(Pa·m$^3$) /mol。Henry 系数与温度、离子强度等因素有关。

因此，式（12-17）可表示为

$$\mathrm{OTR}=K_La(C_{OL^*}-C_{OL}) \tag{12-19}$$

式中，$C_{OL^*}$又可称为氧在液相中的溶解度，而 $C_{OL^*}-C_{OL}$为氧浓度的最大可能值与实际值之差，是影响氧传递速率的浓度差推动力。式（12-19）即为氧在气、液相传质的基本方程。

影响式（12-19）中液膜传递系数 $K_L$ 的因素主要有反应体系的物性、气泡大小等。通常由无量纲数群构成的经验关联式来确定 $K_L$ 值。

影响式（12-19）中气、液相界面比表面积 $a$ 的因素主要取决于滞留在反应体系中的气体体积和气泡大小。若滞留气体体积越大，气泡直径越小，气、液比表面积 $a$ 就越大。

其中，滞留气体体积与反应体系流体体积之比为气体滞留率，可用气含率 $\varepsilon_G$ 表示，气泡大小用直径 $d_B$ 表示。

比表面积 $a$ 除了可以用液体体积计算外，还可以用气体体积计算：

$$a=\frac{A_S}{V_L+V_G} \tag{12-20}$$

式中，$V_L$ 为液体体积；$V_G$ 为气体体积。

气含率 $\varepsilon_G$ 为气体体积与反应体系流体体积之比。

$$\varepsilon_G=\frac{V_G}{V_L+V_G} \tag{12-21}$$

将式（12-20）代入式（12-21），经整理为

$$\frac{a}{\varepsilon_G}=\frac{A_S}{V_G} \tag{12-22}$$

$$a=\frac{6}{d_B}\varepsilon_G \tag{12-23}$$

式中，$d_B$ 为气泡直径。

### 12.2.3 细胞反应过程中氧的供需关系

**1. 氧的需求**

细胞反应过程中对氧的需求，可用摄氧率 OUR 表示，即单位体积反应液所消耗氧的速率。

$$OUR=q_{O_2}C_X \tag{12-24}$$

式中，OUR 为氧的消耗速率，mol/(m$^3$ · s)；$q_{O_2}$ 为氧的比消耗速率，也称为呼吸强度，mol/(g · s)；$C_X$ 为细胞浓度，g/m$^3$。

通过前面细胞动力学反应知道，当细胞反应受氧的限制，并遵循 Monod 方程时，则有

$$q_{O_2}=q_{O_2,\max}\frac{C_{OL}}{K_{O_2}+C_{OL}} \tag{12-25}$$

当溶氧浓度 $C_{OL}$ 值较低时，$q_{O_2}$ 随 $C_{OL}$ 的升高而增大；当 $C_{OL}$ 值高于临界溶氧浓度 $C_{OL,C}$ 时，$q_{O_2}=q_{O_2,\max}$，且不再随 $C_{OL}$ 值而变化。表 3-12-3 表示 不同微生物细胞的 $C_{OL,C}$ 值。

**表 3-12-3　某些微生物细胞的 $C_{OL,C}$ 值**

| 微生物细胞的种类 | 温度/℃ | 临界溶氧值/(mmol/L) |
|---|---|---|
| 发光细菌 | 24 | 0.01 |
| 维涅兰得固氮菌 | 30 | 0.018～0.049 |
| 大肠杆菌 | 37 | 0.0082 |
| | 15 | 0.0031 |
| 酵母 | 34 | 0.046 |
| | 20 | 0.0037 |
| 黄青霉素 | 24 | 0.022 |
| | 30 | 0.009 |
| 米曲霉 | 30 | 0.020 |

从表 3-12-3 可知，$C_{OL,C}$ 通常为 0.003～0.05 mmol/L，相当于 1%～25%的空气饱和溶氧值。还需要注意的是，氧的消耗速率还受细胞种类、细胞不同生长阶段及培养基中碳源的性质等的影响。例如，青霉素霉菌分别以乳糖、蔗糖和葡萄糖为底物进行生长，其最大耗氧速率分别为 5.5 mmol/(L · h)、6.1 mmol/(L · h) 和 12 mmol/(L · h)。

**2. 氧的供应**

氧的供应，即氧的传递速率，可用 OTR 表示，见式（12-19）。

**3. 氧的供需平衡关系**

若反应器气、液两相混合充分，对分批操作，氧的衡算式为

$$\frac{\mathrm{d}C_{\mathrm{OL}}}{\mathrm{d}t}=\mathrm{OTR}-\mathrm{OUR}=K_{\mathrm{L}}a(C_{\mathrm{OL}}^{*}-C_{\mathrm{OL}})-q_{\mathrm{O_2}}C_{\mathrm{X}} \tag{12-26}$$

氧的供应速率也就是传质速率，其需求量反映细胞的耗氧量。因此，传质与生物反应的相对控制程度表现在培养基中溶氧浓度 $C_{\mathrm{OL}}$的变化。

从式（12-26）可以看出：当 OTR＞OUR 时，$C_{\mathrm{OL}}$升高；当 OTR＜OUR 时，$C_{\mathrm{OL}}$下降。在稳态下，OTR＝OUR，$\frac{\mathrm{d}C_{\mathrm{OL}}}{\mathrm{d}t}=0$，则：$K_{\mathrm{L}}a$（$C_{\mathrm{OL^*}}-C_{\mathrm{OL}}$）$=q_{\mathrm{O_2}}C_{\mathrm{X}}$

经整理为：$$C_{\mathrm{OL}}=C_{\mathrm{OL}}^{*}\left(1-\frac{q_{\mathrm{O_2}}C_{\mathrm{X}}}{K_{\mathrm{L}}aC_{\mathrm{OL}}^{*}}\right) \tag{12-27}$$

从式（12-27）可以看出；当 $K_{\mathrm{L}}aC_{\mathrm{OL}}^{*}>>q_{\mathrm{O_2}}C_{\mathrm{X}}$ 时，过程的主要限制来自于细胞代谢反应，此时反应液中 $C_{\mathrm{OL}}\approx C_{\mathrm{OL}}^{*}$。

当 $K_{\mathrm{L}}aC_{\mathrm{OL}}^{*}\ll q_{\mathrm{O_2}}C_{\mathrm{X}}$ 时，过程的主要限制来自于供氧速率，此时反应液中$C_{\mathrm{OL}}\approx 0$。

若定义一个反映反应传质过程相对控制的状态准数，Da 准数：

$$\mathrm{Da}=\frac{q_{\mathrm{O_2,\,max}}C_{\mathrm{X}}}{K_{\mathrm{L}}aC_{\mathrm{OL}}^{*}} \tag{12-28}$$

Da 为无量纲的 Damkohler 数，其物理意义为细胞的最大耗氧速率与最大供氧速率之比。当 Da＜1 时，过程受细胞呼吸速率控制；当 Da＞1 时，过程受氧传递速率控制。

### 12.2.4 影响氧传递速率的因素

从式（12-26）可以看出，决定气、液相间氧传递速率大小的为传递推动力（$C_{\mathrm{OL}}^{*}-C_{\mathrm{OL}}$）和体积传递系数。凡是影响推动力和传递系数的因素都会影响氧的传递速率从而影响供氧。

**1. 影响推动力的因素**

提高氧传递推动力实际上是增加氧的饱和溶解度 $C_{\mathrm{OL}}^{*}$，主要影响因素如下所述。

（1）温度。氧在水中的溶解度随温度的升高而降低，如表 3-12-4 所示。因此，氧的传递推动力将随细胞反应液温度的提高而下降。

**表 3-12-4　纯氧在不同温度水中的溶解度**（$1.01\times10^5$ Pa）

| 温度/℃ | 溶解度/(mol/m³) | 温度/℃ | 溶解度/(mol/m³) |
|---|---|---|---|
| 0 | 2.18 | 25 | 1.26 |
| 10 | 1.70 | 30 | 1.16 |
| 15 | 1.54 | 35 | 1.09 |
| 20 | 1.38 | 40 | 1.03 |

（2）溶质。若为电解质，则由于在电解质溶液中发生盐析作用而使氧的饱和溶解度降低，因而氧传递的推动力也随反应液中电解质浓度的增加而下降。若为非电解质，在其溶液中氧的溶解度一般也随着溶质浓度的增加而下降。氧在一些有机溶剂中的溶解度比其在水中的要高，在实际的细胞反应过程中也可以通过合理添加有机溶剂来降低水的极性从而增加氧的溶解度。

（3）氧分压。增加氧分压也能提高氧的溶解度，进而增加氧传递的推动力。倘若增加反应器总压，氧的溶解度增加，其他气体（如 $CO_2$）的溶解度也增加，这不利于反应液中 $CO_2$ 的排出，并且总压过高，对细胞的渗透压不利。因此，增加总压受到一定限制。若采用富氧通气以提高氧分压，需要建立富氧空气制备，这样会提高生产成本，不够经济。

**2. 影响 $K_La$ 的因素**

对一定的反应液和反应条件，$C_{OL}^*$ 基本为一个常数，因此要想提高氧的传递速率，关键是要设法提高 $K_La$ 值

（1）搅拌。对装有机械搅拌的通气式反应器，搅拌器的型式、直径大小、转速、组数、间距及其位置等均对氧的传递产生影响。图 3-12-12 表示在不同气速下，搅拌速率（r/min）与 $K_La$ 值的关系，从图中可以看出，在不同气速下，随着搅拌速率的提高，$K_La$ 值在增大。

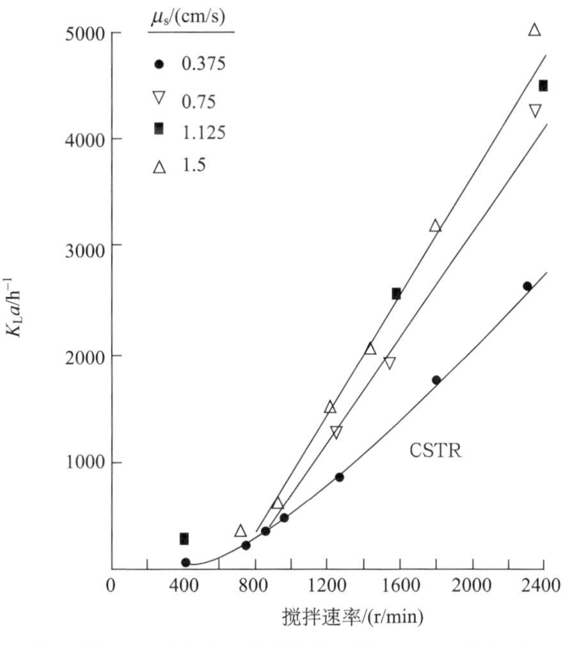


图 3-12-12　不同气速下搅拌速率对 $K_La$ 的影响

当搅拌速率过大，出现过度搅拌时，产生的剪切力大，会对细胞造成损伤，特别是丝状菌的反应类型和动物、植物细胞培养，考虑到剪切力对细胞的损伤。激烈的搅拌会产生大量的热，加重了反应器传热的负荷。

（2）通气。当通气量处于较低的范围时，随着通气量的增加，气体表观线速度增

加，有利于对流的产生，使 $K_L$ 提高，$K_La$ 值增加。在实际中，通气速率有一定的限度，气速过大，会发生“过载”现象，搅拌器此时不能有效地将气体打散为气泡并分散到液体中去，而是形成大气泡并在搅拌轴的周围溢出，此时搅拌效率和 $K_La$ 会大大下降（图 3-12-13）。实际中，倾向于采用低通气速率和高转数的操作条件，以利于气、液流体的分散和传递。

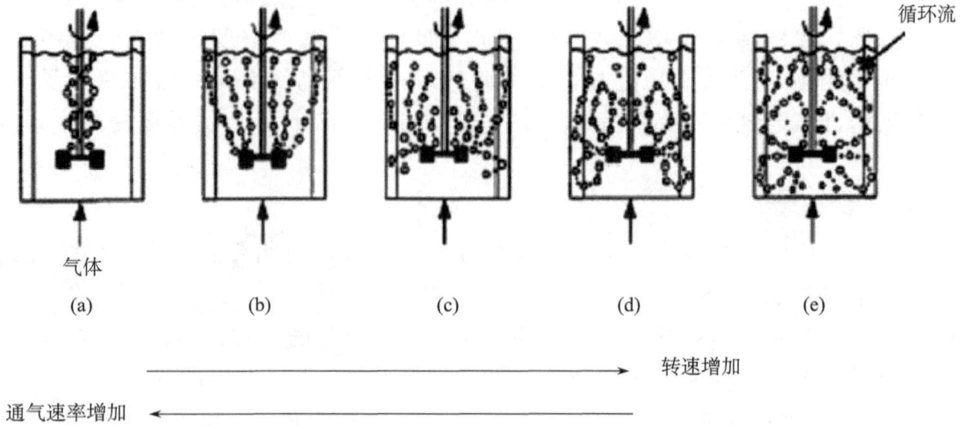


图 3-12-13　搅拌反应器中通气速率和转速的气体分散效果

（3）其他因素。①表面活性剂：培养液中，消泡剂主要为具有亲水端和疏水端的表面活性剂，分散在气、液相界面，增大传递阻力，使得 $K_L$ 下降。②离子强度：在电解质溶液中生成的气泡比水中的小得多，因而有较大的比表面积。在同一个气、液接触反应器中，在同样的操作条件下，电解质溶液的 $K_La$ 比水的 $K_La$ 大，而且随电解质浓度的增加，$K_La$ 也有较大的增加。③细胞：培养液中细胞浓度增加，会使 $K_La$ 变小。

（卢小玲）

# 第 13 章　生物反应器的基本操作

生物反应器的基本操作包括上游技术、发酵和下游技术。上游技术主要是指微生物菌种的选育；微生物发酵技术主要是指培养基制备、扩大培养技术、发酵原料的选择及预处理、灭菌、接种、最佳工艺条件的选择和控制；下游技术主要是指发酵产物的分离提取技术。本章主要对前两个操作环节进行讨论。

## 13.1　微生物菌种的种子制备与扩大培养

### 13.1.1　微生物生产菌种的获得

微生物是各种生物活性产物的丰富资源，但由于微生物细胞内的内含物及其周围的培养基成分极其复杂，使其在长期的进化过程中形成了一整套的代谢控制机制。微生物细胞内存在着反馈抑制、阻遏等代谢调控系统，不会过量生产超过其自身生长、代谢需要的酶活代谢产物。所以，从自然界得到的野生菌株，不论在产量上还是在质量上均达不到工业化生产的要求。需要通过一定方式进行筛选，获取适于工业生产的优良菌种。

**1. 菌株筛选**

筛选具有潜在工业应用价值的微生物的第一个阶段是分离，然后筛选出那些能产生所需产物或具有某种生化反应的菌株。值得注意的是，在要求获得高产菌株的同时，还应考虑将其推广到生产过程时的经济问题。在筛选所需菌株时宜考虑的一些重要指标包括：①菌株的营养特征，是否需要价格昂贵且不可替代的原料；②菌株的生长温度最好高于 40℃，这样可以大大降低大规模发酵的冷却成本；③菌株对所采用的设备和生产过程的适应性；④菌株的产物得率和产物在培养液中的浓度；⑤容易从培养液中回收产物。

**2. 菌种改良**

一般来说，野生型菌种生产目标产物的能力较低，为了提高生产效率，降低生产成本，需要选育优良的菌种。工业菌种改良的途径有以下几条：①解除或绕过代谢途径中的限速步骤，如通过增加特定基因的拷贝数或增加相应基因的表达能力来提高限速酶的含量；或在代谢途径中引申出新的代谢步骤，由此提供一个旁路代谢途径；②增加前体物的浓度，从而增加目标产物的产率；③改变代谢途径，减少无用副产品的生成以及提高菌种对高浓度的有潜在毒性的底物、前体或产品的耐受力；④抑制或消除产品分解酶；⑤消除代谢产品的反馈抑制；⑥改进菌种分泌产品的能力。

工业菌种的育种是指运用遗传学原理和技术对某个用于特定生物技术目的的菌株进行的多方位改造。通过改造，可使菌种现存的优良性状强化，或去除不良性质或增加新的性状。工业菌种的育种方法一般有自然选育、诱变选育、杂交育种、原生质体融合和基因工程技术等。

（1）自然选育。自然选育是指不经人工处理，利用微生物的自然突变进行菌种选育的过程，包括多因素低剂量的诱变效应和互变异构效应。多因素低剂量的诱变效应是指在自然环境中存在着低剂量的宇宙射线、各种短波、低剂量的诱变物质和微生物自身代谢产物的诱变物质等的作用引起的突变。互变异构效应是指 4 种碱基第 6 位的酮基或氨基的瞬间变构引起碱基错配。例如，胸腺嘧啶（T）和鸟嘌呤（G）发生酮式/烯醇式互变，胞嘧啶（C）和腺嘌呤（A）发生氨基或/亚氨基式互变。由于酮式/烯醇式或氨基式/亚氨基式的相互转变导致的 DNA 复制过程中的错配，就是互变异构效应。自然突变的概率为 $10^{-9}$左右。自然选育操作简单易行，是工厂保证稳定高产的重要措施。

（2）诱变育种。诱变育种是利用物理或化学诱变剂处理均匀分散的微生物细胞，提高基因突变频率，然后采用简便、快速和高效的筛选方法，获得所需要的高产优质菌种的方法。常用的物理诱变剂有紫外线、X 射线、$\gamma$ 射线、快中子等，其中使用最方便而且最有效的是紫外线。紫外线诱变的机制是紫外线可造成 DNA 链的断裂，或使 DNA 分子内或分子间发生交联反应，导致遗传密码的错排。而且，在实际操作中，除紫外线诱变使用安全外，其他几种射线都是电离性质的，有一定的穿透力，一般都由专业人员在专门的设备中使用，有一定的危险性。化学诱变剂种类很多，根据对 DNA 的作用方式，可分为与核酸碱基直接作用的诱变剂、碱基类似物和移码突变诱变剂 3 类。使用化学诱变剂经济，操作简单，往往比电离辐射有效。但大部分诱变剂是致癌剂，在使用中必须非常谨慎，要避免化学诱变剂与皮肤接触，且切勿吸入其蒸气。

（3）原生质体融合。原生质体融合是指通过人工方法，使遗传性状不同的两个细胞的原生质体发生融合，并产生重组子的过程，也称为细胞融合。采用原生质体融合方法进行菌种选育有以下一些优点：①杂交频率较高：原生质体去除了细胞壁，解除了细胞间物质交换的主要障碍，也避免了修复系统的制约，加上融合过程中促融剂的诱导作用，重组频率显著提高。②两株亲株中任何一株都可能有受体或供体的作用，因此有利于不同种属间微生物的杂交。③遗传物质传递更为完整：原生质体融合是两株亲株的细胞质和细胞核进行类似的合二为一的过程。④存在两株以上亲株同时参与融合形成融合子的可能性。⑤2 可采用产量性状较高的菌株作融合亲株。⑥提高菌株产量的潜力较大。

原生质体融合的本质是两亲本菌株去除细胞壁后的一种体细胞杂交育种方法。其遗传本质和杂交原理与常规杂交育种是相同的。原生质体融合育种一般可分为六大步骤：标记菌株的选择和稳定性验证、原生质体制备、等量原生质体加促融剂促融、再生培养基上培养、选择性培养基上分离验证，以及挑取融合子进一步实验、生产性能筛选。流程如图 3-13-1 所示。

（4）基因育种技术。基因育种技术是指运用体外 DNA 各种操作或修改手法获得目的基因，再借助于病毒、细菌质粒或其他载体，将目的基因转移至新的宿主细胞并使其在新的宿主细胞系统内进行复制和表达；或通过细胞间的相互作用，使一个细胞的优秀性状经其遗传物质的交换而转移给另一个细胞的方法。目前，基因工程的应用已经从实验室研究进入应用阶段，不同于传统的育种方法，它是一种自觉的、能像工程一样事先设计和控制的育种技术，可以完成超远缘杂交，是最有前途的育种方法。但是，目前基因工程的应用还存在着很大的局限性。由于对基因的认识还十分有限，而蛋白质类以外的发酵产物（如糖类、有机酸、核苷酸和次生代谢产物）的产生往往受多个基因的控

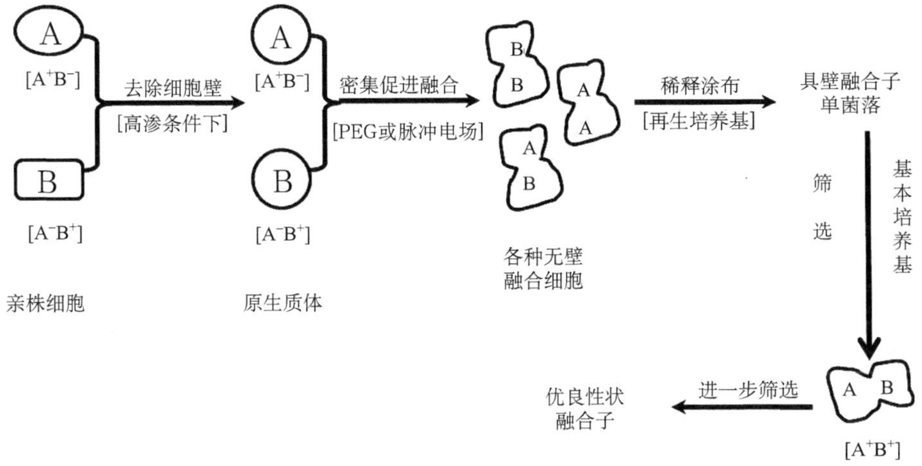


图 3-13-1　原生质体融合示意图

制，尤其是还有许多发酵产物的代谢途径远没有弄清楚。所以，对于这些产物，基因工程还难以完全取代传统的菌种选育方法。

通过筛选可获得适宜于大生产的优良的生产菌种，而优良的生产菌种应具有以下一些基本特征：①具有在较短的发酵周期内产生大量发酵产物的能力；②对发酵原料成分波动敏感性较小，能利用价廉、来源广泛的原料；③发酵过程中产生的泡沫少；④遗传特性稳定，便于发酵过程控制，抗噬菌体感染。满足这些条件的优良菌种可根据其特性进行适当的保藏，保证菌种的高产稳定。一般的保藏方法分短期保藏和长期保藏，短期保藏主要有斜面保藏法和穿刺保藏法，有效期为 3～12 个月。砂土管保藏期约为 2 年左右，真空冷冻干燥保藏和液氮保藏法是较为理想的长期保藏方法，一般的保藏有效期在 5～10 年。

## 13.1.2　种子制备工艺

将保存在砂土管、冷冻干燥管中处于休眠状态的生产菌种接入试管斜面活化后，再经过扁瓶或摇瓶及种子罐的逐级扩大培养而获得一定数量和质量纯种的过程称为种子扩大培养。这些纯种培养物称为种子。

种子要满足以下条件：①菌种细胞的生长活力强，移种至发酵罐后能迅速生长，迟缓期短；②生理性状稳定；③菌体总量及浓度能满足大容量发酵罐的要求；④无杂菌污染；⑤保持稳定的生产能力。

种子的扩大培养是一个从实验室制备到车间生产的过程，不同的生产品种和菌种种类其生产方法与条件不同。因此，种子扩大培养应根据菌种的生理特性选择合适的培养条件来获得代谢旺盛、数量足够的种子。种子液质量的优劣对发酵生产起着关键性的作用。

种子扩大培养的方法有两种。第一种是先在固体培养基上生长繁殖成大量孢子（对于不产孢子和芽胞的微生物来说，生长繁殖成大量菌体），将孢子或菌体直接接入种子罐扩大培养。这种方法称为孢子进罐法，细菌、霉菌和一些放线菌采用此法。孢子进罐法的优点是工艺过程简单，一次可以制备较大量的孢子，易于保存。节约大量的人力、物力和时间，减少杂菌的污染机会。另外，孢子在接入种子罐之前，可先对其质量进行鉴定，合格的孢子才能接入种子罐，这样就可以控制孢子质量，减少生产中批次之间的差异。其缺点是砂土管和冷冻管的用量较大。第二种是将固体培养基上繁殖的孢子接入装有液体培养基的摇瓶中，使其生长繁殖成菌丝，再将摇瓶菌丝接入种子罐扩大培养。这种方法称为摇瓶菌丝进罐法，适用于生长缓慢的放线菌。其优点是可以节约砂土管和冷冻管的用量，缩短菌种在种子罐内的生长时间。其主要的缺点是菌丝不易保存，批次间的种子质量有差异，并且由于菌丝制备工艺时间长，增加了杂菌污染的机会。

种子制备的工艺流程如图 3-13-2 所示。其过程主要分为两个阶段：一是实验室种子制备阶段，包括琼脂斜面、固体培养基或摇瓶液体培养；二是生产车间种子制备阶段，如种子罐扩大培养。

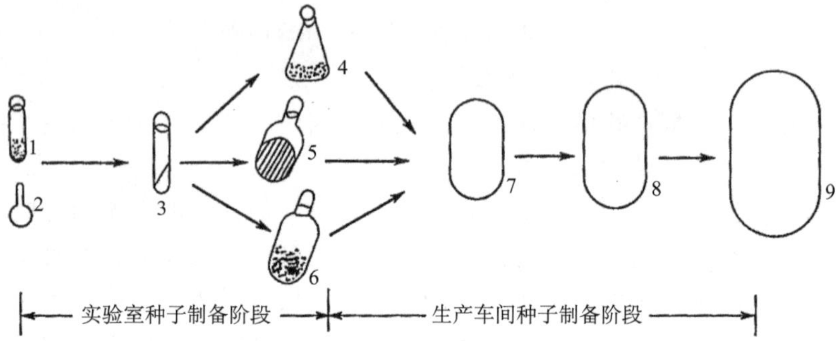


图 3-13-2　种子扩大培养流程图

1. 砂土孢子；2. 冻干孢子；3. 斜面孢子；4. 摇瓶液体培养（菌丝体）；5. 扁瓶斜面培养；6. 固体培养基培养；7、8. 种子罐培养；9. 发酵罐

实验室种子制备的步骤如下所述。

保藏在砂土管或冷冻干燥管中的菌种经无菌手续接入适合于孢子发芽或菌丝生长的斜面培养基中，经培养成熟后挑选菌落正常的孢子可在此接入试管斜面。对于产孢子能力强、孢子发芽及生长繁殖快的菌种可以采用固体培养基培养孢子，孢子可直接作为种子罐的种子。这样操作简便、不易污染杂菌。

不产孢子和芽胞的细菌，传代步骤为保藏斜面→活化斜面。产孢子和芽胞的菌种，传代步骤为保藏斜面→母斜面→子斜面。传代过程中使菌种的传代次数尽可能少。

（1）放线菌类孢子的制备。培养基的原料采用像麸皮、豌豆浸汁、蛋白胨、牛肉膏和一些无机盐等适合产孢子的营养成分。碳源和氮源不要过于丰富（1%、0.5%），如果碳源丰富容易造成生理酸性的营养环境，不利于孢子的形成；碳氮比例大一些为好，这样可以避免菌丝的大量形成，有利于产孢子。

放线菌种子扩大培养的工艺过程为：砂土管→一级斜面→二级斜面→摇瓶→种子罐→发酵罐。

放线菌类孢子的培养温度一般为 28℃，但有的放线菌孢子的培养温度为 30℃或 37℃。培养时间因菌种而异，大多数需培养 4～7 天，孢子成熟后置于 5 ℃条件下保存备用。

生产中采用哪一级的斜面孢子要视菌种特性而定。采用一级斜面孢子接入液体培养基有利于防止菌种变异，采用二级斜面孢子接入液体培养基可节约菌种用量。

(2) 霉菌类孢子的制备。霉菌类孢子的制备流程为：砂土管或冷冻干燥管→菌悬浮液→亲米→生产米或砂土管或冷冻干燥管→斜面培养→菌悬浮液→亲米→生产米。将砂土管或冷冻干燥管中的菌种制成悬浮液，把此悬浮液直接接入大（小）米培养基上，培养成熟后称为"亲米"。由亲米再转至大（小）米培养基上，培养成熟后称为"生产米"，用"生产米"接入种子罐内。霉菌类孢子采用大米、小米、玉米及麦麸等天然农产品为培养基原料。通常霉菌类孢子的培养温度为25～28℃，培养时间一般为4～14天。为了使通气均匀，在培养过程中要不断翻动。

(3) 细菌类孢子的制备。细菌类孢子制备的斜面培养基采用碳源限量而氮源丰富的配方。牛肉膏、蛋白胨是常用的有机氮源。细菌培养温度大多数为37℃，少数为28℃；细菌菌体培养时间一般为1～2天，产芽胞的细菌则需培养5～10天。

## 13.1.3 生产车间种子制备

制备生产车间种子是为发酵生产提供一定数量和质量的种子。生产车间种子制备阶段包括摇瓶液体种子制备和种子罐扩大培养。

**1. 摇瓶种子制备**

有些孢子发芽和菌丝繁殖速率缓慢的菌种，需要将孢子经摇瓶液体培养成菌丝后再接入种子罐，这就是摇瓶种子。摇瓶相当于缩小的种子罐，其培养基配方和培养条件与种子罐相似。

将实验室制备的斜面孢子接种到体积较小的摇瓶（母瓶）中，培养形成大量菌丝后，再转接到体积较大的摇瓶（子瓶）中培养，这种摇瓶培养方式被称为母瓶-子瓶两级培养。有时母瓶也可以直接进发酵罐。摇瓶种子培养基要求营养丰富，并易被菌体分解利用。原则上，培养基的浓度不宜过高，母瓶培养浓度比子瓶高，子瓶的培养基配方接近种子罐的。

**2. 种子罐种子制备**

种子罐的作用是将通过摇瓶培养获得有限数量的孢子或菌丝生长并繁殖成大量的菌丝体。种子罐种子制备的过程一般可分为一级种子的制备、二级种子的制备和三级种子的制备。

(1) 种子罐级数的确定。种子罐的级数是指制备种子过程中需要逐级扩大培养的次数。孢子（或摇瓶菌丝）接种到体积较小的种子罐中，经培养后形成大量的菌丝，这样的种子称为一级种子。把一级种子转入发酵罐内发酵，称为二级发酵。把一级种子接入到体积较大的种子罐，经培养后形成更多的菌丝，这样的种子称为二级种子。把二级种子转入发酵罐内发酵，称为三级发酵。种子罐的级数一般是根据菌种生长特性、孢子发芽和菌体繁殖速率及所采用发酵罐的容积而定。对于生长快的细菌，种子用量比例少，故种子罐相应也少，如谷氨酸的生产是以一级种子罐扩大培养，即二级发酵的。而生长较慢的菌种，如青霉素生产菌种则需经二级种子罐扩大培养，即三级发酵。生长更慢的菌种，如链霉素生产菌种，则往往采用三级种子罐扩大培养。

(2) 接种龄与接种量。接种龄是指种子罐培养的菌丝体开始移入下一级种子罐或发酵罐时的培养时间。接入种子罐中的种子，随着培养时间的延长，菌丝量增加，但由于基质的消耗、代谢产物的积累及菌丝体的死亡，菌丝量不再增加，而逐渐趋于老化。因此，选择适当的接种龄显得十分重要。通常，接种龄以菌丝体处于生命力极其旺盛的对数生长期，且培养液中菌体量还未达到最高峰时较为合适。

若过于年轻的种子接入发酵罐，往往会出现前期生长缓慢、整个发酵周期延长、产物开始形成的时间推迟，甚至会因菌丝量过少而在发酵罐内结球，导致异常发酵。过早的种子会引起生产能力下降而菌丝过早自溶。

接种量的大小取决于生产菌种在发酵罐中生长繁殖的速率。采用较大的接种量可以缩短发酵罐中菌丝繁殖到达高峰的时间，使产物的形成提前到来。这是因为种子量多，同时种子液中含有大量体外水解酶类，有利于对基质的利用和产物的合成，并且生产菌迅速占据了整个培养环境减少了杂菌生长的机会。但是，如果接种量过多，往往会使菌丝生长过快，培养液黏度增加，造成溶氧不足，而影响产物的合成。但接种量过小，除了延长发酵周期外，往往还会引起其他不正常情况，如染菌。不同微生物的生长能力不同，在生产时所需要的种子量也差异很大。例如，大多数抗生素发酵的最适接种量为7%～15%，有时可增加到20%～25%，但制霉菌素的生产中，用1%的接种量比用10%接种量的效果好。

（3）种子质量的判断。由于菌种在种子罐中的培养时间较短，可供分析的参数不多，使种子的内在质量难以控制，为了保证各级种子移种前的质量，在种子制备过程中要定期取样测定一些参数以观察基质的代谢变化及菌丝形态是否正常。通常在生产过程中可以通过发酵液 pH 测定，观察菌丝形态、菌丝浓度和培养液外观或测定某种酶的活力等来判断。

用酶活力来判断种子的质量是一种新的尝试。例如，土霉素发酵中，种子液中的淀粉酶活力与发酵单位有一定关系（表 3-13-1）。种子液中淀粉酶活力高的，则接入发酵罐后土霉素发酵单位也高，反之则低。因此，在选用种子时，用测定种子液中淀粉酶的活力来判断种子质量是有效的方法。

**表 3-13-1　淀粉液化速率同龟裂链霉菌（*Streptomyces rimosus*）合成土霉素能力的关系**

| 编号 | 培养基中淀粉完全液化所需时间/h | | | 土霉素相对效价/% |
|---|---|---|---|---|
| | 一级种子 | 二级种子 | 发酵 | |
| 1 | 37 | 45 | 42 | 114.0 |
| 2 | 84 | 46 | 45 | 108.5 |
| 3 | 51 | 47 | 47 | 102.8 |
| 4 | 56 | 58 | 64 | 100（对照） |

## 13.1.4　种子质量的控制

**1. 影响孢子质量的因素**

（1）原材料生产过程中经常出现种子质量不稳定的现象，其主要原因是原材料质量波动。例如，因小麦产地、品种、加工方法及用量的不同，导致配制四环素、土霉素产孢子的斜面培养基中麸皮质量的不同。因产地、颗粒大小、均匀程度的差异，影响霉菌培养基中大（小）米的质量。原材料质量的波动，主要是其中无机离子含量的差别，如微量元素 $Mg^{2+}$、$Cu^{2+}$、$Ba^{2+}$ 等均能刺激孢子形成，而 P 含量的差别也会影响孢子质量。例如，不同厂家生产的琼脂及水质对种子质量影响的主要原因均是由于无机离子含量差别导致的。

（2）培养条件对孢子质量有很大影响，尤其是温度。孢子斜面需严格控制培养温度。例如，土霉素生产种子，在高于 37℃ 培养时，孢子接入发酵罐后就会表现出糖代谢变慢、氨基氮回升提前、菌丝过早自溶、效价降低等现象。

（3）孢子斜面培养基制备时的湿度对孢子的数量和质量也有较大影响。土霉素生产菌种龟裂链霉菌（*Streptomyces rimosus*）孢子，在北方气候干燥地区孢子斜面长得较快，在气温高湿度大的地区斜面孢子长得慢。相对湿度为 40%～45%时孢子数量最多，颜色均匀，质量较好。在含有少量水分的试管斜面培养基下部孢子长得较好，而斜面上部由于水分迅速蒸发呈干瘪状，孢子稀少。

（4）斜面冷藏对孢子质量的影响与孢子的成熟程度有关。过于年轻的孢子经不起冷藏，而过于衰老的孢子则会导致生产能力下降。例如，土霉素生产菌种孢子斜面培养 4 天左右即于 4℃ 冰箱保存，发现冷藏 7～8 天后菌体细胞开始自溶。而培养 5 天以后冷藏，20 天未发现自溶现象。冷藏时间的长短对孢子的生产能力也有影响。总的原则是冷藏时间宜短不宜长。

**2. 孢子质量的控制措施**

（1）用砂土管保藏菌种时，要把砂土管置于有干燥剂的容器中，放在 4℃ 左右的冰箱中。若保藏时间超过 1 年，应该进行一次自然分离，从中选出形态、生产性能好的单菌落接种于孢子培养基。

（2）原材料的检验培养基所用的主要原材料，需经过糖、氮、磷含量的化学分析和摇瓶发酵试验，合格后才能使用。

（3）预培养试验培养的孢子，应外观上生长丰满、色泽正常，并且要先经过摇瓶发酵试验，合格后才能用于生产。

**3. 影响种子质量的主要因素**

在发酵工业生产中通常以外观颜色、效价、菌丝浓度或黏度，以及糖、氮代谢和 pH 变化等作为判断摇瓶种子质量的主要指标。

种子罐种子质量主要受孢子质量、培养基、培养条件、种龄和接种量等因素的影响。

（1）培养基。种子培养基原材料的控制类似于孢子培养基原材料的控制。在培养基选择上，使发酵产物产量提高是一个重要标准，但同时还应当注意培养基要组成简单、来源丰富、价格便宜、取材方便等。

（2）种龄与接种量。种子培养时的种龄应以菌种的对数生长期为宜。种龄过小过大都会导致菌种的延滞期过长，不但延长发酵周期，还会降低发酵产量。

接种量的大小是影响发酵周期的直接因素。接种量与菌种的延滞期长短成反比。但过于增大接种量也不合适，这样会过多地向发酵罐中移入代谢废物，影响正常发酵。

（3）温度。通常采用微生物的最适生长温度。如果所培养的微生物能承受较高的温度，则采用高温培养种子，可减少污染杂菌的机会和夏季培养所需降温的辅助设备，有利于降低工业生产成本。

（4）通气和搅拌。在保证易被利用的培养基供种子培养的基础上，足够的通气量可以提高种子质量。例如，青霉素的生产菌种在制备过程中，将通气充足和不足两种情况下制备的种子分别接入发酵罐，它们的发酵单位可相差1倍。通气量的大小与所用菌种的特征、培养基性质和菌种培养阶段有关，需要通过许多试验确定。

（5）pH。pH的变化会引起各种微生物酶活力的改变，从而影响微生物的生长。同一菌种合成酶的类型与酶系组成可以随pH的改变而产生不同程度的变化。例如，黑曲霉合成果胶酶时，pH大于6，则果胶酶的合成受抑制；小于6，则形成果胶酶。为了保证微生物的生长和酶的合成，培养基必须保持适当的pH。生产过程中pH的调节可通过使用酸碱溶液、缓冲溶液及各种生理缓冲液实现。

（6）泡沫。微生物培养过程产生泡沫的因素主要有：通气和机械搅拌使液体分散和空气窜入形成气泡；培养基某些成分的变化或微生物的代谢活动也能产生气泡。泡沫直接影响微生物的生长和产物的合成。持久的泡沫会妨碍$CO_2$的排出，不利于发酵。此外，大量泡沫的产生，降低了种子罐的有效发酵体积，大大影响了设备的利用率，且易于发生染菌等。种子培养过程中主要采用的消泡措施有化学消泡剂、机械装置消泡以及改进培养基成分、增加磷酸盐的比例。

（7）染菌的控制。染菌是种子培养过程中不可避免出现的现象，常见的染菌因素主要有：设备、管道、阀门漏损；灭菌不彻底；空气净化不好；无菌操作不严或菌种不纯等。菌种发生染菌将会使各个发酵罐都染菌，因此必须采取有效控制措施，加强接种室的消毒管理工作，定期检查消毒效果，严格无菌操作。

**4. 种子质量的控制措施**

种子的质量是发酵能否正常进行的重要因素之一。种子制备不仅要提供一定数量的菌体，而且要提供最优良的菌种，种子质量的最终指标是考察其在发酵罐中所表现出来的生产能力。因此，保证种子质量首先要确保菌种的稳定性；其次是提供种子培养的适宜环境，保证无杂菌侵入，以获得优良种子。

（1）菌种稳定性检查。要定期考察和挑选菌种，对菌种进行自然分离，进行摇瓶发酵试验，测定其生产能力，挑选生产能力较强的菌株，防止菌种生产能力下降。

（2）无（杂）菌检查。在种子制备过程中每移种一步都需要进行杂菌检查，通常采用镜检、无菌试验和生化分析。其中，无菌试验是最主要的判断依据。

无菌试验的方法是将种子液涂在双碟上划线培养、斜面培养和酚红肉汤培养。经肉眼观察双碟上是否出现异常菌落、酚红肉汤是否变黄色及镜检鉴别是否污染杂菌。

## 13.2 培养基的种类与配制

实验条件下对微生物生长繁殖的控制过程称为培养。微生物生长繁殖的营养基质称为培养基。常用的培养基必须符合以下一些基本条件：①必须含有合成细胞组成所必需的原料；②满足一般生化反应的基本条件；③一定的pH条件等。

### 13.2.1 培养基的种类及功能

通常培养基可根据组成物质的纯度、状态、用途分为三大类。

**1. 天然培养基和合成培养基**

根据组成物质的纯度，培养基可分为天然培养基和合成培养基两种。

（1）天然培养基又称为非限定培养基、复合培养基，是采用化学成分还不完全清楚或不恒定的各种植物或动物组织，或微生物的浸出物、水解液等物质（如牛肉膏、酵母膏、麦芽汁、蛋白胨等）制成的。牛肉膏富含各种水溶性营养物，富含氨基酸、糖、维生素和微量元素。酵母膏富含B族维生素。蛋白胨和胰蛋白胨都是动物肉类的降解产物。酪蛋白胨是牛奶来源的酪蛋白的降解产物。适合于各类异养微生物的生长，但不适合于一般的自养微生物生长。

（2）合成培养基又称为限定培养基，是用化学成分明确、数量精确的物质配制而成，如药用葡萄糖、$KH_2PO_4$ 等。其优点是成分精确，实验过程重复性强，适合于研究菌种基本代谢、分类鉴定、生物鉴定及选育菌种、遗传分析等定量科研工作。在生产某些疫苗的过程中，为了防止异源蛋白质等杂质混入，也往往采用合成培养基。但由于合成培养基营养单一、价格较高，不适合于大规模工业生产。而且，有些微生物营养要求复杂，在合成培养基上不能生长。

多数微生物培养基的配制均采用一部分天然有机物作为碳源、氮源和生长因子的来源，再适当加入一些化学药品以补充无机盐成分，使其更能充分满足微生物对营养的需要。因此，在微生物工业生产上和试验研究中被广泛使用。

**2. 液体培养基和固体培养基**

根据培养基的状态，可分为液体培养基、固体培养基和半固体培养基3类。

（1）液体培养基。液体培养基中80%～90%是水，其中配有可溶性的或不溶性的营养成分，常用于大规模的工业生产及生理代谢等基本理论研究工作。发酵工业多用液体培养基作为培养种子和发酵的培养基。在菌种筛选工作和菌种培养工作中，也常用液体培养基进行摇瓶培养。

（2）固体培养基。固体培养基是在液体培养基中加入凝固剂配成的，如斜面试管、平板等，最常用的凝固剂是琼脂。固体培养基在菌种分离、保藏、菌落特征观察、活菌技术和鉴定菌种方面是不可缺少的，也广泛应用于有子实体的真菌类，如香菇、白木耳等的生产。近年来，由于机械化程度的提高，在发酵工业上有应用固体培养基进行大规模生产的趋势。

（3）半固体培养基。半固体培养基是凝固剂的含量比固体培养基少，培养基中琼脂含量一般为0.2%～0.7%，主要用于鉴定细菌、观察细菌运动特征及噬菌体的效价滴度等。

**3. 基础培养基、鉴别培养基、选择性培养基、加富培养基**

（1）基础培养基。不同微生物的营养需求不同，但大多数微生物所需的基本营养物质是相同的。基础培养基中含有一般微生物生长繁殖所需的基本营养物质，如牛肉膏蛋白胨培养基是最常用的基础培养基。

（2）鉴别培养基。培养基中添加有特殊营养成分及指示剂，用以鉴别不同种类的微生物。例如，血平板，链球菌在血平板上的生长会导致菌落边缘出现透明圈（β-溶血现象）。金黄色葡萄球菌也有此现象，但其在血平板上的菌落是大的金黄色或白色菌落，不同于链球菌的透明或半透明小菌落。

（3）选择性培养基。在培养基中加入某种化学物质以抑制不需要的菌的生长以及促进某种需要菌的生长。例如，选择培养革兰氏阴性菌，则在培养基中加入一定浓度的如曙红、亚甲蓝、结晶紫等一些可抑制革兰氏阳性菌生长的物质。

（4）加富培养基。加富培养基是在基础培养基中加入血、血清、动物或植物组织液或其他营养的一类营养丰富的培养基，主要用于培养某种或某类营养要求苛刻的异养型微生物，或者用来富集某种微生物。

**4. 发酵生产中的培养基类型**

微生物发酵过程由于所使用的微生物的种类和生产产品类别不同，所采用的发酵培养基也不尽相同。但适宜于大规模发酵的培养基应该具有以下共同的特点：①能满足产物最经济的合成；②发酵后所形成的副产物尽可能的少；③原料应因地制宜、价格低廉、性能稳定、资源丰富，便于采购运输，适合大规模储藏，能保证生产供应；④能满足总体工艺的要求，不影响通气、提取、纯化及废物处理等。

工业发酵中的培养基往往可根据生产流程和作用分为斜面培养基、种子培养基和发酵培养基。

（1）斜面培养基。斜面培养基包括细菌、酵母等的斜面培养基以及霉菌、放线菌的产孢子培养基或麸曲培养基等。对这种培养基的要求是能使菌体迅速生长，同时不易引起菌种发生变异。斜面培养基的基本配制要求如下：①富含有机氮源，少含或不含糖分。有机氮有利于菌体的生长繁殖，能获得更多的细胞。②对于放线菌或霉菌的产孢子培养基，则氮源和碳源均不宜太丰富，否则容易长菌丝而较少形成孢子。③宜加少量电解质类，供给必要的生长因子和微量元素。

（2）种子培养基。种子培养基包括摇瓶种子培养基和小罐种子培养基。种子培养基能供孢子发芽、生长和大量繁殖菌丝体，并使菌丝体长得粗壮，成为活力强的“种子”。所以种子培养基的营养要求高，主要包括：①必须有较完全和丰富的营养物质，特别需要充足的氮源和生长因子；②总浓度以略稀薄为好，这样可以有较高的溶氧，供大量菌体生长和繁殖；③最后一级种子培养基的成分最好能较接近于发酵培养基，这样可使种子进入发酵培养基后能迅速适应，快速生长。

（3）发酵培养基。发酵培养基是供菌体生长、繁殖和合成产物之用。它既要使种子接种后能迅速生长，达到一定的菌丝浓度，又要使长好的菌体能迅速合成所需产物。因此，发酵培养基的组成除有菌体生长所必需的元素和化合物外，还要有合成产物所需的特定元素、前体和促进剂等。发酵培养基的各种营养物质的浓度应尽可能高些，这样在同等或相近的转化率条件下有利于提高单位容积发酵罐的利用率，增加经济效益。但如果菌种在生长和合成产物两个阶段各需的最佳条件要求不同时，可考虑用分批补料工艺来满足。

## 13.2.2 培养基的营养成分及来源

工业微生物绝大部分是异养型微生物，它需要碳水化合物、蛋白质和前体物质提供能量及构成特定产物的需要。

**1. 碳源**

碳源是组成培养基的主要成分之一。其主要功能有两个，一是为微生物菌种的生长繁殖提供能源和合成菌体所必需的碳成分；二是为合成目的产物提供所需的碳成分。

常用的碳源有糖类、油脂、有机酸和低碳醇等。在特殊情况下（如碳源贫乏时），蛋白质水解物或氨基酸等也可被微生物仅为碳源使用。

（1）糖类。糖类是发酵培养基中最广泛应用的碳源，主要有葡萄糖、糖蜜和淀粉糊精等。

葡萄糖是最容易利用的碳源，几乎所有的微生物都能利用葡萄糖，所以葡萄糖常作为培养基的一种主要成分，并且作为加速微生物生长的一种有效糖。但过多的葡萄糖会过分加速菌体的呼吸，以致培养基中的溶氧不能满足需要，使一些中间代谢物（如丙酮酸、乳酸、乙酸等）不能完全氧化而积累在菌体或培养基中，导致 pH 下降，影响某些酶的活性，抑制微生物生长。另外，有些次生代谢产物，特别是抗生素的合成还会受到葡萄糖分解代谢产物的阻遏。在选用葡萄糖作为发酵基质时，要选择合适的浓度或采用流加的方式，以避免其对发酵的不利影响。也可以采用葡萄糖和其他碳源混合发酵，可提高产量。例如，在谷氨酸发酵中，采用葡萄糖和乙酸混合代替单一的葡萄糖发酵，可使产量提高 30%。

糖蜜是制糖厂生产糖时的结晶母液，是制糖厂的副产物，含有较丰富的糖、含氮化合物和电解质、维生素等，是微生物工业的价廉物美的原料。糖蜜中主要含有蔗糖，总糖可达 50%～75%。糖蜜有甘蔗糖蜜和甜菜糖蜜，两者在糖和电解质的含量上有所不同，在使用时要注意这种差异引起的发酵批次间的不稳定。糖蜜常用在乙醇、丙酮、丁醇、柠檬酸、甘油、乙酸、乳酸、食用酵母、液态饲料和多种抗生素等发酵产品的工业规模生产。由于糖蜜中干物质浓度高，糖分高，因此发酵前必须经过稀释、酸化、灭菌及澄清等处理过程才能使用。

淀粉糊精也是常用的碳源，一般都要经过菌体产生的胞外酶将其水解成单糖后再被吸收利用，可克服葡萄糖代谢过快的弊病，价格也比较低廉。常用的淀粉为玉米淀粉、小麦淀粉和甘薯淀粉。

（2）油和脂肪。油和脂肪也能被许多微生物作为碳源和能源。在微生物的脂肪酶作用下，油或脂肪被水解为甘油和脂肪酸，在溶氧的参与下，进一步氧化成 $CO_2$ 和 $H_2O$，并释放出大量的能量。常用的油有豆油、菜油、葵花籽油、猪油、棉籽油等。

（3）有机酸。一些微生物对许多有机酸（乳酸、柠檬酸、乙酸等）有很强的氧化能力，因此有机酸或它们的盐也能作为微生物的碳源。

（4）烃和醇类。乙醇和烷烃类也可作为碳源，有些研究报道发现，用乙醇作为碳源其菌体的得率比葡萄糖作为碳源的还高。因此，乙醇代替粮食发酵的工艺发展得十分迅速，已成功应用在发酵工业的许多领域。

**2. 氮源**

氮源主要用于构成菌体细胞物质（氨基酸、蛋白质、核酸等）和含氮代谢物。常用的氮源可分为两大类，即有机氮源和无机氮源。

（1）有机氮源。常用的有机氮源有花生饼粉、黄豆饼粉、棉籽饼粉、玉米浆、玉米蛋白粉、蛋白胨、酵母粉、鱼粉、蚕蛹粉、尿素、废菌丝体和酒糟等。它们在微生物分泌的蛋白酶作用下，被水解成氨基酸，然后被菌体吸收后再进一步分解代谢。有机氮源的特点是含有丰富的蛋白质、多肽和游离的氨基酸，还含有少量的糖类、脂肪、电解质、维生素和生长因子。

玉米浆是玉米淀粉生产中的副产物，其中固体物含量在50%左右，含有丰富的氨基酸（Ala、Lys、Gln、Val、Phe等）、还原糖、磷、微量元素和生长因子，是一种很容易被微生物利用的良好氮源。玉米浆中含有的磷酸肌醇对促进抗生素类（如红霉素、链霉素、青霉素和土霉素）生产有积极的作用。由于玉米的来源不同，加工条件不同，因此玉米浆的成分常有较大波动，在使用时应注意适当调配。

（2）无机氮源。常用的无机氮源有铵盐、硝酸盐、氨水等。微生物对它们的吸收利用一般比有机氮源快，所以也称为速效氮源。

氨水在发酵中既是一种氮源物质，又常用作pH的调节剂。因此，在许多抗生素的发酵生产中都采用通氨工艺。但氨水碱性较强，因此在使用中要防止局部过碱，应加强搅拌，并少量多次地加入。另外，在氨水中往往还存在着多种嗜碱微生物，在使用前应采用石棉等过滤介质进行除菌过滤，这样可以防止因通氨造成的污染。

**3. 电解质及微量元素**

电解质类是微生物生命活动所不可缺少的物质。其主要功能是构成菌体成分，或参与酶促反应以及调节渗透压、pH、氧化还原电位等。另外，其也是自养菌的能源物质。

微生物生长所需的主要元素（大量元素）主要有P、S、Mg、K、Ca等。P是核酸和蛋白质的必要成分，也是ATP的组成成分，在代谢途径调节方面起着重要的作用，可促进微生物生长，但过量时，许多产物的合成会受到抑制。Ca是某些酶的辅因子，可维持酶的稳定性。但培养基中Ca盐过多时，会产生磷酸钙沉淀，可采用分别灭菌或逐步补加的办法避免这个问题。$Mg^{2+}$是许多酶的辅酶的激活剂，不仅影响基质的氧化，也影响蛋白质合成。通常以$MgSO_4$的形式加入，但在碱性过高的培养基中会形成沉淀。

微生物生长所需的微量元素主要有Fe、Cu、Mn、Zn、Mo、Co、B等。大多数金属离子对微生物生长的调节作用表现为低浓度促进生长而高浓度抑制生长。因此，培养基中电解质和微量元素的加入一定不能超过临界值。

**4. 生长因子和前体**

（1）生长因子。广义上说，凡是微生物生长不可缺少的微量的有机物质，如氨基酸、嘌呤、嘧啶、微生物等均称为生长因子。狭义的生长因子仅指维生素。生长因子不是对于所有微生物都必需的，只是对于某些自己不能合成这些成分的微生物才是必不可少的。凡是缺少合成生长素类物质的微生物，被称为营养缺陷型。有机氮源是生长因子的重要来源，多数有机氮源含有较多的B族维生素、微量元素及生长因子，最有代表性的是玉米浆。玉米浆中含有大量的微量元素和生长因子，是多数发酵产品良好的有机氮源，对许多发酵产品的生产有促进作用。

（2）前体。前体是指某些化合物加入到发酵培养基中，能直接被微生物在生物合成过程中结合到产物分子中去，而其自身结构并没有发生多大变化，但产物的产量却因加入前体而有较大的提高。例如，苯乙胺作为青霉素发酵生产的前体物质，是第一个被发现的前体。一些重要的前体物质见表 3-13-2。

**表 3-13-2 发酵过程中所用的一些前体物质**

| 产品 | 前体 | 产品 | 前体 |
|---|---|---|---|
| 青霉素 G | 苯乙酸及衍生物 | 核黄素 | 丙酸盐 |
| 青霉素 V | 苯氧乙酸 | 类胡萝卜素 | $\beta$-紫罗酮 |
| 金霉素 | 氯化物 | *L*-异亮氨酸 | $\alpha$-氨基丁酸 |
| 灰黄霉素 | 氯化物 | *L*-色氨酸 | 邻氨基苯甲酸 |
| 红霉素 | 正丙醇 | *L*-丝氨酸 | 甘氨酸 |

**5. 促进剂和抑制剂**

在微生物发酵过程中，还有一些添加物质，既非细胞生长所必需的营养物质，又非前体，但加入后却能提高产量被称为促进剂。例如，在真菌的脂肪酶生产过程中，加入0.1%的 Tween 可以使酶活力增加 6 倍。

在发酵过程中添加的促进剂用量较低，如果选择得当，效果十分显著。但一般来说，促进剂的专一性较强，往往不能相互套用，实践过程中要经过试验摸索后才能使用。

抑制剂在发酵过程中会抑制某些代谢途径的进行，同时会刺激另外一条代谢途径，以致完全改变产物。例如，酵母厌氧发酵中加入亚硫酸盐或碱类，可促使酒精发酵转入甘油发酵。

**6. 营养物质的调节**

微生物的生长需要多种营养物质，但这些营养物质的浓度和比例需要精确控制，主要原因在于菌体的繁殖和产物的积累直接受营养物质浓度和比例的影响。另外，营养物质合适的浓度和比例对维持正常的渗透压、节约原材料都有着重要的意义。

不同菌株能够利用的碳源以及同一菌株对不同碳源的利用速率均不同。因此，在选择碳源时，除考虑选择有利于菌体的生长外，还要兼顾发酵产物的形成和产量。能迅速利用的碳源往往会产生大量的有机酸，导致发酵液 pH 降低，这对于一些碱性产物的积累是不利的。因此，要综合使用速效碳源和迟效碳源。

不同氮源的利用速率也是不同的，铵氮比硝基氮易于利用。氮源利用速率与碳源利用速率很有关系，一般来说，葡萄糖的利用速率快，氨的利用速率也随之变快；乳糖的代谢慢，氨的利用也推迟。

在发酵生产中，碳源和氮源之间的比例能直接影响微生物的生长和产物的积累。例如，谷氨酸发酵中，C∶N 为 4∶1 时，菌体大量繁殖，而谷氨酸的积累却非常少。当C∶N为 3∶1 时，产生大量的谷氨酸，菌体的繁殖却受到抑制。

此外，为了提高产量，生产上往往采用丰富培养基。但过于丰富的碳源、氮源会使菌体大量繁殖，营养物质消耗过快，到了产物合成阶段，一则由于营养消耗，二则由于菌体过早衰老、自溶，结果反而使产量下降。并且，若基础料的浓度过高，会出现培养基过于黏滞、搅拌动力消耗增加、产生泡沫过多、溶氧下降、渗透压过高等。为解决此问题，工业生产上采用发酵过程补料的方法。补料物质包括碳、氮、水及其他物质。补料的目的是不使菌体生长繁殖过快，仅仅使其维持呼吸，并处于半饥饿状态，但仍能合成产物。补料的方法一方面丰富了培养基的营养，避免菌体过早衰老，使产物合成的旺盛期延长；另一方面控制了 pH 和代谢方向；同时改善了通气效果，避免了菌体生长可能受到的抑制。

## 13.2.3 培养基的设计与优化

在选择培养基时，首先是培养基成分的确定，然后再决定各成分之间如何才是最佳的复配。设计出一个好的发酵培养基配方，是发酵工业化生产中非常重要的一环。有关发酵培养基的设计，目前虽然可以从微生物学、生物化学、细胞生理学等找到理论上的阐述，但对于具体产品在培养基设计时，几乎会受到各种因素的制约，因而大规模发酵培养基的设计还是具有相当大的挑战性。对发酵培养基进行科学的设计，包括两个方面的内容，一是对发酵培养基的成分及原辅材料的特性有较为详细的了解；二是在此基础上结合具体微生物和发酵产品的代谢特点对培养基的成分进行合理地选择和优化。

**1. 培养基成分选择的原则**

（1）根据不同的培养目标选择配制不同的培养基。工业生产主要应用的有细菌、放线菌、酵母菌和霉菌四大类微生物。它们对营养的要求既有共性，也有各自的特性，在选择培养基成分时，应根据不同类型微生物的生理特性考虑培养基的组成。

（2）根据微生物生长的适宜条件选择培养基成分。各大类微生物都有各自生长繁殖最适的 pH，且在生长繁殖过程中会产生引起培养基 pH 改变的代谢产物。在设计培养基时，就要考虑到培养基的 pH 调节能力。一般应该加入磷酸缓冲溶液或碳酸钙，使培养基的 pH 稳定。

（3）根据培养微生物的目的配制培养基。培养基的成分影响培养的目的，选择培养基成分时应考虑培养微生物的目的是为了得到菌体还是其代谢产物，是实验室用还是生产用。若为了得到菌体，培养基成分中氮源含量应稍高一些，有利于菌体蛋白质的合成。若是为得到代谢产物，则应从代谢产物的化学组成来考虑。若是生产不含氮的有机酸或醇类，则培养基中的碳源应稍丰富些。另外，还要考虑代谢产物是初级代谢产物还是次级代谢产物。若是次级代谢产物要考虑加入一些特殊成分，如生长因子或者前体物质。

（4）根据经济效益选择培养基原料。选择培养基时还应考虑经济节约，尽量少用或不用主粮，努力节约用粮，或以其他原料代粮。例如，以废糖蜜代替淀粉、糊精和葡萄糖。有机氮源的代用原料可以是棉籽饼粉、玉米浆、蚕蛹粉、杂鱼粉、麸汁、饲料酵母、石油酵母、骨胶、破碎菌体、酒糟及各种食品工业下脚料等。这些代用品大多蛋白质含量丰富，货源充足，价格低廉，便于就地取材，方便运输。

**2. 培养基的设计与优化**

（1）设计培养基的方法。设计培养基可从生存环境的模拟、查阅文献及借助试验的方法进行。最终的培养基成分和浓度的确定都是通过试验获得的。一般首先通过单因子试验确定培养基的成分，然后通过多因子试验确定各成分对培养基的贡献大小及其适宜的浓度。在多因子试验中，合理的试验设计方法对取得正确的结果是很重要的，主要有正交试验设计、响应面分析法等。

（2）正交试验设计。正交试验设计是安排多因子的一种常用方法，通过合理的试验设计，可用少量的具有代表性的试验来代替全面试验，较快地取得试验结果。通常正交试验设计可分为以下5步：①根据目的要求和客观条件确定因子和水平，列出因子水平表；②根据因子和水平数选用合适的正交表，设计正交表头，并安排试验；③根据正交表给出的试验方案进行试验；④对试验结果进行分析，选出较优的试验条件以及对结果有显著影响的因子；⑤根据较优试验条件进行试验，验证结果。

例如，张虽栓等在研究高分子质量裂褶多糖发酵培养工艺时，首先采用单因子试验，确定接种量、pH、温度、发酵时间和 Tween-80 的含量为发酵关键因素，然后进行5因素4水平的正交设计，优化培养条件，最后获得最优组合为接种量13%（体积分数）、发酵最适温度28～30℃、最佳初始pH 6～6.5、培养周期120 h、Tween-80表面活性剂0.2%。按上述最佳优化组合发酵后，高分子质量裂褶多糖的产量可达1.9%以上。

（3）响应面分析法。尽管正交试验设计是多因子试验安排中最常用的方法，但进行正交试验稍显复杂，较多需考察的因子会使整个试验难以进行。因此，结合了计算机统计软件的其他试验方法，如响应面分析法，在培养基设计上有着越来越多的应用。

响应面分析（response surface analysis，RSA）法是数学与统计学相结合的产物，能以最经济的方式，用很少的试验数量和时间对试验进行全面研究。它与“正交设计法”不同，响应面分析法以回归方法作为函数估算的工具，将多因子试验中因子与试验结果的相互关系，用多项式近似，把因子与试验结果（响应值）的关系函数化，依次对函数的面进行分析，研究因子与响应值之间、因子与因子之间的相互关系，并进行优化。

例如，王哲奇等在利用枯草芽孢杆菌（*Bacillus subtilis* CGMCC1.089）和米曲霉（*Aspergillus oryzae* CGMCC2.095）混菌固态发酵制备多肽饲料时，首先采用单因子试验确定了磷酸氢二钾、麸皮和腐殖酸钠的添加量对多肽含量影响很大，进而采用响应面分析法优化了腐殖酸钠、麸皮和磷酸氢二钾的含量，确定的最优配方为腐殖酸钠1.75%、麸皮5.83%、磷酸氢二钾0.74%，在此条件下大豆多肽的理论最大含量可达12.65%（图3-13-3）。

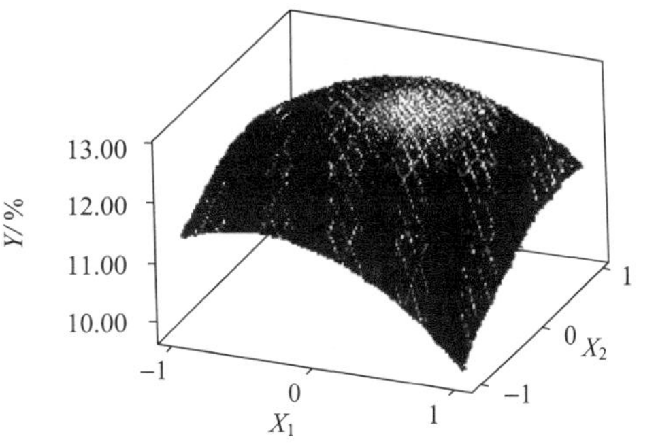

图3-13-3 腐殖酸钠（$X_1$）和麸皮（$X_2$）含量与多肽浓度（Y）的关系（王哲奇等，2013）

**3. 培养基设计时的一些相关问题**

培养基设计优化在具体应用时还需注意一些相关细节，以确保培养基的设计符合稳定、大规模发酵产品的需要。

（1）原材料的质量。有机氮源特别要注意原料的来源、加工方法和有效成分的含量及储存方法。例如，黄豆饼粉的加工方法可以是低温压榨、中温压榨或高温压榨，不同压榨方法中的蛋白质、脂肪、碳水化合物等的含量均不同。因此，工厂对原料都要进行定点采购和加工，对所有的培养基组成都应有一个明确的质量标准。

(2) 原料的预处理。由于发酵培养基所用的原料多为工业生产或农业生产的副产物，需要经过适当的预处理。例如，粉碎前应去除杂草、泥块、石头、小铁钉等杂物，以谷物为原料时要去皮处理。废糖蜜中含有大量电解质、胶体物质和灰分，对于有些产品的生产有副作用，因此也需要提前处理。

(3) 发酵特性的影响。培养基中各成分的含量往往是根据经验和摇瓶或小罐试验结果来决定的。但在大规模发酵时应综合考虑各因素。抗生素发酵生产中往往喜欢"稀配方"，既降低成本，灭菌容易，又使氧传递容易而有利于目的产物的生物合成。当营养物质缺乏时，再采用中间补料的方式予以补充。

(4) 灭菌方式。培养基灭菌时为了避免营养物质在加热条件下的相互作用，可采用分开灭菌的方式。另外，有的物质对热非常敏感，不能采用湿热灭菌的方式。还有，灭菌条件的差异会造成培养基营养成分的差异，这往往是造成放大的失败和发酵结果波动的重要原因。因此，在大规模发酵中应该尽可能地采取连续灭菌的操作，而保证灭菌条件的稳定是保证发酵稳定的前提。

## 13.3 灭菌过程

现代微生物工业生产过程大多采用纯种发酵技术，在发酵全过程中只有生产菌而不能有其他微生物。如果不慎污染了杂菌，对发酵工业将产生不良后果，主要原因有：①杂菌的污染消耗了生物反应的基质，影响生产菌的生长，造成生产能力下降；②污染的杂菌产生一些代谢产物，或杂菌生长后改变了发酵液的某些理化性质，使产物的提取变得困难，造成收率下降或者产品质量下降；③污染的杂菌可能会分解生产菌所产生的目标产物，使生产失败；④污染的杂菌大量繁殖，改变反应介质的 pH，从而使生物反应发生异常变化；⑤如果发生噬菌体污染，微生物细胞被裂解，而使发酵生产失败。

基于上述原因，发酵生产要求在严格的条件下进行纯培养，具体可采取以下措施：①使用的培养基和设备须经灭菌；②好氧培养过程中使用的空气也应经除菌处理；③设备应严密，生物反应器中要维持高于环境的压力；④培养过程中加入的物料也应经过灭菌；⑤使用无污染的纯粹种子。

### 13.3.1 培养基的灭菌

灭菌是杀灭所有的生物体，这种灭菌方法特别适合于培养基等物料的无菌处理。而消毒一般只能杀死营养细胞，不能杀灭细菌芽胞和真菌孢子等，适合于发酵车间的环境和发酵设备、器具的无菌处理。在微生物工业中，除菌适合于在高温下灭菌导致营养成分破坏的培养基成分的处理，也适合于空气的无菌处理。

**1. 灭菌方法**

常见的灭菌方法主要有化学药品灭菌法、射线灭菌法、干热灭菌法、湿热灭菌法及过滤除菌法等。

(1) 化学药品灭菌法。重金属盐类、酚类、醇类、酸类、醛类等化学试剂可破坏微生物细胞的核酸、蛋白质、酶等成分或干扰微生物的代谢过程而使微生物死亡，因此可用来杀菌。由于化学药剂也会与培养基中的一些成分作用，而且将其加入培养基后不易去除，所以化学灭菌法不用于培养基的灭菌。但染菌后的培养基可以用化学药剂进行处理。

（2）射线灭菌法。最常用的是用紫外线进行无菌室灭菌。$2.537\times10^{-7}$ m 的紫外线具有灭菌作用，但由于紫外线的穿透力低，所以仅用于表面消毒和空气的消毒，也可利用 X 射线（$0.06\times10^{-10}\sim1.4\times10^{-10}$ m）或由 $^{60}Co$ 产生的 γ 射线进行灭菌。

（3）干热灭菌法。干热灭菌法包括烘干和灼烧。将金属制品或清洁玻璃器皿放入电热烘箱内，在 150～170℃下维持 1～2 h，即可达到彻底灭菌的目的。

（4）湿热灭菌法。蒸汽有很强的穿透力，而且在冷凝时放出大量潜热，很容易使蛋白质凝固而杀灭各种微生物。实验证明，湿热灭菌法比干热灭菌法更有效，一方面是因为湿热易于传递热量；另一方面是因为湿热更易破坏保持蛋白质稳定性的氢键等结构，从而加速其变性。湿热灭菌广泛应用于培养基、发酵设备及管道、试验用器材的灭菌上。通常的蒸汽灭菌条件是 121℃（约 0.1 MPa）维持 30 min。

（5）过滤除菌法。过滤除菌即利用过滤方法截留微生物，达到除菌的目的。过滤除菌法只适用于澄清流体的除菌，也应用于遇热容易变性而失效的试剂或培养液。目前，大多数实验室采用微孔滤膜滤器除菌。过滤除菌的缺点是无法去除其中的病毒和噬菌体。

**2. 培养基的灭菌**

（1）微生物的死亡速率及理论灭菌时间。培养基的灭菌多采用湿热灭菌方法，在高温和水存在时，微生物细胞中的蛋白质极易发生不可逆的凝固性变性，致使微生物在短时间内死亡。对培养基进行湿热灭菌时，培养基中的微生物受热死亡的速率与残存的微生物数量成正比，即

$$-\frac{dN}{d\tau}=kN$$

式中，$N$ 为培养基活微生物个数；$\tau$ 为微生物受热时间，s；$k$ 为比死亡速率，$s^{-1}$。若开始灭菌时（$\tau=0$），培养基中活微生物数为 $N_0$，将上式积分可以得到

$$N=N_0e^{-k\tau}$$

该式被称为对数残留定律。式中 $N$ 为经 $\tau$ 时间灭菌后培养基中活微生物数；$k$ 为灭菌速率常数。若将存活率 $N/N_0$ 对时间 $\tau$ 在半对数坐标上作图，可以得到一条直线，其斜率即为 $k$，$k$ 值越大，表明微生物越容易死亡。另外，从式中也可以看出，随着灭菌温度的升高或者灭菌时间的延长，均可以增加灭菌效果，即灭菌越彻底。

在一定温度下，比死亡速率 $k$ 随微生物种类不同而不同。即使同一种微生物，其营养细胞和芽孢的比死亡速率也有极大的差异。一般来说，细菌营养体、酵母菌、放线菌、病毒及噬菌体对热的抵抗力较弱，而细菌芽胞、霉菌孢子则较强。

对数残留公式变形后可得到理论灭菌时间的计算公式，即

$$\tau=\frac{1}{k}\ln\frac{N_0}{N_s}$$

式中，$N_s$ 为灭菌结束时培养基活微生物数，一般可取 0.001 个，即认为灭菌失败的概率为千分之一；$N_0$ 为灭菌开始时培养基中的活微生物数，可以取 $1\times10^7\sim2\times$

$10^7$ 个/ml，即一般培养基中的活微生物数量的平均值。

但必须要注意的是，在培养基热灭菌时，不仅微生物会死亡，培养基中一些热敏性物质也会因受热而破坏（表 3-13-3）。例如，糖溶液会焦化变色、蛋白质变性、维生素失活、醛糖与氨基化合物反应、不饱和醛聚合及一些化合物发生水解等。培养基成分的受热破坏也可看成是一级反应

$$-\frac{\mathrm{d}c}{\mathrm{d}t}=k_{\mathrm{d}}c$$

式中，$c$ 为热敏性物质的浓度，$k_{\mathrm{d}}$ 为分解速率常数，$\mathrm{s}^{-1}$。

分解速率常数 $k_{\mathrm{d}}$ 随物质种类和温度而不同。微生物的活化能比维生素高，因此，随着灭菌温度的升高，比死亡速率的增加较分解速率常数快（表 3-13-3），因而可以选择在较高温度下短时间灭菌，从而保留较多的营养物质。

**表 3-13-3　灭菌温度和灭菌时间对营养成分的破坏**

| 温度/℃ | 灭菌时间/min | 营养成分破坏/% |
|---|---|---|
| 100 | 400 | 99.3 |
| 110 | 36 | 67.0 |
| 115 | 15 | 50.0 |
| 120 | 4 | 27.0 |
| 130 | 0.5 | 8.0 |
| 140 | 0.08 | 2.0 |
| 150 | 0.01 | <1.0 |

某些微生物受热死亡的速率不符合对数残留定律，这主要是这类微生物的芽胞在起作用。

（2）培养基的分批灭菌。培养基的分批灭菌就是将配制好的培养基放在发酵罐或其他容器中，通入蒸汽将培养基和所用设备一起灭菌的操作过程，也称为实罐灭菌。在实验室，由于培养基量少而普遍采用的灭菌锅灭菌是分批灭菌。在工业上，分批灭菌是中小型发酵罐常采用的一种培养基灭菌方法。

分批灭菌在所用的发酵罐中进行。将培养基在配料罐中配制好，通过专用管路用泵打入发酵罐，开始灭菌。发酵罐一般有空气管路和排气管路、取样用的取样管道、放料用的出料管道、接种管道、消沫剂管道和补料管道等。发酵罐传热用的夹套或蛇管，因采用间壁传热而与发酵罐内部不相同。

分批灭菌时，将培养基置于发酵罐中用蒸汽加热，达到预定灭菌温度后，维持一定时间再冷却到发酵温度，然后接种发酵。培养基分批灭菌工艺流程包括预热、加热、保温和冷却等步骤。灭菌主要是在保温过程中实现的，而加热和冷却这两阶段也起灭菌作用，因此，在灭菌时间的计算上，可以将这 3 部分时间均计算在内。

培养基预热：培养基预热是通过发酵罐的夹套或蛇管完成的。操作前，首先放去夹套或蛇管中的冷水通入蒸汽开始加热，同时进行搅拌以助热传递。将罐中的空气通过空气管路排尽。当发酵罐内温度达到 80～100℃时，关闭通入夹套的蒸汽。预热的作用：

首先，防止培养基与直接导入蒸汽的温差过大而引起发酵罐中产生冷凝水使培养基稀释；其次，防止培养基中直接导入蒸汽引起泡沫上升导致物料外溢；最后，可防止直接通入蒸汽引起的空穴状况。

培养基加热：培养基加热可通过两路进气法或三路进气法直接将蒸汽通入培养基中进行升温。两路进气是指从空气进口和出料口两路同时进蒸汽。三路进气是指蒸汽从通风、取样和出料口同时进罐。进气时需打开接种、补料、消泡和酸碱管道阀门进行排气灭菌。当发酵罐温度上升至121℃后，进入保温阶段。

培养基保温：发酵罐内温度达到121℃时，调节好进汽和排汽的平衡，控制好温度和压力，将发酵罐罐内的温度维持在121℃，30 min。蒸汽通过空气出口管路排出。

培养基冷却：达到保温时间后，关闭从空气进口和出料口两路进入的蒸汽。关闭接种阀，将末端的蒸汽排空。将冷却水迅速通入夹套，使夹套中的蒸汽排出，冷却发酵罐内的培养基。温度降到100℃时通入无菌空气，干燥空气过滤器并防止发酵罐内负压的产生。控制发酵罐内的压力缓慢下降，并保持压力不低于0.03 MPa。定时排放空气过滤器和收集器中的冷凝水。温度低于70～80℃时，将冷却水通入出口空气冷凝器。达到设定温度后，关小夹套进水阀，保持发酵罐温度恒定，等待接种。

（3）培养基的连续灭菌。培养基分批灭菌的显著缺点是对培养基成分破坏大，升温、降温时间长，在发酵罐体积越来越大的今天，特别不适应大生产的需要。连续灭菌是将在配制罐中配制好的培养基在发酵罐外连续加热、保温和冷却后进入发酵罐内的过程。连续灭菌的加热、保温和冷却分别在加热器、维持罐和冷却器等不同的容器中连续进行，因此在生产实际中把连续灭菌过程称为连消。连续灭菌的流程图见图3-13-4。连续灭菌时，培养基在短时间内被加热到灭菌温度（一般高于分批灭菌温度，为130～140℃），短时间保温（一般为5～8 min）后，被快速冷却，再进入早已灭菌完毕的发酵罐。

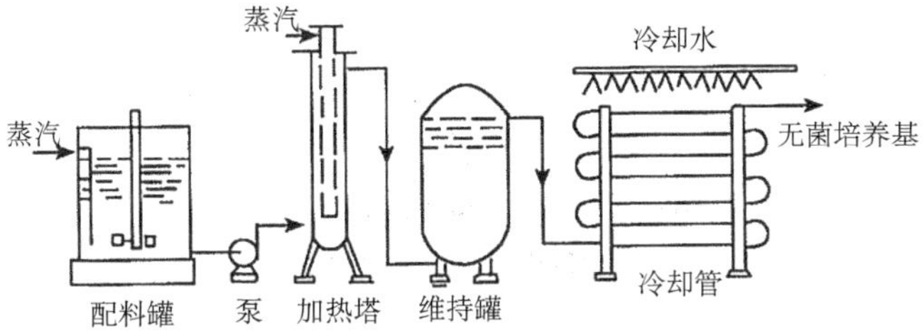


图3-13-4 连续灭菌的流程图

培养基采用连续灭菌时，发酵罐应在连续灭菌开始前先进行空罐灭菌（空罐灭菌的方法基本同分批灭菌）。加热器、维持罐及冷却器也应先行灭菌。组成培养基的不同成分（耐热与不耐热、糖与氮源）可在不同温度下分开灭菌，以减少培养基受热破坏的程度。

连续灭菌的基本流程为配料→预热→加热→保温→降温。

配料：配料罐用于培养基的配制，然后将培养基用泵打入预热桶中。

预热：预热桶除了预热外还有定容的作用。预热的目的是使培养基在后续的加热过程中能快速升温到指定的灭菌温度，同时可避免将太多冷凝水带入培养基，还可减少振动和噪声。一般可将培养基预热到 70～90℃。

加热：预热好的培养基由连消泵打入加热器。加热器又称为连消塔，可使培养基与蒸汽混合并迅速达到灭菌温度。加热采用的蒸汽压力一般为 0.45～0.8 MPa，可使培养基在较短时间（20～30 s）里快速升温。

保温：保温过程是杀灭微生物的主要过程。其设备有维持罐和管式维持器两种。保温设备一般用保温材料包裹，但不直接通入蒸汽。

降温：升温、降温快是连续灭菌的重要特征之一。为避免培养基营养成分的破坏，保温后的培养基需要迅速降温至接近培养温度（40～45℃）。国内大多数采用喷淋冷却器，有的也采用螺旋板换热器、板式换热器、真空冷却器等（图 3-13-5）。选择哪种降温方式，应根据培养基特性、处理量、场地特性来决定。

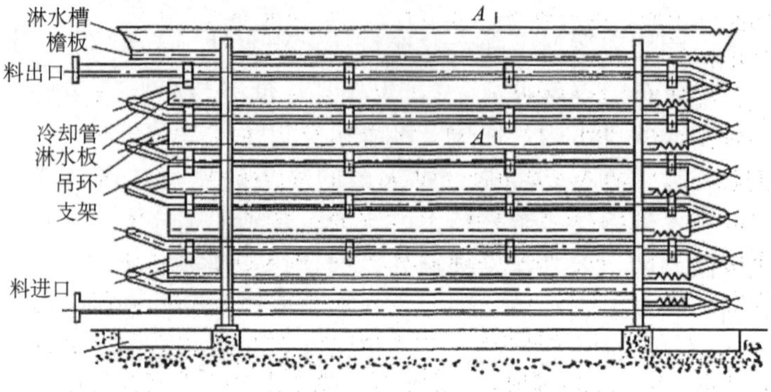


(a)

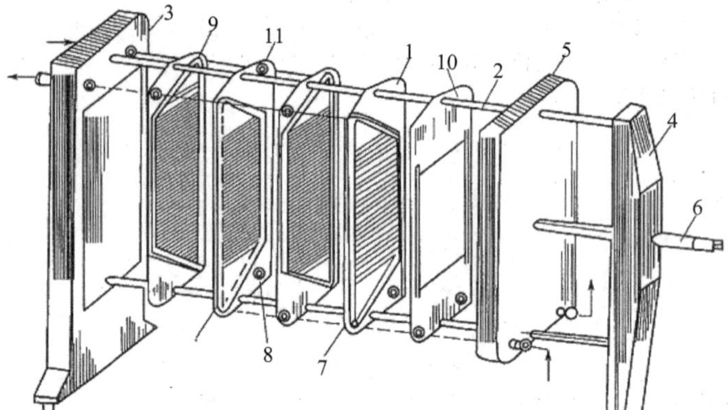


(b)

图 3-13-5　常用的冷却装置

(a) 喷淋冷却器；(b) 板式换热器。1. 波纹换热板；2. 导杆；3. 支架；4. 后支架；5. 端面板；6. 压紧螺杆；7. 密封垫圈；8. 下角孔；9. 上角孔；10. 限位板；11. 角孔密封圈

培养基灭菌选择分批灭菌还是连续灭菌，应视培养基的成分、体积，并结合当地蒸汽、发酵罐、场地等情况，分析两种灭菌法各自的优、缺点而确定。而一旦确定采用连续灭菌，也要考虑到万一蒸汽压力不够时和灭菌不透时改用分批灭菌的设备余量。

## 13.3.2 空气灭菌

好氧微生物生长和代谢要消耗大量氧气，无菌空气对于好氧微生物发酵是不可缺少的发酵条件，空气的除菌在微生物好氧发酵生产中占有重要的地位。自然的空气中有灰尘颗粒、水蒸气和各种杂菌，若将这种空气直接通入发酵系统，杂菌会迅速生长繁殖，干扰了正常的发酵生产，使发酵的产品量降低。染菌严重的会使发酵生产中断，造成重大的经济损失。空气灭菌的方法很多，如可采用化学试剂、射线、静电、加热和过滤等。

化学试剂灭菌和射线灭菌常用于无菌室、培养室和种子培养室的空气除菌。静电除菌是利用静电引力吸附带电粒子而达到除菌除尘的目的，可以除去空气中大多数水雾、尘埃和微生物，但由于对微粒的吸附作用小，常常需要与高效过滤器结合使用。

加热灭菌法是用蒸汽、电能和空气压缩过程中产生的热量灭菌。蒸汽、电能除菌需要消耗大量能量和增加许多换热设备，在实际生产中很少使用这种方法。利用空气被压缩时所产生的热量进行加热除菌是生产上常常使用的一种有效方法。介质过滤除菌是使空气通过经高温灭菌的介质过滤层，将空气中的微生物等颗粒阻截在介质层中，而达到除菌的目的。介质过滤除菌是目前大多数发酵车间最常用的方法，其优点主要是灭菌效果可靠、经济适用、便于控制。

**1. 发酵用无菌空气的质量标准**

空气中的微生物主要有细菌、酵母菌、霉菌和病毒，它们大多附着在空气中的灰尘上。凡是尘埃浓度高的地区，空气中所含微生物的量也多。城市中心空气中的微生物高于农村，夏季空气中所含的微生物比冬季空气中的多，离地面近的空气中所含的微生物比离地面高的空气中的多，一般以 $10^4$ 个/$m^3$ 作为空气的污染指标。

发酵用的无菌空气，是将自然界的空气经过压缩、冷却、减湿、过滤等过程，达到以下标准：连续提供一定流量的压缩空气，VVM 为 0.1～0.2。VVM 是指单位时间（min）、单位体积（$m^3$）培养基中通入标准状况下空气的体积（$m^3$）。空气的压强（表压）达到 0.2～0.4 MPa。压强过低难以克服下游阻力，过高则造成浪费。进入过滤器之前，空气的相对湿度≤70%。这是为了防止空气过滤介质受潮。进入发酵罐的空气温度可比培养温度高 10～30℃。对发酵而言，空气的温度越低越好，但太低的空气温度会造成冷却能耗的升高，增加发酵的成本。压缩空气的洁净度为 100 级，即每立方米空气中，尘埃粒子数最大允许值≥0.5 μm 的为 3500，≥5 μm 的为 0；微生物的最大允许数为 5 个浮游菌/$m^3$，1 个沉降菌/$m^3$。

**2. 空气预处理**

空气净化系统流程图见图 3-13-6。这一流程中过滤器前的部分称为空气预处理。

（1）采风塔。采风塔一般建在工厂的上风头，远离烟囱，越高越好，至少 10 m，设计气流速率为 8 m/s 左右。也可把采风塔做成采风室，直接构筑在空压机房的屋顶上以节省地方和利用空间。

（2）粗过滤器。粗过滤器安装在空压机吸入口前，又称为前置过滤器，主要作用是拦截空气中较大的灰尘以保护空压机，也具有一定的除菌作用，减轻总过滤器的负担。粗过滤器应该具有阻力小、容尘量大的特点，否则会成为阻力而影响压缩机吸气。过滤

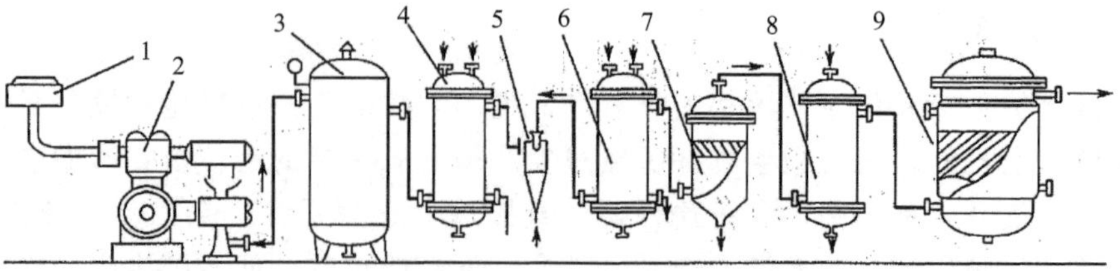


图 3-13-6　空气净化系统流程图

1. 粗过滤器；2. 压缩机；3. 储罐；4、6. 冷却器；5. 旋风分离器；
7. 丝网除沫器；8. 加热器；9. 空气过滤器

介质一般采用泡沫塑料（平板式）或者无纺布（折叠式），设计流速为 0.1～0.5 m/s。

（3）空气压缩机。空气压缩机的作用是提供动力，以克服随后各设备的阻力。目前常用的空气压缩机有往复式、螺杆式和涡轮式。在工作中，为保证连续供气，一般设置多台空气压缩机。

（4）空气储罐。空气储罐的作用是消除压缩空气的脉动，尤其是往复式空气压缩机。对于涡轮式空气压缩机或螺杆式空气压缩机，由于其排气是均匀而连续的，压缩空气储罐可以省去。

（5）冷却器。空气压缩机出口的气温一般在 120℃左右，必须冷却后才能向后级输送。另外，在潮湿地域和季节，空气中含水量较高，冷却可以起到降湿的作用，可避免过滤介质受潮而失效。

空气冷却器可采用列管式热交换器，空气走壳程，管内走冷却水。为增加冷却水的流速，提高传热系数，往往采用双程或四程结构，空气冷却器的传热系数一般为 105 W/($m^2$·℃）左右。为防止压缩空气走短路及提高传热效率，管间装有 4 块或 5 块圆缺挡板。

从节能的观点考虑，空气储罐应布置在空压站附近，空气冷却器布置在发酵车间外。这样可以利用压缩空气总管管道沿程冷却空气，减少冷却器的热交换量。一般情况下，压缩空气每经过总管道 1 m 长，可降低空气温度 0.5～1℃。

（6）气液分离设备。冷却后的压缩空气中会有来自空压机的润滑油，还有可能有水。所以，在冷却器后需安装气液分离设备，除去空气中的水和油，以保护过滤介质。

气液分离器设备主要包括利用离心力沉降的旋风分离器和利用惯性拦截的介质分离器的丝网除沫器。

旋风分离器是利用离心力进行气-液或气-固沉降分离，其结构示意图见图 3-13-7。旋风分离器结构简单、阻力小、分离效率高。使用时，压缩空气以 15～25 m/s 的流速以切线方向进入旋风分离器，并在环隙内作圆周运动，水滴或固体颗粒因其密度比空气大得多惯性较大而被甩向器壁最后被收集。一般来说，丝网除沫器可以除去空气中绝大多数的 20 μm 以上的液滴，但对 10 μm 左右的粒子，旋风分离器的分离效率为 60%～70%。

丝网除沫器对压缩空气中夹带的 1 μm 以上的雾状液滴除去率为 98%左右，其结构示意图见图 3-13-8。当夹带液滴的气体以一定速率穿过丝网时，由于惯性作用，气体中

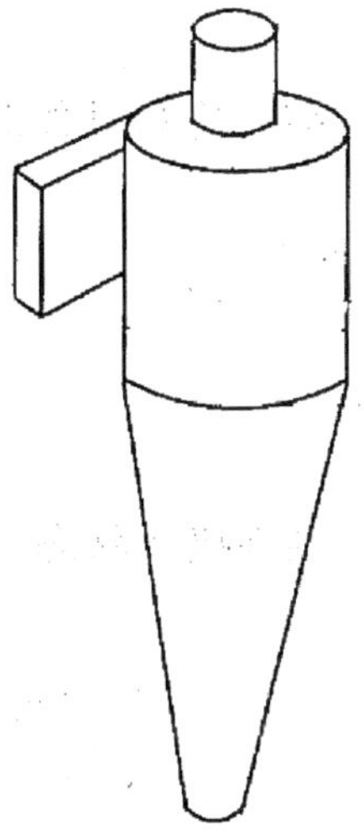
图 3-13-7　旋风分离器

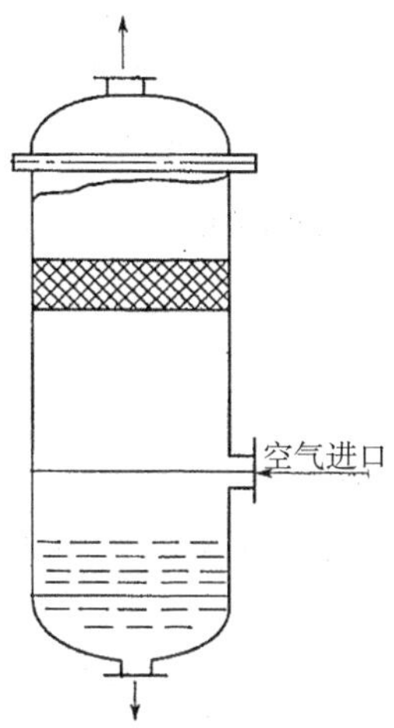

图 3-13-8　丝网除沫器

的液滴与丝网相撞击附着于丝网上，然后液滴沿着细丝向下流。在毛细现象与液体表面张力的作用下，聚积在丝网上的液滴不断变大，直到液滴的重力超过由上升气流产生的浮力与液体表面张力之和时，液滴就会离开丝网掉下去，这样就达到了气液分离的目的。

除了以上两种常用的分水设备外，对一些特殊用途要求的空气系统，还可以通过吸附干燥及冷冻干燥等方法来处理空气。

(7) 空气加热设备。压缩空气经旋风分离器与丝网除沫器把夹带在空气中的液滴、雾沫除去后，相对湿度仍为 100%（假设冷却到露点下）。在进入总过滤器前为了降低空气的相对湿度至 70%以下，一般采用将压缩空气加热的方法。压缩空气加热设备一般采用列管换热器，空气走管程，蒸汽走壳程。或者采用套管式加热器，空气走管程，蒸汽走夹套。列管式换热器的传热系数一般为 160 $W/(m^2 \cdot ℃)$，套管加热器的传热系数约为 90 $W/(m^2 \cdot ℃)$。压缩空气总管道直径都较大，一般与空气总管道直接连接，安装在架空管架上。加热器的安装位置应靠近空气总过滤器，其出口管道应采取保温措施。

空气预处理流程可根据当地空气的具体情况作相应的组合变化，图 3-13-9 为国内不同地区常见的空气预处理流程。

**3. 空气的过滤除菌**

过滤除菌是空气除菌的主要手段，按照过滤介质空隙可将空气过滤器分为两类。第一类为绝对过滤，介质空隙小于被拦截的微生物大小，如常用的聚四氟乙烯或者纤维素酯微孔滤膜的孔径大小为 0.22 μm。第二类为深层过滤，介质空隙大于被拦截的微生物大小，但介质层有一定的厚度，可通过静电、扩散、惯性、拦截等方式去除微生物，如棉花过滤器、玻璃纤维纸、石棉滤板、金属烧结管等。

在实验室或中试规模，空气过滤器只设一级，而大型发酵工厂为保证除菌效果，往往会采用两级甚至三级过滤。第一级过滤器称为总过滤器，第二、三级过滤器称为分过滤器。

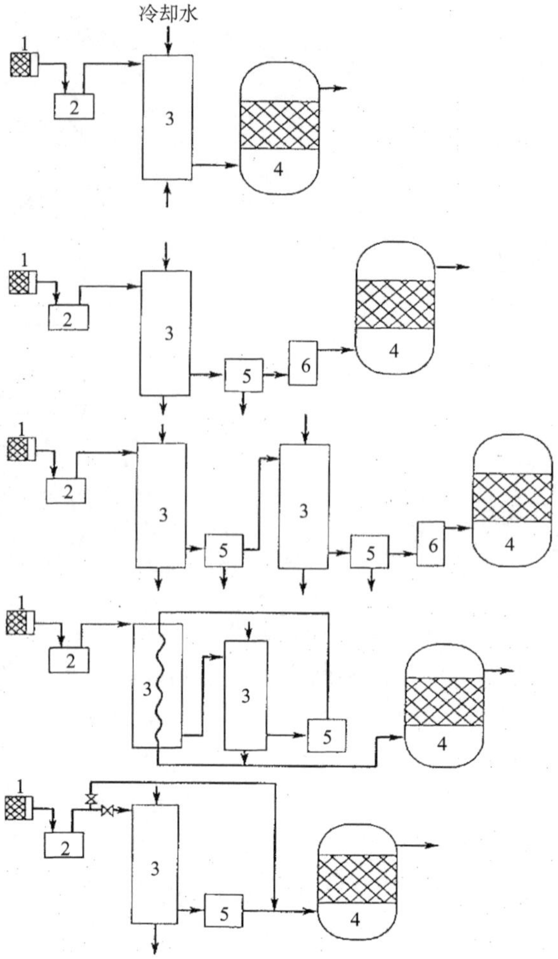


图 3-13-9 几种空气预处理流程

1. 粗过滤器；2. 压缩机；3. 冷却器；4. 空气过滤器；5. 分离器；6. 加热器

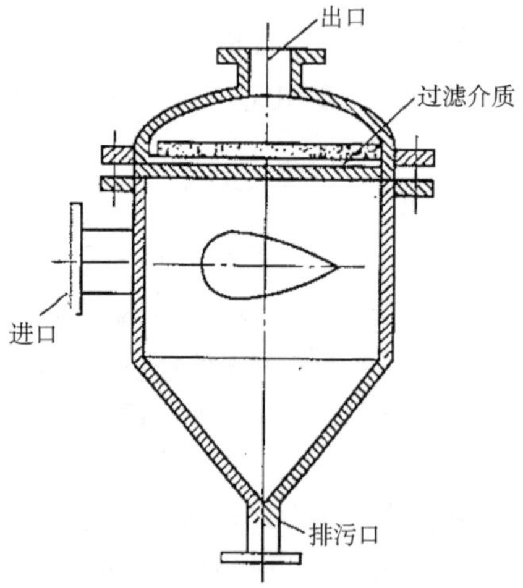


图 3-13-10 滤纸过滤器

(1) 滤纸过滤器的结构类似于旋风分离器(图 3-13-10)，以超细玻璃纤维纸作为过滤介质。其孔径为 1～1.5 μm、厚为 0.25～0.4 mm、实密度为 2600 $kg/m^3$、虚密度为 384 $kg/m^3$、填充率为 14.8%，一般以 3～6 张滤纸叠合在一起使用，对≥0.3 μm 的颗粒的除去效率为 99.99%以上，阻力小，但强度不大，特别是受潮后强度更差，故经常采用酚醛树脂、甲基丙烯酸树脂、密胺树脂、含氢硅油等增韧剂或疏水剂处理，以提高其防湿能力和强度。

空气在过滤器内的流速为 0.2～1.5 m/s，阻力很小，经树脂处理过的滤纸阻力稍大。

(2) 纤维及颗粒状介质过滤器常用作发酵工

厂的总过滤器，是由一个直立的圆筒加上椭圆形的顶封头和底封头组成（图 3-13-11）。圆筒最大直径一般为 2.5～3 m 或不超过 3 m，过滤器内有上、下孔板两块，各有支撑杆或支撑架与顶和底封头焊接在一起，孔板的孔径为 10～15 mm。为了使介质层在蒸汽灭菌后干燥得快些，一般在过滤器筒身外装有供蒸汽加热的夹套，但如果加热不恰当，会导致过滤器内棉花碳化、玻璃纤维结团、活性炭焚烧，故有的过滤器无夹套。空气的进口在过滤器下方，一般沿切线方向进入，由过滤器上方引出。介质置于两孔板之间，介质放置时要注意均匀、贴壁、平整，有一定的填充密度。常用的纤维及颗粒状介质的基本参数见表 3-13-4。

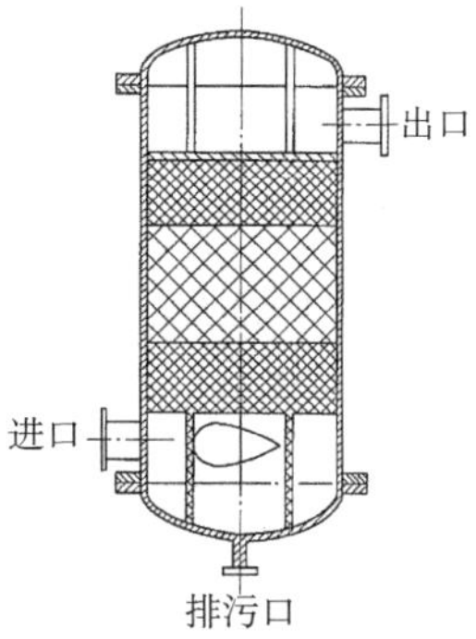

图 3-13-11　纤维及颗粒状介质过滤器

**表 3-13-4　纤维及颗粒状介质过滤器的常用介质**

| 介质 | 直径/μm | 实密度/(kg/m³) | 虚密度/(kg/m³) | 填充率/% |
|---|---|---|---|---|
| 棉花 | 16～20 | 1520 | — | 8.5～10 |
| 玻璃纤维 | 3～20 | 2600 | — | 5～11 |
| 活性炭 | 3×（10～15） | 1140 | 500±30 | 44 |

使用过滤器进行灭菌时，一般自上而下通入 0.2～0.4 MPa（表压）的蒸汽，灭菌 45 min 左右后用压缩空气吹干备用。总过滤器约每月灭菌一次。为了使总过滤器不间断地进行工作，一般应有一个备用，以便灭菌时替换使用。

（3）金属烧结管空气过滤器是用粉末冶金方法制造的，用来除去含有各种固体粒子的新型、高效过滤器。它由单根或几十根或上百根金属微孔滤管安装在不锈钢过滤管壳体内（图 3-13-12）。

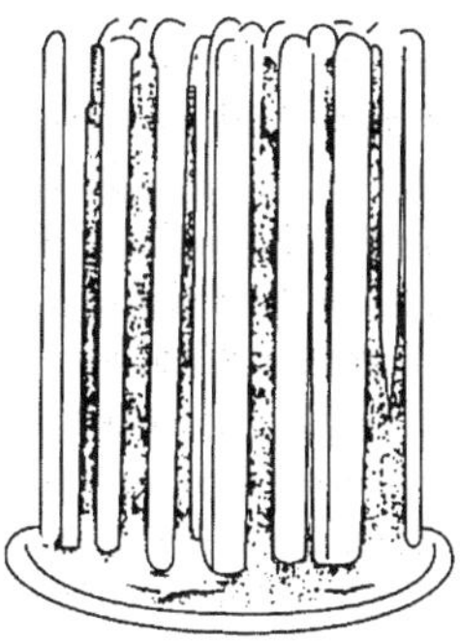
图 3-13-12　金属烧结管空气过滤器

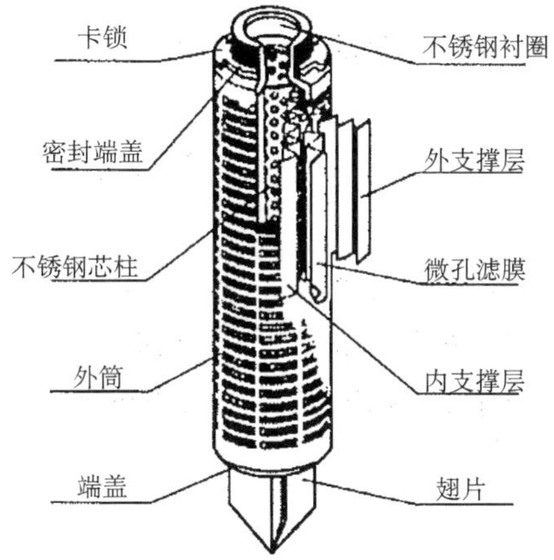

图 3-13-13　膜过滤器

压缩空气进入壳程，通过金属微孔滤管的壁除去杂菌和颗粒，得到无菌空气，由管程排出。此种过滤器的优点是：使用寿命长，耐高热，气体阻力小，安装维修方便。

（4）膜过滤器是由耐高温、疏水、厚度为 150 μm 的聚四氟乙烯薄膜构成的，属于绝对过滤器（图 3-13-13），能绝对过滤所有大于 0.01 μm 的微粒，能除去几乎所有空气中夹带的微生物，获得发酵用的无菌空气。微孔滤膜过滤器体积小、处理量大，压降小，除菌效率高。由于膜过滤器价格昂贵，为延长其使用寿命，使用时应配置与膜过滤器相匹配的空气预过滤器和蒸汽过滤器，以除去管道内的铁锈和污垢微粒对微孔膜的污染。

传统的过滤器由于无法保证“绝对除菌”，且系统阻力大、装拆不方便，近年来已逐渐被膜过滤器所取代，使发酵生产中的无菌程度进一步提高。表 3-13-5 列出了常用滤膜材料的适用条件及性能。

**表 3-13-5　膜过滤器的适用条件及性能比较**

| 滤膜材料 | 适用条件及性能 |
|---|---|
| 硼硅酸纤维 | 亲水性，无需蒸汽灭菌，95%容尘空间，介质受潮后处理能力和过滤效率下降；适合无油干燥的空压系统，可作为预过滤器 |
| 聚偏二氟乙烯 | 疏水性，可反复蒸汽灭菌，容尘空间为 65%；可作为无菌空气的终端过滤器 |
| 聚四氟乙烯 | 疏水性，可反复蒸汽灭菌，容尘空间为 85%，可 100%去除微生物；可作为无菌空气的终端过滤器，无菌槽、罐及发酵罐尾气除菌过滤器 |

**4. 无菌检测及发酵废气、废物的安全处理**

（1）无菌检测。无菌检测工业生产中，为明确责任、跟踪生产进程、尽早发现染菌，一般在菌种制备、发酵罐接种前后和培养过程中都应按时取样、进行无菌检测。一般来说，对发酵液的无菌检测有 3 种方式：无菌试验、镜检和试剂盒检测。

空气系统的无菌检测主要是为了考察过滤罐是否失效。过滤器失效的检测方法一是检测过滤器两侧的压降，压降大说明过滤介质被堵塞；二是通过粒子计数器测定空气中的粒子数是否超标，有无达到洁净度要求。

（2）发酵废气、废物的安全处理。发酵过程中，发酵罐不断排出废气，其中夹带部分发酵液和微生物。中小型试验发酵车间采用在排气口接装冷凝管回流部分发酵液，以避免发酵液体积的大幅度下降。大型发酵罐的排气处理一般接到车间外经沉积液体后从“烟囱”排出。当发生染菌事故后，尤其是发生噬菌体污染，废气中夹带的微生物一旦排向大气将成为新的污染源，所以必须将发酵尾气处理。目前国内发酵行业普遍采用的方法是将废气途经碱液处理后排向大气。发生噬菌体污染后，经碱液处理后的空气中仍有噬菌体存在，很难通过过滤等方法除去。为避免噬菌体污染，可在空气预处理流程中，将空气储罐紧靠着空气压缩机，由于空气温度高可起到杀灭噬菌体的作用。

一旦发生发酵污染，发酵液需蒸汽灭菌处理才能排放，也可加入甲醛再用湿热灭菌处理。

# 13.4 微生物发酵过程条件

## 13.4.1 发酵过程工艺控制的目的和研究方法

发酵工艺向来被认为是一门艺术，需凭多年的经验才能掌握。发酵生产受许多因素的影响和工艺条件的制约，即使同一种生产菌种和培养基配方，不同厂家的生产水平也会不同。这是由于各厂家的生产设备，培养基的来源，包括水质和工艺条件不完全相同所致。因此，必须因地制宜，掌握菌种的特性，掌握发酵过程中一些影响产量的因素，才能制定有效的发酵策略，获得最大的经济效益。

**1. 发酵过程工艺控制的目的**

有一个好的菌种以后就要有一个配合菌种生长的最佳条件，使菌种的潜能发挥出来。发酵过程工艺控制的目标是得到最大的比生产速率和最大的生产率。

要想达到最大的生产潜力，需要从内在和外在两个因素考虑：内在因素是菌种本身的代谢特点，如生长速率、呼吸强度、营养要求（酶系统）、代谢速率等；外在因素是菌种代谢与环境的相关性，如与温度、pH、渗透压、离子强度、溶氧浓度等的关系。微生物代谢是一个复杂的系统，呈网络形式。例如，糖代谢产生的中间物可能用作合成菌体的前体，也有可能用作合成产物的前体，还可能合成副产物，而环境条件的差异会导致这些前体物质流向不同的反应方向，引发代谢朝不同的方向进行。因此对发酵过程的了解必须要从细胞代谢水平和反应工程水平进行全面的认识。

微生物的生长与产物合成有密切相关性，不仅表现在菌体量的大小影响产物量的多少，而且表现在菌体生长正常与否，即前期的代谢直接影响中后期代谢的正常与否，特别是次级代谢产物的合成更具有复杂性。

**2. 发酵过程的研究方法**

研究发酵过程的主要方法包括单因子试验和多因子试验。单因子试验的优点是一次可以进行多种条件的试验，在较快时间内得到结果；缺点是如果考察的条件多，试验时间会比较长，而且，单因子试验仅仅考察了单个因素对发酵的影响，未考虑各因子之间可能会产生交互作用，因此，会影响结果的准确性。多因子试验则可反映因子间的交互作用，试验结果较为准确；缺点是试验次数多，工作量大。

发酵过程研究分为初级层次、代谢及工程参数层次和生产规模放大 3 个层次。初级层次一般是在摇瓶规模进行试验，主要考察菌株生长和代谢的一般条件，如培养基的组成、最适温度及最适 pH 等要求。摇瓶研究的特点是工作量大，可以一次试验几十种甚至几百种条件，对菌种培养条件的优化效率高。代谢及工程参数层次的研究一般在小型反应器规模进行试验。在摇瓶试验的基础上，考察溶氧、搅拌等摇瓶上无法考察的参数，以及在反应器中微生物对各种营养成分的利用速率、生长速率、产物合成速率及其他一些发酵过程参数的变化，找出过程控制的最佳条件和方式。由于罐发酵中全程参数是连续的，所以得到的代谢情况较为可信。生产规模方法是在大型发酵罐规模进行试验，将小型发酵罐的优化条件在大型反应器上得以实现，达到产业化的规模。

**3. 发酵过程的中间分析**

发酵过程的中间分析是生产控制的眼睛，它显示的是发酵过程中微生物的主要代谢变化。因为微生物个体极微小，肉眼无法看见，要了解它的代谢状况，只能从分析一些参数来判断。这些参数又称为状态参数，主要包括 pH、溶氧、尾气氧、尾气二氧化碳、黏度及菌浓度等。

代谢参数按性质可分为 3 类，即物理参数，化学参数和生物参数。物理参数包括温度、搅拌转速、空气压力、空气流量、溶氧、表观黏度、排气氧（二氧化碳）浓度等。化学参数包括基质浓度（包括碳、氮、磷)、pH、产物浓度、核酸量等。生物参数包括菌丝形态、菌浓度、菌体比生长速率、呼吸强度、基质消耗速率、关键酶活力等。

代谢参数从检测手段可分为直接参数和间接参数。直接参数是指通过仪器或其他分析手段可以直接测得的参数，如温度、pH、残糖等。间接参数是将直接参数经过计算得到的参数，如摄氧率、$K_La$ 等。直接参数中不经取样直接可以从发酵罐上安装的仪表上得到的参数，如温度、pH、搅拌转速等，称为在线检测参数；残糖、氨基氮、菌体浓度等直接参数需要在取样之后进行测定，又称为离线检测参数（表 3-13-6)。

**表 3-13-6 常用的工业发酵仪器**

| 分类 | 测量对象 | 传感器、分析仪器 | 控制方式 |
|---|---|---|---|
| 就地使用的探头 | 温度 | Pt 热电偶 | 盘管内冷水循环，注入蒸汽加热 |
| | pH | 玻璃与参比电极 | 加酸、碱或糖、氨水 |
| | 溶氧（*DO*） | 极谱型 Pt 与 Ag/AgCl 或原电池型 Ag 与 Pb 电极 | 对搅拌转速、空气流量、气体成分和罐压有反应 |
| 其他在线仪器 | 泡沫 | 电导探头/电容探头 | 开关式，加入适量消泡剂 |
| | 搅拌 | 转速计、功率计 | 改变转速 |
| | 空气流量 | 质量流量计、转子流速计 | 流量控制阀 |
| | 液位 | 应变规、压电晶体、测压元件 | 控制液体的进出 |
| | 压力 | 弹簧隔膜 | 压力控制阀 |
| | 料液流量 | 电磁流量计 | 流量控制阀 |
| 气体分析 | $O_2$ 含量 | 顺磁分析仪/质谱仪 | |
| | $CO_2$ 含量 | 红外分析仪/质谱仪 | |

## 13.4.2 温度变化及控制

温度对发酵的影响是多方面而且错综复杂的，是通过影响细胞酶的活力而影响细胞的生长、产物的合成。温度也影响各种发酵条件，最终影响微生物的生长和产物形成，保证稳定而适合的温度环境是提高发酵产率的重要条件。

**1. 温度对发酵的影响**

根据最适宜的生长温度，微生物可以分为 4 类：嗜冷菌适宜在 0～26℃生长，嗜温菌适宜在 14～23℃生长，嗜热菌适宜在 37～65℃生长，嗜高温菌适宜在 65℃以上生长。微生物的最适温度是微生物生长最迅速的温度，超过最高温度时，微生物就会受到抑制或死亡；在最低温度范围内微生物尚能生长，但生长速率非常缓慢，世代时间无限延长。在最低温度和最适温度之间，微生物的生长速率随温度升高增加，超过最适温度后，随温度升高生长速率下降。微生物受高温的伤害比低温的伤害大，即超过最高温度，微生物很快死亡；而低于最低温度时，微生物代谢受到很大抑制，并不会马上死亡。

发酵过程中，温度影响产物类型。不同的温度有可能导致产物生成方向完全不同。另外，温度还影响基质溶解度。例如，温度影响氧的溶解度，从而影响某些基质的分解吸收。因此要特别注意发酵过程中的温度控制。

近年来发现温度对代谢有调节作用。例如，在低温 20℃，氨基酸合成途径的终产物对第一个酶的反馈抑制作用比在正常生长温度 37℃时更大。故在抗生素发酵后期可考虑降低发酵温度，让蛋白质和核酸的正常合成途径早些关闭，从而使发酵代谢转向产物合成。

**2. 最适温度的选择**

微生物种类不同，所具有的酶系及其性质不同，所要求的温度范围也不同。例如，青霉菌的生长温度为 30℃，谷氨酸产生菌棒状杆菌的生长温度为 30～32℃，黑曲霉生长温度为 37℃。但整个发酵周期内仅选用一个最适温度不一定好，主要原因是因为适合菌生长的温度不一定适合产物的合成。例如，黄原胶的发酵前期的生长温度控制在 27℃、中后期控制在 32℃，可加速菌株前期的生长并明显提高产胶量约 20％。

抗生素的生产多采用变温控制。例如，在四环素发酵中前期 0～30 h，以稍高温度促进生长，尽可能缩短非生产所占用的发酵周期。此后 30～150 h 调低温度以维持较长的抗生素生产期，150 h 又升温，以促进抗生素分泌。虽然发酵后期提高温度会同时促进菌的衰老，但已临近放罐，无碍大局。

温度的选择还应参考其他发酵条件，灵活掌握。例如，通气条件差时可适当降低温度，使菌呼吸速率降低一些，溶氧浓度也可高一些，使菌的生长速率相应小一些，从而弥补了因供氧不足而造成的代谢异常。此外，还应考虑培养基的成分和浓度。使用稀薄或较易利用的培养基时若提高发酵温度会使养分过早耗竭，导致菌丝过早自溶，产量降低。

在选择温度时，还需要考虑菌种生长情况决定。例如，菌种生长快的，维持在较高温度的时间要短一些；菌种生长慢的，维持在较高温度的时间可以长一些。培养条件适宜，如营养丰富、通气能满足的情况下，发酵前期的温度可以高一些，以促进菌的生长。

## 13.4.3 发酵过程的 pH 控制

pH 是微生物生长和产物合成的非常重要的状态参数，是微生物代谢活动的综合指标。因此，在发酵过程中必须做到及时监控发酵液 pH，使发酵过程处于可控制的最佳状态。

**1. 发酵过程中 pH 变化的原因**

大多数微生物生长的 pH 跨度为 3～4 个 pH 单位，其最佳生长 pH 跨度为 0.5～1 个单位。发酵过程中 pH 是不断变化的，引起其变化的原因主要有以下几个方面。①基质代谢。微生物在碳源代谢过程中，由于将基质中的糖分解成小分子酸和醇，导致 pH

降低。当培养基中糖缺乏时，pH 上升。氮源代谢过程中，当氨基酸的—$NH_2$ 被利用后 pH 会上升，尿素分解成 $NH_3$，pH 上升，$NH_3$ 利用后 pH 下降。当培养基中碳源不足，氮源当成碳源利用时，pH 会上升。另外，添加在培养基中的生理酸、碱性物质被利用后也会引起 pH 的变化。②产物形成。有些发酵产物本身呈酸性或碱性，导致发酵液 pH 变化。例如，红霉素、洁霉素、螺旋霉素等生物产物呈碱性，使 pH 上升。而产物为有机酸类时，pH 下降。③菌体自溶。当菌体内蛋白酶活跃时，培养液中氨基氮增加，使 pH 上升，此时菌丝趋于自溶而使代谢活动终止。

**2. 最适 pH 的选择**

选择最适 pH 的准则是获得最大比生产速率和适当的菌量，以获得最高产量。特别要注意生长期和生产期的最适 pH 有可能是不同的。例如，生产利福霉素时，生长期的 pH 维持在 6.5 而生产期的 pH 维持在 7.0 能使利福霉素 B 的产率比在整个发酵过程中维持 pH 7.0 的情况提高 14%。

最适 pH 是通过实验结果来确定的，通过菌体在不同 pH 培养基中的生长情况可以确定菌体生长的最适 pH；通过在不同 pH 条件下产物形成情况的测定，可以获得产物形成的最适 pH。

**3. pH 的监控**

在生产中控制 pH 变化在合适的范围中，首先可从培养基配方考虑。例如，在基础培养基中加适量的 $CaCO_3$，可控制 pH 不至于下降太多。其次，通过加酸、碱或者加中间补料的方式来控制。例如，在链霉素生产中，采用过程通 $NH_3$ 的方式控制 pH，既调节了 pH 在适合于抗生素生产的范围，又补充了产物合成所需 N 的来源。在培养基缓冲能力不强的情况下，pH 的变化可以反映菌的生理状况。例如，pH 上升超过最适值，反映的是菌处于饥饿状态，可以通过加糖调节，若糖过量又会使 pH 下降太多。在青霉素生产中，根据产生菌的生理代谢需要，调节加糖速率来控制 pH，比用恒速加糖，pH 由酸、碱控制可提高青霉素产量 25%（图 3-13-14）。

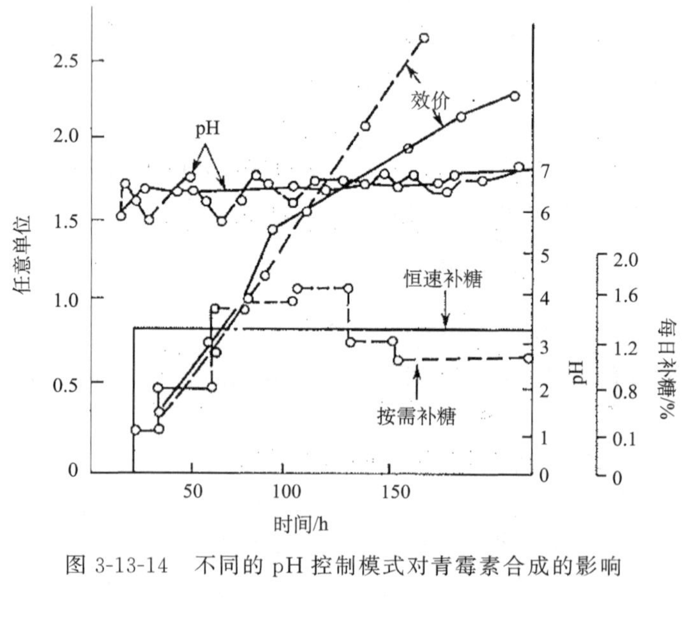


图 3-13-14　不同的 pH 控制模式对青霉素合成的影响

### 13.4.4 氧的供需及对发酵的影响

大多工业微生物均是好氧微生物，不同的微生物需氧量是不一样的，但在生产中，氧的供给受许多因素影响，溶氧的大小取决于搅拌转速、发酵液的物理性质和氧传递阻力等多方面因素。在发酵过程中氧究竟够不够，即产量是否受到了供氧的限制，是在发酵过程中必须谨慎处理的问题。

**1. 微生物对氧的需求**

氧是构成细胞本身及代谢产物的重要元素之一，虽然培养基中的许多化合物可提供氧元素，但许多好氧性微生物细胞只能利用分子态的氧作为分解代谢的最终受体。氧参与呼吸链电子传递系统，在与氢化合生成水的过程中释放出能量供细胞维持生长及参与体内的代谢活动。对于这些细胞，供氧不足就会抑制细胞的生长代谢。

好氧微生物细胞内含有多种氧化酶系，如过氧化氢酶、细胞色素氧化酶、黄素脱氢酶及多酚氧化酶等。在有氧的情况下，这些氧化酶可以催化各种氧化还原反应，保证细胞的正常生长，不同好氧微生物所含的氧化酶系的种类和数量都是不同的，在不同的环境条件下，各种微生物的需氧量或呼吸强度也是不同的。

溶氧（dissolved oxygen，*DO*）是需氧微生物生长所必需的。在发酵过程中有多方面的限制因素，溶氧是最易控制的因素。氧是一种难溶于水的气体，25℃时氧在水中的100%空气饱和浓度只有0.25 mmol/L左右。而培养基中含有大量有机物和无机物，氧在其中的溶解度比在纯水中还要低。在对数生长期，即使发酵液中的溶氧能达到100%空气饱和度，若此时终止供氧，发酵液中的溶氧可在几分钟内耗尽。但是，在工业发酵中产率是否受氧的限制，单凭通气量大小是难以确定的。因溶氧的高低不仅取决于供氧、通气搅拌等，还取决于需氧状况。

**2. 临界氧**

在发酵行业，溶氧的浓度是采用空气饱和度百分数来表示的。这种方法由于是在一定的温度、罐压和通气搅拌下以灭菌后培养基被空气100%饱和为基准的，因此，在接种前需要标定溶氧电极。

所谓临界氧是指不影响呼吸所允许的最低溶氧浓度，对产物而言，便是不影响产物合成所允许的最低浓度，呼吸临界氧值可以通过尾气 $O_2$ 含量变化和通气量测定。呼吸临界氧值不一定与产物合成临界氧值相同。例如，卷曲霉素和头孢菌素的呼吸临界值分别为13%～23%和5%～7%，但其抗生素合成的临界氧值则均为8%～10%。生物合成临界氧浓度并不等于其最适氧浓度。例如，卷曲霉素发酵时，40～140 h维持溶氧在10%要比维持在0%或45%的产量要高。

生长过程从培养液中溶氧浓度的变化可以反映菌的生长生理状况。随菌种的活力、接种量及培养基的不同，溶氧在培养初期开始明显下降的时间不同，通常在对数生长期溶氧明显下降，从其下降的速率可估计菌的大致生长情况。例如，抗生素在发酵前期10～70 h通常会出现一个溶氧低谷阶段。溶氧低谷到来的早晚与低谷时的溶氧水平随发酵工艺和设备条件而异。二次生长时溶氧往往会从低谷处上升，到一定高度后又开始下降，这是利用了第二种基质的表现。

在发酵过程中，并不是维持溶氧越高越好。即使是专性好气菌，过高的溶氧也对其生长可能不利。氧可以通过形成新生态的O，形成各种自由基从而破坏细胞组分。当次级代谢产物为生产目标时，控制生长不使过量是必要的。

**3. 氧的供需**

生产过程中氧的供给因发酵规模和发酵设备而异。实验室中可通过摇瓶机往复运动或偏心旋转运动供氧；中试和生产规模的培养装置采用通入无菌压缩空气并同时进行搅拌的方式供氧。

氧气的供给应根据微生物生长和产物合成的需要量而调节。微生物在对数生长期时比耗氧速率达到最大值，但此时细胞浓度低，摄氧率并不高。随着细胞浓度的迅速增高，培养液的摄氧率增高，在对数生长后期达到峰值。对数生长阶段结束后，比耗氧速率下降，摄氧率下降。基质耗尽时，细胞自溶，摄氧率迅速下降。

影响需氧的因素除菌体浓度外，还包括：①遗传因素。不同微生物的需求不同。②菌龄。衰老的菌体耗氧量少。③培养基成分和浓度。培养基成分和浓度显著影响微生物的摄氧率。微生物利用葡萄糖的速率比其他种类的糖要快，因此在含葡萄糖的培养基中表现出较高的摄氧率。在发酵过程中若补糖、氮，均可使微生物的摄氧率增加。④培养条件。在一定范围内，培养温度越高、营养成分越多，微生物呼吸强度的临界值也相应越高。

发酵过程中形成的有毒产物，如$CO_2$、挥发性有机酸和过量的$NH_3$影响菌体对氧的需要量，及时排出这些有毒代谢物也能够提高菌体的摄氧率。

**4. 溶氧的控制**

发酵液中溶氧的任何变化都是氧供需不平衡的结果。控制溶氧水平可从氧的供需着手。发酵过程中溶氧控制的总策略是：前期大于临界溶氧浓度有利于菌体生长；中后期满足产物形成。

供氧方面，原则上不管发酵罐的供氧能力提得多高，若发酵工艺不能完全配合，还是会出现溶氧供不应求的现象。欲有效利用现有的设备条件就需要通过其他手段控制菌的摄氧率。事实上在改进发酵工艺方面有许多行之有效的措施，如控制加糖或补料速率、改变发酵温度、液化培养基、中间补水、添加表面活性剂等。只要这些措施运用得当，便能改善溶氧状况和维持合适的溶氧水平。

提高设备的供氧能力，一般从改善搅拌着手，如改变搅拌器直径、转速，改变挡板的数目和位置等。

**5. 发酵过程中监测溶氧浓度的意义**

（1）溶氧可作为发酵异常的指示。当掌握了发酵中溶氧和其他参数之间关系的正常规律，如发酵中溶氧变化异常，便可及时预告发酵可能发生的问题。如果发酵过程中溶氧异常下降，可能的原因有：①污染好气性杂菌，大量溶氧被消耗；②菌体代谢发生异常，需氧要求增加；③某些设备或工艺控制发生故障或变化，如搅拌功率消耗变小或搅拌速率变慢、消泡剂加入过多等；④影响供氧的工艺操作，如闷罐、停止搅拌等。引起溶氧异常升高的原因主要是耗氧出现改变，如菌体代谢异常，耗氧能力下降，也要考虑有可能污染了烈性噬菌体。

（2）溶氧可作为发酵中间控制的手段之一。在发酵过程中添加碳水化合物，可使呼吸增加，摄氧率增加。补糖后溶氧明显下降。反之，当培养液中可利用的碳源减少时，可看见溶氧明显上升。所以，可利用溶氧作为控制补料的指标。

（3）溶氧还可以是考察设备、工艺条件对氧供需与产物形成的影响指标之一。从氧的供需两方面入手，改变工程参数或工艺条件，是积极有效地提高产量的措施。

## 13.4.5 $CO_2$ 对发酵的影响及控制

**1. $CO_2$ 的来源及对发酵的影响**

$CO_2$ 是微生物的代谢产物，同时也往往是产物合成所需的一种基质。几乎所有的发酵均产生 $CO_2$，在发酵中通入的无菌空气中也含有 $CO_2$，但比微生物代谢产生的 $CO_2$ 少得多。

（1）$CO_2$ 对微生物生长具有直接的影响。当排出的 $CO_2$ 高于 4%时，碳水化合物的代谢及微生物的呼吸速率下降。例如，当进气口 $CO_2$ 的含量占混合气体的 80%时，酵母活力与对照组相比降低 20%。但有些微生物的生长需要一定浓度的 $CO_2$。例如，$CO_2$ 是大肠杆菌和链霉菌突变株的生长因子，有的菌体需要含 30% $CO_2$ 的气体才能生长，这种现象称为 $CO_2$ 效应。

（2）$CO_2$ 对菌体形态和产物形成的影响。$CO_2$ 还能影响菌体形态。例如，产黄青霉菌，当 $CO_2$ 分压为 0%～8%时，菌丝主要呈丝状；当 $CO_2$ 分压为 15%～22%时，菌丝主要呈膨胀、粗短状；当 $CO_2$ 分压达到 $8\times10^3$ Pa 时，则出现球状或酵母状，致使青霉素合成受阻。

$CO_2$ 是影响产物形成的显著因素。例如，精氨酸发酵和牛链球菌发酵产生多糖需要一定量的 $CO_2$，而 $CO_2$ 对肌苷、异亮氨酸、组氨酸、抗生素等的生产起抑制作用。因此，需要控制一个最适的 $CO_2$ 分压，才能获得最高产量。

**2. $CO_2$ 浓度的控制**

$CO_2$ 的浓度不像溶氧那样有一定的规律。$CO_2$ 的浓度受许多因素的影响，如细胞的呼吸强度、发酵液的流变性、通气搅拌程度、罐压、设备规模等，控制难度很大。

对 $CO_2$ 浓度的控制主要根据其对发酵的影响来定，若对发酵有促进作用，则应该想办法提高它的浓度，反之则应降低其浓度。

（1）通过通气量和搅拌速率来控制。增大通风量和搅拌速率，既可以保证发酵液中溶氧浓度，又可以随废气排出 $CO_2$，使之低于产生抑制作用的浓度；降低通风量则有利于增加 $CO_2$ 在发酵液中的浓度。

（2）通过工艺条件来控制。降低罐压可降低 $CO_2$ 的分压，也就降低了发酵液中 $CO_2$ 的浓度。另外，对 $CO_2$ 浓度敏感的发酵生产，不宜采用大高径比的反应器；发酵的温度会影响 $CO_2$ 的浓度，根据生产所需，可通过提高或降低发酵温度来降低或增加 $CO_2$ 的浓度。还有，pH 降低也可以减少 $CO_2$ 在发酵液中的溶解度。

（3）通过补料来控制。$CO_2$ 的产生与补料控制有密切关系。尤其是补加的糖用于菌的生长和产物的合成时均会产生 $CO_2$，使 pH 降低。由于排气中 $CO_2$ 浓度的变化比 pH 变化更为敏感。因此，$CO_2$ 的浓度被作为青霉素补糖的控制参数。

## 13.4.6 发酵过程泡沫的控制

**1. 泡沫的产生及其影响**

发酵过程中因通气搅拌、发酵产生的 $CO_2$ 以及发酵罐中糖、蛋白质和代谢物等稳定泡沫的物质存在，使发酵液含有一定数量的泡沫，这是正常现象。一般来说，泡沫产生的原因主要有以下几个。①通气搅拌的强烈程度。发酵过程中若通气大、搅拌强烈可使泡沫增多。②培养基组成。培养基营养丰富，黏度大，易起泡且持久。一般含复合氮源的通气发酵中会产生大量泡沫，搅拌难度大；若培养基适当稀一些，接种量大一些，使培养基中的营养快速被消耗，就容易进行搅拌。③菌种质量和接种量。菌种质量好，生长速率快，可溶性氮源消耗快，泡沫少；接种量大，泡沫产生也少。④灭菌质量。灭菌质量不好，营养物质被破坏，抑制微生物生长，使种子菌丝自溶，产生大量泡沫，这种泡沫加消泡剂也无效。

泡沫是气体在液体中的粗分散体，属于气液非均相体系。泡沫的存在可以增加气液接触表面，有利于氧的传递。但发酵过程中的大量泡沫对发酵有许多副作用，主要危害在于：①降低了发酵罐的装料系数，通常充满余下空间的泡沫约占所需培养基的10%，且配比也不完全与主体培养基相同；②增加了菌群的非均一性，由于泡沫高低的变化和处在不同生长期的微生物随泡沫漂浮，或黏附于罐壁上，使这部分微生物的生长可能会出现分化、自溶等一系列不期望的现象；③增加了污染杂菌的机会，发酵液随泡沫飞溅到轴封处，容易被杂菌污染；④大量起泡控制不及时时，可能会引起逃液，导致产物的流失。

**2. 泡沫的控制**

一般来说，发酵生产中泡沫的控制主要采用机械法消泡和消泡剂消泡两大类。近年来，从菌种选育方面着手，选育在发酵过程中不产生泡沫且不影响产物形成的突变株的方法，也有用“此消彼长”的方式，采用混合培养，控制泡沫的形成。

（1）机械法消泡。利用机械的强烈振动或压力的变化促使泡沫破碎。常见机械消泡方法有罐内消泡和罐外消泡两种。在搅拌轴上方安装消泡浆，借旋风离心场作用泡沫被压碎，这种方法称为罐内消泡法。罐外消沉法是将泡沫引出罐外，通过喷嘴的加速作用或离心力粉碎泡沫。机械消泡的优点是不需引进外界物质，从而减少染菌机会，节省原材料和不会增加下游分离纯化产物时的负担。其缺点是不能从根本上消除起泡原因。

（2）消泡剂消泡。消泡剂一般是表面活性剂，包括天然油脂、聚醚类、高碳醇、硅酮类、脂肪酸、亚硫酸等。其中在发酵工业上最常用的是油脂和聚醚类。

消泡剂的效果与使用方法有密切关系。用消泡剂时加入增效剂可以起帮助消泡剂扩散和缓慢释放的作用，可以加速和延长消泡剂的作用。增效剂可以是载体，如矿物油、植物油等将消泡剂溶解分散；也可以用乳化剂将消泡剂做成消泡乳剂，增加分散能力；还可以将消泡剂和机械法联合应用，优势互补。消泡剂使用之前需要进行对比试验，找出特定培养基中对微生物生理特征影响最小、对终产物无太大影响、成本低和消泡效果最好的条件。同时还要注意，一定用量的消泡剂少量多次的持久效果与少次多量的不一样，少量多次可以收到有效防止泡沫产生和节约用量的双重效果。

## 13.4.7 发酵染菌的检测和防治

**1. 染菌的途径**

从技术上来讲，染菌的途径主要有以下几个方面。

（1）种子包括进罐前菌种室阶段出问题。菌种室保藏的菌种、斜面、摇瓶及种子罐等均可能染菌，因此，需要作无菌试验后才能进行生产放大。

（2）培养基的配制和灭菌不彻底。蒸汽压力或灭菌时间不够，培养基配料未混合均匀，有结块现象，都有可能导致灭菌不彻底。

（3）设备特别是空气除菌不彻底。设备未清洗干净，罐的犄角处未冲洗到位，有结痂而未铲除干净等，设备老化，夹层、盘管、轴封、管道出现渗漏，空气除菌不到位，管道安装不合理，存在死角等均是造成染菌的重要原因。

（4）过程控制操作上的疏漏。在接种、补料和取样操作中若未严格执行无菌操作，罐与罐之间的移种前管道冲洗或灭菌不当，都会出现染菌问题。

**2. 不同时间染菌对发酵的影响**

污染时间是指用无菌检测方法检测到的污染时间，不是杂菌窜入培养液的时间。

（1）种子培养期染菌。种子培养主要是指微生物细胞的生长与繁殖，此时培养基的营养十分丰富，微生物菌体浓度低，容易发生染菌。若将污染的种子带入发酵罐，则对于发酵生产是致命的。因此，必须严格控制种子染菌的发生。

（2）发酵前期染菌。发酵前期菌量不是很多，处于生长、繁殖阶段，且还未合成产物或产生很少，抵御杂菌的能力较弱。相对而言，这个时期也容易染菌，染菌后的杂菌将迅速繁殖，与生产菌争夺培养基中的营养物质，干扰生产菌的正常生长、繁殖及产物的生产。

（3）发酵中期染菌。发酵中期染菌严重干扰产生菌的代谢，影响产物生成。有的在污染后杂菌大量繁殖，菌体自溶，产生大量泡沫，或使发酵液发臭、发酸等。发酵中期染菌一般较难挽救，危害极大。

（4）发酵后期染菌。发酵后期发酵液内已积累大量产物，特别是抗生素，对杂菌有一定的抑制或杀灭能力，因此染菌概率不高，对生产影响不大。如果染菌严重，又破坏性较大，可以考虑提前放罐。

**3. 染菌的判断和防治**

染菌对发酵的影响是多方面的，发酵过程中如能及早检测，及时采取相应的措施，可使染菌的危害降低到最低水平。杂菌的发现，除了用镜检或无菌试验可以确认外，发酵过程中的一些状态参数也可作为染菌预报的根据。例如，溶氧在短时间内下降到接近0，且长时间不回升，则极有可能是污染了好气性杂菌；若污染了噬菌体会出现发酵液变稀，溶氧迅速回升。

染菌的后果随污染的杂菌种类、数量和发酵阶段而有所不同。例如，污染芽孢杆菌有可能是灭菌不透；污染大肠杆菌有可能是水不干净，如蛇管穿孔；污染球菌、短杆菌有可能是空气灭菌不够。

在实际生产中常采用大接种量的方式的原因之一就是若不慎污染了极少量的杂菌，生产菌也能很快占优势，以降低污染杂菌所引起的后果。

## 13.4.8 基质浓度对发酵的影响及补料控制

**1. 菌体基质浓度对发酵的影响**

菌体生长与基质浓度的关系见图 3-13-15。线段 $a$ 表示在基质浓度 $S$ 远远小于底物利用常数 $K_s$ 的情况下，比生长速率与基质浓度呈直线关系。线段 $b$ 适用于 Monod 方程式。线段 $c$ 为基质浓度高的区域。正常情况下可达到最大比生长速率 $u_{max}$。但是，由

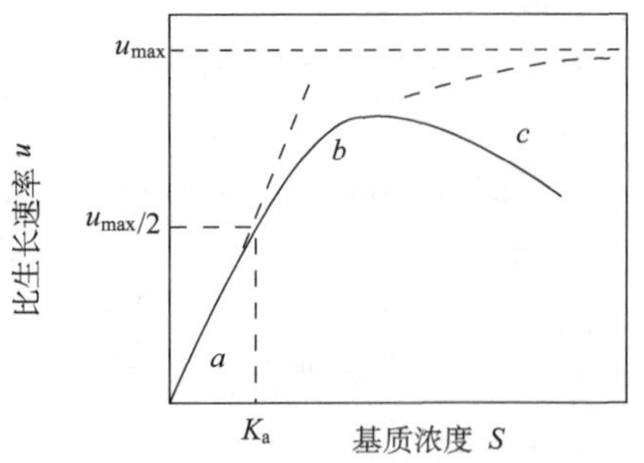


图 3-13-15　基质浓度对比生长速率的影响

于代谢产物或基质浓度过高而导致抑制作用，出现比生长速率下降的趋势。

Monod 方程式是将菌种的生长情况简单化后得到的一个描述基质浓度与微生物生长速率的关系的经验公式。

$$u = u_{max} S/(K_s + S)$$

式中，$u$ 为比生长速率；$u_{max}$ 为最大比生长速率；$S$ 为基质浓度；$K_s$ 为底物利用常数。

微生物发酵产物的形成类似于生长速率与基质浓度的关系，当培养基营养物质过于丰富，会使菌生长过盛，发酵液非常黏稠，传质状况差，菌体细胞花费较多能量来维持其生长环境，即用于非生产的能量大大增加，这对产物合成十分不利。因此，必须控制基质浓度，使菌体细胞达到一定水平后再逐步加入营养物质供合成产物用。

**2. 补料控制**

为了克服基质浓度过高的抑制作用，一次性投糖过多会引起细胞大量生长，导致供氧不足的现象，可采用中间补料的培养方法。补料时根据基质的消耗速率及设定的残留基质浓度，投入到发酵液中一定量添加物。这种补料方法简单，但对控制发酵不太有效。目前，随着计算机技术的发展，补料可实现自动化。补料方式有连续流加和变速流加两种。补料程序依赖于比生长曲线形态、产物生成速率及发酵的初始条件等。因此，了解微生物在发酵过程中的代谢规律及对环境条件的要求是建立分批补料培养的数学模型的前提条件。

## 13.4.9　发酵终点的判断

发酵菌种在发酵容器中发酵时间的长短是由产物的生产能力和经济效益决定的。产物的生产能力是指单位时间内单位发酵罐体积的产物累积量。工业发酵过程追求的是高生产力和低成本，也就是要寻求最适的发酵时间。发酵终点的判断需要根据具体的发酵类型来确定。

总的发酵产率可以用放罐时的发酵单位除以总的发酵时间表示。分批发酵总生长周期（$T$）的计算式为

$$T = 1/u_{max} \ln X_f/X_0 + t_r + t_L + t_D$$

式中，$t_r$ 为放罐检修工作时间；$t_D$ 为洗罐、配料和灭菌时间；$t_L$ 为生长停滞期时间；$X_f$ 为放罐菌体浓度；$X_0$ 为菌体起始浓度；$u_{max}$ 为最大比生产速率。

放罐时间对下游工程有很大影响。例如，放罐时间太早，会残留过多的养分，对提取不利；放罐时间晚，菌丝自溶，延长下游处理时间，使一些不稳定的终产物浓度下降，扰乱提取工艺的工作计划。判断放罐指标主要有产物浓度、过滤速率、氨基氮、菌丝形态，pH、*DO*、残糖含量、培养液的外观和黏度等。一般，菌丝自溶前有一些迹象，如氨基氮含量、*DO* 和 pH 开始上升，菌丝碎片增多，黏度增加，过滤速率下降等。但发酵终点的判断还需综合多方面的因素统筹考虑。

（刘小宇）

# 第四篇　蛋白质工程

本篇从蛋白质的研究着手，第 14 章介绍蛋白质工程的基本概念和进行蛋白质工程研究的一些基本技术；第 15 章较为系统地介绍蛋白质分离纯化的基本原理与技术；第 16 章介绍根据蛋白质的性质来鉴别与分析蛋白质，并对蛋白质结构分析作概要介绍；第 17 章简要介绍蛋白质组学的研究进展。

蛋白质工程是从 DNA 水平改变基因入手，定做新的蛋白质。这一项技术可从两个方面着手：一是随机产生大量突变蛋白质，从中筛选出有特殊性质或功能的蛋白质；二是结合三维结构、结构与功能关系等详细信息，有目的地人工改造或合成基因，改变蛋白质分子中任何一个氨基酸残基或结构域，使其成为具有人们预期功能的新型蛋白质。通过蛋白质工程获得重组表达的蛋白质后，就需要进行蛋白质的制备，以获得结构完整的高纯度蛋白质。得到高纯度的蛋白质后，就可以从理化、生物学性质等方面来鉴别与分析该蛋白质。有了高纯度的蛋白质，还可以研究蛋白质分子结构，方法可以概括为两大类：一类是测定溶液中蛋白质分子结构的方法，如磁共振法、圆二色谱法等各种波谱法；另一类是测定晶体蛋白质分子结构的方法，如 X 射线衍射结构分析法和中子衍射法。蛋白质结构确定为通过蛋白质工程改造蛋白质奠定了理论与结构基础。蛋白质功能的研究还包括蛋白质-蛋白质相互作用，甚至在细胞、整体水平研究所有蛋白质之间在时空中的关系，这就是近年来飞速发展的蛋白质组学。

# 第 14 章　蛋白质工程概论

蛋白质工程相关技术最早由 M. Smith 及其同事在 20 世纪 70 年代末建立，他们使用了 1960 年 J. Lederberg 推荐的寡脱氧核糖核苷酸作为体外诱变剂，成功实现了 DNA 定点突变（site-directed mutagenesis），培育出了系列具有生物学特性的突变株。1982 年一些实验室用此技术改造蛋白质分子，研究蛋白质的功能及结构与功能的关系。1983 年 K. M. Ulmer 在 *Science* 杂志发表了题为 *Protein Engineering* 的论文，第一次提出了蛋白质工程的概念：从 DNA 水平改变基因入手，定做新的蛋白质。它是由分子生物学、结构生物学、蛋白质化学、计算机辅助设计、基因工程等多学科交叉渗透和互补发展而产生的边缘应用技术学科。这一新技术综合了蛋白质三维结构、结构与功能关系的详细信息，人工改造基因的方法和重组 DNA 操作技术，直接改造或人工合成基因，有目的地按照需要来改变蛋白质分子中任何一个氨基酸残基或结构域，从而定向地改造蛋白质的性质，使其成为具有人们预期功能的新型蛋白质，或者创造自然界不存在的性质独特的蛋白质。蛋白质工程的研究内容主要有两个方面：①根据需要合成具有特定氨基酸序列和空间结构的蛋白质；②确定蛋白质化学组成、空间结构与生物学功能之间的关系。在此基础之上，实现从氨基酸序列预测蛋白质的空间结构和生物功能，设计合成具有特定生物学功能的全新的蛋白质，这也是蛋白质工程最根本的目标之一。

自 1982 年第一个基因工程重组药物——重组人胰岛素问世以来，基因工程重组多肽类药物经历了迅猛发展的过程，而且随着人类基因组计划的推进和后基因组时代的来临，有药用前景的新蛋白质分子还在不断被发现。有资料表明，2010 年世界制药工业 8560 亿美元的市场销售额中重组蛋白质（包括重组抗体）为 1400 亿美元（占 16.5%），重组蛋白质较 10 年前的统计销售额绝对值增加了 10 余倍，至 2012 年已超过 1600 亿美元。美国 FDA 在 1982～2012 年共批准的生物技术药物有 475 种，其中重组蛋白质药物（包括重组抗体）为 132 种，占到 28%，如图 4-14-1 所示。

重组蛋白质药物已经形成上千亿美元的巨大市场，但是许多重组蛋白质存在稳定性差、毒副作用大、生产工艺复杂等多种缺点，限制了重组蛋白质药物的发展和临床使用。于是，蛋白质工程技术被引入基因工程药物的开发，通过对蛋白质分子的结构进行改造，来提高药用蛋白质有效生物活性，降低或排除毒副反应，提高蛋白质稳定性，得到更优良的重组蛋白质药物——蛋白质工程药物。

蛋白质工程药物，顾名思义是指将蛋白质工程的技术方法应用于医药领域得到的产品，简单地说，是以已知蛋白质分子的结构及结构与生物功能关系的详细信息为基础，通过设计、构建，对现有蛋白质加以定向改造，或从头设计全新的蛋白质分子，并最终生产出符合人们的设计，可应用于临床的新型蛋白质/多肽药物。所以蛋白质工程药物不同于自然界中的蛋白质/多肽分子，是指通过蛋白质工程技术，针对重组天然蛋白质药物存在的缺点，对蛋白质进行了新的设计和改造，使其获得更好或新的药理特性，提高药效和减少毒副作用，是新一代基因工程重组药物，在目前生物技术药物中所占的比

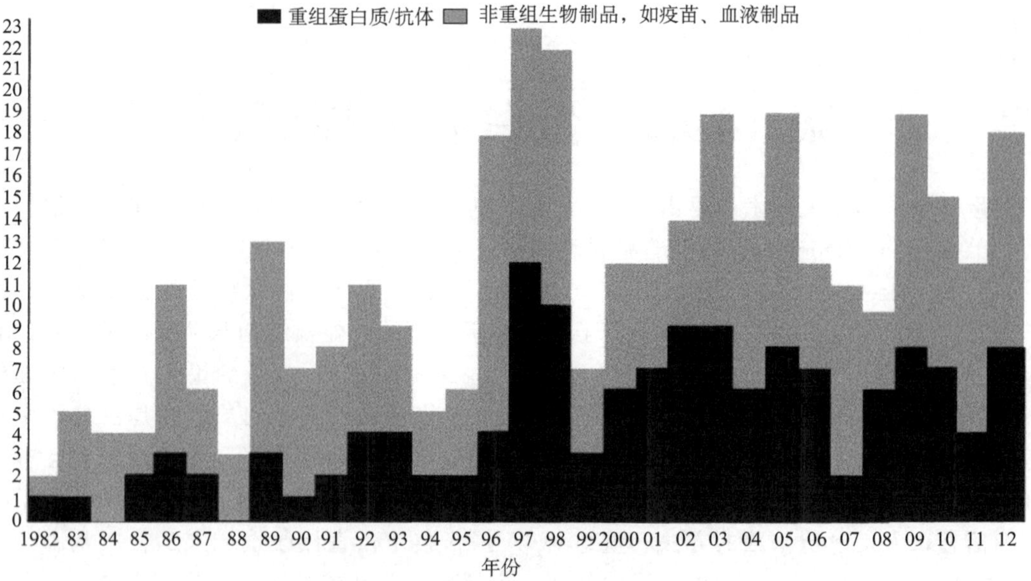


图 4-14-1　美国 FDA 1982～2012 年批准的生物类药物

例日益增长，将成为未来生物制药业发展的重要方向之一。

## 14.1　蛋白质工程的基本内容

### 14.1.1　蛋白质工程的技术路线

蛋白质工程的设计研究过程如图 4-14-2 所示。首先通过生物信息学进行所研究对象的结构和功能信息的收集分析，然后对其功能相关的结构进行研究和预测并完成分子设计，再通过基因工程改造得到设计产物，并进行相关试验进行验证，根据验证结果进一步修正原初设计，这往往要经过几次这样的循环才能获得成功。一般可概括为如下 5 个阶段。

（1）收集待研究蛋白质一级结构、立体结构、功能结构域及与相关蛋白质同源性等相关数据，为蛋白质分子设计提供依据和蓝本。随着生物信息学的发展，现可以充分利用因特网上大量的免费数据库资源。

（2）详细分析研究对象的蛋白质结构模型，掌握其立体结构中影响生物活性、稳定性的关键部位，这可以通过已知的晶体结构研究，也可根据类似物的结构模建或其他预测方法研究。

（3）进行蛋白质分子设计，一般分为 3 类：①小范围改造，就是对已知结构的蛋白质进行少数几个残基的替换、部分片段的缺失，来改善蛋白质的性质和功能；②较大程度的改造，可以根据需求对来源于不同蛋白质的结构域进行拼接组装，或在蛋白质分子中进行大范围肽链替换、结构域替换，获得集成相应功能的候选分子；③蛋白质从头设计，即从蛋白质分子一级结构出发，设计制造自然界中不存在的全新蛋白质，使之具有特定的空间结构和预期的生物学功能，这种设计方式需要扎实的理论基础，通过在分子

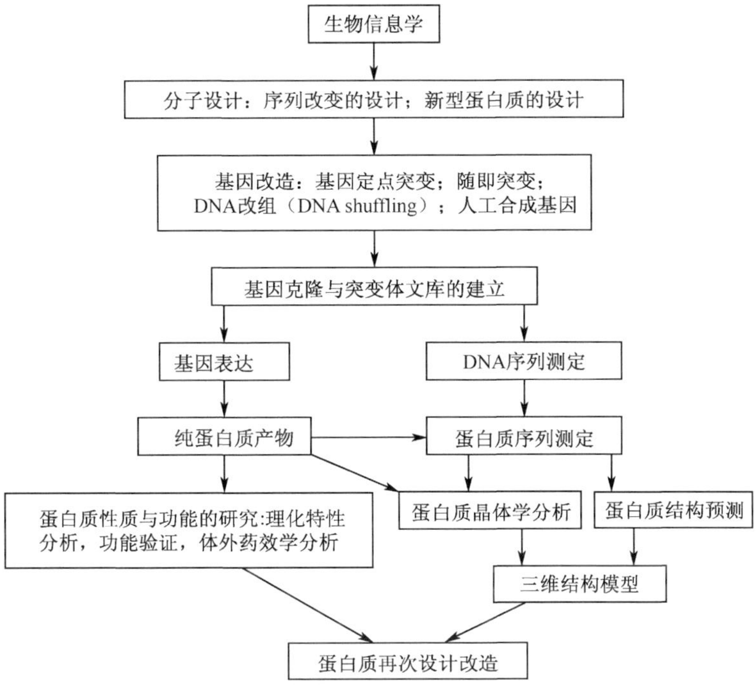


图 4-14-2　蛋白质工程的基本技术路线

设计与试验验证之间交互进行完成设计循环。蛋白质从头设计的 PDA（protein design automation）循环包括 4 个部分：设计、模拟、实验和分析。在不断循环中，通过一步步的修正最终获得成功。

(4) 完成前期的信息收集整理和分子设计等理论工作后，就要回到试验研究中，利用各种突变技术和基因工程操作技术，根据设计，对原始核苷酸序列进行改造，并完成克隆表达，得到可以进一步进行活性研究的产物。

(5) 通过试验手段验证设计的分子是否符合要求，并对设计的分子进行结构与功能的评价，收集相关结构信息反馈回分子设计中，对设计进行修正。用于验证分子设计是否成功的试验应该是简便、灵敏，具备量化标准，这需要对所研究蛋白质的生物学功能有详细的了解才能做到。

## 14.1.2　蛋白质工程成功的实例

以上简述的是蛋白质工程药物合理化设计的基本过程与技术路线，目前已有许多成功的实例，分别介绍如下。

**1. 酶分子改造**

蛋白质工程可对酶的催化活性、底物专一性、抗氧化性、热变性、碱变性等加以改变。最早的蛋白质工程是 A. R. Fersht 等在 1982～1985 年对酪氨酰-tRNA 合成酶的分子改造工作。他根据 X 射线衍射实测该酶与底物结合部位结构，用定点突变技术改变与底物结合的氨基酸残基，并用动力学方法测量所得变体酶的活性，深入探讨了酶与底物的作用机制。L. J. Perry 等在 1984 年通过将溶菌酶中的 Ile3 改成 Cys3，并进一步氧化生成 Cys3—Cys97 二硫键，使酶热稳定性提高，显著改进了这种食品工业用酶的应用价值。1987 年 A. R. Fersht 等将枯草杆菌蛋白酶分子表面的 Asp99 和 Glu156 改成 Lys，导致活性中心 His64 质子 p*K*a 从 7 下降到 6，而使酶在 pH 为 6 时的活力提高 10 倍。工业用酶最佳 pH 的改变预示可带来巨大经济效益。上述各例是通过对关键氨基酸残基的置换与增删进行蛋白质工程的一类方法。

**2. 提高蛋白质的稳定性**

为提高工业上应用广泛的葡萄糖异构酶（glucose isomerase，GI）的热稳定性，对其结构与功能深入研究后确定第 138 位甘氨酸（Gly138）为改造的目标氨基酸，用双引物法对 *GI* 基因进行体外定点诱变，以脯氨酸（Pro138）替代 Gly138，在大肠杆菌中高效表达，结果突变型的 GI 比野生型的热半衰期延长 1 倍；最适反应温度提高了 10～12℃；酶比活不变。结构模拟分析可以预测，Pro 替代 Gly138 后，其侧链的吡咯环刚好能够填充 Gly138 附近的空洞，使蛋白质空间结构更具刚性，从而提高了酶的热稳定性。

**3. 融合蛋白质**

脑啡肽（enkephalin，Enk）N 端 5 肽线形结构是与 $\delta$ 型受体结合的基本功能区域，干扰素（interferon，IFN）是一种广谱抗病毒细胞因子。黎孟枫等化学合成了 Enk N 端 5 肽编码区，通过一连接 3 肽编码区与人 α1 型 *IFN* 基因重组，在大肠杆菌中表达了这一融合蛋白质。以体外人结肠腺癌细胞和多形胶质瘤细胞为模型，采用 $^3$H-胸腺嘧啶核苷掺入法证明该融合蛋白质抑制肿瘤细胞生长的活性显著高于单纯的 IFN，通过纳洛酮（naloxone）竞争阻断试验证明，抑制活性的增高的确由 Enk 导向区介导。

**4. 蛋白质活性的改变**

通常餐后 30～60 min，人血液中胰岛素的含量达到高峰，120～180 min 内恢复到基础水平。而目前临床上使用的胰岛素制剂注射后 120 min 后才出现高峰且持续 180～240 min，与人生理状况不符。试验表明，胰岛素在高浓度（大于 $10^{-5}$ mol/L）时以二聚体形式存在，低浓度时（小于 $10^{-9}$mol/L）时主要以单体形式存在。设计速效胰岛素的原则就是避免胰岛素形成聚合体。类胰岛素生长因子-Ⅰ（insulin-like growth factor Ⅰ）的结构和性质与胰岛素具有高度的同源性和三维结构的相似性，但 IGF-Ⅰ不形成二聚体。IGF-Ⅰ的 B 结构域（与胰岛素 B 链相对应）中 B28-B29 氨基酸序列与胰岛素 B 链的 B28-B29 相比发生颠倒。因此，将胰岛素 B 链改为 B28Lys-B29Pro，获得单体速效胰岛素。该速效胰岛素已通过临床试验。

**5. 肿瘤治疗用酶的改造**

恶性肿瘤的基因治疗分为两个方面：①药物作用于癌细胞，特异性地抑制或杀死癌细胞；②药物保护正常细胞免受化学药物的侵害，可以提高化学治疗的剂量。疱症病毒（HSV）胸腺嘧啶激酶（thymidine kinase，TK）可以催化胸腺嘧啶和其他结构类似物，如戊环鸟苷（ganciclovir，GCV，商品名更昔洛韦）和无环鸟苷（acyclovir，ACV，商品名阿昔洛韦）磷酸化。如果 GCV 和 ACV 缺少 3′端羟基，就可以终止 DNA 的合成，从而杀死癌细胞。HSV-TK 催化 GCV 和 ACV 的能力可以通过基因突变来提高。从大量的随机突变中筛选获得两种 HSV-TK 突变体，在酶活性部位附近有 6 个氨基酸被替换，其催化能力分别提高了 43 倍和 20 倍。O6-烷基-鸟嘌呤是 DNA 经烷基化剂（包括化学治疗用亚硝基药物）处理后形成的主要诱变剂和细胞毒素，所以这些亚硝基药物的使用剂量受到限制。O6-烷基-鸟嘌呤-DNA 烷基转移酶（O6-alkylguanine- DNA alkyltransferase，AGT）能够将鸟嘌呤 O6 上的烷基去除，起到保护作用。通过反向病毒转染，人类 AGT 在鼠骨髓细胞中表达并起到保护作用。通过突变处理，得到的一个第 139 位 Pro 被 Ala 替代的突变体其 AGT 活性显著高于野生型，具有潜在应用价值。

**6. 嵌合抗体和人源化抗体**

免疫球蛋白呈 Y 形，由两条重链和两条轻链通过二硫键相互连接而构成。每条链可分为可变区（N 端）和恒定区（C 端），抗原的结合位点在可变区，细胞毒素或其他功能因子的融合位点在恒定区。每个可变区中有 3 个部分在氨基酸序列上是高度变化的，在三维结构上处在 β 折叠端头的松散结构（CDR）是抗原的结合位点，其余部分为 CDR 的支持结构。不同种属的 CDR 结构是保守的，这样就可以通过蛋白质工程对抗体进行改造。

鼠单克隆抗体被人免疫系统排斥，它潜在的治疗作用受到限制。嵌合抗体就是用人抗体的恒定区替代鼠单克隆抗体的恒定区，这样它的免疫原性就显著下降，如用于治疗直肠结肠腺癌的单克隆抗体 Mab17-1A。尽管嵌合抗体还存在着免疫原性的问题，但仍有几种嵌合抗体通过了临床试验。所谓人源化抗体就是将抗原结合区域嫁接到人抗体上，这样抗体上的外源肽链降低到最小，免疫原性也就最小。但是，仅将 CDR 转接到人抗体上，其抗原结合能力很小，必须带上几个框架氨基酸残基，才能保持原有的结合力。这样就存在免疫原性与抗原结合力之间的矛盾。通过逐个氨基酸替代或计算机模拟分析，可在保持原有吸附力的基础上，尽可能地降低免疫原性。第一个临床上应用的用于治疗淋巴肉芽肿病和风湿性关节炎的人源化抗体 CAMPATH-1H，尽管疗效显著，但仍有半数以上的患者有免疫反应。而其他人源化抗体，如治疗脊髓性白血病的 Anti-CD33 等，其免疫反应可以忽略不计。

**7. 蛋白质的从头设计**

另有一类以某个典型的折叠进行“从头设计”的方法。1988 年杜邦公司宣布，成功设计并合成了由 4 段反平行 α 螺旋组成为 73 个氨基酸残基的新型蛋白质分子。H. Ellerby 等设计了凋亡诱导肽 CNGRC-GG-$_{D}$-（KLAKLAK），此序列中 NGR 可以与新生血管的内皮细胞特异结合，在此起到靶向弹头的作用，KLAKLAK 可形成典型的两亲 α 螺旋结构，进入细胞后 3 μmol/L 即可以破坏线粒体膜引起细胞凋亡，在没有导向的情况下要达到 300 μmol/L 才能杀死真核细胞。Ellerby 以 NGR 为弹头，将 KLAKLAK 肽特异地导向肿瘤部位的新生血管内皮细胞，通过抑制新生血管的生成而抑制肿瘤的形成，而对其他细胞没有明显毒性。此外 Ellerby 还用 *D*-型氨基酸代替 *L*-型氨基酸，防止蛋白质的降解，两个功能部位之间用 Gly-G1y 做接头，防止两部分立体结构相互影响。试验结果显示，此分子可以特异地被激活的内皮细胞内吞，引起凋亡，在小鼠肿瘤模型中，此分子可抑制肿瘤的生长，明显延长治疗组小鼠的存活时间，而对健康小鼠超剂量使用时，没有毒副作用的产生。这些例子说明，在理论依据充分时，基于立体结构信息从头设计蛋白质工程药物的可行性和开发潜力。同时提示，按人们预期要求，通过从头设计以折叠成新蛋白质的目标已是可望又可及了。

但是，这种人工蛋白质分子设计策略的实施受到已有认识水平的制约。虽然，后基因组时代的到来和蛋白质组学、生物信息学的飞速发展使新的先导蛋白质和药物作用靶点被不断发现，但是相应的结构与功能相关的信息需要大量深入的研究才能获得。要在结构与功能信息掌握尚不充分、蛋白质化学基础理论还不完备的情况下，快捷高效地完成对蛋白质分子的人为改造是有困难的。人们可以绕过这种基于现有知识信息的顺式思维理性化设计，选择基于各种功能筛选平台的非理性逆向蛋白质改造策略。首先对目标蛋白质进行随机突变、DNA 改组等，得到包含众多突变蛋白质的文库，然后从功能入手进行筛选，筛选到所需要的功能蛋白，然后再进行蛋白质基本的结构、序列信息的分析。最近，很多研究人员把两种设计策略结合使用，通过合理化的分子设计为非理性的体外分子进化提供“人造蓝本”，并对非理性筛选出的候选分子进行合理化的分子修正使之进一步符合实际需求；而非理性的体外进化过程可弥补合理化设计应用中的局限性，并且迅速得到大量有功能的目标分子，通过分析，还可积累合理化分子设计所需的蛋白质结构与功能相关信息。一些可喜的结果表明，将两种设计思路有机地结合起来将为蛋白质工程药物的设计改造开创另一个新天地。

## 14.2 蛋白质工程的基本方法

蛋白质工程中恰当地选择设计策略和正确地选择蛋白质改造的技术方法都是至关重要的。蛋白质生物化学和结构分子生物学的发展，大量揭示了蛋白质分子一级结构与立体结构的关系、精细的立体结构与复杂的生物功能之间的关系和结构与性质的关系，为蛋白质工程提供了理论基础和蓝本。另外，计算机辅助设计相关的应用软件的开发、多种算法的演进发展，使人们可以对蛋白质结构进行模拟预测，更直观的进行合理设计，为蛋白质工程提供良好的设计平台，分子生物学理论基础和基因工程技术的飞速发展，提高了分子设计的效率和正确性。随着行之有效的高通量筛选技术和重组改造技术的不断出现及生物信息学的飞速发展，蛋白质工程药物的开发趋于多样化和高效率。

在合理化设计策略中，蛋白质的分子设计是指导工程改造成功的一个重要方面。蛋白质分子设计是蛋白质工程的重要一环。所谓蛋白质分子设计就是根据已知蛋白质的空间结构以及结构与功能之间的关系提出定位突变的方案，以达到有目的的定向改造现有蛋白质的目的，使新的蛋白质具有更好的热稳定性、人们所希望的最适 pH、不同的专一性及较高的酶促反应速率等，如果蛋白质的空间结构还不知道，那还涉及空间结构的预测。

蛋白质分子具有复杂的立体结构，通过分子之间发生相互作用来行使功能。X 射线晶体衍射技术、核磁共振技术、质谱技术的发展，使我们获得了越来越多的蛋白质晶体结构，掌握了更多蛋白质一级结构信息与立体结构信息的对应关系，对蛋白质活性位点和与之相关的相互作用的理解也日益深入。同时，随着来源于蛋白质化学领域的相关结构功能信息的不断积累，蛋白质一级结构、立体结构、功能结构域、进化亲缘关系等相关数据库迅速地建立与发展起来。加之生物信息学领域与蛋白质分子的计算机辅助设计相关的计算方法的改进，使蛋白质分子设计越加合理化、准确化，给蛋白质分子的合理化改造提供了更可行的指导。现在可以通过对蛋白质序列信息进行同源性比较、立体结构比较、进化与保守性分析等生物信息学的方法预测未知蛋白质的结构与功能，为蛋白质的合理化设计提供依据和蓝本。

## 14.2.1 蛋白质结构预测

众所周知蛋白质的功能不仅与其一级结构有关而且与其空间结构有关，即蛋白质三维结构很大程度上决定了蛋白质的功能，因此如何获得蛋白质的结构并对之基序分析研究是现代分子生物学的重要课题。从蛋白质的氨基酸序列来预测三级结构，或者预测定位点突变后新蛋白质的空间结构是分子生物学中的更重大基础理论问题，也是蛋白质工程中所迫切需要解决的问题。

DNA 序列测定技术的发展使蛋白质一级结构的测定相对来说已比较容易，而蛋白质空间结构的测定都要花费许多时间。截至 2013 年 10 月 1 日，主要应用 X 射线晶体衍射技术和 NMR 法等已测定出 94 336 种蛋白质及其复合物的结构（http://www.rcsb.org/pdb/statistics/holdings.do），但与已从不同物种基因组数据获得的海量蛋白质序列相比还有很大的差距，这大大地影响了人们对蛋白质结构和功能关系的研究。因此发展一种不依赖试验而又有一定准确性的理论蛋白质结构预测方法显得格外重要，近年来在这方面取得了很多重要的成果。蛋白质三级结构预测的主要方法如图 4-14-3 所示。

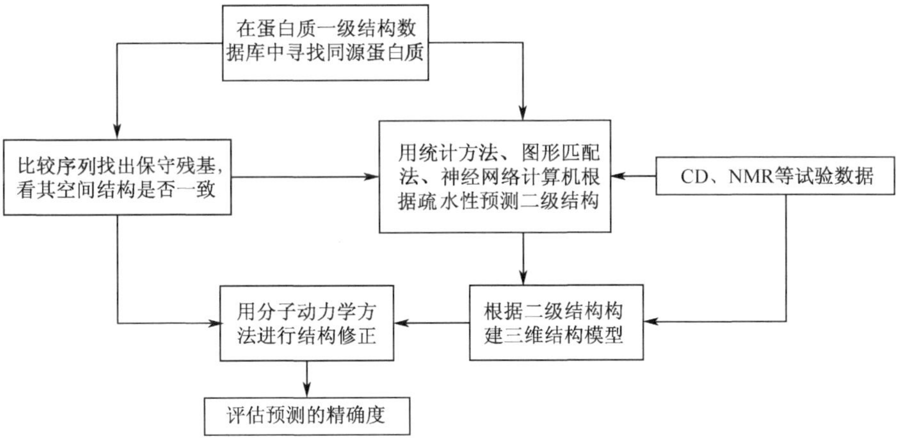

图 4-14-3 蛋白质三级结构预测的主要方法

蛋白质结构的理论预测方法都是建立在氨基酸的一级结构决定高级结构的理论基础上的，大致分为以下 3 类。

**1. 比较建模法**

比较建模法（comparative modeling method）是基于知识的蛋白质结构预测方法，又称为同源结构预测，是根据大量已知的蛋白质三维结构来预测序列已知而结构未知的蛋白质结构。

按照目前的定义，若待模构蛋白质的序列与模板序列经比对（alignment）后的序列一致性（sequence identity）在 40%以上（也有证据表明，如在特定位置出现特定氨基酸，则 20%以上序列相似性的结构可能属于同一家族，它们是同源蛋白质），可以用同源蛋白质模型构建的方法预测其三维结构。因为它们可能是由同一种蛋白质分化而来的，它们具有相似的空间结构，执行相关（相同或相近或相反）的功能。因此，若知道了同源蛋白质家族中某些蛋白质的结构，就可以预测其他一些序列已知而结构未知的同源蛋白质的结构，可以用同源模型构建的方法预测未知蛋白质的三维结构。

同源蛋白质模型构建（模建）的步骤如下。

（1）目标蛋白质序列与目标序列的匹配。在蛋白质一级结构数据库中寻找同源蛋白质：应用 FASTA 或 BLAST 搜索软件，在 PIR、SWISSPROT 或 GENEBANK 等序列库中按序列同源性挑选出一些同源性比较高的序列，如果两个序列的相似程度大于25%，把挑选出的序列与目标序列基序多重匹配，得到模板结构等价位点套的初始集合。目前国际上主要的 DNA 序列库有：①欧洲分子生物学实验室（European Molecular Biology Laboratory，EMBL）的基因库；②美国国家生物医学研究基金会（National Biomedical Research Foundation，United States）的基因库；③美国 NIH 的基因库（http://www.ncbi.nlm.nih.gov/genbank/）。主要的蛋白质一级序列库包括：①美国国家生物医学研究基金会的蛋白质信息研究数据库（protein information research databank）；②Newat databank in U. S. A。

（2）根据模板结构构建目标蛋白质结构模型。一旦在一级结构数据库中找到了同源蛋白质，就可以进一步在蛋白质空间结构数据库中去寻找，看是否已知该同源蛋白质的空间结构。在已确定的模板结构等价位点套的初始集合的基础上，旋转每一个模板的结构，使它们相互间的位置尽可能多地重叠在一起。两个不同模板在空间中若符合一定的重叠距离标准，那它们相互之间的关系就是等价位点。许多这样的等价位点构成了等价位点套。

目前国际上的蛋白质空间结构数据库主要有布鲁开文实验室的蛋白质数据库（Brookhaven protein data bank）及剑桥的晶体数据库（Cambridge crystal database）。

叠合结束后，即得到了同源蛋白质的结构保守区（SCR），以及相应的基架结构（framework）。模板结构匹配后，一般还要用得到的同源体的 SCR 的第一条序列与目标序列匹配，挑选出目标序列上的高相似区，定义为目标蛋白的 SCR。

通用的计算机图形软件 Homology、QUANTA/CHARM、HYDRO（Harvard York Drawing Program）、COMPOSER、CONSENSUS、MODELLER 和 Collar extension 等的方法可以用于目标蛋白质结构模型的构建。

（3）对模建结构基序优化和评估。利用计算机图像系统进行结构显示和残基替换，以及用能量极小化方法及分子动力学方法进行结构修正。同源结构模建（预测）得到的蛋白质结构模型通常含有一些不合理的原子间接触，需要对模型进行分子力学和分子动力学优化，消除模型中不合理的接触。另外，模型中有些键长、键角和二面角也有可能不合理，也需要检查评估。这是基于同源蛋白质在进化过程中一级结构尽管发生了很大变化，但空间结构却可能仍很相似，也就是空间结构比一级结构更为保守，根据这点可用计算机图像系统或适当的算法进行残基替换，然后进行能量优化及分子动力学模拟，从而得到一个可能的平均构象。

PROCHECK 和 PROSAⅡ等软件常用于完成这类工作。此类软件可以：①显示分子结构，包括分子表面或范德华球；②比较两种结构；③将一个分子相对于另一个分子移动或旋转；④将不同的结构储存然后动态显示轨迹和能量优化的结果；⑤进行残基替换和绕键旋转；⑥计算出分子结构中的氢键，给体与受体间以虚线连接。

可用图像系统进行残基替换，观察替换后的可能结构。

分子动力学方法优于能量极小化方法在于它可以跨越小的势垒，部分解决局部极小值的问题，从而得到比较可靠的构象。这方面的工作还可和所谓“升温”、“退火”的方法结合，即在动力学模拟过程中将温度升高然后逐渐降低使分子可以跨越较大的势垒，在较大的范围内寻求低能构象。

分子动力学模拟不同于以往关于构象的静态观点，在室温下蛋白质并不是处于某一能量最低的构象，而是在势能表面的多重极小值之间来回跃迁。常温下试验观察到的是平均构象。用分子动力学模拟的方法得到的是系统平均，这显然比单纯寻求能量最低构象更为合理。

结构预测的成功与否在很大程度上依赖于同源蛋白质序列相同的程度，当相同残基数大于50%时，从已知空间结构推出未知的空间结构比较成功。

上述方法也可用于预测定位突变后新的蛋白质的空间结构，包括预测新的二硫键或氢键、盐键形成的可能性。

（4）无同源蛋白质的模建。如果无同源蛋白质的空间结构可供参考，这时需要借助以以下两种方法。

a. 结合实验数据：通过作二维磁共振波谱实验，可以测得一组核欧豪斯效应增强因子（NOE）的值，由于NOE和两原子间距离的负6次方成正比。根据NOE的大小可以得到一个蛋白质分子中几十对甚至上百对质子间距离的信息，根据这些信息可以用距离几何法得到蛋白质分子的空间结构模型。所谓距离几何法是根据一组原子之间的距离，得到满足下述不等式的分子中原子的笛卡儿坐标。不等式为

$$L_{ij} \leqslant | r_i - r_j | \leqslant U_{ij}$$

式中，$L_{ij}$和$U_{ij}$分别为一对原子间距离的下限和上限。

再用加约束的分子动力学模拟的方法加以修正。在用分子动力学模拟方法进行结构修正时在势函数中加上距离约束项。已用此方法测定了乳糖阻遏蛋白与DNA结合的结构域的空间结构。

b. 利用蛋白质空间结构数据库中已知分子所提供的信息进行统计分析：早期的方法是基于单个氨基酸残基的性质进行二级结构预测，这种预测的准确度不超过60%，这是因为这一类预测没有考虑环境因素。进一步的发展是用图形匹配的方法把短的氨基酸序列和蛋白质的二级结构相连，M. Rooman和S. Wodak从75个非同源蛋白质的13 214个残基中得到22 000个序列图，发现其中只有少数是可以预测的，对于大多数情况预测精确度不超过64%，他们认为从原则上讲其方法是可行的，但是受到目前蛋白质空间结构数据库中数据数目的限制，精确预测需要知道1500个蛋白质的空间结构。有学者用神经网络计算机通过学习已知蛋白质的空间结构来分析判断预测二级结构，得到的准确度是64%。进一步可以根据蛋白质中超二级结构的信息得到三级结构模型。

一旦根据上述方法得到一个可能的蛋白质的三级结构模型，那么分子动力学将是结构修正的重要工具。

用这种方法预测三级结构的最大困难是在环（loop）区。

**2. 反向折叠法**

反向折叠法是近年来发展起来的一种比较新的方法。它可以应用到没有同源结构的情况中，且不需要预测二级结构，即直接预测三级结构，从而可以绕过现阶段二级结构预测准确性不超过 65%的限度，是一种有潜力的预测方法。

反向折叠法的主要原理是把未知蛋白质的序列和已知的结构进行匹配，找出一种或几种匹配最好的结构作为未知蛋白质的预测结构。它的实现过程是总结出已知的独立的蛋白质结构模式作为未知结构进行匹配的模板，然后用经过对现有的数据库的学习总结出的可以区分正误结构的平均势函数（mean force field）作为判别标准来选择出最佳的匹配方式。这种方法的局限性在于它假设蛋白质折叠类型是有限的，所以只有未知蛋白质和已知蛋白质结构相像的时候，才有可能预测出未知的蛋白质结构。如果未知蛋白质结构是现在还没有出现的结构类型时，这种方法将不能被应用。

**3. 从头预测法**

理论上说，从头预测法是最为理想的蛋白质结构预测方法。它要求方法本身可以只根据蛋白质的氨基酸序列来预测蛋白质的二级结构和高级结构，但现在还不能完全达到这个要求。

从头预测可以细分为以下几种。

（1）二级结构预测。首先从一级结构预测出二级结构，然后再把二级结构堆积成三维结构。由于目前对二级结构中氨基酸的中远程相互作用不完全清楚，因此预测准确率一般在 65%以下。如果具有多种蛋白质同源序列的三维结构，在多重序列匹配比较的情况下，预测的准确性可以达到 88%以上。

目前已有共识，在一个蛋白质序列中总有约 40%序列的预测可以有很好的可信度，其预测的准确性都在 80%以上。这些区域都是一些二级结构序列比较保守的部分。这些结果为如何将现有二级结构预测结果应用到三维结构预测提供了有益的启示。

（2）超二级结构预测。超二级结构预测实际上是局域的空间结构预测，主要应用人工神经网络方法和向量投影方法，从蛋白质序列出发，直接预测蛋白质的超二级结构，观察此段氨基酸序列是否能形成某一种模式的超二级结构。其中人工神经网络方法预测的准确率为 75%～82%，向量投影方法预测的准确率达到 85%以上。

（3）结构类型（structure class）预测。该方法是预测未知结构蛋白质属于何种类型，如全 α 类蛋白质（主要由 α 螺旋组成）、全 β 类蛋白质（主要由 β 折叠组成）、α/β 类蛋白质（由 α 螺旋和 β 折叠交替排列）或 α+β 类蛋白质（由分开的 α 螺旋和 β 折叠组成，其中 β 折叠一般为平行结构）。结构类型预测除能了解蛋白质结构大概的折叠情况外，对二级结构的预测也有帮助。方法主要有光谱数据预测、神经网络预测和 Mahalanobis 距离预测等，后者的准确率较前两者为高，可达 94.7%。

（4）三维结构预测。三维结构预测是蛋白质结构预测的最终目标，主要有两个方面。①根据二级结构、结构类型和折叠类型预测的结果，结合结构间的立体化学性质、亲疏水性质、氢键及静电相互作用，把可信度较高的二级结构进一步组装，搭建出最后的蛋白质结构。由于该方法主要依赖于前面的预测结果，所以受到的限制很多。②不依赖二级结构预测的结果，直接预测三维结构。主要方法是有效收集构象空间及区分天然结构和错误结构。

根据对天然蛋白质结构与功能分析建立起来的数据库里的数据，可以预测一定氨基酸序列肽链空间结构和生物功能；反之也可以根据特定的生物功能，设计蛋白质的氨基酸序列和空间结构。通过基因重组等试验可以直接考察分析结构与功能之间的关系；也可以通过分子动力学、分子热力学等，根据能量最低、同一位置不能同时存在两个原子等基本原则分析计算蛋白质分子的立体结构和生物功能。虽然这方面的工作尚在起步阶段，但可预见将来能建立一套完整的理论来解释结构与功能之间的关系，用以设计、预测蛋白质的结构和功能。

## 14.2.2 蛋白质的分子设计——创造和改造

蛋白质的分子设计是蛋白质工程的一个重要方面。设计分成3类：①小范围改造，是对已知结构的蛋白质进行少数几个残基的替换，来研究和改善蛋白质的性质和功能；②较大程度的改造，是对来源于不同蛋白质的结构域进行拼接组装，期望转移相应的功能；③蛋白质从头设计（*de novo* or *abinitio* protein design）。所谓蛋白质从头设计就是给定一个目标三维结构，要求找出与已知序列无明显同源、能折叠成目标结构的氨基酸序列。蛋白质从头设计与蛋白质结构预测恰恰相反，后者是从序列出发，预测其所折叠成的三维结构。通过对蛋白质序列信息进行同源性比较、立体结构比较、进化与保守性分析等生物信息学的方法预测未知蛋白质的结构与功能，为蛋白质的合理化设计提供依据和蓝本，促使人们发展出各种基于功能取向的，通过突变、重组和功能筛选获得改造蛋白质分子的技术。

### 14.2.2.1 突变及重组技术

**1. 定点突变技术**

蛋白质中的氨基酸是由基因中的三联密码决定的，只要改变其中的1个或2个碱基就可以改变氨基酸。通常是改变某个位置的氨基酸，以研究蛋白质的结构、稳定性或催化特性。蛋白质工程的早期采用理性化的分子设计，最早用来实现设计的成功方法是产生于20世纪80年代的定点突变技术（site-directed mutagenesis），目前常用的定点突变技术主要有：寡核苷酸引物介导的定点突变、PCR介导的定点突变及盒式突变。

（1）寡核苷酸引物介导的定点突变。其原理是用含有突变碱基的寡核苷酸片段作为引物，在聚合酶的作用下启动DNA分子的复制，经连接酶连接在体外产生含突变碱基的异源双链质粒DNA，转化入宿主菌后可产生同源双链突变产物，然后可通过限制性酶切、斑点杂交、生物学方法等筛选突变基因并进行序列分析。寡核苷酸引物介导的定点突变常产生突变效率低的现象，其主要原因是大肠杆菌中存在甲基介导的碱基错配修复系统所致。针对这一问题，有人对其进行了改进，用尿嘧啶取代的方法提高了突变效率。近几年来，多家生物公司相继推出突变试剂盒产品对这一方法进行了进一步的完善。这些试剂盒的共同优点有：①采用甲基修复酶缺乏的菌株作为受菌体，大大降低了突变修复频率；②采用改进后的质粒，省去了制备单链模板的烦琐步骤，节省了时间；③增加了多个抗生素筛选标志和相对应的多对破除/修复引物，使得在该质粒上可以连续进行不止一次的突变反应，使突变反应更加快速、简便。例如，将tPA Asn117替换为Glu117，从而除去一个原有的糖基化位点。由于该处原有的糖链能促进tPA从血浆清除，因此点突变后能够降低 tPA 的血浆清除率，延长血浆半衰期。

（2）盒式突变。J. A. Wells 在 1985 年提出了一种基因修饰技术——盒式突变（cassette mutagenesis），一次可以在一个位点上产生 20 种不同氨基酸的突变体，可以对蛋白质分子中的重要氨基酸进行“饱和性”分析。利用定位突变在拟改造的氨基酸密码两侧添加两个原载体和基因上没有的内切酶切点，用该内切酶消化基因，再用合成的发生不同变化的双链 DNA 片段替代被消化的部分。这样一次处理就可以得到多种突变型基因。

盒式突变是利用一段人工合成的突变双链 DNA 片段取代野生型基因中的相应序列。这种突变的 DNA 片段是由合成的两条寡核苷酸单链在体外退火形成的，并且按设计产生克隆需要的黏性末端，由于不存在异源双链的中间体，因此重组质粒全部是突变体，无需筛选。由此发展出简并盒式突变，是将简并的突变寡核苷酸插入到质粒载体分子上，这样在一次试验中便可以获得数量众多的定点突变体，大大减少了突变需要的次数。这对确定蛋白质分子中不同位点氨基酸的作用是非常有效的方法。

（3）PCR 介导的定点突变。PCR 技术的出现是分子生物学技术发展的飞跃，基于这项技术发展出多种基因突变重组技术，使人们可以轻松地完成对基因的改造工作。经典的 PCR 介导的定点突变法，需要 4 种扩增引物，进行 3 次 PCR 反应。前两次 PCR 反应中，分别应用两个互补的并在相同部位具有相同碱基突变的内侧引物和相应的外侧引物，扩增形成两条有一端可彼此重叠的双链 DNA 片段，纯化去除多余引物之后，这两条双链 DNA 片段经变性和退火可以形成具有 3′凹末端的异源双链分子，这时在 *Taq* DNA 聚合酶的作用下可以产生含重叠序列的双链 DNA 分子。得到的 DNA 分子再用两个外侧寡核苷酸引物进行第 3 次 PCR 扩增，便产生突变体 DNA。这种方法经改进又发展出大引物 PCR 突变法，就是以第 1 次 PCR 扩增产物作为第 2 次 PCR 扩增的大引物，整个过程只需 3 种扩增引物进行 2 次 PCR 反应，即可获得突变体 DNA。

（4）tRNA 介导的蛋白质工程。另有一种定点改造蛋白质的方法是通过改造 tRNA，完成对蛋白质的定点改造，即 tRNA 介导的蛋白质工程（tRNA-mediate protein engineering，TRNAMPE）。tRNA 在蛋白质生物合成中负责把氨基酸分子带入相应密码子位置，完成 DNA 到蛋白质的翻译，具有特定反密码子的 tRNA 携带特定氨基酸，通过人为改变特定 tRNA 所携带的氨基酸分子，可以完成相应密码子位置的氨基酸突变。最早的 TRAMPE 使用化学方法对天然的 tRNA 进行改造，然后用这种 tRNA 的类似物对蛋白质序列中的特定氨基酸进行替换得到突变或修饰的蛋白质分子，这种方法又称为非天然氨基酸替换（non-native amino acid replacement，NAAR）。这种方法又发展出定点非天然氨基酸替换（site-directed NAAR，sNAAR），它首先基于对 tRNA 进行化学酰胺化，使识别终止密码子的 tRNA 发生酰胺化携带某种氨基酸，然后在编码蛋白质的 DNA 序列中定点地插入终止密码子，这样改造的非天然识别终止密码子的 tRNA 可在相应位点插入特定的氨基酸。

**2. 随机突变及改组突变技术**

（1）易错 PCR。易错 PCR（error prone PCR）是一种完全随机化的诱变技术，利用 *Taq* DNA 聚合酶缺乏修复功能的特性，并设置容易引起出错的 PCR 反应条件，这样在扩增目的基因的同时引入碱基错配，导致目的基因随机突变。然而，经一次 PCR

突变的基因很难获得满意的结果，由此发展出连续易错 PCR（sequential error prone PCR）方法。将第一次 PCR 扩增得到的有用突变基因作为下一次 PCR 扩增的模板，连续反复地进行 PCR 介导的随机诱变，使每一次获得的突变累积起来，产生重要的有益突变。过去人们认为高突变率的条件下有益突变的比例低，不利于筛选，但是最近有证据显示，在高突变串的文库中有益突变的筛出较多，而且获得的超级功能突变体筛出也较多。在该方法中，可遗传的变化只发生在单一分子内部，属于无性进化（asexual evolution），优点是简便易行，但是这种方法得到的突变文库规模有限，有益突变少，后续筛选工作费力、耗时，只适用于较小的基因片段（<800 bp）。

（2）DNA 改组。DNA 改组（DNA shuffling）产生于 1994 年，如今这项突变重组技术已经广泛应用于蛋白质工程对蛋白质分子的改造中，并且衍生出一系列改进的突变技术，开创了蛋白质分子人为进化的时代。DNA 改组也是一项基于 PCR 的诱变技术，又称为有性 PCR（sexual PCR）、分子育种（mo1ecular breeding），简单概括就是将一组同源的核酸序列随机片段化，然后使之进行随机配对的无外加引物 PCR，重新组装成完整全长的核酸序列，其间就引入了突变并进行了重组，模拟了自然界突变、重组的过程。最后可以通过添加引物的常规 PCR 扩增突变后的基因，构建文库并筛选得到所需突变体，还可将筛出的突变体用于下一轮改组试验．直至筛出满意的突变分子。简单的步骤如下所述。

a. 目的片段在 DNaseⅠ的作用下随机片段化。通过控制 DNaseⅠ的用量和时间控制随机片段的大小，一般为 50～100 bp。片段越小突变重组率越高。

b. 无引物 PCR。在此过程中小片段配对的不精确性引入了突变和重组，并且突变形式多样，可以发生点突变、缺失突变、插入突变、倒位、整合等，模拟了自然界存在的各种突变形式，其他常规突变技术无法达到。另外，突变频率可由反应体系的缓冲液、片段大小、所用的聚合酶等条件控制。

c. 添加特定引物，进行常规 PCR 扩增突变后的基因片段，可以在引物两端加限制性酶切位点便于插入合适的载体建立起筛选体系进行筛选。

通过重复上述过程，经多轮改组、筛选可将有益突变迅速组合起来，完成目的蛋白质的体外进化过程。这项技术首次将重组这种自然界进化过程中十分重要的方式引入到人为进化的过程中，具有多种优点，它对于操作的基因没有大小限制（可以达到几十千碱基），对于待突变基因的序列信息没有要求，适应迅速增加待改造基因的需要，发生突变的形式多样，模拟自然进化，可以通过与父本回交避免中性突变的积累，使有益突变迅速积累，功能显著提高。这项技术的出现是蛋白质工程研究的又一次飞跃，目前已经广泛应用于许多重要蛋白质的改造中。在对蛋白质类药物的改造中，有人对 *IFN-α* 基因家族进行 DNA 改组，结果得到活性显著提高的杂合体，有望成为新的蛋白质工程干扰素，替代现有产品。

自 DNA 改组技术出现以来，又有许多研究人员对其加以改进，发展出多种适用于不同条件的相关技术，如外显子改组（exon shuffling）、家族 DNA 改组（family DNA shuffling）、暂时模板随机嵌合体（random chimeragenesis on transient template，RACHITT）文库、交错延伸（staggered extension process，StEP）、酵母同源重组加强的家族 DNA 改组、单链 DNA 的家族 DNA 改组等，这些手段丰富了分子进化工程的研究手段，同时也为重组蛋白质类药物的改造提供了多种可供选择的方法。

（3）体外随机引发重组。体外随机引发重组（random priming *in vitro* recombination，RPR）是由寡核苷酸介导随机突变的、不同于DNA改组的随机重组突变方法。这种方法以单链DNA为模板，配合一套随机序列引物，先产生大量互补于模板不同位点的短DNA片段，由于碱基的错配和错误引发，这些短DNA片段中也会有少量的点突变，在随后的PCR反应中，它们互为引物进行合成，伴随组合，再组装成完整的基因长度。如果需要，可反复进行上述过程，直到获得满意的重组体。此法具有优于传统DNA改组的特点：RPR以单链DNA为模板，故可10～20倍地降低亲本DNA量；在DNA改组中，片段重新组装前必须彻底除去DNaseⅠ，所以RPR方法更简单；合成的随机引物具有同样长度，无序列倾向性。在理论上，PCR扩增时模板上每个碱基都可能被复制或以相似的频率发生突变；随机引发的DNA合成不受DNA模板长度的限制。而且改组的产生没有序列同源性的要求。

（4）不依赖于序列同源的重组突变技术。对于那些具有类似的立体结构和功能而不具有序列同源性的蛋白质来说，那些基于序列同源的重组方式就不适用了。于是研究人员还发展出了一系列不依赖于序列同源和PCR方法的体外重组方法。

a. 递增截短杂合酶技术（incremental truncation for the creation hybrid enzyme，ITCHY）：设计者希望得到两个不同源蛋白质分子的杂合体而获得新功能的分子。他们把两个基因按两种顺序融合起来，然后进行递增的截短，再环化组装，得到每个分子一次重组的杂合体，但是用于连接的片段大小随机因而产生的杂合体分子大小不一，重组发生于与结构无关的完全随机部位，使得产生的杂合体中只有很小的部分有意义，所以这种方法适用于一小部分基因之间的重组，并且需要很好的筛选系统。α-硫代寡聚脱氧核苷酸-递增截短杂合酶技术（incremental truncation for the creation hybrid enzymes with α-phosphothioate deoxynuleotide triphosphates，THIO-ITCHY）是通过对ITCHY技术的改进而来，利用dNTP的类似物，使ITCHY的操作过程更有效和简便，基本的特点与ITCHY一致。

b. 不依赖于序列同源的蛋白质重组（sequence homology independent protein recombinant，SHIPREC）。这是另一种达到类似目的、优于ITCHY的重组方法。为了从两个远源基因的杂交中得到尽可能多的功能杂合体，重组部位应该在相似的结构部分，但是缺乏序列的同源性，使得基于同源重组的DNA改组方法无法应用于此。于是研究者改用序列的长度而不是同源区段来控制两个基因之间的重组发生于结构相关区域，这就是SHIPREC方法。两个待杂合基因被连接在一起，然后用DNaseⅠ酶切，那些长度和两个父本基因一致的片段被分离出来，经过S1酶处理产生平端并环化，由于选择的片段大小与父本一致，发生交叉的部位在两个基因中处于相似的位置，可以认为是结构保守区域。最后产生的杂合分子在接头处经酶切连接入合适的载体，构建成重组文库进行体外筛选。这种方法是对传统DNA改组方法的补充，将成为对低同源性甚至完全不同源的蛋白质的体外杂合进化的有力工具。

最近又出现了把DNA改组和ITCHY结合起来使用的SCRATCHY技术。这项技术就是对于两个基因发生单交换而构建的人工基因家族进行家族DNA改组。前面介绍过的ITCHY在此处被用来构建产生“人工基因家族”。经过功能筛选的杂合子被用来作为家族DNA改组的初始基因。这种方法把依赖序列同源的DNA改组方法引入对非同源基因的重组改造中，使异源分子发生多重交换，在体外极大地加快了分子进化的速率，为重组蛋白质的改造又添新工具。

以上介绍了当前蛋白质工程领域出现的基因改造方法，它们的原理各异，操作有简有繁，但都是目前行之有效的方法。人们在这一领域的研究还在不断进行之中，期望的良好的基因突变重组方法应该有这样的优点：操作简便，适用的基因片段大小广泛，产生的重组突变率高并且有益突变出现比率高。当然不同的重组方法适用于不同的待改造基因，所以应该在很好地理解不同方法的原理和优缺点的基础上根据待改造基因，选择合适的重组方法。

**3. 蛋白质融合**

将编码一种蛋白质的部分基因移植到另一种蛋白质基因上或将不同蛋白质基因的片段组合在一起，经基因克隆和表达，产生出新的融合蛋白质。这种方法可以将不同蛋白质的特性集中在一种蛋白质上，显著地改变蛋白质的特性。现在研究较多的所谓“嵌合抗体”和“人源化抗体”等，就是采用的这种方法。

**4. 蛋白质的从头设计**

成功地从头设计一个蛋白质或活性位点需要正确理解所有有关的相互作用，理论的正确与否与设计成功与否直接相关。由于设计的蛋白质是由一个算法（algorithm）采用一组描述相互作用的参数而产生，因此在设计参数和蛋白质特性之间可以建立直接的试验联系。

（1）设计策略。设计的一般策略是“设计循环”（design cycle），就是理论设计和试验验证交互进行，逐步发展。首先由一个算法，基于某些理论和研究结果，设计出初始分子模型；然后实际构建这个分子，用各种手段分析它，寻找成功或失败或不理想的原因，接着修改算法、参数、理论基础、改进模型，进行重新设计，如此循环反复。在这个过程中，复杂程度渐进提高，对蛋白质结构和功能的理解也逐渐深刻丰富。

（2）考虑因素。具体设计中要考虑的因素较多。例如，要正确选择二级结构倾向性的残基，正确布置适应目标结构的“二元模式”（binary pattern），正确选择转角、帽结构以连接和终止螺旋，正确选择适应于堆积核心的疏水侧链，另外还可以导入内部的极性作用。主要有二元模式、二级结构倾向性、互补堆积（complementary packing）等。

所谓二元模式是指氨基酸的亲疏水性在编码结构中的作用。对残基的亲疏水性的考虑几乎是设计中的唯一标准，是最重要的因素。天然蛋白质折叠时总是尽可能将疏水残基埋进内部，而将亲水残基暴露在表面。二元模式的作用可能主要在二级结构上发挥出来，二级结构是具有周期性的，沿主链残基的亲疏水性也是有周期性的，并与二级结构相适应。

对已知结构数据库的统计分析表明，各种氨基酸在不同的二级结构中出现的频率是不同的，就是说各种氨基酸形成不同二级结构的倾向性是不同的，这就是所谓的二级结构倾向性。设计时应将合适的氨基酸安排在其倾向的二级结构中。特定的序列还可以成为某种二级结构的起始或终止信号。

设计中还要考虑互补堆积。天然蛋白质的核心中的侧链相互镶嵌地堆积在一起，几乎不留空间，这种作用既使疏水作用尽量的大，又不至于引起拥挤，这就是互补堆积。所以，对侧链的大小外形都是有一定要求的。

尽管大多数极性侧链都是暴露在表面，但内部还是有一些极性侧链构成盐桥或氢键网络。这些内部的盐桥或氢键网络并不是使蛋白质稳定而是建立了一种构象特异性。对已知结构数据库的统计分析发现，内部的极性残基比在表面的极性残基要保守得多。不少成功的设计工作都是内部引入了有限的几个极性残基。

成功的设计需要仔细考虑各种因素，但是目前人们对蛋白质结构并没有完全理解，每一条经验规律都存在着许多例外情况，所以有人也认为过细的考虑纯属多虑。

(3) 设计方法。目前所有的算法都基于一种思路，首先选择某种主链骨架作为目标结构，随后固定骨架，寻找能够折叠成这种结构的氨基酸组合。这也就是目前蛋白质从头设计具体步骤中的主要两步，就是所谓的“逆折叠”(inverse folding) 方法。寻找目标组合的直接想法是穷举法，检查合适大小范围内的每种组合，选出正确的组合。但实际上即使对设计一个小肽，穷举法也几乎是不可能的。一条特定的肽链所能采取的构象的数目是极其巨大的。以相对较小的 100 个残基的肽链为例，由 20 个天然氨基酸组成，就有 $20^{100}$ (大于 $10^{130}$) 种可能性。更何况每个残基位置上都可能有许多转子，这个组合数就太大了。解决办法是先考虑“二元模式”和氨基酸的二级结构倾向性，各个位置上不是每个氨基酸都适合的，考虑到这些特性后，每个位置上就只有不多的氨基酸需要进一步检验了。

(4) 设计实例。长期以来，设计目标都是一些结构简单、规律明显的分子。最著名的是四螺旋捆结构，这个结构可以作为一个独立的折叠单位，易于独立研究。W. F. Degrado 等应用“设计循环”的策略，在 1986 年完成了一个四聚体螺旋捆（每个单体为 16 个残基）的设计与表达工作。这个序列仅使用 Leu 作为疏水残基，放在螺旋的内侧，用 Lys 或 Glu 作为极性残基，置于螺旋的外侧，每个螺旋用 Gly（螺旋终结者）结束，而 Gly 又为将来加环区埋下了伏笔。之后，研究者在两个反平行的螺旋间加了环区，并根据第一步的结果对螺旋进行了一些修改。环区开始是用单个 Pro 与两个螺旋的终结者 Gly 构成 Gly-Pro-Arg-Gly 的连接区，结果发现产物成了三聚体（含 6 个螺旋）而不是期望的二聚体（4 个螺旋），后来将连接的环区改成 Gly-Pro-Arg-Arg-Gly 才得到二聚体。第三步，在二聚体之间加了第三个连接体，用的仍是 Pro-Arg-Arg，这个肽共 74 个残基。最后，他们合成了该多肽的基因，在大肠杆菌中实现了表达。这项工作被誉为蛋白质分子设计的里程碑。后来 D. C. Richardson 等也设计了四螺旋捆，称为 Felix（意为 four helix），79 个残基，由非重复序列组成，并在 1～4 螺旋间加了一个二硫键。

设计目标除了 α 螺旋外还有 β 折叠。β 折叠比 α 螺旋要困难一些，后者主要靠局域性的氢键就可以设计出来，而前者却涉及序列上靠近或不靠近的不同股之间的氢键。著名的是 β 喇叭筒状蛋白质（β barrel bellshaped protein，betabellin)，由前后两个 β 折叠组成，每个折叠由 4 股组成。

随着理论和技术的发展，人们把目标转向 α/β 混合蛋白质、进一步优化已经成功的结果和将设计工作自动化。

最近成功的例子是 B. I. Dahiyat 和 S. L. Mayo 等完成的自动化蛋白质从头设计。

这是一个ββα锌指结构域蛋白质，共28个残基，结构中同时包含了α螺旋、β折叠及转角，全部使用天然氨基酸，其重要意义在于这是第一个全自动设计的蛋白质。

除了努力设计出具有目标结构的蛋白质外，人们更希望设计出有目标功能的蛋白质。M. H. Hecht等最近成功地应用二元模式设计出了具有血红素结合活性的蛋白质。

蛋白质从头设计这个领域还有许多挑战性的问题，如β折叠蛋白质、α/β交替蛋白质的设计还有困难，即使对α螺旋蛋白质而言，要设计出各种性能都和天然蛋白质一样的蛋白质仍然是个问题。序列组合中只有极少数序列能形成精确的结构、高水平的活性，要设计出这样的分子无疑是个难度更高的课题。但无论如何，在过去的20年中，人们已经从一个只能从天然有机体中提取蛋白质的时代走到了一个蛋白质从头设计成为新期刊和专题研讨会焦点的时代。

### 14.2.2.2 蛋白质分子的展示及筛选技术

利用各种重组方法得到的是包含有益突变体的群体，如何快捷有效地从中筛选得到目标蛋白质还需行之有效的筛选系统。目前建立的筛选系统中，常见的有噬菌体表面展示技术、酵母表面展示技术、大肠杆菌展示技术、细胞表面展示技术、核糖体表面展示技术等一系列筛选平台。

**1. 噬菌体表面展示技术**

在噬菌体表面展示外源蛋白质的技术已被广泛地应用于研究蛋白质的相互作用、药物筛选、抗体的优化筛选等多个方面，特别是通过筛选随机肽库获得的具有生物活性的模拟肽或药物设计的先导分子应用十分广泛。噬菌体表面展示的基本原理是，以丝状噬菌体M13的表面衣壳蛋白pⅢ或pⅧ为支架，在不影响噬菌体正常生命周期的条件下将外源蛋白质与衣壳蛋白融合表达，使之以一定的立体结构展现在噬菌体的表面，通过与靶蛋白的亲和力对其进行筛选，得到所需的肽段。这种技术的一个显著优点是表型和基因型之间有直接的对应关系，可以简便地通过表型的筛选得到目的蛋白质的基因，此外通过噬菌体对大肠杆菌的侵染可以扩增足够容量的库，使人们从一个很大的群体中筛选出目的蛋白质。经过十几年的发展，噬菌体表面展示技术已经有了很大的改进。体外筛选试验成功的一个重要因素是所构建的待筛选文库的质量，如今的噬菌体表面展示文库的库容量已经达到$10^{12}$，是过去的100倍。外源蛋白质展示的部位也更加多样化，分子质量范围也更宽泛。

就利用M13噬菌体的展示技术来说，最初外源多肽片段只能融合于噬菌体基因组中衣壳蛋白pⅢ或PⅧ的氨基端，并且过大的外源片段插入会影响衣壳蛋白的正常功能，所以只能展示较小的片段（对pⅢ来说<10个残基）。后来以噬菌粒为载体的展示系统解决了这个问题，外源片段由噬菌粒编码表达，在野生型辅助噬菌体的帮助下完成正常的感染、组装，产生的噬菌体表面有野生型的衣壳蛋白，同时展示有突变的衣壳蛋白。噬菌体表面展示系统的出现使展示方式得到了发展，如今外源蛋白可以融合于全部的5个衣壳蛋白pⅢ、pⅧ、pⅥ、pⅦ、pⅨ，一般分泌型蛋白适合于连接pⅢ 或pⅧ的氨基端，而胞内蛋白适合于连接在pⅢ 或pⅧ的羧基端。经过进一步的研究，人们发现衣壳蛋白容纳外源蛋白质的能力很强，而且经过工程改造的衣壳蛋白对外源蛋白质的容纳能力还能进一步地提高，得到更加高效的噬菌体展示平台。利用M13噬菌体的展示

技术出现最早、应用最广泛，但是也有其他噬菌体被用于表面展示技术，包括λ噬菌体头部蛋白和尾部pⅤ蛋白，P4噬菌体衣壳蛋白，T7噬菌体的10B衣壳蛋白，T4噬菌体的衣壳蛋白，噬菌体的MS2外膜蛋白等。

噬菌体表面展示技术的应用范围有了较大的扩展，最初主要应用于抗体的筛选，发展至今，已经广泛地应用于研究蛋白质相互作用表位分析筛选、蛋白质功能表位分析筛选、寻找靶蛋白的特异结合肽，可以应用于各种靶蛋白突变体库、抗体表位库、cDNA文库等的筛选，而更广泛的应用是随机肽库的筛选。根据靶蛋白的不同可以得到酶的抑制剂、底物，受体的配体，天然配体的拮抗肽，药物设计的先导分子结构。在蛋白质工程药物设计和寻找过程中，噬菌体肽库筛选是非常有应用前景的技术，它不仅提供了新的药理学导向来源，而且大大提高了筛选的工作效率。一般的随机肽库含有 $10^7$ 以上不同的多肽，远大于传统医药工业筛选新药所用的数量，而且噬菌体肽库高效、方便的筛选技术使它在这一领域备受青睐，目前已经得到了许多具有天然配体活性的多肽。

**2. 细菌表面展示技术**

细菌表面展示技术最初出现于20世纪80年代末，通过把外源蛋白质与细菌外膜蛋白分子融合而在细菌的外膜上展示外源蛋白质分子或多肽片段，这种展示技术虽然也可以代替噬菌体用于多肽文库的展示，但是由于噬菌体表面展示技术有操作简便的优势和广泛的适用性，细菌表面展示技术很少应用于文库的展示与筛选。这种技术的应用主要有：展示外源抗原表位，构建以活菌为载体的工程疫苗；在菌体表面展示外源抗体作为诊断试剂；将蛋白酶展示于菌体表面成为全细胞生物酶制剂。可以用于细菌表面展示的包括多种革兰氏阴性菌和革兰氏阳性菌。

**3. 酵母表面展示技术**

无论是噬菌体表面展示技术还是细菌表面展示技术，外源蛋白质的表达都由细菌完成的，这时所展示的文库会存在偏性，由于细菌缺乏真核内质网上辅助折叠的酶和分子伴侣，那些含有复杂二硫键的真核蛋白质很难在细菌中正确折叠，导致所展示的文库出现偏性。面对这样的问题，人们把展示宿主转向真核生物——酵母。作为真核细胞的酵母菌，其表达的蛋白质在正确折叠、翻译后的加工机制等方面更接近于哺乳动物细胞，有利于来源于哺乳动物的蛋白质正确折叠、加工和活性的维持，更适用于对来源于哺乳动物细胞的蛋白质进行有效的展现。而且这种单细胞真核生物易于培养，其相关的遗传背景详细，分子生物学操作技术也较成熟，相比起直接在哺乳动物细胞表面的展示技术更有可操作性，适于大规模文库的筛选工作，因此发展出酵母表面展示文库技术。酵母表面的黏附受体被用来作为展示的支架，并且每个细胞表面可以展现多个拷贝的融合蛋白，可以方便地用流式细胞仪进行精确的定量筛选。

**4. 体外展示技术**

研究人员和制药业对蛋白质-蛋白质相互作用的研究，是为了追求对更大规模的文库进行高通量、高效的筛选。前面介绍的方法，其建库和筛选过程都是基于对宿主细胞进行培养，因而库容量和筛选效果受到活细胞数量、转化效率的限制。而进行体外筛选可以避免这样的限制，由此得到的文库的库容量可高达 $10^{14}$。因此，体外筛选系统很适合于需要反复进行多轮突变筛选的体外分子进化的过程，可以避免每一轮筛选之间的转化，简化了操作步骤，减少了活细胞操作中的失误性克隆丢失，以及转化率对筛选效率的影响。

目前出现的体外筛选技术有两大类，第一类方法通过在油包水的乳浊液中进行翻译和筛选，用水相在油相中的相隔来模拟活细胞之间的区分，并以此建立基因型和表型之间的直接联系，满足筛选的最基本条件。第二类方法被称为体外展示技术，这一类技术通过 mRNA 与新生肽链之间的物理联系．建立基因性和表型的对应关系。目前最流行的体外展示技术包括核糖体展示（ribosome display）和 mRNA 展示（mRNA display)。核糖体展示最初由 L. Mattheakis 在肽链的筛选中使用，后来由 J. Hanes 等将其改进，用于对折叠成复杂立体结构的蛋白质分子的筛选。这项技术的基础是 mRNA、核糖体、新生肽链可以形成稳定的非共价四级结构，人们感兴趣的片段被融合于蛋白质的 C 端区域，当蛋白质停留在核糖体上时，此 C 端的展示肽可以折叠，并且这样一个融合蛋白缺乏终止密码子，导致 mRNA 和新生肽链不能从核糖体上释放，可以一起被筛选出来。另外，低温和高浓度镁离子可以进一步稳定这个复合体，使之适于体外筛选过程。mRNA 展示或称为“mRNA-蛋白质融合”或“体外病毒”技术，其简要步骤为：首先将 mRNA 与带有嘌呤霉素的 DNA 接头共价结合形成杂合分子，然后对这些杂合的 mRNA 进行体外翻译，当核糖体到达 RNA 和 DNA 接合处延迟下来，使嘌呤霉素进入核糖体的肽基转移酶位点，并且和新生肽链形成共价结合，这样 mRNA 和肽链结合在一起．可以从核蛋白体上分离纯化出来，然后进一步合成 cDNA，与 mRNA 形成松散的互补分子用于筛选过程。目前 mRNA 展示的技术方法已经有很大的改进，从最初只能展示小肽，到现在展示完整的蛋白质分子，有功能的 mRNA-蛋白质复合体的筛出是过去的 40 倍，把 mRNA 与带嘌呤霉素的 DNA 的酶促偶联方法也有了很大的改进。另外，在新的方法中使用了带补骨质素的 DNA 接头，这样的接头与 mRNA 分子的末端杂合，并直接通过光交联到 mRNA 分子上。这些系列的改进使得人们可以利用 mRNA 展示的方法完成对复杂的蛋白质分子文库的筛选操作。

上述两种蛋白质分子的体外展示技术出现的时间不久，就已经在蛋白质工程的改造中得到了广泛的使用，不仅用于筛选多肽配体，还被用于进行蛋白质结构稳定性的改造、亲和性的增加、酶活性的筛选、单链抗体的筛选、cDNA 产物的筛选等。最有价值的就是结合 DNA 改组、易错 PCR 等突变技术进行的蛋白质体外分子进化的研究。相信蛋白质体外展示技术将对蛋白质工程，特别是蛋白质工程对重组药物的改造产生深远影响。

## 14.3 蛋白质工程的基本用途

### 14.3.1 提高药效活性

基因工程重组蛋白质药物应用于人体时，可以通过与靶蛋白相互作用触发一系列的细胞内信号转导而发挥效应，或干扰受体-配体相互作用而中和异常表达内源分子。这就需要重组蛋白质药物对靶分子具有高亲和力和特异性，而天然蛋白质分子往往无法达到临床应用的要求，于是人们借助于蛋白质工程技术来改造天然的蛋白质先导药物，提高所需的亲和力和特异性，达到提高功效、降低用量和不良反应的目的。

(1) 肿瘤坏死因子改造。肿瘤坏死因子（tumor necrosis factor，TNF）是目前最能有效杀伤肿瘤细胞的分子之一，但是在使用 TNF 进行的临床试验中发现，其毒副反应较严重，妨碍了临床使用，因此需要对 TNF 分子进行改造，降低毒性、提高活性，以适应临床需求。对其分子的改造包括：①N 端缺失 1～7 位氨基酸，同时 8～10 位氨基酸 Pro-Ser-Asp 改为 Arg-Lys-Arg，其活性比原型提高了 6 倍；②N 端第 2 位 Arg 变为 Lys，使活性提高了 4～8 倍，毒性降低了 50%；③N 端缺失 1～7 位氨基酸．将 8～10 位氨基酸变为 Arg-Lys-Arg，将 C 端 157 位 Leu 变为 Phe，使其细胞活性提高了 318.2 倍。

（2）新型口蹄疫病毒保护性抗原研制。在对口蹄疫病毒保护性抗原 vpl 的研究中，人们希望进一步提高其在体内的免疫原性，于是将编码的 vpl 141～160 表位的抗原基因与乙型肝炎 HBc 核心抗原基因相融合，获得的融合蛋白形成 27 nm 的类似乙型肝炎核心抗原的颗粒，其免疫原性比合成的 vpl 增强了 500 倍。

（3）水蛭素改构。来源于传统中药的活性多肽——水蛭素（hirudin）通过和凝血酶直接结合而发挥抗凝血作用。临床试验结果表明，水蛭素的抗凝作用不需要其他因子的作用，又不会引起出血等不良反应，其效果超过小分子肝素，因此被认为是 2010 年前最强的可逆性凝血酶直接抑制剂，全球约有 20 亿美元市场销售量。目前重组水蛭素已在瑞士、日本获准上市，我国也在审批之中。天然水蛭素的 63 位 Tyr 连接—$SO_3H$（磺基）基团，而迄今为止，重组水蛭素的 63 位 Tyr 缺少磺基。这个变化对其稳定性和活性都有一定的影响，因此一些实验室正在应用蛋白质工程对其进行改造，希望使它成为更强的抗栓药物。J. M. Maraganore 等通过改造水蛭素，人工合成了对凝血酶有专一性抑制作用的水蛭肽（hirulog），活性比天然水蛭素高 2 倍。国内也有几个研究小组采用化学合成的基因定点突变改造水蛭肽，相信不久的将来将有高活性的新一代蛋白质工程水蛭素的临床推广。

### 14.3.2　提高靶向性

具有生物治疗效果的蛋白质分子往往对多种组织和细胞都有广泛的效应，这种低特异性往往因需要剂量大、毒副反应严重、治疗效果差而限制其临床使用。提高效应蛋白的靶向性，使之作用于特定的组织或细胞，可以克服以上缺陷。这类药物主要是针对临床难以治愈的肿瘤的治疗，通过蛋白质工程的方法设计的导向药物一般由两部分构成：一部分是对肿瘤细胞有杀伤能力的“子弹”；另一部分是对肿瘤细胞有特异性的载体，把子弹导向靶部位。

目前研究的抗肿瘤导向药物的载体主要为针对肿瘤表面的肿瘤相关抗原或特定受体的抗体或细胞因子，用作子弹的有放射性核素和毒素等。最初的导向药物是用化学交联的方法将毒素分子与细胞特异性抗体连接构成，分子质量大、不良反应强，限制其广泛应用于人体。蛋白质工程的方法使人们可以通过体外重组，在基因水平设计构建导向特异细胞的融合毒素蛋白。目前导向部分从单一的特异抗体发展出单链抗体、细胞因子、激素、受体识别的小分子肽等，在构建时可将导向蛋白替代毒素的受体结合部分，这样既去掉了毒素对正常细胞的结合活性，同时又增加了其对表达特定靶蛋白分子的细胞的杀伤活性，提高了药效。对于导向部分，在发现更多的靶蛋白基础之上，通过结构分析、模拟构建、体外重组和合理的筛选，可以获得更高特异性、亲和性的蛋白质分子。

对于毒素部分，目前研究较多的有白喉毒素（diphtheriatoxin，DT）、绿脓杆菌外毒素（pseudomonas exotoxin，PE）、核糖体失活蛋白、志贺菌毒素（Shige toxin，STX）等。这些毒素分子一般有 3 个特异的功能结构域，即结合特异细胞表面靶蛋白的受体结合域、转运毒素分子进入细胞内特定位置的转运结构域和发挥细胞毒活性的功能结构域。白喉毒素（DT）和绿脓杆菌外毒素（PE）的功能结构域具有 ADP-核糖基转移酶的活性，作用于延长因子-2（elongation factor 2，EF-2）使其失活，导致细胞蛋白质合成障碍而死亡；志贺菌毒素的 A 亚单位（STXA）有 28S rRNA *N*-糖基化的作用，可破坏胞内 28S rRNA，阻断蛋白质合成使细胞致死。

以 PE 的蛋白质工程研究为例，人们通过两种方式防止其与正常动物细胞受体结合，一种方式是去掉了与细胞受体结合的结构域，产生了一种分子质量为 40 kDa 的蛋白质——PE40；另一种方式是将受体结合域的 4 个重要氨基酸突变为 Glu，产生66 kDa 的 PE664G1u。早期人们认为 C 端的 REDLK 序列对毒素的跨膜转运十分重要，而将导向蛋白与 PE40 或 PE664Glu 的 N 端相连。但是随着对毒素分子的结构功能与活性关系的深入了解，人们发现在靠近 N 端的位置可以插入导向分子而不影响毒素的跨膜转运，这样在 C 端和 N 端都可插入导向分子，于是人们又构建了具有双识别功能的融合毒素，如 TGF-α-IL6-PE40。另外，将 C 端的 REDLK 序列突变成为内质网保留序列 KDEL，可大大提高毒性。随着蛋白质工程技术的发展，应用载体和子弹的立体结构信息，通过计算机辅助设计和基因工程重组技术及高效的筛选方法，将获得设计更合理、靶向特异性高、杀伤活性强、免疫原性低、毒副反应轻的新一代导向药物。目前，第一个融合毒素 Ontak（$DAB_{486}$-IL2）已经被美国 FDA 批准用于治疗淋巴瘤，另外还有多种类似的药物正在临床试验中。例如，目前正处于Ⅰ期临床治疗白血病的 SMART M195 是 $^{213}$Bi 偶联的人源化抗 CD33 单抗 HuM195，临床Ⅱ期治疗胶质瘤的 IL13-PE38 和 IL4-PE，治疗卵巢癌的 SS1（dsFv）- PE38、BR96（s5Fv）-PE40 等。

### 14.3.3 提高稳定性、改善药代动力学特性

重组蛋白药物的有效形式在体内存留时间的长短，极大地影响使用剂量和疗效。防止蛋白质在体内被迅速降解、延长半衰期，也是蛋白质工程药物要解决的问题之一。白细胞介素-2（IL-2）是一条由 133 个氨基酸组成的多肽链，含有 3 个 Cys，Cys58 和 Cys105 之间形成二硫键维持其稳定，Cys125 呈游离状态，通过这个游离的 Cys 易形成错误的二硫键配对或形成分子之间的二聚体，影响其活性和稳定性。用 Ser 或 Ala 取代 Cys125 时其生物活性比正常高 1 倍，且热稳定性高。原型 IL-2 在 65℃保温 20min 后其生物活性基本丧失且活性不可恢复，A1a125 IL-2 在 65℃保温 60 min 后活性仍可保持 20%，当加入 0.1% SDS 室温作用 20min 时其活性可恢复至原来的 90%。原型 IL-2 的体内半衰期仅为数分钟到十几分钟，而 Ala125 IL-2 为 1.2 h，有显著延长。

α1 抗胰蛋白酶是弹性硬蛋白酶的抑制剂，弹性硬蛋白酶使肺丧失弹性引起肺气肿，α1 抗胰蛋白酶可用于治疗肺气肿。α1 抗胰蛋白酶由 394 个氨基酸组成，其活性中心是 Met358，此位点易被氧化而降低活性，将其突变为 Val358 可以使此酶抗氧化稳定性提高并且活性不变。

β 干扰素含有 3 个 Cys 残基，分子内只形成一对二硫键，还存在一个游离巯基，通

过这个自由巯基可以在分子间形成二硫键，把 2 个或数个分子连起来成为二聚体或寡聚体，使蛋白质失活，因此用工程菌生产出的 β 干扰素很不稳定。人们把 Cys17 改为 Ser17，去掉分子中游离巯基的存在，消除了天然 β 干扰素分子的聚合倾向，增加了其稳定性．比活力提高近 10 倍达到 $2\times10^8$ IU/mg，在 $-70$℃可以长期保持活性不变。

### 14.3.4 提高工业生产效率

一个成功的药品除了具有优良的治疗效果外还应易于生产获得，成本低廉才能真正地推广应用，造福广大患者。很多蛋白质药物是来源于真核细胞的成分，在利用原核系统表达生产的过程中会遇到表达产量低、无法糖基化、包涵体难以复性等多种问题，而用真核表达系统，同样有表达最低、纯化复杂等缺点而造成生产工艺复杂、活性差、成本高等困难，导致实验室工作难以扩大规模而无法满足临床试验的需要。最初人们只能通过繁琐的工作，筛选具有优良性状的菌株优化下游工艺，但往往费时、费力，成效甚微。随着对蛋白质翻译加工、新生肽链折叠及蛋白质结构在这些过程中的作用等问题的深入研究，人们开始利用蛋白质工程的技术手段，通过改造蛋白质的结构来优化药用蛋白质的生产工艺，在不影响功能甚至提高活性的情况下改造天然蛋白质结构，使之易于生产纯化，降低成本而具有临床推广的可行性。这一类蛋白质工程药物中最著名的是 Chiron 公司开发的 IL-2 突变体 Proleukin，其第 125 位的 Cys 突变为 Ser，使得基因工程生产的重组蛋白大部分以正确折叠形式存在，有利于纯化，适于大规模生产。此外，Immunex 公司的 Leukine 是人 GM-CSF 的突变体，Pro23 突变为 Leu 后去除糖基化位点，在原核系统中获得了高效表达。类似的是 Amgen 公司的重组人 G-CSF 突变体 Neupogen，在原分子的 N 端增加了 Met，去除了糖基化位点．提高了表达水平和产率。Genetics Institute 上市的 Neumega 是缺失了 N 端 Pro 的重组人 IL-11，突变后的分子更易于表达，可用于生产。

### 14.3.5 降低蛋白质类药物引起的免疫反应

生物技术重组蛋白质药物存在种的特异性，异种蛋白质应用于人体将产生免疫反应，严重时可以致命，所以要求应用于人体的蛋白质类药物都是人源的，或者是经蛋白质工程改造而“人源化”的重组蛋白质。单克隆抗体类药物在初期阶段绝大多数是鼠源的，鼠源的单抗分子在人体内会引起免疫反应而达不到预期的效果，甚至产生严重的不良反应。为了解决这一问题，抗体的人源化成为蛋白质工程研究中的一个重要课题，进而衍生出蛋白质工程的分支——抗体工程。近几年来，人源化单抗研究取得了成功，已有多种被批准上市。第一个被批准上市的嵌合抗体是 Centocor 公司 1994 年上市的抗凝药 Reopro，通过抗血小板表面的糖蛋白 GPⅡb/Ⅲa 来防止血小板凝集。这是由小鼠单抗的可变区同人抗体恒定区组成的嵌合抗体，可使鼠源性单克隆抗体的免疫原性明显减弱。另外，嵌合单克隆抗体已经用于肿瘤、抗感染、自身免疫病等疾病的治疗，并已显示出良好的治疗效果。这种嵌合抗体可以降低鼠源单抗的免疫原性，但是嵌合抗体上保留的鼠源部分仍会引起一些患者的免疫反应，于是对鼠源单抗改造的进一步发展，出现了 CDR（complemenlarity-determining region）移植，鼠源 CDR 被移植到人源抗体的支架上，并且尽可能地减少鼠源序列的出现。这样改造的人源化抗体，免疫原性明显低于嵌合抗体，而且在血浆中半衰期延长，药代动力学比嵌合抗体好。已批准上市的有抑制排斥反应的 Zenapax、治疗转移的乳腺癌 Herceptin、预防和治疗下呼吸道疾病的 Synagis 等。

## 14.3.6 获得具有新功能的蛋白质分子

通过对蛋白质结构与功能的深入了解，人们通过设计改造，按需要把具有不同功能的部分重新组合，得到新功能蛋白质。多价抗原表位多肽疫苗就是基于这种设计构建的，它是人们根据病原体最保守的致病结构区和抗原决定区，进行设计、构建的新型疫苗，力图达到以最小的分子激发人体的免疫系统，保护人体免遭疾病侵袭，同时避免致病蛋白质导致的毒副反应的发生。这对寄生虫蛋白质工程疫苗尤为重要，它需要包括寄生虫生活史各个阶段关键性的保护性抗原表位、针对感染不同阶段的多层次的免疫力以及同时诱导体液和细胞免疫的抗原表位。美国疾病控制中心（CDC）构建的恶性疟原虫疫苗包括恶性疟子孢子、肝期、红细胞无性期相关的 9 个特异性抗原，由 12 个 B 细胞表位和 9 个 T 细胞表位组成，采用 DNA 人工合成，将编码各个抗原表位的部分合成为组合基因，该基因在杆状病毒表达成功，命名为 CDC/NI MALVAC-1，是大小为 41 kDa的蛋白质，此疫苗免疫动物后能产生特异性免疫应答，明显抑制多个阶段恶性疟原虫的发育。

此外，利用作用于细胞不同靶位的功能多肽，设计构建双功能或多功能的活性多肽，也是蛋白质工程药物的一个方向。

## 14.3.7 获得特定蛋白质的拮抗物或类似物

机体内某些调控蛋白质或高或低地不正常表达是某些疾病的产生原因，通过引入外源拮抗剂抑制高表达的因子，或补充外源类似物补足低表达的分子，是治疗这类疾病的重要手段。通过蛋白质工程技术可以根据已有的信息设计构建与功能筛选，得到这样的类似分子、拮抗分子。目前十分有效的治疗类风湿性关节炎的药物 Enbrel（etanercept）就是通过蛋白质工程的方法构建的改良型可溶性 TNF 受体，此分子由 TNF 受体胞外区以二聚体的形式融合于抗体 IgG1 的 Fc 段构成，它对 TNF 的亲和力和在血浆中存在的稳定性比单独的 TNF 受体胞外区有了很大的提高。1998 年 Enbrel 被美国 FDA 批准治疗类风湿性关节炎，1999 年被批准治疗青少年类风湿性关节炎，2000 年成为美国治疗成人类风湿性关节炎的一线药物，它已经帮助数万名类风湿性关节炎患者恢复了正常的生活。

从肽库中寻找生物分子的拮抗性多肽也有许多成功的实例。凝血酶与血小板上的凝血酶受体作用触发凝血过程，与凝血酶竞争受体的多肽可能具有抗凝活性，于是研究人员直接用血小板与肽库结合，用凝血酶受体的一种促效性多肽洗脱，经筛选，获得一条抗血小板聚集的活性比以往报道的凝血酶受体拮抗肽高 10 倍的多肽。此外，通过类似的方法还获得了抑制鼠和人 TNF-α 的体外细胞毒活性的多肽、抑制乙酰胆碱受体与其抗体结合的六肽、抑制碱性成纤维细胞生长因子（bFGF）诱导的基底血管内皮细胞增生的六肽、中性粒细胞弹性蛋白酶 HNE 的抑制多肽等。特别是利用重组可溶性 IL-1 受体钓库所得的短肽与 IL-1R 亲和力约为 2 nmol/L，接近天然 IL-lRα ［（1.6±0.9）nmol/L］，是迄今为止第一个高亲和力的具有拮抗作用的受体结合肽。按筛库得到的基序设计合成的多肽能抑制IL-1诱导的种种生物学效应，如抑制IL-1诱导表皮纤维母细胞产生IL-8、抑制IL-1诱导IL-6分泌等。为了获得能抑制肿瘤细胞侵害和转移的多肽，E. Koivunen等用约束型肽库筛选多种肿瘤细胞的表面特异表达的整合素 $\alpha_5\beta_1$ 的结合肽，发现均含有RGD序列，在体外可抑制肿瘤细胞的转移。系统性红斑狼疮是一种自身免疫病，与体内过量产生的抗双链DNA抗体有关，很难治愈，用抗双链DNA的抗体筛库得到的活性多肽在小鼠体内可阻断抗DNA抗体在肾脏的沉积，为此病的临床治疗提供了一种新的方法。

### 14.3.8 模拟原型蛋白质分子结构开发小分子模拟肽类药物

血小板生成素（TPO）是作用在巨噬细胞前体至产生血小板的发育阶段上的一种细胞因子，它可以增加骨髓和脾脏中的巨噬细胞数量以及外周血中血小板含量，可以用于临床放疗、化疗引起的血小板减少症。有人以TPO受体（TPOR）为靶蛋白对噬菌体肽库进行筛选，经过3～4轮的筛选，获得30个特异地与TPOR结合的片段，它们仅为TPO的1/10大小，但是具有与TPO同样的与受体结合并激活受体的能力。其中筛选到的一个高亲和力14肽对人的巨噬细胞在体外具有刺激增殖和成熟的作用，对正常小鼠给药时可促进血小板的数量增加，较对照组高80%，可望能成为有效的血小板促生剂。

1996年N. C. Wrighton筛选到具有EPO功能活性的由二硫键连接的环形短肽。他用重组可溶性红细胞生成素（EPOR）筛选构象约束型噬菌体八肽库，得到与EPOR特异性结合，且不与BSA、TNF的胞外区、神经生长因子（NGFR）、IL-2R（α、β和γ亚基）及E选择素结合的环肽。为了得到具有更高亲和力的多肽，他进一步构建了14肽库，并减少多肽在噬菌体表面呈现的价数，以此增大筛选强度。由此获得的特异环肽亲和力增加了10～50倍，虽然天然EPO在一级结构中无此序列，但体外和体内的一系列生物学实验均证明它们的确能模拟EPO，诱发受体形成二聚体、传导信号、触发生长和分化以及体内刺激网织红细胞的生成。同时，有人测定了EPO模拟肽与EPOR复合物的三维结构，发现其完全不同于生长激素受体复合物的结构。这项研究结果说明，噬菌体随机肽库不仅可用来筛选具有生物学活性的多肽。而且可以用于设计具有蛋白质激素类物质活性的小分子模拟肽。

## 14.4 蛋白质工程应用实例

目前世界范围内的蛋白质工程药物研究与开发十分广泛，已经批准上市的有近150种。处于临床试验和实验室研究阶段的蛋白质工程药物更多，各国政府及制药公司对蛋白质工程药物的研究和开发投入不断增加，蛋白质工程药物在全球医药销售中的比例也不断增加。已被批准上市的蛋白质工程药物均提高了原型的性能，使其更有效地应用于临床治疗。胰岛素、干扰素、tPA是开发较早，应用最广泛的重组蛋白质药物，在生物药品的市场中占有很大份额，相应的结构、功能基础研究十分深入，因此成为蛋白质工程改造的重点对象，现均已获得了新产品（表4-14-1）。

**表 4-14-1　在美国批准上市的工程改造蛋白质重组药物**

| 商品名称 | 蛋白质名称 | 所作改造 | 临床适应证 | 改造原因 |
|---|---|---|---|---|
| Onta（Ligand Pharma.） | IL-2 融合蛋白 | 与白喉毒素融合 | 皮肤 T 细胞淋巴瘤 | 细胞靶向毒素 |
| Cerezyme（Genzyme） | 葡糖脑苷脂酶 | Arg49→His，糖基化 | Ⅰ型 Gaucher 病 | 细胞靶向 |
| Mylotang（AHP/Celltech） | Anti-CD33 单抗 | 人源化，融合于 calicheamicin | 急性髓系白血病 | 减小免疫原性，靶向毒素 |
| Lantus（Centocer/Boehringer） | 长效胰岛素 | Asp21→Gly，B 链 C 端增加 2 个 Arg | 糖尿病 | 增强作用 |
| Retavase（Centocor/Roche） | tPA（组织纤溶酶原激活剂）变体 | 第二环区和蛋白酶结构域，非糖基化 | 治疗急性心肌梗死 | 增加半衰期 |
| THKase（Genentech/Roche） | tPA | Thr103 替换为 Asn，Gln299 替换为 Asn | 急性心肌梗死 | 延长半衰期，增加特异性 |
| Enbrel（Immunex） | 可溶性 TNF 受体 | TNFR 二聚体融合于 IgG1Fc 段 | 类风湿性关节炎 | 增加亲和性和半衰期 |
| Refludan（Aventis） | 水蛭素 | Ile→Leu，去除 C 端 Tyr 的磺酸基团 | 肝素诱导的Ⅱ型血小板减少症 | 改变结合活性 |
| Geref（Serono） | 人生长激素释放激素 | N 端 | 先天性小儿生长激素缺乏 | 可发挥生物活性的最小分子 |
| Proleukin（Chiron） | 人 IL-2 | Cys12→Ser，缺失 N 端 Ala，非糖基化形式 | 转移性黑色素瘤、肾细胞腺瘤 | 增加特异性 |
| Humalog（Lilly） | 胰岛素 | B 链 C 端 Lys 和 Pro 对换 | 糖尿病 | 生效快 |
| Infergen（Amgen） | Ⅰ型 IFNα | 人工合成 IFNα 共有序列 | 丙型肝炎 | 增强活性 |
| Miacalcin（Novartis） | Calcitonin-salmon | 与人源序列 50%一致 | 绝经后骨质疏松 | 比人源分子活性提高 50 倍 |
| Betaseron（Chiron） | IFN1b | Cys1→Ser，糖基化，去掉 N 端的 Met | 多发硬化症 | 增加产量 |
| Leukine（Immunex） | 人 GM-CSF | Pro23→Leu，糖基化 | 骨髓移植 | 有利于表达生产 |
| Neupogen（Genetics） | 人 IL-11 | 缺失 Pro | 血小板减少症 | 有利于表达 |
| Neupogen（Amgen） | 人 G-CSF | N 端增加甲硫氨酸的非糖基化形式 | 嗜中性白细胞减少症 | 有利于表达 |
| Refacto（Genetics） | 凝血因子Ⅶ | B 结构域缺失体 | A 型血友病 | 增加产量 |
| Roferon A（Roche） | IFN2α | 稀有干扰素，23 位 Lys（IFN2b，23 位 Arg） | 癌症、丙型肝炎 | 克隆的稀有干扰素 |
| Herceptin（Genentech/Roche） | Anti-HER2 单克隆抗体 | 人源化单克隆抗体 | 转移性乳腺癌 | 增加亲和性，减少免疫原性 |
| Rituxan（IDEC/Genentech/Roche） | 抗 CD20 单克隆抗体 | 人鼠嵌合抗体 | CD20 阳性 B 细胞非霍奇金淋巴瘤 | 减少免疫原性 |
| Rernicade（Centocor/Schering/Plough） | 抗 TNF 单克隆抗体 | 人鼠嵌合抗体 | Crohn 病 | 减少免疫原性 |

续表

| 商品名称 | 蛋白质名称 | 所作改造 | 临床适应证 | 改造原因 |
|---|---|---|---|---|
| ReoPro（Centocor/Lilly） | 抗 GPⅡb/Ⅲa 抗体 | 人鼠嵌合抗体 | 血小板聚集、抗凝 | 减少免疫原性 |
| Simulect（MedImmune） | 抗 IL-2 受体 α 单克隆抗体 | 人鼠嵌合抗体 | 急性肾移植排斥 | 减少免疫原性 |
| Synagis（MedImmune） | 抗 F（融合）蛋白单克隆抗体 | 人鼠嵌合抗体 | 预防下呼吸道疾病 | 减少免疫原性 |
| Zenapax（Protein Design Labs） | 抗 IL-2 受体 α 单克隆抗体 | 人源化单克隆抗体 | 急性肾移植排斥反应 | 减少免疫原性 |

## 14.4.1 胰岛素的蛋白质工程研究

重组天然人胰岛素是多肽类激素药物的代表，是目前治疗糖尿病的特效药，有重要的临床应用价值。天然形式的胰岛素在临床使用中存在的缺点包括：作用时效短，进入血流慢，长期使用时产生抗性，稳定性差、无法长期保存，生产规模不能满足需求等。目前胰岛素的蛋白质工程改造开展十分广泛，目的就是要寻求性质得到改善的新型胰岛素。通过对胰岛素分子结构的详细研究以及对家族性糖尿病胰岛素编码序列的 SNP 分析，研究人员对胰岛素分子进行了多种突变研究，获得了长效、速效、中效等多种活性的胰岛素类似物。1996 年第一个速效胰岛素类似物 Lispro 在欧洲和美国批准上市，它与天然胰岛素不同之处是 B 链 28 位的 Pro 和 29 位的 Lys 调换了位置，结果其自身聚集的倾向大大降低，静脉推注后 15 min 起效，1 h 达顶峰；原型人胰岛素要 45 min 起效，且 Lispro 的血浆清除时间迅速（2～4 h），引起低血糖的危险降低了许多。另一个速效突变体是 Aspert 胰岛素。通过将 B 链 28 位的 Pro 突变为 Asp 来减少自身聚集的倾向，其吸收时间是天然人胰岛素的 2 倍，有效活性也是天然胰岛素的 2 倍。而持续时间大大缩短，使产生低血糖的危险较天然胰岛素降低了 50%。

目前长效胰岛素类似物的改造策略是通过改变氨基酸组成使其等电点从 pH 5.4 增高到中性，使其在注射部位形成沉淀，缓慢释放。Hoechst 公司开发的 HOE 901 是一个长效胰岛素突变体，它在胰岛素 B 链 C 端引入 2 个 G1y，A 链的 21 位 Asp 也突变为 G1y，目前正在Ⅱ期临床试验中。结果显示 HOE 901 单次注射后可维持 24h 降低血糖的效果，与一天注射 4 次人胰岛素制剂相当，显示了很好地使用前景。

我国科学家对胰岛素改造的蛋白质工程也已经取得了一系列研究成果，将胰岛素原连接肽（C 肽）30 多个氨基酸缩短为 3 个，得到基因工程生产的高效表达，获得国家专利。依据药用胰岛素制剂的精细结构通过定向分子设计得到 2 种长效胰岛素突变体，完成速效、高效胰岛素定向分子设计 12 种，获得 4 种目标产品，并且建立了工程化的胰岛素结构性能研究的多种系列，包括长效、速效、高稳定、低免疫等新型胰岛素分子。获得的突变分子包括：长效分子 B31-Arg，B31-Lys-$NH_2$，A21S-B27R-B30-$NH_2$；速效分子 SerB9-Glu，SerB9-Asp；高活力突变 AsnB3-Lys，PheB25-Tyr，AsnA21-Ala；高稳定性分子 Asn21-Ser，Asn21-Gly，Asn21-Asp；低抗原性 ThrB30-G1y。已经形成了一个系统的多方位的研究格局，为胰岛素蛋白质工程的进一步研究发展打下了基础。

## 14.4.2 干扰素的蛋白质工程研究

Ⅰ型干扰素是一类多功能的细胞因子。这一家族包括25种以上的α干扰素、β干扰素和ω干扰素，对干扰素基因家族的研究表明它们来源于同一个基因祖先，但序列之中存在许多差异，反映了进化过程中的多样性和生物功能的分化，这些Ⅰ型干扰素分子有着相似的生物功能，但每种分子之间仍存在很大差异。1981年Amgen公司的科学家通过对部分Ⅰ型干扰素分子的序列进行分析，在每个位点选择出现频率最多的氨基酸，人工合成了编码166个氨基酸的非天然Ⅰ型干扰素基因（consensus IFN，Infergen）并在大肠杆菌中得到表达。相关的生物活性实验表明Infergen的活性优于当时临床应用中的IFNα，达到相同治疗效果时Infergen的用量仅为IFNα的1/10，目前Infergen已经在临床上广泛应用于肝炎、白血病的治疗中。

目前人们对干扰素分子的改造还远未停止，尽管它对多种疾病有良好的治疗作用，但是存在的问题仍限制了其更广泛的应用。例如，剂量依赖的毒性、血清中存在的半衰期短、与多种受体的交叉反应等，仍然成为蛋白质工程改造的课题。科学家利用干扰素基因家族的多样性进行蛋白质工程的研究，1999年Maxygen公司的科学家把DNA改组技术引入到干扰素的蛋白质工程改造中，由此发展出家族DNA改组。这种技术通过一次DNA改组过程，完成了两个以上父本基因的同源重组，模拟并扩展了传统的分子杂交过程，可以迅速有效地完成所需分子的体外进化。他们设计了12对引物，通过PCR从人基因组中获得了*IFN*基因家族的序列，然后用DNaseⅠ对300 μg PCR产物进行切割．得到大小为25～60 bp的产物，产物纯化后进行PCR重组，第一轮的改组筛选就得到活性是人IFNα活性187倍的杂合分子，第二轮的改组中他们又引入了鼠*IFN*基因，经筛选得到的杂合分子的最高比活是人IFNα1的185倍，是人α干扰素2a的285 000倍，而且其活性也显著超过了活性最强的鼠干扰素Mu-IFNα4。目前对干扰素分子的蛋白质工程改造研究还在不断地进行中，对于这样一个有广泛用途和巨大市场潜力的治疗药物，人们期待着有更高活性、低不良反应而且性质稳定的产品问世。

## 14.4.3 重组组织型纤溶酶原激活剂的蛋白质工程研究

重组组织型纤溶酶原激活剂（recombinant tissue plasminogen activator，rtPA）能高效特异地溶解血栓，已被批准为治疗急性心肌梗死的特效药，但是存在着半衰期短、使用剂量大的缺陷，于是基于对tPA各个结构域功能的了解，人们应用蛋白质工程对其进行改构。目前已有两种新型tPA被批准上市。

**1. K2-tPA（reteplase，R-PA）**

K2-tPA（reteplase，R-PA）是tPA的改构缺失突变体，它保留丁tPA1～3及176～527位氨基酸的肽段，缺失K1区、E区和F区，成为一个单链的多肽，无糖基侧链，在大肠杆菌表达，分子质量为36 900 Da，在欧洲、美国已批准上市，具有以下特点：①保留了特异作用于血栓部位的强溶栓活性，疗效和不良反应与rtPA无统计学差异；②分子质量减小，溶解血栓效能高，使用剂量较rtPA减少2/3；③半衰期延长4～5倍；④治疗采用静脉注射，10 min内完成，比rtPA快9倍，不需滴注，简便安全，可作为家用药物；⑤成本较哺乳动物细胞表达系统明显降低。

**2. TNK-tPA（tenecteplase）**

TNK-tPA（tenecteplase）上第103位的Thr变为Asn，使Kringle-1区增加一个新的糖基化位点，降低其血清清除率，第117位的Asn变为Gln，去除了Kringle-1区原有的糖基化位点，降低其清除速率，并恢复纤维蛋白与T103位的结合，将PAI结合位点Lys296-His297-Arg298-Arg299替换为4个Ala，增加对纤维蛋白的特异性，并增强对纤溶酶原激活剂抑制物PAI-1的抵御能力。其在CHO哺乳动物细胞中表达，已获美国FDA及欧洲批准上市。

与TNK-tPA原型rtPA比较其有如下优点：①对新产生的血凝块溶解作用更强，体外溶栓速率比rtPA快3倍，溶解在位血栓的能力强13倍；②对内源性纤溶酶原激活剂抑制物PAI-l抗性增强80倍；③具有更高的纤溶特异性，对纤维蛋白的选择性增强了14倍；④具有更长的半衰期，血清清除速率比rtPA慢4倍；⑤用药剂量低，为rtPA的l/3；⑥用药方法为单次静脉推注，十分简便，可在家庭和急救车上使用。

总之，蛋白质工程药物最大的优势在于：它是创造性而非发现性的产品，它是人们充分发挥了聪明才智对天然药物进行改造的产物，其起效更快、活性更高、毒副作用更小、生产工艺更简便。无论是按传统的路线，即蛋白质功能→基因序列→重组表达→药效研究→重组多肽蛋白质药物，还是按照基因序列→重组蛋白→功能药效研究→药物的路线开发的基因组药物，这些源于天然的蛋白质药物都有可能存在不尽完美之处，而人们通过蛋白质工程的方法对这些天然药物的改造，将尽可能地得到“最优的”蛋白质工程药物。人类的创造力有无限发展的空间，科技的进步永无止境，未来的蛋白质工程药物将具有无法估量的应用前景。

（王梁华　焦炳华）

# 第 15 章　蛋白质的分离与纯化

蛋白质结构和功能的研究是当今生命科学的重要方向。为获得结构完整的高纯度蛋白质，首先要将其从生物材料中提取出来，然后再进行分离纯化。蛋白质的提取和分离纯化是一项十分细致的工作。涉及大量物理学、化学和生物学的知识，但主要原理不外乎两个方面：①利用混合物中几个组分分配率的差别，把它们分配于可用机械方法分离的两个或几个物相中，如盐析、有机溶剂提取、层析和结晶等；②将混合物置于单一物相中，通过物理力场的作用使各组分分配于不同区域而达到分离的目的，如电泳、超离心、超滤等。沉淀和离心沉淀是蛋白质粗分离的常用方法，进一步纯化常用层析、电泳等技术。

（1）蛋白质提取：按结构来分，蛋白质有很多种类，性质上差异很大，即使是同类蛋白质，因选材不同，提取方法差别也很大，加上来源不同，因此不可能有一个固定的程序适用各类蛋白质的提取。但多数提取工作中关键部分的基本手段还是相似的，大部分蛋白质可溶于水或稀盐、稀酸、稀碱溶液，少数与脂类结合的蛋白质溶于乙醇、丙酮及丁醇等有机溶剂，如表 4-15-1 所示。因此可采用不同溶剂提取、分离及纯化蛋白质。蛋白质在不同溶剂中溶解度的差异，主要取决于蛋白质分子中非极性疏水基团与极性亲水基团的比例，其次取决于这些基团的排列和偶极矩。故分子结构性质是不同蛋白质溶解差异的内因。温度、pH、离子强度等是影响蛋白质溶解度的外界条件。提取蛋白质时常根据这些内、外因素综合加以利用。

**表 4-15-1　不同结构的蛋白质及其溶解性质**

| 蛋白质类别 | 溶解性质 |
|---|---|
| 简单蛋白质：白蛋白、球蛋白 | 溶于水或稀盐、稀酸、稀碱溶液，可被 50%饱和度硫酸铵析出 |
| 真球蛋白 | 一般在等电点时不溶于水，但加入少量的盐、酸、碱则可溶解 |
| 拟球蛋白 | 溶于水，可为 50%饱和度硫酸铵析出 |
| 醇溶蛋白 | 溶于 70%～80%乙醇中，不溶于水及无水乙醇 |
| 壳蛋白 | 在等电点不溶于水，也不溶于稀盐酸，易溶于稀酸、稀碱溶液 |
| 精蛋白 | 溶于水和稀酸，易在稀氨水中沉淀 |
| 组蛋白 | 溶于水和稀酸，易在稀氨水中沉淀 |
| 硬蛋白质 | 不溶于水、盐、稀酸及稀碱 |
| 结合蛋白（包括磷蛋白、黏蛋白、糖蛋白、核蛋白、脂蛋白、血红蛋白、金属蛋白、黄素蛋白和氮苯蛋白等） | 此类蛋白质的溶解性质随蛋白质与非蛋白质结合部分的不同而异，除脂蛋白外，一般可溶于稀酸、稀碱或盐溶液中。脂蛋白如果脂肪部分露于外，则脂溶性占优势；如果脂肪部分被包围于分子之中，则水溶性占优势 |

（2）蛋白质分离纯化：蛋白质分离纯化的方法可按照蛋白质的分子大小、形态、带电性质及溶解度等主要因素进行分类。按分子大小和形态可分为差速离心、超滤、分子

筛及透析等方法；按溶解度可分为盐析、溶剂抽提、分配层析、逆流分配及结晶等方法；按电荷差异可分为电泳、电渗析、等电点沉淀、离子交换层析及吸附层析等；按生物功能专一性有亲和层析法等。

蛋白质的整个制备过程一般可分为5个阶段：①材料的选择和预处理；②细胞的破碎（有时需进行细胞器的分离）；③提取；④纯化（包括盐析、有机溶剂沉淀、有机溶剂提取、吸附、层析、超离心及结晶等）；⑤浓缩、干燥及保存。以上5个阶段不要求每个方案都完整地具备，每一阶段也不是截然分开的。

不论是哪一阶段使用哪一种方法，均必须在操作中保持蛋白质分子结构的完整性，保存活性防止蛋白质变性及降解现象的发生。因蛋白质的空间结构主要依靠氢键、盐键和范德华力的存在，遇酸、遇碱、高温、剧烈的机械作用及强烈的辐射等均可导致其活性丧失。因此选择蛋白质分离纯化的条件应十分温和。同时应注意防止分离纯化系统中重金属离子、细胞自身酶系及其他有毒物质的污染。

## 15.1 蛋白质的提取

### 15.1.1 材料的选择与处理

在进行材料选择时，常会提及有效成分一词，所谓有效成分是指欲纯化的某种单一的物质；而有效成分以外的其他物质则统称杂质。在动物、植物和微生物材料中，有效成分的含量一般较少；稳定性较差，大多数对酸、碱、高温和高浓度有机溶剂等因子较敏感；易被微生物分解变质。因此，提取有效成分与选用的材料关系密切。材料选择应遵循的原则是：有效成分含量多、稳定性好；来源丰富、保持新鲜；提取工艺简单、有综合利用价值等。在实践过程中则需抓主要矛盾、全面考虑、综合权衡。

选择合适材料后，应及时使用，以防有效成分被破坏。例如，从猪肠黏膜提取肝素时，如果用新鲜材料，每千克小肠可得肝素钠5万～6万单位；如果将材料置于25℃以上的室温存放约1 h，肝素钠的含量会显著下降。其原因是猪小肠内的大量微生物（2500万～3000万个/g）会产生降解肝素的酶系。若选择的材料难以立即使用时，一般应采用冰冻或干燥等方法处理，同时还应将易去掉的非必需物质（如脂类）除去。

#### 15.1.1.1 *动物脏器*

**1. 冰冻**

从刚宰杀的牲畜得到的脏器要迅速剥去脂肪和筋皮等结缔组织，冲洗干净，若不马上抽提、纯化时，应在很短时间内置−10℃冰库（可短期保存）或−70℃低温冰箱（数月不变质）储存。

脏器中含量较高的脂肪容易氧化酸败，导致原料变质，影响纯化操作和制品得率。常用的脱脂方法有：人工剥去脏器外的脂肪组织；浸泡在脂溶性的有机溶剂（如丙酮、乙醚）中脱脂；采用快速加热（50℃左右）、快速冷却的方法，使熔化的油滴冷却后凝聚成油块而被除去；利用油脂分离器使油脂与水溶液分离等。

**2. 干燥**

对于像脑垂体一类的小组织，可置于丙酮溶液中脱水，干燥后磨粉储存备用；对于含耐高温有效成分（如肝素）的肠黏膜，可在沸水中蒸煮处理，烘干后能长期保存。

#### 15.1.1.2 植物组织

植物组织用水洗净即可使用，或在 10 h 内置于－30～－4℃冰箱储藏备用；种子需泡胀或粉碎才可使用。如果材料含油脂较多时，也要进行脱脂处理。

#### 15.1.1.3 微生物

由于微生物具有种类多、繁殖快、培养简便、诱变容易和不受季节影响等优点，因此已成为制备活性物质的主要材料之一。一般用离心法分离菌体和上清液，细胞外酶和某些代谢物可以从上清液分离。上清液只能低温、短期保存。细胞内物质需破碎菌体细胞，湿菌体可低温短期保存，冻干粉可在 4℃保存数月。

### 15.1.2 确定测定方法

有效成分在原材料中含量较低，纯化是使其纯度增高的过程。因此，蛋白质提取和分离的每个步骤均要测定有效成分的含量。测定方法要特异、准确、灵敏和简便。使用较多的测定方法有分光光度法、荧光分析法、生物活性（如酶活力、激素活性）测定、电泳分析等，有时可用电化学法和免疫分析法。

### 15.1.3 细胞的破碎

所需的活性物质分泌于细胞外时，用适当的溶剂可直接提取。细胞内的活性物质，提取时，必须将细胞破碎。一般动物脏器的细胞膜较脆弱，极易破损，往往在组织绞碎或提取时就破坏了。而植物和微生物的细胞壁较牢固，需要在提取前进行专门的破碎细胞操作。

#### 15.1.3.1 机械破碎

**1. 研磨法**

剪碎的动物组织，如鼠肝、兔肝等置于研钵中，用研磨棒研碎。加入石英砂可提高研磨效果。实验室还常用匀浆器破碎动物细胞，此法较温和，但加石英砂时，要注意其对有效成分的吸附作用。大规模生产时，通常用电动研磨法，细菌和植物组织的细胞破碎均可用此法。

**2. 组织捣碎器法**

用捣碎器（转速 8000～10 000r/min）处理 30～45 s 可将植物细胞和动物细胞完全破碎；如果用其破碎酵母菌和细菌时，需加入石英砂才有效。捣碎期间需保持低温，并采用间隙性捣碎，以防温度升高引起有效成分变性。

**3. 超声波法**

多用于破碎微生物细胞，一般输出功率为 100～200 W，破碎时间 3～15 min。如果在细胞悬浮液中加石英砂则可缩短时间。为了防止电器长时间运转产生过多的热量，常采用间歇处理和冰浴等，以降低温度。

**4. 压榨法**

用 30 MPa 左右的压力迫使几十毫升细胞悬浮液通过小于细胞直径的小孔，致使其被挤破、压碎。此法温和，破碎细胞彻底，但需相应设备，可大规模使用。

**5. 冻融法**

将动物细胞置低温下冰冻一定时间，然后取出置室温（或 37℃）迅速融化。如此反复冻融多次，细胞可在形成冰粒和增高剩余胞液盐浓度的同时，发生溶胀、破碎。

#### 15.1.3.2 溶胀和自溶

在低渗溶液，如低浓度的稀盐溶液中，由于存在渗透压差，溶剂分子大量进入细胞，引起细胞膜发生胀破的现象称为溶胀。例如，红细胞置水中会迅速溶胀破裂并释放出血红素。

细胞结构在自身含有的各种水解酶等作用下发生溶解的现象称为自溶。应用此法时要特别小心操作，因为水解酶不仅可以使细胞壁、细胞膜破坏，同时也可以将某些有效成分分解。

#### 15.1.3.3 化学处理

用脂溶性的溶剂（如丙酮、氯仿、甲苯）或表面活性剂（如 SDS）处理细胞时，可溶解破坏细胞壁、细胞膜，进而使细胞释放出各种酶类等物质，并导致整个细胞破碎。

#### 15.1.3.4 生物酶降解

生物酶（如溶菌酶）有降解细菌细胞壁的功能。在用此法处理细菌细胞时，先使细胞壁溶解，随后由于渗透压差引起细胞膜破裂，导致细胞完全破碎。例如，从细菌中提取质粒 DNA 时，不少方法都采用溶菌酶破坏细胞。而在破坏酵母菌的细胞时，可采用蜗牛酶，对数生长期的酵母细胞对该酶较敏感。将酵母细胞悬浮于 0.1 mol/L 柠檬酸-磷酸氢二钠缓冲液（pH 5.4）中，加入 1%蜗牛酶，在 30℃条件下处理 30 min，即可使大部分细胞壁破裂，如果同时加入 0.2%巯基乙醇，破碎效果将更好。

### 15.1.4 抽提

#### 15.1.4.1 抽提的含义

抽提是指用适当的溶剂和方法，从原料中把有效成分分离出来的过程。经过处理的原材料，可用缓冲液或稀酸、稀碱、有机溶剂（如丙酮、乙醇）等溶液抽提有效成分。一般理想的抽提溶液应具备下述条件：对有效成分溶解度大，破坏作用小；对杂质的溶解或溶解度很小；来源广泛、价格低廉、操作安全等。

#### 15.1.4.2 抽提有效成分的影响因子

在抽提阶段，pH、金属离子、溶剂的浓度和极性等因素对有效成分的性质和数量起着重要的作用。这些因素若掌握得当，对抽提、纯化全过程都是有益的。

**1. pH**

对具有等电点的两性活性物质，如蛋白质等，一般选择抽提液的 pH 在偏离等电点的稳定范围内。例如，碱性蛋白质选用低 pH 的溶液抽提，酸性蛋白质选用高 pH 的溶液抽提，或者用调至一定 pH 的有机溶剂抽提。如果在抽提阶段需用弱碱（$NH_4OH$）或弱酸（HAc）控制粗提液的 pH，需注意搅拌，切忌局部出现过高的酸、碱浓度，导致所需物质变性。另外要特别注意的是，有些抽提过程的最适 pH 与使有效成分的活性稳定的 pH 并不一致。

**2. 溶剂的极性和离子强度**

有些生物大分子在极性大、离子强度高的溶液中稳定；有些则在极性小、离子强度低的溶液中稳定，可以利用这种差异提取活性物质。例如，提取刀豆球蛋白 A 时，用 0.15 mol/L 甚至更高浓度的 NaCl 溶液，都可使其从刀豆粉中溶解出来，并稳定存在。而抽提脾磷酸二酯酶时，则需用 0.2 mol/L 蔗糖水溶液。

通常降低溶液极性的方法是提高蔗糖或甘油的浓度。若用二甲基亚砜或二甲基甲酰胺代替蔗糖或甘油，会使溶液的极性大大降低。在溶液中加入中性盐，如 KCl、NaCl、$NH_4Cl$ 和 $(NH_4)_2SO_4$，能提高溶液的离子强度。在提取核蛋白或细胞器中的蛋白质时，为促使蛋白质与核酸、蛋白质与细胞器分离，采用高浓度（0.5 ～ 2.0 mol/L）的盐溶液。黏多糖类物质也溶于高离子强度的盐溶液。用有机溶剂抽提蛋白质时，加入少量中性盐以稳定蛋白质。用高浓度盐溶液的抽提物再进行离子层析等纯化时，一定要作脱盐处理。

**3. 水解酶**

水解酶与抽提的活性分子接触时，一旦条件适宜就会发生反应，导致活性物质分解而失活。可通过加入酶抑制剂，或调节抽提液的 pH、离子浓度或极性等方法，使水解酶活性被抑制。

**4. 温度**

大多数蛋白质制品在低温（如 0℃左右）时最稳定。例如，生产人绒毛膜促性腺激素（human chorioni gonadotropin，HCG，一种糖蛋白）制品时，一定要在低温下进行。温度低于 8℃时，从 100 kg 孕妇尿中可提取到约 50 g 的 HCG 粗品（活力：160 U/mg）；室温（25℃）时，从 200 kg 孕妇尿中可提取不足 50 g 的粗品，而且活力很低。此外，室温下制备的 HCG 粗品很难进一步纯化至 3500 U/ mg，原因是室温时微生物和（或）糖苷酶可降解 HCG。但是鸟肝丙酮酸羧化酶对低温敏感，25℃时才稳定。究竟什么温度对提取什么活性物质有利需从实践中摸索探讨，切忌生搬硬套。

**5. 搅拌**

搅拌能促使欲抽提物与抽提液接触，并能增加溶解度。一般采用温和的搅拌方法，速率太快时易产生泡沫，可导致某些分子变性失活。

**6. 氧化**

一般蛋白质都含相当数量的巯基，它们常常是酶和蛋白质的必需基团，若抽提液中存在氧化剂，会使巯基形成分子内或分子间的二硫键，导致酶（或蛋白质）失活（或变性）。在抽提液中加入 2-巯基乙醇（1～5 mmol/L）或半胱氨酸（5 ～ 20 mmol/L）、还原型谷胱甘肽和巯基乙酸盐（1～5 mmol/L）等还原剂时，就可以防止巯基发生氧化作用，还可抑制水解酶的活性。

**7. 金属离子**

蛋白质的巯基除易受氧化剂作用外，还能和金属离子，如铅、铁或铜作用，产生沉淀复合物。这些金属离子主要来源于制备的缓冲液。解决的办法包括：①用无离子水或重蒸水配制试剂；②在配制的试剂中加入 1～3 mmol/L 的 EDTA（金属离子络合剂）；③抽提液与抽提物的比例。在抽提时，抽提液与抽提物的比例要适当，一般以 5∶1 为宜。抽提液过多，有利于有效成分的提取，但不利于纯化的进行。

## 15.1.5 沉淀分离

沉淀分离是通过改变某些条件或加入某种物质，使溶液中某种溶质的溶解度降低，从而从溶液中沉淀析出的技术。蛋白质的沉淀分离技术包括盐析沉淀法、等电点沉淀法和有机溶剂沉淀法等。

### 15.1.5.1 盐析沉淀法

盐析沉淀法简称为盐析，是蛋白质分离纯化中应用最早而且至今仍广泛使用的方法。

**1. 盐析原理**

一般低盐浓度时，蛋白质的溶解度随盐浓度的升高而增加，这种现象称为盐溶；而当盐浓度升高到一定程度后，蛋白质的溶解度又随着盐浓度的升高而降低，蛋白质沉淀析出，这种现象称为盐析作用。在同一浓度的盐溶液中，不同种类蛋白质的溶解度不同，借此可达到彼此分离的目的。

盐能够改变蛋白质的溶解度是由于盐在溶液中离解为正离子和负离子，经反离子作用改变了蛋白质分子表面的电荷，同时由于离子的存在改变了蛋白质的水化膜。故此，蛋白质的溶解度与溶液中的离子强度有密切关系。两者的关系可用下式表示：

$$\lg(S/S_0) = -K_s I$$

式中，$S$ 为蛋白质在离子强度为 $I$ 时的溶解度（g/L）；$S_0$ 为蛋白质在离子强度为 0 时的溶解度；$K_s$ 为盐析常数。

在温度一定的条件下，某一蛋白质在某一 pH 的水溶液中的溶解度为一常数 $S_0$。故上式可改写为

$$\lg S = \lg S_0 - K_s I = \beta - K_s \mathrm{I}$$

式中，$\beta = \lg S_0$ 为一常数，$\beta$ 值主要取决于蛋白质的性质，也与溶液的温度和 pH 有关。盐析常数 $K_s$ 主要与盐离子的性质（离子价数、平均半径等）和蛋白质的结构有关，$K_s$ 值越大盐析效果越好。

所以对某一种蛋白质来说，在温度和 pH 等盐析条件确定（即 $\beta$ 确定），所采用的盐确定（即 $K_s$ 确定）后，蛋白质的溶解度就取决于离子强度 $I$。$I$ 可用下式计算：

$$I = 1/2 \sum m_i Z_i^2$$

式中，$m_i$ 为溶液中离子的物质的量浓度；$Z_i$ 为离子的价数。

对于各种蛋白质或酶的混合液，可采用分段盐析法进行分离纯化。在一定的 pH 和温度条件下（$\beta$ 确定），改变离子强度 $I$，称为 $K_s$ 分段盐析；在一定的盐和离子强度条

件下（$K_s I$ 确定）改变温度或 pH，称为 $\beta$ 分段盐析。

**2. 盐的选择**

蛋白质的盐析通常采用中性盐，如硫酸铵、硫酸钠、硫酸镁、氯化钠、磷酸钠等，其中应用最广的是硫酸铵。硫酸铵在水中的溶解度大，受温度的影响小（25℃时溶解度为 4.1 mol/L，即 767 g/L；0℃时溶解度为 3.7 mol/L，即 697 g/L），而且价廉易得，不易引起蛋白质变性，分离效果比其他盐好。但是用硫酸铵盐析时，缓冲能力较差，而且铵离子会干扰蛋白氮的测定，故有时也要用其他盐来进行盐析。磷酸钾和硫酸钠的盐析系数 $K_s$ 较大，但由于在较低温度下的溶解度太低，受温度影响大，故应用不广泛。

**3. 硫酸铵浓度的计算与调整方法**

用硫酸铵进行盐析时，蛋白质溶液中硫酸铵浓度的调整方法主要有两种。

第一种方法是当蛋白质溶液体积不大，所需调整的硫酸铵浓度不高时，可加入饱和硫酸铵溶液。饱和硫酸铵的配制方法是在一定量的水中加入过量的硫酸铵，加热于50～60℃保温数分钟，趁热滤去沉淀，再在 0℃或 25℃平衡 1～2 天，有固体析出时即达100%饱和度。盐析时所需添加的饱和硫酸铵溶液的体积可按下式计算：

$$V=[V_0(S_2-S_1)]/(1-S_2)$$

式中，$V$ 为所需加进的饱和硫酸铵溶液的体积；$V_0$ 为原溶液体积；$S_2$ 为所需达到的硫酸铵饱和度；$S_1$ 为原溶液的硫酸铵饱和度。

第二种方法是直接加进固体硫酸铵，其加入量可按下式计算：

$$t=[G(S_2-S_1)]/(1-A_1S_2)$$

式中，$S_2$ 和 $S_1$ 分别为代入所需达到的硫酸铵饱和度和原溶液的硫酸铵饱和度；$t$ 为将 1 L $S_1$ 饱和度的溶液提高到 $S_2$ 饱和度时所需加进的硫酸铵质量；$G$ 和 $A$ 为常数，与温度有关，在 0℃时，$G$ 为 707，$A$ 为 0.27；在 20℃时，$G$ 为 756，$A$ 为 0.29。在实际使用时，为方便起见，$t$ 可直接查表得到。

**4. 盐析时的注意事项**

（1）首先，所添加的硫酸铵的纯度要高，否则夹带的杂质会使硫酸铵的浓度不准确，甚至引起蛋白质和酶的变性。其次，添加硫酸铵后，要使其充分溶解，至少放置 30 min 以上，待蛋白质沉淀完全，然后将沉淀分离。

（2）在同一溶液中欲分离几种蛋白质时，可采用分段盐折的方法。盐的饱和度由低到高逐次增加，每出现一种蛋白质沉淀就分离出来，然后增加盐的饱和度，使另一种蛋白质沉淀。盐析通常与等电点沉淀法相配合，即将蛋白质溶液的 pH 调节到欲分离的蛋白质的等电点附近，再加进盐进行盐析。

（3）由于高浓度的盐溶液对蛋白质有一定的保护作用，所以盐析操作一般可在室温下进行。而某些对热特别敏感的酶，则应在低温条件下进行。

（4）在盐析条件相同的情况下，蛋白质浓度越高越容易沉淀。但浓度过高容易引起其他杂蛋白质的共沉淀作用。因此必须选择适当的浓度．尽可能避免共沉淀作用。

（5）用盐析得到的蛋白质含盐较高，为获得较纯的产品，必须经过脱盐过程。脱盐常用透析法，即把蛋白质溶液装进半透膜制成的透析袋或透析槽中，通过水或缓冲液的不断更换，使蛋白质溶液中的盐分不断减少直至透析完全为止；为防止微生物污染，透析时可加入适当的防腐剂。为加快透析速率，可在外加电场下进行透析，称为电透析。电透析初期，由于透析袋内盐分较高，电压较低，随着盐分浓度的降低而逐渐升高电压以缩短透析时间。此外，也可用凝胶层析法进行脱盐，还可用超过滤技术，在溶液浓缩的同时达到脱盐的目的。

#### 15.1.5.2 等电点沉淀法

利用蛋白质在等电点时溶解度最低以及不同的蛋白质具有不同等电点这一特性对蛋白质进行分离纯化的方法称为等电点沉淀法。

在等电点时，蛋白质分子的净电荷为零，消除了分子间的静电斥力，但由于水膜的存在，蛋白质仍有一定的溶解度而沉淀不完全，所以等电点沉淀法经常与盐析或有机溶剂沉淀法联合使用。单独使用等电点沉淀法主要是用于去除等电点相距较大的杂蛋白质。

在加酸或加碱调节 pH 的过程中，要一边搅拌一边慢慢加入，以防止局部过酸或过碱。

#### 15.1.5.3 有机溶剂沉淀法

有机溶剂与水作用能破坏蛋白质分子周围的水膜，同时改变溶液的介电常数，导致蛋白质溶解度降低而沉淀析出。利用不同蛋白质在不同浓度的有机溶剂中的溶解度不同而使蛋白质分离的方法，称为有机溶剂沉淀法。经常使用的有机溶剂是乙醇和丙酮。

有机溶剂沉淀法析出的蛋白质沉淀一般比盐析析出的沉淀容易过滤或离心分离。分辨率比盐析好，溶剂也容易除去，但有机溶剂沉淀法易使蛋白质和酶变性，所以操作必须在低温条件下进行。蛋白质和酶沉淀分离后，应立即用水或缓冲液溶解，以降低有机溶剂浓度，避免变性。

中性盐可减少有机溶剂引起的蛋白质变性，提高分离效果，一般添加 0.05 mol/L 的盐。由于中性盐会增加蛋白质在有机溶剂中的溶解度．故中性盐不宜添加太多。

有机溶剂沉淀法一般与等电点沉淀法联合使用，即操作时溶液的 pH 控制在欲分离蛋白质的等电点附近。

#### 15.1.5.4 选择性变性沉淀法

选择一定的条件使溶液中存在的某些杂蛋白质变性沉淀而不影响目的蛋白质的方法称为选择性变性沉淀法。例如，利用加热、酸或碱改变 pH、加入某些重金属离子等使杂蛋白质变性沉淀，再离心除去。应用此法，应对目的蛋白质和杂蛋白质的理化性质有较全面的了解。

#### 15.1.5.5 双水相法萃取

生化固液分离中最困难的操作是从细胞破碎后的匀浆中去除细胞碎片。这些碎片包括细胞膜碎片、细胞器、未破碎细胞等，所形成的一些絮状物离心分离不容易除去，用膜分离不仅速度慢，还易出现污染和蛋白质滞留。双水相法萃取在分离细胞碎片和蛋白质中显示了具有取代高速离心和膜分离的巨大潜力。

用双水相法萃取蛋白质是向水相中加入可溶的高分子化合物，如聚二乙醇（PEG）或葡聚糖，从而形成密度不同的两相（有时甚至形成多相）：轻相富含某一高分子化合物，重相富含盐类和另一种高分子化合物。常用的双水相系统为PEG/葡聚糖和PEG/无机盐两种。由于PEG相对葡聚糖价格便宜，所以PEG/无机盐系统应用的更为广泛。

双水相法分离细胞碎片和蛋白质的一般过程是将破碎后的细胞悬液，与PEG和无机盐在萃取器中混合，再离心分相。上相（PEG富集相）含有目标蛋白质（也可能含有较多杂蛋白质），下相合有细胞碎片、核酸、多糖等。通过优化萃取组成和条件，不仅可以除去近100%的细胞碎片，还可能使部分杂蛋白质也分配在下相，达到部分纯化的目的。因此双水相法在清除细胞碎片方面优于离心法和膜分离法。但最困难的是如何在保证碎片分配在下相的同时，把蛋白质产品尽可能完全地分配在上相。为此需要综合考虑多种因素，如PEG浓度、PEG分子质量及盐浓度和pH等。

## 15.1.6 离心分离

离心分离技术是借助于离心机旋转所产生的离心力，根据物质颗粒的沉降系数、密度及浮力等因素的不同，而使物质分离的技术。

### 15.1.6.1 离心机的种类与用途

离心机种类多种多样：按用途有分析用、制备用及分析-制备两用之分；按结构特点有管式、吊篮式、转鼓式和碟式等多种；按离心机转速的不同有常速（低速）、高速和超速3种。

**1. 常速（低速）离心机**

常速（低速）离心机的最大转速在8000 r/min以内，相对离心力（RCF）在$1\times10^4 g$以下，主要用于分离细胞、细胞碎片、培养基残渣等固形物及粗结晶等较大颗粒。常速离心机的分离形式、操作方式和结构特点多种多样，可根据需要选择使用。

**2. 高速离心机**

高速离心机的转速为$1\times10^4\sim2.5\times10^4$ r/min，相对离心力达$1\times10^4\sim1\times10^5\ g$，主要用于分离各种沉淀物、细胞碎片和较大的细胞器等。为了防止高速离心时温度升高而导致生物分子变性失活，大多数高速离心机都有冷冻装置，因此称其为高速冷冻离心机。

**3. 超速离心机**

超速离心机的转速达$2.5\times10^4\sim8\times10^4$ r/min，甚至更高；最大相对离心力达$5\times10^5 g$，甚至更高。超速离心机的精密度相当高。为了防止样品液溅出，一般附有离心管帽；为防止离心过程中温度升高，均有冷冻装置和温度控制系统；为减少空气阻力和摩擦，设置有真空系统。此外还有一系列安全保护系统、制动系统等。

分析用超速离心机用于样品纯度检测时，离心后用光学仪器测定各种颗粒在离心管中的分布情况，通过紫外吸收率或折光率等分析其纯度。若只有一个吸收峰或只显示一个折光率改变，表明样品中只含一种组分，样品纯度很高。若有杂质，则显示两种或多种组分的图谱。

分析用超速离心机可用于测定物质的沉降系数。沉降系数是指在单位离心力的作用下粒子的沉降速率，以 Svedberg 表示，简称为 S，其量纲为秒，$1\ S = 1 \times 10^{-13}$ s。S 可通过超速离心，根据转速、离心时间和粒子移动的距离，按下式求出：

$$S = (\ln X_2 - \ln X_1)/[\omega^2(t_2 - t_1)]$$

式中，$\omega$ 为角速度；$t_2 - t_1$ 为离心时间（s）；$X_2$、$X_1$ 分别为 $t_2$ 和 $t_1$ 时，运动粒子到离心机转轴中心的距离（cm）。

沉降系数与相对分子质量有一定的对应关系。所以测出粒子的沉降系数后，可通过下式计算出物质的相对分子质量：

$$M_r = RTS/[D(1 - \nu\rho)]$$

式中，$M_r$ 为物质的相对分子质量；R 为气体常数；$T$ 为温度（K）；S 为沉降系数；$D$ 为粒子扩散系数；$\nu$ 为粒子的偏比容（溶质粒子密度的倒数）；$\rho$ 为溶剂密度。

### 15.1.6.2　离心分离方法的选择

离心分离的方法可分为 3 类。

**1. 差速离心**

采用不同的速率和时间离心，使沉降速率不同的颗粒分批分离的方法，称为差速离心。操作时，采用均匀的悬浮液进行离心，选择好离心力和离心时间，使大颗粒先沉降，取出上清液，再加大离心力离心，分离较小的颗粒。如此多次离心，使不同大小的颗粒分批分离。差速离心所得到的沉降物含有较多杂质，需经过重新悬浮和多次离心，才能获得较纯的分离产物。

差速离心主要用于分离大小和密度差异较大的颗粒，操作简单方便，但分离效果较差。

**2. 密度梯度离心**

密度梯度离心是样品在密度梯度介质中进行离心，使密度不同的组分得以分离的一种区带分离方法。密度梯度系统是在溶剂中加入一定的浓度梯度介质制成的。梯度介质一般有足够大的溶解度，以形成所需的密度；不与分离组分反应，不会引起分离组分的凝聚、变性或失活。常用的介质有蔗糖、甘油等。使用最多的是蔗糖密度梯度系统，其梯度范围为：蔗糖浓度 5%～60%，密度 1.02～1.30 g/ml。

密度梯度的制备可采用梯度混合器（见 15.2 节），也可将不同浓度的蔗糖溶液小心地一层层加入离心管，浓度从高到低依次加入，形成阶梯梯度，最后小心铺放样品密度梯度溶液的表面。离心后，沉降系数差异的颗粒在密度梯度溶液中形成若干条界面清楚的不连续区带。各区带内的颗粒较均一，分离效果较好。

在密度梯度离心过程中，区带的位置和宽度随离心时间的不同而改变。随离心时间的加长，区带会因颗粒扩散而越来越宽。因此，适当增大离心力而缩短离心时间，可以减少区带扩宽。

**3. 等密度离心**

将 $CsCl_2$、$CsCl_4$ 等介质溶液与样品溶液混合，然后在选定的离心力作用下离心足够时间（一般至少 1 h，有的可达 20 h 以上）后，铯盐在离心场中沉降形成密度梯度，样品中不同浮力密度的颗粒在各自的等密度点位置上形成区带。与前述密度梯度离心相比，等密度离心可以将欲分离的颗粒完全达到其等密度位置，故分离效果要比密度梯度离心好。

应该注意的是，铯盐浓度过高和离心力过大时，铯盐会沉淀管底，严重时会造成事故，故等密度梯度离心需由专业人员经严格计算确定铯盐浓度和离心机转速及离心时间。此外，铯盐对铝合金转子有很强的腐蚀性，故最好使用钛合金转子，转子使用后要仔细清洗并干燥。

### 15.1.6.3 离心条件的确定

离心分离的效率与许多因素有关。除了上述的离心机种类、离心方法、离心介质及密度梯度等以外，主要的是确定离心机的转速和离心时间。此外还要注意离心介质溶液的 pH 和温度等条件。

**1. 离心力**

物质颗粒在离心场中所受到的离心力（$F_c$）的大小，取决于颗粒的质量（$m$）和离心加速度（αc）：

$$F_c = m\alpha c。$$

离心加速度的大小取决于转子的转速和颗粒的旋转半径：

$$\alpha c = \omega^2 r$$

式中，$\omega$ 为转子的角速度（rad/s）；$r$ 为旋转半径，即颗粒到旋转轴中心的距离（cm）。

若转速以惯用的每分钟转数（r/min）来表示，则将 $\omega = 2\pi n/60$ 代入上式，得到

$$\alpha c = \omega^2 r = 4\pi^2 n^2 r/3600$$

式中，$n$ 为转子每分钟转数（r/mm）。

在说明离心条件时，低速离心通常以转子每分钟的转数表示，如 400 r/min。而在高速离心时，特别是在超速离心时，往往用相对离心力来表示，如 65 000 $g$。

相对离心力是指颗粒所受的离心力与地心引力（重力）之比。即

$$\mathrm{RCF} = F_c/F_g = (4\pi^2 n^2 r \times \mathrm{g})/(3600 \times 980.6)$$

将有关数代入上式，化简为

$$\mathrm{RCF} = 1.12 \times 10^{-5} \cdot n^2 \cdot r \times \mathrm{g}$$

式中，RCF 为相对离心力（$g$）；$n$ 为转子每分钟转数（r/min）；g 为重力加速度，980.6 $cm/s^2$。

由此可见，离心力的大小与转速的平方及旋转半径成正比。在转速一定的条件下，颗粒离轴心越远，其所受的离心力越大。在离心过程中，随着颗粒在离心管中的移动，其所受的离心力也随着变化。在实际工作中，离心力的数据是指其平均值，即是指在离心溶液中点处颗粒所受的离心力。

**2. 离心时间**

离心时间依据离心方法的不同而有所差别。对于差速离心来说，离心时间是指某种颗粒完全沉降到离心管底的时间；对于等密度梯度离心而言，离心时间是指颗粒完全到达等密度点的平衡时间；而密度梯度离心的离心时间则是指形成界限分明的区带的

时间。

密度梯度离心和等密度梯度离心所需的区带形成时间或平衡时间，影响因素很复杂，可通过实验来确定；差速离心所需的沉降时间可通过计算求得。

颗粒的沉降时间是指颗粒从离心样品液液面完全沉降到离心管底所需的时间，又称为澄清时间。沉降时间取决于颗粒沉降速率和沉降距离。

对于已知沉降系数的颗粒，其沉降时间可由下式计算：

$$t=1/S[(\ln r_2-\ln r_1)/\omega^2]$$

式中，$t$ 为沉降时间（s）；S 为颗粒的沉降系数（$1\times10^{-13}$）；$\omega$ 为转子角速度(rad/s)；$r_1$、$r_2$ 分别为旋转轴中心到样品液液面和离心管底的距离（cm）。

上式中（$\ln r_2-\ln r_1$）/$\omega^2$ 对特定转子而言为一个常数，称为转子效率因子或 $K$ 值，即

$$K=(\ln r_2-\ln r_1)/\omega^2=St$$

转子的效率因子 $K$ 与转子的半径和转速有关。生产厂家已在转子出厂时标出了最大转速时的 $K$ 值，由此可以根据 ${\omega_1}^2K_1={\omega_2}^2K_2$ 算出其他转速时的 $K$ 值。对于具有某一沉降系数 S 的颗粒来说，$K$ 值越小，其沉降时间越短，转子的使用效率就越高。

在离心机及其转子选定后，$r_1$ 和 $r_2$ 不变。对于某种物质颗粒（S 确定）的沉降起决定作用的是转子的转速 $\omega$ 及沉降时间 $t$。操作时可采用较低的转速，离心较长的时间；或采用较高的转速，离心较短的时间，而得到相同的 $\omega^2t$。例如，用 10 000 r/min 离心 10 min，计算得 $\omega^2t=$（$2\pi n/60)^2t=6.5785\times10^8$（$S^{-1}$）；如果用 5000 r/min 的转速离心 40 min，$\omega^2t$ 值为 $6.5766\times10^8$（$S^{-1}$），两者基本相等。

对于不知其沉降系数的球形颗粒，可按下式估算其沉降时间：

$$T=(4.5\times\mu)/[\omega^2d(\rho-\rho_0)\ln r_2/r_1]$$

式中，$T$ 为沉降时间（s）；$\mu$ 为介质溶液的黏度［g/(cm・s)］；$\rho$、$\rho_0$ 分别为颗粒和介质溶液密度（$g/cm^3$）；$d$ 为颗粒平均直径（cm）；$r_1$、$r_2$ 分别为轴中心到离心管底和液面的距离（cm）。

**3. 温度和 pH**

为了防止欲分离物质的凝集、变性和失活，除了在离心介质的选择方面加以注意外，还需控制温度及介质溶液的 pH 等离心条件。离心温度一般设定为 4℃左右，对于某些热稳定性较好的物质等，也可在室温下进行。在超速或高速离心时，转子高速旋转会发热从而引起温度升高，故必须采用冷冻系统，使温度保持在一定范围内。离心介质溶液的 pH 应该是处于酶稳定的 pH 范围内，一般用缓冲液调节。另外，过酸或过碱还可能引起转子和离心机的其他部件的腐蚀，应尽量避免。

## 15.1.7 膜分离

传统的过滤介质（如滤布和金属丝网等）不适用于过滤微米级大小的细胞、细胞碎片和更小的生物大分子。高分子聚合物膜的出现使膜分离技术在物质分离中得到广泛应用。目前有 3 种膜过滤。

(1) 微孔过滤：用于分离固体颗粒，如细胞、细胞碎片、包涵体及蛋白质沉淀物。

（2）超滤：用于浓缩大分子物质，如蛋白质、核酸、多糖。

（3）反渗透：用于从小分子，如抗生素、氨基酸中脱除水分。

根据膜的孔径（NPD），可将膜分为微孔膜（0.1～10 μm）、超滤膜（0.001～0.1 μm）和反渗透膜（<0.001 μm）。微孔膜的常用规格有 0.2 μm、0.45 μm 和 0.6 μm。超滤膜是以其“切割分子质量”（MWCO）来衡量其孔径大小的。所谓 MWCO 是指该膜具有截留 90%或 95%的该分子质量标准试验物的能力。超滤膜的常用规格有 $1\times10^4$ MWCO、$1\times10^5$ MWCO、$3\times10^5$ MWCO。

为了改善膜分离的效果，对所要分离的物料进行适当的预处理是必要的，如调节 pH 和离子强度，加入絮凝剂和助滤剂等。

## 15.2 蛋白质的纯化——层析

层析（即色谱）和电泳是目前所知的两种最好的分离方法，但电泳尚不能用于生产规模的生物大分子的分离与纯化，因此研究重点是色谱在分离和纯化生物大分子（包括蛋白质、酶、核酸、多糖等）中的应用，特别是大规模制备色谱技术。对于多数蛋白质的纯化工艺，在用色谱纯化前，尚须经其他方法进行预分离。例如，用盐析法除去大部分杂蛋白质和进行一些其他预处理，如蛋白质的复性等工艺。近年来，全色谱分离和纯化已日趋成熟，拓宽了制备色谱应用范围。

蛋白质是由氨基酸残基通过肽键相连形成一级结构的多肽链，再由这些多肽链通过 α 螺旋和 β 片层等形成二级结构，一条完整多肽链的空间结构就是其三级结构。具有三级结构的蛋白质有时还可彼此聚合形成寡聚蛋白质，这些单体蛋白质便称为亚基或亚单位。寡聚蛋白质的亚基类型及相互聚合，形成四级结构。一般蛋白质都具有其特定的空间结构，即完整的空间构象（conformation）。具有完整空间构象的蛋白质分子，由于其所含氨基酸残基数量及排列方式的不同，使蛋白质具有不同的相对分子质量和大小。构成蛋白质分子的 20 种氨基酸中，有许多是含有可解离侧链的，如 Asp 的 β—COOH、Glu 的 γ—COOH、His 的咪唑基、Cys 的—SH 基、Tyr 的 Φ—OH、Lys 的 ξ—$NH_2$、Arg 的胍基，还有末端氨基和末端羧基等。由于这些可解离基团各有不同的 p*K*a 值，故在不同的 pH 下会表现出不同的解离状态，从而使蛋白质分子呈现一种带电荷的状态。由于蛋白质分子由许多氨基酸残基组成，因此它们的带电状态也是千差万别的。又由于蛋白质分子各有自己特定的空间构象，因此蛋白质分子表面的电荷排布也各不相同。

正是由于蛋白质分子有着各不相同的分子大小及电荷（及不同的排布），从而可设计出一系列分析、分离技术。层析技术还是当前从大量混杂的蛋白质混合物中把目的蛋白质提纯出来的主要方法，联合不同的层析技术可以将分子大小及（或）电荷与目的蛋白质非常接近的蛋白质分离开来。还可根据酶的特定生物学性质设计出一些特定的层析方法，如利用酶的特定功能来提纯目的酶，将这类方法称为“功能性提纯”，亲和层析就是典型的例子。

色谱分离技术根据一次进样量的多少，分为分析色谱（<10 mg）；半制备色谱，即中等规模制备色（10～50 mg）和制备型色谱（100 mg～10 g）；工业性生产色谱（>20 g/d）。当然中等规模制备色谱有时也有工业价值。

层析技术是利用混合物中各组分的物理、化学性质（分子的形状和大小、分子极性、吸附力、分子亲和力、分配系数等）的不同，使各组分以不同程度分布在两相中，其中一个相是固定的，称为固定相，即分离介质；另一个相是流动的，称为流动相，如洗脱剂、平衡剂等。当流动相流过固定相时，各组分以不同的速率移动，从而达到分离。

层析技术操作相对简便，样品可多可少，既可用于实验室的研究工作，又可用于工业生产，还可与其他分析仪器配合，组成各种自动分析仪器。

层析技术的种类很多，分类方法也有多种。

(1) 按流动相的状态分类：用液体作为流动相的称为液相层析，或称为液相色谱；以气体作为流动相的称为气相层析，或称为气相色谱。

(2) 按固定相的使用形式分类：可分为柱层析（固定相填装在玻璃或不锈钢管中构成层析柱）、纸层析、薄层层析、薄膜层析等。

(3) 按分离过程主要依据的物理化学性质分类：可分为吸附层析、凝胶层析、离子交换层析、亲和层析等。

这里按第三种分类进行叙述。

### 15.2.1 吸附层析

吸附层析是利用吸附剂对不同物质的吸附力不同而使混合物中的各组分分离的方法。

吸附层析在各种层析技术中应用最早，由于吸附剂来源丰富、价格低廉、易再生、装置简单，又具有一定的分辨率等优点，故至今仍广泛使用。能够将其他物质聚集到自己表面上的物质，称为吸附剂。能聚集于吸附剂表面的物质称为被吸附物。在吸附层析中应用的吸附剂一般为固体。

固体内部的分子所受的分子间的作用力是对称的，而固体表面的分子所受的使用力是不对称的。向内的一面受内部分子的作用力较大，而表面向外的一面所受的作用力较小，因而当气体分子或溶液中溶质分子流经固体表面时就会被吸引而停留在固体表面上。

吸附剂与被吸附物之间的相互作用是由可逆的范德华力所引起的，在一定条件下，被吸附物可以从吸附剂表面解离，这称为解吸作用。吸附层析就是通过连续的吸附和解吸附完成的。这里主要介绍吸附柱层析。

吸附柱层析将吸附剂填装在玻璃或不锈钢管中构成层析柱，层析时欲分离的样品自柱顶加入，当样品溶液全部流入吸附层析柱后，再加入溶剂冲洗。冲洗的过程称为洗脱，加入的溶剂称为洗脱剂。

在洗脱过程中，柱内不断地发生解吸、吸附、再解吸、再吸附的过程，即被吸附的物质被溶剂解吸而随溶剂向下移动，又遇到新的吸附剂颗粒被再吸附，后面流下的溶剂又再解吸而使其向下移动。经过一段时间以后，该物质会向下移动一定距离。此距离的长短与吸附剂对该物质的吸附力以及溶剂对该物质的解吸（溶解）力有关。不同的物质由于吸附力和解吸力不同，移动速率也不同。吸附力弱而解吸力强的物质，移动速率就较快。经过适当的时间以后，不同的物质各自形成区带，如果被分离的是有色物质，就可以清楚地看到色带（色层，色谱的名称由此而来）。如果被吸附的物质没有颜色，可用适当的显色剂或紫外线等观察定位，也可用溶剂将被吸附物从吸附柱洗脱出来。以洗脱液体积对被洗脱物质浓度作图，可得到洗脱曲线。吸附柱层析成败的关键是选择合适的吸附剂、洗脱剂和操作方式。

**1. 吸附剂的选择**

常用的吸附剂有极性的和非极性的两种。羟基磷灰石、硅胶、氧化铝和人造沸石属前者，活性炭属后者。在实践中不论选择哪种类型的吸附剂，都应具备表面积大、颗粒均匀、吸附选择性好、稳定性强和成本低廉等性能。在选择具体吸附剂时，主要是根据吸附剂本身和被吸附物质的理化性质进行的。一般来说，极性强的吸附剂易吸附极性强的物质，非极性的吸附剂易吸附非极性的物质。但是为了便于解吸附，对于极性大的分离物，应选择极性小的吸附剂。反之亦然。理想的吸附剂必须经过多次试验才能获得。

很多商品吸附剂购得即可使用。但是，当吸附剂混有某些杂质或者颗粒不均匀时，使用前应进行处理。一般是先过筛，除去大的颗粒，或者采用悬浮法，除去细小颗粒，然后用酸、碱等溶液浸泡，接着用沸水煮，清水洗，最后用有机溶液（如甲醇）处理，这样可得到既无杂质，颗粒又均一的吸附剂。在生物化学和分子生物学中使用较多的吸附剂如下所列。

（1）羟基磷灰石。羟基磷灰石 $[Ca_5(PO_4)_3OH]_2$（简称为 HA）的吸附容量高、稳定性好（在 $T<85$℃时，pH 5.5～10.0 均可使用），因此在制备及纯化蛋白质、酶、核酸、病毒和其他生命物质方面得到了广泛的应用。有些样品，如 RNA、双链 DNA、单链 DNA 和杂合型双链 DNA-RNA 等，经过一次 HA 柱层析，就能达到有效的分离。

HA 的 $Ca^{2+}$ 基团和生物分子表面的负电荷基团的相互结合，在用 HA 分离生物分子过程中起着重要作用。而 HA 的 $PO_4^{3-}$ 基团与生物分子表面的阳电荷基团的相互结合，则仅起着次要作用。

（2）硅胶。硅胶是最常用的吸附剂，通常用 $SiO_2 \cdot xH_2O$ 表示，是具有硅氧交联结构，表面有许多硅醇基的多孔性微粒，硅醇基可与极性化合物或不饱和化合物形成氢键而使硅胶具较强的吸附力。

水能与硅胶表面羟基结合而使其失去活性，经加热可被除去的水称为自由水，若自由水含量达 17%以上，则吸附力极低，此时，硅胶只能用于分配层析。若将硅胶在 105～110℃加热 30 min，吸附能力显著增强，这一过程称为活化。如果将硅胶加热到 500℃，硅醇基结构会变成硅氧烷结构，吸附能力显著下降。

硅胶具有微酸性，适用于分离酸性和中性物质，如有机酸、氨基酸、甾体等。

（3）氧化铝。氧化铝分为酸性、碱性和中性 3 种，酸性氧化铝（pH 4～5）适合于分离酸性化合物，碱性氧化铝（pH 9 ～10）适合于分离碱性化合物，中性氧化铝（pH 7）适合于分离生物碱、挥发油、萜类、甾体及在酸、碱中不稳定的苷类、酯类等化合物。

氧化铝用前也须脱水活化，通常于 400℃高温下加热 6 h，使氧化铝的含水量在 0%～3%，可得到Ⅰ级或 H 级氧化铝，但温度过高也会破坏氧化铝的内部结构。

**2. 洗脱剂的选择**

洗脱剂是指溶解被吸附样品和平衡固定相的溶剂。合适的洗脱剂应符合下列条件：

①纯度较高；②稳定性好；③能较完全洗脱所分离的成分；④黏度小；⑤易与所需要的成分分开。

洗脱剂可根据分离物中各成分的极性、溶解度和吸附剂的活性来选择。一般蛋白质或核酸被极性强的羟基磷灰石吸附后，要用含有盐的缓冲液洗脱。而合成色素等化合物被极性较弱的硅胶吸附后，则可用有机溶剂洗脱。所用洗脱剂的浓度大小和极性强弱的选择，须通过试验确定。

在实践中，选择洗脱剂由极性小到极性大（正向层析）的顺序进行。当把极性小的洗脱剂换成极性大的洗脱剂时，宜先将极性大的洗脱剂和极性小的洗脱剂混合使用，浓度则由低到高。总之，选用洗脱剂的原则是能较完全地洗脱所要分离的成分，并力求用量少、洗脱时间短。

**3. 柱层析操作**

柱层析的设备主要有层析柱、部分收集器、磁力搅拌器和恒流泵。有条件时，配置一台检测仪和一台记录仪就构成了一个完整的层析系统。

（1）层析柱。层析柱是下端有细口并带有筛板的玻璃管。柱的直径与长度之比一般为 1∶10～1∶40 。采用极细吸附剂装柱时，宜用柱的直径与长度比例大的层析柱；反之，则宜用比例小的层析柱。这样有利于节省层析时间和提高分辨率。层析柱的床体积是由吸附剂的量和膨胀度决定的。

（2）吸附剂的用量。吸附剂的用量是根据其自身的操作容量和分离物中各成分的性质决定的。当操作容量高时，吸附剂用量少。一般吸附剂的用量为被分离样品的 30～50 倍。若样品中各成分的性质因相似而难以分开时，则吸附剂用量应增大，有时大于样品的 100 倍。

（3）装柱。装柱前要先将层析柱垂直固定在支架上。装柱的方法分干装法和湿装法两种。干装法是直接加吸附剂到柱中，然后倒入溶剂，此法不易将气泡排尽。湿装法是先加适量溶剂到柱内，排走其中的空气，然后把预先用溶剂浸泡好的吸附剂搅匀，随即将此悬浮液连续倾入柱中，待其自然沉降至柱高的 1/4～1/3 时打开柱下端口，让溶剂慢慢流出，使柱上端悬浮液徐徐下降至需要的高度。吸附剂表面要平整，应使其一直浸没在溶剂中，严防气泡产生。这种装柱法对各种基质都适用。装好的层析柱应立即与洗脱剂连接，在一定的操作力（储液器内液面与层析柱出口之间的压力差）下，控制其流速，让 2～3 倍柱体积的洗脱剂流过固定相，使其达到平衡。

（4）上样和洗脱。经过平衡的层析柱，当平衡液流到与固定相表面一定位置时，用滴管轻轻地把样品溶液加到固定相表面，并注意尽量避免冲动基质。加入样品液的体积一般应小于床体积的 1/2（当加入的样品量相同时，体积越小越有利于提高分辨率）。待样品液的液面流到固定相液面时，用滴管加入洗脱剂（其液面距固定相表面的高度约 5 cm），并在柱上端与装有洗脱剂的储液瓶连接开始洗脱。同时在柱下端与部分收集器接通，立即进行分级收集（按体积或时间分管收集）。随后将收集的每管溶液进行浓度或活性测定。根据测定结果，即可绘制出洗脱曲线（以管号或洗脱体积为横坐标，以每管溶液中样品的浓度或活性为纵坐标），有合适的检测器和记录仪时，洗脱液流经检测器再收集，用记录仪可自动绘制洗脱曲线。理想的洗脱曲线中的洗脱峰均呈对称形，两者没有重叠，这表明样品液中的组分已完全分开。层析峰的面积（FEG）、峰高（BE）、半峰高宽度（HI）等参数是定性、定量洗脱物的依据。

为了获得满意的分离结果，洗脱液的流速务必恰当控制：如果太快，洗脱物在两相中的平衡过程不完全；如果太慢，洗脱物会扩散。若峰与峰之间有重叠，宜降低洗脱剂的强度；若峰间距离过大，或某些成分不能洗脱时，宜加大洗脱剂的强度（极性）；成分复杂时，可采用洗脱剂由弱到强的梯度进行洗脱。

由层析柱分离出的样品经浓缩或冻干处理后，可进行纯度测定。如果杂质含量仍大时，应该用其他方法进一步纯化。

## 15.2.2 凝胶层析

凝胶层析又称为凝胶过滤、分子排阻层析或分子筛层析，是以各种凝胶为固定相，利用流动相中所含各物质的相对分子质量不同而达到物质分离的一种层析技术。其设备简单、操作方便，分离介质（填料）不需要再生处理即可反复使用，通用于不同相对分子质量的各种物质的分离，已广泛地用于生物化学、生物工程、工业、医药等领域。

### 15.2.2.1 凝胶层析的基本原理

当含有各种组分的样品流经凝胶层析柱时，大分子物质由于分子直径大，不易进入凝胶颗粒内的微孔，沿凝胶颗粒的间隙以较快的速度流过凝胶柱。而小分子物质能够进入凝胶颗粒的微孔中，向下移动的速度较慢，从而使样品中各组分按相对分子质量从大到小的顺序先后流出层析柱，从而达到分离的目的（图 4-15-1）。

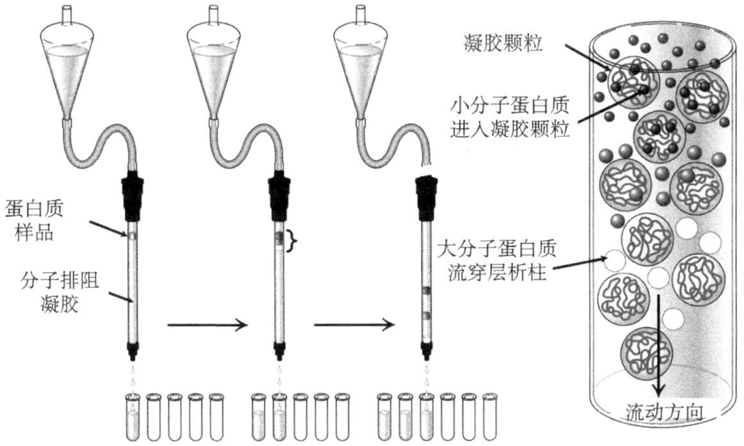

图 4-15-1 凝胶层析的原理与过程示意图

样品中各组分的流出顺序可用分配系统 $K_a$ 来量度：

$$K_a=(V_e-V_o)/V_i$$

式中，$V_e$ 为洗脱体积，表示某一组分从层析柱洗出到最高峰出现时所需的洗脱液体积；$V_o$ 为外体积，为层析柱内凝胶颗粒之间空隙的体积；$V_i$ 为内体积，为层析柱内凝胶颗粒内部微孔的体积。

当某组分的 $K_a=0$（即 $V_e=V_o$）时，说明该组分完全不进入凝胶颗粒微孔，洗脱时最先流出；若某组分的 $K_a=1$（即 $V_e=V_o+V_i$）时，说明该组分自由地扩散进入凝胶颗粒内部的微孔，洗脱时最后流出；$K_a$ 在 0 ～1 的组分，洗脱时 $K_a$ 值小的先流出，$K_a$ 值大的后流出。

上述内体积 $V_i$ 可以从凝胶的干重和吸足水后的湿重求得，也可用小分子物质［如 $(NH_4)_2SO_4$、NaCl 等］实际测量而得到（$V_o+V_i$）；外体积 $V_o$ 可用相对分子质量很大的物质溶液（如血红蛋白、印度黑墨水、分子质量为 $2\times10^6$ Da 的蓝色葡聚糖-2000、铁蛋白等）通过实际测量求出，也可以从下式间接计算：

$$V_o=V_t-V_i-V_g$$

式中，$V_g$ 为凝胶基质本身的体积；$V_i$ 为内体积；$V_t$ 为层析柱内凝胶床的总体积。$V_t$ 可通过测量柱内径和凝胶床高度计算得出，即 $V_t=1/4\pi R^2h$。

洗脱体积 $V_e$ 可通过加进某一组分后实际测量而得，也可以根据已知 $K_a$ 计算得出来，即

$$V_e=V_o+K_a\cdot V_i$$

在一般情况下，凝胶对组分没有吸附作用；当洗脱液的体积等于 $V_o+V_i$ 时，所有组分都应该被洗脱出来，即 $K_a$ 的最大值为 1。然而某些组分的 $K_a$ 值会大于 1，这是由于这些组分可能还与凝胶发生了吸附或离子交换等过程。

对同一类型的化合物而言，组分的洗脱体积 $V_e$ 与相对分子质量（$M_r$）的关系可用下式表示：

$$V_e=K_1-K_2\lg M_r$$

式中，$K_1$、$K_2$ 为常数。

若以组分的洗脱体积（$V_e$）对组分相对分子质量的对数（$\lg M_r$）作图，可得一条曲线，其中主要部分呈直线关系。以此为标准曲线，可以通过测定某一未知组分的洗脱体积，而从标准曲线中查得其相对分子质量。在实际应用中多以相对洗脱体积 $K_{av}$（$K_{av}=V_e/V_t$）对 $\lg M_r$ 作曲线，称为选择曲线，曲线的斜率说明凝胶的特性。每一类型的化合物，如球蛋白类、右旋糖酐类、酶与清蛋白类等都有各自特定的选择曲线。

测定时，未知相对分子质量的组分应位于直线部分为宜。若不在直线部分，可选用另一种凝胶重新实验。

#### 15.2.2.2 凝胶的选择

凝胶的种类很多，其共同特点是内部具有微细的多孔网状结构，其孔径的大小与被分离物质的相对分子质量大小有相应的关系。常用的凝胶列举如下。

（1）聚丙烯酰胺凝胶。聚丙烯酰胺凝胶是一种人工合成凝胶，由丙烯酰胺（CH＝CH—$CONH_2$）与甲叉双丙烯酰胺（$CH_3$＝CH—CONH—$CH_2$—NNCO＝$CH_2$）共聚而成。商品名称为生物胶-P（Bio-Gel P）。聚丙烯酰胺凝胶是完全惰性的，适宜于各种蛋白质、核酸及核苷酸等的分离纯化。缺点是遇强酸时酰胺键会水解，一般在 pH 2～11 时使用。

（2）葡聚糖凝胶。葡聚糖凝胶由相对分子质量为 $4\times10^4$～$20\times10^4$ Da 的葡聚糖交联聚合而成。由 Pharmacia 公司生产的商品名为 Sephadex 系列的葡聚糖凝胶具有良好的

化学稳定性等优点，为最常用的凝胶之一。Sephadex 耐酸、碱，如在 0.01 mol/L 盐酸中放置半年不受影响，故广泛用于各种物质的分离纯化。Sephadex 有按胶粒内的孔径分为 G-10、G-15、G-25、G-50、G-75、G-100、G-150、G-200 等多种型号和按胶粒大小有粗、中、细、超细多种规格，G 后面的数字越大，胶粒内的孔径越大，越适合于大分子的分离，但颗粒的机械强度随孔径的增大而降低，较高的操作压会使 G-75、G-100、G-150、G-200 等颗粒变形而使洗脱液的流速下降。故用上述型号的 Sephadex 层析时，流速慢、时间长。同型号的 Sephadex，颗粒越细，在同样柱长的柱子中分辨力越高，但流速也越慢。

（3）琼脂糖凝胶。从琼脂中除去带电荷的琼脂胶，可制成不带电荷的琼脂糖。用琼脂糖制成颗粒内孔径不等的多种型号层析用琼脂糖凝胶，商品名为 Sepharose。Sepharose 的孔径大、机械强度好、层析时流速较快，但只能分离相对分子质量较大的分子。

近年 Pharmacia 公司推出商品名为 Superose 的琼脂糖凝胶，其刚性好、理化稳定性高，在高强度液体（如 8 mol/L 尿素）下能保持较好的流速，适合于糖类、核酸、病毒和包涵体蛋白质在促溶剂中的纯化。

（4）聚丙烯酰胺葡聚糖凝胶。其商品名 Sephacryl，是由甲叉双丙烯酰胺交联丙烯葡聚糖形成的球形凝胶颗粒，机械性能好、分离速率快、分辨率高、理化稳定性好，在 SDS、6 mol/L 盐酸胍及 8 mol/L 尿素中均可使用，有 S-100HR、S-200HR、S-300HR、S-400HR、S-500HR、S-1000SF 6 种型号，可分离分子质量为 $1\times10^3\sim1\times10^8$ Da 的蛋白质，也可用于分离多糖和核酸。

（5）Superdex。Superdex 是 Pharmacia 公司提供的新型凝胶过滤介质，是将葡聚糖共价结合到交联多孔琼脂糖珠体上制成的球形凝胶珠，流速快、反压低、非特异性吸附低，因而样品回收率很高，是目前分辨率和选择性最好的凝胶过滤介质。理化稳定性很高，在 0.1 mol/L HCl 及 0.1 mol/L NaOH 中 40℃保温 400 h 分辨率保持不变，在 1%SDS、8 mol/L 尿素及 6 mol/L 盐酸胍中均能保持良好的色谱性能，有多种型号可供选择，适合于生物大分子的精细纯化。

上述凝胶有些是干燥颗粒，使用前需吸胀；有些是悬浮颗粒，可直接用来装柱。使用后的凝胶冲洗干净后，一般可在 20%左右的乙醇中保存以便再用。

#### 15.2.2.3 凝胶层析的操作

层析柱一般内径 1～4 cm、柱长 10～150 cm，装柱方法同吸附柱层析。

凝胶柱加样方法同吸附柱层析，样品液浓度大些为好，但浓度不能过大。样品体积一般为柱体积的 1%～10%。凝胶柱平衡和洗脱一般用同一种溶液，洗脱液无特殊要求，一般选择使样品稳定的缓冲液。洗脱液的流速要稳定，分离蛋白质和核酸时，常用输液泵、柱、检测器、分部收集器、记录仪构成层析系统，要通过实验合理调整流速、检测器和记录仪的灵敏度及其走纸速率，才能获得良好的洗脱曲线。若峰有重叠，宜加长柱子、降低流速，若峰间距离过大、峰过宽，宜缩短柱子，加快流速，降低走纸速率。峰过高，可减少加样量，或降低检测器和记录仪的灵敏度。峰过低则需加大灵敏度或加大加样量。

凝胶暂时不用时，可加少许防腐剂，如0.02%叠氮钠或0.02%的洗必泰防止染菌。用过的凝胶可加热灭菌后低温保存或用20%左右的乙醇保存。

## 15.2.3 离子交换层析

离子交换层析是在以离子交换剂为固定相，液体为流动相的系统中进行的。此法广泛应用于很多生化物质（如氨基酸、多肽、蛋白质、糖类、核酸和有机酸等）的分析、制备、纯化，以及溶液的中和、脱色等方面。

### 15.2.3.1 离子交换层析的基本原理

离子交换剂是由基质、电荷基团（或功能基团）和反离子构成的，基质与电荷基团以共价键连接，电荷基团与反离子以离子键结合；离子交换剂与水溶液中离子或离子化合物的反应主要以离子交换方式进行，假设以 $RA^+$ 代表阳离子交换剂，其中 $A^+$ 为反离子，$A^+$ 能够与溶液中的阳离子 $B^+$ 发生可逆的交换反应，反应式为：$RA^+ + B^+ = RB^+ + A^+$（图 4-15-2）。

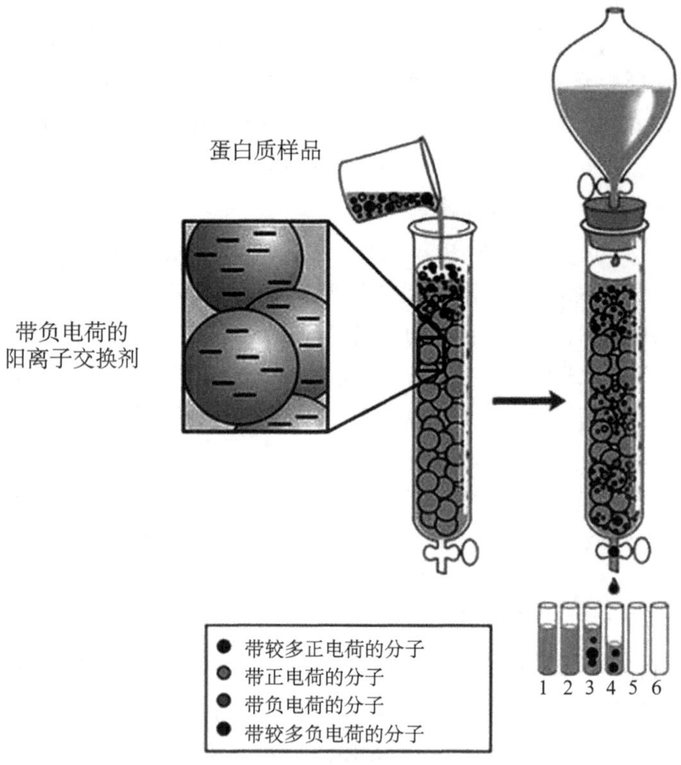


图 4-15-2 离子交换层析原理与过程示意图

上述反应能以极快的速率达到平衡，平衡的移动遵循质量作用定律。离子交换剂对溶液中的不同离子具有不同的结合力，这种结合力的大小是由离子交换剂的选择性决定的。离子交换剂的选择性可用其反应的平衡常数 $K_A^B$ 表示，即 $K_A^B = [RB^+][A^+]/[RA^+][B^+]$。如果在反应溶液中 $[A^+]$、$[B^+]$ 相等时，则 $K_A^B = [RB^+]/[RA^+]$。

若 $K_A^B>1$，即 $[RB^+]>[RA^+]$，表示离子交换剂对 $B^+$ 的结合力比对 $A^+$ 的大；若 $K_A^B$ 值=1，表示离子交换剂对 $B^+$ 和 $A^+$ 的结合力相同；若 $K_A^B$ 值<1，表示离子交换剂对 $B^+$ 的结合力要比对 $A^+$ 的小。所以称 $K_A^B$ 值为离子交换剂对 $A^+$ 和 $B^+$ 的选择系数。强酸性（阳性）离子交换剂对 $H^+$ 的结合力比对 $Na^+$ 的小；强碱性（阴性）离子交换剂对 $OH^-$ 的结合力比对 $Cl^-$ 的小得多；弱酸性离子交换剂对 $H^+$ 的结合力远比对 $Na^+$ 的大；弱碱性离子交换剂对 $OH^-$ 的结合力比对 $Cl^-$ 的大。因此，在应用离子交换剂时，采用何种反离子进行电荷平衡是决定吸附容量的重要因素之一。离子交换剂与各种水合离子（离子在水溶液中发生水化作用形成的）的结合力与离子的电荷量成正比，而与水合离子半径的平方成反比。所以，离子价数越高，结合力越大。在离子间电荷相同时，则离子的原子序数越高，水合离子半径越小，结合力也越大。因此在稀溶液中离子发生水化时，各种阴离子和阳离子结合力大小的排列序次如下：

一价阳离子：$Li^+<Na^+<K^+<Rb^+<Cs^+$（对阳离子交换剂）。

二价阳离子：$Mg^{2+}<Ca^{2+}<Sr^{2+}<Ba^{2+}$（对阳离子交换剂）。

一价阴离子：$F^-<Cl^-<Br^-<I^-$（对阴离子交换剂）。

不同价离子：$Na^+<Ca^+<Al^+<Ti^+$（对阳离子交换剂）。

必须指出，上述排列次序只有在稀溶液中才适用。而在非水溶液中，当浓度和温度均高时，由于离子水化作用减弱或根本不发生，致使离子交换剂结合力的顺序不同，或者是完全颠倒排列的。

两性离子，如蛋白质、酶类、多肽和核苷酸等物质与离子交换剂的结合力主要取决于它们的物理、化学性质和在特定 pH 条件下呈现的离子状态。当 pH 低于等电点（pI）时，它们带正电荷，能与阳离子交换剂结合；反之，pH 高于 pI 时，它们带负电荷，能与阴离子交换剂结合。pH 与 pI 的差值越大，带电量越大，与交换剂的结合力越强。

离子交换层析之所以能成功地把各种无机离子、有机离子或生物大分子物质分开，其主要依据是离子交换剂对各种离子或离子化合物有不同的结合力。

### 15.2.3.2 离子交换剂

离子交换剂应满足的基本条件有：①有高度的不溶性，即在各种溶剂中不发生溶解；②有疏松的多孔结构或巨大的表面积，使交换离子能在交换剂中进行自由扩散和交换；③有较多的交换基团；④有稳定的物理、化学性质，在使用过程中，不因物理或化学因子的变化而发生分解和变形等现象。

**1. 离子交换剂的种类**

根据离子交换剂中基质的组成和性质可分为疏水性和亲水性离子交换剂两大类。

(1) 疏水性离子交换剂。疏水性离子交换剂中的基质是人工合成的、与水结合力较小的树脂。常用的树脂是由苯乙烯和二乙烯苯合成的聚合物，其中二乙烯苯是交联剂，能把聚乙烯苯直链化合物连接成类似海绵状的结构，在此结构中以共价键引入不同的电荷基团。离子交换树脂以电荷基团的性质还可分为阳离子交换树脂、阴离子交换树脂（分别都包括强、中、弱 3 种电荷基团）和螯合离子交换树脂（对金属离子有较强的选择性）。

a. 阳离子交换剂。阳离子交换剂的电荷基团带负电，反离子带正电，因此，可以与溶液中的正电荷化合物或阳离子进行交换反应。根据电荷基团的强弱，可将阳离子交换型分为强酸型（带磺酸基团）、中强酸型（带磷酸基团或亚磷酸基团）和弱酸型（带羧基或酚基）3 种。

b. 阴离了交换剂。阴离子交换剂是在树脂中分别引入季胺［—N（$CH_3$）$_3$］、叔胺［—N（$CH_3$）$_2$］、仲胺［—$NHCH_3$］和伯胺［—$NH_2$］基团构成的。当引入季胺和叔胺基团时，分别为强阴性和中强阴性离子交换剂；当引入仲胺和伯胺基团时，为弱阴性离子交换剂。

树脂型离子交换剂一般都呈网络结构的珠状体，其大小为 20～50 目。近年来，Bio-Rad 公司还制造了 50～100 目、100～200 目及 200～400 目的产品，目数大的树脂对提高分辨率和交换容量是有利的。

疏水性的离子交换剂由于含有大量的活性基团，交换容量高、机械强度大、流动速率快。因此，主要用于分离无机离子、有机酸、核苷、核苷酸和氨基酸等小分子物质，其次可用于从蛋白质溶液中除去表面活性剂（如 SDS）、去垢剂（如 Triton X-100）、尿素、两性电解质（ampholyte）。此外，还可用于分离某些不易变性的蛋白质。

（2）亲水性离子交换剂。这类交换剂与水的亲和力较大，载体孔径大，适合于分离生物大分子，有多种类型。

a. 纤维素离子交换型。以纤维素为基质，常用的功能基团有磷酸基（P，中强酸型）、磺酸乙基（SE，强酸型）、羧甲基（CM，弱酸型）、三乙基氨基乙基（TEAE，强碱型）、二乙氨基乙基（DEAE，弱碱型）、氨基乙基（AE，中等碱型）、三乙醇基氨基（ECTF，中等碱型）等，可制成纤维状、微粒、短纤维、球形 4 种类型。Pharmacia 公司生产的 DEAE Sephacel 为球形颗粒，机械性能和理化稳定性好，对蛋白质、核酸、激素等均有良好的分辨率、回收率和交换容量，使用简单方便，在生物化学与分子生物学中普遍使用。此外，Whatman 公司的 DE-纤维素、CM-纤维素、P-纤维素、AE-纤维素、SE-纤维素及 QA-纤维素，Bio-Rad 公司的 CellexD、CellexE、CellexP 和 CellexCM，以及一些国产的 DEAE-纤维素和 CM-纤维素也可选择使用。

b. 葡聚糖系列离子交换剂。以 Sephadex G-25 和 Sephadex G-50 为基质，分别引入 DEAE、QAE［二乙基（二羧丙基）氨基乙基，弱碱型］、CM、SP（磺丙基，强酸型）等功能基团，构成 8 种交换剂，交换容量较离子交换纤维素大，除离子交换作用外，还有分子筛作用，但层析时床体积随洗脱剂离子强度的增加而缩小，以 Sephadex G50 为基质的交换剂尤其明显、为使用带来不便。

c. 琼脂糖系列离子交换剂。以琼脂糖为基质，主要有 Pharmacia 公司的 Sepharose 和 Bio-Rad 公司的 Bio-Gel 两个系列。

Sepharose 系列离子交换剂的早期产品为 DEAE Sepharose CL-6B 和 CM Sepharose CL-6B，对生物大分子分辨率好，交换容量大，床体积随洗脱液的离子强度和 pH 的改变小，使用较 Sephadex 系列方便。后续产品 Sepharose Fast Flow（Sepharose FF）理化稳定性和机械性能更好，交换容量大，可以在位清洗，床体积随 pH 和离子强度变化很小。由于流速和载量高，适合于进行大量粗产品的纯化工作。引入的功能基团有 Q（强碱性）、SP、DEAE、CM 4 种。此外，Sepharose High Performance（Sepharose

HP）有 Q Sepharose HP 和 SP Sepharose HP 2 种，颗粒细、分辨率高，理化稳定性好，流速和载量均适合于实验室或大量制备使用。

Bio-Gel A 系列属于交换剂的有 DEAE Bio-Gel A 和 CM Bio-Gel A 2 种，回收率极高，床体积随 pH 和离子强度变化小，pH 和化学稳定性好。

d. Source 系列离子交换剂：有 Q 和 S（强酸型）两种，是低压层析系统中分辨率最高、流速最快的离子交换剂，理化稳定性极好，可用 1 mol/L HCl 和 1 mol/L NaOH 在位清洗，使用寿命长、样品回收率高、重复性好、工艺放大容易。

e. Mono Beads 系列离子交换剂：是 Pharmacia 公司推出的新型交换剂，以亲水性聚醚为基质，能快速分离蛋白质、肽和低聚核苷酸，动态载样量大，可分离从毫克到克的单克隆抗体。

**2. 离子交换剂的选择**

任何一种离子交换剂都不可能适用于分离所有的样品。因此，选择理想的离子交换剂是提高有效成分得率和分辨率的一个重要环节。

（1）阴、阳离子交换剂的选择。如果被分离物质带正电荷，应选样阳离子交换剂；如果被分离物质带负电荷，则应选择阴离子交换剂；如果被分离物质为两性离子，要按照其稳定状态的净电荷来选择交换剂。假设一个蛋白质的等电点为 5，若该物质在 pH 5～8 稳定时，应选择阴离子交换剂；若该物质在 pH 5 以下稳定时，则可选择阳离子交换剂。

（2）强、弱离子交换剂的选择。一般来说，强离子交换剂适用的 pH 范围很广，所以常用它来制备无离子水和分离一些在极端溶液中解离且较稳定的物质。而弱性离子交换剂适用的 pH 范围较窄，在 pH 为中性的溶液中交换容量也高，用于分离生物大分子物质时，其活性不易丧失。所以，分离生物样品多采用弱离子交换剂。

（3）反离子的选择。离子交换剂处于电中性时往往带有一定的反离子。为了提高交换容量，一般应选择结合力较小的反离子。因此，强阳性和强阴性离子交换剂应分别选择 H 型和 OH 型，弱酸性和弱碱性离子交换剂应分别选择 Na 型和 Cl 型。

（4）基质的选择。树脂基质是疏水性化合物，而纤维素、葡聚糖和琼脂糖基质则是亲水性化合物。在分离生物大分子时，亲水性基质交换容量高，且对生物大分子物质的吸附和洗脱都比较温和，被分离物质活性不易受到破坏。

要恰当地选择离子交换剂，必须对被分离物的性质和所处溶液组分及酸碱度等因素进行全面分析。综合考虑上述 4 个方面，恰当的选择离子交换剂才能成功地分离样品。

### 15.2.3.3 离子交换层析的操作

**1. 离了交换剂的处理、再生和转型**

固体交换剂先用水浸泡，待充分膨胀后加大量的水悬浮除去细颗粒，然后改用酸、碱浸泡，以除去杂质和使其带上需要的反离子。疏水性离子交换剂可以用 2～4 倍的 2 mol/L NaOH 或 2 mol/L HCl 溶液处理；而亲水性离子交换剂则只能用 0.5 mol/L NaOH 和 0.5 mol/L NaCl 混合溶液或 0.5 mol/L HCl 处理（时间室温下 30 min）。酸、碱处理的次序决定了离子交换剂携带反离子的类型。在每次用酸（或碱）处理后，均应先用水洗涤至近中性，再用碱（或酸）处理，最后用水洗涤至中性，经缓冲液平衡后即可使用或装柱。

使用过的离子交换剂，可采用一定的方法使其恢复原来的性状，这一过程称为再生。再生可以通过酸、碱反复处理完成，但有时也可以通过转型处理完成。所谓转型是指离子交换剂由一种反离子转为另一种反离子的过程。例如，欲使阳离子交换剂转成 Na 型时，则需用 NaOH 处理；欲使其转成 H 型时，则需用 HCl 处理；欲使其带铵离子时，则需用 $NH_4OH$ 或 NHCl 处理。

长期使用过的树脂含有很多杂质，欲将其除掉，应先用沸水处理，然后用酸、碱处理。用热的稀酸、稀碱处理效果更好。树脂若含有脂溶性杂质时，可用乙醇或丙酮处理。而长期使用过的亲水性离子交换剂的处理一般只用酸、碱浸泡即可。原则上讲，去除杂质的过程应在不破坏离子交换剂的结构和稳定性、不影响其原有交换容量的前提下进行。

**2. 缓冲液的选择**

离子交换剂不仅可以与被分离物进行交换，而且还可以与缓冲液中的离子进行交换。因此，离子交换剂吸附被分离物的量与缓冲液的 pH 和离子浓度有密切关系。

起始缓冲液的 pH 和离子强度要能使样品中的有效成分与离子交换剂结合，而杂质与交换剂不结合，则 pH 一般比有效成分的 pI 高一个单位（用阴离子交换剂）或低一个单位（用阳离子交换剂），离子强度为 0.1 时，就可很快地把有效成分与杂质分开。或者选择起始缓冲液的离子强度和 pH，使有效成分与离子交换剂结合得不牢固，而杂质与离子交换剂结合得牢固，也能得到高纯度的有效成分。选用的洗脱液，其离子强度和 pH 应使有效成分从离子交换剂上解离下来，一般离子强度要比起始缓冲液的离子强度高，pH 要按离子交换剂性质来选择。

**3. 被分离物质的交换**

使用离子交换剂的方法有两种。一种是柱层析法，也称为动态法，即将离子交换剂装入层析柱内，让溶液连续通过，该法交换效率高，应用范围广。另一种是分批法，也称为静态法，即将离子交换剂置入盛溶液的容器内缓慢地搅拌。该法交换率低，不能连续进行，但是需要的设备简单，操作容易。

柱层析法装柱的操作和要求与吸附层析法相同，离子交换剂的总用量要依据其交换量和待吸附物质的总量（包括连续使用的全部量）来计算。当溶液含有各种杂质时，必须考虑使交换量留有充分余地，实际交换量只能按理论交换量的 25%～50% 计算。在样品浓度极低或有效成分与杂质的性质相似时，则实际交换量应控制得更低些。层析柱高与直径比例一般要大于 10∶1，分离样品的成分复杂时，比例宜高一些；用于样品浓缩和脱盐时，比例可低一些。

**4. 被分离物质的洗脱与收集**

在离子交换层析过程中，常用梯度溶液进行洗脱，而溶液的梯度则是由盐浓度或酸碱度的变化形成的。制备梯度溶液的装置是由两个彼此相通的圆筒容器和一个搅拌器组成的。

梯度溶液按组成来分一般有两种。一种是增加离子强度的梯度溶液。是用一种简单的盐（如 NaCl 或 KCl）溶解于稀缓冲液制成的，习惯上不用弱酸或弱碱的盐类；另一种是改变 pH 的梯度溶液。该溶液是用两种不同 pH 或不同缓冲容量的缓冲液制成的，所用缓冲液的种类、pH及缓冲容量要认真选择，否则将达不到预期目的。对于增加离子强度的梯度溶液，不管用于何种类型的离子交换剂，其离子强度绝大部分是增加的。而改变pH的梯度溶液则不然，如果使用的是阳离子交换剂，pH应从低到高递增；如果使用的是阴离子交换剂，pH应从高到低递减，实际许可的pH范围由待分离物质的稳定pH范围和离子交换剂限制的pH范围决定。

洗脱液的离子强度和酸碱度的变化速率会影响层析的效果。当被分离物之间的选择系数相差较小时，洗脱液的离子强度或酸碱度的变化速率小一些，有利于分辨率的提高，但各组分的峰形过宽时，可通过适当增加变化梯度斜率来改善。若各组分的选择系数差别大，有些组分不易洗脱时，洗脱液的离子强度或酸碱度的变化率要大一些。

经洗脱流出来的溶液可用部分收集器分部收集，每管体积一般以柱体积的1%～2%为宜。降低分部收集体积，可提高分辨率。分部收集的溶液经过检测分析，便可得知所含物质的数量。以此为纵坐标，以相应的洗脱体积为横坐标，能绘制出洗脱曲线。若被分离物可以用合适的检测器检测，则可使洗脱液流经检测器的比色池，用记录仪绘制洗脱曲线，如蛋白质和核酸可用紫外检测器分别检测 $A_{280}$ 或 $A_{260}$。

## 15.2.4 亲和层析

亲和层析是利用生物分子间所具有的专一而又可逆的亲和力而使生物分子分离纯化的层析技术。具有专一而又可逆的亲和力的生物分子是成对互配的，主要有酶和底物、酶和竞争性抑制剂、酶和辅酶、抗原和抗体、DNA和RNA、激素和其受体、DNA和结合蛋白等。

在成对互配的生物分子中，可把任何一方作为固定相，而对样品溶液中的另一方分子进行亲和层析，达到分离纯化目的。例如，抗原与其特异性抗体是成对互配的，既可把抗原作为固定相，使样品中的抗体分离纯化；也可把抗体作为固定相，使样品中的抗原分离纯化（图4-15-3）。

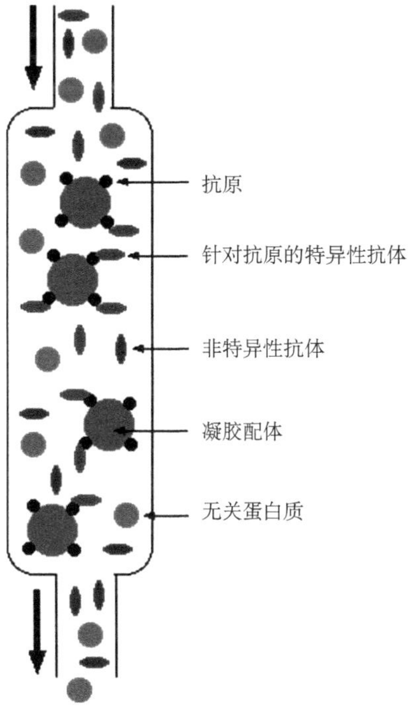

图4-15-3 亲和层析原理与过程示意图

### 15.2.4.1 配基和偶联凝胶的选择及处理

在亲和层析中，作为固定相的一方称为配基(ligand)。配基必需偶联于不溶性配体（matrix）（又称为载体或担体）上，常用的载体主要有琼脂糖凝胶、葡聚糖凝胶、聚丙烯酰胺凝胶、纤维素等。

当用小分子作为配基时，由于空间位阻不易与载体偶联，或不易与配对分子载体结合，为此通常在载体和配基之间接入不同长度的连接臂（space arm）。

偶联时，必须首先使载体活化，即通过某种方法（如溴化氰法、叠氮法等）为载体引入某一活泼的基团。活化载体（包括带连接臂的）已有商品出售。Pharmacia公司生产的偶联凝胶（coupling gel）可以很简单地与所需的配基偶联，不需要特殊的设备和复杂的化学反应，常用的有：①溴化氰活化的琼脂糖凝胶 4B（CNBr-activated sepharose 4B），通过自发反应可安全、简便、快速地与含有伯胺基的配基偶联；②氨基琼脂糖凝胶 4B（AH- sepharose 4B），含有六碳（$C_6$）长度的连接臂，与含有氨基的配基偶联；③羧基琼脂糖凝胶 4B（CH-sepharose 4B），含有六碳（$C_6$）长度的连接臂可与含有氨基的配基偶联；④活化的羧基琼脂糖凝胶 4B（activated CH-sepharose 4B），含有六碳连接臂和一个活化的酯化基团，可自发地与含有氨基的配基偶联；⑤环氧活化的琼脂糖凝胶 6B（epoxy-activated sepharose 6B），含有一条长的亲水连接臂，可与含有羟基、氨基或巯基的配基偶联；⑥活化的巯基琼脂糖凝胶 4B（activated thiolsepharose 4B），谷胱苷肽作为连接臂，可与含有游离巯基的蛋白质配基可逆偶联；⑦巯丙基琼脂糖凝胶 6B（thiopropyl sepharose 6B），含有一个较短的亲水连接臂（2-巯丙基），可与含有巯基的蛋白质或其他小分子配基可逆偶联，也可以与重金属离子、烷基和芳香基反应，并且进一步与含有 C=、—C=C—、—N=N—键的化合物反应。

进行亲和层析之前，首先要根据目的物质的特性，选择与之配对的分子作为配基，然后根据配基的大小和所含基团等特性选择适宜的偶联凝胶，再在一定条件下使配基与偶联凝胶接合。

例如，欲分离某一辅酶，必须选择与之配对的酶作为配基，由于酶含有氨基，可选用活化的羧基琼脂糖凝胶 4B（activated CH-sepharose 4B）作为偶联凝胶，再按下述方法将配基与偶联凝胶连接起来。①将 activated CH-sepharose 4B 在 1 mmol/L 的冰冷 HCl 中浸泡 15 min（每克干燥偶联凝胶用 200 ml HCl），然后用玻璃滤器除去盐。②将配基溶解于偶联缓冲液中（0.1 mol/L、pH 8.0 的 $NaHCO_3$ 溶液中含有 0.5 mmol/L NaCl）。将偶联凝胶与配基混合，先在室温下静置 1 h，再在 4℃条件下维持 4 h，连接完毕后，除去偶联缓冲液。③用高 pH 缓冲液（含有 0.5 mol/L NaCl 的 0.05 mol/L、pH 8 的 Tris 缓冲液）和低 pH 缓冲液（含有 0.5 mol/L NaCl 的 0.05 mol/L 甲酸缓冲液，pH 4.0）先后冲洗，即可使用。也可将其浸泡在缓冲液中置于 4～8℃冰箱中保存备用。

#### 15.2.4.2 亲和层析的操作条件

亲和层析操作方法与凝胶层析相同，层析操作与离子交换层析相似。但由于亲和层析的对象都是生物大分子，为防止变性，常在低温（4℃）下进行。亲和层析柱所用的平衡缓冲液应和样品缓冲液一致，pH 一般在近中性的范围内。上柱的流速应尽可能缓慢。上柱后，用大量平衡缓冲液洗去杂质，然后用洗脱液洗脱亲和物。洗脱结束后，继续用洗脱液洗涤，直至无亲和物为止。最后用平衡缓冲液使亲和层析柱平衡，即可重复使用。暂时不用时，亲和层析柱应置于 4℃低温保存。

### 15.2.5 高效液相色谱法

#### 15.2.5.1 高效液相色谱法的基本原理

高效液相色谱法（high performance liquid chromatography，HPLC）又称为高速

液相色谱法、高压液相色谱法、现代液相色谱法等，是在经典液相色谱或气相色谱的基础上发展起来的分析技术，特别适用于高沸点、不能气化或热稳定性差的有机物的分离分析，在生物化学与分子生物学中的已广泛应用。

HPLC在高压下使液体通过色谱柱，在室温条件下分离混合组分，经检测器转变成电信号，由记录器描记或数据处理装置显示测定结果，具有高压、高速、高效、高灵敏度等特点。

（1）高压。HPLC是以液体作为流动相，而液体比气体通过色谱柱时所受的阻力要大得多，所以必须施加高压，一般为15～30 MPa，最高可达50 MPa。

（2）高速。由于HPLC采用了高压，使流动相液体的流速加快，一般分析周期为数分钟至数十分钟，比经典的液相柱色谱要快得多。

（3）高效。由于HPLC的柱效较高，有时一根柱子可分离数十种乃至上百种组分。

（4）高灵敏度。由于采用灵敏的检测器和自动化装置，可检出$10^{-9}$g乃至$10^{-11}$g的物质；所需试样量很少，通常只需数十微升试样即可进行全分析。

由于HPLC具有以上特点，所以自20世纪70年代以来得到了迅速的发展。

### 15.2.5.2　HPLC的分类

HPLC可以分为很多类别，按分离机制可分为5种主要类型。

**1. 液固吸附色谱**

以吸附剂为固定相，以不同极性的溶剂为流动相，根据试样中各组分吸附能力的不同而进行分离的方法，称为液固吸附色谱。在HPLC中常用全多孔型硅胶微粒为吸附剂，直径5～10 μm，由于颗粒小且多孔，故柱效很高。

**2. 液-液分配色谱**

流动相与固定相均为液体的色谱法，称为液-液分配色谱法或简称为液-液色谱法，按照固定相和流动相极性的差别，可分为正相和反相色谱法两类。

（1）正相液-液色谱法。流动相极性小于固定相的液-液色谱法称为正相液-液色谱法，洗脱时样品中极性小的组分先流出色谱柱，极性大的组分在固定相中溶解度大，后流出色谱柱。

原始的正相色谱以含水硅胶为固定相，以烷烃等为流动相，由于固定液易流失，已被化学键合相色谱法取代。化学键合相是指将固定液用化学键键合在载体表面形成的固定相。正相色谱常用的氰基键合相，性质与硅胶类似，只是保留时间略少。氨基键合相的氨基为碱性，与硅胶的性质差异较大，常用于糖类的分析。正相色谱以有机溶剂为流动相，使用成本较高。

（2）反相液-液色谱法。流动相极性大于固定相的液-液色谱法称为反相液-液色谱法，洗脱时样品中极性大的组分先流出色谱柱。为了防止固定液的流失，反相色谱法均使用化学键合相，典型的反相化学键合相用多孔性载体上化学键合的十八烷基（octadecysilyl，ODS或$C_{18}$）为固定相，流动相常用甲醇-水或乙腈-水。非典型反相与谱系统由弱极性或中等极性的键合相与极性大于固定相的流动相构成。

反相键合色谱法固定相不流失，流动相以水为主，用甲醇或乙腈调节极性，应用范围很宽，且使用成本低，在HPLC中应用最广。

一般的反相色谱法主要用于分离分析非极性和中等极性的化合物，但用两种改进的方法也可分离离子化合物。其一为离子对色谱法，在流动相中加入样品为离子的反离子，使其与样品离子构成不带荷电的中性离子对，增加其在非极性固定相中的溶解度，使分配系数增加，改善分离效果。分析碱类时可在流动相中加入烷基磺酸盐（PIC），分析酸类时则加入四丁基季胺盐（PIC-A）［如四丁基胺磷酸盐（TBA）等］。这种方法可以使 $C_{18}$ 柱子一柱多用，用其取代离子交换法，可避免离子交换法流动相对泵和流路的腐蚀，缺点是 PIC 试剂较贵。其二为离子抑制色谱法，通过调节流动相的 pH，抑制样品组分的解离，增加其在固定相中的溶解度。在流动相中加入乙酸等弱酸、氨水等弱碱、磷酸盐及乙酸盐等缓冲盐调节 pH 即可用于分离有机酸和有机碱。这种方法比离子对法成本低，但重复性差，且需注意流动相的 pH 应为 2～8，超出此范围可能使键合基团脱落，实验后要及时用不含缓冲盐的流动相冲洗，以防腐蚀仪器流路系统。

**3. 离子交换色谱**

由于聚苯乙烯树脂类具膨胀性，不耐压，HPLC 的离子交换剂多用薄壳型或全多孔微粒硅胶为载体，表面化学键合各种离子交换基团，常用的为强酸性磺酸基和强碱型季铵盐。其中全多孔硅胶为基体的离子交换剂柱效高、载样量大，有较好的耐压性和理化稳定性，但在 pH＞9 的流动相中硅胶易溶解，未键合的残留硅醇基易生成硅酸盐，故只能在 pH 0～8 使用，层析过程中要控制流动相的 pH 和离子强度。

**4. 空间排斥（凝胶）色谱**

葡聚糖等软质凝胶在压强 0.1 PMa 左右即被压坏，不宜在 HPLC 使用。由苯乙烯和二乙烯苯交联而成的半硬质凝胶柱效较高，常用有机溶剂为流动相，缺点是具膨胀性，流动相流经时柱的填充状态会发生变化。以多孔硅胶及多孔玻璃珠等无机材料制成的硬质凝胶，在溶剂中不变形，但装柱时易碎，柱效较差，吸附性较强，有时易拖尾。

**5. 亲和色谱**

亲和色谱常用的基质有高度交联的 Sephadex 和 Bio-Gel 等琼脂糖凝胶，大孔径聚丙烯酰胺凝胶和多孔硅胶，配基选择及交换剂合成的原理类似于经典亲和层析，目前已有许多商品化的亲和色谱固定相和色谱柱可供选择。

### 15.2.5.3 HPLC 的仪器构成

高效液相色谱仪通常由溶剂输送系统、进样系统、色谱分离系统和检测记录系统 4 部分组成。

**1. 高压泵**

由于 HPLC 的固定相颗粒很小，柱阻力很大，故载液必须用高压泵来输送，通常柱前压达 15～30 MPa 时才能获得高速的液流，以达到快速分离的目的。载液要预先脱气，流路中不应产生气泡，并要避免尘粒，以免堵塞泵和柱子，故使用前载液常在减压下通过 0.45 $\mu$m 的滤膜进行过滤和脱气。有时还用梯度洗脱装置，使载液的组成（浓度、离子强度、极性和 pH）随时间而连续改变，以提高色谱分离的效果。

**2. 进样装置**

为了将试样有效地送入色谱柱，可用微量注射器通过六通进样阀的进样口注入样液；也可将样液先注入与柱头相连的储样环管，然后利用切换阀让载液将样品定量地送入色谱柱。

**3. 色谱柱**

HPLC 所用的色谱柱大多为内径 2～4.6 mm、长度 0.3 m 左右的直形短柱。固定相可通过干法或湿法在高压下装入色谱柱，要求填充均匀。多数使用者可直接购置各种类型的预装柱，在使用过程中由于杂质污染往往使柱效逐渐降低。因此，每次测定后要用流动相慢速（0.1 ml/min）冲洗柱子，使其再生。加预柱也是保护色谱柱延长使用寿命的好办法。

**4. 检测器**

目前应用较多的是紫外检测器、差示折光检测器和荧光检测器。紫外检测器是基于试样中的待测组分对待定波长的紫外线有选择性的吸收，其吸光度与组分浓度成正比的关系进行检测的。为了适应 HPLC 的要求，测量池的体积都很小，一般为 5～10 μm，光路长 5～10 mm。差示折光检测器是利用连续测定流通池中溶液折射率的变化来测定试液浓度的检测器。由于溶有待测组分的流动相与参比流动相之间折射率的差值，与待测组分在流动相中的浓度成正比，故可根据折射率的改变来测定待测组分的含量。荧光检测器是根据某些物质在紫外线下具有荧光的特性来检测的，具有很高的灵敏度，适用于检测有 $\pi$-$\pi$ 共轭体系的大分子及结构复杂的化合物，如蛋白质、氨基酸、维生素、稠环芳烃等。有些无 $\pi$-$\pi$ 共轭体系的分子通过柱前衍生法引入荧光基团也可用荧光检测器检测。

### 15.2.5.4 定性、定量方法

HPLC 定性、定量的原理与气相色谱法相同，有纯物质标准品时，可用纯物质的保留时间或调整保留时间与样品中相应组分的对比来定性。无纯物质标准品时，通常用 HPLC-MS（质谱）联用仪或 HPLC-FTIR（干涉分光型红外分光光度计）联用等方式定性，但仪器间的接口技术比气相色谱与光谱仪器联用复杂。

HPLC 定量方法与气相色谱法基本相同，但由于很难查到相同实验条件下的定量校正因子，故较少使用校正归一化法。由于 HPLC 进样量较大，而且可以用六通阀定量进样，进样量误差较小，故常用外标法定量，一般要用外标工作曲线法检验线性范围及工作曲线是否通过原点，只有截距为零时，才能用外标一点法定量。为了减小实验条件波动对分析结果的影响，一般每次测定都同时进对照品溶液与样品溶液，称为随行外标一点法，定量计算的方法与气相色谱法相同。HPLC 的定量也可用内标法，但使用较少。

## 15.2.6 高效毛细管电泳

### 15.2.6.1 高效毛细管电泳的基本原理

高效毛细管电泳（high performance capillary electrophoresis，HPCE）和一般电冰的区别在于使用毛细管柱（图 4-15-4）。在熔融石英毛细管内壁覆盖一层硅氧基（Si-O-）阴离子，由于吸引了溶液中的阳离子，由此在毛细管内壁形成表面带阴离子的双电层。层外缘扩散层中富集的阳离子被电场阴极吸引导致溶液向阴极流动，这种效应称

为电渗（electroosmosis）。电渗流的速率 $u_{eo}$ 和电场强度 $E$ 成正比，定义电渗速率 $u_{eo}$ 和场强 $E$ 的比值为电渗淌度 $\mu_{eo}$，即

$$\mu_{eo}=u_{eo}/E$$

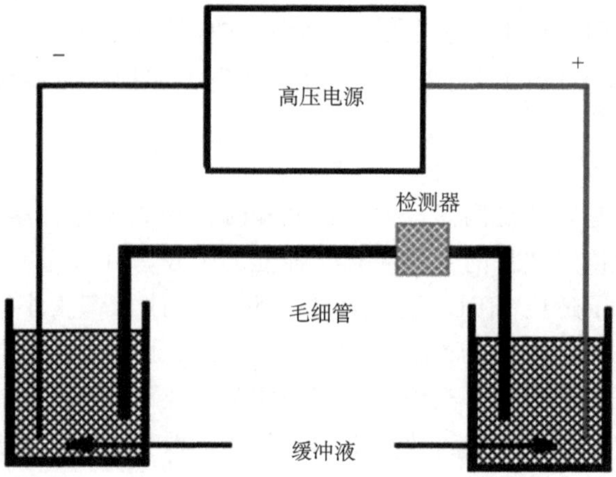


图 4-15-4　毛细管电泳示意图

电渗淌度与硅氧层表面的电荷密度成正比，与离子强度的平方根成反比。在低 pH 条件下，硅氧层形成分子（Si-OH），因而减少了表面电荷密度，故电渗速率减小。例如，在 pH 9 的硼砂缓冲液的电渗速率约为 2 mm/s，而在 pH 3 介质中电渗速率减小约 1 个数量级。影响电渗的一个重要因素是毛细管中因电流作用产生的焦耳热，能使柱中心的温度高于边缘的温度，形成抛物线形的温度梯度，管壁附近温度低，中心温度高，结果使电渗速率不均匀而造成区带变宽，柱效降低。为此，应避免使用过长和内径大于 500 μm 的毛细管柱，还应注意减小毛细管的壁厚、选择适宜的电压和缓冲液及使用良好的冷却系统。

HPCE 中观察到的离子淌度是离子的电泳淌度（$\mu_{ep}$）和溶液的电渗淌度的加和。定义表观淌度为 $\mu_{app}$，则

$$\mu_{app}=\mu_{ep}+\mu_{eo}$$

带正电荷离子的 $\mu_{ep}>0$、$\mu_{eo}>0$、故 $\mu_{app}$ 总是为正号，离子向阴极移动。而带负荷的离子受电泳流的影响被阴极排斥，$\mu_{ep}<0$，在高 pH 条件下，若 $\mu_{eo}>\mu_{ep}$，$\mu_{app}$ 仍为正号，离子仍然可向阴极移动；但在低 pH 条件下，$\mu_{app}$ 可为负号，离子将向反方向移动。此时必须改变电场方向，方可检测到欲分析的离子。

对于实际速率为 $u_{net}$（net 指 net speed）的组分，表观淌度可由下式计算：

$$\mu_{app}=u_{net}/E=(L_d/t)/(V/L_t)$$

式中，$L_d$ 为从进样口到检测器的实际柱长；$L_1$ 为总柱长；$V$ 为电压；$t$ 为所需的分析时间。

实际测试电渗淌度时可用中性组分，此时，$\mu_{ep}=0$、$\mu_{eo}=\mu_{app}$、$\mu_{ep}=\mu_{eo}$，上式为

$$\mu_{eo}=u_{中性}/E=(L_d/t)/(V/L_t)$$

HPCE 的毛细管容易冷却，故可以使用 20～30 kV 的高电压，由于管内径只有

25～100 μm，无涡流扩散，使传质阻抗趋于零，因此有很高的分辨率。电解质液由毛细管阳极端进入毛细管，携带被分离的组分可以从毛细管阴极端流入检测器的比色池，电泳过程与结果分析均容易自动化。因此 HPCE 已成为效率极高的现代分析仪器，在生物化学与分子生物学中得到日益广泛的应用。

### 15.2.6.2　实验方法

**1. 仪器结构特点**

HPCE 的分辨率和高压电源的电压成正比。其电压一般都高达 20～30 kV。高压源是仪器的重要部件，要求有良好的电压稳定性和较高的输出电压。但过高的电压会在毛细管内部产生焦耳热，因此电压升高应适宜，还要使用冷却剂或其他冷却方式降低毛细管的温度。

制备毛细管的材料最常用的是熔融石英，这是由于熔融石英传热效果好，并可直接用紫外或荧光方式检测。为了防止折断，通常在毛细管外壁涂一层高分子材料，以增强其柔韧性，其内壁可用稀碱和缓冲液冲洗，并用压入法或抽出法完成。

电解质储液槽一般用玻璃或塑料瓶及细铂丝电极制成，内充一定 pH 的缓冲溶液；充满溶液的毛细管两端分别放入两个槽内，当高压电源和铂丝连接输出电压后形成闭合电流回路。

为了能够控制毛细管内部的环境，除了改变缓冲液的 pH 外，还可加入十六烷基三甲基溴化铵等表面活性剂改变电渗流的方向。应用硅烷化、高聚物涂渍等技术修饰毛细管内壁，以便减少吸附，改善峰形。

**2. 进样方法**

进样方法对 HPCE 的分离效率和再现性有重要影响。HPLC 中使用的微量注射器进样、进样阀进样已不再适用，较多使用的方法是压差进样和电动进样两种。

压差进样又称为动力进样（hydrodynamic injection），是利用毛细管虹吸原理进样，只要将毛细管插入缓冲液，准确计时，样品进入毛细管的体积 $V$ 为

$$V = \Delta P \pi d^4 t/(128\eta L_1)$$

式中，$\Delta P$ 为毛细管两端的压力差；$d$ 为毛细管的内径；$\eta$ 为样品液的黏度；$L_1$ 为毛细管的总长；$t$ 为进样时间。

电动进样（electrokinetic injection）利用电渗机制使样品在外加的进样电压作用下沿毛细管内壁进入毛细管。一定时间 $t$ 进样的量用下式计算：

$$n_{样} = \mu_{app}(Ek_b/k_s)t\pi r^2 C$$

式中，$n_{样}$ 为进入毛细管的样品量（mol）；$\mu_{app}$ 为表观淌度；$E$ 为电场强度；$k_b$、$k_s$ 分别为缓冲液和样品液电导的比值；$r$ 为毛细管的半径；$C$ 为样品浓度（mol/L）。

电动进样对黏度较大的样品更为适用。但定量重现性较差，且可能发生因各组分扩散系数的区别形成迁移速率的不同，形成所谓的样品失真。

**3. 检测方法**

检测方法可分为直接检测和间接检测两类。直接检测法所用的检测器和 HPLC 法类似，有紫外、荧光、电化学等。但是为了提高灵敏度，可采用聚光增强入射光强度、

提高光程长度等措施。

对无法直接检测的样品需间接检测。常用方法是在电泳缓冲液中加入具有检测响应的添加剂，如发色团、荧光物质等，作为产生基线信号的本底响应。进样后样品离子和添加剂离子分别产生正峰和负峰，使基线信号发生改变而予以检测。

#### 15.2.6.3　分离类型及应用

**1. 毛细管区带电泳**

毛细管区带电泳（capillary zone electrophoresis，CZE）的分离基于组分淌度的区别，一般毛细管内壁带负电荷，电渗流从阳极移动至阴极，流出顺序为阴离子＜中性分子＜阳离子。若毛细管内壁涂上一层阳离子表面吸附剂，则极性颠倒，流出顺序为阳离子＜中性分子＜阴离子。

CIE 具有分离方便、快速、样品用量小的特点，在无机离子、有机物、氨基酸、蛋白质及各种生物样品的测试中有着广泛的应用。

**2. 胶束电动毛细管色谱**

CZE 主要用于分析带电荷的离子，对中性分子的测试主要是依靠电渗的作用，分离比较困难。此时可应用胶束电动毛细管色谱（micellar electrokinetic capillary chromatography，MECC）进行分离分析。

MECC 是在缓冲溶液中加入表面活性剂，当表面活性剂浓度超过临界胶束浓度时，则形成荷电胶束。而当无胶束存在时，所有中性分子将同时到达检测器；有胶束存在时带负电荷的胶束在电场作用下向相反方向泳动，溶质分子在胶束和水相间形成平衡，在溶液的电渗流和胶束的电泳流的共同作用下分离。溶质分子在胶束内停留时间越长，其迁移所需时间（即保留时间）越长。

最常用的表面活性剂是 SDS。各种阴、阳离子表面活性剂和环糊精等添加剂使得 MECC 有相当多的选择余地，可广泛用于各种类型的样品，在手性分离中也有成功的应用。

**3. 毛细管凝胶电泳**

毛细管凝胶电泳（capillary gel electrophoresis，CGE）是在毛细管中填充具线状缠结聚合物结构的物理凝胶，使样品中各组分通过净电荷差异和分子大小差异双重机制得以分离。CGE 在蛋白质、多肽、DNA 序列分析中得到成功应用，已成为生命科学基础和应用研究中有力的分析工具。

近年来，其他类型的毛细管电色谱（capillary electro-chromatography，CEC）法发展很快。其中填充毛细管电色谱（packed column CEC）法是将细粒径固定相填充在毛细管柱中，开管毛细管电色谱（open tubular CEC）法是把固定相的官能团键合在毛细管内壁表面而形成的色谱柱。CEC 是很有前途的分析方法。

## 15.3　蛋白质的纯化——电泳

带电颗粒在电场作用下向着与其电性相反的电极移动，称为电泳（electrophoresis，EP）。1937 年瑞典科学家 J. A. Tiselius 建立了“移界电泳法”（moving boundary EP），成功地将血清蛋白质分成清蛋白、$\alpha_1$ 球蛋白、$\alpha_2$ 球蛋白、β球蛋白和γ球蛋白5个主要成分。由于他的突出贡献，于1948年荣获诺贝尔奖。

20世纪50年代，许多科学家着手改进电泳仪，寻找合适的电泳支持介质，先后找到滤纸、醋酸纤维素薄膜、淀粉及琼脂作为支持物。60年代，B. J. Davis等科学家利用聚丙烯酰胺凝胶作为电泳支持物，在此基础上发展了SDS-聚丙烯酰胺凝胶电泳、等电聚焦电泳、双向电泳和印迹转移电泳等技术。这些技术具有设备简单、操作方便、分辨率高等优点。目前，电泳技术已成为生物化学与分子生物学以及与其密切相关的医学、农业、林业、牧业、渔业、制药业及某些工业分析中必不可少的手段。

## 15.3.1 电泳技术概述

### 15.3.1.1 泳动度

带电颗粒在单位电场中泳动的速率（mobility）可用下式表示：

$$U=\nu/E=(d/t)/(v/l)=dl/Vt$$

式中，$U$（也可以用 $m$ 表示）为泳动度［$cm^2/(V \cdot s)$］；$\nu$ 为颗粒泳动速率（cm/s）；$E$ 为电场强度（V/cm）；$l$ 为支持物的有效长度（cm）；$V$ 为实际电压（V）；$d$ 为颗粒泳动的距离；$t$ 为通电时间（s或min）。电泳后通过测量 $V$、$t$、$d$、$l$ 即可计算出被分离物质的泳动度。

泳动度与带电颗粒所带净电荷的数量、颗粒大小和形状有关。一般来说，净电荷数量越多，颗粒越小，越接近球形，泳动度越大。被分离的球形分子在电场中所受的力 $F$ 为

$$F=EQ$$

式中，$E$ 为电场强度，即每厘米支持物的电位降；$Q$ 为被分离物所带净电荷。

根据Stoke定律，一个球形分子在液体中泳动所受的阻力（摩擦力）$F'$为

$$F'=6\pi\gamma\eta\upsilon$$

式中，$\eta$ 为介质黏度；$\gamma$ 为分子半径；$\upsilon$ 为分子移动速率。

当平衡时：$F=F'$，即 $EQ=6\pi\gamma\eta\upsilon$

由于 $\upsilon=EQ/6\pi\gamma\eta$ ；$U=\upsilon/E$　得 $U=Q/6\pi\gamma\eta$

由上式可见泳动度与球形分子半径、介质黏度、颗粒所带电荷有关。

### 15.3.1.2 影响泳动度的因素

**1. 电场强度**

电场强度是指每厘米的电位降，也称为电位梯度（电势梯度）。电场强度越高，则带电颗粒泳动越快。根据电场强度的不同，电泳可分为两种。

（1）常压（100～500 V）电泳。其电场强度为2～10 V/cm。分离时间较长，从数小时到数十小时，适合分离蛋白质等大分子物质。

（2）高压（2000～10 000 V）电泳。其电场强度为5～200 V/cm，电泳时间很短，有时只需几分钟。多用于分离氨基酸、多肽、核苷酸、糖类等小分子物质。

**2. 溶液 pH**

为使电泳时 pH 恒定，必须采用缓冲液作为电极液，溶液的 pH 决定带电颗粒的解离程度，即决定其所带电荷的多少。对蛋白质而言，溶液 pH 离等电点（pI）越远，则颗粒所带的净电荷越多，泳动速率也越快；反之则越慢。因此分离某种蛋白质混合液时，应选择一个合适的 pH 使欲分离的各种蛋白质所带的电荷数量有较大的差异。

**3. 溶液的离子强度**

缓冲液离子强度越大，则颗粒的电动电势越小，泳动度也越小。一般最适合的离子强度为 0.02～0.2 mol/L。溶液离子强度（ionic strength）的计算公式如下：

$$I=1/2\sum cz^2$$

式中，$I$ 为离子强度；$c$ 为离子的物质的量浓度（mol/L）；$z$ 为离子价数，价数越高，则离子强度越大。

例如，求 0.015 mol/L $Na_2SO_4$ 的离子强度：

$$Na_2SO_4=2Na^+ + SO_4^{2-} \quad I=1/2\ (0.015\times2\times1^2+0.015\times2^2)=0.045$$

**4. 电渗**

电泳缓冲液相对于固体支持物的移动称为电渗。例如，纸电泳，滤纸吸附 $OH^-$ 带负电荷，与纸接触的缓冲液带正电荷向负极移动，会对颗粒的移动造成不良影响，故电泳时，电渗小些为好。

**5. 温度**

电泳时会产生焦耳热，使介质黏度下降，分子运动加快，迁移率增加，同时温度过高会使样品中的生物大分子变性失活，因此要控制电压或电流，也可安装散热或冷却装置。

**6. 支持物**

现代的电泳多在固体支持物上进行，使样品中的不同组分形成不同的区带，称为区带电泳。电泳结束后，支持物可以很方便地进行染色、定量等后续处理，因此，使用很广泛。对支持物的一般要求是均匀、吸附力和电渗小、机械性能好、便于染色或紫外线下检测，故最好透明、无紫外线吸收。常用的支持物有滤纸、醋酸纤维素薄膜、淀粉凝胶、聚丙烯酰胺凝胶、琼脂糖凝胶等。

近年兴起的毛细管电泳可不用支持物，并可与检测装置连接使用。此外，借助两性电解质的等电聚焦、电泳与免疫技术结合的免疫电泳，也是电泳的常用技术。

## 15.3.2 醋酸纤维素薄膜电泳

醋酸纤维是纤维素的醋酸酯，由纤维素的羧基经乙酰化而成。将之溶于丙酮等有机溶剂中，即可涂布成均一细密的微孔薄膜，厚度以 0.1～0.15 mm 为宜。太厚吸水性差，分离效果不好；太薄则膜片缺少应有的机械强度而易碎。目前，国内有醋酸纤维素薄膜商品出售，不同厂家生产的薄膜主要在乙酰化、厚度、孔径、网状结构等方面有所不同，但分离效果基本一致。

醋酸纤维素薄膜与滤纸相比较，有以下优点。

（1）分离效果好。其对蛋白质样品吸附极少，无“拖尾”现象，染色后背景能完全脱色，各种蛋白质染色带分离清晰，因而提高了定量测定的精确性。

(2) 快速省时。由于其亲水性较滤纸小，电渗作用小，电泳时大部分电流是由样品传导的，所以分离速率快，电泳时间短。一般电泳 45～60 min 即可，加上染色、脱色，整个电泳完成仅需 90 min 左右。

(3) 灵敏度高，样品用量少。血清蛋白电泳仅需 2 μl 血清，故常用于检测在病理情况下微量异常蛋白质的改变。

(4) 应用面广。在纸上电泳不易分离的某些蛋白质，如胎儿甲种球蛋白、溶菌酶、胰岛素、组蛋白等，用醋酸纤维素薄膜电泳能较好地分离。

(5) 易保存、易定量。醋酸纤维素薄膜电泳染色后，经冰醋酸、乙醇混合液或其他溶液浸泡后可制成透明的干片，有利于扫描定量及长期保存。

由于醋酸纤维素薄膜电泳操作简单、快速、廉价。目前已广泛用于分析检测血浆蛋白、脂蛋白、糖蛋白、胎儿甲种球蛋白、酶、多肽、核酸及其他生物大分子。

## 15.3.3 琼脂糖凝胶

### 15.3.3.1 琼脂糖凝胶的特点

天然琼脂（agar）是一种多聚糖，主要由琼脂糖（agarose，约占 80%）及琼脂胶（agaropectin）组成。琼脂糖是由半乳糖及其衍生物构成的中性物质，不带电荷。而琼脂胶是一种含硫酸根和羧基的强酸性多糖，由于这些基团带有电荷，在电场作用下能产生较强的电渗现象，加之硫酸根可与某些蛋白质作用而影响电泳速度及分离效果。因此，目前多用琼脂糖为电泳支持物进行平板电泳，其优点如下。

(1) 琼脂糖凝胶电泳操作简单，电泳速率快，样品不需事先处理就可进行电泳。

(2) 琼脂糖凝胶结构均匀，含水量大（占 98%～99%），近似自由电泳，样品扩散度较自由电泳小，对样品吸附极微，因此电泳图谱清晰、分辨率高、重复性好。

(3) 琼脂糖透明无紫外吸收，电泳过程和结果可直接用紫外线灯监测及定量测定。

(4) 电泳后区带易染色，样品易洗脱，便于定量测定，制成干膜可长期保存。

目前，常用琼脂糖作为电泳支持物，分离蛋白质和同工酶。将琼脂糖电泳与免疫化学结合，发展成免疫电泳技术，能鉴别其他方法不能鉴别的复杂体系，由于建立了超微量分析技术，0.1 μg 蛋白质就可检出。

琼脂糖凝胶电泳也常用于分离、鉴定核酸，如 DNA 鉴定、DNA 限制性内切核酸酶图谱制作等。由于这种方法操作方便、设备简单、需样品量最少、分辨能力强，已成为基因工程研究中常用的实验方法之一。

### 15.3.3.2 印迹转移电泳

生物化学与分子生物学的研究工作经常需要对电泳分离后的 DNA 进行分子杂交，但琼脂糖不适合于进行杂交操作。1975 年，E. Southern 创造了将 DNA 区带原位转移到硝酸纤维素膜（NC 膜）上，再进行杂交的方法，被称为 Southern 印迹法。随后，J. Alwine 等将类似方法用于 RNA 印迹，被称为 Northern 印迹。1979 年 H. Towbin 等设计了将蛋白质从凝胶转移到硝酸纤维素膜的装置，将蛋白质转移到膜上，再与相应的抗体等配体反应，被称为 Western 印迹。这种装置将膜和凝胶、滤纸等制成夹心饼干状，用低电压、高电流电泳完成转移。1982 年 M. P. Reinhrtan 等用电转移法将等电聚焦后的蛋白质区带从凝胶转移到特定膜上，称为 Eastern 印迹。

目前，国内外有多种核酸、蛋白质印迹转移的电泳装置出售，可使印迹转移因速率快、效率高、重复性好而应用更加广泛。聚丙烯酰胺凝胶也可用于印迹转移电泳，但需将 SDS、尿素等变性剂通过电转移去除。用于电转移时的支持膜也有多种选择，近年来用尼龙膜较多，因为尼龙膜机械性能好、烘烤不变脆，使用时比硝酸纤维素膜更方便。

进行印迹转移电泳时，要注意缓冲液的离子强度要低，pH 要远离 pI，使蛋白质带有较多电荷，一般用稳定性较好的 Tris-缓冲体系。还要注意凝胶与支持膜之间不能有气泡。适当提高电压或电流可以提高转移速度，但也会增加热效应、故电压或电流不可过高。

## 15.3.4 聚丙烯酰胺凝胶电泳

### 15.3.4.1 聚丙烯酰胺凝胶的特点

聚丙烯酰胺凝胶是由单体丙烯酰胺（acrylamide，Acr）和交联剂 $N$，$N'$-甲叉双丙烯酰胺（methylene-bisacrylamide，Bis）在加速剂和催化剂的作用下聚合，并联结成三维网状结构的凝胶，以此凝胶为支持物的电泳称为聚丙烯酰胺凝胶电泳（polyacrylamide gel electrophoresis，PAGE）（图 4-15-5）。与其他凝胶相比，聚丙烯酰胺凝胶有下列优点。

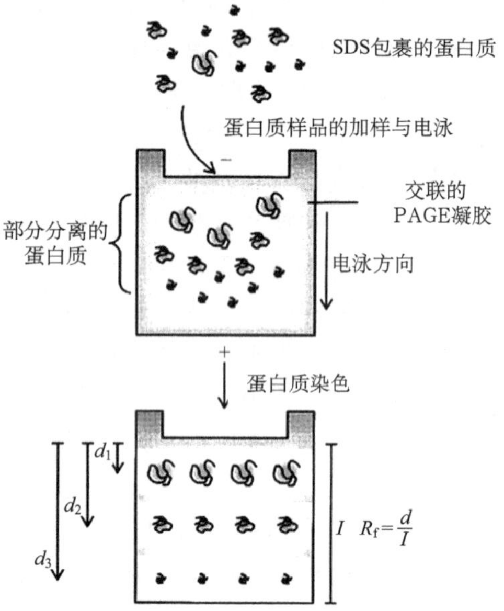


图 4-15-5 SDS-PAGE 原理示意图

（1）在一定浓度时，凝胶透明，有弹性，机械性能好。

（2）化学性能稳定，与被分离物不发生化学反应。

（3）对 pH 和温度变化较稳定。

（4）几乎无电渗作用，只要 Acr 纯度高，操作条件一致，则样品分离重复性好。

（5）样品不易扩散，且用量少，其灵敏度可达 $10^{-6}$g。

（6）凝胶孔径可通过选择单体及交联剂的浓度调节。

（7）分辨率高，尤其在不连续凝胶电泳中，集浓缩、分子筛和电荷效应为一体，因而较醋酸纤维素薄膜电泳、琼脂糖电泳等有更高的分辨率。

PAGE 应用范围广，可用于蛋白质、酶、核酸等生物分子的分离、定性、定量及少量的制备，还可测定相对分子质量、等电点等。

### 15.3.4.2 凝胶聚合的原理及有关特性

**1. 聚合反应**

凝胶的聚合常用过硫酸铵（AP）为催化剂，四甲基乙二胺（TEMED）为加速剂。TEMED的碱基可催化AP水溶液产生游离氧原子，激活Acr单体，使其聚合成单体长链，在Bis作用下，聚合成网状凝胶。碱性条件下凝胶易聚合，室温下7.5%的凝胶在pH 8.8时30 min聚合，在pH 4.3时约需90 min。

此外，核黄素也可仅为催化剂，因聚合需光照，故使用不多。

**2. 凝胶孔径的可调性及其有关性质**

（1）凝胶性能与总浓度及交联度的关系：凝胶的孔径、机械性能、弹性、透明度、黏度和聚合程度取决于凝胶总浓度和Acr与Bis之比。

$T$（Acr和Bis总浓度）%＝（$a+b$）/$m$ ×100%

$c$（交联剂百分比）%＝ $b/(a+b)$ ×100%

式中，$a$ 为Acr质量；$b$ 为Bis质量；$m$ 为缓冲液体积（ml）。

$a/b$（$m/m$）与凝胶的机械性能密切相关。当 $a/b<10$ 时，凝胶脆而硬，坚硬呈乳白色；$a/b>100$ 时，即使5%的凝胶也呈糊状，易于断裂。欲制备完全透明而又有弹性的凝胶，应控制 $a/b=30$ 左右。不同浓度的单体对凝胶性能影响很大，Davis实验时发现，Acr<2%、Bis<0.5%，凝胶就不能聚合。当增加Acr浓度时要适当降低Bis的浓度。通常，$T$ 为2%～5%时，$a/b=20$ 左右；$T$ 为5%～10%时，$a/b=40$ 左右；$T$ 为15%～20%时，$a/b=25$～200，为此Richard等在1965年提出一个选择 $c$ 和 $T$ 的经验公式：

$$c=6.5-0.3\,T$$

此公式适用于 $T$ 为5%～20%的 $c$ 值。其值可有1%的变化。在研究大分子核酸时，常用 $T=2.4\%$ 的大孔凝胶，此时凝胶太软，不易操作，可加入0.5%琼脂糖。在 $T=3\%$ 时，也可加入20%蔗糖以增加机械性能，此时，并不影响凝胶孔径的大小。

（2）凝胶浓度与孔径的关系：$T$ 与 $c$ 不仅与凝胶的机械性能有关，还与凝胶的孔径关系极为密切。一般来讲，$T$ 浓度大，孔径小，移动颗粒穿过网孔阻力大。此外，孔径还同Acr与Bis的比例有关，Bis占Acr总浓度的5%时，孔径最小。

（3）凝胶浓度与被分离物相对分子质量的关系：由于凝胶浓度不同，平均孔径不同，能通过可移动颗粒的相对分子质量也不同，其大致范围如表4-15-2所示。

**表4-15-2 相对分子质量范围与凝胶浓度的关系**

| 相对分子质量范围 | 使用的凝胶浓度/% |
|---|---|
| 蛋白质 | |
| $<10^4$ | 20～30 |
| $1\times10^4$～$4\times10^4$ | 15～20 |
| $1\times10^4$～$5\times10^4$～$1\times10^5$ | 10～15 |
| $1\times10^5$ | 5～10 |

续表

| 相对分子质量范围 | 使用的凝胶浓度/% |
|---|---|
| $>5\times10^5$ | 2～5 |
| 核酸（RNA） | |
| $<10^4$ | 15～20 |
| $10^4\sim10^5$ | 5～10 |
| $10^5\sim2\times10^6$ | 2～26 |

在操作时，可根据被分离物相对分子质量大小选择所需凝胶的浓度范围，也可先选用7.5%凝胶（标准胶），因为生物体内大多数蛋白质在此范围内电泳均可取得较满意的结果。如果分析未知样品，也可用4%～10%的梯度胶测试，根据分离情况选择适宜的浓度以取得理想的分离效果。

**3. 影响凝胶聚合的因素**

（1）Acr及Bis的纯度。应采用分析纯的Acr及Bis，两者均为白色结晶物质，$\lambda_{280}$无吸收。如果试剂不纯，含有杂质或丙烯酸时，则凝胶聚合不均一，或聚合时间延长甚至不聚合。

Acr及Bis固体应避光，储存在棕色瓶中，因自然光、超声波及γ射线均可引起Acr自身聚合或形成亚胺桥而交联，造成试剂失效。Acr和Bis储液的pH为4.9～5.2，当pH的改变大于0.4则不能使用，因在偏酸或偏碱的环境中，它们可不断水解，释放出丙烯酸和$NH_4^+$引起pH改变，从而影响凝胶聚合。因此，配制的Acr和Bis储液应置棕色瓶中，4℃储存，存放期一般不超过1～2个月为宜。

（2）AP、核黄素、TEMED是凝胶聚合不可缺少的试剂。AP为白色粉末，核黄素为黄色粉末，应在干燥、避光的条件下保存，其水溶液应置棕色瓶中，4℃冰箱储存，一般AP溶液仅能存放1周；TEMED为淡黄色油状液，原液应密闭储在4℃冰箱中。增加AP和TEMED可加快聚合速率，但过量的AP和TEMED会使电泳时烧胶和谱带变形。应选择合适的配方使聚合在40～60 min完成。

（3）pH。碱性条件下聚合较快，但碱性过强时胶硬而脆，需高pH时应减少AP和TEMED用量，制酸性胶可加$AgNO_3$等促进聚合。

（4）温度。温度高聚合快。但高浓度凝胶聚合时易产生小气泡，低温（5℃）聚合凝胶会变得脆而混浊，一般在25～35℃聚合较好。

（5）氧分子。氧分子阻碍凝胶聚合，故不含SDS的凝胶最好先抽真空脱气，再加引发剂。

### 15.3.4.3 PAGE原理

PAGE根据其有无浓缩效应分为连续系统与不连续系统两大类。前者的电泳体系中缓冲液pH及凝胶浓度相同，带电颗粒在电场作用下，主要靠电荷及分子筛效应；后者的电泳体系，由于缓冲液离子成分、pH、凝胶浓度及电位梯度的不连续性，带电颗粒在电场中泳动不仅有电荷效应、分子筛效应，还具有浓缩效应，故分离效果更好。

不连续系统由电极缓冲液、样品胶、浓缩胶及分离胶组成，两层玻璃板中的排列顺序依次为上层样品胶、中间浓缩胶、下层分离胶。

样品胶的 $T=3\%$、$c=2\%$，其中含有一定量的样品及 pH 6.7 的 Tris-HCl 缓冲液，其作用是防止对流，促使样品浓缩以免被电极缓冲液稀释。目前，一般不用样品胶，直接在样品液中加入等体积 40%蔗糖，同样具有防止对流及样品被稀释的作用。浓缩胶是样品胶的延续，凝胶浓度及 pH 与样品胶完全相同，其作用是使样品进入分离胶前，被浓缩成窄的区带，从而提高分离效果。

分离胶的 $T=7.0\%\sim7.5\%$、$c=2.5\%$，缓冲液为 pH 8.9 的 Tris-HCl，大部分蛋白质在此 pH 条件下带负电荷。分离胶主要起分子筛作用。

**1. 样品浓缩效应**

1）凝胶孔径的不连续性。上述 3 层凝胶中，样品胶及浓缩胶为大孔胶，分离胶为小孔胶。在电场作用下，样品颗粒在大孔胶中泳动的阻力小，移动速率快；当进入小孔胶时，受到的阻力大，移动速率减慢。因而在两层凝胶交界处，样品迁移受阻而压缩成很窄的区带。

2）缓冲体系离子成分及 pH 的不连续性。在 3 层凝胶中均有三羟甲基氨基甲烷（简称为 Tris）及 HCl。Tris 的作用是维持溶液的电中性及 pH，是缓冲配对离子。HCl 在任何 pH 溶液中均易解离出 $Cl^-$，在电场中迁移率快，走在最前面称为快离子。在电极缓冲液中，除有 Tris 外，还有甘氨酸（glycine），其 pI 为 6.0，在 pH 8.3 的电极缓冲液中，易解离出甘氨酸根（$NH_2CH_2COO^-$），而在 pH 6.7 的凝胶缓冲体系中，甘氨酸解离度仅为 0.1%～1%，因而在电场中迁移很慢，称为慢离子。血清中大多数蛋白质 pI 在 5.0 左右，在 pH6.7 或 8.3 时均带负电荷向正极移动，迁移率介于快离子与慢离子之间，于是蛋白质就在快、慢离子形成的界面处被浓缩成为极窄的区带。当进入 pH 8.9 的分离胶时，甘氨酸解离度增加，其有效迁移率超过蛋白质；因此 $Cl^-$ 及 $NH_2CH_2COO^-$ 沿着离子界面继续前进。蛋白质分子由于相对分子质量大，被留在后面，逐渐分成多个区带。

3）电位梯度的不连续性。电泳开始后，快离子的快速移动会在其后形成一个离子强度很低的低电导区，使局部电位梯度增高，将蛋白质浓缩成狭窄的区带。

**2. 分子筛效应**

大小和形状不同的蛋白质通过一定孔径的分离胶时，因受阻滞的程度不同，而表现出不同的迁移率，这就是分子筛效应。

蛋白质进入 pH 8.9 的同一孔径的分离胶后，分子小且为球状的蛋白质分子所受阻力小，移动快，走在前面；反之，则阻力大，移动慢，走在后面，从而通过凝胶的分子筛作用将各种蛋白质分成各自的区带。这种分子筛效应不同于柱层析中的分子筛效应，后者是大分子先从凝胶颗粒间的缝隙流出，小分子后流出。

**3. 电荷效应**

在 pH 8.9 的分离胶中，各种带净电荷的不同蛋白质有不同的迁移率。净电荷多，则迁移快；反之，则慢。因此，各种蛋白质按电荷多少、相对分子质量及形状，以一定顺序排成一个个区带，因而称为区带电泳。

目前，PAGE 连续体系应用也很广，虽然电泳过程中无浓缩效应，但利用分子筛及电荷效应也可使样品得到较好的分离。另外，在温和的 pH 条件下，PAGE 连续体系不致使蛋白质、酶、核酸等活性物质变性失活，也显示了它的优越性。

进行 PAGE 时，一般将溶胶灌在两块玻璃板之间，聚合后制成垂直板，垂直板电泳的优越性有：

（1）表面积大而薄，便于通冷却水以降低热效应，条带更清晰；

（2）在同一块胶板上，可同时进行 10 个以上样品的电泳，便于在同一条件下比较分析鉴定，还可用于印迹转移电泳及放射自显影；

（3）胶板制作方便，易剥离，样品用量少，分辨率高，不仅可用于分析，还可用于制备；

（4）胶板薄而透明，电泳染色后可制成干板，便于长期保存与扫描；

（5）可进行双向电泳。

#### 15.3.4.4 SDS-PAGE 原理

SDS 即十二烷基磺酸钠，是阴离子去污剂，在水溶液中，以单体和分子团的混合形式存在，单体和分子团的浓度与 SDS 总浓度、离子强度及温度有关，为了使单体和蛋白质结合生成蛋白质-SDS 复合物，需要采取低离子强度，使单体浓度有所升高。在 SDS 单体浓度为 0.5 mmol/L 以上时，蛋白质和 SDS 就能结合成复合物；当 SDS 单体浓度大于 1 mmol/L 时，其与大多数蛋白质的平均结合比为 1.4 g SDS/g 蛋白质；当 SDS 单体浓度低于 0.5 mmol/L 时，其与大多数蛋白的平均结合比一般为 0.4 g SDS/g 蛋白质。由于 SDS 带有大量负电荷，当其与蛋白质结合时，所带的负电荷大大超过了天然蛋白质原有的负电荷，因而消除或掩盖了不同种类蛋白质间原有电荷的差异，使蛋白质均带有相同密度的负电荷，因而可利用相对分子质量差异将各种蛋白质分开。在蛋白质溶解液中加入 SDS 和巯基乙醇，巯基乙醇可使蛋白质分子中的二硫键还原，使多肽分成单个亚单位。SDS 可使蛋白质的氢键、疏水键打开，引起蛋白质构象的改变。此复合物的流体力学和光学性质均表明，它们在水溶液中的形状近似雪茄形的长椭圆棒。不同蛋白质-SDS 复合物的短轴相同，约 18 nm，而长轴则与蛋白质的相对分子质量成正比。

因此、蛋白质-SDS 复合物在凝胶电泳中的迁移率不再受蛋白质原有电荷和形状的影响，而只是与椭圆体的长度，也就是蛋白质的相对分子质量有关。

目前，用 SDS-PAGE 研究过的蛋白质已有数千种，均证实此法测定蛋白质相对分子质量的可靠性。现在，市场有标准蛋白质试剂出售。测定未知蛋白质相对分子质量时，可选用相应的一组标准蛋白质及适宜的凝胶浓度，同时进行 SDS-PAGE，则可根据已知相对分子质量蛋白质的电泳迁移率和相对分子质量的对数作出标准曲线，再根据未知蛋白质的电泳迁移率求得相对分子质量。本方法具有所用仪器设备简单、操作方便、样品用量少、耗时少（仅需一天）、分辨率高、重复性好等优点，因而得到非常广泛的应用与发展。它不仅用于蛋白质相对分子质量测定，还可用于蛋白混合组分的分离和亚组分的分析，当蛋白质经 SDS-PAGE 分离后，设法将各种蛋白质从凝胶上洗脱下来，除去 SDS，还可进行氨基酸序列、酶解图谱及抗原性质等方面的研究。

然而 SDS-PAGE 也有不足之处，尤其是对电荷异常或构象异常的蛋白质、带有较大辅基的蛋白质（如糖蛋白）及一些结构蛋白等测出的相对分子质量不太可靠。例如，

组蛋白 $F_1$，本身带有大量正电荷，虽然结合了正常量的 SDS，仍不能完全掩盖其原有正电荷，故用 SDS-PAGE 测得的相对分子质量为 35 000，而用其他方法测定的相对分子质量仅为 21 000。因此要确定某种蛋白质的相对分子质量时，最好用两种测定方法互相验证。尤其是对一些由亚基或两种以上肽链组成的蛋白质，由于 SDS 及巯基乙醇的作用，肽链间的二硫键被打开，解离成亚基或单个肽链，因此测定结果只是亚基或单条肽链的相对分子质量，还需用其他方法测定分子中肽链的数目。

尽管连续 SDS-PAGE 在测定蛋白质相对分子质量方面已取得令人满意的结果，然而其浓缩效应差。近年来，趋向用不连续 SDS-PAGE，其分辨率较连续 SDS-PAGE 高 1.5～2 倍。例如，腺病毒 2 型蛋白质用连续 SDS-PAGE 分离出 5 种蛋白质条带；而用不连续 SDS-PAGE 分离出 10 种蛋白质条带。这主要是因为不连续 SDS-PAGE 有较好的浓缩效应。其基本原理与分析血清蛋白所用的不连续 PAGE 相同，只是在操作上有区别：①不连续 SDS-PAGE 在凝胶、电极缓冲液中均加进了 SDS，蛋白质样品溶解液含有 1%SDS 和 1%巯基乙醇，样品液加样前经过 37℃保温 3 h 或 100℃加热 3 min；②连续 SDS-PAGE 分离胶浓度为 13%，而不是 7%，因为在此不连续系统中，凝胶浓度低于 10%时，相对分子质量低于 25 000 的蛋白质走得快，且常和溴酚蓝染料走在一起，甚至超过染料，而 13%的凝胶则有较好的效果。

#### 15.3.4.5 聚丙烯酰胺凝胶等电聚焦电泳原理

蛋白质是两性电解质，当 pH＞pI 时带负电荷，在电场中向正极移动；当 pH＜pI 时带正电荷，在电场中向负极移动；当 pH ＝ pI 时净电荷为零，在电场中既不向正极也不向负极移动，此时的 pH 就是该蛋白质的等电点（pI）。各种蛋白质由不同的氨基酸以不同的比例组成，因而有不同的 pI。利用 pI 不同，以 PAGE 为电泳支持物，并在其中加入两性电解质载体（carrier ampholyte），在电场作用下，两性电解质载体在凝胶中移动，形成 pH 梯度，蛋白质在凝胶中迁移至其 pI 的 pH 处，即不再泳动而聚焦成带，这种方法称为聚丙烯酰胺等电聚焦电泳（isoelectric focusing -PAGE，IEF-PAGE）。

**1. 两性电解质载体**

两性电解质载体是用多烯多胺和不饱和酸合成的脂肪族多氨基多羧基化合物的混合物，其中不同的分子因氨基和羧基比例不同而具有不同的 pI。目前，两性电解质载体由于生产厂家不同、合成方式各异而有不同的商品名称，如 Ampholine（LKB 公司）、Servalyte（Serva 公司）、Pharmalyte（Pharmacia 公司）。国内生产的均称为两性电解质载体，生产厂家有上海东风生化试剂厂、北京“236”部队二所等。一般溶液浓度为 40%或 20%，其 pH 范围分别为 2.5～5、4～6.5、5～8、6.5～9、8～10.5、3～10 等。用 IEF-PAGE 分离蛋白质并测定 pI 时可先选用 pI 3～10 的两性电解质载体及同一范围的标准 pI 蛋白质，将其与未知样品同时电泳、固定染色后，以 pH 为纵坐标轴，距阴极迁移距离（cm）为横坐标轴作出 pH 梯度标准曲线，根据染色后未知蛋白质迁移距离可推知其 pI。为进一步精确测定未知物的 pI，还可选择较窄范围的两性电解质进行电泳，以提高分辨率。

如果实验时，无标准 pI 蛋白质作为标定依据，则电泳后立即用表面微电极每隔

0.5 cm直接测定胶板的 pH，制作 pH 梯度曲线，染色后根据迁移距离推知某种蛋白质的 pI。

两性电解质载体是 IEF-PAGE 中最关键的试剂，它直接影响 pH 梯度的形成及蛋白质的聚焦。因此，要选用优质两性电解质载体，在凝胶中，其终浓度一般为 1%～2%。国内生产的两性电解质载体颜色黄、导电性略差，但只要控制凝胶中终浓度不超过 2%，电泳时电压不要太高，仍可用于分析等电聚焦。为提高分辨率可适当延长电泳时间。

pH 梯度的线性依赖于两性电解质的性质，选择哪种 pH 梯度范围的两性解质载体，则与被分离蛋白质的 pI 有关。

**2. 电极溶液**

选择哪种 pH 梯度范围的两性电应选择在电极上不产生易挥发物的液体作为电极缓冲液，阴、阳电极溶液的作用是避免样品及两性电解质载体在阴极还原或在阳极氧化，其 pH 应比形成 pH 梯度的阴极略高，比阳极略低。值得指出的是，不同厂家合成两性电解质的方法不同，应根据说明书选用有关电极溶液。

**3. 丙烯酰胺的聚合**

在采用 AP 催化化学聚合时，为防止氧分子存在影响聚合，在加 AP 前应对溶液脱气。此催化系统在碱性条件下容易聚合，在酸性条件下（pH$<$5）凝胶聚合比较困难，这可能是在酸性条件下，AP 不能充分产生氧原子，使单体成为游离基，因而阻碍凝胶聚合，可在凝胶中加入 1%的 $AgNO_3$ 促使凝胶聚合。凝胶聚合后，为防止酶的钝化，在加样前进行 15～30 min 预电泳，然后将样品放在其 pI 附近。

在 pH 3～10、中性及碱性 pH 条件下，加入 TEMED 可加速凝胶聚合，但在 pH$<$5 时无加速作用。TEMED 为碱性物质，在 pH 4.5 以上能扩展 PAGE 碱性端 pH 梯度，其扩增幅度与 TEMED 加入量有关。实验表明，在 20 ml 凝胶溶液中加入 50 μl TEMED，在距阴极 0.3 mm 处可扩展 0.7 个 pH 单位；加入 100 μl TEMED 在阴极处能扩展 1.3 个 pH 单位，也就是说 pH 3.5～9.5 的两性电解质载体可扩展到 pH 3.5～11 的梯度范围。因此加入 TEMED 对碱性蛋白质的分析极为有利，可用于分离细胞色素 c、溶菌酶、组蛋白等。

**4. 样品预处理及加样方法**

实验证实盐离子可干扰 pH 梯度形成并使区带扭曲。例如，将 *L*-氨基酸氧化酶分别溶于不同浓度的 NaCl、Tris-HCl 及磷酸钠缓冲溶液中，从 IEF-PAGE 染色图谱可看出高浓度及低浓度 Tris-HCl 缓冲液对 pH 梯度形成影响较小，而 NaCl 及磷酸钠缓冲液干扰 pH 梯度形成并使区带扭曲。为防止上述影响，进行 IEF-PAGE 时，样品应透析或用 Sephadex G-25 脱盐，也可将样品溶解在水或低盐缓冲液中使其充分溶解，以免不溶小颗粒引起拖尾。但某些蛋白质在等电点附近或水溶液及低盐溶液中，溶解度较低，则可在样品中加入两性电解质，如加入 1%甘氨酸或对 1%甘氨酸透析。虽然甘氨酸是两性电解质，但不影响 pH 梯度的形成，可利用其在溶液中的偶极矩作用增加蛋白质的溶解性；也可将样品溶解在含有 2%两性电解质载体的溶液中，因它含有可反应的氨基，并能除去氰酸盐，此时样品最好加在经预聚焦的凝胶板的阳极侧，因在 pH 5 以下，既没有氰酸盐也没有氨基甲酰化存在。此外，还可在样品及凝胶溶液中加入非离子去污剂（如 Tween-80、Triton X-100、Nonide P40 等）或加入相同浓度的尿素（4 mol/L）。为防止氰酸盐引起蛋白质的氨甲酰化，含有尿素的样品及凝胶板只能当天使用。

加样量取决于样品中蛋白质的种类、数目及检测方法的灵敏度。例如，用考马斯亮蓝 R-250 染色，加样量可为 50 ～150 μg；如用银染色，加样量可减少到 1 μg。一般样品浓度以 0.5～3 mg/ml 为宜，最适加样体积为 10～30 μl。如果样品浓度很高，可直接在凝胶表面加 2～5 μl；如果样品浓度很低，可加样 300 μl。将其放在一个特制的塑料小框中或用一小块泡沫塑料及高质量的滤纸或擦镜纸吸取样品放在凝胶表面。由于 IEF-PAGE 是按蛋白质 pI 分离的，电泳后各种蛋白质被浓缩并停留在其 pI 处。因此样品可加在凝胶表面任何位置，既可将样品放在中间，也可放在整个凝胶板中，电泳后均可得到同样的结果。值得指出的是，对不稳定的样品可先将凝胶进行 15～30 min 预电泳，使 pH 梯度形成，然后将样品放在靠近 pI 的位置以缩短电泳的时间，但不要将样品正好加在 pI 处和紧靠阳、阴极的胶面上，以免引起蛋白质变性造成条带扭曲。一般加样电泳半小时后，取出加样滤纸以免引起拖尾现象。

**5. 功率、时间、温度等因素**

功率是电流和电压的乘积。在 IEF 电泳中，样品的迁移越接近 pI，电流越小。为使各组分能更好地分离，就应不断增加电压，缩短 pH 梯度形成和蛋白质分离所需的时间。但过高的电压会使凝胶板局部范围由于高阻抗而过热烧坏。为此，在电泳过程中，应通冷却水，水温以 4～10℃为宜，流量 5～10 L/min。避免使用过低的温度，以免冷凝水滴形成。超薄板（0.5 mm）IEF 分辨率高就是因为其易冷却。

IEF-PAGE 时间与功率取决于多种因素，如聚丙烯酰胺的质量、AP 和 TEMED 的用量、胶板厚薄、两性电解质载体的导电性和 pH 范围。窄 pH 范围电泳时间比宽 pH 范围时间长，这是因为在窄 pH 范围蛋白质迁移接近 pI，带电荷少，故迁移慢。为了提高分辨率，就要增加电压，缩短电泳时间。

IEF-PAGE 操作简单，只要有一般电泳设备就可进行，电泳时间短、分辨率高、应用范围广，可用于分离蛋白质及测定 pI，也可用于临床诊断，农业、食品研究，动物、植物分类等各种领域。随着其他技术的不断改进，等电聚焦电泳也得到不断充实完善，从柱电泳发展到超薄型水平电泳，还可与其他技术（如 SDS-PAGE）结合而组成双向电泳，进一步提高灵敏度与分辨率。

### 15.3.4.6 聚丙烯酰胺凝胶双向电泳原理

双向 PAGE 电泳是由两种类型的 PAGE 组合而成。样品经第一向电泳分离后，再以垂直于第一向的方向进行第二向电泳。如果这两向电泳体系 pH 及凝胶浓度完全相同，则电泳后样品中不同组分的斑点基本呈对角线分布，对提高分辨率作用不大。1975 年，P. H. O'Farrell 等根据不同生物分子间等电点及相对分子质量不同的特点，建立了以第一向为 IEF-PAGE、第二向为 SDS-PAGE 的双向分离技术（简称为 IEF/SDS-PAGE），其基本原理与 IEF-PAGE、SDS-PAGE 完全相同。

一般第一向 IEF-PAGE 用超薄水平板。电泳结束后切取所需泳道用于第二向电泳，或在 1 mm 内径的毛细管中进行第一向 IEF-PAGE，取出胶条用于第二向电泳。第一向电泳的方法同 IEF-PAGE，只是制胶时要加入 2%两性电解质和 6 mol/L 尿素。第二向电泳时，先将 SDS-PAGE 灌在垂直玻璃板之间，上部留 2 cm 左右空间，待聚合后，将第一向胶条转移到第二向胶条之上，用载玻片将胶条轻轻压直，加 3 μl 1%溴酚蓝指示剂，用 1%的琼脂糖（用电极缓冲液配制）密封胶条，琼脂糖凝固后即可电泳。待溴酚蓝将至凝胶板下方边缘时，停止电泳。第二向电泳时，用梯度混合器将凝胶制成 7.5%～15%的浓度梯度，可以提高电泳的分辨率。

已有 5000 余种蛋白质采用 IEF/SDS-PAGE 得到很好的分离，其高分辨率是各种类型单向 PAGE 及其他双向 PAGE 所无法比拟的。因此，IEF/SDS-PAGE 双向电泳已成为当前分子生物学领域内常用的实验技术，可广泛用于生物大分子，如蛋白质、核酸酶解片段及核糖体蛋白质的分离和精细分析。随着该技术的不断改进与发展，其应用范围将更加广泛。

然而，此技术对某些碱性蛋白质的分离却有其局限性，因在第一向 IEF-PAGE 电泳体系中，含有高浓度的尿素，它的存在会使碱性区的 pH 梯度变得很窄而且不稳定，可使碱性蛋白质难以进入凝胶中或者易泳出凝胶外。因此，对碱性蛋白质的分离分析应采用其他方法。

## 15.3.5 染色方法

经醋酸纤维素薄膜、琼脂糖、聚丙烯酰胺凝胶电泳分离的各种生物分子需用染色法使其在支持物相应位置上显示出谱带，从而检测其纯度、含量或生物活性。蛋白质、糖蛋白、脂蛋白、核酸及酶等均有不同的染色方法，现分别介绍如下。

### 15.3.5.1 蛋白质染色

染色液种类繁多，各种染色液染色原理不同，灵敏度各异。使用时可根据需要加以选择。常用的染色液方法有以下几种。

**1. 氨基黑 10B**

氨基黑（amino black）10B 的 $\lambda_{max}$为 620～630 nm，是酸性染料。其磺酸基与蛋白质反应构成复合盐，是最常用的蛋白质染料之一，但对 SDS-蛋白质染色效果不好。另外，氨基黑 10B 染不同蛋白质时，着色度不等、色调不一（有蓝色、黑色、棕色等），定量时误差较大，需要对各种蛋白质作出本身的蛋白质-染料量（吸收值）的标准曲线，这样更有利于定量测定。

**2. 考马斯亮蓝 R-250**

考马斯亮蓝（coomassie brilliant blue）R-250 的 $\lambda_{max}$为 560～590 nm。染色灵敏度比氨基黑 10B 高 5 倍。该染料是通过范德华力作用与蛋白质结合，适用于 SDS 电泳微量蛋白质染色，但蛋白质浓度超过一定范围时，染色不符合比尔定律，做定量分析时要注意这点。

**3. 考马斯亮蓝 G-250**

考马斯亮蓝 G-250（简称为 CBB G-250）的 $\lambda_{max}$为 590～610 nm。染色灵敏度不如 R-250，但比氨基黑 10B 高 3 倍。其优点是在三氯乙酸中不溶而成胶体，能选择地使蛋白质染色而几乎无本底色，所以常用于需要重复性和稳定性的染色，可用于定量分析。

这两种CBB染色法也有缺点，由CBB用乙酸脱色时容易从蛋白质上洗脱下来，且不同蛋白质洗脱程度不同，因而影响光吸收扫描定量的结果。如果染色时间不够时，浓带的两边着色较深而易造成人为的双带。在用CBB染色时，均用酸与醇固定蛋白质，但一些碱性蛋白质（如核糖核酸酶与鱼精蛋白）及低相对分子质量的蛋白质、组蛋白、激素等不能用酸或醇固定，相反它们还会从凝胶中洗脱下来。为解决这一问题，可将电泳后的凝胶放在含0.11% CBB R-250的25%乙醇及6%甲醛溶液中浸泡1 h，甲醛在氨基酸的氨基与PAGE的氨基之间形成亚甲基桥，从而把肽与凝胶连接在一起。对于含SDS的凝胶，可在含3.5%甲醛的染色液中染色3 h，脱色则需要在3.5%的甲醇及25%乙醇溶液中过夜。

**4. 固绿**

固绿（fast green GF）的$\lambda_{max}$为625 nm，酸性染料。染色灵敏度不如CBB，类似于氨基黑10B，但却可克服了CBB在脱色时易溶解出来的缺点。

**5. 荧光染料**

（1）丹磺酰氯（2，5-二甲氨基萘磺酰氯，dansyl chloride，DNS-Cl）。在碱性条件下氨基酸、肽、蛋白质的末端氨基反应，使它们获得荧光性质，可在波长为320 nm或280 nm的紫外灯下，观察染色后的区带或斑点。蛋白质或肽经丹磺酰化后并不影响电泳迁移率，而且，丹磺酰化蛋白质，分离后从凝胶上洗脱下来仍可进行肽的分析，不受蛋白酶干扰。在SDS存在下，也可用本法染色，将蛋白质溶解在含10%SDS的0.1 mol/L Tris-HCl-乙酸盐缓冲液（pH 8.2）中，加入丙酮溶解的10%丹磺酰氯溶液，并用石蜡密封试管，50℃水浴保温15 min，再加入β-巯基乙醇，使过量的丹磺酰氯溶解，这种混合物不经纯化就可电泳。

（2）荧光胺（fluorescamine，又称为fluram）。其作用与丹磺酰氯相似。由于自身及分解产物均不显示荧光，因此染色后没有荧光背景。只是由于引进了负电荷，会引起电泳迁移率的改变，但在SDS存在下这种电荷效应可忽略。近年来，荧光胺常用于双向电泳的蛋白质染色。

（3）2-甲氧基-2，4-二苯基-3-呋喃酮（MDPF）。其作用与荧光胺类似，也是与末端氨基产生反应而产生荧光。

（4）1-苯胺基-8-萘磺酸（1-amino-naphthal-sulfonic acid，ANS）。常用其镁盐，本身无色，但与蛋白质结合后，在紫外线下可见黄绿色荧光。

**6. 银染色法**

此法较CBB R-250灵敏l00倍，染色机制可能与摄影过程中$Ag^+$的还原相似。

### 15.3.5.2 糖蛋白染色

**1. 过碘酸-Schiff试剂**

将凝胶放在2.5 g过碘酸钠、86 ml $H_2O$、10 ml冰醋酸、2.5 ml浓HCl、1 g三氯乙酸的混合液中，轻轻振荡过夜。接着用10ml冰醋酸，1 g三氯乙酸，90 ml $H_2O$的混合液漂洗8 h，其目的是使蛋白质固定。再用Schiff试剂染色16 h，最后用1 g $KHSO_4$、20 ml浓HCl、980 ml $H_2O$的混合液漂洗2次，共2 h。操作在4℃进行，结果可在543 nm处作微量光密度扫描，也可接着用氨基黑10B复染。

**2. 阿尔山蓝染色**

凝胶在12.5%三氯乙酸中固定30 min，用蒸馏水漂洗。放入1%过碘酸溶液（用3%乙酸配制）中氧化50 min，用蒸馏水洗涤数次去除多余的过碘酸盐，再放入0.5%偏重亚硫酸钾中30 min，还原剩余的过碘酸盐，再用蒸馏水洗涤。最后浸泡在0.5%阿尔山蓝（Alcian blue）（用3%乙酸配制）染色4 h。

#### 15.3.5.3 脂蛋白染色

**1. 油红O染色**

将凝胶先置于平皿中，用5%乙酸固定20 min，用$H_2O$漂洗吹干后，再用油红O（oil red O）应用液染色18 h，在乙醇∶水=5∶3中浸洗5 min，最后用蒸馏水洗去底色。必要时可用氨基黑10B复染。

**2. 苏丹黑B**

将2 g苏丹黑B（Sudan black B）加60 ml吡啶和40 ml乙酸酐，混合，放置过夜。再加3000 ml蒸馏水，乙酰苏丹黑即析出。抽滤后再溶于丙酮中，将丙酮蒸发，得粉状乙酰苏丹黑。将其溶于无水乙醇中，使成饱和溶液，用前过滤。按样品总体积1/10量加入乙酰苏丹黑饱和液将脂蛋白预染后进行电泳。

## 15.4 其他相关技术方法

### 15.4.1 冷冻干燥

干燥是保持物质不腐败变质的方法之一。干燥的方法有多种，如晒干、煮干、烘干、喷雾干燥和真空干燥等。但这些干燥方法都是在0℃以上或更高的温度下进行。干燥所得的产品，一般是体积缩小、质地变硬，有些物质发生了氧化，一些易挥发的成分大部分会损失，有些热敏性的物质，如蛋白质、维生素会发生变性。微生物会失去生物活力，干燥后的物质不易在水中溶解等。因此干燥后的产品与干燥前相比在性状上有很大的差别。

而冷冻干燥法不同于以上的干燥方法，产品的干燥基本上在0℃以下的温度进行，即在产品冻结的状态下进行，直到后期，为了进一步降低产品的残余水分含量，才让产品升至0℃以上的温度，但一般不超过40℃。

冷冻干燥就是把含有大量水分的物质预先进行降温冻结成固体，然后在真空的条件下使水蒸气直接升华出来，而物质本身剩留在冻结时的冰架中，因此它干燥后体积不变。在升华时要吸收热量，引起产品本身温度的下降而减慢升华速率，为了增加升华速率，缩短干燥时间，必须要对产品进行适当加热。整个干燥过程是在较低的温度下进行的。

冷冻干燥有下列优点。

（1）冷冻干燥在低温下进行，因此对于许多热敏性的物质特别适用，如蛋白质、微生物之类不会发生变性或失去生物活力。因此在医药上得到广泛的应用。

（2）在低温下干燥时，物质中的一些挥发性成分损失很小，适合一些化学产品、药品，和食品干燥。

（3）在冷冻干燥过程中，微生物的生长和酶的作用无法进行，因此能保持原来的性状。

（4）由于在冻结的状态下进行干燥，因此体积几乎不变，保持了原来的结构，不会发生浓缩现象。

（5）干燥后的物质疏松多孔，呈海绵状，加水后溶解迅速而完全，几乎立即恢复原来的性状。

（6）由于干燥在真空下进行，氧气极少，因此一些易氧化的物质得到了保护。

（7）干燥能排除95%～99%以上的水分，使干燥后产品能长期保存而不致变质。

因此，冷冻干燥目前在医药工业、食品工业、科研和其他部门得到广泛的应用。

## 15.4.2 结晶法

在蛋白质提纯过程中，当蛋白质达到一定纯度时，就可以进行蛋白质的结晶。现在蛋白质的结晶被认为是使样品达到均一状态的必要的提纯步骤。但是，结晶样品不一定是纯的。有时蛋白质或酶的第一次结晶纯度低于50%，其中可能含有杂质。当重结晶时，若比活力有所增加，则要反复结晶几次，直至比活力提高到一个最大的恒定值。所以，重结晶法实际上是提纯后期的一个部分分级法。另外，对蛋白质来讲，结晶作用还有另外两个重要意义：一是作为一个稳定的储存方法；二是长成单晶后，可提供作X射线衍射分析用的材料。

### 15.4.2.1 基本原理

蛋白质结晶原理与一般的小分子类似。不同的是，蛋白质分子的不稳定性和敏感性较大，必须维持其基本水合状态处于或接近生理pH及温度。保持蛋白质分子的天然状态对蛋白质的结晶至关重要。

蛋白质结晶过程类似于凝聚过程，就是在一定的溶剂条件下，竭力降低分散相的溶解度，使溶质处于过饱和状态。在合适的过饱和状态下，溶质分子通过扩散、旋转、碰撞等运动形式形成晶核。然后溶质分子以相互对撞的作用方式有序而反复地堆砌到晶核上。于是晶核长大，晶体形成，从溶液中析出。

蛋白质结晶作用主要由两个因素决定：一是它的溶解度，即热力学平衡因素；二是动力学因素，即控制晶核过程和晶核生长。

### 15.4.2.2 结晶条件

对于不同的蛋白质或酶，其结晶条件各不相同，必须在实验中摸索，而不能制定一个总的规则。下面讨论影响蛋白质结晶的一些因素。

（1）蛋白质纯度。样品纯度越高，结晶越容易，混杂蛋白质的存在有时是影响单晶长大的主要障碍，甚至影响微晶形成。但多高纯度才能出结晶，没有统一的标准，通常纯度不应低于50%。

（2）蛋白质浓度。结晶母液通常应保持尽可能高的蛋白质浓度。浓度越高，结晶机会越大。这是因为蛋白质分子的扩散速率慢，相互碰撞聚合的机会增多。在稀溶液中不易形成晶核。但在过饱和状态下结晶，杂质含量多，多是微小晶体，而且晶形不好。对多数蛋白质或酶来说，浓度在 10～50 mg/ml 为好。

（3）温度。温度是影响蛋白质溶解度的重要参数之一。一般是在低温下进行结晶。低温不仅使蛋白质的溶解度低，而且不易使蛋白质变性。已知的蛋白质结晶温度为 0～40℃。通常选择 4℃冷室或 25℃温箱进行结晶。

（4）结晶时间。晶体形成需要有充分的时间，从几个小时到几个月。这是因为蛋白质分子庞大，致使结晶过程缓慢。从浓盐溶液中结晶，形成结晶中心的时间短（几小时），但结晶生长较慢（数周、数月）。但也有例外，牛肝过氧化氢酶从盐溶液中形成大的单晶只需 12～24 h。晶体大小与结晶时间、结晶条件有关。大晶体通常是在生长较慢的情况下得到的。

（5）pH。调节 pH 可以使结晶长到最适大小，也可以改变晶形。这是因为很多蛋白质对 pH 非常敏感。有时，无定形沉淀，微晶和大单晶之间的 pH 差别只有 0.2 pH 单位，或者更小，因此，必须选定恰当的缓冲液。结晶溶液的 pH 一般应选择在被结晶蛋白质的等电点附近，这样有利与晶体的析出。

（6）金属离子和离子强度。离子强度对蛋白质的溶解度影响极大。金属离子能引起或有助于蛋白质结晶过程。有些金属离子（特别是二价的）有促进结晶长大的作用。例如，在硫酸铵溶液中的铁蛋白，加入少量镉离子后能形成菱形结晶。

（7）晶核。晶核在结晶开始，即当蛋白质达到过饱和点时就有可能形成。控制晶核数的方法往往是调控过饱和度。一般来说，晶核数越少，越容易生成大晶体。

（8）沉淀剂。沉淀剂可改变蛋白质的溶解度。盐类和各种有机溶剂都可用作沉淀剂。大多数盐类影响蛋白质的溶解度是通过盐析或盐溶作用。近年来发现两种有机物是理想的促结晶的物质：聚乙二醇（PEG）和 2-甲基-2，4-戊二醇（MPD）。

（9）其他。有的蛋白质或酶不易结晶，如胰凝乳蛋白酶。但若加入微量的胰凝乳蛋白酶结晶，常可导致大量结晶的出现。有时用玻璃棒轻轻摩擦器壁，也能促进结晶的形成。需要晶种才能形成结晶的蛋白质，一般结晶收率都不高。结晶条件还受微量杂质、气泡、还原剂，甚至底物、辅酶、压力、种属来源等因素影响，必须给予重视和考虑。

（王梁华　焦炳华）

# 第 16 章　蛋白质的鉴别与分析

纯化的蛋白质需要根据其性质，如理化性质、生物学性质、用途等来与其他蛋白质鉴别，一般可以通过以下方法：①N 端 15 个氨基酸序列分析；②肽图分析；③测定相对分子质量；④纯度测定；⑤等电点测定；⑥紫外光谱；⑦杂质测定；⑧效价测定；⑨其他一些相关方法。

研究蛋白质分子结构的方法可以概括为两大类：①测定溶液中的蛋白质分子结构，如磁共振法、圆二色谱法、激光拉曼光谱法、荧光光谱法、紫外差光谱法及氢放射性核素交换法；②测定晶体蛋白质的分子结构，如 X 射线衍射结构分析法和中子衍射法等。

## 16.1　蛋白质的鉴别分析

纯化的蛋白质需要根据其性质，在理化性质、生物学性质、用途等方面来与其他蛋白质进行鉴别，从而确定质量控制项目。如果研究对象为蛋白质药物，则一般需通过以下方法加以鉴别。

（1）N 端 15 个氨基酸序列分析可作为蛋白质和肽的重要鉴别指标。

（2）肽图分析。肽图分析可作为与天然产品或参考品精密比较的手段。肽图分析与氨基酸成分和序列分析合并研究，可作为蛋白质精确鉴别的方法。同种产品不同批次肽图的一致性是纯化制备工艺稳定性的验证指标。因此，肽图分析尤为重要。

（3）测定相对分子质量。应用还原型 SDS-PAGE 电泳在有适宜的相对分子质量标记物参比下，测出的相对分子质量应与理论值基本一致（误差不超过±10%）。对于分子质量小于 8000 Da 的肽类，测出的相对分子质量不够准确，但测定结果可作为鉴别试验。

（4）纯度测定。可用两种方法测定纯度。①HPLC 法：应用适当的分析柱测定纯度，这是产品的总体纯度，凡有紫外吸收的物质均能在谱图上显示出来。若产品分子构型均一，仅表现出 1 个峰；有些产品，如 EGF 等有不同构型，会表现出 2 个峰。总之，蛋白质的纯度要达 95%以上。②非还原 SDS-PAGE 法：产品中若有聚合体存在，只有在非还原情况下表现比较充分，应扫描计算聚合体的含量，一般控制在 10%以下，单体加聚合体含量应不小于 95%。应用灵敏的银染色法，可测出微量杂质蛋白质。本法可表明制品的蛋白质纯度。

（5）等电点测定。在样品脱盐后用等电点聚焦法测定。一个蛋白质的等电点往往是不均一的，即不是一个等电点，而是出现多条区带多个等电点。这可能是信号肽表达不准确或样品提纯过程中经酸、碱处理等多种因素引起的。对于同一个产品来说，不管有几个等电点，批与批之间必须一致，可表明其工艺稳定性。

（6）紫外光谱。这是蛋白质的一个重要物理常数，对于一个蛋白质或多肽分子来说，它的最大吸收波长是固定的。不同批之间的紫外光谱应该是一致的。

(7) 外源性 DNA 测定。必须用敏感的方法测定来源于宿主细胞的残留 DNA 含量，一般认为，残余 DNA 含量每个剂量小于 100 pg 是安全的。对于用哺乳类动物细胞等生产的制品，要求其 DNA 残余量更低，但应视制品的用途、用法和使用对象而决定可接受的限度。

(8) 其他外源性杂质测定。测定项目要视制造工艺而定，如用单克隆抗体亲和层析测定鼠 IgG 残余量；细胞培养中应用了小牛血清，也要测定其残余量等。在培养和纯化过程中所添加的可能有害物质，也应有相应的测定数据。

(9) 效价测定。采用国际或国家参考品，或经过国家检定机构认可的参比品，以体内或细胞法测定制品的生物学活性，并标明其活性单位。一般用免疫学方法测定的效价不能代替生物学效价，只能作中间品控制质量用。在测定效价的同时，应测定蛋白质含量，计算出特异比活性，以活性单位/mg 蛋白质表示。

(10) 无菌试验、热源试验、毒性和安全试验可按相关方法进行。

### 16.1.1 蛋白质含量

对蛋白质定量是研究蛋白质的第一步。蛋白质含量通常是测定溶液中蛋白质的浓度，最经典的方法是凯氏定氮法，由于每一种蛋白质都含有恒定量的氮元素（16%），因此可以通过测定样品蛋白质中的氮含量来对蛋白质定量。目前常用的蛋白质定量方法如下。

**1. 光吸收法**

由于蛋白质中含有芳香族氨基酸（如色氨酸和酪氨酸），因此蛋白质在 280 nm 处有特征吸收高峰，故测定 280 nm 的光吸收值可以对溶液中的蛋白质定量。最简单的是采用 280 nm 光吸收为 1 时等于 1 mg/ml 来计算，但是由于每种蛋白质中的芳香族氨基酸的含量不同，而且有较大的差异，因此这样的处理方法不够准确，但其测定快速、用量极少、不消耗样品，因此也被广泛的采用。

如果蛋白质样品中含有少量的核酸类杂质，需要应用校正公式来计算蛋白质的浓度：

$$\text{蛋白质浓度(mg/ml)} = 1.45A_{280} - 0.74A_{260}$$

最准确的方法是用蛋白质的摩尔吸光系数来计算蛋白质的浓度。将纯化后的蛋白质脱盐、冻干后准确称重，溶解为 1 mg/ml 的溶液，测定 280 nm 的光吸收，从而得出该蛋白质的摩尔吸光系数，这种方法最方便、准确而且很微量，不浪费样品。

**2. 双缩脲法**

双缩脲法的原理是基于蛋白质的肽键具有双缩脲反应，在碱性溶液中与 $Cu^{2+}$ 络合显蓝色。此方法不受蛋白质特异性的影响，适用于毫克级蛋白质的测定，但不十分精确，多用于蛋白质纯化的前几个步骤的测定。

**3. 福林-酚法**

福林-酚法基于蛋白质在碱性溶液中能与铜形成复合物，而此复合物可以与磷钼酸-磷钨酸试剂作用产生蓝色。该法灵敏度和准确度高，但是操作繁琐，而且易于受干扰因素的影响。

**4. 考马斯亮蓝 G-250 法**

考马斯亮蓝 G-250 法是近年来常用的方法，考马斯亮蓝 G-250 可以与蛋白质的疏水微区结合，产生特殊的蓝色。该法适用浓度为 10～100 μg，操作简单、灵敏度高、重复性好、应用广泛。

## 16.1.2 蛋白质的纯度

蛋白质纯度是质量控制的一个重要的指标，但是同时也是一个相对的指标，其纯度要求是根据研究目的而定的。蛋白质的纯度一般指是否含有其他杂蛋白质，而不包括盐、缓冲液离子、SDS 等小分子在内。对于基因工程蛋白质产品纯度的鉴定，应根据《中国药典》的相关检定规程，并考虑上述小分子的存在与否以及安全性。

目前常用的鉴定蛋白质纯度的方法如下所述。

**1. PAGE**

PAGE 具有较高的分辨率和灵敏性，广泛地应用在蛋白质的分离和分析中。根据不同的需要，凝胶的孔径可以在一个较宽的范围内变化。改变凝胶和缓冲液的某些成分，就可以按照不同的分离机制进行。PAGE 应该包括还原和非还原条件下（是否加入还原剂，如β-巯基乙醇）的试验，同时要用标准相对分子质量的蛋白质做对照。电泳结束后应采用灵敏的染色方法，如银染法等，可检测出微量的蛋白质并测定出相对分子质量。同时可以检测出其他杂质非蛋白质物质，如糖、核酸及酯类等。

PAGE 最常用的是 SDS-PAGE，它被广泛应用于蛋白质相对分子质量测定中。

**2. IEF**

IEF 技术是一项应用广泛的蛋白质分析和制备技术。其与常规电泳的不同在于蛋白质是在含有载体两性电解质形成的一个连续而稳定的线性 pH 梯度中进行电泳。通常采用的载体两性电解质是脂肪族多氨基多羧酸（或磺酸型、羧酸和磺酸混合型），其在电泳中形成的 pH 有 3～10、4～6、5～7、6～8、7～9 和 8～10 等，适用于大多数蛋白质等电点的测定。

IEF 电泳时，形成正极为酸性、负极为碱性的 pH 梯度。当某种蛋白质样品置于负极端时，因为 pH＞pI，蛋白质带负电，电泳时向正极方向移动；随着移动的继续，由于 pH 逐渐下降，蛋白质分子所带的负电荷逐渐减少，蛋白质分子移动速率也随之变慢；当移动到 pH＝pI 时，蛋白质所带的净电荷为零，蛋白质即停止移动。当蛋白质样品置于阳极端时，会得到同样的结果。因此在进行 IEF 时，可以将样品置于任何位置，而得到的结果相同，蛋白质会聚集于相应的等电点的位置，形成一个很窄的区带。因此 IEF 不仅可以获得不同种类蛋白质的分离纯化效果，而且同时可以得到蛋白质的浓缩效果。在 IEF 中蛋白质区带的位置，是由电泳 pH 梯度的分布和蛋白质的 pI 决定的，而与蛋白质分子的大小和形状无关。一般蛋白质的等电点分辨率可达 0.01 pH 单位。

**3. HPCE**

HPCE 由于其相当高的分辨率，为基因工程多肽类药物，尤其是糖蛋白药物的结构分析和质量控制开辟了一条广阔的道路。HPCE 是基于电泳的高分辨率机制和色谱的仪器自动化概念而诞生的，具有两者的优点，并具有分辨率高、分析速度快、消耗样品少、灵敏度高、操作简单、分离模式多样、不使用毒性强的有机溶剂等优点。HPCE

应用于蛋白质和多肽的分析，以后逐渐应用到核酸、糖、维生素、药品检验等各种领域中，其与 HPLC 成为分析方法中互补的技术。

**4. HPLC**

HPLC 用来鉴别蛋白质和肽的纯度，高效、快速。除了上述的鉴别蛋白质纯度的方法以外，还有末端分析法、质谱法等都可以对蛋白质进行纯度的鉴定。

## 16.1.3 蛋白质的相对分子质量测定

（1）实验室常用的蛋白质相对分子质量的测定方法是 SDS-PAGE，它是在 SDS 存在下，蛋白质表面带有大量负电荷呈杆状分子，在这种情况下，不是根据蛋白质的电荷而是根据蛋白质的分子形状和大小来进行分析，用量为 0.1～1 μmmol/L。这种方法的误差为 5%～10%，操作简便。由于 SDS 同时是一种蛋白质变性剂，其结合使用还原剂可测定出蛋白质亚基的相对分子质量。

（2）凝胶过滤可测定完整蛋白质的相对分子质量，因此常常同时应用 SDS-PAGE 和凝胶过滤测定同一种蛋白质的相对分子质量，可以方便地判断样品蛋白质是否是寡聚蛋白质。

（3）毛细管电泳法用于精确测定蛋白质的相对分子质量，仅需 ng 量，分辨率和准确性比 SDS-PAGE 方法好。

（4）质谱法。20 世纪 80 年代初，质谱应用于相对分子质量测定，近年来，高分辨率的磁质谱可精确测定分子质量为 2000 Da 以下的多肽。电喷雾质谱可以用于测定分子质量为 10 万～200 万 kDa 的蛋白质，而且只需要 pmol 量的蛋白质。

## 16.1.4 蛋白质等电点的测定

蛋白质的等电点可以用等电聚焦法来测定，该方法同时又可以检验蛋白质的纯度。理论上说，一种蛋白质只有一个等电点，但是实验中往往可以发现一个纯化的蛋白质样品可表现为几个等电点，这可能是由于样品制备过程中蛋白质分子上离子的不均一性造成的。

## 16.1.5 双向电泳技术

双向凝胶电泳（two-dimentional electrophoresis，2-DE），即等电聚焦/SDS-聚丙烯酰胺电泳（IEF/SDS-PAGE）。2-DE 的分离系统应用了蛋白质分子的两个特性对其进行分离，第一相是根据不同蛋白质分子所带电荷量的差异，用等电聚焦技术分离蛋白质；第二相是根据不同蛋白质相对分子质量大小的不同，与 SDS 结合后在聚丙烯酰胺凝胶中迁移的速率不同达到分离蛋白质的目的。目前，2-DE 已成为蛋白质组研究的主要技术。

## 16.1.6 氨基酸组成分析

氨基酸组成分析在蛋白质分析中是一个重要的辅助指标。氨基酸的分析主要包括蛋白质水解、氨基酸衍生和检测等几个步骤。

**1. 蛋白质或多肽的水解**

常规方法是用 5.7 mol/L HCl 110℃真空水解 24 h，将肽键破坏，将蛋白质水解成游离的氨基酸。酸水解蛋白质会破坏色氨酸，通常可以在水解的过程中加入一些保护剂，如巯基乙酸、β-巯基乙醇、巯基乙磺酸、甲磺酸等，在酸水解蛋白质时都可以对色氨酸有一定的保护作用。除了酸水解外，还可以用碱水解和酶水解法。

**2. 氨基酸衍生**

氨基酸衍生是指将氨基酸和化学显色偶联试剂反应产生氨基酸的衍生物，从而达到检测的目的。常用的方法有茚三酮法、荧光胺法、邻苯二甲醛法、异硫氰酸苯酯（PITC）法、丹磺酰氯（DansyL-Cl）法、磺酰氯二甲胺偶氮苯（DansyL-Cl）法等。

目前，氨基酸组成分析均已采用自动氨基酸分析仪进行，省去了实验室进行蛋白质水解、氨基酸衍生的步骤。

## 16.1.7 部分氨基酸序列分析

目前，进行蛋白质序列测定有两个关键步骤，即首先将氨基酸依次从蛋白质或者多肽的末端（N 端或者 C 端）切割下来。切割的方法有化学方法和酶法，化学方法比酶法具有裂解效率高、易于自动化、成本低等优点，因此被广泛采用。其次在氨基酸残基上衍生一个生色基团，通过 HPLC 进行分离测定。

序列分析包括 N 端氨基酸分析和 C 端氨基酸分析。

**1. N 端氨基酸分析**

目前 N 端测序在自动氨基酸测序仪上进行，其基本原理就是 Edman 降解法。PITC 可以在碱性条件下和氨基酸反应，产生 PTH-AA。蛋白质或者多肽与 PITC 反应，只有 N 端氨基酸的 PTH 衍生物释放出来，而原来的多肽少了 N 端的一个氨基酸，可以进行下一轮与 PITC 的反应，如此循环进行该反应，就可以从肽链的 N 端开始逐步测定出氨基酸的序列。

测定基因工程产物 N 端 15 个氨基酸序列，可以很大程度上排除蛋白质混淆的可能，因为两种不同蛋白质 N 端 15 个氨基酸序列完全一致的可能性是很小的。

**2. C 端氨基酸分析**

虽然建立在 Edman 化学法的自动 N 端测序技术日趋成熟，但是仍然有不少问题需要借助 C 端测序分析来解决。C 端测序尤其适用于基因工程重组蛋白质是否正确表达的鉴定和大规模生产时的质量控制、N 端封闭蛋白质的分析及 DNA 探针的设计。

经典的 C 端测序是用羧肽酶的方法，但是不同的羧肽酶对个别氨基酸残基有选择性，使用时仍有一定困难。目前，C 端测序技术有了新的进展，除了用原子快速轰击与质谱和核磁共振联用外，主要开展了类似 N 端测序的化学方法，并实现了自动化。采用化学试剂与蛋白质或者多肽的 α-羧基反应，反应后的 C 端衍生物被切割下来，通过 HPLC 分离鉴定。开始时先对 C 端进行活化，并修饰 Asp 和 Glu 侧链的羧基，以及 Thr 和 Ser 侧链的羟基。然后进行循环的烷基化和裂解步骤，逐一将 C 端的氨基酸测定出来。目前，C 端测序技术已经初步成熟，并开始发挥作用，但其反应效率与 N 端 Edman 降解法仍然有一定差距，还有一些技术问题需要解决，包括如何提高反应的产率，如何改善 Thr、Ser、Asp 、Glu 等几种氨基酸的测定，以及如何解决 Pro 终止测序的问题。

C端测序技术对确认表达蛋白质的C端是否正确，以及判断在表达、纯化过程中是否发生了必不可少的加工有很大的帮助，因此基因工程产物在测定N端序列的同时，测定C端蛋白质的1～3个氨基酸序列，从蛋白质的两端来验证产物的正确性。

### 16.1.8 肽图分析

肽图分析即肽指纹图谱（peptide fingerprinting）分析。目前，除了一些小片段的多肽进行氨基酸序列分析外，大多数基因工程产品都将肽图分析作为控制其一致性的重要常规指标之一。采用的方法中，又以HPLC肽图分析最为多见，尤其将两种原理不同的HPLC/HPCE联用时，该方法就更成熟。

肽图是控制基因工程药物一致性的一个重要手段。肽图分析是根据蛋白质相对分子质量大小及氨基酸组成特点，使用专一性较强的蛋白水解酶（一般为胰蛋白酶）作用于特殊的肽链位点，将蛋白质裂解成较小的片段。通过一定的分离检测手段形成特征性的指纹图谱。肽图分析对蛋白质结构研究和特性鉴别具有重要意义。随着生物检测技术的不断发展，尤其是HPLC、HPCE及质谱（MS）联用技术在分析中的广泛应用，可以对蛋白质进行更准确的鉴定。例如，利用特异的酶专一性裂解Glu的羧基的肽键，通过HPLC法对胰岛素进行肽图分析，成功地将来自不同种属、结构仅差异1个氨基酸的天然胰岛素与重组人胰岛素进行了鉴别。

HPCE的兴起是对传统电泳的一场革命，在用HPLC进行肽图分析的过程中，因为亲水性多肽在反相柱上不保留，某些结构相差1个氨基酸的多肽片段难以分离。而采用HPLC进行肽图分析时，因为结构大小相同或氨基酸组成相同而顺序不同的肽所带的电荷不同，所以可通过调节电解质的pH使迁移时间改变而达到分离。在上市的基因工程药物中，促红细胞生产素（rHu-EPO）、干扰素（rh-IFN）、白细胞介素-2（rh-IL-2）、组织血纤维蛋白溶酶原激活剂（rtPA）、人工型肝炎疫苗（r-HB）等都带有糖链，由于糖肽图较肽图更加复杂，HPCE比HPLC对糖肽的分析效果更佳，可以一目了然地发现糖基化变化所致的糖蛋白微观的不均一性。

过去MS仅适用于挥发性化合物，近年来，MS、HPLC和HPCE等高灵敏度、高分辨率的分离检测方法的联用，使得MS已经成为蛋白质和多肽结构分析的重要手段。MS肽图可以直接读出肽段的大小，确定蛋白质分子中二硫键的位置，比HPLC和HPCE肽图更直观。

### 16.1.9 MS分析

MS广泛应用于蛋白质的纯度鉴定、相对分子质量测定、序列测定、肽谱分析、二硫键测定、乙酰化和糖基化等研究中，具有广阔的发展前景。MS联用是将HPLC、HPCE等分离技术与MS检测技术结合起来进行检测的现代分析方法。例如，用HPLC或者HPCE对经PAGE纯化的电泳纯糖蛋白进行高分辨率的分离，再联合使用MS或NMR检测，可以分析糖肽的结构和糖肽的微观不均一性。

MS技术在蛋白质领域有着广泛的应用，下面简单介绍几种MS技术。

**1. 快原子轰击质谱技术**

快原子轰击质谱（fast atom bombardment，FAB）技术发明于 20 世纪 80 年代，曾成功测定了一个 26 肽的结构。它是用一种快速原子轰击被分散在高沸点溶剂（如甘油）中的待测化合物，快原子的产生是通过电离惰性气体（如 Ar、Xe 或 He）产生较大的动能，大量的动能以各种形式消散，其中的一些能量导致样品的挥发和离解，从而产生分子、离子。FAB 质谱法要求简单、灵敏度高，产生的分子、离子非常稳定，不易裂解，是准确测定多肽相对分子质量的有效方法。可以应用于一些较复杂混合物的鉴定，测定其中各个组分相对分子质量。但是，由于 FAB 质谱无法获得碎片峰，因此无法测定多肽序列。为此，应用了另外一种串联质谱技术（tandem mass spectrometry，简称为 MS/MS）技术。MS/MS 是把从 FAB 出来的分子、离子和惰性原子再次轰击，从而得到一张碎片图谱。这样，对于一些蛋白质裂解的多肽碎片，可从 MS/MS 上得到相对分子质量和序列信息。可以将 FAB 和 MS/MS 联合使用，分析一些较复杂的多肽混合物。

**2. 电喷雾质谱技术**

电喷雾质谱（electrosprary ionization，ESI）技术靠强的电场使分子电离。样品溶液以很低的流速（1～20 μl/min）从毛细管流出，在毛细管两端加一个高压（1～5 kV），使毛细管柱头的液体雾化成很细的带电液滴，这种带电液滴在逆向的干燥气流（一般为氮气）中开始挥发，产生爆裂现象，形成一些更小的小液滴，这些小液滴又开始挥发，再次发生爆裂，这个过程一直进行下去，直到液滴变得很小，此时液滴表面形成非常强的电场，足以从液滴中解析出分子、离子并使其进入周围气体中。这种分子、离子的特点是往往带多个电荷。对于生物大分子，在 ESI 谱上出来的往往是一组带不同电荷的分子、离子峰，根据每个峰的质荷比及电荷数就可以算出相对分子质量。

**3. 基质辅助激光解吸质谱技术**

基质辅助激光解吸质谱（matrix assisted laser desorption ionization，MALDI）技术利用激光脉冲辐射分散在底物中的样品使其解析成离子，根据不同质荷比离子到达检测器时间的不同形成一张完整的质谱图。这项技术的关键是找到合适的基质，要求与分析样品不起化学反应、能促进离子化等。常用的基质是烟酸或具同系物，如肉桂酸衍生物、苯甲酸衍生物和芥子酸等。

ESI 和 MALDI 都可以产生稳定的分子、离子峰，因此是测定生物大分子相对分子质量的有效方法。例如，长效干扰素的相对分子质量测定中，首先用 SDS-PAGE 法测定样品的相对分子质量，由于干扰素分子结合了非蛋白质类的化学物质，使之在电场中的特性发生了改变，因而未能测出。为此，采用 MALDI 来测定修饰的干扰素分子的大小，测得分子质量为 63 057.6 Da。揭示干扰素蛋白质分子与大分子化合物结合后，使原相对分子质量增加了约 2 倍。测定结果未见明显的杂质峰，提示该制品的纯化工艺合理，可以将未修饰的干扰素分子和未结合的修饰分子除掉。

质谱可以测定一个未知蛋白质或者不纯蛋白质各个组分的相对分子质量（相对分子质量可以高达几十万甚至几百万），同时可以定出较复杂的蛋白质裂解的每个肽片段的相对分子质量及其序列，成为蛋白质一级结构测定中的重要手段之一。其分析快速、灵敏、微量。另外，质谱技术可以解决一些用经典的蛋白质结构测定方法难以解决的问题，如对 N 端封闭的肽和环肽样品、一些难以提纯的肽或蛋白质样品质谱都可以测定其结构。

## 16.2 蛋白质的结构分析

研究蛋白质分子结构的方法可以概括为两大类：①测定溶液中的蛋白质分子结构，如核磁共振法、圆二色谱法、激光拉曼光谱法、荧光光谱法、紫外差光谱法及氢放射性核素交换法；②测定晶体蛋白质的分子结构，如 X 射线衍射结构分析法和中子衍射法等。

从 20 世纪 50 年代初开始，陆续出现了一些测定溶液中蛋白质构象的实验技术。重氢交换、紫外差光谱及旋光色散是 50 年代盛行的实验方法。60 年代，圆二色谱法取代了旋光色散法，重氢交换法发展出氚交换法；同时，还增加了核磁共振、荧光光谱及激光拉曼光谱等新的实验技术。这些技术可以测定溶液中蛋白质分子的局部构象，并且能在一定程度上对构象变化的过程提供信息。到目前为止，除了核磁共振法外，这些实验技术还存在着较大的局限性。从广度上说，没有一项技术能完整提供蛋白质分子的完整的三维结构；从深度上说，很少能提供原子水平的结构信息。80 年代核磁共振法有了重大突破，用二维核磁共振法在测定溶液中蛋白质分子三维结构方面取得了成功。

迄今为止，完整而精细的晶态蛋白质分子的三维结构测定几乎完全依赖于 X 射线衍射结构分析法。这项技术可以测定晶态蛋白质分子的三维结构，但不能测定溶液中蛋白质分子的三维结构。

近年来，中子衍射法在测定蛋白质分子的三维结构方面已初露锋芒。它可以测出多肽链上所有原子的空间排布。

表 4-16-1 列举了测定蛋白质结构的主要方法。

**表 4-16-1　测定蛋白质结构的方法**

| 方法 | 提供的结构信息 | 主要指标 | 主要设备 | 应用 |
|---|---|---|---|---|
| X 射线衍射结构分析 | 多肽链上所有原子的空间排布，但氢原子除外 | 衍射点的强度和位置 | 高分辨率 X 射线衍射仪 | 广泛 |
| 核磁共振 | 溶液中蛋白质分子结构，结构动力学 | 化学位移、谱线强度、自旋偶合常数 | 脉冲傅里叶 NMR 波谱仪 | 越来越多 |
| 圆二色谱 | 二级结构及其变化 | 椭圆度 | 圆二色谱 | 广泛 |
| 荧光光谱 | Trp 或 Tyr 微区，构象变化 | 发射光谱，量子产率 | 自动扫描荧光分光光度计 | 广泛 |
| 紫外差光谱 | Trp 或 Tyr 微区，构象变化 | 不同波长的变化 | 双光路紫外分光光度计 | 广泛 |
| 激光拉曼光谱 | 二级结构 | 拉曼光谱峰 | 激光拉曼光谱仪 | 不够成熟，应用较困难 |
| 氢放射性核素交换 | 氢键数目，规则二级结构含量 | 与环境水不可交换的肽键氢的个数 | ①红外分光光度计；②分子筛＋氚测定 | 较少 |
| 小角中子衍射 | 多肽链上所有原子的空间排布 | 衍射强度的角分布 | 中子源；小角相机 | 刚起步 |

### 16.2.1 蛋白质的序列分析

#### 16.2.1.1 蛋白质序列分析的基本策略

蛋白质的生物学活性是建筑在其一级结构基础上的，因此，了解其氨基酸序列对于阐明蛋白质的结构和功能具有重要的意义。蛋白质的一级结构也称为化学结构，是指构成蛋白质分子的氨基酸残基的排列序列。蛋白质一级结构分析主要包括测定蛋白质分子多肽链的数目和多肽链中的氨基酸的序列两个方面。通常，蛋白质一级结构序列的测定采用传统的 Edman 降解法测序及近年来发展起来的质谱测序技术。

蛋白质分子较大，因此在测序前要进行肽段的裂解和分离。

**1. 肽链的选择性裂解**

可采用化学和酶法将待测序蛋白质进行水解。表 4-16-2 列出了当前在蛋白质序列分析中常用的选择性裂解肽链的方法，而经典的部分酸水解并未包括在内。表 4-16-2 中给出的裂解方法往往能得到较大的片段，分析少量大片段比分析多个小片段序列的效率要高许多，因为可以避免重叠肽的重复测序。例如，Asn-G1y、Asp-Pro 肽键是为获得大片段应用较广泛的方法。限制性酶解虽然不能精确预测断裂点，但往往可以将结构域连接处的“铰链区”断开，得到完整的结构域。Asn-Gly 和 Asp-Pro 二肽在蛋白质序列中并不多见，因此是得到大片段的重要方法。

**表 4-16-2　蛋白质裂解方法和位点**

| 切点 | 裂解方法 |
|---|---|
| Met-X | 溴化氢 |
| Asn-Gly | 羟胺 |
| Asp-Pro | pH 2.5 |
| Arg-X | 胰蛋白酶（*N*-乙酰化底物） |
| Lys-X | 胰蛋白酶（精氨酸残基被修饰） |
| Glu-X | V8 蛋白酶 |
| X-Cys | 2-硝基-5-氰硫基苯甲酸 |
| Trp-X | 3-甲基吲哚或亚碘酰苯甲酸 |
| X-Lys | Lys 蛋白酶 |

**2. 肽分离技术**

肽的分离和纯化是蛋白质序列分析的关键，经典方法，如纸层析、纸电泳、离子交换柱法层析对分离小肽仍有应用价值，但经化学修饰和变性剂处理的样品溶解度往往很低，选用盐酸胍或尿素为溶剂进行凝胶层析对大片段的分离有较好的效果。高浓度甲酸、乙酸和丙酸也常被用来作为分离碱性大片段的溶剂，氢氧化铵或碳酸铵则可用来作为酸性肽的分离溶剂。以有机溶剂为介质用 Sephadex LH 柱分离疏水性肽有较好的效果。

**3. 双向聚丙烯凝胶电泳**

双向聚丙烯凝胶电泳（2D-PAGE）能分辨大肠杆菌的 1100 种不同的蛋白质，由于其分辨力是鉴定蛋白质和肽的有力工具，目前已成为超微序列分析的主要分离手段。这一技术利用等点聚焦为第一向电泳，利用 SDS-凝胶电泳为第二向电泳，并用灵敏度很高的银染法为检测方法。银染法比常规的考马斯亮蓝染色法要灵敏 100 倍，可检测出 0.33 $ng/mm^2$ 血清白蛋白。荧光标记由于其高灵敏度已用于电泳时的连续检查，用丹磺酰氯荧光标记能检测出 50 pmol 的区带，荧光发生试剂 2-甲氧基-2，4-二苯基-3（2H）-呋喃酮能检测出含量仅 10 ng 的溴化氰裂解肽段。

**4. 高效液相层析**

高效液相层析（HPLC）是分离制备肽和蛋白质最有效的手段。最常用的分离介质是以二氧化硅为基质，表面包着共价结合的硅烷醇分子的微孔颗粒（5～10 μm）。大容量离子交换层析载体和排阻层析载体都已广泛用于 HPLC。将非极性分子键合在微孔颗粒上作为静止相，而移动相用较高极性溶剂的反相层析在肽的分离中已日益显示出优越性。由于反相 HPLC 具有高分辨率，因此广泛用于蛋白质酶解肽谱的鉴定。反相 HPLC 在序列分析中的主要用途是快速分离变性肽段，使其纯度达到序列分析的要求。

### 16.2.1.2 蛋白质序列分析的基本技术

**1. Edman 降解法**

Edman 降解法是经典的氨基酸测序方法，有非常好的重复性，能通过自动化测序仪完成测序。Edman 降解法分为 3 个步骤。①偶联：通过偶联试剂异硫氰酸苯酯（PITC）对多肽中的 N 端氨基酸进行化学修饰，形成苯氨基硫甲酰（PTC）多肽。②裂解：通过无水酸作用将 PTC 氨基端残基从多肽链上裂解下来，生成苯氨基噻唑啉酮（ATZ）氨基酸及 1 个 $n-1$ 多肽。③转化：不稳定的 ATZ 衍生氨基酸在含水酸中转化为稳定的乙内酰苯硫脲（PTH）氨基酸。生成的 PTH 氨基酸可通过 HPLC 进行序列测定。基于 Edman 机制的自动蛋白质测序仪在 1967 年推出，可以测定微量（0.3 μmol）蛋白质的前 30～40 个氨基酸残基序列。随着在线式 HPLC 系统的应用和 PTH 氨基酸有效分离技术的优化，以及毛细管柱（<0.32 mm 内径）的发展，其灵敏度已可对 fmol 水平样品进行分析。

Edman 降解法测序的基本原理及步骤如图 4-16-1 所示。

**2. 质谱法**

质谱分析仪能够测定由分子衍生的离子质量。质谱测序的原理是通过将蛋白质分子（或肽段）气化、电离成离子束，经电压加速和聚焦，然后通过磁场电场区，不同质量的离子受到磁场电场的偏转不同，聚焦在不同的位置，根据其质量与电荷的比（质荷比，$m/z$）进行检测。质谱测序是对 Edman 降解法的一个很好补充，由于质谱的灵敏度高，能处理混合样品，目前大有取代 Edman 降解法这一经典的技术的趋势。质谱测序包括两种策略：① 直接对完整蛋白质分子、离子进行分析，称为“自上而下”蛋白质鉴定；② 基于酶切的蛋白质片段特性来进行蛋白质鉴定，成为“自下而上”的质谱方法。

随着 MALDI 和 ESI 技术的发展，蛋白质的质谱分析目前已得到广泛应用。MALDI 技术通过将蛋白质分子用过量的基质（在激光波长下有强烈的吸收，如 2，5-二羟基苯甲酸）包埋，干燥后形成共结晶混合物，用激光照射使得部分基质和蛋白质分

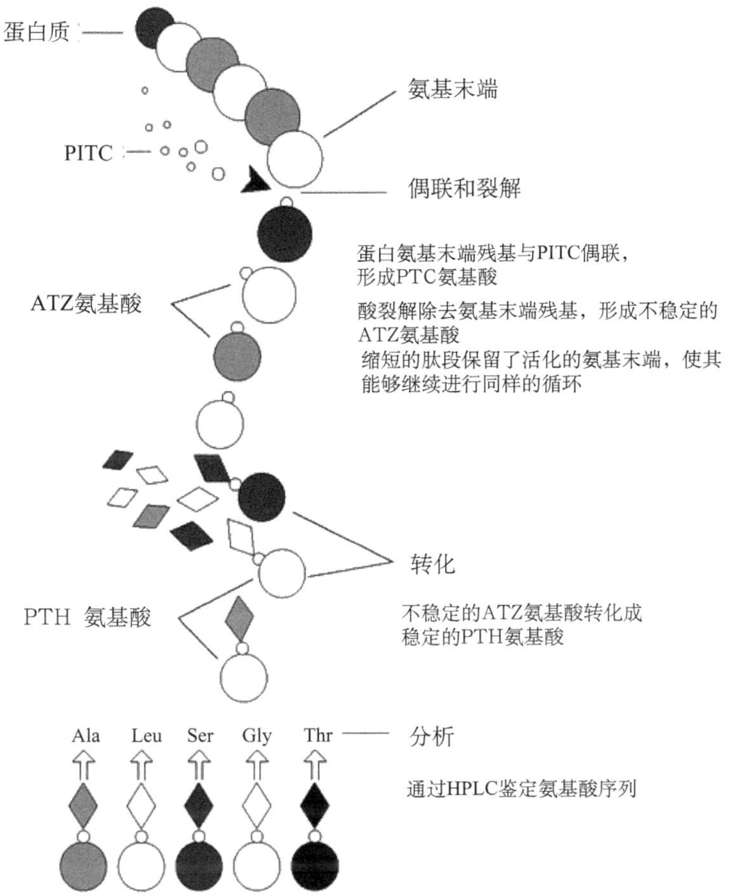


图 4-16-1 Edman 降解法测序的基本原理及步骤

子离子化并解吸附。通过施加于样品板和微孔板之间的高电压电场（30 kV 左右）可以加速离子，将其引入质量分析器（图 4-16-2）。MALDI 技术与飞行时间质量分析器

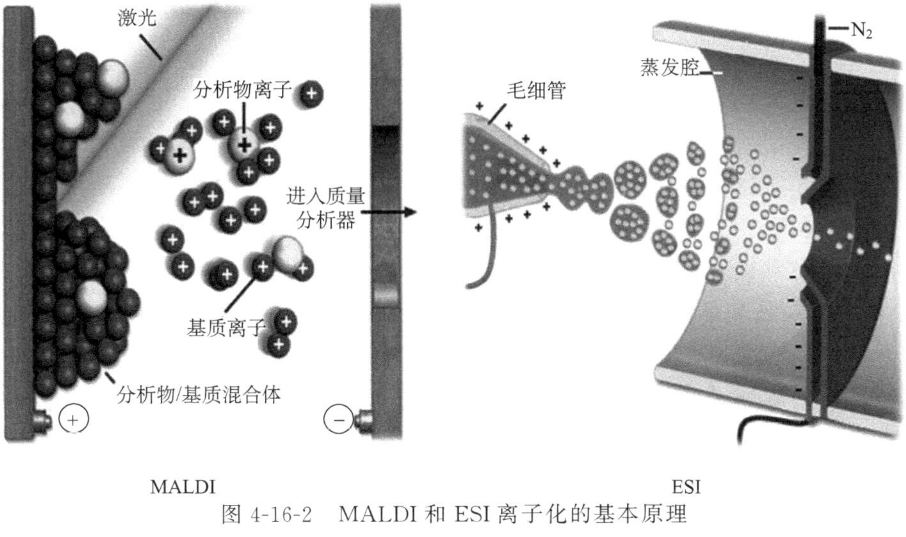


图 4-16-2 MALDI 和 ESI 离子化的基本原理

（TOF）搭配可以获得很高的灵敏度。ESI 技术是通过在毛细管的出口处施加高电压（3～5 kV），使从毛细管流出的含有蛋白质分子和溶剂分子的液体雾化形成微小带电液滴喷雾。然后施加逆向气流或热蒸发而去溶剂化，液滴崩解为大量带一个或多个电荷的离子，致使分析物以单电荷或多电荷离子的形式进入气相，之后进入质量分析器。MALDI 技术主要产生单电荷离子，适合高通量和复杂混合物分析；ESI 技术的特点是可以形成多电荷分子离子，最大的优势是可实现液质联用。

## 16.2.2 蛋白质的空间结构解析

蛋白质的空间结构解析目前最常用的方法有 X 射线单晶衍射技术和核磁共振技术。

### 16.2.2.1 X 射线单晶衍射技术

X 射线单晶衍射技术目前已经成为研究生物大分子三维结构的重要手段。它的主要优点包括：分辨率高，可研究水溶液中蛋白质以及膜蛋白和大分子复合体结构，能够确定活性中心的位置等。

**1. X 射线衍射技术的基本原理**

蛋白质晶体中的分子排列具有规则性、对称性及周期性的特点，当 X 射线按一定方向进入晶体后，会与晶体中的电子发生作用，使电子向各个方向发射射线。电子密度越大，散射能力越强。各个原子散射的 X 射线在空间相互叠加，形成衍射光束。这些衍射光束的方向由晶体中最小的重复单元——晶胞的大小和形状确定；而组成晶胞的所有原子对衍射光束的强度及相位都有贡献。因此测定衍射线的方向可以确定晶胞参数，而测定衍射线的强度和相位，通过傅里叶变换即可算出组成晶体的分子的电子密度分布，再由此推测对应的原子，进而得出分子中原子的空间坐标。

**2. 晶体结构解析过程**

X 射线晶体学方法解析蛋白质的空间结构包括以下几个步骤。

（1）结晶。蛋白质结晶的过程实际上是溶液中处于随机状态的蛋白质分子转变为规则排列的固体。蛋白质晶体形成的基本条件之一是蛋白质分子的纯度和均一性。一般来说，蛋白质样品结晶需要至少 95%的纯度。pH、温度、蛋白质浓度、溶剂的种类、沉淀剂的种类及金属离子和某些蛋白质的配基等均会影响结晶过程，具体操作时需不断摸索，方能获得优化的条件。

（2）衍射数据的收集。当一束准直的 X 射线照射在晶体上，晶体将产生衍射光束。目前常用的蛋白质晶体衍射强度的记录有两种基本方式，一种方式是将晶体所产生的衍射光束点记录在底片上，然后用扫描仪阅读出衍射强度；另一种方式是用相应的探测器，先将衍射光束光子信号转换为电子信号，再处理为衍射强度。近年来又采用了 CCD 技术，其数据采集精度和信号转换速率得到了大大地提高。生物大分子晶体结构解析的分辨率和精度主要取决于晶体衍射数据收集的质量和精度。

（3）从衍射数据再现分子结构。根据收集的 X 射线衍射数据信息计算出蛋白质分子的电子密度图，电子密度图可以显示分子结构中原子中的电子在三维空间中的分布。在此基础上建立分子的初始结构模型，经过不断计算与修正处理，获得满意度和准确度高的结构模型。

#### 16.2.2.2 核磁共振技术

核磁共振（nuclear magnetic resonance，NMR）是指核磁矩不为零的核，在外磁场的作用下，核自旋能级发生塞曼分裂，共振吸收某一特定频率的射频辐射的物理过程。与晶体学方法相比，NMR 能够在更加接近生理环境（溶液状态、pH、盐浓度和温度等）的状态下对蛋白质三维结构进行研究。

通过 NMR 解析蛋白质溶液结构的主要步骤包括样品的准备、NMR 实验及数据处理、蛋白质主链和侧链化学位移的归属、结构计算及结构优化等。

**1. 蛋白质样品的标记**

NMR 前需对研究对象进行核素标记，常用的有$^{1}H$、$^{13}C$ 和$^{15}N$。对于分子质量小于 10 kDa 的蛋白质（或短肽），可以直接使用未标记的样品，通过采集一系列二维氢谱来确定$^{1}H$ 的化学位移的归属；对于分子质量大于 10 kDa 的蛋白质，由于氢谱的谱峰重叠相对严重，通常需要使用$^{15}N$ 标记或者$^{13}C/^{15}N$ 双标记的样品，采集一系列三维三共振谱图进行化学位移的归属。

用于 NMR 实验的蛋白质样品，还需要对蛋白质浓度、缓冲液、离子强度、pH 和实验温度等条件进行优化，并且考虑蛋白质的溶解性与稳定性。

**2. NMR 实验及蛋白质化学位移指认**

通过 NMR 技术解析蛋白质溶液结构需要首先对蛋白质的$^{1}H$、$^{15}N$、$^{13}C$ 原子进行比较完整的化学位移指认。因为蛋白质分子是由氨基酸通过肽键连接的，化学位移指认的主要目的是确定自旋系统的顺序连接关系，并与蛋白质的氨基酸序列对应。化学位移指认策略主要分为两大类，即依赖于 NOE 的策略和依赖于 J-耦合的策略。NOE 主要是通过 COSY/TOCSY 谱指认每个与$^{1}H_{N}$ 关联的自旋系统，然后通过 NOESY/ROESY 谱来建立自旋系统的顺序连接，并与蛋白质氨基酸序列对应，最终实现完整的共振峰指认，此方法主要用于 10 kDa 以下蛋白质的分析；J-耦合主要是结合$^{13}C_{\beta}$ 和$^{13}C_{\alpha}$ 的化学位移来实现主链骨架指认及顺序连接，目前广泛用于 10～30 kDa 蛋白质的研究。

**3. 蛋白质溶液结构计算**

核磁共振技术解析蛋白质溶液结构的基本原理是利用不同原子之间（主要是氢原子）空间距离的关系（基于 NOE 的距离约束）以及不同原子之间的二面角关系（基于 J-耦合常数的二面角约束），结合原子自身的键长、键角特征，利用距离几何（distance geometry）或模拟退火（simulated annealing）算法（软件）计算出一组与实验约束以及其他物理化学原则不相互冲突的结构。

## 16.3 蛋白质的功能分析

### 16.3.1 激素、生长因子和受体蛋白质的研究方法

激素是机体代谢的重要调节者，机体内任何一种激素含量的失常都将引起严重的疾病。激素的自然来源很少，靠分离纯化只能得到很有限的量供临床使用，有些激素，如生长激素（GH）由于种属差异大，动物的 GH 不能用于临床。因此，获得大量供临床

应用的激素和制备高效、长效多肽激素，是蛋白质工程的主要目的之一。

生长因子是维持细胞生存和增殖所必需的物质，它们与蛋白质和多肽激素有很多相似之处，有的激素，如胰岛素本身也具有生长因子的功能。生长因子在机体内含量更低，用常规分离纯化蛋白质的方法很难获得足够量多肽生长因子供研究临床应用。因此，蛋白质工程的另一个重要目的是生产和改造生长因子。

蛋白质和多肽激素及生长因子发挥生理效应的第一步是与靶细胞膜上的专一受体结合，受体具有识别专一结合相应配体和继而发动生理效应的双重功能，深入研究受体的性质及结构与功能的关系是阐明激素和生长因子作用机制的重要环节。蛋白质和多肽激素及生长因子的受体绝大多数是分布在细胞膜上的糖蛋白，由于受体蛋白的含量很少且都是相对分子质量很大的膜蛋白，很难分离纯化获得纯受体蛋白制剂。因此，受体蛋白结构与功能关系的研究是蛋白质工程的用武之地。

### 16.3.1.1 蛋白质和多肽激素功能的研究方法

激素是机体内的化学信使，由特定的器官或细胞合成并分泌，经血液循环等到达靶组织，在那里通过影响酶的催化、酶和其他蛋白质的合成速率或改变膜的通透性而实现调整细胞的代谢过程，从而使复杂的机体协调一致。按化学性质激素可分为氨基酸衍生物、胆甾醇衍生物、蛋白质和多肽 3 类，此处只讨论蛋白质和多肽类激素。

现已发现蛋白质和多肽类激素约 100 种，占全部激素的 75%～80%。这些激素有各自的特殊功能。因此，没有适合于研究各种激素的通用方法，也就是说，每一种激素都有其特定的研究方法。各种研究方法可归纳为生物测定方法、放射免疫测定方法，物理化学测定方法和放射受体测定方法等。

**1. 生物测定方法**

生物测定方法是根据激素引发机体的一个或多个特定的生理效应或生物化学反应，通过比较未知样品和已知激素产生的效应，定量测定未知样品。在生物测定中观察的效应包括实验动物的死亡，重量或长度的变化，一定器官的变化、血液中一定化学组成的改变，被测定的器官、组织或细胞的代谢变化等。根据测定环境的性质，生物测定方法可分为体内（*in vivo*）生物测定方法和体外（*in vitro*）生物测定方法。

（1）体内生物测定方法。体内生物测定方法一般用活的完整动物进行测定，观察由于使用激素引起靶器官的变化或者血液组成的改变等，测定过程时间长、工作量大，而且不同动物个体有一定误差。为此，常常使用大量动物个体并需要用统计学处理获得数据。

a. 血糖方法测定胰岛素。根据胰岛素降低血糖的效应，测定兔或大鼠给予胰岛素前后血糖的变化，这是测定胰岛素的经典方法之一，目前仍在临床和实验室中被应用。

b. 小鼠惊厥法测定胰岛素。小鼠在正常温度下能忍受注射较大剂量胰岛素，但当温度升高时则表现出特有的惊厥症状，这一生理效应被发展成为常用的测定胰岛素的经典方法。小鼠惊厥法一般选用体重 17～30 g 的小鼠（同一个实验最好用同一性别，常用雄性），皮下注射标准胰岛素样品和待测制剂。注射后 20 min，小鼠开始惊厥，45 min至 1 h 达高峰。该方法可测量微克水平的胰岛素。

c. 生长激素的体内测定方法。有 3 个常用的体内测定生长激素（GH）生物活力的方法：①取体重增加已达高峰的大鼠，给大剂量GH时（1～50 mg），可观察到体重会进一步增加；②切除垂体的未成年大鼠，用0.1～2.5 mg GH后，可观察到体重增加；③在体内测定GH活力的一个比较灵敏的方法是利用GH可使胫骨增宽的效应，在3～4天使用10～400 μg GH于大鼠，可观察到其胫骨明显增宽。

（2）体外生物测定方法。体外生物测定方法一般包括取动物的特定靶器官，如肾上腺、脂肪、膈肌或卵巢等，然后用完整的组织或切片分散的细胞与激素保温，观察并测定其对激素的反应，如第二物质的释放（如肾上腺皮质激素、cAMP等）、代谢底物（如放射性核素标记的葡萄糖）转化为测定产物（如$CO_2$）等。与体内生物方法比较，体外生物测定方法的主要优点是节省动物、减少或消除了动物个体间的差异。

a. 用脂肪细胞测定胰岛素。首先取雄性大鼠（110 g左右）附睾脂肪组织，用胶原酶消化获得游离的脂肪。

有多个常用的游离脂肪细胞测定胰岛素生物活力的方法，一个方法是根据在胰岛素存在下脂肪细胞可将［$^{14}C$］-葡萄糖氧化形成$^{14}CO_2$的原理，设计了一系列装置使之吸收放出的$^{14}CO_2$，然后计量放射活性，定量测定胰岛素生物活力。另一个方法是基于在胰岛素存在下，［2-$^3H$］-葡萄糖或［3-$^3H$］-葡萄糖的［$^3H$］可进入到脂肪细胞的脂质中，在胰岛素或待测样品存在下，使游离的脂肪细胞与［$^3H$］-葡萄糖在37℃保温，1.5 h后加入甲苯闪烁液到反应瓶抽提总脂测定。该法可测出ng水平的胰岛素样品，是目前体外测定胰岛素生物活性的常用方法。

b. 用肾上腺皮质细胞测定促肾上腺皮质激素（ACTH）。取大鼠肾上腺皮质组织，联合使用胰蛋白酶消化和搅动方法使之分散，获得肾上腺皮质细胞，将细胞悬浮于含有牛血清白蛋白的Krebs-Ringer碳酸氢盐和高浓度$Ca^{2+}$溶液中或与Biogel珠混合装成一个小柱，加入标准促肾上腺皮质激素或待测样品溶液，于37℃在95% $O_2$和5% $CO_2$条件下保温，然后测定生成的甾体化合物。该方法可检测10 pg的促肾上腺皮质激素。

**2. 放射免疫测定方法**

放射免疫测定方法综合了放射性核素分析的高度灵敏性和抗原-抗体反应的高度专一性，能定量分析pg～ng水平的微量激素物质，其测定的原理是竞争反应。

（1）标记。为了获得高比放射活性的标记激素，在放射免疫测定中一般是用放射性核素碘（$^{125}I$和$^{131}I$）标记激素，大部分蛋白质和多肽激素及生长因子中都至少存在1个Tyr残基或生长因子可以连接1个含有Tyr残基的多肽。也有的用［$^{14}C$］或［$^3H$］标记，但不容易获得足够高比放射活性的标记激素或生长因子。

（2）抗体。抗体是放射免疫测定中的另一个主要因素，一般用蛋白质和多肽激素或生长因子在与（或不与）佐剂混合后免疫动物产生抗体。放射免疫测定中对抗体质量的要求取决于检测的目的。若待测的样品含有高浓度的激素或生长因子，则不需要很高质量的抗血清；若待测样品是体液或其他来源浓度非常低的激素或生长因子，则需要质量很高的抗血清。与抗血清（多克隆抗体）相比，单克隆抗体显然也被用于放射免疫测定，但后者更多的应用于蛋白质和多肽激素、生长因子及它们的受体的结构与功能关系的研究。

（3）检测。标记抗原与专一抗体反应形成抗原-抗体复合物，将与抗体结合的标记抗原与游离的标记抗原分离开，分别测定放射活性，得到放射免疫测定的基本数据。

放射免疫测定获得的基本数据是结合标记或游离标记放射活性（常以每分钟计数cpm表示）。

放射免疫测定方法是目前用来测定蛋白质和多肽激素及生长因子最常用的方法。它可以测定所有蛋白质和多肽激素及生长因子。此外，目前基于抗原-抗体反应发展了很多测定蛋白质和多肽激素及生长因子的方法，除上述的放射免疫测定方法外，还有免疫双扩散方法（double immunodiffusion assay）、免疫放射测量法（immunoradiometric assay）及酶免疫法（enzyme immunoassay）等。

**3. 物理化学测定方法**

蛋白质和多肽激素及生长因子都是由氨基酸组成的肽链，在组成和结构上与其他蛋白质和多肽类似，没有特殊的物理化学性质，但由于物化方法一般比较简便客观，所以人们还是设法试图把物化方法应用于蛋白质和多肽激素及生长因子的测定。

有学者曾报道用纸层析方法测定胰岛素，将胰岛素溶液脱盐浓缩后点于层析纸上，层析后用溴甲酚绿染色，然后将染料洗脱下来用分光光度计测定光吸收值，同时作标准曲线并求出待测样品浓度，其结果与小鼠惊厥法一致。

由于蛋白质和多肽激素及生长因子一般都是相对分子质量比较小的多肽，可考虑用HPLC进行检测，特别是用蛋白质工程获得的分泌于介质中的上述多肽产物，可以用HPLC鉴定和测定其表达量或跟踪分离纯化的实验过程，随着HPLC的广泛应用，这一方法可能成为检测表达相对分子质量较小的多肽的便利工具。

**4. 放射受体测定方法**

放射受体测定方法与放射免疫测定方法类似，所不同的是用受体代替了抗体，然而测定的本质则完全不同，前者测定配体与受体的结合能力，更能代表蛋白质和多肽激素及生长因子的生物活性；而后者是测定抗原与抗体的反应性。

放射受体测定方法的基本组成是放射性核素标记的配体（如激素、生长因子等）、受体制剂和适合的分离与受体结合的及游离的标记配体的手段。

（1）激素的放射性核素标记。常用$^{125}I$、$^{3}H$、$^{14}C$等对激素（配体）进行标记。激素经标记、分离后，一般要进行下列指标的计算：

标记率＝标记物cpm/加入量cpm×100％

放射活性掺入量＝标记率×加入放射活性（Mci）

专一性比放射活性（比活）＝蛋白质放射活性/蛋白质总量（mg）

（2）受体的制备。用于放射受体测定的受体制剂有3个水平——完整细胞、细胞膜和纯受体蛋白。

完整细胞一般来自培养或从组织分离的细胞；细胞膜则来源于将细胞或组织破碎后用差速离心或密度梯度离心获得的膜制剂；受体则来源于从细胞膜上分离、纯化，或通过基因工程表达获得的高纯度受体蛋白。

（3）结合实验及分离技术。有了放射性核素标记的激素和受体制剂后，就可以进行放射受体测定，将标记的激素在适当缓冲体系中与受体制剂保温，然后把与受体结合的和游离的标记激素分开，测定与受体结合的标记激素的放射活性。

激素与其专一受体的结合可以看成是双分子反应，因此任何影响反应的因子都可改变结合数据。例如，温度、pH、离子的种类和强度等，一般温度越高达到平衡越快，但激素和受体的降解作用及激素受体复合体的内化作用也加强。因此，一般是在较低温度下（25℃或4℃）进行反应。

（4）结合数据的表示和定量分析。一般受体结合实验获得的原始数据是以与受体结合的放射性核素标记的配体的放射活性的每分钟计数（cpm）表示，称为结合数据。关于结合数据的表达有多种方式，其中比较常用的表达方式是以直接结合的 cpm 或占总结合的 cpm 百分数来表示，即以 cpm 或百分数为纵坐标对不同量纲横坐标作图。例如，以结合的 cpm 对不同 pH 作图可表示配体与其受体结合的最适 pH；对时间作图可表示配体与其受体结合的时间曲线；对受体浓度或标记配体浓度作图，可表示配体与受体结合的饱和曲线等。

在定量分析中，结合的配体浓度常用摩尔（如 pmol 或 fmol）或质量（如 ng 或 pg 等）表示，用总配体浓度乘以结合的标记配体的百分数获得，结合的配体浓度被细胞数、膜蛋白浓度或受体蛋白浓度除，可得每个细胞或单位受体质量（常以 mg 表示）结合配体的量，可以获得结合的配体量对总配体浓度作图，可以获得结合配体的最大量的近似值。

如果比较精确的测定配体与受体的亲和常数和结合能力，常用 Scatchard 作图分析结合数据。这种分析是基于如下假设，即激素与受体的相互作用是遵从质量作用定律的双分子反应。

另有一种常用的分析结合数据的作图方法是 Hill 作图。Hill 作图以结合分数［$B/(B_{max}-B)$］的对数对自由配体浓度作图，其中 $B$ 和 $B_{max}$ 分别为结合的配体量和最大结合的配体量，斜率 $n$ 为 Hill 系数。Hill 作图不但可以揭示激素与受体相互作用是否有协同效应，也能揭示是否存在受体的不均一性。当 $n=1$ 时，说明激素是与膜上的单一受体作用；当 $n>1$ 时，表明在膜上存在两种以上可结合该激素的受体，是正协同效应，即当激素与一种受体结合时，可增加其他受体的结合能力；当 $n<1$ 时，也说明有多种受体存在，是负协同效应，即激素与一种受体结合可降低其他受体的结合能力。

### 16.3.1.2 多肽生长因子的研究方法

依照化学性质，生长因子可分为肽类生长因子和甾体生长因子等。肽类生长因子是由相对分子质量几百到几万的多肽和蛋白质组成，多数相对分子质量在 10 000 左右，习惯称为多肽生长因子。

多肽生长因子的检测方法是研究其结构与功能关系和发现新因子的必不可少的手段，也是检测用蛋白质工程等表达的多肽生长因子生物活力的重要工具。在多肽生长因子功能的研究方法中，如放射免疫、放射受体和生理化学方法等都与蛋白质和多肽激素的相应方法一样，在此不再重复。下面概括介绍几种常用的多肽生长因子生物活力测定方法。

**1. 表皮生长因子（EGF）体内测定方法**

取新生小鼠，从出生后 18 h 开始注射，剂量为 25 μl 的 EGF/1.5 g 体重，对被试小鼠每 24 h 观察一次并记录睁开眼睛和出现门牙的天数。每一测试剂量注射 2 只或 3 只新生小鼠。被测样品用蒸馏水或生理盐水溶解和稀释（2 倍稀释法）后注射。该方法的精确度为被测样品浓度的 2 倍左右。

**2. 测定 DNA 合成**

多肽生长因子促进细胞生长和增殖一般始于促进 DNA 的合成。因此，通过观察 DNA 的合成速率，可用来测定多肽生长因子的生物活力。该方法的基本程序是：取适当靶细胞稀释成一定的浓度置于塑料孔内，加入含有（或不含有）各种浓度的标准生长因子或待测样品，培养一定时间后，向每一孔加入定量$^3$H-胸腺嘧啶，继续培养，然后收集细胞，洗去游离的$^3$H-胸腺嘧啶，溶解细胞，用三氯乙酸沉淀每孔内 DNA 的放射活性。以标准生长因子浓度为横坐标，以放射活性（cpm）为纵坐标作图，计算待测样品生长的生物活力和浓度。

**3. 计算细胞数目**

直接计算细胞数目是测定生长因子生物活力更为客观的方法，该方法操作简单而且不需要放射性核素。取定量细胞分别培养一定时间，然后在每次换液时加入含有生长因子的待测样品，继续培养，最后分别收集细胞计算细胞数目。

**4. 细胞软琼脂集落形成测定方法**

转化生长因子（TGF）在体外能使非转化的细胞变为具有肿瘤细胞的特征，如能悬浮生长等。利用 TGF 能诱导正常细胞在软琼脂层生长的特性可以测定 TGF 的生物活力和浓度。最常用的细胞是 NRK、A431、NR-6 和 A549 等。主要测定过程为：先用含有 0.5%琼脂的适当培养基制备一层基础层，然后将含有标准样品、待测样品、细胞及 0.3%琼脂的培养基混合物分别铺在基础层上面，培养一定时间后计算细胞集落。将 2 周内刺激每平方厘米形成一个细胞集落（>10 个细胞）的蛋白质量（待测样品）定义为一个软琼脂活性单位。

### 16.3.1.3 受体蛋白质功能的研究方法

蛋白质和多肽激素及生长因子的受体绝大多数是膜蛋白质，它们除专一识别、结合特定的配体外，还具有传递信息和启动生理效应的功能。下面讨论的受体蛋白质功能的研究方法可用于受体蛋白质分离纯化过程中的检测或测定通过基因工程或蛋白质工程表达的受体蛋白质的活性以及研究受体蛋白质结构与功能的关系等。

**1. 受体蛋白质与其专一配体的结合测定**

受体与配体的专一结合是受体蛋白质的基本性质，也是迄今对受体研究得最广泛和深入的性质，测定受体蛋白质与配体结合的方法和程序与前面讨论的配体与受体结合测定基本相同，只是被检测的对象是受体蛋白质而不是配体。

**2. 酪氨酸专一的蛋白激酶活性测定**

20 世纪 80 年代初发现某些生长因子和激素，如 EGF、胰岛素、血小板衍生的生长因子（PDGF）和类胰岛素生长因子Ⅰ（IGF-Ⅰ）等的受体也是酶，是专一催化底物蛋白质的 Tyr 残基磷酸化的蛋白激酶。它们在其相应配体存在下，首先催化受体自身磷酸化，所以它们是受体蛋白质、酶和底物三位一体的分子。

下面以 EGF 受体为例概述受体蛋白质的酪氨酸专一的蛋白激酶活性测定方法。

（1）磷酸化的测定。反应混合物包括待测细胞膜制剂（20～80 μg 膜蛋白质）、HEPES 缓冲液（20 mmol/L，pH 7.4）、$MnCl_2$（1 mmol/L）、$^{32}$P-ATP（$6\times10^5$～$12\times10^5$cpm）和 EGF（100 ng），最终体积为 60 μl。反应管［含有（或不含有）EGF］先

在冰浴中预保温 10 min，然后向各反应管加入$^{32}$P-ATP 开始反应，保持在 0℃保温（一般 5～10 min）后反应结束，取反应混合液 50 μl 滴在 Whatman NO. 3 MM 滤纸片上，将该滤纸立刻放入置有冷的 10% TCA（含 0.01 mmol/L 焦磷酸钠）的容器中，在室温用 TCA/焦磷酸钠溶液充分洗涤后再用乙醇和乙醚抽提干燥，测定放射活性。如果测定是用 Triton X-100 制备的膜受体的酪氨酸蛋白激酶活性，则改用在室温预保温 10 min，反应体系中 Triton X-100 的最终浓度为 0.2%，其他基本相同。

(2)$^{32}$P 氨基酸的鉴定。将$^{32}$P-标记的细胞膜或膜蛋白质用 6 mol/L HCl 在 100℃水解、蒸干，再溶于水并与标准的磷酸化的氨基酸（磷酸化的 Tyr、Ser 和 Thr）一起进行纸电泳，然后分别用茚三酮染色和放射自显影确定$^{32}$P-标记的氨基酸的位置和种类。

(3) 放射免疫测定方法。用受体蛋白质的抗血清或单克隆抗体检测通过基因工程或蛋白质工程获得的相应受体蛋白质是常用的方法之一，其原理和程序与蛋白质和多肽激素放射免疫测定相同。

此外、在受体的结构与功能关系的研究中，也常使用受体蛋白质的抗体。例如，将胰岛素受体 β 亚基的抗体显微注射到细胞内，阻断了胰岛素功能的表现，从而证明 β 亚基对胰岛素发挥生理功能起着重要作用。

(4) 物理化学方法。例如，可用交联试剂将放射性核素标记的配体与其专一受体结合后共价键相连，然后通过 SDS-PAGE 或用该受体的抗体及放射自显影等技术测定被标记蛋白质的性质，如相对分子质量、亚基数目和种类等。也可进行受体蛋白质的 HPLC-胰蛋白酶酶解图谱分析。

## 16.3.2 免疫活性蛋白质功能的研究方法

免疫响应过程是极其复杂的过程，它涉及多种免疫活性细胞（如 T 淋巴细胞、B 淋巴细胞和巨噬细胞 MΦ 等）和各种各样的可溶性因子。免疫活性细胞表面有特异性的标记可供识别，同时不同细胞表面又有各种不同的特异性抗原受体和淋巴细胞因子的受体起识别作用，而这些表面标记受体及各种淋巴细胞因子等都是由蛋白质组成的。因此，蛋白质分子的精细结构及其在分子水平上的相互作用，是免疫系统中细胞与细胞、细胞与分子在“自我和非我”之间识别的基础和保证。正是由于免疫系统的这一特征，它已成为研究分子和细胞识别的最理想的工具。

这里把免疫反应过程中起功能作用的蛋白质分成 3 类。① 免疫球蛋白：由激活 B 细胞所分泌的具有抗体活性的可溶性蛋白。②免疫活性细胞表面标记蛋白，它包括免疫活性细胞表面抗原和表面抗原受体。③淋巴因子：由被激活的淋巴细胞等所产生的除抗体以外的全部活性物质。下面分别简述上述 3 类蛋白质分子的主要研究方法。

### 16.3.2.1 抗体研究方法

免疫球蛋白是指具有抗体活性的一类蛋白质，它们是由 B 淋巴细胞在抗原作用下被激活分化增殖变成浆细胞后而大量分泌到血液中。抗体通过专一性地结合抗原而启动体液的免疫作用。

**1. 免疫沉淀反应法**

抗体分子对抗原具有高度精细的专一性，这一特点使得人们广泛应用免疫试验方法来进行生物学和医学中有关分子结构和功能的分析。特别是近年来单克隆抗体技术、荧光激活的细胞分类法等新技术的发展，使抗体-抗原相互作用的原理在基础研究和临床诊断中进一步得到了广泛应用。

常采用抗原-抗体相互反应形成不溶性复合物的沉淀反应来研究抗原-抗体的特异性。

（1）免疫沉淀反应法。溶液中抗原和抗体的相互作用比例合适时，抗原-抗体复合物就会形成沉淀，并从含有其他蛋白质的溶液中分离出来，称为免疫沉淀。

（2）免疫扩散法。在某种胶体介质中（如琼脂），抗原溶液（或抗体溶液）向抗体溶液（或抗原溶液）方向扩散，在达到抗原与其专一性抗体的合适比例的位置时，就在此形成一条沉淀线，此法称为免疫扩散。

（3）免疫电泳法。免疫电泳法为免疫扩散法与电泳分离技术相结合的方法。抗原和抗体样品往往成分很多，简单的免疫扩散不足以区分有关成分，免疫电泳法就是先将抗体样品（如全血清）或抗原样品用凝胶电泳分离，然后再用特异性抗原（或抗体）进行免疫双扩散，可大大提高分辨率。

以上方法均属于经典测试方法，虽然灵敏度不够高，但简便快速，在临床化验及一些初步研究测试中还经常使用。

**2. 直接和间接标记法**

（1）标记抗原法。很多情况下，抗原浓度很低，因此免疫沉淀的量太少，用前面的方法无法直接测出。或者由于抗原与抗体的比例不合适，以及小分子的半抗原物质不能形成免疫沉淀。因此，测定抗原-抗体复合物的一个改进方法就是用放射性核素（或其他标记物）标记抗原，然后沉淀已与抗原形成复合物的抗体，而不沉淀游离的标记抗原。然后测定沉淀中结合上的放射活性，它就代表特异抗原的浓度。

（2）标记抗体法。抗体的标记方法很多，而且比抗原标记法的应用更为广泛。常用的有放射性核素标记法、酶标法、荧光配体标记法等。

放射性核素标记法常以$^{125}$I 标记抗体分子上的 Tyr。酶标法就是利用酶催化效率极高的特点，把有活性的酶偶联到特异性抗体分子上，当抗原与标记的特异性抗体结合时，这种复合物同时也带有了酶的活性。目前广泛使用的是过氧化物酶。荧光配体标记法是现代细胞免疫学实验的基础，它以荧光配体标记抗体，这样得到的抗原-抗体复合物在受合适的光波激发时发出荧光，使用荧光分光光度计就可以定量测定复合物。这一方法对研究细胞表面与抗体的相互作用特别方便。

荧光激活细胞分类仪（fluorescene-activated cell sorter，FACS）是近年来发展使用的分析和制备仪器，它可以很快从混合的细胞群中把带有特殊表面抗原的细胞亚群分开，其根本原理就是用荧光抗体标记细胞。通过此法，一些含量极少的细胞亚类也可以被分离成均一的细胞群，经过进一步培养就可得到足够量的均一的克隆的细胞亚群。这一方法在基础研究和临床上都有很重要的价值。B 淋巴细胞亚类和 T 淋巴细胞亚类就可用这种方法分离制备。

### 16.3.2.2 淋巴细胞表面标志的研究方法

淋巴细胞的表面标志包括表面抗原和受体两大类结构。一个淋巴细胞表面一般有几种抗原与受体，不同群和亚群淋巴细胞的表面标志不同，在其各自的发育阶段也不相同。

淋巴细胞的表面抗原和受体都是结合在细胞膜上的大蛋白质分子。而膜受体则指对特异配体有已知结合亲和性的表面大分子，由于大多数受体具有抗原性，并且能够诱导产生抗受体抗体。所以，表面抗原和表面受体有时难以区分。

淋巴细胞的功能是通过它的表面抗原和受体调节的，免疫系统的各类细胞也是通过它们构成一种复杂的自我调节的网络。

**1. 淋巴细胞表面抗原的研究方法**

淋巴细胞表面抗原种类很多，其中少数（如 H 系统）存在于绝大多数组织细胞上，称为移植抗原；大多数抗原仅见于少数组织中，有鉴别意义，称为鉴别抗原或分化抗原(differentiation antigen)。另外，表面抗原可分为同种异型（体）抗原（alloantigen）和异种抗原（heteroantigen)。

研究膜抗原的结构及其功能最理想的方法是将膜抗原分别提纯。由于抗原分子深埋在细胞膜中，因此首先要分离细胞膜，其次将细胞膜溶解，如应用非离子性去污剂（如 Triton X-100）溶解细胞膜；最后用亲和层析法使之纯化。目前用上述方法已从建株的人淋巴细胞中获得较纯的 HLA 系统的单个抗原，从小鼠淋巴细胞株中获得 $H_2$ 系统的单个抗原。

常用检测细胞表面抗原的方法是细胞毒试验。其原理是相应抗血清在补体参与下能杀伤含该种抗原的细胞。加入台酚蓝后，被杀伤细胞呈蓝色，可供鉴别。例如，抗 θ 抗体在补体参与下能杀伤全部胸腺细胞、30%～40%脾细胞及60%～80%淋巴结细胞，表明胸腺细胞都有 θ 抗原，而脾脏和淋巴结中带 θ 抗原分别为 30%～40%和60%～80%。

**2. 淋巴细胞表面受体的研究方法**

淋巴细胞表面有多种受体，对于鉴别各种淋巴细胞和研究其功能有重要意义。有的受体能识别抗原决定簇，如 B 细胞表面免疫球蛋白受体（SIg)；有的受体则参与免疫反应和免疫调节，如补体受体与 Fc 受体（FcR)。有的功能尚不明，如 T 细胞上的羊红细胞受体，但对淋巴细胞鉴别有实际意义。

淋巴细胞膜表面受体可大致划分为 T 细胞、B 细胞、髓系细胞、NK 细胞、血小板、激活抗原、黏附分子、内皮细胞和细胞因子表面受体 9 个种类，每个种类再按不同细胞表达表面受体的特异性，将细胞分成不同亚型，还可进一步分成不同细胞亚群。用于淋巴细胞分析的表面受体合计已达数百种之多。应用这些表面受体（往往是多个分子的联合）的单克隆抗体，与淋巴细胞表面抗原结合，然后再与荧光标记二抗反应，在荧光显微镜下可区分不同淋巴细胞，或通过流式细胞仪分析，可计算出表达不同表面受体淋巴细胞的百分率，即得到不同淋巴细胞的比例。

总之，研究淋巴细胞表面标志的蛋白质的结构与功能，可以阐明各种淋巴细胞的功能及其相互作用方式与后果，同时，可鉴别各种淋巴细胞及其在疾病中质与量的变化，从而阐明某些疾病的起因与性质。从蛋白质工程的角度来看，它是工程设计的基础又是应用的领域。

### 16.3.2.3 淋巴因子的研究方法

1969年首次提出“淋巴因子”（lymphokine）这一概念，用以概括被激活的淋巴细胞所产生的除抗体以外的全部免疫活性物质。学术界认为与淋巴因子具有相同活性的因子并非全由淋巴细胞产生，如巨噬细胞、纤维母细胞等皆可产生。因此，提议把所有这些具有淋巴因子活性的糖蛋白分子称为“细胞因子”（cytokine）。目前，可将细胞因子分为干扰素、肿瘤坏死因子、白细胞介素、集落刺激因子、其他生长调节因子等几个类别。细胞因子功能（生物学活性）检测主要有以下几类。

生物学检测法又称为生物活性检测法，是根据细胞因子特定的生物活性而设计的检测法。由于各种细胞因子具有不同的活性，如IL-2促进淋巴细胞增殖、TNF杀伤肿瘤细胞、CSF刺激造血细胞集落形成、IFN保护细胞免受病毒攻击，因此选择某一细胞因子独特的生物活性，即可对其进行检测。生物活性检测法又可分为以下几类。

（1）细胞增殖法。许多细胞因子具有细胞生长因子活性，特别是白细胞介素（IL），如IL-2刺激T细胞生长、IL-3刺激肥大细胞生长、IL-6刺激浆细胞生长等。利用这一特性，现已筛选出一些对特定细胞因子起反应的细胞，并建立了只依赖于某种因子的细胞系，即依赖细胞株（简称为依赖株）。这些依赖株在通常情况下不能存活，只有在加入特定因子后才能增殖。例如，IL-2依赖株CTLL-2在不含IL-2的培养基中很快死亡，而加入IL-2后则可在体外长期培养。在一定浓度范围内，细胞增殖与IL-2的量成正比，因此通过测定细胞增殖情况（如使用$^{3}$H-TDR掺入法、MTT法等）鉴定IL-2的含量。除依赖株外，还有一些短期培养的细胞，如胸腺细胞、骨髓细胞、促有丝分裂原刺激后的淋巴母细胞等，均可作为靶细胞来测定某种细胞因子的活性。

（2）靶细胞杀伤法。靶细胞杀伤法是根据某些细胞因子（如TNF）能在体外杀伤靶细胞而设计的检测方法。通常靶细胞多选择体外长期传代的肿瘤细胞株，利用放射性核素释放法或染料染色等方法判定细胞的杀伤率。

（3）细胞因子诱导的产物分析法。某些细胞因子可刺激特定细胞产生生物活性物质，如IL-2、IL-3诱导骨髓细胞合成胺，IL-6诱导肝细胞合成1-抗糜蛋白酶等。通过测定所诱生的相应产物，可反映细胞因子的活性。

（4）细胞病变抑制法。病毒可造成靶细胞的损伤，干扰素等则可抑制病毒所导致的细胞病变，因此可利用细胞病变抑制法检测这类因子。

综上所述，我们仅仅举例说明抗原、表面受体、淋巴因子3类免疫活性蛋白质的结构和功能的研究方法。利用抗原-抗体的特异性结合亲和反应是这类蛋白质研究方法的特点。此外，还可运用传统的电泳、层析等生化方法，而基因工程方法和单克隆抗体方法的结合，使免疫学包括医学免疫学、遗传免疫学、细胞免疫学、分子免疫学的发展突飞猛进，使蛋白质工程展现了不可估量的前景。

（王梁华　焦炳华）

# 第 17 章　蛋白质组学

人类基因组计划在揭示基因组精细结构的同时，也凸现出基因数量的有限性和基因结构的相对稳定性，这与生命现象的复杂性和多变性之间存在着巨大反差。这种反差促使人们认识到：基因只是遗传信息的载体。要研究生命现象、阐释生命活动的规律，只了解基因组的结构是远远不够的，这也使得人们对于生命活动的直接执行者——蛋白质的重要性有了更深刻的理解。因此，对蛋白质的数量、结构、性质、相互关系和生物学功能进行全面和深入的研究，成为生命科学研究的迫切需要和重要任务。一个以蛋白质组（proteome）为研究重点的生命科学新时代已日趋成熟。

蛋白质组学（proteomics）是近 20 年来生命科学领域发展最快的研究方向之一。由P. H. O'Farrel 等在 1975 年建立的双向凝胶电泳技术开始，实现了数千种蛋白质的同时分离，为蛋白质组研究提供了技术上的可行性。以计算机技术为基础的多种图像分析与大规模数据处理软件的问世，使得科学家们处理复杂的类似“满天星”样的蛋白质电泳图谱并建立相应的数据库得心应手。20 世纪 80 年代后期出现的两种软电离质谱技术，基质辅助激光解吸附飞行时间质谱和电喷雾电离质谱，可精确测定生物大分子的相对分子质量及肽段序列，使得高通量的蛋白质鉴定得以实现。因此，二维（双向）凝胶电泳、计算机图像分析及大规模数据处理和生物质谱被称为蛋白质组研究的三大基本技术。近年来，定量蛋白质组技术的发展，为规模化地分析蛋白质的时空变化提供了可能，成为蛋白质组研究的新趋势。

## 17.1　蛋白质组学研究的策略和内容

蛋白质组由蛋白质（protein）和基因组（genome）两个词组合而成，意思是基因组表达的蛋白质（proteins expressed by a genome）。广义上讲，蛋白质组是指“一个细胞或一个组织基因组所表达的全部蛋白质”。它是对应于一个基因组的所有蛋白质构成的整体，而不是局限于一个或几个蛋白质。由于同一基因组在不同细胞、不同组织中的表达情况各不相同，即使是同一个细胞，在不同的发育阶段、不同的生理条件，甚至不同的环境影响下，其蛋白质的存在状态也不尽相同。因此，蛋白质组是一个在空间和时间上动态变化着的整体。蛋白质组学是指应用各种技术手段来研究蛋白质组的一门新兴学科，其目的是从整体的角度分析细胞内动态变化的蛋白质组成成分、表达水平与修饰状态，了解蛋白质之间的相互作用与联系，揭示蛋白质功能与细胞生命活动规律。

### 17.1.1　蛋白质组学的研究策略

蛋白质组学一经出现，就有两种研究策略。一种策略可称为“竭泽法”，即采用高通量的蛋白质组研究技术分析生物体内尽可能多乃至接近所有的蛋白质，这种策略是从大规模、系统性的角度来看待蛋白质组学，也更符合蛋白质组学的本质。但是，由于蛋白质表达随空间和时间不断变化，要分析生物体内所有的蛋白质是一个难以实现的目标。另一种策略可称为“功能法”，即研究不同时期细胞蛋白质组成的变化，如蛋白质在不同环境下的差异表达，以发现有差异的蛋白质种类为主要目标。这种观点更倾向于把蛋白质组学作为研究生命现象的手段和方法。

### 17.1.2 蛋白质组学的研究内容

早期蛋白质组学的研究范围主要是指蛋白质的表达模式（expression profile），随着学科的发展，蛋白质组学的研究范围也在不断完善和扩充。蛋白质翻译后修饰研究已成为蛋白质组研究中的重要部分和巨大挑战。蛋白质-蛋白质相互作用的研究也已被纳入蛋白质组学的研究范畴。蛋白质组学的研究试图比较细胞在不同生理或病理条件下蛋白质表达的异同，对相关蛋白质进行分类和鉴定。更重要的是，蛋白质组学的研究要分析蛋白质间的相互作用和蛋白质的功能。

蛋白质组学的研究包括以下内容。

（1）蛋白质鉴定。可以利用一维电泳和二维电泳并结合 Western blotting 等技术，利用蛋白质芯片和抗体芯片及免疫共沉淀等技术对蛋白质进行鉴定研究。

（2）翻译后修饰。很多 mRNA 表达产生的蛋白质要经历翻译后修饰，如磷酸化、糖基化、酶原激活等。翻译后修饰是蛋白质调节功能的重要方式，因此对蛋白质翻译后修饰的研究对阐明蛋白质的功能具有重要作用。

（3）蛋白质功能确定。例如，分析酶活性和确定酶的底物，细胞因子的生物分析/配基-受体结合分析。可以利用基因敲除和反义技术分析基因表达产物——蛋白质的功能。另外，对蛋白质表达后在细胞内的定位研究也在一定程度上有助于对蛋白质功能的了解。

（4）基于蛋白质组学研究的应用。蛋白质组学的研究最终要服务于人类的健康，主要指促进分子医学的发展，如寻找药物的靶分子。很多药物本身就是蛋白质，而很多药物的靶分子也是蛋白质。药物也可以干预蛋白质-蛋白质相互作用。

在基础医学和疾病机制研究中，了解人不同发育、生长期和不同生理、病理条件下及不同细胞类型的基因表达的特点具有特别重要的意义。这些研究可能找到直接与特定生理或病理状态相关的分子，进一步为设计作用于特定靶分子的药物奠定基础。

## 17.2 蛋白质组学研究技术

目前常规采用的蛋白质组学研究有两条技术路线，一为基于双向电泳-质谱的蛋白质组研究；二为基于多维层析-质谱的蛋白质组研究。每条技术路线均涉及蛋白质的分离、检测与分析等步骤。

### 17.2.1 基于双向电泳-质谱的蛋白质组研究技术

**1. 二维（双向）凝胶电泳**

二维（双向）凝胶电泳（two dimension electrophoresis，2-DE）能一次性同时分

辨上千种蛋白质。其原理是根据蛋白质的等电点和相对分子质量，将蛋白质混合物在电荷（IEF）和相对分子质量（SDS-PAGE）两个水平上进行分离（图 4-17-1）。

（1）IEF。蛋白质是两性电解质，当 pH＞pI 时带负电荷，在电场中向正极移动；当 pH＜pI 时带正电荷，在电场中向负极移动；当 pH ＝ pI 时净电荷为零，在电场中既不向正极移动也不向负极移动，此时的 pH 就是该蛋白质的等电点（pI）。各种蛋白质由不同的氨基酸以不同的比例组成，因而有不同的 pI。利用 pI 不同，以 PAGE 为电泳支持物，并在其中加入两性电解质载体（carrier ampholyte），在电场作用下，两性电解质载体在凝胶中移动，形成 pH 梯度，蛋白质在凝胶中迁移至其 pI 的 pH 处，即不再泳动而聚焦成带，这种方法称聚丙烯酰胺等电聚焦电泳（isoelectric focusing -PAGE，IEF-PAGE）。因此，IEF 是利用蛋白质等电点的不同在大孔凝胶中将蛋白质分离的技术。

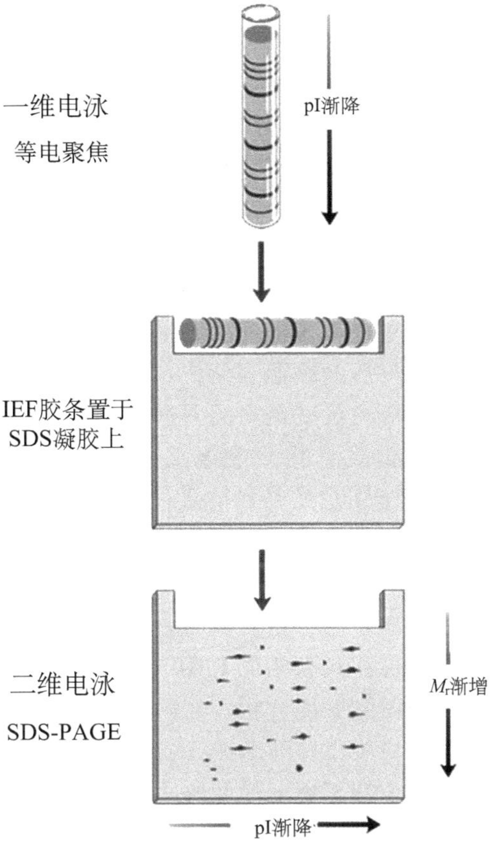


图 4-17-1　2-DE 示意图

（2）SDS-PAGE 电泳。在第一向 IEF 的基础上，进行第二向的相对分子质量分离。SDS 是一种阴离子去垢剂，在溶液中，当 SDS 单体浓度大于 1 mmol/L 时，可以与蛋白质定量结合，蛋白质与 SDS 质量比为 1∶1.4，此时蛋白质所带负电荷过量，在电场中的迁移速率主要与蛋白质的相对分子质量相关，相对分子质量越小，迁移越快，从而实现将蛋白质根据相对分子质量的不同进行分离。为了让蛋白质充分变性，必须加入尿素和还原剂等，以去除蛋白质的高级结构及亚基之间的相互作用。

（3）蛋白质检测。2-DE 可以分辨上千个蛋白质点，检测某类蛋白质是否存在时多用 Western blotting 方法；显示蛋白质全谱时可以采用考马斯亮蓝 R-250 和银染等方法。

（4）图像分析。由于在 2-DE 上有上千个蛋白质点，通过用肉眼观察来比较几块不同胶之间的差异也是不现实的，需要一套图像分析系统来完成。图像分析系统包括图像扫描仪和图像分析软件。图像分析首先是通过检测程序设定范围内点的光密度，来确定点的存在。当用于比较蛋白质组时，需要将多块胶进行对比的程序。目前图像分析系统常用的有 Melanie、PDQuest、ImageMaster、Progenesis 等。

**2. 基质辅助激光解吸附飞行时间质谱**

质谱分析（mass spectrometry，MS）法是通过测定样品离子的质荷比（$m/z$）来进行成分和结构分析的分析方法。2-DE 胶内蛋白质点的鉴定常采用 MALDI 技术。

（1）MALDI的基本原理。MALDI作为一种离子源，通常用飞行时间（time of flight，TOF）作为质量分析器，所构成的仪器称为基质辅助激光解吸电离飞行时间质谱（MALDI-TOF-MS）。MALDI的基本原理是将样品与小分子基质（肉桂酸、芥子酸及其衍生物）混合共结晶，当用不同波长的激光（通常为337 nm）照射晶体时，基质分子与样品分子同时从靶上解离，而基质分子将所吸收能量转移至样品分子，形成带电离子并进入质谱进行分析。样品产生的离子在加速电场的作用下获得相同的动能，经过一个真空无电场飞行管道，较轻的离子速率快，较早到达检测器，较重的离子较晚到达检测器，飞行时间与 $(m/z)^{1/2}$ 成正比。MALDI产生的离子多为单电荷离子，质谱图中的谱峰与样品各组分的质量数有一一对应关系，因此MALDI-TONF-MS最适合分析蛋白质水解后的肽混合物。MALDI-TOF的质谱图是多次扫描结果的累加，使这种仪器成为现今灵敏度最高的质谱仪，适合微量样品（fmol～amol）的分析。

（2）肽质量指纹谱鉴定技术。用肽质量指纹谱（peptide mass fingerprinting，PMF）鉴定蛋白质是目前蛋白质组研究较为常用的鉴定方法。PMF是蛋白质被识别特异位点的蛋白酶水解后得到的肽片段质量图谱。由于每种蛋白质的氨基酸序列不同，蛋白质被酶水解后，产生的肽片段序列也各不相同，其肽混合物质量数也具特征性，所以称为指纹谱，用于蛋白质的鉴定。用实验测得的蛋白质酶解肽段质量数在蛋白质数据库中检索，寻找具有相似PMF的蛋白质。2-DE胶上的蛋白质被原位酶切或转印到PVDF膜上酶切得到肽混合物，经质谱分析得到PMF，然后进行数据库检索鉴定。

（3）MALDI-TOF-TOF MS串联质谱技术。MALDI-TOF MS鉴定蛋白质通常需要匹配4个甚至更多的肽段才能实现蛋白质的有效鉴定。但是，如果被鉴定的凝胶点内含有多个蛋白质，或者该凝胶点的丰度低，所产生的有效质谱信号较少时，仅靠肽段的质量数信息无法实现胶内蛋白质的有效鉴定，此时，如果对其中几个肽段能实现序列分析，则同样可以实现胶内蛋白质的准确鉴定。新型串联型MALDI-TOF-TOF MS质谱仪可以实现肽段的序列测定。该类质谱仪在离子飞行路径中添加了一个碰撞池，从而可以选择母离子，利用高能量将肽段裂解成为碎片离子，根据碎片离子质量数分布，可以利用软件对肽段序列进行预测。

（4）数据库搜索工具。质谱鉴定所获得的是肽段或碎片离子的质量信息，要从这些信息中鉴定出目标蛋白质序列，需要专用的数据库搜索工具。常用的PMF数据搜索工具有Mascot、Phenyx、ProFound等，而用于串联质谱数据库搜索的工具有OMSSA、X！Tandem、Mascot，以及国内科学家自主开发的Pfind软件包（http://pfind.ict.ac.cn/）等，上述部分资源可以在网站ExPASy（http://us.expasy.org/tools/）找到相应链接。

上述基于二维电泳-质谱的蛋白质组研究技术路线如图4-17-2所示。

## 17.2.2 基于多维层析-质谱的蛋白质组研究技术

基于多维液相层析与生物质谱相结合的蛋白质组研究技术通常称为鸟枪法（shotgun）策略（图4-17-3）。其特点是结合多种互补的蛋白质或肽段分离手段，首选不同的层析技术，实现蛋白质或多肽的高效分离，并与串联质谱技术结合，实现多肽序列的高准确鉴定。

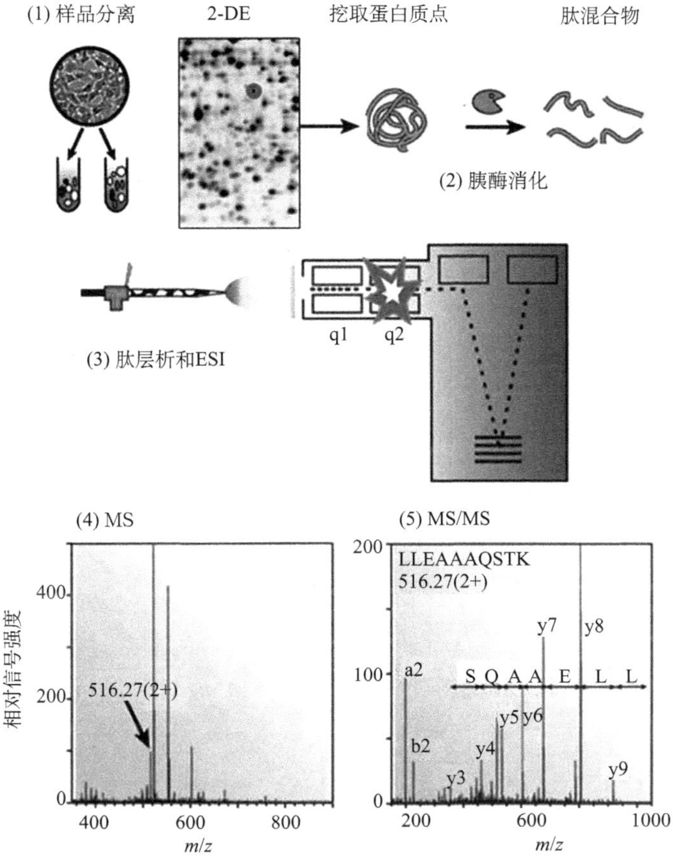


图 4-17-2　基于二维电泳-质谱的蛋白质组研究技术

**1. 蛋白质样本制备与酶解**

用于鸟枪法蛋白质组分析的样本可以是细胞、组织及完整生物体的蛋白质提取液。与凝胶电泳相对应，鸟枪法蛋白质组学研究常采用在溶液中酶切的方法，利用蛋白酶对目标蛋白质混合物进行选择性降解。最常用的蛋白酶为胰蛋白酶，它可以选择性地从 Lys 和 Arg 的 N 端，将蛋白质序列进行剪切，获得肽段混合物。

**2. 肽混合物层析分离**

一般采用强阳离子交换层析（一维）和纳升反相层析（二维）将肽段进行分离。

一维肽段分离方法最好能与质谱前的二维反相层析在分离能力上形成互补，由于反相层析的分离是基于肽段的疏水性，离子交换层析分离是基于肽段溶液带电荷数的不同，可以达到与反相层析很好的互补效果。目前一维分离常用强阳离子 SCX 交换层析。

反相层析（二维）根据肽段疏水性的不同，实现复杂肽

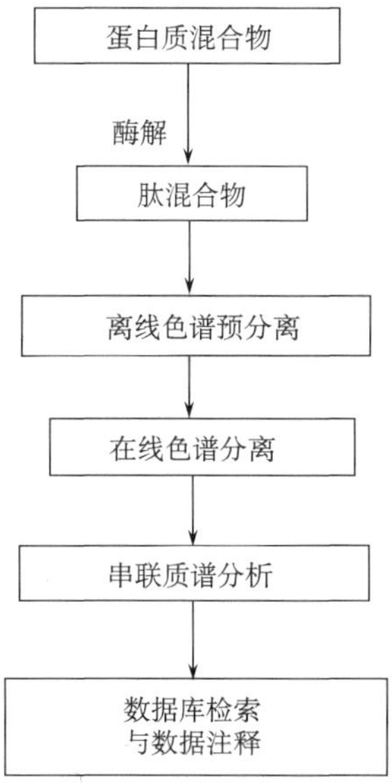


图 4-17-3　经典的鸟枪法蛋白质组学研究技术流程

混合物的分离。与常规制备级的反相层析柱（内径 4.6 mm、2.1 mm 等）相比，纳升反相层析（内径 150 μm、75 μm 等）在分析微量肽混合物时具备更多的优势。与质谱连接的纳升级液相层析仪有常压型（nano-HPLC）和超高压型（UPLC），前者使用的反相层析填料粒径为 5 μm 或 3 μm，柱长 15 cm 以内，其系统压力通常不超过 6000 psi[①]（400 bar），而 UPLC 系统压力可达到 10 000 psi，其适用的反相柱填料粒径达 1.7 μm 甚至更小，因此可以减小峰宽，提高层析分辨率。

**3. 电喷雾串联质谱**

电喷雾离子化（electrospray ionization，ESI）的基本原理是利用高电场使质谱进样端的毛细管柱流出的液滴带电。带电液滴在电场中飞向与其所带电荷相反的电势一侧，液滴在飞行过程中，其所含溶剂不断蒸发，表面积缩小，表面电荷密度迅速增加，最终表面电荷间相互排斥导致液滴爆裂为带电的子液滴。这一过程不断重复使最终的液滴非常细小呈喷雾状，这时液滴表面的电场非常强大，使被分析物离子化成为带单电荷或多电荷的离子。

在蛋白质组学研究中，电喷雾离子化源的前端常与纳升液相层析相连，而后端紧接串联质谱系统。所谓串联质谱，是指将 2 种或 2 种以上的质谱分析系统在空间或时间上连接在一起，其中 1 个分析系统负责肽段或其他化合物的质量过滤和选择，而相连的其他分析系统则担任离子的碎裂及检测等工作。多级串联质谱可以将肽段沿主链的不同位置打碎，形成 x、y、z 或 a、b、c 系列离子，通过测定这些离子的精确相对分子质量，用软件解析，以进行肽段序列测定。

在蛋白质鉴定中，纳升液相层析常与电喷雾串联质谱仪相连（nanoLC-ESI-MS/MS），其优势是可以实现对复杂肽段混合物的在线分离、柱上富集与同步序列测定。目前，nanoLC-ESI-MS/MS 一次分析可以鉴定的蛋白质数目超过 1000 个，而结合多维层析分离技术，可以利用鸟枪法一次实验鉴定上万个蛋白质。

## 17.3 蛋白质组学的应用

蛋白质组学研究不仅能为生命活动规律提供物质基础，也能为多种疾病机制的阐明及攻克提供理论根据和解决途径。通过对正常个体及病理个体间的蛋白质组比较分析，可以发现和鉴定出疾病特异性的蛋白质分子，从而为进一步阐明疾病的发生、发生机制提供依据。另外，它们也可以成为新药物设计的分子靶点，或者为疾病的早期诊断提供分子标志。

### 17.3.1 疾病蛋白质组学

运用蛋白质组学研究手段，通过比较正常和病理情况下细胞或组织中蛋白质在表达数量、表达位置和修饰状态上的差异，可以发现与病理改变有关的蛋白质和疾病特异性蛋白质，这些蛋白质既可为疾病发病机制提供线索，也可作为疾病诊断的分子标记。

（1）阐明疾病发生机制。目前人的多种组织、器官、细胞乃至各种细胞器的蛋白质

① 1 psi=6.894 76×$10^3$Pa，后同

组已被广泛研究，以期为疾病诊治及了解发病机制提供新的手段。在一项利用蛋白质组研究技术进行的乙醇对人体毒性的研究中发现，乙醇会改变血清蛋白糖基化作用，导致许多糖蛋白的糖基缺乏，如转铁蛋白。在一项对免疫所致不孕症的男性精子蛋白质组分析中发现了导致不孕症的 6 种自体及异体抗精子抗体。在对肾癌的研究中，发现有 4 种蛋白质存在于正常肾组织而在肾癌细胞中缺失，其中 2 种分别是辅酶 Q 蛋白色素还原酶和线粒体泛醌氧化还原复合物Ⅰ，提示线粒体功能低下可能在肿瘤发生过程中起重要作用。E. Brockstedt 等利用 2-DE、Edman 微型序列法、MALDI-MS 等对人 BL60-2 伯基特淋巴瘤细胞系进行了细胞凋亡机制的研究，结果发现 RNA 聚合酶转录因子 3a (BTF3a) 和/或 BTF3b 与抗 IgM 抗体介导的细胞凋亡有很大关系。

(2) 寻找疾病早期诊断标志物。2013 年 T. Lei 等报道了运用 2-DE 电泳技术对正常膀胱细胞和膀胱癌细胞进行比较，发现有 14 种蛋白质表达差异显著，如 β2-微球蛋白、apoA1、前列腺素合成酶 D2、Ⅱ型细胞骨架 1 等。其中 apoA1 由于其被证实在膀胱癌患者的尿液中也有发现，故有可能作为膀胱癌早期诊断的分子标记。2012 年 A. S. Megan 等报道了胃癌小鼠模型中正常型与肿瘤型 2D-DIGE 分析的结果，发现 28 个差异表达蛋白质，然后在胃癌临床患者血清中分析了其中相应的 8 个人蛋白质。结果发现，显著增加的有载脂蛋白 E 和结合珠蛋白，而 α 白蛋白 (albumin) 和丛生蛋白 (clusterin) 显著减少。随后的酶联免疫吸附试验 (ELISA) 发现这 4 种蛋白质对胃癌早期诊断的敏感性要远远好于现有临床检测胃癌标志物 CA72-4。国内赵群等用二维差异凝胶电泳和 MALDI-TOF/TOF 串联质谱差异蛋白质组学研究了 103 例卵巢上皮癌、63 例卵巢良性肿瘤、3 例盆腔良性病变和 60 例健康对照血清，发现 41 个有显著性差异的蛋白质点，成功鉴定了其中的 28 个蛋白质点。上调和下调最显著的分别为结合珠蛋白和转铁蛋白；CA125＋结合珠蛋白＋转铁蛋白联合诊断卵巢上皮癌的敏感度和特异度高于三者的单独检测，显著提高了 CA125 阴性卵巢上皮癌的检出率，有助于卵巢上皮癌的诊断。2012 年 Y. Yao 等报道了非小细胞肺癌细胞差异蛋白质组学的研究结果，发现了 35 种蛋白质表达有显著差异，对其中的 SMOX、NOLC1、HMMR、MALAT1 开展了进一步研究，而这 4 种蛋白质参与了多种细胞活动，如细胞的增殖、凋亡。结果提示，NOLC1、MALAT1 在诊断中有着相当的灵敏度，对今后肺癌的早期诊断可能会有很大帮助。

## 17.3.2 药物蛋白质组学

药物作用靶点的发现与验证是新药发现阶段的重点和难点，成为制约新药开发速率的瓶颈。近年来，随着蛋白质组学技术的不断进步和各种新技术的出现及发展，蛋白质组学在药物靶点的发现应用中也显示出越来越重要的作用。

(1) 发现和验证药物新靶点。蛋白质组学研究可以发现和鉴定在疾病条件下表达异常的蛋白质，这类蛋白质可作为药物候选靶点。疾病相关蛋白质组学还可对疾病发生的不同阶段进行蛋白质变化分析，发现一些疾病不同时期的蛋白质标志物，这不仅对药物发现具有指导意义，还可形成未来诊断学、治疗学的理论基础。以恶性肿瘤的药物治疗为例，目前临床上大多数抗肿瘤药物都伴有严重的毒性作用。另外，长期化学药物治疗后，经常伴随肿瘤细胞的耐药，如多重抗药性 (MDR) 的产生。如果能发现与细胞毒性密切相关的蛋白质或者耐药细胞中特异表达或表达异常的蛋白质，就可以以此类蛋白质为靶点设计新的治疗药物或新的治疗方法，也可以以此信息为参考设计避免产生耐药性或毒性作用的药物。恶性肿瘤的另外一个特点就是快速转移，目前国内外一些实验室已开始利用比较蛋白质组学技术，通过对高、低转移肿瘤细胞株蛋白质组的比较研究，来寻找与肿瘤转移相关的蛋白质。同样也可以以高转移株中特异表达的蛋白质为靶点，开发抑制肿瘤转移的新药。

（2）新药设计靶点。由于感染性疾病仍是当今世界人类死亡的主要原因，因而抗感染药物一直是各国新药研究开发的热点之一。但随着抗生素耐药株的大量出现，亟待研究和开发新的有效的抗生素。蛋白质组学技术可以让人们清楚地认识病原体内哪些蛋白质在抗生素的作用下发生改变，以及发生何种变化。根据这些变化，并以耐药相关蛋白质作为新药设计的靶点，可筛选出新一代有效的抗生素。

（3）合理药物设计。靶向信号转导的治疗概念是近几年来提出的。由于许多疾病与信号传导途径异常有关，因而信号分子和途径可以作为治疗药物设计的靶点。在信号传递过程中涉及数十或数百个蛋白质分子，蛋白质-蛋白质相互作用发生在细胞内信号传递的所有阶段。而且，这种复杂的蛋白质作用的串联效应可以完全不受基因调节而自发地产生。通过与正常细胞作比较，掌握与疾病细胞中某个信号途径活性增加或丧失有关的蛋白质分子的变化，将为药物设计提供更为合理的靶点。

## 17.4 蛋白质组学的发展方向

近年来，蛋白质组学研究策略、方法与技术获得了重大的进步，下面重点介绍近期发表的关于蛋白质组学的几项工作，从中可以看到蛋白质组学的思想方法在蛋白质整体（或局部整体）水平上是如何解决生理学的一些重要问题的。

### 17.4.1 定向蛋白质组学技术

2012 年 *Nature Methods* 杂志选择了定向蛋白质组学分析技术作为该年度的技术成果。在现代生物学研究技术，如荧光显微镜、流式细胞仪和蛋白质芯片技术中，抗体依然扮演着非常重要的角色，能帮助生物学家从复杂生物样品中筛选出兴趣蛋白质，或者从组织切片或 Western blotting 实验中检测特定蛋白质。但依赖于抗体的蛋白质检测存在一些缺点，其中最大的限制就是抗体的可用性和质量差别很大。一些大规模项目，如人类蛋白质图谱（Human Protein Atlas）、抗体百科全书（Antibodypedia），以及美国 NIH 研究院的健康蛋白质捕捉试剂计划（Health Protein Capture Reagents Program）等，都在通过分析人类蛋白质靶标有关的抗体的系统发生和特征，来寻找解决这些问题的方法。通过另一套定向蛋白质组学研究技术——质谱，也能用于特异分析靶标兴趣蛋白质。三重四极杆质谱仪（triple quadrupole）技术的质谱方法能检测到独一无二的特异性肽段，帮助研究人员高灵敏度、可重复性的定量监测这些蛋白质。质谱方法比抗体方法更有优势的一个原因，就是质谱分析比生产一个新的抗体要快得多，并大大减少了检测特异性方面的问题，因为抗体方法存在交叉反应。虽然抗体方法在低丰度蛋白质的检测方面更加灵敏，但是质谱技术具有能在单个实验中检测多种蛋白质的明显优势。例如，系统生物学研究可以了解到一个蛋白质网络中蛋白质水平的波动，或者临床研究人员能检测到某种疾病状态下一组生物标记物的变化情况。过去几年间，在更广泛的范围内定向质谱技术的应用迅速攀升，而且新技术、新工具、新资源和新一代方法也令更多研究领域的科学家们能利用到这项技术。但以质谱为基础的蛋白质组学过去一直被认为过于复杂、难以操作，如以发现新蛋白质为基础的蛋白质组学实验室，就需要十分熟练的生物信息学研究人员从数据中提取可靠的结果。但是，定向质谱实验易于操作，一旦建立了可靠的蛋白质分析方法，数据分析就比较简单。而且利用定向方法，研究人员也能进行原理上不同种类的实验。文章还指出不能忽视这种定向质谱方法在临床蛋白质组学研究中的重要性，探讨了选择反应监控技术如何灵敏检测血浆和组织中的蛋白质，以及如何适用于人类疾病候选生物标记物的验证。

### 17.4.2 蛋白质水解绘图技术

另有一项运用新技术解决重要生命过程的代表性工作发表于2012年的*Cell*杂志。斯克里普斯研究所的科学家们同时绘制出了细胞中两种最重要的蛋白质修饰类型——磷酸化（phosphorylation）和蛋白质水解（proteolysis）的图谱，揭示了在凋亡这一重要细胞过程中它们之间广泛的协同作用。磷酸化和蛋白质水解是细胞中最重要的蛋白质修饰机制，它们由酶介导，发生在蛋白质从遗传物质翻译过来并进行折叠之后。一些蛋白质水解和磷酸化事件可激活蛋白质，使其能够参与重大的细胞过程中；另一些蛋白质水解和磷酸化事件则起失活蛋白质的作用。以往对磷酸化和蛋白质水解的研究表明，有时两种机制会协同发挥作用，尤其是在凋亡过程中。但是这样的研究一直是侧重在对单个凋亡驱动酶和它们的生物化学伴侣上，而非细胞内“全面的”凋亡过程。该项研究联合多种技术在细胞群中绘制了所有蛋白质事件的图谱，揭示了它们是如何协同作用来执行凋亡细胞的“自毁程序”的。首先是利用该课题组2008年在*Cell*杂志上报道的蛋白质水解绘图方法（PROTOMAP技术），生成目的过程（如凋亡）中细胞内蛋白质裂解事件的详细图像。再结合改进的磷酸化检测技术，并结合近期开发的蛋白质组学技术SILAC，使得研究能够区分特定样本中来自不同细胞群的蛋白质拷贝。研究人员随后将这些组合的技术应用到对照细胞和凋亡细胞群，找到只发生在凋亡过程中的蛋白质水解和磷酸化事件。他们检测到了超过700种凋亡特异性蛋白质水解事件，大多数是由称为caspase的凋亡驱动酶介导的，包括许多从前未曾报道的事件。新图谱也首次揭示了凋亡特异性网络中广泛的磷酸化事件，其中许多事件与蛋白质水解明确相关。他们还证明在某些情况下这些磷酸化作用促进了caspase裂解；在其他情况下，裂解也促进了磷酸化作用。同时他们证实，一些在凋亡过程中磷酸化蛋白质的激酶直到它们被caspase裂解激活后才能发挥作用。这些技术已用于多种细胞类型中的凋亡研究中。在特定细胞类型中检测凋亡的技术将在癌症诊断和治疗中发挥作用。每个细胞类型都有自己的一套起作用的蛋白质，当经受凋亡时给予了它们不同的标记。肿瘤细胞通常会对凋亡产生耐受，而化学治疗往往通过战胜这一抵抗来杀死肿瘤细胞。通过确定某些磷酸化蛋白质片段是否能够被用作癌细胞中高度特异性的凋亡生物标记物，在一次简单的血液测试中就可检测到。这样的测试可以知道癌症药物是否正在发挥作用。可以预见的是，这些技术不仅仅可以阐明凋亡这一过程，在其他细胞事件研究中也将大有用武之地。关于细胞凋亡的这些特异的研究结果有可能促使开发出新的癌症诊断和药物，因为癌症治疗的目的往往是诱导恶性细胞发生凋亡。更为重要的是，该项研究标志着开发出了一种新的“蛋白质组学”基本工具，应该会提供有关许多细胞过程的有用的见解。

### 17.4.3 蛋白质折叠和分子构造研究

蛋白质组学方法也可用于蛋白质折叠的研究。W. A. Houry 等在 *Nature* 杂志上报道了在大肠杆菌胞质中的 2500 种新生多肽链中只有近 300 种以 GroEL 作为分子伴侣来帮助其折叠成正确构象。在以往的相关研究中，通常只是针对某个或某些特定的蛋白质，观察它（们）在折叠过程中是否需要诸如 GroEL 等分子伴侣的帮助。而在该项工作中，研究是从一个整体的思路出发，首先通过免疫共沉淀的方法获得所有与 GroEL 结合的肽链，再通过二维电泳和数据库比较等蛋白质研究的手段对这些肽链进行分析鉴定，从而实现了对大肠杆菌近 2500 条新生多肽链与分子伴侣 GroEL 的关系的全面分析。在这项工作中，研究者还通过对其中 50 种与 GroEL 作用的肽链的鉴定，进一步揭示了决定这些蛋白质能与 GroEL 相互作用的关键结构特征。应该说，这项工作很好地体现了蛋白质组学的思想方法和技术手段的运用。

过去在细胞生物学领域还没有得到过一个主要亚细胞结构的完整的分子图。核孔复合体是一个巨大的跨核膜的八角形结构，是控制大分子在胞质和核质间运输的通道。多年来，很多方法被用来分析这一复合体的组成成分。虽然这些工作取得了很大的进展，但究竟在多大程度上反映了这一复合体的分子原貌仍然是一个未知数。通过使用蛋白质组学的手段，M. P. Rout 等鉴定了完整的酵母核孔复合体所有能检测到的多肽，并系统地对每种可能的蛋白质组分在细胞中定位，结合免疫电镜的方法将各组分在复合体内定位并定量，从而揭示了酵母核孔复合体的完整分子构造，并在此基础上揭示了其工作原理。这项工作可以说是蛋白质组学解决构造生物学问题的一个典范，为揭示其他巨大分子机器的“构造”和工作原理指出了一条新路。

### 17.4.4 蛋白质相互作用系统研究

通过分析一个蛋白质是否与功能已知的蛋白质相互作用可得到揭示其功能的线索。因为经验告诉我们，如果两个蛋白质相互作用，那么它们一般参与相同或相关的细胞活动。从近期国际上蛋白质组学研究的发展动向可以看出，揭示蛋白质之间的相互作用关系，建立相互作用关系的网络图，已成为揭示蛋白质组复杂体系与蛋白质功能模式的先导，并已成为蛋白质组学领域的研究热点。*Science* 杂志报道了应用蛋白质组学的大规模双杂交技术研究线虫生殖器发育的文章。在这项工作中，A. J. Walhout 等以线虫的生殖发育过程作为研究对象，从已知的 27 个与线虫发育的蛋白质出发，构造了一个大规模的酵母双杂交系统，得到了 100 多个相互作用的结果，初步建立了与线虫生殖发育相关的蛋白质相互作用图谱，从而为深入研究和揭示线虫的发育机制等提供了丰富的线索。这项工作不同于一般的应用酵母双杂交进行研究的地方在于，它出于对一个生物学问题的整体思考，尽可能地从所有已知的蛋白质而不只是个别的蛋白质为出发点。这项工作为以前专注于信号转导过程中单个蛋白质作用的科学家们提供了一个新的思路，即将整个途径的相关蛋白质一起考虑。

那么，能否通过酵母双杂交系统来分析一种细胞或特定组织的所有可能的蛋白质之间的相互作用呢？*Nature* 杂志发表了一篇通过大规模双杂交技术研究酵母近 6000 个蛋白质之间相互作用的论文。啤酒酵母基因组 DNA 的全序列已经测定，这为通过双杂交技术来鉴定酵母基因组编码的全部 6000 种左右的蛋白质间的可能相互作用提供了非常有利的条件。在这项工作中，研究人员采用了两种不同的策略对酵母的蛋白质间的相互作用作了全面分析。一种方法是所谓的列阵筛选法（array screening）。在此方法中，6000 株表达不同“猎物”蛋白质的酵母单克隆分别加在微滴定板上，带有不同的“诱饵”蛋白质的酵母株与前面 6000 株细胞一一接合形成二倍体细胞，“猎物”蛋白质与“诱饵”蛋白质的相互作用通过报道基因的表达而被鉴定。这篇文章中报道了 192 种不同的“诱饵”蛋白质与近 6000 种“猎物”蛋白质的相互作用的结果。另一种方法是文库筛选法。该方法与前一种方法的区别是，将表达 6000 种不同“猎物”蛋白质的酵母细胞混在一起构成文库，再将这个文库分别与 6000 株表达不同“诱饵”蛋白质的酵母细胞接合，再进一步筛选鉴定阳性克隆，即“诱饵”与“猎物”发生相互作用的克隆。根据这篇报道，上述两种策略得到了不同的结果，相比之下阵列筛选法更为有效，而文库筛选法的长处是通量大。这项工作的重要意义在于在基因组序列被了解的基础上，可以利用大规模双杂交技术全面地，当然也是初步地分析其物种或其细胞、组织的所有蛋白质之间的相互作用关系。相信类似的工作将很快针对其他物种开展，特别是对基因组序列已被揭示的物种。

由此可见，蛋白质组学已经开始从建立数据库走向解决生命科学的重大问题，成为研究生物学问题或机制的强有力手段。

**附：蛋白质组学数据分析方法及软件工具**

<table>
<tr><th>模块</th><th colspan="2">分析方法</th><th>代表性方法或软件</th></tr>
<tr><td rowspan="6">序列鉴定</td><td colspan="2">从头测序</td><td>Peaks (http://www.bioinfor.com/);<br>PepNovo (http://proteomics.ucsd.edu/Software/PepNovo.html)</td></tr>
<tr><td rowspan="2">数据库搜索</td><td>序列库搜索</td><td>Mascot (http://www.matrixscience.com/);<br>SEQUEST (http://fields.scripps.edu/sequest/);<br>X! Tandem (http://www.thegpm.org/tandem/);<br>OMSSA (http://www.omssa.com/)</td></tr>
<tr><td>图谱库搜索</td><td>SpectraST (http://www.peptideatlas.org/spectrast/);<br>X! Hunter (http://www.thegpm.org/hunter/);<br>Bibliospec (http://proteome.gs.washington.edu/software/bibliospec/v1.0/documentation/index.html)</td></tr>
<tr><td colspan="2">PSM 水平质控</td><td>PeptideProphet (http://tools.proteomecenter.org/);<br>Percolator (http://noble.gs.washington.edu/proj/percolator/);<br>epDistiller (http://www.bprc.ac.cn/PepDistiller/)</td></tr>
<tr><td colspan="2">蛋白质组装</td><td>ProteinProphet (https://www.systemsbiology.org/proteinprophet);<br>DBParser (http://chemdata.nist.gov/mass-spc/ftp/download/Sara/DBParser3/DBParserMain.html);<br>IDpicker (http://fenchurch.mc.vanderbilt.edu/software.php)</td></tr>
<tr><td colspan="2">蛋白质水平质控</td><td>ProteinProphet (http://tools.proteomecenter.org/);<br>Mayu (http://proteomics.ethz.ch/muellelu/web/LukasReiter/Mayu/)</td></tr>
</table>

续表

| 模块 | 分析方法 | 代表性方法或软件 |
|---|---|---|
| 定量 | 有标定量 | MaxQuant (http://www.maxquant.org/) |
| 定量 | 无标定量：基于图谱计数 | spectra count；PAI；<br>emPAI (http://empai.iab.keio.ac.jp/) |
| 定量 | 无标定量：基于峰面积 | LFQuant (http://sourceforge.net/projects/lfquant/)；<br>MaxQuant (http://www.maxquant.org/)；<br>iBAQ (http://www.maxquant.org/) |
| 蛋白质组数据功能注释和分析方法 | 蛋白质注释 | Gene Ontology Annotation (GOA) (http://www.geneontology.org/)；<br>Swiss-Prot (http://www.ebi.ac.uk/swissprot/) |
| 蛋白质组数据功能注释和分析方法 | 蛋白质性质和功能分析 | ProPAS (http://bioinfo.hupo.org.cn/tools/ProPAS/propas.htm)；<br>SignalP (http://www.cbs.dtu.dk/services/SignalP/)；<br>TMHMM (http://www.cbs.dtu.dk/services/TMHMM-2.0/)；<br>SMART (http://smart.embl-heidelberg.de/)；<br>TargetP (http://www.cbs.dtu.dk/services/TargetP/)；<br>APSSP (http://imtech.res.in/raghava/apssp/) |
| 蛋白质组数据功能注释和分析方法 | 蛋白质的富集分析 | DAVID (http://david.abcc.ncifcrf.gov/)；<br>GOfact (http://61.50.138.118/gofact/)；<br>GSEA (http://www.broadinstitute.org/gsea/index.jsp)；<br>IPA (http://www.ingenuity.com/)；<br>Metacore (http://thomsonreuters.com/metacore/) |
| 质谱数据分析的整合软件包 | | TPP (http://www.proteomecenter.org/software.php)；<br>OpenMS/TOPP (http://open-ms.sourceforge.net/)；<br>COMPASS (http://www.chem.wisc.edu/～coon/software.php)；<br>MaxQuant (http://www.maxquant.org/)；<br>MassChroQ (http://pappso.inra.fr/bioinfo/masschroq/)；<br>GProX (http://gprox.sourceforge.net) |

（王梁华　焦炳华）

# 第五篇　酶　工　程

酶工程是生物工程的一个重要组成部分，主要研究酶的生产、纯化、固定化技术、酶分子结构的修饰和改造，以及在工业、农业、医药卫生、化学分析、环境保护、能源开发和生命科学理论研究等方面的运用。酶工程可以说是酶学基本原理与化学工程技术及基因重组技术有机结合而形成的新型应用技术，根据研究和解决问题的手段不同将其分为化学酶工程和生物酶工程。

酶工程主要包括酶的分离与纯化、酶分子改造（化学修饰、人工模拟酶、抗体酶、核酶和用基因工程为主要技术的酶分子改造）及酶固定化和酶反应器等内容。

# 第 18 章　酶工程概论

酶是由生物细胞合成的，以蛋白质为主要成分，对底物起高效催化作用的生物催化剂，是体内催化各种代谢反应最主要的催化剂。此外还有一类具有催化作用的核酸，称为核酶。所以，现代酶的概念是：由生物体（或活细胞）合成的对特异性底物具有高效率催化作用的生物大分子（包括蛋白质和核酸）。

酶与生命活动紧密联系在一起。一切生物的生命活动都是以正常代谢的运转来维持的，而代谢中的各种化学反应在生物体内都可以在常温、常压、中性条件下迅速地进行。而这一切都是在酶的催化下完成的。同时，在许多因素的影响下，通过酶活性的改变来影响代谢，以适应环境的变化。酶的缺陷或活性改变与人体许多疾病的发生和发展有关。同样，疾病的诊治和许多药物的作用也与酶相关。

## 18.1　酶的研究历史

几千年来，酶一直与人类的生产和生活实践活动密切相关。据历史记载，4000 多年前的夏禹时代酿酒已经盛行，周朝民间就有用风干磨碎的麦芽粉来制饴。但真正意义上认识和利用酶只有近百年的历史。人们科学地认识酶是从 19 世纪研究酒精发酵机制时开始的。1833 年法国的 A. Payan 和 J. F. Persoz 从麦芽的水抽提物中，用酒精沉淀得到了一种对热不稳定的物质，它可以促使淀粉水解成可溶性的糖，便称该物质为淀粉糖化酶（diastase)，其含义是“分离”（希腊文 diastasis)，表示可以从淀粉中分离出可溶性糖来。虽然这只是一个淀粉酶的粗制品，但已涉及了酶的分离纯化，并指出了它的催化特性和热不稳定性等一些酶的本质性问题。所以认为是 Payan 和 Persoz 首先发现了酶，并认为这是生物化学的萌芽。19 世纪 70 年代，法国著名科学家 L. Pasteur 等对酵母酒精发酵条件和过程进行过研究，认为发酵是酵母细胞活动的结果。1878 年，德国科学家 W. Kühne 提出发酵是细胞内的某种物质推动的化学反应过程，这类物质可以独立于细胞而存在，并首先把这类物质称为 enzyme。enzyme 这个字来自希腊文 zymosis（发酵作用），其意思是“在酵母中”。1897 年，德国的 E. Büchner 用酵母提取液实现发酵，证明发酵过程并不需要完整细胞，而是可以离开细胞的生命活动而存在。此项发现促进了酶的分离和对其理化性质的探讨，也促进了对有关生命活动过程中酶系统的研究。为此 Büchner 获得了 1907 年的诺贝尔化学奖。

20 世纪酶学研究得到了迅速发展，酶化学本质和酶催化作用机制的研究获得重要发展。L. Michaelis 和 M. Menton 总结了前人的工作，根据中间产物学说于 1913 年提出酶促反应动力学原理——米氏学说。这一学说的提出，对酶反应机制的研究是一个重要突破。1926 年，J. B. Sumner 从刀豆中得到第一个脲酶结晶，由于此结晶具有蛋白质主要的理化性质，提出了酶本身就是一种蛋白质，这是蛋白质化学研究上的一个重要突破。随后，J. H. Northrop 又接连获得了胃蛋白酶、胰蛋白酶和糜蛋白酶结晶，并证实其化学本质也是蛋白质。到这时 Sumner 的观点才被普遍接受。为此，Sumner、Northrop 和 W. M. Stanley 分享了 1946 年的诺贝尔化学奖。以后陆续发现的 2000 余种酶均证明是蛋白质。1982 年，T. R. Cech 从四膜虫中发现了 rRNA 的自身催化作用，提出了核酶（ribozyme）的概念。1995 年，B. Cuenoud 等相继报道了 DNA 有磷酸酯酶和连接酶的活性，定名为脱氧核酶（deoxyribozyme)，从而突破酶的化学本质毫无例外地都是蛋白质的传统概念。

我国科学家在酶学研究领域也作出了重大贡献。著名生物化学家邹承鲁于 20 世纪 60 年代初，提出酶蛋白必需基团的化学修饰和活性丧失的定量关系公式、确定必需基团数的方法被国际上广泛接受和采用，并被收入一些教科书和专著，公式及方法分别被称为“邹氏公式”、“邹氏作图法”。接着他又提出酶作用不可逆抑制动力学的理论和抑制反应速率常数测定的方法，经过多年理论上的发展和实验验证，已经被国际上普遍接受，方法也得到广泛的采用。他还提出了酶柔性学说，指出酶的活性部位处于酶分子的局部并且柔性较高，酶活性部位的柔性为酶充分表现其催化活性所必需。

## 18.2 酶工程基本原理

生物工程也称为生物技术或生物工艺学，是 20 世纪 70 年代初发展起来的一个新兴技术领域，已成为世界新技术革命的重要组成内容。酶工程（enzyme engineering）是生物工程的重要组成部分，主要研究酶的生产、纯化、固定化技术、酶分子结构的修饰和改造，以及在工业、农业、医药卫生、化学分析、环境保护、能源开发和生命科学理论研究等方面的运用。

然而，天然酶常常分离、纯化难，成本高，大多数酶不稳定且非常“娇嫩”，难以实际应用。由于上述原因，尽管已发现和鉴定的酶有数千种，但是目前国际上工业用和研究用的商品酶的种类只有数百种。为了解决酶的应用和新酶开发，现采用两种方法。一种是化学法，即通过对酶的化学修饰或固定化处理，改善酶的性质以提高酶的效率和降低成本，甚至通过化学合成法制造人工酶。另一种是酶学和以基因重组技术为主的现代分子生物学技术相结合研究酶基因的克隆和表达、酶蛋白结构与功能的关系，以及对酶进行再设计和定向加工，以发展性能更加优良的酶或新功能酶，主要概括为 3 个方面：①利用基因工程技术大量生产酶制剂；②通过基因定点突变（site directed mutagenesis）和体外分子定向进化（*in vitro* molecular directed evolution）对天然酶蛋白进行改造；③通过基因和基因片段的融合构建双功能融合酶（fusion enzyme)。因此，酶工程可以说是酶学基本原理与化学工程技术及基因重组技术有机结合而形成的新型应用技术，根据研究和解决问题的手段不同将酶工程分为化学酶工程和生物酶工程。

可以预期，在迈进 21 世纪之后，酶工程技术作为生物技术的一个重要组成部分，将更加充满生机，发展迅速。随着各种高新技术的广泛应用，酶工程研究工作的深入，酶工程研究和酶制剂工业必将取得更快、更大的发展。酶工程技术必将在工业、医药、农业、化学分析、环境保护、能源开发和生命科学理论研究等方面发挥越来越大的作用。

本篇内容分为两大部分共5章。首先介绍酶学的基本原理，即酶的结构与功能相关理论；在此基础上介绍酶工程基本内容，主要有酶的化学修饰、固定化酶、人工模拟酶、抗体酶、核酶及酶分子的定向进化等。

（缪明永）

# 第 19 章　酶结构与功能

生物体内的新陈代谢过程是通过有序的、连续不断的、有条不紊的、各种各样的化学反应来进行的，这些化学反应均需通过酶的催化作用来完成。随着人们对酶分子的结构与功能、酶促反应动力学等研究的深入与发展，逐步形成了酶学（enzymology）这门学科。对酶分子结构、催化特性的理解是开展酶工程的基础。

## 19.1　酶的分子组成与分类

酶分子一般以酶蛋白作为其核心成分，有的酶分子除了酶蛋白外，组成中还有一些与活性相关的辅助因子（辅酶）；酶一般按照国际生物化学与分子生物学联合会(IUBMB)酶学专业委员会的建议进行分类。

### 19.1.1　酶分子组成

#### 19.1.1.1　单体酶、寡聚酶和多酶复合体

根据酶分子中肽链数，以及不同酶分子间相互作用等情况可将酶分成以下 3 种类型。

（1）单体酶（monomeric enzyme）：仅由一条多肽链形成特定的三级结构的酶。分子质量一般为 13 000～35 000 Da，数量不多，主要是一些功能比较简单的水解酶，如脲酶、溶菌酶、淀粉酶、核糖核酸酶等。

（2）寡聚酶（oligomeric enzyme）：由若干相同或不同的亚基结合以非共价键连接组成的酶。亚基一般无活性，必须相互结合才具活性。分子质量为 35 000 Da 至数十 kDa，如含两个相同的亚基的苹果酸脱氢酶（鼠肝）、含有两个不同亚基的琥珀酸脱氢酶（牛心）。寡聚酶中的亚基有的与酶的专一性有关，有的与酶活性中心形成有关，有的与酶的调节性能有关。

（3）多酶复合体（multienzyme system）：由几种不同功能的酶靠非共价键结合而成的多酶复合物。其中每一个酶催化一个反应，所有反应依次进行，前一个反应产物为后一个反应的底物，构成一个代谢途径或代谢途径的一部分。

例如，大肠杆菌丙酮酸脱氢酶复合体由 3 种酶组成：丙酮酸脱氢酶（E1）以二聚体存在，分子质量为 $2\times9600$ Da；二氢硫辛酸转乙酰基酶（E2）以单体存在，分子质量为 70 000 Da；二氢硫辛酸脱氢酶（E3）以二聚体存在，分子质量为 $2\times56\ 000$ Da。整个丙酮酸脱氢酶复合体由 12 个 E1 二聚体、24 个 E2 单体和 6 个 E3 二聚体组成，总分子质量为 $560\times10^4$ Da。

此外，还有一些多酶体系在生物进化过程中由于不同基因的融合使多种不同催化功能存在于一条多肽链中，这类酶称为多功能酶（multifunctional enzyme）或串联酶

(tandem enzyme)。例如，哺乳动物的脂肪酸合成酶有 7 种酶活性均在分子质量为 250 kDa 的一条多肽链上，属多功能酶。

### 19.1.1.2 单纯酶和结合酶

酶分子按其化学组成可分为单纯酶（simple enzyme）和结合酶（conjugated enzyme）。

（1）单纯酶：单纯酶是仅由氨基酸构成的单纯蛋白，一些催化水解反应的酶，如脲酶、蛋白酶、淀粉酶、脂酶和核酸酶等均为单纯酶。

（2）结合酶：结合酶又称为全酶（holoenzyme），是由蛋白质部分和非蛋白质部分组成，前者称为酶蛋白（apoenzyme），后者称为辅助因子（cofactor），它包括金属离子和小分子有机化合物。结合酶中的辅助因子是酶发挥催化活性的必需组分。

### 19.1.1.3 辅助因子

**1. 辅助因子的化学组成**

金属离子是最多见的辅助因子，约 2/3 的酶是金属酶。常见的金属离子有 $K^+$、$Na^+$、$Mg^{2+}$、$Cu^{2+/+}$、$Zn^{2+}$、$Fe^{3+}$ 和 $Fe^{2+}$ 等。含金属离子的酶根据其与金属离子结合的紧密程度又可分为金属酶（metalloenzyme）和金属激活酶（metal activated enzyme）。前者与金属离子结合紧密，在提取过程中不易丢失，如羧基肽酶（$Zn^{2+}$）和黄嘌呤氧化酶（$Mo^{6+1}$）；后者不与金属离子直接结合，而是通过底物与其相连接，如各种激酶（$Mg^{2+}$）（表 5-19-1）。

**表 5-19-1 一些金属酶和金属激活酶**

| 金属酶 | 所含金属 | 金属激活酶 | 所含金属 |
|---|---|---|---|
| 羧肽酶 A | Zn | β-半乳糖苷酶 | Na |
| 碳酸酐酶 | Zn | 柠檬酸合成酶 | K |
| 醇脱氢酶 | Zn | 丙酮酸激酶 | K、Mg |
| 碱性磷酸酶 | Zn | 蛋白激酶 | Mg、Mn |
| 天冬氨酸转氨甲酰酶 | Zn | 一般激酶 | Mg、Mn |
| 亮氨酸氨肽酶 | Zn | 磷酸酶类 | Mg |
| 铁氧还蛋白（铁硫中心） | Fe | 精氨酸酶 | Mn |
| 脯氨酰羟化酶 | Fe | 丙酮酸脱羧酶 | Mn |
| 顺乌头酸酶 | Fe | 烯醇化酶 | Mn |
| 赖氨酰（单胺）氧化酶 | Cu | 丙酮酸羧化酶 | Mn、Zn |
| 酪氨酸酶 | Cu | N-乙酰氨基葡萄糖转移酶Ⅲ、N-乙酰氨基葡萄糖转移酶Ⅳ | Mn |
| 脲酶 | Ni | 磷脂酶 A2 | Ca |
| 锰超氧化物歧化酶 | Mn | 磷脂酶 C | Ca |
| 铜锌超氧化物歧化酶 | Cu、Zn | | |
| 谷胱甘肽过氧化物酶 | Se | | |
| α-淀粉酶 | Ca | | |

同样，小分子有机化合物的辅助因子按其与酶蛋白结合的牢固程度可分为辅酶（coenzyme）和辅基（prosthetic group）。前者与酶蛋白结合疏松，可以用透析或超滤的方法除去，即单纯酶并不含辅酶，只是在催化过程中才需加入，故辅酶的作用和底物相似。后者与酶蛋白紧密结合，不可以用透析或超滤的方法除去，在反应后不离开酶蛋白。

**2. 辅助因子的作用**

酶蛋白和辅助因子是体现催化活力不可缺少的两个部分。辅助因子参与和底物分子作用，催化底物反应，而且对酶蛋白的稳定性起保护作用。酶蛋白具有对底物的选择性和特异性催化作用，是酶的主要部分。

（1）小分子有机物辅助因子的作用。不管是辅基还是辅酶，在酶促反应中都起传递电子、质子或一些基团的作用，其分子结构中常含有维生素（表 5-19-2）。根据传递基团的性质不同辅酶/辅基可分成两大类。

**表 5-19-2　辅酶或辅基的种类和作用**

| 转移基团 | 辅酶或辅基 | |
|---|---|---|
| | 名称 | 所含维生素 |
| 氢原子（质子） | $NAD^+$（烟酰胺二核苷酸，辅酶 I） | 维生素 PP |
| | $NADP^+$（烟酰胺二核苷酸磷酸，辅酶 II） | 维生素 PP |
| | FMN（黄素单核苷酸） | 维生素 $B_2$（核黄素） |
| | FAD（黄素腺嘌呤二核苷酸） | 维生素 $B_2$（核黄素） |
| 醛基 | TPP（焦磷酸硫胺素） | 维生素 $B_1$（硫胺素） |
| 酰基 | HS-CoA（辅酶 A） | 泛酸 |
| | 硫辛酸 | 硫辛酸 |
| 烷基 | 钴胺素辅酶类 | 维生素 $B_{12}$ |
| 二氧化碳 | 生物素 | 生物素 |
| 氨基 | 磷酸吡哆醛 | 维生素 $B_6$ |
| 一碳单位（甲基、甲烯基、甲炔基、甲酰基等） | 四氢叶酸 | 叶酸 |

一类是传递氢（电子）的辅酶/辅基类（氧化还原的辅酶/辅基）。烟酰胺核苷酸类的辅酶是绝大多数脱氢酶的辅酶，包括尼克酰胺二核苷酸（$NAD^+/NADH+H^+$）和尼克酰胺二核苷酸磷酸（$NADP^+/NADPH+H^+$）。尼克酰胺环是其作用的核心，可以可逆性的加氢和脱氢，在生物氧化中具有传递氢的作用，故有氧化型的和还原型的两种形式。还原型（$NADH+H^+$、$NADPH+H^+$）在 340 nm 有吸收峰。因为在单位时间内其在 340 nm 的光吸收增加与酶浓度或酶活性成正比，所以可用分光光度法测定脱氢酶活性或辅酶含量，该辅酶参与的催化反应为

$$R—H_2 + NAD^+/NADP^+ \rightleftharpoons R + NADH+H^+/NADPH+H^+$$

黄素核苷酸类是黄素酶的辅基，有黄素单核苷酸（$FMN/FMNH_2$）和黄素腺嘌呤二核苷酸（FAD/FADNH），其催化反应的核心是异咯嗪，可以可逆性的加氢和脱氢，

在生物氧化中起传递氢的作用，故有氧化型的和还原型的两种形式。FMN 在 445 nm 有吸收峰，FAD 在 450 nm、375 nm、260 nm 有吸收峰。

其他如铁卟啉是氧化酶和细胞色素的辅酶。也有与酶蛋白结合以辅基形式存在的，如过氧化氢酶、细胞色素 c 等。铁卟啉是铁离子和卟啉环组成的络合物，详见后文。

另一类是与其他基团转移有关的辅酶/辅基类。这一类大多也是维生素的衍生物。例如，脱羧酶的辅酶有焦磷酸硫胺素（TPP）、辅酶 A（HS-CoA）、硫辛酸等，参与脱羧和转移酰基；磷酸吡哆醛是转氨酶和氨基酸脱羧酶的辅酶；四氢叶酸转移一碳基团等等。

（2）金属离子的催化作用。许多酶的催化需要金属离子的参与，除了少数可能只起到是酶蛋白构象稳定的作用外，如脂肪酶中的金属钙，大多数金属离子都参与酶的催化作用，而且还是酶的活性中心的一个必需组分。

金属离子参与三元络合物构成，有 3 种不同情况的三元络合物。①以底物为桥的酶-底物-金属离子三元络合物。例如，大多数以 ATP 为底物又受 $Mg^{2+}$ 激活的激酶，可形成 E-ATP-$Mg^{2+}$ 三元络合物。②金属离子介于酶和底物之间，此时金属离子除有稳定酶构象的作用外，还有激活底物的作用。例如，丙酮酸激酶和一些以磷酸烯醇式丙酮酸为底物的酶。③酶介于底物和金属离子之间，此时金属离子的作用主要是稳定三元络合物的构象，如柠檬酸裂合酶中的 $Mg^{2+}$。对金属酶来说，酶与金属离子已形成二元络合物，加入底物后也生成三元络合物。

金属离子在三元络合物中的作用主要有以下几个方面。

a. 金属离子使底物趋近酶的活性中心，还可通过三维的配位键促进酶活性中心及底物的反应基团有正确定向。

b. 金属与质子相似，是一种亲电子的原子，可对底物中相应电子密度较高的原子进行“亲电子攻击”。并且两价金属离子所带的正电荷大于质子，也可像酸基团一样获取底物的电子，而且效率可高于一般的质子供体。

c. 金属与活性中心的催化基团一样，也能改变底物中敏感键的电子云，产生“电子张力”效应。

d. 有些金属酶中的金属还有稳定酶分子构象的作用。例如，$Zn^{2+}$ 可与天冬氨酸转氨甲酰酶活性中心的 4 个 Cys 配位，具有稳定结构的功能。$Zn^{2+}$ 也可与 2 个极性氨基酸（His-Glu-Asp-Cys）配位及与 1 个水分子配位而发挥催化作用。因配位的水分子可让位给底物中的活泼基团，使底物与酶结合并被酶催化。

e. 几个金属离子共存于一个酶体系时，还可发挥共催化作用，如 $Mg^{2+}$ 和亮氨酸氨肽酶中的 $Zn^{2+}$。

f. 金属离子参与电子传递（氧化还原作用），如铁、铜和钼等在酶的催化过程中是作为一个电子传递体的，因为这 3 种离子都有电荷价数的变化，如 $Fe^{2+}/Fe^{3+}$、$Cu^{2+}/Cu^{+}$ 和 $Mo^{6+}/Mo^{5+}/Mo^{4+}$，可逆性得失电子。

铁主要以两种有机铁形式参与氧化还原作用，铁卟啉（iron porphyrin）和铁硫中心（iron-sulfur center）。前者主要存在于血红蛋白、肌红蛋白、细胞色素、过氧化氢酶和过氧化物酶中；后者存在于线粒体呼吸链复合物中。

铜在含铜酶中是电子传递体，如线粒体呼吸链中的细胞色素氧化酶、酪氨酸氧化酶等。

钼在酶蛋白中常与黄素辅基和铁硫中心同时存在，如黄嘌呤氧化酶（含 FAD）和硝酸还原酶（含 FMN）。

## 19.1.2 酶的分类

### 19.1.2.1 酶的命名

1961 年以前使用的酶名称都是习惯沿用的。习惯命名大致有以下几种情况。

（1）根据酶的底物命名，如水解淀粉、蛋白质和脂肪的酶分别称为淀粉酶、蛋白酶和脂肪酶。

（2）根据酶所催化的反应性质来命名，如转氨酶。

（3）有的酶结合上述两个原则来命名，如乳酸脱氢酶、柠檬酸合酶等。

（4）在上述命名基础上，有时还加上酶的来源或酶的其他特点，如胃蛋白酶、碱性磷酸酶等。

习惯命名比较简单，应用历史较长，但缺乏系统性，有时出现一酶数名或一名数酶的情况。为适应酶学发展的新情况，避免命名的重复，国际酶学会议于 1961 年提出了一个新的系统命名及系统分类原则，已被国际生物化学与分子生物学联合会所采用。

国际系统命名法强调，应当明确标明酶的底物及催化反应的性质，底物间加“:”将之隔开，若底物之一是水可略去不写（表 5-19-3）。

**表 5-19-3 酶的习惯命名和系统命名比较**

| 习惯名称 | 系统名称 | 催化的反应 |
|---|---|---|
| 乙二酸氧化酶 | 乙二酸：氧氧化酶 | 乙二酸＋氧→二氧化碳＋水 |
| 乙酰辅酶 A 酶 | 乙酰辅酶 A（水）水解酶 | 乙酰辅酶 A＋$H_2O$→乙酸＋辅酶 A |
| 转氨酶 | 丙氨酸：α-酮戊二酸氨基转移酶 | 丙氨酸＋α-酮戊二酸→谷氨酸＋丙酮酸 |
| 己糖激酶 | ATP：己糖磷酸基转移酶 | ATP＋葡萄糖→6-磷酸葡萄糖＋ADP |

在国际科学文献中，为严格起见，应该使用酶的系统名称。但系统名称太长，一般仍沿用习惯名称。

### 19.1.2.2 酶的分类

1961 年生物化学与分子生物学联合会酶学委员会按酶促反应性质将酶分为六大类。

（1）氧化还原酶反应表示式为

$$RH_2 + R'\text{（或 } O_2\text{）} \rightleftharpoons R + R'H_2\text{（或 } H_2O\text{）}$$

此类酶在体内参与产能、解毒和某些生理活性物质的合成。重要的有各种脱氢酶、氧化酶、过氧化物酶、氧合酶、细胞色素氧化酶等。

（2）转移酶反应表示式为

$$RG + R' \rightleftharpoons R + R'G$$

此类酶在体内将某功能基团 G 从一化合物转至另一个化合物，参与核酸、蛋白质、糖及脂肪的代谢和合成。重要的有各种一碳基转移酶、酮醛基转移酶、酰基转移酶、糖苷基转移酶、烷基转移酶、含氮基转移酶、磷酸基转移酶、含硫基团转移酶等。

(3) 水解酶反应表示式为

$$RR'+H_2O \rightleftharpoons RH+R'OH$$

此类酶在体内外起降解作用，也是人类应用最广的酶类。重要的有各种酯酶（羧酸酯和磷酸酯酶）、糖苷酶（淀粉酶、纤维素、半纤维素酶、果胶酶、溶菌酶等）、肽酶（氨基及羧基肽酶、各种蛋白酶）等。水解酶一般不需辅酶。

(4) 裂合酶反应表示式为

$$R—R' \rightleftharpoons R + R'$$

此类酶可脱去底物上某一基团而留下双链，或可相反地在双链处加入某一基团。它们分别催化碳碳键、碳氧键、碳氮键、碳硫键、碳卤键和磷氧键。

(5) 异构酶反应表示式为

$$R \rightleftharpoons R'$$

此类酶为生物代谢需要而对某些物质进行分子异构化，分别进行外消旋或差向异构、顺反异构、醛酮异构、分子内转移、分子内裂解等。

(6) 连接酶（合成酶）反应表示式为

$$R+R'+ATP \rightleftharpoons RR'+ADP+Pi$$

此类酶关系许多生命物质的合成，其特点是需要三磷酸腺苷（ATP）等高能磷酸酯作 R 与 R′结合的能源，有的还需金属离子辅助因子。分别形成碳氧键（与蛋白质合成有关）、碳硫键（与脂肪酸合成有关）、碳氮键（与酰胺、肽、核苷酸转化与合成有关）、碳碳键和磷酸酯键。

国际系统分类法按酶促反应性质将酶分为六大类，除分别用 1、2、3、4、5、6 的编号表示外，再根据底物中被作用的基团或键的特点将每一大类分为若干个亚类，每一个亚类又按顺序编成 1、2、3、4……等数字。每一个亚类再分为若干个亚亚类，仍用 1、2、3、4……编号。因此，每个酶除了系统名称外还有一个特定的编号，它由 4 位数组成，数字间以“·”隔开。第一个数字指明该酶属于 6 个大类中的哪一类；第二个数字指出该酶属于哪一个亚类；第三个数字指出该酶属于哪一个亚亚类；第四个数字则表明该酶在一定亚亚类中的编号。编号之前往往冠以 EC，即 Enzyme Commission（酶学委员会）的缩写，如习惯名称法的乳酸脱氢酶（LDH），按国际系统命名法称为：乳酸：$NAD^+$ 氧化还原酶，按国际编号法，氧化还原酶属于第一类，乳酸的 CHOH 作为供体基团者属于第一亚类，以 $NAD^+$ 作为受体基团者属于第一亚亚类，乳酸脱氢酶在第一亚亚类中排 27 号，因此 LDH 的国际分类编号为 EC 1.1.1.27。

## 19.2 酶促反应的特点与机制

酶作为生物催化剂除了具有一般催化剂的特点外，还具有生物催化剂的一些特点，概括如下所述。

**1. 催化效率高**

酶的催化效率通常比非催化反应高 $10^8$～$10^{20}$ 倍，比一般催化剂高 $10^7$～$10^{13}$ 倍。酶高催化效率是通过其特有的作用机制大大降低反应的活化能而实现的。

**2. 高度特异性**

酶与一般催化剂不同，对其催化的底物具有严格的选择性，即一种酶仅作用于一种或一类化合物，或一定的化学键，催化一定的化学反应并产生一定的产物，酶的这种特性称为酶的特异性或专一性。根据酶对其底物结构选择的严格程度不同，酶的特异性大致可分绝对特异性、相对特异性和立体异构特异性 3 种。

**3. 可调性**

酶促反应受多种因素的调控，以适应机体不断变化的内外环境和生命活动的需要。酶的调节大致包括以下几个方面：酶与代谢物在细胞内的区域化分布，多酶体系和多功能酶，基因分化形成各种类型的同工酶；代谢物对酶的变构调节，酶的共价修饰的级联调节；通过酶生物合成的诱导与阻遏作用等对酶进行量的调节。

**4. 酶-底物复合物和诱导契合**

酶在发挥催化作用之前，必须先与底物密切结合，形成中间复合物。这种结合不是锁与钥匙式的机械关系，而是在酶与底物接近时，相互诱导、变形和适应，进而相互结合，即诱导契合假说（induced-fit hypothesis）。由于相互诱导变形，使底物处于不稳定的过渡态（transition state），也就降低了活化能，易受酶的催化攻击。

**5. 多种催化机制的综合作用**

一种酶的催化反应常常是多种催化机制的综合作用，这也是酶促反应高效率的原因之一。主要催化机制如下所述。

（1）趋近效应和定向排列。底物与酶活性中心结合后，使底物在酶活性中心的局限区域内相互接近，这就是趋近效应（approximation）。趋近效应使局部底物浓度提高数千至数万倍，大大增加了底物的碰撞概率；同时可将酶-底物看成是一个分子，这就将分子间反应变成分子内反应，使速率常数大大提高。底物和酶活性中心结合时，可诱导酶蛋白的构象变化，使底物和酶的活性中心更好互补，并使底物有正确定向（orientation）。这样，底物反应基团更趋近酶的催化基团，这又进一步使反应速率提高几个数量级（图 5-19-1）。

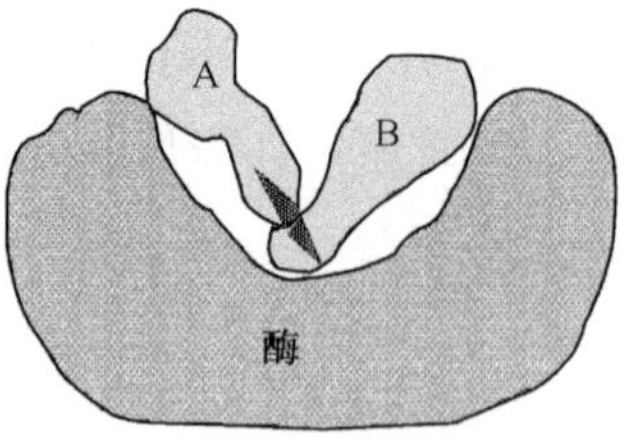

图 5-19-1　趋近效应与定向作用

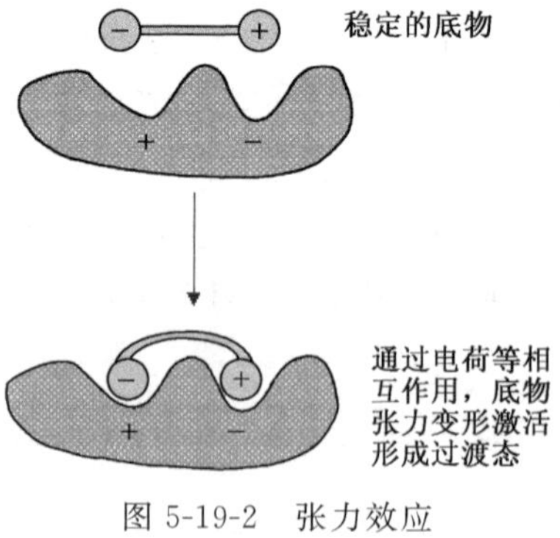

图 5-19-2　张力效应

（2）张力效应。酶活性中心的某些基团或金属离子可改变底物敏感键的电子云分布，产生“电子张力”而易于断裂。也可使底物的构象改变，使底物接近过渡状态而易于反应，这就是张力效应（strain）（图 5-19-2）。

（3）共价催化（亲核催化、亲电子催化）。底物的一部分基团与酶活性中心的基团生成共价中间物的作用称为共价催化作用。例如，蛋白酶、肽酶、酯酶和一些酰基转移酶在催化过程中可形成的底物酰基与酶共价结合的中间物（酰化酶），此中间物上的酰基最后转移给水（水解酶）或醇类、胺类（转移酶）完成酯键的水解或酰基转移反应。

酶活性中心的一些基团，如羟基、巯基和咪唑基［亲核基团（nucleophilic group）］，分别带有多电子的原子（如 O、S 和 N），可以提供电子去攻击底物上相对带正电子的原子（如羰基碳），即所谓的亲核攻击。这是形成酰化酶共价中间物的主要原因，也是减少活化能加速反应的重要因素。另外，酶活性中心的 Lys 处于较疏水的环境时，其 ε-氨基未被质子化而仍以—$NH_2$ 形式存在。—$NH_2$ 的氮原子也是亲核攻击原子，可攻击底物的羰基而生成 Shiff 碱共价中间物。Shiff 中—NH—基团的氮原子相对带正电子，可吸引底物羰基以外基团原子上的电子而加速底物中敏感键的断裂。对一些脱羧酶和以磷酸吡哆醛（或胺）为辅基的酶，形成 Shiff 共价中间物是一个重要的催化机制。亲电催化是由亲电试剂（具有接受电子对的原子）引起的催化反应，是亲核催化的反过程。

（4）酸碱催化。生物体内是中性环境，$H^+$ 和 $OH^-$ 的浓度仅为 $10^{-7}$ mol/L，不可能实现酸碱催化。然而，酶活性中心上的一些基团有的是质子供体（酸），有的是质子受体（碱），也能执行和酸碱相同的催化作用，称为广义酸碱催化。这些基团在活性中心有一定密度，几个基团可同时发挥作用，从而提高催化效率（图 5-19-3）。表 5-19-4 列出了这些广义的酸碱基团，其中巯基和酚羟基在体内 pH 条件下并不解离，故主要为质子供体，羧基中性时主要形成—$COO^-$ 而成为质子受体，氨基和胍基则主要以阳离子

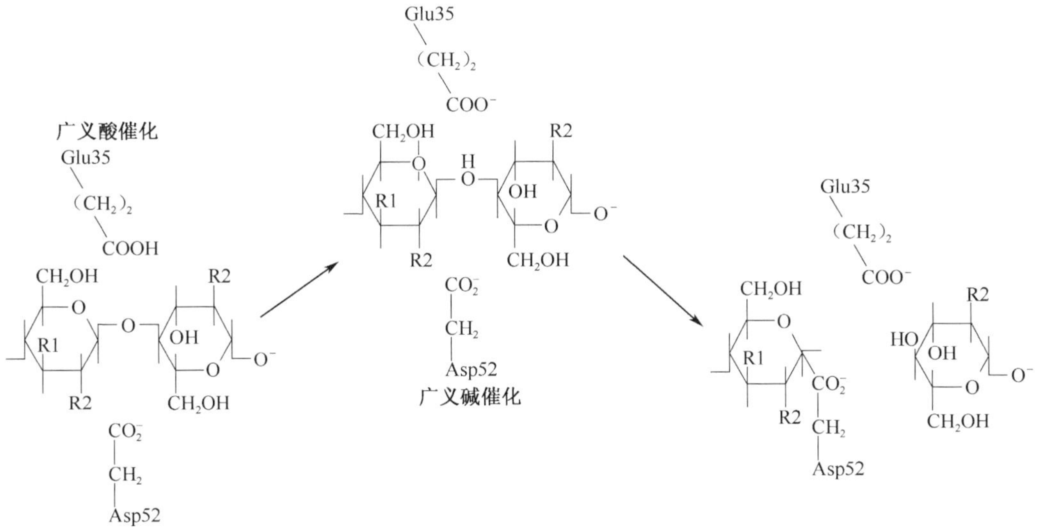


图 5-19-3　溶菌酶的酸碱催化

形式存在而成为质子供体。表 5-19-4 中这些基团除了咪唑基以外在同一 pH 下不能同时作为质子供体和受体。咪唑基的 p*K*a 约为 6，说明咪唑基在体内 pH 7 时，其酸、碱形式的比例接近，故可同时作为质子供体或受体，因此咪唑基是最重要的酸碱催化基团，参与许多酶的活性中心。

**表 5-19-4 酶活性中心广义酸碱基团**

| 广义酸基团（质子供体） | 广义碱基团（质子受体） | p*K*a |
|---|---|---|
| $—COOH$ | $—COO^-$ | 3.96（Asp）、4.32（Glu） |
| $—NH_3^+$ | $—\ddot{N}H_2$ | 10.80 |
| $—NH—C(=NH_2^+)—NH_2$ | $—NH—C(=\ddot{N}H)—NH_2$ | 12.48 |
| $—SH$ | $—S$ | 8.33 |
| $—C_6H_4—OH$ | $—C_6H_4—O^-$ | 10.11 |
| 咪唑基 $HN\ \ NH^+$ | 咪唑基 $HN\ \ N$ | 6.00 |

（5）表面效应。一些酶的活性中心多为疏水性“口袋”（图 5-19-4）。疏水环境可排除水分子对酶和底物功能基团的干扰吸引或排斥，防止在底物与酶之间形成水化膜，有利于酶与底物的密切接触。

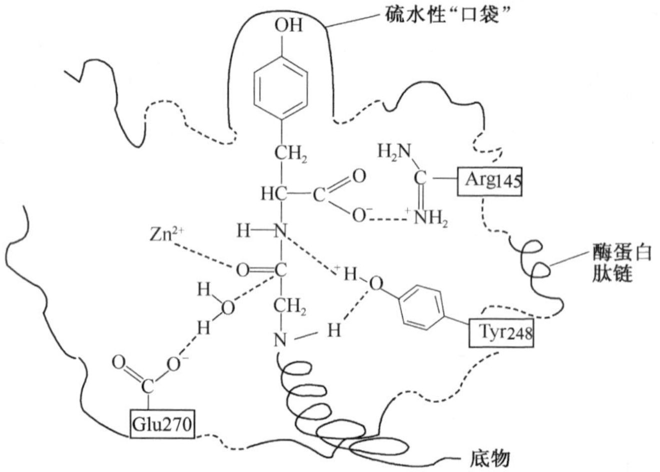


图 5-19-4 酶的活性中心多为疏水性“口袋”

## 19.3 酶的分子结构

### 19.3.1 酶活性中心

酶是生物大分子物质，分子质量都在 10 000 Da 以上，若每个氨基酸残基分子以

100 Da 计，每个酶分子至少由 100 个以上的氨基酸连接而成。而酶的作用底物多为有机小分子，以 α-胰凝乳蛋白酶为例，分子质量为 25 000 Da，由 241 个氨基酸残基组成。其高活性底物乙酰酪氨酸乙脂，充其量和酶分子的十几个氨基酸侧链基团接触而已。由此可想象，直接参与酶催化的部位只不过是酶分子的一小部分而已，即使是大分子底物，如各类蛋白酶、溶菌酶的底物与酶接触的部位也只是一个小区域。例如，溶菌酶直接接触的只是 6 个六碳糖环而已，仅涉及酶分子的 10 个左右基团。现已有充分的证据说明，在酶蛋白上，只存少数一些氨基酸残基与催化活力直接有关，这些特异的氨基酸残基组成了酶的活性部位。

酶活性中心是指能结合并催化一定底物使之发生化学变化的位于酶分子上特定的空间结构区域。活性中心是由酶分子中少数几个氨基酸残基侧链基团组成的，它们在一级结构上的位置可能相距很远，可能分别位于同一肽链或不同肽链的不同部位，由于肽链的折叠和盘绕，使得它们的空间位置上很接近，构成一个特定的三维活性结构。例如，胰凝乳蛋白酶活性中心的 5 个氨基酸残基 Ile16、His57、Asp102、Asp194 和 Ser195，在酶原时分散在一条肽链上，但酶原经胰蛋白酶激活后，形成 A、B、C 3 条链，前 3 个残基在 B 链、后 2 个残基在 C 链，但在空间上已互相接近，形成 Asp102、His57、Ser195 线性排列，构成一个电荷接力系统（图 5-19-5）。含有辅酶的酶，辅酶也是活性部位的重要组成部分，某些金属酶之中的金属也往往直接参与催化。一般来说，一条肽链的单功能酶只有一个活性部位，如果每个酶分子可以结合几个底物分子，这种酶可能是由几个亚单位组成的寡聚体。当然酶分子上还可有其他配体结合部位，如变构调节位点等。

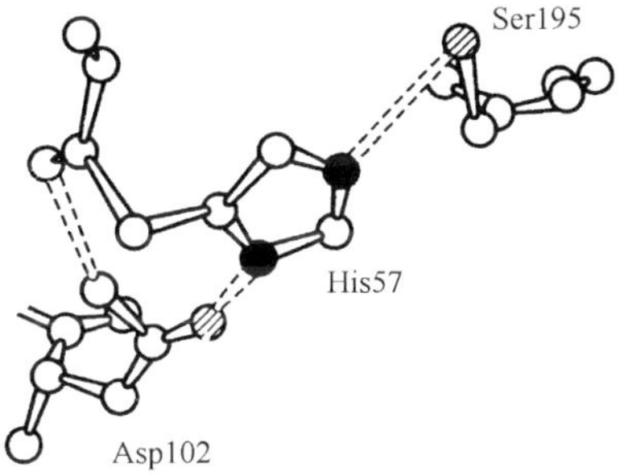

图 5-19-5　胰凝乳蛋白酶活性中心电荷接力系统

胰凝乳蛋白酶和胰蛋白酶结构相似，且都具有催化水解肽键的功能。但两者底物特异性不同，胰凝乳蛋白酶主要切断由 Tyr 等带芳香侧链基团的氨基酸残基形成的肽键，而胰蛋白酶专一断开由带有碱性侧链基团的氨基酸，如 Arg、Lys 所形成的肽键。由此可见，活性部位必然包括两个方面：其一是催化部位；其二是底物结合部位。

所以，就功能而言，活性部位的几个氨基酸侧链基团又可分为底物结合基团和催化基团。它们是酶发挥催化作用所必需的，故称为活性中心必需基团。但在活性中心以外的区域，还有不与底物直接作用的必需基团，它们与维持整个酶分子的空间构象有关，可使活性中心的各个有关基团保持在最适的空间位置，间接地对酶的催化活性发挥必不可少的作用，称为活性中心外的必需基团。酶分子催化基团能否充分发挥催化效率，很大程度上取决于底物结合的位置是否合适，底物结合基团的作用不单单是固定底物，而且要使底物处于被催化的最优位置。换句话说，构成底物结合部位的氨基酸残基的空间位置，不但要适合于结合底物，也要适合于催化底物反应。一般来说，催化基团主要决定催化效率，结合基团决定专一性。当然二者之分不是绝对的，有的基团兼有结合底物和催化底物反应的功能。

表 5-19-5 是一些酶活性中心的氨基酸残基组成，其中频率最高的有 8 种氨基酸，

即 Ser、His、Cys、Try、Asp、Glu、Lys 和 Tyr。催化不同反应的酶，其活性中心的基团有一定的特征。由于一些酶的结构及催化机制极相似，可把它们归为一族。例如，某些蛋白酶（胰凝乳蛋白酶、胰蛋白酶）通常含有 Ser 和 His，称为丝氨酸蛋白酶。但有些蛋白酶不含 Ser 而含 Cys，如胃蛋白酶、木瓜蛋白酶，称为半胱氨酸蛋白酶。脱氢酶的活性中心中有不少含有 Tyr，如苹果酸脱氢酶、6-磷酸葡萄糖脱氢酶和 3-磷酸甘油醛脱氢酶等。

**表 5-19-5　一些酶活性中心中的残基**

| 酶 | 活性中心残基 |
| --- | --- |
| 牛胰核糖核酸酶 | His12、His119、Lys41 |
| 溶菌酶 | Asp52、Glu35 |
| 牛胰凝乳蛋白酶 | His57、Asp102、Ser195 |
| 牛胰蛋白酶 | His46、Asp90、Ser183 |
| 木瓜蛋白酶 | Cys25、His159 |
| 弹性蛋白酶 | His45、Asp93、Ser188 |
| 枯草杆菌蛋白酶 | His46、Ser221 |
| 碳酸酐酶 | His93-Zn-His95<br>↓<br>His117 |
| 羧肽酶 A | Arg145、Tyr248、Glu270 |
| 谷胱甘肽-S-转移酶 | Cys47、Lys、Arg、His、—COOH、Trp |

酶的活性中心是酶分子三维结构中的特定区域，常常形成裂缝或凹陷。这些裂缝或凹陷由酶的特定空间构象所维系，深入到分子内部，且多为氨基酸残基的疏水基团组成的疏水环境，形成疏水性“口袋”。

关于酶活性部位最后还应指出，活性部位实际上和整个酶分子是不可分的。酶的其他部分对于催化作用、调节作用、免疫作用、维持一定空间结构等方面都是不可或缺的。

## 19.3.2　酶分子结构与功能的关系

蛋白质的功能取决于其结构，不仅与其氨基酸组成（一级结构）有关，而且还与其空间结构有关。只有明确其结构，才可能全面、彻底地阐明酶蛋白结构与功能的关系。

### 19.3.2.1　一级结构与功能的关系

每种蛋白质都有自己特定的构象，这是由其一级结构所决定的，即一级结构决定了蛋白质的空间结构，有实验为证：在 8 mol/L 尿素存在下，用巯基乙醇处理天然核糖核酸酶，其二硫键全部断裂，肽链松散，活性全部丧失，但是当用透析法除去尿素、巯基乙醇之后，核糖核酸酶活力全部恢复，而且复原后产物的物化性质与天然核糖核酸酶的物化性质完全相同，这说明松散肽链又完全恢复了核糖核酸酶的天然构象。然而，核糖核酸酶分子中的 8 个—HS 随机配对形成 4 个—S—S—时，应有 105 种不同方式。但是在复性过程中，走向随机的核糖核酸酶肽链却只选择了其中的一种方式（即与天然构象完全相同）。这说明核糖核酸酶的一级结构决定了其特定的天然构象（图 5-19-6）。

在同一族酶中，有的活性中心一级结构的氨基酸序列极相似。例如，表 5-19-6 列出了 4 种丝氨酸蛋白酶在活性 Ser 附近肽段的氨基酸序列，可看出来源于哺乳动物的这 4 种酶都含有一个包括活性 Ser 在内的完全相同的六肽（……Gly-Asp-* Ser-Gly-Gly- Pro……）。又如，在巯基蛋白酶（木瓜蛋白酶、无花果蛋白酶和菠萝蛋白酶）活性中心，活性 Cys 附近的氨基酸序列也几乎相同［……Cys-Gly-Ser（Ala）-* Cys-Trp……］。这表明了酶活性中心在种系进化上的严格保守性。

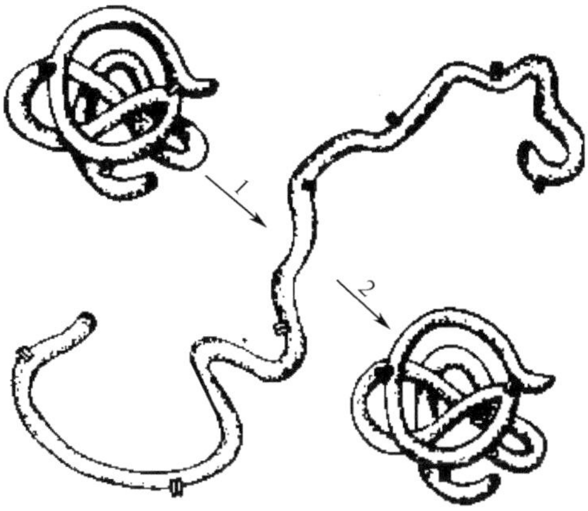


图 5-19-6　核糖核酸酶的变性与复性

1. 8 mol/L 尿素，巯基乙醇；

2. 透析除去尿素，巯基乙醇

**表 5-19-6　4 种丝氨酸蛋白酶活性中心 Ser 附近的肽链组成**

| 酶 | 氨基酸序列 |
|---|---|
| 胰蛋白酶（牛） | ---Asp Ser Cys Gln Gly Asp Ser Gly Gly Pro Val Val Cys--- |
| 胰凝乳蛋白酶 A（牛） | ---Ser Ser Cys Met Gly Asp Ser Gly Gly Pro Leu Val Cys--- |
| 弹性蛋白酶（猪） | ---Ser Gly Cys Gln Gly Asp Ser Gly Gly Pro Leu His Cys--- |
| 凝血酶（猪） | ---Asp Ala Cys Glu Gly Asp Ser Gly Gly Pro Phe Val Met--- |

表 5-19-7 列出了一些其他酶活性中心附近的氨基酸序列，它们或含活性 Ser，或含活性 Cys。但其氨基酸序列互不相同，也与上述丝氨酸蛋白酶或硫基蛋白酶不同。因而其催化功能也不同。

**表 5-19-7　某些酶活性中心附近的氨基酸序列**

| 酶 | 氨基酸序列 |
|---|---|
| 碱性磷酸酶 | ---Tyr Val Thr Asp Ser Ala Ala Ser Ala--- |
| 葡萄糖磷酸变位酶 | ---Gly Val Thr Ala Ser His Asp Gly--- |
| 胆碱酯酶 | ---Phe Gly Glu Ser Ala Gly--- |
| 3-磷酸甘油醛脱氢酶 | ---Ser Asn Ala Ser Cys Thr Thr Asn Cys--- |
| 酵母醇脱氢酶 | ---Ala Thr Gly Ile Cys Arg Ser Asp Asp--- |

### 19.3.2.2　空间结构与功能关系

参与酶活性中心的各基团在空间结构上的相对位置对酶表现活力是至关重要的，而活性中心空间构象的维持则依赖酶蛋白的二、三级结构的完整性。如果酶受各种变性因素，如高压、高热、强酸、强碱和重金属等作用导致空间结构被破坏，那么活性中心的构象也随着发生改变，酶也因之失活。

有时只要维持酶活性中心各基团的相对位置，一级结构的轻微破坏并不影响酶的活性。例如，牛胰核糖核酸酶（RNA 酶）由 124 个氨基酸残基组成，分子中有 4 对二硫键及很多氢键维持其空间构象。RNA 酶的活性中心中有 2 个 His，分别位于 12 位和 119 位。有人用枯草杆菌蛋白酶处理 RNA 酶，使 Ala20 和 Ser21 之间的肽链水解，成为 N 端的 20 肽（S 肽）和其余的 104 肽（S 蛋白）两个肽段，分别含有 His12 和 His119。两者单独存在时均无活力，但在 pH 7.0 的介质中，将两者 1∶1 混合，并使 S 肽和 S 蛋白间形成氢键及疏水键连接，则 20 位与 21 位之间的连接肽键虽不能恢复，但活力能恢复。这是因为 S 肽上的 His12 又与 S 蛋白上的 His119 互相靠近，恢复原来活性中心的空间构象的缘故（图 5-19-7）。由此可见，活性中心各基团空间位置的稳定在酶的催化作用中的重要意义。

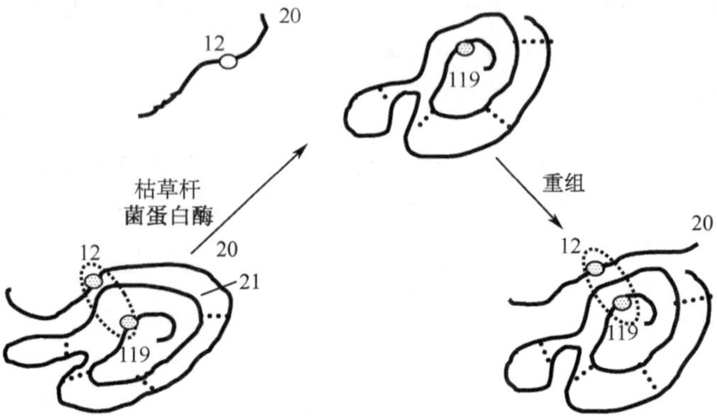


图 5-19-7　牛胰核糖核酸酶分子的切断与重组

## 19.4　酶作用动力学

酶作用动力学是研究酶催化速率问题，分析各种因素（酶浓度、底物浓度、pH、温度、抑制剂和激活剂等）对酶促反应速率的影响，推断反应物到产物之间可能进行的历程，具有重要的理论意义和广泛的实践意义。19 世纪末 20 世纪初，许多人致力于研究酶的催化作用，并希望用数学原理和质量作用定律解释酶反应的进程。1902 年 A. Brown 及 1903 年 V. Henri 提出了酶促反应中有酶-底物络合物的生成，并推导了数学关系式。1913 年 L. Michaelis 和 M. Menten 用简单的平衡或准平衡概念推导了单底物的酶促反应方程。1925 年 G. E. Briggs 和 J. B. S. Haldene 对酶促动力学引入了稳态的概念。20 世纪 60 年代已尝试用平衡态概念解释双底物甚至三底物的酶促反应。

### 19.4.1　Michaelis-Menten 方程

对于只有一个底物结合位点的单底物酶催化反应，解释酶促反应中底物与反应速率关系最合理的学说是中间产物学说。酶首先与底物结合形成酶-底物复合物（中间产

物），此复合物再分解为产物和游离的酶。反应方程为

$$E+S \underset{k_{-1}}{\overset{k_1}{\rightleftharpoons}} ES \xrightarrow{k_2} E+P$$

式中，$k_1$、$k_{-1}$和$k_2$表示各反应的速率常数。1913 年 Michaelis 和 Menten 用数学推导方式，根据中间产物学说，提出了底物浓度与反应速率关系的数学方程式，即著名的米-曼氏（Michaelis-Menten）方程：

$$v=\frac{V_m[S]}{K_m+[S]}$$

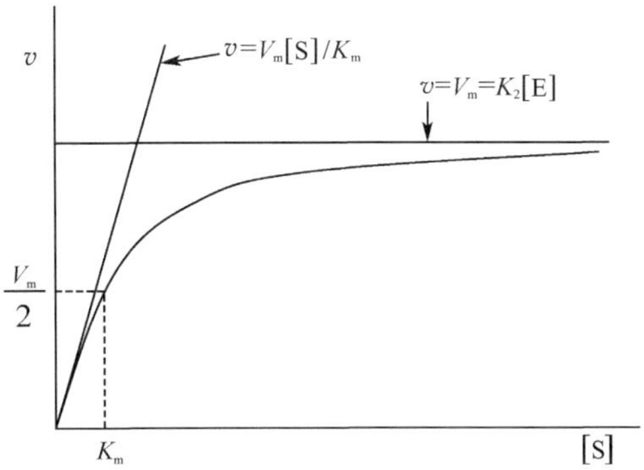


图 5-19-8　底物浓度对酶促反应速率的影响

米-曼氏方程中包括 4 个函数，即反应初速率（$v$）、最大速率（$V_m$）、底物浓度（[S]）和米氏常数（$K_m$）。以此方程作图所得曲线，与试验测得数据所作的图形完全相同。它所代表的是一条双曲线。其含义表示以下几种情况（图 5-19-8 和表 5-19-8）：

**表 5-19-8　米-曼氏方程 [S] 和 $v$ 关系**

| [S] | $v$ | [S] | $v$ |
|---|---|---|---|
| 0.01 $K_m$ | 0.01 $V$ | 3.00 $K_m$ | 0.75 $V$ |
| 0.10 $K_m$ | 0.091 $V$ | 10.0 $K_m$ | 0.91 $V$ |
| 0.33 $K_m$ | 0.25 $V$ | 100 $K_m$ | 0.99 $V$ |
| 1.00 $K_m$ | 0.50 $V$ | 1000 $K_m$ | 0.999 $V$ |

（1）在底物浓度很低时，即 [S] 远小于 $K_m$ 时，可忽略不计，则 $v=V_m[S]/K_m$，由此的 $v$ 与 [S] 成正比的一级反应，也就是曲线的第一段；

（2）随着底物浓度进一步增加，[S] 与 $K_m$ 差别不大时，反应速率不再成正比例的加速，也就是曲线的中段；

（3）若继续增加底物浓度，即 [S] 远大于 $K_m$ 时，$K_m$ 可忽略不计，则 $v=V_m$，由此 $v$ 与 [S] 无关，达到最大速率，构成零级反应，也就是曲线上部的平坦段；

（4）当 [S] = $K_m$ 时，则 $v=1/2\ V_m$，也就是 $K_m$ 值等于最大反应速率一半时的底物浓度。

## 19.4.2　$K_m$ 与 $V_{max}$ 的意义

（1）$K_m$ 值等于最大反应速率一半时的底物浓度。

（2）$K_m=(k_2+k_{-1})/k_1$，当 $k_{-1}\gg k_2$ 时，即 ES 解离成 E 和 S 的速率大大超过分解为 E 和 P 的速率时，$k_2$ 可忽略不计。则 $K_m=k_{-1}/k_1=K_s$（ES 的解离常数），这种情况下 $K_m$ 可用来表示酶对底物的亲和力大小。$K_m$ 值越小，酶对底物亲和力越大。这表示不需要很高的底物浓度便可容易地达到最大反应速率。但 $k_2$ 值并非在所有酶促反应中都远小于 $k_{-1}$，所以，此时 $K_s$ 值和 $K_m$ 值的含义不同，不能互相代替使用。

（3）$K_m$ 值是酶的特征性常数之一，只与酶的结构、酶所催化的底物和反应环境

（如温度、pH、离子强度）有关，与酶的浓度无关。$K_m$ 值为 $10^{-6}$～ $10^{-2}$ mol/L。一些酶的 $K_m$ 值见表 5-19-9。

**表 5-19-9　一些酶和底物的 $K_m$，$k_{cat}$ 和 $k_{cat}/K_m$ 值**

| 酶 | 底物 | $K_m$/(mol/L) | $k_{cat}$/$s^{-1}$ | $k_{cat}/K_m$ /[L/(mol·s)] |
|---|---|---|---|---|
| 乙酰胆碱酯酶 | 乙酰胆碱 | $9.5\times10^{-5}$ | $1.4\times10^{4}$ | $1.5\times10^{6}$ |
| 脲酶 | 尿素 | $2.5\times10^{-5}$ | $1.0\times10^{4}$ | $4.0\times10^{5}$ |
| 过氧化氢酶 | $H_2O_2$ | $2.5\times10^{-2}$ | $1.0\times10^{7}$ | $4.0\times10^{8}$ |
| 碳酸酐酶 | $CO_2$ | $1.2\times10^{-2}$ | $1.0\times10^{6}$ | $8.3\times10^{7}$ |
| | $HCO_3^-$ | $2.6\times10^{-2}$ | $4.0\times10^{5}$ | $1.5\times10^{7}$ |
| 延胡索酸酶 | 延胡索酸 | $5.0\times10^{-6}$ | $8.0\times10^{2}$ | $1.6\times10^{8}$ |
| | 苹果酸 | $2.5\times10^{-5}$ | $9.0\times10^{2}$ | $3.6\times10^{7}$ |
| 胰凝乳蛋白酶 | *N*-乙酰甘氨酸乙酯 | $4.4\times10^{-1}$ | $5.1\times10^{-2}$ | $1.2\times10^{-1}$ |
| | *N*-乙酰缬氨酸乙酯 | $8.8\times10^{-2}$ | $1.7\times10^{-1}$ | 1.9 |
| | *N*-乙酰酪氨酸乙酯 | $6.6\times10^{-4}$ | $1.9\times10^{2}$ | $2.9\times10^{5}$ |

（4）$K_m$ 决定代谢物的取向。生物体细胞内，如果一种物质可进入几条供选择的代谢途径，那么决定因素之一就是各个途径第一个酶的 $K_m$ 值大小。例如，判断糖代谢途径中的磷酸己糖：葡萄糖-6-磷酸、葡萄糖-1-磷酸和果糖-6-磷酸在代谢中的取向，这些磷酸己糖在细胞内极易相互转变，可认为是同一种物质。糖酵解过程中的磷酸果糖激酶对底物果糖-6-磷酸的 $K_m$ 值远小于糖原合成过程中的糖原合成酶对葡萄糖-1-磷酸的 $K_m$ 值。因此，在大多数磷酸己糖浓度下，磷酸果糖激酶被底物的饱和程度远高于糖原合成酶被底物的饱和程度，大多数磷酸己糖走糖酵解途径。只有在高磷酸己糖浓度下，磷酸果糖激酶被底物过饱和，这时糖原合成途径才有意义。当然，代谢物的取向还受到各种酶的浓度、激活剂和抑制剂等的影响。同样，如果一个酶催化正、逆两个方向，测定正逆方向底物的 $K_m$ 值，可大体知道该酶在体内以催化哪个方向为主。例如，肌肉中的 A 型醛缩酶，在催化糖酵解时，对果糖-1，6-二磷酸的 $K_m$ 值为 3 μmol/L，而催化糖异生时，对 3-磷酸甘油醛和磷酸二羟丙酮的 $K_m$ 值分别为 1 mmol/L 和 2 mmol/L，可知其体内主要催化糖酵解。

（5）根据 $K_m$ 值判断限速步骤。当一组酶催化连续的代谢反应时，如果已知各酶的 $K_m$ 值及其相应底物的浓度，则 $K_m$ 值最大的酶催化的反应为限速步骤。例如，酶 1、2、3 分别催化 A→B→C→D 3 步连续反应，3 个酶的 $K_m$ 值分别为 $10^{-2}$ mol/L、$10^{-3}$ mol/L、$10^{-4}$ mol/L，则可推知酶 1 催化的 A→B 为限速步骤。

（6）$V_{max}$ 是酶完全被底物饱和时的反应速率，与酶浓度成正比，即 $V_m=k_2[E]$。说明最大反应速率和酶的浓度成直线正比，直线的斜率为 $k_2$。

（7）$k_2$ 和 $k_{cat}$ 的意义。$k_2=V_m/[E]$，说明 $k_2$ 为酶完全被底物饱和时单位时间内每分子酶（或活性中心）所能催化底物转变为产物的分子数（单位，$s^{-1}$），称为酶的转换数（turnover number）或称为酶的催化常数（catalytic constant），简称为 $k_{cat}$。不同酶

的 $k_{cat}$ 相差甚大（表 5-19-9）。在用上式计算 $k_2$ 或 $k_{cat}$ 时，[E] 为活性中心的物质的量浓度。由几个亚基组成的寡聚酶，每分子酶有一个以上的活性中心。

（8）$k_{cat}/K_m$ 的意义。其一，$k_{cat}/K_m$ 为二级速率常数，是反映酶催化效率的指标。$k_{cat}$ 越大，$K_m$ 越小，则催化效率越高；其二，$k_{cat}/K_m$ 可用于检验是否达到恒态或平衡态。恒态时：

$$K_m = \frac{k_{-1}+k_2}{k_1}$$

如果 $k_2 \gg k_{-1}$（恒态假设的极端形态），则 $K_m = k_2/k_{-1}$，以 $k_{cat}$ 替代 $k_2$，则 $k_{cat}/K_m = k_{-1}$，$k_{-1}$ 为底物和酶结合的速率常数。快速反应证明酶与底物结合的速率常数为 $10^9$/[L/(mol・s)] 数量级，所以如果 $k_{cat}/K_m$ 为同样的数量级时就可假定为恒态。例如，延胡索酸酶、过氧化氢酶和丙糖磷酸异构酶的 $k_{cat}/K_m$ 分别为 $1.6\times10^8$/[L/(mol・s)]、$4\times10^7$/[L/(mol・s)] 和 $2.4\times10^8$/[L/(mol・s)]，都达到了恒态。

## 19.4.3 $K_m$ 和 $V_m$ 的测定

（1）双倒数作图法（double reciprocal plot）。底物浓度曲线是矩形双曲线，其图形为渐进线，很难准确地测得 $V_m$ 和 $K_m$。过高的底物浓度不仅不易测得 $V_m$，在实验中还会出现很多困难。H. Linweaver 和 D. Burk 将米-曼氏方程做双倒数处理，以 $1/v$ 和 $1/[S]$ 分别为纵坐标轴和横坐标轴作图时可得一条直线（图 5-19-9），这种双倒数作图法又称为林-贝氏作图法（Linweaver-Burk plot）。

$$\frac{1}{v} = \frac{K_m+[S]}{V_m[S]} = \frac{K_m}{V_m}\cdot\frac{1}{[S]} + \frac{1}{V_m}$$

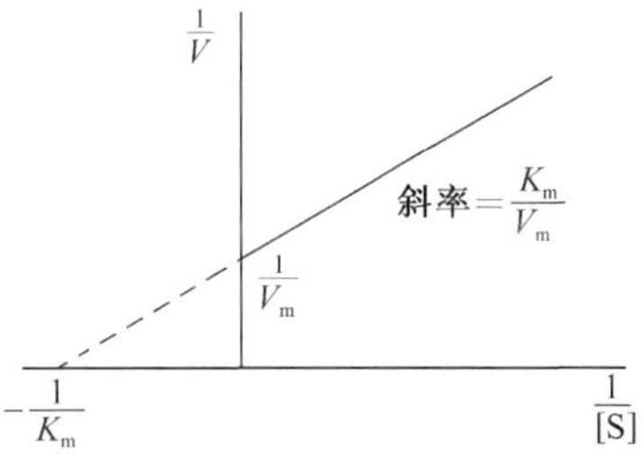

图 5-19-9　双倒数作图法

该直线在纵坐标轴上的截距为 $1/V_m$，横坐标轴上的截距为 $-1/K_m$。此作图法除用于求取 $V_m$ 值和 $K_m$ 值外，还可用于判断可逆性抑制反应的性质。如果双倒数作图出现线性偏离，说明米-曼氏方程的假设对该酶不适用。

双倒数作图法也有缺点：第一，直线外推至 $-1/K_m$ 时，通常已到纸的边缘，甚至重作图。第二，低底物浓度下测定往往不准确，底物浓度应由低到高全面选择。第三，这种作图法与其他作图法比较，很少有线性偏离，不利于观察酶的作用机制。

（2）Hanes 作图法。将上述双倒数方程两侧均乘以 [S]，可得

$$\frac{[S]}{v} = \frac{1}{V_m}[S] + \frac{K_m}{V_m}$$

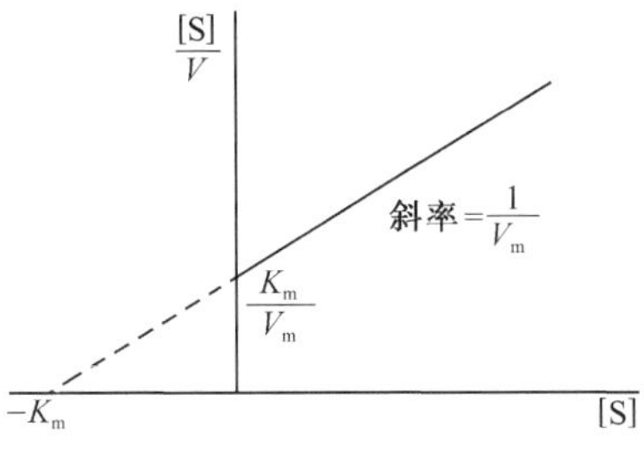

图 5-19-10　Hanes 作图法

以 $[S]/v$ 和 [S] 分别为纵坐标轴和横坐标轴作图时可得一条直线（图 5-19-10），斜率为 $1/V_m$，纵坐标轴上的截距为 $K_m/V_m$，横坐标轴上的截距为 $-K_m$。

（3）Eadie-Hofstee 作图法。将上述双倒数方程两侧均乘以 $v\cdot V_m$，可得以 $v$ 和 $v/[S]$ 分别为纵坐标

轴和横坐标轴作图时可得一条直线［图 5-19-11（a）］，斜率为$-K_m$，纵坐标轴上的截距为$V_m$，横坐标轴上的截距为$V_m/K_m$。

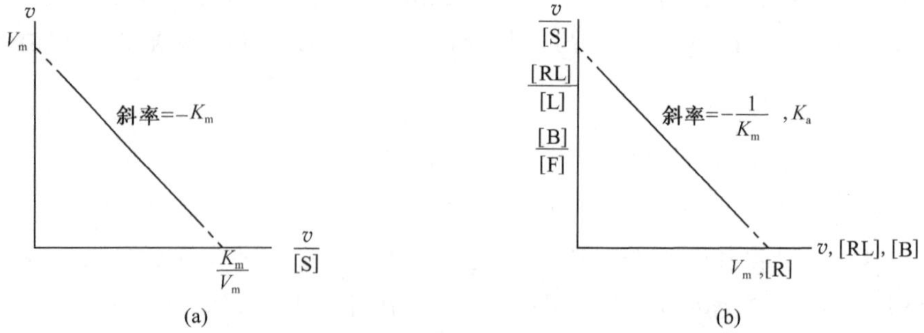


图 5-19-11　Eadie-Hofstee 作图法（a）和 Scatchard 作图法（b）

如果将 Eadie-Hofstee 作图法的纵坐标轴和横坐标轴对换，即以$v/[S]$为纵坐标轴，$v$为横坐标轴，就成为 Scatchard 作图［图 5-19-11（b）］法。这种作图法通常用于求取受体 R 和配体 L（激素、药物等）结合动力学参数。因$v$与［ES］成正比，而［ES］相当于受体-配体复合物［RL］或结合型配体［B］，［S］相当于游离的配体［L］或［F］，$v/[S]$对$v$作图相当于［RL］/［L］对［RL］作图或［B］/［F］对［B］作图，此时横坐标轴的截距为$R_m$，即受体的最大结合容量，相当于$V_m$，而负斜率为$K_a$，即 R 和 L 的亲和常数，相当于$-1/K_m$。

Eadie-Hofstee 作图法和 Hanes 作图法被动力学研究者偏爱，但双倒数作图法仍为广大酶学工作者使用。计算机通常以最小二乘法处理试验数据得到$K_m$、$V_m$，但结果并不完全可靠，重要的是应该观察是否偏离线性的迹象。

## 19.5　酶的抑制作用

抑制作用（inhibition）是指由于酶的必需基团或活性部位受到某些化学物质的影响发生化学性质改变而引起酶活性降低或丧失，这时酶蛋白不发生变性。抑制剂通常有一定的酶专一性。抑制作用不同于酶的失活（inactivation）和去激活作用（deactivation）。前者是指一些物理、化学因素破坏了酶的次级键，从而部分或全部改变了酶的三维结构，即变性作用，由此引起酶活性降低或丧失，而蛋白质变性剂没有专一性。后者是指因激活剂的去除而引起酶活性降低，如 EDTA 去除两价金属离子后使很多受$Mg^{2+}$、$Mn^{2+}$等离子激活的酶活力降低，引起去激活的化合物只和激活剂直接结合，而抑制剂则和酶直接发生作用。

### 19.5.1　抑制作用的分类

#### 19.5.1.1　不可逆抑制

不可逆抑制（irreversible inhibition）是指抑制剂与酶的必需基团以共价键结合而引起酶活性降低或丧失，抑制剂和酶作用后不能用物理的方法（如透析、超滤等）除去抑制剂恢复酶活性。抑制剂按照作用的选择性不同，又可分为专一性不可逆抑制剂和非专一性不可逆抑制剂，前者仅仅和活性部位的有关基团反应，如农药敌百虫、敌敌畏等有机磷化合物特异地与胆碱酯酶活性中心 Ser 残基结合，使酶失活。后者则可以和一类或几类基团反应，如低浓度的金属离子（如 $Hg^{2+}$、$Ag^{+}$等）及 $As^{3+}$ 可与酶分子的巯基结合，使酶失活。由于这些抑制剂所结合的巯基并不局限于必需基团，故为非专一性的。

#### 19.5.1.2 可逆性抑制

可逆性抑制（reversible inhibition）是指抑制剂与酶的必需基团以非共价键结合而引起酶活性降低或丧失，抑制剂和酶作用后能用物理的方法（如透析、超滤等）除去抑制剂恢复酶活性。可逆性抑制可通过两种方式与酶结合而抑制酶的活性。一种是抑制剂与酶活性中心结合或与酶-底物复合物结合，从而阻止底物形成产物。这类抑制剂与酶分子的结合部位基本上和底物相近，故称为同位抑制剂（isosteric inhibitor），这类抑制作用称为同位抑制作用。另一种是抑制剂与酶活性中心以外的部位结合，通过酶分子空间构象的改变而影响底物与酶的结合或催化活性。由于抑制剂与酶结合的部位不同于底物的结合部位，故这种抑制剂称为别位抑制剂（allosteric inhibitor），也称为别构抑制剂，这类抑制作用就称为别构抑制作用。

### 19.5.2 可逆性抑制作用

可逆性抑制用动力学方法区分可以有以下 4 种：竞争性抑制（competitive inhibition）、反竞争性抑制（uncompetitive inhibition）、非竞争性抑制（noncompetitive inhibition）和混合性抑制（mixed inhibition）。

#### 19.5.2.1 竞争性抑制

**1. 竞争性抑制的特点**

抑制剂与酶的底物结构相似，能和底物竞争与酶的活性中心结合，从而阻碍酶与底物结合形成中间物。由于抑制剂与酶的结合是可逆的，抑制程度取决于抑制剂与酶的相对亲和力和与底物浓度的相对比例。这种抑制作用称为竞争性抑制。其反应过程及速率曲线见图 5-19-12。

**2. 竞争性抑制的动力学**

竞争性抑制的动力学方程如下：与无抑制剂的米-曼氏方程 $v=V_m[S]/(K_m+[S])$ 相比，$K_m$ 一项多一个的因子，即竞争性抑制作用是改变了底物和酶结合的米氏常数（$1+[I]/K_i$）倍，也就是有 I 时的表观 $K_m$（apparent $K_m$，$K_m^{app}$）大于无 I 时的 $K_m$。I 越大，$K_m$ 也越大，说明 I 可以减少 E 和 S 的亲和力。当 [S] 极大或 $1/[S]=0$ 时，下式中含有 $K_m(1+[I]/K_i)$ 的一项都可以忽略不计。此时 $v=V_m$，即反应速率仍可达最大速率 $V_m$，或最大速率不变。

$$v=\frac{V_m[S]}{K_m(1+[I]/K_i+[S])}$$

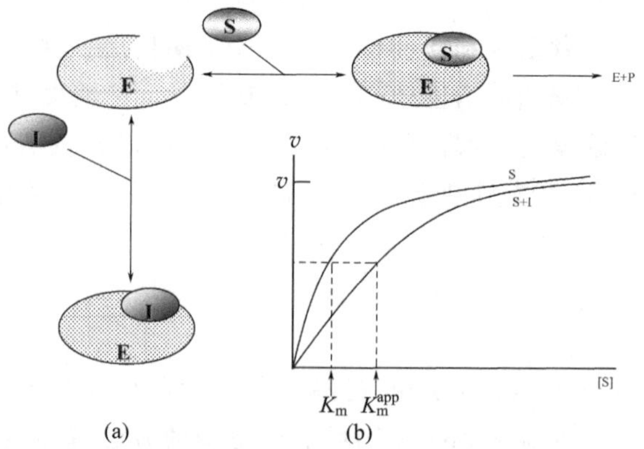

图 5-19-12　竞争性抑制作用过程（a）和竞争性抑制 $v$-［S］曲线（b）

$$\frac{1}{v}=\frac{K_m}{V_m}\left(1+\frac{[I]}{K_i}+\frac{1}{[S]}\frac{1}{V_m}\right)$$

以 $1/v$ 和 $1/[S]$ 分别为纵坐标、横坐标作图（图 5-19-13），可见有 I 时，直线斜率高于无 I 时的斜率，［I］越大，斜率也越大。用 $1/v=0$ 代入下式双倒数方程，可求出横坐标轴截距为 $K_m$（1+［I］$/K_i$）的负倒数，即 $K_m^{app}=K_m$（1+［I］$/K_i$），但不论有无 I 存在，各线相交于纵坐标轴，其截距都是 $1/V_m$，也即 $V_m$ 不变，与［I］浓度无关。

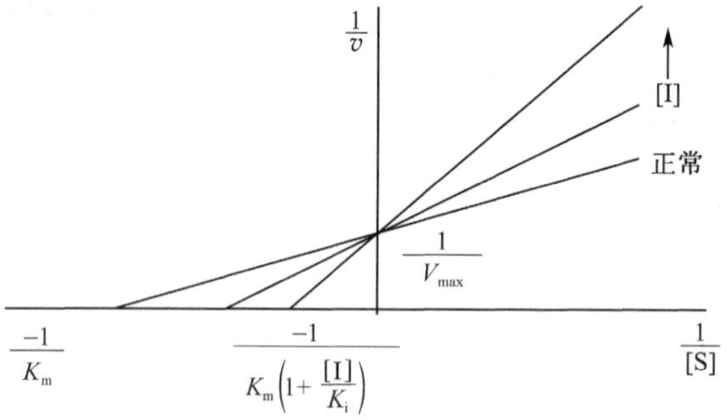

图 5-19-13　竞争性抑制 $1/v$-$1/[S]$ 作图法

**3. 竞争性抑制的意义**

竞争性抑制作用的机制可用来阐明某些药物的作用机制、指导新药的开发等。利用酶的竞争性抑制剂作为药物治疗各种疾病已十分普遍，并随着对很多酶作用机制的了解，不断开发出新的药物，如 L-氮酪氨酸（azatyrosine）和艾博抑素（erbstatin）。艾博抑素是一类酪氨酸的类似物，可竞争性抑制酪氨酸蛋白激酶（TPK），有可能应用于抑制有 TPK 活力的生长因子受体而治疗恶性肿瘤。表 5-19-10 列举了一些药物或代谢物对酶的竞争性抑制的情况。

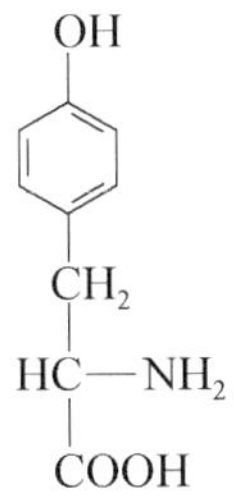

*L*-酪氨酸

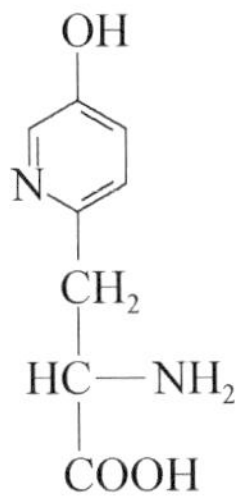

*L*-氮酪氨酸

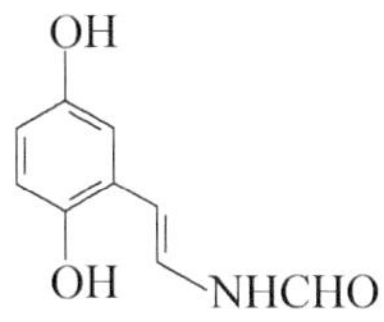

艾博抑素

**表 5-19-10　一些药物或代谢物对酶的竞争性抑制**

| 药物(抑制剂) | 被抑制的酶 | 竞争底物 | 临床应用及机制 |
|---|---|---|---|
| 磺胺药 | 二氢叶酸合成酶(细菌) | 苯甲酸 | 抗菌作用(抑制四氢叶酸合成) |
| 氨基蝶呤、氨甲蝶呤(MTX) | 二氢叶酸还原酶 | 二氢叶酸 | 抗白血病(抑制四氢叶酸合成) |
| 5-氟尿嘧啶(5-FU) | 尿嘧啶核苷酸磷酸化酶 | 尿嘧啶 | 抗癌作用(抑制核苷酸合成) |
| 5-氟尿嘧啶脱氧核苷酸(d-5FUMP)* | 胸腺嘧啶核苷酸磷酸化酶<br>胸腺嘧啶核苷酸合成酶 | 胸腺嘧啶<br>尿嘧啶脱氧核苷酸(d-UMP) | 抗癌作用(抑制 DNA 合成) |
| 6-巯基嘌呤(6-MP) | 次黄嘌呤、鸟嘌呤磷酸核糖转移酶 | 次黄嘌呤<br>鸟嘌呤 | 抗白血病(抑制核苷酸合成) |
| 6-巯代次黄嘌呤核苷酸(thio IMP 6-MP)* | 次黄嘌呤核苷酸脱氢酶<br>腺苷酸代琥珀酸合成酶 | 次黄嘌呤核苷酸<br>次黄嘌呤核苷酸 | 抗白血病(抑制核苷酸合成) |
| 别嘌呤醇 | 黄嘌呤氧化酶 | 黄嘌呤、次黄嘌呤 | 抗通风(抑制尿酸合成) |
| ε-氨基己酸 | 纤溶酶 | 赖胺酰-赖胺酰 | 止血、抗纤溶(抑制纤溶酶) |
| 苯丙胺 | 单胺氧化酶 | 肾上腺素 | 中枢兴奋 |
| 麻黄素 | | 去甲肾上腺素 | 抗哮喘 |

* d-5FUMP、thio IMP6-MP 分别是 5-FU 和 6-MP 在体内的代谢产物

抗生素，如青霉素和头孢菌素抑制革兰氏阳性菌作用。这类化合物的平面结构和底物不相似，但立体结构十分相似，也是竞争性抑制剂。革兰氏阳性菌的外壁肽多糖合成时由转肽酶催化的肽-肽交联，青霉素和头孢霉素的结构主核——6-氨基青霉烷酸和 7-氨基头孢烷酸的立体构象和肽多糖 D-丙氨酰-D-丙氨酸（转肽酶底物）十分相似，因而也抑制转肽酶，阻断肽多糖的合成。

少数情况下与底物不相似的化合物也可表现竞争性抑制，如水杨酸和 NADH、ATP 都不相似，却能与 NADH 竞争而抑制醇脱氢酶，或与 ATP 竞争而抑制腺苷酸激酶。X 射线衍射证明水杨酸的确结合在醇脱氢酶或腺苷酸激酶分别结合在 NADH 或 ATP 中腺嘌呤的位点上。因此抑制剂和底物相似并非竞争性抑制的特点，而抑制剂连接在与底物相同的活性中心位点引起 $K_m$ 增大而 $V_m$ 不变才是竞争性抑制最重要的特点。

### 19.5.2.2　非竞争性抑制作用

**1. 非竞争性抑制的特点**

抑制剂与酶分子活性中心以外的必需基团结合而抑制酶活性，I 和 S 与酶结合不存在竞争关系。但酶-底物-抑制剂复合物（ESI）不能进一步释放出产物。这种抑制作用称为非竞争性抑制作用。其反应过程和速率曲线见图 5-19-14。

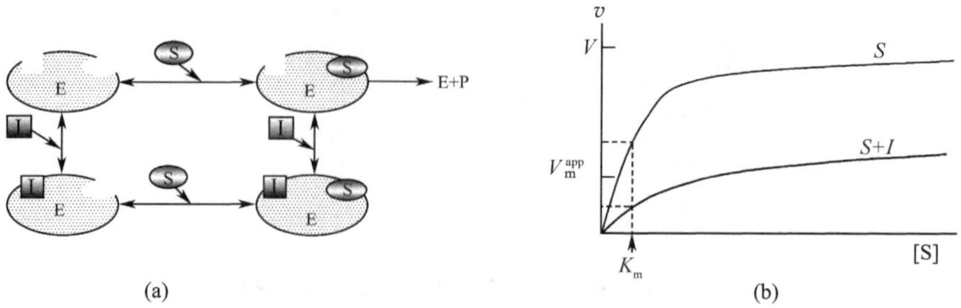


图 5-19-14　非竞争性抑制过程（a）和非竞争性抑制 $v$-［S］曲线（b）

**2. 非竞争性抑制动力学**

按照米-曼氏方程的推导方法得出酶促反应的速率、底物浓度和抑制剂之间的动力学关系如下：

$$v=\frac{V_m[S]}{K_m(1+[I]/K_i)+[S](1+[I]/K_i)}$$

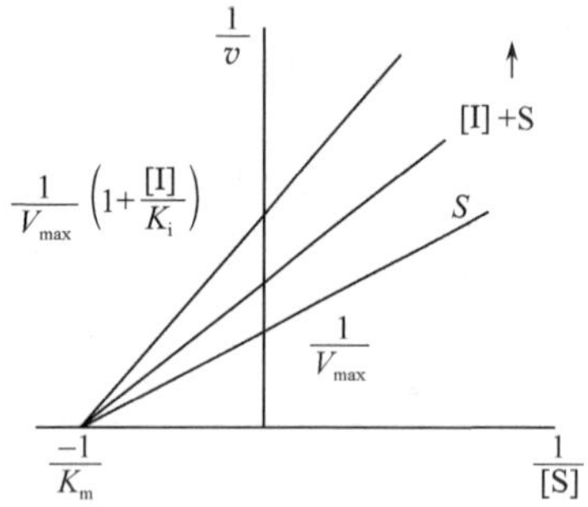


图 5-19-15　非竞争性抑制的双倒数曲线

以 $1/v$ 对 $1/[S]$ 作双倒数（图 5-19-15），可见直线相交于横坐标轴，有 I 时的斜率 $K_m(1+[I]/K_i)/V_m$ 高于无 I 时的 $K_m/V_m$。$1/[S]=0$（［S］为极大时）算出有 I 时直线在 $1/v$ 轴上截距为 $(1+[I]/K_i)/V_m$，说明表观 $V_m$ $(V_m^{app})=V_m/(1+[I]/K_i)$，恒小于无 I 时的 $V_m$。［I］越大，$V_m^{app}$ 越小。再用 $1/v=0$ 算出有 I 时直线在 $1/[S]$ 轴上的截距为 $K_m$，即无 I 存在时的 $K_m$，说明 I 的存在不改变底物的 $K_m$。这是因为 S 和 E 或 EI 的亲和力相等。

$$\frac{1}{v}=\frac{K_m}{V_m}\left[1+\frac{[I]}{K_i}\frac{1}{[S]}+\frac{1}{V_m}\left(1+\frac{[I]}{K_i}\right)\right]$$

**3. 非竞争性抑制的意义**

利用非竞争性抑制作用的机制也可阐明某些药物的作用机制和指导新药开发等。非竞争性抑制剂结合于活性中心的底物结合位点以外的基团，如催化基团等，且抑制剂与活性中心结合后也不影响底物结合的立体障碍，故表现为 $V_m$ 降低而 $K_m$ 不变的动力学特征。

别嘌呤醇可降低体内的尿酸，因为它是黄嘌呤氧化酶的竞争性抑制剂，但别嘌呤醇（allopurinol）也是该酶的底物，可被酶催化成氧嘌呤醇（oxypurinol），又称为别黄嘌呤（alloxanthine），后者又是黄嘌呤氧化酶的非竞争性抑制剂，这种双重抑制是别嘌呤醇治疗痛风症的原理。乌本苷（哇巴因）对细胞膜上的 $Na^+K^+$-ATP 酶来说，对 $Na^+$、$K^+$ 和 ATP 都是非竞争性抑制。黄酮类衍生物，如槲皮素（quercetin）和类异黄酮（genistein）是 ATP 的拮抗剂，表现对 ATP 的非竞争性而抑制蛋白激酶，但对不同蛋白激酶的亲和力不同。槲皮素是广谱抑制剂，对丝氮酸/苏氨酸蛋白激酶，如 PKA、

PKC 的抑制作用较大；类异黄酮则对酪氨酸蛋白激酶的抑制作用较大。因为它们结合在蛋白激酶中共有的 ATP 结合模体以外的部位，这些部位在各种蛋白激酶中是不同的。

## 19.5.2.3 反竞争性抑制作用

**1. 反竞争性抑制的特点**

抑制剂 I 仅与酶和底物的中间复合物 ES 结合，生成不能形成产物的 EIS 复合物，使中间产物 ES 的量下降。这样，既减少中间产物转化为产物的量，也同时减少中间产物解离出游离酶和底物的量。这种抑制作用称为反竞争性抑制作用，其抑制作用的反应过程及反应曲线如图 5-19-16 所示。

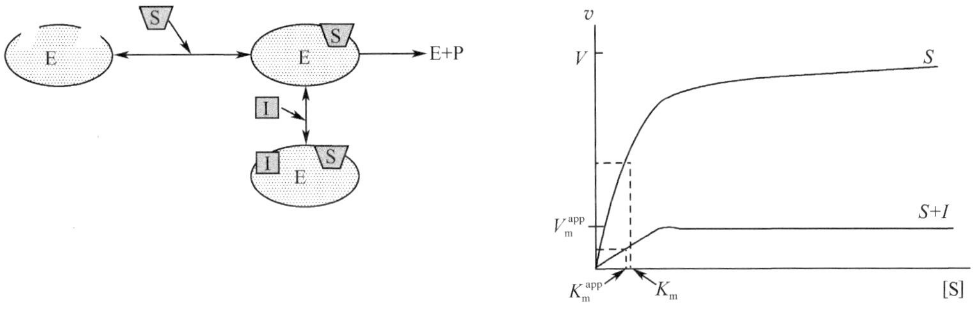


(a) (b)

图 5-19-16 反竞争性抑制过程（a）及 $v$-［S］曲线（b）

**2. 反竞争性抑制动力学**

按照米-曼氏方程的推导方法得出酶促反应的速率、底物浓度和抑制剂之间的动力学关系式（见下），与无抑制剂的基本公式相比，分别在［S］和 $1/V_m$ 项多了一个 $(1+[I]/K_i)$ 的因子。以 $1/v$ 对 $1/[S]$ 作双倒数图（图 5-19-17），可见有 I 和无 I 时的直线互相平行，斜率为 $K_m/V_m$，用 $1/[S]=0$（［S］为极大时）算出有 I 时直线在 $1/v$ 轴上的截距为 $(1+[I]/K_i)/V_m$，显然高于无 I 时的截距，说明表观 $V_m$ ($V_m^{app}$) $=V_m/(1+[I]/K_i)$，恒小于无 I 时的 $V_m$。［I］越大，$V_m^{app}$ 越小。再用 $1/v=0$ 算出有 I 时直线在 $1/[S]$ 轴上的截距为 $-(1+[I]/K_i)/K_m$，即 $K_m^{app}=K_m/(1+[I]/K_i)$，有 I 存在时的 $K_m$ 小于无 I 时的 $K_m$，或 I 促进 E 和 S 的亲和力。I 越大，$K_m^{app}$ 越小。因有 I 时的 $V_m^{app}$ 和 $K_m^{app}$ 表现相同程度的减小，故 $K_m/V_m$ 不变。

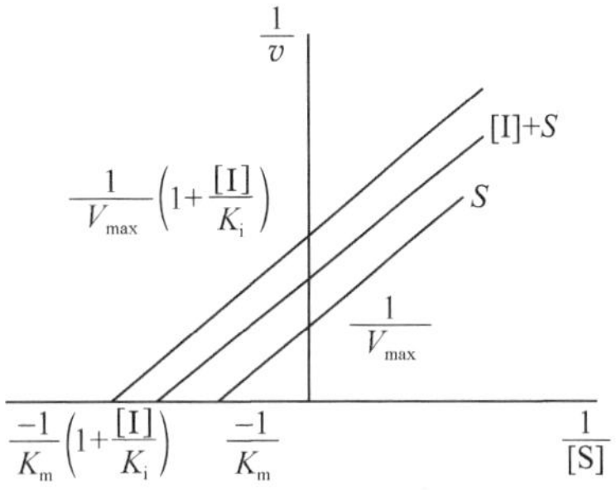


图 5-19-17 反竞争性抑制双倒数曲线

$$v=\frac{V_m[S]}{K_m+(1+[I]/K_i)[S]}$$

$$\frac{1}{v}=\frac{K_m}{V_m}\frac{1}{[S]}+\frac{1}{V_m}\left(1+\frac{[I]}{K_i}\right)$$

**3. 反竞争性抑制作用的意义**

反竞争性抑制在单底物反应中比较少见。例如，新霉素抑制磷脂酰肌醇-4，5-双磷酸（$PIP_2$）为底物的磷脂酶 C，是反竞争性抑制剂，因新霉素是清除剂，只和酶-$PIP_2$ 结合，而不和游离酶结合。在双底物反应中，这类抑制作用比较多见。

表 5-19-11 总结了 3 种主要可逆性抑制作用的动力学参数。双倒数作图是区分这 3 类抑制的良好方法，这要看有 I 时和无 I 时的直线是否相交或交于 1/[S] 轴，还是仅 $1/v$ 轴就可加以区别。

**表 5-19-11 主要可逆性抑制作用的动力学比较**

| 作用特点 | 无抑制剂 | 竞争性抑制 | 非竞争性抑制 | 反竞争性抑制 |
|---|---|---|---|---|
| 与 I 结合组分 | | E | E、ES | ES |
| 动力学参数 | | | | |
| 表观 $K_m$ | $K_m$ | $K_m(1+[I]/K_i)$ ↑ | $K_m$ | $K_m/(1+[I]/K_i)$ ↓ |
| 表观 $V_m$ | $V_m$ | $V_m$ | $V_m/(1+[I]/K_i)$ ↓ | $V_m/(1+[I]/K_i)$ ↓ |
| 双倒数作图 | | | | |
| 斜率 | $K_m/V_m$ | $K_m(1+[I]/K_i)/V_m$ ↑ | $K_m(1+[I]/K_i)/V_m$ ↑ | $K_m/V_m$ |
| 纵坐标轴截距 | $1/V_m$ | $1/V_m$ | $(1+[I]/K_i)/V_m$ ↑ | $(1+[I]/K_i)/V_m$ ↑ |
| 横坐标轴截距 | $-1/K_m$ | $1/K_m/(1+[I]/K_i)$ ↓ | $-1/K_m$ | $-(1+[I]/K_i)/K_m$ ↑ |

# 19.6 酶的调控

## 19.6.1 酶调节的概述

正常生命活动有赖于物质代谢的精确调控，而酶的调节是物质代谢调节的主要方式。在体内，酶与酶之间、酶与其他蛋白质之间以及酶和其他生物高分子之间等存在着相互作用而影响酶的活性。另外，体内酶促反应往往和其他酶促反应是首尾相连的，其他的酶促反应产物反过来对前面的酶有或正或负的影响。此外，细胞内的酶呈空间腔室区域分布，还有多酶复合体系等，这些都和酶的调节作用有关。归纳起来酶的调节主要有两个方面。

**1. 酶浓度的调节**

细胞内酶浓度水平取决于两个方面：①酶蛋白合成的调节，即蛋白质合成的诱导和阻遏。某些药物、产物和激素等可以影响酶的生物合成。一般在转录水平上促进酶生物合成的作用称为诱导作用（induction）；在转录水平上减少酶生物合成的作用称为阻遏作用（repression）。因在转录后还需要翻译和翻译后加工等过程，所以其效应出现较迟，一般需要几小时后才见效。②酶降解的调节，细胞内各种酶的半衰期相差很大，可以通过改变酶分子的降解速率来调节细胞内酶的含量。细胞内酶的降解速率与机体的营养状况、激素及酶蛋白本身结构等有关。通过酶蛋白的降解调节酶的含量远不如酶的诱导和阻遏重要。除溶酶体外，细胞内还存在蛋白酶体（proteosome），由多种蛋白水解酶组成，分子质量为 1000 kDa，当待降解的蛋白质与泛素（ubiquitin）结合后，即可将该蛋白质降解。泛素是由76个氨基酸组成的蛋白质，分子质量为8.5 kDa。当泛素与待降解的蛋白质结合时，即泛素化后即可使蛋白迅速降解。泛素化作用还需不同的识别蛋白，识别蛋白有多种，各自识别不同类的降解蛋白。例如，周期蛋白（cyclin）的降解即与此方式有关。泛素诱导细胞周期蛋白的降解在细胞周期的调控中起作用。

**2. 酶活性的调节**

从调节机制上酶活性调节可以分为非共价调节和共价调节两种。非共价调节是指不改变酶蛋白分子共价键而改变酶分子的构象，使酶活性改变的调节方式，也就是酶的变构调节；共价调节是指包括通过共价修饰和限制性酶原蛋白水解作用的酶原激活的方式改变酶活性的调节方式。

## 19.6.2 非共价调节——酶的别构调节

研究发现约有30%的酶，其动力学不符合米-曼氏方程式。这些酶大多数是寡聚酶，其活力受代谢物浓度的调节。这些代谢物往往是代谢通路的终产物，对远距离的酶发挥反馈调节作用，它们的结构并不类似被其调节的酶的底物，因而它们不可能与酶的活性中心结合。20世纪60年代初，F. Jacob和J. Monod对此提出了别构酶理论。此后对别构酶进行了广泛研究。酶的变构调节是指配体分子（一些代谢物）与酶活性中心以外的某些部位可逆性非共价结合导致构象改变，进而改变酶的活性状态，称为酶的变构调节（allosteric regulation）。受到变构调节的酶称为变构酶（allosteric enzyme）。导致变构效应的配体分子（或代谢物分子）称为变构效应剂（allosteric effector）。能引起酶活性增加的为变构激活剂，引起酶活性降低的则为变构抑制剂。变构调节在生物界普遍存在。代谢途径中的关键酶大多是变构酶。表5-19-12列举了一些代谢途径中的变构酶及其效应剂。

**表5-19-12 一些代谢途径中的变构酶及其效应剂**

| 代谢途径 | 变构酶 | 变构激活剂 | 变构抑制剂 |
|---|---|---|---|
| 糖酵解 | 己糖激酶 | AMP、ADP、FDP、Pi | G-6-P |
| | 磷酸果糖激酶 | FDP | 柠檬酸 |
| | 丙酮酸激酶 | | ATP、乙酰辅酶A |
| 三羧酸循环 | 柠檬酸合成酶 | AMP | ATP、长链脂酰辅酶A |
| | 异柠檬酸脱氢酶 | AMP、ADP | ATP |
| 糖异生 | 丙酮酸羧化酶 | 乙酰辅酶A、ATP | AMP |
| 糖原分解 | 磷酸化酶b | AMP、G-1-P、Pi | ATP、G-6-P |
| 脂肪酸合成 | 乙酰辅酶A羧化酶 | 柠檬酸、异柠檬酸 | 长链脂酰辅酶A |
| 氨基酸代谢 | 谷氨酸脱氢酶 | ADP、Leu、Met | GTP、ATP、NADH |
| 嘌呤合成 | 谷氨酰胺PRPP酰胺转移酶 | | AMP、GMP |
| 嘧啶合成 | 天冬氨酸转甲酰酶 | ATP | CTP、UTP |
| 核酸合成 | 脱氧胸苷激酶 | dCTP、dATP | dTTP |

### 19.6.2.1 别构酶的组成

别构酶一般含有一个以上相同或不相同的亚基，酶的催化部位（活性中心）和调节部位有的在同一亚基内，也有的不在同一亚基内。含催化部位的亚基称为催化亚基，含调节部位的亚基称为调节亚基。催化亚基或部位与底物结合，调节亚基或部位则与变构效应剂结合。

### 19.6.2.2 别构酶的协同效应

协同效应（cooperative effect）是指酶和一个配体（底物或调节物）结合后，可以影响酶和另一个配体分子的结合能力。根据这个影响是促进还是抑制，以及结合的配体是否相同可把协同效应分类如下所述。

**1. 同促效应和异促效应**

当一分子配体和酶结合后，影响另一相同的配体分子与酶的另一部位结合，称为同促效应（homotropic effect）；如一分子配体与酶结合后，影响另一分子不同的配体与酶的另一部位结合，称为异促协同效应（heterotropic effect）。

**2. 正协同效应和负协同效应**

当一分子配体与酶结合后，如果促进后继配体与酶结合称为正协同效应（positive cooperative effect），如果抑制后继配体分子与酶结合称为负协同效应（negative cooperative effect）。正协同效应和负协同效应又都可按后继分子是相同的或不同的分子分为同促或异促两类。但如果一分子配体和酶结合后，不影响后继配体的结合，没有显示协同性，就称为零协同性或无协同性。

- 协同效应
  - 正协同效应
    - 同促正协同效应
    - 异促正协同效应
  - 负协同效应
    - 同促负协同效应
    - 异促负协同效应

值得一提的是，上述协同效应并不只局限于别构酶，很多功能性的寡聚蛋白（如血红蛋白等）同样存在。

### 19.6.2.3 别构酶的动力学

以反应速率 $v$ 为纵坐标轴，底物浓度［S］为横坐标轴作图时，曲线 $a$ 符合米-曼氏方程的无协同效应的酶，是一条矩形双曲线。曲线 $b$ 符合正协同效应，是一条S形曲线，S形线的下段和中段表示随着［S］增多，曲线的斜率越来越高，即 $v$ 增加的幅度越来越大，这是正协同性的反映。到［S］接近饱和时，$v$ 才不再明显上升。曲线 $c$ 符合负协同效应，是一条斜率越来越低的曲线，即 $v$ 增加的幅度越来越小，曲线的形态和无协同效应的曲线不易区别，但不是矩形双曲线（图 5-19-18）。D. E. Koshland 等建议用比值 $R_s$ 来鉴别不同的协同效应。

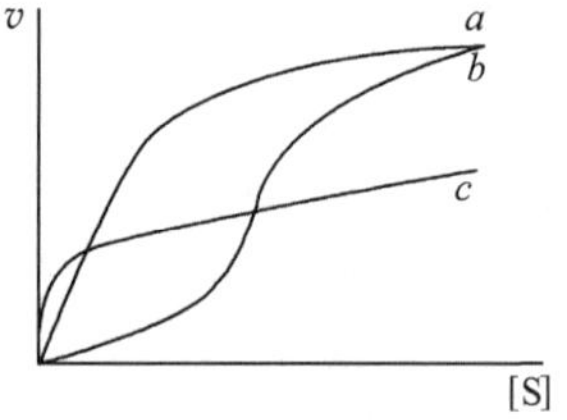


图 5-19-18 变构酶的动力学曲线

曲线 $a$ 为具有米-曼氏行为的酶；曲线 $b$ 为正协同效应的酶；曲线 $c$ 为负协同效应的酶

$$R_s = \frac{\text{酶与配体结合达到 90\% 饱和度时的配体浓度}}{\text{酶与配体结合达到 10\% 饱和度时的配体浓度}}$$

米-曼氏酶：$R_s=81$；正协同效应的酶：$R_s<81$；负协同效应的酶：$R_s>81$。

#### 19.6.2.4 别构酶的生理意义

别构酶是快速影响酶活力的一种重要方式，在体内的代谢调节中有极其重要的作用。受别构酶调节的酶通常处于代谢通路的起点或分叉点（图 5-19-19）；也可处于通路中部是关键酶或限速酶。例如，前述的天冬氨酸转氨甲酰酶受 CTP 抑制和 ATP 激活，就是终产物别构调节代谢通路起始点的关键酶；胆固醇反馈抑制胆固醇合成通路中甲羟戊二酰（HMG）CoA 还原酶是终产物别构抑制通路中部限速酶的例子。

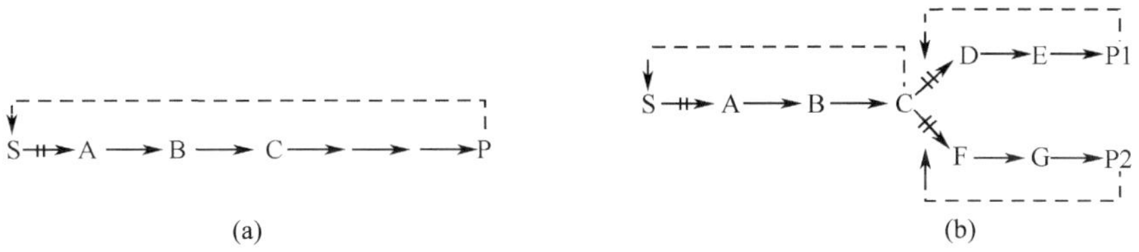


图 5-19-19 酶的反馈抑制

（a）直线式代谢途径；（b）分支式代谢途径

同促协同是对底物浓度改变的调节效应。同促正协同效应的酶具有 S 形曲线的动力学特性，提供了一个底物浓度变化对反应速率极为灵敏的区间，在这个区间内，对较小底物浓度的变化，酶反应速率可作出灵敏应答，这种应答灵敏度的改变显然具有重要的生理意义，特别是在代谢途径中占有关键地位的酶更是如此。因为在生理条件下，底物浓度变化一般不可能很大。另外，在此区间外，在过高或过低底物浓度条件下，酶活性都不发生大的明显变化，这样就能保证机体处于一个相对恒定的状态。

相反，同促负协同的酶具有表观的双曲线动力学性质，提供了一个外环境底物浓度变化对酶活性影响很小的区间。这一点对于机体的那些与多条代谢途径有联系的酶反应来说，保证其能恒定地、正常地工作是十分重要的，因为它不会受其他反应的升降而明显变化。例如，磷酸甘油醛脱氢酶是糖代谢中的一个重要酶，它需要载体底物 $NAD^+$，而 $NAD^+$ 和许多脱氢酶的反应相关，$[NAD^+]$ 常可能发生大的波动，而磷酸甘油醛脱氢酶始终不受大的干扰，保持较稳定的活性。

可见，同促协同，特别是同促正协同是酶适应底物浓度变化进行代谢调节的一种重要方式。别构效应剂的作用是在这一基础上使上述调节变得更为灵敏，使代谢活动进行得更经济有效、更为协调。

### 19.6.3 共价调节

#### 19.6.3.1 可逆共价调节——酶的化学修饰

酶的化学修饰（chemical modification）有别于酶的别构调节。它是在另一种酶的催化下，引起酶分子共价键的变化，即构型改变使其在活性形式和非活性形式之间互变。

酶的化学修饰主要有磷酸化与脱磷酸化、乙酰化与脱乙酰化、甲基化与脱甲基化、腺苷化与脱腺苷化及—SH 互变-S—S-等。其中磷酸化与脱磷酸化是一种常见的修饰形式（表 5-19-13）。

**表 5-19-13　酶促化学修饰对酶活性的调节**

| 酶 | 化学修饰类型 | 酶活性改变 |
|---|---|---|
| 糖原磷酸化酶 | 磷酸化/脱磷酸化 | 激活/抑制 |
| 磷酸化酶 b 激酶 | 磷酸化/脱磷酸化 | 激活/抑制 |
| 糖原合成酶 | 磷酸化/脱磷酸化 | 抑制/激活 |
| 丙酮酸脱羧酶 | 磷酸化/脱磷酸化 | 抑制/激活 |
| 磷酸果糖激酶 | 磷酸化/脱磷酸化 | 抑制/激活 |
| 丙酮酸脱氢酶 | 磷酸化/脱磷酸化 | 抑制/激活 |
| HMG-CoA 还原酶 | 磷酸化/脱磷酸化 | 抑制/激活 |
| HMG-CoA 还原酶激酶 | 磷酸化/脱磷酸化 | 激活/抑制 |
| 乙酰 CoA 羧化酶 | 磷酸化/脱磷酸化 | 抑制/激活 |
| 脂肪细胞甘油三酯脂肪酶 | 磷酸化/脱磷酸化 | 激活/抑制 |
| 黄嘌呤氧化酶 | —SH/—S—S— | 脱氢酶/氧化酶 |

蛋白质中带羟基的氨基酸残基 Thr、Ser 与 Tyr 可作为磷酸化的修饰位点。酶蛋白的磷酸化是在蛋白激酶的催化下，由 ATP 提供磷酸基和能量完成的。催化蛋白质分子中 Tyr 残基磷酸化的蛋白激酶称为酪氨酸蛋白激酶，该酶常位于细胞膜上，并与细胞生长调控有关。它在细胞中所占的比例虽小，却十分重要。同样，催化蛋白质分子中 Ser/Thr 残基磷酸化的蛋白激酶称为 Ser/Thr 蛋白激酶，该类酶与代谢调控密切相关。而脱磷酸则是由磷蛋白磷酸酶催化的水解反应（图 5-19-20）。

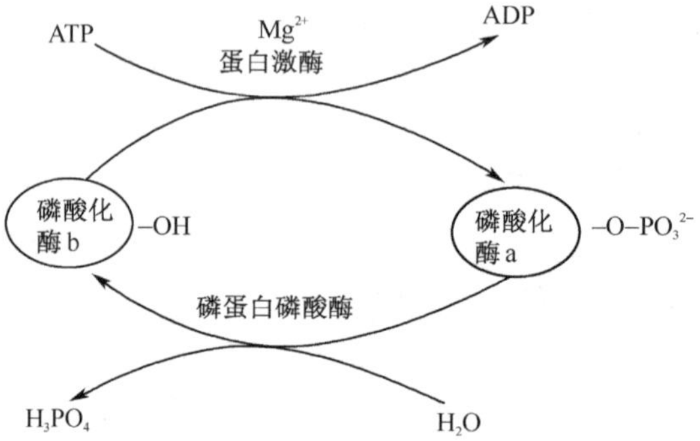


图 5-19-20　磷酸酶的磷酸化和脱磷酸化

例如，促进糖原分解的磷酸化酶存在两种形式：磷酸化酶 b，需依赖 AMP 才有活性；磷酸化酶 a 不需要依赖 AMP 即有活性，磷酸化酶 b 和磷酸化酶 a 的共价结构差异仅在 Ser14，磷酸化酶 b 没有磷酸化，磷酸化酶 a 是磷酸化的。再比较两种形式酶的三维结构，可发现 N 端 1～19 氨基酸肽段的构象是明显不同的，b 形式酶肽段是柔性的，而 a 形式酶肽段是有序化的，这是由于磷酸化的 Ser14 和具有阳性电荷的 Arg69 相互作用所致。

b→a 反应由磷酸化酶激酶催化，需要 ATP、$Mg^{2+}$；a→b 反应由磷酸化酶磷酸酶催化，有磷酸释出。

催化可逆性共价修饰的酶在体内受调节因素（如激素）的控制，一起构成信号级联放大反应，如图 5-19-21 所示。

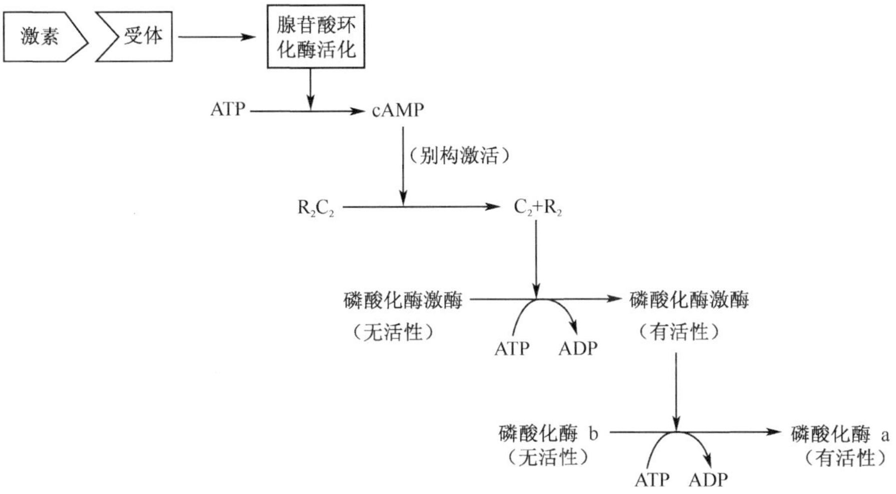


图 5-19-21　由激素启动磷酸化的级联机制

酶促化学修饰的特点如下所述。

(1) 这类调节方式的酶都具有无活性（或低活性）和有活性（或高活性）两种形式。它们之间在两种不同酶的催化下发生共价修饰，可以互相转变。

(2) 修饰过程是由酶催化引起的共价键的变化，使酶构型改变，且因其发生酶促反应，酶的催化效率高，一个酶分子可催化多个作用物分子（酶蛋白），故有放大效应。调节效率较变构调节高。

(3) 酶分子出现组成变化。

应当指出，变构调节与化学修饰只是调节酶活性的两种不同方式，而对某一具体酶而言，它可同时受到这两种方式的调节。例如，磷酸酶 b 既可受 AMP 及 Pi 的变构激活和 ATP 与 G-6-P 的变构抑制，又可通过磷酸化酶 b 激酶的磷酸化共价修饰而被激活，或受磷蛋白磷酸酶的脱磷酸作用而失活。类似例子很多。变构调节是细胞的一种基本调节机制，对维持细胞代谢物及能量平衡具有重要作用。然而当效应剂过低，不足以与酶分子全部调节亚基或部位结合时，就不能使所有酶发挥作用，故难以应急。当在应激情况下，少量激素的释放，即可通过一系列级联酶促化学修饰反应，迅速引起关键性酶活性级联放大及生理效应，以适应应激的需要。细胞内同一种酶可受这两种调节方式双重调节，两者相辅相成，对细胞水平代谢调节的顺利进行及内环境的稳定具有重要意义。

### 19.6.3.2 不可逆共价调节——酶原的激活

**1. 酶原与酶原激活概念**

多数酶一旦生成即具活性，但有些酶在细胞内刚合成或初分泌时只是酶的无活性前体，称为酶原（zymogen）。这些前体分子之所以没有酶的活性，是因为其活性中心或包埋内部，使作用物不可企及；或活性中心并没形成，须经其他蛋白酶限制性水解一个或几个肽键，使肽链重新盘绕折叠等空间结构的改变，方能形成活性中心或暴露活性中心，从而表现出酶的活性。这个由酶原转变成活性酶的过程称为酶原激活。

具有酶原形式的酶大多是蛋白水解酶，包括消化道内的蛋白质消化酶、凝血和纤维蛋白溶解有关酶类、补体系统和细胞凋亡蛋白酶家族等，具体实例见表 5-19-14。

**表 5-19-14　经蛋白质水解作用活化的酶原**

| 酶 | 酶前体 | 说明 |
|---|---|---|
| 消化道蛋白酶 | | |
| 胰蛋白酶 | 胰蛋白酶原 | 胰分泌 |
| 胰凝乳蛋白酶 | 胰凝乳蛋白酶原 | 胰分泌 |
| 弹性蛋白酶 | 弹性蛋白酶原 | 胰分泌 |
| 羧肽酶 | 羧肽酶原 | 胰分泌 |
| 磷脂酶 A2 | 磷脂酶原 A2 | 胰分泌 |
| 胃蛋白酶 | 胃蛋白酶原 | 胃黏膜细胞分泌 |
| 凝血和纤溶系统 | | |
| 凝血酶 | 凝血酶原 | 凝血系统的一部分 |
| 纤维蛋白溶酶 | 纤维蛋白溶酶原 | 纤维蛋白溶解系统 |
| 补体系统 | | |
| $C_{1r}$、$C_{1s}$ | $C_{1r}$、$C_{1s}$ | 补体系统的第一部分，属丝氨酸蛋白酶 |
| 凋亡蛋白酶家族 | | |
| 胱天蛋白酶（caspase） | 胱天蛋白酶原（procaspase） | 细胞凋亡过程中发挥关键作用，现已发现 14 种 |

**2. 酶原激活过程**

1）消化道蛋白酶原的激活过程

消化道蛋白酶大多在胰脏腺泡细胞中以酶原形式合成，储存于酶原颗粒里，酶原从酶原颗粒释放到十二指肠是受激素，主要是肠促胰酶肽-胰酶分泌素和胰泌素调控的，蛋白质的消化需要这些专一性不同的酶协同作用才能完成，协调是由一个共同因素达到的，即这些酶原全由胰蛋白酶作用而被活化，如图 5-19-22 所示。这些酶原活化时，都是从 Lys 和 Arg 残基的羧基端肽键断开，这与胰蛋白酶专一性是一致的。胰蛋白酶原活化是肠肽酶作用的结果，肠肽酶是在小肠上皮细胞的刷状缘处合成，当它进入十二指肠时，以很高的专一性催化胰蛋白酶原，从其肽链 N 端第 6 位 Lys 和第 7 位 Ile 切取一个 6 肽 Val-Asp-Asp-Asp-Asp-Lys。分子的空间结构发生改变，形成酶的活性中心，从而成为具有催化活性的胰蛋白酶（图 5-19-23）。

激活后的胰蛋白酶除了可以自身激活外，还可激活胰凝乳蛋白酶原、羧基肽酶原 A 和弹性蛋白酶原，从而加速对食物的消化过程。

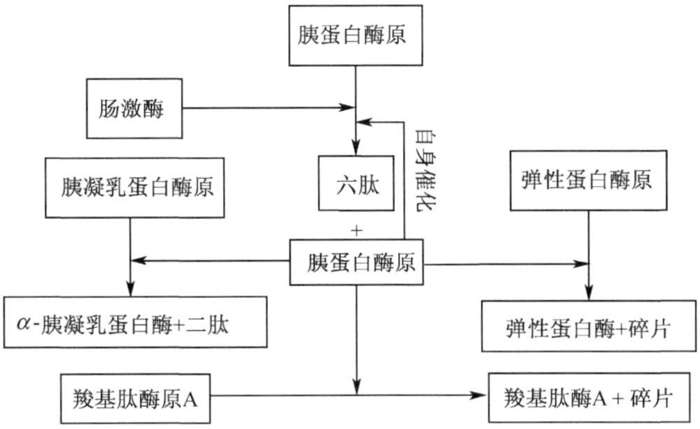


图 5-19-22　肠激酶启动的酶原激活

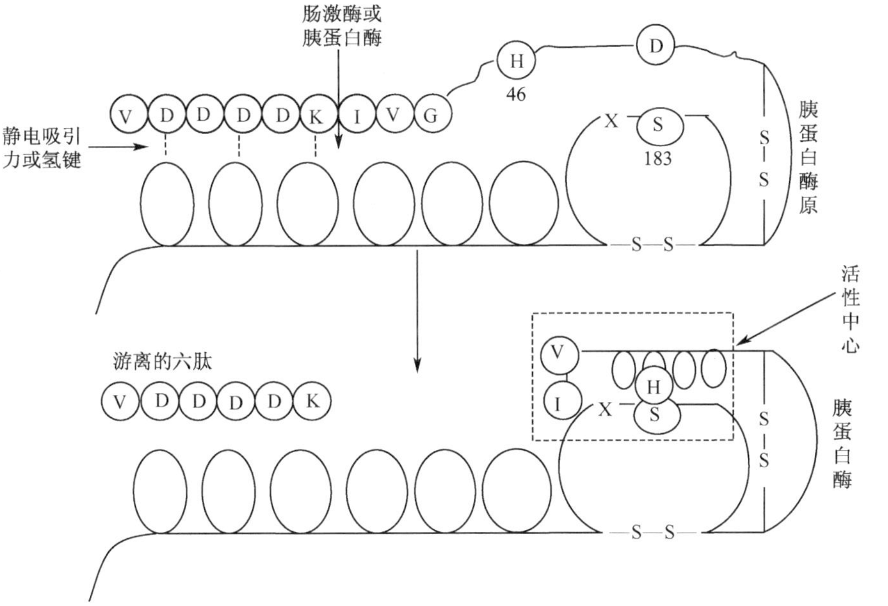


图 5-19-23　胰蛋白酶原的激活过程

上述激活过程具有典型级联放大作用。少量的肠肽酶能迅速激活大量的胰蛋白酶，由于 1 分子酶在短期内能作用于许多底物分子，所以胰蛋白酶随即激活更大量的其他蛋白酶。这样的放大作用还存在于凝血系统和补体系统等酶原激活过程中。

2）细胞凋亡蛋白酶

1993 年袁钧英等首次报道了哺乳动物的白细胞介素-1β 转换酶（ICE）与 ced-3 具有序列和结构同源性，其后不断发现 ICE 的同源分子，并统一命名为胱天蛋白酶（cysteine-containing，aspartate-specific protease，caspase）。其含义是该酶的活性部位为保守的半胱氨酸，有特异切割底物的天冬氨酸残基位点。目前已发现的 caspase 有 10 多种，正常均以酶原（zymogen）形式存在或称为前体 caspase（procaspase），并按一定次序激活并可自身催化，形成级联放大作用（cascade of caspase）。

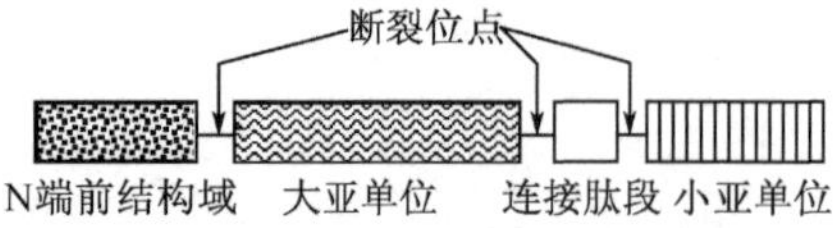


图 5-19-24　Procaspase-1 分子结构

Procaspase 分子包括 3 个结构部分：N 端的前结构域（prodomain）、成熟蛋白大亚单位（大约 20 kDa）和小亚单位（大约 10 kDa），在大、小亚单位之间有一个连接肽段（图 5-19-24）。根据前结构域的长短，caspase 家族成员分为长前结构域的 caspase 和短前结构域的 caspase。前者包括 caspase-1、caspase-2、caspase-8、caspase-9、caspase-10。在细胞凋亡过程中，长前结构域的 caspase 位于信号传导的上游，又称为起始或上游 caspase，是刺激信号最先激活的 caspase，这些 caspase 通过与其他相关信号分子的相互作用，发生寡聚化和自身催化而活化，其主要作用是转导凋亡信号和激活下游的 caspase；短前结构域的 caspase 又称为效应或下游的 caspase，包括 caspase-3、caspase-6、caspase-7，它们不能发生自身催化，在上游 caspase 作用下才能活化，在凋亡的执行阶段参与对特定死亡底物的切割，这些酶解反应直接决定了凋亡特征性的形态变化，甚至细胞死亡。

活化 caspase 的途径主要包括死亡受体途径和线粒体途径（图 5-19-25）。细胞凋亡被特异信号通过死亡受体家族，包括 Fas、TNFR、DR 等诱导。配体与死亡受体结合，使受体寡聚化，如 FasL 结合导致 Fas 三聚化，通过接头蛋白 FADD 激活上游 caspase，如 caspase-8，caspase-8 再通过自身催化形成寡聚体，然后通过两个平行的级联反应：直接剪切激活下游 caspase（如 caspases-3、caspases-6、caspases-7）引起凋亡；剪切 Bid（Bcl-2 家族蛋白），被剪切的 Bid（tBid）移动到线粒体膜，促使细胞色素 c（Cytc）

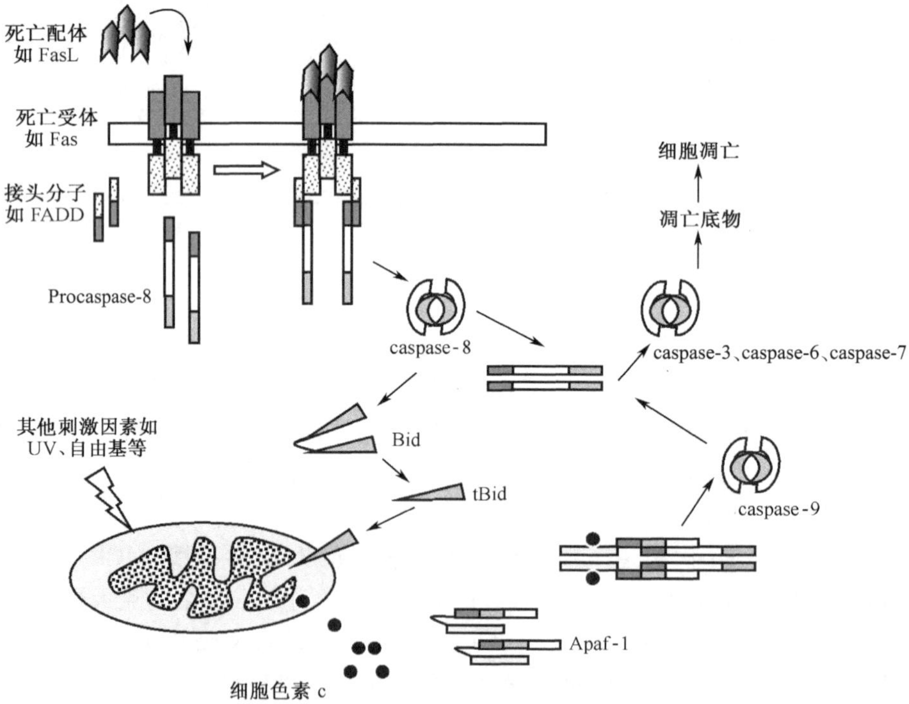


图 5-19-25　caspase 激活和细胞凋亡的两条途径

释放，在存在 dATP 的条件下，Cytc 和 Apaf-1 结合形成 Cytc-Apaf-1 复合物，之后依次激活 caspase-9 和 caspase-3。除了上述线粒体途径外，其他的凋亡刺激信号（如 UV、氧自由基等）也可使线粒体释放 Cytc，而引发凋亡。

酶原激活具有重要的生理意义。消化道内的蛋白酶以酶原形式分泌，不仅保护消化器官本身不受酶的水解破坏，而且保证酶在特定的部位与环境发挥催化作用。此外，酶原还可视为酶的储存形式。例如，凝血和纤溶酶类、凋亡蛋白酶类等，一旦需要便转化为有活性的酶，发挥其对机体的保护作用。

## 19.6.4 同工酶

根据国际生物化学与分子生物学联合会的建议，同工酶（isozyme 或 isoenzyme）是指同一种属中由不同基因或等位基因编码的多肽链所组成的单体、纯聚体或杂合体，其分子结构、理化性质乃至免疫学性质不同而能催化相同反应的酶。近年来将同一基因转录生成的不同 mRNA 所翻译出来的酶蛋白也列入同工酶的范畴，但酶蛋白合成后经不同类型的共价修饰（如糖基化等）而造成的多种酶分子形式，严格来说不属于同工酶之列。

同工酶可按其产生在基因水平还是 RNA 水平可分成两大类。

### 19.6.4.1 基因性同工酶

基因性同工酶（genetic isozyme）又称为原级同工酶（primary isozyme），是指在基因水平产生的同工酶，又可分以下两类。

**1. 多基因位点同工酶**

多基因位点同工酶是指一组同工酶的肽链由染色体上不同位点的基因所编码，不同基因可位于不同染色体或同一染色体的不同位点，彼此互相独立，受不同因素调控，可以不同时表达。它们所编码的肽链在一级结构上可有较大差别，具有不同等电点、热稳定性和催化性质，彼此间无交叉免疫。但在同一种属的不同个体中，同一型同工酶的结构并无差异。不同肽链形成的亚基可聚合成纯聚体和杂聚体，根据酶蛋白的亚基数目和亚基种类可决定该酶的同工酶种类。例如，胞质肌酸激酶（CK）为二聚体，有 M 和 B 两种亚基，其基因分别位于 12 号、11 号染色体，可聚合成 MM、MB 和 BB 3 种同工酶。乳酸脱氢酶（LDH）为四聚体，有 B（H）和 A（M）两种亚基，5 种组合：$B_4$、$B_3A$、$B_2A_2$、$BA_3$ 和 $A_4$，按向正极的电泳速率由大到小命名为 $LDH_1$～$LDH_5$（图 5-19-26）。由于不同组织器官合成这两种亚基的速率不同和两种亚基间的组合情况不同，造成同工酶在不同组织器官中的含量与分布比例不同，即组织同工酶谱的特异性（表 5-19-15）。虽然同工酶催化相同的底物反应，但对同一底物表现出不同的 $K_m$ 值及不同反应方向，因而同工酶使不同的组织具有不同的代谢特点。另外，在个体发育的不同阶段，如胎儿期、初生期和成年期，同一组织也可因基因表达不同而有不同的同工酶酶谱（表 5-19-16），人们将胎儿期和成年期表达的同工酶分别称为胎儿型和成年型。成年型同工酶对底物的 $K_m$ 值往往较大，一般受激素的调节，与组织的特殊功能（如糖异生、酮体生成等）有关；而胎儿型同工酶的 $K_m$ 较小，不受激素的调控，恶性肿瘤时常表达胎儿型同工酶，这是恶性肿瘤的代谢不受调节控制的原因之一。

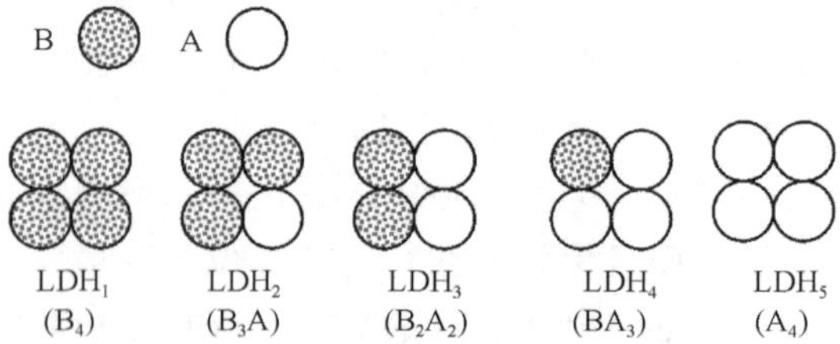


图 5-19-26　乳酸脱氢酶同工酶的组成

**表 5-19-15　人体各组织器官中 LDH 同工酶的分布**

| 组织器官 | $LDH_1$ | $LDH_2$ | $LDH_3$ | $LDH_4$ | $LDH_5$ |
|---|---|---|---|---|---|
| | （占总 LDH 活性的百分比/%） | | | | |
| 心肌 | 67 | 29 | 4 | <1 | <1 |
| 肾脏 | 52 | 28 | 16 | 4 | <1 |
| 肝脏 | 2 | 4 | 11 | 27 | 56 |
| 骨骼肌 | 4 | 7 | 21 | 27 | 41 |
| 红细胞 | 42 | 36 | 15 | 5 | 2 |
| 肺 | 10 | 20 | 30 | 25 | 15 |
| 胰腺 | 30 | 15 | 50 | — | 5 |
| 脾 | 10 | 25 | 40 | 25 | 5 |
| 子宫 | 5 | 25 | 44 | 22 | 4 |

**表 5-19-16　大鼠个体发育过程中组织同工酶谱的变化**

| 同工酶 | 肝脏 | 骨骼肌 | 心肌 | 肾脏 | 脑 |
|---|---|---|---|---|---|
| 己糖/葡萄糖激酶 | HK→GK | HK→HK | HK→HK | HK→HK | HK→HK |
| 醛缩酶 | C、A→B | C、A→A | C、A→A | C、A→A、B | C、A→C、A |
| 丙酮酸激酶 | $M_2$→L | $M_2$→$M_1$ | $M_2$→$M_1$ | $M_2$→$M_2$ | $M_2$→$M_1$ |
| 乳酸脱氢酶 | A→A | A→A | A→B | A→B | A→B |
| 肌酸激酶 | BB→BB | BB→MM | BB→MM | BB→BB | BB→BB |

## 2. 等位基因酶和复等位基因酶

如果同工酶的基因位点发生遗传变异，导致编码酶蛋白上氨基酸的置换或缺失，这种遗传变异仍能催化相同反应的同工酶称为等位基因酶。在群体中则表现为不同个体中同一种酶在一级结构上的差别。例如，人类葡萄糖-6-磷酸脱氢酶已在不同人种的个体中发现近百种变异体。从人群观点来看，同一基因位点可出现多个不同的等位基因，称为复等位基因，后者编码的同工酶就称为复等位基因酶，如胎盘碱性磷酸酶（PL）PLs、PLi、PLf 编码，可有 3 种纯合子和 3 种杂合子。故可有 SS、II、FF 3 种电泳速率分别为慢、中、快的纯合子表型的 PL 和 3 种 SI、IF、SF、杂合子表型的 PL。

等位基因酶和复等位基因酶实际上都是基因突变的结果。根据它们肽链一级结构差异的多少，电泳速率的差异可有不同，热稳定性可接近或不同。例如，氨基酸改变在活性中心或其附近，可有动力学性质的不同。但它们在免疫性质上往往是交叉的，故丧失活力的变异酶可用天然酶的抗体予以免疫测定。

### 19.6.4.2 同一基因不同 mRNA 的同工酶

**1. 不同起始转录产生的同工酶**

存在于肝和肾皮质的 *L* 型丙酮酸激酶（PyK）或存在于红细胞的 *R* 型 PyK 由同一 PyK 的 *L* 基因转录。*L* 基因有 12 个外显子和 11 个内含子，第一个外显子的上游有 CAT 启动子，*R*-PyK 的 RNA 就从这个 CAT 处开始转录，而第一外显子的下游，即第一内含子中有 TATA 启动子，*L*-PyK 的 RNA 则从 TATA 处开始转录，故 *L*-PyK 的 mRNA 较 *R*-PyK 的 mRNA 约短一个外显子长度，酶蛋白亚基也就少 31 个氨基酸（*L* 型和 *R* 型分别含 543 个和 574 个氨基酸）。*L*-PyK 亚基第 3～543 的氨基酸序列和 *R* 型亚基第 34～574 的氨基酸序列完全相同，因此，与 *R*-PyK 有交叉免疫反应。红细胞中 *R*-PyK 先天性缺乏的患者，其中 *L*-PyK 也同时缺乏。

**2. 原始转录 RNA 不同剪接形成的同工酶**

肌肉和脑中的 M1-PyK 和广泛分布于各组织（肌肉除外）的 M2-PyK 均含 530 个氨基酸，都由 PyK 的 *M* 基因编码。*M* 基因也有 12 个外显子，只有一种转录启动方式，但其原始转录产物在剪接加工过程中，第 9 个外显子的序列进入 M1-PyK 的 mRNA，而第 10 个外显子的序列则进入 M2-PyK 的 RNA，第 1～8 和 11、12 外显子则为 M1-PyK 和 M2-PyK 的共同序列。故两型 mRNA 只有 160 个核苷酸序列的差别，而两型蛋白质只有一段 53 个氨基酸序列的差别，而且这些序列中还有 8 个残基是相同的。不同的肽段恰巧位于亚基聚合有关的结构域中，说明为什么 M2-PyK 有别构效应，而 M1 则没有。但两者的其他催化性质十分类似，且也有交叉免疫性。

### 19.6.4.3 同工酶的应用

同工酶的应用范围很广，涉及的领域有临床诊断、代谢调控、分子遗传、生物进化、个体发育、细胞分化和肿瘤发生等，故在酶学、分子生物学和医药学中占有重要地位。

**1. 同工酶与临床诊断**

血清同工酶谱研究在临床诊断中具有重要意义，它们可作组织损伤的分子标记物。在正常情况下，细胞膜对酶是不能渗透的，但在病变和组织损伤时，细胞膜就变得可通透，致使可溶性细胞内含物（如酶等），泄漏到血清中。因此，血清的酶浓度常被用来确定患者是否发生组织损伤及损伤程度。例如，LDH 是一种普遍存在的糖酵解酶，因此其血清活性在大多数不相关的疾病中都会升高，使得测定血清 LDH 总活性没有多大诊断意义。但是 LDH 同工酶酶谱是有组织器官特异性的，通过凝胶电泳可以获得诊断组织损伤特异性的同工酶酶谱，如图 5-19-27 是心肌梗死后的血清 LDH 凝胶电泳图谱。还有酸性磷酸酶酶谱用来诊断前列腺癌，尤其利用同工酶在免疫化学上的差异，借助于 RIA 或免疫电泳检出前列腺特异的酸性磷酸酶。碱性磷酸酶用来诊断骨和肝脏疾病，并可用凝胶电泳或热稳定性试验鉴定碱性磷酸酶谱，从而鉴别是肝还是骨的疾病。

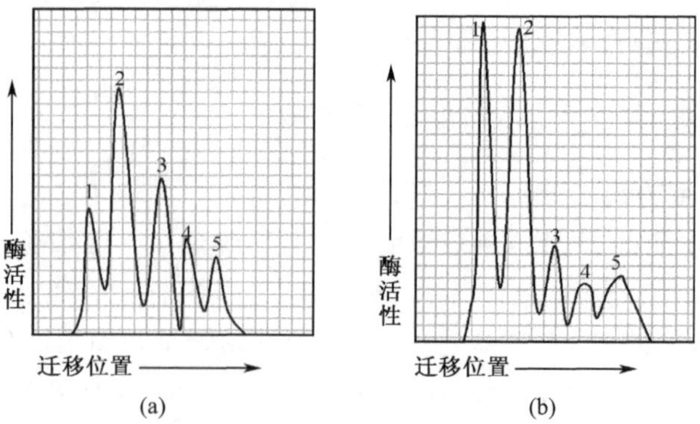


图 5-19-27 LDH 同工酶电泳图谱

(a) 正常人 LDH 同工酶电泳图谱；(b) 心肌梗死患者血清 LDH 同工酶电泳图谱

**2. 同工酶与肿瘤**

肿瘤状态下酶谱的改变与其生长迅速的特点相适应。一些与核酸和蛋白质生物合成有关的“增殖性酶”的增高可以提供癌瘤增殖所需的细胞成分；一些糖代谢酶类活性的改变也为细胞增殖提供核糖等原料或能量。同样，同工酶谱的改变也适应细胞增殖的需要。例如，糖酵解酶系中，胎儿型同工酶增高后，它们对底物的亲和力比成年型大得多，故可使糖酵解速率增加，有利于细胞增殖。同时，因分化型同工酶丧失，使脏器的一些特殊功能（如糖异生、鸟氨酸循环）降低。这样，在一定程度上也可将 ATP 节约下来，更多地用于增殖必需的蛋白质和核酸的生物合成。例如，低分化肝癌组织中的丙酮酸激酶（PK）活性可较正常肝脏高很多倍，且同工酶谱由 *L* 型转变为 K 型，而 K 型对底物 ADP 及磷酸烯醇式丙酮酸的 $K_m$ 较 *L* 型小得多，这就使肝癌细胞液中的 PK 向线粒体争夺 ADP 的能力显著提高，使胞液中的糖酵解加速；同时线粒体中的 ADP 明显减少，导致呼吸降低。这也就是肿瘤组织中出现 Crabtree 效应的可能机制之一。

**3. 同工酶与代谢调控**

同工酶与代谢调控的研究非常重要。实验表明，同工酶在各组织和亚细胞中分布的不同以及它们之间底物特异性和动力学的差异决定了同工酶的体内功能是不同的。不少的代谢途径中均有同工酶存在。有人统计了糖代谢 4 条通路中的酶大多是由多基因位点调控的，如参与葡萄糖酵解的 11 个酶中有 9 种是具有多基因位点的同工酶。

同工酶的“区域化”往往具有不同的动力学性质，它们在催化 A $\rightleftharpoons$B 的可逆反应中，正、逆两个方向的反应速率是不同的，因而具有不同的功能。例如，分布于线粒体内外的苹果酸脱氢酶（MDH）动力学有明显不同，线粒体内的 MDHm 对苹果酸的亲和力大于线粒体外的 MDHs（$K_m$ 小），而对 NADH 的亲和力又小于 MDHs（$K_m$ 大），并且 MDHm 受低浓度草酰乙酸的抑制，MDHs 则相反。这说明 MDHm 催化苹果酸＋$NAD^+$→草酰乙酸＋NADH＋$H^+$ 的速率较逆向反应快，而 MDHs 则催化逆向反应速率快。这与它们的生理功能是一致的。MDHm 属于三羧酸循环酶系，它主要使苹果酸脱氢，而 MDHs 则使胞液中的草酰乙酸还原苹果酸，携带 NADH 进入线粒体。后一反应对胞液中的 NADH 的 H 进入线粒体氧化（苹果酸-天冬氨酸穿梭）以及胞液中来自线粒体的柠檬酸裂解后生成的草酰乙酸（另一个产物乙酰 CoA 可用于脂肪酸合成）重新回入线粒体（苹果酸-柠檬酸穿梭）有关。

在催化底物循环的酶系中，也常有同工酶存在。例如，在糖酵解和糖异生通路上有3处底物循环，是3处不可逆反应，分别由7种酶催化，其中5种酶有同工酶。

由上可知，同工酶广泛参与代谢各过程，不同代谢途径的酶系都互相催化一个单向的反应，而同一途径的酶分子又互相疏松地结合在一起形成所谓“多同工酶复合体”（polyisozyme complex），成为代谢途径中的催化单元。

**4. 同工酶与遗传和进化**

同工酶作为遗传学标志有许多优点：①同工酶是分子水平的指标，按照一个基因编码一个同工酶亚基的理论，可从同工酶的表型变异直接推测其基因型的变异，这显然优于某些形态学的指标；②同工酶可用测活力的方法鉴定，较非酶蛋白分析方便，并可大批量地处理样品；③同工酶比其他指标灵敏，可以反映DNA上一个碱基的微小变异。

同工酶的进化理论认为，涉及单基因位点操作的多等位基因引起的同工酶，是由这类基因的原始基因突变产生；多基因位点同工酶的进化比较复杂，整个进化过程分为3个阶段：①祖先基因的突变产生了多等位基因；②基因座复制；③等位基因的分离，致使第一个基因座仅携带一种等位基因，而第二个基因座携带另一个等位基因。但还不清楚这些步骤的先后次序。

**5. 同工酶与分化发育**

发育是指在一稳定的遗传信息库中基因经选择性的表达，由单细胞受精卵产生一个复杂的成体的过程。这种过程的主要特征是组织分化，由此产生了许多细胞类型。很清楚，特异基因表达产生了成体组织特异的同工酶谱，鉴于这类同工酶谱都是由单细胞阶段的一个前体酶谱产生的，因此一系列复杂的同工酶变化显然都是在发育中发生的。

同工酶谱是判别细胞类型的有效标志物，可按同工酶的分子组成来划分细胞，这种方法显然比只用形态学标准要准确得多。发育上对同工酶产生兴趣，不仅是因为它们最后的组织分布是代谢分化的一项主要特征，也因为能在胚胎和婴儿生命各个时间辨别出容易消逝的同工酶谱，这对解释发育过程的这些阶段中特有的代谢问题是必不可少的。在个体发育时，不同的同工酶在同一组织中可有不同的变化，而不同组织中同一种同工酶的变化也各不相同（表5-19-16）。

## 19.7 酶活力的测定

### 19.7.1 酶活力概念

无论是在酶的分离纯化过程中，或是对酶的性质研究过程中，以及其他实验研究中，都会遇到测定酶活力。酶活力测定过程中要获得正确结果，必须要遵循一般原则及了解一些影响因素。

所谓酶的活力是指酶催化一定化学反应的能力，其大小是以在特定条件下酶催化某一化学反应的速率来表示的。而反应速率是以单位时间内底物减少量或产物的生成量来决定的。单位时间可以是s、min或h，而底物减少量或产物生成量可以是各级质量单位（mg、μg）或各级物质的量浓度单位（mmol、μmol、nmol）等。1961年国际酶学委员会对酶的单位作了统一规定，即国际单位（IU），后来又订出一个“催量单位”

（Katal，简称为 Kat）。

1 IU 是在实验规定条件下（如温度、pH 和底物浓度等）1 min 催化消耗 1 μmol 底物或生成 1 μmol 产物所需的酶量。当底物为蛋白质、核酸和多糖等含有多个能被酶作用的键或基团时，可用催化 1 μmol 的作用基团或键的变化来表示酶的单位。

1 Kat 是在特定条件下，1 s 内使 1 mol 底物转变成产物所需的酶量。相应的1 μKat 为 1 s 催化 1 μmol 底物转变成产物所需的酶量。

IU 与 Kat 的关系为：1 IU＝$16.67\times10^{-6}$ Kat＝16.67 μKat；1 Kat＝$6\times10^{7}$ IU。

为评价所采用的分离纯化技术方法是否合理，在分离纯化过程中必须经常测定和计算酶的比活力、纯化倍数和回收率。

酶的比活力（specific activity）是指每毫克蛋白质中的酶活力，即比活力＝活力 U/mg 蛋白质＝总活力 U/mg 总蛋白质。酶的比活力是表示酶纯度的较好指标。例如，在酶提纯的过程中，因酶提纯措施会使酶有所损失，总活力会减少，但因酶的纯化，杂蛋白质逐渐减少，其比活力逐步提高。

纯化倍数（purification fold）＝某次比活力/第一次比活力。

回收率（yield）＝（某次总活力/第一次总活力）×100%。

## 19.7.2 酶活力测定的一些基本要求

**1. 选择测定对象**

所谓酶的活力测定，就是测定酶催化某一化学反应的反应速率。而反应速率是以单位时间内底物减少量或产物的生成量来决定。一般情况下，产物和底物的改变量是一致的，但测定产物的生成要比测定底物的减少效果好，这是由于反应体系中底物往往是过量的，而反映时间通常很短，尤其是在酶活力很低时，底物减少量仅占底物总量的很小比例，因此不易准确测定；反之，产物从无到有，只要测定方法灵敏，准确度可以很高，故酶活力测定方法绝大多数采用测定产物生成速率的方法。

**2. 设置对照**

酶活力测定时需要设置对照，以消除各种误差。一般需要考虑如下一些对照。

（1）样品对照：测定样品不纯时，往往含有所测定的内源性产物，或由于内源性底物转变来的产物，这些可以通过设立单纯样品的对照予以消除。

（2）底物对照：某些酶的底物能自发（非酶促反应）地分解成所测定的产物，这可通过不加样品，单加底物对照予以解决。

有时上述两种情况同时存在时必须设置一个酶和底物均加入的零反应对照，也即先用蛋白质变性剂或专一性的抑制剂停止反应，再加入底物。

在双底物反应时，对照管可以加入酶制剂和两种底物中的一种，因缺乏另一种底物而不可能进行反应，至于应加入哪一种底物可根据实验决定。

（3）空白对照：空白对照与上述对照应予以区分，实际上是指测定样品中某个成分时所用的不加样品的“试剂管”，还有比色时调零用的空白管等。

**3. 底物量、酶量和保温时间的确定**

在实验中必须确保测定的是初速率，即底物消耗的百分比很低，此时产物浓度-时间（[P]-$t$）呈直线关系。否则，由于底物消耗，反应速率变慢，或者由于产物累积后明显逆反应而影响正反应速率。所以测定酶活力时首先要确定［P］-$t$ 的直线范围。在酶促反应中如果其他条件选择好后，决定［P］-$t$ 关系的主要因素是底物浓度、酶浓度和反应时间。

一般采用的底物浓度［S］$\geqslant 10\ K_m$，则 $v=k_2$［E］$=V_m$，即酶反应速率不受［S］的影响，反应速率可达到最大，此时测定初速率能真正代表酶的活力。

酶量和保温时间的确定需要制备两条曲线：酶反应时间和酶浓度曲线(图 5-19-28)。图 5-19-28（a）是在不同酶浓度下得到的反应时间曲线，可见［E］越大，线性反应期越短。例如，将在不同长短的保温时间测得的产物量对酶浓度［E］作出不同酶浓度曲线［图 5-19-28（b）］，可见，只有在反应时间最短的 $t_0$ 测得的反应速率和酶浓度之间符合线性比例关系，而反应时间越长（$t_3>t_2>t_1>t_0$）呈线性关系的酶量范围也越小。通过酶反应时间曲线求得反应时间呈线性的时间范围，从而选择适宜的保温时间；而从酶浓度曲线求出线性的酶量范围，从而选择适宜的酶量。

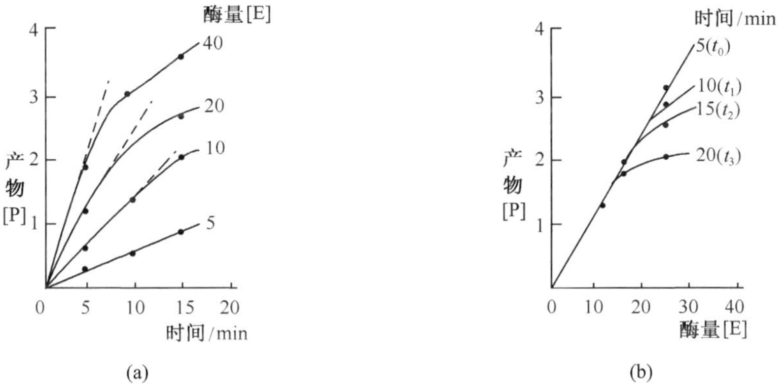


图 5-19-28　酶促反应过程中产物量和时间或酶量的关系

## 19.7.3　酶活力的测定方法

**1. 初速率测定方法**

酶活性是以最大速率（$V_{max}$）来衡量的，而最大反应速率一般是通过测定酶促反应的初速率获得的，即在过量底物存在下的零级反应期的速率，此时反应速率与酶浓度［E］之间有线性关系。一般测定初速率的方法按反应时间可分成两种，即定时法和动力学法。

（1）定时法。在酶促反应开始后的不同时间，从反应体系中取出一定量反应液，并用适当方法停止其反应后，再根据产物或底物在理化性质上的差别进行分析，求取单位时间的酶促反应变化量，即获得酶促反应的初速率。这类方法有多种命名，如“取样法”、“终点法”或“两点法”。常用终止反应方法有强酸、强碱、抑制剂或蛋白质沉淀剂等。该法比较简单，但如果不做预实验是无法确定这段时间的反应是否在线性范围内，故很难保证结果的真实性，如图 5-19-29 所示的情况。

（2）动力学法（连续测定法）。连续检测酶促反应过程中某一反应产物或底物随时间的变化速率而求出酶促反应初速率。连续测定许多个点，可将［E］或［P］的变化

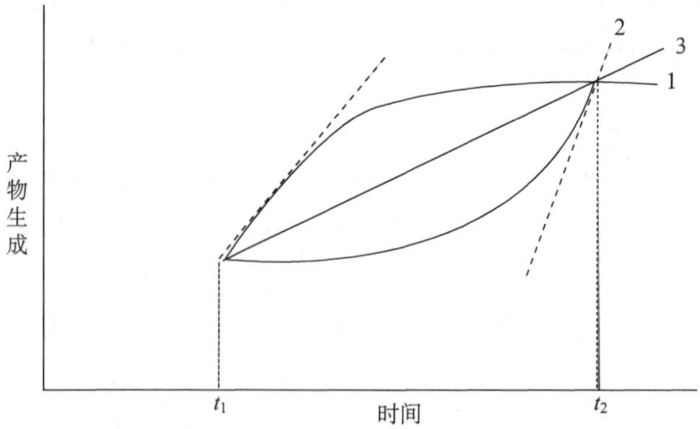


图 5-19-29　定时法测定酶活性可能出现的误差

连接成线，很易找到直线区段，因而可选择线性反应期来计算酶活力，不需要终止反应。也可在反应曲线的拐点处求出其切线的斜率，即反应初速率。该法测定结果较取样测定法准确。其缺点是因酶与底物边保温边测定的需要，分光光度计必须有保温装置，而产物必须是直接可测定的化合物，且测定的产物性质必须与底物有明显差别，否则需要加入其他试剂将其转变成可测物质，但必须考虑加入试剂对待测酶的影响。

**2. 测定初速率的对象**

按测定对象可将酶活性测定分成直接法和间接法两种。

（1）直接法。这类方法直接测定该酶反应体系中底物或产物理化特性的变化，从而计算出酶活性浓度。

（2）间接法——酶偶联反应。该酶反应体系中底物或产物没有有效方法测定，可以引入可测的酶偶联反应实现。被测定酶（Ex）催化的反应称为始发反应；产生被检测物质产物 C 的反应称为指示反应，相应的偶联酶（第二个酶）称为指示酶（Ei）。少数情况下可能还要引入第三个酶才能完成测定。

$$A \xrightarrow{Ex} B \xrightarrow{Ei} C$$

例如，用酶偶联法测定已糖激酶活性可以采用如下反应，通过测定第二个反应产生的还原性辅酶 II（$NADPH+H^+$）的量来计算已糖激酶活性：

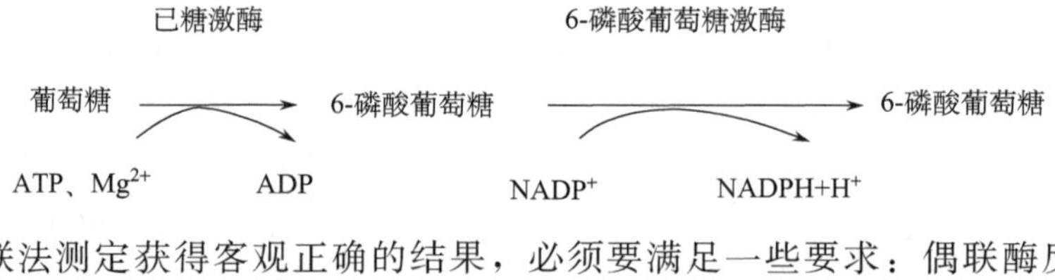


用酶偶联法测定获得客观正确的结果，必须要满足一些要求：偶联酶反应速率应超过或等于测定酶的反应速率；指示酶反应必须是一级反应，即指示酶反应速率应和测定酶的产物浓度成正比。因此要到达上述要求，具体条件包括指示酶的量要大、指示酶的 $K_m$ 要小、指示酶最适反应条件（温度、pH 等）与测定酶相近。

**3. 常用检测代谢物的方法**

（1）分光光度法（spectrophotometry）。利用底物或产物在紫外线或可见光部分不同光吸收，测定光吸收变化来反映底物或产物的变化速率。例如，许多脱氢酶的辅酶NAD（P）H在340 nm有吸收峰，而氧化型则无，这类酶的活力测定可以选择340 nm处光吸收的变化来计算酶活性。

（2）荧光法（fluorometry）。荧光法主要是根据底物或产物的荧光性质差别来进行测定。其特点：灵敏度高，易受干扰，尽可能选择可见光范围内的荧光测定。例如，凋亡蛋白酶caspase是一类细胞凋亡过程中的蛋白水解酶，通过人工合成带有荧光基团（如AFC等）的寡肽底物来测定其活性（caspase-3：Asp-Glu-Val-Asp-AFC；caspase-8：Ile-Glu-Thr-Asp-AFC；caspase-9：Leu-Glu-His-Asp-AFC；caspase-12：Ala-Thr-Ala-Asp-AFC），荧光基团AFC的激发波长为488 nm，发射波长为520 nm。

（3）化学发光法（chemiluminescence）。化学发光法就是化学反应的能量把体系中共存的某种分子从基态激发到激发态，之后回到基态而产生发光的现象。其特点是：与分光光度法和荧光光度法相比，化学发光法不需要外来光源，噪声信号低，灵敏度高，线性范围宽。缺点是：选择性差、易受体系因素影响。常见酶促发光底物有鲁米诺、对-羟基苯乙、AMPPD、4-MUP和荧光素等。

（4）放射性核素测定方法。放射性核素测定方法是指用放射性的底物，经酶作用后所得的产物，通过适当分离，测定产物的放射性强度即可转换出酶的活性单位。其主要优点是灵敏度高可达fmol级，适用广，六大类酶都能测定；其主要缺点是操作较复杂，有一定危害。

（5）电化学法（electrochemical method）。应用电化学的基本原理和实验技术，依据物质的电化学性质来测定物质组成及含量的分析方法称为电化学法。例如，测定酯酶活力可用pH电极来测定反应过程中$H^+$浓度变化来反映酶的活性情况。测定细胞色素氧化酶和葡萄糖氧化酶等可用氧电极测定反应过程中氧消耗情况计算酶活性。

（缪明永）

# 第 20 章　酶分子改造

酶分子改造是指用化学或分子生物学方法对酶分子进行改造，以改变其理化性质及生物活性。酶分子改造的目的在于：人为地改变天然酶的一些性质，创造天然酶所不具备的某些优良特性，甚至创造出新的活性，来扩大酶的应用领域，促进生物技术的发展。通常，酶经过改造后，会产生各种各样的变化，概括起来有：提高生物活性或得到新的催化活性；增强在不良环境（非生理条件）中的稳定性；针对异体反应，降低生物识别能力。可以说，酶化学修饰在理论上为生物大分子结构与功能关系的研究提供了实验依据和证明，是改善酶学性质和提高其应用价值的一种非常有效的措施。

从方法学来说酶分子改造分两个部分：①用分子生物学技术对 DNA 或 RNA 进行分子改造，以获的化学结构更为合理的酶蛋白；②对天然酶分子进行改造，通过主链的“切割”、“剪接”和侧链基团的“化学修饰”对酶蛋白进行分子改造，以改变其理化性质及生物活性。具体而言，酶分子改造主要有以下几个方面的内容。

（1）对酶分子的侧链基团，尤其是酶活性中心的必需基团进行化学修饰，研究酶的结构与功能的关系。

（2）对酶分子的功能基团修饰和与水不溶性大分子的结合，改造酶性能，增加酶的稳定性。

（3）通过对酶分子或分子间的交联，或与水不溶性载体的结合制成固定化酶，催化特定的反应。

（4）用化学方法合成具有催化活性的酶，如模拟酶。

（5）用分子生物学方法克隆酶，或修饰基因，如定点突变（site directed mutagenesis），以便产生新的酶（突变酶）；或设计新基因合成自然界不存在的新酶，如抗体酶；或体外分子定向进化（*in vitro* molecular directed evolution）在体外模拟自然进化的过程（随机突变、重组和选择），使基因发生大量变异，并定向选择出所需性质或功能的新酶。

本章重点介绍酶的化学修饰，酶分子的定向改造和进化的内容。模拟酶和抗体酶等内容将在第 21 章中介绍。

## 20.1　酶蛋白的化学修饰

通过主链的“切割”、“剪接”和侧链基团的“化学修饰”对酶蛋白进行分子改造，以改变其理化性质及生物活性。这种应用化学方法对酶分子施行种种“手术”的技术，称为酶分子的化学修饰。自然界本身就存在着酶分子改造修饰过程，如酶原激活、可逆共价调节等，这是自然界赋予酶分子的特异功能，提高酶活力的措施。从广义上说，凡涉及共价部分或部分共价键的形成或破坏的转变都可看成是酶的化学修饰。从狭义上说，酶的化学修饰是指在较温和的条件下，以可控制的方式使一种蛋白质同某些化学试剂起特异反应，从而引起单个氨基酸残基或其功能基团发生共价的化学改变。

## 20.1.1 酶蛋白化学修饰的基本原理

酶化学修饰的基本原理是利用修饰剂所具有的各类化学基团的特性，或直接或经过一定活化过程与酶分子上某些氨基酸残基产生化学反应，对酶分子结构进行改造。因此，酶蛋白化学修饰反应进程涉及两个方面：酶蛋白功能基的反应性和修饰剂的反应性。这两者的反应性与许多因素有关。

酶蛋白是由20种氨基酸构成的，其中只有极性的氨基酸残基的侧链基团才能进行化学修饰，这些基团的反应性取决于它们的亲核性，而亲核性常常与它的酸碱性有关，因此，影响p$K$a的因素会影响酶修饰的反应，如微区的极性、氢键效应和静电效应。其他还有基团之间的空间位阻效应。同样上述因素也可能对接近功能基的修饰剂产生影响。

修饰剂首先必须要能够与某一特定氨基酸残基的侧链基团发生反应，并形成紧密的共价连接。人们已经找到了许多不同氨基酸残基侧链基团的特定的修饰剂，但目前这类反应剂的专一性不够，即使试剂对某一基团的反应是专一性的，也仍然有多个同类残基与之进行反应，使得对某个特定残基的选择性修饰非常困难。为了克服这一缺陷人们开始使用亲和标记试剂，这些化合物是酶的底物或配体的类似物，因而能够选择性地结合在酶分子的特定部位，达到进行特定基团的修饰。其中两种重要的类型：一是光亲和标记试剂，其反应可以用光照类引发，因此可以很好地控制其反应；二是自杀性抑制剂，它具有酶底物性质，还具有潜在的反应，在酶的催化下活化后产生反应基团，标记酶活性部位附近的侧链基团，不可逆地抑制酶活性，所以该抑制称为“自杀性抑制”。自杀性抑制剂有的是可以用来治疗某些疾病的有效药物。

## 20.1.2 蛋白质化学修饰的类型

化学修饰从酶分子角度可分为酶蛋白主链修饰和侧链修饰。酶蛋白主链修饰是指通过主链的“切割”、“剪接”来改变酶结构和功能；后者又可分为侧链功能基团修饰和用某些双功能试剂使酶分子间或分子内发生共价交联反应。从修饰剂角度可分为小分子修饰和大分子修饰。从修饰反应性质主要分为酰化反应、烷基化反应、氧化还原反应和芳香环取代反应等类型。这里主要讨论酶蛋白侧链修饰的相关内容。

### 20.1.2.1 修饰反应类型

（1）酰化反应：一些酰化修饰剂，如乙酰咪唑、二异丙基磷酰氟、酸苷磺酰氯等在特定条件下与酶蛋白分子侧链基团（氨基、羟基、巯基和酚基等）发生酰化反应。

（2）烷基化反应：烷基化试剂常常带有活泼的卤素原子，由于卤素原子的电负性，使烷基带有部分正电荷，很容易导致酶分子的亲核基团（如氨基、羟基、巯基等）发生烷基化。这类修饰剂常见的有2、4-二硝基氟苯、碘代乙酸、碘代乙酰胺等。

（3）氧化还原反应：氧化性试剂能将酶蛋白侧链基团氧化。例如，$H_2O_2$、$N$-溴代琥珀酰亚胺等具有很强的氧化性，往往容易使肽链断裂。因此，在修饰过程中要控制好条件。光敏剂的光氧化是一种比较温和的氧化作用；四硫酸钠或连四硫酸钾是温和的氧化剂，在化学修饰中常用来作为—SH的可逆保护剂。易受氧化作用的酶侧链基团有巯基、硫醚基、吲哚基、咪唑基和酚基等。

还原性试剂主要作用于二硫键，包括 2-巯基乙醇、巯基乙酸和二硫苏糖醇等。

（4）芳香环取代反应：酶分子氨基酸残基的酚羟基的 3 位和 5 位上很容易发生亲电取代的碘化和硝基化反应。例如，四硝基甲烷可以作用于酪氨酸的酚羟基，形成 3-硝基酪氨酸的衍生物，这类产物有特殊的光谱，可用于直接的定量测定。

### 20.1.2.2 酶蛋白侧链基团的化学修饰

**1. 巯基和二硫键的化学修饰**

巯基是酶蛋白分子中重要的活性基团，具有很强的亲核性，是一个最容易反应的侧链基团。因此人们最先研究了它的特异性修饰试剂并研究了巯基在酶催化过程中作用。

烷化剂是一种重要的巯基修饰剂，如碘乙酸和碘乙酰胺，修饰产物稳定，易于分析。在蛋白质分析和测序前，烷化剂常用来使巯基羧甲基化，以防止半胱氨酸降解。目前已开发出基于碘乙酸的荧光试剂。

*N*-马来酰胺是一种反应专一性很强的巯基修饰剂，反应产物在 300 nm 处有最大吸收。

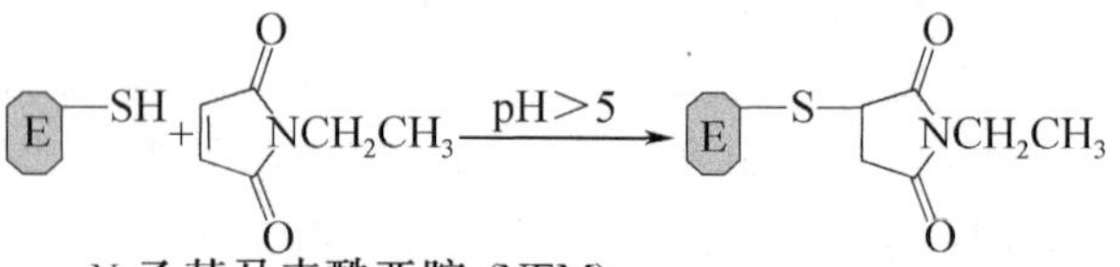


有机汞试剂，如对氯汞苯甲酸对巯基专一性最强，修饰产物在 250 nm 处有最大吸收。

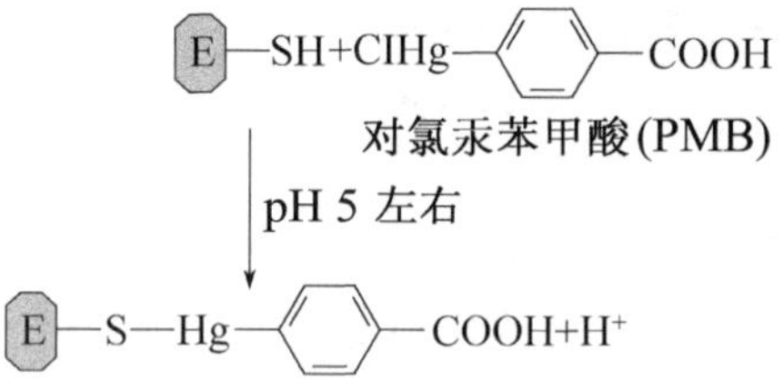


5，5′-二硫代-双（2-硝基苯甲酸）（DTNB，又称为 Ellman 试剂）目前是最常用的巯基修饰剂，它与巯基反应生成二硫键，使酶分子上标记 1 个 2-硝基-5-硫苯甲酸（TNB），同时释放一个 TNB 阴离子，该阴离子在 412 nm 处有很强吸收。Ellman 试剂可用于研究巯基改变程度和巯基所处微环境。

二硫键由于其在酶分子序列分析中及在酶分子折叠研究中的重要地位，使二硫键化学修饰、二硫键数目的测定及二硫键位置的确定成为非常重要的问题。同巯基基团类似，二硫键通常是通过还原的方式进行修饰的。这些方法通常与某些巯基修饰方法相结合以阻止再氧化成二硫键。常用还原剂有巯基乙醇、二硫苏糖醇（DTT）和它的差向异构体二硫赤鲜糖（DTE)。前者还原反应的平衡常数接近于1，所以必须使用过量的巯基乙醇。后两者在一定程度上缓解了过量的还原剂使用问题。二硫键经还原处理后，被还原的巯基易被氧化回去，因而需要经过羧甲酸处理，以防止重新氧化成二硫键。

**2. 羟基的化学修饰**

酚羟基修饰剂除了可修饰酪氨酸的酚羟基外，还可修饰苏氨酸和丝氨酸的羟基，但是修饰条件比修饰酚羟基严格些。生成的产物比修饰酚羟基形成的产物更稳定。

四硝基甲烷（TNM）在温和条件下专一性地硝基化酪氨酸酚基，生成可电离的发色基团3-硝基酪氨酸，可用于氨基酸分析。

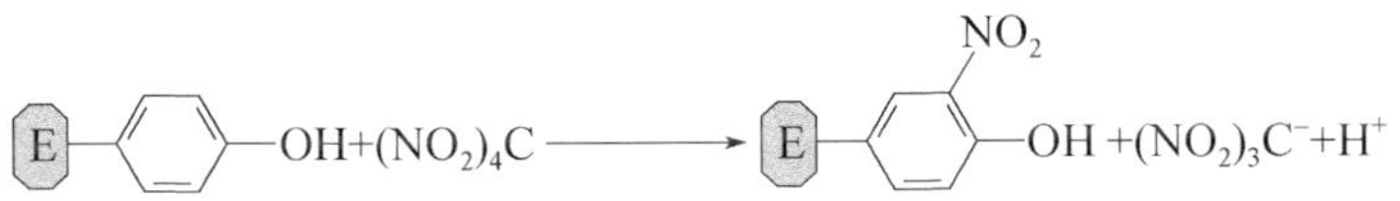


四硝基甲烷(TNM)

苏氨酸和丝氨酸残基的专一性化学修饰剂相对比较少。二异丙基氟磷酸酯（DFP）对丝氨酸残基有高度反应性。苯甲基磺酰氟（PMSF）与丝氨酸残基作用，在硒化氢存在下，能将活性丝氨酸转变为硒代半胱氨酸，从而把丝氨酸蛋白酶变成了谷胱苷肽过氧化物酶。

**3. 氨基的化学修饰**

酶蛋白中的氨基包括肽链N端的氨基和肽链侧链中的氨基（是赖氨酸残基的ε-氨基）。

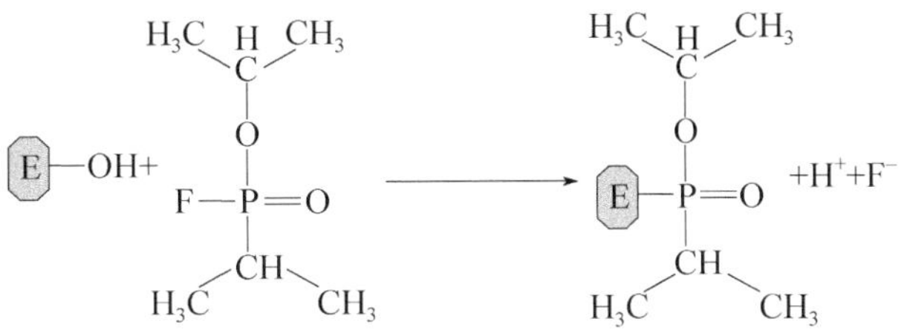


二异丙基氟磷酸酯(DFP)

N端氨基修饰常用于蛋白质序列分析，常用的修饰剂有2，4-二硝基氟苯（DNFB，又称为Sanger试剂)、丹磺酰氯（DNS)、苯异硫氰酸酯（PITC)。

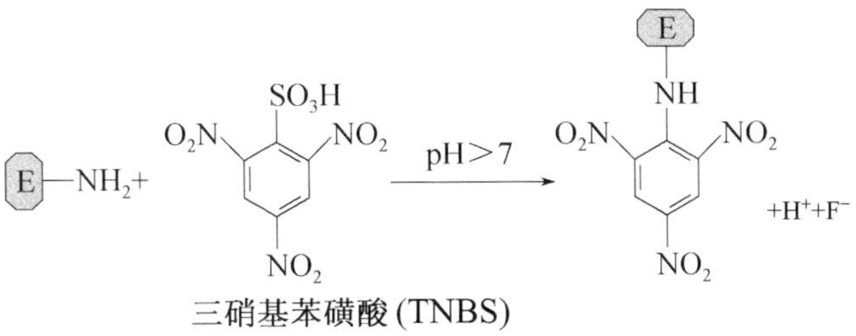


三硝基苯磺酸(TNBS)

非质子化赖氨酸的 ε-氨基是酶分子中亲核反应活性很高的基团，ε-氨基的 p$K$a 值一般为 10，由于微环境的影响，酶蛋白分子中也可能存在低 p$K$a 值的赖氨酸残基，这些残基具有更强的可反应性，如在草酰乙酸脱羧酶中就存在一个 p$K$a 值为 5.6 的可反应赖氨酸残基。氨基的烷基化修饰是赖氨酸修饰的一种重要方式。修饰剂包括卤代乙酸、芳基卤、芳香族磺酸。在硼氢化钠等氢供体存在下，酶蛋白的氨基能与醛或酮发生还原烷基化反应，三硝基苯磺酸（TNBS）是非常有效的氨基修饰剂，它与赖氨酸残基反应在 420 nm 和 367 nm 处能够产生特定的光吸收。

氰酸盐使氨基甲氨酰化形成非常稳定的衍生物，该法的优点是氰酸根离子小，容易接近要修饰的基团。

磷酸吡哆醛（PLP）是一种非常专一的赖氨酸修饰剂，它与赖氨酸残基反应，形成希夫碱后用硼氢化钠还原，还原的 PLP 衍生物在 325 nm 处有最大吸收，可用于定量。

**4. 羧基的化学修饰**

由于羧基在水溶液中的化学性质使酶分子中谷氨酸和天冬氨酸的修饰方法很有限，产物一般是酯类或酰胺类。例如，水溶性的碳二亚胺类在温和条件下特定修饰酶分子的羧基基团，为目前应用最普遍的标准方法。另外，硼氟化三甲锌盐可与羧基反应生成甲酯。

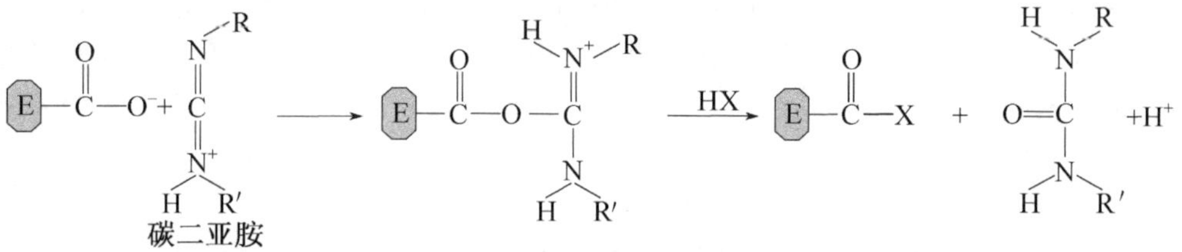


R、R′为烷基，HX为卤素、一级胺或二级胺

**5. 咪唑基的化学修饰**

由于组氨酸残基常位于酶活性中心，因此有大量的关于组氨酸残基修饰的研究报道。焦碳酸二乙酯（DEPC）是最常用的修饰试剂，在中性的情况下表现比较好的专一性，与组氨酸残基上的 1 个氮羧乙酰化，产物在 240 nm 处有最大吸收。其他还有碘代乙酸修饰和碘化反应。

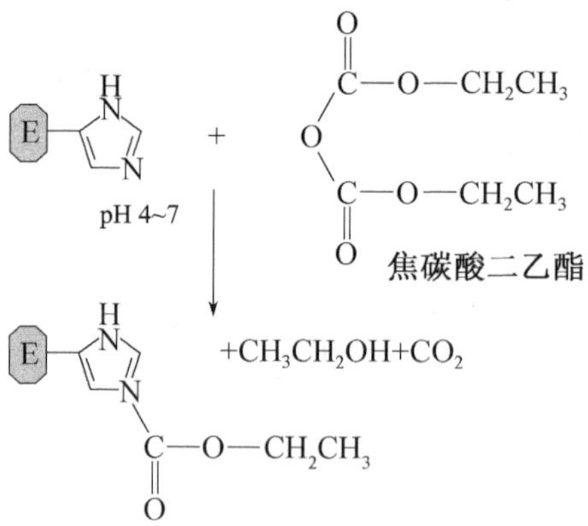

**6. 胍基的化学修饰**

精氨酸残基含有一个强碱性的胍基，在结合带有阴离子的底物的酶的活性中心的起着重要作用。但是，由于精氨酸残基的强碱性，其与大多数试剂很难发生反应，反应所需的高 pH 也会导致酶结构的破坏。具有两个邻位羰基的化合物，如丁二酮、1，2-环己二酮和苯乙二醛，在中性或弱碱性条件下与精氨酸反应。其中前两者与精氨酸残基化合物可以与硼酸结合而稳定下来。上述反应要在黑暗中进行，因为丁二酮可以作为光敏剂破坏其他氨基酸残基。

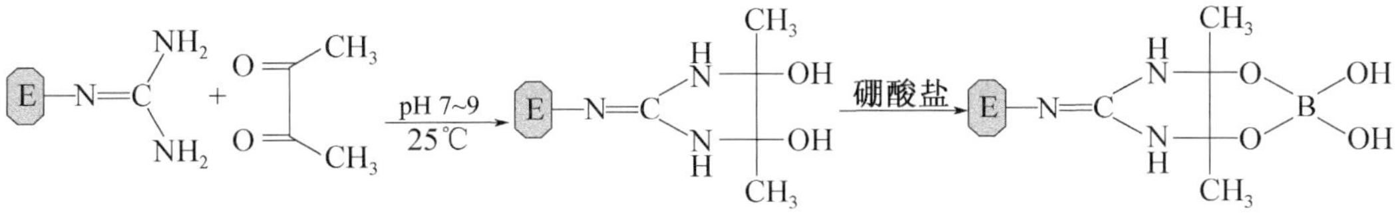


### 20.1.2.3 大分子修饰作用

用大分子对酶分子表面进行修饰后在临床应用中显示出很多优良特性，如提高稳定性、延长体内的半衰期、降低抗原性、改善体内的分布和代谢等。这些大分子修饰剂包括聚乙二醇（PEG）、聚乙烯吡咯烷酮（PVP）、聚丙烯酸（PAA）、聚氨基酸、葡聚糖、环糊精、羧甲基纤维素、多聚唾液酸、肝素，以及肽类和蛋白质类等。修饰方法主要有：溴化氰法、高碘酸氮化法、戊二醛法、叠氮法、琥珀酸法和三氯均嗪法等。

PEG 具有既能溶解于水，又可以溶于绝大多数有机溶剂，同时没有抗原性和毒性，生物相容性好等特点，因而应用最广。下面以 PEG 为例介绍修饰方法。

**1. 三氯均嗪法**

三氯均嗪上的氮原子很活泼，容易产生亲核取代反应。用三氯均嗪活化 PEG 后，可以与酶的氨基反应。

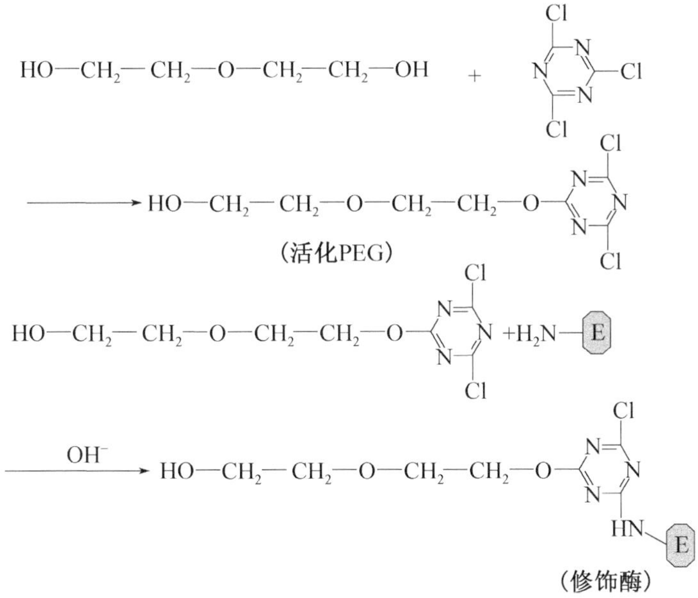

## 2. 叠氮法

叠氮法将 PEG 链端的羟基转化为叠氮基，然后与酶反应，整个过程分为 4 步。

（1）PEG 甲氧甲酰甲酯制备：PEG 与氯乙酸酐反应生成 PEG 甲氧甲酰甲酯，然后用减压蒸馏法除去过量的试剂。

$$\text{PEG—OH} + \text{Na} \longrightarrow \text{PEG—ONa}$$

$$\text{PEG—ONa} + \text{ClCH}_2\text{CO—O—COCH}_3 \xrightarrow[\text{100℃，4 h}]{\text{室温过夜后}} \text{PEG—OCH}_2\text{COOCH}_3$$

（2）PEG 酰肼制备：PEG 甲氧甲酰甲酯与肼反应生成相应的酰肼化合物，用减压蒸馏法得到产物。

$$\text{PEG—OCH}_2\text{COOCH}_3 + \text{H}_2\text{N—NH}_2 \cdot \text{H}_2\text{O} \xrightarrow{\text{回流过夜}} \text{PEG—OCH}_2\text{—COHN—NH}_2$$

（3）PEG 羧甲基叠氮化合物制备：PEG 酰肼经亚硝酸作用后生成活化 PEG。

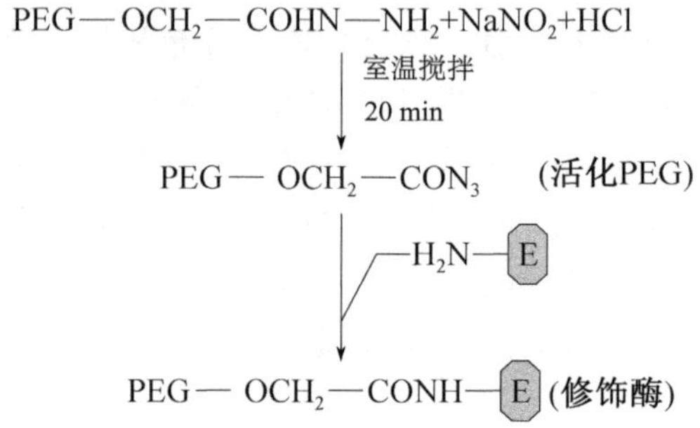


（4）活化 PEG 与酶交联。

## 3. 琥珀酸酐法

常用二溴代琥珀酸酐作为 PEG 的活化剂。活化反应在温和的碱性条件下进行，经减压浓缩得到活化 PEG，活化 PEG 与酶分子上的氨基产生交联反应。

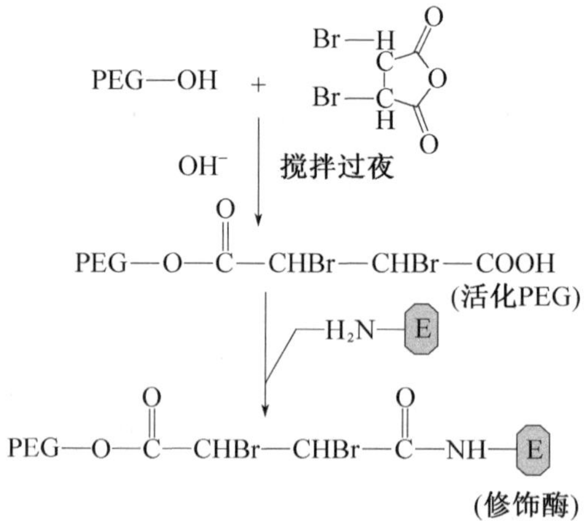

**4. 重氮法**

重氮化反应主要将修饰剂上有关基团转变为重氮基团，然后在弱碱性条件下与酶分子上的酚基、咪唑基等反应，生成修饰酶。例如，对硝基苄基化合物法，即以对硝基苄基氯作为 PEG 活化剂。

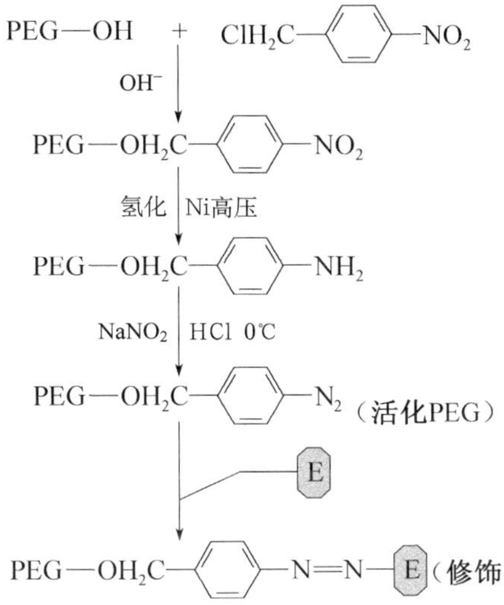


### 20.1.2.4　交联反应

用双功能基团试剂，如戊二醛、PEG、羰二亚胺等将酶蛋白（或与其他大分子如蛋白质、肽类等）之间、亚基之间或分子内不同肽链部分间进行共价交联，可使酶分子活性结构加固，并可提高其稳定性，增加了酶在非水溶性中的使用价值。

**1. 戊二醛法**

戊二醛法利用戊二醛双功能基团的活泼性，使酶蛋白之间或酶与其他蛋白质分子之间的氨基产生交联反应，生成修饰酶。F. A. Quiocho 和 F. M. Richards 最先使用戊二醛进行酶交联的研究，N. L. Clair 和 M. A. Navia 首次证实了利用交联酶晶体（cross linked enzyme crystal，CLEC）技术可提高嗜热菌蛋白酶的生物活性，增加了其热稳定性。枯草杆菌蛋白酶经上述处理，冻干形成交联酶晶体后，在有机溶剂和水溶液中的稳定性大大增加，活力可提高 13 倍。

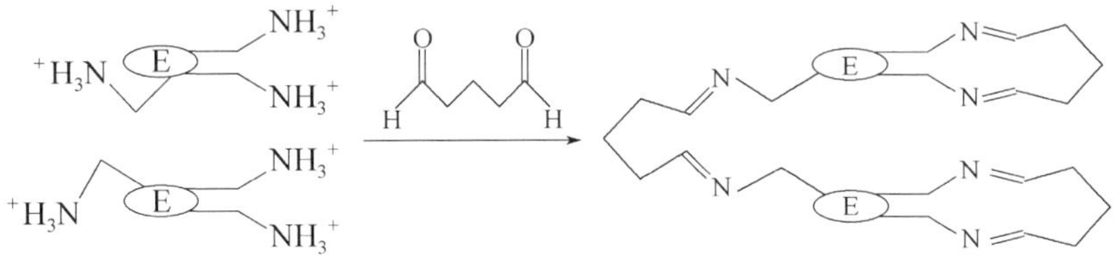


**2. 碳二亚胺法**

酶蛋白经以碳二亚胺作为交联剂的修饰反应如下：

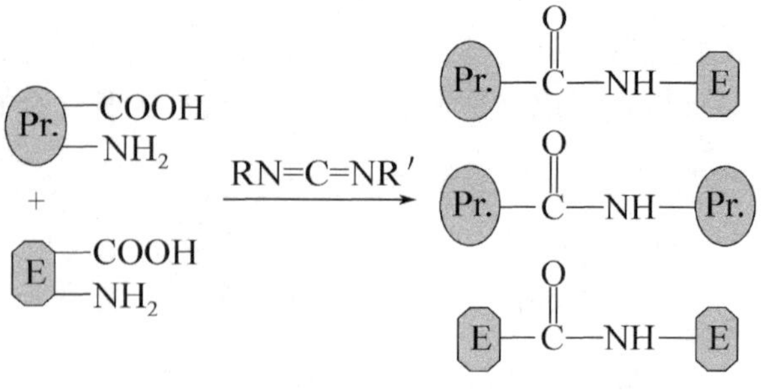

**3. 活性酯法**

上述两种方法修饰方法的专一性不太强，可以生成分子间、分子内及不同分子间的交联，直接影响修饰酶的收率。活性酯法是根据多肽合成原理发展起来的，主要特点是反应条件温和，避免了活泼的双功能交联剂直接与酶接触所产生的酶失活，减少了副反应的产生。例如，用活性酯法以白蛋白与尿激酶的交联为例，在不用底物保护酶活性部位的条件下，酶活回收率仍高达90%以上，结合率高达80%以上。具体过程如下所述。

（1）白蛋白琥珀酰化：这步反应通过白蛋白和琥珀酸酐作用后，使白蛋白分子表面的氨基琥珀酰化。这既提供了大量的活性酯反应必需基团——羧基，又防止了活性酯反应时白蛋白产生自身交联。

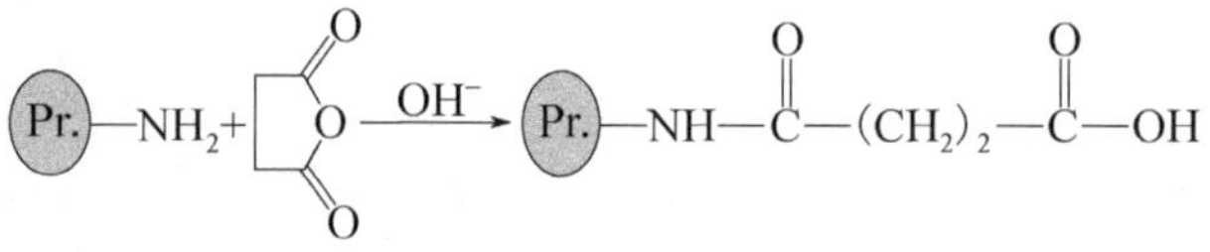

（2）活性酯形成反应：琥珀酰化白蛋白在碳二亚胺作用下与对硝基苯酚形成活性酯，除去小分子活泼交联剂后，将得到的大分子白蛋白活性酯与酶进行交联。

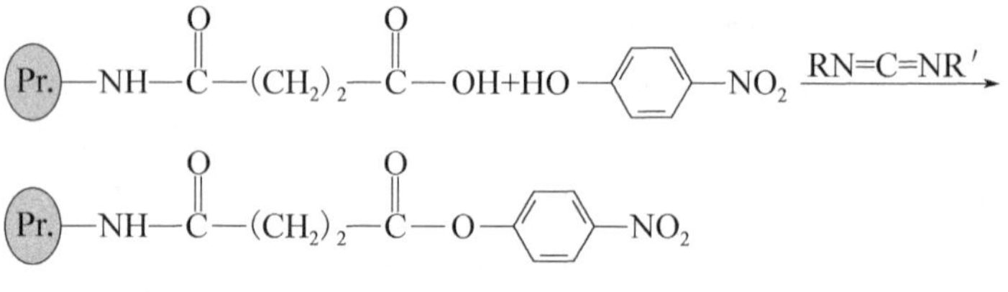

（3）交联反应：由于白蛋白活性酯的反应活泼性，使酶与白蛋白形成了良好的交联，同时小分子交联剂作为酶与白蛋白之间的“手臂”防止了白蛋白形成对酶活性的空间障碍，得到了高酶活回收率。

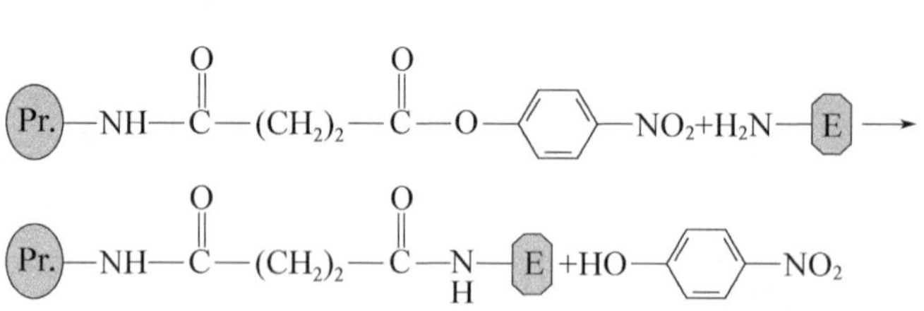

## 20.1.3 修饰酶的性质变化

修饰酶性质变化主要有热稳定性、体内半衰期和抗原性等。

### 20.1.3.1 稳定性

交联后的酶形成相对固定的分子构象，也就是酶的天然构象产生了“刚性”，不易伸展打开，并同时减小酶分子内部基团的热振动，从而增强了酶的热稳定性。例如，丝氨酸蛋白酶类可以通过修饰酶由常温酶变为嗜热酶，其最适温度从45℃提高到76℃。天然酶与修饰酶的热稳定性对比如表5-20-1所示。

**表 5-20-1 天然酶和修饰酶的热稳定性对比**

| 酶 | 修饰剂 | 天然酶 | | 修饰酶 | |
|---|---|---|---|---|---|
| | | 温度/时间 | 残留酶活/% | 温度/时间 | 残留酶活/% |
| 腺苷脱氨酶 | 右旋糖酐 | 37℃/100 min | 80 | 37℃/100 min | 100 |
| α-淀粉酶 | 右旋糖酐 | 65℃/2.5 min | 50 | 65℃/63 min | 50 |
| 尿酸酶 | 清蛋白 | 37℃/48 h | 50 | 37℃/48 h | 95 |
| 尿激酶 | 清蛋白 | 60℃/5 h | 25 | 60℃/5 h | 85 |
| 糜蛋白酶 | 肝素 | 37℃/6 h | 0 | 60℃/24 h | 80 |
| 天冬酰胺酶 | 聚乳糖 | 60℃/10 min | 19 | 60℃/10 min | 63 |
| 葡萄糖氧化酶 | 聚乙烯酸 | 50℃/4 h | 53 | 50℃/4 h | 77 |
| 糜蛋白酶 | PVP | 75℃/117 h | 61 | 75℃/117 h | 100 |

许多酶经过化学修饰后，由于抗蛋白水解酶、抗抑制剂和对热稳定性的提高，体内半衰期延长了（表5-20-2），这对药用酶的疗效具有很重要的意义。

**表 5-20-2 天然酶和修饰酶的体内半衰期对比**

| 酶 | 修饰剂 | 半衰期 | |
|---|---|---|---|
| | | 天然酶 | 修饰酶 |
| 羧肽酶 C | 右旋糖酐 | 3.5 h | 17 h |
| 精氨酸酶 | 右旋糖酐 | 1.4 h | 12 h |
| 谷氨酰胺酶-天冬酰胺酶 | 糖肽 | 1 h | 8.2 h |
| *L*-天冬酰胺酶 | 聚丙氨酸 | 3 h | 21 h |
| 尿酸酶 | 清蛋白 | 4 h | 20 h |
| α-葡萄糖苷酶 | 清蛋白 | 10 min | 3 h |
| 氨基己糖苷酶 A | PVP | 5 min | 35 min |
| 精氨酸酶 | PEG | 1 h | 12 h |
| *L*-天冬酰胺酶 | PEG | 2 h | 24 h |

### 20.1.3.2 抗原性

一些修饰剂在消除酶抗原性上有明显作用，如PEG和人血清白蛋白（表5-20-3）。

通过酶化学修饰，有些组成抗原决定簇的基团与修饰剂形成了共价键，这样就可能破坏了酶分子上抗原决定簇的结构，使酶的抗原性降低乃至消除。同时，大分子修饰剂也同样能“遮盖”抗原决定簇和阻碍抗原-抗体产生结合反应。

**表 5-20-3 修饰酶的抗原性变化**

| 酶 | 修饰剂 | 抗原性 |
|---|---|---|
| 胰蛋白酶 | PEG | 消除 |
| 过氧化氢酶 | PEG | 消除 |
| 精氨酸酶 | PEG | 消除 |
| *L*-天冬酰胺酶 | 清蛋白 | 消除 |
| 超氧化歧化酶 | 清蛋白 | 消除 |
| 尿酸酶 | 清蛋白 | 消除 |
| 核糖核酸酶 | 聚-DL-丙氨酸 | 降低 |
| 胰蛋白酶 | 聚-DL-丙氨酸 | 降低 |
| *L*-天冬酰胺酶 | 聚-DL-丙氨酸 | 降低 |

### 20.1.3.3 最适 pH

有些酶经修饰后最适 pH 发生变化（表 5-20-4）。例如，猪肝尿酸酶的最适 pH 为 10.5，在 pH 为 7.4 的生理环境时仅剩 5%～10%的酶活，但用白蛋白修饰后，最适 pH 范围扩大，在 pH 7.4 时仍保留有 60%的酶活。这有利于酶在体内发挥作用。这一现象认为是修饰尿酸酶的微环境更稳定的缘故，当酶在 pH 为 7.4 时，酶活性部位仍能处于相对偏碱的环境内行使催化功能，或者是修饰酶被“固定”于一个更活泼的状态，并且当基质 pH 下降时，酶仍能保持这种活泼状态。

**表 5-20-4 天然酶和修饰酶的最适 pH 对比**

| 酶 | 修饰剂 | 最适 pH | |
|---|---|---|---|
| | | 天然酶 | 修饰酶 |
| 猪肝尿酸酶 | 白蛋白 | 10.5 | 7.4 ～ 8.5 |
| 猪肝尿酸酶 | PEG | 8.2 | 9.0 |
| 糜蛋白酶 | 肝素 | 8.0 | 9.0 |
| 吲哚-3-链烷羟化酶 | 聚丙烯酸 | 3.5 | 5.0 ～ 5.5 |

### 20.1.3.4 酶动力学性质

大多数酶经过修饰后，最大反应速率 $V_m$ 没有变化，但有些酶经修饰后，米氏常数 $K_m$ 会增加（表 5-20-5）。这可能是交联于酶上的大分子修饰剂所产生的空间阻碍影响了底物对酶的接近和结合。

表 5-20-5 天然酶和修饰酶的 $K_m$ 对比

| 酶 | 修饰剂 | $K_m$ | |
|---|---|---|---|
| | | 天然酶 | 修饰酶 |
| 苯丙氨酸解氨酶 | PEG | $6\times10^{-5}$ | $1.2\times10^{-4}$ |
| 猪肝尿酸酶 | PEG | $2\times10^{-5}$ | $7\times10^{-5}$ |
| *L*-天冬酰胺酶 | 白蛋白 | $4\times10^{-5}$ | $6.5\times10^{-5}$ |
| 尿酸酶 | 白蛋白 | $3.5\times10^{-5}$ | $8\times10^{-5}$ |
| 腺苷脱氨酶 | 右旋糖酐 | $3\times10^{-5}$ | $7\times10^{-5}$ |
| 猪肝尿酸氧化酶 | PEG | $2\times10^{-5}$ | $6.9\times10^{-5}$ |
| 精氨酸酶 | PEG | $6\times10^{-3}$ | $1.2\times10^{-2}$ |
| 胰蛋白酶 | 右旋糖酐 | | 不变 |
| *L*-天冬酰胺酶 | 聚丙氨酸 | | 不变 |

### 20.1.3.5 体内组织分布

一些酶经修饰后，在体内的组织分布发生改变，能在血液中被靶器官选择性地吸收，这对药用酶临床疗效具有重要意义。

例如，用 α-葡萄糖苷酶治疗糖原储积于肝细胞的二级溶酶体的病症——Pmepes病。因为肝细胞上具有特异性的白蛋白受体，因此利用白蛋白修饰此酶，能有利于肝细胞对酶的摄入，使更多的酶到达靶器官发挥作用。

辣根过氧化酶用聚赖氨酸修饰后，细胞的摄入量增加，这种穿透细胞能力的增强被认为可能是聚赖氨酸增加了酶分子上的正电荷，因为当聚赖氨酸上氨基被酰化后，修饰酶就不表现出细胞穿透力增强的现象。

## 20.1.4 酶蛋白化学修饰的应用

### 20.1.4.1 在酶结构与功能研究中的应用

**1. 研究酶的空间结构**

酶分子中氨基酸侧链反应性与它周围环境密切相关，用荧光性质的修饰剂修饰后，通过荧光光谱的研究，可以了解溶液状态下的酶分子构象、酶分子的解离-缔合现象。

确定氨基酸在酶分子中所存在的状态，通常情况下酶分子表面基团能与修饰剂反应，而不能与修饰剂反应的基团一般埋在分子内。

通过双功能试剂交联方法可以测定酶分子中特定基团之间的距离。

制备重原子的酶分子衍生物有利于酶晶体结构分析。

**2. 确定氨基酸残基的功能**

确定某些氨基酸残基是否为酶活性中心的必须基团，可用化学修饰与底物保护相结合方法。例如，在丙酮酸激酶中精氨酸残基的修饰反应过程中，伴随着精氨酸残基的修饰、酶分子可逆地失活以及底物保护作用，说明酶分子与底物分子磷酸烯醇式丙酮酸结合的磷酸化位点具有一个必需的精氨酸残基。另外，可以分析酶变构部位必需氨基酸残基及协同相互作用所必需的残基。

**3. 测定酶分子中某些氨基酸的数量**

虽然氨基酸分析法也可以测定酶分子中氨基酸的数量，但是如果只需测定某一种氨基酸的数量时，就可以用快速、灵敏的定量化学修饰方法，如用三硝基苯磺酸测定氨基、用对氯汞苯甲酸测定巯基等。

#### 20.1.4.2 化学修饰在医药和生物技术中的应用

通过化学修饰提高酶的稳定性、解除抗原性和改变酶学性质（最适 pH、最适温度、$K_m$ 值、催化活性和专一性等），扩大了酶的应用范围。越来越多的酶制剂用于疾病的诊断、治疗和预防，食品发酵和化工产品生产，环境保护和监测，基因工程等。

## 20.2 酶分子的定向进化

酶分子本身蕴藏着很大的进化潜力，许多功能有待于开发。分子酶工程设计基于两个方面。①基于序列的合理化设计方案，如化学修饰和定点突变。②利用基因的可操作性，模拟自然界演化进程的非合理化设计方案的体外分子定向进化。定点突变需要知道酶蛋白的一级结构及编码序列，并根据蛋白质空间结构知识来设计突变位点。体外分子定向进化是近几年新兴起来的一种蛋白质改造新策略，它可以在尚不知道蛋白质的空间结构，或者根据现有的蛋白质结构知识尚不能进行有效的定点突变时，借助实验室手段在体外模拟自然进化的过程（随机突变、重组和选择），使基因发生大量变异，并定向选择出所需性质或功能，从而使几百万年的自然进化过程在短期内得以实现。

酶的设计与改造方法，是基于基因工程、蛋白质工程和计算机技术互补发展和渗透的结果，它标志着人类可以按照自己的意愿和需要改造酶分子，甚至设计出自然界中原来并不存在的全新的酶分子。在目前认为酶分子改造还不成熟的情况下，通过定点突变技术改造成功了大量的酶分子，获得了比天然酶活力更高、稳定性更好的工业酶。近年来，随着生物技术的发展，如易错 PCR、DNA 改组（DNA shuffling）和高突变菌株等技术的应用，在对目的基因表型有高效检测筛选系统的条件下，建立了酶分子的定向进化策略，尽管不清楚酶分子结构，仍能获得具有预期特性的新酶，基本上实现了酶分子的快速进化。

### 20.2.1 分子定向进化的基本原理

天然酶在自然条件下已经进化了千百万年，但是酶分子仍然蕴藏着巨大的进化潜力，其有以下主要原因。①天然酶在生物体内的存在环境与酶的实际运用环境不同。②在生物体内各种生物分子之间协调作用，作为一个整体去适应环境。生物对环境适应的进化主要不是表现为某个酶分子的活力和稳定性的不断提高，而是在于整体的适应能力和调控能力的增强。对于某个酶分子来说，当其活力和稳定性已经达到整个体系在环境中的生存需要时，它们的提高就显得没有必要了，即失去了进化的压力，因而进化的机会很有限，这也为体外定向进化留下了很大的进化空间。③某些酶待进化的性质不是其在生物体内涉及的，如对蛋白质药物改造消除其不良反应等。

酶分子定向进化是从一个或多个已存在的亲本酶出发，经过基因突变和重组，构建一个人工突变库，通过筛选最终获得预期的具有某些特性的进化酶。其基本实验路线是：在待进化酶基因的 PCR 扩增反应中，利用 *Tag* DNA 聚合酶不具有 3′→5′校对功能，并控制突变库的大小使其与特定的筛选容量相适合，选择适当条件以较低的比率向目的基因中随机引入突变，进行正向突变间的随机组合以构建突变库，凭借定向的选择（或筛选）方法，选出所需性质的优化酶，从而排除其他突变体（图 5-20-1）。简而言之，定向进化═随机突变＋正向重组＋选择（或筛选）。与自然进化不同，前者是人为引发的，后者相当于环境作用于突变后的分子群，相当于通过选择某一方向的进化而排除其他方向突变的作用。

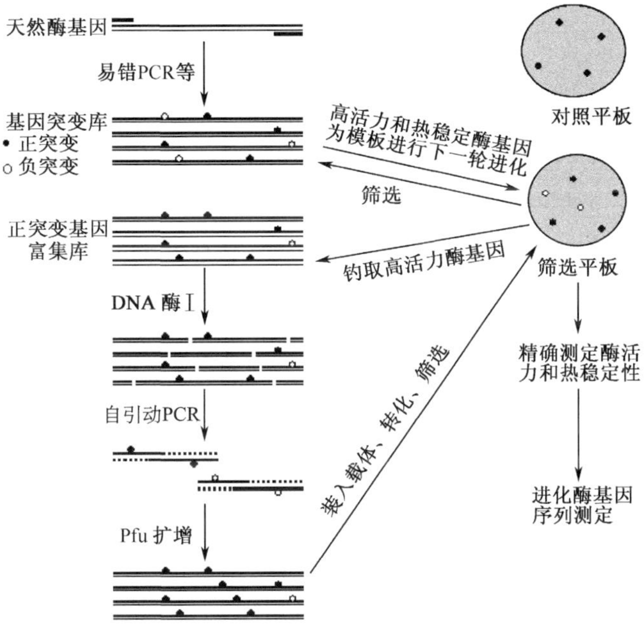

图 5-20-1　酶定向进化的基本过程

## 20.2.2　酶分子定向进化的方法

### 20.2.2.1　易错 PCR

易错 PCR（error-prone PCR）是一种相对简单、快速、廉价的随机突变方法。它通过改变 PCR 反应条件，如降低一种 dNTP 的量（降至 5%～10%）、以 dITP 代替被减少的 dNTP、增加 $Mn^{2+}$ 和 $Mg^{2+}$ 的浓度或使用低保真度的 DNA 聚合酶等，使碱基在一定程度上随机错配而引入多点突变。其中关键之处在突变率需要仔细调控，理论上每个靶基因导入的取代基的适宜个数为 1.5～5。通常经一次突变的基因很难获得满意的结果。由此发展出连续易错 PCR（sequential error-prone PCR）方法，即将一次 PCR 扩增得到的有用突变基因作为下一次 PCR 扩增的模板，连续反复的进行随机诱变，使每一次获得的小突变累积而产生重要的有益突变。枯草杆菌蛋白酶（subtilisin）是一种重要的工业用酶，广泛应用于合成洗涤剂、鞣革和医药行业。K. Q. Chen 等通过易错 PCR 对枯草杆菌蛋白酶进行了系列体外进化研究。在 dGTP、dCTP、dTTP 浓度为 1 mmol/L 的情况下，将 dATP 的浓度降至 0.1 mmol/L，对编码该酶从 49 位氨基酸到 C 端的 DNA 片段进行易错 PCR，经筛选得到几个在非水相的二甲基甲酰胺（dimethylformamide，DMF）中酶活力明显提高的突变株。其中 3 个位点突变体 D60N＋Q103R＋N218S 在 85%DMF 中的酶活力是野生型的 38 倍；10 个位点突变体 D60N ＋ D97G ＋ Q103R ＋ G131D ＋ E156G ＋ N181S ＋ S182G ＋ S188P ＋ N218S ＋ T255A 在 60%DMF 中的酶活力提高了 256 倍。

#### 20.2.2.2 DNA 改组

DNA 改组是 W. P. Stemmer 于 1994 年由提出的。这种方法不仅可以对从随机突变文库中筛选出来的一组突变基因进行人为进化，还可以将具有结构同源性的几种基因进行体外重组，共同进化出一种新的蛋白质。DNA 改组又称为有性 PCR，其基本过程如图 5-20-2 所示。从正突变基因库中分离出来的 DNA 片段用脱氧核糖核酸酶Ⅰ随机切割，得到的随机片段经过不加引物的多次 PCR 循环，在 PCR 循环过程中，随机片段之间互为模板和引物进行扩增，直至获得全长的基因，这导致来自不同基因片段之间的重组。通过这种方法产生的多样性文库，可以有效积累有益突变，排除有害突变和中性突变，同时也可实现目的蛋白质多种特性的共进化。它优于连续易错 PCR 等无性进化策略。

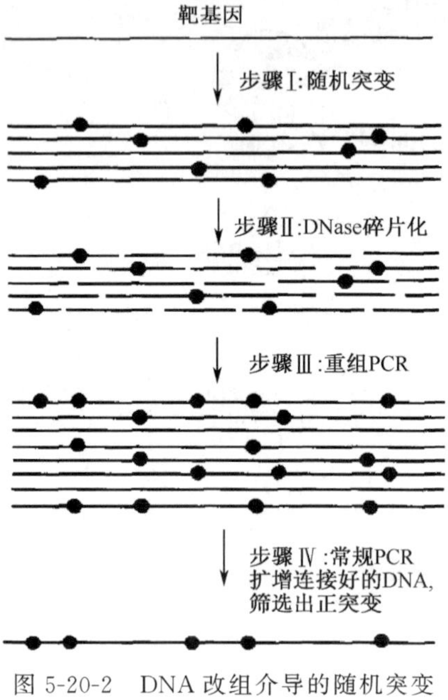

图 5-20-2　DNA 改组介导的随机突变

β-内酰胺酶是一种水解头孢类抗生素的微生物酶。1994 年 Stemmer 等运用 DNA 改组对 β-内酰胺酶进行了体外分子进化。经过 3 轮 DNA 改组循环，获得了一个赋予宿主细胞对头孢霉素抗性性能提高 16 000 倍的突变体。

D-乙内酰脲酶（D-hydantoinase，HYD）和 *N*-氨甲酰酶（*N*-carbamylase，CAB）是合成 D-氨基酸的两种酶。G. J. Kim 等构建了具有双酶活力的 *N*-氨甲酰酶/D-乙内酰脲酶融合蛋白。为改善该融合蛋白的稳定性，他们采用 DNA 改组的方法对其进行了体外指导进化。经过多轮 DNA 改组操作，筛选出稳定性有明显改善的融合蛋白 F11。与原融合蛋白相比，F11 有 19 个突变碱基，导致 11 个氨基酸发生变化。在生产条件下（45℃，pH 7.0），18 h 后 F11 可保留 50%以上的氨甲酰酶和 85%以上的乙内酰脲酶活力，而原融合蛋白在 5 h 后就失去了 50%的氨甲酰酶，7 h 后失去 50%的乙内酰脲酶活力。突变蛋白稳定性的改善，有效地提高了 D-氨基酸的合成效率，在相同的条件下，F11 合成 D-氨基酸的效率是原融合蛋白的 6 倍。

近年来，在 DNA 改组的基础上又发展出了几种方法，包括交错延伸法（staggered extension process，StEP）、重组、随机引物体外重组（random-priming *in vitro* recombination，RPR）、基因家族之间的 DNA 改组（family shuffling）等定向进化方法。

StEP 重组是一种简化的 DNA 改组方法。它不是由短片段组装全长基因，而是在 PCR 反应中，将含不同点突变的模板混合，随之进行多轮变性、短暂复性及延伸反应，在每一轮中，那些部分延伸的片段（非常短的新生链作为引物）可以随机地杂交到含不同突变的模板上继续延伸，由于模板转换而实现不同模板间的重组，如此重复直至获得全长基因片段，结果会产生间隔的含不同摸板序列的新生 DNA 分子。这样的新生 DNA 分子中含有大量的突变组合，将有利于新酶的产生。

RPR 法是用一套随机序列引物，产生互补于模板不同位点的短 DNA 片段库（由于碱基错配，这些短 DNA 片段含有少量的点突变），然后进行类似于 DNA 改组的全长基因装配反应，获得突变文库。如果需要，可以反复进行上述过程，直至获得满意的进化酶性质。RPR 法的特点是可用单链 DNA 或 mRNA 作模板、不受模板长度限制、无序列偏爱性等。

当 DNA 改组用来重组一系列进化上相关的基因时，就称为基因家族之间的 DNA 改组。以单一酶分子基因进行定向进化时，基因的多样性起源于 PCR 等反应中的随机突变，但由于突变是有害的或是中性的，采用这种过程集中有利突变的速率比较慢。如果从自然界中存在的基因家族出发，利用它们之间的同源顺序进行 DNA 改组实现同源重组，获得的突变库中既体现了基因的多样性，又最大限度地排除了那些不需要的突变。这种突变拓宽了酶分子突变库中的序列空间，而且由于限制了有害突变的掺入，并没有增加突变库的大小和筛选难度，从而保证了对很大的序列空间中有希望的区域进行快速定位。一个突出的例子是，当将 4 种头孢菌素酶基因进行基因家族之间的 DNA 改组时，酶活最高可增加 540 倍，而单基因改组只增加 8 倍。

#### 20.2.2.3 杂交酶

杂交酶（hybrid enzyme）是在蛋白质工程应用于酶学研究取得巨大成绩的基础上，刚刚兴起的一项新技术。所谓杂交酶是指由来自两种或两种以上酶分子中的不同结构片段或整个酶分子进行组合和交换，以产生具有所需性质的优化酶杂合体。天然蛋白质功能的进化有一部分是通过结构域或亚结构域的重组来实现的，如底物结合域、调节结构域、催化结构域等这些相互独立的结构域之间的重组。这不但可以进化某种功能，还可以创造出新的功能。杂交酶的出现及其相关技术的发展，为酶工程的研究和应用开创了一个新的领域。

首先，人们可以利用高度同源的酶之间的杂交，将一种酶的耐热性、稳定性等非催化特性“转接”给另一种酶。这种杂交是通过相关酶同源区间残基或结构的交换来实现的。新获得的杂交酶的特性通常介于其双亲酶的特性之间。例如，利用根瘤土壤杆菌（*Agrobacterium tumefaciens*）和淡黄色纤维弧苗（*Cellvibrio gilvus*）的 $\beta$-葡萄糖苷酶进行杂交，构建成的杂交 $\beta$-葡萄糖苷酶，其最佳反应条件和对各种多糖的 $K_m$ 值都介于双亲酶之间。

其次，人们可以创造具有新活性的杂交酶。其最便捷的途径就是调节现有酶的专一性或催化活性。迄今为止，所有杂交酶大都属于这类酶。有时，单个氨基酸残基的变化就能够改变酶的催化活性。例如，发酵氨基酸球菌（*Acidaminococcus fermentans*）的戊烯二酸辅酶A转移酶（glutaconate-CoA transferase）经点突变后，可以转化成酰基辅酶A羟化酶（acyl-CoA hydrolase）。采用循环点突变和筛选技术，经过3轮突变，可以构建出高活性的能够将甲基癸酸对硝基苯酚进行手性拆分的杂交脂酶。其酶活性可以从野生型的2%上升到81%，创造新杂交酶还可以利用功能性结构域的交换，以及向合适的蛋白质骨架引入底物专一性和催化特性的活性位点等技术。

杂交酶技术还可以用于研究酶的结构和功能之间的关系。例如，可以用来确定相关酶之间的差异。当某个酶的特性在同源酶中缺失时，人们可以用杂交酶技术分析、研究与该特性有关的残基或片段等。近年来，杂交酶的发展非常迅速。可以预期，杂交酶技术必将为酶工程的研究和应用发挥更大的作用。

#### 20.2.2.4 融合酶

生化反应常常需要多酶顺序催化来进行，称为顺序酶反应（sequence enzyme reaction）。大量的研究表明，通过基因融合构建具有双酶活力的融合蛋白，可有效提高顺序酶反应的总转化效率。D-氨基酸的合成需要D-乙内酰脲酶和*N*-氨甲酰酶（*N*-carbamylase，CAB）的顺序催化作用，是顺序酶反应的典型应用。C. J. Kim等将两种不同来源的D-乙内酰脲酶（HYD来源于*B. sthearothermophilus* SDl，HYDl来源于*B. thermocatenlatus* GH2）分别与*N*-氨甲酰酶融合，构建CAB-HYD和CAB-HYDl两种融合蛋白。CAB-HYD和CAB-HYDl都同时具有D-乙内酰脲酶和*N*-氨甲酰酶的活力，但CAB-HYDl的性能优于CAB-HYD。与原多酶反应相比，两种融合酶具有更高的将乙内酰脲衍生物转化成相应氨基酸的能力。值得注意的是，在已报道的生物传感器中，大约30%的酶传感器属顺序酶反应催化。由于酶与酶之间被固定能力的不同，与单酶传感器相比，顺序酶传感器的酶膜稳定性和互换性普遍较差。针对这一难题，2001年周亚凤等以麦芽糖传感器为研究对象，建立了双功能融合酶制备顺序酶传感器的模式方法，将黑曲霉葡萄糖氧化酶（g1ucose oxidase，GOD）基因、连接序列（linker）和黑曲霉糖化酶（g1ucoamylase，GA）cDNA片段依次拼接，得到GOD-linker-GA融合基因。连接肽的插入是为增加两酶之间的分子距离，减小它们的空间位阻，使融合蛋白最大限度地保持其原有生物学活性。将融合基因转入毕赤酵母后，其表达产物为一个分子质量高达430 kDa的杂合蛋白，1分子的融合蛋白含有1分子的二聚体GOD和2分子的单体GA。动力学性质分析表明，该融合蛋白保留了GA和GOD的原本活力，且与游离GA和GOD具有相似的催化动力学性质。应用该融合蛋白制备麦芽糖传感器，实现了GA和GOD控制的共固定化（固定后两种酶比例一定、距离一定），从而有效地提高了酶膜活力及均一性，使传感器的信号强度、响应线性范围及酶膜的互换性得到明显改善。

（缪明永）

# 第21章 模拟酶、抗体酶和核酶

模拟酶（enzyme mimics）一般是在一个可与某些底物结合的化合物上人工添加一些催化基团，使其具有酶的催化特性；抗体酶（abzyme）又称为催化性抗体（catalytic antibody），是一类具有催化功能的抗体分子，在其可变区赋予了酶的属性；而核酶（ribozyme）则是具有催化功能的RNA分子。

## 21.1 模拟酶

酶是自然界经过长期进化而产生的生物催化剂，它能在温和条件下高效、专一地催化某些化学反应。酶的应用日趋广泛，但由于酶对热敏感、热稳定性差和来源有限等缺点限制了其规模化开发和利用。于是新的催化剂——模拟酶逐渐被研制和开发出来。20世纪80年代以来，研究人员利用简单的分子模型构建酶的特征并深入地进行了研究。化学模拟除了它的应用前景之外，还一个主要用途是可以帮助我们认识酶的作用机制。事实上，生物体内许多酶催化机制是通过对模拟酶的研究得到详细解释的。

### 21.1.1 模拟酶的基本概念

模拟酶是根据酶的作用原理，模拟酶的活性中心和催化机制，用人工合成的方法，制备高效、高选择性、结构较简单、稳定的新型催化剂，或称为人工生物催化剂。也就是在分子水平上模拟酶活性部位的形状、大小及其微环境等结构特征，以及酶的作用机制和立体化学等特性的一门学科；或者说是从分子水平上模拟生物功能的一门边缘学科。

### 21.1.2 模拟酶的基本理论

由于蛋白质结晶学、X射线衍射技术及光谱学技术的发展，人们对许多酶的结构有了较深入的了解，对酶的结构及其作用机制在分子水平上作出了解释。动力学方法的发展以及对酶活性中心、酶抑制剂复合物和催化过渡态等结构的认识促进了酶作用机制的研究进展，为人工模拟酶的发展奠定了基础。目前对酶的催化机制解释是：酶先与底物结合，进而选择性稳定某一特定反应的过渡态，降低反应的活化能，从而加快反应速率。设计模拟酶一方面是基于酶的作用机制；另一方面则是基于对简化的人工体系中识别、结合和催化的研究。要想得到真正有效地模拟酶，这两个方面就必须统一。

因此，模拟酶在结构上必须有两个特殊部位，即一个是底物结合位点，一个是催化位点。催化基团的定向引入对催化效率的提高至关重要，催化基团和底物之间必须具有相互匹配的立体化学特征，这对形成良好的反应特异性和催化效力是相当重要的。此外，还要考虑模拟酶与底物定向结合的能力。模拟酶要和酶一样，能够在底物结合中，通过底物的定向化、键的扭曲及变型来降低反应的活化能。

在设计模拟酶前，应当对酶的结构和酶学性质有深入的了解，即酶活性中心-底物复合物的结构、酶专一性及其底物结合的方式与能力、反应的动力学及各中间物的知识。同时，在设计模拟酶时应考虑如下因素：非共价键相互作用是生物酶柔韧性、可变性和专一性的基础，故酶模型应为底物提供良好的微环境，便于底物，特别是反应的过渡态以离子键、氢键等结合；精心挑选的催化基团必须相对于结合点尽可能同底物的功能基团相接近，以促使反应定向发生；模型应具有足够的水溶性，并在接近生理条件下保持其催化活性。

## 21.1.3 模拟酶的制备

模拟酶的制备方法一般是在一个基本骨架上连接酶活性中心的化学基团而形成的，这些基团可以结合底物，并能催化底物。用作模拟酶基本骨架最常用的是β-环糊精、冠醚、环芳烃和卟啉等大环化合物。下面介绍以β-环糊精为基本骨架的模拟酶基本内容。

β-环糊精（cyclodextrin，CD）是一类天然的吡喃葡萄糖的大环内酯复合物。该分子有独特的包络作用，可包络多种有机分子和无机分子，故用它模拟了多种天然酶，包括α-胰凝乳蛋白酶、核糖核酸酶、转氨酶及氧化还原酶等。

环糊精的分子形状如轮胎，它由几个D（+）葡萄糖残基通过α-1，4-糖苷键连接而成，每个葡萄糖残基呈现无扭曲变形的椅式构象（图5-21-1）。分子内有空穴，其大小、形状由组成环的葡萄糖数目而定，一般数目为6个、7个或8个葡萄糖，分别称为α-环糊精、β-环糊精及γ-环糊精。环糊精疏水区处于空穴内侧，亲水区处于环状分子外

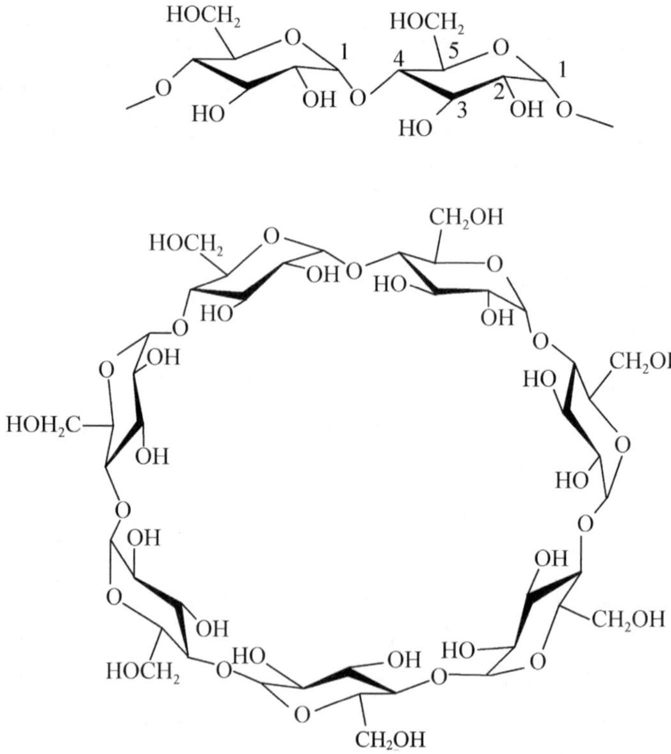


图 5-21-1　环糊精的分子结构

侧，与酶所具有的微环境十分相似。由于空穴本身疏水，所以能从水溶液中抽提有机分子，并将其束缚到空穴中，这一现象类似于酶将其底物束缚到空穴里。环糊精对分子的束缚也有选择性，被束缚的分子要有适当形状，并具有疏水性。当一个与空穴相适应的疏水性分子遇到它时，则进入环糊精分子的空穴中“契合”。

### 21.1.3.1 α-胰凝乳蛋白酶的模拟酶

α-胰凝乳蛋白酶的模拟酶是一个较成功的例子。该酶的活性中心由 102 位天冬氨酸的羧基、57 位组氨酸的咪唑基和 195 位丝氨酸的羟基组成所谓的电荷中继系统，在催化底物水解时起关键作用。模拟酶用β-环糊精组成基本骨架，用以“固定”底物，并在环糊精上引入邻硫代咪唑代苯甲酸的侧链，故命名为β-benzyme。利用环糊精上原有糖基所含有的羟基，也形成了羧基-咪唑基-羟基的电荷中继系统（图 5-21-2）。该模拟酶催化芳香酰乙酯类水解的速率达到与天然酶同一数量级，$K_m$ 分别为 $13.3\times 10^{-5}$ mol/L 及 $4.0\times 10^{-5}$ mol/L，转换率分别为 $0.011/s^{-1}$ 及 $0.028/s^{-1}$，可加热至 80℃而保持活力，并且在 pH 2～13 时也不至于造成酸、碱失活。

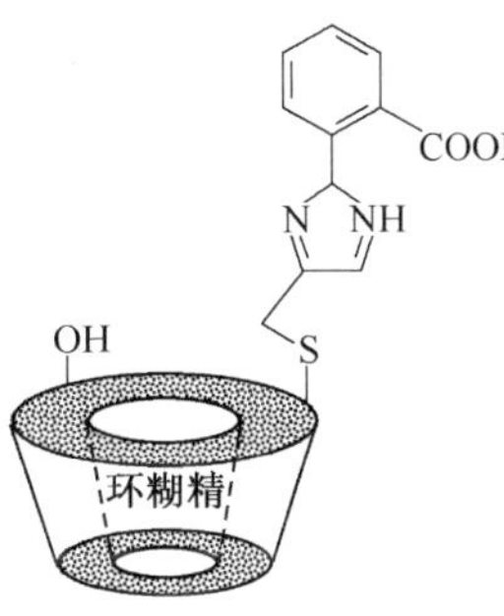

图 5-21-2　α-胰凝乳蛋白酶的模拟酶

### 21.1.3.2 核糖核酸酶模拟

核糖核酸酶有 2 个组氨酸咪唑基及 1 个质子化的赖氨酸氨基处于活性中心，催化 RNA 的磷酸酯键水解：2 个咪唑基交替起着一般的酸和碱的作用，使离去基团质子化或增加亲核性。

有人设计合成了两种环糊精 A、B 模拟酶（图 5-21-3）用来催化环状磷酸二酯的水解：当底物在碱性条件下水解时，同时产生 P1 和 P2 两种产物，而在模拟酶 A 催化下水解反应只生成产物 P2，模拟酶 B 催化 F 水解反应只生成产物 P1。这里环糊精底物复合物的几何形状和催化基团所处的位置对反应的选择性起了决定性的作用。两种模型的活性均呈现在 pH 6 左右的最佳值，说明其中的一个咪唑基以碱的形式参与反应，而另一个咪唑基则以质子化形式参与反应，这与天然酶的作用机制一致。

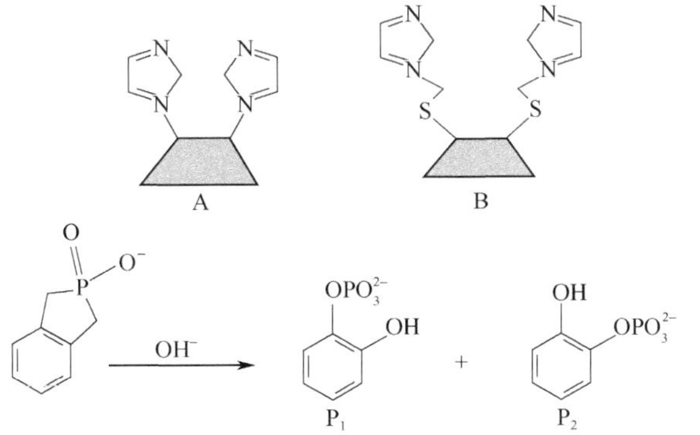

图 5-21-3　核糖核酸酶模拟酶及碱催化环磷酸二酯的水解

21.1.3.3　转氨酶的模拟

磷酸吡哆醛和磷酸吡哆胺是许多涉及氨基酸代谢酶的辅酶。其中重要的是转氨酶催化的酮酸与氨基酸之间的相互转化。吡哆醛（胺）本身也能实现转氨作用，但由于辅酶本身无底物结合部位，反应速率远不如酶存在时快。显然，有效的转酶模型除了具有辅酶外，还应有特定的结合部位，这种结合部位能够选择性地与底物形成复合物。

1980年报道了第一个人工转氨酶模型（图5-21-4），吡哆胺与环糊精结合，结果转氨基的速率比吡哆胺单独存在时快200倍，而且表现出良好的底物选择性。环糊精空腔能稳定结合类似亚胺中间体的过渡态是提高速率的关键。由于环糊精本身具有手性，所以氨基酸产物应该具有光学活性。事实上，产物中 *D* 型和 *L* 型异构体含量确实不同，说明该人工酶有一定的立体选择性。在模拟酶A的基础上再引入催化基团乙二胺得到模拟酶B，该模拟酶不仅反应速率提高2000倍以上，还为氨基酸的形成创造了一个极强的手性环境。

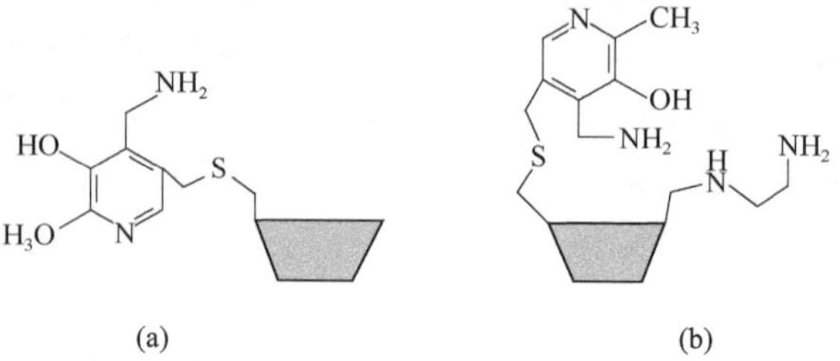


图5-21-4　转氨酶模拟酶A（a）和模拟酶B（b）

## 21.2　抗体酶

### 21.2.1　抗体酶的基本概念

抗体酶也称为催化抗体，是一类免疫系统产生的、具有催化活性的抗体。这种兼具抗体和酶的性质的崭新物质，是由 P. G. Schultz 和 R. A. Lemer 于1986年首次发现的。短短十几年，抗体酶已显示出在许多领域的潜在应用价值，一直是科学界高度关注的对象。研究的范围不断拓宽，研究的成果层出不穷，采用的技术日益先进。它集生物学、免疫学、化学于一身，采用单克隆、多克隆、基因工程、蛋白质工程等高新技术，开创了催化剂研究和制备的崭新领域，使模拟酶的研究水平发生了质的飞跃，预示着在催化化学、反应动力学、医学、制药学等诸多领域的无可限量的应用前景。

抗体与酶都是高分子物质，在漫长的进化过程中形成了各自不同的使命。尽管它们的结构不同，但却具有两大共性：①都是蛋白质；②都能高选择性、高紧密性地与靶分子结合。抗体特异性地结合抗原并帮助巨噬细胞摄入且摧毁抗原，酶则高选择性地结合化学反应过程中特定结构的物质，大大降低化学反应的活化能，使之在温和条件下高选择性、高效率地催化化学反应。

1946年诺贝尔化学奖得主 L. C. Pauling 提出：酶催化化学反应的原因在于酶与高

能态的过渡态相结合，从而大大降低化学反应的活化能。他还预言：对于某种酶催化的反应，存在着某种稳定的分子，其结构与化学反应的过渡态相似，此过渡态相似物能与酶紧密结合，从而阻止酶催化的反应。在过去的30多年中，大量这样的过渡态相似物已经合成出来，并实实在在地作为酶催化反应的阻止剂。受Pauling理论的启发，W. Jencks于1969年提出：抗体若能与化学反应的过渡态结合，则这样的抗体必具有催化性能。以此推理，抗体若能与过渡态相似物结合，则它也会与化学反应过程中的过渡态结合，这样的抗体也具有催化性能。

1989年发现了在生物体内存在的具有催化作用的自身抗体Ig，其为分子质量为150 kDa的免疫球蛋白，应用反相高效液相色谱、木瓜蛋白酶水解和重原子标记等手段证实了自身抗体酶的Fab片段能结合促肠血管收缩多肽的第16位谷氨酰胺和第17位甲硫氨酸，使其水解。也从多种自身免疫病患者的血清中得到了能催化DNA断裂的自身抗体酶，该类抗体酶在长度上与IgG和IgM相符，并能和抗IgG抗体结合，在较宽的pH范围内都有水解活性，对DNA的降解模式与DNase Ⅰ不同。甲状腺炎患者的血清中也存在具有催化作用的自身抗体，该抗体酶能水解三肽——甲基香豆素酰胺(MCA)，通过对底物Pro-Phe-Arg-MCA的水解研究，发现催化部位在抗体与底物的结合部位。更重要的是，从正常人体和未免疫小鼠血清中同样可找到这类具有催化作用的自身抗体。这些现象提示了在生物体内也存在的具有催化作用的抗体并非都来自自身免疫病，在正常个体内也存在天然的具有催化作用的抗体。

这类在体内自发存在的催化抗体的发现具有十分重要的意义，因为它不仅与疾病相关，可能还参与了生物体内的某些重要或基本的生物学反应，这些在体内存在的催化抗体的研究有可能成为抗体酶研究的一个新的生长点。

## 21.2.2 抗体酶的制备方法

催化抗体通常采用诱导的方法，即采用单克隆技术获得。因为过渡态极不稳定，是一种稍纵即逝的不稳定结构，其寿命为$10^{-13}\sim10^{-12}$ s，因此不可能用它对动物进行免疫。用一个或极少数的其他原子或原子团取代过渡态的特定原子或原子团，获得在形状、电性、酸碱性等许多方面与过渡态尽可能相似的稳定物质即为过渡态相似物，其分子质量一般小于$10^4$ Da，小于作为引起免疫系统起反应的抗原所需相对分子质量的下限，所以过渡态相似物只能作为半抗原，与载体蛋白一起对动物进行免疫，最常见的载体蛋白包括牛血清蛋白和钥孔血蓝蛋白（keyhole limpet hemocyanin，KLH）。取免疫动物的脾细胞与能在培养液中生长繁殖的骨髓瘤细胞进行融合，经过反复筛选，以获取能产生单克隆抗体的杂交瘤细胞。再把这些细胞单克隆化，用单克隆化的杂交瘤细胞进行单克隆抗体的扩大生产。抗体酶单克隆的筛选方法在不断发展，现有酶联免疫吸附法(ELISA)、竞争性酶联免疫吸附法（competitive ELISA)、催化酶联免疫吸附法(catELISA)及用过渡态类似物短片段进行筛选等多种方法。

产生抗体酶的方法有诱导法、拷贝法、插入法、修饰法和基因工程法。现在用得最多和最普遍的方法是诱导法和基因工程法。

### 21.2.2.1 诱导法

诱导法是选择适当的化学模型物与载体蛋白连接后给动物免疫，通过杂交瘤技术筛选和分离单克隆抗体（图 5-21-5），所得抗体催化效果的好坏很大程度上取决于化学模型物的设计。为了扩展抗体酶催化反应类型，提高催化效率，在半抗原的化学模型物的设计上，可以有意识地在结合位置引入催化基团，如亲核、亲电基团、布朗思特酸、碱及辅基等，对于一些涉及多个过渡态的复杂的生物化学反应，有些辅基的存在是必需的，如细胞色素 P450（铁-血红素辅助因子）、氨基酸氧化酶（黄素辅助因子）、D-氨基酸外消旋酶（磷酸吡哆醛辅助因子）。

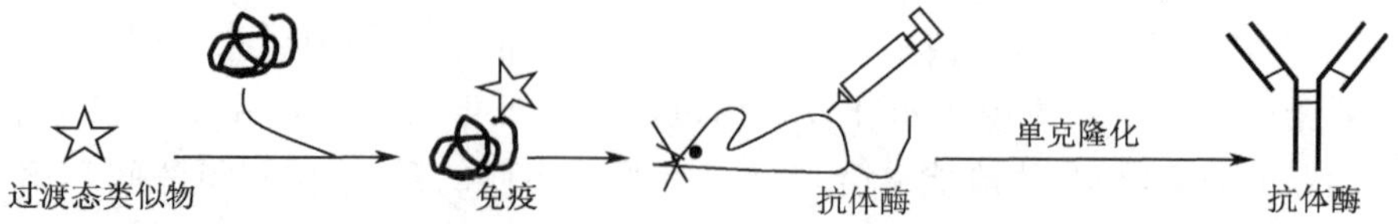


图 5-21-5　诱导法制备抗体酶示意图

K. Shokat 等在设计催化β-消除反应的半抗原时，合成了带正电基团的四级胺正离子的半抗原，利用抗原、抗体之间电荷的互补作用，这些氨基酸残基侧链羧基的负电荷进攻底物上的氢原子，引发底物的消除反应。用该方法所得的抗体酶催化效率高达 $10^8$。

在有机合成及生物合成中，C—C 键的形成是核心问题，生物体内广泛运用的反应是羟醛缩合反应。天然的羟醛缩合酶与底物的反应是通过形成一个底物-酶的中间体，使酶活性部位的赖氨酸与底物的酮基形成希夫碱，降低反应的活化能。有学者合成了双酮基结构的半抗原，其中一个酮基用于诱导抗体赖氨酸的形成，另一个酮基作为辅助基团固定反应产生的希夫碱中间体。诱导产生的抗体酶很大程度上模拟了天然酶参与反应的多步反应机制。

将辅助因子引入至抗体的结合位点，可以使抗体能催化一些新的反应类型，如氧化还原反应和有一定能量要求的水解反应。有人通过设计肽-金属辅助因子缀合物的半抗原，诱导产生的抗体能催化水解 Gly-Phe 肽键。在不同的三价金属复合物的参与下，抗体能够选择性地催化水解化合物中的 G1y-Phe 肽键。

### 21.2.2.2　拷贝法

拷贝法是获得所谓抗独特型抗体酶的一个途径。根据 N. K. Jeme 提出的免疫网络学说，免疫系统产生的抗独特型抗体中的一种——Ab2 β 具有抗原内影像作用，可以在空间结构上模拟抗原决定簇，并可能具有原先抗原的一些性质。根据这一理论，可以设想制备某一个酶的抗独特型抗体，就有可能筛选出模拟酶的抗独特型抗体（图 5-21-6）。

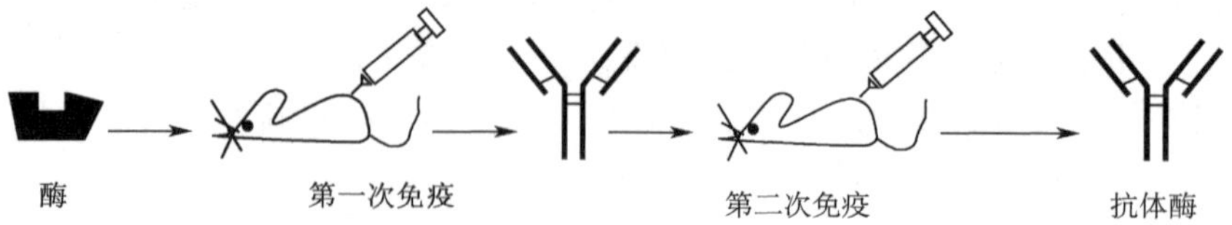


图 5-21-6　拷贝法制备抗体酶示意图

用已知的酶作为抗原免疫动物，通过单克隆技术，制得结合该种酶的抗体；以此种抗体免疫动物，再次采用单克隆技术，经筛选与纯化，就可获得具有原来母酶活性的催化抗体。因为抗原与该抗原产生的抗体具有互补性，经过上述二次拷贝，就把母酶的活性部位的信息翻录到催化抗体上，使该催化抗体能高选择性地催化母酶所催化的反应。这种方法虽然不能产生新的催化反应，但对自然界来源稀少的紧缺酶，不失为一种有价值、有潜力的方法。

利用抗独特型抗体途径可获得抗体酶这一现象，提示了在一些患者体内可能存在有催化作用的抗体。近年来，已在全身红斑狼疮患者的血清中分离出催化抗体，它具有催化水解 DNA 的功能。这提示人们：在具有免疫性缺陷的患者体内存在着催化抗体。诱导人源催化性抗独特型抗体可能会在酶学治疗中具有潜在的应用价值。

#### 21.2.2.3　基因工程抗体酶

通过基因工程、蛋白质工程和化学修饰等方法也可制得催化抗体。首先通过一定途径获得抗体基因，然后将编码的基因转入细菌或酵母的表达系统，采用突变等手段随机产生抗体，经筛选和纯化可得催化抗体。或对抗体进行化学修饰，引入酶的催化基团，从而把抗体改造成催化抗体。用基因工程的方法改造或构建全新的抗体酶是一种很有前途和发展潜力的方法。

对于已产生的单克隆抗体，分析其氨基酸序列或相应基因的碱基序列，对抗体结合部位的基因进行定位突变，在抗体结合部位换上有催化作用的氨基酸，这是用基因工程方法制备抗体酶的主要内容。有学者在催化酯水解时，用分子模拟的方法对单克隆抗体 43C9 的 5 个活性残基 Tyr L32、His L91、Arg L96、His H35 和 Tyr H95 进行了定位突变。发现 His L91 和 Arg L96 突变为谷氨酰胺后，亲和活性不变，催化活性丧失；His H35 突变后，亲和活性和催化活性都丧失；Tyr L32 和 Tyr H95 突变后，催化活性有提高。这些结果表明，His L91 和 Arg L96 正好作用于酯碳羰基，Arg L96 为羰基提供了活性口袋，His L91 提供了亲核基团，而 His H35 为合适的肽链折叠所必需。

基因工程的技术使建立抗体基因的组合文库，并根据需要构建适当序列的基因片段成为可能。特别是噬菌体表面抗体库技术的日趋完善，用基因工程方法制备抗体酶的技术得到越来越多的研究，利用抗体库技术，在将来也许有可能绕过免疫，产生完全由基因工程构建的全新的抗体酶。可以预期，随着科学的不断进步，催化抗体的制备方法将日益先进，多克隆技术、多次免疫和细胞杂交的交替应用，基因工程等都会不断地推陈出新，更方便、更快捷、更廉价的生产技术将会不断涌现。

### 21.2.3　抗体酶催化的化学反应及过渡态类似物

时至今日，已有数百种抗体酶问世，它们结合各自过渡态相似物的能力业已测定，它们的催化性能一般用该抗体酶催化化学反应速率常数 $k_{cat}$ 与没有催化的化学反应速率常数 $k_{cat}$ 的比值 $\pi$ 来衡量，对不同的抗体酶，$\pi$ 的数值不同，大多在 $10^3$ 左右。更有甚者，个别的抗体酶的 $\pi$ 值达 $4.2\times10^8$，完全可以与酶相媲美。

目前研究较多的抗体酶催化的化学反应类型主要有以下几种。

21.2.3.1　酯解反应

磷酸二酯键是较稳定的键，因此，它的水解对抗体酶来说是个挑战。有人利用稳定的五配位氧代铼络合物 A 模拟 RNA 水解形成的环形氧代正膦中间物，产生了一种单克隆抗体 G12，可以催化水解磷酸二酯。

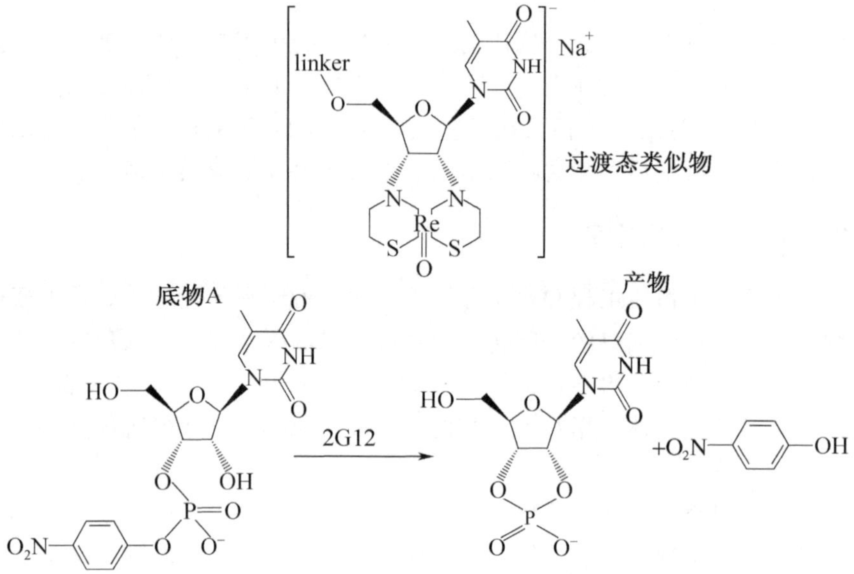


21.2.3.2　氧化还原反应

氧化还原在生物体内十分广泛，如线粒体呼吸链的一系列反应。K. Shokat 测得了氧化态 $K_m$=8 nmol/L、还原态 $K_m$=300 nmol/L 的抗体，使其标准电位为−340 mV。由于黄素还原态的还原范围扩大，使一些原来无法按其还原的物质（标准还原电位差大于无抗体酶催化的黄素标准还原电位差）得以还原。这意味抗体酶可以催化热力学上原来无法进行的反应得以进行。

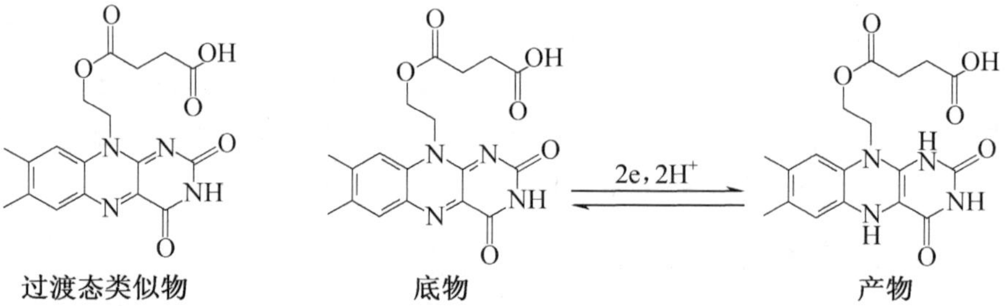


21.2.3.3　重排反应

Claisen 重排是有机化合物异构化的一种重要形式，生物体由一些化合物在光照下发生 Claisen 重排。D. Hilvert 等选用的是一个有椅式构象的氧氮杂双环化合物来模拟由分支酸生成预苯酸这样一个 Claisen 重排反应的过渡态结构。这是首次用抗体酶催化了 C—C 键的生成。

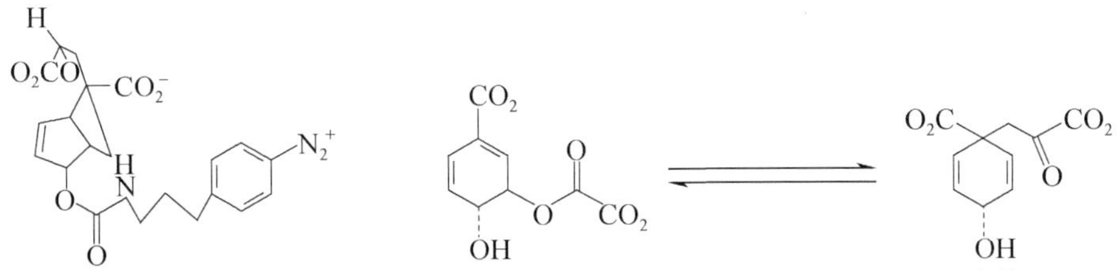

过渡态类似物　　　　底物　　　　产物

### 21.2.3.4　金属螯合反应

金属螯合反应对于辅酶、辅基与酶的结合来说意义重大。P. G. Schultz 等用 G-甲基卟啉诱导产生的抗体可催化平面状卟啉的金属螯合反应，这种抗体不仅可催化 $Cu^{2+}$、$Zn^{2+}$ 和卟啉的螯合，还可催化 $Co^{2+}$、$Mn^{2+}$ 和卟啉的螯合。这意味着可研制抗体-血红素复合物为催化剂催化氧化还原反应。

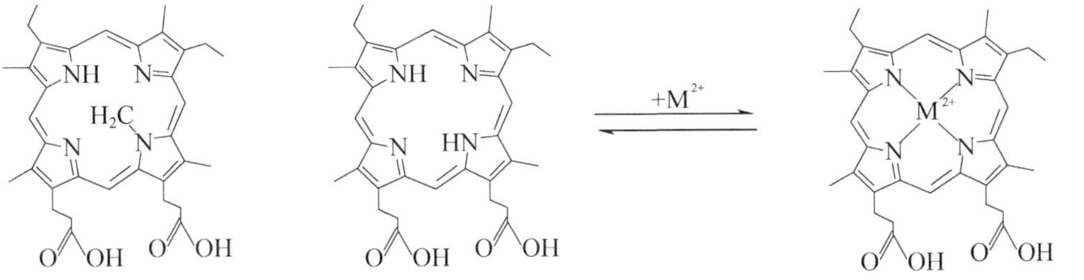

过渡态类似物　　　　底物　　　　产物

## 21.2.4　抗体酶的应用

抗体酶除了具有基础理论研究价值外，还有广阔的应用前景。例如，可以根据人的意愿获得特定功能的酶，如新的蛋白水解酶催化特定的肽键。在医学上可利用抗体酶既能标记抗原靶目标，又能执行一定的催化功能特性，专一破坏病毒蛋白、清除血管凝血块、活化处于靶部位的药物前体、降低药物毒性和增加药物的稳定性等。另外，将具有立体专一性的抗体酶应用于制药工业，有助于避免化学合成中遇到地令人头痛的对映体拆分的难题。抗体酶的固定化已取得初步成功，具有酯解活力的抗体酶已用于生物传感器的制造上。抗体酶也可用于可卡因吸毒患者的治疗，癌症药物的治疗可以减少化学治疗的不良反应。

# 21.3　核酶

核酶是指具有酶的特异性催化功能的一类 RNA。1981 年 T. Cech 等在研究四膜虫 rRNA 时，首次发现 rRNA 中 I 型内含子具有自我剪接功能。1983 年 S. Altman 等在研究细菌 RNase P 时发现，当约 400 nt 的 RNA 分子单独存在时，也能完成切割 rRNA 前体的功能。后来又发现 L-19RNA 在一定条件下高度专一性催化寡聚核苷酸底物的剪接。这一发现突破了蛋白质酶类的传统生物催化剂的概念，使酶类从蛋白质扩展到核酸。这是分子生物学领域的又一重大发现。为此，他们分享了 1989 年度诺贝尔化学奖。1994 年又发现了脱氧核酶，它是一类具有催化活性的 DNA 小分子。

## 21.3.1 核酶的特点

目前已发现的核酶有七大类达数十种，即Ⅰ类内含子（group Ⅰ intron）、Ⅱ类内含子（group Ⅱ intron）、RNase P 的 RNA 亚基（RNA subunit of RNase P）、锤头型核酶（hammer-head ribozyme）、发夹型核酶（hairpin ribozyme）、丁型肝炎核酶（hepatitis delta virus ribozyme）和 VS 核酶（*Neuropora* Varkud satellite ribozyme）。其主要特点有以下几个。① 化学本质是 RNA 或 DNA 小分子，即核酶和脱氧核酶。②具有内切核酸酶活性。它主要通过互补碱基间的亲和力识别并特异性结合底物，因此核酶作用的底物范围远比蛋白酶窄，它能特异性催化 RNA 的切割和/或连接。③按催化类别可分为顺式核酶（催化分子内反应）和反式核酶（催化分子间反应）两类。前者又可分为自我剪接（self-splicing）型和自我剪切（self-cleavage）型核酶。天然存在的核酶大多是顺式核酶，即它催化的反应底物就是它自身，与 RNA 成熟有关。而具有实际应用价值的核酶通常是人工设计的反式核酶，能催化异体靶 RNA 的剪切反应，以阻止特定基因的表达。④核酶结构简单，有一个保守的活性中心以及与底物 RNA 互补的侧翼序列。后者决定核酶的特异性。⑤核酶作为 RNA 小分子，它不会对机体产生免疫反应。因此，核酶不具有免疫原性。

## 21.3.2 核酶的催化类型

核酶的作用可分成剪接反应和剪切反应，故核酶也可分类为相应的剪切型和剪接型。

### 21.3.2.1 剪接反应

**1. Ⅰ类内含子的自我剪接**

1982 年 Cech 等在研究四膜虫前体 rRNA 拼接机制时发现，在没有任何蛋白酶参与下，几秒钟内自动切除含有 413 nt 的间插序列片段（intervening sequence，IVS），并产生成熟的 rRNA，但反应体系需镁离子和鸟苷酸或鸟苷（均需有 3′-OH）参与。通过二次转酯反应完成剪接过程：G-3′-OH 和 U-3′-OH 向 IVS 剪接点进行亲核攻击，IVS 被准确地切开，两段外显子连接在一起，并释放出 5′端带有 G 的线性 IVS（G-IVS，414 nt）（图 5-21-7）。

G-IVS 可通过自身环化和切割去掉 5′端 19 nt 片段后，生成 L-19IVS（395 nt）。L-19IVS 有多种酶的功能，相当于蛋白质催化剂的核苷酸转移酶、磷酸二酯酶、磷酸转移酶、磷酸酯酶和 RNA 限制性内切核酸酶。

（1）转核苷酸作用

CpCpCpCpC ＋ CpCpCpCpC → CpCpCpCpCpC ＋ CpCpCpC

（2）水解作用

CpCpCpCpC → CpCpCpC ＋ pC

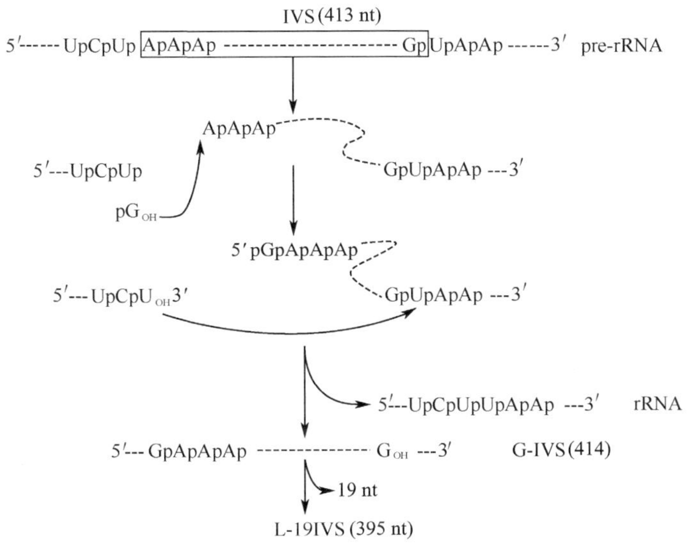

图 5-21-7　四膜虫 rRNA 前体自我剪接反应

（3）转磷酸作用

CpCpCpCpCpCpCp ＋ UpCpU → CpCpCpCpCpC ＋ UpCpUp

（4）去磷酸作用

CpCpCpCpCp → CpCpCpCpC ＋ Pi

（5）RNA 限制性内切核酸酶

—…CpUpCpUpGpN…— →—…CpUpCpUp ＋ GpN…—

用点突变法改变 L-19IVS 催化中心—GGAGGG—序列制备出含—GCAGGG—、—GGCGGG—序列的人工 RNA 催化剂。结果像预期的那样，它们分别限制性降解相应的底物。这不仅证实 RNA 催化剂的活性部位及其底物专一性，而且可人工制造新的 RNA 催化剂，使之具有广泛的应用前景。

**2. Ⅱ型内含子的剪接反应**

Ⅱ型内含子的剪接反应是主要存在于少数真菌线粒体基因内含子、大多数叶绿体基因内含子和植物线粒体基因内含子的剪接反应。Ⅱ型内含子自我剪接需要 $Mg^{2+}$ 参加，但不需要鸟苷酸参与，而是由内含子中腺苷酸的羟基攻击 5′剪接位点，使 5′剪接位点断开，并形成“套索”（lariat）状的中间物，然后是 3′剪接位点断开，两个外显子连接，同时释放出“套索”状的内含子（图 5-21-8）。

上述两类剪接反应有共同的特点：①所有的剪接反应都分两步进行，首先是 5′剪接位点切开，再是 3′剪接位点切开；②所有的剪切-连接反应都是转磷酸酯作用；③在剪接点附近都含有保守的核苷酸序列。

### 21.3.2.2　剪切反应

剪切反应由可分为异体剪切反应和自体剪切反应两种。

**1. 异体剪切反应**

异体剪切反应以其他化合物为作用底物，这些化合物包括 RNA、DNA、糖及氨基

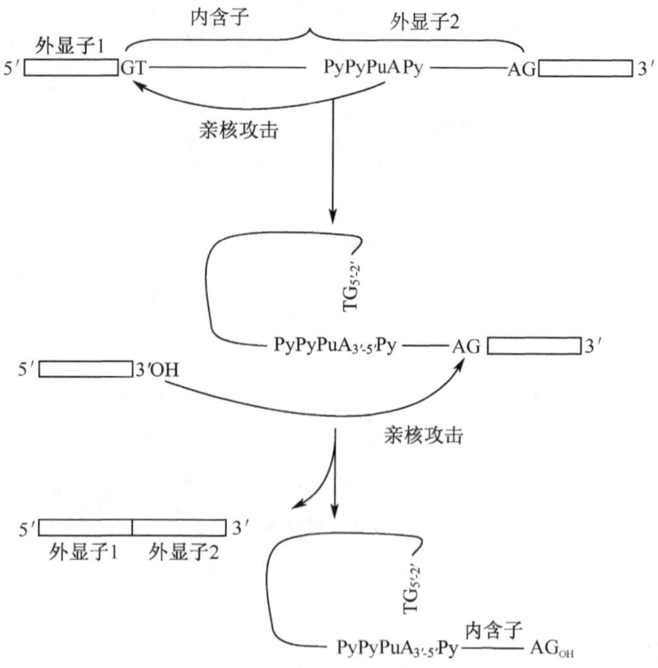


图 5-21-8　Ⅱ型内含子的剪接反应

酸酯等。例如，RNase P 负责催化 tRNA 前体 5′端的成熟。兔肌直链淀粉异构酶中的 RNA 能以淀粉为底物，催化分支反应。人工合成的具有催化功能的 19 寡核苷酸能以人工合成的 24 寡核苷酸为底物进行催化切割。四膜虫核酶的衍生物也可以催化 DNA 的定点切割。下面介绍 RNase P 异体剪切反应。

RNase P 是一种常见的 5′内切核酸酶，负责 tRNA 前体 5′端的成熟。RNase P 分子由两部分构成：蛋白质部分和 RNA 部分。实验证明前者无催化活性，只起分子结构的稳定作用。而后者有催化活性，并证实单独 RNA 部分就可完成催化作用，而且是分子间的催化作用。大肠杆菌中的 RNase P 的 RNA 组分（M1 RNA）在体外高镁离子浓度下，能特异地识别并切割 tRNA 前体 5′端的前导序列，产物为带有 3′-OH 末端的前导序列和 5′-磷酸末端的 tRNA。

根据对原核生物 RNase P 的 RNA 组分结构与功能研究，现已能构建比天然分子小的具有催化 tRNA 前体 5′端的成熟的 RNA 分子。至今尚未测出真核生物 RNase P 的 RNA 组分具有催化活性。

**2. 自体剪切反应**

大多数具有自我剪切能力的 RNA，在完成 RNA 合成的最后一步后，进行自体催化的剪切反应，在 $Mg^{2+}$ 的存在下，在特定的位点自体剪切，产生 5′-OH 和 2′, 3′-环化磷酸二酯末端。这类 RNA 的催化区域很小，不超过 60 nt。在其切点附近形成具有催化能力的特征性的二级结构，如锤头结构（hammer head）、“T”形结构或发夹结构（hairpin）。

（1）锤头结构的自体剪切：锤头结构或“T”形结构包括 3 个螺旋区或茎区

（Ⅰ、Ⅱ、Ⅲ）和 13 个保守核苷酸序列（图 5-21-9框内部分），该保守区是催化中心。许多实验证明，只要满足锤头结构或“T”形结构和 13 个核苷酸的保守序列，剪切反应就会在锤头结构的右上方 GUC 三联体序列的 3′端自动发生。核苷酸 C 可以是 A、U 但不能是 G。后来证明核苷酸数目还可减少，如减去茎区Ⅲ的 GC 对，只要保证锤头结构中其余 11 个核苷酸的序列不变，剪切反应即可进行。整个锤头结构由催化部分（R）和底物部分（S）组成，只有含剪切结构域（GUN，N 可以是 C、U、A）的 RNA 序列才能作为合适的底物。根据两者在锤头结构中的相对位置，各种天然的和人工合成的锤头结构大致有 4 种类型。

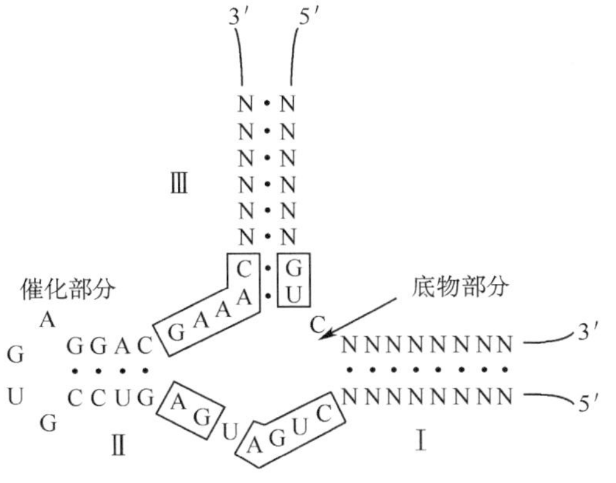

图 5-21-9　锤头结构的核酶

（2）发夹结构的自体剪切：在对烟草环点病毒卫星 RNA 负链（一）sTRSV 催化中心研究的基础上提出发夹结构的自体剪切模型（图 5-21-10）。该模型由 5′端 50 nt 和 3′端 14 nt 的底物 RNA 以二级结构形式折叠而成，含 4 个螺旋区。核酶和底物 RNA 之间的识别区部分 6 nt 和 4 nt（螺旋 1 和螺旋 2）。底物的另 4 个核苷酸环 NGUC 序列，其中保守序列 GUC 是必需的，剪切位点在 N 的 3′侧，而 N 可以是 A、U、G 或C，其活性不变。

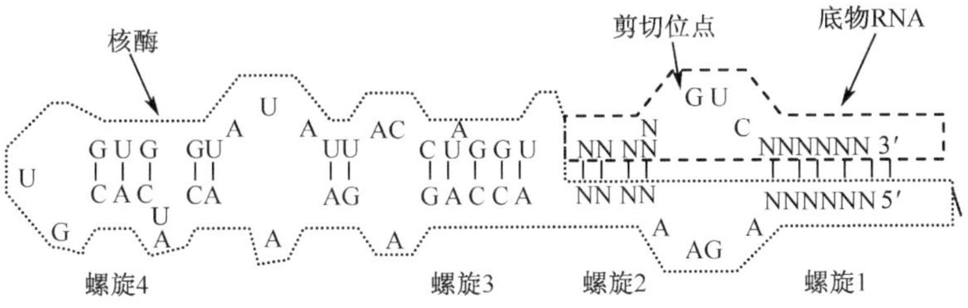

图 5-21-10　烟草环点病毒卫星 RNA 负链的发夹结构

## 21.3.3　脱氧核酶

具有酶活性的 DNA 分子称为脱氧核酶（deoxyribozyme 或 DNAzyme），现已发现的脱氧核酶有 3 种活性：磷酸酯酶活性、连接酶活性和金属螯合酶活性。

N. Carmi 等通过体外选择技术合成了一种依赖 $Ca^{2+}$ 的具有自我切割功能的手枪型二级结构脱氧核酶分子（图 5-21-11）。茎Ⅰ是结合部位，茎Ⅱ是催化部位。结合部位不同的碱基序列可以识别不同的底物；催化部位则相对保守。由于结合部位碱基配对是催化剂识别底物的基础，延长茎Ⅰ序列可以增加酶-底物复合物的稳定性，但序列过长则会造成 DNA 分子自我构建（self-structure），降低茎Ⅱ催化部位的催化活性。主要切割位点在第 14 位，也可能通过氧化切割机制在偏离主要位点的区域进行切割。

S. W. Santoro 和 G. F. Joyce 等通过体外选择技术提出了一种通用于 RNA 切割的

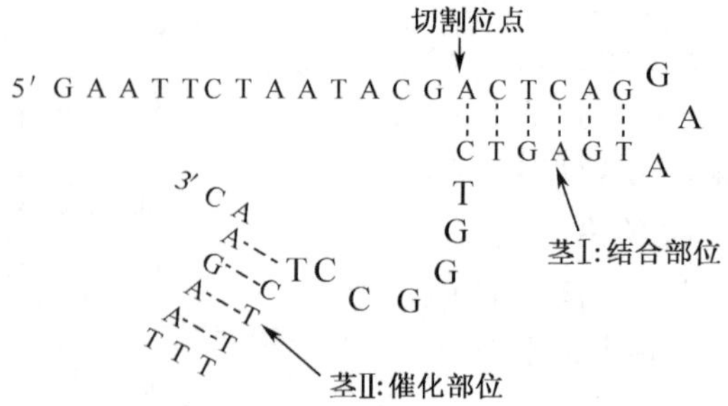


图 5-21-11　手枪型脱氧核酶分子

脱氧核酶分子（图 5-21-12）。它由 15 个脱氧核苷酸构成催化特性结构域，两边分别连有 7 个或 8 个脱氧核苷酸构成的底物识别结构域。RNA 底物通过碱基配对形式与酶结合，未配对的嘌呤和配对的嘧啶残基之间构成特异性磷酸二酯键切割位点。改变识别结构域的 DNA 序列，可作用于不同的靶 RNA 底物。

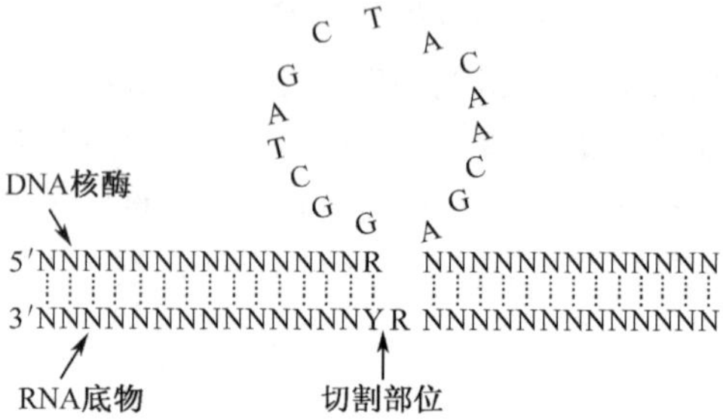


图 5-21-12　10-23 型脱氧核酶分子

R. A 或 G；Y. C 或 U；N. 不同的核苷酸

R. R. Breaker 等提出一种依赖 $Pb^{2+}$ 的脱氧核酶分子结构。与酶结合的底物中有一个核糖核苷酸被多个脱氧核糖核苷酸包住，通过分子内反应在 RA 处反式切割磷酸二酯键。稀土元素镧族离子（铽、铥、镧）可取代 $Pb^{2+}$ 作为辅助因子而发挥作用的机制，表明镧族离子依赖性反映了诸如协作所必要的空间、水合离子的 p*K*a 值及离子路易斯酸性等因素的综合。

B. Cuenoud 等设计了具有连接酶活性的 DNA 分子。47 nt 组成单链 DNA- E47，使 3′-磷酸咪唑基和 5′-羟基在空间上接近，从而连接两个底物 DNA-S1 和 DNA-S2。E47 小的缺失可导致其活性的严重丧失。E47 催化机制是酸碱催化，其中金属离子复合物参与质子转移，但不排除可能存在 pH 依赖的折叠效应等机制。

## 21. 3. 4　核酶的应用

核酶与反义 RNA 和 RNA 干扰一样是一个抑制基因表达的有力工具，具有很大的潜在应用价值。

通过对核酶进行人工设计和改造，人们不仅可以获得自然界罕见的 RNA 限制性内切核酸酶，用于分子生物学研究。而且，由于核酶可以序列特异性地切割靶 RNA，抑制基因表达，特别是使抑制有害基因的表达成为可能。结合一些基因的治疗手段，对遗传病、癌症和病毒性疾病，尤其对我国人民危害极大的病毒性肝炎开展基因治疗，具有十分诱人的应用前景。核酶具有序列特异性，不编码蛋白质而无免疫性，又可重复利用等优点。

乙型肝炎病毒（HBV）为部分双链的 DNA 病毒。其复制过程中有一个从前基因组 RNA 到 DNA 的反转录过程。如果以这段 3.6 kb 的前基因组 RNA 为靶子，设计核酶对其进行降解就可以打断它的生活周期。早在 1992 年 F. Weizsaecker 等就开展了这方面的工作。他们针对 HBV 前基因组 RNA 的一些关键部位设计了 3 个锤头型核酶，与体外转录的全长 RNA 一起放在 50℃温育，丙烯酰胺凝胶电泳显示 RNA 被切割成不同长短的片段，与预期的长度相符。为了排除非特异性切割或 RNA 酶的降解作用，他们还把冷的 RNA 与核酶放在一起，此时就不会出现以上的片段。Weizsaecker 还发现 3 个核酶同时切割的效果明显大于单个核酶的效果，这可以用来对抗病毒的变异。J. Beck 所设计的核酶针对 HBV 前基因组 RNA 的包装信号，它是一个高度保守的、茎环结构的顺式因子，在基因组中出现了两次，它对病毒的包装及反转录都起着很重要的作用。根据这些特点，它被认为是比较理想的靶子。中国科学院上海生物化学研究所郑文超等针对 HBsAg、HBcAg 和 HBeAg 设计了 5 种锤头型核酶，不仅在细胞外，而且首次在细胞内观察到了其对 HBV 的抑制，各抗原及病毒颗粒都明显减少 。

HIV-1 序列常被用作核酶攻击的靶序列来研究，研究频率要远远超过其他病毒，这就使得 HIV-1 成为了抗病毒核酶研究中一个典型的研究例子。迄今为止，几乎所有 HIV-1 的功能片段都用核酶切割过，包括编码区的基因片段和非编码区的信号序列以及 5′和 3′长末端重复区。除了 HIV 外，核酶还用于其他病毒的研究，如 B 型肝炎病毒的活性、C 型肝炎病毒、免疫缺陷病毒、T 细胞白血病病毒、B 病毒等。因此，核酶在病毒基因工程中的作用将不可限量，很可能带来战胜艾滋病的福音。

针对端粒酶 RNA 组分模板区设计合成锤头状端粒酶核酶（teloRZ），构建了 *teloRZ* 基因体外转录质粒 p SPT19-teloRZ 和真核表达质粒 p XJ-neo-teloRZ。用 $T_7/SP_6$ 体外转录系统检测了 *teloRZ* 对端粒酶 RNA 组分的体外切割效率达 60％左右。用脂质体介导法，将 pXJ-neo-teloRZ 导入 HeLa 细胞和裸鼠移植瘤，结果使 HeLa 细胞端粒酶活性降至对照细胞的 11％～12.5％，细胞生长速率明显变慢，传至 19～20 代时出现 95％凋亡。裸鼠移植瘤注射 p XJ-neo-teloRZ 14 天后，端粒酶活性下降 69％，抑瘤率达 62％。实验表明，该核酶可望成为有效的端粒酶抑制剂，在肿瘤治疗中发挥作用。

由于 DNA 和 RNA 既能储存遗传信息又能催化反应，因此生命起源的最新理论强调 DNA 和 RNA 这两类核酸物质的原始作用。比较 DNA 和 RNA 这两类物质的特性，似乎研究早期生命起源 DNA 合成途径更为重要。也许生命的早期起源及生化机制是由核酸（包括 DNA 和 RNA）开端的，其催化对象属于自身催化。我们可以假设，最初的核酸是既能储存遗传信息又能催化反应的，但由于核酸的相对保守性，在漫长的生命进化过程中，核酸（主要是 DNA）只保留了储存遗传信息的功能，而催化反应的功能逐渐被适应性更广、功能更强的蛋白质酶所取代。前述脱氧核酶、核酶和蛋白质酶催化机制的相似性，也许是这一假设的有力证据。

（缪明永）

# 第22章　酶的固定化与酶反应器

酶的固定化研究始于1910年。所谓酶的固定化（enzyme immobilization）就是用固体材料将酶束缚或限制于一定区域内，仍能进行其特有的催化反应，并可回收及重复利用的技术。由于固定化技术的发展，使酶可以和一般催化剂一样反复使用。酶反应器是根据酶的催化特性而设计的反应设备，其目标就是提高生产效率、降低成本、减少能耗和污染，以获得最好的经济效益和社会效益。随着相关关键技术问题的解决，酶反应器技术将在各行各业得到更为广泛的应用。

## 22.1　酶的固定化

### 22.1.1　固定化酶的概念及特点

固定化酶（immobilized enzyme）是指用物理、化学的方法将酶束缚于某一空间内并保持酶的活性。它是20世纪60年代发展起来的一种新的应用技术。

酶在水溶液中不稳定，一般不能反复使用，也不易于产物分离，不利于产物的提纯精制。固定化酶弥补了上述缺点。固定化酶除了仍然保持高度专一、高度催化效率外，在应用性质方面表现出水溶性酶无法类比的优点。

（1）有一定的机械强度且稳定性好，催化剂与系统分相，可用搅拌或装柱方法作用于底物溶液，可采用不同类型反应器，使反应过程管道化、连续化、自动化，从而推动酶的工业应用。

（2）固定化酶在使用前可充分洗涤去除杂质，在反应中酶与产物自然分开，所以产物易提纯，收率高；在反应后，酶可方便地从反应液中分离出来重复使用，比较经济。

（3）酶固定化后，稳定性大为提高，可较长期使用与储藏（一根酶柱可连续使用几十次而活力无明显下降），并可以再生。

### 22.1.2　固定化酶的制备

迄今为止，几乎没有一种固定化技术能普遍适用于每一种酶，特定的酶可以根据特殊的应用目的，从多种方法中选择。目前建立了多种固定方法，大致可分为4类(图5-22-1)。

**1. 吸附法**

将酶液与具有活泼表面的吸附剂接触，在经洗涤除去不吸附的酶便能制得固定化酶。这是一种最简单的固定化酶技术。例如，将10 ml 2%（$m/V$）的葡萄糖淀粉酶在pH 4.8、30℃条件下以活性炭为吸附剂，搅拌15 min后过滤除去滤液，所得酶-吸附剂结合物，经洗涤即可得固定化葡萄糖淀粉酶。

吸附法的载体可分为：物理吸附法的载体包括高岭土、磷酸钙凝胶、多孔玻璃、氧化铝、硅胶、羟基磷灰石、活性炭、纤维素、胶原、淀粉等；离子吸附法的载体包括羧

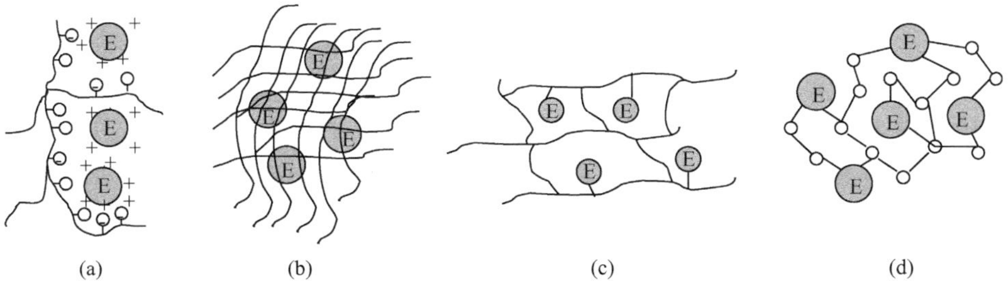


图 5-22-1　固定化酶的模式

(a) 吸附；(b) 包埋；(c) 共价结合；(d) 共价交联

甲基纤维素、DEAE 纤维素、DEAE-Sephadex、合成的大孔阳离子和阴离子树脂等。在吸附法中，酶蛋白与载体间的结合力大多较弱（离子键、疏水键、范德华力等），某些情况下酶的非专一性吸附会引起其部分或全部失活。因此，好的吸附剂应当对酶具有高度亲和力，吸附容量大，而又最不会引起酶失活，同时吸附剂不应吸附反应产物和酶抑制剂。

世界上第一个获得工业规模化应用的固定化酶是 DEAE-Sephadex A-25 吸附的氨基酰化酶。后来又获得大规模应用的有 DEAE-纤维素吸附葡萄糖异构酶（生产高果糖浆）、膨润土和硅藻土吸附的青霉酰胺酶等。目前对一些吸附材料不断研究改进后其吸附固定化效率和固化酶性质不断提高。例如，2013 年王苗苗等以介孔 $SiO_2/Fe_3O_4$ 磁性中空微球作为载体，采用物理吸附法对漆酶进行固定化，考察了时间、温度和 pH 对漆酶固定化效果的影响，并对固定漆酶的活性及稳定性进行了研究。结果表明，介孔 $SiO_2/Fe_3O_4$ 磁性中空微球吸附漆酶分子后 3 h 时复合微球对漆酶的吸附达到平衡，复合微球中介孔 $SiO_2$ 对漆酶的有效固定量为 689 mg/g，大大高于纯介孔材料 MCM-41 的漆酶固定量（319 mg/g）。在 pH 为 3～6 的条件下，复合微球中固定漆酶仍保持 70%以上的相对酶活。当温度不高于 60℃时，固定漆酶的相对酶活仍保持 65%以上。固定漆酶的 pH 稳定性和热稳定性都明显优于游离漆酶，固定漆酶的米氏常数为 1.05 mmol/L，与游离漆酶相比，固定漆酶与底物的亲和力有所降低。2，4-二氯苯酚的浓度为 10 mg/L 时，定漆酶对其去除率在 6 h 时达到 81.6%。

**2. 包埋法**

包埋法是将酶物理包埋在高聚物内的方法。此法对大多数酶都适用。但缺点是只有小分子底物和产物可以通过高聚物网架扩散，对那些底物和产物是大分子的酶并不合适，因为高聚物网架或半透膜对大分子的扩散阻力导致固定化酶动力学行为改变、活力减低。包埋法分为以下几种。

（1）凝胶包埋：即将酶分子包埋在高聚物网格内。通常的做法先把单体、交联剂和酶液混合，然后加入聚合催化系统使之开始聚合，结果在酶分子周围形成交联的高聚物网络。常用聚丙烯酰胺、淀粉、硅胶、血纤维、胶原、聚乙烯醇、硅橡胶、海藻酸盐、卡拉胶等。例如，2013 年吴惠玲等以海藻酸钠浓度、氯化钙浓度、酶液与载体溶液体积比及固定时间为因素，优化中性蛋白酶固定化工艺，并将固定化中性蛋白酶凝胶颗粒应用于传统高盐稀态酱醪发酵，以缓解高渗透压环境对酶的胁迫作用，提高蛋白质利用率，缩短酿造周期。采用0.007 mmol/L海藻酸钠、0.27 mmol/L氯化钙，酶液与载体溶液体积比为12∶30，固定2 h，固定化凝胶颗粒最稳定，相对酶活力最高。酱醪蛋白质转化率显著高于游离酶组。

（2）微囊法：其原理是用各种类型的半透膜将酶封装起来。这类膜能使分子底物和产物通过膜，而酶和其他高分子不能通过。典型的例子是将酶封装在胶囊、脂质体和中空纤维中。胶囊和脂质体适于医学治疗，中空纤维包埋适于工业使用。

**3. 共价结合法**

共价结合法就是使酶蛋白分子上的功能基团（如—$NH_2$、—COOH、—OH、—SH、苯环、咪唑基和吲哚基等）与固相支持物表面上的反应基团之间形成共价键连接。该法是固定化酶研究中最活跃的一大类方法。要使载体与酶形成共价键，必须首先使载体活化，即借助于某一方法，在载体上引进某一活泼基团，然后此活泼基团再与酶分子上的某一基团反应，形成共价键。载体活化方法很多，其中常用的有重氮法、叠氮法、溴化氢法、烷基化法等。

（1）重氮法：是将载体上的芳香族氨基在稀盐酸和$NaNO_3$存在下进行反应生成重氮衍生物，是载体引进了活泼的重氮基团，然后与酶分子中的游离氨基、咪唑基、酚基等反应得到固定酶。

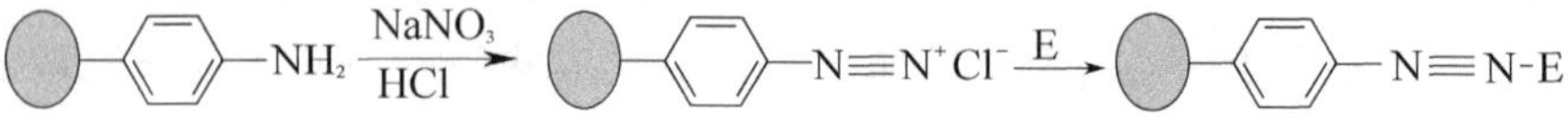


（2）叠氮法：这是含有羧甲基、羧基、羟基的载体常用反应。以羧甲基纤维素为例，可先在酸性条件下用甲醇酯化，生成羧甲基纤维素甲酯，然后与肼反应生成羧甲基纤维素的酰肼衍生物。该衍生物可用亚硝酸反应生成羧甲基纤维素的叠氮衍生物。最后活泼的叠氮基团与酶分子中的氨基形成肽键，使酶固定化。此外，叠氮基团还可与酶分子的羟基、巯基等反应。

$$\underset{\text{(CMC)}}{R-O-CH_2-\overset{\overset{\displaystyle O}{\|}}{C}-OH}+CH_3OH\longrightarrow \underset{\text{(CMC 甲酯)}}{R-O-CH_2-\overset{\overset{\displaystyle O}{\|}}{C}-OCH_3}+H_2O$$

$$R-O-CH_2-\overset{\overset{\displaystyle O}{\|}}{C}-OCH_3+NH_2NH_2\longrightarrow \underset{\text{(CMC 酰肼衍生物)}}{R-O-CH_2-\overset{\overset{\displaystyle O}{\|}}{C}-NHNH_2}+CH_3OH$$

$$R-O-CH_2-\overset{\overset{\displaystyle O}{\|}}{C}-NHNH_2+HNO_2\longrightarrow \underset{\text{(CMC 叠氮衍生物)}}{R-O-CH_2-\overset{\overset{\displaystyle O}{\|}}{C}-N_3}+2H_2O$$

$$R-O-CH_2-\overset{\overset{\displaystyle O}{\|}}{C}-N_3+H_2N-E\longrightarrow \underset{\text{(固定化酶)}}{R-O-CH_2-\overset{\overset{\displaystyle O}{\|}}{C}-NH-E}$$

（3）溴化氢法：该法是最常用的方法，通过溴化氢活化多糖（纤维素、葡聚糖凝胶和琼脂糖）再与酶连接，尤其是溴化氢活化的 Sepharose 已在实验室广泛用于制备固定化酶及亲和层析的吸附剂。凡是有羟基的高聚物都能应用此法。其原理是含羟基载体用溴化氢活化生成亚氨基碳酸衍生物，再在微碱性的条件下，与酶分子上的氨基反应，制成固定化酶。

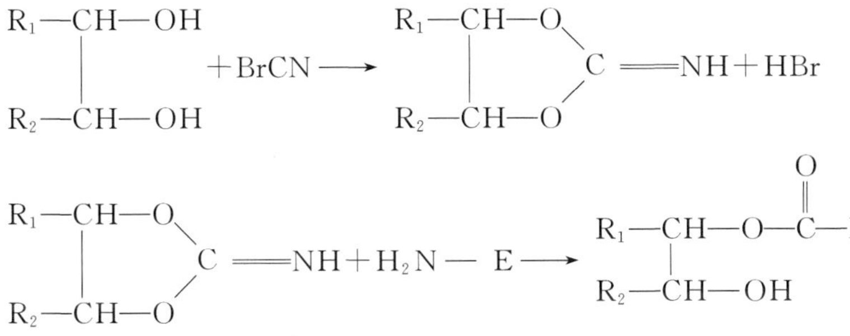

**4. 共价交联法**

共价交联是指酶分子和多功能试剂之间形成共价键得到三向的交联网架结构。用多功能试剂进行酶蛋白分子之间的交联，除了酶分子交联外，还存在一定程度的分子内交联。最常用的交联剂是戊二醛，它有两个醛基，它们均可与酶蛋白的游离氨基反应，形成 Schiff 碱，从而使酶分子交联。一般认为交联的机制是：戊二醛先自身交联形成多聚戊二醛，再与酶蛋白上的氨基发生交联反应。例如，2013 年王周利等以戊二醛为交联剂，壳聚糖为载体，优化脂环酸芽孢杆菌 α-葡萄糖苷酶的固定化条件，探讨固定化对酶性质的影响。当戊二醛浓度为 0.2 mol/L、戊二醛交联时间为 12 h、交联 pH 为 7.5 和交联温度为 15℃时，酶的固定化效果最佳。此时，固定化酶的最适 pH 为 4.5，最适反应温度为 55℃，在 pH 为 4.5～8.0 时活性不受损失。当温度为 65℃时，固定化酶的活力接近 100%。酶储存 3 周以上，可以保持 80%以上的活力。重复使用 6 次后，酶活力保持在 80%左右，说明固定化酶优化了游离酶的部分酶学性质。

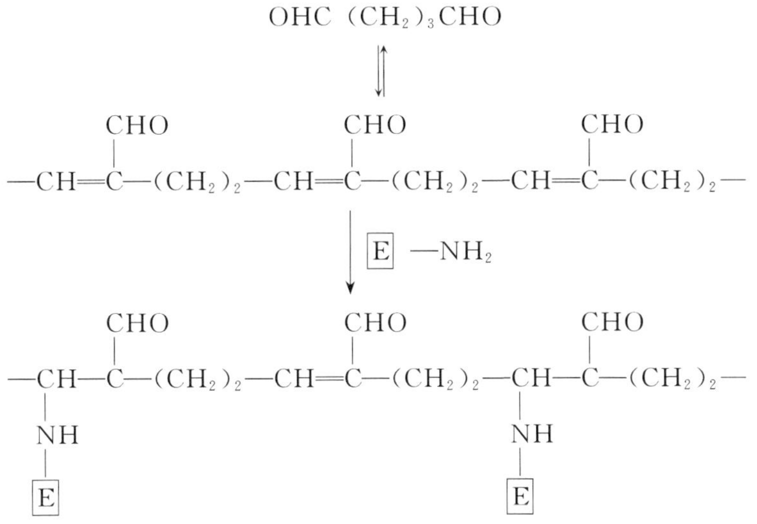

上述 4 种方法各有利弊。包埋、共价交联和共价结合 3 种方法结合力强，但不能再生、回收；吸附法制备简单、成本低，能回收再生，但结合差，易受离子强度和 pH 变

化的影响，但在使用价格较高的酶与载体时可行；包埋法各方面较好，但不适于大分子底物和产物。

### 22.1.3 酶的定向固定化技术

固定化酶在工业、临床、分析和环境保护等方面有着广泛的应用。但是，在大多数情况下酶固定化以后活性部分失去，甚至全部失去。一般认为，酶活性的失去是由于酶蛋白通过几种氨基酸残基在固定化载体上的附着造成的。这些氨基酸残基主要有赖氨酸的 ε-氨基和 N 端氨基、半胱氨酸的巯基、天冬氨酸和谷氨酸的羧基和 C 端羧基、酪氨酸的苯羟基及组氨酸的咪唑基。由于酶蛋白多点附着在载体上，引起了固定化酶蛋白无序的定向和结构变形的增加［图 5-22-2（a）］。近年来，国外的研究者在探索酶蛋白的固定化技术方面已经寻找到了几条不同途径，使酶蛋白能够以有序方式附着在载体的表面，实现酶的定向固定化［图 5-22-2（b）］，而使酶活性的损失降到最低程度。

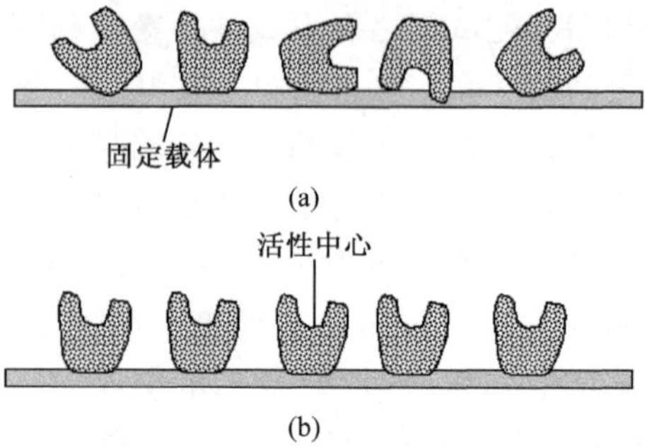


图 5-22-2 酶蛋白的固定化

（a）无序固定化；（b）定向固定化

这种定向固定化技术具有以下优点：① 每一个酶蛋白分子通过其一个特定的位点以可重复的方式进行固定化；②蛋白质的定向固定化技术有利于进一步研究蛋白质结构；③这种固定化技术可以借助一个与酶蛋白的酶活性无关或影响很小的氨基酸来实现。目前，文献中涉及的定向固定化方法有如下几种：① 借助化学方法的位点专一性固定化；②磷蛋白的位点专一性固定化；③糖蛋白的位点专一性固定化；④抗体（免疫球蛋白）的位点专一性固定化；⑤利用基因工程的位点专一性固定化。这种有序的、定向固定化技术已经用于生物芯片、生物传感器、生物反应器、临床诊断、药物设计、亲和层析及蛋白质结构和功能的研究。

融合蛋白技术的发展为酶固定空间取向的控制提供了新的方法。FMN：NAD（P）H 氧化还原酶［FMN：NAD（P）H oxidoreductase］和荧光素酶（luciferase）是催化细菌生物发光的两种酶。D. J. Min 等将生物素羧化载体蛋白（biotin carboxy carrier protein，BCCP）分别融合在荧光素酶和 FMN：NAD（P）H 氧化还原酶的 N 端，通过生物素和亲和素（avidin）的相互作用，将这两个体内生物素化的融合蛋白定向固定在亲和素包被的琼脂糖颗粒上，在低酶和高 NADH 浓度的条件下，定向共固定酶的生物发光能力是游离酶的 8 倍，同时，其稳定性也大大提高。1997 年 M. Hengsakul 等在大肠杆菌碱性磷酸酶的 C 端融合了一个含有 10 个氨基酸的短肽——链霉结合肽（streptag），获得 EAP-streptag 融合蛋白。通过链霉结合肽与链霉亲和素（streptavidin）的特异结合，使酶分子按一定的空间取向固定在链霉亲和素包被的羧甲基葡聚糖（carboxymethylated dextran，CMD），最大限度地保持固定化酶的活性构型。2000 年邵文海等通过基因操纵，在链霉结合肽与酶分子之间插入一小段亲水肽作为连接臂，以增加酶分子与载体间的距离，减少空间位阻。固定后，该融合蛋白的回收活力是不加连接臂同样酶蛋白的 8.4 倍。

此外，还可以通过分子对接模型筛选出小分子亲和培养基进行定向固定。2013 年白姝等在胰蛋白酶三维结构的基础上，首先利用分子对接从 Zinc 数据库中筛选获得了与胰蛋白酶具有较高亲和性的小分子配基 2-硝基苯基-β-D-葡糖苷，制备了偶联有该配基的亲和载体，进行了胰蛋白酶的定向固定化，并考察了该固定化酶的活性。研究结果表明，利用修饰 2-硝基苯基-β-D-葡糖苷配基的亲和载体固定化胰蛋白酶的酶活达 340.8 U/g、比活达 300.3 U/mg，分别是未修饰亲和配基载体的 10 倍和 5 倍，具有明显的优势。上述结论证明了结合分子对接和分子动力学模拟理性设计定向固定化亲和配基的方法是可行的，具有一定的理论价值和实用价值。

## 22.1.4 固定化酶应用

固定化酶在工业、医药及基础研究等方面有广泛用途，现着重介绍其在医药方面的运用。

**1. 药物生产**

医药工业是固定化酶运用的比较成功的一个领域。例如，酶解法水解 5′-核苷酸，将 5′-磷酸二酯酶做成固定化酶来水解 RNA 制备 5′-核苷酸，比用液相酶提高了 15 倍。固定化青霉素酰胺酶能连续制造 6-氨基青霉烷酸（是半合成青霉素的重要原料）。

**2. 医疗方面**

*L*-天冬酰胺酶固定化酶用于治疗癌症，避免 *L*-天冬酰胺酶进入体内产生抗体，出现休克。制造新型的人工肾，这种人工肾由微囊的脲酶和微胶囊的离子交换树脂的吸附剂组成。前者水解尿素产生氨，后者吸附除去产生氨。目前，具有部分器官机能的高效人器官正成为人们研究固定化酶的努力方向。

**3. 诊断和分析**

酶的专一性可以使酶在一个复杂体系中不受其他物质干扰，准确地测出某一物质含量。目前已将酶学分析法运用于化学分析和临床诊断等方面。

（1）酶试纸的应用。例如，将葡萄糖氧化酶、过氧化物酶和邻联甲苯胺等固定在纸片上，就可制成检糖试纸。

（2）酶分析柱。例如，乳酸脱氢酶用聚丙烯酰胺凝胶包埋固定化，制成非常稳定的酶柱，用于乳酸定量测定。

（3）酶管。酶管是将酶直接共价结合于尼龙管或聚苯乙烯管内壁。将待测溶液通过酶管后，生成的产物可以在自动化分析系统中连续测定，如脲酶、葡萄糖氧化酶等酶管。

（4）酶电极。它能使酶分析进展到高度简便化、自动化、微型化和连续化，是固定化酶研究和应用最活跃的领域之一，如脲酶电极测定尿素、葡萄糖氧化酶电极测定葡萄糖、乳酸脱氢酶电极测定乳酸、青霉素酶电极测定青霉素等。

## 22.2 酶反应器

近年来，在食品工业出现了一种神奇的反应器，人们把味道不怎么甜的葡萄糖浆从这种反应器中通过，不需加温、加压，流出来的糖浆就变得甜得多了，甚至比蔗糖还甜。这种反应器的魔力在于其中固定有一种功能独特的生物催化剂——葡萄糖异构酶。这种酶能使葡萄糖分子变成果糖。果糖的甜度大大高于葡萄糖。葡萄糖浆从反应器通过后，一部分变成果糖，从而提高了甜度。这种糖浆称为高果糖浆。目前，高果糖浆已成为食品工业大量采用的甜味剂，尤其可乐型饮料普遍用高果糖浆作为原料，美国可口可乐公司已有50%左右的甜味剂是高果糖浆。

近年来，人们又发现，在从生物细胞提出而后又经纯化、固定化的一系列过程中，酶的结构会受损坏而使其催化活力下降，因为酶毕竟是由十分脆弱的蛋白质构成的。于是又产生了新的思路，让酶就在细胞中待着，而把整个细胞固定起来，形成固定化细胞，并由此组成反应器，让酶就在细胞中发挥作用。固定化细胞反应器在实用中获得了成功，取得了意想不到的良好效果。因为有些生产流程需要多种酶连续作用，而有些细胞中存在的多酶体系恰好满足了这种要求，于是本来要多个反应器的多步反应，一步即可完成了。例如，用固定化短杆菌细胞可以连续地从石油化工的中间体丙烯腈直接生产丙烯酰胺。

### 22.2.1 生物传感器

#### 22.2.1.1 生物传感器的原理

传感器是一种信息检测、传输的器件。以前，传感器中的敏感材料是由各种电子元器件组成的。现在，利用生物体的特殊功能与相应的物理、化学检测器件相结合，便组成了生物传感器（图 5-22-3）。待测物质经扩散作用进入固定化生物敏感膜层，经分子识别，发生生物学反应，产生的信息继而被相应的化学或物理换能器转变成可定量和可处理的电信号，再经二次仪表放大并输出，便可知道待测物浓度。

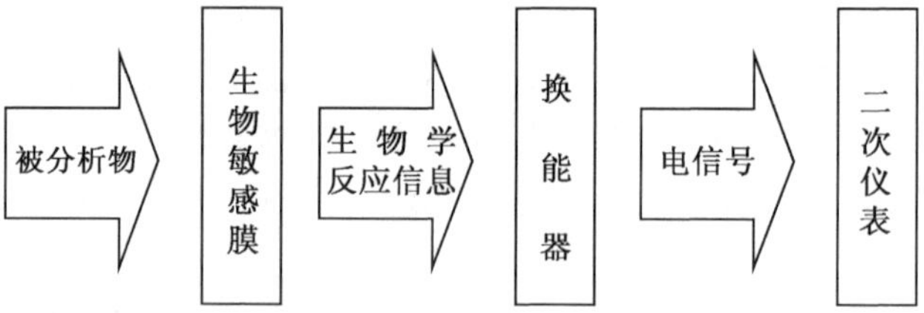


图 5-22-3 生物传感器的传感原理

#### 22.2.1.2 生物敏感膜

生物敏感膜又称为分子识别元件，是生物传感器的关键元件，它直接决定传感器的功能与质量。依所选材料不同，可以有酶膜、全细胞膜、组织膜、细胞器膜、微生物膜、免疫功能膜和杂合膜等，各种膜的内容物见表5-22-1。

**表5-22-1 生物传感器的分子识别元件**

| 分子识别元件 | 生物活性材料 |
|---|---|
| 酶膜 | 各种酶类 |
| 全细胞膜 | 细菌，真菌，动物、植物细胞 |
| 组织膜 | 动物、植物组织切片 |
| 细胞器膜 | 线粒体、叶绿体 |
| 微生物膜 | 微生物 |
| 免疫功能膜 | 抗体、抗原、酶标抗原等 |

上述是采用固定化技术制作的人工生物膜而不是天然生物膜（如细胞膜）。

### 22.2.1.3 生物传感器的种类与应用

电极型生物传感器用的电化学器件为离子电极，信号变换形式为电（电流或电位）。它分为酶传感器、微生物传感器、免疫传感器和细胞器传感器等。

**1. 酶传感器**

20世纪60年代末期，美国科学家首先研制成功第一个生物传感器——酶传感器（简称为酶电极）。它以酶作为识别元件，检测葡萄糖的浓度。将葡萄糖氧化酶固定在氧电极上，在酶膜上的葡萄糖和氧作用生成葡萄糖酸，同时，使氧电极的输出电流相应地减少。这一平衡电流的减少与血液中葡萄糖的浓度在一定的范围内成正比。这样，通过血液或尿中葡萄糖含量的测定来判断被测定者是否患有糖尿病。

如果将葡萄糖酶换成胆固醇酶，酶电极就可以通过测定血液中胆固醇成分的含量，判断被测定者是否患有心血管病。目前，测定葡萄糖、尿素、尿酸、乳糖、过氧化物和乳酸等的酶传感器已进入了实用阶段，并在临床化学分析和食品分析中推广应用。

近几年来，酶传感器已发展到高效率、高灵敏和微型的开发阶段。日本制成多功能生物传感器，它能测定血液和尿中的各种物质，如糖、蛋白质和胆固醇等。英国科学家研制了一种如同一支钢笔大小的酶传感器，它可在瞬间测出汽车驾驶员血液中的酒精含量，从而大大方便了警察的执法。日本九州大学的科研人员研制出比人的舌头还要灵敏10倍的味觉传感器。利用传感器产生不同的电位差，从电位差的变化可了解产生味道的浓度。

**2. 微生物传感器**

若将微生物膜贴在电极表面，即形成微生物传感器，它也称为微生物电极。利用微生物的生理特性，在发酵过程中检测乙醇、乙酸、甲酸、谷氨酸和微生物数量，以及在环境保护工作中检测生物化学耗氧量（BOD）。

**3. 免疫传感器**

当传感器的抗原固化膜接触有抗体的血清时，血清中的抗体立即与抗原膜中的抗原结合，从而导致膜电位发生变化，很快由电极输出一个电信号。由于这个电位的变量与抗体量成正比，电极的输出大小就能代表相应的抗体量。这种传感器已应用于检验梅毒病和血型分析等方面。美国研制一种免疫传感器能够测定$10^{-11}$～$10^{-5}$g/ml浓度的甲胎蛋白和人绒毛膜促性腺激素等。

**4. 细胞器传感器**

细胞是体现生命现象的基本结构和功能单位，细胞质内含有一定结构与功能的细胞器。可以利用这些细胞器制成各种用途的传感器，如检测辅酶的线粒体传感器、测量硫氧化物的微粒体传感器。

**5. 热检测型生物传感器**

热检测型生物传感器通常由起催化作用的酶与热敏电阻组成，也称为酶热敏电阻。例如，在酶催化反应或微生物抗原抗体反应时要吸收或放出热量，将这些微小的温度变化通过热敏电阻转换为信号，即可检测被测物的量。这种传感器可用来检测谷氨酸、胆固醇等。由于生化反应所产生的热量极微，要求这种传感器要有极高的灵敏度。目前，世界上已有30多种酶热敏电阻。

**6. 光检测型生物传感器**

某些生物体内的一些特殊物质由于酶的化学激发可伴生发光的化学反应。目前，这类生物体的特殊功能正被研究用于微量生物体成分分析，即生物化学发光分析法。光检测型生物传感器主要由催化生物发光元件与光子计数器组成。元件的作用是激发被测物发光，计数器用于检测发光量大小。该传感器可作超微量生物体成分分析，从而可用于诊断癌症等。

**7. 智能生物传感器**

美国、西欧国家和日本还在积极研制具有综合功能的生物传感器。它可黏附几种不同的生物层于微电子器件的不同部位。这就提供了在同一器件上同时分析多种物质的可能性，从而可以提高传感器诊断的可靠程度。

随着生物传感器多功能化、微型化、集成化的进展，科学家将有可能进一步进行生物相溶性及可控制性传感器与生物智能化复合化传感机制的研究、探索。不久的将来，模仿生物感觉系统的智能生物传感器将会出现。届时，生物传感器将能准确地查出癌细胞，并在食品质量、安全检查和环境污染物质测定等方面发挥更大的作用。

## 22.2.2 酶膜反应器

酶膜反应器把酶促反应与膜的选择性物质传递有效地结合在一起，自20世纪60年代末首次提出了酶膜反应器的概念后，在近40年的时间内，酶膜反应器在生物、医药、石化、食品、环境、农业等许多领域得到了越来越广泛的应用，随着基因工程的发展，酶的催化性能将逐步改善，酶膜反应器的应用领域将会不断拓展。

### 22.2.2.1 酶膜反应器的特点和分类

**1. 酶膜反应器的特点**

(1) 酶促反应呈现出较高的反应速率，更加温和的反应条件和更好的选择性。

(2) 膜作为酶的固定化载体可以使酶在类似生物膜的环境中高效发挥作用。

(3) 反应产物及时从反应区域移出，有效地消除了产物抑制。

(4) 以对流传质代替自由扩散，传质速率得到强化。

(5) 膜可以创造较高的传质面积。

(6) 膜作为相分离器、相接触器，避免乳化和破乳等问题，也摆脱了液泛的限制。

(7) 易于连续化和自动控制，易于与其他过程集成和组合。

(8) 节约设备费用和操作费用。

**2. 酶膜反应器类型**

根据酶的存在状态、液相数目、膜组件型式、膜材料类型、反应与分离耦合方式、传质推动力等的区别，酶膜反应器有不同的分类方法。

(1) 根据酶的存在状态，可以把酶膜反应器分为游离态酶膜反应器中和固定化酶膜反应器。游离态酶膜反应器中酶均匀地分布于反应物相中，酶促反应在等于或接近本征动力学的状态下进行，但酶容易发生剪切失活或泡沫变性，装置性能受浓差极化和膜污染影响显著。固定化酶膜反应器中，酶通过吸附、交联、包埋、化学键合等方式被“束缚”在膜上，酶的装填密度较高，反应器的稳定性和生产能力增加，产品纯度和质量提高，废物生成量减少。但酶往往分布不均匀，传质阻力也较大。

(2) 根据液相数目的不同，可以把酶膜反应器分为单液相（超滤式）酶膜反应器和双液相酶膜反应器。单液相酶膜反应器多用于底物相对分子质量比产物大得多，产物和底物能够溶于同一种溶剂（具有类似的溶解行为）的场合。双液相酶膜反应器多用于酶促反应涉及两种或两种以上的底物，而底物之间或底物与产物之间的溶解行为相差很大的场合。

(3) 根据膜组件的型式不同，可以把酶膜反应器分为板框式、螺旋卷式、管式和中空纤维式酶膜反应器。4 种型式酶膜反应器的差别体现在结构复杂性、装填密度、膜的更换、抗污染能力、清洗、料液要求、成本等方面。

(4) 根据膜材料的不同，可以把酶膜反应器分为有机酶膜反应器和无机酶膜反应器。有机膜材料种类多，制作方便，成本低，但物理化学稳定性差；无机膜材料造价较高，脆性大，弹性小，但物理化学稳定性好，抗污染能力强。

(5) 根据反应与分离的耦合方式的不同，可以把酶膜反应器分为一体式酶膜反应器和循环式酶膜反应器。在前一种应用方式中，系统通常包含一个搅拌槽式反应器加上一个膜分离单元。在后一种应用方式中，膜既作为酶的载体，同时又构成分离单元。

(6) 根据传质推动力的不同，可以把酶膜反应器分为压差驱动、浓差驱动、电位差驱动 3 种酶膜反应器。

另外，还可以根据膜的亲水、疏水性及膜的结构形态（对称膜、非对称膜、复合膜）的不同而有其他分类方法。

### 22.2.2.2 酶膜反应器的应用

目前，酶膜反应器主要用于以下场合：有机相酶催化、手性拆分与手性合成、反胶团中的酶催化、辅酶或辅助因子的再生、生物大分子的分解等。

**1. 有机相酶催化、手性拆分与手性合成**

由于下述原因，有机相酶催化在最近十多年的时间内得到了迅速发展：在有机溶剂中能够发生一些水相中不能发生的酶促反应；酶的底物选择性、立体选择性、化学选择性等发生显著变化；有机溶剂中含水量较少，水解副反应大大受到抑制。有机相酶催化研究最多的是脂肪酶，涉及的反应类型有酯的水解、酯的合成和酯交换等。脂肪酶属于界面活性酶，从而为酶膜反应器提供了应用机会。

根据有机溶剂的不同，酶膜反应器在有机相酶催化中的应用形式有以下 3 种。

(1) 单相体系。在单相体系中，将酶固定在疏水多孔膜上。含有底物的有机溶剂在膜的一侧通入，反应后的产物通过筛分作用通过膜孔达到另一侧。S. W. Tsai 等用 3 种疏水性的高分子膜 HVHP、PTHK 和 PTGC 通过物理吸附法固定脂肪酶，在带有搅拌的扩散反应器中进行了橄榄油水解实验。考察了酶和底物浓度对水解速率的影响，发现酶活性在 6 天左右的时间内急剧下降，判断是由于酶的失活、产物抑制及产物在膜与有机相界面处的吸附所致。

(2) 双相体系。在双相体系中有机相和水相分别在膜的一侧流动。酶游离于其中一相或固定在膜上。该类酶膜反应器又可以称为双液相酶膜反应器、萃取酶膜反应器或多相酶膜反应器。S. L. Matson 在多相酶膜反应器领域开展了不少开拓性工作，如氨基酸拆分、手性药物中间体的合成等。李树本等在碱催化连续原位消旋条件下，利用脂肪酶催化的萘普生甲酯立体选择性反应，动态拆分制备 *S*-萘普生。使用疏水硅橡胶膜隔离酶催化拆分和碱催化消旋反应，解决了常规动态拆分中酶催化剂容易变性失活的问题。为了从水-有机相乳化体系中分离产物以克服产物抑制，将亲水性膜引入搅拌槽反应器，在该膜反应器中进行动态拆分，当转化率超过 60%时，产物的对映体过量值（ee 值）仍在 95%以上。姜忠义等以溶解于正辛醇中的 *N*-乙酰-D，L-苯丙氨酸乙酯消旋混合物为底物，以磷酸盐缓冲溶液为萃取剂，将从蜂蜜曲霉（*Aspergillus melleus*）中提取的氨基酰化酶固定于聚丙烯腈中空纤维膜上作为催化剂，通过膜反应萃取过程，实现了 L-苯丙氨酸的高效手性合成。E. Drioli 利用固定有脂肪酶的多相酶膜反应器进行了萘普生消旋混合物的拆分。膜材料为聚酰胺，萘普生的酯类底物溶解在有机相中，生成的产物被萃取进入水相。实验中考察了 pH、底物浓度、酶负载量等因素对拆分效率的影响。低聚肽因其重要的生物学功能以及在医药和食品领域的良好前景引起了学术界和工业界的重视。姜忠义等较为系统地开展了用多相酶膜反应器进行二肽 *N*-Ac-L-Phe-L-Leu-$NH_2$ 的合成研究。*N*-乙酰-L-苯丙氨酸乙酯（APEE）的正辛醇溶液从聚丙烯腈中空纤维膜的管程通入并循环，L-亮氨酰胺的磷酸盐缓冲液（pH 7.8）从中空纤维膜的壳程通入并循环。两股进料液扩散进入膜孔后，由固定在膜中的脂肪酶催化而生成二肽，二肽依据其溶解度被分配在水相或有机相中，当超过饱和溶解度后从液相沉淀出来，从而同时得到纯化。

(3) 反胶团体系。反胶团内存在微水池，为酶创造了良好的水性微环境。反胶团酶催化逐渐成为研究热点。但由于反胶团难以与底物和产物分离而污染反应系统，一度成为制约反胶团应用的瓶颈。引入膜来截留反胶团可以较好地解决这一问题。文献报道将胰蛋白酶包囊化于溴化十四烷基三甲胺（TTAB）/庚烷/正辛醇反胶团中，以易溶于水中的亮氨酰胺和易溶于有机相的乙酰苯丙氨酸乙酯为底物，在陶瓷膜反应器中进行了二肽 Ac-Phe-Leu-$NH_2$ 的合成。由于二肽能够选择性地从反应体系中沉淀析出，从而实现了酶促反应与产物分离的有效集成，二肽收率达到 70%～80%，纯度>92%，单位酶单位时间二肽的产量为 20 g/(g · d)，酶的催化活性在 7 天基本不衰减。但多数场合下，由于反胶团系统的不稳定性以及体系中存在构成反胶团的表面活性剂单体，给膜的有效截留带来了相当大的困难。为此，Y. L. Khmelnitsky 等采用了将反胶团首先聚合的办法，有效地避免了表面活性剂的污染，但这要以过程的复杂性增加为代价。

**2. 辅酶或辅助因子的再生**

氧化还原酶可以催化共价合成、能量转移、基团转移、氧化还原等多种类型的反应，其催化作用大多需要辅酶或辅助因子，如 $NAD^+$、$NADP^+$、ATP 或辅酶 A 的参加。这些辅酶或辅助因子非常昂贵，它们的反复利用是降低生产成本的主要环节。因此，凡是有辅酶和辅助因子参与的反应，必须设有辅酶再生反应系统。利用膜实现辅酶参加的酶促反应与辅酶再生反应相耦合可以取得较高的效率。耦合方式有两种：与第二个酶促反应的耦合；与同种酶的第二种底物反应的耦合。与第二个酶促反应耦合的实现方式是以脱氢酶如，醇脱氢酶、乳酸脱氢酶、葡萄糖脱氢酶等为催化剂作用于醇、乳酸、葡萄糖等廉价底物来实现辅酶的再生。与同种酶的第二种底物反应的耦合是采用同一种酶，但附加了第二种底物。例如，醇脱氢酶在 $NADP^+$ 存在下，可以合成甾族化合物，同时又能利用第二种底物异丙醇的消耗实现 $NADP^+$ 的再生。

由于辅酶和辅助因子的相对分子质量较小，为了能够被膜有效截留，可以将辅酶或辅助因子共价结合到聚乙二醇（PEG）上。辅酶再生膜反应系统利用了两种或两种以上的酶，为酶膜反应器用于多酶固定化实现酶催化的串联反应建立了范例。在含有辅酶依赖型反应的系统中，负电荷膜常用来截留反应器中的辅助因子。截留作用通过带有负电荷的辅助因子与膜之间的静电排斥力实现。用 NTR7400 系列膜可以获得较高的截留率。例如，对于 NADP（H）的截留，Y. Ikemi 等用 NTR7410 系列膜的截留率为 87%，L. Giorno 等用 NTR7450 系列膜得到的截留率为 95%。对于 NAD（H）的截留，NTR7430 系列膜、Y05 膜和 DS5 膜的截留率分别达 99%、89%、98%。

迄今为止，伴有辅酶和辅助因子再生系统的酶膜反应器已经成功地用于 NADPH、氨基酸、羧酸、醇、6-磷酸葡萄糖、乳酸、醛、内酯等的生产。

**3. 生物大分子的分解**

用于酶膜反应器的生物大分子包括蛋白质、多糖等，主要工作集中在淀粉、纤维素、蛋白质等的水解。利用膜的筛分作用，可以将相对分子质量较大的生物大分子与相对分子质量较小的水解产物实现原位分离，以部分甚至全部消除产物抑制，酶膜反应器还可以用来控制反应的深度。由于膜污染和产品附加值低，酶膜反应器没有得到充分有效的利用。

这方面的应用实例多集中在农业-食品领域，包括：① 通过果胶水解来降低果汁黏度；②通过将乳糖转化为可以消化的糖类来降低牛奶和乳清中乳糖的含量；③通过多酚化合物和花色素的转化来进行白酒的处理；④从牛奶制品中去除过氧化物等。

### 22.2.2.3 酶膜反应器存在的问题和解决办法

**1. 酶膜反应器存在的主要问题**

（1）由于膜制备工艺的限制，膜孔径分布较宽，造成酶分子和小分子激活剂（金属离子或辅助因子等）的泄漏损失，需要在酶促反应过程中不断添加，既增加成本又造成操作过程的复杂化。

（2）酶在膜表面的随机吸附引起酶空间构型的改变或活性位点的遮蔽，有些膜材料还可使酶中毒失活，从而降低或破坏酶的催化活性。

（3）酶分子在酶膜反应器中容易因湍流等原因而发生剪切失活，限制了酶膜反应器优化的流体力学性质。

（4）有些情形下，由于产物分子在靠近膜面的位置逐渐积聚而形成凝胶层，引起酶膜反应器中严重的产物抑制现象，降低了生产效率。

（5）浓差极化和膜污染使酶膜反应器的传质速率和生产能力急剧下降，膜孔堵塞、膜厚增加使膜的结构形态发生不利变化，膜需要频繁地清洗或更换。

**2. 解决酶膜反应器问题的策略和途径**

（1）以定向固定化代替随机固定化，以保证酶的空间构型维持不变。近年来，研究者们已经寻找到一些途径，使酶能够以有序方式附着在膜或其他载体的表面，实现酶的定向固定化，从而降低酶活性的损失。这些途径有：①借助化学方法的位点专一性固定化；②磷蛋白的位点专一性固定化；③糖蛋白的位点专一性固定化；④抗体（免疫球蛋白）的位点专一性固定化；⑤利用基因工程的位点专一性固定化。

（2）对酶分子进行必要的化学修饰改性，可以改变酶的空间结构，增加酶与膜材料之间的生物相容性，增加酶对有机溶剂的耐受性，也使酶的相对分子质量有所增大而提高了膜的截留效果。另外，采用人工合成酶和模拟酶、核酸酶和抗体酶、杂交酶可以克服传统酶的一些固有缺陷。

（3）研制生物相容性好、抗污染的膜材料，采用新颖高效的成膜工艺。

（4）膜组件的良好设计，以降低甚至消除浓差极化的影响。

随着材料科学的发展，酶的催化性能和膜的性能将逐步提高，再加上高效固定化技术的开发及过程设计的不断优化，酶膜反应器将发挥越来越高的应用效率，其应用领域也将会不断拓展。

（缪明永）

# 第六篇 抗体工程

抗体是机体免疫系统产生的重要效应分子，能特异性识别并结合相应的抗原，在清除外来有害物质、防御疾病，或在介导某些疾病的发生发展中均发挥着关键作用。运用各种抗体制备技术获得的抗体是可用于防治和诊断疾病的生物制剂，并且是可广泛地应用于生物医学研究的工具。由于抗体工程技术的迅速发展，已有大量抗体在实际应用中发挥了巨大的作用，展现出十分诱人的前景。

本篇简要介绍经免疫动物获得多克隆抗体（第一代抗体）和以B淋巴细胞杂交瘤技术生产单克隆抗体（第二代抗体）的基本原理、主要步骤及注意问题。较详细地介绍各类基因工程抗体（第三代抗体）的特性、制备原则及改良方法等，包括人-鼠嵌合抗体、CDR移植抗体、单价小分子抗体（Fab、Fv及单链抗体、单区抗体和最小识别单位等）、双价和多价小分子抗体、双特异性抗体、抗体融合蛋白、抗原化抗体、细胞内抗体以及用基因转移方法在体内分泌抗体等。以噬菌体抗体库技术为主要代表，重点叙述了抗体库技术的特点、原理、优化策略及用途等，并对其他展示抗体库技术进行了简要介绍和比较，包括细菌表面展示技术、酵母表面展示技术、哺乳动物细胞表面展示技术、核糖体展示技术、酵母双杂交系统等。本篇还对基因工程抗体的表达体系作了简要介绍，主要有哺乳类细胞、大肠杆菌、酵母菌、杆状病毒/昆虫、植物等表达体系，以及通过转基因动物技术产生抗体。

# 第 23 章　多克隆抗体与单克隆抗体

抗体（antibody）是指机体的免疫系统在抗原刺激下，由 B 淋巴细胞或记忆细胞增殖分化成的浆细胞所产生的、可与相应抗原发生特异性结合的免疫球蛋白，主要分布在血清中，也分布于组织液及外分泌液中。

由体内不同 B 淋巴细胞群扩增成的浆细胞针对某一抗原不同决定簇所产生的多种免疫球蛋白组分称为多克隆抗体（polyclonal antibody）；由单个 B 淋巴细胞扩增成的浆细胞（单克隆）针对一种抗原决定簇产生的抗体称为单克隆抗体（monoclonal antibody，McAb）。

## 23.1　多克隆抗体的制备

抗体制备技术的发展经历了 3 个阶段。第一代抗体即为用抗原免疫动物获得的抗血清或称为免疫血清。此类免疫血清是针对抗原物质上多种抗原决定簇的多克隆抗体，而且即便是针对单一抗原决定簇也有不同免疫球蛋白类别、亚类等之分，因此多克隆抗体特异性不高，易发生交叉反应，不易大量制备和纯化，实际应用受到限制。尽管单克隆抗体作为第二代抗体在生物医药领域中的实际应用已逐步代替了多克隆抗体，但是在某些方面多克隆抗体仍然有所应用。例如，在酶联免疫吸附试验（enzymelinked immunosorbent assay，ELISA）中以双抗体夹心法检测抗原时，常在加入抗原的前后分别应用单克隆抗体和多克隆抗体；在毒蛇咬伤时使用抗蛇毒多克隆抗体救治等。而且多克隆抗体的制备过程相对简单，对抗原的亲和力一般较高，所以在诊断、治疗疾病及实验研究中仍是一类不可或缺的生物制剂。

虽然制备多克隆抗体的方法并不复杂，但如果想获得特异性好、亲和力高的多克隆抗体，在制备抗原、使用佐剂、选择免疫动物及免疫途径、制定免疫程序、纯化抗体及鉴定抗体质量等方面均应予以充分的重视。

### 23.1.1　抗原的制备

抗原是免疫应答的激发剂，具有免疫原性和免疫反应性。在制备用于免疫动物的抗原时，必须考虑抗原的免疫原性。影响抗原免疫原性的因素主要有下述 3 个方面。

**1. 异物性**

免疫应答是识别和排斥异物的过程，因此能激发免疫应答的抗原物质必须具有异物性。一般情况下，抗原物质与机体的亲缘关系越远，免疫原性越强。自体成分如果发生变性、被修饰，或者由隐蔽性变成能与免疫系统直接接触的情况下，也可产生针对自身成分的免疫应答。

**2. 相对分子质量**

分子质量在 10 kDa 以上的物质具有良好的免疫原性，分子质量在 1~6 kDa 的物质一般免疫原性较弱，小于 1 kDa 的物质无抗原性。

**3. 化学组成和结构**

化学组成和结构复杂、具备特殊化学基团（表位或抗原决定簇）的物质通常免疫原性较好。化学组成和结构越复杂，诱导机体发生免疫应答的能力越强。

用于制备抗体的可溶性抗原绝大多数为蛋白质（包括糖蛋白和脂蛋白等），其次为多糖、脂类、核酸及小分子化合物（如药物）等。蛋白质类抗原的相对分子质量大、结构复杂，属于完全抗原，几乎都具有免疫原性。据推算，含有 100 个氨基酸的多肽可能具有 14～20 个抗原决定簇，即有 14～20 个抗原结合价（antigenic valence）。具有两个以上抗原决定簇的抗原为多价抗原。单纯多糖、脂类、核酸、化学合成的药物等免疫原性很弱或无免疫原性，属于半抗原，若与蛋白质载体偶联，可获得免疫原性。用于免疫动物的可溶性抗原的纯化程度越高越好，但在纯化过程中须防止抗原发生变性。以细胞（如肿瘤细胞）或细胞器等颗粒性抗原制备抗体，通常免疫原性很强。在制备颗粒性抗原时应注意保持其完整性，且尽量去除其他杂蛋白质。

## 23.1.2 免疫动物的选择

动物体内免疫应答的强弱不仅与抗原的特性有着非常密切的关系，而且动物本身的反应能力也是重要的影响因素。用于制备多克隆抗体的动物主要是哺乳类，常用的有兔、羊（绵羊或山羊）、豚鼠和马等。有时可根据需要用禽类，一般多用鸡。偶尔也用鼠、猴、鸭等。

选择免疫动物时，一般需考虑的相关因素有以下几点。

**1. 抗原与动物种属的关系**

抗原的来源与动物的种属差异越远越好。家兔是最常用的动物，羊也较为常用。

**2. 动物的个体选择**

应选择适龄、健康、适当体重、无感染的正常动物。例如，家兔一般选择 6 月龄以上、体重为 2～3 kg 较好。

**3. 不同动物对抗原的反应性**

由于不同种类的动物对同一种抗原的反应性存在差异，所以需根据不同性质的抗原选用合适的动物。例如，蛋白质类抗原多选用家兔和羊，甾体激素多选用家兔，酶多选用豚鼠。

**4. 免疫血清的需要量**

需要制备大量免疫血清时多用大动物，如羊和马；需要制备少量免疫血清时则选用小动物，如家兔、豚鼠等。

**5. 免疫血清的用途**

不同种类动物的免疫学清在用于相同体外试验时，其与抗原结合的反应性不同。例如，兔等动物的免疫血清为 R（rabbit）型血清，在免疫扩散试验中与抗原结合具有较宽的抗原-抗体反应合适比例范围，少量抗原与 R 型血清反应也可出现沉淀线，只有过量抗原时才不出现或出现弱的沉淀线；而马等大动物的免疫血清为 H（horse）型血清，其抗原-抗体反应合适比例范围较窄，过量抗原或抗体都不易出现沉淀反应。所以，在选择免疫动物时应考虑免疫血清将来的用途。

### 23.1.3 佐剂

佐剂（adjuvant）是预先或与抗原同时注入体内、能增强机体免疫应答或改变免疫应答类型的物质。目前认为佐剂的作用机制主要是延缓抗原在体内的降解和排除，刺激单核-吞噬细胞系统，增强其加工处理和提呈抗原的能力，更有效地激活淋巴细胞，促进淋巴细胞的增殖和分化，加强免疫应答。通常可溶性抗原需加佐剂免疫，而细胞抗原不用佐剂。

佐剂的种类很多，最常用的是福氏佐剂（Freund's adjuvant）。不完全福氏佐剂是羊毛脂与液状石蜡的混合物，一般比例为 1∶1、2∶1、3∶1 等，再加卡介苗（BCG）或死的结核杆菌（终浓度为 2～20 mg/ml）即为完全福氏佐剂。也可加入小型棒状杆菌或百日咳杆菌等。使用时将抗原（蛋白质抗原浓度为 0.01～1 mg/ml）与福氏佐剂 1∶1（*V*/*V*）混合，制成油包水乳化剂后免疫动物。抗原与佐剂的乳化可使用研钵进行研磨，或以一个塑料小管连接两个注射器来回推动，还可运用振荡器、超声波粉碎机等进行乳化。

除了福氏佐剂外，常用的其他佐剂尚有多种。例如，氢氧化铝、明矾、分枝杆菌胞壁酰二肽（MDP）、细菌脂多糖（LPS）、霍乱毒素 B 亚单位、人工合成的多聚肌苷酸和胞苷酸（poly I∶C）、脂质体、细胞因子、热休克蛋白等。

### 23.1.4 免疫方法

确定采取何种方法或方案免疫动物时，主要有以下几点需要注意。

**1. 剂量**

应根据抗原的相对分子质量大小、免疫原性的强弱及动物的状态等，以适当的剂量进行免疫。尤其不宜过量，以免导致免疫麻痹，但用量过低也易导致免疫应答低下，难以获得高滴度的免疫血清。可溶性纯化抗原需与福氏佐剂混合，初次免疫用完全佐剂，以后加强免疫时改用不完全佐剂或不用佐剂。

**2. 途径**

免疫途径有多种，如皮下、皮内、肌肉、腹腔、静脉及淋巴结等。颗粒性抗原常用静脉和腹腔注射；可溶性抗原与佐剂的混合物可经皮下或皮内注射以及肌肉注射，由于抗原滞留时间长，有利于产生抗体；若纯化抗原来源困难，可采用淋巴结内注射以节省抗原用量。免疫时通常采用多点注射，如足掌、背部两侧、腋窝或腘窝淋巴结周围等，也可前后几种途径联合使用。

**3. 次数与时间**

需根据不同性质的抗原决定免疫次数，一般采用多次免疫，两次间隔时间为 1～2 周。免疫过程中应监测血清抗体滴度的变化，及时调整免疫方案。

### 23.1.5 多克隆抗体的收集与纯化

#### 23.1.5.1 多克隆抗体的收集

动物免疫血清经抗体滴度检测合格后，应及时收集、分离并保存。主要的收集方法有如下 3 种。

**1. 静脉采血**

家兔可于耳静脉采血，山羊和绵羊则经颈静脉采血，小鼠通常用摘除眼球、剪尾等方法取血。动物采血后可输注适量葡萄糖盐水，几天后再次采血，或 1 周后再加强免疫 1 次，而后还可采集到抗体滴度较高的免疫血清。

**2. 颈动脉放血**

家兔、山羊或绵羊均可采用颈动脉放血收集免疫血清。对动物进行固定和局部麻醉后，于颈部分离出颈动脉，插入塑料放血管并固定，将血收集在玻璃平皿中。

**3. 心脏采血**

固定动物，以注射器（配有适于不同大小动物的针头）直接于动物的心脏抽取血液，收集在玻璃平皿中。此法适合于家兔、豚鼠、大白鼠、鸡等。

收集的血液置 37℃温箱中 1 h 后，放入 4℃冰箱过夜，待血清自然析出，离心收取血清，分装后低温冻存，或冻干后冷藏。

#### 23.1.5.2 多克隆抗体的纯化

多克隆抗体基本上都用作体外诊断试剂，所以对其纯度要求应根据所要进行的试验方法的要求来确定。主要的纯化方法有下述几种（参见第四篇第 15 章蛋白质的分离与纯化）。

**1. 盐析法**

常用饱和硫酸铵使免疫血清中富含抗体的蛋白质部分析出，进行初步的纯化。

**2. 凝胶过滤法**

将初步纯化的抗体通过具有分子筛作用的多孔网状凝胶介质，进一步分离和纯化出所需抗体分子。

**3. 离子交换法**

用离子交换剂制成层析柱，利用蛋白质在一定 pH 的缓冲液中解离度不同，使抗体分子与其他蛋白质分离，获得纯化的抗体。

**4. 亲和层析法**

根据抗体能与抗原特异结合，又可在一定条件下解离的特点，将抗原固相于载体，最常用的是琼脂糖，制成亲和层析柱，使抗体特异性结合于层析柱上的相应抗原，再以适当的条件将抗体解离下来，此法已成为分离纯化抗体的最有力的技术之一。另外，可利用金黄色葡萄球菌的蛋白质 A 或蛋白质 G 能与多种种系的 IgG 分子 Fc 段可逆结合的特点，将其制备成亲和层析柱，用于纯化 IgG 及其不同亚类。

### 23.1.6 多克隆抗体的质量检测

对多克隆抗体的质量检测主要是检测其效价、特异性和亲和力，经过纯化的抗体还要测定其纯度及含量等。

#### 23.1.6.1 效价测定

双向免疫扩散试验简单易行，常用于抗体效价的初步测定。若用 ELISA 测定效价则更加灵敏、快速。

#### 23.1.6.2 特异性测定

抗体的特异性通常是以交叉反应率来表示的。用ELISA、放射免疫法等，以不同浓度的抗原与近似抗原的物质分别做竞争抑制曲线，计算各自的结合率，求出各自在$IC_{50}$时的浓度，按下述公式计算交叉反应率：

$$S=\frac{Y}{Z}\times 100\%$$

式中，$S$为交叉反应率；$Y$为$IC_{50}$时抗原浓度；$Z$为$IC_{50}$时近似抗原物质的浓度。

#### 23.1.6.3 亲和力测定

抗体亲和力（affinity）是指抗体与相应抗原结合的紧密程度，是评价抗体性质的最重要指标之一。一般以结合常数（$K_a$）或解离常数（$K_d$）来表示亲和力的大小，前者的单位是L/mol，后者的单位是mol/L，两者互为倒数。结合常数的数值越大，表示亲和力越强；相反，解离常数的数值越大，则亲和力越小。经典的测定方法是用放射免疫法，但ELISA更加方便、无污染且灵敏度高，是目前常采用的方法。

此外，高效凝胶色谱和高效亲和色谱均可用于亲和力的测定。新近发展起来的表面等离子体共振（surface plasmon resonance，SPR）和石英晶体微天平（quartz crystal microbalance，QCM）技术还能对亲和力的动态进行测定。这些方法主要应用于测定单克隆抗体或基因工程抗体的亲和力。

## 23.2 单克隆抗体的制备

通过免疫动物或从已感染的机体中制取的免疫血清是针对抗原物质上多种抗原决定簇的多克隆抗体，即使选用纯度很高的抗原免疫动物，也难获得纯一的抗体。随着生物医学基础研究和临床疾病诊断及防治需要的不断发展，对抗体的质量提出了更高的要求。G. Köhler和C. Milstein于1975年成功地利用B淋巴细胞杂交瘤技术，首先制成了高特异性的、高纯度的单克隆抗体（McAb）。McAb在医学和生物学的基础研究以及临床疾病的预防、诊断和治疗中已经发挥了重大的作用，其推广之迅速、应用之广泛，经济效益和社会效益都是同时代其他生物医学技术所难以比拟的，被誉为现代生命科学中的一项革命性突破。

### 23.2.1 McAb制备的基本原理

McAb是由单一克隆（clone）的B淋巴细胞杂交瘤细胞产生的抗单一抗原决定簇的高度特异性抗体。Köhler和Milstein在研究免疫球蛋白的基因表达问题时，需分离出一种能持续产生高纯度抗体的细胞系。然而，如何从众多B淋巴细胞克隆中选出对某一抗原决定簇产生抗体的单个B淋巴细胞克隆？况且，B淋巴细胞单独在体外不能长期存活，必须将它们变为能长期传代的细胞，才能持续产生单一特异性的抗体。为此，他们大胆地将能产生抗绵羊红细胞抗体的小鼠脾细胞与小鼠骨髓瘤细胞在促融合剂（一种使细胞之间发生融合的病毒）作用下加以融合，形成杂交瘤细胞，然后使之生长在一种选择性培养基中，让杂交瘤细胞成为该培养基中唯一存活的细胞，而其他细胞全部死亡，经过多次克隆化，获得了既能持续分泌抗绵羊红细胞抗体，又能在体外长期培养的杂交瘤细胞株。

上述选择培养基即 HAT 培养基，内含次黄嘌呤（hypoxanthine，H）、氨基蝶呤（aminopterin，A）及胸腺嘧啶脱氧核苷（thymidine，T）。H 和 T 是合成 DNA 的原料，而 A 却是叶酸拮抗剂，能阻断细胞合成核酸的正常代谢途径，但一般细胞都有"挽救"的代谢途径，通过次黄嘌呤鸟嘌呤磷酸核苷转移酶（HGPRT）及胸腺嘧啶核苷激酶（TK），经代谢旁路摄取 H 和 T 合成核酸，细胞仍可生存。而用于与 B 淋巴细胞融合的骨髓瘤细胞都事先用 8-氮杂鸟嘌呤或 5′-溴脱氧尿嘧啶核苷诱导突变，使其缺失 HGPRT 或 TK 两种酶。所以，在 HAT 培养基中，未融合的骨髓瘤细胞或 B 淋巴细胞，以及自相融合的骨髓瘤细胞或 B 淋巴细胞都不能存活，只有 B 淋巴细胞与骨髓瘤细胞融合的杂交瘤细胞可依靠 B 淋巴细胞提供的 HGPRT 或 TK，利用 H 和 T 合成核酸，得以长期存活。因此可以快速、方便、确实地筛选出真正的杂交瘤细胞株。

## 23.2.2 制备 McAb 的步骤

### 23.2.2.1 经典方法

经典方法由 Köhler 与 Milstein 创建，共分下列 10 步，但具体方法略有变动（图 6-23-1）。

**1. 免疫动物**

因骨髓瘤细胞多来源于 BALB/C 小鼠，故选用该系小鼠，将拟制相应抗体的抗原于动物皮下、足垫多点注射，一般根据抗原性质及免疫反应情况，决定免疫的次数、间隔时间和持续时间，目的是使动物体内的 B 淋巴细胞（主要是脾内 B 细胞）发生最充分的免疫应答，生成大量能产生抗体的 B 细胞。在末次静脉内注射抗原加强免疫后 3 天，摘出脾脏，制成脾细胞悬液，供细胞融合用。

**2. 选取骨髓瘤细胞**

通常选用 BALB/C 小鼠骨髓瘤 SP2/0 细胞株，该细胞株自然不产生免疫球蛋白，在完全培养基中培养至对数生长期，显微镜下观察形态良好时使用。也可选择其他细胞株，如 NS1、FO 细胞株等。

**3. 细胞融合**

取免疫过的小鼠脾细胞与同系小鼠骨髓瘤细胞，按 1∶1～10∶1 混合，逐滴加入融合剂——50%PEG（分子质量 1000～4000 Da）促进融合，然后加入培养基终止融合。

**4. 混合培育**

预先可制备小鼠腹腔细胞或胸腺细胞，加入 24 孔或 96 孔培养板中，作为饲养细胞，将上述两种细胞的混合物加 HAT 培养基制成悬液，分配到已铺有饲养细胞的培养板中，置 37℃含 5% $CO_2$ 孵箱内培养，一般 4～5 天即可看到杂交瘤细胞生长。

**5. 检测初筛**

一般在培养 2 周左右，可取有杂交瘤细胞生长的孔内培养上清，用微量、灵敏和快

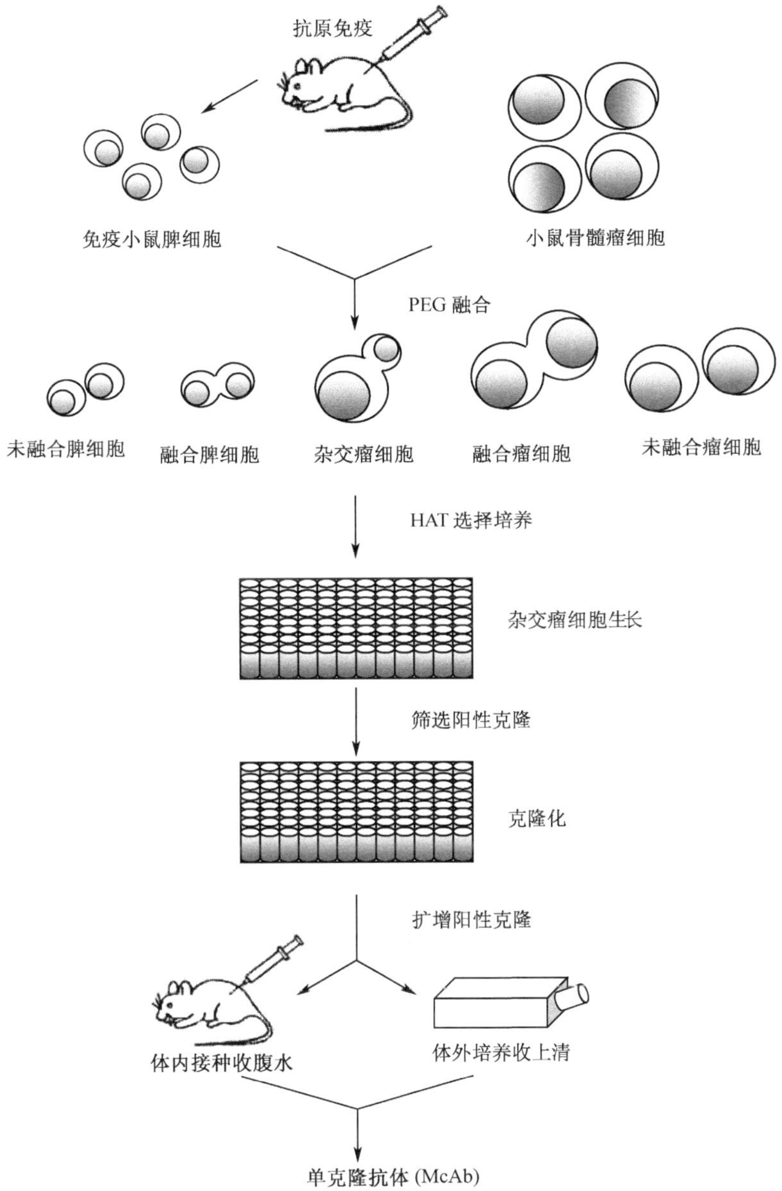


图 6-23-1　McAb 制备程序示意图

速的方法检测有无特异性抗体，通常采用 ELISA 进行检测。

**6. 克隆化**

取出抗体阳性孔内的杂交瘤细胞，常用有限稀释法，将细胞分配到另一个 96 孔培养板内，主要使每个孔内大约只含有一个杂交瘤细胞，这时可换用 HT 培养基（不含 A）继续培育，让孔内的一个杂交瘤细胞增殖扩大成为一个细胞克隆。2 周左右再检测，对仍产生抗体者进行第二次克隆化，如此进行 3～5 次，以保证确是由单克隆细胞分泌的单克隆抗体。在此过程中对分泌抗体的阳性孔细胞要及时冻存或备份，以免丢失或污染。杂交瘤细胞也可用软琼脂克隆法进行克隆化。

**7. 全面鉴定**

对产生抗体的细胞克隆，一方面检查其染色体数，确定是否接近两种细胞染色体数之和。另一方面取其培养上清，检测抗体的免疫球蛋白类别、亚类、特异性、亲和力等。只有较全面地分析和鉴定 McAb，才能确定其在生物医学中的应用价值。

**8. 批量生产**

主要通过体外和体内两种方式批量生产 McAb：①将杂交瘤细胞置于培养瓶内扩大增殖，其抗体效价一般不高，也可用旋转培养瓶进行培养；②将杂交瘤细胞注入同系小鼠腹腔内（预先注射过石蜡油或降植烷），待小鼠产生腹水时，收集腹水和血清，其中含有高效价 McAb。

**9. 细胞保存和复苏**

将已克隆化和经鉴定合格的杂交瘤细胞株，或是一时来不及克隆化和鉴定的杂交瘤细胞，置于－190℃的液氮罐内冷冻保存，以保持特性和活性。待需要时再取出复苏，进行培养扩增供使用。

**10. 细胞株稳定性检查**

在液氮中保存的细胞株及体外传代培养的细胞株，都需定期检查其染色体数和抗体产生能力，有些杂交瘤细胞会逐渐丢失染色体，并丧失产生抗体能力，或产生抗体能力减弱，这需要及时进行克隆化，保留那些稳定分泌抗体的细胞株。

### 23.2.2.2 改进方法

自 McAb 问世后，为了适应各种不同的需要，其制备技术有了多方面的改进。

**1. 免疫方法的改进**

改进的免疫方法主要有：①将可溶性小分子抗原包入脂质体或微胶粒内，增强免疫原性和减少抗原用量；②进行脾内直接注射或腹腔内注射与脾内注射联合免疫；③取淋巴细胞置试管内加抗原共同培养，进行体外免疫，再与骨髓瘤细胞融合。

**2. 融合技术的改进**

融合技术的改进主要有：①受体指引的（receptor-directed）细胞融合法，是将交联有亲和素的抗原包被在表面带有特异性抗体的淋巴细胞面上，再将生物素与骨髓瘤细胞结合，通过生物素与亲和素的亲和力，指引细胞发生高效特异性融合；②电脉冲融合法，是用高强度电场短脉冲增高细胞的融合率。若①、②方法结合，将获得更好的效果。

**3. 人源性 McAb 制备技术改进**

鼠源性 McAb 对人体的异源性问题一直是困扰人们的难题，为了获得人源性 McAb，已从多方面进行了尝试。①改进融合系统，如人淋巴细胞×人骨髓瘤细胞、人淋巴细胞×人淋巴细胞系、人淋巴细胞×鼠骨髓瘤细胞、人淋巴细胞×鼠-人异种骨髓瘤细胞、人淋巴细胞×鼠-人杂交瘤细胞，但均未获得很满意的效果。②EB 病毒转化，用 EB 病毒转化产生抗体的人 B 淋巴细胞，使其成为类淋巴母细胞，可以长期存活和产生抗体，但这类细胞生长慢、抗体产量低、克隆化困难。Foung 等又利用这种 EB 病毒转化的人淋巴细胞与鼠-人异种杂交瘤进行融合，其结果表明可避免上述缺点，也可避免人×人杂交瘤分泌抗体过低的现象。国内也有人报道，采用 EB 病毒转化的患者外周血淋巴细胞与异种骨髓瘤融合，制备成肾综合征出血热病毒的人 McAb。③致瘤 DNA 转染，将肿瘤细胞的 DNA 转染能产生抗体的人淋巴细胞，掺入其 DNA 中，该细胞可不断繁殖生长，分泌抗体。但转染率不确定，转化细胞生长较慢，抗体产生不稳定，实用价值不大。④用严重联合免疫缺陷（SCID）小鼠制备人 McAb 是一条新的技术路线。将人淋巴细胞移植给 SCID 小鼠，形成人鼠嵌合体，即 Hu-SCID 小鼠，可用任何抗原免疫该小鼠，使之产生人源抗体，也可进一步进行细胞融合或制备抗体库，可以解决体内免疫受限、抗原特异性 B 细胞富集和扩增困难等缺点。但此项技术的影响因素较多，尚需进一步完善。

**4. 生产 McAb 方法的改进**

为了获得大量 McAb 以适应实际需求量，对生产 McAb 的方法相继进行了多种研究：①体外和体内联合生产法，将杂交瘤细胞培养在一种小室内，用导管将小室与牛胸导管相连接，胸导管中不断循环的含有丰富营养物的淋巴液可支持细胞生长，每头牛每天可产生约 5 g McAb；②微囊发酵罐培养法，将杂交瘤细胞装入微囊中，放在 2～5 L 发酵罐内培养，可收获较高纯度（达 50%）的 McAb，约 10 g；③中空纤维发酵罐生产法，将中空纤维装入发酵罐内，组成超滤装置，超滤器外空间培养细胞，培养液通过中空纤维不断循环，抗体产量可达 6 mg/ml，而且纯度比腹水 McAb 高 2 倍。

（田野苹）

# 第 24 章　基因工程抗体

虽然 McAb 已经得到广泛的应用，但其作为异种蛋白质在人体内能诱导人抗鼠源 McAb 的反应，产生人抗鼠的抗体（human anti-mouse antibody，HAMA），一方面引起超敏反应等不良反应，另一方面降低 McAb 的效用，从而限制了其在人体的实际应用。人源 McAb 可以避免或减轻这种反应，但是由于人的杂交瘤制备较为困难、稳定性差、产生 McAb 的量较少等，直接用人源 McAb 防治疾病尚难开展。此外，完整的大分子抗体在体内未必能到达组织或器官内的靶点，且制备 McAb 的过程难以获得所需要的特异性免疫球蛋白的特定亚类，而使抗体恒定区的其他功能不能得到很好的利用。

随着 DNA 重组技术的进展及对免疫球蛋白的基因和结构的阐明，已经可以根据不同的需要制备各种特异性的基因工程抗体（genetic engineering antibody），即第三代抗体，来逐步解决上述问题，以适应不同的实际需求。基因工程抗体大多是将某些鼠源抗体的氨基酸序列用人源抗体的氨基酸序列代替，保留其特异性结合抗原的部位，再经修饰而成。这类抗体又称为人源化抗体（humanized antibody），其免疫原性大大降低，对各种水解酶的抵抗力增强。还可以根据需要用基因工程方法使抗体连接用于治疗或诊断的相应物质，以增强基因工程抗体的治疗效果或提高诊断的敏感性。基因工程抗体可在真核或原核细胞中高水平表达，使其产量增加，成本降低，具有很好的开发应用前景。本章主要介绍制备基因工程抗体的原理或原则。

## 24.1　鼠 McAb 人源化

在 20 世纪八九十年代，主要针对以杂交瘤技术制备的鼠 McAb 的异源性问题，进行了大量使其人源化的研究。最早制备出的基因工程抗体就是人-鼠嵌合抗体（human-mouse chimeric antibody），直到现在人们还在研究更为理想有效的鼠 McAb 人源化的技术。目前有以下几种对鼠 McAb 进行人源化的方法。

### 24.1.1　人-鼠嵌合抗体

抗体分子由 4 条多肽链组成（图 6-24-1），其中有 2 条相同的轻链（light chain）和 2 条相同的重链（heavy chain），每条链均具有典型的抗体分子功能区，可变区（variable region）参与结合抗原，而恒定区（constant region）与抗体结合抗原的功能无关，但却是抗体分子免疫原性的主要部位，而且能介导多种生物学活性，如结合补体、结合细胞表面的 Fc 受体、介导抗体依赖的细胞介导的细胞毒效应（antibody dependent cell-mediated cytotoxicity，ADCC）。

人-鼠嵌合抗体就是用人抗体的恒定区取代鼠 McAb 的恒定区，使鼠 McAb 恒定区人源化，但保留鼠 McAb 的可变区（图 6-24-2），因此既能够消除鼠 McAb 的大部分异

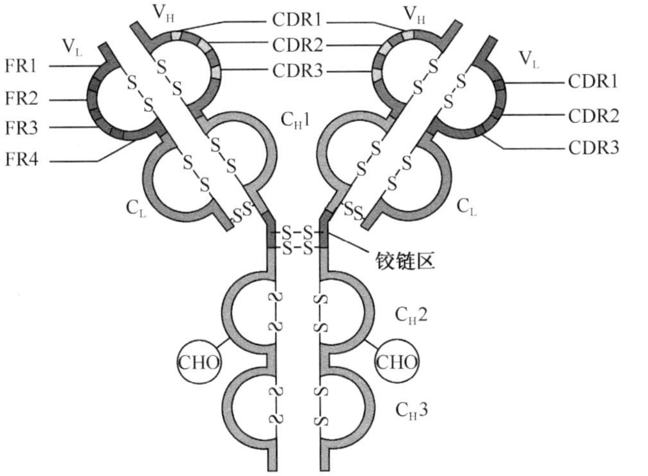


图 6-24-1　免疫球蛋白基本结构示意图

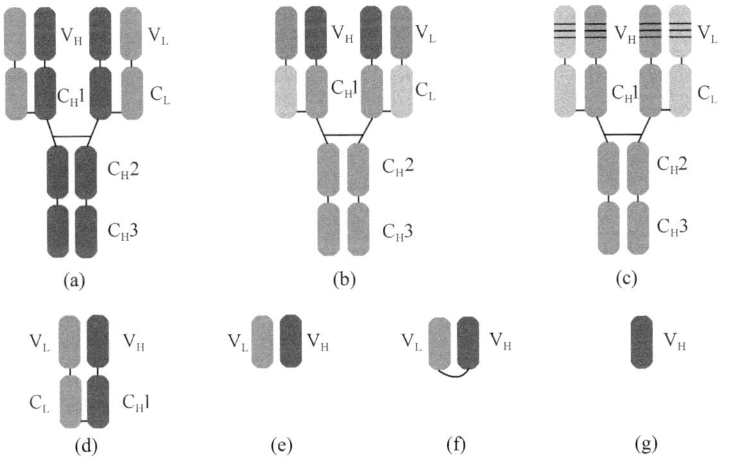


图 6-24-2　几种基因工程抗体示意图

(a) 鼠源性抗体；(b) 人-鼠嵌合抗体；(c) CDR 移植抗体；(d) Fab 抗体；(e) Fv 抗体；(f) ScFv 抗体；(g) 单域抗体

源性，又能够保留鼠 McAb 结合抗原的特异性和亲和力。

人-鼠嵌合抗体可将鼠 McAb 的同一个可变区与人的不同类别抗体的恒定区相连接，所以应先比较在相同情况下不同类别抗体的功能，再根据需要选择适当的同种型。例如，IgG 与 IgM 介导补体依赖的细胞毒活性的能力不同，IgG1～IgG4 介导 ADCC 的能力存在差异，在研究人-鼠嵌合抗体的实际工作中确实发现，所制备的某些人-鼠嵌合抗体的生物学效应与预期某类别的功能并不一定完全相符，故应根据需要进行必要的选择。

制备人-鼠嵌合抗体主要包括鼠可变区基因的克隆、表达载体的构建及嵌合抗体的表达。早期进行可变区基因克隆，主要是从产生鼠 McAb 的杂交瘤细胞的基因组文库中克隆出带有完整上游转录调控序列的轻链可变区（light chain variable region，$V_L$）和重链可变区（heavy chain variable region，$V_H$）基因 DNA 片段，组装到含有相应人恒定区基因的表达载体中。由于 PCR 方法的建立和发展，为抗体可变区基因的克隆提供了简便有效的方法，尽管抗体分子可变区有高度的多样性，但其骨架区的序列和前导序列相对保守。轻链可变区和重链可变区分别具有 4 个骨架区（framework region，FR）和 3 个互补决定区（complementarity determining region，CDR）（图 6-24-1）。用第一骨架区序列或前导序列作为 5′端引物，以 J 段或恒定区序列的互补寡核苷酸为 3′端引物，以杂交瘤细胞总 RNA 为模板，通过反转录 PCR（RT-PCR），即可克隆到可变区基因，该方法与基因文库法比较要简便得多。来自 mRNA 的可变区基因没有内含子剪接信号和表达调控元件，这些成分就需要由表达载体提供。用 RT-PCR 方法克隆可变区基因时，需要在引物中设计内切酶位点，用于将可变区基因克隆入表达载体。为了克服完整抗体分子对组织的穿透性较差的缺点，还可以设计和制备出 Fab 和F（ab′）$_2$嵌合抗体，即将鼠的功能性抗体轻链和重链可变区基因分别与人抗体的轻链和重链 $C_H1$ 恒定区基因重组，克隆到表达载体中，再将此鼠-人嵌合的 *Fab* 基因表达载体转入宿主细胞表达。

嵌合抗体的表达主要通过哺乳类细胞，最常用的是小鼠骨髓瘤细胞系和 CHO 细胞，这些细胞表达的抗体均可保持亲本抗体的特异性和亲和力，并具有相应的效应功能。

### 24.1.2 CDR 移植抗体

虽然鼠 McAb 的恒定区人源化降低了其异源性，但是可变区中的鼠源性序列在人体内仍然可以诱导 HAMA 的产生，因此有必要进一步探索解决可变区人源化问题的途径。

抗体分子的每条轻链和重链的可变区中都含有 3 个 CDR，由轻链和重链的 6 个 CDR 形成的平面是抗体特异性结合抗原的关键部位，而起支架作用的骨架区的氨基酸序列和立体构象极为保守。将鼠 McAb 的 CDR 移植到人 McAb 的骨架区上（图 6-24-2），就称为 CDR 移植抗体（CDR-grafted antibody）或人改型抗体（human reshaped antibody），这样既可最大限度地减少鼠 McAb 的异源性，又能使人 McAb 获得鼠 McAb 的特异性。实际上仅简单地移植 CDR 并不能完全表现出亲本抗体的特异性和亲和力，甚至会丧失亲和力，因为骨架区的某些氨基酸可与 CDR 相互作用影响分子构象，造成 CDR 平面的变化。要完全保持亲本抗体与抗原结合的特异性和亲和力，关键是解决骨架区对 CDR 平面的影响。以下为几种解决的方法。

**1. 选择适当的人轻链和重链可变区基因**

从已知的人抗体可变区数据库中选择与亲本鼠 McAb 同源性最高的序列，保证最大可能地维系原有的立体构象，这是进行 CDR 移植的基础和关键步骤之一。选择同一人抗体的轻链和重链可变区基因，并不能保证轻链和重链都与亲本抗体具有最佳的同源性；而选择来源于不同人抗体的轻链和重链，反倒可以保证选择到与亲本抗体可变区基因具有最高同源性的人抗体基因。

**2. 确定可影响抗原结合部位的骨架区氨基酸残基**

构建人改型抗体的另一关键是明确抗体骨架区的哪些氨基酸残基可以影响抗原结合活性，这需要通过计算机模建可变区的立体构象。从蛋白质立体构象数据库中可以获得抗体结构立体构象的信息，再用计算机软件预测蛋白质结构和进行分子设计，构建亲本鼠 McAb 及所设计的 CDR 移植后的人源化可变区的分子模型，确定需要改变的骨架区残基。

**3. 构建合适的表达载体**

在确定了可变区序列后，如果已有相应的人抗体可变区 cDNA，可采用 PCR 介导的突变技术导入鼠 McAb 的 CDR 及骨架区需改变的序列；如果没有相应的基因，则可用人工合成寡核苷酸组成完整的可变区基因。对构建好的载体进行测序核实，将其导入 COS 或 CHO 细胞等哺乳类动物细胞进行表达，然后鉴定所表达的完整抗体分子。由于人-鼠嵌合抗体具备与亲本鼠 McAb 相同的抗原结合特性，故可同时构建表达人-鼠嵌合抗体，用于比较人改型抗体的抗原结合性能。

### 24.1.3 表面氨基酸残基的人源化

这种方法并不是从抗体一级序列上进行人源化，而是从抗体与抗原相互作用的角度出发，将鼠 McAb Fv 段表面暴露的骨架区中与人 Fv 不同的氨基酸残基人源化，降低其免疫原性而不影响 Fv 的整体空间构象，从而保留其抗原结合部位的结构。对人和鼠抗体可变区残基暴露程度模式的分析表明，虽然抗体可变区来自不同的种属，属于不同型别的轻链，甚至 CDR 长度不同，暴露于表面的氨基酸残基的位置和数量却极为保守。尽管在种系内这些表面残基的组成模式相当保守，而在种系之间却不相同，这就是免疫原性的主要来源，因此通过改变表面残基使其人源化有可能降低鼠 McAb 可变区的异源性。已有试验证明，表面残基人源化的方法保留亲本鼠 McAb 结合抗原活性的效果较 CDR 移植方法更为可靠，而其消除异源性的效果还有待临床验证。

## 24.2 单价小分子抗体

抗体分子能够结合抗原的部位在 $V_H$ 和 $V_L$，因此可以根据此点构建相对分子质量较小而又能结合抗原的抗体分子片段，称为小分子抗体。常构建的小分子抗体有 Fab (fragment of antigen binding)、Fv 及单链抗体（single-chain Fv，ScFv)、单区抗体和最小识别单位等（图 6-24-2)。这些小分子抗体与完整抗体比较具有如下优点：①相对分子质量小而穿透力强，易于穿过血管壁或组织屏障，进入病灶部位，有利于对肿瘤等疾病的治疗；②不含 Fc 段（fragment crystallizable)，不与广泛分布的 Fc 受体（Fc receptor，FcR）结合，也不易引起抗同种异型反应，可减少不良反应；③能够在大肠杆菌等原核细胞中表达，可通过细菌发酵大量生产，降低生产成本；④在体内半衰期较短，廓清快，有利于结合并清除体内毒性物质，还能降低放射免疫显像的本底；⑤基因操作较容易，可进一步经过基因工程改造，构建成双链抗体、三链抗体等多价小分子抗体，还可与其他基因融合构建成抗体融合蛋白。因此，小分子抗体更适合于临床上的体内定位诊断和靶向治疗。

## 24.2.1 Fab

Fab是由重链Fd段和完整的轻链通过一个链间二硫键连接形成的异二聚体，只有一个抗原结合位点（图6-24-2）。早期制备Fab的方法是运用木瓜蛋白酶水解完整抗体分子，然后经分离纯化得到Fab，现在可采用大肠杆菌进行分泌型表达。首先将重链Fd段基因与完整的轻链基因连接，5′端接上细菌蛋白的信号肽序列，如外膜蛋白A（outer membrane protein A，OmpA）、碱性磷酸酶（alkaline phosphatase，phoA）、果胶酸盐裂解酶（pectate lyase，pelB）等的信号肽序列，再连接至表达载体，所表达的蛋白质在细菌信号肽的引导下可分泌到细菌周质腔（periplasm），周质腔能提供类似于B细胞内的粗面内质网的环境。经信号肽酶（signal peptidase）裂解信号肽后，Fd段和轻链在周质腔内完成立体折叠和链内、链间二硫键的生成，形成异二聚体，成为有功能的Fab。

Fab的分子结构相对稳定，并且较好地保持了天然抗体分子Fv段的抗原结合功能。但因其为双链结构，在原核细胞分泌型表达时会受蛋白质分子穿过内膜和折叠效率低下的影响，故表达量较低。因此其临床应用受到了限制，而主要用于实验室研究。

## 24.2.2 Fv和ScFv

Fv段由$V_H$和$V_L$借助非共价键结合在一起，是抗体分子中保留抗原结合部位的最小功能片段。通过酶解完整抗体分子制备Fv段非常困难，所以基本上是用基因工程技术来构建Fv段。因为Fv段的$V_H$和$V_L$是以非共价键结合，不像Fab段的轻链$C_L$和重链$C_H1$之间有一个二硫键，所以其稳定性差，易发生解离，尤其是在浓度较低的情况下。为解决这一问题，人们探讨过多种方法以获得稳定的Fv段。其中最常用也是最成功的就是用一条连接肽（linker）将$V_H$和$V_L$进行首尾连接，成为单一肽链结构（图6-24-2），通过正确折叠，$V_H$和$V_L$由非共价键形成具有抗原结合功能的ScFv。

在构建ScFv时，$V_H$和$V_L$的首尾连接可采取两种方式，即$V_H$-linker-$V_L$或$V_L$-linker-$V_H$，这两种方式对ScFv的特异性和亲和力都没有影响。设计linker时应当着重注意不干扰$V_H$和$V_L$的立体折叠和Fv结合抗原部位的立体构型，以免影响亲本抗体的亲和力。Linker的长度应不短于3.5 nm，至少含有10个氨基酸残基，且不宜过长，一般含有14～15个氨基酸残基。其氨基酸组成应使linker具备亲水性，易于折叠，侧链不宜过多，使其抗原性减少。目前使用最广泛的linker是含有重复出现的4个Gly和1个Ser的$(Gly_4Ser)_3$。

通常采用大肠杆菌表达ScFv，而酵母、植物、昆虫、哺乳类动物细胞等系统也适于ScFv的表达。ScFv在大肠杆菌中表达可以选择两种方式，一种是分泌型表达，这与Fab段表达的原理相同，将ScFv的氨基端连接细菌的信号肽序列，使ScFv分子在周质腔内完成二硫键的形成和肽链折叠，直接表达出有抗原结合活性的单链抗体分子，但缺点是产量较低，在实验室培养条件下每升细菌的产量一般仅有数毫克。另一种是以包涵体或非包涵体性不可溶蛋白质形式表达，虽然产量较高，约为细菌总蛋白质量的5%～30%，但需要后续的变性-复性等过程来恢复抗体活性。

ScFv对抗原具有良好的结合活性，但并不是一定能保持其亲本抗体的亲和力，有时会出现亲和力降低，并常有聚集倾向，这主要是与 $V_H$ 和 $V_L$ 是通过作用力较弱的非共价键连接有关。为此，有人在 $V_H$ 和 $V_L$ 之间导入一个链间二硫键，构建了 dsFv（disulfide-stabilized Fv），比相应 ScFv 的稳定性有大幅度的提高，结合抗原能力不变或增强，即便是结合能力降低，也可由于稳定性加强而得到弥补。

### 24.2.3 单域抗体及最小识别单位

单域抗体（single domain antibody）是抗体分子中单独具有结合抗原能力的重链可变区（$V_H$）（图 6-24-2）。其主要有如下优越性：①相对分子质量比 Fv 更小，穿透力强，有利于实际应用；②制备时操作简便，不需将 $V_H$ 和 $V_L$ 基因分别克隆和进行正确配对；③只有 $V_H$ 而不需与 $V_L$ 相互作用，稳定性较 Fv 和 ScFv 更好；④其抗原结合部位的构象较为特殊，曾有人对骆驼 $V_H$ 抗体的立体构象进行了分析，发现与 Fv 段结合抗原部位通常可形成凹陷、沟槽或平面不同，$V_H$ 抗体可形成 CDR3 凸出的抗原结合部位，在抗体与抗原结合时，$V_H$ 抗体 CDR 袢插入抗原表面的凹陷中，这对于制备酶抑制性抗体有重要意义，因为酶的催化部位常位于蛋白质表面的凹陷中。

抗体结合抗原的主要结构是 CDR，其中最关键的为 CDR3，尤其是重链 CDR3，用来自 CDR 的短肽可模拟亲本抗体的抗原结合活性，故被称为最小识别单位（minimal recognition unit，MRU）。由于 MRU 的穿透能力强、半寿期短、显像时本底低，适用于临床显像诊断。对 MRU 和单域抗体的特性和功能的深入研究，将在更多领域中显示它们的应用价值。

## 24.3 双价和多价小分子抗体

由于生物性抗原通常是多价的，而所有天然抗体分子至少是双价的，多聚体 Ig 又可以是 4～10 价，所以抗体与抗原相互作用时，如果抗体分子上多个抗原结合部位同时与同一抗原表面上重复存在的抗原决定簇结合，不仅其功能性亲和力提高，而且还可引起进一步的效应。例如，有些多价抗体与细胞表面分子结合时，可导致受体交联、激发细胞内的信号转导、诱导细胞的激活或凋亡等生物学效应。因此，将 24.2 节中所述单价小分子抗体用基因工程技术改建为双价或多价抗体（图 6-24-3），将具有更好的应用前景。构建双价或多价抗体分子的方法主要有下列几种。

### 24.3.1 化学交联法

运用某些化学交联剂，如 5，5′-二硫-2′，2-双硝基苯甲酸［2，2′-dithiobis（5-nitropyridine），DTNB］和 *O*-苯二顺丁烯二酰亚胺（polydimethylsiloxane，*O*-PDM）等，通过二硫键或硫醚键使 2 个 ScFv 在体外相连接，形成双价小分子抗体（图 6-24-3）。因为此法会引起抗体分子的抗原结合部位的结构改变，降低抗体的活性，所以应用较少。

### 24.3.2 二聚化结构域融合法

在单价小分子抗体的 3′端连接具有二聚化倾向的结构域（dimerization domain 或

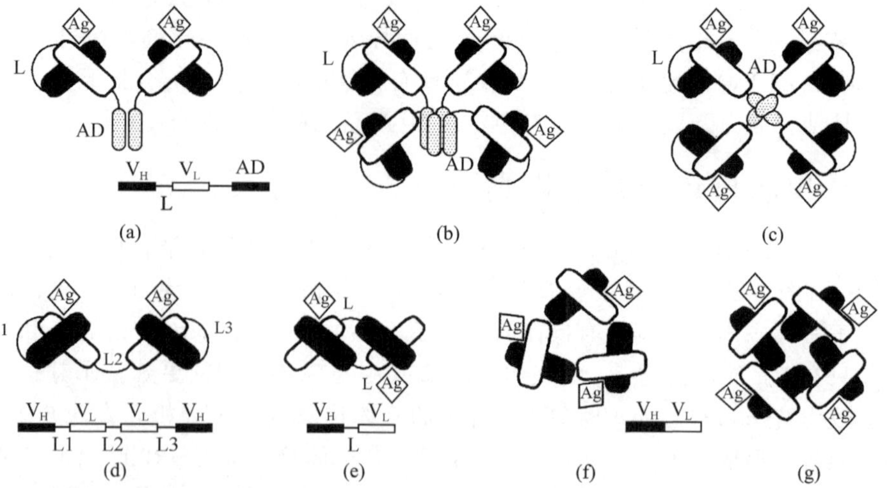


图 6-24-3　多价小分子抗体示意图

(a) 通过自聚化结构（AD）构建的双价抗体；(b) 通过自聚化结构构建的四价抗体；(c) 通过链亲和素构建的四价抗体；(d) 双 ScFv 单肽链；(e) 双链抗体；(f) 三链抗体；(g) 四链抗体

association domain）可促使抗体分子片段发生多聚化。在抗体分子和二聚化结构域之间一般要设计一个柔性接头，最常用的是（GGGGS）接头以及人或鼠 IgG3 的铰链区。在二聚化结构尾部可以加上半胱氨酸，通过形成二硫键增加稳定性。以下是几种常用的二聚化结构。

### 24.3.2.1　亮氨酸拉链

亮氨酸拉链（leucine zipper）是指在一段肽链序列中每隔 6 个氨基酸残基便重复出现 4～5 个 Leu 残基，这使 α 螺旋结构中每两圈就出现一个 Leu，而这些 Leu 都排列在 α 螺旋的一侧，通过这些 Leu 残基之间的疏水作用可形成拉链式结构，促使两条肽链发生聚合形成二聚体。已发现原癌基因产物 fos 和 jun 及酵母转录因子 GCN4 都带有亮氨酸拉链结构，所以可利用它们的亮氨酸拉链结构来构建双价抗体分子。将 fos 和 jun 的亮氨酸拉链结构分别连接在两个 ScFv 的羧基端，产生的 ScFv-Fos 和 ScFv-Jun 会通过亮氨酸拉链结构形成异源二聚体（图 6-24-3）。ScFv-Fos 和 ScFv-Jun 分别也会形成 $(ScFv\text{-}Fos)_2$ 和 $(ScFv\text{-}Jun)_2$ 两种同源二聚体，但在温和的还原条件下可以被解离成单体。ScFv 之间的结合并不十分牢固，若在 ScFv 的羧基端再加上一个半胱氨酸形成链间二硫键，可以起到稳定双体分子的作用。还有人采用改良的 GCN4 亮氨酸拉链获得了 ScFv 的四聚体。

### 24.3.2.2　α 螺旋束

天然蛋白质中存在着由反向平行的 4 个同样的 α 螺旋形成的紧密结构，即 4-α 螺旋束（helix bundle）结构，在小分子抗体的 3′端接上这种螺旋序列，可以形成双价或多价抗体分子，若用 β 转角将两个 α 螺旋连起来形成螺旋-转角-螺旋结构（helix-turn-helix）则效果更好。由于利用此结构生成的双体分子的 4 个螺旋可形成束状结构，使其疏水面暴露较少，与亮氨酸拉链比较其非特异吸附及自身凝集作用较小。另外，由于其形成双体时螺旋的反向平行排列方式，使两个抗原结合部位可以同时结合相互距离较远的抗原决定簇，因此其性能优于借助亮氨酸拉链结构形成的双体分子。

#### 24.3.2.3 Ig 的 $C_H3$ 区

天然 Ig 分子的重链 $C_H3$ 区对于两条重链相互作用形成二聚体是关键性部位。将 ScFv 的羧基端与 IgG 的 $C_H3$ 结构域用接头连接，可生成稳定的双价二聚体，称为微型抗体（minibody），其分子质量约为 80 kDa，较双链抗体（约 60 kDa）大，体内半衰期较长，具有更好的临床应用价值。曾有人用两种不同的接头构建了两种微型抗体，一种称为 LD 型，连接肽为 LD 两个氨基酸残基，由非共价键作用形成二聚体；另一种称为 Flex 型，是在 IgG 的铰链区加上接头（LEPKSCDKTHTCPPCGGGSSGGGSG），形成共价结合的二聚体。两种微型抗体均可在哺乳动物细胞中高表达，纯化后能保持较高的亲和力，并可与相应抗原呈双价结合。

此外，有人曾构建了由完整轻链（含 $V_L$ 和 $C_k$ 区）与 $V_H$ 形成的单链抗体，在大肠杆菌周质腔这种 ScFv 可通过非共价键形成双体，若在 $C_k$ 羧基端加上一个半胱氨酸，又可通过二硫键使双体的稳定性加强。

#### 24.3.2.4 其他

链亲和素是一个含有 4 个 15 kDa 亚基的同源四聚体蛋白质，与生物素有极高的结合力，已能在大肠杆菌成功表达，因此可用于构建多价小分子抗体。将链亲和素的 N 端连接 ScFv，在大肠杆菌可表达出四聚化的 ScFv（图 6-24-3），其功能性亲和力较高，带有生物素结合位点，在体外检测中的应用前景良好。但由于外源性较强，在体内的应用受到限制。

此外，采用人 P53 蛋白中的一段自聚化序列，以人 IgG3 铰链区的上段序列为接头，连接于 ScFv 的羧基端，制备出免疫原性低的四链抗体，适用于体内治疗。

### 24.3.3 接头长度控制法

#### 24.3.3.1 双链抗体

ScFv 在大肠杆菌分泌表达时可出现一些双体形式，这是两个 ScFv 分子间的 $V_H$ 和 $V_L$ 相互配对形成的二聚体。根据此点可将 ScFv 的接头缩短，使两个 ScFv 分子间的 $V_H$ 和 $V_L$ 配对，发生非共价键结合，形成双价小分子抗体（图 6-24-3），称为双链抗体（diabody）。有人进一步设计了链间二硫键或链间杵臼结构（即通过突变在两条链的界面引入凸起和凹陷结构），以达到增加双链抗体稳定性的目的。由于双链抗体具有良好的性能，构建时操作简单，具有良好的应用前景。

#### 24.3.3.2 三链抗体及四链抗体

运用缩短接头的方法，还可以构建三链抗体（triabody）分子及四链抗体（tetra-body）分子（图 6-24-3），但是由于不同抗体的立体构象存在微细差别，其多聚体的产生有其不同的规律性。例如，抗神经氨酸酶 ScFv 以 $V_H$-$V_L$ 方式连接时，其接头为 0～2 个氨基酸残基，生成的都是三链抗体，若接头为 3～5 个氨基酸残基，生成的都是双链抗体；而以 $V_L$-$V_H$ 方式构建的 ScFv，其接头含有 3 个或 4 个氨基酸残基时主要形成双链抗体，$V_L$ 和 $V_H$ 直接相连产生的以四链抗体为主。经分析显示，同一抗体的四价、二价和单价分子的功能亲和力的比值约为 140∶20∶1，说明多价抗体分子的功能亲和力明显强于单价抗体分子。

## 24.4 双特异性抗体

天然抗体分子和上述构建的双价或多价抗体均是单特异性的，即无论是双价或多价抗体都只能与相同的抗原决定簇结合。如果通过人工设计构建出具有两个不同抗原结合部位的双特异性抗体（bispecific antibody，BsAb），就能够同时与两个不同的抗原决定簇结合，其应用前景更加诱人，目前主要应用的目标是肿瘤，其次是感染性疾病。由于 BsAb 的一种特异性是针对靶抗原，如肿瘤和病原体抗原；另一种特异性是针对体内的效应系统，如 T 细胞的 TCR/CD3、CD2，NK 细胞的 FcγRⅢa，单核巨噬细胞、树突状细胞及中性粒细胞的 FcγRⅠ等，这样就将靶标与体内的免疫生物学效应相连，可以达到更佳的治疗效果。现在主要有以下几种构建 BsAb 的方法。

### 24.4.1 化学偶联方法

应用化学交联剂可以在体外将两个不同抗原特异性的全抗体分子或其功能性片段以二硫键或硫醚键连接成 BsAb。常用的化学交联剂有 *N*-琥珀酰亚胺基-3-（2-二硫吡啶基）-丙酸酯［*N*-succinimide-3-（2-pyridylethyl）-propionate，SPDP］、DTNB、*O*-PDM 等。此法简便快速，产物容易纯化，但在操作过程中易造成抗体分子的抗原结合部位发生改变，从而降低其活性。至于交联剂的致畸和致癌作用，目前尚不明确。因此，此类 BsAb 主要用于体外的试验研究。

### 24.4.2 杂交-杂交瘤方法

运用杂交瘤技术可以使两株各自分泌不同特异性 McAb 的杂交瘤细胞再融合，获得分泌 BsAb 的四源杂交瘤（quadroma），还可以用一株杂交瘤细胞与免疫后的脾细胞融合，得到分泌 BsAb 的三源杂交瘤（trioma），这两种杂交瘤被称为杂交-杂交瘤（hybrid-hybridoma）。从理论上讲，杂交-杂交瘤应能像普通杂交瘤那样，可以持续地分泌 BsAb，其合成、组装和分泌抗体的过程与天然抗体相似，所产生的 BsAb 在体外的稳定性和药代动力学也应与天然抗体相同。但事实上这种方法存在一些明显的缺点：①由于两套重链和轻链之间可重新随机组合，而目的 BsAb 仅占 20％左右，所以必须从大量相似的 Ig 中费时费力地筛选出目的 BsAb；②多倍体杂交瘤的稳定性差，为了保持两套抗体基因的完整性，并能不断地获得 BsAb，必须经常对杂交瘤进行克隆；③分泌抗体的量少，且活性低，增加纯化难度；④目前人源杂交瘤技术存在的诸多问题尚未解决，鼠源性 BsAb 用于人体会出现 HAMA，其相对分子质量也较大，不适于临床治疗，故其应用受到限制。

## 24.4.3 基因工程方法

最初制备 BsAb 的基因工程方法是将编码两种不同 McAb 的重链和轻链基因同时转入一种骨髓瘤细胞中，或者将编码一种 McAb 的重链和轻链基因转入产生另一种 McAb 的杂交瘤细胞中，使之分泌 BsAb。但这种方法仍不能克服上述杂交-杂交瘤方法的一些缺点，因此目前主要是以 Fab、Fv 和 ScFv 等抗体分子片段为基本构件，用基因工程方法制备 BsAb，这些 BsAb 的相对分子质量小，在体内的组织穿透力强，易被清除，且因缺乏恒定区，结合于细胞表面 Fc 受体的机会减少，具有很好的应用前景。

### 24.4.3.1 末端半胱氨酸残基（Cys）共价交联

末端半胱氨酸残基（Cys）共价交联是在两种不同 ScFv 或带铰链区的 Fab 段的羧基端分别接上 Ser 残基（SerCys 或 $Gly_4Cys$），但单纯的羧基端 Ser 在大肠杆菌的周质腔内很难形成二硫键，可在体外通过化学交联成为双价抗体分子（图 6-24-4），这种交联能通过氧化形成二硫键或使用双顺丁烯二酰亚胺形成硫酯键，后者较前者的稳定性更好一些。

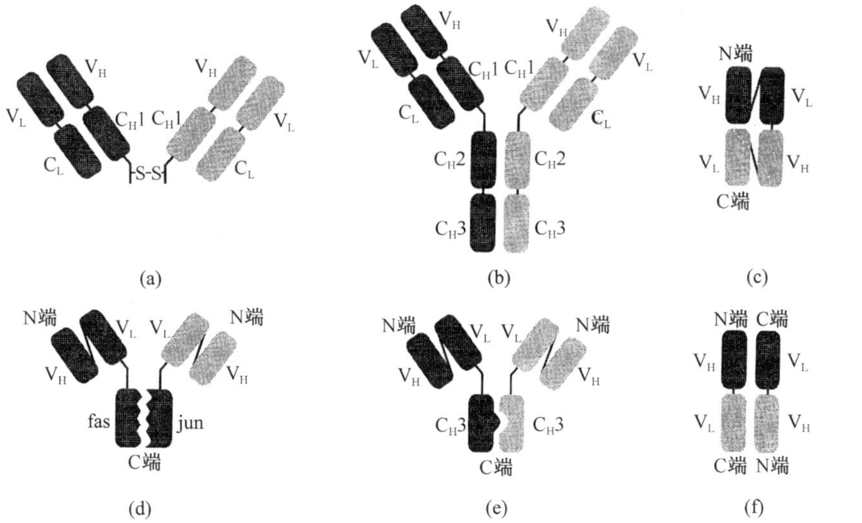


图 6-24-4 几种双特异性抗体示意图

（a）化学交联的双特异性 F（ab′)$_2$；（b）三源或四源杂交瘤产生的双特异性抗体；（c）单链双特异性抗体（scBsAb）；（d）亮氨酸拉链结构形成的双特异性 Fab；（e）双特异性微型抗体；（f）双特异性双链抗体

### 24.4.3.2 链间连接肽相连

在 DNA 水平用一个柔性较强、长度合适的肽段将两个 ScFv 首尾相接，形成双 ScFv 的单肽链，经过正确折叠成为 BsAb（图 6-24-4），即单链双特异性抗体（single-chain bispecific antibody，scBsAb）。ScFv 的链内连接肽常用 $(Gly_4Ser)_3$，而设计两个 ScFv 之间的链间连接肽则需考虑：一是能保证抗体可变区的正确配对和折叠，使 BsAb

保持生物学活性和稳定性；二是根据需要使 ScFv 具有某些新的特性，如利于纯化和延长半寿期等。链间连接肽可有短肽链和长肽链两种，短肽链能防止异源可变区之间的错配，长度一般为 10 个氨基酸残基以内，常用的是 $Gly_4Ser$；而长肽链可用（$Gly_4Ser$）$_3$。还有人设计了长达 25 个氨基酸残基的链内连接肽，实验结果表明也能使 BsAb 正确折叠，并具有功能活性。

#### 24.4.3.3 二聚化结构域融合法

上述用于构建多价小分子抗体的二聚化结构域原则上均可用来构建双特异抗体，但是必须对二聚化结构域进行选择和改造，以避免相同特异性分子之间的配对。例如，在微型抗体的双聚化结构 $C_H3$ 的相互作用界面上设计“杵臼”结构，与不同特异性的 ScFv 相连，所得到的微型抗体主要是异二聚体（图 6-24-4）。

#### 24.4.3.4 构建双特异性双链抗体

将抗体 A 的 $V_H$ 和抗体 B 的 $V_L$ 用一短的接头（约 15 个氨基酸以内）连接成一条杂合 ScFv，同理将抗体 A 的 $V_L$ 和抗体 B 的 $V_H$ 连接成另一条杂合 ScFv，构建含有这两条链的双顺反子表达载体，当两者同时表达时，由于短接头的限制，使两个不同特异性抗体的轻链可变区和重链可变区交叉组合，即一条 ScFv 上抗体 A 的 $V_H$ 被迫与另一条 ScFv 上抗体 A 的 $V_L$ 相匹配，而一条 ScFv 上抗体 B 的 $V_L$ 则与另一条 ScFv 上抗体 B 的 $V_H$ 相匹配（图 6-24-4），这种双特异性双链抗体（bispecific diabody）可在大肠杆菌的周质腔内形成。由于其易于构建、结构简单、相对分子质量较小、有较强的组织穿透性，是目前最具吸引力的双特异性抗体。

## 24.5 抗体融合蛋白

抗体融合蛋白是指抗体分子片段与其他蛋白质相融合而得到的融合蛋白，其不仅具有抗体分子片段的功能，而且被赋予了新的生物学功能。构建抗体融合蛋白的方式主要分为两大类，一类是含 Fv 段的抗体片段与其他蛋白质融合，利用抗体 Fv 段特异性识别与结合抗原的功能，将与其融合的生物活性蛋白质的作用靶向至特定部位；另一类是抗体 Fc 段与某些具有黏附或结合细胞表面分子功能的蛋白质融合，称为免疫黏附素(immunoadhesin)。

### 24.5.1 含 Fv 段的抗体融合蛋白

#### 24.5.1.1 免疫靶向性抗体融合蛋白

免疫靶向性抗体融合蛋白主要是将毒素、酶、细胞因子等生物活性蛋白质与含 Fv 段的针对肿瘤的抗体片段融合，应用于靶向治疗恶性肿瘤。利用抗体的靶向作用，使这些生物活性蛋白质在肿瘤局部更有效地发挥生物学功能，并降低对全身的毒副作用。

**1. 重组免疫毒素**

抗体分子与毒性蛋白的偶联物称为免疫毒素（immunotoxin），以往是用化学偶联的方法来制备，因这类偶联物不易生产，对正常细胞有非特异性杀伤作用，相对分子质量大而组织穿透性差，所以临床应用难以进行。为了解决这些问题，人们运用DNA重组技术和抗体工程技术制备出重组免疫毒素，即构建含Fv段的抗体分子与毒素的融合蛋白。抗体部分可使用ScFv、dsFv、Fab及diabody等。常用的毒素有以下几种。①细菌来源的毒素，主要是假单胞菌外毒素（*Pseudomonas* exotoxin，PE）和白喉毒素（*Diphtheria* toxin，DT）。这两种毒素均为含有3个结构域的单链蛋白质，包括酶催化活性区，即毒性部位，以及受体结合区和转运区。毒素分子由其受体结合区与细胞表面的特定蛋白质结合而被内化，通过阻止蛋白质合成导致细胞死亡。为了避免毒素杀伤正常细胞，在构建重组免疫毒素时一般将受体结合区除去，常用的除去受体结合区的DT和PE有DAB389和PE38等。②植物来源的毒素，常用的是蓖麻毒素（ricin）、肥皂草素及商陆抗病毒蛋白，其中研究的最为详尽的当数蓖麻毒素。蓖麻毒素是完整毒素（holotoxin），由两条肽链组成，A链为酶催化活性链，B链主要起结合细胞作用，A链与B链通过二硫键相连，A链被转运到细胞内能灭活核糖体，抑制蛋白质合成，使细胞死亡。在构建免疫毒素时需将B链除去或对B链进行改造，使其不能结合正常细胞，减少非特异性细胞毒性作用。

上述毒素的细胞毒性作用使得所构建的免疫毒素不能在真核细胞表达，所以一般用大肠杆菌进行表达制备。植物毒素难以在原核细胞中表达，故很少用来构建抗体融合蛋白，而多采用化学交联的方法制备抗体与毒素的偶联物。此外，上述毒素都是异源蛋白质，具有免疫原性，进入人体后可诱导产生人抗异源毒素的抗体（human anti-toxin antibody，HATA），影响此类免疫毒素在人体内的应用。

**2. 免疫细胞因子**

细胞因子对免疫细胞的功能具有调节作用，若给肿瘤患者全身应用某些细胞因子，如白细胞介素2（IL-2）、白细胞介素12（IL-12）、肿瘤坏死因子（TNF-α）、干扰素（IFN）、粒细胞巨噬细胞集落刺激因子（GM-CSF）及淋巴毒素（lymphotoxin）等，虽然能够促进体内的抗肿瘤免疫，但长期大量使用时会出现明显的毒副作用。用含Fv的针对肿瘤的抗体片段与细胞因子融合是肿瘤靶向治疗、降低毒副作用的有效手段，此类融合蛋白又被称为免疫细胞因子（immunocytokine），目前已有很多种类，较常见的有抗体-IL-2、抗体-IL-12、抗体-GM-CSF等，这些免疫细胞因子的应用前景良好。

**3. 抗体-酶融合蛋白**

抗体-酶融合蛋白是利用抗体的导向作用将酶的催化活性靶向至特定部位，发挥治疗作用。以往构建抗体-酶复合物多采取化学交联的方法，但构建抗体-酶融合蛋白具有明显的优势，主要有以下几类。①抗体导向的酶-前药治疗（antibody-directed enzyme prodrug therapy，ADEPT），将针对肿瘤相关抗原的抗体与某些酶偶联或融合，制备成抗体-酶偶联物或融合蛋白，注入体内可定位于肿瘤局部，再给予无抗肿瘤活性或低活性的前药，连接于抗体的酶可在肿瘤局部将前药转换为有细胞毒活性的药物，实现对肿瘤细胞的选择性杀伤。此法由于其酶促反应的放大效应、小分子药物的组织穿透力较强、不需膜分子交联介导内化、可产生旁观者效应（bystander effect）等，在临床上应用的前景诱人。成功的例子如抗Her2的Fv与$\beta$-内酰胺酶的融合蛋白可水解前药头孢菌素等。②抗体-核酸酶融合蛋白，核酸酶在细胞内能有效地降解RNA和DNA，将核糖核酸酶类（RNases）或脱氧核糖核酸酶类（DNases）与含 Fv 段的抗体片段融合，通过抗体的靶向作用使核酸酶被特定细胞内吞，在细胞内对 RNA 或 DNA 进行降解，导致细胞死亡。此法所用的核酸酶可选人源的，而且核酸酶本身无毒性，在抗肿瘤治疗中较免疫毒素更具优越性。③抗体-溶栓剂融合蛋白，如将抗纤维蛋白的 ScFv 与纤维蛋白溶酶原激活物融合，这种融合蛋白可以靶向血栓形成部位，激活纤维蛋白溶酶，更能选择性地、有效地溶解血栓。另外，如尿激酶血纤溶酶原激活剂（uPA）、组织血纤溶酶原激活剂（tPA）等也可用于构建靶向溶栓融合蛋白。

#### 24.5.1.2 免疫桥连性抗体融合蛋白

由一个抗体分子与另一个具有特异靶向作用的分子构建成融合蛋白，可同时结合效应细胞与靶细胞，使两种不同细胞发生桥连，其作用方式类似于双特异抗体，但不同的是由一个抗体和一个其他特异性配体共同起作用，而不是由两个不同特异性抗体分子同时发挥作用。例如，用抗 CD3 的抗体与表皮生长因子（epidermal growth factor，EGF）形成的融合蛋白，可以使表达 CD3 的 T 细胞与带有 EGF 受体的肿瘤细胞发生桥连，促进 T 细胞更有效地杀伤肿瘤细胞。

#### 24.5.1.3 嵌合受体性抗体融合蛋白

机体抗肿瘤免疫的主要效应机制是细胞免疫应答，尤其是杀伤性 T 细胞能够对肿瘤细胞产生有效的特异性杀伤作用，但获得能达到治疗效果的足量肿瘤特异性杀伤性 T 细胞十分困难，而抗体具有良好的识别与结合抗原的能力，但本身缺乏杀灭肿瘤细胞的活性。因此，将识别肿瘤相关抗原的抗体片段（主要为 ScFv）与 T 细胞的某些膜受体分子融合，表达于 T 细胞表面，形成嵌合受体（chimeric receptor），该 T 细胞称为 T-body，可由抗体部分行使抗原结合功能，接受刺激信号，由膜受体部分将信号传导至细胞内，引起细胞活化，杀伤瘤细胞（非 MHC 限制）或释放多种细胞因子，这为肿瘤免疫治疗提供了新的途径。由于肿瘤浸润的淋巴细胞（tumor infiltrating lymphocyte，TIL）可选择性归巢至肿瘤部位，靶向性更好，更适用于表达嵌合受体。TCR 的 α 链和 β 链、CD3 的 δ 链等是目前用于构建嵌合受体的主要膜分子。因为肿瘤患者有可能存在 T 细胞 TCR 传导通路的缺陷，为了使 T 细胞确实被激活，可用 TCR 信号传导通路下游的酪氨酸蛋白激酶通过 CD4 和 CD8 的穿膜区与 ScFv 相连，构建成嵌合受体。除了 T 细胞外，NK 细胞也可用来构建 NK-body。T-body 的效应在体外及动物试验中已得到证实，但过渡到临床应用的效果还有待验证。

### 24.5.2 含 Fc 段的抗体融合蛋白

用抗体 Fc 段与细胞表面某些具有特异识别及结合功能的蛋白质分子（如细胞膜受体或黏附分子）构建的融合蛋白，称为免疫黏附素（immunoadhesin）。免疫黏附素一方面通过受体与配体间相互作用，可黏附于细胞表面。另一方面可以发挥 Fc 段的特定免疫功能：①调理吞噬作用；②ADCC 效应；③激活补体；④与蛋白质 A 或抗 Ig 结合，利于纯化和检测融合蛋白；⑤延长融合蛋白的半寿期，如 CD4-Fc 融合蛋白在血液中的半寿期比 CD4 分子长 200 倍。

构建免疫黏附素一般采用人IgGl的Fc段和铰链区，在其氨基端连接其他蛋白质，可以采取两种方式，一是同源二聚体结构（homodimeric structure），即融合蛋白中蛋白质分子为单特异性双价，如CD4-Fc、TNFR-Fc、ICAM-1-Fc等；二是异源二聚体结构（heterodimeric structure），为双特异性免疫黏附素，如一条链为抗CD3，另一条链为CD4-Fc，抗CD3可结合CTL，而CD4结合人类免疫缺陷病毒（human immunodeficiency virus，HIV）感染的细胞，介导CTL对HIV感染细胞的有效杀伤。

已报道的免疫黏附素种类较多，有50多种，主要用于科学研究和临床治疗。在实验室研究方面，可通过免疫黏附素的阻断或模拟生物分子间的相互作用，揭示相应生物分子的活性作用。例如，用ICAM-2-Fc证实了ICAM-2对T细胞活化的共刺激作用；或鉴定分离相应的配体或受体，如用CD24-Fc鉴定出其配体为CD45等。在临床治疗中，由于免疫黏附素具有特异性明确、亲和力高、无免疫原性等优点，应用前景十分看好。例如，CD4-Fc可以与HIV结合，阻断HIV对$CD4^+$ T细胞的感染；TNFR-Fc能结合TNF-α，阻断TNF-α的致炎症作用，可用于治疗许多炎症疾病。

## 24.6 抗原化抗体

抗原是激发免疫应答的始动因素，而且对免疫应答具有调节作用。天然抗原的种类繁多，成分与结构复杂，且较难获得纯化制品，因而影响对抗原的研究和应用。抗原化抗体是将特定抗原分子表位的编码基因序列插入抗体重链可变区的CDR3部位，表达出具有该抗原表位的氨基酸组成和构象以及免疫原性的重组抗体。这一技术的开展对研究抗原与抗体结合、独特型-抗独特型网络、新型疫苗的制备与应用等提供了新的途径。

### 24.6.1 抗原化抗体的构建

构建抗原化抗体通常以抗体的CDR3作为抗原表位移植部位，因为CDR3是与抗原特异结合及独特型抗体体现免疫原性的主要部位，其氨基酸组成和长度变化最大，具有高度多样性和限定的空间构型，移植抗原表位序列后，对其正确折叠以及$V_H$与$V_L$组装所形成的构象不产生影响，且能保证抗原表位的构型正确及免疫原性的稳定；利用CDR3结构上的外显性，可保证抗原表位的易接近性。构建抗原化抗体时，首先用定点突变技术在重链可变区的CDR3区或CDR2区产生单一克隆位点，将编码某抗原表位的基因序列克隆到该位点，再将此种携带编码某抗原表位基因序列的重链可变区基因亚克隆到人重链恒定区基因的表达载体中，使可变区基因与恒定区基因连接成完整的重链基因，然后用电穿孔等方法将此载体转入只分泌抗体轻链的细胞中，如鼠的J558L细胞，转化的细胞可分泌人-鼠嵌合的抗原化抗体；或者将构建的重链基因表达载体与轻链基因表达载体共转染SP2/0细胞，使细胞分泌抗原化抗体。

### 24.6.2 抗原化抗体的特性与应用

抗原化抗体作为带有特定抗原表位的载体，既表现出抗体分子的基本特性，又显示出抗原表位的作用。抗体分子可以通过其Fc段与抗原提呈细胞表面的Fc受体结合，介导抗原表位被内吞，并被抗原提呈细胞提呈给淋巴细胞。而抗原表位则可以选择性激活能特异性识别该表位的淋巴细胞，使其活化、增殖和分化，诱导特异性免疫应答。

抗原化抗体较单纯抗原表位肽段的相对分子质量明显加大、半衰期延长、免疫原性增强，故适用于制备针对某种抗原表位的特异性抗体，特别是有些天然抗原不易于纯化或有毒性等，难以用于体内免疫获得相应抗体，通过构建抗原化抗体进行免疫来制备抗体则是解决这一问题的有效手段。抗原化抗体还可以模拟蛋白质分子的功能肽段，通过所带有的外源寡肽与相应的受体或配体结合，发挥干扰或阻断作用。例如，多种细胞外基质蛋白含有 Arg-Gly-Asp（RGD）序列，而存在于许多细胞上的细胞黏附受体能够识别并结合 RGD 序列，介导了细胞与细胞之间的黏附作用。含有 RGD 序列的抗原化抗体能结合细胞黏附受体，有效地抑制细胞间的黏附，阻断细胞相互黏附介导的生物学效应，如 ADCC 效应等。而含 RGD 序列的合成肽由于相对分子质量小、在体内易被清除且缺少适当的三维结构，其抑制细胞间黏附的效果较差。抗原化抗体最具吸引力的应用领域当属新型疫苗的制备。带有特定抗原表位寡肽的抗原化抗体作为疫苗，可在体内诱导更加专一的免疫应答，去除与特定抗原表位无关的免疫应答；其免疫原性较单纯抗原表位大大加强，由于抗体 Fc 段与 Fc 受体结合可介导细胞对抗原表位的内吞，有利于 APC 将寡肽表位与 MHC 分子结合提呈给 T 细胞，活化 T 细胞；考虑到 Th 细胞对 B 细胞产生抗体的辅助作用，还可将 B 细胞识别表位和 T 细胞识别表位分别置于同一抗体分子的 CDR3 和 CDR2 中，由于 B 细胞在对 B 细胞识别表位应答的过程中，有 T 细胞识别表位的存在，加强了 Th 细胞对 B 细胞产生抗体的辅助；以抗原化抗体基因制备成 DNA 疫苗进行基因免疫，可减少制备程序，简便易行，能在体内诱导出体液免疫和细胞免疫；为了加强基因免疫的有效性，在构建抗原化抗体基因表达载体时，还可连接一些增强或调节免疫应答的分子的基因，如 IL-2 和 GM-CSF 等，以达到更为理想的免疫效果。此外，根据免疫途径的不同可选用不同类型的抗体，如将某些消化道感染病原体的特异性表位肽插入分泌型 IgA 的分泌片段中，制备成口服疫苗，诱导黏膜局部免疫。

## 24.7 细胞内抗体

将携带小分子抗体基因的表达载体导入细胞内，在细胞内特定部位表达的抗体分子即为细胞内抗体（intrabody），其结合细胞内的靶抗原后能影响靶抗原的生物学活性。为了达到不同的目的效应，可以对小分子抗体基因进行修饰，使其表达于细胞的胞浆、细胞核、细胞膜、内质网、线粒体等不同部位，当抗体在这些亚细胞结构中与靶分子结合后，可以产生不同的效应。例如，为使抗体在细胞浆内表达，可将与抗体分泌有关的前导肽去除，或者将前导肽中的疏水区换成亲水性氨基酸残基，抗体分子即失去分泌能力；为使抗体表达在细胞核内，又可将前导肽的疏水区换成核定位信号序列（nuclear localization signal）；欲将抗体分子表达在粗面内质网腔内，则在抗体分子的 3′端加上一段粗面内质网滞留信号（ER retention signal）。

正如将反义 RNA、siRNA、核酶、显性干扰性基因突变体（dominant negative mutant）等导入细胞内，抑制或干扰特定基因产物的活性，可以对某些基因产物的功能进行研究或用于基因治疗一样，细胞内抗体也主要应用于这两个方面，而且与以上方法比较有其一定的优越性。①在分子的功能研究方面，当细胞内表达某种内源蛋白质的抗体时，该蛋白质分子与抗体结合，其活性作用受到抑制，以此来研究该蛋白质的生物学功能。例如，IL-2Rα 的 ScFv 在人 T 细胞系 Jurkat 细胞内表达，可以有效地阻断 IL-2Rα 在活化 Jurkat 细胞的表面表达，以此来研究 IL-2Rα 在细胞活化中介导的信号转导和 IL-2Rα 过量表达对白血病细胞生长的影响，以及抑制 IL-2Rα 表达在 T 细胞介导的疾病治疗中的效用等。erbB2 是表皮生长因子受体（EGFR）相关酪氨酸激酶受体家族的成员，许多人类肿瘤细胞，如卵巢癌和乳腺癌细胞过量表达 erbB2，用抗 erbB2 的细胞内抗体可抑制 EGFR 表达，进而抑制肿瘤细胞生长，证明细胞内抗体是研究细胞内信号转导的重要工具，而且 erbB2 在 EGFR 相关家族介导的信号转导中起重要作用。由于抗体片段在粗面内质网内比较稳定，且内质网的定位表达方法比较明确，目前运用细胞内抗体阻断靶分子的部位多数在粗面内质网。②在基因治疗方面，细胞内抗体的应用多体现在抗肿瘤和抗病毒效应。利用癌基因的细胞内抗体为抗肿瘤的基因治疗提供了一个新的途径。实验研究结果显示，抗 erbB2、p21 及 p53 等的细胞内 ScFv 对肿瘤细胞生长有明确的抑制作用，而且能诱导肿瘤细胞凋亡；已知多种肿瘤细胞表面过度表达 EGFR，抗 EGFR 的细胞内 ScFv 可以使肿瘤细胞表面的 EGFR 下调，从而使肿瘤细胞的生长受到抑制；将抗 erbB2 的单链抗体表达于 T 淋巴细胞的细胞膜上，可以获得对 erbB2 阳性的肿瘤细胞产生杀伤性作用的效应 T 细胞。目前将细胞内抗体用于抗艾滋病的基因治疗研究较多且最具应用前景。所使用的细胞内抗体可以针对 HIV 的不同靶蛋白分子，包括 HIV 的结构蛋白、调节蛋白及酶蛋白等，尤其是 HIV 外壳蛋白 gp120、调节蛋白 Tat 和 Rev、反转录酶、整合酶（integrase）等。抗 HIV 外壳蛋白 gp120 的 ScFv 对 HIV 在细胞内的装配起干扰作用；抗 gp120 前体 gp160 的内质网滞留型 ScFv 能抑制由 gp120 与细胞上 CD4 分子结合介导的细胞“合胞现象”，降低 HIV 的感染性；抗 HIV 调节蛋白 Tat 的 ScFv 可以阻断 Tat 转运到核内，抑制 Tat 介导的 HIV 长末端重复序列转录激活，从而使 *HIV* 基因表达受抑制；抗 HIV 调节蛋白 Rev 的 ScFv 在细胞内稳定表达可有效地拮抗 Rev 功能，持久抑制 HIV 的复制。若将艾滋病患者的造血干细胞或 T 细胞用此类抗体基因修饰后，再将这些细胞回输到患者体内，由于细胞内抗体的作用，这些细胞对 HIV 感染具有抵抗力，可在体内增殖，对艾滋病可能有长期的治疗作用，甚至对晚期患者也有效，若再与抗病毒药物联合治疗可能效果更好。

细胞内抗体是近年来抗体工程领域出现的又一个具有良好应用前景的工程抗体，但在基因治疗方面的应用也受到目前基因治疗中普遍存在的几大问题的限制，如基因表达的可调控性、基因的整合位点、基因表达剂量的控制、免疫原性及安全性等，因此将细胞内抗体用于临床实际还需要大量的研究工作。

## 24.8 体内分泌性抗体

抗体应用于疾病治疗，尤其是肿瘤治疗尚存在一些局限性，阻碍了抗体的治疗效果，主要原因是：①制备完全人源抗体的技术和过程较复杂，耗时费力；②抗体的血清半衰期有限，对于为了增加抗体的穿透性而研制的小分子抗体片段来说更是一个相互矛盾的问题；③由于有限的半衰期和组织穿透性，需要高剂量长时间注射；④花费非常高的治疗成本来达到持续的推荐治疗剂量。运用基因治疗有可能克服这些传统治疗性抗体的缺点，可以通过持续释放抗体和同源糖基化模式，降低治疗性抗体的免疫原性且更易于人体耐受，主要包括两种基因疗法，即体内（*in vivo*）和体外（*ex vivo*）基因转移方法。体内基因治疗通过直接注射遗传物质进入机体；体外基因转移方法涉及基因修饰目标细胞，然后移植到机体中，通常都需要使用病毒载体来实现。这方面的探索性研究已取得了重要进展。

## 24.8.1 体内分泌全长 McAb

M. Neol 等用反转录病毒进行基因转移可使几种非淋巴细胞分泌全长 IgG 抗体，移种这种抗体基因修饰的肌母细胞可以使血清中抗体水平达到 1～3 μg/ml，并持续很长时间。4 年后，如体内给予高剂量含编码相同抗体基因的重组腺病毒可以显著增加血清中抗体水平，达到 200 μg/ml，增加了 100～200 倍。然而，腺病毒（AV）载体具有高度免疫原性，能触发天然免疫反应，降低治疗效果，并引起炎症相关的不良反应，而腺相关病毒（AAV）是一种弱天然免疫原，不引起明显的免疫反应。两种类型的病毒载体的共同缺点是人群中普遍存在一定量的中和抗体。J. Fang 等构建了一个携带编码全长 VEGFR-2 中和抗体（DC101）基因的 rAAV（血清型 8），用一个源于口蹄疫病毒（FMDV）的 2A 自我加工序列从单一开放阅读框表达抗体，FMDV 2A 序列靠近连接重链和轻链的 furin 酶切位点。rAAV8-DC101 可以在小鼠体内长时间表达，血清抗体水平达到 1000 μg/ml，并产生显著的抗肿瘤功效。M. Watanabe 等也曾报道，运用携带编码全长抗 *VEGF McAb* 基因的腺病毒和腺相关病毒载体，能产生相当于贝伐 McAb 抑制人类肿瘤生长的效果。还有人也运用上述 furin/2A 技术将表达抗 Her2（也称为 Her2/neu 或 ErbB-2）的 rAAV 进行肌肉内注射，实现了重链和轻链的单顺反子表达。或者构建一种含有 furin/2A 表达系统的灵长类动物 AAV（血清型 rh. 10）载体来表达抗 Her2 抗体，通过单次静脉注入，血清中可持续出现高水平的抗 Her2，能抑制 Her2 阳性肿瘤的生长，并延长荷瘤小鼠的存活期。

另有一种不同的策略，是运用双向慢病毒载体，使体内分泌全长抗 Met（多种肿瘤细胞高表达的表面受体），这种方法可持续地抑制肿瘤生长。最近，A. B. Balazs 等的研究表明，给小鼠单次肌内注射一种含有自我加工 2A 序列的 rAAV 载体，可诱导终生高浓度表达抗 HIV 的中和抗体，预示可以持续预防 HIV 感染。

## 24.8.2 体内分泌重组抗体片段

虽然为了提高抗体在肿瘤组织的穿透性，利用基因工程技术修改抗体性质，已经成功制成重组抗体片段，然而这些小分子抗体片段会快速从血液中被清除，对靶位的作用只保留较短的时间，并且是单价结合，从而导致必须频繁地注射给药。为了克服这些限制，已经发展了一些基因治疗的方法，在体内表达重组抗体片段，主要有以下两种。

**1. 体内分泌重组 ScFv**

2002 年，W. O. Arafat 等首次展示了抗 erbB2 ScFv 腺病毒载体的治疗效果，通过基因转移，体内给予能分泌有效浓度 ScFv 的真核细胞后，导致肿瘤生长抑制。几个月后 L. Sanz 等又证明，体内分泌能识别血管生成相关的层粘连蛋白抗原决定基的 L36

ScFv，肿瘤生长受到明显抑制。4 年后，该研究小组将 L36 ScFv 与胶原蛋白 XⅧ 非胶原结构域 C 端不同部分融合，转基因人类细胞能有效地分泌三价和六价抗体片段，体内分泌的多价 L36 抗体比单价 ScFv 能更有效地防止肿瘤的生长。T. A. Afanasieva 等单次系统性给予表达抗 VEGF ScFv（V65 ScFv）或二价衍生物（minibody 和 ScFv-Fc）的重组腺病毒，导致肿瘤生长抑制，治疗作用相当于多次注射大剂量纯化的 V65 ScFv。此外，还可以体内给予含抗 Her2 ScFv 的免疫毒素的腺病毒载体，达到明显抗 Her2 阳性肿瘤增殖的效果。

**2. 体内分泌双特异性抗体**

双特异性抗体（BsAb）代表着更有效、更有前途的抗肿瘤治疗性抗体。针对肿瘤相关抗原（TAA）和效应细胞触发分子 CD3 的 BsAb，已显示出针对靶细胞的定向细胞毒性。抗 TAA-抗 CD3 BsAb 能激活 T 细胞，已经在各种体外和体内试验模型被证实，并且有几个 BsAb 也已进行了临床试验。事实上，抗 EpCAM-抗 CD3 全长 IgG（catumaxomab）已经被批准用于治疗腹腔内恶性腹水。然而其最大耐受剂量却很低，这是由于 T 细胞与表达 Fc 受体的辅助细胞交联，诱导“细胞因子风暴”产生毒性作用，即细胞因子大量释放引起的相关症状。由于这些原因，强烈推荐使用缺乏 Fc 的重组 BsAb，如串联 ScFv [$(ScFv)_2$] 和双链抗体（diabody）。大量研究已证明了此类抗体在临床前和临床研究中的效力。但是，这些重组 BsAb 在体内呈现出非常短的血清半衰期，并且必须使用便携式微泵连续输注。为了解决这一问题，2003 年首次证实了哺乳动物细胞（293T）分泌的缺乏 Fc 的抗癌胚抗原（CEA）-抗 CD3 重组双链双特异性抗体的疗效。试验中构建了一个双顺反子载体，使基因修饰的人体细胞分泌功能活跃的 BsAb，通过促进人类初始 T 细胞增殖，杀死表达 CEA 的癌细胞。重要的是，局部生产的 BsAb 对体内建立的肿瘤有明显的细胞毒作用。4 年后，该研究小组又构建了一个双顺反子慢病毒载体，使人类淋巴细胞能有效地被该载体转导，可以分泌高水平的功能性抗 CEA-抗 CD3 BsAb，观察到基因修饰的淋巴细胞显著地降低了体内异种移植肿瘤的增长率。

## 24.8.3 基因修饰的间充质干细胞移种体内分泌抗体

虽然应用病毒载体于体外介导基因修饰人体细胞，在体内分泌治疗性蛋白质，为基因治疗提供了有利的条件。然而分化成熟的终末细胞的寿命较短，这意味着将它们作为免疫治疗策略应用于以细胞为基础的癌症基因治疗存在明显的限制，而干/祖细胞有更大的扩增能力，是一个更合适的细胞来源。自从出现了基因治疗，造血干细胞（HSC）就已经被选为递送细胞。但是，体外很难扩增成年 HSC，既昂贵又费时，又不易被成功转导。相比较而言，间充质干细胞（MSC）可以分化为几乎所有的组织细胞，很容易被转导，表现出一种独特的体外扩增能力，却仅需要简单的培养基配方即可扩增，是更适合的递送细胞来源。尽管 MSC 具有上述优点，但其在体内的免疫抑制和促血管生成等作用对癌症治疗有潜在的风险，特别是在肿瘤细胞附近接种 MSC 或允许其迁移。事实上，MSC 被用作产生治疗性抗体等免疫效应分子的“工厂”，没有必要使它们传播整个身体，或者是不可取的。经过体外基因修饰的 MSC 可以在体内被局限于一个受控制的环境中，增强它们的定植和生存。M. Compte 等用一种非免疫原性的合成细胞外基质（sECM）制成脚手架，通过慢病毒载体将抗 CEA -抗 CD3 双特异性抗体基因转导 MSC，并且将细胞接种在 sECM 脚手架中，然后移植到裸鼠腹侧皮下，在局部分泌治疗性抗体并进入血循环，抗体水平可持续 7 周，能激活肿瘤特异性 T 细胞，抑制表达 CEA 的人结肠癌细胞的生长。

以 MSC 为基础的抗体基因治疗策略面对的挑战包括：①由于细胞的有限寿命，丧失活性细胞功能；②随着时间的延长，丧失转基因表达；③遭受宿主免疫应答的攻击，这在选用自体 MSC 作为递送细胞时可以忽略，而在选用异体 MSC 时则需要使用封装系统，如胶囊化，以此保护 MSC 免于宿主免疫系统的攻击。

（田野苹）

# 第25章 抗体库技术

抗体库技术是依赖于PCR技术、抗体分子在大肠杆菌的功能性表达及噬菌体展示技术（phage display technology）而发展起来的抗体工程技术，该技术的运用使抗体的制备和应用进入了一个新的时代，是20世纪90年代抗体工程领域的突破性进展。抗体库技术是用一组引物经PCR技术扩增出全套免疫球蛋白的可变区基因，在原核系统表达有功能的抗体分子片段（即抗体库），从中筛选出特异性抗体基因。此技术的产生使人们有可能摆脱用抗原免疫机体的体内系统，而在体外制备特异性抗体，并奠定了抗体库发展的基础。

最早尝试构建抗体库的是英国剑桥的E. S. Ward等，他们用溶菌酶免疫小鼠后，取小鼠脾细胞DNA经PCR扩增出$V_H$基因，并在大肠杆菌表达出$V_H$段（单区抗体），最终获得21个能特异结合溶菌酶的克隆。但由于未包含抗体轻链，没有构建出完整的抗原结合部位，也无有效的筛选方法。此后美国Scripps研究所的W. D. Huse等在*Science*杂志上报道了完整的抗体库工作，他们用RT-PCR技术将全套抗体轻链基因和重链Fd段基因从淋巴细胞中克隆出来，然后分别将两者构建到噬菌体表达载体中，获得轻链基因库和重链Fd段基因库，再运用DNA重组技术将轻链基因和Fd段基因随机配对重组于一个噬菌体表达载体中，形成组合抗体库。将抗体库DNA进行体外包装，然后感染大肠杆菌，使噬菌体载体携带的轻链基因和Fd段基因得到表达，在大肠杆菌周质腔折叠形成有功能的Fab段，释放出来存在于噬菌斑内，用硝酸纤维素膜转印噬菌斑，再以放射性核素或过氧化物酶标记的抗原筛选到产生特异性抗体的克隆，获得相应Fab段的基因，进而成功地建立了完整的抗体库技术。该技术的主要优点是：①无需进行细胞融合及为了获得稳定的分泌McAb的杂交瘤而反复亚克隆，明显减少了烦琐步骤；②可筛选$10^6$以上个克隆，显著增加了筛选容量，而杂交瘤技术一般仅筛选上千个克隆；③可直接得到抗体的基因，且便于进一步构建各种基因工程抗体；④可利用原核表达系统的优势在大肠杆菌表达抗体；⑤可制备人源抗体，以及难于制备的、针对免疫原性弱或毒性抗原的抗体。这种技术将组建亿万种不同特异性抗体的可变区基因文库和抗体在大肠杆菌功能性表达与高效快速的筛选手段结合起来，彻底改变了抗体制备的传统途径，对抗体的开发与应用具有极大的潜力。

## 25.1 噬菌体抗体库技术

在上述组合抗体库技术建立不到1年的时间内，又出现了将噬菌体展示技术应用于抗体库技术而形成的更加优越的噬菌体抗体库技术，目前已发展成为较成熟的抗体库技术体系。

## 25.1.1 丝状噬菌体

噬菌体展示技术是在详细研究了丝状噬菌体（filamentous phage）的基因组结构、生活周期的基础上建立起来的。丝状噬菌体是一种长1～2 μm、直径为6～7 nm的纤丝状病毒颗粒，研究较多的为M13、fd和f1，三者间的差别很小。丝状噬菌体的基因组是一个约6400 bp的单链环状DNA，当噬菌体感染细菌后其基因组DNA进入细菌细胞内，在细菌胞内酶的作用下转变成双链DNA，称为复制型DNA，是病毒基因组DNA增殖的中间体，可被用作基因克隆的载体。

丝状噬菌体基因组共编码10种蛋白质，其中有些是病毒颗粒的结构蛋白，其他则为合成噬菌体DNA和包装与释放子代噬菌体所必需。丝状噬菌体的外面围绕着管状蛋白质外壳，外壳主要由基因产物蛋白Ⅷ构成，一个噬菌体颗粒约含2700个副本的蛋白Ⅷ，其成熟蛋白质分子只有50个氨基酸残基，中央有一段疏水区，通过这一疏水区Ⅷ蛋白嵌镶在细菌内膜上。而一些次要分子则存在于噬菌体两端，其中一端有5个副本的蛋白Ⅶ和蛋白Ⅸ；另一端有3～5个副本的蛋白Ⅲ和蛋白Ⅵ。基因Ⅲ蛋白的结构与基因Ⅷ蛋白类似，分子质量为42 000 Da，含有406个氨基酸残基，靠近C端的23个氨基酸组成穿膜区，借此固定于细菌内膜上，N端朝向周质腔，N端的第1～198位氨基酸结合大肠杆菌的性菌毛，介导噬菌体颗粒对大肠杆菌的感染。在噬菌体表面仅表达少量外源性蛋白质，尤其在使用噬粒（phagemid）作为表达载体时，噬菌体表面仅表达一个外源性蛋白质分子，这有利于筛选高亲和力的配体或受体。而将外源蛋白质的基因与基因Ⅷ融合，就会使多个副本的外源蛋白质在噬菌体表面表达，多价表达有利于筛选低亲和力的配体或受体。尽管上述噬菌体外壳蛋白均先后被成功地应用于噬菌体展示，但目前主要应用的是蛋白Ⅷ和蛋白Ⅲ。

噬菌体感染细菌后，在噬菌体蛋白质的作用下，双链复制型DNA大量复制单链病毒子代DNA，当由细菌释出时被固定在细胞内膜的噬菌体外壳蛋白所包被，形成完整噬菌体颗粒。

## 25.1.2 噬菌体展示技术

噬菌体展示技术是将蛋白质分子或肽段的基因克隆到丝状噬菌体的基因组DNA中，使噬菌体的外壳蛋白与之形成融合蛋白，因而在噬菌体的表面表达有异源分子，这就将特定分子的基因型和表型统一在同一病毒颗粒内，通过筛选噬菌体表面的能结合特定配体的蛋白质，即可获得相应的编码基因。

该技术还具有巨大的筛选能力，可从数量众多的多样化群体中选择出表达有与特定配体分子结合的噬菌体颗粒，利用丝状噬菌体在大肠杆菌系统中易于分离扩增的特点，可通过感染大肠杆菌扩增选择出噬菌体颗粒，这一选择能力和扩增能力结合的特点使噬菌体展示技术成为极为有效的筛选体系。先将一组多样化的、序列互不相同的蛋白质或肽链表达到噬菌体表面得到噬菌体展示库，将固相化的靶分子与这种噬菌体展示库一起温育，表达在噬菌体颗粒上的相应靶分子配体就会结合于固相，将游离的噬菌体颗粒洗去，再使结合于固相的噬菌体洗脱下来，用洗脱下的噬菌体感染宿主菌，扩增后得到次级库，完成一轮筛选，这一“吸附-洗脱-扩增”的富集过程可使特异性噬菌体富集

100～1000 倍，根据情况进行几轮筛选后，最终获得所需克隆（图 6-25-1）。其优越性在于：①简便易行，省时省力，完成一轮筛选仅需 1～2 天；②筛选能力强，经过多轮筛选，均可将稀有克隆从目前技术所能产生的库容中选择出来；③可直接得到特异克隆编码 DNA，便于进一步的基因操作和表达。

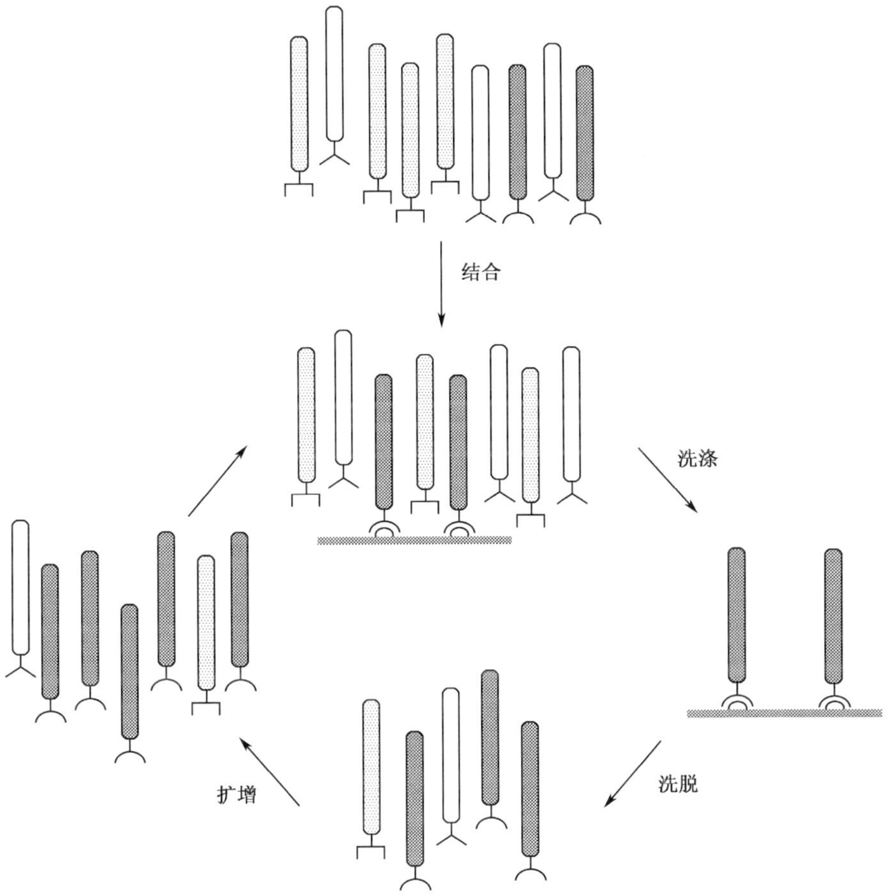


图 6-25-1　噬菌体抗体库的吸附-洗脱-扩增过程示意图

## 25.1.3　噬菌体抗体库

抗体分子片段与噬菌体外壳蛋白融合，并在噬菌体颗粒表面表达，即为噬菌体抗体，而噬菌体抗体库（phage antibody library）则是将抗体分子多样性可变区基因组装到表达载体内，使之在噬菌体表面表达多样性噬菌体抗体的集合。通过上述噬菌体展示技术的“吸附-洗脱-扩增”的富集过程，可极为有效地将特异性抗体的可变区基因从噬菌体抗体库中筛选出来。

### 25.1.3.1　噬菌体抗体

**1. 噬菌体表达的抗体分子片段**

噬菌体可表达 Fab、ScFv、dsFv 及双链抗体（diabody）。但目前主要表达的是 Fab

或 ScFv，dsFv 和双链抗体的噬菌体抗体尚未得到广泛应用。

（1）表达 Fab 段。一般是将轻链基因和重链 Fd 段基因组合在同一个表达载体内，也可分别将携带轻链基因和重链 Fd 段基因的表达载体导入同一个大肠杆菌细胞内，这要求携带轻链基因和重链基因的载体的复制子（replicon）能够相容。噬菌体外壳蛋白基因（基因Ⅲ或基因Ⅷ）可与轻链基因或 Fd 段基因融合，融合的链固定在细菌内膜上，通过链间二硫键与分泌到周质腔内的另一条链连接，即可形成有结合活性的噬菌体抗体。

（2）表达 ScFv。通过重叠延伸拼接法（splicing overlap extension，SOE），用 PCR 直接将轻链和重链可变区基因组合在一起构建 ScFv，操作过程较简便。此外，构建 ScFv 时用可变区 3′端作引物，不受重链同种型（isotype）的限制，所扩增出来的重链可变区基因具有更好的多样性。而扩增 Fd 段基因以 $C_H1$ 的 3′端作为引物，因受重链同种型的限制，一条引物只能扩增一种同种型的 Fd 段。

（3）表达 dsFv。dsFv 是二硫键固定的 Fv 段，通过突变在 $V_H$ 和 $V_L$ 的适当位置分别各引入一个 Cys 残基，使 $V_H$ 和 $V_L$ 形成共价键连接，其稳定性较 ScFv 更好，将一个可变区与噬菌体基因Ⅲ融合，在噬菌体表面即可表达出 dsFv。

（4）表达双链抗体。双链抗体是双价小分子抗体，将 ScFv 的接头缩短，可强迫不同分子间的 $V_H$ 和 $V_L$ 配对形成 Fv 段，而同一分子内的 $V_H$ 和 $V_L$ 难以配对，这种非共价键结合的双价或双特异性小分子抗体基因与噬菌体基因Ⅲ融合，可在噬菌体表面表达双链抗体。

**2. 噬菌体抗体的表达载体**

用于表达噬菌体抗体的载体有两类，即在丝状噬菌体载体基础上改造的载体和以噬粒为基础的载体。前者是将 *Ig* 基因克隆在噬菌体基因Ⅲ 5′端前导序列的下游，携带该载体的大肠杆菌就会产生以蛋白Ⅲ氨基端为抗体分子片段的噬菌体抗体颗粒。后者因在 DNA 重组操作上较为容易，应用也较广泛，常用的有 pBluescript 和 pUC118/119 等。噬粒为含有丝状噬菌体基因间隔区（intragenic region）的质粒载体，基因间隔区是一段不到 500 bp 的 DNA 片段，噬粒本身不含有任何噬菌体蛋白质的编码基因，其基因操作与质粒完全相同，将抗体分子片段与基因Ⅲ或基因Ⅷ融合，插入噬粒载体中，所表达的融合蛋白会嵌在细菌内膜上，在辅助病毒超感染细菌后，融合蛋白与来自辅助病毒的野生型蛋白Ⅲ或蛋白Ⅷ共同组装到所生成的噬菌体表面（其核心为噬粒 DNA），形成噬菌体抗体。

**3. 噬菌体抗体的价**

噬菌体抗体可以是单价或多价的，需筛选高亲和力噬菌体抗体时应选用单价的噬菌体抗体，而需筛选低亲和力噬菌体抗体时则选用多价的噬菌体抗体。表达载体为噬粒时，由辅助病毒提供包装子代噬菌体颗粒的病毒蛋白，来源于辅助病毒的野生型蛋白Ⅷ和蛋白Ⅷ—抗体融合分子共同组装到噬菌体表面，两者的相对数量决定各自的表达数目，抗体融合蛋白的表达常以表达载体中的 Lac 启动子驱动，每个噬菌体的表面约表达 24 个抗体分子。若用噬粒表达抗体-基因Ⅲ融合蛋白，因噬菌体表面以来源于辅助病毒的野生型蛋白Ⅲ为主，所产生的噬菌体抗体颗粒中仅约 10%表达有抗体分子片段，且基本上都是单价的。当噬菌体载体作为基础载体时，基因Ⅲ在噬菌体表面有 3～5 个副本，抗体分子片段与蛋白Ⅲ分子融合可表达多价的噬菌体抗体。在噬菌体外壳上约有2700个蛋白Ⅷ分子，所以用基因Ⅷ构建的噬菌体抗体都是多价的。用丝状噬菌体载体表达这种与蛋白Ⅷ融合的抗体分子，可使所有的蛋白Ⅷ都带有抗体分子片段，影响生成子代噬菌体颗粒，因而不采用噬菌体载体来表达蛋白Ⅷ-抗体融合分子。

**4. 噬菌体抗体膜型和可溶性分子的表达**

机体内可产生膜型和可溶性的两类免疫球蛋白分子，而噬菌体抗体是以融合蛋白的形式表达于噬菌体颗粒外膜上。当需要获得可溶性抗体分子时，可通过两种方法在体外实现。第一种方法是设计两个适当的限制性内切核酸酶位点置于表达载体中基因Ⅲ或基因Ⅷ的两端，依靠内切酶的作用，除去外壳蛋白的基因，即可得到可溶性抗体分子的表达载体。第二种方法是设计一个琥珀（amber）密码子（UAG）置于抗体基因和外壳蛋白基因相接处，当宿主菌含有琥珀抑制基因（amber suppressor）时，UAG可翻译为某种氨基酸而不起终止密码子的作用，表达为抗体-外壳蛋白融合分子，而宿主菌无琥珀抑制基因时，UAG则成为终止密码子，表达为可溶性抗体分子。

### 25.1.3.2 噬菌体抗体库筛选技术

**1. 用于筛选的抗原**

将纯化的抗原固相化，用于筛选抗体库，使表达有特异抗体的噬菌体结合于固相，先洗去未结合的噬菌体，而后将结合于固相化抗原的噬菌体洗脱下来，达到富集的目的。最常用的方法是将纯化的可溶性抗原固相于聚苯乙烯表面（酶免疫板或管），或琼脂糖微珠上，两者的筛选效果无明显差别。还可在液相中将生物素化的抗原与抗体库进行混合孵育，然后与包被有链亲和素的磁珠作用，结合于生物素化抗原的噬菌体通过生物素-链亲和素相互作用与磁珠结合，再通过磁场将结合抗原的噬菌体与末结合抗原的噬菌体分开。这种液相筛选体系的优点在于：①可更好地保持抗原的天然构象，因在固相化过程中抗原由于构象的变化可能改变其抗原性，丢失某些表位，或出现新的表位；②可以通过精确调节抗原的浓度，筛选出高亲和力的抗体。

在无法获得纯化抗原的情况下，需使用完整细胞等不同形式的复杂抗原进行筛选，如肿瘤细胞等，这就增加了筛选的困难。可将细胞附着于固相表面形成单层细胞或细胞悬液，在筛选过程中采用一些优化技术，如减差法、用流式细胞仪或磁珠系统收集、用特异性配体竞争性洗脱等，以减少细胞表面分子复杂性造成的困难。但因受细胞表面分子密度的差异、暴露程度的不同等因素的影响，可能难以筛选到特异性抗体。

此外，还可采用一些较为特殊的复合抗原进行筛选。例如，用组织切片显示细胞膜、细胞核或细胞外基质的抗体；经SDS-PAGE分离复合抗原后，用Western blotting从噬菌体抗体库富集抗体；还可采用体内筛选的方法，如将抗体库从尾静脉注入小鼠体内，然后取出胸腺并回收结合的噬菌体抗体，经过3～4轮的筛选，获得能与胸腺内皮细胞特异结合的抗体。新近又发展了蛋白质芯片筛选法，可以对噬菌体抗体库进行高通量的筛选。

**2. 筛选策略**

（1）结合抗体的回收。回收结合于抗原的噬菌体抗体的方法有多种，最常用的是采用酸性溶液或碱性溶液进行洗脱。还可采用其他方法来改进回收效果。例如，在噬菌体抗体表达载体的 Fd 段基因与基因Ⅲ之间设计一个枯草杆菌蛋白酶 Genenase Ⅰ的酶切位点，当噬菌体抗体结合固相抗原后，由于 GenenaseⅠ的酶解作用，即可选择性地回收结合于固相抗原的噬菌体颗粒。在用酸、碱洗脱时，若抗体亲和力很高，常因牢固结合抗原而不能被洗脱下来，但酶解法不受抗体亲和力的影响。更为简便的方法是直接将结合于固相化抗原的噬菌体抗体与细菌共同孵育，虽然噬菌体颗粒未经洗脱，但也可感染细菌，其回收率与洗脱回收相比并无明显区别。

（2）增加回收的特异性。当用细胞等复杂抗原筛选抗体库时，可采取一些方法加强筛选的针对性。①减差法：在筛选癌细胞抗体时，先用相关正常细胞进行几轮筛选，以除去可与正常细胞结合的克隆，再用肿瘤细胞筛选，从而获得选择性结合肿瘤细胞的抗体。②抗原屏蔽法：由于某些抗原决定基较强易筛选到相应抗体，或某些抗体缺乏选择优势，可能出现明显的筛选偏向性，若运用抗原屏蔽法遮盖优势抗原，如用某种优势抗原的可溶性 Fab 进行屏蔽，可增加对某些目标抗体的回收。③竞争性洗脱法：用过量的游离抗原或抗体进行竞争性洗脱，可以对筛选抗体的特异性进一步限定，但可能对筛选高亲和力抗体不利，而且需要有相应的抗原或抗体。④路标选择法（pathfinder selection）：对筛选和回收一些较难获得的噬菌体抗体可采用此方法，如抗 TGF-β 和趋化因子受体 CCR-5 的抗体，先将能结合细胞上受体的配体作为抗原，与过氧化物酶交联，再将此交联物结合于细胞，加入待筛选的噬菌体抗体库，再加入生物素化的酪胺，交联于抗原的过氧化物酶催化酪胺，使酪胺在抗原附近沉积，如果抗原结合了噬菌体抗体（在约 25 nm 范围内），也可被酪胺沉积而标记上生物素，此时用链亲和素标记的磁珠结合生物素化的噬菌体抗体，再经磁场回收。

（3）选择性感染噬菌体（selectively infective phage，SIP）。该筛选系统（图 6-25-2）是省去亲和吸附筛选的过程，使只有结合特定抗原的噬菌体抗体才能感染细菌并得到扩增，直接得到特异性抗体的基因。SIP 主要是利用了噬菌体病毒蛋白Ⅲ的结构与功能特点来达到筛选目的。噬菌体病毒蛋白Ⅲ是介导噬菌体感染细菌的分子，缺乏蛋白Ⅲ的噬菌体不能感染细菌。蛋白Ⅲ含有 3 个功能区，N 端功能区 N1 与病毒穿入细菌有关，中间功能区 N2 涉及与细菌表面菌毛的结合，C 端结构域（C-terminal domain，CT）含有穿膜锚定区，参与病毒颗粒的形成。只有具备 N1 和 N2 功能区的噬菌体才有充分的感染力，仅有 N1 区的噬菌体只具有较弱的感染力。SIP 的基本原理是，将抗体片段与基因Ⅲ羧基端（CT）融合，使噬菌体颗粒不能感染细菌，而将用于筛选的抗原与基因Ⅲ的 N1 和 N2 融合，当抗体结合抗原后，由于抗原带有蛋白Ⅲ的氨基端而恢复了噬菌体对细菌的感染力，通过这种选择性感染即可回收特异性抗体。SIP 有体外 SIP 和体内 SIP 之分，体外 SIP 是分别构建无感染力的噬菌体抗体和带有 N1 或 N1-N2 区的抗原（融合蛋白或交联物），在体外将这两种成分混合孵育后感染细菌，可获得特异性抗体基因；体内 SIP 是将抗原与 N 区基因融合插入到噬菌体基因组中，与抗体-CT 融合蛋白同时在细菌内表达，所形成的抗原-N1-N2 分泌到周质腔，与锚定在内膜上的相应抗体片段发生特异结合，即可产生有感染能力的噬菌体颗粒。SIP 主要有以下优越性。①统一了选择和感染过程，筛选能力极强，特异性好，经过一轮筛选后可上百万倍地富集特异性抗体，若经两轮筛选可从 $10^{11}$ 个非特异噬菌体中挑选出一个特异性噬菌体抗体。②体内 SIP 只需抗原在大肠杆菌周质腔表达折叠，而不需要预先表达和纯化，且少量功能性表达即可形成感染性噬菌体。③体内 SIP 还可用作“库对库”（library versus library）筛选，分为单载体法和双载体法。单载体法将抗原 cDNA 文库与 N1-N2 融合，与抗体库构建于同一载体中，组合转入细菌内，只有抗体和抗原特异配对者可形成感染性噬菌体，但因细菌转化效率的限制，所建库容受限；双载体法则分别构建噬粒载体和噬菌体载体文库，用后者感染含有前者的细菌使其组合配对，此法需借助多聚噬菌体（polyphage）的形成回收抗体和抗原基因。虽然 SIP 技术有其明显的优越性，并已有一些成功的实例，但由于技术上具有一定难度，有待进一步完善。

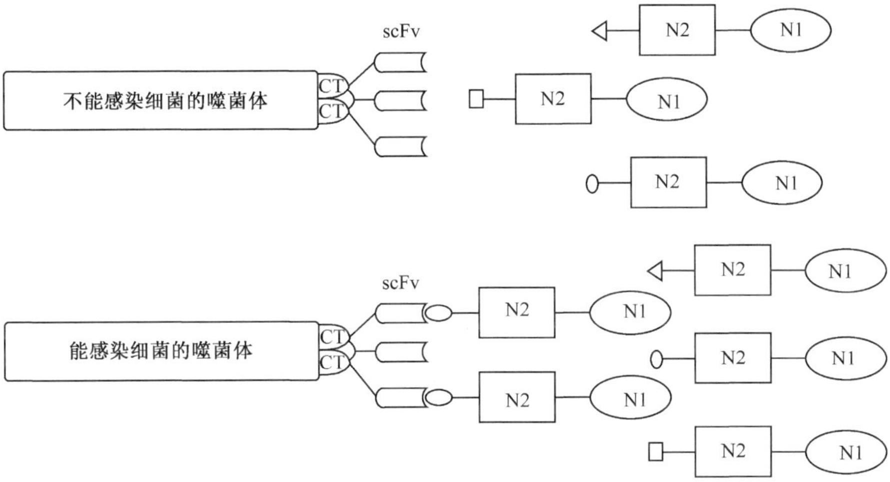


图 6-25-2　选择性感染噬菌体筛选原理示意图

此外还有人探索了利用生物学功能直接选择具有特定功能的抗体，但成功的报道较少。

## 25.2　其他展示抗体库技术

### 25.2.1　细菌表面展示技术

继噬菌体表面展示技术之后又发展起来一种细菌表面展示技术，其原理与噬菌体表面展示技术基本相似，是将外源蛋白基因与细菌表面蛋白基因融合，使细菌的表面表达有外源蛋白，再经筛选获得需要的目的蛋白。早先的细菌表面展示系统是革兰氏阴性菌表面展示系统，如大肠杆菌和沙门菌，细菌表面可用于展示外源蛋白的成分有外膜蛋白、脂蛋白、菌毛蛋白、鞭毛蛋白等。以后又建立了革兰氏阳性菌表面展示系统，如葡萄球菌、链球菌及分枝杆菌，可用于展示外源蛋白的成分是细胞壁结合蛋白，如 SPA、细胞膜锚定蛋白及某些细胞表面相关蛋白质等。细菌表面展示系统应用最多的是在发展活菌疫苗方面，也用于展示抗体库，是噬菌体表面展示技术的一种替代途径。与噬菌体展示技术比较，细菌表面有多种部位可用于展示外源蛋白，可根据需要来选择合适的系统展示外源蛋白，控制外源蛋白的拷贝数；可以采用流式细胞术进行大规模筛选，使筛选过程简化，富集阳性克隆的能力明显提高。而革兰氏阳性菌表面展示系统又显示出某些优于革兰氏阴性菌表面展示系统的特点，前者更易于插入较长外源蛋白片段，因缺乏外膜只需一次穿膜即可将蛋白质展示于细胞表面，由于细胞壁较厚，在从较大抗体库中筛选特异克隆时无需裂解细胞。细菌表面展示技术应用于构建、筛选抗体库虽然有其优点，但由于受转化效率的限制，细菌表面展示库容量较小，一般小于 $10^8$，抗体库的多样性有限。

### 25.2.2 酵母表面展示技术

酵母是单细胞真核生物，具有与哺乳动物细胞相似的蛋白质折叠和分泌机制，用酵母表面蛋白基因与外源蛋白基因融合建立的表面展示技术，可以弥补原核生物展示技术的某些不足。例如，噬菌体颗粒上融合蛋白的正确表达有赖于大肠杆菌以可溶性方式表达此种蛋白质的能力，但是大肠杆菌缺乏在内质网中使蛋白质有效折叠所需的分子，以可溶性方式表达含二硫键的哺乳动物抗体蛋白的能力有限，不能有效表达所有的抗体分子，存在不可预测的表达偏差，而酵母表面展示系统相对有利于减小这种表达偏差，并避免了无糖基化修饰的弊端。可将抗体分子片段通过与酿酒酵母 α-凝集素融合而呈现于酵母细胞表面，通过流式细胞术进行大规模筛选和分离所需的抗体分子片段。酵母表面展示技术也可用于单链抗体的亲和力成熟，以提高抗体的亲和力。但酵母的转化效率低，仅为大肠杆菌的1/10 000，而且酵母细胞的体积较大，表面的抗原表位较多，可能容易出现非特异结合，这些是在运用酵母表面展示技术时应注意的问题。

### 25.2.3 哺乳动物细胞表面展示技术

噬菌体、细菌及酵母表面展示系统多呈现单链抗体等小分子抗体片段，而采用哺乳动物细胞表面展示技术能够表达正确装配、折叠和糖基化的完整抗体分子，并使其展示于细胞的表面。将抗体轻链和重链可变区基因分别与其恒定区基因相连并克隆到真核表达载体，在抗体重链基因的 3′端连接上人血栓调节蛋白跨膜区基因，将表达载体转染 COS 细胞进行表达，使完整抗体分子展示于细胞的表面，构建成一个展示于 COS 细胞表面的抗体库。虽然受转化效率的限制，哺乳动物细胞表面展示库的容量较小，但如果抗体基因来自经过免疫的个体的淋巴细胞，也可以从中筛选到所需的特异性人源抗体。有人曾构建了仅有 $5.3\times10^6$ 容量的抗体库，因为是从乙型肝炎疫苗免疫的志愿者获得抗体基因，因此筛选到了乙型肝炎抗原特异性的人源抗体。

### 25.2.4 核糖体展示技术

与以上几种展示系统相比，核糖体展示技术（ribosome display technology）是一种完全在体外展示和筛选抗体的技术（图 6-25-3），它不需要经过转化，克服了转化效率对库容的限制，其库容量可以达到 $10^{14}$。目前运用核糖体展示技术主要是从抗体库筛选特异性单链抗体，需要首先构建单链抗体基因库，并使单链抗体的核糖体展示模板不含任何终止密码，经体外转录和翻译后，使核糖体不脱离 mRNA 翻译模板，而是滞留在 mRNA 的 3′端，形成基因型和表型联系在一起的 mRNA -核糖体-单链抗体三元复合体。蛋白质可以在核糖体上正确折叠，因为在其 C 端融合了一个间隔区，能够使目的蛋白在核糖体隧道之外折叠。体外翻译后，在保持三元复合体不发生解离的条件下，用固相化抗原进行亲和筛选，在多次洗涤后，去除未结合的复合物。用 EDTA 使核糖体复合物解离，从筛选到的复合体中分离出 mRNA，以 mRNA 作为模板进行 RT-PCR，反转录成 cDNA，用 PCR 扩增构建新的单链抗体基因库并以此作为核糖体展示的模板，进行新一轮的核糖体展示和筛选。经过一轮核糖体展示筛选，便能达到 100～1000 倍的富集效率。经过多轮循环，最终筛选到高亲和力的人源单链抗体。在核糖体展示过程中，抗体库的构建、转录、翻译及筛选均在无细胞的环境进行，避免了其他展示技术中繁琐的转化程序，因而克服了其他展示技术中转化效率对库容的限制，可以构建和筛选超大容量抗体库，获得亲和力很高的抗体。经过进一步的改进和优化，核糖体展示技术必将得到更为广泛的应用。

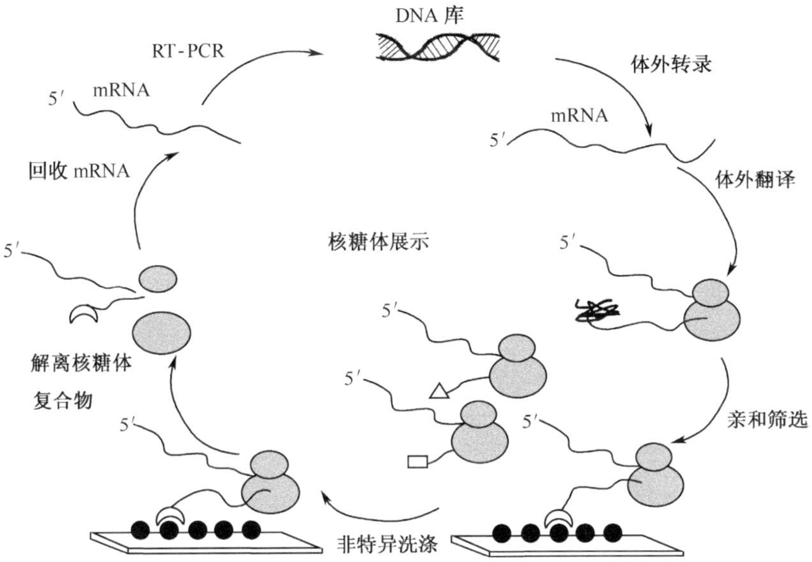


图 6-25-3　核糖体展示的基本过程示意图

## 25.2.5　酵母双杂交系统

酵母双杂交系统（yeast two-hybrid system）作为发现和研究在活细胞内的蛋白质与蛋白质之间相互作用的技术平台，近几年来得到了广泛运用。酵母双杂交系统是在真核模式生物酵母中进行的，对蛋白质之间微弱的、瞬间的作用也能够通过报告基因的表达产物被敏感地检测到，它是一种具有很高灵敏度的研究蛋白质之间关系的技术，这就为利用酵母双杂交系统从抗体库中筛选与靶抗原结合的特异抗体提供了基础。有人首先用未经免疫的健康志愿者外周血 B 淋巴细胞构建单链抗体基因库，然后通过同源重组的方法，将单链抗体基因克隆到酵母双杂交系统中能够表达激活转录功能域的载体中，构建成初级单链抗体基因库表达载体，同时将靶抗原基因克隆到酵母双杂交系统中能够表达 DNA 结合功能域的载体中，然后将靶抗原表达载体与初级单链抗体基因库表达载体共转染酵母细胞，根据报告基因的表达情况筛选获得能与靶抗原结合的单链抗体。为了增强筛选得到的抗体的亲和力，可以在初次筛选的基础上再采用易错配 PCR、链替换等方法构建次级单链抗体库，进一步筛选高亲和力人源抗体。

前面所述的几种表面展示技术的筛选过程均在细胞外进行，多种外界因素可以影响其过程，易造成假阳性或假阴性的结果。而酵母双杂交系统是在细胞内筛选与靶抗原相互作用的抗体，受外界因素的影响较少。但由于抗原与抗体的相互作用需在酵母细胞核中进行，这就要求抗原和抗体都能在酵母细胞中表达并能进入细胞核内，使得酵母双杂交系统用于筛选某些膜蛋白的抗体受到一定的限制。

## 25.3 抗体库的容量与种类

抗体在体内生成的过程有 3 个关键环节，即多样性的 B 细胞群体、克隆选择和抗体亲和力成熟。在体外要模拟体内的抗体生成就需要解决这 3 个关键问题，而如何构建能够模拟体内 B 细胞群体的总抗体库，是抗体库技术首先需要解决的问题，本节将介绍总抗体库及其库容量和多样性两个重要特性。

### 25.3.1 总抗体库的容量

构建大容量抗体库是不经过抗原体内免疫制备抗体的前提和关键。目前已构建的抗体库库容为 $10^7$～$6.5\times10^{10}$，且所获抗体的亲和力高低与库容大小基本成正比。$10^7$～$10^8$ 库容所获抗体的亲和力一般为 $10^{-7}$～$10^{-6}$ mol/L，$10^8$～$10^9$ 库容所获抗体的亲和力常为 $10^{-8}$～$10^{-7}$ mol/L，大于 $10^9$ 库容可获得 $10^{-9}$～$10^{-8}$ mol/L 的高亲和力抗体。大肠杆菌的转化效率是限制库容的主要因素，将 1 μg DNA 连接反应物用最有效的电穿孔法转化可获得 $10^6$～$10^7$ 库容，甚至 $10^8$ 左右的库容，但在构建过程中由于受 PCR 扩增、半合成寡核苷酸的引入等因素影响，可产生重复克隆及无效克隆，使有效库容减少。若要获得 $10^9$ 以上的库容就需增加转化次数，其工作量很大，且随着抗体库的扩增会减少其多样性。

近年来发展了一些扩大抗体库容量的方法。例如，有人设计了一种体内重组法来制备大容量抗体库，即将抗体一条重链的基因库用质粒载体转化到大肠杆菌中，而将一条轻链的基因库用丝状噬菌体载体制备成噬菌体颗粒，使该噬菌体感染前述已含有一条重链基因库的细菌，这种感染效率几乎为 100%，因此所得库容基本上为细菌数，充分利用了轻链与重链的配对来获得大容量抗体库。为了使由不同载体分别携带的重链和轻链基因进入同一细菌后能重组到同一载体，并形成正确的表达单位，可在两个载体上设计能将轻链和重链基因重组到同一表达载体中的定位重组序列，如噬菌体 P1 的 loxP 序列在 Crc 蛋白存在时可发生高效率的定位重组，用这一方法构建的半合成抗体库容量为 $6.5\times10^{10}$。进一步又可将氯霉素抗性基因插入一个载体上，而将其启动子置于另一个载体上，当发生正确重组时才能使其表达，通过抗生素的选择可将所有不表达功能性抗体的产物去除。

还有一种方法是将轻链和重链基因构建于同一个噬粒载体，并将野生型 loxP 和突变型 loxP511 序列插入重链可变区的两端，制备成噬菌体抗体库，再用超量噬菌体抗体颗粒感染可表达 Crc 蛋白的细菌，使数十个噬菌体同时感染一个细菌，进入细菌的载体之间发生重组，抗体基因互相交换，可生成大容量抗体库。而且因为使用了含有功能性抗体基因的单一载体，所形成的所有重组体均可表达功能性抗体。

## 25.3.2 总抗体库的多样性

构建一个好的总抗体库不仅需要有足够的库容，还必须有良好的多样性。目前构建的多样性抗体库有以下 4 种。

### 25.3.2.1 天然抗体库

天然抗体库的抗体基因来源于未用抗原免疫的个体外周血、扁桃体或骨髓的淋巴细胞，迄今报道的此类抗体库有 10 多个。虽然从理论上讲天然抗体库应能代表体内所有 B 细胞含有的多样性抗体基因，用任何一种抗原都可能从中筛选到相应抗体，但在自然情况下个体难免遭受抗原的刺激，B 细胞库中含有特异性抗体基因的 B 细胞比例可能增多，使得天然抗体库带有一定的偏向性，而且由于未经抗原免疫，初级 B 细胞未受到抗原反复刺激，抗体亲和力成熟不够，从天然抗体库筛选到的抗体的亲和力较低。因此早期人们对天然抗体库所抱希望不大，但近年来建立了一些大容量天然库，筛选结果颇佳，使人们对天然抗体库的观点有所改变。

### 25.3.2.2 免疫抗体库

以某种抗原免疫个体，取其淋巴细胞的抗体基因构建成免疫抗体库。这种抗体库的库容一般在 $10^6 \sim 10^8$，虽然库容不大，但其主要特点是针对某种抗原的抗体已经过亲和力成熟过程，再用这种抗原从免疫抗体库中筛选出的抗体与天然抗体库的抗体比较，其亲和力高，特异性好。但免疫抗体库比天然抗体库缺少通用性，用其他抗原筛选到的抗体的亲和力明显降低。

### 25.3.2.3 半合成抗体库

用人工合成的一部分抗体可变区序列与另一部分天然序列组合可构建成半合成抗体库。Ig 轻链和重链分别具有 3 个 CDR，其中 CDR1 和 CDR2 的多样性有限，而 CDR3 尤其是重链的 CDR3 是在 B 细胞个体发生过程中由 *V*（*D*）*J* 基因重组形成，其序列、长度及空间结构有高度可变性，是决定抗体特异性和多样性的最重要的部位。因此，通常是以人工合成 CDR3 随机序列，与人胚系可变区基因（含 CDR1 和 CDR2）组合，在体外模拟 V（D）J 重组构建半合成抗体库。迄今已报道了 10 多个半合成抗体库，其库容大小不同，方法与策略各异。有的实验室得到的总抗体库的库容可达 $6.5 \times 10^{10}$，亲和力达 $10^{-9} \sim 10^{-7}$ mol/L。

### 25.3.2.4 全合成抗体库

随着人们对抗体多样性的产生机制和抗原抗体结合的结构基础的认识不断深化，已完全可以对抗体可变区进行人工设计，以克服生物体来源的抗体库多样性的偏向性，建立比天然抗体库更具多样性、更为通用的抗体库。A. Knappik 等在深入分析了人类抗体分了的结构、序列及胚系基因的使用率等以后发现，人胚系抗体基因中的 7 个 $V_H$、4 个 $V$ 和 3 个 $V_\lambda$ 基因家族包含了人类抗体多样性的 95%。他们根据这 14 个可变区基因家族设计了 14 个通用可变区序列，作为构建全合成抗体库的主干基因，并且按照大肠杆菌的表达规律进一步优化了这些序列。设计构建的表达载体不含有任何可造成干扰的限制性内切核酸酶位点，预留了构建多种工程抗体（如免疫毒素）或多价抗体的元件插入位点。采用基于三联核苷酸的突变法（trinucleotide-directed mutagenesis，TRIM），对CDR进行突变和随机化，并增加限定性突变和随机化的准确性及效率。所有的CDR都设计成很容易置换的盒式结构，并为后续的亲和力成熟提供了有效手段。将7个$V_H$和7个$V_L$主干基因随机组配成49个子抗体库，组合在一起即成为全合成抗体库，该抗体库的容量为$2\times10^9$，从中筛选到了针对多种抗原的高亲和力抗体。成功构建的全合成抗体库显示了很大的发展前景。

## 25.4 抗体库技术的应用

抗体库技术主要用于制备人源抗体和改良抗体性能，可制备出各种有应用价值的抗体，已逐步显示出取代杂交瘤技术的趋势。

### 25.4.1 用于制备人源抗体

用淋巴细胞杂交瘤技术制备人源性McAb时，由于杂交瘤融合率低、稳定性差、分泌抗体量少，而且不能随意用抗原免疫人体，使得人源性抗体的制备非常困难，一直未能有突破性进展。抗体库技术的出现为人源性抗体的制备提供了十分有效的手段，主要有如下几种方式。

#### 25.4.1.1 从免疫后个体获取淋巴细胞建库筛选

某些抗原能够通过不同途径免疫人体，如注射疫苗、感染微生物及自身免疫病、肿瘤等情况，可以取被免疫者的淋巴细胞构建抗体库，因为这些淋巴细胞在体内经过抗原选择和亲和力成熟过程，即便所构建的抗体库库容较小（$10^5\sim10^7$），也能较容易地从中筛选到特异性强的高亲和力抗体。国内外已有许多有关此类抗体的报道，多为针对微生物的抗体，如抗艾滋病病毒、甲型肝炎病毒、乙型肝炎病毒、丙型肝炎病毒、呼吸道合胞病毒、人巨细胞病毒、单纯疱疹病毒、风疹病病毒、痢疾杆菌、大肠杆菌、破伤风类毒素等，以及针对其他抗原的一些抗体，如抗甲状腺过氧化物酶、血小板、血型抗原、核酸及黑色素瘤等。但由于不能随意用抗原免疫人体，许多抗体无法通过这种方式制备。

#### 25.4.1.2 不经免疫从大容量抗体库筛选

目前已成功构建了大容量天然抗体库、半合成抗体库及全合成抗体库，库容可达$10^{10}\sim10^{11}$，其功能性及多样性逐步提高，已不逊于体内的多样性B细胞群体。抗体库的筛选能力极强，已具备了与体内“克隆选择”相当的选择特异性抗体的能力。抗体库在体外进行亲和力成熟的能力在某些方面优于体内过程，所获抗体的亲和力已可超过体内所能达到的程度。这些重要进展使人们终于可以不用进行体内免疫，完全在体外制备高亲和力的人源抗体。目前从各种抗体库中制备的人源抗体已有不少，主要有抗细胞因子、细胞受体、黏附分子、细胞核蛋白、肿瘤相关抗原、病毒、细菌蛋白、酵母蛋白等近百种抗原的抗体，其中许多抗体的开发应用前景十分乐观。

#### 25.4.1.3 鼠 McAb 的人源化

建立有效的鼠 McAb 人源化技术，避免杂交瘤技术制备的鼠 McAb 的异源性问题，将有力地推动 McAb 在临床疾病治疗中的应用。以往各种鼠 McAb 人源化方法的操作烦琐，所获抗体的亲和力得不到保证，而且仍保留了一些鼠源残基。抗体库技术的主要优势在于对多样化抗体的强大筛选能力，可从两个方面用于鼠 McAb 的人源化。

**1. 优化人改型抗体**

在用 CDR 移植构建人改型抗体时，确定可影响抗原结合活性的骨架区残基是最为困难的关键步骤，若先对分子结构进行分析，找出可能影响抗原结合部位立体结构的骨架区残基，将这些残基的鼠源副本和人源副本同时组合到一个抗体库中，或将这些残基随机化，运用抗体库技术强大的筛选能力来优化人改型抗体，确定需要移植的骨架区残基和需要保留的亲本鼠源残基，达到最佳组合。

**2. 抗原表位定向选择**

抗原表位定向选择（epitope guided selection，EGS）是先选择亲本鼠 McAb 重链或轻链的一个可变区基因与人抗体的另一个可变区基因的文库（轻链库或重链库）配对构建成“鼠-人杂合抗体库”，用相应的抗原筛选有结合活性的克隆，获得能与该鼠 McAb 可变区配对、可组成具有特异结合活性 Fv 段的人轻链或重链可变区基因，再将所得到的人轻链或重链可变区基因与人的另一条轻链或重链可变区基因文库组合构建成人抗体库，进行再次筛选，得到与亲本鼠 McAb 特异性完全相同的人源抗体。此法也可以以另一种方式进行，即将人抗体重链库表达在噬菌体的表面，在体外与纯化的鼠 McAb 轻链蛋白质复性，用相应抗原筛选有结合活性的克隆，得到人抗体重链，再与人抗体轻链库组合，筛选出与亲本鼠 McAb 特异性相同的人源抗体。抗原表位定向选择法虽具有明显的优点，但也存在某些缺点。例如，所用的人抗体库的多样性不够好时，缺乏能与鼠抗体链配对的克隆；所获的人源抗体的亲和力不高或结合抗原的特性不同于亲本鼠 McAb。为了弥补这些不足，可用亲本鼠 McAb 的 CDR3 取代人的 CDR3，预先重组到人可变区文库中，极大地增加了模拟亲本鼠 McAb 的能力，而不影响其人源性，从中易于筛选到能与亲本鼠 McAb 理想配对的人可变区基因，进一步完善了抗原表位导向选择法。

### 25.4.2 用于改良抗体性能

抗体库技术的不断发展大大提高了人们改造抗体的能力，能够以某些特定性能为目标，通过突变-建库-筛选过程，使抗体性能得到改善，更加适合于实际应用。主要在以下几个方面已有成功实例。

#### 25.4.2.1 增加抗体的表达量

不同抗体分子在大肠杆菌的表达量差异很大，常出现产量低、可溶性差的缺点，若对抗体分子的某些残基进行定位突变，将可能提高表达量，但确定对哪些残基进行突变较为困难，利用抗体库技术则可有效解决此难题。例如，有人将抗乙型肝炎病毒表面抗原 ScFv 的表达载体置于两种致突变菌株（mutD5-FIT 和 XLl-RED）中，进行 5 轮繁殖生长，引入随机突变，建立了噬菌体抗体库，再经 5 轮筛选后，选择到更易于在大肠杆菌生长的克隆，使表达量增加了 10 倍。

### 25.4.2.2 改善抗体的特异性

抗体最基本和最重要的生物学功能就是特异性识别与结合抗原，运用抗体库技术可对抗体的这一特性加以改良，如消除抗体的交叉反应性或扩展抗体对抗原的结合。有学者曾对一株抗 17-β-雌二醇的 McAb 加以改良，因为此 McAb 对分子结构非常近似于 17-β-雌二醇的睾丸酮有高度交叉反应性，使其应用价值受到影响。他们将此 McAb 的 Fab 段在大肠杆菌进行了表达，通过错配 PCR 在 $V_H$ 引入了随机突变，构建了噬菌体抗体库，在用固相化 17-β-雌二醇进行筛选时，以高浓度的睾丸酮作为竞争剂，最终得到的变种的交叉反应性降低了 20 倍。

### 25.4.2.3 提高抗体亲和力

亲和力较强的抗体在体内能提供有效的保护作用，制备高亲和力的抗体以适合实际应用的需求是人们一直重视的问题。在体外可以用抗体库技术模拟体内的抗体亲和力成熟过程，提高抗体的亲和力，这一过程有两个关键步骤，一是对初次选择得到的低亲和力克隆进行可变区基因高突变，产生高亲和力变种；二是对高亲和力克隆的优势选择。

**1. 使可变区基因突变的策略**

虽然在体内发生抗体可变区高频率突变的机制尚未明了，但这种突变是以点突变为主，故在体外主要可以采取下述几种不同策略引入突变。①利用高错配倾向的 PCR 扩增对抗体可变区进行随机突变，构建次级突变库。②利用致突变株大肠杆菌进行突变，某些大肠杆菌菌株（如 mutD5 菌株）因遗传缺陷而具有较高的突变率，若用携带有抗体可变区基因的载体转化这些致突变大肠杆菌，经过一定时间的培养繁殖后即可得到次级突变库，或者将 CDR 片段直接克隆到 mutD5 菌株的高突变热点区。③人工合成寡核苷酸，以上两种策略都是在整个可变区发生随机突变，而未针对可能改善亲和力的部位进行突变，为解决此问题可采用人工合成寡核苷酸的方法，在与抗原结合的关键部位，尤其是 CDR 区有针对性地引入突变。若在选定的位置上完全随机突变，有可能失去亲本抗体分子的原始序列，产生无效克隆，或不能找到亲和力增强的克隆。因此可进行限定性突变（parsimonious mutagenesis），即在欲导入突变的区段内使合成的寡核苷酸含有一定比例的突变，类似体内的可变区高突变，既能使 CDR 区维持基本构象，还能在较大范围内进行突变以利于获得亲和力增强的克隆。④链替换（chain shuffling），先固定 $V_H$ 基因，置换选择 $V_L$ 基因，即将单一 $V_H$ 基因通过接头分别连接数目众多的 $V_L$ 基因，克隆到丝状噬菌体，转化大肠杆菌，筛选亲和力增强的克隆；然后再固定轻链，置换重链，用同样方法选择具有更高亲和力的组合。先置换轻链后就可使亲和力提高 20 倍，再置换重链又可使亲和力提高 15 倍。

**2. 选择高亲和力克隆的方法**

对于高亲和力克隆的筛选，噬菌体抗体库的“吸附-洗脱-扩增”过程较为有效，但是对于亲和力相差不大的克隆则难以区分，一般可通过下列两种方法改进。①利用抗原-抗体结合解离的特点增加对高亲和力抗体的选择。例如，在液相体系中用生物素化抗原对抗体库进行筛选时，限制生物素化抗原的浓度，当抗原、抗体反应达到平衡后，利用高亲和力抗体的解离速率较慢的特点，加入过量非生物素化游离抗原，均有利于对亲和力差别不大的抗体的选择。②改变洗脱条件筛选高亲和力的抗体，可通过降低洗涤液的 pH 等提高洗脱能力，或用一定浓度的硫氰酸盐溶液作为洗脱液，选择性地将亲和力低数倍的噬菌体抗体洗脱下来，因为不同浓度的硫氰酸盐其洗脱能力不同，可有效地回收高亲和力抗体。

抗体库技术的发展和应用在抗体技术领域引起了巨大的变革，人们可以不通过体内免疫制备各种抗体，现已有多种人源抗体陆续问世，有些已进入临床试用，人们所期望的可以根据需要随意设计和改进抗体的性能，制备出真正有实际使用价值的工程抗体的时代即将到来。

（田野苹）

# 第 26 章　基因工程抗体的表达体系

随着生物工程技术的进展，已发展了多种基因工程抗体表达系统，主要有哺乳类动物细胞、大肠杆菌、酵母菌、杆状病毒/昆虫、植物等表达系统，以及运用转基因动物技术在动物体内表达基因工程抗体，其中较为成熟的是哺乳类动物细胞和大肠杆菌表达系统。

## 26.1　哺乳类动物细胞表达系统

哺乳类动物细胞是最早和最成功的抗体分子表达体系。常用的有 SP2/0 小鼠骨髓瘤细胞系、中华仓鼠卵巢细胞（CHO)、神经胶质瘤细胞、嗜铬细胞瘤、HeLa 细胞等。一般来说，不同组织来源的不同类型细胞以至于同一细胞在不同生长条件下，其蛋白质糖基化有所差别，而糖基化对抗体分子的效应功能有重要影响，但目前关于哺乳动物细胞糖基化的微细差别对分子效应功能的影响还不清楚，至今尚未发现表达的抗体分子有功能缺陷。在哺乳类动物细胞表达抗体分子的优越性是，能较准确地完成免疫球蛋白链的装配、翻译后修饰、分泌等机制，产生完整的具备正常效应功能的抗体分子，且更接近于天然抗体。其缺点是细胞生长较慢，培养条件苛刻，大量生产时成本较高，技术操作较为烦琐。此外，采用不同细胞表达体系，在构建表达载体时需选用适当的启动子和增强子，以增加表达量。

## 26.2　大肠杆菌表达系统

大肠杆菌的遗传背景和生理特性已较清楚，是目前使用最广泛的表达体系。其易于进行基因操作、生长很快、生产技术简便、成本低廉，但由于大肠杆菌不能对蛋白质进行糖基化，难以完成多聚体的组装及二硫键的形成，不适于表达完整的抗体分子。抗体可变区与抗原的结合不受糖基化的影响，因此抗体分子片段，如 Fv、Fab 和 ScFv 等适合在大肠杆菌表达。由大肠杆菌表达的外源性蛋白质通常为胞浆内不溶性的包涵体，需要经过变性、复性等处理，使其成为有功能的可溶性蛋白质，而变性、复性的各种条件因蛋白质不同而各异，对于多条肽链组成的抗体分子就更加困难。为了避免表达的抗体形成包涵体，可在抗体基因前加上引导序列，使表达的抗体分泌至细菌的周质腔，这种分泌型表达技术使抗体在大肠杆菌的表达有了突破性进展，首先它有可能直接从原核系统筛选特异抗体，为抗体库技术的产生奠定了基础；其次由于不需进行变性、复性过程就可得到有功能的抗体分子，大大简化了技术流程。

## 26.3 酵母表达系统

酵母是单细胞真核生物，遗传背景清楚，容易进行基因操作，不产生毒素，生长繁殖快，生产成本低，能进行蛋白质的糖基化，且能分泌型表达，故被用来表达抗体分子。最先使用的是酿酒酵母表达体系，所表达的抗体分子具有抗原结合活性，并可介导ADCC。但酿酒酵母表达体系存在不稳定、过度糖基化和表达产物的量不太高等缺点，而且在表达大分子抗体时常发生错误的糖基化，使免疫原性增强，所以通常不用于表达药用性蛋白质。目前运用较多的是其他一些酵母表达体系。例如，能以甲醇作为唯一能源和碳源的巴氏毕赤酵母和多形汉逊酵母表达体系。

## 26.4 昆虫细胞表达系统

昆虫表达系统是一类得到广泛应用的真核表达系统，具有与大多数高等真核生物相似的翻译后修饰、加工及转运外源蛋白质能力。操作较哺乳类动物细胞简便，所表达的蛋白质可完成糖基化并进行翻译后加工，形成多聚体，可以分泌型表达。早先多采用以杆状病毒为载体的昆虫细胞表达系统，最常用的杆状病毒为多核多角体病毒（multiple nuclear polyhedrosis virus，MNPV），MNPV是一种环状双链DNA病毒，作为载体其主要有以下优点。①可容纳100 kb的外源DNA，能将多个外源基因克隆到载体中。②不依赖辅助病毒，借助悬浮培养的昆虫细胞增殖可以达到很高的滴度。③在昆虫体内表达的多为可溶性蛋白质，便于分离纯化。④在自然界中生存短暂，而且由于专性寄生的特点决定了其不能感染脊椎动物，生物安全性得以保证。目前常采用的转移载体是在杆状病毒多角体蛋白基因启动子下游含有一个多克隆位点，可将不同外源基因插入多克隆位点。带有抗体轻链、重链基因的重组转移载体与野生型或改造过的野生型杆状病毒DNA共转染昆虫细胞，通过筛选、扩增，使抗体蛋白质大量产生。已经利用昆虫表达系统成功地表达了鼠源McAb、人-鼠嵌合抗体、单链抗体、人McAb及抗体融合蛋白等基因工程抗体分子。这些抗体分子具有正常的结合抗原功能，且有结合Fc受体或葡萄球菌蛋白A、激活补体等功能。昆虫细胞表达系统的不断优化和成熟对于大规模生产抗体具有较大的开发价值。

## 26.5 植物表达体系

将编码全抗体或抗体片段的基因导入植物，利用植物表达体系生产的抗体称为植物抗体（plantibody）。植物细胞中具有与动物细胞相似的蛋白质合成、分泌、折叠及翻译后修饰途径，用于表达完整抗体或Fab、ScFv等抗体片段的植物主要有烟草和拟南芥，目前正在探索用主要谷物（如大米、小麦、玉米）及豆类植物生产抗体的技术。将抗体基因导入植物细胞常运用农杆菌介导的转移法和基因枪法。最初的方法是分别将重链和轻链的基因导入不同的植物，再使这两种植物杂交，产生带有重链和轻链基因的子代植物，此方法可以获得较高产量的抗体。另一种方法是将抗体重链和轻链基因同时导入一种植物细胞，但抗体的产量较低。还可以将重链和轻链基因导入同一个转化 DNA（T-DNA），T-DNA 不整合到宿主细胞染色体，而是游离在细胞核内，这种方法表达的抗体蛋白质量较高。基因枪法的基本原理是将外源基因包被在金粉或钨粉小颗粒的表面，通过高压作用使这些微粒被射入细胞内，将外源基因导入细胞，整合到细胞的染色体上，实现对细胞的转化。植物体系表达抗体分子的最大优势是成本低廉和可大规模制备，尤其是能制备分泌型 IgA。植物细胞对蛋白质的糖基化与哺乳类动物细胞差别较大，影响抗体分子的生物学特性，可能增加抗体的免疫原性。植物细胞表达抗体水平一般较低也是一个突出的问题。此外，转基因植物所带来的生物安全问题应当引起重视。

## 26.6 转基因动物表达体系

运用转基因动物作为生物反应器来生产重组抗体具有两个明显的优点：一是动物反应器为高级生命体，能加工生产复杂蛋白质，产生的蛋白质近乎天然，生物活性高；二是动物反应器一旦成功，其易于中试放大，工艺简单、成本较低、易于纯化，适合商业开发。

目前常用的转基因方法有以下几种。

（1）DNA 显微注射法。运用显微注射技术将构建好的载体 DNA 注射到 S 期受精卵的原核中，再将此受精卵转至假孕母体的输卵管内，使之发育生长，在出生的幼崽中可以有一定比例的转基因动物。此法对外源基因的大小要求不严，整合率较高，适用于各种动物，是使用最广且最有效的方法。

（2）胚胎干细胞（ES）介导法。将外源基因通过化学转染或电转移技术导入未分化的全能性胚胎干细胞（embryonic stem cell）中，然后将这种转基因的 ES 细胞注入同系动物胚胎的囊胚腔中，使之发育成为携带外源基因的动物个体。此法的优点是可将外源基因根据需要定位整合到细胞染色体基因组的特定位置上，而且整合率高，但是所产生的转基因动物只有部分组织或器官含有外源基因，即为嵌合性的。

（3）反转录病毒介导法。将携带外源基因的重组反转录病毒载体注射到 MⅡ期的卵母细胞，经过体外受精和筛选后，将胚胎移入假孕母体的子宫内，使之发育成转基因动物个体。此法的整合率高，操作简单，但病毒 DNA 序列可能具有潜在的危险性。

（4）精子介导法。将外源基因与精子共同孵育一定时间后，通过显微注射将精子的头部注入 MⅡ期的卵母细胞，该受精卵被移入假孕母体的输卵管可发育成转基因动物个体。虽然此法操作简便，但成功的例子较少。

（5）体细胞克隆技术。运用基因转移技术修饰体外培养的哺乳动物体细胞，并将该体细胞的细胞核移入到去核的卵细胞中，再将此种经过核移植的卵细胞植入代孕动物，产生转基因动物个体，这一系统具有 ES 系统的所有优点，并且实验周期短，效率较高，可以直接得到纯合个体。

在制作转基因动物时必须考虑定位表达的问题，主要是为了获得高产量、易回收且无潜在危险的生物活性蛋白质。相比较而言，在各种器官和细胞中以乳腺表达最具优势。因为乳腺具有外分泌功能，乳汁是哺乳动物的正常生理物质，产量高、收集方便，而且乳腺对外源性蛋白质进入血液有良好的屏障作用，对动物的生理活动等不产生明显的影响。一般选用小鼠作为验证模型，牛或羊等大动物因泌乳量大而用于生产生物活性蛋白质。在表达载体中应选用动物乳蛋白基因启动子元件，如β-乳球蛋白、酪蛋白、乳清酸蛋白、乳清白蛋白等基因调控序列。目前，利用转基因动物乳腺表达生产重组抗体已有不少成功的实例，所产生的抗体可以完成复杂的折叠和糖基化等翻译后加工过程，其产量一般可达到 2 g/L，占总蛋白质量的 7%。

利用转基因技术将人全套 Ig 基因座转入 *Ig* 基因已被敲除的小鼠，再用抗原免疫小鼠，则可产生相应的特异性人源抗体，并且可结合杂交瘤技术进一步制备出 McAb，这项技术是抗体工程领域的又一重大突破。在制作转人 *Ig* 基因小鼠过程中有两个重要环节，一是必须将小鼠的 *Ig* 基因敲除，其操作过程与常用基因敲除技术类似；二是必须将完整的人 Ig 基因座全部都转入小鼠胚系细胞，但由于人 *Ig* 基因的各个基因座都长达 1.5 Mb，用一般的基因克隆载体难以完成克隆，所以只有用克隆容量大的酵母人工染色体（yeast artificial chromosome，YAC）进行克隆。YAC 上含有酵母染色体在酵母中复制、分离、维持稳定性的各种序列，并且具有用于筛选的酵母代谢标记基因。由于人 Ig 基因座的测序已完成，可以用 PCR 从人基因组 YAC 文库中筛选人的各个 Ig 基因座。克隆于 YAC 的人 Ig 基因座可在酵母宿主进行同源重组，整合成完整的人 Ig 基因座。将含人 Ig-YAC 的酵母去除细胞壁形成球质体，再与小鼠的 ES 细胞融合，形成人 Ig-YAC-ES 细胞。可以通过显微注射和细胞共培养的方法，使人 Ig-YAC-ES 细胞进入小鼠的早期胚胎，然后植入假孕受体鼠的子宫或输卵管，生长发育后产出子代嵌合鼠，再经过近亲子代交配，获得纯合小鼠，即可用于抗原免疫。这项表达和产生基因工程抗体的技术有着明显的优势，其应用前景和经济效益十分看好。但也存在一定的缺陷，①因为转基因鼠体内抗体的产生是基于免疫应答，如果抗原免疫后转基因鼠不能产生有效的免疫应答，也就不能得到所需的人源抗体；②转基因通常有体细胞突变和其他独特的序列，导致不十分完全的人序列；③由于抗体是在小鼠体内装配，因而产生的抗体具有鼠糖基化模式，所以最终并不是完全人源的；④转基因小鼠表达的人 Ig 多样性较少，而且在同一只小鼠中不能产生 IgG 各亚类。

（田野苹）

# 第七篇 组织工程

本篇较系统地介绍了组织工程学的基本概念、基本内容、基本技术和实际应用。全篇分5章，第27章组织工程概述，介绍组织工程的源起、基本概念、主要研究内容、组织工程研究现状和展望；第28章组织工程细胞，包括组织工程细胞的来源，培养、扩增基本方法，标准细胞系的建立等，重点介绍了干细胞在组织工程中的应用；第29章组织工程支架材料，介绍组织工程支架材料的基本要求、种类及相关生物材料的表面修饰和测试；第30章组织工程基本技术，较详细地介绍组织工程种子细胞与细胞外基质的联合培养技术；第31章组织工程的实际应用，重点介绍组织工程骨、软骨、心血管系统、肝脏等的实际应用等。通过本篇的学习可对组织工程学的基本概念、主要研究内容、基本技术、实际应用、国内外研究现状和将来的发展方向有一个较全面的了解。

# 第 27 章　组织工程概论

20 世纪 80 年代末，随着细胞生物学、分子生物学、生物材料以及移植免疫学、临床医学等相关学科的发展，各领域取得的成果和技术不断交叉、融合和相互渗透，逐渐形成了一门新的学科——组织工程学（tissue engineering）。组织工程学最初的基本含义是：应用工程学和生命科学的基本原理和方法，在体外预先构建一个有生物活性的种植体，植入体内，修复组织缺损，替代组织、器官部分或全部功能；或作为一种体外装置，暂时替代器官部分功能，达到提高生活质量、延长生命的目的。但随着组织工程学的飞速发展，其内涵和外延也在不断发生变化。在 2007 年美国的战略计划中，在组织工程概念的基础上，提出了组织科学与工程（tissue science and engineering）的概念，即利用物理、化学、生物和工程学方法控制和调控细胞的聚集行为。特别是，组织科学与工程还包括了组织工程非医疗方面的应用，如生物传感器。近年来，从组织工程概念发展起来的再生医学又成为这个领域研究的热点。由于组织工程已成为再生医学的核心内容之一，因此国际上已将组织工程学会与再生医学学会合并为一个学术组织，为组织的修复、愈合、器官的再生研究提供了更好的学术平台及发展机会。

## 27.1　组织工程的源起

20 世纪 60 年代，美国麻省理工学院化学工程师 R. Langer 发明了高分子化合物控制释放系统，随后又发现了一类新型可降解聚合物材料。20 世纪 80 年代初，Langer 和波士顿麻省大学医院的 J. P. Vacanti 医生首次描述了组织工程的简单含义并开展初步的研究工作，即将可降解聚合物材料制成薄层状，将细胞种植到材料上，在体外培养形成组织，再由外科医生植入体内，随后聚合物材料逐渐降解消失，而植入的组织则在体内存活并行使功能。在此基础上，他们在 1987 年美国科学基金会在华盛顿举办的生物工程小组会上提出了组织工程学概念，1988 年由美国国家科学基金会（NSF）正式定义为：应用生命科学与工程学的原理与技术，在正确认识哺乳动物的正常及病理两种状态下的组织结构与功能关系的基础上，研究、开发用于修复、维护、促进人体各种组织或器官损伤后的功能和形态的生物替代物的一门新兴学科，并资助建立了一系列实验室，正式展开了组织工程学研究。紧随美国之后，日本、加拿大、欧洲、澳大利亚等国家和地区也先后开始进行组织工程学研究。2003 年 12 月，在美国奥兰多召开的国际组织工程学会第六届年会上，研讨了干细胞生物工程，齿组织、眼、神经等组织工程策略，心血管系统组织工程，成像与计算机辅助的组织工程，中枢神经系统组织工程，骨髓与组织构建的免疫学，组织再生中基于生物活性纤维蛋白的药物释放系统，组织工程中的力学问题，颅面骨组织工程构建，皮肤与黏膜、肌肉、软骨细胞、关节软骨修复支架，体外及体内组织工程骨构建，分子和基因疗法，血管生成，细胞间及细胞外基质相互作用，肝和胰，生物反应器技术，体外代用品和器官印迹（*in vitro* surrogates and organ

printing）等诸多研究课题，反映了当时世界各国的研究状况。

我国的组织工程研究始于20世纪90年代。1995年以前，国家自然科学基金支持了50多个有关组织工程的研究项目，由数十个单位承担研究。1994年上海市科学委员会将组织工程研究作为重点资助方向，组织工程重大研究项目正式立项，标志着中国组织工程研究正式起步。1996年卫生部以临床学科建设重点项目支持了中国第一个组织工程肌腱重点项目研究。1997年组织工程课题在国家自然科学基金委正式立项，1998年，国家"973"重点基础研究计划正式将组织工程的基本科学问题立项，上海第二医科大学、四川大学华西医学院、天津大学、中国科学院力学研究所与中国科学院化学研究所为项目共同发起单位，同时又将组织工程列入"863"计划。这些项目的确立标志着国家已将组织工程的研究列为高新技术领域的重点发展项目。2001年、2002年国家"863"高技术研究发展计划对组织工程的应用研究与产品开发进行了持续资助，标志着国家已正式将组织工程作为生物领域的国家性产业发展方向。

1997年，上海成立我国第一个组织工程实验室——上海组织工程研究重点实验室。2001年，上海组织工程研究与开发中心暨国家"863"计划生物领域组织工程研发基地在上海漕河泾高科技园内成立，这是我国第一个也是目前唯一的国家级的组织工程研发基地，随后各地也纷纷成立组织工程中心。目前组织工程研究在全国大专院校、科研机构和中国科学院所属的研究所均进行了不同程度的开展，建立了一批各具特色的组织工程实验室，研究范围涉及临床医学、细胞生物学、分子生物学、高分子生物材料及相关领域，目前已在软骨、骨、肌腱、血管、皮肤、角膜等领域取得了可喜的进展。

有关组织工程的学术论坛也十分活跃，1997年在北京中国康复研究中心召开了第一次全国组织工程学术研讨会，为推动我国组织工程研究发挥了重要作用。到2013年，全国组织工程与再生医学大会已经召开了6届，全国再生医学（干细胞与组织工程）学术研讨会已经召开了9届。

## 27.2 组织工程的主要研究内容

组织工程研究主要包括4个方面：种子细胞、支架材料、组织器官的构建及组织工程的临床应用，此外也有学者将生长因子列为组织工程主要研究内容之一。

### 27.2.1 种子细胞

应用组织工程的方法再造组织与器官所用的各类细胞统称为种子细胞。种子细胞的培养是组织工程的基本要素，种子细胞研究的目的在于获取足够数量的接种细胞，同时保持细胞增殖、合成基质、发挥其生物功能，并防止细胞老化。种子细胞必须具备以下3个基本特征：①高增殖能力，低分化程度；②能建立稳定的标准细胞系；③尽可能低的抗原性。种子细胞主要来源于自体、同种异体、异种组织细胞等，近几年干细胞是研究热点。

### 27.2.2 支架材料

支架材料为种子细胞提供了适合其生长、基质合成及发挥其他功能的生物学空间，克服了以往单一的细胞移植中细胞不易成活、基质合成能力低下等缺点，为组织工程化组织的构建提供了细胞载体与组织结构支架。支架材料的形态和功能直接影响所构成的组织形态和功能，因此，支架材料的研究目的在于寻找与种子细胞有较好的生物相容性，有利于种子细胞分化、生长，具有适当的生物力学特性的支架材料。理想的支架材料应具有以下特点：①生物相容性好，在体内不引起排异反应和炎症、毒性反应；②具有可降解性及适宜的降解速率，能彻底地被自身组织所取代；③具有良好的细胞界面关系，表面化学特性和表面微结构有利于细胞的黏附和生长；④具有符合细胞、组织器官要求的生物力学强度；⑤有可塑性，可塑为任意的三维结构，植入后在体内仍可保持特定形状。

### 27.2.3 组织器官的构建

构建组织或器官，最基本的是把种子细胞成功种植在支架材料上。由于构建组织和器官的多样性，构建方法不尽相同，就构建组织而言，它涉及种子细胞与支架材料的相互作用关系、支架材料降解速率与细胞功能发挥的同步化、细胞与支架材料的黏附性及其调节、力学因素对接种后细胞形态功能的影响等诸多问题。三维培养、生长调控、生物反应器、支架材料表面修饰、基因改造等均为组织器官构建的常用技术方法。研究组织工程器官构建的目的在于寻找更优化的构建条件，使构建成的组织工程器官最有效地发挥其生理功能。

### 27.2.4 组织工程的临床应用

组织工程中的临床应用是在组织构建完成了动物试验之后，在人体上的应用，这是组织工程的最后一步。它涉及体内植入技术、体内植入的检测技术等。

## 27.3 组织工程研究现状

自 1987 年提出组织工程学概念以来，从构建和应用的角度来讲，组织工程的发展经历了两个阶段。①结构组织的组织工程化构建与应用，其标志是 1997 年美国 FDA 批准组织工程皮肤上市。同时，其他国家也有组织工程骨、软骨、肌腱等临床应用的初步报道。②具有复杂功能的器官的组织工程构建与应用，其标志是 2006 年 A. Atala 在 *Lancet* 杂志上发表了组织工程膀胱临床应用的学术论文。同时，也有接种细胞的生物人工肝、生物人工肾、心脏瓣膜、内分泌器官的组织工程化构建研究。目前，国际组织工程学会与再生医学学会合并、融合成为统一的组织工程再生医学学会，并于 2007 年 1 月创办了组织工程与再生医学杂志（*Journal of Tissue Engineering and Regenerative Medicine*），从此组织工程的内涵更加丰富、研究范围更加广阔、应用领域更加广泛。

### 27.3.1 种子细胞的研究

寻找理想的种子细胞是组织工程的首要问题。可用于组织工程器官构建的种子细胞包括组织细胞、成体干细胞、胚胎干细胞。由于组织细胞是终末分化细胞，其应用受到很大限制。成体干细胞具有多分化潜能，其中骨髓源性的间充质干细胞和脂肪源干细胞已有大量研究及部分临床应用，在个体化治疗中已用于骨、软骨、心肌再生等领域。在群体化治疗中需要解决同种异体移植的免疫原性问题。采用基因敲除技术或 RNA 清除技术去除抗原可能解决异基因细胞同种移植的免疫反应，但也有可能影响被敲除基因的其他功能。胚胎干细胞具有分化的全能性，具有更好的应用前景，但同样也存在免疫原性问题及伦理学问题。而诱导性干细胞的出现，为解决这些问题带来了曙光，但要实现应用这一目标，还要进行更多、更深入的研究。目前，有关种子细胞的研究主要集中在以下几个方面。

#### 27.3.1.1 干细胞工程

干细胞（stem cell）工程是利用现代生物医学和组织工程技术，通过对各种类型的干细胞进行体外分离纯化、定向诱导分化、转基因及核移植、大量扩增和整合构建，在体外重构人骨、软骨、肌肉、肌腱、瓣膜、脂肪、真皮、基质、神经、血管、皮肤、角膜及造血和免疫等组织。

**1. 成体干细胞**

不仅骨髓组织中存在的间质干细胞（mesenchymal stem cell，MSC）在一定条件下可向成骨细胞、软骨细胞、成肌细胞、脂肪细胞、成纤维细胞等分化，而且在其他组织，如皮肤、脂肪、肝、神经等也存在干细胞。成体干细胞作为组织工程的种子细胞来源，已在临床得到应用。MSC 的优势在于：同种异体移植不发生或程度很轻地发生免疫排斥反应，且易于控制；易于实现外源基因的导入和表达，为基因治疗开创了应用前景。成体干细胞的不足在于增殖能力相对有限，分化为特定的组织细胞效率低。因此，MSC 定向分化的研究一直是干细胞研究的热点，也是组织工程领域研究的重点内容之一。

**2. 胚胎干细胞**

胚胎干细胞（embryonic stem cell，ES）具有发育的多能性，可从早期胚胎的原始胚细胞及原始生殖细胞中分离培养获得。由于人 ES 细胞培养条件特殊，虽然可以用多种诱导物质定向诱导分化，但要成为组织工程种子细胞还有很多问题有待研究解决。1999 年 R. Lanza 提出了治疗性克隆的新概念。采用成熟组织细胞核置换卵细胞核，在体外培养至胚泡期，然后分离 ES 细胞，再定向诱导分化为特定的功能细胞用于治疗目的，这一研究已在小鼠和羊的试验中获得成功。

**3. 人胚胎组织细胞**

自体细胞主要用于个体化治疗，同种异体细胞建立标准细胞系后，可满足产业化需要。在同种异体细胞研究方面，从人早期胚胎（妊娠 12 周内）组织获取功能细胞构建组织工程产品有其特殊意义。由于早期胚胎免疫功能发育尚不完善，免疫排斥反应很轻微，而且细胞容易获得，分裂增殖能力强，可连续传代，有希望成为可用的种子细胞。从胚胎获取细胞涉及社会伦理问题，影响了胚胎的临床应用。

**4. 诱导性多能干细胞**

2006 年，S. Yamanaka（山中伸弥）等通过慢病毒转染将 *Oct*4、*Sox*2、*c-myc* 和 *Klf*4 导入小鼠皮肤成纤维细胞，获得了诱导性多能干细胞（induced pluripotent stem cell，iPS）。翌年 11 月，他们又利用 4 种同样的转录因子将人的皮肤成纤维细胞诱导为

iPS细胞，2007年J. Thomson等筛选出了另外一套基因组合，*Oct4*、*Sox2*、*Nanog* 和 *Lin28*。这种通过细胞重编程得到组织再生和临床治疗所需的细胞理念和方法，避免了干细胞的免疫排斥和伦理道德问题，同时为构建特定的组织工程器官提供了特异的种子细胞，但要实现临床应用，还要进行更多、更深入的研究。

干细胞工程作为组织工程的“上游”研究，对未来的组织器官修复和替代具有极其重要的作用和深远的影响。在组织器官的细胞来源、细胞扩增与定向诱导分化、重构组织器官的种类、重构效率、重构组织器官的植入等方面，与传统的组织工程相比均存在着明显的不同和优势。

#### 27.3.1.2 调节与延缓细胞老化的研究

采用各种生长因子和端粒酶调节延缓细胞的老化是近几年一个努力方向。例如，用pGRN145质粒转染胚胎细胞，提高了端粒酶活性，使端粒长度得到延长，增加了细胞的生命期。采用自身转化、化学、物理、病毒等方法均可诱导细胞发生转化，使其倍增时间减少、永生化或生命期延长。

#### 27.3.1.3 种子细胞扩增及应力与生长的研究

构建组织工程产品需要大量细胞，如何从少量组织中获取大量细胞已成为组织工程研究中迫切需要解决的问题之一。各种生长因子、各种动态培养系统（如微重力旋转生物反应器）、环绕混合培养系统、应力场培养装置等均已在组织工程研究中得到应用，但尚需进一步完善以达到实用化目标。另外，载体等技术用于细胞的快速增殖也是目前研究的热点之一。

### 27.3.2 支架材料的研究

支架材料作为组织工程研究的人工细胞外基质（extracellular matrix，ECM），为细胞的停泊、生长、繁殖、新陈代谢、形成新组织提供支持。组织工程新材料不断出现，对材料的表面修饰、改性、结构构建也在不断取得新进展，已研制了具有形状、孔隙、取向、组分各异的各种支架材料，为组织工程器官构建带来新的机遇。由于人体组织结构的特殊性，不同的器官具有不同的结构特点，很难确定哪种材料为最佳支架材料。目前研究较多的有以下几种。

#### 27.3.2.1 可降解高分子材料

可降解高分子材料国内外研究较多的是聚羟基乙酸（polyglycolic acid，PGA）、聚乳酸（polylactic acid，PLA）、聚己酸内酯（polycaprolactone，PCL）、聚羟基乙酸与聚乳酸的共聚物（PLGA）等。这些材料具有可标准化生产、可降解、细胞相容性好等优点，但其酸性降解产物有可能对细胞的活性产生不利影响；同时，其亲水性、细胞相容性、力学强度等均尚待改进。采用多种改性技术有可能满足组织工程对支架材料的要求。

#### 27.3.2.2 瓷类材料

瓷类材料目前研究较成熟的是多孔羟基磷灰石（hydroxylapatite，HA）、磷酸三钙、生物玻璃等。这类材料生物相容性好，有一定强度，是骨的无机盐成分，常用作骨组织工程的支架材料。但由于它们降解慢、脆性大，降低了这类材料的实用性。

#### 27.3.2.3 复合材料

将有机材料（如PGA）与无机材料（如HA）复合，或将HA与胶原、生长因子[如骨形态发生蛋白（bone morphogenetic protein，BMP）]复合形成复合材料，可克服单纯材料的缺点，并能综合其优点。近几年对纳米材料或纳米复合材料的研究有了新的突破，这已成为组织工程支架材料研究的方向之一。

#### 27.3.2.4 生物衍生材料

生物组织经过处理后获得的材料称为生物衍生材料。来源于人体的生物衍生材料保留了正常的网架结构，组织相容性好，是较为理想的组织工程支架材料。例如，胶原凝胶、脱细胞真皮构建组织工程皮肤，纤维蛋白凝胶构建组织工程软骨等。脱细胞、去抗原处理的生物衍生骨支架构建的组织工程骨已有临床应用报道。由于丝素蛋白具有一定的生物降解性、良好的生物相容性及独特的机械性能等，适用于开发优良的组织工程支架材料，近年来也广泛应用于组织工程的构建中。

### 27.3.3 组织工程器官的构建与应用

组织工程器官的传统构建方法包括体内构建、体外构建和原位组织构建3种。将种子细胞与支架材料复合后，组织尚未完全形成“成熟”时即植入体内，组织形成与生物材料降解在体内完成，此所谓组织工程的体内构建。在体外模拟体内环境，应用生物反应器形成组织工程器官的方法称为体外构建。目前大多数组织工程器官的构建属于体外、体内联合构建，但体内、体外构建的条件、时间都需要进一步的研究。原位构建的概念是，单纯植入生物材料支架于体内组织缺损部位，依靠周围组织细胞迁移并黏附于生物材料支架，形成并再生组织。原位组织构建属于非经典的组织工程，适合小的组织缺损修复。

组织工程组织器官构建中常常要用到生物反应器。生物反应器可以模拟体内的微环境（包括生理环境和力学环境），改善大块组织内部的物质转运。越来越多的研究表明，应力刺激是调节细胞生理功能的重要因素，能促进种子细胞的生长、黏附、分化，也能促进组织工程器官的形成，特别是在肌肉、骨、软骨和心血管等器官的构建中起重要作用。但是对于特异性的应力特征，如强度、频率、加载方式等目前仍不清楚。

三维打印是生命科学与现代制造科学的新兴交叉学科。它将先进制造技术，特别是基于“离散-堆积”原理的现代成形技术应用于生命科学和医学领域。通过材料微滴（粒）和细胞-材料单元的受控组装，设计和制造所需的具有生物活性的组织工程器官的三维结构，为组织工程构建提供了全新的方式。由于快速性和高度柔性的优点，三维打印有效地克服了传统构建方法的许多缺陷，不仅具有种子细胞的可控空间梯度分布，也能实现生长因子、支架材料与微观结构的空间控制。

目前，很多组织器官已在实验室构建成功，特别是结构性组织器官，如皮肤、骨、软骨、肌腱、角膜、血管等，而功能性（代谢性）组织器官的构建相对滞后，如心脏、肝脏、肾脏等。组织工程皮肤、组织工程化软骨、组织工程化骨、组织工程血管、组织工程神经、组织工程膀胱、组织工程输尿管等都有在临床应用的报道。其中组织工程皮肤是研究较早、较为深入的一个方向，也是美国 FDA 最早批准的组织工程产品。各组织工程器官的应用进展详见后续各章节内容。

## 27.4 组织工程研究的展望

经过 20 多年的努力，组织工程已完成了大量基础研究工作。在结构组织的工程化研究中，已经逐渐从临床前研究进入到临床试验阶段，其中组织工程皮肤已有产品进入市场。在近几年，有从结构组织进入实体器官研究的发展趋势，其标志是组织工程膀胱的临床应用。组织工程的发展推动了细胞治疗、基因治疗、生物活性因子治疗的进步，使组织工程研究进入了“再生医学”的新时代，其标志是国际组织工程学会与再生医学学会合并为统一的学术组织。事实上，工程化组织移植、工程化细胞治疗、工程化基因治疗及工程化细胞因子治疗，以及具有引导/诱导组织再生的生物活性材料的应用，都是为了实现组织、器官的结构、功能、形态的完美修复，造福更多的患者。在这一过程中，必然会推动生物技术产业的发展。我国政府成立了国家生物技术开发与产业化领导小组，具体领导全国的生物技术研究、开发及产业化。在国内外，已有众多企业投入巨资进行这一领域的开发研究。据估计，在未来 20 年内，再生医学的市场潜力将超过 5000 亿美元。众多患者渴望新的高效治疗方法，加上巨大的市场潜力，必将推动再生医学向纵深发展，在这一领域，无论是科学工作者、临床工作者，还是企业家，都会大有作为。

组织工程虽然发展很快，但目前所进行的仍然是组织工程的初步研究工作，还有很多困难有待克服，在未来相当长的一段时间内，仍需将重点放在解决种子细胞的来源、老化规律、大规模培养增殖及优良性能的组织工程支架材料的研制上，只有在攻克了这两大难题之后才有可能实现组织器官的构建与成功移植。杨志明教授具体提出要重点注意以下 5 个问题：①深入研究、开发无或低免疫原性的通用细胞；②降解速率与组织再生速率匹配的支架材料研究；③生物活性因子诱导组织、器官再生；④组织工程植入物的营养；⑤细胞治疗与组织器官再生。

（杨向群　张传森）

# 第 28 章 组织工程细胞

组织工程的研究过程包括两大部分，一部分是在体外分离培养相应组织的功能细胞，与模拟机体组织结构的细胞外基质——支架材料（天然或合成生物材料）体外复合培养，在培养容器中构建活的工程化组织；另一部分是植入动物或人体内病损的组织器官，修复组织缺损，替代组织、器官的一部分或全部功能。因此，组织工程的关键点是在体外构建工程化组织，而正是因为有活的功能细胞（种子细胞）的存在，赋予了工程化组织以生命。种子细胞的研究是组织工程众多研究领域中最基础也是最重要的环节。本章将对组织工程细胞的来源、基本培养方法、组织工程细胞的扩增及应力与生长、标准细胞系的建立、干细胞与组织工程、组织工程细胞的免疫隔离等作重点阐述。

## 28.1 组织工程细胞的来源

组织工程细胞可来源于自体细胞、同种异体细胞、细胞系、异种细胞及自体或同种异体干细胞。

### 28.1.1 自体细胞

自体细胞的最大优点是可避免受者免疫系统的排斥反应。自体细胞可通过体外培养特定的细胞，经一段时间扩增到足以满足植入物功能需要的数量，以达到患者的需要。目前最成功应用于组织工程的经培养的自体细胞是角朊细胞，从烧伤患者的皮肤完整区取出一小片皮肤，从表皮中分离出角朊细胞，在培养系统中扩增细胞数量，直至角朊细胞数量达到原来数量的 2000 倍时，角朊细胞可融合为一片，用于覆盖患者的烧伤创面。然而自体细胞用于组织工程受到多方面因素的限制：是否有可能获得足够细胞培养的组织量，细胞发育中的变异性，扩增时受到的限制等。

### 28.1.2 同种异体细胞

与自体细胞相比，采用同种异体来源细胞时，自体健康组织可获得性就不是一个绝对的限制因素，同种异体细胞也可以在体外培养到足够数量，并可预先培养和保存足够数量的细胞。但同种异体来源的细胞同样存在着培养中细胞的变异和体外扩增受限等制约因素。

### 28.1.3 细胞系

细胞系具有无限生长的能力，可用来克服目前细胞培养技术在扩增特定细胞种类时受到的限制。细胞系通常经基因技术使细胞发生遗传学改变，并适于无限生长，这些改变还常伴有分化功能的丧失。细胞系还可通过基因工程技术使细胞产生所需的治疗性蛋白质、行使分化细胞功能或克服宿主免疫反应。由于细胞系表现出部分肿瘤样改变的性质，使用细胞系时必须考虑其安全性。

### 28.1.4　异种细胞

对于一些不能通过同种异体或自体来源满足的细胞、组织可采用异体细胞、组织。细胞包裹、免疫保护、体外系统和基因改造技术等方法可使异种细胞的应用成为可能，一旦成功则只要通过繁殖动物就可满足需要。

### 28.1.5　干细胞

详见 28.5 节。

## 28.2　组织工程细胞的基本培养方法

组织工程希望细胞能在体外大量扩增，并能保持正常的生理功能、遗传学性状等。与悬滴培养法、培养瓶培养法、培养板培养法、盖玻片培养法、旋转管培养法、灌注小室培养法、克隆培养法等相比，二倍体细胞培养法、中空纤维细胞培养技术、微载体细胞培养法、微囊培养技术更具优势。另外，细胞的三维培养及复合培养也被广泛用于组织工程的研究。

### 28.2.1　二倍体细胞培养法

二倍体细胞培养法并非一种专门的培养技术，而是始终维持培养的细胞染色体倍数为二倍体的方法。正常动物体细胞的染色体均为二倍体，一般的培养方法在培养早期尚能保持二倍体性状，但随着传代次数的增加，培养细胞很可能成为多倍体或异二倍体细胞，遗传学特性发生了改变。培养过程中维持细胞二倍体特性的关键在于培养的条件，故二倍体细胞培养的主要原则是：①选用高质量的培养基和血清，及时更换培养液，采用半量或 2/3 换液的方法，严格控制培养液的酸碱度，稳定细胞生长环境；②选择合理的接种密度，减少传代次数；③选取原代培养稳定后或传代培养的前几代二倍体细胞进行冷冻保存。

### 28.2.2　中空纤维细胞培养技术

中空纤维细胞培养技术就是模拟细胞在体内生长的三维状态，利用中空纤维束给培养的细胞提供物质代谢条件而建立的一种体外培养系统。其核心装置是中空纤维反应器，中空纤维的构造形式类似于动物组织内的毛细血管，细胞接种在中空纤维反应器套管内表面与中空纤维之间的空间。除中空纤维反应器外，该系统还有储液器、供氧器、蠕动泵及连接各附件的硅胶管。

### 28.2.3　微载体细胞培养法

微载体细胞培养法是一种适用于培养贴壁依赖性细胞的大规模培养方法。其原理是在培养容器中加入培养液及对细胞无害的材料制成的颗粒（微载体），使细胞在微载体表面附着生长，通过不断搅拌使微载体保持悬浮状态的培养方法。培养液中大量的微载体为细胞提供了极大的生长表面，因而可以大量培养动物细胞。

## 28.2.4　微囊培养技术

微囊培养技术是在无菌条件下将拟培养的细胞、生物活性物质及生长介质（1.4%藻酸钠溶液）共同包裹在薄的半透膜（多由多聚赖氨酸形成）中从而形成微囊，再将微囊放入培养系统内进行培养。利用微囊培养技术大规模培养动物细胞可以防止细胞在培养过程中受到物理损伤，此方法培养的动物细胞密度大、产物含量高。但微囊制作步骤较复杂，成功率不高，微囊内死亡的细胞会污染正常产物。

## 28.2.5　细胞的三维培养

细胞的三维培养是指细胞在模拟体内细胞的化学、物理和生物学条件下，在三维基质支架中进行培养。琼脂糖凝胶常用于细胞三维培养，聚乳酸（PLA）、聚羟基乙酸（PGA）和二者的共聚物（PLGA）制成的纤维网和海绵也被广泛用于研制细胞三维培养的基质支架，供细胞增殖和发挥生理功能，为组织的再生提供结构框架。实际上，在体组织中细胞通常存在复杂的应力环境，如成骨细胞受拉伸或压缩应力、软骨细胞受压缩应力、肌腱和韧带中成纤维细胞受拉伸应力、血管内皮细胞受剪切应力等。因此，研究细胞三维培养应考虑细胞的应力环境。长期以来，已有很多研究者致力于研究应力环境下细胞的三维培养。研究者将细胞与三维基质支架的复合物放入铸模里或者加以限制，使它们承受剪切应力、张应力或在其生长过程中受到的已知力，在离体条件下促进细胞生长。研究表明，在应力环境下进行细胞的三维培养，不仅改善了细胞生长的微环境，加快细胞生长和分化，而且提高了组织生成效率，为在体构建组织工程化组织提供了一种重要的研究方法。

## 28.2.6　细胞的复合培养

细胞的复合培养也是细胞的三维培养，只是其种子细胞是多种细胞的复合。利用细胞的复合培养，可在体外培养出各种不同的多细胞结构。将取自组织的细胞种植于包含基质细胞（如成纤维细胞）的支架中，基质细胞包括其他的疏松结缔组织细胞，如内皮细胞、巨噬细胞、单核细胞、脂肪细胞、滑膜细胞及网状细胞等，它们在细胞复合培养中充当“饲养”细胞的作用。基质提供复合培养的支架，种植并生长于其中的基质细胞分泌生长因子，以保证种子细胞增殖并使细胞培养长期维持。基质细胞发生增殖、生长及分泌生长因子，形成类似于在体组织的基质成分。三维基质支架提供的供细胞增殖的表面积更大，这些增殖的基质细胞不断合成蛋白质、生长因子，保证了基质细胞和种子细胞的长期增殖。同时，三维基质支架的空间分布更接近组织细胞的在体条件，这种细胞微环境的形成有助于细胞成熟和发生迁移，还可通过加入蛋白质等 ECM 及其他材料，对支架进行修饰，进一步增强细胞的生长。这样，细胞的复合培养可使细胞在基质支架中不断生长成多层组织结构。

## 28.3 组织工程细胞的扩增及应力与生长的研究

### 28.3.1 细胞周期

人的细胞周期一般被传统的分为有丝分裂期和分裂间期。分裂间期细胞理论上有两类：一类直接进入另一个细胞周期，为下一次分裂作准备；另一类则长期处于分裂间期，表达该细胞的功能产物。细胞的有丝分裂必须经过细胞质和细胞核的复制阶段。一个细胞周期可分为DNA合成前期（$G_1$期）、DNA合成期（S期）、DNA合成后期（$G_2$期）和有丝分裂期（M期）。①$G_1$期包括从上一次细胞分裂结束到DNA开始合成这一段时期。细胞进入$G_1$期标志着细胞自我复制的开始，细胞是否进入$G_1$期与许多因素有关。研究表明，许多促生长因子就能加快细胞进入$G_1$期或促使了更大比例的细胞进入$G_1$期。这种能接受外界因子影响的阶段称为调节点。研究表明，细胞存在着许多类似的调节点，这为人工调控细胞的生长提供了可能。②S期细胞的主要活动为DNA合成。经过此期后二倍体细胞就含有4倍量的DNA。组织工程中常用示踪物质标记的核苷酸作用于细胞后，就是在此期进入细胞DNA，达到标记细胞的目的。③$G_2$期又称为分裂前期，是指DNA合成后到有丝分裂前这一段时间。细胞此期的主要活动是DNA的螺旋化核分裂有关的RNA合成。④M期又分为前期、中期、后期、末期4个亚期。细胞在此期内完成由一个细胞分裂成两个细胞的过程。M期结束后，子细胞又受细胞内外信号的调控，或者进入下一个细胞增殖周期，或者开始准备表达其功能产物。

### 28.3.2 培养细胞的传代周期

生活在同一个培养容器中的细胞群体，由每一个细胞的生命周期的集合，构成了这一群体细胞在这一培养容器内的生长曲线。这些细胞称为一代，生长曲线就是这一代细胞的周期。这一代的周期结束就必须传代，进入下一个周期，否则正常细胞就会发生成片死亡等现象。细胞的传代周期可分为潜伏期、对数增殖期和平顶期。

**1. 潜伏期**

潜伏期是指细胞接种后到快速增殖前这段时期。此期是一个细胞适应新环境的时期。对于组织工程所用的贴壁细胞，首先还有一个贴壁和延展的过程。不同的细胞潜伏期差别很大，从数小时到数十小时。潜伏期还是细胞增殖的起跑线。许多需要细胞同步增殖的试验都在此期改变物理、化学或营养等因素，使细胞同步化。

**2. 对数增殖期**

对数增殖期又称为指数增殖期。此期是细胞增殖最活跃的阶段，倒置显微镜下可见细胞分裂相。细胞分裂指数即每计数1000个细胞中分裂相细胞的个数，常用于判断细胞增殖的活跃程度。由于此期细胞增殖活跃，功能旺盛，最适于进行各项试验。

**3. 平顶期**

平顶期是由于细胞活跃增殖后，密度增大，细胞增殖出现停滞，表现为培养细胞在数量最多的基础上保持动态平衡。此时已是本代细胞增殖周期的终点，需要传代。若不传代，便会出现细胞中毒甚至成片脱落死亡。在加入外源因子的情况下，若平顶期提前，曲线左移则表明该因子是生长促进因子，相反则是生长抑制因子。

### 28.3.3 培养细胞的生存期

培养细胞的生存期是指细胞在连续传代情况下生存的时间，一般用能传多少代表示。它包括原代培养期、传代培养期和衰退期。正常细胞都有有限的生存期。例如，培养的肌腱细胞生存期为13代，软骨细胞为6代，文献报道成纤维细胞能传50代。细胞到生存期的末代，表现出细胞生长缓慢或不增殖甚至死亡。因此，若要保存某细胞，则要在该细胞传代培养的旺盛时期进行冻存。目前世界上常用细胞均在10代内冻存。还有一种保存细胞某种特性的方法是在细胞衰退前对细胞进行转化。转化细胞可形成无限细胞系，但需注意转化后是否还保留了所需特性。

### 28.3.4 细胞生长的调控

细胞生长的调控就是采用某种措施，使细胞群体增殖加快或减慢。这种调控一般是通过调节细胞周期和进入增殖的细胞的比例来实现的。一些因子作用于细胞后，作用于细胞周期中特定的调节点，使细胞加快完成分裂的准备，缩短了增殖周期，促进了细胞的增殖。例如，IGF-1作用于肌腱细胞后，通过流式细胞仪检测，发现肌腱细胞的 $G_1$ 期和 $G_2$-M期缩短，在生长曲线上表现为曲线左移，平顶期提前。用IGF-1受体的抗体和IGD-1mRNA反义寡核苷酸阻断IGF-1与其受体相结合，细胞的增殖受到抑制。将细胞的分裂阻断在某一时期，抑制细胞的增殖。例如，秋水仙碱作用于细胞后，使细胞在有丝分裂中期停滞，干扰细胞的增殖。另外，改变物理及营养因素也可抑制细胞生长。细胞生长的抑制因子尚在研究中。组织工程在构建活材料的早期需要促进细胞增殖，而在晚期则需要更多的细胞处于功能活跃状态，这就需要进一步研究多种因子对细胞的生长调控作用。

### 28.3.5 加快细胞增殖的方法

组织工程在获得理想细胞以前需用自体细胞与材料复合，构建组织工程的初级产品。在这一过程中面临的最大问题是细胞增殖缓慢。组织工程所需的细胞都是特异化程度较高的细胞。特异化程度和增殖能力是一对矛盾，特异化程度高的细胞其增殖能力低；反之，特异化程度低的细胞其增殖能力高，这是生物界的一般规律。加快细胞增殖的常用方法的有以下几种。

**1. 利用分化特性不明显、增殖能力相对较高的细胞进行诱导培养**

利用分化特性尚不明显，但增殖能力相对较高的细胞进行诱导培养，将会得到快速增殖的目标细胞，并且其传代期也相应延长。目前已有研究者采用来自羊骨髓的具有成骨潜能的细胞进行诱导培养，并将其用于与材料复合，构建组织工程骨。

**2. 使用促生长因子**

目前，已确切知道许多生长因子能促进细胞生长，但每一种细胞对生长因子的反应有一定差异，因而每种细胞有其相应的促生长因子。由杨志明领导的研究小组利用IGF-1作用于肌腱细胞，发现IGF-1对肌腱细胞增殖具有显著的促进作用，并且在5～40 ng/ml具有明显的量效正相关；肌腱细胞在传代过程中其IGF-1受体密度无改变。这些研究说明，在肌腱的组织工程研究中可以用IGF-1促进肌腱细胞的增殖。

**3. 生长抑制因子及其机制的研究**

有研究表明，在细胞的增殖中还存在着特异的生长抑制因子，它在正常生理状态下抑制细胞的过度增殖。但目前这方面的研究尚不多见，对抑制因子的作用机制也不清楚。如果掌握了细胞的抑制因子及其作用机制，就可以采用去除抑制因子的方法促进细胞增殖。在体内情况下，多种生长因子都由机体协调作用，因而是一个多因子序贯作用体系。体外如何模仿实施这一多因子序贯调节将是组织工程的另一个重大课题。

## 28.3.6 延长细胞增殖寿命的方法

通过基因改造，向种子细胞导入一定的基因而使其大量地、快速地甚至永久地生长。目前应用的主要有以下几种。①导入病毒癌基因，如 SV40 病毒大抗原（SV40-LT）、腺病毒蛋白、人乳头状瘤病毒 $E_6$ 蛋白、人乳头状瘤病毒 $E_7$ 蛋白等延长细胞寿命。②端粒酶重建延长细胞寿命。例如，A. G. Bodnar 等将 hTERT 真核表达质粒导入人皮肤成纤维细胞 BJ、人视网膜上皮细胞 RPE 中使端粒酶活性得以重建，端粒延长，重建端粒酶后传了数百代，呈现永生化趋势。S. Yang 等将 hTERT 导入人静脉内皮细胞中表达获得了永生化的细胞株，为血管组织工程的开展提供了丰富的种子细胞。K. Yudoh 等在成骨细胞中重建了端粒酶活性，使细胞寿命从 17 代延长到了 37 代且仍在继续分裂生长，为骨组织工程种子细胞来源开辟了一条有效途径。③hTERT 协同病毒癌基因转染使细胞永生化。单纯的病毒癌基因转染多数情况下不能延长或维持端粒长度，最终细胞摆脱不了凋亡的命运。其只有与 *hTERT* 基因协同转录，才能使细胞真正永生化。

## 28.3.7 应力对细胞生长及功能的影响

生物组织和细胞的生长受多种因素，如营养、生长因子、物理和化学环境以及应力和应变等的影响。体内几乎所有的细胞都受到应力的作用，应力可改变细胞的生物学行为，影响细胞的表型、基因表达、代谢以及生长因子的自分泌和旁分泌。细胞能对应力和应变产生响应，应力和应变是细胞代谢的一种刺激因子。与温度、pH、化学、生物因素一样，应力和应变是一种重要的影响细胞结构和功能的外界信息。

早在 1985 年就认识到应力在组织愈合中的重要性。拉伸与剪切应力引发了结缔组织的生成，摩擦或剪切运动会导致软骨生成。“功能性”压缩（周期性变化的压缩应力）能诱发骨的生成。而伸长与静“压力”是造成中间组织分化的两种特殊的刺激。伸长（不相等的主应变）诱发胶原纤维的生成，因而形成结缔组织。静“压力”（相等的主应变）引起软骨组织的形成。在股骨颈的网状部分重建中，在最大主应力是拉伸应力的区域，钙化是沿着拉伸轨线的，说明拉伸应力与压缩应力同样能刺激骨的生长。研究表明，骨组织内的糖蛋白分子的定向是与应变率有关的。心、肺、血管和肌肉等软组织也随应力和应变而改造。众所周知，当心脏超载时，肌细胞增大。肥厚心脏中的肌细胞直径比正常心肌细胞直径大得多。研究表明，左心室肥厚者心内壁下心肌细胞纤维直径比心外壁下心肌细胞大，这与在心内壁区的拉伸应力比较高是一致的。已有研究证实，心肌细胞中的微管系统与心脏肥厚有关，因而必定与应力有关。定量研究新西兰大白兔肺切除手术前后胶原合成的试验表明，肺的应变程度与胶原的合成有直接的关系，因此应力和应变引起肺生长。血流增加造成的血管直径变化表明，血管壁剪切应力控制血管的生长，包括蛋白质在血管壁内的反转。有学者证明，大鼠四肢固定不动 6 h 内，肌肉蛋白合成速率下降，而在重新活动 6 h 后恢复正常，固定不动的肌肉会萎缩。被动拉伸或重复刺激可延长在分离的肌肉标本中的蛋白质分解。因此，应力和应变与肌肉生长有密切关系。

关于应力与生长的关系，冯元桢提出了一个重要假说：细胞与 ECM 的生长和消蚀是与应力相联系的。物质通过细胞膜以主动或被动方式进行的传递与细胞膜中的应变有关；肌动蛋白分子由粒状到纤维状的变换，以及肌动蛋白-肌凝蛋白的过桥功能，都与应变有关；化学反应速率取决于压力、应力和应变。因此，生长取决于应力和应变。

### 28.3.8 细胞增殖分化与组织工程

细胞的增殖和分化是细胞生命进程中所获得的基本属性。增殖使细胞数量增多，分化使机体结构和功能多样化，表现在细胞与细胞之间呈现高度的相互依存性和个体细胞相对失去独立性。从受精卵开始，细胞的增殖和分化便协调地进行着。此间每个细胞的生命活动均在外源信号的作用下，通过细胞内相关的基因调控，从而发生相应的增殖或分化的表达。然而，当细胞分化到一定程度后，细胞的增殖和分化便呈现出一定的矛盾，表现在高分化的细胞呈低增殖潜能，而高增殖细胞往往是低分化细胞。细胞由体内移至体外培养，在适宜的条件下，其增殖能力得以提高，同时由于人为控制条件，细胞的分化功能得以保留，这是组织工程构建活材料的基础。要细胞保持其功能就必须尽可能地模仿体内环境，在保持细胞功能的基础上，为了适应组织工程的需要，还需不断摸索新的培养方法，使细胞增殖更快，并且在应力等物理条件下三维生长，以达到构建活材料的目的。

## 28.4 标准细胞系的建立

组织工程的研究迫切需要一种标准细胞，这种细胞要具有同类细胞的所有功能特性，而其生长突破限制，成为无限细胞系。它首先代替同种有限细胞完成组织工程的全过程研究，为构建组织工程的初级材料——自体细胞复合活材料开辟途径，同时又在这一系列研究过程中不断改造完善，向理想组织工程细胞迈进。目前技术条件下，标准细胞可由细胞转化产生。细胞转化是细胞发生遗传性改变的一种变化，涉及基因的改变。细胞发生转化后其性状可以代代相传，并且细胞系能长期维持和存在。

建立标准细胞系需要采用细胞转化技术。但在实施转化时需要精心设计转化方法和导入基因，避免恶性转化或癌变。转化细胞系建立后更需进一步作一系列试验分析，以确定转化细胞的性状。除细胞功能检测外，尚需作如下检测：①细胞的生物学一般性状，包括细胞形态、生长速率及生长曲线等相关指标；②细胞遗传学特征，包括核型分析、染色体组型、畸变和标记染色体等；③恶性测试，即浸润性试验、软琼脂培养及免疫缺陷动物接种等。

目前较常用的建立标准细胞的方法是采用现代分子生物学技术，将外源目的基因导入受体细胞。基因转导可在染色体和 DNA 大分子水平上进行，可采用细胞融合或显微注射法，把携有目的基因的染色体或染色体片段整合入受体细胞，即染色体转导技术。基因转导在基因序列水平上可采用磷酸钙法、电穿孔法、脂质体法、显微注射法及反转录病毒法等，现已将克隆、含有目的基因的DNA片段转导入受体细胞基因组中，达到转化细胞的目的。在这些转染中，如果被转染的受体细胞是体细胞而非生殖细胞，习惯上称之为基因转染。如果被转染的是受精卵，转入目的基因后再把该受精卵植入动物子宫内，发育成个体，此称为转基因动物。

## 28.5 干细胞与组织工程

干细胞是指具有无限或较长期的自我更新能力，并能产生至少一种高度分化子代细胞的细胞。一般而言，干细胞的分化具有定向性，不同组织细胞有其特定的干细胞。根据干细胞所处的发育阶段，可以分为以下两种类型：胚胎干细胞（ESC）和组织干细胞（又名成体干细胞）。胚胎干细胞在一定条件下可以分化成为人体几乎所有的细胞，具有分化的全能性；组织干细胞也可形成数种或多种细胞类型，具有分化的多能性。除此以外，2006年日本和美国的科学家们利用病毒载体将4个转录因子（Oct4、Sox2、Klf4和c-Myc）的组合转入分化的体细胞中，使其重编程而得到了类似于胚胎干细胞的一种细胞类型，即诱导性多能干细胞（induced pluripotent stem cell，iPS）。

胚胎干细胞来源于早期囊胚的内细胞团或者原始生殖嵴。ESC是一种高度未分化的细胞，具有发育的全能性。通过ESC分离、培养及定向分化研究的途径来获得可供移植的大量细胞，是当前组织工程种子细胞的热点研究领域之一。而组织干细胞多来自于成体的各种组织，包括脊髓、外周血、脑、脊髓、血管、骨骼肌、肝、胰、角膜、视网膜、牙髓、皮肤和胃肠道的上皮及脂肪等。胚胎干细胞可无限增殖，具有多能性，可分化为体内各种细胞类型，但存在着伦理道德上的争议。组织干细胞虽然增殖能力有限、分化潜能较胚胎干细胞窄，但近年来的研究发现，组织干细胞可以横向分化为其他类型的细胞和组织，即组织干细胞具有可塑性，为干细胞的广泛应用提供了基础。"干细胞可塑性"是20世纪末干细胞领域最具突破性的进展之一，人们发现某些组织干细胞不但能再生，而且可在一定外界环境下转变成为其他组织的细胞，实现跨系统甚至跨胚层分化发育。例如，神经干细胞可以转分化为造血细胞，骨髓干细胞可以转分化为神经细胞或心肌细胞。

鉴于干细胞的特点及优势，干细胞已成为组织工程种子细胞的研究热点。下面就组织工程研究中涉及较多的干细胞作进一步阐述。

### 28.5.1 胚胎干细胞

胚胎干细胞是多能性干细胞，可来源于畸胎瘤细胞、桑椹球细胞、囊胚内细胞团、拟胚体细胞、生殖原基细胞等。它具有发育的全能性，ESC可以分化为属于3个胚层谱系的各种高度分化体细胞的细胞，能分化出成体动物的所有组织和器官，包括生殖细胞。在嵌合体动物（用胚泡注射法或桑椹胚聚集法将供体的胚胎干细胞与受体胚泡结合在一起，然后转移到假孕母体子宫中进一步发育，可得到嵌合体动物）中，ESC参与个体发育，并产生包括生殖系在内的各种类型细胞，表明ESC具备对正常发育所有信号的反应能力。因此，ESC 是一个理想的研究胚胎发育的体外模型，为人们了解胚胎发育中各系的来源及调控分子机制提供了极其便捷的工具。研究和利用 ESC 是当前生物工程领域的核心问题之一。一般而言，由 ESC 向成熟功能细胞分化的体外试验中，细胞的增殖和发育遵循较为严格的时间和空间规律。由于造血干细胞的研究一直处于整个细胞研究的前列，造血发育的多数调控因子已经克隆纯化，所以 ESC 向造血细胞的分化是该领域研究最为广泛的内容。值得提出的是，虽然国内外学者对 ESC 定向造血细胞分化进行了深入广泛的研究，对 ESC 源造血细胞的植入性和造血重建能力也有少量报道，但绝大多数研究者对 ESC 源造血细胞的长期造血重建能力持否定态度。体外分化的造血细胞对造血环境的反应性有其特殊性，细胞的归巢能力可能尚处于幼稚阶段，需要微环境尤其是其中的基质细胞和黏附分子的“驯化”。ES 细胞体外分化是一个无序的自发的过程，至今人们尚未找到 ESC 定向发育为某种组织乃至某种胚层的方法，即使研究较为深入的 ESC 向造血细胞的体外分化，也未能真正地定向。2001 年 8 月，著名胚胎工程专家窦忠英教授从人类胚胎干细胞中分化得到心脏跳动样细胞团，它是我国科学家在国内取得的唯一由人类胚胎干细胞分化得到的心脏跳动样细胞团，也标志着我国在人类胚胎干细胞研究领域跻身于世界先进行列。

## 28.5.2 组织干细胞

组织干细胞的研究近年来也取得了重要进展。造血干细胞体外扩增和诱导分化技术的出现，以及造血干细胞移植和基因治疗的广泛开展，为组织干细胞研究提供了成功的范例。特别是骨髓间质干细胞和神经干细胞的发现及其多向分化潜能的揭示，不仅更新了有关“组织干细胞”认识上的许多传统观点，而且为其临床应用展示了更为广阔的前景。美国明尼苏达大学的研究者于 2003 年 4 月在一项试验中发现，将从成体骨髓细胞中分离出来的干细胞注入小鼠的胚囊中，最终这些干细胞可以分化出脑组织所有主要类型的细胞。这是第一次证实组织干细胞能分化出脑组织细胞。部分组织干细胞发育情况如图 7-28-1 所示。

**1. 间充质干细胞**

间充质干细胞（MSC）是指一群具有向成骨细胞、成软骨细胞、脂肪细胞、骨髓基质甚至肝脏细胞和神经细胞等多种分化潜能的多能干细胞，MSC 可来源于骨髓、肌肉、骨、软骨、腱、脂肪组织和血管等。MSC 不仅能向多种组织和细胞类型分化，且在体外易分离培养和扩增。研究表明，骨髓来源的 MSC 能最终分化成骨、软骨、腱、肌肉、神经和脂肪组织，因此骨髓来源的 MSC 成为治疗多种组织退行性疾病的理想细胞，并成为组织工程的启动细胞，骨髓 MSC 的体外分化细胞类型和诱导分化条件见表 7-28-1。MSC 和其他干细胞的关系十分密切。骨髓 MSC 具有支持体外造血的作用，可维持造血干细胞的自我更新和向巨核系细胞分化的功能。MSC 也参与了免疫细胞发育过程，胸腺中的 MSC 可能与 T 细胞的成熟有关。异源的 MSC 明显抑制 T 细胞的体外增殖和特异性 CTL 效应，但 MSC 和 T 细胞共培养不引起 T 细胞的无反应性。因此，MSC 在造血干细胞移植中具有重要的应用价值，这也是利用异体 MSC 构建组织临床应用的基础。MSC 培养和扩增研究将促进 MSC 的应用，利用微载体培养技术，通过悬浮培养等手段，在不改变 MSC 干细胞特性的前提下，实现快速和大规模的扩增将有利于

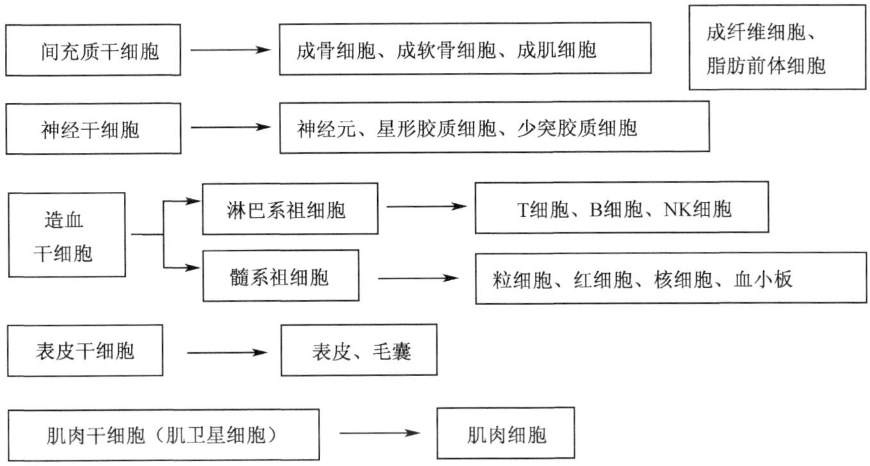


图 7-28-1　部分成体干细胞发育示意图

MCS 的基础和临床应用研究。相信以 MSC 为基础的细胞治疗和组织替代等治疗方案将相继涌现。

**表 7-28-1　骨髓 MSC 的体外分化细胞类型和诱导分化条件**

| 分化细胞类型 | 诱导分化条件 |
|---|---|
| 神经元 | β-巯基乙醇或二甲基亚砜/丁羟茴香醚 |
| 星形胶质细胞 | 二甲基亚砜＋地塞米松 |
| 少突胶质细胞 | 血小板衍生生长因子（PDGF）＋表皮生长因子（EGF）＋亚油酸 |
| 脂肪细胞 | 地塞米松、胰岛素、1-甲基-3-异丁基黄嘌呤、吲哚美辛（indomethacin） |
| 软骨细胞 | 转化生长因子 β1、转化生长因子 β2、转化生长因子 β3（TGF-β1、TGF-β2、TGF-β3）＋抗坏血酸 |
| 成骨细胞 | 地塞米松＋抗坏血酸＋S-磷酸甘油 |
| 骨骼肌细胞 | 5-氮胞苷 |
| 平滑肌细胞 | 血小板衍生生长因子 BB（PDGF-BB） |
| 心肌细胞 | 碱性成纤维细胞生长因子 |
| 腱 | 骨形成蛋白 BMP-12 |
| 造血支持基质细胞 | 氢化可的松＋马血清、造血干细胞 |
| 肝细胞 | 地塞米松、肝细胞生长因子（HGF）与成纤维生长因子（bFGF） |

### 2. 神经干细胞

成体神经组织中存在神经干细胞（neural stem cell，NSC），NSC 具备以下几个特点：①自我维持和更新的能力；②增殖分裂能力；③自我更新和分化潜能可维持相当长时间，对损伤和疾病具有终生反应能力；④多向分化潜能，可分化为神经元细胞、星形胶质细胞、少突胶质细胞；⑤有一定迁移能力，能到达损伤或疾病部位并产生新细胞。NSC 可通过两种方式生长：一是对称性分裂，形成两个相同的 NSC 或两个祖细胞；二是不对称性分裂。由于细胞质中调节分化蛋白不均匀性分配，使得一个子细胞成为祖细胞，并在外界因子刺激下不可逆地向多个细胞系终末期分化；另一个子细胞则保留NSC亲代的特征，分化细胞的数目受分化前NSC数目和分裂次数的控制。神经干细胞在胎儿脑内主要集中在脑室外侧的室管膜区（位于前脑）、下脑室区（SVZ区）、海马区、嗅球、脊髓、小脑和大脑皮层以及发育过程中脑变化的各种区域。这些神经系统的干细胞在促有丝分裂因子，如成纤维细胞生长因子FGF-2和EGF存在下在体外增殖，去除有丝分裂因子诱导分化，或用其他细胞因子处理细胞，诱导分化。近期研究发现，骨形态形成蛋白BMP是新皮质脑室区前体细胞向神经元分化的启动者。目前已有研究者利用来自畸胎瘤和正常传代培养的干细胞系作为神经干细胞的来源，在有白血病抑制因子（LIF）和FGF-2、EGF存在下诱导分化为神经元。但当细胞系作为移植细胞来源时，应当严格控制细胞的生长条件，防止细胞的异常分裂、分化。另外，体外培养时，要注意细胞密度的接触抑制作用，当接种高密度的细胞时，大于100个细胞/孔（增殖后的细胞）、大于1500个细胞/孔（新鲜分离的细胞），将大大降低神经元的产生。

神经干细胞在细胞移植、基因治疗以及作为组织工程的种子细胞在治疗神经系统退行性疾病和中枢神经系统损伤中表现出极大的优势。其可以定向分化成神经元、神经胶质细胞，并分泌神经营养因子；不但改善了病变周围的微环境，而且在一定程度上起到了细胞替代的作用。同时，一致的神经干细胞具有迁移能力，能远距离弥散到病变部位，并且能够转染外源基因而不影响其生物学性质，并能整合于宿主组织，排斥反应一般较小。国内外研究人员利用神经干细胞对一些疾病治疗进行了研究，获得了良好的效果。主要有：①神经退行性疾病，如帕金森病、阿尔茨海默病；②遗传性神经疾病，如舞蹈病、尼曼匹克病；③脑血管疾病；④神经系统损伤性疾病；⑤神经系统肿瘤；⑥其他疾病，如多发性硬化症等。

**3. 造血干细胞**

造血干细胞（hematopoietic stem cell，HSC）是人们认识最早的干细胞之一，是具有自我更新能力和分化发育为各系血细胞潜能的组织特异性干细胞，它们由处于不同发育阶段、具有异质性和可塑性的细胞群体所构成。在胚胎发育至成熟个体这一阶段内，HSC的数量是逐步增多的。20世纪80年代和90年代初期，分子生物学、细胞克隆、生物材料和单克隆抗体等技术的发展成熟，极大地推动了造血干细胞研究。GM-CSF、EPO、TPO、G-CSF、IL-2、IL-3、SCF等造血调控因子的克隆纯化，促使人们对造血干细胞的增殖分化调控的分子机制有了客观的认识。同时人们利用单克隆抗体技术第一次获得了相对纯化的$CD34^+$造血细胞。这些创新性的成果不但促进了造血干细胞移植的临床应用和发展，也为研究其他干细胞，如胚胎干细胞、间充质干细胞和神经干细胞等，提供了良好的可供参考的模型。目前还没有任何证据证明能在体外扩增造血干细胞。扩增造血细胞的同时，也明显加速了其分化，这是造血细胞扩增所面临的一个难题，但同时又为我们展现了一个新的研究领域，即利用造血干/祖细胞具有多向分化的潜能，通过细胞因子的不同组合，治疗性诱导其分化，产生大量所需的功能细胞，从而满足基础研究和临床应用的需要。这在新一代的细胞治疗，尤其是免疫治疗中将具有十分重要的意义。

**4. 表皮干细胞**

表皮干细胞是指在一生中均保持有增殖能力，可增殖分化为表皮中各种细胞的细胞。20 世纪 70 年代中期已开始体外培养表皮细胞的研究，应用于创面的表皮细胞皮片培养是在表皮细胞传递系统上进行的，表皮细胞传递系统有 3T3 细胞、聚乌拉坦、透明质酸、纤维蛋白胶与脱细胞真皮等。培养的皮片在体外及移植于创面后均保持有正常表皮的自我更新能力，即保留了干细胞自我更新与分化潜能的特性。正常情况下，大部分的表皮干细胞处于静息状态，只有部分干细胞脱离干细胞群落进入分化周期，维持皮肤的更新。人造皮肤是开发最早的组织工程产品。在美国 70 年代末就开发出单层人工皮肤，1998 年美国器官发生公司开发出了包括表皮和真皮的双层人造皮肤（Apligraft），并获得 FDA 的批准，它是第一种获得 FDA 批准的含有人体活细胞的组织工程产品。Apligraft 类似于自体皮肤，具有愈合良好、能形成血管、不发生免疫排斥反应等特点。用于治疗皮肤烧伤和静脉溃疡，治愈率高达 80%以上。我国著名胚胎工程专家窦忠英教授主持的“表皮干细胞可塑性及其在构建组织工程化角膜移植研究”，首次以人羊膜为载体负载表皮干细胞，构建组织工程化角膜上皮植片，移植后具有正常角膜相似的组织结构，移植给角膜缘干细胞缺损动物模型山羊眼表，成功恢复了部分视力，为临床角膜缘干细胞缺损所致失明患者的治疗开辟了新途径。

然而，表皮干细胞的研究尚不够深入，其主要原因是尚未找到能反映细胞分化、代谢状况等精细变化特点的标志物，且缺乏分离、纯化表皮干细胞的技术手段和调控增殖与定向分化的各种体外培养系统等。只能寄希望于新技术的发展来研究内在调控机制及细胞外微环境对表皮细胞系分化的影响。

**5. 肌肉干细胞**

至今人们对肌肉干细胞（muscle stem cell，MSC）的具体概念尚无一个统一的认识。一般而言，在肌肉正常发育过程中，附着于肌肉纤维的卫星细胞（satellite cell）跨越肌纤维的基底膜，形成并行的肌纤维并参与附近肌细胞的增殖。在肌肉损伤或再生过程中，卫星细胞被激活，增殖分化并替代损伤的肌纤维。在进行性肌肉营养不良小鼠的移植试验模型中，这类细胞可以使肌组织重建，肌细胞表达肌细胞增强蛋白（dystrophin）。因此，卫星细胞可能就是肌肉干细胞本身。然而，对肌肉干细胞的表型标志研究表明，这类细胞 CD34 和 Sca-1 均为阳性，而两者均是造血干细胞的标志，而且这类细胞本身就具有体外造血集落形成及体内重建造血的能力。可以推测，肌肉中存在具有造血功能和成肌能力的多能干细胞和成肌细胞（或为卫星细胞）。转录因子 Myf5 和 Pax7 的激活是干细胞成肌的重要现象，可能作为卫星细胞的标志之一。事实上，肌肉细胞也可以向间充质系列分化，它可能是另外一种干细胞——间充质干细胞。

目前，以干细胞工程、基因工程及组织工程相互交叉为特征的干细胞生物工程已悄然兴起，然而还存在以下 4 个方面的问题。①成体干细胞数量少，如何在体外扩增成体干细胞以提供充足的移植细胞是应用这一技术的关键。而成体干细胞分离纯化及体外扩增培养的技术还不成熟。至今，未见有成体干细胞建系的报道。这将是今后研究的重点。②如何将干细胞转化为治疗所需的功能细胞。目前，国内外许多实验室所进行的干细胞移植试验大都是干细胞的直接移植。从长期效果看，干细胞直接移植有潜在的危险性，因为，干细胞在受损组织微环境作用下，有可能产生不利于组织修复的细胞类型。

同时也不能排除成体干细胞产生肿瘤的可能性。因此，将干细胞定向诱导成所需功能细胞后再进行移植，更具临床意义。探索干细胞分化调控的分子控制，以期在干细胞定向诱导上有所突破，必将是干细胞研究的又一个热点。③如何克服干细胞移植的免疫排斥和生物安全性问题，异体胰岛移植时所采用的微囊化处理技术可以为其他干细胞移植所借鉴，干细胞经微囊化后能产生有效的免疫隔离，并提高安全性。此外，对干细胞进行特殊的基因修饰（如甲基化、糖基化）使之不被免疫细胞所识别，从而克服免疫排斥这一难题的方法值得研究。④相关伦理与法律问题，干细胞治疗作为一种全新的治疗手段，可能会遇到来自社会各方面（如伦理、法律）的制约与限制。干细胞的研究方兴未艾，是生物学领域中的热点话题。然而干细胞的多向分化性只是其故有的潜能，体外分化的细胞不一定具备其应有的体内功能。目前的研究水平与治疗性分化的实际应用还存在着相当长的距离。

**6. 脂肪干细胞**

脂肪干细胞（adipose-derived stem cell，ADSC）最早由 P. A. Zuk 等从抽脂术中抽取的脂肪组织悬液中分离培养，并证实为多能干细胞；在恰当的诱导下能向脂肪细胞、软骨细胞、成骨细胞、肌肉细胞及神经组织定向诱导转化；最近又将其定向诱导成为心肌细胞。由此证明，脂肪组织可以作为人干细胞库的重要来源，并可作为多种组织工程的种子细胞，有着非常重要的研究和应用价值。因其体内分布广、取材创伤小、细胞获得量大，且能对患者进行体形重塑等优点，最近已成为新的研究热点。

### 28.5.3　诱导性多能干细胞

诱导性多能干细胞 iPS 的研究，避开了长期以来 ESC 难以获取且极易引发伦理争议的问题。将构建的 iPS 定向分化为目的细胞、组织，甚至器官，不仅有助于考察 iPS 的多能性，更重要的是可望解决细胞治疗、组织器官再生等重大临床问题。然而 iPS 的安全性是临床应用前必须考虑的问题。iPS 的潜在危险性主要来自两个方面：一是 4 个转录因子中 c-Myc 是致癌基因，据报道 Klf4 也有一定致癌性（Klf4 的致癌性报道极少且尚无定论，多数 iPS 研究并未将该因素考虑在内）；二是用于介导目的基因的多数病毒载体可整合到靶细胞基因组中，有可能激活癌基因。因此弃用癌基因，寻求更为安全的转录因子导入方式，提高 iPS 的诱导效率，是 iPS 研究的重要方向。

## 28.6　组织工程细胞的免疫隔离

当非自体细胞在组织工程中使用时，患者免疫系统摧毁植入的细胞是一大难题，对排斥反应的克服也是组织工程设计时必须考虑的问题。其中通过包裹细胞的方法来传递基因产物或持续释放生物活性物质已成为一种试验性治疗手段。

细胞包裹技术选用的细胞被包裹在一个半透膜内，该包裹细胞植入宿主体内时，便与宿主免疫系统隔离，因此不会被宿主的正常免疫系统识别并消灭。同时半透膜也限制了其内细胞向外生长，故包裹的细胞可以是分裂活跃的细胞系。小相对分子质量的物质，如氧、葡萄糖和生物活性产物等通过膜的双向扩散达到物质交换以维持细胞的活性，从而持续释放生物活性物质。而宿主的补体、抗体和免疫细胞则不能通过该膜。这些膜的孔径是可选的，范围可为紧密型：限制分子质量为 30 kDa 以下的分子通过；或是开放型：膜的孔径为 0.6 μm，可通过微球。由于同种异体细胞移植所遭受的免疫排斥主要是细胞性排斥，因此需要排除宿主的效应细胞，则所选包裹细胞的膜可为孔径大的膜，只要防止免疫细胞进入即可；而移植物为异种细胞，则所受的免疫排斥既有细胞性又有体液性，所以选择紧密型半透膜较合适。

细胞包裹装置主要包括球形的微囊、圆柱形的中空纤维大囊和平面大囊几种类型。微囊植入物可以由诸如藻酸钠-聚-L-赖氨酸、壳聚糖-羟甲基纤维素等弱电极形成的相互接触的聚合物形成。通常，将悬浮于藻酸钠溶液中的细胞微滴滴入氯化钙溶液，在微滴周围可形成一个不溶于水的藻酸钙界膜，随后，可将微滴以聚-L-赖氨酸和藻酸盐交替包裹。与微囊相比，大囊的空间可容纳足够数量的细胞。大囊有圆柱形或平面形。各个方向均小于 1 mm。大囊可采用中空纤维或平面膜制作，按照制作条件，根据分子质量 $1\times10^6\sim30\times10^6$ kDa 来选择膜的孔径，并按细胞类型选择相应的孔径。大囊植入物的腔在装入细胞前是空的，为了能获得最佳细胞活力，需要添加起支持作用的基质。可供选择的基质有多糖类（如藻氨酸和壳聚糖）及交联蛋白（如胶原）。大囊包被的细胞有 3 类：原代分裂后细胞、分裂活跃细胞系和组织工程化细胞系。原代分裂后细胞，尤其是胰岛已早有报道。尽管分裂活跃细胞系用于大囊包被治疗十分有利，但一定要注意安全性，防止大囊破裂。同种异体细胞系由于遗传背景与宿主相似，可以在囊外增殖且不激活宿主免疫系统对其进行识别，在有免疫特权的部位（如中枢神经系统）免疫逃避的危险性可能更大。大囊包被治疗的细胞系一定要在包裹和植入之前进行自杀基因转染，但这种措施在有效性上不可靠。许多学者认为，用于大囊包被移植治疗的细胞来源中，异种细胞系可能是一个更好的选择。

免疫隔离细胞治疗的未来取决于两个方面。现有技术充分应用于发展新一代包膜技术及其临床应用。改进包膜的技术可能会增强其中包被的细胞活性。Baxter Healthcare 公司建议将包膜的外在部分微血管化，从而提高用于包被胰岛素分泌细胞装置的性能。在包膜制作和囊的设计方面的改进还可通过使用可生物降解的水凝胶微囊进行，使包囊仅在被包被细胞群的生命周期内保持完整。细胞包被的未来与人类基因治疗紧密相关，细胞系与基因整合后组织工程化适应包被的环境。其他一些疾病有可能应用大囊包被细胞技术进行治疗，中枢神经系统疾病，如 Huntington 舞蹈病和阿尔茨海默病；非神经系统疾病，如血友病和恶性肿瘤等。

（刘　芳　李玉泉）

# 第 29 章　组织工程支架材料

组织工程是运用工程科学与生命科学的基本原理和方法，研究和开发生物替代物，进而恢复、维持和改进人体组织功能的一门新兴学科。这一新兴领域的基本思路，是将组织特异性细胞（如角膜缘干细胞、神经干细胞、骨髓基质干细胞、施旺细胞等）种植于具有一定生物学特性的并在人体内可逐步降解的支架材料上，经三维立体培养，形成细胞-生物材料复合物移入机体，在支架材料逐步被人体降解吸收的同时，细胞不断增殖并分泌基质，最终形成新的具有与原功能和形态相同的组织或器官，进而恢复受损器官的功能。这一过程中，支架材料的选择是器官重建的关键所在。

组织工程支架材料是指能与组织活体细胞结合并能植入生物体内的材料，它是组织工程化组织的最基本构架。组织工程支架材料最基本的特征是与能与活体细胞直接结合，如直接与成骨细胞结合的 HAP、与软骨细胞结合的 PLA 和 PGA 网、与肝细胞结合的尼龙网等。除此之外，与生物系统结合也是组织工程支架材料的基本特征，如直接植入生物体的组织工程化软骨、骨、肌腱、牙、肺、肝、肾等组织与机体的结合等。

## 29.1　组织工程支架材料的基本要求及分类

### 29.1.1　组织工程支架材料的基本要求

由于组织工程支架材料与人体组织直接接触，所以对材料表面有较高的要求。作为组织工程支架生物材料，一般必须具有以下性能。

**1. 生物可降解性**

细胞支架是为细胞增殖营造环境，随着细胞的增殖而逐渐降解、消失，将空间让位于细胞，使所形成的组织和器官具有与细胞支架相似的几何形状。因此，作为细胞支架的组织工程支架材料必须具有生物降解性，即在生理或体内环境下，组成材料的高分子链能自动断裂，并且由此形成的小分子能逐渐被机体代谢或吸收。

**2. 良好的力学性能和生物机械性能**

组织工程的细胞支架，除应有在细胞培养操作中保持形状、不会破碎的力学强度外，从临床应用出发，细胞支架还必须具有一定的柔韧性，能与机体缝合，并能与机体贴合，也具有不会对机体组织形成机械损伤的力学性能。另外，用做负荷组织工程化组织（如软骨、骨、肌腱、韧带等）的支架材料，必须具备足够的力学性能（强度、弹性、黏弹性等），以便有效地发挥功能。同时，支架材料植入生物体后，必须与机体组织有良好的生物机械适应性，要求植入体与相邻组织的弹性模量匹配；要求材料耐疲劳、耐磨损、耐老化；能长期保持机体行使功能所需的物理性能。

**3. 具三维立体结构**

组织工程支架材料需呈高度多孔似的泡沫状（孔隙率大于 90%），从而具有较大的内表面积，有利于细胞黏附生长、营养物质的渗入和代谢产物的排出。

**4. 加工可塑性**

组织工程支架材料必须具备一定的可塑性，可制备成所需要的任何形态。

**5. 良好的生物相容性和细胞亲和性**

组织工程支架材料除应满足各种理化性质要求外，还毫无例外都必须具备细胞相容性和组织相容性（统称生物相容性），这是组织工程支架材料区别于其他功能材料的最重要的特征。其主要满足以下几点要求。①无毒性，即化学惰性。一般采用化学结构稳定的纯净的材料。②无热源反应，无致癌性，不致畸。③对细胞和周围组织无刺激性，不干扰机体的免疫机制，不引起免疫排斥反应。④植入组织后不引起溶血、凝血反应，不破坏或改变体液、血液成分。

**6. 溶出物及可渗出物含量低**

组织工程支架材料在制作和加工成形过程中，不可避免地会残留一些添加物、中间产物、残余单体等小分子杂质，成为体液中的溶出物、渗出物（除降解材料的降解产物外），其中有些会引起严重的生理反应。例如，高分子材料中残留的甲醛会引起皮炎；聚氯乙烯单体具有麻醉作用，从而会引起四肢血管收缩，产生疼痛感；甲基丙烯酸酯单体进入人体血液循环，则会引起肺功能障碍等。因此应将组织工程支架材料的溶出物及可渗出物的含量控制至最低。

**7. 材料来源广泛，价格低廉，便于加工、灭菌、消毒**

用于组织工程的支架材料应能经彻底灭菌而不致变性，来源不受限制。其中用于口腔内的材料无不良气味和味道。

## 29.1.2 组织工程支架材料的分类

组织工程支架材料可从材料的来源和形态分成不同类别。从来源可分为天然、合成、生物陶瓷和生物衍生材料 4 类；从形态分为固体、胶体、膜 3 类；从性质分为单体材料和混合性材料；从降解性分为可降解材料和非降解材料两类。

固体性支架材料有一定的硬度，接种入细胞后，成为有一定强度的固态有支持性的细胞/支架复合物。这种细胞/支架复合物适用于外科开放性手术，能被直接植入体内需要的部位。

人工可降解性泡沫材料是最为广泛应用的固体材料，其化学和物理学性质清楚，具有可塑性、透明、疏水性、降解性和机械性等优点。能产生多孔性，孔的大小有连接性，允许营养和代谢物通过，有足够大的表面积供细胞附着和具有与细胞再生过程相匹配的降解速率，在新组织生长入之前保持构型不变。这种材料可制成各种形状构型物，硬度、面积、多孔性、孔的大小皆可控制；能改变其表面性质，以适应细胞附着、生长和功能的需要。

但这些类别材料的特点又都是交叉的。例如，合成材料既可是固体的，也可制成胶体。制备成流体或半流体胶状物的细胞/支架复合物具有液态或流体性，可用注射装置注射入体内。合成材料也可制成膜，用膜把细胞包被起来形成囊性细胞/支架复合物，囊内有一定数量的细胞小群，球囊膜壁支架材料有半透膜性，植入体内能发放特定因素，如激素等起治疗作用。

生物陶瓷是矿物性材料，也可与合成材料混合使用，构成复合性细胞/支架复合物。

这类在功能上有互补性的材料，有利于促进细胞贴附和生长。另外，在支架材料中，还可加入有其他能促进细胞贴附、促血管生成、细胞增殖生长和分化等的各种因子。

选用支架材料的主要根据是，要看需要代替损伤组织的部位、形状、大小及受体年龄的不同，来确定使用什么种类、性质和形式的支架材料作为运载细胞工具。骨缺损修复，自然以陶瓷类最为合适；对老年患者，也可使用无降解性陶瓷；乳腺组织用胶体；胰岛性糖尿病患者，用膜包被细胞制成球囊；等等。

当前，所有材料都尚未达到完全尽善尽美，每种材料既有其特点或优点，但也有其局限性和不足，还没有一种材料能满足所有情况下的要求。所以，在材料选用上是一个灵活的、创造性的过程。另外，组织工程的实践对支架材料的发展也必将有更大的促进，使之逐步完善、发展，更理想的支架材料会不断问世。

对当前组织工程所选用的支架材料，按材料来源体系分述如下。

## 29.2 天然支架材料

天然支架材料实际上都是与体内细胞外基质（extracelluar matrix，ECM）同源的成分，如胶原（collagen）、凝胶、糖胺聚糖、透明质酸、黏多糖、壳聚糖、丝素蛋白等，应用这种天然材料，组织相容性好、毒性低。

**1. 胶原**

胶原是一种蛋白质，已成为常用的天然支架材料，可制备成组织细胞/胶原模型。胶原广泛存在于人和脊椎动物的结缔组织，如皮肤、肌腱、骨和软骨中。胶原的优点是与活组织的相容性良好，植入人体后无毒性、无刺激，并能促进细胞黏附、增殖，加快创面愈合，还可被人体分解吸收，分解产物也无不良反应。胶原可塑性好，容易加工成形，故有生物塑料之美称。胶原在医药产品中应用繁多，作为缝合线使用已有一个多世纪。胶原容易从动物和人体中纯化。胶原具有很好的生物兼容性和抗原性（取决于来源），可加工成许许多多的形式，如泡沫型、薄片型、管型、珠状、海绵状、绒毛状等。胶原常用作人工皮肤、人工血管、人工肌腱、人工晶体、角膜和骨的支架材料。但是，胶原作支架材料在强度上有一定的缺陷，容易变形。在实际工作中，常用其与其他材料复合，以改善其力学强度和变形性，这在组织工程支架材料的使用过程中得到了充分的证实。

**2. 糖胺聚糖**

糖胺聚糖是一种线状排列的重复双糖单位，大多含有葡萄糖醛酸（glucuronic acid）和己糖胺或氨基己糖（hexosamine）成分。

透明质酸是最大的糖胺聚糖成分，可从天然物（如鸡冠中）或通过微生物发酵法提取。由于它具有亲水性，稀释的透明质酸液是黏稠的。与胶原相似，透明质酸化学上易于修饰，借助一部分羟基酯化，能减少其水溶性，而增加其黏稠度。用透明质酸能交联形成高相对分子质量最终产物，能制成薄片、膜、管及各种形状和大小的颗粒。透明质酸在化学和物理结构上没有发现有种属差异。这说明透明质酸无抗原性，但其机械性质维持的时间有限。

由于透明质酸相对易于分离和加工，以及形成固态结构的能力，透明质酸已成为医用上备受推崇的糖胺聚糖。目前它已用于眼外科手术的黏弹性上，同时也是用来恢复关节炎的手段。由透明质酸制成的胶或膜，在临床上显示有防止外科手术后粘连作用。

**3. 壳聚糖与甲壳素**

壳聚糖（chitosan）是由生物合成的天然多糖，是目前已知的天然多糖中唯一的碱性多糖。壳聚糖是甲壳素的脱乙酰产物，也是其最重要的衍生物之一。而甲壳素是许多低等生物，如甲壳纲动物虾、蟹的甲壳和某些菌及藻类等的细胞壁的重要组成部分，与蛋白质和钙质共同形成生物支持体。甲壳素及其衍生物具有良好的生物相容性和生物可降解性，还有广谱抗菌、抗感染和很强的凝血作用，以及促进伤口愈合、调节血脂和降低胆固醇、增强免疫和抗肿瘤等多种生理活性作用。

壳聚糖具有可以加工成用于细胞移植和组织再生的多孔结构支架的优异性能。多孔结构可以通过在适宜的模具中冷冻和冷冻干燥壳聚糖的乙酸溶液获得，壳聚糖支架材料的机械性能主要依赖于孔径和孔的取向。壳聚糖支架材料具有无毒性、无刺激性、可降解性及优良的生物相容性，同时由于它含有某些有助于细胞黏附和保持细胞分化功能的信息，无免疫原性，并可与其他生物医学材料复合，可作为形成膜和适于数种组织工程之用。目前，壳聚糖广泛应用于抗凝血材料、骨修复材料、药物载体系统、人工皮肤、神经导管、可吸收手术缝合线、人造肾膜等生物医学领域。国内有学者用壳聚糖制成的神经导管桥接坐骨神经缺损，手术后 3 个月观察到导管壁基本被组织吸收，再生神经达到远端，神经功能恢复令人满意。但由于壳聚糖神经支架在体内吸收过快、脆性大，易使神经通道在神经完全再生之前崩溃，影响神经再生。

**4. 丝素蛋白**

蚕丝拥有良好的机械特性和柔韧度，天然蚕丝是由丝素蛋白和外面包裹的丝胶蛋白构成的，丝素含量占蚕丝的 70％～80％，含有 18 种氨基酸，其中的 11 种为人体必需氨基酸。另外，丝素蛋白对人体无毒害作用，安全可靠，具有良好的生物相容性。丝素蛋白做人造血管、人造皮肤等器官一直受到广大学者的青睐。丝蛋白人工皮肤，适用于深度烧伤创面的治疗，具有我国自主知识产权，拥有多项国家发明专利。顾晓松等用 $Na_2CO_3$ 煮沸去除丝胶，将剩下的丝素蛋白溶解，再制成丝素蛋白导管，并首次应用于外周神经的修复，取得了良好的效果。在体外与大鼠背根神经节共培养时，丝素纤维体现出了良好的生物相容性，同时有利于施旺细胞的生长，对施旺细胞不产生毒副作用，也不改变其功能特征。

此外，应用于神经组织工程的天然材料还有经过或未经过预处理，来源于自体、同种异体或异种生物体的神经、血管、肌肉、肌筋膜、神经外膜管、羊膜等。

## 29.3 人工合成支架材料

人工合成材料是当前组织工程多用热门原料，是因它符合作为组织工程支架材料所要求的大部分条件。目前比较成熟和常用的有以下几种。

**1. PGA 和 PLA**

PGA 和 PLA 属脂肪族聚酯，是最有特点的、合成的可降解聚合物；是在医学和组织工程中应用最为广泛的可降解聚合物。它们的酯键可水解，并且通过控制聚合物的相对分子质量及其组成，可调控它们的降解速率，使之在几周到几年范围内降解。其降解产物乳酸、乙醇酸等经新陈代谢，可通过呼吸循环系统被排出体外。另外，此类高分子聚合物是热溶性的可塑性聚合物，也能采用诸如挤出、注射、溶剂浇注等方法加工成各种形状。

PGA 是由乙交酯开环聚合制成，降解后生成羟基乙酸，它极易参加体内的代谢。PGA 为高度结晶的线型聚合物，熔化温度较高，机械性能较差，只有中等的初始机械强度，并且降解过程中强度衰减很快，在某些环境下不能适用，如对长管状骨骨折的治疗缺乏足够的强度和持久性。另外，这种材料很脆，难以加工成复杂的植入物，但是通过特殊加工方法可制成组织工程支架供医学使用。

PLA 由丙交酯开环聚合制成，在体内被降解后生成乳酸，经代谢排出体外。PLA 有 3 种异构体，不同结构其性能有差别，见表 7-29-1。其中，*D*（—）-聚乳酸与 *L*（+）-聚乳酸的无规共聚物有较好的机械性能，同时可以调节降解时间。

**表 7-29-1　不同 PLA 的性能**

| 异构体 | 结晶体 | 溶解温度/℃ | 机械性能 | 体内完全降解时间 |
|---|---|---|---|---|
| *L*（+）-聚乳酸 | 高度结晶 | 180 | 硬而脆 | 12～30 个月 |
| *D*（—）-聚乳酸 | 高度结晶 | 175 | 硬而脆 | 12～30 个月 |
| *DL*-聚乳酸 | 无定型 | — | 柔韧 | 6～12 个月 |

以聚乳酸为代表的聚酯类生物降解材料是目前组织工程研究中最常用的移植细胞的支架材料之一。与天然的细胞外基质（ECM），如胶原和蛋白多糖等相比，PLA 材料不仅具有良好的物理机械性能，而且可通过相对分子质量及相对分子质量分布的调节，以适应不同的需要。但是聚乳酸材料不具备细胞外基质材料的良好细胞亲和性能，低细胞亲和性成为制约其作为理想组织工程支架材料的主要障碍之一。

在组织工程研究中，为了改变可降解聚合物的降解速率和机械性能，以扩大其应用范围，通常可由改变其相对分子质量、组成成分、表面积或制成多孔等方式达到。与 PGA 相比，PLA 更具有嫌水性，且在体内降解缓慢（完全吸收需 12 个月以上）。如果在制造过程中，加入不同浓度的 PGA，可调整其在体内的降解速率，同时得到柔韧的无规共聚物。

将 PGA 和 PLA 两者混合后，由于大相对分子质量的 PLA 有嫌水性，从而限制吸水，使 PGA/PLA（PLGA）比单独 PGA 的抗水解性大大增强；且 PLGA 聚合后，PGA 的高结晶性丧失，使 PLGA 更容易溶于溶剂中。这些形态改变，导致增加水合和水解率。从而使 PLGA 的降解率比单独的 PGA 或 PLA 都快。

研究者已使用人工合成的生物可吸收型聚合物作为支架，成功地移植了肝细胞、胰腺细胞、肠细胞和软骨细胞。PLA、PGA 及两者共聚物 PLGA 是美国食品药品管理局认可的体内植入材料，是目前组织工程中广泛使用的支架材料。采用它们制成的分层三维生物可降解泡沫，是具有精确解剖形态的聚合物支架，种植细胞后，可以重建和再生组织及器官。

**2. 聚己酸内酯和聚原酸酯**

聚己酸内酯（polycaprolactone，PCL）是半结晶聚合物，在有机溶剂中具有高度可溶性和低熔点温度。由于PCL降解速率慢于PGA或PLA，它可用作携带释放性药物的载体。PCL的生物相容性，已利用动物大鼠和家兔模型进行过研究。聚原酸酯（polyortho-ester）借表面挥发形式有生物降解性，可用于局部药物携带释放之用。

**3. 聚酐类**

聚酐类（polyanhydride）是芳香二酸和脂肪二酸的共聚物。它们通常借表面挥发降解，按对二酸的选择，可调控它们的降解率。聚酐的降解率，比那些没有任何加成的聚原酸酯快。有人曾将聚酐类植入大鼠脑内，证明其是生物相容的和无毒的。

**4. 聚氨基酸**

在成分上，聚氨基酸（poly-amino acid）与蛋白质相似，曾广泛进行过如用作缝线和人工皮等研究。但由于其有高度的不溶性和难以加工性，以及其中的个别氨基酸成分能引起异常生理反应，尚难应用。

**5. 藻酸**

藻酸（alginate acid）可用作注射形式或做包被的囊制成颗粒植入体内，或在其凝聚之前植入。但藻酸对组织工程来说也并非完全理想的材料，它容易丢失其二价离子而发生溶解，这一过程是难以控制和预测的。而且，很多藻酸的相对分子质量在肾脏清除阈以上。藻酸因其嗜水性而阻碍蛋白质的吸收，从而能降低藻酸胶中细胞的活性。为避免降解，也有众多研究从保护其稳定性上进行着改进藻酸降解性的工作。

**6. 纳米生物相容性材料**

纳米技术作为一种空间平台技术涉及很多学科和技术领域，其主要研究0.1～100 nm尺度空间内原子和分子的操纵、物质的制备、加工、测控、应用等高技术问题。纳米技术领域不仅包括纳米材料学、纳米电子学、纳米生物学、纳米制造技术，而且它正在促进许多交叉学科的形成。纳米材料的概念是20世纪80年代初形成的，1984年有人首次用惰性气体蒸发原位加热制备成功具有清洁表面的纳米块材料。目前纳米材料已成为材料科学和凝聚态物理领域中的热点；而具有纳米结构的功能高分子材料由于具有一些特殊的性质而在一些交叉学科领域逐渐受到人们的重视。

纳米生物相容性材料是纳米技术在医学中的另一个重要应用领域。用纳米技术制造的纳米生物材料与常规生物材料相比，物理性质有着巨大的区别。英国科学家已成功合成了模拟骨骼亚结构的纳米物质，该物质可取代目前骨科常用的合金材料。它的主要成分是羟基磷灰石与聚乙烯，复合后，材料的物理特性正好与理想的骨骼替代物的力学性能相匹配，不易骨折，植入体内可以与正常骨组织连结紧密，形成牢固地结合，显示出明显的正畸应用优势。其他可望应用于临床的纳米物质有人工关节面和关节腔、美容植入物、口腔正畸物等。

**7. 多肽构建支架材料**

多肽构建组织工程支架材料应满足以下标准：①基本成分应为生物源性；②基本单位易于设计与修改（改性），易获取特殊需要；③该支架材料应有可控的生物降解率；④无细胞毒性；⑤拥有提高细胞与基质相互作用的特性；⑥引起最小的炎症反应；⑦易于大量生产、纯化及处理；⑧易于运输；⑨与水相溶液或生理盐溶液的化学相容性。

## 29.4 生物陶瓷支架材料

对人体软组织损伤实施组织工程修复中，可应用天然材料或合成材料，而对硬组织，如骨的损伤，这些材料已不完全适用。因此新型材料生物陶瓷应运而生。生物陶瓷作为一种支架材料，已被广泛地应用于骨组织工程中。

### 29.4.1 生物陶瓷材料的分类

人体硬组织（骨和牙齿）的主要成分是磷酸钙。长期以来磷酸钙在医学中得到广泛的应用。大量的资料表明，生物玻璃和羟磷灰石陶瓷具有骨引导性，即它们可以在骨的表面引导新骨的形成，在没有结缔组织层存在的情况下，也可以使骨与新形成的骨相融合。生物活性陶瓷植入机体后，由于其本身的理化和生物学性能及机体内环境的影响，材料表面的晶体发生变化，形成钙、磷丰富层，并与机体组织的黏多糖、糖蛋白和胶原结合而产生无定形的凝胶层，此层物质可促进胶原纤维在其上附着，使成骨细胞向其驱动，分泌骨基质。由于磷酸钙生物材料具有良好组织相容性和骨引导能力，因而作为骨的代用品具有广阔的应用前景和明显的优势。目前临床上应用的磷酸钙生物材料有磷酸钙陶瓷、骨水泥、磷酸钙涂层、生物玻璃、生物玻璃陶瓷和含有磷酸钙的其他材料。按组成成分分类，生物陶瓷材料可分为以下几类。

**1. 磷酸钙陶瓷**

较常用的磷酸钙陶瓷有羟基磷灰石（HA）陶瓷和磷酸三钙（TCP）陶瓷。HA 陶瓷在体内不降解或吸收很缓慢，而 TCP 陶瓷在体内可降解。HA 和 TCP 可以混合成为双相磷酸钙陶瓷，从而获得组成性质不同的却有更好降解率的陶瓷。磷酸钙陶瓷可以制成致密的块、多孔的块、粉末或颗粒，能用于骨科和颌面、颅骨缺损等的修复，也可以成为携带如骨生长因子、骨形成蛋白（BMP）等载体性的组织工程支架。尽管它们的成分和形状不同，磷酸钙陶瓷类的组织相容性和骨引导性如故，而且无毒性及抗原性，能与骨形成化学结合。

**2. 骨水泥**

虽然骨水泥也有组织相容性和骨引导能力，但它们在临床应用中受到一定限制。骨水泥块太脆，充填骨缺损后，其表面与骨床接触不好，妨碍新骨形成，因此陶瓷颗粒只能充填在不承受机械力的骨床，颗粒的移动也是一个问题。当前已制备出不同的骨水泥，它们具有组织相容性和骨引导性，可承载一定的力量而且可控制其吸收。

**3. 生物玻璃和生物活性玻璃陶瓷**

这类材料的组成中含有能够通过人体正常的新陈代谢途径进行置换的钙、磷等元素，或含有能与人体组织发生键合的羟基（$OH^-$）等基团。它们的表面同人体组织可通过键的结合达到完全的亲和，形成骨性界面结合，这种结合属化学性结合。这类材料强度高、稳定性好，在机体内有一定溶解度，具有骨引导作用，能促进骨缺损的修复，而材料本身成为骨组织的成分。

**4. 磷酸钙喷涂**

由于生物陶瓷抗机械力的能力差，因而可将其喷涂到金属生物材料上，以增加金属材料的骨引导能力。随着喷涂技术的发展，目前可以在低温条件下，将磷酸钙结晶体喷涂到金属或其他生物材料上。不管生物材料的大小形状、结构化学性质如何，这种新技术可以在生物材料表面形成一层稳定的磷酸钙涂层，而且也可以将生物因子加入到该涂层中，以提高涂层材料的生物活性。

### 29.4.2 陶瓷材料在组织工程中的应用

生物活性陶瓷的骨引导再生作用已被大量的研究结果所证实。骨的形成是由分化方向已确定的骨祖细胞的繁殖、生长、成熟为骨母细胞来完成的。生物活性陶瓷的主要作用是三维结构的支架作用，以利宿主骨床的血管和成骨性细胞的长入，因此，具有良好的生物相容性的活性陶瓷只要与宿主骨的血管床和内骨膜、外骨膜、骨髓、骨质等具有成骨性细胞的组织紧密接触，都可以成为骨缺损修复的支架，引导新骨生长。

生物活性陶瓷作为骨缺损修复支架的试验研究证明，在其植入后早期就有新骨形成，具有良好的骨修复能力。将材料植入骨膜下有新骨形成，包绕材料，与宿主骨紧密结合在一起。陶瓷材料作为支架材料，可提供一个适宜新骨沉积的物理基质，并能发挥一种骨生长引导特性。

生物活性陶瓷具有良好的生物相容性，可达到较高的强度和耐磨性，弹性模量接近骨骼，且可制成多孔状等优良性能，这决定了其在骨组织工程中的广泛应用。高强度玻璃陶瓷人工骨材料，力学强度可达人骨密质的 6 倍，将其用于替代修复脊柱部分缺损，取得了良好的效果。用 HAP 和 TCP 修复髂骨、股骨、桡骨等处较大范围不能自愈的试验性骨缺损，取得了满意的修复效果。由于陶瓷材料脆性较大，多用于修复非负重区骨缺损，用于修复长骨缺损时需要适当的内固定支持。例如，将生物活性陶瓷喷涂到金属关节的柄表面，形成多孔陶瓷涂层，在关节置换术后，插入骨腔的金属柄表面多孔涂层能与周围骨组织形成牢固的骨性结合，涂层上的孔隙能增加骨与关节柄的接触面，形成力学上的正常分布和生物学固定。

## 29.5 生物衍生支架材料

生物衍生材料是由经过特殊处理的天然生物组织形成的生物医用材料，又称为生物再生材料。在组织工程研究中，可将生物衍生材料用作支架材料。这类材料分为天然生物衍生材料和提纯生物衍生材料。

### 29.5.1 天然生物衍生材料

天然生物衍生材料是将取自同种或异种动物体的组织，进行固定、灭菌和消除抗原性等较轻微的处理，以维持组织原有构型。例如，经戊二醛固定处理的猪心瓣膜、牛心包、牛颈动脉、人脐动脉；经冻干处理的骨片、猪皮、牛皮、羊膜、胚胎皮等；经脱氧鸟苷和冻干处理的肌腱；经脱细胞技术处理制成的天然皮肤、肌腱、软骨和骨组织支架及脱钙骨等。

### 29.5.2 提纯生物衍生材料

提纯生物衍生材料是对动物组织进行生物化学处理，以拆散原有组织的构型，重建新的物理形态，如再生的胶原、弹性蛋白、HA、硫酸软骨素、纤维素和壳聚糖等构成的粉体、纤维、膜、海绵体等。在现今各种类型的提纯生物衍生材料中，去尾肽胶原是由胰蛋白酶处理，去除位于胶原分子尾肽上的主要抗原决定簇，具有较小的抗原性。胶原溶液经适当处理可制成胶原膜、海绵和胶原无纺布。胶原制品主要用来制作人工皮肤、缝线、人工血管、人工肌腱、人工晶体及药物载体等。纤维素是一种非还原性碳水化合物，不溶于水和一般有机溶剂，在酸性环境中发生降解，完全水解时得到单一的葡萄糖。纤维素在医学上最重要的用途是制造各种医用膜。硝酸纤维素是人们最早使用的血液透析膜材料。甲壳素和壳聚糖是一种来源于动物的天然多糖，在组织工程中已用作可吸收缝合线，对伤口愈合有明显的促进作用。甲壳素人工皮与创可贴附时，血浆蛋白被甲壳素纤维吸附，因而具有更好的生物相容性。

由于经过处理的生物组织已失去生命力，所以生物衍生材料是无生命活力的材料。但是，由于生物衍生材料或者是具有类似自然组织的构型和功能，或者是其组成类似自然组织，在维持人体动态过程的修复和替换中具有重要的作用，其应用十分广泛。在生物衍生材料的研究方面，尚有不同来源的基质的力学性质较差、生理性质不稳定和外来胶原所引起的免疫反应等问题未能彻底解决。

## 29.6 复合支架材料

组织工程中所用的复合材料是由两种或两种以上不同材料优化组合而成的支架材料。要求材料除应有预期的物理、化学性质外，还应满足生物相容性要求。为此，不仅要求组成材料自身必须满足生物相容性的要求，而且复合之后不允许出现有损材料生物学性能的性质。高分子材料、陶瓷材料、生物衍生材料既可作为复合材料的基材，又可作为其增强体或填料，它们相互搭配或组合形成了大量性质各异的复合材料。这类材料包括高分子材料、陶瓷材料表面涂层种植材料、各种骨组织与陶瓷复合材料等。利用生物技术，在一些活体组织、细胞和诱导组织再生的生长因子之外引入复合材料的基材，能极大地增强其生物学性能，这已成为组织工程支架材料研究的一个十分重要的发展方向。它们被视为一类新型医用复合材料。这类材料包括结构材料与多糖类等生理活性物质复合、以固定化酶为代表的功能性复合材料和复合细胞等。

### 29.6.1 不同种类的有机材料复合

为了充分发挥各类有机材料的优势性能，将两种类型不同的有机材料优化配伍而形成复合材料。典型例子是将 PLA 和 PGA 共聚，得到降解速率可调的无规共聚物。聚己内酯有一定柔韧性，但降解速率比较慢，体内完全降解时间需要 3 年，因而极少单独使用，实际运用中常将其与 PLA 共聚，得到无定形的结晶体，柔韧性好，降解速率较快，在体内一般 6 个月即可完全降解，最长也不超过 12 个月。

## 29.6.2 有机材料与无机材料复合

**1. 复合树脂**

复合树脂是在有机材料内加入大量经过特殊处理的无机填料的一种高分子复合材料。在组织工程应用中，有机材料抗压强度不大，而且耐磨性差，容易变形，通过加入某些无机物可使其强度大大增加，从而提高耐磨性。常用的无机填料有二氧化硅、玻璃纤维粉、石英粉、三氧化二铝及硅酸盐类等。这些材料要求细而均匀，在加入前经预处理，加入偶联剂，使无机物与有机物很好地结合。常用的有机材料基质分为两类：一类是甲基丙烯酸甲酯型；另一类是丙烯酸环氧酯型。这类复合材料具有抗压强度大、体积变化小、耐磨、稳定及色泽好等特点，是口腔科牙齿修复的理想支架材料。

**2. 陶瓷材料与聚合物复合**

陶瓷材料与聚合物复合包括陶瓷材料分别与 PLA、PGA 及 PLGA 复合。经研究表明，这类复合材料植入体内不引起宿主组织的任何不良反应，并能加速骨组织再生。其主要特点是：①复合物中 PLA、PGA 或 PLGA 降解时，$Ca^{2+}$ 、$PO_4^{3-}$ 可为新骨组织所利用；②PLA、PGA 或 PLGA 与胶原分子的线性排列相似，为细胞提供一个良好的黏附基；③PLA、PGA 或 PLGA 降解时，局部 pH 的改变可影响钙化抑制物（蛋白多糖、糖胺多糖)，并可促进宿主基质中骨形成蛋白质和其他骨生长因子的释放。

**3. 陶瓷材料与壳聚糖复合**

陶瓷材料与壳聚糖的复合物具有良好的生物相容性。壳聚糖的结构类似糖胺多糖，与蛋白质结合形成蛋白多糖，它不仅作为 ECM 的填充物，而且具有活跃的生物活性，可主动参与和影响细胞的多种行为，并对机体的多种生理和病理过程发生作用。壳聚糖与 TCP 复合作为骨缺损修复材料，具有良好的可塑性和操作性能。

## 29.6.3 支架材料与生物活性物质复合

在支架结构材料表面结合生理活性物质，既能保留支架材料基质的力学强度，又具有良好的生物相容性及抗凝血性。表面肝素化是这类材料的代表。肝素是一种生物高分子，属黏多糖类，广泛地分布于动物组织，是一种良好的抗凝血剂和抗脂血剂。利用肝素中的阴离子基团，通过离子键合的方式可与含有阳离子的高分子材料结合，使肝素化表面能缓慢释放肝素，以达到抗凝血的目的。

## 29.6.4 支架材料与生物高分子复合

支架材料与酶、抗体、抗原、激素等复合，可作为人体组织器官的支架材料。这种复合材料的表面结构特异性地影响细胞的黏附、增殖和分化等一系列功能，这就可能制成新一代有特定修复功能的“智能”支架材料。例如，在材料表面固定 LN，可促进上皮细胞黏附；将玻璃粘连蛋白固定到钛表面，为成骨细胞的聚集和其后对骨基质的黏附起到促进作用；将脲酶固定在明胶上，在人工肾中用于血液除毒。

## 29.6.5 支架材料与细胞复合

支架材料与细胞复合最早用于人工血管的伪内膜法。这种复合材料常用于人体组织和器官的结构材料。与细胞复合而作为控制细胞功能的支架材料，应该具有便于与细胞亲和，可以用生物化学技术固定细胞的黏附因子、增殖因子、分化因子及合成配位体的活性部分。支架材料表面的电荷性、微相结构对生理活性物质亲和性、选择性都有很大的影响。

与支架材料复合的细胞包括成纤维细胞、内皮细胞、巨噬细胞、单核细胞、脂肪细胞、外膜细胞与网状细胞等。与细胞结合的复合材料广泛用于细胞的复合培养中。

## 29.7 组织工程相关生物材料的表面修饰和测试

生物材料在组织工程应用过程中存在的最大问题是其表面缺乏细胞可进行识别的识别位点，也就是当细胞与材料表面接触时，细胞膜表面受体试图寻找表面结合信息，由此可指示细胞表面是否为自体或异体。因此，植入支架生物材料的表面结构与性质决定其后与细胞间的生物响应。据此，生物材料表面应具备细胞膜受体基的识别位点，不显示非特异性相互作用，而呈现高度特异性，且能诱导特异的愈合途径。因此，对生物材料进行表面修饰，为细胞创造一个良好的类似体内细胞外基质（ECM）的人工 ECM 环境，达到细胞正常生长的需求，显得至关重要。

### 29.7.1 表面修饰后的生物材料的基本标准

用于制造支架的材料表面化学及界观结构特性（nm 尺度）调节与其相接的细胞的黏附、铺展与基因表达过程。经过表面修饰后的生物材料在宏观性质上的改善体现在以下 6 个方面：①良好的生物相容性；②良好的抗凝血性；③适宜的表面亲水-疏水平衡；④较强的细胞特异性识别能力；⑤较强的消除非特异性识别能力；⑥易于加工和表征。

### 29.7.2 生物材料几种表面修饰技术的特点

材料表面修饰方法一般包括等离子体法、杂化改性法、化学改性法、表面固定法、低温等离子体改性法及离子注入法等。

**1. 等离子体法**

等离子体法包括等离子体沉积法及等离子体聚合法。前者可以在材料表面形成所需官能团，改善表面拓扑结构，抑制材料表面非特异性作用；后者可以在材料表面引入磷酸基、羟基等官能团。

**2. 杂化改性法**

杂化改性法就是杂化支架材料，将不同性质的材料通过杂化而获得具有新性能的生物支架材料。

**3. 化学改性法**

化学改性法学是通过共聚、辐射接枝等方法来改变材料的组成，从而获得具有良好细胞亲和性的表面。其中辐射接枝法具有一系列的优点。例如，辐射接枝可在较厚的聚合物表面层或指定的厚度均匀进行，具有特效性；可以通过该法制得具有预期结构的聚合物；由于该法通常并不需要向体系投放引发剂之类的添加剂，可制得适于某些特殊用途的高纯材料；该法比大多数常用的化学接枝法更容易掌握，有些辐射接枝反应通常的化学接枝难以实现。该法更为安全可靠。

**4. 表面固定法**

目前可对材料表面进行分子生物学设计，其方法主要是将一些有生理功能的物质固定在材料表面，充当邻近细胞、基质或可溶性因子的配基或受体，使表面形成一个能与生物活体相适应的过渡层。此方法不会影响高分子材料的本体性能，可基本保持所固定的生物分子的活性，还可以设计材料表面改性区域，经改性的高分子材料可获得良好的生物相容性和多种优良的生物医学应性能。该法包括固定蛋白质、固定多态类物质、固定细胞生长因子、固定酶类等方法。

**5. 低温等离子体改性法**

低温等离子体改性法对材料进行表面改性的特点是：表面改性只限于几百埃以内的表面，不影响机体材料的性质；能够处理管道等各种形状的表面；有较强的杀菌作用。

**6. 离子注入法**

离子注入处理高分子材料可以引起材料表面的结构、化学、电学、光学等性质的变化，这些变化受注入离子的种类、剂量、能量、束流等条件决定，且离子注入技术仅影响材料表层的性能，而基本不会改变高分子材料的本体性能。与其他表面修饰方法相比，离子注入法的优越性还体现在，注入离子在机体中与机体原子混合，无明显界面，不会像镀层或涂层那样发生脱落现象；离子注入一般在常温（或低温）下及真空中进行，整个过程是洁净的，没有环境污染。

## 29.7.3 材料表面的仿生化

以上表面修饰法的最终目的是尽可能为细胞提供一种近似天然的 ECM，从而有利于其生长。例如，有研究组以辉光放电等离子沉积方式形成聚合物薄膜，将二糖与薄膜共价键结合构建多糖状空腔，其可高度选择地识别许多蛋白质，如白蛋白、免疫球蛋白、溶菌酶、核糖核酸酶和链霉亲和素等，这预示一旦确认体内某种蛋白质对创伤愈合特别重要，就可将材料表面修饰成亲和该蛋白质的表面，它能使关键蛋白质富集而促进愈合过程。又如，应用仿生的方法可以在磷酸化的壳聚糖膜和钛金 Ti26Al24V 表面以磷酸钙涂层修饰，通过引入合适比例的细胞结合域肽链与肝素结合链来修饰材料表面，以模仿骨的非胶原 ECM 的钙化，最终调控成骨细胞表型的表达；以仿生工艺制备聚乳酸磷灰石复合物三维多孔支架，以其优异的骨整合性能为骨细胞提供良好的生长环境。

另外，材料表面仿生化还可采用其他的一些方法，如材料表面自组装和有序表面、双层膜修饰表面及药物引入促进材料表面与细胞生物相容性等。例如，以磷脂基团直接修饰材料表面，获得抗凝血材料表面；有人以单分子层自组装（SAM）策略，成功引入氨基酸序列 Arg2Gly2Asp（RGD）及（—EG）OH 基团，赋予表面不同的功能，研究确认羧基端亲水表面利于成纤维细胞附着和生长。还有人用抗氧化药物 *N*-乙酰基-半胱氨酸促进上皮细胞的粘连，这可能与特异细胞支架成分，如微丝系统分子组装修复相关。该药物的巯化基团作为巯源对细胞粘连很重要。

## 29.7.4 组织工程支架材料的测试

为了确保组织工程支架材料安全有效地使用，在临床使用之前必须进行化学、机械性能和生物学性能测试。通常在测试中力争做到全部或部分地模拟再现材料在使用中可能遇到的作用环境。有关组织工程支架材料测试的要求与内容包括以下几方面。

**1. 物理性质测试**

在模拟条件下对组织工程支架材料的物理性质进行测试，内容包括材料的大小、形状、弹性、黏弹性、拉伸强度、伸长率、疲劳强度、断裂强度、硬度、透明度、热传导、电导、熔点、软化点、体积质量、折光率和磨耗等。

**2. 化学性质测试**

对组织工程支架材料的化学性质进行测试，如亲水疏水性、酸碱度、吸附性、透过性、溶出性和化学稳定性等。有些材料还要进行结构分析测定，如化学结合与取代基效应结构分析，红外线、紫外线、光谱测定其构象，结晶性、取向性、交联结构，微相分离结构测试分析等。还有些材料甚至要求进行水解产物检测、溶出物检测、消毒效应和抗化学介质检测。

**3. 生物学测试**

组织工程支架材料的生物学测试是指采用生物学的方法，检测材料对受体的毒性反应、不良反应，包括对局部组织、血液和整体的反应，对受体的遗传效应等。生物学测试程序，多采用分段淘汰方法，并要求在生物学测试之前必须进行多方面的物理、化学分析，对关键性指标只有达标后才准许投入生物学测试。

对于组织工程支架材料的整体毒性测试，多数做浸出液在完整机体内的急性毒性检测。动物选择，一般用健康的小鼠，体重 17～23 g，要求每次实验需用同一来源的动物。每种浸出液至少要用小鼠 5 只，采用常规方法饲养，食物、饮水均自由摄取。常用浸出液有生理盐水注射液、5％乙醇生理盐水液、聚乙二醇和植物油。

（张志英）

# 第30章 组织工程基本技术

组织工程的最根本点是有活细胞——种子细胞的存在及其发挥功能，种子细胞的存在赋予工程化组织以生命。种子细胞与细胞外基质-支架材料体外复合培养并构建活的工程化组织，植入机体内修复组织缺损，以替代组织、器官的部分或全部功能。组织工程用支架材料的相关研究属于材料学研究的范畴，也有商品化支架材料出售。对于医学工作者而言，组织工程研究依然集中于种子细胞方面。因此，本章主要介绍种子细胞培养的基本技术，包括培养前的准备、原代与传代培养、获取种子细胞的基本技术及种子细胞与支架材料体外三维培养的基本知识等。

## 30.1 组织工程细胞培养的准备

细胞培养（cell culture）是指在无菌条件下，从动物或人体中取出组织，分离以得到细胞，置于模拟体内的生理环境（无菌，适当的温度、湿度，一定营养条件）中使之生存、生长和增殖的技术方法。

### 30.1.1 细胞培养室的建立

#### 30.1.1.1 细胞培养室的功能划分

标准细胞培养室一般应包括准备室、缓冲室和培养室3个部分。

准备室主要用于培养器皿的清洗、包装、培养物质的准备和消毒及供应物品的储藏等。最好为若干小间，将上述准备工作分开。尤其需注意的是，同一个研究室既要开展细胞培养，又要开展细菌或者其他微生物培养室时，不同用途的培养器皿的清洗、消毒、准备应分开处理，以免发生生物学污染和化学污染。

为减少将外界污染源带入培养室，一般应有3～5 $m^2$ 的缓冲室，并备有紫外线灯或者风淋。

培养室是专门进行细胞培养和各种无菌操作的实验室。按照实验要求的不同，可将培养室设计成百粒级别或者万粒级别，具体标准为：实验室按照规定标准百粒级≥0.5 $\mu$m 尘粒子数应≤3.5个/L，≥5.0 $\mu$m 尘埃粒子数≤0个/L；万粒级≥0.5 $\mu$m 尘埃粒子数≤350个/L，≥0.5 $\mu$m 尘埃粒子数≤2个/L［国家药品监督管理局《药品生产质量管理规范》（1998年修订），中华人民共和国国家标准GB/T 1692，1694—1696］。但其最基本的是均应清洁、无菌、干燥、不通风、光线适宜。培养室的墙壁应光滑易清洁，地面可以用水磨石或瓷砖。培养室与外间实验室之间有物品传递窗，便于传递实验中的临时需要物品。

### 30.1.1.2 细胞培养的设备和器具

**1. 超净工作台**

超净工作台（super clean bench）也称为净化工作台。其原理是利用鼓风机，驱动空气通过高效空气微粒滤层（high efficiency particulate air filter，HEPA）净化后，徐徐通过工作台面，使工作场地构成无菌环境。为当前国内外普遍应用的无菌操作装置。

超净工作台需安放在清洁无尘的房间，以免 HEPA 因尘土过多很快堵塞，降低净化作用。并需经常检查以免 HEPA 发生堵塞。可先用 5～8 层纱布贴盖于一级滤口外，阻挡较大颗粒的尘埃，延长滤器的使用寿命。

**2. 培养箱**

目前最常用的为 $CO_2$ 培养箱，其浓度一般为 5%。对其应定期消毒，如利用内置紫外线灯照射、乙醇或者新洁尔灭等擦拭。培养箱内需置水槽（一般培养箱内配有盛水托盘）以维持箱内湿度、温度和避免培养液蒸发，水需使用无菌蒸馏水。

**3. 倒置相差显微镜**

应配置照相装置，以便随时观察及记录细胞的生长状态。由此了解细胞生长情况，及时调整培养条件。如果需对培养细胞进行连续不间断的观察和记录，还可配备带有保温装置和缩时摄像装置的高级倒置相差显微镜系统。

**4. 冰箱**

冰箱存放细胞培养所需各种溶液，如培养基、缓冲液、生理盐水、消化液和血清等。一般要求能提供 4℃冷藏温度和－20℃的冰箱。如果有需要，也可配备－80℃的低温冰箱。冰箱内应经常保持清洁，禁止存放挥发、易燃和有毒物品。

**5. 离心机**

离心机获取细胞用。要求为低温（4℃）、低速（1000 r/min 左右）离心机。

**6. 培养器皿**

培养器皿包括培养瓶、培养皿、多孔培养板、溶液瓶、移液管和吸管、离心管、烧杯、量筒、试管、塑料冻存管等。其中，培养器皿为细胞生长提供空间及附着底物。有玻璃培养器皿和一次性塑料培养器皿以供选择。前者可重复使用，但需用酸中和。后者的细胞生长面带负电荷，有利于大多数表面带正电荷的细胞贴壁生长，但较为昂贵。

**7. 手术器械**

手术器械主要用于解剖动物、取材和原代培养中切割组织。常用的有手术刀柄及刀片（圆形或尖形）、组织剪、眼科剪（直头、弯头）、镊子（平齿、鼠齿）、尖镊、止血钳等。需注意的是，使用不锋利的刀片切割组织，易造成组织机械性损伤，不利于细胞生长，应弃之不用。

**8. 高压蒸汽消毒装置**

细胞培养所用超纯水、不含糖的缓冲液、手术器械、布料（台布及衣帽）、橡胶手套、胶塞、培养器皿等均需高压蒸汽消毒灭菌。国产的蒸汽灭菌器价格便宜，但使用时需专人看管，以及时调整好所需压力、温度和时间。进口的高压蒸汽消毒装置使用方便，预先设置好所需的压力、温度和时间即可。

**9. 过滤除菌装置**

过滤除菌装置用于培养用液的除菌消毒。目前多采用微孔滤膜滤器。滤膜的材料为混合纤维素脂，孔径有 0.8 μm、0.45 μm、0.22 μm 和 0.1 μm 等数种。其中，以 0.22 μm 孔径滤膜最为常用。0.1 μm 滤膜可去除支原体，除菌最保险，但因孔径太小，极易阻塞，多用于特殊培养用液的除菌。当过滤浓度较大、较黏稠的液体时可以选用 0.8 μm 或者 0.45 μm 的滤膜。可根据滤器大小选用不同直径（13～290 mm）的滤膜。

可换膜式滤器常用正压式金属滤器，滤器装好后经高压蒸汽消毒，使用时再次旋紧夹滤膜部分的螺丝。需注意的是滤膜有时会移动，溶液从周围渗漏，达不到除菌的效果。因而要求在安装滤膜时认真勿使之移动，过滤结束还应检查滤膜的完整性。至于少量的（1～150 ml）的培养用液，可以选用一次性滤器过滤除菌。

**10. 电热干燥箱**

电热干燥箱主要用于烘干和干热消毒玻璃器皿。一般选用温度控制在 50～300℃的干燥箱。其主要部件为发热丝和鼓风机。鼓风与升温应同时开始，待温度达 100℃时，可停止鼓风。禁止先升温后鼓风，因为升温较高时，鼓风带有新鲜空气，局部高温部位有时会起火，玻璃器皿有时会破裂。干热消毒后，要待温度降到 100℃以下时再打开箱门，以免玻璃器皿突然遇到冷空气而炸裂。金属器械、塑料物品、橡胶等不能在干燥箱内消毒。

**11. 水纯化装置**

细胞培养对水的质量要求极高，各种溶液的配制、培养皿浸酸后的漂洗等，均需使用经纯化后的水。目前，常用的水纯化装置有石英玻璃蒸馏器，可对单蒸水或者去离子水进行 2 次乃至多次蒸馏。价格便宜，但极易破碎。也可选用进口超纯水装置。一般要求除热源、电阻率 $1.82\times10^5$ Ω（25℃），产水量 1.0～1.5 L/min。

**12. 细胞计数板和电子细胞计数仪**

细胞计数板用作培养细胞的计数，如细胞悬液用苔盼蓝染色，还可以对细胞活性进行观察。对于体积较为均一细胞，运用电子细胞计数仪计数较精确。但是若细胞群中细胞大小差异很大或者形成细胞团块，计数起来就比较困难。

**13. 冷冻储存装置**

目前常用的冻存储存装置主要为液氮储存器（简称为液氮罐）。使用时注意勿令液氮溅到皮肤上，以免皮肤冻伤。

另外，还需配备：pH 计以调节溶液 pH 用，因细胞培养用的许多溶液都要求为生理 pH（pH 7.2～7.4），pH 计要求分辨率在 0.01 以上，准确率±0.02；天平以称量试剂用，可选用 0.1～1 mg 质感的电子天平；微量移液器以移取微量溶液。

## 30.1.2 细胞培养用液

### 30.1.2.1 水、缓冲液与平衡盐溶液

**1. 培养用水**

水是细胞赖以生存的主要环境，是培养用液最主要的溶剂。体外培养细胞对水的质量很敏感，要求很高。极微的有害元素，即可对细胞产生不利影响，甚至引起细胞中毒

死亡。实际工作中常用三蒸水或者超纯水。并选择密封的清洁玻璃瓶储存，制备的水存放时间不宜过长，一般不超过 2 周，最好现配现用。

**2. 缓冲溶液**

体外培养细胞的代谢会产生大量的废物，通常为酸性物质，从而导致培养液 pH 发生改变。因此，所有的培养液应该含有缓冲作用的化学成分，以中和培养液中的酸性物质。体外培养用的缓冲溶液一般要求在 pH 为 7.2～7.4。最常用的缓冲剂为 $NaHCO_3$，其缓冲能力为 7.0～7.5，同时如果生成的 $CO_2$ 逸出，培养液的碱性会增加。所以在开放式的培养时需供给 5%～10%的 $CO_2$ 与 90%～95%的空气混合气体，以平衡培养液中的 $CO_2$。

**3. 平衡盐溶液**

平衡盐溶液（balanced salt solution，BSS）兼有维持渗透压、缓冲和调节溶液的酸碱度，同时供给细胞生存所需的能量和无机离子成分的作用，由无机盐、碳酸氢钠和葡萄糖等组成（表 7-30-1）。平衡盐溶液中的酚红为酸碱度变化的指示剂，溶液变酸时呈黄色、变碱时呈紫红色、中性的时候呈樱桃红色。

**表 7-30-1　常用平衡盐溶液的配方**

| 成分 | Ringer 液 | PBS | Tyrode BSS | Earle BSS | Hanks BSS | Dulbecco BSS |
|---|---|---|---|---|---|---|
| KCl | 0.42 | 0.20 | 0.20 | 0.40 | 0.40 | 0.20 |
| $KH_2PO_2$ | — | 0.20 | — | — | 0.06 | 0.20 |
| $MgCl_2 \cdot 6H_2O$ | — | — | 0.10 | — | 0.10 | 0.10 |
| $MgSO_4 \cdot 7H_2O$ | — | — | — | 0.20 | 0.10 | 0.10 |
| $CaCl_2$ | 0.25 | — | 0.20 | 0.20 | 0.14 | — |
| NaCl | 0.9 | 8.00 | 8.00 | 6.68 | 8.00 | 8.00 |
| $NaHCO_3$ | — | — | 1.00 | 2.20 | 2.35 | — |
| $NaH_2PO_4 \cdot H_2O$ | — | — | 0.05 | 0.14 | — | — |
| $Na_2HPO_4 \cdot 7H_2O$ | — | 1.56 | 1.00 | — | 0.09 | 2.16 |
| 葡萄糖 | — | — | — | — | 1.00 | 1.00 |
| 酚红 | — | — | — | 0.01 | 0.01 | — |

需注意的是，$Ca^{2+}$、$Mg^{2+}$ 虽是细胞膜的重要组成成分，但有使细胞凝聚的作用。因此，在配制分散细胞的消化液用于细胞洗涤时，宜采用 $Ca^{2+}$、$Mg^{2+}$ 含量较低的 Dulbecco 液或者无 $Ca^{2+}$、$Mg^{2+}$ 的 D-Hanks 或 PBS 液。

BSS 配制时主要避免 $Ca^{2+}$、$Mg^{2+}$ 的沉淀，可采用将其与其他试剂分开配制并不时搅动的方法，以下步骤可供参考。

（1）称量适量 $CaCl_2$、$MgCl_2$ 及 $MgSO_4$，用 50～100 ml 水分别溶解。

（2）用 1000 ml 规格烧杯取约 700 ml 三蒸水（或纯水）。称量其他试剂，依次溶解在烧杯中，待前一种药品溶解完，再加入下一种试剂。

（3）在另外一个容器中，用数滴 5.6% $NaHCO_3$ 溶液溶解酚红。

（4）将配好的含 $Ca^{2+}$、$Mg^{2+}$ 的溶液缓慢倒入步骤（2）配制的溶液中。不时搅动，防止出现沉淀。

(5) 加入酚红溶液。

(6) 定容至1000 ml，必要时，用 $NaHCO_3$ 溶液调节 pH。

(7) 分装、消毒。

### 30.1.2.2 培养液

**1. 合成培养基**

体外培养细胞依赖培养基提供营养和保证细胞生长繁殖的物质。现代细胞培养主要应用合成培养基，其主要成分是氨基酸、维生素、碳水化合物、无机离子和一些其他辅助物质。常用的培养基有 Eagle MEM、BME、DMEM、RPMI1640、Ham F12、199 等。

细胞需要谷氨酰胺合成核酸和蛋白质，谷氨酰胺缺乏将导致细胞生长不良甚至死亡。因此，在配制各种培养液中都应补加一定量的谷氨酰胺。由于谷氨酰胺在溶液中很不稳定，4℃下放置1周可分解50%，故应单独配制，置－20℃保存，用前加入培养液。加有谷氨酰胺的培养液在4℃冰箱储存2周以上时，应重新加入原来量的谷氨酰胺，一般培养液中谷氨酰胺的含量为1～4 mmol/L。可配制200 mmol/L 谷氨酰胺(100倍浓度)储存，用时加入培养液。配制方法为：谷氨酰胺2.922 g溶于三蒸水中加至100 ml，充分搅拌溶解后过滤除菌，分装，－20℃保存。

DMEM 培养基中大部分成分的含量加倍，按照葡萄糖的含量其可分为低糖和高糖两种。前者适用于生长速率较快、附着性稍差的细胞。后者适用于以糖代谢为主要能源的细胞（如神经细胞）以及分裂活动较为旺盛的细胞。Ham F12 加入了 $Cu^{2+}$、$Zn^{2+}$、$Fe^{2+}$ 等微量元素的无机离子，对血清含量较低情况下（体积比为2%～10%）的细胞有利，较利于细胞的分化，也特别适用于克隆化培养。

现有的商品化培养基一般有液体、粉剂两种。液体者可直接使用，粉剂者也已分装成可配制1 L培养液的小袋包装，简单配制后即可使用。一般配制过程如下所述：

(1) 取清洁大烧杯或者锥形瓶1个，加入新鲜制备的三蒸水，加热至15～30℃。

(2) 加入1小袋培养基粉剂于水中，并用少量三蒸水刷洗袋内层，刷洗的水倒入大烧杯中，搅拌使粉剂溶解。

(3) 按照说明书，加入所需的 $NaHCO_3$ 以及其他可能需添加的成分，如 HEPES 等。

(4) 用 pH 计测定培养液的 pH，必要时可用1 mol/L HCl 或者1 mol/L NaOH 调节 pH，一般调节至7.0～7.2，因过滤除菌后，pH 会升高约0.2。定容至1 L。

(5) 过滤除菌，分装、封口，标记培养液名称和配制时间，4℃冰箱储存。

**2. 血清**

细胞培养在合成培养基中，如不加血清虽能生存，但不能很好生长增殖。一般需补加10%～20%的血清细胞才能顺利生长增殖。因血清中含有众多生长因子、微量元素、促贴附因子和其他赖以生存的成分。故而，虽血清的应用带来一些不确定因素，仍然多用于细胞培养中。其中，以胎牛血清（fetal bovine serum）最好，小牛血清（new born calf serum）次之，马血清（horse serum）也可用，单个动物血清一般不如混合血清效果好。

血清应长期保存在$-20℃$以下，反复冻融会影响其生物活性。实际工作中，常将血清分装储存，用时取其冻融，短期内用完。至于血清的含量，则可根据试验的不同目的选择。

（1）生长培养液 80%～90%的培养基外加 10%～20%的血清组成的培养液，有促进细胞生长增殖的作用。

（2）维持液 95%的培养基外加5%左右的血清，能维持细胞不死，但无促进生长增殖作用。

（3）条件培养液是把处于指数增生期，即生长旺盛阶段培养细胞（70%～90%近汇合状态）的培养液分离出，作为培养其他细胞的培养液。

**3. 无血清培养基**

由于血清成分复杂，存在许多未知因素，有时可干扰实验结果，掩盖培养细胞潜在的生理功能。因此，人们尝试开发无血清培养基（serum free medium，SFM）。目前常用的无血清培养基多以合成培养基配成基础培养液，再补加其他成分。补加成分主要有激素、生长因子、金属离子转移蛋白、细胞黏附蛋白、细胞结合蛋白、脂蛋白、脂肪酸、醋抑制剂和微量元素等。现在已经有商品化的无血清培养液的基础培养基，最常用的是 DMEM/F12（1∶1）混合培养基粉剂。也可以自行配制 Ham F12 和 DMEM 混合培养液，两者以 1∶1 混合，再补加 6～15 ml HEPES 与 1.2 g/L $NaHCO_3$ 即可作为基础培养液。配制方法如下所述。

（1）1.5 mol/L HEPES：HEPES 36.0 g，NaOH 3.3 g，三蒸水定容至 100 ml。

（2）DMEM 培养液：DMEM 培养基 1 小袋 13.4 g、$NaHCO_3$ 1.2 g、1.5 mol/L HEPES 10.0 ml，三蒸水定容至 1.0 L。

（3）Ham F12 培养液：Ham F12 粉剂 1 小袋 10.6 g、$NaHCO_3$ 1.2 g、1.5 mol/L HEPES 10.0 ml，三蒸水定容至 1.0 L。

后两者需调节 pH 至 7.2。过滤除菌并分装，于 4℃储存。

### 30.1.2.3 体外培养的其他常用液

**1. 消化液**

（1）胰蛋白酶溶液。胰蛋白酶（trypsin）的作用就是使细胞间的蛋白质水解而使细胞离散。适用于细胞间质较少的软组织，如胚胎组织、羊膜、上皮组织、肝、肾等软组织，对传代细胞也非常好。胰蛋白酶分散细胞的活性与其浓度、温度和作用时间有关。因此，在使用胰蛋白酶的过程中，应把握好浓度、温度和作用时间，以免消化过度而造成细胞损伤。胰蛋白酶在 pH 8.0、温度 37℃时，作用能力最强。$Ca^{2+}$、$Mg^{2+}$ 和血清、蛋白质可降低胰蛋白酶的活性，所以配制胰蛋白酶溶液应选择不含 $Ca^{2+}$、$Mg^{2+}$ 的 BSS，如 D-Hanks 液。终止消化时，可以用含血清培养液或胰蛋白酶抑制剂中止胰蛋白酶对细胞的作用。

实际工作中，常用胰蛋白酶的浓度为 0.25% [胰蛋白酶粉末（1∶250）250 mg 用无 $Ca^{2+}$、$Mg^{2+}$ 的 BSS，定容至 100 ml]，保存于$-20℃$。

（2）EDTA 溶液。EDTA 是一种化学螯合剂，对细胞有一定的解离作用，常与胰蛋白酶溶液按一定比例混合使用，于$-20℃$保存。配制方法为：0.02% EDTA 溶液，

EDTA · 4Na 200 mg、酚红 15 mg，用无 $Ca^{2+}$ 、$Mg^{2+}$ 的 BSS 定容至 1.0 L，用 $NaHCO_3$ 或 HCl 调 pH 至 7.2；0.05%胰蛋白酶-0.53 mmol/L EDTA · 4Na 溶液，胰蛋白酶（1∶250）500 mg，EDTA · 4Na 200mg，用无 $Ca^{2+}$ 、$Mg^{2+}$ 的 BSS 定容至 1.0 L 。

（3）胶原酶溶液。胶原酶（collagenase）对胶原有很强的消化作用，可分为Ⅰ型、Ⅱ型、Ⅲ型、Ⅳ型及肝细胞专用胶原酶等几种。实验时根据所制备不同组织悬液类型选用不同类型胶原酶。此酶消化作用缓和，且无需机械振荡，$Ca^{2+}$ 和 $Mg^{2+}$ 存在的情况下仍有活性，血清对其也无抑制作用。常用剂量：最终浓度 200 U/ml 或者 0.1～0.3 mg/ml。胰蛋白酶和胶原酶的特性比较见表 7-30-2。

**表 7-30-2　胰蛋白酶和胶原酶生物活性的差别**

| 特征 | 胰蛋白酶 | 胶原酶 |
|---|---|---|
| 消化特性 | 适用于消化软组织 | 适用于消化纤维多的组织 |
| 用量 | 0.01%～0.5% | 0.1～0.3 mg（200 U/ml） |
| 消化时间 | 0.5～2 h（小块） | 1～12 h |
| pH | 8～9 | 6.5～7.0 |
| 作用强度 | 强烈 | 缓和 |
| 细胞影响 | 时间过长有影响 | 无大影响 |
| 血清抑制活性 | 有 | 无 |
| $Ca^{2+}$ 、$Mg^{2+}$ 的影响 | 有影响 | 无影响 |

**2. 抗生素液**

体外培养中，常添加抗生素液以预防因无菌操作不严而发生污染。最常用的为青霉素、链霉素混合抗生素液。配制方法（100 倍浓度）：青霉素 $1.0\times10^6$ U、链霉素 1 g，用 0.9%生理盐水定容至 100 ml。将其过滤除菌、分装，于－20℃保存。用时每升培养液加此溶液 10 ml。

**3. pH 调整液**

（1）$NaHCO_3$ 溶液。常用浓度有 7.4%、5.6%和 3.7% 3 种。应单独配制，消毒除菌后，在使用前加入。调整培养液 pH 时，应逐滴加入 $NaHCO_3$ 溶液，并不时搅动，以防止过量，使 pH 过度增高。5.6% $NaHCO_3$ 溶液（$NaHCO_3$ 5.6 g，用三蒸水定容至 100 ml）于 4℃保存。

（2）HEPES 溶液。羟乙基哌嗪乙硫磺酸（*N′*-α-hydroxyethylpiperazine-*N′*-ethanesulfanic acid，HEPES）是一种氢离子缓冲剂，能较长时间控制恒定的 pH 范围。使用终浓度为 10～50 mmol/L，一般培养液内含 20 mmol/L HEPES 即可达到缓冲能力。1 mol/L HEPES 缓冲液（HEPES 238.3 g，三蒸水定容至 1L）于 4℃保存。

## 30.2　原代培养和传代培养

原代培养或称为初代培养（primary culture），是指将培养物放置在体外生长环境中持续培养，中途不分割培养物的培养过程，即从体内取出组织接种到第一次传代阶段，一般持续1～4周。此期细胞呈活跃的移动，可见细胞分裂，但不旺盛。原代培养细胞与体内原组织在形态结构和功能活动上较为相似。

体外培养细胞的生存空间和营养有限，当细胞增殖达到一定密度后，则需要分离出一部分细胞和更新营养液，否则将影响细胞的继续生存，这一过程称为传代培养（subculture或passage）。原代培养细胞一经传代后便改称为细胞系（cell line）。

必须指出的是，细胞传代中“代”一词的含义与细胞世代（generation）或倍增（doubling）一代不同，它是指从细胞接种到分离再培养的过程，即将培养细胞从一个培养器皿分散转移至另一个器皿中继续培养。事实上，在细胞传代一代过程中，细胞能倍增若干次，细胞传代一代后，一般要经过3个阶段：潜伏期、指数增生期和停滞期。

## 30.2.1 原代培养的过程

原代培养的基本过程包括取材、分散细胞、接种、培养等步骤。在所有步骤中，均需注意保持培养物及其生长环境的无菌条件。

### 30.2.1.1 取材

取材及培养材料的制备过程就是从生物体内切取欲培养材料，制备成可用于培养的组织块或细胞的过程。

（1）切取器官或组织块，于冰预冷的BSS中洗涤以去除血污。解剖显微镜下剔除不需要的多余组织。操作过程中，注意保持组织块的湿润。

（2）将组织块置于含培养液的培养皿中。解剖显微镜下，将组织块切成1 $mm^3$左右小块用于植块培养。

（3）对于分散细胞培养，于BSS中将组织剪成糜状，离心去除BSS，添加蛋白质消化液，37℃或者4℃消化（不同组织分离消化细胞时间不同），中途用吸管轻轻吹打或用手摇匀数次。血清终止消化，离心去除上清液，重悬细胞团。

（4）不锈钢筛网过滤细胞悬液，收集过滤液。

（5）800～1200 r/min离心5～10 min，弃上清液，培养液重悬细胞团。计数细胞密度，调节细胞密度后准备接种。

需注意的是，小鼠皮毛中易隐藏微生物，且不易消毒，实际工作中常采用引颈法处死动物（如果取脑和脊髓宜选用其他方法处死）。然后将整只小鼠置入75%乙醇浸泡2～3 s后取出（注意：浸泡时间不宜过长，以免乙醇从口或者其他孔道进入体内影响组织活性。另外，在操作中应避免乙醇沾染组织）。动物虽浸入乙醇中，乙醇不会从口和肛门进入体内，却能对体表进行灭菌，而且还能防止解剖动物时皮毛中脏物飞扬。取出动物，去除乙醇，置于消毒纱布上。继之在动物躯干中部，用尖剪刀环形切开皮肤，用止血钳分别夹住两侧皮肤，拉向头尾两端，把动物躯体翻包起来，暴露出胸腹部，剖腹取出鼠胚或其他组织，置无菌碟皿中备用。

### 30.2.1.2 分散细胞的方法

将组织分散成细胞悬液，常用的方法有离心分离法、机械分离法、蛋白酶分离法及螯合剂分离法。

**1. 离心分离法**

离心分离法适宜于培养物为血液、羊水、腹水和胸水等细胞悬液的细胞分离。一般采用 500～1000 r/min 离心 5～10 min。悬液量大，离心时间可适当延长，但离心速率过大和时间过长，易挤压细胞使之受损或死亡。也可根据细胞密度的不同，使用分层液以分离不同种类细胞。常用的有淋巴细胞分层液（lymphocyte separation medium）Ficoll 和 Percoll，其分离细胞的步骤如下所述。

（1）取抗凝血若干毫升。

（2）按照 1∶1 加入无菌分层液（滤过除菌）后，800～1000 r/min 离心。

（3）无菌条件下分离（吸出）出白细胞（白细胞位于红细胞上层，呈微白色）。

（4）BSS 漂洗 1 次或 2 次，可用于培养或者其他实验。

但须注意的是，用动物血（如小鼠）的白细胞密度与人的不同，小鼠白细胞密度为 1.080 左右，需选用相应密度的分层液。

**2. 机械分离法**

机械分离法是指通过各种各样的物理处理方法，将所取组织解离成为单个细胞的方法。具体操作如下所述

（1）将组织块置于培养皿中，在解剖显微镜下自行剔除其他组织。然后将其置青霉素瓶或小烧杯中，左手斜持容器，右手持眼科剪或弯剪（剪柄较长为好）伸入容器中，反复剪切组织至成糜状（约 1 $mm^3$）。

也可将组织块放在凹窝玻璃中，两手各持尖手术刀一把，令两刀刃片贴紧，交错反复切割组织至 1 $mm^3$ 为止。手术刀切割法对组织损伤较小，但在空气中暴露时间较长，污染机会较大。

（2）BSS 液冲洗附着于剪刀上的组织小块，补加 3～5 ml BSS 液后，吸管反复轻轻吸吹，吹打片刻离心、去上清液，余下组织块即可用于培养。剪刀剪切法可能对组织有一定损伤，但操作比较方便。

机械分离法适用于解离质地较软、内含纤维性成分较少且对机械分离较具耐受能力的组织，如胚胎组织、成年的脑组织与肝组织、某些软性肿瘤组织等。此方法对分化程度较高的细胞，如成熟的神经细胞、肌肉细胞易造成伤害，细胞的存活率相对较低，使用时需根据不同细胞的耐受能力调整强度和时间。

**3. 蛋白酶分离法**

蛋白酶分离法是指利用蛋白消化酶解离细胞，是体外培养细胞时分散组织的基本方法。最常用的是胰蛋白酶和胶原酶。一般步骤如下所述。

（1）将组织块剪切成 1～5 $mm^3$ 的小块。

（2）添加一定量的蛋白酶。

（3）37℃条件下作用，期间常采用吸管轻轻吹打和振动。需注意的是，消化时间过长，常可损伤细胞并增加污染机会。

（4）检查消化效应：倒置相差显微镜下见组织块分散为细胞团和单个细胞。

（5）800 r/min 离心 5 min 后，去上清液；BSS 重悬，上述条件离心，去上清液。

（6）培养液重悬细胞团，轻轻吹打均匀，接种。置 $CO_2$ 孵育箱培养。

胰蛋白酶适用于消化间质极少的软组织，胶原酶主要用于水解结缔组织中的胶原蛋白成分，可依据组织的不同选择不同的蛋白酶。在实际操作中，常常选择联合使用胶原酶和胰蛋白酶，并且将酶消化法与机械分离法结合使用以解离细胞。

**4. 螯合剂分离法**

螯合剂的主要作用是通过结合（螯合）细胞间质中的二价阳离子从而破坏细胞连接。此法分离细胞效果较差，且该成分不易从培养液中去除。通常是将螯合剂加到其他的酶消化液中，联合使用。最常用的螯合剂是 EDTA。需注意的是，EDTA 处理细胞后，因血清对其无中和作用，须用 PBS 洗涤 1 次或 2 次。

### 30.2.1.3 接种与培养过程

**1. 组织块培养**

组织块培养较简单，其技术要点是将从动物体内所取得的组织块切割成为一定大小的组织块，再将组织块接种到培养皿内，加入培养液，然后将培养皿送入培养箱中进行培养。可分为翻转干涸法和薄层营养液培养法。

1）翻转干涸法

（1）剪切：将组织块置于小烧杯或青霉素小瓶中，BSS 漂洗以去除表面血污，吸净 BSS 液，将组织块剪切成 1 $mm^3$ 大小。

（2）摆布：将组织小块摆布于培养瓶（皿）底，组织块相互距离以 0.5 cm 为宜。

（3）轻轻翻转培养瓶，令瓶底向上。翻瓶时勿令组织小块流动，塞好瓶塞，置 $CO_2$ 孵育箱孵育 2 h（过长则对组织不利，勿超过 4 h），使组织块微干涸。

（4）培养：从温箱中取出培养瓶，开塞，46°斜持培养瓶（瓶底仍向上），向瓶底角部轻轻注入培养液少许，然后缓缓把培养瓶翻转过来，让培养液慢慢覆盖附着于瓶底上的组织小块。如果是培养皿，直接滴加一滴培养液于组织块上即可，须注意均不能使组织块漂浮。常规培养。

2）薄层营养液培养法

如果采用薄层营养液培养法，按步骤（1）、步骤（2）剪切、摆布后，不需翻转培养瓶，加少量培养液，以不使组织块浮出为宜，直接将培养瓶置 $CO_2$ 培养箱内培养。第二天待组织块充分贴壁后加入足够培养液，继续培养。

对大多数动物组织而言，组织块培养 1～3 天后，即可见细胞从组织块向外迁移。随培养时间延长，在组织块周围形成一圈细胞，通过继续成长增殖，连接成片。待长成单层细胞后，进行传代培养、

**2. 分散细胞接种培养**

机械分离或者酶学解离分离细胞后制成细胞悬液，计数并用培养液调整细胞密度（细胞密度较多选择 $10^5$ 个细胞/ml），常规接种培养。为促使细胞贴壁，除给培养细胞提供适当的生长基质表面外，还可借助降低接种后培养液对细胞的浮力来解决。这样既可以先给予细胞少量培养液，细胞可以维持存活，又可以少受浮力影响较快接触到培养器皿的底壁，而得以迅速黏附于生长表层。待细胞贴壁后，再补足培养液继续培养。

### 30.2.1.4 生长基质

生长基质（growth substratum）泛指培养物附着的各种介质，狭义上是指在塑料

或玻璃培养器皿表面上涂布的一层能够促进培养物黏附、贴壁与延展的生物活性物质。常用的生长基质主要是一些天然的细胞外基质成分或一些能促进细胞黏附的物质，如多聚赖氨酸、纤维连接蛋白、胶原、层粘连蛋白等。

**1. 多聚赖氨酸**

多聚赖氨酸（poly-lysine）是指赖氨酸单体聚合而成的多聚体，有左旋（poly-*L*-lysine）和右旋（poly-*D*-lysine）两种同分异构体。分子质量为 7～30 kDa 的多聚赖氨酸可作为细胞培养的生长基质。一般用 PBS 配制，工作浓度为 0.05 mg/ml；包被时间一般为 37℃静置 2～4 h 或者室温下静置过夜。

**2. 纤维连接蛋白**

纤维连接蛋白（fibronectin）是位于细胞表面和血浆中的蛋白质分子，具有维持细胞结构、促进细胞黏附的功能。纤维连接蛋白的工作浓度为 1 mg/ml，可在细胞贴壁前将纤维连接蛋白直接加入培养液中。

**3. 胶原**

国内实验室最常用的胶原（collagen）为鼠尾胶原。需注意的是，鼠尾胶原为黏度很大的半透明液体，难以过滤除菌，制备过程中必须特别注意无菌操作。具体过程如下所述。

（1）选择健康大鼠，从鼠尾根部剪断鼠尾，刷洗干净，75%乙醇浸泡 30 min。

（2）无菌条件下抽取大鼠尾腱，剪碎、置灭菌的 0.1%乙酸溶液中，每毫升乙酸溶液加尾腱 2.5 mg，4℃冰箱内溶解 2～3 天，并间或振摇。

（3）4℃ 4000 r/min 离心 30 min，上清液为鼠尾胶原液。

（4）分装，－20℃保存备用。

其包被培养的一般步骤如下所述。

（1）用吸管吸取鼠尾胶原液，加至拟包被的培养瓶、培养皿或者盖玻片上，涂布均匀。

（2）置于放有氨水棉球的密闭容器中，让氨气熏蒸 15～25 min。培养器皿或盖玻片上的胶原将凝固成胶冻状。或选择 37℃下自然干燥 1～2 天。

（3）用 Hanks 液反复浸洗，至 Hanks 液颜色不再变化为止。

（4）接种植块或细胞前将其用培养液浸泡 1 min，备用。

商品胶原的配制浓度为 1～3 mg/ml，溶解在无菌的 PBS 或 0.1 mol/L 盐酸或者 0.1 mol/L 乙酸溶液中。分装成小瓶，－20℃备用。

**4. 层粘连蛋白**

层粘连蛋白（laminin，LN）为细胞外基质中非胶原糖蛋白，分子质量为 700 kDa。LN 可影响细胞黏附、运动，调节细胞的生长和分化。一般工作浓度为 5～10 μg/ml。包被方法同多聚赖氨酸。

### 30.2.2 传代培养

当原代培养细胞生长增殖形成单层细胞后，进而扩展汇合，占满整个空间，此时需要进行分离传代培养。

#### 30.2.2.1 传代培养的一般步骤

（1）吸除培养瓶内旧培养液。

（2）加入胰蛋白酶和 EDTA 混合液少许，以能覆满瓶底为限。

（3）37℃或室温下作用，作用时间依照细胞形态学变化而定。一般而言，37℃消化时间常为 2～5 min。倒置显微镜下见细胞胞质回缩、细胞间隙增大后，立即血清终止消化。消化过程可以用吸管轻轻吹打。

（4）吸除消化液，向瓶内注入适量 BSS 液，轻轻转动培养瓶，把残余消化液冲掉，注意加 BSS 液冲洗细胞时，动作要轻，以免把已松动的细胞冲掉流失。如果用胰蛋白酶液单独消化，吸除胰蛋白酶液后，可不用 BSS 液冲洗，直接加入培养液。

（5）用吸管吸取营养液轻轻反复吹打瓶壁细胞，使之从瓶壁脱离形成细胞悬液，吹打勿用力过猛，以免伤及细胞。

（6）计数板计数后，把细胞悬液分成等份分装入数个培养瓶中，置温箱中培养。

#### 30.2.2.2 传代培养注意事项

（1）把握好传代时机：于 70%～90%汇合阶段最好，过早传代细胞产量少，过晚细胞状态不佳。

（2）消化时间要适度：过短细胞不易从瓶壁脱落，过长可脱落流失。

（3）消化液浓度要适宜：过浓消化作用强烈，细胞反应快，所需消化时间短，掌握不好，细胞易流失。另外，各种细胞对消化反应不同，有的敏感，有的迟钝，因此应根据所用细胞特点制订适宜消化措施。有的细胞附着瓶壁不牢，用吸管可从瓶壁直接吹打下来，但这样容易伤害细胞，细胞大片脱落，不易计数，应尽可能采用消化法分散细胞为妥。

### 30.2.3 细胞计数与活性检测

工程化组织的构建常与细胞接种密度密切相关。因此，常需对细胞悬液中所含细胞数量进行计数。另外，因只有健康的细胞才有活力，接种后能够生长繁殖，所以在接种前应先检测细胞的活力。细胞计数常用细胞计数板，细胞活力检测常用苔盼蓝（Trypan blue）法。

#### 30.2.3.1 细胞计数与活性检测的一般步骤

（1）乙醇擦净计数板及盖玻片后，把盖玻片覆在计数板上面，使之微微移向一侧，露出计数板台面少许，以便滴加细胞悬液。

（2）轻轻反复吹打细胞悬液使之均匀后，立即吸取细胞悬液少许。以细胞悬液∶0.4%苔盼蓝（9∶1）将二者混匀，静置 2～3 min。

（3）把计数板平放在显微镜台上，立即从计数板边缘轻轻滴加 1～2 滴已经染色的细胞悬液，使之充满计数板和盖玻片间隙中。

（4）显微镜下观察，可见细胞分散各处，健康细胞胞体完整，透明不着色，凡着色细胞均为不健康者，计算四角大方格内的细胞数，压中线者只计算左线和上线者，右线和下线者不计算在内（即仅仅计算压两个边的细胞），然后按下面公式计算：

细胞数/毫升原悬液＝4 大格细胞总数/4×10 000×稀释倍数

（5）根据实验需要调整细胞数量，接种培养。一般细胞接种量为 $1\times10^5\sim10\times10^5$ 个细胞/ml。

#### 30.2.3.2　细胞计数与活性检测注意事项

（1）向计数板中滴加细胞悬液时要干净利落，加量要适当，勿令液面盖过盖玻片，加液过多易使盖玻片漂移，过少则易出现气泡，不理想时应该重做。

（2）显微镜下计数时候，偶尔有由两个以上细胞组成的细胞团，应按单个细胞数计算，如果细胞团数占 10%以上，说明消化不充分，或细胞数少于 200 个/$mm^2$ 或多于 500 个/$mm^2$ 时，均说明稀释不当，需要重新制备细胞悬液，再重新计数。

（3）计数板计数细胞有一定误差，用作测定细胞生长曲线时，每一个样品应重复计数 4 次，取平均值，较为可靠。

### 30.2.4　细胞的冻存与复苏

不附加任何条件直接冻存细胞时，细胞内外环境中的水会结成冰晶，从而导致细胞发生一系列变化，如机械损伤、电解质升高、渗透压改变、脱水、pH 改变、蛋白质变性等，最终导致细胞死亡。但细胞培养液中添加保护剂甘油或二甲基亚砜（DMSO），可使冰点降低，在缓慢冻结过程中，能使细胞内水分在冻结前透出细胞外，可避免上述现象的发生。细胞冻存在－135℃以下低温中，能减少冰晶的形成。而复苏细胞时速率则要快，使之迅速通过最易受损的－5～0℃以后，细胞活力不会受损，复苏后仍能生长繁殖。

#### 30.2.4.1　液氮冻存细胞的基本方法

（1）细胞。选用对数生长期的细胞，收集细胞 24 h 前换培养液一次。

（2）计数。常规方法计数使细胞密度达 $5\times10^6$ 个/ml，离心去上清液。

（3）冻存液。先用培养液 9 份＋DMSO 1 份（或者甘油）配成 10%的 DMSO 冻存液，按照上述方法一滴滴加入离心管中，然后用吸管轻轻吹打使细胞重悬。

（4）分装。分装入无菌冻存管中，每管 1.5 ml 细胞悬液。

（5）封口。拧紧冻存管瓶口并用封口胶封口。如果用玻璃冻存管，需要火焰封口。不论装入什么瓶中，封口均需严密。如果浸入液氮，融化时因受热易发生炸裂伤人。标记细胞种类、存储日期，以备查寻。

（6）冻存。当前已经有专用细胞冻存器，在无冻存器的情况下，从把冻存物悬在液氮罐口开始算起，按－1℃/min 速率，在 30～40 min 内，下降到液氮面，再停留 30 min 后，直投入液氮中。或者也可选择分级冻存方法，具体为：先将冻存管放置于普通冰箱储藏室（4～8℃）约 40 min，接着置于普通冰箱冷冻室（－20～－10℃）30～60 min。－80～－70℃过夜，置液氮保存。操作时应戴保护眼睛和手套，以免液氮伤人。

30.2.4.2 液氮冻存细胞复苏的基本方法

(1) 从液氮罐中取出冻存管，有时候因为管口未封严，取出后因冻存管内液氮迅速气化而发生爆炸（力量有限），因此应戴防护眼镜和手套。

(2) 迅速放入盛有 36～37℃水的搪瓷罐中，扣上盖并不时摇动，尽快解冻。

(3) 剪开纱布口袋，取出冻存管，用 75%乙醇擦拭消毒后，在净化台上打开盖，用吸管吸出细胞悬液，装入离心管中，再补加 10 ml 培养液，吹打使细胞悬浮。

(4) 以 500～1000 r/min 离心 5 min，弃上清液，重复上述过程。

(5) 培养液重悬细胞团，接种培养，次日换培养液。

注意：冻存管内的冻存细胞数量要充分，在融解后能允许做 1∶10 倍或 1∶20 倍的稀释（细胞数/ml），一般每瓶细胞接种浓度为 $5\times10^5$ 个细胞/ml，因此冻存密度应达到 $10^7$ 个细胞/ml，在稀释 20 倍时，仍能保持 $5\times10^5$ 个细胞/ml。

30.2.4.3 细胞的冻存与复苏技术要点

细胞冻存与复苏的最基本原则为"慢冻快融"。冻存中要掌握下降进入液氮中的速率问题，标准的冷冻速率为－12～－1℃/min，当温度下降达－25℃时，下降速率可增加至－10～－5℃/min，到－100℃时则可迅速冻入液氮中。可以采用温度计与冻存物并行的办法，以观测下降冻存物的速率。另外，各种细胞对冻存速率的要求也不一样，上皮细胞和成纤维细胞耐受性可能大些；骨髓干细胞以－3～－2℃/min 合适；胚胎细胞耐受性较小，不宜太快。总之在开始时，下降速率不能超过－10℃/min。复苏时，应尽可能快速融解。保护剂的选择及用量，要依细胞而定，原代培养细胞用 DMSO 较好，一般细胞可用甘油，用量以较少为好。原则上，细胞于液氮中可储存多年，但为了妥善起见，冻存一年后，应再复苏培养一次，然后再继续冻存。

## 30.3 细胞培养的基本方法和技术

### 30.3.1 二倍体细胞培养法

所谓的二倍体细胞培养的方法，并非是一种专门的培养技术，而是始终维持培养细胞染色体倍数为二倍体的方法。正常动物体细胞的染色体均为二倍体，故从动物体取出的细胞大多都为二倍体细胞（diploid cell）。体外培养随着传代次数增多，可使培养细胞的染色体倍数发生变化，成为多倍体或者异二倍体细胞，这就不能适应组织工程的需要。培养过程中维持细胞二倍体特性的关键在于培养的条件稳定及减少传代次数。

30.3.1.1 稳定培养条件

体外培养细胞条件的稳定主要包括以下两点。

**1. 营养条件**

选用高质量的培养基和血清，尽量提供充分的营养条件。适宜的营养条件建立以后应保持不变。更换培养液的时间间隔不要太长，且不要全部更换，可以采取半量换液或者换掉 2/3 的方法，而且培养瓶（皿）中始终有一些旧的培养液，不致使培养环境变化太大，有利于细胞对换液的适应。

**2. 酸碱度**

严格控制培养液的酸碱度，尽量减少变化。

#### 30.3.1.2 减少传代次数

为避免频繁传代，宜选择合理的接种密度。传代时，按 1∶2 的比例进行，细胞数量、培养液量、培养瓶的空间和面积都一样。传代过程中蛋白酶的消化处理与机械吹打分散处理宜适度。

#### 30.3.1.3 冷冻保存

对培养稳定的二倍体细胞进行冷冻保存。冻存细胞复苏后应传代 1～3 次，使细胞生长稳定后，再用于实验。同时取另一部分细胞用于冷冻保存。

### 30.3.2 中空纤维细胞的培养技术

中空纤维细胞培养技术（hollow fiber culture technique）是一种模拟细胞在体内生长的三维状态，利用一种人工的“毛细血管”，即中空纤维束给培养的细胞提供物质代谢条件而建立的一种体外培养系统。其核心装置为中空纤维反应器，一般为圆柱体结构，内面封装中空纤维，侧壁上有接种和收集细胞及其产物的开口。中空纤维是一种细微的管状结构，一般是以乙酸纤维素、聚氯乙烯-丙烯复合聚合物、多聚碳酸硅、聚砜或聚甲基丙烯酸甲酯等材料制成的。中空纤维的外径一般为 100～500 $\mu$m，管壁厚度为 25～75 $\mu$m，管壁呈多孔的海绵状，在每一根中空纤维管壁的内表面都衬贴一层超滤膜，不同规格的中空纤维内表面的超滤膜允许透过的分子大小不同，可根据实验需要选定。中空纤维的构造形式类似于动物组织体内的毛细血管，其外径大小、管壁厚薄、管壁超滤能力等参数都可以根据培养要求进行选择。细胞接种在中空纤维反应器套管内表面与中空纤维之间的空间。

整个中空纤维细胞培养系统还有储液器、供氧器，蠕动泵用于推动培养液流过中空纤维反应器并进行循环利用。整个中空纤维细胞培养系统连接好之后，开启蠕动泵，培养液就会源源不断地流过中空纤维反应器，并在各个附件之间循环，给所培养的细胞运送营养物质并带走代谢产物。中空纤维细胞培养系统为体外培养细胞提供了一个近似生理条件的体外生长微环境，在这种培养条件下，细胞可以不断增殖和生长，形成类似活体组织的多层细胞培养物。中空纤维细胞培养技术可用于培养多种动物细胞，也可以生产多种生物制品，如单克隆抗体、酶、激素、细胞因子等。

### 30.3.3 载体细胞培养法

微载体细胞培养法（microcarrier culture technique）是一种用于培养贴壁依赖型细胞的大规模培养方法。该技术的原理是在培养器皿中加入培养液以及由对细胞无害的材料制成的颗粒（微载体），使细胞在微载体表面附着和生长，通过不断搅拌使微载体保持悬浮状态的培养方法。培养液中大量的微载体为细胞提供了极大的生长表面，从而在培养容器体积不很大的情况下，大量培养动物细胞。目前，有多种微载体可供选择，如以交联葡聚糖为基质的微载体、以塑料为基质的微载体等。

以葡聚糖微载体为例，其细胞培养的基本过程如下所述。

（1）微载体的水化和消毒。称一定量的微载体，按每克微载体加 50～100 ml 水溶液的比例，在玻璃器皿内用无 $Ca^{2+}$、$Mg^{2+}$ 的 PBS 水化微载体。室温下浸泡 3 h 以上，间或搅拌。浸泡完后，再用新鲜的 PBS 洗涤 1 次。对于 Cytodex3 微载体，由于水化作用时，微载体表面常常不易浸润而出现沉淀，可以在 PBS 中加数滴 Tween 80（每 100 ml PBS 中加入 2 滴），然后用湿热法进行消毒。

（2）细胞的接种。根据实验要求确定接种细胞密度。

（3）培养。培养的温度条件同常规细胞培养。在培养过程必须持续搅拌使微载体呈悬浮状态。可以用磁力搅拌器（常规量培养）或其他专用搅拌装置（大规模培养）进行搅拌。搅拌过程中注意勿产生气泡。例如，在 250 ml 的培养液中，微载体浓度为 3 mg/ml时，搅拌速率以 50～70 r/min 为宜。

（4）传代培养。传代有两种方法。一种方法是直接将部分培养物连同微载体一起与新的微载体混合，再进行培养，细胞会逐渐转移到新的微载体上；另一种方法是将培养物从微载体上用胰蛋白酶消化下来，再用于接种和培养。消化时，要先用不含血清的培养液或 BSS 洗涤培养物，再加入胰蛋白酶消化。在细胞脱离微载体以后，可用自然沉淀法分离收获细胞，即在室温下静置 5 min，微载体先行沉淀到培养容器底部，将上清液收集，离心，1000 r/min、5 min，细胞即在沉淀中，用培养液重新悬浮细胞，再用于培养。还可以将培养物用直径 100 $\mu$m 的网筛过滤，将滤过液进行离心，用培养液把沉淀物重新悬浮，即可用于再接种和培养。

采用微载体培养具有以下优点：①表面积/体积（$S/V$）大，因而单位体积培养液的细胞产率高；②由于采用均匀悬浮培养，将悬浮培养和贴壁培养结合在一起，兼有两种培养方式的优点；③ 可用简单的显微镜观察细胞在微载体表面的生长情况；④ 培养基利用率高，扩大培养容易，细胞收获不复杂，培养系统占空间小，是目前公认的最有前途的一种动物细胞大规模培养技术。

## 30.3.4 微囊培养技术

微囊培养技术是指在无菌条件下将拟培养的细胞、生物活性物质及生长介质共同包裹在薄的半透膜中从而形成微囊，再将微囊放入培养系统内进行培养。生长介质常为 1.4%的藻酸钠溶液，构成微囊的半透膜由多聚赖氨酸形成。

### 30.3.4.1 微囊培养技术的一般步骤

**1. 细胞的培养**

按常规方法将细胞制备成细胞悬液。

**2. 微囊化过程**

在无菌条件下，将待培养细胞及生物活性物质悬浮在 1.4%的海藻酸钠溶液中，成为胶状液。通过特制的成滴器（dispenser），将含有细胞的胶状液形成一定大小的液滴，滴入 $CaCl_2$ 溶液中，使之成为内含细胞的凝胶小珠。将凝胶小珠用多聚赖氨酸包裹形成微囊。最后，重新液化微囊内的凝胶小珠，使成胶的物质从微囊的多聚赖氨酸外膜流出，此时，微囊内仅留下待培养的细胞及生物活性物质。

**3. 培养**

将内含有细胞及生物活性物质的微囊放入培养系统中进行培养。

**4. 产物收集**

培养一定时间后，待细胞分泌的产物含量达到一定程度，终止培养。收集培养后的微囊。离心、沉淀，并用 BSS 或 PBS 洗涤。然后，以物理学方法破坏微囊。再通过离心去除细胞及微囊碎片，收获上清液，分离、纯化细胞产物。

#### 30.3.4.2 微囊培养技术的特点

利用微囊培养技术大规模培养动物细胞可以防止细胞在培养过程中受到物理损伤。微囊外膜可以容许 $O_2$ 和营养物质进入微囊，细胞的代谢产物也可以通过微囊外膜排出。此方法培养动物细胞，细胞密度大、产物含量高。细胞产生的大分子物质，如 IgG，能留在微囊中，方便以后分离纯化处理。但是该方法微囊制作步骤复杂，成功率不高，微囊内死亡的细胞会污染正常的产物。

## 30.4 细胞与细胞外基质的联合培养技术

细胞与细胞外基质联合培养是体外构建工程化组织的关键技术之一。主要用于：①评价支架材料对细胞的毒性作用；②考察细胞对支架材料的选择性；③研究细胞与支架材料的相互作用及其机制；④研究细胞接种在支架材料上的方法、数量、密度；⑤研究适合细胞生长、进行新陈代谢的最佳材料结构，包括材料的组成、孔隙率、孔径、孔间交通情况、表面形貌特征等；⑥在上述问题基本阐明之后，进行体外组织构建，形成工程化组织。

细胞与支架的联合培养不仅涉及接种细胞的技术，也涉及细胞接种后，细胞与支架材料的相互关系，支架材料的降解速率与细胞功能发挥的同步化，细胞与支架材料的黏附与调节，应力对接种后细胞形态、功能的影响等。

### 30.4.1 种子细胞与支架材料的接种

#### 30.4.1.1 细胞接种前的准备

**1. 制备细胞悬液**

构建不同的工程化组织，选择不同的种子细胞以制备细胞悬液。须注意的是，细胞经过多次传代后要发生老化或者去分化，因此在选择细胞时，要选择合适的代次。另外，不同的接种密度对工程化组织的构建也有重要的影响，因此，选择合适的细胞接种密度非常重要。

**2. 支架材料的准备**

构建不同的工程化组织，需选择不同的支架材料。需要考虑的因素有几何性状、大小、表面形貌、孔隙率、孔径、生物力学强度、降解性能、亲水性或疏水性等。细胞接种前，材料除应严格消毒灭菌外，还应进行预湿处理，使材料吸附一定量的水分。如果材料含水量过大，则影响细胞悬液接种的有效率；如果不经过预湿处理，细胞接种在材料上不能存活。

**3. 其他准备**

根据实验目的的不同，细胞与支架材料的联合培养可在孔板、培养瓶、各种动态培养装置内进行。

### 30.4.1.2 细胞与支架材料的接种技术

目前，细胞与支架材料联合培养方法并不成熟，尚需进一步完善。在联合培养中，细胞与支架材料间的良好黏附是其延展、增殖、分化以发挥生理功能的基础。因此，构建不同的工程化组织，需要采用不同的细胞接种方法。较为通用的方法有以下几种。

**1. 浸渍法**

浸渍法适用于非贴壁生长的细胞。将已经过预湿处理的材料置入高密度细胞悬液中，借助材料对细胞的良好相容性，使细胞逐渐向材料迁移，并附着在材料上。这种静态培养方法的优点是操作简单，不易导致污染，对设备、仪器的要求不高。缺点是接种细胞的数量有限，接种率低，很多细胞被浪费掉。如果采用动态悬浮培养系统，则可以大幅度提高细胞的接种率及细胞接种的均匀度，更有利于工程化组织的形成。

**2. 沉淀法**

沉淀法为最常见的细胞接种方法，又称为接种法。最适合用于底部为致密结构，表层为网状结构的支架材料，如带皮质骨、松质骨的材料，包括一次沉淀法、二次沉淀法，前者是将已预湿的支架材料置于培养皿中，用吸管将高密度细胞悬液缓慢逐滴滴加于材料表面，不使细胞从材料溢出，放置培养箱中 2～4 h，待细胞充分黏附于材料后，缓慢加入培养液进行复合培养；后者是在上述方法的基础上，先沉淀部分细胞到三维材料中，孵育一段时间（1～2 h），使细胞黏附到材料中，然后再加入剩下的部分细胞，在 37℃条件下孵育（1～2 h），产生种子细胞的第二次沉淀，以增加种子细胞沉淀黏附的数量。还可采用多次沉淀的方法，使黏附在材料上的细胞数量增加。这种方法的优点是操作简单，可提高细胞的接种数量；缺点是接种的细胞分布不均匀。如果支架材料为筛网状，宜将支架材料悬空于培养皿内，否则，易出现虹吸现象而使细胞流失，从而影响接种细胞的有效率。而且，接种速率不宜过快，细胞量也不宜过多。

**3. 吸附法**

吸附法有利于细胞充分接触并黏附于材料内部，适用于支架材料孔径、孔隙率相对较小，细胞不易通过孔隙交通进入材料内部的情况。将已预湿的支架材料置于培养皿中，用吸管将高密度悬液逐滴滴加于材料上或将支架材料置于细胞悬液中，将整个培养皿置于负压容器中，施加一定的负压吸引力，细胞被负压吸附于支架材料上。该方法的优点是细胞接种较为均匀，数量较多，不致细胞浪费。但负压吸引的压力不易掌握，负压力太大，有使细胞死亡的可能，负压力太小，又不能使细胞吸附在材料上。缺点是容易污染。

**4. 凝胶法**

凝胶法也为常用的细胞接种技术。将高密度细胞悬液与多种物质，如胶原、藻酸钠、几丁质，玻璃酸钠等按一定工艺复合，形成凝胶，凝胶所具有的三维孔隙结构为细胞提供了生存空间及代谢活动场所，细胞较均匀地分布在凝胶内。

细胞所形成凝胶的技术依所选材料的不同而有所差别。下面以成骨细胞与藻酸盐凝胶的制备为例，简要说明凝胶法的制备过程：①配制成1.5%藻酸钠溶液，pH调至7.2，120℃高压消毒30 min，4℃保存备用；②取成骨细胞悬液$1\times10^7$个细胞/ml，加入1.5%藻酸钠溶液，再加入葡萄糖酸钙，使钙浓度为50 mmol/L，混匀，即形成凝胶。

**5. 动态培养系统**

动态培养系统是指将支架材料浸没在高密度细胞悬液中，采用旋转培养系统，可使细胞更均匀、更多地黏附于支架材料上。

## 30.4.2 细胞与支架材料的三维培养

虽有不同的细胞接种技术以供选择，但是不难发现，因重力等因素影响，常导致细胞分布不均匀。因此，细胞与支架材料的三维培养，常选用特殊培养容器。

### 30.4.2.1 三维培养装置的设计要求

原则上，三维培养装置须满足以下要求：

(1) 培养器总体积不能太小，根据创伤大小不同，培养器体积一般应为5 cm×5 cm～5 cm×10 cm；

(2) 利用各种手段使支架材料位于培养器中部，便于细胞能从四周附着和深入支架内部微孔中；

(3) 材料透明、无毒，便于从外方观察；

(4) 便于清洗和消毒；

(5) 便于更换营养液；

(6) 允许气体通过，如$CO_2$（调节pH）及$O_2$等；

(7) 能促使培养液缓慢流动，利于支架中细胞增殖生长；

(8) 有螺帽开口，便于添加促生长剂以及装载和收取细胞等。

### 30.4.2.2 三维培养装置的类型

文献报道的三维培养装置可分为以下几类。

**1. 静止型**

静止型培养容器的主体是静止不动的，培养液的运动靠在容器中置有一个用无毒塑料膜包被的小铁棒，电动搅拌器从外方搅动，带动铁芯旋转，从而使培养物转动。细胞支架复合物（cell scaffold complex，CSC）常固定于支持物上，搅棒位于底部。这种容器结构简单，易于制备，比较实用，缺点是搅棒在底部，搅动时可能使悬液上方和下方不一定完全均匀，影响CSC细胞贴附数量。

**2. 转动型**

转动型容器的主体能够转动。典型的是其下有固定底座，培养主体位于其上，CSC位于培养器的中部。

**3. 灌流型**

灌流型较为复杂，装载 CSC 和换液也较麻烦。

**4. 旋转式细胞培养系统**

旋转式细胞培养系统（rotary cell culture system，RCCS）简称为旋转培养系统，因其具有模拟微重力，并在细胞的规模化培养及维持细胞的高分化等方面具有的优势，使 RCCS 在组织工程的研究中的应用越来越广泛，故而将其单独介绍。

该系统的圆柱状培养容器中放置细胞或组织材料，并用培养液充满整个容器。整个容器由电机驱动沿水平轴旋转。细胞及组织在水平轴内建立均质的液体悬浮轨道，从而中和了大部分的重力效应，使之处于微重力状态。培养液及细胞/组织随容器一起旋转而不与容器壁和其他部件相撞，使细胞维持在连续的自由落体状态，以此来模拟细胞的微重力环境。在这样的微环境中，细胞能以几乎接近正常的方式进行三维生长。旋转培养系统中的细胞/组织通过膜式气体交换器来吸入 $O_2$ 和排出 $CO_2$，通过循环装置来补充新的营养物及带走代谢产物。其组织的培养密度为 $10^{10}\sim10^{11}$ 个细胞/ml，细胞的培养密度为 $10^8$ 个细胞/ml。

## 30.4.3 影响细胞与支架材料复合的因素

细胞与支架复合是一项较为复杂的技术，细胞与支架材料的相互作用又是极为复杂的过程，至今尚未十分清楚，研究促进细胞与支架材料复合的有利因素及避免其不利因素，是工程化组织构建十分重要的问题。

### 30.4.3.1 细胞的影响

体外培养的细胞，虽其形态和功能与体内情况十分相似，但由于生长条件、营养环境的改变，再加上分离细胞过程中添加了很多非生理性因素，因此有可能改变细胞的一部分功能状态，从而使细胞的生物学特性对体外联合培养具有极其重要的影响，如接种的细胞密度。关于工程化软骨构建的研究证实，低密度细胞不能形成关节软骨，只有在细胞密度达到 $1\times10^7$ 个细胞/ml 才能形成关节软骨。另外，细胞传代代次也有十分明显的影响。有研究表明，组织工程软骨的构建以原代细胞为最好，5 代以后的细胞不能形成软骨。另有研究发现，成纤维细胞及肌腱细胞在几丁质上不能生长。利用施旺细胞构建的组织工程神经，在有可降解纵向纤维丝及人工合成细胞外基质条件下，形成组织工程神经的效果会更好，均显示出细胞对支架材料也存在某种选择性。

### 30.4.3.2 支架材料的影响

**1. 材料的含水量**

细胞接种前，支架材料均需复水，但勿使其含水量达到饱和，否则常导致细胞悬液外溢，细胞不能被接种在材料上。而应用吸水纸吸去部分水分，使材料含水量减少，再接种细胞悬液，可使细胞接种量增加。

**2. 材料表面几何性质**

表面粗糙的材料，可增加细胞与材料接触的表面积，并以此促进细胞在材料表面的湿润作用，影响细胞的黏附强度。材料表面存在微小的刻痕或者其他微结构时，细胞黏附性增强，并形成接触引导（contact guidance），即细胞沿着表面纤维或者刻痕取向黏附。不同细胞在相同微结构表面黏附性不同，应根据不同的种子细胞设计材料的表面几何图形。

**3. 材料表面物理性质**

材料表面电荷量影响细胞黏附性。材料表面带正电荷可使细胞黏附增加。因此，可以提高表面带电基团数，以增加细胞的黏附特性。

**4. 材料表面化学性质**

细胞与聚合物表面的黏附特性依赖于材料表面的化学性质，包括合成聚合物的类型、材料的生物可降解性及蛋白质吸附等。支架材料的降解特性，使其表面不断更新，从而为组织细胞提供不断变化的黏附和生长界面。来自培养基或培养细胞自身分泌的蛋白质，吸附在聚合物表面，改变材料表面的生物化学性质，进而影响细胞与材料的黏附，如纤维连接蛋白即可增强细胞与支架间的黏附。

**5. 材料表面的改性处理**

为增强细胞与支架材料间的黏附，常对材料进行表面修饰（surface modification），通常有以下途径。①材料表面加入化学基团，改变材料表面的湿润度，提高黏附蛋白对材料表面的吸附能力，进而影响细胞的黏附。例如，将胶原类蛋白质固定在材料表面，设计出接近组织中的条件反应界面，利于细胞黏附。②固定多肽类物质。将一些小的生物活性功能基团固定在材料表面，如寡肽、糖类或糖脂、某些短链氨基酸序列（Gly-Arg-Glu，RGD）、细胞表面受体等均可影响细胞黏附。③固定氨基酸及其衍生物。对某些细胞，材料表面固定聚赖氨酸和聚鸟氨酸，可以提高细胞的黏附性。通过共价结合氨基基团也影响细胞的黏附。④ 固定细胞生长因子。在材料表面固定生长因子，可以通过引发细胞黏附来促进细胞生长。

**6. 表面特化结构**

采用微晶图技术（microlithographic technique），在材料表面制成具有确定尺寸、形状及图案的黏附和非黏附区域，其中具有黏附性的特化区域称为黏附微岛（adhesive microisland），可提供单个细胞发生黏附。通过黏附微岛大小改变及岛内修饰，可以控制细胞在材料表面的黏附和伸展面积。

### 30.4.3.3 应力应变的影响

正常生理环境下，特定的应力、应变对组织细胞形态、结构的维持以及正常生理功能的发挥均起着极为重要的作用，如关节软骨细胞在体内主要接受压应力。对体外培养软骨细胞给予持续静压应力，细胞的合成能力受到抑制；相反，一定频率的循环周期动态压应力，则可以促进软骨细胞的合成功能。另有文献报道，应力能刺激骨细胞，引发成骨细胞产生某种介质吸引破骨细胞，使骨发生重塑。肌腱细胞在牵张应力作用下，细胞的黏附作用增强，细胞沿着应力方向延长，细胞骨架也与应力方向一致。因此，尽可能模拟体内应力、应变环境，对体外工程化组织的构建具有重要作用。

**附：智能化张应变细胞三维培养系统**

细胞于应力应变情况下的培养，常借助一定的支架材料，如硅橡胶膜（silastic

membrane）、硅酮膜（silicone membrane）等。现对由四川大学华西医院组织工程实验室秦廷武等研制的智能化张应变细胞三维培养系统做简单介绍。

上述系统选择聚乙烯醇缩甲醛微孔材料作为支架，因其具有良好的表面特征、孔隙率（porosity）及细胞相容性（cell compatibility），尤其是支架材料在液体中表现出弹性回缩（elastic recoil）特性。支架材料表面裱衬一层 PLGA 以确保细胞的黏附。实验中，将支架材料置于特殊的培养皿中部，材料的一端用夹具固定，另一端与拉杆相连，拉杆连接步进电机。实验所用参数由微电脑控制，通过上述机械系统对聚乙烯醇缩甲醛微孔材料施加动态张应变，间接地对黏附于其表面的种子细胞施加应变。

（蔺海燕　张　喜）

# 第 31 章　组织工程的实际应用

自 20 世纪 80 年代提出“组织工程学”概念以后，为组织缺损、器官损伤的治疗带来了曙光。因此，组织工程学也称为“再生医学”。30 多年来，组织工程得到了快速的发展，目前已经能够再造骨、软骨、皮肤、肾脏、肝脏、消化道及角膜、肌肉、乳房等组织器官。

## 31.1　组织工程人工骨的实际应用

骨缺损的修复在临床上始终是一个重要课题和热门课题，但是目前对创伤、感染和肿瘤切除后所造成大范围骨缺损的修复仍未得到有效解决。自体骨移植是目前最常用的方法，但自体骨的供给十分有限，而且供区也会出现一些并发症，异体骨和异种骨具有抗原性，尤其在移植骨较大时，常因剧烈的免疫排斥反应导致移植失败。目前，临床上也在应用各种以金属、陶瓷或高分子制造的人工骨替代材料，但这些材料在生物相容性、生物活性、生物降解性及与宿主骨的力学匹配性等方面都存在各自的缺点，尤为重要的是，这些人工骨替代材料大都是由宿主骨床的外骨膜、内骨膜、骨髓、基质等具有成骨细胞的组织向植入材料长入，从而产生新骨，即通过“爬行替代”实现新骨的生长。这一方式必须要求植入材料与宿主骨床接触，其成骨量相当有限，如果在大范围骨缺损的情况下，成骨往往仅限于植入材料的边缘区域，难以完全修复骨缺损。随着组织工程的兴起，科学家们开始应用组织工程的原理和技术，将具有成骨潜能的细胞诱导分化、增殖并种植到生物降解的支架材料上，形成组织工程化人工骨，这将有助于促进大范围骨缺损的修复。

近年来，骨组织工程的应用研究已经在矫形外科、口腔外科及颅面外科等多个领域蓬勃开展。当前骨组织工程应用的战略可分两种：一种是载体材料与成骨因子在体外组装后植入体内，通过成骨因子诱导成骨性细胞的分化形成，进而生成新骨；另一种是利用体外细胞培养技术获得足够数量的成骨性细胞，并与载体材料在体外组装后植入骨缺损部位。迄今为止，有关骨组织工程方面的研究主要都集中在以下三个方面：①骨组织工程的支架材料；②种子细胞的研究；③组织工程化人工骨修复骨缺损的研究。

### 31.1.1　骨组织工程的支架材料

目前，以 HAP 为代表的钙磷陶瓷是广泛应用的骨替代材料之一，它具有良好的生物相容性。为便于携带细胞或其他成骨诱导物质，杨志明带领的研究小组将兔骨膜成骨细胞分别与 HAP、HAP/TCP 体外联合培养，结果发现在 HAP 上培养的成骨细胞形态单一，体积较小，排列较疏松。在 HAP/BCP 上成骨细胞排列致密，形态多样化，并有丝状伪足。将体外培养的细胞-材料复合物作同种异体肌袋内植入，发现 HAP 未见成骨现象。在 HAP/BCP 材料上可见矿化基质团块及板层骨形成。有的研究者又将其与 BMP 复合，使其具有诱导成骨作用。也有的研究者将 HAP 与胶原等有机物复合，但这些材料皆有各自的优、缺点。

天然及合成的可降解高分子材料是另一类用途广泛的骨替代材料。目前研究最多的是 PLA 和 PGA 及它们的共聚物。这两种聚合物在体内能逐步分解为小分子，并通过体内代谢排出，因此又被称为人工合成的生物可降解性聚合物（synthetic biodegradable polymer）。在骨组织工程学上应用的研究思路是制备这两种可降解性聚合物多孔支架，并提供初始强度，调节和控制其降解速率，使材料的降解与新骨的生长相匹配，进而将应力逐渐从材料转移到愈合的骨组织上。

模仿天然骨的成分和结构特征制造的骨替代材料，可为细胞提供与天然骨相类似的微环境，因而有望成为骨组织工程优良的载体材料，因此目前有人正致力于骨组织工程材料的仿生研制。纳米相 HAP 和胶原的复合材料（nHAC）正是基于仿生观念制成的骨替代材料，这种替代材料经体外细胞培养证明具有生物降解性，将材料植入体内，材料表面有新骨形成，同时材料逐渐被降解吸收，但材料的特定结构对细胞的功能有一定的影响。这种复合材料用于骨组织工程的初步结果令人满意。对天然异种骨进行处理作为骨替代材料是仿生制造的另一条思路，但目前对天然异种骨的处理方法尚不完善，其移植后仍保留一定的抗原性。最近，有人综合了天然多聚体与合成多聚体两者的优点，按天然多聚体严格的氨基酸系列来合成人工多聚体。

### 31.1.2 种子细胞的研究

目前用于骨组织工程研究的种子细胞多采用骨膜的成骨细胞和骨髓基质干细胞。骨膜成骨细胞的成骨能力很强。20 世纪 90 年代初，Y. Koshihara 等研究发现，人骨膜成骨样细胞的 ALP 及矿化能力并未随年龄的增长而减弱，他们认为骨膜的成骨能力与年龄无关，因此选用骨膜成骨细胞进行培养，建立“成骨细胞库”，并将其作为骨组织工程的种子细胞，而这也是目前研究最多的细胞之一。此外，骨髓基质干细胞也具有成骨潜能，一方面它能自动分化为成骨细胞；另一方面它能在诱导物（如 BMP）作用下促使其向骨形成方向分化。骨髓细胞取材方便，取材后并发症少而轻微，细胞培养条件要求不高，且成骨肯定。S. P. Bruder 和 N. Jaiswal 将骨髓基质干细胞多次传代，并经分裂增殖后其成骨潜力并未减弱。因此也被许多学者作为研究骨组织工程的种子细胞。目前对这两种来源的成骨细胞研究最多，并对其生物学特性、成骨潜能、成骨因子的作用、三维培养、应力培养及基因转导等方面进行了广泛深入的研究，还对种子细胞用于移植时的适宜浓度及能否适应受区环境等方面进行了探索。

### 31.1.3 组织工程人工骨修复骨缺损的研究

为了探讨利用组织工程的原理和技术修复骨缺损的可行性，J. P. Vacanti 等用种植有成骨细胞或软骨细胞的聚合物对裸鼠颅骨缺损进行修复，并以单纯聚合物植入或空白组作对照，植入后 3 周取材，检查发现实验组缺损中均有新生软骨形成，6 周后成骨细胞移植组的缺损中有软骨和骨组织并存，9 周和 12 周时缺损完全为骨组织充填，整个观察期内，软骨细胞移植组的缺损中仅有软骨生长，而单纯聚合物植入组和空白对照组的缺损均无修复迹象。这些结果都说明用骨组织工程技术修复骨缺损是可行的。

为了寻找利用组织工程技术制造带血管蒂的修复材料的可行性，J. P. Vacanti 等还将从胎牛肱骨骨膜上分离的成骨细胞种植到聚合物支架上，体外培养 2 周后，将成骨细胞-聚合物复合体移植到无胸腺大鼠的右股血管周围。手术后 6 周和 9 周取材的 12 个植入物中，有 10 个形成了新生的骨组织。6 周时的标本主要为软骨组织，其中含岛状的骨样组织，随着时间的延长，其中的骨组织成分日益增多，并可见血管侵入其中，最终形成了带血管蒂的小梁骨。随后进行的带蒂骨移植的研究表明，其修复骨质缺损的效果良好。这就为将来在临床上将此带血管蒂的骨骼作为新的骨移植材料提供了科学依据。目前研究人员正在设计应用组织工程技术来进行血管化的骨骼再生，从而很好地修复骨缺损。

## 31.1.4 组织工程人工骨的临床应用

目前有关组织工程化人工骨的临床应用文献报道不多，尚处于起步阶段。已有的报道均为少量病例的临床应用，但是仅从当前有限的病例报道中已可以看出组织工程化人工骨临床应用的巨大潜力。

R. Quarto 报道了 3 例组织工程骨临床应用的结果。患者年龄为 16～41 岁，骨缺损位于胫骨 1 例、尺骨 1 例、肱骨 1 例。缺损为 3.0～28.3 $cm^2$。采用自体髂骨穿刺，抽取骨髓，分离培养骨髓间充质细胞，与 HA 材料复合培养后植入骨缺损区，用外固定支架固定。手术后经 14～26 个月随访，其中 2 例分别在 5 个半月及 6 个月去除外固定，6～7 个月完全恢复肌体功能；1 例由于外固定支架松动，手术后 6 个月改为其他外固定，再经 6 个月后去除外固定，最终获得功能恢复。

四川大学华西医院应用自体骨髓间充质干细胞与生物衍生骨支架构建的组织工程骨，修复 1 例肋骨长达 10 cm 的缺损；1 例肱骨干纤维结构不良长达 20 cm，经 1 年 10 个月及 8 个月随访，均达到骨性愈合。用同种异体骨膜成骨细胞与生物衍生骨支架材料构建的组织工程骨，先后修复长骨干骨缺损、骨囊性病灶切除后骨缺损、牙槽骨缺损、脊柱及关节融合术植骨、陈旧骨折不愈合或畸形愈合的切骨矫正后植骨，均在 3～5 个月内达到骨愈合，并恢复了功能，未见局部及全身并发症。

到目前为止，尽管国内外有关组织工程骨临床应用的报道很少，但在已报道的病例中，其临床应用的初步结果令人满意，尚未发现并发症和骨不愈合。但其远期结局尚需要经过更长的时间随访，并继续深入研究之后才能判断，因此目前还不能作为常规植骨术用于临床，只能在严格的适应证下，进行有限的临床应用，并必须征得患者的同意，签署知情同意书，获得有关政府部门的批准。

**1. 手术适应证**

（1）骨良性囊肿病变，如骨囊肿、良性骨巨细胞瘤、动脉瘤样骨囊肿、骨纤维结构不良等，在彻底清除病灶之后，作为骨腔填充植骨。

（2）陈旧骨折不愈合或畸形愈合，需行截骨术时的植骨。

（3）慢性骨髓炎病灶清除术后骨缺损，伤口愈合 4～6 个月后，可接受组织工程骨植骨术。

（4）关节端的塌陷性骨折，骨折复位后遗留的骨缺损。

（5）严重粉碎骨折伴骨缺损。

（6）脊柱融合、关节融合术中的植骨。

**2. 手术禁忌证**

（1）急性或慢性炎症发作期不能进行植骨。

（2）有严重过敏史。

（3）恶性骨肿瘤。

（4）患者不愿意接受组织工程骨植骨者。

手术适应证和禁忌证有时是相对的。随着研究的深入，临床应用病例数的增加，临床经验的积累，可能使组织工程骨的临床应用范围扩大。

### 31.1.5 组织工程人工骨的临床应用前景

骨移植的临床应用广泛分布于矫形、口腔及颌面外科等多个领域，在应用数量上骨移植已成为仅次于输血的人体组织移植。据美国的统计资料显示，每年涉及骨置换的外科治疗超过了100万人次。在我国，估计这一数字肯定会更多，而且随着人们保健意识的增强、生活水平和医疗水平的提高，这一数字还会逐年增加，因此，骨组织工程未来的临床应用前景是极为广阔的，其相关产品也将具有可观的市场需求。

采用骨组织工程技术来修复骨缺损与其他骨移植（自体骨、异体骨和异种骨移植）相比有以下优点：①需要的供体组织少（细胞可在体外培养、增殖），供给来源不受限制，供体损伤小；②无抗原性或抗原性很小；③可根据修复缺损的需要将植入物制成精确的三维形状；④可利用仿生设计技术，设计出与天然骨相似的组织工程化人工骨，为长管状骨的大段或较大范围的骨缺损的修复提供新的途径；⑤组织工程化人工骨具有生命力，是一种活骨移植，可缩短骨缺损的修复时间并使骨缺损的修复质量提高。

总之，骨组织工程为骨的修复提供了新的方法，它的出现为医学的研究和发展开辟了新的领域。它是建立在细胞培养、天然材料的提纯、人工材料的合成、移植技术基础上的一门边缘学科，它的发展涉及细胞生物学、组织学、生理学、生物化学、免疫学、分子遗传学、生物力学、材料学、仿生学等多种学科知识，是一门最需要多学科交叉研究，也最可能对人类的生命质量产生重大影响的新兴学科。

## 31.2 组织工程软骨的实际应用

### 31.2.1 组织工程软骨的基础研究

关节软骨损伤在临床上非常常见，它可导致关节面不平整，从而继发骨关节炎。对于老年患者，已有骨关节炎的软骨损伤可采取半关节或全关节假体置换来获得有效的治疗。但对于年轻患者，关节假体置换仍然存在相当多的问题。因此，对于这类患者，有生命的软骨修复显得十分重要。近年来，软骨组织工程研究的进展使得采用预先构建的组织工程化软骨来修复关节软骨损伤的设想，成为一种颇具前途的关节软骨修复方法。

全关节或半关节假体置换是治疗已遭严重破坏关节的良好措施。但仍存在假体松动和后期感染等后果严重的问题，不适宜年轻患者和病损不重的患者。软骨移植存在供体或供区受限，以及异体排斥的问题（尤其是带有骨的软骨移植）。改善局部创面修复质量的方法有软骨下骨钻孔或骨打磨、软骨细胞移植、骨膜或软骨膜移植、天然或人工合成多孔聚合物支架植入等方法。但迄今未见这些方法达到优质软骨形成的结果和长期恢复关节功能的效果。因此，需要寻找新的关节软骨损伤的治疗措施，而软骨组织工程已成为近年来人们关注的重点。

组织工程化软骨目前仍处在实验室研究阶段，距离有效的临床应用尚有不远的距离。但已取得的结果显示出了它可喜的应用前景。从发展的观点来看，软骨组织工程是建立在软骨细胞移植和聚合物移植这两项技术上的。将这两种过去分离的方法结合，加上选材和技术上的革新及观念上的突破，发展成了今日的软骨组织工程技术。实际上，软骨细胞移植和聚合物作为软骨替代物及体内植入这两项技术都在临床上有过尝试，也都展现出一定疗效，但仍未获得广泛的认同和应用。采用组织工程技术将软骨细胞与生物降解性聚合物支架结合，通过动物体内皮下培养，使人类首次在骨和软骨以外的部位用外源性软骨细胞创建出了软骨组织。接着通过对试验方式和条件的改进，又在体外培养出组织工程化软骨，其外观和组织形态与天然软骨相当接近。随后，模拟气管的圆筒状软骨和具有人耳形状的软骨培养的成功，标志着预制人工软骨的组织工程技术正在走向成熟。组织工程化软骨修复关节软骨缺损的动物实验工作表明了它在关节软骨损伤修复中的可行性。而可注射性软骨的研究，预示着采用微创的内窥镜手段，通过软骨注射治疗关节软骨损伤的可能性。

在美国，已将软骨组织工程产品通过内窥镜植入尿道，治疗尿失禁，取得了较好的临床效果。体外构建软骨的细胞来源，可以取自体的肋软骨或非负重面关节软骨。用组织工程方法仅需取出小量的软骨组织，从其中分离出来的软骨细胞，经体外扩增后可培养出由自体细胞构成的组织工程化软骨。用这种软骨修复关节软骨损伤，从免疫学角度来看属于自体移植范畴，避免了异体排斥反应，也避免了个体之间的疾病传播。对接纳细胞的支架材料的任意塑形，可使用于特定修复的组织工程化软骨在植入体内以前获得精细设计。所有这些成就展示出软骨组织工程的强大潜力。但是，由于组织工程跨学科的性质，发展中涉及的学科很广泛，因此对于临床应用尚存在许多挑战性问题有待解决。从组织工程学角度来看，创建一种新的功能组织需采取 3 个方面的综合举措：①能够分离细胞，并使细胞发挥要求的功能；②组织发生的诱导物质，如生长因子；③能够为细胞提供附着的临时支架。

软骨细胞的体外扩增是临床应用组织工程化软骨面临的首要问题。传代培养后的反分化现象是软骨细胞的突出弱点，对此迄今尚无满意的解决办法。因此开发既能促进细胞高效扩增，又能保持其表型稳定的方法，是组织工程对软骨细胞培养的要求。细胞扩增的时间也存在问题。根据软骨取材量的多少和植入体的大小，一般体外扩增细胞需要数周到数月，加上制备组织工程化软骨的过程，所需时间更长。在此段时间内对细菌或真菌污染的预防措施的开发显得尤为关键。目前，软骨细胞培养和组织工程化软骨培养多采用动物血清（如胎牛血清），因此在组织工程化软骨被植入人体后存在病毒转播的可能性。生物材料是未来研究的主要领域。天然生物材料（如Ⅱ型胶原）含有促进细胞黏附、分化的信息，这是其显著优点。而人工合成聚合物材料具有精确控制相对分子质量、降解时间，支架结构加工质量稳定等特点。怎样才能结合天然材料与合成材料的优点，从而创造出适合软骨细胞的支架材料？目前这一问题尚未解决，但其意义重大。进一步要解决的问题是如何将生长因子等生物活性分子与支架材料结合，把支架材料建成一种组织诱导物质的控释系统，达到优化组织工程化软骨的分化程序和有序发育的效果。软骨在体内骨和软骨间的固定是临床操作的一大难题。现在应用的固定方法主要是缝合和生物胶黏合。缝合可造成周围宿主软骨的损伤，而生物胶黏合的强度不够，效果多不满意。因此，开发既能在局部将组织工程化软骨牢固固定，又不影响其生长发育和损伤周围软骨的固定方法是组织工程化软骨临床应用成功的重要技术。迄今为止，在体外尚未培养出大块的组织工程化软骨，因此对大块关节软骨损伤及全关节软骨损伤的修复还需更多、更深入地研究工作。

材料植入和组织移植是整形外科常用的方法，植入材料和移植组织的选择一直是整形外科面临的难题。各式各样的内植材料的应用，说明整形外科领域始终在努力寻找一种理想的内植材料。组织工程化软骨不仅可用于关节修复，也可应用于整形外科。选择组织工程化软骨作为成形与重建的材料，代表了移植组织来源的巨大扩充和内植材料研究的前沿。作为一种有生命的、可以在体内长期停留的材料，组织工程化软骨对整形外科而言有其独特的优势。用自体软骨细胞构建的组织工程化软骨可以避免异体软骨移植时造成的免疫排斥反应。组织工程化软骨的研制与开发将在小耳畸形修复、面部重建、鼻造形、面部整容和气管缺损修复等诸多方面发挥作用。人耳形组织工程化软骨和圆筒状软骨的研究工作，展示了用于整形支架的软骨组织工程的可喜前景。

圆筒状组织工程化软骨的研究是为了修复颈段气管缺损。采用的方法是将生物降解性三维支架与软骨细胞复合后构建软骨。三维支架由直径为 15 $\mu$m 的 PGA 纤维制成片状物，软骨细胞接种于 PGA 片上，然后将该片环包于硅胶圆柱管上，并植入裸鼠体内。经过 4 周体内培养，形成圆筒状组织工程化软骨。大体观察和组织学检查表明，该软骨圆筒与其细胞来源的软骨是一致的。经力学测试，软骨圆筒能抵抗负压而不塌陷。将这种软骨圆筒移植缝合于有大块环形缺损的裸鼠颈段气管上，以代替缺损的气管。手术后这些动物可以存活，并且呼吸时不需要任何辅助。这项实验证实了用组织工程化软骨修复致命性气管缺损的可行性。目前，组织工程化软骨修复气管缺损尚不具备临床应用的条件，还有许多问题尚未解决。软骨圆筒的可曲性和如何在软骨圆筒里面内衬气管上皮等问题，尚在研究之中。

全耳重建的目的是创造出一个与患者对侧耳郭一样的外耳。人耳形组织工程化软骨的研究为这一领域提供了一项大有前途的选择。研究人员用藻酸盐在一个 3 岁儿童的耳郭上取下印模，然后制成石膏模具。厚 100 pm 的 PGA 无纺网用含 1%PLA 的二氯甲烷溶液浸泡 2 s 定形，然后用该模具将 PGA 纤维织物塑形成人耳状：将取自肱盂和肱尺关节的牛软骨细胞接种于人耳形 PGA 支架上，体外培养 1 周后移植到裸鼠皮下。通过 12 周裸鼠体内培养仍保持着初期植入时的形状。取出标本，显示外观呈软骨样，组织形态学检查，证实为软骨组织。这项实验的成功表明了组织工程化软骨在全耳重建中临床应用的可能性。不过，耳软骨属于弹性软骨，而这项实验的软骨细胞取自关节软骨，属于透明软骨。弹性软骨细胞与透明软骨细胞并非完全一致。因此，来源于何种软骨细胞构建的组织工程化耳软骨的功能更好，尚有待于进一步研究。

## 31.2.2 组织工程软骨的临床应用

组织工程软骨也是国内外研究最早、最深入的组织之一，包括支架软骨（如耳郭软骨、肋软骨、气管软骨等）和负重软骨（如关节软骨、半月软骨）。然而，至今临床应用病例极少。其主要与以下因素有关：①软骨细胞数量少、传代次数有限，难以获得大量细胞；②关节软骨需承受较大的压应力，现有的支架材料及软骨再生的速率尚不能满足生物力学强度的要求；③软骨细胞的来源有限。随着研究的深入和新的支架材料的研制，组织工程软骨有可能在不太长的时间内进入临床应用。目前能见到的临床应用有以下几个方面。

#### 31.2.2.1 自体软骨细胞移植修复关节软骨缺损

自体软骨细胞移植修复关节软骨缺损技术是美国 FDA 批准用于临床的技术之一。其方法是通过关节镜技术发现患者小区关节损伤，确定需要进行软骨细胞抑制。在关节镜下切除非负重区的少量关节软骨，送细胞培养公司进行细胞培养，扩增到相当数量。这一过程需 2～3 周。然后再次进行关节镜手术，将软骨损伤区打磨，造成新鲜创面。切取相应大小的胫骨骨膜，缝合修补软骨缺损区，并在骨膜下注入软骨细胞悬液，结束手术。S. M. Richardson 报道了 2 例用这种方法修补关节骨缺损后 12 个月的组织学和免疫组织化学的结果，发现修复组织表现为区域性不均匀，深部区域为类似透明软骨，表面层更像纤维软骨。近年来，对采用自体软骨细胞移植加上自体骨髓外皮修复关节软骨缺损的方法，经过较长期的临床观察及关节镜检查，发现其临床效果存在较大差异，更远期的治疗效果尚待观察。

这项技术的优点是采用自体软骨细胞移植，无抗原性，早期修复效果尚好。缺点是需第二次进行关节镜检手术。

#### 31.2.2.2 组织工程软骨修复肋骨畸形

J. P. Vacanti 等曾应用组织工程软骨修复 1 例患儿先天性胸骨凹陷性畸形。由于严重的胸廓凹陷，使心、肺受到压迫，患儿不能参加正常的体育活动。采用软骨细胞与 PGA 支架材料复合构建的组织工程软骨替代畸形的软骨。手术后经过 4 年随访，患儿的畸形得到改善，心扉功能恢复正常，能像正常儿童一样参加体育活动。

#### 31.2.2.3 组织工程软骨修复半月软骨

W. G. Rodkey 等用可吸收胶原作为半月软骨支架治疗 8 例半月软骨损伤患者，其中 1 例为修复内侧半月板的不可逆损伤，7 例为曾经做过半月软骨切除术。全部患者均在关节镜下手术。修复后 6～12 个月再次关节镜检查，发现关节软骨面保护良好，组织学证实为纤维软骨形成，X 射线显示无关节退变性关节炎改变。手术后 1～2 年症状全部改善。

## 31.3 组织工程在心血管系统的实际应用

### 31.3.1 心脏瓣膜组织工程

瓣膜置换是心脏瓣膜病变的最主要治疗手段，机械瓣、生物瓣的临床使用在一定程度上改善了患者的心脏功能和生活质量，但远未达到理想化的程度。机械瓣易形成血栓需终身抗凝，生物瓣易钙化毁损、耐久性能差、衰坏率高。目前所使用的各型瓣膜均无生长潜力，这对儿童而言几乎是致命的。理想的瓣膜替代物应是健康自体瓣膜的复制品，具有迅捷而完全的启闭功能和良好的流体特性，不引起堵塞、溶血和血栓，无免疫原性和感染危险，无需抗凝，耐力持久而具再生能力，其寿命可无限延长并随患者的发育而生长。

组织工程化心脏瓣膜可满足上述条件。T. Shinoka 等为此进行了开拓性的研究工作。他们将分离出来的羊动脉成纤维细胞和内皮细胞依次接种于 PGA 支架材料上并植入自体肺动脉瓣右后叶，手术后超声心动图检查未见狭窄，仅见微量的肺动脉反流，而在异体移植对照组中则出现中等量的反流。随后他们又将未接种细胞的聚合物三叶瓣作为对照，发现无细胞的聚合物材料 8 周就降解吸收，而接种细胞的聚合物降解缓慢，基质内胶原含量进行性增加，弹性蛋白和内皮细胞Ⅷ因子染色阳性，DNA 检测有相当多的细胞量，瓣叶抗张强度也逐渐增加。该实验的初步成功表明体外构建的瓣膜植入体内具有生物活性并能承担一定功能，为利用组织工程技术研制心脏瓣膜开创了良好的开端。

种子细胞是构建有活力瓣膜的基本要素，那么不同来源的种子细胞是否会对实验结果产生影响。T. Shinoka 等分别将羊股动脉和皮肤的成纤维细胞与内皮细胞种植于 PGA 支架上并植入羊肺动脉瓣区，结果发现，在细胞生长指数、弹性蛋白含量和瓣膜厚度等方面股动脉来源的成纤维细胞均优于皮肤来源者。有研究表明，人瓣膜间质中有大量肌成纤维细胞存在并执行不同功能，在这些细胞中可见 5-HT、ANGⅡ等多种受体亚型阳性表达，5-HT、ANGⅡ促进间质细胞的 DNA 和胶原合成，在瓣膜病变和修复过程中可能发挥一定作用。

组织工程瓣膜支架材料是瓣膜构型、细胞黏附、生长分化和代谢的重要场所。瓣膜支架材料应具备良好的组织相容性和细胞亲和性，同时兼具一定的可塑性和机械强度以便能制备多孔和高孔隙率的三维立体网络结构，为细胞在其表面生长、增殖和分泌基质提供适宜的微环境。在支架材料降解吸收过程中，受体细胞形成的细胞外基质能逐步承担相应的血流动力学负荷，最终为受体新生组织所替代，从而达到重建具有生命活力组织工程化瓣膜的目的。T. Shinoka 等应用 PGA 无纺网和 PGLA 编织网构建一夹层生物材料，其纤维直径 15 $\mu$m、孔隙率＞95％、抗张强度 3.6 MPa、密度达 0.07 g/cm$^2$，用其种植成纤维细胞和内皮细胞后植入肺动脉瓣区取得了较好的实验结果，但其缺点是材料厚而硬，强度和可屈性不够。R. Sodian 等进行了 PGA、PHA（polyhydroxyalkanoate）、P4HB（poly-4-hydroxybutyrate）3 种不同材料构建的瓣膜的比较研究，发现 PHA 的弹性和机械强度均优于既往应用的材料，应用 PHA、P4HB 构成的三瓣叶在搏动性生物反应器（bioreactor）内能自然启闭，并具有很大的细胞黏附能力和促胶原生成能力。PGA 则因材料较硬而未能建立三叶瓣支架。S. P. Hoerstrup 等将羊肌成纤维细胞和内皮细胞接种于 PGA＋P4HA 瓣膜支架，置于逐渐增加血流和压力的体外搏动性生物反应器内孵育 14 天后植入羊体内，手术后不同时间取出，发现组织工程化瓣膜维持功能达 5 个月之久，并在组织学、机械性能和细胞外基质形成等方面可与自体正常瓣膜相比拟。

## 31.3.2 心肌组织工程

心肌缺乏干细胞，已成熟的心肌细胞均已分化完全，不能进入细胞循环，因此心肌缺乏再生能力，心肌梗死后心肌细胞不可逆丧失，只能依靠成纤维细胞生长形成瘢痕未修复替代。设法增加心肌梗死后患者心脏中心肌细胞或心肌细胞样细胞的数量将有助于心脏功能的改善。一个来自自体的具有收缩能力的组织工程化心肌对修复心脏缺损或用作房室壁修补很有价值。

目前修复心肌的有效途径之一就是在受损心肌部位实施细胞移植术。M. Scorsin 等通过结扎鼠左冠状动脉建立心肌梗死模型，成功地将胎心肌细胞注射到左室梗死部位后，发现左室射血分数和心排出量均有不同程度的改善。R. K. Li 等评价了胎儿心肌细胞植入鼠结缔组织后的生命力和收缩能力，发现这些移植的细胞形成了具有收缩能力的心肌组织。随后他们将用β-半乳糖苷酶基因质粒转染的胎儿心肌细胞注射到经冷冻伤产生的鼠左室壁心肌梗死区瘢痕组织内，2 个月后心脏功能得到明显改善。在 M. Scorsin 的研究中。骨骼肌干细胞被移植到大鼠心肌梗死部位，用超声心动图检查评价移植前后心脏功能。发现移植了骨骼肌干细胞组左室射血分数从 40.4%提高到 47.3%，而对照组则从 40.1%下降到 36.7%。在鼠心肌梗死模型中，D. Orlic 等将骨髓干细胞移植到梗死区域，发现由骨髓干细胞分化出的心肌细胞占梗死部位的 68%，已见新生血管生成，表明受损心肌得到修复并形成有功能的心肌组织。为了避免同种异体细胞移植可能产生的免疫排斥，R. K. Li 等将自体室隔细胞作 BrdU 标记后注入心肌梗死区域，手术后经 SPECT 检查室壁运动幅度和移植区域的灌注分数均有明显改善。

在成人肌肉组织中，心肌不含成肌细胞（myoblasts），骨骼肌中有少量成肌细胞以肌卫星细胞形式存在于肌纤维的肌膜和基底膜之间。骨骼肌由于成肌细胞的存在而具有强大的再生能力，但心肌由于缺乏成肌细胞而不可自行再生修复。目前肌肉组织工程多采用成肌细胞作为种子细胞。心肌成肌细胞移植着眼于通过肌肉途径激活成肌细胞的分化潜力，通过壁内或心室注入成肌细胞达到修复受损或病变心肌的目的。R. C. Chiu 等将以 LacZ 标记的肌卫星细胞植入急性心肌梗死部位，发现植入的细胞逐渐生长繁殖且与周围心肌结构相似，这进一步说明骨骼肌成肌细胞用于修复受损心肌过程中其分化受到周围微环境的影响，在适宜环境下可向心肌样细胞分化。D. A. Taylor 等将自体骨骼肌成肌细胞植入兔冷冻伤心肌梗死区域，结果在梗死区新生的横纹状细胞兼具骨骼肌和心肌特征。

心肌修复的另一条途径是将种子细胞与可降解生物材料结合起来。R. K. Li 等将胎鼠室壁细胞、胃平滑肌细胞、皮肤成纤维细胞和成人房室肌细胞接种于可降解凝胶网状物上，研究这些细胞在体外的特性。结果表明，除了成人心室肌细胞外其余细胞均能在该网状物上生长。他们随后将种植了胎鼠心肌细胞的凝胶网植入实验动物的皮下或心肌瘢痕处，发现移植细胞存活良好并与受体心肌组织融为一体。J. Leor 等将胎心肌细胞接种于有孔藻酸盐支架上植入心肌瘢痕处，可见移植物上大量新生血管生成。

### 31.3.3 血管组织工程

研究人员采用不同的血管细胞分裂原和趋化剂已成功地促进毛细血管跨间质向内生长到合成移植物的内外表面。原位形成血管的过程包括血管细胞的迁徙、增殖和分化。这个过程是伤口修复和肿瘤生长中的一个重要部分，研究人员利用生长因子研究中的进展已在动物模型和细胞培养中获得了工程化微血管。这一控制性血管生成可能用于临床小血管修复，并为人造器官提供血供。

J. A. Thompson 和 T. Maciag 在动物模型上已获得如何诱导新生血管生成的方法。aFGF 浸泡过的明胶海绵植入大鼠的颈部和腹腔，手术后 1 周明胶海绵内出现明显的血管生成反应。置于两个腹腔脏器之间的明胶海绵内可见双向新生血管形成。另外，aFGF 诱导的新生血管化能够维持植于明胶海绵内大鼠肝细胞系的存活和增殖能力。这一模型可能发现一种载体的用途，它可建立器官与移植体内经基因改造的细胞之间的血管桥。

小血管已经在体内制备成功，方法是采用 bFGF 诱导毛细血管内皮细胞伸入胶原或纤维蛋白基质并形成小管构成血管。这种 FGF 血管生成反应与内皮细胞产生的蛋白水解酶耦联。蛋白酶的产生在血管发生中是关键的一步，它提供了内皮细胞改变细胞外基质和进入血管周围间隙的工具。

另一个体内血管模型的结构如下：培养的内皮细胞、平滑肌细胞和外膜成纤维细胞被层层铺入一个塑形的胶原和 Dacron 培养系统中；2 周后，形成了一层融合的内皮通畅性屏障，能产生 VW 因子（von Willebrand factor）和前列环素，其中活跃的平滑肌细胞分泌胶原到细胞外间隙。这种工程化血管不同于哺乳动物自身血管之处在于它需要假体支撑维持其结构，不含有弹性蛋白。

小口径（<6 mm）组织工程化血管的构建大致分以下 3 类：①接种细胞的非降解材料（如 Dacron）；②接种细胞或不接种细胞的天然材料（如胶原）；③接种细胞的可降解聚合物材料（如 PGA）。人自体血管由于有内皮细胞的屏障作用而具有良好的抗血栓形成能力。人工血管能否内皮化取决于种植细胞在人工血管上黏附、生长和扩展的能力。R. Vohra 认为内皮化的人工血管植入人体后在受到血流持续冲击的最初 4～24 h 会有 30%～60%的细胞丢失。因此提高植入细胞的黏附能力是能否构建血管的关键。H. Miwa 在聚氨酯（polyurethane，PU）人工血管内壁预衬Ⅰ型胶原蛋白和硫酸角质素后，种植内皮细胞，构建内径 3 mm、长 5 mm 的人工血管用于置换大颈总动脉，手术后不抗凝。结果显示，人工血管的内皮细胞覆盖率在植入时为 89%，2 周时为 92%，12 周时为 100%，26 周时总通畅率仍高达 75%。另外，在人工血管内壁预衬纤维连接蛋白、细胞因子以及改变内皮细胞的带电性等均对提高内皮细胞在血管壁上的黏附力起促进作用。C. B. Weinberg 等首次将天然材料胶原蛋白与牛肺动脉的成纤维细胞、平滑肌细胞及内皮细胞一起构建动脉血管，内皮细胞层构成血管内膜，平滑肌细胞和成纤维细胞胶原构成血管壁及外膜，内皮细胞覆盖率达 90%以上，并产生Ⅷ VW 因子。N. L'Heureux 等通过改变培养条件来对血管的机械强度进行改良。他们先期将一种由平滑肌细胞层形成的具有三维空间的光滑网状物制成管状，再依次植上成纤维细胞和内皮细胞分别构成血管的外膜和内膜，然后在灌注培养基中继续培养形成人工血管，其所能承受的压力与人血管相当，将其置换犬股动脉术后 1 周仍有 50%的通畅率。来自非传统途径的细胞能否用来构建人工血管？J. H. Campbell 等对此作了实验验证。他们先期将硅胶管置于鼠和兔腹腔内，2 周后取出表面已覆盖多层肌成纤维细胞、胶原基质和单层内皮细胞的硅胶管。移除该管，将内皮细胞层翻转至新生管状结构的内腔后植入相应实验动物的颈动脉或腹主动脉，术后 4 周仍保持通畅，通过这种方法构成的人工血管具有与正常血管相似的主动收缩反应。T. Huynh 等用小肠黏膜下组织和牛Ⅰ型胶原蛋白构成的小口径血管，均显示出较好的通畅率，并对某些血管活性介质，如去甲肾上腺素、5-HT、缓激肽等有适度的舒缩反应。最近，T. E. Niklason 等在使用可降解材料构

建人工血管方面进行了卓有成效的工作。他们模拟体内环境在搏动性生物反应器内进行体外培养构建牛动脉血管，其抗撕裂强度可达 267 kPa，所构建的血管厚度、胶原蛋白和弹性蛋白含量、平滑肌细胞密度以及对缝线的耐受力等指标均优于对照组，并与自身血管相类似。

T. Shinoka 等认为，大口径人工管道在修复许多先天性心脏缺损中发挥重要作用，最常见的是用于重建右室至肺动脉的延续性。他们将羊动、静脉细胞种植于 PGA 构成的管道支架上体外培养 1 周后置换该羊 2 cm 长的肺动脉段，结果显示移植段血管具有良好的通畅率，弹性蛋白、胶原蛋白染色均阳性表达。U. A. Stock 等将羊静脉细胞种植于有孔的 P4HB 补片上修补肺动脉近端缺损也取得了初步成功。随后他们将羊动脉细胞种植于 PGA-PHA 共聚物上置换 3～4 cm 长腹主动脉段，显示该移植物呈良好的开放状态，其 DNA 和胶原蛋白含量与正常自体动脉相似。2001 年 T. Shinoka 等将一体外构建的组织工程化肺动脉用于治疗 1 例先天性单右室和肺动脉闭锁的 4 岁患儿。该患儿在施行肺动脉成形和 Fontan 手术后的随访中发现有肺动脉中段阻塞，他们将该患儿外周静脉细胞接种于 PGA-PHA 支架材料上构建血管用于肺动脉的置换重建。手术后随访 7 个月血管仍保持良好的通畅率。这是世界上首例采用自体细胞聚合物构建的组织工程化血管用于人体大血管重建，其结果令人兴奋。

经过几十年的努力，人造血管替代装置取得一定的成功。尽管多数研究都集中于开发“内在”材料，Dacron 和 ePTFE 仍是目前可用于临床的合成材料。目前的研究热点集中于生物相互作用性移植物上，这种组织-移植物-血液界面的微环境最优化可防止早期血栓形成和抑制晚期平滑肌细胞的增生，还可促进血液接触面的静止内皮再表面化。应用内皮细胞和生长因子复合到移植物以及使用生物可吸收性模板诱导组织向内生长是目前最有希望的研究领域。不久的将来，血管生物学家将能在培养皿中创造出工程化血管或在活组织中诱导血管的生成。

## 31.4　组织工程肝脏的实际应用

肝脏组织工程是组织工程研究领域中的重要研究方向之一，其目的是最终经过人工的方法在体外培育成可供移植的具有正常代谢功能的肝脏组织或类器官，从而对肝功能受损的患者进行治疗。由于肝脏组织结构和生理功能的复杂性，组织工程化肝脏构建面临着极为严峻的挑战。在达到这个目标之前，存在着许多艰难的中间过程。目前，在已见报道的文献当中，组织工程人工肝的应用多以动物试验为主，人体试验所占比例很少。而在这些人体试验中，又几乎全是体外型人工肝的应用报道。

下面将几次很具有代表性的人体试验作一介绍。

N. L. Sussman 和 J. H. Kelly 等对 23 名患者实施了体外型肝脏辅助装置治疗。第一次试验在美国进行的，共有 10 名患暴发性肝功能衰竭的患者接受了治疗，其中包括一名因肝移植失败而行全肝切除者。使用人工肝装置后，患者的半乳糖清除能力明显增强，血流动力学趋于稳定，尿量正常，肝性脑病在 24 h 内有不同程度缓解。第二次试验是在英国，共有 24 名患者参加了这次试验，其中 12 名患者接受了体外型人工肝治疗。将 12 名患者又分为两组，入院时不符合进行肝移植手术适应证的患者为第一组，符合肝移植手术适应证的患者为第二组。第一组患者接受人工肝治疗的时间为 3～72 h，第二组患者接受治疗的时间为 20～168 h。结果显示，监测的参数虽无统计学差异，但接受人工肝治疗者凝血酶原时间在短期内已恢复正常，且肝性脑病无加重征象。

F. Wood 对 6 名肝功能衰竭患者进行了治疗。其中包括 5 名女性和 1 名男性，年龄为 9～67 岁，治疗时间短的为 25 h，长的达 6 天。使用的人工肝装置为贴附有 C3A 细胞的中空纤维支架。实验结果虽然有 5 名患者死亡，但均与人工肝的使用无关。在治疗期间，有 3 名患者的临床症状明显改善，如精神状态、肝功能试验等。另有 2 名患者虽无症状的改善，但代表肝脏功能的半乳糖清除能力增强。此外，使用人工肝期间，所有患者均未出现血流动力学紊乱。在死后尸检中，2 名患者的肝脏有明显的再生表现。

N. L. Sussman 等采用中空纤维型人工肝装置成功地抢救了 2 名肝功能衰竭患者。1 名是 68 岁的妇女，病因不明，在临床症状和实验室检查均提示无生还希望的情况下，使用了人工肝。连续治疗 6 天后，其精神状况及临床症状明显减轻，肝功检查显示本身肝组织的功能正在恢复。另 1 名是 12 岁的黑人女孩，因患巨细胞合胞体肝炎而导致肝功能衰竭，患者全身多器官功能衰竭，无法接受肝移植手术。在患者达到Ⅳ度昏迷前，开始采用人工肝的治疗，58 h 后，其自身肝脏功能恢复至维持生理代谢水平，人工肝治疗停止后随访 1 年，患者所有的实验室指标已完全恢复正常。

A. J. Ellis 和 R. D. Hughes 进行了一项前瞻性临床对照实验。24 名患者被分为两组，17 名肝脏功能尚有恢复可能（50%）的为第一组，7 名已准备进行肝移植术的为第二组。然后，两组中的患者再随机分成接受人工肝治疗组和对照组。人工肝的治疗时间为 3～168 h（平均 72 h），有 2 名患者在治疗中期退出了试验，1 名是因为 DIC 症状的进一步恶化，另 1 名是因为高敏反应。实验结果显示，对照组中，肝性脑病程度加重的人数多于人工肝治疗组（7/12∶3/12）。在第一组中，9 名接受人工肝治疗的患者有 7 名存活，存活率为 78%；而 8 名接受对照治疗的患者中有 6 名存活，存活率为 75%。在第二组中，3 名接受人工肝治疗的患者有 1 名存活，存活率为 33%；而 4 名接受对照组治疗的患者有 1 名存活，存活率为 25%。此外，所有接受人工肝治疗时间超过 6 h 者均出现半乳糖清除能力的增高，对照组则无此现象。

组织工程人工肝装置的研究在现代医学科学发展中是可能的，同时也是必须的。当前，尽管已有好几种人工肝装置进入了临床试验阶段，但由于肝脏本身复杂的结构和代谢功能，这几种装置的试验结果并不理想。此领域还有大量的工作待完成。

此外，由于研究者们参照的标准不同，已发表的文献资料缺乏可比性和可重复性。因此，部分研究者制定出了以下几条共同遵循的准则：①所有的人工肝装置均应在标准的肝病动物模型中进行设计严谨的试验；②应用于人工肝装置中的肝细胞数或肝组织量应标准一致；③试验中接受治疗的时间及频率应规范化；④结束治疗的指征应在试验开始前明确拟定；⑤评价试验结果的指标应一致。

肝脏组织工程属生物学、材料科学、信息科学、制造科学和临床医学等多学科的交叉领域，随着相关学科的发展和相关技术的创新，组织工程化肝脏必将日趋完善。

（蒋尔鹏）

# 第八篇　生物芯片

生物芯片是采用微量化、并行化、高通量的方式检测生物样品中的分子变化规律的生物化学分析器。微加工获得的微米结构与生物化学处理结合，可将成千上万个与生命相关的信息集成在一块1 $cm^3$的芯片上，以进行生命科学和医学中所涉及的各种生物化学反应，达到对基因、蛋白质、活体细胞甚至组织等进行测试分析的目的。通过分析可得到大量具有生物学和医学意义的信息。

生物化学反应和分析过程通常包括3个步骤：①样品制备；②生物化学反应；③检测和数据分析处理。将其中一个步骤或几个步骤微型化集成到一块芯片上可以获得具有特殊功能的生物芯片。根据检测靶标的不同，有DNA芯片、蛋白质芯片、细胞芯片和组织芯片等。微流体芯片等特殊芯片也是主要的发展方向之一。生物芯片的主要特点是高通量、微型化和自动化。生物芯片上高度集成的成千上万密集排列的分子微阵列，能够在很短时间内分析大量的生物分子，使人们能够快速准确地获取样品中的生物信息，检测效率是传统检测手段的成百上千倍。生物芯片将是继大规模集成电路之后的又一次具有深远意义的科学技术革命，具有广泛的应用前景。

# 第 32 章　生物芯片概论

生物芯片（biochip）或微阵列芯片（microarray）是近 20 余年来在生命科学领域中迅速发展起来的一项高新技术。它主要是指通过微加工和微电子技术在固体芯片表面构建微型生物化学分析系统，以实现对生命机体的组织、细胞、蛋白质、核酸、糖类及其他生物组分进行准确、快速、大信息量的检测。

## 32.1　生物芯片的基本概念

生物芯片是在一定的固相表面建立的微流体检测系统，通过微加工工艺在厘米见方的硅片、玻璃、塑料和尼龙膜等固相载体上以点阵的形式有序地固定成千上万个与生命相关的信息分子，形成密集二维生物分子微阵列。在一定的条件下与标记的样品分子进行生化反应，反应结果用化学荧光法、酶标法、放射性核素法等显示，再用扫描仪等光学仪器进行数据采集，最后通过计算机软件进行数据分析。从而可以实现对 DNA、RNA 和蛋白质等生物活性物质进行高效快捷的测试和分析。由于常用玻片/硅片作为固相支持物，且在制备过程模拟计算机芯片的制备技术，所以称之为生物芯片技术。

关于生物芯片的定义有两种。广义地讲，一切采用生物技术制备或应用于生物技术的微处理器都可以称为生物芯片，包括始于 20 世纪 80 年代中期用于研制生物计算机的生物芯片、将健康细胞与电子集成电路结合起来的仿生芯片、一种缩微化的实验室（即芯片实验室）以及利用生物分子相互间的特异识别作用进行生物信号处理的基因芯片、蛋白质芯片、细胞芯片和组织芯片。狭义地讲，生物芯片就是微阵列芯片，主要是指 DNA 芯片、蛋白质芯片、细胞芯片和组织芯片这类微型生化反应和分析系统，其本质是对生物信号进行平行处理和分析。微阵列芯片有时也特指 DNA 芯片。

生物芯片的出现加速了人类基因组研究的进程（图 8-32-1）。生物芯片的优点其实就是生物芯片的特征，大量的生命活动信息以及许多不连续的分析过程集成在一小片载体片上，从而实现对 DNA、蛋白质、细胞及其他生物组分的准确、快速、并行和大信息量的检测和分析。生物芯片技术能在秒计时间内并行完成成千上万次的生物化学反应，众多基因探针的标记、杂交等过程是在一次实验过程中完成的，自动化程度高，数据客观可靠。与传统基因序列测定技术相比，生物芯片破译基因组和检测基因突变的速率要快数千倍。将生物芯片与计算机相结合，研究人员在几分钟内就能从 30 多亿个 DNA 碱基中找出基因变异，而采用传统的手段却需几天。

生物芯片技术的特点是微量化、大规模、并行化和高度自动化处理感兴趣的生物样品，精细地研究组织细胞基因表达情况，了解各种状态下分子结构变异和分子病理过程，并且解决了传统核酸印迹杂交技术操作繁杂、自动化程度低、操作序列数量少、检测效率低等不足。而且，通过设计不同的探针阵列、使用特定的分析方法可使该技术具有多种不同的应用价值，如基因表达谱测定、突变检测、多态性分析、基因组文库作图

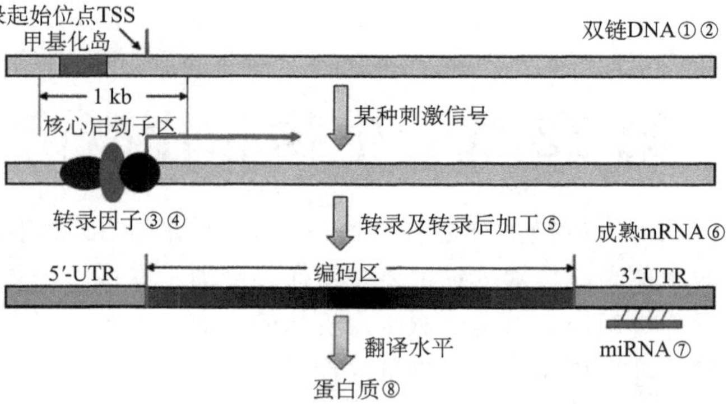


图 8-32-1　多种不同的生物芯片可用于人类基因组研究

①DNA 甲基化芯片；②单核苷酸多态性、拷贝数变异检测芯片；③转录因子活性谱芯片；④启动子芯片；⑤外显子芯片；⑥mRNA 表达谱芯片；⑦非编码 RNA 芯片；⑧蛋白质芯片

及杂交测序等。它的出现已经并继续将给生命科学、医学、药学等众多领域带来巨大的革新。

## 32.2　生物芯片技术产生的背景

由于传统的分子生物学技术只能同时研究极少数有限的基因、蛋白质等的信息，以至于过去许多优秀的学者用一生的精力只能研究一个基因或一个蛋白质分子，无法全面地分析完整生物系统内的基因及其表达规律。原定于 2005 年完成的人类约 30 亿个碱基序列的测定工作——人类基因组计划（human genome project，HGP）由于高效测序仪的引入和商业机构的介入在 2001 年年底提前完成，怎样利用该计划所揭示的大量遗传信息去探明人类众多疾病的起因和发病机制，并为其诊断、治疗提供有力的工具，则是继 HGP 完成后生命科学领域内又一个重大课题。现在，以功能研究为核心的后基因组计划已经到来，为此，研究人员必须设计和利用更为高效的硬、软件技术来对如此庞大的基因组及蛋白质组信息进行加工和研究。建立新型、高效、快速地检测和分析技术势在必行。这些高效的分析与测定技术已有多种，如 DNA 质谱分析法、荧光单分子分析法、杂交分析等。其中以生物芯片技术为基础的许多新型分析技术发展最快也最具发展潜力。

生物芯片一词源于 20 世纪 80 年代，最初是指应用生物分子于计算机芯片上。研究人员从计算机技术中借用了微型化、整合、平行化处理的技术来发展在生物芯片上的实验室装置和处理过程。生物芯片是指通过微加工和微电子技术在固体芯片表面构建微型生物化学分析系统，包含一系列的产品并形成一种平台式技术。其与计算机芯片非常相似，只不过高度集成的不是半导体管，而是成千上万的网格状密集排列的基因探针、抗体或其他生物分子。

过去 30 多年生命科学与众多相关学科（如计算机科学、材料科学、微加工技术、有机合成技术等）的迅猛发展为生物芯片的实现提供了实践上的可能。在某种意义上说，生物芯片这个概念最早来源于 F. Sanger 和 W. Gilbert 的思想，他们发明了曾广泛使用的DNA测序方法（Sanger的双脱氧测序法和Maxam-Gilbert的化学降解测序法），并由此在1980年获得了诺贝尔化学奖。DNA化学测序和电流学及琼脂糖凝胶体微孔法的结合，为分子检测的小型化发展打下了基础。另一位诺贝尔化学奖获得者K. Mullis在1983年发明的PCR法，以及后来在此基础上的一系列研究使得微量DNA可以放大，并能用实验方法进行检测。1986年L. Hood发明的荧光色谱DNA测序法又促进了DNA测序的自动化发展。杂交序列、基因标记识别、表达序列标记物等为DNA测序的小型化和自动化提供了进一步的关键性技术，大大地提高了DNA测序的效率。20世纪80年代初期，W. Bains等将短的DNA片段固定到支持物上，借助杂交方式进行序列测定。基因芯片从实验室走向工业化却是直接得益于探针固相原位合成技术和照相平板印刷技术的有机结合以及激光共聚焦显微技术的引入。它使得合成、固定高密度的数以万计的探针分子切实可行，而且借助激光共聚焦显微扫描技术能对杂交信号进行实时、灵敏、准确的检测和分析。正如电子管电路向晶体管电路和集成电路发展所经历的那样，核酸杂交技术的集成化也已经和正在使分子生物学技术发生着一场革命。90年代初期HGP和分子生物学相关学科的发展也为基因芯片技术的出现和发展提供了有利条件。1992年，Affymatrix公司S. Fodor领导的小组运用半导体照相平版技术，对原位合成制备的DNA芯片作了首次报道，这是世界上第一块基因芯片。1995年，Stanford大学的P. Brown实验室发明了第一块以玻璃为载体的基因微矩阵芯片，标志着基因芯片技术进入了广泛研究和应用的时期。

生物芯片技术的成熟与快速发展大大促进了后基因组时代的功能基因组、疾病基因组和系统生物学等学科的发展。据分析，目前国际上每年发表的基于生物芯片的学术论文超过10 000篇，并每年以10%以上的速度递增。芯片制备技术极大地推进了生物芯片的发展，从实验室手工或机械点制芯片到工业化原位合成制备，从几百个点的芯片到几百万点的高密度芯片，从中产生了海量的杂交数据。

作为基于分子杂交原理的高通量技术，芯片技术的标准化、可信度、重现性和芯片结果是否能作为定量数据等问题成为所有芯片使用者关心的课题。2006年美国FDA联合多个独立实验室进行了MAQC（microarray quality control）系列实验，旨在研究目前所使用的芯片平台的质量控制。该研究的12篇系列文章发表在2006年9月的*Nature Biotechnology*杂志上。这些研究用严格的实验分析了目前主流芯片平台数据质量、芯片数据和定量PCR结果之间的相关性，芯片数据均一化方法，不同芯片平台之间的可重现性等。证明了不同芯片平台产生的数据具有可比性和可重现性，各种芯片平台之间的系统误差远远小于人为操作和生物学样品之间本身的差异，肯定了芯片数据的可信性，打消了以往对芯片数据的种种猜疑，明确了基于杂交原理的芯片同样可以作为一种定量的手段，推动了生物芯片技术在分子生物学领域更广泛的应用。

## 32.3 生物芯片的种类

生物芯片的主要特点是高通量、微型化和自动化。生物芯片上高度集成的成千上万个密集排列的分子微阵列，能够在很短时间内分析大量的生物分子，使人们能够快速准确地获取样品中的生物信息，检测效率是传统检测手段的成百上千倍。生物芯片将是继大规模集成电路之后的又一次具有深远意义的科学技术革命。

随着生物芯片技术的大规模研发和应用，生物芯片的种类和样式也越来越多多。目前常根据芯片支持物类型、芯片制备方法、芯片工作原理和芯片探针种类对生物芯片进行分类。

（1）根据芯片支持物的分类。根据芯片支持物的类型，生物芯片可分为薄膜型（如CloneTech公司）、玻片型（如Affimetrix公司）、微板型（如PE公司）和集成电路型（如Nanogen公司）；以基质材料又可分为无机片基和有机片基，前者主要包括半导体硅片、玻璃片和陶瓷材料，后者主要有特定孔径硝酸纤维膜、尼龙膜等。在选择固相介质时，应考虑其荧光背景的大小、化学稳定性、结构复杂性、介质对化学修饰作用的反映、介质表面积及其承载能力和非特异吸附的程度等因素。目前较为常用的支持介质是玻片，无论是原位合成法还是合成点样法都可以使用玻片作其固相介质，而且在制备芯片前对该介质的预处理也相对简单易行。

（2）根据芯片制备方法的分类。根据芯片制备方法划分，生物芯片可分为原位合成芯片与合成点样芯片两种。其中原位合成又可分为光引导聚合法和喷墨打印合成法（压电打印法）。光引导聚合法在合成前需先对介质进行处理，使之衍生出羟基或氨基并与光敏保护基建立共价连接，合成单体的一端用固相合成法活化，另一端与光敏保护基相连。在合成反应过程中，通过蔽光膜使特定的位点透光，其余位点不透光，只有受光的位点才能脱掉保护基并与特定单体活化端相连，单体的光敏保护端露出。经过若干上述循环反应后，使每个位点按需要合成特定序列的探针，其中每次合成反应中哪些位点上连接哪种单体则由更换不同的蔽光膜来控制。喷墨打印合成法的原理类似于喷墨打印机，通过4个喷印头将4种碱基按序列要求依次喷印在芯片的特定位点上。合成点样法是指将预先合成好的探针用点样机点到介质上，点样前需将介质表面包被氨基硅烷或多聚赖氨酸，使之带上正电荷来吸附核酸分子。

（3）根据芯片工作原理的分类。生物芯片所检测的生物信号种类有核酸、蛋白质、生物组织碎片甚至完整的活细胞；按工作原理分类，生物芯片有杂交型、合成型、连接型、亲和识别型等。缩微化的芯片实验室也被纳入生物芯片范畴，仿生芯片则将人体细胞与电子集成电路结合成微型装置。

（4）根据芯片探针种类的分类。根据芯片上探针的不同，生物芯片可分为基因芯片和蛋白质芯片。如果芯片上固定的分子是寡核苷酸探针或靶DNA，则称为基因芯片；如果芯片上固定的是肽或蛋白质，则称为肽芯片或蛋白质芯片。其中基因芯片又包括模式Ⅰ和模式Ⅱ两种，模式Ⅰ是指将靶DNA固定于支持物上，适合于大量不同靶DNA的分析；模式Ⅱ是将大量探针分子固定于支持物上，适合于对同一靶DNA进行不同探针序列的分析。

由于生物芯片的概念是随着人类基因组的发展一起建立起来的，所以至今为止最成功的生物芯片形式是以基因序列为分析对象的微阵列，我们称之为基因芯片（gene chip），或称为DNA芯片（DNA chip）。常见的生物芯片可以根据芯片微阵列的生物学特征分为以下四大类，即DNA芯片（gene chip，DNA chip，DNA microarray）、蛋白质芯片（protein chip）、组织芯片（tissue microarray）、芯片实验室（lab-on-a-chip）等。

## 32.3.1 DNA 芯片

DNA 芯片是生物芯片技术中发展最成熟和最先实现商品化的产品。DNA 芯片是基于核酸探针互补杂交技术原理而设计的。所谓核酸探针是指已知碱基序列并带有标记物的核苷酸，根据碱基互补的原理，利用基因探针到基因混合物中识别特定基因，又称为 DNA 微阵列。DNA 芯片高度集成了成千上万的网格状密集排列的基因探针，通过已知碱基序列的 DNA 片段，来结合碱基互补序列的单链 DNA，从而确定相应的序列，通过这种方式来识别异常基因或其产物等。目前，使用最广泛的产品有检测基因突变的 DNA 芯片和检测细胞基因表达水平的基因表达谱芯片。GeneChip 是 Affymetrix 公司基因分析研究用的专利微矩阵，它能够在一张芯片上集成多至 400 000 个不同的寡核苷酸片段（图 8-32-2）。

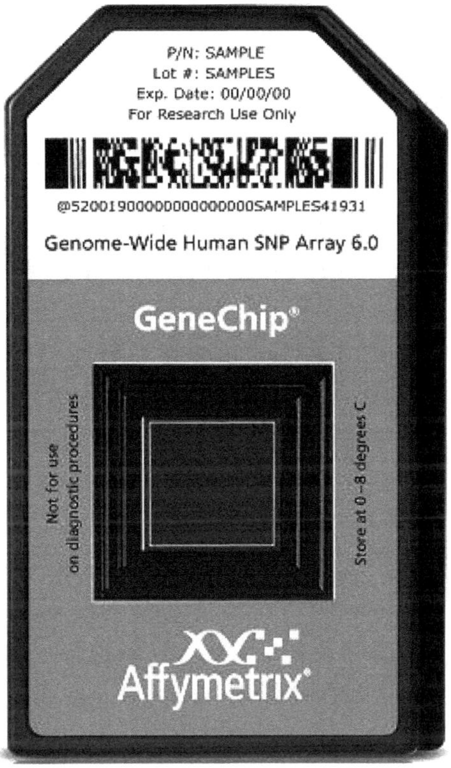


图 8-32-2 Affymetrix 的基因芯片

## 32.3.2 蛋白质芯片

蛋白质芯片是以蛋白质作为检测对象。与在 mRNA 水平上检测基因表达的基因芯片不同，它直接在蛋白质水平上检测表达模式，在基因表达研究中蛋白质芯片有着更加直接的应用前景。它的基本原理是将各种蛋白质有序地固定于载玻片等各种介质载体上成为检测芯片，然后用标记了有特定荧光物质的抗体与芯片作用，与芯片上蛋白质相匹配的抗体与其对应的蛋白质结合，抗体上的荧光将指示对应的蛋白质及其表达数量。在将未与芯片上蛋白质互补结合的抗体洗去之后利用荧光扫描仪或激光共聚扫描技术测定芯片上各点的荧光强度，通过荧光强度分析蛋白质与蛋白质之间相互作用的关系，由此达到测定各种基因表达的目的。为了实现这个目的，首先必须通过一定的方法将蛋白质固定于合适的载体上，同时能够维持蛋白质天然构象，也就是必须防止其变性以维持其原有的特定生物学活性。此外，由于生物细胞中蛋白质的多样性和功能的复杂性，开发和建立具有多功能样品处理能力、能够进行快速分析的高通量蛋白质芯片技术将有利于简化和加快蛋白质功能研究的进展。

## 32.3.3 组织芯片

组织芯片是将成百上千个小的圆盘样的组织样本（直径约 1 mm）固定和排列在一张玻片上。组织芯片可被用于特定的分子分析，如 DNA 和 RNA 的原位杂交及蛋白质免疫染色。组织芯片的典型应用是分析来自于疾病不同阶段（如正常乳腺、非典型增生、原位癌、侵袭性癌、转移癌）的几百个组织样本来鉴定基因改变发生在哪个特定阶段，以及改变发生的频率。组织芯片能被用来做回顾性研究，能快速将分子标志物的表达与不良预后联系起来。此外，组织芯片还能被用来同时筛选许多不同的疾病，如多种不同类型的肿瘤、非恶性组织及正常组织和细胞的标志物。这种类型数据的积累能作为发展疾病诊断和预后、疾病分子亚型、确定治疗靶标的基础，同时还有助于肿瘤分子诊断的质量控制及病理诊断的标准化。

### 32.3.4　芯片实验室

芯片实验室是生物芯片技术发展的最高目标。它将样品制备、生化反应及检测分析的整个过程集约化形成微型分析系统。现在已有由加热器、微泵、微阀、微流量控制器、微电极、电子化学和电子发光探测器等组成的芯片实验室问世，并出现了将生化反应、样品制备、检测和分析等部分集成的生物芯片。目前，已成功地将样品分离、DNA 提取、PCR 反应、DNA 杂交测序检测这几个步骤集成在一张或几张芯片上构成的密闭系统中一起完成。芯片实验室具有防污染、自动化、体积小、便于携带的特点，可大大提高分析速率和多样品分析能力。

## 32.4　生物芯片的操作流程

生物芯片的种类很多，各种芯片的具体原理也不尽相同。以下以 DNA 芯片为主说明其基本的操作流程（图 8-32-3）。DNA 芯片技术主要包括 4 个基本技术环节：芯片微阵列制备、样品制备、生物分子反应和信号的检测及分析。

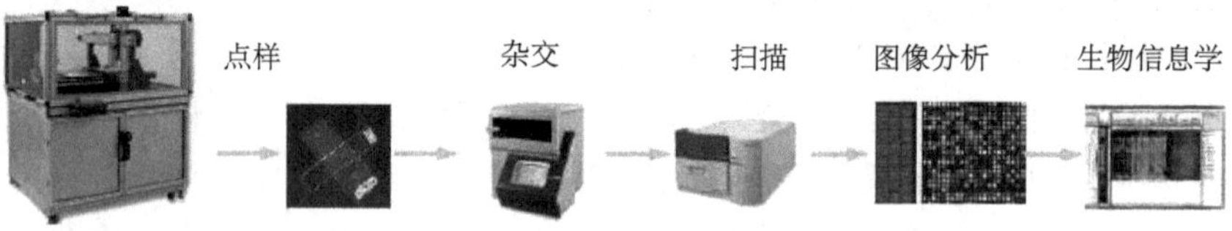


图 8-32-3　DNA 芯片的一般操作过程

### 32.4.1　芯片制备

常见的 DNA 芯片可通过原位合成和直接点样法制备。

#### 32.4.1.1　原位合成法

原位合成法有两种途径：光蚀刻法和喷印法。光蚀刻法可以合成 30 nt 左右长度的寡核苷酸，喷印法可以合成 40～50 nt。光蚀刻法每步缩合率较低，一般为 95%左右，合成 30 nt 产率仅 20%；喷印法每步缩合率可达 99%以上，合成 30 nt 产率可达 74%，从这个意义上说喷印法的效率要比光蚀刻法高。此外，喷印法不需特殊的合成试剂。与原位合成法比较点样法较简单，只需将预先制备好的寡核苷酸或 cDNA 等样品通过自动点样装置点于经特殊处理的玻璃片或其他材料上即可。

**1. 原位光蚀刻合成**

寡聚核苷酸原位光蚀刻合成技术是由 Affymetrix 公司开发的，采用的技术原理是在合成碱基单体的5′羟基末端连上一个光敏保护基。合成的第一步是利用光照射使羟基端脱保护，然后一个5′端保护的核苷酸单体连接上去，这个过程反复进行直至合成完毕。使用多种掩盖物能以更少的合成步骤生产出高密度的阵列，在合成循环中探针数目呈指数增长。某一含 $n$ 个核苷酸的寡聚核苷酸，通过 $4\times n$ 个化学步骤能合成出 $4n$ 个可能结构。例如，一个完整的10核苷酸通过32个化学步骤，8 h 可能合成65 536个探针。目前美国 Affymetrix 公司的 U133Plus2.0 芯片涵盖了47 000个转录本，代表38 500个人类基因。

**2. 光导原位合成法**

光导原位合成法的具体方法是在经过处理的载玻片表面铺上一层连接分子(linker)，其羟基上加有光敏保护基团，可用光照除去，用特制的光刻掩膜（photolithographic mask）保护不需要合成的部位，而暴露合成部位，在光作用下去除羟基上的保护基团，游离羟基，利用化学反应加上第一个核苷酸，所加核苷酸种类及在芯片上的部位预先设定，所引入的核苷酸带有光敏保护基团，以便下一步合成。然后按上述方法在其他位点加上另外3种核苷酸完成第一位核苷酸的合成，因而 $n$ 个核苷酸长的芯片需要 $4n$ 个步骤。每一个独特序列的探针称为一个“特征”（feature)，这样的芯片便具有 $4n$ 个“特征”，包含了全部长度为 $n$ 的核苷酸序列。这种原位直接合成的方法无须制备处理克隆和 PCR 产物，但是每轮反应所需设计的光栅则是主要的经费消耗。运用这种方法制作的芯片密度可高达 $10^6$ 探针/cm$^2$，即探针间隔为5～10 μm，但只能制作Ⅱ型 DNA 芯片。

**3. 原位喷印合成**

芯片原位喷印合成原理与喷墨打印类似，不过芯片喷印头和墨盒有多个，墨盒中装的是4种碱基的液体而不是碳粉。喷印头可在整个芯片上移动并根据芯片上不同位点探针的序列需要将特定的碱基喷印在芯片上的特定位置。该技术采用的化学原理与传统的 DNA 固相合成一致，因此不需特殊制备的化学试剂。

### 32.4.1.2 点样法

点样法是将合成好的探针、cDNA 或基因组 DNA 通过特定的高速点样机器人直接点在芯片上。点样分子可以是核酸也可以是寡核苷酸。一些研究者采用人工点样的方法将寡核苷酸分子点样于化学处理后的载玻片上，经一定的化学方法处理并干燥后，寡核苷酸分子即固定于载玻片上，制备好的 DNA 芯片可置于缓冲液中保存。由于点样法费时费力，不适于大规模 DNA 芯片制作，因而实现自动化点样就显得尤为重要。有的研究者用多聚赖氨酸包被固相支持物玻片，经过分区后用计算机控制的微阵列点样机按照预先设计顺序点上核酸分子，点样量很小，约为5 nl。大规模 cDNA 芯片多采用这种方法。

与寡核苷酸微芯片相比，DNA 芯片的潜在优越性是具有更强的亲和力和特异性杂交，但是需要大量制备、纯化、量化、分类 PCR 产物。有的研究者将玻片上覆盖20 μm厚薄层聚丙烯酰胺凝胶作为支持物，采用机械刻写或光刻的方法在其表面划上网格，并用激光照射蒸发掉单元间隙的多余凝胶，以实现DNA芯片分区，单元大小为40 μm×40 μm或100 μm×100 μm，间隔分别为50 μm和100 μm。然后将化学方法合成的寡核苷酸探针自动化点样于各个单元内而制成DNA芯片，点样速率可达2000单元/s。其装置采用的机器人有一套计算机控制三维移动装置、多个打印/喷印针的打印/喷印头；一个减震底座，上面可放内盛探针的多孔板和多个芯片。根据需要还可以有温度和湿度控制装置、针洗涤装置。打印/喷印针将探针从多孔板取出直接打印或喷印于芯片上。直接打印时针头与芯片接触，而在喷印时针头与芯片保持一定距离。打印法的优点是探针密度高，通常1 $cm^2$可打印数千个探针。缺点是定量准确性及重现性不好，打印针易堵塞且使用寿命有限。喷印法的优点是定量准确、重现性好、使用寿命长。缺点是喷印的斑点大，因此探针密度低，通常1 $cm^2$不超过1000点。

### 32.4.2 芯片杂交

待分析基因在与芯片结合探针杂交之前必须进行分离、扩增及标记。根据样品来源、基因含量及检测方法和分析目的不同，采用的基因分离、扩增及标记方法各异。当然，常规的基因分离、扩增及标记技术完全可以采用，但操作烦琐且费时。高度集成的微型样品处理系统，如细胞分离芯片及基因扩增芯片等是实现上述目的的有效手段和发展方向。为了获得基因的杂交信号必须对目的基因进行标记，目前采用的最普遍的荧光标记方法与传统方法如体外转录、PCR、反转录等。在原理上并无多大差异，只是采用的荧光素种类更多，这可以满足不同来源样品的平行分析。用计算机控制的高分辨荧光扫描仪可获得结合于芯片上目的基因的荧光信号，通过计算机处理即可给出目的基因的结构或表达信息。

杂交条件的选择与研究目的有关。多态性分析或者基因测序时，每个核苷酸或突变位点都必须检测出来。通常设计出一套4种寡聚核苷酸，在靶序列上跨越每个位点，只在中央位点碱基有所不同，根据每套探针在某一特定位点的杂交严谨程度，即可测定出该碱基的种类。如果芯片仅用于检测基因表达，只需设计出针对基因中的特定区域的几套寡聚核苷酸即可。表达检测需要较长的杂交时间、更高的严谨性、更高的样品浓度和低温度，这有利于增加检测的特异性和低拷贝基因检测的灵敏度。突变检测要鉴别出单碱基错配，这需要更高的杂交严谨性和更短的时间。

此外，杂交反应还必须考虑杂交反应体系中盐浓度、探针GC含量和所带电荷、探针与芯片之间连接臂的长度及种类、检测基因的二级结构等的影响。有资料显示，探针和芯片之间适当长度的连接臂可使杂交效率提高150倍。连接臂上任何正电荷或负电荷都将降低杂交效率。由于探针和检测基因均带负电荷，因此影响它们之间的杂交结合，为此有人提出用不带电荷的肽核酸（peptide nucleic acid，PNA）做探针。虽然PNA的制备比较复杂，但与DNA探针比较有许多特点，如不需要盐离子，因此可防止检测基因二级结构的形成及自身复性。由于PNA-DNA结合更加稳定和特异，因此更有利于单碱基错配基因的检测。

### 32.4.3 芯片检测

杂交信号的检测是DNA芯片技术中的重要组成部分。以往的研究中已建立许多种探测分子杂交的方法，如荧光显微镜、隐逝波传感器、光散射表面共振、电化传感器、化学发光、荧光各向异性等，但并非每种方法都适用于DNA芯片。由于DNA芯片本身的结构及性质，需要确定杂交信号在芯片上的位置，尤其是大规模DNA芯片由于其面积小、密度大、点样量很少，所以杂交信号较弱，需要使用光电倍增管或冷却的电荷偶连照相机（charged-coupled device camera，CCD）等弱光信号探测装置。此外，大多数DNA芯片杂交信号谱型除了分布位点以外还需要确定每一点上的信号强度，以确定是完全杂交还是不完全杂交，因而探测方法的灵敏度及线性响应也是非常重要的。杂交信号探测系统主要由杂交信号产生、信号收集及传输、信号处理及成像3个部分组成。

由于所使用的标记物不同，因而相应的探测方法也各具特色。大多数研究者使用荧光标记物，也有一些研究者使用生物素标记，联合抗生物素结合物检测DNA化学发光。通过检测标记信号来确定DNA芯片杂交谱型。

#### 32.4.3.1 荧光标记杂交信号的检测方法

荧光标记物的应用最多，因而相应的探测方法也就最多、最成熟。由于荧光显微镜可以选择性地激发和探测样品中的混合荧光标记物，并具有很好的空间分辨率和热分辨率，特别是当荧光显微镜中使用了共聚焦激光扫描时，分辨能力在实际应用中可接近由数值孔径和光波长决定的空间分辨率，这在传统的显微镜是很难做到的，从而为DNA芯片进一步微型化提供了重要的检测方法的基础。大多数检测方法都是在入射照明式荧光显微镜（epifluoescence microscope）基础上发展起来的，包括激光扫描荧光显微镜、激光共聚焦扫描显微镜、使用了CCD相机改进的荧光显微镜以及将DNA芯片直接制作在光纤维束切面上并结合荧光显微镜的光纤传感器微阵列。这些检测方法基本上都是将待杂交对象以荧光物质标记，如荧光素或丽丝胺（lissamine）等。

**1. 激光扫描荧光显微镜**

激光扫描荧光显微镜的探测装置比较典型。其检测方法是将杂交后的芯片经处理后固定在计算机控制的二维传动平台上，并将一物镜置于其上方，由氩离子激光器产生激发光经滤波后通过物镜聚焦到芯片表面，激发荧光标记物产生荧光，光斑半径为5～10 μm。同时通过同一物镜收集荧光信号经另一滤波片滤波后，由冷却的光电倍增管探测，经模数转换板转换为数字信号。通过计算机控制传动平台 $x$-$y$ 方向上步进平移，DNA芯片被逐点照射，所采集荧光信号构成杂交信号谱型，送计算机分析处理，最后形成20 μm像素的图像。这种方法分辨率高、图像质量较好，适用于各种主要类型的DNA芯片及大规模DNA芯片杂交信号检测，广泛应用于基因表达、基因诊断等方面的研究。

**2. 激光扫描共聚焦显微镜**

激光扫描共聚焦显微镜与激光扫描荧光显微镜结构非常相似，但是由于采用了共聚焦技术因而更具优越性。这种检测方法可以在荧光标记分子与DNA芯片杂交的同时进行杂交信号的探测，而无须清洗掉未杂交分子，从而简化了操作步骤，大大提高了工作效率。

Affymetrix公司的S. Forder等设计的DNA芯片即采用了此方法。该方法是将靶DNA分子溶液置放在样品池中，芯片上合成寡核苷酸阵列的一面向下，与样品池溶液直接接触，并与DNA样品杂交。当用激发光照射使荧光标记物产生荧光时，既有芯片上杂交的DNA样品所发出的荧光，也有样品池中DNA所发出的荧光，如何将两者分离开来是一个非常重要的问题。而共聚焦显微镜具有非常好的纵向分辨率，可以在接受芯片表面荧光信号的同时，避开样品池中荧光信号的影响。一般采用氩离子激光器（488 nm）作为激发光源，经物镜聚焦，从芯片背面入射，聚集于芯片与靶分子溶液接触面。杂交分子所发的荧光再经同一物镜收集，并经滤波片滤波，被冷却的光电倍增管在光子计数的模式下接收。经模数转换反转换为数字信号送计算机处理，成像分析。在光电信增管前放置一个共聚焦小孔，用于阻挡大部分激发光焦平面以外的来自样品池的未杂交分子荧光信号，避免其对探测结果的影响。激光器前也放置一个小孔光阑以尽量缩小聚焦点处光斑半径，使之能够只照射在单个探针上。通过计算机控制激光束或样品池的移动，便可实现对芯片的二维扫描，移动步长与芯片上寡核苷酸的间距匹配，在几分钟至几十分钟内即可获得荧光标记杂交信号图谱。其特点是灵敏度和分辨率较高，扫描时间长，比较适合研究用。

**3. 采用CCD相机的荧光显微镜**

CCD相机的荧光显微镜的探测装置与以上的扫描方法都是基于荧光显微镜，但是以CCD相机作为信号接收器而不是光电倍增管，因而无需扫描传动平台。由于不是逐点激发探测，因而激发光照射光场为整个芯片区域，由CCD相机获得整个DNA芯片的杂交谱型。这种检测方法一般不采用激光器作为激发光源，由于激光束光强的高斯分布，会使得光场光强度分布不均，而荧光信号的强度与激发光的强度密切相关，因而不利于信号采集的线性响应。为保证激发光匀场照射，有的学者使用高压汞灯经滤波片滤波，通过传统的光学物镜将激发光投射到芯片上，照明面积可通过更换物镜来调整；也有的研究者使用大功率弧形探照灯作为光源，使用光纤维束与透镜结合传输激发光，并与芯片表面呈50°角入射。由于采用了CCD相机，因而大大提高了获取荧光图像的速率，曝光时间可缩短至零点几秒至十几秒。其特点是扫描时间短，灵敏度和分辨率较低，比较适合临床诊断用。

**4. 光纤传感器**

有的研究者将DNA芯片直接置于光纤维束的切面上（远端），光纤维束的另一端（近端）经特制的耦合装置耦合到荧光显微镜中。光纤维束由7根单模光纤组成，每根光纤的直径为200 $\mu$m，两端均经化学方法抛光清洁。化学方法合成的寡核苷酸探针共价结合于每根光纤的远端组成寡核苷酸阵列。将光纤远端浸入到荧光标记的靶分子溶液中与靶分子杂交，通过光纤维束传导来自荧光显微镜的激光（490 $\mu$m），激发荧光标记物产生荧光，仍用光纤维束传导荧光信号返回到荧光显微镜，由CCD相机接收。每根光纤单独作用互不干扰，而溶液中的荧光信号基本不会传播到光纤中，杂交到光纤远端的靶分子可在90%的甲酸胺和TE缓冲液中浸泡10 s去除，进而反复使用。这种方法快速、便捷，可实时检测DNA微阵列杂交情况而且具有较高的灵敏度，但由于光纤维束所含光纤数目有限，因而不便于制备大规模DNA芯片，有一定的应用局限性。

### 32.4.3.2 生物素标记方法中的杂交信号探测

以生物素（biotin）标记样品的方法由来已久，通常都要联合使用其他大分子与抗生物素的结合物（如结合化学发光底物酶、荧光素等），再利用所结合大分子的特殊性质得到最初的杂交信号。由于所选用的与抗生物素结合的分子种类繁多，因而检测方法也更趋多样化。特别是如果采用尼龙膜作为固相支持物，直接以荧光标记的探针用于DNA芯片杂交将受到很大的限制，因为在尼龙膜上荧光标记信号信噪比较低。因而使用尼龙膜作为固相支持物的这些研究者大多是采用生物素标记样品的。

## 32.4.4 结果分析

样品在被测定前，首先要经过消化，使待测组织细胞中的DNA或RNA释放出来，再经过适当的扩增后，以荧光标记物标记，放入基因芯片自动孵育装置（fluidics station）中，由其自动控制反应的时间、温度以及缓冲液的配比等反应条件，进行杂交，这一过程仅需要数秒钟。杂交完成后，要对基因芯片进行“读片”，即应用激光共聚焦荧光扫描显微镜，对基因芯片表面的每个位点进行检测。这种显微镜将聚焦的平面设定为芯片的表面，因此可以检测结合到芯片表面位点的样品片段的荧光标记，而待测样品中未与芯片上探针结合的荧光标记物则悬浮于溶液中，由于不在聚焦平面上因而不被检测。样品与探针的错配是影响杂交反应结果的重要因素，但由于样品与芯片上的探针正确配对时产生的荧光信号要比错配时强的多，因此，通过对信号强度的分析，就可以区分正确与错误的配对。

为了使结果的检验更加简便和快速，Affymetrix公司的基因芯片的分析系统中采用了基因阵列扫描仪和专用的基因芯片工作站，对一幅包含数万个探针位点的基因芯片图样的分析仅需要数分钟的时间。这样在短短的几十分钟至数小时内，就可以完成用传统方法需要数月才能完成的几万乃至几十万次杂交分析试验。

# 32.5 生物芯片的应用前景

生物芯片应用前景十分广阔，特别体现在生物科学与医学领域（图8-32-4、图8-32-5）。

（1）疾病基因的发现。应用基因芯片分析人类基因组，根据不同的目的应用不同的芯片，可发现和鉴定癌症、糖尿病等重大疾病的致病基因，开发相应的诊断、预防和治疗方法。利用基因诊断，医疗将从目前千篇一律的“大众医疗”时代，过渡到依据个人遗传背景而异的“个体化医疗”的时代。生物芯片在疾病检测诊断方面具有独特的优势，它可以在一张芯片上同时对多个患者进行多种疾病的检测（图8-32-4）。

（2）药物筛选。目前国外几乎所有的主要制药公司都不同程度地采用了生物芯片技术来寻找药物靶点，查检药物的毒性或不良反应。采用芯片技术进行大规模的药物筛选可以省略大量的动物试验，缩短药物筛选所用的时间，从而带动创新药物的研究和开发。

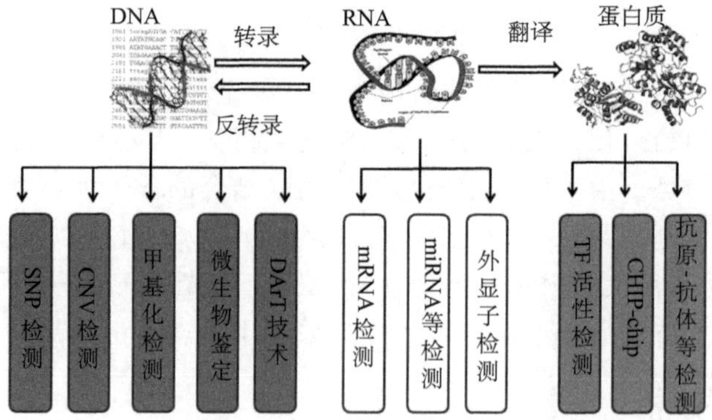

图 8-32-4 生物芯片在生命科学研究中的应用

CNV：拷贝数变异（copy number variation）；DArT：多样性芯片技术（diversity array technology）

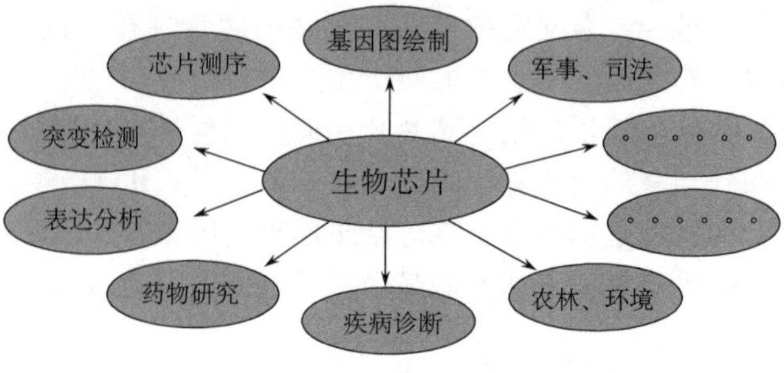

图 8-32-5 生物芯片的应用领域

（3）个体化医疗。临床上，同样剂量的一个药物对不同的患者可出现不同的疗效和不良反应。这主要是由于患者遗传学上存在差异（单核苷酸多态性，SNP）导致对药物产生不同的反应。如果利用基因芯片技术对患者先进行诊断，再开处方，就可对患者实施个体优化治疗。另外，在治疗中，很多同种疾病的具体病因是因人而异的，用药也应因人而异。例如，乙型肝炎（HBV）有多个亚型，HBV 基因的多个位点，如 *S*、*P* 及 *C* 基因区易发生变异。若用 HBV 基因多态性检测芯片每隔一段时间检测一次，这对指导用药防止 HBV 耐药性很有意义。

（4）基因诊断。从健康人的基因组中分离出 DNA 与 DNA 芯片杂交就可以得出标准图谱。从患者的基因组中分离出 DNA 与 DNA 芯片杂交就可以得出病变图谱。通过比较、分析这两种图谱，就可以得出病变的 DNA 信息。这种基因芯片诊断技术以其快速、高效、敏感、经济、平行化、自动化等特点，将成为一项现代化诊断新技术。例如，Affymetrix 公司将 *p53* 基因全长序列和已知突变的探针集成在芯片上，制成 *p53* 基因芯片，将在癌症早期诊断中发挥作用。又如，R. A. Heller 等构建了 96 个基因的 cDNA 微阵列，用于检测分析风湿性关节炎（RA）相关的基因，以探讨 DNA 芯片在感染性疾病诊断方面的应用。

（5）环境保护。在环境保护领域，基因芯片可高效地探测到由微生物或有机物引起的污染，还能帮助研究人员找到并合成具有解毒和消化污染物功能的天然酶基因。

正如美国《财富》杂志刊文指出的，微处理器使我们的经济发生了根本变化，给人类带来了巨大的财富，改变了我们的生活方式。然而，生物芯片给人类带来的影响可能更大。在20世纪科学技术史上有两件事影响深远，一件事是微电子芯片，它是计算机和许多家电的心脏，它改变了我们的经济和文化生活，并已进入每一个家庭；另一件事就是生物芯片，它将改变生命科学的研究方式，革新医学诊断和治疗，极大地提高人口素质和健康水平。

（蔡在龙　吕　军）

# 第33章　DNA芯片

DNA芯片（DNA chip）又称为DNA微阵列（DNA microarray），是指按照预定位置固定在固相载体上很小面积内的千万种核酸分子所组成的微点阵阵列。在一定条件下，载体上的核酸分子（探针）可以与来自样品的与之序列碱基互补的核酸片段杂交。如果把样品中的核酸片段进行标记，在专用的芯片阅读仪上就可以检测到杂交信号。

## 33.1　DNA芯片的基本概念

DNA芯片这一技术方法最早由*Science*杂志（1991年）提出，其高通量、并行检测的特点适应了分析人类基因组计划所提供的海量基因序列信息的需要。可以说，人类基因组计划是DNA芯片技术发展的原因，而对深入研究基因突变和基因表达有效方法的需求又是促进DNA芯片技术发展的动力。

由于DNA芯片高速率、高通量、集成化和低成本的特点，自诞生以来就受到科学界的广泛关注，正如晶体管电路向集成电路发展的经历一样，分子生物学技术的集成化正在使生命科学的研究和应用发生一场革命。典型的DNA芯片是一块大小如显微镜载物片的玻璃片，玻璃片表面上布满了成千上万个含有基因片段的微凝胶，每个微凝胶就像一个微型试管，可以测出未知DNA的序列、某一段基因的变异等。DNA芯片主要利用芯片技术中信息的集成化和平行处理原理，具有无可比拟的高效、快速和多参数的特点，是传统生物技术的重大创新和飞跃。

## 33.2　DNA芯片的基本原理

DNA芯片技术主要包括4个主要步骤：芯片制备、样品制备、杂交反应及信号检测和结果分析（图8-33-1）。

### 33.2.1　芯片制备

目前制备芯片主要以玻璃片或硅片为载体，采用原位合成和微矩阵的方法将寡核苷酸片段或cDNA作为探针按顺序排列在载体上。芯片的制备除了用到微加工工艺外，还需要使用机器人技术，以便能快速、准确地将探针设置到芯片上的指定位置。

靶基因是用于芯片点样的基因实物。靶基因又分为染色体DNA（或称为基因组DNA）、化学合成的DNA或cDNA三类，其中尤以cDNA居多。cDNA是与成熟的mRNA互补的DNA序列。cDNA是染色体上编码蛋白质的DNA序列，由mRNA在反转录酶的作用下于体外合成，它与人体内行使各种功能的氨基酸序列直接对应，有巨大的医疗和药物研究价值。到目前为止，大多数具有重要功能的全长cDNA都已经申请了基因专利，这就使得用于芯片点样的靶基因就有了专利权的限制。如果DNA芯片

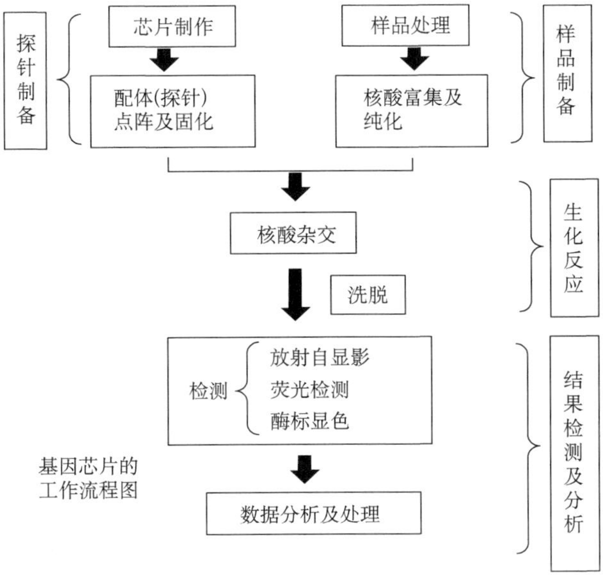


图 8-33-1 DNA 芯片技术包括 4 个主要步骤

仅仅用于研究，还不会构成侵权，但如果用于商业开发，如用于疾病诊断，那就必须得到基因专利的授权。目前 DNA 芯片公司利用公开数据库发展的产品比较多，而利用独有基因发展的产品占少数。

DNA 芯片综合了分子生物学、半导体微电子、激光、化学染料等领域的最新科学技术。DNA 芯片的制备和分析是一个非常复杂的过程，每一步骤都有专门的技术要求。芯片种类较多，制备方法也不尽相同，但基本上可分为两大类：原位合成和直接点样（见 32.4 节）。有关芯片制备的原位光蚀刻合成、原位喷印合成和点样法分别参见 32.4.1.1～2 节。

## 33.2.2 样品制备

生物样品往往是复杂的生物分子混合体，除少数特殊样品外，一般不能直接与芯片反应。因此，必须将样品进行提取、扩增，获取其中的蛋白质或 DNA、RNA，然后用荧光标记，以提高检测的灵敏度。根据样品来源、基因含量及检测方法和分析目的的不同，采用的基因分离、扩增及标记方法各异。当然，常规的基因分离、扩增及标记技术完全可以采用，但操作烦琐且费时。高度集成的微型样品处理系统，如细胞分离芯片及基因扩增芯片等是实现上述目的的有效手段和发展方向。为了获得基因的杂交信号必须对目的基因进行标记，目前采用的最普遍的荧光标记方法与传统方法，如体外转录、PCR、反转录等在原理上并无多大差异，只是采用的荧光素种类更多，这可以满足不同来源样品的平行分析。

荧光标记基本分为两种，一种是使用荧光标记的引物，一种是使用荧光标记的三磷酸脱氧核糖核苷酸。目前常使用的荧光物质有荧光素、罗丹明、HEX、TMR、FAM、cy3、cy5 等。根据扩增产物分离的方法不同，标记的方法也不同。进行单引物标记的，其扩增产物通常由聚丙烯酰胺凝胶电泳分离；对一个引物用生物素标记，另一个引物用荧光素标记的，一般用亲合素偶联的磁珠捕捉其扩增产物，通过变性处理使荧光标记的产物解链。此外，也有用生物素残基标记引物，将生物素标记的扩增产物与芯片杂交，洗涤后加入亲合素连接的荧光物，通过生物素与亲合素的结合及靶序列与探针的结合产生荧光信号，然后利用荧光检测系统对荧光信号进行检测。

### 33.2.3 杂交反应

杂交反应是荧光标记的样品与芯片上的探针进行反应从而产生一系列信息的过程。选择合适的反应条件能使生物分子间反应处于最佳状况，减少生物分子之间的错配率。

杂交反应是一个复杂的过程，受很多因素的影响，而杂交反应的质量和效率直接关系到检测结果的准确性。这些影响因素包括以下几种。①寡核苷酸探针密度的影响。低覆盖率使杂交信号减弱，而过高的覆盖率会造成相邻探针之间的杂交干扰。②支持介质与杂交序列间间隔序列长度的影响。研究表明，当间隔序列长度提高到 15 nt 时杂交信号显著增强。③杂交序列长度的影响。在杂交反应中经常发生碱基错配现象，区分正常配对的互补复合物与 1 个或 2 个碱基错配形成的复合物，主要依赖于形成的复合物的稳定性不同，而杂交序列的长度是影响复合物稳定性的一个重要因素。一般来说，短的杂交序列更容易区分碱基的错配，但复合物的稳定性要差一些；长杂交序列形成的复合物稳定，而区分碱基错配能力要差一些。研究表明，12 bp、15 bp、20 bp 产生的杂交信号强度接近，而以 15 bp 杂交序列区分错配碱基的效果最好。④GC 含量的影响。GC 含量不同的序列其复合物的稳定性也不同。⑤探针浓度的影响。以凝胶为支持介质的芯片，提高了寡核苷酸的浓度，在胶内进行的杂交更像是在液相中进行的杂交反应，这些因素提高了对错配碱基的分辨率，同时也提高了芯片检测的灵敏度。⑥核酸二级结构的影响。在使用凝胶作为支持介质时，单链核酸越长，则样品进入凝胶单元的时间越长，也就越容易形成链内二级结构从而影响其与芯片上探针的杂交，因而样品制备过程中，对核酸的片段化处理，不仅可提高杂交信号的强度，还可提高杂交速率。

### 33.2.4 信号检测和结果分析

杂交反应后芯片上各个反应点的荧光位置、荧光强弱经过芯片扫描仪和相关软件可以分析成像，扫描一张 10 $cm^2$ 的芯片大概需要 2～6 min。目前已有多家生产扫描仪的公司。根据原理不同可分为两类：一类是基于激光共聚焦显微镜原理，另一类是基于 CCD 摄像原理。前者的特点是灵敏度和分辨率较高，扫描时间长，比较适合研究用；后者的特点是扫描时间短，灵敏度和分辨率较低，比较适合临床诊断用。虽然荧光检测在芯片技术中得到了广泛的应用，但是荧光标记的靶 DNA 只要结合到芯片上就会产生荧光信号，而目前的检测系统还不能区分来自某一位点的荧光信号是由正常配对产生的，还是由 1 个或 2 个碱基的错配产生的，或者兼而有之，甚至是由非特异性吸附产生的，因而荧光检测系统还有待于进一步完善与发展。有研究者正试图绕过荧光标记，建立新的检测系统，以提高杂交信号检测的灵敏度。其中，光纤 DNA 生物传感器微阵列（fiber-optic DNA biosensor microarray）将生物传感器与微阵列的优势结合了起来。它是将合成的氰尿酰氯活化的寡核苷酸探针固定在直径 200 μm 的光导纤维的末端（传感器敏感膜)，然后若干固定有不同探针的光导纤维合成一束，形成一个微阵列的传感装置，其探针末端可以伸入样品溶液中，杂交的荧光信号由另一个偶联的CCD相机接受，整个操作分析可以在5 min内完成。而且传感器敏感膜还可以经过洗涤后再生利用。将荧光转换成数据，即可以获得有关生物信息，在基因表达谱分析中起着关键作用的生物信息学显得越来越重要。

以下几个方面主要涉及基因表达信息分析管理系统及其分析工具、计算方法等。

**1. 芯片的设计**

芯片设计对实验的成功与否十分重要。基于芯片的研究可以在一次实验中同时得到成千上万个基因的表达数据，这些基因的表达可以是不同组织、不同刺激因子、不同发育时期和不同病理状态，这就要求在实验前后处理大量数据，如何保证实验的合理性和可靠性、避免各种干扰因素是充分运用生物信息学手段辅助芯片研究的开端。在得到实验结果反馈信息后评估芯片质量，重新设计并加以改进也是必不可少的一个环节。通常的cDNA芯片主要包含以下几类基因片段：已知功能的基因、未知功能的新基因、在基因组图谱已定位的EST、特殊研究需要的基因等。

**2. 基因表达数据库的构建**

基因表达数据库是整个基因表达信息分析管理系统的核心，强调数据储存、信息整合和注释信息的整合。具体包括芯片制作和实验条件、结果相关信息、探针相关信息、克隆相关信息(基因的简单描述、GenBank途径accession号、IMAGE克隆标志符、代谢标志符、内部克隆标志符)等。

**3. 数据分析**

对基因表达谱数据进行分析的最终目的是发现基因表达的信号强度比值(ratio)与基因功能的关联性。芯片数据分析简单来说就是对芯片高密度杂交点阵图像处理并从中提取荧光强度信号进行定量分析，通过有效数据的筛选和相关数据的聚类，最终整合杂交点的相关生物学信息，发现基因的表达谱与功能可能存在的联系。芯片分析能够检测不同条件下的基因转录变化，能够显示反映特征性组织类型、发育阶段、环境条件应答、遗传改变的基因谱。获得海量的芯片数据后，还需对这些数据进行复杂的处理，以确定这些数据与复杂生物学现象的关联。

数据分析主要包括图像分析、标准化处理(normalization)、Ratio值分析、基因聚类分析(gene clustering)等(图8-33-2)。

(1) 图像处理：图像是指荧光扫描仪得到的cy3/cy5图像文件通过划格(griding)确定杂交点范围，过滤背景噪声，提取得到基因表达的荧光信号强度值，最后以列表形式输出。

(2) 标准化处理：由于荧光标记效率和检出率的不平衡，需对cy3和cy5的原始提取信号进行均衡和修正。标准化处理的方法有多种，最常用的是根据预先选定的多个内参照基因(如一组看家基因)进行校正，也可根据芯片所有的基因或其中的阳性基因、阴性基因来标准化。

(3) Ratio值分析：cy3/cy5的值又称为R/G值，一般0.5～2.0的基因不存在显著表达差异，该范围之外则认为基因的表达出现显著改变。由于实验条件的不同，此域值范围会根据可信区间有所调整。处理后得到的信息再根据不同要求以各种形式输出，如

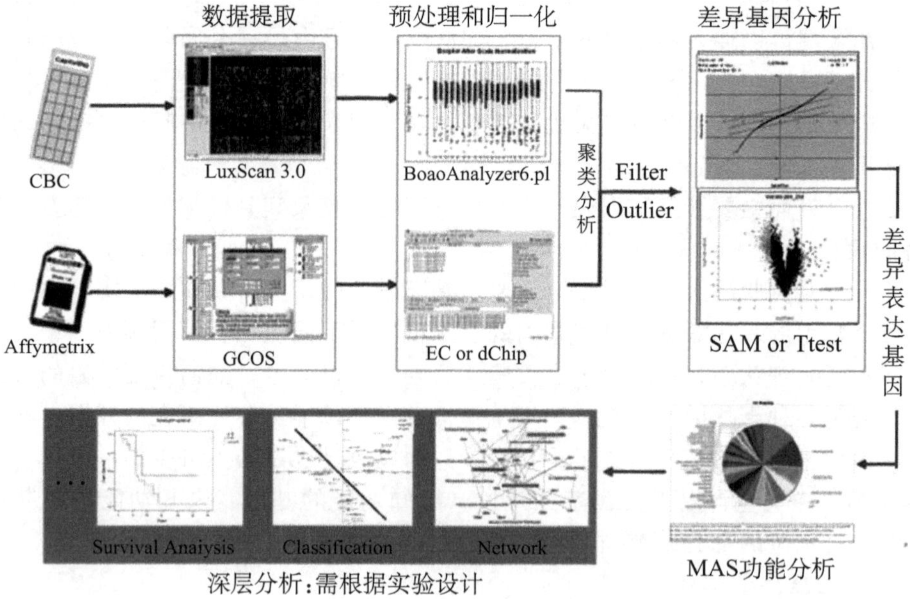


图 8-33-2　芯片数据分析的一般流程

柱形图、饼形图、点图、原始图像拼图等。将每个杂交点的所有相关信息，如位标、基因名称、克隆号、PCR 结果、信号强度、Ratio 值等自动关联并根据需要数据筛选。每个杂交点原始图像另存文件，可根据需要任意排序，得到原始图像的拼图，这对于结果分析十分有利。

（4）聚类分析：聚类分析实际是一种数据统计分析。通过建立各种不同的数学模型，可以得到各种统计分析结果，确定不同基因在表达上的相关性，从而找到未知基因的功能信息或已知基因的未知功能。基因聚类分析就是根据统计分析原理，对具有相同统计行为的多个基因进行归类的分析方法，归为一个簇的基因在功能上可能相似或关联。目前已开发出以直观图形显示的基因聚类分析程序，可将抽象的数据结果转化成直观的盒式图、树形图，便于研究人员理解和应用。

数据分析的基本目标是能够简化原始数据，使结果直观，同时能在大量数据中解析出基因表达的真正程序。一个理想的算法应该能全面综合并直观地解析原始数据，修正已有数据，并从结构、序列、功能之间找到新联系。

## 33.3　DNA 芯片的种类

根据固定在芯片载体上的核酸分子的不同，DNA 芯片主要可分为寡核苷酸芯片和 cDNA 芯片。

### 33.3.1　寡核苷酸芯片

寡核苷酸芯片（oligonucleotide chip）是指设置在固相载体上的寡核苷酸微阵列。其制备方法以直接在基片上进行原位合成为主、有时也可以预先合成，再按照制备

cDNA 芯片的方法固定在基片上。原位合成（*in situ* synthesis）是目前制造高密度寡核苷酸芯片最为成功的方法。目前有几种不同的制备工艺，其中最著名的是美国 Affymetrix 公司的专利技术——光引导化学合成法（light-directed chemical synthesis process），产品名为 GeneChip。

Affymetrix 公司已公开的光引导化学合成方法的主要过程如下：首先根据杂交目的确定寡核苷酸探针的长度和序列，再由计算机设计出合成寡核苷酸时用到的所有光掩膜（mask），最后做探针合成。光导原位合成技术的优点是可以用很少的步骤合成极其大量的探针阵列，探针阵列密度可高达到 100 个/$cm^2$。这种方法的主要缺点：一是需要预先设计、制造一系列掩膜，造价较高；二是每步产率较低。因此合成探针的长度受到了限制。

此外，原位合成的方法还有 Incyte Phamaceuticals 公司和 Rosetta Biosystem Inc 公司等使用的基于喷墨打印原理的原位合成法（*in situ* synthesis with reagents delivered by ink-jet printer devices）。喷印装置与普通的彩色喷墨打印机类似，用 4 种碱基液体取代墨盒中的彩色墨汁，通过计算机控制喷印机将特定种类的试剂喷洒到预定的区域上。其冲洗、去保护、偶联等过程与传统的 DNA 固相原位合成技术相同。喷印法可以合成长度为 40～50 nt 的寡核苷酸链，每步产率可以达到 99%，合成 30 nt 的寡核苷酸产率可达 70%以上。日本佳能公司利用独创的“气泡喷墨”技术，仅用 24 pl 溶液就可以在基片上制作出近百微米的小探针点，每平方厘米可排布近 20 000 个探针，克服了喷墨打印技术制备探针阵列密度较小的缺点。

寡核苷酸芯片的杂交和检测分析与 cDNA 芯片一致（下述）。由于寡核苷酸阵列多需要区分单碱基突变，因此严格控制杂交液盐离子浓度、杂交温度和冲洗时间是杂交实验成败的关键。

### 33.3.2 cDNA 芯片

cDNA 芯片（cDNA chip）是在玻璃片、硅片、聚丙烯膜、硝酸纤维素膜、尼龙膜等固相载体上固定的成千上万个 cDNA 分子组成 cDNA 微阵列。制作 cDNA 芯片最常用的固相载体是显微镜载玻片。载玻片在使用前需要进行表面处理，目的是抑制玻璃片表面对核酸分子的非特异性吸附作用。常用的表面处理方法有氨基化法、醛基化法和多聚赖氨酸包被法。

制备 cDNA 芯片多用合成后点样法（spotting after synthesis）。合成后点样法使用的专用设备称为点样仪（arrayer），目前有多家国外公司（如 Bopdiscovery、Biorobotics、Vartesian Technologies、Genetic Microsystems、Genomics Solutions 等）生产点样仪。点样仪的主要部件是由计算机系统控制的电脑机械手。点样时电脑机械手利用点样针头从 96 微孔板或 384 微孔板上吸取 cDNA 样品，按照设计好的位置点在载玻片表面。针头的数目、机械手的移动时间、针头清洗和干燥时间、样品总数和载破片数目共同决定了点样所需时间；针头的直径和形状、样品溶液的黏滞程度及固相载体的表面特性决定了芯片上液滴的量和扩散面积。

除点样法以外，cDNA 芯片也可以用电子定位法（electronic addressing）制备。美国 Nanogen 公司最早使用这项技术，他们对空白片上的特定位点进行电活化，使相应活化点的表面带有电荷，成为“微电极”，能够吸附 cDNA 分子。带有微电极的芯片与样品溶液共同孵育，溶液中的 cDNA 分子被吸附的微电极上，并与芯片表面发生化学结合从而固定。用这种工艺制备的芯片的优点是：微电极的电吸附作用可以提高与靶核酸的杂交效率；缺点是：制备复杂，成本较高。这种带有微电极的芯片也称为主动式芯片。许多公司出售商品化的 cDNA 芯片，可以根据需要从公司定制。美国 Incyte 公司是最著名的 cDNA 芯片提供商之一，其产名为 GEMTM 芯片，每张芯片上最多可以含有数万个点，对样品中 mRNA 的检出限达到 2 pg，对两种来源样品中的基因差异表达的检出限为 2 倍。

cDNA 芯片样品制备包括分离和标记两个方面，有些样品还要经过核酸扩增放大这一步骤。样品制备的一般过程是：提取待检样品中的 mRNA，反转录成 cDNA，同时标记上荧光。荧光标记是最常用的方法，优点是无放射性且有多种颜色可供使用；研究者可以根据需要选用其他标记方法，如放射性核素标记法、化学发光法或酶标法。如果目的是研究两种来源组织细胞基因的差异表达，则分别提取两种组织细胞的 mRNA，反转录成 cDNA，分别标记两种不同颜色的荧光（如 cy3 和 cy5），等量混合后与芯片进行杂交反应（图 8-33-3）。

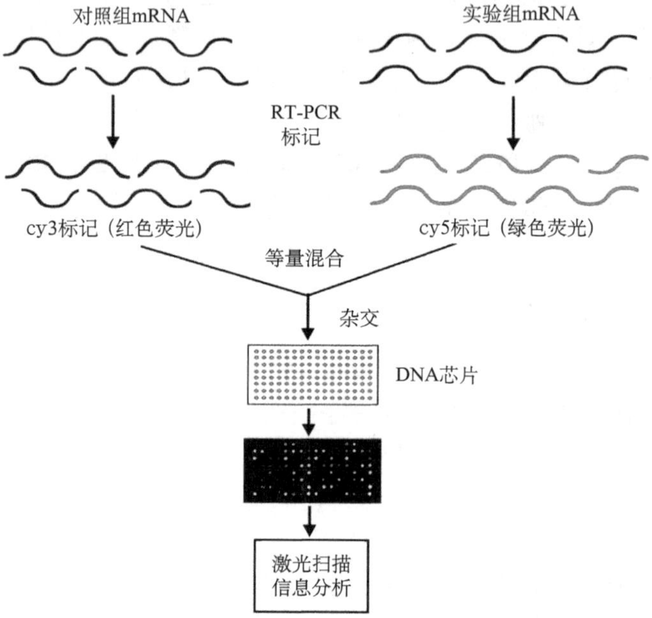


图 8-33-3　cDNA 芯片原理和工作流程示意图

杂交反应可以在专用的杂交仪（hybridization station）或杂交盒（hybridization chamber）内进行。杂交仪能够容纳多张芯片，有利于杂交过程的自动化和杂交条件的标准化。单个反应可以在杂交盒里进行，斯坦福大学 P. O. Brown 教授领导的实验室将制作杂交盒的详细说明提供在因特网上，同时还提供了 cDNA 芯片设备、样品处理与杂交的完整的实验手册和有关软件（http：//cmgm. stanford. edu/pbrowri/index. html）。

通常检测芯片上的杂交信号需要高灵敏度的检测系统——阅读仪（reader），阅读仪的成像原理分为激光共聚焦扫描和 CCD 成像两种。前者分辨率和灵敏度较高，但是扫描速率较慢且价格昂贵；后者的特点与之相反。一次标准的 cDNA 芯片杂交实验产生的成千上万个点的杂交信息，需要生物信息学手段的支持。已经有多种读取和分析杂交信号的应用软件以及能够与网络公共数据库连接进行数据分析的应用软件，在 NHGRI 的网站可以下载用于图像分析的软件，还可以找到能够与 Genbank、Unigene 等数据库联机工作的软件包。

## 33.4 DNA 芯片的应用

随着芯片技术的不断完善与发展，目前 DNA 芯片已广泛地应用于生物科学、医学等众多领域。

### 33.4.1 基因功能研究

在后基因组学研究中，DNA 芯片发挥了巨大的作用。应用 DNA 芯片可以开展芯片测序、DNA 再测序、基因功能研究、基因目标靶点的发现和开发、单核苷酸多态性测定等。随着人类基因组计划的完成，全长新基因不断被发现，人们的视线逐步从发现基因转向确定基因的功能，如何阐明从基因到蛋白质再到生命现象这一过程的奥秘，如何大规模研究人类基因的功能，特别是非编码基因以及基因相互作用和调控关系，必须在研究方法上取得突破。基因芯片能以大规模、高通量的方式进行成千上万个基因在各种生理状态下表达状况的研究，传统的 Northern blotting 杂交或点杂交方法，以及以电泳为基础的基因表达、序列测定、突变和多态性分析等研究方法显然不能适应上述的要求，唯有 DNA 芯片才有这种大规模、并行处理的能力。

#### 33.4.1.1 基因表达检测

大规模表达谱或全景式表达谱（global expression profile）是生物体（组织、细胞）在某一状态下基因表达的整体状况。长期以来，基因功能的研究通常采用基因的差异表达方法，效率低，无法满足大规模功能基因组研究的需要。利用 DNA 芯片技术，可以同时监控成千上万个基因在不同状态（如病理、发育不同时期、诱导刺激等）下的表达变化，从而推断基因间的相互作用，揭示基因与疾病发生、发展的内在关系。除此以外，借助近年来建立起来的一些新技术，如基因表达系列分析（serial analysis of gene expression，SAGE）、大规模平行信号测序系统（massively parallel signature sequencing，MPSS）等，还能检测某些特定时段表达或表达水平较低的基因。

#### 33.4.1.2 寻找新基因

定量检测大量基因表达水平在阐述基因功能、探索疾病原因及机制、发现可能的诊断及治疗靶点等方面是具有重要的价值。解析人类庞大基因组中编码和非编码基因序列包含的意义，是一项极其繁重的任务。DNA 芯片技术可以提供特定条件下（生理、病理、诱导刺激等）基因表达的信息，通过使用基因碱基序列数据发现新基因，同时可比较已知及未知功能的基因，推断相应未知基因的功能，揭示特定调节基因的作用机制。

#### 33.4.1.3 DNA 测序

人类基因组计划的实施促进了更高效率的、能够自动化操作的测序方法的发展。芯片技术中杂交测序（sequencing by hybridization，SBH）技术及邻堆杂交（contiguous stacking hybridization，CSH）技术即是两种新的高效快速测序方法。用含 65 536 个 8 聚寡核苷酸的微阵列，采用 SBH 技术，可测定 200 bp 长的 DNA 序列，采用 67 108 864个 13 个聚寡核苷酸的微阵列，可对数千个碱基长的 DNA 测序。SBH 技术的效率随着微阵列中寡核苷酸数量与长度的增加而提高，但微阵列中寡核苷酸数量与长度的增加可降低杂交的准确性，CSH 技术弥补了 SBH 技术存在的弊端。CSH 技术的应用增加了微阵列中寡核苷酸的有效长度，加强了序列准确性，可进行较长的 DNA 测序。计算机模拟论证了 8 聚寡核苷酸微阵列与 5 聚寡核苷酸邻堆杂交，相当于 13 聚寡核苷酸微阵列的作用，可测定数千个核苷酸长的 DNA 序列。

#### 33.4.1.4 突变体和多态性的检测

SHB 技术可大规模地检测和分析 DNA 的变异及多态性。利用结合在玻璃支持物上的等位基因特异性寡核苷酸（ASO）微阵列建立了简单快速的基因多态性分析方法。将 ASO 共价固定于玻璃载片上，采用 PCR 扩增基因组 DNA，其一条引物用荧光素标记，另一条引物用生物素标记，分离两条互补的 DNA 链，将荧光素标记 DNA 链与微阵列杂交，通过荧光扫描检测杂交模式，即可测定 PCR 产物存在的多种多态性，该方法对人酪氨酸酶基因等 4 个外显子内含有的 5 个单碱基突变进行分析，结果显示单碱基错配与完全匹配的杂交模式非常易于区别。这种方法可快速、定量地获得基因信息。

#### 33.4.1.5 基因调控元件结合蛋白质的发现

基因表达调控机制是后基因组研究的重要内容，与调控元件结合的蛋白质对基因表达起了关键作用。例如，把需要研究的 DNA 序列分成若干组 10 个左右长度的核苷酸片段，及其对应的突变体制作 DNA 芯片，将蛋白质提取物孵育，洗去未结合的蛋白质，质谱鉴定结合蛋白质（图 8-33-4）。

### 33.4.2 医学诊断

DNA 芯片在感染性疾病、遗传性疾病和肿瘤等疾病的临床诊断中已发挥了越来越重要的作用。基因诊断芯片是进行高通量、大规模、灵敏准确的诊断和检测技术，它区别于传统检测方法的特点在于：一次能同时检测许多种疾病，提高了检测效率；检测样品为各类致病基因片段，一旦外源性致病基因进入机体便能及时测出，且待测样品用量较少；能检测病原生物的耐药性、病原微生物的亚型；有极高的灵敏度、特异性和可靠性；检测成本较低，自动化程度高，利于大规模推广应用。芯片灵敏准确的诊断和检测技术，使医生能在极短的时间内明确感染病原的种类。快速、准确的诊断方法是控制传染源、在患病初期提供及时治疗的先决条件。

通过 DNA 芯片技术可以指导用药。合理用药的基础是对病原菌有一个明确的诊

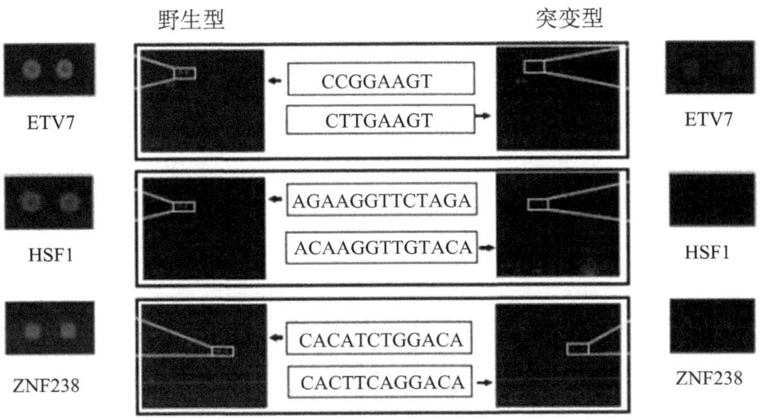


图 8-33-4 DNA 结合蛋白质在芯片上的反应

断，DNA 芯片检测技术的优越性不仅体现能够迅速确诊病原体感染，而且能测定病原体对抗生素的敏感性和耐药性，帮助医生制定科学的治疗方案。此外，DNA 芯片技术还可预测个体的药物敏感性基因，制定个人药物敏感谱，从而减少不良反应、降低治疗成本。专家指出，DNA 芯片未来在诊断学上最有价值的应用是确定疾病易感性和预测药物敏感的基因分型，上述每一个目标的实现都将开辟新的诊断学市场，也会对医疗领域带来一场革命。

### 33.4.3 新药开发

在生物芯片技术商业化早期过程中，诊断用途是其主要方向，但目前发现生物芯片在新药开发方面也有广阔的产业前景。基因表达、基因分型和核酸测序都与发现新药紧密关联，已经成为生物芯片公司主要的前期工作。在过去，新药的发现需要经过大量连续的合成和筛选，费用的支出庞大，而且研发周期过长。如果能将从基因组、组合化合物文库（combinatorial compound library）中得到的药理学靶分子制成矩阵，就提供了快速、高度平行性的同时筛选大量化合物的可能。人类基因组计划不断地生成成千上万条新基因的序列和图谱信息，为从事功能基因组研究和开发的实验室和公司提供新型的、高特异性的药物靶潜来源。另外，肿瘤、糖尿病、动脉硬化和其他一些发生率比较高的疾病往往是环境因素与多重基因产物之间相互作用的结果，为了总结出这些复杂的内在关系，科学家力图在人群中发现这些疾病中经常发生的基因表达方式和单核苷酸多态性（single nucleotide polymorphism，SNP），完成这项工作，需要依赖生物芯片技术。此外，在迅速发展的药物基因组学（pharmacogenomics）领域，各个公司也在努力寻找能够预示个体对药物反应的基因。

### 33.4.4 中药有效组分筛选

中医药源远流长，它的发现与应用经历了长期实践的过程。中药是各种成分的混合制剂，原始剂型：汤、丸、散、膏等都存在一个问题，即有效成分定量不明确、个体反应差异较大、缺乏现代医学科学理论支持，在市场推广方面受到限制。传统的整体动物试验和离体试验虽然能够筛选其有效组分，但是如果要大规模筛选，工作量十分庞大。

解决中药研究瓶颈的关键在于开发一种全新的技术，能够用于大规模地研究药物的作用机制。这种技术的特点必须是：能够大规模地筛选、通用性强、适用范围广，不局限于一种或一类药物；能够在药物和基因之间架起一座桥梁；能够从基因水平解释药物的作用机制。它不仅能为药物的应用奠定坚实的理论基础，而且该方法的结果又能为药物的进一步开发和设计提供理论指导。DNA 芯片技术具有的高通量、大规模、平行性等特点可以进行新药的筛选，尤其对祖国传统的中药有效组分进行筛选，可使中药以崭新的面目走向世界。DNA 芯片药物筛选是指通过用药前后表达谱的变化找出靶基因及受靶基因调控的基因，并研究是否影响其他基因的表达从而带来毒副作用。可以在培养的离体人细胞（细胞水平）和动物模型（整体水平）两个层次进行筛选。动物模型与细胞水平的表达谱可以相互参照和比较，尽量准确地反映药物对基因表达的影响。通过 DNA 芯片技术不仅可以研究中药对基因表达的影响，分析药物作用的靶基因，从基因水平上搞清药物的作用机制，还可以分析这种药物中起关键作用的组分，并通过有效组分的再组合，开发出升级换代的新产品。因此，DNA 芯片在中药筛选方面的应用将进一步研制开发出新一代高效低毒的天然药物单方、复方或组方，并构建中药筛选的基因表达谱数据库。

### 33.4.5 其他应用

特殊设计的基因芯片还可用于商品检验检疫（识别污染病原体、毒物）、环境保护（检测污染微生物或有机化合物）、军事（开发生物战病原体侦检系统）、司法（法医物证）和农业（筛选高品质农作物品种和优良经济动物品系）等领域。

（蔡在龙　吕　军）

# 第 34 章 蛋白质芯片

随着人类基因组计划的顺利完成，基因序列图谱已经获得，并已定位了大部分蛋白质编码基因。但是，基因的功能不仅仅由序列决定，它给予生命的信息之多、变异之广使致病机制研究成了一个极其复杂的问题，而基因治疗造成的患者死亡及转基因克隆物种出现的变异更促使我们认识到，目前距彻底了解它们并实施疾病治疗仍有漫长的路要走。

最早研发的生物芯片为 DNA 芯片或 DNA 微阵列，其检测细胞中 mRNA 浓度或量的变化程度。可是，蛋白质是生物学功能的直接执行着，真正影响细胞的生理状态的是其基因产物——蛋白质，它能直接反映基因给予的信息，它的功能一旦出现异常就可引发疾病。蛋白质组学研究是继基因组学研究后生命科学发展的一个主流方向。蛋白质的结构和功能最终直接影响着生命活动的变化，基因转录水平的研究只能在一定程度上反映基因表达产物的变化，而真正发挥功能的蛋白质要经过转录后加工、翻译调控及翻译后加工等许多步骤和调控才能形成，因而对蛋白质的直接研究才能真实地解释各种生命现象。因此，研究蛋白质组成、性质及功能是揭示基因和疾病联结链条中的关键一环。有别于 RNA 层次，蛋白质需经过翻译后修饰（post-translational modification）。如此多样化的蛋白质生物合成信息，加上成熟蛋白质间或蛋白质与其他小分子/药物/大分子间的交互作用（interactions），使用传统的方法（如 Western blotting、ELISA 等）都无法同时检测整个细胞中所有蛋白质的变化。以往，有关蛋白质的研究多采用色谱分离纯化、二维电泳、光谱、质谱定量定性等分析化学的研究技术。运用这些手段进行研究所必需的技术条件要求高、仪器昂贵、步骤烦琐、耗时冗长，不适应大规模的筛查和临床检测，使得蛋白质芯片的发展显得尤为重要。

## 34.1 蛋白质芯片的基本概念

蛋白质芯片（protein chip，PC）又称为蛋白质微阵列（proteinmicroarray），是将生物分子或其他可与蛋白质结合的物质作为配基，将其固定在固相载体表面，以形成蛋白质阵列。在检测过程中，待测分子与配基分子在芯片表面会形成生物分子复合物。基于此原理，通过检测复合物，可达到对蛋白质的探测、识别和定量的目的。蛋白质芯片的出现为识别和检测生物分子，及时观察生物分子间的相互作用和认识生物分子的功能提供了可能，有助于科研人员获得很多传统技术难以提供的信息。但由于蛋白质本身的特性，使得芯片的制作与应用与 DNA 芯片相比而言，具有更高的难度，包括：①蛋白质的制备不易。虽然分子生物学技术大幅度进步，但其相关的合成仪器却十分昂贵。②蛋白质的稳定性不佳。易因温度、酸碱度的变化而断裂、失去活性。③蛋白质与换能器的结合不易。以传统的做法，是将蛋白质分子以共价键结合于载体上，如此将会破坏蛋白质的活性；若改以蛋白质埋于其他大分子，如聚丙烯酰胺（polyacrylamide）中，或将其夹在中空的纤维半透膜内，将会延迟信号的传递。④芯片上蛋白质与待测样品的最佳反应环境不同，难以达到平衡。

## 34.2 蛋白质芯片的种类

蛋白质芯片的发展非常迅速，目前已出现了各种类型的相关产品。根据蛋白质芯片所固定的探针分子类型，可分为生物分子型和非生物分子型。生物分子型，如抗体、受体、酶、免疫复合物、DNA或寡核甘酸等；非生物分子型，如某些阳离子、阴离子、亲水或疏水物质的化学基团等（图8-34-1）。根据蛋白质芯片的固定方式不同又可分为固相芯片和液相芯片等。以下就几种典型的蛋白质芯片加以说明。

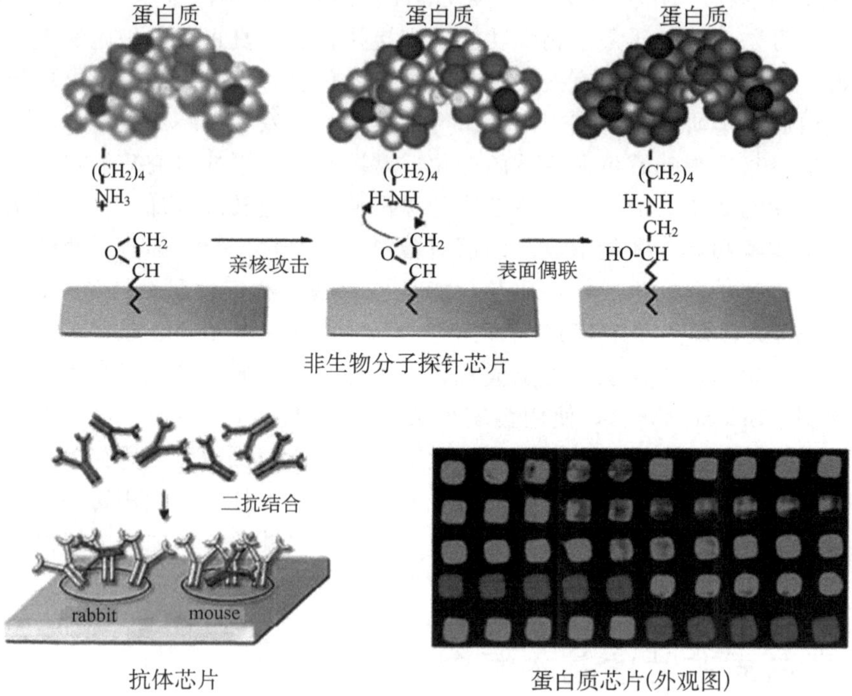


图8-34-1 蛋白质芯片示意图（见图版）

### 34.2.1 抗体芯片

抗体芯片是蛋白质芯片发展早期的类型，是蛋白质芯片的一种，能和不同抗原特异性结合的多种抗体高密度地固定到玻片或其他载体上，使待测样品通过芯片表面，经过洗脱把非特异性结合的蛋白质洗掉，从而对特异性结合在其上的抗原进行检测。具有微型化、集成化、高通量化的特点，可以用于检测某一特定的生理或病理过程相关蛋白质的表达丰度，目前主要用于信号转导、蛋白质组学、肿瘤及其他疾病的相关研究。第一张商品化的抗体芯片（Ab Microarray 380）由美国BD Clontech公司推出（图8-34-2），芯片上排列了380种已知蛋白质的单克隆抗体，这些单克隆抗体对应的蛋白质都是细胞结构和功能上十分重要的分子，涉及信号转导、肿瘤、细胞周期调控、细胞结构、细胞凋亡和神经生物学等广泛的领域。通过这张芯片，在一次实验中就能够比较几百种蛋白质的表达变化。Ab Microarray 380 上的抗体是经过精心挑选的，这些抗体不仅可以识别人源蛋白质，对小鼠和大鼠样品同样有效。另外，每个抗体的结合亲和力都要经过实验测定，从多种抗体来源的克隆中筛选出反应特异性好、交叉反应程度小、信号明显的抗体，并且还要保证信号与抗原浓度有着良好的线性关系。优化的抗体探针才可以保证反应的特异性和灵敏度（可检测 20 pg/ml 的抗原浓度）。芯片的检测采用荧光报告分子，常用的荧光扫描仪都能够完成。随着抗体数量的增加，抗体芯片的种类越来越多，应用也越来越广。

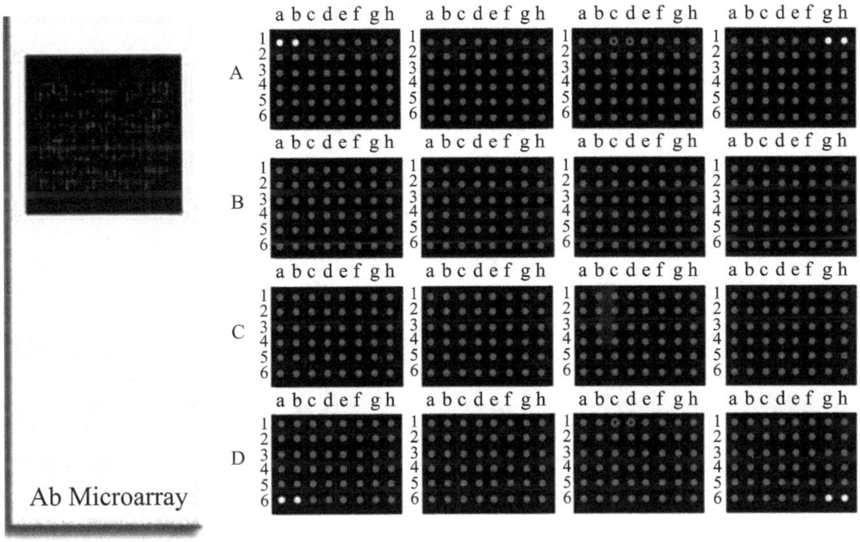


图 8-34-2　Clontech 公司第一个商业化抗体芯片 Ab Microarray 380（见图版）

黄色点代表 cy3/cy5 标记的 BSA 点样，作为点阵方向标记

## 34.2.2　非生物分子探针芯片

由于抗体芯片只能检测已知蛋白质，所以其主要应用领域为临床诊断。对于未知蛋白质的分析是蛋白质组学的一项重要内容。非生物分子探针芯片适合此类用途。蛋白质芯片公司 Ciphergen 的化学芯片是主要代表，其表面包裹了各种材料，利用这些不同的表面区别不同的蛋白质。设计的表面材料有憎水型的、亲水型的、阳离子和阴离子交换型的、金属离子等，但是仅用这些有限数量的表面来识别数以千计的不同蛋白质比较困难。与芯片成键的蛋白质可采用 MALDI-TOF 质谱进行分析。化学表面芯片的特点是：可直接用粗生物样品（血清、尿、体液）进行分析；可同时快速发现多个生物标记物；所用样品量少（0.5～5 $\mu$l 或 2000 个细胞样品），测定速率快（5 min）；高通量的验证能力——可自动化操作；可发现低丰度、小相对分子质量蛋白质；灵敏度高（1 fmol）；可测定疏水蛋白质，特别是膜蛋白；在同一系统中集分离、纯化、鉴定、检测和数据分析为一体。

### 34.2.3 液相芯片

固相载体的蛋白质芯片难以维持蛋白质的天然构象，不利于蛋白质功能研究。液相芯片在这方面具有独特优势。液相芯片体系由许多不同的小球体为主要基质构成，每种小球体上固定有不同的探针分子，将这些小球体悬浮于一个液相体系中，就构成了一个液相蛋白质芯片系统。利用这个系统，我们可以对同一个样品中的多个不同的分子同时进行检测，这种检测技术称为流式多组分谱分析（flexible multi-analyte profiling，xMAP）技术。

在液相系统中，为了区分不同的探针，每一种固定有探针的微球都有一个独特的色彩编号，或称为荧光编码。在微球制造过程中掺入了红色和橙色两种荧光染料（这两种染料各有 10 种不同区分），从而把微球分为 100 种不同的颜色，形成一个具有独特光谱地址的含有 100 种不同微球的阵列。不同颜色微球在分类激光激发下产生的荧光互不相同，这种分类荧光是识别不同微球的唯一途径。利用这 100 种微球，可以分别标记上 100 种不同的探针分子，可同时对一个样本中的 100 种不同的目的分子进行检测。为了便于探针分子的固定，在球形基质的表面进行了一系列的修饰，可适合各种蛋白质、肽、核酸等生物分子的固定。

**1. 检测反应的原理**

球形基质、探针分子、被检测物、报告分子是液相蛋白质芯片的 4 个主要构成部分，反应主要包括 3 个步骤。①探针分子的固定；②将这种标记好探针的球形基质与样品反应。探针可以与相应的目的分子特异性的结合，带有绿色报告荧光的报告分子也与目的分子特异性的结合，对反应进行定量；③反应结果的检测。检测的原理是使单个球形基质通过检测通道，并使用双色激光同时对球形基质上的红色分类荧光和报告分子上的绿色报告荧光进行检测。红色激光激发的是球形基质上的红色分类荧光，根据球形基质的不同色彩编号，可以将球形基质分类，从而将各个不同的分析反应区分开来。绿色激光激发的是绿色报告荧光分子，目的是确定球形基质上结合的报告荧光分子的数量，从而确定球形基质上结合的目的分子的数量。因此，通过红、绿双色激光的同时检测，可以确定被结合的检测物的种类和数量。

**2. 液相芯片的检测**

液相芯片的技术特点可归纳如下：①反应快速、灵敏度高。反应环境为液相、微球上固定的探针与待检样品均在溶液中反应，其彼此间碰撞概率与速率相对于固相芯片或 ELISA 等反应模式可增加 10 倍以上，因此可提高反应速率及灵敏度。抗原-抗体等蛋白质分子相互作用的结果可在瞬间经激光判定后由计算机以数据信息的形式记录下来，敏感性显著超越酶联信号或常规杂交信号检测。②通量大，可同时检测多种目标物。该技术可对同一样品中多达 100 种分子同时进行分析。液相芯片系统采用 96 孔板为反应容器，在 35～60 min 内，可对 96 个不同的样品进行检测，所需样品用量比常规方法少。③稳定性好。液相环境更有利于保持蛋白质的天然构象，不仅有利于探针和被检测物的反应，也更能保证反应的特异性和稳定性。④操作简便，耗时短。常规 ELISA 或固相芯片技术，每一步反应之后都需充分洗涤以去除非特异结合成分，耗时且易造成污染，而液相芯片技术可以避免这些过程和弊端。

## 34.3 蛋白质芯片的基本原理

由于蛋白质的立体结构与其功能活性相关，要制造蛋白质芯片相对要比 DNA 芯片复杂很多。蛋白质芯片有多种类型，原理也各不相同，以固相蛋白质芯片为例，其原理是将各种蛋白质有序地固定于滴定板、滤膜和载玻片等各种载体上成为检测用的芯片，然后用标记了特定荧光素的蛋白质或其他成分与芯片作用，经漂洗将未能与芯片上蛋白质互补结合的成分洗去，再利用荧光扫描仪或激光共聚焦扫描技术测定芯片上各点的荧光强度，通过荧光强度分析蛋白质与蛋白质之间的相互作用，由此达到测定各种蛋白质功能的目的。为了实现这个目的，首先必须通过一定的方法将蛋白质固定于合适的载体上，同时能够维持蛋白质天然构象，也就是必须防止其变性以维持其原有特定的生物活性。另外，由于生物细胞中蛋白质的多样性和功能的复杂性，开发和建立具有多样品并行处理能力、能够进行快速分析的高通量蛋白质芯片技术将有利于简化和加快蛋白质功能研究的进展。

### 34.3.1 芯片的制备

**1. 固相载体**

为了维持蛋白质二级和三级结构及其生化活性，选择玻片材质与表面化学处理剂是必要的。固相载体呈薄片型，外观可做成长条状、圆形或椭圆形等不同形状，经特定处理后承载吸附有关的生物制剂。常用的材质有硅、云母、各种膜片等。例如，使用玻璃或硅化物为玻片材质的 DNA 芯片常用甲醛来固定 DNA 片段，相同方法也用于固定蛋白质于玻片上。此外，也可将玻片表面附上铝或金、亲水性聚合物或聚丙烯酰胺电泳胶，这样材料可避免蛋白质分子变性并使其反应部位朝向正确的方位，让整个反应在亲水性环境下进行。

**2. 探针分子**

DNA 芯片的原理是两股互补的 DNA 片段利用自然的杂交力量来进行反应，而蛋白质芯片普遍利用抗体与抗原间的结合作用来达到检测的目的。所以在玻片“印”上形同阵列的各种不同抗体，这些抗体可为单克隆抗体、多克隆抗体、抗体的某一片段或合成多肽配体（synthetic polypeptide ligand）。此外，受体、结合某些阳离子或阴离子的化学基团、亲水或疏水物质、酶、免疫复合物等也常用来作为探针分子。它们可采用化学固定技术固定在载体表面上，形成一个个点状芯池。某些 DNA 或寡核苷酸也可被用来辨识和结合特定蛋白质。SomaLogic 公司利用光感应原理开发出光照配体（photoaptamer）技术来制造芯片，整个实验过程大致为：先利用配体结合检测物中的蛋白质，接着把芯片暴露在紫外线照射下，使得配体和目标蛋白质交联（cross-linking）而产生共价键，这时候就可用比较剧烈的实验条件将未结合的蛋白质洗去。

**3. 固定方式**

制备蛋白质芯片时常常采用直接点样法，以避免蛋白质空间结构改变，保持它和样品的特异性结合能力。现已有预置已知探针的多种芯片系统（ciphergen biosystem）出售，类型有列式、微孔板式、凝胶块状等。一般来说，一块载体上根据需要固定的芯池可多可少，研究用芯片的芯池数目较少，大多都在 6～10 个，多者可达 10 多个；但供规模生产用的芯片其芯池数量要多得多。现有一种构象型蛋白质芯片，其芯池数目高达1600个/$cm^2$，呈微距阵排列，点样时须用机械手进行，可同时检测数千个样品。使用时先将需要检测的含有蛋白质的标本，如尿液、血清、精液、组织提取物等按一定程序做好层析、电泳、色谱等前处理，然后在每个芯池内点入需要的种类，一般样品量只要2～5 μl即可。根据测定目的的不同可选用含有不同探针的芯片。让标本在每个芯池中与特定的探针结合或与其中含有的生物制剂相互作用一段时间，然后洗去未结合的或多余的物质，将样品固定后等待检测即可。

Zyomyx公司发展了另一个照相平版印刷（photolithography，类似于Affymetrix公司的）技术，将蛋白质或抗体固定在流动室（flow chamber）中而形成液态状，可防止水分蒸发而导致的蛋白质变性。此外，Large Scale Biology公司将数百条涂满特定抗体的塑料杆子捆在一起形成一束状物，然后把此束状物横切成含有特定抗体的薄片，1 m长的束状物可制成上百万张低密度的芯片，在成本上具有竞争力，且容易制造并适合在临床诊断。

## 34.3.2 蛋白质芯片的检测

如何检测芯片上结合的微量蛋白质是蛋白质芯片技术的关键。直接检测模式是将待测蛋白质用荧光素或放射性核素标记，结合到芯片的蛋白质就会发出特定的信号，检测时用特殊的芯片扫描仪扫描和相应的计算机软件进行数据分析，或将芯片放射显影后再选用相应的软件进行数据分析。间接检测模式类似于ELISA方法，标记第二抗体分子(图8-34-3)。以上两种检测模式均基于阵列为基础的芯片检测技术，方法操作简单、成本低廉，可以在单一测量时间内完成多次重复性测量。目前国外多采用质谱（mass spectrometry，MS）分析基础上的新技术。例如，表面加强的激光离子解析——飞行时间质谱技术（SELDI-TOF-MS），可使吸附在蛋白质芯片上的靶蛋白离子化，在电场力的作用下计算出其质量电荷比，与蛋白质数据库配合使用，来确定蛋白质片段的相对分子质量和相对含量，可用来进行检测蛋白质谱的变化。光学蛋白质芯片技术是基于

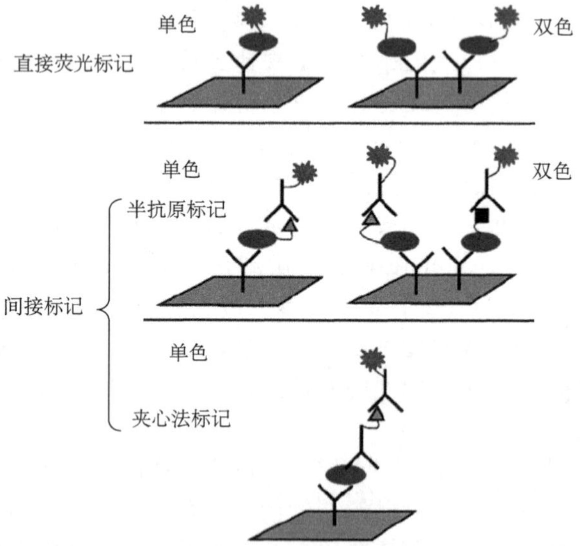


图8-34-3　蛋白质荧光标记的两种方法（直接标记和间接标记）

1995 年提出的光学椭圆生物传感器的概念，利用具有生物活性芯片上靶蛋白感应表面及生物分子的特异性结合性，可在椭偏光学成像观察下直接测定多种生物分子。

## 34.4 蛋白质芯片的应用

蛋白质芯片已经在有关研究领域中开始使用（图 8-34-4），在识别特定蛋白质表达物、进行蛋白质水平的药物筛选、揭示蛋白激酶的作用、测定血清中的小分子物质含量等方面均比现有技术更难确、更迅速。

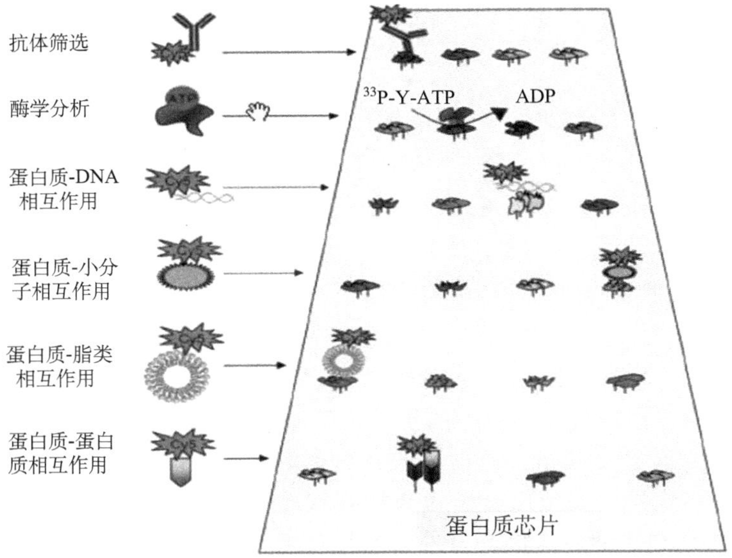


图 8-34-4　蛋白质芯片的应用范畴

### 34.4.1 蛋白质及其组学研究

目前，蛋白质芯片已是蛋白质相关研究中最具应用前景的一项技术。利用蛋白质芯片和限制性酸水解技术可对蛋白质的氨基酸序列进行分析。与传统的蛋白质水解技术相比，蛋白质芯片技术可以同时对多个蛋白质的氨基酸序列构成进行分析。另外，利用这种方法还可以得到蛋白质 C 端或 N 端的不同长度氨基酸片段，将这些片段通过质谱分析，便可以得到待测蛋白质的氨基酸序列。

### 34.4.2 临床应用

蛋白质芯片技术在临床上有着广泛的应用，尤其是在疾病的诊断和疗效判定方面（即生物学标志物的检测上）具有很大的应用价值和前景（图 8-34-5）。另外，蛋白质芯片具有高通量的特点，使得疾病标志物的检测速率大大提高。这项技术的发展已经经历了近 20 年的时间，现已出现了相对成熟的技术，它们的共同特点都是将生物分子作为配基，固定在固体芯片表面或表面微单元上，以单一或面阵或序列式。利用生物分子间特异结合的自然属性，待测分子与配基分子在芯片表面会形成生物分子复合物。然后，检测此复合物的存在与否，以达到对蛋白质的探测、识别和纯化的目的。例如，美国Ciphergen Biosystems公司采用SELDI-TOF-MS，使靶蛋白离子化，以分析蛋白质的相对分子质量和相对含量。该公司通过该项技术，成功地检测到了纳摩尔的淀粉样β蛋白（Aβ），而且定量地评价了Aβ40与Aβ42的比例，为进一步研究阿尔茨海默病的发病机制、发展生物标志物及γ-1-42分泌酶的特异抑制剂提供了基础。

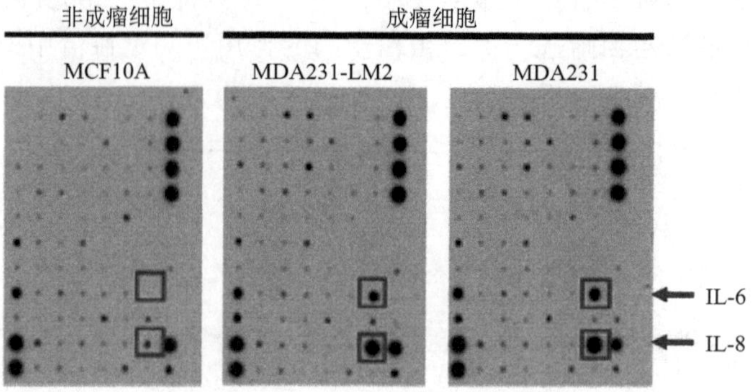

图 8-34-5 蛋白质芯片展示IL-6、IL-8在不同细胞中的差异表达

## 34.4.3 新药研制

蛋白质芯片具有高通量、并行性的特点，可用于寻找新的药靶（比较正常组织或细胞及病变组织或细胞中大量相关蛋白质表达的变化，充分了解细胞信号转导和代谢途径，进而发现一组疾病相关蛋白质作为药物筛选靶）、药物筛选、药物毒性（可达250 amol或10 pg级）和安全性评价。另外，蛋白质芯片技术不仅可以研究各种化合物与其相关蛋白质的相互作用，还可以在对化合物作用机制不了解的情况下，直接研究疾病的蛋白质表达谱，从而将化合物的作用机制与疾病联系起来，并进一步建立外源化合物与疾病蛋白质表达谱库，为新药开发和各种药理研究提供大量数据。

蛋白质芯片技术从产生至今已有了很大的发展，但与DNA芯片相比较还处在起步阶段，无论在芯片的制备、具体应用过程以及结果的检测方面等还有很多的不足。首先，成本问题。蛋白质芯片的制作工艺还相当烦琐、复杂，而且信号的检测也需要专门的仪器设备，如SELDI，大多数一般实验室都承受不起。其次，蛋白质芯片在制作过程中实验条件发生微小的变化便可能引起最后结果的不同，实验条件不易控制，使得实验结果的可重复性相对不足。这些问题不仅为蛋白质芯片技术增加了难度，同时也是蛋白质芯片能否从实验室推向临床应用的关键所在。目前，蛋白质芯片的开发研究主要集中在以下几个方面：①寻找更好的探针固定技术；②加速样品的简化和标识研究；③研究新的检测仪器和方法；④开发高度集成化生产的制备系统等。相信随着人们对蛋白质结构和功能认识的不断深入，以及其他辅助学科和技术的发展和成熟，蛋白质芯片技术将会在生命科学领域发挥越来越重要的作用。相信在不久的将来，将会制作出敏感性和特异性更强的、固定有多种大量活性蛋白质的新型蛋白质芯片。

（蔡在龙　吕　军）

# 第35章 组织芯片

新诊疗方法的开展常常依赖于以高通量的方式对分子标志物在成千上万个临床样本中进行筛选。DNA 芯片和相关的基因组筛选工具使通过筛选基因组来发现基因与临床疾病的关系成为可能。但是这些基因组和蛋白质组研究中发现的标志物在被用作诊断或判定预后指标之前，必须进行证实和验证。而此时应用活体组织进行测试往往是不现实的，因此亟待发展体外、在组织层面上进行测试的高通量的技术，组织芯片（tissue microarray）技术就是在这样的背景下应运而生的。

## 35.1 组织芯片的基本概念

1998 年 J. Kononen 等在 *Nature* 杂志上首次报道了组织芯片这一高通量的技术。一张组织芯片有序地固定着成百甚至上千个来源于不同患者的组织样本，每个样本为圆盘状，直径为 0.6～2.0 mm（图 8-35-1)。这样的组织芯片可被用来做特定的分子分析，如 DNA、mRNA 的原位杂交和蛋白质的免疫组织化学染色。与传统的免疫组织化学或原位杂交技术，即一张玻片对一个患者组织样本相比，组织芯片的高通量是显而易见的，而且还可以克服传统技术方法可能造成的样本、实验间的误差，使其结果更为客观可靠。

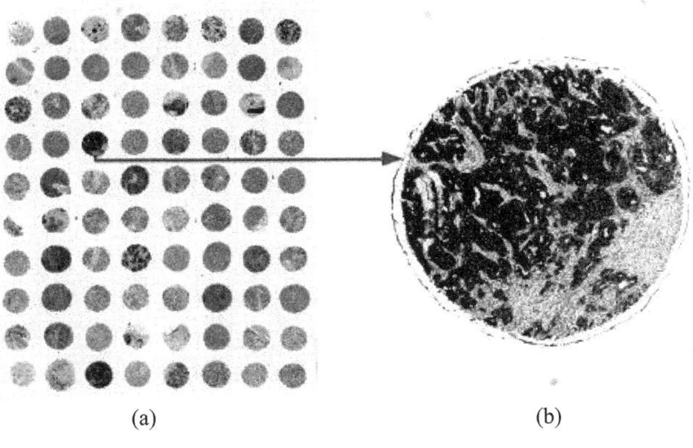

图 8-35-1 一张 80 个点的组织芯片（a）及其放大图（b）

组织芯片技术为从成千上万个候选基因中筛选到与某一疾病类型特异相关的分子标志物提供了新的高效手段。该技术实现了基因表达谱的研究与临床应用的快速结合，通过揭示候选基因的细胞定位、组织分布与临床显著性信息，组织芯片技术尤其适合以基因组为基础的诊断和药物靶标的发现。与传统技术相比较，组织芯片具有很多优势。例如，分析的速率大大增加；通过制备组织芯片可分析大量的分子标志物，而保留原有的组织用于其他研究；可以对现有的大量组织样本库进行研究，而其他高通量基因组和蛋白质组研究则难以实现。组织芯片的自动化制备和分析技术使其在癌症研究方面得到大量应用，组织芯片可以分析大样本量下肿瘤发生发展过程中的分子变异情况，识别诊断和预后指标，以及验证新发现的具有诊断和治疗作用的基因。例如，Kononen 等收集了两组乳腺癌样本，每组 645 例，选用已知的乳腺癌标记，两组分别用组织芯片和传统的技术方法进行筛选。结果证实，两组的结果绝大部分都吻合。组织芯片与基因芯片检测技术的主要差别是前者是检测一批不同患者样本（如 500～1000 例）中某一个或几个生物标记物的表达状况，后者则是检测同一患者样本中成千上万个基因的表达状况。

## 35.2 组织芯片的基本原理

### 35.2.1 芯片制作

组织芯片的制作方式主要有两种：石蜡切片方法和冰冻切片方法，其中以石蜡切片方法为主。冰冻切片方法较少，而且制作较为困难，制作出的组织芯片其密度与质量还有待提高。但与石蜡切片方法相比，冰冻切片对组织细胞中抗原、核酸，特别是对 RNA 保存具有明显的优势，因此用冰冻切片方法制作组织芯片将是其发展方向。

**1. 石蜡切片制作方法**

我们参考国外文献和实验室自身条件总结了一套石蜡组织芯片制作方法。①制备熔点为 57～59℃、大小适宜的受体蜡块。②将受体蜡块在 39～42℃水浴中浸泡 10 min 使其软化便于打孔。③从水浴中取出受体蜡块并安放在国产组织点样仪的固定器上。用受体针在受体蜡块上打孔。要尽快操作，一次可以连续打 10 个孔。当蜡块硬化时要停止打孔，如果蜡块硬化后还进行打孔将会破坏蜡孔周围的石蜡。④从固定器取出蜡块用步骤②的方法重新软化受体蜡块。重复步骤②、③直至整个受体蜡块打孔完成。⑤用供体针（比受体针稍大）在第一个供体样本冲取样本。⑥用镊子将供体样本小心地放在被选定的受体蜡块孔上，用镊子柄将样本轻轻地压入相应的受体蜡孔中或直接用供体针将取出的样本填入受体蜡孔中。继续冲取供体样本和将它们插入受体蜡块直至完成。在组织样本填入蜡孔时应该记录每个样本的在二维阵列中的具体位置。⑦将做好的芯片蜡块面朝下放在一块玻片上并一同放入 37℃温箱 15 min。⑧当蜡块软化时从温箱取出蜡块和玻片，轻轻地将它们相互挤压，这将会使样本压平，使供体样本更深地进入蜡块。⑨这时还不要将蜡块和玻片分开，将它们一起放入冰浴中进行冷却大约 10 min。这时样本块就可以进行切片了。目前我们能制作出 400 点左右的质量良好的组织芯片。

**2. 冰冻切片制作方法**

冰冻切片制作组织芯片的方法与石蜡切片方法基本相似。不同之处为：支持物为 OCT（一种冰冻包埋介质）；供体（组织）与受体（OCT 模块）用同一针取样或打孔；组织供体、OCT 模块、取样针或打孔针都用干冰使其保持冰冻状态。

在芯片制作过程中需用到组织点样仪（tissue arrayer）。目前只有美国 Beecher Instruments公司销售组织点样仪，且受专利保护（www.beecherinstruments.com），每台售价约 10 万人民币。对国内多数单位来说它是个贵重仪器。根据我们的经验，买此公司的打孔和取样针就可以进行组织点样工作，一套取样针售价约 1000 元人民币，分别有 0.6 mm、1.0 mm 和 2.0 mm 3 种规格。我室和国内厂商进行合作制作了国产组织点样仪。

在组织芯片的制备过程中，以下几个问题值得引起重视。

（1）组织样本的代表性。组织芯片体积小、信息含量高是其明显的优点。但组织芯片中组织样本的大小对某一病变组织的代表性是组织芯片设计中最重要的问题，尤其是对异质性明显的肿瘤。一般而言，芯片上组织样本数量越大，组织片的面积肯定越小，细胞数量也越小。直径 0.6 mm 的组织片上的细胞数为直径为 2 mm 的组织芯片上的 1/10，故在组织芯片的设计中并不是组织片的数量越多越好，特别在肿瘤分化程度差异大或肿瘤的异质性明显时，尤其要注意这个问题。组织芯片制备完成后还要进行一般的 HE 染色，检测样本是否具有代表性，只有这样才可能使实验结果真实可靠。如果实验动物组织的异质性不明显（如肝、肾和肌肉等），那么一个动物实验的组织都可以排列在一个组织芯片，一次进行完成一个或两个指标的检测，这样实验样本间的误差将明显降低，同时还可减少实验费用、缩短实验时间。

（2）样本中被检测物质的保存。由于组织细胞离体后会很快发生自溶，组织细胞中核酸酶会降解靶核酸，特别是 RNA。目前医院病理标本档案库样本的制作过程往往注意形态的完整性而忽视了对核酸的保护，对 RNA 特别是拷贝数少的 RNA 的检测不够理想，但不影响蛋白质/多肽的检测（其在病理标本中的抗原完整性可保持 60 年）。冰冻切片方法制作组织芯片克服了这一问题。但目前冰冻切片方法制作组织芯片还有一些困难。例如，标本一时很难累积到一定数量、制作较慢，技术方法还有待进一步改进等。

（3）组织片的移位或脱落。组织片脱落的对策是首先对载玻片进行彻底的清洗，同时还可用 0.1%的多聚赖氨酸、APES 和 0.5%铬明胶等进行防脱片处理。

### 35.2.2　芯片检测

组织芯片的检测技术包括免疫组织化学（IHC）、原位杂交（ISH）、荧光原位杂交（FISH）等各种整片组织切片上的分子检测技术。免疫组织化学尤为常用。供体组织的固定时间及方法对 mRNA ISH 实验的敏感性和特异性有较大影响。使用传统的福尔马林固定供体组织蜡块时，可检测到中度和冗余表达的转录本，冰冻组织芯片可得到更好的检测结果。实验结果的判定通常由病理学家在光学显微镜下进行，每小时可处理成百个点的数据；也可以获取图像资料后使用软件分析，这样做的好处在于可以建立与分子和临床信息相关联的数据库系统。FISH 技术在组织芯片上分析遗传变异非常方便，一次芯片杂交可提供 1000 个组织中的特异遗传变异情况。限速步骤之一是 FISH 信号的评分。现已发展出共聚焦荧光显微镜为基础的系统，附带图像分析算法用于自动分析组织芯片的 FISH 结果。

## 35.3　组织芯片的应用

组织芯片技术大大促进了高通量并行分析大批量组织样本技术的发展。例如，500～1000 例不同肿瘤组织排列在同一石蜡块上，而这样的组织芯片石蜡块又可以制成 100～200 张组织芯片。这些组织芯片可分别用来进行 DNA、RNA 或蛋白质的检测，从这些数据中可迅速的筛选出与疾病相关的生物标志物，有助于建立与临床诊断、治疗和预后相关的参数。

筛选新型肿瘤分子标志物是组织芯片应用最为广泛的领域，乳腺癌、前列腺癌等研究结果表明，组织芯片分析分子变异的结果与传统方法的研究结果非常一致，同时也证实了组织芯片的可靠性，为进一步开展大规模研究奠定了基础。

（1）乳腺癌标志物筛选。近年来，已有许多学者应用乳腺癌组织芯片开展标志物的筛选与验证工作，取得了有意义的结果。①在对 645 个乳腺癌标本制成的组织芯片中，发现 4 个已知基因（*Erbb*2、*c-myc*、*CCND*1 和 *Cyclin D*1）和 2 个新的染色体区段（17q23 和 20q13）与乳腺癌的相关性明显。②组织芯片研究表明，核糖体蛋白 S6 激酶在乳腺癌细胞中不仅高表达，而且具有很高的酶活性。结合临床资料分析，发现该激酶和 *HER*-2 的高表达与较低的存活率显著相关。③使用 FISH 检测 29 例乳腺癌患者组织芯片（1.5 mm 直径）中 *HER*-2 的扩增情况，结果与全组织中的结果一致。该实验为大规模的组织芯片 FISH 检测提供了新的可靠方法。④大量的细胞系和转基因动物实验提示，TGF-β 信号途径与乳腺癌增生相关。456 例临床样本的乳腺癌组织芯片检测也证实，该信号途径中 Smad 受体单位的缺失率随乳腺癌恶性程度增高而增高，而与组织学分型、雌激素受体和 HER2/neu 表达无相关性。⑤使用含有 611 个石蜡包埋临床标本的乳腺癌预后组织芯片（每点 0.6 mm 直径）分析了端粒酶催化亚单位——人端粒酶反转录酶（hTERT）和端粒酶全酶复合体核心单元（hTR），结果表明，hTERT 和 hTR 的表达与肿瘤特异的存活率显著相关，hTERT 和 hTR 值越高，预后越差。多变量统计学分析同时也发现，hTERT 是一个独立的预后指标。该研究提示，端粒酶作为潜在的乳腺癌预后指标，具有较高的临床价值。

（2）前列腺癌标志物筛选。尽管前列腺特异性抗原被广泛用作其早期诊断指标，前列腺癌导致的死亡在西方国家男性癌症患者中仍然位居第二。有学者对前列腺癌激素治疗失败的病因学进行了 cDNA 芯片表达谱研究，并对发现的高表达基因作了组织芯片验证，筛选到在前列腺癌激素治疗失败的样本中显著表达的胰岛素样生长因子结合蛋白（IGFBP2），提示 IGF 可能是前列腺癌发展过程中关键的信号调节途径。此项研究也突破了单一的肿瘤基因芯片表达谱研究模式，开始结合细胞和组织水平的高通量技术。随后，在其构建的含有良性前列腺增生、原发癌、转移癌及激素治疗失败后局部复发癌等前列腺癌多型组织芯片中的 FISH 分析中，对 5 个基因（胸激素受体基因、*myc*、*Erbb*2、*cyclinD*1 和 *N-myc*）进行了检测分析，证明前列腺组织不同阶段的病变具有一些特有的基因类型。例如，转移癌与 *myc* 增多有关，激素治疗失败后的局部复发癌与胸激素受体基因增多有关。发现雄激素受体基因在转移癌的扩增率为 22%、*myc* 为 11%、*Cyclin D*1 为 5%，而 *Erbb*2 和 *N-myc* 在前列腺癌的各分期中均未发现扩增。这些新的认识有助于分析肿瘤患者的预后和制定有针对性的治疗措施。同时，也有助于肿瘤在分子水平上的分型。为进一步揭示前列腺癌发生发展的分子机制，并验证由 cDNA 芯片分析筛选到的候选基因，在含 544 个临床标本的前列腺组织芯片中分别进行了靶基因的 mRNA ISH 和相应抗体的 IHC 检测。结果证实 S100P 与前列腺癌显著相关，而晶体蛋白（crystallin $\mu$）和 LlM 结构域蛋白 LM04 在原发性前列腺癌症中有较高表达，而在激素治疗的转移性癌中则显著降低。

以上例子说明，组织芯片作为一种新型的基于组织和细胞水平的高通量筛选技术，可以在原位、定量、平行地分析候选生物分子标志物在基因扩增、mRNA 和蛋白质水平的表达情况，可迅速评估从 DNA 芯片等中发现的具有潜在应用价值的生物分子标记物的生物学作用和临床价值，有助于建立与诊断、治疗和预后相关的参数。随着技术方法的不断完善和标准化，组织芯片在筛选新型肿瘤分子标志物中的应用会更加广泛和深入。

（蔡在龙　吕　军）

# 第 36 章　其他生物芯片

生物芯片的基本含义是采用微量化、并行化、高通量的方式检测生物样品中的分子变化规律。生物芯片实际上是缩小了的生物化学分析器，通过芯片上微加工获得的微米结构与生物、化学处理结合，便可将成千上万个与生命相关的信息集成在一块厘米见方的芯片上。采用芯片可进行生命科学和医学中所涉及的各种生物化学反应，以达到对基因、抗原和活体细胞等进行测试分析的目的。通过分析可得到大量具有生物学、医学意义的信息。生物化学反应和分析过程通常包括样品制备、生物化学反应、检测和数据分析处理 3 个步骤。将其中一个步骤或几个步骤微型化集成到一块芯片上就能获得具有特殊功能的生物芯片。例如，用于样品制备的细胞过滤器芯片和介电电泳芯片、用于基因突变检测和基因表达的 DNA 微阵列芯片和用于药物筛选的高通量微米反应池芯片等。现在，世界各国的科学家们正致力于将生化分析的全过程通过不同芯片的使用最后达到全部功能的集成，以实现所谓的微型全分析系统或缩微芯片实验室。使用缩微芯片实验室，人们可以在一个封闭的系统内以很短的时间完成从原始样品到获取所需分析结果的全套操作。基于此，除了前面所述的 DNA 芯片、蛋白质芯片、组织芯片等芯片外，适合各种用途的生物芯片也正在不断出现。

## 36.1　芯片实验室技术

芯片实验室（lab-on-a-chip）是指把生物和化学等领域中所涉及的样品制备、生物与化学反应、分离检测等基本操作单位集成或基本集成于一块几平方厘米的芯片上，用以完成不同的生物或化学反应过程，并对其产物进行分析的一种技术（图 8-36-1）。计算机芯片使计算微型化，而芯片实验室使实验室微型化。因此，在生物医学领域它可以使珍贵的生物样品和试剂消耗降低到微升甚至纳升级，而且分析速率成倍提高，成本成倍下降；它可以使以前大的分析仪器变成平方厘米尺寸规模的分析仪，将大大节约资源和能源。芯片实验室由于排污很少，所以也是一种绿色技术。因此可以说，芯片实验室是生物芯片技术发展的最高目标。

芯片实验室最大的特点是“微集成”，集成的单元部件越来越多，且集成的规模也越来越大。所涉及的部件包括：进样及样品处理有关的透析、膜、固相萃取、净化部件；用于流体控制的微阀、微泵、微混合器、微反应器，还有微通道和微检测器等。代表性的工作是美国 S. R. Quake 研究小组将 3574 个微阀、1000 个微反应器和 1024 个微通道集成在尺寸仅有 3.3 mm×6 mm 面积的硅质材料上，完成了液体在内部的定向流动与分配。

1998 年 6 月，Nanogen 公司的程京博士和他的同事们首次报道了用芯片实验室所实现的从样品制备到反应结果显示的全部分析过程。他们用这个装置从混有大肠杆菌的血液中成功地分离出了细菌，在高压脉冲破胞之后用蛋白酶 K 孵化脱蛋白质，制得纯

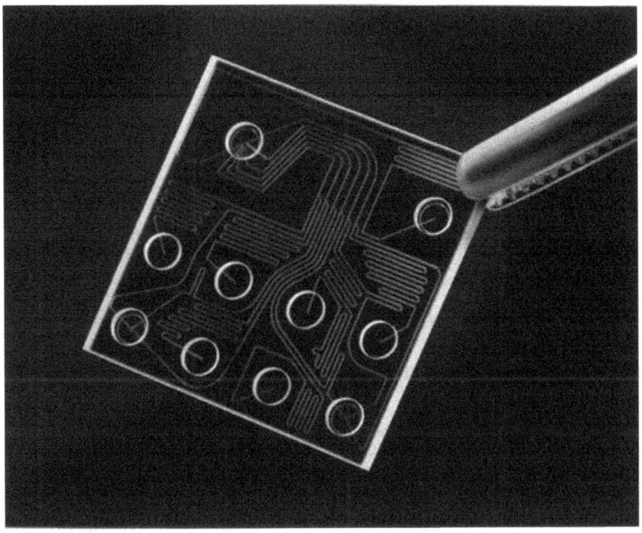

图 8-36-1 芯片实验室概念图

化的 DNA，最后用另一块电子增强的 DNA 杂交芯片分析证实提取物是大肠杆菌的 DNA。这是向缩微实验室迈进的一个成功的突破。

芯片实验室在生物医学领域中的应用有如下几个方面。①临床血细胞分析。细胞芯片分析仪将微流路和微电极组合到芯片上，实现了细胞的分类和计数，而且还可进行血红蛋白的定量测定。近年来美国华盛顿大学与美国 Backman 公司合作研究出了可供检测血细胞的一次性塑料芯片，大大降低了检测成本和仪器的体积。②核酸分析。微流控芯片实验室一开始就在 DNA 领域显示了极强的功能，涉及遗传学诊断、法医学基因分型和测序等方面。有学者制成了集成有微混合器和 DNA 纯化装置的一次性微流控芯片系统，用于 DNA 的样品制备，在微通道里放置阴离子交换树脂，得到了单一头发丝中的线粒体 DNA 的电泳图；利用微流控芯片快速分析脑脊液样品中的 DNA，诊断带状疱疹病毒性脑炎所需时间只有脑脊液样品普通凝胶电泳时间的 1/100，其分析时间缩短了 100 倍以上。③蛋白质分析。微流控芯片可以用于酶的分析测定、蛋白质和肽的二维电泳分离与检测，为蛋白质组学研究提供了一种快捷、便利的分析工具。④药物分析。有文献报道成功地利用细胞芯片进行抗肿瘤药物的高通量筛选，在芯片实验室上进行手性药物分离及药物相互作用研究。

芯片实验室技术的普遍应用仍有一些关键性问题亟待解决和完善。例如，芯片实验室技术的灵敏度、重复性、特异性和非特异性，简化样品制备和提高标记效率，高度集成化的样品制备，基因扩增、核酸标记及检测仪器的研制和开发，生物芯片的重复利用和多重用途，标准的统一等。

## 36.2 毛细管电泳芯片

毛细管电泳芯片是在常规毛细管电泳原理和技术的基础上，利用微加工技术在平方厘米级大小的芯片上加工出各种微细结构，如通道和其他的功能单元，通过不同的通道、反应器、检测单元等的设计和布局，实现样品的进样、反应、分离和检测，是一种多功能化的快速、高效和低耗的微型实验装置（图 8-36-2）。该项技术由杜邦公司于 1983 年最早开发出来，随后，瑞士的 Ciba-Geigy 公司和加拿大的 Alberta 大学合作利用玻璃芯片毛细管电泳完成了对寡核苷酸的分离。首次用芯片毛细电泳检测 DNA 突变和对 DNA 进行测序的是加利福尼亚大学伯格利分校的科学家。通过在芯片上加上高压直流电，他们在 2 min 内便完成了从 118～1353 bp DNA 片段的快速分离。此外，还有将核酸扩增反应与芯片毛细管电泳集成为一体开展多重 PCR 和 DNA 片段分离的报道。

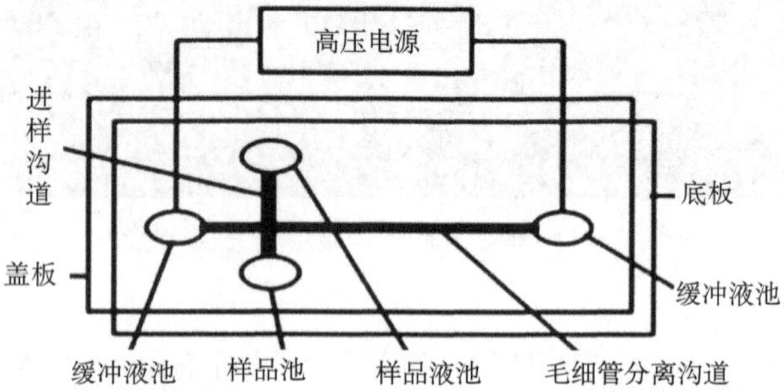


图 8-36-2　毛细管电泳芯片示意图

## 36.3　生物化学反应芯片

微流控芯片分析技术具有进样量极小、易实现自动化控制和高通量分析的特点，使得在微流控芯片上进行生化反应操作较常规的分析样品前处理更方便、更快速、成本更低廉。而且，高特异性的生化反应与微流控芯片强大的分离、检测能力相结合显示出明显的优势，因此，以药物筛选或生化样品分析为目的而进行的酶反应、免疫反应、荧光分子标记、PCR 反应、酶联免疫分析等正逐渐被转移到芯片上实现，并在生物化学分析、临床检测、药物筛选领域越来越显示出巨大的发展潜力。宾夕法尼亚大学研究小组最近成功地在坝式微过滤芯片中直接对分离所得的人白细胞通过升温方式胞解后所释放的 DNA 进行了扩增，这是世界上首例将样品制备和扩增反应集成为一体的研究成果。随着技术的不断发展，越来越多的生物化学反应被集成到微流控芯片上。目前，生物化学反应在微流控分析芯片上的集成技术尚不成熟，芯片操作的重复性较差，芯片上生化反应的可控性不强。

## 36.4　样品制备芯片

分析用 DNA 的制备过程通常要经过细胞分离、破胞、脱蛋白质等多方面的工作，最后得到纯度足够高的待检 DNA。目前在细胞分离方法上较突出的有过滤分离（根据生物颗粒的大小差异进行分离）和介电电泳分离（利用在芯片上所施加的高频非均匀电场使不同的细胞内诱导出偶电极，导致细胞受不同的介电力作用，从而从样品中分离出来）等。芯片中的破胞方法有芯片升温破胞、变压脉冲破胞、化学破胞等。在捕获DNA方面，Cepheid公司应用湿法蚀刻和反应离子蚀刻/等离子蚀刻等工艺在硅片上加工出含有5000个高200 μm、直径20 μm的具有细柱式结构的DNA萃取芯片，专门用于DNA的萃取。

（蔡在龙　吕　军）

# 参考文献

陈铭德. 2010. 现代生命科学导论. 上海：华东师范大学出版社.

陈志南，刘民培. 2002. 抗体分子与肿瘤. 北京：人民军医出版社.

丁永生，李汪根，任立红. 2011. 基于生物芯片的 DNA 计算——模型，算法及应用. 北京：科学出版社.

董志伟，王琰. 2002. 抗体工程. 北京：北京医科大学出版社.

鄂征，刘流. 2003. 医学组织工程技术与临床应用. 北京：北京出版社.

高崇明. 2013. 生命科学导论（第 3 版）. 北京：高等教育出版社.

韩北忠. 2013. 发酵工程. 北京：中国轻工出版社.

焦炳华，孙树汉. 2007. 现代生物工程. 北京：科学出版社.

焦炳华. 2014. 现代生命科学概论（第 2 版）. 北京：科学出版社.

劳为德. 2003. 修复医学与组织工程. 北京：化学工业出版社.

李天宝. 2003. 生物医学材料. 北京：化学工业出版社.

罗贵民. 2008. 酶工程（第 2 版）. 北京：化学工业出版社.

沈倍奋，陈志南，刘民培. 2005. 重组抗体. 北京：科学出版社.

陶兴无. 2005. 生物工程概论. 北京：化学工业出版社.

童克中. 2002. 基因及其表达. 北京：科学出版社.

汪世华. 2008. 蛋白质工程. 北京：科学出版社.

王大成. 2002. 蛋白质工程. 北京：化学工业出版社.

王大成. 2002. 蛋白质工程. 北京：化学工业出版社.

王梁华，焦炳华. 2012. 生物化学与分子生物学. 上海：第二军医大学出版社.

王占科，雷万生，常津. 2011. 生物芯片研究现状及其在生物医学领域中的应用. 解放军医学杂志，36：545.

徐小静，张少斌. 2006. 生物技术原理与实验. 北京：中央民族大学出版社.

杨玉珍，汪琛颖. 2004. 现代生物技术概论. 开封：河南大学出版社.

杨志明. 2002. 组织工程. 北京：化学工业出版社.

杨志明. 2005. 组织工程基础与临床. 成都：四川科学技术出版社.

曾庆平. 2010. 生物反应器：转基因与代谢途径工程. 北京：化学工业出版社.

章静波，宗书东，马文丽. 2003. 干细胞. 北京：中国协和医科大学出版社.

赵国屏. 2008. 生物信息学. 北京：科学出版社.

甄永苏，邵荣光. 2002. 抗体工程药物. 北京：化学工业出版社.

Agutter P S，Wheatley D N. 2007. About Life-concepts in Modern Biology. Amsterdam：Springer Netherlands.

Amstutz P，Forrer P，Zahnd C，et al. 2001. *In vitro* display technologies：novel developments and applications. Curr Opin Biotechnol，12：400.

Avery O，MacLeod C M，McCarty M，et al. 1944. Studies on the chemical nature of the substance inducing transformation of Pneumococcal types：induction of transformation by a deoxyribonucleic acid fraction isolated from *Pneumococcus* Type Ⅲ J Exp Med，79：137.

Balazs A B, Chen J, Hong C M, et al. 2012. Antibody-based protection against HIV infection by vectored immunoprophylaxis. Nature, 481: 81.

Banta S, Dooley K, Shur O. 2013. Replacing antibodies: engineering new binding proteins. Annu Rev Biomed Eng, 15: 93.

Beadle G W, Tatum E L. 1941. Genetic control of biochemical reactions in *Neurospora*. Proc Natl Acad Sci USA, 27: 499.

Benzer S. 1955. Fine structure of a genetic region in bacteriophage. Proc Natl Acad Sci USA, 41: 344.

Blanco B, Holliger P, Vile R G, et al. 2003. Induction of human T lymphocyte cytotoxicity and inhibition of tumor growth by tumor-specific diabody-based molecules secreted from gene-modified bystander cells. J Immunol, 171: 1070.

Campbell N A, Reece J B, Mitchell L G, et al. 2012. Biology ($9^{th}$ ed.). San Francisco: Benjamin Cunnings.

Chanock S. 2012. Toward mapping the biology of the genome. Genome Res, 22: 1612.

Collins F S, Morgan M, Patrinos A. 2003. The Human Genome Project: lessons from large-scale biology. Science, 300: 286.

Compte M, Cuesta A M, Sánchez-Martín D, et al. 2009. Tumor immunotherapy using gene-modified human mesenchymal stem cells loaded into synthetic extracellular matrix scaffolds. Stem Cells, 27: 753.

ENCODE Project Consortium. 2011. A user's guide to the encyclopedia of DNA elements (ENCODE). PLoS Biol, 9: e1001046.

Engholm-Keller K, Larsen M R. 2013. Technologies and challenges in large-scale phosphoproteomics. Proteomics, 13: 910.

Fuchs J R, Nasseri B A, Vacanti J P. 2001. Tissue engineering: a 21st century solution to surgical reconstruction. Ann Thorac Surg, 72: 577.

Gohlmann H, Talloen W. 2012. 基于 Affymetrix 芯片的基因表达研究（导读版）//张春秀译. 北京：科学出版社.

Hardin C, Edwards J, Riell A, et al. 2001. Cloning, gene expression, and protein purification: Experimental procedures and process rationale. London: Oxford Press.

Hibino N, Imai Y, Shinoka T, et al. 2002. First successful clinical application of tissue engineered blood vessel. Kyobu Geka, 55: 368.

Hilvert D. 2013. Design of protein catalysts. Annu Rev Biochem, 82: 447.

Howe C. 2007. Gene cloning and Manipulation ($2^{nd}$ ed.). London: Cambridge University Press.

Hudson P J, Souriau C. 2003. Engineered antibodies. Nat Med, 9: 129.

Jacob F, Monod J. 1961. Genetic regulatory mechanisms in the synthesis of proteins. J Mol Biol, 3: 318.

Johannsen W. 1909. Elemente der exakten Erblichkeitslehre. http// www. biolib. de.

Lee J R, Magee D M, Gaster R S, et al. 2013. Emerging protein array technologies for proteomics. Expert Rev Proteomics, 10: 65.

Lee U H, Son J H, Lee J J, et al. 2004. Humanization of antagonistic anti human 4-1BB monoclonal antibody using a phage-displayed combinatorial library. J Immunother, 27: 201.

Lewin B. 2013. Gene XI ($11^{th}$ ed.). Sudbury: Jones & Bartlett Publishers.

Liu X, Wu J, Zhang S, et al. 2009. Novel strategies to augment genetically delivered immunotoxin molecular therapy for cancer therapy. Cancer Gene Ther, 16: 861.

Mendel G. 1865. Versuche über Plflanzen-hybriden. http: //www. esp. org.

Meyers R A. 2005. Encyclopedia of molecular cell biology and molecular medicine. Weinheim: Wiley-VCH.

Morgan T H. 1926. The theory of the gene. New Haven: Yale University Press.

Parker P M. 2003. The 2003～2008 world outlook for biotechnology. http: //www. icongrouponline. com.

Quarto R, Kupetv S M, Kon E, et al. 2000. Repair of large bone defects by autologous human bone stromal cells. Tissue Engineering, 6: 669.

Rader R A. 2013. FDA biopharmaceutical product approvals and trends in 2012. BioProcess Int, 11: 18.

Rezende T M, Lima S M, Petriz B A, et al. 2013. Dentistry proteomics: From laboratory development to clinical practice. J Cell Physiol, 228: 2271.

Sambrook J, Russell D W. 2012. Molecular cloning, a Laboratory Manual (4$^{th}$ ed.). New York: Cold Spring Harbor Laboratory Press.

Scott A M, Wolchok J D, Old L J, et al. 2012. Antibody therapy of cancer. Nat Rev Cancer, 12: 278.

Sutandy F X, Qian J, Chen C S, et al. 2013. Overview of protein microarrays. Curr Protoc Protein Sci (Unit 27. 1).

The ENCODE Project Consortium. 2012. An integrated encyclopedia of DNA elements in the human genome. Nature, 489: 57.

Traynor K. 2013. New drug and biological product approvals. Am J Health Syst Pharm, 70: 176.

Vigna E, Pacchiana G, Mazzone M, et al. 2008. "Active" cancer immunotherapy by anti-Met antibody gene transfer. Cancer Res, 68: 9176.

Wang G, Qiu J, Wang R, et al. 2010. Persistent expression of biologically active anti-HER2 antibody by AAVrh. 10-mediated gene transfer. Cancer Gene Ther, 17: 559.

Warnke P H, Springer I N, Wiltfang J, et al. 2004. Growth and transplantation of a custom vascularised bone graft in a man. Lancet, 364: 766.

Watson J D, Crick F H C. 1953. Genetic implications of the structure of nucleic acid. a structure for DNA. Nature, 171: 964.

Watson J D, Gann A, Baker T A, et al. 2013. Molecular Biology of the Gene (7$^{th}$ ed.). New York: Cold Spring Harbor Laboratory Press.

Wilson K, Waker J. 2010. Principles and Techniques of Biochemistry and Molecular Biology. London: Cambridge Press.

Zhang Y, Fonslow B R, Shan B, et al. 2013. Protein analysis by shotgun/bottom-up proteomics. Chem Rev, 113: 2343.

# 索　　引